D1705227

Das NPD-Verbotsverfahren

*Herausgegeben von
Thomas Kliegel und Matthias Roßbach*

Das NPD-Verbotsverfahren

Dokumentation des Verfahrens
der Jahre 2013 bis 2017
vor dem Bundesverfassungsgericht

Herausgegeben von
Thomas Kliegel und Matthias Roßbach

Mohr Siebeck

Dr. Thomas Kliegel, geb. 1980, ist Richter am Landgericht Essen und war von 2013 bis 2016 wissenschaftlicher Mitarbeiter am Bundesverfassungsgericht. Er war federführender Mitarbeiter des Berichterstatters Peter Müller im NPD-Verbotsverfahren.

Dr. Matthias Roßbach, LL.M. (Yale), geb. 1984, ist Leitender Ministerialrat in der Vertretung des Landes Nordrhein-Westfalen beim Bund. Er war von 2013 bis 2016 federführender wissenschaftlicher Mitarbeiter der Verfahrensbevollmächtigten des Bundesrates im NPD-Verbotsverfahren Prof. Dr. Christoph Möllers und Prof. Dr. Christian Waldhoff.

ISBN 978-3-16 155875-7 / eISBN 978-3-16-159557-8

DOI 10.1628/978-3-16-159557-8

Die Deutsche Nationalbibliothek verzeichnet diese Publikation in der Deutschen Nationalbibliographie; detaillierte bibliographische Daten sind über *http://dnb.dnb.de* abrufbar.

© 2020 Mohr Siebeck Tübingen. www.mohrsiebeck.com

Das Werk einschließlich aller seiner Teile ist urheberrechtlich geschützt. Jede Verwertung außerhalb der engen Grenzen des Urheberrechtsgesetzes ist ohne Zustimmung des Verlags unzulässig und strafbar. Das gilt insbesondere für die Verbreitung, Vervielfältigung, Übersetzung und die Einspeicherung und Verarbeitung in elektronischen Systemen.

Das Buch wurde von epline in Böblingen gesetzt, von Gulde-Druck in Tübingen auf alterungsbeständiges Werkdruckpapier gedruckt und von der Buchbinderei Spinner in Ottersweiter gebunden.

Printed in Germany.

Geleitwort

Das Parteiverbot ist die „schärfste und überdies zweischneidige Waffe des demokratischen Rechtsstaats" (BVerfGE 107, 339 ⟨369⟩). Als Ausdruck des verfassungspolitischen Willens zur Lösung eines Grenzproblems des freiheitlichen Staates schränkt es Freiheit ein, um Freiheit zu bewahren. Da das Grundgesetz jedoch primär „auf die Kraft der freien Auseinandersetzung als wirksamste Waffe auch gegen die Verbreitung totalitärer und menschenverachtender Ideologien" vertraut (vgl. BVerfGE 124, 300 ⟨320⟩), kann ein solches Verbot nur ausnahmsweise und unter Beachtung strengster rechtsstaatlicher Anforderungen in Betracht kommen.

Vor diesem Hintergrund stellte der Antrag des Bundesrates vom 1. Dezember 2013, die Verfassungswidrigkeit der Nationaldemokratischen Partei Deutschlands festzustellen und die Partei sowie ihre Teilorganisationen zu verbieten, für das Bundesverfassungsgericht in vielfacher Hinsicht eine besondere Herausforderung dar. Es musste nicht nur dem sehr offen formulierten Verbotstatbestand des Art. 21 Abs. 2 Satz 1 GG im Lichte der heutigen Interpretation des Grundgesetzes und der Rechtsprechung des Europäischen Gerichtshofs für Menschenrechte inhaltliche Konturen verleihen, ohne auf eigene aktuelle Entscheidungen zurückgreifen zu können. Es musste auch als erste Instanz selbst einen komplexen Sachverhalt aufklären und eine große Zahl von Einzelaspekten in eine wertende Gesamtbetrachtung überführen. Dabei hatte es sich jeder politischen Bewertung zu enthalten und die Grundsätze eines fairen rechtsstaatlichen Verfahrens zu gewährleisten.

Im Ergebnis hat das Verfahren zu einer Klärung zahlreicher zentraler Probleme des Parteiverbotsverfahrens geführt. Dies gilt sowohl für die Frage der Beobachtung einer Partei durch den Verfassungsschutz während eines laufenden Verbotsverfahrens und dadurch möglicherweise begründeter Verfahrenshindernisse als auch für die Konkretisierung der einzelnen Tatbestandsmerkmale des Art. 21 Abs. 2 Satz 1 GG. Entsprechend dem Ausnahmecharakter der Norm wurde der Begriff der „freiheitlichen demokratischen Grundordnung" restriktiv interpretiert, das Tatbestandsmerkmal des „darauf Ausgehens" teilweise neu bestimmt, die im Schrifttum geforderte Ergänzung der Norm durch ungeschriebene Tatbestandsmerkmale abgelehnt und die Bedeutung der Wesensverwandtschaft mit dem Nationalsozialismus für ein Parteiverbotsverfahren geklärt.

Dem Urteil des Bundesverfassungsgerichts vom 17. Januar 2017 kommt damit eine weit über die Entscheidung des konkreten Einzelfalls hinausgehende grundlegende Bedeutung für das Parteiverbotsverfahren als Kernbestandteil des Konzepts der wehrhaften Demokratie zu. Die vorliegende Dokumentation dient der Nachvollziehbarkeit der Verfahrensabläufe und des Handelns der Verfahrensbeteiligten.

Karlsruhe, im Frühjahr 2020   Andreas Voßkuhle und Peter Müller

Vorwort

Die vorliegenden Bände dokumentieren das vom Bundesrat mit Antrag vom 1. Dezember 2013 gegen die Nationaldemokratische Partei Deutschlands (NPD) eingeleitete Parteiverbotsverfahren, das der Zweite Senat des Bundesverfassungsgerichts mit der Urteilsverkündung am 17. Januar 2017 beendete. Sie verschaffen einen vollständigen Überblick über dieses richtungsweisende Verfahren und geben Gelegenheit nachzuvollziehen, wie sich die Argumentationslinien der Beteiligten entwickelt und Niederschlag im Urteil gefunden haben.

Das zweite NPD-Verbotsverfahren war – rund 60 Jahre nach dem KPD-Verbot – eines der aufwendigsten Verfahren in der Geschichte des Bundesverfassungsgerichts. Nicht nur die Anzahl von drei Verhandlungstagen ist in der jüngsten Geschichte des Gerichts außergewöhnlich. Auch die Fülle des vorgebrachten Materials, die sich nicht zuletzt aus der Besonderheit der erstinstanzlichen Zuständigkeit des Bundesverfassungsgerichts ergibt, übertrifft sonstige Verfahren bei Weitem. Dementsprechend mündete es auch in das bislang längste Urteil des Bundesverfassungsgerichts.

Verfassungsrechtlich und verfassungspolitisch hatte dieses Verfahren eine Aufgabe, die über die konkrete Fallentscheidung hinausging. Es betraf die prozeduralen und materiellen Voraussetzungen des Parteiverbots als Kernelement der wehrhaften Demokratie des Grundgesetzes und führte damit zu einer Neuverortung und Aktualisierung dieses grundlegenden Verfassungsprinzips. Diese Erträge werden deshalb in einer Einführung am Beginn dieses Bandes dargestellt, die zugleich verdeutlicht, dass es sich bei den Dokumenten des Verbotsverfahrens um zeitgeschichtliche Materialien handelt.

Es folgt ein kurzer Rückblick auf das erste NPD-Verbotsverfahren (2001–2003), das gerade hinsichtlich der Frage des Vorliegens von Verfahrenshindernissen von großer Bedeutung für das zweite, hier dokumentierte NPD-Verbotsverfahren war.

Ein großer Teil der folgenden Schriftsätze und ein Drittel der mündlichen Verhandlung befassten sich mit den zahlreichen Fragen, die sich aus den verfahrensrechtlichen Anforderungen an Parteiverbotsverfahren ergeben. Sie zeigen, dass es um weit mehr ging als nur um das Abschalten von V-Personen, das in der Öffentlichkeit schlagwortartig in den Mittelpunkt gerückt wurde. Die Sicherstellung von Quellenfreiheit und der Ausschluss jeglicher Prozessausspähung erforderten neben der Klärung zahlreicher Einzelfragen umfangreiche behördliche Verfahren und neue Darlegungsmethoden, die zunächst vom Antragsteller entwickelt und anschließend vom Senat bewertet werden mussten.

Neben den Schriftsätzen des Antragstellers und der Antragsgegnerin enthält die Dokumentation auch Verfügungen und Beschlüsse des Gerichts, die vollständigen Tonband-Wortlautprotokolle der mündlichen Verhandlung vom 1. bis zum 3. März 2016, das Urteil sowie das Eingangsstatement des Präsidenten bei der Urteilsverkündung.

Die Wortlautprotokolle wurden eigens für diese Dokumentation von einer Tonbandaufzeichnung in Schriftform übertragen und nur behutsam stilistisch redigiert.

Sie geben Gelegenheit, die mündliche Verhandlung, bei der aufgrund der begrenzten räumlichen Gegebenheiten nur wenige Zuschauer – ein Bruchteil derjenigen, die Einlass begehrt hatten – anwesend sein konnten, nachzuerleben und ihre Bedeutung für das spätere Urteil nachzuvollziehen.

Nur wenige Schriftsätze mussten gekürzt werden, um die Gesamtseitenanzahl in Grenzen zu halten. Betroffen waren ausschließlich Teile, die für das Urteil keine Bedeutung hatten. Der ganz wesentliche Teil des schriftlichen Vortrags befindet sich in den vorliegenden Bänden. Teilweise mussten – entsprechend dem veröffentlichten Urteil – Anonymisierungen vorgenommen werden.

Unser Dank gebührt den Richterinnen und Richtern des Zweiten Senats des Bundesverfassungsgerichts, die uns – *Thomas Kliegel* als federführenden Mitarbeiter des Berichterstatters des Zweiten Senats *Peter Müller* und *Matthias Roßbach* als federführenden Mitarbeiter der Verfahrensbevollmächtigten des Bundesrats – erlaubt haben, diese Dokumentation herauszugeben. Wir freuen uns auch persönlich, eine Dokumentation dieses Verfahrens herausgeben zu dürfen, das uns einige Jahre unseres Berufslebens begleitet hat.

Besonders bedanken wir uns bei dem Präsidenten des Bundesverfassungsgerichts Herrn *Prof. Dr. Dres. h.c. Andreas Voßkuhle* und dem Berichterstatter dieses Verfahrens, dem Richter des Bundesverfassungsgerichts Herrn *Peter Müller*, die uns bei dieser Dokumentation – nicht nur durch das von ihnen verfasste Geleitwort – jederzeit unterstützt haben. Für die Unterstützung dieses Projekts danken wir ebenso den Verfahrensbevollmächtigten des Bundesrats Herrn *Prof. Dr. Christoph Möllers* und Herrn *Prof. Dr. Christian Waldhoff*. Allen Verfahrensbeteiligten gilt unser Dank außerdem für die Zustimmung zur Veröffentlichung der Schriftsätze.

Diese Bände verdanken ihr Erscheinen in ganz besonderem Maße Frau *Astrid Schmidt*, die im Vorzimmer von Bundesverfassungsrichter *Peter Müller* tätig ist und in mühevoller Arbeit sämtliche Tonbandmitschnitte verschriftlicht hat. Für wertvolle Unterstützung beim Korrekturlesen danken wir Herrn *Lucas Wiedemann* und Herrn *Maximilian Rohs*.

Schließlich geht unser Dank an den Bundesrat, der durch seine großzügige Beteiligung an den Druckkosten das Erscheinen dieses Werkes erst ermöglicht hat, sowie an den Verein der Richter des Bundesverfassungsgerichts für die finanzielle Unterstützung. Dem Verlag Mohr Siebeck, dort insbesondere Herrn *Dr. Franz-Peter Gillig*, Frau *Daniela Taudt* und Frau *Susanne Mang*, danken wir für die stets gute Zusammenarbeit bei der Veröffentlichung dieses Zeitdokuments.

Düsseldorf und Berlin, im Frühjahr 2020   Thomas Kliegel und Matthias Roßbach

Inhaltsverzeichnis

Geleitwort V
Vorwort VII
A. Einführung: Die Erträge des Verfahrens 1
   I. Verfahrenshindernisse 2
      1. Herausforderungen 2
      2. Maßstäbe für die Einstellung eines Parteiverbotsverfahrens 3
      3. Die Anforderungen im Einzelnen 4
         a) Staatsfreiheit 4
         b) Quellenfreiheit der Beweismittel 6
         c) Keine Ausspähung der Prozessstrategie der Antragsgegnerin 8
         d) Beleg der Verfahrensvoraussetzungen 9
   II. Materielle Voraussetzungen des Parteiverbots 11
      1. Die freiheitliche demokratische Grundordnung 12
         a) Menschenwürde 13
         b) Demokratie 13
         c) Rechtsstaat 14
      2. Beeinträchtigen und Beseitigen 14
      3. Ziele und Verhalten der Anhänger 15
      4. Darauf Ausgehen 16
         a) Planvolles Handeln 17
         b) Weitere Voraussetzungen 17
      5. Keine ungeschriebenen Tatbestandsmerkmale 20
   III. Verbotsrechtsprechung des EGMR 21
   IV. Beweis- und Verfahrensrecht 21
   V. Fazit 22

B. Prolog: Das erste NPD-Verbotsverfahren (2001–2003) 25
   I. Unüberwindliche Verfahrenshindernisse als „ultima ratio" 26
   II. Konkretisierung des Maßstabs 27
      1. Entscheidungstragende Senatsminderheit 27
         a) Grundkonzeption 27
         b) Staatsfreiheit der Führungsebenen 29
         c) Quellenfreiheit des Beweismaterials 30
         d) Ausspähen der Prozessstrategie 31
      2. Nicht entscheidungstragende Senatsmehrheit 32
         a) Grundkonzeption 32
         b) Staatsfreiheit der Führungsebenen 33
         c) Quellenfreiheit der Beweismittel 34

        d) Ausspähen der Prozessstrategie 35
  III. Bedeutung für das zweite Verbotsverfahren 36

C. Das zweite NPD-Verbotsverfahren (2013–2017) 37
  I. Schriftverkehr 39
    1. Antragsschrift 39
    2. Zustellungsverfügung des Senatsvorsitzenden 222
    3. Schriftsatz der Antragsgegnerin vom 19. Dezember 2013 224
    4. Schriftsatz der Antragsgegnerin vom 30. Dezember 2013 225
    5. Berichterstatterschreiben vom 7. Januar 2014 234
    6. Schriftsatz der Antragsgegnerin vom 17. Januar 2014 235
    7. Beschluss vom 28. Januar 2014 239
    8. Schriftsatz der Antragsgegnerin vom 25. März 2014 243
    9. Berichterstatterschreiben vom 1. April 2014 266
    10. Schriftsatz der Antragsgegnerin vom 8. April 2014 267
    11. Schriftsatz des Antragstellers vom 14. Mai 2014 269
    12. Schriftsatz der Antragsgegnerin vom 13. Juni 2014 280
    13. Berichterstatterwechsel 292
    14. Schriftsatz des Antragstellers vom 7. August 2014 293
    15. Schriftsatz der Antragsgegnerin vom 12. September 2014 296
    16. Schriftsatz der Antragsgegnerin vom 5. Dezember 2014 302
    17. Schriftsatz des Antragstellers vom 26. Januar 2015 304
    18. Schriftsatz der Antragsgegnerin vom 4. März 2015 313
    19. Berichterstatterschreiben vom 19. März 2015 319
    20. Beschluss vom 19. März 2015 320
    21. Schriftsatz des Antragstellers vom 13. Mai 2015 324
    22. Schriftsatz des Antragstellers vom 27. August 2015 347
    23. Schriftsatz der Antragsgegnerin vom 31. August 2015 460
    24. Schriftsatz des Antragstellers vom 26. Oktober 2015 479
    25. Schriftsatz der Antragsgegnerin vom 5. November 2015 487
    26. Beschluss vom 2. Dezember 2015 492
    27. Terminsladung vom 7. Dezember 2015 494
    28. Verhandlungsgliederung 497
    29. Schriftsatz Rechtsanwalt Andrejewski vom 26. Januar 2016 499
    30. Schriftsatz des Antragstellers vom 11. Februar 2016 500
    31. Schriftsatz des Antragstellers vom 23. Februar 2016 505
    32. Schriftsatz der Antragsgegnerin vom 1. März 2016
       (polizeiliche Datenerhebung) 507
    33. Schriftsatz der Antragsgegnerin vom 1. März 2016
       (Ablehnungsgesuche und Besetzungsrügen) 508
    34. Beschlüsse vom 1. März 2016 510
       a) Ablehnung des Richters Huber 510
       b) Ablehnung des Richters Müller 517
       c) Besetzungsrüge Richterin König und Richter Maidowski 523

   d) Besetzungsrüge Richterinnen und Richter Huber, Hermanns,
    König, Maidowski, Kirchhof, Schluckebier, Paulus und Baer 527
  35. Antragserwiderung vom 2. März 2016 532
  36. Schriftsatz des Antragstellers vom 22. März 2016 816
  37. Schriftsatz der Antragsgegnerin vom 11. April 2016 817
  38. Schriftsatz des Antragstellers vom 27. April 2016 828
  39. Schriftsatz der Antragsgegnerin vom 9. Mai 2016 866
  40. Schriftsatz der Antragsgegnerin vom 23. Mai 2016 867
  41. Schriftsatz der Antragsgegnerin vom 28. Juni 2016 872
  42. Terminsladung vom 8. November 2016 875
 II. Mündliche Verhandlung 877
  1. Erster Verhandlungstag (Dienstag, 1. März 2016) 877
   a) Vormittags 877
   b) Nachmittags 944
  2. Zweiter Verhandlungstag (Mittwoch, 2. März 2016) 1016
   a) Vormittags 1016
   b) Nachmittags 1083
  3. Dritter Verhandlungstag (Donnerstag, 3. März 2016) 1146
   a) Vormittags 1146
   b) Nachmittags 1216
 III. Verkündung und Urteil 1281
  1. Verkündung und Eingangsstatement des Präsidenten 1281
  2. Das Urteil 1286

D. Epilog: Das Finanzierungsausschlussverfahren 1519

A. Einführung: Die Erträge des Verfahrens

von Thomas Kliegel und Matthias Roßbach

„Wenngleich sicherlich viele von Ihnen im Raum auf einen anderen Ausgang des Verfahrens gehofft haben, wäre es doch verfehlt, Wert und Bedeutung des Verfahrens allein vom konkreten Ergebnis her zu beurteilen. Sein Ertrag reicht deutlich weiter. Nachdem das erste Verbotsverfahren gegen die NPD wegen eines unüberwindbaren Verfahrenshindernisses eingestellt werden musste, war nicht klar, ob angesichts der hohen rechtsstaatlichen Anforderungen Parteiverbotsverfahren überhaupt noch praktisch erfolgreich durchführbar sind. Das vorliegende Verfahren hat entsprechende Zweifel beseitigt."[1]

Mit diesen Worten erläuterte der Präsident des Bundesverfassungsgerichts *Prof. Dr. Dres. h.c. Andreas Voßkuhle* der Öffentlichkeit bei der Verkündung am 17. Januar 2017 das bis dato umfangreichste Urteil des Bundesverfassungsgerichts. Die politische Bedeutung dieses Verfahrens war nicht nur aufgrund der vergleichsweise hohen Medienaufmerksamkeit für Verhandlung und Urteilsverkündung geradezu handgreiflich, sondern auch wegen seines Gegenstandes: Mehr als 60 Jahre nach dem letzten Parteiverbot[2] hatte das Bundesverfassungsgericht erstmals wieder über ein Parteiverbot in der Sache zu entscheiden. Damit mussten die Verfahrensbeteiligten und der Senat auf einen Schlag eine Aufgabe erfüllen, die in anderen Materien des Verfassungsrechts durch sechs Jahrzehnte schrittweise voranschreitende Verfassungsrechtsjudikatur geleistet wird: die materielle Aktualisierung der verfassungsrechtlichen Maßstäbe für die Herausforderungen des 21. Jahrhunderts. Die besondere Problematik lag allerdings nicht allein im materiellen Bereich, sondern auch und gerade im Verfahren: Das Bundesverfassungsgericht hatte mit seinem Einstellungsbeschluss im ersten NPD-Verbotsverfahren[3] im Jahr 2003 zwar definiert, wie ein Verbotsverfahren *nicht* durchgeführt werden sollte. Wie die Anforderungen an die Rechtsstaatlichkeit des Verfahrens von einem Antragsteller konkret umgesetzt werden sollen und ob sie umsetzbar sind, blieb jedoch offen.

Es waren also Fragen zu klären, die weit über das Ergebnis des Verfahrens selbst hinausgingen. Das Verfahren betraf nichts weniger als die prozeduralen und materiellen Voraussetzungen eines Kernelements der wehrhaften Demokratie des Grundgesetzes.

Im Ergebnis hat das zweite NPD-Verbotsverfahren nicht nur neue Maßstäbe im Bereich der materiellen Tatbestandsvoraussetzungen aufgestellt, sondern das Parteiverbotsverfahren insgesamt handhabbar gestaltet und dadurch neuer praktischer Relevanz zugeführt.

Der Antragsteller hat sowohl umfangreiche behördliche Verfahren zur Einhaltung der rechtsstaatlichen Verfahrensvoraussetzungen (Staatsfreiheit, Quellenfreiheit, keine

---

[1] Eingangsstatement des Präsidenten bei der Urteilsverkündung am 17. Januar 2017, vgl. unten C.III.1 (S. 1281).
[2] BVerfGE 5, 85 (KPD-Verbot).
[3] BVerfGE 107, 339.

Ausspähung des Antragsgegners) entwickelt als auch Wege zum Beleg dieser Voraussetzungen im Gerichtsverfahren gefunden. Diese wurden vom Senat anerkannt und können somit für zukünftige Anträge herangezogen werden. Unter Zuhilfenahme der Maßstäbe des Senats zum Gebot strikter Staatsfreiheit kann eine Partei in Zukunft zudem weiter staatlicherseits beobachtet werden, ohne dass ein Verfahrenshindernis in einem späteren Parteiverbots- oder Finanzierungsausschlussverfahren droht.

Auch die tatbestandlichen Voraussetzungen des Art. 21 Abs. 2 GG wurden so konkretisiert, dass zukünftige Anträge sich daran orientieren können. Doch die Wirkungen dieser Konkretisierung gehen über das Parteiverbotsverfahren hinaus: Das Urteil des Zweiten Senats enthält eine Neudefinition des Begriffs der „freiheitlichen demokratischen Grundordnung" mit einem klaren Fokus auf den Prinzipien Menschenwürde, Demokratie und Rechtsstaatlichkeit. Diese Neudefinition wird Auswirkungen auf die Arbeit von Behörden – insbesondere Verfassungsschutzbehörden – und Gerichten haben.

Das Urteil ist zugleich auch ein klarer Hinweis an Parteien, in denen extremistische Ausfälle vorkommen oder die extremistische Flügel dulden. Ihnen wird die Grenze des verfassungsrechtlich Zulässigen aufgezeigt und zugleich vor Augen geführt, dass ihnen Äußerungen sowie Handlungen zugerechnet werden können und ein Verbotsverfahren kein stumpfes Schwert ist. Damit definiert das Urteil den Rahmen des politischen Diskurses in Deutschland.

Schließlich hat das Urteil Anlass zur Schaffung eines neuen verfassungsgerichtlichen Verfahrens, des Finanzierungsausschlussverfahrens, gegeben, das nun im neuen Art. 21 Abs. 3 GG verankert ist.[4]

I. Verfahrenshindernisse

Eine der entscheidenden Fragen im zweiten Verbotsverfahren war von vornherein das etwaige Vorliegen von – dem ersten NPD-Verbotsantrag des Jahres 2001 zum Verhängnis gewordenen – Verfahrenshindernissen.

1. Herausforderungen

Die maßgebliche Herausforderung, die sich für den Antragsteller schon vor Verfahrensbeginn stellte, lag darin, die Anforderungen des Einstellungsbeschlusses aus dem ersten NPD-Verbotsverfahren (2001–2003)[5] handhabbar zu machen. Anders als in der allgemeinen Öffentlichkeit wahrgenommen, umfasst die Sicherstellung eines rechtsstaatlichen Verfahrens nach den im damaligen Einstellungsbeschluss aufgestellten Maßstäben weit mehr als nur das rechtzeitige Abschalten von V-Leuten auf Führungsebene. Es erfordert darüber hinaus die Quellenfreiheit des gesamten vorgelegten Beweismaterials sowie eine Unterbindung jeglicher Entgegennahme von verfahrensrelevanten Informationen durch Sicherheitsbehörden („keine Prozessausspähung"). Was dies jedoch im Einzelnen bedeutet und wie dies praktisch von den Behörden umgesetzt werden sollte, konnte und musste das Gericht im Jahr 2003 nicht beantworten. Genau diese Fragen stellten sich jedoch für den Verbotsantrag des Jahres 2013. Dies betraf unter anderem die

---
[4] Vgl. dazu unten D (S. 1519).
[5] BVerfGE 107, 339; vgl. dazu im Einzelnen unten B (S. 25).

genaue Definition der Quellenfreiheit in zahlreichen Fällen – beispielsweise bei Belegen, die auf einer Homepage stehen und deren Autor nicht benannt ist. Vor allem jedoch war zu klären, wie genau die Überprüfung auf Quellenfreiheit erfolgen sollte. Denn für die Quellenfreiheit genügt nicht, dass die an einem Beleg Mitwirkenden keine Quellen der Verfassungsschutzbehörde sind, die den Beleg geliefert hat. Sie durften keine Quellen *irgendeiner* staatlichen Behörde sein. Daher waren vom Antragsteller Verfahren zu entwickeln, mit denen alle quellenführenden staatlichen Behörden in Bund und Ländern – sämtliche Nachrichtendienste des Bundes und der Länder sowie die Bundespolizeibehörden und die Polizeibehörden der 16 Länder – alle in der Antragsschrift und den weiteren Schriftsätzen verwendeten Belege auf Quellenfreiheit überprüften. Um eine Prozessausspähung effektiv zu verhindern, musste der Antragsteller zudem sicherstellen, dass in sämtlichen Sicherheitsbehörden des Bundes und der Länder keine verfahrensrelevanten Informationen verwertet wurden. Die Erfüllung dieser Voraussetzungen musste nicht nur rechtzeitig vor dem Verfahrensbeginn garantiert werden, sondern auch während der gesamten Dauer des Verfahrens. Daher musste der Antragsteller etwa Regelungen für den Fall entwickeln, dass sich abgeschaltete V-Leute wieder bei den Sicherheitsbehörden melden oder dass versehentlich – etwa im Rahmen einer rechtmäßigen Überwachungsmaßnahme – verfahrensrelevante Informationen entgegengenommen werden.

Neben der Sicherstellung der prozeduralen Voraussetzungen lag eine weitere Herausforderung darin, diese vor Gericht zu belegen. Nachdem der Senat dem Antragsteller mit Hinweisbeschluss vom 19. März 2015[6] diese Darlegung „in geeigneter Weise" aufgetragen hatte, dokumentierte der Antragsteller seine Maßnahmen mit Schriftsatz vom 13. Mai 2015.[7] Die Schwierigkeit lag dabei nicht nur darin, dass es sich teilweise um negative Tatsachen handelte, die zu belegen waren, sondern vor allem in dem erforderlichen Schutz der Arbeitsweise von Nachrichtendiensten. Eine vollständige Akteneinsicht hätte nicht nur die Funktionsfähigkeit der Nachrichtendienste langfristig beschädigt, sondern auch Leib und Leben ehemaliger V-Leute. Daher hatte der Antragsteller Wege zum Beleg der prozeduralen Voraussetzungen zu entwickeln, die diesen mit dem Beweisinteresse konfligierenden Rechtsgütern gerecht wurden.

Der Senat hatte nicht nur die vom Antragsteller entwickelten Verfahren zur Sicherstellung der Verfahrensvoraussetzungen sowie die Verwertbarkeit der vorgelegten Belege zu beurteilen, sondern darüber hinaus auch die Maßstäbe klarzustellen, um diese für die Zukunft handhabbar zu machen. Dabei stellten sich zahlreiche Einzelfragen sowie die grundsätzliche Frage nach den Maßstäben für die Einstellung eines Parteiverbotsverfahrens. Diesbezüglich ergab sich gerade aus den beiden divergierenden Voten des ersten NPD-Verbotsverfahrens aus dem Jahr 2003 eine besondere Herausforderung.

2. Maßstäbe für die Einstellung eines Parteiverbotsverfahrens

Der Senat hat sich insoweit an das Votum der entscheidungstragenden Senatsminderheit angelehnt, dessen Strenge jedoch im Sinne der damaligen (nicht entscheidungstra-

---

[6] Siehe unten C.I.20 (S. 320).
[7] Siehe unten C.I.21 (S. 324).

genden) Senatsmehrheit abgemildert und im Übrigen Unklarheiten und Widersprüchlichkeiten beseitigt.[8]

Die grundsätzliche Existenz von Verfahrenshindernissen im Verfassungsprozess hat der Senat unter Rückgriff auf die Entscheidung im ersten NPD-Verbotsverfahren bestätigt.[9] Er hat allerdings betont, dass eine Verfahrenseinstellung lediglich als *ultima ratio* in Betracht kommt und im Parteiverbotsverfahren einen Verfassungsverstoß von erheblichem Gewicht voraussetzt.[10] Ein solcher liegt insbesondere vor, wenn gegen das aus Art. 21 Abs. 1 und 2 i. V. m. Art. 20 Abs. 3 GG folgende Gebot freier und selbstbestimmter Willensbildung und Selbstdarstellung der Partei vor dem Bundesverfassungsgericht verstoßen wird.[11] Dieses Gebot strikter Staatsfreiheit wird durch den Einsatz von V-Leuten oder Verdeckten Ermittlern auf den Führungsebenen der Partei während des laufenden Verbotsverfahrens (Staatsfreiheit) ebenso verletzt[12] wie durch einen Verbotsantrag, der im Wesentlichen auf Materialien und Sachverhalte gestützt wird, deren Zustandekommen durch staatliche Quellen beeinflusst worden sei (Quellenfreiheit)[13]. Ein Verfassungsverstoß von erheblichem Gewicht liegt schließlich auch dann vor, wenn ein mit dem Grundsatz des fairen Verfahrens unvereinbares Ausspähen der Prozessstrategie der betroffenen Partei mit nachrichtendienstlichen Mitteln erfolgt.[14]

Mit der Feststellung eines Verfassungsverstoßes von erheblichem Gewicht ist aber nur die erste Prüfungsstufe, das Vorliegen eines Verfahrenshindernisses, erfüllt. Auf einer zweiten Prüfungsstufe ist anschließend eine Abwägung zwischen den rechtsstaatlichen Verfahrensanforderungen einerseits und dem Präventionszweck des Verbotsverfahrens andererseits durchzuführen.[15] Hier geht es letztlich um die Frage der (Un-) Behebbarkeit des Verfahrenshindernisses, d. h. ob das Verbotsverfahren trotz des Verfahrenshindernisses fortzusetzen ist. Das ist – vereinfacht gesprochen – je eher der Fall, desto weniger schwer der Verfassungsverstoß wiegt und desto größer die von der betroffenen Partei ausgehende Gefahr für die freiheitliche demokratische Grundordnung ist.[16] Hiermit etablierte der Senat unter Rückgriff auf das dem Grundgesetz innewohnenden Prinzip der wehrhaften Demokratie ein Regel-Ausnahme-Verhältnis in Bezug auf die Wirkung von Verfahrenshindernissen und behält es sich vor, abhängig vom konkreten Einzelfall zu entscheiden.

3. Die Anforderungen im Einzelnen

a) Staatsfreiheit

Schon aus dem Votum der entscheidungstragenden Senatsminderheit im ersten NPD-Verbotsverfahren ergab sich, dass der Einsatz von V-Leuten oder Verdeckten Ermitt-

---

[8] Vgl. hierzu unten B (S. 25).
[9] Urteil Rn. 402 f. (S. 1381).
[10] Urteil Rn. 404 (S. 1382).
[11] Urteil Rn. 405 (S. 1382) unter Bezugnahme auf die entscheidungstragende Senatsminderheit im ersten NPD-Verbotsverfahren, siehe unten B.II.1 (S. 27).
[12] Urteil Rn. 406 ff. (S. 1382).
[13] Urteil Rn. 410 ff. (S. 1383).
[14] Urteil Rn. 415 ff. (S. 1384).
[15] Urteil Rn. 425 (S. 1386).
[16] Vgl. Urteil Rn. 426 (S. 1387).

lern auf den Führungsebenen der Partei während des laufenden Verbotsverfahrens mit dem Gebot strikter Staatsfreiheit unvereinbar ist. Auf eine tatsächliche Einflussnahme kommt es dabei nicht an.[17] Der Zweite Senat hat diese Auffassung bestätigt, die Anforderungen an das Vorliegen eines solchen Einsatzes mit Blick auf die Definition der „Abschaltung", den von dieser notwendig umfassten Zeitraum, das Verbot der Nachsorge sowie die betroffenen Ebenen aber präzisiert und damit für künftige Verfahren Rechtsklarheit geschaffen. Ein künftiger Antragsteller kann sich daran orientieren und hat es selbst in der Hand, einen Verstoß auszuschließen.

Die „Abschaltung" von V-Leuten – also die Beendigung jeglicher Beziehungen zwischen der Sicherheitsbehörde und der vormaligen V-Person – bzw. der Rückzug von Verdeckten Ermittlern muss spätestens mit der öffentlichen Bekanntmachung der Absicht, einen Verbotsantrag zu stellen, erfolgen.[18] Dabei dürfte es sich regelmäßig um den Beschluss in dem Entscheidungsgremium des jeweiligen Antragstellers handeln. Die „Abschaltung" muss endgültig sein, die gewöhnlich stattfindende „Nachsorge" muss ausfallen. Zufällige Kontakte mit den abgeschalteten V-Personen, Kontaktversuche von diesen oder Kontakte, die dem unmittelbaren Schutz von Leib und Leben der Quellen dienen, begründen noch keinen Verfassungsverstoß von erheblichem Gewicht; diese sind aber zu dokumentieren.[19] Mit sofortiger Wirkung abzuschalten sind schließlich auch V-Leute, die nach dem genannten Zeitpunkt in eine Führungsebene aufrücken.[20]

Umstritten war im zweiten Verbotsverfahren, ob auch bei V-Leuten ein „Zurückziehen" erforderlich ist. Der Senat hat sich insofern der Auffassung des Antragstellers angeschlossen, dass ein „Zurückziehen" nur bei Verdeckten Ermittlern in Betracht kommt, bei V-Leuten hingegen das „Abschalten" genügt.[21] Dies liegt darin begründet, dass nur Verdeckte Ermittler Bedienstete des Staates sind. Ein Zurückziehen von V-Leuten kommt nicht in Betracht, weil mit der Abschaltung jegliche Beziehung zwischen der Sicherheitsbehörde und der vormaligen V-Person beendet ist, die Sicherheitsbehörde also auch keinen Einfluss mehr auf ihr Verhalten hat.

Zudem war im zweiten NPD-Verbotsverfahren die Frage umstritten, auf welche Ebene innerhalb der Partei sich die erforderliche Staatsfreiheit bezieht. Der Antragsteller hat sich insofern an den Maßstäben des Einstellungsbeschlusses des Jahres 2003 orientiert und nur Bundes- und Landesvorstandsmitglieder der Partei oder einer Teilorganisation der Partei als hiervon erfasst angesehen.[22] Die Antragsgegnerin hat hingegen – erfolglos – eine Erweiterung[23] u. a. auf Fraktionsmitglieder und -mitarbeiter sowie Parteitagsdelegierte gefordert. Zu den Führungsebenen in diesem Sinne zählen somit weder Bezirks-, Kreis- und Ortsverbände, kommunale Mandatsträger, Mitglieder der Landtagsfraktionen und deren Mitarbeiterstäbe noch die Delegierten von Bundes- oder Landesparteitagen.[24] Im Hinblick auf Letztere ist zwar festzustellen, dass der

---

[17] Urteil Rn. 407 (S. 1383).
[18] Urteil Rn. 408 (S. 1383).
[19] Urteil Rn. 456 f. (S. 1394).
[20] Urteil Rn. 446 (S. 1391).
[21] Urteil Rn. 408 (S. 1383).
[22] Vgl. dazu u. a. den Schriftsatz des Antragstellers vom 7. August 2014, unten C.I.14 (S. 293).
[23] Vgl. dazu den Schriftsatz der Antragsgegnerin vom 13. Juni 2014, unten C.I.12 (S. 280).
[24] Urteil Rn. 439 f. (S. 1390).

Parteitag gemäß § 9 Abs. 1 S. 1 PartG das oberste Organ der Partei ist, dieser bestimmt jedoch erst mit der Wahl des Parteivorstands das führende Organ der Partei.[25] Das Vorstandswahlrecht macht die Delegierten nicht selbst zu Mitgliedern der Führungsebene.

Der Senat hat zudem klargestellt, dass staatliche Überwachung durch den Einsatz von V-Leuten und Verdeckten Ermittlern auf unteren Ebenen der Partei oder durch andere nachrichtendienstliche Mittel auch im laufenden Parteiverbotsverfahren weiterhin möglich ist.[26] Somit ist die Arbeit der Verfassungsschutzbehörden auch nicht in einer Weise beeinträchtigt, die eine Überwachung der Partei völlig ausschließen und sie jeder staatlichen Kontrolle entziehen würde.

Anders als die Minderheitsmeinung im ersten NPD-Verbotsverfahren führt aus Sicht des Senats das Vorhandensein einer einzigen nicht abgeschalteten V-Person nicht zwangsläufig zu einem unbehebbaren Verfahrenshindernis und damit zur Einstellung des Verbotsverfahrens. Zwar ergab sich diese Problematik im zweiten NPD-Verbotsverfahren nicht, da keine V-Personen auf der Führungsebene mehr vorhanden waren. Jedoch stellte der Senat für künftige Verfahren klar, dass selbst bei Vorhandensein einer V-Person auf Führungsebene zunächst auf der zweiten Prüfungsstufe die angesprochene Abwägung zwischen den rechtsstaatlichen Verfahrensanforderungen und dem Präventionszweck des Verfahrens vorzunehmen ist. Hierbei dürfte neben der von der Partei ausgehenden Gefahr eine Rolle spielen, ob es sich nur um eine einzige V-Person handelt, ob der Staat die Abschaltung vorsätzlich oder fahrlässig unterlassen hat, inwiefern diese tatsächlichen Einfluss hatte und seit wann sie Teil der Führungsebene welcher (Teil-)Organisation war.[27]

b) Quellenfreiheit der Beweismittel

Entsprechend dem Einstellungsbeschluss des Jahres 2003 stellte auch der Senat im Jahr 2017 fest, dass die Begründung eines Verbotsantrags nicht auf Beweismaterialien gestützt werden darf, deren Entstehung zumindest teilweise auf das Wirken von V-Leuten oder Verdeckten Ermittlern zurückzuführen ist, sog. Quellenfreiheit.[28] Der Senat zieht allerdings großzügigere Grenzen für die Quellenfreiheit als die entscheidungstragende Senatsminderheit im ersten NPD-Verbotsverfahren: Demnach führt die „Kontamination" des Beweismaterials durch staatliche Quellen erst dann zu einem unbehebbaren Verfahrenshindernis, wenn die restliche (quellenfreie) Tatsachengrundlage für die Durchführung des Verfahrens nicht mehr ausreicht.[29]

Die Frage, wann genau ein Beweismittel nicht als quellenfrei zu gelten hat, war jedoch im ersten NPD-Verbotsverfahren nicht abschließend beantwortet worden. Hier oblag es dem Antragsteller des zweiten Verbotsverfahrens, eine Systematik zu entwickeln, die auf die zahlreichen unterschiedlichen Arten von Belegen anwendbar war.

---

[25] Urteil Rn. 440 (S. 1390).
[26] Urteil Rn. 409 (S. 1383).
[27] Vgl. Urteil Rn. 426 (S. 1387).
[28] Urteil Rn. 410 ff. (S. 1383).
[29] Urteil Rn. 414 (S. 1384). Selbst die Unverwertbarkeit des Parteiprogramms muss nicht zur Einstellung des Verfahrens führen (Rn. 473 [S. 1396]). Der Senat bezieht sich hier auf die insoweit großzügigere nicht entscheidungstragende Senatsmehrheit im ersten NPD-Verbotsverfahren (dort BVerfGE 107, 339 ⟨379⟩).

Dies erfolgte vor Beginn des Verbotsverfahrens und fand seinen Niederschlag in der Antragsschrift in Form einer Kategorisierung von Belegen, auf die sich Testate der Innenminister von Bund und Ländern zur Quellenfreiheit bezogen:

„Die Quellenfreiheit der verwendeten Belege wird nach zwei Kategorien differenziert bestätigt: Bei Belegen der *Kategorie 1* handelt es sich um Material, bei dem eine inhaltliche Quellenrelevanz vollständig ausgeschlossen werden kann. Hierzu wird vom Bund und von den Ländern bestätigt, dass die Person, der das jeweilige Beweismittel als Autor oder Urheber inhaltlich zuzurechnen ist, nach dem 1. Januar 2003 keine zur Ausforschung der NPD eingesetzte Quelle des Verfassungsschutzes oder der Polizei eines Landes oder des Bundes im Sinne von Verdeckten Ermittlern, Under-Cover-Agents oder Vertrauenspersonen war oder ist.

Belege der *Kategorie 2* haben keine eindeutig einer Person zuzurechnende Urheberschaft. Für dieses Material bestätigen Bund und Länder eine inhaltliche Quellenfreiheit dergestalt, dass zum Zeitpunkt, zu dem das Beweismittel entstand (Datum der Veröffentlichung oder bei Internet-Veröffentlichungen der Zeitpunkt des Abrufs durch die Sicherheitsbehörden), in dem hierfür verantwortlichen Personenkreis (z. B. Vorstand oder Redaktion) der Organisation (z. B. Orts-, Kreis-, Landes- oder Bundesverband der NPD, JN-Stützpunkt oder Verlagsgesellschaft), der das Beweismittel inhaltlich zuzuordnen ist, weder vom Verfassungsschutz noch von der Polizei des für die Beobachtung jeweils zuständigen Landes oder des Bundes Quellen im Sinne von Verdeckten Ermittlern, Under-Cover-Agents oder Vertrauenspersonen zur Erforschung der NPD zielgerichtet eingesetzt oder geführt wurden."[30]

Der zweite Senat hat diese Kategorisierung im Urteil übernommen und somit zugleich auch für künftige Verbotsverfahren bestätigt.[31] Damit ist eine Vorgehensweise etabliert worden, die das Kriterium der Quellenfreiheit systematisiert und damit für die Zukunft handhabbar macht. Das ändert freilich nichts an dem erheblichen Aufwand, den die Bestätigung der Quellenfreiheit jedes Belegs für die Sicherheitsbehörden bedeutet – zumal der Antragsteller die Quellenfreiheit für jeden Beleg nach dem o. a. Muster durch sämtliche Sicherheitsbehörden in Bund und Ländern und damit einschließlich der Polizeibehörden überprüft hat. Dieser Standard dürfte auch in zukünftigen Verfahren gelten.

Gegenstand besonderer Erörterungen war im NPD-Verbotsverfahren die Frage, ob und wie das Kriterium der Quellenfreiheit auf das Parteiprogramm anzuwenden ist, das grundsätzlich die zentrale politische Überzeugung der Partei widerspiegelt und damit regelmäßig ein Hauptbeweismittel darstellt.[32] Problematisch daran ist nach der soeben dargestellten Differenzierung, dass das Parteiprogramm häufig vom Parteitag beschlossen wird, auf dem in einer als verfassungsfeindlich unter Beobachtung stehenden Partei aller Wahrscheinlichkeit nach V-Leute anwesend sind,[33] was wiederum regelmäßig zur Unverwertbarkeit des Parteiprogramms in Verbotsverfahren führen würde. Dies erschiene angesichts der großen Gruppe der Verantwortlichen für das Parteipro-

---

[30] Antragsschrift vom 1. Dezember 2013, siehe unten C.I.1 (S. 39).
[31] Urteil Rn. 467 ff. (S. 1395).
[32] Urteil Rn. 648 (S. 1440).
[33] Dies galt auch im zweiten NPD-Verbotsverfahren; vgl. dazu den Schriftsatz des Antragstellers vom 13. Mai 2015, unten C.I.21 (S. 324).

gramm unverhältnismäßig. Daher hat der Senat entschieden, dass trotz der Teilnahme einiger V-Leute (unterhalb der Führungsebene) an dem Parteitag, der das Parteiprogramm beschließt, eine Zurechnung des Parteiprogramms unter bestimmten Voraussetzungen zulässig ist:

Die Frage der Zurechenbarkeit ist zunächst abhängig von der Anzahl der V-Leute, die als Delegierte mit über das Programm abgestimmt haben, im Verhältnis zu den übrigen Abstimmenden. Erreichen diese einen signifikanten Anteil,[34] so spricht – vorbehaltlich einer Gesamtwürdigung, insbesondere eines späteren Zueigenmachens – vieles für die Unverwertbarkeit des Parteiprogramms. Noch entscheidender ist allerdings die Frage, ob die anwesenden V-Leute prägenden Einfluss auf das Programm genommen haben.[35] Dies ist z. B. der Fall, wenn sie Mitglied einer Programmkommission oder eines das Programm besonders prägenden Landesvorstands gewesen waren oder auf dem Parteitag selbst durch Anträge erfolgreich auf den Inhalt des Programms Einfluss genommen haben. Im letzteren Fall wäre auch die Art der Einflussnahme bzw. der Anträge zu prüfen.

Die Zurechnung konnte jedoch im Falle des NPD-Parteiprogramms auch unabhängig von dem tatsächlichen Einfluss von V-Leuten erfolgen, da die Parteiführung das Programm wiederholt bestätigte und jegliche Distanzierung im Nachhinein ausblieb.[36]

c) Keine Ausspähung der Prozessstrategie der Antragsgegnerin

Der Senat hat im zweiten NPD-Verbotsverfahren den Grundsatz des fairen Verfahrens über die Kriterien Staatsfreiheit und Quellenfreiheit hinaus präzisiert: Dieser garantiert den Schutz vor Maßnahmen, die den freien Kontakt zwischen der Partei und ihrem Verfahrensbevollmächtigten behindern, und steht einer Verwendung von Informationen über die Prozessstrategie der Partei, die mit nachrichtendienstlichen Mitteln erhoben wurden, entgegen.[37] Wird die Verfahrensstrategie der betroffenen Partei im Verbotsverfahren gezielt ausgeforscht oder werden Kenntnisse über diese zufällig durch den Einsatz nachrichtendienstlicher Mittel erlangt und sodann verwendet, führt dies grundsätzlich – bei Erheblichkeit des Verfassungsverstoßes – zu einem unbehebbaren Verfahrenshindernis.

Der Grundsatz des fairen Verfahrens schließt jedoch nicht die nachrichtendienstliche Beobachtung einer verfassungsfeindlichen Partei im Verbotsverfahren aus.[38] Vielmehr sind in Anlehnung an das strafrechtliche Ermittlungsverfahren Vorkehrungen zu treffen, dass Erkenntnisse zur Verfahrensstrategie der Partei nicht erhoben werden bzw., falls sie dennoch zufällig erlangt werden, nicht zu ihren Lasten verwendet werden.[39]

Die Erfüllung dieser Anforderungen hatte der Antragsteller im zweiten NPD-Verbotsverfahren durch Weisungen in allen relevanten Sicherheitsbehörden sichergestellt.

---

[34] Auf dem relevanten NPD-Programmparteitag waren 9 von 187 Delegierten V-Leute, Urteil Rn. 151 (S. 1338). Das Urteil enthält keine konkreten Angaben zu prozentualen Grenzen. Letztlich ist die Frage der Verwertbarkeit eine des konkreten Einzelfalls und einer Gesamtwürdigung.
[35] Vgl. Urteil Rn. 650 (S. 1440).
[36] Vgl. Urteil Rn. 651 (S. 1441).
[37] Urteil Rn. 415 (S. 1384).
[38] Urteil Rn. 418 (S. 1385).
[39] Urteil Rn. 419 (S. 1385).

Dazu hatten Bund und Länder zunächst im Rahmen einer Arbeitsgruppe Musterweisungen entwickelt und vereinbart, diese in den Sicherheitsbehörden des Bundes und aller Länder anzuwenden.[40] So wurden die Sicherheitsbehörden in Bund und Ländern angewiesen, keine die Prozessstrategie der Antragsgegnerin betreffende Informationen zu beschaffen oder entgegenzunehmen und jeden Versuch einer entsprechenden Erkenntniszuführung zurückzuweisen sowie die Zurückweisung zu dokumentieren.[41] Gleiches galt für die Sicherstellung der privilegierten Stellung des oder der jeweiligen Verfahrensbevollmächtigten ab dem Zeitpunkt der Anzeige ihrer Bevollmächtigung insbesondere im Hinblick auf die in § 3b Abs. 1 G 10 und § 160a Abs. 1 StPO normierten Einschränkungen.[42] Die so vom Antragsteller hergestellte Weisungslage wurde vom Senat im Urteil als ausreichend befunden, um ein faires Verfahren sicherzustellen[43], so dass diese behördliche Praxis auch bei zukünftigen Verbotsverfahren Anwendung finden kann.

Sind hinreichende Weisungen zeitig erfolgt, so führen Verstöße gegen diese, soweit mit ihnen konsequent umgegangen wird, nicht notwendig zu einem Verstoß gegen den Grundsatz des fairen Verfahrens. So wurde im NPD-Verbotsverfahren entgegen der Weisungslage in einem Bundesland durch eine G 10-Maßnahme eine Randerkenntnis zum Verbotsverfahren erlangt und an andere Verfassungsschutzbehörden weitergeleitet.[44] Die Informationen wurden jedoch vernichtet bzw. gesperrt und – das ist das Entscheidende – nicht an den Antragsteller bzw. seine Verfahrensbevollmächtigten weitergereicht und damit nicht verwendet.[45] Denn für den Verstoß gegen den Grundsatz des fairen Verfahrens ist ein „Verwenden" der Informationen erforderlich. Dass erhobene Informationen nicht verwendet wurden, ist allerdings vom Antragsteller zu beweisen.[46]

d) Beleg der Verfahrensvoraussetzungen

Der Beleg der Erfüllung der unter a) bis c) dargestellten Verfahrensvoraussetzungen spielte im NPD-Verbotsverfahren eine zentrale Rolle. Der Senat forderte den Antragsteller mit Hinweisbeschluss vom 19. März 2015 dazu auf, „in geeigneter Weise" zu belegen, dass die V-Personen auf Führungsebene abgeschaltet wurden, dass keine Nachsorge erfolgte und dass sichergestellt ist, dass keine Ausspähung der Prozessstrategie der Antragsgegnerin erfolgt.[47]

Vorbilder für eine solche Beweisführung gab es nicht. Im ersten NPD-Verbotsverfahren musste diese Frage nicht thematisiert werden, weil die fehlende Staatsfreiheit vom

---

[40] Vgl. dazu den Schriftsatz des Antragstellers vom 13. Mai 2015, unten C.I.21 (S. 324).
[41] Vgl. dazu den Schriftsatz des Antragstellers vom 13. Mai 2015, unten C.I.21 (S. 324).
[42] Vgl. dazu den Schriftsatz des Antragstellers vom 13. Mai 2015, unten C.I.21 (S. 324).
[43] Vgl. Urteil Rn. 474 ff. (S. 1396).
[44] Vgl. dazu den Schriftsatz des Antragstellers vom 13. Mai 2015, unten C.I.21 (S. 324) sowie Urteil Rn. 145 (S. 1337).
[45] Die Verfahrensbevollmächtigten des Antragstellers haben im zweiten NPD-Verbotsverfahren ausdrücklich versichert, keinerlei Informationen zur Prozessstrategie der Antragsgegnerin erhalten zu haben; vgl. dazu den Schriftsatz vom 13. Mai 2015, unten C.I.21 (S. 324), siehe auch Urteil Rn. 478 (S. 1397).
[46] Vgl. unten A.IV (S. 21).
[47] Siehe unten C.I.20 (S. 320).

Antragsteller selbst eingeräumt worden war.[48] Aus Sicht der Antragsgegnerin war der naheliegende Beweis der Staats- und Quellenfreiheit die Vorlage sämtlicher relevanter Akten der Verfassungsschutzbehörden durch den Antragsteller.[49] Dies hätte jedoch zwangsläufig sowohl die Arbeitsweisen des Verfassungsschutzes öffentlich gemacht als auch die Klarnamen der ehemaligen V-Personen. Dadurch wären sowohl die Funktionsfähigkeit des Verfassungsschutzes als auch Leib und Leben sowie die soziale Existenz und damit Grundrechte ehemaliger V-Personen bedroht gewesen,[50] so dass eine Offenlegung sämtlicher relevanter Akten nicht in Betracht kam. Ein *in-camera*-Verfahren – das zeigte bereits der Hinweisbeschluss vom 19. März 2015 – wollte der Senat nicht zulassen.[51]

Damit oblag es dem Antragsteller, Möglichkeiten zu finden, die – teils negativen – Tatsachen zu belegen. Hierzu nutzte der Antragsteller eine Kombination mehrerer Beweismittel:

Erstens dienten Testate der Innenminister von Bund und Ländern – sowie Untertestate der Leiter der relevanten Bundesoberbehörden – schon in der Antragsschrift[52] als Grundlage des Belegs. Darin erklärten diese übereinstimmend, dass spätestens seit der Bekanntmachung der Absicht, einen Verbotsantrag zu stellen, in den Vorständen der Antragsgegnerin und ihrer Teilorganisationen (Junge Nationaldemokraten [JN], Kommunalpolitische Vereinigung [KPV] und Ring Nationaler Frauen [RNF]) keine Quellen im Sinne von Verdeckten Ermittlern, Under-Cover-Agents oder V-Leuten eingesetzt werden. Zudem gaben sie in den Testaten die oben (S. 7) bereits zitierten Erklärungen zur Quellenfreiheit ab.

Zweitens legte der Antragsteller mit Schriftsatz vom 13. Mai 2015[53] interne Vermerke, Weisungen, Erlasse, Gesprächsprotokolle, E-Mails und andere Inhalte von Akten der Sicherheitsbehörden des Bundes und der Länder offen, die bisher der Geheimhaltung unterlagen. Zugleich stellte er nicht nur interne Arbeitsabläufe der Sicherheitsbehörden in Bezug auf V-Personen dar, sondern nannte auch die Anzahl der abgeschalteten V-Personen in Bund und Ländern. Auch wenn die Vorgänge so geschwärzt waren, dass eine Identifizierung von Klarnamen von V-Personen sowie von Mitarbeitern der Sicherheitsbehörden ausgeschlossen werden konnte, war dieser Vorgang insbesondere für die Sicherheitsbehörden beispiellos, weil Teile ihrer Arbeitsweise vor allem im Umgang mit V-Personen erstmals derart detailliert offengelegt wurden. So wurden etwa Abschalterklärungen und Abschaltprotokolle vorgelegt, aus denen deutlich wurde, wie die Abschaltung einer V-Person abläuft, so dass auch Einzelheiten der Führung von V-Personen offenbar wurden. Darüber hinaus legte der Antragsteller interne Weisungen offen, aus denen sich ergab, dass alle zuständigen Mitarbeiter angewiesen waren, keine Nachsorge hinsichtlich abgeschalteter V-Personen zu betreiben und keine Informationen aus nachrichtendienstlichen Quellen zur Prozessstrategie der NPD oder ih-

---

[48] Siehe unten B (S. 25).
[49] Vgl. Schriftsatz der Antragsgegnerin vom 25. März 2014, unten C.I.8 (S. 243).
[50] In der mündlichen Verhandlung wurden mögliche Konsequenzen einer Offenlegung der Akten unter anderem durch die Präsidentin des Landesamtes für Verfassungsschutz von Baden-Württemberg Bube dargelegt; vgl. unten C.II.1.b (S. 944 ⟨976⟩).
[51] So auch bereits die entscheidungstragende Senatsminderheit im ersten NPD-Verbotsverfahren, vgl. BVerfG, Beschluss vom 18.03.2003 –2 BvB 1/01, 2 BvB 2/01, 2 BvB 3/01, Rn. 92.
[52] Vgl. dazu die Antragsschrift vom 1. Dezember 2013, unten C I.1 (S. 39).
[53] Vgl. den Schriftsatz des Antragstellers vom 13. Mai 2015, unten C.I.21 (S. 324).

rem Verfahrensbevollmächtigten entgegenzunehmen bzw. zu verwerten. Dies betraf alle Sicherheitsbehörden der 16 Länder und des Bundes, deren Weisungslage in separaten Konvoluten durch Vorlage interner Kommunikation dokumentiert wurde.

Drittens bot der Antragsteller dem Senat die Zeugenaussage der Leiter der Sicherheitsbehörden aller Länder sowie der entsprechenden verantwortlichen Personen im Bund an. In der mündlichen Verhandlung waren auf Betreiben der Verfahrensbevollmächtigten des Antragstellers die Leiter der Verfassungsschutzbehörden sowie hochrangige Vertreter der Polizei aller Länder und des Bundes anwesend. Sie wurden teilweise vom Senat als Auskunftspersonen befragt, erläuterten die Vorgehensweise und erklärten auch kritische Einzelfälle.[54]

Schließlich erklärten die Verfahrensbevollmächtigten des Antragstellers, dass ihnen – abgesehen von den für jedermann zugänglichen, öffentlichen Äußerungen des Verfahrensbevollmächtigten der Antragsgegnerin – keine Informationen zur Prozessstrategie der Antragsgegnerin vorliegen.[55]

Diese Art und Weise des Belegs der Verfahrensvoraussetzungen durch den Antragsteller, der mit einer Kombination der dargestellten Belegarten arbeitete, wurde vom Zweiten Senat geprüft und im Ergebnis für hinreichend befunden.[56] Damit liegen Methoden zum Beweis der Verfahrensvoraussetzungen in Parteiverbotsverfahren vor, die vom Bundesverfassungsgericht gebilligt sind und damit auch in zukünftigen Verfahren Anwendung finden können.

II. Materielle Voraussetzungen des Parteiverbots

Da somit erstmals nach rund 60 Jahren die Sachentscheidungsvoraussetzungen in einem Parteiverbotsverfahren erfüllt waren, sah sich der Senat veranlasst, die materiellen Voraussetzungen aus dem KPD-Urteil des Jahres 1956[57] zu aktualisieren. Von Seiten der Antragsgegnerin wurde vor diesem Hintergrund vorgetragen, dass das Parteiverbot als solches verfassungswidrig sei bzw. seine Funktion verloren habe. Daher hat der Zweite Senat, bevor er sich den einzelnen Tatbestandsvoraussetzungen zuwendete, klargestellt, dass das Parteiverbot Teil des „verfassungsrechtlichen Parteienrechts" ist und weder gegen das in Art. 20 Abs. 2 GG verankerte Demokratieprinzip verstößt, noch Art. 146 GG widerspricht.[58] Letzterer greift nicht dem Inkrafttreten einer neuen Verfassung vor, d. h. auf dem Weg zu einer freien Entscheidung des deutschen Volkes gelten die Garantien des Grundgesetzes.[59] Der Senat betonte somit die Bedeutung der „wehrhaften Demokratie", die er auf die bekannte wie prägnante Kurzformel „keine unbedingte Freiheit den Feinden der Freiheit" bringt.[60] Eine Absage erteilt der Senat ebenso denjenigen, die dem Parteiverbot lediglich transitorischen Charakter zumessen wollen.[61]

---

[54] Vgl. dazu das Protokoll des ersten Verhandlungstages, unten C.II.1 (S. 877).
[55] Schriftsatz vom 13. Mai 2015, unten C.I.21 (S. 324).
[56] Urteil, Rn. 427 ff. (S. 1387).
[57] BVerfGE 5, 85.
[58] Urteil Rn. 515 ff. (S. 1405).
[59] Urteil Rn. 518 (S. 1406).
[60] Urteil Rn. 514 (S. 1405).
[61] Urteil Rn. 519 f. (S. 1407).

Stattdessen ordnet der Senat das Parteiverbot als Norm mit demokratieverkürzendem Ausnahmecharakter ein, bei dessen Auslegung den verfassungsrechtlichen Grundentscheidungen für die Offenheit des Prozesses der politischen Willensbildung, die Meinungsfreiheit und die Parteienfreiheit Rechnung zu tragen ist.[62] Dem kommt der Senat nach, indem er betont, dass die Tatbestandsmerkmale restriktiv auszulegen seien. Da auf diese Weise die Anforderungen an Parteiverbotsverfahren im Vergleich zum KPD-Urteil erhöht wurden, stellte sich die Frage, wie mit Parteien umzugehen ist, die zwar die hohe Hürde des Parteiverbots nicht erfüllen, aber dennoch verfassungsfeindliche Bestrebungen verfolgen. Eine Lösung dieser Frage zeigte der Senat dem verfassungsändernden Gesetzgeber sowohl im Urteil selbst[63] als auch im Eingangsstatement des Präsidenten bei der Urteilsverkündung[64] auf: Es bestehe die Möglichkeit, durch Verfassungsänderung Sanktionen für verfassungsfeindliche Parteien auch unterhalb des Verbots zu schaffen. Hier liegt der Ursprung des Verfahrens zum Ausschluss von verfassungsfeindlichen Parteien von der staatlichen Parteienfinanzierung, das in der Folge durch Einfügen des heutigen Art. 21 Abs. 3 GG in der Verfassung verankert wurde.[65]

Hinsichtlich des Tatbestands des Parteiverbots schafft der Senat mit dem Urteil vom 17. Januar 2017 Rechtsklarheit in Bezug auf sämtliche Tatbestandsmerkmale und schließt ungeschriebene Tatbestandsmerkmale konsequent aus:

1. Die freiheitliche demokratische Grundordnung

Die Definition des Begriffs der „freiheitlichen demokratischen Grundordnung" war eine Hauptfrage des Verfahrens. Seit dem SRP-Urteil von 1952[66] hatte sich eine mehrgliedrige Definition dieses Begriffs etabliert. Der Senat hat diesen Begriff im NPD-Urteil wieder auf seinen Kern zurückgeführt: „Der Begriff der freiheitlichen demokratischen Grundordnung im Sinne von Art. 21 Abs. 2 GG erfordert eine Konzentration auf wenige, zentrale Grundprinzipien, die für den freiheitlichen Verfassungsstaat schlechthin unentbehrlich sind."[67]

Der Senat grenzt den Begriff daher auch von den Elementen des Art. 79 Abs. 3 GG, ausdrücklich dem Republik- und dem Bundesstaatsprinzip, ab.[68] So wird man Ländern mit konstitutioneller Monarchie, wie z.B. dem Vereinigten Königreich, oder Zentralstaaten, wie z.B. Frankreich, eine freiheitliche demokratische Grundordnung nicht absprechen wollen. Der Kern dieser Grundordnung besteht daher aus der Garantie der Menschenwürde, dem Demokratieprinzip und dem Rechtsstaatsprinzip. Aus diesen Grundprinzipien leiten sich weitere Gewährleistungen und Grundrechte ab, wobei im Rahmen des Tatbestands des Art. 21 Abs. 2 S. 1 GG immer auf die Auswirkungen bestimmter Handlungen auf die Kerngarantie abzustellen ist.

---

[62] Urteil Rn. 524 (S. 1408).
[63] Urteil Rn. 527 (S. 1409).
[64] Vgl. unten C.III.1 (S. 1281).
[65] Siehe unten D (S. 1519) zum Finanzierungsausschlussverfahren.
[66] BVerfGE 2, 1.
[67] Urteil Rn. 535 (S. 1411).
[68] Urteil Rn. 537 (S. 1412).

a) Menschenwürde

Die Garantie der Menschenwürde umfasst insbesondere die Wahrung personaler Individualität, Identität und Integrität sowie die elementare Rechtsgleichheit.[69] Sie ist immer dann verletzt, wenn ein Mensch zum bloßen Objekt staatlichen Handelns gemacht oder im Vergleich zu anderen Menschen in demütigender Weise ungleich behandelt bzw. ihm – insbesondere nach Maßgabe der Diskriminierungsverbote des Art. 3 Abs. 3 GG – nur ein rechtlich abgewerteter Status zugebilligt wird: „Menschenwürde ist egalitär; sie gründet ausschließlich in der Zugehörigkeit zur menschlichen Gattung, unabhängig von Merkmalen wie Herkunft, Rasse, Lebensalter oder Geschlecht [...]. Dem Achtungsanspruch des Einzelnen als Person ist die Anerkennung als gleichberechtigtes Mitglied in der rechtlich verfassten Gemeinschaft immanent [...]."[70]

Im Hinblick auf den Verbotstatbestand werden daher vor allem Parteien erfasst, die das Kollektiv über den einzelnen Menschen stellen oder bestimmte Gruppen von Menschen als minderwertig betrachten. Die Menschenwürde entzieht „dem Staat und seiner Rechtsordnung jede Absolutheit und jeden ‚natürlichen' Vorrang".[71]

Mit Blick auf die NPD war insbesondere über rassistische und antisemitische Ideologien zu entscheiden. Der Senat hat insofern festgestellt, dass Rassismus und Antisemitismus gegen das Menschenwürdeprinzip des Grundgesetzes verstoßen und daher eine Partei, die rassistische oder antisemitische Konzepte verfolgt bzw. von einer entsprechenden Ideologie geprägt ist, gegen die freiheitliche demokratische Grundordnung verstößt und damit verfassungsfeindlich ist.

b) Demokratie

Neben der Menschenwürde ist aus Sicht des Senats die Demokratie als „Herrschaftsform der Freien und Gleichen"[72] Bestandteil der freiheitlichen demokratischen Grundordnung. Das Demokratieprinzip fordert in seinem Kern die Möglichkeit gleichberechtigter Teilnahme am Prozess der politischen Willensbildung sowie die Rückbindung der Ausübung der Staatsgewalt an das Volk (Volkssouveränität).[73] Hiergegen wird insbesondere verstoßen, wenn einzelne Staatsbürger von der Mitwirkung am Willensbildungsprozess ausgeschlossen werden oder die Legitimationskette vom Volk zur Staatsgewalt unterbrochen wird.

Neben diesem – schon aus der bisherigen Rechtsprechung herleitbaren – Befund kommt der Senat jedoch zu einer Feststellung, die insbesondere für die Arbeit der Verfassungsschutzbehörden von Bedeutung sein wird: Der Senat nimmt eine Missachtung des Grundsatzes der Volkssouveränität bereits dann an, wenn eine Verächtlichmachung des geltenden (parlamentarischen) Systems erfolgt, sofern keine (demokratische) Alternative aufgezeigt wird.

Vom Verbotstatbestand erfasst werden daher erstens Parteien, die bestimmte Bürger vom demokratischen Prozess, z. B. aufgrund der in Art. 3 Abs. 3 GG genannten Merk-

---

[69] Urteil Rn. 539 (S. 1412).
[70] Urteil Rn. 541 (S. 1413).
[71] Urteil Rn. 538 (S. 1412).
[72] Urteil Rn. 542 (S. 1413).
[73] Urteil Rn. 543 ff. (S. 1414).

male ausschließen. Davon sind insbesondere Parteien betroffen, die – wie bei der NPD festgestellt – aufgrund rassistischer oder antisemitischer Kriterien bestimmte Staatsbürger von der demokratischen Willensbildung oder gar vom Verbleib im Staatsgebiet ausschließen möchten. Zweitens umfasst der Tatbestand Parteien, die die Staatsgewalt vom Volkswillen abkoppeln möchten, z. B. ein Einparteiensystem einrichten oder Wahlen und Abstimmungen abschaffen wollen. Drittens sind Parteien von Verbotstatbestand erfasst, die durch Äußerungen oder Taten die Demokratie verächtlich machen. Damit ist eine schmähende Kritik der Demokratie gemeint, die nicht konstruktiv ist, also keine alternativen Wege aufzeigt, auf denen Volkssouveränität und die Offenheit des demokratischen Willensbildungsprozesses verwirklicht werden können.[74]

c) Rechtsstaat

Das Rechtsstaatsprinzip steht als Ausprägung der freiheitlichen demokratischen Grundordnung insbesondere für die Rechtsbindung der öffentlichen Gewalt sowie die Kontrolle dieser Bindung durch unabhängige Gerichte und das Gewaltmonopol des Staates.[75] Hiergegen verstößt eine Partei, die der Staatsgewalt uferlose Befugnisse außerhalb eines kontrollierbaren Rechtsrahmens einräumt oder in die Unabhängigkeit der Gerichte eingreift. Bemerkenswert ist insbesondere, dass das Rechtsstaatsprinzip funktional gedeutet wird: Es dient in erster Linie dem Schutz individueller Freiheit und ist in dieser Funktion Teil der freiheitlichen demokratischen Grundordnung.

2. Beeinträchtigen und Beseitigen

Der Zweite Senat hat erstmals die Begriffe des „Beseitigens" und „Beeinträchtigens" der freiheitlichen demokratischen Grundordnung definiert und damit differenziert.[76] Unter „Beseitigen" ist demgemäß die Abschaffung zumindest eines der Wesenselemente der freiheitlichen demokratischen Grundordnung oder deren Ersetzung durch eine andere Verfassungsordnung oder ein anderes Regierungssystem zu verstehen.[77] Unter dem weniger weitgehenden „Beeinträchtigen" ist eine spürbare Gefährdung der freiheitlichen demokratischen Grundordnung zu verstehen, die vor allem in dem (strukturierten) Bekämpfen einzelner ihrer Wesenselemente zu erkennen ist.[78] Der Senat hat gleichzeitig festgestellt, dass es sich bei dem Tatbestandsmerkmal „Beeinträchtigen" nicht um ein bloßes Redaktionsversehen des Verfassungsgebers handelt.[79]

Für das Urteil hatte die Abgrenzung keine Bedeutung, da der Senat aufgrund der beabsichtigten Schaffung eines an der ethnischen „Volksgemeinschaft" ausgerichteten „Nationalstaats" eine Missachtung der Menschenwürde mit Blick auf diejenigen, die der sog. „Volksgemeinschaft" nicht angehören, und des Demokratieprinzips in einem Aus-

---

[74] Urteil Rn. 546 (S. 1414).
[75] Urteil Rn. 547 (S. 1414).
[76] Urteil Rn. 549 (S. 1415).
[77] Urteil Rn. 550 (S. 1415).
[78] Urteil Rn. 556 (S. 1416), wobei eine einzelne verfassungswidrige Forderung noch kein Bekämpfen eines Wesenselements darstellt.
[79] Urteil Rn. 552 ff. (S. 1415).

maß feststellte, dass von einer angestrebten Beseitigung der freiheitlichen demokratischen Grundordnung auszugehen war.[80]

3. Ziele und Verhalten der Anhänger

Das NPD-Verbotsverfahren hat auch die Erkenntnisquellen für die Feststellung des Tatbestands des Art. 21 Abs. 2 GG – die Ziele und das Verhalten der Anhänger der betroffenen Partei – näher konkretisiert.

Hinsichtlich der Ziele einer Partei bezieht der Senat sich auf die Definitionen des KPD-Urteils, wonach sie der Inbegriff dessen sind, was eine Partei politisch anstrebt, unabhängig davon, ob es sich um Zwischen- oder Endziele, Nah- oder Fernziele, Haupt- oder Nebenziele handelt.[81] Sie ergeben sich nicht nur aus dem Parteiprogramm oder anderen offiziellen Verlautbarungen der Partei, sondern auch aus Schriften oder Reden. Es geht dabei um die wirklichen und nicht die vorgegebenen Ziele, die womöglich den Anschein der Verfassungsmäßigkeit wahren sollen.[82]

Ein Kernproblem des Verfahrens war, inwieweit der NPD das Verhalten von „Anhängern" zugerechnet werden kann. Da Art. 21 Abs. 2 GG eine solche Zurechnung explizit vorsieht, lag der Streit insbesondere bei der Frage, wie der Anhängerbegriff zu definieren ist. Der Antragsteller vertrat insofern die Auffassung des Bundesverfassungsgerichts in den SRP- und KPD-Urteilen, dass eine Zurechnung von Anhängern dann erfolgen kann, wenn die Handlungen der Personen an ideologische Äußerungen der Partei anknüpfen und sich damit als Ausdruck der „Grundtendenz der Partei" darstellen – ohne dass es einer Billigung durch die Partei bedarf.[83] Nach diesem Maßstab der frühen Urteile des Bundesverfassungsgerichts hätte man der Partei auch Handlungen zurechnen können, die von Unterstützern begangen wurden, die durch die Ideologie der Partei dazu veranlasst worden waren. Die Konsequenzen geistiger Brandstiftung hätte eine Partei tragen müssen. Im zweiten NPD-Verbotsverfahren definierte der Senat den Anhängerbegriff jedoch enger: Zwar geht der Senat von der Definition des SRP-Urteils aus („alle Personen, die sich für eine Partei einsetzen und sich zu ihr bekennen, auch wenn sie nicht Mitglied der Partei sind")[84]; allerdings schränkt der Senat den Begriff dahingehend ein, dass eine Zurechnung dann ausscheidet, wenn die Partei keine Möglichkeit hat, das Verhalten eines Anhängers zu beeinflussen.[85] Unproblematisch zurechenbar ist demnach zwar die Tätigkeit der Organe der Partei oder ihrer Teilorganisationen sowie der Publikationsorgane.[86] Die vom Gericht vorgenommene Einschränkung hat jedoch weitreichende Folgen: Sie bezieht sich letztlich nicht nur auf die Zurechnung von Anhängerverhalten, sondern auch auf Mitgliederverhalten. Bei einfachen Mitgliedern ist demnach entscheidend, ob die Tätigkeit im politischen Kontext steht und von der Partei gebilligt oder geduldet wird.[87] Bei einem organisatorischen Zusammenhang

---

[80] Urteil Rn. 844 (S. 1477).
[81] Urteil Rn. 558 (S. 1417).
[82] Urteil Rn. 559 (S. 1417).
[83] Schriftsatz des Antragstellers vom 27. August 2015, unten C.I.22 (S. 347).
[84] Urteil Rn. 560 (S. 1418), unter Hinweis auf BVerfGE 2, 1 ⟨22⟩.
[85] Urteil Rn. 561 (S. 1418).
[86] Urteil Rn. 562 (S. 1418).
[87] Urteil Rn. 563 (S. 1418).

der Tätigkeit mit einer Parteiveranstaltung ist von der Partei eine Distanzierung zu verlangen, im Übrigen ist der Partei Kenntnis von der Handlung oder Äußerung nachzuweisen und sie muss mögliche und zumutbare Gegenmaßnahmen unterlassen haben. Bei Nichtmitgliedern, also Anhängern, ist (grundsätzlich) Voraussetzung für eine Zurechnung, dass die Partei das Verhalten beeinflusst oder gebilligt hat.[88] Hierfür müssen konkrete Tatsachen vorliegen, das bloße nachträgliche Gutheißen reicht aus Sicht des Senats nur aus, wenn diesem ein ausdrückliches Zueigenmachen innewohnt.

Ist jedoch offensichtlich, dass es sich um einen Anhänger handelt, der mit Wissen und Wollen der Partei tätig wird, vielleicht sogar organisatorische Aufgaben innerhalb der Parteistrukturen übernimmt, so greift diese allgemeine Formel nicht. So konnten der NPD die Äußerungen eines parteilosen Kreisrats zugerechnet werden, der auf der Liste der NPD zum Bundestag kandidiert hatte sowie als ihr Kandidat in den Kreistag und schließlich auch in den Vorstand ihrer Teilorganisation „Kommunalpolitische Vereinigung" gewählt wurde.[89] Unabhängig von der Mitgliedschaft in der Partei handelte es sich hier um einen Funktionär in einer Führungsebene der Partei, dessen Äußerungen dieser ohne weiteres zuzurechnen waren.

Der Senat stellte auch klar, dass eine Zurechnung von Straf- und Gewalttaten nur aufgrund der Schaffung oder Unterstützung eines bestimmten politischen Klimas ausscheidet.[90]

In Bezug auf parlamentarische Äußerungen hat der Senat hingegen die Zurechnung bejaht.[91] Der Grundsatz der Indemnität soll keinen Schutz vor einem Parteiverbot bieten; seine Zweckrichtung ist nicht, jegliches Beweismaterial für ein späteres Verbotsverfahren auszuschließen, sondern eine gerichtliche oder dienstliche Verfolgung eines Abgeordneten aufgrund seiner Äußerungen zu verhindern.[92] Die mittelbare Verwertung der Äußerungen im Verbotsverfahren fällt zwar grundsätzlich in den Schutzbereich des Art. 46 Abs. 1 S. 1 GG, weil dem Abgeordneten bei einem auf seine Äußerungen gestützten Verbot der Mandatsverlust droht. Allerdings ist hier ein Ausgleich zum Prinzip der „wehrhaften Demokratie" im Sinne praktischer Konkordanz herzustellen, denn die Anwendung des Indemnitätsgrundsatzes würde den wohl relevantesten Raum für politische Äußerungen einer Partei, das Parlament, zur unverwertbaren Zone für Verbotsverfahren erklären. Es reicht dementsprechend aus, den Indemnitätsschutz bei der Entscheidung über den Mandatsverlust des jeweiligen Abgeordneten zu berücksichtigen. Im Verbotsverfahren sind seine parlamentarischen Äußerungen hingegen verwertbar.

4. Darauf Ausgehen

Die letztlich verfahrensentscheidende Frage des zweiten NPD-Verbotsverfahrens war die Definition der Worte „Darauf Ausgehen" in Art. 21 Abs. 2 GG. Hätte der Senat die Definition aus dem KPD-Urteil des Bundesverfassungsgerichts von 1956 übernommen,

---

[88] Urteil Rn. 564 (S. 1418).
[89] Urteil Rn. 678 (S. 1446).
[90] Urteil Rn. 566 (S. 1419).
[91] Urteil Rn. 567 ff. (S. 1419).
[92] Anderes mag für einen anschließenden Mandatsverlust gelten, Urteil Rn. 569 (S. 1419).

wäre der Verbotsantrag begründet gewesen und das Verbot ausgesprochen worden. Der Senat ging jedoch einen anderen Weg, indem er das Merkmal neu definierte.

Dieser Neudefinition ging eine umfangreiche Diskussion über dieses Merkmal in der mündlichen Verhandlung,[93] aber auch in den Schriftsätzen voraus.

a) Planvolles Handeln

Unstreitig war, dass es sich bei dem Parteiverbot nicht um ein Gesinnungs- oder Weltanschauungsverbot, sondern ein Organisationsverbot handelt.[94] Die Partei muss vom „Bekennen" ihrer verfassungsfeindlichen Ziele zum „Bekämpfen" des Schutzgutes übergehen. Im KPD-Urteil sprach das Bundesverfassungsgericht – insoweit vergleichbar – von einer aktiv kämpferischen, aggressiven Haltung gegenüber der bestehenden Ordnung.[95] Diese Voraussetzung formulierte der Senat im NPD-Verbotsverfahren präzisierend um, ohne sie inhaltlich zu verändern. Demnach verlangt er ein „planvolles Handeln, das im Sinne einer qualifizierten Vorbereitungshandlung auf die Beeinträchtigung oder Beseitigung der freiheitlichen demokratischen Grundordnung oder auf die Gefährdung des Bestandes der Bundesrepublik Deutschland gerichtet ist".[96] Für die Feststellung eines planvollen Vorgehens ist nach Auffassung des Senats erforderlich, dass kontinuierlich auf die Verwirklichung eines der freiheitlichen demokratischen Grundordnung widersprechenden politischen Konzepts hingearbeitet wird. Als qualifizierte Vorbereitung im Hinblick auf die Erreichung der gegen die Schutzgüter des Art. 21 Abs. 2 GG gerichteten Ziele stellt sich das Handeln dar, wenn ein zielorientierter Zusammenhang zwischen eigenen Handlungen und der Beseitigung oder Beeinträchtigung der freiheitlichen demokratischen Grundordnung zu erkennen ist.[97]

b) Weitere Voraussetzungen

Umstritten war im Verfahren insbesondere die Frage, ob über dieses planvolle Handeln bzw. die aktiv-kämpferische Grundhaltung des KPD-Urteils hinaus weitere Voraussetzungen für ein Verbot existieren.

Die Antragsgegnerin wollte als weitere Voraussetzung für ein Verbot die Gewaltbereitschaft oder Gewaltanwendung der Partei und damit rechtswidriges Handeln etablieren.[98] Der Antragsteller hingegen vertrat die Auffassung, dass die Illegalität des Handelns kein Kriterium sein dürfe.[99] Diese Auffassung vertrat schließlich auch der Senat: „Eine Partei kann auch dann verfassungswidrig sein, wenn sie ihre verfassungsfeindlichen Ziele ausschließlich mit legalen Mitteln und unter Ausschluss jeglicher Gewaltanwendung verfolgt. Das Parteiverbot stellt gerade auch eine Reaktion auf die von den Nationalsozialisten verfolgte Taktik der ‚legalen Revolution' dar, die die Machterlan-

---

[93] Vgl. dazu unten C.II.2.a (S. 1016 ⟨1033 ff.⟩).
[94] Urteil Rn. 573 (S. 1421).
[95] BVerfGE 5, 85 ⟨141⟩.
[96] Urteil Rn. 570 (S. 1420).
[97] Urteil Rn. 577 (S. 1422).
[98] Vgl. Antragserwiderung vom 2. März 2016, unten C.I.35 (S. 532).
[99] Vgl. die Antragsschrift vom 1. Dezember 2013, unten C.I.1 (S. 39).

gung mit erlaubten Mitteln auf legalem Weg anstrebte."[100] Daraus folgt, dass als Beweis auch solche Verhaltensweisen herangezogen werden können, die eine Wahrnehmung grundrechtlich geschützter Freiheiten darstellen.[101]

Entscheidend war schließlich die Frage, ob über das planvolle Handeln bzw. die aktiv-kämpferische Grundhaltung hinaus eine „konkrete Gefahr" der Verwirklichung der Ziele der Partei oder zumindest eine Verwirklichungsmöglichkeit erforderlich ist.

Der Antragsteller lehnte beides mit Verweis auf den Zweck des Verbotsverfahrens, die überwiegende Meinung in der Literatur und die fehlende Prognosemöglichkeit ab: „Niemand kann eine verlässliche Prognose über die Realisierungschance einer solchen Gefahr treffen. Historische und aktuelle Erfahrungen zeigen, dass sich die politische Stimmung und damit auch der Grad der Zustimmung zu einer Partei innerhalb kürzester Zeit signifikant ändern können."[102] Der Antragsteller schlug zur Präzisierung des Maßstabs stattdessen das Erfordernis vor, dass das Verhalten der Partei „typischerweise gefährlich für Menschenwürde, Demokratie und andere Schutzgüter des Art. 21 Abs. 2 GG" sein muss.[103] Das sei dann der Fall, wenn die Handlungen und Äußerungen der Partei „handlungsleitend" seien, also „typischerweise das Potential enthalten, Handlungen zu bewirken oder Hemmschwellen zu Handlungen herabzusetzen, die Gefahren für die genannten Schutzgüter bergen".[104]

Im KPD-Urteil ging auch das Bundesverfassungsgericht noch davon aus, dass es einem Parteiverbot nicht entgegenstehe, wenn für die Partei nach menschlichem Ermessen keine Aussicht darauf besteht, dass sie ihre verfassungswidrige Absicht in absehbarer Zukunft werde verwirklichen können.[105] Eine Realisierungschance war nicht erforderlich.

Hieran hielt der Senat im NPD-Verbotsverfahren explizit[106] nicht fest und änderte insofern seine Rechtsprechung. Er etablierte das zusätzliche Erfordernis der „Potentialität" und verlangt „konkrete Anhaltspunkte von Gewicht [...], die es zumindest möglich erscheinen lassen, dass das gegen die Schutzgüter des Art. 21 Abs. 2 GG gerichtete Handeln einer Partei erfolgreich sein kann".[107] Dieses Kriterium ist nur dann erfüllt, wenn eine Partei über hinreichende Wirkungsmöglichkeiten verfügt, die ein Erreichen der von ihr verfolgten verfassungsfeindlichen Ziele nicht völlig aussichtslos erscheinen lassen, und wenn sie von diesen Wirkungsmöglichkeiten auch Gebrauch macht.[108] Damit kehrt der Senat die Definition im KPD-Urteil, wonach eine Partei auch dann verfassungswidrig sein könne, wenn nach menschlichem Ermessen keine Aussicht darauf bestehe, dass sie ihre verfassungswidrige Absicht in absehbarer Zukunft werde verwirklichen können,[109] um. Nach der Argumentation des Senats bedarf es der „schärfsten und überdies zweischneidigen Waffe" des demokratischen Rechtsstaats nicht, wenn das

---

[100] Urteil Rn. 578 (S. 1422).
[101] Urteil Rn. 579 (S. 1422).
[102] Schriftsatz des Antragstellers vom 27. April 2016, unten C.I.38 (S. 828).
[103] Schriftsatz des Antragstellers vom 27. April 2016, unten C.I.38 (S. 828).
[104] Schriftsatz des Antragstellers vom 27. April 2016, unten C.I.38 (S. 828).
[105] BVerfGE 5, 85 ⟨143⟩.
[106] Urteil Rn. 586 (S. 1424).
[107] Urteil Rn. 585 (S. 1424).
[108] Urteil Rn. 586 (S. 1424).
[109] BVerfGE 5, 85 ⟨143⟩.

Erreichen der von der Partei verfolgten verfassungsfeindlichen Ziele völlig aussichtslos erscheint.

Ob „Potentialität" vorliegt, ist nach der Rechtsprechung des Senats im Rahmen einer wertenden Gesamtbetrachtung festzustellen.[110] Dabei sind die Situation der Partei (Mitgliederbestand und -entwicklung, Organisationsstruktur, Mobilisierungsgrad, Kampagnenfähigkeit, finanzielle Lage), ihre Wirkkraft in die Gesellschaft (Wahlergebnisse, Publikationen, Bündnisse, Unterstützerstrukturen), ihre Vertretung in Ämtern und Mandaten, die von ihr eingesetzten Mittel, Strategien und Maßnahmen sowie alle sonstigen aussagekräftigen Umstände zu berücksichtigen. Erforderlich ist ein hinreichendes Maß an konkreten und gewichtigen Anhaltspunkten. Dabei sind sowohl ihre politischen (parlamentarischen) Erfolgschancen als auch Versuche, ihre Ziele mit sonstigen Mitteln durchzusetzen, in Rechnung zu stellen.

Ist der Partei strafbares Handeln zurechenbar, so kann dies das Vorliegen eines „Darauf Ausgehen" bekräftigen.[111] Das gilt insbesondere dann, wenn eine Partei versucht, mit Gewalt und Terror an die Macht zu gelangen. Handelt es sich hierbei um ein planvolles Vorgehen und nicht nur einen Einzelfall, ist das Tatbestandsmerkmal regelmäßig erfüllt, denn die Missachtung des staatlichen Gewaltmonopols indiziert auch immer eine gewisse Potentialität.[112]

Auch ist die Potentialität zu bejahen, wenn es der Partei gelingt, in bestimmten Räumen den Prozess der politischen Willensbildung beispielsweise durch die Schaffung einer „Atmosphäre der Angst" oder Bedrohung zu stören. Das ist dann der Fall, wenn Bürger ihre politischen Teilhaberechte aufgrund der Beeinträchtigungen und Bedrohungen durch die Partei nicht mehr oder nur mit Rücksicht auf den Parteiwillen ausüben.[113] Festzuhalten ist, dass bereits einzelne regionale Beeinträchtigungen für die Potentialität ausreichen können, da bereits die Beeinträchtigung von politischen Teilhaberechten einzelner Bürger aus Sicht des Schutzgutes inakzeptabel ist. Ein Parteiverbot kann daher auch eine nur in einzelnen Regionen erfolgreiche Partei treffen; die Potentialität bezieht sich nicht allein auf einen möglichen Erfolg auf Bundesebene.[114]

Der Senat grenzt das Kriterium der „Potentialität" von der „konkreten Gefahr" ab. Diese sei angesichts der Maxime „Wehret den Anfängen" gerade nicht erforderlich.[115] Zum einen bezieht sich das Tatbestandsmerkmal „Gefährden" allein auf die Alternative „Bestand der Bundesrepublik Deutschland", außerdem sprechen andere Vorschriften ausdrücklich von einer drohenden Gefahr mit Blick auf das Schutzgut (Art. 11, 87a Abs. 4 S. 1, 91 GG). Zum anderen droht bei Abwarten des Eintritts einer konkreten Gefahr, vor vollendete Tatsachen gestellt zu werden, weil die zu verbietende Partei bereits faktisch zu stark ist, um ein Verbot noch durchzusetzen. Das Parteiverbot zielt nicht auf die Abwehr bereits vorliegender, sondern schon auf die Verhinderung möglicherweise entstehender Gefahren für die freiheitliche demokratische Grundordnung.

---

[110] Urteil Rn. 587 (S. 1424).
[111] Urteil Rn. 580 (S. 1422).
[112] Urteil Rn. 588 (S. 1424).
[113] Im Zusammenhang mit der NPD ging es insoweit immer wieder um die sog. „national befreiten Zonen", s. Urteil Rn. 176 (S. 1342).
[114] Vgl. Urteil Rn. 588 (S. 1424).
[115] Urteil Rn. 581 ff. (S. 1423).

5. Keine ungeschriebenen Tatbestandsmerkmale

Im Vorhinein war diskutiert worden, ob aufgrund des Siegeszuges des Verhältnismäßigkeitsprinzips in den vergangenen Jahrzehnten dieses Prinzip nun – anders als im KPD-Urteil – in den Verbotstatbestand hineinzulesen sei. Der Zweite Senat hat jedoch festgestellt, dass dieser keine ungeschriebenen Tatbestandsmerkmale enthält:

Der Verhältnismäßigkeitsgrundsatz finde schon aufgrund des Wortlauts des Art. 21 Abs. 2 GG, der bei Vorliegen der verfassungsrechtlich normierten Tatbestandsvoraussetzungen kein Ermessen einräumt, keine Anwendung.[116] Das dem Verhältnismäßigkeitsgrundsatz innewohnende Grundprinzip, das Übermaßverbot, ist aus Sicht des Senats bei der Auslegung des Tatbestandsmerkmals „Darauf Ausgehen" berücksichtigt.[117] Denn der verschärfte Maßstab verhindert, dass Parteien ohne „Potentialität" mit dem scharfen Schwert des Art. 21 Abs. 2 GG bekämpft werden, wenn auch „mildere Mittel" – politische und zivilgesellschaftliche Auseinandersetzung, Polizei-, Strafverfolgungs- und Verfassungsschutzbehörden, das neue Finanzierungsausschlussverfahren etc. – die von der Partei ausgehenden Störungen für Bürger und Staat hinreichend beseitigen können.[118] Schließlich steht aus Sicht des Senats der Anwendung des Verhältnismäßigkeitsgrundsatzes auch die Entstehungsgeschichte der Norm entgegen.[119]

Der Senat lehnte jedoch nicht nur das Verhältnismäßigkeitsprinzip als zusätzliches Kriterium ab. Er wandte sich auch gegen das aus der Vereinsverbotsrechtsprechung des Bundesverwaltungsgerichts[120] bekannte Merkmal der „Wesensverwandtschaft mit dem Nationalsozialismus"; es habe im Parteiverbotsverfahren – anders als beim Vereinsverbot – keine tatbestandsersetzende Wirkung.[121] Gegen eine solche „belastende Analogie" spreche der Wortlaut der Norm, deren Voraussetzungen nicht durch andere Tatbestandsvoraussetzungen ersetzt werden könnten.[122] Art. 21 Abs. 2 GG enthalte im Interesse bestmöglichen Schutzes der freiheitlichen demokratischen Grundordnung eine Absage an totalitäre Bestrebungen jeglicher Art.[123]

Fraglos wird eine der NSDAP wesensverwandte Partei Kernbestandteile der freiheitlichen demokratischen Grundordnung missachten, insbesondere die Menschenwürde und das Demokratieprinzip. Die Wesensverwandtschaft hat daher eine Indizwirkung für die Verfassungsfeindlichkeit der Ziele der Partei.[124] Der Senat hat daher die Wesensverwandtschaft der NPD mit dem Nationalsozialismus geprüft und bejaht.[125]

---

[116] Urteil Rn. 600 (S. 1428).
[117] Vgl. Urteil Rn. 602 (S. 1428).
[118] Letzteres ist jedoch eine Frage politischer Opportunität und nicht des Art. 21 Abs. 2 GG, vgl. Urteil Rn. 606 (S. 1429).
[119] Urteil Rn. 601 (S. 1428).
[120] Vgl. dazu den Schriftsatz des Antragstellers vom 27. April 2016, unten C.I.38 (S. 828).
[121] Urteil Rn. 593 (S. 1425).
[122] Urteil Rn. 595 (S. 1426).
[123] Urteil Rn. 597 (S. 1427).
[124] Urteil Rn. 598 (S. 1427).
[125] Urteil Rn. 805 ff. (S. 1469).

III. Verbotsrechtsprechung des EGMR

In der Öffentlichkeit war der Erfolg eines Parteiverbotsverfahrens insbesondere vor dem Hintergrund der Rechtsprechung des EGMR bezweifelt worden. Dabei wurde – mit Verweis auf das Urteil *Refah Partisi ./. Türkei* – die Ansicht vertreten, dass die Rechtsprechung des EGMR eine „konkrete Gefahr für die demokratische Ordnung" erfordere.[126] Der Antragsteller hat in der Antragsschrift dargelegt, dass diese Auffassung sowohl den Äußerungen des EGMR in dem genannten Urteil widerspreche als auch der sonstigen Judikatur des EGMR und dass daher auch nach den Maßstäben des EGMR eine „konkrete Gefahr" nicht erforderlich sei.[127] Ebenso hat der Zweite Senat in seinem Urteil festgestellt, dass der Judikatur des EGMR nicht entnommen werden kann, „dass ein Parteiverbot aus Sicht des EGMR nur konventionskonform ist, wenn bereits eine konkrete Gefahr für die freiheitliche demokratische Ordnung eingetreten ist und ein Erfolg der verfassungsfeindlichen Bestrebungen der Partei unmittelbar bevorsteht".[128]

Damit hat das Bundesverfassungsgericht zugleich klargestellt, dass seine neuen Maßstäbe konventionskonform sind. Insbesondere besteht bei Erfüllung der Maßstäbe ein „dringendes soziales Bedürfnis", das Voraussetzung für ein konventionskonformes Parteiverbot nach Art. 11 Abs. 2 EMRK ist.

Ein (zukünftiges) Parteiverbot dürfte damit nicht der Gefahr ausgesetzt sein, vor dem EGMR für konventionswidrig erklärt zu werden.

IV. Beweis- und Verfahrensrecht

Das Parteiverbotsverfahren zeichnet zudem aus, dass das Bundesverfassungsgericht nicht nur rechtlich würdigt, sondern selbst Tatsacheninstanz ist.[129] Die Frage nach dem geltenden Verfahrens- und Beweisrecht ist somit von großer Bedeutung für das Verfahren.

Der Senat hat insoweit klargestellt, dass allein die Vorschriften des BVerfGG (§§ 26–29) und im Übrigen das Freibeweisverfahren Anwendung finden und nicht etwa eine analog anzuwendende StPO oder VwGO.[130] So können bestimmte Tatsachen auch durch schlichte Glaubhaftmachung bewiesen werden. Besondere Bedeutung kam diesem Umstand mit Blick auf die Beweisführung des Antragstellers hinsichtlich des Nichtvorhandenseins von Verdeckten Ermittlern und V-Leuten auf den Führungsebenen der Antragsgegnerin, der Quellenfreiheit der vorgelegten Beweismittel sowie des Ausschlusses der Ausspähung der Prozessstrategie der Antragsgegnerin zu.[131]

---

[126] *Emek*, Parteiverbote und Europäische Menschenrechtskonvention, 2006, S. 226; *dies./Meier*, Über die Zukunft des Parteiverbots. Europäische Standards und deutsches Grundgesetz, RuP 2013, S. 74 ⟨77 f.⟩. Vgl. auch *Morlok*, Jura 2013, S. 317 ⟨323 f.⟩.

[127] Antragsschrift vom 1. Dezember 2013, unten C.I.1 (S. 39).

[128] Urteil Rn. 619 ff. (S. 1432).

[129] Neben dem Verbotsverfahren gilt dies lediglich für die Verfahren der Grundrechtsverwirkung, der Präsidenten- und Richteranklage und der Nichtanerkennung von politischen Parteien sowie neuerdings das Finanzierungsausschlussverfahren (§ 13 Nr. 1, 2, 2a, 3a, 4, 9 BVerfGG).

[130] Vgl. Urteil Rn. 431 (S. 1388) und Terminsladung zur mündlichen Verhandlung, unten C.I.27 (S. 494).

[131] Vgl. dazu oben A.I.3.d (S. 9).

Die Beweismittel müssen zudem nach der Rechtsprechung des Senats nicht in die mündliche Verhandlung eingeführt werden, sondern können nach angemessener Frist zur Kenntnis- und Stellungnahme bereits durch Vorlage im Vorverfahren bzw. rechtzeitig vor der mündlichen Verhandlung zum Verfahrensgegenstand gemacht werden.[132]

Regeln der StPO hält der Senat jedoch deswegen nicht per se für unanwendbar. Im Wege eines Erst-Recht-Schlusses greift das Gericht auf Verfahrensvorschriften oder geübte Praktiken des Strafverfahrens zurück, wenn es dies für sinnvoll erachtet. Eine solche (doppelt) analoge Anwendung fand in der mündlichen Verhandlung mit Blick auf § 29 Abs. 2 StPO statt, als der Senat die Entscheidung über die zu Anfang der Verhandlung gestellten Ablehnungsanträge der NPD bis zur nächsten Unterbrechung zurückstellte, weil die diesen Anträgen zugrunde liegenden Tatsachen bereits seit langem bekannt waren.[133]

Der Partei bleibt es dabei selbstverständlich unbenommen, bestimmte Beweismittel zu bestreiten und Gegenbeweisanträge zu stellen. Allerdings sieht sich das Bundesverfassungsgericht nicht zur förmlichen Bescheidung von Beweisanträgen verpflichtet bzw. gar den Anforderungen des § 244 StPO unterworfen, sondern behandelt „Beweisanträge" als Beweisanregungen, über die es nach eigenem Ermessen befindet.[134] Diese Rechtsauffassung des Senats hatte zur Konsequenz, dass keine Befragung von Zeugen oder Sachverständigen erfolgte. Die Personen, die in der mündlichen Verhandlung zu Wort kamen, waren vielmehr vom Gericht als „Auskunftspersonen" bzw. „sachkundige Dritte" geladen worden.[135]

V. Fazit

Sowohl die Antragstellung als auch das Urteil im NPD-Verbotsverfahren haben in der Öffentlichkeit eine kontroverse Debatte ausgelöst. Das schwierige Spannungsverhältnis, das der Senat zu bewältigen hatte, wird wohl am prägnantesten in seiner Kostenentscheidung deutlich: Obwohl die NPD das Verfahren formal gewonnen hat, fiel die Kostenentscheidung zulasten der NPD aus.[136] Diese Entscheidung resultiert daraus, dass der große Teil der Feststellungen zulasten der Antragsgegnerin ausfielen – insbesondere im Bereich der Verfahrenshindernisse sowie hinsichtlich der Verfassungsfeindlichkeit der Ziele der Partei. Dies kulminiert in folgender Feststellung, die in dieser Schärfe vom Bundesverfassungsgericht nie zuvor getätigt wurde:

> „Die Antragsgegnerin missachtet die Grundprinzipien, die für den freiheitlichen demokratischen Verfassungsstaat unverzichtbar sind. Ihre Ziele und das Verhalten ihrer Anhänger verstoßen gegen die Menschenwürde und den Kern des Demokratieprinzips und weisen Elemente der Wesensverwandtschaft mit dem historischen Nationalsozialismus auf. Die

---

[132] Vgl. Terminsladung zur mündlichen Verhandlung, unten C.I.27 (S. 494).
[133] Vgl. Protokoll der mündlichen Verhandlung, unten C.II.1.a (S. 877 ⟨897⟩), und die daraufhin ergangenen Beschlüsse C.I.34 (S. 510).
[134] Vgl. den Hinweis des Senatsvorsitzenden zu Beginn der mündlichen Verhandlung, unten C.II.1.a (S. 877 ⟨897⟩).
[135] Vgl. dazu die Terminsladung zur mündlichen Verhandlung, unten C.I.27 (S. 494).
[136] Urteil Rn. 1009 (S. 1516).

Programmatik der Antragsgegnerin ist auf die Beseitigung der freiheitlichen demokratischen Grundordnung gerichtet."[137]

Dass die Partei dennoch nicht verboten wurde, weil „lediglich wegen mangelnder Potentialität die Qualität eines ‚Darauf Ausgehens' im Sinne des Art. 21 Abs. 2 Satz 1 GG fehlt"[138], wurde in der folgenden öffentlichen Debatte unterschiedlich bewertet.

Doch langfristig bedeutender als die tagesaktuelle Debatte sind die Maßstäbe, die das NPD-Verbotsverfahren hervorbrachte: Es hat klare Regeln und Grenzen für den Umgang mit verfassungsfeindlichen Parteien gesetzt und das Verbotsverfahren wieder praktisch durchführbar gestaltet. Diese Durchführbarkeit war insbesondere seit der Entscheidung im ersten NPD-Verbotsverfahren angezweifelt worden. Ferner sind die tatbestandlichen Voraussetzungen derart konkretisiert worden, dass zukünftige Anträge sich daran orientieren können. Der jeweilige Antragsteller hat nunmehr ein sehr genaues Bild von dem, was er zu liefern hat: sowohl zur Sicherstellung der Verfahrensvoraussetzungen als auch im materiellen Bereich.

Für den demokratischen Diskurs und die Arbeit von Behörden besonders bedeutend ist die Neudefinition und Präzisierung des Begriffs der „freiheitlichen demokratischen Grundordnung". Sie zeigt Parteien, dass die Grenzen des demokratischen Diskurses nicht nur im Strafrecht liegen, sondern die Achtung von Menschenwürde, Demokratie und Rechtsstaatsprinzip Voraussetzung für die Mitwirkung an der politischen Willensbildung des Volkes sind, zu der die Parteien nach Art. 21 Abs. 1 GG berufen sind. Das Urteil zeigt den Parteien und ihren Landesverbänden, die sich daran nicht halten, dass ein Verbotsverfahren kein stumpfes Schwert ist.

Das zweite NPD-Verbotsverfahren hat mehr als drei Jahre gedauert. Dies war nicht nur durch den Berichterstatterwechsel bedingt, sondern durch das Erfordernis, im Bereich der Verfahrenshindernisse, deren Beleg sowie bei den materiellen Tatbestandsvoraussetzungen neue Maßstäbe zu schaffen. In diesem Verfahren wurden daher sowohl auf der Seite des Antragstellers als auch im Senat Arbeiten geleistet, die sich in künftigen Verfahren auszahlen, so dass deren Verfahrensdauer *ceteris paribus* deutlich kürzer ausfallen dürfte.

Schließlich hat das Verfahren eine Lücke zwischen Verfassungsfeindlichkeit und Verfassungswidrigkeit einer Partei geschaffen, die – letztlich auf Anregung des Senats – durch eine Änderung des Grundgesetzes ausgefüllt wurde.[139] Insofern hat das NPD-Verbotsverfahren die Verfassung nicht nur durch die Auslegung des Art. 21 Abs. 2 GG, sondern auch durch die Neufassung von Art. 21 Abs. 3 GG langfristig geprägt.

---

[137] Urteil Rn. 634 (S. 1437).
[138] Urteil Rn. 1009 (S. 1516).
[139] Siehe dazu unten D. (S. 1519).

B. Prolog: Das erste NPD-Verbotsverfahren (2001–2003)

Bereits Anfang des Jahres 2001 stellten Bundesregierung, Bundestag und Bundesrat – und damit sämtliche gem. § 43 Abs. 1 S. 1 BVerfGG berechtigte Antragsteller – einen ersten Verbotsantrag gegen die Nationaldemokratische Partei Deutschlands (NPD). Die Durchführung des Verbotsverfahrens scheiterte jedoch – nach Auffassung einer (entscheidungstragenden) Minderheit von drei Mitgliedern des Senats[1] – aufgrund des Vorliegens nicht behebbarer Verfahrenshindernisse.[2] Dieses Verfahrensergebnis stand der Durchführung eines weiteren Verbotsverfahrens gegen die NPD bzw. Verbotsverfahren im Allgemeinen lange entgegen, weil auf Seiten der potentiellen Antragsteller die Sorge vor einer erneuten „Zurückweisung" groß und der Ausgang aufgrund der zwei verschiedenen, das Bundesverfassungsgericht nicht bindenden[3] Maßstäbe von Senatsminderheit und Senatsmehrheit unkalkulierbar erschien.

Das etwaige Vorliegen nicht behebbarer Verfahrenshindernisse spielte dementsprechend auch in dem hier dokumentierten zweiten NPD-Verbotsverfahren eine erhebliche Rolle. So setzte die NPD bis zur mündlichen Verhandlung allein auf die (erneute) Einstellung des Verfahrens wegen nicht behebbarer Verfahrenshindernisse und trug in der Sache erst mit der Antragserwiderung vom 2. März 2016[4] – am zweiten Tag der mündlichen Verhandlung – vor. Materieller Vortrag zum Parteiverbot kam vor der mündlichen Verhandlung letztlich nur vom Antragsteller – insbesondere in der Antragsschrift vom 1. Dezember 2013[5] sowie im Schriftsatz vom 27. August 2015[6]. Der überwiegende Teil der Schriftsätze vor der mündlichen Verhandlung befasste sich angesichts des Vortrags der NPD mit der Frage, ob Verfahrenshindernisse vorliegen. Nach einem Hinweisbeschluss des Senats vom 19. März 2015[7] erfolgte eine ausführliche Darlegung hierzu insbesondere im Schriftsatz des Antragstellers vom 13. Mai 2015.[8]

Der Senat sah sich vor die Aufgabe gestellt, entweder eigene (neue) Maßstäbe aufzustellen oder sich an den beiden Voten zu orientieren, diese weiterzuentwickeln und nach Möglichkeit zusammenzuführen. Der Senat entschied sich für Letzteres und räumte diesem Punkt dementsprechend im Urteil viel Platz ein, auch um – anders als die Einstellungsentscheidung – bindende und praktisch handhabbare Maßstäbe für die nachrichtendienstliche Beobachtung verfassungsfeindlicher Parteien mit Blick auf zukünftige Verbotsverfahren zu schaffen.

---

[1] Vgl. BVerfGE 107, 339 ⟨360 ff.⟩.
[2] Die – nicht hinreichende und damit auch nicht entscheidungstragende – (einfache) Mehrheit von vier Mitgliedern des Senats vertrat die Auffassung, dass kein Verfahrenshindernis bestehe, vgl. BVerfGE 107, 339 ⟨378 ff.⟩.
[3] BVerfGE 107, 339 ⟨Rn. 62⟩.
[4] Siehe unten C.I.35 (S. 532).
[5] Siehe unten C.I.1 (S. 39).
[6] Siehe unten C.I.22 (S. 347).
[7] Siehe unten C.I.20 (S. 320).
[8] Siehe unten C.I.21 (S. 324).

Die Entwicklung der Maßstäbe zu den als Verfahrenshindernisse in Betracht kommenden Fallgruppen „Staatsfreiheit der Führungsebenen", „Quellenfreiheit der Beweismittel" und „Ausspähen der Prozessstrategie" kann ohne Kenntnis bzw. Aufgreifen der damaligen Entscheidung, insbesondere der Differenzen zwischen Senatsminderheit und -mehrheit, nicht vollends nachvollzogen werden. Die Verfahrensbeteiligten haben ihren Vortrag erkennbar an der damaligen Entscheidung ausgerichtet. Die Antragsschrift und der folgende Schriftwechsel zum Punkt Verfahrenshindernisse wird daher erst durch die Einstellungsentscheidung im ersten Verbotsverfahren verständlich und nachvollziehbar.

Anlass für die Aufhebung der im ersten Verbotsverfahren bereits bestimmten Termine zur mündlichen Verhandlung war die Ankündigung seitens der damaligen Antragsteller, dass der als Auskunftsperson geladene Funktionär der NPD *Wolfgang Frenz*, dessen Äußerungen mehrfach zur Stützung der Verbotsanträge herangezogen worden waren, eine Aussagegenehmigung eines Landesamts für Verfassungsschutz vorlegen werde.[9] Später stellte sich heraus, dass dieser über Jahrzehnte vom Landesamt für Verfassungsschutz Nordrhein-Westfalen als V-Mann geführt worden war. Außerdem wurde u. a. bekannt, dass der Vorsitzende des Landesverbands Nordrhein-Westfalen und Beisitzer im Bundesvorstand der Antragsgegnerin seit 24 Jahren mit dem Bundesamt für Verfassungsschutz zusammenarbeitete.[10] Der Senat bestimmte daraufhin einen Termin zur Erörterung der sich aus der nachrichtendienstlichen Beobachtung der Antragsgegnerin ergebenden Fragen.[11]

Der Senat stellte das Verfahren nach dem Erörterungstermin ein, weil der von der Antragsgegnerin sinngemäß gestellte Antrag auf Einstellung des Verfahrens nicht die nach §15 Abs. 4 BVerfGG für eine Ablehnung erforderliche Mehrheit gefunden hatte.[12] Nach §15 Abs. 4 BVerfGG bedarf eine dem Antragsgegner nachteilige Entscheidung eine Mehrheit von zwei Dritteln der Mitglieder des Senats. Eine Sperrminorität von mehr als einem Drittel der Senatsmitglieder genügte also, um die weitere Fortführung des Verfahrens zu verhindern und die Einstellung zu beschließen.

Im Senat bestand zwar Einigkeit darüber, dass absolute Verfahrenshindernisse nur in besonders gelagerten Ausnahmefällen der Verfassung entnommen werden können (I.). Die erheblichen Differenzen zwischen der entscheidungstragenden Senatsminderheit und der nicht entscheidungstragenden Senatsmehrheit ergaben sich erst bei der Konkretisierung dieses allgemeinen Maßstabs (II.).

I. Unüberwindliche Verfahrenshindernisse als „ultima ratio"

Die Frage, ob und inwieweit sich nicht behebbare Verfahrenshindernisse unmittelbar aus dem Rechtsstaatsprinzip des Grundgesetzes ableiten lassen, wurde von Senatsminderheit und Senatsmehrheit in vergleichbarer Weise beantwortet:

---

[9] BVerfGE 107, 339 ⟨346⟩.
[10] BVerfGE 107, 339 ⟨346 f.⟩.
[11] BVerfGE 107, 339 ⟨349 f.⟩.
[12] BVerfGE 107, 339 ⟨356 ff.⟩.

Hinsichtlich der Frage, ob und inwieweit sich unmittelbar aus der Verfassung nicht behebbare Verfahrenshindernisse ergeben können, gingen Senatsminderheit und Senatsmehrheit im Ansatz übereinstimmend davon aus, dass dies nur in besonders gelagerten Ausnahmefällen der Fall sein kann. Allerdings wurde die Annahme eines solchen Ausnahmefalls von unterschiedlichen Voraussetzungen abhängig gemacht. Während die Senatsminderheit das Vorliegen gravierender Verstöße gegen objektives Verfassungsrecht oder gegen subjektive Rechte der Antragsgegnerin forderte, die mit dem staatlichen Interesse an der weiteren Durchführung des Verfahrens abzuwägen seien, forderte die Senatsmehrheit unter Betonung der Pflicht zur Justizgewähr einen „unerträglichen Widerspruch zu rechtsstaatlichen Grundsätzen" mit der Folge eines Wegfalls des Interesses an der Verfahrensfortführung. Dies spricht für einen tendenziell strengeren Maßstab der Senatsmehrheit bei der Prüfung des Vorliegens eines Verfahrenshindernisses. Gleichwohl stimmte auch die entscheidungstragende Senatsminderheit dem Grundsatz einer engen Begrenzung der Annahme des Vorliegens eines unüberwindlichen Verfahrenshindernisses zu, wenn sie die Folge einer Verfahrenseinstellung aufgrund eines solchen Hindernisses ausdrücklich als *ultima ratio* bezeichnet.

II. Konkretisierung des Maßstabs

Differenzen ergaben sich jedoch bei der Konkretisierung dieses Maßstabs:

1. Entscheidungstragende Senatsminderheit

a) Grundkonzeption

Die entscheidungstragende Senatsminderheit ging von dem Grundsatz aus, dass kein staatliches Verfahren einseitig nur nach Maßgabe des jeweils rechtlich bestimmten Verfahrenszwecks ohne Rücksicht auf mögliche gegenläufige Verfassungsgebote und auf mögliche übermäßige rechtsstaatliche Kosten einseitiger Zielverfolgung durchgeführt werden dürfe. Als der weiteren Durchführung eines Parteiverbotsverfahrens entgegenstehendes Verfassungsgebot benannte die entscheidungstragende Senatsminderheit insbesondere das Gebot der Staatsfreiheit der Parteien.

Die Beziehungen zwischen den Staatsorganen und den politischen Parteien stünden unter dem Verfassungsgebot der grundsätzlich staatsfreien und offenen Meinungs- und Willensbildung vom Volk zu den Staatsorganen. Dies verbiete die Einfügung der Parteien in den Bereich organisierter Staatlichkeit. Der Verfassungsgeber sei vom Leitbild einer Partei ausgegangen, die sich frei bilde, aus eigener Kraft entwickle und nach Vermögen an der politischen Willensbildung des Volkes mitwirke. Dies sei im Wortlaut des Art. 21 GG, vor allem in Abs. 1 S. 2 bis 4, hinreichend bestimmt zum Ausdruck gekommen. Parteien komme der Rang einer verfassungsrechtlichen Institution zu, ohne Staatsorgan zu sein.[13]

Für das Parteiverbotsverfahren gemäß Art. 21 Abs. 2, Art. 93 Abs. 1 Nr. 5 GG, § 13 Nr. 2, §§ 43 ff. BVerfGG ergebe sich hieraus als rechtsstaatliche Anforderung das Gebot strikter Staatsfreiheit im Sinne unbeobachteter selbstbestimmter Willensbildung

---

[13] Vgl. BVerfGE 107, 339 ⟨361⟩.

und Selbstdarstellung der Partei vor dem Bundesverfassungsgericht. Das verfassungsgerichtliche Parteiverbot, die schärfste und überdies zweischneidige Waffe des demokratischen Rechtsstaats gegen seine organisierten Feinde, verlange ein Höchstmaß an Rechtssicherheit, Transparenz, Berechenbarkeit und Verlässlichkeit des Verfahrens.[14] Die verfassungsgerichtliche Gewährleistung von Staatsfreiheit und Selbstbestimmung werde nach Einleitung eines Parteiverbotsverfahrens ergänzt und verstärkt durch spezielle verfahrensrechtliche Garantien, die allgemein als Grundsätze des rechtsstaatlichen fairen Verfahrens bezeichnet würden.[15] Dabei seien schon im Ansatz die Besonderheiten des Parteiverbotsverfahrens im Gegensatz insbesondere zum Strafprozess hervorzuheben. Während dieser primär auf repressiven staatlichen Rechtsgüterschutz ausgerichtet sei, diene das Parteiverbotsverfahren gemäß Art. 21 Abs. 2 GG dem präventiven Schutz der freiheitlichen demokratischen Grundordnung. Die Partei erhalte vor dem Bundesverfassungsgericht – gegebenenfalls letztmalig – die Chance, dem Vorbringen der Antragsteller das Bild einer loyalen verfassungsrechtlichen Institution entgegenzusetzen, deren weitere Teilnahme am Prozess der Volks- und Staatswillensbildung geradezu im Interesse einer freiheitlichen demokratischen Grundordnung notwendig und legitim sei. Parteienfreiheit im Sinne von Staatsfreiheit und Selbstbestimmung gewinne in dieser Situation eine besonders herausragende Bedeutung.[16]

Ausgehend hiervon benannte die Senatsminderheit drei Voraussetzungen, die erfüllt sein müssen, um zu einer Einstellungsentscheidung wegen eines unüberwindlichen Verfahrenshindernisses zu gelangen: Erste Voraussetzung sei ein Verfassungsverstoß von erheblichem Gewicht. Dieser müsse, zweitens, einen nicht behebbaren rechtsstaatlichen Schaden für die Durchführung des Verfahrens bewirken, so dass, drittens, die Fortsetzung des Verfahrens bei einer Abwägung mit den staatlichen Interessen an wirksamem Schutz gegen die von einer möglicherweise verfassungswidrig tätigen Partei ausgehenden Gefahren rechtsstaatlich nicht hinnehmbar sein dürfe.[17]

Ob durch einen Verstoß ein nicht behebbarer rechtsstaatlicher Schaden entstanden sei, der die Fortsetzung des Verfahrens auch bei einer Abwägung mit den staatlichen Interessen hieran ausschließe, lasse sich nicht generell und abstrakt beantworten, sondern bedürfe einer umfassenden Würdigung der konkreten Verfahrenssituation und der mit einer Einstellung des Verfahrens verbundenen Risiken.[18] Dabei sei zu beachten, dass die Einstellung eines Parteiverbotsverfahrens nicht zu einer abschließenden Entscheidung über die Zulässigkeit künftiger Verbotsanträge führe. Vielmehr blieben erneute Anträge ohne weiteres möglich.[19] Soweit ein nicht behebbarer rechtsstaatlicher Mangel des Verfahrens festzustellen sei, komme eine Fortsetzung daher allenfalls in extremen Ausnahmefällen in Betracht, etwa wenn unter dem Deckmantel der Organisation als politische Partei Gewalttaten oder andere schwerwiegende Straftaten vorbereitet oder geplant würden.[20]

---

[14] Vgl. BVerfGE 107, 339 ⟨369⟩.
[15] Vgl. BVerfGE 107, 339 ⟨367⟩.
[16] Vgl. BVerfGE 107, 339 ⟨367 f.⟩.
[17] Vgl. BVerfGE 107, 339 ⟨365⟩.
[18] Vgl. BVerfGE 107, 339 ⟨371⟩.
[19] Vgl. BVerfGE 107, 339 ⟨372⟩; siehe dazu § 47 i. V. m. § 41 BVerfGG.
[20] Vgl. BVerfGE 107, 339 ⟨370⟩.

b) Staatsfreiheit der Führungsebenen

Grundsätzlich sei die nachrichtendienstliche Beobachtung einer Partei zwar zulässig, wenn dies auf gesetzlicher Grundlage und bei gegebenem Anlass zum Schutz der freiheitlichen demokratischen Grundordnung erfolge. Dadurch entstehende Nachteile, etwa aufgrund der Nennung in Verfassungsschutzberichten, müsse die Partei hinnehmen und sei insoweit nicht durch Art. 21 GG geschützt. Dies ändere allerdings nichts daran, dass die Beobachtung einer Partei mit nachrichtendienstlichen Mitteln einen schweren Eingriff in das aus der Parteienfreiheit folgende Selbstbestimmungsrecht darstelle, der neben einer hinreichend bestimmten gesetzlichen Grundlage stets einer besonderen Rechtfertigung nach dem Grundsatz der Verhältnismäßigkeit bedürfe.[21]

Unbedenklich sei die Beobachtung der Partei im allgemein öffentlich zugänglichen Rahmen ebenso wie die laufende Beobachtung der von der Partei herausgegebenen oder von ihr veranlassten Druckerzeugnisse durch sachkundige staatliche Behörden. Andererseits dürfe eine Beobachtung politischer Parteien mit nachrichtendienstlichen Mitteln nicht dazu führen, dass etwa eingeschleuste Bedienstete staatlicher Behörden gezielt und wirkungsvoll Einfluss auf die Willensbildung der Vorstände einer Partei nähmen, sodass von einer „Veranstaltung des Staates" und insoweit gar nicht mehr von einer Partei gesprochen werden müsse.[22]

Die Beobachtung einer politischen Partei durch V-Leute staatlicher Behörden, die als Mitglieder des Bundesvorstands oder eines Landesvorstands fungierten, unmittelbar vor und während der Durchführung eines Parteiverbotsverfahrens vor dem Bundesverfassungsgericht sei hingegen mit den rechtsstaatlichen Anforderungen aus Art. 21 Abs. 1 und Abs. 2 GG i. V. m. Art. 20 Abs. 3 GG in der Regel unvereinbar.[23]

Die Beobachtung einer Partei durch nachrichtendienstliche Kontakte staatlicher Behörden zu Mitgliedern des Bundesvorstands, eines Landesvorstands oder einer entsprechenden führenden Organisationseinheit erwiesen sich bereits grundsätzlich als schwerwiegende Beeinträchtigung der mit dem verfassungsrechtlichen Status der Partei gemäß Art. 21 Abs. 1 GG verbundenen Gewährleistungen.[24]

Staatliche Präsenz auf der Führungsebene der Partei mache in jedem Fall Einflussnahmen auf deren Willensbildung und Tätigkeit unvermeidbar. Dies gelte unabhängig von der konkreten Aktivität der Quelle. Denn jedwede Aktivität bzw. Passivität von Führungsmitgliedern einer Partei beeinflusse Willensbildung und außenwirksames Erscheinungsbild der Partei. Dies gelte auch unabhängig davon, ob es sich bei der Quelle um eingeschleuste Mitarbeiter staatlicher Behörden oder um vom Parteiprogramm überzeugte Mitglieder, die als Informanten gewonnen worden seien, handele. Denn auch diese wirkten notwendig als Medien staatlicher Einflussnahme, weil sie sich widersprechenden Loyalitätsansprüchen ausgesetzt sähen. Wieweit eine solche Beobachtung schon grundsätzlich verfassungswidrig sei, könne dahinstehen.

---

[21] Vgl. BVerfGE 107, 339 ⟨366⟩.
[22] Vgl. BVerfGE 107, 339 ⟨366⟩.
[23] Vgl. BVerfGE 107, 339 ⟨365⟩.
[24] Vgl. BVerfGE 107, 339 ⟨366⟩.

Eine derartige Bewertung sei jedenfalls zwingend, wenn dies unmittelbar vor oder während des Verfahrens nach Art. 21 Abs. 2 GG geschehe.[25] Mitglieder der Führungsebene mit widerstreitenden Loyalitätsansprüchen schwächten die Stellung der Partei als Antragsgegnerin im Verfahren nach Art. 21 Abs. 2 GG im Kern. Eine Verfälschung der freien und selbstbestimmten Selbstdarstellung im verfassungsgerichtlichen Prozess sei unausweichlich. Für diese Wirkung komme es nicht auf tatsächliche Informationen der Antragsteller über die „Prozessstrategie" der Partei im Verbotsverfahren an. Die bloße Präsenz „doppelfunktionaler" „Verbindungs-" Personen reiche aus. Auch sei irrelevant, wie die Partei eine derartige Beobachtung empfinde.[26]

Deshalb müssten die staatlichen Stellen rechtzeitig vor dem Eingang des Verbotsantrags beim Bundesverfassungsgericht – spätestens mit der öffentlichen Bekanntmachung der Absicht, einen Antrag zu stellen – ihre Quellen in den Vorständen einer politischen Partei „abgeschaltet" haben; sie dürften nach diesem Zeitpunkt keine die „Abschaltung" umgehende „Nachsorge" betreiben, die mit weiterer Informationsgewinnung verbunden sein könne, und müssten eingeschleuste V-Leute zurückgezogen haben.[27]

Die Präsenz von V-Leuten auf den Führungsebenen einer Partei nach der Bekanntmachung der Absicht, gegen diese einen Verbotsantrag zu stellen, begründet nach Auffassung der entscheidungstragenden Senatsminderheit grundsätzlich einen nicht behebbaren rechtsstaatlichen Schaden.[28] Eine Fortsetzung des Verfahrens sei nur in einer außergewöhnlichen Gefahrensituation in Betracht zu ziehen,[29] was im konkreten Verfahren weder geltend gemacht noch erkennbar gewesen sei.[30]

c) Quellenfreiheit des Beweismaterials

Aus Sicht der entscheidungstragenden Senatsminderheit gelten der Grundsatz der Staatsfreiheit und die Forderung nach einem Höchstmaß an Rechtssicherheit, Transparenz, Berechenbarkeit und Verlässlichkeit des Verfahrens auch für das zu beurteilende Tatsachenmaterial. Nur eindeutige und offene Zurechnungen von Personen, Verhalten und Äußerungen entweder zur Sphäre der Antragsteller oder zu der der Antragsgegnerin ermöglichen es dem Gericht, eine verfassungsrechtlich vertretbare Entscheidung über Verfassungswidrigkeit oder Verfassungsmäßigkeit der Partei als Ergebnis eines rechtsstaatlich geordneten Verfahrens zu finden.[31] Die Gebote der Staatsfreiheit der politischen Parteien und der Verlässlichkeit und Transparenz des Parteiverbotsverfahrens widersprächen daher auch Begründungen eines Antrags, die in nicht unerheblichem Umfang auf Äußerungen von Parteimitgliedern gestützt seien, die nachrichtendienstliche Kontakte mit staatlichen Behörden unterhielten oder unterhalten hätten.

---

[25] Vgl. BVerfGE 107, 339 ⟨367⟩.
[26] Vgl. BVerfGE 107, 339 ⟨368⟩.
[27] Vgl. BVerfGE 107, 339 ⟨369⟩.
[28] Vgl. BVerfGE 107, 339 ⟨371⟩.
[29] Vgl. BVerfGE 107, 339 ⟨370⟩.
[30] Vgl. BVerfGE 107, 339 ⟨376⟩.
[31] Vgl. BVerfGE 107, 339 ⟨369⟩.

Dies gelte unabhängig von der grundsätzlichen Frage der Verwertbarkeit der Informationen von V-Leuten im verfassungsgerichtlichen Verbotsverfahren. Entscheidend sei, ob Personen mit ihren Äußerungen als Teil des Bildes einer verfassungswidrigen Partei präsentiert würden, die nachrichtendienstliche Kontakte mit staatlichen Behörden unterhielten oder unterhalten hätten, ohne dies kenntlich zu machen und so die daraus folgenden Zurechnungsprobleme offenzulegen. Auch die Aufbereitung eindeutig zurechenbarer Tatsachen und die Offenlegung möglicher entscheidungserheblicher Zurechnungsfragen gehörten zu den Aufgaben, die die Antragsteller im Rahmen der ihnen eigenen Verfahrensverantwortung wahrzunehmen hätten. Ansonsten werde dem Gericht die Gewährleistung eines rechtsstaatlichen Verfahrens bei der Ermittlung verlässlichen Tatsachenmaterials unmöglich gemacht oder doch in verfassungswidriger Weise wesentlich erschwert.[32] Mangelnde Staatsfreiheit des zur Antragsbegründung ausgebreiteten Bildes der Partei werde schon aus Gründen legitimen Geheimnis- und Personenschutzes selten reparabel sein. Dieses Dilemma lasse sich auch durch nachträgliche Offenlegung vor Gericht *in camera* nicht überwinden.[33]

Im weiteren Verlauf der Subsumtion ließ die entscheidungstragende Senatsminderheit ausdrücklich offen, ob die mangelnde „Staatsfreiheit" eines nicht unerheblichen Teils des verwendeten Beweismaterials bereits für sich stehend einen nicht behebbaren rechtsstaatlichen Schaden darstellt. Dieser sei aber jedenfalls im Zusammenwirken mit der mangelnden Staatsfreiheit der Führungsebenen der Antragsgegnerin noch während des Verfahrens entstanden. Das Recht der Antragsgegnerin auf freie, selbstbestimmte Prozessführung und Selbstdarstellung vor dem Verfassungsgericht, dessen Gewährleistung von Beginn des Verfahrens an sicher sein müsse, sei nachhaltig verletzt.[34]

d) Ausspähen der Prozessstrategie

Da die Senatsminderheit wegen der Präsenz von V-Leuten auf den Führungsebenen der Antragsgegnerin und der mangelnden Staatsfreiheit eines nicht unerheblichen Teils des Beweismaterials vom Bestand eines unüberwindlichen Verfahrenshindernisses ausging, äußerte sie sich nicht zu der Frage, ob die Beobachtung der Antragsgegnerin während des laufenden Verbotsverfahrens mit sonstigen nachrichtendienstlichen Mitteln und hierdurch erlangte Kenntnisse von der Prozessstrategie der Antragsgegnerin eigenständig ein Verfahrenshindernis begründen können. Stattdessen wurde darauf verwiesen, dass das Verfahren keinen Anlass biete, grundsätzlich zu den Grenzen zulässiger Beobachtung politischer Parteien durch staatliche Behörden mit nachrichtendienstlichen Mitteln Stellung zu nehmen.[35]

---

[32] Vgl. BVerfGE 107, 339 ⟨370 f.⟩.
[33] Vgl. BVerfGE 107, 339 ⟨371⟩.
[34] Vgl. BVerfGE 107, 339 ⟨378⟩.
[35] Vgl. BVerfGE 107, 339 ⟨362 f.⟩.

2. Nicht entscheidungstragende Senatsmehrheit

a) Grundkonzeption

Ausgangspunkt des Konzepts der Senatsmehrheit war die Betonung der Pflicht zur Justizgewähr. Die Gewährleistung von Recht erfolge durch Gerichtsbarkeit. Gerichte dürften sich der Justizgewähr grundsätzlich nicht entziehen, soweit nicht geschriebenes Prozessrecht oder andere zwingende Gründe eine Sachentscheidung unmöglich machten. Für die Annahme eines Verfahrenshindernisses sei daher ein strenger Maßstab anzulegen. Sie komme nur dann in Betracht, wenn die Eröffnung oder Fortsetzung des Verfahrens gemessen an seinen Zielen tatsächlich unmöglich sei oder in einem unerträglichen Widerspruch zu rechtsstaatlichen Grundsätzen stehe. Handele es sich um weniger schwerwiegende oder auf andere Weise ausgleichbare Verfahrensmängel, verbiete sich eine Verfahrenseinstellung. Minder schwerwiegende Mängel könnten durch Rechtsfolgen ausgeglichen werden, die nicht das gesamte weitere Verfahren verhinderten, wie etwa erhöhte Anforderungen an die Beweiswürdigung oder Beweisverwertungsverbote.[36]

Dem Gericht obliege es, alle seine Möglichkeiten auszuschöpfen, um tatsächliche und rechtliche Hindernisse für eine Entscheidung in der Sache auszuräumen. Etwaige Beeinträchtigungen der Antragsgegnerin könnten grundsätzlich erst nach vollständiger Aufklärung der entscheidungserheblichen Tatsachen bei der Sachentscheidung berücksichtigt werden.[37]

Aufgabe des Bundesverfassungsgerichts im Parteiverbotsverfahren sei es, selbst für die notwendige Aufklärung des Sachverhalts zu sorgen und unter Beachtung des Untersuchungsgrundsatzes gemäß § 26 Abs. 1 S. 1 BVerfGG den zur Erforschung der Wahrheit erforderlichen Beweis zu erheben. Dabei werde für den Fall der erforderlichen qualifizierten Mehrheit gemäß § 28 Abs. 2 BVerfGG der Wahrheitsfindung Vorrang vor dem staatlichen Geheimschutz eingeräumt.[38]

Eine Prozessbeendigung ohne Aufklärung der abwägungsrelevanten Tatsachen widerspreche der besonderen Justizgewährpflicht aus Art. 21 Abs. 2 GG i. V. m. §§ 43 ff. BVerfGG.[39] Das Bundesverfassungsgericht werde von Art. 21 Abs. 2 GG als einziges Organ der freiheitlichen Rechtsordnung mit der Kompetenz und zugleich mit der Rechtspflicht betraut, über die Verfassungswidrigkeit einer Partei zu befinden und damit über ein Verfahren zu entscheiden, in dem es um die Wahrung von Grundwerten und maßgeblichen Voraussetzungen der Verfassung gehe. Art. 21 Abs. 2 GG zähle zu den Kernbestimmungen für den präventiven Schutz der Verfassung.[40]

Der dem Bundesverfassungsgericht gegebene Präventionsauftrag erfordere die Aufklärung des konkreten Ausmaßes der Gefahr für die Rechtsgüter des Art. 21 Abs. 2 GG, wenn das Verfahren ohne Sachentscheidung eingestellt werden solle. Das Verfahren betreffende Rechtsbeeinträchtigungen seien ebenfalls hinreichend zu ermitteln, damit

---
[36] Vgl. BVerfGE 107, 339 ⟨379⟩.
[37] Vgl. BVerfGE 107, 339 ⟨380 f.⟩.
[38] Vgl. BVerfGE 107, 339 ⟨388 f.⟩.
[39] Vgl. BVerfGE 107, 339 ⟨386⟩.
[40] Vgl. BVerfGE 107, 339 ⟨386⟩.

die notwendige abwägende Entscheidung über die Fortführung des Verfahrens auf einer prozessual gesicherten Tatsachengrundlage erfolgen könne.[41] Gehe von einer politischen Partei eine konkret nachweisbare Gefahr für den Fortbestand des freiheitlichen Verfassungsstaates aus, dürfe das Bundesverfassungsgericht etwaige Verstöße gegen den allgemeinen Grundsatz des fairen Verfahrens bei der Abwägung nicht als überwiegend ansehen. Bei einer wirkungslosen und unbedeutenden Partei könne demgegenüber die Abwägung je nach Gewicht tatsächlich festgestellter Verfassungsverstöße anders ausfallen.[42] Das Grundanliegen einer Verfassung, die sich nicht durch den Missbrauch der von ihr gewährleisteten Freiheitsrechte zur Disposition stellen lassen wolle, wäre verfehlt, wenn der Senat ein Verfahrenshindernis annähme, ohne die konkrete Gefährlichkeit der Partei und mögliche Verstöße gegen den Grundsatz des fairen Verfahrens hinreichend aufzuklären, die rechtliche Bedeutung mit den Beteiligten zu erörtern und sodann die rechtlichen Belange gegeneinander abzuwägen. Ob die Fortexistenz einer Partei hinzunehmen und gegebenenfalls sogar zu fördern und zu finanzieren sei, könne in aller Regel erst im Rahmen einer mündlichen Verhandlung und nach Aufklärung und Würdigung aller Umstände entschieden werden.[43]

b) Staatsfreiheit der Führungsebenen

Nach Auffassung der Senatsmehrheit stellte sich die Frage eines unüberwindlichen Verfahrenshindernisses wegen eines Verstoßes gegen den Grundsatz der Staatsfreiheit durch die Tätigkeit von V-Leuten auf den Führungsebenen der Antragsgegnerin nicht: Erreiche die nachrichtendienstliche Beobachtung einer Partei das Ausmaß einer maßgeblichen Steuerung des Parteiwillens in seiner Gesamttendenz, könne es bereits an den Merkmalen einer Partei und damit an einem möglichen Antragsgegner eines Verbotsverfahrens fehlen. Hierfür genüge allerdings nicht jede staatliche Einwirkung, sondern es müsse sich um eine zielgerichtete, die Willensbildung der Partei dem Grunde nach verformende Einflussnahme (Steuerung, Lenkung) handeln. Dies sei im damaligen Verbotsverfahren nicht ansatzweise erkennbar gewesen. Insbesondere hätten sich keine Anhaltspunkte ergeben, dass das politische Erscheinungsbild der Antragsgegnerin nicht mehr das Ergebnis eines offenen gesellschaftlichen Willensbildungsprozesses gewesen sei. Selbst dann, wenn von einer inhaltlichen und programmatischen Fremdsteuerung der Antragsgegnerin auszugehen wäre, folge daraus kein Verfahrenshindernis. Vielmehr sei der Verbotsantrag dann als unzulässig zurückzuweisen.[44]

Darüber hinaus wies die Senatsmehrheit darauf hin, dass der Einsatz von V-Leuten im Rahmen des § 8 Abs. 2 S. 1 BVerfSchG notwendig sein könne, da allein auf diesem Weg interne, nicht öffentlich verfügbare Informationen über den Aufbau extremistischer Organisationen, die Führungspersonen, die tatsächlichen – nicht nur öffentlich deklarierten – Ziele, die Strategie und Taktik, die Planung und Durchführung konkreter Maßnahmen und Kampagnen sowie über die Mitgliederzahl und die Verbindungen zu anderen Organisationen zu erlangen seien. Häufig werde erst auf dieser Grundlage

---

[41] Vgl. BVerfGE 107, 339 ⟨387⟩.
[42] Vgl. BVerfGE 107, 339 ⟨387⟩.
[43] Vgl. BVerfGE 107, 339 ⟨388⟩.
[44] Vgl. BVerfGE 107, 339 ⟨381⟩, unter Verweis auf BVerfGE 91, 262 ⟨266⟩; 91, 276 ⟨283⟩.

eine genaue Bewertung der öffentlich gemachten Erklärungen möglich. Die Gründe, die die Beobachtung einer Partei durch V-Leute rechtfertigten, würden grundsätzlich auch während eines anhängigen Parteiverbotsverfahrens gelten. Der Zweck der nachrichtendienstlichen Beobachtung, aus Gründen des präventiven Verfassungsschutzes Informationen über verfassungsfeindliche Bestrebungen zu sammeln, bestehe auch während des anhängigen Parteiverbotsverfahrens fort.[45]

Die Annahme, der Einsatz von V-Leuten auf der Ebene des Bundesvorstands oder der Landesvorstände einer Partei unmittelbar vor oder nach Anhängigkeit eines Verbotsverfahrens begründe grundsätzlich ein nicht behebbares Verfahrenshindernis, werde daher der verfassungsrechtlichen Stellung und Verantwortlichkeit der Beteiligten des kontradiktorischen Parteiverbotsverfahrens nicht gerecht. Die Verfassungsorgane, die nach § 43 BVerfGG berechtigt seien, einen Parteiverbotsantrag zu stellen, hätten nicht in jedem Fall Einfluss auf den Umfang und die Intensität einer nachrichtendienstlichen Beobachtung der Partei.[46]

c) Quellenfreiheit der Beweismittel

Auch hinsichtlich der Quellenfreiheit des Beweismaterials ging die Senatsmehrheit von der vorrangigen Pflicht zur umfassenden Sachverhaltsaufklärung aus, die regelmäßig der Annahme eines Verfahrenshindernisses entgegenstehe:

Zwar könne der Einsatz von V-Leuten auch für die Frage Bedeutung erlangen, ob und in welchem Umfang oder mit welchem Gewicht einzelne vorgelegte Erkenntnismittel für die Beurteilung der Verfassungswidrigkeit der Antragsgegnerin herangezogen werden dürften. Manifestationen der Parteiziele und Verhaltensweisen der Parteianhänger könnten nur dann der Prüfung der Tatbestandsvoraussetzungen des Art. 21 Abs. 2 GG zugrunde gelegt werden, wenn sie der Partei zuzurechnen seien. Soweit einzelne Äußerungen oder Verhaltensweisen von Parteimitgliedern oder Anhängern durch staatliche Stellen herbeigeführt oder provoziert worden seien, dürften sie nicht ohne weiteres der Partei zugerechnet werden.[47]

Jedoch gelte auch insoweit der Grundsatz der Amtsermittlung. Die gerichtliche Aufklärungspflicht gestatte es dem Bundesverfassungsgericht nicht, allein aufgrund einer möglichen mittelbaren Einflussnahme durch V-Leute auf die Äußerungen oder Verhaltensweisen im Rahmen der Parteitätigkeit das Verfahren ohne weitere Prüfung abzubrechen.[48]

Außerdem verbiete sich eine Verfahrenseinstellung als prozessuale Rechtsfolge jedenfalls in Fällen, in denen zwar einzelne Informationsbeschaffungsmaßnahmen zu beanstanden seien, diese aber nicht sämtliche Tatsachengrundlagen beträfen und die restliche Tatsachengrundlage die Durchführung des Verfahrens zulasse.[49]

---

[45] Vgl. BVerfGE 107, 339 ⟨391 f.⟩.
[46] Vgl. BVerfGE 107, 339 ⟨393⟩.
[47] Vgl. BVerfGE 107, 339 ⟨382⟩.
[48] Vgl. BVerfGE 107, 339 ⟨382⟩.
[49] Vgl. BVerfGE 107, 339 ⟨379⟩.

d) Ausspähen der Prozessstrategie

Nach Auffassung der Senatsmehrheit stellte sich die Frage eines Verfahrenshindernisses aufgrund der Beobachtung einer Partei mit nachrichtendienstlichen Mitteln im Hinblick auf den Grundsatz des fairen Verfahrens. Der Anspruch auf ein faires, rechtsstaatliches Verfahren ergebe sich aus dem Rechtsstaatsprinzip in Verbindung mit dem allgemeinen Freiheitsrecht (Art. 2 Abs. 1 GG). Er gelte auch im Parteiverbotsverfahren und sei immer dann relevant, wenn spezielle Gewährleistungen und Verfahrensgarantien nicht eingriffen.[50]

Der verfassungsrechtlich verbürgte Anspruch auf ein faires Verfahren umfasse insbesondere das Recht einer Prozesspartei, zur Wahrung ihrer Rechte im Rahmen einer von ihr ausgewählten Strategie effektiv Einfluss auf das Verfahren nehmen zu können.[51] Verschafften sich die Antragsteller in dem kontradiktorischen Parteiverbotsverfahren zielgerichtet Informationen über die Prozesstaktik der Antragsgegnerin, könne darin ein Verstoß gegen den Grundsatz des fairen Verfahrens liegen. Dazu müsse aber bereits vor einer Beweisaufnahme in der mündlichen Verhandlung positiv feststehen, dass die Verhandlungskonzeption der Antragsgegnerin in einer Weise ausgeforscht worden sei, die eine sachangemessene Rechtsverteidigung endgültig unmöglich mache. Der bloße Anschein oder die abstrakte Gefahr einer Ausforschung reichten dagegen nicht aus.[52] Im Übrigen käme eine Verletzung des Rechts auf effektive Verteidigung erst dann in Betracht, wenn die Kenntnis der Antragsteller über die Prozessstrategie der Antragsgegnerin deren Verteidigungswirkung aufhebe oder mindere.[53]

Selbst wenn Umstände, die eine Ausforschung des Verhaltens der maßgeblich am Verfahren beteiligten Funktionäre und Vertreter der Antragsgegnerin belegten, bekannt würden, wäre eine Fortführung des Parteiverbotsverfahrens mit rechtsstaatlichen Grundsätzen nur dann unvereinbar, wenn das Gewicht der Beeinträchtigung den konkreten Präventionszweck des Parteiverbotsverfahrens überwöge.

Ergänzend führte die Senatsmehrheit aus, dass bei der Entscheidung, ob verfahrensrechtliche Beeinträchtigungen im Verbotsverfahren zu einer der weiteren Verfahrensdurchführung entgegenstehenden Verletzung des Grundsatzes des fairen Verfahrens führten, die verfassungsrechtlichen Belange des präventiven Verfassungsschutzes in angemessener Weise zu berücksichtigen seien. Gerade der Schutz von Individualrechtsgütern wie Würde, Leben und Gesundheit, der staatlichen Stellen obliege, könne es von Verfassungs wegen erfordern, unabhängig vom Verbotsverfahren die nachrichtendienstliche Beobachtung einer Partei in geeigneter Weise fortzusetzen.[54]

Außerdem bestehe die Pflicht des Rechtsstaates, alle zur Vorbereitung und Durchführung des Verfahrens nach Art. 21 Abs. 2 GG erforderlichen Maßnahmen zu treffen, auch nach der Stellung eines Verbotsantrags fort. Maßgeblicher Zeitpunkt für die Beurteilung der Tatbestandsvoraussetzungen des Art. 21 Abs. 2 GG sei regelmäßig die Entscheidung des Bundesverfassungsgerichts nach Durchführung der mündlichen Ver-

---

[50] BVerfGE 107, 339 ⟨383 f.⟩ m. w. N.
[51] BVerfGE 107, 339 ⟨383 f.⟩ m. w. N.
[52] BVerfGE 107, 339 ⟨384⟩.
[53] BVerfGE 107, 339 ⟨385⟩.
[54] BVerfGE 107, 339 ⟨390⟩.

handlung. Da bis zu diesem Zeitpunkt nach der Stellung eines Parteiverbotsantrags aber ein erheblicher Zeitraum verstrichen sein könne, könne es erforderlich sein, während dieses Zeitraums nachrichtendienstliche Mittel einzusetzen, um dem Bundesverfassungsgericht im Zeitpunkt seiner Entscheidung eine verlässliche Tatsachengrundlage zu verschaffen. Dies gelte in besonderem Maße deshalb, weil die Partei, gegen die ein Verbot beantragt werde, regelmäßig bestrebt sein werde, sich im laufenden Verfahren als verfassungskonform darzustellen. Müsste in jedem Fall mit Beginn des Verbotsverfahrens die nachrichtendienstliche Beobachtung eingestellt werden, könnte im Zeitpunkt der Entscheidung eine sachgerechte Beurteilung durch das Bundesverfassungsgericht nicht mehr möglich sein.[55]

III. Bedeutung für das zweite Verbotsverfahren

Die folgende Dokumentation des zweiten NPD-Verbotsverfahrens zeigt deutlich, dass der Antragsteller aus Gründen äußerster Vorsicht die strengstmögliche Auslegung der Entscheidung des Jahres 2003 seinem Antrag zugrunde gelegt hat. Er hat nicht nur die Staatsfreiheit der Partei und die Quellenfreiheit des vorgelegten Materials sichergestellt, sondern auch eine Ausspähung des Prozessstrategie ausgeschlossen. Dazu hat der Antragsteller umfangreiche innerbehördliche Verfahren entwickelt,[56] die er insbesondere in seinem Schriftsatz vom 13. Mai 2015 dargestellt hat.[57] In diesem Schriftsatz hat er zugleich – wie vom Zweiten Senat im Hinweisbeschluss vom 19. März 2015 gefordert[58] – Wege gefunden, um die Erfüllung dieser Voraussetzungen auch „in geeigneter Weise" gegenüber dem Gericht zu belegen. In der mündlichen Verhandlung wurden die Maßnahmen zur Sicherstellung von Staatsfreiheit, Quellenfreiheit und eines rechtsstaatlichen Verfahrens durch die Prozessbevollmächtigten des Antragstellers sowie durch Vertreter der Sicherheitsbehörden des Bundes und der Länder im Einzelnen dargestellt. Der gesamte erste Tag der mündlichen Verhandlung widmete sich letztlich dem Thema „Verfahrenshindernisse".[59]

Der Senat des zweiten NPD-Verbotsverfahrens ist im Punkt „Verfahrenshindernisse" von den Vorarbeiten der beiden zum Teil weniger, zum Teil stärker divergierenden Voten des ersten Verfahrens ausgegangen. Dabei hat er allerdings seinen eigenen Weg gefunden, der durchaus als „Mittelweg" bezeichnet werden kann. Der Senat hat die einzelnen Voten – in ihrer gegensätzlichen Ausrichtung – entschärft, vor allem aber die Maßstäbe und Fallgruppen der Verfahrenshindernisse konkretisiert und dabei die im neuen Verfahren aufgrund der damaligen Voten aufgeworfenen Fragen beantwortet.

---

[55] BVerfGE 107, 339 ⟨392 f.⟩.
[56] Vgl. dazu auch oben Einführung, A.I.3.d (S. 9).
[57] Siehe unten C.I.21 (S. 324).
[58] Siehe unten C.I.20 (S. 320).
[59] Siehe unten C.II.1 (S. <?>).

C. Das zweite NPD-Verbotsverfahren (2013–2017)

Im Folgenden werden die Schriftsätze der Verfahrensbeteiligten, gerichtliche Verfügungen, Beschlüsse sowie die mündliche Verhandlung des NPD-Verbotsverfahrens der Jahre 2013 bis 2017 wiedergegeben. Auslassungen innerhalb eines Dokuments werden besonders gekennzeichnet. Anlagen konnten aus Platzgründen nicht abgedruckt werden.

Die in den Schriftsätzen enthaltenen Querverweise wurden überwiegend mit Klammerzusätzen versehen, in denen die entsprechenden Seitenzahlen dieser Dokumentation angegeben sind.

I. Schriftverkehr

1. Antragsschrift

Prof. Dr. Christoph Möllers
Prof. Dr. Christian Waldhoff

c/o Bundesrat
Leipziger Straße 3–4
10117 Berlin

An das
Bundesverfassungsgericht
– Zweiter Senat –
Schlossbezirk 3
76131 Karlsruhe

Antrag nach Art. 21 Abs. 2 GG i. V. m. §§ 13 Nr. 2, 43 ff. BVerfGG

<u>Antragsteller:</u>
Bundesrat, vertreten durch den Präsidenten des Bundesrates,
Leipziger Straße 3–4, 10117 Berlin

<u>Antragsgegnerin:</u>
Nationaldemokratische Partei Deutschlands, vertreten durch den
Bundesvorsitzenden Holger Apfel, Seelenbinderstraße 42, 12555 Berlin

Namens und in beiliegender Vollmacht – **Anlage 1** – des Bundesrates stellen wir die folgenden Anträge nach Art. 21 Abs. 2 GG i. V. m. §§ 13 Nr. 2, 43 ff. BVerfGG:

1. Die Nationaldemokratische Partei Deutschlands einschließlich ihrer Teilorganisationen Junge Nationaldemokraten, Ring Nationaler Frauen und Kommunalpolitische Vereinigung ist verfassungswidrig.

2. Die Nationaldemokratische Partei Deutschlands einschließlich ihrer Teilorganisationen Junge Nationaldemokraten, Ring Nationaler Frauen und Kommunalpolitische Vereinigung wird aufgelöst.

3. Es ist verboten, Ersatzorganisationen für die Nationaldemokratische Partei Deutschlands einschließlich ihrer Teilorganisationen Junge Nationaldemokraten, Ring Nationaler Frauen und Kommunalpolitische Vereinigung zu schaffen oder bestehende Organisationen als Ersatzorganisationen fortzusetzen.

4. Das Vermögen der Nationaldemokratischen Partei Deutschlands einschließlich ihrer Teilorganisationen Junge Nationaldemokraten, Ring Nationaler Frauen und Kommunalpolitische Vereinigung wird zugunsten der Bundesrepublik Deutschland für gemeinnützige Zwecke eingezogen.

Inhaltsverzeichnis

Einführung: Motiv des Antrags und Gang der Argumentation 43
   I. Zur Motivation des Antrags 43
   II. Die Argumentation in Grundzügen 45

A. Sachverhalt 45
   I. Zu Maßstab und Methode von Sachverhaltsermittlung und Sachverhaltsdarstellung 45
      1. Verdeckungsabsicht im Handeln der Antragsgegnerin 46
      2. Normative Vorgaben für die Ermittlung und Verwertung des Sachverhaltes 47
         a) Keine spezifische verfassungsrechtliche Begrenzung der Erkenntnismittel 47
            aa) Parteienfreiheit 47
            bb) Freies Mandat und Indemnität 48
         b) Anwendung prozessualer Beweisregeln auf das Verfahren des Art. 21 Abs. 2 GG 50
         c) Keine Beschränkung der Beweisverwertung aus Art. 5 Abs. 1 Satz 1 GG 50
      3. Sachverhaltsmaterialien 52
         a) Informationen aus allgemein zugänglichen Materialien 52
         b) Ergebnisse offener polizeilicher Ermittlungsmaßnahmen 53
         c) Ergänzend: Empirische sozialwissenschaftliche Erkenntnisse 53
         d) Insbesondere: Sachverständigengutachten 54
         e) Kein Einsatz von Quellen (Verdeckte Ermittler, Vertrauenspersonen oder Under-Cover-Agents) 55
            aa) Staatsfreiheit für ein faires Verfahren 55
            bb) Quellenfreiheit des verwendeten Materials 56
   II. Die NPD als politische Partei 58
   III. Ideologie 65
      1. Ethnischer Volksbegriff – Die „Volksgemeinschaft" als Basis des politischen Programms 66
      2. Exklusion von der Grundrechtsberechtigung 68
      3. Parlamentarische Demokratie – auf der Volksgemeinschaft basierende „Volksherrschaft" anstelle des parlamentarischen Regierungssystems 69
      4. Zwischen Relativierung und Leugnung der Verbrechen des Nationalsozialismus 75

    5. Insbesondere: Antisemitismus 76
    6. Zwischenfazit 77
  IV. **Politische Aktivität** 77
    1. Parlamentarische Aktivität (Landtage) 82
    2. Kommunale Ebene 87
      a) Kommunale Mandate 87
      b) Schleichende Infiltrierung der Gesellschaft vor Ort
         ("Graswurzelpolitik") 88
    3. Aktivitäten „auf der Straße" – rechtsextremistische „Raumordnung" ... 91
    4. Verbindungen zur Neonazi-Szene 95
    5. Rechtswidriges Handeln, einschließlich Straftaten 99
      a) Von der NPD vertretene politische Inhalte in der
         fachgerichtlichen Judikatur 99
      b) Mittel politischen Handelns der NPD in der fachgerichtlichen
         Judikatur 100
      c) Rechtswidriges Verhalten führender Parteimitglieder 100
      d) Statistiken zu rechtsextremistischen Straftaten sowie Straftaten
         des Führungspersonals der NPD 102
      e) Solidarisierung mit Straftätern/NSU-Verfahren 103

B. Zulässigkeit des Antrags..104
  I. Antragsberechtigung..105
  II. Antragsgegnerin 106

C. Begründetheit des Antrags 106
  I. **Prüfungsmaßstab**..107
    1. Kontrolldichte 107
      a) Funktion des Verfahrens: politische Gefahrenprävention, nicht
         polizeiliche Gefahrenabwehr 108
        aa) Präventive Funktion des Verfahrens nach Art. 21 Abs. 2 GG 108
        bb) Kontext der grundgesetzlichen Parteiendemokratie 111
      b) Status des Verfahrens nach Art. 21 Abs. 2 GG: kein
         Funktionsverlust der Norm – keine Verschärfung der Kriterien 112
      c) Adressat der Norm: das Problem der Zurechnung..................114
        aa) Wortlaut: „Anhänger" 115
        bb) Systematik und Zurechnung von Rechtsbrüchen 115
        cc) Insbesondere: strafbares und gewaltsames Handeln 116
        dd) Zwischenfazit 117
    2. Inhaltliche Zielsetzung: Freiheitliche demokratische Grundordnung ...117
      a) Menschenwürde als allgemeines Recht auf Grundrechte: Verbot
         eines ethnischen Personenbegriffs und Gebot des normativen
         Individualismus 118
      b) Demokratieprinzip..120
        aa) Offener, gesetzlich ausgestalteter Volksbegriff 120
        bb) Regierungssystem 122
        cc) Territorial lückenloser Schutz des demokratischen Lebens 123

c) Rechtsstaatlichkeit, insbesondere Respekt des staatlichen
   Gewaltmonopols 125
d) Besondere verfassungsrechtliche Bedeutung der Relativierung
   nationalsozialistischen Unrechts 126
   aa) Anerkennung der Verbrechen des Nationalsozialismus 127
   bb) Antisemitismus 129
   cc) „Wesensverwandtschaft" in der Rechtsprechung des
       Bundesverwaltungsgerichts 130
e) Gegenprobe 130
3. „Darauf ausgehen" 131
   a) Vorüberlegung: systematische Spannung in der Maßstabbildung 131
   b) Relevanz legaler politischer Betätigung 133
   c) Ziele und Mittel: Finalität, nicht Illegalität der Aktivität 134
   d) Bedeutung qualifiziert rechtswidrigen und strafbaren Handelns 135
4. Verhältnismäßigkeit 136
   a) Fragliche Anwendbarkeit im Verfahren nach Art. 21 Abs. 2 GG 136
   b) Rechtsprechung des Bundesverwaltungsgerichts zu
      Vereinsverboten 139
   c) Hilfsweise: Eingeschränkte Anwendbarkeit 140
      aa) Eingeschränkte Anwendbarkeit durch Tatbestand
          und Rechtsfolge 141
          (1) Tatbestand 141
          (2) Rechtsfolge 141
      bb) Anwendung auf das Verfahren des Art. 21 Abs. 2 GG 142
          (1) Legitimer Zweck 142
          (2) Geeignetheit 143
          (3) Erforderlichkeit 144
          (4) Angemessenheit 146
      cc) Zwischenergebnis und Gesamtabwägung 148
5. Europäische Menschenrechtskonvention 148
   a) Maßstäbe für Parteiverbote nach der EMRK 149
      aa) Einschlägige Normen 149
      bb) Anforderungen an die Rechtfertigung eines Parteiverbots 151
          (1) Gesetzlich vorgeschrieben 151
          (2) Legitimer Zweck 152
          (3) Notwendig in einer demokratischen Gesellschaft 152
      cc) Besonderheiten bei dem Verlust von Mandaten 160
   b) Bedeutung der EMRK bei der Auslegung von Art. 21 Abs. 2 GG 160
II. Anwendung 162
1. Verfassungswidrige Ideologie der NPD 162
   a) Ethnischer Personenbegriff als Verstoß gegen die Menschenwürde
      und als Beeinträchtigung der freiheitlichen demokratischen
      Grundordnung 162

b) Wesensverwandtschaft zum Nationalsozialismus als
Beeinträchtigung der freiheitlichen demokratischen
Grundordnung 173
c) Ablehnung des auf dem Demokratieprinzip beruhenden
parlamentarischen Regierungssystems als Beeinträchtigung der
freiheitlichen demokratischen Grundordnung 181
d) Relativierung des staatlichen Gewaltmonopols 184
e) Relativierung nationalsozialistischen Unrechts 189
f) Insbesondere Antisemitismus 192
g) Zwischenergebnis 199
2. Aktiv-kämpferisches und aggressives Handeln der NPD 199
a) Politisches Handeln 199
b) Insbesondere Substitution politischer und sozialer Strukturen 205
c) Rechtswidrige Handlungen 205
d) Strafbare Handlungen 206
e) Zwischenergebnis 206
3. Hilfsweise: Verhältnismäßigkeit des Verbots der NPD 206
4. Anforderungen der EMRK 215

D. Abschlussbetrachtung und Gesamtergebnis 217

E. Verzeichnis der Anlagen 220

F. Verzeichnis der Belege [nicht abgedruckt]

Einführung: Motiv des Antrags und Gang der Argumentation

Vor der Begründung des vorliegenden Antrags, der Darstellung des Sachverhalts (A.) [S. 45] sowie den Ausführungen zur Zulässigkeit (B.) [S. 104] und zur Begründetheit (C.) [S. 106] soll kurz in seine Motivation (I.) [S. 107] und in die Grundzüge der Argumentation (II.) [S. 162] eingeführt werden.

I. Zur Motivation des Antrags

Der Bundesrat hat mit Beschluss vom 14. Dezember 2012 die Entscheidung gefällt, ein Parteiverbotsverfahren nach Art. 21 Abs. 2 GG gegen die Antragsgegnerin beim Bundesverfassungsgericht anzustrengen. Dass es unter den antragsberechtigten Verfassungsorganen schließlich der Bundesrat ist, der sich zu dieser nicht einfachen Entscheidung durchgerungen hat, stellt keinen Zufall dar. Der Bundesrat verbindet die gesamtstaatliche Verantwortung eines alle Länder der Bundesrepublik Deutschland vertretenden Organs des Bundes mit seiner besonderen Nähe zu lokalen und regionalen Problemen. Dies entspricht der Beobachtung des Antragstellers, dass die politische Bedrohung, die von der NPD ausgeht, auf diesen beiden Ebenen in den Blick zu nehmen ist: Die Antragsgegnerin ist zum einen eine Bundespartei, ein gesamtstaatliches Phänomen, das in allen Ländern als Scharnier, Organisationsnetz und legaler Arm einer rechtsextremistischen politischen Bewegung fungiert. Die Antragsgegnerin ist zum anderen eine Partei, die in bestimmten Regionen mit besonderer Entschlossenheit auf den politischen Prozess einwirkt und dessen Integrität in Frage stellt. So operiert die Antragsgegnerin auf beiden Ebenen aggressiv und effektiv mit verfassungsfeindlichen Zielen. Auf der Ebene der Landespolitik und auf der – den Ländern als zuständiger Staatsgewalt zuzurechnenden – Ebene der Kommunalpolitik bedroht die Antragsgegnerin den politischen Prozess nicht nur, sondern hat sich bereits angeschickt, die sozialen Bedingungen demokratischer Vielfalt mit ihren politischen Mitteln einzuschränken. Zudem ist es für den Bundesrat nicht nur ein symbolisches Problem, wenn in zwei Landtagen, in Mecklenburg-Vorpommern und Sachsen, antiparlamentarische, antisemitische und das staatliche Gewaltmonopol in Frage stellende Äußerungen an der Tagesordnung sind. Auf der Ebene des Bundes agiert die Antragsgegnerin als organisatorisches Verbindungsglied für gewaltbereite politische Extremisten, von denen viele ihre Mitglieder sind und mit denen sie in einer Fülle von Fällen in stabilem politischen Kontakt steht.

Es gehört zum Selbstverständnis des Bundesrates als einem tragenden Organ der wehrhaften demokratischen Ordnung des Grundgesetzes, die zur Verfügung stehenden rechtlichen Mittel auszuschöpfen, um solchen verfassungsfeindlichen Aktivitäten keine legitime öffentliche Plattform zu geben.

Für den Bundesrat lassen sich diese Phänomene weder schlicht als Folge eines politischen Versagens von Bund und Ländern noch als bloßes Symptom tieferliegender sozialer Probleme deuten, an denen durch ein Verbot der Antragsgegnerin nichts geändert werden könnte. Die unter dem Schutz des Parteienrechts stehende NPD erweist sich vielmehr als ein gut organisierter Knotenpunkt, der antidemokratische Tendenzen bündelt, formalisiert und verstärkt. Für Bürgerinnen und Bürger, für die Rechtstreue einen wesentlichen Wert darstellt, bildet die Legalität einer rechtsextremistischen Partei ein verstörendes, das Vertrauen in den Rechtsstaat beeinträchtigendes Phänomen. Die Legalität der NPD definiert einen symbolischen Ort des Zulässigen für die demokratische Auseinandersetzung, selbst dann, wenn die Partei im Einzelnen nicht rechtstreu handelt.

Der Antragsteller interpretiert das Handeln der NPD also nicht als unvermeidliche Folge einer bestimmten gesellschaftlichen Befindlichkeit, gegen die die Mittel des Rechts nichts ausrichten könnten. Vielmehr sieht er gerade in der Tatsache, dass sich das verfassungsfeindliche Handeln der Antragsgegnerin auf die Rechtsordnung berufen kann, einen wichtigen Faktor, der mitbestimmt, wie unsere Ordnung gerade von Bürgerinnen und Bürgern, die dieser Ordnung gegenüber skeptisch und distanziert bleiben, wahrgenommen wird. Dies gilt umso mehr angesichts der Tatsache, dass der vom Bundesrat gestellte Verbotsantrag in eine Vielzahl weiterer Maßnahmen eingebettet ist, die den Versuch unternehmen, das Problem politischer Radikalisierung mit anderen Mitteln anzugehen.

Aufgrund dieser Motivation hat der Bundesrat den vorliegenden Antrag entworfen und sichergestellt, dass der vorzutragende Sachverhalt zum Verhalten der NPD sich unbeeinflusst von staatlichen Stellen abgespielt hat. Dies wird durch entsprechende Testate bestätigt.

II. Die Argumentation in Grundzügen

Die Antragsbegründung argumentiert in ihren Grundzügen wie folgt: Tatbestandlich stellt sie auf die erste Alternative des Art. 21 Abs. 2 GG ab und wird nachweisen, dass die Antragsgegnerin darauf ausgeht, die freiheitliche demokratische Grundordnung im Ganzen zu beseitigen. Dieser Tatbestand setzt sich aus Sicht des Antragstellers aus zwei Elementen zusammen: dem Element der verfassungswidrigen Ideologie der Antragsgegnerin und dem Element ihrer politischen Aktivität mit dem Ziel der Ablösung unserer Ordnung.

Die Ideologie der Antragsgegnerin wird sich als mit zentralen Elementen der freiheitlichen demokratischen Grundordnung unvereinbar erweisen. Dies betrifft namentlich den in Menschenwürde und demokratischer Gleichheit angelegten Respekt vor einer basalen Gleichheit aller Menschen, den Schutz der Unterscheidung von Regierung und Opposition, die Anerkennung des staatlichen Gewaltmonopols, die Anerkennung der Rechtsform als einzig verfassungsgemäßem Medium politischer Veränderung sowie schließlich den verfassungsrechtlich umhegten Umgang mit der nationalsozialistischen Vergangenheit.

Auf der Seite der politischen Aktivität hat die Begründung mit größerer Unsicherheit hinsichtlich der verfassungsrechtlichen Maßstäblichkeit umzugehen, weil diese – anders als bei der Auslegung der materiellen Elemente des Art. 21 Abs. 2 Satz 1 i. V. m. Art. 79 Abs. 3 GG – nur auf zwei über ein halbes Jahrhundert zurückliegende Entscheidungen des Gerichts und vergleichsweise wenig Literatur zurückgreifen kann. Die Begründung wird angesichts dieser Offenheit der Maßstäbe im Zweifelsfall ein strengeres Maß an das Verhalten der Antragsgegnerin anlegen, als dogmatisch geboten erscheint. Dies ist namentlich für zwei Fragen von Bedeutung:

Zum Ersten erfordert Art. 21 Abs. 2 GG nach der Überzeugung des Antragstellers – im Einklang mit Rechtsprechung und Literatur – keine konkrete Gefährdung der Ordnung des Grundgesetzes. Trotzdem wird nachgewiesen werden, dass die Antragsgegnerin ihr Ziel einer Abschaffung der Ordnung im ganzen Bundesgebiet verfolgt und mit Hilfe der Gesamtorganisation auf lokaler Ebene bereits Beeinträchtigungen dieser Ordnung erreicht hat.

Zum Zweiten erfordert Art. 21 Abs. 2 GG nach Überzeugung des Antragstellers – wie auch von Rechtsprechung und Literatur – keine Prüfung der Verhältnismäßigkeit des Verbots. Dennoch wird nachgewiesen werden, dass eine Verbotsentscheidung auch diesem Maßstab genügen würde.

A. Sachverhalt

I. Zu Maßstab und Methode von Sachverhaltsermittlung und Sachverhaltsdarstellung

Der vorliegende Antrag sieht sich hinsichtlich der Aufbereitung des Sachverhaltes mit spezifischen Problemen konfrontiert. Diese ergeben sich aus der bei der Antragsgegnerin zur Abwehr eines Verbotsantrages seit langem zu beobachtenden Strategie der Verdeckung ihrer wirklichen politischen Absichten (1.) [S. 46]. Angesichts der beweisrechtlichen Standards, denen das Verfahren nach Art. 21 Abs. 2 GG zu genügen hat (2.) [S. 47], muss der Antrag daher auf unterschiedliche Materialien zur Darstellung des Sachverhaltes zurückgreifen (3.) [S. 52].

1. Verdeckungsabsicht im Handeln der Antragsgegnerin

Die Antragsgegnerin ist bereits Gegenstand eines im Jahr 2003 durch den Senat eingestellten Parteiverbotsverfahrens geworden.

> BVerfGE 107, 339; dazu als Analyse *Gelberg*, Das Parteiverbotsverfahren nach Art. 21 Abs. 2 GG am Beispiel des NPD-Verbotsverfahrens, 2009.

Die Möglichkeit eines neuen Parteiverbotsverfahrens ist zudem bereits seit längerer Zeit Gegenstand von Debatten im politischen Raum. Für die Antragsgegnerin kommt aus diesen Gründen der vorliegende Antrag keineswegs überraschend.

Dies schafft für den Antrag ein spezifisches Erkenntnis- und Darstellungsproblem. Die Antragsgegnerin operiert angesichts eines möglichen Verbotsverfahrens in bestimmten Bereichen seit längerem mit einer eigenen politischen Sprache, die dem doppelten Zweck dienen soll, verfassungsfeindliche Gehalte nicht offen zu kommunizieren, um so einem Verbot zu entgehen, andererseits für potenzielle Adressaten der Partei interessant zu bleiben und das eigentliche politische Programm sichtbar zu machen.

> Zu dieser Strategie aus der empirischen Literatur beispielhaft für den Antisemitismus *Koschmieder*, Antisemitismus in der NPD. Eine empirische Analyse antisemitischer Kommunikationsstrategien, 2009; ferner *Volkmann*, Dilemmata des Parteiverbots, DÖV 2007, 577 (580 f.); *ders.*, Grundprobleme der staatlichen Bekämpfung des Rechtsextremismus, JZ 2010, 209 (211); *Shirvani*, Parteienfreiheit, Parteienöffentlichkeit und die Instrumente des Verfassungsschutzes, AöR 134 (2009), S. 572 (579 f.). Vgl. auch *Frankenberg/Löwer*, Schriftsatz des antragstellenden Deutschen Bundestags vom 29. März 2001, S. 70 ff., 187 f., zu den hermeneutischen Problemen der programmatischen Semantik der Antragsgegnerin. Für Vereinsverbote entsprechend BVerwG, NVwZ 2013, 870 (871), Rn. 17: „Vereinigungen suchen etwaige verfassungsfeindliche Bestrebungen erfahrungsgemäß zu verheimlichen. Der Verbotstatbestand wird sich deshalb in der Regel nur aus dem Gesamtbild ergeben, das sich aus einzelnen Äußerungen und Verhaltensweisen zusammenfügt. Dass diese Belege gegebenenfalls einer mehr oder weniger großen Zahl unverfänglicher Sachverhalte scheinbar untergeordnet sind, besagt allein nichts über ihre Aussagekraft …." Auch der EGMR berücksichtigt bei seiner Kontrolle mitgliedstaatlicher Parteiverbote, dass Parteien in Programmen und Satzungen oft ihre wahren Absichten verschleiern, weshalb auf das *Gesamtbild* einschließlich der Stellungnahmen von Mitgliedern und Verantwortlichen abzustellen sei: EGMR, Urteil vom 13.02.2003, Beschwerde-Nr. 41340/98 u. a., Refah Partisi ./. Türkei, Rn. 101; EGMR, Urteil vom 09.04.2002, Beschwerde-Nr. 22723 u. a., Yazar ./. Türkei, Rn. 50.

Diese Strategie offenbart sich in Spannungen zwischen verschiedenen Äußerungen von Vertretern der Partei. Sie zeigt sich in dem Gegensatz zwischen den Aussagen eines auf offensichtlich verfassungsfeindliche Inhalte überprüften und deswegen – freilich nur auf den ersten Blick – harmlos wirkenden Parteiprogramms einerseits,

> vgl. Arbeit. Familie. Vaterland. Das Programm der Nationaldemokratischen Partei Deutschlands, **Anlage 6**,

und zahlloser im Folgenden zu dokumentierenden Äußerungen – und Handlungen – von Vertretern der Partei, die mit den durch Art. 21 Abs. 2 GG zu schützenden Kerngehalten unserer Verfassung nicht zu vereinbaren sind, andererseits.

Sogleich unter III [S. 65] und IV [S. 77].

Für den Antragsteller folgt aus diesem Problem jedoch nicht die Notwendigkeit, den vorliegenden Antrag auf Informationen aufzubauen, die sich aus verdeckt polizeilich oder nachrichtendienstlich ermittelten Erkenntnissen ergeben. Vielmehr wird gezeigt werden, dass das Handeln der Antragsgegnerin, weil es auf den politischen Erfolg der Abschaffung der grundgesetzlichen Ordnung abzielt, unweigerlich ihre wahren politischen Überzeugungen zutage treten lassen muss. Damit können sich die Belege des Antrags auf offen zugängliche Materialien beschränken.

Das Spiel mit Doppeldeutigkeiten, das die Antragsgegnerin betreibt, zeigt sich exemplarisch an einer jüngst durchgeführten Plakataktion.

Vor der Wahl zum Berliner Abgeordnetenhaus am 18. September 2011 platzierte die NPD dieses Plakat nach eigenen Angaben mehr als 20.000 Mal in Berlin – unter anderem vor dem Jüdischen Museum. Der Slogan „GAS geben", der neben dem Spitzenkandidat und langjährigen NPD-Bundesvorsitzenden Udo Voigt abgedruckt war, rief vielfach Empörung hervor.

Beleg 1 (Kategorie 1): NPD-Wahlplakat „GAS geben!".

2. Normative Vorgaben für die Ermittlung und Verwertung des Sachverhaltes

Die Ermittlung des Sachverhaltes unterliegt keinen spezifischen verfassungsrechtlichen Beschränkungen (a) [S. 47]. Seine Verwertung folgt allgemeinen prozessualen Regeln (b) [S. 50].

a) Keine spezifische verfassungsrechtliche Begrenzung der Erkenntnismittel

Die Erkenntnismittel, die zur Aufklärung des Sachverhaltes eines Verfahrens nach Art. 21 Abs. 2 GG genutzt werden können, unterliegen allgemeinen, aber keinen spezifischen verfassungsrechtlichen Begrenzungen.

So ausdrücklich *Klein*, in: Maunz/Dürig, Grundgesetz. Kommentar, Art. 21 Rn. 539 (64. Lieferung Januar 2012); *Seifert*, Die politischen Parteien im Recht der Bundesrepublik Deutschland, 1975, S. 469.

Dies gilt für die Parteien- und Abgeordnetenfreiheit (aa) [S. 47] ebenso wie für den Schutz durch Indemnität (bb) [S. 48].

aa) *Parteienfreiheit*

Politische Parteien sind durch Art. 21 Abs. 1 GG nicht generell von der Beobachtung durch staatliche Sicherheitsbehörden ausgeschlossen.

BVerfGE 107, 339 (365 und öfter).

Für Abgeordnete des Bundestages oder der Landtage gelten aus Art. 38 Abs. 1 Satz 2 GG oder entsprechenden landesverfassungsrechtlichen Normen, wie die jüngst ergangene Entscheidung zur Beobachtung des Abgeordneten *Bodo Ramelow* klargestellt hat, Besonderheiten: Eine nachrichtendienstliche Beobachtung unterliegt strengen Verhältnismäßigkeitsanforderungen.

BVerfG, Beschluss v. 17.09.2013 – 2 BvR 2436/10, 2 BvE 6/08, dazu sogleich unter bb [S. 48].

Dabei kann offen bleiben, inwieweit die Normen zum Schutz der Parteienfreiheit grundsätzlich eine Beschränkung der nachrichtendienstlichen Beobachtung gebieten. Jedenfalls sind solche Beschränkungen nicht auf die Vorbereitung eines Verfahrens nach Art. 21 Abs. 2 GG anzuwenden. Eine andere Deutung würde das Verfahren nach Art. 21 Abs. 2 GG faktisch aushebeln, da sie ausschließen würde, dass eine politische Partei, die ihre politischen Absichten verheimlicht, mit einem sachlich gehaltvollen Verbotsantrag konfrontiert werden könnte. Wie auch immer sich die allgemeinen Grenzen der nachrichtendienstlichen Beobachtung von Parteien darstellen, ist durch Art. 21 Abs. 2 GG wiederum eine Grenze dieser Grenzen vorgegeben. Sie liegt in der Vorbereitung eines Parteiverbotsverfahrens, das eine durch das Grundgesetz selbst ausdrücklich vorgesehene Form des Verfassungsschutzes darstellt.

Möllers, Urteilsanmerkung, zu Bundesverwaltungsgericht U. v. 21.7.2010 – 6 C 22.09, JZ 2011, 39 f.; noch weitergehend zugunsten einer nachrichtendienstlichen Überwachung BVerwG, ebd.

bb) Freies Mandat und Indemnität

Etwas anderes gilt auch nicht für die Verwertung parlamentarischer Äußerungen, im konkreten Fall Äußerungen von Abgeordneten, die als Mitglied der Antragsgegnerin in den Landtagen von Mecklenburg-Vorpommern und Sachsen sitzen. Diese Verwertung verstößt weder gegen den Schutz des freien Mandats noch gegen den Grundsatz der parlamentarischen Indemnität.

Der Indemnitätsgrundsatz garantiert einen umfassenden Schutz von Äußerungen vor dem Parlament gegenüber jedweder dienstlichen oder gerichtlichen „Verfolgung".
Hierzu kann auch die Sammlung von parlamentarischen Äußerungen durch die Nachrichtendienste von Bund und Ländern zählen.

BVerfG, Beschluss v. 17.09.2013 – 2 BvR 2436/10, 2 BvE 6/08, Rz. 124.

Die Indemnität wird ausdrücklich auch in den Landesverfassungen der beiden Länder geschützt, in deren Landtagen Abgeordnete der NPD sitzen, und deren Äußerungen in diesem Antrag dokumentiert werden.

Art. 24 Abs. 1 Landesverfassung Mecklenburg-Vorpommern; Art. 55 Abs. 1 Sächsische Landesverfassung.

Die durch die Indemnität ausgeschlossene Verfolgung umfasst jedoch im Ergebnis nicht die Verwertung parlamentarischer Äußerungen in einem Parteiverbotsverfahren. Zwar ist es richtig, dass eine Rechtsfolge des Parteiverbots im Verlust der Mandate der

Abgeordneten bestehen kann. Insoweit ließe sich argumentieren, dass die Verwendung parlamentarischer Protokolle in der Tat eine verbotene gerichtliche Verfolgung im Sinne des Indemnitätsschutzes bedeuten könnte. Gegen diese Lesart sprechen jedoch sowohl innersystematische Gründe des Art. 46 Abs. 1 Satz 1 GG als auch das systematische Verhältnis dieser Norm zu Art. 21 Abs. 2 GG:

Innersystematisch soll Art. 46 Abs. 1 Satz 1 GG jedwede *persönliche* Verantwortlichkeit der geschützten Abgeordneten ausschließen. Darauf weist auch die parallele Formulierung des „zur Verantwortung gezogen werden" in der Norm hin. Damit schützt die Norm aber nicht vor den mittelbaren Folgen einer rechtlichen Sanktion gegenüber der Partei, welcher der Abgeordnete angehört.

> Vgl. hierzu *Magiera*, in: Kahl/Waldhoff/Walter (Hrsg.), Bonner Kommentar zum Grundgesetz, Art. 46 Rn. 68 (150. Lieferung Februar 2011): „Es muss sich jedoch um Verfahren gegen den Abgeordneten handeln. Nicht ausgeschlossen sind daher Klagen gegen Dritte [...]. Nicht ausgeschlossen ist auch die (inzidente) rechtliche Würdigung an sich immunitätsgeschützter Äußerungen des Abgeordneten in Verfahren gegen Dritte, z. B. Beteiligte." Vgl. auch: *Schneider*, in: Stein/Denninger/Hoffmann-Riem (Hrsg.), Kommentar zum Grundgesetz für die Bundesrepublik Deutschland (AK-GG), 3. Aufl. 2001, Art. 46 Rn. 8 a. E.: „Schließlich hindert der Indemnitätsschutz nur staatliche Maßnahmen, die sich gegen den handelnden Abgeordneten selbst, nicht aus gleichem Anlaß gegen beteiligte Dritte richten. Die ‚Verantwortungsfreiheit' nach Art. 46 Abs. 1 ist also ein persönliches, täter- nicht tatbezogenes Mandatsträgerprivileg."

Art. 46 Abs. 1 Satz 1 GG bezieht sich auf den Schutz des einzelnen Abgeordneten und des Parlaments im Ganzen. So hat es der Zweite Senat in seinem jüngst ergangenen Beschluss zur Beobachtung des Abgeordneten *Bodo Ramelow* durch den Verfassungsschutz herausgestellt.

> BVerfG, Beschluss v. 17.09.2013 – 2 BvR 2436/10, 2 BvE 6/08, Rz. 90 ff., 124; *Schulze-Fielitz*, in: Dreier (Hrsg.), Grundgesetz. Kommentar, Bd. 2, 2. Aufl. 2008, Art. 46 Rn. 8; *Klein*, in: Maunz/Dürig, Grundgesetz. Kommentar, Art. 46 Rn. 31 (52. Lieferung Mai 2008).

Dagegen bezweckt Art. 46 Abs. 1 Satz 1 GG keine mittelbare Verstärkung der Parteienfreiheit des Art. 21 Abs. 1 GG. Dies unterscheidet die vorliegende Konstellation von der im zitierten Beschluss vom 17. September 2013 geklärten Konstellation der Beobachtung von Abgeordneten durch Behörden des Verfassungsschutzes.

Zudem steht das verfassungsunmittelbare Verfahren des Art. 21 Abs. 2 GG gleichrangig neben diesen Schutznormen. Das Parteiverbotsverfahren wurde bewusst in der Verfassung selbst als Kernstück der „wehrhaften Demokratie" verankert. Die Durchführung eines solchen Verfahrens setzt seitens der Antragsberechtigten die Fähigkeit zur Erhebung von Informationen über eine potenziell verfassungsfeindliche Partei auch dann voraus, wenn diese in einem Parlament vertreten ist. Eine andere Lesart würde die für das vorliegende Verfahren speziellere Norm des Art. 21 Abs. 2 GG faktisch aushebeln. Denn eine solche Erstreckung des Indemnitätsschutzes würde es einer verfassungsfeindlichen politischen Partei, die in ein Parlament gewählt wurde, gestatten, ihre politischen Ziele allein durch die öffentliche Verlautbarung im Parlament zu verfolgen, ohne dass dies in einem Verfahren nach Art. 21 Abs. 2 GG thematisiert werden könnte. Dies erscheint als ein eigenwilliges und systematisch nicht haltbares Ergebnis, weil es die zunehmende Gefahr des politischen Erfolges einer verfassungsfeindlichen Partei mit dem Außerkraftsetzen des Verfahrens prämieren würde, das genau diesen verhindern soll. Auch jenseits des Problems der Beweisbarkeit ist es aus diesem Grund plausibler, den Schutz der Indemnität jedenfalls dort enden zu lassen, wo ein Verfahren nach Art. 21 Abs. 2 GG *erfolgreich* ist. Dies aber setzt einen Gebrauch der parlamentarischen Protokolle voraus, der, sollte das Verfahren scheitern, für die betroffenen Abgeordneten folgenlos bliebe.

Dieser Lesart ist, ohne überhaupt ein Problem zu sehen, auch das Bundesverfassungsgericht im Verfahren gegen eine im Bundestag vertretene Partei, die KPD, gefolgt und hat parlamentarische Äußerungen für seine Entscheidung verwertet.

> Vgl. etwa aus der mündlichen Verhandlung im KPD-Verfahren zum Verlauf der Bundestagsdebatte vom 18. Oktober 1950 in Pfeiffer/Strickert (Hrsg), KPD-Prozess, Dokumentarwerk 1, 1956, S. 323 ff.

b) Anwendung prozessualer Beweisregeln auf das Verfahren des Art. 21 Abs. 2 GG

Die in dieser Antragsschrift angeführten Belege und Materialien, die die Erfüllung der tatbestandlichen Voraussetzungen des Art. 21 Abs. 2 GG in Bezug auf die NPD nachweisen, begrenzen den Sachverhalt des Parteiverbotsverfahrens nicht abschließend. Im Rahmen der einleitenden Verfahrensstufe sollen sie zunächst ein hohes Maß an Verbotswahrscheinlichkeit darlegen.

> Vgl. *Löwer*, Zuständigkeiten und Verfahren des Bundesverfassungsgerichts, in: Isensee/Kirchhof (Hrsg.), Handbuch des Staatsrechts der Bundesrepublik Deutschland, Bd. 3, 3. Aufl. 2005, § 70 Rn. 157.

Der Antragsteller bietet an, bereits in dieser Verfahrensstufe weitere Belege vorzulegen. Entsprechend gelten für das Verfahren vor dem Bundesverfassungsgericht die allgemein anerkannten Beweisregeln.

> *Benda/Klein*, Verfassungsprozessrecht, 3. Aufl. 2012, Rn. 323; *Hillgruber/Goos*, Verfassungsprozessrecht, 3. Aufl. 2011, Rn. 713; insgesamt zum Beweisrecht *Gelberg*, Das Parteiverbotsverfahren nach Art. 21 Abs. 2 GG am Beispiel des NPD-Verfahrens, 2009, S. 141 ff.

Grundsätzlich sieht sich das Gericht dabei nicht durch die prozessrechtlich ausdrücklich vorgeschriebenen Beweismittel beschränkt, sondern vertritt einen „pluralistischen" Ansatz.

> *Bryde*, Tatsachenfeststellungen und soziale Wirklichkeit in der Rechtsprechung des Bundesverfassungsgerichts, in: Festschrift 50 Jahre Bundesverfassungsgericht, Bd. 1, 2001, S. 533 (536 ff.).

Unbestritten und im Gesetz ausdrücklich vorgesehen ist die Einvernehmung sachkundiger Dritter, § 27a BVerfGG.

c) Keine Beschränkung der Beweisverwertung aus Art. 5 Abs. 1 Satz 1 GG

Eigene verfassungsrechtliche Grenzen der Beweisverwertung ergeben sich schließlich auch nicht aus Art. 5 Abs. 1 Satz 1 GG.

In ständiger Rechtsprechung hat der Erste Senat des Bundesverfassungsgerichts festgestellt,

> „dass die Meinungsfreiheit verletzt wird, wenn ein Gericht bei mehrdeutigen Äußerungen die zu einer Verurteilung führende Bedeutung zu Grunde legt, ohne vorher mit schlüssigen Gründen Deutungen ausgeschlossen zu haben, welche die Sanktion nicht zu rechtfertigen vermögen (vgl. BVerfGE 82, 43 [52]; 93, 266 [295 ff.]; 94, 1 [9])." BVerfGE 114, 339 (349).

Aus dieser Rechtsprechung ergeben sich für den Umgang mit dem hier einzuführenden Beweismaterial keine verfassungsrechtlichen Verwertungsverbote. Sie ist tatbestandlich nicht einschlägig.

Tatbestandlich betrifft die zitierte Rechtsprechung den Fall der zivil- oder strafrechtlichen Sanktion eines Grundrechtsträgers für eine ihm zuzurechnende Äußerung. Eine solche Konstellation liegt hier aber aus zwei Gründen nicht vor. Zunächst geht es bei der Beurteilung von Äußerungen der Antragsgegnerin nicht darum, diese zu sanktionieren, sondern darum, ihre politischen Überzeugungen sachverhaltlich festzustellen, um zu einer Gesamtwürdigung ihrer Verfassungskonformität zu kommen. Damit liegt der von der Rechtsprechung angesprochene Verfahrenstyp hier nicht vor. Zudem handelt es sich im Verfahren nach Art. 21 Abs. 2 GG nicht um eine grundrechtlich geschützte Konstellation. Zwar genießt die Antragsgegnerin als solche ebenso wie ihre Mitglieder selbstverständlich Grundrechtsschutz. Doch geht es im Verfahren nach Art. 21 Abs. 2 GG gerade darum festzustellen, ob die bis hierhin grundrechtlich geschützte Tätigkeit der Antragsgegnerin durch eine Feststellung des Bundesverfassungsgerichts diesen Schutz verlieren und ihre Betätigung im Ganzen verboten werden soll oder nicht. Anders als in einer grundrechtlichen Konstellation hat das Verfahren nach Art. 21 Abs. 2 GG nicht die Reichweite des Grundrechtsschutzes zu überprüfen, sondern vielmehr die verfassungsrechtlichen Mindestbedingungen der Berechtigung zu grundrechtlichem Schutz für eine politische Partei zu klären. Damit ist das Verfahren der Anwendung der Grundrechte vorgelagert, es betrifft die parteispezifische Anwendungsbedingung.

Zudem unterscheidet der Erste Senat des Bundesverfassungsgerichts zwischen der Sanktion vergangener und der Unterlassung zukünftiger Äußerungen. Die hier in Frage stehende Rechtsprechung wendet das Gebot einer wohlwollenden Auslegung ausdrücklich nicht auf die Unterlassung zukünftiger Äußerungen an.

BVerfGE 114, 339 (340).

Das erscheint konsequent, weil mit einer Unterlassungsanordnung Äußerungen gerade nicht sanktioniert, sondern nur neue Äußerungen unterbunden werden sollen. Für einen solchen Eingriff gelten aber geringere Rechtfertigungsanforderungen. Auch im vorliegenden Verfahren geht es nicht um die Sanktionierung vergangener Äußerungen, sondern um die Unterbindung zukünftiger verfassungsfeindlicher politischer Betätigung.

> Verkannt wird diese zeitliche Komponente wie auch der Sanktionsbegriff vom VG Berlin, Beschluss der 1. Kammer vom 7. September 2011 (VG 1 L 293.11), in dem dieses eine amtliche Anordnung zur Entfernung der Plakate „Gas Geben" (**Beleg 1 [Kategorie 1]**) unter Berufung auf die Rechtsprechung des Bundesverfassungsgerichts aufhob. Bei der Anordnung handelte es sich schon nicht um eine Sanktion.

3. Sachverhaltsmaterialien

Die Tatsachen, die der Antragsteller im Folgenden in das Verfahren einführen wird, entstammen allgemein zugänglichen Materialien (a) [S. 52]. Demgegenüber fungieren Belege aus offenen Ermittlungsmaßnahmen der Polizei nur ergänzend (b) [S. 53]. Zur Vertiefung der Tatsachenbasis werden auch Ergebnisse sozialwissenschaftlicher Forschung in den Vortrag einbezogen (c) [S. 53], die wiederum durch zwei in Auftrag gegebene wissenschaftliche Gutachten vervollständigt werden (d) [S. 54]. Damit ist das Problem der Einbeziehung von Vertrauenspersonen, das die Einführung von Informationen betrifft, die durch nachrichtendienstliche Maßnahmen ermittelt wurden, für den vorliegenden Antrag gelöst (e) [S. 55].

a) Informationen aus allgemein zugänglichen Materialien

Der Antrag ist maßgeblich aus allgemein zugänglichen Materialien informiert. Diese beziehen sich auf den Zeitraum ab dem 1. Januar 2008. Das Material enthält zunächst Publikationen der Antragsgegnerin selbst. Diese werden, wiewohl sie unter dem oben entwickelten Vorbehalt einer beabsichtigten Irreführung über ihre wahren politischen Ziele stehen, doch in zahlreichen Fällen verfassungswidrige Zielsetzungen der Partei dokumentieren. Dies gilt namentlich für Veröffentlichungen in der parteieigenen Zeitung „Deutsche Stimme" und der Öffentlichkeit in gedruckter oder elektronischer Form zugänglichen anderen Dokumentationen der Antragsgegnerin wie Programmschriften, Flyern und Videos.

Der Zweite Senat des Bundesverfassungsgerichts hat die laufende „Beobachtung der von der Partei herausgegebenen oder von ihr veranlassten Druckerzeugnisse durch sachkundige staatliche Behörden" – also auch durch den Verfassungsschutz – als unproblematisch für ein Verbotsverfahren bezeichnet.

BVerfGE 107, 339 (366).

Als allgemein zugängliche Materialien sind auch nicht-sicherheitsbehördliche amtliche Entscheidungen zu bewerten, die das Handeln der Antragsgegnerin in einem konkreten Kontext nicht nur rechtlich beurteilen, sondern auch tatsächlich beschreiben. Hervorzuheben ist an dieser Stelle eine Fülle von *Gerichtsurteilen*. Der Erkenntniswert solcher Urteile für das vorliegende Verfahren ist deswegen hoch, weil die gerichtliche Sachverhaltsermittlung hier unabhängig von exekutivischen Interessen an Gefahrenabwehr oder Strafverfolgung und unabhängig von politischem Einfluss erfolgt ist, ja im Fall verwaltungsgerichtlicher Entscheidungen sogar in neutraler Äquidistanz zur Exekutive als der anderen Verfahrenspartei abgelaufen ist.

Weitere allgemein zugängliche Materialien zeigen das Verhalten von Funktionären und Mitgliedern der Partei in namentlich im Internet dokumentierten Filmen und Berichten. Auf solche Belege greift der Antrag zurück, soweit sie aussagekräftig erschienen und sich ihre Entstehung plausibel nachvollziehen ließ. Von besonderem dokumentarischem Wert sind zahlreiche programmatische Äußerungen, in denen Organe der Partei ihre politischen Ziele und Strategien ausdrücklich formulieren.

b) Ergebnisse offener polizeilicher Ermittlungsmaßnahmen

Demgegenüber nachrangig für die Darstellung der Aktivitäten der Partei sind die Ergebnisse offener Ermittlungsmaßnahmen. Offene Ermittlungsmaßnahmen bezeichnet dabei die von der Polizei vorgenommene offene, das heißt für die Betroffenen erkennbare Beobachtung öffentlicher Veranstaltungen der Antragsgegnerin, die es der Polizei gestatten, mit Hilfe von Notizen oder anderen Formen der Aufzeichnung Aktivitäten der Partei zu dokumentieren.

Ergebnisse offener Ermittlungsmaßnahmen müssen sich *nicht* aus einer Initiative der Polizeibehörden selbst ergeben. Sie werden im Folgenden auch aus Maßnahmen zur Verfolgung von Straftaten und zur Abwehr von Gefahren resultieren, die völlig unabhängig vom politischen Anliegen der Partei, deren Mitglieder oder Untergliederungen die Ermittlung betrafen, angestrengt wurden. Auch Informationen aus dem Bereich der Strafverfolgung gegen Führungspersonen der NPD werden im Rahmen der Zurechenbarkeit ein wichtiges Element bei der Darstellung des Handelns der Antragsgegnerin bilden.

Solche polizeilichen Erkenntnisse wurden in einer Form erhoben, die, wie gesagt, von der Antragsgegnerin nachvollzogen werden konnte. Zugleich ist die offene Ermittlung in einer für den Senat nachvollziehbaren Art und Weise dokumentiert. Alle polizeilichen Ermittlungsergebnisse können dem Gericht gegenüber auch in ihrem Entstehungsprozess nachvollzogen werden, um ihren Beweiswert zu sichern.

Der Zweite Senat des Bundesverfassungsgerichts hat gegen die Verwendung von Material, das aus der „Beobachtung einer politischen Partei im allgemeinen öffentlich zugänglichen Rahmen, etwa bei Versammlungen oder Aufmärschen" stammt, keinerlei Bedenken erhoben.

BVerfGE 107, 339 (366).

c) Ergänzend: Empirische sozialwissenschaftliche Erkenntnisse

Ergänzend wird der Antrag auch auf Erkenntnisse aus der empirischen sozialwissenschaftlichen Forschung zum Handeln der Antragsgegnerin im Kontext des Rechtsextremismus in Deutschland zurückgreifen. Dies geschieht zunächst aus der Einsicht heraus, dass die Antragsgegnerin in sozialwissenschaftlichen Studien mit ganz unterschiedlichen Methoden zum Gegenstand aktueller Forschung geworden ist und diese Forschung aus Sicht des Antragstellers in den Anträgen der zurückliegenden Verbotsverfahren des Jahres 2001/2003 eine zu geringe Rolle gespielt hat. Der Rückgriff auf empirische Sozialforschung erscheint dem Antragsteller vor allem deswegen geboten, weil die Konsequenzen des Handelns der Antragsgegnerin für das demokratische Leben in Deutschland einer systematisch angeleiteten Untersuchung bedarf, die staatlichen Behörden nicht in gleicher Weise möglich ist. Die Erkenntnisse staatlicher Behörden unterliegen spezifischen Erkenntnis- und Plausibilisierungsgrenzen:

– Aus guten rechtsstaatlichen Gründen reagieren Polizei- und Strafverfolgungsbehörden auf das Vorliegen konkret gesetzlich definierter Veranlassungstatbestände. Dies führt zu einer Punktualität ihres Wissens, die für die hier im Zentrum stehende Frage der gesellschaftlichen Folgen des Handelns der Antragsgegnerin nicht hinreichend ist. Dieser Mangel kann durch Informationen aus dem Bereich der polizeilichen Gefahrenprävention nicht vollständig aufgefangen werden, schon weil es sich bei den in Frage stehenden Entwicklungen um die Implikationen legalen Handelns auf die Gesellschaft handelt.

- Ähnlichen Einwänden könnten Informationen der Nachrichtendienste unterliegen. Neben der im Einzelfall möglicherweise schwierigen Nachvollziehbarkeit ihrer Informationserhebung verfügen die Nachrichtendienste auch nicht in gleicher Weise über das Wissen zur gesellschaftlichen Makrobeschreibung, das zur Erhebung der im vorliegenden Verfahren in Frage stehenden Erkenntnisse notwendig ist. Dies wäre von ihrem gesetzlichen Auftrag auch nicht gedeckt. Die Nachrichtendienste müssen aus guten rechtsstaatlichen Gründen bei der Untersuchung von Bestrebungen stehen bleiben, die in Verdacht stehen, den Bestand der Verfassung zu bedrohen. Die legalen gesellschaftlichen Folgen können darüber hinaus nicht in gleicher Intensität verfolgt werden.

Dabei ist nicht in Abrede zu stellen, dass sich auch sozialwissenschaftliche Erkenntnisse als fehlerhaft erweisen können. Wissenschaftliche Methodik ist umstritten, sie wird nicht immer beachtet und ihre Beachtung garantiert keine Richtigkeit der Ergebnisse. Dies spricht jedoch nicht pauschal gegen ihren Beweiswert und gegen ihre Einführung in das Verfahren. Das gerichtliche Verfahren kann das Problem des Beweiswertes solcher Erkenntnisse, wie auch sonst, nur dadurch lösen, dass der Beweisantritt beiden Parteien offen steht: Fehlerhafte wissenschaftliche Einsichten können nur durch wissenschaftliche Kritik aufgedeckt werden.

Für den Antragsteller bedeutet dies, dass er die beweiskräftigen wissenschaftlichen Quellen unter Sichtung des wissenschaftlichen Forschungsstandes ausgewählt hat. Um den aktuellen Zustand der Partei zu dokumentieren, wird v. a. Forschung aus den letzten fünf Jahren, also seit 2008, zitiert.

d) Insbesondere: Sachverständigengutachten

Zusätzlich legt der Antragsteller mit dem Antrag zwei wissenschaftliche Sachverständigengutachten vor. Diese Gutachten dienen *nicht* der Dokumentation des gesamten vom Antrag umfassten Sachverhalts zur Verfassungsfeindlichkeit der NPD, sondern lediglich dem Beweis zweier eingegrenzter Beweisfragen:

Mit dem Gutachten des Instituts für Zeitgeschichte, München/Berlin,

Stellungnahme und Synopse zur Frage der Wesensverwandtschaft von NPD und historischem Nationalsozialismus, **Anlage 2**,

soll die Kontinuität in der ideologischen Ausrichtung der Antragsgegnerin zu den Überzeugungen der NSDAP unter Beweis gestellt werden. Die normative Anleitung dieses Beweisthemas findet sich in den Ausführungen zur Maßstabsbildung.

Unten C I 2 [S. 117].

Die Subsumtion findet sich im Anwendungsteil.

Unten C II 1 [S. 162].

Das Gutachten des Instituts für Zeitgeschichte stützt sich vorrangig auf die Belegsammlung, die zur Vorbereitung des Verfahrens erstellt wurde.

Mit dem Gutachten von *Professor Dr. Dierk Borstel*,

> Rechtsextremismus in Mecklenburg-Vorpommern unter besonderer Berücksichtigung der NPD. Gutachten im Rahmen des Antrags auf ein Verbot der NPD, **Anlage 3**,

soll exemplarisch dargelegt werden, dass das Handeln der Antragsgegnerin in einigen Gebieten der Bundesrepublik bereits heute zu einer Beeinträchtigung eines offen demokratischen Lebens auf lokaler Ebene geführt hat. Dieses Beweisthema greift eine Auslegung des Antragstellers von Art. 20 Abs. 2 Satz 1 i. V. m. Art. 21 Abs 2 GG auf, die sich in den Ausführungen zur Maßstabsbildung findet.

> Unten C I 2 b cc [S. 117].

Die Subsumtion der Ergebnisse des Gutachtens unter den entfalteten Prüfungsmaßstab findet sich wiederum im Anwendungsteil.

> Unten C II 1 [S. 162] und 2 [S. 199].

Das politikwissenschaftliche Gutachten von *Borstel* stützt sich auf eigene Ergebnisse empirisch-sozialwissenschaftlicher Forschung sowie auf die einschlägige sozialwissenschaftliche Literatur.

Beide Gutachten wurden vom Bundesrat, bzw. vom Bundesministerium des Innern mit der Maßgabe in Auftrag gegeben, in wissenschaftlicher Unabhängigkeit die geschichts- bzw. sozialwissenschaftlichen Klärungen vorzunehmen. Der Antragsteller regt an, in einer mündlichen Verhandlung die Gutachter zur Erläuterung ihrer Gutachten zu laden.

e) Kein Einsatz von Quellen (Verdeckte Ermittler, Vertrauenspersonen oder Under-Cover-Agents)

Am Einsatz von sogenannten Vertrauenspersonen, also Privatpersonen, die als Mitglieder oder Anhänger der Antragsgegnerin den Sicherheitsbehörden Informationen über die Antragsgegnerin weitergeben, scheiterte das Parteiverbotsverfahren gegen die Antragsgegnerin im Jahre 2003.

> BVerfGE 107, 339.

aa) *Staatsfreiheit für ein faires Verfahren*

Der Zweite Senat hatte seinerzeit im Hinblick auf die Gewährleistung eines fairen Verfahrens die Staatsfreiheit der zu verbietenden Partei gefordert:

> „Die Beobachtung einer politischen Partei durch V-Leute staatlicher Behörden, die als Mitglieder des Bundesvorstands oder eines Landesvorstands fungieren, unmittelbar vor und während der Durchführung eines Verfahrens vor dem Bundesverfassungsgericht zur Feststellung der Verfassungswidrigkeit der Partei ist in der Regel unvereinbar mit den Anforderungen an ein rechtsstaatliches Verfahren, die sich aus Art. 21 Abs. 1 und Abs. 2 GG i. V. m. dem Rechtsstaatsprinzip, Art. 20 Abs. 3 GG, ergeben." BVerfGE 107, 339 (365);

„Staatliche Präsenz auf der Führungsebene einer Partei macht Einflussnahmen auf deren Willensbildung und Tätigkeit unvermeidbar." Ebd., 366;

„Vor diesem Hintergrund gebieten die rechtsstaatlichen Anforderungen an das Parteiverbotsverfahren gemäß Art. 21 Abs. 2 GG, §§ 13 Nr. 2, 43 ff. BVerfGG strikte Staatsfreiheit im Sinne unbeobachteter selbstbestimmter Willensbildung und Selbstdarstellung der Partei vor dem Bundesverfassungsgericht. Das verfassungsgerichtliche Parteiverbot, die schärfste und überdies zweischneidige Waffe des demokratischen Rechtsstaats gegen seine organisierten Feinde, braucht ein Höchstmaß an Rechtssicherheit, Transparenz, Berechenbarkeit und Verlässlichkeit des Verfahrens. Dies gilt auch für das zu beurteilende Tatsachenmaterial. Nur eindeutige und offene Zurechnungen von Personen, Verhalten und Äußerungen entweder zur Sphäre der Antragsteller oder zu der der Antragsgegnerin ermöglichen es dem Gericht, eine verfassungsrechtlich vertretbare Entscheidung über Verfassungswidrigkeit oder Verfassungsmäßigkeit der Partei als Ergebnis eines rechtsstaatlich geordneten Verfahrens zu finden und zu verantworten. […] Deshalb müssen die staatlichen Stellen rechtzeitig vor dem Eingang des Verbotsantrags beim Bundesverfassungsgericht – spätestens mit der öffentlichen Bekanntmachung der Absicht, einen Antrag zu stellen – ihre Quellen in den Vorständen einer politischen Partei ‚abgeschaltet' haben; sie dürfen nach diesem Zeitpunkt keine die ‚Abschaltung' umgehende ‚Nachsorge' betreiben, die mit weiterer Informationsgewinnung verbunden sein kann, und müssen eingeschleuste V-Leute zurückgezogen haben." Ebd., 369.

„Den Geboten der Staatsfreiheit der politischen Parteien und der Verlässlichkeit und Transparenz des Parteiverbotsverfahrens widersprechen auch Begründungen eines Antrags zur Einleitung dieses Verfahrens, die in nicht unerheblichem Umfang auf Äußerungen von Parteimitgliedern gestützt sind, die nachrichtendienstliche Kontakte mit staatlichen Behörden unterhalten oder unterhalten haben." Ebd., 370.

Zwischen 2008 und 2013 lag der Anteil der Quellen, die durch Polizei und Nachrichtendienste von Bund und Ländern im Bereich der NPD zur Informationsgewinnung über die Partei eingesetzt gewesen waren, bezogen auf die Gesamtpartei zu keinem Zeitpunkt über 2,5 % der Mitglieder; bezogen auf die Führungsebene, d. h. die Vorstände in Bund und Ländern sowie der Vorstände der Teilorganisationen, zu keinem Zeitpunkt über 6,6 % der Vorstandsmitglieder. Die Durchschnittswerte auf die Jahre 2008 bis 2013 bezogen liegen in beiden Fällen unter diesen Zahlen.

Spätestens seit dem 6. Dezember 2012 sind nach einem Beschluss der Innenministerkonferenz die Informationsbeziehungen zu sämtlichen Quellen auf der Führungsebene der NPD, einschließlich der Nachsorge, also Kontakten, die nicht Informationsgewinnung, sondern Fragen der operativen Sicherheit zum Inhalt hatten, beendet.

Dies wird durch Testate der Innenminister und -senatoren von Bund und Ländern bestätigt.

Anlage 4.

bb) Quellenfreiheit des verwendeten Materials

Mit dem Einsatz verdeckter Informationsgewinnung verbinden sich davon unabhängig zwei unterschiedliche Probleme hinsichtlich des Beweiswertes des vom Antragsteller vorgetragenen Sachverhalts:

- (1) Durch verdeckte Informationsgewinnung ermittelte Informationen können einen geringeren Beweiswert haben. So lässt sich nicht stets konkret nachvollziehen, inwieweit in dieser Weise ermittelte Sachverhalte das Ergebnis „teilnehmender Beobachtung" sind, also der Informant in einer Art und Weise an der berichteten Handlung teilgenommen hat, die eine Zurechnung zur Antragsgegnerin nicht mehr gestattet, weil die Handlung nicht durch einen Akteur vorgenommen wurde, der sich eindeutig auf der Seite der Antragsgegnerin bewegt.
- (2) Auch offen ermittelte Sachverhalte können durch die Anwesenheit von Vertrauenspersonen kompromittiert werden, wenn diese selbst an den Sachverhalten teilnehmen und ihren Verlauf beeinflussen. Es entsteht ein entsprechendes Zurechnungsproblem.

Der vorliegende Antrag begegnet diesem ernst zu nehmenden Problem durch die folgenden Vorkehrungen:

- Der Antrag verzichtet vollständig auf die Verwendung von Informationen, die von Quellen ermittelt wurden. Die Verwendung allgemein zugänglicher öffentlicher Materialien (Druckschriften und Internetauftritte), von Gerichtsentscheidungen der Fachgerichtsbarkeit sowie die Einführung von Ergebnissen der empirischen Sozialforschung kompensieren diesen Verzicht.
- Die Quellenfreiheit der verwendeten Belege wird nach zwei Kategorien differenziert bestätigt:
  Bei Belegen der *Kategorie 1* handelt es sich um Material, bei dem eine inhaltliche Quellenrelevanz vollständig ausgeschlossen werden kann. Hierzu wird vom Bund und von den Ländern bestätigt, dass die Person, der das jeweilige Beweismittel als Autor oder Urheber inhaltlich zuzurechnen ist, nach dem 1. Januar 2003 keine zur Ausforschung der NPD eingesetzte Quelle des Verfassungsschutzes oder der Polizei eines Landes oder des Bundes im Sinne von Verdeckten Ermittlern, Under-Cover-Agents oder Vertrauenspersonen war oder ist.
  Belege der *Kategorie 2* haben keine eindeutig einer Person zuzurechnende Urheberschaft. Für dieses Material bestätigen Bund und Länder eine inhaltliche Quellenfreiheit dergestalt, dass zum Zeitpunkt, zu dem das Beweismittel entstand (Datum der Veröffentlichung oder bei Internet-Veröffentlichungen der Zeitpunkt des Abrufs durch die Sicherheitsbehörden), in dem hierfür verantwortlichen Personenkreis (z. B. Vorstand oder Redaktion) der Organisation (z. B. Orts-, Kreis-, Landes- oder Bundesverband der NPD, JN-Stützpunkt oder Verlagsgesellschaft), der das Beweismittel inhaltlich zuzuordnen ist, weder vom Verfassungsschutz noch von der Polizei des für die Beobachtung jeweils zuständigen Landes oder des Bundes Quellen im Sinne von Verdeckten Ermittlern, Under-Cover-Agents oder Vertrauenspersonen zur Erforschung der NPD zielgerichtet eingesetzt oder geführt wurden.

Auch dies wird durch die Innenminister und -senatoren von Bund und Ländern testiert.

Testate der Innenminister und -senatoren in **Anlage 4**.

II. Die NPD als politische Partei

Entstehung, Mitgliederzahl, Struktur

Die NPD ist die älteste und bedeutendste rechtsextremistische Partei in Deutschland. Sie wurde 1964 in Hannover gegründet. Die Gründung wurde unter anderem von Kräften der Deutschen Reichspartei betrieben. Ein Vakuum im rechtsextremistischen Spektrum konnte nach Auffassung der Gründer so geschlossen werden. Die politische Relevanz der Partei hat in den letzten 50 Jahren stark geschwankt: Nach einer Hochphase in den 1960er Jahren, in der die Partei in zahlreiche Landtage einziehen konnte, begann nach der Bundestagswahl 1969, bei der die NPD 4,3 % der Zweitstimmen erhielt und in der Spitze bis zu 28.000 Mitglieder hatte, eine Phase des Niedergangs. Nach 1990 konnte die ideologisch neu ausgerichtete Partei in den neuen Ländern erneut Erfolge erzielen.

Auch die Anzahl der Mitglieder der NPD hat im Lauf ihrer Geschichte stark geschwankt. Nach einem deutlichen Anstieg nach der Wiedervereinigung sank sie bis zur Gegenwart wieder ab. Nach Angaben der Rechenschaftsberichte der Antragsgegnerin von über 7.014 im Jahr 2007, über 6.782 im Jahr 2008, 6.732 im Jahr 2009, 6.376 im Jahr 2010 auf 5.744 Personen Ende 2011.

Anlage 8: Rechenschaftsberichte der NPD aus den Jahren 2008–2011 gem. §§ 23 ff. PartG, BT-DrS 17/870, S. 25 ff.; 17/4801, S. 33 ff.; 17/8551, S. 33 ff.; 17/12341, S. 46.

Trotz dieses gegenwärtigen Rückgangs hat sich ein harter Mitgliederkern stabilisiert.

Nach § 1 der NPD-Satzung ist die NPD „der politische Zusammenschluss nationaler Deutscher aller Stände, Konfessionen, Landsmannschaften und Weltanschauungen".

Satzung der NPD, in der vom Bundeswahlleiter übermittelten Fassung mit Stand vom 9. Januar 2012, **Anlage 7**.

Sie strebt nach § 3 ihrer Satzung die „politische Wirksamkeit in allen Teilen Deutschlands" an. Gegliedert ist die NPD gem. § 10 ihrer Satzung in Landes-, Bezirks- und Kreisverbände. Sie verfügt 2012 über 16 Landesverbände, je einen pro Land. Die Landesverbände können Bezirksverbände bilden (§ 13 der Satzung). Der Kreisverband ist die Organisationseinheit der NPD in den Grenzen eines Verwaltungskreises (§ 14 der Satzung). Der Ortsbereich ist die Organisationsgliederung der NPD in den Gemeinden (§ 15 der Satzung). Eigenangaben im Internet zufolge ist die NPD zum gegenwärtigen Zeitpunkt in insgesamt 195 Kreisverbänden, sieben Bezirksverbänden sowie teil- und zeitweise auch Regionalverbänden bundesweit organisiert.

Beleg 2: „NPD vor Ort" – Übersichten über die Landesverbände der NPD und ihre Untergliederungen, Internetseite der Bundespartei www.npd.de, abgerufen am 18. Juni 2012.

Der Bundesparteitag ist nach § 16 der NPD-Satzung das „oberste Organ der NPD, er bestimmt die politische Zielsetzung der Partei und tritt mindestens in jedem zweiten Kalenderjahr zu einer ordentlichen Sitzung zusammen". Die „politische und organisatorische Führung der NPD" obliegt gem. § 20 der Satzung dem Parteivorstand. Dieser „bestimmt die Richtlinien der Politik und der gesamten Parteiarbeit, koordiniert die Arbeit aller Gliederungen der Partei, beschließt über die Teilnahme an Wahlen des Bundes, der Länder und der Kommunen und über das Eingehen von Wahlabkommen und Koalitionen auf Bundes- und Landesebene".

Als einzige rechtsextremistische Partei verfügt die NPD mit den „Jungen Nationaldemokraten" (JN) über eine relevante Jugendorganisation, die gem. § 23 der Satzung der NPD „integraler Bestandteil der NPD" ist; der Bundesvorsitzende der Jungen Nationaldemokraten ist gem. § 20 lit. b Satz 4 der Parteisatzung zugleich Mitglied des NPD-Bundesvorstands. Entsprechendes gilt für die 2003 gegründete „Kommunalpolitische Vereinigung der NPD" (KPV) als bundesweite Interessenvertretung der kommunalen Mandatsträger sowie für den 2006 gegründeten „Ring Nationaler Frauen" (RNF), der sich als „Sprachrohr und Ansprechpartner für alle nationalen Frauen, unabhängig von einer Parteimitgliedschaft" in der NPD versteht. Die JN verfügen über rund 350, der RNF über rund 100 Mitglieder.

Bundesministerium des Innern (Hrsg.), Verfassungsschutzbericht 2012, S. 99 ff., 103 f.

Insbesondere: Jugendarbeit

Besonderes Augenmerk lenkt die NPD auf die Jugendarbeit.

Zu den spezifischen Problemen der verfassungsmäßigen politischen Kräfte in den neuen Ländern in diesem Zusammenhang vgl. die Analyse von *Dierk Borstel*, Rechtsextremismus in Mecklenburg-Vorpommern – unter besonderer Berücksichtigung der NPD, 2013, S. 40: „Im Osten kommen zu den allgemeinen Trends der Parteiferne der jungen Generation, den Auswirkungen des demographischen Wandels noch ein spezifisch, oft unerkanntes Problem hinzu. Viele Vertreter der demokratischen Parteien – mit Ausnahme der Linken – begannen während der Wendezeit, sich politisch zu engagieren. Sie sind mit der Transformation gealtert und heute oft seit 15 bis 20 Jahren in den kommunalen Parlamenten engagiert. Es steht somit ein Generationswechsel an, für den jedoch kein Nachwuchs zur Verfügung steht. Aus Pflichtbewusstsein setzen viele deshalb ihre Arbeit fort. In der parlamentarischen Praxis vieler Kreis- und Ortsvertretungen führt dies dazu, dass im Durchschnitt sehr viel ältere Vertreter demokratischer Parteien und verhältnismäßig junge Kandidaten der NPD aufeinander treffen. Einer alten Demokratie steht somit eine junge Bewegung gegenüber." (ein Szenario, dass es in der jüngeren deutschen Geschichte so schon einmal gab). **Anlage 3.** Dass die NPD hinsichtlich des Alters ihrer Mitglieder eine vergleichsweise „junge" Partei ist, wird auch im Schrifttum stets betont, vgl. *Brandstetter*, Die „neue" NPD zwischen Systemfeindschaft und bürgerlicher Fassade, Konrad-Adenauer-Stiftung, Parteienmonitor aktuell, Oktober 2013, S. 12.

Die NPD verwendet strategisch jugend-adäquates Material in ihrer Arbeit. Ihre junge Klientel wird mit gezielt positionierten Medien (Verwendung von Jugendsprache; Comics; Schulhof-CDs mit Musikstücken rechtsextremistischer Sänger oder Bands; Kontakt zu Schülervertretungen u. v. a. m.) angesprochen.

Belege 3, 4, 5, 6, 7, 8, 9, 10 (Kategorie 2).

Auch die professionell ausgebaute Internet-Arbeit der Partei zielt – wenn auch nicht nur – auf einen jungen Adressatenkreis.

Über das Medium der Musik sollen Jugendliche und junge Erwachsene für nationale und nationalsozialistische Inhalte gewonnen werden. Gemeint ist etwa Musik des ursprünglich aus Großbritannien kommenden, zwischenzeitlich in Deutschland durch den Bundesinnenminister verbotenen Skinheadnetzwerkes „Blood & Honour" und ähnlicher Bewegungen. In einem Internetbeitrag aus Thüringen mit dem Titel „Schulhof-Aktionen beginnen morgen" lesen wir:

> „Die Musik ist der Zugang zur nationalen Jugendkultur, in welcher viele Jugendliche später politisiert werden und endlich beginnen, sich für ihr Land einzusetzen."
> **Beleg 11 (Kategorie 1).**

Die Partei wirbt bewusst damit, dass die Musikstücke bei der Presse wie bei den Lehrern „verhasst" seien.

Es wird angeboten, derartige CDs als Beweismittel in das Verfahren einzubringen.

Finanzen

Die Partei befindet sich im Moment, nicht zuletzt wegen Rückforderungen der Bundestagsverwaltung aufgrund unrichtiger Angaben in Rechenschaftsberichten,

VG Berlin v. 15. September 2009 – VG 2 K 39.9; OVG Berlin-Brandenburg v. 23. Mai 2011 – OVG 3a B 1.11; BVerwG v. 12. Dezember 2012 – 6 C 32.11; BVerfG, Beschl. v. 14. Mai 2013 – 2 BvR 547/13,

in finanziellen Schwierigkeiten, die aber nicht untypisch, sondern aus ihrer Geschichte vielfach bekannt sind und bisher nicht zu einer erkennbaren Einbuße an politischer Wirksamkeit geführt haben.

Zu den Einzelheiten und Belegen **Anlage 9**: Übersicht zu den Finanzen der NPD.

Mitgliedsbeiträge und Spenden sind dabei keinesfalls unerheblich. Für das Jahr 2011 weist der Rechenschaftsbericht knapp 554.000 € Mitgliedsbeiträge und knapp 1.050.000 € Spenden auf, die zusammen nahezu 51 % der Einnahmen der Gesamtpartei ausmachten.

Anlage 8: Rechenschaftsberichte 2008–2011.

Wahlergebnisse

Die NPD nimmt regelmäßig, freilich mit wechselndem Erfolg, an Wahlen auf Bundes-, Landes-, Kommunalebene sowie zum Europäischen Parlament teil.

Zusammenstellung in **Anlage 15** sowie in den **Belegen 12, 13, 14, 15, 16, 17, 18, 19, 20, 21, 22, 23, 24, 25, 26, 27, 28, 29, 30, 31, 32, 33, 34, 35, 36, 37, 38, 39, 40, 41, 42, 43, 44, 45, 46, 47, 48.**

In den Landesparlamenten Mecklenburg-Vorpommern und Sachsen ist die NPD in Fraktionsstärke vertreten. Nachdem sie in Sachsen bei der Landtagswahl vom 19. September 2004 mit einem Ergebnis von 9,2 % der Zweitstimmen erstmals Landtagsmandate errungen hatte und eine Fraktion bilden konnte, führte ein Zweitstimmenergebnis von 5,6 % bei der Landtagswahl am 30. August 2009 zu acht Mandaten mit Fraktionsstatus. Fraktionsvorsitzender ist der heutige Bundesparteivorsitzende *Holger Apfel*. In Mecklenburg-Vorpommern gelang der Partei bei den Wahlen am 17. September 2006 mit einem Zweitstimmenanteil von 7,3 % der Einzug in den Landtag, bei den Landtagswahlen vom 4. September 2011 reichten 6,0 % der Zweitstimmen für fünf Mandate; an der Spitze der Fraktion steht der stellvertretende Bundesparteivorsitzende *Udo Pastörs*.

Die Ergebnisse in Mecklenburg-Vorpommern reflektieren eine „starke regionale Verankerung" und „eine solide Stammwählerschaft" der NPD.

> Vgl. die Analyse der Wahlergebnisse von *Schoon*, Gefestigt und begrenzt – die NPD in Mecklenburg-Vorpommern, www.bpb.de/geschichte/zeitgeschichte/deutschlandarchiv/74997/npd-in-mecklenburg-vorpommern, abgerufen am 19. August 2013.

Im Mai 2010 verfügte die NPD bundesweit über 336 Kommunalmandate in 14 Ländern. Hinsichtlich der regionalen Verteilung der Kommunalmandate kann ein deutliches Ost-West-Gefälle beobachtet werden. In den neuen Ländern fanden sich 263 Mandate, was einem Anteil von 78,3 % entsprach, in den alten Ländern 73 Mandate, was zu einem Anteil von 21,7 % führte.

> **Beleg 49**: Ergebnisbericht zum Bund-Länder-Auswertungsprojekt „Die kommunalpolitische Verankerung der NPD – Anspruch, Mandatsverteilung, instrumenteller Nutzwert" vom Mai 2011.

Parteimedien

Die NPD verfügt über relevante Publikationsorgane und Foren und ist in der Verlagslandschaft verankert.

Die vom Parteivorstand herausgegebene monatlich erscheinende „Deutsche Stimme" ist dabei das wichtigste überregionale Printmedium. Chefredakteur ist der stellvertretende Parteivorsitzende und Inhaber zahlreicher weiterer Funktionen in der Partei *Karl Richter*. Die Auflagenhöhe beträgt nach Eigenangaben 25.000 Exemplare.

> **Beleg 50**: Impressum der „Deutschen Stimme"; abgerufen am 30. Juni 2012 auf der Verlagshomepage www.deutsche-stimme.de; **Beleg 51**: Mediadaten der „Deutschen Stimme"; abgerufen am 30. Juni 2012 auf der Verlagshomepage www.deutsche-stimme.de.

Eine besondere Vielfalt besteht bei regionalen Publikationen, die in **Anlage 10** zusammengestellt sind.

Die „Deutsche Stimme Verlagsgesellschaft mbH" (DS-Verlag) gehört der Antragsgegnerin und fungiert als deren Verlag, in dem namentlich das Parteiorgan „Deutsche Stimme" erscheint. Der DS-Verlag ist seit Sommer 2000 in Riesa, Sachsen, ansässig. Gegenstand des Unternehmens sind laut Handelsregisterauszug des Amtsgerichts Dresden vom 29. Januar 2013 „Herstellung und Vertrieb von Zeitungen, Zeitschriften und Druckschriften sowie die Produktion von und der Handel mit Drucksachen, Büchern, Tonträgern, Videos, Textilien und weiteren Devotionalien". Das Unternehmen verfügt gegenwärtig über ein Grund- oder Stammkapital in Höhe von 319.885 €. Die Antragsgegnerin ist Alleingesellschafterin.

> **Beleg 52**: Handelsregisterauszug des Amtsgerichts Dresden; Abfrage vom 29. Januar 2013.

Von kaum zu überschätzender Bedeutung ist der Einsatz neuer Medien im rechtsextremen Spektrum im Allgemeinen und für die NPD im Besonderen. Das Internet – von der NPD zur Vermeidung von Anglizismen als „Weltnetz" bezeichnet – hat sich zum wichtigsten Medium entwickelt, das von der Partei intensiv zur Verbreitung ihrer Ideologie, der Vorbereitung von Aktionen und Kampagnen, der Kommunikation mit ihren Mitgliedern und Anhängern sowie als Wahlkampfmittel genutzt wird. Mit Stand November 2013 sind über 170 NPD-Websites bekannt. Die Zahl allein ist allerdings nicht sehr aussagekräftig, da viele dieser Internetpräsenzen nur sporadisch oder gar nicht aktualisiert werden. Zudem war die Partei Hacker-Attacken ausgesetzt, die zu Datenverlusten und Nichterreichbarkeit von Seiten führten. Einerseits sieht die NPD im Internet ein geeignetes Mittel, die von ihr beklagte „Medienblockade" zu durchbrechen, andererseits hat sie im Umgang mit diesem Medium teilweise weiterhin Professionalisierungsbedarf. Die Partei ist jedoch inzwischen auch im Web 2.0 angekommen. Wichtiger als die erwähnten Websites ist mittlerweile die regelmäßige und intensive Nutzung sozialer Netzwerke wie Facebook, Twitter und YouTube.

Die „Deutsche Stimme" verkündete unter der Überschrift „Rein ins Netz!": „Der WeltnetzAktivismus kann nicht hoch genug eingeschätzt werden." Unter Verweis etwa auf die Aufstände in der arabischen Welt wird herausgestellt, dass durch diese Kommunikation ganz neue Bevölkerungsschichten angesprochen werden könnten.

> **Beleg 53 (Kategorie 1):** „Rein ins Netz! – Der Weltnetz-Aktivismus kann nicht hoch genug eingeschätzt werden", Artikel von *A.* in „Deutsche Stimme", Ausgabe 10/11–2011, Oktober 2011, S. 17.

Die Bundespartei betreibt mit „offensiv.TV" bzw. „NPD-TV" seit März 2009 einen Videokanal auf YouTube, der bisher rund 570.000 mal aufgerufen wurde (Stand: November 2013). Die NPD Mecklenburg-Vorpommern ist seit Oktober 2010 mit „weiterdenken.tv" auf YouTube präsent. Der sächsische Landesverband bedient sich der Internetplattform „nno-tv.de".

Ein Beispiel für den erfolgreichen Einsatz neuer sozialer Medien berichtet der sächsische Landtagsabgeordnete *Jürgen Gansel* in einem Beitrag in der „Deutschen Stimme":

> „Auch eine eigene Facebook-Gruppe gegen Kinderschänder wurde angelegt, um sich auf dem laufenden zu halten und für die Teilnahme von Freunden und Nachbarn zu trommeln. Binnen weniger Stunden war der sexuelle Mißbrauchsfall und der NPD-Protest bei der jungen Facebook-Gemeinde zum Mobilisierungsthema geworden. Am Dienstag dann – gerade einmal 28 Stunden nach Anmeldung und Bewerbung – strömten ca. 380 Normalbürger zur Kundgebung in Wohnortnähe des Kinderschänders. Presse und Polizei hatten mit den 80 Teilnehmern gerechnet, die die NPD angemeldet hatte." **Beleg 54 (Kategorie 1).**

Schulungen, Bildungsarbeit

In Sachsen will das am 18. April 2005 gegründete „Bildungswerk für Heimat und nationale Identität e. V.", dessen Vorsitzender zugleich Pressesprecher der NPD-Landtagsfraktion im Sächsischen Landtag ist, durch Seminare und Schulungen mit wissenschaftlichem Anspruch sowie durch die Herausgabe des rechtsextremistischen Theorieorgans „Hier&Jetzt. radikal rechte zeitung" (Chefredakteur ist der sächsische NPD-Landtagsabgeordnete *S.*) „Bildungsarbeit" leisten.

> **Beleg 55 (Kategorie 1):** „,Brüssel hat Europa in Misskredit gebracht!' – Die DS im Gespräch mit dem Vorsitzenden des Bildungswerkes für Heimat und nationale Identität e. V., dem Publizisten *T.*", Deutsche Stimme Ausgabe 07/2012, S. 3; **Beleg 56 (Kategorie 2):** „,Das bewaffnete Wort' – Neue Ausgabe der Hier&Jetzt erhältlich. H&J unter Schirmherrschaft!"; na-

mentlich nicht gekennzeichnete Ankündigung auf der Internetseite des JN-Bundesvorstandes www.jn-buvo.de; abgerufen am 9. Dezember 2009.

Die Bildungsvereinigung steht der NPD nahe, ist freilich organisatorisch, personell und finanziell unabhängig.

Würde die NPD zum dritten Mal in Folge in den sächsischen Landtag einkehren, rückte die Einrichtung einer politischen Stiftung – ähnlich der Konrad-Adenauer-Stiftung, der Friedrich-Ebert-Stiftung, der Friedrich-Naumann-Stiftung oder der Heinrich-Böll-Stiftung – in größere Nähe.

Vgl. Verfassungsgerichtshof des Freistaates Sachsen, Beschl. v. 26. April 2012 – Vf. 163-IV-11, juris, wo in der Entscheidung die „verbindliche Erläuterung" des einschlägigen Haushaltstitels „Zuschüsse zur institutionellen Förderung von Einrichtungen für politische Bildung" wiedergegeben wird. Es fehlte vorliegend freilich an der Präsenz im Deutschen Bundestag. Zu den Gleichheitsanforderungen BVerfGE 73, 1 (38); auch hier wären – ähnlich wie beim staatlichen Finanzierungsanteil – Differenzierungen zwischen nicht verbotenen Parteien verfassungsrechtlich unzulässig; vgl. insgesamt *Meertens/Wolf*, Gesellschaftlicher Auftrag und staatliche Finanzierung politischer Stiftungen, ZRP 1996, 440.

Zugenommen haben die Aktivitäten der Schulung von Parteimitgliedern, seien diese „weltanschaulich/charakterlich" orientiert, seien es Selbstverteidigungs- und Kampfsporttechniken.

Belege 57, 58, 59, 60, 61, 62 (Kategorie 2); Belege 63, 64, 65 (Kategorie 1).

Verflechtung mit dem in- und ausländischen Rechtsextremismus

Für die NPD besteht eine intensive personelle wie sachliche Verflechtung mit der Neonazi-Szene und dem subkulturellen Rechtsextremismus. Die neuere Strategie der Antragsgegnerin zielt, wie noch zu zeigen sein wird,

unten A IV vor 1 [S. 82],

im Sinne einer „rechten Volksfront" auf gemeinsames Vorgehen bei der Durchsetzung der Ziele der Partei. So kann für das elfköpfige Parteipräsidium, d. h. den geschäftsführenden Parteivorstand, für sechs Mitglieder eine frühere Mitgliedschaft in neonazistischen Vereinigungen nachgewiesen werden.

Belege 66, 67, 68, 69, 70, 71 (Kategorie 1); Belege 72, 73 (Kategorie 1); Belege 74, 75 (Kategorie 2);

vgl. **Anlage 13** mit weiteren Nachweisen personeller Verflechtungen.

Diese personelle Verflechtung führt zu einem wechselseitigen Prozess: Durch die Aufnahme von Personen aus dem Neonazi-Milieu radikalisiert sich die Ideologie der Partei; dadurch wird diese wiederum attraktiver für entsprechende Kreise.

Die sachliche Zusammenarbeit wird offen propagiert:

„... die NPD steht weiterhin zum Schulterschluß mit allen parteiunabhängigen Nationalisten, die ihrerseits zu einer konstruktiv-partnerschaftlichen Zusammenarbeit mit der NPD bereit sind. Viele gemeinsam gestaltete Aktionen mit parteifreien Kräften, aber auch übernommene Führungsverantwortung durch ehemals parteifreie Aktivisten innerhalb der NPD zeigen, daß

C. Das zweite NPD-Verbotsverfahren (2013–2017)

es der NPD ernst ist mit der Einbindung und der Zusammenarbeit mit freien Nationalisten." *Udo Voigt* auf dem Bundesparteitag 2008 in Bamberg, **Beleg 76 (Kategorie 1)**.

Auch der Nachfolger von *Udo Voigt,* Bundesvorsitzender *Holger Apfel*, steht für eine Zusammenarbeit:

> „Ich reiche allen konstruktiven Aktivisten die Hand und lade sie gern zum Gespräch ein – auch und gerade die, die noch in kritischer Distanz stehen." *Holger Apfel*, „Volksnah und zukunftsorientiert", in: Deutsche Stimme Nr. 01/12, S. 3 f., **Beleg 63 (Kategorie 1)**.

Die sachliche Zusammenarbeit erstreckt sich auf Hilfe bei Wahlkämpfen, Verflechtung bei Demonstrationen, Musikveranstaltungen und Konzerten in der „Szene" sowie gemeinsame Nutzung von Immobilien o. ä.

Die Verbindungen zur gewaltbereiten Neonazi-Szene zeigen sich auch anhand verschiedener Funktionäre und Anhänger der NPD im Verhältnis zum NSU-Komplex:

W. ist im NSU-Prozess Beschuldigter wegen Verdachtes der Beihilfe zum Mord und Unterstützung einer terroristischen Vereinigung. Er war von 1999 bis 2008 Mitglied im Landesvorstand der NPD Thüringen, von 2006 bis 2008 stellvertretender Landesvorsitzender sowie 1999 bis 2010 Vorsitzender des NPD-Kreisverbandes Jena/Saale-Holzland-Kreis. Zwischen 2002 und 2010 organisierte er rechtsextremistische Musikveranstaltungen mit bis zu 1.600 Teilnehmern.

S. ist ebenfalls wegen des Verdachtes der Beihilfe zum Mord Beschuldiger in München. Er war von 1999 bis zu seinem Ausstieg aus der rechtsextremistischen Szene Ende 2000 Führungsfunktionär im NPD-Kreisverband Jena sowie JN-Stützpunktleiter dort.

Als Kameradschaftsführer der Sektion Jena innerhalb des „Thüringer Heimatschutzes" (THS) beteiligte sich *K.* seit Mitte der 1990er Jahre an gemeinsamen rechtsextremistischen Aktivitäten mit den Sektionsmitgliedern *B.* und *M.*, den im Januar 1998 untergetauchten späteren Gründern des NSU. Innerhalb der NPD war bekannt, dass *K.* nach dem Untertauchen von *B., M.* und *Z.* den Kontakt zu diesen per Haftbefehl Gesuchten zunächst aufrecht erhielt. Der zumindest phasenweise seit 2000 als NPD-Mitglied aktive *K.* nahm an einer Vielzahl von Parteiveranstaltungen teil. Vor allem organisierte er zusammen mit *W.* die rechtsextremistische Festivalreihe „Fest der Völker". Von 2003 bis 2007 lebte *K.* im „Braunen Haus" in Jena, einer Anlaufstelle für Rechtsextremisten in Thüringen. Der NPD-Landesvorsitzende von 2001 bis 2012 *Frank Schwerdt*, gegenwärtig stellvertretender NPD-Bundesvorsitzender, berichtet in einem ARD-Interview, wie sich 1998 *K.* an ihn – *Schwerdt* – damals NPD-Bundesgeschäftsführer, gewandt hatte:

> *Schwerdt*: Er [= K.] hat mich konkret gefragt, da sind drei Kameraden, wie er sagte, aus Thüringen, die müssen aus ermittlungstechnischen Gründen mal bisschen verschwinden, und ob ich was für die tun könne. (…) Ich wollte und ich konnte nicht.
>
> *Frage*: Da kommt einer zu Ihnen im Jahr 98 und sagt, ich brauch Unterstützung für so genannte Kameraden, die untertauchen müssen, und drei Jahre später tritt dieser Mann in die NPD ein und Sie haben gar kein Problem damit als Bundesvorstand?
>
> *Schwerdt*: Ich habe gar kein Problem damit gehabt, ich meine, drei Jahre vorher, selbst wenn also er für die tätig gewesen sein soll oder er war ja tätig für die drei, da hatten die ja damals

nur noch nicht kein Schild um den Hals gehabt, dass sie irgend wann mal irgend welche Leute später mal erschießen wollen oder Banken überfallen wollen.

Frage: Klar war Ihnen aber, K. hat Leute unterstützt, die Bomben gebastelt haben?

Schwerdt: Na ja."

Beleg 77 (Kategorie 1): ARD-Tagesthemen: NPD-Vize Schwerdt war eng mit Terrorzelle vernetzt, Interview ausgestrahlt am 13. März 2012.

Diese Verbindung der Antragsgegnerin zum NSU soll an dieser Stelle nur exemplarisch die Verflechtung der NPD mit der rechtsextremistischen Szene dokumentieren. Diese Verflechtung wird im Subsumtionsteil noch systematisch darzustellen sein.

Die NPD ist in vielfältiger Weise auch mit ausländischen rechtsextremistischen Parteien und Bewegungen in Europa vernetzt. Ein 2002 gegründetes loses Netzwerk rechtsextremistischer Parteien „Europäische Nationale Front" (ENF) hat sich zwar nicht bewährt, die Kontakte etwa zur griechischen rechtsextremistischen Partei „Chrysi Avgi" („Goldene Morgenröte"), zu den niederländischen Nationalsozialisten „Nederlandse Volks Unie", zur „Falange" in Spanien, zur tschechischen rechtsextremistischen Arbeiterpartei (DS bzw. DSSS), zur ukrainischen „Svoboda" („Freiheit") und „UNA-UNSO" sowie zur „Jobbik-Bewegung" in Ungarn, die sich in wechselseitigen Besuchen bei Veranstaltungen u. ä. zeigen, bestehen jedoch fort.

Übersicht Kontaktorganisationen der NPD im Ausland, **Anlage 11**.

III. Ideologie

Die Ideologie der NPD wird ganz überwiegend in ihren öffentlich zugänglichen Schriften und Verlautbarungen deutlich. Sie kann in den fünf Punkten

- Propagierung eines ethnischen Volksbegriffs als Basis für alle weiteren programmatischen Äußerungen
- Exklusion bestimmter Personen von der Grundrechtsberechtigung
- Ablehnung der parlamentarischen Demokratie
- Verharmlosung der Verbrechen des Nationalsozialismus
  sowie
- Antisemitismus

zusammengefasst werden. Diese Analysepunkte überschneiden sich wiederum vielfältig. Es wird sich zeigen, dass hinsichtlich der beiden Punkte „Ablehnung der parlamentarischen Demokratie" sowie „Antisemitismus" die öffentlich zugänglichen programmatischen Schriften und Verlautbarungen mit der eingangs dieses Schriftsatzes erklärten „Verdeckungsabsicht"

oben A I 1 [S. 46],

arbeiten, so dass bereits an dieser Stelle weiteres, sich nicht aus Programm oder programmatischen Schriften ergebendes Material hinzugezogen werden muss. Im Übrigen soll in der vorliegenden zunächst abstrakten Sachverhaltsdarstellung der Schwerpunkt der Nachweise auf dem leicht zugänglichen Parteiprogramm der NPD „Arbeit, Familie,

Vaterland" (**Anlage 6**) liegen. Im Subsumtionsteil – unten C II [S. 162] – werden dann für sämtliche Punkte der Ideologie der NPD noch weitere Belege herangezogen werden.

1. Ethnischer Volksbegriff – Die „Volksgemeinschaft" als Basis des politischen Programms

Die NPD setzt in ihrer Programmatik bei einem Kollektiv, nicht bei den Individuen an. Angelpunkt der Ideologie der NPD ist das Konzept eines ethnischen Volksbegriffs, verdichtet und operationalisiert in Kategorien wie der „nationalen Identität" oder der „Volksgemeinschaft". „Deutsch" meint dabei stets eine strikt ethnische Umschreibung von Zugehörigkeit. Davon kann es nach der Doktrin der Partei keine Ausnahmen geben. Sämtliche anderen Programmpunkte bauen auf diesen Prämissen auf. Der Zusammenhang wird als „lebensrichtiges Menschenbild" umschrieben.

> Arbeit, Familie, Vaterland. Parteiprogramm der NPD, **Anlage 6**, S. 5.

Zugespitzt wird dieses Konzept im dramatisierenden Einleitungssatz des Parteiprogrammes:

> „Im 21. Jahrhundert entscheidet sich Sein oder Nichtsein des deutschen Volkes." Arbeit, Familie, Vaterland. Parteiprogramm der NPD, **Anlage 6**, S. 5.

Die „nationale Identität" ist die Rückführung aller Politik auf ein ethnisch homogenes Volk:

> „Nationale Identität bedeutet: Deutschland muß das Land der Deutschen bleiben und muß es dort, wo dies nicht mehr der Fall ist, wieder werden. Grundsätzlich darf es für Fremde in Deutschland kein Bleiberecht geben, sondern nur eine Rückkehrpflicht in ihre Heimat." Arbeit, Familie, Vaterland. Parteiprogramm der NPD, **Anlage 6**, S. 5.

Wie unschwer zu erkennen ist, handelt es sich um eine genuin völkische Konzeption von Politik. Familie und Familienpolitik sind dieser Ausgangsprämisse untergeordnet:

> „Die Familie – als Trägerin des biologischen Erbes – ist die Keimzelle des Volkes .... Familienpolitische Maßnahmen des Staates, wie das Kindergeld, das ‚Begrüßungsgeld' für Neugeborene, das ‚Müttergehalt' und das von der NPD geforderte Familiendarlehen haben ausschließlich deutsche Familien zu fördern." Arbeit, Familie, Vaterland. Parteiprogramm der NPD, **Anlage 6**, S. 7.

Der Umgang mit Ausländern sowie Funktion und Konstruktion von Staatsbürgerschaft belegen das Ausgeführte. Die „Rückführung" der in Deutschland lebenden Ausländer wird zum zentralen Programmpunkt: „Rückkehrpflicht statt Bleiberecht".

> Arbeit, Familie, Vaterland. Parteiprogramm der NPD, **Anlage 6**, S. 12; ferner S. 11 im Zusammenhang mit Sozialleistungen sowie allgemein im Zusammenhang mit der „nationalen Identität", ebd., S. 5: „Grundsätzlich darf es für Fremde in Deutschland kein Bleiberecht geben, sondern nur eine Rückkehrpflicht in ihre Heimat."

In einem eigenen Programmpunkt „Deutschland den Deutschen" wird die deutsche Staatsangehörigkeit als „aufgeweicht", da nicht mehr strikt dem Abstammungsprinzip folgend, gekennzeichnet. Dadurch werde „das Existenzrecht des deutschen Volkes in

Frage gestellt"; demgegenüber gelte es, die „Erhaltung der deutschen Volkssubstanz" zu gewährleisten.

> Arbeit, Familie, Vaterland. Parteiprogramm der NPD, **Anlage 6**, S. 12, 13.

Besonders deutlich tritt dies in einer Argumentationshilfe des Parteivorstandes hervor:

> „Deutscher ist, wer deutscher Herkunft ist und damit in die ethnischkulturelle Gemeinschaft des deutschen Volkes hineingeboren wurde .... Ein Afrikaner, Asiate oder Orientale wird nie Deutscher werden können, weil die Verleihung bedruckten Papiers (des BRD-Passes) ja nicht die biologischen Erbanlagen verändert, die für die Ausprägung körperlicher, geistiger und seelischer Merkmale von Einzelmenschen und Völkern verantwortlich sind .... Angehörige anderer Rassen bleiben deshalb körperlich, geistig und seelisch immer Fremdkörper, egal, wie lange sie in Deutschland leben. Sie mutieren durch die Verleihung eines Passes ja nicht zu Deutschen .... [D]ie Staatsbürgerschaft muß an die Volkszugehörigkeit gebunden sein. Wie sagt der Volksmund: Blut ist dicker als Tinte .... ‚Deutsche afrikanischer Herkunft' oder ‚Afro-Deutsche' kann es sowenig geben wie schwangere Jungfrauen. Staatsangehörigkeit muß an Volkszugehörigkeit gebunden sein – für Europäer kann es Ausnahmen geben." **Beleg 78 (Kategorie 1):** NPD-Parteivorstand (Hrsg.), Wortgewandt. Argumente für Mandats- und Funktionsträger, Berlin April 2012, S. 18 f.

Das alles weist eine evidente Nähe zu Punkt 4 des Parteiprogramms der NSDAP vom 24. Februar 1920 auf: „Staatsbürger kann nur sein, wer Volksgenosse ist. Volksgenosse kann nur sein, wer deutschen Blutes ist ..." Der dann folgende Satz von 1920 „Kein Jude kann daher Volksgenosse sein" fehlt wohlweislich im NPD-Programm von 2010, da zumindest im Parteiprogramm offen antisemitische Äußerungen vermieden werden.

> Institut für Zeitgeschichte, Stellungnahme zur Frage der Wesensverwandtschaft von NPD und historischem Nationalsozialismus, S. 5; **Anlage 2**.

Das Zusammenleben von Deutschen und Ausländern wird als „Vorbürgerkrieg" bezeichnet,

> Arbeit, Familie, Vaterland. Parteiprogramm der NPD, **Anlage 6**, S. 18,

Integration als „Völkermord".

> Arbeit, Familie, Vaterland. Parteiprogramm der NPD, **Anlage 6**, S. 13.

In den Schulen sollen deutsche und nichtdeutsche Kinder getrennt unterrichtet werden.

> Arbeit, Familie, Vaterland. Parteiprogramm der NPD, **Anlage 6**, S. 17.

In ihrem Wahlprogramm bewirbt die NPD Berlin die „Volksgemeinschaft" offen als zukünftiges Ordnungsprinzip:

> „Die NPD will eine Ordnung, in der das Recht auf Identität kraft Abstammung und Schicksal garantiert wird und jeder Deutsche mit seiner Persönlichkeit als dienendes Glied der Gemeinschaft verantwortlich am politischen, wirtschaftlichen und kulturellen Leben des deutschen Volkes mitwirkt." **Beleg 79 (Kategorie 2):** „Wir sagen, was Sie denken! Landesaktionsprogramm für ein deutsches Berlin", www.npd-berlin.de, aufgerufen am 15. August 2011, S. 5.

Dieser ethnische Volksbegriff, zur Konzeption der „Volksgemeinschaft" verdichtet, zeigt den antiindividualistischen Ansatzpunkt der gesamten Programmatik der NPD. Die Art der Gemeinschaft definiert die Bedeutung des Einzelnen, nicht umgekehrt. Aus dem spezifischen Volksbegriff wird ein „lebensrichtiges Menschenbild" gefolgert. Das Menschenbild, die Position der einzelnen Person in Staat und Gesellschaft, ist damit abgeleitet, nicht originär. Die Antragsgegnerin vertritt einen normativen Kollektivismus biologischer Provenienz. Das leitet zur Relativierung der Grundrechtsberechtigung von Menschen über.

2. Exklusion von der Grundrechtsberechtigung

Das ethnische Verständnis des Volksbegriffs führt nicht nur zur prinzipiellen Infragestellung der aus dem Personsein folgenden Menschenwürde, sondern auch zu kaum verschleierten Ausschlüssen von der Grundrechtsberechtigung. Zwar wird im Parteiprogramm nach Betonung der „natürlichen Unterschiedlichkeit der Menschen" von der Gleichheit der Menschen vor dem Gesetz und der „Unantastbarkeit ihrer Würde" gesprochen;

> Arbeit, Familie, Vaterland. Parteiprogramm der NPD, **Anlage 6**, S. 5; an anderer Stelle – S. 16 – wird ein „Dogma der angeblichen Gleichheit aller Menschen" angesprochen;

die Würde des Menschen wird jedoch im Parteiprogramm schon eine Seite später ausdrücklich auf die Volksgemeinschaft, die – wie gezeigt – strikt ethnisch definiert ist, bezogen:

> „Die Würde des Menschen als soziales Wesen verwirklicht sich vor allem in der Volksgemeinschaft. Erst die Volksgemeinschaft garantiert die persönliche Freiheit; diese endet dort, wo die Gemeinschaft Schaden nimmt." Arbeit, Familie, Vaterland. Parteiprogramm der NPD, **Anlage 6**, S. 6.

Grundsätzlich ist Individualität in den Äußerungen der Partei nicht der normative Ausgangspunkt, sondern nur die Funktion der Zugehörigkeit zu einer Gemeinschaft, die ihrerseits ethnisch definiert ist. Individuelle Würde bekommt nur, wer der Volksgemeinschaft zugehörig ist, weil er der Volksgemeinschaft zugehörig ist.

Auch an anderer Stelle wird explizit die Ungleichheit der Menschen als Leitgedanke hervorgehoben,

> Arbeit, Familie, Vaterland. Parteiprogramm der NPD, **Anlage 6**, S. 16,

und werden daran konkrete Folgerungen für Recht und Politik geknüpft.

> „Fürsorgepflicht" und Sozialleistungen nur für Deutsche (S. 6); familienpolitische Leistungen nur für Deutsche (S. 7); „nationale Sozialpolitik" als „nationale Solidarität" nur für Deutsche (S. 10 f.) mit „Ausgliederung" Nichtdeutscher aus der Sozialversicherung (S. 11) – „Deutsche" jeweils in dem ethnisch verstandenen Sinn.

Vor dem Hintergrund der Rechtsprechung deutscher Gerichte zum Versammlungsrecht und zur Meinungsfreiheit wird die Gleichheit der Grundrechtsgeltung für jedermann „ungeachtet seiner politischen Einstellung" postuliert – auch dies jedoch wiederum auf die völkisch bestimmten Deutschen beschränkt.

Arbeit, Familie, Vaterland. Parteiprogramm der NPD, **Anlage 6**, S. 18.

Den nicht der Volksgemeinschaft in dem dargelegten ethnischen Sinne Zugehörigen wird nach der Programmatik der NPD generell und systematisch ein niedrigerer Rechtsstatus zugewiesen. Das korrespondiert wiederum mit zentralen, nur wegen Krieg und Zusammenbruch nicht mehr realisierten Plänen in der Zeit des Nationalsozialismus, die Rechtsfähigkeit des Menschen in Abweichung von § 1 BGB und in Anlehnung an das frühe Parteiprogramm der NSDAP vom Personsein als solchem zu lösen, zu entformalisieren und an die Volksgenossenschaft zu knüpfen, d. h. den vollen Rechtsstatus ethnisch zu definieren.

M. w. N. *Duve,* in: Schmoeckel/Rückert/Zimmermann (Hrsg.), Historisch-kritischer Kommentar zum BGB, Bd. 1, 2003, §§ 1–14 Rn. 15.

3. Parlamentarische Demokratie – auf der Volksgemeinschaft basierende „Volksherrschaft" anstelle des parlamentarischen Regierungssystems

Noch vor der Kritik an staatsorganisationsrechtlichen Einzelregelungen bestreitet die NPD ausdrücklich dem Grundgesetz als solchem die Legitimität, da es sich nicht auf das von ihr ethnisch-völkisch konzipierte „Volk" rückführen lasse.

„Weil die Herrschenden dem eigenen Volk mißtrauen, verfügt die Bundesrepublik bis heute über keine demokratisch legitimierte Verfassung. Das Grundgesetz beruht nicht auf dem Prinzip der Volkssouveränität, da das Volk darüber bis heute nicht abstimmen durfte." Arbeit, Familie, Vaterland. Parteiprogramm der NPD, **Anlage 6**, S. 13.

Das ist nicht bloß die gelegentlich auftauchende Kritik an mangelnder Legitimität wegen der – im Übrigen auch bei der Weimarer Verfassung – unterbliebenen Volksabstimmung über das Inkrafttreten der Verfassung, sondern knüpft direkt an den ganz anders, nämlich ethnisch-völkisch konzipierten Volksbegriff an. In weitgehender Vermeidung des als Fremdwort denunzierten Substantivs „Demokratie" wird dem als „nationaldemokratische Staatsordnung" die auf der Volksgemeinschaft basierende Volksherrschaft gegenübergestellt:

„Volksherrschaft setzt die Volksgemeinschaft voraus." Arbeit, Familie, Vaterland. Parteiprogramm der NPD, **Anlage 6**, S. 7.

Zur antidemokratischen Tradition der Begriffe „Volk" und „Gemeinschaft" bzw. „Volksgemeinschaft" in der Weimarer Republik als Vorbedingung für den Nationalsozialismus jeweils m. w. N. *Sontheimer,* Antidemokratisches Denken in der Weimarer Republik, 2. Aufl. 1983 (Taschenbuchausgabe), S. 213 f., 244 ff., 250 ff.; *Lepsius,* Die gegensatzaufhebende Begriffsbildung. Methodenentwicklungen in der Weimarer Republik und ihr Verhältnis zur Ideologisierung der Rechtswissenschaft unter dem Nationalsozialismus, 1994, S. 13 ff., 49 ff.

Dieses Konzept bleibt in den öffentlich zugänglichen programmatischen Schriften letztlich dunkel, da eher punktuell staatsorganisatorische Reformanliegen aufscheinen, wie die Stärkung direktdemokratischer Mitwirkungsrechte und die Volkswahl und Kompetenzausweitung des Staatsoberhauptes. Die Ablehnung des parlamentarischen Regierungssystems des Grundgesetzes wird freilich durch die häufige, offenbar an Weimarer Terminologien angelehnte pejorative Verwendung des Begriffs „System";

etwa: Arbeit, Familie, Vaterland. Parteiprogramm der NPD, **Anlage 6**, S. 5: „Systemparteien";

zur Tradition dieser Begrifflichkeit „System", „Systempolitik", „Systemzeit" usw. vgl. nur *Sontheimer*, Antidemokratisches Denken in der Weimarer Republik, 2. Aufl. 1983 (Taschenbuchausgabe), S. 187 und öfter; *Schmidt-Berning*, Vokabular des Nationalsozialismus, 2. Aufl. 2007, S. 597; *Klemperer*, LTI, 1975, S. 127.

sowie die massive Kritik an den politischen Parteien deutlich.

„... gemeinwohlschädliche Dominanz der Parteien"; Arbeit, Familie, Vaterland. Parteiprogramm der NPD, **Anlage 6**, S. 8; „Systemparteien", ebd. S. 5.

Auch die ex- wie implizite Verbindung des parlamentarischen Regierungssystems mit Finanzinteressen, mit Geschäftemacherei, Großkapital, Zinswucher, modern gewendet: mit der Kritik an der Globalisierung,

Arbeit, Familie, Vaterland. Parteiprogramm der NPD, **Anlage 6**, S. 5, 12 und öfter,

knüpft wiederum, kombiniert mit antisemitischen Tönen, an Weimarer Traditionen an.

Sontheimer, Antidemokratisches Denken in der Weimarer Republik, 2. Aufl. 1983 (Taschenbuchausgabe), S. 147 f., 193 und öfter.

Keine Zweifel an der Bekämpfung der parlamentarischen Demokratie als programmatisches Ziel und an staatsfeindlichen Einstellungen lassen Publikationen und Äußerungen führender Parteivertreter unterhalb der Ebene des Parteiprogrammes.

In einer Informationsbroschüre, für die *Holger Apfel* presserechtlich verantwortlich zeichnet, heißt es:

„Die NPD stellt die Systemfrage, sie will den sozialen, demokratischen und nationalen Volksstaat schaffen und stellt dieses Ideal der etablierten ‚Demokratie-Karikatur' namens BRD entgegen." **Beleg 80 (Kategorie 2)**.

Die NPD möchte die bestehende Grundordnung nicht reformieren, sondern abschaffen und durch eine Alternative ersetzen:

„Ja, die NPD versteht sich als grundsätzliche Alternative zu den Versagerparteien und ihrem System, das das Volk politisch entmündigt und wirtschaftlich verarmen lässt." **Beleg 81 (Kategorie 2)**: Flugblatt des NPD-Landesverbandes Sachsen aus 2009

Für die Beseitigung der jetzigen Grundordnung spricht sich etwa der Fraktionsvorsitzende der NPD im Landtag Mecklenburg-Vorpommerns, *Udo Pastörs*, explizit aus:

„Das, was vor uns liegt, ist die Reststrecke eines korrupten Systems, was beseitigt gehört, weil es den Volkserhalt gefährdet, liebe Freunde." *Udo Pastörs*, Rede auf dem Schwabentag der NPD am 19 März 2011, Günzburg. **Beleg 82 (Kategorie 1)**: Im Internet veröffentlichtes Video.

Die bestehende Grundordnung soll „überwunden" und stattdessen ein „Volksstaat" geschaffen werden:

„Wir erheben demgegenüber den Anspruch, weder dieses absterbende System beerben zu wollen, sondern einen Volksstaat zu schaffen, in dem jeder Deutscher als Teil der Gemeinschaft mitarbeitet und gebraucht wird. Bündeln wir unsere Kraft, um diese morsche BRDDR endlich zu überwinden!" **Beleg 83 (Kategorie 2)**: Beitrag „Bundesrepublikanischer Alltag: Ex-Stasispitzel weiterhin in Behörden tätig" vom 7. Juli 2009, veröffentlicht auf http://www.npd-mv.de, abgerufen am 8. Juli 2009.

„Die Losung lautet: Freiheit statt BRD!" **Beleg 84 (Kategorie 2):** Beitrag „Heraus zum Tag der deutschen Arbeit" vom 12. März 2010, veröffentlicht auf http://www.npd-mv.de, abgerufen am 15. März 2010.

Die parlamentarische Demokratie wird verächtlich gemacht und als Zerrbild „wahrer" Demokratie charakterisiert:

> „Das ist das bereits erwähnte Spiel der ‚parlamentarischen Demokratie': Alle paar Jahre wird gewählt, dann bilden sich Mehrheiten, und so wird dann die ganze Wahlperiode über abgestimmt, egal, welche Qualität die Initiativen der Opposition besitzen .... Das Parlament ist längst zu einer billigen Karikatur einer wirklichen Volksherrschaft verkommen. Letztlich geht es auch derzeit noch nicht darum, etwas unmittelbar durchzusetzen, sondern darum, Wissen zu sammeln und Druck auf die Herrschenden auszuüben." Wiederum *Holger Apfel*, **Beleg 85 (Kategorie 1).**

Ähnlich *Udo Pastörs* in einem Internetbeitrag:

> „Wir fordern eine Demokratie im besten Sinne, in der alles am Prinzip Volkserhalt ausgerichtet ist." **Beleg 86 (Kategorie 1).**

und *derselbe* in einer Stellungnahme für die Fraktion in Mecklenburg-Vorpommern, in der er Verständnis für „aktiven Widerstand" gegen das „Unrechtssystem BRD" zeigt:

> „Und ich habe großes Verständnis dafür, wenn jetzt in Kameradenkreisen darüber diskutiert wird, ob es nicht langsam an der Zeit sei, auf der Grundlage des Artikels 20, Absatz 4 des Grundgesetzes dem Unrechtssystem BRD aktiven Widerstand entgegenzusetzen." **Beleg 87 (Kategorie 1).**

Auf dieser Ebene werden ungeschminkt Mehrheitsprinzip, Existenz einer Opposition und pluralistische Demokratie verneint. *D.*, Schulungsleiter der Jungen Nationaldemokraten, schreibt in der Ausgabe 2/2012 der JN-Publikation „Der Aktivist":

> „Die Demokratie scheint zu einer Art Religion für die derzeitig Herrschenden geworden zu sein. So wie man in vorkopernikanischen Zeiten für die richtige Behauptung, die Erde sei rund, auf dem Scheiterhaufen endete, landet man heute im Kerker des Systems, wenn man sich gegen die ‚beste Gesellschaftsform aller Zeiten' ausspricht. Alleine die stetige, gebetsmühlenartig sich wiederholende Behauptung, es handle sich hierbei tatsächlich um die ‚beste Gesellschaftsform', ist einfach nicht haltbar. Gerade wir als Nationalisten wissen, dass die Menschen unterschiedlich sind. Einem System, das sich auf Mehrheitsentscheidungen stützt, kann demnach auch keine Ewigkeitsgarantie ausgesprochen werden .... Nun müssen wir umso stärker als genau die ‚Anderen' hervortreten. Wir wollen doch schließlich die sein, die einen Gegensatz zum derzeitigen Zustand ausmachen?! Dann müssen wir auch mit aller Schärfe verdeutlichen, dass wir anders, aber zugleich völkisch, d. h. im Volke verankert sind. Es gibt keine Formel für das perfekte Staatswesen, es gibt nur den inneren Einklang eines Volkes mit diesem. Ich bin der Meinung, dass die Demokratie, die wir nun mal in der BRD leibhaftig erleben, längst dafür Gründe bietet, diesen demokratischen Dogmatismus zu hinterfragen." **Beleg 88 (Kategorie 1).**

Der von Funktionären der NPD unternommene Versuch, die freiheitliche demokratische Grundordnung zu delegitimieren, wird begleitet von der Behauptung, dass diese

Grundordnung von „antideutschen" Kräften gesteuert werde und letztlich eine „Besatzung und Fremdherrschaft" darstelle:

> „Ein krankes System zittert in seinen morschen Knochen! Die Symptome der Fäulnis haben das Gefüge der Kriegsgewinnler von 1945 und ihre deutschen Handlanger erfasst. [...] Ehrlose korrupte Politiker und ihre Speichellecker in den Medien haben sich zusammengeschlossen mit antideutschen, volksfeindlichen Kräften. Sie üben gegenüber uns und unserem Volk eine ‚Diktatur der Unfreien' aus. Sie sind nichts weiter als Handlanger der Besatzungsmächte von 1945. Sie tun alles, um die Besatzung und Fremdherrschaft weiterhin als Befreiung zu kaschieren und bis heute zu sichern." **Beleg 89 (Kategorie 1):** Aufruf von *Thomas Wulff*, damaliger Beisitzer im NPD-Bundesvorstand, zum Jahrestag des Kriegsendes, abrufbar am 7. Mai 2009 auf www.netzwerk.com.

In einem Beitrag „Der politische Kindesmißbrauch in der Demokratie" spricht der sächsische Landtagsabgeordnete *Jürgen Gansel* von der „bundesrepublikanischen Demokratur", **Beleg 90 (Kategorie 1);** in seinem Internetbeitrag „Das Endstadium des Parlamentarismus" lesen wir „... die Bundesrepublik ist ein politischer Swinger-Club", **Beleg 91 (Kategorie 1);**

In einer Rede beim Politischen Aschermittwoch der NPD im Saarland in Saarbrücken erhebt *Pastörs* den „Anspruch einer nationalen Revolution" **Beleg 92 (Kategorie 1).**

Die Mitarbeit in Parlamenten erscheint daher rein instrumentell,

> „Wahlen sind immer nur Mittel zum Zweck." **Beleg 93 (Kategorie 2):** *Fritz Kempf* (Pseudonym), Den vorpolitischen Raum stärken – Deutungshoheit erkämpfen!, www.jn-buvo.de, eingestellt am 28. März 2011 (= Internetseite der „Jungen Nationaldemokraten"),

die Partei verspricht sich dadurch Vorteile, ohne damit die parlamentarische Demokratie im Sinne des Grundgesetzes zu akzeptieren:

> „Wir haben ja nicht vor, in den Landtag einzuziehen, um Teil des Systems zu werden, um auch nur einen Millimeter von unseren Positionen abzurücken. [...] Das draußen ist ein kaltes, zubetoniertes, volksfeindliches, asoziales System, das gehört nicht verändert, das gehört abgeschafft." Aus einer Rede des damaligen NPD-Landesvorsitzenden *Matthias Heyder* auf dem Bundesparteitag am 5. Juni 2010; **Beleg 94 (Kategorie 1);**

> „Dass eine tatsächliche Veränderung auf parlamentarisch-demokratischem Wege noch zu erreichen wäre, daran haben schon vor den drei Landtagswahlen ohnehin nur noch Phantasten geglaubt ...." **Beleg 93 (Kategorie 1).**

Der stellvertretende Bundesvorsitzende, Chefredakteur der „Deutschen Stimme" und Inhaber zahlreicher weiterer Parteiämter *Karl Richter,* verbindet – zusammen mit B. – dies mit der „Reichsidee":

> „Gerade auch der Blick auf den selbst öffentlich nicht länger wegzuleugnenden, sich stärker und schneller vollziehenden Austausch unseres angestammten Volkes gegen Angehörige fremder Kulturen und Religionen auf deutschem Territorium beweist, wie sehr die Souveränität eines Reichskörpers als Bollwerk und Schild von Nöten wäre. [...] Halten wir dieses Vermächtnis aufrecht! Integrieren wir die Reichsidee in die gegenwärtigen Themen und Herausforderungen, um den Fortbestand unseres verbliebenen Volkskörpers in kultureller Identität, sozialer Sicherheit und nationaler Souveränität zu sichern. Ja zu Deutschland – ja zum Reich!" **Beleg 95 (Kategorie 1).**

Der nordrhein-westfälische Landesvorsitzende der NPD *Claus Cremer* bringt solches in einem Internetbeitrag, in dem er einen systemkonformen Kurs der NPD ablehnt, auf folgende Formel:

„Um mit den Worten des Parteivorsitzenden, Udo Voigt, zu enden: Das Reich ist unser Ziel, die NPD unser Weg."
Beleg 96 (Kategorie 1): Beitrag „Die NPD als einzige Weltanschauungspartei stärken", in: http://npdnrw.vs120154.hl-users.com; abgerufen am 10. Juni 2011.

Jürgen Gansel schreibt in einem Internetbeitrag:

„Anstatt sich dem Schutz von Identität, Souveränität und Solidarität der Deutschen zu verschreiben, betrieb das antideutsche Politikerkartell eine planvolle Interessenpolitik für Ausländer, das Ausland und das Großkapital .... Man denke an die Abermilliarden Euro für marode Banken und Finanzganoven, für die Umverteilungspolitik und den Erweiterungswahn der Europäischen Union, die Milliardensummen für Asylschwindler, ausländische Arbeitslose und Kriminelle, die sinnlosen Auslandseinsätze der Bundeswehr, kostenlose Waffenlieferungen an Israel und Millionenbeträge für die Aufrechterhaltung der Gruselkulisse von Auschwitz. Das alles ist systemimmanenter Volksbetrug! Hier hilft kein bloßer Politikerwechsel, weil durch den Austausch eines Volksbetrügers durch einen anderen nichts gewonnen ist, sondern nur ein radikaler, also an die Wurzel des Übels gehender Politikwechsel. [...] So wie das System von unten nach oben fault, muss die NPD von unten nach oben politische Gegenmacht aufbauen. In den Städten, Gemeinden und Landkreisen haben wir uns als Stachel im Fleisch der Volksbetrüger und als Schutzmacht der ‚kleinen Leute' unseres Volkes festzusetzen – parlamentarisch wie außerparlamentarisch. Nationale Graswurzelarbeit war noch nie so erfolgversprechend wie in diesen Tagen." **Beleg 97 (Kategorie 1).**

Ergänzt werden solche Belege durch Zwischenrufe bei einer Landtagssitzung, in der an die Opfer des deutschen Überfalls auf die Sowjetunion 1941 gedacht wurde: „Dann müssen wir die BRD abschaffen."
Michael Andrejewski, Videomitschnitt der 39. Sitzung des Landtages Mecklenburg-Vorpommern am 24. April 2013

In diesem thematischen Zusammenhang wird zu konkreten Aktionen aufgerufen:

„Die NPD, als parlamentarischer Arm des Widerstandes, hat nun weiterhin Taten folgen zu lassen, um dem Anspruch einer sozialrevolutionären Partei gerecht zu werden." NRW-Landesvorsitzender *Claus Cremer*, **Beleg 98 (Kategorie 1).**

In Baden-Württemberg erklärt der Bundestagskandidat von 2009, *G.*:

„Wenn diese Medien einmal ihrem Auftrag des Informierens, im Zusammenhang mit unserer Gesinnungsgemeinschaft, nachkommen, so tun sie dies gemäß den Vorgaben der sog. gesellschaftlich relevanten Kräfte, welche ihre Existenz der Nachkriegsordnung und den Umerziehungsplänen für das deutsche Volk, durch die Siegermächte des zweiten 30-jährigen Krieges (1914 bis 1945), verdanken. [...] Deshalb: ‚Tauscht dieses politische System aus, bevor es das deutsche Volk ausgetauscht hat' Denn: ‚Nur die Nation verkörpert die Freiheit!'" **Beleg 99 (Kategorie 1).**

Das staatliche Gewaltmonopol wird in Frage gestellt, indem zu „Selbsthilfe" aufgerufen wird:

„Wenn eine Regierung bzw. ein Staat nicht mehr für die Sicherheit und Freiheit des eigenen Volkes garantieren kann, dann müssen wir das selber in die Hand nehmen. Organisiert euch,

engagiert euch politisch und werdet aktiv im nationalen Widerstand oder bildet Bürgerwehren, holt euch euer Land zurück ..."
Beleg 100 (Kategorie 1): *H.*, Vorsitzender des NPD-Kreisverbandes Bodensee-Konstanz, in einem Redebeitrag auf einer NPD-Kundgebung in Kirchhardt/Baden-Württemberg unter dem Motto „Deutsche Opfer – Fremde Täter" am 20. Oktober 2012.

Öfter wird die Wiederherstellung des Deutschen Reiches propagiert, wie hier etwa durch einen niedersächsischen Kommunalmandatsträger:

„Unser Ziel muß die Wiederherstellung der Handlungsfähigkeit des Deutschen Reiches als unser völkerrechtlicher Nationalstaat sein. [...] Eine ‚Ordnende Reichsversammlung' aus den bewährten Kräften, wesentlich zusammengesetzt aus den Führungskräften des Netzwerkes, wird allgemeine Wahlen vorbereiten. [...] Als Sofortmaßnahme stellt sie die Verfassung und die Gesetze des Deutschen Reiches mit Stand vom 23. Mai 1945 wieder her, [...], macht den Ausländern einschließlich solcher mit bundesdeutschem Paß klar, dass sie im Deutschen Reich kein Aufenthaltsrecht haben, womit sich jede Sozialversorgung selbsttätig erledigt, kündigt sämtliche Arbeitsverträge mit Ausländern und sorgt für deren Rückführung samt Sippen unter Strafandrohung binnen längstens eines Jahres, berichtigt das Geschichtsbild und stellt jene Leute vor Gericht, die sich vorsätzlich an deutschen Lebensanliegen und am Völkerrecht vergangen haben." **Beleg 101 (Kategorie 1).**

Sturz und Abschaffung des „Systems" bezieht sich auf das parlamentarische Regierungssystem:

Beleg 102 (Kategorie 1); Beleg 103 (Kategorie 2): „Wir sind revolutionär, weil wir das ferngesteuerte System der BRD nicht reformieren, sondern überwinden wollen.";

Beleg 104 (Kategorie 2): „Wir als junge Menschen, die meisten kaum älter als 20, stellen uns dem Wahnsinn entgegen und streben nach einem Ziel: der Macht! Nicht aus einer Subkultur, sondern aus tiefer Wut und Trauer über bestehende Verhältnisse, in nationale Kreise gekommen, haben wir erkannt, dass unsere Weltanschauung in dem herrschenden System nicht entfaltet werden kann. Wir haben erkannt, dass Niedergang und BRD nahezu synonym zu gebrauchen sind .... Wir wollen unsere Anschauung auf die Straße tragen! Wir gehen in den Angriff und wachsen bewusst im Sturm! Denn nicht minder war das Opfer, das frühere Generationen leisten mussten."

Prägnanter:

„Der Liberalismus macht Abfall aus den Menschen. Machen wir also Abfall aus dem Liberalismus!"
Beleg 105 (Kategorie 2): Unbekannter Autor unter dem Pseudonym *„Armin Hofer"* in dem Artikel „Rebellion der Muttersöhnchen" in der JN-Publikation „Der Aktivist", Ausgabe 2/2012, S. 5.

Klar gegen das parlamentarische Regierungssystem gerichtete Presseartikel,

„Es ist mehr Volksherrschaft verwirklicht, wenn ein Volk auf allen Gebieten des Lebens von seinen fähigsten und tüchtigsten Angehörigen geleitet wird, als es von einer bloßen Majorität oder von gekauften Parlamentariern verwalten zu lassen.", **Beleg 106 (Kategorie 1),**

treffen zusammen mit einem völlig konträren Bild von Staat und Staatsfunktionen:

„Vielmehr ist der Staat die Organisation einer Gemeinschaft physisch und seelisch gleichartiger Menschen zur besseren Forterhaltung ihrer Art sowie der Erreichung des vorgezeichneten Zweckes ihres Daseins." **ebd.**

Die als Fehlentwicklung gedeutete Gleichheit der Menschen wird auf einem Kalenderblatt eines Kalenders für das Jahr 2011 der „Jungen Nationaldemokraten" als Basis des verfehlten demokratischen Modells der grundgesetzlichen Ordnung konstruiert:

> „Der Deutsche gab seinen Gott auf und verband sich mit der Naturlosigkeit der Gleichheitsidee. Die Demokratie legte sich über seine Brust und verkündete die maßlose Gleichheit eines jeden." **Beleg 107 (Kategorie 2).**

4. Zwischen Relativierung und Leugnung der Verbrechen des Nationalsozialismus

Zur ideologischen Programmatik der NPD gehören Versuche, die Verbrechen des Nationalsozialismus zu relativieren oder zu rechtfertigen. Dies wird im Parteiprogramm unter dem Schlagwort „Schuldkult beenden" als 13. Punkt ausgeführt. Zu diesem „revisionistischen" „nationalen" Geschichtsbild gehöre es, dass die „Kontinuität im Leben unseres Volkes in den Mittelpunkt" gestellt werde:

> „Wir wehren uns gegen die moralische Selbstvernichtung unserer Nation durch einseitige geschichtliche Schuldzuweisungen zu Lasten Deutschlands, durch die Aufwertung des Landesverrats und die Verherrlichung alliierter Kriegsverbrecher." Arbeit, Familie, Vaterland. Parteiprogramm der NPD, **Anlage 6**, S. 14.

An anderer Stelle wird von „neurotisiernde[r] Erinnerungskultur" gesprochen.

> Arbeit, Familie, Vaterland. Parteiprogramm der NPD, **Anlage 6**, S. 17.

Der Nivellierung des Einschnitts durch die nationalsozialistische Katastrophe dienen auch Redewendungen, wie diejenige vom „beispiellosen Traditionsabriß" in Deutschland.

> Arbeit, Familie, Vaterland. Parteiprogramm der NPD, **Anlage 6**, S. 17.

Die ständig geforderte Freiheit von Forschung und Lehre sowie die Forderung nach Abschaffung entsprechender Tatbestände des politischen Strafrechts in diesem Zusammenhang dienen offensichtlich der Legitimierung einer Umdeutung des Nationalsozialismus.

Hinsichtlich weiterer Einzelheiten zur Verherrlichung von Führungspersonen des Nationalsozialismus, der Holocaust-Relativierung sowie der Diffamierung des Widerstands im Dritten Reich wird auf das Gutachten des Instituts für Zeitgeschichte, München/Berlin, verwiesen.

> Stellungnahme zur Frage der Wesensverwandtschaft von NPD und historischem Nationalsozialismus, **Anlage 2**, S. 25–29.

Bei Anhängern der Partei wird teilweise noch offener kommuniziert:

> „Die historischen Wahrheiten werden verfolgt, als Revisionismus diskreditiert oder als Holocaustleugnung und Relativierung von Nazi-Verbrechen mit Kerker bestraft. Ist es deshalb, weil wir unsre Staatsdoktrin gegründet haben als Gegenentwurf zu Auschwitz, dem Vergasen in Deutschland, Katyn, Wannseeprotokoll, Erzählungen eines Eli Wiesel oder dem Tagebuch der Anne Frank? ... Ein Blinder mit Krückstock kann die offensichtlichen Fälschungen oder Manipulationen im Wannsee-Protokoll oder im Anne-Frank-Tagebuch erkennen." Auf der Website von P., einem medienwirksam sich der NPD annähernden Ortsbürgermeis-

ter in Sachsen-Anhalt, der 2013 auch im Wahlkreis 73 für die NPD zum Deutschen Bundestag kandidierte, erstellt am 26. September 2012, abgerufen am 17. Dezember 2012; **Beleg 108** (Kategorie 1).

Eine offene Holocaust-Leugnung erfolgte etwa durch den NPD-Gemeindevertreter B.aus Löcknitz (Mecklenburg-Vorpommern) gegenüber einer norwegischen Zeitung. Der Holocaust sei eine jüdische Erfindung und „die Juden" hätten beide Weltkriege begonnen. Er dagegen stehe „voll hinter Adolf Hitler", zitierte ihn die Zeitung.

Beleg 109 (Kategorie 1): Beitrag „Driftige, unge polakker gjenoppliver tysk nabo" vom 18. Juli 2008.

5. Insbesondere: Antisemitismus

Anders als bei den meisten bisherigen Analysepunkten der Ideologie der Partei vermeidet das Parteiprogramm offen antisemitische Äußerungen, auch wenn einzelne Begriffe entsprechend konnotiert sind.

In diese Richtung etwa die Rede von „fremdreligiösen Bauten" (S. 13) oder bestimmte Verwendungen von Formulierungen wie „Zinswucher" (S. 10) bzw. „Weltdiktatur des Großkapitals" (S. 5), jeweils in: Arbeit, Familie, Vaterland. Parteiprogramm der NPD, **Anlage 6**.

Insofern handelt es sich um das oben beschriebene Phänomen der Verdeckungsabsicht, zumindest in öffentlichen, gut zugänglichen Schriften.

Oben A I 1 [S. 46].

Demgegenüber können in den Äußerungen des Führungspersonals der Partei zahlreiche offen antisemitische Ausfälle aufgezeigt werden. Angesichts von Quantität und Qualität dieser Äußerungen bestätigen sie ein Strukturelement der Parteiideologie. Im Folgenden im Anschluss an das Gutachten des Instituts für Zeitgeschichte, München/Berlin, nur einige typische, häufig wiederkehrende Schlagworte:

- Bundesrepublik als „Judenrepublik"
- Bundesdeutscher „Parteienstaat" als „verlängerter Arm USraels"
- „jüdisch-amerikanische Interessen"
- „kapitalistisch-judaistischer Geist vom Zins"
- „Hebräer Madoff"
- „Krummnasen" für Juden
- der „sich im Globalismus überhebende Zionismus in Gestalt einer Gruppe handverlesener, überreicher Männer im Hintergrund"
- „private jüdische Clique", welche eine „neue Zinsknechtschaft" errichte
- Lehre des Frankfurter Instituts für Sozialforschung als jüdische Gründung mit jüdisch inspirierten Lehren als „Giftfraß, der die inneren Organe und das Gehirn der deutschen Volksgemeinschaft anfressen sollte".

Jeweils mit **Belegen**: Stellungnahme zur Frage der Wesensverwandtschaft von NPD und Nationalsozialismus, S. 4–9; **Anlage 2**.

Auf die historisch verhängnisvolle antisemitische Propagandaschrift der „Protokolle der Weisen von Zion" wird Bezug genommen. So wird dem damaligen Vizepräsidenten des Bundesamtes für Verfassungsschutz etwa durch den NPD-Landesverband Hamburg angeraten, diese Schrift zu lesen, da er dann besser wisse, „welche ‚Religion' nach der Weltherrschaft strebt und welche Gruppe die Medien beherrscht."

Beleg 110 (Kategorie 2): Beitrag „Wechsel an der Spitze des Verfassungsschutzes" vom 9. Juli 2012, veröffentlicht auf http://www.npd-hamburg.de.

6. Zwischenfazit

Zusammengefasst handelt es sich bei der überwiegend, aber nicht vollständig offen kommunizierten Ideologie um ein politisches Programm, das über weite Strecken mit den Lehren des historischen deutschen Nationalsozialismus identisch ist. Der Nationalsozialismus wird von der NPD nicht nur apologetisch behandelt, sondern dessen Kernaussagen werden mit nur teilweise abgewandelter Terminologie übernommen. Das Gutachten des Instituts für Zeitgeschichte, München/Berlin, kommt auf der Grundlage des Parteiprogrammes wie weiteren Materials zu dem Schluss:

„Wie die historische NSDAP mit Adolf Hitler als ‚Führer', so ist auch die NPD geprägt von einer totalitären und demokratiefeindlichen Ideologie. Mit Blick auf die ideologischen Kernelemente – biologistisch-rassistisch fundiertes Freund-Feind-Denken, militanter Antiliberalismus, Antiindividualismus und Antisemitismus – lässt sich eine Wesensverwandtschaft zwischen NPD und NSDAP eindeutig nachweisen. Die Belege für die extrem antisemitische Einstellung von führenden Politikern und Publizisten der NPD sind so zahlreich und ihre Übereinstimmungen mit der NS-Ideologie bis in die Wortwahl hinein zu evident, dass es über die Wesensverwandtschaft der NPD mit der radikalen Judenfeindschaft der NSDAP keine Zweifel geben kann. Auch die Aneignung und der Gebrauch ideologischer Versatzstücke aus dem Fundus der NSDAP ist eindeutig. Ebenso evident sind die Parallelen zwischen den von den Nationalsozialisten bis 1945 propagierten apologetisch-aggressiven historisch-politischen Lesarten internationaler Beziehungen und den nun von NPD-Autoren bis zur Gegenwart bemühten Konstruktion kontrafaktisch-umwertender Formulierungen zur internationalen Geschichte und Politik. Die Repräsentationsformen des historischen Nationalsozialismus dienen in einem Maße als Fundus und Vorbildcharakter für die NPD, dass sich darin ebenfalls eindeutig Elemente der Wesensverwandtschaft erkennen lassen. In der Verehrung zentraler Kultfiguren des nationalsozialistischen Deutschland, die in ihren historischen Vorbildfunktionen herausgehoben werden, verdichtet sich die Wesensverwandtschaft zwischen NSDAP und NPD bis zur Wesensidentität. In der Summe bietet das vorliegende Material den vielfachen Nachweis einer historisch abgeleiteten Wesensverwandtschaft von NPD und NSDAP." Stellungnahme und Synopse zur Frage der Wesensverwandtschaft von NPD und historischem Nationalsozialismus, **Anlage 2**, zusammenfassend S. 40. Ähnlich etwa *Gelberg*, Das Parteiverbotsverfahren nach Art. 21 Abs. 2 GG am Beispiel des NPD-Verbotsverfahrens, 2009, S. 254 ff.

IV. Politische Aktivität

Die dargestellte Ideologie der NPD bleibt keine Theorie, sondern wird vielfältig und aggressiv in die politische Praxis umgesetzt. In den beiden Landtagen, in denen die NPD vertreten ist (1.) [S. 82], auf kommunaler Ebene in den Gemeindevertretungen und in sonstigen kommunalen Institutionen (2.) [S. 87], „auf der Straße", d. h. in politischen Aktionen zwecks Werbung für die Partei – sei es durch Versammlungen, Aufmärsche, Kundgebungen oder in medialer Form (3.) [S. 91]. In diesem Zusammenhang erscheint auch die geringe Rechtstreue der Partei und ihres Führungspersonals von Bedeutung, die sich in weit überdurchschnittlich häufiger gerichtlicher Verurteilung auch jenseits von Propagandadelikten in konkreter Gewaltkriminalität äußert und – kondensiert – in der Kriminalstatistik dokumentiert (4.) [S. 95].

Die Aktivitäten der NPD werden seit Oktober 1997 von dieser selbst als ursprünglich „Dreisäulenstrategie" gekennzeichnet, die seit 2004 zur „Viersäulenstrategie" erweitert wurde. Das Positionspapier vom Oktober 1997 „Das strategische Konzept der NPD" beschreibt den Weg, auf dem die Partei ihre Ziele erreichen will:

„Die NPD will den Verfassungsstaat BRD zu einem freiheitlichen, demokratischen Rechtsstaat vervollkommnen, in dem neben der Wahrung der individuellen Menschenrechte auch die Existenzsicherung des deutschen Volkes und die Erhaltung seiner Lebensgrundlagen Verfassungsrang erhalten, und dem Staat eine dementsprechende Schutzfunktion für Volk und Land zugewiesen wird". Politische Ziele ließen sich nur über „operative Ziele im Zusammenhang mit dem Kampf um die politische Macht erreichen". Dies geschehe „in vielen Zwischenschritten, bei denen in Verbindung mit der Teilnahme an Wahlen entsprechende operative Etappenziele definiert werden". Zur Erreichung ihrer Ziele definiert die NPD für ihren politischen Kampf die drei strategischen Säulen
– Programmatik: Schlacht/Kampf um die Köpfe
– Massenmobilisierung: Schlacht/Kampf um die Straße
– Wahlteilnahme: Schlacht um die Wähler/Kampf um die Parlamente.
Zur Erläuterung dieser Punkte führt das Papier aus, die „ideenpolitische Arbeit" müsse „zu einem dynamischen Prozeß der Einbindung von Persönlichkeiten des Aufbaus von intellektuellen Netzwerken weit über Parteigrenzen hinaus werden". Alle Ideen und Begriffe müssten „hinsichtlich ihrer Wirkung auf die Massen immer wieder erprobt werden". *Udo Voigt* erklärt zum „Kampf um die Köpfe": „Der ... ‚Kampf um die Köpfe' wirkt sich in letzter Konsequenz auf jeder Ebene aus. Er führt beispielsweise dazu, daß Personen, denen die NPD bisher egal ist, eine gewisse Sympathie für die Ziele der NPD empfinden, wenn sie erst mit diesen vertraut gemacht werden." **Beleg 111 (Kategorie 1).**

Massenwirksamkeit könne angesichts geringen Spendenaufkommens nur durch die Mobilisierung der „Straße" erreicht werden. **Beleg 112.**

Auf einem Bundesparteitag wird dies wie folgt formuliert: „Der Kampf um die Straße führt u.a. gerade bei Jugendlichen dazu, sich wegen ihrer öffentlichen Aktivitäten an die NPD zu binden, sorgt aber auch im Rahmen des Kampfes um die Köpfe dafür, unsere Positionen zu verbreiten und vielfach die ‚Schweigespirale' zu durchbrechen!" **Beleg 111 (Kategorie 1),** *Udo Voigt.*

Die NPD habe keine Probleme, hier mit Skinheadgruppen zusammenzuarbeiten, wenn diese „sehr wertvollen jungen Menschen, die es für den Wiederaufbau der Volksgemeinschaft zu gewinnen gilt", bereit seien, „als politische Soldaten zu denken und zu handeln" **Beleg 112.**

Da der nationalen Opposition durch die Machthaber systematisch die Grund- und Parteienrechte verweigert und z. B. Versammlungen und Aufzüge der NPD verboten würden, sei die Wahlteilnahme schon deswegen zwingend erforderlich, da die Behörden während des Wahlkampfs ihre „rechtswidrigen Behinderungspraktiken" aufgrund der Gefahr von Wahlanfechtungen einschränken müssten. **Beleg 112.**

Auf dem Bundesparteitag Ende Oktober 2004 in Leinefelde/Thüringen wurde durch den seinerzeitigen Bundesvorsitzenden *Voigt* eine vierte „Säule" ergänzt, der „Kampf um den organisierten Willen". Darunter wird der „Versuch der Konzentration möglichst aller nationaler Kräfte" um die Macht verstanden. Dies führte sofort zu Absprachen mit dem damaligen DVU-Vorsitzenden *Frey*, bei den Landtagswahlen in Brandenburg und Sachsen nicht gegeneinander anzutreten. Ergebnis waren eine sechsköpfige DVU-Landtagsfraktion in Brandenburg, eine zwölfköpfige Landtagsfraktion der NPD in Sachsen.

> **Beleg 111 (Kategorie 1)**: Ansprache des Parteivorsitzenden auf dem Bundesparteitag 2004 – namentlich gekennzeichnet von *Udo Voigt* – Internetseite der Bundespartei http://npd.de, abgerufen am 2. November 2004.
>
> **Belege 113, 114 (Kategorie 1)**.

Das Gesamtkonzept soll einen Kampf um die „Köpfe" und die „Herzen" bewirken:

> „Nur eine Bewegung, die den Kampf um die Straße, um die Parlamente, um die Köpfe und vor allem um die Herzen unseres Volkes gleichermaßen führt, kann Deutschland aus den Ketten von Globalisierung und Kapitalismus befreien."
>
> **Beleg 115 (Kategorie 2)**: „Wir lassen uns nicht einschüchtern!", in: www.npd-mv.de vom 26. November 2012, abgerufen am 27. November 2012.

Das „Volksfrontkonzept" der NPD zielt vor allem auf die Einbindung des parteiunabhängigen neonazistischen Spektrums und dadurch auf die Entstehung einer „umfassenden nationalen Oppositionsbewegung", die – wie Äußerungen des NPD-Landesvorsitzenden NRW *Claus Cremer* zeigen – weit über die Teilnahme an Wahlen hinaus tätig werden soll:

> „Doch nicht nur der Zusammenschluss mit der DVU oder die kommenden Wahlen werden zeigen, wie der Weg des nationalen Widerstandes in Zukunft weiter geht. Dies wäre zu kurzfristig gedacht und ausschließlich auf den parlamentarischen Flügel ausgerichtet, was einer umfassenden nationalen Oppositionsbewegung nicht gerecht wird. Ebenso wichtig wie der Weg hin zur nationalen Einheitspartei ist auch die weitere Zusammenarbeit mit den parteiungebundenen Kräften und die Stärkung der diversen Vorfeldorganisationen, denn nur gemeinsam werden wir dazu in der Lage sein in den verschiedenen Lebensbereichen Akzente zu setzen."
>
> **Beleg 116 (Kategorie 1)**: Stellungnahme des NPD-Landesvorsitzenden NRW *Claus Cremer* vom 13. Dezember 2010 unter Titel „Historische Chance nutzen – Auf dem Weg zur nationalen Einheitspartei!"

Diese 2004 initiierte systematische Zusammenarbeit zwischen Partei und so genannten „Freien Nationalisten", die auf ideologischen Gemeinsamkeiten, übereinstimmenden politischen Zielen und persönlichen Kontakten basiert, ermöglicht der NPD ein deutlich höheres Wirkungs- und Mobilisierungspotenzial. „Freie Nationalisten" unterstützen die NPD bei der Betreuung von Infoständen, der Verteilung von Propagandamaterial sowie bei Wahlkampfaktivitäten. Hinzu kommen gemeinsame Demonstrationen, Konzertveranstaltungen oder gemeinsam genutzte Immobilien.

> Hierzu auch unten A IV 4 [S. 95].

Die unterschiedlichen Handlungsansätze führen jedoch im Verhältnis zwischen parteiorientierten und parteiunabhängigen Akteuren auch zu Spannungen. Verflechtungsgrad und Kooperationsintensität zwischen NPD und „Freien Kräften" weisen zudem im regionalen Vergleich bisweilen beachtliche Unterschiede auf und reichen von prinzipiell getrennten oder gar konkurrierenden Ansätzen bis hin zu einem symbiotischen, von einem einheitlichen Willen geprägten Vorgehen. Die grundsätzliche Zusammenarbeit mit neonazistischen Aktivisten außerhalb der Partei stellte die aktuelle NPD-Führung jedoch zu keinem Zeitpunkt in Frage.

> **Beleg 63 (Kategorie 1):** *Holger Apfel* zum Verhältnis zu Neonationalsozialisten.

Wie groß die ideologischen Schnittmengen und die übereinstimmenden politischen Zielvorstellungen sind, wurde auf dem Pressefest des NPD-Parteiorgans „Deutsche Stimme" 2011 deutlich. Bei der Vergabe des „Widerstandspreises der Deutschen Stimme" an drei Initiativen des „parteiungebundenen nationalen Lagers" beschwor der Laudator *Karl Richter*, stellvertretender NPD-Bundesvorsitzender und Chefredakteur der „Deutschen Stimme", nachdrücklich die Gemeinsamkeiten im politischen Kampf:

> „Und wir haben uns in diesem Jahr entschlossen, den Widerstandspreis der Deutschen Stimme an gleich drei Initiativen zu vergeben, [...], wohl wissend, dass es zwei Wege sind, den Widerstand für dieses Volk zu kämpfen, auf der einen Seite in den Reihen der Partei, auf der anderen Seite aber in parteiungebundenen Strukturen, wohl wissend, dass das zwei Herangehensweisen sind, zwei Seiten der gleichen Münze, zwei Schneiden der gleichen Klinge, aber unter dem Strich zählt, dass der Hieb, der mit dieser Klinge geführt wird, auch sitzt."
>
> **Beleg 117 (Kategorie 1):** *Karl Richter*, Redebeitrag auf dem Pressefest der „Deutschen Stimme" am 1./2. Juli 2011, Videobeitrag.

Dabei zielt die NPD darauf ab, die Freien Kameradschaften auch organisatorisch in die Partei einzubinden und sie unter anderem durch die Vergabe von Parteiposten an sich zu binden. Der NPD-Fraktionsvorsitzende Mecklenburg-Vorpommern *Udo Pastörs* äußert sich zur Zusammenarbeit wie folgt:

> „Für mich sind die freien Kameradschaften unabdingbarer Teil des gesamten nationalen Widerstandes. Es ist wichtig für die neue Parteiführung, den freien Strukturen klare Parteipositionen aufzuzeigen, die als Grundlage einer zukünftigen Zusammenarbeit gelten sollen. Das ist wichtig, damit die freien Strukturen wissen, woran sie sind. Freie Strukturen sind auch deshalb so wichtig, weil sie viel schneller und kreativer auf politische Ereignisse reagieren können, als ein doch viel schwerfälligerer Parteiapparat. Freie Strukturen funktionieren wie ein gesellschaftspolitisches Labor. Da wird viel ausprobiert, da ist viel Spontaneität, hohe Fluktuation der Mitglieder, als ein ‚freies Potential', auf das wir im Kampf gegen die sich verschärfende Ungerechtigkeit nicht verzichten wollen und können."
>
> **Beleg 118 (Kategorie 1):** *Udo Pastörs*, in: „Gemeinsam die Kampfgemeinschaft der NPD wieder auf klaren Kurs bringen", www.npd-mv.de vom 14. November 2011, eingesehen am 5. März 2012.

Gerade in Mecklenburg-Vorpommern sieht die NPD durch die enge Zusammenarbeit eine erfolgreiche „Propagandawirkung":

> „Ja, es ist richtig. Bei uns hier in Mecklenburg und Pommern funktioniert das Ganze geräuschlos nach Innen und mit großen Propagandawirkung, nicht nur bei Wahlkämpfen, auch nach Außen."
>
> **Beleg 118 (Kategorie 1):** *Udo Pastörs*, in: „Gemeinsam die Kampfgemeinschaft der NPD wieder auf klaren Kurs bringen", www.npd-mv.de vom 14. November 2011, eingesehen am 5. März 2012.

Das von *Holger Apfel* nach seiner Wahl zum NPD-Bundesvorsitzenden am 13. November 2011 verfolgte Konzept der „seriösen Radikalität" bedingt ausdrücklich keine Aufweichung der bisherigen verfassungsfeindlichen ideologischen Positionen und keinen prinzipiellen Kurswechsel im Hinblick auf die Zusammenarbeit mit „Freien Nationalisten". *Apfel* zielt vielmehr auf eine Modernisierung und Professionalisierung in der Außendarstellung der Partei. Durch eine stärkere Verschleierungstaktik will sich die Partei so die bürgerliche Mitte erschließen.

Vgl. **Beleg 119 (Kategorie 1):** *Holger Apfel*, „Seriöse Radikalität", in: „Deutsche Stimme" Nr. 11/11, November 2011, S. 12.

Beleg 120 (Kategorie 1): *Holger Apfel*, www.deutschlandecho.org vom 19. September 2011. „Für Träger einer Weltanschauung versteht es sich von selbst, daß es bei der ‚seriösen Radikalität' nicht um inhaltliche Anpassung und die Aufweichung unserer Grundsätze geht."

Auch die Verbindungen der NPD zu verbotenen neonazistischen Organisationen verdeutlichen die Verflechtung zwischen Partei und parteiunabhängigen Rechtsextremisten. Bei neun von zehn seit 1990 auf Bundesebene verbotenen rechtsextremistischen Vereinen bestehen Berührungspunkte zur NPD. Die Partei ist personell mit diesen Organisationen verschränkt und sprach mehreren von diesen im Zusammenhang mit dem Vollzug der Verbotsmaßnahmen öffentlich ihre Solidarität aus.

Anlage 13: Bezüge und Verbindungen von NPD/JN zu verbotenen rechtsextremistischen Organisationen.

Damit kann festgehalten werden, dass ein *konkretes Konzept der politischen Agitation* vorliegt, um die programmatischen Ziele der Partei, letztlich Beeinträchtigung und Beseitigung der freiheitlichen demokratischen Grundordnung, zu erreichen. Es soll den „nationalrevolutionären", „systemüberwindenden" Anspruch der Partei verwirklichen, der auf die Abschaffung der derzeitigen Grundordnung zielt.

Vgl. exemplarisch etwa:

Beleg 80 (Kategorie 2); *Holger Apfel* in einer Informationsbroschüre; **Beleg 94 (Kategorie 1);** *Matthias Heyder* auf dem Bundesparteitag am 5. Juni 2010; **Beleg 101 (Kategorie 1);** **Beleg 102 (Kategorie 1);** **Beleg 121 (Kategorie 1).** *Daniel Knebel* in einem Redebeitrag auf einer Demonstration am 1. Mai 2010 in Schweinfurt: „Wir sind keine Schwätzer und wir sind auch keine Reformatoren, wir sind ausschließlich und das mit voller Überzeugung, Revolutionäre. Wir wollen diesen Staat nicht ändern, wir wollen ihn abschaffen, wir wollen die Revolution, bringt dieses System endlich zu Fall, danke schön." **Beleg 122 (Kategorie 1).**

Das Konzept soll – wie ausdrücklich gesagt wird – dazu dienen, durch Widerstand auf revolutionärem Wege die derzeitige Grundordnung zu untergraben und eine „Alternative" aufzuzeigen. So formuliert etwa der damalige Bundesvorsitzende der Jugendorganisation JN der NPD:

„Wir müssen auf die Straße und diesen krisengebeutelten Staat immer dort hart treffen, wo es ihm besonders weh tut. Wir müssen die Glaubwürdigkeit der Herrschenden Tag für Tag mehr untergraben. Wir müssen mit aller Kraft ein überholtes und unfreies System aus der Verantwortung stoßen." **Beleg 123 (Kategorie 1);** *S.*, „Am Scheidepunkt", in: Der Aktivist, Ausgabe 01/10, S. 3. „Die einzige Lösung liegt im Widerstand. Einem Widerstand, der sein Ohr so nah wie möglich am Volk hat, der so gut und so professionell wie möglich organisiert ist und einem Widerstand, der eine glaubhafte Alternative zum derzeitigen scheindemokratischen System aufzeigen kann." **Beleg 124 (Kategorie 1).**

Ebenso befürwortet auch *Thorsten Heise*, damaliges Mitglied im NPD-Parteivorstand, am 10. April 2010 den „Untergang" der Bundesrepublik Deutschland:

> „Jeder von euch ist ein Sandkorn im Getriebe, in der Maschinerie dieses Besetzerregimes, das sich Bundesrepublik Deutschland nennt. Und eines Tages kommt sein Untergang! Und ihr seid der Sand, der dafür sorgt, dass es untergehen wird."
> **Beleg 125 (Kategorie 1):** Auf YouTube eingestellte Rede vom 10. April 2010 beim „1. Südwestdeutschen Kulturtag" der JN in Ludwigshafen.

1. Parlamentarische Aktivität (Landtage)

Obgleich die NPD den Parlamentarismus – wie oben unter III 2 [S. 68] gezeigt wurde – ablehnt, besitzt der „Kampf um die Parlamente" einen hohen Stellenwert. Durch Wahlerfolge und Parlamentsarbeit will die Partei ihre Bekanntheit steigern und Finanzmittel akquirieren. In den ostdeutschen Ländern wurde und wird mit beachtlichem materiellem Aufwand Wahlkampf betrieben. Für den Landtagswahlkampf Sachsen 2009 wurden zwischen 80.000 und 90.000 Plakate angebracht; der Spitzenkandidat *Holger Apfel* soll ein Kandidatenflugblatt mit einer Auflage von 250.000 Stück verteilt haben.

Belege 126, 127 (Kategorie 2).

Zurzeit werden 13 Landtagsmandate gehalten. Im kommunalen Bereich verfügte die NPD im November 2013 bundesweit über rund 330 Mandate in 15 Ländern.

Die parlamentarischen Äußerungen unterschieden sich in Inhalt und Gestus kaum von sonstigen öffentlichen Verlautbarungen und enthalten zahlreiche eindeutige Bekenntnisse zu den programmatischen Zielen der NPD:

– *Verachtung des demokratisch-parlamentarischen Systems*

> „Seit Jahrzehnten zeichnen Sie (die ‚Damen und Herren der Blockparteien') sich als besonders dienstbeflissen gegenüber fremden Herren aus, ganz so, wie es unter den US-amerikanischen oder sowjetischen Besatzern eingeübt wurde. Diese Dressur wurde verinnerlicht und gelangt heute zur Perfektion. Dank Ihres Deutschlandhasses fällt es Ihnen sicherlich nicht schwer, die Kutte des Volksvertreters immer dann abzulegen, wenn in wichtigen Entscheidungsprozessen über das zukünftige Wohl der eigenen Landsleute entschieden wird …. Sie haben sich stets in allen Systemen als willige Vollstrecker angebiedert und wollen auch weiterhin nicht darauf verzichten." *Tino Müller*, Protokoll Landtag Mecklenburg-Vorpommern, 5. Wahlperiode, 48. Sitzung am 24. September 2008, S. 109.

– *Antisemitismus*

> Der sächsische NPD-Fraktionsvorsitzende *Holger Apfel* bezeichnet in einer Rede in der von seiner Fraktion beantragten Debatte zum Thema „Keine Zusammenarbeit mit ‚Schurkenstaaten' – Sächsisch-israelische Partnerschaft beenden" Israel als „Schurkenstaat", als „jüdische[n] Terrorstaat" und spricht von „blühende[r] Holocaust-Industrie": „Doch bis heute leugnet Israel die blutigen Ursprünge seiner Existenz. Kein Wunder, gebärden sich doch die Juden seit 3.000 Jahren als Opfer der Weltgeschichte, während die eigene Rolle als Tätervolk verschwiegen wird."; Sächsischer Landtag, 5. Wahlperiode, Plenarprotokoll 5/18, S. 1519 ff. vom 15. Juni

2010. (Für antisemitische Äußerungen wurde – vom Sächsischen Verfassungsgerichtshof bestätigt – *Apfel* von Landtagssitzungen ausgeschlossen und musste von der Polizei abgeführt werden.).

In einer Sitzung kurz zuvor über den Bundeswehreinsatz in Afghanistan wiederum *Apfel*:

„Solche Aussagen, meine Damen und Herren, sind natürlich ganz im Sinne von Leuten, wie dem jüdischen Politoffizier der Bundeswehrhochschule in München, Prof. Michael Wolffsohn, der es gerne sieht, dass deutsche Soldaten für Israel am Hindukusch die Kastanien aus dem Feuer holen sollen. [...] Schämen Sie sich, meine Damen und Herren, dafür, dass Sie längst nicht mehr deutsche Interessen im Auge haben, sondern nur noch willfährige Büttel des Zentralrates der Juden sind!" Sächsischer Landtag, 5. Wahlperiode, Plenarprotokoll 5/14, S. 1089 vom 29. April 2010; **Beleg 128 (Kategorie 1)**.

In einer Debatte über die Beschneidung bezeichnete *Apfel* zunächst einen Appell des Vorsitzenden des Zentralrats der Juden in Deutschland *Dieter Graumann* als „frech", um dann auszuführen:

„Mit diesem miesen Spiel der jüdischen und islamischen Lobby in diesem Land muss endlich Schluss sein. Lassen Sie sich, meine Damen und Herren, nicht länger vor den Karren reaktionärer ewig gestriger Zentralräte spannen! Hängen Sie nicht länger am Rockzipfel der jüdischen und islamischen Lobby!" Sächsischer Landtag, Plenarprotokoll vom 18. Oktober 2012, S. 6564.

– *Verharmlosung bzw. Verherrlichung des Nationalsozialismus und seiner Verbrechen*

„Ausgleich von sogenanntem NS-Unrecht"; *Stefan Köster*, Protokoll Landtag Mecklenburg-Vorpommern, 5. Wahlperiode, 39. Sitzung am 16. Dezember 2011, S. 16.

„Die Dinge kündigen sich an, bevor es zum Unglück kommt. Die Saat des Zweiten Weltkrieges wurde in Versailles gelegt und auch die Ausschreitungen gegen Juden in Deutschland ..."; *Tino Müller*, Protokoll Landtag Mecklenburg-Vorpommern, 5. Wahlperiode, 56. Sitzung am 20. November 2008, S. 93.

„Sie wissen auch von den zahlreichen Friedensinitiativen der Reichsregierung, die allesamt hasserfüllt von den Westmächten zurückgewiesen wurden [...] Sie belügen unsere Jugend, weil Sie verschweigen, dass nicht das Deutsche Reich Großbritannien und Frankreich den Krieg erklärte, sondern die Engländer und Franzosen uns. Die Wahrheit tut manchmal weh, meine Damen und Herren von den Blockparteien, besonders wenn man die Lüge pflegt."; *Tino Müller*, Protokoll Landtag Mecklenburg-Vorpommern, 5. Wahlperiode, 93. Sitzung am 28. April 2010, S. 11.

Der Fraktionsvorsitzende der NPD im Sächsischen Landtag *Apfel* führt aus:

„Wenn Sie auch als Politiker den Schulterschluss mit dem kriminellen Bodensatz suchen, Massenmord als Befreiung anbieten und alliierte Kriegsverbrecher in geradezu pathologischer Devotheit als ruhmreiche Helden feiern mögen, wir werden uns das Recht nicht nehmen lassen, den Bombenholocaust von Dresden als das zu bezeichnen, was er war: ein einzigartiger Vernichtungsschlag gegen das deutsche Volk. [...] 66 Jahre nach Ende des Zweiten Weltkriegs muss endlich Schluss sein, dass unser Volk durch die Auschwitzkeule in die Knechtschaft getrieben wird. 66 Jahre nach Ende des Zweiten Weltkriegs ist es an der Zeit, das Büßerhemd und die Narrenkappe endlich auszuziehen. Der Fahrkartenschalter nach Canossa, meine Damen und Herren, sollte ein für allemal geschlossen sein." Sächsischer Landtag, 5. Wahlperiode, Plenarprotokoll 5/28, 19. Januar 2011, S. 2752 f.

Einer Gedenkminute für die Opfer des Nationalsozialismus im Landtag Mecklenburg-Vorpommern blieben NPD-Fraktionschef *Udo Pastörs* und die anderen NPD-Abgeordneten zu Beginn der Landtagssitzung am 30. Januar 2013 fern.

> **Beleg 129 (Kategorie 1):** „Schwerin: Landtag hebt Pastörs' Immunität auf", in: www.ndr.de vom 30. Januar 2013, abgerufen am 31. Januar 2013.

– *Fremdenfeindlichkeit, ausgehend vom Konzept des ethnischen Volksbegriffs*

Ein Antrag der NPD-Fraktion im Sächsischen Landtag „Strategiewechsel in der sächsischen Flüchtlings- und Asylpolitik – Rückkehrpflicht statt Aufenthaltsrecht" am 17. Dezember 2010 wurde vom Fraktionsvorsitzenden *Apfel* wie folgt erläutert:

> „Machen Sie endlich deutlich, dass Schluss mit der Liberalisierungswelle in der Ausländerpolitik ist. Stimmen Sie zu, schließen Sie die Einfallstore für muslimische Bombenleger, kriminelle Zigeunerbanden und Sozialschmarotzer aus aller Welt."; Sächsischer Landtag, 5. Wahlperiode, Plenarprotokoll 5/27, S. 2657.

> „Während ein guter Teil der GRÜNEN beispielsweise die deutsche Nation oder das deutsche Volk für eine Konstruktion hält, betreiben Sie hier in diesem Antrag geradezu ethnologische Differenzierungsverrenkungen, um diesen Haufen ungebetener Gäste in seiner feinsten Stammesverästelung aufzudröseln, als wäre es nicht schon genug des nur uns Deutschen aufgezwungenen Sprachterrorismus, dass wir Zigeuner nicht mehr beim Namen nennen dürfen, sondern als Roma bezeichnen sollen. [...] Das ist einer der vielen Versuche der Asyllobby, die hiesige Gesetzgebung zu unterlaufen und eine Einladung an die Zigeuner, es sich hier ein paar Monate auf Kosten der Deutschen gutgehen zu lassen. [...] Denn die im Hotel ‚Zum Kronprinzen' untergebrachten Sozialschmarotzer werden ihren Leuten die Netzseite ab-in-den-urlaub.de zumailen, wo das herrliche Plüschzimmer des Hotels ‚Zum Kronprinzen' angepriesen wird, wahrlich eines Königs der Zigeuner würdig." *Andreas Storr*, Protokoll des Landtags Sachsen, 5. Wahlperiode, 69. Sitzung am 30. Januar 2013, S. 7194 f.

Am 4. Februar 2013 stellte die NPD-Fraktion in Dresden eine Kleine Anfrage an die Staatsregierung zu dem Thema „Ehegattennachzug und Verwandtenheiraten bei ‚Migranten' im Freistaat Sachsen"; DrS 5/11244 vom 4. Februar 2013.

Die zweite Frage lautet:

> „In welchem Umfang wurden im Zeitraum von 2002 bis 2012 im Freistaat Sachsen bei Ehen zwischen Verwandten bei ‚Migranten' Kinder mit Behinderungen geboren? (Bitte pro Jahr nach Landkreisen und Kreisfreien Städten auflisten.)"

Zur Erläuterung wird ausgeführt:

> „In Duisburg wird mittlerweile jede fünfte Ehe zwischen Verwandten geschlossen. Ähnliche Vorgänge sind in Berlin-Neukölln zu beobachten, wo immer mehr Kinder aus inzestuösen Beziehungen von ‚Migranten' mit Behinderungen geboren werden."

Parlamentarische Anträge und *Initiativen* ergänzen die Redebeiträge. Die NPD-Landtagsfraktion in Mecklenburg-Vorpommern brachte 2008 einen Antrag „Antigermanismus bekämpfen" in das Landesparlament ein, in dem u. a. die These vertreten wurde, die Kriegserklärung des Jüdischen Weltkongresses 1933 und die Ermordung des deutschen Legationsrats *Ernst von Rath* 1938 einschließlich der Ausschreitungen der Reichspogromnacht hingen kausal zusammen. Der Antrag musste um antisemitische Passagen auf Aufforderung der Landtagsverwaltung bereinigt werden.

> Antrag der Fraktion der NPD, Antigermanismus bekämpfen, DrS 5/1961 vom 5. November 2008.

Die Fraktion in Dresden brachte einen Antrag auf Ergänzung der Sächsischen Landesverfassung bzw. des Grundgesetzes um sog. Minarettverbote ein.

> Erläuterung durch *Holger Apfel*, Sächsischer Landtag, 5. Wahlperiode, Plenarprotokoll 5/12, S: 897 f. am 31. März 2010;
>
> zu ähnlichen Plänen in Mecklenburg-Vorpommern: **Beleg 130 (Kategorie 1):** Artikel in: „Der Ordnungsruf", Ausgabe 13/2012, S. 4.

Bemerkenswert ist die sehr *hohe Anzahl an Ordnungsrufen* und sonstigen parlamentarischen Maßnahmen gegen Redner und Abgeordnete der NPD. Im 4. Sächsischen Landtag wurden gegen Abgeordnete der NPD-Fraktion 58 von insgesamt 64 parlamentarische Ordnungsmaßnahmen oder sonstige Maßnahmen der Sitzungsleitung verhängt. Im laufenden 5. Sächsischen Landtag wurde bisher die Zahl 88 von insgesamt 89 erreicht. In Mecklenburg-Vorpommern ergibt sich für die 6. Wahlperiode folgende Statistik:

	NPD	übrige Parteien
Ordnungsrufe	129	10
Wortentziehungen	21	–
Ausschlüsse von Sitzungen	9	–
Sachrufe	6	2
Anzahl der Zurückweisung unparlamentarischer Äußerungen	22	4

Das übersteigt jeweils den Durchschnitt, das parlamentarisch Übliche sehr deutlich. Man kann ohne Übertreibung sagen, dass sich die parlamentarischen Ordnungsmaßnahmen der Sitzungspolizei der beiden Landtage, in denen die NPD vertreten ist, im Wesentlichen mit den Abgeordneten dieser Partei befassen.

> **Anlage 12**: Übersicht über parlamentarische Ordnungsmaßnahmen gegen NPD-Abgeordnete in den Landtagen Mecklenburg-Vorpommern und Sachsen.

Exemplarisch für *bewusste Provokationen* sei das Verhalten der NPD-Fraktion im Sächsischen Landtag beim Antrittsbesuch von Bundespräsident *Wulff* am 1. September 2010 im Landtag dokumentiert:

> Im Sinne eines kalkulierten Eklats hielten die NPD-Abgeordneten während der Rede des Bundespräsidenten Plakate mit der Aufschrift hoch „Alle wissen: Sarrazin hat Recht"; die Aktion wurde von der Partei im Internet später wie folgt gedeutet: Der Vorsitzende *Apfel* erläutert, er habe einen „Abstecher in diese parlamentarische Schwatzbude" unternommen, um *Wulffs* Rede zu hören: „Christian Wulff, das ist der Mann, der als Ministerpräsident in Nie-

dersachsen mit seiner türkischstämmigen Sozialministerin wie kaum ein anderer für den Integrationswahnsinn, für die Überfremdung dieser bunten Republik Deutschland steht, einer Republik, ja, wo man sagen muss, eine Republik, die sich immer mehr zu einer multikriminellen Vielvölkerstaatenvereinigung entwickelt. [...] wir brauchen heute in Deutschland keine Diskussion über eine bessere Integration der hier lebenden Ausländer, was wir brauchen ist eine Diskussion, wie wir konsequent dafür sorgen können, dass die in Deutschland lebenden Ausländer eines Tages in ihre Heimat zurückgeführt werden können." **Beleg 131 (Kategorie 1)**; der Abgeordnete *Jürgen Gansel* legt in einem Internet-Beitrag nach: „Christian Wulff – Oberster Repräsentant einer Anti-Elite"; **Beleg 132 (Kategorie 1)**: „Diese Negativauslese der Persönlichkeits- und Charakterlosen, die der Rechtsintellektuelle Edgar Julius Jung 1927 als ‚Herrschaft der Minderwertigen' charakterisierte, gehört zum Parlamentarismus wie die Ausbeutung zum Kapitalismus. Arthur Moeller van den Bruck formulierte mit Blick auf das Polit-Personal der Weimarer Republik sehr treffend: ‚Revolution und Republik haben kein Genie hervorgebracht, sondern Kompromißler: Geduldmenschen, nicht Tatmenschen; Gestoßene, nicht Stoßende; Langmut, nicht Wagemut; Gehenlassen, nicht Inangriffnahme – und niemals Schöpfung.'"

Im Landtag in Schwerin bezeichnete der NPD-Fraktionsvorsitzende *Udo Pastörs* in einer Landtagssitzung am 28. Januar 2010 die Vernichtung des jüdischen Bolschewismus in einem Zwischenruf als „gute Idee".

Plenarprotokoll 5/88 vom 28. Januar 2010, S. 75 und 78.

Dies führte zu einer strafrechtlichen Verurteilung.

Beleg 133 (Kategorie 1).

Als der Landtag von Mecklenburg-Vorpommern der Mordopfer der rechtsextremistischen NSU-Terrorzelle gedenken wollte, verließ die NPD-Fraktion demonstrativ den Plenarsaal, kurz bevor sich die Abgeordneten im Schweriner Schloss von ihren Stühlen erhoben.

Beleg 134 (Kategorie 1): namentlich nicht gekennzeichnete dpa-Meldung; ähnlich bei einer Gedenkminute für die Opfer des Nationalsozialismus, **Beleg 135 (Kategorie 1)**.

Insgesamt kann ein höchst *aggressives, sprachverrohendes parlamentarisches Verhalten* festgestellt werden, das wiederum nicht mit parlamentarischen Gepflogenheiten erklärt oder gar gerechtfertigt werden kann und für das – wiederum exemplarisch – einige Schlagwörter zusammengestellt seien:

„Bonzokraten" und „Palaverbude"; *Udo Pastörs*, Protokoll Landtag Mecklenburg-Vorpommern, 5. Wahlperiode, 54. Sitzung am 23. Oktober 2008, S. 58.

„Datenschutzbeauftragter als Pausenclown"; „Orgelparteien"; *Michael Andrejewski*, Protokoll Landtag Mecklenburg-Vorpommern, 5. Wahlperiode, 60. Sitzung am 20. Januar 2009, S. 82.

„In der mitteleuropäischen Bundesrepublik, zur Zeit noch Deutschland genannt, regieren Tanten und Tunten."; *Raimund Borrmann*, Protokoll Landtag Mecklenburg-Vorpommern, 5. Wahlperiode, 81. Sitzung am 18. November 2009, S. 97.

„kriminelles Handeln der Landesparlamentarier aufseiten der Blockparteien"; „Stimmvieh auf Befehl der EU-Kommissare"; *Udo Pastörs*, Protokoll Landtag Mecklenburg-Vorpommern, 5. Wahlperiode, 96. Sitzung am 9. Juni 2010, S. 39.

„Als Schutzherrin für Kinderschänder könnte man auch das Justizministerium von Mecklenburg-Vorpommern unter der Führung von Frau Kuder bezeichnen."; *Tino Müller*, Protokoll Landtag Mecklenburg-Vorpommern, 5. Wahlperiode, 103. Sitzung am 16. September 2010, S. 35.

„Ihr mieser Asozialenstaat"; *Michael Andrejewski*, Protokoll Landtag Mecklenburg-Vorpommern, 5. Wahlperiode, 109. Sitzung am 19 November 2010, S. 34.

„einseitiger Schuldkult"; „Betroffenheitstheater"; „Auschwitzprojektion"; *Udo Pastörs*, Protokoll Landtag Mecklenburg-Vorpommern, 5. Wahlperiode, 88. Sitzung am 28. Januar 2010.

„Sie sind es, die an der Stelle einer gewachsenen Volksgemeinschaft ein Konglomerat ethnokultureller Kastraten setzen wollen ..." *Michael Andrejewski*, Protokoll Landtag Mecklenburg-Vorpommern, 5. Wahlperiode, 96. Sitzung am 9. Juni 2010, S. 85.

„Auschwitzkeule"; *Udo Pastörs*, Protokoll Landtag Mecklenburg-Vorpommern, 5. Wahlperiode, 61. Sitzung am 29. Januar 2009, S. 48.

„Finanzmafia als Volksschädlinge"; *Udo Pastörs*, Protokoll Landtag Mecklenburg-Vorpommern, 5. Wahlperiode, 54. Sitzung am 23. Oktober 2008, S. 61.

„Das alles ist aus unserer Sicht nämlich weit weniger entwicklungsbeeinträchtigend als die mediale Dauerberieselung mit Schwulenhochzeiten, lesbischen Kinderadoptionen, transsexuellem Körperumbau und Geschichtspornografie in Gestalt von Holocaust-Gedenkritualen und anderen Formen des Nationalmasochismus." *Jürgen Gansel*, Protokoll des Landtags Sachsen, 5. Wahlperiode, 76. Sitzung am 15. Mai 2013, S. 7886.

Auf eine parlamentarische Anfrage der Fraktion der GRÜNEN im sächsischen Landtag fordert *Jürgen Gansel*: „Hören Sie auf mit der Verschwuchtelung des sächsischen Parlamentarismus!"; gleichgeschlechtliche Beziehungen werden als „Panne der Humanevolution" bezeichnet. Protokoll des Landtags Sachsen, 5. Wahlperiode, 37. Sitzung am 26. Mai 2011, S. 3595 f.

Im Zusammenhang mit dem Rücktritt von Bundespräsident *Wulff* äußert *Jürgen Gansel*, dass „die Deutschen heutzutage von Abschaum regiert werden"; Protokoll des Sächsischen Landtags, 5. Wahlperiode, 52. Sitzung, 8. März 2012, S. 5144.

2. Kommunale Ebene

Auf kommunaler Ebene sind zwei Typen von Aktivitäten der NPD zu unterscheiden: Das kommunalpolitische Engagement durch kommunale Mandatsträger einerseits (a) [S. 87], die konkrete politische Arbeit „vor Ort" im Sinne einer „Graswurzelbewegung", als „Kümmerer vor Ort", in Vereinen, Nachbarschaften und ähnlichen sozialen Zusammenhängen andererseits (b) [S. 88].

a) Kommunale Mandate

Wie bereits erwähnt, unterhält die Partei – verteilt auf rund 280 Mandatsträger – rund 330 Mandate in kommunalen Vertretungskörperschaften. Gut ein Viertel davon entfallen auf die alten Länder. Im strategischen Konzept der NPD reihen sich diese kommunalpolitischen Aktivitäten als „Kampf um die Parlamente" in die oben beschriebene „Vier-Säulen-Strategie" ein.

Oben IV vor 1 [S. 82].

Mit der kommunalpolitischen Präsenz werden vor allem folgende Ziele verfolgt:

- Vorbereitung auf den Einzug in Parlamente
- Streben nach Insiderwissen
- Gemeindevertretungen als „Kaderschmieden"
- Möglichkeit der Darstellung kommunalpolitischer Leistungen.

Matthias Heyder auf dem Bundesparteitag der NPD am 5. Juni 2010:

> „Wir haben jetzt kommunale Mandatsträger, die in den Gemeindevertretungen sitzen, in den Kreistagen, die dort Stimme und Gesicht der NPD sind .... Wir müssen jetzt den Schritt gehen, aus den Erfahrungen mit der Kommunalpolitik in den Landtag reinzukommen, Landespolitik zu machen. Das ist ein logischer Schritt, den wir lange vorbereitet haben, seit mehreren Jahren schon, indem wir gesagt haben, wir machen halt den Unterbau, kommunalpolitische Erfahrung. Aus diesem Grunde haben wir auch auf den Landeslistenparteitag auf den Listenplätzen 1 bis 9 immerhin 8 kommunale Mandatsträger gewählt, also Leute, die Erfahrung haben, die in den Parlamenten sind, die wöchentlich praktisch in den Ausschüssen sind. Das wird gut. Die haben die Erfahrung, dass auch in der Landtagsarbeit zu machen." **Beleg 94 (Kategorie 1)**.

Und *Frank Franz*:

> „Provokation ist ein legitimes Mittel. Doch darf es nicht Ausrede dafür sein, auch grundlegende Arbeit zu leisten. Besser ist es, die Zeit sinnvoll zu nutzen und die Abläufe in den Verwaltungen zu verstehen. Einblicke in die Funktionsweisen des Staates zu gewinnen. Sich in Dingen zu üben, mit denen man die politische Konkurrenz in den Parlamenten angreifen und auch schlagen kann. Und zwar so, daß die Sachkompetenz vor der Polemik steht .... Selbstredend darf man sich nicht im Mahlwerk des Parlamentarismus verlieren und dabei die viel wichtigere Arbeit am Bürger vernachlässigen. Sinn und Unsinn dieses Parlamentarismus ist aber ein anderes Thema." **Beleg 136 (Kategorie 1)**.

Zu den unterschiedlichen Verhaltensweisen und Strategien bei der Mandatsausübung kann wiederum auf sozialwissenschaftliche Erkenntnisse zurückgegriffen werden.

> *Dierk Borstel*, Rechtsextremismus in Mecklenburg-Vorpommern – unter besonderer Berücksichtigung der NPD, 2013, S. 23 ff., **Anlage 3**.

Neben dem Auftreten in den Vertretungskörperschaften ist die sog. *Wortergreifungsstrategie* von zentraler Bedeutung für die Bewertung der kommunalen Tätigkeiten der NPD: Durch gezieltes Eingreifen geschulter Aktivisten werden politische Veranstaltungen der anderen Parteien zu eigenen Zwecken umfunktioniert. Der politische Gegner wird eingeschüchtert, bloßgestellt, lächerlich gemacht – bis hin zu tätlichen Angriffen.

> Belege 137, 138, 139 (Kategorie 1); Beleg 140 (Kategorie 2).

b) Schleichende Infiltrierung der Gesellschaft vor Ort („Graswurzelpolitik")

Die politische Aktivität der NPD äußert sich in besonderem Maße in der legalen und vermeintlich harmlosen sogenannten Graswurzelpolitik. Sie strebt danach, die Partei in der „Mitte des Volkes" Fuß fassen zu lassen und sich über die Präsenz der NPD auf lokaler Ebene, die Besetzung bürgernaher Themenfelder und die Anwendung geeigneter

Aktionsformen den Weg zu Wahlerfolgen zu ebnen. Immer wieder sprechen Funktionäre der Partei davon, sich als örtliche „Kümmerer" zu präsentieren und dadurch eine Gegenöffentlichkeit zu etablieren, um eine schleichende Infiltration der Gesellschaft durch eine vermeintliche Normalisierung zu erreichen.

Dierk Borstel, Rechtsextremismus in Mecklenburg-Vorpommern – unter besonderer Berücksichtigung der NPD, 2013, S. 28 ff., **Anlage 3** (im Zusammengreifen mit der „Raumordnungsstrategie"); *Marc Brandstetter*, Die „neue" NPD zwischen Systemfeindschaft und bürgerlicher Fassade, Konrad-Adenauer-Stiftung, Parteienmonitor aktuell, 2013, S. 16, 17 ff. und öfter.

Das ist schon deshalb von Belang, weil dieses Verhalten wiederum instrumentell zur Verfolgung der verfassungsfeindlichen Ziele eingesetzt wird, wie in einer Äußerung des Parteivorsitzenden deutlich wird:

„Nach außen hin müssen wir unser Image als ‚Kümmererpartei' wesentlich stärker in den Vordergrund stellen. Wir müssen stärker Gegenöffentlichkeit betreiben. Wir müssen nicht nur jammern darüber, dass die Medien in Klischees von uns zeichnen, sondern wir müssen den direkten Weg mit den Menschen suchen und das auch außerhalb von Wahlkämpfen. Das gilt vor allem auch gerade im Bereich des Weltnetzes [gemeint ist das Internet; C. M. und C. W.], der verstärkten Einbringung in die sozialen Netzwerke, Schaffung von Gegenöffentlichkeit mit regionalen Zeitungsprojekten wie in Mecklenburg, in Pommern, in Thüringen, in Sachsen, wo wir in hohen Auflagen kostenlos und regelmäßig die Menschen mit regionalen Themen informieren, aufklären, Überzeugungsarbeit leisten. Hier gilt es, wirklich Graswurzelarbeit zu betreiben, um die Herzen der Menschen zu erobern." **Beleg 141 (Kategorie 1):** *Holger Apfel*, Videobotschaft vom Oktober 2011.

Und in einer NPD-Broschüre „Der Landesverband Sachsen stellt sich vor" heißt es:

„Nur vertrauensbildende Maßnahmen vor Ort, persönliche Ansprache und Engagement, sei es im Ehrenamt oder in der Kommunalpolitik, vermochten die undemokratischen Ausgrenzungsstrategien ‚gegen Rechts' zu unterlaufen. [...] Der nationale Kommunalpolitiker hat daher die Aufgabe, konkrete Verbesserungsmöglichkeiten und Erleichterungen für den Bürger vor Ort aufzuzeigen, darf dabei jedoch das ‚große Ganze' nie aus den Augen verlieren." **Beleg 142 (Kategorie 2).**

Die Partei stellt sich als „Anwalt" und „Schutzmacht der kleinen Leute" dar und greift entsprechende Themen – wiederum, wie nachgewiesen werden kann, instrumentell – auf:

„Die Wählerebene. Hier sollte möglichst wenig von Weltanschauung geredet, sondern einfache und klare Ziele formuliert werden. Es muß begriffen werden, daß uns kein Bürger wählt, weil wir die richtige Weltanschauung haben, sondern weil wir eine wirkliche Alternative zum bestehenden System entwickeln, welche aus unserer inneren Haltung und Weltanschauung zwar folgerichtig ist, so jedoch nicht dem Wähler dargestellt werden kann. Der Wähler strebt nach persönlicher Absicherung, eigenem Nutzen, persönlichen Vorteilen für sich und seine Familie und ist nicht auf der Suche nach Verkündern der ‚reinen Lehre' weltanschaulicher Grundlagen." *Udo Voigt*; **Beleg 143 (Kategorie 1).** *Ders.:* „Wir sollten in Zukunft mehr Türöffner-Themen besetzen, welche die Bürger tagtäglich beschäftigen, sei es innere Sicherheit, Kindesmißbrauch, Rente mit 67, Hartz IV usw."; **Beleg 143 (Kategorie 1).** „Kinderschutzkampagnen" – **Beleg 144 (Kategorie 2)** – und „Hartz-IV-Beratung" – **Beleg 145 (Kategorie 2)** – sind Anwendungsfälle. Auch Initiativen unter der Bezeichnung „Bürgerinitiative" sind hier einzuordnen; **Belege 146, 147, 148 (Kategorie 2); Belege 149, 150, 151, 152, 153 (Kategorie 1).**

Deutlich auch *Jürgen Gansel* in einem Beitrag für die „Deutsche Stimme", in der er die Möglichkeiten lokaler Facebook-Mobilisierung analysiert:

> „Neben einem anschlußfähigen Thema ist die Wahrnehmbarkeit der NPD durch Verteilaktionen, Veranstaltungen, aktive Pressearbeit und Facebook-Aktivitäten unerläßlich, um als berechenbarer politischer Faktor empfunden zu werden. Politik wird in erster Linie durch Personen vermittelt. Deshalb sind alle vernünftig auftretenden Nationalisten aufgefordert, sich in Sportvereinen, Elternvertretungen, Mietervereinen und Feuerwehren zu engagieren und sich darüber hinaus in Kneipen, Diskotheken und auf Stadtfesten zu zeigen." **Beleg 54 (Kategorie 1)**

Als spezielle Veranstaltungsformen in dieser Hinsicht können beobachtet werden:

- Kinderfeste: „Unsere Kinderfeste bringen die Herrschenden ins Schwitzen und die Kinder und Eltern zum Lachen."

  Beleg 154 (Kategorie 1); Belege 155, 156 (Kategorie 2); Belege 157, 158, 159 (Kategorie 1).

- Infiltration der örtlichen Vereinsszene:

  Belege 160, 161 (Kategorie 1), 162 (Kategorie 2), 163 (Kategorie 1); Belege 164, 165, 166, 167 (Kategorie 2).

gezielte Übernahme öffentlicher Ämter und Aufgaben: am Beispiel v. a. des Schöffenamtes (**Beleg 168 (Kategorie 1); Beleg 169 (Kategorie 2);** drei NPD-Schöffen in Sachsen, **Beleg 170 (Kategorie 1)**), um politische Positionen auch in der Rechtsprechung einzubringen bzw. durchzusetzen, und als freiwilliger Interviewer beim „Zensus 2011" (**Beleg 171 (Kategorie 2); Belege 172, 173 (Kategorie 1)**), um Informationen für die „nationaldemokratische ‚Marktforschung'" zwecks idealer „Wähleransprache" zu erhalten.

Teilweise wird die Bildung von „Bürgerwehren" angestrebt: In Brandenburg und Bayern sollen sog. Bürgerwehren fremdenfeindliche Agitationsmuster mit der Intention den Bürgern gegenüber als hilfsbereite, aber auch entschlossene Alternative zu erscheinen, während der Staat in Untätigkeit verharre, verknüpft werden. Zwei Beispiele für derartige Versuche seien herausgegriffen:

Im Oktober 2010 berichtet der NPD-Kreisverband Märkisch-Oderland:

> „Wie in der Gemeinde bereits am Vorabend per Flugblatt angekündigt, ging eine Gruppe Nationaler Aktivisten in der Nacht von vergangenem Sonnabend zu Sonntag in Prötzel durch den Ort, um dort nach dem Rechten zu sehen. [...] Der NPD-Kreisverband Märkisch-Oderland hat mit praktischer Hilfe reagiert. Anders als die Möchtegernpolitiker der etablierten Parteien. [...] Künftig werden wir weiterhin in verschiedenen Nächten patroullieren und so weiterhin für die Sicherheit der Prötzeler sorgen." **Beleg 174 (Kategorie 2).**

Im Sommer 2009 wurden Aktivitäten der „Nationalen Sicherheitswacht Nürnberg" bekannt:

> „Am Freitag, den 12.06.2009 gab es eine erneute Begehung der Nationalen Sicherheitswacht Nürnberg, die regelmäßig in Park- und Wohnanlagen Streife läuft und dabei selbstverständlich auch den direkten Kontakt zur Bevölkerung sucht. So kann den Nürnberger Bürgern endlich wieder ein stärkeres Sicherheitsgefühl in ihrer Gegend gegeben werden, wofür vor allem ältere Mitbürger sehr dankbar sind. Die Nationale Sicherheitswacht Nürnberg setzt sich

aus Mitgliedern der NPD Nürnberg, der Bürgerinitiative Ausländerstopp und der Freien Nationalisten Nürnberg zusammen." **Beleg 175 (Kategorie 2)**.

An anderer Stelle wird unter Missachtung des staatlichen Gewaltmonopols zur Bildung von Bürgerwehren aufgerufen.

H. auf einer NPD-Kundgebung in Kirchhardt, Baden-Württemberg am 20. Oktober 2012; **Beleg 100 (Kategorie 1)**.

Zudem zielt die NPD darauf ab, mit eigenen kostenlosen Zeitungen die bisherigen Regionalzeitungen zu ersetzen. So bemerkt etwa der NPD-Landesverband Mecklenburg-Vorpommern im Juli 2010 auf seiner Homepage, dass „viele Zeitgenossen [...] die Tageszeitung auch aus wirtschaftlich-sozialen Gründen" abbestellen. Da die meisten Menschen an Informationen dennoch interessiert seien, tue sich für den „Nationalen Widerstand" eine „gar nicht hoch genug einzuschätzende Möglichkeit" auf, in die offensichtlich vorhandenen Lücken mit eigenen kostenlos verfügbaren Regionalblättern vorzustoßen.

Beleg 176 (Kategorie 2): „Mit Zeitungsprojekten rein in die Lücken", www.npd-mv.de vom 8. Juli 2010.

Dementsprechend verteilt die rechtsextremistische Szene des Landes Mecklenburg-Vorpommern die ursprünglich aus dem neonazistischen Kameradschaftsspektrum stammenden „Boten" großflächig. Die vorhandenen „Boten" (Meckelbörger für Ludwigslust-Parchim, für Schwerin, für Wismar und Nordwestmecklenburg, Anklamer, Demminer, Greifswalder, Insel, Lassaner, Rostocker, Stralsunder, Strelitzer, Uecker-Randow, Müritzer) werden presserechtlich häufig von NPD-Funktionären verantwortet und enthalten dementsprechend Berichte über Aktivitäten der Partei. Über diese Boten hinaus vertreibt die NPD gerade in Mecklenburg-Vorpommern weitere Publikationen, wie etwa „Der Ordnungsruf" der NPD-Landtagsfraktion, „Weiterdenken" des NPD-Landesverbandes sowie mehrere Publikationen mit dem Titel „Kurz & Knapp", die „Nachrichten" der NPD aus Gemeindevertretungen enthalten.

Vgl. dazu die Übersicht **Anlage 10**.

Dies alles kann – wie sozialwissenschaftlich nachgewiesen ist – zu einer Marginalisierung der Gegner des Rechtsextremismus vor Ort führen. Insbesondere, wenn sich „angesehene" Bürger vor Ort für die NPD zur Verfügung stellen und einsetzen, kann es für deren Gegner in kleinräumigen sozialen Beziehungsgeflechten schwierig werden, sich kritisch zu äußern.

Dierk Borstel, Rechtsextremismus in Mecklenburg-Vorpommern – unter besonderer Berücksichtigung der NPD, 2013, S. 42 ff., **Anlage 3** (Entstehung von „Angstkulturen").

3. Aktivitäten „auf der Straße" – rechtsextremistische „Raumordnung"

Eine spezifische Strategie des politischen Handelns von NPD-Kadern besteht etwa in Mecklenburg-Vorpommern darin, rechtsextremistische Enklaven durch Aufkauf benachbarter Immobilien und Zuzug von Personen aus dem gesamten rechtsextremistischen Milieu, d. h. durch eine bewusste Verzahnung von partei- und bewegungsförmigem Extremismus zu bilden. Für die Räume Lübtheen und Anklam ist dies sozialwissenschaftlich analysiert worden. Die beschriebenen Entwicklungen finden in den westlichen Bundesländern – soweit ersichtlich – keine Parallelen.

> Näher *Dierk Borstel*, Rechtsextremismus in Mecklenburg-Vorpommern unter besonderer Berücksichtigung der NPD, 2013, S. 18 ff., **Anlage 3**.

Das steigert sich zur sog. rechtsextremistischen Raumordnungsbewegung. Der Sozialwissenschaftler *Wilhelm Heitmeyer* (1996 bis 2013 Direktor des Instituts für interdisziplinäre Konflikt- und Gewaltforschung an der Universität Bielefeld) hat dies als „sozialräumliche Machtversuche des ostdeutschen Rechtsextremismus" bezeichnet.

> *Wilhelm Heitmeyer*, Sozialräumliche Machtversuche des ostdeutschen Rechtsextremismus. Zum Problem unzureichender politischer Gegenöffentlichkeit in Städten und Kommunen, in: Kalb/Sitte/Petry (Hrsg.), Rechtsextremistische Jugendliche – was tun? 1999, S. 47 ff.

Es geht um die Erringung kultureller Hegemonie in abgegrenzten Sozialräumen als Basis für spätere politische Erfolge:

> „In ihnen soll einerseits die Idee des Rechtsextremismus als Alltags- und Gesellschaftsform vorgelebt werden. Andererseits richtet sich die Idee auch explizit gegen all jene Gruppen, die sich wahlweise gegen Rechtsextremismus engagieren oder per se im Sinne der völkischen Ideologie in Deutschland nicht bleiben dürfen. Es ist somit ein ambivalentes System aus Maßnahmen der Integration nach innen und der Ausgrenzung vermeintlicher Feinde bzw. all jener Gruppen, wie z. B. Migranten, Obdachlose oder Behinderte, denen die Rechtsextremisten ein Recht auf Leben in Deutschland absprechen. Ein zentraler Aspekt der Raumordnungsbewegung ist der Erwerb privater und damit verbotsfester Immobilien als gesicherte Ausgangsbasis einer nachhaltigen Raumordnungsbewegung." *Dierk Borstel*, Rechtsextremismus in Mecklenburg-Vorpommern unter besonderer Berücksichtigung der NPD, 2013, S. 28. Ebd., S. 29 Beispiele der Ausführung dieses Konzepts, **Anlage 3**.

Damit trifft sich das *Konzept „national befreiter Zonen"* aus der nationalrevolutionären Studentenszene der 1990er Jahre:

> „Die Strategie sieht dabei eine Konzentration des nationalrevolutionären Engagements auf das unmittelbare soziale Umfeld der rechtsextremen Gruppe vor. Systematisch sollten soziale Orte im Alltag dominiert und so ‚erobert' werden. Der Staat sollte über eine nationalrevolutionäre Graswurzelrevolution von unten unterhöhlt und später erobert werden." *Dierk Borstel*, Rechtsextremismus in Mecklenburg-Vorpommern unter besonderer Berücksichtigung der NPD, 2013, S. 30, **Anlage 3**.

H., der zusammen mit W. 2007 in Anklam eine Immobilie zum Aufbau eines nationalen Begegnungszentrums erwarb und zum rechtsextremistischen Treffpunkt ausbaute, erläutert das Konzept in einem Interview mit der „Deutschen Stimme" so:

> „National befreite Zonen und Gebiete müssen daher in ihrer bereits bestehenden Infrastruktur fortwährend ausgebaut, gestärkt und gefestigt werden. [...] Die im Aufbau befindliche öffentliche Volksbücherei steht in der Tradition mit den erklärten Zielen der ‚Initiative für Volksaufklärung e. V.' (damaliger Name: ‚Der Insel Bote') und wird auch von dem Verein getragen und geleitet. Die Verbreitung und Veröffentlichung unabhängiger, freier Nachrichten und Informationen ist die Kernaufgabe des Vereins. Um die Arbeit im Bereich Volksaufklärung weiter auszubauen und dem Lügenkartell der BRD-Meinungsindustrie entgegenzuwir-

ken, ist es zwingend notwendig, neue Wege zu nutzen und zu beschreiten." **Beleg 177 (Kategorie 1).**

Die NPD zielt darauf ab und hat in einigen Gegenden Mecklenburg-Vorpommerns bereits das Ziel erreicht, durch Engagement in Kultur, Sport, Politik und im sozialen Bereich „aus dem öffentlichen Leben nicht mehr wegzudenken" zu sein. So schreibt etwa der rechtsextremistische Internetauftritt MUPINFO des NPD-Landtagsabgeordneten *David Petereit* über Lübtheen, den Wohnort von *Udo Pastörs*:

> „In der griesen Gegend sind NPD und volkstreue Bewegung aus dem öffentlichen Leben längst nicht mehr wegzudenken. Kultur und Sport, Politik und soziales Engagement sind die Felder, auf denen sich die Nationalisten engagieren. Die Gegend rund um Lübtheen besitzt längst Modellcharakter. Hier befinden sich mehrere Objekte in deutscher Hand, wo u. a. Udo Pastörs sein Bürgerbüro betreibt. Es wurde bereits vorgeschlagen, den Ernst-Thälmann-Platz in Adolf-Hitler-Platz umzubenennen – wohlgemerkt vom ewig nörgelnden, politischen Gegner!"
>
> **Beleg 178 (Kategorie 2):** „Auf den Punkt getroffen", in: www.mupinfo.de 9. März 2013, abgerufen am 11. März 2013.

Veranstaltungszentren, die als kultureller und politischer Mittelpunkt unter anderem für Versammlungen dienen sollen, finden sich auch im „Thinghaus" in Grevesmühlen sowie im bereits erwähnten „nationalen Begegnungszentrum" Anklam. Im „Thinghaus" wurde nicht nur der NPD-Kreisverband Nordwestmecklenburg am 17. März 2012 gegründet, sondern dort fand auch eine Veranstaltung zum „Tag der Deutschen Zukunft 2012" statt, der ein „Zeichen gegen die Überfremdung unserer Heimat" setzen sollte.

> **Beleg 179 (Kategorie 2):** Internetseite MUPINFO: „Zellenteilung im Thinghaus" vom 18. März 2012, abgerufen am 19. März 2012;
>
> **Beleg 180 (Kategorie 2):** „Solidaritätsveranstaltung zum Tag der deutschen Zukunft" vom 20. Mai 2012, abgerufen am 21. Mai 2012.

Auf die kommunale „Graswurzelarbeit" und das Bestreben der NPD, sich ein „Kümmerer-Image" zuzulegen, wurde oben bei den kommunalpolitischen Aktivitäten bereits hingewiesen.

> Unter A IV 2 b [S. 88]; vgl. zu dem Konzept der „Bürgerbüros" auch **Belege 181, 182, 183, 184, 185, 186, 187, 188 (Kategorie 1).**

Auf die besonders auf Jugendliche ausgerichtete Parteiarbeit (Schulhof-CDs, Internet, etc.) wurde ebenfalls bereits hingewiesen.

> Vgl. oben A II [S. 58]. Es erfolgen auch direkte Ansprachen von Jugendlichen durch führende NPD-Funktionäre in Mecklenburg-Vorpommern, wie etwa durch *Udo Pastörs*. **Beleg 189 (Kategorie 1):** Videobeitrag.

Für bestimmte Gebiete in Mecklenburg-Vorpommern kann durch die Raumordnungsstrategie und das Konzept national befreiter Zonen eine Akzeptanzsteigerung für die NPD vor Ort nachgewiesen werden.

> *Dierk Borstel*, Rechtsextremismus in Mecklenburg-Vorpommern unter besonderer Berücksichtigung der NPD, 2013, S. 31, **Anlage 3**.

Dierk Borstel kann zudem Parallelfälle für Sachsen aufzeigen.

Ebd., S. 36 f.

Das in **Anlage 3** beigefügte sozialwissenschaftliche Gutachten von *Borstel* beschreibt Situationen, in denen Rechtsextremisten vorübergehend den öffentlichen Raum kontrollieren, das Vertrauen der Bevölkerung in den Staat relativiert wird und eine Atmosphäre der Angst für die Gegner von NPD und Rechtsextremismus erzeugt wird. *Borstel* stellt fest, dass hierdurch „erkennbare Einschränkungen demokratischen Handelns nachweisbar" sind. Die NPD stellt dabei die organisierte Seite eines politischen Komplexes, in dem sich mitgliedschaftlich organisierte Rechtsextremisten in der NPD und unorganisierte Rechtsextremisten in der Verfolgung ihrer gemeinsamen politischen Ziele wechselseitig unterstützen und verstärken:

> „Hinweise auf solche und ähnliche Angstkulturen finden sich wie oben genannt an zahlreichen Orten, wurden bisher aber leider nicht systematisch erfasst und wissenschaftlich analysiert. Deutlich wird jedoch, dass erkennbare Einschränkungen demokratischen Handelns nachweisbar sind. Demokratie lebt von Öffentlichkeit und Angst lähmt öffentliche Positionierung. Aus Angst vor rechtsextremer öffentlicher Gewalt wird auf ein öffentliches demokratisches Handeln verzichtet. Dadurch ist ein Kreislauf entstanden: schon der bloße Eindruck jederzeit möglicher Gewalt führt zu einer Reduktion demokratischen Handelns und demokratischer Handlungsspielräume, so dass strategisch eingesetzte, rechtsextrem motivierte Gewalt gegen die vermeintlichen Feinde gar nicht mehr nötig ist. Die NPD profitiert wiederum von diesen Freiräumen, ohne selber gewalttätig sein zu müssen."; *Dierk Borstel*, Rechtsextremismus in Mecklenburg-Vorpommern unter besonderer Berücksichtigung der NPD, 2013, S. 31, **Anlage 3**.

Dies wird deutlich in einem Aufkleber, der über den JN-Materialversand „Frontdienst" bezogen werden kann: „Unser Kiez. Unsere Stadt und unsere Regeln".

Beleg 190 (Kategorie 2); V. i. S. d.P. *K.*, in: www.frontdienst.de.

Borstel resümiert in seinem Gutachten:

> „Sowohl in Sachsen als auch in Mecklenburg-Vorpommern finden sich wissenschaftliche Hinweise auf Geländegewinne im örtlichen Raumordnungskampf." Ebd., S. 37.

> „Die sozialräumlichen Machtgewinne der rechtsextremen Bewegung in Teilen Mecklenburg und Vorpommerns sind jedoch so weit vorangeschritten, dass eine Lösung der Probleme mit

den örtlichen Ressourcen vor Ort kaum mehr möglich erscheint." Rechtsextremismus in Mecklenburg-Vorpommern unter besonderer Berücksichtigung der NPD, 2013, S. 45.

Jenseits dieser Strategien werden Immobilien erworben, um ungestört Veranstaltungen, v. a. Schulungen, durchführen zu können. Bundesweit verfügt die rechtsextremistische Szene als Eigentümer, Mieter, Pächter oder sonstiger Nutzer über mehr als 200 Immobilien. Von diesen Objekten werden ungefähr 100 durch die NPD selbst für rechtsextremistische Zwecke genutzt, in rund einem Fünftel der Fälle gemeinsam mit sonstigen, nicht parteiorientierten Rechtsextremisten.

Als Beispiel diene das „Thing-Haus" in Grevesmühlen, Mecklenburg-Vorpommern; **Belege 191, 192 (Kategorie 2); Beleg 193 (Kategorie 1).**

4. Verbindungen zur Neonazi-Szene

Die intensive Verflechtung mit der Neonazi-Szene, die Teil der Strategie der Partei als „rechte Volksfront" ist,

vgl. oben IV. [S. 77],

ist sowohl inhaltlicher als auch personeller Art.
Inhaltlich erfolgen etwa gegenseitige Unterstützungen bei Wahlkämpfen durch Aktionen und Unterschriftensammlungen,

vgl. beispielhaft die Unterstützung der NPD durch die „Freien Kräfte" aus dem Vogtland, **Beleg 194 (Kategorie 2)**: Artikel auf vogtland.freies-netz.com vom 14. Juli 2008, sowie die nach Aussage des damaligen NPD-Landesvorsitzenden *Matthias Heyder* herausragende Zusammenarbeit der ‚nationale(n) Bewegung' bei der Beschaffung der notwendigen Unterstützungsunterschriften für die Kommunalwahlen 2009 in Sachsen-Anhalt. (**Beleg 195 (Kategorie 1)**,

sowie durch gemeinsame Demonstrationen.

Vgl. etwa die Demonstration „Recht auf Zukunft" am 17. Oktober 2009, **Beleg 196 (Kategorie 1); Belege 197, 198 (Kategorie 2); Beleg 199 (Kategorie 1); Beleg 200 (Kategorie 2); Belege 201, 202 (Kategorie 1); Beleg 203 (Kategorie 2); Beleg 204 (Kategorie 1)**, sowie den Aufruf zum gemeinsamen „Fackelmarsch gegen Asylmissbrauch" von NPD, JN sowie der „Nationalen Sozialisten Mecklenburg und Pommern" am 9. November 2012, **Beleg 205 (Kategorie 2)**: Plakat „9. November 2012/Wolgast – Fackelmarsch gegen Asylmißbrauch", in: www.mupinfo. de, abgerufen am 1. November 2012.

Bei Demonstrationen können – etwa in Mecklenburg-Vorpommern – die Parteistrukturen der NPD für die organisatorischen und materiellen Voraussetzungen sorgen, während die Freien Kameradschaften der Neonazi-Szene die Mobilisierung vor Ort organisieren. So machten etwa die „Nationalen Sozialisten Rostock" mit Blick auf Demonstrationen im Jahr 2011 folgende bemerkenswerte Feststellungen über die Kooperation:

„Hat man jedoch einen Partner wie die NPD-MV an seiner Seite, die das komplette Demo-Know-How, von Lautsprecherwagen, Ordnerdienst bis zum Informationsmaterial mitbringt, sieht die Welt schon wieder ganz anders aus. [...] Während die Parteistrukturen also für landesweite Mobilisierung und das nötige drumherum am Demotag sorgten, konnten wir für ständige Präsenz in unserer Heimatstadt sorgen. Im Stadtgebiet wurden Plakate verklebt, Flugblattverteilungen fanden an belebten Orten statt und die flächendeckende Verteilung von Infomaterial wurde gewährleistet."

Beleg 206 (Kategorie 2): Beitrag zur Diskussion „Demonstrationen – Nützliches politisches Kampfmittel oder Verschwendung der eigenen Kraft? vom 6. Oktober 2011, veröffentlicht auf http://info-rostock.org.

Udo Pastörs, NPD-Fraktionsvorsitzender Mecklenburg-Vorpommern, schreibt den „Aufschwung" des NPD-Landesverbandes in den letzten 10 Jahren insbesondere der erfolgreichen Kooperation mit Kameradschaften zu, die ein Agieren „in der Fläche" ermöglichte:

„Grundlage hierfür war, über viele Jahre hinweg in enger Zusammenarbeit mit den Kameradschaft vor Ort zunächst einmal Strukturen zu schaffen, um daraus dann eine Verankerung in der Fläche überhaupt praktisch umsetzen zu können. Dies ist auch in erster Linie der Verdienst unseres Landesvorsitzenden, aller Kreisvorsitzenden und der Aktivisten vor Ort mit oder ohne Parteibuch."

Beleg 207 (Kategorie 1): *Udo Pastörs*, in: „Ein Paukenschlag ist drin!", www.npd-mv.de vom 4. Juli 2011.

Neben gemeinsamen Konzertveranstaltungen,

vgl. etwa den „JN-Sachsentag: Jugend will Zukunft", bei der neben Reden auch Auftritte von rechtsextremistischen Skindheadmusikgruppen geplant waren, **Beleg 208 (Kategorie 1); Beleg 209 (Kategorie 2); Beleg 64 (Kategorie 1); Belege 210, 211 (Kategorie 2); Beleg 212 (Kategorie 1),**

und gemeinsam genutzten Immobilien äußert sich die Zusammenarbeit auch in umfangreichen personellen Überschneidungen. Dabei ist zunächst festzustellen, dass die Jungen Nationaldemokraten als Bindeglied zu Neonationalsozialisten eingesetzt werden. Wie die NPD selbst sagt, stehen „viele parteilose Aktivisten [...] heute in den Reihen der Jugendorganisation" der Partei.

Beleg 80 (Kategorie 2): Broschüre „Heimat bewahren, Freiheit erkämpfen", Landesverband Sachsen, S. 11.

Die JN etablierten im Landkreis Nordsachsen und im Landkreis Leipzig Land im Jahr 2009 vier Stützpunkte, deren Bindegliedfunktion zur Neonazi-Szene in einer Internetmeldung vom November 2009 wie folgt beschrieben wurde:

„Die vier Stützpunktleiter bündeln nun nationale Kräfte, die bisher als Kameradschaften oder Einzelpersonen eher nebeneinander als miteinander politisch gearbeitet haben, und formen sie zu einer jugendlichen Gesinnungs- und Tatgemeinschaft unter dem Dach der NPD."

Beleg 213 (Kategorie 2): Homepage NPD Nordsachsen vom 24. November 2009

Die zahlreichen personellen Überschneidungen zwischen ehemaligen oder bestehenden rechtsextremen Kameradschaften und anderen Neonazi-Organisationen ergibt sich daraus, dass die NPD – und insbesondere ihre Jugendorganisation JN – ein Sammelbecken darstellt, in dem sich die neonationalsozialistischen Akteure vor eventuellen Vereinsverboten in Sicherheit wähnen, da diese durch die Rechtsform Partei geschützt ist. Diesen Mechanismus erklärte der JN-Bundesvorsitzende *K.* im Oktober 2012 wie folgt:

„Also, dadurch, dass wir ja ursprünglich auch aus der regionalen, freien Struktur kommen und wir uns lange dort auch organisiert haben bis 2006 unter der Kameradschaft [...] Magdeburg, die es damals gegeben hat. Dann sind wir irgendwann zu den JN gegangen. Das war sicherlich aus dem Grund heraus, dass wir der Meinung waren, dass wir unter Umständen verboten hätten werden können. [...] Und wir dort einfach auch eine Basis gesucht haben, in der wir rechtlichen Schutz haben."

Beleg 214 (Kategorie 1): *K.*, Videomitschnitt „Sendung 11 vom 28.10.2012", in: www.fsn-tv.de vom 28. Oktober 2012.

Diesem Mechanismus entsprechend lassen sich zahlreiche personelle Übereinstimmungen zwischen NPD/JN und ehemaligen neonationalsozialistischen Vereinen darlegen, die von Bund und Ländern auf der Grundlage von Art. 9 Abs. 2 GG i. V. m. § 3 VereinsG verboten wurden, da sie sich gegen die verfassungsmäßige Ordnung richteten: Seit 2008 haben Bund und Länder 14 solcher rechtsextremistischer Organisationen verboten.

Anlage 14: Übersicht über Verbote rechtsextremistischer Vereine.

Diese Verbote erfolgten nicht rein punktuell, sondern sie sind Teil einer kontinuierlichen Verbotspraxis in den vergangenen zwanzig Jahren: So wurden in der ersten Hälfte der neunziger Jahre (1992–1995) von Bund und Ländern elf rechtsextremistische Gruppierungen mit neonationalsozialistischem Profil verboten. Von 1996 bis 2006 sprachen die Länder dreizehn Vereinsverbote im rechtsextremistischen Spektrum aus.

Vgl. die Übersicht bei *Gerlach*, Die Vereinsverbotspraxis der streitbaren Demokratie, 2012, S. 567 sowie die Analyse S. 194.

In den vergangenen fünf Jahren wurde neben den Ländern (zehn Verbote) wiederum der Bundesinnenminister mit insgesamt vier Verboten rechtsextremistischer Vereine tätig, von denen drei durch das Bundesverwaltungsgericht überprüft wurden. Das Gericht erachtete alle drei Verbote für rechtmäßig.

Vgl. zum Verbot des „Collegium Humanum" einschließlich seiner Teilorganisation „Bauernhilfe e. V.": BVerwG, NVwZ 2010, 446 sowie BVerwG, NVwZ 2010, 455 (zur Teilorganisation „Bauernhilfe e. v."); zum Verbot des Vereins „Heimattreue Deutsche Jugend – Bund zum Schutz für Umwelt, Mitwelt und Heimat e. V.": BVerwG, NVwZ-RR 2011, 14 sowie BVerwG, NVwZ-RR 2009, 803 (einstweiliger Rechtsschutz); zum Verbot der „Hilfsorganisation für nationale politische Gefangene und deren Angehörige e. V.": BVerwG, NVwZ 2013, 870.

Gerade durch ihre Öffnung gegenüber dem Neonationalsozialismus ab Mitte der neunziger Jahre gelang es der NPD, Mitglieder zu rekrutieren, die nach den Verboten rechtsextremer Vereine „auf der Suche nach einem neuen Betätigungsfeld" waren und nun teilweise in führenden Funktionen bei der Antragsgegnerin tätig sind. Die Anziehungskraft für diese Personengruppen mit verfassungsfeindlichen Bestrebungen resultiert nicht nur aus dem Selbstverständnis der Antragsgegnerin als „Sammelbecken im rechtsextremen Spektrum", das auch „Neonationalsozialisten offen steht", sondern – wie wissenschaftliche Untersuchungen belegen – auch aus der Rechtsform als politische Partei, die im Gegensatz zum Verein „einen relativ niedrigen staatlichen Verfolgungsdruck" suggeriert.

C. Das zweite NPD-Verbotsverfahren (2013–2017)

Gerlach, Die Vereinsverbotspraxis der streitbaren Demokratie, 2012, S. 339 sowie S. 342 f.; *Brandtstetter*, Die „neue" NPD zwischen Systemfeindschaft und bürgerlicher Fassade, Konrad-Adenauer-Stiftung, Parteimonitor aktuell, 2013, S. 9.

Beispielhaft für die umfangreichen personellen Übereinstimmungen zwischen verbotenen Vereinen und der Antragstellerin lässt sich der im November 2010 gewählte NPD-Bundesvorstand nennen, in dem fünf ehemalige führende Aktivisten verbotener Zusammenschlüsse vertreten waren:

Wie *Gerlach*, Die Vereinsverbotspraxis der streitbaren Demokratie, 2012, S. 352 ff., zeigt waren die NPD-Vorstandsmitglieder (Vorstandswahl November 2010) *Klaus Beier* im verbotenen Verein „Deutsche Alternative", *Jens Pühse* in der „Nationalistischen Front", *Manfred Börm* in der „Wiking-Jugend", *Thomas Wulff* in der „Nationalen Liste" und *Thorsten Heise* in der „Freiheitlichen Deutschen Arbeiterpartei" an teilweise führenden Positionen tätig.

Das in der Wissenschaft belegte Fazit, dass sich die Funktionärslisten der NPD „auch im Jahre 2012 wie ein who is who einstiger neonationalsozialistischer Vereinsgrößen" lesen,

so *Gerlach*, Die Vereinsverbotspraxis der streitbaren Demokratie, 2012, S. 352,

soll hier exemplarisch durch die Darstellung einiger personeller Überschneidungen dargelegt werden:

Die im Jahr 1995 verbotene „Freiheitliche Deutsche Arbeiterpartei" (FAP) verstand sich selbst als nationalsozialistische Organisation. Ihr gehörten mehrere Personen in teils führenden Positionen an, die später ebenfalls an hochrangigen Stellen in der NPD tätig waren: So fungierte *B*. bis zum Verbot der FAP als deren Bundesvorsitzender und wurde später Mitglied der NPD.

Beleg 215 (Kategorie 1): Bundes- und Landesvorstände der FAP, Stand: 1. Februar 1993; **Beleg 216 (Kategorie 1):** *Udo Voigt*: „XXX", in: „Deutsche Stimme", XXX.

Ehemalige FAP-Funktionäre waren auch der spätere Beisitzer im NPD-Bundesvorstand *B*., das spätere NPD-Bundesvorstandsmitglied *Thorsten Heise* (ehemaliger FAP-Landesvorsitzender Niedersachsen) sowie das spätere NPD-Bundesvorstandsmitglied *Thomas Wulff* (ehemaliger FAP-Landesvorsitzender Hamburg).

Beleg 71 (Kategorie 1); Beleg 217 (Kategorie 2); Beleg 218 (Kategorie 1).

Die am 31. März 2009 verbotene „Heimattreue deutsche Jugend" (HDJ) erhielt nach ihrem Verbot nicht nur Solidaritätsbekundungen von hochrangigen NPD-Funktionären,

vgl. die Ausführungen von *Udo Pastörs*, der in der Zeitschrift „Deutsche Stimme" Nr. 11/2008, S. 9 mit den Worten zitiert wurde: „Was hier passiert, das ist einer Diktatur würdig." **Beleg 219 (Kategorie 1)**,

sondern wies auch zahlreiche personelle Überschneidungen auf Funktionärsebene auf: Dazu gehörten *XXX (4 Personen)*.

Beleg 72: HDJ-Funktionärsliste des BKA, Stand: 2. Oktober 2008.

Hinzu kommen eine Reihe von Personen, die Mitglieder in der HDJ waren und in Landes- oder Kreisvorständen der NPD tätig sind oder waren: z. B. *XXX (7 Personen)*.

Beleg 220: Aus Asservatenfunden im Rahmen exekutiver Maßnahmen zusammengestellte Mitgliederübersicht.

Auch zwischen dem am 21. September 2011 verbotenen Verein „Hilfsorganisation für nationale politische Gefangene und deren Angehörige" (HNG) und der NPD bestehen umfangreiche personelle Verflechtungen. So kann eine Vielzahl von Führungsfunktionären auf Bundes- und Landesebene von NPD, JN oder RNF als ehemalige HNG-Mitglieder identifiziert werden, zum Beispiel: *XXX (24 Personen).*

Beleg 67: Aus Asservatenfunden im Rahmen exekutiver Maßnahmen zusammengestellte Mitgliederübersicht.

Die damalige Vorsitzende der verbotenen HNG, *W.*, trat zur Bundestagswahl 2009 für die NPD als Direktkandidatin im W. an.

Beleg 221: Liste des Bundeswahlleiters.

Die Vermischung von NPD und Neonazi-Szene, darunter Mitglieder verbotener Vereine, wurde exemplarisch beim Pressefest des NPD-eigenen Verlages „Deutsche Stimme" am 11. August 2012 in Viereck deutlich: Neben NPD-Funktionären wie dem NPD-Bundesvorsitzenden *Holger Apfel* und dem NPD-Fraktionsvorsitzenden in Mecklenburg-Vorpommern *Udo Pastörs* waren der ehemalige Funktionär der verbotenen Wiking-Jugend *N.* sowie *T.* auf der Rednerliste.

Beleg 222 (Kategorie 2): Aufruf „Sommer, Pommern, Pressefest", in: Deutsche Stimme Juli 2012, S. 15

5. Rechtswidriges Handeln, einschließlich Straftaten

Die NPD und ihr Führungspersonal erweisen sich in allen Bereichen der Rechtsordnung als wenig rechtstreu. Dies zeigt ein Überblick über rechtskräftige Gerichtsentscheidungen, welche die Antragsgegnerin betreffen. In einem ersten Schritt werden exemplarisch Entscheidungen namentlich der Verwaltungs- und der Strafgerichtsbarkeit herausgegriffen, um das Rechtsverletzungspotenzial der Partei und ihres Führungspersonals zu plausibilisieren (a–c) [S. 99 f.]; anschließend wird die Kriminalstatistik die weit überproportionale, szenetypische Kriminalität von Rechtsextremismus allgemein und NPD-Funktionären im Besonderen aufzeigen (d) [S. 102]. Schließlich zeigt sich die mangelnde Rechtstreue auch darin, dass sich die NPD mit verurteilten Straftätern solidarisch zeigt und über umfangreiche Kontakte zur kriminellen neonationalsozialistischen Szene verfügt. Ein führendes NPD-Mitglied ist zudem Mitangeklagter im NSU-Prozess (e) [S. 103].

a) Von der NPD vertretene politische Inhalte in der fachgerichtlichen Judikatur

– OVG Mecklenburg-Vorpommern, Beschl. v. 19. September 2009 – 3 M 155/09 sowie BVerfG, Beschl. v. 24.9.2009 – 2 BvR 2179/09:
In der Sache ging es um das Verbot eines volksverhetzenden anti-polnischen Plakats der NPD, durch das Polen als Krähen dargestellt wurden, deren „Invasion" gestoppt werden müsse. Das Bundesverfassungsgericht hat die OVG-Entscheidung bestätigt,

da es sich um einen Angriff auf die Menschenwürde der in Deutschland lebenden Polen handele. Es ging um ein Verhalten der Partei selbst.

- **OVG Lüneburg, Beschl. v. 26. April 2012 – 11 ME 113/12:**
  In dieser Entscheidung ging es um eine Veranstaltung einer NPD-Jugendorganisation unter dem Motto „Ein junges Volk steht auf"; die Veranstaltung wurde verboten, da das Singen dieses Liedes nach § 86a StGB strafbar sei. Die Identifikation mit nationalsozialistischem Gedankengut wird deutlich, denn das inkriminierte Stück stellte ein Identifikationslied der Hitlerjugend dar.

- **OVG Berlin-Brandenburg, Beschl. v. 31. August 2011 – OVG 3 S 112.11:**
  Das OVG lehnte einen Anspruch auf die Ausstrahlung eines NPD-Wahlwerbespots ab, da der Tatbestand des § 130 Abs. 1 Nr. 2 StGB erfüllt war. In dem Spot wurden Ausländer pauschal als Kriminelle und damit als Bedrohung für die Gesellschaft dargestellt.

- **VG Neustadt (Weinstraße), Beschl. v. 25. März 2011 – 5 L 266/11.NW:**
  Das VG bestätigte ein Versammlungsverbot wegen zu erwartender Volksverhetzung aufgrund des Veranstaltungsmottos „Weiß ist nicht nur eine Trikotfarbe – für eine echte deutsche Nationalmannschaft". Dadurch werde die Menschenwürde anderer angetastet.

b) **Mittel politischen Handelns der NPD in der fachgerichtlichen Judikatur**

- **VG Braunschweig, Beschl. v. 7. Juni 2007 – 6 B 163/07:**
  Keine Sondernutzungserlaubnis für NPD-Informationsstand wegen zu befürchtender Auseinandersetzungen mit Gegendemonstranten. Der NPD-Kandidat hatte sich im Vorfeld mit folgenden Worten geäußert: „Kampf um die Straße", „selber zu schützen wissen", „notfalls wehren".

- **SächsOVG, Urt. v. 28. Juli 2009 – 3 B 60/06:**
  Neben unrechtmäßigen versammlungsrechtlichen Auflagen rechtmäßige Auflagen für eine Versammlung: Verbot von Springerstiefeln, Bomberjacken und militärischen Kopfbedeckungen wegen § 3 Abs. 1 VersG [Uniformverbot]; Verbot der Parolen „wir kriegen euch alle" wegen Verstoßes gegen die öffentliche Ordnung.

c) **Rechtswidriges Verhalten führender Parteimitglieder**

Die Verurteilungen erfolgten vor oder während der Funktionärstätigkeit für die NPD.

- XXX
  VerfGH Sachsen, 3. Dezember 2010, Vf. 16-I-10: Bestätigung eines Ordnungsrufes im Sächsischen Landtag wg. der Verwendung des Begriffs „Anti-Mensch".

  VerfGH Sachsen, 3. Dezember 2010, Vf. 77-1-10: Bestätigung von Ordnungsmaßnahmen im Sächsischen Landtag wegen der Verwendung der Worte „Holocaust-Industrie" im Zusammenhang mit Israel und der Weigerung, das Rednerpult zu verlassen.

- XXX

LG Saarbrücken, 22. Februar 2013 (nicht rechtskräftig): Verurteilung wegen Volksverhetzung zu einer Bewährungsstrafe und einer Geldstrafe. XXX hatte auf einer Kundgebung unter anderem vom „Finanzgebäude dieser Judenrepublik" gesprochen und im Zusammenhang mit türkischstämmigen Bürgern den Ausdruck „Samenkanonen" verwendet.

AG Schwerin, 16. August 2012, bestätigt durch LG Schwerin, Urteil vom 25. März 2012 sowie durch OLG Rostock, Beschluss vom 16. August 2013: Verurteilung wegen der Verunglimpfung des Andenkens Verstorbener in Tateinheit mit Verleumdung zu acht Monaten Freiheitsstrafe auf Bewährung. Das Landgericht stellt unter anderem fest: „Der Angeklagte hat damit die in Auschwitz während des Dritten Reiches vorgenommene systematische, rassenbezogene und massenweise Judenvernichtung qualifiziert geleugnet." XXX hatte unter anderem das Wort „Auschwitzprojektion" verwendet und dies in eine Kette mit den Begriffen „Propagandalügen", „verlogen", „Lüge" gesetzt.

- XXX
Amtsgericht Heilbad Heiligenstadt vom 30. Juli 2010, Az. 101 Js 56773/09 21 Ds: Verurteilung als Verantwortlicher im Sinne des Presserechts wegen rassistischer Beleidigung;

- XXX
Amtsgericht München: Verurteilung wegen Zeigen des Hitlergrußes bei der Vereidigung als Stadtrat in München;
Urteil vom 21. August 2008, Az. 844 Ds 112 Js 10817/08; rechtskräftig seit 02. Juli 2009.

- XXX
2008 Verurteilung wegen der Billigung von Straftaten, weil XXX bei einer Bezirksvertretungssitzung, die sich auf Antrag der NPD mit der Umbenennung einer Berliner Straße auf den Namen eines Freikorpsoffiziers befasste, die Ermordung *Rosa Luxemburgs* und *Karl Liebknechts* als „politisch geboten" bezeichnet hatte;
Amtsgericht Berlin-Tiergarten, Urteil vom 24. Oktober 2008; Az. (251b Cs) 81 Js 237/08 (95/08),rechtskräftig seit 9. Februar 2010

- XXX
Landgericht Trier Urt. v. 22. Dezember 2010 Az. 8033 Js 11972/09.5 Kls: Verurteilung wegen gefährlicher Körperverletzung (Zusammenschlagen von politischen Gegnern).

- XXX
Amtsgericht Berlin-Tiergarten Urt. v. 14. August 2007 Az. (216) 81 Js 2057/07 (26/07): Verurteilung wegen gemeinschaftlicher schwerer Körperverletzung (Angriff auf Gegendemonstranten bei einer NPD-Veranstaltung gegen einen Moscheeneubau in Berlin).

- XXX
Amtsgericht Heilbronn vom 5. Mai 1999, Az. 42 Ds 30 Js 19881/98 Ak 858/98: Verurteilung wegen gefährlicher Körperverletzung wegen schwerer Angriffe auf am Bo-

den liegende Personen nach politischen Auseinandersetzungen mit Besuchern einer Gaststätte.

- XXX

  Amtsgericht Neuburg a. d. Donau vom 19. Januar 2000 Az. 2 Ls 32 Js 11997/99: Verurteilung wegen gefährlicher Körperverletzung und Beleidigung zu einer Bewährungsstrafe von 1 Jahr und 6 Monaten; nachdem abfällige Äußerungen gegenüber der Gruppe des Angeklagten auf einem Schulfest gefallen waren, versetzte *XXX* einer Person der anderen Gruppe einen Stoß ins Gesicht. Der Angegriffene wehrte sich und warf eine Bierflasche in Richtung von *XXX*, traf ihn jedoch nicht. Im Verlauf der daraufhin eskalierenden Auseinandersetzung schlug *XXX* der anderen Person mit der Bierflasche auf den Kopf und rief ihm sinngemäß zu „Verreck du scheiß Nigger". Der Geschädigte erlitt eine ca. 10 cm lange Schnittrisswunde an der Schläfe, zahlreiche weitere Glassplitterverletzungen im Gesicht und am Ohr und verlor ca. zwei Liter Blut. Wenig später kam es in einer Diskothek zu neuen Auseinandersetzungen. Als bei einer tätlichen Auseinandersetzung mit *XXX* sein Gegner zu Boden ging, trat *XXX*, ohne dass eine Notwehrsituation bestand, mit Stiefeln auf ihn ein.

- XXX

  Amtsgericht Rathenow vom 2. April 2002 Az. 3 Ls 4116 Js 8322/01 (48/01): Verfolgungsjagd und Zusammenschlagen einer Gruppe Pakistaner in der Silvesternacht 1999/2000 u. a.

- XXX

  Amtsgericht Berlin vom 14. Mai 2008 Az. (274 Cs) 81 Js 1937/07 (343/07): Verurteilung wegen Beleidigung wegen Tragens eines schwarzen T-Shirts mit der Aufschrift „All Jews are Bastards".

- XXX

  BVerfG, Beschluss vom 18. Mai 2009, 2 BvR 2202/08: Bestätigung einer Verurteilung gem. § 86a StGB wegen Tragen eines T-Shirts mit der Aufschrift „Die Fahnen hoch" (Ähnlichkeit zum Beginn des Horst-Wessel-Liedes).

Exemplarisch lässt sich weiterhin die gewalttätige Auseinandersetzung des XXX am 11. Januar 2013 mit Gegendemonstranten aufführen.

> Belege 223, 224 (Kategorie 1).

Der exemplarische Einblick in die fachgerichtliche Rechtsprechung zeigt, dass rechtswidriges Verhalten der Partei und ihrer Anhänger keine Einzelfälle, keine Ausnahme darstellen.

d) Statistiken zu rechtsextremistischen Straftaten sowie Straftaten des Führungspersonals der NPD

Auch wenn aus statistischen Gründen die nachfolgend herangezogenen Zahlen nicht mit der zeitlichen Begrenzung des sonst in diesem Antragsschriftsatz verwendeten Materials übereinstimmen und sich notgedrungen Unschärfen nicht vermeiden lassen, sollen die Zahlen der Kriminalstatistik in das Verfahren eingeführt werden.

Im Bereich des gesamten Rechtsextremismus, d. h. über die NPD hinausgreifend, hat sich die politisch motivierte Kriminalität bei Schwankungen auf hohem Niveau stabilisiert.

Anlage 5.

Dabei sind neben Propagandadelikten, Störungen der Totenruhe (oftmals Schändung jüdischer Friedhöfe), Nötigung und Bedrohung insbesondere auch Gewalttaten gegen Personen von 2011 bis 2012 von 755 auf 802 nachgewiesene Delikte angestiegen, darunter sechs versuchte Tötungsdelikte, 690 Körperverletzungen, 21 Brandstiftungen (jeweils für 2012).

Anlage 5.

Die NPD befindet sich hier in einem Gesamtmilieu, das – wie die Statistik zeigt – überdurchschnittliche Kriminalitätswerte aufweist. Auch Gewalt gegen Personen gehört zum Handlungsmodus dieser Kreise. Dadurch wird eine Atmosphäre des Hasses und der Feindschaft dokumentiert, die auch in konkrete körperliche Gewalt umschlagen kann.

Eine anonymisierte statistische Untersuchung der Vorstandsmitglieder der NPD und ihrer Teilorganisationen „Junge Nationaldemokraten", „Ring Nationaler Frauen" und „Kommunalpolitische Vereinigung" auf Bundes- wie auf Landesebene hat, bezogen auf rechtsextremistisch motivierte Delikte (sog. Szenedelikte: Propagandadelikte (§§ 86, 86a, 90a, 130 StGB), Bildung krimineller bzw. terroristischer Vereinigungen (§§ 129, 129a StGB), Beleidigungsdelikte (§§ 185 ff. StGB), vorsätzliche Körperverletzung, Nötigung (§§ 223 ff., 240 StGB), Widerstand gegen Vollstreckungsbeamte (§ 113 StGB), Sachbeschädigung (§ 303 StGB), Hausfriedensbruch (§ 123 StGB), Landfriedensbruch (§ 125 StGB) sowie strafrechtlich relevante Verstöße gegen das Waffen-, Versammlungs- und Vereinsrecht) und unter Herausnahme allgemeinkrimineller Straftaten (etwa Verletzung der Unterhaltspflicht oder unerlaubtes Entfernen vom Unfallort) ergeben, dass 25% dieses Personenkreises rechtskräftig strafrechtlich verurteilt ist. Über 11% der Vorstandsmitglieder wurden dabei mehrfach verurteilt.

Anlage 5; dort auch genauere Aufschlüsselung und weitere Statistiken.

e) Solidarisierung mit Straftätern/NSU-Verfahren

Darüber hinaus solidarisieren sich führende NPD-Funktionäre mit verurteilten Straftätern. So besuchten etwa die NPD-Landtagsabgeordneten *David Petereit* und *Michael Andrejewski* den als Betreiber von Altermedia Deutschland verurteilten *M.* im Gefängnis. *M.* war im Oktober 2011 unter anderem wegen Volksverhetzung, der Verwendung von Kennzeichen verfassungswidriger Organisationen, öffentlicher Aufforderung zu Straftaten, Verunglimpfung des Andenkens Verstorbener und Verunglimpfung des Staates und seiner Symbole verurteilt worden. Auch die vom Landtagsabgeordneten *Petereit* verantwortete Website stellt sich hinter *M.*

Beleg 225 (Kategorie 1): XXX; Beleg 226 (Kategorie 1): „Zu Gast bei Freunden – NPD-Fraktion zu Besuch im Knast", www.endstation-rechts.de vom 26. März 2012.

Der NPD-Fraktionsvorsitzende *Udo Pastörs* empfing S., einen der Brandstifter der pogromartigen Ausschreitungen in Rostock-Lichtenhagen im Jahr 1992, im Landtag Mecklenburg-Vorpommern. S. war 2002 wegen Mordversuchs und Brandstiftung verurteilt worden.

> **Beleg 227 (Kategorie 1):** „Zu Besuch bei Freunden – Brandstifter von Lichtenhagen in der NPD-Fraktion", www.endstation-rechts.de vom 27. Juli 2011, eingesehen am 29. Juli 2011.

Auch die dargestellten personellen Verbindungen zur verbotenen HNG,

> oben A IV 4 [S. 95],

exemplifizieren die Solidarisierung von NPD-Funktionären mit verurteilten Straftätern.

Über die beschriebene Kooperation mit „freien" Neonationalsozialisten verfügt die NPD über Kontakte zur gewaltbereiten Neonazi-Szene.

Wie bereits erwähnt,

> A II. [S. 58],

bestehen personelle Zusammenhänge zwischen der NPD und Beschuldigten im laufenden NSU-Verfahren.

Zwar distanziert sich die Parteiführung offiziell von dieser Form des Rechtsterrorismus; bei verschiedenen Anhängern der NPD bleibt diese Distanzierung gleichwohl ambivalent. Auf der Homepage des Anhängers der Partei, ehemaligen Landtagskandidaten und Ortsbürgermeisters P. aus Sachsen-Anhalt findet sich der Beitrag „Sind die ‚Dönermörder' verfassungsgemäße Widerständler?":

> „... jedoch besteht nach Meinung einiger Staatsrechtler das Recht, Anschläge und Morde zu begehen! – (zum Beispiel Tyrannenmord), um die grundgesetzliche Ordnung wiederherzustellen. Natürlich müssen die Aktionen verhältnismäßig sein, also für den legitimen Zweck geeignet, erforderlich und angemessen. Entscheidend ist nun wohl, wer dies beurteilen soll. Der jeweilige Deutsche allein für sich? Wen sollte er denn fragen? Staatliche Instanzen fallen dafür logischerweise aus. Der oder die Deutschen müssen es also für sich in ihrer Gruppe entscheiden. Genauso wie damals die Männer des 20. Juli oder z. Bsp. die Atomkraftgegner ihren Widerstand ja auch weit über alle legalen Mittel hinaus entscheiden, organisieren und durchführen. Wir sind also in einem Dilemma, welches die Beschließer des Grundgesetzes – es war ja nicht das Volk – uns hier hinterlassen haben. Haben die beiden Uwes bzw. ihre Gruppe in ihrer Not kein anderes Mittel mehr gewußt als den Mord? Ein Fazit aus Geschichte und Gegenwart läßt sich auf jeden Fall ziehen: Verfassungsbruch und Terror von oben werden immer Terror von unten provozieren!" auf: XXX vom 23. November 2011. **Beleg 228 (Kategorie 1).**

B. Zulässigkeit des Antrags

Der Antrag ist zulässig.

I. Antragsberechtigung

Der Bundesrat ist gem. § 43 Abs. 1 BVerfGG antragsberechtigt. Die Voraussetzungen des § 23 Abs. 1 BVerfGG sind erfüllt. Der Bundesrat hat ohne Gegenstimmen mit der Mehrheit seiner Stimmen (Art. 52 Abs. 3 Satz 1 GG) am 14. Dezember 2012 beschlossen, einen Verbotsantrag zu stellen.

> BR Drucksache 770/12.

Die Antragsberechtigung des Bundesrates gilt unabhängig davon, ob auch der Deutsche Bundestag und die Bundesregierung einen Antrag stellen.

> BVerfGE 40, 287 (291). Zur Logik dieser Unabhängigkeit der Antragsberechtigten *Löwer*, Zuständigkeiten und Verfahren des Bundesverfassungsgerichts, in: Isensee/Kirchhof (Hrsg.), Handbuch des Staatsrechts der Bundesrepublik Deutschland, Bd. 3, 3. Aufl. 2005, § 70 Rn. 157.

Eine Landesregierung könnte einen Verbotsantrag nur stellen, wenn sich die Organisation der zu verbietenden Partei auf das Gebiet dieses Landes beschränkt (§ 43 Abs. 2 BVerfGG; anders bei der Grundrechtsverwirkung gem. § 36 BVerfGG).

> Die daran geübte Kritik ist rechtspolitischer, nicht verfassungsrechtsdogmatischer Natur, vgl. nur *Pestalozza*, Verfassungsprozessrecht, 3. Aufl. 1991, § 4 Rn. 10; *Stern*, Verfahrensrechtliche Probleme der Grundrechtsverwirkung und des Parteiverbots, in: FG 25 Jahre Bundesverfassungsgericht, Bd. 1, 1976, S. 194 (201 mit Fn. 24).

Wie einleitend dargelegt, handelt es sich vorliegend um ein „asymmetrisches" Phänomen, da die NPD in einigen Ländern durch ihre Präsenz im Landtag und ihr aggressiv-kämpferisches Verhalten in der Öffentlichkeit die freiheitliche demokratische Grundordnung sehr konkret und nachhaltig bedroht, während in anderen Ländern ihre Präsenz geringer ist. Da die Partei jedoch bundesweit und damit länderübergreifend organisiert und tätig ist, scheidet die Antragsberechtigung einzelner Landesregierungen, auch in Bezug auf Organisationsteile der Partei auf Landesebene, aus.

> *Thiel*, Das Verbot verfassungswidriger Parteien (Art. 21 Abs. 2 GG), in: ders. (Hrsg.), Wehrhafte Demokratie, 2003, S. 173 (190).

Der Bundesrat ist legitimerweise dasjenige Verfassungsorgan, das eine solche föderale Asymmetrie des Problems durch seinen Antrag auffängt, da sich in ihm als Bundesorgan die föderale Vielfalt auch insoweit niederschlägt und er bei asymmetrischen föderalen Problemen eine besondere Wächterfunktion besitzt, sofern die Gefahr nicht auf ein Land beschränkt lösbar ist.

> Vgl. ähnlich *Lechner/Zuck*, Bundesverfassungsgerichtsgesetz. Kommentar, 6. Aufl. 2011, vor § 43 Rn. 14, die zudem darauf hinweisen, dass Verbote nach Landes-(verfassungs-)recht durch Art. 21 Abs. 2 GG generell nicht möglich wären; *Thiel*, Das Verbot verfassungswidriger Parteien (Art. 21 Abs. 2 GG), in: ders. (Hrsg.), Wehrhafte Demokratie, 2003, S. 173 (190); ferner *Gelberg*, Das Parteiverbotsverfahren nach Art. 21 Abs. 2 GG am Beispiel des NPD-Verbotsverfahrens, 2009, S. 41 f., und *Morlok*, Fragen des Rechts und der politischen Klugheit – Zur aktuellen NPD-Parteiverbotsdebatte, ZRP 2013, 69 (71) welche die jeweils möglichen unterschiedlichen Verantwortungen der zur Antragstellung befugten Staatsorgane betonen.

II. Antragsgegnerin

Zulässige Antragsgegnerin ist hier die NPD als die zu verbietende Partei, deren prozessuale Vertretung sich nach § 44 BVerfGG richtet.

> *Pestalozza*, Verfassungsprozessrecht, 3. Aufl. 1991, § 4 Rn. 11 f.; *Hillgruber/Goos*, Verfassungsprozessrecht, 3. Aufl. 2011, Rn. 711.

Die Parteieigenschaft der NPD ist unbestritten.

> Zur Notwendigkeit der Eigenschaft des Antragsgegners als politische Partei BVerfGE 91, 262 und 276; *Streinz*, in: von Mangoldt/Klein/Starck, Kommentar zum Grundgesetz, Bd. 2, 6. Aufl. 2010, Art. 21 Abs. 2 Rn. 221.

Das zeigt aktuell auch die Teilnahme an der Bundestagswahl 2013.

Eine authentische Konkretisierung des Begriffs der politischen Partei i. S. v. Art. 21 GG, auch seines Abs. 2, kann § 2 Abs. 1 Satz 1 PartG entnommen werden.

> Vgl. nur BVerfGE 89, 266 (269 f.); 91, 262 (266); 91, 276 (284); *Löwer*, Zuständigkeiten und Verfahren des Bundesverfassungsgerichts, in: Isensee/Kirchhof (Hrsg.), Handbuch des Staatsrechts der Bundesrepublik Deutschland, Bd. 3, 3. Aufl. 2005, § 70 Rn. 157; *Kunig*, in: von Münch/Kunig (Hrsg.), Grundgesetz. Kommentar, Bd. 1, 6. Aufl. 2012, Art. 21 Rn. 73; *Gelberg*, Das Parteiverbotsverfahren nach Art. 21 Abs. 2 GG am Beispiel des NPD-Verbotsverfahrens, 2009, S. 189 ff.

Die dort statuierten Voraussetzungen

> *Henke*, in: Kahl/Waldhoff/Walter (Hrsg.), Bonner Kommentar zum Grundgesetz, Art. 21 Rn. 5 ff. (63. Lieferung September 1991),

treffen auf die NPD zu: Sie beteiligt sich an Wahlen auf Bundes- und Landesebene sowie bei den Wahlen zum Europaparlament. Zwischen den Wahlen entfaltet sie ernsthaft und nachhaltig umfangreiche politische Aktivitäten, um den politischen Meinungs- und Willensbildungsprozess der Bevölkerung zu beeinflussen. Ihr politisches Programm ergibt sich u. a. aus dem Parteiprogramm. Die NPD bezeichnet sich

> etwa in ihrer Satzung, **Anlage 7**,

auch selbst als „politische Partei". Angesichts ihrer Mitgliederbasis von rund 6.000 Personen, angesichts der Wahlergebnisse, angesichts einer straffen Parteiorganisation und der objektiven Erscheinung in der Öffentlichkeit, insbesondere ihrer Öffentlichkeitsarbeit und ihrer öffentlichen Wirkung, bestehen keine Zweifel an der Qualifikation als Partei i. S. v. Art. 21 GG.

> *Gelberg*, Das Parteiverbotsverfahren nach Art. 21 Abs. 2 GG am Beispiel des NPD-Verbotsverfahrens, 2009, S. 253 f.

C. Begründetheit des Antrags

Der Antrag ist begründet. Der im Verfahren anzuwendende Maßstab (I.) [S. 107] führt in Anwendung auf die Antragsgegnerin (II.) [S. 162] zum Resultat ihrer Verfassungswidrigkeit.

I. Prüfungsmaßstab

Der vorliegende Antrag beschränkt sich hinsichtlich der politischen Zielsetzung der Antragsgegnerin auf die erste Alternative des Verbotstatbestandes, also auf den Fall einer beabsichtigten Beeinträchtigung oder Beseitigung der freiheitlichen demokratischen Grundordnung. Dies legt es nahe, nach einer Vorüberlegung zur Kontrolldichte (1.) [S. 107], die Konkretisierung des Tatbestandes in zwei Tatbestandsmerkmale vorzunehmen: zunächst das Vorliegen einer verfassungsfeindlichen Zielsetzung der Antragsgegnerin, also die materielle Unvereinbarkeit ihrer politischen Überzeugungen mit dem unveränderlichen politischen Kernbestand der grundgesetzlichen Ordnung (2.) [S. 117], anschließend der hinreichende Grad ihrer politischen Aktivität zur Beeinträchtigung dieser Ordnung (3.) [S. 131]. Das sich dabei ergebende Prüfungsprogramm ist dann hilfsweise mit dem Maßstab der Verhältnismäßigkeit (4.) [S. 136] und der Rechtsprechung des Europäischen Gerichtshofs für Menschenrechte (5.) [S. 148] abzugleichen.

1. Kontrolldichte

Die Auslegung des Art. 21 Abs. 2 GG steht vor besonderen Problemen.

Die beiden einzigen Entscheidungen, die das Bundesverfassungsgericht in der Sache zu Art. 21 Abs. 2 GG getroffen hat, liegen zum Zeitpunkt der Antragstellung 61 und 57 Jahre zurück,

> BVerfGE 2, 1; 5, 85; zu beiden Verfahren ausführlich *Meier*, Parteiverbote und demokratische Republik, 1993, S. 22 ff., 47 ff., 116 ff.; zur Interpretations- und Rezeptionsgeschichte ebd., S. 171 ff.

Wiewohl diese Entscheidungen zur Auslegung der Norm unverzichtbar bleiben und bis in die aktuelle Kommentarliteratur ausgiebig analysiert werden, erscheint es schwer möglich, die damals entwickelten Maßstäbe ohne weiteres auf den vorliegenden Fall anzuwenden, standen beide Entscheidungen doch unter dem Eindruck der politischen Bedingungen der Nachkriegszeit: Die Entscheidungen ergingen vor dem Hintergrund der erst wenige Jahre zurückliegenden NS-Herrschaft,

> BVerfGE 2, 1, zum zeitgeschichtlichen Kontext knapp *Herbert*, Best. Biographische Studien zu Radikalismus, Weltanschauung und Vernunft 1903–1989, 3. Aufl. 1996, S. 461 f.; *Schwarz*, Geschichte der Bundesrepublik Deutschland, Bd. 2: Die Ära Adenauer. Gründerjahre der Republik 1947–1957 (= Geschichte der Bundesrepublik Deutschland, Bd. 2), 1981, S. 130–135; *Ipsen*, Der Staat der Mitte. Verfassungsgeschichte der Bundesrepublik Deutschland, 2009, S. 158 ff.; *Steinbeis/Detjen/Detjen*, Die Deutschen und das Grundgesetz, 2009, S. 157 ff.

und des im Kalten Krieg dominanten politischen Anti-Kommunismus.

> *Becker*, Die wehrhafte Demokratie des Grundgesetzes, in: Isensee/Kirchhof (Hrsg.), Handbuch des Staatsrechts der Bundesrepublik Deutschland, Bd. 7, 1. Aufl. 1992, § 167 Rn. 33 f.; *Meier*, Parteiverbote und demokratische Republik, 1993, S. 47 ff.

Die beiden Entscheidungen sind damit von geringerem Erkenntniswert für die Entwicklung eines verfassungsrechtlichen Maßstabs, als dies bei Rechtsproblemen der Fall ist, zu denen eine reichere und jüngere Rechtsprechung zur Verfügung steht. Bei der

Entwicklung der Maßstäbe erscheint daher eine neue systematische Erwägung des Tatbestandes des Art. 21 Abs. 2 GG notwendig.

Vor der Konkretisierung der beiden zentralen Tatbestandsmerkmale in den beiden folgenden Abschnitten,

unten C I 2 [S. 117] und 3 [S. 131],

soll daher eine systematische Vorüberlegung die Bedeutung des Verbotstatbestands einleitend eingrenzen. Dabei ist nachzuweisen, dass das Verfahren systematisch als Instrument der *Prävention* vor politischen Gefahren zu bestimmen ist (a) [S. 108] und deswegen im Laufe der Konsolidierung der grundgesetzlichen Demokratie seine Funktion nicht verloren hat (b) [S. 112]. Ein ebenfalls einleitend zu behandelndes Problem stellt die Frage der Zurechenbarkeit von Handlungen dar (c) [S. 114].

a) Funktion des Verfahrens: politische Gefahrenprävention, nicht polizeiliche Gefahrenabwehr

Art. 21 Abs. 2 GG dient der Prävention vor politischen Gefahren. Dies ergibt sich aus der systematischen Stellung der Norm (aa) [S. 108] im Zusammenhang des grundgesetzlichen Systems der Parteiendemokratie (bb) [S. 111]. Eine sich aus dem Demokratieprinzip des Grundgesetzes ergebende restriktive Auslegung des Art. 21 Abs. 2 GG ist dagegen nicht geboten.

aa) *Präventive Funktion des Verfahrens nach Art. 21 Abs. 2 GG*

Das Verfahren des Art. 21 Abs. 2 GG gestattet nach seinem Wortlaut das Verbot jeglicher aktiv verfassungsfeindliche Ziele verfolgenden Partei, welche die grundgesetzliche Ordnung abzuschaffen oder zu beeinträchtigen sucht. Aus dieser Anlage der Norm lassen sich bereits erste Kriterien für eine systematische Einordnung des Verfahrens gewinnen.

Zum Ersten stellt die Formulierung der hier einschlägigen ersten Normalternative ausdrücklich nur auf die *Intention* einer politischen Partei ab: „nach ihren Zielen darauf ausgehen". Zwar setzt sie für ein Verbot voraus, dass die in Frage stehende politische Partei mit ihren politischen Intentionen nach außen tritt. Bloße Überzeugungen begründen ein Verbotsverfahren nicht.

> *Klein*, in: Maunz/Dürig, Grundgesetz. Kommentar, Art. 21 Rn. 487 (64. Lieferung Januar 2012); *Streinz*, in: von Mangoldt/Klein/Starck, Kommentar zum Grundgesetz, Bd. 2, 6. Aufl. 2010, Art. 21 Abs. 2 Rn. 227; eingehender zum Problem unten C I 3 [S. 131].

Doch schränkt der Wortlaut der Norm an keiner Stelle die Anwendbarkeit des Verbotstatbestandes dahingehend ein, dass sie ein bestimmtes auch nur marginales Maß an konkreter Gefährdung eines der beiden Schutzgüter durch eine verfassungsfeindliche Partei zur Voraussetzung macht.

> So im Ergebnis auch die ganz überwiegende Literatur *Ipsen*, in: Sachs (Hrsg.), Grundgesetz. Kommentar, 6. Aufl. 2011, Art. 21 Rn. 159; *Streinz*, in: von Mangoldt/Klein/Starck, Kommentar zum Grundgesetz, Bd. 2, 6. Aufl. 2010, Art. 21 Abs. 2 Rn. 233; *Klein*, Ein neues NPD-Verbotsverfahren? 2012, S. 18; im Ergebnis auch *Kunig*, Parteien, in: Isensee/Kirchhof (Hrsg.), HStR, Bd. 3, 3. Aufl. 2005, § 40 Rn. 50–54.

Dies ist weder Zufall noch Versehen: Den Müttern und Vätern des Grundgesetzes stand der allmähliche und – ihrer Ansicht nach – legale Aufstieg der NSDAP bei der Kodifizierung des Art. 21 Abs. 2 GG vor Augen.

> Dies ist auch der Hintergrund der Unterscheidung zwischen „Beeinträchtigung" und „Beseitigung" in Art. 21 Abs. 2 GG, zutreffend *Klein*, in: Maunz/Dürig, Grundgesetz. Kommentar, Art. 21 Rn. 531 (64. Lieferung Januar 2012); überspitzte Konstruktion eines „Redaktionsversehens" insoweit bei *Meier*, Parteiverbote und demokratische Republik, 1993, S. 139 ff.

Anders gewendet: Die Mütter und Väter handelten und formulierten angesichts von „historischen Erfahrungen, die die Aporie eines an polizeirechtlichen Maßstäben orientierten Verfassungsschutzes bewirkt hatten".

> *Schmidt*, Die Freiheit verfassungswidriger Parteien und Vereinigungen, 1983, S. 173.

Die Autoren des Grundgesetzes gingen konkreter davon aus, dass der Moment, an dem eine zunächst reversible politische Bedrohung nicht mehr umkehrbar ist, sich im Vorhinein, letztlich noch nicht einmal im Nachhinein mit hinreichender Genauigkeit festmachen ließe.

> Die nur teilweise ergiebige Entstehungsgeschichte ist kurz dokumentiert bei von Doemming/Füsslein/Matz, Entstehungsgeschichte der Artikel des Grundgesetzes, JöR 1 (1951), S. 207–210.

Aus diesem Grund ist das Verfahren nach Art. 21 Abs. 2 GG als ein solches der Prävention zu verstehen.

> So ausdrücklich *Denninger*, „Streitbare Demokratie" und Schutz der Verfassung, in: Benda/Meihofer/Vogel (Hrsg.), Handbuch des Verfassungsrechts, 2. Aufl. 1994, § 16 Rn. 61 ff., 63, in Entgegensetzung zur „Abwehr konkreter Gefahren für die Schutzgüter des Verfassungsschutzes"; *Klein*, in: Maunz/Dürig, Grundgesetz. Kommentar, Art. 21 Rn. 515 (64. Lieferung Januar 2012); *Volkmann*, in: Friauf/Höfling (Hrsg.), Berliner Kommentar zum Grundgesetz, Art. 21 Rn. 93 (3. Lieferung Dezember 2001); *Seifert*, Die politischen Parteien im Recht der Bundesrepublik Deutschland, 1975, S. 456.

Diese Einsicht erscheint auch deswegen zutreffend, weil die *politische* Gefahrenprognose, um die es in diesem Verfahren jedenfalls in der Phase vor der Antragserhebung für die Antragsteller geht, in aller Regel ihrerseits Gegenstand einer *politischen* Debatte ist: Die Frage, wie mit Gegnern der Demokratie in einer Demokratie umzugehen ist und ab welchem Punkt die politische Auseinandersetzung im demokratischen Meinungskampf durch eine Begrenzung des politischen Prozesses mit Mitteln des Rechts zu ergänzen ist, bleibt eine unter Demokraten stets sehr umstrittene Frage, für die es keine einfache und allgemein-gültige Lösung gibt.

Für das Grundgesetz konkretisiert sich dieses Problem in der Frage, wann ein dazu berechtigtes Verfassungsorgan einen Antrag stellen sollte,

> vgl. etwa aus der theoretischen Diskussion die Beiträge in *Leggewie/Meier* (Hrsg.), Verbot der NPD oder mit Rechtsradikalen leben?, 2002,

oder ob es, wenn die Verfassungsfeindlichkeit einer Partei manifest geworden ist, sogar dazu verpflichtet sein könnte, einen solchen Antrag zu stellen.

> So etwa *Ipsen*, in: *Sachs* (Hrsg.), Grundgesetz. Kommentar, 6. Aufl. 2011, Art. 21 Rn. 178.

Insoweit lässt sich die Debatte um die Einleitung eines Verfahrens nach Art. 21 Abs. 2 GG innerhalb und zwischen den antragsberechtigten Verfassungsorganen, die auch den vorliegenden Antrag begleitet hat, nicht als Schwäche verstehen, sondern als dem Verfahrenstyp angemessenes öffentliches *politisches Vorverfahren*, das dem Antrag – nicht der Entscheidung – seine Legitimation gibt.

> Vgl. zu den politischen Abwägungen hinsichtlich einer Antragstellung auch BVerfGE 40, 287 (291 f.).

Diese im Verfahren selbst angelegten Umstände schließen es im Ergebnis aus, das Verfahren des Art. 21 Abs. 2 GG als Mittel zur Abwehr konkreter Gefahren zu verstehen. Denn die Abwehr konkreter Gefahren geschieht unter der Bedingung der Unsicherheit über Tatsachen, nicht aber auch unter der Bedingung der Ungewissheit über normative Bewertungen. Zudem bezweckt die Norm anders als bei der polizeilichen Gefahrenabwehr nicht allein die Abwehr von Gefahren, sondern bereits die Verhinderung einer gefährlichen Lage.

> *Klein*, in: Maunz/Dürig, Grundgesetz. Kommentar, Art. 21 Rn. 527 (64. Lieferung Januar 2012).

Hierin liegt gegenüber der polizeilichen Gefahrenabwehr eine im Verfahren angelegte „Vorverlagerung des Staatsschutzes".

> Zutreffend *Klein*, in: Maunz/Dürig, Grundgesetz. Kommentar, Art. 21 Rn. 533 (64. Lieferung Januar 2012).

In den Worten des Bundesverfassungsgerichts dient Art. 21 Abs. 2 GG folgerichtig dazu, „das Aufkommen [sic!] von Parteien mit antidemokratischer Zielsetzung (zu) verhindern".

> BVerfGE 5, 85 (142), Hervorhebung hier.

Die Verwirklichung der verfassungsfeindlichen Ziele muss dagegen auch nicht in absehbarer Nähe bevorstehen.

> BVerfGE 5, 85 (143, 144, 208); *Klein*, in: Maunz/Dürig, Grundgesetz. Kommentar, Art. 21 Rn. 527 (64. Lieferung Januar 2012); *Streinz*, in: von Mangoldt/Klein/Starck, Kommentar zum Grundgesetz, Bd. 2, 6. Aufl. 2010, Art. 21 Abs. 2 Rn. 233.

Will man Art. 21 Abs. 2 GG systematisch einordnen, so handelt es sich also um ein Instrument der Prävention vor einer existenziellen politischen Bedrohung.

Dieser Schluss ergibt sich, *zum Zweiten*, auch daraus, dass Art. 21 Abs. 2 GG ein *gerichtliches* Verfahren vorsieht, in welchem das Bundesverfassungsgericht nicht die Entscheidung eines staatlichen Organs bestätigt oder für verfassungswidrig erklärt, sondern – für ein Verfassungsgericht höchst ungewöhnlich – diese Entscheidung selbst zu treffen hat, also maßnahmekonstitutiv tätig wird. Mit dieser Verfahrensform ist auf der einen Seite das Gewicht der Entscheidung angezeigt, die von der höchsten gerichtlichen Instanz innerhalb der grundgesetzlichen Ordnung zu treffen ist, um deren Schutz es geht. Zugleich ist damit systematisch klargestellt, dass diese Entscheidung nicht angesichts einer akuten Bedrohung der Ordnung ergehen soll, für deren Abwehr ein verfassungsgerichtliches Verfahren überfordert wäre. Im präventiven Bereich erfüllt die gerichtliche Kontrolle eine zentrale, aber auch spezifische Funktion, die im Fall der Abwehr konkreter Gefahren in aller Regel durch eine Kontrolle ex post erfüllt wird.

Weiter typisierte Beispiele bei *Voßkuhle*, Präventive Richtervorbehalte, in: Merten/Papier (Hrsg.), Handbuch der Grundrechte, Bd. V, 2013, § 131, Rn. 47–64.

Dieser etablierte prozedurale Zusammenhang gestattet einen Umkehrschluss: Dient ein gerichtliches Verfahren der unabhängigen, aber auch nur beschränkt unter Zeitdruck stehenden Überprüfung einer Rechtsfrage, kann eine solche Entscheidung nicht als Instrument der Abwehr konkreter Gefahren verstanden werden. Formuliert man diese Einsichten positiv, so handelt es sich beim Verfahren nach Art. 21 Abs. 2 GG also um ein solches der *justiziellen Prävention vor politischen Gefahren*.

bb) *Kontext* der *grundgesetzlichen Parteiendemokratie*

Die Norm des Art. 21 Abs. 2 GG ist im Kontext der grundgesetzlich ausgestalteten Stellung der politischen Parteien zu verstehen, die maßgeblich durch die Rechtsprechung des Bundesverfassungsgerichts entwickelt worden ist. Grundgesetz und verfassungsgerichtliche Rechtsprechung haben den politischen Parteien mehr und andere verfassungsrechtliche Verpflichtungen auferlegt als anderen grundrechtlich oder grundrechtsähnlich geschützten Rechtssubjekten.

Aus der Rechtsprechung nur BVerfGE 20, 56 (101); 85, 264 (287); 91, 276 (285 f.). Zum Überblick *Grimm*, Politische Parteien in: Benda/Maihofer/Vogel (Hrsg.), Handbuch des Verfassungsrechts, 2. Aufl. 1994, § 14 Rn. 18 ff.; grundlegend schon *Hesse*, Die verfassungsrechtliche Stellung der politischen Parteien im modernen Staat, VVDStRL 17 (1959), S. 11.

Entsprechend der systematischen Stellung des Art. 21 GG im Übergang von den grundrechtlichen zu den staatsorganisatorischen Regelungsgegenständen des Grundgesetzes hat das Bundesverfassungsgericht den Status der politischen Parteien definiert. Politische Parteien genießen grundrechtsähnliche Freiheits- und Gleichheitsrechte in ihrer Gründung und Betätigung. Zugleich unterliegen sie Verpflichtungen, die für staatliches Handeln typisch sind, wie die Pflicht zu einer demokratischen Binnenorganisation, Art. 21 Abs. 1 Satz 2 GG, und zu einer transparenten Finanzierung, Art. 21 Abs. 1 Satz 3 GG.

Dazu nur *Morlok*, in: Dreier (Hrsg.), Grundgesetz. Kommentar, Bd. 2, 2. Aufl. 2006, Art. 21 Rn. 109 ff.

Als Vermittler zwischen einem staatsfreien politischen Prozess und der Staatsorganisation, in die ihre Mitglieder als demokratische Repräsentanten gewählt werden können, unterliegen politische Parteien unter dem Grundgesetz deutlich mehr und normhierarchisch höher stehenden, nämlich verfassungsunmittelbaren, Pflichten als normale Grundrechtsträger.

Diese Pflichten weisen politischen Parteien eine grundlegend andere Rolle zu als in konsequent liberalen politischen Ordnungen, in denen Parteien im Prinzip als private Vereine behandelt werden.

Für die USA *Issacharoff/Karlan/Pildes*, The Law of Democracy, 3. Aufl. 2007, Kap. 4, S. 202 ff.

Für die Auslegung des Art. 21 Abs. 2 GG hat dies systematische Konsequenzen. Die Entwicklung eines Maßstabs für die Begründetheit eines Parteiverbotsverfahrens muss sich an dem verfassungsrechtlichen Pflichtenkanon ebenso orientieren wie an der vom Grundgesetz gewollten und vom Bundesverfassungsgericht in einer reichen Rechtsprechung weiter entwickelten relativen Nähebeziehung zwischen dem Staat und den politischen Parteien. Gehen nämlich mit den Rechten auf staatliche Unterstützung auch die genannten spezifischen Pflichten einher, dann folgt der Maßstab, an dem ein Parteiverbotsverfahren zu messen ist, jedenfalls nicht allgemeinen grundrechtlichen Kriterien. Vielmehr ergibt sich das Anliegen des Verfassungsgebers, ein solches Verfahren bereits im Vorfeld einer konkreten Gefährdung zu ermöglichen, eben aus dieser Sonderstellung politischer Parteien. Dies wäre für normale Grundrechtsträger nicht einsichtig. Im Verfahren des Art. 21 Abs. 2 GG geht es nicht um die Überprüfung der Reichweite von Grundrechten zugunsten politischer Parteien, sondern um die Bedingungen der Anwendung solcher Grundrechte.

b) Status des Verfahrens nach Art. 21 Abs. 2 GG: kein Funktionsverlust der Norm – keine Verschärfung der Kriterien

Wie sich aus der so vorgenommenen systematischen Funktionsbestimmung ergibt, hat das Verfahren des Art. 21 Abs. 2 GG durch die Etablierung und Sicherung der grundgesetzlichen Demokratie seine Funktion nicht verloren.

> So auch eingehend *Klein*, in: Maunz/Dürig, Grundgesetz. Kommentar, Art. 21 Rn. 494 (64. Lieferung Januar 2012); ferner *Henke*, in: Kahl/Waldhoff/Walter (Hrsg.), Bonner Kommentar zum Grundgesetz, Art. 21 Rn. 345 a. E. (64. Lieferung November 1991); *Stern*, Das Staatsrecht der Bundesrepublik Deutschland, Bd. 1, 2. Aufl. 1984, S. 207.

Weder die Autoren des Grundgesetzes noch die ihnen folgenden Akteure des bundesdeutschen Verfassungslebens verstanden das Verfahren des Art. 21 Abs. 2 GG als bloß transitorisches Instrument, das allein die Probleme des Übergangs von der Diktatur zur Demokratie nach 1945 begleiten sollte. Vielmehr ist die Norm im allgemeinen Verständnis der Verfassungsschöpfer wie der die Verfassung ausführenden Praktiker als ein besonderer Teil dieser Ordnung verstanden worden, der durchgehend für die grundgesetzliche Ordnung bereitsteht.

> Vgl. auch BVerfGE 30, 1 (19 f.); auch in BVerfGE 2, 1; 5, 85 werden die Normen nicht anders behandelt; *Seifert*, Die politischen Parteien im Recht der Bundesrepublik Deutschland, 1975, S. 450: „Art. 21 II GG ist eine der für den Gesamtcharakter der Verfassung wichtigsten Normen des Grundgesetzes, eine ‚Grundentscheidung' der Verfassung."

Zudem können geschriebene Normen des Grundgesetzes durch Nichtanwendung nicht aus der „Übung" geraten und ihre Geltung verlieren.

> So ausdrücklich für das Verfahren nach Art. 21 Abs. 2 GG *Klein*, in: Maunz/Dürig, Grundgesetz. Kommentar, Art. 21 Rn. 494 (64. Lieferung Januar 2012).

Auch wirkliche oder vermeintliche Veränderungen in der Stellung der Parteien in der Gesellschaft und im politischen Prozess führen nicht zur Nichtanwendbarkeit von Art. 21 Abs. 2 GG. Dagegen hat *Ulrich K. Preuß* im Vorfeld des Verbotsverfahrens von

2001 betont, dass der Verbotstatbestand vor dem Hintergrund „massendemokratischer Herausforderungen" konzipiert worden sei, also festgefügter Parteistrukturen wie sie sowohl für die NSDAP als auch für die KPD bekannt waren. Verfassungswidrige Parteien seien daher als „massendemokratische Herausforderungen" des liberalen Rechtsstaats gesehen worden, das Verbot sollte einen organisatorischen Kern der Verfassungsgefährdung treffen. Da nun – so *Preuß* – sich die politische Willensbildung wie auch die gesellschaftliche Grundorientierung der Bürgerinnen und Bürger von politischen Parteien zu zivilgesellschaftlichen Lebens- und Arbeitszusammenhängen wie Bürgerinitiativen, Netzwerken, Selbsthilfegruppen u. ä. verlagert hätten, greife ein Parteiverbot quasi ins Leere.

Preuß, Die empfindsame Demokratie, Frankfurter Allgemeine Zeitung vom 22. August 2000, S. 51.

Selbst wenn die Diagnose eines Bedeutungsverlustes politischer Parteien richtig wäre, erwiese sich die Schlussfolgerung jedoch nicht als zwingend. Sie berücksichtigt nicht, dass gerade im extremistischen Bereich der organisatorische Anker einer intakten Partei oftmals unverzichtbar für die politische Tätigkeit ist und bleibt.

So auch der Kritiker von Verbotsverfahren *Eckart Klein,* Ein neues NPD-Verbotsverfahren?, 2012, S. 15: „Nun können wir tatsächlich eine Abschwächung der Anziehungskraft und integrierenden Wirkung politischer Parteien im Allgemeinen konstatieren. [...] Dennoch ist die Annahme schwerlich richtig, dass die Bindewirkung des Parteiapparates gerade bei extremistischen Gruppen nachgelassen hat, deren Mitglieder meist erst aus diesem organisatorischen Zusammenhang ihre Stärke, ihr Selbstbewusstsein und ihre Zielrichtung beziehen. Aber auch darüber hinaus sind politische Parteien entgegen der Analyse von Preuß auch heute noch mächtige Apparate. Der gesellschaftliche Wandel vermag daher das Verbot politischer Parteien nicht aus faktisch-soziologischen Gründen zu diskreditieren."

Spätere Entscheidungen des Bundesverfassungsgerichts, die zwar nicht in der Sache ergingen, hatten jedoch prozessual Gelegenheit gehabt, sich entsprechend zu äußern, taten dies aber nicht.

BVerfGE 91, 276; 107, 339; indirekt auch BVerfGE 40, 287 (291 f.).

Hat die Norm des Art. 21 Abs. 2 GG durch Zeitablauf nichts von ihrer Geltungskraft verloren, so hat die historische Entwicklung auch nicht dazu geführt, dass sich die Kriterien ihrer Anwendung verschärft hätten. Dies ergibt sich bereits aus der soeben entwickelten systematischen Funktion des Verfahrens.

Soeben oben C I 1 a [S. 108].

Denn selbst wenn man die historische Situation der frühen 1950er Jahre als politisch besonders gefährdete Situation für eine junge Demokratie verstehen will, ist das Verfahren nach Art. 21 Abs. 2 GG eben gerade nicht auf eine konkrete Gefährdungslage ausgerichtet, sondern dient der internen Stabilisierung des immer wieder neu gefährdeten offenen politischen Prozesses in einer Demokratie.

Dabei ist auch zu bedenken, dass die interne Gefährdung der bundesrepublikanischen Demokratie der 1950er Jahre durch die völkerrechtlich abgesicherten alliierten Reservatrechte bis zu einem gewissen Grad kompensiert werden konnten, die nach 1989 durch den Zwei-plus-Vier-Vertrag abgelöst wurden.

> Vgl. etwa zur Intervention der britischen Besatzungsmacht bei der nordrhein-westfälischen FDP wegen rechtsradikaler Umtriebe nochmals *Herbert*, Best. Biographische Studien über Radikalismus, Weltanschauung und Vernunft, 3. Aufl. 1996, S. 467 ff.

In dem bis zur Wiedervereinigung ohnehin einem besonderen Rechtsstatus unterliegenden West-Berlin hatten die westalliierten Siegermächte durch über 40 „Berlin-Kommandantura-Orders" mit Gesetzeskraft seit 1969 und bis 1990 ein weitgehendes Verbot öffentlicher Auftritte der NPD verhängt, vgl. *Kopietz*, Die NPD durfte unter den Alliierten nicht öffentlich auftreten, Berliner Zeitung vom 20. Oktober 2010; *Laue*, Die NPD unter dem Viermächtestatus Berlins, 1993, S. 65 ff.

Aus dieser Sicht ist mit der Stabilisierung und Konsolidierung der grundgesetzlichen Demokratie, die nicht in Abrede zu stellen ist, eine Umstellung von kombiniert externer und interner auf eine rein interne Prävention verbunden, die das Verfahren nach Art. 21 Abs. 2 GG für die gegenwärtige Situation nicht weniger geeignet werden lässt.

Dieser Eindruck findet seine Bestätigung schließlich in der Beobachtung, dass die Etablierung eines verfassungsgerichtlichen Parteiverbotsverfahrens durch das Grundgesetz kein unübliches Verfahren darstellt.

> Vgl. jetzt European Commission for Democracy through the Law (Venice Commission), Compilation of Venice Commission and Reports concerning Political Parties, CDL(2013)045, Strasbourg, 16 October 2013, p. 38 ff.; ferner *Henke*, in: Kahl/Waldhoff/Walter (Hrsg.), Bonner Kommentar zum Grundgesetz, Art. 21 Rn. 345: „historisch und international kein Sonderfall" (64. Lieferung November 1991). Zur relativen Wertigkeit des Rechtsvergleichs in diesem Bereich allerdings *Klein*, in: Maunz/Dürig, Grundgesetz. Kommentar, Art. 21 Rn. 506 f. (64. Lieferung Januar 2012).

Damit erscheint die Regel des Art. 21 Abs. 2 GG nicht als ein absonderliches Instrument, geboren aus der Not einer spezifischen historischen Situation, sondern vielmehr als Ausdruck einer verbreiteten und weiterhin funktionalen Form des internen gerichtsförmigen Verfassungsschutzes.

c) Adressat der Norm: das Problem der Zurechnung

Die Zurechnung verfassungsfeindlichen Handelns zu einer politischen Partei bedarf einer angemessenen Regel. Im Normalfall handeln Individuen im Rahmen eines Rechtsverhältnisses in einer der Partei zurechenbaren Art und Weise. Zurechnungsregeln ergeben sich aus dem Zusammenwirken von Normen des öffentlichen und des Privatrechts mit internen Regeln der Partei: Wenn ein Funktionsträger, etwa ein Vorstandsmitglied, für eine Partei spricht, bestehen keine Zweifel an dieser Zurechenbarkeit. Eine Partei als juristische Person oder nichtrechtsfähiger Verein handelt durch ihre satzungsmäßig berufenen Organe. Die Zurechnung des Handelns der Organwalter erfolgt zivil- und parteienrechtlich. Private Handlungen können der Partei nicht zugerechnet werden. Für rechtswidriges und strafbares Verhalten muss das freilich näher konkretisiert werden, denn die zivil- oder parteienrechtliche Ermächtigung von Funktionsträgern einer Partei umfasst kein rechtswidriges oder gar strafbares Handeln.

Für die Zurechnung von Handlungen für ein Verfahren nach Art. 21 Abs. 2 GG ergeben sich sowohl aus dem Wortlaut der Norm (aa) [S. 115] als auch der systematischen Stellung (bb) [S. 115] Besonderheiten, die zu einer Re-Formulierung der Zurechnungsgrundsätze führen müssen (cc) [S. 116].

aa) Wortlaut: „Anhänger"

Art. 21 Abs. 2 GG stellt mit seiner Formulierung klar, dass die Zurechnung verfassungsfeindlichen Verhaltens zu einer politischen Partei nicht durch ein Mitgliedschaftsverhältnis vermittelt sein muss. Diese Formulierung ist so gewählt worden, um eine naheliegende Umgehung des Tatbestandes durch informelle Zugehörigkeitsformen auszuschließen.

> *Klein*, in: Maunz/Dürig, Grundgesetz. Kommentar, Art. 21 Rn. 537 (64. Lieferung Januar 2012); *Kunig*, in: v. Münch/Kunig (Hrsg.), Grundgesetz. Kommentar, Bd. 1, 6. Aufl. 2012, Art. 21 Rn. 77.

Damit bedarf es modifizierter Zurechnungskriterien, die ein in Frage stehendes Verhalten in einen örtlichen und zeitlichen Nähezusammenhang zu der Partei stellen können und die mit einer bestimmten Nachhaltigkeit oder Dauer zu beobachten sind. Konkret bedeutet dies, dass Handlungen und Äußerungen, die im Zusammenhang von Veranstaltungen der politischen Partei stattfinden – und die sich bei ganzheitlicher Betrachtung nicht nur als atypische Einzelereignisse darstellen – der politischen Partei auch dann zugerechnet werden müssen, wenn ihre konkreten Verursacher nicht Mitglieder der Partei sind.

> So schon BVerfGE 2, 1 (22).

bb) Systematik und Zurechnung von Rechtsbrüchen

Erweitert diese Regel den Kreis der zuzurechnenden Handlungen, so bleibt es trotzdem dabei, dass sich die Zurechnung zur Partei im Ganzen auch an der formalisierten Binnenorganisation der Partei zu orientieren hat. Handlungen von Funktionären sind – je nach ihrem Rang in der Organisation – für die Partei repräsentativer als Handlungen eines einfachen Mitglieds oder eines Anhängers. Gemeinsame Eigenschaften der Führungsebene einer Partei erlauben eine Beurteilung der Partei im Ganzen.

Für die Zurechnung von rechtswidrigem Handeln oder strafbaren Handlungen ist zudem Folgendes zu beachten: Unmittelbar der Parteiorganisation zurechenbare Handlungen können problemlos in das Verfahren einbezogen werden. Daraus folgt jedoch nicht, dass alles rechtswidrige oder strafbare Verhalten von Funktionären, Mitgliedern oder Anhängern per se einer Partei nicht zurechenbar wäre. Vielmehr muss bei der Zurechnung solcher Handlungen geprüft werden, inwieweit sie einen politischen Hintergrund zeigen, der sich mit den legalen politischen Aktivitäten der Partei in einen Zusammenhang bringen lässt. Das strafbare Verbreiten volksverhetzender Inhalte während einer Parteiveranstaltung durch einen Funktionär, ein Mitglied oder einen Anhänger etwa kann unter bestimmten Bedingungen auch dann der Partei zugerechnet werden, wenn eine interne Regel solches Verhalten verbietet. Eine Zurechnung erscheint nämlich dann geboten, wenn das fragliche Verhalten keine besondere Ausnahme, sich also nicht als völlig atypisch für solche Veranstaltungen darstellt, und wenn es – unter Umständen durch die erste Voraussetzung indiziert – Anzeichen dafür gibt, dass solche Regelbrüche in einer Art und Weise von der Parteiorganisation geduldet werden, die zeigt, dass entgegenstehende Regeln allein der Täuschung über ihre wirklichen politischen Absichten dienen.

Bei der Maßstabsbildung zur Zurechnung kann zudem auf die Rechtsprechung des Bundesverwaltungsgerichts zu Verboten rechtsextremistischer Vereine zurückgegriffen werden. Laut Bundesverwaltungsgericht versuchen Vereinigungen – wie auch die Antragsgegnerin –

dazu oben A I 1 [S. 46],

„erfahrungsgemäß", „etwaige verfassungsfeindliche Bestrebungen [...] zu verheimlichen". Hieraus schließt das Gericht, dass sich der Verbotstatbestand nur aus einem „Gesamtbild" ergeben kann, das „sich aus einzelnen Äußerungen und Verhaltensweisen zusammenfügt".

St. Rspr. Vgl. nur BVerwG, NVwZ 2013, 870, 871, Rn. 17; BVerwG, NVwZ-RR 2011, 14, 15 Rn. 14.

Dabei werde die Aussagekraft einer Äußerung – gerade wegen der Verdeckungsabsicht – nicht dadurch gemindert, dass sie „einer mehr oder weniger großen Zahl unverfänglicher Sachverhalte scheinbar untergeordnet" ist.

St. Rspr. Vgl. nur BVerwG, NVwZ 2013, 870, 871, Rn. 17; NVwZ-RR 2011, 14, 15 Rn. 14.

Soweit hierbei Äußerungen von Funktionsträgern verwertet werden, komme es „nicht darauf an, ob diese Äußerungen im unmittelbaren Zusammenhang mit der Arbeit für die Vereinigung stehen". Denn verfassungsfeindliche Bestrebungen einer Vereinigung könnten auch „aus einer entsprechenden Grundeinstellung ihrer Funktionsträger geschlossen werden", weshalb es keine „trennscharfe Unterscheidung zwischen einer rein privaten und einer der Vereinigung zuzurechnenden Sphäre" gebe.

BVerwG, NVwZ 2013, 870, 871, Rn. 18. Vgl. auch BVerwG, NVwZ-RR 2011, 14, 17 Rn. 30.

Daraus zieht das Bundesverwaltungsgericht folgende Konsequenz für die Zurechnung: „Stammen Texte und Äußerungen von leitenden Mitgliedern einer Vereinigung *oder* [Hervorhebung nur hier] wird ihr Inhalt von ihnen erkennbar befürwortet, sind diese Äußerungen und Texte der Vereinigung auch dann zuzurechnen, wenn sie als solche nicht für die Vereinstätigkeit erstellt oder in ihr verwandt worden sind, jedoch den ideologischen Hintergrund kennzeichnen, vor dem die Verantwortlichen der Vereinigung handeln."

BVerwG, NVwZ 2013, 870, 871, Rn. 18. Vgl. auch BVerwG, NVwZ-RR 2011, 14, 17, Rn. 30.

cc) *Insbesondere: strafbares und gewaltsames Handeln*

Darüber hinaus kann gewaltsames und anderes strafbares Handeln, auch wenn es außerhalb einer im engeren Sinne parteipolitischen Sphäre bei Anhängern oder Mitgliedern vorkommt, unter bestimmten Umständen als der Partei zurechenbar bewertet werden. Dies ist jedenfalls dann der Fall, wenn es von einer relevanten Zahl an Personen, namentlich wenn es bei Funktionären der Partei in einer herausgehobenen Stellung zu beobachten ist. Unter diesen Bedingungen kommt in der gehäuften Zahl solcher Handlungen durch Repräsentanten eben auch eine besondere Haltung zur Rechtsordnung zum Ausdruck, die zugleich beide Tatbestände des Art. 21 Abs. 2 GG erfüllen kann: in der Sache eine feindliche Einstellung gegenüber dem durch Art. 79 Abs. 3 GG geschützten staatlichen Gewaltmonopol,

> dazu sogleich C I 2 [S. 117],

in der Form aber die aktiv kämpferische, aggressive Haltung, die grundsätzlich noch nicht einmal rechtswidriges, geschweige denn gewalttätiges Verhalten verlangt.

> dazu sogleich unten C I 3 [S. 131].

dd) Zwischenfazit

Die Zurechnung von verfassungsfeindlichen Handlungen zu einer politischen Partei erfolgt im Verfahren nach Art. 21 Abs. 2 GG nach sich aus dieser Norm ergebenden spezifischen Maßstäben. Sie beschränkt sich nicht auf das Handeln von Mitgliedern. Sie ist nicht an parteieigene Regeln gebunden, wenn ein Verstoß gegen solche Regeln von der Partei geduldet wird. Sie kann, insbesondere mit Blick auf die Haltung zum Gewaltmonopol des Staates, auch Handlungen außerhalb der im engeren Sinne politischen Sphäre einbeziehen.

2. Inhaltliche Zielsetzung: Freiheitliche demokratische Grundordnung

Der vorliegende Antrag wird sich hinsichtlich der politischen Zielsetzung der Antragsgegnerin, wie gesagt, auf die erste Alternative des Verbotstatbestandes beschränken, also auf den Fall einer beabsichtigten Beeinträchtigung oder Beseitigung der freiheitlichen demokratischen Grundordnung. Die Konkretisierung dieses Schutzgutes als dem materiellen Kriterium für ein Parteiverbotsverfahren ergibt sich in einem ersten Schritt aus der Normenhierarchie des Grundgesetzes. Nur solche Inhalte können ein Verbot rechtfertigen, die der Änderung des Grundgesetzes entzogen sind, sonst wäre dieser im Grundgesetz ausdrücklich vorgesehene Mechanismus nicht in demokratisch offener Weise zu bedienen.

> *Ipsen*, in: Sachs (Hrsg.), Grundgesetz. Kommentar, 6. Aufl. 2011, Art. 21 Rn. 160; *Streinz*, in: von Mangoldt/Klein/Starck, Kommentar zum Grundgesetz, Bd. 2, 6. Aufl. 2010, Art. 21 Abs. 2 Rn. 224.

Darüber hinaus ist anerkannt, dass sich das Parteiverbotsverfahren nicht auf alle Anforderungen des Art. 79 Abs. 3 GG, sondern nur auf dessen *politischen Kern* bezieht, der die Organisation des demokratischen Rechtsstaates und die Achtung vor dem normativen Status des Einzelnen betrifft, der aber nicht notwendig alle Garantien des Art. 79 Abs. 3 GG umfasst. Zum politischen Kern des Art. 79 Abs. 3 GG zählt zumindest eine normative Ordnung, die, von der unantastbaren Würde jedes Menschen ausgehend, die konstitutive Gleichheit aller politischen Subjekte und den Schutz ihrer Rechte in einem unabhängigen Verfahren garantiert. Dies sind in der Systematik des Grundgesetzes die

Prinzipien von Demokratie und Rechtsstaat auf der Grundlage der Garantie der Menschenwürde.

Zur Anerkennung eines solchen Zusammenhangs in der Rechtsprechung BVerfGE 123, 267 (413).

Das bedeutet umgekehrt: Zwar sind weder der politische Kampf für die Einführung einer konstitutionellen Monarchie noch derjenige für die Abschaffung des Bundesstaates mit Art. 79 Abs. 3 GG vereinbar. Trotzdem genügen beide nicht den materiellen Maßstäben des Parteiverbotsverfahrens, weil sie die politische Identität des demokratischen Rechtsstaates in seinem Kern unberührt lassen.

Der vorliegende Antrag kann sich aus diesem Grund auf die Konkretisierung von einzelnen Schutzgehalten des Art. 79 Abs. 3 GG beschränken, deren Zugehörigkeit zum Programm des Art. 21 Abs. 2 Satz 1 GG unbestritten ist. Dies sind für die Anliegen des vorliegenden Verfahrens spezifische konkrete Ausformungen der Garantie der Menschenwürde (a) [S. 118], des Demokratieprinzips (b) [S. 120] und des Grundsatzes der Rechtsstaatlichkeit (c) [S. 125]. Aufmerksamkeit ist schließlich auf den verfassungsrechtlich umhegten Umgang mit der Geschichte des deutschen Nationalsozialismus zu legen (d) [S. 126].

a) Menschenwürde als allgemeines Recht auf Grundrechte: Verbot eines ethnischen Personenbegriffs und Gebot des normativen Individualismus

Aus seinem Bezug auf den Grundsatz der Menschenwürde in Art. 1 Abs. 1 i. V. m. Art. 79 Abs. 3 GG verbietet es Art. 21 Abs. 2 GG politischen Parteien, ein gegen die Garantie der Menschenwürde verstoßendes politisches Programm zu verfolgen.

Reichweite und Bedeutung der ein „tragendes Konstitutionsprinzip und obersten Verfassungswert" darstellenden

BVerfGE 109, 279 (211); 72, 105 (115); 45, 187 (227); 6, 32 (36),

grundgesetzlichen Menschenwürdegarantie sind freilich durchaus umstritten. Für das vorliegende Verfahren lässt sich die Garantie jedoch auf einen in der Sache konsentierten Aspekt konkretisieren. Die Würde des Menschen ist ein allen Menschen unabhängig von ihrer Herkunft, Ethnie oder Staatsangehörigkeit zustehendes Menschenrecht.

Vgl. zuletzt BVerfG Urt. v. 18.7.2012, 1 BvL 10/10 – 1 BvL 2/11 –, Tz. 89. Auch vergleichend *Damm*, Menschenwürde, Freiheit, komplexe Gleichheit: Dimensionen grundrechtlichen Gleichheitsschutzes, 2006, S. 379 ff., 384 ff. Ferner *Hofmann*, Die versprochene Menschenwürde, AöR 118 (1993), S. 353 (376); *Dreier*, in: Dreier (Hrsg.), Grundgesetz. Kommentar, Bd. 1, 3. Aufl. 2013, Art. 1 Rn. 58; *Schaefer*, Das Individuum als Grund und Grenze deutscher Staatlichkeit, AöR 135 (2010), S. 404 ff.; *Enders*, in: Friauf/Höfling (Hrsg.), Berliner Kommentar zum Grundgesetz, Art. 1 Rn. 7–17 (13. Lieferung Juli 2005); *Podlech*, in: Denninger u. a. (Hrsg.), Kommentar zum Grundgesetz für die Bundesrepublik Deutschland (Reihe Alternativkommentare), 3. Aufl. 2001 ff., Art. 1 Abs. 1 Rn. 30: rassische Diskriminierung als klarer Menschenwürdeverstoß; *Höfling*, in: Sachs (Hrsg.), Grundgesetz. Kommentar, 6. Aufl. 2011, Art. 1 Rn. 33: „Zur Würde des Menschen in einem Gemeinwesen gehört, dass ihm nicht ein rechtlich abgewerteter Status zugewiesen wird. Verboten sind danach nicht nur Sklaverei und rassische Diskriminierungen, sondern auch andere, ähnlich demütigende Ungleichbehandlungen."; *Kirchhof*, Allgemeiner Gleichheitssatz, in: Isensee/Kirchhof (Hrsg.), Handbuch des

Staatsrechts der Bundesrepublik Deutschland, Bd. 8, 3. Aufl. 2010, § 181 Rn. 51 ff., insbes. 54: „Zur Statusgleichheit des Menschen gehören insbesondere sein Willkommen als Mensch, Person und Persönlichkeit in dieser Rechtsordnung, seine Anerkennung in dieser Rechtsgemeinschaft, weil er Mensch ist. Aus der Garantie der Menschenwürde und der Freiheit der Person gewinnt jeder Mensch einen Anspruch auf existenzielle Zugehörigkeit des Inländers zur Sozialgemeinschaft des Staates, die ihm die Befriedigung seines existenznotwendigen Bedarfs sichert." Rn. 55: „Auch darf der Mensch nicht aus Gründen, die er nicht zu vertreten hat, einen rechtlich abgewerteten Status erleiden." *Herdegen*, in: Maunz/Dürig, Grundgesetz. Kommentar, Art. 1 Abs. 1 Rn. 52, 120 (55. Lieferung Mai 2009).

„Würde ist egalitär."

Isensee, Würde des Menschen, in: Merten/Papier (Hrsg.), Handbuch der Grundrechte, Bd. 4, 2011, § 87 Rn. 168.

Sie ist zugleich der Ausgangspunkt nicht nur aller weiteren Grundrechte, sondern auch des Legitimationsanspruchs aller durch das Grundgesetz zu legitimierenden Herrschaft. Die politische Herrschaft des Grundgesetzes fußt auf der individuellen Würde der Bürgerinnen und Bürger, nicht umgekehrt.

Dreier, in: Dreier (Hrsg.), Grundgesetz. Kommentar, Bd. 1, 3. Aufl. 2013, Art. 1 II, Rn. 13; Hofmann, JZ 1992, 165 (168 ff.).

Mit einem solchen Recht verbindet sich zwar nicht die Erstreckung des Schutzbereichs aller anderen Grundrechte des Grundgesetzes auf alle Menschen. Die Menschenwürdegarantie, wie auch immer sie zu verstehen ist, erweist sich im Ergebnis in jedem Fall als sachlich enger und sie löst auch die vom Grundgesetz gezogene Unterscheidung zwischen allgemeinen Grundrechten und Deutschengrundrechten nicht auf. Doch garantiert Art. 1 Abs. 1 GG die Anerkennung einer fundamentalen Rechtsfähigkeit aller Menschen, in der Formulierung *Hannah Arendts* eines „Rechts auf Rechte".

Hannah Arendt, Es gibt nur ein einziges Menschenrecht, Die Wandlung IV 1949, S. 754–770. Die Rezeption dieses Grundsatzes für Art. 1 Abs. 1 GG ist bei *Enders*, Die Menschenwürde in der Verfassungsordnung, 1997, S. 442 ff., entwickelt.

Damit sind vier Gehalte der Menschenwürdegarantie bezeichnet:
Zum Ersten garantiert die Menschenwürdegarantie jedem Menschen ein basales Minimum an Rechten.

Damit ist, *zum Zweiten*, auch ein Gleichheitsgehalt umfasst. Die Menschenwürdegarantie funktioniert als ein Recht, nicht als ein Privileg und das bedeutet, dass sie jedem Menschen den *gleichen* minimalen Rechtsstatus zuerkennt.

Zum Dritten spricht die Menschenwürde allen Menschen ein *Potenzial* zu mehr Rechten als diesem Minimalstandard zu, indem sie durch Wechsel der Staatsangehörigkeit,

dazu sogleich C I 2 b aa [S. 120],

oder durch die Vermittlung supra- oder internationaler Normen einen über den Stand der Menschenwürdegarantie hinausgehenden Rechtebestand zugewiesen bekommen können. Nicht nur bekommen alle Menschen durch die Garantie der Menschenwürde also einen basalen Rechtsanspruch zugesprochen. Sie werden durch die Garantie vielmehr auch in diejenige Klasse von Rechtssubjekten aufgenommen, der auch weitere subjektive Rechte zugesprochen werden kann. Die Menschenwürde garantiert einen solchen Rechtebestand nicht selbst, aber sie garantiert, dass alle Menschen an solchen Entwicklungen des Rechtsbestands teilnehmen können.

Zum vierten stellt die systematische Stellung der Menschenwürde zu Beginn des Grundgesetzes klar, dass jede Art von politischer Vergemeinschaftung sich aus der Berechtigung des Individuums herleiten muss, und nicht umgekehrt, individuelle Würde als bloß abgeleitetes Phänomen einer politischen Gemeinschaft verstanden werden darf.

Im Umkehrschluss verbietet Art. 1 Abs. 1 i. V. m. Art. 79 Abs. 3 GG auch dem verfassungsändernden Gesetzgeber, zwischen verschiedenen Gruppen von Menschen eine Unterscheidung einzuziehen, die einige von dieser Entwicklungsperspektive ausschließt, die es also verbieten würde, dass eine bestimmte Gruppe von Menschen nicht in den Bereich der Berechtigten aufgenommen werden dürfte, die unter dem Grundgesetz Staatsbürger werden könnten. Die Menschenwürdegarantie statuiert in dieser Hinsicht ein *menschenrechtliches Exklusionsverbot*. Zugleich verbietet es die Menschenwürdegarantie, den Einzelnen zur bloßen Funktion eines bestimmten Politikverständnisses zu machen. Sie gebietet vielmehr einen normativen Individualismus. Als ein Element von Art. 1 Abs. 1 GG ist diese Garantie auch von Art. 21 Abs. 2 Satz 1 GG umfasst, der damit eine entsprechende politische Zielsetzung einer politischen Partei als verfassungswidrig ausschließt.

b) Demokratieprinzip

Das Demokratieprinzip des Art. 20 Abs. 2 Satz 1 GG ist ein entwicklungsoffener Grundsatz, der es dem einfachen Gesetzgeber und dem verfassungsändernden Gesetzgeber ermöglicht, das demokratische Repräsentationsverfahren auf vielfältig verschiedene Art und Weise auszugestalten.

Art. 79 Abs. 3 i. V. m. Art. 21 Abs. 2 Satz 1 GG zwingt allerdings zur Bestimmung eines Kerns des Demokratieprinzips, der der Änderung entzogen ist. Dieser Kern ist sicherlich enger zu ziehen als die Rechtsprechung des Bundesverfassungsgerichts zu den aus Art. 20 Abs. 2 Satz 1 GG folgenden Grenzen der Verwaltungsorganisation oder des Wahlrechts. Er hat sich auf ein basales Verständnis von Demokratie als einer Herrschaft politischer Gleichheit zu beschränken, die von der Ausgestaltung demokratischer Repräsentation absieht. Für den vorliegenden Fall ergeben sich aus Art. 20 Abs. 2 Satz 1 i. V. m. Art. 79 Abs. 3 GG die folgenden Maßgaben für die Auslegung von Art. 21 Abs. 2 Satz 1 GG.

aa) Offener, gesetzlich ausgestalteter Volksbegriff

Art. 20 Abs. 2 Satz 1 GG verbietet eine ethnische Konzeption des deutschen Volkes, die es dem Gesetzgeber verwehren würde, die Staatsangehörigkeit offen auszugestalten.

Wie das Bundesverfassungsgericht in seiner Rechtsprechung zum kommunalen Wahlrecht für Ausländer ausdrücklich festgestellt hat, steht die Ausgestaltung der deutschen Staatsangehörigkeit und das mit dieser verbundene Wahlrecht dem demokratischen Bundesgesetzgeber offen.

> Ausdrücklich BVerfGE 83, 37 (52).

Schließt das Grundgesetz die Verteilung politischer Beteiligungsrechte durch den ausdrücklichen Bezug von Art. 20 Abs. 2 Satz 1 GG auf das deutsche Staatsvolk zunächst ab, so öffnet es diese Schließung wiederum durch die Möglichkeit, für eben dieses Staatsvolk im Wege der Gesetzgebung die Bedingungen der eigenen Zugehörigkeit anders zu gestalten.

> Vgl. insbesondere *Gärditz,* Der Bürgerstatus im Licht von Migration und europäischer Integration, VVDStRL 71 (2013), S. 49 (118 ff.); *Walter,* Der Bürgerstatus im Licht von Migration und europäischer Integration, VVDStRL 71 (2013), S. 7 (33 ff.).

Die Bestimmung der Kriterien der Staatsangehörigkeit obliegt also dem demokratischen Gesetzgeber. Sie stellt klar, dass das Grundgesetz einem *politischen*, keinem traditionalen oder historischen Volksbegriff folgt.

> Historisch *Gosewinkel*, Einbürgern und ausschließen, 2. Aufl. 2003, S. 109 ff.; 278 ff.; zur Entwicklung auch *Brubaker*, Staats-Bürger. Deutschland und Frankreich im historischen Vergleich, 1994.

Dieser Volksbegriff kann zwar an Herkunftskriterien wie namentlich die Staatsangehörigkeit der Eltern anschließen. Eine solche Anknüpfung bezieht ihre Geltung aber aus der politischen Entscheidung des demokratischen Gesetzgebers in der rechtsstaatlichen Form des Gesetzes. Die Zugehörigkeit zum deutschen Volk wird vom Grundgesetz weder als etwas Naturwüchsiges noch als unvermeidliche Konsequenz einer historischen Entwicklung bewertet, sondern vielmehr als Ergebnis einer demokratischen Entscheidung. Die Zugehörigkeitskriterien lassen sich durch den demokratischen Prozess ändern – und auch so gestalten, dass biologische Kriterien ihre Relevanz verlieren. Sind sie einmal auf eine bestimmte Art und Weise ausgestaltet, können gegen deutsche Staatsangehörige keine anderen Zugehörigkeitskriterien mehr ins Feld geführt werden.

Diese Zuweisung folgt ihrerseits aus dem Demokratieprinzip des Art. 20 Abs. 2 Satz 1 GG und hat am Kernbestand des Art. 79 Abs. 3 GG teil. Denn wenn Art. 79 Abs. 3 GG die notwendigen Bedingungen demokratischer Herrschaft unter seinen Schutz stellt, dann gehört zu diesen neben einer Minimalbestimmung des demokratischen Verfahrens auch eine grundsätzliche Garantie ihrer Reichweite.

Eine entscheidende Frage, die der politischen Gestaltung durch den demokratischen Prozess unterworfen werden muss, ist aber eben diejenige, wer dem demokratischen Subjekt angehört. Wäre diese dem demokratischen Prozess entzogen, würde der demokratische Prozess ein wesentliches Element des Anspruchs, Selbstbestimmung unter Gleichen zum Ausdruck zu bringen, verlieren – denn damit wäre die Mitgliedschaft zum demokratischen Subjekt selbst nicht mehr Ergebnis einer – aktuellen oder möglichen – demokratischen Gestaltung.

Im Umkehrschluss verbietet Art. 20 Abs. 2 Satz 1 i. V. m. Art. 79 Abs. 3 GG damit jedwede Konzeption von „Volksherrschaft", die an Stelle eines politischen Volksbegriffs einen anderen, namentlich einen ethnischen Volksbegriff zur Anwendung bringen will.

Denn ein solcher Volksbegriff würde die Frage, wer dem deutschen Volk zugehörig ist, biologistisch naturalisieren, damit dem offenen und rechtsförmlichen demokratischen Willensbildungsprozess entziehen und innerhalb des bestehenden Staatsvolkes verschiedene Klassen von Staatsangehörigen schaffen.

Eine gleiche Konsequenz ergibt sich auch aus den oben angestellten Überlegungen zur Bedeutung der Menschenwürde als einer Garantie eines „Rechts auf Rechte".

> Oben C I 2 a. [S. 118]; zum Zusammenhang zwischen Menschenwürde und Demokratie auch *Häberle*, Die Menschenwürde als Grundlage der staatlichen Gemeinschaft, in: Isensee/Kirchhof (Hrsg.), Handbuch des Staatsrechts der Bundesrepublik Deutschland, Bd. 2, 3. Aufl. 2004, § 22 Rn. 61 ff.

Ein solches Recht garantiert, wie dargestellt, zwar nicht die vollständige Gleichstellung aller Menschen mit Blick auf den Bestand subjektiver Rechte des Verfassungsrechts im Grundgesetz. Sehr wohl garantiert die Menschenwürde aber die Behandlung aller Menschen als mögliche Träger aller vorhandenen Rechte – damit aber auch als mögliche Subjekte einer Einbürgerung. Alle Menschen müssen eingebürgert werden *können*. Ein ethnischer Volksbegriff würde diese Möglichkeit ausschließen – und einem bestimmten rassisch definierten Teil der Menschheit die Möglichkeit der Einbürgerung vorenthalten. Dies würde aus den genannten Gründen gegen Art. 1 Abs. 1 GG verstoßen. Schließlich würde ein ethnischer Volksbegriff eingebürgerte Deutsche, die nicht den ethnischen Vorstellungen der Antragsgegnerin entsprechen, zu zweitklassigen Staatsbürgern degradieren. Dies würde ihren Bürgerstatus bedrohen und ihr Recht auf demokratische Gleichheit verletzen.

Menschenwürdegarantie und Demokratieprinzip führen zum gleichen Ergebnis des von Art. 79 Abs. 3 GG geforderten Verbots eines ethnischen Personen- und Volksbegriffs für die Demokratie des Grundgesetzes.

bb) Regierungssystem

Art. 20 Abs. 2 Satz 1 GG i. V. m. Art. 79 Abs. 3 GG verbietet die Einführung eines Regierungssystems, das nicht auf der Unterscheidung zwischen Regierung und Opposition aufbaut.

Das Demokratieprinzip des Grundgesetzes gestattet auch auf dem Gebiet der Staatsorganisation im engeren Sinne eine große Gestaltungsfreiheit für Verfassung- und Gesetzgeber. Weder das Wahlsystem noch das Regierungssystem sind vom Grundgesetz zwingend vorgegeben. Durch Verfassungsänderung erscheint nach wohl herrschender Ansicht sowohl die Einführung eines Mehrheitswahlrechts als auch die Umstellung von einem parlamentarischen Regierungssystem zu einem Präsidialsystem denkbar. Auch andere Modifikationen beispielsweise der Wahl des Bundespräsidenten, der Beteiligung des Bundesrates an der Gesetzgebung oder der Einführung plebiszitärer Elemente auf der Ebene des Bundes verstoßen nach allgemeiner Ansicht nicht gegen Art. 20 Abs. 2 Satz 1 i. V. m. Art. 79 Abs. 3 GG.

Ihre Grenze findet diese Gestaltungsmöglichkeit allerdings dort, wo das Organisationsrecht unmittelbarer Ausdruck des unabänderlichen Prinzips demokratischer Gleichheit der Staatsangehörigen darstellt. Dies ist namentlich dort der Fall, wo durch die Rechtsordnung sicher gestellt wird, dass die in einem demokratischen Akt unterlegene Minderheit die Möglichkeit behält, sich in dem an die Wahl anschließenden politischen Prozess als Opposition oder als außerparlamentarische Minderheit so zu profilieren, dass sie bei der nächsten Wahl ins Parlament oder sogar in die Regierung gelangen kann.

So bereits BVerfGE 2, 1 (13); 5, 85 (198 f.).

Entsprechende Mechanismen des Schutzes der Opposition finden sich in einer Vielzahl unterschiedlicher Normen des Verfassungs- und Gesetzesrechts: namentlich im Recht der parlamentarischen Kontrolle der Regierung, im Recht der Parteienfinanzierung, im allgemeinen Parteienrecht sowie im Versammlungs-, Rundfunk- und Presserecht. Diese Normen sind auf Gesetzesebene in vielen Fällen nicht unmittelbar verfassungsrechtlich geboten und sie unterfallen als Normen des Grundgesetzes nicht notwendig dem unabänderlichen Kern des Art. 79 Abs. 3 GG. Doch bleibt der Grundgedanke für die Beurteilung der Verfassungswidrigkeit einer politischen Partei nach Art. 21 Abs. 2 GG dennoch von Bedeutung: Aus ihm ergibt sich, dass es einer politischen Partei von Verfassungs wegen verwehrt sein muss, auf die, wenn auch langfristig angelegte, wenn auch zunächst informell betriebene Erschwerung der politischen Tätigkeit anderer politischen Parteien abzuzielen. Insbesondere ist es ihnen verboten, auf eine Ausgestaltung der politischen Ordnung hinzuwirken, die den Schutz der Opposition als Bedingung der Möglichkeit eines demokratischen Prozesses nicht wirksam anerkennt.

cc) *Territorial lückenloser Schutz des demokratischen Lebens*

Art. 20 Abs. 2 Satz 1 i. V. m. Art. 79 Abs. 3 GG verbietet schließlich auch Bestrebungen, die Bedingungen demokratischer Beteiligung im Geltungsbereich des Grundgesetzes territorial zu beschränken, also Inseln zu schaffen, in denen ein offener politischer Prozess im Sinne des grundgesetzlichen Demokratieprinzips nicht mehr stattfinden kann.

Demokratische Legitimation kann nur dort entstehen, wo alle Mitglieder des demokratischen Subjekts die gleiche normative Möglichkeit haben, an der politischen Willensbildung mitzuwirken. Diese demokratische Gleichheit ist von Art. 79 Abs. 3 GG geschützt, stellt sie doch keine Ausgestaltung der demokratischen Ordnung dar, sondern ihr Definiens.

Dreier, in: Dreier (Hrsg.), Grundgesetz. Kommentar, Bd. 2, 2. Aufl. 2006, Art. 20 (Demokratie) Rn. 67; *Grimm*, Bedingungen demokratischer Rechtsetzung, in: Die Öffentlichkeit der Vernunft und die Vernunft der Öffentlichkeit, FS Habermas, 2001, S. 489 (490); *Volkmann*, in: Friauf/Höfling (Hrsg.), Berliner Kommentar zum Grundgesetz, Art. 20 (4. Teil: Demokratieprinzip) Rn. 14 (2. Lieferung Februar 2001).

Größere Zurückhaltung ist dagegen bei der Beantwortung der Frage angezeigt, inwieweit der unabänderliche Kern des Demokratieprinzips auch die *tatsächlichen* Voraussetzungen für eine effektive Teilnahme an der politischen Selbstbestimmung garantiert. Dass aus der Verpflichtung des Staates unmittelbar aus Art. 20 GG zur Einhaltung der dort niedergelegten Staatsstrukturbestimmungen auch abgeschwächte staatliche Schutzpflichten folgen, die tatsächlichen Bedingungen zu ihrer Wahrnehmung zu garantieren, kann jedenfalls nicht völlig ausgeschlossen werden. Dies gilt anerkanntermaßen insbesondere für einen freiheitlichen Diskurs auch zwischen Privaten.

> BVerfGE 25, 256 (264 ff.); 44, 125 (139); *Dreier*, in: Dreier (Hrsg.), Grundgesetz. Kommentar, Bd. 2, 2. Aufl. 2006, Art. 20 (Demokratie) Rn. 83.

Diese Frage kann jedoch insoweit offengehalten werden, wie es um die Bestimmung von aus Art. 20 Abs. 2 Satz 1 i. V. m. Art. 79 Abs. 3 GG folgenden inhaltlichen Verboten politischer Betätigung geht. Von diesen Verboten dürften insoweit unstreitig auch solche politische Aktivitäten umfasst sein, die darauf ausgehen, die unabänderliche Garantie demokratischer Gleichheit für bestimmte Gebiete faktisch einzuschränken, um im Ergebnis für ausgewählte kommunale und regionale Untergliederungen des demokratischen Rechtsstaates die tatsächlichen Bedingungen der Möglichkeit gleicher politischer Selbstbestimmung in Frage zu stellen. Die normativ-personale Garantie demokratischer Gleichheit hat insoweit auch eine faktisch-territoriale Seite. Nur wenn sich die Angehörigen des Legitimationssubjekts in allen Teilen des Staates sicher fühlen, an der politischen Willensbildung frei teilnehmen zu können, kann der Legitimationsprozess dem Standard demokratischer Gleichheit genügen.

Dabei sind für die Anwendung dieses Grundsatzes zwei Zusammenhänge zu beachten:

- *Zum Ersten* betrifft eine potenzielle Störung des demokratischen Willensbildungsprozesses auf lokaler oder regionaler Ebene nicht allein die Mitglieder der unmittelbar betroffenen Gebietskörperschaft, sondern *alle* Mitglieder des demokratischen Legitimationssubjekts auch auf der Ebene des Bundes, also alle Angehörigen des deutschen Volkes im Sinne des Art. 20 Abs. 2 Satz 1 GG. Denn eine Verzerrung auf lokaler Ebene schafft mit der Störung der Gleichheit des Willensbildungsprozesses einen Verlust an Gleichheit, der den gesamten Prozess betrifft. Dies gilt unmittelbar für die auch in Wahlkreisen radizierten Bundestagswahlen. Es gilt aber auch für andere Wahlen: Angesichts der ebenenübergreifenden Vertretung von Gebietskörperschaften im Bundesrat oder in Gemeindeverbänden hat die Wahl einer demokratischen Repräsentation auch Rückwirkungen auf die Repräsentation auf anderen politischen Ebenen. Jede Verletzung jedes demokratischen Prozesses in der Demokratie stiftet letztlich eine Störung der Beteiligungsrechte *aller* Bürger.

  > *Habermas*, Faktizität und Geltung, 1992, S. 349 ff., 600 ff. und durchgehend.

- *Zum Zweiten* wird die Integrität des formalen demokratischen Legitimationsakts, einer Wahl oder einer Abstimmung, nicht nur durch die Einhaltung der formalen im Wahlrecht niedergelegten Regeln gesichert, sondern maßgeblich durch die Offenheit des demokratischen Willensbildungsprozesses vor der Wahl. Das hat das Bundesverfassungsgericht in vielen Entscheidungen ausdrücklich anerkannt.

  > Statt aller nur BVerfGE 5, 85 (205); 7, 198 (208); 20, 56 (97); 44, 125 (139).

Dazu gehört eine Atmosphäre offenen Austauschs divergierender Ansichten, der sich ohne Furcht vor politischen oder anderen Konsequenzen abspielen muss.

Jede politische Zielsetzung, die der flächendeckenden Garantie einer offenen politischen Auseinandersetzung entgegentritt, indem sie das Ziel formuliert, territoriale Einheiten in der Bundesrepublik nach politischen oder anderen Kriterien zu homogenisieren, verstößt damit im Ergebnis gegen den unabänderlichen Kern des Demokratieprinzips und erfüllt entsprechend die inhaltlichen Tatbestandsvoraussetzungen des Art. 21 Abs. 2 GG.

c) Rechtsstaatlichkeit, insbesondere Respekt des staatlichen Gewaltmonopols

Auch das Rechtsstaatsprinzip gehört nach allgemeiner Ansicht zu den durch von Art. 21 Abs. 2 GG umfassten normativen Feldern der freiheitlichen demokratischen Grundordnung.

So auch in der klassischen Definition in BVerfGE 2, 1 (12 f.), und einhellig die Literatur, *Ipsen*, in: Sachs (Hrsg.), Grundgesetz. Kommentar, 6. Aufl. 2011, Art. 21 Rn. 160 f.; *Morlok*, in: Dreier (Hrsg.), Grundgesetz. Kommentar, Bd. 2, 2. Aufl. 2006, Art. 21 Rn. 146; *Dürig/Klein*, in: Maunz/Dürig, Grundgesetz. Kommentar, Art. 18 Rn. 55 (58. Lieferung April 2010).

Zu den zahlreichen Einzelgarantien, die das Rechtsstaatsprinzip umfasst, gehört nach einer weit verbreiteten Ansicht das Gewaltmonopol des Staates.

Schmidt-Aßmann, Der Rechtsstaat, in: Isensee/Kirchhof (Hrsg.), Handbuch des Staatsrechts der Bundesrepublik Deutschland, Bd. 2, 3. Aufl. 2004, § 26 Rn. 11, 71; *Isensee*, Staat und Verfassung, ebd., § 15 Rn. 86 ff.; *Klein*, Staatliches Gewaltmonopol, in: Depenheuer/Grabenwarter (Hrsg.), Verfassungstheorie, 2010, § 19 Rn. 14.

Die Zuordnung des Gewaltmonopols zum politischen Kern der Rechtsstaatlichkeit wurde auch von der Rechtsprechung anerkannt.

BVerfGE 49, 89 (125 f.); bereits BVerfGE 2, 1 (12): „unter Ausschluss jeglicher Gewalt- und Willkürherrschaft".

Das rechtsstaatliche Gewaltmonopol ordnet an, dass die Ausübung von physischer Gewalt im demokratischen Rechtsstaat in der Regel durch den Staat ausgeübt werden muss. Selbst die Delegation der Gewaltausübung an private Personen ist eng begrenzt und unterliegt der Rechtsform.

Gramm, Schranken der Personalprivatisierung bei der inneren Sicherheit, VerwArch. 90 (1999), S. 329; *Waldhoff*, Staat und Zwang, 2008, S. 40 ff.

Auch wenn faktisch nicht jedwede Zwangsgewalt durch den Staat ausgeübt werden kann, obliegt es doch allein der staatlichen Rechtsordnung, gewalttätiges Handeln zu sanktionieren und in spezifischen Fällen zu legalisieren.

Waldhoff, Vollstreckung und Sanktionen, in: Hoffmann-Riem/Schmidt-Aßmann/Voßkuhle (Hrsg.), Grundlagen des Verwaltungsrechts, Bd. 3, 2. Aufl. 2013, § 46 Rn. 15 ff.; *ders.*, Urteilsanmerkung zu der Entscheidung des Bundesverfassungsgerichts vom 18. Januar 2012 – 2 BvR 133/10 – Privatisierung des Maßregelvollzugs in Hessen, JZ 2012, 683.

Politische Parteien gehören nicht zur Staatsorganisation und sind damit nicht Primäradressaten des Rechtsstaatsprinzips. Im systematischen Zusammenhang mit Art. 21 Abs. 2 GG nimmt das Prinzip rechtsstaatlicher Gewaltmonopolisierung daher eine charakteristisch modifizierte Form an: Politische Parteien verfolgen auch dann verfassungsfeindliche Ziele im Sinne des Art. 21 Abs. 2 GG, wenn sie sich nicht eindeutig dazu bekennen, physische Gewalt als Mittel der politischen Auseinandersetzung und des politischen Wandels auszuschließen.

Die Anerkennung eines Gebots, das besagt, dass sich die politische Auseinandersetzung allein in den Formen des offenen gewaltfreien Meinungsaustausches halten muss und dass politischer Wandel nur in den grundgesetzlich vorgesehen Formen des Rechts ausgestaltet sein darf, gehört damit zu den zentralen Inhalten des Art. 21 Abs. 2 GG. Die Anerkennung der rechtsstaatlichen Rechtsformen enthält notwendigerweise auch das *Verbot*, einen *revolutionären Umsturz* anzustreben. Art. 79 Abs. 3 i. V. m. Art. 21 Abs. 2 GG stipulieren mit dem staatlichen Gewaltmonopol auch eine Verpflichtung auf einen rechtlich formalisierten politischen Wandel der Ordnung des Grundgesetzes, der durch eine gewaltfreie öffentliche Auseinandersetzung angeleitet in rechtsförmlichen – und dadurch gerichtlich kontrollierbaren – Entscheidungen der Verfassungsorgane münden soll.

Umgekehrt bewegt sich eine politische Partei in den Bereich der Verfassungswidrigkeit, wenn sie in ihrer Programmatik diese Formen zugunsten revolutionärer Konzeptionen ablehnt, die sich zwingend außerhalb des rechtsstaatlichen Formenkanons demokratischer Politik bewegen und eine gewalttätige politische Auseinandersetzung zumindest in Kauf nehmen.

d) Besondere verfassungsrechtliche Bedeutung der Relativierung nationalsozialistischen Unrechts

Der verfassungsrechtliche Prüfungsmaßstab kann nicht ohne die gerade in der jüngeren Judikatur des Bundesverfassungsgerichts wieder stärker hervorgehobene Antwort des Grundgesetzes auf die Katastrophe der nationalsozialistischen Gewaltherrschaft entwickelt werden. „[D]ie entschiedene Absage an den Nationalsozialismus [gehört] zum Gründungskonsens der Bundesrepublik und [macht] ihn vielleicht sogar aus …"

> *Volkmann*, Grundprobleme der staatlichen Bekämpfung des Rechtsextremismus, JZ 2010, 209.

Das kommt, anders als etwa in der italienischen Verfassung von 1947, nur an eher versteckter Stelle – Art. 139 GG – explizit zum Ausdruck,

> zur eher eingeschränkten juristischen Bedeutung *Lübbe-Wolff*, Zur Bedeutung des Art. 139 GG für die Auseinandersetzung mit neonazistischen Gruppen, NVwZ 1988, 1289; *Meier*, Parteiverbote und demokratische Republik, 1993, S. 245 ff.,

liegt freilich implizit der gesamten Konzeption der durch das Grundgesetz errichteten verfassungsrechtlichen Ordnung zu Grunde.

> *Höfling/Augsberg*, Grundrechtsdogmatik im Schatten der Vergangenheit, JZ 2010, 1088 (1088, 1094); vgl. auch *Degenhart*, Entscheidungsanmerkung, JZ 2010, 306 (310): „Die deutsche Geschichte des 20. Jahrhunderts bestimmt das Staats- und Grundrechtsverständnis auch des 21. Jahrhunderts – es gibt keinen Schlussstrich."

Der Nationalsozialismus in seiner „gegenbildlich identitätsprägenden Bedeutung", die Verfassung als Antwort auf die Katastrophe mit einem darauf fußenden „innere[n] Gerüst", zu dem auch Art. 21 Abs. 2 GG zählt, ist für die Maßstabsbildung im Parteiverbotsverfahren von zentraler Bedeutung.

Zitate BVerfGE 124, 300 (328).

Das hat der Zweite Senat des Bundesverfassungsgerichts explizit auf Art. 21 Abs. 2 GG bezogen:

„Die Vorstellungen des Verfassunggebers haben für die Auslegung des Art. 21 GG umso stärkeres Gewicht, als sich aus ihnen im Zusammenhang mit dem objektiven Inhalt der Verfassungsnorm ergibt, dass der Verfassunggeber unter dem Eindruck geschichtlicher Erfahrungen Vorkehrungen getroffen hat, um die Wiederholung einer verhängnisvollen Entwicklung zu verhindern. Art. 21 GG muss nach seiner Entstehungsgeschichte verstanden werden als Reaktion auf die Entwicklung des Parteienwesens in der Endphase der Weimarer Republik und unter dem nationalsozialistischen Regime." BVerfGE 107, 339 (361 f.).

aa) *Anerkennung der Verbrechen des Nationalsozialismus*

Im sog. Wunsiedel-Beschluss hat der Erste Senat des Bundesverfassungsgerichts die die Entstehung und Auslegung zahlreicher Normen des Grundgesetzes prägende, kaum zu überschätzende Abwehr der nationalsozialistischen Gewaltherrschaft sowohl 1948/49 als auch in der Gegenwart mit der gebotenen Deutlichkeit hervorgehoben:

„Das menschenverachtende Regime dieser Zeit [1933 bis 1945; hier], das über Europa und die Welt in unermesslichem Ausmaß Leid, Tod und Unterdrückung gebracht hat, hat für die verfassungsrechtliche Ordnung der Bundesrepublik Deutschland eine gegenbildlich identitätsprägende Bedeutung, die einzigartig ist und allein auf der Grundlage allgemeiner gesetzlicher Bestimmungen nicht eingefangen werden kann. Das bewusste Absetzen von der Unrechtsherrschaft des Nationalsozialismus war historisch zentrales Anliegen aller an der Entstehung wie Inkraftsetzung des Grundgesetzes beteiligten Kräfte (vgl. Verfassungsausschuss der Ministerpräsidentenkonferenz der Westlichen Besatzungszonen, Bericht über den Verfassungskonvent auf Herrenchiemsee vom 10. bis 23. August 1948, S. 18, 20, 22, 56), insbesondere auch des Parlamentarischen Rates (vgl. Parlamentarischer Rat, Schriftlicher Bericht zum Entwurf des Grundgesetzes für die Bundesrepublik Deutschland, Anlage zum stenographischen Bericht der 9. Sitzung des Parlamentarischen Rates am 6. Mai 1949, S. 5, 6, 9) und bildet ein inneres Gerüst der grundgesetzlichen Ordnung (vgl. nur Art. 1, Art. 20 und Art. 79 Abs. 3 GG). Das Grundgesetz kann weithin geradezu als Gegenentwurf zu dem Totalitarismus des nationalsozialistischen Regimes gedeutet werden und ist von seinem Aufbau bis in viele Details hin darauf ausgerichtet, aus den geschichtlichen Erfahrungen zu lernen und eine Wiederholung solchen Unrechts ein für alle Mal auszuschließen. Die endgültige Überwindung der nationalsozialistischen Strukturen und die Verhinderung des Wiedererstarkens eines totalitär nationalistischen Deutschlands war schon für die Wiedererrichtung deutscher Staatlichkeit durch die Alliierten ein maßgeblicher Beweggrund und bildete – wie etwa die Atlantik-Charta vom 14. August 1941, das Potsdamer Abkommen vom 2. August 1945 und das Kontrollratsgesetz Nr. 2 zur Auflösung und Liquidierung der Naziorganisationen vom 10. Oktober 1945 zeigen – eine wesentliche gedankliche Grundlage für die Frankfurter Dokumente vom 1. Juli 1948, in denen die Militärgouverneure die Ministerpräsidenten aus ihren Besatzungszonen mit der Schaffung einer neuen Verfassung beauftragten. Auch für die Schaffung der Europäischen Gemeinschaften sowie zahlreicher internationaler Vertragswerke wie insbesondere auch die europäische Menschenrechtskonvention ging von den Erfahrungen der Zerstörung aller zivilisatorischen Errungenschaften durch den Nationalsozialismus ein entscheidender Impuls aus. Sie prägen die gesamte Nachkriegsordnung und die Einbindung der Bundesrepublik Deutschland in die Völkergemeinschaft bis heute nachhaltig." BVerfGE 124, 300 (328 f.).

Zwar kenne das Grundgesetz, anders als im Schrifttum und in der Rechtsprechung teilweise vertreten,

Battis/Grigoleit, Neue Herausforderungen für das Versammlungsrecht?, NVwZ 2001, 121; OVG Münster, NJW 2001, 2111

„kein allgemeines antinationalsozialistisches Grundprinzip"; der negative Bezug auf den Nationalsozialismus bestimme jedoch die „geschichtsgeprägte Identität der Bundesrepublik Deutschland" und sei insofern unvergleichbar, einzigartig.

BVerfGE 124, 300 (329).

Wird der skizzierte Argumentationstopos im Schrifttum im Hinblick auf den durch die Hervorhebung des „allgemeinen Gesetzes" als Schranke womöglich in der Tat weniger geeigneten Art. 5 Abs. 2 GG kritisiert,

zur Kritik differenziert etwa *Volkmann*, Die Geistesfreiheit und der Ungeist – Der Wunsiedel-Beschluss des BVerfG, NJW 2010, 417,

gilt dies für Normen, die eine derartige Differenzierung gerade nicht enthalten und entstehungsgeschichtlich wie funktional *unmittelbar* als verfassungsrechtliche Antwort auf den Nationalsozialismus erscheinen, nicht. Neben Art. 9 Abs. 2 und Art. 18 GG ist hier vor allem Art. 21 Abs. 2 GG hervorzuheben.

Ähnlich *Höfling/Augsberg*, Grundrechtsdogmatik im Schatten der Vergangenheit, JZ 2010, 1088 (1095).

Auch ein Verfasser, der der Norm des Art. 21 Abs. 2 GG sehr kritisch gegenübersteht und ihre Abschaffung fordert, macht für die Propagierung einer Fortsetzung des nationalsozialistischen Unrechts durch politische Parteien eine bemerkenswerte und deutliche Ausnahme:

„Es hieße, jegliche historische Erfahrung buchstäblich in den Wind zu schreiben, wollte man die Freiheit der politischen Betätigung in letzter Konsequenz auch der NSDAP beziehungsweise ihren heute allein noch in Betracht kommenden Nachfolgeorganisationen zubilligen. Nach dem ‚tausendjährigen Reich' [...] kann formale Parteienlegalität auf heute unabsehbare Zeit nicht ausnahmslos garantiert werden. Die in das Grundgesetz eingelassenen Elemente abstrakter Streitbarkeit müssen zwar beseitigt werden, doch sollte dies nicht auf eben dieselbe abstrakte und geschichtsblinde Weise erfolgen, wie jene einst positiviert wurden. Die Streichung des Art. 21 Abs. 2 bleibt daher die Forderung des Tages – wenn sie mit der ebenso rigorosen Forderung nach Illegalisierung nationalsozialistischer Parteipolitik einhergeht. Ein, wenn nicht das wesentliche Merkmal dieser Politik ist der in die Vernichtung des europäischen Judentums gesteigerte Antisemitismus. [...] Allein hierin, in der Theorie und Praxis des nationalsozialistischen Judenmordes, kann daher die historische Legitimität einer antinazistischen Durchbrechung des Prinzips formaler Parteienlegalität liegen. [...] Die Erfahrung mit dem zur Untat gewordenen Nationalsozialismus rechtfertigt es jedoch, bei Propaganda, die direkt an diese Ideen anknüpft, nicht erst auf den Beginn der entsprechenden Totschlägerpraxis zu warten. Auch wenn dies mit regulären demokratischen und rechtsstaatlichen Grundsätzen nicht zu vereinbaren ist und die Bedenken schwer wiegen: Formale Rechtsgleichheit für nationalsozialistische Organisationen und ihre Propaganda darf es in der Bundesrepublik bis auf weiteres nicht geben." *Meier*, Parteiverbote und demokratische Republik, 1993, S. 396.

Das geht über das hinaus, was vorliegend vom Antragsteller vertreten wird, verdeutlicht jedoch die Einzigartigkeit des Gegenstands entsprechender Äußerungen. Eine Relativierung der Unrechtsherrschaft des Nationalsozialismus durch eine Partei setzt diese somit in Widerspruch zur normativen „Identität der Bundesrepublik Deutschland" und damit zu den Prämissen, die der freiheitlichen demokratischen Grundordnung des Grundgesetzes zugrunde liegen.

Dieser Zusammenhang gilt auch für das Vereinsrecht und wurde hier ausdrücklich vom EGMR bestätigt.

Zuletzt EGMR, Urt. v. 8. November 2012, Individualbeschwerde Nr. 43481/09 – P. ./. Deutschland, Rn. 49.

bb) *Antisemitismus*

Antisemitismus und Holocaust werden vom Bundesverfassungsgericht bereits früh in die dogmatische Argumentation seiner Entscheidungen einbezogen. Das für die Entwicklung der Grundrechtsdogmatik kaum zu überschätzende Lüth-Urteil von 1958 ordnet den Sachverhalt dadurch nicht nur in den zeitgeschichtlichen Kontext ein, sondern gewinnt aus der Bezugnahme auch – hier nicht näher relevante – dogmatische Argumente, wenn der Erste Senat seinerzeit ausführte:

> „Dem deutschen Ansehen hat nichts so geschadet wie die grausame Verfolgung der Juden durch den Nationalsozialismus. Es besteht also ein entscheidendes Interesse daran, daß die Welt gewiß sein kann, das deutsche Volk habe sich von dieser Geisteshaltung abgewandt und verurteile sie nicht nur aus politischen Opportunitätsgründen, sondern aus der durch die eigene innere Umkehr gewonnenen Einsicht in die Vergangenheit." BVerfGE 7, 198 (216).

Im Unterschied zu anderen geschichtspolitisch zweifelhaften Meinungsäußerungen, wie etwa zur sog. Kriegsschuldfrage, ist vor diesem Hintergrund die sog. Auschwitzlüge, d. h. die Leugnung der Ermordung großer Teile der europäischen Juden, mit besonderer Sensibilität zu behandeln. Auch angesichts der in Deutschland wie im Ausland lebenden Nachkommen der Verfolgungsmaßnahmen hat das Gericht die Bekämpfung derartiger Äußerungen zu einem Proprium bundesrepublikanischen Selbstverständnisses erhoben:

> „Die historische Tatsache selbst, daß Menschen nach den Abstammungskriterien der sog. Nürnberger Gesetze ausgesondert und mit dem Ziel der Ausrottung ihrer Individualität beraubt wurden, weist den in der Bundesrepublik lebenden Juden ein besonderes personales Verhältnis zu ihren Mitbürgern zu; in diesem Verhältnis ist das Geschehen auch heute gegenwärtig. Es gehört zu ihrem personalen Selbstverständnis, als zugehörig zu einer durch das Schicksal herausgehobenen Personengruppe begriffen zu werden, der gegenüber eine besondere moralische Verantwortung aller anderen besteht, und das Teil ihrer Würde ist. Die Achtung dieses Selbstverständnisses ist für jeden von ihnen geradezu eine der Garantien gegen eine Wiederholung solcher Diskriminierung und eine Grundbedingung für ihr Leben in der Bundesrepublik. Wer jene Vorgänge zu leugnen versucht, spricht jedem einzelnen von ihnen diese persönliche Geltung ab, auf die sie Anspruch haben. Für den Betroffenen bedeutet das

die Fortsetzung der Diskriminierung der Menschengruppe, der er zugehört und mit ihr seiner eigenen Person." BVerfGE 90, 241 (251 f.), wörtliche Übernahme aus BGHZ 75, 160 (162 f.).

cc) „Wesensverwandtschaft" in der Rechtsprechung des Bundesverwaltungsgerichts

Bei der Auslegung des Verbotstatbestands des Art. 21 Abs. 2 GG kann zur Maßstabsbildung zudem die Rechtsprechung des Bundesverwaltungsgerichts zu Vereinsverboten herangezogen werden. Das Bundesverwaltungsgericht lehnt in ständiger Rechtsprechung seine Auslegung des Art. 9 Abs. 2 GG stark an das SRP-Urteil des Bundesverfassungsgerichts zu Art. 21 Abs. 2 GG an. So definiert es etwa die „verfassungsmäßige Ordnung" des Art. 9 Abs. 2 GG mit den im SRP-Urteil genannten Elementen der „freiheitlichen demokratischen Grundordnung" und verlangt ebenfalls eine „aggressiv-kämpferische Grundhaltung".

BVerwG, NVwZ 2010, 446, 451: „Zu der durch den Verbotstatbestand geschützten verfassungsmäßigen Ordnung gehören nach der Rechtsprechung des BVerwG vor allem die Achtung vor den im Grundgesetz konkretisierten Menschenrechten sowie das demokratische Prinzip mit der Verantwortlichkeit der Regierung, das Mehrparteienprinzip und das Recht auf verfassungsmäßige Bildung und Ausübung einer Opposition." (std. Rspr; ebenso zuletzt auch: BVerwG, NVwZ 2013, 870, 871). Vgl. zur parallelen Auslegung von Art. 9 Abs. 2 GG und Art. 21 Abs. 2 GG: *Richter*, Vereinsverbot im rechtsextremistischen Bereich, RdJB 2002, 172, 179 f.; *Planker*, Das Vereinsverbot in der verwaltungsgerichtlichen Rechtsprechung, NVwZ 1998, 113, 116; *Gerlach*, Die Vereinsverbotspraxis der streitbaren Demokratie, 2012, S. 84.

Von besonderer Bedeutung ist dabei, dass das Bundesverwaltungsgericht es zur Erfüllung des Verbotstatbestandes in ständiger Rechtsprechung genügen lässt, dass die Vereinigung eine „Wesensverwandtschaft mit dem Nationalsozialismus" aufweist, womit es einen vom Bundesverfassungsgericht im SRP-Urteil geprägten Begriff aufnimmt.

Vgl. nur BVerwG, NVwZ 2013, 870, 871 unter Hinweis auf die ständige Rechtsprechung. Siehe auch: *Richter*, Vereinsverbot im rechtsextremistischen Bereich, RdJB 2002, 172, 180 f.

Die „Wesensverwandtschaft mit dem Nationalsozialismus" ist keine notwendige, jedoch eine hinreichende Bedingung für ein Vereinsverbot. Ist eine solche Wesensverwandtschaft nachweisbar, genügt für die Erfüllung des Verbotstatbestandes allein der Wille, die verfassungsmäßige Ordnung „fortlaufend [zu] untergraben". Weder der Nachweis von Gewaltanwendung noch sonstiger Rechtsverletzungen ist in diesem Fall erforderlich.

BVerwG, NVwZ 2013, 870, 871 m. w. N.

Indizwirkung haben das Bundesverwaltungsgericht sowie andere Verwaltungsgerichte dabei einer Art. 3 GG widersprechenden Rassenlehre, Antisemitismus, Fremdenfeindlichkeit sowie dem Primat der „Volksgemeinschaft" zugewiesen.

Vgl. *Richter*, Vereinsverbot im rechtsextremistischen Bereich, RdJB 2002, 172, 181 f.

e) Gegenprobe

Eine Gefahr des Verfahrens nach Art. 21 Abs. 2 GG besteht darin, dass ein Parteiverbot die Grenzen des zulässigen demokratischen Diskurses, dessen maßgebliches Ideal die

Offenheit ist, zu eng definiert. Dieser Gefahr soll abschließend dadurch begegnet werden, in einer kurzen Gegenprobe zu prüfen, wie weit ein offener demokratischer Diskurs möglich ist, sollte sich der Antrag als begründet erweisen.

Was unterscheidet, so lässt sich fragen, die Antragsgegnerin von einer deutsch-nationalen kapitalismuskritischen Partei, die etwa für einen Austritt Deutschlands aus EU und NATO eintritt, eine marktkritische isolationistische Wirtschaftspolitik anstrebt und mit einem starken Konzept von deutscher Nation gegen den Zuzug von Migranten eintritt?

Es sind eben die oben aus Art. 79 Abs. 3 GG i. V. m. Art. 21 Abs. 2 GG entwickelten Kriterien, die diesen Unterschied bezeichnen: Eine nationalistische politische Ausrichtung ist nicht auf einen biologisch-rassistischen Personen- und Volksbegriff festgelegt. Sie hat sich nicht gegen die Rechte der Opposition oder das staatliche Gewaltmonopol zu wenden. Insbesondere muss sie sich nicht offen oder verdeckt mit dem historischen Nationalsozialismus identifizieren. Ein Verbot der Antragsgegnerin würde eine solche deutsch-nationale politische Ausrichtung nicht unter verfassungsrechtlichen Verdacht stellen.

3. „Darauf ausgehen"

Die erste Tatbestandsalternative des Art. 21 Abs. 2 GG verlangt neben einer verfassungsfeindlichen Ideologie, die sich gegen die freiheitliche demokratische Grundordnung richtet, auch bestimmte nach außen tretende Handlungen einer Partei, um ein Parteiverbotsverfahren zu begründen. Die Partei muss dem Wortlaut der ersten Alternative der Norm nach „darauf ausgehen", diese „zu beeinträchtigen oder zu beseitigen".

Die Bedeutung dieses Tatbestandsmerkmals ist deutlich umstrittener und schwerer fassbar als die Konkretisierung der materiellen Gehalte der freiheitlichen demokratischen Grundordnung in Art. 21 Abs. 2 GG. Zu ihrer überzeugenden Konkretisierung bedarf es einer systematischen Vorüberlegung (a) [S. 131], die es gestattet, die Anforderungen an die politische Aktivität einer zu verbietenden Partei näher zu konkretisieren: Dies betrifft die Frage des Verhältnisses von Zwecken und Mitteln der politischen Aktivität (b) [S. 133] und die Indizwirkung rechtswidrigen und insbesondere strafbaren Handelns der Partei (c) [S. 134].

a) Vorüberlegung: systematische Spannung in der Maßstabbildung

Politische Parteien, die die Abschaffung der Ordnung des Grundgesetzes anstreben, dürfen wegen dieser politischen Orientierung allein nicht verboten werden. Vielmehr verlangt das Grundgesetz entsprechende nach außen tretende Handlungen. Diese wurden vom Bundesverfassungsgericht in seiner frühen Rechtsprechung als „aktiv kämpferische, aggressive Haltung" bezeichnet.

> BVerfGE 5, 85 (141), diese Formulierung blieb in der Literatur teilweise umstritten, eine überzeugende Rechtfertigung bei *Klein*, in: Maunz/Dürig, Grundgesetz. Kommentar, Art. 21 Rn. 525, 534 (64. Lieferung Januar 2012).

Dieses zusätzliche Tatbestandsmerkmal erscheint deswegen zwingend erforderlich, weil eine politische Gruppierung, die nicht nach außen tritt, keinerlei auch nur potenzielle Bedrohung für die Ordnung darstellen, also schon aus der Vorsorgenotwendigkeit herausfallen würde und damit auch nicht die Notwendigkeit eines Verbots begründen könnte. Allerdings ergibt sich bei der weiteren Konkretisierung dieses Tatbestandsmerkmals eine systematische Spannung. Sie folgt aus dem Umstand, dass das Verfahren des Art. 21 Abs. 2 GG *allein* auf politische Parteien im Sinne von Art. 21 Abs. 1 Satz 1 GG bezogen ist. Denn es ist von der Rechtsprechung wie auch vom Gesetzgeber, § 2 Abs. 1 PartG, ausdrücklich anerkannt, dass nur Gruppierungen, die eine nicht nur marginale politische Aktivität entfalten, überhaupt als Parteien im Sinne des Grundgesetzes verstanden werden dürfen.

> Ausdrücklich BVerfGE 91, 276 (284 f.). Zur verfassungskonformen Auslegung des § 2 Abs. 1 PartG: *Wißmann*, in: Kersten/Rixen (Hrsg.), Parteiengesetz und europäisches Parteienrecht, 2009, § 2 Rn. 10 ff.

Gruppierungen, die unter den Begriff der politischen Partei fallen, treten also *immer* nach außen in politische Aktion. Dies ist, damit sie als politische Partei anerkannt werden, nicht nur legal möglich, sondern sogar von der Rechtsordnung gefordert, wollen sie ihren Status als Partei bewahren. Damit handeln sie aber in aller Regel in eben der Art und Weise, die den Müttern und Vätern des Grundgesetzes aus ihrer historischen Erfahrung des Endes der Weimarer Republik vor Augen stand, in dem das parlamentarische System durch legales politisches Handeln mit seinen eigenen Mitteln geschlagen wurde.

> Vgl. *von Doemming/Füsslein/Matz*, Entstehungsgeschichte der Artikel des Grundgesetzes, JöR 1 (1951), S. 202 f., 207 ff.; *Fromme*, Von der Weimarer Verfassung zum Bonner Grundgesetz, 2. Aufl. 1962, S. 174 f.; *Stern*, Das Staatsrecht der Bundesrepublik Deutschland, Bd. 1, 2. Aufl. 1984, S. 206; *Kersten*, Parteiverbote in der Weimarer, der Bonner und in der Berliner Republik, NJ 2001, 1 ff.; *ders.*, in: ders./Rixen (Hrsg.), Parteiengesetz und europäisches Parteienrecht, 2009, § 1 PartG Rn. 84 ff.; zur historischen Relativierung dieses Befundes, der hier jedoch systematisch unerheblich ist, *Gusy*, Weimar – Die wehrlose Republik, 1991, zusammenfassend S. 367 ff.; *Stein*, Parteiverbote in der Weimarer Republik, 1999, zusammenfassend S. 200 ff.; *Klein*, Ein neues NPD-Verbotsverfahren? 2012, S. 10 f.; *Winkler*, Weimar, 2. Aufl. 1994, S. 557 ff., 595 ff.

Diese Einsicht könnte allerdings im Ergebnis dazu führen, das Tatbestandserfordernis des „darauf Ausgehens" in Art. 21 Abs. 2 Satz 1 GG leer laufen zu lassen. Es würde in dieser Auslegung ausreichen, dass eine politische Partei verfassungsfeindliche Überzeugungen verträt, weil das aktive Handeln bereits im Begriff der politischen Partei enthalten ist.

Erscheint dieses Ergebnis als nicht überzeugend, so wird man vom Handeln einer Antragsbetroffenen mehr verlangen müssen als die bloße Eigenschaft als politische Partei, obwohl der Fall der legalen Ablösung einer parlamentarischen Ordnung derjenige war, der den Vätern und Müttern des Grundgesetzes für Art. 21 Abs. 2 GG als negative Folie diente.

Zu weitgehend erscheint es umgekehrt, aus Art. 21 Abs. 2 GG das Erfordernis rechtswidrigen oder gar strafbaren Handelns herzuleiten.

> Ausdrücklich *Morlok*, in: Dreier (Hrsg.), Grundgesetz. Kommentar, Bd. 2, 2. Aufl. 2006, Art. 21 Rn. 150; implizit die gesamte Literatur *Ipsen*, in: Sachs (Hrsg.), Grundgesetz. Kom-

mentar, 6. Aufl. 2011, Art. 21 Rn. 156, 159; *Streinz*, in: von Mangoldt/Klein/Starck, Kommentar zum Grundgesetz, Bd. 2, 6. Aufl. 2010, Art. 21 Abs. 2 Rn. 227 f.

Dies würde den Tatbestand des Art. 21 Abs. 2 GG zum einen deswegen zu eng verstehen, weil solche Handlungen ohnehin nicht nur nicht unter dem Schutz der Rechtsordnung stehen, sondern mit den Instrumenten der rechtsstaatlichen Gefahrenabwehr und Strafverfolgung aktiv verhindert und verfolgt werden können – zu ihrer Bekämpfung bedarf es des Parteiverbotsverfahrens nicht – und weil umgekehrt der dem Grundgesetz vor Augen stehenden Gefahr einer Selbstabschaffung der Ordnung durch legales Handeln nicht begegnet werden könnte.

Jenseits der systematischen Frage einer richtigen Auslegung des Art. 21 Abs. 2 Satz 1 GG bildet sich dieses Problem auch in der *politischen* Diskussion um die Angemessenheit eines Verbotsverfahrens ab: Auf der einen Seite erscheint eine kleine und marginale politische Gruppierung, von der keinerlei Gefahr für die politische Ordnung des Grundgesetzes im Ganzen ausgeht, als ungeeigneter Adressat eines solchen Verfahrens, weil der entsprechende Aufwand sich nicht lohnt und weil der demokratische Rechtsstaat Störungen an der Bagatellgrenze ertragen können muss. Auf der anderen Seite erscheint es schwer zu rechtfertigen, eine parlamentarisch erfolgreiche aufstrebende politische Partei mit einem Verbotsverfahren zu überziehen, weil in ihrem politischen Erfolg eine genuine aus den Verfahren des Grundgesetzes hervorgehende demokratische Legitimation zum Ausdruck kommt.

Im Ergebnis ist daher eine tatbestandserhaltende Auslegung des Art. 21 Abs. 2 GG geboten, die einen Mittelweg zwischen einem zu weiten Verständnis des Tatbestandes als nur normales politisches Handeln fordernd und einem zu engen Verständnis, das das Handeln einer gewalttätigen oder gar kriminellen Organisation voraussetzt, wählt. Für ein Verbot ist damit weniger zu verlangen als ein durchgehendes rechtswidriges oder gar strafbares und gewalttätiges Verhalten, aber mehr als das bloß typische Verhalten einer politischen Partei, die sich der üblichen Mittel politischer Kommunikation bedient, um bei Wahlen erfolgreich zu sein.

Bei der Konkretisierung des Maßstabs ist zudem der Charakter der Parteiverbotsnorm als Präventionsregel in die systematische Überlegung einzubeziehen.

Dazu oben C I 1 a [S. 108].

Die Auslegung des Tatbestandsmerkmals bleibt auf eine Norm bezogen, die gerade nicht die Abwehr konkreter Gefahren bezweckt, sondern bereits das Entstehen solcher Gefahren durch verfassungsfeindliche Ziele politischer Parteien zu verhindern sucht. Aus diesen systematischen Erwägungen ergeben sich für die Auslegung des Art. 21 Abs. 2 Satz 1 GG die folgenden Konsequenzen:

b) Relevanz legaler politischer Betätigung

Jedwede legale politische Betätigung wie das Antreten bei Wahlen und die politische Arbeit in demokratischen Repräsentationskörperschaften ist als solche ein – notwendiges, wenn auch nicht hinreichendes – Indiz für ein Aktivwerden im Sinne von Art. 21 Abs. 2 Satz 1 GG. Die Norm privilegiert diese – vom Grundgesetz geschützten – Betätigungen nicht in der Weise, dass diese nicht als wichtiger Hinweis auf verfassungsfeindliche Bestrebungen einer politischen Partei gewertet werden könnten. Art. 21 Abs. 2 Satz 1 GG ist insoweit als eine prozedurale Ausnahme vom verfassungsrechtlichen Schutz politischer Betätigung zu verstehen. Dies bedeutet, dass Art. 21 Abs. 2 GG nichts daran ändert, dass grundsätzlich jedwede politische Betätigung, auch diejenige einer materiell verfassungsfeindlichen, aber nicht verbotenen politischen Partei verfassungsrechtlich geschützt ist.

> *Morlok*, in: Dreier (Hrsg.), Grundgesetz. Kommentar, Bd. 2, 2. Aufl. 2006, Art. 21 Rn. 154; *Klein*, in: Maunz/Dürig, Grundgesetz. Kommentar, Art. 21 Rn. 572 (64. Lieferung Januar 2012).

Dies bedeutet aber auch, dass Art. 21 Abs. 2 GG es gestattet, auch legale politische Aktivitäten als Anhaltspunkt für ein verfassungsgerichtliches Verbot zu verstehen und in das Verfahren einzuführen.

> *Maurer*, Das Verbot politischer Parteien, AöR 96 (1971), S. 203 (220 f.), erwägt sogar, ob es geboten ist, für verfassungsfeindliche Parteien, die in einem Parlament vertreten sind, geringere Verbotsmaßstäbe anzulegen.

Dies ist insbesondere deswegen von Bedeutung, weil das Parteienrecht zwar, wie gesehen, von den Parteien eine solche politische Betätigung verlangt, um den Status als Partei zu erhalten, weil es aber im Maß dieser Aktivität zwischen verschiedenen Parteien durchaus relevante Unterschiede geben kann.

c) Ziele und Mittel: Finalität, nicht Illegalität der Aktivität

Der Wortlaut des Art. 21 Abs. 2 GG orientiert sich an den entäußerten *Zielen* politischer Parteien, also weder an den bloßen internen Überzeugungen, der Programmatik, noch an den tatsächlichen politischen oder gesellschaftlichen Folgen oder Erfolgen ihres Handelns, sondern an den nach außen getretenen Absichten, die nicht die nähere Zukunft betreffen, aber „intensiv" verfolgt werden müssen.

> *Morlok*, in: Dreier (Hrsg.), Grundgesetz. Kommentar, Bd. 2, 2. Aufl. 2006, Art. 21 Rn. 148 f.; *Ipsen*, in: Sachs (Hrsg.), Grundgesetz. Kommentar, 6. Aufl. 2011, Art. 21 Rn. 158 f.; *Klein*, in: Maunz/Dürig, Grundgesetz. Kommentar, Art. 21 Rn. 526 (64. Lieferung Januar 2012).

Verbotsrelevante Handlungen sind ausweislich des Wortlauts und der Systematik von Art. 21 Abs. 2 GG, wie soeben gezeigt, nicht zwingend rechtswidrig. Freilich macht die Formulierung des Art. 21 Abs. 2 GG deutlich, dass das legale Handeln einer politischen Partei zusätzlichen Kriterien genügen muss. Aus dem vom Bundesverfassungsgericht geprägten Begriff der aktiv kämpferischen, aggressiven *Haltung* lässt sich schließen, dass die Partei mit ihren politischen Aktivitäten nicht nur ihre *Ablehnung* der freiheitlichen demokratischen Grundordnung zum Ausdruck bringen, sondern dass sie auch ihre *Abschaffung* bezwecken muss. Der Wortlaut der Norm bestätigt den systematischen Eindruck, dass ein Verbot verfassungsaufhebende Zwecke, nicht aber rechtswidrige Mittel verlangt.

d) Bedeutung qualifiziert rechtswidrigen und strafbaren Handelns

Auch wenn es nicht notwendig ist, dass die antragsgegenständliche Partei rechtswidrig oder sogar strafbar handelt, können rechtswidrige und insbesondere strafbare Handlungen als ein wichtiges Indiz für die aktiv kämpferische, aggressive Haltung der Partei dienen.

> Ausdrücklich wie hier *Klein*, in: Maunz/Dürig, Grundgesetz. Kommentar, Art. 21 Rn. 534 (64. Lieferung Januar 2012).

Obwohl sich das Tatbestandsmerkmal der aktiv kämpferischen, aggressiven Haltung nur auf Zwecke, nicht auf Mittel bezieht,

> soeben C I 3 c [S. 134],

lassen sich umgekehrt aus den Mitteln auch Rückschlüsse auf die Zwecke und damit auf die Grundhaltung der Partei ziehen. Rechtstreue und Anerkennung des Gewaltmonopols haben insoweit eine *doppelte Indizfunktion*. Sie indizieren materiell das Verhältnis der Partei zum Rechtsstaatsprinzip als dem verfassungsrechtlichen Grund rechtstreuer Gewaltfreiheit.

> Dazu oben C I 2 c [S. 125].

Zugleich indizieren solche Handlungen unter bestimmten qualifizierenden Bedingungen auch eine aktiv kämpferische, aggressive Haltung der Partei, die eben nicht dazu bereit ist, ihre politischen Ziele im Rahmen des geltenden Rechts zu verfolgen.

Damit ein solcher Zusammenhang zwischen Rechtsbruch und aktiv kämpferischer, aggressiver Haltung etabliert werden kann, müssen allerdings verschiedene Bedingungen erfüllt werden:

- Die rechtswidrigen oder strafbaren Handlungen müssen *inhaltlich* einen Bezug zur politischen Arbeit der Partei haben, also nicht nur durch ein Parteimitglied oder einen Anhänger ohne jeden politischen Bezug zu dieser vorgenommen worden sein. Eine ansonsten friedliebende Partei antidemokratischer Taschendiebe dürfte nicht verboten werden.

- Die rechtswidrigen oder strafbaren Handlungen müssen auch formell dem politischen Handeln der Partei zurechenbar sein, also nicht nur bei Gelegenheit, sondern mit Politikbezug geschehen sein.

- Die Rechtswidrigkeit oder Strafbarkeit von in Frage stehenden Handlungen darf sich nicht allein aus dem ideologischen Bestand der Partei ergeben. Andernfalls ließe sich aus einer politischen Überzeugung per Straftatbestand auch eine aktiv kämpferische, aggressive Haltung herbeikonstruieren, ohne dass zusätzliche faktische Bedingungen erfüllt sein müssten. Ein inhaltlich identisches Verbot würde der Partei zugleich verwaltungs- oder strafrechtlich als auch im Verfahren des Art. 21 Abs. 2 GG zur Last gelegt werden können. Beispielhaft: Die strafbare Verbreitung verbotener politischer Symbole durch ihre Mitglieder allein kann aus einer Partei mit verfassungsfeindlichen Zielen nicht auch eine Partei mit einer aktiv kämpferischen, aggressiven Haltung machen.

Sind diese drei Bedingungen jedoch erfüllt, dann besitzt rechtswidriges, insbesondere aber strafbares Handeln eine wichtige Funktion für eine aktiv kämpferische, aggressive Haltung der Partei. Diese stellt mit solchen Handlungen unter Beweis, dass sie bereit ist, ihre politischen Ziele außerhalb des dafür vorgegebenen demokratischen Rechtsrahmens, unter Umständen sogar unter Missachtung des staatlichen Gewaltmonopols zu verfolgen.

4. Verhältnismäßigkeit

a) Fragliche Anwendbarkeit im Verfahren nach Art. 21 Abs. 2 GG

Die politischen Parteien und damit auch das Parteiverbot sind im Grundgesetz als Elemente des demokratischen Systems bewusst nicht im Grundrechtsabschnitt, sondern im staatsorganisationsrechtlichen Teil geregelt.

> *von Doemming/Füsslein/Matz*, Entstehungsgeschichte der Artikel des Grundgesetzes, JöR 1 (1951), S. 202 f.: Schon der Verfassungskonvent auf Herrenchiemsee hat einen Parteienartikel als „eine der Sicherungen gegen die Gefahr, die ein arbeitsunfähiges Parlament bedeutet" und damit staatsorganisationsrechtlich verortet.

Der Grundsatz der Verhältnismäßigkeit – das Übermaßverbot – bezieht seine argumentative Logik jedoch aus der asymmetrischen Freiheitsverteilung zwischen Grundrechtsträgern und Staat. Seine Anwendbarkeit im Staatsorganisationsrecht wird dagegen regelmäßig bezweifelt.

> *Voßkuhle*, Der Grundsatz der Verhältnismäßigkeit, JuS 2007, 429 (430); *Ossenbühl*, Maßhalten mit dem Übermaßverbot, in: FS Lerche, 1993, S. 151 (160 ff.); a. A. etwa *Sachs*, in: ders. (Hrsg.), Grundgesetz. Kommentar, 6. Aufl. 2011, Art. 20 Rn. 147; differenziert *von Arnauld*, Die normtheoretische Begründung des Verhältnismäßigkeitsgrundsatzes, JZ 2000, 276; *Heusch*, Der Grundsatz der Verhältnismäßigkeit im Staatsorganisationsrecht, 2003.

Das Bundesverfassungsgericht hat die Unanwendbarkeit für Fragen der Kompetenzabgrenzung ausdrücklich festgestellt.

> BVerfGE 81, 310 (338) unter Bezugnahme auf BVerfGE 79, 311 (341).

Die genaue verfassungsrechtliche Verortung der politischen Parteien in dieser Unterscheidung ist freilich weder unstrittig noch abgeschlossen. Als gesellschaftliche Gründungen sind sie doch durch Art. 21 GG in die institutionalisierte Staatlichkeit einbezogen: „Von Herkunft zweifellos gesellschaftlich, haben sie als Ziel doch den Staat. Der Organisationszweck besteht in der Übernahme der Staatsleitung."

> *Grimm*, Politische Parteien, in: Benda/Maihofer/Vogel (Hrsg.), Handbuch des Verfassungsrechts, 2. Aufl. 1994, § 14 Rdnr. 18 ff.

Die Judikatur des Bundesverfassungsgerichts hat hier, namentlich in Auseinandersetzung mit der Leibholzschen Parteienstaatsdoktrin, geschwankt.

> BVerfGE 1, 208 (255 ff.): Parteien als „integrierende Bestandteile des Verfassungsaufbaus" im „inneren Bereich" des Staatslebens, die nicht auf die Verfassungsbeschwerde verwiesen werden könnten; BVerfGE 4, 27 (30): Parteien zwar nicht als „Staatsorgane", wohl aber als „Verfassungsorgane"; BVerfGE 20, 56 (98 ff.): Parteien als Elemente des Volkswillensbildungspro-

zesses, die nur über den Wahlakt in die Staatswillensbildung einbezogen sind; BVerfGE 44, 125 (145): Parteien gleichsam als Funktionsvoraussetzung für die Staatsorgane; vgl. näher *Kunig*, Parteien, in: Isensee/Kirchhof (Hrsg.), Handbuch des Staatsrechts der Bundesrepublik Deutschland, Bd. 3, 3. Aufl. 2005, § 40 Rn. 123 ff.; *Grimm*, Politische Parteien, in: Benda/Maihofer/Vogel (Hrsg.), Handbuch des Verfassungsrechts, 2. Aufl. 1994, § 14 Rn. 6 ff.

In jedem Fall können die politischen Parteien in der Ordnung des Grundgesetzes nur vom demokratischen Verfassungsprinzip aus verortet werden: „Die Parteien als Element grundgesetzlicher Demokratie".

Kunig, Parteien, in: Isensee/Kirchhof (Hrsg.), Handbuch des Staatsrechts der Bundesrepublik Deutschland, Bd. 3, 3. Aufl. 2005, § 40 Rn. 74 und öfter.

Sie entziehen sich aufgrund ihrer Scharnierfunktion der idealtypischen Dichotomie von Staat und Gesellschaft. Durch Inhalt und Stellung von Art. 21 GG sind sie zumindest *auch* dem staatsorganschaftlichen Bereich verbunden, vor allem dann, wenn Mandatsträger in ihnen organisiert sind und über sie ihre Mandate erlangt haben.

Maurer, Das Verbot politischer Parteien, AöR 96 (1971), S. 203 (219).

Zudem erscheint zweifelhaft, inwieweit sich die Antragsgegnerin in einem Verfahren nach Art. 21 Abs. 2 GG auf Grundrechte berufen kann. Zwar genießt die Antragsgegnerin als solche ebenso wie ihre Mitglieder selbstverständlich Grundrechtsschutz. Doch geht es im Verfahren nach Art. 21 Abs. 2 GG ja, wie gesehen, gerade darum festzustellen, ob die grundrechtlich geschützte Tätigkeit der Antragsgegnerin durch eine Feststellung des Bundesverfassungsgericht diesen Schutz verlieren und ihre Betätigung im Ganzen verboten werden soll. Anders als in einer echten grundrechtlichen Konstellation hat das Verfahren nach Art. 21 Abs. 2 GG nicht die Reichweite der Grundrechte in einem konkreten Einzelfall zu überprüfen, sondern die verfassungsrechtlichen Mindestbedingungen der Berechtigung zu grundrechtlichem Schutz.

Wenn sich in Entscheidungskonstellationen, die nicht das reine Staat-Bürger-Verhältnis betreffen, gleichwohl Abwägungen in der Judikatur finden, sind diese nicht mit dem Verhältnismäßigkeitsprinzip zu verwechseln. Abwägung im Sinne der Herstellung praktischer Konkordanz ist im Verfassungsrecht stets erforderlich, wenn *im Prinzip gleichberechtigte* konfligierende Rechtspositionen in einen Ausgleich gebracht werden müssen.

Allgemein *Hesse*, Grundzüge des Verfassungsrechts der Bundesrepublik Deutschland, 20. Aufl. 1995, Rn. 72; auf Parteiverbotsverfahren bezogen so wohl auch *Sichert*, Das Parteiverbot in der wehrhaften Demokratie, DÖV 2001, 671 (679).

In der Sache geht es um die Abwägung prinzipiell gleichwertiger widerstreitender verfassungsrechtlicher Wertungen.

Die Anwendbarkeit des Verhältnismäßigkeitsprinzips kann auch mit Blick darauf bezweifelt werden, dass es in der Konstellation des Art. 21 Abs. 2 GG nicht um einfachgesetzliches Polizeirecht, sondern um im Grundgesetz selbst geregelten Verfassungsschutz geht:

„Den Hintergrund für die geschaffenen Möglichkeiten der Existenzvernichtung verfassungswidriger Parteien [...] bildet der Gedanke des Verfassungsschutzes. Damit wurde ein Interesse instrumentalisiert, das sich dem Vergleich polizeirechtlich relevanter Störungen, dem klassischen Ort des Übermaßverbots entzieht. Die Gefährdung der Schutzgüter de[s] [...] Art. 21 Abs. 2 bildet für das Einschreiten gegen Störer im Rahmen des Polizeirechts die Ausnahme, ihr Schutz ist nicht Grund, sondern Anwendungsfall der polizeilichen Maßnahme und des in ihr stattfindenden Grundrechtseingriffs. [...] Hinter Art. [...] 21 Abs. 2 steht der Gedanke des Schutzes der normativen Verfassungsgrundsätze. Stellt man seine Ausgestaltung unter die Geltung eines gerade den Staat in der Möglichkeit von Freiheitseingriffen beschränkenden Grundsatzes, wird die Substanz der Verfassungsschutznormen betroffen. Das Paradox der Freiheit hat das Grundgesetz nicht dadurch vermieden, daß es auch die Verfassungsschutznormen der wehrhaften Verfassung den Freiheitssicherungen des einzelnen unterworfen hat. Der Besonderheit des Schutzgutes entspricht vielmehr die Eigenständigkeit dieser Bestimmungen .... Damit ist es unvereinbar, zusätzliche – ungeschriebene – Voraussetzungen als notwendig anzusehen, die die praktische und faktische Handhabung der Verfassungsschutzbestimmungen in [...] Art. 21 Abs. 2 auf ein Minimum beschränken." *Schmidt*, Die Freiheit verfassungswidriger Parteien und Vereinigungen, 1983, S. 171 f., 173 f.

Anders gewendet: Bei Beeinträchtigungen des „Wie" des Handelns politischer Parteien sind Verhältnismäßigkeitserwägungen am Platz, für die Frage nach dem „Ob" ihrer Existenz stellt Art. 21 Abs. 2 GG eine abschließende lex specialis dar, welche die Voraussetzungen eines Verbots exklusiv normiert. Die Regelung des Art. 21 Abs. 2 GG selbst kennt keinen ausdrücklichen Maßstab der Verhältnismäßigkeit. Der Verfassunggeber hat selbst entschieden, dass das Verbot „verhältnismäßig" ist, wenn die hohen tatbestandlichen Voraussetzungen der Vorschrift erfüllt sind.

Ipsen, in: Sachs (Hrsg.), Grundgesetz. Kommentar, 6. Aufl. 2011, Art. 21 Rn. 172.

Darin liegt auch die Abgrenzung zu der Verhältnismäßigkeitsprüfung, die der Zweite Senat in seinem Beschluss zur Beobachtung des Abgeordneten *Bodo Ramelow* durch Verfassungsschutzbehörden durchgeführt hat.

BVerfG, Beschluss v. 17. September 2013 – 2 BvR 2436/10, 2 BvE 6/08, Rz. 118 ff.

Während sich aus der Sicht des Grundsatzes des freien Mandats in Art. 38 Abs. 1 Satz 2 GG die nachrichtendienstliche Beobachtung als Eingriff darstellt, bei dem die Aufgaben und Befugnisse der Behörden des Verfassungsschutzes einfachgesetzlich definiert sind, während die Schutzposition versubjektiviert im Grundgesetz selbst gewährleistet wurde, tritt in der Konstellation des Parteiverbots mit Art. 21 Abs. 2 GG im Grundgesetz selbst ein andere gesetzliche Gewährleistungen überspielendes und anderen Verfassungsnormen gleichberechtigtes Verfahren auf den Plan. Die durch den Beschluss vom 17. September 2013 geklärte Konstellation ist also sowohl in der Sache als auch in der Rechtsschutzsituation anders als die vorliegende grundrechtsähnlich ausgestaltet.

Darüber hinaus fehlt es insbesondere an einschränkenden, auf Abwägung hindeutenden Formulierungen wie in anderen staatsorganisationsrechtlichen Normen („notwendig" in Art. 37 GG; „erforderlich" in Art. 72 Abs. 2 GG; „dringender Bedarf" in Art. 87 Abs. 3 Satz 2 GG).

In den beiden (Sach-)Entscheidungen des Gerichts zu Art. 21 Abs. 2 GG spielte dieser Maßstab ohnehin keine Rolle. Sofern Verhältnismäßigkeitserwägungen bei der Grundrechtsverwirkung nach Art. 18 GG relevant werden,

Dürig/Klein, in: Maunz/Dürig, Grundgesetz. Kommentar, Art. 18 Rn. 52 m. w. N. (58. Lieferung April 2010),

liegt der entscheidende Unterschied zum Parteiverbotsverfahren wiederum darin, dass es sich um eine Vorschrift im Grundrechtsabschnitt mit ausschließlichem Grundrechtsbezug handelt, die zudem gestufte Rechtsfolgen nicht nur ausdrücklich vorsieht, sondern zwingend benötigt.

Auch die wissenschaftliche Literatur verwendet bis in die Gegenwart den Maßstab der Verhältnismäßigkeit mehrheitlich nicht bei der Anwendung der Norm.

Ausdrücklich ablehnend *Klein*, in: Maunz/Dürig, Grundgesetz. Kommentar, Art. 21 Rn. 527 mit Fn. 113 a. E. (64. Lieferung Januar 2012); *Ipsen*, in: Sachs (Hrsg.), Grundgesetz. Kommentar, 6. Aufl. 2011, Art. 21 Rn. 172; *Kunig*, in: von Münch/Kunig (Hrsg.), Grundgesetz. Kommentar, Bd. 1, 6. Aufl. 2012, Art. 21 Rn. 72; *Schmidt,* Die Freiheit verfassungswidriger Parteien und Vereinigungen, 1983, S. 163 ff.; *Löwer*, Zuständigkeiten und Verfahren des Bundesverfassungsgerichts, in: Isensee/Kirchhof (Hrsg.), Handbuch des Staatsrechts der Bundesrepublik Deutschland, Bd. 3, 3. Aufl. 2005, § 70 Rn. 157 a. E.; *Koch,* Parteiverbote, Verhältnismäßigkeitsprinzip und EMRK, DVBl. 2002, 1388 (1390); *Gelberg,* Das Parteiverbotsverfahren nach Art. 21 Abs. 2 GG am Beispiel des NPD-Verbotsverfahrens, 2009, S. 209; a. A. etwa *Scherb*, Feststellung der Verfassungswidrigkeit ohne Parteiverbot! RuP 2002, 175 (178).

Insofern kann von einer herrschenden Meinung gesprochen werden.

b) Rechtsprechung des Bundesverwaltungsgerichts zu Vereinsverboten

Ist der Verbotstatbestand erfüllt, verlangt auch das Bundesverwaltungsgericht grundsätzlich keine Verhältnismäßigkeitsprüfung für das Vereinsverbot nach § 3 Abs. 1 VereinsG i. V. m. Art. 9 Abs. 2 GG, der systematisch dem Art. 21 Abs. 2 GG entspricht.

Vgl. BVerwG, NVwZ 2010, 446, 455; BVerwG, NVwZ 2013, 870, 875. Im erstgenannten Urteil lässt das BVerwG noch offen, ob „im Einzelfall ausnahmsweise" Verhältnismäßigkeitserwägungen auf der Rechtsfolgenseite angestellt werden könnten. Im letztgenannten Urteil wird dies nicht mehr erwähnt, sondern allein festgestellt, dass der Bundesinnenminister auf der Rechtsfolgenseite keine Verhältnismäßigkeitserwägungen anstellen musste.

Die dafür geltende, auf Art. 21 Abs. 2 GG vollständig übertragbare Begründung sieht das Bundesverwaltungsgericht in einer unmittelbaren Entscheidung des Verfassunggebers, dass im Falle der Erfüllung des Tatbestandes das Verbot eine verhältnismäßige Folge darstellt: „Richtet sich eine Vereinigung gegen die verfassungsmäßige Ordnung oder laufen ihre Zwecke oder ihre Tätigkeit den Strafgesetzen zuwider und ist sie deswegen gemäß Art. 9 Abs. 2 GG verboten, ergibt sich unmittelbar aus der Verfassung, dass die dahin gehende Feststellung der Verbotsbehörde und die mit dieser nach § 3 VereinsG verknüpften weiteren Entscheidungen nicht unverhältnismäßig sind."

BVerwG, NVwZ 2013, 870, 875. Zur anderen Ansicht in der früheren Rechtsprechung vgl. *Richter,* Möglichkeiten und Grenzen des Vereinsverbots im rechtsextremistischen Bereich, RdJB 2002, 172, 186 f.

Dieser vom BVerwG entwickelte Maßstab lässt sich für das Parteiverbot nutzbar machen, da – wie in Art. 9 Abs. 2 GG („sind verboten") – das Grundgesetz auch in Art. 21 Abs. 2 GG die Folge unmittelbar anordnet („sind verfassungswidrig"), und dem jeweiligen Entscheidungsträger (Behörde im Fall des Vereinsverbots, Bundesverfassungsgericht im Fall des Parteiverbots) nach diesem Wortlaut nur die Feststellung der abschließend normierten Tatbestandsvoraussetzungen überantwortet.

Zum „inneren Zusammenhang" von Art. 9 Abs. 2 GG und Art. 21 Abs. 2 GG auch: *Gerlach*, Die Vereinsverbotspraxis der streitbaren Demokratie, 2012, S. 83.

Dass diese Auslegung auch mit der EMRK vereinbar ist, hat das Bundesverwaltungsgericht ebenfalls zu Recht festgestellt.

Vgl. BVerwG, NVwZ 2013, 870, 875 f. Hierzu ausführlich unten C I 5 a bb (3) (a) [S. 152].

Dabei kann es sich auch auf aktuelle Rechtsprechung des EGMR stützen, die gemäß Art. 17 EMRK die Berufung auf die Vereinigungsfreiheit verwehrt, wenn der Verein diese „zu Zwecken nutzt, die den Werten der Konvention, insbesondere dem Eintreten für eine friedliche Lösung internationaler Konflikte und die Unverletzlichkeit menschlichen Lebens, klar entgegenstehen". Als solche Zwecke hat der EGMR unter anderem Antisemitismus und Islamophobie, die Leugnung des Holocaust sowie den Aufruf zu einem gewaltsamen Vorgehen gegen Israel gewertet.

Vgl. EGMR, Urteil vom 12. Juni 2012, Beschwerde-Nr. 31098/08, Hizb Ut-Tahrir ./. Deutschland, Rn. 72 ff.

Von besonderer Bedeutung für vorliegendes Verfahren ist, dass der EGMR in ständiger Rechtsprechung die Unvereinbarkeit rassistischer, antisemitischer, totalitärer und nationalsozialistischer Ideologien mit der EMRK festgestellt hat.

EGMR, Entscheidung vom 02. September 2004, Beschwerde-Nr. 42264/98, WP u. a. ./. Polen; Entscheidung vom 24. Juni 2003, Beschwerde-Nr, 65831/01, Roger Garaudy ./. Frankreich; Entscheidung vom 20. Februar 2007, Beschwerde-Nr. 35222/04, Pavel Ivanov ./. Russland; Entscheidung vom 16. November 2004, Beschwerde-Nr. 23131/03, Norwood ./. UK; Entscheidung vom 11. Oktober 1979, Beschwerde-Nr. 8348/78 und 8406/78, Glimmerveen und Hagenbeck ./. Niederlande; Entscheidung vom 11. April 1986, Beschwerde-Nr. 12194/86, Kühnen ./. Deutschland.

c) Hilfsweise: Eingeschränkte Anwendbarkeit

Im Hinblick auf eine etwaige Überprüfung eines vom Bundesverfassungsgericht ausgesprochenen Parteiverbots durch den EGMR, der – wie noch gezeigt werden wird –

dazu näher unten C I 5 a bb (3) (a) [S. 152],

freilich keine der deutschen Verfassungsrechtsdogmatik entsprechende vierstufige Prüfung durchführt, sondern punktuell Abwägungselemente in sein Prüfprogramm integriert, soll im Folgenden gleichwohl – hilfsweise – eine solche Prüfung durchgeführt werden. Es wird sich zeigen, dass sich daraus keine über den Wortlaut des Art. 21 Abs. 2 GG hinausreichenden Anforderungen ergeben und dass die Anforderungen einer solchen Abwägung bei einem Verbot der NPD vorliegend erfüllt wären.

Anwendung des Maßstabs unten C II 3 [S. 206].

Das Verbot einer politischen Partei unterliegt damit – wenn überhaupt – einem spezifisch modifizierten Prinzip der Verhältnismäßigkeit.

Die Anwendung bedarf der Modifikation sowohl mit Blick auf die Voraussetzung als auch die Rechtsfolge des Verfahrens des Art. 21 Abs. 2 GG (a). Diese Einschränkungen führen zu einer Re-Formulierung für den vorliegenden Fall (b).

aa) Eingeschränkte Anwendbarkeit durch Tatbestand und Rechtsfolge

Die Bedeutung des Verhältnismäßigkeitsprinzips wird sowohl durch den Tatbestand des Art. 21 Abs. 2 GG als auch durch seine Rechtsfolge beschränkt.

(1) Tatbestand

Wie oben dargestellt, setzt Art. 21 Abs. 2 GG keine konkrete Gefahr für den Bestand der politischen Ordnung des Grundgesetzes voraus. Vielmehr handelt es sich um eine Norm der *verfassungsrechtlichen Prävention*.

> Oben C I 1 a [S. 108].

Für die Anwendbarkeit des Verhältnismäßigkeitsmaßstabs hat dies Konsequenzen, die aus anderen Rechtsgebieten, die mit präventiven Maßstäben operieren, bekannt sind.

> Vgl. etwa *Neumann*, Vorsorge und Verhältnismäßigkeit, 1994, S. 95 ff.

Solche Maßnahmen unterliegen spezifisch modifizierten Verhältnismäßigkeitsanforderungen. Dies kann in vielen Fällen auch damit begründet werden, dass solche Maßnahmen relativ wenig eingriffsintensiv sind. Allerdings sind aus der Rechtsprechung des Bundesverfassungsgerichts auch eingriffsintensivere Vorsorgemaßnahmen bekannt und verfassungsrechtlich gebilligt worden.

> BVerfGE 120, 274 (326).

Hier stellte der Erste Senat fest, dass auch intensivere Eingriffe in die Grundrechte im Zusammenhang einer Präventionsregelung nicht wie ansonsten nur im Fall des Vorliegens einer konkreten Gefahr angemessen sein können.

Diese Modifikation hängt damit zusammen, dass die Entscheidung zugunsten einer präventiven Maßnahme stets eine solche unter besonders großer Ungewissheit und in Hinsicht auf diese Ungewissheit darstellt. Maßstäbe der Geeignetheit, Erforderlichkeit und Angemessenheit müssen diese Ungewissheit zur Kenntnis nehmen und können die Präventionsmaßnahme nicht einfach durch eine Ausgestaltung ersetzen, die mehr, etwa eine konkrete Gefahr, verlangt. Dies gilt umso mehr, wenn das Präventionserfordernis wie im vorliegenden Fall verfassungsunmittelbar geregelt ist.

(2) Rechtsfolge

Das Verfahren nach Art. 21 Abs. 2 GG kennt zudem nur eine Rechtsfolge: Das Verbot einer politischen Partei. Auch diese Rechtsfolge bleibt für die Art der Anwendung des Verhältnismäßigkeitsprinzips nicht ohne Folgen. Denn die Prüfung der Verhältnismäßigkeit setzt auf der Stufe der Erforderlichkeit ein Kontinuum von Rechtsfolgen mit unterschiedlichen Eingriffsintensitäten voraus. Auch die Abwägung in der Angemessenheitsprüfung kommt letztlich nicht ohne einen zumindest gedanklichen Vergleich zwischen der geprüften Maßnahme und anderen Maßnahmen aus. Ein solches Kontinuum ist bei der nicht modifizierbaren Rechtsfolge des Art. 21 Abs. 2 GG aber nicht gegeben. Anders gewendet: Führte man eine normale Verhältnismäßigkeitsprüfung im Rahmen von Art. 21 Abs. 2 GG durch, würde sich der Tatbestand unweigerlich und gegen Wortlaut und Intention des Verfassunggebers in einen solchen zur Abwehr einer konkreten Gefahr verwandeln. Diese Zusammenhänge müssen, wie nun zu zeigen ist, Rückwirkungen auf die Geeignetheits- und die Erforderlichkeitsprüfung haben.

bb) Anwendung auf das Verfahren des Art. 21 Abs. 2 GG

(1) Legitimer Zweck

Der Zweck einer staatlichen Maßnahme kann nicht in der Maßnahme selbst liegen, also vorliegend im Unterbinden der Aktivität einer verfassungsfeindlichen Partei. Er kann aber auch nicht aus einem von dieser Maßnahme weit entfernt liegenden politischen Fernziel folgen. Vielmehr muss er sich aus dem einschlägigen Normprogramm selbst ergeben. Die Maßnahme des Parteiverbots dient, wie bei der systematischen Auslegung des Art. 21 Abs. 2 GG gezeigt werden konnte,

> oben C I 1 a aa [S. 108],

der Prävention vor einer politischen Bedrohung der grundgesetzlichen Ordnung. Dieser Zweck ist verfassungsrechtlich unproblematisch.

> *Volkmann*, in: Friauf/Höfling (Hrsg.), Berliner Kommentar zum Grundgesetz, Art. 21 Rn. 92 (3. Lieferung Dezember 2001).

Zweck der Maßnahme ist zugleich eine negative Vergewisserung hinsichtlich des identitären Kerns des Grundgesetzes. Jenseits der Frage der politischen und sozialen Nützlichkeit eines Parteiverbots dient die begehrte gerichtliche Entscheidung dazu, den politischen Akteuren zu verdeutlichen, an welchem Punkt die demokratische Auseinandersetzung die weiten vom Grundgesetz gezogenen Grenzen legitimer Politik verlassen hat.

Zweifel an diesen Zwecksetzungen könnten sich nur ergeben, wenn Indizien den Eindruck rechtfertigten, dass der Antrag in Wirklichkeit nicht dem Schutz des Grundgesetzes dienen soll, sondern als ein verdeckter Angriff auf einen politischen Wettbewerber verstanden werden muss.

> Zu diesem Problem wiederum *Volkmann*, in: Friauf/Höfling (Hrsg.), Berliner Kommentar zum Grundgesetz, Art. 21 Rn. 92 (3. Lieferung Dezember 2001).

Für eine solche versteckt diskriminierende Intention des Antrags liegen keine Anzeichen vor. Insbesondere ist im Rahmen der Antragstellung keinerlei parteipolitische Asymmetrie zu erkennen, denn der Bundesrat hat den Antrag ohne Gegenstimmen beschlossen. Durch die im Bundesrat vertretene Gesamtheit der Landesregierungen ist auf Seite der Antragstellung das Parteienspektrum denkbar weit abgebildet.

(2) Geeignetheit

Eine verhältnismäßige Maßnahme muss dazu geeignet sein, den mit ihr verbundenen Zweck zu erreichen. Der Nachweis der Geeignetheit erfordert allerdings keinen echten Beweis der zukünftigen Wirkung einer Maßnahme. Ein solcher wäre aus Gründen der Erkenntnisunsicherheit auch nicht seriös anzutreten. Vielmehr versteht das Bundesverfassungsgericht die Geeignetheit als eine Plausibilitätsprüfung, in der zwischen Maßnahme und Zweck ein rational nachvollziehbarer Zusammenhang bestehen muss.

BVerfGE 96, 10 (23); 100, 313 (373); 117, 163 (168 f.).

Für das vorliegende Verfahren wird dieser Maßstab dadurch modifiziert, dass der Zweck der Maßnahme präventiver Natur ist. Diese dient der Prävention vor einer politischen Bedrohung der Ordnung des Grundgesetzes. Aus diesem Grund erscheint es kaum möglich, dass ein Antrag gegen eine ihren politischen Zielen nach verfassungsfeindliche Partei, an der Geeignetheit scheitern kann, wenn sich hinter ihm keinerlei erkennbaren anderen Zwecke verbergen, die mit der Präventionsfunktion des Art. 21 Abs. 2 GG nichts zu tun haben, etwa dazu dienen sollen, einen politischen Gegner zu schädigen.

Dazu bereits soeben unter (1) [S. 142].

In jedem Fall würde es dem formell definierten Zweck der Norm nicht entsprechen, wollte man mit dem Verbotsantrag zwingend weitergehende gesellschaftspolitische Intentionen verbinden und das Schicksal der Geeignetheitsprüfung von der Erreichbarkeit solcher Ziele abhängig machen. Natürlich lässt sich ein Verbotsantrag auch in einen solchen weiteren politischen Kontext der Bekämpfung radikalisierter politischer Einstellungen einfügen, im vorliegenden Fall in das gesellschaftspolitische Anliegen der Bekämpfung von Rechtsextremismus und Fremdenfeindlichkeit. Ein solcher weiterer politischer Zusammenhang des Verbotsantrags könnte zudem unter Umständen für die Erforderlichkeitsprüfung normativ von Bedeutung sein.

Dazu sogleich unter (b) [S. 145].

Das ändert jedoch nichts an der Tatsache, dass der Antrag selbst nicht dem Zweck dienen soll, solche gesellschaftspolitischen Anliegen zu erreichen, namentlich das Problem einer unzureichenden Verbreitung demokratischer Überzeugungen in Teilen der Bevölkerung zu lösen und damit im vorliegenden Fall die allgemeine – vom Handeln der Antragsgegnerin zu trennende und über dieses weit hinausgehende – Verbreitung rechtsradikaler Ansichten zu bekämpfen.

Wiewohl der Antragsteller der Überzeugung ist, dass ein Verbot der Antragsgegnerin Rückwirkungen auch auf dieses gesellschaftspolitische Anliegen hat, und darzulegen sein wird, welche Konsequenzen das Handeln der Antragsgegnerin für das demokratische Leben in manchen Teilen der Bundesrepublik nimmt,

unten C II 2 b [S. 205],

bezweckt dieser Antrag primär, durch die Beendigung der politischen Aktivitäten der Antragsgegnerin Vorsorge vor einer politischen Gefährdung des Grundgesetzes zu treffen.

(3) Erforderlichkeit

Neben einer eingriffsbezogenen Erforderlichkeitsprüfung (a) [S. 144] könnte nach dem soeben Gesagten eine zu modifizierende Verhältnismäßigkeitskontrolle auch eine weitergehende Prüfung der Erforderlichkeit eines Verbots im Kontext anderer staatlicher Maßnahmen gebieten (b) [S. 145].

(a) Eingriffsbezogene Erforderlichkeitsprüfung

Eine verhältnismäßige Maßnahme muss erforderlich sein. Das bedeutet, dass es keine andere Maßnahme geben darf, die bei gleicher Wirksamkeit weniger intensiv in die Rechte des Adressaten eingreift.

Für das vorliegende Verfahren besteht allerdings schon aus der Rechtsfolge keine Grundlage für vergleichbare Eingriffe. Dies ergibt sich aus zweierlei Eigenschaften des Verfahrens des Art. 21 Abs. 2 GG: Zum Ersten kennt dieses keine andere Rechtsfolge als ein Verbot. Die einzige Nuancierung, die die Rechtslage zulässt, besteht bei der Frage des Einzugs des Vermögens, § 46 Abs. 3 Satz 2 BVerfGG. Damit sieht das Grundgesetz aber ausdrücklich keinen milderen Eingriff vor.

Zum Zweiten wären solche Eingriffe unterhalb der Verbotsschwelle ihrerseits verfassungsrechtlich hoch problematisch. Sie würden die von ihr betroffene Partei einerseits im demokratischen Wettbewerb belassen; andererseits würde eine solche Partei mit rechtsförmigen Nachteilen belastet werden, die ihren Anspruch auf Chancengleichheit aus Art. 21 Abs. 1 GG in Frage stellen könnten. Dadurch wäre nicht nur diese Partei benachteiligt, sondern auch der *gesamte* demokratische Wettbewerb verzerrt. Darum es ist anerkannt, dass eine verfassungsfeindliche, aber nicht durch das Bundesverfassungsgericht verbotene Partei exakt dieselben verfassungsmäßigen Rechte hat wie jede andere Partei. Aus diesem Grund ist die Entscheidung des Grundgesetzes, so weit wie möglich, nur die Alternative zwischen einer Teilnahme am politischen Prozess unter den Bedingungen formaler Chancengleichheit und einem Ausschluss von diesem Prozess durch ein Verbot nach Art. 21 Abs. 2 GG unter strengen Bedingungen zu lassen, von der Logik des demokratischen Prozesses, insbesondere der Chancengleichheit der Parteien im politischen Wettbewerb, geboten.

Epping, Eine Alternative zum Parteiverbot. Der Ausschluss von der staatlichen Parteienfinanzierung, 2013, dessen Vorschläge nur rechtspolitischer Natur sind, der unter dem geltenden Recht jedoch zu eindeutigen Ergebnissen kommt; zusammenfassend, S. 82: „Die Parteienfreiheit und die Parteiengleichheit sind verfassungsrechtlich verankert und bauen vor jeder staatlichen Beeinträchtigung hohe Hürden auf. Aufgrund ihrer inhaltlichen Ausrichtung darf eine Partei grundsätzlich weder gegenüber anderen Parteien benachteiligt werden, noch darf deshalb ihre Betätigungsfreiheit eingeschränkt werden. Hier wirkt sich das Parteienprivileg aus. Nur wenn das Bundesverfassungsgericht die Verfassungswidrigkeit festgestellt hat, verliert eine Partei ihren besonderen Status. Ein Ausschluss von der staatlichen Parteienfinanzierung durch bloße Änderung des einfachen Rechts kommt daher nicht in Betracht." Ebenso *Volkmann*, Grundprobleme der staatlichen Bekämpfung des Rechtsextremismus, JZ 2010, 209 (211 ff.); *Kluth*, in: Epping/Hillgruber (Hrsg.), Beck'scher Online-Kommentar GG, Art. 21 Rn. 202 (Stand: 1. Januar 2012); *Klein,* Ein neues NPD-Verbotsverfahren? 2012, S. 7; und wohl auch *van Ooyen,* Kein zweites Verbotsverfahren gegen die NPD. Streichung der staatlichen Parteienfinanzierung als „flexible Response", RuP 2013, 84; zu nutz- und fruchtlosen Versuchen in diese Richtung etwa *Petschke,* Sowohl rechtlich aussichtsreich als auch politisch zweckmäßig? Ein Beitrag zur Debatte um ein Verbot der NPD, RuP 2011, 11 (12); nur an (mehr oder minder) formale Kriterien, wie die innerparteiliche Demokratie, anknüpfend, ausdrücklich jedoch nicht an Inhalt und Gesinnung *Morlok*, Parteienfinanzierung im demokratischen Rechtsstaat, 2009, S. 39 ff. Tz. 102, 110–112; im Übrigen wird auch hier auf die Verfassungsänderung verwiesen, Tz. 219 ff.; ebenfalls nur de lege ferenda für eine flexiblere Lösung *Maurer,* Das Verbot politischer Parteien, AöR 96 (1971), S. 203 (224); wenig überzeugend und verfassungsrechtlich bedenklich die Vorschläge von *Kriele*, Feststellung der Verfassungsfeindlichkeit von Parteien ohne Verbot, ZRP 1975, S. 201; *Scherb,* Feststellung der Verfassungswidrigkeit ohne Parteiverbot! RuP 2002, 175 (178 f.).

Es sei nur darauf hingewiesen, dass die Landesverfassungsrechtsprechung es aus den gleichen verfassungsrechtlichen Gründen folgerichtig untersagt hat, dass Abgeordnete der NPD von Auslandskontakten des Parlaments ausgeschlossen werden.

SächsVerfGH, Urt. v. 21. März 2013 – Vf. 95-I-12 für eine Reise einer Delegation des Sächsischen Landtags auf Einladung des Grossen Rates des Kantons Bern.

Die dargelegte Logik schließt eine eingriffsbezogene Erforderlichkeitsprüfung aus.

(b) Erweiterte Erforderlichkeitsprüfung

In einer erweiterten Erforderlichkeitsprüfung könnte sich allerdings die Frage stellen, ob der vorgesehene und als solcher von der Verfassung ohne mildere Alternative ausgestattete Eingriff des Parteiverbots durch andere Maßnahmen flankiert sein müsste, die seine Intensität rechtfertigen. Damit die Verhältnismäßigkeitsprüfung nicht an der Ausgestaltung des Eingriffs abgleitet, so ließe sich argumentieren, kann eine Parteiverbotsentscheidung nur dann verfassungsrechtlicher Rechtfertigung zugänglich sein, wenn die Antragsteller zugleich andere Versuche unternommen haben, die sich aus der Aktivität der in Frage stehenden politischen Partei ergebenden Gefahren einer verfassungsfeindlichen Radikalisierung des politischen Lebens zu bekämpfen. Ein isolierter Verbotsantrag, der nicht in den Versuch anderer nicht-prohibitiver Maßnahmen eingebettet ist, könnte aus diesem Grund in einem weiteren Sinne nicht erforderlich und damit unverhältnismäßig sein.

Daraus würde umgekehrt folgen, dass der Antrag, um erforderlich zu sein, von anderen Maßnahmen begleitet sein muss, die dazu dienen sollen, die politischen und gesellschaftlichen Folgen des Handelns der in Frage stehenden Partei zu bekämpfen. Wie zu zeigen ist, wurde und wird auf der Ebene der Länder, einschließlich der Gemeinden, wie auch des Bundes eine Fülle solcher Initiativen ergriffen.

Unten C II 3 [S. 206].

(4) Angemessenheit

Hilfsweise ist schließlich auch die Angemessenheit des Parteiverbots zu prüfen. Das bedeutet, dass die Intensität des Eingriffs in das Recht in einem rechtfertigungsfähigen Verhältnis zu dem mit dem Eingriff zu erlangenden normativen Ertrag stehen muss. Die Angemessenheit der Maßnahme ergibt sich aus einer Abwägung zwischen diesen beiden Faktoren.

Für das Verfahren des Art. 21 Abs. 2 GG ist dabei Folgendes zu beachten. Die Prüfung der Angemessenheit ist überhaupt nur einschlägig, wenn die Maßnahme nicht bereits an den positivierten Tatbestandsvoraussetzungen eines Verbots scheitert, also nur dann, wenn klar gestellt ist, dass die Programmatik der Partei gegen den politischen Kern des Art. 79 Abs. 3 GG verstößt, den Art. 21 Abs. 2 GG als die „freiheitliche demokratische Grundordnung" bezeichnet.

> Zu dieser Bestimmung oben C I 2 [S. 117].

Der normative Gehalt, dessen Schutz eine Verbotsentscheidung dient, ist, wenn dieser Test bestanden ist, normhierarchisch höchstrangig; somit ist ein anderer verfassungsrechtlicher Wert, der gegen diesen ins Feld geführt werden könnte, nur in atypischen Fällen denkbar. Eine Abwägung erscheint mit Blick auf dieses Tatbestandsmerkmal für ein vom Grundgesetz ausdrücklich ausgestaltetes und mit einer Rechtsfolge versehenes Verfahren schwerlich denkbar. Anders formuliert: Das Grundgesetz hat für den Fall des Art. 21 Abs. 2 GG bereits dadurch eine Abwägung vorgenommen, dass es diesen Tatbestand nicht allein an die verfassungsfeindliche Ideologie der in Frage stehenden Partei geknüpft hat, sondern auch an das weitere Erfordernis einer über die Meinungsbildung hinausgehenden aggressiven Haltung. Der Eingriff in den demokratischen Meinungsbildungsprozess, der durch Art. 21 Abs. 2 GG vorgenommen wird, rechtfertigt sich aus dieser Sicht durch die politischen Methoden, mit denen eine verfassungsfeindliche Partei vorgeht,

> *Maurer*, Das Verbot politischer Parteien, AöR 96 (1971), S. 203 (216).

Damit kann sich die Prüfung der Angemessenheit allein auf den *Grad der Bedrohung* beziehen, die eine Partei für die grundgesetzliche Ordnung darstellt. Freilich lassen sich beide Elemente in der Angemessenheitsprüfung nicht völlig voneinander trennen. Vergleichbar der Abwägung im Recht der polizeilichen Gefahrenprävention, stehen der Wert des Schutzgutes, um dessen Willen eine eingreifende Maßnahme ergeht, und die Anforderungen an die Gefahrenprognose, um die es geht, in einem komplementären Verhältnis zueinander. Das Bundesverfassungsgericht hat beispielsweise in seiner Entscheidung zum Schutz der Integrität datenverarbeitender Systeme dazu ausgeführt:

> „Der Grundrechtseingriff, der in dem heimlichen Zugriff auf ein informationstechnisches System liegt, entspricht im Rahmen einer präventiven Zielsetzung angesichts seiner Intensität nur dann dem Gebot der Angemessenheit, wenn bestimmte Tatsachen auf eine im Einzelfall drohende Gefahr für ein überragend wichtiges Rechtsgut hinweisen, selbst wenn sich noch nicht mit hinreichender Wahrscheinlichkeit feststellen lässt, dass die Gefahr schon in näherer Zukunft eintritt.", BVerfGE 120, 274 (328).

Im gleichen Zusammenhang hat das Gericht weiterhin festgestellt:

„Das Erfordernis tatsächlicher Anhaltspunkte führt dazu, dass Vermutungen oder allgemeine Erfahrungssätze allein nicht ausreichen, um den Zugriff zu rechtfertigen. Vielmehr müssen bestimmte Tatsachen festgestellt sein, die eine Gefahrenprognose tragen (vgl. BVerfGE 110, 33 [61]; 113, 348 [387]). Diese Prognose muss auf die Entstehung einer konkreten Gefahr bezogen sein. Dies ist eine Sachlage, bei der im Einzelfall die hinreichende Wahrscheinlichkeit besteht, dass in absehbarer Zeit ohne Eingreifen des Staates ein Schaden für die Schutzgüter der Norm durch bestimmte Personen verursacht wird. Die konkrete Gefahr wird durch drei Kriterien bestimmt: den Einzelfall, die zeitliche Nähe des Umschlagens einer Gefahr in einen Schaden und den Bezug auf individuelle Personen als Verursacher. Der hier zu beurteilende Zugriff auf das informationstechnische System kann allerdings schon gerechtfertigt sein, wenn sich noch nicht mit hinreichender Wahrscheinlichkeit feststellen lässt, dass die Gefahr schon in näherer Zukunft eintritt, sofern bestimmte Tatsachen auf eine im Einzelfall drohende Gefahr für ein überragend wichtiges Rechtsgut hinweisen. Die Tatsachen müssen zum einen den Schluss auf ein wenigstens seiner Art nach konkretisiertes und zeitlich absehbares Geschehen zulassen, zum anderen darauf, dass bestimmte Personen beteiligt sein werden, über deren Identität zumindest so viel bekannt ist, dass die Überwachungsmaßnahme gezielt gegen sie eingesetzt und weitgehend auf sie beschränkt werden kann." BVerfGE 120, 274 (329 f.).

Das Gericht unterscheidet hier zwischen einer konkreten Gefahr und Tatsachenerkenntnissen, die auf eine konkrete Gefahr bezogen sind, ohne damit bereits in den Bereich einer bloß abstrakten Gefahr zu geraten. Diese Zwischenstufe wird als Eingriffsmaßstab an die Ermittlungstatbestände der Straftatenverhütung angelegt.

Für eine Maßnahme, die einerseits dem Schutz der höchstrangigen Verfassungsgüter des Art. 79 Abs. 3 GG dient, die aber andererseits den intensivst-möglichen Eingriff in die Parteigründungsfreiheit des Art. 21 Abs. 1 Satz 2 GG darstellt und die Folgen eines solchen Eingriffs in den demokratischen Prozess ernst nehmen muss, könnte man aus diesen Vorgaben entnehmen, dass sich der Eingriff nur gegen eine Partei richten darf, der *konkrete Handlungen* mit dem *Ziel* der Abschaffung oder Beeinträchtigung der grundgesetzlichen Ordnung nachgewiesen werden kann. Der Eingriff bedarf dann einer Tatsachengrundlage, die Angriffe einer Partei auf die Ordnung des Grundgesetzes dokumentieren kann. Er wird einer im dokumentierten Handeln der Partei nachzuvollziehenden Vorstellung der Partei davon bedürfen, wie der Prozess der Ablösung der grundgesetzlichen Ordnung auszusehen hat.

Angesichts des hohen Wertes der in Frage stehenden Schutzgüter kann für die Angemessenheit der Maßnahme nicht der Maßstab einer konkreten Gefahr für die Gesamtordnung hergeleitet werden. Wie bereits dargestellt, war ein solcher Maßstab von den Autoren des Grundgesetzes nicht verlangt worden, er wäre auch mit dem Charakter des Art. 21 Abs. 2 GG als Präventionsmaßnahme nicht vereinbar.

Oben C I 1 a [S. 108].

Wie sich aus den soeben angestellten Erwägungen ergibt, folgt er gleichfalls nicht aus dem Angemessenheitserfordernis. Vielmehr senkt die Qualifikation der in Frage stehenden Rechtsgüter die Anforderungen an einen Eingriff von der konkreten Gefahren- zur Präventionsschwelle. Diese Schwelle muss angesichts der Intensität des Eingriffs oberhalb bloß abstrakter Erwägungen bleiben und Handlungen der betroffenen Partei dokumentieren, so wie es von Art. 21 Abs. 2 GG ohnehin verlangt wird. Sie verlangt aber gerade nicht eine konkrete Gefahr des Untergangs der Ordnung des Grundgesetzes.

cc) Zwischenergebnis und Gesamtabwägung

Für eine – nur hilfsweise vorzunehmende – Prüfung der Verhältnismäßigkeit bleibt aufgrund der Besonderheiten von Tatbestand und Rechtsfolge des Art. 21 Abs. 2 GG ein modifizierter Erforderlichkeits- und Angemessenheitsmaßstab anzuwenden. Dieser Maßstab kann die Spezifika der Norm nicht unterlaufen, die ihrem Zweck nach zum Schutz der freiheitlichen demokratischen Grundordnung eine einzige Maßnahme ohne mildere Mittel vorsieht. Modifikationen ergeben sich daraus, dass die vergleichsweise schwache Direktivkraft, die der Verhältnismäßigkeitsmaßstab für Art. 21 Abs. 2 GG entwickeln kann, angesichts der Intensität des Eingriffs in zweierlei Hinsicht der Anpassung zugunsten der Partei bedürfen könnte: Diese Modifikationen könnten, zum Ersten, eine Pflicht des Staates begründen, aus Gründen der Erforderlichkeit des Verbots begleitende Maßnahmen zu treffen, die die gesellschaftlichen Folgen des Handelns der zu verbietenden Partei adressieren. Sie könnten es, zum Zweiten, aus Gründen der Angemessenheit gebieten, Aktivitäten der Partei nachzuweisen, die auf eine Bedrohung oder Behinderung der demokratischen Ordnung abzielen.

5. Europäische Menschenrechtskonvention

Die Europäische Menschenrechtskonvention (EMRK) ist kein unmittelbar anwendbarer Prüfungsmaßstab im vorliegenden Verfahren.

> *Grabenwarter,* Wen man ausschließen darf, Frankfurter Allgemeine Zeitung Nr. 291 vom 13. Dezember 2012, S. 8; *Klein,* Parteiverbotsverfahren vor dem Europäischen Gerichtshof für Menschenrechte, ZRP 2001, 397 (399).
>
> Das gilt erst Recht für das Unionsrecht (Art. 224 AEUV; Verordnung (EG) Nr. 2004/2003 vom 29. September 2003, Abl. 2003 Nr. L 297, S. 1), denn für das Verbot von Parteien, die nicht ausschließlich bei Europawahlen antreten, sind allein die Mitgliedstaaten zuständig; BVerfGE 104, 214 (218 f.); *Hatje,* Parteiverbote und Europarecht, DVBl. 2005, 261; *Löwer,* Zuständigkeiten und Verfahren des Bundesverfassungsgerichts, in: Isensee/Kirchhof (Hrsg.), Handbuch des Staatsrechts der Bundesrepublik Deutschland, Bd. 3, 3. Aufl. 2005, § 70 Rn. 154 mit Fn. 1192; *Kluth,* in: Calliess/Ruffert (Hrsg.), EUV/AEUV, 4. Aufl. 2011, Art. 224 AEUV Rn. 9; i. E. auch *Klein,* Ein neues NPD-Verbotsverfahren? 2012, S. 21.

Zu prüfen bleibt lediglich, ob bzw. welche Rückwirkungen die Menschenrechtsverbürgung der EMRK für das Verfahren nach Art. 21 Abs. 2 GG besitzt.

Dazu sind zunächst die Maßstäbe des EGMR für die Kontrolle von Parteiverboten in Erinnerung zu rufen (a) [S. 149], bevor die verfassungsrechtsdogmatische Relevanz dieser Maßstäbe für vorliegendes Verfahren zu konturieren sein werden (b) [S. 160].

Für die Heranziehung des europäischen Menschenrechtsschutzes ist von zentraler Bedeutung, dass die Entscheidungen des Europäischen Gerichtshofs für Menschenrechte (EGMR) in noch weitaus größerem Maße kontextgebunden sind, als dies bei nationalen verfassungsgerichtlichen Judikaten der Fall ist. Der EGMR sieht sich 48 Mitgliedstaaten mit gravierenden Unterschieden in deren Verfassungsstruktur, rechtsstaatlichen Tradition und Niveau des Individualschutzes gegenüber. Gerade der im Zusammenhang mit hiesigen Parteiverboten am häufigsten vor dem EGMR betroffene Mitgliedstaat Türkei hatte diese Verbote in einem grundlegend anderen historischen und politischen Kontext erlassen. In der Türkei dienten Parteiverbotsverfahren als Mittel der Auseinandersetzung in den Bereichen der Religions- und der Minderheitenpolitik.

> Vgl. etwa *Volkmann*, Grundprobleme der staatlichen Bekämpfung des Rechtsextremismus, JZ 2010, 209 (217).

Es ging dagegen in keinem einzigen der türkischen Verfahren um das Verbot einer nationalsozialistischen, menschenverachtenden und rassistischen Partei. Der EGMR hatte bisher noch nie über das Verbot einer solchen Partei zu entscheiden. An dieser Stelle soll mithin darauf hingewiesen werden, dass maßstäbliche Ausführungen des EGMR kaum in der Weise verallgemeinerbar sind, wie dies hinsichtlich maßstäblicher Ausführungen des Bundesverfassungsgerichts oftmals geschieht, sondern jeweils im Kontext des spezifischen Sachverhalts ausgelegt werden müssen. Es wird sich zudem zeigen, dass das im Grundgesetz nicht zufällig in staatsorganisationsrechtlichem Kontext angesiedelte Parteiverbotsverfahren durch zentrale nationale Besonderheiten charakterisiert ist, die bei einer am Maßstab der EMRK ausschließlich denkbaren menschenrechtlichen Kontrolle entscheidende Bedeutung gewinnen. Ein Verbot der NPD verstieße weder gegen die EMRK, noch wirkt dieser Kontrollmaßstab derart auf die Anwendung nationalen Verfassungsrechts ein, dass sich der zuvor entwickelte Prüfungsmaßstab des Grundgesetzes veränderte.

Auch hier kann ein Blick auf das Verbot rechtsextremistischer Vereine – bei allen Unterschieden – hilfreich sein.

> Vgl. oben C I 4 b; EGMR, Entscheidung vom 12. Juni 2012, Beschwerde Nr. 31098/08 H. u. a. ./. Deutschland, v. a. Rn. 74; BVerwG, NVwZ 2013, 870 v. a. Rn. 64 f.

a) **Maßstäbe für Parteiverbote nach der EMRK**

aa) Einschlägige Normen

Mangels eines expliziten Tatbestandes zu Parteiverboten entnimmt der EGMR die Maßstäbe in erster Linie der Vereinigungsfreiheit des Art. 11 EMRK. Die heute für Parteiverbote geltenden Prinzipien wurden insbesondere in einem Urteil zum Verbot der Vereinigten Kommunistischen Partei der Türkei aus dem Jahr 1998 entwickelt und in einer Reihe von Urteilen fortentwickelt, die – abgesehen von wenigen Ausnahmen in jüngerer Zeit (Bulgarien, Spanien, Russland) – durchgehend die Türkei betrafen.

> EGMR, Entscheidung vom 30. Januar 1998, Beschwerde-Nr. 133/1996/752/951, Vereinigte Kommunistische Partei der Türkei ./. Türkei; vgl. zur Bedeutung dieses Urteils *Bernhardt*, Europäische Verbote nationaler Parteiverbote, in: FS Häberle, 2004, S. 381 (384). Zu der Reihe von Verboten kurdischer Parteien in der Türkei *Pabel*, Parteiverbote auf dem europäischen Prüfstand, ZaöRV 63 (2003), 921.

Der in erster Linie geprüfte Art. 11 EMRK ist nach dieser Rechtsprechung im Lichte der Meinungsäußerungsfreiheit des Art. 10 EMRK auszulegen; daneben ist bei der Auslegung die fundamentale Rolle der Demokratie für das Konventionssystem zu beachten, die unter anderem in der Präambel der EMRK zum Ausdruck kommt.

> EGMR, Urteil vom 30. Januar 1998, Beschwerde-Nr. 133/1996/752/951, Vereinigte Kommunistische Partei der Türkei ./. Türkei, Rn. 42 ff.

Eine eigenständige Prüfung anderer Rechte – insbesondere von Art. 9, 10, und 14 EMRK – führt der EGMR selbst dann nicht durch, wenn eine Verletzung von Art. 11 EMRK verneint wurde, da nach Ansicht des Gerichts alle Argumente bereits in der Prüfung von Art. 11 EMRK Berücksichtigung finden.

> Vgl. exemplarisch etwa EGMR, Entscheidung vom 13. Februar 2003, Beschwerde-Nr. 41340/98 u. a., Refah Partisi ./. Türkei, Rn. 137.

Das in Art. 17 EMRK normierte Verbot des Missbrauchs der Rechte diente in der Entscheidung der Europäischen Menschenrechtskommission (EKMR) zum KPD-Verbot im Jahr 1957 als Hauptargument für die Vereinbarkeit des KPD-Verbots mit der EMRK. Gemäß Art. 17 EMRK könne sich die KPD aufgrund der von ihr verfolgten Ziele nicht auf die Rechte aus Art. 11 EMRK u. a. berufen. Die EKMR betonte in ihrer Entscheidung insbesondere, dass Art. 17 EMRK und Art. 21 GG aus demselben Beweggrund entstanden seien: Es solle verhindert werden, dass totalitäre Strömungen die Prinzipien der Konvention ausnutzen, um Menschenrechte zu unterdrücken.

> EKMR, Entscheidung vom 20. Juni 1957, Yearbook 1, 1959, S. 224; vgl. auch: *Golsong*, Die Entscheidung der Europäischen Menschenrechtskommission über die Beschwerde der KPD, NJW 1957, 1349 (1350); vgl. zur Parallele von Art. 17 EMRK und Art. 21 GG auch: *Frowein*, in: Frowein/Peukert, Europäische Menschenrechtskonvention. Kommentar, 3. Aufl. 2009, Art. 17 Rn. 3.

Nach der Rechtsprechung des EGMR war Art. 17 EMRK zwar nicht mehr alleiniger Hauptmaßstab; dies ist jedoch in den Sachverhalten begründet, die dem EGMR zur Entscheidung vorgelegt wurden. Art. 17 EMRK hat weiterhin grundsätzliche Bedeutung in der Rechtsprechung des Gerichtshofes soweit es um die Unvereinbarkeit rassistischer, antisemitischer, totalitärer und insbesondere nationalsozialistischer Ideologie mit der EMRK geht. Gruppen oder Einzelpersonen, die solche Ideologien vertreten, versagt der EGMR bis heute regelmäßig die Berufung auf die EMRK (insbesondere auch auf Art. 10 und 11 EMRK).

> Ständige Rechtsprechung: EGMR, Entscheidung vom 19. Juni 2012, Beschwerde-Nr. 31098/08, Hizb-ut-Tahrir ./. Deutschland; EGMR, Entscheidung vom 2. September 2004, Beschwerde-Nr. 42264/98, WP u. a. ./. Polen vom 2. September 2004; Entscheidung vom 24. Juni 2003, Beschwerde-Nr, 65831/01, Roger Garaudy ./. Frankreich; Entscheidung vom 20. Februar 2007, Beschwerde-Nr. 35222/04, Pavel Ivanov ./. Russland; Entscheidung vom 16. November 2004, Beschwerde-Nr. 23131/03, Norwood ./. UK; Entscheidung vom 11. Oktober 1979, Beschwerde-Nr. 8348/78 und 8406/78, Glimmerveen und Hagenbeck ./. Niederlande; Entscheidung vom 11. April 1986, Beschwerde-Nr. 12194/86, Kühnen ./. Deutschland.

Daher finden die in der KPD-Entscheidung verwendeten Grundgedanken bis heute Eingang in die Rechtsprechung.

> Vgl. etwa EGMR, Urteil vom 13. Februar 2003, Beschwerde-Nr. 41340/98 u. a., Refah Partisi ./. Türkei, Rn. 99; vgl. auch: *Grabenwarter/Pabel*, Europäische Menschenrechtskonvention, 5. Aufl. 2012, § 18 Rn. 24; für die Kontrolle von Vereinsverboten EGMR, Entscheidung

v. 12. Juni 2012, Individualbeschwerde Nr. 31098/08 U. u. a. ./. Deutschland, Rn. 72 ff. (74); BVerwG, NVwZ 2013, 879 (876), Rn. 65.

Das Bundesverwaltungsgericht hat im Urteil zum Verbot des rechtsextremistischen Vereins HNG vom 19. Dezember 2012 das Verbot sowohl gemäß Art. 11 EMRK als gerechtfertigt angesehen als auch festgestellt, dass der Verein gemäß Art. 17 EMRK daran gehindert sein dürfte, „sich auf den Schutz der Konvention zu berufen".

> BVerwG, NVwZ 2013, 870, 876: „Propagiert eine Vereinigung – wie dies auf den Kl. zutrifft – unter anderem eine Rassenlehre, die mit dem Diskriminierungsverbot des Art. 14 EMRK unvereinbar ist, weist sie insbesondere eine mit dem Nationalsozialismus wesensverwandte antisemitische Grundhaltung auf, hindert Art. 17 EMRK die Vereinigung daran, sich auf das Recht der Vereinigungsfreiheit aus Art. 11 EMRK zu berufen, um das Verbot der Vereinigung anzufechten, das wegen eben dieser Bestrebungen ausgesprochen worden ist (*EGMR*, Entsch. v. 12. Juni 2012 – EGMR Aktenzeichen 3109808 31098/08 Rdnr. 72 – H. u. a./Deutschland).

Eine eigenständige Rolle spielt neben Art. 11 EMRK bisher nur das in Art. 3 des 1. Zusatzprotokolls garantierte Recht auf freie Wahlen, das einem automatischen Mandatsverlust als Folge eines Parteiverbotes entgegensteht.

> Vgl. EGMR, Urteil vom 11. Juni 2002, Beschwerde-Nr. 25144/94, Sadak ./. Türkei, Rn. 33; siehe auch: *Pabel*, Parteiverbote auf dem europäischen Prüfstand, ZaöRV 63 (2003), 921 (940).

bb) *Anforderungen an die Rechtfertigung eines Parteiverbots*

Ein Parteiverbot ist nach Art. 11 Abs. 2 EMRK gerechtfertigt, wenn es (1) gesetzlich vorgeschrieben ist, (2) einen der in Art. 11 Abs. 2 EMRK genannten legitimen Zwecke verfolgt und (3) in einer demokratischen Gesellschaft notwendig ist.

> Ständige Rspr. des EGMR; vgl. nur: EGMR, Urteil vom 30. Januar 1998, Beschwerde-Nr. 133/1996/752/951, Vereinigte Kommunistische Partei der Türkei ./. Türkei, Rn. 37.

(1) *Gesetzlich vorgeschrieben*

Diese Voraussetzung verlangt nicht nur eine Rechtsgrundlage, sondern stellt auch Anforderungen an die Qualität der Rechtsnorm: Sie muss dem Betroffenen zugänglich sein und so bestimmt sein, dass die Maßnahme für den konkret Betroffenen vorhersehbar ist. Dabei kann die entsprechende Norm auch der Verfassung des Mitgliedstaates entstammen.

> Vgl. EGMR, Urteil vom 13. Februar 2003, Beschwerde-Nr. 41340/98 u. a., Refah Partisi ./. Türkei, Rn. 57 ff.; vgl. auch: *Pabel*, Parteiverbote auf dem europäischen Prüfstand, ZaöRV 63 (2003), 921 (938, 940).

Ermessensspielräume bei der Anwendung der Norm sind mit der EMRK vereinbar, soweit diese begrenzt sind und ein Schutz gegen Willkür besteht. Eine falsche Subsumtion durch das nationale Gericht führt nur dann zu einem Verstoß gegen die Voraussetzung „gesetzlich vorgesehen", wenn die Subsumtion als solche willkürlich ist.

> Vgl. EGMR, Urteil vom 20. Oktober 2005, Beschwerde-Nr. 59489/00, Ilinden-Pirin ./. Bulgarien, Rn. 52 ff.; EGMR, Urteil vom 13. Februar 2003, Beschwerde-Nr. 41340/98 u. a., Refah Partisi ./. Türkei, Rn. 57 ff.

(2) Legitimer Zweck

Das Parteiverbot muss eines der in Art. 11 Abs. 2 EMRK genannten Ziele verfolgen. Bei der Beurteilung dieser Frage geht der EGMR äußerst großzügig vor und lässt die Zulässigkeit eines Grundrechtseingriffs nur in Ausnahmefällen auf dieser Stufe scheitern.

Vgl. *Grabenwarter/Pabel*, Europäische Menschenrechtskonvention, 5. Aufl. 2012, § 18 Rn. 13.

So wurde etwa der Schutz des Grundsatzes des Laizismus in der Türkei als Verfolgung gleich mehrerer Ziele i. S. d. Art. 11 Abs. 2 EMRK angesehen: der Aufrechterhaltung der nationalen und öffentlichen Sicherheit, der öffentlichen Ordnung, der Verhütung von Straftaten und der Schutz der Rechte anderer. Zur Begründung weist der EGMR auf die Bedeutung des Laizismus „für die Demokratie in der Türkei" hin. Dies zeigt, dass sich der Schutz der demokratischen Ordnung ohne weiteres unter die in Art. 11 Abs. 2 EMRK genannten Ziele subsumieren lässt.

Vgl. EGMR, Urteil vom 13. Februar 2003, Beschwerde-Nr. 41340/98 u. a., Refah Partisi ./. Türkei, Rn. 67; vgl. *Pabel*, Parteiverbote auf dem europäischen Prüfstand, ZaöRV 63 (2003), 921 (929).

Gerade der Zweck „Schutz der nationalen Sicherheit" wird häufig als verfolgt angesehen; so etwa im Fall einer Parteiauflösung wegen zu geringer Mitgliedschaft und regionaler Repräsentation oder im Fall einer Partei, die für die Selbstbestimmung der kurdischen Minderheit in der Türkei eintrat.

EGMR, Urteil vom 12. April 2011, Beschwerde-Nr. 12976/07, Republikanische Partei Russlands ./. Russland, Rn. 101; EGMR, Urteil vom 9. April 2002, Beschwerde-Nr. 22723 u. a., Yazar ./. Türkei, Rn. 39.

(3) Notwendig in einer demokratischen Gesellschaft

Die Entscheidung über die Zulässigkeit eines Parteiverbotes fällt daher in nahezu allen Fällen bei der Frage, ob das Verbot in einer demokratischen Gesellschaft notwendig war.

(a) Kontrolldichte und Struktur der Prüfung

Angesichts der essentiellen Bedeutung politischer Parteien für das Funktionieren einer Demokratie legt der EGMR diese Anforderung an die Rechtfertigung eng aus: Nur überzeugende und zwingende Gründe können ein Verbot rechtfertigen. Parteiverbote dürfen nur in besonders schwerwiegenden Fällen ergriffen werden. Dabei haben die Mitgliedstaaten nur einen begrenzten Beurteilungsspielraum. Allerdings setzt sich der EGMR nicht an die Stelle der mitgliedstaatlichen Organe, sondern überprüft – dies jedoch strikt – das nationale Recht sowie dessen Anwendung einschließlich der Frage, ob die Ergebnisse auf einer angemessenen Beurteilung der Tatsachen beruhen.

Ständige Rspr. seit EGMR, Urteil vom 30. Januar 1998, Beschwerde-Nr. 133/1996/752/951, Vereinigte Kommunistische Partei der Türkei ./. Türkei, Rn. 46 f.; vgl. auch: EGMR, Urteil vom 25. Mai 1998, Beschwerde-Nr. 20/1997/804/1007, Sozialistische Partei ./. Türkei, Rn. 50 ff.;

EGMR, Urteil vom 13. Februar 2003, Beschwerde-Nr. 41340/98 u. a., Refah Partisi ./. Türkei, Rn. 100.

Diesen Maßstäben entsprechend prüft der EGMR in der Regel zweistufig, ob (1) für das Parteiverbot ein dringendes soziales Bedürfnis besteht und (2) ob das Verbot zum verfolgten Zweck verhältnismäßig ist.

So erstmals deutlich in: EGMR, Urteil vom 25. Mai 1998, Beschwerde-Nr. 20/1997/804/1007, Sozialistische Partei ./. Türkei, Rn. 49.

Dabei wird allerdings unter (2) keine Verhältnismäßigkeitsprüfung i. S. d. Grundgesetzes durchgeführt. Insbesondere erfolgt bei den Parteiverbotsurteilen keine Prüfung der Geeignetheit und der Erforderlichkeit der Maßnahme. Vielmehr wird bei der Frage des „dringenden sozialen Bedürfnisses" zunächst genau evaluiert, welche Gründe für das Parteiverbot sprechen können und dürfen – also ob sie „zwingende Gründe" sind. Bei dem mit „Verhältnismäßigkeit" überschriebenen Punkt nimmt der EGMR lediglich auf diese Erkenntnisse Bezug, ergänzt sie durch die Feststellung, dass ein Parteiverbot eine gravierende Maßnahme sei und betrachtet den Umfang etwaiger Folgewirkungen wie Mandats- oder Vermögensverlust der Partei und ihrer Mitglieder.

Nach deutscher Verfassungsrechtsdogmatik kann daher allenfalls von einer Abwägung zwischen dem Eingriff und dem verfolgten Zweck gesprochen werden. Mit anderen Worten: Es geht auch hier nicht um die Anwendung eines festgefügten Übermaßverbots als Rechtsinstitut im Staat-Bürger-Verhältnis, sondern lediglich um die Herstellung praktischer Konkordanz.

Vgl. zum Vorgehen des EGMR anschaulich: EGMR, Urteil vom 13. Februar 2003, Beschwerde-Nr. 41340/98 u. a., Refah Partisi ./. Türkei, Rn. 133 ff. In einigen Urteilen ist der Prüfungspunkt „Verhältnismäßigkeit" sogar nichts anderes als die Ergebniszusammenfassung der Prüfung des „dringenden sozialen Bedürfnisses": vgl. etwa EGMR, Urteil vom 30. Juni 2009, Beschwerde-Nr. 25803/04 u. a., Batasuna ./. Spanien, Rn. 92 f. Zum Fehlen einer Geeignetheits- und Erforderlichkeitsprüfung und zur Qualifizierung als „Abwägung" auch: *Eiffler*, Die „wehrhafte Demokratie" in der Rechtsprechung des Europäischen Gerichtshofs für Menschenrechte, KJ 2003, 218 (224).

(b) Inhalt der Prüfung

Angesichts der damit geringen Bedeutung des Prüfungspunktes „Verhältnismäßigkeit" liegt der inhaltliche Schwerpunkt auf der Frage, ob ein „dringendes soziales Bedürfnis" vorliegt. Hier hat der EGMR unter Einbeziehung der Wertungen von Art. 10 EMRK sowie der Bedeutung der Demokratie in der Präambel ein abstraktes Prüfprogramm geschaffen, das an einen Parteiverbotstatbestand erinnert.

Vgl. *Pabel*, Parteiverbote auf dem europäischen Prüfstand, ZaöRV 63 (2003), 921 (930).

Entscheidender Ausgangspunkt ist dabei die Feststellung, dass die Demokratie das einzige von der Konvention in Erwägung gezogene politische Modell sei und dass rechtfertigend nur eine solche Notwendigkeit wirken kann, die sich auf die „demokratische Gesellschaft" berufen kann.

> EGMR, Urteil vom 30. Januar 1998, Beschwerde-Nr. 133/1996/752/951, Vereinigte Kommunistische Partei der Türkei ./. Türkei, Rn. 45; EGMR, Urteil vom 13. Februar 2003, Beschwerde-Nr. 41340/98 u. a., Refah Partis ./. Türkei, Rn. 86.

Für das Funktionieren einer Demokratie sei die Meinungsäußerungsfreiheit (Art. 10 EMRK), die auch unliebsame Meinungen umfasse, und der Pluralismus, für den Parteien wesentlich seien, von fundamentaler Bedeutung.

> EGMR, Urteil vom 25. Mai 1998, Beschwerde-Nr. 20/1997/804/1007, Sozialistische Partei ./. Türkei, Rn. 41; EGMR, Urteil vom 30. Januar 1998, Beschwerde-Nr. 133/1996/752/951, Vereinigte Kommunistische Partei der Türkei ./. Türkei, Rn. 43, 45.

Daher müsse es einer Partei erlaubt sein, auch die aktuelle Organisation, Strukturen und Prinzipien eines Staates in Frage zu stellen sowie die Verfassung zu kritisieren, solange die Demokratie als solche nicht in Frage gestellt werde und solange die Lösung der Probleme durch kommunikative Mittel – und ohne Gewalt – angestrebt werde.

> EGMR, Urteil vom 3. Februar 2005, Beschwerde-Nr. 46626/99, Partidul Comunistilor ./. Rumänien, Rn. 55; EGMR, Urteil vom 30. Januar 1998, Beschwerde-Nr. 133/1996/752/951, Vereinigte Kommunistische Partei der Türkei ./. Türkei, Rn. 57; EGMR, Urteil vom 13. Februar 2003, Beschwerde-Nr. 41340/98 u. a., Refah Partisi ./. Türkei, Rn. 98.

Aus diesen Erkenntnissen ergibt sich der – deutliche Parallelen zu Art. 21 Abs. 2 GG aufweisende – Prüfungsmaßstab des EGMR für die Frage, ob ein dringendes soziales Bedürfnis wegen der Gefahr eines Verstoßes gegen die Grundsätze der Demokratie vorliegt:

> Zur Parallelität der Voraussetzungen von Art. 21 Abs. 2 GG und Art. 11 EMRK: vgl. *Koch*, Parteiverbote, Verhältnismäßigkeit und EMRK, DVBl. 2002, 1388 (1392); *Klein*, Parteiverbotsverfahren vor dem Europäischen Gerichtshof für Menschenrechte, ZRP 2001, 397 (401), *Kontopodi*, Die Rechtsprechung des Europäischen Gerichtshof für Menschenrechte zum Verbot politischer Parteien, 2007, S. 113. Zum Prüfprogramm auch *Meyer-Ladewig*, EMRK, 3. Aufl. 2011, Art. 11 Rn. 32.

Erstens ist laut EGMR zu prüfen, ob die Partei rechtmäßige und demokratische Mittel einsetzen möchte. Dies ist nicht der Fall, wenn die Partei zu Gewalt aufruft.

> EGMR, Urteil vom 13. Februar 2003, Beschwerde-Nr. 41340/98 u. a., Refah Partisi ./. Türkei, Rn. 98, 129; EGMR, Urteil vom 9. April 2002, Beschwerde-Nr. 22723 u. a., Yazar ./. Türkei, Rn. 49, EGMR, Urteil vom 25. Mai 1998, Beschwerde-Nr. 20/1997/804/1007, Sozialistische Partei ./. Türkei, Rn. 46.

Falls die Partei rechtmäßige und demokratische Mittel einsetzt, ist *zweitens* zu prüfen, ob das von der Partei verfolgte politische *Ziel* mit einer „demokratischen Gesellschaft", also mit den grundlegenden demokratischen Prinzipien, vereinbar ist.

> EGMR, Urteil vom 13. Februar 2003, Beschwerde-Nr. 41340/98 u. a., Refah Partisi ./. Türkei, Rn. 98, 104.

Bezüglich dieses Punktes bezieht sich der EGMR noch heute explizit auf die KPD-Entscheidung, die eine Parallelität der EMRK-Intentionen zu Art. 21 Abs. 2 GG anerkannt hatte, sowie auf die historischen Erfahrungen des Missbrauchs demokratischer Einrichtungen durch totalitäre Ideologien.

Vgl. EGMR, Urteil vom 13. Februar 2003, Beschwerde-Nr. 41340/98 u. a., Refah Partisi ./. Türkei, Rn. 99; vgl. auch: EKMR, Entscheidung vom 20. Juni 1957, Yearbook 1, 1959, S. 224; *Golsong*, Die Europäische Menschenrechtskommission über die Beschwerde der KPD, NJW 1957, 1349 (1350).

Wegen der klaren Verbindung zwischen Konvention und Demokratie dürfe es dementsprechend niemandem erlaubt sein, sich auf die Konvention zu berufen, um die Ideale und Werte einer demokratischen Gesellschaft zu schwächen und zu zerstören. Daher dürfe sich eine politische Partei, deren Führung eine Politik verfolgt, die nicht die Demokratie achtet oder deren Abschaffung sowie die Missachtung der in ihr anerkannten Rechte und Freiheiten zum Ziel hat, nicht auf den Schutz der Konvention berufen.

EGMR, Urteil vom 13. Februar 2003, Beschwerde-Nr. 41340/98 u. a., Refah Partisi ./. Türkei, Rn. 98; EGMR, Urteil vom 9. April 2002, Beschwerde-Nr. 22723 u. a., Yazar ./. Türkei, Rn. 49. Vgl. zur Konstituierung der EMRK als System „streitbarer Demokratie" ähnlich dem Art. 21 Abs. 2 GG: *Kugelmann*, Die streitbare Demokratie nach der EMRK, EuGRZ 2003, 533 (544).

Eingriffe in die Rechte der Konvention hat der EGMR in seiner Rechtsprechung zu Art. 10 EMRK regelmäßig als in einer demokratischen Gesellschaft notwendig erachtet, wenn die Äußerungen als rassistisch oder nationalsozialistisch eingestuft wurden, soweit der EGMR in solchen Fällen nicht bereits die Berufung auf die Konvention gem. Art. 17 EMRK untersagt hat.

Siehe die oben bereits angegebene ständige Rechtsprechung sowie Urteil vom 16. Juli 2009, Beschwerde-Nr. 15615/07, Féret ./. Belgien; Urteil vom 18. Oktober 1995, Beschwerde-Nr. 25062/94, Honsik ./. Österreich.

Nach diesen Grundsätzen hat der EGMR auch festgestellt, dass etwa die beabsichtigte Ungleichbehandlung von Bürgern wegen ihrer Religion sowie der angestrebte Aufbau paralleler rechtlicher Systeme (Scharia) mit einer „demokratischen Gesellschaft" unvereinbar sei.

EGMR, Urteil vom 13. Februar 2003, Beschwerde-Nr. 41340/98 u. a., Refah Partisi ./. Türkei, Rn. 70 ff., 132 ff.

Andererseits genügt allein der Aufruf zur Sezession nicht, solange kein Aufruf zu Gewalt erfolgt und dieses Ziel durch demokratische Mittel erreicht werden soll.

EGMR, Urteil vom 20. Oktober 2005, Beschwerde-Nr. 59489/00, Ilinden-Pirin ./. Bulgarien, Rn. 58, 61.

Bemerkenswert ist, dass der EGMR bei der Frage, welche Ziele mit der „demokratischen Gesellschaft" vereinbar sind, in besonderem Maße auf die historischen und kulturellen Besonderheiten des jeweiligen Landes abstellt. So betont er bezüglich der Türkei, dass der Laizismus „für den Fortbestand der demokratischen Ordnung von besondere Bedeutung" und dass deshalb die Einführung der Scharia mit der Demokratie unvereinbar sei.

EGMR, Urteil vom 13. Februar 2003, Beschwerde-Nr. 41340/98 u. a., Refah Partisi ./. Türkei, Rn. 125.

Drittens müssen die Tatsachen, auf denen die Beurteilung zu Mitteln und/oder Zielen der Partei beruht, der Partei auch zurechenbar sein.

> EGMR, Urteil vom 13. Februar 2003, Beschwerde-Nr. 41340/98 u. a., Refah Partisi ./. Türkei, Rn. 101

Dabei berücksichtigt der EGMR, dass Parteien in Programmen und Satzungen oft ihre wahren Absichten verschleiern, weshalb auf das *Gesamtbild* einschließlich der Stellungnahmen von Mitgliedern und Verantwortlichen abzustellen sei.

> EGMR, Urteil vom 13. Februar 2003, Beschwerde-Nr. 41340/98 u. a., Refah Partisi ./. Türkei, Rn. 101; EGMR, Urteil vom 9. April 2002, Beschwerde-Nr. 22723 u. a., Yazar ./. Türkei, Rn. 50.

Hierbei sind laut EGMR die Äußerungen des Vorsitzenden und von stellvertretenden Vorsitzenden der Partei ohne weiteres zuzurechnen, es sei denn, sie erklären ausdrücklich, dass sie ausnahmsweise eine persönliche Meinung vertreten. Handlungen oder Reden anderer Parteimitglieder – insbesondere von Abgeordneten und führenden Kommunalpolitikern – sind in der Gesamtschau zu beachten, es sei denn, dass sich die Partei von ihnen distanziert.

> EGMR, Urteil vom 13. Februar 2003, Beschwerde-Nr. 41340/98 u. a., Refah Partisi ./. Türkei, Rn. 113 ff.

In spezifischen Situationen kann sogar die Weigerung einer Partei, Gewalt als Mittel zu verurteilen, dieser Partei als Unterstützung von Gewalt zugerechnet werden.

> EGMR, Urteil vom 30. Juni 2009, Beschwerde-Nr. 25803/04 u. a., Batasuna ./. Spanien, Rn. 88.

Viertens stellt sich schließlich die Frage, wann bei Vorliegen der dargelegten Voraussetzungen der richtige Zeitpunkt für die Auflösung besteht.

> EGMR, Urteil vom 13. Februar 2003, Beschwerde-Nr. 41340/98 u. a., Refah Partisi ./. Türkei, Rn. 102 f.

Teilweise wird in der Literatur aus einer Äußerung des EGMR in einem Urteil aus dem Jahr 2003 geschlossen, dass eine Auflösung erst möglich sei, wenn eine „konkrete Gefahr für die demokratische Ordnung" durch eine „antizipierte gefährliche Wirkung der Partei" vorliege.

> *Emek*, Parteiverbote und Europäische Menschenrechtskonvention, 2006, S. 226 schließt dies aus Äußerungen in EGMR, Urteil vom 13. Februar 2003, Beschwerde-Nr. 41340/98 u. a., Refah Partisi ./. Türkei zur geforderten Unmittelbarkeit der Gefahr für die demokratische Ordnung; vgl. auch *dies./Meier*, Über die Zukunft des Parteienverbots. Europäische Standards und deutsches Grundgesetz, RuP 2013, S. 74 (77 f.).

Eine solche Auslegung der Rechtsprechung des EGMR widerspricht jedoch nicht nur der herrschenden Meinung in der Literatur,

> vgl. *Pabel*, Parteiverbote auf dem europäischen Prüfstand, ZaöRV 63 (2003), 921 (932); *Koch*, Parteiverbote, Verhältnismäßigkeit und EMRK, DVBl. 2002, 1388 (1393); *Kumpf*, Verbot politischer Parteien und Europäische Menschenrechtskonvention, DVBl. 2012, 1344 (1345); *Sarx*, Das Parteiverbotsverfahren der NPD vor dem BVerfG im Lichte der Rechtsprechung des EGMR, in: Esser u. a. (Hrsg.), Die Bedeutung der EMRK für die nationale Rechtsordnung,

2004, S. 177 (188 f.); *Theuerkauf*, Parteiverbote und die Europäische Menschenrechtskonvention, 2006, S. 258 f. Für einen im Vergleich zum deutschen Recht weiten Gefährdungsmaßstab auch *Eiffler*, Die „wehrhafte Demokratie" in der Rechtsprechung des Europäischen Gerichtshofs für Menschenrechte, KJ 2003, 218 (224),

und der Rechtsprechung zur Kontrolle der mitgliedstaatlichen Vereinsverbotspraxis.

EGMR, Urt. v. 12. Juni 2012, Individualbeschwerde Nr. 31098/08 H. u. a. ./. Deutschland, Rn. 72 ff. unter Bezugnahme auf Art. 17 EMRK; deutlich auch in BVerwG, NVwZ 2013, 870 (876), Rn. 64, freilich in expliziter Abgrenzung zum Parteiverbot: „Sind die Bestrebungen einer Vereinigung gegen die Grundlagen der demokratischen Ordnung sowie die durch diese Ordnung garantierten Rechte Anderer gerichtet und verfolgt sie diese Bestrebungen, wie dies für ein Vereinsverbot erforderlich ist, in einer aggressiv-kämpferischen Weise, ist der Staat nicht gehalten, erst dann gegen die Vereinigung vorzugehen, wenn sich Erfolge dieser Bestrebungen einstellen oder solche Erfolge unmittelbar bevorstehen. Vielmehr muss der Staat vernünftigerweise in der Lage sein, solchen Bestrebungen entgegenzutreten, bevor der Frieden in der Gemeinschaft und die Demokratie im Land konkret gestört sind."

Sie widerspricht auch den Äußerungen des EGMR in dem erwähnten Urteil sowie in seiner gesamten Parteiverbotsrechtsprechung: So räumt der EGMR dem Mitgliedstaat explizit einen Beurteilungsspielraum bei der Wahl des Zeitpunktes für das Parteiverbot ein und betont den präventiven Charakter des Parteiverbotes. Eine solche Prävention könne auch aufgrund von Schutzpflichten der Vertragsstaaten gegenüber seinen Bürgern aus Art. 1 EMRK geboten sein.

EGMR, Urteil vom 13. Februar 2003, Beschwerde-Nr. 41340/98 u. a., Refah Partisi ./. Türkei, Rn. 110 a. E., 103

Eine konkrete Gefahr der Machtübernahme durch die Partei ist gerade *nicht* notwendige Bedingung für ein Parteiverbot. Zwar bestand diese im konkreten Fall bei der Refah-Partei in der Türkei. Der EGMR spricht jedoch an den entscheidenden Stellen nur von der Notwendigkeit einer unmittelbaren Gefahr „dieser Politik" (im verbindlichen englischen Wortlaut: „policy", nicht „politics") – und damit der *politischen Inhalte*, nicht der tatsächlichen Machtverhältnisse – für die Demokratie.

EGMR, Urteil vom 13. Februar 2003, Beschwerde-Nr. 41340/98 u. a., Refah Partisi ./. Türkei, Rn. 102; i. E. auch *Koch*, Parteiverbote, Verhältnismäßigkeit und EMRK, DVBl. 2002, 1388 (1393).

Tatsächliche Aussichten dieser Partei, ihr Programm umzusetzen, machen die Gefahr laut EGMR nur „greifbarer und unmittelbarer". Damit sind diese tatsächlichen Aussichten auf Realisierung vielleicht ein zusätzliches Argument für ein Eingreifen, aber keine notwendige Bedingung.

Vgl. EGMR, Urteil vom 13. Februar 2003, Beschwerde-Nr. 41340/98 u. a., Refah Partisi ./. Türkei, Rn. 110; vgl. auch *Kumpf*, Verbot politischer Parteien und Europäische Menschenrechtskonvention, DVBl. 2012, 1344 (1345 f.), der davon ausgeht, dass bei Fehlen einer realen Chance zur Realisierung der Politik ein Parteiverbot nach der Rechtsprechung des EGMR möglich sei, jedoch höhere Anforderungen an die inhaltliche Begründung zu stellen seien.

Der EGMR betont sogar explizit, dass ein Parteiverbot schon erfolgen darf, bevor ein politisches Programm durch konkrete Handlungen in die Praxis umgesetzt wird, „die den Frieden in der Gemeinschaft und die Demokratie im Land gefährden". Der Staat dürfe nicht gezwungen werden zu warten. Nur die Gefahr der politischen Inhalte (policy) für die Demokratie als solche muss feststehen – unabhängig von der Gefahr ihrer Realisierung.

> Vgl. EGMR, Urteil vom 13. Februar 2003, Beschwerde-Nr. 41340/98 u. a., Refah Partisi ./. Türkei, Rn. 102. S. auch EGMR, Urteil vom 30.06.2009, Beschwerde-Nr. 25803/04 u. a., Batasuna ./. Spanien, Rn. 81, wonach der Staat schon „vor dem Versuch der Implementierung" eingegriffen werden dürfe. Auf das „Programm" der Partei abstellend auch: *Meyer-Ladewig*, EMRK, 3. Aufl. 2011, Art. 11 Rn. 33.

Eine Auslegung, die eine konkrete Realisierungsgefahr voraussetzt, würde zudem missachten, dass der EGMR mehrfach Verbote von Parteien geprüft hat, die keine Chance hatten, ihre Vorstellungen auf nationaler Ebene zu realisieren. Wäre eine solche Realisierungsgefahr Voraussetzung, hätte das Gericht alleine mit Hinweis auf deren Fehlen den Fall lösen können. Dies ist jedoch nicht geschehen. Vielmehr wurde intensiv untersucht, inwieweit die Inhalte und Handlungen der Parteien demokratischen Grundsätzen entsprechen.

> Vgl. EGMR, Urteil vom 9. April 2002, Beschwerde-Nr. 22723 u. a., Yazar ./. Türkei, Rn. 52 ff.; EGMR, Urteil vom 30. Januar 1998, Beschwerde-Nr. 133/1996/752/951, Vereinigte Kommunistische Partei der Türkei ./. Türkei, Rn. 53 ff.; EGMR, Urteil vom 20.10.2005, Beschwerde-Nr. 59489/00, Ilinden-Pirin ./. Bulgarien, Rn. 58 ff. (Die fehlende Realisierungsgefahr fungiert nur als Zusatzargument [„moreover", Rn. 61]);

Letztlich widerspräche das Erfordernis einer konkreten Gefährdung für die Demokratie im Sinne einer Realisierungsmöglichkeit auch der deutlichen Anlehnung des EGMR an die KPD-Entscheidung, die in demselben Urteil aus dem Jahr 2003 zum Ausdruck gebracht wurde: Das Gericht blickt alleine auf die Ziele der Partei, wenn es sagt, dass eine Partei, die die Abschaffung der Freiheiten der Konvention beabsichtigt, sich nicht auf den Schutz der Konvention berufen kann.

> EGMR, Urteil vom 13. Februar 2003, Beschwerde-Nr. 41340/98 u. a., Refah Partisi ./. Türkei, Rn. 98 ff.

Der an der relevanten Stelle mahnende Bezug auf die europäische Vergangenheit, in der totalitäre Bewegungen „unter einem demokratischen Regime groß geworden sind", wäre sinnlos, wenn Parteiverbote erst ab einer gewissen Größe von Parteien überhaupt möglich wären.

> EGMR, Urteil vom 13. Februar 2003, Beschwerde-Nr. 41340/98 u. a., Refah Partisi ./. Türkei, Rn. 99.

Daher greift die Aussage des EGMR, dass die nationalen Gerichte bei der Wahl des Zeitpunktes einen Beurteilungsspielraum haben.

(c) Berücksichtigung nationaler Besonderheiten

Von zentraler Bedeutung für die Beurteilung der menschenrechtlichen Lage ist, dass der EGMR bei der Prüfung der Voraussetzungen des „dringenden sozialen Bedürfnisses" in einem ganz erheblichen, ja entscheidenden Maß Rücksicht auf historische und kulturelle Besonderheiten des jeweiligen Landes nimmt. Dies postuliert er nicht nur explizit.

> EGMR, Urteil vom 13. Februar 2003, Beschwerde-Nr. 41340/98 u. a., Refah Partisi ./. Türkei, Rn. 104.

Vielmehr hat dies auch Einfluss auf den jeweils konkreten Fall. So berücksichtigt der EGMR etwa die erwähnte Bedeutung des Laizismus für die Türkei, die kommunistische Vergangenheit in Rumänien, aber auch die Geschichte der Konflikte im zu Spanien gehörenden Baskenland.

> So ausdrücklich EGMR, Urteil vom 13. Februar 2003, Beschwerde-Nr. 41340/98 u. a., Refah Partisi ./. Türkei, Rn. 125; EGMR, Urteil vom 3. Februar 2005, Beschwerde-Nr. 46626/99, Partidul Comunistilor ./. Rumänien, Rn. 48; EGMR, Urteil vom 30. Juni 2009, Beschwerde-Nr. 25803/04 u. a., Batasuna ./. Spanien, Rn. 88.

Die Funktion des deutschen Grundgesetzes in seiner Ausprägung als „wehrhafte Demokratie" als Antwort auf die Katastrophe des Nationalsozialismus

> *Becker*, Die wehrhafte Demokratie des Grundgesetzes, in: Isensee/Kirchhof (Hrsg.), Handbuch des Staatsrechts der Bundesrepublik Deutschland, Bd. 7, 1. Aufl. 1992, § 167 Rn. 1: wehrhaft Demokratie „gibt dem demokratischen Prinzip unserer Verfassung ein spezifisch deutsches Gepräge"; in Bezug auf Parteiverbote von Parteien mit NS-Ideologie mit aller Deutlichkeit *Meier*, Parteiverbote und demokratische Republik, 1993, S. 396 f.; BVerwG, NVwZ 2013, 870 (876) Rn. 64 für die Kontrolle von Vereinsverboten am Maßstab der EMRK: „… Er [der verbotene rechtsextremistische Verein; C. M. und C. W.] untergräbt vielmehr durch seine Aktivitäten bereits jetzt ständig die Grundlagen der demokratischen Ordnung und stellt dadurch schon gegenwärtig eine unmittelbare Gefahr für diese Ordnung dar. Haben derartige Bestrebungen Erfolg, kann es für eine wirksame Verteidigung der freiheitlich demokratischen Grundordnung zu spät sein, zumal der Erfolg von Aktivitäten, mit denen die demokratische Ordnung untergraben werden soll, nicht in einer Weise messbar ist, aus der sich eine Schwelle für das Einschreiten konkret bestimmen lässt. Dies haben die Erfahrungen mit dem Dritten Reich gezeigt. Sie haben den Verfassungsgeber deshalb bewogen, die Verfassung der Bundesrepublik Deutschland auf den Grundsatz der wehrhaften Demokratie zu gründen […] Ihr Ausdruck ist auch Art. 9 II GG. Mit den Mitteln des vorbeugenden Verfassungsschutzes soll danach Bestrebungen gegen die freiheitlich demokratische Grundordnung rechtzeitig entgegengetreten werden können.",

ist hier einzuordnen, zumal sich dieses Konzept in die vom Gerichtshof etablierte Konzeption eines „ordre public européen" einfügt. Das wurde vom EGMR auch in anderen Zusammenhängen wiederholt bekräftigt.

> EGMR, Urt. v. 26. September 1995, Serie A Bd. 323, Rn. 51 – Vogt ./. Deutschland; Urt. v. 24. November 2005 Individualbeschwerde Nr. 27574/02 – Otto ./. Deutschland; Urt. v. 13. Februar 2007, Individualbeschwerde Nr. 30067/04, E. E. ./. Deutschland, Rn. 33. Hinsichtlich der Relativierung nationalsozialistischen Unrechts gegenüber Juden in Deutschland im Rahmen eines Vereinsverbots zuletzt EGMR, Urt. v. 8. November 2012, Individualbeschwerde Nr. 43481/09 – P. ./. Deutschland, Rn. 49: „Der Gerichtshof ist der Auffassung, dass der vorliegende Sachverhalt nicht vom historischen und sozialen Zusammenhang, in dem die Äußerung getätigt wurde, losgelöst werden kann. […] Er merkt an, dass ein Verweis auf den Holocaust auch im speziellen Zusammenhang der deutschen Vergangenheit betrachtet werden muss … und akzeptiert die Haltung der Regierung, die sich gegenüber den in Deutschland lebenden Juden in

einer besonderen Verantwortung sieht [...] Dies wird nicht dadurch in Frage gestellt, dass Gerichte anderer Länder ähnliche Fragen anders behandeln könnten ..."

Weil die Traditionen, die historischen und gesellschaftlichen Hintergründe und die politischen Kontexte in den Mitgliedstaaten der EMRK in der Frage eines Parteiverbots so unterschiedlich sind, ist die *margin of appreciation* hier besonders groß.

> *Grabenwarter,* Wen man ausschließen darf, Frankfurter Allgemeine Zeitung Nr. 291 vom 13. Dezember 2012, S. 8; a.A – jedoch auf der Grundlage veralteter Rechtsprechung und einer Fehldeutung des Problems – *Klein,* Parteiverbotsverfahren vor dem Europäischen Gerichtshof für Menschenrechte, ZRP 2001, 397 (400).

cc) Besonderheiten bei dem Verlust von Mandaten

Den Verlust von Mandaten berücksichtigt der EGMR nicht nur bei der Abwägung im Rahmen des Art. 11 EMRK zur Beurteilung der Schwere der Maßnahme.

> Vgl. hierzu: EGMR, Urteil vom 13. Februar 2003, Beschwerde-Nr. 41340/98 u. a., Refah Partisi ./. Türkei, Rn. 133.

Der Verlust von Mandaten kann vielmehr auch am Maßstab des Art. 3 des 1. Zusatzprotokolls gemessen werden, durch den u. a. das passive Wahlrecht sowie das Mandat eines gewählten Abgeordneten geschützt wird.

> EGMR, Urteil vom 11. Juni 2002, Beschwerde-Nr. 25144/94 u. a., Sadak ./. Türkei, Rn. 31, 33.

Aus Sicht des EGMR ist es in der Regel unverhältnismäßig, wenn ein Parteiverbot *automatisch* zum Verlust eines Mandats führt, ohne dass die persönlichen politischen Aktivitäten des Mandatsträgers betrachtet werden.

> EGMR, Urteil vom 11. Juni 2002, Beschwerde-Nr. 25144/94 u. a., Sadak ./. Türkei, Rn. 37 ff.; *Richter,* in: Grote/Marauhn (Hrsg.), EMRK/GG. Konkordanzkommentar, 2006, Kapitel 25 Rn. 71, die § 46 Abs. 1 Nr. 5 BWahlG gleichwohl für konventionskonform hält.

Umgekehrt bedeutet dies, dass die praktische Konkordanz bei einem nicht automatisch eintretendem Mandatsverlust im Falle eines Verbots sehr viel leichter herzustellen ist. Der Mandatsverlust im Fall eines Parteiverbots ist im deutschen Recht für verschiedene Körperschaften unterschiedlich geregelt. Grundsätzlich folgt ein im vorliegenden Verfahren nicht beantragter Mandatsverlust nicht aus dem Verfassungstext, sondern wurde vom Bundesverfassungsgericht zuerst in der SRP-Entscheidung angeordnet.

b) Bedeutung der EMRK bei der Auslegung von Art. 21 Abs. 2 GG

Die dargelegten Anforderungen der EMRK an Parteiverbote dienen im vorliegenden Verfahren – wie dargelegt – nur als ein mittelbarer Prüfungsmaßstab. Ihre Berücksichtigung bei der Entfaltung des grundgesetzlichen Prüfungsmaßstabs führt nicht zu einer Änderung desselben.

> Im Ergebnis ebenso *Kunig,* in: von Münch/Kunig (Hrsg.), Grundgesetz. Kommentar, Bd. 1, 6. Aufl. 2012, Art. 21 Rn. 72; *Löwer,* Zuständigkeiten und Verfahren des Bundesverfassungsgerichts, in: Isensee/Kirchhof (Hrsg.), Handbuch des Staatsrechts der Bundesrepublik Deutschland, Bd. 3, 3. Aufl. 2005, § 70 Rn. 154 mit Fn. 1194; *Ipsen,* in: Sachs (Hrsg.), Grund-

gesetz. Kommentar, 6. Aufl. 2011, Art. 21 Rn. 210; *Bröhmer*, in: Grote/Marauhn (Hrsg.), EMRK/GG. Konkordanzkommentar, 2006, Kapitel 19 Rn. 98 (bei restriktiver Auslegung von Art. 21 Abs. 2 GG); *Gelberg*, Das Parteiverbotsverfahren nach Art. 21 Abs. 2 GG am Beispiel des NPD-Verbotsverfahrens, 2009, S. 212, spricht in Bezug auf Verbotsverfahren von „Orientierungswirkung", verneint im Ergebnis jedoch dann jegliche Modifikation des deutschen Prüfungsmaßstabs durch EMRK und die Judikatur des EGMR, ebd., S. 218.

Die Grundsätze zur Bedeutung der EMRK sowie der Rechtsprechung des EGMR für die Auslegung des Grundgesetzes hat das Bundesverfassungsgericht zuletzt in seinem Urteil zur Sicherungsverwahrung dargelegt.

BVerfGE 128, 326 (366 ff.).

Demnach ist die EMRK wegen der „Völkerrechtsfreundlichkeit des Grundgesetzes" als „Auslegungshilfe bei der Auslegung der Grundrechte und rechtsstaatlichen Grundsätze des Grundgesetzes" heranzuziehen. Dies gelte auch für die Auslegung der EMRK durch den EGMR.

BVerfGE 128, 326 (366); zuvor BVerfGE 111, 307; allgemein zu diesen „weichen" normativen Wirkungen der Konvention *Grabenwarter*, Nationale Grundrechte und Rechte der Europäischen Menschenrechtskonvention, in: Merten/Papier (Hrsg.), Handbuch der Grundrechte, Bd. 6/II, 2009, § 169 Rn. 12 ff., 53 f.; *Grabenwarter/Pabel*, Europäische Menschenrechtskonvention, 5. Aufl. 2012, § 3 Rn. 6 ff.

Dabei müsse jedoch keine „schematische Parallelisierung" der Aussagen und Begrifflichkeiten von GG und EMRK erfolgen und Wertungen der EMRK nur übernommen werden, soweit dies methodisch vertretbar und im Übrigen mit den Vorgaben des Grundgesetzes vereinbar sei.

BVerfGE 128, 326 (366 f.)

Dass das Bundesverfassungsgericht die Bedeutung der EMRK auf „Grundrechte und rechtsstaatliche Grundsätze" beschränkt, ist für die Prüfung von Art. 21 Abs. 2 GG zu berücksichtigen: Diese Beschränkung reflektiert das notwendigerweise nur sehr eingeschränkte staatsorganisationsrechtliche Konzept der EMRK.

Vgl. *Grabenwarter/Pabel*, Europäische Menschenrechtskonvention, 5. Aufl. 2012, § 23 Rn. 100; *Kugelmann*, Parteiverbote und EMRK, in: Grewe/Gusy (Hrsg.), Menschenrechte in der Bewährung, 2005, S. 244 (254).

Folgerichtig spielt die EMRK im Staatsorganisationsrecht eine geringe Rolle.

Schließlich ist zu berücksichtigen, dass im Bereich der „wehrhaften Demokratie" die EMRK – auch ausweislich der Materialien – von vornherein dasselbe Konzept wie das Grundgesetz verfolgte. Frühe Entscheidungen der EKMR erinnerten sogar explizit an die Übereinstimmung der Zwecke von Art. 17 EMRK und Art. 21 GG.

EKMR, Entscheidung vom 20. Juni 1957, Yearbook 1, 1959, S. 224; vgl. auch: *Golsong*, Die Entscheidung der Europäischen Menschenrechtskommission über die Beschwerde der KPD, NJW 1957, 1349 (1350).

Vor diesem Hintergrund kann von einer „Grundgesetzfreundlichkeit" der EMRK jedenfalls im Hinblick auf das gemeinsame Motiv gesprochen werden, totalitären Vereinigungen keine Möglichkeit mehr zu geben, die demokratischen Institutionen zum Zwecke ihrer Zerstörung auszunutzen.

> EKMR, Entscheidung vom 20. Juni 1957, Yearbook I, 1959, S. 224; vgl. auch: EGMR, Urteil vom 13. Februar 2003, Beschwerde-Nr. 41340/98 u. a., Refah Partisi ./. Türkei, Rn. 98 ff.

Die Frage der Verhältnismäßigkeit eines Parteiverbots ist für den EGMR damit im Fall rechtsextremistischer und rassistischer Parteien durch deren antidemokratische Ideologie, die sich gerade gegen die demokratische Ordnung richtet, abgegolten. Anders als vielfach behauptet operiert der EGMR in dieser spezifischen Konstellation mit einer Schutzausnahme, die sich ihrerseits nicht mehr in einer Abwägung zu rechtfertigen hat.

II. Anwendung

Der oben unter A dargelegte Sachverhalt hinsichtlich Bestand und Struktur der Partei (A. II.) [S. 58], ihrer Ideologie (A. III.) [S. 65] und ihrer politischen Aktivität (A. IV.) [S. 77] erfüllt die Voraussetzungen des unter C. I. [S. 107] entwickelten Prüfungsmaßstabs: Die NPD geht sowohl nach ihren Zielen als auch nach dem ihr zurechenbaren Verhalten ihrer Anhänger darauf aus, die freiheitliche demokratische Grundordnung zu beeinträchtigen und zu beseitigen und ist damit verfassungswidrig. Das Bundesverfassungsgericht hat die NPD zu verbieten, aufzulösen, das Verbot, Ersatzorganisationen zu gründen, auszusprechen und ihr Vermögen für gemeinnützige Zwecke einzuziehen.

Im Subsumtionsteil der Antragsschrift wird zur Belegung des Vorliegens der Voraussetzungen für das Verbot der NPD über das in der Sachverhaltsdarstellung Ausgeführte hinaus auf ihr sich im Parteiprogramm, in weiteren programmatischen Schriften sowie in Äußerungen ihres Führungspersonals und in Artikeln in der Partei zuzurechnenden Medien zurückgegriffen. Wie oben angekündigt und bereits bei der Sachverhaltsdarstellung praktiziert, wird zudem auf Erkenntnisse der Geschichts- und der Sozialwissenschaften zurückgegriffen. Zur Quellenfreiheit des verwendeten Materials und zur hinreichenden Staatsfreiheit des gesamten Verfahrens kann auf die oben gemachten Erläuterungen verwiesen werden.

> Unter A I 3 [S. 52] mit **Anlage 4**.

1. Verfassungswidrige Ideologie der NPD

Der ethnische Personenbegriff als Basis für die völkische Welt- und Rechtsanschauung der NPD stellt als Verstoß gegen die Menschenwürde zugleich eine Beeinträchtigung der freiheitlichen demokratischen Grundordnung dar – ebenso wie die Ablehnung des auf dem Demokratieprinzip beruhenden parlamentarischen Regierungssystems, die Relativierung nationalsozialistischen Unrechts und die Relativierung des staatlichen Gewaltmonopols.

a) Ethnischer Personenbegriff als Verstoß gegen die Menschenwürde und als Beeinträchtigung der freiheitlichen demokratischen Grundordnung

Oben

unter C I 2 a [S. 118],

wurde herausgearbeitet, dass die Menschenwürdegarantie als Teilelement der freiheitlichen demokratischen Grundordnung i. S. v. Art. 21 Abs. 2 GG ihrerseits drei Teilelemente umfasst:

- ein jedem Menschen zugewiesenes basales Minimum an Rechten;
- eine gleichheitsgerechte Zuweisung dieses Minimums;
- ein gleiches Potenzial zu mehr Rechten als dem Minimalstandard. Anders ausgedrückt: ein menschenrechtliches Exklusionsverbot, Menschenwürde als „Recht auf Rechte".

Belege für einen Verstoß gegen dieses menschenrechtliche Exklusionsverbot wurden bereits oben in der Sachverhaltsdarstellung ausführlich dargelegt.

Unter A III 1 [S. 66] und 2 [S. 68].

Darüber hinaus sollen im Folgenden – wiederum exemplarisch – weitere Belege vorgelegt werden:

Der langjährige NPD-Bundesvorsitzende *Udo Voigt* fasst das geschlossene Konzept der „Volksgemeinschaft" 2009 wie folgt zusammen:

> „Wir wollen, daß jeder Deutsche in seiner Heimat Arbeit findet und diese Arbeit als etwas Wichtiges und Höheres begreift, welches den Fortbestand und die Weiterentwicklung seiner Familie, seines Volkes und seiner Nation durch seinen persönlichen Einsatz in einer Volksgemeinschaft garantiert. Solidarprinzip, soziale Gerechtigkeit, gemeinsame ethnische und kulturelle Entwicklung und eine raumorientierte Volkswirtschaft sind untrennbar mit den Vorstellungen einer Volksgemeinschaft verbunden. Wir stehen für Arbeit – Familie – Heimat! Wir machen keine haltlosen Versprechen, wollen keine Statistiken beschönigen, sondern Politik für unser Volk machen."
> **Beleg 229 (Kategorie 1):** *Udo Voigt*, „Von Deutschen. Für Deutsche. NPD"; in: „Deutsche Stimme", Ausgabe 09/2009, S. 2

Karl Richter und *B.* sehen in der Zeit des Nationalsozialismus die sozialpolitische Umsetzung der Volksgemeinschaftsidee, nicht zuletzt auch als Bollwerk gegen das Fremde, als vollendet an:

> „Gerade auch der Blick auf den selbst öffentlich nicht länger wegzuleugnenden, sich stärker und schneller vollziehenden Austausch unseres angestammten Volkes gegen Angehörige fremder Kulturen und Religionen auf deutschem Territorium beweist, wie sehr die Souveränität eines Reichskörpers als Bollwerk und Schild von Nöten wäre. [...] Es blieb dem 20. Jahrhundert und der ‚Volksgemeinschaft' der dreißiger und vierziger Jahre vorbehalten, sozialpolitisch zu vollenden, wofür Bismarck den Weg gebahnt hatte. [...] Integrieren wir die Reichsidee in die gegenwärtigen Themen und Herausforderungen, um den Fortbestand unseres verbliebenen Volkskörpers in kultureller Identität, sozialer Sicherheit und nationaler Souveränität zu sichern. Ja zu Deutschland – ja zum Reich!"
> **Beleg 95 (Kategorie 1):** *Karl Richter/B.*, Ja zu Deutschland – Ja zum Reich!, in: Deutsche Stimme, Ausg. 02/2011, S. 22.

Der sächsische Landtagsabgeordnete *Jürgen Gansel* hebt in einem Beitrag für die „Deutsche Stimme" aus dem Jahr 2011 die „Volksgemeinschaft" als attraktives Konzept hervor, um diejenigen für eine Opposition gegen das System zu gewinnen, die noch etwas zu verlieren hätten. Die bereits „sozial abgehängten Landesleute" seien hingegen schwerer zu mobilisieren. Wörtlich heißt es:

> „Die NPD ist die Schutzmacht aller Deutschen, die für ihren Lebensunterhalt hart gearbeitet haben, hart arbeiten müssen – oder hart arbeiten wollen und trotzdem vom sozialen Abstieg bedroht sind. Eine fundamentaloppositionelle Kraft wie die NPD muß eine Ahnung davon haben, in welchen Kreisen der kleinen Leute nationaler ‚Widerstandsgeist' zuerst entfacht werden kann, um dann auch die Mutlosen und Passiven mitzureißen. [...] Weil das Gros unserer sozial abgehängten Landsleute für eine aktive Opposition gegen das ‚System' (noch) nicht zu mobilisieren ist, muß die NPD das Augenmerk zuerst auf diejenigen richten, die wirtschaftlich noch etwas zu verlieren haben. Entwickelt die Masse statusbedrohter kleiner Selbständiger, Angestellter und Arbeiter erst einmal ein systemkritisches Bewußtsein und wählt folgerichtig national, dann folgen diesen Eisbrechern auch jene, die schon alles verloren haben und bisher noch in Resignation und Apathie verharren. Entscheidend ist die glaubwürdige Positionierung der NPD als Schutzmacht der ‚kleinen Leute'. Dieser potentiell nationalrevolutionären Mehrheit im Volk muß klar werden, daß die Volksgemeinschaft in der Globalisierungsära die einzig denkbare Schutz- und Solidargemeinschaft ist; nur sie verbürgt durch emotional unterfütterte Zusammengehörigkeitsgefühle soziale Teilhabe und Sicherheit."
>
> **Beleg 230 (Kategorie 1):** *Jürgen Gansel*: Wo bleiben die ‚kleinen Leute'? Paradox: Ausgerechnet jene Deutschen sind politisch am passivsten, die sich am ehesten auflehnen müssten, in: Deutsche Stimme, Nr. 4/2011, S. 8; „Weckruf an die ‚kleinen Leute' im Volk", Internetmeldung der NPD Sachsen vom 3. Februar 2011.

D., JN-Bundesschulungsleiter seit Oktober 2012, beschwört Anfang 2012 die „Volksgemeinschaft" als Kampf- und Schicksalsgemeinschaft:

> „Am Rande dieses Schauspiels, in dem sich das deutsche Volk selbst vernichtet, steht jedoch auch eine Gruppe von zumeist noch Jugendlichen. Sie haben die Schnauze voll und wollen sich nicht länger wie Sklaven behandeln lassen. Ihre Würde und Ehre ist ihnen heiliges Gut und so verschwören sie sich lieber dem Kampf, als sich hinzugeben und auf den schleichenden Volkstod zu warten. In ihren Reihen bildet sich eine ‚Parallelgesellschaft', eine in sich geschlossene Gemeinschaft von Menschen gleicher Art. [...] Doch in den Kreisen des jungen rebellischen Widerstandes, der sich im Umfeld der JN, dem Jugendverband der NPD, seinen Weg bricht, soll dieses Freiheitsgefühl wieder auferstehen.
>
> Die Gemeinschaft steht hier an oberster Stelle. Das gemeinsame Verlangen nach einer Volksgemeinschaft bindet diese jungen Nationalisten an eine Organisation. Und dieses gemeinschaftliche Gefühl ist das Fundament, auf dem wir unseren Staat aufbauen müssen. Unsere Weltanschauung stellt das Volk in den Mittelpunkt allen Seins. Dieses Volk wird durch den Nationalstaat geschützt und begründet seine Kraft durch das Zusammenleben der darin lebenden Persönlichkeiten. Streben wir also nach einer Volksgemeinschaft, müssen wir zunächst eine eigene Kampfgemeinschaft gründen. Eine Gesellschaft ist lediglich ein Zweckverband, aus dem man ein- oder austreten kann. Das Volk dagegen ist eine Schicksalsgemeinschaft, da wir schicksalhaft in dieses hineingeboren werden. Wir haben jedoch soweit Entscheidungsmacht über unser Schicksal, daß wir wählen können, ob wir Dienst an unserer Schicksalsgemeinschaft tun oder nicht."
>
> **Beleg 231 (Kategorie 1):** *D.*, Von der Gesellschaft zur Gemeinschaft, in: www.jn-buvo.de, 13. Januar 2012.

Deutlich kommt der strikt exkludierende Charakter der „Volksgemeinschaft" in den Ausführungen einer im April 2012 herausgegebenen Argumentationsbroschüre für Mandats- und Funktionsträger zum Ausdruck:

"Deutscher ist, wer deutscher Herkunft ist und damit in die ethnisch-kulturelle Gemeinschaft des deutschen Volkes hineingeboren wurde. Eine Volkszugehörigkeit kann man sich genauso wenig aussuchen wie die eigenen Eltern – Volkszugehörigkeit ist Schicksal. In eine Volksgemeinschaft kann man nicht einfach ein- oder austreten wie in einen Sportverein, man wird in sie hineingeboren. [...] Ein Afrikaner, Asiate oder Orientale wird nie Deutscher werden können, weil die Verleihung bedruckten Papiers (der BRD-Passes) ja nicht die biologischen Erbanlagen verändert, die für die Ausprägung körperlicher, geistiger und seelischer Merkmale von Einzelmenschen und Völkern verantwortlich sind. [...] Angehörige anderer Rassen bleiben deshalb körperlich, geistig und seelisch immer Fremdkörper, egal, wie lange sie in Deutschland leben. Sie mutieren durch die Verleihung eines Passes ja nicht zu Deutschen. [...] Deutscher ist, wer deutsche Eltern hat, also wer deutscher Abstammung ist. Deutsch ist eine ethnische Herkunftsbezeichnung und keine Bezeichnung des zufälligen Geburtsortes, momentanen Wohnortes oder des Passes. [...] Deutscher ist man von Geburt oder eben nicht; aber man wird es nicht durch Annahme der Staatsbürgerschaft. Seit dem Inkrafttreten des neuen Staatsbürgerschaftsrechtes 2000 dürfen aber Millionen Fremde in unserem Land Staatsbürger-‚Glückrad' spielen, nach dem Motto: Ich nehme das Auto, den Fernseher und den deutschen Paß. Das darf nicht sein – die Staatsbürgerschaft muß an die Volkszugehörigkeit gebunden sein. Wie sagt auch der Volksmund: Blut ist dicker als Tinte."

Beleg 78 (Kategorie 1): NPD-Parteivorstand (Herausgeber; V. i. S. d.P.: *Jens Pühse*; Verfasser: *Jürgen Gansel*), Wortgewandt: Argumente für Mandats- und Funktionsträger, Berlin 2012, S. 18 f.

Im April 2013 veröffentlichten die JN auf ihrer neu gestalteten Internetseite den Text „Gewissen und Gemeinschaft", in dem ihr Bekenntnis zum Volksgemeinschaftsideal deutlich zum Ausdruck kommt:

„‚Allein gestellt sind wir nichts – in der Gemeinschaft jedoch ist jeder alles.' Gemeinschaftsgebunden sind wir bereits durch die Geburt. Wir kommen aus der Gemeinschaft der Familie und fühlen uns durch die Nation unser Leben lang der Gemeinschaft – der Volksgemeinschaft – verbunden. Dieses Verbundenheitsgefühl wird umso stärker sein wenn die Nation nur ein Volk umschließt, denn die Gebundenheit zur eigenen Art ist stärker als die zur Nation – sie ist naturgesetzlich.

Dieses Bewusstsein der naturgesetzlichen Gebundenheit trägt ein jeder in sich. Es findet seinen Ausdruck in dem, was wir als ‚Gewissen' bezeichnen und spielt eine tragende Rolle. Das Gewissen sagt uns, dass wir Glied einer Gemeinschaft sind. Strebt der Einzelne nun Ziele an, die ihn selbst gegenüber der Gemeinschaft bevorzugen – und zwar auf Kosten anderer Glieder der Gemeinschaft – so vergeht er sich auf unnatürliche Weise an seinem Gewissen. [...]

Die vergangene Epoche predigte den Egoismus als Triebfeder vernünftigen Handelns und widerstrebte damit der inneren Verbundenheit der Volksgenossen untereinander. Man kann den Geist nur pflegen durch feinfühliges Horchen auf die Stimme des Gewissens. Die Familie und das Volk können nur so als elementare Gemeinschaftsformen zu ihrer alten Bedeutung und Stärke zurückfinden. Nur derart Verbundenes kann nach außen wehrhaft sein.

Diese unermessliche Bedeutung der Kraft eines reinen Gewissens, also eines unbescholtenen Handelns gegenüber der Gemeinschaft – in welcher Form sie auch auftreten möge – lässt das Verständnis für den kompromisslosen Widerstand gegen mutwillige Zerstörer des sinnstiftenden Gemeinschaftsgefühls entstehen. Zeigt ein Volksgenosse durch sein Handeln, dass er kein Gewissen hat, ihm demzufolge das Wohl der Volksgemeinschaft gleichgültig ist, so ist seine Handlungsweise gegen die innere Bindung und die Schaffenskraft seines Volkes gerichtet. Er verwirkt damit das Recht, Schutz durch die Gemeinschaft einzufordern."

Beleg 232 (Kategorie 2): Unbekannter Verfasser: „Gewissen und Gemeinschaft", in: www.aktion-widerstand.de vom 4. April 2013.

Der Erhalt der völkischen, über den Einzelnen hinausweisenden „Identität" ist für die JN ausdrücklich das entscheidende Merkmal ihres politischen Kampfes:

> „Europa ist zunächst einmal der Lebensraum und Ursprung der über Jahrtausende gewordenen Völker der europäisch-germanischen Rasse. [...] Immer wenn die freien Völker europäischen Blutes sich zusammenrafften, kam es zu einer übermächtigen Allianz, die in der Lage war, jeglichen Imperialismus von Außen abzuwehren und den Frieden, sowie Freiheit der Europäer zu sichern. [...] Es ist in Zukunft ein Europa der Nationalstaaten, der Vaterländer anzustreben. Dieses soll die Freiheit unserer Eigenart als weiße Europäer und kulturelle Erben eines ideellen Schatzes voller Kunst, Architektur, Handwerk, Bildung und Wissenschaft anstreben. Gerade in Zeiten, in denen die asiatische, mongolide Rasse immer mehr am Aufstreben ist, wird eine solche Allianz notwendig. [...] Auf der anderen Seite steht der amerikanische Imperialismus der börsianischen Hochfinanz. Diese hat Europa spätestens seit 1945 zu einem Vasallen und Stiefellecker der so genannten ‚westlichen Wertegemeinschaft' degradiert. [...] Merksatz: Europa ist der rechtmäßige Lebensraum und Ursprung aller europäisch-germanischen Völker. Um diesen zu erhalten verfolgt der deutsche Nationalismus eine Politik nach dem Leitbild eines ‚Europas der Vaterländer' statt einer europäischen Union der Völkerzersetzung. (S. 21 ff.) [...]
> Dadurch ergibt sich, dass die Identität auch einen Abgrenzungsfaktor mit sich bringt. Die individuellen Identitäten der einzelnen Genossen eines Volkes ähneln sich mehr als zu den Identitäten anderer, fremder Volksgruppen. [...] Die individuellen Identitäten bilden also zusammen eine kollektive Identität. Diese wiederum unterscheidet sich von der anderer kollektiver Identitäten. Dabei muss man festhalten, dass auch wir als Europäer eine eigene solche aufweisen. Zwar unterscheiden sich die Mentalitäten der einzelnen europäischen Völker voneinander, doch sind sich diese untereinander wiederum ähnlicher als das identitäre Bewusstsein der negroiden (afrikanischstämmigen) oder mongoliden (asiatischen) Menschen im Vergleich zum europäischen Menschenschlag. [...] Dies ist ein entscheidender Faktor für die Integration in soziale Großgruppen wie bspw. ein Volk. [...] Eine Integration ist demnach nicht möglich, wenn der zu integrierende Mensch eine andere Identität aufweist. [...] So stellen wir fest, dass Identität das entscheidende Merkmal unseres gesamten Lebens im Sinne der völkischen Gemeinschaft ist. Wir sind gekennzeichnet durch eine genetische als auch eine kulturelle Identität." (S. 24 f.).

Aus dem völkischen Kollektivismus der JN resultiert zudem ein dem Grundgesetz diametral entgegengesetztes, dezidiert antiindividuelles Freiheitsverständnis. „Freiheit" besteht aus Sicht der JN für den Einzelnen darin, Teil einer „Volksgemeinschaft" zu sein sowie die ihm dort zustehende Position und Funktion zum Wohle des Ganzen ein- bzw. wahrnehmen zu dürfen bzw. zu müssen:

> „Nun ist das Streben nach Freiheit, also dieser Selbstbestimmung und Souveränität untrennbar mit unserem deutschen Nationalismus verbunden. [...] Der Kulturphilosoph Paul de Lagarde lässt dazu wissen: ‚Frei ist nicht, wer tun kann, was er will, sondern wer werden kann, was er soll.' Das bedeutet bezogen auf das Individuum, dass ein jeder seine eigene Identität wahren und entfalten können soll. Mit dem JN-Leitsatz ‚Werde wer Du bist' haben wir bereits die Forderung des nationalistischen Freiheitsgedankens auf individueller Ebene benannt. [...] Die Politik hat hierbei also zu sorgen, dass ein jeder Volksgenosse seinen Fähigkeiten entsprechend seinen Platz erhält, wo er sich im Sinne der Gemeinschaft frei entfalten kann. [...] Freiheit ist, den Sinn des Lebens zu verfolgen. Dies ist die Arterhaltung. Ist diese gefährdet, ist die Freiheit in Gefahr. [...] Mit der Treue zu einem Volk, Reich, Land oder Herrscher fühlen wir uns frei. Gleichzeitig handeln wir jedoch im Gegensatz zur Freiheit anderer, die nicht dieser Treue unterstellt sind. So bindet uns die Treue an das Kollektiv der Gemeinschaft. Freiheit

und Gebundenheit stellen dabei Pole dar, die sich einander bedingen. [...] Merksatz: Freiheit bedeutet nicht, dass man tun und lassen kann, was man will, sondern dass man werden kann, was man soll. Sie bedeutet, dass jeder Einzelnen seine Persönlichkeit im Sinne der Gemeinschaft entfalten kann." (S. 37 ff)

Beleg 233 (Kategorie 2), Bundesführung der Jungen Nationaldemokraten (Herausgeber; verantwortlich: *K.*): Leitfaden. Politische Grundbegriffe, Teil 2.

Karl Richter, seit April 2009 stellvertretender NPD-Bundesvorsitzender und seit November 2012 Landesvorsitzender der bayerischen NPD, sieht in der Toleranz der „weißen Menschheit" den wesentlichen Grund für ihren möglichen Untergang:

„Toleranz, das Aussitzen und ‚Ertragen' des Fremdartigen, ist bestenfalls als vorübergehender Ausnahmezustand vorgesehen. Der Normalzustand ist die Homogenität, alles andere schafft Streß, und zwar im buchstäblichen Sinne. [...] Toleranz wird eingefordert für Fremde, Homosexuelle, Aidskranke, Drogenabhängige, Kriminelle, Psychopathen mit schwerer Kindheit und so weiter, und so fort. [...] Es ist eine Milchmädchenrechnung: wo die Toleranz gegenüber Abweichendem, Lebens-Unrichtigem überhand nimmt auf Kosten der normalgebliebenen Mitglieder des Gemeinwesens, nimmt die Überlebensfähigkeit des Ganzen Schaden. Die Geschichte wird zeigen, ob für die weißen Gesellschaften des Abendlandes noch Heilungschancen bestehen oder ob der Bazillus der Toleranz, die Droge Liberalismus schon das Mark angegriffen hat. [...] Toleranz ist nicht angebracht. Schon gar nicht den ‚Toleranten' gegenüber, denen es nicht um Toleranz, sondern um schleichende Zerstörung geht. Ihnen und allen anderen Zersetzern des Lebendigen, Gewachsenen gegenüber muß es vielmehr heißen: ‚Null Toleranz'. Weil jedes weitere Nachgeben ein Schritt hin zum Abgrund ist. Weil es zwischen Überleben und Nicht-Überleben nichts zu diskutieren gibt. Und weil der Patient, die weiße Menschheit, vor dem Exitus steht."

Beleg 234 (Kategorie 1): *Karl Richter*, „Der Toleranz-Schwindel. Eine Abrechnung mit der geistigen Immunschwäche unserer Zeit", in: Deutsche Stimme, Ausg. 06/2008, S. 22.

Der sächsische NPD-Landtagsabgeordnete *Jürgen Gansel* kommentierte die Wahl *Barack Obamas* 2008 zum amerikanischen Präsidenten mit grob rassistischen und antisemitischen Beleidigungen:

„Ja, Amerika ist mittlerweile sehr weit. Es ist soweit, mit Barack Obama das Produkt eines waschechten Kenianers mit einer weißen Amerikanerin ins Präsidentenamt zu wählen. [...] Jemanden, dessen jüdischer Chefstratege David Axelrod in der Denktradition des deutsch-japanischen Mischlings Coudenhove-Kalergi und dessen Ideal eines identitätskastrierten Welteinheitsmenschen steht. [...] In dem Beitrag ‚Der Obama-Macher' – gemeint ist der Jude David Axelrod – wird daran erinnert, daß Juden und Neger in den sechziger Jahren eine revolutionäre Koalition gegen das Establishment schmiedeten. Die alte Selbstbehauptungsstrategie des Judentums, Inländervorrechte durch Minderheitsrechte zu ersetzen und ethnokulturelle Unterschiede zwischen dem Eigenen und dem Fremden zu verwischen, deckt sich mit den Interessen aller Minderheiten, Mischlinge und Entwurzelten im Schmelztiegel Amerika. [...] Insbesondere in der Bunten Bundesrepublik sind viele Menschen von einem Obarack-Fieber gepackt, das an eine amerikanische Tropenkrankheit erinnert. Als der zur Promenadenmischung aus John F. Kennedy und Martin Luther King stilisierte Barack Obama im Hochsommer 2008 nach Berlin kam, jubelten ihm bei einer vorgezogenen Krönungsmesse mehr als 200.000 Multikulti-Deppen zu."

Beleg 235 (Kategorie 1): *Jürgen Gansel*: Afrika erobert das Weiße Haus, in: www.npd.de, abgerufen am 6. November 2008

Dass der ethnische Volksbegriff auf einem menschenverachtenden Rassismus basiert, wird unter anderem durch Äußerungen des ehemaligen stellvertretenden Bundesvorsitzenden der NPD *Jürgen Rieger* deutlich:

> „Neger haben einen Intelligenzquotienten, der liegt vom schwachsinnigen Deutschen bis zum Normaldeutschen [...] ich stehe zu dieser Aussage." **Beleg 236 (Kategorie 1).**

Jürgen Gansel sieht im Islam ein agitationstaugliches Thema, um die darüber hinausgehenden – rassistisch motivierten – ausländerpolitischen Ziele der NPD umzusetzen:

> „Für die Studie ‚Die Mitte in der Krise – Rechtsextreme Einstellungen in Deutschland 2010' der SPD-nahen Friedrich-Ebert-Stiftung wurden mehr als 2.400 Menschen im Alter von 14 bis 90 Jahren befragt. [...] Besonders interessant für die NPD als nationale Wahlpartei sind die demoskopischen Befunde zur breiten Ablehnung der Islamisierung im Volk. [...] Nationale Parteien könnten an diesen ‚modernen Rassismus' anknüpfen, warnen die Forscher. Keine hiesige Ausländergruppe erzeugt bei den Deutschen so viel Unbehagen wie die fremdartigen Moslems. Der Kampf gegen die Islamisierung ist deshalb der Türöffner für weitergehende ausländerpolitische Forderungen der nationalen Opposition. [...] Um die Forderung nach Ausländerrückführung zu popularisieren, sollte in Wahlkämpfen genau die Ausländergruppe in den Fokus gerückt werden, die sich die meisten Inländer außer Landes wünschen. Die NPD ist also wahltaktisch gut beraten, die Ausländerfrage auf die Moslemfrage zuzuspitzen (ohne sie freilich darauf zu beschränken) und die Moslems als Projektionsfläche für all das anzubieten, was den Durchschnittsdeutschen an Ausländern stört. Die populäre Moslemkritik kann so zum Türöffner für die viel weitergehende Ausländerkritik der nationalen Opposition werden. Salopp formuliert: Man hat propagandistisch die Moslems zu schlagen, um noch ganz andere Ausländergruppen politisch zu treffen. [...] In Mitteleuropa aber ist der Islam eine fremdkörperhafte Aggressionsreligion, der mit keiner Toleranz begegnet werden darf. Die Siege über die Türken vor Wien 1529 und 1683 dürfen nicht umsonst gewesen sein."
> **Beleg 237 (Kategorie 1):** *Jürgen Gansel*, Mit Islamkritik zum Erfolg! Gut so: Eine Studie belegt, daß mit der Fundamentalkritik an der Islamisierung Wahlen zu gewinnen sind, in: Deutsche Stimme, Nr. 12/2010, S. 9.

Die aus dem ethnischen Volksbegriff resultierenden Folgen für die Ausländerpolitik werden auch aus dem Wahlprogramm der Berliner NPD deutlich:

> „Berlin soll eine Stadt der Deutschen bleiben und in allen Bezirken und Ortsteilen wieder werden. Das Heimatrecht der Deutschen ist bedingungslos wiederherzustellen. Die sogenannte ‚Integration' ist ein Schwindel sondergleichen."
> **Beleg 79 (Kategorie 2):** „Wir sagen, was Sie denken! Landesaktionsprogramm für ein deutsches Berlin", www.npd-berlin.de, aufgerufen am 15. August 2011, S. 13.

Der NPD-Fraktionsvorsitzende im Landtag Mecklenburg-Vorpommern, *Udo Pastörs*, lässt in einer Rede auf dem „Schwabentag" der NPD am 19. März 2011 in Günzburg seiner Verachtung für ethnisch nicht homogene Gesellschaften freien Lauf:

> „Die Türme [des World Trade Centers] brannten noch, da zogen Tausende aus, um zu plündern und zu rauben in unserem Vorbildlande Vereinigte Staaten von Nordamerika. Da konnte man so richtig mal beobachten, das Ergebnis dieser multikulturellen Jauche an der Ostküste der Vereinigten Staaten von Nordamerika. [...] In New York, da braucht nur einmal das Licht des Nachts für drei Stunden auszufallen und wie die multikulturellen Ratten, fällt dann dieses sog. amerikanische Volk über sich selbst her, liebe Freunde.

[...] Wir Nationalisten haben immer vertreten, dass die Grenzen nach ethnografischen Gesichtspunkten gezogen gehören, d. h. also, nach kulturell-rassischen Gesichtspunkten, weil nur das ganz natürlich das höchste Maß an sozialer Verantwortung für den Nächsten mit sich bringt und das jede kulturelle wie rassische Entfernung voneinander in Extremfällen zu unglaublichen Auswüchsen und asozialem Verhalten innerhalb der Gesellschaft führen muss und deswegen war und ist es richtig, dass wir sagen, wir wollen in Deutschland Deutsche bleiben, weil wir behalten wollen, was uns gehört, Deutschland, liebe Freunde. [...] Das Menschenrecht besteht aber auch aus dem Selbstbestimmungsrecht der Völker und wenn wir selbstbestimmt sagen, Europa ist das Land der weißen Rasse und es soll es auch bleiben, dann haben wir auch ein Recht darauf, dass notfalls mit militärischer Gewalt sicherzustellen. Das ist meine Überzeugung. [...] Wichtig ist, dass wir einen Glauben haben, etwas Metaphysisches, denn daraus ziehen z. B. die Muselmanen unglaubliche Kraft. Sie sind so irrational, so irrational vergeistigt, dass sie mit Freuden in den Tod gehen, weil sie glauben, sie tun ganz genau das Richtige und deswegen sind sie auch ohne moderne Waffen so gefährlich. Am gefährlichsten und jetzt muss ich aufpassen, weil ich das schon einmal strafrechtlich in Erscheinung getreten bin und verurteilt bin, sie sind deswegen so gefährlich, wenn sie ohne Waffen kommen. Ihre Waffe ist ihre Fruchtbarkeit und die tragen sie uns wie damals die feindliche Infanterie mitten ins Herz unseres Volkes hinein. Und dann springt die Geburtsmaschine an und dann werden wir übervölkert von innen heraus und können uns nicht zur Wehr setzen."

Beleg 82 (Kategorie 1): *Udo Pastörs*, Rede auf dem „Schwabentag" der NPD am 19. März 2011 in Günzburg, Videobeitrag.

Holger Apfel, seit November 2011 NPD-Bundesvorsitzender, bringt gegenüber der rechtsextremistischen Publikation „ZUERST. Deutsches Nachrichtenmagazin" seine strikt biologistisch-rassistische Auslegung des Volksbegriffs zum Ausdruck:

„Natürlich ist der Islam heute die deutlichste Erscheinungsform der Überfremdung, deshalb wenden wir uns auch entschieden gegen den Bau von Moscheen. Aber wir wollen die Muslime nicht missionieren. Auch wenn sich die Türken in Deutschland morgen taufen lassen, bleiben sie Türken und bleiben hier ethnisch-kulturelle Fremdkörper."

Beleg 238 (Kategorie 1): *Holger Apfel*, Interview mit „ZUERST. Deutsches Nachrichtenmagazin", Ausgabe 10/2011, Oktober 2011, S. 40.

In der vom NPD-Parteivorstand im April 2012 herausgegebenen Schriftenreihe „Wortgewandt/Argumente für Mandats- und Funktionsträger" wird gegen die multikulturelle Gesellschaft unter Rückgriff auf eine fremdenfeindliche Rhetorik vehement polemisiert. Einwanderern außereuropäischer Herkunft werden pauschal Negativeigenschaften zugeordnet und das Aufenthaltsrecht in Deutschland wird generell negiert. Besonders kategorisch lehnt die NPD den Aufenthalt von Muslimen in Deutschland ab. Dieser Bevölkerungsgruppe, die pauschal und verunglimpfend als gewalttätig, bildungsschwach und sozial opportunistisch verunglimpft wird, unterstellt die Partei eine „fremdkörperhaften Aggressionspolitik". Dabei stehen nicht religiöse, sondern ethnisch-biologistische Aspekte im Vordergrund:

„Wo der Islam historisch beheimatet ist und die Lebensordnung der Menschen prägt, hat er sein volles Existenzrecht. Dort haben Moslems selbstverständlich auch ein Selbstverteidigungsrecht gegen den amerikanischen Kultur- und Wirtschaftsimperialismus sowie den israelischen Staatsterrorismus. In Mitteleuropa aber ist der Islam eine fremdkörperhafte Aggressionsreligion, der nicht mit falscher Toleranz begegnet werden darf. Die Siege über die

Türken vor Wien 1529 und 1683 dürfen nicht umsonst gewesen sein! [...] In Deutschland aber haben Moslems und ihre Religion nichts verloren! Nach einer Studie des ‚Bundesamtes für Migration und Flüchtlinge' im Auftrag der Islamkonferenz leben schon 4,3 Millionen Moslems in Deutschland. Damit verbunden sind Alltagsgewalt, Ausnutzung des Sozialstaates und religiös motivierte Landnahme. In vielen Großstädten machen eifernde Moslems Deutschen das Leben zur Hölle. Bandenmäßig organisierte Orient-Krawallos beschimpfen Deutsche als ‚Schweinefleischfresser' und greifen sie als ‚Ungläubige' tätlich an. [...] Die Bildungsdefizite und Sozialschmarotzereien vieler Moslems sind auf religiös-kulturelle Prägungen zurückzuführen. Eine noch größere Rolle spielt der Islam bei der Landnahme. Ihr sichtbarstes Zeichen sind protzige Moscheen, die den Restdeutschen vor die Nase gesetzt werden." (S. 8 f.).

Einwanderer außereuropäischer Herkunft sind aus Sicht der NPD, ungeachtet der Frage, ob formal die deutsche Staatsbürgerschaft vorliegt oder nicht, ausnahmslos als Ausländer zu betrachten und zu behandeln. Ausländer sieht die NPD entweder als „Arbeitsplatzkonkurrent" für einen einheimischen Deutschen oder als „Sozialschmarotzer", wobei die Partei für beide Konstellationen einen Anspruch auf ein legitimes Aufenthaltsrecht in Deutschland verneint:

„In einer Zeit der Massenarbeitslosigkeit – die gibt es jenseits der statistisch frisierten Arbeitslosenzahlen immer noch – muß jede weitere Aufnahme von ausländischen Arbeitsplatzkonkurrenten und Lohndrückern unterbunden werden. Eine rechtsstaatlich abgesicherte Ausländerrückführung ist deshalb auch eine wirtschaftspolitische Maßnahme zur Entlastung des Arbeitsmarktes. [...] Ein Dauerskandal ist auch die systematische Ausnutzung des deutschen Sozialstaates durch Ausländer, die nie auch nur einen Euro in die sozialen Sicherungssysteme eingezahlt haben." (S. 10).

Besonders drastisch stellt die NPD die völlige Unvereinbarkeit zwischen einem dauerhaften Aufenthalt von Migranten ethnisch fremder Herkunft und der Idee der „Volksgemeinschaft" heraus:

„Multikultur ist kein buntes, harmonisches Straßenfest, sondern endet in Mord und Totschlag, weil hier Völkerschaften auf einem Flecken Erde zusammenkommen, die nicht zusammengehören und nicht zusammengehören wollen. [...] Zahlreiche Bevölkerungsprognosen sehen die alteingesessenen Europäer schon Ende dieses Jahrzehnts als Minderheit in ihren Großstädten. Das ist Völkermord an den Einheimischen und läuft auf den Völkerkrieg hinaus. [...] Gerne spielen sich die Multikulti-Propagandisten als Menschenfreunde auf. Dabei gibt es kaum etwas Völker- und damit Menschenverachtenderes als die multikulturelle Gesellschaft. Sie raubt nämlich allen Menschen ihre Heimat und Identität. [...] In einem großen Schmelztiegel verkocht dann alles, bis aus Weißen und Schwarzen gesichtslose ‚Graue' geworden sind." (S. 10 f.)
Beleg 78 (Kategorie 1): NPD-Parteivorstand (V. i. S. d.P. *Jens Pühse*; Verfasser: *Jürgen Gansel*), Wortgewandt: Argumente für Mandats- und Funktionsträger, Berlin 2012.

Auf einer vom JN-Landesverband Mecklenburg-Vorpommern organisierten Demonstration am 20. Oktober 2012 in Wismar unter dem Motto: „Volkstod stoppen – Wir wollen leben – Arbeit und Zukunft in der Heimat" hielt der stellvertretende JN-Bundesvorsitzende *Sebastian Richter* eine Rede und erklärte:

„Laut statistischem Bundesamt sind heute von 82 Millionen BRD-Bürgern über 16 Millionen ausländische Zuwanderer sowie deren Nachkommen. Unter den Einjährigen ist der Aus-

länderanteil jetzt bereits bei 36 %. Sehen Sie sich doch einmal nicht nur in Mecklenburg und Pommern um, gehen Sie einen Schritt weiter nach Hamburg, Lüneburg oder auch Berlin, sehen Sie sich doch dort einmal um, wie viele Ihrer Freunde sind denn dorthin abgewandert? Wer von Ihren alten Klassenkameraden wohnt noch hier im Ort? Irgendwann stellt sich dann die Frage, wer sich um die zurückgebliebenen Alten kümmern wird. Ja, nun ist klar, man holt junge ausländische Fachkräfte zur Hilfe. Sie kennen das doch heute schon aus vielen Krankenhäuser, wo gebrochenes Deutsch über die Flure hallt. Die Gemeinde Löcknitz im Uecker-Randow-Kreis gilt als Paradebeispiel für den zukünftigen Umgang mit sterbenden Dörfern. Die Freiräume werden mit Ausländern gefüllt und weil Ausländer sich ein bisschen doof anhört, nennt man das Ganze dann, wir sehen gerade dort welche laufen, [*an dieser Stelle wird eine junge dunkelhäutige Frau außerhalb der Demonstration eingeblendet*] Deutsche mit Migrationshintergrund, dass sind die neuen Deutschen. Doch so möchten wir als deutsche Jugend keinesfalls leben und wir möchten auch nicht, dass unsere Kinder und Enkelkinder so leben. Wir hingegen wollen es nicht zulassen, dass sich unsere Heimat mehr und mehr in ein Vernichtungslager für unser Volk umwandelt und dieses Vernichtungslager, in dem wir hier zu leben scheinen, wird nicht bewacht von Feinden in Armeeuniformen, das Vernichtungslager, das hier errichtet wird, das wird geprägt und bewacht von Männer und Frauen in weißen Kitteln, die die Abtreibung unterstützen. Doch wir haben keinen Bock auf diese volksfeindliche Politik und wir haben auch keinen Bock auf Gutmenschen und ihre fremden Lieblinge, wir haben keinen Bock auf dieses System, denn wir wollen leben und wir wissen, es gibt nur eine Lösung: Nationaler Sozialismus, Nationaler Sozialismus, Nationaler Sozialismus!"
Beleg 239 (Kategorie 1): JN-Demonstration am 20. Oktober 2012 in Wismar (MV) unter dem Motto: „Volkstod stoppen – Wir wollen leben – Arbeit und Zukunft in der Heimat"; Videobeitrag von weiterdenken.tv (NPD-Video-Kanal).

In der 2013 herausgegebenen JN-Broschüre „Leitfaden Politische Grundbegriffe. Teil 1" legt der Bundesschulungsleiter *D.* den Begriff „Volk" verbindlich in einem strikt biologistischen Sinne aus:

„Bei einem Volk handelt es sich in erster Linie um eine Großgruppe von Menschen, die organisch, d. h. natürlich gewachsen ist. [...] Diese Großgruppe, im Folgenden nur noch als ‚Volk' bezeichnet, besitzt jedoch gemeinsame Merkmale, die sie von anderen Völkern unterscheidet. Dabei sind diese Merkmale teils angeboren, teils sozialisiert, also gemeinschaftlich erlernt. Eine Identifikation einzelner Angehöriger eines Volkes wird durch eben diese gemeinsamen Merkmale gewährleistet. Dabei kommen die angeborenen Merkmale zum Tragen, die insbesondere einen visuellen, sowie auch geistigen Erkennungswert verkörpern. [...]
Völker unterscheiden sich jedoch nicht nur wie oftmals fälschlich verbreitet, durch äußere Merkmale, sondern vor allem auf geistiger Ebene. Damit ist nicht gesagt, daß es ein Volk gäbe welches mehr oder minder geistig wäre.
Vielmehr wird hierbei darauf bedacht daß die Völker sich durch ihren sogenannten Volkscharakter, durch Volksgeist oder Volksseele unterscheiden. [...] Diese zu erkennen und zu achten, ist eine naturgesetzliche Grundvoraussetzung für ein friedliches Miteinander unter den Völkern dieser Erde.
Zu den grundlegenden Merkmalen eines Volkes zählt man:
1. Die Abstammung/Genetik
2. Den Lebensraum
3. Die Geschichte
4. Die Kultur
Diese vier Hauptmerkmale unterteilen sich wiederum in...
– Sprache
– Brauchtum

- Kulturkreis
- Rasse/Blutsmischung
- Lebenseinstellung bzw. Alltagskultur
- Schicksalsgemeinschaft bzw. ‚Wir'-Gefühl, besonderes Zusammengehörigkeitsgefühl

[…] Sollte eines dieser Merkmale zerstört werden, kann das Volk langfristig nicht mehr bestehen. Momentan versuchen die BRD-Demokraten, unser Volk auf allen vier Ebenen, also alle vier Merkmale, zu zersetzen. Man bedenke allein die Kultur- und Blutsvermischung durch massenhafte Zuwanderung vor allem aus dem nichteuropäischen Raum.

Merksatz: ‚Ein Volk ist eine organisch gewachsene Gemeinschaft gleichen Blutes, gleicher Geschichte, mit gleichem Lebensraum und gleicher Kultur‛"

Beleg 240 (Kategorie 1): *D*.: „Leitfaden Politische Grundbegriffe. Teil 1", Hrsg.: Bundesführung der Jungen Nationaldemokraten; Verantwortlich lt. Impressum: *S*., S. 4 ff.

Den völkisch-rassistischen Grundsatz als zentralen weltanschaulichen Leitgedanken betonen die JN auch in Teilen der Schulungsbroschüre „Leitfaden. Politische Grundbegriffe. Teil 2". Daraus resultiert eine prinzipielle und ausnahmslose Ablehnung aller Migranten nicht-europäischer Herkunft in Deutschland. Dies wird bei den Ausführungen zu verschiedenen „Grundbegriffen" deutlich. Die ideologische, an den historischen Nationalsozialismus anknüpfende Obsession, wonach jede ethnische Vermischung unweigerlich zu Identitätsverlust und Dekadenz – beim Volk insgesamt und bei jedem Einzelnen – führe, ist Grund für die Unbedingtheit, mit der die JN die Integrationsmöglichkeit von „rassefremden" Einwanderern kategorisch verneinen. Aus dieser Perspektive werden zudem klassische Einwanderungsstaaten wie die USA absolut negativ dargestellt. Unter dem Stichwort „Zivilisation" schreiben die JN:

„Sie [die Zivilisation] ist mehr Erlerntes, nicht Form gewordenes Inneres wie Kultur. Zum Beispiel kann ein Affe zwar erlernen, einen Lichtschalter zu betätigen, jedoch wird er nie verstehen, warum das Licht an und ausgeht. […] Genauso können sich afrikanische oder asiatische Völker dem europäischen anpassen, indem sie Verhaltensweisen oder Kleidung übernehmen. Dennoch werden sie nie zu Europäern, weil sie eben keine sind. […] Zum Beispiel werden die USA als eine der führenden Zivilisationen bezeichnet. Diese haben über Jahrhunderte zwar Wissenschaft und Technik erschaffen, doch gehen unmittelbar ihrem eigenen Untergang entgegen. Hier haben sich von Anbeginn verschiedene Kulturen und Völker vermischt, die langfristig gesehen keine Überlebenschancen hatten, da sie alle ihre Kultur aufgegeben haben. […]. Aus der Kulturvielfalt ist nun ein Einheitsbrei geworden. […] So zeichnet sich jeder dritte Amerikaner durch Dekadenz und Fettleibigkeit aus." (S. 13 f).

Die Ursache schlechthin für „Dekadenz", so die JN unter dem diesbezüglichen „Grundbegriff", sei die „Völkervermischung":

„Zum einen können wir beobachten, dass die Vermischung mit andersrassigen Völkern immer mit dem Niedergang einhergeht. Die Vermischung verschiedener Kulturen hat nie zu einer, heute so oft postulierten multikulturellen Gesellschaft geführt. Immer entstand ein Einheitsbrei, der im Untergang endete. Mit zunehmender Vermischung mit anderen Kulturen verloren die nordisch geprägten Völker (siehe Griechen und Römer) ihre besten und edelsten Tugenden." (S. 17).

Zum Begriff „Rasse/Großrasse" führen die JN aus:

„Nun wollen wir uns dem reizvollsten Begriff dieser Arbeit widmen und zugleich die Missverständnisse ausräumen, die mit diesem einhergehen. Das Wort ‚Rasse' ist heute in Deutschland, wenn auch nicht in unseren europäischen Nachbarländern verpönt und wird stetig als unwissenschaftlich verteufelt. Dennoch handelt es sich dabei um einen elementaren Begriff unserer Weltanschauung. Die Naturgesetze verlangen, dass wir uns mit den Menschenrassen beschäftigen. [...] Es hat so lange keinen Sinn, das Wort [= Rasse] in der Öffentlichkeit zu gebrauchen, so lange der Empfänger unsere Botschaft nicht verstehen kann, da es, ähnlich wie zu dem Begriff ‚Demokratie', keine Klarheit gibt. [...] Die Schuldkult-Propaganda der BRD hat dabei ganze Arbeit gelandet. Es ist dennoch wichtig, dass wir uns als Nationalisten über den Rassebegriff im Klaren sind. Er ist ein Bestandteil unseres Weltbildes und unserer Lebenshaltung. [...] Die europide Menschengruppe lässt sich wiederum in sechs Unterkategorien differenzieren: nordische, fälische, dinarische, westische (mediterrane), ostische (alpine), osteuropide (ostbaltische). Das deutsche Volk enthält im Vergleich zu anderen europäischen Völkern noch einen hohen Anteil des nordischen Menschen, der sich einst in den heutigen skandinavischen Ländern in einem Isolat entwickelte, welches von Gletscher- und Eismassen umrandet war. [...] Jede Großgruppe, die natürlich gewachsen ist, hat ihre Berechtigung und ist ein Produkt unserer wunderschönen Mutter Natur. Diese zu erhalten, ihre Stärken und Schwächen zu erkennen, ist Aufgabe einer neuen Zeit. Die Großrassen müssen in ihrem Bestehen gefördert werden. Die Vernichtung dieser wäre eine Absage an das Leben und der Natur." (S. 31 ff.)

Beleg 233 (Kategorie 2): Bundesführung der Jungen Nationaldemokraten (Herausgeber; verantwortlich: *K*.): Leitfaden. Politische Grundbegriffe, Teil 2.

Die rassistischen Anschauungen gipfeln schließlich darin, dass auf Webseiten, die von einem NPD-Landtagsabgeordneten verantwortet werden, Empfehlungen für eine „artgemäße Partnerwahl" ausgesprochen werden. Jeder Einzelne müsse sein Bewusstsein dafür schärfen, „daß letztlich auch er, durch die artgemäße Partnerwahl, einen wichtigen Beitrag für den Fortbestand seines Volkes leistet". In diesem Zusammenhang wird eine Buchempfehlung für den Titel „Gattenwahl" des NS-Rassetheoretikers *Hans F. K. Günther* ausgesprochen, dem 1935 auf dem Reichsparteitag der NSDAP der von *Hitler* gestiftete Preis für Wissenschaft verliehen wurde.

Beleg, 241 (Kategorie 2): Beitrag „Nationale Weltanschauung durch Studie bestätigt" vom 16. Februar 2010, veröffentlicht auf http://freies-pommern.de; **Beleg 242 (Kategorie 2):** Beitrag Internetseite „Freies Pommern" wirbt für rassistische Weltanschauung" vom 11. März 2010, veröffentlicht auf http://www.verfassungsschutz-mv.de.

b) Wesensverwandtschaft zum Nationalsozialismus als Beeinträchtigung der freiheitlichen demokratischen Grundordnung

Die zur Erfüllung des Verbotstatbestandes schon für sich hinreichende Wesensverwandtschaft der Antragsgegnerin zum Nationalsozialismus

vgl. C I 2 d cc [S. 130],

wurde bereits oben durch das Gutachten des Instituts für Zeitgeschichte belegt, demzufolge das Material zur Antragsgegnerin „den vielfachen Nachweis einer historisch abgeleiteten Wesensverwandtschaft von NPD und NSDAP" ergibt.

Vgl. A III [S. 65], insbesondere A III 6 [S. 77] sowie **Anlage 2**.

Das Vorliegen der z. B. vom Bundesverwaltungsgericht herangezogenen Indizien für eine solche Wesensverwandtschaft (u. a. eine Art. 3 GG widersprechenden Rassenlehre, Antisemitismus, Fremdenfeindlichkeit, Primat der „Volksgemeinschaft")

vgl. C I 2 d cc [S. 130],

wurde oben

A III [S. 65] sowie soeben C II 1 [S. 162],

bereits belegt und wird im Folgenden

C II 1 d [S. 184], e [S. 189], f [S. 192],

durch weitere Nachweise belegt werden.

Zunächst soll jedoch dargelegt werden, dass – neben diesen ideologischen und strukturellen Übereinstimmungen mit der NSDAP – sich führende Mitglieder der Antragsgegnerin und ihrer Jugendorganisation sowohl des Vokabulars als auch der Symbolik der NSDAP und damit des Gedankengutes der NSDAP bedienen. Dies geschieht teilweise explizit – etwa durch das Zitieren von NS-Publikationen sowie NS-Politikern –, teilweise durch Anspielungen.

Nachdem das Oberverwaltungsgericht Lüneburg im April 2012 eine Kundgebung der JN in Braunschweig (Niedersachsen) unter dem Motto „Ein junges Volk steht auf" untersagt hatte, beschritten die JN den Rechtsweg, um Rechtssicherheit über die Nutzung des Liedes herbeizuführen. „Ein junges Volk steht auf" gehörte zum Pflichtliederkanon der Hitlerjugend.

Im August 2012 veröffentlichte der JN-Funktionär *K.* (seit Oktober 2012 JN-Bundesvorsitzender) auf der Internetseite der Jugendorganisation schließlich eine Stellungnahme, in welcher er im Namen des JN-Bundesvorstands schrieb:

„Sicherlich ist es für uns eine Niederlage, die auch als solche angesehen werden muss. Dennoch haben wir eine Rechtsgrundlage geschaffen, um unsere Kameraden und Aktivisten zukünftig zu schützen. Niemandem ist geholfen, wenn er weiterhin nicht weiß, wie die rechtliche Beurteilung diesbezüglich aussieht und wenn vermehrt Kameraden dafür zur Rechenschaft gezogen werden. Daher können wir nur eindringlich davor warnen, dass das Lied ‚Ein junges Volk steht auf' öffentlich dargeboten wird, da man sonst Gefahr läuft, dass man von diesem System nach seinem Gummiparagraphen 86a verurteilt wird. Lieder können sie verbieten. Die Idee lebt weiter!"

Beleg 243 (Kategorie 1): *K.*: „‚Ein junges Volk steht auf' – erlaubt oder verboten? Stellungnahme zu unserem Rechtskampf", www.aktion-widerstand.de vom 29. August 2012.

Der JN-Stützpunkt Muldental (Sachsen) stellte am 9. Dezember 2012 offen zugänglich auf seiner Facebookseite das folgende Gedicht ein, welches im Original unter dem Titel „Weihnachten in der Familie" in der Schrift „Kriegsweihnacht" (Hrsg.: Hauptkulturamt der NSDAP) 1944 veröffentlicht wurde:

„Einmal im Jahr,
in der heiligen Nacht,
verlassen die toten Soldaten die Wacht,
die sie für Deutschlands Zukunft stehen.
Sie kommen nach Haus, nach Art und Ordnung zu sehn,

schweigend treten sie ein in den festlichen Raum –
den Tritt der genagelten Stiefel, man hört ihn kaum –
sie stellen sich still zu Vater und Mutter und Kind,
aber sie spüren, daß sie erwartete Gäste sind.
Es brennt für sie eine rote Kerze am Tannenbaum,
es steht für sie ein Stuhl am gedeckten Tisch,
es glüht für sie im Glase dunkel der Wein.
Und in die Weihnachtslieder, gläubig und frisch,
stimmen sie fröhlichen Herzens mit ein.
Hinter dem Bild im Stahlhelm dort an der Wand
steckt ein Tannenzweig mit silbernem Stern.
Es duftet nach Tannen und Apfel und Mandelkern.
Und es ist alles wie einst und der Tod ist so fern.
Wenn dann die Kerzen am Lichtbaum zu Ende gebrannt,
legt der tote Soldat die erdverkrustete Hand
jedem der Kinder leise aufs junge Haupt:
Wir starben für euch, weil wir an Deutschland geglaubt.
Einmal im Jahr, nach der heiligen Nacht,
beziehen die toten Soldaten wieder die ewige Wacht."

Beleg 244 (Kategorie 2): Eintrag auf dem Facebookprofil „JN-Muldental" vom 9. Dezember 2012, eingesehen am 18. Dezember 2012.

In Ausgabe 1/2013 der JN-Publikation „Der Aktivist" erschien der Artikel „Brandenburg – eine heroische Geschichte" von *D*. Darin schrieb der JN-Bundesschulungsleiter:

> „Das Brandenburger Tor steht für die Standhaftigkeit und den Glauben eines Volkes, einst auch wieder eine Nation zu werden. Auf dem Boden Brandenburgs wurde eine Geschichte geschrieben, die vorbildhaft für das gesamte Reich stehen darf. [...]
>
> Die JN in Brandenburg muss sich dessen bewusst sein, dass ihr große Fußstapfen hinterlassen wurden, die es nur schwer auszufüllen gelingen wird. Es wäre auch eine Anmaßung, sich mit jenen gleich zu stellen, die so einzigartig in der grausamen und immer mehr vereinheitlichten Welt sich hervorgetan haben. Dennoch leidet das Volk unter der Knechtschaft des Zinses und einer Politikerkaste, die es in den sicheren Tod regiert.
>
> Wir leben im Hier und Jetzt und müssen uns bewusst werden, dass wir die einzige Generation sind, die noch einmal für sich beanspruchen kann im Stande zu sein, das Unheil von unserem Volk abzuwenden. Wir als JN Brandenburg wollen von den Taten großer Männer und Frauen zehren, den Kameraden aus anderen Gauen die Hände reichen und einst auch wieder das Schicksal mit einem Fackelmarsch durch das geliebte Brandenburger Tor besiegeln. Hier wird sich auch einst entscheiden müssen, wer bleiben und wer gehen darf. So soll das Brandenburger Tor wieder einmal Symbol für ein Volk sein, das sich nach jahrzehntelanger Unterdrückung aus den Fesseln der Knechtschaft befreit hat." Anmerkung: *D*. dürfte hier auf den Fackelmarsch der Nationalsozialisten durch das Brandenburger Tor anspielen, der am Abend des 30. Januar 1933 anlässlich der Ernennung Hitlers zum Reichskanzler stattfand.

Beleg 245 (Kategorie 1): *D*.: „Brandenburg – eine heroische Geschichte", in: „Der Aktivist", Ausgabe 1/2013, S. 4 f.

Ebenfalls in Ausgabe 1/2013 der JN-Publikation „Der Aktivist" greift *D*. im Artikel „Die Garanten unserer Weltanschauung" auf NS-Vokabular zurück:

> „Blicken wir in die Geschichte der selbsternannten ‚sozialistischen Staaten' zurück, werden wir feststellen, dass diese immer zu einem Kollektivismus verkam. [...] An die Stelle des Führertums setzte man das Schmarotzertum. Statt Gemeinschaft förderte man Klassenkampf.

> Aus dem griechischen und zugleich nordischen Grundsatz ‚Jedem das Seine' wurde die Parole ‚Allen das Gleiche'. [...] Das Volk ist zunächst eine organisch gewachsene Gemeinschaft. Diese sollte – um eine Nation zu werden – dazu bestrebt sein, jedem einzelnen Individuum bewusst werden zu lassen, dass es auch Teil dieser großen Sache ist. Unsere deutsche Weltanschauung erkennt die Dinge als natürlich an und basiert lediglich auf den Gesetzen der Natur. Dies sind die physikalischen, chemischen und biologischen Zusammenhänge der Materie. [...] Die Menschen sind ungleich und wer sie zur Gleichheit zwingen will, versündigt sich an ihrer Eigenart und somit an der Natur. Jeder soll die Möglichkeit haben in einer Gemeinschaft um Anerkennung zu werben. [...] Im Nationalstaat wird der Schaffensreiche gefördert und zur Elite erhoben. Diese zeichnet sich durch die Leistungs- und Opferbereitschaft gegenüber dem Volke aus. Eine gesunde Gemeinschaft besteht aus starken Führungspersonen, die im gemeinschaftlichen Sinne handeln. In ihr vereinen sich geistige Genialität und hart arbeitende, kämpfende Hände.
>
> Ein Nationalismus ohne Sozialismus ist demnach undenkbar. Unser Nationalstaat soll in seiner schönsten Ausprägung die Volksgemeinschaft ausmachen. Der Nationalismus steht also für den Willen, eine Nation zu werden und der Sozialismus für das Gemeinschaftsstreben. Beide ergeben das Wunderbarste, was die Natur herzugeben vermag: Ein gesundes Wechselverhältnis zwischen Volksgenossen und Volksgemeinschaft. [...]
>
> Dieser Idealismus, der das eigentlich Menschliche am Menschen ausmacht, steht im krassen Gegensatz zu der materialistischen Welt der Liberalen und Marxisten."

Beleg 246 (Kategorie 1): *D.*: „Die Garanten unserer Weltanschauung"", in: „Der Aktivist", Ausgabe 1/2013, S. 32 f.

Am 1. Mai 2013 fand in Berlin eine NPD-Demonstration unter dem Motto „Genug gezahlt – Wir sind keine Melkkuh Europas" statt. Die Leiterin des Berliner RNF-Landesverbands *F.* äußerte in ihrem Redebeitrag:

> „Anstatt unsere Gelder in irgendwelche Glaubensgemeinschaften, Denkmäler, Wiedergutmachung zu stecken oder die Bildung in anderen Ländern zu finanzieren, muss Deutschland zuerst sich selbst helfen und seinen Kindern und Jugendlichen eine gute Bildung zusichern können. Denn nichts ist so wichtig für unser deutsches Volk, unser geliebtes Land, wie unser deutscher Nachwuchs. Ich möchte meine Rede mit einem Zitat einer weiteren ehrenvollen Person beenden:
>
> ‚Ehret die Arbeit und achtet den Arbeiter! Bekränzt eure Häuser und die Straßen der Städte und Dörfer mit frischem Grün. Deutsche aller Stände, Stämme und Berufe, reicht euch die Hände! Geschlossen marschieren wir in die neue Zeit hinein.'"
>
> <u>Anmerkung:</u> *F.* zitierte hiermit *Joseph Goebbels*, der anlässlich des 1. Mai 1933 entsprechend agitierte. Seine damalige Rede stand im Kontext der Umdeutung des 1. Mai zum „Tag der nationalen Arbeit" und ging der Zerschlagung der Gewerkschaften im Zuge der Gleichschaltung voraus.

Beleg 247 (Kategorie 1): Video „NPD 1. Mai Berlin"; Redebeitrag *F.*; Videosequenz 0:00 bis 0:47 Min.

Am 23. April 2013 veröffentlichten die nordrhein-westfälischen JN auf ihrem Facebook-Profil anlässlich der Neuwahl des Parteivorstands einen Text, in dem es hieß:

> „Auch die Jungen Nationaldemokraten werden ihre Mutterpartei NPD nach Kräften unterstützen, denn wie heißt es doch so schön:
>
> Mit unseren Fahnen ist der Sieg!"

Daneben war ein Bild mit wehenden NPD-Flaggen zu sehen. Damit nahm die Jugendorganisation auf eine in Zeiten des Nationalsozialismus genutzte Parole Bezug, die beispielsweise auf Propaganda-Postkarten Verwendung fand:

Beleg 248 (Kategorie 2): JN Nordrhein und Westfalen: Facebookeintrag vom 23. April 2013, abgerufen am 24. April 2013

Der JN-Stützpunkt Muldental veröffentlichte am 12. Mai 2013 folgendes Bild auf seinem Facebook-Profil:

Im Original entstammt die Abbildung dem Buch „Ewiges Deutschland. Ein deutsches Hausbuch", herausgegeben vom Winterhilfswerk des Deutschen Volkes im Jahr 1939. Sie ist dort gemeinsam mit einem Leitspruch Adolf Hitlers abgedruckt.

C. Das zweite NPD-Verbotsverfahren (2013–2017)

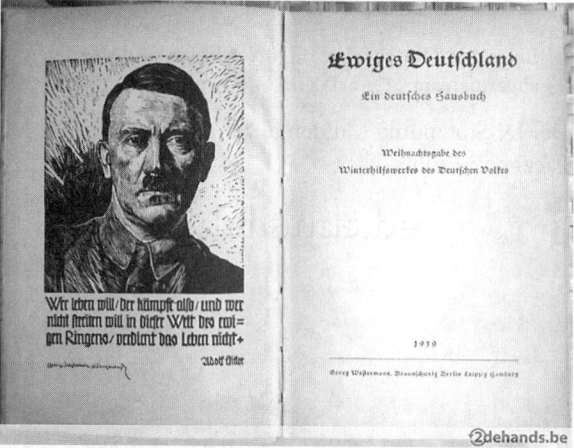

Beleg 249 (Kategorie 2): JN Muldental: Facebookeintrag vom 12. Mai 2013, www.facebook.com/JungeNationaldemokratenMuldental, eingesehen am 22. Mai 2013.

In einem Beitrag auf der Internetseite des NPD-Kreisverbandes Weimar/Weimarer Land zitierte der Verfasser *M.*, Beisitzer im NPD-Landesvorstand, NPD-Kreisvorsitzender und NPD-Stadtrat, den früheren NSDAP-Funktionär und Reichsjugendführer *Baldur von Schirach*:

> „Und würden wider uns verbünden
> sich Himmel, Hölle und die Welt:
> Wir blieben aufrecht stehn und stünden,
> bis auch der letzte niederfällt!"

Beleg 250 (Kategorie 1): *M.*, „Wir bleiben aufrecht", www.npd-weimar.de, vom 31. Dezember 2012

Daneben lassen sich auch nationalsozialistische Symbole bei Veranstaltungen oder Aktionen mit NPD/JN-Beteiligung finden. So war etwa bei einem Infostand der JN am 13. November 2012 in Rostock auf einem Sonnenschirm ein Hakenkreuz erkennbar.

Beleg 251 (Kategorie 2): „JN MuP: Anzeige nach Infostand", namentlich nicht gekennzeichneter Artikel, in: http://jn-buvo.de vom 14. November 2012, abgerufen am 21. November 2012.

Der NPD-Landesvorsitzende Mecklenburg-Vorpommern, *Stefan Köster*, hielt bei der Eröffnung des „Thing-Hauses" am 16. April 2010 eine Rede vor der Abbildung der „Halle des Volkes", die in der von Hitler geplanten Hauptstadt „Germania" errichtet werden sollte.

Beleg 252 (Kategorie 1): Video *Stefan Köster* Eröffnungsrede Bürgerbüro im Thing-Haus.

Die Verwendung von nationalsozialistischem Vokabular – und damit der Verweis auf nationalsozialistisches Gedankengut bei der Auseinandersetzung mit politischen Fragen – lässt sich auch beispielhaft anhand der Wirtschaftspolitik darstellen. So wird von NPD-Funktionären das Zitat vom „raffenden Finanzkapital" verwendet, das u. a. an die Theorie vom „raffenden und schaffenden Kapital" von NSDAP-Wirtschaftstheoretiker *Gottfried Feder* anknüpft.

„Das raffende Finanzkapital darf sich nicht erlauben was es will". NPD-Landesvorsitzender NRW *Claus Cremer* in einem Artikel „Opel: Nicht erpressen lassen!", **Beleg 253 (Kategorie 1)**.

Auch im Bereich der Sozialpolitik erfolgt eine Identifikation mit der NSDAP. So lobte das damalige NPD-Bundesvorstandsmitglied *Jürgen Rieger* bei einer Eröffnung eines Museums in Wolfsburg die Sozialpolitik der NSDAP und will diese auch auf die NPD übertragen:

„Das Dritte Reich wurde deshalb von der großen Mehrheit der Bevölkerung noch 1944 gestützt, weil es national und sozial ausgerichtet war. Die Gründe dafür müssen aufgezeigt werden. Es muss dargestellt werden, dass die NPD ein ehrliches soziales Engagement hat, und dieses Engagement sich nicht unterscheidet von dem sozialen Engagement der früheren ‚Nazis'. Die Idee der Volksgemeinschaft, d. h. das Bekämpfen des Klassenhasses von unten, des Standesdünkels von oben, war früher richtig und ist heute richtig. [...] Durch ein Museum darauf hinzuweisen, warum über 90 % der Deutschen Hitler folgten, ist eine eminent politische Angelegenheit, hat nichts mit ‚Nostalgie' oder ‚NS-Verklärung' zu tun, sondern beweist, daß das soziale Engagement national denkender Deutschen glaubwürdig ist."
Beleg 254 (Kategorie 1): Rede *Jürgen Riegers* vom 7. Juli 2009.

Die Identifikation mit dem historischen Nationalsozialismus wird schließlich besonders durch das Bekenntnis zu und die Glorifizierung von Repräsentanten des Nationalsozialismus deutlich. Solche Glorifizierungen beziehen sich zum einen – dann aber verklausuliert – auf *Adolf Hitler*: So formulierte etwa *Thomas Wulff*, der stellvertretende Landesvorsitzende der NPD in Hamburg, in einer Stellungnahme:

„Möge dieser Parteitag am Wochenende des 20. April dem einen oder anderen Delegierten blitzartig ins Gedächtnis rufen, wozu der größte Sohn unseres Volkes – auch ohne Anfangs große Mittel zur Verfügung gehabt zu haben – in der Lage war. Es gelang ihm, weil er, unter

Einsatz seiner ganzen Person, vollkommen selbstlos handelnd, unbestechlich und zu jedem persönlichen Opfer bereit, die Verkörperung der Hoffnung von Millionen selbst wurde! – und diese nie verraten hat ..."

Beleg 255 (Kategorie 1): *Thomas Wulff*: „NPD am Boden – Eine Partei zerstört sich selbst!", in: www.altermedia-deutschland.info vom 20. Mai 2013, Beitrag wurde ursprünglich am 19. April 2013 auf www.ex-k3-berlin.de eingestellt.

Darüber hinaus beziehen sich Bekenntnisse auf *Rudolf Heß*, dem in Gedenkveranstaltungen gedacht wird. Bezeichnend hierfür sind Worte des NPD-Landtagsabgeordneten *Tino Müller* über einen Fackelmarsch in der Nacht zum 17. August 2008, dem Todestag von *Rudolf Heß*, in Ueckermünde:

„Obwohl mit aller Härte versucht wird, Gedenkveranstaltungen für Rudolf Hess zu unterbinden, ist es nationalen Aktivisten vielerorts gelungen, an den rätselhaften Tod des stellvertretenden Reichskanzlers und Friedensfliegers zu erinnern." **Beleg 256 (Kategorie 1):** *Tino Müller*: „Fackelzug zu Ehren Rudolf Hess in Ueckermünde", www.npd-mv.de vom 18. August 2008, abgerufen am 19. August 2008.

Darüber hinaus werden Gedenkminuten für ehemalige SS-Mitglieder abgehalten, wie etwa eine Gedenkfeier für den Offizier der Waffen-SS *Herbert Schweiger* bei der Wahlauftaktveranstaltung des NPD-Landesverbandes Mecklenburg-Vorpommern zur Landtagswahl 2011 am 9. Juli 2011 in Karow/Landkreis Parchim.

Beleg 257 (Kategorie 2): „‚Unsere Heimat – unser Auftrag' – Saalveranstaltung der NPD in Mecklenburg", www.npd-mv.de vom 12. Juli 2011.

Nationalsozialistische Literatur wird etwa vom Pommerschen Buchdienst, der von den NPD-Landesvorstandsmitgliedern *H.* und *W.* betrieben wird, vorgehalten und verbreitet. So waren beispielsweise im September 2013 in der Rubrik „Antiquariat" die Bücher von *Joseph Goebbels* „Das erwachende Berlin" und „Michael" verfügbar.

Beleg 258 (Kategorie 1).

Ein Ermittlungsverfahren gegen den NPD-Funktionär *H.* bringt schließlich exemplarisch zum Ausdruck, wie weit Bewunderung und Verehrung eines relevanten Parteiführungsaktivisten für den historischen Nationalsozialismus und die ihn prägenden Protagonisten reichen können. Am 5. Oktober 2012 erließ das Amtsgericht Konstanz (Ermittlungsverfahren Az.: 40 Js 8283/12) einen Durchsuchungsbeschluss wegen des Verdachts der Verbrechensverabredung. Es ordnete die Suche nach Waffen, Computern, Speichermedien, Unterlagen und Mobiltelefonen an. Am 10. Oktober 2012 durchsuchten Kräfte der Polizeidirektion Konstanz und des LKA Baden-Württemberg die Wohn- und Nebenräume des NPD-Funktionärs *H.* Dabei wurde festgestellt, dass *H.* im Wandschrank seines Wohnzimmers offen zahlreiche Waffen (vermutlich Deko-Waffen) aufbewahrte. Die Dekoration, die Art der Aufbewahrung und verschiedene NS-Devotionalien lassen den Schluss zu, dass sich *H.* ideologisch dem Nationalsozialismus eng verbunden fühlt.

Beleg 259 (Kategorie 1): Bilddokumente aus dem Ermittlungsverfahren der Staatsanwaltschaft Konstanz (Az.: 40 Js 8283/12) gegen H.

c) Ablehnung des auf dem Demokratieprinzip beruhenden parlamentarischen Regierungssystems als Beeinträchtigung der freiheitlichen demokratischen Grundordnung

Oben

unter C I 2 b [S. 120],

wurde das Demokratieprinzip als Teilelement der freiheitlichen demokratischen Grundordnung i. S. v. Art. 21 Abs. 2 GG als insofern entwicklungsoffen erkannt, als dass der Volksbegriff als Bestimmung des demokratischen Legitimationssubjekts durch den demokratisch legitimierten Gesetzgeber gestaltet und fortentwickelt werden können muss. Ähnlich wie nach der Menschenwürdegarantie dürfen ethnische Kriterien nicht von vornherein zu einem irreversiblen Totalausschluss von der Teilhabe am demokratischen Legitimationssubjekt führen.

Nach der Programmatik der NPD ist dies mit dem ethnischen Volksbegriff, wie soeben gezeigt, jedoch der Fall.

Unabänderliche normative Vorgabe für das Regierungssystem des Grundgesetzes ist die prinzipielle Akzeptanz der parlamentarischen Demokratie mit der grundsätzlichen Unterscheidung von Regierung und Opposition und der Chance der Opposition, die Mehrheit zu erringen.

Programmelemente der NPD, die eine Volkswahl des Bundespräsidenten fordern und ihm mehr Kompetenzen zuweisen wollen oder welche die Stärkung direktdemokratischer Elemente fordern,

Belege oben unter A III 2 [S. 68],

verstoßen nicht gegen diesen Maßstab, denn geschützt ist nicht der aktuelle Bestand in den Details, sondern nur der Kerngehalt des demokratisch-parlamentarischen Systems.

Die zahlreichen programmatischen Äußerungen und Bekenntnisse gegen die Demokratie als solche erreichen demgegenüber eine andere Qualität. Durch führende Funktionäre der Partei und in führenden Publikationsorganen der NPD wird die Demokratie in diesem Sinne als solche lächerlich, verächtlich gemacht und kategorial verneint.

Belege wiederum oben unter A III 3 [S. 69] sowie A IV [S. 77].

Schließlich garantiert das demokratische Verfassungsprinzip in seiner Konkretion für ein Parteiverbot auch ein territorial lückenloses demokratisches Leben: Alle Mitglieder des demokratischen Legitimationssubjekts müssen die gleiche Möglichkeit haben, an der politischen Willensbildung teilzunehmen. Daraus wurde maßstäblich hergeleitet:

- eine Störung des demokratischen Willensbildungsprozesses auf lokaler oder regionaler Ebene betrifft nicht nur die Staatsbürger vor Ort, sondern prinzipiell alle Bürger;
- Legitimität erhalten Wahlen nicht nur durch den Mehrheitsentscheid, sondern durch den prinzipiell freien und offenen Willensbildungsprozess in der Gesellschaft, d. h. vor der staatsorganschaftlichen Teilhabe der Bürger; dazu gehört eine angstfreie Atmosphäre, frei von Bedrohung und Einschüchterung; vgl zum Maßstab näher oben unter C I 2 b cc [S. 123].

Die NPD propagiert eine eigene Raumordnungspolitik und schafft damit vereinzelt auf lokaler und regionaler Ebene ein Angstklima, das vor Ort den demokratischen Prozess behindern kann.

Belege oben unter A IV 2 b [S. 88] und 3 [S. 91]; *Dierk Borstel*, Rechtsextremismus in Mecklenburg-Vorpommern unter besonderer Berücksichtigung der NPD, 2013, v. a. S. 28 ff., **Anlage 3**.

Darin liegt ein weiterer Verstoß der Programmatik der Partei gegen das Demokratieprinzip in seiner Konkretion für ein Parteiverbotsverfahren.

Die Ablehnung der demokratischen Ordnung des Grundgesetzes kann – über das oben angeführte Material hinaus – durch weitere Belege dokumentiert werden:

Der NPD-Multifunktionär *Karl Richter* erklärte in einem Publikationsbeitrag vom November 2009 das ausschließlich instrumentelle Verhältnis der NPD zum Parlamentarismus:

> „Nota bene: in einem bundesdeutschen Länderparlament mitzuspielen und sich im Papierausstoß mit den Fraktionen der etablierten Parteien zu messen, ist für sich genommen kein Ruhmesblatt; und auch die konkreten politischen Gestaltungsmöglichkeiten halten sich in Grenzen, solange man nicht jenseits der 51 Prozent ist. Aber als Übungsgelände ist eine Parlamentsfraktion von unschätzbarem Wert. Ob jemand diese Einschätzung teilt oder sich die Hände mit der bundesdeutschen Parlamentsrealität lieber nicht schmutzig machen möchte, sagt viel über seine Politikfähigkeit aus. [...] Denn die Spielregeln des ‚Systems' sind, wie sie sind, und um sie zu ändern, braucht man Mehrheiten. Also hilft auch im 21. Jahrhundert nur die alte Einsicht weiter, daß man sich zweckmäßigerweise am Spiel namens ‚Demokratie' beteiligen muß, wenn man etwas ändern will."
>
> **Beleg 260 (Kategorie 1):** Artikel „Erfolg ist machbar – auch in der Politik. Aber: Ohne Disziplin, Ausdauer und Persönlichkeit geht es nicht", in: „Hier & Jetzt", Ausg. 14/November 2009, S. 4–9.

Im Dezember 2009 stellt der sächsische Landtagsabgeordnete *Jürgen Gansel* in seinem Internetbeitrag „Das Endstadium des Parlamentarismus" Vertreter der gegenwärtigen politischen Ordnung durchweg und umfassend mit Negativattributen dar, die wiederum die zwingende Folge des parlamentarischen Systems seien:

> „Wer noch glaubt, die Altparteien hätten politische Grundwerte, erlebt nun den ideellen Totalausverkauf. Beim jüngsten Koalitionspoker opferten die schwarzen und roten, gelben und grünen Machttechnokraten die Reste programmatischer Unterscheidbarkeit. Der Koalitionsinzest läßt sie endgültig zur Einheitspartei verschmelzen. In der bundesrepublikanischen Konsensdiktatur gibt es mittlerweile alle Koalitionsvarianten, die rechnerisch irgendwie möglich sind – auch solche, die vor 10 Jahren noch undenkbar gewesen wären und zu massenhaften Parteiaustritten geführt hätten. [...] In der Merkel-Republik ist der kompromißlerische, entscheidungsfeige, überzeugungslose und pragmatische Machtverwalter und Krisenmoderator zum bestimmenden Politiker-Typus geworden. Diese Negativauslese der Persönlichkeits- und Charakterlosen, die der Rechtsintellektuelle Edgar Julius Jung 1927 als ‚Herrschaft der Minderwertigen' charakterisierte, gehört zum Parlamentarismus wie die Ausbeutung zum Kapitalismus. Arthur Moeller van den Bruck formulierte mit Blick auf das Politik-Personal der Weimarer Republik sehr treffend: ‚Revolution und Republik haben kein Genie hervorgebracht, sondern Kompromißler: Geduldmenschen, nicht Tatmenschen; Gestoßene, nicht Stoßende; Langmut, nicht Wagemut; Gehenlassen, nicht Inangriffnahme – und niemals Schöpfung.' Dieser Allparteien-Typus hat dafür gesorgt, daß alle programmatischen Kanten der Systemparteien rückstandslos abgeschliffen und die unterschiedlichen Parteiidentitäten weitgehend erloschen sind. Alles – von der CDU bis zur Linken – verkocht zu einer Einheitssoße, die wie übelriechende Gülle über dem ganzen Land liegt. In der Weimarer Krisenzeit gab es mit der NSDAP und der KPD noch Weltanschauungsparteien, deren Anhänger mit Herzblut und Opferbereitschaft um wirkliche Systemalternativen rangen. [...] Nun regiert Merkel als programmverhungerte Kompromiß-Moderatorin eine ‚bürgerliche' Koalition, unter deren linksliberaler Dunstglocke in den Bundesländern ein regelrechter Koalitionsinzest stattfindet: je-

der treibt es mit jedem. [...] Ein Gelber für die Gelben, eine Schwarze für die Schwarzen und alle Buntscheckigen zusammen für die Grünen. Hier wächst zusammen, was in seiner Deutschenfeindlichkeit wirklich zusammengehört. Jede Systempartei koaliert mit jeder – die BRD ist ein politischer Swinger-Club."

Beleg 91 (Kategorie 1): Internetbeitrag „Das Endstadium des Parlamentarismus", in: www.npd.de, abgerufen am 17. Dezember 2009

Der NPD-Funktionär und sächsische Fraktionsmitarbeiter *K.* erklärte in einem im Oktober 2012 veröffentlichten Videobeitrag zum Thema „parlamentarische Erfahrungen":

„Nun ist die NPD natürlich auch die einzige Kraft, die [...] also niemals bereit wäre, etwa mit einer dieser Volksverräterparteien zu koalieren oder sich sonst wie politisch zu prostituieren. Die NPD lehnt dieses System gänzlich ab, was hier läuft."

Beleg 261 (Kategorie 1): *K.*: Videobeitrag „K. – parlamentarische Erfahrungen in Stadt. Kreis und Land", in: www.npd-niedersachsen.de vom 17. Oktober 2012.

Wie bereits dargestellt,

Vgl. oben A IV [S. 77]

ist das Ziel der Antragsgegnerin die Beseitigung des jetzigen auf dem Demokratieprinzip beruhenden Regierungssystems. Dieses dargelegte Selbstverständnis der NPD, das gerade nicht auf eine Reform, sondern auf eine „Revolution" zielt, ist bis in die kleinsten Gliederungen der Partei vorhanden, wie exemplarisch ein Beitrag des NPD-Kreisverbandes Berlin-Pankow zeigt:

„Wir wollen keine Partei unter Parteien sein, sondern eine Alternative zu dem abgewirtschafteten System der BRD. [...] Wir sind revolutionär, weil wir das ferngesteuerte System der BRD nicht reformieren, sondern überwinden wollen."

Beleg 103 (Kategorie 2): „Selbstverständnis", www.npd-pankow.de, aufgerufen am 30. März 2009.

d) Relativierung des staatlichen Gewaltmonopols

Das Monopol legitimer physischer Gewaltsamkeit beim Staat als Kern der Rechtsstaatlichkeit und damit der freiheitlichen demokratischen Grundordnung i. S. v. Art. 21 Abs. 2 GG fordert die prinzipielle Monopolisierung von Zwangs- und Gewaltanwendung bei den Staatsorganen und der staatlichen Verwaltung bzw. die normative und faktische staatliche Kontrolle bei der Delegation von Gewaltausübung.

Näher oben C I 2 c [S. 125].

Politische Parteien verfolgen danach verfassungsfeindliche Ziele, wenn sie sich nicht eindeutig dazu bekennen, physische Gewalt als Mittel der politischen Auseinandersetzung und des politischen Wandels auszuschließen.

Die NPD verhält sich nach außen, bei oberflächlicher Betrachtung in dieser Frage ambivalent. Sprachliche Militanz steht manchen ausdrücklichen Distanzierungen von Gewalt gegenüber.

Ausdrückliche Distanzierungen von Gewaltanwendung etwa durch *Udo Voigt,* **Beleg 262 (Kategorie 2);** **Beleg 263 (Kategorie 1);** *Holger Apfel*, Plenarprotokoll 5/44, 44. Sitzung des Sächsischen Landtags am 23. November 2011, S. 4339.

Insbesondere das Parteiprogramm enthält keine expliziten Äußerungen zum Einsatz von Gewalt als politischem Mittel. Daher seien an dieser Stelle weitere Belege angeführt, welche die wahre Einstellung der NPD und ihres Führungspersonals zur Gewalt als Mittel der politischen Auseinandersetzung dokumentieren.

Die Partei bekennt sich in zahlreichen ihr zurechenbaren Äußerungen von Führungskräften zu einem – nicht nur verbal vorgetäuschten – „nationalrevolutionären", „systemüberwindenden" Anspruch. Langfristiges Ziel ihrer Politik ist, wie ständig wiederholt wird, die vollständige Systemveränderung.

> Vgl. exemplarisch etwa: **Beleg 80 (Kategorie 2)**: *Holger Apfel* in einer Informationsbroschüre; **Belege 264, 101, 102, 121 (Kategorie 1)**; *K.* in einem Redebeitrag auf einer Demonstration am 1. Mai 2010 in Schweinfurt: „Wir sind keine Schwätzer und wir sind auch keine Reformatoren, wir sind ausschließlich und das mit voller Überzeugung, Revolutionäre. Wir wollen diesen Staat nicht ändern, wir wollen ihn abschaffen, wir wollen die Revolution, bringt dieses System endlich zu Fall, danke schön." **Beleg 122 (Kategorie 1)**.

Darüber hinaus wird in den der Partei zurechenbaren Medien und Äußerungen der Einsatz von Gewalt teilweise gefordert, zumindest jedoch gebilligt oder in Kauf genommen.

> Vgl. exemplarisch etwa: **Beleg 87 (Kategorie 1)**: *Udo Pastörs* in einer Stellungnahme der Landtagsfraktion in Mecklenburg-Vorpommern; **Beleg 98 (Kategorie 1)**: *Claus Cremer*; **Beleg 104 (Kategorie 2)**;

> Ferner wiederum der stellvertretende Parteivorsitzende *Pastörs* in der Aschermittwochsrede am 25. Februar 2009: „Und wer Respekt hat und Stolz entwickelt hat auf das, was er ist und durch die Ahnenkette geworden ist, der wird sich wehrhaft dieser muselmanischen Bedrohung entgegenstellen, mit Herz, mit Verstand und wenn nötig auch mit der Hand. [...] Ich stehe für einen neuen NPD-Führungsstil, ich stehe für eine radikale soziale Oppositionspolitik und ich stehe für den Kampf gegen jene Kräfte, ganz gleich, woher sie in Deutschland auftauchen und von welcher Seite sie vorgetragen werden, ich stehe immer auf der Seite unseres deutschen Volkes, und ganz gleich, welchen Repressalien die einzelnen nationalen und nationalistischen Gruppen ausgesetzt sind, stehe ich fest an der Seite der aktiven Kämpfer sowohl auf der Straße als auch in den Parlamenten. [...] Nein, auch wer zu früh kommt, den bestraft das Leben, und deswegen braucht eine so kleine Kampfgruppe wie wir es sind Punktlandungen, und dafür müssen wir arbeiten. Kämpfen, opfern, notfalls bluten – Angriff heißt die Parole, nicht blindes Agieren. [...] Und erst dann, wenn wir das [was wir wollen und was wir können; C. M. und C. W.] definiert haben, schlagen wir politisch eiskalt los, und dann haben wir auch die Selbstsicherheit, dass unser Schlag die richtigen Leute zur richtigen Zeit am richtigen Ort zu Boden ringt, meine Damen und Herren." **Beleg 92 (Kategorie 1)**; *ders.*: Videomitschnitt einer Rede auf dem Schwabentag der NPD am 19. März 2011 in Günzburg: „Das Menschenrecht besteht aber auch aus dem Selbstbestimmungsrecht der Völker und wenn wir selbstbestimmt sagen, Europa ist das Land der weißen Rasse und es soll es auch bleiben, dann haben wir auch ein Recht darauf, das notfalls mit militärischer Gewalt sicherzustellen. Das ist meine Überzeugung." **Beleg 238 (Kategorie 1)**.

Als Reaktion auf einen Polizeieinsatz gegen eine Demonstration äußert *S.* in der „Deutschen Stimme":

> „Aber der Schuß kann auch nach hinten losgehen: wer ständig unterdrückt wird, wird sich eines Tages wehren – sicher nicht so wie die Linken, die Privateigentum zerstören, aber vielleicht gegen die Polizei." **Beleg 265 (Kategorie 1)**.

Zu einer Demonstration am 17. Oktober 2009 in Leipzig veröffentlichten die Jungen Nationaldemokraten Chemnitz am 20. Oktober 2009 auf der rechtsextremistischen Internetplattform „Altermedia" Folgendes:

> „… Wie man sich nun gegen Repressalien seitens des Staates zur Wehr setzen sollte, friedlich oder militant, ist situationsabhängig. Wenn jedoch wie letzten Sonnabend abzusehen ist, dass die Schergen des Systems in keinem Falle bereit sind zu kooperieren, da sie bereits im Vorfeld fest entschlossen sind eine Demonstration unsererseits zu verhindern, drängt sich die Frage auf, ob es angebracht ist sich doppelt Ohrfeigen zu lassen, oder doppelt so hart zurückzuschlagen! Denn nur so viel sei gesagt, auch unsere Geduld hat irgendwann einmal ein Ende. […] Weiterhin liegt es an uns die wichtigste und entscheidende Frage zu stellen: Warum ist man nicht geschlossen aufgetreten, warum nicht einheitlich friedlich oder einheitlich militant?" Unbekannter Autor (JN): „Und das sagt die JN-Chemnitz zur Leipzig-Demo", in: http://de.altermedia.info vom 20. Oktober 2009, abgerufen am 21. Oktober 2010; **Beleg 266 (Kategorie 2)**.

Und im selben Zusammenhang:

> „Wir müssen die Konsequenzen aus der Tyrannei ziehen und ihr Spielfeld verlassen und endlich einen effektiven Kampf fern jeder staatlichen Kontrolle führen. Wir müssen unberechenbar werden und unsere eigene Dynamik entwickeln ohne dass die Machthaber am Hebel sitzen." Unbekannter Autor („Nationale Sozialisten aus Leipzig"): „Zum 17. Oktober in Leipzig: Die Konsequenz aus der Tyrannei", in: www.jn-buvo.de, abgerufen am 21. Oktober 2010; **Beleg 267 (Kategorie 2)**.

Da man sich durch die Polizei „verraten" und „unverstanden" fühlt, wird auf Selbsthilferechte gesetzt.

> *Udo Pastörs*, Wortprotokoll der 90. Sitzung des Innenausschusses des Landtags Mecklenburg-Vorpommern am 15. April 2010.

Gewaltbejahung und Gewaltbereitschaft kann sich auch in symbolischen Handlungen zeigen. Im August 2010 sollen im Rahmen von polizeilichen Durchsuchungsmaßnahmen beim damaligen NPD-Kreistagsmitglied *K.* nach einem Bericht, der auf der rechtsextremen Internetseite www.mupinfo.de veröffentlicht wurde, Dateien mit Fotos aufgefunden worden sein, „welche verschiedene Personen wie Charlotte Knobloch, Silvia Bretschneider, Lorenz Caffier, Ariel Sharon und Simon Wiesenthal mit einer Zielscheibe zeigen. Auf einigen der Bilder sollen sich Einschußlöcher von Luftdruckpistolen befunden haben. Die passende Luftdruckwaffe wurde auch eingesackt."

> **Beleg 268 (Kategorie 2)**.

Die Gewaltanwendung Dritter wird zudem gebilligt:

> „In Russland bemächtigten sich meist jüdische Oligarchen des vom Volk geschaffenen Vermögens. Hier möchte ich nur kurz mitteilen, dass ein Oligarch gerade vor drei Monaten erschossen wurde in Moskau, der sich bei uns in Mecklenburg-Vorpommern die Werften für ein Appel und ein Ei unter den Nagel gerissen hatte, ein gewisser Herr B., den ich im Landtag sehr stark angegriffen habe. […] Und so ist es auch gekommen. Die Werft ist zu. Die Arbeiter entlassen. Und B. erschossen, was nicht die schlechteste Lösung war." *Udo Pastörs*, Rede beim politischen Aschermittwoch der NPD im Saarland am 22. Februar 2012 in Völklingen (Videomitschnitt); **Beleg 269 (Kategorie 1)**.

Die aktuelle Zurückhaltung der konkreten Anwendung von Gewalt wird als vorübergehendes Phänomen gedeutet, der Einsatz im strategisch richtigen Zeitpunkt befürwortet:

> „Die US-Besatzer jetzt offen bekämpfen zu wollen, wie weiland in den sechziger Jahren der ‚Befreiungsausschuß Südtirol' (BAS) durchaus erfolgreich die italienische Besatzungsmacht, wäre ein Fehler, denn der Gegner ist einstweilen übermächtig. [...] Demgegenüber gilt für uns, mit Geduld und List, Verschlagenheit und Tarnung, fallweise auch mit Härte – denn die Zeiten des ewigen Zurückweichens sind vorbei, aber auch die sinnlosen Opfer – und viel Diplomatie vorzugehen. [...] Angesagt ist Gemeinschaftspflege auf allen Ebenen, soziale Netzwerke sind zu knüpfen bzw. bestehende zu vernetzen; [...] Die Zeit zum Widerstand ist reif, wenn der Gegner schwächelt ...." *H.*, 200 Jahre nach Tauroggen: Deutschlands Sendung, in: Volk in Bewegung. Der Reichsbote, Ausgabe 6/2012, S. 14; **Beleg 270 (Kategorie 1)**.

Ganz ähnlich ein Meinungsaustausch zwischen Funktionären der NPD im Internet:

> „*H.:* Flugblätter verteilen? Scheiss auf Flugblätter! Wacht endlich auf, wir sind im Krieg! Hoffe das gibt dem einen oder anderen einen kleinen Denkanstoß ^^ Bewaffnet euch, werdet militant und jagd das Pack zur Hölle!
>
> *N.:* Gute Idee Herr H. – wie viele bekommt man bundesweit zusammen die militant bis zum Ende gehen würden? 50 – vielleicht 100 – gegen eine Berufsarmee, den gesamten Polizeiapparat und die Geheimdienste. Denke mal der Aufstand wäre in 10 Minuten erledigt. Mit Pech ohne Feindverlust – da einfach 100 Drohnen losgeschickt werden die kurz die Häuser von den Leuten platt machen.
>
> *H.:* N. du alter Pessimist ^^
>
> *N.:* Ne- ich hab das schon mal ähnlich mitgemacht. Die besten Leute in Kroatien sind tot – da sie bedingungslos schlecht bewaffnet gekämpft haben – und die Feiglinge von damals sind jetzt an der Regierung – weil sie ‚unsere Leute' als Kanonenfutter verbraten haben.
>
> *H.:* Hast mich facto falsch verstanden, aber möchte per FB nicht weiter darauf eingehen, wir reden beim nächsten Treffen! Besser drauf gehen als mit 80 den Untergang Deutschlands mitangesehen zu haben!"
>
> XXX Facebook-Auszug XXX; **Beleg 271 (Kategorie 1)**.

In diesem Zusammenhang ist eine aufgeschobene Gewaltandrohung für den Fall, mehr Macht erlangt zu haben, für die Partei typisch:

> „Wenn wir dereinst die Regierung stellen, werden wir natürlich Minister, Abgeordnete wie auch Beamte daraufhin überprüfen lassen, ob sie im Rahmen ihres Amtseides zum Wohl des deutschen Volkes gehandelt haben. Die Angst erwischt und eines schönen Tages vielleicht sogar bestraft zu werden ist also begründet und sollte uns schon bald Millionen neue Wähler zutreiben, die mit denen da oben noch eine Rechnung offen haben."
> **Beleg 272 (Kategorie 1)**: *Udo Voigt*, Die Etablierten: Ein Leben mit der Angst im Nacken, auf: www.npd.de vom 17. Juli 2008.

Wiederum *Udo Voigt*:

> „Nahezu alle gesellschaftlichen Kräfte und Parteien haben ein Bündnis gegen die NPD geschmiedet und verbreiten dies über den ‚Schwarzen Kanal' und den willigen Systemmedien. Das zeigt, daß sie Angst vor der NPD haben. Und das, liebe Landsleute, ist auch gut so! Sie sollen Angst vor uns haben. [...] Ja, sie haben Angst davor, daß wir mächtiger werden und diese

feinen Herrschaften künftig nicht mehr alleine unter sich im Parlament mauscheln können. – Ja, sie haben Angst davor, ihren gut bezahlten Politikerjob zu verlieren. – Ja, sie haben Angst davor, daß das Volk sie eines Tages zur Rechenschaft zieht und sie sich dafür verantworten müssen, was sie uns Deutschen angetan haben. Darum zittern die Etablierten vor dem Wahlsieg am kommenden Sonntag." **Beleg 273 (Kategorie 1).**

Oder *Udo Pastörs*:

„... Die Demokratur der BRD und ihre Apologeten, ihre Führungsschicht, sind ideologisch verblendet und deswegen verdient diese Nomenklatura am Tag der Abrechnung auch keine Gnade, liebe Freunde." Bei einer Demonstration der NPD „Gegen kinderfeindliche Bonzen" in Anklam/Mecklenburg-Vorpommern am 31. Juli 2010; **Beleg 274 (Kategorie 1).**

Der sächsische Landtagsabgeordnete und Mitglied des NPD-Bundesvorstands *Andreas Storr*:

„Unser Volk wird die historische Schuld, die sich die politische Klasse in diesem Land aufgeladen hat, einmal erkennen und sich ihrer dann auch entledigen – ganz demokratisch! Die Stunde der Wahrheit wird die Stunde der Abrechnung sein." Redebeitrag zitiert nach T., Stunde der Abrechnung: Minarett-Verbot scheitert am verlängerten Arm der Islam-Lobby im Sächsischen Landtag, www.npd-fraktion-sachsen.de vom 28. April 2010, abgerufen am 20. April 2010; **Beleg 275 (Kategorie 1).**

Ähnlich auch der Chefredakteur der „Deutschen Stimme" und hochrangige Parteifunktionär *Karl Richter*:

„Wer mit der Fremdherrschaft ins Bett stieg, gehört weg, ohne viel Federlesens, Kroppzeug, das man ausmisten muß, will man verhindern, daß es wieder hoch kommt – weiß der Mythos." **Beleg 276 (Kategorie 1):** Artikel: Wie meinten Sie das, Herr Homer? Ithaka in Bottrop – warum die ‚Odyssee' eigentlich verboten gehört, in: Hier & Jetzt, Ausgabe 15/10, S. 4 ff.

An dieser Stelle ist die eingangs dieses Schriftsatzes dargelegte

oben unter A I 1 [S. 46],

Verdeckungsabsicht zu berücksichtigen. Insbesondere der Parteivorsitzende *Apfel* bemüht sich angesichts seines „seriöseren" Kurses vordergründig um eine Abgrenzung vom Einsatz von Gewalt. Die ganze Ambivalenz derartiger Äußerungen wird dann wieder etwa durch eine JN-Broschüre „Leitfaden Politische Grundbegriffe" (Teil 2) aus dem Jahr 2013 deutlich, in der „Friedlichkeit" und physischer Kampf in Beziehung gesetzt werden:

„Natürlich sind wir eine Friedensbewegung und heißen Krieg nicht prinzipiell für gut. Dennoch sind Friedenszeiten, die unter allen Umständen erhalten werden sollen, oft ein wichtiger Faktor für diese Verarmung von Tugenden. Die Not schärft den Verstand und Instinkt für das Wichtige im Leben. Sie formt aus jungen Menschen Erwachsene, die durch sie lernen verantwortungsvoll mit sich und anderen umzugehen. Heute über sechzig Jahre nach der Kapitulation der Wehrmacht ist unsere Jugend zu großen Teilen eine Generation von Weichlingen und Feiglingen geworden. [...] Hier sei noch einmal gesagt: Die JN versteht sich als eine Friedens- und Freiheitsbewegung für Deutschland und Europa. Dennoch besteht die Welt nicht nur aus Freunden und Verbündeten. Sie ist ein ewiger Kriegsschauplatz. [...] Der Kampf lässt die edelsten Tugenden wie Kameradschaft, Ehre, Treue und Gemeinschaftsdenken an die Oberfläche geraten. Durch die Not lernt der Mensch wieder edel zu sein."

Beleg 233 (Kategorie 2): Bundesführung der Jungen Nationaldemokraten (verantwortlich und Herausgeber *K.*), S. 18 f.

Dass die im Schulungsprogramm der NPD angebotenen Selbstverteidigungskurse

vgl. oben unter A II [S. 58],

auf den Einsatz von Gewalt in der politischen Auseinandersetzung zielen, wird nicht wirklich dementiert:

„Im hauseigenen Sportraum können seit einiger Zeit Kurse für Kampfsport und Selbstverteidigung belegt werden. In unregelmäßigen Abständen finden besondere Seminare – unter Anleitung fachkundiger Referenten – statt. Im März geht es beispielsweise um Nervendruckpunkte. Darüber echauffiert sich nun wiederum die anti-deutsche Bürgerinitiative ‚Wir für Lübtheen', die umgehend Schützenhilfe von der extrem linken taz erhält. Die in die Jahre gekommenen Antifa-Journalisten R. und S. meckern munter drauf los und mutmaßen, daß derartige Selbstverteidigungs-Kenntnisse nicht zuletzt auf sie selbst schmerzhaft zurückfallen könnten." Veröffentlicht im rechtsextremistischen Internetauftritt MUPINFO des NPD-Landtagsabgeordneten *David Petereit*: „Auf den Punkt getroffen" von *Axel Heider (Pseudonym)*, www.mupinfo.de vom 9. März 2013, abgerufen am 11. März 2013, **Beleg 178 (Kategorie 2)**; *R.* und *S.*, Nazis lernen den „sanften" Angriff, taz vom 7. März 2013, **Beleg 277 (Kategorie 2)**.

Der gerichtlich bezeugte Gewalteinsatz zahlreicher Anhänger und Funktionäre der NPD – dazu sogleich unter II 2 d – spricht seine eigene Sprache.

Nach ihren Zielen und ihrer Strategie negiert die NPD damit – entgegen gelegentlichen gegenteiligen Äußerungen – auch das staatliche Gewaltmonopol als Konkretion der freiheitlichen demokratischen Grundordnung i. S. v. Art. 21 Abs. 2 GG. Durch rechtswidriges und kriminelles Handeln wird die Geringschätzung des Gewaltmonopols ebenfalls deutlich, sofern es sich um Gewaltkriminalität o. ä. handelt – dazu sogleich unter 2 c [S. 205] und d [S. 206].

e) Relativierung nationalsozialistischen Unrechts

Zum auch normativ bedeutsamen verfassungsrechtlichen Grundkonsens im Sinne einer „gegenbildlich identitätsprägenden Bedeutung" gehört die Anerkennung der Verbrechen des Nationalsozialismus. Das auch in Art. 21 Abs. 2 GG zum Ausdruck kommende Konzept der wehrhaften Demokratie ist in erster Linie als Antwort auf die Katastrophe der deutschen Geschichte zwischen 1933 und 1945 zu verstehen. Gerade das Parteiverbotsverfahren richtete sich – nicht nur in seinem ersten Anwendungsfall in BVerfGE 2, 1 gegen die SRP – gegen Parteien mit nationalsozialistischer Ideologie.

Die Partei relativiert schon in ihrem Parteiprogramm nationalsozialistische Verbrechen,

vgl. **die Belege** oben unter A III 4; *Institut für Zeitgeschichte*, Stellungnahme zur Frage der Wesensverwandtschaft von NPD und historischem Nationalsozialismus, 2013, v. a. S. 25 ff.,

Anhänger der Partei gehen bis zur Relativierung und Leugnung der Ermordung der europäischen Juden durch die Gewaltherrschaft des NS.

Vgl. insgesamt **die Belege oben unter A III 4 [S. 75]**, **unter A IV [S. 77]** sowie Institut für Zeitgeschichte, Stellungnahme zur Frage der Wesensverwandtschaft von NPD und historischem Nationalsozialismus, 2013, S. 26 f. Exemplarisch etwa **Beleg 108 (Kategorie 1)**.

Die Relativierung der nationalsozialistischen Gewaltverbrechen, insbesondere des Holocausts, ist eine Variante im revisionistischen Bestreben der NPD, die historischen Tatsachen im Sinne einer Verharmlosung der Hitler-Diktatur umzudeuten. Dieser revisionistische Gesamtansatz umfasst zudem die Leugnung der deutschen Kriegsschuld, die Überzeichnung der Handlungen des Kriegsgegners und gebietsrevisionistische Postulate.

Der NPD-Landtagsabgeordnete *Jürgen Gansel* beschreibt die Bekämpfung des Rechtsextremismus in Deutschland wie folgt:

> „Pflichtschuldig will der SPD-Politiker nun die ‚Aufklärungsarbeit' über den Nationalsozialismus unter Kindern und Jugendlichen noch verstärken und ins Wahnhafte steigern: [...] Wird für die, die nicht die bundesrepublikanische Staatsmode von Büßerhemd und Narrenkappe tragen wollen, wieder eine Baracke in Buchenwald oder Auschwitz aufgeschlossen? Vielleicht mit jungen ‚Migranten' als Aufsehern, die dann als Hövelmanns willige Vollstrecker jungen Deutschen ihre angebliche Erbschuld mit der Auschwitz-Keule einprügeln? In der Canossa-Republik ist jedenfalls vieles vorstellbar. Schließlich kommt ja auch die neue Studie zu dem Ergebnis, daß die NS-Vergangenheit für junge Menschen noch immer eine Rolle spielt – im Positiven wie im Negativen. Will heißen: Die geschichtspornographisch eingefärbte Trauer- und Bewältigungsarbeit entscheidet über das Maß an andressiertem nationalen Selbsthaß, den in- und ausländische Mächte zur Durchsetzung ihrer deutschenfeindlichen Interessen ja unbedingt brauchen. [...] Die Vergangenheit soll einfach nicht vergehen, weil man Deutschland nur dann klein halten kann, wenn die Bundesrepublikaner ungehemmt ihrer Schuldlust frönen und sich selbstanklägerisch erniedrigen. Das widerliche Dogma dieser Schuldreligion heißt: ‚Meine Ehre heißt Reue'."
> **Beleg 278 (Kategorie 1)**: *Jürgen Gansel*: „Alle deutschen Schüler ins Konzentrationslager? Eine Studie der Friedrich-Ebert-Stiftung befeuert die Schuld-und-Sühne-Pädagogik", www.npd.de, abgerufen am 1. Juli 2008.

Die Diffamierung der Auseinandersetzung mit dem Holocaust wird verbunden mit Aussagen, welche die historische Existenz des Holocaust in Frage stellen:

> „Mit Stolpersteinen, gebetsmühlenartig wiederholter Buße, Indoktrination im Schulunterricht und einer beispiellosen und anhaltenden Medienkampagne gegen ein gesundes deutsches Nationalempfinden soll uns Deutschen nicht nur jeder Stolz auf die Leistungen des eigenen Volkes genommen, sondern auch ein mangelndes Selbstbewusstsein eingeimpft werden. [...] Schon gar nicht angesichts uns vorgehaltener Verbrechen, mit der die heutigen Generation, ob wahr, erlogen oder übertrieben dargestellt, rein gar nichts mehr zu tun haben kann." NPD-Bundesvorstandsmitglied W., „Kopf hoch Deutsche!", Bürgerstimme – Patriotisches Mitteilungsblatt für die Landeshauptstadt Erfurt, Jg. 2, Ausg. 9, März 2010, S. 2, **Beleg 279 (Kategorie 1)**.

Der langjährige NPD-Bundesvorsitzende *Udo Voigt* stellt 2008 das Hitler-Regime als legitime deutsche Regierung dar und verunglimpft den Widerstand des 20. Juli:

> „Den Reichstag als ein Symbol des Reiches, als Ausdruck der Macht des Volkes, dem deutschen Volke gewidmet, in Verbindung mit dem hinterhältigen Attentat des 20. Juli zu bringen, blieb den Veranstaltern vorbehalten. Schließlich war es der in freien und geheimen Wahlen gewählte Reichstag, welcher am 30. Januar 1933 Adolf Hitler zum Reichskanzler wählte und

ihm dann alle Vollmachten des Ermächtigungsgesetzes übertrug. [...] Für gewisse Kreise war es wohl an der Zeit, die Fronten zu wechseln und sich für die Zeit nach dem Krieg schon einmal in Position zu bringen. In diesen schweren Tagen putschten Soldaten, die man heute als Helden hinzustellen versucht. Daß bei dem Mordversuch auf den Reichskanzler und Oberbefehlshaber dieser nahezu unverletzt blieb, aber Unschuldige ums Leben kamen bzw. schwer verletzt wurden, ist sicher keine Ruhmestat, sondern schlichtweg Mord. In jeder Armee der Welt würden solche ‚Helden' als Verräter und Mörder angeklagt und wohl auch hingerichtet, nicht anders als damals in Deutschland. [...] Ein Vorbild für junge Soldaten sind solche ‚Widerstandskämpfer' des 20. Juli unserer Überzeugung nach gewiß nicht! Schließlich haben auch die damaligen Widerstandskämpfer einen Treueeid geschworen, wie auch die 500 jungen Rekruten am 20. Juli 2008 vor dem Reichstag ein Treuegelöbnis ablegten."

Beleg 280 (Kategorie 1): *Udo Voigt*, „Der 20. Juli, die Bundeswehr vor dem Reichstag und Helmut Schmidt war ‚dabei'!", www.npd.de vom 21. Juli 2008.

N., stellvertretender NPD-Landesvorsitzender in Baden-Württemberg, weist jüdischen Insassen eines KZ den Status von „Kriegsgefangenen" zu und insinuiert damit ein gerechtfertigtes Vorgehen des NS-Regimes gegen diese Personengruppe:

„Obwohl man nach dem Krieg immer allen Opfern gedacht hatte, wurde dazu übergegangen, ‚Opfergruppen nicht zu vermischen' und quasi eine einseitige – eben selektive – Schuldkultur zu manifestieren. Wörtlich heißt es: ‚Wir weisen mit Nachdruck darauf hin, daß es den einzelnen Opfergruppen wichtig ist, daß ihr spezielles Leid entsprechend gewürdigt wird.' Die ‚Holocaustindustrie' läßt grüßen! Für die zwei deutschen Opfer alliierter Mißhandlungen bekommt man als Verein eben nicht so viele Spendengelder, als für ums Leben gekommene Jüdische Häftlinge. [...] Zuletzt bleibt zu erwähnen, daß die in Hailfingen/Tailfingen untergebrachten Juden selbstverständlich auch genauso als ‚Kriegsgefangene' bezeichnet werden können, ebenso wie Hunderttausende deutsche Soldaten und Zivilisten, wie im Falle eines meiner Urgroßväter. Mit dem ‚delikaten' Unterschied, daß unsere Soldaten und etwa 3 Millionen Ostdeutsche Zivilisten NACH dem Krieg auf Todesmärsche geschickt worden sind, oder sich in sowjetisch-polnischen Konzentrationslagern zu Tode gearbeitet haben. (Auch ohne bombardierungs-bedingte Mangelernährung)"

Beleg 281 (Kategorie 1): *N.*: „Die ‚Holocaustindustrie' darf nicht vergessen werden!", www.npd-stuttgart.de vom 28. Mai 2010.

Auch *Karl Richter*, seit April 2009 stellvertretender NPD-Bundesvorsitzender, diffamiert die Widerstandskämpfer des 20. Juli:

„Ein symbolträchtiges Zusammentreffen: während in Berlin zum Jahrestag des gescheiterten Attentats auf Adolf Hitler im Juli 1944 auch dieses Jahr Bundeswehrsoldaten vereidigt wurden, kündigte die Afghanistan-Konferenz in Kabul den Rückzug westlicher Truppen bis 2014 an – das Eingeständnis einer glatten Kapitulation. [...] Und zweitens, weil man natürlich keine siegreichen Feldzüge von einer Armee erwarten darf, die von ihrer politischen Führung systematisch auf die Tradition von Widerstand und Verrat vergattert wird, wie das jüngste Berliner Vereidigungsspektakel am 20. Juli nahe legt. [...] Und die unsägliche Stauffenberg-Romantik kann dann auch gleich auf den Müll der Geschichte."

Beleg 282 (Kategorie 1): *Richter, Karl:* „20. Juli 2010: Stauffenberg am Hindukusch", www.npd.de vom 21. Juli 2010.

Der sächsische NPD-Landtagsabgeordnete *Jürgen Gansel* sieht die USA – von eigensüchtigen Wirtschaftsinteressen geleitet und aus Neid mit Blick auf das erfolgreiche ökonomische Modell im Dritten Reich – als den alleinigen Verursacher des Zweiten Weltkriegs:

„Die Weltwirtschaftskrise, ausgelöst durch den Zusammenbruch der New Yorker Börse im Oktober 1929, bescherte den USA bis zum Frühjahr 1933 eine Zahl von nahezu 15 Millionen Arbeitslosen. Nachdem auch das Wirtschaftsprogramm des ‚New Deal' unter dem Präsidenten Franklin D. Roosevelt (1933–1945) nicht fruchtete und 1937 eine scharfe Rezession eintrat – in Deutschland herrschte zu dieser Zeit Vollbeschäftigung! –, erschien dem US-Establishment wieder einmal Krieg als probates Mittel der Wirtschaftserholung. Krieg oder Wirtschaftskrise: Roosevelt entschied sich für Krieg, kurbelte die Rüstungsindustrie an und schwor die Westmächte auf eine antideutsche Linie ein. Von Kriegsbeginn an unterstützten die USA insbesondere Großbritannien ideell wie materiell gegen ein Deutschland, das sich erfolgreich von der Wall-Street-Weltordnung abzukoppeln begonnen hatte. [...] Die US-Bevölkerung wollte sich aber nicht auf dem europäischen Kriegsschauplatz verheizen lassen, und Deutschland unterließ alles, um die Kapitalmacht der Welt zu provozieren. Der kriegsbesessene Roosevelt wählte indes eine Hintertür zum Kriegseintritt durch unerträgliche Druckmaßnahmen auf den deutschen Verbündeten Japan. [...] Mit dem siegreichen Zweiten Weltkrieg hatten die USA ihr Ziel erreicht, große Teile Europas – keinesfalls nur Deutschland – auf einen Vasallen-Status herabzudrücken, und das eigene Wirtschafts- und Politikmodell einem beträchtlichen Teil Europas aufzuzwingen. [...] Die USA waren nie eine Opfer-Nation, sondern eine von kapitalistischen Cliquen beherrschte Täter-Nation."
Beleg 283 (Kategorie 1): *Jürgen Gansel*: „Kriegstreiberei führt USA in den Staatsbankrott", Deutsche Stimme, Ausg. 11/2011, November 2011, S. 23.

Das bayerische NPD-Landesvorstandsmitglied W. fordert eine Revision der gegenwärtigen Grenzen Deutschlands. Diese Ansprüche seien legitim, weil dem Dritten Reich der Zweite Weltkrieg vom Ausland aufgezwungen worden sei:

„Am 3. Oktober 1990 vereinigten sich die beiden provisorischen ‚Staatsgebilden', die in den ersten Jahren nach dem Zweiten Weltkrieg und der Niederringung Deutschlands aus den vier Besatzungszonen entstanden waren. Aus Mitteldeutschland wurde im Sprachgebrauch der Medien ‚Ostdeutschland'. Diese Lüge wird bis heute als sprachliche Verdrehung tagtäglich dem deutschen Volk in den allmächtigen Medien eingehämmert – so, als ob es östlich der Oder-Neiße-Linie keine umfangreichen Gebiete und Provinzen mehr gäbe, die seit Jahrhunderten zu Deutschland gehören. Das, was im Oktober 1990 vereinigt wurde, ist nicht Deutschland, sondern sind nur die Gebiete, die man als West- und Mitteldeutschland bezeichnen kann. Von einer tatsächlichen Wiedervereinigung Deutschlands kann nur gesprochen werden, wenn es in den völkerrechtlich gültigen Grenzen von 1937 wiederhergestellt würde. Am Beginn eines schrecklichen und verheerenden Krieges, der uns von fremden Mächten im Ausland aufgezwungen wurde, von Mächten, die heute noch hier herrschen und die Deutschland bis heute noch nicht freigegeben haben. [...] Ein ungeteiltes, freies und souveränes Deutschland – das Herz Europas – ist diese BRD jedoch noch lange nicht."
Beleg 284 (Kategorie 1): *W.*: Unser Ziel: das ganze Deutschland, in: Deutsche Stimme Nr. 11/2012, S. 5.

f) Insbesondere Antisemitismus

Antisemitismus wurde oben ebenfalls als Element des Schutzgutes der freiheitlichen demokratischen Grundordnung im Tatbestand des Art. 21 Abs. 2 GG identifiziert. Insbesondere das Gutachten des Instituts für Zeitgeschichte, München/Berlin, hat diesen in Bezug auf die NPD nachweisen können.

A III 5 [S. 76].

Weitere aktuelle Nachweise sollen diesen Befund im Folgenden abrunden:

Die Bundesprüfstelle für jugendgefährdende Medien (BPjM) indizierte am 6. März 2008 den Versandkatalog der „Deutsche Stimme Verlags mbH" (DS-Verlag) in Riesa/Sachsen, „Deutsche Stimme – Der Katalog 2008" (DS-Katalog 2008) wegen Verherrlichung des Nationalsozialismus' und des Krieges. Der DS-Verlag klagte gegen die Indizierungsentscheidung vor dem Verwaltungsgericht Köln. Das Gericht wies die Klage mit Urteil vom 12. Januar 2011 (Az.: 22K3151/08) ab. Gegen das Urteil hat die Klägerin Berufung eingelegt, deren Entscheidung noch aussteht. In ihrer Entscheidung verweist die BPjM auch auf antisemitische Positionen und Provokationen im DS-Katalog.

Zu *Norman Finkelsteins* Buch „Holocaust-Industrie" (S. 49, Rubrik: Israel/Zionismus/Judentum) heißt es im Anreißtext des DS-Katalogs 2008:

> „Eine grandiose Abrechnung mit den Nutznießern des ‚Shoah-Business' und der Instrumentalisierung des Holocausts." Die Veröffentlichung „Das Netz – Israels Lobby in Deutschland" wird im Anreißtext mit der Anmerkung „Einflussreiche Kräfte setzen sich mit aller Energie für das Wohl Israels ein. [...] auch ‚heimlich, still und leise' hinter den Kulissen. [...] Das Buch beschäftigt sich mit diesem unheilvollen Netzwerk."

Dazu erklärt die BPjM, hier werde die Behauptung aufgestellt, dass der Holocaust (hebräisch: Shoah) von Israel als Instrument zur Erreichung bestimmter Ziele nutzbringend eingesetzt werde. Geschichtsunerfahrenen oder in ihrer Meinung noch nicht gefestigten Rezipienten könne eine solche Aussage die Vermutung nahe legen, dass die Existenz des Holocausts damit an sich in Zweifel zu ziehen sei. Mit den „Kräften hinter den Kulissen", dem „unheilvollen Netzwerk", werde auf das „Zionist Occupied Government" angespielt, mit dem Rechtsextremisten, insbesondere rechtsextreme Verschwörungstheoretiker, ihre Behauptungen von einer weltweiten Verschwörung des Judentums beschrieben. Die Regierungen demokratischer Staaten würden als unterwanderte Marionetten des Weltjudentums bezeichnet. So würden antisemitische Ressentiments geschürt. Zudem erfahre die NS-Rassenlehre durch die Anreißtexte eine Rechtfertigung.

Unter der Rubrik „Gesinnungsknöpfe" auf Seite 113 des DS-Katalogs 2008 befindet sich der Button „Keine Macht den Nasen", auf dem eine Comic-Figur mit großer Nase abgebildet ist. Der Kampagne „Keine Macht den Drogen" nachgestaltet, spielt der Button auf die Rassentheorien der NS-Zeit an, die jüdische Mitmenschen gerne hässlich darstellten und ihnen als besonderes körperliches Merkmal eine große Nase zuschrieben. Nach Auffassung der BPjM wird durch diesen die Gesinnung des Trägers abbildenden Knopf eine antisemitische Haltung deutlich und die Rassenlehre des Nationalsozialismus propagiert. Dies gelte in gleichem Maße für den auf Seite 115 befindlichen Aufkleber „ Vorsicht bei Gesprächen! Feind hört mit!" mit dem Kopfbild eines hässlichen, geifernden, dunkelhaarigen Mannes mit großer Nase, das das im Nationalsozialismus propagierte Feindbild des „Juden" schürt. Die Ausgrenzung und damit der Hass auf jüdische Mitbürger trete auch durch den T-Shirt-Aufdruck „100 % unkosher" (S. 116) zu Tage.

Beleg 285 (Kategorie 2): Bundesprüfstelle für jugendgefährdende Medien (BPjM), Indizierung des DS-Katalogs 2008 vom 6. März 2008, Entscheidung des 12er-Gremiums Nr. 5553, bekannt gemacht im Bundesanzeiger Nr. 48 vom 28.03.2008; zitiert nach: BPjM Aktuell, Nr. 2/2011, S. 3–16. – Deutsche Stimme Verlag: Verlagsempfehlungen 2008, S. 1, 49, 113, 115, 116.

Im Sommer des „Superwahljahrs" 2009 veröffentlichten die JN im Rahmen ihrer Jugendarbeit einen Comic mit fremdenfeindlichen und antisemitischen Inhalten, der ab August auf ihrer Internetseite www.jn-buvo.de zum Herunterladen bereitstand und in unkonventioneller Form Jugendliche mit dem Gedankengut der NPD vertraut machen sollte.

In dem Heft mit dem Titel „Der große Kampf – Enten gegen Hühner" (Herausgeber: Junge Nationaldemokraten, V. I. S. d.P.: S.) wird in Form einer Tierfabel der Kampf eines Volkes gegen Überfremdung und Fremdbestimmung beschrieben. In den unterschiedlichen Handlungssträngen werden außerdem Themen wie Asyl, „Umerziehung", Ausländerkriminalität, staatliche Repression, Verrat und Homosexualität in fremdenfeindlicher und antisemitische Verschwörungstheorien nutzender Weise angesprochen:

> Die vermeintlich in Not um Obdach bittenden Hühner finden Einlass nach Erpelstadt, der Stadt der Enten. Während die gutmütigen Einheimischen fleißig ihrer Arbeit nachgehen, setzen sich die vom Erzähler im weiteren Verlauf als *„Hühnerpest", „Hühnerpack"* und *„fremde Plage"* titulierten Einwanderer *„ins gemachte Nest"* und konzentrieren sich ausschließlich auf die Fortpflanzung ihrer Rasse.

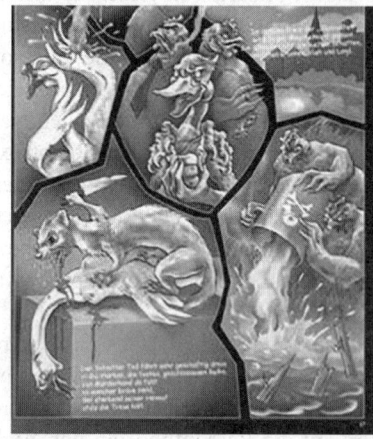

Schnell streben die Hühner außerdem nach der Vorherrschaft in Erpelstadt. Zu diesem Zweck verschaffen sie sich die Kontrolle über die Medien, unterwandern das Rechtssystem und *„spannen eifrig ihre Netze"*, indem sie *„mit Tücke und Betrug"* neue Strafgesetze erlassen. Die Einführung einer fortan zur Unterdrückung der Enten eingesetzten *„Hühner-Anti-Diskriminierungsklausel"* wird mit der Aussage kommentiert: *„Ehe du dich versiehst, bist du ein Faschist."* Wenig später fallen die Hühner mit Unterstützung des Entennachwuchses, der zuvor *„angelogen, angefüttert, umerzogen"* und seiner ursprünglichen Identität entfremdet wurde, ins Reich der tapferen weißen Gänse ein. Die Okkupanten wenden dabei hinterhältige und heimtückische Mittel an. Besonders perfide ist in diesem Zusammenhang der Rückgriff auf das antisemitische Stereotyp vom „jüdischen Brunnenvergifter" (siehe Foto rechts): *„Im dunklen Kreis der Illuminaten wird feiger Meuchelmord geplant. Sie scheuen Licht, sie suchen Schatten, vergiften Brunnen, Vieh und Land."*

In Anlehnung an das antisemitische Klischee von der jüdischen Weltverschwörung werden die Hühner als hinterhältige und volkszersetzende Parasiten gezeichnet, die auf Kosten der Gemeinschaft von Zinsen leben und unersättlich nach der Weltherrschaft streben: *„Mit Gift und trügerischem Dunst hat das Huhn die Welt verführt"* und *„Das fette Huhn kann nur noch grinsen, seine Macht steigt mit den Zinsen"*.

Die letzten nicht assimilierten Enten fliehen schließlich aus dem in Schmutz, Homosexualität, Drogenkonsum und Kriminalität untergehenden Erpelstadt und bauen sich andernorts *„fleißig mit schaffender Hand"* eine neue Existenz auf.

Der Comic verdeutlicht, in welchem Maße die Ideologie der JN Merkmale des rassistischen Antisemitismus enthält. Bemerkenswert ist auch, dass einzelne Textpassagen unmittelbar historischem NS-Liedgut der so genannten Kampfzeit der NSDAP entnommen sind. So stammt

z. B. die Zeile „fleißig mit schaffender Hand" aus dem Lied „Brüder in Zechen und Gruben", das Zitat „Enten, seid Brüder, reicht Euch die Hand" entstammt dem Lied „Heil Deutschland".
Beleg 286 (Kategorie 2): Junge Nationaldemokraten, V. I. S. d.P.: S., „Der große Kampf – Enten gegen Hühner", Comic aus dem Jahr 2009.

Jürgen Gansel, sächsischer NPD-Landtagsabgeordneter, erklärt Wirtschaftszusammenhänge unter Rekurs auf das antisemitische, den NS-Sprachgebrauch aufgreifende Stereotyp vom „schaffenden" und „raffenden" Kapital:

„Als dem internationalen Finanzsystem im Frühherbst eine regelrechte Kernschmelze drohte, wußten sich die Wirtschaftsnationen nicht anders zu helfen, als einen billionenschweren ‚Rettungsschirm' für die Bankenwelt aufzuspannen. In den Vereinigten Staaten als dem Mutterland des nomadisierenden Finanzkapitals nahm das Unheil mit systemimmanenter Logik seinen Lauf: [...] Es ist das alte Krebsübel, das nur mit der Überwindung des Systems selbst überwunden werden kann: Die Gewinne werden privatisiert und die Verluste sozialisiert. [...] Dabei ist die Geldgier der Managerkaste nur eine Krisenursache unter vielen. Aber ihre Schmuse- und Ablenkungskritik verfängt nicht. Jeder in den Parteizentralen spürt, daß es ein neoliberales ‚Weiter so' nicht geben darf, wenn die antikapitalistische Sehnsucht der Deutschen nicht wie in den 1930er Jahren in eine nationale und soziale Systemwende münden soll. Seit der Weltwirtschaftskrise nach 1929 war es nicht mehr so leicht wie heute, den Unterschied zwischen Werte schaffender Wirtschaft und Werte raffendem, oft auch Werte vernichtendem Finanzkapital plausibel zu machen."
Beleg 287 (Kategorie 1): *Jürgen Gansel*, Das Finanzkapital reißt Volkswirtschaften in den Abgrund, in: Deutsche Stimme, Nr. 12/2008, S. 1 u. 4.

Gansel konstatiert bei jüdischen Intellektuellen – unter Rekurs auf übliche antisemitische Stereotype im Nationalsozialismus – einen „zersetzenden", auf die Vernichtung des deutschen Gemeinwesens zielenden Charakterzug:

„Im August 1969 starb Theodor W. Adorno auch an den tiefen Kränkungen und Enttäuschungen, die ihm die linksradikale Studentenbewegung zufügte, obwohl er sie mit den meist jüdischen Köpfen der ‚Frankfurter Schule' selbst herangezüchtet hatte. 1903 wurde Theodor Wiesengrund als Kind eines jüdischen Weingroßhändlers und einer Korsin in Frankfurt am Main geboren. Seit 1930 war Adorno Assistent am Frankfurter Institut für Sozialforschung, dessen Gründung 1923 der jüdische Millionärssohn Felix Weil finanziert hatte. Zusammen mit Max Horkheimer, Herbert Marcuse und Friedrich Pollock, allesamt Söhne reicher Juden, machte Adorno das Institut schon zu Weimarer Zeiten zu einer neomarxistischen und neofreudianischen Denkschule. Deren ‚Kritische Theorie' verband in ihrer Gesellschaftstheorie sozioökonomische Auffassungen des Juden Karl Marx mit der Psychoanalyse des Juden Sigmund Freud. Mit scheinhumanitären Forderungen nach Demokratisierung, Emanzipation und Aufklärung rührten diese Köche eine ganz und gar nicht koschere Speise an: einen Giftfraß, der die inneren Organe und das Gehirn der deutschen Volksgemeinschaft anfressen sollte. Die Kritische Theorie war nichts anderes als eine Theorie der radikalen Verneinung jeder gewachsenen Ordnung in Staat, Volk, Kultur und Erziehung. So stark diese Prophetie auch eine gewisse Verwandtschaft zu ‚rechten' Denkfiguren aufweist und so entschieden man die Kritik an der westlichen Konsumgesellschaft aus dem Geist der Kulturkritik teilen muß, bleibt ein Trennungsstrich doch deutlich zu ziehen: die grundfalsche Prämisse der Aufklärung vom autonomen Individuum. Das, was Adorno als Medizin gegen die neuerliche Entfremdung und Entmündigung des Menschen verschreiben will, ist das eigentliche Gift. Wer sich wie die Frankfurter Schule die Zerstörung von Volk und Staat aufs Panier geschrieben hat, darf sich doch nicht verwundert die Augen reiben, wenn die entwurzelten Einzelnen plötzlich zum manipulierbaren Spielball anonymer Machtstrukturen und eines Verblödungsregimes werden. Denn wo das Volk zerstört wird, stirbt die Gemeinschaft; wo die Gemeinschaft zerstört wird, stirbt die Kultur, und wo die Kultur zerstört wird, stirbt der Mensch. Rationalistischer Individualismus führt somit zwangsläufig zum Kollektivismus der heruntervernivellierten Masse. Nicht ein Mehr an Freiheit und Autonomie ist die Lösung für die teilweise richtig diagnostizierte Gesellschaftskrise, sondern die Wiedereinwurzelung der menschlichen Sozialatome in die sinnstiftende Volksgemeinschaft. Durch die Heranzüchtung des ‚demokratischen Menschen‘, der sich vom ‚falschen Bewußtsein‘ freimacht, sollte der Nährboden von Faschismus und Antisemitismus ausgetrocknet werden. Für Deutschland hieß das, einen totalen Bruch mit der nationalen Vergangenheit und die Diffamierung des deutschen Wesens ins Werk zu setzen, denn der demokratische Mensch sollte auch ein antinationaler Neurotiker sein. [...] Mit diesem akademisch aufpolierten Neurotisierungsprogramm musste Adorno zum Säulenheiligen der Umerziehungsrepublik werden. Der giftspritzende Theoretiker starb vor 40 Jahren, sein Gift wirkt aber noch heute."

Beleg 288 (Kategorie 1): *Jürgen Gansel*, Theoretiker der Volks und Staatszerstörung. Jubiläum mit Beigeschmack: Vor 40 Jahren verstarb Theodor Wiesengrund Adorno, in: Deutsche Stimme Nr. 9/2009, September 2009, S. 23.

Der stellvertretende NPD-Bundesvorsitzende *Karl Richter* wird in einer NPD-Pressemeldung der Bundespartei vom 18. Januar 2010 in Bezug auf gemeinsame israelisch-deutsche Kabinettssitzung im Januar 2010 in Berlin wie folgt zitiert:

„Als ‚unverhohlene Brüskierung Deutschlands und deutscher Interessen‘ kritisiert die NPD die gemeinsame deutsch-israelische Regierungssitzung im Berliner Reichstag am 18. Januar. NPD-Parteivize Karl Richter wies auf den ‚unmissverständlichen symbolpolitischen Aspekt‘ der Konsultationen hin, der vor dem Hintergrund wiederholter Solidaritätsbekundungen der Kanzlerin an die Adresse Israels unheilvolle Brisanz entfalte und die Bundesrepublik zum Komplizen der israelische Daueraggression im Nahen Osten mache. [...]

,Der 18. Januar ist im Bewusstsein der Deutschen untrennbar mit der Reichsgründung des Jahres 1871 verbunden‘, erklärte Richter. ‚Eine Sitzung der israelischen Regierungsspitze an diesem Datum im Reichstag kommt einer symbolischen Aneignung der deutschen Politik gleich, wie sie die Bundeskanzlerin an anderer Stelle bereits mehrfach vorformuliert hat. Das ist ein ungeheuerlicher und in unserer Geschichte beispielloser Vorgang. Die Kanzlerin muß sich fragen lassen, wessen Politik sie eigentlich betreibt – die deutsche oder israelische?'

Richter erklärte, die nationale Opposition werde der ‚Fremdüberlagerung‘ Deutschlands und seiner Symbole nicht tatenlos zusehen und auch den bevorstehenden 65. Jahrestag der Befreiung von Auschwitz nicht als ‚rituelle Dauerstigmatisierung der Deutschen zum ‚Tätervolk‘ hinnehmen. Denn: der Holocaust hat viele Facetten und schließt die Verbrannten und Ermordeten von Dresden und Hiroshima, die Opfer des ukrainischen Hunger-Holocaust der dreißiger Jahre und die Vertreibungsopfer nach 1945 ebenfalls ein. Israel hat keine Exklusivrechte am Holocaust-Gedenken!'"

Beleg 289 (Kategorie 1): NPD-Pressemeldung vom 18.01.2010, „Ungeheuerlich – israelische Regierungsspitze am 18. Januar im Reichstag", in: www.npd.de, eingesehen am 25. Januar 2010.

Holger Apfel erklärte in seiner Rede am 17. Juni 2010 in einer von der sächsischen NPD-Landtagsfraktion beantragten Debatte zum Thema „Keine Zusammenarbeit mit ‚Schurkenstaaten‘ – Sächsisch-israelische Partnerschaft beenden":

„Fakt ist: Mit dem aktuellen Überfall auf einen Hilfsgüterkonvoi für den Gaza-Streifen hat sich Israel endgültig als Schurkenstaat entlarvt!

[Anm.: APFEL erhält Ordnungsruf] [...]

Für die NPD ist der aktuelle Überfall kein Ausrutscher, Gewalt ist eine historische Konstante des Zionistenstaates. Man könnte auch sagen: Israel hat nicht nur ein Sonderverhältnis zum Geld, sondern auch ein besondere Affinität zum Staatsterror! [...]

Mit Terrororganisationen wie der Irgun und der Haganah zieht sich die Blutspur des Zionismus wie ein roter Faden durch Geschichte Palästinas!

[Anm.: APFEL erhält Ordnungsruf]

Doch bis heute leugnet Israel die blutigen Ursprünge seiner Existenz. Kein Wunder, gebärden sich doch die Juden seit 3.000 Jahren als Opfer der Weltgeschichte, während die eigene Rolle als Tätervolk verschwiegen wird. [...] Müßte ich alle Verbrechen Israels in über 60 Jahren Existenz aufzuzählen, müßte ich ein ganzes Verbrecheralbum aufschlagen. [...]

Und wird Israel doch mal in einem UNO-Gremium kritisiert, ducken sich die Vertreter der Bundesrepublik vor der Israel-Lobby und der blühenden Holocaust-Industrie; stärken sie dem Apartheidstaat demonstrativ Rücken. Die Politiker machen sich damit verantwortlich, daß der jüdische Terrorstaat immer mehr zu einer tickenden Zeitbombe für den ..."

[Anm.: APFEL wird von der Sitzung ausgeschlossen. Sicherheitskräfte zwingen ihn zum Verlassen des Saales. Das Parlamentspräsidium schließt APFEL für 10 Sitzungstage von der Teilnahme aus]; Plenarprotokoll 5/18, 18. Sitzung des Sächsischen Landtags am 17. Juni 2010, S. 1519 ff.

Sebastian Schmidtke, seit Februar 2012 NPD-Landesvorsitzender in Berlin, greift in einer Rede anlässlich einer NPD-Mahnwache unter dem Motto „Kriminelle Ausländer raus!" am 18. Februar 2011 in Berlin-Lichtenberg auf die antisemitische Chiffre der „Hochfinanz" zurück. Unverhohlen auf den jüdischen Staat Israel anspielend spricht er von den eigentlichen Verantwortlichen aus dem „vorderasiatischen Raum", die über die Globalisierung die Zerstörung der Völker anstrebten:

„Nicht der kleine eingeführte Ausländer ist der Hauptschuldige. Nein, die Schuld tragen die Wucherkapitalisten, die Globalisierer, die Hochfinanz, ihre Köpfe aus dem vorderasiatischen Raum und all ihre Marionetten, die den freien Völkern der Welt den Untergang bringen, in dem sie die Völker zu hirnlosen, heimatlosen, identitätslosen Arbeitsmaschinen umfunktionieren." (5:40)

Beleg 290 (Kategorie 1): *Sebastian Schmidtke*, Internetvideo vom 18. Februar 2011.

In der im April 2012 herausgegebenen Argumentationshilfe für Mandats- und Funktionsträger greift die NPD unter der Frage „Ist die NPD eine ‚antisemitische' Partei?" auch das Thema Antisemitismus auf. Die Partei sieht darin einen Kampfbegriff, mit dem jedwede Kritik an Juden unterbunden werden soll, während das deutsche Volk vielmehr das Ziel der „psychologische[n] Kriegsführung jüdischer Machtgruppen" sei. In völliger Umkehrung der Täter-Opfer-Relation, unter Ausblendung jedweder historischer Verantwortung sowie unter bewusster Gleichsetzung von Judentum insgesamt und israelischem Staat heißt es wörtlich:

„Was ist mit Antisemitismus gemeint? Die Kritik an jüdischen Interessenverbänden? Selbstverständlich nehmen wir uns das Recht heraus, die Großmäuligkeit, Arroganz und die ewigen Finanzforderungen des Zentralrats der Juden in Deutschland zu kritisieren. Juden unterliegen keinem Kritikverbot. Wir lassen uns von der Holocaust-Industrie – ein Wort des Juden Norman Finkelstein – über 65 Jahre nach Kriegsende moralisch nicht erpressen, politisch nicht bevormunden und finanziell nicht ausnehmen. [...] Die von jüdischer Seite seit mehr als 65 Jahren penetrant betriebene Schuldanklage und die ewige jüdische Opfertümelei muß sich kein Deutscher gefallen lassen. Die psychologische Kriegsführung jüdischer Machtgruppen gegen unser Volk muß ein Ende haben. Es ist zu offensichtlich, dass die Holocaust-Indus-

trie die Deutschen mit moralischen Vorwänden immer wieder finanziell auspressen und politisch gefügig machen will. [...] Wir akzeptieren es nicht, dass mit dem Totschlag-Vorwurf des ‚Antisemitismus' jede Kritik am Aggressions- und Apartheidsstaat Israel unterdrückt wird."
Beleg 78 (Kategorie 1): NPD-Parteivorstand (V. i. S. d.P. *Jens Pühse*; Verfasser: *Jürgen Gansel*), Wortgewandt: Argumente für Mandats- und Funktionsträger, Berlin 2012, S. 16 f.

In einem Kommentar auf der Internetpräsenz des NPD-Landesverbandes Sachsen-Anhalt nimmt der damalige Landespressesprecher G. Stellung zu einer in den Medien verbreiteten Aussage des Präsidenten des Zentralrats der Juden in Deutschland *Dieter Graumann*. Letzterer hatte gefordert, Bundesregierung und Bundestag sollten gemeinsam mit dem Bundesrat ein erneutes NPD-Verbotsverfahren vor dem Bundesverfassungsgericht beantragen. In seiner aggressiven Stellungnahme greift G. auf ein Gesamtrepertoire antisemitischer Klischees zurück:

„Einmal mehr erweist sich Dieter Graumann, seines Zeichens Vorsitzender des ‚Zentralrats der Juden in Deutschland', als ein echter Vertreter seiner Art: ‚Steuergelder dürfen nicht mehr missbraucht werden, um braunes Gift zu finanzieren. Genug ist genug', fordert der freche Chefhebräer am 30. Januar 2013 in der Zeitung ‚Die Welt' und ist sich dabei nicht zu schade zu verheimlichen, wofür er denn die – wohl mehrheitlich von Deutschen ohne jüdischen Glauben – erbrachten Beiträge zum deutschen Staatshaushalt stattdessen viel lieber verwenden möchte. Vielleicht für die weitere Finanzierung (s)eines nahöstlichen Schurkenstaates, so wie in den vergangenen 65 Jahren und – wenn möglich – bis zum Sankt Nimmerleinstag? Oder für die Alimentierung raffgieriger Religionskörperschaften, wie beispielsweise der Magdeburger Synagogengemeinde? Dort hat sich vor einigen Jahren der lokale Oberjude mit den staatlichen Zuwendungen, die eigentlich für die Integration mosaischer Einwanderer aus den Nachfolgestaaten der Sowjetunion bestimmt waren, ein opulentes Leben gegönnt – übrigens mit diversen Luxusreisen in den nahöstlichen Schurkenstaat. Aber auch weit darüber hinaus sind die Finanzmachenschaften der jüdischen Gemeinden beim sachsen-anhaltischen Finanzrechnungshof ein Dauerbrenner. Was auffällt ist, dass es Graumann offensichtlich nicht um ideologische Inhalte geht. Nicht um die Ablehnung, die ihm und Seinesgleichen in immer höheren Wellen bis zu Hals schwappt, und auch nicht um die Angst vor einer etwas anders gestalteten Zukunft in Deutschland, die Menschen wie ihm eher weniger, jedoch ganz bestimmt nicht mehr Rechte einräumt als anderen deutschen Bürgern. Graumann geht's ums Geld! Aber das kennt man ja. Von ihm – und Seinesgleichen!"
Beleg 291 (Kategorie 1): G.: „‚Genug ist genug' – gut gesagt, Graumann!", in: www.npd-sachsen-anhalt.de, erstellt am 30. Januar 2013, aufgerufen am 20. Februar 2013.

In dem „Deutsche Stimme"-Artikel „Der Auftrag von Tauroggen" verwendet der Publizist und NPD-Funktionär W. – auch zur Beschreibung aktueller politischer Geschehnisse – übliche antisemitische Sprachmuster des Rechtsextremismus:

„Die Phase des Ost-West-Konflikts hat über die allmähliche Etablierung wirtschaftlicher Mechanismen hinweggetäuscht, die auf eine Besitzergreifung zur vollständigen Ausplünderung des alten Kontinents hinauslaufen. Nach 1989 hat dieser Proceß eine unumkehrbare Qualität erreicht und ist heute von Begriffen wie EU, Europäischer Stabilitätsmechanismus, Euro-Rettung usw. gekennzeichnet, die tatsächlich die Entsouveränisierung der europäischen Völker zugunsten einer wirtschaftlichen Gewaltherrschaft bedeuten. Dazu hat man sich einer gekauften politischen Klasse bedient, die den Einfluß der internationalen Hochfinanz verschleiern soll. Ziel ist es, alle europäischen Völker unter die Zinsknechtschaft zu bringen. [...] Deutschland hatte in seiner Geschichte über Jahrhunderte keine staatliche Einheit, war in Königreiche und Fürstentümer zerstückelt und wurde Spielball fremder Mächte. Dennoch wirkte der

Mythos vom Reich. Da wo das Reich staatliche und wirtschaftliche Einheit erlangte, zog es den tödlichen Haß der Geldmächte auf sich, die den deutschen Idealismus als Gegenpol zu ihrem profitorientierten Wachstumsdenken erkannten. Nachdem 1945 das Reich zunächst militärisch niedergerungen war, war der Weg frei für den Triumphzug des Globalismus in seiner kapitalistischen und kommunistischen Variante. [...] Deutschland kann neben seiner wirtschaftlichen und wissenschaftlichen Potenz auch seine Rolle als Friedensmacht wiederfinden. Voraussetzung ist ein Milieu der Befreiung in Anknüpfung an die Freiheitskriege von 1813 – auf der Grundlage der nationalen Identität. Dies muß zur vollständigen Ächtung des amerikanischen und zionistischen Imperialismus führen. Es darf keine aktive oder passive Unterstatzung aus Europa für US-zionistische Kriegshandlungen mehr geben. Diese Haltung beinhaltet die konsequente Ablehnung der US-Zivilisation von McDonald's über Coca Cola bis zu deren spezifischen ‚Entartungen' in Kunst und Musik. [...]

In dieser Verfassung könnte Europa, statt sich von den Zionisten in einen türkisch-syrischen Krieg ziehen zu lassen, im Nahen Osten für einen echten Frieden sorgen. Deutschland wird in Europa erst wieder Achtung und Anerkennung finden, wenn es das Joch der Fremdherrschaft abschüttelt und zu einer selbstbewußten Nation wird. Gehen wir den Weg der Entkolonialisierung Europas zusammen mit Rußland und Frankreich."

Beleg 292 (Kategorie 1): W.: „Der Auftrag von Tauroggen", Deutsche Stimme, Nr. 03/13, März 2013, S. 8, 9.

g) Zwischenergebnis

Die „Ziele" der NPD, ihre Programmatik sowie das ihr zurechenbare Verhalten ihrer Anhänger sind auf die Beeinträchtigung und Beseitigung der freiheitlichen demokratischen Grundordnung i. S. v. Art. 21 Abs. 2 GG gerichtet.

2. Aktiv-kämpferisches und aggressives Handeln der NPD

Die NPD „geht darauf aus", ihre Ziele, d. h. die Beeinträchtigung und Beseitigung der freiheitlichen demokratischen Grundordnung tatsächlich zu erreichen. Der Senat hat dieses Tatbestandsmerkmal bisher als aktiv-kämpferisches und aggressives Verhalten gedeutet. In den maßstäblichen Ausführungen dieser Antragsschrift konnte gezeigt werden, dass es dem Verfahren des Art. 21 Abs. 2 GG nicht um die Abwehr konkreter Gefahren, sondern um Prävention geht, dass freilich über das „normale" politische Handeln hinaus Aktivitäten nachgewiesen werden müssen, ohne dass wiederum notwendigerweise die Schwelle rechtswidrigen oder gar kriminellen Handelns überschritten sein müsste.

Oben C I 3 [S. 131].

Ein solches Verhalten der Antragsgegnerin ist im Folgenden unter Aufnahme der bereits in der Sachverhaltsschilderung getroffenen Feststellungen exemplarisch zu dokumentieren.

a) Politisches Handeln

Die NPD handelt zunächst wie eine Partei i. S. v. Art. 21 GG, d. h. sie nimmt an Wahlen teil, informiert und schult ihre Mitglieder, betreibt Jugendarbeit, wirkt publizistisch und in sonstiger Weise in die Öffentlichkeit in politischer Absicht.

Vgl. die **Belege** oben A II [S. 58] und A IV [S. 77].

Die in diesem politischen Handeln oben nachgewiesenen

soeben unter C II 1 [S. 162],

verfassungsfeindlichen Inhalte stützen das hier vertretene Verbotsanliegen, da sich der Verbotstatbestand auf die Ziele der zu verbietenden Partei bezieht.

Die aktiv-kämpferische und aggressive Haltung, die über das Handeln „normaler" Parteien hinausgeht, sich gleichwohl nicht auf die Mittel, sondern auf die Ziele der zu verbietenden Partei bezieht,

oben unter C I 3 a [S. 131] und c [S. 134],

zeigt sich zunächst darin, dass das Schutzgut des Art. 21 Abs. 2 GG nicht nur abgelehnt wird, sondern dass die NPD sowohl in ihrer „offenen" Programmatik als auch in dem Bild, welches das Verhalten ihrer Anhänger bietet, auf seine Abschaffung hin arbeitet. Nicht Kritik und Reform, sondern Beendigung der freiheitlichen demokratischen Grundordnung und ihre Ersetzung durch eine völkische Ordnung auf „revolutionärem" Wege durch Untergrabung des derzeitigen „Systems" macht den Kern des Handelns der Partei aus.

Vgl. die **Belege** oben unter A III [S. 65] und A IV [S. 77].

Die Intensität und Aggressivität der Zielverfolgung zeigt sich zum einen in Äußerungen und Handlungen im Vorfeld staatsorganschaftlicher Willensbildung: Dazu gehören die oben nachgewiesenen aktiv-kämpferischen, oftmals aggressiven Aktivitäten im Rahmen des Drei- bzw. Vier-Säulen-Konzeptes der NPD, das u. a. einen „Kampf um die Straße" enthält, in ein „Volksfrontkonzept" mündet und den „nationalrevolutionären", „systemüberwindenden" Anspruch der Partei verwirklichen soll.

Vgl. oben A IV [S. 77]. Dort auch die entsprechenden **Belege**.

Unter dieses Konzept fallen insbesondere auch das dargestellte gemeinsame Handeln und die personellen Überschneidungen mit der Neonazi-Szene, die nachgewiesenen umfangreichen Aktivitäten „auf der Straße" sowie die schleichende Infiltrierung der Gesellschaft.

Vgl. insbesondere A IV 3 [S. 91] und A IV 4 [S. 95] sowie A IV 2 b [S. 88].

Zum anderen zeigt sich die Intensität der Zielverfolgung auch im parlamentarischen Verhalten der Mandatsträger der Partei. Auch hier konnte ein aktiv-kämpferisches, ja aggressives Verhalten nachgewiesen werden. Abgeordnete der NPD in den beiden Landtagen, in denen die Partei zur Zeit vertreten ist, vereinen die ganz überwiegende Zahl parlamentarischer Ordnungsmaßnahmen auf sich.

Oben IV 1 [S. 82] mit **Belegen** sowie die Statistik in **Anlage 12**.

Dies geht weit über das Übliche hinaus, stellt keine Einzelfälle oder Ausrutscher dar und ist wesentlich mehr als eine Verrohung parlamentarischer Sitten: In der Massierung kalkulierter, parlamentsrechtswidriger und oftmals sogar krimineller Auftritte der

Landtagsabgeordneten zeigt sich sehr deutlich ein offensichtlich planvoll-bewusstes Verhalten zur Übermittlung politischer Botschaften. Das Verhalten der Mandatsträger der NPD in den Parlamenten dient der bewussten Delegitimierung des demokratisch-parlamentarischen Systems, da die Partei ihren Anhängern erklären muss, wieso sie in einem zutiefst verachteten System „mitarbeitet".

Belege 93, 94 (Kategorie 1)

Die rassistischen Grundpositionen konditionieren das politische Handeln der NPD, etwa bei der Durchführung von Wahlkämpfen. Die Einbindung eines farbigen Parteimitglieds der CDU Thüringens in den dortigen Landtagswahlkampf 2009 nutzte die NPD zu einer aggressiven Kampagne gegen diesen Politiker. In diesem Kontext exponierte sich vor allem der damalige NPD-Landesgeschäftsführer und heutige NPD-Landesvorsitzende *W.* U. a. äußerte er:

> „Landesweit wird derzeit damit begonnen, das umstrittene Plakat mit dem CDU-Quotenneger S. durch andere Plakate zu ersetzen. Die CDU reagiert damit auf die Kampagne der NPD und hat offenbar erkannt, daß Neger trotz jahrelanger Umerziehung im Freistaat noch immer nicht als Dauergäste akzeptiert werden." **Beleg 293 (Kategorie 1):** *W.,* „Kampagne der NPD-Thüringen wirkt – CDU beginnt sich von S. zu distanzieren", Homepage Altermedia vom 13. August 2009.

In einem weiteren Online-Beitrag äußerte *W.*:

> „Thüringen muss deutsch bleiben. Wir danken S. für seine Hilfe als Gastarbeiter in Thüringen. Heute wird er jedoch nicht mehr benötigt, weshalb wir ihn direkt dazu animieren wollen, in seiner Heimat Angola mit den hier eingezahlten Sozial Versicherungsbeiträgen ein neues Leben zu beginnen. Angola braucht S. und hier gibt es mehr als 100.000 Thüringer, die S.s Arbeitsplatz gut gebrauchen könnten. [...] Wir haben unsere Kreisverbände gezielt angewiesen, neben die Negerplakate der CDU unsere Plakate mit dem Motiv ‚Gute Heimreise' zu hängen, damit deutlich wird, wer im Lande wirklich Heimat- und Familienpartei ist." **Beleg 294 (Kategorie 1):** *W.,* „Zeit zu gehen – Gute Heimreise, S.", Homepage der NPD Thüringen vom 11. August 2009.

Im Bundestagswahlkampf 2009 verschickte die NPD Berlin ein als „nichtamtliche Bekanntmachung" deklariertes Schreiben (V. i. S. d. P.: *H.*) an 22 Politiker mit Migrationshintergrund. Unter der Überschrift „Ihr Ausländerrückführungsbeauftragter informiert" wurden die Adressaten unter Hinweis auf das fünfstufige Rückführungsprogramm der NPD angehalten, Vorkehrungen für ihre jeweilige „Rückreise" zu treffen:

> „Liebe ausländische Mitbürger,
> gemäß dem Fünf-Punkte-Plan zur Ausländerrückführung bin ich als Ausländerrückführungsbeauftragter der NPD angehalten, Sie mit den Einzelheiten Ihrer Heimreise vertraut zu machen,
> 1. Personen mit Migrationshintergrund, die straffällig geworden sind, kehren fristlos in ihre Heimat zurück.
> 2. Personen ohne Sonderaufenthaltserlaubnis und Personen ohne Arbeitserlaubnis oder den Nachweis eines Arbeitsplatzes verlassen Deutschland nach längstens drei Monaten.
> 3. Die übrigen Ausländer werden schrittweise in ihre Heimatländer zurückgeführt.
> 4. Ausländer werden aus dem deutschen Sozialversicherungssystem ausgegliedert [...]

> Bitte kümmern Sie sich schon jetzt um Unterkunftsmöglichkeiten und Arbeit in Ihren Heimatländern. [...] Wir danken Ihnen für Ihre geleistete Arbeit und die kulturelle Bereicherung und wünschen Ihnen eine gute Heimreise.
> Ihr Ausländerrückführungsbeauftragter."

Dem Schreiben war ein „Fünf-Punkte-Plan zur Ausländerrückführung" beigefügt. Darin heißt es u. a.:

> „Ein grundlegender politischer Wandel muß die menschenfeindliche Integrationspolitik beenden sowie die deutsche Volkssubstanz erhalten. [...] Die nachfolgenden fünf Punkte zeigen, dass trotz der gewaltigen Überfremdung gesetzliche Lösungen zur Rückführung der Ausländer in ihre Heimat möglich sind. [...]
> Schaffung eines nationalen Arbeitsplatzschutzsicherungsgesetzes [...]
> Sofortige Ausgliederung der in Deutschland lebenden und beschäftigten Ausländer aus dem deutschen Sozial- und Rentenversicherungssystem [...]
> Strikte Anwendung eines Ausländergesetzes zur Aufenthaltsbeschränkung [...]
> Ausländer dürfen kein Eigentum an Grund und Boden in Deutschland erwerben. [...]
> Ersatzlose Streichung des einklagbaren Rechtes auf Asyl [...]
> Im Zusammenspiel von Großkapital, Regierung und Gewerkschaften wurden Millionen von Ausländern wie Sklaven der Neuzeit nach Deutschland geholt, diese Politik wird durch eine menschen- und völkerverachtende Integration fortgesetzt. [...] Darum muß eine nationale Politik dafür Sorgen, daß Deutschland wieder deutsch wird." **Beleg 295 (Kategorie 2):** NPD-Landesverband Berlin (Hrsg.): „Ihr Ausländerrückführungsbeauftragter informiert" (V. i. S. d.P.: *H.*).

In noch aggressiverer Weise forderte die Berliner NPD im Bundestagswahlkampf 2013 per im Internet veröffentlichtem Rundschreiben Kandidaten mit Migrationshintergrund auf, möglichst umgehend Deutschland zu verlassen. In dem tatsächlich an Politiker mit nicht-europäischer Herkunft versandten Schreiben heißt es u. a.:

> „Heimwandern statt einwandern
> Hallo Migrantin, hallo Migrant,
> [...] Das Wort Migrant wie gesagt, kommt von dem lateinischen Begriff migrare. Das heißt auf deutsch: wandern. [...] Zum Glück hat das Wort aber weitere Bedeutungen. Denn es kann auch mit: auswandern, transportieren und übersiedeln übersetzt werden.
> Also könnte Ihr Migrationsfall durch die Deutschen im römischen Sinn kritisch gewertet werden. Ihre politische Einflußnahme auf die ethnische Gruppe der Deutschen könnte aus menschenrechtlichen Erwägungen vielleicht sogar strafbar sein, weil es verboten ist den physischen und psychischen Zustand einer ethnischen Gruppe zu manipulieren.
> Aber Sie haben eine echte Chance es nicht so weit kommen zu lassen. Erinnern Sie sich? Migrare heißt auch auswandern. Wir sehen darin eine patente Lösung. Denn in keinem Fall sollen Sie in irgendeiner Sie persönlich benachteiligenden Form transportiert werden. Wir bevorzugen Ihre Übersiedelung durch Auswanderung.
> Bedenken Sie bitte auch wieviel Sorgen und Nöte Sie den etablierten Politikern ersparen. Die haben nämlich geschworen Schaden vom deutschen Volk fernzuhalten und seinen Nutzen zu mehren. Durch Ihre Auswanderung wird dieser Eid nicht nur eine hohle Phrase sein, sondern wahr werden.
> [...] Durch Ihre Auswanderung wandeln Sie sich vom Migranten zum Philanthropen und finden so zum wahren Humanismus."
> **Beleg 296 (Kategorie 2):** NPD-Landesverband Berlin: „Rundschreiben an Migranten in Berlin die zur Bundestagswahl kandidieren!", www.npd-berlin.de, eingestellt am 11.09.2013, abgerufen am 12.09.2013.

Anfang September 2013 initiierte die NPD-Jugendorganisation JN unter dem Motto „Kondome für Ausländer und ausgewählte Deutsche!" eine ausländerfeindliche Kampagne, die aggressiv wenngleich ironisch verbrämt – Migranten und Befürwortern einer multikulturellen Gesellschaft letztlich das Recht auf Kinder bzw. weitere Kinder in Deutschland absprechen will.

K., Beisitzer im JN-Bundesvorstand, erklärte zu der Aktion:

> „Hose runter, Gummi drauf! – mit dieser Botschaft wenden sich die Jungen Nationaldemokraten in dieser Woche an zahlreiche Bundestagsabgeordnete, Minister und Ausländerlobbyisten, die sich in der Vergangenheit besonders durch ihre volksfeindliche Heimatabwicklungspolitik hervorgetan haben. Neben der Verschickung per Post stehen die Kondome den NPD- und JN-Verbänden in den verbleibenden zweieinhalb Wahlkampfwochen außerdem für Infotische und kreative Aktionen zur Verfügung."

Beleg 297 (Kategorie 1): *K.*: „Kondome für Ausländer und ausgewählte Deutsche!", in: www.npd-presse.de vom 03.09.2013.

Auf der Kondomverpackung ist unter anderem zu lesen:

> „Sie vermehren sich blitzartig, nerven, kosten unser Geld und haben eigentlich keinen Nutzen – die Politiker der korrupten Altparteien. [...] Sie wollen die multikulturelle Gesellschaft, die unsere Kultur zerstört. Sie lassen zu, dass sich unsere Gesellschaft überfremdet. Die JN hat die Lösung:
> Kondome für Ausländer und ausgewählte Deutsche!"

Beleg 298 (Kategorie 2): Kondom-Werbeartikel der JN: „Für Ausländer und ausgewählte Deutsche".

Im Rahmen der Kampagne schrieben die JN tatsächlich zahlreiche Politiker verschiedener Parteien an, darunter auch Bundeskanzlerin *Angela Merkel*. In dem durch den JN-Bundesvorsitzenden *K.* unterzeichneten Schreiben hieß es:

> „Hallo Dr. Angela Merkel,
> wir übersenden Ihnen als Funktionär, als Politiker, als Repräsentant und Befürworter einer Politik, die eine multikulturelle Gesellschaft in Deutschland fördert, ein JN-Kondom, um un-

seren Protest gegen Ihre Politik auszudrücken. Wir protestieren mit unserer Aktion ‚Kondome für Ausländer und ausgewählte Deutsche' gegen die unkontrollierte Einwanderungspolitik und den damit verbundenen Bevölkerungsaustausch in unserem Land.

Sie sind Entscheidungs- und Gestaltungsträger jener Politik, die es zu verantworten hat, dass ein erheblicher Teil der hier lebenden Ausländer das Sozialsystem belasten und diese Personen die Kriminalstatistik in vielen Großstädten Deutschlands anführen. [...]

Sie haben jene gravierenden Zustände in Deutschland als Regierungsangehöriger, Minister, Abgeordneter oder Beauftragter eines bestimmten politischen Ressorts zu verantworten Sie handeln schon lange nicht mehr nach der Maxime, dem Wohle des deutschen Volkes zu dienen und Schaden von ihm abzuwenden, sondern Sie sind dafür verantwortlich, dass Deutschland eine exorbitant hohe Verschuldung aufweist und zunehmend weitere Souveränitätsrechte abtritt.

Wir sprechen Ihnen die Interessenvertretung der deutschen Belange ab. [...]"
Beleg 299 (Kategorie 1): JN-Schreiben vom 02.09.2013, unterzeichnet durch *K.*

Besonders aggressiv gestalteten sich die Aktivitäten der NPD im Sommer/Herbst 2013 bei der Debatte um die Aufnahme von Asylbewerbern: Zum einen versuchte die NPD auf verschiedenen kommunikativen Kanälen gegen den Zuzug von Asylbewerbern in einer Weise zu mobilisieren, die die Herabwürdigung der Asylbewerber mit verfassungsfeindlichen Äußerungen verband.

So veröffentlichte etwa der NPD-Landesverband „Mecklenburg und Pommern" einen Leitfaden „zum Umgang mit Asylanten in der Nachbarschaft". Darin findet sich unter anderem folgender Ratschlag, der nicht nur die Einstellung der NPD gegenüber deutschen Gerichten als auch die herabwürdigende Behandlung von Ausländern exemplifiziert:

„Vor Gericht wird bei solchen Vorwürfen Ausländern eher geglaubt als Deutschen. Daher: Wenn schon mit Asylanten reden, dann nur mit Zeugen."
Beleg 300 (Kategorie 2): NPD-Landesverband Mecklenburg-Vorpommern: Leitfaden zum Umgang mit Asylanten in Der Nachbarschaft, V. i. S. d.P.: *Michael Andrejewski*

Die Aktivitäten verblieben jedoch nicht auf rein kommunikativer Ebene, sondern mündeten in zahlreiche organisierte Proteste gegen Asylbewerber, die häufig unter dem Motto „Heute sind wir tolerant, morgen fremd im eignen Land" liefen. Beispielhaft für die Aktivitäten ist zudem der Aufruf zu einem „Fackelmarsch gegen Asylmißbrauch" am 9. November 2012 (der u. a. wegen der Symbolhaftigkeit des Datums allerdings nicht in der von der NPD gewünschten Form zulässig war).

Beleg 301 (Kategorie 2): Plakat „9. November 2012/Wolgast – Fackelmarsch gegen Asylmißbrauch", in: www.mupinfo.de, abgerufen am 1. November 2012; **Beleg 302 (Kategorie 2):** Flugblatt "Kundgebung in Eggesin!"

Anschläge mit Böllern gegen neueröffnete Asylbewerberheime wurden von „MUPINFO" als „Grüße aus der Nachbarschaft" positiv konnotiert.

Beleg 303 (Kategorie 2): Endstation Rechts vom 28.06.2013, Aufgeheizte Stimmung in M-V: NPD macht weiter Front gegen Flüchtlinge – Anschläge häufen sich.

Exemplarisch für die bereits oben

vgl. die **Belege** unter C II 1 e [S. 189] und f [S. 192],

umfangreich dargestellten antisemitischen und revisionistischen Äußerungen lässt sich eine Rede XXX im Landtag XXX anführen, für die *XXX* u. a. wegen Verleumdung verurteilt wurde. Das Landgericht stellte hierzu fest, dass *XXX* „die in Auschwitz während des Dritten Reiches vorgenommene systematische, rassenbezogene und massenweise Judenvernichtung qualifiziert geleugnet" habe.

LG Schwerin, Urteil vom 25.03.2013, Az 42 Ns 27/12 (bestätigt durch das OLG Rostock, Beschluss vom 16.08.2013, Az: 1 Ss 57/13 (62/13)).

b) Insbesondere Substitution politischer und sozialer Strukturen

Von besonderer Qualität ist das aktiv vorangetriebene Bestreben der Partei und ihrer führenden Vertreter in bestimmten regionalen Konstellationen – vorrangig im ländlichen Mecklenburg-Vorpommern und Sachsen –, das soziale Leben vor Ort mit dem Ziel politischer Instrumentalisierung zu infiltrieren, um im Sinne einer „Graswurzelrevolution" einerseits Vertrauen für die politischen Ziele der Partei zu schaffen, andererseits gesellschaftliche Kontrolle in diesen Bereichen zu übernehmen.

Vgl. die **Belege** oben unter A IV 2 b [S. 88] und 3 [S. 91].

Die Steigerung und Verdichtung dieser Handlungsweisen ist das Konzept, sog. befreite Zonen als Enklaven nationalsozialistischen Lebens zu bilden.

Vgl. die **Belege** oben unter A IV 3 [S. 91].

Beides, die Graswurzelpolitik vor Ort bei hinreichender Präsenz und die Schaffung kontrollierter Zonen, führen im Einzelfall zu einem Klima der Angst und Unfreiheit, welches den demokratischen Prozess vor Ort behindert. Ziel ist es auch, das staatliche Gewaltmonopol hier lächerlich zu machen und letztlich zu substituieren.

Sozialwissenschaftliche Analyse durch *Dierk Borstel*, Rechtsextremismus in Mecklenburg-Vorpommern unter besonderer Berücksichtigung der NPD, 2013, v. a. S. 28 ff.; **Anlage 3**.

Durch diese Strategie wird – wie gezeigt werden konnte – nicht nur vor Ort eine unbefangene demokratische Willensbildung im Vorfeld von Wahlen und Abstimmungen behindert, sondern das demokratische Verfassungsprinzip, das auch von einer territorialen Integrität und Gleichheit hinsichtlich sämtlicher Mitglieder des Legitimationssubjekts ausgeht, verletzt. Der Gesamtstaat kann trotz seiner vielfältigen territorialen Stufung und Untergliederung mithin auch solche in ihren konkreten Auswirkungen zunächst regionalen Phänomene nicht hinnehmen. Gleichzeitig zeigt sich hier die Logik des Ausschlusses der Antragsberechtigung einzelner Landesregierungen und die Funktion des Bundesrates als Sachwalter der territorial lückenlosen demokratischen Legitimität.

Bereits oben unter B I [S. 105].

c) Rechtswidrige Handlungen

Rechtswidriges Handeln der Partei und ihres Führungspersonals ist zum Nachweis der aktiv-kämpferischen aggressiven Handlungsweise nicht notwendig. Die Aktivitäten der NPD sind jedoch, wie gezeigt werden konnte,

Belege oben unter A IV 4 [S. 95],

durch eine Corona rechtswidriger Handlungen gekennzeichnet, die sowohl die Inhalte der vertretenen Politik als auch konkrete Handlungsweisen der Partei und ihrer Anhänger betreffen.

d) Strafbare Handlungen

Wie oben dargestellt, belegen strafbare Handlungen von Anhängern einer zu verbietenden Partei dann deren aktiv-kämpferische, aggressive Grundhaltung, wenn diese (1.) inhaltlich einen Bezug zur politischen Arbeit der Partei haben, (2.) nicht nur bei Gelegenheit, sondern mit Politikbezug geschehen sind und (3.) sich nicht in den ideologischen Aussagen der Partei erschöpfen.

Vor diesem Hintergrund konnte aus der Kriminalstatistik eine weit überdurchschnittliche kriminelle Affinität der Vorstandsmitglieder der NPD auf Bundes- wie auf Landesebene nachgewiesen werden, die – ohne Bezug zur Parteiarbeit stehende Delikte herausgerechnet – zu einem Viertel rechtskräftig strafrechtlich verurteilt sind, wobei über 11 % mehrfach strafrechtlich belangt wurden.

Auch wenn man berücksichtigt, dass ein Teil der aufgeführten Taten Propagandadelikte darstellen, bleibt immer noch ein beachtlicher Teil der Verurteilungen, die Gewaltkriminalität darstellen, worin sich wiederum eine Geringschätzung des staatlichen Gewaltmonopols manifestiert und die teilweise zu beobachtende verbale Ablehnung von Gewalt relativiert wird.

Vgl. die **Belege** oben unter A IV 5 [S. 99] sowie **Anlage 5**.

e) Zwischenergebnis

Das „normale" politische Handeln der NPD mit dem Ziel der Beeinträchtigung und Abschaffung der freiheitlichen demokratischen Grundordnung, das darüber hinausgehende aktiv-kämpferische aggressive Auftreten der Partei in und außerhalb von Parlamenten und anderen Vertretungskörperschaften, insbesondere auch die Versuche, „befreite Zonen" zu schaffen, die Vielzahl von Rechtsverstößen der Partei selbst und ihrer führenden Vertreter sowie die gravierende Kriminalitätsrate der Mitglieder des Bundes- und der Landesvorstände belegen zusammen die aktiv-kämpferische, aggressive Grundhaltung der Partei durch eine Fülle für Art. 21 Abs. 2 GG verbotsrelevanter Handlungen.

Damit sind die Verbotsvoraussetzungen des Art. 21 Abs. 2 GG erfüllt. Hilfsweise soll im Folgenden gezeigt werden, dass auch die Anforderungen eines modifizierten Verhältnismäßigkeitsprinzips sowie der EMRK erfüllt wären, obgleich es sich – wie dargelegt – nicht um Bestandteile des Prüfungsmaßstabs handelt.

3. Hilfsweise: Verhältnismäßigkeit des Verbots der NPD

Oben wurde gezeigt, dass der Grundsatz der Verhältnismäßigkeit als festgefügtes Rechtsinstitut im Staat-Bürger-Verhältnis kein Tatbestandselement von Art. 21 Abs. 2 GG sein kann.

Unter C I 4 a [S. 136].

Hilfsweise wurde der Verhältnismäßigkeitsmaßstab im Sinne einer Abwägung (praktische Konkordanz) auf die Situation des Parteiverbotsverfahrens modifizierend zugeschnitten. Mit diesem modifizierten Prüfungsmaßstab soll im Folgenden höchst hilfsweise gezeigt werden, dass ein Verbot der NPD nicht „unverhältnismäßig" ist.

Bei Vorliegen der tatbestandlichen Voraussetzungen des Art. 21 Abs. 2 GG wird mit dem Verbot einer verfassungsfeindlichen Partei ein *legitimer Zweck* verfolgt, denn es entspricht gerade der nicht nur entstehungsgeschichtlich belegbaren Intention unserer Verfassung, den politischen Prozess in einem weit verstandenen Rahmen zu halten. Es gibt angesichts des sich beim antragstellenden Bundesrat zeigenden politischen Konsenses hinter dem Verbotsantrag und der überwiegend eher bescheidenen Wahlerfolge der NPD keine Anzeichen dafür, dass mit dem Antrag in diskriminierender Weise ein politischer Konkurrent ausgeschaltet werden soll.

Dass das Verbotsverfahren einen legitimen Zweck verfolgt, ergibt sich auch aus den im Beschluss des Bundesrats vom 14. Dezember 2012 sowie in der vorangehenden Debatte genannten Intentionen: Der Verbotsantrag soll dem Schutz der „obersten Werte unserer Verfassungsordnung insgesamt" dienen, die die Antragsgegnerin zu beeinträchtigen sucht, und einen „wichtigen Beitrag gegen den parteigebundenen Rechtsextremismus" leisten.

Vgl. BR-Drs. 770/12, S. 2.

Damit verbunden sind die in der Debatte des Bundesrats ausdrücklich erwähnten Zwecke: Dieser dient dem Schutz der Menschenwürde und der Menschenrechte, dem Schutz der Demokratie, des Rechtsstaates sowie des Respekts vor dem Mitmenschen, dem Kampf gegen – unter dem Schutz des Parteienprivilegs betriebenen – Rassismus, Antisemitismus, Fremdenfeindlichkeit und Menschenverachtung sowie dem Kampf gegen rechtsextreme Gewalt, die die Demokratie auch auf der Straße bekämpft.

Vgl. Bundesrat, Stenographischer Bericht der 904. Sitzung, 14. Dezember 2012, S. 548 ff.

Dabei soll – auch dies zeigt die Debatte des Bundesrats vom 14. Dezember 2012 – das Parteiverbot nicht alleiniges Mittel zur Bekämpfung des Rechtsextremismus sein; es bezweckt vielmehr, dass solche verfassungsfeindlichen Ziele nicht unter dem besonderen Schutz des Parteienprivilegs verfolgt werden können. Ein Verbot soll auch die Effektivität aller anderen gesellschaftlichen und politischen Maßnahmen gegen Rechtsextremismus, Fremdenfeindlichkeit und Verfassungsfeindlichkeit gewährleisten; diese Maßnahmen werden durch die gleichzeitige verfassungsfeindliche Agitation der durch ihren Parteistatus geschützten und dadurch formell legal handelnden Antragsgegnerin untergraben.

Vgl. dazu etwa Bundesrat, Stenographischer Bericht der 904. Sitzung, 14. Dezember 2012, S. 553.

Die vom Antragsteller verfolgten Zwecke entsprechen dem Programm der Verbotsnorm. Gleiches gilt für die ebenfalls in der Debatte wiederholte Intention, Lehren aus der deutschen Geschichte des 20. Jahrhunderts zu ziehen.

C. Das zweite NPD-Verbotsverfahren (2013–2017)

Ein Verbot ist auch *geeignet*, diesen Zweck zu erreichen. Telos des Art. 21 Abs. 2 GG ist die politische Prävention durch das Verbot einer verfassungsfeindlichen Partei; Sinn und Zweck des Verbotstatbestands kann demgegenüber – wie gezeigt wurde – kein umfassender und alleiniger gesellschaftspolitischer Auftrag zur Bekämpfung von Extremismen oder Fremdenfeindlichkeit sein. Das Verbot einer tatbestandlich verfassungswidrigen Partei erfüllt den Zweck der oben beschriebenen politischen Prävention.

Das Verbot ist auch *erforderlich*. Zum einen ist die Rechtsfolge bei Vorliegen der Tatbestandsvoraussetzungen im Verfassungstext eindeutig festgelegt; die Verfassung wollte gerade kein abgestuftes Instrumentarium zur Bekämpfung derartiger politischer Parteien zur Verfügung stellen. Zum anderen konnte oben begründet werden,

unter C I 4 c bb (3) (a) [S. 144],

dass „mildere" Mittel – ganz unabhängig davon, ob sie den intendierten Zweck auch gleich sicher erreichen – schon von Verfassungs wegen nicht zulässig sind, da sie die verfassungsrechtlich angeordnete Chancengleichheit der politischen Parteien beeinträchtigen würden.

Das Verbot der NPD würde auch einer *erweiterten Erforderlichkeitsprüfung* standhalten, da die den antragstellenden Bundesrat beschickenden Landesregierungen einschließlich der Kommunen – neben der Bundesregierung – ein umfangreiches, auf verschiedenen Ebenen ansetzendes und mit unterschiedlichsten Mitteln arbeitendes Programm der Bekämpfung des, der Warnung vor und der Aufklärung über Rechtsextremismus forcieren und damit den vorliegenden Antrag flankieren.

Näheres über Art, Struktur und Kosten der Programme könnte auf Verlangen dargelegt werden. Zur Sichtweise des Verbotstatbestands in einem Setting unterschiedlicher, abgestufter Maßnahmen ferner *Volkmann,* Dilemmata des Parteiverbots, DÖV 2007, 577 (584 f.); *ders.,* Grundprobleme der staatlichen Bekämpfung des Rechtsextremismus, JZ 2010, 209; *Shirvani,* Parteienfreiheit, Parteienöffentlichkeit und die Instrumente des Verfassungsschutzes, AöR 134 (2009), S. 572 (585); *Wassermann,* Aktivierung der wehrhaften Demokratie, NJW 2000, 3760 (3761); *Kersten,* Parteienverbote in der Weimarer, der Bonner und in der Berliner Republik, NJ 2001, 1 (5); *Gusy,* in: Denninger u. a. (Hrsg.), Kommentar zum Grundgesetz für die Bundesrepublik Deutschland (Reihe Alternativkommentare), 3. Aufl. 2001 ff., Art. 21 Rn. 135 (Grundwerk 2001).

Die große Palette von Programmen und Initiativen, die alle Bevölkerungsschichten erreicht, ändert jedoch nichts daran, dass die bisher bestehende Legalität der Antragsgegnerin diese Bemühungen in großem Maße konterkariert, da sie der Antragsgegnerin – aufgrund der Rechte aus Art. 21 Abs. 1 GG – legale, öffentlichkeitswirksame Plattformen eröffnet, um gegen die Ziele dieser Maßnahmen zu arbeiten.

Die von Bund, Ländern und Kommunen initiierten Maßnahmen beziehen sich sowohl auf den präventiven als auch auf den repressiven Bereich.

Bei diesem Maßnahmen spielt insbesondere die Vernetzung eine große Rolle: So besteht seit Dezember 2011 ein Gemeinsames Abwehrzentrum gegen Rechtsextremismus, das im November 2012 in das Gemeinsame Extremismus- und Terrorismusabwehrzentrum des Bundes und der Länder integriert wurde. Dies verbessert – unter Wahrung des Trennungsgebots – den Informationsfluss zwischen den zahlreichen Organisationseinheiten, die sich in Bundesbehörden, in Landeskriminalämtern sowie in Landesverfassungsschutzbehörden mit Rechtsextremismus – insbesondere auch mit der Antragsgegnerin – auseinandersetzen. Die Arbeit dieser Stellen wird ergänzt durch die Indizierung von Medien durch die Bundesprüfstelle für jugendgefährdende Medien sowie eine intensive polizeiliche Begleitung insbesondere gewalttätiger rechtsextremer Veranstaltungen.

Besonders hervorgehoben werden müssen – neben der konventionellen Strafverfolgung sowie den disziplinarrechtlichen Folgen für öffentliche Bedienstete – die Verbote rechtsextremistischer Vereine auf der Grundlage von Art. 9 Abs. 2 GG i. V. m. § 3 VereinsG. Seit 2008 haben Bund und Länder allein 14 derartige Organisationen verboten.

> **Anlage 14**: Übersicht über Verbote rechtsextremistischer Vereine.

Dies fügt sich ein in die bereits dargestellte Vereinsverbotspraxis.

> Vgl. oben A IV 5 [S. 99].

Wie dargestellt,

> vgl. oben A IV 5 [S. 99]

wurde die Antragsgegnerin durch ihre Öffnung gegenüber dem Neonationalsozialismus ab Mitte der neunziger Jahre zu einem Sammelbecken für ehemalige Funktionäre und Mitglieder verbotener Vereine. Die Anziehungskraft für diese Personengruppen resultierte auch aus der Rechtsform als Partei, die im Gegensatz zum Verein „einen relativ niedrigen staatlichen Verfolgungsdruck" suggeriert.

> Vgl. *Gerlach*, Die Vereinsverbotspraxis der streitbaren Demokratie, 2012, S. 339 sowie S. 342 f. sowie die Belege oben A IV 5 [S. 99].

Dies zeigt, dass Vereinsverbote alleine nicht genügen, solange die Möglichkeit besteht, die verfassungsfeindlichen Bestrebungen in Parteiform weiter zu verfolgen. Ohne die Möglichkeit des Parteiverbotes sind Vereinsverbote ein vergeblicher „Kampf gegen die Hydra".

> *Volkmann*, Kampf gegen die Hydra? – Der Staat und der Rechtsextremismus, APuZ 18/19 (Beilage zu „Das Parlament") 2012, S. 15, 17.

Die große Palette *präventiver* Maßnahmen, von denen hier nur exemplarisch einige wenige genannt werden können, lässt sich nach den jeweiligen Zielen in fünf Kategorien auffächern: (1) [S. 209] Aufklärung und politische Bildung, (2) [S. 210] Förderung zivilgesellschaftlichen Engagements, (3) [S. 211] Programme für Aussteiger, (4) [S. 211] Vernetzung, (5) [S. 212] lokale Maßnahmen „vor Ort".

(1) Aufklärung und politische Bildung

Der Entstehung und Verfestigung von rechtsextremistischen, verfassungsfeindlichen Einstellungen entgegenwirken sollen an erster Stelle umfangreiche Aufklärungsmaßnahmen der jeweiligen Landeszentralen für politische Bildung, des Bundespresseamtes sowie der Bundeszentrale für politische Bildung, die in den Jahren 2013 bis 2016 zusätzliche Sondermittel, allein für die Bundeszentrale für politische Bildung in Höhe von 2 Millionen Euro jährlich, zur Bekämpfung von Rechtsextremismus erhalten. Zu ihren Maßnahmen gehören nicht nur Printpublikationen in unterschiedlichen Formen (darunter auch innovative Formate wie etwa ein an Jugendliche gerichteter Comic des Verfassungsschutzes Nordrhein-Westfalen), sondern auch Online-Dossiers und didaktische Materialien für den Einsatz im Schulunterricht. Darüber hinaus führen mehrere Landesbehörden für Verfassungsschutz Vortragsreihen durch, in denen über die Aktivitäten der Antragsgegnerin (z. B. in Thüringen über die Verteilung von „Schulhof-CDs") informiert wird. Zudem existieren in mehreren Ländern sowie beim Bund entsprechende Wanderausstellungen (in Niedersachsen beispielsweise unter dem Motto „Unsere Demokratie schützen"; beim Bund: „Die braune Falle"), Handreichungen für Kommunen oder „Info-Mobile" (in Brandenburg mit der Projektbezeichnung „Unterwegs für Freiheit und Demokratie"), mit denen eine möglichst breite Bevölkerungsschicht in allen Regionen erreicht werden soll.

Zusätzlich zu dieser Breitenwirkung haben die Länder Maßnahmen und Projekte entwickelt, die speziell gegen Rechtsextremismus unter Jugendlichen präventiv wirken sollen: So existieren in mehreren Ländern spezielle Broschüren und Beratungsangebote für Eltern, die verfassungsfeindliche Tendenzen bei Jugendlichen schon durch eine entsprechende Erziehung vermeiden sollen (wie z. B. die Elternberatung „Rote Linie – Ausstieg vor dem Einstieg" in Hessen oder die Elternbroschüre „Rechtsextremismus ohne mein Kind" in Schleswig-Holstein). Einen ähnlichen Zweck verfolgen Fortbildungen für Lehrerinnen und Lehrer in nahezu allen Ländern sowie spezielle Kooperationen, wie etwa die Bildungszusammenarbeit des Freistaats Bayern mit Israel. Dabei legen die Länder Wert auf Langfristigkeit und Kontinuität in der Bildungsarbeit – gerade bei der Aufarbeitung des Nationalsozialismus, die beispielsweise im Saarland schon seit 1985 durch das Adolf-Bender-Zentrum in Form von Begegnungen mit Zeitzeugen des Nationalsozialismus u. ä. gewährleistet wird. Schließlich haben die Länder auch Projektformen entwickelt, in denen historische und politische Aufklärung Jugendlicher über verfassungsfeindlichen Rechtsextremismus durch eigene Aktivitäten der Jugendlichen erfolgen: Zu nennen sind hier beispielhaft die „Jugendkongresse gegen Rechtsextremismus" in Rheinland-Pfalz sowie in Baden-Württemberg bis zu 450 Projekttage an Schulen unter Beteiligung von rund 10.000 Jugendlichen im Rahmen des Projekts „Team meX. Mit Zivilcourage gegen Extremismus". Schließlich erfolgt die aktive Einbeziehung Jugendlicher auch durch bundesweite Wettbewerbe, wie etwa ein Schülerwettbewerb des Bundesjustizministeriums zur Förderung und Auszeichnung von Ideen gegen Rechtsextremismus sowie der vom Bund unterstützte, seit 1990 durchgeführte Wettbewerb „Demokratisch Handeln".

(2) Förderung zivilgesellschaftlichen Engagements

Der Bekämpfung der gesellschaftlichen Auswirkungen der verfassungsfeindlichen Aktivitäten der Antragstellerin dienen eine große Anzahl von Initiativen und Programmen, die das zivilgesellschaftliche Engagement gegen verfassungsfeindliche Tendenzen (insbesondere gegen Antisemitismus sowie gegen die menschenwürdewidrige Ausgrenzung ausländischer Mitbürger) finanziell und strukturell fördern. Hierfür dienen in erster Linie hoch dotierte Bundesprogramme, die von den Ländern nicht nur umgesetzt werden, sondern die sie teilweise durch zusätzliche finanzielle Unterstützung noch verstärken: Mit einem Volumen von ca. 24 Millionen Euro pro Jahr hat der Bund das von 2011 bis 2014 laufende Programm „Toleranz fördern – Kompetenz stärken" dotiert. Es soll vor Ort durch Modellprojekte, lokale Aktionspläne und die Förderung der Arbeit von landesweiten Beratungsnetzwerken ziviles Engagement gegen jegliche Formen von Extremismus (insbesondere Rechtsextremismus, Fremdenfeindlichkeit und Antisemitismus) stärken. Die zwei von 2007 bis 2010 laufenden Vorgängerprogramme waren ebenfalls mit insgesamt rund 24 Millionen Euro jährlich ausgestattet. Projekte für demokratische Teilhabe gerade in ländlichen und strukturschwachen Gebieten werden seit 2010 durch das Programm „Zusammenhalt durch Teilhabe" mit jeweils 6 Millionen Euro jährlich gefördert.

Neben diesen Bundesprogrammen existieren auch auf Landesebene eine Reihe eigenständiger Projekte mit ähnlicher Zielrichtung: So gibt es sowohl Initiativen, die offensiv zu Zivilcourage auffordern, wie etwa die Kampagne „Hingucken und Einmischen" in Sachsen-Anhalt, als auch Programme, die Projekte zur Stärkung der freiheitlichen demokratischen Grundordnung finanziell unterstützen, wie beispielsweise das Programm „Weltoffenes Sachsen. Für Demokratie und Toleranz" (von 2005 bis 2013 mit insgesamt ca. 15,5 Millionen Euro ausgestattet).

Zusätzlich zu diesen Programmen mit allgemeiner Ausrichtung sowie zu besonderen Aktionstagen, die oft auch als Gegenveranstaltung zu Aktionen der rechtsradikalen Szene angelegt sind (wie z. B. die Veranstaltung „Hamburg bekennt Farbe" am 2. Juni 2012 auf dem Rathausmarkt), bemühen sich die Länder vor allem um eine Motivation von Jugendlichen zum Engagement gegen verfassungsfeindliche Bestrebungen: So wirken die Schulen mehrerer Länder an dem europaweiten Projekt „Schule ohne Rassismus – Schule mit Courage" mit. Daneben besteht eine Reihe weiterer Jugendprogramme wie etwa das Berliner Jugendprogramm „respectABel", in dem Jugendbeteiligung gegen Ausgrenzung, Gewalt und Rechtsextremismus gefördert wird. In Kombination mit der Bundeskampagne „Sport und Politik verein(t) gegen Rechtsextremismus" wirken mehrere Länder verfassungswidrigen Bestrebungen auch im Sportbereich aktiv entgegen (wie etwa durch den Einsatz von „Demokratietrainern" in Sachsen oder durch ein Fan-Projekt in Bremen).

(3) Programme für Aussteiger

Das Ziel, Mitgliedern der rechtsextremen Szene den Ausstieg durch Beratung, arbeitsmarktbezogene Maßnahmen und Schutzangebote zu erleichtern, wird zum einen durch Bundesprogramme verfolgt (Xenos „Ausstieg zum Einstieg – 7,5 Millionen Euro"; Sonderprojekt „EXIT"), die existierende Aussteigerinitiativen fördern. Zum anderen bestehen auf Bundesebene beim Bundesamt für Verfassungsschutz sowie in den meisten Ländern umfangreiche Aussteigerprogramme, die der Staat selbst mit eigenem Personaleinsatz durchführt.

(4) Vernetzung und Beratung

Schließlich wirken die Länder – gemeinsam mit dem Bund (z. B. durch das Programm „Bündnis für Demokratie und Toleranz – gegen Extremismus und Gewalt") – auf die

Bildung von Netzwerken für die präventive Arbeit gegen Rechtsextremismus hin, in denen staatliche und private Akteure (Vereine, Verbände und Initiativen) zusammenarbeiten, Prioritäten setzen, Informationen austauschen, beraten und neue Ideen entwickeln. So bestehen Landespräventionsräte, Beratungsnetzwerke auf Landes- und regionaler Ebene (in Mecklenburg-Vorpommern etwa „Regionalzentren für demokratische Kultur") sowie regionale Beratungsteams, die nicht nur lokale Akteure miteinander vernetzen, sondern auch Opferberatung leisten. Die so entstandenen Netzwerke dienen nicht zuletzt dazu, die Präventionsmaßnahmen so zu koordinieren, dass sie in ihrer Gesamtheit ein ganzheitliches Konzept zur Bekämpfung der gesellschaftlichen Gefahren verfassungsfeindlicher Aktivitäten darstellen.

(5) Insbesondere: lokale Maßnahmen „vor Ort"

Als Reaktion auf den beschriebenen „Graswurzelansatz" der Antragsgegnerin

vgl. oben A IV 2 b [S. 88],

bezwecken die dargestellten präventiven Maßnahmen in allen Ländern eine lokale Wirkung. Das gilt zum einen für die Maßnahmen zur Aufklärung und politischen Bildung, die durch Wanderausstellungen (z. B. in Sachsen mit dem Titel „In guter Verfassung", in Niedersachsen „Unsere Demokratie schützen" sowie durch den Bund „Die braune Falle"), Handreichungen der Landesverfassungsschutzbehörden für Kommunen sowie durch „Info-Mobile" (z. B. in Brandenburg unter dem Motto „Unterwegs für Freiheit und Demokratie") die Menschen in der Fläche gerade auch in ländlichen Gebieten erreichen sollen. Zum anderen verfolgen auch die Programme zur Förderung zivilgesellschaftlichen Engagements einen lokalen Ansatz: So unterstützt das Bundesprogramm „Toleranz fördern – Kompetenz stärken" insbesondere lokale Aktionspläne sowie Modellprojekte zur Bekämpfung von Extremismus vor Ort. In dessen Folge haben sich bundesweit derartige Projekte entwickelt.

Angesichts der durch die Wahlergebnisse der vergangenen Jahre reflektierten Stärke der Antragsgegnerin in bestimmten Regionen Mecklenburg-Vorpommerns und Sachsens

vgl. zu den Wahlergebnissen: **Anlage 15**,

bestehen dort besonders intensive Bemühungen zur Bekämpfung von Rechtsextremismus auf lokaler und regionaler Ebene. So werden in Sachsen von Landesseite umfangreiche Anstrengungen unternommen, um kommunale Entscheidungsträger im Kampf gegen Rechtsextremismus zu unterstützen. Hierzu gehört unter anderem das Forum „Starke Demokratie", in dessen Rahmen kommunale Entscheidungsträger mit Hilfe des Landesverfassungsschutzes in die Lage versetzt werden sollen, extremistische Bestrebungen frühzeitig zu erkennen sowie präventive Maßnahmen zu ergreifen. Seit Juni 2011 fanden hierzu Vortrags- und Diskussionsveranstaltungen statt, von denen einige explizit den Umgang mit rechtsextremistischen Mandatsträgern in Kommunalvertretungen thematisierten. Zudem beteiligt sich der Sächsische Verfassungsschutz am „KommunalWiki", einer gemeinsam mit Nordrhein-Westfalen und Brandenburg betriebenen Internetplattform, die Kommunen umfassend über mögliche Maßnahmen gegen extremistische Bestrebungen in ihrem Bereich informiert und zugleich als Diskussionsforum der Kommunen untereinander dient.

Im besonders betroffenen Landkreis Sächsische Schweiz-Osterzgebirge besteht seit dem Jahr 2005 eine Steuerungsgruppe, die vor dem Hintergrund rechtsextremistischer Aktivitäten durch den dortigen Landrat und den Oberbürgermeister der Stadt Pirna gebildet wurde und an der sich wesentliche kommunale Bereiche, Polizei und der Landesverfassungsschutz beteiligen. Die Steuerungsgruppe konnte Maßnahmen bündeln, aufeinander abstimmen und neu initiieren. Daneben bestehen in allen Landkreisen „lokale Aktionspläne" als Folge des o. a. Bundesprogrammes sowie des Landesprogrammes „Weltoffenes Sachsen".

Auch in Mecklenburg-Vorpommern werden durch lokale Aktionspläne zahlreiche Maßnahmen gegen den verfassungsfeindlichen Rechtsextremismus vor Ort – insbesondere in Vorpommern sowie im Landkreis Ludwigslust-Parchim – koordiniert. In diesem Rahmen werden beispielsweise im Landkreis Vorpommern-Greifswald Programme mit einem besonderen Fokus auf Kinder und Jugendliche durchgeführt. Hierzu gehören Schulsozialarbeit zur Förderung von Demokratie und Toleranz, die Etablierung und Förderung eines Forums Jugendarbeit sowie Kinder- und Jugendbeiräte. Ziele dieser Programme sind die Sensibilisierung gegenüber rechtsextremistischer Gewalt, Demokratieerziehung und die Ermöglichung von Partizipation. Dies ergänzt die bestehenden Aktionen bürgerschaftlichen Engagements – wie etwa das durch den Verein „Demokratisches Ostvorpommern" initiierte Aktionsbündnis „Vorpommern. Weltoffen, demokratisch, bunt".

Auch in Boizenburg/Elbe und Lübtheen (Landkreis Ludwigslust-Parchim) bündelt und fördert ein lokaler Aktionsplan eine große Palette von Projekten verschiedener freier Träger. Eine Auswahl der in den Jahren 2012 und 2013 bestehenden Projekte gegen Rechtsextremismus, Fremdenfeindlichkeit und Antisemitismus und für Toleranz soll die Mannigfaltigkeit der Zielgruppen, Methoden und Träger illustrieren: „Die Welt ist bunt – na und" (Träger: Schulverein des Elbegymnasium Boizenburg e.V.), „gemobbt, geprügelt, gemieden" (Träger: Kulturkate e.V.), „Ich bin ich und du bist du und trotzdem können wir Freunde sein" (Träger: AWO Kreisverband Ludwigslust/Hagenow e.V.), „Treffpunkt Katamaran – Boizenburger Jugendliche zeigen Flagge" (Träger: DRK Kreisverband Ludwigslust e.V.), „Stark durch Stärke" (Träger: Internationaler Bund e.V. Verbund Nord – Einrichtung Südwestmecklenburg), „Web 2.0 – als gesellschaftspolitisches Instrument und im Alltag" (Träger: JAW e.V.), „Ich bin dabei, Du auch?" (Träger: ASB Ortsverband Boizenburg/Grabow e.V. sowie Freiwillige Feuerwehr Boizenburg Förderverein e.V.), „Minna, Schiff der Projekte" (Träger: Kino-Club Boizenburg e.V.), „Die Kita als ‚Raum der Demokratie'" (Träger: AWO Kreisverband Ludwigslust e.V.), „‚Unser Platz' – Lübtheener Jugendliche gestalten ihren Freizeitplatz" (Träger: JAW Jessenitzer Aus- und Weiterbildung e.V.), „Musik als Republik" (Träger: Internationaler Bund e.V. Verbund Nord – Einrichtung Südwestmecklenburg/Initiative Rock'n'Roll Lübtheen), „Bunte BOOTschafter der Toleranz" (Träger: Kulturkate e.V.).

> Vgl. Einzelprojekte des Lokalen Aktionsplans Boizenburg/Elbe-Lübtheen: http://www.aktiv-in-boizenburg-elbe-und-luebtheen.de/projekte.html

Diese Projekte stehen beispielhaft für Programme und Aktionen, die bundesweit – besonders aber in Regionen, die vom Rechtsextremismus stark betroffen sind – zur Bekämpfung verfassungsfeindlicher Aktivitäten auf kommunaler und regionaler Ebene durchgeführt werden.

Genauere Informationen über diese Vielzahl von Programmen können dem Senat bei Bedarf eingehender dargelegt werden. Es wird angeboten, im Rahmen der mündlichen Verhandlung mit diesen Maßnahmen befasste Personen zu befragen.

Vorstehende Darlegungen zeigen, dass sich der Verbotsantrag nahtlos in ein umfassendes politisches Handlungsfeld einfügt, das auf den unterschiedlichen hoheitlichen Ebenen und mit verschiedenen Ansätzen und Mitteln Rechtsextremismus und damit auch die NPD bekämpft. Dieses ist eingebettet in eine politisch-gesellschaftliche Gesamtstrategie, die in Erfüllung der dem Grundgesetz zugrundeliegenden historischen Verpflichtung den Nationalsozialismus wie seine zeitgenössischen Emanationen bekämpft. Die vielfältigen Maßnahmen bauen teilweise aufeinander auf und greifen zusammen; daher ist es auch für die Glaubwürdigkeit der Gesamtstrategie in politischer wie in pädagogisch-didaktischer Sicht wichtig, den Adressaten der Maßnahmen unterhalb der Ebene des Parteiverbots die Illegalität des parteipolitischen Arms des deutschen Rechtsextremismus vorführen zu können.

Eine genaue Bezifferung der finanziellen Aufwendungen für diese Gesamtstrategie ist nicht ohne weiteres möglich – es ist jedoch sicher, dass es sich um einen vielfachen Betrag handelt, als denjenigen, den die NPD an staatlicher Förderung aus der Parteienfinanzierung erhält.

Es sei noch ergänzend darauf hingewiesen, dass es gerade für die Aussteigerprogramme, die den Ausstieg von Mitgliedern aus der rechtsextremistischen Szene fördern und begleiten, von großer Wichtigkeit ist, dass die Partei auch rechtlich verboten ist. Derartige Aussteiger werden nicht selten bedroht und eingeschüchtert. Sofern sich ihre ehemaligen „Kameraden" dabei auf die Legalität der NPD berufen können, ist dies nicht nur psychologisch eine missliche Situation.

Schließlich ist das Verbot auch *verhältnismäßig im engeren Sinne*, d. h. *angemessen*. Dazu ist die Intensität des Eingriffs mit dem durch ihn erzielten Ertrag abzuwägen. Sind die tatbestandlichen Voraussetzungen des Art. 21 Abs. 2 GG für das Verbot erfüllt, dient es dem Schutz der freiheitlichen demokratischen Grundordnung und damit eines von der Verfassung selbst als normhierarchisch höchstwertig qualifizierten Gutes. Ein höherrangiger Wert kann dem aus dem Grundgesetz nicht entgegengehalten werden. Die Beurteilung der Angemessenheit kann sich mithin nur auf den Grad der Bedrohung beziehen und verweist damit wiederum auf die tatbestandlichen Voraussetzungen. Für diese war bereits anerkannt, dass konkrete Tatsachen die aktiv-kämpferische, aggressive Grundhaltung der Partei belegen müssen.

Vgl. zum Beleg der aktiv-kämpferischen Grundhaltung oben C II 2 [S. 199].

Wie dargelegt,

oben unter C I 1 a aa [S. 108] und 3 a [S. 131] und c [S. 134], ist dies nicht mit dem Vorliegen einer konkreten Gefahr im polizeirechtlichen Sinne zu verwechseln.

4. Anforderungen der EMRK

Wie herausgestellt,

vgl. C I 5 [S. 148],

stellt die EMRK im vorliegenden Verfahren keinen Prüfungsmaßstab dar. Die einschlägigen Menschenrechte dieses Paktes modifizieren auch nicht den Prüfungsmaßstab des Art. 21 Abs. 2 GG.

Hilfsweise sei an dieser Stelle gleichwohl dargelegt, dass ein Verbot der NPD die Vorgaben aus der Rechtsprechung des EGMR erfüllen würde. Danach ist ein Parteiverbot vor dem Maßstab des Art. 11 Abs. 2 EMRK gerechtfertigt, wenn es (1.) gesetzlich vorgeschrieben ist, (2.) einen der in Art. 11 Abs. 2 EMRK genannten legitimen Zweck verfolgt und (3.) in einer demokratischen Gesellschaft notwendig ist. Schließlich ist (4.) die Rolle des Art. 17 EMRK zu berücksichtigen, wonach Gruppierungen mit rassistischen, antisemitischen, totalitären und insbesondere nationalsozialistischen Ideologien eine Berufung auf die EMRK versagt ist.

ad (1.) Art. 21 Abs. 2 GG stellt eine den Betroffenen, d. h. den möglicherweise zu verbietenden politischen Parteien zugängliche, in ihren tatbestandlichen Voraussetzungen hinreichend bestimmte Verbotsnorm auf Verfassungsebene dar. Nach der Judikatur wären sogar Ermessenstatbestände zulässig – die konkretisierungsbedürftigen Begriffe im Verbotstatbestand sind durch die beiden Verbotsentscheidungen inzwischen hinreichend konkretisiert.

ad (2.) Als Gründe, die eine Einschränkung der menschenrechtlichen Vereinigungsfreiheit rechtfertigen können, nennt Art. 11 Abs. 2 EMRK die „nationale oder öffentliche Sicherheit", die „Aufrechterhaltung der Ordnung", die „Verhütung von Straftaten", den „Schutz der Gesundheit oder der Moral" und den „Schutz der Rechte und Freiheiten anderer". Vorliegend könnte sich ein Verbot der NPD sowohl auf die Sicherung der nationalen und öffentlichen Sicherheit, der Aufrechterhaltung der Ordnung sowie die Verhütung von Straftaten als auch den Schutz der Rechte und Freiheiten anderer stützen. Der EGMR legt dieses Tatbestandsmerkmal äußerst großzügig aus und lässt Parteiverbote daran nicht scheitern.

Näher oben unter C I 5 a bb (2) [S. 152].

ad (3.) Unter dem Merkmal der „Notwendigkeit in einer demokratischen Gesellschaft" prüft der EGMR zunächst, ob für das Parteiverbot ein „dringendes soziales Bedürfnis" besteht (a), anschließend nimmt er eine Abwägung vor zwischen den „zwingenden Gründen" für das Verbot einerseits, den Folgen des Verbots andererseits (b).

ad (a) Das „dringende soziale Bedürfnis" für ein Parteiverbot besteht nach der Straßburger Rechtsprechung, wenn entweder über die Kritik an Staat und Regierung hinaus die Demokratie als solche in Frage gestellt oder wenn Gewalt als Handlungsform nicht ausgeschlossen wird. Dies wird durch einen vierstufigen Test festgestellt:

(1.) Es ist zu prüfen, ob die politische Partei rechtmäßige und demokratische Mittel einsetzen möchte oder auch Gewalt nicht ausschließt.

Oben konnte dargelegt werden, dass die NPD angesichts ihres systemüberwindenden, selbst als „revolutionär" eingestuften Kampfs Gewalt als Mittel politischer Auseinandersetzung zumindest nicht ausschließt, sondern billigend in Kauf nimmt. Die Negierung oder Relativierung des staatlichen Gewaltmonopols in Äußerungen wie in rechtswidrigen und teilweise kriminellen Handlungen führender Parteivertreter bestätigt diese Feststellung.

(2.) Bis heute beruft sich der EGMR auf die Bestätigung der KPD-Verbotsentscheidung durch die Europäische Menschenrechtskonvention 1957, welche die Parallelität zwischen europäischem Menschenrechtsschutz und Art. 21 Abs. 2 GG anerkannt hat und auf die historischen Erfahrungen des Missbrauchs demokratischer Systeme durch totalitäre Ideologien hinweist. Dabei kommt es auch entscheidend auf die historisch-kulturellen Erfahrungen des jeweiligen Mitgliedstaats an. Für die Türkei wurde etwa ein politisches Programm, das den Rechtsstatus der Bürger nach der Religionszugehörigkeit abstuft, als mit einer „demokratischen Gesellschaft" unvereinbar befunden.

Oben konnte dargelegt werden, dass die NPD aufgrund des ihrem gesamten Programms zugrundeliegenden ethnischen Personenbegriffs Grundrechtsexklusionen bei Menschen, die ihrer Ansicht nach nicht zur „Volksgemeinschaft" gehören, fordert. Schon das allein ist nach den Maßstäben des EGMR ein Grund, um ein Parteiverbot auf die „Notwendigkeit in einer demokratischen Gesellschaft" zu stützen. Was nach deutschem Verfassungsrecht gegen die Menschenwürdegarantie des Grundgesetzes verstößt, erweist sich auf EMRK-Ebene als Rechtfertigungsgrund für ein Parteiverbot. Die Spezifika der deutschen Situation angesichts des völkisch-nationalsozialistischen Programms der NPD sprechen für sich und stützen das so gefundene Ergebnis.

(3.) Die Gründe müssen tatsachengestützt und der Partei zurechenbar sein. Auch der EGMR geht – wie in diesem Schriftsatz eingangs dargestellt –

> oben unter A I 1 [S. 46],

von der Möglichkeit struktureller Verschleierungstaktiken verfassungsfeindlicher Parteien aus. Ergeben sich die entscheidenden Verbotsgründe ohnehin explizit aus dem Parteiprogramm, steht einer Rechtfertigung eines Verbots insoweit nichts im Wege.

Äußerungen und Handlungen des Vorsitzenden und seiner Stellvertreter können regelmäßig der Partei zugerechnet werden, Äußerungen und Handlungen von Abgeordneten und Kommunalpolitikern dann, wenn sie in ihrer Gesamtschau das Nachzuweisende belegen.

Die Belege in vorliegender Antragsschrift beziehen sich zunächst in vielen Fällen auf das Parteiprogramm und programmatische Medien im Besitz der NPD; zudem werden häufig Äußerungen und Handlungen des jeweiligen Parteivorsitzenden und seiner Stellvertreter herangezogen. Sofern auf Äußerungen von Mandatsträgern, die nicht (ggf. stellvertretende) Bundes- oder Landesvorsitzende sind, zurückgegriffen wird, ergibt sich jeweils ein übereinstimmendes Gesamtbild. Es konnte gezeigt werden, dass es sich nicht um Einzeläußerungen, um „Ausrutscher" o. ä. handelt, sondern dass sich die herangezogenen Äußerungen und Handlungen als Teil einer Strategie, eines Konzepts erweisen und bei wertender Gesamtschau ein einheitliches und eindeutiges Bild ergeben.

(4.) Schließlich verlangt nach richtiger Auslegung, wie oben gezeigt werden konnte,

unter C I 5 a bb (3) (b) [S. 153]

das Rechtfertigungsprüfprogramm des EGMR für Parteiverbote ebenfalls nicht das Vorliegen einer konkreten Gefahr. Auch der Straßburger Gerichtshof betont den präventiven Charakter von Parteiverboten und hält gerade in der Frage des Zeitpunkts eines Verbots den mitgliedstaatlichen Einschätzungsspielraum hoch.

Vor allem aber sind hinsichtlich der Überprüfung eines Verbots der NPD durch das Bundesverfassungsgericht durch den EGMR die *nationalen Besonderheiten der konkreten Verbotssituation* zu berücksichtigen. Der Gerichtshof wird dabei die historische Entscheidung des Grundgesetzes für eine wehrhafte Demokratie als Antwort auf die Katastrophe des Nationalsozialismus und auf die (schein-)legale Machtergreifung 1933, als dessen Kernelement sich u. a. Art. 21 Abs. 2 GG erweist, respektieren, zumal es sich nachgewiesenermaßen um das Verbot einer Partei handelt, die eindeutig und nachhaltig die nationalsozialistische Ideologie vertritt.

ad (4.) Angesichts der nachgewiesenen rassistischen, antisemitischen und nationalsozialistischen Ideologie der Antragsgegnerin spricht schließlich auch Art. 17 EMRK – sowie die zu Art. 17 EMRK ergangene Rechtsprechung des EGMR –

vgl. C I 5 a aa [S. 149], C I 5 b [S. 160] sowie C I 4 b [S. 139],

dafür, der Antragsgegnerin die erfolgreiche Berufung auf die EMRK zu versagen. Der EGMR hat Art. 17 EMRK auf Vereinigungen angewendet, die die Freiheiten der Konvention zu Zwecken nutzen, die den Werten der Konvention entgegenstehen. Wie der EGMR festgestellt hat, widersprechen insbesondere Antisemitismus, Rassismus und totalitäre Ideologien den Zielen der Menschenrechtskonvention. Gerade im Fall der Antragsgegnerin – als einer Vereinigung mit nationalsozialistischer Ideologie – greift daher das gemeinsame, aus der historischen Erfahrung des Nationalsozialismus entstandene Motiv von Art. 21 Abs. 2 GG und Art. 17 EMRK, solchen Strömungen entgegenzuwirken, die die Freiheiten von Grundgesetz und Menschenrechtskonvention nutzen möchten, um auf die Beseitigung von Demokratie, Freiheit und Menschenrechten hinzuarbeiten.

D. Abschlussbetrachtung und Gesamtergebnis

Angesichts der Fülle der im Antrag entwickelten Argumente und des verwendeten tatsächlichen Materials erscheint es zum Abschluss angezeigt, gedanklich einen Schritt zurückzutreten und die Folgen eines Verbots noch einmal in einem größeren Zusammenhang zu reflektieren.

Rechtsextremistische fremdenfeindliche Äußerungen mögen verwerflich sein, aber sie bedrohen die Ordnung des Grundgesetzes nicht notwendig unmittelbar. Könnte selbst eine offen verfassungsfeindliche politische Betätigung, die auf die Beendigung der gesamten Ordnung des Grundgesetzes abzielt, aber diesem Ziel erkennbar noch nicht nahe gekommen ist, durch ein Parteiverbot nicht mit einer zu harten Sanktion begegnet werden? Zeigt sich die Stärke des demokratischen Rechtsstaates nicht in seiner kritischen Ignoranz gegenüber solchen politischen Aktivitäten, jedenfalls solange sie eine bestimmte Bedrohungsschwelle nicht überschritten haben? Auch wenn die Verhältnismäßigkeitsprüfung im Verfahren nach Art. 21 Abs. 2 GG allenfalls eine durch die Logik des Tatbestandes deutlich eingeschränkte Anwendung erfahren kann, ist am Ende noch einmal bilanzierend nach den für die Verfassungsordnung bestehenden Chancen und Risiken eines Verbotsausspruchs für das vorliegende Verfahren jenseits einer konkretisierenden Anwendung der Norm zu fragen.

Welches sind die *Risiken* eines Verbotsausspruchs durch das Bundesverfassungsgericht? Der Verbotsausspruch schließt nicht nur eine konkrete Organisation von einer bestimmten Form politischer Betätigung aus. Er könnte darüber hinaus auch das Spektrum legaler politischer Betätigung in einer Art und Weise verengen, die auch für eine wehrhafte Demokratie wie die des Grundgesetzes der Rechtfertigung bedarf. Insoweit steht die Entscheidung über ein Parteiverbot stets in der Gefahr, überschießende informelle Wirkungen auf die legitimen politischen Auseinandersetzungen zu haben, also den demokratischen Prozess an seinen Rändern veröden zu lassen.

Zugleich könnte der Ausspruch eines Parteiverbots für bestimmte unbedeutende politische Gebilde überdimensioniert wirken, selbst wenn diese formell den Kriterien einer verfassungsfeindlichen Ideologie und einer aggressiv-kämpferischen Grundhaltung genügten. Stellt sich ein Verbot der Antragsgegnerin im vorliegenden Fall vor dem Hintergrund dieser Einschränkungen als ein derart übertriebenes Mittel dar?

Dies ist *zum Ersten* deswegen nicht der Fall, weil die Weltanschauung der Antragsgegnerin sich, wie vorgetragen, deutlich von extrem-konservativen oder nationalistischen Positionen unterscheidet. Zwar vertritt die Antragsgegnerin viele inhaltliche Positionen, die auch von solchen legitimen politischen Bewegungen geteilt werden. Beispielhaft zu nennende politische Ziele sind eine verschärfte Ausländer- und Asylpolitik, ein Austritt aus der Europäischen Union oder eine Rückverstaatlichung von Unternehmen. Doch ist die Antragsgegnerin nicht dieser Ziele wegen als rechtsextremistisch und verfassungsfeindlich einzuordnen. Sie ist es vielmehr, weil diese Ziele aus einer rassistisch-biologistischen, der Menschenwürdegarantie zuwiderlaufenden Konzeption individueller Freiheit und politischer Selbstbestimmung hergeleitet werden, weil diese Ziele durch diese Herleitung weiter verschärft werden, beispielhaft im Umgang mit eingebürgerten deutschen Staatsangehörigen, und weil sie sich mit einer revolutionären und gewalttätigen Vorstellung von deren Umsetzung verbindet, die das Gewaltmonopol des Staates in Worten und in Taten in Frage stellt. Diese Unterschiede sind nicht nur so gravierend, sondern auch so gut erkennbar, dass ein Verbot der NPD nicht in der Gefahr steht, die offene demokratische Auseinandersetzung unbotmäßig zu beschränken.

Zum Zweiten hat sich die Antragsgegnerin keineswegs als eine in ihrer politischen Bedeutung zu vernachlässigende Organisation gezeigt. Ihre Wählerschaft erweist sich, wie die Ergebnisse auch der Bundestagswahl 2013 im Bund wie auch heruntergebrochen auf die Länder dokumentieren, als stabil. Sie ist in einzelnen Teilen der Bundesrepublik ein politisch überaus präsenter Faktor, der unterhalb des Bundes auf allen Ebenen demokratischer Gebietskörperschaften vertreten ist und das politische wie auch das gesellschaftliche Leben mitdefiniert. Bundesweit operiert die Antragstellerin als Anlauf- und Verbindungsstelle rechtsextremistischer Organisationen, mit denen sie vielfach personell und sachlich verbunden ist. Es sei noch einmal daran erinnert, dass jede der in den letzten Jahren verbotenen rechtsextremistischen Organisationen personelle Verflechtungen mit der Antragsgegnerin aufwies. Für die Glaubwürdigkeit der oben dargelegten, weitreichenden und hoch dotierten koordinierten Gesamtstrategie von Bund, Ländern und Gemeinden gegen Rechtsextremismus ist es wichtig, den Adressaten der Maßnahmen unterhalb der Ebene des Parteiverbots die Illegalität des parteipolitischen Arms des deutschen Rechtsextremismus vorführen zu können.

Schließlich steht die Antragsgegnerin auch nicht wegen finanzieller Schwäche vor dem Kollaps. Finanzielle Krisen gehören seit den Anfängen der Partei zu ihrer Normalität.

Die praktischen Implikationen des politischen Projekts der Antragsgegnerin sollen schließlich noch einmal exemplarisch vorgeführt werden.

Die Konsequenzen des von der NPD vertretenen biologistischen Volksbegriffs für ihre politische Programmatik sind *praktisch* weitreichend. Denn mit diesem Volksbegriff verbindet die Partei die politische Absicht, deutsche Staatsbürgerinnen und Staatsbürger, die ihren eigenen ethnisch-biologistischen Kriterien des Deutschtums nicht entsprechen, also namentlich eingebürgerte Deutsche mit einem Migrationshintergrund, ihrer Staatsbürgerschaft zu entkleiden, um sie anschließend gewaltsam aus dem Geltungsbereich des Grundgesetzes zu entfernen, also zu deportieren. Diese Konsequenz wird von der Partei zwar nur selten, allerdings manchmal schon, offen ausgesprochen. Sie ist in jedem Fall notwendige Konsequenz zweier als solcher unbestrittener und von der Partei offen formulierter Inhalte ihrer Programmatik:

Dies ist *zum Ersten* der ethnische Volksbegriff selbst, der im Ergebnis zwischen deutschen Staatsbürgern eine für die Partei ideologisch konstitutive Unterscheidung einzieht, indem er einem Teil der Angehörigen des deutschen Volkes dessen staatsbürgerliche Identität abspricht, um diese rückgängig machen zu können.

Dies ist *zum Zweiten* die in der Programmatik der Partei ubiquitäre Forderung, „Ausländer" aus der Bundesrepublik Deutschland zu entfernen. „Ausländer" im Sinne der NPD sind aber jedenfalls nach Erreichen ihrer politischen Ziele auch diejenigen deutschen Staatsangehörigen, die die Antragsgegnerin nicht als „echte" Deutsche anerkennt. Im Ergebnis enthält das Parteiprogramm damit das Ziel einer massenhaften Entziehung der Bürgerrechte deutscher Staatsangehöriger mit anschließender gewaltsamer Expatriierung. Diese Programmatik verstößt nicht nur gegen Art. 16 Abs. 1 Satz 1 GG, sondern betrifft, wie gezeigt, den Kern des Art. 20 Abs. 2 Satz 1 GG. In ihrer hier vorgestellten Ausformung ist sie zudem notwendig mit gewalttätigen Maßnahmen verbunden.

Da die NPD nach ihren Zielen und nach dem Verhalten ihrer Anhänger die freiheitliche demokratische Grundordnung beeinträchtigen und beseitigen will und dies durch ihre politischen Aktivitäten in aggressiv-kämpferischer Weise anstrebt, ist sie einschließlich ihrer Teilorganisationen Junge Nationaldemokraten, Ring Nationaler Frauen und Kommunalpolitische Vereinigung verfassungswidrig.

Berlin, am 1. Dezember 2013

....
(Möllers) (Waldhoff)

E. Verzeichnis der Anlagen

Anlage 1: Vollmachten

Anlage 2: Institut für Zeitgeschichte München/Berlin, Stellungnahme zur Frage der Wesensverwandtschaft von NPD und historischem Nationalsozialismus, München, 25. Februar 2013; Synopse zur Frage der Wesensverwandtschaft von NPD und historischem Nationalsozialismus[1]

Anlage 3: *Prof. Dr. Dierk Borstel*, Rechtsextremismus in Mecklenburg-Vorpommern unter besonderer Berücksichtigung der NPD. Gutachten im Rahmen des Antrags auf ein Verbot der NPD, Dortmund 2013

Anlage 4: Erklärungen der Innenminister und Innensenatoren über die Quellenfreiheit der Führungsebene der NPD sowie des Beweismaterials[2]

---

[1] Stellungnahme und Synopse sind abrufbar unter https://www.ifz-muenchen.de/vierteljahrshefte/zusatzangebote/beilagen/ (zuletzt abgerufen am 27. Juli 2020). Vgl. auch: Vierteljahreshefte für Zeitgeschichte 65 (2017), S. 619 ff.

[2] Jeder Innenminister/-senator hat zwei Erklärungen abgegeben.
Erklärung 1 lautete: „**Bestätigung betreffend die Abschaltung von Quellen auf Führungsebene zur Vorlage beim Bundesverfassungsgericht:** Mit Beschluss der Ständigen Konferenz der Innenminister und -senatoren der Länder vom 22. März 2012 haben sich Bund und Länder unter dem Tagesordnungspunkt ‚Prüfung der Erfolgsaussichten eines neuen NPD-Verbotsverfahrens' darauf verständigt, Quellen auf Führungsebene der Nationaldemokratischen Partei Deutschlands (NPD) abzuschalten. Dementsprechend bestätige ich für [Land/Behörde], dass spätestens seit dem 6. Dezember 2012 in den Vorständen der NPD und ihrer Teilorganisationen (‚Junge Nationaldemokraten', ‚Kommunalpolitische Vereinigung' und ‚Ring Nationaler Frauen') auf Bundes- und Landesebene keine Quellen im Sinne von Verdeckten Ermittlern, Under-Cover-Agents oder Vertrauenspersonen eingesetzt werden."
Erklärung 2 lautete:
„**Bestätigung betreffend die Quellenfreiheit der Beweismittel zur Vorlage bei dem Bundesverfassungsgericht:** Für [Land/Behörde] bestätige ich, dass die im Antrag des Bundesrats zur Feststellung der Verfassungswidrigkeit der Nationaldemokratischen Partei Deutschlands (NPD) vorgelegten Beweismittel nach Maßgabe ihrer Zuordnung zu einer der nachfolgenden Kategorien quellenfrei sind:
– In der Kategorie 1 befinden sich die Beweismittel, die einer Person als Autor oder Urheber inhaltlich zugeordnet werden können (z. B. Namensartikel eines NPD-Mitglieds). Diese Personen wurden von Bund und Ländern auf ihre Quelleneigenschaft überprüft. Für [Land/Behörde] bestätige ich, dass keine dieser Personen nach dem 1. Januar 2003 eine Quelle des [Land/Behörde] im Sinne von Verdeckten Ermittlern, Under-Cover-Agents oder Vertrauenspersonen war oder ist.
– In der Kategorie 2 befinden sich die Beweismittel, die einer Organisation inhaltlich zugeordnet werden können. Diese Organisationen wurden von Bund und Ländern auf den Einsatz von Quellen überprüft. Für [Behörde XY] bestätige ich, dass zu dem Zeitpunkt, als das jeweilige Beweismittel entstanden ist (Datum der Veröffentlichung oder bei Internet-Veröffentlichungen der Zeitpunkt des

Anlage 5: Bundesministerium des Innern: Zahlen zur Politisch motivierten Kriminalität im Jahr 2012, Berlin 29. April 2013 (Pressemitteilung); anonymisierte Übersicht und Statistik über strafrechtliche Verurteilungen von Bundes- und Landesvorstandsmitgliedern der NPD

Anlage 6: Arbeit, Familie, Vaterland. Das Parteiprogramm der Nationaldemokratischen Partei Deutschlands (NPD). Beschlossen auf dem Bundesparteitag am 4./5.6.2010 in Bamberg

Anlage 7: Satzung der NPD, in der vom Bundeswahlleiter übermittelten Fassung mit Stand vom 9. Januar 2012

Anlage 8: Rechenschaftsbericht der NPD aus den Jahren 2008–2011 gem. §§ 23 ff. PartG.

Anlage 9: Übersicht zu den Finanzen der NPD

Anlage 10: Übersicht über regionale Publikationen der NPD (mit Detailübersicht zu Mecklenburg-Vorpommern)

Anlage 11: Übersicht über Kontaktorganisationen der NPD im Ausland

Anlage 12: Übersicht über parlamentarische Ordnungsmaßnahmen gegen NPD-Abgeordnete in den Landtagen Mecklenburg-Vorpommern und Sachsen

Anlage 13: Bezüge und Verbindungen von NPD/JN zu verbotenen rechtsextremistischen Organisationen

Anlage 14: Übersicht über Verbote rechtsextremistischer Vereine

Anlage 15: Wahlergebnisse der NPD

Abrufs durch die Sicherheitsbehörden), in dem hierfür verantwortlichen Personenkreis (z. B. Vorstand oder Redaktion) der Organisation (z. B. Orts-, Kreis-, Landes- oder Bundesverband der NPD, JN-Stützpunkt oder Verlagsgesellschaft), der das Beweismittel inhaltlich zuzuordnen ist, von [Land/Behörde] keine Quellen im Sinne von Verdeckten Ermittlern, Under-Cover-Agents oder Vertrauenspersonen eingesetzt wurden."

2. Zustellungsverfügung des Senatsvorsitzenden

Karlsruhe, den 12.12.2013

Zweiter Senat
– Der Vorsitzende –

Nationaldemokratische Partei
Deutschlands
vert. d. d. Bundesvorsitzenden
Holger Apfel

Verfahren über den Antrag festzustellen,

1. Die Nationaldemokratische Partei Deutschlands einschließlich ihrer Teilorganisationen Junge Nationaldemokraten, Ring Nationaler Frauen und Kommunalpolitische Vereinigung ist verfassungswidrig.

2. Die Nationaldemokratische Partei Deutschlands einschließlich ihrer Teilorganisationen Junge Nationaldemokraten, Ring Nationaler Frauen und Kommunalpolitische Vereinigung wird aufgelöst.

3. Es ist verboten, Ersatzorganisationen für die Nationaldemokratische Partei Deutschlands einschließlich ihrer Teilorganisationen Junge Nationaldemokraten, Ring Nationaler Frauen und Kommunalpolitische Vereinigung zu schaffen oder bestehende Organisationen als Ersatzorganisationen fortzusetzen.

4. Das Vermögen der Nationaldemokratischen Partei Deutschlands einschließlich ihrer Teilorganisationen Junge Nationaldemokraten, Ring Nationaler Frauen und Kommunalpolitische Vereinigung wird zugunsten der Bundesrepublik Deutschland für gemeinnützige Zwecke eingezogen.

Antragsteller: Bundesrat, Leipziger Straße 3–4, 10117 Berlin,

– Bevollmächtigte: 1. Prof. Dr. Christoph Möllers,
                  2. Prof. Dr. Christian Waldhoff –

1 Anlage

Sehr geehrter Herr Apfel,

beigefügt erhalten Sie eine Ablichtung des Schriftsatzes mit dem Antrag nach Art. 21 Abs. 2 GG. Es besteht die Möglichkeit zur Stellungnahme bis zum 31. März 2014. In den nächsten Tagen werden Ihnen weitere Ablichtungen der Antragsschrift und der vom Antragsteller übersandten Anlagen übermittelt werden.

Mit freundlichen Grüßen

In Vertretung
Gerhardt
Richter des Bundesverfassungsgerichts[1]

---

[1] Zugestellt laut Zustellungsurkunde am 16.12.2013.

3. Schriftsatz der Antragsgegnerin vom 19. Dezember 2013

Rechtsanwalt Dipl.-Jur. Peter Richter, LL.M.　　　　　　Saarbrücken, den 19.12.2013

Bundesverfassungsgericht
– Zweiter Senat –
Rintheimer Querallee 11
76131 Karlsruhe

<u>2 BvB 1/13</u>

In dem Parteiverbotsverfahren

Bundesrat	g e g e n	**NPD**
Prof. Dr. Möllers, LL.M.		RA Richter, LL.M.
Prof. Dr. Waldhoff		

bestelle ich mich unter Vorlage auf mich lautender Originalvollmacht[1] für die Antragsgegnerin und bitte das Gericht höflichst darum, weiteren Schriftverkehr ausschließlich über mich zu führen.

Dipl.-Jur. Peter Richter, LL.M.
– Rechtsanwalt –

---

[1] Die entsprechende Vollmacht lag dem Schriftsatz bei.

4. Schriftsatz der Antragsgegnerin vom 30. Dezember 2013

Rechtsanwalt Dipl.-Jur. Peter Richter, LL.M.   Saarbrücken, den 30.12.2013

Bundesverfassungsgericht
– Zweiter Senat –
Rintheimer Querallee 11
76131 Karlsruhe

2 BvB 1/13

<u>Antrag auf Erlass einer einstweiligen Anordnung</u>

In dem Parteiverbotsverfahren
des Bundesrats, vertreten durch den Präsidenten, Leipziger Straße 3–4, 10117 Berlin

– Antragsteller –

Verfahrensbevollmächtigte:
1. Prof. Dr. Christoph Möllers,
2. Prof. Dr. Christian Waldhoff

gegen

die **Nationaldemokratische Partei Deutschlands**, vertreten durch den amtierenden Parteivorsitzenden

– Antragsgegnerin –

Verfahrensbevollmächtigter:
RA Dipl.-Jur. Peter Richter, LL.M.

beziehe ich mich auf die bereits bei den Akten befindliche auf mich lautende Originalvollmacht und bitte namens und im Auftrage der Antragsgegnerin um **Gewährung einstweiligen Rechtsschutzes (§ 32 BVerfGG)** mit dem **ANTRAG**,

1. den Präsidenten des Deutschen Bundestages im Wege der einstweiligen Anordnung zu verpflichten, der Antragsgegnerin die vom Bund zum 15. November 2013 zu leistende Abschlagszahlung aus der staatlichen Parteienfinanzierung entsprechend seinem Schreiben an die Antragsgegnerin vom 31. Januar 2013 in Höhe von € 303.414,05 ohne Verrechnung mit dem im Bescheid vom 26. März 2009 festgesetzten Zahlungsanspruch zu zahlen,

2. die Erstattung der notwendigen Auslagen der Antragsgegnerin in dem einstweiligen Anordnungsverfahren anzuordnen,

3. den Wert des Gegenstands der anwaltlichen Tätigkeit in dem einstweiligen Anordnungsverfahren auf € 303.414,05 festzusetzen.

Gründe:

Die Antragsgegnerin des Parteiverbotsverfahrens 2 BvB 1/13 und Antragstellerin des vorliegenden einstweiligen Anordnungsverfahrens (im Folgenden: Antragsgegnerin) begehrt die Auszahlung von Mitteln aus der staatlichen Parteienfinanzierung im Wege der einstweiligen Anordnung.

I.

Mit Schriftsatz vom 01.12.2013, welcher am 03.12.2013 bei Gericht eingegangen ist, hat der Antragsteller einen Parteiverbotsantrag gegen die Antragsgegnerin gestellt. Mit richterlicher Verfügung vom 12.12.2013 hat der erkennende Senat der Antragsgegnerin eine Abschrift der Antragsschrift – zunächst noch ohne Anlagen – zugestellt und Gelegenheit zur Stellungnahme bis zum 31.03.2014 eingeräumt. Die Antragsgegnerin hat nunmehr den Unterzeichner beauftragt und bevollmächtigt, ihre rechtlichen Interessen in dem Parteiverbotsverfahren 2 BvB 1/13 wahrzunehmen.

Bei der Vorbereitung der Verteidigung der Antragsgegnerin ergibt sich nun folgende Problematik:

Wie aus dem Verfassungsbeschwerdeverfahren 2 BvR 547/13, dessen Beiziehung im vorliegenden einstweiligen Anordnungsverfahren höchst vorsorglich **beantragt** wird, gerichtsbekannt ist, leidet die Antragsgegnerin schon seit Monaten unter existenzbedrohenden Finanzschwierigkeiten, weil der Präsident des Deutschen Bundestages die der Antragsgegnerin aus der staatlichen Parteienfinanzierung zustehenden Finanzmittel mit Rückforderungsansprüchen aus dem mittlerweile bestandskräftigen Bescheid vom 26.03.2009 verrechnet. Diese Verrechnung wurde mit Beschluss der 2. Kammer des erkennenden Senats vom 14.05.2013 einstweilen ausgesetzt; eine Verlängerung der einstweiligen Anordnung hat das Gericht jedoch mit Beschluss vom 11.11.2013 abgelehnt. Der Präsident des Deutschen Bundestages hat daraufhin die am 15.11.2013 fällige Abschlagszahlung an die Antragsgegnerin mit der Rückzahlungsforderung aus dem Bescheid vom 26.03.2009 verrechnet; die Antragsgegnerin erhält seitdem keinerlei staatliche Mittel mehr vom Präsidenten des Deutschen Bundestages.

Die Antragsgegnerin hat in der Folge beim Präsidenten des Deutschen Bundestages unverzüglich einen (weiteren) Antrag auf Stundung der Rückzahlungsforderung gestellt

<u>Glaubhaftmachung</u>: Stundungsantrag der Antragsgegnerin an den Präsidenten des Deutschen Bundestages vom 26.11.2013 samt Anlagen (**Anlage B-1**).

Hierauf erfolgte – soweit ersichtlich – überhaupt keine Reaktion von Seiten des Deutschen Bundestages; eine Stundung wurde bis heute nicht gewährt.

In Anbetracht der nach wie vor prekären Finanzlage der Antragsgegnerin sieht diese sich zum gegenwärtigen Zeitpunkt außerstande, eine sachgerechte Rechtsverteidigung im Parteiverbotsverfahren 2 BvB 1/13 zu organisieren, weshalb die Inanspruchnahme verfassungsgerichtlichen Eilrechtsschutzes geboten ist.

II.

Der Antrag auf Erlass einer einstweiligen Anordnung ist zulässig, insbesondere scheitert seine Zulässigkeit nicht daran, dass der Deutsche Bundestag bzw. sein Präsident nicht Antragsteller des Parteiverbotsverfahrens 2 BvB 1/13 ist, sondern der Bundesrat.

Sowohl Bundesrat als auch Deutscher Bundestag als auch dessen Präsident sind Organe ein und desselben Rechtsträgers, nämlich der Bundesrepublik Deutschland. Diese ist passivlegitimierter Rechtsträger des vorliegenden einstweiligen Anordnungsverfahrens und aktivlegitimierter Rechtsträger des Parteiverbotsverfahrens 2 BvB 1/13. Der Antrag auf Erlass einer einstweiligen Anordnung richtet sich mithin gegen denselben Rechtsträger, der auch am Hauptsacheverfahren beteiligt ist.

Die Frage, ob sich eine einstweilige Anordnung auch gegen am Hauptsacheverfahren nicht beteiligte Dritte richten darf, stellt sich vorliegend daher nicht.

III.

Der Antrag ist auch begründet, weil die begehrte Auszahlung der der Antragsgegnerin zustehenden Mittel aus der staatlichen Parteienfinanzierung zur Sicherstellung eines fairen Verfahrens unter dem Gesichtspunkt der prozessualen Waffengleichheit (Art. 20 Abs. 3 iVm. Art. 2 Abs. 1 GG iVm. Art. 6 EMRK) dringend geboten ist.

Nach § 32 Abs. 1 BVerfGG kann das Bundesverfassungsgericht im Streitfall einen Zustand durch einstweilige Anordnung vorläufig regeln, wenn dies zur Abwehr schwerer Nachteile, zur Verhinderung drohender Gewalt oder aus einem anderen wichtigen Grund zum gemeinen Wohl dringend geboten ist. So liegt der Fall hier.

1.

Nach der Rechtsprechung des Bundesverfassungsgerichts und des Europäischen Gerichtshofs für Menschenrechte ist der Grundsatz des fairen Verfahrens und damit verbunden der Grundsatz der prozessualen Waffengleichheit ein fundamentaler Eckpfeiler jedes Strafverfahrens. Das Bundesverfassungsgericht hat hierzu klargestellt:

> „[...] Die Institution der Strafverteidigung ist durch das Rechtsstaatsprinzip des Grundgesetzes gesichert. Der auf die Ermittlung des Sachverhalts hin angelegte Strafprozess mit seiner Aufgabe, den staatlichen Strafanspruch im Interesse des Rechtsgüterschutzes Einzelner und um der Allgemeinheit willen durchzusetzen, muss fair ausgestaltet sein (vgl. BVerfGE 57, 250 ⟨275 ff.⟩; stRspr); seine Durchführung ist mit erheblichen Belastungen und möglichen weit reichenden Folgen für den Betroffenen verbunden. Der Einzelne muss auf den Verlauf des gegen ihn geführten Verfahrens und auf dessen Ergebnis aktiv und wirkungsvoll Einfluss nehmen können. Ein rechtsstaatliches und faires Verfahren fordert ‚Waffengleichheit' zwischen den Strafverfolgungsbehörden einerseits und dem Beschuldigten andererseits.
>
> Der Beschuldigte hat deshalb ein Recht auf möglichst frühzeitigen und umfassenden Zugang zu Beweismitteln und Ermittlungsergebnissen und auf die Vermittlung der erforderlichen materiell- und prozessrechtlichen Informationen, ohne die er seine Rechte nicht wirkungsvoll wahrnehmen könnte. Die Mitwirkung eines Strafverteidigers, der dem Beschuldigten bera-

tend zur Seite steht und für diesen die ihn entlastenden Umstände zu Gehör bringt, ist für die Herstellung von ‚Waffengleichheit', abgesehen von einfach gelagerten Situationen, unentbehrlich (vgl. Rzepka, Zur Fairness im deutschen Strafverfahren, 2000, S. 397 ff.). Das Recht des Beschuldigten, sich im Strafverfahren von einem Anwalt seiner Wahl und seines Vertrauens verteidigen zu lassen, ist nicht nur durch § 137 Abs. 1 StPO und Art. 6 Abs. 3 c) MRK gesetzlich garantiert, sondern zugleich durch Art. 2 Abs. 1 GG in Verbindung mit dem Rechtsstaatsprinzip des Grundgesetzes verfassungsrechtlich verbürgt (vgl. BVerfGE 26, 66 ⟨71⟩; 34, 293 ⟨302⟩; 38, 105 ⟨111⟩; 39, 156 ⟨163⟩; 66, 313 ⟨318 f.⟩). Mit der Verankerung des Rechts auf Verteidigung im Verfassungsprinzip des rechtsstaatlichen Strafverfahrens hat das Bundesverfassungsgericht von jeher freie Wahl und Vertrauen als Voraussetzungen einer effektiven Strafverteidigung hervorgehoben (vgl. BVerfGE 66, 313 ⟨318 f.⟩; stRspr). Nur wenn der Beschuldigte auf die Verschwiegenheit seines Verteidigers zählen kann, ist die Vorbedingung für das Entstehen eines Vertrauensverhältnisses geschaffen, ohne dass eine Strafverteidigung nicht wirkungsvoll sein kann (vgl. Ackermann, Zur Verschwiegenheitspflicht des Rechtsanwalts in Strafsachen, in: Festschrift zum Hundertjährigen Bestehen des Deutschen Juristentags 1860–1960, Bd. I, S. 479, 488)."

vgl. BVerfG vom 30.03.2004, Az.: 2 BvR 1520/01 u. a., Rn. 105 f.,

Diese Grundsätze sind auf das verfassungsgerichtliche Parteiverbotsverfahren übertragbar, weil es sich dabei um ein quasi-strafrechtliches Verfahren handelt, welches teilweise den Vorschriften der Strafprozessordnung unterstellt ist (§ 47 iVm. § 38 BVerfGG). Sowohl der Angeklagte eines Strafprozesses als auch der Antragsgegner eines Parteiverbotsverfahrens muss daher sowohl personell als auch finanziell in der Lage sein, mit der Anklagebehörde bzw. dem Antragsteller eines Parteiverbotsverfahrens halbwegs auf Augenhöhe operieren und eine sachgerechte Verteidigung entwickeln und führen zu können.

Insbesondere der mittellosen Partei garantiert Art. 6 Abs. 3 lit. c EMRK die Stellung eines kostenlosen Rechtsbeistandes.

2.

Ein diesen rechtsstaatlichen Mindestanforderungen genügendes faires Verfahren kann zum gegenwärtigen Zeitpunkt aber nicht geführt werden, weil der Antragsgegnerin auf Grund ihrer desolaten finanziellen Situation zurzeit schlichtweg die monetären Mittel fehlen, um eine sachgerechte Rechtsverteidigung aufzubauen und zu führen. Die Antragsgegnerin ist aktuell nicht einmal in der Lage, die Mittel zur Finanzierung eines einzigen Bevollmächtigten aufbringen.

a)

Dass sich die Antragsgegnerin seit Monaten in einer äußersten angespannten finanziellen Lage befindet, ist aus dem Verfahren 2 BvR 547/13 gerichtsbekannt

Glaubhaftmachung: Beiziehung der Akten in dem Verfassungsbeschwerdeverfahren 2 BvR 547/13.

Seit der Entscheidung der 2. Kammer des erkennenden Senats vom 11.11.2013 ist die Lage der Antragsgegnerin noch kritischer geworden, wie sich aus dem als **Anlage B-1** vorgelegten Stundungsantrag samt Anlagen an den Präsidenten des Deutschen Bundestages vom 26.11.2013 ergibt. Dort heißt es wörtlich:

> „Nennenswerte Vermögenszuwächse des Parteivorstandes gab es im laufenden Jahr nicht. Deshalb ist der Hinweis auf die Vermögenssituation, wie in der Entwurfsfassung des Gesamtrechenschaftsberichts 2012 der NPD vorläufig und mit der Einreichung eines testierten Gesamtrechenschaftsberichts im Dezember 2013 endgültig dargestellt wird, ausreichend.
>
> Die vorhandenen Einnahmen aus Zuwendungen und staatlichen Mitteln wurden bislang im laufenden Jahr vollständig für die laufende Verwaltung und die Durchführung des Bundestagswahlkampfes verausgabt. Insofern wurden unsere Prognosen zum Jahresbeginn hinsichtlich der Einnahmen und Ausgaben bestätigt – mit einer Ausnahme: Der zum Jahresbeginn angekündigte Verbotsantrag der Länder wurde doch nicht eingereicht.
>
> Deshalb fielen auch nicht die prognostizierten Ausgaben dafür an. Damit war es dem NPD-Bundesverband überhaupt nur möglich, mit den zwei Abschlagszahlungen im Mai und August die laufenden Ausgaben zu finanzieren und auf die Nachzahlung für das Jahr 2012 und die Auszahlung der Februarrate zu verzichten.
>
> Mit der nicht ausgezahlten Novemberrate ist nun eine Situation eingetreten, in der der NPD-Bundesverband schon jetzt nicht mehr in der Lage ist, alle Zahlungsverpflichtungen zu erfüllen. Die zahlungswirksamen Verpflichtungen betragen derzeit ca. x EUR.
>
> Allen hauptamtlichen Mitarbeitern der Parteizentrale wurde gekündigt. Die Novembergehälter konnten bereits nicht vollständig ausgezahlt werden. Hinsichtlich der abzuführenden Lohnsteuer und Sozialversicherungsbeiträge wurde die Stundung bis zum 20.12.2013 beantragt.
>
> Auch eine Gerichtskostenrechnung für die 2. Instanz der Schadenersatzklage gegen den früheren Wirtschaftsprüfer L. in Höhe von ca. x EUR ist fällig; auch hier wurde eine Stundung beantragt. Eine Kopie des Urteils des Pfälzischen Oberlandesgerichts Zweibrücken, aus dem sich auch unser Schadenersatzanspruch ergibt, füge ich diesem Antrag bei (Anlage 4).
>
> Die rechtliche Verpflichtung zur Belieferung der Mitglieder der NPD mit der Monatszeitung ‚Deutsche Stimme' ist ebenso akut gefährdet, weil die monatliche Zahlung an den Verlag in Höhe von ca. x EUR derzeit aus den laufenden Einnahmen nicht zu leisten ist. Bleiben diese monatlichen Zahlungen aus, dann ist auch zeitnah, spätestens zum Beginn des Jahres 2014 mit einer Insolvenz der Deutschen Stimme Verlags GmbH zu rechnen. Den letzten vorliegenden Jahresabschluß 2011 der Deutschen Stimme Verlags GmbH füge ich diesem Antrag bei (Anlage 5)."

Nach den aktuellen Berechnungen leidet die Antragsgegnerin zurzeit unter einem **Defizit von rund €x,–**

Glaubhaftmachung: Stundungsantrag der Antragsgegnerin an den Präsidenten des Deutschen Bundestages vom 26.11.2013 samt **Anlagen (Anlage B-1).**

Allein beim Unterzeichner bestehen gegenwärtig noch offene Forderungen gegen die Antragsgegnerin in Höhe von derzeit rund **€x**. Dies wird zum Zwecke der **Glaubhaftmachung** anwaltlich versichert.

Sollte der Senat hinsichtlich der Finanzsituation der Antragsgegnerin weitere Darlegungen oder Glaubhaftmachungen für erforderlich halten, wird höflichst um entsprechenden richterlichen Hinweis gebeten.

b)

Diesem unter normalen Umständen schon existenzbedrohenden Mangel an Liquidität stehen nun noch zusätzliche und bislang nicht mit „eingepreiste" Ausgaben für das vorliegende Parteiverbotsverfahren gegenüber.

Dabei muss zunächst maßgeblich berücksichtigt werden, dass die Antragstellerseite über gleich zwei Verfahrensbevollmächtigte verfügt, die von Beruf Universitätsprofessoren sind und folglich über einen arbeitskräftigen Mitarbeiterstab verfügen. Zudem können die Bevollmächtigten des Antragstellers auf die Zuarbeit von allein 17 Inlandsgeheimdiensten sowie von einer erheblichen Zahl an Polizeibehörden und (Innen-)Ministerien zurückgreifen, welche sie mit Informationen und Beweismitteln versorgen. Zudem hat die Antragstellerseite wissenschaftliche Gutachten in Auftrag gegeben und die Antragsgegnerin im Verbotsantrag mit den entsprechenden Ergebnissen konfrontiert.

Während auf Antragstellerseite also der gesamte und mit nahezu unbegrenzten finanziellen Mitteln ausgestattete Staatsapparat steht, muss die Antragsgegnerin in einem Superwahljahr mit einer Europawahl, drei Landtagswahlen und zahlreichen Kommunalwahlen mit leeren Kassen um ihre nackte Existenz kämpfen. Um angesichts dieser äußerst ungleichen Ausgangssituation auch nur halbwegs prozessuale Waffengleichheit herzustellen, benötigt die Antragsgegnerin mindestens folgende „Grundausstattung":

- Wenn die Antragstellerseite von zwei Universitätsprofessoren mit entsprechenden Mitarbeiterstäben vertreten wird, dann muss sich die Antragsgegnerin zur Sicherung hinreichenden juristischen Sachverstands und zur Gewährleistung einer angemessenen Arbeitsteilung von **drei Bevollmächtigten** vertreten lassen können. Bedenkt man, dass die Vertretung der Antragsgegnerin im vorliegenden Verbotsverfahren die Kapazitäten einer durchschnittlichen Anwaltskanzlei komplett auslasten wird und zudem mit einer ganz erheblichen Stigmatisierung in der Öffentlichkeit verbunden sein wird, dürften die monatlichen Kosten und Auslagen für alle drei Bevollmächtigten insgesamt mit um die € 30.000,- zu veranschlagen sein.

- Für die Sichtung, Auswertung und inhaltliche Überprüfung der umfangreichen Beweismittel, zu deren Zusammenstellung der Antragsteller trotz des ihm zur Verfügung stehenden gigantischen Bürokratieapparates mehr als ein Jahr gebraucht hat, wird die Antragsgegnerin zusätzliche **hauptamtliche Mitarbeiter** einstellen müssen, weil eine Bewältigung des insoweit anstehenden Arbeitsaufkommens allein mit ehrenamtlichen Helfern schlichtweg nicht darstellbar ist. Hierfür dürften nochmals monatliche Kosten in Höhe von rund € 10.000,- entstehen.

- Der Aufbau einer Verteidigungsstrategie wird in ganz erheblichem Umfange die Notwendigkeit zur Durchführung persönlicher Unterredungen sowohl zwischen dem Bevollmächtigten und der Antragsgegnerin als auch zwischen den Funktionären der Antragsgegnerin untereinander mit sich bringen, was wiederum ein beträchtliches Maß an Reisekosten verursachen wird. Für **Reise- und Übernachtungskosten** müssen daher nochmals rund € 6.000,- monatlich in Rechnung gestellt werden. Da Reisekosten derzeit von der Antragsgegnerin überhaupt nicht erstattet werden können, besteht gerade in diesem Punkt dringender Handlungsbedarf.

- Die Antragsgegnerin wird im vorliegenden Verbotsantrag mit soziologischen Gutachten konfrontiert, zu deren Auswertung sowohl den Funktionären und Aktivisten der Antragsgegnerin als auch ihrem Bevollmächtigten die notwendigen Fachkenntnisse fehlen. Die Antragsgegnerin wird daher auf externen Sachverstand angewiesen sein, welcher jedoch wiederum erhebliche Geldsummen verschlingen wird. Dies vor allem auch deshalb, weil es für die Antragsgegnerin äußerst schwer werden wird, überhaupt einen Gutachter zu finden, der sich von ihr beauftragen lassen wird. Selbst wenn dies gelingen sollte, wird ein betreffender Gutachter zweifelsohne die mit einer Arbeit für die NPD zwangsläufig verbundene „Unbill" in sein Honorar „einpreisen", sodass für **Gutachtentätigkeit** wiederum monatlich Ausgaben von um die € 2.000,– verbunden sind.

- Schließlich wird das Verbotsverfahren gerade die Parteizentrale sowohl personell als auch ressourcentechnisch ganz erheblich belasten, sodass an zusätzlichen **Büro- und Kopierkosten** im Monat nochmals etwa € 2.000,– zu veranschlagen sein dürften.

Aus den vorstehenden Überlegungen folgt ein Finanzbedarf der Antragsgegnerin von mindestens € 50.000,– im Monat, also **rund € 150.000 im Quartal allein für die Bewältigung des Verbotsverfahrens**. Dabei sind die Ausgaben für die anstehenden Europa- Landtags- und Kommunalwahlkämpfe noch gar nicht berücksichtigt. Diese müssen aber gleichwohl mit bedacht werden, denn trotz des Verbotsverfahrens muss die Antragsgegnerin immer noch in der Lage sein, ihrem grundgesetzlichen Auftrag auf Mitwirkung bei der politischen Willensbildung des Volkes nachkommen zu können. Würden der Antragsgegnerin allein diejenigen Mittel zu Verfügung gestellt, die sie zur reinen Rechtsverteidigung benötigt, würde ihre politische Tätigkeit zum Erliegen kommen und sie wäre schon während des eigentlichen Verbotsverfahrens einem faktischen Parteiverbot ausgesetzt.

Die von der Antragsgegnerin aktuell benötigten Mittel belaufen sich somit unter Berücksichtigung des gegenwärtig ohnehin schon bestehenden Defizits in etwa auf die gesamte Höhe der November-Abschlagszahlung, also auf **rund € 300.000,–**.

c)

Wägt man die vorliegend zu berücksichtigenden Interessen der Beteiligten gegeneinander ab, so kommt man zu dem Ergebnis, dass der Herstellung prozessualer Waffengleichheit zwischen dem Antragsteller und der Antragsgegnerin des Parteiverbotsverfahrens 2 BvB 1/13 im Interesse der Gewährleistung eines fairen Verfahrens höheres Gewicht zukommt, als dem Interesse des Präsidenten des Deutschen Bundestages an der Realisierung einer Rückzahlungsforderung, deren inhaltliche Berechtigung immer noch nicht abschließend geklärt ist, vielmehr gegen das letztinstanzliche Urteil des BVerwG vom 12.12.2012 eine nach Auffassung der zuständigen Kammer des erkennenden Senats weder offensichtlich unzulässige noch offensichtlich unbegründete Verfassungsbeschwerde erhoben wurde

vgl. BVerfG vom 14.05.2013, Az.: 2 BvR 547/13, Rn. 8 f., zitiert nach www.bverfg.de.

Zudem hat die 2. Kammer des erkennenden Senats in ihrer Entscheidung vom 14.05.2013 zutreffend darauf hingewiesen, dass eine Forderungsrealisierung wegen der Möglichkeit der Verrechnung mit zukünftigen Abschlagszahlungen nicht gefährdet ist

vgl. BVerfG vom 14.05.2013, Az.: 2 BvR 547/13, Rn. 10, zitiert nach www.bverfg.de.

Die gemäß § 32 Abs. 1 BVerfGG vorzunehmende Folgenabwägung hat das Gericht daher schon im Verfahren 2 BvR 547/13 zu Gunsten der Antragsgegnerin antizipiert.

d)

Aus der Ablehnung der Wiederholung der einstweiligen Anordnung vom 14.05.2013 mit Beschluss vom 11.11.2013 ergibt sich mit Blick auf das vorliegende einstweilige Rechtsschutzverfahren nichts anderes. Die Wiederholung der einstweiligen Anordnung wurde in dem Verfassungsbeschwerdeverfahren 2 BvR 547/13 nämlich nicht etwa deshalb abgelehnt, weil der Antragsgegnerin keine schweren Nachteile drohen würden, sondern allein weil der sowohl im Verfassungsbeschwerdeverfahren als auch im verfassungsgerichtlichen Eilrechtsschutz im Zusammenhang eines Verfassungsbeschwerdeverfahrens geltende Grundsatz der Subsidiarität eine vorherige Anrufung der Verwaltungsgerichte erforderlich mache.

Diese Überlegung greift im Rahmen des vorliegenden Parteiverbotsverfahrens aber schon deshalb nicht Platz, weil der genannte Subsidiaritätsgrundsatz ausschließlich auf das Verfassungsbeschwerdeverfahren beschränkt ist und im Parteiverbotsverfahren keine Gültigkeit hat. Dieses Ergebnis ist auch dogmatisch stimmig, weil die Ausgangslage im Verfassungsbeschwerdeverfahren einerseits und im Parteiverbotsverfahren andererseits jeweils eine völlig andere ist.

Im Verfassungsbeschwerdeverfahren wird der Beschwerdeführer selbst aktiv und begehrt im Rahmen eines im Zusammenhang mit einem Verfassungsbeschwerdeverfahren angestrengten einstweiligen Anordnungsverfahrens eine staatliche Leistung. Der Beschwerdeführer ist es also, der „etwas will", weswegen es ihm zuzumuten ist, zunächst den fachgerichtlichen Rechtsschutz auszuschöpfen, um sein Rechtsziel zu erreichen. Verfassungsgerichtlicher Rechtsschutz wird von daher nur subsidiär gewährt.

Völlig anders verhält es sich hingegen im Parteiverbotsverfahren. Hier ist es der Staat, der in einem quasi-strafrechtlichen Verfahren das Verbot einer politischen Partei erstrebt und dem seinerseits die Verpflichtung obliegt, ein rechtsstaatliches und faires, insbesondere dem Grundsatz der Waffengleichheit genügendes Gerichtsverfahren zu gewährleisten. Unter diesem Gesichtspunkt ist es im Parteiverbotsverfahren also der Staat, der „etwas will", und folglich auch die entsprechenden Rahmenbedingungen zu schaffen hat, wie beispielsweise die Ausstattung des Antragsgegners mit den zur Führung einer sachgerechten Verteidigung erforderlichen finanziellen Mitteln. Mithin besteht im Parteiverbotsverfahren kein Raum, die Antragsgegnerin unter Subsidiaritätsgesichtspunkten an die Verwaltungsgerichte zu verweisen.

3.

Nach alledem ist der Präsident des Deutschen Bundestages antragsgemäß anzuweisen, die der Antragsgegnerin zustehende Novemberrate aus der staatlichen Parteienfinanzierung in voller Höhe auszuzahlen.

IV.

Gemäß § 34a Abs. 3 BVerfGG entspricht es der Billigkeit, die Erstattung der notwendigen Auslagen der Antragsgegnerin in dem einstweiligen Anordnungsverfahren aus der Bundeskasse anzuordnen.

V.

Der Wert des Gegenstands der anwaltlichen Tätigkeit dürfte in Anbetracht der Höhe der geltend gemachten Forderung und vor dem Hintergrund der ganz erheblichen existenziellen Bedeutung, welche die verfahrensgegenständliche November-Abschlagszahlung für die Antragsgegnerin hat, mit € 303.414,05 zu bemessen sein (§ 37 Abs. 2 Satz 2, § 14 Abs. 1 RVG).

VI.

Sollte das Gericht weiteren Sachvortrag oder weitere Glaubhaftmachungen für erforderlich halten, wird vorsorglich um entsprechenden richterlichen Hinweis gebeten.

Des Weiteren weist der Unterzeichner darauf hin, dass eine inhaltliche Auseinandersetzung mit dem vorliegenden Verbotsantrag und die Fertigung einer Erwiderungsschrift im Hauptsacheverfahren 2 BvB 1/13 erst möglich ist, nachdem die Zahlungsfähigkeit der Antragsgegnerin wiederhergestellt wurde. Das Gericht wird um Verständnis gebeten, dass der Unterzeichner gerade in einem so überaus umfangreichen und seine Kanzlei daher vollständig auslastenden Verfahren erst tätig werden kann, nachdem seine Finanzierung gewährleistet ist. Ein Tätigwerden zum „Nulltarif" verbietet sich schon wegen § 49b Abs. 1 Satz 1 BRAO.

Dipl.-Jur. Peter Richter, LL.M.
– Rechtsanwalt –

5. Berichterstatterschreiben vom 7. Januar 2014

Bundesverfassungsgericht   Karlsruhe, den 07.01.2014
Zweiter Senat
– Der Berichterstatter –

Herrn Rechtsanwalt
Dipl.-Jur. Peter Richter, LL.M.

Parteiverbotsverfahren NPD;
Antrag auf Erlass einer einstweiligen Anordnung vom 30. Dezember 2013

Sehr geehrter Herr Rechtsanwalt,

den Antrag, den Präsidenten des Deutschen Bundestages im Wege der einstweiligen Anordnung zu verpflichten, der Antragsgegnerin die zum 15. November 2013 zu leistende Abschlagszahlung aus der staatlichen Parteienfinanzierung in Höhe von 303.414,05 € zu zahlen, dürfte keine Aussicht auf Erfolg haben.

Dem Erlass einer einstweiligen Anordnung steht wohl bereits entgegen, dass die gemäß § 20 Abs. 1 Satz 3 PartG zum 15. November 2013 zu zahlende Abschlagszahlung durch Verrechnung erloschen sein dürfte (§ 31a Abs. 3 Satz 2 PartG i. V. m. § 389 BGB). Darüber hinaus ist die Stundung der Zahlungsverpflichtung mit der Folge, dass für die Dauer der Stundung die Verrechnungslage entfallen würde, auf dem Verwaltungsrechtsweg durchzusetzen (vgl. BVerfG, Beschluss der 2. Kammer des Zweiten Senats vom 11. November 2013 – 2 BvR 547/13 –, juris, Rn. 7 f.). Zudem steht die Stundung in keinem Zusammenhang mit der für Art. 21 Abs. 2 GG relevanten Frage der Verfassungswidrigkeit der Antragsgegnerin soweit sich die Antragsgegnerin aufgrund ihrer finanziellen Situation zu einer sachgerechten Rechtsverteidigung im Parteiverbotsverfahren außerstande sieht, dürfte dem im Wege der Prozesskostenhilfe zu begegnen sein (vgl. BVerfGE 81, 347 ⟨356 f.⟩; 92, 122 ⟨124⟩).

Ich gebe Ihnen Gelegenheit, zu überdenken, ob Sie an dem Antrag auf Erlass einer einstweiligen Anordnung festhalten wollen. Ihrer Antwort sehe ich innerhalb von zwei Wochen ab Erhalt dieses Schreibens entgegen.

Mit freundlichen Grüßen

Gerhardt
Richter des Bundesverfassungsgerichts

6. Schriftsatz der Antragsgegnerin vom 17. Januar 2014

Rechtsanwalt Dipl.-Jur. Peter Richter, LL.M.   Saarbrücken, den 17.01.2014

Bundesverfassungsgericht
- Zweiter Senat -
Rintheimer Querallee 11
76131 Karlsruhe

2 BvB 1/13

in dem einstweiligen Anordnungsverfahren
im Rahmen
des Parteiverbotsverfahren

Bundesrat   gegen   **NPD**
Prof. Dr. Möllers, LL.M.   RA Richter, LL.M.
Prof. Dr. Waldhoff

bedankt sich der Unterzeichner für den Hinweis des Herrn Berichterstatters vom 07.01.2014 und teilt mit, dass der unter dem 30.12.2013 gestellte Antrag auf Erlass einer einstweiligen Anordnung ausdrücklich **aufrechterhalten** und hiermit **erweitert** wird. Es wird nunmehr **beantragt**,

1. den Präsidenten des Deutschen Bundestages im Wege der einstweiligen Anordnung zu verpflichten, der Antragsgegnerin die vom Bund zum 15. November 2013 zu leistende Abschlagszahlung aus der staatlichen Parteienfinanzierung entsprechend seinem Schreiben an die Antragsgegnerin vom 31. Januar 2013 in Höhe von € 303.414,05 ohne Verrechnung mit dem im Bescheid vom 26. März 2009 festgesetzten Zahlungsanspruch zu zahlen,

hilfsweise: den Präsidenten des Deutschen Bundestages im Wege der einstweiligen Anordnung zu verpflichten, der Antragsgegnerin die vom Bund zum 15. Februar 2014 zu leistende und vom Präsidenten des Deutschen Bundestages noch zu beziffernde Abschlagszahlung aus der staatlichen Parteienfinanzierung ohne Verrechnung mit dem im Bescheid vom 26. März 2009 festgesetzten Zahlungsanspruch zu zahlen,

höchsthilfsweise: das Hauptsacheverfahren 2 BvB 1/13 auszusetzen, bis der Bundesgesetzgeber die Vergütungsregelungen für den im verfassungsgerichtlichen Parteiverbotsverfahren tätig werdenden Rechtsanwalt in § 37 Abs. 1 Nr. 2 RVG in Verbindung mit Teil 4 Abschnitt 1 Unterabschnitt 3 VV-RVG durch eine verfassungskonforme Regelung ersetzt hat,

2. die Erstattung der notwendigen Auslagen der Antragsgegnerin in dem einstweiligen Anordnungsverfahren anzuordnen,

3. den Wert des Gegenstands der anwaltlichen Tätigkeit in dem einstweiligen Anordnungsverfahren auf € 303.414,05 festzusetzen.

<u>Gründe</u>:

Die diesseitig gesellten Anträge sind zulässig und begründet.

1.

Soweit der Herr Berichterstatter darauf verweist, die Frage der Stundung der Zahlungsverpflichtung aus dem Bescheid des Präsidenten des Deutschen Bundestages vom 26.03.2009 stehe in keinem Zusammenhang mit der Frage der behaupteten Verfassungswidrigkeit der Antragsgegnerin und abgelehnte Stundungsanträge seien im Verwaltungsrechtsweg weiter zu verfolgen, greift dies nach hiesiger Auffassung zu kurz. Wie in der diesseitigen Antragsschrift des einstweiligen Anordnungsverfahrens eingehend dargelegt wurde, sieht die Antragsgegnerin des Hauptsacheverfahrens in der vom Präsidenten des Deutschen Bundestages vorgenommenen Verrechnung eine unzulässige Doppelstrategie dergestalt, dass die Antragsgegnerin einerseits durch das BVerfG im Hauptsacheverfahren 2 BvB 1/13 verboten werden soll, man ihr aber gleichzeitig schon während des laufenden Verfahrens die nötigen finanziellen Mittel entziehen will, um sich vor Gericht adäquat verteidigen und in den bevorstehenden Wahlkämpfen politisch operativ tätig werden zu können. Damit soll ganz offensichtlich das auch medial flankierte faktische Verbot der Antragsgegnerin schon während des laufenden Verbotsverfahrens ins Werk gesetzt werden.

Eine solche Vorgehensweise ist jedoch mit dem Grundsatz des fairen Verfahrens nicht zu vereinbaren. Wenn der Antragsgegnerin durch rechtlich zweifelhafte Verrechnungen des Präsidenten des Deutschen Bundestages die finanziellen Mittel zur Führung einer angemessenen Rechtsverteidigung entzogen werden, dann ist dieser die Fairness des vorliegenden Hauptsacheverfahrens gefährdende Umstand vom erkennenden Senat zu klären und nicht von der Verwaltungsgerichtsbarkeit, denn es handelt es sich um eine spezifische, auf das Hauptsacheverfahren 2 BvB 1/13 bezogene verfassungsrechtliche und nicht um eine verwaltungsrechtliche Problematik.

2.

Der Verweis des Herrn Berichterstatters auf die Möglichkeit der Beantragung von Prozesskostenhilfe dürfte sich in der Praxis gleich in zweierlei Hinsicht als undurchführbar erweisen.

a)

Zunächst dürfte im Parteiverbotsverfahren eine Gewährung von Prozesskostenhilfe schon deshalb ausscheiden, weil es sich um ein quasi-strafrechtliches Verfahren handelt, welches gebührenrechtlich gemäß § 37 Abs. 1 Nr. 2 RVG wie ein strafprozessuales Revisionsverfahren zu behandeln ist. Im Strafprozess gibt es für den Angeklagten aber keine Prozesskostenhilfe, sondern allenfalls eine Beiordnung eines notwendigen Verteidigers. Aus diesem Grund hat der erkennende Senat auch den Gegenstandswertfestsetzungsantrag von Rechtsanwalt Horst Mahler im ersten NPD-Verbotsverfahren mit Beschluss vom 08.06.2004 abgelehnt, weil vor dem Hintergrund der seinerzeit geltenden ähnlichen Rechtslage nach der BRAGO (Parteiverbotsverfahren als erstinstanzliches Strafverfahren vor dem OLG) kein Bedürfnis für die Festsetzung eines Gegenstandswerts bestehe

vgl. BVerfG vom 08.06.2004, Az.: 2 BvB 1/01 u. a. mit Sondervotum Gerhardt.

b)

Kommt die vom Herrn Berichterstatter angesprochene Gewährung von Prozesskostenhilfe somit schon aus rechtsdogmatischen Gründen nicht in Betracht, sondern allenfalls eine „Beiordnung als notwendiger Verteidiger", stellt sich das weitere Problem, dass die gemäß § 37 Abs. 1 Nr. 2 RVG für das Parteiverbotsverfahren geltenden Vergütungsvorschriften derart astronomisch niedrig sind, dass eine auch nur ansatzweise kostendeckende Tätigkeit eines Rechtsanwalts schlechthin ausgeschlossen ist. Deshalb dürfte von der Verfassungswidrigkeit des § 37 Abs. 1 Nr. 2 RVG wegen Verstoßes gegen Art. 12 Abs. 1 GG auszugehen sein. Im Einzelnen:

Ein vom BVerfG im Parteiverbotsverfahren auf Antragsgegnerseite „beigeordneter notwendiger Verteidiger" würde voraussichtlich folgende Gebühren erhalten:

Geb. Nr.	Satz	Bezeichnung	Gebühr
4100		Grundgebühr	€ 160,00
4130		Verfahrensgebühr („Revision"}	€ 492,00
4132	5	Terminsgebühr je Hauptverhandlungstag	€ 1.360,00
7002		Pauschale für Entgelte für Post- und Telekommunikationsdienstleistungen	€ 20,00
		Gesamtsumme	**€ 2.032,00**

vgl. zur Berechnung der Gebühren im Einzelnen auch Burhoff, in: Gerold/Schmidt, RVG, 21. Auflage 2013, § 37 Rn. 4 ff.

Es dürfte allen Beteiligten unmittelbar einleuchten, dass es völlig ausgeschlossen ist, ein derart umfangreiches, langwieriges und rechtlich komplexes Verfahren wie ein verfassungsprozessuales Parteiverbotsverfahren, welches die Kapazitäten einer mittleren Anwaltskanzlei vollständig auslastet und dem sachbearbeitenden Rechtsanwalt ggfs. über mehrere Jahre hinweg ein Tätigwerden im Rahmen sonstiger Mandate nahezu unmöglich macht, auf der Basis einer Gesamtnettovergütung von rund € 2.000,– zu bearbeiten, schon gar nicht, wenn auf Antragsgegnerseite die NPD steht und auf Antragstellerseite zwei Universitätsprofessoren auftreten, deren Gesamtnettovergütung erheblich höher ausfallen dürfte.

Da sich zu diesen Konditionen unzweifelhaft kein Rechtsanwalt beiordnen lassen wird, stünde die Antragsgegnerin im Hauptsacheverfahren ohne rechtsanwaltliche Hilfe da, da sie sich einen „Wahlverteidiger" – geschweige denn die an sich benötigten drei Bevollmächtigten – unstreitig nicht leisten kann. Auf dieser Grundlage kann aber ein dem Fair-Trial-Grundsatz genügendes Parteiverbotsverfahren nicht durchgeführt werden.

3.

Nach alledem verbleiben nach diesseitiger Rechtsauffassung nur zwei Möglichkeiten, die prozessuale Waffengleichheit zwischen Antragsteller und Antragsgegnerin im Hauptsacheverfahren 2 BvB 1/13 herzustellen: Entweder wird dem diesseitigen einstweiligen Anordnungsantrag stattgegeben und die Antragsgegnerin mit den zur Organisation ihrer Rechtsverteidigung erforderlichen monetären Mitteln ausgestattet oder es müsste tatsächlich die „Beiordnung eines notwendigen Verteidigers" erfolgen, die jedoch zum gegenwärtigen Zeitpunkt ausgeschlossen ist, weil sich in Anbetracht der verfassungswidrig niedrigen Vergütungsvorschriften kein vertretungsbereiter Rechtsanwalt finden wird. Das Verfahren wäre in diesem Fall daher so lange auszusetzen, bis der Bundesgesetzgeber verfassungskonforme Regelungen für die Rechtsanwaltsvergütung im verfassungsgerichtlichen Parteiverbotsverfahren aufgestellt hat.

Dabei kommt es in der ersten Variante (Freigabe der vom Präsidenten des Deutschen Bundestages einbehaltenen Mittel) auch nicht darauf an, ob man die November-Rate mit der Rechtsansicht des Herrn Berichterstatters als durch Aufrechnung erloschen ansieht, eine Aufrechnung wegen § 242 BGB analog iVm. Art. 2 Abs. 1, Art. 20 Abs. 3 GG iVm. Art. 6 EMRK als treuwidrig und damit als unzulässig und wirkungslos ansieht, oder ob man von vornherein davon ausgeht, dass die eigentliche Forderung der Antragsgegnerin gegen die Bundesrepublik Deutschland aus der staatlichen Parteienfinanzierung erst mit der endgültigen Mittelfestsetzung im Folgejahr (hier: 2014) entsteht und folglich erst dann durch Aufrechnung untergehen kann. Denn selbst wenn die November-Forderung tatsächlich erloschen sein sollte, wäre eben stattdessen jedenfalls die Februar-Rate – ggfs. vorzeitig – auszuzahlen. Dies wird mit dem ersten Hilfsantrag auch ausdrücklich geltend gemacht.

Alternativ ist das Hauptsacheverfahren 2 BvB 1/13 auszusetzen, bis die Vergütung eines im Parteiverbotsverfahren tätig werdenden Rechtsanwalts in verfassungskonformer Weise geregelt worden ist. Hier wäre dann der Bundesgesetzgeber zum zeitnahen Tätigwerden berufen.

4.

Nach alledem ist wie beantragt zu entscheiden.

Dipl.-Jur. Peter Richter, LL.M.
– Rechtsanwalt –

7. Beschluss vom 28. Januar 2014

BUNDESVERFASSUNGSGERICHT
– 2 BvB 1/13 –

IM NAMEN DES VOLKES

In dem Verfahren
über
den Antrag

1. festzustellen, dass die Nationaldemokratische Partei Deutschlands einschließlich ihrer Teilorganisationen Junge Nationaldemokraten, Ring Nationaler Frauen und Kommunalpolitische Vereinigung, verfassungswidrig ist,

2. die Nationaldemokratische Partei Deutschlands einschließlich ihrer Teilorganisationen Junge Nationaldemokraten, Ring Nationaler Frauen und Kommunalpolitische Vereinigung aufzulösen,

3. festzustellen, dass es verboten ist, Ersatzorganisationen für die Nationaldemokratische Partei Deutschlands einschließlich ihrer Teilorganisationen Junge Nationaldemokraten, Ring Nationaler Frauen und Kommunalpolitische Vereinigung zu schaffen oder bestehende Organisationen als Ersatzorganisationen fortzusetzen,

4. das Vermögen der Nationaldemokratischen Partei Deutschlands einschließlich ihrer Teilorganisationen Junge Nationaldemokraten, Ring Nationaler Frauen und Kommunalpolitische Vereinigung zugunsten der Bundesrepublik Deutschland für gemeinnützige Zwecke einzuziehen,

Antragsteller: Bundesrat,
vertreten durch den Präsidenten des Bundesrates,
Leipziger Straße 3–4, 10117 Berlin,

– Bevollmächtigte: 1. Prof. Dr. Christoph Möllers,
c/o Bundesrat, Leipziger Straße 3–4, 10117 Berlin,
2. Prof. Dr. Christian Waldhoff,
c/o Bundesrat, Leipziger Straße 3–4, 10117 Berlin –

C. Das zweite NPD-Verbotsverfahren (2013–2017)

Antragsgegnerin: Nationaldemokratische Partei Deutschlands, vertreten durch den amtierenden Bundesvorsitzenden Udo Pastörs, Seelenbinderstraße 42, 12555 Berlin,

– Bevollmächtigter: Rechtsanwalt Dipl.-Jur. Peter Richter, LL.M. –

hier: Antrag auf Erlass einer einstweiligen Anordnung, hilfsweise auf Aussetzung des Verfahrens

hat das Bundesverfassungsgericht – Zweiter Senat –
unter Mitwirkung der Richterinnen und Richter
Präsident Voßkuhle,
Lübbe-Wolff,
Gerhardt,
Landau,
Huber,
Hermanns,
Müller,
Kessal-Wulf

am 28. Januar 2014 beschlossen:

Der Antrag auf Erlass einer einstweiligen Anordnung, hilfsweise auf Aussetzung des Verfahrens, wird abgelehnt.

Gründe:

Die Antragsgegnerin begehrt eine einstweilige Anordnung, mit der der Präsident des Deutschen Bundestages verpflichtet wird, Abschlagszahlungen aus der staatlichen Parteienfinanzierung auszuzahlen.

I.

Der Antragsteller beantragte unter dem 1. Dezember 2013 die Feststellung, dass die Antragsgegnerin verfassungswidrig im Sinne des Art. 21 Abs. 2 GG ist. Mit dem Antrag auf Erlass einer einstweiligen Anordnung will die Antragsgegnerin erreichen, dass ihr der Präsident des Deutschen Bundestages Abschläge aus der staatlichen Parteienfinanzierung auszahlt, anstatt diese mit einem Erstattungsanspruch aufgrund eines unrichtigen Rechenschaftsberichts der Antragsgegnerin zu verrechnen (zum Hintergrund vgl. BVerfG, Beschlüsse der 2. Kammer des Zweiten Senats vom 14. Mai 2013 – 2 BvR 547/13 –, NVwZ-RR 2013, S. 625, und vom 11. November 2013 – 2 BvR 547/13 –, juris). Der Erlass der begehrten einstweiligen Anordnung sei erforderlich, weil die Antragsgegnerin nicht in der Lage sei, die Mittel zur Finanzierung eines Prozessbevollmächtigten aufzubringen. Eine dem Grundsatz des fairen Verfahrens entsprechende sachgerechte Rechtsverteidigung im Parteiverbotsverfahren sei damit ausgeschlossen.

Die Antragsgegnerin beantragt,

den Präsidenten des Deutschen Bundestages im Wege der einstweiligen Anordnung zu verpflichten, der Antragsgegnerin die vom Bund zum 15. November 2013 zu leistende Abschlagszahlung aus der staatlichen Parteienfinanzierung entsprechend seinem Schreiben an die Antragsgegnerin vom 31. Januar 2013 in Höhe von 303.414,05 Euro ohne Verrechnung mit dem im Bescheid vom 26. März 2009 festgesetzten Zahlungsanspruch zu zahlen,

hilfsweise: den Präsidenten des Deutschen Bundestages im Wege der einstweiligen Anordnung zu verpflichten, der Antragsgegnerin die vom Bund zum 15. Februar 2014 zu leistende und vom Präsidenten des Deutschen Bundestages noch zu beziffernde Abschlagszahlung aus der staatlichen Parteienfinanzierung ohne Verrechnung mit dem im Bescheid vom 26. März 2009 festgesetzten Zahlungsanspruch zu zahlen,

höchst hilfsweise: das Hauptsacheverfahren auszusetzen, bis der Bundesgesetzgeber die Vergütungsregelungen für den im verfassungsgerichtlichen Parteiverbotsverfahren tätig werdenden Rechtsanwalt in § 37 Abs. 1 Nr. 2 RVG in Verbindung mit Teil 4, Abschnitt 1, Unterabschnitt 3 VV-RVG durch eine verfassungskonforme Regelung ersetzt hat.

II.

Der Antrag auf Erlass einer einstweiligen Anordnung hat keinen Erfolg.

1. Nach § 32 Abs. 1 BverfGG kann das Bundesverfassungsgericht im Streitfall einen Zustand durch einstweilige Anordnung vorläufig regeln, wenn dies zur Abwehr schwerer Nachteile, zur Verhinderung drohender Gewalt oder aus einem anderen wichtigen Grund zum gemeinen Wohl dringend geboten ist. Eine einstweilige Anordnung kann danach unter anderem dann erlassen werden, wenn sie notwendig ist, um die Effektivität der künftigen Entscheidung in der Hauptsache zu sichern, insbesondere den Eintritt irreversibler Zustände zu verhindern (vgl. BverfGE 42, 103 ⟨119⟩). Wegen der meist weittragenden Folgen, die eine einstweilige Anordnung in einem verfassungsgerichtlichen Verfahren auslöst, ist bei der Prüfung der Voraussetzungen des § 32 Abs. 1 BverfGG ein strenger Maßstab anzulegen (vgl. BverfGE 87, 107 ⟨111⟩; 93, 181 ⟨186⟩; stRspr).

2. Danach ist für den Erlass einer einstweiligen Anordnung hier kein Raum. Die Rechtmäßigkeit der Verrechnung des Erstattungsanspruchs des Präsidenten des Deutschen Bundestages mit den Abschlagszahlungen an die Antragsgegnerin gemäß § 31a Abs. 3 Satz 2 PartG steht in keinem Zusammenhang mit dem Parteiverbotsverfahren und ist zunächst auf dem Verwaltungsrechtsweg zu klären (vgl. BVerfG, Beschluss der 2. Kammer des Zweiten Senats vom 11. November 2013 – 2 BvR 547/13 –, juris, Rn. 7). Soweit sich die Antragsgegnerin aufgrund der Verrechnung der Abschlagszahlungen zu einer sachgerechten Rechtsverteidigung außerstande sieht, ist dem im Wege der Prozesskostenhilfe (vgl. BVerfGE 81, 347 ⟨356 f.⟩; 92, 122 ⟨124⟩) oder durch eine entsprechende Anwendung der Regelungen über die notwendige Verteidigung im Strafprozess (§§ 140 ff. StPO) zu begegnen. Auf einen entsprechenden Antrag hin wird der Senat da-

C. Das zweite NPD-Verbotsverfahren (2013–2017)

rüber zu befinden haben, ob und gegebenenfalls auf welche Weise etwaigen Unzulänglichkeiten der Rechtsanwaltsvergütung im Parteiverbotsverfahren, wie sie von der Antragsgegnerin zur Begründung ihres Aussetzungsantrags geltend gemacht werden, Rechnung zu tragen sein könnte.

3. Für eine Aussetzung des Verfahrens besteht damit kein Anlass.

Voßkuhle	Lübbe-Wolff	Gerhardt
Landau	Huber	Hermanns
	Müller	Kessal-Wulf

8. Schriftsatz der Antragsgegnerin vom 25. März 2014

Rechtsanwalt Dipl.-Jur. Peter Richter, LL.M.　　　　Saarbrücken, den 25.03.2014

Bundesverfassungsgericht
- Zweiter Senat -
Rintheimer Querallee 11
76131 Karlsruhe

2 BvB 1/13

Antrag auf Verfahrenseinstellung
In dem Parteiverbotsverfahren
des Bundesrats, vertreten durch den Präsidenten, Leipziger Straße 3–4, 10117 Berlin
– Antragsteller –

Verfahrensbevollmächtigte:
1. Prof. Dr. Christoph Möllers,
2. Prof. Dr. Christian Waldhoff

gegen

die **Nationaldemokratische Partei Deutschlands**, vertreten durch den amtierenden Parteivorsitzenden
– Antragsgegnerin –

Verfahrensbevollmächtigter:
RA Dipl.-Jur. Peter Richter, LL.M.

stelle ich namens und im Auftrage der Antragsgegnerin den **ANTRAG**,

1. den Verbotsantrag des Antragstellers als unzulässig zu verwerfen,
   hilfsweise: das Parteiverbotsverfahren wegen Vorliegens unbehebbarer Verfahrenshindernisse einzustellen,
   höchst hilfsweise: das Verfahren auszusetzen, bis der vom Deutschen Bundestag am 20.03.2014 eingesetzte Untersuchungsausschuss zur NSA-Abhör-Affäre seinen Abschlussbericht vorgelegt hat,

2. die Erstattung der notwendigen Auslagen der Antragsgegnerin in dem Parteiverbotsverfahren anzuordnen.

GRÜNDE:

Der Verbotsantrag ist bereits unzulässig, weil die beiden Verfahrensbevollmächtigten des Antragstellers über keine wirksame Prozessvollmacht verfügen **(hierzu unter A.).**

Jedenfalls ist das Verfahren einzustellen, weil mindestens drei unbehebbare Verfahrenshindernisse vorliegen, die der Fortsetzung des Verfahrens dauerhaft entgegenstehen **(hierzu unter B.).**

Zum Einen ist entgegen den Ausführungen der Antragstellerseite nicht substantiiert und glaubhaft dargelegt, dass zum Zeitpunkt der öffentlichen Bekanntmachung der Absicht des Antragstellers, einen Verbotsantrag gegen die Antragsgegnerin einzureichen, sämtliche bis dahin in die Willensbildungsorgane der Antragsgegnerin eingeschleusten Verdeckten Ermittler, Undercover-Agents und/oder V-Leute tatsächlich abgezogen bzw. „abgeschaltet" worden waren und dies bis heute sind **(hierzu unter B. I.).**

Zum Zweiten ist der Vortrag des Antragstellers über die angebliche Quellenfreiheit des gegen die Antragsgegnerin ins Feld geführten Beweismaterials ebenfalls unzureichend und nicht geeignet, den in Anbetracht der Erfahrungen aus dem Verfahren 2 BvB 1/01, 2 BvB 2/01 und 2 BvB 3/01 bestehenden konkreten Verdacht der Kompromittierung des vorgelegten Tatsachenmaterials durch Verdeckte Ermittler, Undercover-Agents und/oder V-Leute zu widerlegen **(hierzu unter B. II.).**

Zum Dritten besteht der konkrete Verdacht, dass sowohl der Unterzeichner als auch Mitglieder der Willensbildungsorgane der Antragsgegnerin durch in- und/oder ausländische Geheimdienste nachrichtendienstlich überwacht werden, sodass eine zum Aufbau einer effektiven Rechtsverteidigung unabdingbare vertrauliche Kommunikation zwischen den Vertretern der Antragsgegnerin und ihrem Bevollmächtigten, dem Unterzeichner, nicht gewährleistet ist **(hierzu unter B. III.).**

A. ZULÄSSIGKEIT DES VERBOTSANTRAGS

Der Verbotsantrag der Antragstellerseite ist unzulässig, weil die den Antrag einreichenden Verfahrensbevollmächtigten über keine wirksame Vollmacht des antragstellenden Bundesrates verfügen.

Gemäß § 22 Abs. 2 BVerfGG muss ein Bevollmächtigter eine schriftliche Vollmacht des Auftraggebers vorlegen, wobei sich die Vollmacht ausdrücklich auf das Verfahren beziehen muss.

Ausweislich der dem Verbotsantrag beigefügten Anlage 1 wurden die auf die beiden gegnerischen Verfahrensbevollmächtigten lautenden Vollmachten nicht etwa von dem Präsidenten des Bundesrates unterzeichnet, sondern von dem Direktor des Bundesrates. Dieser ist zur Vollmachtserteilung in einem verfassungsgerichtlichen Verfahren aber überhaupt nicht befugt, weshalb es an einer wirksamen Vollmacht fehlt.

I.

Gemäß § 6 Abs. 1 Satz 1 der Geschäftsordnung des Bundesrates (GOBR) vertritt der Präsident des Bundesrates die Bundesrepublik Deutschland in allen Angelegenheiten des Bundesrates. Nach § 7 Abs. 1 GOBR vertreten die Vizepräsidenten den Präsidenten im Falle seiner Verhinderung oder bei vorzeitiger Beendigung seines Amtes nach Maßgabe ihrer Reihenfolge. Vertretungsberechtigt für den Bundesrat ist folglich allein sein Präsident, hilfsweise die Vizepräsidenten, nicht hingegen der Direktor, welcher gemäß § 14 Abs. 2 GOBR lediglich das Sekretariat des Bundesrates im Auftrag des Präsidenten und mit Unterstützung des Stellvertretenden Direktors leitet und zudem den Präsidenten bei der Führung seiner Amtsgeschäfte unterstützt. Von einer Vertretungsbefugnis des Bundesratsdirektors für den Bundesrat im Außenverhältnis spricht weder das GG noch die GOBR. Dieser ist mithin nicht zur Vertretung des Bundesrates befugt und kann deswegen keine Verfahrensvollmachten erteilen.

Dieses Ergebnis ist auch einleuchtend, denn bei der Umsetzung von im Plenum des Bundesrates gefassten Beschlüssen im Wege der Abgabe von Erklärungen anderen Verfassungsorganen gegenüber handelt es sich um eine parlamentarische Angelegenheit, für die der Präsident zuständig ist, und nicht nur um eine einfache Verwaltungsangelegenheit, die dem Direktor obliegt. Wollte man dies anders sehen, könnte zukünftig auch der Direktor des Bundesverfassungsgerichts im Verhinderungsfalle des Präsidenten beispielsweise Terminsladungen an Verfahrensbeteiligte verfügen. Das kann aber wohl schwerlich angehen.

Wurde die als Anlage 1 vorgelegte Verfahrensvollmacht somit von einem „falsus procurator" erteilt, ist sie unwirksam und die gegnerischen Bevollmächtigten handelten zum Zeitpunkt der Antragseinreichung ohne Vertretungsmacht. Ein ohne Vertretungsmacht eingereichter Antrag ist jedoch unzulässig.

II.

Die fehlende Vollmachtserteilung im Zeitpunkt der Antragstellung kann auch nicht mehr dadurch geheilt werden, dass der Antragsteller eine ordnungsgemäße Vollmacht nachreicht. Anders als in den Fällen, in denen der Bevollmächtigte zum Zeitpunkt der Antragseinreichung über eine wirksame Vollmacht verfügt hat und deshalb deren Nachreichung nur deklaratorische Bedeutung hat, liegt hier der Fall vor, dass bereits die Antragseinreichung ohne Bestehen einer wirksamen Bevollmächtigung erfolgt ist.

III.

Der hiernach unzulässige Antrag des Antragstellers ist daher gemäß § 24 BVerfGG zu verwerfen.

B. VORLIEGEN VON VERFAHRENSHINDERNISSEN

Jedenfalls aber ist das Verfahren einzustellen, weil mindestens drei unbehebbare Verfahrenshindernisse vorliegen, welche einer Fortführung des Verfahrens dauerhaft entgegenstehen.

I. V-MANN-PROBLEMATIK IN DEN FÜHRUNGSGREMIEN

Ein erstes Verfahrenshindernis ist darin zu erblicken, dass die von der Gegenseite behauptete „Abschaltung" sämtlicher in den Führungsgremien der Antragsgegnerin vorhandener verdeckter Ermittler, Undercover-Agents und/oder V-Leute nur pauschal behauptet wird, bislang weder hinreichend substantiiert dargetan noch nachgewiesen worden und im Übrigen auch in der Sache unzureichend ist, weil sich der Antragsteller nur zur angeblichen „Abschaltung" *angeworbener* V-Leute erklärt, nicht hingegen zur Frage der „Rückziehung" *eingeschleuster V-Leute*.

1.

Es ist in der Rechtsprechung des erkennenden Senats geklärt, dass die Beobachtung einer politischen Partei durch Verdeckte Ermittler, Undercover-Agents und V-Leute staatlicher Behörden, die als Mitglieder des Bundesvorstands oder eines Landesvorstands fungieren, unmittelbar vor und während der Durchführung eines Verfahrens vor dem Bundesverfassungsgericht zur Feststellung der Verfassungswidrigkeit der Partei in der Regel unvereinbar ist mit den Anforderungen an ein rechtsstaatliches Verfahren, die sich aus Art. 21 Abs. 1, Abs. 2 GG iVm. Art. 20 Abs. 3 GG (Rechtsstaatsprinzip) iVm. Art. 6 Abs. 1 EMRK (Recht auf ein faires Verfahren) ergeben

vgl. BVerfG vom 18.03.2003, Az.: 2 BvB 1/01 u. a., Rn. 77, zitiert nach www.bverfg.de.

Konkret hat der Senat als Voraussetzung für Durchführung eines rechtstaatlichen Parteiverbotsverfahrens die Forderung aufgestellt, dass

„die staatlichen Stellen rechtzeitig vor dem Eingang des Verbotsantrags beim Bundesverfassungsgericht – spätestens mit der öffentlichen Bekanntmachung der Absicht, einen Antrag zu stellen – ihre Quellen in den Vorständen einer politischen Partei ‚abgeschaltet' haben [müssen]; sie dürfen nach diesem Zeitpunkt keine die ‚Abschaltung' umgehende ‚Nachsorge' betreiben, die mit weiterer Informationsgewinnung verbunden sein kann, und müssen eingeschleuste V-Leute zurückgezogen haben."

vgl. BVerfG vom 18.03.2003, Az.: 2 BvB 1/01 u. a., Rn. 87, zitiert nach www.bverfg.de.

Diese Überlegungen sind auch unmittelbar einsichtig, denn in einem fairen Verfahren darf der antragstellende Staat nicht auf beiden Seiten des Tisches sitzen; vielmehr gilt hinsichtlich der Antragsgegnerin eines Parteiverbotsverfahrens das strikte Gebot der Gegnerfreiheit.

2.

Diesen Maßstäben genügt der Vortrag der Gegenseite in der Antragsschrift nicht.

a)

Der Antragsteller trägt bereits unschlüssig vor, wenn er einerseits unter Verweis auf die „Testate" der Innenminister und -senatoren behauptet, spätestens seit dem 06.12.2012, dem Tag der öffentlichen Bekanntmachung der Absicht, ein Parteiverbotsverfahren einleiten zu wollen, seien sämtliche Verdeckten Ermittler, Undercover-Agents und

V-Leute in den Vorständen der Antragsgegnerin und ihrer Unterorganisationen „abgeschaltet" worden, gleichzeitig aber auf Seite 24 der Antragsschrift ausführt:

„Zwischen 2008 und 2013 lag der Anteil der Quellen, die durch Polizei und Nachrichtendienste von Bund und Ländern im Bereich der NPD zur Informationsgewinnung über die Partei eingesetzt gewesen waren, bezogen auf die Gesamtpartei zu keinem Zeitpunkt über 2,5 % der Mitglieder; bezogen auf die Führungsebene, d. h. die Vorstände in Bund und Ländern sowie der Vorstände der Teilorganisationen, zu keinem Zeitpunkt über 6,6 % der Vorstandsmitglieder. Die Durchschnittswerte auf die Jahre 2008 bis 2013 bezogen liegen in beiden Fällen unter diesen Zahlen."

Wenn „zwischen 2008 und 2013" die Zahl der V-Leute in der Führungsebene zu keinem Zeitpunkt über 6,6 % der Vorstandsmitglieder gelegen hat, waren offensichtlich bis in das Jahr 2013 hinein V-Leute in den Führungsgremien der Antragsgegnerin bzw. ihrer Unterorganisationen anwesend; ansonsten würde man das Jahr 2013 wohl kaum in die Berechnungen mit einbeziehen. Wenn das aber so ist, dann kann die Aussage, sämtliche Verdeckten Ermittler, Undercover-Agents und V-Leute seien spätestens zum 06.12.2012 „abgeschaltet" worden, nicht zutreffend sein.

Die Antragsgegnerin hat somit schon nach ihrem eigenen Vortrag gegen die Vorgabe des Senats im Beschluss vom 18.03.2003 verstoßen, weil über den maßgeblichen Stichtag hinaus noch Verdeckte Ermittler, Undercover-Agents und/oder V-Leute auf der Vorstandsebene der Antragsgegnerin anwesend waren und es womöglich bis heute sind. Die Behauptung des Antragstellers, sämtliche Verdeckten Ermittler, V-Leute oder Undercover-Agents seien spätestens zum 06.12.2012 „abgeschaltet" worden, wird daher ausdrücklich **bestritten**.

b)

Unabhängig davon schließt sich die Folgefrage an, ob die bloße Behauptung, alle Quellen „abgeschaltet" zu haben, als ausreichend substantiierter Vortrag angesehen werden kann, um tatsächlich von der nach der Rechtsprechung des Senats verfassungsrechtlich gebotenen Staats- und Gegnerfreiheit der Führungsebene der Antragsgegnerin und ihrer Unterorganisationen ausgehen zu können.

Der Antragsteller handelt die gesamte V-Mann-Problematik in der Antragsschrift auf gerade einmal drei Seiten ab und begnügt sich damit, auf „Testate" der Innenminister und -senatoren zu verweisen, in denen die angebliche „Abschaltung" aber wiederum nur behauptet wird. Angesichts des völlig widersprüchlichen Vortrags der Antragstellerin (siehe oben unter a) fragt es sich aber, welcher Beweiswert einem solchen „Testat" überhaupt zukommt, welches der Sache nach nichts anderes ist, als ein Schriftstück, in welchem dasselbe steht wie in der Antragsschrift nur mit anderen Worten. Vergegenwärtigt man sich dann noch, dass etwa das „Testat" des Bundesinnenministeriums von einem ehemaligen Minister unterzeichnet worden ist, gegen den ein Ermittlungsverfahren wegen des Verdachts des Geheimnisverrats eingeleitet wurde, dann geht der Beweiswert eines solchen „Testats" gegen Null.

Angesichts der hoch sensiblen V-Mann-Materie, die nicht ohne Grund das erste gegen die Antragsgegnerin gerichtete Parteiverbotsverfahren zu Fall gebracht hat, kann es nicht ausreichen, dass irgendwelche Minister irgendwelche Erklärungen abgeben. Genauso gut könnte der Parteivorsitzende der Antragsgegnerin „testieren", dass die Antragsgegnerin nicht verfassungswidrig ist. Für ein solches Testat würde sich aber – völlig zu Recht – niemand interessieren, weswegen für die „Testate" des Antragstellers nichts anderes gelten kann. Stattdessen ist es unumgänglich, dass die Antragstellerseite konkret offenlegt:

1. Um wie viele <u>angeworbene</u> und um wie viele <u>eingeschleuste</u> V-Personen handelt es sich im Einzelnen für welchen Zeitraum genau?
2. In welchen Vorständen und in welchem Zeitraum waren sie tätig und an welchen Parteitagen nahmen sie als Delegierte teil?
3. Wie sieht der Vorgang einer „Abschaltung" einer V-Person konkret aus?
4. Wie stellt der Antragsteller sicher, dass keine sogenannte „Nachsorge" erfolgt?
5. Wie stellt der Antragsteller sicher, dass keine Informationen verwendet werden, die von „abgeschalteten" V-Personen freiwillig übermittelt werden?
6. Wie wird sichergestellt, dass „abgeschaltete" V-Personen im Rahmen „privater" Kontakte zu Parteimitgliedern nicht weiter Informationen erwerben?
7. Wie wird sichergestellt, dass ein außerhalb der Führungsebene stationierter staatlicher V-Mann während des laufenden Verbotsverfahrens nicht in eine Führungsposition gewählt wird? Wie wird in einem solchen Fall verfahren?
8. Gibt es ein Kontaktverbot von abgeschalteten V-Personen zu V-Personenführern bzw. Parteimitgliedern?

Insbesondere die Frage, wie mit V-Leuten verfahren wird, welche auch nach ihrer „Abschaltung" freiwillig, gleichsam im Wege der „Geschäftsführung ohne Auftrag", weiterhin aus monetären Erwägungen heraus Informationen an die staatlichen Behörden liefern, bedarf der Klärung. In einem Staat, der zum Zwecke der Überführung von Steuersündern mittlerweile „gewerbsmäßige Datenhehlerei" betreibt, ist es durchaus naheliegend, dass auch von „abgeschalteten" V-Leuten Daten-CDs angekauft und deren Inhalte verwendet werden könnten.

Aus Sicht der Antragsgegnerin wird es zur Sicherstellung der tatsächlichen „Abschaltung" der Verdeckten Ermittler, Undercover-Agents und V-Leute sowie zur Sicherstellung der Kappung jeglichen fortwirkenden Informationsflusses zwischen diesen Personen und den staatlichen Behörden im vorliegenden Verfahren unumgänglich sein, dass der Antragsteller vollständige Einsicht in die die „abgeschalteten" V-Leute betreffenden Akten gewährt. Da jedoch die Erfahrungen aus den NSU-Ermittlungen lehren, dass bei den bundesdeutschen Verfassungsschutzbehörden wichtige Akten und Dokumente bisweilen „zufällig" geschreddert werden, wird höchst vorsorglich zum Zwecke der Vermeidung eines drohenden Beweismittelverlustes **angeregt**,

> gemäß §§ 47, 38 Abs. 1 BVerfGG iVm. §§ 94 ff. StPO eine Beschlagnahme der entsprechenden Akten der Verfassungsschutzbehörden des Bundes und der Länder anzuordnen.

Höchst vorsorglich wird darauf hingewiesen, dass die Auswertung der vorzulegenden V-Mann-Akten im Rahmen des vorliegenden Parteiverbotsverfahrens und unter Beteiligung der Antragsgegnerin wird erfolgen müssen. Die Durchführung eines „in-camera-Verfahrens" kommt nach der Rechtsprechung des Senats aus rechtsstaatlichen

Gründen generell nicht in Betracht. Hierzu heißt es im Beschluss vom 18.03.2003 zutreffend:

„Mangelnde Staatsfreiheit der Partei auf der Führungsebene noch nach Einleitung des Verbotsverfahrens ebenso wie mangelnde Staatsfreiheit des zur Antragsbegründung ausgebreiteten Bildes der Partei werden freilich schon aus Gründen legitimen Geheimnis- und Personenschutzes selten reparabel sein. Dieses Dilemma lässt sich auch durch nachträgliche Offenlegung vor Gericht ‚in camera', also unter Ausschluss der Antragsgegnerin, nicht überwinden. Ein solches Verfahren scheidet aus dem Arsenal rechtsstaatlicher Instrumente zulasten der Antragsgegnerin im Parteiverbotsverfahren aus."

vgl. BVerfG vom 18.03.2003, Az.: 2 BvB 1/01 u. a., Rn. 93, zitiert nach www.bverfg.de.

c)

Unschlüssig ist der Vortrag des Antragstellers aber auch insoweit, als der ehemalige Bundesinnenminister Friedrich „testiert", dass aus den Reihen des Amtes für den Militärischen Abschirmdienst (MAD), des Bundesnachrichtendienstes (BND) und des Zollkriminalamtes keine verdeckten Ermittler, V-Leute oder Undercover-Agents in den Reihen der Antragsgegnerin tätig seien.

Unabhängig von der bereits aufgeworfenen Frage, ob bloße „Testate" den verfassungsprozessualen Darlegungsanforderungen genügen und unabhängig von der weiteren Frage, welcher Beweiswert einem „Testat" zukommt, welches von einem Minister unterzeichnet ist, der es an anderer Stelle mit der Einhaltung der gesetzlichen Vorschriften möglicherweise nicht ganz so genau genommen zu haben scheint, ist aber doch jedenfalls zu konstatieren, dass der Bundesinnenminister schon aus rein tatsächlichen Gründen überhaupt keine Aussagen über die Tätigkeiten und Maßnahmen des MAD, BND und des Zollkriminalamtes treffen kann, weil die drei genannten Behörden bekanntlich nicht dem Bundesinnenministerium, sondern dem Verteidigungsministerium (MAD), dem Kanzleramt (BND) und dem Bundesfinanzministerium (Zoll) unterstellt sind. Ein schlüssiger Vortrag würde daher voraussetzen, dass die Bundesministerin der Verteidigung, der Kanzleramtsminister und der Bundesminister der Finanzen entsprechende „Testate" abgeben, sofern man solche überhaupt für ausreichend hält. Doch selbst daran fehlt es bislang.

Soweit der ehemalige Bundesinnenminister Friedrich in seinem „Testat" behauptet, er spreche „für die Bundesregierung", bleibt unklar, seit wann der Bundesinnenminister befugt ist, für die Bundesregierung „Testate" abzugeben. Zur Vertretung der Bundesregierung ist nach Art. 65 Satz 3 GG iVm. mit der Geschäftsordnung der Bundesregierung (GOBReg) zunächst einmal die Bundeskanzlerin berufen, hilfsweise ihr Stellvertreter. Der ehemalige Bundesinnenminister war und ist aber keines von beiden. Da er ohne gesonderte Vollmachtsvorlage auch ansonsten nicht befugt ist, für die Bundesregierung als Ganzes zu sprechen oder in ihrem Namen „Testate" abzugeben, welche in den Geschäftsbereich anderer Ministerien fallen, ist das Testat des Bundesinnenministers hinsichtlich der Tätigkeiten und Maßnahmen von MAD, BND und Zollkriminalamt unerheblich und irrelevant.

Hierüber kann auch nicht einfach hinweggegangen werden, denn eine Tätigkeit gerade des MAD innerhalb der Antragsgegnerin ist durchaus naheliegend. Viele führende Funktionäre der Antragsgegnerin waren oder sind nämlich Angehörige der Bundeswehr, wie etwa der amtierende Parteivorsitzende Udo Pastörs, der Bundespressesprecher Frank Franz und der ehemalige Parteivorsitzende und jetzige Spitzenkandidat zur Europawahl Udo Voigt. Dies dürfte unstreitig bleiben. Somit besteht hinsichtlich der Aktivitäten des MAD innerhalb der Antragsgegnerin eine mindestens ebenso hohe Relevanz für das vorliegende Verfahren wie hinsichtlich der Aktivitäten der Verfassungsschutzbehörden des Bundes und der Länder.

d)

Unterstellt man die diesseitig bestrittene „Abschaltung" sämtlicher Verdeckten Ermittler, Undercover-Agents und V-Leute in den Führungsgremien der Antragsgegnerin seit dem 06.12.2012, so fehlt aber immer noch jeglicher Vortrag des Antragstellers zu der vom erkennenden Senat im Beschluss vom 18.03.2003 geforderten „Rückziehung" eingeschleuster V-Leute. Nach der Rechtsprechung des Senats genügt es nämlich nicht, angeworbene V-Leute einfach nur „abzuschalten", sondern diejenigen V-Leute, welche seitens des Staates von außen in die Partei eingeschleust worden sind, müssen aus dieser auch wieder zurückgezogen werden. Nochmals mit den Worten des Senats:

> „die staatlichen Stellen rechtzeitig vor dem Eingang des Verbotsantrags beim Bundesverfassungsgericht – spätestens mit der öffentlichen Bekanntmachung der Absicht, einen Antrag zu stellen – ihre Quellen in den Vorständen einer politischen Partei ‚abgeschaltet' haben [müssen]; sie dürfen nach diesem Zeitpunkt keine die ‚Abschaltung' umgehende ‚Nachsorge' betreiben, die mit weiterer Informationsgewinnung verbunden sein kann, und müssen **eingeschleuste V-Leute zurückgezogen haben.**" [Hervorhebung durch den Unterzeichner]

vgl. BVerfG vom 18.03.2003, Az.: 2 BvB 1/01 u. a., Rn. 87, zitiert nach www.bverfg.de.

Diesen grundlegenden Unterschied zwischen angeworbenen und eingeschleusten V-Leuten versucht der Antragsgegner in der zu diesem Thema ohnehin äußerst schmallippigen Antragsschrift zu nivellieren, um sich diesbezüglich nicht weiter erklären zu müssen. Tatsächlich ist ein eingeschleuster V-Mann für das vorliegende Verfahren aber wesentlich problematischer als ein nur angeworbener: Während letzterer – um es in der Terminologie der Antragsteller des ersten gegen die Antragsgegnerin gerichteten Verbotsverfahrens auszudrücken – ein überzeugter „Rechtsextremist" und damit „Fleisch vom Fleische" der Antragsgegnerin ist, der lediglich Informationen gegen Entgelt liefert, handelt es sich bei dem eingeschleusten V-Mann um einen völligen Fremdkörper im Parteiapparat der Antragsgegnerin, bei dem es mehr als unwahrscheinlich ist, dass er ausschließlich als Informationssammler und -übermittler tätig wird, sondern viel eher als Spalter, Provokateur und Saboteur handeln wird.

Der so herausgearbeitete Unterschied zwischen angeworbenen und eingeschleusten V-Leuten muss sich daher auch und gerade bei den zur Einleitung eines Verbotsverfahrens erforderlichen Vorbereitungshandlungen widerspiegeln, sodass erstere durchaus im Parteikörper verbleiben können, solange jeglicher Informationsfluss zu den staatlichen Behörden komplett, endgültig und nachweisbar (!) gekappt wurde, wohingegen letztere vollumfänglich aus dem Parteikörper der Antragsgegnerin entfernt werden müssen. Ein von staatlichen Behörden eingeschleuster V-Mann, der zwar „abgeschaltet", aber eben nicht „zurückgezogen" worden ist, kann nämlich während eines laufenden Parteiverbotsverfahrens weiterhin erheblichen Schaden anrichten, indem er – sei es nun auf staatliche Anweisung oder aus eigenem Antrieb – Zwietracht säht, Gerüchte verbreitet, Äußerungen von sich gibt, die später gegen die Antragsgegnerin als „Beweise" ins Feld geführt werden, oder aber indem er durch schlichte Nichterledigung ihm übertragener Aufgaben den Geschäftsbetrieb der Antragsgegnerin sabotiert. Da der eingeschleuste V-Mann im Gegensatz zum angeworbenen kein überzeugter „Rechtsextremist" und damit nicht „Fleisch vom Fleische" der Antragsgegnerin ist, muss mit solchen Szenarien durchaus gerechnet werden.

Nachdem sich weder die Antragsschrift noch die ihr beigefügten „Testate" zur Frage der Rückziehung eingeschleuster V-Leute verhalten, sondern immer nur von „Abschaltung" sprechen, muss diesseitig davon ausgegangen werden, dass eine „Rückziehung" nicht erfolgt ist. Dies widerspricht aber den vom Senat aufgestellten Voraussetzungen für die Durchführung eines fairen Verfahrens.

e)

Schließlich fehlt in den Ausführungen der Antragstellerin zur V-Mann-Problematik jegliche Auseinandersetzung mit der an sich doch sehr naheliegenden Frage, ob in den Vorständen der Antragsgegnerin und ihrer Unterorganisationen, wenn womöglich keine Mitarbeiter inländischer Geheimdienste, so aber doch möglicherweise Mitarbeiter ausländischer Geheimdienste als Verdeckte Ermittler, Undercover-Agents und/oder V-Leute tätig sind. So könnten nämlich Bedienstete ausländischer Geheimdienste Informationen abschöpfen und diese dann an die deutschen Behörden weiterleiten. Der deutsche Staat könnte in diesem Fall guten Gewissens „testieren", keine eigenen V-Leute mehr in den Vorständen der Antragsgegnerin zu unterhalten, er käme aber gleichwohl weiterhin in den Genuss eines entsprechenden Informationsflusses.

Auch zu dieser Frage muss sich die Gegenseite qualifiziert erklären; bloße „Testate" sind hier wiederum genauso wenig ausreichend wie im Bereich der inländischen V-Leute.

3.

Somit ist die Staatsfreiheit der Führungsebene der Antragsgegnerin nicht hinreichend dargetan bzw. bewiesen worden, was zur Annahme eines Verfahrenshindernisses führt.

II. V-MANN-PROBLEMATIK HINSICHTLICH DES BEWEISMATERIALS

Ein weiteres Verfahrenshindernis ist darin zu sehen, dass entgegen der Meinung des Antragstellers nicht hinreichend substantiiert und glaubhaft vorgetragen wurde, warum eine Kompromittierung des gegen die Antragsgegnerin ins Feld geführten Beweismaterials durch Verdeckte Ermittler, Undercover-Agents und V-Leute trotz zum jeweiligen Entstehungszeitpunkt unstreitiger Anwesenheit derartiger Personen in den Führungsgremien der Antragsgegnerin ausgeschlossen sein soll.

C. Das zweite NPD-Verbotsverfahren (2013–2017)

1.

In der Rechtsprechung des Senats ist ebenfalls geklärt, dass der aus dem fair-trial-Prinzip folgende Grundsatz der Gegnerfreiheit nicht nur mit Blick auf die Führungsgremien der Antragsgegnerin gilt, sondern auch hinsichtlich des vom Antragsteller vorgebrachten Tatsachenmaterials Gültigkeit beansprucht. Mit den Worten des Senats:

> „Vor diesem Hintergrund gebieten die rechtsstaatlichen Anforderungen an das Parteiverbotsverfahren gemäß Art. 21 Abs. 2 GG, §§ 13 Nr. 2, 43 ff. BVerfGG strikte Staatsfreiheit im Sinne unbeobachteter selbstbestimmter Willensbildung und Selbstdarstellung der Partei vor dem Bundesverfassungsgericht. Das verfassungsgerichtliche Parteiverbot, die schärfste und überdies zweischneidige Waffe des demokratischen Rechtsstaats gegen seine organisierten Feinde, braucht ein Höchstmaß an Rechtssicherheit, Transparenz, Berechenbarkeit und Verlässlichkeit des Verfahrens. Dies gilt auch für das zu beurteilende Tatsachenmaterial. Nur eindeutige und offene Zurechnungen von Personen, Verhalten und Äußerungen entweder zur Sphäre der Antragsteller oder zu der der Antragsgegnerin ermöglichen es dem Gericht, eine verfassungsrechtlich vertretbare Entscheidung über Verfassungswidrigkeit oder Verfassungsmäßigkeit der Partei als Ergebnis eines rechtsstaatlich geordneten Verfahrens zu finden und zu verantworten.
>
> [...]
>
> Den Geboten der Staatsfreiheit der politischen Parteien und der Verlässlichkeit und Transparenz des Parteiverbotsverfahrens widersprechen auch Begründungen eines Antrags zur Einleitung dieses Verfahrens, die in nicht unerheblichem Umfang auf Äußerungen von Parteimitgliedern gestützt sind, die nachrichtendienstliche Kontakte mit staatlichen Behörden unterhalten oder unterhalten haben."

vgl. BVerfG vom 18.03.2003, Az.: 2 BvB 1/01 u. a., Rn. 86, 90 zitiert nach www.bverfg.de.

Das Gericht muss zweifelsfrei beurteilen können, ob das vorgelegte Beweismaterial Ergebnis einer authentischen Willensbildung der Antragsgegnerin oder aber Produkt staatlicher Einflussnahme ist. Diesbezüglich verbleibende Zweifel gehen zu Lasten des antragstellenden Verfassungsorgans.

2.

Diesen Maßstäben wird die Begründung des Verbotsantrages nicht gerecht.

Hinsichtlich der Belege aus der Kategorie 1 beschränkt sich der Antragsteller darauf, durch die jeweiligen Innenminister „testieren" zu lassen, dass diejenige Person, der das Beweismittel als Autor oder Urheber zuzurechnen ist, nach dem 01.01.2003 keine zur Ausforschung der NPD eingesetzte Quelle des Verfassungsschutzes oder der Polizei des Bundes oder eines Landes im Sinne von Verdeckten Ermittlern, Undercover-Agents oder Vertrauenspersonen war oder ist.

In Bezug auf die Belege aus der Kategorie 2 wird „testiert", dass zum Zeitpunkt, in dem das Beweismittel entstand, in dem hierfür verantwortlichen Personenkreis der Organisation, der das Beweismittel inhaltlich zuzuordnen ist, weder vom Verfassungsschutz noch von der Polizei des für die Beobachtung jeweils zuständigen Landes oder des Bundes Quellen im Sinne von Verdeckten Ermittlern, Undercover-Agents oder V-Leuten zielgerichtet eingesetzt oder geführt wurden.

a)

Dies ist zunächst aus denselben Gründen wie den unter B. I. dargestellten unzureichend, insbesondere können die Innenminister des Bundes und der Länder keine Aussagen darüber treffen, ob, wann und wo der MAD, der BND und das Zollkriminalamt Verdeckte Ermittler, Undercover-Agents oder Vertrauenspersonen eingesetzt hatten, sodass die entsprechenden „Testate" insoweit rechtlich irrelevant sind.

b)

Hinzu kommt hinsichtlich der Belege aus der Kategorie 1 aber noch ein weiteres: Selbst wenn der unmittelbare Urheber des gegen die Antragsgegnerin ins Feld geführten Beweismittels kein Verdeckter Ermittler, Undercover-Agent oder V-Mann war, ist damit noch keineswegs eine Kompromittierung eben dieses Beweismittels durch staatliche Einflussnahme ausgeschlossen. Es ist nämlich ohne weiteres möglich und denkbar, dass zwar nicht der unmittelbare Urheber des Beweismittels ein Verdeckter Ermittler, Undercover-Agent oder V-Mann war, er jedoch von einem solchen staatlichen Agenten in seinem Umfeld angestiftet, aufgehetzt und zur Schaffung des nunmehr vorgelegten Beweismittels animiert worden ist. Da in dem hier interessierenden Zeitfenster bis Dezember 2012 auch unstreitig noch eine erhebliche Anzahl an Verdeckten Ermittlern, Undercover-Agents und Vertrauenspersonen in führenden Gremien der Antragsgegnerin anwesend war, ist eine solche mittelbare Einflussnahme des antragstellenden Staates auf das nunmehr vorgelegte Beweismaterial durchaus naheliegend.

Da sich der Antragsteller zu einer solchen mittelbaren staatlichen Einflussnahme auf das Beweismaterial nicht erklärt, muss im Zweifel vom Vorliegen einer solchen ausgegangen werden, womit die im hiesigen Verfahren vorgelegten Beweise unverwertbar wären.

c)

Unabhängig davon muss man sich ohnehin die Frage stellen, ob in einer Partei, in der gleich an welcher Stelle Verdeckte Ermittler, Undercover-Agents oder V-Leute des Staates aktiv sind, überhaupt gerichtsverwertbares Beweismaterial entstehen kann. Selbst wenn der staatliche Agent nicht direkt an der Entstehung des Beweismittels beteiligt ist, so kann seine Anwesenheit als solche und seine illoyalen Handlungen der Antragsgegnerin gegenüber dennoch zu einer Begünstigung der Schaffung von nicht auf einer authentischen Willensbildung der Antragsgegnerin beruhenden „Beweismitteln" führen, welche dann im Rahmen eines Parteiverbotsverfahrens gegen diese ins Feld geführt werden. So wäre es beispielsweise denkbar, dass ein Funktionär der Antragsgegnerin verfassungswidrige Äußerungen tätigt, gegen die die Antragsgegnerin an sich einschreiten würde, dieses Einschreiten jedoch durch die Tätigkeit eines staatlichen Agenten in der Führungsebene der Partei verhindert wird, sodass das Entstehen eines der Antragsgegnerin zuzurechnenden Beweismittels nicht verhindert werden kann, was ohne die staatliche Beeinflussung aber möglich gewesen wäre.

Da die jeweiligen Tätigkeiten, welche die staatlichen Verdeckten Ermittler, Undercover-Agents oder V-Leute innerhalb der Antragsgegnerin im Einzelnen entfaltet haben und möglicherweise immer noch entfalten, nicht bekannt ist, kann auch nie völlig ausgeschlossen werden, dass sich auf Grund der vielfältigen denkbaren Wirkungsmechanismen und Kausalzusammenhänge, die aus der Anwesenheit und der Tätigkeit einer Vielzahl von anonymen staatlichen Agenten resultieren, Rückwirkungen auf das Beweismaterial ergeben. Wirklich staatsfreies und damit authentisches Beweismaterial kann vielmehr erst dann gesammelt werden, nachdem sämtliche staatlichen Verdeckten Ermittler, Undercover-Agents oder V-Männer aus den Vorstandsetagen der Antragsgegnerin abgezogen worden sind und der Partei eine gewisse Konsolidierungsphase (etwa zwei bis drei Jahre) zugestanden wird, innerhalb deren sie den nachwirkenden staatlichen Einfluss überwinden kann.

Danach ist vorliegend keines der von Seiten des Antragstellers vorgebrachten Beweismittel verwertbar, weil das Gros der Belege aus der Zeit vor dem 06.12.2012 datiert, als nach der eigenen Aussage des Antragstellers noch Verdeckte Ermittler, Undercover-Agents und V-Männer in den Vorständen der Antragsgegnerin aktiv waren. Die nach dem 06.12.2012 datierenden Beweise sind aber ebenfalls nicht verwertbar, weil die erforderliche Konsolidierungsphase noch nicht abgeschlossen und ein nachwirkender staatlicher Einfluss mithin nicht ausgeschlossen ist.

3.

Zusammenfassend ist daher festzuhalten, dass die Staatsfreiheit des gegen die Antragsgegnerin ins Feld geführten Tatsachenmaterials nicht hinreichend dargetan ist, was zum Bestehen eines Verfahrenshindernisses führt.

III. ABHÖR-PROBLEMATIK

Ein drittes Verfahrenshindernis ist darin zu erblicken, dass zum gegenwärtigen Zeitpunkt eine vertrauliche Kommunikation zwischen der Antragsgegnerin und ihrem Verfahrensbevollmächtigten, aber auch der Vorstandsmitglieder der Antragsgegnerin untereinander nicht gewährleistet ist, weil die konkrete Gefahr besteht, dass sowohl der Unterzeichner als auch Vorstandsmitglieder der Antragsgegnerin auf Bundes- und/oder Landesebene von in- und/oder ausländischen Geheimdiensten nachrichtendienstlich überwacht werden, und damit die Prozessstrategie der Antragsgegnerin ausgespäht wird.

1.

Nach der Rechtsprechung des Bundesverfassungsgerichts und des Europäischen Gerichtshofs für Menschenrechte ist der Grundsatz des fairen Verfahrens ein fundamentaler Eckpfeiler jedes Strafverfahrens. Das Bundesverfassungsgericht hat hierzu klargestellt:

„Mit der Verankerung des Rechts auf Verteidigung im Verfassungsprinzip des rechtsstaatlichen Strafverfahrens hat das Bundesverfassungsgericht von jeher freie Wahl und Vertrauen als Voraussetzungen einer effektiven Strafverteidigung hervorgehoben (vgl. BVerfGE 66, 313

⟨318 f.⟩; stRspr). Nur wenn der Beschuldigte auf die Verschwiegenheit seines Verteidigers zählen kann, ist die Vorbedingung für das Entstehen eines Vertrauensverhältnisses geschaffen, ohne dass eine Strafverteidigung nicht wirkungsvoll sein kann (vgl. Ackermann, Zur Verschwiegenheitspflicht des Rechtsanwalts in Strafsachen, in: Festschrift zum Hundertjährigen Bestehen des Deutschen Juristentags 1860–1960, Bd. I, S. 479, 488)."

vgl. BVerfG vom 30.03.2004, Az.: 2 BvR 1520/01 u. a., Rn. 106, zitiert nach www.bverfg.de.

Diese Grundsätze sind auf das verfassungsgerichtliche Parteiverbotsverfahren übertragbar, weil es sich dabei um ein quasi-strafrechtliches Verfahren handelt, welches teilweise den Vorschriften der Strafprozessordnung unterstellt ist (§ 47 iVm. § 38 BVerfGG).

Für die Durchführung eines fairen Verfahrens ist es unabdingbar, dass der Willensbildungsprozess der Antragsgegnerin unbeobachtet von den Polizei- und Nachrichtendiensten der Antragstellerseite vonstatten gehen kann und dass eine vertrauliche Kommunikation zwischen der Antragsgegnerin und ihrem Bevollmächtigten, aber auch der Vorstandsmitglieder untereinander gewährleistet ist. Solange die Antragsgegnerin damit rechnen muss, dass Willensbildungsprozesse die Prozessstrategie betreffend oder vertrauliche Gespräche zwischen Vorstandsmitgliedern und dem Verfahrensbevollmächtigten dem antragstellenden Staat zur Kenntnis gelangen, kann keine Rechtsverteidigung auf Augenhöhe geführt werden.

2.

Diese rechtsstaatlichen Mindestanforderungen sind zum gegenwärtigen Zeitpunkt nicht gewährleistet, weil auf Grund konkreter Tatsachen zu besorgen ist, dass sowohl der Unterzeichner als auch Mitglieder auf Vorstandsebene der Antragsgegnerin in Bund und Ländern von in- und/oder ausländischen Geheimdiensten nachrichtendienstlich überwacht werden.

a)

Was den Unterzeichner anbelangt, so ist zunächst darauf hinzuweisen, dass dieser als Funktionär im Landesverband Saarland der Antragsgegnerin vom Landesamt für Verfassungsschutz Saarland schon seit dem Jahre 2003 aktentechnisch erfasst wird. Da der Unterzeichner Ende 2013 zum stellvertretenden Landesvorsitzenden gewählt wurde, ist davon auszugehen, dass die gegen ihn gerichtete Beobachtung nicht reduziert, geschweige denn eingestellt, sondern im Gegenteil ausgeweitet worden ist.

Vor diesem Hintergrund hat der Unterzeichner mit Schreiben vom 25.11.2013 sowohl beim LfV Saarland als auch beim BfV ausdrücklich um Mitteilung gebeten, ob eine nachrichtendienstliche Überwachung seiner Person erfolgt. Eine inhaltliche Antwort des BfV liegt bislang nicht vor. Das LfV Saarland hat mit Schreiben vom 25.02.2014 mitgeteilt, dass eine nachrichtendienstliche Überwachung des Unterzeichners jedenfalls durch das LfV Saarland nicht erfolge und auch in der Vergangenheit nicht erfolgt sei

Beweis: Beiziehung der den Unterzeichner betreffenden Akten des Landesamtes für Verfassungsschutz Saarland, Neugrabenweg 2, 66123 Saarbrücken.

Allerdings kann es auch hier wiederum nicht ausreichen, dass dergleichen einfach nur unsubstantiiert behauptet wird. Vielmehr wird es notwendig sein, dass sowohl das Bundesamt für Verfassungsschutz als auch das Landesamt für Verfassungsschutz Saarland ihre den Unterzeichner betreffenden Akten offenzulegen haben. Bis dies erfolgt ist, muss der Unterzeichner – nicht zuletzt auch auf Grund des völlig unverständlichen Schweigens des BfV auf das Auskunftsersuchen des Unterzeichners – aus Gründen anwaltlicher Vorsicht davon ausgehen, dass eine nachrichtendienstliche Überwachung seiner Person erfolgt, auch wenn das LfV Saarland das Gegenteil behauptet.

b)

Hinsichtlich der Mitglieder des Bundesvorstandes und der Landesvorstände der Antragsgegnerin sowie der Bundes- und Landesverbände ihrer Unterorganisationen besteht ebenfalls der dringende Verdacht, dass eine nachrichtendienstliche Überwachung von Funktionären erfolgt.

Insofern muss berücksichtigt werden, dass die Antragstellerseite immer wieder die angebliche „Gefährlichkeit" der Antragsgegnerin betont und auf die Wichtigkeit von Beobachtungsmaßnahmen hinweist. Wenn nun aber die Antragstellerseite die V-Leute in den Führungsgremien der Antragsgegnerin tatsächlich „abgeschaltet" haben sollte, dann liegt es natürlich nahe, dass das damit einhergehende Minus bei der Informationsbeschaffung durch ein Plus bei anderen Formen der verdeckten Informationsgewinnung kompensiert werden wird, also insbesondere durch eine Überwachung des Inhalts von Telekommunikationsgesprächen, durch eine akustische (Wohn-)Raumüberwachung oder durch Online- Durchsuchungen von EDV-Anlagen.

Durch eine nachrichtendienstliche Überwachung von Funktionären der Antragsgegnerin wird der Aufbau einer vertraulichen Kommunikation zwischen dieser und dem Unterzeichner aber ebenso unmöglich gemacht wie durch eine Überwachung des Unterzeichners selbst. Auch wenn der Unterzeichner nicht selbst nachrichtendienstlich überwacht würde, säße der Staat bei einer telefonischen Unterredung zwischen einem abgehörten Parteifunktionär und dem Bevollmächtigten letztlich doch in der Leitung und könnte die Verteidigungsstrategie ausspähen.

Zu einem schlüssigen Vortrag auf Antragstellerseite hätte es daher gehört, sich nicht nur zur Frage der V-Leute, sondern auch zu dem hier geschilderten Themenkomplex ungefragt zu erklären; daran fehlt es bislang. Ebenso fehlt es an einer Offenlegung der die entsprechenden Funktionsträger betreffenden Akten der Verfassungsschutzämter, damit überprüft werden kann, ob tatsächlich keine nachrichtendienstliche Überwachung besteht. Bis dies erfolgt ist, muss der Unterzeichner aus Gründen anwaltlicher Vorsicht auch insoweit davon ausgehen, dass eine nachrichtendienstliche Überwachung führender Parteifunktionäre durchgeführt wird.

c)

Bei den vorstehenden Betrachtungen müssen auch Bedeutung und Tragweite des NSA-Überwachungsskandals berücksichtigt werden. Was das Abhören der Inhalte von Telefongesprächen anbelangt, war unlängst auf tagesschau.de unter der Überschrift „*NSA speichert alle Telefonate eines Landes*" folgendes zu lesen:

I. Schriftverkehr

„Die ‚Washington Post' schreibt von einem Programm namens ‚Mystic', das in der Lage sei, alle Telefongespräche eines nicht näher genannten Landes aufzunehmen und zu speichern, für 30 Tage. Danach würden alte Gespräche gelöscht, um Platz für neue Aufnahmen zu schaffen – so seien immer die letzten 30 Tage an Telefongesprächen gespeichert – und zwar zu 100 Prozent. Auch die neuen Enthüllungen der ‚Washington Post' gehen auf Dokumente des Whistleblowers Snowden zurück.
[...]
Die Möglichkeiten, die ‚Mystic' dafür dem Bericht zufolge bietet, sind beeindruckend. Eine Anwendung namens ‚Retro' erlaube es der NSA nämlich, die gespeicherten Telefonate auch rückwirkend zu durchsuchen – was dem Geheimdienst die Ausforschung von Personen erlaubt, die zum Zeitpunkt des Gespräches noch gar nicht von Interesse waren. Das sei wie eine Zeitmaschine, zitiert die ‚Washington Post' einen Manager des Programms. Welches Land nun genau so komplett abgehört wird, enthüllt die Zeitung nicht – auf Bitten der Regierung, wie es hieß. Doch es gibt offenbar Hinweise, dass mittlerweile noch andere Staaten betroffen sind. Geheime Budgetpläne würden darauf hindeuten, dass alle Telefongespräche in fünf, möglicherweise sechs weiteren Ländern abgefangen und gespeichert werden.
[...]
Die ‚Washington Post' schreibt von ‚Milliarden' Gesprächen, die mit ‚Mystic' komplett gespeichert werden."

Beweis: Artikel auf tagesschau.de vom 19.03.2014 (**Anlage B-1**).

In einem Land, in dem sogar das Mobiltelefon der Regierungschefin von ausländischen Geheimdiensten abgehört und in dem sogar der Präsident des Bundesverfassungsgerichts die Befürchtung äußert, das Gericht selbst könne womöglich Ziel entsprechender Abhörmaßnahmen sein

Beweis: Artikel auf lto.de vom 13.02.2014 (**Anlage B-2**).

stellt sich die naheliegende Frage, inwiefern Funktionäre der Antragsgegnerin bzw. ihr Verfahrensbevollmächtigter Ziel von Abhörmaßnahmen ausländischer Geheimdienste sind, deren Ergebnisse möglicherweise auf dem „kurzen Dienstweg" an deutsche Behörden zurückfließen und dort verwertet werden könnten. Eine solche Vorgehensweise ist in Geheimdienstkreisen gängige Praxis. So heißt es in einem Bericht auf tagesschau.de vom 13.09.2013:

„Das Bundesamt für Verfassungsschutz (BfV) hat nach Recherchen von NDR und Süddeutscher Zeitung regelmäßig Daten an die National Security Agency (NSA) und andere US-Geheimdienste geliefert. Im Gegenzug hat der deutsche Inlandsgeheimdienst Informationen und Spionagesoftware aus den Vereinigten Staaten erhalten. Das geht aus einem geheim eingestuften Papier der Bundesregierung hervor, dass dem NDR und der Süddeutschen Zeitung exklusiv vorliegt.
[...]
Allein in den vergangenen vier Jahren soll der deutsche Verfassungsschutz 4700 Verbindungsdaten aus den Vereinigten Staaten erhalten haben. Die Weitergabe von Daten über mutmaßliche Terrorverdächtige und Gefährder wird seit 2009 über den Bundesnachrichtendienst (BND) organisiert, der sogenannte vorgefilterte ‚Erfassungslisten' vom NSA erhält und sie an den Inlandsdienst weitergibt."

Beweis: Artikel auf tagesschau.de vom 13.09.2013 (**Anlage B-3**).

In einem Bericht der Süddeutschen Zeitung vom 13.09.2013 heißt es:

„Dem als geheim eingestuften Papier zufolge liefert der Verfassungsschutz Daten und bekommt im Gegenzug Informationen und Spionagesoftware aus den Vereinigten Staaten. Allein in den vergangenen vier Jahren soll der deutsche Dienst 4700 Verbindungsdaten aus den USA erhalten haben. Zudem soll es regelmäßige Treffen zwischen Vertretern der NSA und dem Bundesamt geben. So trifft sich ein NSA-Mitarbeiter angeblich wöchentlich mit deutschen Geheimdienstlern in der ‚BfV-Liegenschaft Treptow' zum Informationsaustausch. Analysten des Bundesamts sollen mehrmals Verabredungen mit ihren amerikanischen Kollegen in der NSA-Kaserne ‚Dagger-Complex' bei Darmstadt gehabt haben.

Neben den 864 Datensätzen hat der Verfassungsschutz den Amerikanern laut Dokumenten aus dem Innenministerium ‚regelmäßig bewertete Sachverhaltsdarstellungen' übermittelt. Auf Anfrage bestätigte das Bundesamt, dass es eng mit der NSA zusammenarbeite. Der Verfassungsschutz halte sich aber ‚strikt an seine gesetzlichen Befugnisse'. Das Parlamentarische Kontrollgremium sei ‚vollumfänglich' informiert.

Den vorliegenden Unterlagen zufolge unterhält der deutsche Inlandsgeheimdienst auch ‚eine enge und vertrauensvolle Zusammenarbeit' mit acht weiteren US-Diensten, etwa der Central Intelligence Agency (CIA) und einer bislang weithin unbekannten Abteilung 15 der US Army Counterintelligence. Laut eines Jobangebots führt dieser Dienst ‚offensive Gegenspionage auf der ganzen Welt' durch, ausgeschriebener Einsatzort war Stuttgart.

Die Zusammenarbeit des Verfassungsschutzes mit der NSA könnte künftig sogar noch ausgeweitet werden. Seit Juli 2013 testet der Verfassungsschutz die Späh- und Analysesoftware XKeyscore. Sollte der Geheimdienst das Programm im Regelbetrieb nutzen, hat sich das BfV verpflichtet, alle Erkenntnisse mit der NSA zu teilen. Das hatte der Präsident des Bundesamtes, Hans-Georg Maaßen, dem US-Dienst zugesichert. Im Januar und Mai war Maaßen zu Besuchen bei der NSA"

Beweis: Artikel der Süddeutschen Zeitung vom 13.09.2013 (**Anlage B-4**).

Und in dem mit der ARD geführten Exklusiv-Interview vom Januar 2014 erklärte der US-Whistleblower Edward Snowden:

„*Frage:* Wie eng ist die Zusammenarbeit des deutschen Geheimdienstes BND mit der NSA und den Five Eyes?

Antwort: Ich würde sie als eng bezeichnen. In einem schriftlichen Interview habe ich es zuerst so ausgedrückt, dass der deutsche und der amerikanische Geheimdienst miteinander ins Bett gehen. Ich sage das, weil sie nicht nur Informationen tauschen, sondern sogar Instrumente und Infrastruktur teilen. Sie arbeiten gegen gemeinsame Zielpersonen, und darin liegt eine große Gefahr.

Eines der großen Programme, das sich in der National Security Agency zum Missbrauch anbietet, ist das ‚X Key Score'. Es ist eine Technik, mit der man alle Daten durchsuchen kann, die weltweit täglich von der NSA gespeichert werden."

Beweis: Transkript des Snowden-Interviews (**Anlage B-5**).

Dass ausländische Geheimdienste die Kommunikation der Antragsgegnerin mit ihrem Bevollmächtigten ausspähen und sodann an die bundesdeutschen Inlandsgeheimdienste weiterleiten, ist in Anbetracht solcher Erkenntnisse konkret zu befürchten. Umso bedenklicher ist es in diesem Zusammenhang, dass vom Antragsteller gerade hinsichtlich der Aktivitäten des BND kein verwertbares „Testat" des insofern zuständigen Kanzleramtes vorgelegt worden ist.

Um in dieser Hinsicht für weitere Aufklärung zu sorgen, wird hiermit der **Beweisantrag** gestellt,

> Herrn Edward Snowden, zu laden über die Russische Botschaft, Unter den Linden 63–65, 10117 Berlin, zum Beweis der Tatsache zu hören, dass die amerikanische „National Securitiy Agency (NSA)" sowie andere ausländische Geheimdienste sowohl den Unterzeichner als auch Vorstandsmitglieder der Antragsgegnerin auf Bundes- und Landesebene nachrichtendienstlich überwachen, die gesammelten Informationen Vertretern und Mitarbeitern der Bundesrepublik Deutschland zur Verfügung stellen und dieser Informationsfluss im vorliegenden Verfahren dazu genutzt wird, die Verteidigungsstrategie der Antragsgegnerin auszuspähen.

Bei dieser Gelegenheit könnte dann auch gleich geklärt werden, in wieweit das erkennende Gericht selbst Objekt von Ausspähungsmaßnahmen von ausländischen Geheimdiensten, namentlich der NSA, ist.

Unabhängig von der Möglichkeit, Herrn Edward Snowden direkt zu befragen, dürfte auch der vom Deutschen Bundestag in seiner Sitzung vom 20.03.2014 eingesetzte Untersuchungsausschuss zur NSA-Abhör-Affäre

> vgl. BT-Drs. 18/843,

wesentliche Erkenntnisse über Art und Umfang von Abhörmaßnahmen ausländischer Geheimdienste hinsichtlich der Beteiligten des hiesigen Verfahrens erbringen, weshalb es sich anbietet, den Abschlussbericht dieses Untersuchungsausschusses abzuwarten. Der Untersuchungsausschuss wurde nämlich mit dem Untersuchungsauftrag ausgestattet,

> „I. ob, in welcher Weise und in welchem Umfang durch Nachrichtendienste der Staaten der sogenannten ‚Five Eyes' (der Vereinigten Staaten von Amerika, des Vereinigten Königreichs, Kanadas, Australiens und Neuseelands) eine Erfassung von Daten über Kommunikationsvorgänge (einschließlich Inhalts-, Bestands- und Verkehrsdaten), deren Inhalte sowie sonstige Datenverarbeitungsvorgänge (einschließlich Internetnutzung und angelegter Adressverzeichnisse) von, nach und in Deutschland auf Vorrat oder eine Nutzung solcher durch öffentliche Unternehmen der genannten Staaten oder private Dritte erfasster Daten erfolgte beziehungsweise erfolgt und inwieweit Stellen des Bundes, insbesondere die Bundesregierung, Nachrichtendienste oder das Bundesamt für Sicherheit in der Informationstechnik von derartigen Praktiken Kenntnis hatten, daran beteiligt waren, diesen entgegenwirkten oder gegebenenfalls Nutzen daraus zogen. Hierzu soll der Ausschuss im Einzelnen prüfen:
>
> 1. Wurden durch Überwachungsprogramme des US-amerikanischen Nachrichtendienstes ‚National Security Agency' (NSA) und des britischen ‚Government Communications Headquarters' (GCHQ) oder durch Unternehmen in ihrem Auftrag Daten (insbesondere über Telekommunikationsvorgänge einschließlich SMS, Internet-Nutzung, E-Mail-Verkehr [‚C2C'], Nutzung sozialer Netzwerke und elektronischer Zahlungsverkehr) einer Erfassung und Speicherung auf Vorrat sowie einer Kontrolle und Auswertung unterzogen, von der auch Kommunikations- und Datenverarbeitungsvorgänge von, nach und in Deutschland betroffen waren? Erfolgte Entsprechendes bei deutschen Staatsangehörigen, die sich im Hoheitsbereich eines der unter Nummer I. genannten Länder oder in einem Mitgliedsland der EU aufhielten? Erfolgte Entsprechendes durch andere Dienste der unter I. genannten Länder? Seit wann, wie, in welchem Umfang und gegebenenfalls auf welchen Rechtsgrundlagen erfolgte dies?

2. Inwieweit wurden und werden dabei diplomatische Vertretungen und militärische Standorte genutzt, um Daten über solche Kommunikations- und Datenverarbeitungsvorgänge und deren Inhalte zu gewinnen?

3. Gegen welche Rechtsvorschriften auf deutscher, europäischer und internationaler Ebene verstießen oder verstoßen derartige Aktivitäten gegebenenfalls?

4. Haben und gegebenenfalls seit wann haben die Bundesregierung, ihr nachgeordnete Dienststellen oder durch sie mit sicherheitsrelevanten (auch IT-) Aufgaben Beauftragte Hinweise darauf oder positive Kenntnis von in den Nummern I. oder 1. genannten Vorgängen? Haben sie eine Beteiligung von Stellen des Bundes oder von ihnen mit sicherheitsrelevanten (auch IT-) Aufgaben Beauftragter hieran gekannt, gebilligt, unterstützt oder angeordnet?

5. Haben und gegebenenfalls seit wann haben die Bundesregierung, ihr nachgeordnete Dienststellen oder durch sie mit sicherheitsrelevanten (auch IT-) Aufgaben Beauftragte Hinweise auf oder positive Kenntnis von in den Nummern I. oder 1. genannten Aktivitäten zu Lasten von anderen Mitgliedstaaten der EU oder der NATO, deren Bevölkerung oder dort ansässigen Unternehmen? Wie wurden solche Kenntnisse gegebenenfalls bewertet und welche Schlüsse daraus gezogen?

6. Welche Vorkehrungen oder Maßnahmen haben Stellen des Bundes ergriffen oder veranlasst beziehungsweise hätten sie ergreifen oder veranlassen müssen, um die in den Nummern I. oder 1. genannten Aktivitäten und ihr Ausmaß gegebenenfalls festzustellen und zu unterbinden? Inwieweit, bis wann und weshalb unterblieb dies gegebenenfalls und wer trägt dafür die Verantwortung?

7. Haben Stellen des Bundes oder durch sie mit sicherheitsrelevanten (auch IT-) Aufgaben Beauftragte Daten aus den in den Nummern I. oder 1. genannten Aktivitäten erlangt oder genutzt sowie dafür möglicherweise Gegenleistungen erbracht? Waren Stellen des Bundes oder von ihnen mit sicherheitsrelevanten (auch IT-) Aufgaben Beauftragte Teil eines systematisierten wechselseitigen oder „Ring"-Tausches geheimdienstlicher Informationen, in dem der jeweils anderen Seite Daten oder Erkenntnisse übermittelt werden, die diese nach dem jeweils am Ort der Datenerhebung geltenden Recht selbst nicht erheben darf? Auf welcher Rechtsgrundlage und zu welchem Zweck wurden oder werden derartige Daten gegebenenfalls erlangt oder genutzt? Wie wurde gegebenenfalls sichergestellt, dass die betreffenden Informationen auch nach deutschem Recht erlangt und genutzt werden dürfen? Wie wurde gegebenenfalls sichergestellt, dass nicht Informationen erlangt und genutzt wurden und werden, die nach deutschem Recht nicht hätten erhoben werden dürfen?

8. Waren Stellen des Bundes oder von ihnen mit sicherheitsrelevanten (auch IT-) Aufgaben Beauftragte an der Entwicklung beziehungsweise technischen Umsetzung oder Anwendung von Programmen wie „PRISM", „TEMPORA", „XKeyscore" oder anderer, von Diensten der in Nummer I. genannten Länder oder in deren Auftrag für die in den Nummern I. oder 1. genannten Aktivitäten genutzter Programme in irgendeiner Form beteiligt? Wer auf deutscher Seite war gegebenenfalls wie, wie lange und woran im Einzelnen beteiligt?

9. Haben Stellen des Bundes oder von ihnen mit sicherheitsrelevanten (auch IT-) Aufgaben Beauftragte von der NSA, dem GCHQ oder anderen Diensten der in Nummer I. genannten Länder selbst oder in deren Auftrag entwickelte Programme erhalten, erprobt oder genutzt und haben sie dabei auch auf Datenbestände zugegriffen, die aus in den Nummern I. oder 1 genannten Kommunikations- und Datenverarbeitungsvorgängen stammten? Wer auf deutscher Seite hat gegebenenfalls welche Programme erhalten, diese wie lange erprobt oder genutzt und dabei auf welche der genannten Datenbestände zugegriffen?

10. Welche Erkenntnisse über Art und Ausmaß derartiger Aktivitäten, die sich gegen in der Bundesrepublik Deutschland ansässige Wirtschaftunternehmen richten, lagen Stellen des Bundes wann vor?

11. Hätten Stellen des Bundes gegebenenfalls schon zu einem früheren Zeitpunkt von derartigen Maßnahmen Kenntnis erlangen können beziehungsweise müssen? Gegebenenfalls welche Stellen wann?

12. Inwieweit wurde der Bundesbeauftragte für den Datenschutz und die Informationsfreiheit unverzüglich über Erkenntnisse und Informationen unterrichtet, die geeignet waren, den Verdacht auf Verletzung datenschutzrechtlicher Bestimmungen zu begründen? Weshalb und aufgrund welcher Umstände und Einflussnahmen unterblieb dies gegebenenfalls?

13. In Anwendung welcher IT-Sicherheitskonzepte hat die Bundesregierung in ihrem Verantwortungsbereich Gestaltung und Betrieb von Telekommunikations- und ITStrukturen, Dateien, Registern und Verwaltungsprozessen gegen unberechtigten Datenabfluss und -zugriff Dritter gesichert?

14. Haben US-amerikanische Stellen auf deutschem Staatsgebiet oder von diesem ausgehend Telekommunikationsüberwachungen, Festnahmen oder gezielte Tötungen durch Kampfdrohneneinsätze durchgeführt oder veranlasst? Welche Erkenntnisse lagen Stellen des Bundes zu welchem Zeitpunkt hierüber gegebenenfalls vor? Waren sie an der Vorbereitung oder Durchführung derartiger Maßnahmen gegebenenfalls in irgendeiner Form beteiligt oder haben sie gebilligt? Welche Reaktionen auf solche Erkenntnisse waren gegebenenfalls geboten und welche wurden ergriffen?

15. Inwiefern haben die Bundesregierung sowie die ihr nachgeordneten Dienststellen US-amerikanischen Sicherheitsbehörden ermöglicht, an Befragungen von Asylbewerbern teilzunehmen oder solche Befragungen eigenständig durchzuführen?

16. Welche Tätigkeiten haben die Bundesregierung nebst ihr nachgeordnete Dienststellen gegebenenfalls je wann ergriffen, um auf eine Aufklärung, Strafverfolgung und Beendigung dieser Praktiken hinzuwirken, beziehungsweise weshalb und gegebenenfalls aufgrund welcher Umstände und Einflussnahmen ist dies unterblieben?

17. Waren die von der Bundesregierung der Öffentlichkeit mitgeteilten Informationen zu den vorgenannten Fragen zutreffend? Waren die von der Bundesregierung gegenüber Abgeordneten oder parlamentarischen Institutionen mitgeteilten Informationen zu den vorgenannten Fragen zutreffend und umfassend? Hat die Bundesregierung alle bestehenden gesetzlichen Informationspflichten gegenüber dem Parlamentarischen Kontrollgremium, der G10-Kommission sowie dem Bundesbeauftragten für den Datenschutz und die Informationsfreiheit erfüllt? Sind diesen Kontrollinstitutionen relevante Informationen vorenthalten worden?

II. ob und inwieweit Daten über Kommunikationsvorgänge und deren Inhalte (mittels Telekommunikation oder Gesprächen einschließlich deren Inhalte wie etwa Gesetzentwürfe oder Verhandlungsstrategien) von Mitgliedern der Bundesregierung, Bediensteten des Bundes sowie Mitgliedern des Deutschen Bundestages oder anderer Verfassungsorgane der Bundesrepublik Deutschland, durch Nachrichtendienste der unter I. genannten Staaten nachrichtendienstlich erfasst oder ausgewertet wurden. Hierzu soll der Ausschuss prüfen:

1. Wurde der Datenverkehr von Stellen des Bundes durch Nachrichtendienste der genannten Staaten erfasst oder überwacht? Waren hiervon auch deutsche Vertretungen im Ausland betroffen? Gegebenenfalls seit wann, wie und in welchem Umfang?

2. Wurde Telekommunikation (Telefongespräche, SMS, E-Mails etc.) oder Internetnutzung von Mitgliedern der Bundesregierung und Bediensteten des Bundes sowie von Mitgliedern des Deutschen Bundestages oder anderer Verfassungsorgane der Bundesrepublik Deutschland durch Nachrichtendienste der genannten Staaten erfasst oder ausgewertet? Seit wann und in welchem Umfang erfolgte dies?

3. Weshalb wurden gegebenenfalls derartige Kommunikationserfassungen von Stellen des Bundes nicht früher bemerkt und unterbunden?

4. Welche Strategie zum Schutz vor unberechtigtem Zugriff auf Daten oder Abfluss von Daten aus IT-Systemen des Bundes hat die Bundesregierung im Untersuchungszeitraum verfolgt und wie wurde diese weiterentwickelt?

5. Waren die von der Bundesregierung der Öffentlichkeit mitgeteilten Informationen zu den vorgenannten Fragen zutreffend? Waren die von der Bundesregierung gegenüber Abgeordneten oder parlamentarischen Institutionen mitgeteilten Informationen zu den vorgenannten Fragen zutreffend und umfassend? Hat die Bundesregierung alle bestehenden gesetzlichen Informationspflichten gegenüber dem Parlamentarischen Kontrollgremium, der G10-Kommission sowie dem Bundesbeauftragten für den Datenschutz und die Informationsfreiheit erfüllt? Sind diesen Kontrollinstitutionen relevante Informationen vorenthalten worden?

III. ob Empfehlungen zur Wahrung des verfassungsrechtlich gewährleisteten Schutzes der informationellen Selbstbestimmung, der Privatsphäre, des Fernmeldegeheimnisses und der Integrität und Vertraulichkeit informationstechnischer Systeme sowie der sicheren und vertraulichen Kommunikation in der staatlichen Sphäre geboten sind. Hierzu soll der Ausschuss klären:

1. Sind rechtliche und technische Veränderungen am deutschen System der nachrichtendienstlichen Auslandsüberwachung nötig, um der Grund- und Menschenrechtsbindung deutscher Stellen vollauf gerecht zu werden und gegebenenfalls welche?

2. Sind rechtliche und technische Veränderungen bezüglich der Übermittlung, Entgegennahme und des Austausches von Informationen mit ausländischen Sicherheitsbehörden nötig, um der Bindung der Bundesregierung und aller deutschen Stellen an die Grund- und Menschenrechte vollauf gerecht zu werden und gegebenenfalls welche?

3. Durch welche Maßnahmen rechtlicher, organisatorischer oder technischer Art kann sichergestellt werden, dass der garantierte Schutz der Vertraulichkeit der elektronischen Kommunikation von, nach und in Deutschland bestmöglich verwirklicht wird, damit Bürgerinnen und Bürger sowie Träger von Berufsgeheimnissen und Zeugnisverweigerungsrechten und Träger von Betriebs- und Geschäftsgeheimnissen vor einer verdachtsunabhängigen Erfassung von elektronischen Kommunikationsvorgängen und deren Inhalten durch ausländische Nachrichtendienste geschützt werden?

4. Welche Maßnahmen sind erforderlich, um eine vertrauliche elektronische Kommunikation auch für staatliche Stellen zu gewährleisten?

5. Sind zum Schutze der Telekommunikations- und IT-Sicherheit künftig Veränderungen bei der Vergabe öffentlicher Aufträge nötig?

6. Welche Maßnahmen zur Gewährleistung eines bestmöglichen Schutzes der Privatheit der elektronischen Kommunikation sind auf europäischer und internationaler Ebene erforderlich? Hierzu sollen die Erkenntnisse der Untersuchung im LIBE-Ausschuss des Europäischen Parlaments sowie die Arbeiten auf Ebene der Vereinten Nationen einbezogen werden.

7. Welche Maßnahmen sind nötig, um die Bevölkerung, Unternehmen und öffentliche Verwaltung besser vor Internet- und Telekommunikationsüberwachung durch ausländische Stellen zu schützen?

8. Wie kann die exekutive, parlamentarische, justizielle und unabhängige datenschützerische Kontrolle der Sicherheitsbehörden des Bundes lückenlos und effektiv gewährleistet werden?

9. Welche sonstigen rechtlichen, technisch-infrastrukturellen und politischen Konsequenzen sind zu ziehen?"

d)

Ist nach alledem davon auszugehen, dass sowohl der Unterzeichner als auch führende Funktionäre der Antragsgegnerin von inländischen und/oder ausländischen Geheimdiensten nachrichtendienstlich überwacht werden, ist es dem Unterzeichner gegenwärtig nicht möglich, mit den Verantwortlichen der Antragsgegnerin eine vertrauliche Kommunikation zu führen und auf dieser Basis eine Verteidigungsstrategie im vorliegenden Verfahren auszuarbeiten. Wenn der Verfahrensbevollmächtigte damit rechnen muss, dass der den Verbotsantrag stellende Staat bei jedem Telefonat zwischen Anwalt und Mandantschaft in der Telefonleitung sitzt und bei einer persönlichen Unterredung über Mikrofone mithört, dann wird damit die Axt an das Vertrauensverhältnis zwischen Anwalt und Mandant gelegt und der Bevollmächtigte bewegt sich bei entsprechenden Telefonaten oder Unterredungen jedes Mal hart an der Grenze zum Parteiverrat (§ 356 StGB).

Dass auf dieser Grundlage kein rechtsstaatliches faires Verfahren möglich ist, dürfte auf der Hand liegen. Es besteht daher ein unbehebbares Verfahrenshindernis, dem mit einer Einstellung des vorliegenden Verfahrens zu begegnen ist.

IV. RECHTSFOLGEN

Jedes der oben genannten Verfahrenshindernisse wäre bereits für sich geeignet, die Einstellung des vorliegenden Parteiverbotsverfahrens zu erzwingen. Jedenfalls jedoch die Kombination aus gleich drei Verfahrenshindernissen muss in der Gesamtbetrachtung zur Einstellung des Verfahrens führen.

Dabei muss man sich stets vor Augen halten, dass nach der im vorliegenden quasi-strafrechtlichen Parteiverbotsverfahren entsprechend heranzuziehenden Rechtsprechung der Strafgerichte bei der Frage des Vorliegens von Verfahrenshindernissen der Zweifelsgrundsatz „in dubio pro reo" anzuwenden ist. Mit den Worten des BGH:

> „Zwar kann den §§ 206 a, 260 Abs. 3 StPO nicht entnommen werden, wie zu verfahren ist, wenn (unüberwindliche) tatsächliche Zweifel daran bestehen, ob eine Prozessvoraussetzung fehlt bzw. ein Prozesshindernis gegeben ist. Ein Strafverfahren darf allerdings grundsätzlich nur durchgeführt werden, wenn feststeht, dass die erforderlichen Prozessvoraussetzungen vorliegen und Prozesshindernisse nicht entgegenstehen. Bleibt nach Ausschöpfung aller Erkenntnismöglichkeiten zweifelhaft, ob ein Prozesshindernis vorliegt, ist der h. M. zufolge nach seiner Art zu differenzieren. Dabei ist es in aller Regel ohne praktische Bedeutung, ob dogmatisch von der Funktion der Prozessvoraussetzung als Bedingung für die Zulässig-

keit eines Sachurteils oder – wie ganz überwiegend in der Literatur – von der Anwendung des Grundsatzes ‚in dubio pro reo' bei solchen tatsächlichen Zweifeln über das Vorliegen prozessual erheblicher Tatsachen ausgegangen wird (vgl. BGHSt 46, 349, 352; zum Meinungsstand Stuckenberg in Löwe/Rosenberg, StPO 26. Aufl. § 206 a Rdn. 37 ff.). Danach besteht – im Sinne von §§ 206 a, 260 Abs. 3 StPO – ein Verfahrenshindernis immer schon dann, wenn es möglicherweise vorliegt. Insofern reichen indes bloß theoretische, nur denkgesetzlich mögliche Zweifel nicht aus; sie müssen sich vielmehr auf konkrete tatsächliche Umstände gründen und nach Ausschöpfung aller Erkenntnismöglichkeiten unüberwindbar sein."

vgl. BGH vom 30.07.2009, Az.: 3 StR 273/09, Rn. 12, zitiert nach juris.

Die Beweislast liegt hinsichtlich der diesseitig ins Feld geführten Verfahrenshindernisse – nachdem deren Vorliegen substantiiert dargelegt und mit entsprechenden Indizien untermauert wurde – also nicht bei der Antragsgegnerin, sondern beim Antragsteller. Dieser muss nunmehr den Vollbeweis führen, dass die von der Antragsgegnerin geltend gemachten Verfahrenshindernisse tatsächlich doch nicht vorliegen, wobei nochmals klarzustellen ist, dass dieser erforderliche Vollbeweis allein durch Vorlage irgendwelcher „Testate" irgendwelcher Minister nicht zu führen sein wird.

Auf Seiten des Senats letzten Endes verbleibende Zweifel hinsichtlich des Vorliegens von Verfahrenshindernissen gehen zu Lasten des Antragstellers, sodass im Falle eines „non-liquet" die Einstellung des Verfahrens auszusprechen ist.

C.

Da der Unterzeichner sowohl im Hinblick auf die nach wie vor bestehenden erheblichen Zahlungsrückstände der Antragsgegnerin

vgl. hierzu den Beschluss des Senats vom 28.01.2014, Az.: 2 BvB 1/13,

als auch vor dem Hintergrund der oben dargelegten Verfahrenshindernisse bislang keine vertrauliche Erörterung der von der Antragstellerseite erhobenen Vorwürfe erfolgen konnte, ist die Antragsgegnerseite nach wie vor nicht in der Lage, eine Verteidigungsstrategie zu erarbeiten geschweige denn eine Antragserwiderung zu fertigen.

Sollte der Senat zu dem Ergebnis gelangen, dass entgegen der diesseitigen Argumentation keine Verwerfung des Verbotsantrages als unzulässig und keine Einstellung des Verfahrens auszusprechen sei, so wäre der Antragsgegnerin aber jedenfalls für die Anbringung einer inhaltlichen Erwiderungsschrift zur eigentlichen Verbotsbegründung eine **Fristverlängerung von weiteren drei Monaten** zu gewähren, beginnend mit der Rechtskraft der Entscheidung über das hiesige Einstellungsgesuch. Dies wird hiermit hilfsweise **b e a n t r a g t**.

Dipl.-Jur. Peter Richter, LL.M.
– Rechtsanwalt –

Anlagen:

B-1 Artikel auf tagesschau.de vom 19.03.2014
B-2 Artikel auf lto.de vom 13.02.2014
B-3 Artikel auf tagesschau.de vom 13.09.2013
B-4 Artikel der Süddeutschen Zeitung vom 13.09.2013
B-5 Transkript des Snowden-Interviews vom Januar 2014

9. Berichterstatterschreiben vom 1. April 2014

Bundesverfassungsgericht Karlsruhe, den 01.04.2014
Zweiter Senat
– Der Berichterstatter –

Herrn Rechtsanwalt
Dipl.-Jur. Peter Richter, LL.M.

Parteiverbotsverfahren NPD;
Ihr Schriftsatz vom 25. März 2014

Sehr geehrter Herr Rechtsanwalt,

als Berichterstatter möchte ich darauf hinweisen, dass das Verfahren ungeachtet der von Ihnen gestellten Anträge umfassend weiter vorbereitet wird. Ich stelle daher anheim, sich zur Sache zu äußern.

Mit freundlichen Grüßen

Gerhardt
Richter des Bundesverfassungsgerichts

10. Schriftsatz der Antragsgegnerin vom 8. April 2014

Rechtsanwalt Dipl.-Jur. Peter Richter, LL.M. Saarbrücken, den 08.04.2014

Bundesverfassungsgericht
– Zweiter Senat –
Rintheimer Querallee 11
76131 Karlsruhe

<u>2 BvB 1/13</u>

In dem Parteiverbotsverfahren

<u>Bundesrat</u>	g e g e n	**NPD**
Prof. Dr. Möllers, LL.M.		RA Richter, LL.M.
Prof. Dr. Waldhoff		

bedankt sich der Unterzeichner für den Hinweis des Gerichts vom 01.04.2014 und nimmt wie folgt Stellung:

1.

Wie der Unterzeichner bereits im Schriftsatz vom 25.03.2014 ausgeführt hat, setzen die Erarbeitung einer Verteidigungsstrategie und die sich daran anschließende Fertigung einer inhaltlichen Erwiderung auf den Verbotsantrag des Antragstellers umfangreiche Recherchen und strategische Richtungsentscheidungen voraus, welche nur auf der Basis umfassender Erörterungen mit den Verantwortlichen der Antragsgegnerin getroffen und durchgeführt werden können. Derlei Erörterungen sind aber nur möglich, wenn eine vertrauliche Kommunikation zwischen den Verantwortlichen der Antragsgegnerin und dem Unterzeichner gewährleistet ist. Dass dies zurzeit nicht der Fall ist, wurde im Schriftsatz vom 25.03.2014 umfassend herausgearbeitet. Solange nicht sichergestellt ist, dass sämtliche Verdeckten Ermittler, Undercover-Agents und/oder V-Leute aus den Vorständen der Antragsgegnerin abgezogen und nicht nur abgeschaltet worden sind und solange nicht sichergestellt ist, dass weder der Unterzeichner noch Mitglieder der Vorstände der Antragsgegnerin von in- und/oder ausländischen Geheimdiensten nachrichtendienstlich überwacht werden, sieht sich der Unterzeichner wegen § 356 StGB weiterhin außerstande, vertrauliche Gespräche das hiesige Verfahren betreffend mit Verantwortlichen der Antragsgegnerin zu führen und inhaltlich zum Verbotsantrag Stellung zu nehmen.

Es ist daher nicht so, dass die Antragsgegnerin nicht inhaltlich erwidern wolle; vielmehr ist ihr dies unter den gegebenen Umständen schlichtweg nicht möglich.

2.

Gegen die von Seiten des Gerichts angekündigte weitere Vorbereitung des Verfahrens bestehen selbstverständlich keine Bedenken, allerdings wird eine Fortführung des Verfahrens, insbesondere eine Entscheidung über die Durchführung der Verhandlung (§ 45 BVerfGG), nach diesseitiger Rechtsauffassung so lange nicht erfolgen können, wie die mit diesseitigem Schriftsatz vom 25.03.2014 gestellten Anträge nicht verbeschieden worden sind. Die Fortführung eines (quasi-strafrechtlichen) Verfahrens setzt nämlich voraus, dass die Verfahrensvoraussetzungen sicher und nicht nur möglicherweise vorliegen.

Dipl.-Jur. Peter Richter, LL.M.
– Rechtsanwalt –

11. Schriftsatz des Antragstellers vom 14. Mai 2014

Prof. Dr. Christoph Möllers
Prof. Dr. Christian Waldhoff
c/o Bundesrat
Leipziger Straße 3–4
10117 Berlin

An das
Bundesverfassungsgericht
Zweiter Senat
Schlossbezirk 3
76131 Karlsruhe

– 2 BvB 1/13 –   Berlin, am 14. Mai 2014

Bezugnehmend auf den Antrag der Antragsgegnerin im Schriftsatz vom 25. März 2014,

1. den Verbotsantrag des Antragstellers als unzulässig zu verwerfen,
hilfsweise: das Parteiverbotsverfahren wegen Vorliegens unbehebbarer Verfahrenshindernisse einzustellen,
höchst hilfsweise: das Verfahren auszusetzen, bis der vom Deutschen Bundestag am 20.03.2014 eingesetzte Untersuchungsausschuss zur NSA-Abhör-Affäre seinen Abschlussbericht vorgelegt hat,

2. die Erstattung der notwendigen Auslagen der Antragsgegnerin in dem Parteiverbotsverfahren anzuordnen,

sowie bezugnehmend auf das Schreiben der Antragsgegnerin vom 8. April 2014 beantragen wir,

diese Anträge zurückzuweisen und das Verfahren gem. § 45 BVerfGG fortzusetzen,

und erwidern wie folgt:

Die Verfahrensbevollmächtigten verfügen über eine wirksame Prozessvollmacht (I.). Es bestehen keine Verfahrenshindernisse (II.).

I.

Die Verfahrensbevollmächtigten haben eine wirksame Verfahrensvollmacht vorgelegt.

C. Das zweite NPD-Verbotsverfahren (2013–2017)

1. Gem. § 22 Abs. 2 BVerfGG muss die Vollmacht schriftlich erteilt werden und sich ausdrücklich auf das Verfahren beziehen. Beide Voraussetzungen sind hier unstrittig erfüllt.

2. Die Behauptung der Antragsgegnerin, die Vollmachten seien nicht wirksam, da sie vom Direktor des Bundesrates und nicht vom Präsidenten des Bundesrates unterzeichnet seien, ist unzutreffend.

Der Direktor des Bundesrates hat kraft der Geschäftsordnung des Bundesrates die Vertretungsmacht für den Bundesrat und konnte daher die Verfahrensbevollmächtigten wirksam bevollmächtigen. Eine verfassungsorganinterne Vertretungsmacht kraft autonomer Satzung – hier diejenige des Direktors durch die Geschäftsordnung des Bundesrates – muss nicht zusätzlich schriftlich nachgewiesen werden, da § 22 Abs. 2 BVerfGG diesen Fall nicht betrifft.

> *Klein*, in: Maunz/Schmidt-Bleibtreu/Klein/Bethge, Bundesverfassungsgerichtsgesetz. Kommentar, Loseblattsammlung, Stand des Gesamtwerks: 42. Lieferung Oktober 2013, § 22 Rdnr. 11; vgl. auch BVerfGE 1, 115.

Nach § 14 Abs. 2 GOBRat leitet der Direktor des Bundesrates das Sekretariat des Bundesrates „im Auftrag des Präsidenten". Er „unterstützt den Präsidenten bei der Führung seiner Amtsgeschäfte". Dies bedeutet, dass der „BR-Direktor weithin für den BR-Präsidenten zu handeln hat".

> *Reuter*, Praxishandbuch Bundesrat, 2. Aufl. 2007, § 14 Rdnr. 17.

Diese rechtliche Handlungsmacht des Direktors für den Präsidenten des Bundesrates umfasst auch die Vertretung im Außenverhältnis, die nach § 6 Abs. 1 GOBRat grundsätzlich der Präsident wahrnimmt. Der Präsident des Bundesrates ist stets auch Ministerpräsident eines Landes. Das bedeutet, dass er einen wesentlichen Teil seiner Arbeitszeit bei der Landesregierung in seinem Land verbringt. Auf die dadurch bedingten Besonderheiten hat die gem. Art. 52 Abs. 3 Satz 2 GG erlassene Geschäftsordnung des Bundesrates reagiert. Das Bundesorgan Bundesrat wäre weitgehend in seiner Funktion eingeschränkt, umfasste die Regelung des § 14 Abs. 2 GOBRat nicht auch die Berechtigung des Direktors, im Außenverhältnis für den Präsidenten zu handeln. Daher erteilt § 14 Abs. 2 GOBRat kraft autonomer Satzungsgewalt dem Direktor des Bundesrates eine vom Präsidenten, in dessen Auftrag er handelt, abgeleitete Vertretungsmacht. Beispielhaft zeigt etwa § 11 Abs. 4 GOBRat, dass der Direktor auch im staatsorganschaftlichen Bereich nach außen wirksam handeln kann. Ganz allgemein gehört zu den Aufgaben des Direktors des Bundesrates neben dem Präsidenten die „Kontaktpflege" zu anderen Staatsorganen.

> Vgl. *Reuter*, Praxishandbuch Bundesrat, 2. Aufl. 2007, § 14 Rdnr. 17.

Der Direktor ist auch zur Vertretung des Präsidenten des Bundesrates in „parlamentarischen Angelegenheiten" – mit Außenwirkung – befugt. Ausdrücklich ist dies in § 36 Abs. 1 GOBRat für die Zuweisung der beim Bundesrat eingebrachten Vorlagen an die Ausschüsse zur Beratung, in § 45a Abs. 1 GOBRat für die Auswahl der für eine Beratung im Bundesrat in Betracht kommenden Vorlagen der Europäischen Union, in § 45d

Abs. 4 GOBRat für deren Zuweisung an die Ausschüsse geregelt. Daneben werden eine Reihe von Entscheidungen anstelle des Präsidenten vom Direktor getroffen, ohne dass diese Vertretungsbefugnisse ausdrücklich in der GOBRat genannt werden. Hierzu zählen

- die Genehmigung auswärtiger Sitzungen der Ausschüsse gemäß § 37 Abs. 1 GOBRat,
- die Einwilligung in die formlose Berichtigung von Druckfehlern und offensichtlichen Unrichtigkeiten in Rechtsvorschriften gemäß § 61 Abs. 2 GGOBReg,
- sowie in Routinefällen die Erteilung des Einvernehmens zur Zulassung einer Versammlung oder eines Aufzugs an Plenartagen gemäß § 3 Abs. 2 BefBezG.

Diese Praxis entspricht Funktion und Dogmatik von Vertretung und Bevollmächtigung. Dementsprechend sind auch im anhängigen Streit die Vollmachten wirksam:

Der Bundesrat hat durch Plenarbeschluss vom 14. Dezember 2012 beschlossen, den Verbotsantrag zu stellen, und den Präsidenten beauftragt, einen Verfahrensbevollmächtigten mit der Antragstellung, Begründung und Prozessführung zu betrauen.

BRat-DrS 770/12 (Beschluss).

Der Präsident hat auf Vorschlag der Innenministerkonferenz im Anschluss an ein Treffen mit den beiden Unterzeichnern am 3. Mai 2013 und nach Zustimmung des Ständigen Beirats den Direktor des Bundesrates beauftragt, die jetzigen Verfahrensbevollmächtigten mit der Vertretung des Bundesrates im konkreten Verbotsverfahren zu bestellen. Die materielle Entscheidung, wer Verfahrensbevollmächtigter des Bundesrates ist, wurde somit lange vor der Ausstellung der Verfahrensvollmachten vom Präsidenten des Bundesrates getroffen. Die büromäßige Erteilung der Vollmachten war nur der Vollzug dieser Entscheidung. Ob der Präsident des Bundesrates seine Entscheidung selbst vollzieht oder diese durch den Direktor des Bundesrates in seinem Auftrag vollziehen lässt, § 14 Abs. 2 Satz 2 GOBRat, muss ihm überlassen bleiben. Das entspricht auch dem vertretungsrechtlichen Abstraktionsprinzip: Im Innenverhältnis ist der Direktor des Bundesrates an die Entscheidungen und Weisungen des Präsidenten gebunden. Im Außenverhältnis gilt aus Gründen der Rechtssicherheit die abgeleitete Vertretungsmacht des Direktors des Bundesrates umfassend. Gerade weil die Vollmacht nach § 22 BVerfGG schriftlich und damit persönlich erteilt werden muss, ist auszuschließen, dass eine in der Natur der föderalen Sache liegende Abwesenheit des Bundesratspräsidenten und der Vizepräsidenten – sämtlich Mitglieder von Landesregierungen – das Bundesorgan Bundesrat daran hindert, vor dem Bundesverfassungsgericht vorstellig zu werden. Die Rechtsbehauptung, dass der formelle Akt der Ausfertigung einer in der Sache vom Präsidenten bestimmten Vollmacht durch diesen persönlich erfolgen müsste und nicht durch den ständig anwesenden Direktor erfolgen darf, widerspräche § 14 Abs. 2 Satz 2 GOBRat.

3. Dieses Ergebnis findet in der Staatspraxis seine Bestätigung.

Das Bundesverfassungsgericht hat für die Auslegung und Anwendung von Geschäftsordnungen kollegial organisierter Staatsorgane von Anfang an „Tradition und Praxis" in besonderer Weise einbezogen.

BVerfGE 1, 144 (148 f.) (für den Deutschen Bundestag).

Für den Bundesrat wurde seit Bestehen des Bundesverfassungsgerichts jede Prozessvollmacht durch seinen Direktor erteilt.

Beispielhaft:
- Verfassungsbeschwerde gegen das Zustimmungsgesetz zum Maastricht Vertrag – 2 BvR 2134/92 und 2 BvR 2159/92; Vollmacht vom 17. Februar 1993
- Verbotsantrag des Bundesrates gegen die FAP – 2 BvB 3/93; Vollmacht vom 9. November 1993
- (erster) Verbotsantrag des Bundesrates gegen die NPD – 2 BvB 2/01; Vollmacht vom 20. Februar 2001.

Da die Prüfung der Wirksamkeit der Vollmacht vom Bundesverfassungsgericht im Rahmen der Offizialmaxime von Amts wegen erfolgt,

vgl. nur *Speckmaier*, in: Umbach/Clemens/Dollinger (Hrsg.), Bundesverfassungsgerichtsgesetz. Mitarbeiterkommentar, 2. Aufl. 2005, § 22 Rdnr. 31,

konnte der Antragsteller davon ausgehen, dass diese Form des Handelns wie bisher den verfassungsprozessualen Bedingungen entsprach. Sollte der Senat dennoch einen Mangel in der Vollmacht der Prozessbevollmächtigten sehen, bitten wir um einen Hinweis und entsprechende Fristsetzung, um diesen Mangel zu heilen. Entsprechende Fälle hat der Senat zwar für das Parteiverbotsverfahren bisher nicht entschieden. Es liegt jedoch einschlägige Judikatur für das Verfahren der Verfassungsbeschwerde vor. Das Bundesverfassungsgericht hat durch Beschluss vom 13. März 1979 entschieden, dass eine durch einen Prozessbevollmächtigten eingelegte Verfassungsbeschwerde nicht deswegen unzulässig ist, weil die erforderliche Vollmacht nicht innerhalb der Ausschlussfrist des § 93 BVerfGG eingegangen sei.

„Das gleiche muß auch für die nachträgliche Ausstellung der Vollmachtsurkunde gelten. Zwar sieht § 22 Abs. 2 BVerfGG vor, daß die Vollmacht schriftlich zu erteilen ist. Die meisten deutschen Prozeßgesetze lassen es jedoch ausdrücklich zu, daß der Mangel fehlender Vollmacht nachträglich geheilt wird (vgl. § 89 ZPO; § 67 Abs. 3 VwGO; § 62 Abs. 3 FGO; § 73 Abs. 2 SGG). Da das Gesetz über das Bundesverfassungsgericht keine erschöpfende Verfahrensregelung enthält, kann das Bundesverfassungsgericht bei der zweckentsprechenden Gestaltung seines Verfahrens auf allgemeine verfahrensrechtliche Grundsätze besonders des Zivilprozeßrechts und des Verwaltungsprozeßrechts zurückgreifen (vgl. BVerfGE 33, 247 [261] m. w. N.) ... Für die Nachreichung der Vollmacht kann das Gericht eine Frist bestimmen. Besonderheiten des verfassungsgerichtlichen Verfahrens stehen nicht entgegen." BVerfGE 50, 381.

Das wird auch in der Literatur gestützt:

„Daher ist es angebracht, an den Nachweis der Vertretung keine strengeren Anforderungen zu stellen, als in den meisten Prozessordnungen der Fachgerichtsbarkeit normiert sind." *Speckmaier*, in: Umbach/Clemens/Dollinger (Hrsg.), Bundesverfassungsgerichtsgesetz. Mitarbeiterkommentar, 2. Aufl. 2005, § 22 Rdnr. 31. Allgemeine Meinung, vgl. etwa auch *Lenz/Hansel*, Bundesverfassungsgerichtsgesetz. Handkommentar, 2013, § 22 Rdnr. 19.

II.

Es bestehen keine Verfahrenshindernisse.

Der von der Antragsgegnerin erhobene Einwand, die „Abschaltung" von V-Leuten in den Führungsgremien der Antragsgegnerin sei unsubstantiiert vorgetragen worden, geht in der Sache fehl. Die Sicherheitsbehörden von Bund und Ländern haben – wie sogleich näher vorzutragen sein wird – diese Personen im Ganzen „abgeschaltet". Hierbei handelt es sich um einen allgemeinen Sachverhalt. Der Sachvortrag in diesem Punkt ist daher umfassend, substantiiert und abschließend. Wie die Testate der Innenminister und Innensenatoren der Länder sowie des Bundesinnenministers bestätigen, wurden die entsprechenden Vorgaben des Bundesverfassungsgerichts aus seinem Beschluss vom 18. März 2003 (BVerfGE 107, 339) beachtet. Die Antragsgegnerin hat keinerlei konkrete Hinweise dafür vorgelegt, dass dieser Sachvortrag unzutreffend ist, sondern sich auf Ausführungen ohne individualisierten Tatsachenbezug beschränkt.

Zur Terminologie der folgenden Ausführungen sei zunächst Folgendes angemerkt. Nur verdeckte Ermittler bzw. Under-Cover-Agents können in einem technischen Sinn „zurückgezogen" werden, weil sie als Bedienstete staatlicher Behörden den Weisungen der Behörden weiterhin unterworfen sind. V-Leute (gleichbedeutend mit Vertrauenspersonen bzw. V-Personen) unterliegen nach „Abschaltung" hingegen keinen Weisungen mehr. Sie können nicht „zurückgezogen" werden, weil es ihnen als Privatpersonen freisteht, wie sie sich fürderhin betätigen.

<u>Verdeckte Ermittler bzw. Under-Cover-Agents wurden und werden gegen die Antragsgegnerin von den Sicherheitsbehörden des Bundes und der Länder nicht eingesetzt.</u> Deswegen ist im Weiteren nur noch auf V-Leute einzugehen.

1. Spätestens seit Dezember 2012 sind entsprechend dem Beschluss der Innenministerkonferenz vom 22. März 2012 die Informationsbeziehungen zu sämtlichen V-Leuten auf der Führungsebene der NPD, einschließlich der Nachsorge, beendet.

Beschluss der IMK vom 22. März 2012. **Anlage 1.**

Der Umstand, dass die statistischen Angaben zu V-Leuten auf S. 24 der Antragsschrift den Zeitraum von 2008 bis 2013 umfassen, ändert hieran nichts. Seit dem genannten Datum sind auf der Führungsebene sämtliche V-Leute „abgeschaltet". Das Jahr 2013 wurde in die statistische Aussage einbezogen, um – im Hinblick auf V-Leute unterhalb der Führungsebene – dem Gericht möglichst aktuelle Daten vorlegen zu können. Die Feststellung, dass spätestens seit Dezember 2012 keine V-Personen mehr in der Führungsebene der Antragsgegnerin vorhanden sind, ist spezieller als die den Zeitraum 2008 bis 2013 umfassende Statistik mit Durchschnittswerten von V-Leuten in der Partei insgesamt und in deren Führungsebene.

2. „Bedienstete staatlicher Behörden" wurden nicht in Führungsgremien der Antragsgegnerin „eingeschleust".

Es gab und gibt keine Polizei- oder Verfassungsschutzbeamten, die unter einer anderen Identität in Führungsgremien der Antragsgegnerin tätig waren. Als V-Leute waren ausschließlich Personen eingesetzt, die nicht in einem Dienstverhältnis zu den Sicherheitsbehörden standen und die nachrichtendienstlich für ihre Beobachtung angeworben wurden. Ein „Zurückziehen" kommt daher nicht in Betracht.

3. Die verfassungsrechtliche Anerkennung eines institutionalisierten Verfassungsschutzes impliziert auch die Zulässigkeit eines Einsatzes nachrichtendienstlicher Mittel auf der Grundlage und in den Grenzen der einfachgesetzlichen Ermächtigungsgrundlagen.

> Allgemein, nicht auf politische Parteien bezogen, BVerfGE 30, 1 (18 f.); für das Parteiverbotsverfahren mit Hinweis auf die Notwendigkeit wegen der oftmals vorliegenden Verdeckungsabsicht BVerfGE 107, 339 (391 – Meinung der Senatsmehrheit, die die Entscheidung nicht trug); insgesamt differenziert *Michaelis*, Politische Parteien unter Beobachtung des Verfassungsschutzes, 2000, zusammenfassend S. 207.

Dazu gehört der Einsatz von V-Leuten. Die Arbeit des Verfassungsschutzes wäre unmöglich, wenn angeworbene V-Leute nicht darauf vertrauen könnten, dass ihre Identität geheim bliebe. Der bei einer Aufdeckung eintretende Vertrauensverlust würde nicht nur eine wirksame Bekämpfung des politischen Extremismus in Zukunft unmöglich machen, sondern u. U. auch Leib und Leben der V-Leute gefährden.

> Indirekt anerkannt auch in BVerfGE 107, 339 (371).

Die Entscheidung des Bundesverfassungsgerichts vom 17. September 2013 – 2 BvR 2436/10 und 2 BvE 6/08 – „Ramelow" – steht dem Vorgesagten nicht entgegen. Zwar wird dort auch die offene Materialsammlung durch den Verfassungsschutz als Eingriff in den Abgeordnetenstatus des Art. 38 Abs. 1 Satz 2 GG qualifiziert; zudem zieht die Begründung Parallelen zwischen der Funktion des einzelnen Abgeordneten und derjenigen politischer Parteien (Rdnr. 96). Für die dortige Argumentation ist jedoch entscheidend, dass der Abgeordnete in einer Weise als Teil der Legislative in seinem Verhältnis zur Exekutive verortet wird, die so für politische Parteien nicht zutrifft (vgl. ebd. Rdnr. 116). Zudem wird zur Bekämpfung verfassungsfeindlicher Aktivitäten von Abgeordneten gerade auf das Parteiverbotsverfahren des Art. 21 Abs. 2 GG verwiesen.

> BVerfG, Beschl.v. 17. September 2013 – 2 BvR 2436/10 und 2 BvE 6/08, Rdnr. 115 unter Verweis auf das Sondervotum Böckenförde in BVerfGE 70, 324 (380, 384).

4. In ihrer Antragserwiderung vom 25. März 2014 hat die Antragsgegnerin keine einzige konkrete Tatsache vorgetragen, die die Richtigkeit der Testate der Innenminister bzw. Innensenatoren von Ländern und Bund in Zweifel zu ziehen geeignet wäre.
Zwar kennt der Verfassungsprozess angesichts des Untersuchungsgrundsatzes keine Beweislast

> *Pestalozza*, Verfassungsprozeßrecht, 3. Aufl. 1991, § 2 Rdnr. 49; *Benda/Klein*, Verfassungsprozessrecht, 3. Aufl. 2012, Rdnr. 315; *Weber-Grellet*, Beweis- und Argumentationslast im Verfassungsrecht, 1979, S. 21 f.: keine subjektive, wohl im Einzelfall jedoch objektive Beweis-, Darlegungs- oder Argumentationslast,

und damit keine Beweislastumkehr. Im Rahmen der notwendigen Substantiierung des Antrags hat der Antragsteller die Erfüllung der in dem Beschluss vom 18. März 2003 postulierten Anforderungen an den Einsatz von V-Leuten im Bereich der Antragsgegnerin politisch höchstrangig bestätigt. Die einen Verfassungsauftrag ausführenden Sicherheitsbehörden sind aus Gründen des verfassungsrechtlich gebotenen Quellenschutzes und zur Sicherung ihrer künftigen Aufgabenerfüllung rechtlich nicht in der Lage, den ehemaligen wie aktuellen Bestand von V-Leuten offen zu legen. Deswegen wäre es an der Antragsgegnerin gewesen, zumindest glaubhafte Anhaltspunkte für einen fehlerhaften Vortrag darzulegen. Substantiierte Gegenbehauptungen der Antragsgegnerin liegen jedoch nicht vor.

Natürlich kann aus Sicht der Antragsgegnerin die Richtigkeit des staatlichen Sachvortrags nicht pauschal unterstellt werden. Doch müsste die Antragsgegnerin zumindest Indizien dafür vortragen, dass die der Antragsschrift beigefügten Testate unzutreffend sind. „Aus der Vorschrift des § 26 II und der Komplementärregelung des § 28 II ergibt sich, dass die für das verfassungsgerichtliche Verfahren maßgebliche Prozessordnung geheimhaltungsbedürftige Belange im Rahmen der Aufklärung des entscheidungserheblichen Sachverhalts und der Beweiserhebung anerkennt."

Zöbeley/Dollinger, in: Umbach/Clemens/Dollinger (Hrsg.), Bundesverfassungsgerichtsgesetz. Mitarbeiterkommentar, 2. Aufl. 2005, § 26 Rdnr. 24.

5. Im Vorverfahren nach § 45 BVerfGG geht es um eine vorläufige, summarische Bewertung nach Aktenlage.

Burkhart, in: Umbach/Clemens/Dollinger (Hrsg.), Bundesverfassungsgerichtsgesetz. Mitarbeiterkommentar, 2. Aul. 2005, § 45 Rdnr. 2; *Maunz/Schmidt-Bleibtreu/Klein/Bethge*, Bundesverfassungsgerichtsgesetz. Kommentar, Loseblattsammlung, Stand des Gesamtwerks: 42. Lieferung Oktober 2013, § 45 Rdnr. 2: Vorprüfung beschränkt sich „auf die Prozeßvoraussetzungen und eine kurze Würdigung des Sachverhalts".

Ermittlungen und Beweiserhebungen finden in diesem Verfahrensstadium grundsätzlich nicht statt.

Lechner/Zuck, Bundesverfassungsgerichtsgesetz. Kommentar, 6. Aufl. 2011, § 45 Rdnr. 1 i. V. m. § 37 Rdnr. 1.

Der Antragsgegnerin obliegt es auch im Vorverfahren, Tatsachen oder plausibilisierte Vermutungen vorzutragen, die den Antrag erschüttern könnten. Solange ein Verfahrenshindernis nicht offensichtlich ist und die Zulässigkeit des Antrags nicht bestritten oder verneint werden kann, ist das Hauptverfahren zu eröffnen.

Das Vorverfahren dient neben verfahrensökonomischen Gesichtspunkten vorrangig dem Schutz der Antragsgegnerin.

BVerfGE 107, 339 (357); 107, 339 (389 – Meinung der Senatsmehrheit, die die Entscheidung nicht trug); *Burkhart*, in: Umbach/Clemens/Dollinger (Hrsg.), Bundesverfassungsgerichtsgesetz. Mitarbeiterkommentar, 2. Aul. 2005, § 45 Rdnr. 3.

Die Entscheidung gem. § 45 BVerfGG hat damit eine ähnliche Funktion wie der Eröffnungsbeschluss im Strafverfahren.

Lechner/Zuck, Bundesverfassungsgerichtsgesetz. Kommentar, 6. Aufl. 2011, § 45 Rdnr. 1.

Wenn die Antragsgegnerin im jetzigen Verfahrensstadium darauf verzichtet, substantiiert Tatsachen oder zumindest Anhaltspunkte dafür vorzutragen, dass die in der Antragsschrift vorgenommenen tatsächlichen Darlegungen unzutreffend sind, verzichtet sie insofern auf den ihr zukommenden Schutz. Das präjudiziert selbstverständlich nichts hinsichtlich der Beweiserhebung in der mündlichen Hauptverhandlung, liefert aber auch keinen Anlass, den Fortgang des Verfahrens aufzuhalten.

BVerfGE 107, 339 (388 f. – Meinung der Senatsmehrheit, die die Entscheidung nicht trug).

6. Das Testat ist auch seitens des Bundes umfassend erfolgt.

Der Bundesminister des Innern hat die Erfüllung der Anforderungen des Bundesverfassungsgerichts in seinem Beschluss vom 18. März 2003 auch für Dienststellen des Bundes testiert, die nicht seinem Ressort unterstehen. Der in der Antragsschrift verwendete Begriff „Bundesregierung" wurde als Sammelbezeichnung für diejenigen Ressorts, denen ebenfalls Sicherheitsbehörden unterstehen, verwendet. Das Testat des Bundesministers des Innern wird von den zuständigen Ressorts mitgetragen, da durch entsprechende „Untertestate" die Erfüllung der genannten Anforderungen für jede der betroffenen Bundesbehörden wie folgt bestätigt worden ist:

Durch den Präsidenten des Bundesamtes für Verfassungsschutz,

durch den Präsidenten des Bundeskriminalamtes,

durch den Präsidenten der Bundespolizei,

durch den Präsidenten des Bundesnachrichtendienstes,

durch den zuständigen Staatssekretär im Bundesministerium der Finanzen für das Zollkriminalamt,

durch den zuständigen Staatssekretär im Bundesministerium der Verteidigung für den Militärischen Abschirmdienst.

Durch den Bundesminister des Innern wurden die Testate der einzelnen Sicherheitsbehörden im Verantwortungsbereich der Bundesregierung gesammelt, um dem Gericht gegenüber eine Gesamtaussage zu ermöglichen.

7. Die „Abschaltung" der V-Leute wurde entsprechend den Vorgaben des Zweiten Senats in seinem Beschluss vom 18. März 2003 vorgenommen.

Entsprechende Quellen wurden auf Vorstandsebene deswegen nicht nur „abgeschaltet", sondern es wurde spätestens seit dem 6. Dezember 2012 auch keine „Nachsorge" betrieben.

Zu diesen Kategorien BVerfGE 107, 339 (369).

Aufgrund einer Vereinbarung zwischen Bund und Ländern wurden so die Sicherheitsbehörden des Bundes durch Schreiben des zuständigen Staatssekretärs des Bundesministeriums des Innern vom 14. Dezember 2012 wie folgt angewiesen:

> „Jeder Kontaktversuch einer abgeschalteten Quelle ist zurückzuweisen. Die Zurückweisung ist zu dokumentieren. Zulässig sind allein Maßnahmen, die dem unmittelbaren Schutz von Leib und Leben der Quellen dienen."

Anlagen 2 und 3

Entsprechende Weisungen bestehen für die Sicherheitsbehörden der Länder.

<u>Im Ergebnis haben seit dem 6. Dezember 2012 keine von den Behörden ausgehende Kommunikation mehr mit den „abgeschalteten" V-Leuten stattgefunden. Vereinzelte Versuche ehemaliger V-Leute, mit den Behörden in Kontakt zu treten, wurden von den Behörden abgelehnt und im Einzelnen dokumentiert.</u>

Für den Fall, dass zukünftig eine – weil bisher nicht in einer Führungsposition befindliche – nicht „abgeschaltete" V-Person in einen Vorstand der Antragsgegnerin oder ihrer Untergliederungen gewählt werden sollte, würde ab diesem Zeitpunkt umgehend die „Abschaltung" in dem oben dargelegten Sinne vorgenommen werden.

Einer „Rückziehung" verdeckter Ermittler bzw. Under-Cover-Agents bedurfte es nicht, da – wie dargelegt – keine Angehörigen der Sicherheitsbehörden in die Führungsebene der Antragsgegnerin eingeschleust wurden.

8. Die Ausführungen der Antragsgegnerin zur angeblichen „mittelbaren Kontaminierung" des im Antragsschriftsatz verwendeten Tatsachenmaterials gehen fehl.

Der Antragsteller hat auch hier die Vorgaben aus dem Beschluss des Zweiten Senats vom 18. März 2003 präzise beachtet. Die von der Antragsgegnerin als denkmöglich dargestellte „mittelbare" Beeinflussung des Beweismaterials wird wiederum durch keinerlei Tatsachenmaterial plausibilisiert. Nach den Maßstäben des Beschlusses vom 18. März 2003 würde eine solche „mittelbare Beeinflussung" kein Verfahrenshindernis darstellen. Der Senat beschränkt die für ein etwaiges Verfahrenshindernis relevanten Äußerungen unmittelbar auf Parteimitglieder, „die nachrichtendienstliche Kontakte mit staatlichen Behörden unterhalten oder unterhalten haben".

BVerfGE 107, 339 (370).

Damit sind offensichtlich direkte Kontakte gemeint. Insofern gehe es um die Zurechenbarkeit dieses Materials zur zu verbietenden Partei. Die vom Senat angemahnte Verfahrensverantwortung des Antragstellers wurde durch das im Antragsschriftsatz, S. 25 f., dargelegte Vorgehen wahrgenommen.

Die Gegenansicht wäre nicht damit vereinbar, dass sowohl nach Ansicht des Bundesverfassungsgerichts als auch der h. M. im Schrifttum auch die Durchführung eines Verbotsverfahrens nicht jede nachrichtendienstliche Beobachtung einer politischen Partei verbietet.

BVerfGE 107, 339 (366); 107, 339 (390, 391 – Meinung der Senatsmehrheit, die die Entscheidung nicht trug).

Diese Wertung stellt praktische Konkordanz zwischen der effektiven Erfüllung der dem Verfassungsschutz durch das Grundgesetz übertragenen Auftrag und der Gewährleistung eines fairen, transparenten Verbotsverfahrens her.

Die Behauptung der Antragsgegnerin in ihrem Schriftsatz vom 25. März 2014, dass „wirklich staatsfreies und damit authentisches Beweismaterial" nur solches sei, dass nach „Abschaltung" etwaiger V-Leute auf der Führungsebene und einer anschließenden „Konsolidierungsphase" entstanden und gesammelt worden sei, widerspricht zudem dem Beschluss des Bundesverfassungsgerichts vom 18. März 2003, der zwischen der Staatsfreiheit auf der Führungsebene einer Partei einerseits, der Quellenfreiheit des Beweismaterials andererseits gerade unterscheidet.

BVerfGE 107, 339 (369 sub ee einerseits, 370 sub gg andererseits).

9. Die Unterstellung der Antragsgegnerin, dass die Kommunikation zwischen ihr und ihrem Prozessvertreter beobachtet würde, weisen wir zurück.

C. Das zweite NPD-Verbotsverfahren (2013–2017)

Bereits mit Weisung vom 14. Dezember 2012 haben der Bund und entsprechend die Länder verfügt, keinerlei Informationen, die die Prozessstrategie der künftigen Antragsgegnerin betreffen könnten, von Quellen entgegenzunehmen.

Anlagen 2 und 3

Auf die folgende Weisung haben sich die Behörden von Bund und Ländern am 17. März 2014 geeinigt und sie entsprechend umgesetzt. Auf Verlangen des Gerichts legen wir die einzelnen Weisungen gerne vor:

> „Mit Schreiben des Bundesverfassungsgerichts vom 7. Januar 2014 ist bekannt geworden, dass Herr Rechtsanwalt Peter Richter seitens der NPD zum Prozessbevollmächtigten für das gegen die NPD gerichtete Verbotsverfahren bestellt worden ist. In diesem Zusammenhang weise ich erneut (auf meine Verfügung vom ...) hin, dass nachrichtendienstlich erlangte Informationen über die Prozessstrategie der NPD nicht entgegen genommen werden dürfen. Dabei ist zu beachten, dass solche Informationen nicht nur von Herrn Rechtsanwalt Peter Richter selbst, sondern auch aus seinem persönlichen Umfeld und dem Umfeld seiner Kanzlei in Saarbrücken kommen können. Zudem ist zu beachten, dass Herrn Richter als Rechtsanwalt und Prozessbevollmächtigter der NPD im Verbotsverfahren eine privilegierte Stellung zukommt; hierzu wird insbesondere auf § 3b Absatz 1 G 10 und § 160a Absatz 1 StPO sowie auf das Schreiben des BMI vom 29. Mai 2013 zum Einsatz von G 10-Maßnahmen hingewiesen.

Die Anweisung gilt entsprechend auch für eventuell noch weitere von der NPD beauftragte Prozessbevollmächtigte oder sonstige Personen, die mit der Wahrnehmung der rechtlichen Interessen der NPD im Verbotsverfahren betraut sind. Sie ist in den betreffenden Akten schriftlich festzuhalten."

Über den Prozessvertreter liegen dem Antragsteller keinerlei Informationen vor, die die Prozessstrategie der Antragsgegnerin beträfen. Die Auskunftsersuchen des Prozessvertreters der Antragsgegnerin wurden vom Bundesamt für Verfassungsschutz und vom saarländischen Landesamt für Verfassungsschutz beschieden. Es steht dem Prozessvertreter frei, diese Bescheide dem Gericht vorzulegen.

10. Die von der Antragsgegnerin erhobenen Unterstellungen zur Rolle ausländischer Geheimdienste im vorliegenden Verfahren weisen wir zurück.

Keiner der in der Antragsschrift verwendeten Belege entstammt den Erkenntnissen ausländischer Nachrichtendienste. Über die Prozessstrategie der Antragsgegnerin liegen dem Antragsteller auch von ausländischen Nachrichtendiensten keinerlei Informationen vor.

Wegen der grundsätzlichen Parallelität der Arbeit von parlamentarischen Untersuchungsausschüssen und Gerichten ist es rechtlich nicht geboten, etwaige Sachverhaltsaufklärungen des NSA-Untersuchungsausschusses des Deutschen Bundestages abzuwarten. Art. 44 Abs. 4 Satz 2 GG legt gerade fest, dass die Würdigung der Beweise und die rechtliche Beurteilung der Tatsachen durch Gerichte unabhängig von den Feststellungen eines Untersuchungsausschusses, also „frei", erfolgen.

Achterberg/Schulte, in: von Mangoldt/Klein/Starck, Kommentar zum Grundgesetz, Bd. 2, 6. Aufl. 2010, Art. 44 Rdnr. 185.

III.

Der Senat hatte der Antragsgegnerin aufgegeben, zum Antragsschriftsatz bis zum 31. März 2014 in der Sache Stellung zu nehmen. Die Antragsgegnerin hat sich bis heute in der Sache nicht eingelassen. Der Antragsteller ist sich der Substanz seines Vortrags sicher und hat trotz des Verstoßes der Antragsgegnerin gegen ihre Prozessobliegenheiten kein Interesse daran, dass der Vortrag der Antragsgegnerin in irgendeiner Weise präkludiert wird. Freilich erscheint uns nunmehr das Hauptsacheverfahren als der angemessene Ort, um der Antragsgegnerin erneut Gelegenheit zu geben, sich mit dem Vorbringen des Antrags ernsthaft auseinanderzusetzen.

....
Christoph Möllers   Christian Waldhoff

Verzeichnis der Anlagen:

Anlage 1: Beschluss der Konferenz der Innenminister und -senatoren der Länder vom 22. März 2012.

Anlage 2: Schreiben von Staatssekretär Klaus-Dieter Fritsche, Bundesministerium des Innern, vom 14. Dezember 2012 an die Präsidenten des Bundeskriminalamtes, der Bundespolizei und des Bundesamtes für Verfassungsschutz.

Anlage 3: Schreiben von Staatssekretär Klaus-Dieter Fritsche, Bundesministerium des Innern, vom 14. Dezember 2012 an Staatssekretär Werner Gatzer, Bundesministerium der Finanzen, Staatssekretär Rüdiger Wolf, Bundesministerium der Verteidigung, und Abteilungsleiter Günter Heiß, Bundeskanzleramt.

12. Schriftsatz der Antragsgegnerin vom 13. Juni 2014

Rechtsanwalt Dipl.-Jur. Peter Richter, LL.M. Saarbrücken, den 13.06.2014

Bundesverfassungsgericht
– Zweiter Senat –
Rintheimer Querallee 11
76131 Karlsruhe

2 BvB 1/13

In dem Parteiverbotsverfahren

Bundesrat gegen **NPD**
Prof. Dr. Möllers, LL.M. RA Richter, LL.M.
Prof. Dr. Waldhoff

wird auf den Schriftsatz des Antragstellers vom 14.05.2014 wie folgt erwidert:

A. Zur fehlenden Verfahrensvollmacht

Auch nach dem ergänzenden Vortrag im Schriftsatz vom 14.05.2014 bleibt es dabei, dass die Bevollmächtigten des Antragstellers keine wirksame Verfahrensvollmacht vorgelegt haben.

I.

Die vorliegend vorgenommene Auslegung der GOBRat durch den Antragsteller muss als sehr kreativ, gleichzeitig aber auch als wenig überzeugend angesehen werden. Aus der Aufgabe des Bundesratsdirektors zur Leitung des Sekretariats und seiner Kompetenz zur Einwilligung in die formlose Berichtigung von Druckfehlern (!) schlussfolgern zu wollen, der Direktor sei auch zur Vollmachtserteilung in verfassungsgerichtlichen Verfahren befugt, erscheint schon sehr gewagt. Darauf kommt es aber letztlich gar nicht an, weil es sich bei der GOBRat um parlamentarisches Binnenrecht ohne Außenwirkung handelt, welches für die Frage der Vertretungsbefugnis im Außenverhältnis zu anderen Verfassungsorganen ohne Relevanz ist.

II.

Soweit der Antragsteller geltend macht, in der Vergangenheit seien vom Direktor erteilte Vollmachten stets als zulässig erachtet worden, so wird zunächst **mit Nichtwissen**

bestritten, dass die Verfahrensvollmachten in den Verfahren 2 BvR 2134/92, 2 BvR 2159/92, 2 BvB 3/93 und 2 BvB 2/01 vom Direktor des Bundesrates erteilt worden sein sollen. Selbst wenn dem so wäre, würde daraus nicht die Rechtmäßigkeit des seinerzeitigen Handelns folgen, weil die Fehlerhaftigkeit der Vollmachten in den damaligen Verfahren unstreitig nicht gerügt worden war und das Gericht daher keinerlei Veranlassung hatte, diesem Umstand weiter nachzugehen. Das Argument „Das haben wir schon immer so gemacht" erweist sich von daher als untauglich zur Rechtfertigung des vorliegend gegebenen Verstoßes gegen § 22 Abs. 2 BVerfGG.

III.

Das weitere Vorbringen des Antragstellers, eine Vollmachtserteilung durch den Bundesratsdirektor sei deshalb erforderlich, weil sowohl der Präsident des Bundesrates als auch die Vizepräsidenten zugleich Ministerpräsidenten eines Bundeslandes und daher ständig ortsabwesend seien, muss als grotesk angesehen werden. Die Antragsteller wird wohl nicht ernsthaft behaupten wollen, dass es dem Bundesratspräsidenten und allen seinen Vizepräsidenten in den zwölf Monaten (!), die zwischen der Beschlussfassung über die Einleitung eines Verbotsverfahrens gegen die Antragsgegnerin und der tatsächlichen Einreichung desselben bei Gericht lagen, nicht möglich gewesen sein soll, zwei Vollmachtsformulare zu unterzeichnen.

IV.

Zum Thema Formalien ist noch auf einen weiteren Punkt aufmerksam zu machen:

Wie der Unterzeichner nunmehr nachgeprüft hat, wurde der Antragsgegnerin am 12.12.2013 lediglich eine Fotokopie der Antragsschrift samt Anlagen zugestellt – die beiliegende gerichtliche Verfügung vom 12.12.2013 spricht ebenfalls nur von einer „Ablichtung" –, hingegen keine **beglaubigte Abschrift**, wie es zur Herstellung eines Prozessrechtsverhältnisses erforderlich gewesen wäre. Dies wird hiermit ebenfalls ausdrücklich **gerügt**.

B. Zum Vorliegen von Verfahrenshindernissen

Die Ausführungen des Antragstellers im Schriftsatz vom 14.05.2014 sind nicht geeignet, die diesseitig gerügten Verfahrenshindernisse zu entkräften.

Insbesondere kann der Antragsteller nicht mit dem Argument gehört werden, die Antragsgegnerin habe keine konkreten und individualisierbaren Anhaltspunkte dafür vorgebracht, dass die „Testate" des Antragstellers unrichtig sein könnten. Ein entsprechender Vortrag der Antragsgegnerin ist im Hinblick auf die Erfahrungen in den Verfahren 2 BvB 1/01, 2 BvB 2/01 und 2 BvB 3/01 gar nicht erforderlich (hierzu unter I.). Selbst wenn ein solcher konkretisierter Vortrag erforderlich wäre, kann die Antragsgegnerin diesen – unterstellten – Darlegungsanforderungen vorliegend genügen (hierzu unter II.).

C. Das zweite NPD-Verbotsverfahren (2013–2017)

I.

Wie der Antragsteller im Ansatz noch richtig ausführt, existiert im regulären verfassungsgerichtlichen Verfahren grundsätzlich keine Beweislast, da der Untersuchungsgrundsatz gilt. Im Parteiverbotsverfahren muss zudem beachtet werden, dass dieses sich als quasi-strafrechtliches Verfahren darstellt und die Antragsgegnerin eine dem Angeklagten im Strafprozess vergleichbare Rolle einnimmt. Für den Strafprozess ist aber anerkannt, dass insoweit stets der anklagende Staat vollumfänglich darlegungs- und beweisbelastet ist sowohl für die Schuld des Angeklagten als auch für das Vorliegen der Verfahrensvoraussetzungen. Beides muss zur vollen Überzeugung des Gerichts feststehen; fortbestehende Zweifel wirken zu Gunsten des Angeklagten. Nochmals zur Erinnerung:

> „Zwar kann den §§ 206 a, 260 Abs. 3 StPO nicht entnommen werden, wie zu verfahren ist, wenn (unüberwindliche) tatsächliche Zweifel daran bestehen, ob eine Prozessvoraussetzung fehlt bzw. ein Prozesshindernis gegeben ist. Ein Strafverfahren darf allerdings grundsätzlich nur durchgeführt werden, wenn feststeht, dass die erforderlichen Prozessvoraussetzungen vorliegen und Prozesshindernisse nicht entgegenstehen. Bleibt nach Ausschöpfung aller Erkenntnismöglichkeiten zweifelhaft, ob ein Prozesshindernis vorliegt, ist der h. M. zufolge nach seiner Art zu differenzieren. Dabei ist es in aller Regel ohne praktische Bedeutung, ob dogmatisch von der Funktion der Prozessvoraussetzung als Bedingung für die Zulässigkeit eines Sachurteils oder – wie ganz überwiegend in der Literatur – von der Anwendung des Grundsatzes ‚in dubio pro reo' bei solchen tatsächlichen Zweifeln über das Vorliegen prozessual erheblicher Tatsachen ausgegangen wird (vgl. BGHSt 46, 349, 352; zum Meinungsstand Stuckenberg in Löwe/Rosenberg, StPO 26. Aufl. § 206 a Rdn. 37 ff.). Danach besteht – im Sinne von §§ 206 a, 260 Abs. 3 StPO – ein Verfahrenshindernis immer schon dann, wenn es möglicherweise vorliegt. Insofern reichen indes bloß theoretische, nur denkgesetzlich mögliche Zweifel nicht aus; sie müssen sich vielmehr auf konkrete tatsächliche Umstände gründen und nach Ausschöpfung aller Erkenntnismöglichkeiten unüberwindbar sein."

vgl. BGH vom 30.07.2009, Az.: 3 StR 273/09, Rn. 12, zitiert nach juris.

Vor diesem Hintergrund zeugt die Aussage des Antragstellers im Schriftsatz vom 14.05.2014 (Seite 10)

> „Solange ein Verfahrenshindernis nicht offensichtlich ist und die Zulässigkeit des Antrags nicht bestritten oder verneint werden kann, ist das Hauptverfahren zu eröffnen."

von einer gänzlichen Verkennung der rechtsdogmatischen Zusammenhänge.

Freilich kann ein verfassungsgerichtliches Parteiverbotsverfahren ebenso wenig wie ein Strafverfahren bereits dann eingestellt werden, wenn nur rein hypothetisch mögliche Zweifel am Vorliegen der Verfahrensvoraussetzungen in Rede stehen. Dieser Fall liegt hier aber nicht vor, weil die Erfahrungen aus dem ersten gegen die Antragsgegnerin gerichteten Verbotsverfahren 2 BvB 3/01 hinreichende tatsächliche Anhaltspunkte dafür begründen, dass die Antragsgegnerin heute genauso wenig gegnerfrei ist, wie sie es damals war.

In dem vorgenannten Verfahren hatte genau derselbe Antragsteller, welcher auch im vorliegenden Verfahren das Verbot der Antragsgegnerin begehrt, den Versuch unternommen, den erkennenden Senat mit „Beweismitteln" von der Verfassungswidrigkeit der Antragsgegnerin zu überzeugen, die von ihm selbst gesteuerte und bezahlte Spitzel generiert hatten. Der Antragsteller hat damit vorsätzlich versucht, das Gericht zu täuschen, weil er damit rechnen musste, mit den tatsächlich vorliegenden Beweismitteln ein Verbot nicht erwirken zu können. Wer aber wie der Antragsteller einen rechtsstaatlich skandalösen „versuchten Prozessbetrug" vor dem höchsten deutschen Gericht begeht, der kann beim zweiten Verbotsanlauf nicht damit durchkommen, dass er das Fehlen vergleichbarer Verfahrenshindernisse wie beim ersten Verbotsverfahren einfach pauschal und unsubstantiiert „testiert". Vielmehr muss einem solchen unzuverlässigen Antragsteller von vornherein mit einem gesunden Misstrauen begegnet werden und er muss zur Führung des Vollbeweises für seine Behauptungen angehalten werden. Ein Antragsteller, der bereits ein Verfahren durch von ihm selbst fabrizierte Verfahrenshindernisse in Gestalt von V-Leuten in der Führungsebene der Antragsteller zu Fall gebracht hat, der muss in einem neuen Verfahren durch Aktenvorlage umfassend, plausibel und nachvollziehbar nachweisen, dass er die ursprünglich unstreitig bestehenden Verfahrenshindernisse nunmehr ausgeräumt hat. Die grundsätzliche Vermutung für die Rechtmäßigkeit des Handelns staatlicher Stellen kann nur dort gelten, wo die Antragsgegnerin einem ansonsten stets rechtmäßig operierenden Staat gleichsam ins Blaue hinein die Anwendung unrechtmäßiger Methoden unterstellen würde. Hier liegt der Fall aber umgekehrt: Der Antragsteller hat sich durch seine rechtsstaatlich hochgradig zweifelhaften Methoden in dem ersten gegen die Antragsgegnerin gerichteten Verbotsverfahren für die Durchführung rechtsstaatlicher Parteiverbotsverfahren disqualifiziert und muss sich nunmehr durch Taten rehabilitieren und nicht nur durch Worte in Form von „Testaten".

II.

Selbst wenn man sich auf den Standpunkt stellen wollte, dass das treuwidrige Verhalten des Antragstellers in dem Parteiverbotsverfahren 2 BvB 2/01 nicht ausreichend sei, um diesem von vornherein eine gesteigerte Darlegungs- und Substantiierungslast hinsichtlich des nunmehrigen Fehlens der von ihm in der Vergangenheit zu verantwortenden Verfahrenshindernisse aufzuerlegen, so ist die Antragsgegnerin gleichwohl in der Lage, den lediglich auf „Testate" gestützten Vortrag des Antragstellers durchgreifend in Zweifel zu ziehen.

1.

Die Behauptung des Antragstellers, Verdeckte Ermittler bzw. Undercover-Agents seien von den Sicherheitsbehörden des Bundes und der Länder nicht gegen die Antragsgegnerin eingesetzt worden und würden auch nicht gegen die Antragsgegnerin eingesetzt, wird nach Maßgabe des bisherigen Vortrages **bestritten**. Insbesondere stellt sich die Frage, warum der Antragsteller in sämtlichen von ihm vorgelegten „Testaten" nicht nur V-Leute, sondern eben auch Verdeckte Ermittler und Undercover-Agents erwähnt, wenn er die doch angeblich niemals eingesetzt hatte und auch in den von Seiten des erkennenden Senats im Beschluss vom 18.03.2003 (Az.: 2 BvB 1/01 u. a.) aufgestellten Maßstäben, auf Grund deren die „Testate" überhaupt erst vorgelegt wurden, an keiner Stelle von Verdeckten Ermittlern oder Undercover-Agents die Rede ist. Warum fühlen sich also die Innenminister und -senatoren veranlasst, ihre „Testate" auch auf Verdeckte

C. Das zweite NPD-Verbotsverfahren (2013–2017)

Ermittler und Undercover-Agents zu erstrecken, wenn der Senat in seinem maßstabsbildenden Beschluss vom 18.03.2003 von diesem Personenkreis überhaupt nicht spricht und die Sicherheitsbehörden derartige Personen auch angeblich niemals gegen die Antragsgegnerin eingesetzt haben?

Die ausdrückliche Aufnahme von Verdeckten Ermittlern und Undercover-Agents in die vorgelegten „Testate" kann bei Lichte betrachtet seinen Grund nur darin haben, dass entsprechende Personen in der Vergangenheit sehr wohl in die Reihen der Antragsgegnerin eingeschleust und gegen sie eingesetzt worden waren und nunmehr deren „Abschaltung" testiert werden sollte. Aus den im Schriftsatz vom 25.03.2014 dargelegten Gründen ist eine reine Abschaltung von Verdeckten Ermittlern und Undercover-Agents zur Gewährleistung eines fairen Verfahrens aber nicht ausreichend, vielmehr bedarf es deren Rückziehung.

Es wird daher der **Beweisantrag** gestellt,

gemäß §§ 47, 38 Abs. 1 BVerfGG iVm. §§ 94 ff. StPO eine Beschlagnahme der die Überwachung der Antragsgegnerin betreffenden Akten der Sicherheitsbehörden des Bundes und der Länder anzuordnen und die beschlagnahmten Akten zum Beweis der Tatsache in Augenschein zu nehmen, dass die Sicherheitsbehörden der Bundesrepublik Deutschland Verdeckte Ermittler und Undercover-Agents in die Führungsgremien der Antragsgegnerin eingeschleust haben und diese Personen immer noch in den Reihen der Antragsgegnerin anwesend sind.

2.

Selbst wenn man sich allein auf die V-Mann-Problematik beschränken wollte, wären die diesbezüglichen Ausführungen des Antragstellers nicht ausreichend, um die Durchführung eines fairen und dem Grundsatz der Gegnerfreiheit genügenden rechtsstaatlichen Verfahrens zu garantieren.

Im diesseitigen Schriftsatz vom 25.03.2014 wurde darauf hingewiesen, dass der Antragsteller hinsichtlich der Existenz von V-Leuten in den Führungsgremien auf Seite 24 der Antragsschrift widersprüchlich vorgetragen hatte:

> „Zwischen 2008 und 2013 lag der Anteil der Quellen, die durch Polizei und Nachrichtendienste von Bund und Ländern im Bereich der NPD zur Informationsgewinnung über die Partei eingesetzt gewesen waren, bezogen auf die Gesamtpartei zu keinem Zeitpunkt über 2,5 % der Mitglieder; bezogen auf die Führungsebene, d. h. die Vorstände in Bund und Ländern sowie der Vorstände der Teilorganisationen, zu keinem Zeitpunkt über 6,6 % der Vorstandsmitglieder. Die Durchschnittswerte auf die Jahre 2008 bis 2013 bezogen liegen in beiden Fällen unter diesen Zahlen."

Obwohl also einerseits „testiert" wird, dass seit Dezember 2012 keine V-Leute in den Führungsgremien der Antragsgegnerin mehr präsent gewesen sein sollen, wird andererseits ein Durchschnittswert über die V-Mann-Präsenz in den Vorständen angegeben, der Werte bis in das Jahr 2013 hinein umfasst, womit also über den maßgeblichen Stichtag hinaus noch V-Leute in den Vorständen anwesend waren.

Hier kann sich der Antragsteller nicht einfach damit herausreden, er habe dem Gericht möglichst aktuelle Zahlen über die V-Mann-Anzahl unterhalb der Führungsebene präsentieren wollen und die Feststellung, dass spätestens seit Dezember 2012 keine V-Personen mehr in der Führungsebene der Antragsgegnerin vorhanden sein sollen, sei spezieller als die den Zeitraum 2008 bis 2013 umfassende Statistik mit Durchschnittswerten in der Partei insgesamt und in deren Führungsebene. Hier beginnt die Argumentation der Gegenseite nicht unerheblich „herum zu eiern", denn der Antragsteller spricht in der Antragsschrift davon, dass die Durchschnittswerte auf die Jahre 2008 bis 2013 bezogen in beiden Fällen unter den vorgenannten Zahlen gelegen haben sollen. Aus dem Kontext erschließt sich, dass mit diesen „beiden Fällen" nur die Durchschnittswerte der zur Informationsgewinnung eingesetzten V-Leute einerseits auf die Gesamtpartei bezogen und andererseits auf die Führungsebene bezogen gemeint sein können. Wenn aber Durchschnittswerte über die V-Mann-Präsenz in der Führungsebene für die Jahre 2008 bis 2013 angegeben worden sind, dann kann diese Aussage nur bedeuten, dass auch im Jahre 2013 noch V-Leute in der Führungsebene der Antragsgegnerin präsent waren, weil es ansonsten überhaupt keinen Sinn machen würde, das Jahr 2013 in die Durchschnittsberechnung der V-Mann-Präsenz in der Führungsebene mit einzubeziehen, im Gegenteil, eine solche Vorgehensweise das Ergebnis sogar verfälschen würde. Denn wenn man Zeiträume in die Berechnung der Durchschnittswerte der V-Mann-Präsenz auf Führungsebene mit einbezieht, in denen gar keine V-Männer in der Führungsebene anwesend waren, kann man die entsprechenden Durchschnittswerte wunderbar herunterrechnen, um den unzutreffenden Eindruck zu erwecken, es habe ja seit jeher nur äußerst wenige V-Männer in den Führungsgremien gegeben. So könnte man ja auch die Jahre von 1945 bis 1964, in denen die Antragsgegnerin noch gar nicht existent war, ebenfalls in die Berechnung mit einbeziehen, um dem Gericht „möglichst umfassende" Durchschnittswerte mitteilen zu können. Diese Überlegungen zeigen die ganze Absurdität der antragstellerischen Durchschnittsberechnungen und bekräftigen einmal mehr die Notwendigkeit, dass der Senat die entsprechenden Behauptungen des Antragstellers durch eine persönliche Inaugenscheinnahme der entsprechenden Akten überprüfen muss. Es wird daher der weitere **Beweisantrag** gestellt,

> gemäß §§ 47, 38 Abs. 1 BVerfGG iVm. §§ 94 ff. StPO eine Beschlagnahme der die Überwachung der Antragsgegnerin betreffenden Akten der Sicherheitsbehörden des Bundes und der Länder anzuordnen und die beschlagnahmten Akten zum Beweis der Tatsache in Augenschein zu nehmen, dass die Sicherheitsbehörden der Bundesrepublik Deutschland auch nach dem 06.12.2012 noch „angeschaltete" V-Männer in den Führungsgremien der Antragsgegnerin unterhalten haben und weiterhin unterhalten.

3.

Stellte man sich auf den Standpunkt, dass Testate grundsätzlich ausreichend seien, um die Staatsfreiheit der Antragsgegnerin gerichtsfest nachzuweisen, so sind die von Seiten des Bundesinnenministeriums vorgelegten Testate aber nach wie vor aus den im Schriftsatz vom 25.03.2014 genannten Gründen unvollständig, weil der MAD dem Verteidigungsministerium, der BND dem Kanzleramt und das Zollkriminalamt dem Bundesministerium der Finanzen untersteht und der Bundesinnenminister nichts testieren kann, was sich außerhalb seines Ressorts abspielt.

Das Vorbringen der Gegenseite, es lägen ja entsprechende „Untertestate" des Präsidenten des BND sowie der für den MAD und den Zoll zuständigen Staatssekretäre im Bundesverteidigungsministerium bzw. im Bundesfinanzministerium vor, welche der Bundesinnenminister in seinem „Testat" gleichsam zu einem „Gesamttestat" verarbeitet habe, vermag die aufgezeigten Defizite der „Testate" des Bundesinnenministeriums nicht zu beheben.

Zum einen wird die Existenz der angeblichen „Untertestate" **mit Nichtwissen bestritten**; die Gegenseite möge diese vorlegen.

Zum anderen haben sich sowohl die Konferenz der Innenminister als auch die Konferenz der Ministerpräsidenten nicht ohne Grund darauf verständigt, die „Testate" von den zuständigen Ministern abgeben zu lassen und nicht nur von den betreffenden Behördenleitern. Selbst der Antragsteller hat nämlich eingesehen, dass wenn man schon rein auf der Basis von „Testaten" arbeiten möchte, diese wenigstens von dem politisch hochrangigsten und demokratisch legitimierten Funktionsträger desjeweiligen Fachministeriums abgegeben werden müssen und nicht von einem weisungsgebundenen Beamten innerhalb der Behördenhierarchie. Allein der zuständige Fachminister hat nämlich sowohl die Kompetenz als auch die Autorität, die Mitteilungen der ihm unterstehenden Mitarbeiter selbständig nachzuprüfen und nach außen hin die politische und die rechtliche Verantwortung für das entsprechende „Testat" zu übernehmen. Wenn das „Testat" des Ministers sich aber – wie vorliegend – darin erschöpft, dass der Minister das testiert, was ein Behördenleiter bzw. ein Staatssekretär eines anderen Ministeriums zuvor „testiert" hat, dann verliert das „Testat" des Ministers jeden Wert und die ganze Vorgehensweise des „Testierens" nimmt realsatirische Züge an.

Auch die diesbezüglichen Ungereimtheiten im Vortrag des Antragstellers sollten den Senat dazu veranlassen, die entsprechenden Akten der Sicherheitsbehörden selbst in Augenschein zu nehmen.

4.

Die „Testate" der Innenminister des Bundes und der Länder sind aber auch in weiteren Punkten unvollständig:

a)

Hinsichtlich der V-Mann-Problematik in den Führungsgremien wird in den „Testaten" immer nur davon gesprochen, dass die Quellen in den „Führungsebenen" bzw. in den „Vorständen auf Bundes- und Landesebene" „abgeschaltet" worden seien.

In diesem Zusammenhang ist unklar, was mit „Führungsebene" genau gemeint ist und auf welche Vorstände sich die „Testate" konkret beziehen. Unzweifelhaft ist der Bundesvorstand der Antragsgegnerin gemeint sowie die Landesvorstände in den einzelnen Ländern. Unklar ist allerdings, ob auch die Bezirks-, Kreis- und Ortsvorstände mit umfasst sind, da es sich insoweit auch um „Vorstände auf Landesebene" handelt.

Die gleiche Problematik stellt sich natürlich auch hinsichtlich der Unterorganisationen der NPD, also der Jungen Nationaldemokraten (JN), der Kommunalpolitischen

Vereinigung (KPV) und des Rings Nationaler Frauen (RNF). Auch insoweit ist gegenwärtig nicht recht nachvollziehbar, bis zu welcher Gliederungsebene der jeweiligen Vorstände eine Gegnerfreiheit „testiert" wurde.

Hier möge der Antragsteller für Klarheit sorgen.

b)

Ebenfalls klärungsbedürftig erscheint die Frage, ob sich die „Testate" nur auf Vorstände oder auch auf Bundes- und Landesparteitage beziehen, da diese ebenfalls als Führungsgremien zu qualifizieren sind. So ist nämlich der Souverän der Partei nicht etwa der Bundesvorstand, sondern der Bundesparteitag, so wie es sich für eine nach demokratischen Grundsätzen verfasste politische Partei gehört. Dieser ist auch für die Beschlussfassung über das Parteiprogramm sowie für die Besetzung des Bundesvorstands zuständig. Da der Antragsteller die behauptete Verbotswürdigkeit der Antragsgegnerin maßgeblich auf ihre angebliche programmatische „Wesensverwandtschaft" mit dem Nationalsozialismus stützt, muss natürlich auch auszuschließen sein, dass Agenten des Staates – seien es nun V-Männer, Undercover-Agents oder Verdeckte Ermittler – an eben diesem Programm als Delegierte eines Bundesparteitages oder als Antragsteller auf einer Kreismitgliederversammlung mitgewirkt haben.

Gleiches gilt wiederum für die Unterorganisationen der Antragsgegnerin, die im Gegensatz zur Mutterpartei keine Parteitage, sondern Kongresse abhalten. Diese müssen aus den genannten Gründen selbstverständlich genauso gegnerfrei sein wie die Parteitage der Antragsgegnerin selbst.

Der Antragsteller möge daher insoweit eine Präzisierung der von ihm vorgelegten „Testate" herbeiführen.

c)

Schließlich sind die vorgelegten „Testate" insofern unvollständig, als sie sich nicht zu den beiden Landtagsfraktionen der Antragsgegnerin und ebenfalls nicht zu ihren kommunalen Mandatsträgern verhalten. Gerade weil der Antragsgegnerin vorgeworfen wird, ihre Mandatsträger würden das parlamentarische System nicht anerkennen, dieses fortwährend verächtlich machen und den legislativen Betrieb stören, muss sichergestellt sein, dass die Fraktionsapparate der Antragsgegnerin weder hinsichtlich der Abgeordneten noch hinsichtlich der Mitarbeiterstäbe von staatlichen Agenten infiltriert sind. Zwar sind die Fraktionen als Teil des Staates keine Organe der Partei, allerdings handelt die Partei programmatisch gesehen auch durch ihre Fraktionen, indem beispielsweise vor dem ideologischen Hintergrund des Parteiprogramms parlamentarische Anträge gestellt oder Gesetzentwürfe eingebracht werden. Hierdurch üben die Fraktionen auch wiederum faktisch nicht unerheblichen Einfluss auf die Programmatik der Partei aus. Da die parlamentarischen Fraktionen die Schnittstelle der Partei zur staatlichen Legislativen darstellen, könnte eine als verfassungswidrig unterstellte politische Partei der freiheitlich-demokratischen Grundordnung noch am ehesten in den Parlamenten gefährlich werden. Auf Grund dieser gegenseitigen Wechselwirkung zwischen Partei und Fraktion sind letztere also durchaus auch „Führungsgremien" einer Partei im weiteren verbotstechnischen Sinne. Auch diese „Führungsgremien" müssen daher staats- und gegnerfrei sein, was bislang von Seiten des Antragstellers aber weder behauptet, geschweige denn substantiiert nachgewiesen wurde.

5.

Soweit die Gegenseite meint, hinsichtlich des Themenkomplexes „Staatsfreiheit des vorgelegten Beweismaterials" komme es allein darauf an, dass präsentierte Beweismittel nicht von V-Leuten selbst produziert worden seien, wohingegen es für die Beweismittelverwertbarkeit unschädlich sei, wenn der Urheber, der selbst kein V-Mann ist, möglicherweise von V-Männern aus seinem Umfeld zur Schaffung des gegen die Antragsgegnerin ins Feld geführten Beweismittels angestiftet und aufgehetzt worden ist, kann der Rechtsauffassung des Antragstellers aus den im Schriftsatz vom 25.03.2014 genannten Gründen, auf die zur Meidung von Wiederholungen verwiesen wird, nicht beigetreten werden.

Insbesondere ist es unerheblich, dass sich der Senat in seinem Beschluss vom 18.03.2003 zu dieser Problematik der „mittelbaren Kontaminierung" des Tatsachenmaterials nicht geäußert hat, weil er wohl primär die – in den damaligen Verfahren auch praktisch relevant gewordene – unmittelbare Kontaminierung im Blick hatte. Das ändert aber nichts daran, dass es zur Durchführung eines rechtsstaatlichen Verfahrens unabdingbar ist, dass das vorgelegte Beweismaterial tatsächlich und vollumfänglich staatsfrei ist, sowohl mittelbar als auch unmittelbar. Der Staat hätte es ansonsten in der Hand, die Vorgaben des Senatsbeschlusses vom 18.03.2003 einfach dadurch zu umgehen, dass er die Antragsgegnerin belastende Beweismittel eben nicht mehr unmittelbar von V-Leuten herstellen lässt, sondern gutgläubige Strohmänner vorschickt, die selbst keine V-Leute sind, dafür aber von V-Leuten aus ihrer Umgebung kontrolliert und gelenkt werden.

Die Rechtsauffassung des Antragstellers, dass eine eventuelle mittelbare Kontaminierung des Tatsachenmaterials deshalb unproblematisch sei, weil auch während eines laufenden Parteiverbotsverfahrens die Beobachtung einer politischen Partei durch die Nachrichtendienste grundsätzlich zulässig sei, geht fehl. Die Betonung liegt insofern nämlich auf Beobachtung. Der Staat mag die Partei als solche während eines laufenden Parteiverbotsverfahrens zwar beobachten dürfen, er muss aber gleichwohl ausschließen können, dass die Beobachter maßgeblichen Einfluss bei der Schaffung belastender Beweismittel ausüben – sei es nun mittelbar oder unmittelbar.

Dass der Antragsteller die von ihm vorgelegten „Testate" ausdrücklich nicht auf diese Konstellation der mittelbaren Kontaminierung erstrecken möchte, spricht für sich.

6.

Die diesseitigen Verdachtsmomente hinsichtlich einer nachrichtendienstlichen Überwachung des Mandantschaftsverhältnisses zwischen dem Unterzeichner und der Antragsgegnerin sind weiterhin nicht entkräftet.

a)

Soweit die Gegenseite erklärt, eine nachrichtendienstliche Überwachung des Unterzeichners und seines familiären Umfelds durch in- und/oder ausländische Geheimdienste finde nicht statt, so wird dies weiterhin als unglaubwürdig angesehen und daher **bestritten**. Dies stützt sich im Wesentlichen auf folgende Begebenheit:

Am 30.11.2012 wurde ein im Eigentum eines Familienmitgliedes des Unterzeichners stehenden Kraftfahrzeug, welches auch regelmäßig vom Unterzeichner benutzt wird, auf einem öffentlichen Parkplatz in Saarbrücken-Dudweiler von einem zivilen Dienstfahrzeug des Landesamtes für Verfassungsschutz Saarland mit dem Tarnkennzeichen SB – UV 877 gerammt

Beweis: Beiziehung der Unfallakte der Polizeiinspektion Sulzbach (Saar), VN: [...].

Zwar war der Unterzeichner bei diesem Zwischenfall nicht persönlich anwesend; es muss aber schon als sehr bemerkenswert angesehen werden, dass der saarländische Verfassungsschutz ein Kraftfahrzeug eines Familienmitgliedes des Unterzeichners rammt, um dann im hiesigen Verfahren zu behaupten, es finde ja keine Überwachung des familiären Umfelds des Unterzeichners statt und eine solche habe auch niemals stattgefunden. Die statistische Wahrscheinlichkeit, „zufällig" mit einem zivilen Dienstfahrzeug des Verfassungsschutzes zu kollidieren, dürfte außerordentlich gering sein.

Bemerkenswert ist darüber hinaus auch der Zeitpunkt dieser für sich genommenen schon sehr denkwürdigen Kollision: Am 12.11.2012 hatte die Antragsgegnerin ihren Antrag auf Feststellung ihrer Verfassungskonformität (Az.: 2 BvE 11/12 – „negatives Verbotsverfahren") beim Bundesverfassungsgericht eingereicht, am 05.12.2012 beschlossen die Innenminister der Länder, einen weiteren Verbotsantrag gegen die Antragsgegnerin einzureichen und am 14.12.2012 fasste der Antragsteller einen entsprechenden Beschluss. Wenn in diesem Zeitfenster der saarländische Verfassungsschutz mit einem zivilen Dienstfahrzeug den Wagen eines Familienmitglieds des Unterzeichners rammt, dann erweist sich der gesamte Vortrag des Antragstellers zum Thema „Überwachung des Verfahrensbevollmächtigten" als gerichtlicherseits überprüfungsbedürftig.

Es wird daher der weitere **Beweisantrag** gestellt,

gemäß §§ 47, 38 Abs. 1 BVerfGG iVm. §§ 94 ff. StPO eine Beschlagnahme der die Überwachung der Unterzeichners betreffenden Akten der Sicherheitsbehörden des Bundes und der Länder anzuordnen und die beschlagnahmten Akten zum Beweis der Tatsache in Augenschein zu nehmen, dass der Verfahrensbevollmächtigte der Antragsgegnerin von den Sicherheitsbehörden des Bundes und der Länder in der Vergangenheit nachrichtendienstlich überwacht wurde und auch gegenwärtig noch nachrichtendienstlich überwacht wird.

b)

Sollte sich durch eine Einsichtnahme in die entsprechenden Behördenakten ergeben, dass eine nachrichtendienstliche Überwachung speziell des Unterzeichners nicht (mehr) durchgeführt werden sollte, so ist aber weiterhin unklar, was es mit der diesseitig behaupteten nachrichtendienstlichen Überwachung führender Funktionäre der Antragsgegnerin, namentlich der Mitglieder des Parteivorstandes auf sich hat.

Durch eine nachrichtendienstliche Überwachung von Funktionären der Antragsgegnerin wird der Aufbau einer vertraulichen Kommunikation zwischen dieser und dem Unterzeichner aber ebenso unmöglich gemacht wie durch eine Überwachung des

Unterzeichners selbst. Auch wenn der Unterzeichner nicht selbst nachrichtendienstlich überwacht würde, säße der Staat bei einer telefonischen Unterredung zwischen einem abgehörten Parteifunktionär und dem Bevollmächtigten letztlich doch in der Leitung und könnte die Verteidigungsstrategie ausspähen.

Zur Behauptung der Antragsgegnerin im Schriftsatz vom 25.03.2014, dass eine solche nachrichtendienstliche Überwachung von Funktionären in den Vorständen auf Bundes- und Landesebene gegenwärtig stattfinde, hat sich der Antragsteller in seinem aktuellen Schriftsatz mit keinem Wort erklärt, die entsprechende Behauptung insbesondere nicht bestritten. Die diesseitige Behauptung ist daher unstreitig (§ 138 Abs. 3 ZPO analog) und es steht fest, dass eine vertrauliche Kommunikation zwischen der Antragsgegnerin und ihrem Bevollmächtigten nicht gewährleistet ist.

Höchst vorsorglich wird der weitere **Beweisantrag** gestellt,

> gemäß §§ 47, 38 Abs. 1 BVerfGG iVm. §§ 94 ff. StPO eine Beschlagnahme der die Überwachung der Antragsgegnerin betreffenden Akten der Sicherheitsbehörden des Bundes und der Länder anzuordnen und die beschlagnahmten Akten zum Beweis der Tatsache in Augenschein zu nehmen, dass die Vorstandsmitglieder der Antragsgegnerin auf Bundes- und Landesebene von den Sicherheitsbehörden des Bundes und der Länder in der Vergangenheit nachrichtendienstlich überwacht wurden und gegenwärtig noch nachrichtendienstlich überwacht werden.

c)

Schließlich besteht auch der konkrete Verdacht, dass die Sitzungen des Parteivorstands der Antragsgegnerin nachrichtendienstlich abgehört werden. So wurde nämlich der ehemalige Bundesschatzmeister der Antragsgegnerin, Herr K., bei polizeilichen Vernehmungen im Rahmen des gegen ihn gerichteten Ermittlungsverfahrens wegen Untreue mit wörtlichen Aussagen konfrontiert, die er während Parteivorstandssitzungen getätigt hatte

Beweis: Zeugnis des Herrn K.

Über diese geheimen Insider-Kenntnisse konnte nur jemand verfügen, der bei den entsprechenden Sitzungen anwesend war oder sie abgehört hatte.

Da der entsprechende Sitzungsraum des Parteivorstandes schon seit Jahren keinen nennenswerten baulichen Veränderungen mehr unterzogen worden ist, muss davon ausgegangen werden, dass etwaige Abhörgeräte dort weiterhin vorhanden sind.

III.

Angesichts all dieser Tatsachen ist es vorliegend nicht an der Antragsgegnerin, noch mehr Verdachtsmomente für eine V-Mann-Infiltrierung oder eine nachrichtendienstliche Überwachung der Führungsebene vorzubringen – dergleichen ist vielmehr in ausreichendem Maße erfolgt –, sondern die Gegenseite möge sich zu den diesseitig vorgebrachten Indizien nunmehr durch einen substantiierten Sachvortrag und eine umfassende Aktenvorlage erklären.

C.

Hinsichtlich der von Gegenseite angemahnten bislang fehlenden inhaltlichen Einlassung der Antragsgegnerin zum Verbotsantrag wird nochmals darauf hingewiesen, dass die Antragsgegnerin sich durchaus gerne zu den gegen sie erhobenen Vorwürfen äußern würde, dies jedoch nicht kann, solange keine vertrauliche Kommunikation zwischen ihr und ihrem Bevollmächtigten gewährleistet ist. Die von Seiten des Gerichts ursprünglich auf den 31.03.2014 gesetzte Frist konnte daher nicht eingehalten werden, im Übrigen wurde höchst hilfsweise ein Fristverlängerungsantrag gestellt. Unabhängig davon wird darauf hingewiesen, dass das verfassungsgerichtliche Verfahren – insbesondere das quasi-strafrechtliche Parteiverbotsverfahren – keine Präklusion kennt.

Dipl.-Jur. Peter Richter, LL.M.
– Rechtsanwalt –

13. Berichterstatterwechsel

Bundesverfassungsgericht   Karlsruhe, den 16.07.2014
Zweiter Senat
– Der Vorsitzende –

I. Vermerk:

Berichterstatterwechsel wegen Änderung des Geschäftsverteilungsplans durch Beschluss des Senats vom 15.07.2014.

II. Vfg.

1. Wegen Änderung der Geschäftsverteilung wird in den in der Anlage aufgeführten Verfahren (Wahlrecht, Wahlprüfungsbeschwerden, Nichtanerkennungsbeschwerden und Parteienrecht)

   anstelle von   BVR Gerhardt
                  BVR Müller

   zum Berichterstatter bestimmt.

[...]

14. Schriftsatz des Antragstellers vom 7. August 2014

Prof. Dr. Christoph Möllers
Prof. Dr. Christian Waldhoff
c/o Bundesrat
Leipziger Straße 3–4
10117 Berlin

An das
Bundesverfassungsgericht
- Zweiter Senat -
Schlossbezirk 3
76131 Karlsruhe

2 BvB 1/13

Berlin, am 7. August 2014

Schriftsatz der Antragsgegnerin vom 13. Juni 2014

Sehr geehrter Herr Vorsitzender,

das Bundesverfassungsgericht hat uns den Erwiderungsschriftsatz der Antragsgegnerin vom 13. Juni 2014 zugeleitet. Zu diesem nehmen wir wie folgt kurz Stellung:

1. Entgegen dem Vortrag der Antragsgegnerin spielt die Vollmachtserteilungspraxis des Bundesrates für die Beurteilung sehr wohl eine Rolle, da diese nicht nur auf eine Parteirüge hin, sondern von Amts wegen geprüft wird (*Lechner/Zuck*, BVerfGG, 6. Aufl. 2011, § 22, Rn. 11).

2. Die Frage, welcher Maßstab für das Vorliegen eines Verfahrenshindernisses im Verfahren nach Art. 21 Abs. 2 GG Anwendung finden muss, bleibt unerheblich, da wir das Nichtvorliegen solcher Hindernisse unter Beweis gestellt haben. Sollte der Senat unsere Angaben für nicht hinreichend halten, sind wir selbstverständlich bereit, diese zu ergänzen. Dass das Scheitern eines zurückliegenden Verbotsverfahrens zu einer Verschärfung der Darlegungslast führen sollte, ist dem Verfahrensrecht nicht zu entnehmen. Diese Rechtsansicht der Antragsgegnerin bleibt angesichts unseres Vortrags im Ergebnis auch irrelevant.

3. Verdeckte Ermittler und Undercover-Agents werden in den Testaten genannt, um deren sachliche Lückenlosigkeit zu gewährleisten. Wären sie nicht genannt worden, hätte uns die Antragsgegnerin dieses vorgehalten.

4. In der Antragsschrift wird ausgeführt (Seite 24), dass der Quellenanteil bezogen auf die Gesamtpartei und bezogen auf die Führungsebene im Erhebungszeitraum der Beweismittel – also zwischen 2008 und 2013 – zu keinem Zeitpunkt über 2,5 % der Mitglieder bzw. 6,6 % der Vorstandsmitglieder lag. Es handelt sich dabei um zwischenzeitliche Höchstwerte, die jeweils nur in einem einzelnen Jahr erreicht wurden. In den übrigen Jahren war die Quellenpräsenz immer geringer. Dies trifft mathematisch zwingend auch auf die beiden Durchschnittswerte für den Gesamtzeitraum von 2008 bis 2013 zu.

Das Jahr 2013 wurde in die statistische Gesamtbetrachtung aus Aktualitätsgründen einbezogen, weil im Einklang mit den verfassungsgerichtlichen Vorgaben zur Informationsgewinnung über die NPD weiterhin Quellen unterhalb der Führungsebene im Einsatz waren. Wegen der Abschaltung sämtlicher Quellen auf Führungsebene bis spätestens zum 6. Dezember 2012 lag der entsprechende Quellenanteil für das Jahr 2013 bei null Prozent.

5. Die – von dem für die jeweilige Sicherheitsbehörde des Bundes zuständigen Staatssekretär bzw. Behördenleiter abgegebenen – Untertestate legen wir auf Wunsch des Gerichts gern vor.

6. Unter „Führungsebene" verstehen Bund und Länder den Bundesvorstand, die Landesvorstände sowie die entsprechenden Vorstände der drei vom Antrag mitumfassten Teil Organisationen der Antragsgegnerin. Die Formulierung der Testate orientiert sich an den materiellen Anforderungen und an der Terminologie des Senats (Bundesverfassungsgericht, Beschluss vom 18. März 2003, BVerfGE 107, 339 [365]).

7. Bei der Sicherstellung der Staatsfreiheit der Antragsgegnerin sind die Behörden von Bund und Ländern streng den Vorgaben des Senats gefolgt. Entsprechend wurden im Antrag nicht „Personen mit ihren Äußerungen als Teil des Bildes einer verfassungsfeindlichen Partei präsentiert (...), die nachrichtendienstliche Kontakte mit staatlichen Behörden unterhalten oder unterhalten haben (...)." BVerfGE 107, 339 (370)).

8. Der Zusammenhang zwischen dem vom Prozessvertreter vorgestellten Unfallereignis und dem vorliegenden Verfahren bleibt unklar. Dieses fand im Übrigen vor dem Beschluss des Bundesrates, ein neues Verbots verfahren anzustrengen und damit weit vor der Bestellung von Herrn Richter zum Prozessbevollmächtigten, statt. Wir wiederholen, dass der Prozessvertreter keinerlei nachrichtendienstlicher Überwachung durch Bund und Länder unterliegt und uns keinerlei Informationen über seine Prozessstrategie vorliegen, die über seine den Schriftsätzen zu entnehmende beständige Weigerung, zur Sache Stellung zu nehmen, hinausgehen. Eine vertrauliche Kommunikation zwischen Antragsgegnerin und Prozessbevollmächtigten ist gegenüber staatlichen Behörden gewährleistet.

Aus den in unserem Schriftsatz vom 13. Mai 2014 genannten Gründen beantragen wir, die Beweisanträge der Antragsgegnerin abzulehnen.

Unserer Auffassung nach sind damit die für das Vorverfahren relevanten Argumente ausgetauscht. Wir stehen natürlich bereit, aus Sicht des Senates offen gebliebene Fragen zu beantworten.

Mit freundlichen Grüßen

Christoph Möllers   Christian Waldhoff

15. Schriftsatz der Antragsgegnerin vom 12. September 2014

Rechtsanwalt Dipl.-Jur. Peter Richter, LL.M. Saarbrücken, den 12.09.2014

Bundesverfassungsgericht
- Zweiter Senat -
Schlossbezirk 3
76131 Karlsruhe

2 BvB 1/13

In dem Parteiverbotsverfahren

Bundesrat g e g e n **NPD**
Prof. Dr. Möllers, LL.M. RA Richter, LL.M.
Prof. Dr. Waldhoff

wird auf den Schriftsatz des Antragstellers vom 07.08.2014 wie folgt erwidert:

1.

Dass dem (geschriebenen) Verfahrensrecht nicht unmittelbar zu entnehmen ist, dass das Scheitern eines ersten Verbotsantrages wegen vom damaligen und jetzigen Antragsteller zu vertretender Verfahrenshindernisse zu einer Verschärfung der Darlegungslast hinsichtlich des Fehlens derselben Verfahrenshindernisse in einem neuen Verbotsverfahren führt, erweist sich als unschädlich, weil dies bereits aus dem gesunden Menschenverstand folgt. Hier gilt der Grundsatz: „Wer einmal lügt, dem glaubt man nicht". Angesichts des äußerst grenzwertigen prozessualen Verhaltens, welches der hiesige Antragsteller im ersten gegen die Antragsgegnerin gerichteten Verbotsverfahren an den Tag gelegt hat, kann er im hiesigen Verfahren nicht mit der lapidaren Aussage gehört werden, nunmehr gehe alles mit rechten Dingen zu. Mit bloßen Behauptungen ist es hier nicht mehr getan; der Antragsteller muss vielmehr valide Beweise für die angebliche nunmehrige Staatsfreiheit der Führungsebene der Antragsgegnerin und des gegen sie ins Feld geführten Beweismaterials vorlegen. Daran fehlt es bislang.

2.

Dass die Gegenseite die von ihr erwähnten angeblichen „Untertestate" hinsichtlich der Agententätigkeit von MAD, BND und Zollkriminalamt innerhalb der Antragsgegnerin nicht freiwillig vorlegt, spricht für sich und hat seinen Grund offensichtlich darin, dass die entsprechenden Dokumente in Wahrheit überhaupt nicht existieren und vom

Antragsteller nur nachträglich zusammenkonstruiert werden, um über die offenkundige Lückenhaftigkeit und Unzulänglichkeit der vorgelegten „Testate" der Innenminister und -senatoren des Bundes und der Länder hinwegzutäuschen.

Fakt ist daher, dass zum gegenwärtigen Zeitpunkt hinsichtlich einer nachrichtendienstlichen Tätigkeit von MAD, BND und Zollkriminalamt keine aussagekräftigen „Testate" vorliegen, sodass ein Verfahrenshindernis selbst dann besteht, wenn man entgegen der diesseitigen Rechtsauffassung die Vorlage von „Testaten" grundsätzlich für ausreichend erachten würde.

3.

Was die Staatsfreiheit der Führungsebene der Antragsgegnerin anbelangt, geht der Antragsteller über die diesseitigen Ausführungen, wonach es sich auch bei den Bundes- und Landesparteitagen, bei den Mitgliederversammlungen und bei den beiden Landtagsfraktionen der Antragsgegnerin um Führungsgremien im parteiverbotsrechtlichen Sinne handelt, geflissentlich hinweg. Das Fehlen jedweden Vortrags zu diesem Punkt ist als Eingeständnis der Gegenseite dahingehend zu werten, dass sowohl beide Landtagsfraktionen als auch die Bundes- und Landesparteitage sowie die Mitgliederversammlungen der Antragsgegnerin mit staatlichen Agenten infiltriert waren und sind. Dies begründet aus den bereits im Schriftsatz vom 13.06.2014 dargelegten Gründen, auf die zur Meidung von Wiederholungen verwiesen wird, ein Verfahrenshindernis.

4.

Dass das vom Unterzeichner angesprochene Unfallereignis zu einem Zeitpunkt erfolgt ist, als dieser noch nicht zum Bevollmächtigten der Antragsgegnerin im vorliegenden Verfahren bestellt worden war, erweist sich als unschädlich, weil es immerhin beweist, dass eine nachrichtendienstliche Überwachung des Unterzeichners zumindest in der Vergangenheit stattgefunden hat, die gegenteiligen Aussagen der Verfassungsschutzbehörden somit nachweislich falsch sind und deshalb auch die Zusicherung, gegenwärtig finde keine nachrichtendienstliche Überwachung des Unterzeichners statt, unglaubwürdig ist.

Sowohl das Bundesamt für Verfassungsschutz als auch das Landesamt für Verfassungsschutz Saarland haben gegenüber dem Unterzeichner erklärt, dieser werde nicht nachrichtendienstlich beobachtet und sei auch in der Vergangenheit niemals nachrichtendienstlich beobachtet worden. So heißt es im Schreiben des Bundesamtes für Verfassungsschutz vom 29.04.2014 auf das diesseitige Auskunftsersuchen:

> „Obwohl sich die Auskunftsverpflichtung des BfV kraft ausdrücklicher gesetzlicher Regelung (§ 15 Abs. 3 BVerfSchG) nicht auf die Herkunft der Daten und die Empfänger von Übermittlungen bezieht, teilen wir Ihnen im Wege des Ermessens mit, dass Ihre Person nicht Ziel nachrichtendienstlicher Maßnahmen des BfV ist oder war."

Beweis: Schreiben des Bundesamtes für Verfassungsschutz vom 29.04.2014 (Anlage B-6).

Das Landesamt für Verfassungsschutz Saarland hatte bereits unter dem 24.02.2014 mitgeteilt:

> „Ungeachtet der Tatsache, dass gemäß § 21 Abs. 2 SVerfSchG hierfür kein Auskunftsanspruch besteht, teile ich Ihnen auf Ihre diesbezügliche Frage mit, dass gegen Ihre Person keine speziellen nachrichtendienstlichen Maßnahmen gerichtet sind oder waren. Insbesondere sind keine V-Personen beauftragt, speziell zu Ihrer Person oder anwaltlichen Tätigkeit für die NPD Informationen zu beschaffen; auch werden Sie weder observiert noch werden von Ihnen genutzte Telekommunikationsverbindungen überwacht."

Beweis: Schreiben des Landesamtes für Verfassungsschutz Saarland vom 24.02.2014 (Anlage B-7).

Das geschilderte Unfallereignis weckt indes durchgreifende Zweifel an diesen Behauptungen, denn warum sonst wenn nicht auf Grund einer gegen den Unterzeichner und sein familiäres Umfeld gerichteten nachrichtendienstlichen Überwachungsmaßnahme der Inlandsgeheimdienste hätte es zu dem genannten Verkehrsunfallereignis mit einem zivilen Dienstfahrzeug des Landesamtes für Verfassungsschutz Saarland mit Tarnkennzeichen kommen können.

„Zufall" war dies mit Sicherheit nicht. Da der Antragsteller sich über die genauen Hintergründe dieses Unfallereignisses im Schriftsatz vom 07.08.2014 ausschweigt und keine nachvollziehbare Erklärung liefert, wie es dazu kommen konnte, wird man sogar so weit gehen können zu behaupten, dass die Zusicherungen der Verfassungsschutzbehörden in den o. g. Schreiben, es habe in der Vergangenheit keine gegen den Unterzeichner gerichteten nachrichtendienstlichen Maßnahmen gegeben, durch das vorgetragene Unfallereignis, zu dem sich die Gegenseite nicht erklärt, widerlegt sind.

Ergänzend stellt der Unterzeichner namens und im Auftrage der Antragsgegnerin folgenden weiteren **BEWEISANTRAG**,

> den Fahrer des unfallgegnerischen Fahrzeugs des Landesamtes für Verfassungsschutz Saarland mit dem Tarnkennzeichen SB – UV 877, den Zeugen H., zu laden über das Landesamt für Verfassungsschutz Saarland, Neugrabenweg 2, 66123 Saarbrücken, als Zeugen zum Beweis der Tatsache zu vernehmen, dass der vorbenannte Zeuge von den Inlandsgeheimdiensten beauftragt worden war, am Unfalltag, dem 30.11.2012, den Unterzeichner sowie dessen familiäres Umfeld nachrichtendienstlich zu überwachen.

Wenn aber die Behauptung, es habe in der Vergangenheit keine nachrichtendienstliche Überwachung des Unterzeichners stattgefunden, somit widerlegt ist, dann ist die weitere Behauptung, es finde auch gegenwärtig keine entsprechende Überwachung statt, völlig unglaubwürdig. Der Antragsteller möge durch Vorlage der den Unterzeichner betreffenden Akten der Inlandsgeheimdienste nachweisen, dass eine nachrichtendienstliche Überwachung tatsächlich weder in der Vergangenheit erfolgt ist noch derzeit erfolgt. Auf den bereits gestellten diesseitigen Beweisantrag betreffend Beschlagnahme und Inaugenscheinnahme der den Unterzeichner betreffenden Akten der Inlandsgeheimdienste wird nochmals ausdrücklich hingewiesen.

5.

Hinsichtlich der Frage, ob eine vertrauliche Kommunikation zwischen dem Verfahrensbevollmächtigten und den zuständigen Vertretern der Antragsgegnerin gewährleistet ist, geht die Gegenseite mit keinem Wort auf den diesseitigen Vorhalt ein, dass Funktionsträger der Antragsgegnerin, insbesondere Mitlieder des Parteivorstands, mit denen der Bevollmächtigte zwangsläufig über Fernkommunikationsmittel Kontakt aufnehmen muss, nachrichtendienstlich überwacht werden. Es ist mithin zugestanden (§ 138 Abs. 3 ZPO analog), dass eine entsprechende nachrichtendienstliche Überwachung führender Parteifunktionäre der Antragsgegnerin erfolgt. Selbst wenn also der diesseitig bestrittene Vortrag des Antragstellers zutreffend wäre, dass zumindest der Unterzeichner nicht nachrichtendienstlich überwacht werde, wäre vor dem Hintergrund der von der Gegenseite nicht bestrittenen nachrichtendienstlichen Überwachung führender Parteifunktionäre gleichwohl keine vertrauliche Kommunikation zwischen der Antragsgegnerin und ihrem Bevollmächtigten gewährleistet, denn hierfür reicht es schon aus, dass der Staat nur an einem Ende der Leitung mithört bzw. mitliest.

Auch insoweit besteht daher weiterhin ein Verfahrenshindernis.

6.

Nachweislich falsch ist auch die weitere Behauptung des Antragstellers, die Sicherheitsbehörden der Bundesrepublik Deutschland hätten zu keinem Zeitpunkt Personen in die Antragsgegnerin eingeschleust, sondern stets nur dort bereits vorhandenes Personal angeworben. Dies ergibt sich aus folgendem Sachverhalt:

a)

Am Montag, den 04. August 2014 fuhr der ehemalige Parteivorsitzende der Antragsgegnerin, der Zeuge Udo Voigt, am Nachmittag gegen 17.00 Uhr zusammen mit dem Zeugen Uwe Meenen in die Kanzlei zweier Berliner Rechtsanwälte. Als beide gegen 18.00 Uhr in der o. g. Kanzlei eintrafen, war dort außer den beiden Anwälten noch ein Herr A. aus Görlitz anwesend. Dieser erzählte den Zeugen Voigt und Meenen, dass er im Laufe dieses Jahres mehrfach von Mitarbeitern des sächsischen Staatsschutzes darauf angesprochen wurde, für sie zu arbeiten und Mitglied der NPD zu werden

Beweis: 1. Zeugnis des Herrn Udo Voigt, Seelenbinderstraße 42, 12555 Berlin,
2. Zeugnis des Herrn Uwe Meenen, Seelenbinderstraße 42, 12555 Berlin,
3. Zeugnis des Herrn A,
4. die Benennung weiterer Zeugen bleibt im Bestreitensfalle vorbehalten.

Durch verschiedene interne Vorfälle sei der Ruf von Herrn A. stark geschädigt worden. Bei dem letzten Treffen jedoch habe ihm der Staatsschutz ein konkretes Angebot gemacht, seinen Ruf wieder aufzupolieren und ihm ein monatliches Salär von 4.000 Euro zu zahlen, wenn er jetzt aktiv werden und in die NPD eintreten würde

Beweis: wie vor.

Der Zeuge Voigt fragte nach, was Herr A. denn für diesen Lohn tun sollte. Herr A. habe daraufhin gesagt, er solle aktiv werden, sich in Vorstände wählen lassen, möglichst viele Aufgabenbereiche in seine Hand bekommen, Vertrauen gewinnen und sich anbieten bei der Gestaltung der Internetauftritte in Sachsen mitzuwirken und für die Öffentlichkeitsarbeit zuständig zu sein. Herr A. habe gute Computerkenntnisse und könne Netzseiten gestalten und betreuen

Beweis: wie vor.

Einer der beiden Anwälte habe dies mit den Worten bestätigt, das sei wohl ein seriöses Angebot, denn es stamme von dem ihm persönlich bekannten Leiter der operativen Abteilung beim Staatsschutz, einem Herrn Friebe o. ä.

Beweis: wie vor.

b)

Zu diesem Sachverhalt ist aus rechtlicher Sicht folgendes festzustellen:
 Entgegen dem Vortrag des Antragstellers und entgegen den vorgelegten „Testaten" der Innenminister und -senatoren des Bundes und der Länder versuchen die bundesdeutschen Sicherheitsbehörden weiterhin, staatliche Agenten in die Antragsgegnerin einzuschleusen und diese auf Führungsebene zu installieren. Der Vortrag des Antragstellers, es seien zu keinem Zeitpunkt Personen im Auftrag des Staates in die Antragsgegnerin eingeschleust worden, sondern lediglich dort bereits vorhandene Mitglieder angeworben worden und deshalb komme die seitens der Antragsgegnerin geforderte „Rückziehung" dieser Personen nicht in Betracht, ist hiermit widerlegt, da die Sicherheitsbehörden ganz bewusst versucht haben, eine Person zum Eintritt in die Antragsgegnerin anzustiften, um dort im Sinne des Staates auf Funktionärsebene destruktiv zu wirken.
 Dass der Zeuge A. nicht nur versuchen sollte, sich in Vorstände wählen zu lassen, sondern auch den Auftrag bekommen sollte, sich seitens der Antragsgegnerin mit der Öffentlichkeitsarbeit im Allgemeinen und der Verwaltung diverser Internetseiten im Besonderen betrauen zu lassen, macht den geschilderten Vorgang noch brisanter. Vor dem Hintergrund des gegen die Antragsgegnerin gerichteten Medien-Boykotts kann diese sich dem Wähler nämlich ausschließlich über das Internet präsentieren. Bemächtigt sich nun ein staatlicher Agent dieses Instruments, kann er die gesamte Außendarstellung der Antragsgegnerin negativ beeinflussen, verfassungswidrige Inhalte einstellen oder es beispielsweise unterlassen, strafbare Äußerungen und/oder Kommentare dritter Personen zu löschen, wobei dies am Ende dann der Antragsgegnerin im Verbotsverfahren zur Last gelegt werden würde. Aus diesem Grund müssen auch Webmaster und Systemadministratoren als „Führungsebene" der Partei angesehen werden und deshalb ist es umso schlimmer, wenn der antragstellende Staat mitten in einem laufenden Verbotsverfahren zu solchen Mitteln greift und gleichzeitig gegenüber dem Gericht zum wiederholten Male wahrheitswidrig das Gegenteil beteuert.
 Namens und im Auftrage der Antragsgegnerin stellt der Unterzeichner daher folgenden weiteren **BEWEISANTRAG**,

die Zeugen
1. Udo Voigt, Seelenbinderstraße 42, 12555 Berlin,
2. Uwe Meenen, Seelenbinderstraße 42, 12555 Berlin,
3. A.

als Zeugen zum Beweis der Tatsache zu vernehmen, dass Beamte des sächsischen Staatsschutzes während des laufenden Verfahrens 2 BvB 1/13 im Juli 2014 den Versuch unternommen haben, den Zeugen A. mit dem Auftrag in die Antragsgegnerin einzuschleusen, dieser solle sich in Vorstände wählen lassen und versuchen, unter anderem mit der Verwaltung von Partei-Webseiten beauftragt zu werden und für die Öffentlichkeitsarbeit zuständig zu sein. Hiermit wird bewiesen werden, dass der Vortrag des Antragstellers, es seien zu keinem Zeitpunkt staatliche Agenten in die Antragsgegnerin eingeschleust worden und sämtliche V-Personen, „Undercover Agents" und Verdeckten Ermittler auf Führungsebene seien spätestens seit Dezember 2012 „abgeschaltet" worden, unwahr ist.

Es ist davon auszugehen, dass ähnliche Anwerbeversuche der vorliegenden Art noch in viel größer Zahl stattfinden, weshalb von der antragstellerseits behaupteten angeblichen Staatsfreiheit der Führungsebene und des vorgelegten Beweismaterials offensichtlich keine Rede sein kann.

Somit besteht ein weiteres Verfahrenshindernis, welches zur Einstellung des vorliegenden Verfahrens führen muss.

7.

Die bereits mit den vorangegangenen Schriftsätzen gestellten Beweisanträge bleiben ebenfalls aufrecht erhalten und mögen vom Senat verbeschieden werden. Die tatsächlichen Voraussetzungen für das Vorliegen der diesseitig geltend gemachten Verfahrenshindernisse werden damit bewiesen werden.

8.

Es wird angeregt, zur Erörterung der sich aus dem Vortrag der Antragsgegnerin ergebenden rechtlichen und verfahrenstechnischen Fragestellungen einen mündlichen Erörterungstermin durchzuführen.

Dipl.-Jur. Peter Richter, LL.M.
- Rechtsanwalt -

Anlagen:

B-1   Schreiben des Bundesamtes für Verfassungsschutz vom 29.04.2014
B-2   Schreiben des Landesamtes für Verfassungsschutz Saarland vom 24.02.2014

16. Schriftsatz der Antragsgegnerin vom 5. Dezember 2014

Rechtsanwalt Dipl.-Jur. Peter Richter, LL.M.   Saarbrücken, den 05.12.2014

Bundesverfassungsgericht
- Zweiter Senat -
Schlossbezirk 3
76131 Karlsruhe

2 BvB 1/13

In dem Parteiverbotsverfahren

<u>Bundesrat</u>   gegen   <u>NPD</u>
Prof. Dr. Möllers, LL.M.   RA Richter, LL.M.
Prof. Dr. Waldhoff

stelle ich namens und im Auftrage der Antragsgegnerin den weiteren **BEWEIS-ANTRAG**,

> Herrn S. alias „V-Mann, ‚Piatto'", ladungsfähige Anschrift zu erfragen bei dem Oberlandesgericht München im Verfahren 6 St 3/12 („NSU-Verfahren"), als Zeugen zum Beweis der Tatsache zu vernehmen, dass der vorbenannte Zeuge auf Veranlassung des Landesamtes für Verfassungsschutz Brandenburg in die Antragsgegnerin eingeschleust wurde, dort als Geheimagent auf der Führungsebene der Antragsgegnerin tätig war und selbst zu einem Zeitpunkt, als er ideologisch nicht mehr hinter seinem Handeln stand, vom Verfassungsschutz zu einer weiteren Tätigkeit innerhalb der Antragsgegnerin angestachelt wurde.

Gründe:

Das Nachrichtenportal n-tv berichtet unter dem 03.12.2014 über die Vernehmung des vorbenannten Zeugen im „NSU-Prozess" vor dem Oberlandesgericht München. Unter der Überschrift „Vom Verfassungsschutz gesteuert – V-Mann ‚Piatto' plaudert im NSU-Prozess"

   – in Anlage beigefügt –

ist dort unter anderem folgendes zu lesen:

> „Geteilt habe er diese Meinungen da schon längst nicht mehr, sagte der Zeuge. Er habe vielmehr Aufträge des brandenburgischen Verfassungsschutzes ausgeführt.
>
> Einer der Verteidiger der Hauptangeklagten Z., S., kommentierte dies mit den Worten, er sei demnach eher ein ‚Geheimagent' gewesen und weniger ein Verbindungsmann. S. bestätigte

das, indem er ausführte, er sei erst nach Rücksprache mit dem Amt Mitglied der NPD geworden – ausschließlich deshalb, um ‚Einblick in die Strukturen zu bekommen' und ‚Informationen zu gewinnen'."

Der vorbenannte Zeuge wurde also nicht als Mitglied der Antragsgegnerin angeworben, sondern beantragte seine Mitgliedschaft erst auf Initiative der Inlandsgeheimdienste und wurde selbst zu einem Zeitpunkt, als er ideologisch nicht mehr hinter seinem Handeln stand, von Seiten des Verfassungsschutzes zu einer weiteren Agententätigkeit innerhalb der Antragsgegnerin angestachelt.

Die Behauptung des Antragstellers im Schriftsatz vom 14.05.2014, es seien zu keinem Zeitpunkt V-Männer, Verdeckte Ermittler und „Under-Cover-Agents" in die Antragsgegnerin eingeschleust, sondern es seien lediglich dort bereits vorhandene Personen zur Informationsgewinnung angeworben worden, ist damit widerlegt. Somit stellt sich entgegen der Rechtsauffassung des Antragstellers im vorliegenden Verfahren sehr wohl die Frage auch nach einer <u>Rückziehung eingeschleuster Personen</u> und nicht nur nach einer <u>Abschaltung angeworbener Personen</u>.

Die Aussage des Zeugen S. als zutreffend unterstellt, trägt der Antragsteller im hiesigen Verfahren vorsätzlich falsch vor, was die Glaubhaftigkeit des gesamten antragstellerischen Vortrags und insbesondere die von ihm vorgelegten „Testate" nachhaltig erschüttert. Dies gilt umso mehr, als der vorbenannte Zeuge nach seiner Einschleusung durch die Inlandsgeheimdienste in die Antragsgegnerin zum Beisitzer im Landesvorstand und Leiter des Ordnungsdienstes der Brandenburger NPD avancierte, was ohne weiteres als „Führungsebene" im parteiverbotsrechtlichen Sinne zu qualifizieren ist. Wer in der Vergangenheit staatlich gesteuerte Geheimagenten in die Führungsebene der Antragsgegnerin eingeschleust hat, dies im ersten gegen die Antragsgegnerin gerichteten Verbotsverfahren verschwiegen hat und es im hiesigen Verfahren unter Verstoß gegen die prozessuale Wahrheitspflicht auch noch wahrheitswidrig abstreitet, dem kann getrost unterstellt werden, dass er entsprechende Agenten auch weiterhin gegen die Antragsgegnerin einsetzt und das erkennende Gericht über deren Existenz täuschen will.

Spätestens bei dieser Sachlage kann der Antragsteller mit seinen völlig unsubstantiierten Aussagen zur angeblichen Staatsfreiheit der Antragsgegnerin nicht mehr gehört werden, sondern muss diese durch Offenlegung sämtlicher die nachrichtendienstliche Überwachung der Antragsgegnerin betreffenden Akten unter Beweis stellen. Da es an einem entsprechenden Beweisangebot seitens des Antragstellers weiterhin fehlt, wird erneut an die diesbezügliche Beschlagnahmemöglichkeit des erkennenden Gerichts (§§ 47, 38 Abs. 1 BVerfGG iVm. §§ 94 ff. StPO) und den hierauf gerichteten Beweisantrag der Antragstellerin im Schriftsatz vom 13.06.2014 erinnert.

Alternativ mag das vorliegende Verfahren infolge Beweisfälligkeit des Antragstellers hinsichtlich der diesseitig gerügten Verfahrenshindernisse unmittelbar eingestellt werden.

Dipl.-Jur. Peter Richter, LL.M.
- Rechtsanwalt -

Anlagen:
Artikel auf n-tv.de vom 03.12.2014

17. Schriftsatz des Antragstellers vom 26. Januar 2015

Prof. Dr. Christoph Möllers
Prof. Dr. Christian Waldhoff
c/o Bundesrat
Leipziger Straße 3–4
10117 Berlin

An das
Bundesverfassungsgericht
- Zweiter Senat -
Schlossbezirk 3
76131 Karlsruhe

2 BvB 1/13

Berlin, am 26. Januar 2015

Auf die Schriftsätze der Antragsgegnerin vom 12. September und vom 5. Dezember 2014 erwidern wir wie folgt:

1. Die in unserem Schriftsatz vom 14. Mai 2014 (S. 276) erwähnten Untertestate des Präsidenten des Bundesamtes für Verfassungsschutz, des Präsidenten des Bundeskriminalamtes, des Präsidenten des Bundespolizeipräsidiums, des Präsidenten des Bundesnachrichtendienstes, des Staatssekretärs des Bundesministeriums der Finanzen sowie des Staatssekretärs des Bundesministeriums der Verteidigung sind in beglaubigter Abschrift beigefügt.

Anlage 1.

Alle genannten Behördenleiter haben doppelt testiert: Zum Ersten bestätigten sie im Jahr 2012 – also vor dem Beschluss des Bundesrates zur Beantragung eines Verbotsverfahrens –, dass in Vorständen der NPD und ihrer Teilorganisationen keine Quellen im Sinne von verdeckten Ermittlern/Under-Cover-Agents und V-Leuten (V-Männer, Vertrauenspersonen) eingesetzt oder geführt werden. Zum Zweiten bestätigten sie vor Einreichung der Antragsschrift im Jahr 2013 in identischer Weise wie die Innenminister des Bundes und der Länder, dass die in der Antragsschrift vorgelegten Beweismittel quellenfrei sind.

2. Wie bereits in unserem Schriftsatz vom 7. August 2014 dargelegt, unterliegt der Prozessvertreter der Antragsgegnerin keiner nachrichtendienstlichen Überwachung durch

Bund und Länder. Das bedeutet, dass auch Gespräche, die der Prozessvertreter mit Mitgliedern des Parteivorstandes der Antragsgegnerin führt, nicht überwacht werden, dass also – entgegen den Vermutungen der Antragsgegnerin (vgl. S. 5 des Schriftsatzes vom 12. September 2014) – kein „Mithören" oder „Mitlesen" erfolgt. Somit war und ist während des gesamten Parteiverbotsverfahrens eine vertrauliche Kommunikation zwischen dem Prozessvertreter und der Antragsgegnerin gewährleistet.

3. Wie ebenfalls bereits im Schriftsatz vom 7. August 2014 dargelegt, steht das von der Antragsgegnerin vorgestellte Unfallereignis vom 30. November 2012 in Saarbrücken-Dudweiler in keinem Zusammenhang mit vermeintlichen Überwachungsmaßnahmen gegen Rechtsanwalt Peter Richter, der damals noch nicht Prozessvertreter der Antragsgegnerin war. Das Unfallgeschehen hat sich vielmehr wie folgt zugetragen:

Der von der Antragsgegnerin (vgl. Seite 4 des Schriftsatzes vom 12. September 2014) als Zeuge benannte Mitarbeiter des Landesamtes für Verfassungsschutz, Herr H., ist seit Jahren in der Spionageabwehr eingesetzt und arbeitete sich Ende 2012 zusätzlich in die Funktion „Tarnmittelstelle" ein. Am Unfalltag, dem 30. November 2012, hatte er gemeinsam mit dem stellvertretenden Leiter der Tarnmittelstelle den Auftrag, außerhalb von Saarbrücken eine konspirative Wohnung gegenüber einem salafistischen Zentrum zu suchen und anzumieten. Auf dem Rückweg sollten sie in Dudweiler in der Post ein Postfach leeren. Während sein Kollege die Post betrat, parkte der benannte Zeuge den Dienst-PKW auf einem öffentlichen Parkplatz ein. Beim Rangieren in der Parklücke kam es zu dem Unfall mit dem PKW von Frau D. Der dienstliche Auftrag der beiden Beamten hatte weder einen Bezug zur NPD, noch stand er in einem Zusammenhang mit Rechtsanwalt Richter oder dessen Umfeld. Dem benannten Zeugen war Frau D. unbekannt. Auch die Haushaltsabteilung des Landesamtes für Verfassungsschutz kannte Frau D. nicht, so dass das für Rechtsextremismus zuständige Fachreferat bei der Schadensabwicklung nicht kontaktiert wurde, da hierzu auch keine Veranlassung bestand. Sowohl der Unfallverursacher als auch die mit der Schadensabwicklung betrauten Mitarbeiter wussten also nichts von der verwandtschaftlichen Beziehung zwischen Frau D. und Herrn Rechtsanwalt Peter Richter.

Dieser Geschehensablauf wird vom Staatssekretär des Saarländischen Ministeriums für Inneres und Sport, Georg Jungmann, mit Schreiben vom 10. Dezember 2014 bestätigt.

Anlage 2.

Der von der Antragsgegnerin beantragten Vernehmung des Mitarbeiters des Landesverfassungsschutzes (vgl. Seite 4 des Schriftsatzes vom 12. September 2014) steht aus unserer Sicht nichts entgegen. Der Antragsteller regt eine solche Vernehmung ebenfalls an, wenn dies zur Überzeugungsbildung des Senats erforderlich sein sollte. Eine ggf. notwendige Aussagegenehmigung wird das Saarland erteilen.

4. Entgegen den Ausführungen der Antragsgegnerin im Schriftsatz vom 12. September 2014 (S. 5 ff.) hat es keine Versuche sächsischer Sicherheitsbehörden gegeben, Herrn A. aus Görlitz für eine Tätigkeit als V-Person, Informant oder Ähnliches zu gewinnen.

C. Das zweite NPD-Verbotsverfahren (2013–2017)

Die allein auf – angeblichen – Darstellungen des Herrn A. beruhenden Tatsachenbehauptungen, Herr A. sei im Laufe dieses Jahres von Mitarbeitern des sächsischen Staatsschutzes darauf angesprochen worden, für sie zu arbeiten und Mitglied der NPD zu werden, sind falsch.

Aufgrund der Behauptungen der Antragsgegnerin im Schriftsatz vom 12. September 2014 hat der Freistaat Sachsen vorsorglich umfangreiche interne Untersuchungen vorgenommen:

- Alle sächsischen Polizeidienststellen wurden um Stellungnahme gebeten, ob es den geschilderten „Anwerbeversuch" oder einen anderen Anwerbeversuch als Vertrauensperson oder Informant gegenüber Herrn A. gegeben hat. Diese Frage wurde von allen Dienststellen verneint.

- Da die Antragsgegnerin behauptete, der Anwerbeversuch sei durch einen Herrn „F." erfolgt, wurden alle im sächsischen Polizeivollzugsdienst tätigen Polizeivollzugsbeamten mit diesem Nachnamen gesondert befragt. Alle sagten aus, dass sie Herrn A. nicht kennen bzw. mit ihm keinen Kontakt gehabt hätten.

- Im Landesamt für Verfassungsschutz wurden die für Werbung und Beschaffung zuständigen Bediensteten befragt, ob es Versuche gab, Herrn A. anzuwerben oder mit ihm in Kontakt zu treten. Beides wurde ausgeschlossen.

- Da Herr A. der sächsischen Polizei aus anderen Zusammenhängen (als Beschuldigter in zahlreichen Ermittlungsverfahren und als Zeuge in weiteren Ermittlungsverfahren) bekannt ist, wurde zusätzlich in allen Polizeidienststellen geprüft, in welchen Verfahren im Zeitraum 2013/2014 er in Erscheinung getreten ist und welche Beamten dabei mit ihm Kontakt hatten. Diese Beamten wurden befragt, ob es einen „Anwerbeversuch" oder Äußerungen gegeben hat, die möglicherweise als Anwerbeversuch missverstanden werden konnten. Diese Fragen wurden ausnahmslos verneint.

Diese umfangreichen internen Untersuchungen sowie deren Ergebnisse werden vom Staatssekretär des Sächsischen Staatsministeriums des Innern, Dr. Michael Wilhelm, mit Schreiben vom 2. Dezember 2014 bestätigt.

Anlage 3.

5. Mit Blick auf die Staatsfreiheit der Führungsebene der Antragsgegnerin ist der Antragsteller nicht über die Ausführungen der Antragsgegnerin „geflissentlich hinweg" gegangen (vgl. Schriftsatz, S. 2). Es kann nur wiederholt werden, dass sich der Antragsteller vollständig an den materiellen Anforderungen sowie an der Terminologie des Senats orientiert (BVerfGE 107, 339 [365 ff.]) und für die Umsetzung dieser Anforderungen in allen Sicherheitsbehörden des Bundes und der Länder gesorgt hat und weiterhin sorgt. „Eingeständnisse" (vgl. S. 2 des Schriftsatzes der Antragsgegnerin vom 12. September 2014) sind damit nicht verbunden.

Es ist offensichtlich das Ziel der Antragsgegnerin, über die uferlose interpretatorische Ausweitung des Begriffes „Führungsebene" jegliche nachrichtendienstliche Beobachtung von Parteien verfassungsrechtlich auszuschließen. Dies widerspricht den

Vorgaben des Senatsbeschlusses vom 18. März 2003 (BVerfGE 107, 339 [366 f.]) und dem Grundsatz, dass die Beobachtung einer politischen Partei zulässig ist, um festzustellen, ob von ihr eine Gefahr für die freiheitliche demokratische Grundordnung ausgeht (BVerfGE 107, 339 [365]; vgl. auch BVerfGE 40, 287 [293]).

6. Die von der Antragsgegnerin im Schriftsatz vom 5. Dezember 2014 gemachten Ausführungen sind faktisch unzutreffend. Die dort angesprochenen Vorgänge im Land Brandenburg stehen noch nicht einmal ansatzweise in Widerspruch zu den von uns vorgetragenen und testierten Tatsachen. Zudem ist festzustellen, dass es sich hierbei um angebliche Vorfälle aus den Jahren 1999/2000 handelt, also zu einem Zeitpunkt vor dem ersten Verbotsverfahren. Die Staatsfreiheit im derzeitigen Verfahren ist dadurch nicht berührt.

In ihrem Schriftsatz vom 5. Dezember 2014 behauptet die Antragsgegnerin – unter Bezug auf Medienberichte über die Quelle „Piatto" –, Sicherheitsbehörden von Bund und Ländern hätten entgegen dem Vortrag in dem Schriftsatz des Antragstellers vom 14. Mai 2014 „Geheimagenten" in die NPD „eingeschleust". Die Antragsgegnerin, die sich ausschließlich auf allgemeine Medienberichterstattung aus dem Münchener NSU-Strafverfahren beruft, verdreht dabei das von ihr selbst herangezogene Zitat des Nachrichtenportals n-tv. Während es in dem zitierten Text heißt, dass besagte Person „*erst nach Rücksprache* mit dem Amt Mitglied der NPD geworden" sei (Hervorhebung nur hier), behauptet die Antragsgegnerin in der Paraphrase ihres Prozessvertreters, dass der Parteibeitritt „auf Initiative der Inlandsgeheimdienste" erfolgt sei.

Die Behauptungen der Antragsgegnerin bedürfen in mehrfacher Hinsicht einer Richtigstellung:

Der Antragsteller hat in seinem Schriftsatz vom 14. Mai 2014 unter Aufnahme der von der Antragsgegnerin zuvor verwendeten Terminologie folgendes ausgeführt: „,Bedienstete staatlicher Behörden' wurden vorliegend nicht in Führungsgremien der Antragsgegnerin ,eingeschleust'. Es gab keine Polizei- oder Verfassungsschutzbeamten, die unter einer anderen Identität in Führungsgremien der Antragsgegnerin tätig waren, weil sie von den Sicherheitsbehörden dort positioniert worden waren." Diese Ausführungen bleiben vollkommen zutreffend.

Die in Rede stehende ehemalige „Quelle Piatto", S., war niemals in einem Beschäftigungsverhältnis zu Sicherheitsbehörden von Bund und Ländern, also weder Beamter noch Angestellter von Polizei oder Verfassungsschutz. Er war daher weder „verdeckter Ermittler" noch „Under-Cover-Agent", die definitionsgemäß nur Beschäftigte der Sicherheitsbehörden sind. S. handelte ausschließlich als V-Person.

Als V-Person wurde er im Gegensatz zu verdeckten Ermittlern oder Under-Cover-Agents nicht unter einer anderen Identität in eine Organisation „eingeschleust". Vielmehr war er bereits vor der Kontaktaufnahme mit den Sicherheitsbehörden in der „Szene" aktiv und hat sich dann aus eigenem Antrieb zu einer Weitergabe von Informationen an die Sicherheitsbehörden entschlossen. Nach einer Anwerbung wird die Ausrichtung der Informationserhebung in Gesprächen mit der V-Person abgestimmt. Terminologisch ist es schon aufgrund dieses – im Vergleich zu verdeckten Ermittlern oder Under-Cover-Agents – anderen, auf Freiwilligkeit beruhenden Grundverhältnisses zumindest missverständlich, von einem „Einschleusen" zu sprechen, wenn eine V-Person

C. Das zweite NPD-Verbotsverfahren (2013–2017)

ihren Parteibeitritt mit den Verfassungsschutzbehörden abstimmt. Auch die Beendigung des Verhältnisses wird aus diesen Gründen üblicherweise nicht – wie bei staatlichen Bediensteten – als „Zurückziehen" bezeichnet, sondern unter den Oberbegriff „Abschalten" gefasst.

S. initiierte aus der Untersuchungshaft heraus im Jahr 1994 aus eigenem Antrieb den Kontakt zu den Sicherheitsbehörden. Seitdem gab er als V-Person (Arbeitsname „Piatto") Erkenntnisse über die rechtsextremistische Szene in Brandenburg weiter. Kurz nach seiner Haftentlassung am 15. Dezember 1999 trat er in die NPD ein. Dies entsprach einem der oben dargestellten Praxis mit V-Personen folgenden, abgestimmten Vorgehen zur Fortsetzung der Informationsbeziehung mit der V-Person. Am 23. Januar 2000 wurde S. in den Landesvorstand als Landesorganisationsleiter gewählt.

Im Verlauf des Jahres 2000 wurde „Piatto" als Quelle abgeschaltet, der informationelle Kontakt also beendet.

Diese Vorgänge werden vom Staatssekretär im Ministerium des Innern und für Kommunales des Landes Brandenburg mit Schreiben vom 20. Januar 2015 bestätigt.

Anlage 4.

7. Für den Ausschluss eines Verfahrenshindernisses trägt der Antragsteller im vorliegenden Verfahren weder die Beweisführungslast, noch besteht eine Verschärfung der Darlegungslast. Das Risiko für die fehlende Erweislichkeit eines Verfahrenshindernisses trägt die Antragsgegnerin.

Wie bereits in unserem Schriftsatz vom 7. August 2014 dargelegt, kommt es auf diese Lastenverteilung nicht an, da der Ausschluss eines Verfahrenshindernisses durch die Testate und mangels gegenteiligen substantiierten Sachvortrags der Antragsgegnerin belegt ist.

Angesichts der Ausführungen der Antragsgegnerin, der Antragsteller möge „valide Beweise" für die Staatsfreiheit vorlegen, erscheinen dennoch die folgenden Klarstellungen zum Beweisrecht im Parteiverbotsverfahren geboten:

a) Da gemäß § 26 Abs. 1 Satz 1 BVerfGG der Untersuchungsgrundsatz gilt, besteht im Verfassungsprozess keine subjektive Beweislast im Sinne einer Beweisführungslast. Das Gericht ist bei seiner Sachverhaltsermittlung nicht an Beweisanträge der Parteien gebunden. Auch wenn Beweisanträge erfolgen, wird das Gericht nach dem Untersuchungsgrundsatz über diese Anträge hinausgehen, wenn dies aus seiner Sicht für eine umfassende Sachverhaltsaufklärung erforderlich ist.

> Vgl. zu alledem: *Benda/Klein*, Verfassungsprozessrecht, 3. Aufl. 2012, Rn. 299 ff., 315; *Weber-Grellet*, Beweis- und Argumentationslast im Verfassungsrecht, 1979, S. 21 f.; *Brink*, Tatsachengrundlagen verfassungsrechtlicher Judikate, in: Rensen/Brink (Hrsg.), Linien der Rechtsprechung des Bundesverfassungsgerichts – erörtert von den wissenschaftlichen Mitarbeitern, 2009, S. 3 (5 f.); *Pestalozza*, Verfassungsprozeßrecht, 3. Aufl. 1991, § 2 Rn. 49; vgl. zum Untersuchungsgrundsatz im Verwaltungsrecht auch *Kopp/Schenke*, VwGO, 18. Aufl. 2012, § 86 Rn. 5: Verpflichtungen „alle in der Sache naheliegenden" Beweis zu erheben. § 23 Abs. 1 Satz 2, 2. HS BVerfGG betrifft nur die Zulässigkeit eines Antrags aus Formgründen und lässt genügen, dass die angebotenen Beweismittel „wenigstens einen Schein der Richtigkeit der behaupteten Tatsachen begründen"; *Lechner/Zuck*, BVerfGG, 6. Aufl. 2011, § 23 Rn. 10.

Das entbindet freilich nicht von Mitwirkungspflichten der Beteiligten, die insbesondere eine Pflicht zur hinreichenden Substantiierung der von ihnen zu ihren Gunsten behaupteten Tatsachen umfasst.

Vgl. BVerfGE 48, 271 (279 f.); *Benda/Klein,* Verfassungsprozessrecht, 3. Aufl. 2012, Rn. 302.

Sind Tatsachen substantiiert vorgetragen, wird das Bundesverfassungsgericht nach diesen Grundsätzen die hierfür erforderlichen Beweise – grundsätzlich unabhängig von Beweisanträgen – erheben.

b) Sind trotz aller Aufklärungsbemühungen des Gerichts Tatsachen unerweislich („non liquet"), greifen die Regeln der „objektiven Beweislast", die besser als „Risiko der fehlenden Erweislichkeit" zu bezeichnen ist.

Benda/Klein, Verfassungsprozessrecht, 3. Aufl. 2012, Rn. 315; *Weber-Grellet,* Beweis- und Argumentationslast im Verfassungsrecht, 1979, S. 22; für den Verwaltungsprozess: *Kopp/Schenke,* VwGO, 18. Aufl. 2012 § 108 Rn. 11 ff.

Dabei trägt die objektive Beweislast nicht automatisch der Antragsteller eines Verfahrens, sie richtet sich vielmehr nach der jeweiligen Norm, auf die sich das Beweisproblem bezieht.

Vgl. *Benda/Klein,* Verfassungsprozessrecht, 3. Aufl. 2012, Rn. 319; für den Verwaltungsprozess: *Kopp/Schenke,* VwGO, 18. Aufl. 2012 § 108 Rn. 12.

c) Die objektive Beweislast für das Fehlen eines Verfahrenshindernisses kann dem Antragsteller im vorliegenden Verfahren nicht mit dem Argument auferlegt werden, dass der Staat durch die fehlende Offenlegung der Akten des Verfassungsschutzes zu V-Personen den Beweis „vereitele".

Die fehlende Offenlegung der Verfassungsschutzakten zu V-Personen ist keine Beweisvereitelung, weil die Behörden von Bund und Ländern durch das Grundgesetz dazu verpflichtet sind, diese Akten nicht in einem öffentlichen Verfahren zu offenbaren. Der Schutz der V-Personen, die vor der Antragstellung legalerweise eingesetzt und den Vorgaben entsprechend abgeschaltet wurden, gebietet die Geheimhaltung ihrer Identität. Dies ergibt sich aus der grundrechtlichen Schutzpflicht des Staates für Leib und Leben dieser Personen. Akzeptiert man mit dem Bundesverfassungsgericht, dass sich der Staat grundsätzlich auch nachrichtendienstlicher Mittel bedienen darf, da der Verfassungsschutz als Verfassungsaufgabe anerkannt ist

BVerfGE 134, 141 (180); *Cremer,* Organisation zum Schutz von Staat und Verfassung, in: Isensee/Kirchhhof (Hrsg.), Handbuch des Staatsrechts der Bundesrepublik Deutschland, Bd. 12, 3. Aufl. 2014, § 278 Rn. 1,

kann eine generelle und sei es auch nachträgliche Aufdeckung von V-Leuten nicht in Betracht kommen.

Das Bundesverfassungsgericht hat anerkannt, dass

„der Schutz nachrichtendienstlicher Informationen, Informationsquellen und Arbeitsweisen sowie die Vertraulichkeitszusagen an Informanten [...] Gründe darstellen können, die eine Geheimhaltung von Informationen grundsätzlich rechtfertigen." BVerfGE 101, 106 (128).

Aus diesen Gründen ist der Antragsteller nicht verpflichtet, zum Beweis der Erfüllung der vom Gericht postulierten Anforderungen an Staatsfreiheit und Quellenfreiheit, die Identität von V-Personen öffentlich zu machen. Eine solche Pflicht würde im Ergebnis jegliche Beobachtung von Parteien auch außerhalb von Verbotsverfahren unmöglich machen. Die grundsätzliche Zulässigkeit solcher Beobachtungen in bestimmten Grenzen hat das Bundesverfassungsgericht jedoch unter anderem in der die Entscheidung tragenden Meinung zum damaligen NPD-Verbotsverfahren (BVerfGE 107, 339 [365 f.]) festgestellt.

d) In der prozessrechtlichen Literatur wird das Risiko der fehlenden Erweislichkeit (objektive Beweislast) häufig in Anlehnung an die Rosenbergsche Formel danach verteilt, wer aus der betreffenden Tatsache eine günstige Rechtsfolge herleitet sowie danach, was „Regel" und was „Ausnahme" ist.

> Vgl. Lechner/Zuck, BVerfGG, 6. Aufl. 2011, §26 Rn. 6; Kopp/Schenke, VwGO, §108 Rn. 13 ff.; Benda/Klein, Rn. 320; Weber-Grellet, a. a. O., S. 33 f.

Nach diesen Grundsätzen trägt die Antragsgegnerin die objektive Beweislast: Sie beruft sich darauf, dass ein Verstoß gegen Art. 20 Abs. 3 GG vorliegt, der nach der Rechtsprechung des Bundesverfassungsgerichts zu einem Verfahrenshindernis führt (BVerfGE 107, 339 [365]). Ein solcher Verstoß setzt z. B. voraus, dass eine Beobachtung der Partei durch V-Leute im Vorstand unmittelbar vor oder während des Verbotsverfahrens erfolgt (BVerfGE 107, 339 [365]. Für diese oder andere Tatsachen, die den Tatbestand eines Verfahrenshindernisses nach Art. 20 Abs. 3 GG erfüllen, trägt die Antragsgegnerin demnach das Risiko der fehlenden Erweislichkeit [objektive Beweislast].

Die Antragsgegnerin meint hingegen unter Berufung auf vermeintlich strafprozessuale Vorgaben, dass der Antragsteller das Risiko des „non liquet" trage, sobald die Antragsgegnerin ein Verfahrenshindernis „substantiiert dargelegt und mit Indizien untermauert habe" (Schriftsatz der Antragsgegnerin vom 25. März 2014, S. 30). Abgesehen davon, dass bis heute weder eine solche substantiierte Darlegung erfolgt ist, noch Indizien vorgetragen wurden, ist die strafprozessuale Rechtslage auch unzutreffend dargestellt: Entscheidend ist nicht alleine die substantielle Darlegung, sondern ob aus Sicht des Gerichts nach Ausschöpfung aller Erkenntnisse ein Verfahrenshindernis möglicherweise vorliegt, wobei diese Möglichkeit nicht auf „theoretischen" Zweifeln, sondern auf „konkrete[n] tatsächliche[n] Umstände[n]" gründen muss. Nur dann ist der Angeschuldigte im Strafprozess vom Risiko der fehlenden Erweislichkeit eines Prozesshindernisses befreit.

> Vgl. dazu das Urteil des BGH vom 30.07.2009, Az. 3 StR 273/09, Rn. 12 (juris), das von der Antragsgegnerin zwar wörtlich zitiert, dessen Inhalt aber im folgenden Absatz des Schriftsatzes unzutreffend wiedergegeben wurde.

Solche konkreten tatsächlichen Umstände für ein Verfahrenshindernis sind im vorliegenden Verfahren nicht ersichtlich.

e) Die Zuweisung des Risikos der fehlenden Erweislichkeit (objektive Beweislast) richtet sich zudem ohnehin nicht nach strafrechtlichen Maßstäben, sondern nach den Spezifika des Parteiverbotsverfahrens (gegen eine schematische Übertragung strafrechtlicher Grundsätze auch BVerfGE 107, 339 [367 f.]). Auch unter Berücksichtigung dieser Besonderheiten des Parteiverbotsverfahrens trägt die Antragsgegnerin das Risiko der fehlenden Erweislichkeit eines Verfahrenshindernisses.

Der Rechtsprechung des Bundesverfassungsgerichts ist zu entnehmen, dass eine Einstellung wegen eines Verfahrenshindernisses im Parteiverbotsverfahren voraussetzt, dass ein Verfassungsverstoß – und damit ein Verfahrenshindernis – zur Überzeugung des Gerichts positiv festgestellt ist. Die reine Möglichkeit oder die Ungewissheit eines Verfassungsverstoßes aufgrund eines non liquet genügt nicht für eine Einstellung. So heißt es im Einstellungsbeschluss von 2003 (BVerfGE 107, 339 [365]):

„Die Annahme eines Verfahrenshindernisses mit der Folge sofortiger Verfahrenseinstellung kommt freilich nur als ultima ratio möglicher Rechtsfolgen von Verfassungsverstößen und nur insoweit in Betracht, als dies mit den spezifischen Gefahrenabwehrzwecken des Verfahrens gemäß Art. 21 Abs. 2 GG (vgl. BVerfGE 5, 85 [142]; 25, 44 [56]) vereinbar ist. Voraussetzung für die Einstellung eines solchen Verfahrens ist deshalb, erstens, ein Verfassungsverstoß von erheblichem Gewicht, der, zweitens, einen nicht behebbaren rechtsstaatlichen Schaden für die Durchführung des Verfahrens bewirkt, so dass, drittens, die Fortsetzung des Verfahrens auch bei einer Abwägung mit den staatlichen Interessen an wirksamem Schutz gegen die von einer möglicherweise verfassungswidrig tätigen Partei ausgehenden Gefahren rechtsstaatlich nicht hinnehmbar ist."

Wenn demnach selbst bei positiver Feststellung eines Verfassungsverstoßes die Einstellung nur eine „ultima ratio" darstellt, kann erst recht im Falle eines „non liquet" – also bei der bloßen Möglichkeit oder Ungewissheit eines Verfassungsverstoßes – keine Einstellung erfolgen. Demnach liegt das Risiko der fehlenden Erweislichkeit eines Verfassungsverstoßes bei der Antragsgegnerin.

Der „ultima ratio"-Gedanke zeigt ferner, dass die Einstellung ein Ausnahmefall ist. Die Beweislast für Ausnahmefälle trägt derjenige, der sich auf sie beruft, also die Antragsgegnerin.

f) Die objektive Beweislast für das Verfahrenshindernis liegt auch deshalb im vorliegenden Verfahren bei der Antragsgegnerin, weil sonst die vom Bundesverfassungsgericht selbst formulierten Anforderungen an staatliche Behörden zur Sicherstellung der Staatsfreiheit nicht ausreichen würden.

Das Bundesverfassungsgericht hat im Einstellungsbeschluss BVerfGE 107, 339 (369 f.) deutlich gemacht, was die staatlichen Behörden tun müssen, um die verfassungsrechtlichen Erfordernisse zu erfüllen: *„Diese verfassungsrechtlichen Erfordernisse können ohne Schwierigkeiten erfüllt werden, soweit Dienststellen des Bundes und der Länder die Beobachtung einer politischen Partei auf der Vorstandsebene konzeptionell geordnet und koordiniert organisieren [...]"*

Wie der Antragsteller unter anderem durch die Vorlage übereinstimmender Testate von Bund und Ländern, durch die Vorlage von Erlassen (vgl. Schriftsatz vom 13. Mai 2014) sowie durch den Beschluss der Innenministerkonferenz vom 22. März 2012 dokumentiert hat, ist die geforderte Koordination erfolgt.

Der zitierten Passage des Einstellungsbeschlusses lässt sich der Gedanke entnehmen, dass bei Vorliegen einer solchen Koordination anzunehmen ist, dass Staatsfreiheit erfolgreich hergestellt wurde. Weitergehende Anforderungen würden der Aussage des Bundesverfassungsgerichts widersprechen, dass die verfassungsrechtlichen Erfordernisse „ohne Schwierigkeiten erfüllt werden" können (BVerfGE 107, 339 [369 f.]). Demnach muss jedenfalls bei vorhandener Koordination der Aktivitäten von Bund und Ländern die objektive Beweislast bei der Antragsgegnerin liegen. Bei ihr liegt also das Risiko des Beweises, ob es trotz dieser Bemühungen an Staatsfreiheit mangelt.

g) Die Rechtsansicht der Antragsgegnerin zur Beweislast hätte zur Folge, dass die bloße Behauptung oder auch die bloße Möglichkeit eines Verfahrenshindernisses trotz testierter Versicherungen der Behörden genügen würde, um ein Verfahrenshindernis herbeizuführen. Da die entsprechenden Verfassungsschutzakten zum Gegenbeweis nicht veröffentlicht werden dürfen (vgl. oben 7c), könnte auf diese Weise jedes Parteiverbotsverfahren unmöglich gemacht werden. Art. 21 Abs. 2 GG würde faktisch funktionslos.

8. Der Antragsteller hat großes Interesse an einem baldigen Fortgang des Verfahrens.
Die Antragsgegnerin hat ihre Prozessstrategie selbst öffentlich zum Ausdruck gebracht:

> „Richter sagt nicht ohne Stolz: ‚Aus Sicht des Bundesrats habe ich einen Nebenkriegsschauplatz eröffnet und die Gegenseite auf ein Terrain gezwungen, auf das sie gar nicht wollte.'"; Timo Frasch, Peter Richter – Der Anwalt der NPD, Frankfurter Allgemeine Sonntagszeitung vom 23.10.2014, zitiert nach http://www.faz.net/aktuell/politik/inland/peter-richter-der-anwalt-der-npd-13217046-p4.html?printPagedArticle=true#pageIndex_4

Dem entspricht der noch einmal hervorzuhebende Umstand, dass die Antragsgegnerin sich auch ein gutes Dreivierteljahr nach Ablauf der Erwiderungsfrist noch mit keinem Wort zu ihrer eigenen Verfassungskonformität verhalten hat. Dabei bleibt allerdings offen, was sie von einer objektiven verfassungsrechtlichen Würdigung des vorgetragenen Sachverhalts oder auch dessen Widerlegung abhalten sollte. Dies gilt umso mehr, weil im Vorverfahren vom Senat auch geprüft wird, ob „eine Begründetheit des Parteiverbotsantrags wahrscheinlich ist".

> *Burkhart*, in: Umbach/Clemens/Dollinger (Hrsg.), Bundesverfassungsgerichtsgesetz, Mitarbeiterkommentar, 2. Auflage 2005, § 45 Rn. 2.

Angesichts des intensiven, mehrfachen Austausches von Argumenten zur Frage angeblicher Prozesshindernisse, insbesondere der Staatsfreiheit der Antragsgegnerin, regt der Antragsteller daher an, einen Erörterungstermin anzuberaumen. Wie bereits in unserem Schriftsatz vom 7. Juli 2014 angeboten, stehen wir für Fragen des Senats hinsichtlich der Tatsachengrundlagen der Staatsfreiheit der Antragsgegnerin jederzeit zur Verfügung. Der Antragsteller ist selbstverständlich bereit, alle rechtlichen Möglichkeiten zur Sachverhaltsermittlung zu erörtern und auszuschöpfen.

Christoph Möllers   Christian Waldhoff

18. Schriftsatz der Antragsgegnerin vom 4. März 2015

Rechtsanwalt Dipl.-Jur. Peter Richter, LL.M.   Saarbrücken, den 04.03.2015

Bundesverfassungsgericht
– Zweiter Senat –
Schlossbezirk 3
76131 Karlsruhe

2 BvB 1/13

In dem Parteiverbotsverfahren

Bundesrat   gegen   **NPD**
Prof. Dr. Möllers, LL.M.   RA Richter, LL.M.
Prof. Dr. Waldhoff

wird auf den Schriftsatz des Antragstellers vom 26.01.2015 wie folgt erwidert:

1.

Soweit die Gegenseite nunmehr die bereits im bisherigen Vortrag angesprochenen „Untertestate" hinsichtlich BND, MAD und Zollkriminalamt vorlegt, die tatsächlich aber nur mit „Bestätigung" überschrieben sind, drängt sich unmittelbar die Frage auf, warum diese nicht schon in der Antragsschrift, sondern erst auf ausdrückliches Insistieren der Antragsgegnerin vorgelegt wurden. Möglicherweise hängt dies damit zusammen, dass die entsprechenden Schriftstücke zum Zeitpunkt der Einreichung des Verbotsantrages noch gar nicht existierten und nachträglich erstellt werden mussten. Jedenfalls stammen die entsprechenden „Bestätigungen" nicht von der Ministerebene und sind damit von vornherein nicht aussagekräftig, weil Staatssekretäre und Geheimdienstpräsidenten bekanntlich weisungsgebunden sind.

Dessen ungeachtet ist zum wiederholten Male darauf hinzuweisen, dass „Testaten", „Bestätigungen" oder Dokumenten ähnlicher Art hinsichtlich der Frage der Staatsfreiheit der Führungsebene der Antragsgegnerin einerseits und der Quellenfreiheit des vorgelegten Beweismaterials andererseits überhaupt kein Beweiswert zukommt, da es sich insoweit lediglich um urkundlich verselbständigten Parteivortrag handelt. Ob die vom antragstellenden Staat beauftragten Prozessvertreter die Staatsfreiheit der Antragsgegnerin schriftsätzlich vortragen oder ob weisungsgebundene Mitarbeiter eben dieses Staates dergleichen in separaten Schriftstücken behaupten, ist unter Beweisführungsgesichtspunkten einerlei; letztlich erschöpft sich beides in bloßen Behauptungen des Antragstellers ohne beweisrechtlichen Mehrwert.

Selbst wenn die Unterzeichner sämtlicher „Testate" und „Bestätigungen" ihre schriftlich niedergelegten Behauptungen an Eides statt versichern würden, könnte der dem Antragsteller obliegende Beweis der Staatsfreiheit nicht geführt werden, weil diesem der Vollbeweis obliegt und eine reine Glaubhaftmachung nicht ausreicht. An der Vorlage der zugrundeliegenden Akten der bundesdeutschen Geheimdienste führt daher kein Weg vorbei.

Das Gericht mag sich aber durchaus die Frage stellen, warum der Antragsteller nicht einmal zum Mittel der eidesstattlichen Versicherung greift, um den Beweiswert seines Vortrages zumindest marginal zu erhöhen, sondern mit prozessordnungsrechtlich völlig irrelevanten „Testaten" und „Bestätigungen" arbeitet. Vermutlich wollte sich keiner der Unterzeichner dieser Schriftstücke einer strafrechtlichen Verfolgung wegen § 156 StGB aussetzen.

2.

Hinsichtlich des Themas „Staatsfreiheit der Führungsebene der Antragsgegnerin" verhält es sich mitnichten so, dass die Antragsgegnerin den Kreis der Führungsebene unangemessen erweitern wolle. Die Antragsgegnerin hat lediglich darauf hingewiesen, dass zur Führungsebene im parteiverbotsrechtlichen Sinne zweifelsohne nicht nur die Bundes- und Landesvorstände gehören, sondern auch die Bundes- und Landesparteitage sowie die Landtagsfraktionen. Auf die entsprechenden diesseitigen Ausführungen wird zur Meidung von Wiederholungen Bezug genommen, weil sich die Gegenseite hiermit nicht in sachgerechter Weise auseinandersetzt. Da der Antragsteller indes auch weiterhin und trotz entsprechenden diesseitigen Vorhalts nicht ausdrücklich behauptet, diese Gremien seien staatsfrei, sondern sich nur hinter der allgemeinen Floskel verschanzt, die Vorgaben des erkennenden Senats würden eingehalten, ist von einer fortbestehenden staatlichen Infiltration der Bundes- und Landesparteitage der Antragsgegnerin sowie ihrer Landtagsfraktion(en) und damit von der Unschlüssigkeit des diesbezüglichen gegnerischen Vortrags zur angeblichen Staatsfreiheit auszugehen.

3.

Darüber hinaus ist nochmals ausdrücklich zu betonen, dass der Antragsteller die schon mehrfach geäußerte These der Antragsgegnerin, die Mitglieder ihres Parteivorstandes würden nachrichtendienstlich überwacht, nicht bestreitet, sodass dies weiterhin als zugestanden gilt und schon für sich genommen ein Verfahrenshindernis darstellt. Eine vertrauliche Kommunikation zwischen der Antragsgegnerin und ihrem Bevollmächtigten ist damit nach wie vor nicht gewährleistet.

Dies umso mehr, als der Unterzeichner mittlerweile selbst zum Mitglied des Parteivorstands gewählt worden ist – dies dürfte unstreitig bleiben – und gegen das Gremium als solche gerichtete nachrichtendienstliche Überwachungsmaßnahmen den Unterzeichner daher zwangsläufig mitbetreffen. Die Wahl des Unterzeichners in den Parteivorstand führt daher zu einem gesteigerten Erklärungsbedarf der Antragstellerseite zu diesem Punkt, denn selbst wenn die – diesseitig bestrittene – Behauptung der Antragstellers, es finde keine zielgerichtete nachrichtendienstliche Überwachung des Unterzeichners statt, zutreffend wäre, müsste eine Involvierung des Unterzeichners in – mittlerweile unstreitige – nachrichtendienstliche Überwachungsmaßnahmen gegen den Parteivorstand ausgeschlossen werden können. Gleiches gilt für den Landesvorstand des Landesverbands Saarland der Antragsgegnerin, dem der Unterzeichner ebenfalls unstreitig angehört.

4.

Die Ausführungen der Gegenseite zum Verkehrsunfallgeschehen am 30.11.2012 werden nach Maßgabe des diesseitigen Vortrags **bestritten**, weil sich die Sachverhaltsschilderung des Antragstellers samt und sonders als unglaubhaft erweist.

Es muss als reichlich unrealistisches Szenario angesehen werden, dass die beiden Mitarbeiter des LfV Saarland lediglich eine Überwachung von Salafisten durchgeführt haben sollen und dabei rein „zufällig" mit dem Fahrzeug der Mutter des Unterzeichners kollidiert sein sollen. Es erschließt sich schon nicht, wieso bei einem angeblich ausschließlich Salafisten geltenden Überwachungsauftrag ein V-Mann-Führer aus dem Bereich Rechtsextremismus anwesend war, so wie es vorliegend bei dem Beifahrer des LfV-Fahrzeugs ausweislich der vom Antragsteller als Anlage 2 vorgelegten Stellungnahme des ehemaligen Innenstaatssekretärs Jungmann vom 10.12.2014 der Fall war

Beweis: Stellungnahme des ehemaligen Innenstaatssekretärs Georg Jungmann vom 10.12.2014, vom Antragsteller als Anlage 2 vorgelegt.

Die Beobachtungsobjekte „Linksextremismus", „Rechtsextremismus" und „Ausländerextremismus" stellen getrennte Zuständigkeitsbereiche innerhalb des LfV dar, weswegen es als ziemlich abwegig angesehen werden muss, dass Beamte aus dem Zuständigkeitsbereich „Rechtsextremismus" plötzlich für die Beobachtung von Salafisten zuständig sein sollen. Es spricht daher weiterhin alles dafür, dass das erwähnte Verkehrsunfallgeschehen in unmittelbarem Zusammenhang mit gegen den Unterzeichner und familiäres Umfeld gerichteten nachrichtendienstlichen Überwachungsmaßnahmen steht.

Der auf Vernehmung des Fahrers des LfV-Fahrzeugs gerichtete Beweisantrag wird daher ebenso aufrechterhalten wie der auf Beschlagnahme und Inaugenscheinnahme der den Unterzeichner betreffenden Akten des LfV Saarland.

5.

Hinsichtlich des diesseitig unter Beweis gestellten V-Mann-Anwerbeversuchs in Sachsen verbleibt es beim bisherigen Vortrag der Antragsgegnerin. Die von der Antragstellerseite behaupteten umfangreichen Ermittlungsmaßnahmen müssen aus Gründen anwaltlicher Vorsicht vorsorglich **mit Nichtwissen bestritten** werden.

Das Gericht möge die beantragten Beweiserhebungen durchführen.

6.

Die terminologischen Wortspielereien der Antragstellerseite im Hinblick auf die seitens des BVerfG im Beschluss vom 18.03.2003 für notwendig befundene Abschaltung angeworbener und Rückziehung eingeschleuster V-Leute sind ebenso interessant wie bezeichnend:

Der Antragsteller meint, der von der Antragsgegnerin geforderte Nachweis der Rückziehung von Personen komme nur bei unter falscher Identität in die Antragsgegnerin eingeschleusten staatlichen Mitarbeitern in Betracht, nicht jedoch bei V-Leuten, weil diese als Privatleute ja „freiwillig" in die entsprechenden Organisationen einträten und eine Beendigung der Arbeitsbeziehung zu diesem Personenkreis daher unter der allgemeinen Bezeichnung „Abschaltung" firmiere. Hierzu ist folgendes richtigzustellen:

Zunächst einmal werden V-Leute in den seltensten Fällen „freiwillig" für den Staat tätig; vielmehr macht dieser sich meistens die wirtschaftliche Not dieser Personen zu Nutze und verleitet sie durch das Versprechen eines üppigen Judas-Lohns zur Kooperation mit den Geheimdiensten. Wirkliche Freiwilligkeit sieht anders aus.

Zudem hat der erkennende Senat als Voraussetzung für die Durchführung eines rechtstaatlichen Parteiverbotsverfahrens unter anderem die Forderung aufgestellt, dass

> „die staatlichen Stellen rechtzeitig vor dem Eingang des Verbotsantrags beim Bundesverfassungsgericht – spätestens mit der öffentlichen Bekanntmachung der Absicht, einen Antrag zu stellen – ihre Quellen in den Vorständen einer politischen Partei ‚abgeschaltet' haben [müssen]; sie dürfen nach diesem Zeitpunkt keine die ‚Abschaltung' umgehende ‚Nachsorge' betreiben, die mit weiterer Informationsgewinnung verbunden sein kann, und müssen eingeschleuste V-Leute zurückgezogen haben."

vgl. BVerfG vom 18.03.2003, Az.: 2 BvB 1/01 u. a., Rn. 87, zitiert nach www.bverfg.de.

Der Senat spricht also ausdrücklich von der Erforderlichkeit der Rückziehung eingeschleuster V-Leute und stellt damit inzident fest, dass entgegen der Auffassung der Antragstellerseite V-Leute sehr wohl eingeschleust werden können und deshalb auch zurückgezogen werden müssen. Durch den diesseitig unter Beweis gestellten Fall des ehemaligen V-Mannes „Piatto" ist die Existenz staatlicherseits eingeschleuster V-Leute in die Antragsgegnerin belegt. Da der Antragsteller aber weder in seinem schriftsätzlichen Vortrag noch in den vorgelegten „Testaten" und „Bestätigungen" auch nur die Behauptung aufstellt, dass eingeschleuste V-Leute – die nachweislich existieren – zurückgezogen wurden, erweist sich der gesamte Vortrag hinsichtlich der angeblichen Staatsfreiheit der Antragsgegnerin schon im Ansatz als unvollständig und unschlüssig. Offensichtlich gibt es nach wie vor eingeschleuste und nicht zurückgezogene V-Leute in der Führungsebene der Antragsgegnerin, sodass ein Verfahrenshindernis besteht.

7.

Die Ausführungen der Antragstellerseite zur Verteilung der Beweislast hinsichtlich des Vorliegens bzw. des Nichtvorliegens von Verfahrenshindernissen erweisen sich gleich in mehrfacher Hinsicht als unzutreffend:

a)

Die Auffassung des Antragstellers, der Nachweis der Staatsfreiheit der Antragsgegnerin könne allein schon dadurch geführt werden, dass Bund und Länder die Beobachtung einer politischen Partei „konzeptionell geordnet und koordiniert organisiert" betreiben, muss als fernliegend angesehen werden. Koordination in der Arbeit der Sicherheitsbehörden ist zweifelsohne notwendige, keinesfalls aber hinreichende Bedingung für die Annahme von Staatsfreiheit der Antragsgegnerin. Inwiefern der Antragsteller aus dem Beschluss des Gerichts vom 18.03.2003 Gegenteiliges herauslesen möchte, erschließt sich nicht.

b)

Soweit der Antragsteller die Auffassung vertritt, das Gericht sei an Beweisanträge der Beteiligten nicht gebunden, hält die Antragsgegnerin dies für ein Gerücht. Nach diesseitiger Rechtsauffassung ist die Vorschrift des § 244 Abs. 3 ff. StPO im verfassungsprozessualen Parteiverbotsverfahren entsprechend anzuwenden, weil es sich um ein quasi-strafprozessuales Verfahren handelt und der mit der „Todesstrafe" bedrohte Antragsgegner im Parteiverbotsverfahren was seine prozessualen Rechte anbelangt nicht schlechter stehen darf als eine natürliche Person, die vor dem Amtsgericht etwa wegen Beleidigung angeklagt wird.

Hiermit wird auch zugleich deutlich, dass zivilprozessual vorgeprägte Erwägungen zur Beweislast von vornherein fehlgehen, sondern vorliegend die strafprozessuale „Beweislastverteilung" Gültigkeit besitzt, wonach der anklagende Staat vollständig darlegungs- und beweisbelastet ist und etwa verbleibende Zweifel zu Gunsten des Angeklagten gehen.

c)

Hierauf kommt es im Ergebnis aber nicht an, weil sich Fragen der Beweislast erst im Falle eines „non liquets" stellen, wenn also nach Ausschöpfung aller möglichen Erkenntnisquellen vorliegend nicht geklärt werden könnte, ob die Antragsgegnerin nun staatsfrei ist oder nicht. Die Betonung liegt dabei auf „nach Ausschöpfung aller Erkenntnisquellen". Eine mögliche Erkenntnisquelle stellen beispielsweise die die Antragsgegnerin betreffenden V-Mann-Akten der deutschen Inlandsgeheimdienste dar, deren Beschlagnahme und Inaugenscheinnahme im Wege von Beweisanträgen diesseitig beantragt worden ist. Ohne Ausschöpfung dieser möglichen Erkenntnisquelle kommt man von vornherein gar nicht dazu, sich über Fragen der Beweislast Gedanken machen zu müssen, denn der Staat kann sich nicht auf das Vorliegen eines „non liquets" und daraus – angeblich – folgender negativer beweisrechtlicher Konsequenzen für die Antragsgegnerin berufen, wenn er in seinem Besitz befindliche beweiserhebliche Akten und Dokumente bewusst zurückhält. Dann liegt nämlich gerade kein „non liquet", sondern eine vorsätzliche Beweisvereitelung vor, die zu Lasten des Beweisvereitelers geht.

Die vom Antragsteller gegen die Vorlage der V-Mann-Akten geäußerten Bedenken greifen nicht durch. Der Antragsteller macht lediglich geltend, es sei nicht zumutbar, die entsprechenden Akten „in einem öffentlichen Verfahren zu offenbaren" (Seite 6 des Schriftsatzes vom 26.01.2015). Dem könnte unproblematisch mit einem Ausschluss der Öffentlichkeit für den betreffenden Teil der mündlichen Verhandlung begegnet werden.

Im Übrigen zeigt der Rechtsgedanke des § 28 Abs. 2 Satz 2 BVerfGG, dass der Wahrheitsfindung im Einzelfall Vorrang vor Geheimhaltungsinteressen staatlicher Behörden einzuräumen sein kann, was zweifelsohne dann der Fall sein muss, wenn es um die Gewährleistung eines fairen Verfahrens geht und ein Verfassungsorgan auf Antragstellerseite auftritt, welches in der Vergangenheit in derselben Sache schon einmal hart an der Grenze zum versuchten Prozessbetrug operiert hat.

d)

Hinzu kommt ein weiteres:

Die gesamte Argumentation der Gegenseite betreffend die Verteilung der Beweislast betrifft ausschließlich den Fall, dass eine auf Antragsgegnerseite befindliche politische Partei das Bestehen eines Verfahrenshindernisses behauptet und sich nun die Frage stellt, wer für die Behauptung des Vorliegens dieses Verfahrenshindernisses die Beweislast trägt. Dieser Fall liegt bei Lichte betrachtet im hiesigen Verfahren aber gar nicht vor:

Im vorliegenden Verfahren geht es um die spezielle Konstellation, dass im ersten gegen die Antragsgegnerin gerichteten Verbotsverfahren das Bestehen eines Verfahrenshindernisses mit Beschluss des Senats vom 18.03.2003 bereits rechtskräftig festgestellt wurde und der auch schon an diesem ersten Verbotsverfahren beteiligte Antragsteller nunmehr ein neues Verbotsverfahren mit einem identischen Verfahrensgegenstand angestrengt hat.

Folglich steht nicht der Beweis eines behaupteten Verfahrenshindernisses in Rede, sondern der Beweis des nachträglichen Wegfalls eines bereits rechtskräftig festgestellten Verfahrenshindernisses.

Es kann aber kein Zweifel daran bestehen, dass dieser Beweis in der Form des Vollbeweises allein von der Antragstellerseite zu führen sein muss, denn sie beruft sich auf eine Veränderung eines gerichtlicherseits bereits rechtskräftig festgestellten Zustands.

8.

Namens und im Auftrage der Antragsgegnerin wird mitgeteilt, dass gegen die Durchführung eines Erörterungstermins zur Frage des Vorliegens von Verfahrenshindernissen keine Bedenken bestehen.

Dipl.-Jur. Peter Richter, LL.M.
– Rechtsanwalt –

19. Berichterstatterschreiben vom 19. März 2015

Bundesverfassungsgericht Karlsruhe, den 19.03.2015
Zweiter Senat
– Der Berichterstatter –

Herrn Professor Herrn Professor
Dr. Christoph Möllers Dr. Christian Waldhoff

Parteiverbotsverfahren NPD

Sehr geehrter Herr Professor Möllers,
sehr geehrter Herr Professor Waldhoff,

unabhängig von dem Beschluss des Zweiten Senats vom 19. März 2015 darf ich in Abstimmung mit dem Senat darauf hinweisen, dass der Sachvortrag des Antragstellers zur vorübergehenden Kontrolle des öffentlichen Raums durch die Antragsgegnerin mit der Folge, dass eine Atmosphäre der Angst erzeugt werde und hierdurch erkennbare Einschränkungen demokratischen Handelns nachweisbar seien (S. 75 der Antragsschrift), möglicherweise nicht hinreichend durch konkrete Beispiele unterlegt ist.
　Ferner wird der Vortrag, die Antragsgegnerin habe ihre Aktivitäten im Sommer/Herbst 2013 bei der Debatte um die Aufnahme von Asylbewerbern besonders aggressiv gestaltet und zahlreiche Proteste gegen Asylbewerber organisiert, bislang nur mit dem Hinweis auf einen Aufruf zu einem „Fackelmarsch gegen Asylmissbrauch" und den Belegen 300–303 unterlegt.
　Weitere Belege und Darstellungen des Verlaufs konkreter Aktivitäten fehlen.
　Ich gebe vor diesem Hintergrund Gelegenheit, den Sachvortrag zu ergänzen.

Mit freundlichen Grüßen

Peter Müller
Richter des Bundesverfassungsgerichts

20. Beschluss vom 19. März 2015

BUNDESVERFASSUNGSGERICHT
– 2 BvB 1/13 –

IM NAMEN DES VOLKES

In dem Verfahren
über
die Anträge

1. Die Nationaldemokratische Partei Deutschlands einschließlich ihrer Teilorganisationen Junge Nationaldemokraten, Ring Nationaler Frauen und Kommunalpolitische Vereinigung ist verfassungswidrig.

2. Die Nationaldemokratische Partei Deutschlands einschließlich ihrer Teilorganisationen Junge Nationaldemokraten, Ring Nationaler Frauen und Kommunalpolitische Vereinigung wird aufgelöst.

3. Es ist verboten, Ersatzorganisationen für die Nationaldemokratische Partei Deutschlands einschließlich ihrer Teilorganisationen Junge Nationaldemokraten, Ring Nationaler Frauen und Kommunalpolitische Vereinigung zu schaffen oder bestehende Organisationen als Ersatzorganisationen fortzusetzen.

4. Das Vermögen der Nationaldemokratischen Partei Deutschlands einschließlich ihrer Teilorganisationen Junge Nationaldemokraten, Ring Nationaler Frauen und Kommunalpolitische Vereinigung wird zugunsten der Bundesrepublik Deutschland für gemeinnützige Zwecke eingezogen.

Antragsteller: Bundesrat,
vertreten durch den Präsidenten des Bundesrates,
Leipziger Straße 3–4, 10117 Berlin,

– Bevollmächtigte: 1. Prof. Dr. Christoph Möllers,
c/o Bundesrat, Leipziger Straße 3–4, 10117 Berlin,
2. Prof. Dr. Christian Waldhoff,
c/o Bundesrat, Leipziger Straße 3–4, 10117 Berlin –

I. Schriftverkehr

Antragsgegnerin: Nationaldemokratische Partei Deutschlands, vertreten durch den Bundesvorsitzenden Frank Franz, Seelenbinderstraße 42, 12555 Berlin,

– Bevollmächtigter: Rechtsanwalt Dipl.-Jur. Peter Richter, LL.M. –

hat das Bundesverfassungsgericht – Zweiter Senat –

unter Mitwirkung der Richterinnen und Richter
Präsident Voßkuhle,
Landau,
Huber,
Hermanns,
Müller,
Kessal-Wulf,
König,
Maidowski

am 19. März 2015 folgenden Beschluss gefasst:

I.

Mit am 3. Dezember 2013 eingegangener Antragsschrift hat der Antragsteller gemäß Art. 21 Abs. 2, Art. 93 Abs 1 Nr. 5 GG, § 13 Nr. 2, §§ 43 ff. BVerfGG beantragt, die Verfassungswidrigkeit der Antragsgegnerin einschließlich ihrer Teilorganisationen Junge Nationaldemokraten, Ring Nationaler Frauen und Kommunalpolitische Vereinigung festzustellen und diese aufzulösen.

Die Antragsgegnerin hat mit Schriftsatz vom 25. März 2014 beantragt, den Verbotsantrag als unzulässig zu verwerfen, hilfsweise das Verfahren wegen des Vorliegens unbehebbarer Verfahrenshindernisse einzustellen, höchst hilfsweise das Verfahren auszusetzen, bis der vom Deutschen Bundestag am 20. März 2014 eingesetzte Untersuchungsausschuss zur NSA-Abhör-Affäre seinen Abschlussbericht vorgelegt hat.

II.

Es wird darauf hingewiesen, dass das Bundesverfassungsgericht von Amts wegen in jeder Lage des Verfahrens das Vorliegen der Prozessvoraussetzungen zu prüfen und hierüber zu entscheiden hat. Dies gilt auch für das im Parteiverbotsverfahren gemäß § 45 BVerfGG durchzuführende Vorverfahren (vgl. BVerfGE 107, 339 ⟨360⟩).

Dies schließt allerdings nicht aus, dass die Entscheidung über das Vorliegen der Prozessvoraussetzungen gleichzeitig mit der Entscheidung über die Durchführung der mündlichen Verhandlung gemäß § 45 BVerfGG ergeht.

C. Das zweite NPD-Verbotsverfahren (2013–2017)

III.

1. Der Antragsteller hat als Anlage 1 zum Schriftsatz vom 14. Mai 2014 den Beschluss der Ständigen Konferenz der Innenminister und -senatoren der Länder vom 22. März 2012 vorgelegt. Ziffer 3 des Beschlusses lautet: „Mit Beginn der Materialsammlung am 2. April 2012 werden die Quellen auf Führungsebene abgeschaltet. Für die Erstellung der Materialsammlung wird ein Zeitraum von mindestens sechs Monaten veranschlagt."

Der Antragsteller möge den Vollzug dieses Beschlusses im Bund und in den einzelnen Ländern – insbesondere hinsichtlich der Zahl und des Ablaufs der „Abschaltungen" – darstellen und in geeigneter Weise belegen.

2. Der Antragsteller hat in diesem Schriftsatz ausgeführt, dass Quellen auf Vorstandsebene der Antragsgegnerin nicht nur „abgeschaltet" worden seien, sondern dass spätestens seit dem 6. Dezember 2012 auch keine „Nachsorge" betrieben werde. Dabei hat er Bezug genommen auf eine „Vereinbarung zwischen Bund und Ländern". Diese Vereinbarung möge er vorlegen.

Soweit in den Ländern Anweisungen zur Umsetzung dieser Vereinbarung (vergleichbar den beiden vorgelegten Schreiben des Staatssekretärs des Bundesministers des Innern vom 14. Dezember 2012) ergangen sind, möge der Antragsteller diese ebenfalls vorlegen.

Darüber hinaus möge er den Vollzug des Verzichts auf eine Nachsorge bei „abgeschalteten Quellen" im Bund und in den einzelnen Ländern darstellen und in geeigneter Weise belegen.

3. Der Antragsteller möge schließlich in geeigneter Weise belegen, auf welche Weise – wie im Schriftsatz vom 14. Mai 2014 vorgetragen – sichergestellt ist, dass keinerlei nachrichtendienstlich erlangte Informationen über die Prozessstrategie der Antragsgegnerin entgegengenommen werden und der privilegierten Stellung des Verfahrensbevollmächtigten insbesondere im Hinblick auf § 3b Abs. 1 G 10 und § 160a Abs. 1 StPO Rechnung getragen wird. Er möge ferner in geeigneter Weise belegen, auf welche Weise sichergestellt ist, dass – falls dennoch diesbezügliche Informationen erlangt werden – diese von der Verwertung ausgeschlossen werden. Soweit er angeboten hat, die entsprechenden Weisungen des Bundes und der Länder vorzulegen, möge er dies tun.

4. Der Antragsteller differenziert in der Antragsschrift die verwendeten Belege hinsichtlich der Quellenfreiheit nach zwei Kategorien. Allerdings werden weder das Parteiprogramm der Antragsgegnerin („Arbeit, Familie, Vaterland". Das Parteiprogramm der Nationaldemokratischen Partei Deutschlands [NPD]. Beschlossen auf dem Bundesparteitag am 4./5. Juni 2010 in Bamberg) noch der Beleg 112 (NPD-Positionspapier „Das strategische Konzept der NPD" vom 9. Oktober 1997) einer dieser beiden Kategorien zugeordnet. Der Antragsteller möge sich hierzu erklären und insbesondere zur Frage der Quellenfreiheit des Parteiprogramms Stellung nehmen.

IV.

Der Antragsteller möge sich bis zum 15. Mai 2015 zu den vorstehenden Hinweisen verhalten.

Voßkuhle	Landau	Huber
Hermanns	Müller	Kessal-Wulf
	König	Maidowski

21. Schriftsatz des Antragstellers vom 13. Mai 2015

Prof. Dr. Christoph Möllers
Prof. Dr. Christian Waldhoff
c/o Bundesrat
Leipziger Straße 3–4
10117 Berlin

An das
Bundesverfassungsgericht
Zweiter Senat
Schlossbezirk 3
76131 Karlsruhe

2 BvB 1/13

Berlin, am 13. Mai 2015

Auf den Hinweisbeschluss des Zweiten Senats vom 19. März 2015 antworten wir wie folgt:

A.
Umfang der vorgelegten Unterlagen

Der Antragsteller legt mit diesem Schriftsatz – in beispielloser Weise – interne Vermerke, Erlasse, Abschalterklärungen, Gesprächsprotokolle, E-Mails und andere Inhalte von Akten der Sicherheitsbehörden des Bundes und Länder offen, die bisher der Geheimhaltung unterlagen. Zugleich stellt er nicht nur interne Arbeitsabläufe der Sicherheitsbehörden in Bezug auf V-Personen dar, sondern nennt auch die Anzahl der abgeschalteten V-Personen in Bund und Ländern.

Damit wird dokumentiert, dass der Antragsteller die Anforderungen an die Rechtsstaatlichkeit des Verfahrens, die sich unter anderem aus dem Einstellungsbeschluss des Jahres 2003 (BVerfGE 107, 339) ergeben, vollumfänglich beachtet hat. Mehr noch: Bund und Länder haben – als Lehre aus dem gescheiterten NPD-Verbotsverfahren des Jahres 2003 – seit mehreren Jahren mit erheblichen Aufwand umfangreiche Maßnahmen getroffen, um ein rechtsstaatliches Verfahren sicherzustellen.

Dies umfasste erstens – unabhängig von einem etwaigen Verbotsverfahren – eine Koordination des Quelleneinsatzes von Bund und Ländern, die den Anforderungen einer konzeptionellen Ordnung aus dem Einstellungsbeschluss entspricht (**dazu B.**).

Zweitens umfasst dies im Hinblick auf den hiesigen Verbotsantrag ein koordiniertes Verfahren zur Einhaltung der Staatsfreiheit der Partei, der Quellenfreiheit des Materials sowie sonstiger Anforderungen an die Rechtsstaatlichkeit des Verfahrens (**dazu C.**).

Hierzu gehörten die in dem Hinweisbeschluss des Senats unter III, 1–3 genannten Maßnahmen: Abschaltung der Quelle auf Führungsebene, keine Nachsorge, keine Entgegennahme von Informationen über die Prozessstrategie der Antragsgegnerin, Sicherstellung der privilegierten Stellung des Verfahrensbevollmächtigten der Antragsgegnerin.

Die in den Anlagekonvoluten befindlichen Unterlagen belegen diese Maßnahmen vollständig. Dieser Beleg konnte nur erbracht werden, weil die Sicherheitsbehörden durch Vorlage der Unterlagen an die Grenze des rechtlich Zulässigen gegangen sind. Die vorgelegten Unterlagen führen – trotz der Schwärzungen – bereits zu deutlich erhöhten Enttarnungsrisiken für die ehemaligen Quellen (allesamt V-Personen, also keine verdeckten Ermittler oder Under-Cover-Agents). Eine noch weitergehende, ungeschwärzte und damit vollständige Offenlegung der Identität von ehemaligen Quellen auf Führungsebene wäre unseres Erachtens mit dem Grundgesetz nicht vereinbar. Sie würde eine erhebliche Gefahr für deren Leib und Leben erzeugen. Dies würde zudem die Funktionsfähigkeit der Sicherheitsbehörden in Frage stellen. Im Ergebnis wären damit Rechtsgüter von Verfassungsrang konkret gefährdet. Die Sicherheitsbehörden sind in diesem Verfahrenszusammenhang an Schutzpflichten gebunden. Diese ergeben sich aus den Grundrechten auf Leib und Leben des Art. 2 Abs. 2 Satz 1 GG und aus der Fürsorgepflicht gegenüber Personen, die der Staat zur Gewährleistung der Sicherheit der Bundesrepublik Deutschland angeworben und denen er dabei den Schutz ihrer Identität zugesichert hat. Der Staat würde sich in einen rechtsstaatlich unerträglichen Widerspruch begeben, wenn er zunächst zum Schutz der inneren Sicherheit Personen anwerben und ihnen vollständigen Identitätsschutz zusagen würde, um diese Identitäten dann mit allen daran hängenden Konsequenzen aufzudecken. Zudem würde dadurch die nachrichtendienstliche Tätigkeit in weiten Teilen unmöglich gemacht, da neue V-Personen auch in anderen Ermittlungszusammenhängen nicht mehr zur Verfügung stünden.

In Anwendung dieser Maßstäbe haben die Verfassungsschutzbehörden von Bund und Ländern im Einzelfall eine Gefahrenabwägung getroffen, deren Ergebnis es war, dass eine Aufdeckung der Klarnamen ehemaliger Quellen nicht in Betracht kommt. Allein durch die in diesem Schriftsatz vorgenommene Quantifizierung von Quellen im Verhältnis zur zahlenmäßig überschaubaren Führungsebene der Antragsgegnerin steigt das Risiko einer Enttarnung der V-Personen erheblich. Denn durch die Berücksichtigung von Begleitumständen kann die Identität von V-Personen auch ohne Aufdeckung von Klarnamen erschlossen werden. Die aus Enttarnungen resultierenden Gefahren für Leib und Leben, für die soziale Existenz der ehemaligen Quellen sowie für die weitere nachrichtendienstliche Auftragserfüllung gehen auch aus den beigefügten Protokollen über „Abschaltgespräche" hervor, in denen abgeschaltete Quellen ihre Sorge hinsichtlich Enttarnung und zu erwartenden Racheaktionen vortrugen.

Vgl. exemplarisch etwa [...].

Im vorliegenden Kontext steigern sich derartige Gefahren insbesondere dadurch, dass – wie in der Antragsschrift aufgezeigt – Verbindungen der Antragsgegnerin zur Kameradschaftsszene und anderen in besonderer Weise gewaltbereiten Gruppen bestehen. Ergebnis der Abwägung war daher eine Schwärzung aller identitätsbezogenen Informationen ehemaliger Quellen in den vorgelegten Dokumenten sowie all derjenigen Passagen, die eine Enttarnung – und sei es in Kombination mit weiteren Informationen – eindeutig ermöglichen.

Entsprechende Erwägungen gelten auch für den Schutz von Mitarbeitern der Sicherheitsbehörden von der Ebene der Referatsleiter abwärts. Hierbei handelt es sich um Personen, deren Identität schon aufgrund der Fürsorgepflicht des Staates als Dienstherrn und zur Funktionsfähigkeit der Sicherheitsbehörden zu schützen ist. Das gilt nicht für leitende Mitarbeiter der Sicherheitsbehörden oberhalb der Referatsleiterebene, die angesichts ihrer verantwortlichen Stellung eine namentliche Nennung hinnehmen müssen.

Auf Wunsch des Senats sind die Leiter der Sicherheitsbehörden der Länder sowie die entsprechenden verantwortlichen Personen im Bund gerne bereit, zu allen in diesem Schriftsatz beschriebenen Vorgängen als Zeugen auszusagen.

Für den Fall, dass der Senat die vorgelegten Dokumente auch ohne die – aus o. g. Gründen verfassungsrechtlich notwendigen – Schwärzungen einsehen oder die gesamten Aktenbestände der Sicherheitsbehörden des Bundes und der Länder zum vorliegenden Verfahrensgegenstand prüfen möchte, wird der Antragsteller die Einsichtnahme des Senats, des Berichterstatters oder eines beauftragten Richters in diese Akten im Wege eines in-camera-Verfahrens ermöglichen. Das Bundesverfassungsgericht hat ein in-camera-Verfahren im Parteiverbotsverfahren nicht generell, sondern nur für eine spezifische, in diesem Fall nicht gegebene Konstellation ausgeschlossen. Das Gericht hat im Einstellungsbeschluss von 2003 festgestellt, dass ein in-camera-Verfahren dann nicht angewendet werden kann, wenn die mangelnde Staatsfreiheit der Partei bereits feststeht und der Antragsteller mittels des in-camera-Verfahrens darlegen möchte, dass die Beweise dennoch nicht „kontaminiert" sind (vgl. BVerfGE 107, 339 [371]). Das Gericht schließt es damit aus, ein solches Verfahren „zulasten der Antragsgegnerin" anzuwenden, um ein bereits festgestelltes Verfahrenshindernis zu „reparieren" (vgl. das Wort „reparabel" auf S. 371 des Beschlusses). Dieser Fall liegt hier jedoch nicht vor, da es nicht darum geht, ein bereits festgestelltes Verfahrenshindernis zu beseitigen, sondern um die Klärung der Frage, ob ein von der Antragsgegnerin nur behauptetes Verfahrenshindernis überhaupt vorliegt.

B.
Konsequenzen aus dem ersten Verbotsverfahren:
Konzeptionelle Ordnung und Koordinierung des Quelleneinsatzes

Schon bevor ein zweites Verbotsverfahren im Raume stand, wurden Konsequenzen aus dem gescheiterten ersten Verbotsverfahren gezogen, die den Hintergrund für die Vorbereitung des vorliegenden Verfahrens bilden: Im Einstellungsbeschluss vom 18. März 2003 hat der Senat festgestellt, dass die verfassungsrechtlichen Erfordernisse „ohne Schwierigkeiten erfüllt werden [können], soweit Dienststellen des Bundes und der Länder die Beobachtung einer politischen Partei auf der Vorstandsebene konzeptionell geordnet und koordiniert organisieren".

BVerfGE 107, 339 (369 f.)

Hieraus haben die Sicherheitsbehörden von Bund und Ländern seinerzeit die entsprechenden Schlussfolgerungen gezogen. Die in vorliegendem Schriftsatz samt seinen Anlagen dokumentierten Prozesse sind Ausfluss dieses koordinierten Vorgehens, um die Vorgaben aus dem Beschluss vom 18. März 2003 administrativ umzusetzen.

Nach Einstellung des seinerzeitigen NPD-Verbotsverfahrens durch das Bundesverfassungsgericht thematisierten die Verfassungsschutzbehörden des Bundes und der Länder umgehend die sich aus diesem Beschluss ergebenden rechtlichen und fachlichen Folgerungen. Hierzu wurden die beiden Bund-Länder-Arbeitsgruppen „Strukturelle Optimierung des Quelleneinsatzes" und „Rechtliche und fachliche Konsequenzen für die Verfassungsschutzbehörden aus dem NPD-Beschluss des Bundesverfassungsgerichts" eingerichtet. Zentrales Anliegen war es dabei, Abstimmungsprozesse zu initiieren, welche die Beobachtung extremistischer Parteien ohne Beeinträchtigung ihrer verfassungsrechtlich gebotenen Staatsfreiheit gewährleisten. Die Koordination des Quelleneinsatzes stand und steht dabei im Mittelpunkt. Vor diesem Hintergrund fasste die Ständige Konferenz der Innenminister und -senatoren der Länder (IMK) am 14./15. Mai 2003, also unmittelbar nach dem seinerzeitigen Einstellungsbeschluss des Senats, neben anderem folgenden Beschluss:

„Die IMK geht davon aus, dass das Bundesamt für Verfassungsschutz und die Landesbehörden für Verfassungsschutz sich kontinuierlich bilateral über den Quelleneinsatz in Beobachtungsobjekten im Sinne des § 5 Abs. 2 BVerfSchG abstimmen und die anfallenden Informationen ausschließlich verfassungsschutzintern verwenden."

Seit 2003 finden deshalb jährlich bilaterale Abstimmungsgespräche u. a. zwischen dem Beschaffungsleiter der Abteilung Rechtsextremismus im Bundesamt für Verfassungsschutz (BfV) und den Beschaffungsleitern aller Landesbehörden für Verfassungsschutz statt. Dabei werden jeweils die Arbeitsschwerpunkte und die Zugangslage von BfV und den Landesämtern erörtert. Im Zuge der gemeinsamen Erörterungen wird unter Wahrung der Anonymität ein regelmäßig zu aktualisierender Quellenspiegel erstellt, in dem alle Quellen – kategorisiert nach Beobachtungsbereichen – aufgelistet sowie Zu- und Abgänge erfasst sind. Ziel ist es, Überschneidungen oder die Konzentration von Quellen in denselben Bereichen zu vermeiden. Sollten im Einzelfall dennoch Überschneidungen auftreten, werden entsprechende Maßnahmen besprochen. Die einzelnen Listen fließen in eine Gesamtstatistik ein, die einen Überblick über die Zugangslage von Bund und Ländern gibt. Die Leitungen der Verfassungsschutzbehörden von Bund und Ländern werden – bezogen auf ihren Zuständigkeitsbereich – über die Ergebnisse der jährlichen Koordinierungsgespräche zum Quelleneinsatz in einem zusammenfassenden Bericht unterrichtet. Ergänzt werden diese Besprechungen durch die ebenfalls jährlich stattfindende Auswerter- und Beschaffertagung von Bund und Ländern.

Die IMK hat darüber hinaus am 28. August 2012 beschlossen, die Zentralstellenfunktion des Bundesamtes für Verfassungsschutz zu stärken. Zur weiteren Intensivierung der Zusammenarbeit zwischen den Verfassungsschutzbehörden wurde daher mit Wirkung zum 31. Dezember 2012 die „Richtlinie für die Zusammenarbeit des Bundesamtes für Verfassungsschutz und der Landesbehörden für Verfassungsschutz" (Zusammenarbeitsrichtlinie – ZAR, VS-NfD) geändert und folgender § 11a eingefügt:

§ 11a Einsatz von Vertrauenspersonen

(1) Die Zusammenarbeit der Verfassungsschutzbehörden beim Einsatz von Vertrauenspersonen wird vom Bundesamt für Verfassungsschutz koordiniert. Dazu übermitteln die Landesbehörden für Verfassungsschutz dem Bundesamt für Verfassungsschutz Grund- und Strukturdaten, Informationen zur Zugangslage und zur Qualität der Informationen. Klarnamen und andere Information, die zur Enttarnung führen können, werden nicht übermittelt.

(2) Das Bundesamt für Verfassungsschutz erfasst die von den Landesbehörden für Verfassungsschutz übermittelten Daten in einer zentralen Datei und unterrichtet die Landesbehörden für Verfassungsschutz unverzüglich über das Ergebnis der Koordinierung.

Über die Koordination des Quelleneinsatzes hinaus sind die Verfassungsschutzbehörden gehalten, bei der Erfüllung ihres gesetzlichen Auftrags arbeitsteilig, komplementär und schwerpunktorientiert vorzugehen und den Ressourceneinsatz danach auszurichten. Dazu dienen insbesondere mehrmals jährlich stattfindende Bund-Länder-Fachtagungen im Bereich der Auswertung und Beschaffung.

Als zusätzliches Steuerungsinstrument wurde seit 2009 die jährlich zu aktualisierende Bundesweite Beobachtungsübersicht (BBÜ, VS-Geheim) eingeführt. Diese enthält sämtliche Beobachtungsobjekte von Bund und Ländern mit bundesweiter Bedeutung.

C.
Sicherstellung von Staatsfreiheit, Quellenfreiheit und anderer Anforderungen an Rechtsstaatlichkeit im vorliegenden Verbotsverfahren

Der Zweite Senat hatte in seinem Einstellungsbeschluss vom 18. März 2003 den staatlichen Stellen aufgegeben, „mit Hilfe sorgfältiger Vorbereitung eines Verbotsantrags" die notwendigen Voraussetzungen für die Durchführung eines Verbotsverfahrens zu schaffen.

BVerfGE 107, 339 (371).

Daher wurde als koordinierende Maßnahme am **30. November 2011** eine Bund-Länder-Arbeitsgruppe zur Prüfung der Erfolgsaussichten eines neuen NPD-Verbotsverfahrens beschlossen, die am **14. März 2012** einen Bericht vorgelegt hat.

Der 4. Teil dieses Berichts mit dem Titel „Konsensuale Punkte des Kriterienkatalogs" stellt die Vereinbarung zwischen Bund und Ländern dar, um deren Vorlage der Senat in Ziffer III.2 des Hinweisbeschlusses vom 19. März 2015 bittet.

Anlage 1

So herrschte Konsens zwischen Bund und Ländern, dass als Grundprämisse der Vorbereitungen eines Verbotsverfahrens „die Anforderungen beider Voten des Einstellungsbeschlusses von 2003 zu beachten" seien. Im Detail wurde vereinbart, dass „rechtzeitig vor Eingang des Verbotsantrags beim BVerfG [...] alle Quellen in den Vorständen der Partei von Bund und Ländern abgeschaltet sein" und „auch informelle Kontakte" einzustellen seien, also keine „Nachsorge" betrieben werden dürfe. Im Übrigen wurden nicht nur der Begriff der Quelle definiert, sondern auch der betroffene Personenkreis beschrieben. Zudem wurde vereinbart, dass auch Quellen, die ggf. während eines laufenden Verfahrens in den Vorstand aufrücken, unverzüglich und ohne Nachsorge abgeschaltet würden. Ferner wurde definiert, dass unter dem Begriff „keine Nachsorge" u. a. verstanden wird, dass „jeder Kontaktversuch einer abgeschalteten Quelle [...] zurückzuweisen" ist. Schließlich wurde vereinbart, dass keine Informationen über die Prozessstrategie der NPD entgegengenommen oder nachrichtendienstlich beschafft werden dürfen.

Basierend auf diesen Vereinbarungen der Bund-Länder-Arbeitsgruppe hat die IMK mit Beschluss vom **22. März 2012** (bereits vorgelegt mit Schriftsatz vom 14. Mai 2014) die Abschaltung der Quellen auf Führungsebene beschlossen. Im Nachgang hierzu fanden sechs weitere Koordinierungstreffen der Bund-Länder-Arbeitsgruppe statt. Die Ministerpräsidentenkonferenz hat mit Beschluss vom **6. Dezember 2012** eine länderoffene Arbeitsgruppe zur Begleitung des NPD-Verbotsverfahrens eingerichtet, in der auch der Bund als Gast vertreten ist. Durch diese Arbeitsgruppe, die inzwischen vielfach auch mit den Prozessbevollmächtigten getagt hat, wird eine enge Verzahnung zwischen den Prozessbevollmächtigten und den Sicherheitsbehörden von Bund und Ländern verfahrensbegleitend erreicht.

I.
Zu III. 1 des Hinweisbeschlusses: Abschaltung der Quellen auf Führungsebene

Die Vereinbarung der Bund-Länder-Arbeitsgruppe vom 14. März 2012 sowie der Beschluss der Innenministerkonferenz vom 22. März 2012 wurden von Bund und Ländern in der Folgezeit – teilweise aber auch schon im Vorgriff – umgesetzt. Alle Quellen auf Führungsebene der NPD und ihrer Teilorganisationen wurden abgeschaltet, so dass – wie im Schriftsatz vom 1. Dezember 2013, S. 24 ausgeführt – spätestens seit dem 6. Dezember 2012 die Informationsbeziehungen zu sämtlichen Quellen auf der Führungsebene beendet waren.

Die Art und Weise der Umsetzung der Ergebnisse der Bund-Länder-Arbeitsgruppe und des Beschlusses der IMK aus dem März 2012 ist umfangreich in den anliegenden Unterlagen der Länder und des Bundes dargestellt und belegt.

Anlagenkonvolute der Länder und des Bundes

Dabei variieren Art und Umfang der Darstellung von Land zu Land, was unseres Erachtens unproblematisch ist, da dies die föderale Vielfalt widerspiegelt. Die Darstellungen und Belege von Bund und Ländern sollen hier nur zusammengefasst werden:

In allen Ländern und in der Bundesverwaltung wurden die sich aus dem Beschluss ergebenden Anforderungen an und in die Sicherheitsbehörden hinein – Verfassungsschutz und Polizeibehörden – kommuniziert. Dies geschah teils im Wege des schriftlichen Erlasses, teils durch E-Mail-Kommunikation, teils in Besprechungen.

Vgl. dazu die Anlagenkonvolute der Länder und des Bundes

C. Das zweite NPD-Verbotsverfahren (2013–2017)

Zu differenzieren ist bei der Art und Weise der Umsetzung zwischen Ländern, die zum Zeitpunkt des IMK-Beschlusses keine Quellen auf Führungsebene hatten, und solchen Ländern, die zu diesem Zeitpunkt über entsprechende Quellen verfügten. Um auch solche Abschaltungen zu erfassen und hier darstellen zu können, die kurz vor dem IMK-Beschluss, also „im Vorgriff" erfolgten, wird im Folgenden nicht nur der Quellenbestand im März 2012 offengelegt. Vielmehr wurde als Stichtag der 1. Dezember 2011 gewählt, also der Tag nach der Konstituierung der Bund-Länder-Arbeitsgruppe zur Prüfung der Erfolgsaussichten eines Verbotsverfahrens.

Zum 1. Dezember 2011 hatten der Bund und die Länder die in der folgenden Tabelle aufgeführte Anzahl von Quellen (allesamt V-Personen und keine verdeckten Ermittler oder Under-Cover-Agents) in der Führungsebene (Bundes- und Landesvorstände) der NPD und/oder ihrer Teilorganisationen eingesetzt. Diese Quellen wurden an den genannten Daten abgeschaltet.

	Anzahl der Quellen auf Führungsebene der NPD und/oder ihrer Teilorganisationen am 1. Dezember 2011	Datum der Abschaltung
Baden-Württemberg	[...]	
Bayern		
Berlin		
Brandenburg		
Bremen		
Hamburg		
Hessen		
Mecklenburg-Vorpommern		
Niedersachsen		
Nordrhein-Westfalen		
Rheinland-Pfalz		
Saarland		
Sachsen		
Sachsen-Anhalt		
Schleswig-Holstein		
Thüringen		
Bund		

Diese Zahlen sowie die Abschaltvorgänge werden in den beigefügten Anlagenkonvoluten durch die jeweiligen Innenministerien bzw. die Leiter der Verfassungsschutzbehörden nicht nur bestätigt, sondern auch belegt. Dies geschieht durch die Vorlage interner Verfügungen, Weisungen, Abschaltvermerke sowie Abschalterklärungen. Soweit ein Land am Stichtag keine Quelle in der Führungsebene der NPD bzw. ihrer Teilorganisationen besaß, wird auch dies im Einzelnen dargelegt und ggf. erklärt. Soweit Quellen auf Führungsebene am Stichtag vorhanden waren, werden die Abschaltvorgänge im Einzelnen beschrieben:

Sie vollzogen sich durch ein Treffen mit der Quelle, das *im Regelfall* wie folgt ablief: Der Quelle wurden die Gründe der sofortigen Abschaltung – also der Beendigung der Zusammenarbeit zwischen Quelle und Verfassungsschutz – erklärt (eventuelles NPD-Verbotsverfahren). Es wurde eine Abschaltprämie ausgezahlt oder versprochen. Daraufhin wurde der Quelle eine „Abschalterklärung" zur Unterzeichnung vorgelegt, in der die Zusammenarbeit für beendet erklärt wird und die gegenseitigen Rechte und Pflichten geregelt werden. Im Gespräch wurde der Quelle zudem verdeutlicht, dass keine Nachsorge stattfinden könne, dass also kein Kontakt zwischen der Sicherheitsbehörde und der Quelle mehr möglich sei. Dementsprechend war dieses Abschalttreffen in den meisten Fällen auch das letzte Treffen mit der Quelle. [...] Spätestens ab dem 6. Dezember 2012 waren damit alle Informationsbeziehungen zu sämtlichen Quellen auf Führungsebene vollständig beendet.

Über die Gespräche und den Ablauf der Abschaltung wurden jeweils Vermerke angefertigt. Diese Vermerke sowie die Abschalterklärungen sind in den beigefügten Anlagen der Länder und des Bundes enthalten; vgl. dort auch zu weiteren Details und zu Besonderheiten im Einzelfall.

Anlagenkonvolute der Länder und des Bundes.

Seit dem 1. Dezember 2011 ist es – wie den Anlagenkonvoluten ebenfalls zu entnehmen ist – nicht vorgekommen, dass V-Personen unterhalb der Führungsebene in die Vorstände aufgerückt sind. Sollte dieser Fall im laufenden Verfahren eintreten, würde diese V-Person umgehend abgeschaltet und die Verfahrensbevollmächtigten des Antragstellers informiert. Diese würden, soweit dies ohne Gefährdung von Leib und Leben der abgeschalteten Quellen möglich ist, den Senat über den Vorgang informieren.

Über die Anforderungen des Einstellungsbeschlusses hinaus waren zudem seit dem Stichtag 1. Dezember 2011 bis zum heutigen Tag keine Quellen unter den Mitgliedern der Fraktionen der NPD in den Landtagen Sachsens und Mecklenburg-Vorpommerns.

Vgl. dazu die Anlagenkonvolute Mecklenburg-Vorpommerns, Sachsens und des Bundes.

II.
Zu III. 2 des Hinweisbeschlusses: Keine Nachsorge

Wie oben bereits beschrieben, stellt der 4. Teil des – im IMK-Beschluss vom 22. März 2012 in Bezug genommenen – Berichts der Bund-Länder-Arbeitsgruppe zur Prüfung eines NPD-Verbotsverfahrens („Konsensuale Punkte des Kriterienkatalogs") die Vereinbarung zwischen Bund und Ländern dar, um deren Vorlage der Senat in Ziffer III.2 des Hinweisbeschlusses vom 19. März 2015 bittet.

Anlage 1

Darin vereinbaren Bund und Länder, dass Quellen auf Führungsebene nicht nur abgeschaltet werden, sondern dass auch keine Nachsorge erfolgen darf. Dort heißt es zudem: „Jeder Kontaktversuch einer abgeschalteten Quelle ist zurückzuweisen und die

C. Das zweite NPD-Verbotsverfahren (2013–2017)

Zurückweisung als solche zum Zwecke der Nachweisführung zu dokumentieren." Der Verzicht auf die Nachsorge wurde innerhalb der betroffenen Sicherheitsbehörden bereits im Nachgang der Bund-Länder-Vereinbarung bzw. des IMK-Beschlusses vom März 2012 kommuniziert und im Rahmen der Abschaltgespräche den jeweiligen Quellen mitgeteilt, so dass spätestens seit dem 6. Dezember 2012 keine Nachsorge mehr betrieben wurde.

> Vgl. dazu oben C I sowie die Anlagenkonvolute der Länder und des Bundes, dort insbesondere die Abschaltvermerke.

Anlässlich des Beschlusses des Bundesrats zur Einleitung eines NPD-Verbotsverfahrens am 14. Dezember 2012 unternahmen Bund und Länder weitere koordinierte Maßnahmen, um sicherzustellen, dass die Rechtsstaatlichkeit des Verfahrens im Hinblick auf die unter III.3 des Hinweisbeschlusses genannten Aspekte gewahrt wird (dazu unten C III) und dass zugleich weiterhin keine Nachsorge im o. g. Sinne erfolgt. Hierfür wurde im Dezember 2012 ein „Musterschreiben" entworfen, mit dem die jeweiligen Sicherheitsbehörden angewiesen werden sollten. Auf Bundesebene erfolgten so die bereits dem Senat vorgelegten und im Hinweisbeschluss erwähnten Schreiben des Staatssekretärs des Bundesministers des Innern, Fritsche, vom 14. Dezember 2012. Den Ländern wurde dieses „Musterschreiben" mit E-Mail vom 17. Dezember 2012 durch das Vorsitzland der Bund-Länder-Arbeitsgruppe (Sachsen-Anhalt) zugeleitet.

> Anlage 2: E-Mail des Vorsitzlandes der Bund-Länder-Arbeitsgruppe (Sachsen-Anhalt) an alle Länder vom 17. Dezember 2012

In diesem Musterschreiben heißt es in enger Anlehnung an den Wortlaut der o. g. Vereinbarung der Bund-Länder-Arbeitsgruppe aus März 2012: „Jeder Kontaktversuch einer abgeschalteten Quelle ist zurückzuweisen. Die Zurückweisung ist zu dokumentieren. Zulässig sind allein Maßnahmen, die dem unmittelbaren Schutz von Leib und Leben der Quellen dienen." Zudem wurde festgelegt, dass „keine Ausstiegsanwärter aus der Vorstandsebene der NPD" mehr in ein staatliches Aussteigerprogramm aufgenommen werden dürfen.

In der Folgezeit wurden alle Sicherheitsbehörden in den Ländern mit dem Text dieses Musterschreibens durch die jeweils zuständigen Stellen entsprechend angewiesen: sowohl im Bereich des Verfassungsschutzes als auch im Bereich der Polizei. Der Text wurde somit einheitlich in allen Ländern verwendet – auch wenn, wie bei einigen Ländern der Fall, keine entsprechenden Quellen auf Führungsebene geführt worden waren. Die entsprechenden Weisungen und Erlasse sind im Anlagenkonvolut für jedes Land und den Bund dokumentiert.

> Anlagenkonvolute der Länder und des Bundes

Durch eine Länderumfrage zum Vollzug dieser Maßnahmen durch das Vorsitzland der Bund-Länder-Arbeitsgruppe (Sachsen-Anhalt) wurde die Umsetzung nochmals sichergestellt. Als Ergebnis konnte das Vorsitzland dem Bundesministerium des Innern mitteilen, dass die Länder „ausnahmslos bestätigt" haben, dass sowohl der Verfassungsschutz als auch die Polizeibehörden die Vorkehrungen zur Sicherstellung eines rechtsstaatlichen NPD-Verbotsverfahrens getroffen haben.

Anlage 3: E-Mail des Vorsitzlandes der Bund-Länder-Arbeitsgruppe (Sachsen-Anhalt) an das Bundesministerium des Innern vom 1. März 2013

Durch die dargestellte Erlass- bzw. Weisungslage wurde und wird weiterhin garantiert, dass keine Nachsorge erfolgt. Dies bedeutet zweierlei: Erstens erfolgten spätestens seit dem 6. Dezember 2012 keine Kontakte mit Quellen auf Führungsebene, die wegen des NPD-Verbotsverfahrens seit dem 1. Dezember 2011 abgeschaltet worden waren. Darüber hinaus bestand und besteht spätestens seit dem 1. Dezember 2011 auch kein Kontakt mehr zu eventuellen früheren Quellen, die ungeachtet des gegenwärtigen Verbotsverfahrens vor dem 1. Dezember 2011 abgeschaltet wurden und weiterhin ein Führungsamt auf Bundes- oder Landesvorstandsebene der Partei oder ihrer Teilorganisationen ausüben oder in eine solche Position aufgerückt sind.

Soweit ehemalige Quellen Kontaktversuche unternahmen, wurden diese zurückgewiesen und die Zurückweisungen entsprechend dokumentiert. Bund und Länder haben alle Kontaktversuche und den Umgang der Sicherheitsbehörden mit solchen Kontaktversuchen in den beigefügten Anlagekonvoluten dargestellt und belegt. Auch etwaige zufällige Kontakte wurden dokumentiert.

Vgl. im Einzelnen die Anlagenkonvolute der Länder und des Bundes

III.
Zu III. 3 des Hinweisbeschlusses

1. Keine Entgegennahme nachrichtendienstlich erlangter Informationen zur Prozessstrategie

a) Die Sicherstellung der Rechtsstaatlichkeit des Verfahrens im Sinne von III.3 des Hinweisbeschlusses war schon weit vor dem Beschluss zur Einleitung eines NPD-Verbotsverfahrens die oberste Priorität für Bund und Länder. Dies ergibt sich aus der beigefügten

Anlage 1

vom 14. März 2012, in der es unter Punkt 2.1.2 heißt: „Mit Beendigung der Abschaltung (inklusive der erforderlichen Nachsorge) darf keine zielgerichtete Beschaffung von Informationen über die Prozessstrategie durch nachrichtendienstliche Beobachtung erfolgen."

b) Anlässlich des Bundesratsbeschlusses zur Einleitung eines NPD-Verbotsverfahrens am 14. Dezember 2012 unternahmen Bund und Länder die oben unter C. II bereits dargestellten koordinierten Maßnahmen zur Sicherstellung der Rechtsstaatlichkeit des Verbotsverfahrens. Das bereits erwähnte „Musterschreiben" enthielt unter anderem die folgende Passage:

„Um den Vorgaben des Bundesverfassungsgerichts vollständig zu genügen, bitte ich Sie in einem zweiten Schritt, durch entsprechende Weisungen in Ihrem jeweiligen Zuständigkeitsbereich ab sofort Folgendes sicherzustellen:

- *Keine Entgegennahme nachrichtendienstlich erlangter Informationen über die Prozessstrategie der NPD. Jeder Versuch einer entsprechenden Erkenntnisführung ist zurückzuweisen. Die Zurückweisung ist zu dokumentieren.*
- *Keine Ausstiegsanwärter aus der Vorstandsebene der NPD darf mehr in ein staatliches Aussteigerprogramm aufgenommen werden. Zudem ist sicherzustellen, dass im Rahmen von Aussteigerprogrammen staatliche Stellen keine Informationen über die Prozessstrategie der NPD entgegengenommen werden. Jeder Versuch einer entsprechenden Erkenntnisführung ist zurückzuweisen. Die Zurückweisung ist zu dokumentieren.*
- *Jeder Kontaktversuch einer abgeschalteten Quelle ist zurückzuweisen ..."*

Dieser Text wurde zunächst am 14. Dezember 2012 vom Staatssekretär im Bundesministerium des Innern in den zwei (dem Senat bereits im Schriftsatz vom 14. Mai 2014 vorgelegten) Schreiben den Sicherheitsbehörden des Bundes zugeleitet, wo der Inhalt durch Weisungen, Erlasse und Besprechungen weiter an die zuständigen Mitarbeiter kommuniziert wurde.

Anlagenkonvolut des Bundes

Nachdem das Vorsitzland der Bund-Länder-Arbeitsgruppe (Sachsen-Anhalt) diesen Text in der o. g. E-Mail vom 17. Dezember 2012

Anlage 2: E-Mail des Landes Sachsen-Anhalt an die Mitglieder der Bund-Länder-Arbeitsgruppe vom 17. Dezember 2012

allen Ländern zugeleitet hatte, wurde der Inhalt dort im Wege von Weisungen, Erlassen und Besprechungen in die Sicherheitsbehörden – Verfassungsschutz und Polizei – hinein kommuniziert. Dies wird von den Ländern im Einzelnen in den jeweiligen Anlagenkonvoluten belegt.

Anlagenkonvolute der Länder

Durch die bereits erwähnte Länderumfrage zum Vollzug dieser Maßnahmen durch das Vorsitzland der Bund-Länder-Arbeitsgruppe wurde die Umsetzung nochmals sichergestellt.

Anlage 3: E-Mail des Vorsitzlandes der Bund-Länder-Arbeitsgruppe (Sachsen-Anhalt) an das Bundesministerium des Innern vom 1. März 2013

Damit waren schon weit vor Einreichung des Verbotsantrags beim Bundesverfassungsgericht alle Sicherheitsbehörden von Bund und Ländern dafür sensibilisiert, dass keine Erkenntnisse zur Prozessstrategie der Antragsgegnerin erlangt werden dürfen.

c) Im weiteren Verlauf wurden diese Vorgaben verschiedentlich präzisiert. Dies geschah zunächst in einem Schreiben des Bundesministeriums des Innern vom 29. Mai 2013 an alle Länder sowie an alle Sicherheitsbehörden des Bundes. Darin hieß es:

„Ergänzend hierzu bitte ich darum, von Maßnahmen nach dem G10-Gesetz gegen Mitglieder des Bundes- oder Landesvorstands der NPD nur in besonders gelagerten Ausnahmefällen Gebrauch zu machen.
Sollte sich die G10-Maßnahme nach eingehender Risikoabwägung gleichwohl als notwendig erweisen, muss sichergestellt werden, dass im Zuge der Maßnahme keine Informationen zur Prozessstrategie erfasst werden. Hierzu sind nachweisbar geeignete Vorkehrungen zu treffen, da-

mit – entsprechend der Handhabung beim Kernbereichsschutz – bereits in die Vorauswertung keinerlei Informationen über ein NPD-Verbotsverfahren aufgenommen werden können."

Anlagenkonvolut des Bundes, Anlage Bund 29

Die Maßgaben dieses Schreibens wurden sowohl in den Sicherheitsbehörden des Bundes als auch in den Sicherheitsbehörden der Länder beachtet.

Vgl. dazu im Detail die Anlagenkonvolute der Länder und des Bundes

Auf Bundesebene gab es seitdem eine G10-Maßnahme, die auch Personen aus der Führungsebene der NPD und/oder ihrer Teilorganisationen betroffen hat. Hintergrund war der Verdacht der Bildung einer terroristischen Vereinigung i. S. v. § 129a StGB. Die Maßnahme richtete sich nicht unmittelbar und zielgerichtet gegen die NPD, sondern unter anderem gegen Personen, die zugleich auch im Vorstand der NPD vertreten waren. Sie wurden nicht wegen ihrer Zugehörigkeit zur NPD der Maßnahme unterzogen, sondern wegen des Verdachts der Bildung einer terroristischen Vereinigung. Vor Einleitung der Maßnahme wurde intern eine ausführliche Abwägung unter Berücksichtigung der Maßstäbe des Einstellungsbeschlusses des BVerfG aus dem Jahr 2003 getroffen. Es wurde sichergestellt, dass – entsprechend der Handhabung beim Kernbereichsschutz – bereits bei der Vorauswertung keinerlei Informationen über ein NPD-Verbotsverfahren aufgenommen wurden und damit das Risiko einer Prozessausspähung ausgeschlossen war.

Anlagenkonvolut des Bundes, Anlage Bund 32 sowie Anschreiben S. 4 f.

Durch eine Abfrage an alle Sicherheitsbehörden des Bundes am 13. Januar 2015 wurde um Mitteilung gebeten, ob es – trotz aller ergriffenen Vorkehrungen – zu Randerkenntnissen zum NPD-Verbotsverfahren bei verdeckten Maßnahmen zur Beschränkung des Brief-, Post- oder Fernmeldegeheimnisses gekommen sei. Dies wurde von sämtlichen Sicherheitsbehörden verneint.

Anlagenkonvolut des Bundes, Anschreiben S. 5 sowie Anlage Bund 36

In [...] gab es seit dem 29. Mai 2013 eine G10-Maßnahme, die zeitweise auch eine Person aus der Führungsebene der NPD und/oder ihrer Teilorganisationen betroffen hat. Hintergrund war der Verdacht der Fortführung einer verbotenen Vereinigung (§ 85 StGB). Es wurde sichergestellt, dass – entsprechend der Handhabung beim Kernbereichsschutz – bereits bei der Vorauswertung keinerlei Informationen über ein NPD-Verbotsverfahren aufgenommen wurden und damit das Risiko einer Prozessausspähung ausgeschlossen war. Tatsächlich fielen keine Informationen zum NPD-Verbotsverfahren und die Prozessstrategie an.

Vgl. im Einzelnen das Anlagenkonvolut [...]

In [...] hat die Verfassungsschutzbehörde vom 1. Juli 2011 bis zum 31. Dezember 2013 eine G10-Maßnahme durchgeführt, die zeitweise eine Person aus der Führungsebene der NPD und/oder ihrer Teilorganisationen betroffen hat. Hintergrund war der Verdacht, dass der Betroffene an exponierter Stelle versucht, die verschiedenen Gruppierungen der [...] zu vernetzen und an der Ausdehnung bereits geschaffener Netzwerkstruktu-

C. Das zweite NPD-Verbotsverfahren (2013–2017)

ren zu arbeiten. Ziel der Maßnahme war neben der Aufklärung dieser Bestrebungen die Verhinderung bzw. Aufklärung von Straftaten, insbesondere des § 130 StGB. Es lagen tatsächliche Anhaltspunkte für den Verdacht vor, dass der Betroffene Mitglied einer Vereinigung war […], deren Zweck oder Tätigkeit darauf gerichtet waren, Straftaten zu begehen, die gegen die freiheitliche demokratische Grundordnung, den Bestand oder die Sicherheit des Bundes oder eines Landes gerichtet waren (§ 3 Absatz 1 Satz 2 Artikel 10-Gesetz).

Obwohl die Mitarbeiterinnen und Mitarbeiter der G 10-Stelle in mehreren internen Dienstbesprechungen ausdrücklich darauf hingewiesen wurden, keine Inhalte zur Prozessstrategie der NPD im bevorstehenden NPD-Verbotsverfahren zu protokollieren, wurde Anfang Dezember 2013 ein Protokoll gefertigt, das auch eine Randerkenntnis zum bevorstehenden NPD-Verbotsverfahren zum Inhalt hatte. Das Protokoll wurde an die Landesbehörden für Verfassungsschutz […] versandt. Damit wurde wie folgt verfahren: In der Verfassungsschutzbehörde […] und in den beteiligten Ländern […] wurden die Unterlagen nicht verwertet und zeitnah vernichtet. In […] wurden die Unterlagen ebenfalls nicht verwertet; sie durften allerdings aufgrund eines bestehenden Löschungs- und Vernichtungsmoratoriums für den Phänomenbereich Rechtsextremismus vor dem Hintergrund des NSU-Komplexes bislang nicht vernichtet werden. Das Protokoll ist aber für die Facharbeit gesperrt. Die Maßnahme selbst wurde zudem nicht fortgeführt und am 31. Dezember 2013 beendet.

Vgl. im Einzelnen das Anlagenkonvolut […]

Durch die Sicherheitsbehörden der Länder erfolgten darüber hinaus seit dem 29. Mai 2013 keine G10-Maßnahmen, die auch Personen aus der Führungsebene der NPD und/oder ihrer Teilorganisationen betreffen.

Vgl. dazu im Detail die Anlagenkonvolute der Länder

d) Anlässlich der Antragstellung beim Bundesverfassungsgericht am 3. Dezember 2013 wies das Bundesamt für Verfassungsschutz mit Schreiben vom 10. Dezember 2013 alle Landesverfassungsschutzämter sicherheitshalber noch einmal auf die strikte Berücksichtigung der Vorkehrungen zum Schutzes eines rechtsstaatlichen Verbotsverfahrens hin. Darin wurde „der völlige und ausnahmslos zu berücksichtigende Verzicht auf nachrichtendienstliche Erkenntnisse in Bezug auf das Verbotsverfahren" betont. Zudem hieß es:

> *„Um bereits im Ansatz jeden Anschein einer Prozessausspähung zu Lasten der Antragsgegnerin NPD zu vermeiden, sollten zum Sachverhalt Verbotsverfahren, auch wenn nur allgemeine, öffentlich bekannte oder prozesstaktisch völlig irrelevante Aspekte betroffen sind, keinerlei Informationen auf nachrichtendienstlichem Wege entgegengenommen werden."*

Anlage 4: Schreiben des Bundesamtes für Verfassungsschutz vom 10. Dezember 2013

Dies wurde in den Ländern zum Anlass genommen, um die zuständigen Stellen und Mitarbeiter abermals für die Problematik zu sensibilisieren und eine Ausspähung der Prozessstrategie der Antragsgegnerin vollständig auszuschließen.

Vgl. im Detail die Anlagenkonvolute der Länder

e) Als Verfahrensbevollmächtigte des Antragstellers bestätigen wir zudem hiermit, dass uns – abgesehen von den für jedermann zugänglichen, öffentlichen Äußerungen des Verfahrensbevollmächtigten der Antragsgegnerin (vgl. etwa Frankfurter Allgemeine Sonntagszeitung vom 19. Oktober 2014) – keine Informationen zur Prozessstrategie der Antragsgegnerin vorliegen.

2. Privilegierte Stellung des Verfahrensbevollmächtigten der Antragsgegnerin

a) Angesichts der unter 1. dargestellten Maßnahmen (Erlasse, Weisungen, Besprechungen etc.) war praktisch schon vor Bestellung von Herrn Peter Richter zum Verfahrensbevollmächtigten sichergestellt, dass die Sicherheitsbehörden von Bund und Länder keine Informationen über die Kommunikation zwischen der Antragsgegnerin und einem potentiellen Verfahrensbevollmächtigten zur Prozessstrategie auf nachrichtendienstlichem Wege erlangen. Gleichzeitig war durch diese Maßnahmen auch sichergestellt, dass – falls zufällig diesbezügliche Informationen erlangt werden – diese von der Verwertung ausgeschlossen sind. Letzteres bedeutet, dass schon bei der Bestellung von Herrn Peter Richter zum Verfahrensbevollmächtigten garantiert war, dass die in § 3b G10-Gesetz und § 160a StPO enthaltenen Löschungspflichten und Verwertungsverbote in einem entsprechenden Fall eingehalten würden.

b) Dennoch wurden nach Bekanntwerden der Bestellung von Herrn Peter Richter weitere Maßnahmen ergriffen, um die privilegierte Stellung des Verfahrensbevollmächtigten zu garantieren. Hierzu einigten sich die Behörden von Bund und Ländern am 17. März 2014 auf folgende Musterweisung:

> „Mit Schreiben des Bundesverfassungsgerichts vom 7. Januar 2014 ist bekannt geworden, dass Herr Rechtsanwalt Peter Richter seitens der NPD zum Prozessbevollmächtigten für das gegen die NPD gerichtete Verbotsverfahren bestellt worden ist. In diesem Zusammenhang weise ich erneut ⟨auf meine Verfügung vom …⟩ hin, dass nachrichtendienstlich erlangte Informationen über die Prozessstrategie der NPD nicht entgegen genommen werden dürfen. Dabei ist zu beachten, dass solche Informationen nicht nur von Herrn Rechtsanwalt Peter Richter selbst, sondern auch aus seinem persönlichen Umfeld und dem Umfeld seiner Kanzlei in Saarbrücken kommen können.
>
> Zudem ist zu beachten, dass Herrn Richter als Rechtsanwalt und Prozessbevollmächtigter der NPD im Verbotsverfahren eine privilegierte Stellung zukommt; hierzu wird insbesondere auf § 3b Absatz 1 G 10 und § 160a Absatz 1 StPO sowie auf das Schreiben des BMI vom 29. Mai 2013 zum Einsatz von G 10-Maßnahmen hingewiesen."

Dieser Text erging als Erlasse bzw. als Weisungen durch die jeweils zuständigen Stellen an alle Sicherheitsbehörden des Bundes, die diese entsprechend umsetzten.

Vgl. dazu im Detail das Anlagenkonvolut des Bundes, insbesondere S. 5 des Anschreibens sowie die Anlagen Bund 37 ff.

Parallel dazu erfolgten inhaltsgleiche Erlasse bzw. Weisungen in allen Ländern an die entsprechenden Stellen und wurden dort umgesetzt. Dies wird in den Anlagenkonvoluten der Länder im Detail sowohl dargelegt als auch belegt.

Vgl. zu den Einzelheiten die Anlagenkonvolute der Länder.

c) In der Folgezeit erfolgten weitere Verschärfungen des Schutzes des Verfahrensbevollmächtigten der Antragsgegnerin vor Informationsbeschaffungen durch die Behörden des Bundes und der Länder. Diese Maßnahmen gehen über die – schon vorher (s. o.) sichergestellten – Anforderungen des § 3b Absatz 1 G10 und § 160a Absatz 1 StPO hinaus. Diese Vorschriften schützen den Verteidiger/Rechtsanwalt nur bezüglich solcher Inhalte, die ihm in seiner Eigenschaft als Verteidiger/Rechtsanwalt anvertraut wurden (vgl. die Verweise auf § 53 StPO). Am 16. Juni 2014 wurde veranlasst, dass über diese Anforderungen hinaus auch keine Personenakten über den Prozessvertreter weitergeführt werden dürfen – unabhängig davon, welche Informationen diese enthalten. Darüber hinaus dürfen Erkenntnisse über Herrn Peter Richter – also auch solche, die in keinem Zusammenhang zum Verfahren stehen – nur insoweit gewonnen oder gespeichert werden, wie diese aus öffentlichen Quellen stammen und nach einem sachbezogenen, nicht personenbezogenen Suchraster ermittelt wurden. Nach diesen Kriterien unzulässige Speicherungen seit dem 7. Januar 2014 waren rückwirkend zu löschen.

> Anlage 5: E-Mail des Vorsitzlandes der Bund-Länder-Arbeitsgruppe (Niedersachsen) an alle Länder und den Bund vom 16. Juni 2014.

Diese weitere Verschärfung des Schutzes von Herrn Peter Richter ist Ergebnis eines Abstimmungsprozesses zwischen den Sicherheitsbehörden und den Verfahrensbevollmächtigten des Antragstellers, der in den Anlagenkonvoluten dokumentiert ist. Hierbei ist zu berücksichtigen, dass Herr Peter Richter auch Mitglied des Landesvorstandes des NPD-Landesverbandes Saarland ist und daher weit über das vorliegende Verfahren hinaus politisch für die Antragsgegnerin agiert.

> Vgl. daher im Einzelnen das Anlagenkonvolut des Saarlandes

Die in der genannten E-Mail vom 16. Juni 2014 erwähnten Vereinbarungen wurde im Bund und in den Ländern durch entsprechende Weisungen bzw. Erlasse an die entsprechenden Stellen weitergeleitet.

> Vgl. zu den Einzelheiten die Anlagenkonvolute der Länder und des Bundes

Im Bund wurde das Bundesamt für Verfassungsschutz angewiesen, dass Personenakten über den Verfahrensbevollmächtigten der Antragsgegnerin nicht geführt werden dürfen. Die bisherige Personenakte zu Herrn Peter Richter wurde, da sie im Bundesamt für Verfassungsschutz elektronisch geführt wird, durch den behördlichen Datenschutzbeauftragten gesperrt. Seine elektronische Personenakte kann daher nicht mehr bestückt oder abgerufen werden.

> Vgl. das Anlagenkonvolut des Bundes

Im Saarland, wo der Verfahrensbevollmächtigte der Antragsgegnerin u. a. seine Kanzlei hat, wurden seit der Bestellung von Herrn Peter Richter zum Verfahrensbevollmächtigten keine Informationen über seine Person und seine Kanzlei entgegengenommen. Darüber hinaus wurden selbst offene Quellen zwar noch zur Kenntnis genommen, aber hinsichtlich seiner Person nicht mehr ausgewertet oder gespeichert. Zu den Details der Maßnahmen vgl. das

> Anlagenkonvolut des Saarlandes.

d) Der Verfahrensbevollmächtigte der Antragsgegnerin hat im Jahr 2014 selbst den Kontakt zu den Polizeibehörden des Saarlandes gesucht. Er wies auf eine mögliche Gefährdung seiner Kanzlei hin und bat um Gefahrenabwehrmaßnahmen. Diese wurden auf Wunsch des Verfahrensbevollmächtigten der Antragsgegnerin veranlasst und dieser hierüber entsprechend informiert.

Vgl. zu den Einzelheiten das Anlagenkonvolut des Saarlandes

D.
Parteiprogramm

Das Programm der NPD kann nur der Partei im Ganzen, aber keiner natürlichen Person zugerechnet werden und entzieht sich deswegen einer Kategorisierung im Sinne der Antragsschrift (1.). In seiner tatsächlichen Entstehungsgeschichte wurde das Programm maßgeblich von Personen gestaltet, die nach dem 1. Januar 2003 zu keinem Zeitpunkt Quelle des Verfassungsschutzes oder der Polizei waren (2.). Führende Vertreter der Antragsgegnerin, die nicht als Quellen im oben definierten Sinne fungierten, haben sich das Programm in der Folgezeit ausdrücklich zu eigen gemacht (3.).

1. Das NPD-Parteiprogramm „Arbeit. Familie. Vaterland" ist selbstverständlicher und grundlegender Ausdruck des Gesamtwillens der Partei, zu dem sich die relevanten Führungskräfte einhellig und ohne Abstriche bekennen. Dieses Basisdokument stellt somit im Vergleich zu den übrigen nach Kategorie 1 und 2 eingestuften Beweismitteln einen Sonderfall dar. Als von den dafür zuständigen Organen beschlossenes verbindliches Dokument ist das Programm der gesamten Partei zuzurechnen, also einer durch Verfassungs- und Gesetzesrecht anerkannten juristischen Person. Diese Zurechnung schließt aber streng genommen eine Einordnung der Quellenfreiheit nach der in der Antragsschrift vorgenommenen Kategorisierung, die sich auf natürliche Personen bezieht, aus. Weder liegt eine namentliche Urheberschaft des Programms vor, weshalb Kategorie 1 ausscheidet, noch wird die Anwesenheit einzelner Verfassungsschutzquellen unter den Parteitagsdelegierten bestritten, weshalb Kategorie 2 nicht in Betracht kommt.

Eine dazu alternative Zurechnung zu denjenigen Funktionsträgern, die dem Programm auf dem Parteitag zugestimmt haben, erscheint gleichfalls sowohl rechtlich als auch praktisch ausgeschlossen: Zum Ersten fehlt dem Antragsteller das Wissen darüber, wer im Einzelnen dem Programm zugestimmt hat. Dieses Wissen würde auch ein bedenkliches Maß an Überwachung der Antragsgegnerin voraussetzen. Zum Anderen müssen sich auch Mitglieder der Partei, die dem Programm nicht zugestimmt haben, dessen Inhalt zurechnen lassen, bzw. können Mitglieder, die dem Programm ursprünglich nicht zugestimmt haben oder nicht zustimmen konnten, sich dieses später zu eigen machen. Schließlich ist festzuhalten, dass die Vorgaben des Senats hinsichtlich der Staatsfreiheit einer Antragsgegnerin im Parteiverbotsverfahren Parteitagsdelegierte nicht umfasst, die aber das gegenwärtige Parteiprogramm der NPD auf ihrem Bundesparteitag am 4./5. Juni 2010 in Bamberg beschlossen haben.

2. Will man trotzdem eine strengere Betrachtung der materiellen Urheberschaft des Programms anstellen, die die Frage der Quellenfreiheit unabhängig vom Problem der

formellen Zurechenbarkeit aufwirft und damit über die Vorgaben des Senats hinausgeht, so ergibt sich auch hier eine staatsfreie Entstehung des Programms.

Die im Folgenden (S. 340–344) von der Partei selbst offen genannten und namentlich aufgeführten mitwirkenden Personen in der Programmkommission sowie in der Programmdebatte waren nach dem 1. Januar 2003 zu keinem Zeitpunkt Quelle des Verfassungsschutzes oder der Polizei. Insofern sind die hier zitierten Äußerungen dieser Personen, die die Positionen im Bamberger Programm als unverkennbares Alleinstellungsmerkmal der NPD herausstellen, in Kategorie 1 einzustufen. Diese Feststellungen sind von den der Antragsschrift beigegebenen Testaten umfasst, weil die hier erwähnten Personen auch in der Antragsschrift bzw. den dazugehörigen Anlagen zitiert werden, also keine Quellen sind.

Zudem sei darauf hingewiesen, dass in den für die Programmentwicklung bedeutsamen Landesverbänden Mecklenburg-Vorpommern und Sachsen in der gesamten Phase der Programmerneuerung nach 2007, also auch zum Zeitpunkt der Programmverabschiedung im Juni 2010, keine Quellen auf Landesvorstandsebene eingesetzt wurden.

Entstehungsvorlauf des aktuellen Parteiprogramms
Nach dem Bundesparteitag am 11./12. November 2006 in Berlin-Reinickendorf betonte der damalige Parteivorsitzende Udo Voigt die Notwendigkeit eines neuen bzw. grundlegend überarbeiteten Parteiprogramms. Explizit sollte der Historiker Jürgen Gansel, seinerzeit Mitglied der NPD-Landtagsfraktion in Sachsen und vielfach als Cheftheoretiker der Partei bezeichnet, inhaltliche Impulse setzen. Die unter der Leitung des damaligen stellvertretenden Bundesvorsitzenden R. gebildete Programmkommission, der auch der Parteivorsitzende Voigt selbst angehörte, legte Mitte 2007 einen Programmentwurf vor. Dieser wurde vom Parteipräsidium erörtert und zur weiteren Beratung an die Verbände weitergeleitet.

> Vgl. Anlage 6: Grundsatzprogramm der Nationaldemokratischen Partei Deutschlands (NPD) – Entwurf des Parteipräsidiums (Stand: 17.07.2007)

R. sollte das Grundsatzprogramm in seiner Beschlussfassung vom 16.09.2007

> Vgl. Anlage 7: Grundsatzprogramm der Nationaldemokratischen Partei Deutschlands (NPD) – Antrag des Parteivorstands (Beschlußfassung: 16.09.2007) an den Bundesparteitag

auf einem außerordentlichen Bundesparteitag am 27./28. Oktober 2007 einbringen. Diese in Oldenburg vorgesehene Veranstaltung fand jedoch nicht statt, weil die NPD keinen rechtlichen Anspruch auf Nutzung der dortigen Weser-Ems-Halle hatte. In den beiden Folgejahren stagnierte die Programmdebatte wegen innerparteilicher Auseinandersetzungen, nicht zuletzt infolge der Anfang 2008 bekannt gewordenen Veruntreuung von Parteigeldern durch den langjährigen Bundesschatzmeister, einem Vertrauten des Parteivorsitzenden, und der daraus resultierenden Führungskrise in der NPD. Voigt wurde jedoch in einer Kampfkandidatur auf dem außerordentlichen Bundesparteitag am 4./5. April 2009 in Berlin gegen seinen Herausforderer Udo Pastörs, den NPD-Fraktionsvorsitzenden in Mecklenburg-Vorpommern, in seinem Amt erneut bestätigt. R. aber, der sich im Vorfeld des Parteitags gegen Voigt positioniert hatte, schied aus dem Bundesvorstand aus und verließ die Programmkommission. Im Superwahljahr 2009 verhinderte zudem die Inanspruchnahme der Partei durch zahlreiche Wahlkämpfe die Fortführung bzw. den Abschluss der Programmdebatte.

Verabschiedungskontext des Parteiprogramms
Die vorläufige Klärung der Führungsfrage und ein bis auf die Landtagswahl in Nordrhein-Westfalen wahlfreies Jahr ermöglichten es der NPD 2010, sich forciert wieder strategischen und programmatischen Fragen zuzuwenden. Der seit April 2009 als Leiter des Amtes Politik im Bundesvorstand agierende und damit für die Programmkommission zuständige Uwe Meenen forderte die Verbände Anfang Februar 2010 auf, Stellung zu einem noch unter seinem Vorgänger R. fertiggestellten Programmentwurf mit Stand 14.07.2008 zu beziehen.

> Vgl. Anlage 8: Grundsatzprogramm der Nationaldemokratischen Partei Deutschlands (NPD) – Antrag des Parteivorstands (inkl. Einarbeitung diverser Kreisverbands-Anträge) an den Bundesparteitag (Stand: 14.07.2008)

Die Änderungsvorschläge sollten ihm bis zum 11. April 2010 übermittelt werden, um sie in eine Beschlussvorlage für den Anfang Juni vorgesehenen Parteitag zu integrieren. Basisgrundlage für das neue Parteiprogramm sollte also ein bereits eineinhalb Jahre alter Entwurf sein, an dem seither nicht mehr gearbeitet worden war. Die Landesverbände der NPD in Mecklenburg-Vorpommern und Sachsen schätzten diesen Entwurf formal und sprachlich als ungenügend ein und sahen deshalb einen erheblichen, gemeinsam zwischen diesen beiden strukturstarken Verbänden abzustimmenden Handlungsbedarf. Während die sächsische NPD eine Vielzahl von Änderungsvorschlägen unterbreitete, bündelte die NPD Mecklenburg-Vorpommern die aus ihrer Sicht erforderlichen Modifizierungen in einem eigenen Programmentwurf, der weitgehend wörtlich mit den Ausführungen Sachsens übereinstimmte.

Am 31. Mai 2010 stellte die NPD auf ihrer Homepage drei Programmentwürfe ein: jeweils einen Entwurf des NPD-Parteivorstandes vom 17. April 2010, des Landesverbandes Mecklenburg-Vorpommern vom 28. Mai 2010 und des Kreisverbandes Eichsfeld (Thüringen) vom 28. Mai 2010.

> Vgl. Anlagen 9–11: Programmentwurf des NPD-Parteivorstandes vom 17.04.2010; Programmentwurf des Landesverbandes Mecklenburg-Vorpommern vom 28.05.2010; Programmentwurf des Kreisverbandes Eichsfeld vom 28.05.2010

Der nunmehr im Internet eingestellte Programmentwurf des Parteivorstands wies im Vergleich zur Fassung, die der Leiter der Programmkommission Meenen Anfang Februar zur Diskussion gestellt hatte, bereits deutliche Formulierungsänderungen auf. Den Parteitagsdelegierten wurden in den Tagungsunterlagen auf dem Bundesparteitag am 4./5. Juni 2010 in Bamberg aber neben den Entwürfen aus Mecklenburg-Vorpommern und dem Kreisverband Eichsfeld zwei Programmfassungen des Parteivorstands vorgelegt. Die Delegierten fanden nicht nur die Internetfassung vom 17. April 2010 vor, sondern auch eine vom 12. Mai 2010 datierte Entwurfsvorlage der Programmkommission.

Vgl. Anlage 12: „Das Parteiprogramm der NPD. Arbeit. Familie. Vaterland", Entwurfsvorlage Programmkommission, 12. Mai 2010". In der ausgestuften Anlage 12 wurden die handschriftlichen Anmerkungen des Parteitagsdelegierten geschwärzt.

Der Parteitag beriet schließlich nur über die letztgenannte Fassung, die – bei geringfügigen Änderungen bzw. Ergänzungen – mit überwältigender Mehrheit der Delegierten angenommen wurde, angesichts derer die Anwesenheit einzelner Quellen unter den Parteitagsdelegierten für die Meinungsbildung innerhalb der Partei vollkommen irrelevant war. Selbst Format und Layout der Beschlussvorlage entsprachen bereits weitestgehend dem verabschiedeten Programm in seiner späteren Druckfassung.

Vgl. Anlage 13: „Arbeit. Familie. Vaterland. Das Parteiprogramm der Nationaldemokratischen Partei Deutschlands (NPD)" (Stand der beim Bundeswahlleiter eingereichten NPD-Unterlagen: 09.02.2015)

Offensichtlich hatten die NPD-Landesverbände aus Mecklenburg-Vorpommern und Sachsen im Vorfeld des Parteitages ihre Modifizierungswünsche nahezu vollständig umsetzen können, weshalb weder über den „Alternativentwurf" aus Mecklenburg-Vorpommern noch über die ursprünglich zahlreichen Änderungsvorschläge aus Sachsen abgestimmt werden musste.

3. Das Programm wurde nach seiner Verabschiedung von maßgeblichen Funktionären der NPD inhaltlich bestätigt. Auch die hier genannten Funktionäre waren seit dem 1. Januar 2003 zu keinem Zeitpunkt Quellen von Polizei und Verfassungsschutz.

Der sächsische NPD-Landesverband zitierte am 7. Juni 2010 den seinerzeitigen NPD-Landtagsfraktionsvorsitzenden in Sachsen und späteren Parteichef Holger Apfel bezüglich des vorausgegangenen Bamberger Parteitags wie folgt:

„Der Dreiklang nationaldemokratischen Wollens – nationale Identität, nationale Souveränität und nationale Solidarität – zieht sich wie ein roter Faden durch das neu verabschiedete Parteiprogramm. Es ist selbstbewußt, visionär und gestaltungsfordernd, und es deckt alle wichtigen politischen Themenfelder ab. Es trägt nicht unmaßgeblich die Handschrift der sächsischen Nationaldemokraten, die in der Programmkommission bis zuletzt eine tragende Rolle gespielt haben, namentlich Jürgen Gansel, Andreas Storr, S. und meine Person. Ich danke dem Parteivorsitzenden Udo Voigt und dem Amtsleiter für Politik, Uwe Meenen, für die gute und sachorientierte Zusammenarbeit in der Programmkommission, dank der sich die NPD nun als fundamentale Oppositionskraft mit einer wirklichen Programmalternative zum abgewirtschafteten Parteienkartell positionieren kann."

Vgl. Anlage 14: „NPD ist die sozialrevolutionäre Schutzmacht der kleinen Leute", in: https://npd-sachsen.de vom 07.06.2010 (Kategorie 1)

Diese Äußerungen zeigen nicht nur, dass Holger Apfel das Parteiprogramm inhaltlich bestätigt, sondern auch, welche konkreten Personen aus Sicht der Partei selbst bei der Programmerstellung maßgeblich waren. Alle hierbei von Apfel namentlich genannten Personen waren seit dem 1. Januar 2003 keine Quellen von Polizei und Verfassungsschutz.

Stefan Köster, der seinerzeitige und gegenwärtige NPD-Landesvorsitzende in Mecklenburg-Vorpommern und seit November 2014 auch stellvertretender NPD-Bundesvorsitzender, kommentierte am 9. Juni 2010 den Vorlauf des Programmparteitags und das schließlich verabschiedete Programm wie folgt:

> „Der Landesvorstand der NPD-MV befaßte sich zu Jahresbeginn mit dem Programmentwurf und stellte erheblichen Änderungsbedarf fest. Um den Entwurf des Parteivorstands gemeinsam durchzuarbeiten, fanden sich Kameraden aus Sachsen und MV zusammen. Und obwohl hierbei zu Beginn sehr unterschiedliche Ansichten zum PV-Entwurf festgestellt und erörtert wurden, erkannten letztlich alle Teilnehmer den großen Änderungsbedarf des Entwurfs. Deshalb wurden zahlreiche Änderungen diskutiert und einvernehmlich miteinander abgestimmt.
> In mühevoller Kleinarbeit formulierten die sächsischen Kameraden die Änderungsanträge und reichten diese ein, während der Landesverband MV daraus einen Gesamtentwurf erarbeitete und als Alternative zum unzureichenden ursprünglichen PV-Entwurf einreichte. [...]
> Letztlich verabschiedete der Bundesparteitag ein neues Parteiprogramm, welches fast alle Änderungsvorschläge aus Sachsen und MV beinhaltet. [...]
> Insgesamt stellt die NPD mit dem neuen Parteiprogramm ihr sozial- und wirtschaftspolitisches Profil, wesentlich deutlicher heraus. Die NPD ist die Partei für alle Deutschen, die Partei für Familie, Volk und Heimat. Die Volksgemeinschaft in einem Volksstaat ist das unverkennbare Ziel der NPD und unser Alleinstellungsmerkmal. [...]
> Unsere Partei hat nun ein neues Parteiprogramm, aus dem unverwechselbar, klar und deutlich die nationale und soziale Weltanschauung der NPD hervorgeht. Wesentlichen Anteil an diesem Programm haben die Kameraden aus Sachsen, Mecklenburg und Pommern."

Vgl. Anlage 15: „NPD-MV: ein starker Faktor in der Gesamtpartei – eine Nachbetrachtung", in: http://www.npd-mv.de vom 9. Juni 2010 (Kategorie 1)

Auf der Homepage des Bundeswahlleiters ist das Parteiprogramm der NPD in seiner Fassung vom Juni 2010 weiterhin als aktuelles Programm ausgewiesen, hat also seit seiner Verabschiedung auf dem Parteitag in Bamberg keine Änderungen erfahren. Dies spiegelt dessen weiterhin einhellige Akzeptanz innerhalb der NPD wider. Bezeichnend für die unumstrittene Zustimmung für das gegenwärtige Programm ist eine Äußerung Karl Richters. Dieser frühere Multifunktionär – u. a. von 2009 bis 2014 stellvertretender Bundesvorsitzender und von 2012 bis 2014 bayerischer NPD-Landesvorsitzender, gegenwärtig aber als persönlicher Referent des Europaabgeordneten Udo Voigt weiterhin mit Einfluss in der NPD – gab seine Führungsämter aufgrund persönlich motivierter Auseinandersetzungen im Herbst 2014 auf, doch ließ er keinen Zweifel an der strömungsübergreifend uneingeschränkten Relevanz des Programms. Wörtlich sagte er in einem auf der Internetplattform „Sache des Volkes" veröffentlichten Interview:

> „Was die inhaltliche Seite angeht, soll man das nicht überbewerten. Auch Udo Voigt – beziehungsweise der ‚Voigt-Flügel' in der Partei – hat ja keinerlei Absichten, an der Programmatik der Partei herumzuschrauben. Für alle Flügel und Fraktionen ist das in Bamberg verabschiedete Programm Richtschnur, und ich sehe auch niemanden, der dieses Programm ändern oder ersetzen möchte. Umgekehrt muß man auch den ‚Modernisierern' unterstellen, daß es da keine ‚Aufweichung' programmatischer Forderungen geben wird, wie das gelegentlich unterstellt wird. Niemand wird an die Klagemauer pilgern und die Ostgebiete aufgeben."

Vgl. Anlage 16: „SdV-Gespräch mit Karl Richter über die negative Entwicklung in der NPD", in: https://sachedesvolkes.wordpress.com vom 26.10.2014 (Kategorie 1)

Entstehungsvorlauf, Verabschiedungskontext und Resonanz des aktuellen Parteiprogramms unterstreichen dessen einschränkungslos authentische Aussagekraft für die Gesamtpartei.

Vor diesem Hintergrund ist eine Einflussnahme von Quellen auf die Ausrichtung des Programms auszuschließen, wenngleich dieses Basisdokument aus formellen Gründen nicht den Kategorien 1 oder 2 zugeordnet werden kann.

E.
Beleg 112

Die Anführung des Positionspapiers „Das strategische Konzept der NPD" (Beleg 112) diente den Antragstellern lediglich der Explikation der Bedeutung der im Folgenden angeführten quellenfreien Belege. Die Entwicklung der dort vorgestellten „Vier-Säulen-Strategie" nimmt auf das Positionspapier Bezug und kann ohne dieses nicht verstanden werden: Die „Drei-Säulen-Strategie" („Kampf um die Köpfe", „Kampf um die Straße", „Kampf um die Parlamente") wurde 2004 um die vierte Säule „Kampf um den organisierten Willen" erweitert.

Zudem liegt das 1997 verfasste Papier außerhalb des definierten Kategorisierungszeitraums, der bei Beweismitteln der Kategorie 1 bis 2003 und bei Beweismitteln der Kategorie 2 – notwendigerweise kongruent zum Erhebungszeitraum für die Belege – bis 2008 zurückreicht. Die Vier-Säulen-Strategie wurde in der Folgezeit von etlichen Führungsfunktionären bis hin zum heutigen Parteivorsitzenden Frank Franz immer wieder bekräftigt.

Die „Drei-" bzw. „Vier-Säulen-Strategie" ist unmittelbar mit dem früheren Bundesvorsitzenden Udo Voigt verbunden, der nach seinem Amtsantritt 1996 aktiv die Öffnung der Partei für sogenannte „Freie Nationalisten" forcierte und in einen strategischen Gesamtkontext integrierte. Diese Innovation wurde auch von den innerparteilichen Gegnern Voigts stets als großes Verdienst gewürdigt. Die „Vier-Säulen-Strategie" ist in der NPD demzufolge als selbstverständliches und unumstrittenes Konzept etabliert. Im Übrigen hatte Voigt eigenen Angaben zufolge das Strategiepapier selbst erarbeitet. Zudem stimmten mehrere Passagen seiner strategischen Fragen gewidmeten Rede auf dem Bundesparteitag der NPD am 30./31. Oktober 2004 in Leinefelde wörtlich mit dem Positionspapier aus dem Jahr 1997 überein. Voigt war somit nicht nur maßgeblicher Initiator der strategischen Neuausrichtung der NPD in den 1990er Jahren, sondern mutmaßlich auch Autor des diese Ideen ausformulierenden Konzeptpapiers. Voigt und Franz sind als in der Antragsschrift zitierte Funktionäre von den Testaten zur Quellenfreiheit erfasst.

F.
Berichterstatterschreiben

Zu dem – nicht mit einer Frist versehenen – Berichterstatterschreiben vom 19. März 2015 wird sich der Antragsteller bis zum 30. Juni 2015 verhalten. Der Antragsteller wird zu den in diesem Schreiben genannten Punkten weitere Belege liefern. Sollte der Senat mit diesem Verfahren nicht einverstanden sein, möchten wir höflichst um Mitteilung bitten.

Christoph Möllers   Christian Waldhoff

Anlagen

in diesem Ordner:

– Anlage 1:
Bund-Länder-Arbeitsgruppe zur Prüfung der Erfolgsaussichten eines neuen NPD-Verbotsverfahrens, Bericht, 4. Teil: Konsensuale Punkte des Kriterienkatalogs

– Anlage 2:
E-Mail des Vorsitzlandes der Bund-Länder-Arbeitsgruppe (Sachsen-Anhalt) an alle Länder vom 17. Dezember 2012

– Anlage 3:
E-Mail des Vorsitzlandes der Bund-Länder-Arbeitsgruppe (Sachsen-Anhalt) an das Bundesministerium des Innern vom 1. März 2013

– Anlage 4:
Schreiben des Bundesamtes für Verfassungsschutz vom 10. Dezember 2013

– Anlage 5:
E-Mail des Vorsitzlandes der Bund-Länder-Arbeitsgruppe (Niedersachsen) an alle Länder und den Bund vom 16. Juni 2014

– Anlage 6:
Grundsatzprogramm der Nationaldemokratischen Partei Deutschlands (NPD) – Entwurf des Parteipräsidiums (Stand: 17.07.2007)

– Anlage 7:
Grundsatzprogramm der Nationaldemokratischen Partei Deutschlands (NPD) – Antrag des Parteivorstands (Beschlußfassung: 16.09.2007) an den Bundesparteitag

– Anlage 8:
Grundsatzprogramm der Nationaldemokratischen Partei Deutschlands (NPD) – Antrag des Parteivorstands (inkl. Einarbeitung diverser Kreisverbands-Anträge) an den Bundesparteitag (Stand: 14.07.2008)

– Anlage 9:
Programmentwurf des NPD-Parteivorstandes vom 17.04.2010;

– Anlage 10:
Programmentwurf des Landesverbandes Mecklenburg-Vorpommern vom 28.05.2010;

- Anlage 11:
  Programmentwurf des Kreisverbandes Eichsfeld vom 28.05.2010

- Anlage 12:
  „Das Parteiprogramm der NPD. Arbeit. Familie. Vaterland", Entwurfsvorlage Programmkommission, 12. Mai 2010".

- Anlage 13:
  „Arbeit. Familie. Vaterland. Das Parteiprogramm der Nationaldemokratischen Partei Deutschlands (NPD)" (Stand der beim Bundeswahlleiter eingereichten NPD-Unterlagen: 09.02.2015)

- Anlage 14:
  „NPD ist die sozialrevolutionäre Schutzmacht der kleinen Leute", in: https://npd-sachsen.de vom 07.06.2010 (Kategorie 1)

- Anlage 15:
  „NPD-MV: ein starker Faktor in der Gesamtpartei – eine Nachbetrachtung", in: http://www.npd-mv.de vom 9. Juni 2010 (Kategorie 1)

- Anlage 16:
  „SdV-Gespräch mit Karl Richter über die negative Entwicklung in der NPD", in: https://sachedesvolkes.wordpress.com vom 26.10.2014 (Kategorie 1)

in separaten Ordnern:

Anlagenkonvolute der Länder und des Bundes

22. Schriftsatz des Antragstellers vom 27. August 2015

Prof. Dr. Christoph Möllers
Prof. Dr. Christian Waldhoff
c/o Bundesrat
Leipziger Straße 3–4
10117 Berlin

An das
Bundesverfassungsgericht
Zweiter Senat
Schlossbezirk 3
76131 Karlsruhe

2 BvB 1/13

Berlin, am 27. August 2015

Auf die beiden Fragen des Berichterstatterschreibens vom 19. März 2015 antworten wir wie folgt:

Die verfassungsfeindliche Ideologie der Antragsgegnerin bleibt weder bloßes Programm noch lässt sich ihre Wirkmacht alleine an Wahlergebnissen ablesen. Vielmehr setzt die Antragsgegnerin diese Ideologie aggressiv-kämpferisch ins Werk und bewirkt damit schon jetzt nachweisbare Konsequenzen zulasten gesellschaftlicher Minderheiten, politisch Andersdenkender sowie demokratischer Prozesse. Ihr gelingt es, die politische Beteiligungsmöglichkeit Andersdenkender in bestimmten Fällen zu beschränken.

Die Antragsgegnerin geht dabei über die Grenzen politischer Kommunikation hinaus, indem sie unter anderem durch physische Präsenz und psychischen Druck eine bedrohliche Wirkung auf ihren politischen Gegner entfaltet. Durch ihr aggressives – nicht selten auch strafbares – Handeln wirkt sie auf politische Gegner und Minderheiten so ein, dass deren Grundrechtsgebrauch gehemmt oder beeinträchtigt wird. Für diese aggressive Präsenz der Antragsgegnerin spielt die Agitation gegen Asylbewerber eine besonders bedeutende Rolle.

Im Folgenden werden Aspekte dieses – in der Antragsschrift bereits dargelegten – aktiv-kämpferischen Handelns der Antragsgegnerin und dessen Auswirkungen im Rahmen der Beantwortung der Fragen vertieft.

Einschüchterungen politischer Gegner, Bedrohungsgefühle bei Minderheiten, der Verzicht auf die Wahrnehmung demokratischer Rechte aus Furcht vor Ausgrenzung oder Gewalt und die Hinnahme eines minderheitenfeindlichen Klimas durch Teile der Bevölkerung: Diese Effekte, die sich schlagwortartig als eine „Atmosphäre der Angst" zulasten von Minderheiten und politisch Andersdenkenden bezeichnen lassen, sind Ziele und Bestandteile der Strategie der Antragsgegnerin. In einigen Gegenden Deutschlands finden sie sich bereits in unterschiedlichen Abstufungen verwirklicht. Dies gilt vor allem für solche Gebiete Ostdeutschlands, in denen die Antragsgegnerin besonders aktiv ist und als institutionelle Basis eines rechtsextremistischen Netzwerks wirkt. Aus Sicht der Antragsgegnerin sind dies Beispiele gelungenen politischen Handelns mit „Modellcharakter" für die schrittweise Umsetzung ihrer Strategie, die deutschlandweiten Anspruch erhebt.

Der Schriftsatz folgt in seinem Aufbau den Fragen des Berichterstatters. Weil die Wirkungen des Handelns der Antragsgegnerin nicht getrennt von Programmatik und Strategie der Antragsgegnerin dargestellt werden können, müssen Fälle einer „Atmosphäre der Angst" im Zusammenhang mit Ideologie und Strategie der Antragsgegnerin dargestellt werden (Frage 1 [S. 352]). Das Bedrohungs- und Einschüchterungspotential der Antragsgegnerin sowie ihre ungebrochene Kampagnenfähigkeit und Aggressivität zeigen sich besonders deutlich bei Aktionen gegen Asylbewerber (Frage 2 [S. 426]).

Die Wirkungen des Handelns der Antragsgegnerin, insbesondere von Drohungen gegen politisch Andersdenkende sowie gegen Minderheiten, kann der Antragsteller nur eingeschränkt mit Hilfe eigener behördlicher Informationsquellen darstellen: Denn die Sicherheitsbehörden von Bund und Ländern haben nicht die Aufgabe, die von der Tätigkeit der Antragsgegnerin betroffenen Personen zu beobachten und die gesellschaftlichen Folgen des Handelns der Antragsgegnerin wissenschaftlich zu analysieren. Es muss daher zumindest *auch* auf Erkenntnisse aus der sozialwissenschaftlichen Literatur sowie auf Zeugenaussagen aus der betroffenen Zivilgesellschaft zurückgegriffen werden. Daher haben wir als Verfahrensbevollmächtigte auch persönliche Gespräche mit Betroffenen geführt.

Wie dieser Schriftsatz belegen wird, wird die in der Antragsschrift dargelegte Erfüllung der Verbotsvoraussetzungen nicht dadurch in Frage gestellt, dass sich die Antragsgegnerin nach Einschätzung einiger Beobachter derzeit wegen interner personeller Querelen in einer „Krise" befindet. Die NPD hat seit ihrer Gründung immer wieder „Krisen" durchlebt und ist dennoch bis heute die mit Abstand stärkste und wirkungsmächtigste rechtsextremistische Partei in Deutschland. Ihr Vernetzungsgrad in der rechtsextremistischen Szene sucht ihresgleichen. Gerade in Ostdeutschland verfügt sie zudem über eine starke regionale und kommunale Verankerung. Dass das strukturelle Wirkungspotential der Antragsgegnerin trotz der angeblichen „Krise" nicht unterschätzt werden darf, zeigen drei Indizien: Erstens konnte die Antragsgegnerin trotz der „Krise" die Anzahl ihrer kommunalen Mandate bundesweit von rund 330 Sitzen im Jahre 2010 auf 367 Sitze nach den Kommunalwahlen 2014 ausbauen. Hier zeigt sich, dass die kommunale Verankerung ein vergleichsweise stabiles Rückgrat der Partei ist. Zweitens ist die Antragsgegnerin – wie im Folgenden belegt wird – aufgrund ihrer Basisarbeit sowie ihrer Funktion als Netzwerk und organisatorische Basis für andere rechtsextremistische Gruppen weiterhin in der Lage, Dominanzansprüche zu äußern und im öffentlichen Raum dementsprechend aufzutreten. Drittens hat die Antragsgegnerin weiterhin eine hohe Kampagnenfähigkeit, wobei sich die Kampagnen gerade gegen Minderheiten richten.

Die Dokumentation wird selbstverständlich nicht belegen, dass die Antragsgegnerin das politische Leben in der Bundesrepublik Deutschland im Ganzen gefährdet. Sie wird aber sehr wohl belegen, dass die Antragsgegnerin schon jetzt das politische Leben in einigen Gegenden beeinträchtigt. Hat die Antragsgegnerin die Möglichkeit sich politisch zu entfalten, nutzt sie hierfür nicht nur die im Grundgesetz geschützten Formen öffentlicher Meinungsbildung, sondern agiert immer auch mit Mitteln physisch wirkender Bedrohung und Einschüchterung, die den freien Meinungsaustausch einschränken. Diese Handlungsformen werden durch einen Erfolg bei Wahlen sogar verstärkt. Je stärker das legale politische Mandat der Antragsgegnerin und ihre Verankerung in der Gesellschaft sind, desto größer ist auch ihre Bereitschaft, Grenzen der Legalität zu übertreten und grundrechtliche Betätigungsmöglichkeiten anderer einzuschränken.

Auch wenn das Kriterium der „aggressiv-kämpferischen Haltung" nach allgemeiner Einsicht nur eine subjektive Bereitschaft verlangt, die Ordnung abzuschaffen, dokumentieren die Belege dieses Schriftsatzes einen objektiven Handlungshorizont, der diese Bereitschaft auch verwirklicht.

Die Antragsgegnerin beschränkt sich somit nicht nur auf „geistige Argumente", also auf die „Überzeugungskraft von Darlegungen, Erklärungen und Erwägungen". Wie in diesem Schriftsatz gezeigt werden wird, bedient sie sich auch solcher Mittel, die „den Angesprochenen die Möglichkeit nehmen, ihre Entscheidung in voller innerer Freiheit" zu treffen. Dazu gehören Einschüchterungen, Bedrohungen, Eindringen in die Privatsphäre, Störungen und Angriffe gegenüber politischen Gegnern. Die Antragsgegnerin beeinträchtigt damit die „Freiheit der geistigen Auseinandersetzung".

Alle Zitate aus BVerfGE 25, 256 (265) – „Blinkfüer"

Die Verwendung solcher, den demokratischen Diskurs beeinträchtigender Mittel ist einer von mehreren Gründen, die ein Verbot der Antragsgegnerin nicht nur nach deutschem Verfassungsrecht, sondern auch nach der Europäischen Menschenrechtskonvention rechtfertigen.

Vgl. dazu die Rechtsprechung des EGMR (ausführlich die Antragsschrift C I 5 [S. 148] und C II 4 [S. 215]), die ein Parteiverbot nicht nur wegen undemokratischer Ziele, sondern auch aus Gründen der Mittelwahl erlaubt. Verbotsgrund sind sowohl illegale Mittel als auch Mittel, die nicht „democratic" sind.

C. Das zweite NPD-Verbotsverfahren (2013–2017)

Gliederung

Frage 1: „Atmosphäre der Angst": Einschränkung demokratischen
Handelns – Strategien, Mittel und Beispielsfälle............................ 352
I. Handlungsrelevanz der Weltanschauung 352
II. Strategie 355
    1. Zusammenhang zwischen „Kümmerer-Image" und aggressiver
       Ausgrenzung politischer Gegner 355
    2. Zurechnung trotz Vermeidungsstrategie: Die NPD als Basis eines
       rechtsextremistischen Netzwerks................................... 356
       a) Bewusster Einsatz von Handlungen anderer rechtsextremistischer
          Gruppierungen 356
       b) Mecklenburg-Vorpommern 358
III. Fälle und ihre Wirkungen 363
    1. Räumlicher Dominanzanspruch gegen Minderheiten und
       Andersdenkende 364
       a) „Dorfgemeinschaft Jamel" 365
       b) Artikulation umfassender Dominanzansprüche 371
          aa) Anklam 371
          bb) Lübtheen.. 373
       c) Dominanz durch physische Präsenz und Infragestellung des
          staatlichen Gewaltmonopols 376
          aa) Aufrufe und Initiativen zur Gründung von „Bürgerwehren" 376
          bb) Die „Bürgerwehr Güstrow" 378
          cc) NPD-Ordnungsdienst 380
       d) Dominanzansprüche der NPD-Jugendorganisation „Junge
          Nationaldemokraten" (JN)...................................... 382
    2. Beispiele für Einschüchterung, Bedrohung und Angriffe auf den
       politischen Gegner 384
       a) Angriffe auf Wahlkreisbüros 385
       b) Bedrohliches Auftreten gegenüber dem Bürgermeister von
          Lalendorf (Mecklenburg-Vorpommern) 387
       c) Bedrängung und Einschüchterung von Lokalpolitikern in
          Berlin-Pankow.. 389
       d) Bedrohliches Auftreten gegenüber dem Bürgermeister von
          Schneeberg (Sachsen) 391
       e) Bedrohung des Bürgermeisters von Schöneiche bei Berlin
          (Brandenburg) 392
       f) Kampagne gegen einen Lokalpolitiker in Thüringen 394
       g) Fortlaufende Bedrohung einer Lokalpolitikerin in Güstrow
          (Mecklenburg-Vorpommern) 395
       h) Gewalt gegen politische Gegner: Pölchow
          (Mecklenburg-Vorpommern) 398
       i) Angriff auf politische Gegner: Greifswald 398

j) Störungen und Angriffe auf Kundgebungen politischer Gegner: DGB-Kundgebung in Weimar am 1. Mai 2015 399
k) Gewaltsame Störung einer Informationsveranstaltung über die Unterbringung von Asylbewerbern in Goldbach (Bayern) 400
l) Bedrohung des Bürgermeisters von Tröglitz 401
3. Einschüchterungen und Drohungen gegenüber gesellschaftlichen Minderheiten 403
   a) Ethnische Minderheiten 404
   b) Judentum 406
   c) Islam 409
   d) Sinti und Roma 412
4. Wirkung: Beeinträchtigung des demokratischen Handelns vor Ort 413
   a) Akzeptanz verfassungsfeindlicher rechtsextremistischer Ansichten in der Gesellschaft 414
   b) Beeinträchtigung demokratischer Prozesse durch Furcht vor sozialer Stigmatisierung 417
   c) Beeinträchtigung demokratischer Prozesse durch Furcht vor Gewalt, Drohungen oder sonstigen Nachteilen 418
   d) Einschränkung politischer und gesellschaftlicher demokratischer Mitwirkung 421
   e) Insbesondere: Wirkung auf Minderheiten 423

Frage 2: Aggressive Aktivitäten gegen Asylbewerber 426
I. Überblick: Umfang der aggressiven Agitation gegen Asylbewerber seit 2013 426
II. Strategische Bedeutung der aggressiven Anti-Asyl-Agitation und intendierte Wirkungen 428
III. Aggressivität von Ideologie und Zielen 430
   1. Rassistisch motivierte Fremdenfeindlichkeit: Leugnung der Menschenwürde von Asylbewerbern 431
   2. Ziel: Exklusion ethnischer Minderheiten mit Gewalt, Einschüchterung und Druck auf Politiker 433
IV. Fälle aus Sachsen 435
   1. Gewaltanwendung bei einer NPD-Demonstration in Dresden am 24. Juli 2015 435
   2. Die Schneeberger „Lichtelläufe" 437
   3. Leipzig: Proteste gegen eine Moschee und die Unterbringung von Asylbewerbern 438
   4. Proteste gegen die Nutzung des Spreehotels in Bautzen als Asylbewerberunterkunft 440
      a) Nutzung von Protestankündigungen als Druckmittel 440
      b) Aufmärsche mit mehreren hundert Teilnehmern 440
   5. Aufbau und Beteiligung der NPD an Bürgerprotesten in der Sächsischen Schweiz 441
   6. Gewalteskalation infolge einer NPD-gesteuerten Demonstration am 21. August 2015 in Heidenau 442

V. Fälle aus Mecklenburg-Vorpommern 445
  1. Fackelmarsch, Mahnwachen und sonstige Demonstrationen gegen Flüchtlinge und Zuwanderer in Güstrow 445
  2. Infotour: „Touristen willkommen – Asylbetrüger raus" 446
  3. Kundgebungstour der NPD-Landtagsfraktion im März/April 2014 447
  4. Kundgebungstour der NPD-Landtagsfraktion im Juni/Juli 2015 447
  5. Sonstige Agitation zur Schaffung einer asylfeindlichen Stimmung 448
VI. „Aufsuchen" von Asylunterkünften durch NPD-Funktionäre 448
VII. **Die Rolle der NPD bei „GIDA-Protesten" und sonstigen Anti-Asyl-Bewegungen** 450
  1. Die Positionierung der NPD gegenüber der Protestbewegung PEGIDA 451
  2. Teilnahme an und Werbung für andere „GIDA-Kundgebungen" durch die NPD 455
  3. MVGIDA 457
  4. THÜGIDA 458

Frage 1: „Atmosphäre der Angst": Einschränkung demokratischen Handelns – Strategien, Mittel und Beispielsfälle

I. Handlungsrelevanz der Weltanschauung

Das Bedrohungspotential der Antragsgegnerin kann nur durch Einbeziehung ihres ideologischen Hintergrundes angemessen dargestellt werden. Denn dieser ist für die Antragsgegnerin als Weltanschauungspartei nicht nur theoretischer Überbau, sondern unmittelbare Handlungsmaxime, die auf direktem Weg zu den genannten Bedrohungen, Einschüchterungen und Einschränkungen demokratischen Handelns führt. Ziele der Antragsgegnerin sind die revolutionär bewirkte Abschaffung der freiheitlichen demokratischen Grundordnung der Bundesrepublik Deutschland und die Entziehung der demokratischen Rechte von Menschen, die nicht einer rassistisch und antisemitisch definierten „Volksgemeinschaft" angehören.

> Vgl. dazu die Antragsschrift vom 1. Dezember 2013, S. 49, 58 f., 170 ff., 197 ff. [S. 74, 81 f., 162 ff., 184 ff.]

Auch während des laufenden Verbotsverfahrens verliert die Partei dieses für sie zentrale und unaufgebbare Ziel – die ethnisch homogene „Volksgemeinschaft" – nicht aus den Augen. Dies belegt beispielhaft die Einladung der mehrfach verurteilten Holocaustleugnerin H. zum Neujahrsempfang der NPD Burgenlandkreis Ende Januar 2015, die den im Volksgemeinschaftsgedanken verwurzelten Antisemitismus widerspiegelt.

> Das Fernsehmagazin Panorama berichtete in seiner Sendung vom 23. April 2015 über diese Veranstaltung und stellte auf seiner Homepage außerdem ein 45-minütiges Interview mit H. ein. Das Bild oben zeigt stehend die Referentin H. sowie daneben die Gastgeber T. und P. beim Neujahrsempfang der NPD Burgenlandkreis.

I. Schriftverkehr

Vgl. Spiegel-Online: „Trotz Verbotsverfahren. Holocaust-Leugnerin sprach bei NPD-Veranstaltung", in: www.spiegel.de/politik/deutschland vom 23. April 2015 (**Beleg 1, Kategorie 1**).

Beitrag der Fernsehsendung Panorama vom 23. April 2015 (**Beleg 2, Kategorie 1**).
Komplettinterview des Magazins Panorama mit *H.*, in: https://daserste.ndr.de/panorama/Der-Holocaust-ist-die-groesste-und-nachhaltigste-Luege-der-Geschichte,holocaustleugner100.html (**Beleg 3, Kategorie 1**).

Die ungebrochene zentrale Stellung des Konzepts der „Volksgemeinschaft" im Denken und Handeln der Antragsgegnerin spiegelt auch folgender Facebookeintrag wider, der sich bei den JN Brandenburg und den JN Mittelsachsen im Dezember 2014 findet:

„Ein Volk ist eine organisch gewachsene Gemeinschaft gleichen BLUTES, gleicher GESCHICHTE, mit gleichem LEBENSRAUM/BODEN und gleicher KULTUR.

Sollte eines dieser Merkmale zerstört werden, kann das Volk langfristig nicht mehr bestehen. Momentan versuchen die BRD-Demokraten, unser Volk auf allen vier Ebenen, also alle vier Merkmale, zu zersetzen.

BLUT: Zersetzung durch massenhafte Zuwanderung.

BODEN: Verkauf von Grundstücken an Nicht-Deutsche und der völkerrechtswidrige Gebietsverlust nach den beiden Weltkriegen.

GESCHICHTE: Verfälschung deutscher Geschichte und damit einhergehenden Büßertum.

KULTUR: Entartung der deutschen Sprache. Amerikanisierung in allen Lebensbereichen."

JN Brandenburg: Facebookeintrag vom 9. Dezember 2014, in: www.facebook.com, abgerufen am 10. Dezember 2014 (**Beleg 4, Kategorie 2**).

JN Mittelsachsen: Facebookeintrag vom 25. Dezember 2014, in: www.facebook.com/mittelsachsenjn, abgerufen am 29. Dezember 2014 (**Beleg 5, Kategorie 2**).

Die Volksgemeinschaft als ideologische Grundlage ist angesichts ihres Geltungs- und Wahrheitsanspruchs nicht nur unverrückbar sowie Motor und Motivation für das Engagement der Aktiven. Sie vermittelt den Anhängern der Antragsgegnerin auch die Überzeugung, ungeachtet aller Widrigkeiten in der gegenwärtigen Machtkonstellation „lebensrichtige" und deshalb sich letztlich durchsetzende Ideen zu verfolgen.

So reklamieren die JN für sich, keine Ideologie, sondern eine „naturgesetzlich fundierte Weltanschauung" zu vertreten. So heißt es: *„Anders verhält es sich bei naturgesetzlich fundierten Weltanschauungen, die aufgrund ihres Bezuges zur Natur nicht weltfremd und somit auch nicht dogmatisch sein können. [...] Unser Nationaler Sozialismus ist demnach der ureigene Träger des Lebenswillens unseres Volkes."*

Bundesführung der Jungen Nationaldemokraten, in: „Leitfaden Politische Grundbegriffe. Teil 1", S. 25 (**Beleg 6, Kategorie 2**).

Die Antragsgegnerin möchte daher die – aus ihrer Sicht stimmigen und unanfechtbaren – ideologischen Positionen in die Mitte der Gesellschaft tragen und dort die Deutungshoheit gewinnen, um die geltende Verfassung zu beseitigen und ihre ideologischen Vorstellungen realisieren zu können. Dies bekräftigte zuletzt der Bundesvorsitzende der NPD-Jugendorganisation „Junge Nationaldemokraten" (JN), *Sebastian*

Richter, am 1. Mai 2015 in Neubrandenburg (Mecklenburg-Vorpommern) unter kaum verborgener Anknüpfung an den historischen Nationalsozialismus:

> „Und deshalb versteht den 1. Mai mit seiner sozialrevolutionären Botschaft vor allem auch als Botschaft in die Bewegung. Wir wollen Träger einer in sich geschlossenen Idee sein, wo auch unsere Mitmenschen bereit sind, dazu zu sagen: Jawohl, dort schließe ich mich an, und da brauchen wir auch keine Sprechchöre mehr à la ‚Bürger lasst das Glotzen sein'. Sie werden sich dann frei und willig unserem Widerstandskampf, und das ist er, anschließen. Nationaler Sozialismus – Jetzt! Nationaler Sozialismus – Jetzt! Nationaler Sozialismus – Jetzt, jetzt, jetzt!"

> Sebastian Richter, Rede auf der 1. Mai-Demonstration am 1. Mai 2015 in Neubrandenburg, Videobeitrag, in: www.youtube.com (**Beleg 7, Kategorie 1**).

Dies führt unmittelbar zu einem <u>Bedrohungspotential für Minderheiten</u>, wenn man die ideologischen Folgerungen des Konzepts der Volksgemeinschaft betrachtet: Für die Antragsgegnerin führt die Volksgemeinschaft zu einer strikten Trennung zwischen dem Eigenen und Fremden, zwischen dem nach ihrer Ansicht Deutschen und Nicht-Deutschen. Die Erhaltung der „deutschen Substanz" erfordert aus dieser Perspektive die konsequente Exklusion des Anderen: „Integration ist Völkermord."

> „Arbeit. Familie. Vaterland – Das Parteiprogramm der Nationaldemokratischen Partei Deutschlands (NPD)", Bamberg, 2010. S. 13 (**Beleg 8**).

<u>In der Konsequenz</u> soll den nach Definition der Antragsgegnerin außerhalb der „Volksgemeinschaft" stehenden Bevölkerungskreisen <u>drastisch die Nicht-Zugehörigkeit zu Deutschland vor Augen geführt</u> werden.

> Vgl. etwa das Schreiben der NPD Berlin an Politiker mit Migrationshintergrund, in dem diese „mit den Einzelheiten Ihrer Heimreise" vertraut gemacht wurden: NPD-Landesvorstand Berlin, „Ihr Ausländerrückführungsbeauftragter informiert" (V. i. S. d.P.: H.) (**Beleg 9, Kategorie 2**).

Zudem sollen diejenigen Personen entmachtet und bestraft werden, die der Verwirklichung der Volksgemeinschaft aus NPD-Sicht als politische Feinde entgegenstehen. Eine bei den betroffenen Zielgruppen subjektiv empfundene Bedrohungslage ist damit zwangsläufig intendierte Folge des ideologischen Ziels – verbunden mit dem erklärten Willen der Antragsgegnerin, die Drohungen im Falle einer stärkeren gesellschaftspolitischen Einflussnahme rasch umzusetzen.

Udo Pastörs: *„Und wenn wir zur Macht gelangen, dann besteht darin auch die Verpflichtung, jene einer gerechten Strafe zuzuführen, die für diese Ausplünderungspolitik unseres deutschen Volkes Verantwortung tragen und heute noch uns frech ins Gesicht grinsen. Also, liebe herrschende Klasse, seht euch vor, denn wer Wind sät, wird Sturm ernten. Lasst uns Sturm sein!"*

> „Pastörs (NPD) droht politischen Gegnern mit brutaler Gewaltherrschaft", Bericht zur Rede von *Udo Pastörs* am 16. Juni 2007 in Rathenow, in: www.endstation-rechts.de (**Beleg 10, Kategorie 1**).

Drakonische Strafen bis hin zur Tötung werden „kriminellen Ausländern" und dem politischen Gegner angedroht – so etwa von *Udo Voigt*: *„Und was die kriminellen Auslän-*

der betrifft, die werden erst zurückgeführt, wenn sie den Schaden, den sie dem deutschen Volk zugeführt haben, mit Zins und Zinseszins abgearbeitet haben. Gewiß in schlechter Gesellschaft mit so manchem deutschen Politiker, der sich an seinem Volk versündigt hat. Deshalb, um nicht mißverstanden zu werden, das ‚Abarbeiten' gilt natürlich auch für jene Schwerverbrecher, die sich Deutsche nennen. Ebenso wie für jene im weißen Kragen, etwa sogenannte Bankster. Nur für die schwersten Fälle sollte auch wieder die schwerste Strafe eingeführt werden, so dass manch einer, der sich heute noch sicher fühlt, plötzlich ziemlich kopflos dastehen würde."

Udo Voigt, „Der deutschen Zwietracht mitten ins Herz. Mein Weg mit der NPD", Fretterode 2013, S. 346 (**Beleg 11, Kategorie 1**).

II. Strategie

Das schon jetzt wirkende Bedrohungs- und Einschüchterungspotential der Ideologie der Antragsgegnerin zeigt sich in ihrer Strategie und Mittelwahl.

1. Zusammenhang zwischen „Kümmerer-Image" und aggressiver Ausgrenzung politischer Gegner

Der Weg zu ihren genannten Zielen führt aus Sicht der Antragsgegnerin nicht nur über einen „Kampf um die Parlamente und die Köpfe", sondern insbesondere auch über „nationalrevolutionäre Graswurzelarbeit" auf der Straße zur Unterhöhlung der demokratischen Grundordnung.

Vgl. dazu Abschnitt A IV der Antragsschrift vom 1. Dezember 2013 sowie Gutachten von *Dierk Borstel*, Anlage 3 der Antragsschrift, S. 28 ff.

Die nationalrevolutionäre Graswurzelarbeit besteht aus mehreren Komponenten, die Bedrohungen, Einschüchterungen und Einschränkungen demokratischen Handelns ermöglichen:

Die Antragsgegnerin strebt die Entwicklung von „Dominanzzonen" an, in denen die Rechtsextremisten „im Alltag bestimmend, kümmernd und meinungsbildend wirken" können.

Ziel ist es zum einen, durch das „Kümmerer-Image" Akzeptanz in mehrheitsfähigen Teilen der Gesellschaft zu gewinnen. Dazu dient die intensive Teilnahme am sozialen Leben – wie etwa in Vereinen –, die Organisation von lokalen Veranstaltungen und die starke strategische Konzentration auf Kommunalwahlen, mit der die Antragsgegnerin ihre Präsenz in Kommunalvertretungen kontinuierlich ausbaute.

Dazu ausführlich die Antragsschrift vom 1. Dezember 2013, S. 68 ff. [S. 88 ff.] sowie Gutachten von *Dierk Borstel*, Anlage 3 der Antragsschrift, S. 28 ff. Vgl. zur hohen strategischen Bedeutung von Kommunalwahlen aus Sicht der NPD auch: *Christoph Ruf/Olf Sundermeyer*, In der NPD – Reisen in die National Befreite Zone, München 2009, S. 95 ff.

Zum anderen werden aggressive Machtansprüche gegenüber nicht zur „Volksgemeinschaft" gehörenden Minderheiten und gegenüber politischen Gegnern nicht nur artikuliert, sondern durch konkrete Einschüchterungsversuche geltend gemacht.

Vgl. dazu ausführlich unten S. 46 ff. [S. 384 ff.], 110 ff. [S. 435 ff.]

„Kümmerer-Image" und aggressive Einschüchterungen widersprechen sich daher nicht, sondern bedingen einander: Denn ersteres ist auf potentielle Unterstützer aus der gesellschaftlichen Mitte bezogen, letzteres trifft vor allem die – aus Sicht der Antragsgegnerin – nicht der „Volksgemeinschaft" zugehörigen Minderheiten und politische Gegner. Den einschüchternden, das demokratische Leben beeinträchtigenden Effekt erhält diese Strategie zusätzlich dadurch, dass die Antragsgegnerin in ihrer Eigenschaft als gesellschaftlich präsente Kraft und deshalb mit besonderer sozialer Schlagkraft agieren kann. So wird eine Atmosphäre geschaffen, die gegen Minderheiten sowie politische Gegner gerichtet ist.

Vgl. dazu auch: *Dierk Borstel*, Gutachten, Anlage 3 zur Antragsschrift vom 1. Dezember 2013, S. 31.

2. Zurechnung trotz Vermeidungsstrategie: Die NPD als Basis eines rechtsextremistischen Netzwerks

a) Bewusster Einsatz von Handlungen anderer rechtsextremistischer Gruppierungen

Einschüchterungen und Bedrohungen erfolgen – wie belegt werden wird – in vielen Fällen unmittelbar durch die Antragsgegnerin bzw. durch ihr klar zurechenbare Funktionäre und Mitglieder.

Es gehört jedoch auch zu ihrer Strategie, solche Aktionen von rechtsextremistischen Gruppierungen außerhalb der Partei durchführen zu lassen. Dadurch versucht sie den – zur Etablierung in der Mitte der Gesellschaft erforderlichen – seriösen Schein zu wahren.

Vgl. die Antragsschrift vom 1. Dezember 2013, S. 68 ff. [S. 88 ff.] sowie *Andrea Röpke/Andreas Speit (Hrsg.)*, Neonazis in Nadelstreifen, Bonn 2009, S. 1 ff.

Gleichzeitig verstärkt sich hierdurch für potentielle Opfer die Drohkulisse, da ihnen eine weitaus größere Anzahl von feindseligen Personen gegenübersteht.

Daher sind bei Einschüchterungen und Bedrohungen teilweise die unmittelbar handelnden Personen Mitglieder von Kameradschaften oder anderen Gruppierungen des rechtsextremistischen Spektrums und nicht zwingend Mitglieder der Antragsgegnerin. Dies hindert jedoch eine Zurechnung aus zwei – voneinander unabhängigen – Gründen nicht.

Erstens sind einer Partei gemäß Art. 21 Abs. 2 GG nicht nur Handlungen von Mitgliedern zuzurechnen, sondern explizit auch solche von „Anhängern". Wie bereits in der Antragsschrift dargelegt, wurde diese Formulierung bewusst gewählt, um eine Umgehung des Tatbestandes durch informelle Zugehörigkeitsformen auszuschließen.

Vgl. dazu Antragsschrift vom 1. Dezember 2013, S. 106 ff. [S. 115 ff.].

Anhänger sind nicht nur Mitglieder,

vgl. die Differenzierung zwischen „Anhängern" und „Mitgliedern" in BVerfGE 5, 85 (143) sowie in BVerfGE 2, 1 (22), sondern neben den Mitgliedern alle Personen, die sich für diese einsetzen, wenn sie gerade in dieser Eigenschaft tätig werden, also ein Zusammenhang zur Partei besteht. Ein solcher Zusammenhang kann dadurch hergestellt werden, dass die Handlungen der Personen an ideologische Äußerungen der Partei anknüpfen und sich damit als Ausdruck der „Grundtendenz der Partei" darstellen.

> BVerfGE 2, 1 (22); BVerfGE 5, 85 (143); *Streinz*, in: von Mangoldt/Klein/Starck, Grundgesetz. Kommentar, Bd. 2, 6. Aufl., München 2010, Art. 21 Rn. 238; *Ipsen*, in: Sachs, GG, 7. Aufl., München 2014, Art. 21 Rn. 157; *von Coelln*, in: Maunz/Schmidt-Bleibtreu/Klein/Bethge, Bundesverfassungsgerichtsgesetz, 45. Ergänzungslieferung 2014, § 46 Rn. 5 ff.; *Kunig*, in: v. Münch/Kunig, Grundgesetz. Kommentar, Bd. 1, 6. Aufl. München 2012, Art. 21 Rn. 77; *ders.*, Parteien, in: Isensee/Kirchhof (Hrsg.), Handbuch des Staatsrechts der Bundesrepublik Deutschland, Bd. 3, 3. Aufl. Heidelberg 2005, § 40 Rn. 51.

Wie oben dargestellt und unten weiter ausgeführt werden wird, bietet die Antragsgegnerin nicht nur den ideologischen Boden, sondern fördert die rechtsextremistische Ideologie und bezweckt mit dieser gerade solche Einschüchterungen und Bedrohungen. Soweit Rechtsextremisten, die nicht Mitglieder der NPD sind, diese dabei unterstützen, Bedrohungen oder Angriffe gegen politische Minderheiten vorzunehmen, ist dies der Partei zurechenbar.

Die umstrittene Frage, ob einer Partei „Entgleisungen" einzelner Funktionäre, Mitglieder oder Anhängern nur bei bewusster Duldung oder auch bei „qualifiziertem Unterlassen" zurechenbar seien,

> vgl. für die Zurechnung bei Unterlassen: *Kunig*, in: v. Münch/Kunig, Grundgesetz. Kommentar, Bd. 1, 6. Aufl. München 2012, Art. 21 Rn. 77; gegen die Zurechnung bei Unterlassen: *Streinz*, in: von Mangoldt/Klein/Starck, Grundgesetz. Kommentar, Bd. 2, 6. Aufl., München 2010, Art. 21 Rn. 238 (mit Einschränkungen bei Mitgliedern; bei diesen könne eine Pflicht zum Einschreiten bestehen),

kann hier dahinstehen. Denn bei den vorliegend relevanten Aktivitäten handelt es sich nicht um vereinzelte Entgleisungen, sondern – wie im Folgenden gezeigt wird – um wiederkehrende Handlungsmuster, die durch die Ideologie der Partei sowie Äußerungen nahezu aller Führungsfunktionäre bestimmt sind und den Charakter der Partei unmittelbar spiegeln.

<u>Zweitens</u> und entscheidend muss eine Zurechnung von rechtsextremistischer Gewalt und Einschüchterungen durch „freie Kräfte" in Mecklenburg-Vorpommern und anderen Gegenden Ostdeutschlands ohnehin erfolgen, weil die NPD in solchen Fällen selbst Teil des in Frage stehenden Handlungszusammenhangs ist. Denn in ihrer Rolle als ideologische und organisatorische Basis eines rechtsextremistischen Netzwerks fördert sie – zumindest im Sinne einer Beihilfe – auch solche Akte, die von anderen rechtsextremistischen Gruppierungen – insbesondere sog. „freien Kräften" – stammen. Die Akte solcher Gruppierungen in Ostdeutschland sind der NPD bzw. den JN selbst zurechenbar, weil sie dort den Kern eines rechtsextremistischen Netzwerks darstellen, das das parteiunabhängige neonazistische Spektrum einbindet und weil die Antragsgegnerin gerade die einschüchternde Auswirkungen eines gemeinsamen Handelns mit diesen Kräften intendiert. Dies ist Sinn des von führenden Parteivertretern propagierten „Volksfrontgedankens".

Vgl. S. 56 ff. und 77 ff. der Antragsschrift vom 1. Dezember 2013.

Die Antragsgegnerin ist die organisatorische, finanzielle und kraft Parteistatus rechtlich unangreifbare Basis dieser „Volksfront". Sie sieht sich selbst in einer „politischen Kampfgemeinschaft" mit parteiungebundenen Kräften.

Vgl. dazu die Äußerungen von *H.*: „,Nationaler Leuchtturm' in Anklam", von *D.*, in: „Deutsche Stimme" Ausgabe Januar 2008, Seite 12 (**Beleg 12, Kategorie 1**).
„,Nationaler Leuchtturm' in Anklam" vom 15. Januar 2008, in: www.snbp.info, abgerufen am 17. Januar 2008 (**Beleg 13, Kategorie 1**).

Führende Vertreter der Antragsgegnerin propagieren daher selbst, dass es *„von uns keine Trennung von irgendwelchen Gruppen geben [darf], solange diese im Sinne unseres Volkes wirken und handeln".*

G., Rede auf dem Landesparteitag der NPD Mecklenburg-Vorpommern am 24. November 2012 in Anklam (MV), Videobeitrag von weiterdenken.tv (NPD-Video-Kanal) (**Beleg 14, Kategorie 1**).

In vielen Fällen sind Führungspersonen der Antragsgegnerin zudem gleichzeitig in anderen rechtsextremistischen Netzwerken (Kameradschaften etc.) aktiv oder waren dies in ihrer Vergangenheit.

Dazu ausführlich die Antragsschrift vom 1. Dezember 2013, S. 77 ff. [S. 95 ff.]

Dass sich das Angstgefühl von Betroffenen

dazu im Detail unten III [S. 363], 2 [S. 384], 3 [S. 403] und 4 [S. 413]

nicht in allen Fällen ausschließlich auf die NPD, sondern teilweise auch auf Erfahrungen mit „Rechtsextremisten" oder „Neonazis" insgesamt bezieht, schließt daher eine Zurechnung zur Antragsgegnerin nicht aus.

b) Mecklenburg-Vorpommern

Die Verbindungen zwischen der Antragsgegnerin und der Neonazi-Szene bundesweit wurden bereits in der Antragsschrift dargelegt. Es wurde gezeigt, dass die Tätigkeit anderer rechtsextremistischer Gruppierungen Teil der Gesamtstrategie der Antragsgegnerin ist und dass die Antragsgegnerin als organisatorische und finanzielle Basis eines rechtsextremistischen Netzwerkes fungiert.

Vgl. Antragsschrift vom 1. Dezember 2013, S. 77 ff. [S. 95 ff.]

Im Folgenden soll dies beispielhaft für Mecklenburg-Vorpommern vertieft belegt werden – auch wenn es für andere Länder gleichfalls Belege gibt. So ist zum Beispiel in Sachsen eine starke Vernetzung von JN und der neonationalsozialistischen Szene zu finden, die sich zuletzt am Eintritt der Dresdner Führungsperson der „Freien Kräfte Dresden", *M.*, und seiner Anhänger in den JN-Landesverband widerspiegelten.

M. (dritte Person von Links) wirbt auf einem in Facebook eingestellten Bild für einen Eintritt in die JN:
M., Facebookeintrag „Mädels in die JN" in: www.facebook.com/junge.nationalisten/ vom 11. April 2015. (**Beleg 15, Kategorie 1**).

Bilddatei im Artikel „Jetzt geht's los – JN-Funktionsträgertreffen erfolgreich durchgeführt" vom 12. April 2015, in: alt.jn-buvo.de, abgerufen am 13. April 2015 **(Beleg 16, Kategorie 1)**

In Mecklenburg-Vorpommern hat sich insbesondere die NPD-Landtagsfraktion – nicht zuletzt durch die staatlichen Zuwendungen, die zuletzt insgesamt, inklusive der Zahlungen an die Abgeordneten und Mitarbeiter, bei jährlich knapp 1,7 Millionen Euro lagen – zu einem bedeutenden Kraftzentrum entwickelt. Neben der finanziellen Ausstattung sind insbesondere die Möglichkeit, Rechtsextremisten als Fraktions- oder Wahlkreismitarbeiter zu beschäftigen, sowie die Nutzung als Schulungsplattform für die Gesamtpartei von großem Wert. Darüber hinaus können die Abgeordneten über das Instrument der „Kleinen Anfrage" aktuelle Informationen aus dem Regierungsapparat erlangen, die dann wiederum in die eigene Propaganda einfließen. Über ihre Bürgerbüros, die sich teilweise in rechtsextremistischen Szeneobjekten befinden, wirken sie zudem in die Fläche hinein.

> Vgl. zu alledem auch *Kai Langer/Arne Lehmann*, 18 Monate Populismus und Provokation, in: Brodkorb/Schlotmann, Provokation als Prinzip, Schwerin 2008, S. 63 (93 ff.).

Auf diese Weise hat die Antragsgegnerin großen Einfluss auf örtliche Strukturen der Neonazi-Szene in Mecklenburg-Vorpommern erlangt. Deren politische Agenda wird mittlerweile maßgeblich von der Antragsgegnerin bestimmt. Die Antragsgegnerin strukturiert die Szene, setzt die Themen und organisiert die meisten Szeneaktionen, wie etwa die anhaltende „Antiasylkampagne". Jüngere Nachwuchskader – auch aus der Neonaziszene – nutzen zwischenzeitlich die Jugendorganisation der Antragsgegnerin, die „Jungen Nationaldemokraten" (JN), für ihre Aktivitäten, wohl wissend, dass eine politische Partei bis zu ihrem Verbot unter dem speziellen Schutz des Grundgesetzes steht. Hier sei nur auf die zum Teil gut besuchten „Kinderfeste" hingewiesen.

> Vgl. auch Antragsschrift vom 1. Dezember 2013, S. 70 [S. 90].

Besonders augenfällig ist die ideologische und organisatorische Verbindung zwischen der Antragsgegnerin und der neonazistischen Szene bei den Landtagsabgeordneten der Partei. Sie entstammen entweder unmittelbar neonazistischen Strukturen oder bekennen sich eindeutig zur Zusammenarbeit:

- Der stellvertretende Fraktionsvorsitzende *Tino Müller* gehört seit 2006 der NPD-Fraktion im Schweriner Landtag an. Er ist außerdem als Beisitzer im Landesvorstand der NPD Mecklenburg-Vorpommern vertreten und übt ein Kommunalmandat für die Partei aus. *Müller* fungierte als Führungsperson der Kameradschaftsszene im Raum Ueckermünde und als presserechtlich Verantwortlicher des rechtsextremistischen Nachrichtenportals „Freies Pommern". In der Vergangenheit war er Mitglied der verbotenen „Heimattreuen Deutschen Jugend" (HDJ) und übernahm Führungsfunktionen im rechtsextremistischen „Kulturkreis Pommern" sowie im Kameradschaftsnetzwerk „Soziales und Nationales Bündnis Pommern".

- *David Petereit* gehört seit 2011 der NPD-Fraktion im Schweriner Landtag an. Er fungiert außerdem seit 2008 als stellvertretender Vorsitzender des NPD-Landesverbands Mecklenburg-Vorpommern. *Petereit* betreibt den Szene-Versandhandel „Levensboom" und verantwortete – bis zu seiner Einstellung – den rechtsextremistischen Internetauftritt www.mupinfo.de. Er gilt als Führungsperson der neonazistischen Szene in der Hansestadt und im Landkreis Rostock. Bis zum Verbot der „Mecklenburgischen Aktionsfront" (MAF) im Mai 2009 fungierte er als deren Führungsfigur. Er betätigte sich außerdem – jeweils bis zum Verbot – in der „Heimattreuen Deutschen Jugend" (HDJ) sowie in der „Hilfsorganisation für nationale politische Gefangene und deren Angehörige" (HNG).

- Der stellvertretende Vorsitzende und parlamentarische Geschäftsführer der NPD-Fraktion *Stefan Köster* bekennt sich offen zur Zusammenarbeit mit anderen rechtsextremistischen Aktivisten: *„Die Kameraden in Mecklenburg und Pommern haben etwas vollzogen, was Vorbildfunktion hat. Alle wesentlichen und zuverlässigen nationalen Aktivisten haben unseren Wahlkampf getragen. Unsere Landesliste war (und ist) das beste Beispiel für ein gutes Miteinander Volkstreuer. (...)"*

Stefan Köster in: „Ein Jahr NPD-Fraktion im Schweriner Schloss, DS-Gespräch mit *Stefan Köster*, Parlamentarischer Geschäftsführer", veröffentlicht in der „Deutschen Stimme" Ausgabe Januar 2008, S. 3 (**Beleg 17, Kategorie 1**).

- Auch der NPD-Fraktionsvorsitzende *Udo Pastörs* setzt sich für eine Zusammenarbeit mit neonationalsozialistischen freien Kräften ein:
„Für mich sind die freien Kameradschaften unabdingbarer Teil des gesamten nationalen Widerstandes. Es ist wichtig für die neue Parteiführung, den freien Strukturen klare Parteipositionen aufzuzeigen, die als Grundlage einer zukünftigen Zusammenarbeit gelten sollen. [...] Freie Strukturen sind auch deshalb so wichtig, weil sie viel schneller und kreativer auf politische Ereignisse reagieren können, als ein doch viel schwerfälligerer Parteiapparat. Freie Strukturen funktionieren wie ein gesellschaftspolitisches Labor. Da wird viel ausprobiert, da ist viel Spontanität, hohe Fluktuation der Mitglieder, als ein ‚freies Potential', auf das wir im Kampf gegen die sich verschärfende Ungerechtigkeit nicht verzichten wollen und können. Ich will damit sagen, die Funktionsweise könnte grob so aussehen, bei gemeinsam geplanten Aktionen tragen wir unser Projekt an die freien Strukturen heran und diese entscheiden dann frei, ob und inwieweit eine Zusammenarbeit konkret in diesem Falle möglich ist, und umgekehrt gilt das Gleiche."

Udo Pastörs, „Gemeinsam die Kampfgemeinschaft der NPD wieder auf klaren Kurs bringen" vom 14. November 2011, in: www.npd-mv.de, abgerufen am 15. Juli 2015 (**Beleg 18, Kategorie 1**).

Das Zusammenwirken der NPD mit parteiungebundenen rechtsextremistischen Strukturen wird unter anderem im Bereich der Publikationen, Treffpunkte und Aktivitäten deutlich:
So wurde etwa das ursprünglich aus dem parteiunabhängigen Rechtsextremismus stammende Projekt der „Regionalboten" von der NPD aufgenommen; es erfolgte eine personelle und inhaltliche Verzahnung. Beispielhaft zeigt dies der ehemalige Verein „Initiative für Volksaufklärung e. V." (IfV) mit seinerzeitigem Sitz in Bansin, der unter dem damaligen Vorsitzenden *H.* seit dem Jahr 2004 das Ziel hatte, der Öffentlichkeit mit kostenlosen Faltblättern („Boten") Informationen zu liefern. In der Satzung hieß es

ausdrücklich, dass der Verein unabhängig, eigenständig und überparteilich sei. Der damalige Vereinsvorsitzende *H.* ist heute Kreisvorsitzender des NPD-Kreisverbandes Ostvorpommern, Wahlkreismitarbeiter des NPD-Fraktionsmitglieds *Tino Müller* und stellvertretender NPD-Landesvorsitzender. Die im Jahr 2009 abgeschaltete Internetseite des Vereins lautete http://ifv.snbp.info und wies darauf hin, dass es sich um Propaganda eines Neonazi-Netzwerkes handelte, nämlich des „Sozialen und Nationalen Bündnisses Pommern" (SNBP), dem neonazistischen Vorgängernetzwerk von „Freies Pommern". Letzteres wird bis heute von NPD-Funktionären verantwortet, zunächst von *Tino Müller*, heute von *H.*, die diese „freien" Strukturen trotz ihres Engagements für die NPD aufrecht erhalten haben.

> „Herzlich Willkommen auf der Netzseite von Soziales und Nationales Bündnis Pommern", in: snbp.info, abgerufen am 6. Juli 2005 (**Beleg 19, Kategorie 2**).
> „Herzlich Willkommen auf der Weltnetzseite der Initiative für Volksaufklärung e. V.", in: ifv. snbp.info, abgerufen am 17. Dezember 2008 (**Beleg 20, Kategorie 2**).
> „Initiative für Volksaufklärung e. V.", in: ifv.snbp.info, abgerufen am 19. Mai 2009 (**Beleg 21, Kategorie 2**).
> Verfassungsschutzbericht Mecklenburg-Vorpommern 2009, S. 24–26 (**Beleg 22**).
> Verfassungsschutzbericht Mecklenburg-Vorpommern 2010, S. 27–29 (**Beleg 23**).
> „Neue ‚Boten' der ‚Initiative für Volksaufklärung' erschienen" vom 12. April 2009, in: www. endstation-rechts.de, abgerufen am 6. Januar 2010 (**Beleg 24, Kategorie 2**).

Seit der Auflösung des Vereins werden die Publikationen von einzelnen NPD-Funktionären herausgegeben, wobei diese Personen zumindest teilweise auch schon vorher – unter dem Deckmantel des Vereins – als Verantwortliche im Sinne des Presserechts in Erscheinung getreten sind.

> „De Meckelbörger Bote" für die Landeshauptstadt Schwerin, Ausgabe 1/2013: *T.*, Vorsitzender des NPD-Kreisverbandes Westmecklenburg (**Beleg 25, Kategorie 1**).
> „Der Anklamer Bote", Ausgabe 1/2013: *Michael Andrejewski*, NPD-Landtagsabgeordneter (**Beleg 26, Kategorie 1**).
> „Der Anklamer Bote", Ausgabe 1/2014: *W.*, Beisitzer im NPD-Landesvorstand (**Beleg 27, Kategorie 1**).
> „Der Insel Bote", Ausgabe 1/2012: *H.*, stellvertretender NPD-Landesvorsitzender (**Beleg 28, Kategorie 1**)
> „Der Uecker-Randow Bote", Ausgabe 1/2013: *Tino Müller*, NPD-Landtagsabgeordneter und Beisitzer im NPD-Landesvorstand (**Beleg 29, Kategorie 1**).

Die Rolle als organisatorische Basis des Rechtsextremismus lässt sich auch am Beispiel des „Nationalen Begegnungszentrums" in Anklam illustrieren, das als Treffpunkt von Neonazis und NPD-Funktionären dient. Die NPD-Landesvorstandsmitglieder *W.* und *H.* ersteigerten im Mai 2007 als Privatpersonen im Rahmen einer Zwangsversteigerung in Anklam diese Immobilie. *H.* äußerte hierzu in der „Deutschen Stimme", dass sich nun *„über 600 qm Gewerbe- und Nutzfläche im Zentrum der Stadt Anklam in nationaler Hand"* befänden. Von Beginn sei als *„wesentlicher Bestandteil des Zentrums"* eine „öffentliche Volksbücherei" geplant gewesen.

> „‚Nationaler Leuchtturm' in Anklam" von *D.*, veröffentlicht in der „Deutschen Stimme" Ausgabe Januar 2008, Seite 12 (**Beleg 12, Kategorie 1**).

"‚Nationaler Leuchtturm' in Anklam" vom 15. Januar 2008, in: www.snbp.info, abgerufen am 17. Januar 2008 (**Beleg 13, Kategorie 1**).

Als „Nationales Begegnungszentrum" ist das Objekt heute Sitz des NPD-Landesverbandes und ein überregionaler Anlaufpunkt für Rechtsextremisten. In dem Objekt sind neben der „Volksbücherei" ein rechtsextremistischer Versandhandel („Pommerscher Buchdienst") sowie das Bürgerbüro des NPD-Landtagsabgeordneten *Michael Andrejewski* angesiedelt. Dieses Wahlkreisbüro befand sich bis zum Umzug nach Anklam auf dem Privatgrundstück des NPD-Funktionärs W. in Klein Bünzow/OT Salchow, einem regelmäßigen Austragungsort für rechtsextremistische Konzerte.

"NPD kauft Immobilie in Anklams Mitte" vom 17. August 2007, in: www.taz.de, abgerufen am 27. August 2007 (**Beleg 30, Kategorie 1**).
„Anklam – Demokratie im Schlußverkauf", in: www.mupinfo.de, abgerufen am 16. Mai 2011 (**Beleg 31, Kategorie 2**).
"Bald NPD-Schulungszentrum in Anklam?", in: www.endstation-rechts.de, abgerufen am 2. Januar 2008 (**Beleg 32, Kategorie 1**).
„Aufbau Ost schreitet fort" vom 26. Mai 2012, in: www.mupinfo.de, abgerufen am 29. Mai 2012 (**Beleg 33, Kategorie 2**).

Das Ineinandergreifen der verschiedenen rechtsextremistischen Strukturen zeigt sich dadurch, dass regelmäßig in den o. a. „Boten" dazu aufgerufen wurde, das Projekt der ‚Volksbücherei' durch Geld- oder Buchspenden zu unterstützen.

Im „Rostocker Boten", Ausgabe 1/2010, war eine Werbung von „Mupinfo" zum „Freundeskreis Volksbücherei", ebenfalls verbunden mit einem Spendenaufruf, veröffentlicht. Verantwortlicher im Sinne des Presserechts für die Publikation war der damalige NPD-Landtagsabgeordnete *L*. Auch „Mupinfo" selbst hat für die Unterstützung des Projekts geworben.
„Der Rostocker Bote", Ausgabe 1/2010, S. 4 (**Beleg 34, Kategorie 2**).
„Unterstützung für die Pommersche Volksbücherei", in: www.mupinfo.de, abgerufen am 19. Dezember 2011 (**Beleg 35, Kategorie 2**).

Die Antragsgegnerin selbst sieht dieses Projekt als Zeichen für eine gelungene Zusammenarbeit mit Neonazis: *„Dies ist das Ergebnis einer langsamen, oft unter Mühsal entstandenen, aber natürlich gewachsenen politischen Kampfgemeinschaft. Und das unabhängig davon, ob der einzelne parteigebunden ist oder nicht. Dass die politische Schlagkraft dadurch um ein vielfaches gesteigert werden konnte, dürfte keinem entgangen sein."*

"‚Nationaler Leuchtturm' in Anklam" von D., veröffentlicht in der „Deutschen Stimme" Ausgabe Januar 2008, S. 12 (**Beleg 12, Kategorie 1**).
"‚Nationaler Leuchtturm' in Anklam" vom 15. Januar 2008, in: www.snbp.info, abgerufen am 17. Januar 2008 (**Beleg 13, Kategorie 1**).

Die Zusammenarbeit zwischen der Antragsgegnerin und nicht parteigebundenen neonazistischen Strukturen zeigt sich auch im Raum Waren (Müritz). Die dortige NPD-Stadtvertreterin Z., die im Oktober 2014 mit drei Ja-Stimmen und drei Enthaltungen in das Amt der stellvertretenden Stadtpräsidentin gewählt worden ist, obwohl sie dort die einzige NPD-Mandatsträgerin ist, verfügt über gute Verbindungen in die örtliche Kameradschaftsszene und fungiert vor Ort als Anmelderin für neonazistische Versammlungen. So trat sie bei einer „Mahnwache gegen Kinderschänder" am 3. Oktober 2014 mit fünf Teilnehmern als Anmelderin auf, die den „Nationalen Sozialisten Müritz" zuzurechnen waren. Auf der anderen Seite wird sie von heimischen Neonazis in Stadtvertretersitzungen unterstützt, indem die Sitzungen wiederholt gestört wurden und nur noch unter Polizeipräsenz stattfinden konnten: So hat der Rechtsextremist *K.*, der den „Nationalen Sozialisten Müritz" zuzurechnen ist, auf seiner Facebookseite „Aktivisten" wiederholt dazu aufgerufen, zu Stadtvertretersitzungen zu erscheinen. Dort mussten Hausverbote erteilt werden. *K.* hat am 7. Mai 2015 auf seiner Facebookseite bestätigt, der NPD und dem „näheren Umfeld von Frau *Z.*" anzugehören.

Der NPD-Kreisverband Mecklenburgische Seenplatte und die „Nationalen Sozialisten Müritz" führten am 16. November 2014 in Waren (Müritz) eine gemeinsame Veranstaltung zum „Heldengedenken" durch. NPD-Stadtvertreterin *Z.*, der Vorsitzende des NPD-Kreisverbandes Mecklenburgische Seenplatte *R.* sowie Angehörige der „Nationalen Sozialisten Müritz" hielten Reden und trugen Gedichte vor.

> Informationsschreiben zur Mahnwache des rechten Spektrums in Waren „gegen Kinderschänder" (**Beleg 36, Kategorie 1**).
> Screenshot der Facebookseite *K.*, abgerufen am 28. Mai 2015 (**Beleg 37, Kategorie 1**).
> „Polizei muss wieder Stadtvertreter-Sitzung in Waren sichern" vom 27. Mai 2015, in: www.nordkurier.de, abgerufen am 28. Mai 2015 (**Beleg 38, Kategorie 1**).
> PDF-Druck der Facebookseite *K.*, abgerufen am 11. Mai 2015 (**Beleg 39, Kategorie 1**).
> PDF-Druck der Facebookseite *K.*, abgerufen am 3. Juni 2015 (**Beleg 40, Kategorie 1**).
> PDF-Druck der Facebookseite *K.*, abgerufen am 16. Juli 2015 (**Beleg 41, Kategorie 1**).
> Screenshot der Facebookseite *K.*, abgerufen am 25. November 2014 (**Beleg 42, Kategorie 1**).

Das Regionalzentrum für demokratische Kultur in Rostock beschreibt die Vernetzung der NPD in Mecklenburg-Vorpommern wie folgt: „Die in der NPD führend tägigen Rechtsextremisten haben viele institutionelle Werkzeuge, die sie nach Belieben an- und abschalten können. Sie werden taktisch eingesetzt und dann genutzt, wenn es für die rechtsextremistischen Ziele nützlich ist."

> Gespräch eines Verfahrensbevollmächtigten mit einem Vertreter des Regionalzentrums für demokratische Kultur, Rostock am 29. Juli 2015. Zeugnis des *K.*, Regionalzentrum für demokratische Kultur, Evangelische Akademie der Nordkirche, zu laden über den Bundesrat, Leipziger Straße 3–4, 10117 Berlin[1].

III. Fälle und ihre Wirkungen

Die praktische Umsetzung der aggressiven politischen Strategie der Antragsgegnerin wird nun in vier Schritten beispielhaft darzustellen sein. Zunächst wird in die Verwirklichung des räumlichen Dominanzanspruchs der Antragsgegnerin eingeführt werden (1 [S. 364]). Dem folgen Beispiele für Einschüchterungen, Bedrohungen und Angriffe,

---

[1] Bei allen in diesem Schriftsatz genannten Zeugen haben wir aus Gründen ihrer persönlichen Sicherheit auf die Nennung ihrer Wohnanschrift als ladungsfähige Anschrift verzichtet und stattdessen die Adresse des Bundesrates genannt. Ein Bekanntwerden der Wohnanschrift würde für die Zeugen unzumutbare Gefahren von Racheaktionen aus der rechtsextremistischen Szene hervorrufen. Eine Erreichbarkeit der genannten Zeugen über den Bundesrat ist gewährleistet. Wir möchten um einen Hinweis des Senates bitten, welches Vorgehen er im weiteren Verlauf des Verfahrens in dieser Hinsicht für zweckdienlich hält.

C. Das zweite NPD-Verbotsverfahren (2013–2017)

die in diesem Zusammenhang gegenüber politischen Gegnern erfolgen (2 [S. 384]). Anschließend ist die Bedrohungslage für konkrete Minderheiten mit Fällen zu belegen (3 [S. 403]). Zusammenfassend ist darzulegen, dass und warum diese Aktivitäten der Antragsgegnerin in Teilen Ostdeutschlands konkrete Einschränkungen demokratischen Handelns bewirken (4 [S. 413]).

1. Räumlicher Dominanzanspruch gegen Minderheiten und Andersdenkende

Die unterschiedlichen Handlungsmuster der Antragsgegnerin reichen von einer nach außen zurückhaltenden bloßen Teilnahme bei Demonstrationen über die Wortergreifung bei Veranstaltungen („Wortergreifungsstrategie"), die unmittelbare Einflussnahme auf Proteste vor Ort, die Einrichtung von Bürgerwehren bis hin zu aggressiv-provokativen Störaktionen und Drohungen gegen politisch Andersdenkende und Minderheiten. Strategisch angelegte Kampagnen und Demonstrationen, kalkulierte öffentlichkeitswirksame Provokationen oder ausgearbeitete publizistische Beiträge stehen neben spontanen Polemiken und Kommentaren in sozialen Netzwerken.

Die Art und Weise des Agierens wird dabei von der jeweiligen organisatorischen Situation vor Ort beeinflusst. Die Partei agiert bestimmender, sichtbarer und provokativer in Ländern wie Mecklenburg-Vorpommern oder Sachsen, wo sie über strukturstarke, kommunal verwurzelte Landesverbände verfügt und wo zugleich andere Strukturen kaum gesellschaftlichen Halt geben.

> Dazu ausführlich die Antragsschrift vom 1. Dezember 2013. Vgl. dazu aus sozialwissenschaftlicher Sicht auch *Hubertus Buchstein/Gudrun Heinrich,* Einleitung, in: dies. (Hrsg.), Rechtsextremismus in Ostdeutschland, Schwalbach/Ts. 2010, S. 13 (36 f.).

In Abhängigkeit hiervon ist auch der Grad der Verwirklichung der Strategie zu sehen: Vollständig „national befreite Zonen" im Sinne der NPD-Ideologie, also einer vollständigen Verwirklichung der „Volksgemeinschaft", Unterdrückung des politischen Gegners und Exklusion von Minderheiten, gibt es in Deutschland nicht.

> Vgl. auch *Uta Döring*: „National befreite Zonen". Zur Entstehung und Karriere eines Kampfbegriffs, in: Klärner/Kohlstruck (Hrsg.), Moderner Rechtsextremismus in Deutschland, Hamburg 2006, S. 177 ff.

Die Verwirklichung des räumlichen Dominanzanspruchs der NPD erfolgt vielmehr graduell unterschiedlich:

- Innerhalb dieser Skala stellt der mecklenburgische Kleinstort Jamel (a [S. 365]) einen Extremfall dar. Dort wurde die Einwohnerschaft von Rechtsextremisten majorisiert. Dieser Extremfall ist zwar nicht zu generalisieren; er zeigt jedoch, dass es in der Bundesrepublik Deutschland einen Ort gibt, in dem das Konzept der Antragsgegnerin nahezu vollständig umgesetzt wurde.

- Ferner gibt es Gebiete, in denen die NPD einen umfangreichen Dominanzanspruch erhebt, zu realisieren versucht und in denen sie bereits erfolgreich Schritte auf diesem Weg genommen hat bzw. unternimmt (b [S. 371]).

- Der auf Einschüchterung setzende Dominanzanspruch der NPD manifestiert sich zudem in der physischen Präsenz im öffentlichen Raum. Hierzu dient etwa die Organisation selbsternannter „Bürgerwehren" (c [S. 376]). Hier zeigt sich ein Beispiel für die Verwendung nicht-diskursiver Mittel: Die Antragsgegnerin setzt dazu an, politische Forderungen selbst umzusetzen, stellt das staatliche Gewaltmonopol in Frage und verlässt damit den Bereich der geistigen Auseinandersetzung.

- In Regionen mit – aus Sicht der Antragsgegnerin – strukturell ungünstigeren Voraussetzungen verbalisieren NPD und JN in martialischem Ton den Anspruch, verloren gegangenes Terrain zurückgewinnen zu wollen. Besonders kämpferisch geben sich diesbezüglich die JN (d [S. 382]).

a) „Dorfgemeinschaft Jamel"

Jamel, ein kleines Dorf bei Wismar in Mecklenburg-Vorpommern, wird gesellschaftlich fast vollständig von Rechtsextremisten beherrscht. Zentrale Figur ist dabei *K.*, der von 2009 bis 2011 für die NPD im Kreistag Nordwestmecklenburg und von November 2010 bis Januar 2011 als Beisitzer im NPD-Landesvorstand vertreten war. *K.* und dessen Anhänger bilden die Mehrheit in Jamel: Unter sechs von zehn Anschriften sind bekannte Rechtsextremisten gemeldet.

> Vgl. insbesondere: Süddeutsche Zeitung: „Wo der Nachbar Nazi ist" vom 7. Februar 2011, in: www.sueddeutsche.de, abgerufen am 10. Juni 2015 (**Beleg 43, Kategorie 2**).
> Siehe auch: Schweriner Volkszeitung: „Rechten Spuk ausgetrieben?" vom 1. Oktober 2004 (**Beleg 44, Kategorie 2**). Der Spiegel 1/2011: „Allein unter Nazis", Seite 40, 41(**Beleg 45, Kategorie 2**).
> Neues Deutschland: „Unser Dorf ist wie ein Freilichtmuseum des Neonazitums" vom 20. August 2014" (**Beleg 46, Kategorie 2**).

„Wer sich nicht mit ihnen arrangieren wollte, wurde vertrieben. Sie schlugen Türen und Fensterscheiben ein, zerstachen Autoreifen, hissten die Reichskriegsflagge, feierten Hitlers Geburtstag; einer Familie steckten sie schon in den Neunzigern tote Hühner auf den Gartenzaun und drohten: ‚Wir räuchern euch aus.'"

> Der Spiegel 1/2011: „Allein unter Nazis", Seite 40, 41 (**Beleg 45, Kategorie 2**).

Der für Jamel zuständige ehrenamtliche Bürgermeister, *W.*, erklärt diese Entwicklung des Dorfes so: *„Es gab in den 90er-Jahren Leute, die Angst um ihr Leben haben mussten. Die sind weggezogen und haben ihre Häuser verkauft. So sind die meisten Häuser in die Hände von Neonazis gekommen, insbesondere der K."*

> Gespräch eines Verfahrensbevollmächtigten mit *W.* am 30. Juli 2015.

Aus diesem Grund ist der Abrissunternehmer *K.* die zentrale Person in der Dorfgemeinschaft, in der er mit seiner Frau *K.* – ehemalige Landesvorsitzende der NPD-Frauenorganisation „Ring Nationaler Frauen" – wohnt. Gleichzeitig ist er der NPD-intern einflussreichste und in der rechtsextremistischen Szene am besten vernetzte Bewohner des Ortes. Erkennbar ist dies schon daran, dass er nach seiner Hochzeitsfeier, die im August 2010 in Jamel unter großem Aufwand gefeiert wurde, über die Internetseite „Mupinfo" zahlreichen rechtsextremistischen Gruppen dankte: *„Ein großes Dankeschön geht* *an: die Bruderschaft welche ihre Abordnungen aus allen Teilen Deutschlands schickten, die Kameradschaften aus Wismar, Grevesmühlen, Naschendorf, Bad Doberan, Rostock, Anklam, Ueckermünde, Usedom, Lübeck, die Jungs fürs Grobe (man, saht ihr gut aus!), die Kameradschaft Mecklenburg für unsere ‚Hammer'-Hochzeitszeitung, die Schweriner Jungs (Bulli läßt grüßen!), alle Berliner Kameraden und Brüder, alle ausländischen Freunde und Gäste aus der Schweiz, den Niederlanden, der Ostmark und den Galgenvögeln aus England, ..."*

„Hochzeit in der Jameler Dorfgemeinschaft" vom 17. August 2010, in: www.mupinfo.de, abgerufen am 18. August 2010 (**Beleg 47, Kategorie 2**).

Seine politische Zielvorstellung fasst *K.* wie folgt zusammen: *„Darum ist mein Ziel nicht die Demokratie der Kapitalisten und Halsabschneider, sondern die Volksgemeinschaft der Deutschen."*

K., „Neues System – neue Möglichkeiten", in: „De Meckelbörger Bote, Volkstreues Mitteilungsblatt für Nordwestmecklenburg", Ausgabe 1/2011, S. 2 (**Beleg 48, Kategorie 1**).

Sein hoher Radikalisierungsgrad lässt sich mit einer Reihe von Beispielen belegen. Das frühere Firmenschild des neonazistischen Unternehmers bildete einen Arbeiter ab, der mit einem schweren Hammer einen Davidstern zertrümmert.

Firmenlogo des Abrissunternehmens *K*. (**Beleg 49, Kategorie 1**).

Bei einer Durchsuchung von *K.*s Wohnräumen im August 2010 fanden die Ermittlungsbehörden 72 Fotos prominenter Politiker und Personen jüdischen Glaubens, die alle als Zielscheiben gefertigt waren und teilweise Einschusslöcher von Luftdruckwaffen aufwiesen – u. a. von *Charlotte Knobloch*, seinerzeit Vorsitzende des Zentralrates der Juden in Deutschland, *Lorenz Caffier*, Innenminister des Landes Mecklenburg-Vorpommern, sowie *Sylvia Bretschneider*, Präsidentin des Landtages von Mecklenburg-Vorpommern.

Meldung des LKA M-V vom 3. September 2010, Az.: 10vn0769 (**Beleg 50, Kategorie 1**).

K. ist zudem Eigentümer des „Thinghauses" im nahe gelegenen Grevesmühlen, in dem die beiden NPD-Landtagsabgeordneten *Udo Pastörs* und *Stefan Köster* ein „Bürgerbüro" unterhalten. 2011 wurde von einer Journalistin auf dem Gelände ein Holzkohlegrill mit der sichtbaren Inschrift *„Happy Holocaust"* gesichtet.

„Das Thing-Haus, ein Hort der Freiheit" vom 23. April 2010, in: www.mupinfo.de, abgerufen am 26. April 2010 (**Beleg 51, Kategorie 2**).
„Die Geschichte hinter dem Happy-Holocaust-Grill" vom 4. Oktober 2011, in: www.vice.com, abgerufen am 27. April 2015 (**Beleg 52, Kategorie 2**).
„Thinghaus: NPD isst vom ‚Happy Holocaust'-Grill" vom 4. September 2011, in: www.endstation-rechts.de, abgerufen am 5. März 2012 (**Beleg 53, Kategorie 2**).

Vom 30. Januar 2011 bis 14. Februar 2014 verbüßte *K.* eine Haftstrafe wegen Hehlerei von Baumaschinen und unerlaubten Waffenbesitzes. Nach seiner Haftentlassung meldete er sich in einem offenen Brief wie folgt bei den *„Männern und Frauen des Nationalen Widerstands"* zurück:

„Schnelle Erfolge sind vielleicht im Moment noch illusorisch, aber dennoch wird sich unsere Idee des nationalen Volksstaates langfristig durchsetzen, denn sie ist logisch, nach-

haltig und steht auf natürlichen Grundsätzen. Das alles sind Attribute, die dem derzeitigen System fehlen und daher ist es überwindbar. [...] Wir werden siegen, irgendwann einmal ... Und ich lebe nur für diesen einen Tag!"

„Nach 1.000 Tagen Haft: K. meldet sich zurück" vom 10. Februar 2014, in: www.mupinfo.de, abgerufen am 11. Februar 2014 (**Beleg 54, Kategorie 1**).

Die Majorisierung des Ortes Jamel durch Rechtsextremisten findet deutlichen Ausdruck im Dorfbild. Durch Wahrzeichen, die die Jameler Rechtsextremisten aufgestellt haben, demonstrieren sie die ideologische Vereinnahmung des Ortes. Markant ist zum einen ein Holzwegweiser, der u. a. Richtung und Entfernung nach Braunau am Inn, dem Geburtsort *Adolf Hitlers*, angibt und der die Stadt Wien mit der von den Nationalsozialisten für Österreich verwendeten Benennung „Ostmark" konnotiert.

Die „Wahrzeichen" waren auch Gegenstand von Rechtsstreitigkeiten; vgl. „Stein von Jamel steht wieder felsenfest" vom 14. Februar 2011, in: www.mupinfo.de, abgerufen am 14. Februar 2011 (**Beleg 55, Kategorie 2**).

„Jamel seiner Wahrzeichen beraubt" vom 5. Mai 2011, in: www.mupinfo.de, abgerufen am 6. Mai 2011 (**Beleg 56, Kategorie 2**).

Dominant ist zum anderen ein Wandgemälde mit dem Schriftzug „Dorfgemeinschaft Jamel Frei Sozial National".

Bild aus: „Dörfer in rechtsextremer Hand", in: www.deutschlandfunk.de vom 9. Juli 2015 (**Beleg 57, Kategorie 2**).

Die „Dorfgemeinschaft" hat sich zudem ein eigenes „Wappen" gegeben, das unter anderem das „germanische Wiegensymbol" als Sinnbild für den „das Leben behütenden

22. Schriftsatz des Antragstellers vom 27. August 2015

Mutterschoß", in Gold eine Axt im Gehölz als Symbol für den „Kampf um das Dasein" sowie in Blau den Hecht für das „harte aber gerechte Gesetz der Natur" enthält.

> „Frühjahrsputz in Jamel" vom 23. April 2014, in: www.mupinfo.de, abgerufen am 30. April 2014 (**Beleg 58, Kategorie 2**).

Die Dominanz der Rechtsextremisten und insbesondere von K. ruft bei den wenigen sonstigen Bewohnern ein hohes Bedrohungsgefühl hervor.

> Schweriner Volkszeitung: „Rechten Spuk ausgetrieben?" vom 1. Oktober 2004 (**Beleg 44, Kategorie 2**).
>
> Der Spiegel 1/2011: „Allein unter Nazis", Seite 40, 41(**Beleg 45, Kategorie 2**).
> Süddeutsche Zeitung: „Wo der Nachbar Nazi ist" vom 7. Februar 2011, in: www.sueddeutsche.de, abgerufen am 10. Juni 2015 (**Beleg 43, Kategorie 2**).
> Neues Deutschland: „Unser Dorf ist wie ein Freilichtmuseum des Neonazitums" vom 20. August 2014 (**Beleg 46, Kategorie 2**).

„Normalbürger in Jamel würden nie etwas gegen K. sagen. Keiner traut sich eine Aussage zu tätigen, die K. belasten würde. Die L. sind da die Ausnahme", sagt der für Jamel zuständige Bürgermeister W.

> Gespräch eines Verfahrensbevollmächtigten mit W. am 30. Juli 2015.

L. sind die einzigen Personen im Ort, die sich offen gegen Rechtsextremismus aussprechen und engagieren – etwa durch das einmal jährlich durchgeführte Musikfestival „Jamel rockt den Förster".

> Hamburger Abendblatt: „Zentralrat der Juden ehrt Ehepaar für Kampf gegen Rechts", in: www.abendblatt.de, abgerufen am 20. April 2015 (**Beleg 59**).

Über die Eheleute L. berichtet die Süddeutsche Zeitung am 7. Januar 2011: *„Ja, sie haben Angst vor ihm [K.; C. M./C. W.] und seinen Kumpanen. ‚Sie glauben, dass das Dorf ihnen gehört', sagt L. Im Briefkasten hat sie mal eine tote Ratte gefunden. Davon erzählt sie so beiläufig wie von den Schießübungen im Wald. Richtig schlimm aber sind die Sauffeste der Kameraden auf dem Dorfplatz. Abends grölen die Männer dann Nazi-Lieder am Lagerfeuer. Als K. im Sommer heiratete, kamen Hunderte Rechtsextreme zum Feiern ins ‚national-befreite' Jamel."*

> Süddeutsche Zeitung: „Wo der Nachbar Nazi ist" vom 7. Februar 2011, in: www.sueddeutsche.de, abgerufen am 10. Juni 2015 (**Beleg 43, Kategorie 2**).

Im persönlichen Gespräch berichten L. zudem von einer „ständigen Hab-Acht-Stellung", die auch durch die zahlreichen Einschüchterungsversuche begründet sei, denen sie sich ausgesetzt sehen. Beispiele: Im Jahr 2010 sei ein bereits verwesender Tierkadaver über den Gartenzaun geworfen worden. Am 1. Januar 2011 sei eine Fuhre Mist auf der Einfahrt ihres Hofes abgeladen worden. Am 19. April 2011 habe S., Vater des damaligen NPD-Kreisvorsitzenden S. und NPD-Gemeindevertreter in Bobitz, L. auf ihrem Grundstück mit den Worten bedroht: *„Sie sollten an mich verkaufen, so lange Sie noch können".* Zudem würden Fotos gemacht und Nummernschilder von Gästen notiert.

> Gespräch eines Verfahrensbevollmächtigten mit L. am 30. Juli 2015.

Anfang Mai 2012 sei auf dem Grundstück des S., das von seinem Sohn bewohnt werde, ein Metallschild aufgestellt worden, auf dem *die L.* verunglimpft werden. Darüber berichtete die von P. verantwortete Internetseite „Mupinfo" unter anderem mit den Worten *„Die beiden sticheln und stänkern seit Jahren, wo und wann es nur geht, gegen den lieben Dorffrieden."*

> „Jamel ehrt die ‚Helden' des Nordens" vom 9. Mai 2012, in: www.mupinfo.de, abgerufen am 24. Mai 2013 (**Beleg 60, Kategorie 2**).

Hieran wird beispielhaft deutlich, dass die Vorgänge in Jamel nicht nur den beteiligten NPD-Funktionären K. und S. zuzurechnen sind, sondern dass der gesamte NPD-Landesverband die Vorgänge in Jamel positiv bewertet. Für die genannte Berichterstattung wurde P. am 17. März 2014 durch das Amtsgericht Grevesmühlen wegen Beleidigung verurteilt.

> Urteil des Amtsgerichts Grevesmühlen vom 17. März 2014, 6 Ds 381/13 (**Beleg 61, Kategorie 1**).

Bedrohend wirken neben solchen Vorfällen auch größere private Feste und Konzertveranstaltungen, bei denen nach Einschätzung der Eheleute L. „300 bis 400 Neonazis aus dem ganzen Bundesgebiet" kommen. „Früher haben sie das am 20. April gemacht. Das ist denen mittlerweile zu heikel", sagten die Eheleute L.

> Gespräch eines Verfahrensbevollmächtigten mit L. am 30. Juli 2015; vgl. auch:
> „Hochzeit in der Jameler Dorfgemeinschaft" vom 17. August 2010, in: www.mupinfo.de, abgerufen am 18. August 2010 (**Beleg 47, Kategorie 2**).
> „Dorfgemeinschaft Jamel" vom 11. August 2010, in: www.links-lang.de, abgerufen am 13. August 2010 (**Beleg 62, Kategorie 2**).
> Kurzinformation über ein Ereignis der polizeilichen Lage (**Beleg 63, Kategorie 2**).

Zu einem tätlichen Angriff kam es 2010 auf dem Musikfestival „Jamel rockt den Förster": Zwei Teilnehmer einer von K. organisierten Gegenveranstaltung, darunter der damals bei K.s Firma beschäftigte M., verschafften sich Zutritt auf das Festivalgelände. M. begann eine Unterhaltung mit einem Festivalteilnehmer mit den Worten *„Ich bin ein Nazi"* und versetzte ihm später Faustschläge. Bei der Identitätsfeststellung durch die Polizei rief er: *„Hitler ist unser Führer, Sieg fucking Heil!"* Für die Taten wurde er vom Amtsgericht Grevesmühlen einer Körperverletzung und des Verwendens von Kennzeichen einer ehemaligen nationalsozialistischen Organisation schuldig gesprochen. Der zweite Tatverdächtige P. trug eine Gürtelschnalle mit einem Hakenkreuz.

> Nordkurier: „Schmerzhafte Begegnung mit Nazi in Jamel" vom 1. September 2011, in: www.links-lang.de, abgerufen am 2. September 2011 (**Beleg 64, Kategorie 1**).
> Polizeimeldung KTA-PMK LKA MV 0657/10 (**Beleg 65, Kategorie 1**).
> II 430 LZ: Information über ein wichtiges Ereignis der Landeslage (**Beleg 66, Kategorie 1**).
> Strafbefehl Amtsgericht Wismar vom 13. November 2010 (**Beleg 67, Kategorie 1**).
> Urteil Amtsgericht Grevesmühlen vom 8. September 2011 (**Beleg 68, Kategorie 1**).

Neueste Entwicklung ist die vermutlich durch Brandstiftung erfolgte Zerstörung der direkt neben deren Wohnhaus befindlichen Scheune des Ehepaars L. in der Nacht vom 12. auf den 13. August 2015. Die Ermittlungen zu dem Vorfall dauern gegenwärtig an. Das Ehepaar L. steht seitdem unter Polizeischutz.

22. Schriftsatz des Antragstellers vom 27. August 2015

C. Das zweite NPD-Verbotsverfahren (2013–2017)

> Spiegel-Online vom 13. August 2015: „Verdacht auf Brandstiftung: Neonazi-Gegner in Jamel stehen unter Polizeischutz", abgerufen am 14. August 2015 (**Beleg 72**).
> ebd.: „Verdacht auf Brandstiftung: Scheune von Neonazi-Gegnern in Jamel brennt ab", abgerufen am 14. August 2015 (**Beleg 73**). Vgl. zu den Auswirkungen der Dominanz der Rechtsextremisten in Jamel auch: Spiegel Online vom 16. August 2007: „Braunes Jamel. Ein Dorf in der Hand von Neonazis", abgerufen am 20.08.2015 (**Beleg 69**)

Die Einschüchterungen und sonstigen Vorkommnisse haben nicht nur Angstgefühle, sondern auch Nachteile für das soziale Zusammenleben zur Folge. So hatte das Engagement gegen Rechtsextremismus, insbesondere die Veranstaltung des Musikfestivals, für die Eheleute *L.* folgende Konsequenzen: *„Die wenigen Nachbarn, die nicht zu K. Gefolgsleuten zählen, brachen danach den Kontakt zu ihnen ab. L. hat sogar gewisses Verständnis dafür: ‚Die Leute haben Angst, sich mit uns zu solidarisieren.'"*

> Süddeutsche Zeitung: „Wo der Nachbar Nazi ist" vom 7. Februar 2011, in: www.sueddeutsche.de, abgerufen am 10. Juni 2015 (**Beleg 43, Kategorie 2**).

Die Konsequenzen der Majorisierung von Jamel durch *K.* und andere Rechtsextremisten bewerten die Eheleute *L.* insgesamt wie folgt: *„Dieses Dorf ist verbrannt für normale Familien mit Kindern. Das kann man niemandem zumuten."*

> Gespräch eines Verfahrensbevollmächtigten mit *L.* am 30. Juli 2015.

Welche Bedeutung das Dorf Jamel hingegen für die Antragsgegnerin hat, zeigt ein Ereignis vom 20. Juni 2015: NPD-Fraktionsvorsitzender *Udo Pastörs*, der NPD-Landesvorsitzende *Stefan Köster*, der stellvertretende NPD-Landesvorsitzende und Landtagsabgeordnete *David Petereit* und die RNF-Landesvorsitzende *Antje Mentzel* nahmen mit ca. 150 weiteren Rechtsextremisten am „11. Nationalen Kinderfest" mit anschließender Sonnenwendfeier teil. Dort soll unter anderem das von *Hans Baumann* für die Hitlerjugend gedichtete Propagandalied „Nur die Freiheit ist unser Leben" gesungen worden sein.

> „Sonnenwende mit NS-Liedgut" vom 22. Juni 2015, in: www.bnr.de, abgerufen am 25. Juni 2015 (**Beleg 70, Kategorie 2**).

Auf dem Internetportal von *David Petereit*, das ausführlich die Ereignisse um Jamel thematisiert, wurde der Ort als *„Musterdorf"* bezeichnet und wie folgt charakterisiert: *„Anders als in zahlreichen sterbenden, vergreisenden Dörfern, wo der Volkstod bereits hörbar an die Tür klopft, oder in zunehmend polonisierten Ortschaften Vorpommerns, ist in Jamel das Kinderlachen jedoch nicht ausgestorben. [...] Auch die Kinder wachsen in einer gesunden Gemeinschaft heran, fernab von der Anonymität des Großstadtlebens. Mit Fug und Recht könnte Jamel daher als Musterdorf gegen Abwanderung und Aussterben des ländlichen Raums gelten. [...] Doch statt von Jamel zu lernen und ähnliche Konzepte in anderen Orten zu unterstützen, ist den etablierten Politikern aus der Landeshauptstadt, gefolgt von bundesweiten Lizenzmedien und kinderlosen Berufsantifaschisten, das Dorf ein Dorn im Auge. [...] Denn in den Augen der Demokraten gibt es ein Problem – die meisten Jameler sind volkstreu eingestellt und machen aus ihrer nationalen Überzeugung sowie ihrer sozialistischen Gemeinschaft keinen Hehl."*

"Geschichten aus Jamel" vom 5. Dezember 2010, in: www.mupinfo.de, abgerufen am 6. Dezember 2010 (**Beleg 71, Kategorie 2**).

b) **Artikulation umfassender Dominanzansprüche**

Jamel stellt einen Extremfall dar. Doch erhebt die Antragsgegnerin auch in anderen Gebieten Ostdeutschlands Dominanzansprüche und unternimmt Schritte zu ihrer Realisierung. Dies gilt für die Orte Anklam und Lübtheen.

aa) **Anklam**

Über Anklam sagt der rechtsextremistische Internetauftritt „Freies Pommern":

„Die Stadt gilt seit langem als National Befreite Zone und selbst eine Handvoll Kinderpunks wagen es nicht aufzumucken, wenn sie mal in der Masse einzelnen Aktivisten begegnen. Sie kennen die Konsequenzen."

„Vollkommen verwirrt: Wider den Anklamer Zuständen?" vom 14.07.2010, in: www.freiespommern.de, abgerufen am 16. Juli 2010 (**Beleg 74, Kategorie 2**).

Auch der heutige stellvertretende Landesvorsitzende H. beansprucht Anklam als „national befreite Zone". So kommentierte er im Jahr 2007 die Errichtung des bereits genannten „nationalen Begegnungszentrums" in Anklam mit folgenden Worten: *„National befreite Zonen und Gebiete müssen daher in ihrer bereits bestehenden Infrastruktur fortwährend ausgebaut, gestärkt und gefestigt werden."*

Positiv bewertet H. auch die Schritte zur Realisierung dieses Anspruchs und unterstreicht das Bestreben, ähnlich auch in anderen Regionen zu agieren: *„Ja, ich denke, dass die Region Anklam über starke und gut organisierte Strukturen innerhalb des nationalen Widerstandes verfügt und somit als ‚nationaler Leuchtturm' bezeichnet werden kann. Doch dieser Leuchtturm ist nicht der einzige, und es entstehen stetig weitere in Vorpommern und Mecklenburg."*

„‚Nationaler Leuchtturm' in Anklam" von D., veröffentlicht in der „Deutschen Stimme" Ausgabe Januar 2008, Seite 12 (**Beleg 12, Kategorie 1**).
„‚Nationaler Leuchtturm' in Anklam" vom 15. Januar 2008, in: www.snbp.info, abgerufen am 17. Januar 2008 (**Beleg 13, Kategorie 1**).

Der Zweck solcher Aktivitäten wird aus H.s Äußerungen ebenfalls deutlich: *„So erhöht die nationale Bewegung beständig und kontinuierlich den oppositionellen Takt gegen das herrschende BRD-System mit all seinen volksschädigenden Auswüchsen. Wenn vom Student bis zum Firmenleiter jeder seinen Platz in unseren Reihen findet, wird unsere politische Arbeit vor Ort auch weiterhin Früchte tragen."*

„Nationale Offensive weiter ausgebaut" vom 2. Januar 2010, in: www.npd-mv.de, Ausdruck vom 5. Dezember 2011 (**Beleg 75, Kategorie 1**)

Ihren Dominanzanspruch manifestiert die Antragsgegnerin nicht nur durch Präsenz und das nationale Begegnungszentrum, sondern auch durch ihr Handeln:
Beispielhaft lassen sich die Geschehnisse um eine Demonstration mit dem Titel „Gegen kinderfeindliche Bonzen – für eine lebenswerte Zukunft in unserer Heimat – Freiheit statt BRD" am 31. Juli 2010 nennen, zu der die NPD sowie die „Nationalen So-

zialisten Mecklenburg" und „Freies Pommern" gemeinsam aufgerufen hatten. An der Demonstration in der Kleinstadt nahmen ca. 250 Rechtsextremisten teil, als Redner traten die NPD-Landtagsabgeordneten *Udo Pastörs* und *Michael Andrejewski* auf.

> „Demonstration am 31. Juli 2010 in Anklam", in: www.npd-mv.de, abgerufen am 26. Juli 2010 (**Beleg 76, Kategorie 2**).
> „Vollkommen verwirrt: Wider den Anklamer Zuständen?" vom 14. Juli 2010, in: www.freies-pommern.de, abgerufen am 16. Juli 2010 (**Beleg 74, Kategorie 2**).

Im Vorfeld der Demonstration hatte die Stadt Schilder mit dem Text „Kein Ort für Neonazis" im gesamten Stadtgebiet aufgehängt. Die Reaktionen darauf demonstrieren sowohl den Dominanzanspruch der NPD als auch dessen Konsequenzen: Über Nacht wurden die rund zweihundert Plakate abgehängt, sechs Großaufsteller an den Zufahrtsstraßen zerstört und ein Transparent am Stadttor mit Farbbeuteln beworfen. Der NPD-Landesverband und der Internetauftritt „Freies Pommern", seinerzeit verantwortet vom NPD-Landtagsabgeordneten *Tino Müller*, berichteten hierüber gleichlautend wie folgt und übernehmen damit einen auf „Mupinfo" erschienenen Bericht: *„Schließlich spielte Bürgermeister G. verzweifelt seine letzten Trümpfe aus. Wenigstens sichtbare Zeichen in Form von hundert Plakaten und einigen riesigen Transparenten mit dem ebenso sinnlosen wie realitätsfernen Aufdruck ‚Kein Ort für Neonazis in Anklam' sollten das Stadtbild prägen. Diese wurden am Vortag der Demonstration entlang der Marschroute sowie der Innenstadt gut sichtbar angebracht. Allerdings zogen engagierte Bürger noch am gleichen Abend los und entfernten nahezu alle Hinterlassenschaften der demokratischen Provokation."*

> „Aktionsbericht: Erfolgreich gegen kinderfeindliche Bonzen" vom 1. August 2010, in: www.freies-pommern.de, abgerufen am 23. August 2010 (**Beleg 77, Kategorie 2**).
> „Aktionsbericht: Erfolgreich gegen kinderfeindliche Bonzen" vom 1. August 2010, in: www.npd-mv.de, abgerufen am 3. August 2010 (**Beleg 78, Kategorie 2**).

Der triumphale Ton dieser Äußerung zeigt die Selbstverständlichkeit, mit der die Antragsgegnerin die Stadt Anklam für sich beansprucht. Die Demokratie wird als „Provokation" gesehen, das Zerstören von Plakaten als Handeln „engagierter Bürger".

Auf die Spitze treibt der NPD-Landesverband diesen Anspruch in folgender Äußerung in demselben Artikel auf seiner Homepage:

„Die Stadt Anklam sollte sich nun ernsthaft überlegen, ob sie nicht doch besser klein beigibt ohne vollends ihr Gesicht zu verlieren. Und auch Noch-Bürgermeister G. wird sich über kurz oder lang damit abfinden müssen, daß seinesgleichen längst nicht mehr über den Rückhalt in der Bevölkerung verfügt, wie es die eigene Propaganda gerne darstellt. Die Hansestadt Anklam kann nämlich mit Fug und Recht als nationaler Leuchtturm bezeichnet werden."

> „Aktionsbericht: Erfolgreich gegen kinderfeindliche Bonzen" vom 1. August 2010, in: www.npd-mv.de, abgerufen am 3. August 2010 (**Beleg 78, Kategorie 2**).
> vgl. zur Bezeichnung als „nationaler Leuchtturm" auch „Wer mit der Lüge lebt, muß die Wahrheit fürchten!" vom 5. August 2010, in: www.npd-mv.de, abgerufen am 5. August 2010 (**Beleg 79, Kategorie 2**).

Die Auswirkungen dieses Dominanzanspruchs der Antragsgegnerin und seiner Realisierung belegt eine Reportage der Journalistin G. Entscheidend ist hier nicht das von ihr berichtete „Gerücht", die Plakate seien von zwei „Neonazi-Trupps" abgehängt worden. Entscheidend ist vielmehr, dass trotz der großen Anzahl der abgehängten Plakate niemand in der Stadt etwas bemerkt haben wollte, dass sich niemand fand, der Anzeige erstattete, und dass viele Geschäftsleute zuvor Angst hatten, die Plakate gegen Rechtsextremisten in ihre Schaufenster zu hängen. Besonders anschaulich sind die zitierten Aussagen des Bürgermeisters von Anklam, G.:

> „Als er im Juli bei Anklamer Einzelhändlern anfragte, ob sie eines der Protestplakate in ihr Schaufenster kleben würden, antworteten ihm selbst Geschäftsleute, die im Kommunalparlament aktiv sind: ‚Nur, wenn's alle aufhängen.' Die Demokraten, berichtet G., hätten um ihre Schaufensterscheiben gefürchtet. Als der Bürgermeister das Banner gegen rechts am Rathaus aufspannte, half ihm eine Angestellte der Stadtverwaltung. Eine ‚wirklich engagierte Frau', versichert er. Aber um keinen Preis habe sie auf einem Foto von der Aktion in der Lokalzeitung zu sehen sein wollen – aus Sorge um ihre Familie. ‚Das kann doch nicht der Weg sein', sagt der Bürgermeister. ‚Das signalisiert doch der NPD nur: Ihr habt hier die Macht!'
>
> Drei Strafanzeigen hat er erstattet, er hat an die Einwohner appelliert, der Polizei wenigstens anonym Hinweise auf die Täter zu liefern. Nichts ist passiert."

„Die Stadt ohne Zeugen" vom 4. Oktober 2010, in: www.taz.de, abgerufen am 4. Oktober 2010 (**Beleg 80, Kategorie 2**).

Der Bericht zitiert *H.*, ein früheres Mitglied des Anklamer Vereins „Bunt statt braun", mit den Worten: „Ich glaube, Angst ist hier inzwischen ein ganz, ganz wichtiger Faktor."

„Die Stadt ohne Zeugen" vom 4. Oktober 2010, in: www.taz.de, abgerufen am 4. Oktober 2010 (**Beleg 80, Kategorie 2**).

bb) Lübtheen

Ähnliche Dominanzansprüche erhebt die Antragsgegnerin für die Stadt Lübtheen bzw. für deren näheren Umkreis und versucht diese Ansprüche unter anderem durch Immobilienerwerb und den gezielten Zuzug mehrerer führender NPD-Funktionäre durchzusetzen. Dazu gehörten insbesondere der heutige NPD-Fraktionsvorsitzende im Landtag *Udo Pastörs* und seine Frau *M.*, die derzeit NPD-Mandatsträgerin in der Stadtvertretung von Lübtheen ist, der Wahlkreismitarbeiter von Udo Pastörs *T.* (ebenfalls NPD-Stadtvertreter in Lübtheen), NPD-Landesvorsitzender *Stefan Köster*, der Geschäftsführer der NPD-Fraktion im Landtag Mecklenburg-Vorpommern *G.* und der Wahlkreismitarbeiter von Stefan Köster *K.*

Vgl. *Andrea Röpke*, Gefährlich verankert, Schwerin 2015, S. 206 ff.; *Arne Lehmann*, Region Lübtheen, in: Buchstein/Heinrich (Hrsg.), Rechtsextremismus in Ostdeutschland, Schwalbach/Ts. 2010, S. 247 (254, 261 ff.).

„NPD-Basis Lübtheen – Siegeszug der braunen Siedler", in: www.spiegel.de vom 26. September 2006, (**Beleg 81, Kategorie 2**).

Das territoriale Dominanzstreben von *Udo Pastörs* wird in einer sozialwissenschaftlichen Arbeit wie folgt beschrieben: „*Sein Traum sei die Verwirklichung der Idee einer*

C. Das zweite NPD-Verbotsverfahren (2013–2017)

autarken, homogenen Siedlung, wie das Nachrichtenportal Spiegel Online berichtete. Als Beispiel hierfür gilt die umstrittene chilenische Deutschen-Siedlung ‚Colonia Dignidad', die Pastörs in den 1980er Jahren sogar zweimal besuchte. Ähnliches schwärmt ihm für Lübtheen vor, wo er rund um sein Haus im Ortsteil Benz-Briest eine Siedlung aufbauen möchte, allerdings im völkischen Sinne. Dabei handelt es sich um historischen Boden: Bereits in den 1930er Jahren stand hier eine so genannte Mustersiedlung der Nationalsozialisten."

> Arne Lehmann, Region Lübtheen, in: Buchstein/Heinrich (Hrsg.), Rechtsextremismus in Ostdeutschland, Schwalbach/Ts. 2010, S. 247 (263).

Der gezielte Immobilienerwerb im gesamten Raum Lübtheen führte unter anderem dazu, dass im Stadtzentrum am Thälmannplatz eine prominente Immobilie von der Antragsgsgegnerin genutzt wird, in der sie unter anderem ein Bürgerbüro sowie die Bundesgeschäftsstelle der JN eingerichtet hat.

> *Andrea Röpke*, Gefährlich verankert, Schwerin 2015, S. 206 ff.;
> vgl. auch „Völkisch-radikale Enklave im Nordosten", in: www.endstation-rechts.de (**Beleg 82, Kategorie 2**); „Auf den Punkt getroffen", in: www.mupinfo.de, 9. März 2013, abgerufen am 11. März 2013 (**Beleg 83, Kategorie 2**).

Zudem unternehmen Mitglieder und Anhänger der Antragsgegnerin umfangreiche Anstrengungen zur Verankerung in der Mitte der Gesellschaft: Dies geschieht nicht nur durch intensive kommunalpolitische Aktivitäten, sondern etwa auch durch die Beteiligung von NPD-Mitgliedern und Anhängern an der Gründung des Vereins „Sportfreunde Griese Gegend e. V.". So finden in der genannten Immobilie der NPD unter dem Titel „Kulturraum Lübtheen" Vorträge statt: etwa zu Themen wie „Brauchtumspflege als Bestandteil des Volkstums" oder ein Vortrag des damaligen NPD-Landtagsabgeordneten S. zum Thema „Europa am Abgrund!".

> Kulturraum Lübtheen, Einladungen zu „Brauchtumspflege als Bestandteil des Volkstums" und „Europa am Abgrund" (**Beleg 84, Kategorie 2**).
> vgl. zum Kulturraum Lübtheen auch „Völkisch-radikale Enklave im Nordosten", in: www.endstation-rechts.de (**Beleg 82, Kategorie 2**).

Für den 10. März 2013 wurde in derselben Immobilie vom Verein „Sportfreunde Griese Gegend e. V." auch zu einem „Nervendruckseminar" eingeladen, das an „Frauen und Ordnungskräfte innerhalb der Bewegung" gerichtet war. Bei „Nervendruckseminaren" kann man nach einer Pressedarstellung unter anderem Angriffe lernen, die „ganz ohne sichtbare Wunden zu starken Schmerzen, Lähmungen und gar zur Bewusstlosigkeit führen" können.

> Sportfreunde Griese Gegend e. V., Nervendruckseminar, angekündigt für den 10. März 2013 (**Beleg 85, Kategorie 2**).
> Vgl. zu dem Nervendruckseminar in Lübtheen sowie zur NPD-Nähe des Vereins „Sportfreunde Griese Gegend e. V.": „Nazis lernen ‚sanften' Angriff", in: www.taz.de, 7. März 2013, abgerufen am 10. August 2015, (**Beleg 86, Kategorie 2**)

Zur Manifestation des Dominanzanspruchs zeigt die Antragsgegnerin Präsenz bei örtlichen Veranstaltungen – auch wenn diese gegen Rechtsextremismus gerichtet sind. So erschienen *Udo Pastörs*, *T.* und *K.* bei einem von einer Bürgerinitiative gegen Rechtsextremismus veranstalteten „Lindenfest" unter dem Motto „Demokratie braucht DICH" am 18. September 2010. Sie verteilten Flugblätter und ließen NPD-Ballons in die Höhe steigen. Die Aktion wurde vom rechtsextremistischen Internetportal „Mupinfo" wie folgt kommentiert: *„Dies zeigt einmal mehr mit aller Deutlichkeit, daß die Nationalisten aus dem Stadtbild Lübtheens einfach nicht mehr wegzudenken sind und im wahrsten Sinne des Wortes aus der Mitte des Volkes kommen."*

> „Braune haben bessere Laune" vom 18. September 2010, in: www.mupinfo.de, abgerufen am 20. September 2010 (**Beleg 87, Kategorie 2**).
> Vgl. für eine ähnliche Aktion: Chronik-Fotos aus dem Album der NPD-Fraktion im Kreistag Ludwigslust-Parchim vom 30. August 2013, in: www.facebook.com, abgerufen am 6. September 2013 (**Beleg 88, Kategorie 2**).

Der Dominanzanspruch zeigt sich gegenüber politischen Gegnern aber auch durch aggressive Einschüchterungsversuche. Dazu gehören das Verfolgen und Fotografieren von Personen durch Rechtsextremisten, Beschimpfungen und gezielte Kampagnen auf Flugblättern sowie unterschwellige Drohungen.

> Beweis zu alledem: Zeugnis der Bürgermeisterin von Lübtheen *L.*, zu laden über den Bundesrat, Leipziger Straße 3–4, 10117 Berlin.

Voll realisieren kann die Antragsgegnerin ihren Dominanzanspruch nicht – auch wegen umfangreicher Aktivitäten einer von der Bürgermeisterin initiierten Bürgerinitiative gegen Rechtsextremismus. Dennoch ist die NPD in Lübtheen nach Einschätzung von Bürgermeisterin *L.* *„durch ständige Präsenz ein Stück Normalität"* geworden. Zugleich führen das Wirken der Antragsgegnerin und ihre weithin bekannte Vernetzung mit anderen rechtsextremistischen Kräften aus Sicht der Bürgermeisterin zu Ängsten in der Bevölkerung, die demokratisches Handeln beeinträchtigen. Es bestünden Hemmungen, sich frei politisch zu äußern – insbesondere, etwas Negatives über *Udo Pastörs* oder seine Anhänger öffentlich zu sagen.

> Gespräch eines Verfahrensbevollmächtigten mit Bürgermeisterin *L.* am 30. Juli 2015, zu laden über den Bundesrat, Leipziger Straße 3–4, 10117 Berlin; vgl. zur Verankerung in der Gesellschaft auch *Arne Lehmann,* Region Lübtheen, in: Buchstein/Heinrich (Hrsg.), Rechtsextremismus in Ostdeutschland, Schwalbach 2010, S. 247 (277 ff.).

Auf der seinerzeit von NPD-Landtagsmitglied *David Petereit* verantworteten Internetseite „Mupinfo" wurden die Fortschritte bei der Realisierung territorialer Dominanzansprüche in Lübtheen und Umgebung wie folgt bewertet: *„In der griesen Gegend sind NPD und volkstreue Bewegung aus dem öffentlichen Leben längst nicht mehr wegzudenken. Kultur und Sport, Politik und soziales Engagement sind die Felder, auf denen sich die Nationalisten engagieren. Die Gegend rund um Lübtheen besitzt längst Modellcharakter. Hier befinden sich mehrere Objekte in deutscher Hand, wo u. a. Udo Pastörs sein Bürgerbüro betreibt. Es wurde bereits vorgeschlagen, den Ernst-Thälmann-Platz in Adolf-Hitler-Platz umzubenennen – wohlgemerkt vom ewig nörgelnden, politischen Gegner!"*

> „Auf den Punkt getroffen", in: www.mupinfo.de, 9. März 2013, abgerufen am 11. März 2013 (**Beleg 83, Kategorie 2**).

Anklam und Lübtheen sind nur zwei markante Beispiele für die besonders klare öffentliche Artikulierung von Dominanzansprüchen durch die Antragsgegnerin und für die vorgenommenen Schritte zu ihrer Realisierung. Solche Vorgänge gibt es auch in anderen Orten, die im Folgenden noch genannt werden – teilweise mit noch gravierenderen Konsequenzen.

Die zitierten Äußerungen („Modellcharakter") zeigen zudem, dass die Antragsgegnerin eine kontinuierliche Ausweitung ihrer Dominanzansprüche anstrebt: Quantitativ möchte sie – analog zu den genannten Beispielen – möglichst viele Orte auf den Weg rechtsextremer Dominanz bringen. Qualitativ möchte sie noch weiter gehen: Das Ziel ist, Lübtheen, Anklam und andere Orte noch stärker zu prägen, um eine Dominanz zu verwirklichen, wie sie bisher nur in Jamel zu finden ist. Am Ende soll die Demokratie zugunsten des „nationalen Aufbaus" weichen. So schreibt die Internetseite „Mupinfo" des NPD-Landtagsmitglieds *David Petereit*: *„Jamel hat also durchaus Symbolcharakter und wenn es so weiter geht, dann gibt es bald nicht nur zwei, drei oder vier Orte wie Jamel, [...] sondern dutzende und womöglich hunderte Orte, in denen demokratischer Verfall der nationalen Aufbauarbeit weicht."*

„Exportschlager Jamel", in: www.mupinfo.de, 9. Januar 2011 (**Beleg 89, Kategorie 2**).

c) Dominanz durch physische Präsenz und Infragestellung des staatlichen Gewaltmonopols

Die Realisierung des Dominanzanspruchs der Antragsgegnerin erfolgt auch durch reale oder angekündigte physische Präsenz, die gegen Minderheiten und Andersdenkende gerichtet ist.

Beispiele hierfür sind Aufrufe zur Bildung von Bürgerwehren sowie der „NPD-Ordnungsdienst".

aa) Aufrufe und Initiativen zur Gründung von „Bürgerwehren"

Aufrufe zur Gründung von „Bürgerwehren" erfüllen nicht nur einen propagandistischen Zweck; vielmehr gelingt es der NPD in Regionen mit fest etablierten Parteistrukturen durchaus, solche Ideen zu konkretisieren und Anhänger dafür zu mobilisieren. Der „Bürgerwehr"-Gedanke kombiniert mehrere Aspekte, die zur Schaffung einer Einschüchterung von Minderheiten und Gegnern beitragen: Die NPD gibt vor, die Interessen der Mehrheit des Volkes zu wahren und diese zu vertreten; gleichzeitig stellt sie bestimmte Minderheiten pauschal als Sicherheitsrisiko dar und unternimmt konkrete Schritte, um diese einzuschüchtern. Darüber hinaus diffamiert die Antragsgegnerin nicht nur den Staat, der angeblich seinem Schutzauftrag nicht nachkommt, sondern stellt auch das staatliche Gewaltmonopol in Frage. Dies mündet schließlich in die Forderung, die Ordnung des Grundgesetzes revolutionär zu überwinden.

Dass die Bildung von Bürgerwehren in diesem Kontext steht, offenbart sich etwa in einem Redebeitrag von *H.* auf einer NPD-Kundgebung in Kirchardt (Baden-Württemberg):

„Wir brauchen keine Schwätzer oder Stammtischproleten. Wir brauchen wieder Männer wie Albert Leo Schlageter, wir brauchen Revolutionäre. Wenn eine Regierung bzw.

ein Staat nicht mehr für die Sicherheit und Freiheit des eigenen Volkes garantieren kann, dann müssen wir das selber in die Hand nehmen. Organisiert euch, engagiert euch politisch, werdet aktiv im nationalen Widerstand oder bildet Bürgerwehren, holt euch euer Land zurück!"

> H., Videoaufzeichnung seines Redebeitrags bei einer NPD-Kundgebung in Kirchardt am 20. Oktober 2012 (**Beleg 90, Kategorie 1**).

Der von H. erwähnte *Albert Leo Schlageter* war während der Ruhrbesetzung Mitglied mehrerer Freikorps, wurde u. a. wegen Sprengstoffanschlägen verurteilt und im Nationalsozialismus als „erster Soldat des Dritten Reiches" verehrt.

Die NPD greift insbesondere im Vorfeld von Wahlen unter Verweis auf eine vermeintlich sich unablässig verschlechternde Sicherheitslage auf das Thema „Bürgerwehr" zurück. Vor der Landtagswahl am 30. August 2009 stellte sich die sächsische NPD hinter eine in der Gemeinde Bärenstein (Erzgebirgskreis) initiierte „Bürgerwehr". Der Staat könne in diesem „Notstandsgebiet" angesichts der im Zuge der Grenzöffnung zu Polen und Tschechien explodierenden Kriminalität sein Gewaltmonopol nicht mehr durchsetzen, was die Bürger zur „Selbsthilfe" zwinge.

> NPD Sachsen: „Grenzkriminalität: Der Erzgebirgskamm wird zum Notstandsgebiet", in: www.npd-sachsen.de vom 29. Juli 2009, abgerufen am 7. April 2014 (**Beleg 91, Kategorie 2**).

Die beiden damaligen Leipziger NPD-Stadträte U. und G. warben im September 2010 für eine antiziganistisch motivierte „Bürgerwehr" im Leipziger Stadtteil Volkmarsdorf.

> „Multi-Kulti-Terror in Leipzig-Volksmarsdorf – NPD-Stadträte begrüßen geplante Gründung einer Bürgerwehr", in: www.npd-leipzig.net vom 1. September 2010, abgerufen am 26. Mai 2015 (**Beleg 92, Kategorie 1**).

Vor der Bürgermeisterwahl am 22. April 2012 in der Gemeinde Schöneiche (Landkreis Oder-Spree; Brandenburg) versuchte die NPD-Bürgermeisterkandidatin K. mit der Durchführung von „Bürgerstreifen" und „Patrouillen", an denen sich unter ihrer Leitung neben Parteiaktivisten auch „freie Kräfte" beteiligt hätten, Medienaufmerksamkeit zu erzielen.

> NPD Schöneiche: „Bürgerwehr in Aktion", in: www.npd-schoeneiche.de vom 17. Januar 2012 (**Beleg 93, Kategorie 2**).
> NPD Brandenburg: „Schöneiche: NPD sorgt künftig für Sicherheit im Ort", in: www.npd-brandenburg.de vom 19. Januar 2012 (**Beleg 94, Kategorie 2**).
> NPD-Schöneiche: „Bürgerwehr wieder in Aktion", in: www.npd-schoeneiche.de vom 3. März 2012 (**Beleg 95, Kategorie 2**).

Am 4. September 2013 rief die Berliner NPD in aggressiver Weise zur Bildung einer „Antigewalt-Bürgerwehr Marzahn-Hellersdorf" auf. In dem Aufruf hieß es:

„Um die LINKEN Straftäter unter antikriminellen Druck zu setzen, ist die Bildung einer Antigewalt-Bürgerwehr notwendig. Weil der Staatsapparat offenkundig seine rechtsstaatliche Pflicht nicht erfüllen darf und die Gewalttäter dem Rechtsstaat entzogen werden, kann nur durch aktives Bürgerhandeln Schutz vor LINKER Gewalt erreicht werden. [...]

C. Das zweite NPD-Verbotsverfahren (2013–2017)

Hellersdorf muß befreit werden von:
LINKEN – GEWALT – ASYLANTEN!"

NPD Berlin: „Hellersdorf wehrt sich! – Antigewalt-Bürgerwehr Marzahn-Hellersdorf bilden!", in: www.npd-berlin.de vom 4. September 2013 (**Beleg 96, Kategorie 2**).

Der Aufruf musste nach einer polizeilichen Ordnungsverfügung von den Internetpräsenzen der Berliner NPD entfernt werden. Wörtlich heißt es in der Löschungs- und Unterlassungsverfügung vom 6. September 2013:

„Der Aufruf begründet die konkrete Gefahr, dass es durch die Forderung der Vertreibung der betroffenen Personengruppen aus dem Bezirk durch Bürgerwehren zu erheblichen Straftaten kommt. Dies gilt umso mehr, als durch die Stigmatisierung der Betroffenen zu Hass gegen diese aufgestachelt und die Ordnungsfunktion der Polizei negiert wird."

Polizeipräsident Berlin, Unterlassungsverfügung vom 6. September 2013 (**Beleg 97, Kategorie 2**).

Analog zum allgemeinen Agitations- und Kampagnenschwerpunkt der NPD, der sich seit 2013 deutlich verstärkt auf Asyl- und Migrationsfragen konzentriert, wird die Erforderlichkeit von „Bürgerwehren" auch mehr und mehr mit vermeintlich von diesen Bevölkerungsgruppen ausgehenden Gefahren begründet (zur Anti-Asyl-Agitation insgesamt siehe unten Frage 2. [S. 426]). Der stellvertretende NPD-Landesvorsitzende von Rheinland-Pfalz *Safet Babic* verlangte im März 2015 – pauschal Asylbewerber verunglimpfend – die Organisation von „Bürgerwehren" gegen „Brandmörder und Vergewaltiger".

Safet Babic, „Gegen Brandmörder und Vergewaltiger – Bürgerwehr organisieren!", in: www.facebook.com/rlp.npd, Eintrag vom 17. März 2015 (**Beleg 98, Kategorie 1**).

Der Kreisvorsitzende der NPD Ingolstadt, *F.*, kündigte in einem offenen Brief an den Oberbürgermeister die Gründung einer „Bürgerwehr" an. Hellhäutige Frauen seien für Asylbewerber, die *„Schutzbefohlenen"* des Bürgermeisters, ein *„begehrtes Statussymbol"*. Wörtlich äußerte *F.*: „*In etlichen Fällen wurden die Frauen von den Asylbewerbern bis zu ihrer Haustüre verfolgt. Da es von Seiten der Polizei und des Ordnungsamts keinerlei Schutz für die eigene Bevölkerung gibt, habe ich mich entschlossen Ihnen mit der Gründung einer Bürgerwehr entgegen zu kommen. Diese soll in der Altstadt patrouillieren, um den einheimischen Frauen die aufdringlichen Fremden vom Halse zu halten.*"

F., Offener Brief an den Oberbürgermeister von Ingolstadt, in: www.facebook.com/Ingol stadtNPD, Eintrag vom 4. Mai 2015 (**Beleg 99, Kategorie 1**).

bb) Die „Bürgerwehr Güstrow"

Am Beispiel der Stadt Güstrow lässt sich verdeutlichen, wie NPD-Funktionsträger versuchen, durch einen eskalierenden Mitteleinsatz ein Klima der Angst und Einschüchterung zu fördern. Begünstigt wird dies in Güstrow durch die Präsenz landespolitischer Führungskräfte auf kommunaler Ebene sowie kommunale Mandate. Für die Aktivitäten in Güstrow prägend sind insbesondere *M.*, NPD-Kreistagsmitglied von Mai 2014 bis März 2015, und *K.*, NPD-Stadtvertreter von 2009 bis 2015. *M.* ist unter anderem wegen eines vom Gericht als „brutal" qualifizierten Überfalls auf einen Jugendclub vorbestraft.

Amtsgericht Güstrow, Urteil vom 14. Dezember 2010, Az. 922 Ls 114/09 (**Beleg 100, Kategorie 1**).

Zudem wurde in der Presse über eine Bedrohung der Leiterin einer Flüchtlingsunterkunft durch *M.* berichtet.

Vgl. Ostsee-Zeitung vom 18. Oktober 2014: „NPD-Mitglied zu Bewährung verurteilt" (**Beleg 101, Kategorie 1**).

Im März 2015 wurde unter Mitwirkung *M.s* eine „Bürgerwehr Güstrow" gegründet, die zeitweise über einen gleichnamigen Facebookauftritt verfügte.

www.facebook.com/pages/Bürgerwehr-Güstrow, abgerufen am 15. April 2015 (**Beleg 102. Kategorie 2**).

Diese Gründung steht im Kontext einer fremdenfeindliche Ressentiments gegen Migranten schürenden Agitation der NPD in Güstrow in den vergangenen zwei Jahren. So fand am 23. März 2013 eine Demonstration unter dem Motto „Einmal Deutschland und gleich zurück! Kein Asylantenheim in Dettmannsdorf und anderswo!", an der *M.* als Bannerträger teilnahm.

Titelbild *M.* (am Transparent zweite Person von links), in: www.facebook.com/14nils88, abgerufen am 16. April 2015 (**Beleg 103, Kategorie 1**).

Im Laufe des Jahres 2014 versuchten *K.* und *M.* als Initiatoren oder Teilnehmer von Demonstrationen und Mahnwachen, die fremdenfeindliche Stimmung gegen Asylbewerber und Migranten in Güstrow und im benachbarten Bützow weiter zu forcieren. Beispielhaft sei auf folgende Veranstaltungen verwiesen:

- Demonstration „Bürgerinitiative ‚Bützow wehrt sich'" am 19. Juli 2014 in Bützow;

  „‚Bürgerdemo' in Bützow: Ohne NPD geht nichts" vom 19. Juli 2014, in: www.endstationrechts.de, abgerufen am 21. Juli 2014 (**Beleg 104, Kategorie 1**).

- Mahnwache „Heimat schützen – Überfremdungswahn stoppen!" am 27. September 2014 auf dem Güstrower Pferdemarkt;

  „Wir wollen als Deutsche unter Deutschen leben!" – Mahnwache gegen den anhaltenden Überfremdungswahn in Güstrow" vom 28. September 2014, in: logr.org/derstaatsstreich, abgerufen am 30. September 2014 (**Beleg 105, Kategorie 2**).

- Fackelmarsch „Kinder sind unsere Zukunft" am 18. Oktober 2014, angemeldet von *K.* unter Bezugnahme auf den Veranstalter *M.*;

  „‚Die Zukunft unserer Kinder sichern' – Fackelmarsch gegen den anhaltenden Überfremdungswahn in Güstrow" vom 26. Oktober 2014, in: logr.org/derstaatsstreich, abgerufen am 27. Oktober 2014 (**Beleg 106, Kategorie 2**).

  E-Mail von *K.* an die Versammlungsbehörde vom 14. Oktober 2014 (**Beleg 107, Kategorie 1**).

- Mahnwachen in Güstrow am 13. Dezember 2014 in Güstrow unter dem Motto „Heimat schützen – Überfremdungswahn stoppen";

  PI Güstrow: Kurzinformation über ein Ereignis der polizeilichen Lage (**Beleg 108, Kategorie 1**).

Am 4. und 8. April 2015 patrouillierte die „Bürgerwehr" in der Güstrower Innenstadt. Im Zusammenhang mit der ersten Patrouille kontrollierte die Polizei insgesamt 27 Personen. Der zweite „Streifengang" soll mit rund zehn Teilnehmern durchgeführt worden sein. Die Patrouillen fanden in der lokalen Presse beträchtliche mediale Aufmerksamkeit und wurden als neue Einschüchterungsstufe gegen Einwanderer und politisch Andersdenkende gewertet.

> Güstrower Anzeiger: „Rechtsextreme ‚Bürgerwehr'" vom 6. April 2015 (**Beleg 109, Kategorie 2**).
> Schweriner Volkszeitung: „Rechtsextreme ‚Bürgerwehr'" vom 7. April 2015 (**Beleg 110, Kategorie 2**).
> Ostseezeitung, Bad Doberaner Zeitung: „Minister alarmiert: ‚Erste rechte ‚Bürgerwehr' patrouilliert in MV'" vom 7. April 2015 (**Beleg 111, Kategorie 2**).
> Nordkurier: „Rechte ‚Bürgerwehr' verunsichert Anwohner" vom 10. April 2015 (**Beleg 112, Kategorie 2**).
> Nordkurier: „Wenn zwielichtige Bürgerwehren patrouillieren" vom 24. April 2015 (**Beleg 113, Kategorie 2**).

Bei Durchsuchungsmaßnahmen der Zollfahndung sollen in *M.s* Wohnräumen am 31. März 2015, also kurz vor den Patrouillen in Güstrow, Elektroschocker und Teleskopschlagstöcke in erheblicher Anzahl gefunden und sichergestellt worden sein. Derzeit wird diesbezüglich polizeilich gegen ihn ermittelt.

> „Kurz vor ‚Bürgerwehr'-Patrouille: NPD-Mann hortete Schlagstöcke und Elektroschocker" vom 16. April 2015, in: www.endstation-rechts.de, abgerufen am 17. April 2015 (**Beleg 114, Kategorie 1**).

Am 30. Mai 2015 war *M.* an einer Auseinandersetzung mit dem politischen Gegner am Rande einer Flüchtlingsdemonstration beteiligt, die unter dem Motto „Wir wollen Frieden und Glück" in Güstrow veranstaltet wurde. *M.* und weitere Rechtsextremisten warfen u. a. mit Stühlen eines Cafés. Auch diesbezüglich laufen Ermittlungsverfahren.

> „NPD-Stadtvertreter vermummt: Neonazi-Attacke auf Flüchtlings-Demo vereitelt" vom 30. Mai 2015, in: www.endstation-rechts.de, abgerufen am 10. August 2015 (**Beleg 115, Kategorie 1**).

cc) NPD-Ordnungsdienst

Die Antragsgegnerin verfügt über einen „Ordnungsdienst", der insbesondere bei Demonstrationen und anderen Veranstaltungen in Erscheinung tritt. Hier trifft eine dominante physische Präsenz der Partei im öffentlichen Raum zusammen mit einschüchterndem Vorgehen gegen politische Gegner (insbesondere Gegendemonstranten).

Im Jahr 2011 wurde *K.*, der zugleich stellvertretender JN-Bundesvorsitzender war, in den Bundesvorstand gewählt und dort für den Ordnungsdienst verantwortlich. Seine Personalpolitik für den Ordnungsdienst beschrieb er im Oktober 2011 wie folgt: *„Es ist richtig, dass wir als JN oft gute und enge Verbindungen zu freien Gruppen pflegen. […] Deshalb will ich zukünftig im Falle meiner Wahl in den NPD-Parteivorstand auch dazu meinen Beitrag leisten, erfahrene Aktivisten aus allen Bereichen des nationalen Lagers für* einen bundesweiten Ordnungsdienst/Sicherheitsdienst (OD) zu begeistern und sie für die Arbeit im OD zu gewinnen."

> K. im Interview „Ein einheitlicher, vor allem zukunftsfähiger Weg muss her", www.jn-buvo.de vom 19. Oktober 2011 (**Beleg 116, Kategorie 1**)

Die Wirkungsweise dieses Ordnungsdienstes wird von der Politologin und Journalistin *Andrea Röpke*, die seit Jahren in der rechtsextremistischen Szene recherchiert, wie folgt beschrieben:
„Geschickt versucht der Ordnungsdienst, das Gewaltmonopol des Staates auszuhebeln und bei Demonstrationen Selbstjustiz auszuüben. So wird immer wieder von einem angeblichen Recht auf Notwehr Gebrauch gemacht und Medienvertreter bei der Ausübung ihrer Arbeit angegriffen. ‚Mitmachen darf, wer eine sportliche Grundhaltung besitzt, sich dem Willen zum Dienst verpflichtet und damit seine eigenen Interessen unter den Dienst des Gemeinschaftswillen stellt', heißt es in einem Werbeblatt der Ordner. Dank der straffen Truppe, die als Sammelbecken junger Kader gilt, können sich hierarchische Strukturen verfestigen, warnen auch die OpferberaterInnen von Lobbi e.V., die das Vorgehen bei öffentlichen Anlässen seit Jahren beobachten."

> *Andrea Röpke, „Braune Gewalt" in: Die Zeit vom 24. Juni 2015,* (**Beleg 117, Kategorie 1**)

In ähnlicher Weise beschreibt auch das Internetportal „Endstation Rechts" das Vorgehen und die hierarchische Struktur des Ordnungsdienstes: *„Auf Demonstrationen ist der Ordnungsdienst mittlerweile leicht auszumachen: Seine Mitglieder sind meist sportlicher Figur, mit Ordner-Binde am Arm und Funkknopf im Ohr ausgestattet, führen sie Befehle und Weisungen aus. Vor dem Beginn des Umzuges versammeln sie sich abseits des Geschehens und stehen stramm, während sie von K. eine Einweisung erhalten. Offiziell soll der Ordnungsdienst maßgeblich für die Begleitung der Aufmärsche verantwortlich sein und vor allem positiv auf die Disziplin der ‚eigenen Leute' einwirken. Für den Schutz von außen sei hingegen die Polizei zuständig. In der Realität offenbart sich jedoch ein anderes Bild. Der Versuch der Ordnungstruppe, der Polizei das Gewaltmonopol abzuringen, um folglich als Exekutive nach außen aufzutreten und GegendemonstrantInnen oder JournalistInnen zu bedrängen, glückt zunehmend. Die BeamteInnen in Mecklenburg-Vorpommern lassen dies oft unbemerkt geschehen."*

> „Geordnete Gewalt", in: www.endstation-rechts.de vom 16. Januar 2014, (**Beleg 118, Kategorie 1**); auch in: lobbi-mv.de (**Beleg 119, Kategorie 1**).

Nach Recherchen der Journalistin *Andrea Röpke* hat K. in Mecklenburg-Vorpommern eine führende Rolle innerhalb des Ordnungsdienstes. *Röpke* charakterisiert ihn wie folgt: *„In den 1990er Jahren organisierte er als ‚Führer von Greifswald' Wehrsportlager. Der mehrfache Familienvater brachte sich bis zum Verbot 2009 maßgeblich in der verfassungsfeindlichen ‚Heimattreuen Deutschen Jugend' (HDJ) mit ein, die Kinder und Jugendliche nach dem Vorbild der Hitlerjugend und soldatischen Idealen erzog. K.s Zöglinge gelten als ideologisch besonders gefestigt, diszipliniert und gewaltbereit."*

> *Andrea Röpke, „Braune Gewalt" in: Die Zeit vom 24. Juni 2015* (**Beleg 117, Kategorie 1**).

C. Das zweite NPD-Verbotsverfahren (2013–2017)

Der Ordnungsdienst wird mit mehreren Übergriffen auf Gegendemonstranten – etwa in Lingen und in Aschaffenburg im Jahr 2013 – in Verbindung gebracht.

> „Gewalt im Wahlkampf: NPD-Ordnerdienst greift Gegendemonstranten an", 13. Januar 2013, in: blog.zeit.de, abgerufen am 8. August 2015 (**Beleg 120, Kategorie 1**).
> Andrea Röpke, „Braune Gewalt" in: Die Zeit vom 24. Juni 2015, (**Beleg 117, Kategorie 1**).
> Vgl. zum Vorfall in Aschaffenburg: Nordkurier: „NPD-Anhänger aus MV randalieren in Bayern" vom 18. September 2013 (**Beleg 121, Kategorie 1**).

Bei der Wahlkampfveranstaltung in Lingen am 11. Januar 2013 beteiligte sich auch der NPD-Landesvorsitzende *Sebastian Schmidtke* an gewalttätigen Auseinandersetzungen mit Gegendemonstranten. Sie wurden in einem Video eines Lokalsenders dokumentiert.

> Videobeitrag des Lokalsender evl.tv (**Beleg 122, Kategorie 1**).
> „Wahlkampftour in Niedersachsen: Berliner NPD-Chef greift Gegendemonstranten an", in: www.endstation-rechts.de vom 15. Januar 2013, eingesehen am 16. Januar 2013 (**Beleg 123, Kategorie 1**).

Das oben genannte „Nervendruckseminar" in Lübtheen war explizit an „Ordnungskräfte der nationalen Bewegung gerichtet".

> Vgl. oben S. 34 [S. 374].

d) Dominanzansprüche der NPD-Jugendorganisation „Junge Nationaldemokraten" (JN)

Die JN verbalisieren einen territorialen Dominanzanspruch provokativ und offensiv. Dabei verwenden sie kommunikative, demonstrative und solche Mittel, die den Bereich des rein geistigen Meinungskampfes verlassen oder zum Umsturz aufrufen.

Rein kommunikative Formen sind die Verteilung und das Anbringen von Aufklebern oder das Sprühen von Graffitis, die beispielsweise das Organisationslogo und den Text *„Unser Kiez. Unsere Stadt und unsere Regeln"* enthalten.

> Vgl. Aufkleber „Unser Kiez", V. i. S. d.P.: *K.*, in: www.frontdienst.de vom 17. Mai 2013 (**Beleg 124, Kategorie 2**) und Fotoeintrag auf dem Facebookprofil des *M.* vom 20. März 2013 (**Beleg 125, Kategorie 2**).

Die JN widmen jedoch auch Demonstrationen diesem territorialen Vormachtanspruch. Eine Demonstration am 20. September 2014 in Erfurt stand unter der Losung *„Hol dir deine Stadt zurück! In Erfurt sicher leben!"*. Der JN-Stützpunkt Leipzig bewarb diese Veranstaltung mit folgendem Aufruf:

„+++ HOL DIR DEINE STADT ZURÜCK! + + +

Wir wollen und werden uns nicht damit abfinden, dass unsere Stadt mehr und mehr in die Hände von Kriminellen fällt. Bandenbildung, Ausbreitung von Modedrogen und spürbare Überfremdung sind die Indikatoren der zunehmenden Verwahrlosung, die unser Erfurt befällt. Bekämpfen wir gemeinsam diese drohenden Zustände [...].

Schöner Leben ohne Kriminalität – Widerstand leisten – Nationale Freiräume erkämpfen!"

> JN Leipzig: Facebookeintrag vom 14. September 2014, in: www.facebook.com/jungenationalistenleipzig, abgerufen am 15. September 2014 (**Beleg 126, Kategorie 2**).

Ähnlich äußerten sich die saarländischen JN. Im Oktober 2014 veröffentlichten sie auf ihrer Facebook-Seite folgenden Eintrag:
> „Genug ist Genug!
> Unser Land, unsere Regeln!
> !!!! RECONQUISTA !!!!"

> JN Saar: Facebookeintrag vom 13. Oktober 2014, in: https://de-de.facebook.com/jnsaar (**Beleg 127, Kategorie 2**).

Der sächsische JN-Landesverband führte im Sommer 2014 unter dem Motto „*Weg mit dem Drogendreck*" eine auf Jugendliche zugeschnittene Kampagne mit einem „Platzhirsch" als Maskottchen durch. Im Juli 2014 traten die JN mit vorgeblich gegen Drogenkonsum gerichteten öffentlichkeitswirksamen Aktionen in zahlreichen sächsischen Städten, darunter Bautzen, Döbeln, Plauen und Leipzig, in Erscheinung. Dabei überschritten sie die Mittel des geistigen Meinungsstreits, indem sie – wie ein von den JN veröffentlichtes Video sowie etliche Facebookeinträge dokumentieren – den Unterricht störten und Propagandamaterial verteilten.

> JN Sachsen: Video, in: www.facebook.com/JnSachsen vom 8. Juli 2014 (**Beleg 128, Kategorie 2**).
> JN Sachsen: Facebookeintrag „Tag 3: Heute startet unsere Anti-Drogen-Tour in Döbeln.", in: www.facebook.com/JnSachsen vom 9. Juli 2014 (**Beleg 129, Kategorie 2**).
> JN Sachsen: Facebookeintrag zur Aktion in Plauen, in: www.facebook.com/JnSachsen vom 7. Juli 2014 (**Beleg 130, Kategorie 2**).
> JN Sachsen: Facebookeintrag „Der Platzhirsch in Bautzen", in: www.facebook.com/jnostsachsen vom 10. Juli 2014 (**Beleg 131, Kategorie 2**).
> JN Sachsen: Facebookeintrag „Platzhirsch Zeugnisse in Leipzig", in: www.facebook.com/JnSachsen vom 18. Juli 2014 (**Beleg 132, Kategorie 2**).

Begleitend zur genannten Kampagne veröffentlichten die JN im Sommer 2014 mit einer Auflage von 10.000 Stück

> vgl. dazu Jürgen Gansel, „NPD-Jugend startet Kampagne ‚Weg mit dem Drogendreck'", in: www.npd-sachsen.de vom 4. Juli 2014; abgerufen am 7. Juli 2014 (**Beleg 133, Kategorie 2**).

eine Publikation mit dem Titel „*Platzhirsch – Der Schülersprecher*", die an Jugendliche verteilt und im Internet zum Download angeboten wurde. Darin fanden sich nicht nur Wahlwerbung für die NPD, sondern auch folgende Sätze:

> „*Ein Platzhirsch verteidigt sein Revier. […] Unser Volk ist meine Gemeinschaft und unser Vaterland meine Heimat. In der heutigen Zeit sind diese jedoch einigen Gefahren ausgesetzt. Wir erleben eine massive Überfremdung durch Masseneinwanderung jenseits von Gut und Böse. Unsere Kultur, unsere Identität und die Vielfalt innerhalb unserer Nationen steht auf dem Spiel. Vor allem der Islam zeigt sich als besonders invasorisch und verdrängt uns bewusst, um Herrschaft und Macht zu begründen. Doch aus einem falschen Schuldkomplex und durch die Propagandamaschinerie der Massenmedien regt sich kaum Widerstand in unserem Land. Wir schaffen uns tatsächlich ab.*
> *Ich stehe als Verteidiger meiner Heimat aber nicht nur kulturfremden Eindringlingen gegenüber. Unsere Natur leidet unter steigender Umweltverschmutzung, Familien werden durch Homo-Ehen und Gender-Ideologien verdrängt.*"

JN Sachsen: Publikation „Platzhirsch – Der Schülersprecher", V. i. S. d.P.: *R*. (**Beleg 134, Kategorie 2**).

Dass der Dominanzanspruch der JN so weit geht, die freiheitliche demokratische Grundordnung abzuschaffen und durch ihre „eigenen Regeln" ersetzen zu wollen, zeigt eine Rede von *S* bei der Abschlussdemonstration der JN-Kampagne *„Sag was du denkst"* am 4. Oktober 2014 in Döbeln (Sachsen): *„Die Bundesrepublik ist nichts anderes, als ein System, das den Ausverkauf des deutschen Volkes auf seine Fahnen geschrieben hat. Diejenigen, die hier regieren, das sind die Leute, die diesen Ausverkauf am besten für sich nutzen. [...]*

In Deutschland gelten unsere Regeln! Dies ist unser Land! Und das nimmt uns niemand! Kein Kapitalist, kein Ausländer, kein Polizeipräsident, kein Bürgermeister, kein Landtag, kein Bundestag, kein Bundespräsident! [...] Die Entscheidung über Deutschlands Zukunft passiert nicht mit dem Wahlzettel, wird nicht in einer Wahlkabine entschieden, sondern lebt von dem Zusammenhalt von deutschen Menschen. In diesem Sinne: Nichts für uns – alles für ein freies, nationales und sozialistisches Deutschland!"

S.: Redebeitrag in Döbeln am 4. Oktober 2014 (**Beleg 135, Kategorie 1**)

2. Beispiele für Einschüchterung, Bedrohung und Angriffe auf den politischen Gegner

Über das allgemeine Dominanzstreben hinaus ist die Antragsgegnerin für konkrete und unmittelbare Einschüchterungen von politischen Verantwortungsträgern verantwortlich: Das Spektrum der Aktivitäten beginnt bei der wohlwollenden Kommentierung von oder der Aufforderung zu Angriffen, reicht über persönliche Bedrohungen politischer Gegner und Störungen von deren Aktivitäten und führt schließlich bis hin zu tätlichen Angriffen.

Bei vielen Aktionen dieser Art trifft die Antragsgegnerin den politischen Gegner in seiner persönlichen Sphäre: Sie will ihn durch im Privaten spürbaren physischen und vor allem psychischen Druck von der Ausübung seiner politischen Tätigkeit abhalten oder diese jedenfalls sanktionieren. Damit verlässt die Antragsgegnerin nicht nur die Mittel des geistigen Meinungskampfes, sondern bezweckt und erreicht eine Beeinträchtigung des geistigen Meinungskampfes und damit grundlegender demokratischer Prozesse.

Dabei lassen sich NPD-Vertreter in vielen Fällen als unmittelbar Beteiligte nachweisen, wie im Folgenden zu zeigen sein wird. Darüber hinaus lässt sich zeigen, dass führende Vertreter der Antragsgegnerin zu solchen Aktionen aufmuntern und/oder solche Aktionen gutheißen. Letzteres geschieht teilweise durch Ironie verschlüsselt und wird mit der – im Kontext widersprüchlichen und nicht ernstzunehmenden – Behauptung verbunden, Gewalt nicht gutzuheißen.

Die im Folgenden genannten Fälle stellen eine Auswahl von Aktionen der Antragsgegnerin dar, die eine gewisse Öffentlichkeitswirkung erlangt haben. Daneben existieren Einschüchterungsversuche, Drohungen und Angriffe von Mitgliedern und Anhängern der Antragsgegnerin, die nur eine geringe Öffentlichkeitswirkung erfahren haben.

Vgl. etwa die Drohung mit einer „Schlägertruppe" in Glauchau: KTA-PMK Meldung vom 28. August 2014 (**Beleg 136, Kategorie 1**).

Eine sehr anschauliche Liste von Beispielen für solche Einschüchterungsversuche durch die Antragsgegnerin und andere rechtsextremistischen Gruppen hat die Psychologin *Privatdozentin Dr. Anette Hiemisch* (Ernst Moritz Arndt-Universität Greifswald) zusammengestellt. Sie basiert auf einer Studie, bei der Mitarbeitende in Beratungsstrukturen zum Thema Rechtsextremismus zu ihren Bedrohungserfahrungen befragt wurden. Dabei wurden zunächst 20 Personen für ein Land, dann 37 Personen bundesweit befragt.

> Liste mit freien Angaben zu Bedrohungserfahrungen von *PD Dr. Anette Hiemisch*, Universität Greifswald, **Anlage 1**.

a) Angriffe auf Wahlkreisbüros

In der Bandbreite der hier dargestellten Einschüchterungsmaßnahmen stellen Angriffe auf Wahlkreisbüros noch die relativ schwächste Form dar; auch lässt sich hier eine unmittelbare Täterschaft der Antragsgegnerin schlechter nachweisen als in allen folgenden Beispielen. Jedoch ist belegbar, dass die Antragsgegnerin solche Anschläge gut heißt, dazu motiviert und damit Aktionsformen fördert, die für die Funktionsfähigkeit demokratischer Prozesse gravierend sind.

Am 18. April 2010 wurde auf der rechtsextremistischen Internetseite „Mupinfo", die vom damaligen stellvertretenden NPD-Landesvorsitzenden *David Petereit* verantwortet wurde,

> Vgl. denic – whois mupinfo.de, abgerufen am 18. Januar 2010 (**Beleg 137, Kategorie 1**). Die Artikel erscheinen regelmäßig unter Pseudonym.

ein Artikel unter der Überschrift „*Demokraten gibt es auch in Deiner Stadt!*" veröffentlicht, der Bezug auf vorausgegangene „*Anschläge auf Bürgerbüros der SPD*" nahm. Daran anknüpfend wurde folgender Aufruf veröffentlicht:

„Aus diesem Grund ruft MUPINFO dazu auf, daß Aktivisten, die am Wochenende noch nichts vorhaben, mal wieder bei ihrem örtlichen Bürgerbüro vorbeischauen sollten. Denn, Demokraten gibt es auch in Deiner Stadt und das flächendeckende Netz läßt sich unmöglich rund um die Uhr bewachen. Hier ist ganz klar bürgerliches Engagement und Zivilcourage gefragt. Plötzlich aufgetretene Schäden sollten mit einer guten Kamera dokumentiert werden, damit [...] brutalstmögliche Hilfestellung bei der Aufklärung der Fälle geleistet werden kann. Vandalismus heißt es entschieden entgegenzutreten. Und wenn ein Bürgerbüro mal geschlossen hat, muß man nicht gleich durch die Fensterscheibe Eingang suchen!"

> „Demokraten gibt es auch in Deiner Stadt!"(1) vom 18. April 2010, in: www.mupinfo.de, abgerufen am 5. Mai 2010 (**Beleg 138, Kategorie 2**).

Abschließend enthielt der Artikel eine Auflistung sämtlicher Bürgerbüros der CDU-, FDP- und SPD-Fraktionen sowie der Partei DIE LINKE mit den Namen der Abgeordneten und der vollständigen Büroanschrift. Der Text kann angesichts des ironischen und provozierenden Untertons nicht als tatsächliche Distanzierung von Angriffen auf Wahlkreisbüros demokratischer Parteien bewertet werden. Im Kontext stellen die Worte eher eine Ermunterung dar. Auffallend ist eine damit zeitlich zusammenfallende, enorme Häufung solcher Angriffe auf Wahlbüros in Mecklenburg-Vorpommern in den Jahren 2010 und 2011 (2009: 8 Vorfälle, 2010: 44, 2011: 46, 2012: 19, 2013: 17, 2014: 13, 2015 mit Stand vom 01.07.2015: 4).

> Verfassungsschutzbericht Mecklenburg-Vorpommern 2010, S. 36: „Serie von Sachbeschädigungen an Parteibüros" (**Beleg 139**).
> Verfassungsschutzbericht Mecklenburg-Vorpommern 2012, Pressefassung, S. 16: „Angriffe auf Wahlkreisbüros" (**Beleg 140**).

Auch nach Erscheinen des o. g. Artikels wurde auf „Mupinfo" über einen längeren Zeitraum regelmäßig in wohlwollender Weise über Angriffe auf Bürgerbüros berichtet.

> „Kein Ende der Gewalt ersichtlich" vom 11. Mai 2010, in: www.mupinfo.de, abgerufen am 11. Mai 2010 (**Beleg 141, Kategorie 2**).
> „Jetzt reicht's aber! – Wieder Glasbruch bei der SPD" vom 23. Mai 2010, in: www.mupinfo.de, abgerufen am 2. Juni 2010 (**Beleg 142, Kategorie 2**).
> „Farbbomben gegen Demokraten – Bürgerbüro beschmiert" vom 27. Mai 2010, in: www.mupinfo.de, abgerufen am 2. Juni 2010 (**Beleg 143, Kategorie 2**).
> „Rettet die Bürgerbüros – Briefkasten gesprengt" vom 30. Mai 2010, in: www.mupinfo.de, abgerufen am 31. Mai 2010 (**Beleg 144, Kategorie 2**).
> „Gestatten, R. – Bürgerbüro Nr. 16" vom 31. Mai 2010, in: www.mupinfo.de, abgerufen am 1. Juni 2010 (**Beleg 145, Kategorie 2**).
> „Farben und Steine gegen Linken-Büro *ergänzt*" vom 7. Juni 2010, in: www.mupinfo.de, abgerufen am 8. Juni 2010 (**Beleg 146, Kategorie 2**).
> „Schlaflose Nächte für den Staatsanwalt?" vom 3. August 2010, in: www.mupinfo.de, abgerufen am 4. August 2010 (**Beleg 147, Kategorie 2**).
> „Die Parole steht an jedem Haus" vom 30. September 2010, in: www.mupinfo.de, abgerufen am 1. Oktober 2010 (**Beleg 148, Kategorie 2**).

Besonders anschaulich ist folgender Text, der ebenfalls auf der von *David Petereit* verantworteten Seite veröffentlicht wurde:

> *„Rumms – wieder Übergriff auf Bürgerbüros*
> *Als Demokrat hat man es heutzutage nicht leicht. Und dies gilt insbesondere für Landstriche in Mecklenburg und Pommern. Gibt es hier doch immer noch Untertanen, die beharrlich auf die Entstehung der einstmals versprochenen ‚blühenden Landschaften' warten. Ebenso ist hier ein störrischer Menschenschlag heimisch, der sich nicht so leicht mit Phrasen zufrieden stellen läßt. [...]*
> *Oftmals steht der Demokrat vor Ort dann allein auf weiter Flur. Unverständnis, Hohn und Spott schlagen ihm entgegen. Der Gehaltsscheck über einige tausend Euro im Monat kann die seelischen Qualen kaum aufwiegen. Und dann gibt es da noch ein paar empörte Bürger, die es nicht nur bei Worten belassen, sondern mitunter handfest daran erinnern, daß das Vertrauen in die etablierte Politik erloschen ist.*
> *In der Nacht zum 8. Mai wurden nämlich erneut Bürgerbüros demokratischer Abgeordneter in Güstrow entglast: diesmal von N. (SPD) und T. (LINKE). Darüberhinaus sollen die Fassaden mit Sprüchen gegen die demokratische Verklärung des 8. Mai als Tag der ‚Befreiung' versehen worden sein. Der Glasbruch könnte so beispielsweise auch als Darstellung der Befreiungsverhältnisse en miniature verstanden werden – sinnlose Zerstörung!*

> Doch damit noch nicht genug, mußten auch noch sechs sogenannte ‚Stolpersteine', die an einstmalige jüdische Einwohner Güstrows erinnern, farblich markiert werden. Diese wurden vielerorts durch den Kölner ‚Künstler' D. verlegt, der aus dieser Art bundesdeutscher Gedenkkultur ein einträgliches Geschäft zu entwickeln verstand."

> „Rumms – wieder Übergriff auf Bürgerbüros" vom 8. Mai 2010, in: www.mupinfo.de, abgerufen am 10. Mai 2010 (**Beleg 149, Kategorie 2**).

Die Angriffe wurden von den Landtagsabgeordneten anderer Parteien als „Einschüchterungsversuche" empfunden. Ein Politiker, der selbst mehrfach von den Anschlägen betroffen war, sah es als *„ein gefährliches Signal, dass sich bestimmte politische Gegner nicht anders zu helfen wüssten, als angesichts drastisch sinkender Sympathiewerte das Mittel der Gewalt zur Einschüchterung und Verunsicherung der Bevölkerung zu nutzen"*. Er betrachtete die gehäuften Anschläge der letzten Monate auf Wahlkreisbüros im Juli 2011 als *„Frühform des Terrors"*.

> „Anschlag auf Wahlkreisbüro ist antidemokratischer Akt" vom 30. Juli 2012, in: gruen-fraktion-mv.de, abgerufen am 25. Juni 2015 (**Beleg 150**).
> „Erneuter Anschlag auf SPD-Wahlkreisbüro: Demokraten lassen sich nicht einschüchtern" vom 8. Juli 2011, in: www.spd-fraktion-mv.de, abgerufen am 1. Juli 2015 (**Beleg 151**).

Einen besonderen Bezug zur NPD hatte schließlich ein Anschlag auf ein Bürgerbüro des SPD-Abgeordneten D.: Er hatte am 31. Juli 2013 bei einer öffentlichen Kundgebung der NPD – nach provokativer Aufforderung durch die Parteiaktivisten – das Wort ergriffen und dabei eindringlich vor der NPD gewarnt. Daraufhin wurde er unter anderem im NPD-nahen „Uecker-Randow Boten" im Frühjahr 2014 mit dem Artikel „Das Märchen vom tapferen D." verhöhnt. Am 5. Mai 2014 warfen unbekannte Täter mit Steinen zwei Fenster des Bürgerbüros ein. An dem Tag hielt sich Bundesminister *Sigmar Gabriel* in der Stadt auf. Das Internetportal „Mupinfo" von *David Petereit* kommentierte dies wie folgt: „Der zum Landtagsabgeordneten nachgerückte D. hat sein Bürgerbüro in Torgelow noch nicht offiziell eröffnet und schon flogen ihm in der Nacht zum Montag die ersten Steine in die Scheiben."

> „Der Uecker-Randow Bote", Ausgabe Frühling 2014, S. 4, veröffentlicht auf freies-pommern.de, abgerufen am 3. April 2014 (**Beleg 152, Kategorie 2**).
> WE-Meldung des PP NB (**Beleg 153**).
> „D. bekommt Gustav-Heinemann-Preis" vom 6. Mai 2014, in: www.ndr.de, abgerufen am 28. April 2015 (**Beleg 154**).
> „Steine gegen (a) D. (b) Gabriel (c) die SPD?" vom 6. Mai 2014, in: www.mupinfo.de, abgerufen am 6. Mai 2014 (**Beleg 155, Kategorie 2**).
> „Büro von Nazi-Gegner D. verwüstet" vom 5. Mai 2014, in: www.tagesspiegel.de, abgerufen am 1. Juli 2015 (**Beleg 156**).

b) Bedrohliches Auftreten gegenüber dem Bürgermeister von Lalendorf (Mecklenburg-Vorpommern)

Im Hinblick auf die Einschüchterung des Gegners noch gravierender ist das bedrohliche Auftreten unmittelbar gegenüber dem politischen Gegner, das mit Eingriffen in dessen Privatsphäre verbunden ist.

C. Das zweite NPD-Verbotsverfahren (2013–2017)

Am 5. Dezember 2010 versammelte sich eine Gruppe von zwölf Aktivisten um den NPD-Führungsfunktionär *David Petereit* vor dem Haus des ehrenamtlichen Bürgermeisters von Lalendorf (Mecklenburg-Vorpommern), nachdem sich dieser geweigert hatte, einer rechtsextremistischen Familie die übliche Patenurkunde des Bundespräsidenten zur Geburt des siebten Kindes zu überreichen. Mehrere Beteiligte betraten das Grundstück ohne Einverständnis des Hausrechtsinhabers. Die Rechtsextremisten verteilten vor dem Haus des Bürgermeisters Flugblätter mit dem ironischen Inhalt, dessen Handeln mit einen *„Stalinorden für Demokratieerhalt"* durch das *„Ministerium für Gemeindesicherheit Lalendorf"* zu belohnen. Laut Polizeibericht stellte der Bürgermeister später fest, dass zwei Flugblätter an der Kellertür seines Hauses klemmten.

„Tatort Lalendorf" vom 5. Dezember 2010, in: www.mupinfo.de, abgerufen am 6. Dezember 2010 (**Beleg 157, Kategorie 2**).
KTA-PMK LKA MV 1034 /10 (**Beleg 158, Kategorie 1**).

Die eingetroffenen Polizeivollzugsbeamten wurden bei dem Versuch, die Personalien der beteiligten Rechtsextremisten festzustellen, ebenfalls bedroht. Einer der Tatverdächtigen äußerte gegenüber der Polizei: *„Fasst uns nicht an! Wir sind viele, ihr seid nur zwei!"* Da die Polizeibeamten zur Seite gedrängt wurden, kam Reizstoff zur Anwendung. Ein Tatverdächtiger konnte nur durch körperlichen Einsatz festgehalten werden.

KTA-PMK LKA MV 1034 /10 (**Beleg 158, Kategorie 1**).

Der Aktion am 5. Dezember 2010 in Lalendorf war eine hetzerische Berichterstattung auf der von NPD-Landtagsmitglied *David Petereit* verantworteten Website „Mupinfo" über den Bürgermeister vorausgegangen.

„Sieh, wie sie hetzen" vom 15. November 2010, in: www.mupinfo.de, abgerufen am 16. November 2010 (**Beleg 159, Kategorie 2**).
„Lalendorfer Rotfaschismus" vom 28. November 2010, in: www.mupinfo.de, abgerufen am 29. November 2010 (**Beleg 160, Kategorie 2**).
„Bürgermeister Knaack muß weg" vom 30. November 2010, in: www.mupinfo.de, abgerufen am 2. Dezember 2010 (**Beleg 161, Kategorie 2**).

So veröffentlichte „Mupinfo" am 28. November 2010, also nur sieben Tage vor der Aktion, die vollständige Adresse des Bürgermeisters mit der Bitte, an diesen Beschwerdebriefe zu senden. Diese Aufforderung war mit folgender Sternchen-Fußnote versehen, deren ironische Note sich nicht nur jedem verständigen Leser erschließt, sondern auch durch die spätere Beteiligung von *Petereit* an der Aktion deutlich wird:

„* Mit Beschwerdebriefen meint die Redaktion auch nur Beschwerdebriefe und nichts anderes. Ohnehin ist in den nächsten Tagen von verstärkten Polizeistreifen in Lalendorf auszugehen, daher mögen übereifrige Aktivisten ihren berechtigten Zorn zügeln."

„Lalendorfer Rotfaschismus" vom 28. November 2010, in: www.mupinfo.de, abgerufen am 29. November 2010 (**Beleg 160, Kategorie 2**).

Bei der Aktion posierten die beteiligten Rechtsextremisten schließlich vor dem Haus des Bürgermeisters für ein Foto, das später auf der Website „Mupinfo" veröffentlicht wurde.

„Tatort Lalendorf" vom 5. Dezember 2010, in: www.mupinfo.de, abgerufen am 6. Dezember 2010 (**Beleg 157, Kategorie 2**).
Vgl. auch *Andrea Röpke*: „Bedrohliche Neonazi-Aktion" vom 9. Juli 2014, in: www.bnr.de, abgerufen am 10. Juli 2014 (**Beleg 162, Kategorie 1**).

Fünf der in Lalendorf beteiligten Rechtsextremisten, darunter das frühere NPD-Kreistagsmitglied S., standen wegen Verdachts des Hausfriedensbruchs vor Gericht. Außer Frage stand in der Gerichtsverhandlung, dass jemand aus der Gruppe das Grundstück betreten hatte. Da jedoch nicht nachvollzogen werden konnte, wer genau aus der Gruppe auf das Privatgrundstück des Bürgermeisters vorgedrungen war, wurden die Beschuldigten am 7. Mai 2012 freigesprochen.

„Überfall auf Bürgermeister von Lalendorf: Fünf Neonazis freigesprochen", in: www.taz.de, abgerufen am 28. April 2015 (**Beleg 163, Kategorie 1**).

Der NPD-Abgeordnete P. behauptete als Zeuge in dieser Verhandlung, dass niemand aus seiner Gruppe das Grundstück des Bürgermeisters betreten hatte. Diese Aussage wurde vom Amtsgericht Güstrow in einem weiteren Verfahren als falsch bewertet und P. am 8. Juli 2014 wegen uneidlicher Falschaussage zu acht Monaten Haft auf Bewährung und zur Zahlung von 3.000 Euro verurteilt. P. hat hiergegen Berufung eingelegt, die derzeit beim Landgericht Rostock anhängig ist.

„Bedrohliche Neonazi-Aktion" vom 9. Juli 2014, in: www.bnr.de, abgerufen am 10. Juli 2014 (**Beleg 162, Kategorie 1**).
„Güstrower Gericht verurteilt NPD-Politiker", Ostsee-Zeitung vom 9. Juli 2014, abgerufen am 1. August 2015 (**Beleg 164, Kategorie 1**).

Die Ehefrau des Lalendorfer Bürgermeisters fühlte sich während und nach der Aktion erheblich bedroht, wie folgendem Bericht über die Gerichtsverhandlung zu entnehmen ist: *„Das Bedrohliche ließ sich vor allem an einer Aussage erkennen. Der Ehefrau des Lalendorfer Bürgermeisters war die Anspannung deutlich anzumerken. Sie sagte sehr authentisch aus. Wie groß die Angst war, deutete sie mehrfach an. Wenige Wochen nach dem ungebetenen Besuch nahm sie noch einen anonymen Anruf entgegen, bei dem jemand drohte, ihr Haus in Brand zu stecken. Die 60-Jährige berichtete, wie sie die Gruppe von Männern durchs Fenster im Garten gesehen habe, ihren Mann warnte und sich danach in der Wohnung versteckt habe, und sie sei sehr aufgeregt gewesen. Mehrfach deutete sie an, die Anzeige bei der Polizei inzwischen zu bereuen."*

„Bedrohliche Neonazi-Aktion" vom 9. Juli 2014, in: www.bnr.de, abgerufen am 10. Juli 2014 (**Beleg 162, Kategorie 1**).

c) Bedrängung und Einschüchterung von Lokalpolitikern in Berlin-Pankow

Die Bedrängung und Einschüchterung von Lokalpolitikern sowie die Behinderung ihrer Aktivitäten ist sowohl erklärtes Ziel als auch tatsächlicher Inhalt der Kampagne „Den Feind erkennen – den Feind benennen", die der NPD-Kreisverband Pankow am 21. Januar 2015 ausrief. Mit dieser Kampagne sollen nach eigener Darstellung

„[...] diejenigen benannt werden, die verantwortlich sind für die Überfremdung und den damit einhergehenden Volkstod unserer Heimat, die Verschmutzung unseres Bezirks,

dem ansteigenden Mietspiegel und der damit verbundenen Verdrängung von alteingesessenen Berlinern, der Misswirtschaft in Pankow usw. [...]
Wir wollen sie ganz klar als das bezeichnen was sie sind, nämlich Feinde unseres Volkes."

Facebook-Seite des NPD-Kreisverbandes Pankow (**Beleg 165, Kategorie 2**).

Erstes konkretes Ziel dieser Kampagne war der Pankower Bezirksbürgermeister K. Parallel zu einer Sprechstunde des Bezirksbürgermeisters im Pankower Ortsteil Buch am 20. Januar 2015 führten zunächst ca. zehn Rechtsextremisten eine vom Pankower NPD-Kreisvorsitzenden S. unter dem Motto „Den Feind erkennen – den Feind benennen" angemeldete

Anmeldung der Kundgebung durch S., (**Beleg 166, Kategorie 2**).

Kundgebung durch, bevor sich zwei Teilnehmer dieser Kundgebung Zugang zur Sprechstunde verschafften.

Die eigene Darstellung der Ereignisse durch den NPD-Kreisverband Pankow dokumentiert hinreichend, dass das Auftreten des NPD-Kreisverbandes nicht nur auf Einschüchterung des Bürgermeisters gerichtet war, sondern eine solche Einschüchterung tatsächlich bewirkte und die demokratischen Aktivitäten des Bürgermeisters – die Durchführung seiner Sprechstunde – behinderte:

„Lieber versteckte sich K. im Bürgerhaus und brach, nachdem zwei Aktivisten im Haus waren und die Sprechstunde mit ihm nutzen wollten, seine Veranstaltung ab. [...] Doch auch nach Abbruch seiner Veranstaltung traute sich K. nicht aus dem Haus, sondern versteckte sich lieber hinter dem enormen Polizeiaufgebot, welches anscheinend selbst mit der Situation überfordert war, denn die nationalen Aktivisten wollten auch weiterhin Antworten von K. haben und warteten geduldig an seinem Auto.

Während K. immer überforderter schien versuchte die Polizei Verhandlungen zu führen um den ‚Belagerungszustand' zu beenden, worauf sich nicht eingelassen wurde.

Im Gegensatz zu anderen sind wir nicht bereit uns auf faule Kompromisse einzulassen und blieben bei unserer Forderung bestehen: K. soll sich seinem Volk stellen und seine Fragen beantworten, das sollte ja schließlich auch der Sinn hinter seiner Veranstaltung sein.

Während das Bürgerhaus von Polizisten des Abschnitts 14 umstellt wurde damit auch ja niemand in die Nähe des Bürgermeister kommen sollte, schlich sich dieser in der Zwischenzeit ins Erdgeschoss und zum Nebenausgang, an dem ein Polizeiauto bereits auf ihn wartete.

Schnellen Schrittes wurde er dann unter Polizeischutz in dieses eskortiert um dann aus dem ‚Gefahrenbereich' gebracht zu werden."

Facebook-Seite des NPD-Kreisverbandes Pankow (**Beleg 165, Kategorie 2**)

Die Antragsgegnerin bezweckt hier keine inhaltliche Auseinandersetzung, sondern eine Stigmatisierung und persönliche Einschüchterung von Lokalpolitikern. Die tatsächlich durchgeführten Maßnahmen werden durch drohende Worte flankiert:

„Wir schauen [...] dieses Jahr nicht mehr weg sondern werden solche Gestalten gezielt in die Öffentlichkeit zerren damit jeder erkennt das es keineswegs anonyme Personen sind, welche unseren Bezirk und unser Land an die Wand fahren!

K. wird also nicht der letzte sein, der von uns Besuch bekommt und Rede und Antwort stehen muss!
Wir kommen wieder ..."

Facebook-Seite des NPD-Kreisverbandes Pankow (**Beleg 165, Kategorie 2**).

Diese Aktionen zeigen, dass die Antragsgegnerin den politischen Gegner nicht durch politische Argumente in seiner Rolle als Amts- bzw. Funktionsträger treffen will, sondern als Privatperson in seinem persönlichen Bereich.

Dies belegt auch eine Folgeaktion des Kreisverbandes der NPD Pankow am 26. März 2015:

Sie wurde in unmittelbarer Nähe zur Wohnanschrift eines Vorstandmitgliedes des Ortsverbandes Pankow-Nordost der Partei DIE LINKE durchgeführt. Angemeldet wurde sie wiederum durch den Kreisverbandsvorsitzenden.

Anmeldung der Kundgebung durch S., (**Beleg 167, Kategorie 2**).

Dazu hieß es auf der Facebook-Seite des Kreisverbandes: „*[Der Politiker] der an fast jeder linken Veranstaltung der letzten Zeit teilnahm, bzw. mit organisierte wurde mittels eines Redebeitrags den Anwohnern der X-Straße vorgestellt, in der er auch selber wohnt.*"

Facebook-Seite des NPD-Kreisverbandes Pankow (**Beleg 168, Kategorie 2**).

Auch hier zeigt sich das bewusste Eindringen in den persönlichen Lebensbereich des politischen Gegners.

d) Bedrohliches Auftreten gegenüber dem Bürgermeister von Schneeberg (Sachsen)

Auch in Schneeberg (Sachsen) führten Aktivitäten der Antragsgegnerin zu einem bedrohlichen Auftreten gegenüber einem politischen Gegner, das unmittelbar auf dessen Privatbereich zielte. Betroffen war dort der damalige Bürgermeister von Schneeberg, S. Nach einer Kundgebung gegen die geplante Unterbringung von Asylbewerbern am 12. Oktober 2013, auf der der NPD-Kreisvorsitzende H. (Erzgebirgskreis) gesprochen hatte, zogen 30 bis 50 Veranstaltungsteilnehmer vor das Privathaus des damaligen Bürgermeisters. Hierüber berichtete die Süddeutsche Zeitung am 28. Oktober 2013 wie folgt: „*Er [H., C. M./C. W.] hatte bei der Kundgebung behauptet, der S. stelle sich nicht den Fragen seiner Bürger. ‚Na wenn er nich' da ist, dann gehen wir eben zu ihm hin', rief einer. ‚Ich weiß, wo er wohnt', rief ein zweiter. Und dann gingen sie im Dunkeln hin, und belagerten S. für eine Viertelstunde.*"

„Wie die NPD gegen Flüchtlinge mobil macht", Süddeutsche Zeitung vom 28. Oktober 2013 (**Beleg 169, Kategorie 2**).
WE-Meldung der PD Chemnitz vom 12. Oktober 2013 (**Beleg 170, Kategorie 2**)

Die Situation bewertet S. wie folgt: „*Das ist schon unangenehm, wenn plötzlich 50 Leute vor Deiner Tür stehen und ‚Komm raus' rufen. Insbesondere, weil das Verhältnis zwischen Aktivisten und Polizisten 50 zu 2 war und wenn man weiß, dass es bis zu 25 Minuten dauern kann, bis Verstärkung da ist. Man weiß ja nicht, wie sich das weiter entwickelt.*" Einer der Aktivisten habe auch sein Grundstück betreten.

C. Das zweite NPD-Verbotsverfahren (2013–2017)

In einer solchen Situation sei man machtlos. Zwar sei ihm der Dialog mit Bürgern immer sehr wichtig gewesen; in dieser aggressiven Situation sei er aber aus Sicherheitsgründen lieber im Haus geblieben. Glücklicherweise sei er telefonisch von jemandem, der die Entwicklung gesehen habe, gewarnt worden. Deshalb hätten seine Ehefrau und er das Licht ausgeschaltet, die Polizei informiert und sich ruhig verhalten. Auch die zu dieser Zeit anwesenden Nachbarn seien entsetzt und verängstigt gewesen.

> Zeugnis von Bürgermeister a. D. S., zu laden über den Bundesrat, Leipziger Straße 3–4, 10117 Berlin.

Dieser Fall zeigt beispielhaft, dass von den aggressiven Aktivitäten der NPD nicht nur die Amtsträger selbst, sondern auch deren Familienangehörige – hier die Ehefrau – und deren Umfeld betroffen sind.

e) Bedrohung des Bürgermeisters von Schöneiche bei Berlin (Brandenburg)

In Schöneiche bei Berlin (Land Brandenburg) – eine Kleinstadt, die in den neunziger Jahren jüdische Kontingentflüchtlinge aus den ehemaligen GUS-Staaten aufnahm – ereigneten sich insbesondere in den Jahren 2007 bis 2009 unter Beteiligung der Antragsgegnerin eine Reihe von rechtsextremistischen Vorfällen, aufgrund derer sich Bürgermeister J. persönlich bedroht fühlte.

Zunächst störten NPD-Anhänger am 5. Oktober 2007 das Sukkot-Fest, am 7. Dezember 2007 das Chanukka-Fest und am 19. Oktober 2008 wiederum das Sukkotfest in der Kulturgießerei von Schöneiche, bei denen Bürgermeister J. jeweils anwesend war. Bei letztgenannter Störung wurde – nach Angaben von J. zu einem der Verfahrensbevollmächtigten – sinngemäß unter anderem der Ausspruch getätigt: *„Da sitzen also alle, die beim Vergasen vergessen wurden."* Beteiligt an diesen Aktionen waren unter anderem der NPD-Ortsverbandsvorsitzende S., derzeit parlamentarischer Mitarbeiter des Europaabgeordneten *Udo Voigt*, sowie der NPD-Gemeindevertreter in Woltersdorf, K.

> Vgl. „Rechtsradikale stören jüdisches Fest", in. Berliner Zeitung vom 21. Oktober 2008 (**Beleg 171, Kategorie 1**).
> Eine vollständige Liste der störenden Personen – darunter neben K. und S. auch K. und S. – ist folgendem Dokument zu entnehmen: Polizeipräsidium Frankfurt (Oder), Antwort auf Erkenntnisfrage, 11. November 2008 (**Beleg 172, Kategorie 1**). Vgl. auch: Polizeimeldung/ KTA-PMK-Meldung vom 12. Dezember 2008 (**Beleg 173, Kategorie 1**).

Über die Aktion beim Sukkot-Fest 2007 wurde auf der Webseite der NPD Barnim berichtet. Dabei wurde Bürgermeister J. wie folgt charakterisiert: „Sein Gesichtsausdruck spiegelt den Liebreiz der (selbstverständlich) jüdischen Musik wieder." Weitere Aktionen wurden mit folgenden Worten angedroht: „Deshalb werden wir zukünftig bei solchen Veranstaltungen Gesicht und NPD-T-Hemd zeigen, um eine Diskussion mit den Teilnehmern über deutsche Kultur zu fördern. An diesem Beispiel sehen Sie, wo falsch verstandene Toleranz hinführt. Toleranz heißt Duldsamkeit. Heute erdulden wir das Laubhüttenfest und morgen gibt es gar keine deutschen Feste mehr."

> „NPD Schöneiche zu Gast bei ‚Sukkot, dem jüdischen Laubhüttenfest'", Internetseite der NPD Barnim, 22.10.2007 (**Beleg 174, Kategorie 2**).

Über die Aktion der Antragsgegnerin vom 19. Oktober 2008 wurde auf der rechtsextremistischen Internetseite Altermedia.info berichtet. Dabei wurde ein während der Veranstaltung gemachtes Foto von Bürgermeister J. veröffentlicht und wie folgt kommentiert: „So zum Beispiel der parteilose Bürgermeister J. an diesem Tag eigens mit Kippa, um den 70 aus Osteuropa im Ort angesiedelten Juden auch so richtig zu gefallen."

„Nationaler Hausbesuch bei ‚jüdischen Laubhüttenfest'"; in: Altermedia vom 21. Oktober 2008 (**Beleg 175, Kategorie 2**).

Wenige Tage später, am 27. Oktober 2008, kam es zu einer Bedrohung von Bürgermeister J. durch drei vermummte Personen auf seinem privaten Grundstück, die gegen 23.40 Uhr bei ihm zu Hause klingelten. Als der Bürgermeister die Personen vom Fenster aus ansprach, beschimpften zwei der drei Personen ihn unter anderem mit den Worten „*Da ist ja der Volksfeind!*" und „*Dir werden wir es zeigen.*" Zuvor hatte sich Bürgermeister J. in Interviews deutlich gegen Rechtsextremismus und die Aktion der NPD zum Sukkot-Fest geäußert. Nach einer Gefährdungsanalyse durch die zuständige Polizeibehörde wurden Schutzmaßnahmen angeordnet.

Zeugnis des Bürgermeisters J., zu laden über den Bundesrat, Leipziger Straße 3–4, 10117 Berlin.
Märkische Online Zeitung vom 28. Oktober 2008 (**Beleg 176**).
Polizeimeldung vom 9. Dezember 2008 (**Beleg 177**).

Auf der rechtsextremistischen Internetseite Altermedia, die zuvor positiv über die NPD-Aktion beim Sukkot-Fest und andere NPD-Aktionen berichtet hatte und deren Autoren damit jedenfalls für Schöneiche dem Anhängerkreis

zur Definition des Anhängers vgl. oben S. 12 f. [S. 356 f.],

der NPD zuzurechnen sind, wurde über diesen Vorfall berichtet. In Einträgen zu diesem Bericht wurden drastische Bedrohungen gegenüber Bürgermeister J. geäußert: „*Bin allerdings auch der Meinung, dem Würgermeister die Hütte abzufackeln wäre wirkungsvoller gewesen.*" Dort findet sich auch folgende Morddrohung: „*Klingelstreiche sind ein guter Anfang. Wenn dann statt eines Rufes noch ein kupferummmnteltes Stüch (sic) Schwermetall, etwa 9 mm im Durchmesser, mit 300 m/sec. den Herrn Volksverräter trifft, dann ist das Widerstand.*"

„Schöneiche kommt nicht zur Ruhe"; in: Altermedia vom 31. Oktober 2008 (**Beleg 178, Kategorie 2**).

Beim Heimatfest von Schöneiche am 14. Juni 2009 traten schließlich zwei Männer aus einer Gruppe um den NPD-Ortsverbandsvorsitzenden S. bedrohlich gegenüber Bürgermeister J. auf. Sie hatten zunächst mit S. am Tisch gesessen, waren von dort auf J. zugegangen, stellten sich rechts und links neben ihm auf, redeten heftig und aggressiv auf ihn ein und forderten ein Gespräch. Auch als der Bürgermeister einen Wachmann zur Hilfe rief und sich dieser schützend vor ihn stellte, verhielten sie sich weiterhin bedrohlich. Erst eine Polizeistreife beendete die Situation und nahm die Personen mit zur Wache.

Zeugnis des Bürgermeisters *J.*, zu laden über den Bundesrat, Leipziger Straße 3–4, 10117 Berlin;

„J. auf Heimatfest bedrängt und beleidigt", Märkische Online Zeitung vom 16. Juni 2009 (**Beleg 179, Kategorie 2**).

Nicht entscheidend im vorliegenden Zusammenhang ist die Frage von strafrechtlicher Relevanz und Verantwortlichkeit hinsichtlich solcher Vorfälle. Wie gezeigt, ist für aktiv-kämpferisches Verhalten i. S. d. Art. 21 Abs. 2 GG die Strafbarkeitsschwelle nicht einschlägig.

Vgl. Antragsschrift vom 1. Dezember 2013, S. 129 ff. [S. 132 ff.].

Ebenfalls spielt es keine Rolle, dass die Identität der Täter einzelner Vorfälle nicht ermittelt werden konnte. Entscheidend ist, dass 1. durch eine Kombination mehrerer Vorfälle ein Klima entstand, das ein politischer Gegner der NPD – Bürgermeister *J.* – als bedrohlich empfand, 2. diese Vorfälle dem rechtsextremistischen Spektrum zuzuordnen sind und 3. Mitglieder bzw. Anhänger der NPD signifikante Beiträge zur Entstehung dieses Klimas geleistet haben.

Zur Zurechnung im Einzelnen oben S. 11 ff. [S. 356 ff.]. Zu allen genannten Punkten auch: Zeugnis des Bürgermeisters *J.*, zu laden über den Bundesrat, Leipziger Straße 3–4, 10117 Berlin.

f) Kampagne gegen einen Lokalpolitiker in Thüringen

Im Landtagswahlkampf 2009 führte die Antragsgegnerin eine rassistische und bedrohlich wirkende Kampagne gegen *S.*, einen in der CDU engagierten Lokalpolitiker in Thüringen, der auf einem Wahlplakat der CDU zu sehen war. Er war wegen seiner Hautfarbe und seiner Herkunft aus Angola verbalen Angriffen der Antragsgegnerin ausgesetzt, die sowohl den Straftatbestand der Beleidigung erfüllten, als auch damit drohten, ihn persönlich aufzusuchen. Inhalt der Einschüchterungskampagne war, dem CDU-Politiker öffentlichkeitswirksam und deutlich vor Augen zu führen, dass er in Deutschland nicht erwünscht sei und das Land zu verlassen habe.

Auf einem Wahlplakat versah die Antragsgegnerin ein Foto des CDU-Politikers mit dem Untertitel „falscher Thüringer" und stellte dieses Foto einem mit „echte Thüringer" untertitelten Bild einer Bratwurst gegenüber. In einer Pressekampagne bezeichnete die Antragsgegnerin ihn als „*CDU-Quotenneger*", den man „*animieren wolle, in seiner Heimat Angola ein neues Leben zu beginnen*". Für das genannte Wahlplakat wurde der damalige NPD-Landesvorsitzende *Schwerdt* wegen Beleidigung rechtskräftig zu einer Geldstrafe von 60 Tagessätzen verurteilt. *Schwerdt* rief daraufhin in einem Artikel auf einer Internetseite der Antragsgegnerin zu „massive[m] Widerstand gegen diese Politisierung der Justiz" auf.

Frank Schwerdt, „Der beleidigte S.", in: www.npd-hannover.de vom 13. Juli 2011, abgerufen am 10. August 2015 (**Beleg 180, Kategorie 1**).

Der völkische Hintergrund der NPD-Kampagne gegen *S.* wird durch eine Veröffentlichung auf der Internetseite der NPD Thüringen vom 5. August 2009 deutlich: „*Mit einem ehemals gebrauchten Gastarbeiter-Neger aus Angola wirbt derzeit die CDU. [...] Denn diese Plakate werden vielleicht den einen oder anderen mit einem Stück Papier zu einem Bundesrepublikaner gemachten Neger dazu animieren, statt rot oder grün die Schwarzen zu wählen, doch viele sicherlich viele treue wie bisher blinde CDU-Wähler endlich aufwachen lassen. [...] Das Plakat ist nach Auffassung des NPD-Spitzenkandidaten Frank Schwerdt Teil der psychologischen Kriegsführung der etablierten Blockparteien gegen das eigene Volk, dem krampfhaft eingehämmert werden soll, dass Multi-Kulti Zukunft hätte."*

„NPD wünscht sich Millionenauflage von Negerplakat der CDU", in: www.npd-thueringen.de vom 5. August 2009 (**Beleg 181, Kategorie 2**).

In einem Internetbeitrag vom 11. August 2009 kündigte die NPD Thüringen an, S. persönlich aufsuchen zu wollen, um das „direkte Gespräch" zu führen. Den Inhalt eines solchen Gesprächs kündigte der stellvertretende Landesvorsitzende Patrick W. mit folgenden Worten an: *„Heute wird er jedoch nicht mehr benötigt, weshalb wir ihn direkt dazu animieren wollen, in seiner Heimat Angola mit den hier eingezahlten Sozialversicherungsbeiträgen ein neues Leben zu beginnen."* Zudem habe man die Kreisverbände *„gezielt angewiesen, neben die Negerplakate der CDU unsere Plakate mit dem Motiv ‚Gute Heimreise' zu hängen."*

Patrick W., zitiert nach „Zeit zu gehen – Gute Heimreise, S.", in: www.npd-thueringen.de vom 11. August 2009 (**Beleg 182, Kategorie 1**).

Einen Tag später bekräftigte W.: *„Dennoch werden wir heute in Hildburghausen deutlich machen, dass wir Herrn S. eine gute Heimreise wünschen."*

Homepage der NPD Thüringen vom 12. August 2009 (**Beleg 183, Kategorie 1**).

g) Fortlaufende Bedrohung einer Lokalpolitikerin in Güstrow (Mecklenburg-Vorpommern)

Eine fortlaufende Bedrohungslage entwickelte sich seit 2013 für eine Stadtvertreterin und Kreistagsmitglied der Partei DIE LINKE in Güstrow (Mecklenburg-Vorpommern), Frau L. Sie ist Leiterin einer sozio-kulturellen Begegnungsstätte mit dem Namen „Villa Kunterbündnis", die u. a. von Langzeitarbeitslosen, Migranten, Selbsthilfegruppen sowie chronisch Kranken genutzt wird und mit einer Not- und Randzeitenbetreuung für Kinder verbunden ist. Zugleich hat sie ein Aktionsbündnis „Demokratie Güstrow" mitinitiiert und engagiert sich gegen Rechtsextremismus sowie für kulturelle und soziale Vielfalt. Ihr Engagement richtet sich insbesondere gegen die seit Herbst 2014 u. a. von M., NPD-Stadtvertreter in Güstrow, organisierten Anti-Asyl-Demonstrationen, die auch im Zusammenhang mit der Gründung einer Bürgerwehr Anfang 2015 stehen. Unter anderem hat L. erfolgreich vor dem Oberverwaltungsgericht gegen das Verbot einer Mahnwache in der Nähe einer NPD-Kundgebung geklagt.

Als Konsequenz ihrer politischen und beruflichen Tätigkeit steht L. im Fokus vielfältiger rechtsextremistischer Aktionen, die sie als Bedrohungen und Angriffe gegen sich persönlich, ihren Privatbereich, ihre Arbeitsstelle und auch ihre Familie empfindet. Daran wirkt NPD-Funktionär M. mit, der bereits wegen gefährlicher Körperverletzung aufgrund eines Überfalls auf einen Jugendclub vorbestraft ist.

C. Das zweite NPD-Verbotsverfahren (2013–2017)

Belege zu den Anti-Asyl-Demonstrationen sowie zur Bürgerwehr vgl. oben S. 39 ff. [S. 378 ff.] sowie

„Wir wollen als Deutsche unter Deutschen leben!' – Mahnwache gegen den anhaltenden Überfremdungswahn in Güstrow" vom 28. September 2014, in: logr.org/derstaatsstreich, abgerufen am 30. September 2014 (**Beleg 184, Kategorie 2**).

Zu den Aktivitäten von *L.* und ihrer Bedrohungslage vgl. auch: Schweriner Volkszeitung vom 14. April 2015: „Wenn der Mob dein Leben bedroht" (**Beleg 185, Kategorie 2**).

sowie „Wir werden bedroht" vom 28. Mai 2015, in: www.zeit.de, abgerufen am 16. Juli 2015 (**Beleg 186**).

„Flüchtlingshelferin aus Güstrow bekommt SPD-Preis" vom 17. Juni 2015, in: www.ndr.de, abgerufen am 16. Juli 2015 (**Beleg 187**).

Zur Vorstrafe des *M.*: Amtsgericht Güstrow, Urteil vom 14. Dezember 2010, Az. 922 Ls 114/09, (**Beleg 100, Kategorie 1**).

Die Aktionen von Mitgliedern und Anhängern der Antragsgegnerin gegen *L.* zielen auf psychische und physische Wirkung. Aussagekräftig für die Einschüchterungstaktik ist folgender Vorfall, in den *M.* involviert ist und den ein Reporter des Magazins „Stern" durch seine zufällige Anwesenheit als Augenzeuge dokumentieren konnte:

„Die stern-Reporter treffen L. in einem Lokal in Güstrow, um mit ihr über die alltägliche Bedrohung zu sprechen. ‚So was bekomme ich jede Woche', sagt sie und zeigt ihre Sammlung von E-Mails mit Morddrohungen und Beleidigungen. Plötzlich spaziert draußen M. vorbei, zusammen mit zwei Gefolgsleuten. Auf ihrem Patrouillengang haben sie ihre Lieblingsfeindin entdeckt. Die drei bleiben stehen, tippen in ihre Smartphones. Bald sind es sechs, dann neun, plus Hund, die L. von draußen beobachten. Die stern-Reporter rufen die Polizei an. Die Beamten sagen, sie hätten die Lage im Griff. L. ist eine mutige Person. Kurz entschlossen steht die 1,52 Meter kleine Frau auf, verlässt das Lokal und geht frontal auf M. zu. ‚Lasst mich endlich in Ruhe!' sagt sie mit bestimmter Stimme und kehrt zurück in das Lokal. Die ‚Bürgerwehr' zieht ab. Fünf Minuten später vibriert L.s Handy. Ihre 15-jährige Tochter ruft an: ‚Die Nazis stehen bei uns vor dem Haus.' L. rennt los. Die stern-Reporter rufen wieder bei der Polizei an. Diesmal schicken die Beamten Hilfe. Inzwischen haben Unbekannte die Tür zu dem Mehrfamilienhaus aufgebrochen, in dem Familie L. lebt. Die Tochter ist noch im Haus. Im Treppenhaus brüllen Männer. Jemand rüttelt an der Wohnungstür. Endlich hört die Tochter eine Polizeisirene. Die Angreifer fliehen. Kurz darauf stürmen Polizisten herein. Auf den Briefkästen kleben Nazi-Aufkleber. Die Beamten rufen die Spurensicherung."

„Deutschland, Deutschland überall", Stern vom 19. April 2015 (**Beleg 188, Kategorie 2**).

Im persönlichen Gespräch berichtet *L.* außerdem von regelmäßigen Sachbeschädigungen in der „Villa Kunterbündnis" (Vandalismus innerhalb der Räume, Zerstörung des Briefkastens), Drohbriefen, persönlichen Ansprachen, Verleumdungskampagnen und Verfolgung sowie Präsenz von Rechtsextremisten an ihrer Wohnung. Sie zeigt Droh-E-Mails und berichtet zudem von einer intensiven gegen sie gerichteten Kampagne im Internet, insbesondere auf der rechtsextremistischen Internetseite „Der Staatsstreich" sowie auf Facebookprofilen von Bürgerinitiativen, die den von *M.* organisierten Protesten nahestehen. Zudem seien ihr gegenüber direkte oder indirekte Drohungen ausgesprochen worden, die auf ihre Tochter bezogen gewesen seien.

Gespräch eines Verfahrensbevollmächtigten mit *L.* am 30. Juli 2015.

Die rechtsextremistische Internetseite „Der Staatsstreich" berichtet regelmäßig positiv über die von *M.* und anderen initiierten Aktivitäten gegen Asylbewerber. Regelmäßig berichtet sie auch über *L.*: nicht nur kritisch, sondern auch in einem sie persönlich herabsetzenden Ton. Unter anderem veröffentlichte sie ein Lichtbild von *L.* und beschrieb ihre Aktivitäten mit folgenden Sätzen: „In *L.*'s kleinem Multikulti-Zirkus wird die Überfremdung unserer Heimat fröhlich gefeiert." Auch wird *L.* als „Güstrower Asylanten-Mutti" bezeichnet.

„*L.* – Güstrower Asylanten-Mutti fürchtet sich vor Aufklebern" vom 17. April 2015, in: logr.org/derstaatsstreich, abgerufen am 16. Juli 2015 (**Beleg 189, Kategorie 2**).

Vor der Tür des Wohnhauses von *L.* wurden am 22. Mai 2015 zwanzig Flyer der NPD-Fraktion gefunden.

Kurzinformation über ein Ereignis der polizeilichen Lage/Feststellung von Flyern der NPD am 22. Mai 2015 in Güstrow (**Beleg 190, Kategorie 2**).

Dies nahm „Der Staatsstreich" zum Anlass, um die Vorgänge in Güstrow insgesamt als harmlos darzustellen: Die *„Aufkleber mit nationalem Inhalt in ihrer Wohngegend"* und die weiteren Vorfälle würden sich nach Auffassung der Rechtsextremisten *„lediglich als belanglose Vorkommnisse mit eventuell lästigem Charakter entpuppen"*. Dass *„der Briefkasten der ‚Villa Kunterbündnis' durch einen Silvesterknaller zu Bruch ging"*, dürfe, genauso wie *„die Däumchendrücker bei Facebook"*, nicht überbewertet werden. Die auch in dem Artikel nicht negierten *„festen nationalen Strukturen im mecklenburgischen Güstrow"* werden von dem NPD-Stadtvertreter *M.* maßgeblich gesteuert und beeinflusst.

„*L.* – Güstrower Asylanten-Mutti fürchtet sich vor Aufklebern" vom 17. April 2015, in: logr.org/derstaatsstreich, abgerufen am 16. Juli 2015 (**Beleg 189, Kategorie 2**).

Auf der Facebook-Seite der rechtsextremistischen Initiative „Güstrow wehrt sich gegen Asylmissbrauch", in der *M.* federführend ist,

vgl. dazu folgenden Artikel, in dem deutlich wird, dass *M.* eine Demonstration dieser Initiative anführte: „Güstrower schützen Flüchtlinge", in: www.svz.de, 21. März 2015 (**Beleg 191, Kategorie 1**),

wurde herablassend über *L.* berichtet. Unter anderem wurde ein Foto von ihr bei einer Spendensammlung für Flüchtlinge auf der Facebook-Seite gepostet und wie folgt unterschrieben: *„Gutmenschen machen sich zum Affen. Verkleiden sich als Tiere und versuchen Geld zu schnorren für Wirtschaftsflüchtlinge! [...] Frau L. und Konsorten sammeln Spenden für Wirtschaftsflüchtlinge vor dem Güstrower Rathaus!"*

„Güstrow wehrt sich gegen Asylmissbrauch", Facebook-Eintrag vom 25. März 2015 (**Beleg 192, Kategorie 2**).

Die örtliche Polizei hat aufgrund der Bedrohungslage eine Schutzmaßnahme für *L.* angeordnet.

h) Gewalt gegen politische Gegner: Pölchow (Mecklenburg-Vorpommern)

Neben Drohungen gehört auch Gewalt gegen politische Gegner zu den Mitteln der Antragsgegnerin: Am 3. Mai 2012 wurde G., der dem NPD-Landesvorstand Mecklenburg-Vorpommern angehörte und als Geschäftsführer der NPD-Fraktion im Landtag Mecklenburg-Vorpommern beschäftigt ist, vom Landgericht Rostock wegen Landfriedensbruchs in Tateinheit mit gefährlicher Körperverletzung zu einer Freiheitsstrafe von 1 Jahr und 10 Monaten verurteilt, wobei die Vollstreckung zur Bewährung ausgesetzt wurde.

Landgericht Rostock, Urteil vom 3. Mai 2012, 13 KLs125/11 (14) (**Beleg 193, Kategorie 1**).

Die Verurteilung bezieht sich auf einen Vorfall in Pölchow (Mecklenburg-Vorpommern) am 30. Juni 2007. Die Taten von G. richteten sich unter anderem gegen Personen, die in einem Zug auf dem Weg zu einer Gegendemonstration gegen eine NPD-Veranstaltung in Rostock waren, aber auch gegen Unbeteiligte. Nach eigenen, im Urteil zitierten Angaben war G. während der Aktion als „Leiter des Ordnungsdienstes der NPD" tätig.

Im Einzelnen ereignete sich Folgendes: Während der Zugfahrt hatten zunächst linksgerichtete Personen einige Personen des rechten Spektrums angegriffen und sie aufgefordert, den ersten Wagen des Zuges zu verlassen. Nachdem die rechtsgerichteten Personen den ersten Wagen verlassen hatten, trafen sie im zweiten Wagen auf G. Dann geschah nach den Feststellungen des Landgerichts Folgendes: „Mehrere Personen des rechten Spektrums – unter ihnen die Angeklagten G. und F. – verschafften sich nun in größeren Gruppen von bis zu 20 Personen Zugang zum ersten Wagen und versetzten dort Linken und unbeteiligten Personen eine Vielzahl von Schlägen und Tritten. Dabei riefen sie unter anderem: ‚Raus hier, jetzt seid ihr dran!' und ‚Reißt ihnen die Piercings raus! […] Der Angeklagte G., der nach eigenen Angaben Leiter des Ordnungsdienstes der NPD ist und an diesem Tag als solcher tätig war und sich an der Spitze der den ersten Wagen betretenden Rechten befand, versetzte dort einer unbeteiligten korpulenten Frau, deren Identität nicht näher festgestellt werden konnte, einen Schlag in den Bauch. Er trat der Zeugin K. gegen das Bein, versetzte dem Zeugen T. einen Faustschlag gegen das linke Ohr und schlug den Zeugen B. nieder und trat auf ihn ein. Er fiel während dieser Zeit durch sein dominantes Auftreten und dadurch auf, dass er Anweisungen – möglicherweise in einer Art Befehlssprache – gab. Überhaupt war er einer der wenigen Rechten, die während ihres Aufenthalts im ersten Wagen sprachen."

Landgericht Rostock, Urteil vom 3. Mai 2012, 13 KLs125/11 (14) (**Beleg 193, Kategorie 1**).
vgl. auch: „Pölchow-Prozess – NPD-Vorstandsmitglied G. entgeht nur knapp Gefängnisstrafe" vom 4. Mai 2012, in: www.endstation-rechts.de (**Beleg 194, Kategorie 1**).

i) Angriff auf politische Gegner: Greifswald

Die persönlichen Aktionen gegen politische Gegner umfassen schließlich auch Angriffe auf Menschen mit anderer politischer Gesinnung, ohne dass diese einen konkreten Anlass dazu gegeben hätten:

In der Nacht zum 15. August 2013 meldeten Bewohner eines alternativen Wohnprojekts in Greifswald über Notruf, eine Gruppe von fünfzehn bis zwanzig schwarz gekleideten und vermummten Personen stehe – mit Stöcken bewaffnet – vor der Eingangstür und rufe „*Kommt raus, kommt raus!*". Zwei Scheiben der Tür seien zerstört worden, danach habe sich die Gruppe mit Fahrzeugen in unbekannte Richtungen entfernt. Die alarmierte Polizei konnte einen der von den Rechtsextremisten genutzten Transporter feststellen und auf einer Bundesstraße nahe Greifswald stoppen. Zu den ermittelten Tatverdächtigen zählte u. a. der damalige Usedomer NPD-Stadtvertreter *O*. Gegen die NPD-Landesvorstandsmitglieder *M.* und *M.* wurde ein zunächst eingeleitetes Ermittlungsverfahren wegen fehlenden Tatnachweises eingestellt.

LKA Mecklenburg-Vorpommern 13tb0531, Az.: 500011/002732/08/13 (**Beleg 195, Kategorie 1**).
Vgl. auch: Spiegel Online: „Schlagstock-Angriff in Greifswald: Staatsanwaltschaft ermittelt gegen vier NPD-Funktionäre" vom 26. August 2013, abgerufen am 2. September 2013 (**Beleg 196, Kategorie 1**).

Das Amtsgericht Greifswald verurteilte *O.* am 30. Juni 2014 wegen Sachbeschädigung in Tateinheit mit versuchter Nötigung. Im Urteil stellte das Gericht fest, in der Tatnacht hätten drei Transporter mit NPD-Mitgliedern bzw. Sympathisanten der Partei vor dem alternativen Wohnprojekt in Greifswald gehalten. Die einen Angriff fürchtenden Hausbewohner seien in das Gebäude geflüchtet und hätten die Eingangstür verschlossen. *O.* habe sich im „bewussten und gewollten Zusammenwirken mit weiteren unbekannt gebliebenen Personen" zur Eingangstür begeben und beabsichtigt, gewaltsam in das Gebäude einzudringen. Während die unbekannt gebliebenen Mittäter auf die Fahrräder der Hausbewohner eingeschlagen hätten, habe *O.* die Scheibe der Eingangstür mit einem Kantholz eingeworfen und versucht, so in das Gebäude zu gelangen. Die zwischenzeitliche Benachrichtigung der Polizei habe die Angreifer veranlasst, ihr Vorhaben abzubrechen und zu flüchten. Eine Bewohnerin des angegriffenen Hauses begab sich nach dem Überfall in psychotherapeutische Behandlung. Das Urteil gegen *O.* ist seit dem 17. Juli 2014 rechtskräftig.

Urteil des Amtsgerichts Greifswald, 33 Ls 15557/13, rechtskräftig seit dem 17. Juli 2014 (**Beleg 197, Kategorie 1**).

j) Störungen und Angriffe auf Kundgebungen politischer Gegner: DGB-Kundgebung in Weimar am 1. Mai 2015

Teil der Strategie der Antragsgegnerin ist es schließlich, durch offensiv-aggressives Auftreten, Störungen oder sogar tätliche Angriffe bei Veranstaltungen des politischen Gegners mediale Aufmerksamkeit zu erzielen. Dabei wird auch die Begehung von Straftaten in Kauf genommen.

Beispiel für ein solches Vorgehen ist ein Angriff von JN-Funktionären auf eine DGB-Kundgebung am 1. Mai 2015 in Weimar.

Dort versuchten rund vierzig Rechtsextremisten überwiegend aus Brandenburg, Sachsen und Thüringen – darunter etliche Aktivisten der sächsischen JN – zunächst, eine Veranstaltung des DGB mittels einer provokativen „Wortergreifung" agitatorisch zu vereinnahmen. Polizeiangaben zufolge bewegten sich die Rechtsextremisten dann rasch und gezielt auf das Rednerpult zu und entrissen dem Redner, MdB *Carsten Schneider* (SPD), das Mikrofon. Einem weiteren Politiker soll demnach ein Holzstiel in den Magen gestoßen und mit der Faust ins Gesicht geschlagen worden sein. Eintreffende Polizeibeamte nahmen 27 Störer vorläufig fest, darunter die JN-Funktionäre *G.*, stellvertretender JN-Bundesvorsitzender, *H.*, stellvertretender Landesvorsitzender JN Hessen, und *R.*, Beisitzer im JN-Bundesvorstand und Landesvorsitzender JN Sachsen. Die Polizei geht von einer geplanten Aktion aus und bewertet das Vorgehen der Rechtsextremisten als „überfallartigen Angriff".

> WE-Erstmeldung vom 1. Mai 2015 (**Beleg 198**, Kategorie 1).
> WE-Ergänzungsmeldung vom 2. Mai 2015 (**Beleg 199, Kategorie 1**).
> Erkenntnisanfrage des LKA Thüringen vom 3. Mai 2015 (**Beleg 200, Kategorie 1**).

MdB *Schneider* bewertete den Vorfall wie folgt: *„So etwas habe ich noch nicht erlebt, die waren gut organisiert – das war ein gezielter Überfall"*.

> Spiegel Online: „Weimar: Rechtsextremisten stürmen 1.-Mai-Kundgebung", in: www.spiegel.de vom 01.05.2015 (**Beleg 201, Kategorie 1**).

Gegen insgesamt 34 Tatverdächtige wird u. a. wegen Landfriedensbruchs ermittelt.

> Polizeipräsidium Brandenburg: Landfriedensbruch bei der Kundgebung des DGB am 01.05.2015 in Weimar, Sachverhalts- und Personendarstellung vom 18. Mai 2015 (**Beleg 202, Kategorie 1**).

Der NPD-Bundespressesprecher *Klaus Beier* banalisierte den Vorfall in Weimar und stellte ihn als *„legitime Protestaktion gegen den globalen Kapitalismus"* dar.

> *Klaus Beier* (Bundespressesprecher), „Weimar: Wie sich Täter zu Opfern stilisieren", in: www.facebook.com/npd.de, abgerufen am 4. Mai 2015 (**Beleg 203, Kategorie 2**).

Der JN-Bundesvorsitzende *Sebastian Richter* stellte unter der Überschrift „Solidarität ist eine Waffe!" klar, „geschlossen hinter den JN-Aktivisten" zu stehen, „welche in Weimar für ihr Recht auf die Straße gegangen sind".

> „Solidarität ist eine Waffe!" vom 03.05.2015, veröffentlicht auf www.facebook.com/junge.nationalisten, abgerufen am 07 .05.2015 (**Beleg 204, Kategorie 1**).

k) Gewaltsame Störung einer Informationsveranstaltung über die Unterbringung von Asylbewerbern in Goldbach (Bayern)

Bei einer Informationsveranstaltung über die anstehende Unterbringung von Asylbewerbern in Goldbach nahe Aschaffenburg (Bayern) am 6. Juli 2015 kam es zu massiven Störungen durch die örtliche NPD. Der Kreisvorsitzende der NPD Aschaffenburg, *S.*, suchte mit mehreren Anhängern, darunter die Parteifunktionäre *M.* und *M.*, eine öffentliche Versammlung auf, die von der Bundestagsvizepräsidentin Claudia Roth geleitet wurde. Die NPD-Vertreter störten von Beginn an mit Zwischenrufen, dem Entrollen eines Banners mit der Aufschrift „Schluß mit der ‚Flüchtlings'-Lüge. Goldbach sagt ‚Nein!'" und dem Werfen von Flyern mit dem Slogan „Asylbetrug macht uns arm!". Der stellvertretende bayerische NPD-Landesvorsitzende *M.* rief der Bundestagsvizepräsidenten zu: *„Das ist ja ganz was Neues, dass Sie diskutieren wollen, Sie widerliche Anti-Deutsche-Hetzerin."*

Im weiteren Verlauf eskalierte die Situation, als die übrigen Versammlungsteilnehmer die NPD-Aktivisten zum Verlassen des Saals bewegen wollten. S. schlug einen ihn hinausdrängenden Teilnehmer unvermittelt und offensichtlich mit großer Wut mit der Faust ins Gesicht.

> „Rechte stören Asyldebatte mit Claudia Roth", in: www.sueddeutsche.de vom 7. Juli 2015 (**Beleg 214, Kategorie 1**).
> „Goldbach/AB: NPD-Kreisvorsitzender S. schlägt zu", in: linksunten.indymedia.org (**Beleg 215, Kategorie 1**).
> Artikel „Nazi-Parolen auf Veranstaltung in Goldbach", in: http://primavera24.de/nazi-parolen-auf-asyl-veranstaltung-in-goldbach vom 8. Juli 2015, abgerufen am 19. August 2015 (**Beleg 216, Kategorie 1**).
> Artikel „Schlägerei auf Info-Event mit Claudia Roth" vom 8. Juli 2015, in: www.sat1bayern.de/news/20150708/schlaegereiaufinfoeventmitclaudiaroth, abgerufen am 19. August 2015 (**Beleg 217, Kategorie 1**).
> Video zum Artikel „Schlägerei auf Info-Event mit Claudia Roth" vom 8. Juli 2015, in: www.sat1bayern.de/news/20150708/schlaegereiaufinfoeventmitclaudiaroth, abgerufen am 19. August 2015 (**Beleg 218, Kategorie 1**).

l) Bedrohung des Bürgermeisters von Tröglitz

Am 5. März 2015 gab der ehrenamtliche Ortsbürgermeister von Tröglitz sein Amt mit der Begründung auf, ein für den 8. März genehmigter Demonstrationszug zu seinem Privathaus sei als Bedrohung für seine von behördlicher Seite nicht ausreichend geschützte Familie zu sehen. Dies wurde von den Medien vielfach als Ausdruck einer Atmosphäre der Angst und der Beeinträchtigung demokratische Prozesse durch rechtsextreme Aktivitäten gewertet: Einschüchterungsversuche von Amtsträgern durch Rechtsextremisten seien *„fast an der Tagesordnung: Immer wieder machen Rechte Stimmung und versuchen, Ängste zu schüren – gezielt picken sie sich auch Amtsträger als Opfer für ihre Aktionen aus, um Druck aufzubauen."*

> „Bürgermeister-Rücktritt wegen Demo: Er ist nicht alleine", in: www.spiegel.de vom 10. März 2015, (**Beleg 205**).
> vgl. auch: „Wir werden bedroht", in: Die Zeit vom 28. Mai 2015 (**Beleg 206**).

Im Fall Tröglitz hatte die Antragsgegnerin Einfluss auf die Anti-Asyl-Bürgerproteste, die zu der Entscheidung des Ortsbürgermeisters führten:

Der NPD gelang es in Tröglitz, den sich seit Anfang 2015 formierenden Widerstand gegen die Unterbringung von Asylbewerbern zu forcieren, maßgeblich auf die Protestformen Einfluss zu nehmen und eine emotionalisierte Angstatmosphäre im Ort zu fördern. Im Zeitraum vom 4. Januar bis 15. März 2015 fanden wöchentlich Kundgebungen gegen die geplante Asylbewerberunterkunft statt. Als Anmelder der Versammlungen trat jeweils der NPD-Funktionär T. in Erscheinung. T. ist langjähriges NPD-Mitglied, gehört als Beisitzer dem NPD-Landesvorstand an und übt für die Partei kommunale Mandate im Kreistag Burgenlandkreis sowie im Stadtrat Zeitz aus. An den Veranstaltungen – darunter neun sogenannte *„Abendspaziergänge"* – nahmen Polizeiangaben zufolge zwischen 70 und 200 Personen teil. Unter den Anwesenden waren auch Angehörige der rechtsextremistischen Kameradschaftsszene. Die Proteste artikulierten sich zunächst am 4. und 11. Januar in zwei Versammlungen. In der Folgezeit fand am 18. und 25. Januar, am 1., 8. und 15. und 22. Februar sowie am 1., 8. und 15. März 2015 jeweils ein „*Abendspaziergang*" mit Laternen und anschließender Kundgebung statt.

Der „*9. Abendspaziergang*" am 15. März 2015 sollte die vorläufig letzte Protestkundgebung in Tröglitz darstellen. Unter den rund 180 Teilnehmern befanden sich neben T., der erneut als Anmelder und Veranstaltungsleiter fungierte, auch die beiden weiteren für die NPD im Burgenlandkreis vertretenen Kreisräte B. und P., der am 25. Januar 2015 in den Vorstand der „Kommunalpolitischen Vereinigung" (KPV), einer Teilorganisation der NPD, gewählt wurde.

> KPV Deutschland: „KPV hat neu gewählt" vom 3. Februar 2015, in: www.facebook.com, abgerufen am 25. Februar 2015 (**Beleg 207, Kategorie** 1).

Dem wegen Volksverhetzung verurteilten P. war im Vorfeld der Veranstaltung Redeverbot erteilt worden. Seinen vorbereiteten Wortbeitrag ließ er daher von dem Rechtsextremisten B. verlesen. In dem Text wurde offen rassistisch gegen Ausländer gehetzt und vor den verheerenden Folgen einer „*Rassenmischung*" gewarnt. P.s Redevorlage hatte u. a. folgenden Wortlaut:

„*Ihr verteidigt euer Dorf, eure Heimat – gegen Überfremdung und Verlust der Gemeinschaft. [...] Sie werfen Rentner aus Altenheimen, Lehrlinge aus Wohnheimen, Schüler und Sportler aus Turnhallen, um weitere Hunderttausende Fremde nach Deutschland zu holen. Der jüngste Vorschlag war gar, den armen, notgeilen Asylanten sogar noch eine Flatrate im Bordell zu bezahlen. Sozusagen ein Puff-Vormittag, wenn dort eh nicht viel los ist. Weil sie natürlich Angst haben, daß vor allem unsre Frauen und Mädchen die Leidtragenden sind. So wie es überall auf der Welt mit Rassenvielfalt passiert: [...] Es gibt kein Land oder keine Stadt auf der Welt, wo Multi-Kulti und Rassenmischung irgendwie gut gegangen wäre. Im Gegenteil ist Südafrika zielsicher auf dem Weg ins Chaos seit Aufhebung der Rassentrennung. Und es wird weitergehn bis zur Vernichtung Europas!*"

> Redebeitrag des P.; vorgetragen von B. am 15. März 2015 in Tröglitz; Text in: P.: „Die Kinder versauten das schöne Bild!", in: xxx vom 16. März 2015 (**Beleg 208, Kategorie** 1).

Der Rücktritt des Tröglitzer Ortsbürgermeisters am 5. März 2015, dessen Privat- und Familienleben von den – nicht zuletzt durch die NPD forcierten – asylfeindlichen Protesten unmittelbar betroffen war, wurde von der NPD in Sachsen-Anhalt zunächst uneingeschränkt als Erfolg bewertet. In einer ersten Stellungnahme am 8. März 2015 hieß es unter der Überschrift „*Kreisrat zwingt Bürgermeister zum Rücktritt*", der Organisator der sogenannten Abendspaziergänge, NPD-Kreisrat T., habe mit der geplanten Schlusskundgebung vor dem Haus des Bürgermeisters auf dessen Weigerung reagiert, den Menschen Rede und Antwort zu stehen.

> „Kreisrat zwingt Bürgermeister zum Rücktritt", in: www.npd-sachsen-anhalt.de vom 8. März 2015; abgerufen am 9. März 2015 (**Beleg 209, Kategorie** 2).

In den darauf folgenden öffentlichen Stellungnahmen kommentierte die NPD den Rücktritt des Tröglitzer Bürgermeisters zusehends vorsichtiger. So erklärte T. am

9. März 2015, mit der geplanten – letztlich jedoch nicht durchgeführten – Kundgebung vor dem Wohnhaus des Bürgermeisters sei lediglich beabsichtigt worden, am Tag vor der entscheidenden Kreistagssitzung anlässlich der Unterbringung der Asylbewerber nochmals ein Zeichen zu setzen. Damit habe der Ortsbürgermeister weder bedroht noch zum Rücktritt aufgefordert werden sollen.

„NPD Kreisrat *T.* im MDR Interview", in: www.youtube.com vom 9. März 2014 (**Beleg 210, Kategorie 1**).

Die tatsächliche Genugtuung der Partei über die Wirkung des Protests kam im sozialen Netzwerk Facebook hingegen eindeutig zum Ausdruck. So forderte die NPD Berlin im Zusammenhang mit dem Rücktritt des Bürgermeisters in Tröglitz:
„Auf zu den Bezirksbürgermeistern und dem regierenden Bürgermeister von Berlin."

NPD Berlin: Facebookeintrag vom 12. März 2015, in: www.facebook.com/npd.berlin; abgerufen am 1. Juni 2015 (**Beleg 211, Kategorie 2**).

Der Berliner NPD-Landesvorsitzende *Sebastian Schmidtke* schlug außerdem vor:
„NPD wirkt ... Vielleicht sollten wir dies nun auch bei I., H. und den ganzen Asylschwindlerfreunden machen."

Sebastian Schmidtke, Facebookeintrag vom 12. März 2015, in: www.facebook.com; abgerufen am 1. Juni 2015 (**Beleg 212, Kategorie 1**).

Der NPD-Parteivorsitzende *Frank Franz* äußerte in Bezug auf die Medienschlagzeile „NPD jagt CDU-Bürgermeister aus dem Amt – weil er sich für Flüchtlinge engagierte":
„Die Presse verdreht zwar die Tatsachen total, aber solche Titel könnte es öfter geben."

Frank Franz, Facebookeintrag vom 12. März 2015, in www.facebook.com/ff.frankfranz; abgerufen am 17. März 2015 (**Beleg 213, Kategorie 1**).

3. Einschüchterungen und Drohungen gegenüber gesellschaftlichen Minderheiten

Einschüchterungen und Drohungen durch die Antragsgegnerin erfolgen nicht nur gegenüber ihrem politischen Gegner, sondern auch gegenüber gesellschaftlichen Minderheiten. Dies ergibt sich – wie oben dargelegt – unmittelbar aus ihrer völkischen Ideologie, wonach die logische und nicht verhandelbare Notwendigkeit besteht, ethnisch Fremde dazu zu bewegen, Deutschland zu verlassen. Die bedrohlichen Aktivitäten der Antragsgegnerin richten sich zum einen gegen ethnische Minderheiten (a [S. 404]) – insbesondere gegen Asylbewerber (dazu ausführlich unter Frage 2 [S. 426]). Zum anderen führt die Ethnisierung religiöser Fragen dazu, dass die Antragsgegnerin einzelnen Glaubensgemeinschaften in toto eine Existenzberechtigung in Deutschland abspricht, da nach dem Verständnis der Partei Kultur nur als Produkt ethnischer Prägung zu begreifen ist. In ihrer Rigorosität verweigert die NPD daher Juden (b [S. 406]) und Muslimen (c [S. 409]), in Deutschland zu leben, und bringt dies durch einschüchternde Rhetorik und Aktivitäten zum Ausdruck. Ebenso aggressiv agitiert die Antragsgegnerin auch gegenüber Sinti und Roma (d [S. 412]).

C. Das zweite NPD-Verbotsverfahren (2013–2017)

a) Ethnische Minderheiten

Das aggressive und bedrohliche Vorgehen gegen ethnische Minderheiten wurde bereits in der Antragsschrift (vgl. dort S. 220 ff. [S. 201 ff.]) dargelegt und wird unten (Frage 2 [S. 426]) insbesondere im Hinblick auf Asylbewerber vertieft.

Deshalb soll hier nur beispielhaft nochmals auf die Aktion „*Heim wandern statt einwandern*" des Berliner Landesverbandes der Antragsgegnerin aus dem Jahr 2013 hingewiesen werden. Denn diese zielte besonders darauf ab, beim Adressaten – Politikern nicht-deutscher Herkunft – ein Bedrohungsgefühl hervorzurufen, und verlangt von ihnen, die Wahrnehmung ihrer demokratischen Rechte in Deutschland zu unterlassen. Die Aktion ist damit ein Beispiel für ein Mittel, das den geistigen Meinungskampf nicht nur verlässt, sondern ihn zu zerstören sucht.

„Heimwandern statt einwandern
Hallo Migrantin, hallo Migrant,
[...] Das Wort Migrant wie gesagt, kommt von dem lateinischen Begriff migrare. Das heißt auf deutsch: wandern. [...] Zum Glück hat das Wort aber weitere Bedeutungen. Denn es kann auch mit: auswandern, transportieren und übersiedeln übersetzt werden.

Also könnte Ihr Migrationsfall durch die Deutschen im römischen Sinn kritisch gewertet werden. Ihre politische Einflußnahme auf die ethnische Gruppe der Deutschen könnte aus menschenrechtlichen Erwägungen vielleicht sogar strafbar sein, weil es verboten ist den physischen und psychischen Zustand einer ethnischen Gruppe zu manipulieren.

Aber Sie haben eine echte Chance es nicht so weit kommen zu lassen. Erinnern Sie sich? Migrare heißt auch auswandern. Wir sehen darin eine patente Lösung. Denn in keinem Fall sollen Sie in irgendeiner Sie persönlich benachteiligenden Form transportiert werden. Wir bevorzugen Ihre Übersiedelung durch Auswanderung."

> NPD-Landesverband Berlin: „Rundschreiben an Migranten in Berlin die zur Bundestagswahl kandidieren!", www.npd-berlin.de, eingestellt am 11. September 2013, abgerufen am 12. September 2013 (**Beleg 219, Kategorie 2**).

Dass die Vertreter der Antragsgegnerin ihre Drohungen auch unmittelbar gegenüber Einzelpersonen aussprechen, belegt das folgende Interview, das das ZDF am 5. Mai 2014 in der Reihe „Das kleine Fernsehspiel" ausstrahlte. Interviewt wird der seit November 2014 als stellvertretender NPD-Bundesvorsitzender fungierende *Ronny Zasowk*, gleichzeitig Leiter des Amtes „Bildung" im Bundesvorstand, der aufgrund seiner akademischen Bildung und seines Zuständigkeitsbereichs in der Partei der sogenannten „politikfähigen" Strömung zuzurechnen ist. Die Aussagen *Zasowks* sind nicht nur in ihrer Form, sondern auch inhaltlich beispielhaft für die bedrohliche Rhetorik der Antragsgegnerin gegenüber ethnischen Minderheiten. Denn sie spiegeln das rein ethnisch orientierte Konzept der „Volksgemeinschaft" wider, indem einer in Deutschland geborenen Moderatorin mit deutscher Staatsbürgerschaft aufgrund ihrer ethnischen Herkunft das Bleiberecht in Deutschland abgesprochen wird. Die Aggressivität der NPD-Agitation kommt dabei in besonderem Maße durch das Interviewformat zum Ausdruck. Denn die Form des persönlichen Gesprächs verleiht den vermittelten menschenverachtenden Inhalten den Anschein einer Normalität und ist damit besonders geeignet, Ängste bei den Betroffenen zu schüren. Durch das demonstrativ zur Schau getragene

Selbstbewusstsein und das Selbstverständnis, mit der *Zasowk* hier im unmittelbaren Gespräch mit einer Betroffenen seine herabwürdigen Forderungen vorbringt, wird die nur scheinbar subtile Bedrohung noch verstärkt.

M.: „Was würden Sie denn machen mit den ganzen Menschen, die eben so sind wie ich, die eine andere Hautfarbe haben?"

Zasowk: „Also, die Prognose ist so, dass wenn ein Staat sich wieder nationalisiert – das ist ja, das sehen Sie bei anderen Nationalstaaten auch – dass Leute wie Sie dann wahrscheinlich eher dazu tendieren, in Vielvölkerstaaten oder in multikulturelle Schmelztiegel wie die USA auszuwandern. Das steht aber auch …"

M.: „Wie wollen sie die zurückführen, bitte?"

Zasowk: „Die kriegen einen Ausweisungsbescheid und werden ausgewiesen aus Deutschland. Es wird aber jetzt auch schon so praktiziert …"

M.: „Und was passiert …"

Zasowk: „… in diesem Rechtsstaat"

M.: „Und was passiert dann mit den Wohnungen? Was passiert mit den Häusern?"

Zasowk: „Welchen Wohnungen?"

M.: „Mal so zum Beispiel, was passiert mit meiner Wohnung, was passiert mit meinen Klamotten, Möbeln, wenn ich ausgewiesen …?"

Zasowk: „Die können Sie doch behalten."

M.: „Das nehme ich alles mit?"

Zasowk: „Die mobilen Güter können Sie doch behalten und der Rest wird Ihnen auch ausgezahlt, der Wert, der das Ganze hat, und dann ist gut."

M.: „Aber schreiben Sie nicht überall ‚Guten Heimflug'? Wie soll ich denn den ganzen Plunder ins Flugzeug kriegen?"

Zasowk: „Das ist ne Scherzfrage, denke ich, oder?"

M.: „Nee, wenn ich das behalten darf, muss ich es ja irgendwie mitnehmen."

Zasowk: „Das Problem werden Sie dann sicher privat lösen. Mit solchen Problemen möchte ich mich jetzt ungern beschäftigen, wie Sie auf Ihrem Heimflug Ihre Sachen mitgeschleppt bekommen. … Zur Not helfe ich Ihnen dabei."

M.: „Das würden Sie machen?"

Zasowk: „Das würde ich machen. Also, da bin ich Gentleman."

Videosequenz in der Dokumentation „Die Arier", ausgestrahlt in der ZDF-Fernsehreihe „Das Kleine Fernsehspiel" am 5. Mai 2014 (**Beleg 220, Kategorie 1**).

Für ihre exkludierende Strategie nutzen die Vertreter der Antragsgegnerin auch institutionelle Mittel, soweit sie ihnen zur Verfügung stehen. Beispielhaft hierfür sind die Anfragen des NPD-Stadtratmitglieds *W.* in der rheinland-pfälzischen Stadt Worms. Ihm geht es – nach den Worten des Oberbürgermeisters der Stadt Worms – hierbei ausschließlich darum, „*Bevölkerungsgruppen zu diffamieren und zu diskriminieren sowie ein Klima der Angst und Einschüchterung in Worms zu erzeugen*".

Schreiben des Oberbürgermeister der Stadt Worms an das Ministerium des Innern, für Sport und Infrastruktur Rheinland-Pfalz vom 5. Mai 2015 (**Beleg 221, Kategorie 1**).
vgl. beispielhaft Anträge vom Dezember 2014 (**Beleg 222, 223, 224, alle Kategorie 1**).

Die politischen Aktivitäten der Antragsgegnerin wirken schließlich zusammen mit rassistischen Angriffen von Parteimitgliedern und -funktionären auf Einzelpersonen. Hierfür lässt sich exemplarisch ein Vorfall in Glauchau am 20. Dezember 2014 nennen: Der NPD-Kreisvorsitzende G. bezeichnete eine aus Kenia stammende Frau in einer verbalen Auseinandersetzung als „Nigger", „Negerschlampe" und „Unrat". Er stieß die Geschädigte zu Boden und gab ihr eine Ohrfeige. G. wurde hierfür vom Amtsgericht Hohenstein-Ernstthal wegen Beleidigung in Tateinheit mit Körperverletzung zu einer Freiheitsstrafe zu vier Monaten verurteilt, deren Vollstreckung zur Bewährung ausgesetzt wurde.

Urteil des Amtsgerichts Hohenstein-Ernstthal vom 30. März 2015 (**Beleg 225, Kategorie 1**).

b) Judentum

Wie in der Antragsschrift vom 1. Dezember 2013 dargelegt (S. 52 f. [S. 76 f.] sowie S. 208 ff. [S. 192 ff.]) bringt die Antragsgegnerin ihren Antisemitismus teilweise subtiler zum Ausdruck als ihren Hass gegenüber anderen Minderheiten. Dennoch wirken Aktivitäten und Rhetorik bedrohlich, da sie den Ausschluss des Judentums aus Deutschland bezwecken.

Ein Artikel des promovierten Historikers R. bringt die avisierte Exklusion des Judentums zum Ausdruck. R. ist Landesvorstandsmitglied der NPD Sachsen, war langjähriger Berater der dortigen NPD-Landtagsfraktion und kandidierte bei der Europawahl 2014 für die NPD auf Listenplatz 2. Er gilt als Verfechter eines im äußeren Auftreten „gemäßigten" Parteikurses. In einem Beitrag für das Parteiorgan „Deutsche Stimme" vom September 2014 fordert er unter anderem, Juden nicht mehr durch deutsche Sicherheitsbehörden gegen etwaige islamistische Angriffe zu schützen:

„Und kämpfen sollen natürlich vor allem wieder wir Deutschen, denn unsere Polizisten, Politiker und Behörden müßten angeblich dafür sorgen, daß die hier lebenden Juden ungefährdet ihrem Alltag, ihren Geschäften und ihren religiösen Bräuchen nachgehen können. […] Was allerdings keiner zu fragen wagte, ist, woher dieser singuläre Haß gegen Juden stammt, denn die antijüdischen Attacken finden ja nicht nur in Berlin, Frankfurt und Essen statt, sondern in Frankreich, in England und in vielen anderen westeuropäischen Ländern. […] Unser Bundespräsident fordert nun wieder einmal mehr ‚Courage gegen Antisemitismus'. Von wem? Von uns Deutschen. Wir aber rufen ihm und … alle anderen ‚Prominenten', die uns weismachen wollen, wir stünden jetzt in der Pflicht, unmißverständlich zu: ‚Nein, das deutsche Volk läßt sich nicht schon wieder instrumentalisieren, wir haben mit der ganzen Angelegenheit nichts zu tun. […] Nicht deutsche Polizisten sollen daher mit ihrer Haut jüdische Einrichtungen schützen und sich bei Demonstrationen von Arabern mit Messern und Steinen traktieren lassen, das können jüdische Sicherheitsfirmen und Personenschützer besser. Und die Kosten dafür sollte auch der Jüdische Weltkongreß bezahlen und nicht der deutsche Steuerzahler.'"

R., „‚Die Geister, die ich rief …' Zum angeblichen Antisemitismus in Deutschland", in: „Deutsche Stimme" Nr. 9/2014, S. 23 (**Beleg 226, Kategorie 1**).

R.'s Argumentationsstruktur liegt auf der Linie von früheren Äußerungen seines sächsischen Landesvorstandskollegen und ehemaligen NPD-Landtagsabgeordneten *Jür-*

gen Gansel. Dieser nimmt den Nahost-Konflikt oder interreligiöse Debatten zum Vorwand, um das unüberbrückbare Fremdsein von Juden und Muslimen im Verhältnis zur deutschen „Volksgemeinschaft" herauszustellen, wobei er jede Grenze zwischen innen- und außenpolitischen Aspekten bewusst verwischt. Beiden Glaubensgemeinschaften führt *Gansel* letztlich die Bedrohungsperspektive vor Augen, aus Deutschland hinausgedrängt zu werden, sobald die NPD bzw. deren Weltanschauung maßgeblichen Einfluss ausüben sollte. In einem bereits 2009 veröffentlichten Grundsatzbeitrag mit dem Titel „*Der Spaltpilz in der jüdischen Schuldkult-Zentrale*" formulierte *Gansel*:

„*Dem jüdischen Leitintellektuellen B. scheint zu dämmern, was die multikulturelle, multiethnische und multireligiöse Gesellschaft wirklich bedeutet: daß dort nebeneinander und gegeneinander lebt, was weder zusammengehört noch zusammengehören will. Sollen Juden und Muslime ihre Konflikte unter sich austragen – und das möglichst weit weg von Deutschland und Europa.*"

> *Jürgen Gansel*, „Der Spaltpilz in der jüdischen Schuldkult-Zentrale", in: www.npd.de, vom 23. Oktober 2009, abgerufen am 26. Oktober 2009 (**Beleg 227, Kategorie 1**).

Der frühere Multifunktionär *Karl Richter* – u. a. von 2009 bis 2014 stellvertretender Bundesvorsitzender und von 2012 bis 2014 bayerischer NPD-Landesvorsitzender, gegenwärtig persönlicher Referent des Europaabgeordneten *Udo Voigt* – schreibt in einem Facebookeintrag am 8. Januar 2015:

„*Ständig bemühen sich bestimmte Kreise mit ganz bestimmten Absichten, uns etwas vom ‚christlich-jüdischen Abendland' weiszumachen. Aber das ist eine historische Lüge.*

Juden gab es im Abendland mindestens 1500 Jahre lang nur als Händler, Wucherer, Christusmörder und im Ghetto. 1500 Jahre lang hatten Juden im Abendland so gut wie nichts zu sagen.

Kurz und gut: MEIN Abendland ist christlich und zu mindestens gleichen Teilen germanisch. Das ‚jüdisch' brauche ich nicht in meinem Abendland, und – ich bin so frei – ich lege auch keinen Wert darauf."

> *Karl Richter*, „MEIN Abendland ist nicht ‚christlich-jüdisch'", Facebookeintrag vom 8. Januar 2015, in: www.facebook.com/JagdhornKR, abgerufen am 02.02.2015 (**Beleg 228, Kategorie 1**).

Der Antisemitismus der Antragsgegnerin mündet schließlich auch in konkrete Aktionen, die einschüchternd oder bedrohend wirken. Neben den oben genannten Vorgängen in Schöneiche (Brandenburg)

> vgl. oben S. 56 ff. [S. 392 ff.],

und provokanten Aktionen vor jüdischen Einrichtungen

> vgl. etwa das Plakat „Gas geben!" vor dem jüdischen Museum (**Beleg 229, Kategorie 2**).
> vgl. auch ein Bild des *Frank Franz* vor der Synagoge in Dresden, Facebookeintrag von *S.*, in: www.facebook.com/... vom 12. Mai 2015 (**Beleg 230, Kategorie 1**).

können hier beispielhaft Vorfälle in Mecklenburg-Vorpommern genannt werden, die von NPD-Anhängern begangen bzw. von der NPD selbst gutgeheißen wurden. Bei diesen erfolgte zwar keine unmittelbare Bedrohung von Menschen. Jedoch zeigte die Antragsgegnerin hier die Präsenz des Antisemitismus im öffentlichen Raum und führte dies den Betroffenen deutlich vor Augen:

In Demmin besprühten am 19. August 2010 vier Personen die Stelle, an der in der folgenden Woche Stolpersteine zur Erinnerung an die hier einst wohnenden jüdischen Mitbürger verlegt werden sollten. Die verwendeten Schriftzüge hatten Bezug zu *Rudolf Heß*. An eine Gebäudewand wurden in roter Farbe ein Judenstern und die Worte *„Hess statt Davidsstern und jedem das seine"* gesprüht. In der Nähe des Tatortes stand ein Pkw, in dem Plakate aufgefunden wurden, auf denen der Innenminister als *„durchgeknallter Irrer"* und *„SED-Spitzel"* bezeichnet wurde. Der Inhalt dieses Plakates war zuvor auf „Mupinfo" des NPD-Landtagsabgeordneten *Petereit* veröffentlicht worden. Die fünf Personen wurden vorläufig festgenommen, die Tatmittel und Plakate wurden sichergestellt. Ein Tatverdächtiger gab in seiner Vernehmung an, seit 2006 Mitglied der NPD zu sein. Bei den Durchsuchungen wurden u. a. die NPD-Schulhof-CD von 2006 sowie verschiedenen NPD-Flugblätter und das Mitteilungsblatt der NPD-Landtagsfraktion „Der Ordnungsruf" aufgefunden.

> Nordkurier Demmin: „Schmierereien am Ort der Stolpersteine" vom 20. August 2010, in: www.links-lang.de, abgerufen am 23. August 2010 (**Beleg 231, Kategorie 1**).
> KTA-PMK LKA MV 0685/10 (**Beleg 232, Kategorie 1**).
> „Wieder Durchsuchungen wegen ‚Caffier-Plakaten'" vom 21. August 2010, in: www.mupinfo. de, abgerufen am 23. August 2010 (**Beleg 233, Kategorie 2**).
> Pressemitteilung Nr. 119 vom 20. August 2010: „Polizei findet diffamierende Plakate gegen Innenminister Caffier in Demmin – Hinweise auf NPD als Drahtzieher verdichten sich" (**Beleg 234, Kategorie 1**).
> „Innenminister Caffier steckbrieflich gesucht" vom 9. August 2010, in: www.mupinfo.de, abgerufen am 10. August 2010 (**Beleg 235, Kategorie 2**).
> WE Plakate gegen II M in Demmin vom 19. August 2010 (**Beleg 236, Kategorie 1**).

Am 20. August 2010 beschmierten unbekannte Täter in der Innenstadt von Ueckermünde vier Stolpersteine mit schwarzer Farbe, weiterhin wurden ca. 100 Plakate geklebt, die folgenden Inhalt hatten: „Rudolf Hess – Im Alter von 93 Jahren in Berlin ermordet. Trotz § 130 Mord bleibt Mord! freies-pommern.de – Pommern im Herzen – Deutschland im Sinn!". Im Jahr 2010 wurde die Internetseite „Freies Pommern" noch offiziell vom NPD-Landtagsabgeordneten *M.* verantwortet. Auf „Mupinfo" wurde über diesen Vorgang berichtet: Dabei wurde eine angebliche Diskrepanz im Umgang mit dem Gedenken an Verstorbene hingewiesen, da es Neonazis untersagt werde, ein *„würdevolles Gedenken an Rudolf Heß abzuhalten",* **während anderseits** *„ein medialer Hype um nahezu jeden ehemaligen jüdischen Einwohner zelebriert"* werde.

> WE- Sachbeschädigung an Stolpersteinen/Unerlaubte Plakatierung in Ueckermünde (**Beleg 237, Kategorie 2**).
> Impressum freies-pommern.de, abgerufen am 29. Januar 2010 (**Beleg 238, Kategorie 1**).
> „Vom Umgang mit Stolpersteinen" vom 22. August 2010, in: www.mupinfo.de, abgerufen am 23. August 2010 (**Beleg 239, Kategorie 2**).

Anfang Juli 2014 wurden in Wismar insgesamt neun Stolpersteine mit Beton übergossen. Die Internetseite „Mupinfo" des NPD-Landtagsabgeordneten *David Petereit* schrieb in einem Artikel über diesen Vorgang, die Stadt habe nichts unversucht gelassen, „ihre heißgeliebten Büßersteinchen" zu retten. Auf der Startseite von „Mupinfo" war neben dem Artikelhinweis eine Grafik platziert, die einen Hund abbildet, der offensichtlich auf einen „Stolperstein" uriniert.

„Stolpersteine einbetoniert" vom 13. Juli 2014, veröffentlicht auf www.mupinfo.de, abgerufen am 15. Juli 2014 (**Beleg 240, Kategorie 2**).
Screenshot mit Lichtbild zum Artikel „Stolpersteine einbetoniert", abgerufen am 15. Juli 2014 (**Beleg 241, Kategorie 2**).

Auch die JN benutzen in ihrer Agitation Mittel, die Druck auf jüdische Mitbürger ausüben sollen: Den Gaza-Krieg im Sommer 2014 nahmen die JN zum Vorwand, um im Stil des nationalsozialistischen „Judenboykotts" auf der Facebookseite der Kampagne einen Boykottaufruf für israelische Waren zu veröffentlichen und rekurrierten dabei auf eindeutig antisemitische Sprachmuster. Wörtlich hieß es:

„Israel-Boykott: Was jeder gegen den zionistischen Völkermord tun kann […] Es versteht sich von selbst, daß man keine Parteien wählen sollte, die sich nicht nur in diesem aktuellen Krieg Israel gegenüber solidarisch verhalten. Was den Verbrechern im Zionistenstaat aber tatsächlich nachhaltig wehtut ist der Boykott ihrer Waren auf dem Weltmarkt."

JN Brandenburg/JN-Kampagne „Sag was du denkst": „Boykottiert Produkte aus Israel!", in: www.facebook.com, abgerufen am 23. September 2014 (**Beleg 242, Kategorie 2**).

c) Islam

Aus oben genannten ideologischen Erwägungen fordert die Antragsgegnerin den vollständigen Rückzug des Islam bzw. hier lebender Muslime aus Europa. Daher droht sie den in Deutschland lebenden Muslimen mit der unabdingbaren Ausweisung. Der lange Jahre als Cheftheoretiker der NPD geltende *Jürgen Gansel* formulierte die grundlegende Haltung der Partei zum Islam 2009 wie folgt:

„Wir lehnen jede Form der Überfremdung durch kultur- und rassefremde Menschen entschieden ab. Deshalb beziehen wir auch eine klare Position gegen die Herausbildung orientalischer Parallelgesellschaften und die Islamisierung Deutschlands – ganz egal, ob sich diese Widerstandshaltung gegen die Islamisierung aus dem heidnischen, christlichen oder säkular-aufklärerischen Erbe Europas speist. Dort, wo der Islam historisch beheimatet ist und die Lebenstradition der Menschen prägt, hat er selbstverständlich sein Existenzrecht – und auch das Recht auf Selbstverteidigung gegen den amerikanischen Kultur- und Wirtschaftsimperialismus. In Mitteleuropa aber ist der Islam eine fremdkörperhafte Aggressionsreligion, die von einem Millionenheer fremdrassiger Menschen eingeschleppt wird. Die Siege über die Türken vor Wien 1529 und 1683 dürfen doch nicht umsonst gewesen sein! DIES IST UNSER LAND!"

Jürgen Gansel, „HEUTE TOLERANT UND MORGEN FREMD IM EIGENEN LAND? NIEMALS!" (NPD – Dossier Minarettverbot), in: www.npd.de, abgerufen am 15. Dezember 2009 (**Beleg 243, Kategorie 1**).

Machtansprüche gegenüber dem Islam, Exklusion und Aufrufe zu entsprechendem Tätigwerden finden sich bundesweit bei sämtlichen Parteigliederungen. In besonders aggressiver Weise wird etwa auf der Facebookseite des bayerischen NPD-Landesverbands zur Bekämpfung des Islam aufgerufen. Ein Eintrag vom 30. August 2014 hatte folgenden Wortlaut:

„Das zentrale Thema dieses beginnenden 21. Jahrhunderts heißt: Kampf gegen den Islam! Unsere Heimat muß endlich von allen Feinden befreit werden, damit das deutsche Volk wieder in Frieden und Freiheit harmonisch leben kann, und die Güter der gemeinsamen Arbeit auch gerecht verteilt werden können. Dazu muß der Islam und ähnliche Ideologien aber aus ganz Europa vertrieben werden! Es läuft vielleicht auf einen neuen Kreuzzug hinaus, wenn die Angriffe der Moslems weiter zunehmen!

Kämpft für euer Leben und eure Freiheit und das Leben eurer Nachkommen.

Nichts wird uns geschenkt werden! Aber kämpft!

Heute tolerant und morgen fremd im eigenen Land!

Dieser Toleranzbegriff, der uns von Erziehung und den Medien und der gesamten Bewusstseinsindustrie eingeimpft wurde, nämlich der, daß wir unsere Feinde und Mörder zu tolerieren hätten, weil wir ja angeblich als deutsches Volk nur schuldig wären – woran nur eigentlich –, ist falsch! Diese Behauptung ist von Grund auf FALSCH! [...]

Helft alle mit und erhebt ganz laut eure Stimme! WIR SIND DAS VOLK! WIR SIND DEUTSCHLAND! UND NUR UNSER WILLE ZÄHLT!"

Ein User kommentierte den Eintrag mit den Worten „niemals die kinderficker werden bei uns bis aufs blut bekämpft", worauf der Betreiber des NPD-Facebookprofils mit „Bravo!" antwortete.

NPD-Bayern: „Islamisierung: die Norweger haben aufgegeben – Wir geben niemals auf", in: www.facebook.com/npdbayern vom 30. August 2014 (**Beleg 244, Kategorie 2**).

Am 17. Oktober 2014 postete die bayerische NPD auf ihrer Facebookseite:

„Raus mit dem Islam aus Europa! Wenn es sein muß, dann wie früher mit Feuer und Schwert!"

NPD Bayern: „Raus mit dem Islam aus Europa", Facebookeintrag vom 17. Oktober 2014, in: www.facebook.com/npdbayern, abgerufen am 17. Oktober 2014 (**Beleg 245, Kategorie 2**).

Einen weiteren Kampfaufruf gegen den Islam formulierte die bayerische NPD am 13. November 2014. Sie forderte dazu auf, den „moslemischen Eroberer(n)" auf allen Ebenen Gegenwehr zu leisten:

„Sind Teile unseres Landes bereits an die moslemischen Eroberer verloren? Türken suchen für einen Stadtteil in Mannheim, in dem heute schon hauptsächlich Türken hausen, einen neuen türkischen Namen. Ja, so weit ist es schon! Wenn man dies zur Kenntnis nimmt, dann kann man sich ja vorstellen, wie das weitergehen wird. Diese Entwicklung kann nur aufgehalten werden, wenn die angestammte, echte deutsche Bevölkerung endlich massive Gegenwehr auf allen Ebenen leistet.

KAMPF DEM ISLAM!

AUCH DU BIST MITVERANTWORTLICH!

RETTE DEIN LAND VOR DEM UNTERGANG"

NPD Bayern: Facebookeintrag vom 13. November 2014, in: www.facebook.com/npdbayern, abgerufen am 14. November 2014 (**Beleg 246, Kategorie 2**).

Kampfaufrufe bleiben nicht auf der rhetorischen Ebene, sondern münden in konkrete Aktionen. Beispielhaft ist ein Aufruf zu einer Demonstration am 17. August 2013 unter dem Motto *„Maria statt Scharia! Islamisierung und Überfremdung stoppen"* gegen die Moschee in Leipzig-Gohlis zu nennen, zu dem sich *Jürgen Gansel* als sächsischer Pressesprecher wie folgt äußerte: *„Für die sächsische NPD steht außer Frage, daß Zuwanderungskritik heutzutage immer Islamisierungskritik sein muß, ist doch gerade die Zuwanderung aus islamischen Ländern besonders konfliktbeladen. Muslime stellen nicht nur quantitativ die Hauptgruppe der Überfremder dar, sondern sie sind aufgrund ihres – mit der deutschen Mehrheitsgesellschaft unvereinbaren – religiösen und kulturellen Hintergrundes auch die mit Abstand problematischsten."*

> *Jürgen Gansel* (Pressesprecher der NPD Sachsen), „NPD-Kundgebung am 17. August in Leipzig unter dem Motto ,Maria statt Scharia! Islamisierung und Überfremdung stoppen'", in: www.npd-sachsen.de, abgerufen am 12. August 2013 (**Beleg 247, Kategorie 2**).

Die Leipziger NPD werde mit Unterstützung des NPD-Landesverbandes den politischen Widerstand gegen den geplanten Moscheebau der Ahmadiyya-Gemeinde in Gohlis organisieren. Das große Mobilisierungs- und Erregungsthema für den Kommunalwahlkampf 2014 sei schon jetzt gefunden. Denn die NPD wolle *„auch in Zukunft nur das vertraute Glockegeläut der Dresdner Frauenkirche und der Leipziger Nikolaikirche hören und nicht das Plärren eines Muezzins, der seine islamischen Gotteskrieger täglich in die Moschee ruft."*

> *Jürgen Gansel* (Pressesprecher der NPD Sachsen), „NPD wird Moschee-Pläne zum großen Thema im Leipziger Kommunalwahlkampf machen", in: www.npd-sachsen.de vom 30. September 2013 (**Beleg 248, Kategorie 2**).

Die Leipziger Bürger wollten in *„ihrer Nachbarschaft keine fremdartigen Koran-Jünger als Missionare des Propheten Mohammed haben".* Die Gründe für die NPD-Aktivitäten seien also *„die architektonische Einnistung einer fremdkörperhaften orientalischen Aggressionsreligion in einer Stadt, die sowieso schon ein massives Problem mit Ausländerkriminalität und der Unterbringung von Scheinasylanten"* habe.

> *Jürgen Gansel* (Pressesprecher der NPD Sachsen), „Moscheebau in Leipzig-Gohlis: Was die Tendenzmedien dem Bürgerverein Gohlis dreist in den Mund legen", in: www.npd-sachsen.de vom 13. Oktober 2013 (**Beleg 249, Kategorie 2**).

Die Demonstration am 17. August 2013 richtete sich gegen die „Al-Rahman-Moschee" und fand vor der Moschee statt, so dass die unmittelbare physische Präsenz für die Betroffenen wahrnehmbar war.

Ähnlich aggressiv war eine Aktion von Mitgliedern der NPD und JN am 20. August 2014 auf dem Baugrundstück einer geplanten Moschee in Leipzig im Rahmen einer nicht angemeldeten öffentlichen Versammlung. Dabei sperrten sie mit Absperrband einen Bereich des Areals ab und zündeten Pyrotechnik an. Im Internet berichteten die Rechtsextremisten über diese Aktion unter dem Motto „Der Platzhirsch markiert sein Revier".

> NPD Sachsen: „Der Platzhirsch markiert sein Revier" in: www.facebook.com/npd.sachsen vom 21. August 2014 (**Beleg 250, Kategorie 2**).

d) Sinti und Roma

Die NPD sieht die Bevölkerungsgruppe der Sinti und Roma ebenfalls außerhalb der deutschen „Volksgemeinschaft" und postuliert unter Verwendung antiziganistischer Klischees deren Ausgrenzung. Oftmals überschneidet sich die Parteiagitation gegen Sinti und Roma mit polemischen Protesten gegen binneneuropäische Zuwanderer aus Bulgarien und Rumänien. Exemplarisch für die Agitation gegen Sinti und Roma ist folgendes Zitat des damaligen thüringischen Landesvorstandsmitglieds *K.* aus dem Jahr 2011: *„‚Sinti und Roma', ‚mobile ethnische Minderheit' oder ‚Angehörige reisender Familien': [...] Doch wie immer man diese Gruppe nennen möge: Deren Angehörige eint oftmals der Hang zur Kriminalität, Verwahrlosung und Prostitution. In Deutschland leben derweil etwa 100.000 Zigeuner. [...] Doch mittlerweile überschwemmt die 2010 benannte ‚Kulturhauptstadt Europas' nicht das Wasser der Ruhr, sondern eine Zigeunerflut, gepaart mit dem ungezügelten Zuzug von Ausländern aus Anatolien und Afrika."*

> *K.*, „Zigeunerflut in Deutschland – Anstieg um 1.000 Prozent", in: „Weimarer Landbote", Ausgabe 5, S. 3 (**Beleg 251, Kategorie 1**)

In den Jahren 2013 und 2014 setzte die NPD bei Wahlkämpfen auf Europa-, Bundes- und Landesebene ein Plakat mit dem antiziganistischen Motto „Geld für die Oma statt für Sinti und Roma" ein.

> NPD Bund: Facebookeintrag vom 8. September 2013, in: www.facebook.com/npd.de (**Beleg 252, Kategorie 2**).
> NPD Bund: Facebookeintrag vom 31. März 2014, in: www.facebook.com/npd.de (**Beleg 253, Kategorie 2**).

Das Verwaltungsgericht Kassel bewertete in seinem Beschluss vom 9. September 2013 diese Plakatlosung zwar nicht als strafbare Volksverhetzung. Jedoch werde auf geschmacklose Weise an dumpfe Ressentiments angeknüpft, um verschiedene Bevölkerungsgruppen gegeneinander auszuspielen.

> Verwaltungsgericht Kassel, Beschluss 4 L 1117/13.KS vom 9. September 2013 (**Beleg 254, Kategorie 2**).

Wie dargestellt, ist für das Parteiverbotsverfahren die Strafbarkeitsschwelle nicht entscheidend. Bedeutend sind vielmehr die Ängste, die nach Aussage des Zentralrats Deutscher Sinti und Roma solche diffamierenden Äußerungen durch die NPD bei Sinti- und Roma-Familien hervorrufen. Der Vorsitzende des Zentralrats, *Romani Rose*, äußerte sich dazu wie folgt:

> *„Sinti und Roma sahen sich seit Anfang 2013 bei den Wahlkämpfen in Bund und Ländern einer Hetzkampagne durch die NPD ausgesetzt, die es in diesem Ausmaß bisher nicht gab. Bundesweit wurden Angehörige unserer Minderheit tausendfach durch Plakate (‚Geld für die Oma statt für Sinti und Roma') und Flugblätter (‚Zigeunerflut stoppen' mit der Abbildung von Waffen wie Pistole und Messer) bedroht, ausgegrenzt und diffamiert.*

Es handelte sich um eine nachhaltige Aktion gruppenbezogener Menschenfeindlichkeit, gerichtet gegen eine in Deutschland seit Jahrhunderten beheimatete Minderheit. [...]
Der Zentralrat Deutscher Sinti und Roma hat in den letzten Wochen vor der Wahl Hunderte von Anrufen besorgter Sinti- und Roma-Familien aus ganz Deutschland erhalten. Sie waren vor allem wegen der NPD-Plakate, die auf den Schulwegen ihrer Kinder gerade in kleineren Orten massiv plakatiert waren, zutiefst betroffen. Bei den älteren Menschen, die den Holocaust überlebten, wurden erneut massive Ängste wach. [...]
Die jüngste NPD-Kampagne reproduziert die propagandistischen Muster und die Ausgrenzungsmechanismen des NS-Staates."

> *Romani Rose*: Geschichtsblinde Justiz, in: Zentralrat Deutscher Sinti und Roma: Verbot rassistisch diskriminierender Wahlkämpfe. Eine Bestandsaufnahme zur Auseinandersetzung über die NPD-Wahlplakate gegen Sinti und Roma 2013 (Schriftenreihe, Band 8), S. 5–11, hier S. 5 u. 9 (**Beleg 255, Kategorie 2**).

4. Wirkung: Beeinträchtigung des demokratischen Handelns vor Ort

Die unter 1 bis 3 dokumentierten Vorfälle und die dort genannten Konsequenzen haben bereits gezeigt, dass die Aktivitäten der Antragsgegnerin in Teilen Ostdeutschlands zu einer Beeinträchtigung demokratischer Prozesse führen. Diese Bewertung wird im Folgenden durch Aussagen von lokalen Amtsträgern, von Personen der Zivilgesellschaft und durch mehrere sozialwissenschaftliche Studien zusätzlich belegt.

Die Beeinträchtigungen des demokratischen Prozesses vor Ort entsteht durch verschiedene soziale Mechanismen, die einzeln und in ihrer Kombination gefährlich sind: In diesen Auswirkungen spiegelt sich die zweigleisige Strategie der Antragsgegnerin, die gleichzeitig als „Kümmerer" für die Mitte der Gesellschaft und als „Aggressor" gegen politische Gegner auftritt.

Zum einen entstehen Hemmungen, sich öffentlich gegen Rechtsextremismus zu äußern oder zu engagieren dadurch, dass die dauerhafte kommunale Präsenz und das „Kümmerer-Image" eine gesteigerte Akzeptanz rechtsextremistischer, demokratiefeindlicher Ansichten in der Gesellschaft bewirken (a [S. 414]) und daher Furcht vor einer sozialen Stigmatisierung als „Nestbeschmutzer" besteht (b [S. 417]). Zum anderen bewirken die dargestellten Einschüchterungsversuche, Bedrohungen und Angriffe, dass Personen Angst haben, sich offen gegen Rechtsextremismus zu äußern – sei es in den Medien oder auch als politisch engagierte Bürger. Schweigen und Anonymität werden vorgezogen. Aus Furcht vor Repressionen verzichten Bürger auf Anzeigen, Äußerungen gegenüber Journalisten oder sonstige öffentliche Äußerungen (c [S. 418]).

Diejenigen, die sich dennoch politisch engagieren, müssen dafür nicht selten negative Folgen in ihrem Privatbereich in Kauf nehmen, was für sich schon eine Beeinträchtigung demokratischer Prozesse darstellt. Diese reichen von Eingriffen in den Privatbereich bis zu konkreten Ängsten um die eigene Sicherheit und die Sicherheit ihrer Angehörigen. Demokratisch engagierte Personen müssen gerade wegen ihrer politischen Tätigkeit Sicherheitsmaßnahmen ergreifen und sich schützen. Dies führt in Einzelfällen sogar zur Beendigung des politischen und sozialen Engagements (d [S. 421]).

Eine Kombination der unter (a [S. 414]) bis (d [S. 421]) genannten Phänomene wirkt zu Lasten von Minderheiten: Für sie entsteht ein Klima der Angst sowohl durch die Präsenz rechtsextremistischer Parolen in der Gesellschaft als auch durch die Gewalt bzw. die latente Drohung mit Gewalt (e [S. 423]).

Die Folgen der Kombination dieser Wirkungen und damit des Handelns der Antragsgegnerin lassen sich wie folgt zusammenfassen:

„Gefahr von der NPD droht nicht im Bundestag. Sie arbeitet an einer Faschisierung der Provinz. […] In einigen Regionen Ostdeutschlands ist sie auf einem schleichenden Vormarsch, dort erodiert längst die Demokratie."

Toralf Staud, Moderne Nazis. Die neuen Rechten und der Aufstieg der NPD, Köln 2005, S. 9.

a) Akzeptanz verfassungsfeindlicher rechtsextremistischer Ansichten in der Gesellschaft

Strategie und Aktivitäten der Antragsgegnerin führen dazu, dass die gesellschaftliche Präsenz verfassungsfeindlicher rechtsextremistischer Ansichten in einigen Gegenden Ostdeutschlands als Normalität angesehen wird: Insbesondere dem Landesverband Mecklenburg-Vorpommern gelingt „seit *Jahren eine bürgerliche Verankerung in weiten Räumen des Landes*". Die NPD hat – wie sozialwissenschaftliche Arbeiten bestätigen – sich dort „*im vorpolitischen Raum festgebissen*".

Andrea Röpke, Gefährlich Verankert. Rechtsextreme Graswurzelarbeit, Strategien und neue Netzwerke in Mecklenburg-Vorpommern, Schwerin 2015, S. 83 und 89.

Zwei Journalisten, die mehr als zwei Jahre vor Ort in der NPD und dem rechtsextremistischen Spektrum recherchiert haben, resümieren, dass die NPD zur *„einzigen rechtsextremen Gruppierung mit gesellschaftlichem Unterbau"* geworden sei. „*In einigen Gegenden Ostdeutschlands – beispielsweise in Vorpommern und Teilen Ostsachsens – prägt sie das gesellschaftliche Klima und baut Stück für Stück parteinahe Parallelstrukturen auf.*"

Christopher Ruf/Olaf Sundermeyer, In der NPD. Reise in die National Befreite Zone, München 2009, S. 10.

Sozialwissenschaftliche Mikrostudien haben dies spezifisch für einzelne Regionen belegt:

„In Anklam z. B. konnten weit überdurchschnittliche Akzeptanzwerte für die NPD gemessen werden. In einer repräsentativen Befragung von 2009 meinten immerhin 34,6 % der Anklamer, die NPD sei eine Partei wie jede andere."

Dierk Borstel, Gutachten, Anlage 3 zur Antragsschrift vom 1. Dezember 2013, S. 31.

Eine sozialwissenschaftliche Untersuchung für *Ueckermünde* kommt zu einem ähnlichen Ergebnis: Dort wird die Akzeptanz der NPD unter anderem an der Person *Tino Müller* sowie an öffentlichkeitswirksamen Aktionen der NPD festgemacht.

Vgl. im Detail *Tatiana Volkmann*, Region Ueckermünde, in: Buchstein/Heinrich (Hrsg.), Rechtsextremismus in Ostdeutschland, Schwalbach/Ts. 2010, S. 145 (182 ff.).

Dabei stellt die Untersuchung fest, dass eine „völlig ausbleibende Differenzierung zwischen NPD, Kameradschaften, rechtsextremen Jugendlichen etc." besteht, was mit der oben dargestellten Netzwerkstrategie der Antragsgegnerin korreliert.

Auch für die Region *Lübtheen* zeigen sozialwissenschaftliche Studien die gesellschaftliche Präsenz verfassungsfeindlicher Positionen und deren Akzeptanz in bedeutenden Teilen der Gesellschaft. So diagnostiziert *Arne Lehmann*, dass *Lübtheen* zwar keine national befreite Zone darstelle, jedoch habe die NPD und ihre Vertreter „*in der Zivilgesellschaft vor Ort [...] in einigen Teilen der Bevölkerung Erfolg und werden akzeptiert*". Besonders bemerkenswert im Hinblick auf das vorliegende Verfahren ist die Erkenntnis, dass die Akzeptanz auch „*mit dem Hinweis darauf [erfolgt], dass die NPD keine verbotene Partei*" ist.

> *Arne Lehmann,* Region Lübtheen, in: Buchstein/Heinrich (Hrsg.), Rechtsextremismus in Ostdeutschland, Schwalbach/Ts. 2010, S. 247 (283).

Dies bestätigt auch die Bürgermeisterin von Lübtheen, *L.*: „*Für viele Leute ist es einfach normal, dass die NPD da ist. Sie sind ständig im Ort präsent.*"

> Gespräch eines Verfahrensbevollmächtigten mit Bürgermeisterin L. am 30. Juli 2015, zu laden über den Bundesrat, Leipziger Straße 3–4, 10117 Berlin.

Die örtliche Verankerung der Antragsgegnerin in der Gesellschaft zeigen schließlich auch Ergebnisse der Kommunalwahlen 2014. Auch wenn landesweit der Stimmenanteil im Vergleich zu 2011 zurückging, erreichte die NPD – bezogen auf die Kreistagswahlen – in mehreren Gegenden erneut hohe Wahlergebnisse. Im Landkreis Vorpommern-Greifswald war das Ergebnis bei den Kreistagswahlen 2014 in mehreren Orten zweistellig:

Gemeinde oder Kreisfreie Stadt	Stimmenanteile für die NPD in %
Blasewitz	*27,2*
Neuenkirchen	*21,0*
Wilhelmsburg und Ziethen	*18,9*
Klein Bünzow	*16,8*
Koblentz	*16,1*
Papendorf und Garz	*15,0*
Eggesin	*13,6*

Auch auf der Insel Usedom, die eine beliebte Urlaubsregion darstellt, fanden sich fast überall Ergebnisse von über 5 % für die NPD oder sogar zweistellige NPD-Wahlergebnisse:

Gemeinde oder Kreisfreie Stadt	Stimmenanteile für die NPD in %
Pudagla	*13,4*
Usedom Stadt	*12,3*
Heringsdorf	*12,2*

Auch im Westen des Landes erreichte die NPD bei den Kreistagswahlen in Groß Krams (17,6 %) und Lübtheen mit 10,7 % zweistellige Wahlergebnisse.

C. Das zweite NPD-Verbotsverfahren (2013–2017)

Vgl. Wahlen zu den Kreistagen der Landkreise und den Gemeindevertretungen der kreisfreien Städte in Mecklenburg-Vorpommern am 25. Mai 2014, Online-Atlas, abrufbar unter service.mvnet.de/wahlen/2014_eu_kom/wahlergebnisse.php?wahl=K.

Neben Mecklenburg-Vorpommern liegt ein weiterer Schwerpunkt der Aktivitäten der Antragsgegnerin in der Sächsischen Schweiz. Hier wird die gesellschaftliche Akzeptanz schon durch die hohen Prozentsätze indiziert, die die Antragsgegnerin auch bei der Gemeinderatswahl 2014 verzeichnen konnte. Die Ergebnisse der Gemeinderatswahl belegen zudem, dass eine hohe Akzeptanz der NPD auch in anderen Orten Sachsens besteht:

Gemeinde oder Kreisfreie Stadt	Stimmenanteile für die NPD in %
Reinhardtsdorf-Schöna	20,5
Sebnitz, Stadt	15,0
Liebschützberg	14,1
Gohrisch	12,7
Geithain, Stadt	10,0
Jahnsdorf/Erzgeb.	9,2
Gelenau/Erzgeb.	9,2
Strehla, Stadt	8,6
Pirna, Stadt	8,5
Bad Schlema	8,5

Insbesondere der Ort Reinhardtsdorf-Schöna wurde bisher wissenschaftlich untersucht bzw. journalistisch durchleuchtet. So diagnostizierte eine ethnologische Studie, dass dort eine „rechte Vorherrschaft" bestehe, die „auf einem Fundament der Zustimmung und Teilhabe" der „ganz normalen" Bürger basiere. Rechtsextremisten würden als „normale Leute" angesehen. Die Wahl der NPD sei als Zeichen dieser „rechten Hegemonie" zu interpretieren.

Katrin Osterloh, „Bei uns leben nur normale Leute", in: Falk Blask (Hrsg.), Ein Dorf voller Narren, Berlin 2007, S. 28 (40 f.).

Auch wenn die Erfolge der NPD in Reinhardtsdorf-Schöna im Jahr 2013 nicht zuletzt dank eines neuen Bürgermeisters, der sich offen gegen Rechtsextremismus einsetzt, zeitweilig zu schwinden schienen,

vgl. „Der braune Fleck verschwindet", in: www.sueddeutsche.de/politik/wahlkreis-atlas-der-braune-fleck-verschwindet-1.1755729 vom 29. August 2013, abgerufen am 22. Juni 2015 (**Beleg 256**).

bewirkt die tiefe Verankerung im Ort aufgrund von persönlichen Beziehungen eine langfristige Etablierung, die auch zeitweiligen Schwächen der Partei widersteht. Diese Verankerung der NPD in der Gesellschaft bestätigt auch ein Bericht der Zeitung „Die Welt" vom 6. September 2014:

„‚Der kommt auch Heiligabend, wenn es sein muss. Der ist sehr hilfsbereit, unser Michael', sagt man im Ort. ‚Unser Michael' nennt man ihn liebevoll. Ja, da habe es mal was gegeben mit irgendwelchen Waffen, die er wohl illegal gesammelt hat: ‚Gottchen, jeder hat ein anderes Hobby.' Der ‚Michael' hat bei den Kommunalwahlen im vergangenen Mai auch wieder kandidiert. Werbung brauchte er da nicht zu machen. Dass er seit Jahr und

Tag für die NPD kandidiert, weiß man natürlich. Das ist seiner Beliebtheit aber in keiner Weise abträglich."

„Die netten Nazis von nebenan", in: Die Welt vom 6. September 2014 (**Beleg 257, Kategorie 1**).

Ein Wahlergebnis von mehr als 20 Prozent bei den Gemeinderatswahlen 2014 für die NPD bestätigt diese Einschätzung.

b) Beeinträchtigung demokratischer Prozesse durch Furcht vor sozialer Stigmatisierung

Die Akzeptanz der NPD in der Mitte der Gesellschaft verbindet sich insbesondere in ländlichen Gebieten mit den „Früchten" des „Kümmerer-Images" und erzeugt so bei Bürgern Hemmungen, sich gegen Rechtsextremismus zu positionieren: Sie fürchten eine soziale Stigmatisierung als „Nestbeschmutzer" und Störer des sozialen Friedens.

Diese sozialen Mechanismen, insbesondere die fehlende Anonymität in ländlichen Orten, werden wie folgt analysiert:

„*In der ländlichen Siedlung, im Dorf oder der Kleinstadt ist der Handwerker nicht selten auch der Mitspieler im Fußballverein [...] In Bezug auf den Rechtsextremismus wird es für die Dorfgemeinschaft daher schwierig, sich gegen jemanden zu positionieren. Stattdessen wird die politische Orientierung der Betroffenen häufig verharmlost. ‚Der ist gar nicht so schlimm, nur ein bisschen rechts eben. Ein prima Kerl', heißt es dann etwa. Schnell gilt hingegen als Nestbeschmutzer, wer rechtsextremes Gedankengut problematisiert.*"

Buchstein/Heinrich, Ländlicher Raum und Rechtsextremismus, in: dies. (Hrsg.), Rechtsextremismus in Ostdeutschland, Schwalbach 2010, S. 29 (37).

Beispielhaft für die Folgen kann ein Ereignis in der Gemeinde Bargischow in Mecklenburg-Vorpommern genannt werden, in dem ein mit öffentlichen Geldern finanzierter Jugendclub von Rechtsextremisten genutzt wurde. Im Kommunalwahlkampf 2009 positionierte sich hiergegen ein parteiloser Kandidat, der auf der Liste der CDU antrat. „*Am Donnerstag vor der Wahl tauchten im Ort an Bäumen und in Briefkästen nicht namentlich gekennzeichnete Schmähschriften auf, die sich gegen den ‚Nestbeschmutzer' wendeten. [...] Weder während der Kampagne, noch danach kam es zu einer öffentlichen Solidarisierung der CDU oder anderer demokratischer Parteien mit dem Betroffenen.*"

Dierk Borstel, Gutachten, Anlage 3 zur Antragsschrift vom 1. Dezember 2013, S. 32.

Eine sozialwissenschaftliche Mikrostudie hat diesen Mechanismus auch in Bezug auf die NPD in Ueckermünde nachgewiesen: „*Dabei muss man auch berücksichtigen, dass es ganz weitläufig auch diese Verstrickungen gibt, dass beispielsweise beim Segelverein, da ist der Schwiegervater von Tino Müller Mitglied. Naja, und gleichzeitig biste auf den wieder angewiesen, dass der dem Verein gut gesinnt ist, warum auch immer. Und dann ist es schwierig, es sich mit dem zu verscherzen.' Die von der Interviewpartnerin treffend formulierten ‚Verstrickungen' nehmen ebenso Einfluss auf das soziale Verhalten bzw. die Umgangsformen der Stadtbewohner.*"

Tatiana Volkmann, Region Ueckermünde, in: Buchstein/Heinrich (Hrsg.), Rechtsextremismus in Ostdeutschland, Schwalbach/Ts. 2010, S. 145 (185 f.).

Für Reinhardtsdorf-Schöna wurde über ähnliche soziale Mechanismen berichtet.

> Vgl. *Toralf Staud*, „Ich gelte als Nestbeschmutzerin" – Bianca Richter und die Bürgerinitiative „Demokratie anstiften" aus Sachsen, in: Wilhelm Heitmeyer (Hrsg.), Deutsche Zustände, Frankfurt 2007, S. 315.

c) Beeinträchtigung demokratischer Prozesse durch Furcht vor Gewalt, Drohungen oder sonstigen Nachteilen

Noch gravierender sind Beeinträchtigungen demokratischer Prozesse durch die Furcht vor Gewalt, Drohungen oder sonstigen Nachteilen. Beispielhaft wird im Folgenden für Regionen in Mecklenburg-Vorpommern belegt, dass solche Ängste existieren und Teile der Bevölkerung Bürger abhalten, offen gegen Rechtsextremismus Position zu beziehen. Aus Angst oder Vorsicht machen sie von demokratischen Rechten keinen Gebrauch.

Für Lübtheen formuliert dies Bürgermeisterin L. wie folgt: *„Fragen Sie doch einmal auf der Straße. Die meisten würden sich nicht trauen, öffentlich etwas Negatives über [den NPD-Fraktionsvorsitzenden, C. M./C. W.] Pastörs zu sagen und sich damit zitieren zu lassen. Die meisten hätten Angst, dass etwas passieren könnte. Unberechtigt ist diese Angst aus meiner Sicht nicht."*

> Gespräch eines Verfahrensbevollmächtigten mit Bürgermeisterin L. am 30. Juli 2015; Zeugnis der L., zu laden über den Bundesrat, Leipziger Straße 3-4, 10117 Berlin.

Für den Ort Jamel wurden solche Ängste bereits oben belegt. So sagt Bürgermeister W., dass – abgesehen von den Eheleuten L. – Normalbürger sich dort nie trauen würden, eine Aussage zu tätigen, die NPD-Funktionär K. belasten würde. Auch das Ehepaar L. diagnostiziere Ängste, sich mit ihnen zu solidarisieren und gegen Rechtsextremismus einzutreten.

> Gespräch eines Verfahrensbevollmächtigten mit Bürgermeister W. und den Eheleuten L. am 30. Juli 2015.

„*„Hier sind viele der Meinung: Wer sich zu weit aus dem Fenster lehnt, braucht sich nicht zu wundern, wenn er runterfällt", umschreibt L. das Klima in der Gegend."*

> Süddeutsche Zeitung: „Wo der Nachbar Nazi ist" vom 7. Februar 2011, in: www.sueddeutsche.de, abgerufen am 10. Juni 2015 (**Beleg 43, Kategorie 2**).

Für Anklam wurden solche Ängste bereits oben beschrieben: Geschäftsleute wagen es nicht, Plakate gegen Rechtsextremismus aufhängen zu lassen; niemand traut sich, Anzeigen gegen Rechtsextremisten zu erstatten. Ein ähnliches Beispiel bringt der Sozialwissenschaftler *Dierk Borstel für Anklam*:

„Im Jahr 2007 verabschiedete der Rat der Stadt eine öffentliche Erklärung, in der er sich zusammen mit dem Bürgermeister ablehnend zum Immobilienkauf örtlicher NPD-Mitglieder positionierte. Dieser Aufruf sollte in der Stadt verteilt werden. Ausgerechnet der Fraktionsvorsitzende der CDU, der dem Beschluss zugestimmt hatte, war dann der erste, der in der Regionalzeitung verkündete, aus Angst vor Anschlägen den Aushang in seinem Ladengeschäft nicht aufzuhängen. Viele andere Gewerbetreibende folgten diesem Beispiel, so dass der Aufruf kaum öffentliche Verbreitung fand."

Dierk Borstel, Gutachten, Anlage 3 zur Antragsschrift vom 1. Dezember 2013, S. 42.

Für *Güstrow* beschreibt *L.* das Vorliegen einer solchen Furcht unter den Bürgern ebenfalls und erklärt sie wie folgt: *„Vor einigen Jahren haben [NPD-Funktionär; C. M./C. W.] M. und seine Kameraden einen Jugendclub überfallen. Das bleibt in den Köpfen der Menschen, dass die zu so etwas in der Lage sind. Deshalb trauen sie sich nicht, etwas zu sagen."*

Gespräch eines Verfahrensbevollmächtigten mit *L.* am 30. Juli 2015.

L. spielt hier auf einen Überfall auf den Jugendclub Phönix in Güstrow am 16. April 2009 an, an dem NPD-Funktionär *M.* beteiligt war. *M.* wurde hierfür wegen mittäterschaftlich begangener gefährlicher Körperverletzung in Tateinheit mit Sachbeschädigung verurteilt. Nach den Feststellungen des Gerichts gingen die Täter mit Schlagstöcken und und flüssigem Bitumen auf die Opfer los. Die Opfer seien „unverhofft überfallen" worden und hätten „keine Chance zur Gegenwehr" gehabt.

Amtsgericht Güstrow, Urteil vom 14.12.2010, Az. 922 Ls 114/09 (**Beleg 100, Kategorie 1**).

In solchen und ähnlichen Ereignissen, die ebenfalls in vorgenanntem Urteil beschrieben werden, sieht *L.* eine Drohkulisse, die auf die Bürger Güstrows einschüchternd wirkt und viele davon abhalte, sich gegen Rechtsextremismus zu engagieren.

Ähnliches berichten Vertreter der „Landesweiten Opferberatung Beistand und Information für Betroffene rechter Gewalt in Mecklenburg-Vorpommern (LOBBI)": Der Angriff von NPD-Funktionär *O.* und weiteren Rechtsextremisten auf das Wohnprojekt in Greifswald 2013 oder die Angriffe von NPD-Anhängern auf politische Gegner in Pölchow 2007

vgl. oben S. 63 ff. [S. 398],

„wirken nach". „Das reicht als Drohkulisse."

Gespräch eines Verfahrensbevollmächtigten mit einem Vertreter der „Landesweiten Opferberatung Beistand und Information für Betroffene rechter Gewalt in Mecklenburg-Vorpommern (LOBBI)" am 29. Juli 2015.

Solche und die anderen oben genannten Ereignisse führen – wie auch sozialwissenschaftlich belegt ist – zu einem Klima der Einschüchterung und zu einer *„latente[n] Angst, die jede offensive Auseinandersetzung mit rechtsextremen Erscheinungen lähmt."* Schon der *„bloße Eindruck jederzeit möglicher Gewalt",* der durch den Dominanzanspruch und die dargestellten Aktionen der NPD herbeigeführt und/oder gefördert wird, führt zu *„einer Reduktion demokratischen Handelns".*

Dierk Borstel, Gutachten, Anlage 3 zur Antragsschrift vom 1. Dezember 2013, S. 34 und 43.

Die dargestellten Ängste bestätigen schließlich auch Journalisten, die in Mecklenburg-Vorpommern arbeiten. Gesprächspartner, die unter vier Augen ihre Meinung sagen, trauen sich nicht, offen vor die Kamera zu treten und sich zur NPD und zu Rechtsextremismus zu äußern. *„Sie möchten nicht genannt werden und bleiben lieber anonym. Sie wollen vermeiden, mit der Problematik in Verbindung gebracht zu werden und zur Zielscheibe zu werden",* sagt *V.,* die als freiberufliche Journalistin vor allem für den NDR in Mecklenburg-Vorpommern tätig ist. Sie beschreibt sowohl eine *„diffuse Angst vor Re-*

pressalien" durch das rechtsextremistische Spektrum als auch „*konkrete Befürchtungen*" aufgrund aggressiver NPD-Programmatik und Öffentlichkeitsarbeit oder aufgrund „konkreter Aktivitäten" der NPD oder freier Kameradschaften.

> Gespräch eines Verfahrensbevollmächtigten mit *V.* am 4. August 2015, zu laden über den Bundesrat, Leipziger Straße 3–4, 10117 Berlin.

K., freier Journalist des NDR, berichtet ebenfalls in Mecklenburg-Vorpommern über die NPD und über Rechtsextremismus. Er hat sich bei Recherchen selbst schon bedroht gefühlt. Dabei habe er „starke Aggressivität" durch Rechtsextremisten erlebt – unter anderem durch das ehemalige Kreistagsmitglied der NPD, G. Bei seinen Recherchen in Mecklenburg-Vorpommern hat er zahlreiche Belege dafür gefunden, dass weite Teile der Gesellschaft durch die Aktivitäten der NPD und anderer rechtsextremistischer Gruppierungen eingeschüchtert sind. „*Vor der Kamera etwas gegen die NPD und gegen Rechtsextremismus zu sagen, trauen sich nur diejenigen, die sowieso schon bekannt sind. Die anderen trauen sich nicht, offen etwas ins Mikrofon zu sagen.*" Da herrsche der Grundsatz: „*Am besten nichts sagen, weil ich möglicherweise angesprochen oder bedroht werden könnte.*" Festgestellt hat K. dies unter anderem bei Recherchen in Anklam und Lalendorf; aber auch im Raum Pasewalk und Ueckermünde finde man solche Phänomene. Dies seien Orte, „*wo man den Mund hält*" – auch weil es eine Jugendkultur gebe, die „rechts" sei. Er habe zudem die Erfahrung gemacht, dass sogar aktive Lokalpolitiker verängstigt seien und deshalb Hemmungen hätten, sich offen zu äußern: „*Selbst einige Stadtvertreter wollen sich nicht den Mund verbrennen.*" Und sogar manche Bürgermeister trauten sich wegen der Präsenz von NPD, Kameradschaften und ihren „*Gefolgsleuten*" nicht, „*bestimmte Themen*" anzusprechen.

> Gespräch eines Verfahrensbevollmächtigten mit *K.* am 7. August 2015, zu laden über den Bundesrat, Leipziger Straße 3–4, 10117 Berlin.

Ähnliches beschreibt auch ein Berater von Opfern rechtsextremistischer Aktivitäten: Viele Opfer verweigerten eine Anzeige. Umso mehr gelte dies für Zeugen. Es bestehe „*Angst vor Rache*". Es gebe dabei auch Fälle, in denen „*wir leider bestätigen müssen, dass diese Ängste durchaus berechtigt sind.*"

> Gespräch eines Verfahrensbevollmächtigten mit einem Vertreter der „Landesweiten Opferberatung Beistand und Information für Betroffene rechter Gewalt in Mecklenburg-Vorpommern (LOBBI)" am 29. Juli 2015.

Wie oben belegt, beziehen sich solche Ängste zumindest auch auf das Handeln der Antragsgegnerin und tragen die Aktivitäten der Antragsgegnerin jedenfalls entscheidend dazu bei, das beschriebene Klima hervorzurufen, ein solches also zu fördern.

Soweit sich die Ängste von Bürgern auch auf andere Teile des rechtsextremistischen Spektrums beziehen oder soweit diese Ängste sich undifferenziert auf die gesamte rechtsextremistische Szene in Mecklenburg-Vorpommern – insbesondere sogenannte „freie Kräfte" – beziehen, ist darüber hinaus zu beachten, dass die NPD sich in einer „Kampfgemeinschaft" mit diesen Kräften sieht. Sie sieht sich und ist de facto die organisatorische und ideologische Basis dieser Ängste auslösenden „Volksfront".

> Vgl. dazu oben S. 11 ff. [S. 357 ff.].

d) Einschränkung politischer und gesellschaftlicher demokratischer Mitwirkung

Wenn politisches oder soziales Handeln Bedrohungsgefühle sowie Ängste um die eigene Sicherheit zur Folge hat, ist dies schon für sich eine Beeinträchtigung des demokratischen Prozesses und damit eine Gefahr für die Demokratie. Denn Demokratie ist nicht erst dann beeinträchtigt, wenn demokratische Akteure vollkommen davon absehen, ihre Rechte wahrzunehmen. Es genügt bereits, wenn Engagierten durch ihre politische Tätigkeit Nachteile für ihre Lebensführung durch Mittel drohen, die nicht zum geistigen Meinungskampf gehören und diesem fremd sind. Dies gilt vor allem, wenn sie unmittelbar auf die Privatsphäre des Betroffenen gerichtet sind. Solche Einflüsse schädigen den in einer Demokratie notwendigen freien Diskurs, den „zwanglosen Zwang des besseren Arguments" (*Habermas*).

Jürgen Habermas, „Wahrheitstheorien", in: ders., Vorstudien und Ergänzungen zur Theorie des kommunikativen Handelns, Frankfurt/M. 1984, S. 127–183, hier S. 161.

Sie beeinträchtigen zudem den Grundsatz demokratischer Chancengleichheit, der grundsätzlich bereits durch den potentiellen Ausschluss eines Kommunikationsteilnehmers verletzt wird.

Oben wurde bereits belegt, dass die Aktivitäten der Antragsgegnerin zur Folge haben, dass Lokalpolitiker in Mecklenburg-Vorpommern, Sachsen und Brandenburg aufgrund ihrer politischen Tätigkeit Bedrohungsgefühle, Ängste oder bedrohliche Eingriffe in ihren privaten Bereich erleiden müssen. Dies können unter anderem der Bürgermeister von Schöneiche bei Berlin (Brandenburg) *J.*, die Bürgermeisterin von Lübtheen (Mecklenburg-Vorpommern) *L.*, der ehemalige Bürgermeister von Schneeberg (Sachsen) *S.* und die Stadtverordnete in Güstrow (Mecklenburg-Vorpommern) *L.* bezeugen.

Alle zu laden über den Bundesrat, Leipziger Straße 3–4, 10117 Berlin.

Bedrohungsgefühle, Ängste und/oder bedrohliche Eingriffe in den privaten Bereich gab es auch in den übrigen oben unter III. 2 genannten Fällen.

Solche Phänomene sind jedoch nicht auf Politiker beschränkt. Sie betreffen auch Personen, die sich haupt- oder ehrenamtlich gegen Rechtsextremismus und für Demokratie engagieren. *„Angst, Bedrohungen und Bedrohungsgefühle sind immanent in unserem Arbeitsfeld"*, sagt der Direktor der Evangelischen Akademie der Nordkirche, in deren Trägerschaft sich zwei der fünf Regionalzentren für demokratische Kultur befinden, *K.*

Zeugnis des *K.*, Evangelische Akademie der Nordkirche, zu laden über den Bundesrat, Leipziger Straße 3–4, 10117 Berlin.

Seine Kolleginnen und Kollegen seien diesem Problem nicht nur selbst ausgesetzt. Auch erhielten sie regelmäßig Anfragen von engagierten Personen, wie sie sich vor Angriffen schützen könnten. Diesem Bedrohungsgefühl werde im Rahmen der Sicherheitsberatung mit Informationsmaterial begegnet.

Vgl. etwa: Regionalzentren für Demokratische Kultur, Sicherheit bei Informationsständen oder Straßenaktionen im öffentlichen Raum (**Beleg 258**).

Das Bedrohungsgefühl speist sich nach Aussage von *K.* aus verschiedenen Quellen: Dazu gehörten zum einen eigene unmittelbare Gewalt- bzw. Drohungserfahrungen sowie die Kenntnis konkreter Angriffe auf politisch engagierte Personen – wie etwa die bereits dargestellten Aktionen gegen den Bürgermeister von Lalendorf oder gegen *L.* in Güstrow. Zum anderen resultiere das Bedrohungsgefühl auch aus regelmäßig eintreffenden Drohbriefen, Drohmails und Drohanrufen, beleidigenden Flugblättern im Wohnumfeld, Beleidigungen im Internet, Bedrohungen von Angehörigen, die Veröffentlichung der Privatadressen, Postwurfsendungen mit persönlicher Ansprache sowie aus der Präsenz rechtsextremistischer Gewalt. Verantwortlich für dieses Bedrohungsgefühl seien Aktivitäten des gesamten rechtsextremistischen Spektrums – und deshalb nicht nur, aber auch der NPD. Dabei sei vor allem zu beachten, dass führende NPD-Mitglieder in Mecklenburg-Vorpommern gleichzeitig einer ganzen Reihe rechtsextremer Strukturen angehörten.

> Zeugnis des *K.*, Evangelische Akademie der Nordkirche, zu laden über den Bundesrat, Leipziger Straße 3–4, 10117 Berlin.

In der Konsequenz müssten seine Mitarbeiter zu Schutzmaßnahmen greifen. So fahre man nie mit Privatwagen zu Treffen. Zudem seien bei den Meldeämtern die persönlichen Daten vieler Mitarbeiter mit Sperrvermerken versehen.

> Zeugnis des *K.*, Evangelische Akademie der Nordkirche, zu laden über den Bundesrat, Leipziger Straße 3–4, 10117 Berlin.

Wissenschaftlich untersucht wurde die Bedrohungslage für politisch Engagierte von *Anette Hiemisch* (Ernst Moritz Arndt-Universität Greifswald). Sie kommt zu dem Schluss, dass Rechtsextremismus in einigen Gegenden Deutschlands *„zu festen Bestandteilen der Alltagskultur"* geworden sei und von Rechtsextremisten eine *„konkrete Bedrohung zivilgesellschaftlicher Akteure"* ausgehe. Die von ihr befragten Personen sehen gerade in Mecklenburg-Vorpommern die Gefahr eines weiteren Einflussgewinns der rechtsextremen Szene und hierin eine Schwäche der Demokratie. Eine besondere Gefahr sei es, *„in der rechtsextremen Szene als Folge [...] persönlichen Engagements bekannt zu werden"*.

> Zusammenfassende Ergebnisdarstellung der Interviews zur Erfassung von Emotionen im Umgang mit Rechtsextremismus, Schreiben von *Privatdozentin Dr. Anette Hiemisch* an einen Verfahrensbevollmächtigten vom 27. Juli 2015, **Anlage 2**.

Auch wenn solche Konsequenzen bereits für sich eine Beeinträchtigung demokratischer Prozesse darstellen, haben Ängste und Bedrohungsgefühle, die durch die Antragsgegnerin ausgelöst wurden, noch weitergehende Folgen. Sie halten – wie unter c) dargestellt – nicht nur Bürger überhaupt davon ab, politisch oder sozial tätig zu werden; sie beeinflussen teilweise auch die Art und Weise und den Umfang der Tätigkeit von bereits aktiven Politikern – nicht zuletzt aus Rücksicht gegenüber ihren Familien. Plakatives Beispiel ist hier der Fall Tröglitz.

Die Landesweite Opferberatung in Mecklenburg-Vorpommern kennt weitere Beispiele: *„Mit Auswirkungen der Angriffe auf Parteibüros sind wir heute noch konfrontiert.*

Wir hören öfter mal von Lokalpolitikern: ‚Zu diesem Thema positioniere ich mich doch nicht. Dann ist meine Scheibe wieder kaputt.'"

Gespräch eines Verfahrensbevollmächtigten mit einem Vertreter der „Landesweiten Opferberatung Beistand und Information für Betroffene rechter Gewalt in Mecklenburg-Vorpommern (LOBBI)" am 29. Juli 2015.

Die Folgen reichen bis zu einer Beeinflussung von Wahlkämpfen auf kommunaler Ebene. So diagnostiziert die Politologin *Andrea Röpke* zum Kommunalwahlkampf 2014:

„*Nur wenige Kandidaten anderer Parteien [außer der NPD; C. M./C. W.] führten noch einen kommunalen Straßenwahlkampf in den Dörfern Vorpommerns. Bei denen, die sich trauten, gab es nicht selten von den Rechten errichtete Bedrohungskulissen oder Anfeindungen.*"

Andrea Röpke, Gefährlich verankert, Schwerin 2015, S. 89.

Die weitergehenden Gefahren solcher Entwicklungen benannte *Reiner Haseloff*, Ministerpräsident von Sachsen-Anhalt, im Anschluss an den Vorfall von Tröglitz:

„*Wer sich im öffentlichen Raum bewegt, wird offenbar zum Freiwild. Als ich mich nach dem Brand in Tröglitz für die Flüchtlingsunterkunft ausgesprochen habe, waren manche Reaktionen so brutal, dass ich die Staatsanwaltschaft informiert habe. Ich persönlich lasse mich davon nicht abschrecken. Aber wir müssen aufpassen, dass nicht noch mehr ehrenamtliche Politiker aufgeben wie damals der Bürgermeister von Tröglitz. Irgendwann ist dann nämlich keiner mehr da.*"

„Wir werden bedroht", in: Die Zeit vom 28. Mai 2015, S. 2 f. (**Beleg 259**).

e) Insbesondere: Wirkung auf Minderheiten

Die bisher dargestellten sozialen Mechanismen wirken in besonderem Maße zu Lasten von ethnischen und religiösen Minderheiten. Für diese wird ein Klima der Angst ausgelöst durch das Zusammenwirken

- der aggressiven Rhetorik der Antragsgegnerin gegen Minderheiten

  Vgl. dazu die Antragsschrift vom 1. Dezember 2013, S. 38 ff. [S. 66 ff.] und durchgehend sowie oben S. 71 ff. [S. 403 f.],

- mit der gesellschaftlichen Präsenz, teilweisen Dominanz sowie Akzeptanz der rechtsextremistischen Ansichten der Antragsgegnerin in Teilen Ostdeutschlands,

  Vgl. dazu oben S. 21 ff., S. 84 ff. [S. 364 ff., 413 ff.],

- und mit der durch Erfahrung

  vgl. dazu die oben genannten Aktionen gegen politische Gegner und gegen Minderheiten sowie unten die Aktivitäten gegen Asylbewerber. Vgl. auch die Antragsschrift vom 1. Dezember 2013, S. 219 ff. [S. 201 ff.],

begründeten Kenntnis innerhalb dieser Minderheiten, dass die Antragsgegnerin sowohl selbst zu aggressiven Aktionen, Bedrohungen und sogar Angriffen gegen Minderheiten bereit ist, als auch über ein Netzwerk verfügt, zu dem gewaltbereite Personen gehören.

Diese Wirkungen des Handelns der Antragsgegnerin insbesondere in Teilen Ostdeutschlands tragen zu einer Atmosphäre bei, die Mitglieder von Minderheiten in bestimmten Regionen zumindest zeitweise nicht nur einschüchtert, sondern auch konkrete Ängste auslöst. Diese Ängste bestätigt unter anderem die „Landesweite Opferberatung für Betroffene rechter Gewalt (LOBBI)" in Mecklenburg-Vorpommern: *„Es gibt leider in Mecklenburg-Vorpommern Städte und Regionen, in denen sich potentiell von Rechtsextremismus Betroffene kaum angstfrei bewegen können. Das verursacht nicht ausschließlich die NPD. Aber sie trägt durch ihre Propaganda und ihre Aktivitäten maßgeblich dazu bei."*

> Gespräch eines Verfahrensbevollmächtigten mit einem Vertreter der „Landesweiten Opferberatung Beistand und Information für Betroffene rechter Gewalt in Mecklenburg-Vorpommern (LOBBI)" am 29. Juli 2015.

Insbesondere seit den – unter anderem von der Antragsgegnerin mitinitiierten (dazu unten) – Protesten gegen Asylbewerber verzeichnet LOBBI eine starke Zunahme rassistisch motivierter Angriffe: körperliche Gewalt, gezielte Sachbeschädigungen und rassistische Bemerkungen. *„Wir haben in der Beratung Fälle erlebt, dass Asylbewerber oder andere Betroffene rassistischer Gewalt die Angriffe gegen sie auf die Atmosphäre zurückgeführt haben, die die anhaltende Agitation gegen Asylbewerber durch NPD, MVGIDA und andere ausgelöst hat."*

> Gespräch eines Verfahrensbevollmächtigten mit einem Vertreter der „Landesweiten Opferberatung Beistand und Information für Betroffene rechter Gewalt in Mecklenburg-Vorpommern (LOBBI)" am 29. Juli 2015.

Die sozialwissenschaftliche Literatur berichtet von „Zonen der Angst": *„Solche ‚Zonen der Angst' existieren an vielen Orten, vor allem im ländlichen Bereich in Mecklenburg-Vorpommern. Im vorpommerschen Ueckermünde berichteten Einwohner genauso wie im mecklenburgischen Lübtheen von Garagenkomplexen, deren Nähe sie nach Einbruch der Dunkelheit meiden. Denn dort hätten ‚die Nazis' dann ‚das Sagen' ...."*

> *Thomas Niehoff*, Von Nationaldemokratischen Kreidefressern, in: Brodkorb/Schlotmann, Provokation als Prinzip, Schwerin 2008, S. 115 (130).

Konkrete Ängste werden auch von den Betroffenen selbst bekundet. So bestätigt die Jüdische Gemeinde Thüringen, dass sich dort die Angst der Gemeindemitglieder zunehmend erhöht hat. So forderten Mitglieder der Gemeinde *„jetzt zunehmend und lautstark allseitige Sicherheitsmaßnahmen, in unseren Gebäuden, aber auch bei Begräbnissen, Veranstaltungen, Gottesdiensten"*. Einer der Ursachen für solche Ängste sei der *„aggressive antisemitische Charakter der von der NPD weitgehend organisierten Thügida- und Sügida-Demonstrationen in Suhl, Erfurt und anderen Thüringer Städten."* Sie sehen einen direkten *„Zusammenhang führender NPD-Funktionäre mit den volksverhetzenden Veranstaltungen und Taten, die unter Thüringer Juden eine Atmosphäre der Angst entstanden ließen"*. Mitglieder der Jüdischen Gemeinde Dresden empfinden die Aktivitäten von Rechtsextremisten, insbesondere der NPD, ebenfalls als *„Bedrohungsszenarien"*. Als bedrohlich wurden insbesondere die jährlichen Aktionen der NPD zum 13. Februar wahrgenommen. Gerade die hohe Zahl von Teilnehmern an solchen Demonstrationen habe große Verunsicherung und Ängste ausgelöst – insbesondere bei Zugewanderten.

> Gespräch der Verfahrensbevollmächtigten mit Vertretern der Jüdischen Gemeinden Dresden und Thüringen am 19. Juni 2015. Mit den Aktionen der NPD zum 13. Februar sind insbesondere die jährlichen Teilnahmen an Trauermärschen sowie Kranzniederlegungen gemeint.
> Vgl. S., „In Würde unserer Toten gedenken" in: www.npd-sachsen.de vom 16. Februar 2009 (**Beleg 260, Kategorie 1**).
> T.: „NPD-Landtagsabgeordnete unterstützen auch in diesem Jahr das Dresden-Gedenken volkstreuer Kräfte", in: www.npd-dresden.de vom 14. Februar 2012, Ausdruck vom 30. Mai 2012 (**Beleg 261, Kategorie 1**)

Wie bereits dargestellt, führen die Aktivitäten der Antragsgegnerin auch bei Sinti und Roma zu Einschüchterungen und Ängsten. So hat der Zentralrat Deutscher Sinti und Roma nach einigen Wochen *„Hunderte von Anrufen besorgter Sinti- und Roma-Familien aus ganz Deutschland erhalten",* die insbesondere wegen der NPD-Plakate zutiefst betroffen waren. *„Bei den älteren Menschen, die den Holocaust überlebten, wurden erneut massive Ängste wach."*

> *Romani Rose*: Geschichtsblinde Justiz, in: Zentralrat Deutscher Sinti und Roma, Verbot rassistisch diskriminierender Wahlkämpfe. Eine Bestandsaufnahme zur Auseinandersetzung über die NPD-Wahlplakate gegen Sinti und Roma 2013 (Schriftenreihe, Band 8), S. 5–11, hier S. 5 u. 9 (**Beleg 255, Kategorie 2**).

Für eine mündliche Verhandlung werden Zeugen aus den von der Antragsgegnerin bedrohten Minderheiten benannt werden, die die dargestellten Ängste und Bedrohungsgefühle bekunden und näher präzisieren können. Diese wären dann über den Bundesrat zu laden.

Die Zurechenbarkeit der genannten Ängste zur Antragsgegnerin ergibt sich zum einen aus ihren eigenen Aktionen sowie aus ihrer oben dargestellten Netzwerk- und Scharnierfunktion innerhalb des rechtsextremistischen Spektrums.

> Vgl. oben S. 11 ff. [S. 356 ff.].

Zum anderen fördert die NPD ein minderheitenfeindliches Klima, indem sie kraft ihrer institutionellen Präsenz als Partei minderheitenfeindliches Gedankengut in die Gesellschaft trägt und damit auch andere zu solchen Aktionen animiert. Die Atmosphäre der Angst für Minderheiten ist nicht zufälliges Produkt, sondern kalkulierter, ideologisch begründeter Zweck der Tätigkeit der Antragsgegnerin. Die NPD fördert damit absichtlich ein Klima, in dem jüdische Gemeinden anonyme Drohbriefe erhalten, rassistische Angriffe auf Muslime erfolgen und Brandanschläge auf Asylunterkünfte stattfinden. All dies ist nichts anderes als die Realisierung der ideologischen Postulate der Antragsgegnerin.

Frage 2: Aggressive Aktivitäten gegen Asylbewerber

Aggressive Agitation gegen Asylbewerber ist seit Mitte 2013 sowohl inhaltlich als auch quantitativ ein Schwerpunkt der Tätigkeiten der Antragsgegnerin. Inhaltlich verwirklichen diese Aktivitäten zwei Ziele: Zum einen dienen sie der Exklusion ethnischer Minderheiten und damit der Verwirklichung der rassistisch definierten Volksgemeinschaft.

> Vgl. dazu oben S. 7 ff. [S. 352 ff.], 71 ff. [S. 403 ff.] sowie die Antragsschrift vom 1. Dezember 2013, S. 38 ff. [S. 66 ff.].

Zum anderen sieht die Partei große Chancen, an angebliche oder reale Ängste in der Bevölkerung anzuknüpfen und dadurch ihren Einfluss in der Mitte der Gesellschaft nachhaltig auszuweiten.

I. Überblick: Umfang der aggressiven Agitation gegen Asylbewerber seit 2013

Das Maß an Aggressivität der Antragsgegnerin gegen Asylbewerber lässt sich schwerlich in Zahlen fassen. Es erschließt sich vollständig nur bei Betrachtung der menschenverachtenden Ideologie und der darauf basierenden diffamierenden und hetzerischen Rhetorik (dazu unten III. [S. 430]), die widerspiegelt, dass die Antragsgegnerin bestimmten Personen die Menschenwürde abspricht. Auch lässt sich die Aggressivität nicht alleine an der Anzahl der Demonstrationen erkennen, weil diese nur einen Ausschnitt der Agitation gegen Asylbewerber darstellen: Hinzu kommen neben parteiinternen Veranstaltungen auch in die Öffentlichkeit wirkende Agitationsformen, wie etwa „Kontrollbesuche" und Betretungen von Asylunterkünften.

Dennoch soll zu Beginn ein quantitativer und inhaltlicher Überblick einen ersten Eindruck vom Umfang der aggressiven Agitation sowie von der Bedeutung des Asylthemas für die Antragsgegnerin geben. Seit 2013 lassen sich konstant hohe Zahlen von Demonstrationsveranstaltungen nachweisen, die auf das Thema Asyl Bezug nehmen und von der Antragsgegnerin angemeldet wurden. Allein im Jahr 2014 lag bei fast der Hälfte der bundesweit von der NPD angemeldeten 123 Kundgebungen und Demonstrationen der thematische Schwerpunkt im Bereich „Asyl".

> Bundesministerium des Innern (Hrsg.): Verfassungsschutzbericht 2013, S. 117 f. (**Beleg 262**).
> Bundesministerium des Innern (Hrsg.): Verfassungsschutzbericht 2014, S. 40. (**Beleg 263**).

Nicht mitgerechnet sind dabei Kundgebungen und Demonstrationen, an denen NPD-Mitglieder nur als einfache Teilnehmer mitwirken, ohne die Veranstaltung selbst angemeldet zu haben. Gerade seit 2013 nahm die Partei mit eigenen Funktionären bzw. Mitgliedern an Veranstaltungen anderer Akteure – etwa im Kontext der GIDA-Bewegung (**G**egen die **I**slamisierung **d**es **A**bendlandes) – teil. Zusätzlich führte sie innerhalb dieses Zeitraums eine Vielzahl von Kundgebungen mit einer Teilnehmerzahl von weniger als 20 Personen durch. Diese Aspekte gelten selbstverständlich auch bei der Bewertung der vorläufigen Zahl von 30 NPD-Demonstrationen im ersten Halbjahr 2015 (bis zum 30. Juni 2015). Überdies ist für diesen Zeitraum noch von Nachmeldungen auszugehen, weshalb nach heutigem Stand nicht von signifikant zurückgehenden Demonstrationsaktivitäten der NPD auszugehen ist.

Zudem war die Antragsgegnerin insbesondere in den Monaten Juli und August 2015 an besonders aggressiven Aktivitäten gegen Asylbewerber maßgeblich beteiligt, die bundesweite Aufmerksamkeit erhielten. Diese waren mit Gewalt und Ausschreitungen verbunden (vgl. die Beispiele Dresden und Heidenau unten IV, 1 [S. 435] und 6 [S. 442]).

Einen Überblick über den Inhalt der Aktivitäten gibt das jeweilige Motto der Veranstaltungen. Diese Themen sollen hier zunächst nur beispielhaft genannt werden. Sie werden anders als die unter IV. ff. [S. 435] konkret dargestellten Veranstaltungen ohne Belege und entsprechend ohne eine Kategorisierung der Quellenfreiheit vorgestellt, um einen ersten Eindruck von der inhaltlichen Stoßrichtung zu bekommen.

Die von der NPD organisierten Demonstrationen reichen thematisch von der schlichten Ablehnung von Asylbewerberunterkünften

- *„Nein zum Heim in Adlershof"*, am 4. Juni 2014 in Berlin-Treptow-Köpenick,
- *„Nein zum Heim"* am 10. Mai 2014 in Bad-Freienwalde, Brandenburg, oder
- *„Asylhotel und Heim, unsere Bürger sagen nein!"* am 23. August 2014 in Bautzen, Sachsen,

bis zu Warnungen vor einer vermeintlichen völkischen und kulturellen Überfremdung durch Asylbewerber, welche den Fortbestand des deutschen Volkes und seiner Kultur bedrohe. Beispiele sind die Veranstaltungen

- *„Kinderschutz vor Asylrecht"* am 7. Dezember 2013 in Leipzig, Sachsen,
- *„NEIN zum Heim heißt JA zum Volk!"* am 16. März 2014 in Ludwigsfelde, Brandenburg,
- *„Heimat und Identität bewahren – Asylanten stoppen!"* am 22. März 2014 in Ueckermünde, Mecklenburg-Vorpommern,
- *„Multi-Kulti ist asozial – wehrt Euch gegen Asylbetrug"* am 13. Dezember 2014 in Hamburg,
- *„Kundgebung gegen Asylanten-Flut und Heimat-Zerstörung"* am 28. November 2014 in Heidenau, Sachsen oder
- *„Asylbetrug macht uns arm! Soziale Absicherung für das eigene Volk"* am 1. Mai 2015 in Berlin.

Überdies kommt bereits in vielen Veranstaltungseinladungen die diffamierende Haltung der NPD gegenüber Flüchtlingen zum Ausdruck, die pauschal als *„Scheinasylanten"* und *„Wirtschaftsflüchtlinge"* verunglimpft werden, deren Einreisemotivation auf dem Missbrauch der deutschen Sozialsysteme zum Schaden der einheimischen Bevölkerung beruhe. Oftmals knüpfen die Veranstaltungen der NPD auch an vermeintlich steigende Kriminalitätsraten – insbesondere im Bereich der Gewalt- und Drogendelikte – im Umfeld von Asylunterkünften an. Beispiele hierfür sind

- *„Zigeunerflut stoppen, Asylmissbrauch verhindern – Einmal Deutschland und zurück"* am 18. Mai 2013 in Duisburg, Nordrhein-Westfalen,

C. Das zweite NPD-Verbotsverfahren (2013–2017)

- *„Einmal Deutschland und zurück – Asyl ist kein Selbstbedienungsladen"* am 18. Mai 2013 in Bernau, Brandenburg,

- *„Gegen Asylmissbrauch und Sozialschnorrer"* am 3. August 2013 in Fürstenwalde, Brandenburg,

- *„Wir sind nicht das Sozialamt der Welt! Asylmissbrauch stoppen! – Jetzt!"* am 25. Januar 2014 in Schneeberg, Sachsen,

- *„Asylbetrüger rückführen! Menschenwürdiger Wohnraum für Deutsche, statt Asylwillen für Wirtschaftsflüchtlinge!"* am 1. Mai 2014 in Kaiserslautern, Rheinland-Pfalz,

- *„Das eigene Volk zuerst! Wir sind nicht das Sozialamt der Welt!"* am 1. Mai 2014 in Eisenhüttenstadt, Brandenburg,

- *„Kriminalität, Drogen, Überfremdung bekämpfen!!!"* am 8. November 2014 in Erfurt, Thüringen und

- *„Gegen Asylbetrug, Überfremdung und Politwillkür – wir wollen keine Asylantenheime! Weder in Buch noch woanders in Deutschland"* am 24. April 2015 in Berlin.

II. Strategische Bedeutung der aggressiven Anti-Asyl-Agitation und intendierte Wirkungen

Die Agitation gegen Asylbewerber hat für die Antragsgegnerin zwei Funktionen: Zum einen möchte sie auf diese Weise Schritte zur Verwirklichung der rassistisch definierten „Volksgemeinschaft" gehen, indem Asylbewerbern – ebenso wie ethnisch definierten Minderheiten – ein Leben in Deutschland unmöglich gemacht wird. Zum anderen möchte sie an angebliche oder tatsächlich vorhandene Alltagssorgen anknüpfen, sich um diese „kümmern" und sich dadurch in der gesellschaftlichen Mitte etablieren und so meinungsbildend wirken.

Zur Realisierung dieser Ziele verfolgt die Antragsgegnerin eine zweigleisige Strategie:

Um Akzeptanz in der gesellschaftlichen Mitte zu erlangen, agiert sie dort eher unter Berufung auf wirtschaftliche und soziale Fragen und weniger mit Bezug auf ihren rassistischen und menschenverachtenden Begriff der „Volksgemeinschaft". Zugleich versucht sie vorsichtig aber zugleich zielstrebig, bürgerliche Proteste mit ihrem rassistischen Denken zu infiltrieren.

Innerhalb der Partei und gegenüber eigenen Anhängern werden hingegen die eigentliche Motivation, das wahre Ziel (die rassistisch definierte Volksgemeinschaft) und der Wille, dieses revolutionär zu verwirklichen, deutlich artikuliert.

Dahinter verbirgt sich folgende Strategie, die der langjährige NPD-Bundesvorsitzende *Udo Voigt* Anfang 2010 wie folgt formulierte:

„Hinsichtlich der Vermittlung weltanschaulicher Grundlagen sollten wir vom Grundpfeiler der drei Ebenen ausgehen:

1. Parteivorstand und Führungskräfte. Hier muß eine einheitliche Weltanschauung, die Klarheit über Inhalt und Ausrichtung des Kurses der Partei schafft, bei den Akteuren herrschen, weil sie die Grundlage unseres politischen Handelns bildet.

2. *Mitglieder und untere Führungsstruktur sollten an Pfeiler der weltanschaulichen Grundlagen durch Schulungen und Beiträge in der Deutschen Stimme und ggf. Diskussionsforen im Weltnetz herangeführt werden, um überzeugt handelndes Identitätsbewußtsein zu entwickeln.*
3. *Die Wählerebene. Hier sollte möglichst wenig von Weltanschauung geredet, sondern einfache und klare Ziele formuliert werden."*

Udo Voigt, „Wie bringen wir die NPD nach vorn?", in: „Deutsche Stimme", Ausgabe 4/2010, S. 17 (**Beleg 264, Kategorie 1**).

Auch aktuelle Belege zeigen, dass diese Strategie gerade bei der Anti-Asyl-Agitation angewendet wird: Die NPD sieht das Asyl-Thema als Chance, „Berührungsängste" von Bürgern gegenüber der NPD abzubauen und versucht deshalb, nach außen seriös zu wirken:

„*Immer wieder erleben wir das Phänomen, daß die Bürger Positionen vertreten, die mit denen der NPD übereinstimmen, diese Menschen aber bisher gar keine Kenntnis davon haben, was die eigentlich vertritt. Durch die aktive Teilnahme und Unterstützung können hier Berührungsängste abgebaut und von der ‚Lügenpresse' fabrizierten Klischees entgegengewirkt werden. Dazu bedarf es selbstverständlich eines seriösen Auftretens, aber auch einer allgemeinverständlichen Sprache ohne ‚Szenebegriffe', die die breite Masse nicht versteht."*

Holger Szymanski, „NPD und PEGIDA Unterstützen, unterwandern – oder was?", in: „Deutsche Stimme" Nr. 2/2015 vom Februar 2015, S. 11 (**Beleg 265, Kategorie 1**).

Auf dem sächsischen NPD-Landesparteitag am 29. März 2015 präzisierte der damals wiedergewählte Landesvorsitzende diese taktisch-strategischen Überlegungen und plädierte für die effektive Nutzung der kommunalen Präsenz. In indirekter Rede wurden die Ausführungen *Szymanskis* auf der Homepage der NPD Sachsen wie folgt wiedergegeben:

„*Mit 100 Gemeinde-, Stadtrats- und Kreistagsmandaten könne die NPD durch lokale Parlamentsarbeit, massive Präsenz in den sozialen Medien und eigene Kundgebungen – unterstützt durch lokale Initiativen – genügend Druck aufbauen, um ihre Themen in die Öffentlichkeit zu tragen. Mit dem ungehemmten Zustrom von Asylbewerbern sei genau das Krisenszenario eingetreten, vor dem die NPD immer gewarnt habe, das aber viele Bürger bis vor kurzem noch verdrängt hätten, da im Sommer 2014 die Probleme noch nicht vor der eigenen Haustür sichtbar waren. Nun aber sei das Erschrecken über den staatlich geförderten Asylmißbrauch und die rasante Überfremdung groß, was nicht nur die Pegida-Proteste zeigten. Auch seit dem Landtags-Aus habe die sächsische NPD mit zahlreichen Kundgebungen an der Seite besorgter Bürger Flagge gezeigt und sich damit im Gegensatz zur Scheinalternative ‚AfD' als wirkliche Oppositionskraft von rechts gezeigt."*

NPD Sachsen: „Holger Szymanski als Landesvorsitzender klar bestätigt" in: www.npd-sachsen.de vom 29.03.15 (**Beleg 266, Kategorie 2**).

Der Wille, nach außen hin „seriös" aufzutreten, mindert die Aggressivität der Agitation nicht, sondern verstärkt ihre Wirksamkeit: Die Antragsgegnerin möchte als Teil der gesellschaftlichen Mitte auftreten, um gerade kraft dieser sozialen Autorität den Asylbewerbern deutlich vor Augen zu führen, dass sie in Deutschland unerwünscht sind. Dies zeigen nicht nur an Anhänger gerichtete ideologische Aussagen (III. [S. 430]), sondern auch besonders aggressive Veranstaltungsformate – wie etwa die Begehung von Asylunterkünften, durch die sie die Betroffenen unmittelbar einschüchtern will (VI. [S. 448]).

Der exkludierende Inhalt, die große Anzahl der Veranstaltungen und die Aggressivität der Veranstaltungsformen führen bei den betroffenen Asylbewerbern zwangsläufig zu Einschüchterungen und zu einem Gefühl des Bedrohtseins. Dies ist von der Antragsgegnerin auch bezweckt, da sie ein gesellschaftliches Klima herstellen möchte, in dem ethnischen Minderheiten ihre demokratischen Rechte abgesprochen werden. Darüber hinaus werden auch politische Gegner, die sich gegen eine asylbewerberfeindliche Politik wenden, durch diese Strategie eingeschüchtert.

> Vgl. insbesondere das Beispiel *Tröglitz* (S. 68 ff. [S. 401]) sowie oben S. 46 ff. [S. 384 ff.].

Seit Beginn der aggressiven Aktivitäten gegen Asylbewerber ist zudem die Anzahl der Übergriffe gegen Asylbewerberunterkünfte deutlich gestiegen. Die Straftaten im Bereich der Politisch Motivierten Kriminalität – rechts gegen solche Einrichtungen haben sich von 2013 (58) bis 2014 (175) mehr als verdreifacht. Auch bei den Gewaltdelikten ist zwischen 2013 (9) und 2014 (26) nahezu eine Verdreifachung zu konstatieren. Noch gravierender ist die Situation im Jahr 2015: Im ersten Halbjahr haben die Fallzahlen der Politisch Motivierten Kriminalität – rechts gegen Asylunterkünfte mit 175 Delikten bereits die Größenordnung des Gesamtjahres 2014 erreicht.

> Bundeskriminalamt: Straftaten gegen Asylunterkünfte, Clearingstelle – Lagebild Nr. 6 (Stand: 7. Juli 2015) (**Beleg 267**).

Inwiefern eine wissenschaftlich nachweisbare Kausalität zwischen dem Agieren der Antragsgegnerin und solchen Übergriffen besteht, muss hier nicht geklärt werden. Entscheidend ist, dass Übergriffe auf Asylunterkünfte eine konsequente Umsetzung der – im Folgenden unter III. [S. 430] dargestellten – Ideologie der Antragsgegnerin sind. Sie erfüllen die Intention der Antragsgegnerin, ethnisch Fremde aus Deutschland auszuschließen. Die aggressive und intensive Form der Agitation (dazu IV. ff. [S. 435]) trägt dazu bei, diese Intention in der gesellschaftlichen Wirklichkeit präsent zu machen, um sie schließlich in die Tat umzusetzen.

III. Aggressivität von Ideologie und Zielen

Obwohl sich die Antragsgegnerin eine strategische Zurückhaltung in der Öffentlichkeit (dazu oben II. [S. 428]) selbst auferlegt hat, kommen die ideologische Motivation und die Ziele der Agitation gegen Asylbewerber in einer Vielzahl von (überwiegend an eigene Anhänger gerichteten) Äußerungen zum Ausdruck: Im Kern steht eine rassistisch motivierte, menschenverachtende Fremdenfeindlichkeit. Die Aktionen gegen Asylbewerber sind für die Antragsgegnerin ein Schritt zur Verwirklichung der rassistisch definierten „Volksgemeinschaft". Ideologische Motivation und ihre Ziele widersprechen dem Menschenwürdeprinzip des Art. 1 Abs. 1 GG in einer Weise, dass den Staat hier gemäß Art. 1 Abs. 1 Satz 2 GG eine Schutzpflicht zugunsten der betroffenen Asylbewerber trifft.

1. Rassistisch motivierte Fremdenfeindlichkeit: Leugnung der Menschenwürde von Asylbewerbern

Dies wird im Folgenden beispielhaft anhand einiger Äußerungen von Funktionären und Mitgliedern der Antragsgegnerin belegt. Dabei wird evident, dass die Äußerungen der Antragsgegnerin über die Grenzen der Meinungsäußerungsfreiheit hinausgehen, da sie Schmähkritik darstellen und die persönliche Ehre und die Menschenwürde von Asylbewerbern verletzen.

Der NPD-Landtagsfraktionsvorsitzende in Mecklenburg-Vorpommern, *Udo Pastörs*, verwendete in einer Landtagsrede – anknüpfend an NS-Diktion – mit Bezug auf Asylbewerber den Terminus *„entartete Menschen"*. Daraufhin wurde er des Saales verwiesen. Wörtlich sagte Pastörs am 11. Dezember 2014:

„Das ist für uns so anachronistisch, so etwas von krank, dass die Polizei genötigt wird, in die Unterkünfte zu gehen, um da eventuell interkulturell beglückt zu werden dadurch, dass die Fremden, dass die, ja, entarteten Menschen, [...] die entarteten Menschen [...]."

Udo Pastörs: Plenarprotokoll 84/6 vom 11. Dezember 2014. S. 98 f.

Kurz zuvor sprach der NPD-Abgeordnete *Tino Müller* in derselben Debatte von einer *„neunköpfigen Negerbande"*.

Tino Müller: Plenarprotokoll 84/6 vom 11. Dezember 2014. S. 97.

Der Wormser NPD-Stadtrat *W.* forderte in einer Stadtratssitzung am 4. Februar 2015, die Stadt solle 2.000 Euro zur Sterilisation von Asylbewerbern zur Verfügung stellen, um der *„Überausländerung unserer Stadt"* entgegenzuwirken.

„Asylbewerber: NPD-Stadtvertreter will Gelder für Sterilisation aufstocken", in: www.endstation-rechts.de vom 5. Februar 2015 (**Beleg 268, Kategorie 1**).

Seine Verachtung für Flüchtlinge bringt der frühere sächsische Landtagsabgeordnete und Beisitzer im sächsischen NPD-Landesvorstand *Jürgen Gansel* regelmäßig zum Ausdruck, indem er den Begriff „Flüchtling" durchgehend in Anführungszeichen setzt und Termini wie *„Scheinasylanten"*, *„Asyl-Betrüger"*, *„Moslem-Extremisten"* oder *„kriminelle Ausländer"* verwendet.

Jürgen Gansel, „Vorbild Australien. Die NPD fordert angesichts der Flut an Scheinasylanten", in: www.facebook.com/jurgen.gansel.9/ vom 21. April 2015 (**Beleg 269, Kategorie 1**).

Noch deutlicher zeigt sich die menschenverachtende Ideologie *Gansels* jedoch in einem Facebookeintrag vom 21. Mai 2015. Wörtlich schrieb er:

„Um diese Zeit begegnet man auf der Riesaer Goethestraße nicht mehr allzu vielen Leuten – eine Ausnahme bildete eben eine sechsköpfige Gruppe von lautstarken und alkoholisierten Asyl-Negern. Genau davor bin ich vor 14 Jahren aus Westdeutschland nach Riesa geflohen, um mir ein Stück deutsches Deutschland zu bewahren, und nun trollt sich dieses ... fast vor der eigenen Haustür.

Ich kann gar nicht soviel fressen wie ich kotzen will!"

Jürgen Gansel, Facebookeintrag vom 21. Mai 2015, in: www.facebook.com/jurgen.gansel.9 (**Beleg 270, Kategorie 1**).

Gansel beließ auf seinem Facebook-Profil zudem User-Kommentare zu dem vorgenannten Eintrag, in denen das Verhalten von Flüchtlingen als „kackbraune Völkerwanderung" bezeichnet und wie folgt charakterisiert wurde:

„Lediglich die Asylanten streunen durch die Fußgängerzone und belästigen alles, was nicht umgehend Zigaretten aushändigt oder die Beine breit macht."

> Kommentare auf Facebookprofil des *Jürgen Gansel* vom 21. Mai 2015, in: www.facebook.com/jurgen.gansel.9 (**Beleg 271, Kategorie 1**).

Die rassistische, ehrverletzende und menschenverachtende Ideologie drückt die Antragsgegnerin auch auf Facebookprofilen ihrer jeweiligen Organisationseinheiten aus, ohne diese namentlich zu kennzeichnen. So warnte die bayerische NPD in einem weiteren Facebookeintrag vom 10. Mai 2015 deutsche Frauen vor einer Beziehung mit farbigen Migranten und knüpfte dabei an nationalsozialistische Terminologie an. In dem Beitrag hieß es:

„Ist es nicht mehr als gerechtfertigt, von einer gezielten Invasion zu sprechen?

In den Großstädten ist die Situation bereits so, daß man auf den Straßen auf Schritt und Tritt Schwarzafrikanern (Negern) begegnet. Nicht etwa arbeitend mit einem Besen in der Hand; nein sie gehen spazierengehen oder ‚shopping' oder ‚girls watching'!.

Sie wurden geholt, um unser Volk, unsere Ethnie, endgültig zu zerstören!

Deutsche Frauen und Mädchen, laßt euch nicht mit Negern ein! Ihr vergeht euch sonst auf das Schwerste an eurem Volk!"

> NPD Bayern: Facebookeintrag vom 10. Mai 2015, in: www.facebook.com/npdbayern/posts, abgerufen am 11. Mai 2015 (**Beleg 272, Kategorie 2**).

Am 21. Mai 2015 behauptete die NPD Bayern auf ihrem Facebookprofil, von Flüchtlingen gehe pauschal ein Gesundheitsrisiko für Deutsche aus:

„Vorsicht! Kommt den ‚Flüchtlingen' nicht zu nahe! Ihr gefährdet eure Gesundheit! [...] Wobei Krätze, eine Hautinfektion mit Parasiten, noch das harmloseste ist, was man sich bei denen holen kann!"

> NPD Bayern: Facebookeintrag vom 21. Mai 2015, in: www.facebook.com/npdbayern/posts, abgerufen am 26. Mai 2015 (**Beleg 273, Kategorie 2**).

Aus der strikt völkischen Perspektive bedeutet das Zusammenleben und die Integration von Einwanderern ethnisch fremder Herkunft die Vernichtung des eigenen Volkes und des gemeinschaftsbezogenen Einzelnen. Die NPD Niedersachsen verglich das daraus folgende menschliche Dasein mit der Existenz eines zombiehaften Halbwesens und illustrierte dies im Februar 2015 auf ihrer Facebookseite mit folgender Grafik:

> NPD Niedersachsen: Facebookeintrag vom 23. Januar 2015, in: www.facebook.com/npd.niedersachsen/photos/, abgerufen am 17. Februar 2015 (**Beleg 274, Kategorie 2**).

Dementsprechend propagiert auch der Landesverband Bayern die völkische Prämisse der NPD, dass Personen außereuropäischer Herkunft auch trotz deutscher Staatsbürgerschaft niemals Deutsche werden. Die Ankunft afrikanischer Flüchtlinge kommentierte die bayerische NPD wie folgt: „Hier seht ihr sie, eure neuen Mitbürger und ‚Volksgenossen'

Alles ‚Deutsche', wenn sie eingebürgert sind! Wer ihnen dann ihr ‚Deutschsein' abspricht, beleidigt diese edlen Menschen und kann bestraft werden. Wenn es nicht so traurig wäre, wäre es ja direkt nur zum Lachen! Deutsch sein heißt zum deutschen Volk zu gehören und zwar nicht durch Einbürgerungsurkunde, sondern durch Geburt und Abstammung. Deutscher ist man durch sein Blut und durch nichts anderes!

Seid also dankbar und stolz, deutsche Frauen und deutsche Männer, daß ihr die Gnade der deutschen Geburt in die Wiege gelegt bekamt. Diese ‚Neudeutschen' können sich noch so anstrengen, niemals werden Deutsche aus ihnen werden können! Und das sieht man auch ganz deutlich!"

NPD Bayern: Facebookeintrag vom 18. Februar 2015, in: www.facebook.com/npdbayern, abgerufen am 19. Februar 2015 (**Beleg 275, Kategorie 2**).

2. Ziel: Exklusion ethnischer Minderheiten mit Gewalt, Einschüchterung und Druck auf Politiker

Die Antragsgegnerin macht auch deutlich, welches politische Ziel aus dieser menschenverachtenden Ideologie resultiert: die Exklusion ethnischer Minderheiten, die ggf. auch zwangsweise durch Gewalt umgesetzt werden soll. Dies reicht bis zu einer Gutheißung der Tötung von Flüchtlingen.

Beispielhaft sind hierfür Einträge zu nennen, die der NPD-Kreisverband Unna/Hamm auf seinem eigenen Facebookprofil einstellte. Der Kreisverband wird maßgeblich von dessen Vorsitzendem *V.* gesteuert. Den Versuch afrikanischer Flüchtlinge, die spanische Exklave Melilla an der nordafrikanischen Küste zu erreichen, kommentierte der Kreisverband wie folgt:

„Mir stellt sich die Frage, wieso die Guardia civil mit Gummigeschossen schießt, wenn Fremde gewaltsam in das eigene Land eindringen wollen? Hatte sie keine scharfe Munition? Ich bin sicher nach zwei oder drei Attacken, die so abgewehrt worden wären, würden unsere Maximalpigmentierten es aufgeben."

NPD Unna/Hamm: Facebookeintrag vom 18. Februar 2014, in: https://de-de.facebook.com/npdunna/posts, abgerufen am 21. Februar 2014 (**Beleg 276, Kategorie 2**).

Am 10. Juni 2014 wurde der folgende Text zur Behandlung von Bootsflüchtlingen auf der Facebookseite der NPD Unna/Hamm eingestellt:

„Die richtige Reihenfolge: Warnschuss und zum Abdrehen auffordern, wenn keine Reaktion erfolgt: Scharfer Schuss und das Schiff versenken, im Meer schwimmende Überlebende ab nach Afrika. Große Dinge sind oft recht einfach."

NPD Unna/Hamm: Facebookeintrag vom 10. Juni 2014, in: www.facebook.com/npdunnahamm/posts, abgerufen am 8. Juli 2014 (**Beleg 277, Kategorie 2**).

Die Agitation gegen Asylbewerber und Muslime überschneidet sich häufig. Beide gelten als *„fremde Eroberer"*. Zur Visualisierung der „eigentlichen" terroristischen Gefahr stellte der NPD-Kreisverband Unna/Hamm die nebenstehende Grafik auf seiner Facebookseite ein.

NPD Unna/Hamm: Facebookeintrag vom 22. Januar 2015, in: www.facebook.com/npdunnahamm/posts, abgerufen am 22. Januar 2015 (**Beleg 278, Kategorie 2**).

Die Antragsgegnerin macht darüber hinaus auch deutlich, mit welchen weiteren Mitteln sie eine Exklusion von Asylbewerbern erreichen will: Asylbewerbern soll ihre angebliche fehlende Zugehörigkeit zur „Volksgemeinschaft" deutlich und unmittelbar vor Augen geführt und sie dadurch eingeschüchtert werden.

So ruft etwa die NPD Bayern dazu auf, den pauschal als *„Sozialschmarotzer"* verunglimpften Asylbewerbern eindringlich zu verdeutlichen, in Deutschland nicht willkommen zu sein:

"‚Asylanten' und Sozialschnorrer überall

Der Bürgermeister bittet: ‚Bitte nehmen Sie die Flüchtlinge an und geben Sie ihnen das Gefühl, dass sie hier mit uns in Frieden leben können'.

Wir sagen, gebt den Sozialschmarotzern überall, wo ihr sie seht, das Gefühl, dass sie bei uns tatsächlich absolut nicht willkommen sind!

Dazu kann man auch den ‚Google-Übersetzer' nutzen, um einen Text in eine Fremdsprache zu übersetzen.

Deutsch: ‚Sie sind hier nicht willkommen! Gehen Sie in ihr Land zurück!'

Albanisch: ‚Ju nuk jeni i mirëpritur këtu! Kthehu mbrapa në vendin tuaj!'"

NPD Bayern: Facebookeintrag vom 10. Mai 2015, in: www.facebook.com/npdbayern/posts, abgerufen am 11. Mai 2015 (**Beleg 279, Kategorie 2**).

Zudem soll Druck auf Politiker ausgeübt werden: So wies der Kreisverband Unna/Hamm in einem Facebookeintrag vom 4. Mai 2015 nicht nur jede Verpflichtung Deutschlands zur Aufnahme von Flüchtlingen drastisch zurück, sondern drohte politischen Verantwortungsträgern, die sich in diesem Sinne engagierten, nach einem Machtwechsel drastische Strafen an. Wörtlich hieß es auf dem Facebookprofil des Kreisverbandes:

„Einen ‚Scheiß' müssen wir. Deutschland ist das Land der Deutschen und soll es bleiben. Die Politiker, die einmal geschworen haben ‚den Nutzen des deutschen Volkes zu mehren und Schaden von ihm zu wenden', und die diesen Eid brechen werden eines Tages vor Gericht stehen, egal wie alt sie dann sein werden.

Wie sagt Theodor Körner der große Dichter der Freiheitskriege ... einst wird wieder Gerechtigkeit walten, dann richtet das Volk, dann gnade euch Gott."

NPD Unna/Hamm: Facebookeintrag vom 4. Mai 2015, in: www.facebook.com/npdunnahamm/posts, abgerufen am 6. Mai 2015 (**Beleg 280, Kategorie 2**).

Dass der Antragsgegnerin zur Realisierung des Ziels einer ethnisch homogenen „Volksgemeinschaft" letztlich alle Mittel recht sind, zeigt der folgende Ausschnitt aus einer Rede der Berliner RNF-Landesvorsitzenden *F.*:

„Die Muslime in unserem Land empfinde ich als noch größere Heuchler als unsere lügende Regierung. […] Doch sind es nicht nur die Muslime. Schwarzafrikaner stehen an den Ecken und verkaufen verbotene Substanzen, vergewaltigen ebenfalls deutsche Frauen und verdrecken unsere schönen Städte. Die Kriminalität der hier lebenden Ausländer nimmt rasant zu. Die Geburtenrate wirklich deutscher Kinder sinkt und die Geburtenrate von weiteren Schmarotzern und vermischten Kindern steigt stetig. […] Die ach so hilfebedürftigen Menschen lachen sich in ihre dreckigen Hände, wie blöd der Deutsche doch ist. […] Wir müssen allen Menschen zeigen, welche die biologische Vernichtung unseres Volkes vorantreiben, dass ihr Verhalten höchst strafbar ist. Wir sind in einer Zeit, wo wir mit allen Mitteln kämpfen müssen."

F.: Redebeitrag anlässlich einer NPD-Demonstration am 13.07.2013 in Berlin (**Beleg 281**, Kategorie 1).

IV. Fälle aus Sachsen

Die folgenden Beispiele zeigen die Umsetzung dieser ideologischen Vorstellungen und der oben genannten strategischen Überlegungen. Angepasst an die jeweilige regionale Konstellation organisieren Funktionäre und Parteimitglieder Proteste vor Ort gegen den Zuzug von Migranten, nehmen auf anderweitig organisierte Veranstaltungen Einfluss oder wirken an diesen als Teilnehmer mit.

Die folgenden Beispiele belegen zugleich die Aggressivität der Aktionen der Antragsgegnerin sowie die Einschüchterungen von Asylbewerbern nicht nur quantitativ, sondern auch qualitativ. Es wird zudem deutlich, dass die Antragsgegnerin das Einschüchterungspotential der von ihr organisierten Veranstaltungen auch gezielt nutzen möchte, um in ihrem Sinne Einfluss auf Politiker und Privatpersonen zu nehmen.

1. Gewaltanwendung bei einer NPD-Demonstration in Dresden am 24. Juli 2015

Eine Demonstration der Antragsgegnerin in Dresden am 24. Juli 2015 zeigt beispielhaft sowohl das Einschüchterungspotential gegenüber Asylbewerbern als auch die Gewaltbereitschaft der NPD-Anhänger. Die Veranstaltung unter dem Motto „Asylflut stoppen – Nein zur Zeltstadt auf der Bremer Straße" richtete sich gegen ein vom Deutschen Roten Kreuz (DRK) und Technischem Hilfswerk (THW) aufgebautes Zeltlager in einem Dresdner Gewerbegebiet, das temporär als Unterkunft für die Erstaufnahme von rund 1.100 Flüchtlingen aus Syrien dienen soll. Die Kundgebung fand unmittelbar vor dieser Notunterkunft statt. Die Antragsgegnerin konnte aufgrund ihrer regional starken Stellung und guter Organisation 200 Anhänger rasch mobilisieren.

Die Veranstaltung fachte nicht nur den örtlichen Protest gegen Migranten erheblich an, sondern förderte auch eine Atmosphäre der Bedrohung bis hin zur Anwendung von Gewalt: So kam es im Nachgang zur NPD-Demonstration zu gewaltsamen Auseinandersetzungen, in deren Folge drei Gegendemonstranten verletzt wurden. Nach Polizeiangaben gingen die Gewalttaten von Teilnehmern der NPD-Kundgebung aus. Die Gegendemonstranten wurden mit Flaschen, Feuerwerkskörpern und einer Verkehrs-Warnbake beworfen.

Im Rahmen der NPD-Kundgebung traten mehrere NPD-Funktionäre als Redner auf, bei deren Äußerungen sich eine Kombination aus wirtschaftlich-sozialer Argumentation und völkischem Denken widerspiegelte. Unter den Rednern war der sächsische NPD-Landesvorsitzende und Dresdner Stadtrat B. und der Leipziger NPD-Stadtrat B. behauptete, Asylbewerber erhielten eine umfassende Versorgung, von der viele Deutsche nur träumen könnten. Der stellvertretende sächsische Landesvorsitzende S. sprach von einem *„schleichenden Staatsstreich"*, der durch illegale Zuwanderung größten Ausmaßes erfolge und die Zusammensetzung des Staatsvolkes verändere, ohne dass die Deutschen dazu befragt worden seien.

In der Erklärung der sächsischen NPD zu den Ereignissen in Dresden-Friedrichstadt wird B. mit dem abschließenden Kommentar zitiert:

„Die NPD wird sich durch diese bedauernswerten Vorfälle auch weiterhin nicht das Recht nehmen lassen, in Dresden und Sachsen auf die Straße zu gehen, um für die Interessen unserer Bürger zu demonstrieren."

Die Auseinandersetzungen um die Zeltunterkunft in Dresden-Friedrichstadt setzten sich in den Folgetagen fort: In der Nacht zum 28. Juli attackierten rund 20 Rechtsextremisten in der Nähe der Flüchtlingsunterkunft 15 Asylbefürworter und verletzten dabei einen 25-jährigen Mann. Die Täter konnten unerkannt flüchten. Beim Aufbau der Zeltstadt ab dem 23. Juli war es zudem zu Angriffen auf Mitarbeiter des DRK durch Asyl-Gegner gekommen. Der sächsische DRK-Chef äußerte gegenüber dem Mitteldeutschen Rundfunk, er habe *„noch nie erlebt, dass Rot-Kreuz-Helfer in einem zivilisierten Land wie Deutschland angegriffen werden, wenn sie helfen."*

> „Gewalt am Rande von Flüchtlings-Zeltstadt in Dresden", in: www.mdr.de vom 24. Juli 2015 (**Beleg 282, Kategorie 2**):
> „NPD-Demo gegen Flüchtlinge eskaliert", in: www.n24.de vom 25. Juli 2015 (**Beleg 283, Kategorie 2**).
> „Krawalle bei NPD-Demonstration: Dresdner Rechtsextreme attackieren Asylbefürworter", in: www.spiegel.de vom 24. Juli 2015 (**Beleg 284, Kategorie 2**).
> „Gewalt eskaliert bei NPD-Demo gegen Asylbewerber", in: www.welt.de vom 24. Juli 2015. (**Beleg 285, Kategorie 2**).
> S.: „Nein zur Asylbewerber-Zeltstadt – 250 Bürger gehen in der Dresdner Friedrichstadt auf die Straße", in: www.npd.de vom 25. Juli 2015 (**Beleg 286, Kategorie 1**).
> WE-Meldung der PD Dresden vom 25. Juli 2015 (**Beleg 287, Kategorie 2**).
> Polizei Sachsen: Medieninformation 292/2015 vom 28. Juli 2015 (**Beleg 288, Kategorie 2**)
> Arbeitsteilung auf sächsisch", in: www.sueddeutsche.de vom 26. Juli 2015. (**Beleg 289, Kategorie 2**).

Zur Teilnahme an der NPD-Demonstration in Dresden hatte auch die Initiative „Freital wehrt sich. Nein zum Hotelheim" aufgerufen, die in den Wochen zuvor aufgrund von besonders aggressiven Protesten direkt vor einer Asylunterkunft mit Ausschreitungen bundesweit bekannt geworden war.

„Freital wehrt sich": Aufruf zur Demonstration in: www.facebook.com/pages/Freital-wehrt-sich-Nein-zum-Hotelheim vom 24. Juli 2015 (**Beleg 290, Kategorie 2**).

Dies zeigt, dass die Antragsgegnerin auch in der Freitaler Bürgerinitiative über Anhänger verfügt. Dies belegen auch die Teilnahme von Personen der Bürgerinitiative an einer NPD-Demonstration in Schmiedeberg sowie der Aufruf des NPD-Mitglieds *A.* zur Teilnahme an einer Veranstaltung der Freitaler Initiative.

A.: Aufruf zur Veranstaltung in: www.facebook.com/events/747705008676177/ vom 04.03.2015 (**Beleg 291, Kategorie 1**).
NPD Sachsen: Foto von der Demonstration in Schmiedeberg, in: www.facebook.com/... vom 29.04.2015 (**Beleg 292, Kategorie 2**).

Damit wirkte die Antragsgegnerin an den zwei landesweit aggressivsten Protesten gegen Asylbewerber der vergangenen Monate als Organisatorin (Dresden) bzw. durch ihre Anhänger (Freital) mit.

2. Die Schneeberger „*Lichtelläufe*"

In Schneeberg (Erzgebirgekreis) initiierte der NPD-Kreisvorsitzende *H.* über eine Facebook-Gruppe im Oktober 2013 eine Protestbewegung gegen die Einrichtung einer Asylbewerberunterkunft, die in der Folgezeit eine beträchtliche, weit über das rechtsextremistische Spektrum hinausreichende Resonanz fand. Unter dem Label „*Schneeberg wehrt sich*" sammelte der NPD-Funktionär Anhänger und organisierte vier sogenannte „*Lichtelläufe*" in Form von Fackelumzügen (19. Oktober, 2. November und 16. November 2013 sowie 25. Januar 2014). Durch die Vermeidung eines offenen Parteibezugs und den volkstümlichen Anstrich der Veranstaltung erzielte *H.* einen hohen Mobilisierungserfolg. An den Veranstaltungen beteiligten sich bis zu 1.800 Personen.

Bereits vor dem ersten „*Lichtellauf*" kam es im Nachgang einer Kundgebung gegen die geplante Asylunterkunft in Schneeberg zu dem

vgl. oben S. 55 [S. 391],

beschriebenen Vorfall gegenüber dem dortigen Bürgermeister. Nach dem dritten „*Lichtellauf*" sah sich *H.* ermächtigt, dem Bürgermeister ein „*Gesprächsangebot*" zu unter-

C. Das zweite NPD-Verbotsverfahren (2013–2017)

breiten. Er versuchte also, über den von ihm maßgeblich forcierten Protestdruck der Straße auf einen lokalen politischen Entscheidungsträger einzuwirken.

> *H.,* Beitrag auf dem Facebook-Profil „Schneeberg wehrt sich" vom 7. Oktober 2013, abgerufen am 16. Oktober 2013 (**Beleg 293, Kategorie 1**).
> *S.,* „Erster ‚Schneeberger Lichtellauf' gegen Asylmissbrauch findet überragende Resonanz", in: www.npd-sachsen.de vom 21. Oktober 2013, abgerufen am 10. Februar 2014 (**Beleg 294, Kategorie 1**).
> Abschlussmeldung der Polizeidirektion Chemnitz vom 2. November 2013 (**Beleg 295, Kategorie 2**).
> *S.,* „Auch zum dritten Lichtellauf kamen nach Schneeberg wieder 1500 Bürger", in: www.npd-sachsen.de vom 18. November 2013, abgerufen am 10. Februar 2014 (**Beleg 296, Kategorie 1**).
> *H.,* Beitrag auf dem Facebook-Profil „Schneeberg wehrt sich", abgerufen am 18. November 2013 (**Beleg 297, Kategorie 1**).
> *S.* zitiert nach NPD-Landesverband Sachsen: „Der Protest gegen Asylmissbrauch und Gewalt geht im Westerzgebirge weiter", in: www.npd-sachsen.de vom 28. Januar 2014, abgerufen am 10. Februar 2014 (**Beleg 298, Kategorie 1**).

Der NPD-Kreisvorsitzende *H.* setzte auch 2014 seine Anti-Asyl-Agitation in Schneeberg fort. Die neu eingerichtete Facebook-Gruppe *„Freigeist"* warb – unter Vermeidung eines offenen Bezuges zur Partei – für eine von ihm angemeldete Demonstration in Schneeberg am 29. November 2014 unter der Bezeichnung *„Haamitland wach auf"*. Der bewusst gewählte Veranstaltungstermin in der Vorweihnachtszeit und ein volkstümliches Motto sollten analog zu den *„Lichtelläufen"* zu hohen Teilnehmerzahlen beitragen.

> NPD Erzgebirge: Auszug aus der Facebookgruppe „Freigeist", in: www.facebook.com/freigeist2015 vom 17. November 2014 (**Beleg 299, Kategorie 2**).
> *H.,* Bericht über die Demo in Schneeberg, in: www.facebook.com/groups/initiative.schneeberg vom 30. November 2014 (**Beleg 300, Kategorie 1**).

Im März 2015 nahm der NPD-Kreisverband Erzgebirge für sich explizit in Anspruch, dass der fortschreitende Bürgerprotest gegen den behaupteten Asylmissbrauch – *„geformt durch unsere Lichtelläufe und dem ersten Wiederhallen von ‚Wir sind das Volk'"* – seinen Ursprung in Schneeberg gehabt habe.

> NPD Erzgebirge: Facebookeintrag, in: www.facebook.com/pages/NPD-Erzgebirge vom 29. März 2015 (**Beleg 301, Kategorie 2**).

3. Leipzig: Proteste gegen eine Moschee und die Unterbringung von Asylbewerbern

In Leipzig konzentrierten sich 2013 die fremdenfeindlichen Proteste der NPD auf die Agitation gegen einen Moscheeneubau im Stadtteil Gohlis und gegen die Einrichtung einrs Asylunterunft im Stadtteil Schönefeld. Die NPD zielte dabei mit einer verzerrenden und alarmistischen Darstellung der Sachverhalte auf größtmögliche Publizität, organisierte eigene Veranstaltungen und arbeitete mit sich bildenden Bürgerinitiativen zusammen.

Der gescheiterte Übergabeversuch einer Online-Petition an den Leipziger Stadtrat im April 2014 dokumentierte die enge Verbindung der Partei mit der Bürgerinitiative *„Gohlis sagt Nein"*.

„NPD bedrängt OB: Neonazi-Eklat im Stadtrat", in: www.bild.de/regional/leipzig/npd/neonazi-eklat-im-stadtrat vom 17. April 2014 (**Beleg 302, Kategorie 2**).

Erneut fällt bei den Stellungnahmen der NPD zum Moscheeneubau auf, wie sehr die Partei in ihrer ideologisch konditionierten Agitation Fragen der Zuwanderung und der vermeintlichen Islamisierung unter Rückgriff auf völkische Kategorien eng miteinander verschränkt und dabei Muslime pauschal diffamiert. Dies zeigt exemplarisch der oben bereits zitierte Aufruf zu einer Demonstration am 17. August 2013 unter dem Motto *„Maria statt Scharia! Islamisierung und Überfremdung stoppen"* sowie die Kommentierung durch führende NPD-Vertreter.

Vgl. oben S. 80 f. [S. 410 f.].

Auch den Protest gegen eine Asylunterkunft in Leipzig-Schönefeld versuchte die Antragsgegnerin zu instrumentalisieren und organisatorisch an sich zu ziehen. An einer von der Partei in Absprache mit der Schönefelder Bürgerinitiative angemeldeten Protestkundgebung am 18. November 2013 sollen 500 Gegner der geplanten Unterkunft teilgenommen haben. Die NPD Sachsen sprach in diesem Zusammenhang vom *„Flair der revolutionären Montagsdemonstrationen im Wendejahr 1989"*.

NPD Sachsen: „500 Menschen sagten trotz Antifa-Einschüchterung und Medienhetze 'Nein zum Heim'", in: www.npd-sachsen.de vom 19. November 2013 (**Beleg 303, Kategorie 2**).
NPD Leipzig: „Leipzig/Schönfeld sagt 'Nein' zum Asylbewerberheim!", in: www.npd-leipzig.net, abgerufen am 10. Februar 2014 (**Beleg 304, Kategorie 2**).

Im Landkreis Borna lassen sich in den Orten Rötha und Borna ebenfalls starke NPD-Bezüge von zwei Bürgerinitiativen nachweisen, die gegen die Aufnahme von Asylbewerbern gerichtet sind:

An der Demonstration der Bürgerinitiative „Rötha wehrt sich" am 14. November 2013 nahmen NPD-Funktionäre nicht nur teil, sondern traten auch als Redner auf.

NPD KV Leipzig, Artikel „Demonstration der Bürgerinitiative Rötha wehrt sich!" in: www.facebook.com/pages/NPD-Kreisverband-Leipzig vom 15. November 2013 (**Beleg 305, Kategorie 1** in Bezug auf die Redner).

Auf der Facebook-Seite „Bürgerinitiative Rötha wehrt sich" findet sich zudem Wahlwerbung der NPD.

Bürgerinitiative „Rötha wehrt sich": Wahlwerbung in: www.facebook.com/roethawehrtsich vom 31. August 2014, abgerufen am 04. August 2015 (**Beleg 306, Kategorie 2**)

Auch bei der sogenannten „Bürgerinitiative Wir sind Borna" ist ein Bezug zur Antragsgegnerin deutlich erkennbar. Die Facebook-Seite der Bürgerinitiative enthält Wahlwerbung für die Partei. Darüber hinaus verkündete der NPD-Stadtrat S., dass er auf der NPD-Liste zur Bornaer Stadtratswahl „für die Bürgerinitiative" kandidieren will.

„Bürgerinitiative Wir sind Borna": Wahlwerbung für die NPD in: www.facebook.com/wirsindborna vom 30. August 2014 (**Beleg 307, Kategorie 2**).
„Bürgerinitiative Wir sind Borna": Wahlantritt S. NPD in: www.facebook.com/wirsindborna vom 20. Mai 2014 (**Beleg 308, Kategorie 1**)

4. Proteste gegen die Nutzung des Spreehotels in Bautzen als Asylbewerberunterkunft

In Bautzen stand zudem die Nutzung des dortigen Spreehotels als Flüchtlingsheim im Fokus der Anti-Asyl-Agitation der Antragsgegnerin.

a) Nutzung von Protestankündigungen als Druckmittel

Hier wird deutlich, dass die Antragsgegnerin von ihr organisierte Proteste als Mittel zur Einschüchterung politischer Akteure und Privatpersonen nutzen möchte, um diese zu einer ablehnenden Haltung gegenüber Asylbewerbern zu bewegen.

Die Nutzung eines solchen Drohpotentials durch die Antragsgegnerin zeigt ein Brief, den der seinerzeitige NPD-Landtagsabgeordnete *Jürgen Gansel* an den Geschäftsführer des Hotels adressierte, als die vom Hotelbetreiber beabsichtigte Umwandlung der Immobilie in eine Unterkunft für Asylbewerber im März 2014 bekannt wurde:

„Wie die ‚Sächsische Zeitung' Bautzen dieser Tage berichtet hat, planen Sie wegen der schlechten Auslastung Ihres Vier-Sterne-Hotels allen Ernstes, dieses zur Asylanten-Herberge umbauen zu lassen. Die Interessen als Geschäftsführer sind das eine – das andere sind die Verpflichtungen gegenüber dem Allgemeinwohl, die im konkreten Fall darin bestehen, sich nicht zum Erfüllungsgehilfen einer inländerfeindlichen Asylpolitik zu machen und an der Überfremdung unserer Heimat noch zu verdienen. [...] Sie können davon ausgehen, daß Ihre Asylheim-Überlegungen bei der Bautzener Bürgerschaft für Unbehagen, Kopfschütteln und Ablehnung sorgen. [...]

Für die sächsische NPD kündige ich schon jetzt die Ausschöpfung aller friedlich-legalen Protestformen von der Flugblatt-Verteilung bis zur Mahnwache und Demonstration an, um den Dammbruch einer Asylanten-Unterbringung in einem Vier-Sterne-Hotel zu verhindern. Ich möchte Sie höflich, aber auch eindringlich bitten, von den Plänen einer Asylanten-Einquartierung in Ihrem Hause Abstand zu nehmen und so dem Allgemeinwohl zu dienen."

Jürgen Gansel, Schreiben an den Geschäftsführer des Spreehotels, in: www.npd-sachsen.de vom 29. März 2014 (**Beleg 309, Kategorie 1**).

Eine Delegation unter der Leitung des damaligen NPD-Landtagsfraktionsvorsitzenden *Holger Szymanski* suchte am 31. Juli 2014 – einen Monat vor der sächsischen Landtagswahl – das umgewidmete Bautzener Spreehotel sowie Einrichtungen in Dresden und Kamenz auf.

b) Aufmärsche mit mehreren hundert Teilnehmern

Auf Einschüchterung von Asylbewerbern, große Teilnehmerzahlen und Öffentlichkeitswirkung zielten Veranstaltungen, die die damalige Bautzener NPD-Stadträtin *S.* (früher *H.*) organisierte. Unter dem Motto „Asylhotel und Heim, unsere Bürger sagen Nein" führte sie mehrere Mahnwachen vor der Unterkunft durch. Am 23. August und 8. November 2014 organisierte sie Aufmärsche, für die jeweils mehrere hundert Teilnehmer mobilisiert werden konnten. Mit Blick auf die letztgenannte Demonstration sprach die NPD Sachsen von der „größte(n) Anti-Asylmißbrauchs-Demonstration in

Sachsen seit den Schneeberger Veranstaltungen". Die hohe Teilnehmerzahl von fast 700 Personen sei ein klares außerparlamentarisches Signal an die Sächsische Staatsregierung, *„den wachsenden Unmut im Volk über den massenhaften Asylmißbrauch nicht länger zu ignorieren".*

NPD Sachsen: „700 Bautzener gingen in Dresden gegen Asylmißbrauch auf die Straße", in: www.facebook.com/npd.sachsen vom 13. November 2014 (**Beleg 310, Kategorie 2**).

Den Verlauf und die Wirkung der Demonstration am 8. November 2014 beschrieb ein Journalist wie folgt:

„Auf Journalisten wirkte die Versammlung enorm aggressiv, laut und unkontrollierbar. Des Öfteren verließen Kleingruppen die Demo, ohne beachtet zu werden. Die Demonstration skandierte laut Parolen wie ‚Hier marschiert der nationale Widerstand', ‚Nationaler Sozialismus jetzt, jetzt, jetzt!' und ‚Die Stadt gehört der deutschen Jugend'. Auf der ersten Zwischenkundgebung blieb ein Hitlergruß und das Schwenken der Reichskriegsfahne ohne polizeiliche Konsequenzen. Im angrenzenden Plattenbauviertel nahm die Situation gespenstische Züge an. Viele am Straßenrand stehende Anwohner bekundeten durch Klatschen oder Nicken ihre Zustimmung, während den Gegendemonstranten und Journalisten offen gedroht wurde. Sprüche wie ‚Weg mit linkem Gezeter – 9 Millimeter' waren zu hören. Auch das freundliche Händeschütteln zwischen Rechten und Anwohnern zeigte, dass hier Übereinstimmung herrschte und man sich kennt. [...] NPD-Stadträtin S. hatte aufgrund der Verzögerung durch eine Blockade die Gelegenheit ergriffen ihre Rede der Auftaktkundgebung fortzusetzen und ihr klar nationalistisch-völkisches Weltbild zu zeigen. Neben den bereits von den Vorrednern aufgegriffenen Rassismen kritisierte sie das Verbot der Leugnung des Holocausts."

„Rassistische Proteste gegen Asylsuchende in Sachsen", in: blog.zeit.de, 10. November 2014 (**Beleg 311, Kategorie 2**).

5. Aufbau und Beteiligung der NPD an Bürgerprotesten in der Sächsischen Schweiz

Im Raum Sächsische Schweiz wendet die Antragsgegnerin die von der Parteiführung geforderte taktisch-strategische Variabilität in besonderem Maße an. Die Partei organisierte seit Ende 2014/Anfang 2015 in mehreren Städten des Landkreises Demonstrationen gegen Asylbewerberunterkünfte. Dabei trat sie offen als NPD in Erscheinung, agierte als *„Initiative Nein zum Heim"* oder kooperierte mit einer weiteren Initiative namens *„Demokratischer Aufbruch Sächsische Schweiz".*

Der Heidenauer NPD-Stadtrat R. zeigte sich besonders flexibel im Wechsel der verschiedenen Etiketten. Er gilt als *„einer der führenden Aktivisten der asylmißbrauchskritischen und überparteilichen Initiative ‚Nein zum Heim'",* die über die Facebookseite *„Nein zum heim – Sächsische Schweiz und Osterzgebirge"* für ihre Kundgebungen und Demonstrationen mobilisiert.

Vgl. Einschätzung der Person R. im Beitrag der NPD Sächsische Schweiz-Osterzgebirge: „NPD gründet Ortsgruppe in Heidenau", in: npd-sachsen.de vom 10. April 2015 (**Beleg 312, Kategorie 1**).

Am 20. Februar 2015 trat R. neben den sächsischen Parteifunktionären G. und S. als Redner bei einer von der NPD organisierten Demonstration gegen „Asylmißbrauch" in Neustadt auf. Der NPD-Landesverband sieht in einer Vielzahl solcher Veranstaltungen die Möglichkeit, auch nach dem Verlust der Landtagsfraktion bei den Landtagswahlen am 31. August 2014 „integraler Bestandteil der Landespolitik" zu bleiben. Wörtlich hieß es in einer Stellungnahme zur Kundgebung am 20. Februar 2015:

> „Die Demonstration der NPD in Neustadt war die dritte größere Aktion der sächsischen Nationaldemokraten in der laufenden Woche – nach der Saalveranstaltung zum politischen Aschermittwoch am 18. Februar und der großen Kundgebung gegen Asylmißbrauch in Meißen am 19. Februar. Schon vor einigen Tagen hatte das Netzportal des Nachrichtenmagazins ‚Focus' über die von der sächsischen NPD zum Thema Asylmißbrauch abgehaltene Demonstrationsserie berichtet – ein gutes halbes Jahr nach den Landtagswahlen zeigt sich nun jedenfalls, daß die NPD durch viele Veranstaltungen ein integraler Bestandteil der sächsischen Landespolitik geblieben ist, und es ihr regelmäßig gelingt, die Bürger bei wichtigen politischen Fragen auf der Straße zu mobilisieren."

> NPD Sachsen: „Nein zur systematischen Aushebelung des Asylrechts!" in: www.npd-sachsen. de vom 21. Februar 2015 (**Beleg 313, Kategorie 2**).

In Schmiedeberg organisierte R. am 25. Februar 2015 über die Initiative „Nein zum Heim" eine Demonstration, an der sich sechshundert Personen beteiligt haben sollen. Der Beisitzer im NPD-Landesvorstand S. berichtete auf der Homepage der NPD Sachsen wie folgt über diese Veranstaltung:

> „Eine Demonstration mit einer solchen Teilnehmerzahl hat es im Landkreis Sächsische Schweiz – Osterzgebirge seit vielen Jahren nicht mehr gegeben: Wie die Polizei bestätigte, schlossen sich gestern im Dippoldiswalder Ortsteil Schmiedeberg 600 Bürger einer von der Initiative ‚Nein zum Heim' um den Heidenauer NPD-Stadtrat R. angemeldeten Demonstration gegen Asylmißbrauch an. Schmiedeberg ist seit langem Standort eines Asylbewerberheims, und immer wieder gibt es zahlreiche Beschwerden der Anwohner über Probleme mit den Insassen."

> S., „Schmiedeberg zeigt wie's geht", in: www.npd-sachsen.de vom 26. Februar 2015 (**Beleg 314, Kategorie 1**).

Die Verflechtung zwischen den Anti-Asyl-Initiativen und der NPD wird auch am Beispiel einer erneut in Neustadt am 12. März 2015 stattfindenden Demonstration der Initiative „Demokratischer Aufbruch Sächsische Schweiz" (DASS) deutlich. Dort traten mit den Sebnitzer Stadträten B. und G. zwei NPD-Kader als Redner auf.

> Beitrag der Sächsischen Zeitung zur DASS-Demonstration vom 14. März 2015, eingestellt in: www.facebook.com/pages/DASS vom 14. März 2015 (**Beleg 315, Kategorie 1**).

6. Gewalteskalation infolge einer NPD-gesteuerten Demonstration am 21. August 2015 in Heidenau

Am 21. August 2015 kam es in Heidenau (Landkreis Sächsische Schweiz – Osterzgebirge) zu Vorfällen, die nicht nur für das aggressive Vorgehen der Antragsgegnerin gegen Asylbewerber exemplarisch sind, sondern auch für die Inkaufnahme von Gewalt gegenüber der Polizei, Drohungen gegenüber politischen Gegnern, Einschüchterungen von Minderheiten sowie für die Nutzung von im politischen Diskurs unzulässigen Mitteln. Es zeigt sich zudem, dass die Antragsgegnerin über das eigene ideologische Lager hinaus Teilnehmer für ihre Veranstaltungen mobilisiert, gleichzeitig mit rechtsextremistischen bzw. neonazistischen Gewalttätern kooperiert und aktiv und zielgerichtet eine Eskalation der Auseinandersetzung herbeizuführen sucht.

Der örtliche NPD-Stadtrat R. organisierte unmittelbar nach Bekanntwerden der Pläne, die Räumlichkeiten eines leerstehenden Baumarkts in Heidenau als Erstaufnahmeunterkunft für Asylbewerber zu nutzen, Kundgebungen und Demonstrationen gegen dieses Vorhaben. Als Auftakt zur Hauptdemonstration am 21. August 2015 führte er als Versammlungsleiter an den beiden Vortagen (19. und 20. August) Kundgebungen durch, die auf einem Parkplatz in der Nähe des ehemaligen Baumarkts stattfanden und bereits Teilnehmerzahlen von rund 400 bzw. 600 Personen erreichten. Die als zentrale Protestveranstaltung vorgesehene und von NPD-Stadtrat R. angemeldete Demonstration am 21. August 2015 setzte sich um 18.00 Uhr mit rund 1.000 Teilnehmern in Bewegung. Zu dieser hatte vor allem die Initiative „Heidenau – Hört zu" aufgerufen, die von der NPD beeinflusst wird, was sich u. a. in den offensichtlichen Bezügen zur Partei auf der Facebook-Seite der Initiative widerspiegelt. Die Demonstration führte u. a. am Wohnhaus des Heidenauer Bürgermeisters O. vorbei. Dabei wurde er von Demonstranten als „*Volksverräter*" verunglimpft. Vor dem Haus des Bürgermeisters fand zudem eine Zwischenkundgebung statt, bei der u. a. der NPD-KPV-Vorsitzende K. sprach.

Im Verlauf der Demonstration stieg die Teilnehmerzahl auf 1.100 Personen an. Davon waren – Polizeiangaben zufolge – 300 Personen dem rechtsextremistischen Spektrum und 30 bis 40 Personen der gewaltbereiten Szene im Umfeld des Fußballvereins Dynamo Dresden zuzuordnen.

Innerhalb des von NPD-Stadtrat R. geleiteten Aufzugs wurden schließlich Zettel mit der Information verteilt, sich eine halbe Stunde nach Versammlungsende in Kleingruppen in Richtung Erstaufnahmeeinrichtung zu begeben, um eine Blockade durchzuführen. Tatsächlich waren nach Ende des Aufzugs bis 19.35 Uhr bereits rund 600 Demonstrationsteilnehmer in die Nähe des ehemaligen Baumarkts gelangt, wobei 30 Personen versuchten, durch die Blockade der Bundesstraße 172 die Durchfahrt zur Asylbewerberunterkunft zu verhindern. Diese Sitzblockade konnte zunächst verhindert werden, doch wiederholten sich entsprechende Versuche mehrmals; Polizeikräfte mussten daher einen Teilabschnitt der Bundesstraße wegen Gefährdung des Verkehrs voll sperren.

Unterdessen verschärfte sich die hochaggressive Stimmung unter den 600 Asylgegnern zusehends. Es wurden vorgefundene Baustelleneinrichtungen quer auf die Fahrbahn gestellt und immer wieder versucht, die Straße mit Sitzblockaden zu sperren. Schließlich kam es zu Angriffen aus dieser Gruppe auf Polizeieinsatzkräfte durch das Werfen von Steinen, Pyrotechnik und Flaschen. Infolgedessen wurden insgesamt 31 Polizeibeamte verletzt, darunter ein Schwerverletzter, der in der Universitätsklinik Dresden behandelt werden musste. Nur durch den polizeilichen Einsatz von Pfefferspray konnte die Lage schließlich stabilisiert werden. Noch bis 1.15 Uhr des 22. August 2015 befanden

sich rund 250 rechtsextremistische Störer auf dem zum Baumarkt angrenzenden Parkplatz. Die Busse, die die Asylbewerber zur Unterkunft bringen sollten, mussten aufgrund der Sicherheitslage teilweise zu anderen Erstaufnahmeeinrichtungen umgeleitet werden. Teilweise konnten sie auch erst verspätet und mit Polizeieskorte die Unterkunft in Heidenau erreichen.

> Vgl. zu alledem: Spiegel Online: „Ausschreitungen in Heidenau. Rechter Terror mit Ansage" vom 22. August 2015 (**Beleg 316, Kategorie 2**); Polizeidirektion Dresden: Abschlussmeldung zur Versammlung mit Aufzug in Heidenau „Nun zur Erstaufnahme" vom 22. August 2015 (**Beleg 317, Kategorie 2**)
>
> „Heidenau – Ein Erlebnisbericht", in: htttp://blog.zeit.de vom 22. August 2015 (**Beleg 318, Kategorie 2**); „Gewaltsamer Protest gegen Neuankömmlinge", in: www.mdr.de vom 22. August 2015 (**Beleg 319, Kategorie 2**).

In einem Pressebericht wurde die Stimmung in Heidenau an diesem Abend wie folgt beschrieben:

„Mehrere Augenzeugen berichten, dass die Menge auch ausländerfeindliche Parolen wie ‚Deutschland den Deutschen!' oder ‚Ausländer raus!' skandierte. ‚Unter dem Jubel der Menge sind immer wieder Böller in Richtung der Unterkunft geflogen', erzählt ein Mann, der sich für Flüchtlinge engagiert und seinen Namen deshalb nicht öffentlich lesen will. Der Mittdreißiger berichtet von einer fröhlichen Stimmung in Heidenau, einer Art ‚Volksfeststimmung', die eine ‚Mischung aus Hass und Freude' gewesen sei.

> Spiegel Online: „Ausschreitungen in Heidenau. Rechter Terror mit Ansage" vom 22. August 2015 (**Beleg 316, Kategorie 2**);

Auch am Folgetag bzw. in der Folgenacht kam es zu gewaltsamen Protesten von Rechtsextremisten gegen die Asylunterkunft und zu Angriffen auf die Polizei. Eine Reihe von Politikern äußerte sich beschämt über die Geschehnisse in Heidenau und kündigte ein entschiedenes Vorgehen gegen die Rechtsbrüche an.

> Spiegel Online: „Neue Krawalle in Heidenau. Rechtsextreme attackieren Polizisten" vom 22. August 2015 (**Beleg 320, Kategorie 2**); „Stanislaw Tillich: Das ist nicht unser Sachsen", in: www.tagesspiegel.de vom 23. August 2015 (**Beleg 321, Kategorie 2**).

Der sächsische NPD-Landesvorsitzende B. vermittelte in einer Stellungnahme den unzutreffenden Eindruck, zwischen der NPD-Demonstration und den gewalttätigen Ausschreitungen bestehe kein Zusammenhang, und kündigte gleichzeitig weitere Kundgebungen und Demonstrationen gegen die „*auf Basis eines massenhaften Rechtsbruchs*" nach Deutschland kommenden Flüchtlinge an. B. verleugnet damit wahrheitswidrig die bereits während des von R. geleiteten Aufzugs getroffenen organisatorischen Vorkehrungen der Teilnehmer, nach der Demonstration die Proteste vor der Asylunterkunft – auch unter Anwendung gewaltsamer Mittel – fortzusetzen. Die Vorfälle in Heidenau zeigen deutlich, dass die von der NPD formelhaft verwendete Distanzierung von Gewalt nicht mit ihrem Handeln übereinstimmt und deshalb als „protestatio facto contraria" unbeachtlich ist.

> „Erklärung zu den Vorgängen rund um eine Demonstration gegen Asylmißbrauch in Heidenau", in: https://npd-sachsen.de vom 22. August 2015 (**Beleg 322, Kategorie 1**).

V. Fälle aus Mecklenburg-Vorpommern

Die umfangreichen Aktivitäten des NPD-Landesverbandes in Mecklenburg-Vorpommern gegen Asylbewerber belegen nicht nur dessen Aggressivität gegenüber ethnischen Minderheiten. Sie zeigen auch, dass der NPD-Landesverband das rechtsextremistische Veranstaltungsgeschehen in diesem Bundesland dominiert und das organisatorische Rückgrat der rechtsextremistischen Szene des Landes bildet.

1. Fackelmarsch, Mahnwachen und sonstige Demonstrationen gegen Flüchtlinge und Zuwanderer in Güstrow

Die Aggressivität von NPD-Aktivisten gegen Flüchtlinge und Zuwanderer in Güstrow belegt die anhaltende Intensität der Anti-Asyl-Agitation der Partei. Federführend sind insbesondere die NPD-Funktionäre *M.* und *K.*; aber auch landesweit bekannte Politiker sind präsent. Neben Demonstrationen erfolgten auch Fackelmärsche und Mahnwachen, an denen Mitglieder und Anhänger der Antragsgegnerin entweder als Organisatoren oder als Teilnehmer mitwirkten.

Eine Demonstration am 23. März 2013 gegen eine geplante Asylunterkunft in Güstrow stand unter dem Motto „*Einmal Deutschland und zurück – Schluß mit der volksfeindlichen Willkommenskultur*". Die Teilnehmerzahl lag bei 250 bis 300 Teilnehmern. Die Kundgebung fand nur wenige hundert Meter entfernt von einer Asylunterkunft statt. Als Redner traten der NPD-Landesvorsitzende *Stefan Köster*, der Berliner NPD-Landesvorsitzende *Sebastian Schmidtke* und der NPD-Landtagsabgeordnete *Michael Andrejewski* auf.

Andrejewski forderte auf dieser Veranstaltung dazu auf, „Mitteldeutschland" als Basis für Deutsche weißer Hautfarbe zu verteidigen und überall gegen dessen „Verbuntung" Widerstand zu leisten:

„*Und als Basis brauchen wir hier diesen mitteldeutschen ländlichen Raum, der deutsch und weiß zu bleiben hat – weitgehend, bis auf ein, zwei Gaststudenten – und das müssen wir auch verteidigen. Und wenn dann irgendwelche Leute kommen, die sich fälschlicherweise als Flüchtlinge ausgeben und die als Verbuntungsmaterial für Deutschland benutzt werden sollen, dann müssen wir überall Widerstand leisten. [...] Damit die wissen, so leicht wird das nicht, aus Deutschland einen bunten Drogentraum zu machen.*"

„Videobericht: Demonstration gegen das geplante Asylantenheim am 23. März 2013 in Güstrow", veröffentlicht auf www.npd-mv.de am 24. März 2013: „Nationale Demo in Güstrow 23. März 2013_Kein Asylantenheim in.mp4: [02:55–03:28]", abgerufen am 3. April 2013 (**Beleg 323, Kategorie 1**).

Bei der Kundgebung wurden Transparente mit den Aufschriften „*Wir müssen Migrantengewalt akzeptieren! Wir sagen Nein – Schwerin gegen Überfremdung*", „*Einmal Deutschland und gleich zurück! Kein Asylantenheim in Dettmannsdorf und anderswo!*", „*Bleiberecht für alle – und zwar zu Hause!*", „*Heute sind wir tolerant – morgen fremd im eigenen Land*" sowie „*Einmal Deutschland und zurück – Asyl ist kein Selbstbedienungsladen – Die Partei für deutsche Interessen: NPD Die Volksunion*" mitgeführt. Außerdem waren Sprechchöre wie „*Wir wollen keine Asylantenheime*", „*Deutschland den Deutschen, Asylbetrüger raus*" und „*Kriminelle Ausländer raus – und der Rest – auch!*"

zu hören. Sowohl die Rede als auch die skandierten Sprechchöre zeigten, dass es der Antragsgegnerin nicht um Kritik an der Ausgestaltung der Asylpolitik geht, sondern um rassistische Hetze gegen alle in Deutschland lebenden Ausländer bzw. Deutsche mit ausländischen Wurzeln.

„Totgesagte leben länger [inkl. Redebeiträge]" vom 23. März 2013, in: www.mupinfo.de, abgerufen am 25. März 2013 (**Beleg 324, Kategorie 2**).

Die Aktivitäten in den Jahren 2014 und 2015 umfassten bisher Mahnwachen, einen Fackelmarsch und Demonstrationen. Sie mündeten zudem in eine *„Bürgerwehr"*, die ebenfalls im Zusammenhang mit asylkritischer Agitation gebildet wurde. Die gesamten Aktivitäten sind oben im Zusammenhang mit der Bildung dieser Bürgerwehr näher beschrieben.

Vgl. oben S. 39 ff. [S. 378 ff.].

Exemplarisch sei hier noch einmal auf den von *M.* und *K.* angemeldeten Fackelmarsch am 18. Oktober 2014 sowie auf eine Demonstration im benachbarten Bützow am 19. Juli 2014 verwiesen, an der unter anderem NPD-Fraktionsvorsitzender *Udo Pastörs* teilnahm.

Endstation Rechts: „‚Bürgerdemo' in Bützow: Ohne NPD geht nichts" vom 19. Juli 2014, in: www.endstation-rechts.de, abgerufen am 21. Juli 2014 (**Beleg 325, Kategorie 1**).

„‚Die Zukunft unserer Kinder sichern' – Fackelmarsch gegen den anhaltenden Überfremdungswahn in Güstrow" vom 26. Oktober 2014, veröffentlicht auf logr.org/derstaatsstreich, abgerufen am 27. Oktober 2014 (**Beleg 326, Kategorie 2**).

E-Mail von *K.* an die Versammlungsbehörde vom 14. Oktober 2014 (**Beleg 327, Kategorie 1**).

2. Infotour: „Touristen willkommen – Asylbetrüger raus"

Unter dem Motto *„Touristen willkommen – Asylbetrüger raus"* hatte der NPD-Landesverband zunächst eine *„Infotour durch Mecklenburg und Pommern"* ab dem 22. Juli 2013 angekündigt, beginnend in Bergen, Sagard und Sassnitz auf Rügen unter Beteiligung des NPD-Landesvorsitzenden *Stefan Köster* und weiterer NPD-Funktionäre als Redner. Die *„Asyltour"*, die in der Folge unter dem Motto *„Asylantenheim? Nein Danke!"* bzw. *„Asylbetrüger! Nein Danke!"* stand, wurde am
– 25. Juli 2013 in Parchim, Ludwiglust und Grevesmühlen,
– 26. Juli 2013 in Wismar und Rostock,
– 29. Juli 2013 in Greifswald und Wolgast,
– 30. Juli 2013 in Neustrelitz, Neubrandenburg und Friedland,
– 31. Juli 2013 in Eggesin, Pasewalk, Torgelow,
– 1. August 2013 erneut in Rostock sowie in Demmin und Anklam
fortgesetzt.

Köster führte hierzu in Sagard aus:

„Die NPD hier in Mecklenburg-Vorpommern befindet sich zur Zeit auf einer Rundreise durch Mecklenburg und Vorpommern. Wir fahren zu all jenen Orten, wo angedacht oder auch schon durchgesetzt wurde, dass die Bewohner Asylbetrüger, Asylbewerber oder Asylschnorrer direkt in ihr Wohngebiet gesetzt bekommen. Wir sind der Ansicht, dass die Bürger in allen wesentlichen Fragen mit einzubeziehen sind. Wir sind auch der Ansicht,

dass die Bürger zu befragen sind, ob sie es wollen, dass in ihrer Nachbarschaft Fremde aus Afrika, Fremde aus Asien und Fremde aus welchen Ländern der Welt auch immer angesiedelt werden, die nicht Zuflucht suchen in Deutschland, weil sie angeblich politisch verfolgt werden, weil sie angeblich aufgrund ihrer ethischen Herkunft verfolgt werden, sondern einzig und allein weil sie gehört haben, dass Deutschland für Flüchtlinge das Schlaraffenland darstellt."

> weiterdenken.tv: „NPD vor Ort – Asyltour durch MV – Bergen – Sagard – Sassnitz" vom 22. Juli 2013, abgerufen am 10. Dezember 2013 (**Beleg 328, Kategorie 1**).

3. Kundgebungstour der NPD-Landtagsfraktion im März/April 2014

Eine Kundgebungstour der NPD-Landtagsfraktion in der Zeit vom 17. März bis 3. April 2014 hatte u. a. das Motto *„Ausländer kosten uns Millionen – Recht auf Asyl abschaffen"*. Dabei sollten gezielt regionale Proteste von Anwohnern gegen geplante oder bereits vorhandene Asylbewerber- bzw. Flüchtlingsheime aufgegriffen oder entsprechende Proteste auch selbst initiiert werden, um diese anschließend in die eigene Richtung zu steuern.

> Vgl. Anmeldungen des NPD-Kreisvorsitzenden R. (Mecklenburgische Seenplatte) von öffentlichen Versammlungen unter freiem Himmel vom 14. März 2014 (**Beleg 329, Kategorie 1**).

4. Kundgebungstour der NPD-Landtagsfraktion im Juni/Juli 2015

Die NPD-Landtagsfraktion startete am 9. Juni 2015 – wie in den Vorjahren – eine erneute landesweite Kundgebungstour unter dem Motto „Konsequent für deutsche Interessen". Die Kundgebungen waren ebenfalls stark von einer gegen Asylbewerber gerichteten Agitation geprägt. Sie seien als „Asylbetrüger konsequent abzuschieben". Die Kundgebungen mit direktem Bezug zu „Asylbetrügern" wurden von den örtlich zuständigen NPD-Kreisverbänden angemeldet:
- 9. Juni 2015 Pasewalk Kundgebung „Konsequent für deutsche Interessen"
- 10. Juni 2015 Anklam Kundgebung „Asylbetrüger konsequent abschieben"
- 11. Juni 2015 Torgelow Kundgebung „Konsequent für deutsche Interessen"
- 24. Juni 2015 Boizenburg Kundgebung „Konsequent für deutsche Interessen"
- 25. Juni 2015 Ludwigslust Kundgebung „Konsequent für deutsche Interessen"
- 26. Juni 2015 Waren (Müritz) Kundgebung „Asylbetrug macht uns arm"
- 16. Juli 2015 Grevesmühlen Kundgebung „Ausländer kosten uns Millionen – Asylrecht abschaffen"

> Anmeldung einer Kundgebung in Pasewalk vom 6. Juni 2015 (**Beleg 330, Kategorie 1**).
> Anmeldung einer Kundgebung in Anklam vom 6. Juni 2015 (**Beleg 331, Kategorie 1**).
> „NPD-Kundgebung in Anklam auch von Linken beworben" vom 10. Juni 2015, veröffentlicht auf www.npd-mv.de, abgerufen am 12. Juni 2015 (**Beleg 332, Kategorie 1**).
> Anmeldung einer Kundgebung in Torgelow vom 8. Juni 2015 (**Beleg 333, Kategorie 1**).
> Beitrag von *Udo Pastörs* vom 24. Juni 2014, in: www.facebook.com/udo.pastoers, abgerufen am 24. Juni 2015 (**Beleg 334, Kategorie 1**).
> Info Versammlungsanmeldung der NPD in Ludwigslust vom 23. Juni 2015 (**Beleg 335, Kategorie 1**.

"Erfolgreiche Kundgebung in Waren" vom 27. Juni 2015, veröffentlicht auf logr.org/nsmueritz, abgerufen am 29. Juni 2015 (**Beleg 336, Kategorie 2**).
Anmeldung einer Kundgebung in Grevesmühlen vom 13. Juli 2015 (**Beleg 337, Kategorie 1**).

5. Sonstige Agitation zur Schaffung einer asylfeindlichen Stimmung

Zusätzlich zur Organisation von Demonstrationen zielte der NPD-Landesverband durch Publikationen auf die Schaffung einer asylbewerberfeindlichen Stimmung ab und rief zu weiteren Aktionen auf. So veröffentlichte der NPD-nahe *„Uecker-Randow Bote"* auf seiner Facebook-Gemeinschaftsseite regelmäßig Meldungen über angeblich *„besorgniserregende Zustände"* rund um Asylunterkünfte. Darüber hinaus wurden stetig Lichtbilder von ankommenden Bussen mit weiteren als *„Fremdländer", „Bittsteller"* oder *„Steuergeldverschwender"* bezeichneten Personen veröffentlicht, die die ansässigen deutschen Familien verdrängten. Verknüpft wurden diese Bilder mit der Botschaft, sich gegen die Zustände zu wehren, *„zu rebellieren".*

Facebook-Gemeinschaftsseite *„Der Uecker-Randow Bote",* abgerufen am 5. November 2014 (**Beleg 338, Kategorie 2**).

In einem am 10. November 2014 auf der rechtsextremistischen Internetplattform „Mupinfo" eingestellten Video behauptete der NPD-Landtagsabgeordnete *Michael Andrejewski*, dass *„Massen von Asylanten nach Vorpommern strömen",* um Anklam zur *„Asylstadt Nummer 1"* zu machen. Man habe, so *Andrejewski* weiter, *„nicht vor, das hinzunehmen",* weitere Aktionen wie *„Kundgebungen und Demonstrationen"* würden folgen. Im Begleittext hieß es: *„... der nationale Widerstand läuft bereits an".*

„Asyldrohnen kreisen über Anklam – und suchen Platz für noch mehr Asylanten" vom 10. November 2014, in: www.npd-mv.de, abgerufen am 9. Januar 2015 (**Beleg 339, Kategorie 2**).

Die herausragende Bedeutung des Anti-Asyl-Themas für die NPD Mecklenburg-Vorpommern wird schließlich auch daran ersichtlich, dass der Landesverband nach der Neugestaltung seines Internetauftritts auf der Startseite der Asylproblematik eines der sechs Themenfelder widmet. Neben *„Mitmachen", „Spenden", „Meldungen", „Weiterdenken.tv"* und *„Landtagsfraktion"* findet sich nunmehr dort auch das Schlagwort *„Asylantenflut",* das mit dem Text *„Tauschen wir die Polit-Bonzen aus, bevor sie unser Volk austauschen!"* unterlegt ist.

Screenshot der Startseite www.npd-mv.de, abgerufen am 4. Mai 2015 (**Beleg 340, Kategorie 2**).

VI. „Aufsuchen" von Asylunterkünften durch NPD-Funktionäre

Das persönliche Aufsuchen von Flüchtlingsunterkünften durch NPD-Funktionäre ist eine besonders aggressive Form der Umsetzung der ideologischen und strategischen Postulate der Antragsgegnerin.

Das Aufsuchen zielt darauf ab, den Dominanzanspruch der Antragsgegnerin zum Ausdruck zu bringen, indem sie in den Privatbereich der Asylbewerber eindringt. Gegenüber der gesellschaftlichen Mitte verfolgt die NPD zudem den propagandistischen Zweck, sich als vermeintlich kompetente Fachinstanz darzustellen, die Informationen vor Ort einholt und sich dabei in ihren – fremdenfeindlichen – Positionen bestätigt sieht.

Der Münchner Stadtrat *Karl Richter* – ehemals stellvertretender NPD-Bundes- und bayerischer Landesvorsitzender, derzeit persönlicher Referent des NPD-Europaabgeordneten *Udo Voigt* – suchte in der Vergangenheit mehrfach Asylunterkünfte auf. Mit dem Verweis auf seine Funktion als Stadtrat, ohne allerdings seine Parteizugehörigkeit zu nennen, erweckte er den Eindruck eines gleichsam offiziellen Ortstermins und verschaffte sich dadurch Einlass in Flüchtlingsheime, darunter in die umgewidmete Münchener Bayernkaserne.

„Rechtsextremist besucht Flüchtlingsheim", in: www.sueddeutsche.de vom 12. März 2014 (**Beleg 341, Kategorie 1**).

Auf der Internetseite der rechtsextremistischen „Bürgerinitiative Ausländerstopp" (BIA) – einer NPD-Tarnorganisation, für die *Richter* das Stadtratsmandat in München wahrnimmt – gerierte sich der Parteifunktionär als Politiker, der objektiv vor Ort einer Sache auf den Grund gehe. Dabei nutzte er das Vertrauen einiger Flüchtlinge für gemeinsame Fotos aus, um diese später zu instrumentalisieren. Die tatsächliche Geringschätzung *Richters* für Asylbewerber wurde in einem Eintrag auf seiner Facebookseite deutlich, in dem er einen Zeitungsbericht über sein Auftreten in Flüchtlingsheimen wie folgt kommentierte:

„Das Tendenzblättchen ‚Süddeutsche Zeitung' macht es dramatisch: ‚Rechtsextremer dringt in Asylheime ein' – klingt ja, als wäre ich dort Amok gelaufen. Richtig ist nur, daß ich mir als gewählter Stadtrat Zutritt zu Münchner Asyleinrichtungen verschafft habe, um dort nach dem rechten zu sehen. [...] Auch bin ich den vergleichsweise stark pigmentierten Heimbewohnern von meinem ‚dunkelhäutigen Begleiter' auch nicht als ‚Fußballtrainer' vorgestellt worden."

Karl Richter: „Die SZ halluziniert wieder: ‚Bizarrer Besuch' im Asylantenheim", in: www.facebook.com/JagdhornKR vom 13. März 2014. **Beleg 342 (Kategorie 1).**

„Ortstermin: BIA-Stadtrat Karl Richter besucht Münchner Asylantenheime", in: www.auslaenderstopp-muenchen.de vom 4. März 2014. **Beleg 343 (Kategorie 1).**

Der damalige NPD-Fraktionsvorsitzende im sächsischen Landtag, *Holger Szymanski*, suchte am 30. Juli 2014 – einen Monat vor der sächsischen Landtagswahl – das in eine Asylunterkunft umgewandelte Bautzener Spreehotel sowie Einrichtungen in Dresden und Kamenz auf. Der unter *Szymanskis* Leitung stehenden „Besucherdelegation" gehörten mit S. ein weiterer Landtagsabgeordneter sowie die Fraktionsmitarbeiter K., K., M., R. und S. an. Ziel sei es gewesen, so die NPD Sachsen, sich ein „*Bild von den Zuständen in mehreren sächsischen Asylantenheimen*" zu machen. Die Besichtigung des Spreehotels, zur der ein Videobeitrag gefertigt und zeitweilig im Internet eingestellt worden war, habe die Positionen der Partei in der Asylfrage bestätigt. Die verweigerten Rundgänge in den beiden anderen Heimen ließen wohl darauf schließen, dass die dort herrschenden Verhältnisse der Öffentlichkeit vorenthalten werden sollten.

NPD Sachsen: „NPD besucht Asylantenheime. Holger Szymanski machte sich vor Ort selbst ein Bild", in: www.npd.de vom 31. Juli 2014, abgerufen am 1. August 2014 (**Beleg 344, Kategorie 2**).

Tatsächlich hatte die NPD-Delegation gegenüber den Heimbetreibern den unzutreffenden Eindruck erweckt bzw. erwecken wollen, im offiziellen Auftrag des Landtagsinnenausschusses eine Aufsichtskontrolle durchzuführen.

TAZ-Online: „Rechtsextreme Heimkontrollen. Sachsens NPD-Fraktionschef Holger Szymanski schlich sich mit Gefolgsleuten in ein Asylheim ein. Nun ist er wegen Amtsanmaßung angezeigt worden", in: www.taz.de vom 31. Juli 2014. (Beleg 345, Kategorie 1).
Sächsische Zeitung: Sozialarbeiterin wirft NPD-Mitglieder aus Asylbewerberheim, in: www.sz-online.de vom 5. August 2014. (Beleg 346, Kategorie 1).
LKA Sachsen: KTA-PMK Meldung vom 30. Juni 2015 (Beleg 347, Kategorie 1).

Mitglieder der NPD-Landtagsfraktion in Mecklenburg-Vorpommern betraten am 5. Dezember 2014 das Gelände eines zu einer Asylunterkunft umfunktionierten Ferienlagers in Plöwen (Landkreis Vorpommern-Greifswald). In einem hierbei angefertigten, im Internet abrufbaren Video unter der Überschrift *„Offenes Tor für NPD-Besuch im Asylanten-Ferienlager Plöwen"* schilderte der NPD-Landtagsabgeordnete *Michael Andrejewski* eine vermeintlich privilegierte und viel zu luxuriöse Unterbringung der Flüchtlinge in einem solchen Ferienlager und entwarf ein verzerrendes Bedrohungsszenario für die einheimische Bevölkerung. Diese müsse damit rechnen, dass angesichts des Ansturms von Migranten zukünftig Privatwohnungen direkt beschlagnahmt werden könnten.

„Offenes Tor für NPD-Besuch im Asylanten-Ferienlager Plöwen" vom 6. Dezember 2014, in: www.npd-mv.de, abgerufen am 9. Dezember 2014 (Beleg 348, Kategorie 2).
Videobeitrag „Offenes Tor für NPD-Besuch im Asylanten-Ferienlager Plöwen", veröffentlicht am 5. Dezember 2014 auf www.youtube.com. (Beleg 349, Kategorie 1).

VII. Die Rolle der NPD bei „GIDA-Protesten" und sonstigen Anti-Asyl-Bewegungen

Das Verhältnis der Antragsgegnerin zur „GIDA-Bewegung", die seit Herbst 2014 Veranstaltungen zur Asyl- und Einwanderungspolitik mit zeitweilig hohen Teilnehmerzahlen organisiert, sowie die Rolle der Antragsgegnerin bei deren Demonstrationen lassen sich nicht pauschal charakterisieren. Vielmehr bietet sich je nach Region ein differenziertes Bild:

Die Antragsgegnerin war von den anfänglichen Erfolgen der PEGIDA-Bewegung in Dresden (1 [S. 451]) begeistert, sah aber auch ideologische Differenzen – wie etwa eine fehlende ideologische Radikalität und einen fehlenden revolutionären Impetus. Diese Bedenken stellte sie jedoch aus taktischen Gründen zurück und zeigte bei den Protesten Präsenz. Sie sieht darin die Möglichkeit, eine sich ausbreitende Angst- und Proteststimmung zu fördern, beharrlich das eigene Einflusspotenzial auszuweiten und eine allmähliche Deutungshoheit über gesellschaftspolitische Prozesse und Begriffe zu gewinnen. NPD-Funktionäre und -Mitglieder nahmen daher an den Protesten teil. Eine organisatorische Beteiligung blieb der Antragsgegnerin verwehrt.

Ähnlich sah die Situation in den meisten anderen Teilen des Bundesgebietes aus, in denen die GIDA-Bewegung aktiv war (2 [S. 455]).

Ein besonderer Einfluss der NPD auf die GIDA-Bewegung entwickelte sich jedoch in zwei Ländern: In Teilen Mecklenburg-Vorpommerns (3 [S. 457]) und in Thüringen (4 [S. 458]) hat die Antragsgegnerin mittlerweile die vollständige organisatorische Kontrolle über sog. GIDA-Veranstaltungen erlangt.

1. Die Positionierung der NPD gegenüber der Protestbewegung PEGIDA

Die anfängliche Dynamik der PEGIDA-Bewegung und das sich darin offenbarende Mobilisierungspotenzial lösten bei Funktionären und Mitgliedern der Antragsgegnerin zahlreiche positive Reaktionen aus. Als Partei war es der Antragsgegnerin verwehrt, an Veranstaltungen der sich als „überparteilich" bezeichnenden PEGIDA-Bewegung teilzunehmen, doch zeigte eine Reihe von Führungspersonen der Antragsgegnerin regelmäßig Präsenz bei deren Kundgebungen und berichtete darüber ausführlich in den sozialen Netzwerken.

Insbesondere sächsische NPD-Führungsfunktionäre waren bei PEGIDA-Veranstaltungen präsent.

> Zur Präsenz sächsischer NPD-Führungsfunktionäre bei PEGIDA-Veranstaltungen vergleiche beispielhaft NPD Dresden: Eintrag vom 16. Dezember 2014, in: www.facebook.com/dresden.npd (**Beleg 350, Kategorie 1**); NPD Sachsen: Eintrag vom 15. Dezember 2014, in: www.facebook.com/npd.sachsen (**Beleg 351, Kategorie 2**).

Das NPD-Präsidium wertete die Protestaktionen unter dem Motto „*Wir sind das Volk*", die es bereits auf dem Weg zu einer „*neuen Massenbewegung*" sah, als Beleg für ein – sich nicht zuletzt ethnisch begreifendes – neues Selbstbewusstsein der Deutschen.

> „Wir sind das Volk!'", in: http://npd.de vom 2. Dezember 2014; abgerufen am 3. Dezember 2014 (**Beleg 352, Kategorie 2**).

Der Parteivorsitzende *Frank Franz* nahm an diversen PEGIDA-Demonstrationen teil und sprach von Missständen, auf die die NPD schon seit Jahren hingewiesen habe, weshalb die Partei gemeinsam mit den Protestierenden fordere: „*Wir wollen mitbestimmen. Wir sind das Volk!*"

> *Frank Franz* zitiert vom Bundespressesprecher, „Das Volk hat wieder eine Stimme!", in: http://npd.de vom 16. Dezember 2014; abgerufen am 17. Dezember 2014 (**Beleg 353, Kategorie 1**).

Die Antragsgegnerin hatte erkennbar den Wunsch, die Proteste von außen anzustacheln und aggressiver zu gestalten. So bezeichnete *Frank Franz* die Kritiker der PEGIDA-Anhänger als „*den Bodensatz leibhaftiger Niedertracht*" und rief die Protestierenden dazu auf: „*Werdet wütend, werdet wach! 2015 ist ein gutes Jahr dafür. Es wird Zeit!*"

> *Frank Franz*, „Ich will, dass Ihr wütend werdet!", in: http://npd.de vom 31. Dezember 2014, abgerufen am 6. Januar 2015 (**Beleg 354, Kategorie 1**).

In die positiven Äußerungen der Antragsgegnerin mischen sich jedoch Begriffe, die der völkisch-revolutionären Ideologie der Antragsgegnerin zueigen sind und damit Ansichten, die die in Dresden agierende PEGIDA-Bewegung nicht vertritt. So finden sich sowohl der Bezug zur „Volksherrschaft" als auch Äußerungen, die auf eine revolutionäre Ablösung der jetzigen Grundordnung hinarbeiten. So seien die Protestierenden das „*anständige Deutschland*" und stünden für „*echte Volksherrschaft*".

C. Das zweite NPD-Verbotsverfahren (2013–2017)

Eintrag vom 16. Dezember 2014, in: https://de-de.facebook.com/FF.frankfranz; abgerufen am 17. Dezember 2014 (**Beleg 355, Kategorie 1**).

Der frühere sächsische NPD-Landtagsabgeordnete S., derzeit sächsisches Landes- und Bundesvorstandsmitglied, sagte angesichts der Demonstrationen, dass es gelingen könne, *„die statischen betonharten politischen Verhältnisse in Deutschland zum Tanzen"* zu bringen. Die NPD werde dabei nicht abseits stehen, sondern die junge Bewegung nach Kräften unterstützen. Unter der Losung *„Wir sind das Volk"* könne die *„Stimmungslage im Land entscheidend geändert werden"*.

S., „Mit der PEGIDA den Volkswillen auf die Straße tragen!", in: http://npd.de vom 25. November 2014; abgerufen am 29. Januar 2015 (**Beleg 356, Kategorie 1**).

Auf seiner Facebook-Seite bezeichnete S. eine Kundgebung als *„gigantischen Mobilisierungserfolg"*. Man frage sich inzwischen, wo die Grenzen dieser Bewegung lägen.

S., Eintrag vom 9. Dezember 2014, in: https://facebook.com/...; abgerufen am 9. Dezember 2014 (**Beleg 357, Kategorie 1**).

Den revolutionären Impetus zeigen auch Äußerungen in Bezug auf die Proteste in Leipzig:

„Heute eine echte Zäsur – 15 000 Patrioten zogen über den Leipziger Ring im Geiste der friedlichen Revolution des Jahres 1989, revolutionärer Geist in den Herzen und den Reden. Unglaublich: Die Leipziger Innenstadt war doch praktisch seit dem Ende der DDR ein Sperrgebiet für Patrioten, deshalb kommt dem 21. Januar 2015 eine solche Bedeutung zu. Das zweite Standbein neben Dresden ist ausgebildet, diese Entwicklung ist nicht mehr zurückzunehmen!"

S., Facebookeintrag zur LEGIDA-Demonstration in: www.facebook.com/dresden.npd vom 22. Januar 2015 (**Beleg 358, Kategorie 1**).

Jürgen Gansel, Beisitzer im sächsischen Landesvorstand und über zwei Legislaturperioden Mandatsträger für die NPD im sächsischen Landtag, ging in der revolutionären Rhetorik noch weiter: Er sah angesichts der Teilnahmerzahlen bei den Protestmärschen Anzeichen eines nahenden Volksaufstands. Um dies zu veranschaulichen, bemühte er den an die Sportpalastrede von *Joseph Goebbels* anknüpfenden Aufruf *„Volk steh auf"*. Dieser rhetorische Rekurs dürfte bei dem Historiker *Gansel* nicht als Zufall einzustufen sein. Wörtlich sagte er:

„VOLK STEH' AUF ...!

Laut Polizei waren heute weit mehr als 25.000 Deutsche bei PEGIDA in Dresden und 5.000 bei LEGIDA in Leipzig auf der Straße! Ohne sogenannte Polit-Prominenz und herangekarrte Künstler stehen die Bürger auf und zeigen den etablierten Volksverrätern die rote Karte.

DAS VOLK STEHT AUF!"

Jürgen Gansel, Eintrag „VOLK STEH' AUF", in: www.facebook.com/groups/initiative. schneeberg/ vom 12. Januar 2015 (**Beleg 359, Kategorie 1**).

Dasselbe Zitat von *Joseph Goebbels* nutzten Ende November 2014 auch die JN, um ihre Unterstützung für die PEGIDA-Bewegung bei Facebook zum Ausdruck zu bringen.

> JN-Kampagne „Sag was du denkst": Facebookeintrag vom 28. November 2014 (**Beleg 360, Kategorie 2**).

Die in PEGIDA gesetzten Hoffnungen der Antragsgegnerin, aber auch die hier schon erkennbaren ideologischen Differenzen mündeten in folgende Taktik der Antragsgegnerin:

Der damalige sächsische Landesvorsitzende *Holger Szymanski* mahnte ein *„taktisch klug(es)"* Vorgehen an. Es gelte, die Möglichkeiten der NPD auszuloten, Berührungsängste durch ein seriöses Auftreten geduldig abzubauen und die Einflussnahme der jeweiligen Konstellation vor Ort anzupassen: *„Während sich die Spitzen von PEGIDA noch nicht trauen, Kontakt mit der NPD zu pflegen, sieht das andernorts schon ganz anders aus. Der Verfasser hat z. B. vor einigen Monaten an einer Bürgerdemonstration in einer Gemeinde in der Nähe von Dresden teilgenommen, bei der die als Redner auftretenden Vertreter der NPD großen Beifall erhielten, und zwar sowohl für die logistische Unterstützung der bisher unerfahrenen Bürgerinitiative als auch für die inhaltlichen Aussagen in ihren Ansprachen. Immer wieder erleben wir das Phänomen, daß die Bürger Positionen vertreten, die mit denen der NPD übereinstimmen, diese Menschen aber bisher gar keine Kenntnis davon haben, was die eigentlich vertritt."*

> *Holger Szymanski*: „NPD und PEGIDA Unterstützen, unterwandern – oder was?", in: „Deutsche Stimme" Nr. 2/2015 vom Februar 2015, S. 11 (**Beleg 361, Kategorie 1**).

Hier zeigt sich der Wunsch der Antragsgegnerin, die Anti-Asyl-Bewegung zu nutzen, um ihre Verankerung in der Mitte der Gesellschaft zu stärken und meinungsbildend wirken zu können. Dementsprechend plädierte *Szymanski* auch für die effektive Nutzung der kommunalen Präsenz.

> NPD Sachsen: „Holger Szymanski als Landesvorsitzender klar bestätigt" in: www.npd-sachsen.de vom 29. März 2015 (**Beleg 266, Kategorie 2**).

C. Das zweite NPD-Verbotsverfahren (2013–2017)

Die Antragsgegnerin sieht sich als Teil derselben „patriotischen Sammlungsbewegung", möchte einer Zersplitterung des politischen Lagers entgegenwirken und ruft deshalb etwa zur Unterstützung der PEGIDA-Kandidatin für die Dresdner Oberbürgermeisterwahl am 7. Juni 2015 auf.

> Video DS-TV Nr. 10: „NPD empfiehlt PEGIDA", veröffentlicht am 28. Mai 2015, in: https://npd.de/ds-tv-10-npd-empfiehlt-pegida/ (**Beleg 362, Kategorie 2** – Verweis auf Videodatei in Beleg 363).
>
> B., Redebeitrag in DS-TV Nr. 10, veröffentlicht am 28. Mai 2015 (**Beleg 363, Kategorie 1** in Bezug auf die Person B.).

Zugleich versucht sie, die Bürgerbewegung für sich zu einvernahmen, wo dies möglich ist. So seien aus Sicht des Landesverbandes Mecklenburg-Vorpommern die Proteste *„im Geiste der NPD"*. Durch *„beharrliche Volksaufklärungsarbeit"*, die auch auf unbewusster Ebene wirke, habe man erreicht, dass viele Rufer unbewusst die *„ideologische Grundhaltung der NPD übernommen"* hätten.

> „Drei Pluspunkte für die NPD im neuen Jahr" vom 5. Januar.2015, veröffentlicht auf www.npd-mv.de, abgerufen am 6. Januar 2015 (**Beleg 364, Kategorie 2**).

Trotz dieser Gründe der Antragsgegnerin für eine Präsenz bei PEGIDA-Veranstaltungen, die sich auch in der Teilnahme an solchen manifestiert (vgl. 2 [S. 455]), werden auch ideologische Differenzen artikuliert, die zumindest gegenüber der PEGIDA-Bewegung in Dresden existieren. So kritisiert der sächsische NPD-Landesvorsitzende und Dresdner Stadtrat B. die Kandidatin der PEGIDA für die Oberbürgermeisterwahl indirekt: Er hoffe, dass sie mit dem Vertrauen der NPD verantwortungsbewusst umgehe.

> *„Verantwortungsbewusster vielleicht, als sie es in der Vergangenheit teilweise getan hat."*
>
> B., Redebeitrag in DS-TV Nr. 10, veröffentlicht am 28. Mai 2015 (**Beleg 363, Kategorie 1** in Bezug auf die Person B.).

In einem Videobeitrag werden die hier angedeuteten Differenzen dahingehend beschrieben, dass sich PEGIDA für eine dezentrale Unterbringung von Asylbewerbern einsetze, während die NPD eine zentrale Unterbringung möchte – um jegliche Integration zu vermeiden und eine Abschiebung nicht zu erschweren. Zudem wurde die *„falsche politische Stoßrichtung"* eines *„einseitig pro-isarelischen und pro-amerikanischen"* Kurses kritisiert.

> Video DS-TV Nr. 10: „NPD empfiehlt PEGIDA", veröffentlicht am 28. Mai 2015, in: https://npd.de/ds-tv-10-npd-empfiehlt-pegida/ (**Beleg 362, Kategorie 2** – Verweis auf Videodatei in Beleg 363).
>
> Vgl. zum politischen Wunsch, jeglichen Ansatz von Integration – insbesondere persönliche Beziehungen – zu vermeiden: NPD-Landesverband Mecklenburg-Vorpommern: Leitfaden zum Umgang mit Asylanten in Der Nachbarschaft, V. i. S. d.P.: *Michael Andrejewski* (**Beleg 365, Kategorie 2**).

Hier zeigt sich, was PEGIDA aus Sicht der Antragsgegnerin fehlt: völkischer Geist und revolutionäres Gedankengut. Auch die der antiisraelischen Haltung der NPD zugrunde liegende antisemitische Motivation ist nicht für PEGIDA kennzeichnend. Dass die fehlende ideologische Klarheit und der fehlende Wille zur revolutionären Systemveränderung aus der Perspektive der Antragsgegnerin Probleme darstellen, belegt auch eine Äußerung des JN-Bundesvorsitzenden *Sebastian Richter*:

„*Protestbewegungen haben zunächst den Vorteil, dass sie breit aufgestellt sind und schwer weltanschaulich verortet werden können, da sie schlichtweg selten ein einheitliches Weltbild vertreten. Doch genau das ist langfristig gesehen ein Nachteil. Die grundlegenden Ursachen der momentanen Zuwanderungswelle werden nämlich nicht tiefgründig herausgearbeitet. (...) Und deswegen muß der Protest endlich Partei ergreifen und sich einer nationalen Sammlungsbewegung, wie es die NPD sein könnte, anschließen! (...) Denn wenn die Identitäten der Völker Europas nachhaltig bewahrt werden sollen, muß zwangsweise aus dieser Bürgerbewegung eine volkstreue Massenbewegung mit der NPD an der Spitze werden.*"

„Protestbewegung muß Partei ergreifen" vom 19. Dezember 2014, veröffentlicht auf alt.jn-buvo.de, abgerufen am 29. Dezember 2014 (**Beleg 366, Kategorie 1**).

2. Teilnahme an und Werbung für andere „GIDA-Kundgebungen" durch die NPD

Die PEGIDA-Proteste fanden bundesweit in einer Vielzahl von Städten Nachahmer, die zum Teil mit Zustimmung des seit dem 19. Dezember 2014 eingetragenen Vereins PEGIDA offiziell unter diesem Label protestierten oder die lediglich in der Namensbezeichnung an das Dresdner Original anknüpften. Beteiligungs- und Partizipationsvoraussetzungen waren für die NPD – abhängig von der Lage vor Ort – durchaus unterschiedlich. Durchgehend strebte die NPD aber an, als relevanter Teil des Protests wahrgenommen zu werden und diesen weiter zu forcieren. Im Folgenden soll anhand einer kleinen Auswahl von Beispielen die Beteiligung der NPD an Kundgebungen gegen die vermeintliche „*Islamisierung des Abendlandes*" erläutert werden:

In **Berlin** kommentierte der dortige NPD-Landesvorsitzende *Sebastian Schmidtke* seine persönliche Teilnahme an einer islamfeindlichen Kundgebung vor dem Brandenburger Tor der Initiative BÄRGIDA wie folgt:

„*Wir sehen diese Demonstrationen als überparteilich an, bieten den Berlinern aber natürlich als einzige wirkliche zuwanderungskritische Partei eine Wahlalternative für die Abgeordnetenhaus- und Bezirksverordnetenwahl 2016.*"

Sebastian Schmidtke, Facebookeintrag auf dem Profil der NPD Berlin vom 12. Januar 2015, in: www.facebook.com/npd.berlin/photos (**Beleg 367, Kategorie 1**).

Der Beisitzer im rheinland-pfälzischen NPD-Landesvorstand *H.* äußerte sich zu seiner BOGIDA-Teilnahme in **Bonn** am 15. Dezember 2014:

„*Bin gerade zurück von der BOGIDA Demo in Bonn.*
Über 300 Bürger an einem Montag gegen Islamisierung auf der Straße. In Dresden haben sie mit 100 angefangen und waren heute mit 18000 Patrioten auf der Straße und die Bewegung wächst! Wenn das so weiter geht bekommen wir einen ‚Demokratischen Frühling' in Deutschland! Wird Zeit hier was anzumelden! WIR SIND DAS VOLK!"

H., Eintrag vom 15. Dezember 2015, in: www.facebook.com/.../photos (**Beleg 368, Kategorie 1**).

Während einer Veranstaltung von PEGIDA-NRW am 19. Januar 2015 in **Duisburg** kam es zu Auseinandersetzungen zwischen Links- und Rechtsextremisten.

NPD Bund: Eintrag vom 20. Januar 2015, in: www.facebook.com/npd.de/posts (**Beleg 369, Kategorie 2**).

Zuvor hatte der nordrhein-westfälische NPD-Landesvorsitzende *Claus Cremer* generell gefordert, den Bürgerprotest von PEGIDA auch in Nordrhein-Westfalen zu fördern. An Veranstaltungen in **Düsseldorf** unter der Bezeichnung DÜGIDA am 8. Dezember 2014 und 12. Januar 2015 hätten *„starke Abordnungen von NPD und anderen nationalen Gruppen"* teilgenommen bzw. *„etliche Aktivsten der sozialen Heimatpartei NPD den berechtigten Bürgerprotest"* unterstützt.

NPD Nordrhein-Westfalen: Facebookeintrag vom 8. Dezember 2014, in: www.facebook.com/npdnrw/ (**Beleg 370, Kategorie 2**).
Facebookeintrag vom 12. Januar 2015, in: www.facebook.com/npdnrw/ (**Beleg 371, Kategorie 2**).

Die hessische NPD rief zur Teilnahme an KAGIDA-Veranstaltungen in **Kassel** auf und kündigte an, als gesamter Landesvorstand Präsenz zu zeigen.

NPD Hessen: Eintrag vom 12. Januar 2015, in: www.facebook.com/npd.hessen (**Beleg 372, Kategorie 2**) und vom 19. Januar 2015, in: www.facebook.com/npd.hessen (**Beleg 373, Kategorie 2**).

Die NPD Nordrhein-Westfalen stellte ihre Anwesenheit bei islamfeindlichen Protesten in **Köln** als der größten Stadt des Bundeslandes heraus. In einem Bericht zur KÖGIDA-Veranstaltung am 5. Januar 2015 hieß es, der Landesvorsitzende *Cremer* sei *„ein gefragter Interviewpartner der anwesenden Pressevertreter"* gewesen. Die NPD werde auch in Zukunft alle Bestrebungen unterstützen, die sich *„die Verteidigung der sozialen, kulturellen und ethnischen Frage auf die Fahnen geschrieben haben".*

NPD Nordrhein-Westfalen: „NPD-NRW unterstützt PEGIDA-Protest auch in Köln", in: http://web11.hc042048.tuxtools.net/wordpress (**Beleg 374, Kategorie 2**).

Die bayerische NPD setzte sich für islamfeindliche Kundgebungen unter der Bezeichnung BAGIDA in **München** ein. Der dortige Stadtrat der NPD-nahen *„Bürgerinitiative Ausländerstopp"* (BIA) und persönliche Referent des NPD-Europaabgeordneten *Udo Voigt*, *Karl Richter,* engagierte sich in besonderer Weise für diese Veranstaltungen. Die Veranstalter sollten vor allem nicht dem Fehler verfallen, sich auf Druck der medialen *„Nazi-Keule"* von teilnehmenden Gruppen zu distanzieren. Die Proteste würden in diesem Fall rasch in der Bedeutungslosigkeit versinken.

Karl Richter, „Bagida-Erfolg in München. So hetzt die ‚Süddeutsche'", Eintrag vom 13. Januar 2015, in: www.facebook.com/JagdhornKR (**Beleg 375, Kategorie 1**).
ders.: „2. Bagida-Spaziergang in München: Szenen eines Aufbruchs", in: www.facebook.com/JagdhornKR, abgerufen am 20. Januar 2015 (**Beleg 376, Kategorie 1**).
ders.: „Schnee und beste Laune: Dritter Bagida-Spaziergang in München", in: www.facebook.com/JagdhornKR, abgerufen am 27. Januar 2015 (**Beleg 377, Kategorie 1**).

Die saarländische NPD rief dazu auf, an der SAARGIDA-Demonstration am 12. Januar 2015 in **Saarbrücken** teilzunehmen. Die Saar-NPD sei weder Initiator noch Organisator dieser Veranstaltung, setze sich aber sehr dafür ein, diese *„lautstark und friedlich"* zu unterstützen.

> NPD Saar: Eintrag vom 8. Januar 2015, in: https://de-de.facebook.com/npdsaar/posts (**Beleg 378, Kategorie 2**).

3. MVGIDA

Der NPD-Landesverband versuchte gezielt, die Ausweitung der GIDA-Proteste nach Mecklenburg-Vorpommern zu fördern und daran anknüpfende Veranstaltungen zu unterstützen. Von Januar bis April 2015 fanden 17 MVGIDA-Demonstrationen statt, die in Schwerin, Stralsund, Rostock und Güstrow durchgeführt wurden. Von Anfang an war eine starke Beeinflussung der MVGIDA durch den NPD-Landesverband Mecklenburg-Vorpommern erkennbar. So wurde eine Demonstration Anfang Januar vom Geschäftsführer der NPD-Fraktion Mecklenburg-Vorpommern, *G.*, durch Anweisungen wie „aufschließen" oder „stehen bleiben" gesteuert. NPD-Fraktionsmitglied *Tino Müller* trug ein Plakat. Teilnehmer waren zudem die NPD-Landesvorsitzenden Mecklenburg-Vorpommern und Hamburg, Stefan *Köster* und *Thomas Wulff*.

> Endstation Rechts: „NPGida – NPD kapert Schweriner Pegida-Demonstrationen" vom 13. Januar 2015 (**Beleg 379, Kategorie 1**).

Im weiteren Verlauf der MVGIDA-Veranstaltungen trat die Dominanz der NPD Mecklenburg-Vorpommern bei der Organisation immer deutlicher hervor, während die Teilnehmerzahlen von zunächst ca. 600 auf 120 sanken. Die NPD-Landtagsfraktion war mit ihren Angehörigen und Mitarbeitern insbesondere bei den Veranstaltungen in Schwerin regelmäßig vertreten.

> „NPD-dominierte MVgida" vom 13. Januar 2015, in: www.bnr.de, abgerufen am 28. Januar 2015 (**Beleg 380, Kategorie 1**).

Die NPD stufte die Auftaktveranstaltungen von MVGIDA in Stralsund und Schwerin am 12. Januar 2015 als erfolgreich ein, wobei die Partei allerdings in beiden Fällen deutlich überhöhte Teilnehmerzahlen nannte und behauptete, „Normalbürger" hätten bei dieser Kundgebung den weitaus größten Anteil gestellt.

> NPD-Fraktion Mecklenburg-Vorpommern: „MVGIDA: Erfolgreicher Auftakt in Stralsund und Schwerin", in: www.npd-fraktion-mv.de vom 13. Januar 2015, abgerufen am 14. Januar 2015 (**Beleg 381, Kategorie 2**).

Der NPD-Landtagsfraktionsvorsitzende *Udo Pastörs* äußerte sich wie folgt:
„*Es ist überaus erfreulich, dass der Mvgida-Zug beständig mehr Fahrt aufnimmt. Der Bürgerprotest nimmt auch in Mecklenburg-Vorpommern konkrete Formen an. Die Gegendemonstration wirkte wie ein staatlich erfolglos verordneter Protest aus Parteien, Kirchen und Gewerkschaften und lässt erkennen, wie weit sich Staat und Volk offenbar schon auseinander entwickelt haben.*"

NPD-Fraktion Mecklenburg-Vorpommern: „Mvgida: Erfolgreicher Spaziergang in Stralsund", in: www.npd-fraktion-mv.de vom 20. Januar 2015, abgerufen am 20. Januar 2015 (**Beleg 382, Kategorie 1**).

Am 8. Juni 2015 fand eine Demonstration unter dem Motto „JA ZU GREVESMÜHLEN, NEIN ZU SCHEINASYLANTEN" in Grevesmühlen statt, wobei diese nicht mehr offiziell von MVGIDA selbst organisiert worden war, sondern von der von ihr unterstützten Initiative „Unser Grevesmühlen". Auch hier waren NPD-Funktionäre präsent, es konnten ca. 70 Teilnehmer mobilisiert werden.

Stellungnahme der Mvgida zu „Unser Grevesmühlen" vom 9. Juni 2015, veröffentlicht auf www.facebook.com/MVGIDA, abgerufen am 10. Juni 2015 (**Beleg 383, Kategorie 2**). Versammlungs-Info 8. Juni 2015 Grevesmühlen (**Beleg 384, Kategorie 1**).

4. THÜGIDA

In Thüringen gehen die Aktivitäten unter dem GIDA-Label nach anfänglicher Initiierung durch neonazistische Personen und dem Titel „SÜGIDA" inzwischen maßgeblich von dem Greizer NPD-Stadtrat und Beisitzer im Landesvorstand der Thüringer NPD K. aus. Ursprünglich auf den Bereich Südthüringen, insbesondere Suhl, beschränkt, werden nun unter dem modifizierten Titel THÜGIDA in ganz Thüringen Veranstaltungen durchgeführt.

Auf die Initiative K.s gehen inzwischen elf Veranstaltungen zurück. Die Teilnehmerzahlen bewegten sich zwischen 110 und 290 Personen. Teilnehmer und Redner waren mehrheitlich dem rechtsextremistischen Spektrum zuzurechnen. Begleitet wurde die THÜGIDA-Veranstaltungsreihe durch Internetpropaganda über die Facebook-Seite der THÜGIDA-Veranstalter. Die Einträge stellten insbesondere den angeblich kriminellen Charakter von Zuwanderern dar und schürten Neidgefühle.

Die Reden K.s und anderer bei diesen Veranstaltungen spiegeln nicht nur die Verherrlichung des nationalsozialistischen Regimes wider, sondern auch Verfassungsfeindlichkeit und Antisemitismus. So zitierte K. bei der Kundgebung am 2. Februar 2015 nach eigenen Worten einen „Filmklassiker": *„Man sagte, keine Liebe ist heiliger als die Liebe zum Vaterland, keine Freude ist süßer, als die Freude der Freiheit. Aber ihr wisst was uns blüht, wenn wir diesen Kampf nicht ehrenvoll gewinnen."*

Das Zitat stammt aus dem NS-Propagandafilm „Kolberg" des spätestens seit dem Lüth-Urteil berüchtigten Regisseurs *Veit Harlan*.

K., Videomitschnitt der Kundgebung am 2. Februar 2015 (**Beleg 385, Kategorie 1**).

Am 15. Juni 2015 sagte er in Gera: *„Hier stehen deutsche Patrioten, die die Schnauze voll haben von so einer Demokratie, wie ihr sie uns verkaufen wollt."*

K., Videomitschnitt der Kundgebung am 15. Juni 2015 (**Beleg 386, Kategorie1**).

Antisemitische Äußerungen prägen die Rede von S. bei der THÜGIDA-Veranstaltung in Erfurt am 23. März 2015. Er ist Gebietsleiter Thüringen der „Europäischen Aktion". Dabei handelt es sich um eine Organisation mit weitreichenden Verbindungen in unterschiedliche Spektren des deutschen und internationalen Rechtsextremismus, deren

Agitation generell von Antisemitismus, Rassismus und Revisionismus geprägt ist. S. warnte in seiner Rede vor einer „*eurasisch-negroide[n] Mischrasse.*"

S., Videomitschnitt der Kundgebung am 23. März 2015 (**Beleg 387, Kategorie1**).

Den ideologischen und strategischen Zweck der THÜGIDA-Veranstaltungen offenbarte NPD-Funktionär K. schließlich am 28. Januar 2015 auf seinem Facebook-Profil:

„*Ein Volk beweist es immer wieder, wenn die Not am größten ist, die Ungerechtigkeit zum Himmel stinkt. Dann zeigt sich der wahre Kern eines Volkes. Alleine bist du nie, nur als Volk zusammen schaffen wir unser Ziel. Dieses System von Lügen, Korruption und Gier ist zum Scheitern verurteilt. Jedem Bürger sollte klar sein, es liegt einmal mehr an uns unser Schicksal selbst zu formen. Wir sind es, die den Unentschlossenen und Ängstlichen den Mut geben müssen. Es ist an uns, Verantwortung und Handeln zu übernehmen.*
Für ein besseres Thüringen und ein besseres Deutschland!
AUS WENIGEN WERDEN VIELE, AUS VIELEN EINE BEWEGUNG, AUS EINER BEWEGUNG EINE REVOLUTION."

K., Eintrag vom 28. Januar 2015, in: www.facebook.com/... (**Beleg 388, Kategorie 1**).

Dies belegt, dass das aggressive Vorgehen der Antragsgegnerin gegen Asylbewerber neben der Herstellung der rassistischen definierten „Volksgemeinschaft" letztlich auch einem weiteren strategischen Hauptziel der Antragsgegnerin dienen soll: der Beseitigung der freiheitlichen demokratischen Grundordnung der Bundesrepublik Deutschland.

Christoph Möllers   Christian Waldhoff

23. Schriftsatz der Antragsgegnerin vom 31. August 2015

Rechtsanwalt Dipl.-Jur. Peter Richter, LL.M.　　　　　　Saarbrücken, den 31.08.2015

Bundesverfassungsgericht
- Zweiter Senat -
Schlossbezirk 3
76131 Karlsruhe

2 BvB 1/13

In dem Parteiverbotsverfahren

Bundesrat　　　　　　　　gegen　　　　　　　　**NPD**
Prof. Dr. Möllers, LL.M.　　　　　　　　　　　RA Richter, LL.M.
Prof. Dr. Waldhoff

wird auf den Schriftsatz des Antragstellers vom 13.05.2015 wie folgt erwidert:

I. Zur angeblichen Staatsfreiheit der Führungsebene

Die Ausführungen der Antragstellerseite im Schriftsatz vom 13.05.2015 erweisen sich trotz der vorgelegten umfangreichen Anlagen als ungeeignet, die Staatsfreiheit der Führungsebene der Antragsgegnerin in einer verfahrenshindernisausschließenden Weise zu belegen und zu beweisen.

1.

Die mit Schriftsatz vom 13.05.2015 vorgelegten Anlagenkonvolute bestehen vorwiegend aus behördeninterner Kommunikation von Polizei und Verfassungsschutz. Das Anlagenmaterial beweist daher lediglich, dass die vorgesetzten Dienststellen Weisungen erteilt haben; es beweist hingegen nicht, was die adressierten Dienststellen tatsächlich getan bzw. nicht getan haben. Allein Letzteres ist vorliegend aber relevant, während Ersteres sich als völlig unerheblich erweist. Es kommt nicht darauf an, was die Geheimdienste tun sollen, sondern allein darauf, was sie tatsächlich tun oder nicht tun.

Wollte man dies anders sehen, könnte die Antragsgegnerin den gegen sie erhobenen Vorwurf der Verfassungswidrigkeit ganz einfach dadurch entkräften, dass der Parteivorstand einen Rundbrief an sämtliche Verbände und Untergliederungen versendet, in welchem diese angewiesen werden, sich stets verfassungskonform zu verhalten. Durch Vorlage dieses Rundbriefs bei dem erkennenden Gericht könnte dann der „Beweis" geführt werden, dass es keinerlei verfassungswidrige Aktivitäten innerhalb der Antragsgegnerin gibt, sodass sich weitere Beweiserhebungen erübrigen würden und der Verbotsantrag zurückzuweisen wäre. Dass dergleichen jedoch nicht angehen kann, liegt auf der Hand.

Dieses Beispiel dürfte verdeutlichen, dass der dem Antragsteller obliegende Beweis der Gewährleistung vollständiger Staatsfreiheit der Führungsebene der Antragsgegnerin nicht allein dadurch geführt werden kann, dass die Staatsfreiheit „angeordnet" wird, sondern nur dadurch, dass sie tatsächlich hergestellt und gewährleistet wird, nachdem sie – wie im Einstellungsbeschluss vom 18.03.2003 rechtskräftig festgestellt – bislang nicht gegeben war und nach diesseitiger Auffassung auch weiterhin nicht gegeben ist.

Hinzu kommt ein weiteres: Der Antragsteller hat an keiner Stelle des Schriftsatzes vom 13.05.2015 bzw. den beigefügten Anlagenkonvoluten unter Beweis gestellt, ja nicht einmal behauptet, dass die Einhaltung dieser Weisungen von Seiten der anweisenden Stellen tatsächlich überprüft worden wäre. Vorsorglich wird die Durchführung entsprechender Überprüfungen **mit Nichtwissen bestritten**. Die Erforderlichkeit einer derartigen Kontrolle drängt sich vorliegend aber deshalb in besonderem Maße auf, weil spätestens seit dem NSU-Skandal allgemein und auch gerichtsbekannt sein dürfte, dass die bundesdeutschen Inlandsgeheimdienste sich sehr oft eben nicht an Weisungen halten, sondern gleichsam wie ein „Staat im Staate" nach eigenem Gutdünken operieren und handeln. Angesichts dieser Unzuverlässigkeit der bundesdeutschen Geheimdienste, die man teilweise schon als Unkontrollierbarkeit bezeichnen könnte, ist das Vorliegen reiner Weisungen, von denen nicht einmal behauptet, geschweige denn bewiesen wird, dass ihre Umsetzung und Einhaltung tatsächlich überprüft wurde, nicht geeignet, die Staatsfreiheit der Führungsebene der Antragsgegnerin in einer den im Hinweisbeschluss vom 19.03.2015 genannten Anforderungen genügenden Weise zu belegen.

Die Anlagenkonvolute des Antragstellers sind daher – soweit lediglich behördeninterne Weisungen vorgelegt werden – für die vorliegende Beweisfrage der Staatsfreiheit der Führungsebene der Antragsgegnerin unergiebig.

2.

Auch das Vorlegen diverser „Abschalterklärungen" nötigt nicht zu der Annahme, der Antragsteller habe den ihm obliegenden Beweis der Staatsfreiheit der Führungsebene der Antragsgegnerin erfolgreich geführt.

a)

Dies schon deshalb nicht, weil sowohl die Abschalterklärungen selbst als auch die Abschaltvermerke in weiten Teilen geschwärzt sind und daher nicht abschließend bewertet werden können.

Auffälligerweise wurden nicht nur Namen geschwärzt, sondern auch weite Teile des eigentlichen Textes, womit dieser inhaltlich nicht mehr nachvollzogen werden kann. Der Umfang der Schwärzungen geht dabei weit über das zum Schutz der Namen natürlicher Personen erforderliche Maß hinaus, weswegen das Argument, Leib und Leben von Informanten müssten geschützt werden, die erfolgten Schwärzungen nicht zu rechtfertigen vermag; diese dienen wohl vielmehr der inhaltlichen „Frisierung" der Abschaltvermerke.

Dass die erfolgten Schwärzungen zu nicht unerheblichen logischen Brüchen und damit zu Zweifeln an der Konsistenz des gegnerischen Vortrages führen, zeigt beispielsweise das Anlagenkonvolut Nordrhein-Westfalen: Dort heißt es in dem als Anlage 1c beigefügten Abschaltvermerk, der sich angeblich nur auf eine einzige Quelle bezieht, weil die zweite Quelle gemäß dem Abschaltvermerk in Anlage 1e abgeschaltet worden sein soll, dass „die formellen Abschalterklärungen" (Plural!) unterzeichnet wurden. Eine einzige Quelle muss aber nicht mehrere Abschalterklärungen unterzeichnen. Die Unterzeichnung mehrerer Abschalterklärungen (wie vieler insgesamt?) deutet darauf hin, dass es in Nordrhein-Westfalen doch mehr Quellen als die zunächst zugegebenen zwei gab. Dies weckt abermals Zweifel an der Glaubhaftigkeit der vom Antragsteller genannten Zahl 11 hinsichtlich der insgesamt bundesweit abzuschaltenden V-Personen.

Es ist sogar denkbar, dass der Aussagegehalt der Textstellen im lesbaren Teil der geschwärzten Abschalterklärungen und -vermerke durch Aussagen im geschwärzten Teil wieder vollständig konterkariert werden könnte, etwa dergestalt, dass dem V-Mann im ungeschwärzten Teil mitgeteilt wird, dass ihm Kontaktaufnahmen mit der Verfassungsschutzbehörde untersagt werden, im geschwärzten Teil aber stehen könnte, dass es auch nicht schlimm sei, wenn er es trotzdem tue.

Nach dem Rechtsgedanken des § 419 ZPO kommt den in dieser geschwärzten Form vorgelegten Dokumenten ein relevanter Beweiswert nicht mehr zu.

b)

In diesem Zusammenhang ist aus aktuellem Anlass höchst vorsorglich darauf hinzuweisen, dass das seitens des Antragstellers angedachte in-camera-Verfahren vorliegend nicht in Betracht kommt.

Der Antragsteller meint, der erkennende Senat habe ein solches Verfahren nicht per se, sondern nur in einer spezifischen Fallkonstellation ausgeschlossen, nämlich dann, wenn das Vorliegen eines Verfahrenshindernisses bereits feststehe und mittels eines in-camera-Verfahrens „repariert" werden solle. Vorliegend gehe es jedoch nicht um die „Reparatur" eines bereits erwiesenen Verfahrenshindernisses, sondern um die vorgelagerte Prüfung, ob ein solches überhaupt vorliege.

Dem kann gleich in mehrfacher Hinsicht nicht gefolgt werden.

aa)

Entgegen der Rechtsauffassung des Antragstellers im Schriftsatz vom 13.05.2015, Seite 3 f., hat das BVerfG das in-camera-Verfahren im Beschluss vom 18.03.2003 im Parteiverbotsverfahren <u>ausnahmslos</u> für unzulässig erklärt. Wörtlich wurde seinerzeit formuliert:

> „Ein solches Verfahren [i. e.: das in-camera-Verfahren, Anm.] scheidet aus dem Arsenal rechtsstaatlicher Instrumente zulasten der Antragsgegnerin im Parteiverbotsverfahren aus."

vgl. BVerfG vom 18.03.2003, Az.: 2 BvB 1/01 u. a., Rn 93, zitiert nach www.bverfg.de.

Die Verwendung des Terminus „reparieren" im seinerzeitigen Beschluss war schlicht und ergreifend der damaligen Konstellation geschuldet, weil es dort in der Tat um die Heilung eines bereits zu Tage getretenen Verfahrenshindernisses ging. Die daran anschließende Aussage, dass ein solches Verfahren per se aus dem rechtsstaatlichen Handlungsinstrumentarium in einem Parteiverbotsverfahren ausscheide, ist aber evident in einem weiteren und umfassenderen Sinne gemeint, weil der mit einem in-camera-Verfahren einhergehende Verstoß gegen den Grundsatz des rechtlichen Gehörs (Art. 103 Abs. 1 GG) und den fair-trial-Grundsatz (Art. 6 Abs. 1 EMRK) in beiden Fällen gleichermaßen gegeben ist. Es macht im Hinblick auf die Verfahrensgrundrechte der Antragsgegnerin keinen Unterschied, ob ein bereits zutage getretenes Verfahrenshindernis „repariert" oder das Vorhandensein eines solches erstmals bewiesen bzw. widerlegt werden soll.

Für die hier vertretene Rechtsauffassung spricht insbesondere auch die dem Beschluss vom 18.03.2003 nachfolgende Kammer-Rechtsprechung des erkennenden Senats, wo im Hinblick auf das reguläre Strafverfahren immer wieder die grundsätzliche Unzulässigkeit eines in camera-Verfahrens betont wurde

> vgl. BVerfG vom 19.01.2006, Az.: 2 BvR 1075/05, Rn. 26 f.; BVerfG vom 09.09.2013, Az.: 2 BvR 533/13, Rn. 22; jeweils zitiert nach www.bverfg.de.

So heißt es im Beschluss der 3. Kammer des Zweiten Senats vom 19.01.2006 in dem Verfahren 2 BvR 1075/05 unter Rn. 26:

> „Ist – wie hier im Bereich des Strafprozesses – ein ‚in camera'-Verfahren mit Art. 103 Abs. 1 GG unvereinbar, so folgt daraus, dass eine dem Betroffenen nachteilige Gerichtsentscheidung jedenfalls in der Beschwerdeinstanz nur auf der Grundlage solcher Tatsachen und Beweismittel getroffen werden kann, über die dieser zuvor sachgemäß unterrichtet wurde und zu denen er sich äußern konnte."

Unter Rn. 27 heißt es weiter:

> „Ein ausreichender Grund für eine Entscheidung auf der Grundlage eines Akteninhalts, der dem Beschuldigten nicht zugänglich ist, besteht im Beschwerdeverfahren grundsätzlich nicht. Die Gewährung von Akteneinsicht im Ermittlungsverfahren richtet sich nach § 147 StPO. Danach kann im Einzelfall die Akteneinsicht verweigert werden, wenn bestimmte Strafverfolgungsinteressen dies gebieten. Staatlichen Geheimhaltungsbedürfnissen könnte für sich genommen dadurch Rechnung getragen werden, dass die Kenntnisnahme von den maßgeblichen Informationen auf das Gericht beschränkt bliebe (vgl. bezogen auf ein verwaltungsgerichtliches ‚in camera'-Verfahren unter ausdrücklichem Ausschluss des Strafverfahrens BVerfGE 101, 106 ⟨128 ff.⟩). Das verträgt sich jedoch im Bereich des Strafprozesses nicht mit den besonderen Anforderungen an die Rechtsstaatlichkeit dieses Verfahrens (vgl. BVerfGE 57, 250 ⟨288 f.⟩; 67, 100 ⟨133 ff.⟩; BGH, NStZ 2000, S. 265 ⟨266⟩; und für das strafprozessähnliche Parteiverbotsverfahren BVerfGE 107, 339 ⟨369⟩). [Hervorh. d. Unterz., Anm.] Im Strafverfahren wirken Geheimhaltungsinteressen der Exekutive ‚in dubio pro reo' (vgl. BVerfGE 101, 106 ⟨130⟩). Der Rechtsstaatsgedanke gebietet es, dass der von einer strafprozessualen Eingriffsmaßnahme betroffene Beschuldigte jedenfalls nachträglich, aber noch im gerichtlichen Verfahren über die Rechtmäßigkeit des Eingriffs, Gelegenheit erhält, sich in Kenntnis der Entscheidungsgrundlagen gegen die Eingriffsmaßnahme und den zu Grunde liegenden Vorwurf zu verteidigen (vgl. BVerfGE 18, 399 ⟨404⟩; BVerfGK 3, 197 ⟨204⟩). Die Ermittlungsbehörden müssen die Unabdingbarkeit dieser rechtsstaatlichen Verfahrensgarantien mit ihrem etwai-

gen Interesse, die Ermittlungen zunächst im Verborgenen zu führen, abwägen. Solange sie es für erforderlich halten, die Ermittlungen dem Beschuldigten nicht zur Kenntnis gelangen zu lassen, müssen sie auf solche Eingriffsmaßnahmen verzichten, die, wie die Untersuchungshaft oder der Arrest, nicht vor dem Betroffenen verborgen werden können, schwerwiegend in Grundrechte eingreifen und daher in gerichtlichen Verfahren angeordnet und überprüft werden müssen."

Im Beschluss der 2. Kammer des Zweiten Senats vom 09.09.2013 in dem Verfahren 2 BvR 533/13 ist unter Rn. 22 folgendes zu lesen:

„Ist – wie hier im Bereich des Strafprozesses – ein ‚in camera'-Verfahren mit Art. 103 Abs. 1 GG unvereinbar, so folgt daraus, dass eine dem Betroffenen nachteilige Gerichtsentscheidung jedenfalls in der Beschwerdeinstanz nur auf der Grundlage solcher Tatsachen und Beweismittel getroffen werden kann, über die er zuvor sachgemäß unterrichtet wurde und zu denen er sich äußern konnte (vgl. BVerfGK 7, 205 ⟨211⟩; 10, 7 ⟨9, 10⟩). Namentlich für Haftfälle gehen die Rechtsprechung des Bundesverfassungsgerichts und in ähnlicher Weise auch der Europäische Gerichtshof für Menschenrechte davon aus, dass eine gerichtliche Entscheidung nur auf Tatsachen und Beweismittel gestützt werden darf, die dem Beschuldigten durch Akteneinsicht der Verteidigung bekannt sind (vgl. BVerfG, Beschluss der 2. Kammer des Zweiten Senats vom 11. Juli 1994 – 2 BvR 777/94 –, NJW 1994, S. 3219 ⟨3220 f.⟩; EGMR, NJW 2002, S. 2013 ⟨2014⟩). Auf Haftfälle ist die Anwendung des Art. 103 Abs. 1 GG aber nicht beschränkt (vgl. BVerfGK 3, 197 ⟨205 f.⟩; 7, 205 ⟨212⟩; 10, 7 ⟨10⟩)."

Da das Parteiverbotsverfahren ein quasi-strafrechtliches Verfahren darstellt, müssen die für das Strafverfahren geltenden allgemeinen Grundsätze auch im verfassungsprozessualen Parteiverbotsverfahren Anwendung finden; dies hat der Senat in den zitierten Entscheidungen nochmals ausdrücklich bekräftigt.

Der Antragsteller möge daher die ungeschwärzten Akten vorgelegen, widrigenfalls er beweisfällig bliebe.

c)

Hielte man die seitens des Antragstellers eingereichten „Abschalterklärungen" samt Begleitvermerken trotz der umfangreichen Schwärzungen für beweiskräftig, stellt sich aber ein Folgeproblem:

Die genannten Erklärungen können allenfalls die „Abschaltung" derjenigen Quellen beweisen, deren Existenz der Antragsteller einräumt. Sie beweisen hingegen nicht, dass es außer den auf Seite 9 des Schriftsatzes vom 13.05.2015 insgesamt 11 zugestandenen Quellen nicht noch weitere gegebenen hat bzw. derzeit gibt. In diesem Zusammenhang wird die Behauptung des Antragstellers, es habe bundesweit nur 11 zum maßgeblichen Stichtag „abzuschaltende" Quellen gegeben, ausdrücklich **bestritten**, weil dergleichen aus den nachfolgenden Gründen völlig unglaubhaft ist:

Die Innenminister von Bund und Ländern haben in der Vergangenheit immer wieder darauf hingewiesen, dass im Hinblick auf die besondere „Gefährlichkeit" der Antragsgegnerin auf den Einsatz von V-Leuten generell nicht verzichtet werden könne. Würde man die Antragsgegnerin nicht mehr von innen heraus beobachten, könnte diese binnen kürzester Zeit eine noch viel größere „Gefährlichkeit" entwickeln und der Staat wäre blind hinsichtlich sich kurzfristig auftuender „Umsturzpläne" der Antragsgegnerin. Wenn der Staat die Antragsgegnerin also – angeblich – zur reinen Gefahrenabwehr mittels V-Leuten beobachtet, dann ist natürlich zu erwarten, dass die Beobachtung dort am intensivsten durchgeführt wird, wo die Partei am „gefährlichsten" ist. Das ist regelmäßig dort der Fall, wo die Partei die meisten Aktivitäten entfaltet, wo sie ihre Machtzentren hat und wo sie über entsprechend konzentrierte personelle und finanzielle Ressourcen verfügt. Nach diesen Maßstäben würde man wohl davon ausgehen, dass dies am ehesten auf die Bundesländer Mecklenburg-Vorpommern und Sachsen zutrifft, denn in Mecklenburg-Vorpommern verfügt die Antragsgegnerin über eine eigene Landtagsfraktion und in Sachsen war eine solche noch bis Herbst 2014 vorhanden. Auch das personelle und finanzielle Potential der Antragsgegnerin in diesen beiden Landesverbänden liegt deutlich über desjenigen in anderen Landesverbänden. Zudem nimmt der Antragsteller in seiner Antragsschrift auch maßgeblich Bezug auf die parlamentarischen Initiativen beider Landtagsfraktionen sowie auf das parlamentarische Verhalten der jeweiligen Abgeordneten, um seine These von der angeblichen Verfassungswidrigkeit der Antragsgegnerin zu untermauern. Der unbefangene Betrachter würde hieraus die Schlussfolgerung ziehen, dass die Antragsgegnerin folglich in Mecklenburg-Vorpommern und Sachsen am „gefährlichsten" ist und dort deshalb deutlich intensiver überwacht werden müsse als in den übrigen Bundesländern.

Nach dem Vortrag des Antragstellers soll aber das genaue Gegenteil der Fall sein: In Mecklenburg-Vorpommern und Sachsen soll es angeblich überhaupt keine abzuschaltenden V-Leute auf Führungsebene gegeben haben, wohingegen es beispielsweise in Nordrhein-Westfalen gleich zwei gewesen sein sollen. Dies ausgerechnet in Nordrhein-Westfalen, wo es der örtliche Landesverband der Antragsgegnerin seit Jahren nicht einmal geschafft hat, bei Landtagswahlen die 1 %-Hürde zur Teilhabe an der staatlichen Parteienfinanzierung zu überspringen, und wo auch ansonsten weder vorgetragen noch sonst ersichtlich ist, woher eine die Überwachung gerade dieses Verbandes gleich mit zwei V-Leuten in der Führungsebene erforderlich machende „Gefährlichkeit" herkommen soll. Wenn es dem Antragsteller tatsächlich um die Belange des präventiven Verfassungsschutzes geht, dann ist es vollkommen unverständlich, im verhältnismäßig wenig aktiven nordrhein-westfälischen Landesvorstand gleich zwei Quellen zu unterhalten, in den über Landtagsfraktionen verfügenden Verbänden aber – angeblich – überhaupt keine V-Leute einzusetzen.

Der Vortrag der Gegenseite ist angesichts dieser Sachlage durchweg unglaubhaft und kann offensichtlich nicht der Wahrheit entsprechen. Zur Ermittlung der tatsächlichen Anzahl der auf Führungsebene der Antragsgegnerin eingesetzten V-Leute und zur Überprüfung ihrer tatsächlichen „Abschaltung" bzw. Rückziehung muss daher eine Inaugenscheinnahme der Personen- und Sachakten sämtlicher Funktionäre der Antragsgegnerin erfolgen, die seit Dezember 2012 eine Funktion auf Landes- und/oder Bundesvorstandsebene bzw. entsprechende Positionen in den Unterorganisationen der Antragsgegnerin wahrgenommen haben. Nach diesseitiger Rechtsauffassung sind entsprechende Ermittlungen auf Grund des Amtsermittlungsgrundsatzes seitens des Senats von Amts wegen durchzuführen; höchst vorsorglich wird jedoch namens und im Auftrage der Antragsgegnerin folgender weiterer **BEWEISANTRAG** gestellt,

gemäß §§ 47, 38 Abs. 1 BVerfGG iVm. §§ 94 ff. StPO die Beschlagnahme sämtlicher Personen- und Sachakten der deutschen Inlandsgeheimdienste anzuordnen, welche Personen betreffen, die seit dem 06.12.2012 eine Funktion auf Landes- oder Bundesvorstandsebene der Antragsgegnerin oder einer ihrer Teilorganisationen, in den Landtagsfraktionen von Sachsen und Mecklenburg-Vorpommern, in der Parteizentrale oder im Mitarbeiterstab des Europaabgeordneten Udo Voigt wahrgenommen haben, und die beschlagnahmten Akten zum Beweis der Tatsache in Augenschein zu nehmen und zu verlesen, dass die Inlandsgeheimdienste der Bundesrepublik Deutschland auch noch nach dem 06.12.2012 V-Leute, Verdeckte Ermittler oder Undercover-Agents auf Führungsebene der Antragsgegnerin zur verdeckten Informationsgewinnung eingesetzt haben und auch weiterhin einsetzen und dass die Zahl dieser Personen größer ist als elf.

3.

Die vom Antragsteller vorgelegten Anlagenkonvolute sind aber auch in anderer Hinsicht lückenhaft und unvollständig und daher nicht geeignet, die Staatsfreiheit der Führungsebene der Antragsgegnerin in geeigneter Weise zu belegen.

a)

Die Ausführungen und Belege des Antragstellers enthalten nach wie vor keine klare Aussage zur Staatsfreiheit der Landtagsfraktionen der Antragsgegnerin in Sachsen und Mecklenburg-Vorpommern, insbesondere zu den dort beschäftigten Mitarbeitern.

Es wurde bereits dargelegt, dass die Fraktionen zwar als Teil des Staates keine Organe der Partei sind, die Partei allerdings programmatisch gesehen auch durch ihre Fraktionen handelt, indem beispielsweise vor dem ideologischen Hintergrund des Parteiprogramms parlamentarische Anträge gestellt oder Gesetzentwürfe eingebracht werden. Hierdurch üben die Fraktionen auch wiederum faktisch nicht unerheblichen Einfluss auf die Programmatik der Partei aus. Da die parlamentarischen Fraktionen die Schnittstelle der Partei zur staatlichen Legislativen darstellen, könnte eine als verfassungswidrig unterstellte politische Partei der freiheitlich-demokratischen Grundordnung noch am ehesten in den Parlamenten gefährlich werden. Auf Grund dieser gegenseitigen Wechselwirkung zwischen Partei und Fraktion sind letztere also durchaus auch „Führungsgremien" einer Partei im weiteren verbotstechnischen Sinne. Auch diese „Führungsgremien" müssen daher staats- und gegnerfrei sein, was bislang von Seiten des Antragstellers aber weder behauptet, geschweige denn substantiiert nachgewiesen wurde.

Hierzu erklärt sich der Antragsteller aber trotz mehrfacher diesseitiger Rüge nicht.

aa)

Dies dürfte damit zusammenhängen, dass nach der Interpretation des mecklenburg-vorpommerschen Innenministeriums die insoweit maßgebliche „Führungsebene" allein die Landesvorstände und den Bundesvorstand der Antragsgegnerin sowie die Vorstände der Teilorganisationen umfasst

vgl. Anschreiben des Innenministeriums Mecklenburg-Vorpommern vom 11.05.2015, Seite 3 (Anlagenkonvolut Mecklenburg-Vorpommern).

Zwar findet sich auf Seite 5 des erwähnten Schreibens folgender Passus:

„Zudem erkläre ich, dass die verfassungsrechtliche Stellung der Landtagsabgeordneten gemäß Art. 22 und 24 der Verfassung des Landes Mecklenburg-Vorpommern jederzeit gewahrt wurde, und dementsprechend gemäß Weisungslage zu keinem Zeitpunkt Abgeordnete der NPD, also Mitglieder der NPD-Landtagsfraktion Mecklenburg-Vorpommern, als Quellen eingesetzt waren."

Unabhängig von der Frage der Glaubhaftigkeit dieser Aussage, welche höchst vorsorglich **mit Nichtwissenbestritten** wird, fehlt jedwede Auseinandersetzung mit dem diesseitigen Vorbringen, dass auch die Mitarbeiter der Landtagsfraktion zur Führungsebene der Antragsgegnerin gehören und daher deren Staatsfreiheit ebenfalls in geeigneter Weise belegt werden muss.

Wenn sich der Antragsteller trotz ausdrücklichen Vorhalts der Antragsgegnerin zu diesem Punkt nicht erklärt, dann muss davon ausgegangen werden, dass staatliche Organe Quellen in den Landtagsfraktionen der Antragsgegnerin auch noch nach Dezember 2012 unterhalten haben bzw. heute noch unterhalten. Dies würde sodann zum Vorliegen eines Verfahrenshindernisses führen.

bb)

Soweit im Anlagenkonvolut Sachsen (Anschreiben vom 11.05.2015, Seite 1) behauptet wird, der Präsident des Landesamtes für Verfassungsschutz Sachsen habe versichert, dass in der ehemaligen Fraktion der Antragsgegnerin im Sächsischen Landtag keine Quellen eingesetzt worden seien, so ist zunächst darauf hinzuweisen, dass bloßen „Versicherungen" eines Verfassungsschutzpräsidenten keinerlei Beweiswert zukommt, und zwar in noch weitaus geringerem Maße wie den „Testaten" von Ministern. Die Gegenseite hat es nicht einmal für nötig gehalten, diese angebliche Versicherung des sächsischen Verfassungsschutzpräsidenten vorzulegen, sodass deren Existenz **mit Nichtwissen bestritten** werden muss. Ebenso **bestritten** wird die Behauptung, dass in der NPD-Fraktion im Sächsischen Landtags zu keinem Zeitpunkt Quellen eingesetzt worden sein sollen; insoweit wird auf den obigen Beweisantrag verwiesen. Angesichts der sehr dubiosen und regelrecht fluchtartigen Abgänge des ehemaligen sächsischen Fraktionsvorsitzenden und ehemaligen Parteivorsitzenden Holger Apfel bzw. des ebenfalls ehemaligen sächsischen Fraktionsvorsitzenden und späteren Bundesgeschäftsführers Holger Szymanski, erscheint es auch hier unabdingbar, die bei den Inlandsgeheimdiensten über die Fraktionsangehörigen und -mitarbeiter geführten Personen- und Sachakten einer intensiven Überprüfung zu unterziehen.

(1)

Hinsichtlich der Personalie Holger Apfel ist in diesem Zusammenhang besonders auffällig, dass sein geradezu fluchtartiger Abgang zeitlich mit der Einreichung und Zustellung des vorliegenden Verbotsantrages zusammenfällt. Insofern drängt sich der Verdacht auf, dass hier möglicherweise eine „Schnellabschaltung" durchgeführt worden sein könnte, zumal sich hartnäckig das Gerücht hält, die deutschen Inlandsgeheimdienste hätten Herrn Apfel finanziell unterstützt, damit dieser sich auf Mallorca eine neue Existenz aufbauen könne.

Diesen durchaus nicht fernliegenden Verdacht möge der Antragsteller durch Vorlage der Holger Apfel betreffenden Personen- und Sachakten der deutschen Inlandsgeheimdienste ausräumen.

(2)

Hinsichtlich der Personalie Holger Szymanski standen schon seit Jahren Verdachtsmomente im Raum, wonach dieser ausweislich eines Berichts des Blogs „Gamma" vom 04.02.2013 und 06.02.2013 schon früher Kontakte mit den Inlandsgeheimdiensten gehabt haben soll, wobei seine behauptete Spitzel-Tätigkeit vom sächsischen Verfassungsschutzpräsidenten auch nicht dementiert worden sei

Beweis: Artikel des Blogs „Gamma" vom 04.02.2013 und 06.02.2013 (Anlage B-8),

Ebenfalls bemerkenswert ist der Umstand, dass sich im vorliegenden Verbotsantrag keinerlei Belege aus der Zeit finden, während der Holger Szymanski als Chefredakteur des Parteiorgans „Deutsche Stimme" fungierte. Hierbei könnte es sich um eine Vorsichtsmaßnahme des Antragstellers handeln, um die „Quellenfreiheit" der gegen die Antragsgegnerin ins Feld geführten Beweismittel zu belegen.

Auch insoweit besteht daher ein konkretes Bedürfnis nach Ausräumung entsprechender Verdachtsmomente durch den Antragsgegner im Wege der Vorlage der über Holger Szymanski geführten Personen- und Sachakten der deutschen Inlandsgeheimdienste.

b)

Angaben der Gegenseite zur Staatsfreiheit der Mitarbeiter der Parteizentrale sowie des Mitarbeiterstabs des Europaabgeordneten Udo Voigt – ebenfalls beides Teile der Führungsebene im parteiverbotsrechtlichen Sinne – fehlen im aktuellen Schriftsatz sowie in den Anlagenkonvoluten vollständig, sodass auch insoweit keine Erfüllung der dem Antragsteller obliegenden Beweislast anzunehmen ist.

c)

Des Weiteren nimmt der Antragsteller nach wie vor nicht zur Kenntnis, dass die reine Abschaltung dort nicht genügt, wo nicht nur in der Partei bereits vorhandene Personen angeworben, sondern parteifremde Personen in die Partei eingeschleust wurden.

Die Gegenseite hat bislang stets nur erklärt, dass keine staatlichen Bediensteten in die Antragsgegnerin eingeschleust worden seien. Ungeachtet der Frage der Glaubhaftigkeit dieser Aussage, welche nach Maßgabe des diesseitigen Vortrags weiterhin **bestritten** wird, liegt bislang aber noch keine Erklärung des Antragstellers zur Rückziehung von in die Antragsgegnerin eingeschleusten Privatpersonen vor, wobei es sich bei V-Leuten ja um eben solche Privatpersonen handelt.

Dass es eingeschleuste und nicht nur angeworbene V-Leute gab, steht spätestens nach der Aussage des ehemaligen V-Mannes „Piatto" im Münchner NSU-Prozess fest. Dieser wurde erst auf Initiative des brandenburgischen Landesamtes für Verfassungsschutz Mitglied in der Antragsgegnerin und hat nach eigener Aussage in der Partei als „staatlicher Agent" gewirkt; auf den entsprechenden diesseitigen Vortrag samt Beweisantrag wird zur Meidung von Wiederholungen nochmals Bezug genommen. Folglich kann davon ausgegangen werden, dass es gängige Praxis staatlicher Stellen ist, wenn auch keine staatlichen Bediensteten so doch jedenfalls Privatpersonen in die Antragsgegnerin einzuschleusen, damit sie dort nach entsprechender Maßgabe der Inlandsgeheimdienste wirken können. Wie der Fall „Piatto" zeigt, erfolgen solche Einschleusungen auch auf der Führungsebene. Da nach der Rechtsprechung des Senats eine bloße „Abschaltung" im Fall einer eingeschleusten Quelle auf Führungsebene nicht ausreicht, sondern diese vielmehr „zurückgezogen" werden muss,

> vgl. nochmals vgl. BVerfG vom 18.03.2003, Az.: 2 BvB 1/01 u. a., Rn. 87, zitiert nach www.bverfg.de.

hätte der Antragsteller bei sämtlichen Quellen, deren Existenz er eingeräumt hat, zudem darlegen und nachweisen müssen, ob es sich um eine lediglich angeworbene oder um eine eingeschleuste Quelle gehandelt hat, weil davon der erforderliche actus contrarius abhängt: Abschaltung oder Rückziehung. Nur durch die Darlegung, welcher V-Mann angeworben und welcher einschleust wurde, kann nachvollzogen werden, ob das bloße Unterzeichnen einer „Abschalterklärung" verbunden mit einem weiteren Verbleib der betreffenden Person in der Partei überhaupt geeignet ist, die erforderliche Staatsfreiheit herzustellen. Wird eine eingeschleuste Quelle, die eigentlich zurückzuziehen wäre, lediglich abgeschaltet und verbleibt weiterhin in der Partei – so wie es in zahlreichen der vorgelegten Abschaltvermerke zum Zwecke der Tarnung sogar ausdrücklich angeraten wurde –, stellt dies keine ausreichende Maßnahme zur Sicherstellung eines rechtsstaatlichen Verfahrens dar.

Da sich der Antragsteller zu dieser Frage trotz wiederholten diesseitigen Vorhalts nicht erklärt, erweist sich sein diesbezüglicher Vortrag als unsubstantiiert und ist daher nicht geeignet, die Staatsfreiheit der Antragsgegnerin in geeigneter Weise zu belegen.

d)

Speziell den ehemaligen V-Mann „Piatto" betreffend ereignete sich im Münchener NSU-Prozess unlängst eine weitere interessante Begebenheit, die für das vorliegende Verfahren von Relevanz sein dürfte:

Als der für das brandenburgische Landesamt für Verfassungsschutz tätige und für „Piatto" zuständige V-Mann-Führer G. während seiner Zeugenvernehmung „Piatto" betreffend wieder einmal äußerst wortkarg wurde und sich auf angebliche Erinnerungslücken berief, ließ der Vorsitzende des Staatsschutzsenats kurzerhand die von G. mitgeführten Unterlagen beschlagnahmen. Als Reaktion hierauf erließ das brandenburgische Innenministerium eine Sperrerklärung und stufte die beschlagnahmten Unterlagen als geheim ein, weil „das Bekanntwerden des Inhalts dieser Akten dem Wohl des Bundes oder eines deutschen Landes Nachteile bereiten würde"

Beweis: Artikel auf SPIEGEL-Online vom 20.08.2015 (Anlage B-9).

Wie der SPIEGEL weiter berichtet, sei dies deshalb der Fall, weil die Unterlagen Rückschlüsse „auf die Beobachtungsintensität nachrichtendienstlicher Arbeit" zuließen und Schwerpunkte sowie Interessen „aller Verfassungsschutzbehörden" in der rechtsextremen Szene erkennen ließen. Eine Veröffentlichung dieser Dokumente könnte in der Folge also dazu führen – so gibt der SPIEGEL das Ministerium wieder – dass sich überwachte Personen abschotteten und so „Qualität und Quantität der Informationserhebung deutlich einbrechen". Die Dokumente offenbarten „Mittel und Methoden des Verfassungsschutzes"

Beweis: wie vor.

Nach Recherchen des SPIEGEL beschreibt die Akte des Herrn „Piatto" ab Seite 63 etwa, wie Verfassungsschutzbehörden Informanten gewinnen („Anbahnung einer Informationserhebung")

Beweis: wie vor.

Die Passage lasse sich als „Leitfaden" verwenden, mit dessen Hilfe Neonazis sich dem Nachrichtendienst als falsche Quellen andienen könnten, zitiert der SPIEGEL den brandenburgischen Innenstaatssekretär Kahl. Ab Seite 116 gebe es dann Hinweise darauf, wie Treffen zwischen Informanten und ihren V-Mann-Führern abliefen. Die Seiten 125 bis 128 wiederum belegten „ganz konkret" die Zusammenarbeit des Verfassungsschutzes mit anderen Sicherheitsbehörden

Beweis: wie vor.

Dass das brandenburgische Innenministerium derart nervös auf die Beschlagnahme der V-Mann „Piatto" betreffenden Unterlagen reagiert, dürfte maßgeblich damit zusammenhängen, dass die betreffenden Dokumente mit an Sicherheit grenzender Wahrscheinlichkeit auch Hinweise darauf enthalten dürften, dass „Piatto" – wie von ihm selbst im NSU-Prozess erklärt – nicht einfach nur ein V-Mann, sondern ein staatlich gelenkter Agent war, der auf Betreiben des brandenburgischen Landesamtes für Verfassungsschutz in die Antragsgegnerin eingeschleust und eben nicht nur angeworben wurde und sodann im brandenburgischen Landesvorstand der Antragsgegnerin Aufträge staatlicher Stellen ausgeführt hat. Man darf davon ausgehen, dass die vom OLG München beschlagnahmten Unterlagen die diesseitige These, dass die deutschen Inlandsgeheimdienste planmäßig – seien es nun private Personen oder staatliche Bedienstete – in der Vergangenheit in die Antragsgegnerin eingeschleust haben und auch weiterhin einschleusen, untermauert.

Der Hinweis des brandenburgischen Innenministeriums, wonach die beschlagnahmten Dokumente des G. „ganz konkret" die Zusammenarbeit des Verfassungsschutzes mit anderen Sicherheitsbehörden belegten, ist auch hinsichtlich des diesseitig behaupteten und unter Beweis gestellten umfassenden Datenaustauschs der deutschen Geheimdienste mit ausländischen Nachrichtendiensten wie etwa der NSA von großem Interesse.

Es wird daher – zusätzlich zu den bereits gestellten Beweisanträgen auf Vernehmung des ehemaligen V-Mannes „Piatto" sowie des Herrn Edward Snowden – namens und im Auftrage der Antragsgegnerin folgender weiterer **BEWEISANTRAG** gestellt,

> die Akten des Oberlandesgerichts München in dem Verfahren 6 St 3/12 („NSU-Prozess") einschließlich der dort beschlagnahmten Unterlagen des Zeugen G. zum Beweis der Tatsache beizuziehen und zu verlesen,
>
> 1. dass die deutschen Inlandsgeheimdienste planmäßig in der Vergangenheit zur Informationsgewinnung eingesetzte Personen in die Antragsgegnerin auf der Führungsebene eingeschleust und nicht nur angeworben haben und dass solche Personen dort auch weiterhin einschleust werden und vorhanden sind,
>
> 2. dass die deutschen Inlandsgeheimdienste Informationen über die Arbeit der Antragsgegnerin mit ausländischen Geheimdiensten austauschen, wobei auch ausländische Geheimdienste V-Leute, Verdeckte Ermittler und Undercover-Agents in der Führungsebene der Antragsgegnerin einsetzen.

Gerade zum letztgenannten Punkt fehlt in den Ausführungen des Antragstellers zur V-Mann-Problematik auch weiterhin jegliche Auseinandersetzung mit der diesseitig aufgeworfenen Frage, ob in den Vorständen der Antragsgegnerin und ihrer Unterorganisationen, wenn womöglich keine Mitarbeiter inländischer Geheimdienste, so aber doch möglicherweise Mitarbeiter ausländischer Geheimdienste als Verdeckte Ermittler, Undercover-Agents und/oder V-Leute tätig sind.

Dass Bedienstete ausländischer Geheimdienste Informationen abschöpfen und diese dann an die deutschen Behörden weiterleiten könnten, wobei der deutsche Staat in diesem Fall guten Gewissens „testieren" dürfte, keine eigenen V-Leute mehr in den Vorständen der Antragsgegnerin zu unterhalten, er aber gleichwohl weiterhin in den Genuss eines entsprechenden Informationsflusses käme, wurde bereits dargelegt. Der Antragsteller hat – sofern er überhaupt auf diese Thematik eingegangen ist – immer nur lapidar behauptet, dergleichen finde nicht statt. Insoweit wurden jedoch weder Testate noch eidesstattliche Versicherungen noch irgendwelche sonstigen Dokumente, denen ein über reinen Parteivortrag hinausgehender Beweiswert zukäme, vorgelegt.

e)

Schließlich wird abermals an den während des vorliegenden Verfahrens durchgeführten Anwerbeversuch des Sächsischen Staatsschutzes im Fall „X." erinnert, der diesseitig mit entsprechenden Beweisanträgen unter Beweis gestellt wurde. Diese werden weiterhin aufrechterhalten.

II. Zur angeblichen Staatsfreiheit des vorgelegten Beweismaterials

Die Ausführungen des Antragstellers im Schriftsatz vom 13.05.2015 bzw. in den dort vorgelegten umfangreichen Anlagenkonvoluten sind ferner ungeeignet, die Staatsfreiheit des gegen die Antragsgegnerin ins Feld geführten Beweismaterials in geeigneter Weise zu belegen. Vielmehr bestätigt der Vortrag des Antragstellers den diesseitigen

Verdacht, dass der Staat am aktuellen Parteiprogramm der Antragsgegnerin sowie an dem Positionspapier „Das strategische Konzept der NPD" selbst mitgeschrieben hat.

I.

Hinsichtlich des Parteiprogramms der Antragsgegnerin gibt der Antragsteller auf Seite 22 des Schriftsatzes vom 13.05.2015 ausdrücklich zu, dass sich bei der maßgeblichen Beschlussfassung über das Parteiprogramm staatliche Quellen unter den Parteitagsdelegierten befunden haben. Dies sieht der Antragsteller aber offenbar als völlig unproblematisch an, weil „die Vorgaben des Senats hinsichtlich der Staatsfreiheit einer Antragsgegnerin im Parteiverbotsverfahren Parteitagsdelegierte nicht umfasst"

vgl. Seite 22 des Schriftsatzes des Antragstellers vom 13.05.2015.

a)

Wie der Antragsteller zu dieser vermeintlichen Erkenntnis gelangt sein will, erschließt sich nicht. Der erkennende Senat hat zu keinem Zeitpunkt entschieden, dass eine staatliche Infiltration der Parteitagsdelegierten einer Antragsgegnerin in einem Parteiverbotsverfahren unproblematisch sei. Der Senat hat im Beschluss vom 18.03.2003 in den Verfahren 2 BvB 1/01 u. a. unter Rn. 80 lediglich entschieden, dass

„die Beobachtung einer Partei durch nachrichtendienstliche Kontakte staatlicher Behörden zu Mitgliedern des Bundesvorstands, eines Landesvorstands oder einer entsprechenden führenden Organisationseinheit der observierten Partei grundsätzlich als eine schwerwiegende Beeinträchtigung der mit dem verfassungsrechtlichen Status der Partei gemäß Art. 21 Abs. 1 GG verbundenen Gewährleistungen"

anzusehen ist. Es kann aber wohl kein Zweifel daran bestehen, dass es sich bei dem Bundesparteitag einer politischen Partei um eine „entsprechende führende Organisationseinheit" handelt. Die Gegenseite verkennt, dass der Bundesparteitag der eigentliche Souverän einer politischen Partei ist und nicht der Bundesvorstand und schon gar nicht das Präsidium. Durch seine umfangreichen Befugnisse, die von der Beschlussfassung über das Parteiprogramm bis hin zur Wahl des Bundesvorstandes reichen, ist der Bundesparteitag das Führungsorgan par excellence und damit evident der „Führungsebene" im parteiverbotsrechtlichen Sinne zuzuordnen. Zu behaupten, der Bundesvorstand dürfe staatlicherseits nicht nachrichtendienstlich infiltriert sein, der im Range über dem Bundesvorstand stehende Bundesparteitag hingegen schon, würde die gesamte im Beschluss vom 18.03.2003 in den Verfahren 2 BvB 1/01 u. a. zum Ausdruck kommende Dogmatik des erkennenden Senats vollständig auf den Kopf stellen und ad absurdum führen.

Handelt es sich nach alledem bei dem Bundesparteitag der Antragsgegnerin um ein Organ der „Führungsebene" im parteiverbotsrechtlichen Sinne, führt das ausdrückliche Unstreitigstellen der regelmäßigen Anwesenheit staatlicher Quellen in den Reihen der Delegierten auf Bundesparteitagen der Antragsgegnerin automatisch zum Vorliegen eines Verfahrenshindernisses.

b)

Stellt man sich auf den Standpunkt, dass die Anwesenheit staatlicher Quellen auf den Bundesparteitagen der Antragsgegnerin nicht per se zur Annahme des Vorliegens eines Verfahrenshindernisses nötigt, so muss dies aber jedenfalls dann der Fall sein, wenn es um einen Programmparteitag geht, auf welchem ein neues Parteiprogramm beschlossen wird. Das Programm ist das zentrale Dokument einer jeden politischen Partei, in dem sie ihre weltanschaulichen Grundlagen formuliert und von dem sich der Inhalt sämtlicher weiterer Publikationen ableitet. Es muss als geradezu absurd abgesehen werden, wenn der Antragsteller einerseits mit sehr viel Mühe „testieren lässt", dass irgendwelche Publikationen im Parteiorgan „Deutsche Stimme" nicht von staatlichen Quellen verfasst worden sind, er aber andererseits behauptet, es sei ja völlig unproblematisch, dass – mittlerweile unstreitig – staatliche Quellen bei der Beschlussfassung über das Parteiprogramm mitgewirkt haben, von dem sich alle anderen Publikationen der Partei ableiten.

c)

Auf jeden Fall aber erfüllen die Ausführungen des Antragstellers im Schriftsatz vom 13.05.2015 die Darlegungsanforderungen des Senats im Hinweisbeschluss vom 19.03.2015 insoweit nicht, als nicht dargelegt wird, wie viele staatliche Quellen auf dem Bamberger Programmparteitag anwesend waren.

Die Anzahl der auf dem Bamberger Programmparteitag anwesenden staatlichen Quellen ist von ganz erheblicher Bedeutung, weil das aktuelle Parteiprogramm der Antragsgegnerin eben gerade nicht so – wie der Antragsteller es nunmehr dazustellen versucht – als Entwurf der Programmkommission „bei geringfügigen Änderungen und Ergänzungen"

vgl. Seite 25 des Schriftsatzes des Antragstellers vom 13.05.2015

beschlossen wurde, sondern dem letztlichen Beschluss eine über zwei Tage andauernde Flut von Änderungsanträgen gepaart mit einer Vielzahl von Wortmeldungen vorausging. Deshalb umfasst das entsprechende Parteitagsprotokoll auch mehr als 163 Seiten

Beweis: Protokoll des Bamberger Programmparteitags der Antragsgegnerin (Anlage B-10).

Wenn bei diesem langwierigen, umfangreichen und ins Detail gehenden Vorgang unstreitig staatliche Quellen beteiligt waren, so genügt es evident nicht den Vorgaben des Senats im Hinweisbeschluss vom 19.03.2015, einfach nur zu behaupten, es seien ja so wenige Quellen gewesen, dass sich dies nicht auf das Ergebnis der Beschlussfassung ausgewirkt habe. Diese Behauptung des Antragstellers wird zum einen **mit Nichtwissen bestritten**, zum anderen ist der Vortrag des Antragstellers aber auch insoweit unvollständig, als dieser sich nicht dazu erklärt, ob sich unter den zahlreichen Änderungsantragstellern, deren Änderungsanträge tatsächlich angenommen worden sind, staatliche Quellen befunden haben und wenn ja, welche und wie viele. Diese Darlegung kann er ja anhand des nun vorgelegten Parteitagsprotokolls nachholen.

d)

Die vom Senat selbst geforderte dezidierte und substantiierte Darlegung der Staatsfreiheit der Entstehung des Parteiprogramms der Antragsgegnerin kann man entgegen der Auffassung des Antragstellers auch nicht einfach dadurch umgehen, dass man auf eine angebliche „Bestätigung" dieses Parteiprogramms durch führende Funktionäre der Partei verweist und meint, es ihr schon allein deswegen zurechnen können, ohne das es auf Fragen einer staatlichen Mitwirkung bei seiner Beschlussfassung ankomme

vgl. Seiten 26 ff. des Schriftsatzes des Antragstellers vom 13.05.2015.

Eine wie auch immer geartete „inhaltliche Bestätigung" entbindet nicht vom erforderlichen Nachweis der Staatsfreiheit der Genese des Parteiprogramms.

2.

Nicht anders verhält es sich hinsichtlich des Positionspapiers „Das strategische Konzept der NPD".

Auch insoweit kann sich der Antragsgegner nicht erfolgreich darauf berufen, der Entstehungszeitpunkt des Positionspapiers liege außerhalb des definierten Kategorisierungszeitraums und im Übrigen sei die genaue Urheberschaft dieses Papiers irrelevant, weil die Herren Udo Voigt und Frank Franz sich den Inhalt dieses Papiers zu eigen gemacht und es damit inhaltlich bestätigt hätten.

Gerade weil „Das strategische Konzept der NPD" die Grundlage für die Drei-Säulen-Strategie und die spätere Vier-Säulen-Strategie und damit einen ganz zentralen Bestandteil des weltanschaulichen Fundaments der Antragsgegnerin darstellt, bedarf die Frage, wer genau denn nun den Grundstein hierfür gelegt hat, genauerer Analyse. Ob Herr Udo Voigt dieses Strategie-Papier tatsächlich selbst erarbeitet hat oder ob auch noch andere Personen daran beteiligt waren, kann diesseitig nicht mehr zweifelsfrei nachvollzogen werden. Es ist auch nicht Aufgabe der Antragsgegnerin, dies zu ermitteln, sondern des darlegungs- und beweisbelasteten Antragstellers. Dieser möge also darlegen und beweisen, dass das entsprechende Papier ohne Mitwirkung staatlicher Quellen verfasst wurde.

III. Zur Situation des Prozessbevollmächtigten der Antragsgegnerin

Schließlich sind die Ausführungen der Gegenseite im Schriftsatz vom 13.05.2015 einschließlich der vorgelegten Anlagen nicht zum Beweis der gegnerischen Behauptung geeignet, dass zwischen der Antragsgegnerin und ihrem Bevollmächtigten eine vertrauliche Kommunikation gewährleistet ist.

1.

Zunächst ist festzuhalten, dass der Gegenseite weiterhin keine einlassungsfähige Substantiierung ihres Vorbringens hinsichtlich des Verkehrsunfallgeschehens am 30.11.2012 gelungen ist. Der Antragsteller geht über die diesseitigen Ausführungen im Schriftsatz vom 04.03.2015, Seite 4, einfach hinweg, sodass zur Meidung von Wiederholungen auf das bisherige Vorbringen verwiesen werden kann. Der Antragsteller hat den aus dem genannten Verkehrsunfallgeschehen resultierenden dringenden Verdacht, dass der Unterzeichner bzw. sein familiäres Umfeld bereits vor Beginn des hiesigen Verbotsverfahrens nachrichtendienstlich überwacht wurden und daher auch während des laufenden Verfahrens nachrichtendienstlich überwacht werden, nicht in geeigneter Weise entkräftet.

2.

Darüber hinaus kann es aus den oben bereits dargelegten Gründen nicht als ausreichend angesehen werden, dass der Antragsteller lediglich unzählige Weisungen und behördeninterne Kommunikation vorlegt, welche eine Ausspähung der Prozessstrategie der Antragsgegnerin verbieten. Wie bereits bei der oben erörterten Frage einer fortbestehenden Infiltration der Führungsebene der Antragsgegnerin durch V-Leute, Verdeckte Ermittler oder Undercover-Agents herausgearbeitet wurde, kann es bei der Frage, ob der Unterzeichner mit seiner Mandantschaft vertraulich kommunizieren kann, nicht ausreichen, die Existenz irgendwelcher Weisungen zu behaupten. Maßgeblich ist nicht, was die Behördenleitung anordnet, sondern ausschließlich das, was die Behördenmitarbeiter tatsächlich tun oder nicht. Über das tatsächliche Handeln der betreffenden Akteure geben behördeninterne Weisungen aber in keiner Weise Aufschluss.

Erschwerend kommt hinzu, dass der Antragsteller nicht einmal behauptet, geschweige denn unter Beweis stellt, dass die Einhaltung dieser Weisungen auch tatsächlich kontrolliert wird. Insofern gelten die obigen Ausführungen auch hier entsprechend.

3.

Ungeachtet des Umstands, dass die Vorlage schriftlicher Weisungen nicht geeignet ist, die Nichtexistenz einer nachrichtendienstlichen Beobachtung des Unterzeichners zu belegen, leidet der Vortrag des Antragstellers aber auch an einem weiteren Defizit:

Der Antragsteller verhält sich in seinen schriftsätzlichen Ausführungen vom 13.05.2015 ausschließlich zu der Frage einer etwaigen Ausspähung der Prozessstrategie der Antragsgegnerin mittels G10-Maßnahmen. Im G10 geht es bekanntlich um die Einschränkung des Brief-, Post- und Fernmeldegeheimnisses des Art. 10 GG. Selbst wenn man davon ausginge, dass die Nichtexistenz einer Ausspähung der Prozessstrategie durch die Vorlage reiner behördeninterner Weisungen geführt werden könne, so ist eine Beschränkung entsprechender Weisungen ausschließlich auf G10-Maßnahmen indes völlig unzureichend. Die Prozessstrategie der Antragsgegnerin kann nämlich nicht nur mittels G10-Maßnahmen ausgespäht werden, sondern auch mittels akustischer Wohnraumüberwachung und Online-Durchsuchungen. Dass gerade die akustische Wohnraumüberwachung, welche weder etwas mit dem G10 noch mit Art. 10 GG, sondern mit Art. 13 GG zu tun hat, zum grundsätzlich zulässigen Repertoire der Inlandsgeheimdienste gehört, ergibt sich unmittelbar aus § 9 Abs. 2 BVerfSchG sowie den entsprechenden Vorschriften der Verfassungsschutzgesetze der Länder.

Hierzu fehlt bislang jeglicher Vortrag geschweige denn Beweis der Gegenseite. Es wurde nicht einmal behauptet, dass solche Maßnahmen weder gegen den Unterzeichner noch gegen die Mitglieder des Parteivorstandes der Antragsgegnerin zur Anwendung gelangen. Es muss daher davon ausgegangen werden, dass die bundesdeutschen

Nachrichtendienste solche Maßnahmen gegen den genannten Personenkreis einsetzen, sodass eine vertrauliche Kommunikation zwischen der Antragsgegnerin und ihrem Bevollmächtigten auch weiterhin nicht gewährleistet ist und ein hieraus resultierendes Verfahrenshindernis besteht.

4.

Auch zu der Rolle ausländischer Nachrichtendienste im Zusammenhang der Frage nach der Gewährleistung einer vertraulichen Kommunikation zwischen Mandantin und Bevollmächtigtem hat sich der Antragsteller trotz umfangreichen diesseitigen Vortrags

> vgl. hierzu zur Meidung von Wiederholungen nochmals die umfangreichen Ausführungen auf den Seiten 21 ff. des Schriftsatzes vom 25.03.2014.

einschließlich entsprechender Beweisangebote und -anträge (etwa die beantragte zeugenschaftliche Vernehmung von Herrn Edward Snowden) bislang nicht in angemessener Weise erklärt. Angesichts des umfassenden Informationsaustauschs zwischen den deutschen Geheimdiensten und den Geheimdiensten anderer Staaten, insbesondere denen der USA, der oben bereits zusätzlich anhand der gesperrten Unterlagen im NSU-Prozess unter Beweis gestellt wurde, kann die bloße Behauptung, hinsichtlich des vorliegenden Verfahrens finde ein solcher Informationsaustausch nicht statt, nicht als ausreichend angesehen werden, um den Nachweis der Möglichkeit einer vertraulichen Kommunikation zu erbringen.

5.

Ausdrücklich gegen die Behauptung des Antragstellers, die Prozessstrategie der Antragsgegnerin werde staatlicherseits nicht ausgespäht, spricht darüber hinaus ein Dokument im Anlagenkonvolut des Freistaats Bayern zum Schriftsatz des Antragstellers vom 13.05.2015, wonach offensichtlich ein Mitarbeiter des Landesamtes für Verfassungsschutz Bayern bis Ende Februar 2014 über das soziale Netzwerk „Facebook" mit dem Unterzeichner in Kontakt stand.

Insofern fragt man sich zunächst einmal, wieso sich der bayerische Verfassungsschutz für den Unterzeichner interessiert, da dieser sich so gut wie nie in Bayern aufhält, allenfalls auf der Durchreise.

Sodann muss es als sehr befremdlich angesehen werden, dass dieser „Facebook"-Kontakt erst fast zwei Monate nach der Bestellung des Unterzeichners zum Verfahrensbevollmächtigten der Antragsgegnerin beendet worden sein soll, in der Zwischenzeit also offenbar noch Informationen gesammelt werden sollten und womöglich auch gesammelt worden sind. Hierbei kann es sich logischerweise nur um eine beabsichtigte Informationsgewinnung über die Prozessstrategie der Antragsgegnerin gehandelt haben, weil ansonsten kein Grund ersichtlich ist, weshalb ausgerechnet das bayerische Landesamt für Verfassungsschutz „Facebook"-Spitzel auf den Unterzeichner ansetzen soll.

Der Antragsteller möge sich darüber erklären, was es mit diesem „Facebook"-Kontakt aus Bayern im Einzelnen auf sich hatte und wie viele andere „Facebook"-Spitzel die deutschen Inlandsgeheimdienste in welchem Zeitraum noch auf den Unterzeichner angesetzt hatten und haben.

Der vorliegende „Facebook"-Fall wirft dann natürlich die weitere Frage auf, ob die bundesdeutschen Nachrichtendienste nicht nur die „Facebook"-Freunde des Unterzeichners infiltriert haben, sondern möglicherweise auch dessen persönlichen Freundeskreis, wobei es sich bei entsprechenden Personen nicht einmal um Mitglieder der Antragsgegnerin handeln muss. Auch hierüber möge sich der Antragsteller erklären.

Solange diese Vorgänge nicht abschließend aufgeklärt sind, muss die Behauptung des Antragstellers, die Prozessstrategie der Antragsgegnerin werde nicht ausgespäht, als hochgradig unglaubhaft angesehen werden.

6.

Angesichts dieser weiterhin fortbestehenden gravierenden Verdachtsmomente, welche auf eine nachrichtendienstliche Beobachtung des Unterzeichners hindeuten, kann wirkliche Sicherheit nur durch eine Offenlegung sämtlicher den Unterzeichner betreffender Personen- und Sachakten der bundesdeutschen Inlandsgeheimdienste erlangt werden. Höchst vorsorglich wird in diesem Zusammenhang die Behauptung des Saarländischen Landesamtes für Verfassungsschutz, dort würden generell keine Personenakten, sondern nur Sachakten geführt, **mit Nichtwissen bestritten**. Letztlich kommt es darauf aber gar nicht an, weil jedenfalls das Bundesamt für Verfassungsschutz eine Personenakte über den Unterzeichner führt, denn andernfalls hätte diese kaum gesperrt und dem Datenschutzreferat übergeben werden können.

Es wird daher nochmals der **Beweisantrag** gestellt,

gemäß §§ 47, 38 Abs. 1 BVerfGG iVm. §§ 94 ff. StPO eine Beschlagnahme der den Unterzeichner betreffenden Personen- und Sachakten der Sicherheitsbehörden des Bundes und der Länder anzuordnen und die beschlagnahmten Akten zum Beweis der Tatsache in Augenschein zu nehmen und zu verlesen, dass der Verfahrensbevollmächtigte der Antragsgegnerin von den Sicherheitsbehörden des Bundes und der Länder bzw. von ausländischen Nachrichtendiensten in der Vergangenheit nachrichtendienstlich überwacht wurde und auch gegenwärtig noch nachrichtendienstlich überwacht wird.

IV.

Die Antragsgegnerin hält die Durchführung eines Termins zur Erörterung der mit dem behaupteten Vorliegen von Verfahrenshindernissen einhergehenden Rechts- und Tatsachenfragen weiterhin für sinnvoll und stellt daher den **ANTRAG**,

einen entsprechenden Erörterungstermin zeitnah anzuberaumen.

Ferner wird **beantragt**,

über den diesseitigen Antrag auf Verfahrenseinstellung vor Beschlussfassung über die Entscheidung über die Durchführung der Verhandlung (§ 45 BVerfGG) zu befinden und der Antragsgegnerin für den Fall der Zurückweisung des Antrages auf

Verfahrenseinstellung eine Stellungnahmefrist von drei Monaten im Hinblick auf die sodann anstehende Beschlussfassung über die Entscheidung über die Durchführung der Verhandlung (§ 45 BVerfGG) zu gewähren.

Bekanntlich konnte die Antragsgegnerin zu den Ausführungen des Antragstellers im verfahrenseinleitenden Antrag bislang noch nicht inhaltlich Stellung nehmen, weil – ausweislich des bisherigen Vortrags samt Beweisangeboten – keine vertrauliche Kommunikation zwischen dem Unterzeichner und den Organen der Antragsgegnerin gewährleistet ist. Solange dieser Zustand besteht, kann es der Unterzeichner nicht verantworten, mit der Antragsgegnerin eine inhaltliche Verteidigungsstrategie zu erarbeiten, sodass in dieser Zeit auch keine inhaltliche Einlassung erfolgen kann. Da es sich hierbei um einen von dem Antragsteller zu verantwortenden Umstand handelt, die Antragsgegnerin mithin schuldlos an einer inhaltlichen Erwiderung auf die gegen sie erhobenen Vorwürfe gehindert ist, muss der Antragsgegnerin – ungeachtet des Umstands, dass die Entscheidung über das Vorliegen von Verfahrenshindernissen grundsätzlich gleichzeitig mit der Entscheidung über die Durchführung der Verhandlung (§ 45 BVerfGG) ergehen kann

vgl. BVerfG vom 19.03.2015, Az.: 2 BvB 1/13, Rn. 4 –

jedenfalls im vorliegenden Falle wegen Art. 103 Abs. 1 GG die Möglichkeit gegeben werden, sich bereits im „Zwischenverfahren" zu der Frage zu äußern, ob der Verbotsantrag aus ihrer Sicht als unzulässig oder als nicht hinreichend begründet zurückzuweisen ist. Die faktische Möglichkeit zu einer solchen Äußerung hätte die Antragsgegnerin nämlich erst in dem Moment, indem der erkennende Senat das Vorliegen von Verfahrenshindernissen verneint und insbesondere feststellt, dass – nunmehr – eine vertrauliche Kommunikation zwischen der Antragsgegnerin und ihrem Bevollmächtigten gewährleistet sei. Von diesem Zeitpunkt an wäre der Antragsgegnerin dann Gelegenheit zur Äußerung zu geben, wobei eine Frist von drei Monaten im Hinblick auf die richterliche Verfügung vom 12.12.2013 als angemessen erscheint. Denn die damals gesetzte Frist konnte aus den erwähnten Gründen nicht genutzt werden.

Dipl.-Jur. Peter Richter, LL.M.
– Rechtsanwalt –

Anlagen:

B-8   Artikel des Blogs „Gamma" vom 04.02.2013 und 06.02.2013
B-9   Artikel auf SPIEGEL-Online vom 20.08.2015
B-10 Protokoll des Bamberger Programmparteitags der Antragsgegnerin

24. Schriftsatz des Antragstellers vom 26. Oktober 2015

Prof. Dr. Christoph Möllers
Prof. Dr. Christian Waldhoff
c/o Bundesrat
Leipziger Straße 3–4
10117 Berlin

An das
Bundesverfassungsgericht
Zweiter Senat
Schlossbezirk 3
76131 Karlsruhe

2 BvB 1/13

Berlin, am 26. Oktober 2015

Auf den Schriftsatz der Antragsgegnerin vom 31. August 2015 hin beantragen wir,
die darin gestellten Beweisanträge zurückzuweisen,
und erwidern wie folgt:

Die Antragsgegnerin verfolgt offensichtlich die Strategie, das Verfahren zu verzögern und eine inhaltliche Auseinandersetzung mit der Verfassungswidrigkeit ihrer Ideologie und ihres Handelns zu vermeiden. Obwohl die Antragsgegnerin mittlerweile seit mehr als eineinhalb Jahren Gelegenheit dazu hatte, auf die Antragschrift vom 1. Dezember 2013 inhaltlich zu reagieren, hat sie dies unterlassen. Daher ist es abwegig, dass die Antragsgegnerin nun – mit dem Argument des rechtlichen Gehörs – dem Senat vorzuschreiben versucht, wie das weitere Verfahren zu gestalten ist.

Die Argumente, mit denen die Antragsgegnerin ihre fehlende Einlassung in der Sache zu begründen versucht, werden schon durch ihr eigenes Verhalten widerlegt und entsprechen überdies weder der Sach- noch der Rechtslage: Wenn die Antragsgegnerin – wie sie behauptet – tatsächlich davon überzeugt ist, dass keine vertrauliche Kommunikation mit ihrem Verfahrensbevollmächtigten möglich sei und deshalb keine Strategie ausgearbeitet werden könne, ist unerklärlich, warum sie am 16. September 2015 eine Pressekonferenz veranstaltete, an der der Verfahrensbevollmächtigte teilnahm und an der ausweislich der parteieigenen Homepage Auskünfte zur Prozessstrategie gegeben wurden. So heißt es in einer Zusammenfassung der Pressekonferenz auf der Homepage der NPD u. a.: *„In einem etwaigen Hauptverfahren wird die NPD dann jeden der vorgelegten Belege intensiv prüfen und vor dem Bundesverfassungsgericht umfangreiche Be-*

weisanträge stellen. Die juristische Auseinandersetzung wird in diesem Fall nicht nur um Rechtsfragen sondern vor allem um Tatsachenfragen geführt werden."

Pressemitteilung der NPD vom 16. September 2015, Anlage 1, in: www.npd.de, **Kategorie 2**

Dies zeigt, dass der Verfahrensbevollmächtigte und die Antragsgegnerin entgegen ihren Behauptungen bereits die Strategie erarbeitet haben, eine inhaltliche Auseinandersetzung mit dem Verbotsantrag möglichst lange herauszuzögern und dass sie beabsichtigen, das Verfahren auch dadurch zu verzögern, dass sie Beweisanträge möglichst spät stellen.

Bemerkenswert ist auch, dass der Verfahrensbevollmächtigte die Antragsgegnerin in anderen Verfahren, die auch gegen staatliche Stellen gerichtet sind, vertritt,

Vgl. etwa: Beschluss des Landesverfassungsgerichts Mecklenburg-Vorpommern vom 27. August 2015, Az.: LVerfG 4/15 e. A.; Urteil des BVerfG vom 16. Dezember 2014, Az.: 2 BvE 2/14; Urteil des BVerfG vom 10. Juni 2014, Az.: 2 BvE 4/13.

ohne dass er dort behauptet, eine vertrauliche Kommunikation mit seiner Mandantin sei nicht gewährleistet und eine Einlassung in der Sache deshalb nicht möglich. Auch dieses widersprüchliche Verhalten entkräftet die Argumentation der Antragsgegnerin.

Der Antragsteller hat in mehreren Schriftsätzen umfangreich dargelegt und bewiesen, dass die Vertraulichkeit der Kommunikation zwischen Antragsgegnerin und ihrem Verfahrensbevollmächtigten gesichert ist. Behauptungen ins Blaue hinein können der Antragsgegnerin nicht die Rechtsmacht verleihen, den Zeitplan des Verfahrens nach ihrem Belieben zu bestimmen und vom Gericht einen Beschluss zu verlangen, bevor sie sich überhaupt zur Sache einlässt.

Da der Schriftsatz der Antragsgegnerin vom 31. August 2015 ebenfalls Teil dieser Verzögerungstaktik ist und kaum Neues enthält, antworten wir auf diesen in der gebotenen Kürze wie folgt:

1. Die mit Schriftsatz des Antragstellers vom 13. Mai 2015 vorgelegten Belege dokumentieren nicht nur, was die Sicherheitsbehörden tun *sollen*. Sie belegen vielmehr, was die Sicherheitsbehörden *tun* und *getan haben*.

Der Antragsteller hat im genannten Schriftsatz zum einen belegt, dass und wie eine Prozessausspähung durch Weisungen und Erlasse ausgeschlossen wird, die von den fachaufsichtsführenden Stellen oder den Sicherheitsbehörden selbst stammen und damit Teil ihres Handelns sind. Zum anderen wurde auch anhand konkreter Einzelfälle nachgewiesen, wie eine Prozessausspähung ausgeschlossen wird, wenn es etwa nach einer Einzelfallabwägung zu einer G10-Maßnahmen kam oder wenn nachrichtendienstlich gewonnene Informationen zum Verfahren zunächst versehentlich entgegengenommen wurden (vgl. S. 16 ff. [S. 335 ff.] des Schriftsatzes vom 13. Mai 2015).

Auch seither haben die Sicherheitsbehörden in allen Fällen dieser Art jede Möglichkeit einer Prozessausspähung konsequent ausgeschlossen und selbst in solchen Fällen entsprechende Maßnahmen ergriffen, in denen nur der Verdacht entstehen konnte. Dies soll im Folgenden anhand von vier Fällen der vergangenen Monate gezeigt werden:

I. Schriftverkehr

Im September 2015 wurde dem Bundesamt für Verfassungsschutz von einer Quelle ein Konvolut mit drei Anlagen zu einem anderen rechtsextremistischen Personenzusammenschluss, nicht aber zur Antragsgegnerin, übergeben. Eine dieser Anlagen wies einen Bezug zur Tätigkeit des Rechtsanwalts Peter Richter, <u>nicht jedoch zum NPD-Verbotsverfahren</u>, auf. Da der zuständige Mitarbeiter des Bundesamtes – auch wegen des fehlenden Bezugs zum NPD-Verbotsverfahren – zunächst den Bezug zum Verfahrensbevollmächtigten der Antragsgegnerin übersah, nahm er die Unterlagen zu den Akten. Sobald dies erkannt wurde, ergriff das Bundesamt sofort folgende Maßnahmen: Die Unterlagen wurden mit einer Datenschutzsperre belegt, so dass – abgesehen vom behördlichen Datenschutzbeauftragten – kein Zugriff auf die Unterlagen mehr erfolgen kann. Die Originaldokumente wurden ebenfalls dem Datenschutzbeauftragten zur Verwahrung übergeben. Eine Vernichtung konnte wegen des bestehenden Löschmoratoriums aufgrund des NSU-Komplexes nicht erfolgen. Die Datenschutzsperre ist dieser jedoch funktional äquivalent. Diese und die im Folgenden genannten Sperrungen im Bundesamt für Verfassungsschutz kann der Datenschutzbeauftragte des Amtes erforderlichenfalls bestätigen.

Der nordrhein-westfälische Verfassungsschutz erlangte im August 2015 in einem Konvolut von Dokumenten zur NPD, die keinen Bezug zum NPD-Verbotsverfahren aufwiesen, auch zwei Dokumente, in denen die Partei zu einer Informationsveranstaltung über das Verbotsverfahren einlud. Das Konvolut wurde zunächst an das Bundesamt für Verfassungsschutz sowie an die Verfassungsschutzämter in Bayern und Sachsen weitergeleitet. Sobald die Dokumente in dem Konvolut festgestellt wurden, wurden sie nicht nur in Nordrhein-Westfalen, sondern auch in Bayern, Sachsen sowie beim Bundesamt für Verfassungsschutz vernichtet bzw. – wie dargestellt – wegen Löschmoratorien funktionsäquivalent gesperrt. Eines dieser genannten Dokumente bzw. selbige Information war auch aus anderen Quellen dem nordrhein-westfälischen Verfassungsschutz übergeben worden, jedoch nicht an andere Sicherheitsbehörden weitergeleitet worden. Nachdem dies festgestellt wurde, wurden auch diese Dokumente vernichtet.

In zwei weiteren Fällen – einer aus Schleswig-Holstein, einer aus Nordrhein-Westfalen – wurden im September 2015 angefallene Dokumente bei den Verfassungsschutzämtern in Schleswig-Holstein, Nordrhein-Westfalen und Mecklenburg-Vorpommern sowie beim Bundesamt vernichtet bzw. gesperrt, in denen Peter Richter – wiederum ohne jeglichen Bezug zum NPD-Verbotsverfahren – nur erwähnt oder als Teilnehmer einer Veranstaltung aufgeführt wurde.

Diese Fälle belegen nicht nur, dass die Sicherheitsbehörden eine Ausspähung der Strategie der Antragsgegnerin im hiesigen Verbotsverfahren durch konkrete Maßnahmen verhindern. Vielmehr ergreifen die Verfassungsschutzbehörden überobligatorisch und weitergehend auch schon bei einem mit dem Verbotsverfahren <u>nicht</u> in Zusammenhang stehenden Bezug zu Rechtsanwalt Peter Richter konkrete Maßnahmen, um die entsprechenden Informationen zu vernichten bzw. für die nachrichtendienstliche Auswertung zu sperren.

Das Handeln entsprechend den mit Schriftsatz vom 13. Mai 2015 vorgelegten Weisungen wird stets im Wege der Dienst- und Fachaufsicht von den jeweiligen Vorgesetzten überprüft. Dies geschieht durch Gespräche, Dienstbesprechungen, Aktenlektüre und andere Mittel, die Alltagsgeschäft sind und deshalb nicht gesondert dokumentiert werden. Eine Dokumentation erfolgt nur dann, wenn Dienstvergehen festgestellt werden. Schuldhaftes weisungswidriges Handeln ist ein Dienstvergehen (vgl. z. B. § 77 Abs. 1 Satz 1 i. V. m. § 62 Abs. 1 Satz 2 BBG). Wäre vor diesem Hintergrund weisungswidriges Verhalten festgestellt worden, hätten wir dies in den Schriftsatz vom 13. Mai 2015 aufgenommen oder dem Bundesverfassungsgericht auf anderem Wege mitgeteilt.

2. Zur tatsächlichen und rechtlichen Notwendigkeit von Schwärzungen in den Abschalterklärungen und -vermerken verweisen wir auf die ausführlichen Darlegungen im Schriftsatz vom 13. Mai 2015. Zum Schutz der Identität genügt es nicht, nur die Namen zu schwärzen, da sich auch aus anderen Formulierungen klare Hinweise auf die Identität ehemaliger V-Personen ergeben können.

Die von der Antragsgegnerin (S. 4. ihres Schriftsatzes) genannten Anlagen des Landes Nordrhein-Westfalen zur Abschaltung von V-Personen auf Führungsebene enthalten keine Inkonsistenzen. Die Aussage, dass in Nordrhein-Westfalen zwei V-Personen auf der Führungsebene der NPD und/oder ihrer Teilorganisationen abgeschaltet wurden, ist ohne Einschränkungen zutreffend. Der Abschaltvermerk vom 27. Februar 2012 in Anlage 1c (Anlagenkonvolut Nordrhein-Westfalen) bezieht sich – entgegen den Vermutungen der Antragsgegnerin – nur auf eine V-Person auf Führungsebene. Die darin genannte weitere V-Person war nicht Mitglied der Führungsebene der NPD und/oder einer ihrer Teilorganisationen. Ihre Abschaltung war überobligatorisch. Da sie nicht auf Führungsebene tätig war, wurde sie konsequenterweise auch nicht für die Gesamtzahl der abgeschalteten V-Personen auf Führungsebene der NPD und/oder einer ihrer Teilorganisationen (vgl. S. 9 [S. 330] unseres Schriftsatzes vom 13. Mai 2015) mitgezählt.

3. Zum In-Camera-Verfahren verweisen wir auf unsere Ausführungen im Schriftsatz vom 13. Mai 2015 (S. 4 [S. 326]), die durch den Vortrag der Antragsgegnerin nicht widerlegt werden. Die von der Antragsgegnerin zitierte Textstelle aus dem Einstellungsbeschluss des Senats vom 18. Mai 2003 erklärt ein solches Verfahren nicht – wie die Antragsgegnerin behauptet – „ausnahmslos für unzulässig", sondern explizit nur „zulasten der Antragsgegnerin".

4. Die Schlussfolgerung der Antragsgegnerin, dass wegen der Wahlerfolge der NPD in Mecklenburg-Vorpommern und Sachsen dort auch die meisten V-Personen auf Führungsebene vorhanden sein mussten und der hiesige Vortrag daher nicht glaubhaft sei, geht fehl. Die Möglichkeit des Einsatzes von V-Personen im Landesvorstand einer Partei hängt von vielen externen Faktoren ab, auf die die Sicherheitsbehörden nur begrenzten Einfluss haben, so dass der Schluss von der Gefährlichkeit eines Landesverbandes auf die zu erwartende Anzahl von ehemaligen V-Personen auf Führungsebene nicht trägt. Für Mecklenburg-Vorpommern kommen die im Anlagenkonvolut des Landes zum Schriftsatz vom 13. Mai 2015 (Anschreiben vom 11. Mai 2015, S. 2 ff.) ausführlich dargelegten Gründe hinzu.

5. Die von der Antragsgegnerin aufgeworfenen Fragen zu den Landtagsfraktionen wurden ebenfalls bereits in vorherigen Schriftsätzen beantwortet: Im Schriftsatz vom

13. Mai 2015 (S. 11 [S. 331]) hatten wir dargelegt, dass spätestens seit dem Stichtag 1. Dezember 2011 bis zum heutigen Tag keine Quellen unter den Mitgliedern der Fraktionen der NPD in den Landtagen Sachsens und Mecklenburg-Vorpommerns waren. Auf Wunsch des Senats wären die Innenminister beider Länder bereit, dies durch Testate zu belegen. Damit haben sich auch die Ausführungen im Schriftsatz der Antragsgegnerin auf S. 11 ihres Schriftsatzes erledigt.

Im Übrigen versucht der Verfahrensbevollmächtigte der Antragsgegnerin wiederum, den Begriff „Führungsebene" durch die Erstreckung auf Mitarbeiter (vgl. S. 11 und 13 des Schriftsatzes) über die Anforderungen des Senatsbeschlusses vom 18. März 2003 (BVerfGE 107, 339, 366 f.) hinaus auszudehnen. Dazu hatten wir bereits in unserem Schriftsatz vom 26. Januar 2015 (S. 3 [S. 306 f.]) Stellung genommen. Abhängig beschäftigte Mitarbeiter einer Fraktion haben schon begrifflich keine Führungsfunktion in einer Partei.

6. Die von der Antragsgegnerin genannten Personen *Holger Apfel* und *Holger Szymanski* erfüllen vollumfänglich die Anforderungen der Quellenfreiheit im Sinne der Kategorie 1 (vgl. Antragschrift vom 1. Dezember 2013, S. 25 f. [S. 56 f.]).

7. Zur ehemaligen Quelle „Piatto" sowie zu der von der Antragsgegnerin wiederum thematisierten Frage des „Einschleusens" hat der Antragsteller im Schriftsatz vom 26. Januar 2015 (S. 4 [S. 307]) bereits Stellung genommen. Es erscheint zudem widersprüchlich, wenn die Antragsgegnerin von den Sicherheitsbehörden einerseits fordert, alle Kontakte zu einer ehemaligen V-Person abzubrechen, gleichzeitig aber verlangt, die Sicherheitsbehörden mögen sicherstellen, dass diese Person nicht mehr in der Partei tätig ist. Zudem ist es weder rechtlich möglich noch persönlich zumutbar, eine V-Person, die nicht Beamter oder Angestellter der Sicherheitsbehörden ist, nach Abschaltung zu einer abrupten Änderung ihrer politischen Aktivitäten zu bewegen.

8. Die Ausführungen der Antragsgegnerin zum Inhalt der vom OLG München beschlagnahmten Akten sind rein spekulativ. Die Dokumente weisen keinerlei Bezüge zum hiesigen Verfahren oder zur Antragsgegnerin auf.

9. Den Sicherheitsbehörden des Bundes und der Länder ist kein Fall bekannt, in dem ausländische Geheimdienste in dem für dieses Verfahren relevanten Zeitraum in der NPD tätig waren bzw. sind. Die diesbezüglichen Behauptungen der Antragsgegnerin (S. 17 und 24 des Schriftsatzes vom 31. August 2015) treffen nicht zu.

Soweit in der Vergangenheit ein sporadischer Informationsaustausch mit ausländischen Nachrichtendiensten über rechtsextremistische Bewegungen – darunter auch die NPD – erfolgte, beschränkte sich dieser im Wesentlichen auf Erkenntnisse zu Kontakten zwischen NPD-Mitgliedern und ausländischen Rechtsextremisten bzw. zur gemeinsamen Teilnahme an Veranstaltungen im jeweils anderen Land. Informationen zur Prozessstrategie der Antragsgegnerin haben die Sicherheitsbehörden des Bundes und der Länder zu keinem Zeitpunkt erhalten.

C. Das zweite NPD-Verbotsverfahren (2013–2017)

10. Die Ausführungen der Antragsgegnerin, alle Delegierten eines Parteitags gehörten zur „Führungsebene" einer Partei, verkennen die Definition der „Führungsebene" im Beschluss des Senats vom 18. März 2003 (BVerfGE 107, 339). Dort wurde die „Rolle als führendes Parteimitglied" in Parenthese definiert als „Mitglied des Landesvorstands" auf Landesebene sowie „als Mitglied des Bundesvorstands" auf Bundesebene (BVerfGE 107, 339, 367). Mit der „entsprechenden führenden Organisationseinheit" (BVerfGE 107, 339, 366) sind die entsprechenden Vorstände der Teilorganisationen der NPD – also der JN, des RNF und der KPV der NPD – gemeint. Das zeigt sich auch auf Seite 369 des Einstellungsbeschlusses, wo die Notwendigkeit der Abschaltung von Quellen ebenfalls nur auf die „Vorstände" erstreckt wird (BVerfGE 107, 339, 369). Somit stellt nicht der Antragsteller die „Dogmatik des erkennenden Senats vollständig auf den Kopf" (Schriftsatz der Antragsgegnerin vom 31. August 2015, S. 19), sondern die Antragsgegnerin selbst.

11. Das von der Antragsgegnerin vorgelegte Protokoll des Bamberger Programmparteitags bestätigt die Ausführungen im Schriftsatz des Antragstellers vom 13. Mai 2015 zur Genese des Parteiprogramms. Es zeigt, dass der auf den 12. Mai 2010 datierte Programmentwurf Mittelpunkt der Debatte und Abstimmung auf dem Bundesparteitag war. Das Protokoll bestätigt zudem, dass die quellenfreien NPD-Landesvorstände aus Mecklenburg-Vorpommern und Sachsen auf diesen Entwurf besonderen Einfluss nehmen konnten, indem sie im Vorfeld des Parteitags ihre Modifizierungswünsche darin unterbrachten.

> Vgl. dazu die Ausführungen von *Udo Pastörs* auf S. 66 des Protokolls sowie die Tatsache, dass der Landesverband Mecklenburg-Vorpommern seinen eigenen Entwurf zugunsten des auf den 12. Mai 2010 datierten Programmentwurfs zurückzog. Vgl. die Ausführungen von *Udo Voigt* auf S. 71 des Protokolls.

Zudem zeigt sich die zentrale Rolle von *Uwe Meenen* und *S.* bei der Genese des Parteiprogramms (beide **Kategorie 1**).

> Vgl. die Ausführungen von *Holger Apfel* auf S. 69 des Protokolls.

Das Protokoll bestätigt schließlich, dass das Parteiprogramm mit überwältigenden Mehrheiten angenommen wurde und deshalb die Anwesenheit einzelner Quellen unter den Parteitagsdelegierten für die Meinungsbildung innerhalb der Partei vollkommen irrelevant war. Acht Kapitel des Parteiprogramms wurden laut Protokoll „einstimmig" angenommen, elf Kapitel wurden laut Protokoll jeweils mit nur wenigen Gegenstimmen, also sehr großen Mehrheiten, angenommen. Beispielsweise wurden die für den Verbotsantrag besonders bedeutenden „Grundgedanken" bei nur „einer Gegenstimme und wenigen Enthaltungen" (Protokoll, S. 72), das Kapitel „Grundlage des Staates ist das Volk" mit nur „einer Gegenstimme und wenigen Enthaltungen" (Protokoll, S. 72) und das Kapitel „Deutschland den Deutschen" mit seiner Losung „Integration ist Völkermord" „bei zwei Enthaltungen" einstimmig (Protokoll, S. 103) angenommen. Angesichts einer Gesamtzahl von 187 Delegierten (Protokoll, S. 68) fielen damit die insgesamt neun Quellen unter den Parteitagsdelegierten evident nicht ins Gewicht.

Auf Basis des vorgelegten Protokolls haben die Sicherheitsbehörden alle Personen überprüft, über deren Änderungsanträge durch den Parteitag abgestimmt wurde. Diese

Überprüfung führte zu dem Ergebnis, dass diese Personen allesamt die Voraussetzungen der **Kategorie 1** erfüllen.

12. Der von der Antragsgegnerin zitierte Sachverhalt im sozialen Netzwerk „Facebook" (S. 24 f. des Schriftsatzes vom 31. August 2015) ist nicht ansatzweise geeignet, eine Ausspähung der Prozessstrategie nachzuweisen, sondern demonstriert vielmehr die konsequente Umsetzung der vorgelegten Weisungen.

Der Sachverhalt steht in keinem Zusammenhang mit einer Ausspähung der Prozessstrategie oder einer Beobachtung des Rechtsanwalts *Peter Richter*. Die „Freundschaftsanfrage" eines – unter einer Legende operierenden – Facebook-Profils des Bayerischen Verfassungsschutzes an Herrn *Richter* wurde vor ca. drei Jahren gestellt, also weit vor seiner Bestellung zum Verfahrensbevollmächtigten im NPD-Parteiverbotsverfahren. Der Grund der Freundschaftsanfrage war ein taktischer, der mit dem Verbotsverfahren in keinem Zusammenhang steht: Wenn ein Facebook-Profil *Peter Richter* als „gemeinsamen Freund" aufweist, ist die Wahrscheinlichkeit viel höher, dass auch andere Personen im rechtsextremistischen Spektrum eine Freundschaftsanfrage annehmen werden. Denn *Peter Richter* ist in der rechtsextremen Szene bundesweit bekannt; eine Facebook-"Freundschaft" mit ihm erhöht in rechtsextremistischen Kreisen die Vertrauenswürdigkeit des unter einer Legende arbeitenden Facebook-Profils. Die „Freundschaft" mit *Peter Richter* sollte also allein dazu dienen, die eigentlichen Zielpersonen in Bayern zu veranlassen, Freundschaftsanfragen des unter einer Legenden erscheinenden Facebook-Profils des Bayerischen Landesverfassungsschutzes anzunehmen.

Peter Richter selbst wurde nicht beobachtet. Es wurden keine Informationen über *Peter Richter* oder dessen persönlichen Freundeskreis, der dem Bayerischen Verfassungsschutz nicht bekannt ist, oder zur Prozessstrategie der Antragsgegnerin gesammelt.

Die Beendigung des Facebook-Kontaktes zeigt die konsequente Umsetzung der vorgelegten Weisungen: Nach Bekanntwerden der Bestellung von *Peter Richter* zum Verfahrensbevollmächtigten im Januar 2014 wurden am 19. und 25. Februar 2014 die im Anlagenkonvolut Bayern genannten Weisungen bezüglich der Person *Peter Richter* erteilt. Am 26. Februar 2014 wurde die Weisung umgesetzt und der Facebook-Kontakt beendet.

13. Seit Anfang 2011 ist es zu keinen Maßnahmen der akustischen Wohnraumüberwachung und zu keinen Online-Durchsuchungen gegen *Peter Richter* oder gegen Vorstandsmitglieder der NPD oder ihrer Teilorganisationen auf Bundes- oder Landesebene durch eine Sicherheitsbehörde des Bundes oder der Länder gekommen.

Entgegen den Ausführungen der Antragsgegnerin stellten die vorgelegten Erlasse und Weisungen auch sicher, dass keine akustischen Wohnraumüberwachungen oder Online-Durchsuchungen zur Ausspähung der Prozessstrategie der Antragsgegnerin erfolgten. Denn die Erlasse bzw. Weisungen bezogen sich allgemein auf „nachrichtendienstlich erlangte Informationen" und verboten damit nicht nur G10-Maßnahmen, sondern auch die akustische Wohnraumüberwachung und die Online-Durchsuchung zur Ausspähung der Prozessstrategie der Antragsgegnerin (vgl. Anlagen 17 und 18 im Anlagenkonvolut des Bundes und die entsprechenden Erlasse und Weisungen der Länder). Auch die Aufzählung in den Schreiben, in denen auf die privilegierte Stellung des

Verfahrensbevollmächtigten der Antragsgegnerin hingewiesen wird (vgl. Anlage 37 im Anlagenkonvolut des Bundes und die entsprechenden Erlasse und Weisungen der Länder), ist nicht abschließend auf G10-Maßnahmen bezogen („insbesondere").

Der Hinweis auf die G10-Maßnahmen erfolgte nur, um hier eine besondere Sensibilisierung der Mitarbeiter zu erreichen. Dies war im Hinblick auf akustische Wohnraumüberwachung und Online-Durchsuchung aus folgenden Gründen nicht angezeigt: Akustische Wohnraumüberwachungen stehen in Bund und Ländern unter extrem hohen gesetzlichen Voraussetzungen. So lässt z. B. § 9 Abs. 2 BVerfSchG diese nur zu „wenn es im Einzelfall zur Abwehr einer gegenwärtigen gemeinen Gefahr oder einer gegenwärtigen Lebensgefahr für einzelne Personen unerläßlich ist und geeignete polizeiliche Hilfe für das bedrohte Rechtsgut nicht rechtzeitig erlangt werden kann". Deshalb ist allen Mitarbeitern der Sicherheitsbehörden bewusst, dass eine akustische Wohnraumüberwachung, die zudem einem richterlichen Genehmigungsvorbehalt unterliegt, nicht nur in Anbetracht des Verbots der Prozessstrategieausspähung hier nicht ansatzweise in Betracht kommen kann. Darauf müssen sie nicht gesondert hingewiesen werden. Wenn die sehr hohen Voraussetzungen des § 9 Abs. 2 BVerfSchG vorliegen, dürften zudem regelmäßig auch die Voraussetzungen einer Ausnahme für „zwingend erforderliche [...] Maßnahmen zur Abwehr akuter Gefahren" (BVerfGE 107, 339, 370) gegeben sein.

Im Hinblick auf die Online-Durchsuchung war ein gesonderter Hinweis bei zahlreichen Sicherheitsbehörden der Länder und des Bundes schon deshalb entbehrlich, weil diese mangels gesetzlicher Ermächtigung nicht zum Maßnahmenrepertoire dieser Behörden gehört. So verfügt etwa auf Bundesebene nur das BKA zur Abwehr von Gefahren des internationalen Terrorismus (§ 20k BKAG), nicht aber das Bundesamt für Verfassungsschutz über eine gesetzliche Ermächtigung zur Online-Durchsuchung. Auch zahlreiche Länder haben keine Ermächtigungsgrundlage für Online-Durchsuchungen. Im Übrigen erstreckten sich die in den Anlagekonvoluten enthaltenen Erlasse und Weisungen auch auf das Verbot der Online-Durchsuchung zur Prozessausspähung. Praktisch ist es angesichts der hohen Sensibilisierung der Mitarbeiter der Sicherheitsbehörden für die Anforderungen an die Rechtsstaatlichkeit des NPD-Verbotsverfahrens schlichtweg undenkbar, dass eine Online-Durchsuchung zur Ausspähung der Prozesstaktik der Antragsgegnerin oder ihres Verfahrensbevollmächtigten erfolgen könnte.

Die übrigen Punkte, die die Antragsgegnerin in ihrem Schriftsatz vom 31. August 2015 nennt, hatten wir bereits vollumfänglich in vorherigen Schriftsätzen beantwortet.

Christoph Möllers   Christian Waldhoff

Anlage:

Anlage 1:
Pressemitteilung der NPD vom 16. September 2015, Anlage 1, in: www.npd.de, **Kategorie 2**

25. Schriftsatz der Antragsgegnerin vom 5. November 2015

Rechtsanwalt Dipl.-Jur. Peter Richter, LL.M.   Saarbrücken, den 05.11.2015

Bundesverfassungsgericht
- Zweiter Senat -
Schlossbezirk 3
76131 Karlsruhe

2 BvB 1/13

In dem Parteiverbotsverfahren

Bundesrat   gegen   **NPD**
Prof. Dr. Möllers, LL.M.   RA Richter, LL.M.
Prof. Dr. Waldhoff

wird auf den Schriftsatz des Antragstellers vom 26.10.2015, hier eingegangen am 03.11.2015, in der gebotenen Kürze wie folgt erwidert:

1.

Zunächst wirkt es sehr befremdlich, wenn der Antragsteller der Antragsgegnerin eine „Verzögerungsstrategie" unterstellt, wo er selber durch seinen defizitären Vortrag zur angeblichen Staatsfreiheit der Führungsebene der Antragsgegnerin, welcher einen Hinweisbeschluss des erkennenden Senats erforderlich gemacht hat, sowie dadurch, dass er selbst gesetzte Stellungnahmefristen um zwei Monate überzieht

    vgl. Schreiben des Antragsgegners vom 22.06.2015

maßgeblich zur Verzögerung des vorliegenden Verfahrens beigetragen hat.

Dass und warum die Antragsgegnerin gegenwärtig zu einer inhaltlichen Erwiderung auf die im Verbotsantrag erhobenen Vorwürfe außer Stande ist, wurde bereits umfassend dargelegt; hierauf wird Bezug genommen.

Die durchgeführte Pressekonferenz in der Parteizentrale der Antragsgegnerin am 16.09.2015 steht hierzu nicht in Widerspruch, da dort lediglich dargelegt wurde, weshalb aus diesseitiger Sicht die vorgenannten Verfahrenshindernisse trotz des umfangreichen Schriftsatzes des Antragstellers vom 13.05.2015 weiter fortbestehen. Der Hinweis des Unterzeichners, im Falle einer Durchführung der Verhandlung werde man die vom Antragsteller vorgelegten Behauptungen in tatsächlicher Hinsicht umfassend bestreiten und gegenbeweislich Beweisanträge stellen, kann schwerlich als Offenbarung geheimer Prozessstrategien gewertet werden, sondern stellt eine evidente Selbstverständlichkeit dar, die sich bei der Lektüre der gegnerischen Ausführungen jedermann unmittelbar aufdrängen dürfte. Die Erarbeitung einer tatsächlichen Prozessstrategie, welche insbesondere die Fragen umfasst, wie eine inhaltliche Einlassung der Antragsgegnerin in tatsächlicher wie rechtlicher Hinsicht konkret aussehen würde und durch welche prozessualen Anträge diese gegebenenfalls zu flankieren wäre, ist aus den genannten Gründen mangels Gewährleistung einer vertraulichen Kommunikation weiterhin nicht möglich.

Der Verweis des Antragstellers auf die Bevollmächtigtenstellung des Unterzeichners in dem Verfahren LVerfG 4/15 e. A. des Landesverfassungsgerichts Mecklenburg-Vorpommern sowie in den Verfahren 2 BvE 2/14 bzw. 2 BvE 4/13 bei dem erkennenden Gericht vermag ebenfalls keinerlei Widersprüche in der Argumentation der Antragsgegnerin aufzuzeigen. Im Verfahren LVerfG 4/15 e. A. hat der Unterzeichner nicht die Antragsgegnerin, sondern die NPD-Fraktion im Landtag Mecklenburg-Vorpommern sowie die ihr angehörenden fünf Fraktionsmitglieder vertreten. Alle genannten Verfahren betreffen zudem Organklageverfahren, in denen der Unterzeichner auf Antragstellerseite tätig war und sich die „Prozessstrategie" mithin unmittelbar aus der jeweilgen Antragsschrift ergab. Dessen ungeachtet stellt es schon einen gravierenden Unterschied dar, ob der Unterzeichner die Antragsgegnerin in einem lediglich abstrakte Rechtsfragen betreffenden und ausschließlich mit einem Feststellungsurteil endenden Organklageverfahren vertritt oder – wie vorliegend – als Verteidiger in einem quasi-strafrechtlichen Verbotsverfahren, in dem es um die Existenz der gesamten Partei geht. Es dürfte unmittelbar einsichtig sein, dass im letzteren Fall deutlich höhere Anforderungen an die Vertraulichkeit der Kommunikation zwischen Mandant und Verteidiger zu stellen sind als im ersteren.

Angesichts dieser Umstände hat die Antragsgegnerin von ihrem prozessualen Recht Gebrauch gemacht, bei dem erkennenden Gericht eine separate Entscheidung über das Einstellungsgesuch einerseits und über die Durchführung der Verhandlung andererseits zu beantragen, die Durchführung eines Erörterungstermins, den die Antragstellerseite selbst befürwortet hat, anzuregen, und für den Fall der Ablehnung der Verfahrenseinstellung um Gewährung einer dreimonatigen Stellungnahmefrist zu bitten. Davon, dass die Antragsgegnerin für sich die „Rechtsmacht" in Anspruch nehmen würde, „den Zeitplan des Verfahrens nach ihrem Belieben zu bestimmen" kann daher keine Rede sein. Die Entscheidung, wie mit den gestellten Anträgen zu verfahren ist, obliegt allein dem erkennenden Senat. Der Antragsteller versucht durch derlei Polemiken augenscheinlich von dem Umstand abzulenken, dass er seine eigenen Darlegungsobliegenheiten hinsichtlich der Staatsfreiheit der Führungsebene der Antragsgegnerin zu erfüllen weiterhin weder willens noch imstande ist.

2.

Die angebliche Sperrung bzw. Vernichtung der auf den Seiten 3 und 4 des antragstellerischen Schriftsatzes vom 26.10.2015 erwähnten Dokumente sowie die angeblichen Kontrollen der Einhaltung der erteilten Weisungen im Wege der Dienst- und Fachaufsicht durch Gespräche, Dienstbesprechungen, Aktenlektüre etc. werden **mit Nichtwis-**

sen bestritten. Beweis hat der Antragsteller insoweit nicht angetreten, sondern lediglich unbewiesene Behauptungen aufgestellt.

Dessen ungeachtet wurde bereits dargelegt, dass die Existenz reiner Weisungen das Fehlen einer staatlichen Infiltration der Führungsebene der Antragsgegnerin nicht in geeigneter Weise zu belegen geeignet ist.

3.

Die Behauptung des Antragstellers auf Seite 5 des Schriftsatzes vom 26.10.2015, bei der im Anlagenkonvolut Nordrhein-Westfalen erwähnten weiteren abgeschalteten V-Person habe es sich lediglich um eine solche außerhalb der Führungsebene gehandelt, deren Abschaltung „überobligatorisch" erfolgt sei, wird **mit Nichtwissen bestritten**. Der Vortrag des Antragstellers erschöpft sich wiederum in reinen Behauptungen und ist daher in beweisrechtlicher Hinsicht unergiebig.

4.

Da ein „in-camera-Verfahren" schon denknotwendig nur zu Lasten und niemals zu Gunsten der Antragsgegnerin eines Parteiverbotsverfahrens durchgeführt werden kann, erschließt sich nicht, wie die Gegenseite mit dem Hinweis, der Senat habe ein solches Verfahren lediglich dann für zu unzulässig erklärt, wen es zu Lasten der Antragsgegnerin angewendet wird, seine Zulässigkeit im vorliegenden Verfahren begründen möchte.

5.

Der Antragsteller möge seine bemerkenswerte Aussage im Schriftsatz vom 26.10.2015, Seite 5, wonach

> „die Möglichkeit des Einsatzes von V-Personen im Landesvorstand einer Partei [...] von vielen externen Faktoren ab[hängt], auf die die Sicherheitsbehörden nur begrenzten Einfluss haben, so dass der Schluss von der Gefährlichkeit eines Landesverbandes auf die zu erwartende Anzahl der ehemaligen V-Personen auf Führungseben nicht trägt"

einmal näher erläutern und darlegen, von welchen Faktoren – wenn nicht von der „Gefährlichkeit" des jeweiligen Verbandes – der V-Mann-Einsatz denn sonst abhängen soll, wurde bislang doch stets geltend gemacht, der V-Mann-Einsatz diene allein dem präventiven Verfassungsschutz und damit der Gefahrenabwehr im weiteren Sinne. Wenn das Bestehen tatsächlicher Gefahren aber (neuerdings?) gar nicht mehr das entscheidende Kriterium für den V-Mann-Einsatz zu sein scheint, sondern irgendwelche dubiosen anderen Faktoren, auf welche die Sicherheitsbehörden gar keinen Einfluss haben, dann nährt dies natürlich den von Seiten der Antragsgegnerin schon seit jeher gehegten Verdacht, dass das gesamte bundesdeutsche V-Mann-System von rein politischen anstatt von gefahrenabwehrrechtlichen Maximen beherrscht wird. Dem Antragsteller ist es natürlich unbenommen, diesen sich aufdrängenden Eindruck durch eine umfassende Darstellung der tatsächlichen Kriterien für den V-Mann-Einsatz richtigzustellen und die sich aus seiner V-Mann-Statistik im Hinblick auf die Verteilung in den einzelnen Bundesländern ergebenden offensichtlichen Merkwürdigkeiten aufzuklären. Der nichtssagende Fünfzeiler des Antragstellers im Schriftsatz vom 26.10.2015 ist aber jedenfalls nicht geeignet, das angeblich gänzliche Fehlen von V-Leuten in den Landesvorständen von Sachsen und Mecklenburg-Vorpommern im hier interessierenden Zeitraum nachvollziehbar zu erklären und die damit einhergehenden durchgreifenden Zweifel an der Glaubhaftigkeit der gegnerischen Ausführungen im Schriftsatz vom 13.05.2015 auszuräumen.

6.

Die angebliche Staatsfreiheit der aktuellen und vergangenen Landtagsfraktionen der Antragsgegnerin wird weiterhin **mit Nichtwissen bestritten**. Beweis bietet der Antragsteller nach wie vor nicht an, insbesondere sind die angebotenen „Testate" in beweisrechtlicher Hinsicht ebenso irrelevant wie die bereits vorgelegten „Testate".

7.

Der Antragsteller bestreitet auch im aktuellen Schriftsatz vom 26.10.2015 ausdrücklich nicht, dass es eingeschleuste V-Personen in der Führungsebene der Antragsgegnerin gab. Da er darüber hinaus ebenfalls nicht behauptet, dass diese eingeschleusten V-Personen zurückgezogen worden wären, sondern die unstreitig nicht erfolgte Rückziehung ausschließlich damit zu rechtfertigen versucht, dass eine solche – was diesseitig **bestritten** wird – praktisch nicht darstellbar sein soll, steht endgültig fest, dass der Antragsteller den Vorgaben des erkennenden Senats im Beschluss vom 18.03.2003 in den Verfahren 2 BvB 1/01 u. a., Rn. 87, nicht nachgekommen ist. Allein deshalb ist das vorliegende Verfahren einstellungsreif.

8.

Die Behauptung des Antragsgegners, keiner der von ihm eingeräumten auf dem Bamberger Programmparteitag anwesenden neun V-Personen habe sich als Änderungsantragsteller betätigt, wird **mit Nichtwissen bestritten**. Der Antragsteller möge diesbezüglich Beweis antreten.

Darüber hinaus ist selbst dann, wenn die neun zugestandenen V-Personen nicht als Änderungsantragsteller in Erscheinung getreten wären, ein unmittelbarer staatlicher Einfluss auf die Genese des Parteiprogramms keineswegs auszuschließen, weil eine Beeinflussung des Abstimmungsergebnisses beispielsweise auch durch Wortbeiträge und durch persönliche Gespräche mit anderen Delegierten möglich ist. Von daher ist es unerlässlich, dass der Antragsteller zu dem Wirken der sich unter den damaligen Parteitagsdelegierten befindlichen V-Personen detailliert Stellung nimmt.

9.

Die Behauptung des Antragsgegners, der auf den Unterzeichner angesetzte bayerische Facebook-Spitzel habe sich lediglich die virtuelle Freundschaft desselben erschleichen wollen, um sich leichter mit rechtsgerichteten Personen aus Bayern über Facebook „anfreunden" zu können, wird **mit Nichtwissen bestritten**.

Es ist schon äußerst bemerkenswert, dass der saarländische Verfassungsschutz mit dem Fahrzeug der Mutter des Unterzeichners kollidiert und der bayerische Verfassungsschutz staatliche Spitzel in dessen Facebook-Freundesliste implantiert, all diese Vorgänge aber auf „reinem Zufall" beruhen bzw. mit dem Unterzeichner selbst gar nichts zu tun haben sollen. Bei dieser mehr als dubiosen Sachlage führt an einer Anforderung und Inaugenscheinnahme der den Unterzeichner betreffenden Akten der bundesdeutschen Inlandsgeheimdienste gemäß dem gestellten Beweisantrag kein Weg mehr vorbei.

10.

Die Behauptung des Antragstellers, es sei seit Anfang 2011 zu keinen Maßnahmen der akustischen Wohnraumüberwachung und zu keinen Online-Durchsuchungen gegen den Unterzeichner sowie gegen Vorstandsmitglieder der Antragsgegnerin auf Bundes- und Landesebene gekommen, wird **mit Nichtwissen bestritten**. Beweis tritt der Antragsteller wiederum nicht an.

Soweit der Antragsteller vorträgt, die Durchführung von akustischen Wohnraumüberwachungen und Online-Durchsuchungen sei dermaßen abwegig, dass man die Mitarbeiter der Sicherheitsdienste auf die Unzulässigkeit derartiger Maßnahmen nicht mehr gesondert hinzuweisen brauche, verwundert sehr. Spätestens nach dem NSU-Skandal ist bei den bundesdeutschen Inlandsgeheimdiensten überhaupt nichts mehr auszuschließen, sodass es entsprechender klarstellender Weisungen selbst dann bedurft hätte, wenn man davon ausgeht, dass solchen Weisungen überhaupt ein relevanter Beweiswert zukommt.

Dipl.-Jur. Peter Richter, LL.M.
– Rechtsanwalt –

26. Beschluss vom 2. Dezember 2015

BUNDESVERFASSUNGSGERICHT
– 2 BvB 1/13 –

IM NAMEN DES VOLKES

In dem Verfahren
über
die Anträge

1. Die Nationaldemokratische Partei Deutschlands einschließlich ihrer Teilorganisationen Junge Nationaldemokraten, Ring Nationaler Frauen und Kommunalpolitische Vereinigung ist verfassungswidrig.

2. Die Nationaldemokratische Partei Deutschlands einschließlich ihrer Teilorganisationen Junge Nationaldemokraten, Ring Nationaler Frauen und Kommunalpolitische Vereinigung wird aufgelöst.

3. Es ist verboten, Ersatzorganisationen für die Nationaldemokratische Partei Deutschlands einschließlich ihrer Teilorganisationen Junge Nationaldemokraten, Ring Nationaler Frauen und Kommunalpolitische Vereinigung zu schaffen oder bestehende Organisationen als Ersatzorganisationen fortzusetzen.

4. Das Vermögen der Nationaldemokratischen Partei Deutschlands einschließlich ihrer Teilorganisationen Junge Nationaldemokraten, Ring Nationaler Frauen und Kommunalpolitische Vereinigung wird zugunsten der Bundesrepublik Deutschland für gemeinnützige Zwecke eingezogen.

Antragsteller: Bundesrat,
vertreten durch den Präsidenten des Bundesrates,
Leipziger Straße 3–4, 10117 Berlin,

– Bevollmächtigte: 1. Prof. Dr. Christoph Möllers,
c/o Bundesrat, Leipziger Straße 3–4, 10117 Berlin,
2. Prof. Dr. Christian Waldhoff,
c/o Bundesrat, Leipziger Straße 3–4, 10117 Berlin –

I. Schriftverkehr

Antragsgegnerin: Nationaldemokratische Partei Deutschlands, vertreten durch den Bundesvorsitzenden Frank Franz, Seelenbinderstraße 42, 12555 Berlin,

– Bevollmächtigter: Rechtsanwalt Dipl.-Jur. Peter Richter, LL.M. –

hat das Bundesverfassungsgericht – Zweiter Senat –

unter Mitwirkung der Richterinnen und Richter
Präsident Voßkuhle,
Landau,
Huber,
Hermanns,
Müller,
Kessal-Wulf,
König,
Maidowski

am 2. Dezember 2015 folgenden Beschluss gefasst:

Die Verhandlung über die Anträge des Bundesrats ist durchzuführen.

Voßkuhle	Landau	Huber
Hermanns	Müller	Kessal-Wulf
	König	Maidowski

27. Terminsladung vom 7. Dezember 2015[1]

Bundesverfassungsgericht Karlsruhe, den 07.12.2015
Zweiter Senat
– Der Vorsitzende –

Terminsladung

in dem Verfahren
über
die Anträge

1. Die Nationaldemokratische Partei Deutschlands einschließlich ihrer Teilorganisationen Junge Nationaldemokraten, Ring Nationaler Frauen und Kommunalpolitische Vereinigung ist verfassungswidrig.

2. Die Nationaldemokratische Partei Deutschlands einschließlich ihrer Teilorganisationen Junge Nationaldemokraten, Ring Nationaler Frauen und Kommunalpolitische Vereinigung wird aufgelöst.

3. Es ist verboten, Ersatzorganisationen für die Nationaldemokratische Partei Deutschlands einschließlich ihrer Teilorganisationen Junge Nationaldemokraten, Ring Nationaler Frauen und Kommunalpolitische Vereinigung zu schaffen oder bestehende Organisationen als Ersatzorganisationen fortzusetzen.

4. Das Vermögen der Nationaldemokratischen Partei Deutschlands einschließlich ihrer Teilorganisationen Junge Nationaldemokraten, Ring Nationaler Frauen und Kommunalpolitische Vereinigung wird zugunsten der Bundesrepublik Deutschland für gemeinnützige Zwecke eingezogen.

Antragsteller: Bundesrat,
vertreten durch den Präsidenten des Bundesrates,
Leipziger Straße 3–4, 10117 Berlin,

– Bevollmächtigte: 1. Prof. Dr. Christoph Möllers,
c/o Bundesrat, Leipziger Straße 3–4, 10117 Berlin,
2. Prof. Dr. Christian Waldhoff,
c/o Bundesrat, Leipziger Straße 3–4, 10117 Berlin –

Antragsgegnerin: Nationaldemokratische Partei Deutschlands,
vertreten durch den

---

[1] Abgedruckt ist die Ladung der Verfahrensbeteiligten.

Bundesvorsitzenden Frank Franz,
Seelenbinderstraße 42, 12555 Berlin,

– Bevollmächtigter: Rechtsanwalt Dipl.-Jur. Peter Richter, LL.M. –

hat der Zweite Senat des Bundesverfassungsgerichts Termin zur mündlichen Verhandlung anberaumt auf

Dienstag, den 1. März 2016, 10:00 Uhr

Mittwoch, den 2. März 2016, 10:00 Uhr und

Donnerstag, den 3. März 2016, 10:00 Uhr

im Sitzungssaal des Bundesverfassungsgerichts, Schlossbezirk 3, Karlsruhe.
  Zu diesen Terminen werden Sie hiermit geladen.[2]
  Ob weitere Termine notwendig sind, wird danach entschieden.
  Eine Vorbesprechung findet statt am

Dienstag, den 1. März 2016, 9:15 Uhr,

im Beratungszimmer des Zweiten Senats des Bundesverfassungsgerichts, Schlossbezirk 3, Karlsruhe, Zimmer 457.
  Es wird darauf hingewiesen, dass sich das für die Beweiserhebung maßgebliche Prozessrecht aus den §§ 26 bis 29 BVerfGG ergibt. Die Kenntnis der bis zur mündlichen Verhandlung vorgelegten Urkunden wird vorausgesetzt.
  Weiterhin wird darauf hingewiesen, dass die als Anlage 5 zur Antragsschrift vorgelegte „Übersicht und Statistik über strafrechtliche Verurteilungen von Bundes- und Landesvorstandsmitgliedern der NPD" in anonymisierter Form nicht verwertbar ist.

---

[2] Die Ladung von PD Dr. Steffen Kailitz, Andrea Röpke, Prof. Dr. Dierk Borstel und Prof. Dr. Eckhard Jesse enthält folgenden Text:
  Zu diesen Terminen werden Sie hiermit gemäß § 27a BVerfGG als sachkundiger Dritter geladen.
  Eine Vorbesprechung findet statt am
Dienstag, den 1. März 2016, 9:15 Uhr,
  im Beratungszimmer des Zweiten Senats des Bundesverfassungsgerichts, Schlossbezirk 3, Karlsruhe, Zimmer 457.
  Eine Verhandlungsgliederung sowie eine Liste der zur mündlichen Verhandlung geladenen beziehungsweise benachrichtigten Beteiligten sind beigefügt.
  Es wird gebeten mitzuteilen, ob Sie an der mündlichen Verhandlung teilnehmen.

  Die Ladung von Udo Pastörs, Udo Voigt, Jürgen Gansel, Claus Cremer und Holger Apfel enthält folgenden Text:
  Zu diesen Terminen werden Sie hiermit geladen. Aus gegebenem Anlass wird darauf hingewiesen, dass Sie nicht als Zeuge, sondern als Auskunftsperson geladen sind.
  Eine Verhandlungsgliederung sowie eine Liste der zur mündlichen Verhandlung geladenen beziehungsweise benachrichtigten Beteiligten sind beigefügt.
  Soweit Ihnen durch die Teilnahme an den Verhandlungsterminen Kosten entstehen, werden diese entsprechend den Regelungen des Justizvergütungs- und entschädigungsgesetzes (JVEG) erstattet.
  Terminsnachrichten erhielten Bundespräsident, Deutscher Bundestag, Bundesrat, Bundesregierung sowie alle Länderregierungen und Landtage.

C. Das zweite NPD-Verbotsverfahren (2013–2017)

Eine Verhandlungsgliederung sowie eine Liste der zur mündlichen Verhandlung geladenen beziehungsweise benachrichtigten Beteiligten sind beigefügt.

Es wird gebeten, die Namen der teilnehmenden Personen bis zum 12. Februar 2016 mitzuteilen. Da die Raumkapazitäten im Sitzungssaal begrenzt sind, wird außerdem darum gebeten, eine Vorauswahl und Reihung der teilnehmenden Personen zu treffen.

Prof. Dr. Andreas Voßkuhle

Präsident

28. Verhandlungsgliederung

2 BvB 1/13

Verhandlungsgliederung

I. Einführende Stellungnahmen (15 Minuten)

II. Verfahrenshindernisse
 1. Maßstab
    a) Grundkonzeption
    b) Staatsfreiheit/Quellenfreiheit
    c) Faires Verfahren

 2. Subsumtion
    a) Abschaltung/Rückziehung von Quellen
    b) Informationsgewinnende Nachsorge
    c) Ausspähung der Prozessstrategie und Kommunikation mit dem Verfahrensbevollmächtigten

III. Zulässigkeit

IV. Begründetheit
 1. Maßstab
    a) Systematische Einordnung des Parteiverbotsverfahrens
    b) Tatbestandsmerkmale
       - Partei
       - Freiheitliche demokratische Grundordnung
       - Beseitigen oder beeinträchtigen
       - Darauf ausgehen (Gesinnungs- oder Handlungssanktion; Präventionszweck der Norm)
       - Verhältnismäßigkeitsgrundsatz
    c) Wesensverwandtschaft mit dem Nationalsozialismus
    d) Anforderungen der Europäischen Menschenrechtskonvention
    e) Erkenntnisquellen und Zurechnung

 2. Subsumtion
    a) Freiheitliche demokratische Grundordnung
       aa) Menschenwürde
           - Ethnischer Volksbegriff
           - Stellung von Ausländern, Asylbewerbern und Migranten

C. Das zweite NPD-Verbotsverfahren (2013–2017)

   - Ethnische und religiöse Minderheiten
   - Antisemitismus
 bb) Demokratie
   - Nationalismus
   - Antiparlamentarismus
   - Systemüberwindung
 cc) Rechtsstaat und staatliches Gewaltmonopol
 dd) Wesensverwandtschaft mit dem Nationalsozialismus
b) Beseitigen oder Beeinträchtigen
c) Darauf ausgehen
   - Organisationsgrad und gesellschaftliche Reichweite
   - Strategisches Konzept
   - Umsetzungsschritte (Vermittlung des Programms, räumliches Dominanzstreben, Inhalte und Instrumente des politischen Wettbewerbs, Auseinandersetzung mit dem politischen Gegner, Vernetzung mit „freien Kräften")
   - Realisierungschance
d) Verhältnismäßigkeit

V. Rechtsfolgen

VI. Abschließende Stellungnahmen

29. Schriftsatz Rechtsanwalt Andrejewski vom 26. Januar 2016

Rechtsanwalt Michael Andrejewski Anklam, den 26.01.2016

Bundesverfassungsgericht
- Zweiter Senat -
Schloßbezirk 3
76131 Karlsruhe

NPD-Verbotsverfahren

– 2 BvB 1/13 –

Sehr geehrte Damen und Herren,

ich teile Ihnen mit, daß ich in dem oben benannten Verfahren als weiterer Prozeßbevollmächtigter bestellt worden bin. Die vom Parteivorsitzenden unterzeichnete Vollmacht füge ich bei.

Mit freundlichen Grüßen
Rechtsanwalt

30. Schriftsatz des Antragstellers vom 11. Februar 2016

Prof. Dr. Christoph Möllers
Prof. Dr. Christian Waldhoff
c/o Bundesrat
Leipziger Straße 3–4
10117 Berlin

An das
Bundesverfassungsgericht
Zweiter Senat
Schlossbezirk 3
76131 Karlsruhe

2 BvB 1/13

Berlin, am 11. Februar 2016

Hiermit übersenden wir die letzten Unterlagen zur Vorbereitung auf die mündliche Verhandlung:

1. In der Terminsladung war uns aufgetragen worden, bis zum 12. Februar 2016 eine Vorauswahl und Reihung der teilnehmenden Personen auf der Seite des Antragstellers zu übersenden. Diese Liste ist als **Anlage 1** diesem Schriftsatz beigefügt.
   Der Bundesratsverwaltung ist telefonisch mitgeteilt worden, dass das Kontingent für den Antragsteller und die Länder gemeinsam insgesamt 70 Personen beträgt. Auf dieser Annahme beruht die beigefügte Liste, mit der wir die Teilnehmer sowohl für den Antragsteller als auch für alle Länder melden. Dies ersetzt etwaige vorherige Meldungen durch die Länder. Sollte die Größe des Kontingents sich ändern, möchten wir höflich um einen Hinweis bitten.
   Neben Vertretern der politischen Ebene wird von jedem Land der Leiter des Verfassungsschutzes, eine Führungsperson der Landespolizei sowie ein weiterer Fachbeamter vertreten sein, die dem Senat für Fragen insbesondere zur Staatsfreiheit der Partei und zur Quellenfreiheit des Materials zur Verfügung stehen. Entsprechende Aussagegenehmigungen werden zur mündlichen Verhandlung mitgebracht.

2. Auf unsere Bitte hat der Antragsteller für die mündliche Verhandlung als weiteren Verfahrensbevollmächtigten Herrn Rechtsanwalt Prof. Dr. Dr. Alexander Ignor beauftragt. Seine Vollmacht ist als **Anlage 2** beigefügt. Alle Bevollmächtigten sind weiterhin unter der Adresse c/o Bundesrat, Leipziger Straße 3–4, 10117 Berlin erreichbar.

3. In der Terminsladung war darauf hingewiesen worden, dass die der Antragsschrift als Anlage 5 beigefügte „Übersicht und Statistik über strafrechtliche Verurteilungen von Bundes- und Landesvorstandsmitgliedern der NPD" in anonymisierter Form nicht verwertbar" sei. Daher übersenden wir als **Anlage 3** diese Übersicht in teilweise deanonymisierter Form.

Zum Schutz des Persönlichkeitsrechts der betroffenen Personen sind nur diejenigen rechtskräftig verurteilten Personen namentlich genannt, bei denen die Straftat eine Schwere erreicht hat, die in der Abwägung eine Offenlegung des Namens im hiesigen Verfahren rechtfertigt. Diese Schwere wird aus unserer Sicht durch die Verurteilung zu einer Freiheitsstrafe indiziert. Die restlichen, nicht namentlich erwähnten Personen, deren Verurteilungen in die Statistik eingeflossen waren, sind zu Geldstrafen verurteilt worden.

Die als **Anlage 3** beigefügte Übersicht bezieht sich in einem ersten Teil auf den Stand März 2013 (Datum der ursprünglichen Anlage 5 zur Antragsschrift). In einem zweiten Teil werden diejenigen Vorstandsmitglieder genannt, die seit März 2013 entweder neu in Vorstände eingetreten sind oder deren rechtskräftige Verurteilungen seitdem neu in das Bundeszentralregister aufgenommen wurden.

4. Der Antragsschrift war eine Stellungnahme des Instituts für Zeitgeschichte zur „Frage der Wesensverwandtschaft von NPD und historischem Nationalsozialismus" vom 25. Februar 2013 als Anlage beigefügt, in der das Institut u. a. eine „totalitäre und demokratiefeindliche Ideologie" der NPD sowie „militanten Antiliberalismus" diagnostiziert hatte. Als **Anlage 4** übersenden wir nun eine Fortschreibung dieser Stellungnahme in Form eines Kurzgutachtens. Es bestätigt die fortdauernde Wesensverwandtschaft von NPD und historischem Nationalsozialismus basierend auf Material bis Ende 2015.

Das Institut für Zeitgeschichte kommt zu folgendem Ergebnis:

„Insgesamt sind die Anlehnungen der NPD an das nationalsozialistische, rassistisch-biologistische Gedankengebäude der NSDAP durchweg offensichtlich. Antisemitismus, völkischer Nationalismus und Demokratiefeindlichkeit der NPD stehen in eindeutiger Tradition des historischen Nationalsozialismus, sind mit diesem wesensverwandt und bisweilen wesensidentisch. Die in der historischen Vorbildfunktion des Nationalsozialismus stehenden ideologischen Grundannahmen zielen zugleich auf die Umwälzung der aktuellen politischen Verhältnisse und die Etablierung eines am nationalsozialistischen Volksbegriff orientierten Staates."

Für beide gutachterliche Stellungnahmen schöpfte das Institut für Zeitgeschichte aus der Materialsammlung der Sicherheitsbehörden von Bund und Ländern zum NPD-Verbotsverfahren. Diese Materialsammlung umfasst inzwischen – bei einigen Dopplungen – rund 5000 Belege. Alle vom Institut für Zeitgeschichte zitierten Belege sind nach den in den Testaten der Innenminister bestätigten Standards (Kategorie 1 bzw. 2) quellenfrei.

Wir bitten höflich um einen Hinweis, wenn der Senat eine Übersendung der Belege wünscht, die in der Stellungnahme des Instituts für Zeitgeschichte vom 25. Februar 2013 sowie in der nun übersandten Aktualisierung zitiert werden.

C. Das zweite NPD-Verbotsverfahren (2013–2017)

Herr Professor B., stellvertretender Direktor des Instituts für Zeitgeschichte, wird im Kontingent des Antragstellers am zweiten und dritten Verhandlungstag teilnehmen und steht dem Senat für Erläuterungen sowie zur Beantwortung von Fragen zur Verfügung.

5. Zur Frage der Vereinbarkeit eines möglichen Verbots der Antragsgegnerin mit der Europäischen Menschenrechtskonvention (EMRK) übersenden wir als **Anlage 5** ein Rechtsgutachten von Prof. DDr. Christoph Grabenwarter (Wien) und Prof. Dr. Christian Walter (München).

Das Gutachten kommt unter anderem zu dem Ergebnis, dass eine konkrete Gefahr für die Demokratie keine Voraussetzung für das Verbot einer rechtsextremistischen Partei ist. Es stellt ferner dar, dass es gerade der Sinn der EMRK war, Lehren aus dem nationalsozialistischen Unrechtsregime zu ziehen.

Es ist daher u. E. kaum vorstellbar, dass der EGMR das Verbot einer deutschen Partei, deren ideologische Wesensverwandtschaft mit dem historischen Nationalsozialismus dargelegt ist, für konventionswidrig erklären würde. Statt einer „demokratischen Gesellschaft" (Art. 11 Abs. 2 EMRK), Meinungsfreiheit (Art. 10 EMRK), Religionsfreiheit (Art. 9 EMRK) und Diskriminierungsverbot (Art. 13 EMRK) postuliert die Antragsgegnerin:

„Der Normalzustand ist die Homogenität [...] Toleranz ist nicht angebracht." (Beleg 234 der Antragsschrift);

„Raus mit dem Islam aus Europa! Wenn es sein muß, dann wie früher mit Feuer und Schwert!" (Beleg 245 des Schriftsatzes vom 27.8.2015);

„Europa ist das Land der weißen Rasse und es soll es auch bleiben" sowie

„Das was vor uns liegt, ist die Reststrecke eines korrupten Systems, das beseitigt gehört, weil es den Volkserhalt gefährdet, liebe Freunde." (beide Beleg 82 der Antragsschrift).

Das Gutachten zieht folgende Konsequenz: *„Nach der Antragsschrift verbinden sich die Demokratiefeindlichkeit der Antragsgegnerin und ihre Vorschläge zur Abschaffung von Konventionsrechten mit einer revisionistischen, rassistischen und ausländerfeindlichen Grundhaltung. Es ist anzunehmen, dass der EGMR auf dem Boden seiner bisherigen Rechtsprechung in der Gesamtbetrachtung dieser Aspekte ein dringendes soziales Bedürfnis für ihr Verbot sehen und als notwendig in einer demokratischen Gesellschaft akzeptieren wird."*

Prof. Dr. Christian Walter wird im Kontingent des Antragstellers am zweiten und dritten Verhandlungstag teilnehmen und steht dem Senat für Erläuterungen sowie zur Beantwortung von Fragen zur Verfügung.

6. Wir möchten darauf hinweisen, dass die Antragsgegnerin in öffentlichen Äußerungen für die mündliche Verhandlung Überraschungen angekündigt hat. In einem Zeitungsartikel lässt ihr Verfahrensbevollmächtigter sich mit den Worten zitieren: *„Wir haben den einen oder anderen Knaller schon in petto."* (**Anlage 6**)

Der Senat hatte der Antragsgegnerin vor mehr als zwei Jahren die Möglichkeit zur Äußerung gegeben. Vor diesem Hintergrund zeigt das Zurückhalten von „Knallern" bis zur mündlichen Verhandlung sowohl die Verzögerungstaktik der Antragsgegnerin als auch ihr Ziel, durch angebliche Enthüllungen mediale Effekte hervorzurufen.

Soweit die „Knaller" Enttarnungen von angeblichen V-Leuten auf der Führungsebene der Antragsgegnerin darstellen sollten, möchte der Antragsteller vorab abermals betonen, dass die Sicherheitsbehörden von Bund und Ländern – wie in den Testaten der Innenminister bestätigt – spätestens seit dem 6. Dezember 2012 keine V-Personen in den Bundes- bzw. Landesvorständen der NPD bzw. ihrer Teilorganisationen eingesetzt haben.

Soweit V-Personen in der NPD bzw. ihren Teilorganisationen eingesetzt werden, geschieht dies – im Einklang mit den Anforderungen von BVerfGE 107, 339 ff. – ausnahmslos unterhalb dieser Führungsebene.

Auch die von uns eingebrachten Belege sind im Sinne der in den Testaten dargelegten Kategorien 1 bzw. 2 quellenfrei.

Im Schriftsatz vom 13. Mai 2015 hatten wir zudem angekündigt, den Senat darüber zu informieren, falls V-Leute, die unterhalb der Führungsebene eingesetzt werden, in den Bundes- oder Landesvorstand aufgerückt sind. Ein solcher Fall ist den Sicherheitsbehörden seit dem 1. Dezember 2011 weder durch die beim Bundeswahlleiter vorhandenen Vorstandslisten (gemäß § 6 Abs. 3 Nr. 2 ParteienG nur für die Bundes- und Landesvorstände der NPD, nicht für die Teilorganisationen) noch durch Angaben der V-Personen selbst gegenüber ihren V-Mann-Führern noch auf anderem Weg bekannt geworden.

7. Hinweisen möchten wir den Senat auf einen Korrekturbedarf auf S. 109 f. [S. 433 f.] unseres Schriftsatzes vom 27. August 2015: Dort wurden die Belege 276 bis 278 und 280 als „Kategorie 2" eingeordnet. Richtigerweise ist hier jedoch nicht „Kategorie 2" anzuwenden und kann nicht gewährleistet werden. Vielmehr ist für diese Belege „Kategorie 1" im Hinblick auf den Vorsitzenden des Kreisverbandes V. anzuwenden. Er steuert – wie auf S. 109 [S. 433 f.] erwähnt – den Kreisverband maßgeblich, ist ausweislich der Homepage des Kreisverbandes „Redaktion" und „inhaltlich Verantwortlicher" des Online-Angebots und daher für die Belege 276 bis 278 und 280 verantwortlich.

8. Stellvertretend für die zahlreichen verfassungsfeindlichen Äußerungen und Aktivitäten, die trotz des laufenden Verbotsverfahrens in den vergangenen Monaten von der Antragsgegnerin ausgingen, übersenden wir nur vier Beispiele als **Anlage 7**:
   - Der NPD-Vertreter im Kreistag Barnim, Z., zeigte im November 2015 bei dem Besuch eines Schwimmbades in Oranienburg (Brandenburg) seine Rückentätowierung, die aus einer Silhouette eines Konzentrationslagers und dem Spruch „Jedem das Seine" bestand (Belege 1 und 2, Kategorie 1).
   - Der NPD-Kreisrat K. wurde im August 2015 von einer Zeitung befragt, wie mit straffälligen Asylbewerbern umzugehen sei. Darauf antwortete er: *„Nee, Gleis 17, Waggon 1, rein und ab."* Auf Gleis 17 im Bahnhof Berlin-Grunewald befindet sich ein Mahnmal, das an die Deportation von Juden in Konzentrationslager erinnert. Zudem sprach er sich gegen eine „Umvolkung" aus und äußerte sich wie folgt: *„Ich sage jetzt bewusst: Die deutsche Rasse soll durch diese Dinge aufgemischt werden."* (Beleg 3, Kategorie 1)
   - Der NPD-Landesverband Bayern kommentierte auf seiner Facebook-Seite eine geplante Unterkunft für Asylbewerber wie folgt: *„Die ewigen, internationalen Verbrecher tun alles, um uns Deutsche zu entrechten zu vertreiben und zu vernich-*

ten! Sie wollen lieber Neger als Untertanen und ‚Facharbeiter'! Viele tausend Jahre Kulturentwicklung sollen vernichtet werden durch diese Untermenschen!" (Beleg 4, Kategorie 2)
- NPD-Funktionär W., der u. a. stellvertretender Landesvorsitzender der NPD Rheinland-Pfalz war, kommentierte diesen Beitrag, indem er zur Brandstiftung aufrief: „*sobald es steht gleich in brandsetzen, wenn nicht wir dann auch kein anderer*" (Beleg 5, Kategorie 1)
- Bundesvorstandsmitglied und NPD-Landesvorsitzender Hamburg Thomas Wulff postete am 20. April 2015 anlässlich des Geburtstags Adolf Hitlers das folgende Gedicht:
  „*Im Gedenken zum Geburtstag*
  Es ragt dein Werk, so die Dome ragen!
  Gebaut für eine deutsche Ewigkeit, Wird es die Kunde dieser hohen Zeit bis zu den Enkeln unsrer Enkel tragen ..." (Beleg 6, Kategorie 1)

Christoph Möllers   Christian Waldhoff

Anlagen

Anlage 1:
Liste der teilnehmenden Personen auf der Seite des Antragstellers

Anlage 2:
Vollmacht des Bundesrats für Herrn Rechtsanwalt Prof. Dr. Dr. Alexander Ignor

Anlage 3:
Übersicht über strafrechtliche Verurteilungen in Vorständen der Antragsgegnerin

Anlage 4:
Institut für Zeitgeschichte, Fortschreibung der Stellungnahme zur Frage der Wesensverwandtschaft von NPD und historischem Nationalsozialismus im Lichte des Ende 2015 zur Verfügung gestellten Materials, 9. Februar 2016[1]

Anlage 5:
Rechtsgutachten von Prof. DDr. Christoph Grabenwarter und Prof. Dr. Christian Walter zu Rechtsfragen eines Verbots der NPD am Maßstab der EMRK

Anlage 6:
Artikel aus dem Tagesspiegel „NPD will vor Gericht V-Leute enttarnen" vom 30. Januar 2016

Anlage 7:
Exemplarische Belege

---

[1] Die Stellungnahme ist abrufbar unter: https://www.ifz-muenchen.de/vierteljahreshefte/zusatzangebote/beilagen/ (zuletzt abgerufen am 27. Juli 2020).

31. Schriftsatz des Antragstellers vom 23. Februar 2016

Prof. Dr. Christoph Möllers
Prof. Dr. Christian Waldhoff
c/o Bundesrat
Leipziger Straße 3–4
10117 Berlin

An das
Bundesverfassungsgericht
Zweiter Senat
Schlossbezirk 3
76131 Karlsruhe

2 BvB 1/13

Berlin, am 23. Februar 2016

Sehr geehrter Herr Vorsitzender,

in Ergänzung unseres Schriftsatzes vom 11. Februar 2016 möchten wir Ihnen Folgendes mitteilen:

1. Wir wären dankbar, wenn wir folgende zwei Personen als Teilnehmer für die mündliche Verhandlung nachmelden dürften: Herrn Staatsminister Dr. J. für den Freistaat Sachsen sowie Frau L. für den Bundesrat (Pressesprecherin).

2. Zu der im Schriftsatz vom 27. August 2015 (S. 111 ff. [S. 435]) dargestellten Gewaltanwendung bei einer NPD-Demonstration in Dresden am 24. Juli 2015 möchten wir Ihnen mitteilen, dass die Sicherheitsbehörden mittlerweile vier Personen namentlich ermitteln konnten, die sich an Gewalttätigkeiten beteiligt haben. Gegen diese Personen wurde Anklage erhoben. Alle vier Personen waren Teilnehmer der NPD-Demonstration.
   Durch Auswertungen von Fotos konnte innerhalb der Gruppe der gewaltbereiten Personen zudem der Vorsitzende der NPD-Ortsgruppe Heidenau identifiziert werden.

3. Wie im Schriftsatz vom 11. Februar 2016 (S. 4 [S. 503 f.]) dargelegt, hatte der NPD-Landesverband Bayern auf seiner Facebook-Seite eine geplante Unterkunft für Asylbewerber u. a. mit den Worten „Unmenschen" und „Neger" kommentiert. Wir möchten darauf hinweisen, dass der NPD-Landesverband den darunter stehenden Kommentar von „W.", der zur Brandstiftung aufrief, über mehr als fünf Monate (Kommentardatum:

14.6.2015, Belegaufnahme: 10.12.2015) nicht von seinem Facebook-Profil entfernt hat, obwohl ihm dies möglich gewesen wäre. Nach derzeitigem Stand erscheint es nach einem nochmaligen Bildabgleich hingegen als möglich, dass der Kommentar von einer anderen Person namens „W." stammt, als derjenigen, die u. a. stellvertretender Landesvorsitzender der NPD Rheinland-Pfalz war, oder von jemandem, der ein entsprechendes Pseudonym verwendet. Dies ändert nichts daran, dass der NPD Landesverband Bayern den Aufruf zur Brandstiftung als Kommentar zu dem eigenen Beitrag auf seiner – regelmäßig gepflegten – Facebook-Seite belassen hat und ihn sich daher zurechnen lassen muss.

4. Zu den Aktivitäten der Antragsgegnerin im vierten Quartal 2015 möchten wir auf die Antwort der Bundesregierung auf eine Kleine Anfrage mit dem Titel „Rechtsextreme Aufmärsche im vierten Quartal 2015" (BT-Drs. 18/7448) vom 3. Februar 2016 hinweisen. Darin werden Veranstaltungen von Rechtsextremisten mit überregionaler Teilnehmermobilisierung aufgeführt. Darunter befindet sich eine Vielzahl von Veranstaltungen, die alleine im vierten Quartal 2015 der Antragsgegnerin zugeordnet werden können.

5. Wir möchten darum bitten, den auf der angehängten Liste genannten Begleitpersonen an den Verhandlungstagen Zugang zum Gebäude des Bundesverfassungsgerichts zu gewähren, auch wenn die darin genannten Mitarbeiter der Länder bzw. des Bundesrats nicht an der mündlichen Verhandlung teilnehmen.

Mit freundlichen Grüßen

Christoph Möllers   Christian Waldhoff

Anlage

Liste von Begleitpersonen

32. Schriftsatz der Antragsgegnerin vom 1. März 2016 (polizeiliche Datenerhebung)

Rechtsanwalt Dipl.-Jur. Peter Richter, LL.M.   Saarbrücken, den 01.03.2016

Bundesverfassungsgericht
– Zweiter Senat –
Schlossbezirk 3
76131 Karlsruhe

<u>2 BvB 1/13</u>

In dem Parteiverbotsverfahren

<u>Bundesrat</u>   gegen   **<u>NPD</u>**
Prof. Dr. Möllers, LL.M.   RA Richter, LL.M.
Prof. Dr. Waldhoff   RA Andrejewski
Prof. Dr. Dr. Ignor

werden in der **Anlage** zwei Schreiben des Polizeipräsidiums Wuppertal – Staatsschutz – vom 28.01.2016 [...] vorgelegt.

[...][1]

Dipl.-Jur. Peter Richter, LL.M.
– Rechtsanwalt –

---

[1] Der Schriftsatz wurde von Rechtsanwalt Richter in der mündlichen Verhandlung verlesen, vgl. unten C. II.1.a (S. 877 (940)).

33. Schriftsatz der Antragsgegnerin vom 1. März 2016 (Ablehnungsgesuche und Besetzungsrügen)

Rechtsanwalt Dipl.-Jur. Peter Richter, LL.M.   Saarbrücken, den 01.03.2016

Bundesverfassungsgericht
– Zweiter Senat –
Schlossbezirk 3
76131 Karlsruhe

2 BvB 1/13

In dem Parteiverbotsverfahren

Bundesrat	gegen	**NPD**
Prof. Dr. Möllers, LL.M.		RA Richter, LL.M.
Prof. Dr. Waldhoff		RA Andrejewski
Prof. Dr. Dr. Ignor		

werden die Richter des Bundesverfassungsgerichts

– Huber und
– Müller

namens und im Auftrage der Antragsgegnerin wegen **Besorgnis der Befangenheit ab-gelehnt**.

Zudem wird namens und im Auftrage der Antragsgegnerin die **ordnungsgemäße Besetzung des Zweiten Senats** im vorliegenden Verfahren **gerügt**, weil die Richter des Bundesverfassungsgerichts

– König und
– Maidowski

wegen § 15 Abs. 3 Satz 1 BVerfGG von einer Mitwirkung ausgeschlossen sind.

Darüber hinaus wird namens und im Auftrage der Antragsgegnerin die **ordnungsgemäße Besetzung des Gerichts insgesamt gerügt**, weil die Richter des Bundesverfassungsgerichts

– Huber,
– Hermanns,
– König,

- Maidowski,
- Kirchhof,
- Schluckebier,
- Paulus und
- Baer

nicht gemäß Art. 94 Abs. 1 Satz 2 GG vom Deutschen Bundestag, sondern lediglich vom Richterwahlausschuss gewählt worden sind.

Hinsichtlich der Entscheidung über die die vom Deutschen Bundestag gewählten Richter betreffende Besetzungsrüge werden die Richter des Bundesverfassungsgerichts

- Huber,
- Hermanns,
- König,
- Maidowski,
- Kirchhof,
- Schluckebier,
- Paulus und
- Baer

namens und im Auftrage der Antragsgegnerin zusätzlich wegen **Besorgnis der Befangenheit abgelehnt.**

Schließlich wird **beantragt,**

> der Antragsgegnerin die dienstlichen Äußerungen der abgelehnten Richter mit der Gelegenheit zur Stellungnahme zuzuleiten.

Gründe:

[...][1]

Dipl.-Jur. Peter Richter, LL.M.
– Rechtsanwalt –

---

[1] Der Schriftsatz wurde von Rechtsanwalt Richter in der mündlichen Verhandlung verlesen, vgl. unten C.II.1.a (S. 877 ⟨881⟩).

34. Beschlüsse vom 1. März 2016

a) Ablehnung des Richters Huber

BUNDESVERFASSUNGSGERICHT
– 2 BvB 1/13 –

IM NAMEN DES VOLKES

In dem Verfahren
über
die Anträge

1. Die Nationaldemokratische Partei Deutschlands einschließlich ihrer Teilorganisationen Junge Nationaldemokraten, Ring Nationaler Frauen und Kommunalpolitische Vereinigung ist verfassungswidrig.

2. Die Nationaldemokratische Partei Deutschlands einschließlich ihrer Teilorganisationen Junge Nationaldemokraten, Ring Nationaler Frauen und Kommunalpolitische Vereinigung wird aufgelöst.

3. Es ist verboten, Ersatzorganisationen für die Nationaldemokratische Partei Deutschlands einschließlich ihrer Teilorganisationen Junge Nationaldemokraten, Ring Nationaler Frauen und Kommunalpolitische Vereinigung zu schaffen oder bestehende Organisationen als Ersatzorganisationen fortzusetzen.

4. Das Vermögen der Nationaldemokratischen Partei Deutschlands einschließlich ihrer Teilorganisationen Junge Nationaldemokraten, Ring Nationaler Frauen und Kommunalpolitische Vereinigung wird zugunsten der Bundesrepublik Deutschland für gemeinnützige Zwecke eingezogen.

Antragsteller: Bundesrat,
vertreten durch den Präsidenten des Bundesrates,
Leipziger Straße 3–4, 10117 Berlin,

– Bevollmächtigte: 1. Prof. Dr. Christoph Möllers,
c/o Bundesrat, Leipziger Straße 3–4, 10117 Berlin,

2. Prof. Dr. Christian Waldhoff,
c/o Bundesrat, Leipziger Straße 3–4, 10117 Berlin
3. Rechtsanwalt Prof. Dr. Dr. Alexander Ignor,
c/o Bundesrat, Leipziger Straße 3–4, 10117 Berlin –

Antragsgegnerin: Nationaldemokratische Partei Deutschlands (NPD), vertreten durch den Bundesvorsitzenden Frank Franz, Seelenbinderstraße 42, 12555 Berlin,

– Bevollmächtigte: 1. Rechtsanwalt Dipl.-Jur. Peter Richter, LL.M.
2. Rechtsanwalt Michael Andrejewski –

h i e r : Antrag auf Richterablehnung

hat das Bundesverfassungsgericht – Zweiter Senat –

unter Mitwirkung der Richterinnen und Richter
Präsident Voßkuhle,
Landau,
Hermanns,
Müller,
Kessal-Wulf,
König,
Maidowski

am 1. März 2016 beschlossen:

Die Ablehnung des Richters Huber wird als unbegründet zurückgewiesen.

G r ü n d e :

I.

1   Die Antragsgegnerin hat mit vor Beginn der mündlichen Verhandlung vorgelegtem Schriftsatz vom 1. März 2016 den Richter Huber wegen Besorgnis der Befangenheit abgelehnt.

2   1. Die Antragsgegnerin begründet ihr Ablehnungsgesuch zum einen mit Äußerungen des abgelehnten Richters, die verschiedenen Medienberichten und einer Broschüre des Thüringer Innenministeriums entnommen sind (a), zum anderen mit seiner angeblichen Kenntnis vom Inhalt der die Antragsgegnerin betreffenden Akten des Thüringer Landesamts für Verfassungsschutz (b).

3   a) aa) In einem Beitrag auf publikative.org vom 12. Januar 2010 mit dem Titel „CDU-Innenminister fordert NPD-Verbot" heiße es:

Auch in Thüringen fordern CDU-Politiker mittlerweile ein Verbot der neonazistischen NPD. Angestoßen wurde die Debatte von Innenminister Peter Huber, der einen zweiten Anlauf für ein NPD-Verbotsverfahren befürwortete. Der NPD müsse „die Vorteile des Parteiengesetzes genommen werden", begründete der CDU-Innenminister laut MDR seinen Vorstoß. [...]

In einem Gastbeitrag für die Frankfurter Allgemeine Zeitung (FAZ) mit dem Titel „NPD-Verbot? Kein Staatsgeld für Extremisten" vom 6. Mai 2010 schreibe Richter Huber außerdem:

> Muss der freiheitliche Verfassungsstaat extremistische Parteien also finanziell unterstützen, die seine Grundordnung bekämpfen? Muss er den Verstößen gegen Straf- und Ordnungsvorschriften durch Anmelder und Teilnehmer extremistischer Demonstrationen zusehen und sich auf wiederholte Veranstaltungsverbote sowie auf die Bestrafung von Einzelpersonen beschränken? Wohl nicht. [...]
>
> Anders ausgedrückt: Wenn Meinungsäußerungen und Versammlungen, die den öffentlichen Frieden gefährden, diskriminiert werden dürfen, weshalb nicht auch Parteiaktivitäten?

Zudem habe Richter Huber während seiner Amtszeit als Thüringer Innenminister eine Broschüre mit einem von ihm verfassten Vorwort unter dem Titel „Geistige Brandstifter – nicht in unseren Reihen!" herausgegeben, in der Handlungsempfehlungen für die Thüringer Feuerwehren im Umgang mit „Rechtsextremisten" gegeben würden. Der Sache nach handele es sich um eine „Anti-NPD-Schrift", weil als einzige „rechtsextreme" Gruppierung immer nur die Antragsgegnerin erwähnt werde. Unter anderem heiße es in der Broschüre:

> [...] Eine nicht-verbotene Partei ist deshalb nicht per se demokratisch. Das trifft heute besonders für die NPD zu. Die NPD ist nicht verboten, sie kann sich an Wahlen beteiligen. Aber sie ist als Anti-Partei – antidemokratisch, antipluralistisch, antikonstitutionell – auch keine Partei wie alle anderen. [...]
>
> 2. Fall: Ein Mitglied der NPD, das sich im Dienst politisch unauffällig verhält, aber in der Partei Funktionen ausübt oder sich als Wahlkandidat zur Verfügung stellt. Jemand, der diese Parteitätigkeiten ausübt oder an rechtsextremen Demonstrationen teilnimmt, ist z. B. als Jugendwart in der örtlichen Feuerwehr nicht geeignet. [...] Wer auf die Frage: „Wie hältst Du es mit der Demokratie und ihren zentralen Werten?" keine plausible Antwort gibt, der ist nicht im Einklang mit dem Grundgesetz, mit der Landesverfassung und ggf. mit der Satzung der Feuerwehr. Derartiges Verhalten kann – sofern die Satzung ein Bekenntnis zur freiheitlichen demokratischen Grundordnung vorsieht – als Satzungsverstoß sanktioniert werden.
>
> Nun könnte einer sagen, die NPD ist keine wegen ihrer Verfassungsfeindlichkeit verbotene Partei. [...] Also könne auch die Aufnahme eines NPD-Mitglieds erfolgen. Dagegen hat die Satzung einen Riegel vorgeschoben. In § 3 Absatz 2 erfolgt eine Klarstellung. Die Aufnahme in die Feuerwehr ist auch dann verwehrt, wenn der Bewerber einer Vereinigung angehört, die mit der demokratischen Grundordnung unvereinbare Ziele verfolgt. Welche Parteien und Organisationen dies aus Sicht der Verfassungsschutzämter sind, kann man den jährlichen Berichten dieser Behörden entnehmen.
>
> [...] Die „Saubermänner" der NPD wollen mit einem vielfach vorbestraften Führungspersonal die angeblich verrotteten „Blockparteien" ablösen. Eine Partei mit diesem Programm und diesen Funktionären ist kein Vorbild für Ehrlichkeit und Sauberkeit in öffentlichen Angelegenheiten.

Weiterhin habe der Richter Huber bei der Vorstellung des Thüringer Verfassungsschutzberichts 2009 nach einem Artikel von JENAPOLIS vom 19. Mai 2010 öffentlich erklärt:

I. Schriftverkehr

Die gesunkene Mitgliederzahl der NPD und der Rückgang bei den Gewaltstraftaten im rechten Bereich dürfen nicht darüber hinwegtäuschen, dass der Kampf gegen den Rechtsextremismus weiterhin mit großem Nachdruck betrieben werden muss.

[...] Darüber hinaus bleibt der Kampf gegen den Rechtsextremismus eine gesamtgesellschaftliche Aufgabe. Ich bin sehr froh, dass am 1. Mai in Erfurt ein breites Bürgerbündnis aus allen demokratischen Lagern ein deutliches Zeichen gegen den Rechtsextremismus gesetzt hat, und erhoffe mir auch für die Zukunft solch eindrucksvollen friedlichen Protest.

7   In demselben Artikel werde Richter Huber unter Verweis auf eine Pressemitteilung des Thüringer Innenministeriums vom 9. Juli 2010 mit folgender Äußerung zitiert:

Thüringens Innenminister Prof. Dr. Peter M. Huber begrüßt den breiten gesellschaftlichen Protest gegen die NPD-Veranstaltung am kommenden Samstag in Gera, ruft aber zu strikter Friedfertigkeit auf.

8   bb) Nach Auffassung der Antragsgegnerin begründen diese Einlassungen die Besorgnis der Befangenheit. Richter Huber bringe mit seinen Äußerungen eine durchweg negative und geradezu feindselige Haltung gegenüber der Antragsgegnerin zum Ausdruck. In den zitierten Beiträgen befürworte er ein Verbot der Antragsgegnerin nicht nur, sondern fordere es sogar. Er solidarisiere sich außerdem mit Gruppierungen, welche gegen die Antragsgegnerin demonstrierten. Der in seinen Äußerungen zum Ausdruck kommende Impetus betreffe die zentrale Rechtsfrage des vorliegenden Verfahrens, nämlich die Verfassungswidrigkeit der Antragsgegnerin.

9   Es lägen damit besondere Umstände vor, welche die Besorgnis der Befangenheit begründeten. Angesichts der Häufigkeit und Massivität der getätigten Äußerungen müsse ein vernünftiger Verfahrensbeteiligter eine verfestigte Voreingenommenheit des abgelehnten Richters befürchten. Es sei zu erwarten, dass er für die Argumente der Antragsgegnerin im vorliegenden Verfahren nicht mehr zugänglich sei, sondern ergebnisorientiert eine Verbotsentscheidung treffen wolle.

10 b) Des Weiteren trägt die Antragsgegnerin vor, Richter Huber sei als Innenminister des Freistaats Thüringen direkter Vorgesetzter des dortigen Landesamts für Verfassungsschutz gewesen und daher sei davon auszugehen, dass er über die in seiner Amtszeit gegen die Antragsgegnerin durchgeführten geheimdienstlichen Aktionen (Überwachung von Funktionären, Infiltration der Partei mit Spitzeln etc.) informiert gewesen sei, wenn er diese Aktionen nicht sogar in Auftrag gegeben habe. Es sei anzunehmen, dass Richter Huber der Inhalt der Geheimdienstakten, deren Beschlagnahme die Antragsgegnerin beantragt habe, bekannt sei. Demgemäß liege der Verdacht nahe, dass Richter Huber tendenziell geneigt sein werde, wenn der Inhalt dieser Akten tatsächlich geeignet sei, die fehlende Staatsfreiheit der Führungsebene der Antragsgegnerin zu belegen, eine Offenlegung zu verhindern, um eine Bloßstellung seiner ehemaligen Kollegen und Untergebenen zu vermeiden.

11 2. Richter Huber hat in der mündlichen Verhandlung am 1. März 2016 eine dienstliche Äußerung abgegeben. Danach seien die Zitate zwar inhaltlich richtig wiedergegeben, er sehe sich deswegen aber nicht als befangen an. Die über die Antragsgegnerin und ihre Funktionäre durch das Thüringer Landesamt für Verfassungsschutz möglicherweise geführten Akten hätten ihm nicht vorgelegen; ihr Inhalt sei ihm nicht bekannt. Rich-

ter Huber hat außerdem darauf hingewiesen, dass die Forderung, ein Verbotsverfahren gegen die Antragsgegnerin einzuleiten, Teil des Koalitionsvertrags der damaligen Thüringer Landesregierung gewesen sei.

Die Beteiligten hatten Gelegenheit, hierzu Stellung zu nehmen. 12

II.

Der Antrag auf Ablehnung von Richter Huber gemäß § 19 Abs. 1 BVerfGG ist zulässig, aber unbegründet. 13

Die Besorgnis der Befangenheit eines Richters des Bundesverfassungsgerichts nach § 19 BVerfGG setzt einen Grund voraus, der geeignet ist, Zweifel an seiner Unparteilichkeit zu rechtfertigen (vgl. BVerfGE 82, 30 ⟨38⟩; 98, 134 ⟨137⟩; 101, 46 ⟨51⟩; 102, 122 ⟨125⟩; BVerfG, Beschluss der 2. Kammer des Zweiten Senats vom 11. August 2009 2 BvR 343/09, juris, Rn. 11; stRspr). Dabei kommt es nicht darauf an, ob der Richter tatsächlich parteilich oder befangen ist oder ob er sich selbst für befangen hält. Entscheidend ist allein, ob bei vernünftiger Würdigung aller Umstände Anlass besteht, an der Unvoreingenommenheit des Richters zu zweifeln (vgl. BVerfGE 108, 122 ⟨126⟩; BVerfG, Beschluss der 3. Kammer des Ersten Senats vom 25. Mai 2007 1 BvR 1696/03, juris, Rn. 8; stRspr). 14

Dies ist vorliegend nicht der Fall: 15

1. Weder die Äußerungen des Richters Huber noch die Broschüre des Thüringer Innenministeriums bieten bei vernünftiger Würdigung Anlass, an der Unvoreingenommenheit des Richters zu zweifeln. 16

a) Die Kundgabe politischer Meinungen, die ein Richter zu einer Zeit geäußert hat, als er noch nicht Mitglied des Bundesverfassungsgerichts war und daher den besonderen Anforderungen dieses Richteramts in seinem Verhalten noch nicht Rechnung zu tragen hatte, rechtfertigt grundsätzlich eine Ablehnung des Richters wegen Besorgnis der Befangenheit nicht. Den Bestimmungen über die Wahl von Richtern des Bundesverfassungsgerichts (Art. 94 Abs. 1 GG, §§ 3 ff. BVerfGG) liegt als selbstverständlich, sogar als erwünscht, zugrunde, dass auch Personen, die als Repräsentanten von Parteien politische Funktionen in den Parlamenten ausgeübt oder politische Ämter in den Regierungen bekleidet haben, zu Mitgliedern des Bundesverfassungsgerichts gewählt und ernannt werden können, um ihre politischen Erfahrungen für die Verfassungsrechtsprechung fruchtbar zu machen. Damit geht die Erwartung des Verfassungs- und Gesetzgebers einher, dass sie ihre neue Rolle als Richter unabhängig von früheren parteipolitischen Auseinandersetzungen ausüben werden (BVerfGE 99, 51 ⟨56 f.⟩; BVerfG, Beschluss der 2. Kammer des Zweiten Senats vom 11. August 2009 2 BvR 343/09, juris, Rn. 15). 17

Zweifel an der Objektivität des Richters können allerdings berechtigt sein, wenn sich aufdrängt, dass ein innerer Zusammenhang zwischen einer – mit Engagement geäußerten – politischen Überzeugung und seiner Rechtsauffassung besteht (BVerfGE 35, 246 ⟨254 f.⟩; 73, 330 ⟨337⟩; BVerfG, Beschluss der 2. Kammer des Zweiten Senats vom 11. Oktober 2011 2 BvR 1010/10, 2 BvR 1219/10, juris, Rn. 22; Beschluss der 3. Kammer des Zweiten Senats vom 24. Februar 2000 2 BvR 2352/99, juris). Entscheidend ist, dass sein Verhalten den Schluss zulässt, dass er einer der seinigen widersprechen- 18 den Rechtsauffassung nicht mehr frei und unvoreingenommen gegenübersteht, sondern „festgelegt" ist (Klein, in: Maunz/Schmidt-Bleibtreu/Klein/Bethge, BVerfGG, § 19 Rn. 9 ⟨August 2015⟩; vgl. auch BVerfGE 35, 246 ⟨251, 255⟩). Dabei kann der Eindruck der Vorfestlegung aus der maßgeblichen Sicht der Verfahrensbeteiligten umso eher entstehen, je enger der zeitliche Zusammenhang mit einem solchen Verfahren ist. Je länger hingegen eine politische Äußerung zurückliegt, desto weniger kann sie die Besorgnis der Befangenheit des Richters begründen. Das Zeitmoment ist allerdings für die Beurteilung im Rahmen von § 19 BVerfGG nicht allein maßgeblich. Erforderlich ist stets eine Gesamtwürdigung von Inhalt, Form und Rahmen (Ort, Adressatenkreis) der jeweiligen Äußerung sowie dem sachlichen und zeitlichen Bezug zu einem anhängigen Verfahren (vgl. BVerfG, Beschluss der 2. Kammer des Zweiten Senats vom 11. Oktober 2011 2 BvR 1010/10, 2 BvR 1219/10, juris, Rn. 23; Heusch, in: Burkiczak/Dollinger/Schorkopf, BVerfGG, 2015, § 19 Rn. 16).

19   b) aa) Die beanstandeten, mehr als fünf Jahre zurückliegenden Äußerungen des Richters Huber rechtfertigen bei der gebotenen Gesamtwürdigung keine rechtlich erheblichen Zweifel an seiner Objektivität.

20   Soweit die Antragsgegnerin behauptet, Richter Huber habe als Thüringer Innenminister zu den eindeutigen Verbotsbefürwortern gehört, ist den Beiträgen auf publikative.org vom 12. Januar 2010 und in der FAZ vom 6. Mai 2010 zu entnehmen, dass der Richter in seinem früheren Amt die Gewährung staatlicher Finanzmittel für extremistische Parteien in Frage stellte und „einen zweiten Anlauf für ein NPD-Verbotsverfahren befürwortete". Dabei war die Einleitung eines neuen Verbotsverfahrens Teil des Koalitionsvertrages, der der Arbeit der Thüringer Landesregierung zugrunde lag. Eine Festlegung hinsichtlich der tatbestandlichen Voraussetzungen eines Verbots der Antragsgegnerin gemäß Art. 21 Abs. 2 GG beinhaltete die Forderung nach Einleitung eines neuen Verbotsverfahrens jedoch nicht. Aus den damaligen Äußerungen des Richters Huber als Mitglied der Thüringer Landesregierung kann bei verständiger Würdigung nicht auf eine Voreingenommenheit bei der Prüfung der Rechtmäßigkeit eines Verbots der Antragsgegnerin geschlossen werden.

21   Der Umstand, dass Richter Huber bei der Vorstellung des Verfassungsschutzberichts 2009 den friedfertigen gesellschaftlichen Protest gegen Rechtsextremismus befürwortete, lässt ebenfalls nicht auf eine bereits vorgefasste Rechtsauffassung mit Blick auf die Tatbestandsvoraussetzungen des Art. 21 Abs. 2 GG schließen. Dasselbe gilt, soweit er explizit auch den breiten gesellschaftlichen Protest gegen eine NPD-Veranstaltung begrüßt haben sollte, so dass es nicht darauf ankommt, dass sich ein Hinweis darauf in dem von der Antragsgegnerin vorgelegten Artikel von JENAPOLIS entgegen deren Darstellung nicht findet.

22   bb) Auch die Broschüre des Thüringer Innenministeriums „Geistige Brandstifter – nicht in unseren Reihen" kann eine Besorgnis der Befangenheit des Richters Huber nicht begründen. Dabei kann dahinstehen, inwieweit die einzelnen in der Broschüre enthaltenen Aussagen dem Richter Huber als ehemaligem Thüringer Innenminister überhaupt zugerechnet werden können. Sie rechtfertigen jedenfalls nicht die Annahme, dass der Richter Huber im Hinblick auf ein mögliches Verbotsverfahren gegen die Antragsgegnerin und dessen Ausgang bereits festgelegt ist. Soweit die Antragsgegnerin

in der Broschüre als antidemokratisch und antikonstitutionell bezeichnet wird, beinhaltet dies nicht die Feststellung, dass die einzelnen Tatbestandsvoraussetzungen des Art. 21 Abs. 2 GG vorliegen. Dies gilt auch, soweit die Antragsgegnerin nach ihrer Auffassung in der Broschüre durch unbewiesene und böswillige Behauptungen in ein negatives Licht gerückt und durch konkrete Formulierungsvorschläge für Satzungen diskreditiert wird.

cc) Schließlich ist zu berücksichtigen, dass Stellungnahmen in Wahrnehmung früherer politischer Ämter nur dann eine Befangenheit besorgen lassen, wenn weitere Umstände vorliegen, die befürchten lassen, dass der Richter auch in dem veränderten institutionellen Rahmen, in den er als Richter des Bundesverfassungsgerichts gestellt ist, nicht unvoreingenommen entscheiden wird. Solche Umstände sind vorliegend nicht ersichtlich. 23

2. Die Tatsache, dass Richter Huber in seiner früheren Funktion als Innenminister des Freistaats Thüringen grundsätzlich Zugriff auf möglicherweise durch das Thüringer Landesamt für Verfassungsschutz über die Antragsgegnerin oder ihre Funktionäre geführte Akten hatte, ist bei vernünftiger Würdigung ebenfalls nicht geeignet, Zweifel an seiner Unvoreingenommenheit im vorliegenden Verbotsverfahren hervorzurufen. 24

Der darauf gestützte Vortrag der Antragsgegnerin beruht ausschließlich auf Vermutungen. Tatsächliche Anhaltspunkte hinsichtlich des Inhalts der Akten oder dessen Kenntnisnahme durch den Richter Huber sind nicht vorgetragen und auch in sonstiger Weise nicht ersichtlich. Die Behauptungen der Antragsgegnerin zu Akteninhalt und Kenntnisnahme erfolgen „ins Blaue hinein". Ein solcher Vortrag, der durch keinerlei tatsächliche Umstände unterlegt ist, sondern auf reinen Vermutungen beruht, ist ungeeignet, eine Besorgnis der Befangenheit eines Richters zu begründen. 25

Voßkuhle   Landau   Hermanns
Müller   Kessal-Wulf
König   Maidowski

b) Ablehnung des Richters Müller

BUNDESVERFASSUNGSGERICHT
– 2 BvB 1/13 –

IM NAMEN DES VOLKES

In dem Verfahren
über
die Anträge

1. Die Nationaldemokratische Partei Deutschlands einschließlich ihrer Teilorganisationen Junge Nationaldemokraten, Ring Nationaler Frauen und Kommunalpolitische Vereinigung ist verfassungswidrig.

2. Die Nationaldemokratische Partei Deutschlands einschließlich ihrer Teilorganisationen Junge Nationaldemokraten, Ring Nationaler Frauen und Kommunalpolitische Vereinigung wird aufgelöst.

3. Es ist verboten, Ersatzorganisationen für die Nationaldemokratische Partei Deutschlands einschließlich ihrer Teilorganisationen Junge Nationaldemokraten, Ring Nationaler Frauen und Kommunalpolitische Vereinigung zu schaffen oder bestehende Organisationen als Ersatzorganisationen fortzusetzen.

4. Das Vermögen der Nationaldemokratischen Partei Deutschlands einschließlich ihrer Teilorganisationen Junge Nationaldemokraten, Ring Nationaler Frauen und Kommunalpolitische Vereinigung wird zugunsten der Bundesrepublik Deutschland für gemeinnützige Zwecke eingezogen.

Antragsteller: Bundesrat,
vertreten durch den Präsidenten des Bundesrates,
Leipziger Straße 3–4, 10117 Berlin,

– Bevollmächtigte: 1. Prof. Dr. Christoph Möllers,
c/o Bundesrat, Leipziger Straße 3–4, 10117 Berlin,
2. Prof. Dr. Christian Waldhoff,
c/o Bundesrat, Leipziger Straße 3–4, 10117 Berlin

3. Rechtsanwalt Prof. Dr. Dr. Alexander Ignor,
c/o Bundesrat, Leipziger Straße 3–4, 10117 Berlin –

Antragsgegnerin: Nationaldemokratische Partei Deutschlands (NPD),
vertreten durch den Bundesvorsitzenden Frank Franz,
Seelenbinderstraße 42, 12555 Berlin,

– Bevollmächtigte: 1. Rechtsanwalt Dipl.-Jur. Peter Richter, LL.M.
2. Rechtsanwalt Michael Andrejewski –

h i e r : Antrag auf Richterablehnung

hat das Bundesverfassungsgericht – Zweiter Senat –

unter Mitwirkung der Richterinnen und Richter
Präsident Voßkuhle,
Landau,
Huber,
Hermanns,
Kessal-Wulf,
König,
Maidowski

am 1. März 2016 beschlossen:

Die Ablehnung des Richters Müller wird als unbegründet zurückgewiesen.

Gründe:

I.

Die Antragsgegnerin hat mit vor Beginn der mündlichen Verhandlung vorgelegtem Schriftsatz vom 1. März 2016 den Richter Müller wegen Besorgnis der Befangenheit abgelehnt. 1

1. Die Antragsgegnerin begründet ihr Ablehnungsgesuch zum einen mit Äußerungen des abgelehnten Richters in verschiedenen Zeitungsartikeln (a), zum anderen mit seiner angeblichen Kenntnis vom Inhalt der die Antragsgegnerin betreffenden Akten des saarländischen Landesamts für Verfassungsschutz (b). 2

a) aa) In einem Artikel des Handelsblatts vom 29. Januar 2005 mit dem Titel „Müller gegen staatliche Finanzierung der NPD" heiße es: 3

Der saarländische Ministerpräsident, Peter Müller (CDU), hat sich dafür ausgesprochen, verfassungsfeindliche Parteien generell die staatliche Finanzierung zu entziehen. Trotz des gescheiterten Verbotsverfahrens sei es „unstreitig", dass die NPD verfassungsfeindliche Ziele verfolge, sagte Müller der „Bild am Sonntag". Müller forderte zu prüfen, ob es rechtlich möglich sei, dass verfassungsfeindliche Parteien keine staatliche Finanzierung erhielten. „Dann könnte die NPD von der Parteienfinanzierung ausgeschlossen werden", sagte er.

4   Die Antragsgegnerin zitiert außerdem einen auf den 20. März 2003 datierten, sich auf das Jahr 2000 beziehenden Artikel mit dem Titel „Wir sind ja so antifaschistisch" auf ZEIT-Online, nach dem sich auch „Saarlands Ministerpräsident Peter Müller" zu einem möglichen Verbotsantrag gegen die NPD zustimmend geäußert habe.

5   Schließlich zitiert die Antragsgegnerin einen Artikel der taz vom 20. Januar 2016, nach dem Richter Müller Ende 2000 in der Berliner Zeitung Folgendes geäußert habe:

> Es ist unstreitig, dass die NPD verfassungsfeindliche Ziele verfolgt und rassistische Inhalte vertritt. Das Gedankengut der NPD finde ich Ekel erregend.

6   bb) Nach Auffassung der Antragsgegnerin begründen diese Äußerungen die Besorgnis der Befangenheit. Auch wenn Richter Müller nicht offen ein Verbot fordere, so lasse er doch keinen Zweifel daran, dass er der Antragsgegnerin zutiefst ablehnend gegenüberstehe. Seine in hohem Maße derbe und unsachliche Wortwahl lasse auf eine bereits im Grundsatz emotional-feindselige Haltung gegenüber der Antragsgegnerin schließen. Darüber hinaus sei es aus seiner Sicht „unstreitig", dass die Antragsgegnerin „verfassungsfeindlich" sei. Die Verfassungsmäßigkeit der Antragsgegnerin stelle aber gerade die zentrale Rechtsfrage des vorliegenden Verfahrens dar, hinsichtlich derer er sich offenbar schon eine abschließende Meinung gebildet habe. Dies gelte umso mehr, als er die Antragsgegnerin im Bereich der staatlichen Parteienfinanzierung jenseits jeglicher Rechtsgrundlage offen diskriminiere.

7   b) Des Weiteren trägt die Antragsgegnerin vor, dass Richter Müller als Ministerpräsident des Saarlands direkter Vorgesetzter des dortigen Landesamts für Verfassungsschutz gewesen und somit davon auszugehen sei, dass er über die in seiner Amtszeit gegen die Antragsgegnerin durchgeführten geheimdienstlichen Aktionen (Überwachung von Funktionären, Infiltration der Partei mit Spitzeln etc.) informiert gewesen sei, wenn er diese Aktionen nicht sogar in Auftrag gegeben habe. Mithin dürfe davon ausgegangen werden, dass Richter Müller der Inhalt der Geheimdienstakten, deren Beschlagnahme die Antragsgegnerin im vorliegenden Verfahren beantragt habe, bekannt sei. Demgemäß liege der Verdacht nahe, dass der Richter tendenziell geneigt sein werde, wenn der Inhalt dieser Akten tatsächlich geeignet sei, die fehlende Staatsfreiheit der Führungsebene der Antragsgegnerin und des vorgelegten Beweismaterials zu belegen, eine Offenlegung zu verhindern, um eine Bloßstellung seiner ehemaligen Kollegen und Untergebenen zu vermeiden. Dies gelte auch, soweit sich aus den Akten ergeben könne, dass der Verfahrensbevollmächtigte der Antragsgegnerin entgegen den Beteuerungen des Antragstellers tatsächlich schon seit Jahren nachrichtendienstlich beobachtet werde.

8   2. Richter Müller hat vor Beginn der mündlichen Verhandlung am 1. März 2016 eine dienstliche Äußerung abgegeben. Danach seien die Zitate zwar inhaltlich richtig wiedergegeben, er sehe sich deswegen aber nicht als befangen an. Die über die Antragsgegnerin und ihre Funktionäre durch das saarländische Landesamt für Verfassungsschutz

möglicherweise geführten Akten hätten ihm nicht vorgelegen; ihr Inhalt sei ihm nicht bekannt.

Die Beteiligten hatten Gelegenheit, hierzu Stellung zu nehmen. 9

II.

Der Antrag auf Ablehnung von Richter Müller gemäß § 19 Abs. 1 BVerfGG ist zulässig, aber unbegründet. 10

Die Besorgnis der Befangenheit eines Richters des Bundesverfassungsgerichts nach § 19 BVerfGG setzt einen Grund voraus, der geeignet ist, Zweifel an seiner Unparteilichkeit zu rechtfertigen (vgl. BVerfGE 82, 30 ⟨38⟩; 98, 134 ⟨137⟩; 101, 46 ⟨51⟩; 102, 122 ⟨125⟩; BVerfG, Beschluss der 2. Kammer des Zweiten Senats vom 11. August 2009 2 BvR 343/09, juris, Rn. 11; stRspr). Dabei kommt es nicht darauf an, ob der Richter tatsächlich parteilich oder befangen ist oder ob er sich selbst für befangen hält. Entscheidend ist allein, ob bei vernünftiger Würdigung aller Umstände Anlass besteht, an der Unvoreingenommenheit des Richters zu zweifeln (vgl. BVerfGE 108, 122 ⟨126⟩; BVerfG, Beschluss der 3. Kammer des Ersten Senats vom 25. Mai 2007 1 BvR 1696/03, juris, Rn. 8; stRspr). 11

Dies ist vorliegend nicht der Fall: 12

1. Die Äußerungen des Richters Müller bieten bei vernünftiger Würdigung keinen Anlass, an dessen Unvoreingenommenheit zu zweifeln. 13

a) Die Kundgabe politischer Meinungen, die ein Richter zu einer Zeit geäußert hat, als er noch nicht Mitglied des Bundesverfassungsgerichts war und daher den besonderen Anforderungen dieses Richteramts in seinem Verhalten noch nicht Rechnung zu tragen hatte, rechtfertigt grundsätzlich eine Ablehnung des Richters wegen Besorgnis der Befangenheit nicht. Den Bestimmungen über die Wahl von Richtern des Bundesverfassungsgerichts (Art. 94 Abs. 1 GG, §§ 3 ff. BVerfGG) liegt als selbstverständlich, sogar als erwünscht, zugrunde, dass auch Personen, die als Repräsentanten von Parteien politische Funktionen in den Parlamenten ausgeübt oder politische Ämter in den Regierungen bekleidet haben, zu Mitgliedern des Bundesverfassungsgerichts gewählt und ernannt werden können, um ihre politischen Erfahrungen für die Verfassungsrechtsprechung fruchtbar zu machen. Damit geht die Erwartung des Verfassungs- und Gesetzgebers einher, dass sie ihre neue Rolle als Richter unabhängig von früheren parteipolitischen Auseinandersetzungen ausüben werden (BVerfGE 99, 51 ⟨56 f.⟩; BVerfG, Beschluss der 2. Kammer des Zweiten Senats vom 11. August 2009 2 BvR 343/09, juris, Rn. 15). 14

Zweifel an der Objektivität des Richters können allerdings berechtigt sein, wenn sich aufdrängt, dass ein innerer Zusammenhang zwischen einer mit Engagement geäußerten politischen Überzeugung und seiner Rechtsauffassung besteht (BVerfGE 35, 246 ⟨254 f.⟩; 73, 330 ⟨337⟩; BVerfG, Beschluss der 2. Kammer des Zweiten Senats vom 11. Oktober 2011 2 BvR 1010/10, 2 BvR 1219/10, juris, Rn. 22; Beschluss der 3. Kammer des Zweiten Senats vom 24. Februar 2000 2 BvR 2352/99, juris). Entscheidend ist, dass sein Verhalten den Schluss zulässt, dass er einer der seinigen widersprechenden Rechtsauffassung nicht mehr frei und unvoreingenommen gegenübersteht, sondern „festgelegt" ist (Klein, in: Maunz/Schmidt-Bleibtreu/Klein/Bethge, BVerfGG, § 19 15

Rn. 9 ⟨August 2015⟩; vgl. auch BVerfGE 35, 246 ⟨251, 255⟩). Dabei kann der Eindruck der Vorfestlegung aus der maßgeblichen Sicht der Verfahrensbeteiligten umso eher entstehen, je enger der zeitliche Zusammenhang mit einem solchen Verfahren ist. Je länger hingegen eine politische Äußerung zurückliegt, desto weniger kann sie die Besorgnis der Befangenheit des Richters begründen. Das Zeitmoment ist allerdings für die Beurteilung im Rahmen von §19 BVerfGG nicht allein maßgeblich. Erforderlich ist stets eine Gesamtwürdigung von Inhalt, Form und Rahmen (Ort, Adressatenkreis) der jeweiligen Äußerung sowie dem sachlichen und zeitlichen Bezug zu einem anhängigen Verfahren (vgl. BVerfG, Beschluss der 2. Kammer des Zweiten Senats vom 11. Oktober 2011 2 BvR 1010/10, 2 BvR 1219/10, juris, Rn. 23; Heusch, in: Burkiczak/Dollinger/Schorkopf, BVerfGG, 2015, §19 Rn. 16).

16 b) Die beanstandeten, zwischen elf und fünfzehn Jahre zurückliegenden Äußerungen des Richters Müller rechtfertigen bei der gebotenen Gesamtwürdigung keine rechtlich erheblichen Zweifel an seiner Objektivität.

17 aa) Soweit Richter Müller als saarländischer Ministerpräsident nach den aufgeführten Zitaten die Antragsgegnerin als Partei, die „unstreitig verfassungsfeindliche Ziele" und „rassistische Inhalte" verfolgt, bezeichnet haben soll, liegt darin offensichtlich keine juristische Aussage im Sinne einer Subsumtion unter die Voraussetzungen des Art. 21 Abs. 2 GG, sondern eine politische Bewertung. Dafür spricht auch, dass Richter Müller in dem von der Antragsgegnerin in Bezug genommenen Artikel der Berliner Zeitung vom 13. November 2000 mit der Aussage wiedergegeben wird: „Dennoch habe ich Bedenken gegen den Parteiverbotsantrag. Schließlich muss er beim Bundesverfassungsgericht sehr hohe juristische Hürden überwinden. [...] Ob dies gelingt, ist zweifelhaft".

18 bb) Noch weniger betrifft die von Richter Müller aufgeworfene Frage, ob „verfassungsfeindlichen" Parteien die Finanzierung entzogen werden könne, die Voraussetzungen eines Parteiverbots. Hinzu kommt, dass Richter Müller insoweit keine Rechtsauffassung geäußert, sondern lediglich eine rechtliche Prüfung angeregt hat.

19 cc) Auch die auf ZEIT-Online behauptete Zustimmung des damaligen Ministerpräsidenten des Saarlands zu einem Verbotsantrag gegen die Antragsgegnerin kann die Besorgnis der Befangenheit des Richters Müller nicht begründen. Es handelt sich hierbei um eine Äußerung aus dem Jahr 2000 im Vorfeld des ersten Verbotsantrags gegen die Antragsgegnerin, den Richter Müller als saarländischer Ministerpräsident im Ergebnis nicht mitgetragen, sondern im Bundesrat abgelehnt hat. Eine Festlegung hinsichtlich des Ergebnisses einer Prüfung der Voraussetzungen eines Parteiverbots gemäß Art. 21 Abs. 2 GG ist vor diesem Hintergrund nicht erkennbar.

20 dd) Bei der Äußerung von Richter Müller, er finde das Gedankengut der NPD „Ekel erregend", handelt es sich um ein Werturteil im politischen Meinungskampf. Damit hat er zwar deutlich Abscheu gegenüber den Positionen der Antragsgegnerin zum Ausdruck gebracht. Sympathie, Antipathie oder Gleichgültigkeit eines Richters gegenüber Verfahrensbeteiligten sind jedoch keine zuverlässigen Anzeichen dafür, dass ein Richter nicht pflichtgemäß ohne Ansehen der Person entscheiden wird (vgl. BVerfGE 73, 330 ⟨338 f.⟩). Eine Besorgnis der Befangenheit ist hierdurch regelmäßig nicht begründet.

Auch insoweit kann eine Festlegung hinsichtlich des Vorliegens der tatbestandlichen Voraussetzungen eines Parteiverbots der Äußerung nicht entnommen werden.

ee) Schließlich ist zu berücksichtigen, dass frühere Stellungnahmen im Rahmen der Wahrnehmung politischer Ämter nur dann eine Befangenheit besorgen lassen, wenn weitere Umstände hinzutreten, die befürchten lassen, dass der Richter auch in dem veränderten institutionellen Rahmen, in den er als Richter des Bundesverfassungsgerichts gestellt ist, nicht unvoreingenommen entscheiden wird. Solche weiteren Umstände sind vorliegend hinsichtlich der bereits viele Jahre zurückliegenden Äußerungen nicht ersichtlich.

2. Die Tatsache, dass Richter Müller in seiner früheren Funktion als Ministerpräsident des Saarlands grundsätzlich Zugriff auf möglicherweise durch das Landesamt für Verfassungsschutz über die Antragsgegnerin, ihre Funktionäre oder den Verfahrensbevollmächtigten Richter geführte Akten hatte, ist bei vernünftiger Würdigung ebenfalls nicht geeignet, Zweifel an seiner Unvoreingenommenheit im vorliegenden Verbotsverfahren hervorzurufen.

Der darauf gestützte Vortrag der Antragsgegnerin besteht ausschließlich aus Vermutungen. Tatsächliche Anhaltspunkte hinsichtlich des Inhalts der Akten oder dessen Kenntnisnahme durch den Richter Müller sind nicht vorgetragen und auch in sonstiger Weise nicht ersichtlich. Die Behauptungen der Antragsgegnerin zu Akteninhalt und Kenntnisnahme erfolgen „ins Blaue hinein". Ein solcher Vortrag, der durch keinerlei tatsächliche Umstände unterlegt ist, sondern auf reinen Vermutungen beruht, ist ungeeignet, eine Besorgnis der Befangenheit eines Richters zu begründen.

Voßkuhle	Landau	Huber
Hermanns	Kessal-Wulf	
König	Maidowski	

c) Besetzungsrüge Richterin König und Richter Maidowski

BUNDESVERFASSUNGSGERICHT
– 2 BvB 1/13 –

IM NAMEN DES VOLKES

In dem Verfahren
über
die Anträge

1. Die Nationaldemokratische Partei Deutschlands einschließlich ihrer Teilorganisationen Junge Nationaldemokraten, Ring Nationaler Frauen und Kommunalpolitische Vereinigung ist verfassungswidrig.

2. Die Nationaldemokratische Partei Deutschlands einschließlich ihrer Teilorganisationen Junge Nationaldemokraten, Ring Nationaler Frauen und Kommunalpolitische Vereinigung wird aufgelöst.

3. Es ist verboten, Ersatzorganisationen für die Nationaldemokratische Partei Deutschlands einschließlich ihrer Teilorganisationen Junge Nationaldemokraten, Ring Nationaler Frauen und Kommunalpolitische Vereinigung zu schaffen oder bestehende Organisationen als Ersatzorganisationen fortzusetzen.

4. Das Vermögen der Nationaldemokratischen Partei Deutschlands einschließlich ihrer Teilorganisationen Junge Nationaldemokraten, Ring Nationaler Frauen und Kommunalpolitische Vereinigung wird zugunsten der Bundesrepublik Deutschland für gemeinnützige Zwecke eingezogen.

Antragsteller: Bundesrat,
vertreten durch den Präsidenten des Bundesrates,
Leipziger Straße 3–4, 10117 Berlin,

– Bevollmächtigte: 1. Prof. Dr. Christoph Möllers,
c/o Bundesrat, Leipziger Straße 3–4, 10117 Berlin,
2. Prof. Dr. Christian Waldhoff,
c/o Bundesrat, Leipziger Straße 3–4, 10117 Berlin

3. Rechtsanwalt Prof. Dr. Dr. Alexander Ignor,
c/o Bundesrat, Leipziger Straße 3–4, 10117 Berlin –

Antragsgegnerin: Nationaldemokratische Partei Deutschlands (NPD), vertreten durch den Bundesvorsitzenden Frank Franz, Seelenbinderstraße 42, 12555 Berlin,

– Bevollmächtigte: 1. Rechtsanwalt Dipl.-Jur. Peter Richter, LL.M.
2. Rechtsanwalt Michael Andrejewski –

hier: Besetzungsrüge

und Antrag auf Richterablehnung

hat das Bundesverfassungsgericht – Zweiter Senat –

unter Mitwirkung der Richterinnen und Richter
Präsident Voßkuhle,
Landau,
Huber,
Hermanns,
Müller,
Kessal-Wulf,
König,
Maidowski

am 1. März 2016 beschlossen:

Der Zweite Senat des Bundesverfassungsgerichts ist ordnungsgemäß besetzt.

Gründe:

I.

Die Antragsgegnerin hat mit vor Beginn der mündlichen Verhandlung vorgelegtem Schriftsatz vom 1. März 2016 eine Besetzungsrüge betreffend die Richterin König und den Richter Maidowski erhoben. Sie macht geltend, beide Richter seien gemäß § 15 Abs. 3 Satz 1 BVerfGG von einer Mitwirkung im vorliegenden Verfahren ausgeschlossen, weil sie ihr Richteramt nach Beginn der Beratung der Sache angetreten hätten.

1. a) Die Antragsgegnerin begründet ihre Rüge zunächst damit, dass der Senat im vorliegenden Verfahren bereits am „24. Januar 2015" mithin vor Dienstantritt der beiden genannten Richter im Juni und Juli 2014 einen Beschluss gefasst habe, der denknotwendig eine vorherige Beratung seiner Mitglieder voraussetze. Dass Gegenstand des seinerzeitigen Beschlusses ein einstweiliges Anordnungsverfahren betreffend die vom Deutschen Bundestag einbehaltenen Mittel aus der staatlichen Parteienfinanzierung

gewesen sei, stehe dem nicht entgegen. Denn der damals gestellte Antrag auf Erlass einer einstweiligen Anordnung, hilfsweise auf Aussetzung des Verfahrens, habe der Sicherstellung der prozessualen Waffengleichheit zwischen Antragsteller und Antragsgegner gedient.

3   Aufgrund dieses Vortrages ist davon auszugehen, dass die Antragsgegnerin sich auf den Beschluss des Senats vom 28. Januar 2014 (BVerfGE 135, 234 ff.) bezieht.

4   b) Weiterhin trägt die Antragsgegnerin vor, die Beratung der Sache habe spätestens im April 2014 begonnen, nachdem der mittlerweile ausgeschiedene Richter Gerhardt mit gerichtlichem Schreiben vom 1. April 2014 mitgeteilt habe, das Verfahren werde ungeachtet des von der Antragsgegnerin gestellten Antrags auf Verfahrenseinstellung wegen des Vorliegens von Verfahrenshindernissen „umfassend weiter vorbereitet". Da eine „umfassende weiter[e] Vorbereitung" eine entsprechende Beratung innerhalb des Senats voraussetze, könne davon ausgegangen werden, dass die Beratung der Sache in jedem Falle vor Amtsantritt der beiden genannten Richter begonnen habe.

5   2. Die Mitwirkung der Richterin König und des Richters Maidowski an der Beschlussfassung des Senats vom 2. Dezember 2015 (2 BvB 1/13, juris) über die Durchführung der mündlichen Verhandlung führe demzufolge zur Unwirksamkeit dieses Beschlusses.

I.

6   Die Besetzungsrüge der Antragsgegnerin betreffend die Richterin König und den Richter Maidowski begründet keine Zweifel an der ordnungsgemäßen Besetzung des Zweiten Senats.

7   1. Der Senat hat seine ordnungsgemäße Besetzung zur Wahrung des Anspruchs aus Art. 101 Abs. 1 Satz 2 GG von Amts wegen zu prüfen, soweit Anlass hierzu besteht (vgl. BVerfGE 65, 152 ⟨154⟩; 131, 230 ⟨233⟩). Die Feststellung der richtigen Besetzung des erkennenden Gerichts erfolgt regelmäßig so auch vorliegend ohne Beteiligung der Richter, deren Berechtigung zur Mitwirkung zweifelhaft erscheint oder angezweifelt wird (vgl. BVerfGE 82, 286 ⟨298⟩; 131, 230 ⟨233⟩).

8   2. Nach dem Grundsatz der personellen Beratungskontinuität gemäß § 15 Abs. 3 Satz 1 BVerfGG dürfen nach Beginn der Beratung einer Sache weitere Richter nicht hinzutreten. Was unter „einer Sache" in diesem Sinne zu verstehen ist, wird vom Bundesverfassungsgerichtsgesetz nicht definiert. Dass § 15 Abs. 3 Satz 1 BVerfGG sich nicht des Begriffs des „Verfahrens" (vgl. nur § 23 BVerfGG) bedient, belegt, dass es sich bei der Beratung der Sache nicht um die Beratung des Verfahrens im Ganzen handelt, sondern korrespondierend mit § 23 Abs. 1 Satz 1 GOBVerfG um die Beratung einer konkreten Entscheidung in einem anhängigen Verfahren (vgl. Mellinghoff, in: Maunz/Schmidt-Bleibtreu/Klein/Bethge, BVerfGG, § 15 Rn. 46 ff. ⟨August 2015⟩). Soweit Nebenentscheidungen oder Entscheidungen über im Hauptsacheverfahren gestellte Anträge auf einstweilige Anordnung ergehen, handelt es sich daher um eigenständige Sachen im Sinne des § 15 Abs. 3 Satz 1 BVerfGG (vgl. zur Senatspraxis etwa die Besetzung in BVerfGE 125, 385 ⟨395⟩ und BVerfGE 126, 158 ⟨170⟩ einerseits so-

wie BVerfGE 129, 124 ⟨186⟩ andererseits sowie BVerfGE 135, 259 ⟨299⟩ einerseits und BVerfGE 137, 345 ⟨350⟩ andererseits).

3. Demgemäß geht die Besetzungsrüge der Antragsgegnerin fehl.

a) Der von der Antragsgegnerin angesprochene Beschluss vom 28. Januar 2014 (BVerfGE 135, 234 ff.) stellt eine eigenständige Sache im dargelegten Sinne dar, denn er betrifft gesondert gestellte Anträge auf Erlass einer einstweiligen Anordnung bezüglich der vom Deutschen Bundestag einbehaltenen Mittel aus der staatlichen Parteienfinanzierung, hilfsweise auf Aussetzung des Verfahrens bis zu einer gesetzlichen Neuregelung der Vergütung ihres Verfahrensbevollmächtigten. Als andere Sache begründet er kein Hinzutrittsverbot der nach Erlass des Beschlusses vom 28. Januar 2014 neu gewählten Richterin König und des neu gewählten Richters Maidowski hinsichtlich des weiteren Verfahrens.

b) Die Beratung über die Zurückweisung des Antrags oder die Durchführung der mündlichen Verhandlung gemäß § 45 BVerfGG hat erst nach dem Hinzutreten der beiden genannten Richter begonnen. Zum Zeitpunkt des Amtsantritts der beiden genannten Richter befand sich das Verfahren im Stadium der umfassenden Vorbereitung durch den Berichterstatter. Demgemäß war die Beratung der Sache zu diesem Zeitpunkt noch nicht aufgenommen. Sie begann im Senat erst nach Abschluss der Vorbereitung und Vorlage eines Votums durch den Berichterstatter im März 2015. Zu diesem Zeitpunkt gehörten die Richterin König und der Richter Maidowski dem Senat bereits an.

| Voßkuhle | Landau | Huber |
| Hermanns | Müller | Kessal-Wulf |

d) Besetzungsrüge Richterinnen und Richter Huber, Hermanns, König, Maidowski, Kirchhof, Schluckebier, Paulus und Baer

BUNDESVERFASSUNGSGERICHT
– 2 BvB 1/13 –

IM NAMEN DES VOLKES

In dem Verfahren
über
die Anträge

1. Die Nationaldemokratische Partei Deutschlands einschließlich ihrer Teilorganisationen Junge Nationaldemokraten, Ring Nationaler Frauen und Kommunalpolitische Vereinigung ist verfassungswidrig.

2. Die Nationaldemokratische Partei Deutschlands einschließlich ihrer Teilorganisationen Junge Nationaldemokraten, Ring Nationaler Frauen und Kommunalpolitische Vereinigung wird aufgelöst.

3. Es ist verboten, Ersatzorganisationen für die Nationaldemokratische Partei Deutschlands einschließlich ihrer Teilorganisationen Junge Nationaldemokraten, Ring Nationaler Frauen und Kommunalpolitische Vereinigung zu schaffen oder bestehende Organisationen als Ersatzorganisationen fortzusetzen.

4. Das Vermögen der Nationaldemokratischen Partei Deutschlands einschließlich ihrer Teilorganisationen Junge Nationaldemokraten, Ring Nationaler Frauen und Kommunalpolitische Vereinigung wird zugunsten der Bundesrepublik Deutschland für gemeinnützige Zwecke eingezogen.

Antragsteller: Bundesrat,
vertreten durch den Präsidenten des Bundesrates,
Leipziger Straße 3–4, 10117 Berlin,

– Bevollmächtigte: 1. Prof. Dr. Christoph Möllers,
c/o Bundesrat, Leipziger Straße 3–4, 10117 Berlin,

2. Prof. Dr. Christian Waldhoff,
c/o Bundesrat, Leipziger Straße 3–4, 10117 Berlin
3. Rechtsanwalt Prof. Dr. Dr. Alexander Ignor,
c/o Bundesrat, Leipziger Straße 3–4, 10117 Berlin –

Antragsgegnerin: Nationaldemokratische Partei Deutschlands (NPD),
vertreten durch den Bundesvorsitzenden Frank Franz,
Seelenbinderstraße 42, 12555 Berlin,

– Bevollmächtigte: 1. Rechtsanwalt Dipl.-Jur. Peter Richter, LL.M.
2. Rechtsanwalt Michael Andrejewski –

hier: Besetzungsrüge

und Antrag auf Richterablehnung

hat das Bundesverfassungsgericht – Zweiter Senat –
unter Mitwirkung der Richterinnen und Richter
Präsident Voßkuhle,
Landau,
Huber,
Hermanns,
Müller,
Kessal-Wulf,
König,
Maidowski

am 1. März 2016 beschlossen:

Der Zweite Senat des Bundesverfassungsgerichts ist ordnungsgemäß besetzt.

Die Ablehnungsgesuche gegen die Richterinnen und Richter Huber, Hermanns, König, Maidowski, Kirchhof, Schluckebier, Paulus und Baer werden als unzulässig verworfen.

Gründe:

I.

Die Antragsgegnerin hat mit vor Beginn der mündlichen Verhandlung vorgelegtem Schriftsatz vom 1. März 2016 die „ordnungsgemäße Besetzung des Gerichts insgesamt", namentlich die Besetzung mit den Richterinnen und Richtern Huber, Hermanns, König, Maidowski, Kirchhof, Schluckebier, Paulus und Baer gerügt. Für die Entscheidung über die Besetzungsrüge hat die Antragsgegnerin dieselben Richterinnen und Richter wegen Besorgnis der Befangenheit abgelehnt.

I. Schriftverkehr

2   Die Antragsgegnerin ist der Auffassung, die betroffenen Richterinnen und Richter seien unter Verstoß gegen Art. 94 Abs. 1 Satz 2 GG in ihr Amt berufen worden. Sie meint, § 6 BVerfGG a. F., wonach die vom Bundestag zu wählenden Richter durch einen zwölfköpfigen Ausschuss gewählt wurden, habe den verfassungsrechtlichen Anforderungen nicht genügt. Aus Art. 42 Abs. 2 Satz 1 GG folge, dass die Beschlussfassung im Plenum als „Normalfall" angesehen werde, von dem nur aufgrund ausdrücklicher Vorschriften in der Verfassung abgewichen werden dürfe, was vorliegend nicht der Fall sei.

3   Der Beschluss des Senats vom 19. Juni 2012 (BVerfGE 131, 230) stehe dem nicht entgegen. Der Beschluss sei rechtsfehlerhaft „unter Mitwirkung der seinerzeit abgelehnten Richter", damit unter Verstoß gegen Art. 101 Abs. 1 Satz 2 GG gefasst worden und entfalte daher bereits keine Bindungswirkung. Unabhängig davon sei er auch nicht überzeugend. Weder die jahrzehntelange Praxis nach § 6 BVerfGG a. F. noch das Ansehen des Gerichts und das Vertrauen in seine Unabhängigkeit stellten einen legitimen Zweck dar, der die Regelung rechtfertigen könne.

4   Schließlich bestehe hinsichtlich der genannten Richterinnen und Richter die Besorgnis der Befangenheit. Diese resultiere daraus, dass ein Richter, der die Rechtmäßigkeit seiner eigenen Wahl prüfen solle, zwangsläufig in eigener Sache tätig werde, sodass bereits eine unmittelbare Anwendung des § 18 Abs. 1 Nr. 1 BVerfGG vertretbar sei. Jedenfalls bestehe aus Sicht eines vernünftigen Verfahrensbeteiligten gegen die vom Bundestag gewählten Richterinnen und Richter eine begründete Besorgnis der Befangenheit.

II.

5   Der Zweite Senat ist ordnungsgemäß besetzt. Die Ablehnungsgesuche sind offensichtlich unzulässig.

6   1. Die Besetzungsrüge betreffend die Richterinnen und Richter Huber, Hermanns, König, Maidowski, Kirchhof, Schluckebier, Paulus und Baer bleibt ohne Erfolg.

7   a) Der Senat hat seine ordnungsgemäße Besetzung zur Wahrung des Anspruchs aus Art. 101 Abs. 1 Satz 2 GG von Amts wegen zu prüfen, soweit Anlass hierzu besteht (vgl. BVerfGE 131, 230 ⟨233⟩ m. w. N.). Vorliegend ist zweifelhaft, ob die Antragsgegnerin einen Sachverhalt vorgetragen hat, der Anlass für eine Überprüfung der ordnungsgemäßen Besetzung des Senats geben kann. Jedenfalls ist die mit der Besetzungsrüge aufgeworfene Rechtsfrage geklärt. Der Vortrag der Antragsgegnerin bietet keinen Anlass, hiervon abzuweichen.

8   b) Die Antragsgegnerin hat „die ordnungsgemäße Besetzung des Gerichts insgesamt", namentlich die Besetzung mit den Richterinnen und Richtern Huber, Hermanns, König, Maidowski, Kirchhof, Schluckebier, Paulus und Baer gerügt. Dabei verkennt sie, dass „das Gericht" ausweislich der in § 14 Abs. 2 BVerfGG geregelten Zuständigkeit im Verfahren nach Art. 21 Abs. 2 Satz 2 GG vorliegend allein der Zweite Senat ist. Sachdienlich ist daher von einer Besetzungsrüge die genannten Richterinnen und Richter des Zweiten Senats betreffend auszugehen.

c) Der Senat hat sich mit der von der Antragsgegnerin aufgeworfenen Rechtsfrage, ob die (hälftige) Wahl der Richter des Bundesverfassungsgerichts durch den in § 6 BVerfGG a. F. vorgesehenen Richterwahlausschuss verfassungsgemäß war und insbesondere im Einklang mit Art. 94 Abs. 1 Satz 2 GG stand, in seinem Beschluss vom 19. Juni 2012 (vgl. BVerfGE 131, 230 ⟨234 ff.⟩) ausführlich befasst und ist zu dem Ergebnis der Verfassungskonformität der damaligen Regelung gelangt. Der Vortrag der Antragsgegnerin steht dem nicht entgegen. Soweit sie geltend macht, der Beschluss vom 19. Juni 2012 (BVerfGE 131, 230 ff.) überzeuge inhaltlich nicht, vertritt sie lediglich eine abweichende Rechtsauffassung, ohne Gesichtspunkte vorzutragen, die in diesem Beschluss nicht bereits berücksichtigt wurden.

d) Dasselbe gilt, soweit die Antragsgegnerin meint, der damalige Beschluss entfalte keine Bindungswirkung, weil er unter „Mitwirkung der seinerzeit abgelehnten Richter" gefasst worden und wegen Verstoßes gegen Art. 101 Abs. 1 Satz 2 GG nichtig sei. Der Senat ist in seinem Beschluss vom 19. Juni 2012 (BVerfGE 131, 230) zu dem Ergebnis gekommen, dass zwar regelmäßig die Feststellung der richtigen Besetzung eines erkennenden Gerichts ohne Beteiligung des Richters erfolgt, dessen Berechtigung zur Mitwirkung zweifelhaft ist, dass aber bei vier Senatsmitgliedern, die von der Frage der Ordnungsgemäßheit ihrer Wahl betroffen sind, die Beurteilung der vorschriftsmäßigen Senatsbesetzung mit der Frage nach der ordnungsgemäßen Einrichtung eines Spruchkörpers gleichzusetzen ist, über die dieser selbst befindet (BVerfGE 131, 230 ⟨233⟩ m. w. N.). An dieser Rechtsauffassung, die erst in jüngster Zeit erneut bestätigt worden ist (BVerfG, Beschluss des Zweiten Senats vom 18. Februar 2016 – 2 BvC 69/14 –, juris), hält der Senat fest.

1. Die Ablehnungsgesuche gegen die Richterinnen und Richter Huber, Hermanns, König, Maidowski, Kirchhof, Schluckebier, Paulus und Baer sind offensichtlich unzulässig.

a) Ein Ablehnungsgesuch, das lediglich Ausführungen enthält, die zur Begründung der Besorgnis der Befangenheit gänzlich ungeeignet sind, ist offensichtlich unzulässig. In einem solchen Fall ist der abgelehnte Richter nicht von der Entscheidung über das offensichtlich unzulässige Ablehnungsgesuch ausgeschlossen (vgl. BVerfG, Beschluss der 1. Kammer des Ersten Senats vom 2. Mai 2006 1 BvR 698/06, juris; BVerfGK 8, 59 ⟨60⟩; BVerfG, Beschluss der 3. Kammer des Ersten Senats vom 3. Juli 2013 1 BvR 782/12, juris). Bei offensichtlicher Unzulässigkeit bedarf es keiner dienstlichen Stellungnahme des abgelehnten Richters (vgl. BVerfGE 11, 1 ⟨3⟩; BVerfGK 8, 59 ⟨60⟩; BVerfG, Beschluss des Zweiten Senats vom 18. Februar 2016 2 BvC 69/14, juris, Rn. 5). Offensichtlich unzulässig ist ein Ablehnungsgesuch auch, wenn der abgelehnte Richter nicht zur Mitwirkung im vorliegenden Verfahren berufen ist (vgl. BVerfG, Beschluss der 1. Kammer des Ersten Senats vom 15. Dezember 1988 - 1 BvR 1487/87 -, juris).

b) aa) Letzteres ist vorliegend hinsichtlich der Richterin Baer und der Richter Kirchhof, Schluckebier und Paulus der Fall. Denn diese sind nicht zur Mitwirkung in diesem Verfahren berufen.

14 bb) Soweit die Antragsgegnerin die Richterinnen und Richter Huber, Hermanns, König und Maidowski ablehnt, ist auch dies offensichtlich unzulässig. Die bloße erneute Thematisierung einer bereits entschiedenen Rechtsfrage ist zur Begründung eines Ablehnungsgesuchs ungeeignet.

III.

15 Die Entscheidung zur Besetzungsrüge ist mit 7:1 Stimmen, die Entscheidung zu den Ablehnungsgesuchen einstimmig ergangen.

Voßkuhle	Landau	Huber
Hermanns	Müller	Kessal-Wulf
	König	Maidowski

35. Antragserwiderung vom 2. März 2016

Rechtsanwalt Dipl.-Jur. Peter Richter, LL.M. Saarbrücken, den 02.03.2016

Bundesverfassungsgericht
– Zweiter Senat –
Rintheimer Querallee 11
76131 Karlsruhe

2 BvB 1/13

ANTRAGSERWIDERUNG

In dem Parteiverbotsverfahren
des Bundesrats, vertreten durch den Präsidenten, Leipziger Straße 3–4, 10117 Berlin

– Antragsteller –

Verfahrensbevollmächtigte:
1. Prof. Dr. Christoph Möllers,
2. Prof. Dr. Christian Waldhoff
3. Prof Dr. Dr. Ignor

gegen

die **Nationaldemokratische Partei Deutschlands**, vertreten durch den Parteivorsitzenden Frank Franz, Seelenbinderstraße 42, 12555 Berlin

– Antragsgegnerin –

Verfahrensbevollmächtigter:
1. RA Dipl.-Jur. Peter Richter, LL.M.
2. RA Andrejewski

stelle ich namens und im Auftrage der Antragsgegnerin die **ANTRÄGE**,

1. den Verbotsantrag des Antragstellers als unzulässig zu verwerfen, hilfsweise: ihn als unbegründet zurückzuweisen,

2. die Erstattung der notwendigen Auslagen der Antragsgegnerin in dem Parteiverbotsverfahren anzuordnen.

Darüber hinaus wird **beantragt**,

das Verfahren auszusetzen und dem Gerichtshof der Europäischen Union gemäß Art. 267 des Vertrags über die Arbeitsweise der Europäischen Union (AEUV) folgende Fragen zur Vorabentscheidung vorzulegen:

1. Sind Artikel 2 des Vertrags über die Europäische Union (EUV), Artikel 22 des Vertrags über die Arbeitsweise der Europäischen Union (AEUV), die Artikel 11, 12, 39, 40 der Charta der Grundrechte der Europäischen Union (GRCh) sowie die Vorschriften der Verordnung (EG) Nr. 2004/2003 des Europäischen Parlaments und des Rates vom 4. November 2003 über die Regelungen für die politischen Parteien auf europäischer Ebene und ihre Finanzierung dahingehend auszulegen, dass sie einer nationalen Regelung wie der des Artikel 21 Absatz 2 des Grundgesetzes, nach der eine nationale politische Partei allein auf Grund ihrer programmatischen Zielsetzung verboten werden kann, entgegenstehen, wenn die zu verbietende nationale politische Partei mit eigenen Abgeordneten im Europäischen Parlament vertreten ist?

2. Falls die erste Frage verneint wird: Sind Artikel 2 des Vertrags über die Europäische Union (EUV), Artikel 22 des Vertrags über die Arbeitsweise der Europäischen Union (AEUV), die Artikel 11, 12, 39, 40 der Charta der Grundrechte der Europäischen Union (GRCh) sowie die Vorschriften der Verordnung (EG) Nr. 2004/2003 des Europäischen Parlaments und des Rates vom 4. November 2003 über die Regelungen für die politischen Parteien auf europäischer Ebene und ihre Finanzierung dahingehend auszulegen, dass sie einer nationalen Regelung wie der des Artikel 21 Absatz 2 des Grundgesetzes, nach der eine nationale politische Partei allein auf Grund ihrer programmatischen Zielsetzung verboten werden kann, jedenfalls dann entgegenstehen, wenn die zu verbietende nationale politische Partei nicht nur mit eigenen Abgeordneten im Europäischen Parlament vertreten ist, sondern sie selbst sowie der von ihr entsandte Europaabgeordnete Mitglied einer politischen Partei auf Europäischer Ebene sind und der mit dem nationalen Parteiverbot verbundene Mandatsverlust dazu führen würde, dass die politische Partei auf Europäischer Ebene wegen Unterschreitens des Mindestquorums des Artikels 3 Absatz 1 Buchstabe b Alternative 1 der Verordnung (EG) Nr. 2004/2003 des Europäischen Parlaments und des Rates vom 4. November 2003 über die Regelungen für die politischen Parteien auf europäischer Ebene und ihre Finanzierung ihre Anerkennung als politische Partei auf Europäischer Ebene verlieren würde.

C. Das zweite NPD-Verbotsverfahren (2013–2017)

BEGRÜNDUNG

Gliederung

A. Zulässigkeit 540
   I. Unzulässigkeit wegen fehlender Rechtsgrundlage für ein Parteiverbot .. 540
      1. Feststellungsentscheidung versus Verbotsentscheidung 540
      2. Tatbestandsmerkmal „beeinträchtigen" kein geltendes
         Verfassungsrecht 540
   II. Unzulässigkeit mangels Verfahrensgleichheit 540

B. Begründetheit 540
   I. Grundlegende Überholungsbedürftigkeit der bisherigen
     Parteiverbotskonzeption 541
      1. Fortwirken alliierter Diskriminierung 543
      2. Verfassungsrechtliche Verfehltheit wegen methodischer
         Unzulänglichkeit 545
         a) Verabschiedung von der juristischen Methodik/
            Antiparlamentarismus 545
         b) Verfehlung von Meinungsfreiheit und Mehrparteienprinzip 550
         c) Geltung der Grundrechte, insbesondere der Meinungsfreiheit bei
            Art. 21 GG 551
         d) Folge der Meinungsfreiheit: Verbot der ideologischen
            Diskriminierung 554
         e) Verabschiedung von der westlichen Demokratie 556
      3. Verfassungswidrigkeit des „neuen Typs der demokratischen
         Staatsform" 558
      4. Parteiverbotsantrag als rechtsstaatswidrige Exekution einer
         Zivilreligion 560
      5. Parteiverbot als Diktaturmaßnahme 562
         a) Staatskirchenrechtlicher Ausgangspunkt von Demokratie und
            Mehrparteienprinzip 563
         b) Verfassungsgeschichtliche Legitimation der Beschränkung der
            Parteienfreiheit 564
      6. Parteiverbot als Teil der Notstandsverfassung 566
         a) Grundgesetzliche Regelungen des Notstands 566
         b) Verfassungsgeschichtliche Vorläufer der Notstandsbefugnisse 567
         c) Auslegung der grundgesetzlichen Notstandsbestimmungen 570
         d) Freiheitliche demokratische Grundordnung als verfassungsmäßige
            Ordnung 572
         e) Gewaltbereitschaft als zu forderndes Aktivitätsmerkmal für
            Verfassungswidrigkeit 573
         f) Kein unbefristetes „Parteiverbot" im Grundgesetz 575
         g) Kein Verbot der Bildung einer Ersatzorganisation 577

h) Kein Verlust der Parlamentsmitgliedschaft/Mitgliedschaft in
     Vertretungsorganen 578
  i) Verfassungsrechtlich geboten: Antragsrecht von diskriminierten
     Minderheitsparteien 579
 7. Zur Nachrangigkeit des Demokratieschutzes durch Parteiverbot 580
 8. Defekte Demokratie Türkische Republik als Maßstab? 582

II. Das verfassungsgemäße Konzept der Verfassungswidrigkeitsfeststellung 583
 1. Gebot der Vereinbarkeit des Parteiverbots mit dem Demokratieprinzip 583
  a) Kern des Demokratieprinzips im Sinne von Art. 20 Abs. 2 GG 584
  b) Demokratiebegriff und Volkssouveränität 586
  c) Schutz der Demokratie vor Verfassungsumsturz/Gewaltkriterium ... 587
 2. Gebot der Vereinbarkeit des Parteiverbots mit der Garantie der
    Meinungsfreiheit 589
  a) Notwendiger Zusammenhang von Demokratie mit Meinungs-
     und Vereinigungsfreiheit 589
  b) Beachtung der Schrankenziehung der Meinungsfreiheit (auch)
     beim Parteiverbot 591
  c) Beachtung des absoluten Diskriminierungsverbots der
     „politischen Anschauung" (auch) beim Parteiverbot 594
 3. Gebot der Vereinbarkeit des Parteiverbots mit dem
    Rechtsstaatsprinzip 594
  a) Charakteristikum des Rechtsstaats 595
  b) Rechtsstaat als Verbot einer durch Parteiverbot zu schützenden
     Staatsideologie 597
  c) Bewältigungsbedürftigkeit der Demokratiefeindlichkeit von
     „Demokraten" 600
  d) Trägerschaft der „historischen Erinnerung": Volk oder Verbotselite? . 605
  e) Wirkliches Verbotsziel: Ausschaltung einer ganzen politischen
     Strömung 607
    aa) Unmöglichkeit einer rechtsstaatlich berechenbaren
        Ideologiebekämpfung 607
    bb) Begriffsschrott „(Rechts-)Extremismus" als
        Bekämpfungskategorie 615
    cc) Antipluralistischer Antiliberalismus 617
    dd) Errichtung eines Ideologiestaats: Abschaffung der
        Volkssouveränität 620
        (1) Ideologiewert: Antisemitismus-Vorwurf 620
        (2) Ideologiewert: Wesensverwandtschaftsverbot 621
        (3) Ideologiewert: Relativierungsverbot 625
    ee) Rechtsstaatswidrige Gefahrendefinition 629
  f) Schlussfolgerung für ein rechtsstaatskonformes
     Parteiverbotskonzept 629
  g) Bestätigung der rechtsstaatlichen Verbotskonzeption durch den
     Begriff der „freiheitlichen demokratischen Grundordnung" 630

4. Die Rechtsprechung des Europäischen Gerichtshofs für
   Menschenrechte 636
   a) Die maßgeblichen Verbotskriterien der Straßburger
      Rechtsprechung 636
   b) Insbesondere: Gebot der Verhältnismäßigkeit 640
5. Unanwendbarkeit von Art. 21 Abs. 2 GG wegen Verstoßes gegen
   Unionsrecht 643
   a) Vertretung durch eigene Abgeordnete im Europäischen Parlament .. 644
   b) Mitgliedschaft der nationalen Partei in einer Europäischen Partei ... 646
   c) Vorlagepflicht an den Gerichtshof der Europäischen Union 648
6. Erkenntnisquellen und Zurechnung 648
   a) Zurechenbarkeit von Anhängerverhalten? 648
      aa) Uferlosigkeit und damit Verfassungswidrigkeit des
          „Anhänger"-Begriffs 649
      bb) Jedenfalls: Kein Beleg für Quellenfreiheit bei
          Anhänger-Verhalten 653
   b) Schutzumfang der parlamentarischen Indemnität................ 655
7. Zwischenergebnis 656

III. Keine Verfassungswidrigkeit der Antragsgegnerin 656
1. Vorbemerkungen 658
   a) „Verschleierungstaktik" 658
   b) Spiel mit „Doppeldeutigkeiten" 659
2. Keine Beeinträchtigung oder Beseitigung der freiheitlich
   demokratischen Grundordnung 661
   a) Kein Verstoß gegen die Menschenwürde 661
      aa) Zum Gewährleistungsgehalt der Menschenwürdegarantie im
          Staatsangehörigkeitsrecht............................... 661
      bb) Der ethnische Volksbegriff als tradiertes Leitprinzip des
          deutschen Staatsangehörigkeitsrechts.................... 664
      cc) Der nationaldemokratische Volksbegriff 667
      dd) Reizwort „Volksgemeinschaft"............................ 672
          (1) „Volksgemeinschaft" als tradierter Rechtsbegriff 672
          (2) Das nationaldemokratische Konzept der Volksgemeinschaft . 673
      ee) Exkurs: Vergleich mit dem israelischen
          Staatsangehörigkeitsrecht............................... 677
      ff) Keine Menschenwürdeverletzung in Bezug auf Minderheiten ... 681
          (1) Asylbewerber 682
          (2) Migranten 687
          (3) Juden 689
          (4) Muslime 690
          (5) Sinti und Roma 691
      gg) „Antisemitismus" 692
          (1) Die historische Entstehung einer antisemitischen
              Bewegung in Deutschland............................. 692

(2) Antisemitische Bewegungen in Österreich und Frankreich .. 693
(3) Der Antisemitismus Hitlers.................................. 694
(4) „Der Bolschewismus von Moses bis Lenin" 694
(5) Die Position der Antragsgegnerin 695
b) Kein Verstoß gegen das Demokratieprinzip 702
  aa) Ethnischer Volksbegriff und Demokratieprinzip 702
  bb) Nationalismus versus Chauvinismus.......................... 704
  cc) Systemkritik versus Demokratiekritik......................... 707
  dd) Parlamentarische Initiativen der Antragsgegnerin für
     Demokratie und Rechtsstaatlichkeit 714
  ee) „Ungebührliches" Verhalten im Parlament als Verbotsgrund?.... 715
c) Kein Verstoß gegen das Rechtsstaatsprinzip 718
  aa) Anerkennung des staatlichen Gewaltmonopols 718
  bb) Klares Bekenntnis gegen Gewalt in der politischen
     Auseinandersetzung 720
  cc) Bürgerwehren 726
  dd) Ordnungsdienst 732
d) Keine Wesensverwandtschaft mit dem Nationalsozialismus/
  Gutachten des Instituts für Zeitgeschichte......................... 732
    (6) Geschichtsfälschende Leugnung von NS-Verbrechen und
       Schuldumkehr 734
    (7) Übernahme nationalsozialistischer Repräsentationsformen .. 735
  dd) Fazit.. 737
3. Fehlendes „darauf Ausgehen" 738
  a) Angebliche Unterwanderung der Zivilgesellschaft/
    „Graswurzelrevolution"/„Dominanzstreben"....................... 740
    aa) Dorfgemeinschaft Jamel 740
    bb) Anklam.. 742
  b) Angebliche Schaffung einer „Atmosphäre der Angst" für politische
    Gegner 745
    aa) Angriffe auf Wahlkreisbüros 746
    bb) „Bedrohung" des Bürgermeisters von Lalendorf 747
    cc) „Bedrohung" von Lokalpolitikern in Berlin-Pankow 748
    dd) „Bedrohung" des Bürgermeisters von Schneeberg............. 750
    ee) „Bedrohung" des Bürgermeisters von Schöneiche 751
    ff) „Kampagne" gegen einen Lokalpolitiker in Thüringen 752
    gg) „Bedrohung" einer Lokalpolitikerin in Güstrow 753
    hh) „Gewalt" gegen politische Gegner in Pölchow 754
    ii) „Angriff" auf politische Gegner in Greifswald 755
    jj) „Angriff" auf eine DGB-Kundgebung in Weimar 756
    kk) „Gewaltsame Störung" einer Informationsveranstaltung in
       Goldbach 757
    ll) „Bedrohung" des Bürgermeisters von Tröglitz 759
  c) Angebliche „Beeinträchtigung des demokratischen Handelns vor
    Ort"... 760

C. Das zweite NPD-Verbotsverfahren (2013–2017)

  aa) Akzeptanz verfassungsfeindlicher rechtsextremistischer
    Ansichten in der Gesellschaft 760
  bb) Beeinträchtigung demokratischer Prozesse durch Furcht vor
    sozialer Stigmatisierung 760
  cc) Beeinträchtigung demokratischer Prozesse durch Furcht vor
    Gewalt, Drohungen oder sonstigen Nachteilen 761
  dd) Einschränkung politischer und gesellschaftlicher
    demokratischer Mitwirkung 762
  ee) Insbesondere: Wirkung auf Minderheiten 763
 d) Angeblich „aggressive" Aktivitäten gegen Asylbewerber 765
  aa) Gewaltanwendung bei einer NPD-Demonstration in Dresden
    am 24. Juli 2015 767
  bb) Die Schneeberger „Lichtelläufe" 768
  cc) Leipzig: Proteste gegen eine Moschee und die Unterbringung
    von Asylbewerbern 768
  dd) Proteste gegen die Nutzung des Spreehotels in Bautzen als
    Asylbewerberunterkunft..................................... 769
  ee) Aufbau und Beteiligung der NPD an Bürgerprotesten in der
    Sächsischen Schweiz 769
  ff) „Gewalteskalation" infolge einer Demonstration am
    21. August 2015 in Heidenau................................. 769
  gg) Aufsuchen von Asylunterkünften durch NPD-Funktionäre 771
 e) Angebliche Straffälligkeit der Funktionäre der Antragsgegnerin 772
  aa) Verurteilung von Udo Pastörs wegen Volksverhetzung
    (Aschermittwochsrede 2009) 774
  bb) Verurteilung von Udo Pastörs wegen Holocaust-Leugnung 774
  cc) Verurteilung von Frank Schwerdt von Beleidigung 782
  dd) Verurteilung von Karl Richter wegen Zeigen des Hitler-Grußes . 782
  ff) Verurteilung von Safet Babic wegen gefährlicher
    Körperverletzung... 782
  gg) Verurteilung von W. wegen gefährlicher Körperverletzung...... 782
  kk) Verurteilung von Sebastian Schmidtke wegen § 86a StGB 783
 f) NSU als militanter Arm der NPD?................................. 783
 g) Vernetzung mit „freien Kräften" 784
 h) „Freie Kräfte": NPD zu demokratisch und systemkonform! 787
 i) Vernetzung der Antragsgegnerin mit ausländischen Parteien 788
 j) Realisierungschance 789
4. Hilfsweise: Rechtfertigung defensiv-kämpferischen Verhaltens über
 § 193 StGB analog 790
 a) Massive Diskriminierung der Antragsgegnerin 791
 b) Vergleichsmaßstab: Verhalten etablierter „Demokraten" in der
  Defensive 795
 c) NPD-Mitglieder als Dauerangriffsziel linker Gewalt 798
5. Hilfsweise: Rechtfertigung über Art. 20 Abs. 4 GG (Widerstandsrecht) . 800
6. Hilfsweise: Subsumtion unter die Kriterien des EGMR................ 800

a) Gesetzlich vorgesehener Eingriff? 800
b) Legitimer Zweck? 803
c) Notwendigkeit in einer demokratischen Gesellschaft? 804
d) Insbesondere: Verhältnismäßigkeit 804
   aa) fehlende Geeignetheit 804
       (1) Keine Unterbindung „gefährlicher" Aktionsformen durch
           ein Parteiverbot 804
       (2) Wegfall eines Stabilitätsfaktors für die „freie Szene" 807
       (3) Wegfall der politischen Kanalisierung des Volkszorns 807
   bb) fehlende Erforderlichkeit 808
       (1) Staatliche und zivilgesellschaftliche
           „Anti-Rechts-Programme" 808
       (2) Verbot von „freien Kameradschaften" nach Vereinsrecht 808
       (3) Grundrechtsverwirkungsverfahren gegen führende
           Funktionäre 809
   cc) fehlende Angemessenheit 809
e) Berücksichtigung nationaler Besonderheiten als
   „Anti-Nazi"-Rabatt? 810

IV. Rechtsfolgen 813
   1. Minus-Maßnahmen gegenüber einem Totalverbot 813
   2. Unzulässigkeit der automatischen Aberkennung von
      Parlamentsmandaten 814

C. Gesamtergebnis 815

Der Antrag des Antragstellers ist sowohl unzulässig als auch unbegründet und daher zu verwerfen bzw. zurückzuweisen.

A. Zulässigkeit

Der Antrag ist bereits aus den im Schriftsatz vom 25.03.2014 genannten Gründen (Fehlen einer vom Präsidenten des Bundesrates ausgestellten Verfahrensvollmacht) unzulässig. Darüber hinaus erweist sich der Antrag aber auch aus den folgenden Erwägungen heraus als unzulässig:

I. Unzulässigkeit wegen fehlender Rechtsgrundlage für ein Parteiverbot

Bevor man überhaupt in eine nähere rechtliche Prüfung des Vorliegens der Voraussetzungen des von der Antragstellerseite begehrten Verbotsausspruchs eintreten kann, ist wegen des rechtsstaatlichen Grundsatzes vom Vorbehalt des Gesetzes die logisch vorrangige Frage zu klären, ob für das so beantragte Parteiverbot überhaupt eine gesetzliche Rechtsgrundlage existiert. Dies ist nach richtiger Auffassung zu verneinen.

1. Feststellungsentscheidung versus Verbotsentscheidung

[...]¹

2. Tatbestandsmerkmal „beeinträchtigen" kein geltendes Verfassungsrecht

[...]²

II. Unzulässigkeit mangels Verfahrensgleichheit

Umgekehrt sind die gebotenen gesetzlichen Voraussetzungen eines sog. Verbotsverfahrens unzulänglich geregelt.
[...]³

B. Begründetheit

Der Antrag ist aber auch unbegründet und daher jedenfalls zurückzuweisen.

Gemäß Art. 21 Abs. 2 GG sind Parteien, die nach ihren Zielen oder nach dem Verhalten ihrer Anhänger darauf ausgehen, die freiheitliche demokratische Grundordnung zu

---

[1] Der Abschnitt wurde in seinen wesentlichen Teilen von Rechtsanwalt Richter in der mündlichen Verhandlung verlesen, vgl. unten C.II.2.a. (S. 1016 ⟨1018⟩); vgl. ferner den Tatbestand des Urteils, Rn. 261 (S. 1356).

[2] Der Abschnitt wurde in seinen wesentlichen Teilen von Rechtsanwalt Richter in der mündlichen Verhandlung verlesen, vgl. unten C.II.2.a. (S. 1016 ⟨1019⟩); vgl. ferner den Tatbestand des Urteils, Rn. 262 (S. 1357).

[3] Der Abschnitt wurde in seinen wesentlichen Teilen von Rechtsanwalt Richter in der mündlichen Verhandlung verlesen, vgl. unten C.II.2.a. (S. 1016 ⟨1024⟩); vgl. ferner den Tatbestand des Urteils, Rn. 263 (S. 1357).

beeinträchtigen oder zu beseitigen oder den Bestand der Bundesrepublik Deutschland zu gefährden, verfassungswidrig.

Diese Voraussetzungen liegen fallbezogen nicht vor.

I. Grundlegende Überholungsbedürftigkeit der bisherigen Parteiverbotskonzeption

Der Antragsschrift ist zuzustimmen, wenn ausgeführt wird, dass die „Auslegung des Art. 21 Abs. 2 GG [...] vor besonderen Problemen steht"

> vgl. Seite 95 [S. 107] der Antragsschrift.

Es erscheint in der Tat *„schwer möglich, die damals"*

> d. h. im Zusammenhang mit den beiden vom Bundesverfassungsgericht förmlich ausgesprochenen Parteiverboten vgl. BVerfGE 2, 1 ff. (SRP-Verbot) und BVerfGE 5, 85 ff. (KPD-Verbot)

„entwickelten Maßstäbe ohne weiteres auf den vorliegenden Fall anzuwenden"

> vgl. Antragsschrift, aaO.

Dass diese beiden Urteile kaum noch sinnvolle rechtliche Bewertungen erlauben, liegt allerdings nicht nur an den in der Antragsschrift genannten Gründen, sondern diese Urteile hätten bei einem angemessenen verfassungsrechtlichen Verständnis des Diktaturcharakters eines Parteiverbots, welches einen äußerst schonenden Umgang mit diesem Institut in einer Demokratie, die keine „Volksdemokratie" sein will, nahelegt, schon seinerzeit nicht, insbesondere nicht mit den jeweiligen Begründungen und Verbotsfolgen, ausgesprochen werden dürfen. Zumindest sind, wie auch von der Antragstellung bemerkt, die beiden Urteile derartig zeitbedingt, dass daraus zur Vermeidung der Errichtung einer defekten Demokratie keine verallgemeinerungsfähigen Schlussfolgerungen mehr gezogen werden können

> zu diesem Konzept einer Demokratiemessung vgl. Hans-Joachim Lauth, Demokratie und Demokratiemessung. Eine konzeptionelle Grundlegung für den interkulturellen Vergleich, 2004; Wolfgang Merkel/Hans-Jürgen Puhle u. a., Defekte Demokratie, Bd. 1 Theorie, 2003 und Hans-Joachim Lauth/Gert Pickel/Christian Welzel (Hg.) Demokratiemessung, Konzept und Befunde im internationalen Vergleich, 2000; zur Anwendung auf den interessanten Fall der Russischen Föderation, siehe Peter Patze, Wie demokratische ist Russland? Ein tiefenorientierter Ansatz zur Messung demokratischer Standards, 2011, sowie schon Gerhard Mangott, Zur Demokratisierung Russlands, Bd. 1: Russland als defekte Demokratie, 2002; für die Bundesrepublik Deutschland ist die Form der „exklusiven Demokratie" relevant, also einer defektiven Art einer Demokratie, welche etwa im Wege des Parteiverbots eine gesamte politische Strömung ausschließen („exkludieren") will und damit eine Kategorie von Bürgern zweiter Klasse schafft.

Dabei ist nicht der historische Kontext zu verkennen, der dazu geführt hat, dass sich das Bundesverfassungsgericht nach Wegfall des – im Sinne des nachfolgenden Grundgesetzes – verfassungswidrigen alliierten Lizenzierungssystems als eine Art Nachlizenzierungsinstitution verstand: Im Bundesgebiet fiel nämlich nach Aufhebung des Lizenzierungserfordernisses

> „dem neuen BVerfG mit seiner juristischen Entscheidungskompetenz die politische Funktion einer Art Nach-Lizenzierungsinstanz zu, die auf Antrag tätig wird und nachträglich zu-

nächst frei gegründete Parteien als ‚verfassungswidrig' aus dem politischen Konkurrenzkampf ausschaltet. Die Verteidigung bestimmter Verfassungsprinzipien gegen die politische Tätigkeit von Parteien trägt deutlich Züge des autoritären, weil in sich gekrümmten und *exklusiven Pluralismus*. Einen freien Wettbewerb *aller* Ideen kennt dieses Modell nicht. Überspitzt formuliert: Der ‚freiheitliche' Staat lässt *Parteienstreit nur auf der Basis eines gemeinsamen politischen Glaubensbekenntnisses* zu."

so Horst Meier, aaO., Seite 374 f.; (Hervorhebung vom Originaltext übernommen, Anm.)

Hinsichtlich der SRP wurde das Bundesverfassungsgericht schon deshalb in die Funktion einer Nachlizenzierungsinstanz gedrängt, weil die Alliierten deutlich gemacht hatten, dass sie die SRP als zu verbietende Partei ansahen, war ihr doch in West-Berlin, wo unter dem fortbestehenden unmittelbaren Besatzungsregime das Lizenzierungserfordernis erst am 30. April 1955 aufgehoben worden ist, 1950 die Lizenzierung verwehrt worden

vgl. Sabine Laue, Die NPD unter dem Viermächtestatus Berlins. Verhandlungsmasse zwischen den Großmächten, 1993, Seite 35.

Schon deshalb war das am 23. Oktober 1952 durch das Bundesverfassungsgericht erfolgte Verbot vorauszusehen, wollte das Gericht vermeiden, dass seine Entscheidung durch die Besatzungsherrschaft revidiert werden würde. Hätte nämlich das Bundesverfassungsgericht erkannt, dass von der SRP keine Umsturzgefahr im Sinne von Art. 91 GG (zur Relevanz dieser Vorschrift bei der Auslegung von Art. 21 Abs. 2 GG sogleich) für die „freiheitliche demokratische Grundordnung" ausging und diese Partei deshalb nicht nach Art. 21 Abs. 2 GG bzw. nach den Vorschriften des BVerfGG verboten werden konnte, hätten die Besatzungsmächte jedoch ein Verbot kraft Besatzungsgewalt oder deutsche Behörden nach dem damals noch geltenden „antifaschistischen" Ausnahmerecht, d. h. dem „Befreiungsrecht" im Sinne von Art. 139 GG ausgesprochen, wäre die Autorität des Gerichts grundlegend unterminiert worden.

Dies muss als wesentliche Determinante der Verbotskonzeption genannt werden, sodass auf einer normativen Ebene diese Verbotsrechtsprechung – und im Zusammenhang mit dem alliierten Lizenzierungssystem, d. h. der Diktatur der Besatzungszeit – darauf zurückgeführt werden muss, dass die Parteiverbote als Ausübung der mit dem Grundgesetz dem Bundesverfassungsgericht übertragenen „Diktaturkompetenz" vor dem Erlass der erst 1968 erfolgten Notstandsgesetzgebung erfolgt ist, also zu der Zeit ausgesprochen wurden als die wirkliche Notstandskompetenz noch bei den westlichen Besatzungsmächten gelegen ist und deshalb das Bundesverfassungsgericht auf die Ausübung der „Diktatur der Besiegten"

vgl. zu diesem Begriff den Aufsatz von Florian Meinel, Diktatur der Besiegten? Ein Fragment Carl Schmitts zur Notstandsverfassung der Bundesrepublik, in: Der Staat, 2014, Seite 455 ff.

beschränkt war, welche wesentliche Aspekte der Wahrnehmung der Notstandskompetenz unbeachtet lassen musste, was die extrem einseitige ideologie-politische Verbotsbegründung wesentlich erklärt.

Das Parteiverbot ist dabei nicht angemessen in die generelle Notstandsverfassung eingeordnet worden, mit der Folge, dass es anstelle eines vorübergehenden tatsächlichen Notstands, zumindest seit den 1970er Jahren – mit Herausgabe sog. „Verfassungsschutzberichte" und daran anknüpfender ideologie-politisch motivierter Diskriminierungspolitik (Verweigerung der Rekrutierung von Mitgliedern aus dem Bereich des öffentlichen Dienstes etc. pp.) – einen ideologischen Notstand in Permanenz begründet hat.

1. Fortwirken alliierter Diskriminierung

Zeitbedingt ist etwa die ziemlich rechtsfremde weltanschauliche Kategorisierung der verbotenen SRP als „wesensverwandt", die auf einer politischen Ebene zumindest insofern nachvollziehbar gewesen ist, als eine personelle Kontinuität von NSDAP und SRP gegeben war, welche allerdings – gewissermaßen notwendigerweise – bei anderen Parteien auch bestanden hatte, nur hat man sich als „Demokrat" deshalb geschämt oder „verdrängt", was die SRP nicht getan hat und deshalb ideologie-politisch verboten werden musste, musste ihr doch widerwillig Zivilcourage zugesprochen werden (deren Vorliegen ja nicht von einer begrüßenswerten Auffassung abhängt – zumindest bedürfte es damals keines Mutes, sich etwa als CDUler zu bekennen). Mit der seinerzeitigen Verbotsentschlossenheit des Bundesverfassungsgerichts gegen die ideologische „Wesensverwandtschaft", wo relativ „kurzer Prozess" gemacht wurde

> die SRP wurde innerhalb eines Jahres nach Antragstellung am 23.10.1952 verboten und schon vorher per einstweiliger Anordnung unverzüglich vom Bundesverfassungsgericht als Versammlungsbehörde einem Demonstrationsverbot unterworfen,

kontrastiert die äußerst zögerliche Haltung desselben Gerichts, gegen die von den demokratisierenden Besatzungsmächten, zu denen die verbrecherisch-stalinistische Sowjetdemokratie gehörte, lizenzierten Kommunisten mit dem menschenverachtenden GULag-System und bedrohlichen sowjetischen Atomwaffen im Hintergrund, vorzugehen. Bekanntlich soll das Bundesverfassungsgericht zum Verbot der KPD geradezu genötigt worden sein

> vgl. dazu Kurt Nelhiebel, Leichen im Keller? Mutmaßungen über den restriktiven Umgang Karlsruhes mit den Akten zum KPD-Verbot, in: Zeitschrift für Geschichtswissenschaft, 2011, Seite 647 ff.

was dann voller rechtsstaatlicher Skrupel, die man beim vorausgegangenen Urteil ersichtlich nicht hatte, zur „umfangreichsten Urteilsbegründung der Rechtsgeschichte"

> vgl. Carl Schmitt, Die legale Weltrevolution, in: Der Staat 1978, 321 ff., 335

geführt hat. Schon dieser politische Kontext spricht gegen diese Verbotsurteile und diese sollten daher kein unmittelbarer Maßstab mehr sein, sondern eher aufzeigen, wie man es in einer normalen Demokratie, die nicht mehr auf Besatzungspolitik und deren Umerziehungsideologie Rücksicht nehmen muss, sondern das Gebot des Selbstbestimmungsrechts des Deutschen Volkes beachtet, nicht (mehr) machen darf.

Diese Kritik am KPD-Urteil muss bei einem objektiven Gefährdungstatbestand aber erst recht für das SRP-Verbotsurteil gelten, zumal für das KPD-Verbot – wenngleich nicht vom Verfassungsgericht – immerhin die Existenz einer unbestreitbar gefährlichen feindlichen ausländischen Macht angeführt werden konnte, in deren Dienst die KPD agierte. Dagegen hatte die SRP keine derartige ausländische Macht im Hintergrund, sondern war der geheimdienstlichen und sonstigen Überwachung auch ausländischer (Besatzungs-)Mächte ausgesetzt und deshalb kaum gefährlich, außer natürlich in ideologischer Hinsicht, welche wiederum bei einer rechtsstaatlichen Bewertung keine Rolle hätte spielen dürfen und heute erst recht nicht mehr spielen darf.

Maßgeblich für die unterschiedliche Behandlung von SRP und KPD ist sicherlich die alliierte Vorgeschichte, die darin bestanden hatte, dass die KPD zu den Parteien gehörte, welche von den Alliierten, zu denen die vorbildliche Sowjetdemokratie zählte, eine Demokratielizenz bekommen hatten, während wesentlicher Zweck, überhaupt ein Lizenzierungssystem für Parteien und Presse einzuführen, anstatt die Gründungsfreiheit für Parteien zuzulassen, wenn man schon Demokratie und „Befreiung" ausruft, darin bestanden hatte, das politisch rechte Spektrum in Deutschland überhaupt zu beseitigen. Als das Abschlussprotokoll der Potsdamer Konferenz vom 2. August 1945 Besatzungsbefehl Nummer 2 der Sowjetischen Militäradministration auf ganz Deutschland ausdehnte, wonach „In ganz Deutschland [...] alle demokratischen politischen Parteien zu erlauben und zu fördern" sind, dann war damit auch klar, welche Parteien nicht „demokratisch" waren:

> „Außer den ‚faschistischen' waren es diejenigen, denen man Nationalismus in irgendeiner Form und allzu große Sympathie für das Unternehmertum nachsagen konnte: die Rechtsliberalen und Konservativen des traditionellen deutschen Parteienspektrums, die DVP und DNVP der Weimarer Zeit."

> so die Zusammenfassung bei Caspar von Schenck-Notzing, Abschied vom Parteienstaat, 1988, Seite 68.

Diese unterjochende Beschränkung des politischen Pluralismus im Nachkriegsdeutschland durch die Besatzungsherrschaft hat ja auch dazu geführt, dass keine unternehmerfreundlichen Parteien oder Flüchtlingsparteien lizenziert wurden

> vgl. dazu etwa Werner Sörgel, Konsens und Interessen. Eine Studie zur Entstehung des Grundgesetzes, München 1985, Seite 214.

Eine konservative Partei wie die „Bayernpartei" (BP) konnte erst nach dem Zusammenbruch der sog. Anti-Hitler-Koalition lizenziert werden, was wegen der regionalen Ausrichtung der BP mit separatistischer Strömung ideologie-politisch möglich war – eine entsprechende entschieden gesamtdeutsch ausgerichtete Partei wäre selbst 1948 zumindest von den USA wohl nicht lizenziert worden (anders bei den Briten, welche die Niedersächsische Landespartei lizenziert hatten, die sich dann zur Deutschen Partei entwickeln und sich sogar an der Bundesregierung beteiligten konnte). Diese Lizenzierung der BP kam aber schon zu spät, um an der Entstehung des Grundgesetzes mitwirken zu können, obwohl diese Partei nahe daran gewesen ist, die ursprünglich lizenzierte CSU abzulösen und deshalb durch die bekannten Justizintrigen, die sicherlich für die demokratische Qualität der Verbotspartei CSU sprechen, zur politischen Unwirksamkeit gebracht werden „musste"

> vgl. Konstanze Wolf, CSU und Bayernpartei. Ein besonderes Konkurrenzverhältnis. 1948–1960, 1982; dort Seite 205 ff. zur sog. „Spielbankenaffäre".

Diese besatzungsgeschichtliche „Differenzierung", deren Aufrechterhaltung einer souveränen Bundesrepublik Deutschland nunmehr wirklich unwürdig sein sollte, ist im Interesse von Demokratie und Rechtsstaat zu überwinden, was es gebietet, vom SRP-Verbotsurteil in derselben Weise Abstand zu nehmen, wie dies von der Verfassungsgerichtspräsidentin Jutta Limbach (SPD) hinsichtlich des zumindest im Ergebnis eher begründbaren Verbotsurteils im Falle der Kommunistischen Partei Deutschland (KPD) empfohlen worden ist. Sollte nur das KPD-Verbotsurteil revidiert werden, würde man notwendiger Weise in die Zeit der Besatzungsherrschaft zurückkehren, welche die Ausschaltung des gesamten politisch rechten Spektrums angestrebt hatte. Die vorliegende Antragsbegründung strebt allerdings genau diese Wirkung mit dem Verbot der Antragsgegnerin an, mag dies auch in der Antragsschrift bestritten werden

vgl. Seiten 126 [S. 130] und 242 f. [S. 217 ff.] der Antragsschrift,

was aber durch Stellungnahmen maßgeblicher Verbotspolitiker widerlegt wird.

2. Verfassungsrechtliche Verfehltheit wegen methodischer Unzulänglichkeit

Gerade deshalb muss der Antragsschrift entgegengehalten werden, dass sie trotz der vorsichtigen Kritik an den Verbotsurteilen des Bundesverfassungsgerichts letztlich doch an der diesen Urteilen zugrunde liegenden Methodik festhalten will, zwar nicht mehr gegen das, was amtlich als „Linksextremismus" firmiert, aber entsprechend einer kommunistoiden Salamitaktik bei Weiterführung der Absichten der Besatzungsherrschaft „gegen Rechts". Deshalb wird die Methodik der Verbotsurteile sogar noch verschärft, indem einer Partei die Grundrechte abhandenkommen sollen, weil sie ja als Quasi-Staatsorgan einzustufen wäre

vgl. Seite 101 f. [S. 111 f.] der Antragsschrift,

die nur noch zivilreligiöse Pflichten habe wie Verpflichtung auf ein extrem einseitiges Vergangenheitsverständnis und ein Glaube an die Schuldnatur der Deutschen, welche nur durch eine massive Einwanderungspolitik (biologisch?) abgetragen werden könne. Die Antragsschrift will also weiterhin politisch-ideologische Werturteile zum Verfassungsmaßstab erheben!

a) Verabschiedung von der juristischen Methodik/Antiparlamentarismus

Deshalb fehlt in der Antragsbegründung eine gebotene rechtliche Kritik an den insbesondere in der rechtlichen Begründung ziemlich verfehlten Verbotsurteilen des Bundesverfassungsgerichts. In rechtlicher Hinsicht ist diesem zentral vorzuwerfen, sich im Interesse des Ideologieverbots von der juristischen Auslegungsmethodik emanzipiert zu haben, was programmatisch in folgender Formulierung zum Ausdruck kommt, als es galt, das Verhältnis zwischen dem in Art. 9 Abs. 2 GG (Vereinsverbot) enthaltenen Begriff der verfassungsmäßigen Ordnung und dem in Art. 21 Abs. 2 GG (Verfassungswidrigkeitsfeststellung) gebrauchten Begriff der freiheitlichen demokratischen Grundordnung zu bestimmen:

„Dabei würden im einzelnen schwierige Auslegungsfragen entstehen, namentlich wenn man den in Art. 9 Abs. 2 GG verwandten Begriff der ‚verfassungsmäßigen Ordnung' dem Begriff ‚freiheitlichen demokratischen Grundordnung' gegenüberstellte und ihr Verhältnis zueinander nur aus dem Wortlaut mit Mitteln der Logik zu bestimmen versuchte. Eine befriedigende Lösung kann nur aus den oben entwickelten grundsätzlichen Erwägungen gewonnen werden."

vgl. BVerfGE 2, 1, 13.

Es kann jedoch durchaus gefordert werden, dass sich ein Gericht, insbesondere ein Verfassungsgericht der (juristischen) Logik befleißigt und in der Tat vom Wortlaut eines (Verfassungs-)Gesetzes ausgeht, diesen dabei sicherlich im Kontext des entsprechenden Rechtsgebiets versteht und sich dabei auch um den angemessenen Zweck etwa eines Parteiverbots in einer Demokratie bemüht. Ergänzend ist dann sicherlich die historische Auslegung heranzuziehen, die allerdings im hier interessierenden Bereich – mit Ausnahme der übersehenen Streichung des Tatbestandsmerkmals des „Beeinträchtigens" im Hauptausschuss des Parlamentarischen Rat – anerkanntermaßen eher unergiebig ist – die Antragsschrift spricht davon, dass die Entstehungsgeschichte „nur teilweise ergiebig" sei

vgl. Seite 98 [S. 109] der Antragsschrift –

und deshalb völlig unzulässig durch eine geschichtstheologisch-zivilreligiöse Auslegung ersetzt wird. Diese methodische Unzulänglichkeit geht auf die Methodik der Parteienstaatslehre von Richter Leibholz

zu diesem aktuell: Anna-Bettina Kaiser (Hrsg.), Der Parteienstaat. Zum Staatsverständnis von Gerhard Leibholz, 2013

zurück, welche die durchaus als rational einzustufende rechtspositivistische Methodik durch die sog. geisteswissenschaftliche Methodik einer Wertephänomenologie ersetzte, die sich als „höchst fragwürdig darstellt"

vgl. dazu ausführlich Angelika Siehr, Repräsentation bei Gerhard Leibholz, in: Anna-Bettina Kaiser, aaO., Seite 45 ff.

Dementsprechend hat das Bundesverfassungsgericht unter Federführung von Richter Gerhard Leibholz auch keine Bemühungen um den Kontext des Grundgesetzes angestellt, die in der Einordnung des Parteiverbots in die Notstandsregelungen des Grundgesetzes, insbesondere von Art. 91 GG bestanden hätten; diese Vorschrift kommt in den ausführlichen Verbotsbegründungen des Gerichts nicht vor! Vielmehr werden die „oben entwickelten Erwägungen" eingeführt, welche in der Parteienstaatsdoktrin eben des Richters Leibholz bestanden, die aber mit zentralen Vorschriften des Grundgesetzes, wie insbesondere mit der Unabhängigkeit des Parlamentsabgeordneten (Art. 38 Abs. 1 GG) in Widerspruch steht, aber gebraucht wurde, um dem Parteiverbot ohne gesetzliche Grundlage eine gegen den Parlamentarismus gerichtete Aberkennung von Parlamentsmandaten sowie ein Wahlteilnahmeverbot einer Ersatzorganisation zu begründen. Die antiparlamentarische Stoßrichtung dieser Lehre

vgl. dazu Frieder Günther, „Eine in jeder Hinsicht veränderte Wirklichkeit". Gerhard Leibholz und die antiliberale Bewegung, in: Anna-Bettina Kaiser, aaO., Seite 23 ff., Seite 33: „Auch war aus Leibholz' Sicht Art. 38 I 2 GG, wonach der einzelne Abgeordnete nur seinem Gewissen unterworfen und an Weisungen nicht gebunden ist, ein Fremdkörper, da er den Einfluss der Parteien auf Bundestagsentscheidungen schwächte, indem er die Abgeordneten der Fraktionsdisziplin entzog. Einen solchen Fremdkörper galt es somit so bald wie möglich durch eine Verfassungsänderung aus dem Grundgesetz zu entfernen", was durch verfassungsgerichtliche Selbstermächtigung durch Aberkennung von Parlamentssitzen ohne Rechtsgrundlage direkt vorgenommen wurde.

kommt insbesondere darin zum Ausdruck, dass das Bundesverfassungsgericht die mit dem Parlamentarismus verbundene Unabhängigkeit des Abgeordneten unter Ideologieverdacht gestellt hat:

„Der Gegensatz [zwischen freiem Mandat, das den Abgeordneten vor dem Parteiverbot schützt und der Tatsache, daß der Abgeordnete Vertreter einer Partei ist, wodurch sich die Parteiverbotsfolgen auf ihn als Mandatsverlust erstrecken, Anm.] verliert freilich an theoretischer Schärfe, wenn man sich vergegenwärtigt, daß es sich bei Art. 38 GG um einen Satz aus dem gesicherten ideologischen Bestand des Verfassungsrechts der liberalen Demokratie handelt, den der Verfassungsgesetzgeber als herkömmlich und daher unbedenklich übernommen hat, ohne daß ihm dabei die prinzipielle Unvereinbarkeit mit Art. 21 GG voll deutlich geworden wäre. Immerhin hat sich die Auslegung mit der in diesen positiven Normen des Grundgesetzes in Erscheinung tretenden Spannungslage auseinanderzusetzen. Die Lösung kann nur so erfolgen, daß ermittelt wird, welches Prinzip bei der Entscheidung einer konkreten verfassungsrechtlichen Frage jeweils das höhere Gewicht hat."

vgl. BVerfGE 2, 1, 72

Mit anderen Worten: Der Grundgesetzgeber ist nach der damaligen Ansicht des Verfassungsgerichts einer liberalen Ideologie aufgesessen, die das Bundesverfassungsgericht mit dem Erkenntnisapparat der Parteienstaatsdoktrin entlarvt! Aber immerhin:

„Das Grundgesetz trägt, wie schon ausgeführt, der politischen Wirklichkeit insofern Rechnung, als es ausdrücklich anerkennt, dass die Parteien bei der politischen Willensbildung des Volkes mitwirken. Damit wird auch in der Verfassung selbst, nämlich in Art. 21 und 38 GG, das besondere Spannungsverhältnis erkennbar, das in der Doppelstellung des Abgeordneten als Vertreters des gesamten Volkes und zugleich als Exponenten einer konkreten Parteiorganisation liegt. Diese beiden Vorschriften lassen sich theoretisch schwer in Einklang bringen."

vgl. BVerfGE 2, 1, 72

Leibholz hat seine für die Verbotsentscheidungen (aber auch ansonsten) maßgebliche Lehre aufgrund seiner Erfahrungen der mangelnden Integrationskraft des klassischen „liberalistischen" Parlamentarismus in den 1920–30er Jahren entwickelt und zur Rettung der Stabilität der politischen Ordnung auf die Parteien gesetzt, wobei die Neigung derselben zum Einparteiensystem

„Bedeutsam ist nun Leibholz' eingeschobene Feststellung, wonach die Absicht der faschistischen Partei, sich ‚mit dem Ganzen zu identifizieren', kein Alleinstellungsmerkmal sei: ‚Denn die Intention zur Volkspartei ist jeder Partei immanent'"

vgl. John Philipp Thurn, Ambivalenzen in der Beobachtung. Gerhard Leibholz und das Verfassungsrecht des italienischen Faschismus, in: Anna-Bettina Kaiser, aaO., Seite 73 ff., 78.

in Anlehnung an das faschistische Staatsrecht Italiens in der Tendenz eher positiv gewürdigt wurde. Als Leibholz 1928 in seiner Antrittsvorlesung „Zu den Problemen des fascistischen Verfassungsrechts" vortrug, wurde dies in der Kritik als Eintreten für den autoritären Staat und als Gegnerschaft zum Liberalismus interpretiert

> vgl. dazu Susanne Benöhr, Das faschistische Verfassungsrecht Italiens aus der Sicht von Gerhard Leibholz. Zu den Ursprüngen der Parteienstaatslehre, Baden-Baden 1999, Seite 11 ff.

Dementsprechend galt es nach der Parteienstaatslehre ein zumindest virtuelles Einparteiensystem auch in der Bundesrepublik Deutschland zu konstruieren, indem man die als legitim angesehenen Parteien bei Abkehr vom rechtsstaatlichen Legalitätsprinzip durch ein Überparteiprogramm ideologisch in die Pflicht nahm. Dieses Überparteiprogramm wurde dann im Schutzgut der als Parteiverbotsvorschrift angesehenen Feststellung der Verfassungswidrigkeit nach Art. 21 Abs. 2 GG, nämlich im Begriff „freiheitliche demokratische Grundordnung" verortet. Der Inhalt dieses Überparteiprogramms wurde ziemlich apodiktisch über eine (religiöse) „Schöpfungsordnung"

> vgl. BVerfGE 2, 1, 12: „Mensch in der Schöpfungsordnung"

eingeführt und dabei, wenngleich völlig unausgesprochen, dem banalen positiven Strafgesetzbuch, nämlich § 88 StGB in der Fassung des (1.) Strafrechtsänderungsgesetzes (nunmehr § 92 Abs. 2 StGB) entnommen. Dies führt notwendigerweise zu einem Verstoß gegen Art. 79 Abs. 1 GG, welcher die „Gesetzmäßigkeit der Verfassung" abwehren soll und es deshalb verbietet, den Inhalt von Verfassungsnormen nachkonstitutionellem Gesetzesrecht zu entnehmen.

Bei der Subsumtion hinsichtlich des Vorliegens der entsprechend definierten Verbotsvoraussetzungen wie etwa Gefährdung/Abschaffung des Mehrparteienprinzip (nicht durch das Parteiverbot, sondern durch die verbotene Partei!) spielte dieses „Überparteiprogramm" ohnehin eine lediglich mehr beiläufige Rolle, da es anstelle juristischer Begriffe, also bei Abkehr von einer (soweit menschenmöglich) rationalen Justiz und Hinwendung zur wissenschaftstheoretisch bei weitem fragwürdigeren Politikwissenschaft, die sich zunehmend sprachpolizeilich kapriziert (vgl. das zentrale „Beweismittel" der Antragstellung), wesentlich auf eine geisteswissenschaftliche phänomenologische Begriffsbildungen ankommen sollte wie „Wesensverwandtschaft" und „Antisemitismus", welche man mit dem gewünschten Ergebnis einseitig diskriminierend anwenden kann. Sofern entsprechende Vorwurfskategorien passend schienen, wurde einfach unterstellt, die Verfassungswidrigkeit wäre gegeben und die Absicht etwa der Abschaffung des Mehrparteienprinzips brauchte dann nicht mehr wirklich nachgewiesen zu werden. Damit öffnet sich der Schritt zur offenen weltanschaulichen Diskriminierung, weil etwa einem Kämpfer „gegen Rechts", einem Antidextristen (dazu später) nicht – wie aber einem „Antisemiten" – automatisch unterstellt wird, er würde die Menschenwürde abschaffen wollen und dies trotz der Millionen an Opfern, welche etwa der Kampf gegen „Rechtsabweichler" in kommunistischen Regimes zur Folge hatte und dabei in einer Weise durchgeführt wurde, welche in einem unermesslichen Ausmaß Leid, Tod und Unterdrückung gebracht hat, das allem menschlichen Begriffsvermögen widerspricht

Der chinesische Schriftsteller Yang Xianhui hat diesen mit seinem Werk „Die Rechtsabweichler von Jianbiangou. Berichte aus einem Umerziehungslager", edition suhrkamp 2009, ein verdientes Denkmal gesetzt; dabei wurden Werdegang und Leben von 500 000 Chinesen zerstört, was aber kein Hindernis für die bundesdeutschen 68er gewesen ist, dem Verantwortlichen dieses (und noch viel weitergehender) Politverbrechens zu huldigen: Da gäbe es gemessen an den Kriterien des Verbotsantrags einiges verbotspolitisch zu „bewältigen", insbesondere die bundesdeutsche Staatsbewältigung selbst, welche diese Mao-Huldigung erkennbar nicht verhindert hat (sondern als Nachvollzug eines „Gegenentwurfs" wohl eher begünstigt hat)!

Vermutlich sind aber diese Opfer, für die ideologiepolitisch der aus Deutschland stammende Marxismus verantwortlich gemacht werden könnte, welcher über die Verbotspartei SPD zur Wirksamkeit gebracht worden war, verfassungsrechtlich bzw. (was adäquater ist) verfassungsideologisch unbedeutend, sodass sich das Bundesverfassungsgericht zumindest im SRP-Urteil der ideologischen Diskriminierung hingeben konnte: Gerichtet war das Verbot nämlich gegen „Rechtsparteien", die das Verfassungsgericht wie folgt kategorisierte:

> „Unter der konstitutionellen Monarchie gewohnt, als die staatstragenden Parteien schlechthin zu gelten."

> vgl. BVerfGE 2, 1, 15 f., wo sich das Bundesverfassungsgericht generell zu „Rechtsparteien" auslässt.

Was diese Art von amtlicher Kategorisierung mit einem gegen eine konkrete Organisation (Partei) gerichteten Verfahren zu tun haben soll, erscheint bei Negierung der alliierten Politik der Unterdrückung der politischen Rechten in Deutschland völlig schleierhaft und kann nur mit der Absicht erklärt werden, eine ganze politische Strömung möglichst auch noch rückwirkend bis ins 19. Jahrhundert als irgendwie „verfassungswidrig" „auszuscheiden". Dieser Ansatz bereitete dann die Grundlage, ein Parteiverbot unbefristet zu verstehen, weil ja die Ideologie, welche den eigentlichen Verbotsgrund darstellt, natürlich immer wieder von Leuten aufgegriffen werden kann. Beim KPD-Verfahren bekam das Bundesverfassungsgericht dann doch Bedenken gegen ein bloßes Ideologieverbot und deshalb wurde – im Sinne der Leibholz'schen Lehre nicht ganz schlüssig – die „aggressiv-kämpferische Haltung" gegenüber den (sprachbildnerisch verfehlt) „obersten Grundwerten" als Verbotsvoraussetzung eingeführt

> so BVerfGE 5, 85, 141 und Leitsatz Nr. 5; bei BVerfGE 2,1, 11 hat man sich noch mit dem Merkmal „erschüttern wollen" begnügt,

womit dann irgendwie zugestanden wurde, dass es beim Parteiverbot eigentlich doch um die Abwehr einer Gefahr gehen sollte und nicht nur um die Feststellung der mangelnden Geeignetheit, aus ideologischen Gründen an der Meinungsbildung des Volkes mitwirken zu dürfen

> so aber BVerfGE 2, 1, 73.

Dieses Merkmal der „aggressiv-kämpferischen Haltung", das im Falle des SRP-Verbots ohnehin noch nicht als Korrektur des Ideologieverbots vorgesehen war (wenngleich durch „erschüttern wollen" angelegt), ist letztlich ein untaugliches Kriterium für die Beschreibung einer mit dem Parteiverbot abzuwehrenden Gefahr, weil dann nämlich fast

35. Antragserwiderung vom 2. März 2016

alle bei ideologisch guten Parteien für normal gehaltenen Aktivitäten wie Wahlkampfführung und soziales Engagement in Vereinen bei entsprechender „falscher" Ideologie als „aggressiv-kämpferisch" eingestuft werden können, so dass es letztlich doch ausschließlich auf die falschen politischen Auffassungen als Verbotsgrund ankommt. Dies will zwar die Antragsbegründung

vgl. Seiten 130 ff. [S. 134] der Antragsschrift

nicht ganz wahrhaben, indem ausgeführt wird, dass die parlamentarische Tätigkeit zur Propagierung falscher Ideologie, zwar kein „hinreichendes", aber doch „notwendiges" Kriterium beim Nachweis des „aggressiv-kämpferischen" Verhaltens sei, um dann bald zu dem Ergebnis zu kommen, dass „Art. 21 Abs. 2 GG es" gestatten würde,

„auch legale politische Aktivitäten als Anhaltspunkt für ein verfassungsgerichtliches Verbot zu verstehen und in das Verfahren einzuführen."

vgl. Antragsschrift, aaO. [S. 134]

Das Brimborium des „Aggressiv-Kämpferischen" stellt deshalb lediglich eine Verschleierung des verfassungsrechtlichen Antipluralismus dar, wie dies auch in der Argumentation der Antragsbegründung zum Ausdruck kommt. Es wird dabei die grundlegende Prämisse einer rechtsstaatlichen Herrschaftsordnung und damit nach dem Prinzipienkatalog der freiheitlichen demokratischen Grundordnung maßgebliches Verfassungsprinzip negiert, wonach legales Handeln legitimes Handeln darstellt

vgl. Schnapp, in: von Münch/Kunig (Hrsg.), Grundgesetzkommentar, 4. Auflage, 1992, Rn. 36 zu Art. 20; womit auch der scheinbare Gegensatz in der Formel „Gesetz und Recht" nach Art. 20 Abs. 3 GG aufgelöst wird.

Die rechtsstaatswidrige Ideologiebetrachtung führt zur Infragestellung des Legalitätsprinzips durch eine als höherwertig angesehene Staatsideologie. Ein hierauf gestützter Verbotsantrag kann keinen Erfolg haben.

b) Verfehlung von Meinungsfreiheit und Mehrparteienprinzip

Sicherlich hat sich Leibholz nach 1945 deutlich vom „diktaturförmige(n) Einparteienstaat nationalsozialistisch-faschistischer oder kommunistischer Prägung" distanziert. Trotzdem sah er das Gemeinwohl nicht im (liberalen) Repräsentationsmodell verwirklicht, sondern im Prinzip der Identität von Partei und Volk, was er mit Hilfe des Parteienstaates verwirklicht sah, welcher aus Parlamentswahlen „eine rationalisierte Erscheinungsform der plebiszitären Demokratie" mache

vgl. dazu Thurn, aaO., Seite 83,

wodurch aber trotzdem die Garantie von Meinungsfreiheit und das Mehrparteienprinzip verfehlt werden. Die Konzeption des Einparteienstaates wirkt jedoch durch das Postulat eines für alle Parteien verbindlichen Überprogramms, welches – so die These – mehr zufällig dem Merkmal „freiheitliche demokratische Grundordnung" zugeordnet wurde, sowie in Form der „Verstaatlichung" dieser (gewissermaßen) virtuellen Einheitspartei der „Demokraten" nach.

In der Tat wird mit dem Grundgesetz der politischen Partei mit Art. 21 Abs. 1 GG eine Verpflichtung auferlegt, welche über die Verpflichtung von Vereinigungen nach Art. 9 GG hinausgeht, nämlich die demokratische Binnenstruktur und die Transparenz bei ihrer Finanzierung. Diese mit Art. 21 Abs. 1 GG gegenüber Art. 9 GG vorgenommene Beschränkung der Vereinigungsfreiheit liegt sicherlich im spezifischen Interesse der demokratischen Verfassungsordnung. Trotzdem verkennt die Parteienstaatslehre die Bedeutung dieser Festlegung, indem sie die Banalität übersieht, dass den Parteien mit Art. 21 Abs. 1 GG zwar eine demokratische Binnenstruktur vorgeschrieben wird, nicht aber – wie es die Parteienstaatsdoktrin aufgrund ihrer auf ideologische Identität abzielenden Konzeption postulieren müsste – ein demokratisches Bekenntnis! Damit liegt die verfassungsrechtliche Vermutung zugrunde, wofür ja in der Tat einiges spricht, dass sich eine parteipolitische Organisation, die eine demokratische Binnenstruktur aufweist, sich auch im (gewissermaßen) externen Bereich des Staates demokratisch verhält und dann auch demokratisch denkt

> So wäre auch hinsichtlich des historischen Nationalsozialismus denkbar gewesen, dass sich bei Geltung von Art. 21 Abs. 2 GG, welcher das Führerprinzip ausschließt, eine Richtung durchgesetzt hätte, welche bereit gewesen sein könnte, wie vorher die Sozialdemokratie in die staatliche Verantwortung hineinzuwachsen.

Zumindest ergibt der Maßstab der demokratischen Binnenstruktur ein operables, da nachprüfbares Kriterium für die Demokratiekompatibilität einer politischen Partei, während die Vorgabe eines demokratisches Bekenntnisses entsprechend der Schwierigkeiten einer amtlichen, einschließlich verfassungsgerichtlichen Ideologiebewertung (vgl. dazu später) dazu zwingt, von der juristischen Logik weitgehend abzugehen und sich auf die Ebene wissenschaftstheoretisch zweifelhafterer Methodik wie derjenigen der politologischen Sprachpolizei begeben zu müssen.

c) Geltung der Grundrechte, insbesondere der Meinungsfreiheit bei Art. 21 GG

Festzuhalten ist, dass die Vorgabe einer demokratischen Binnenstruktur, bei Absehen von einem demokratischen Bekenntnis auch mit der Garantie der Meinungsfreiheit nach Art. 5 Abs. 1 GG im Einklang steht, die selbstverständlich gemäß Art. 19 Abs. 3 GG auch einer politischen Partei zusteht. Die Infragestellung der Grundrechtsgeltung bei einem Verfahren nach Art. 21 Abs. 2 GG durch die Antragsschrift

> vgl. Seite 135 [S. 137] der Antragsschrift

ist schon ein (volksdemokratischer) „Hammer", der zwar der Methodik des SRP-Verbotsurteils entspricht, wo der Begriff der „Meinungsfreiheit" nicht vorkommt, aber das KPD-Verbotsurteil völlig negiert, das sich wegen der Garantie der Meinungsfreiheit sogar Gedanken gemacht hat, ob mit Art. 21 Abs. 2 GG „verfassungswidriges Verfassungsrecht" vorliegen könnte

> vgl. BVerfGE 5, 85, 134 f.,

was nicht etwa deshalb verneint wurde, weil entsprechend der Annahme der Antragsschrift Grundrechte im Parteiverbotsverfahren nicht geltend würden! Diese These, welche – soweit ersichtlich – in der seriösen Rechtswissenschaft ebenso wenig vertreten wird, muss freilich vehement widersprochen werden.

Die Gegenseite stützt ihre doch sehr befremdliche Rechtsauffassung im Wesentlichen auf den Gedanken, dass das Parteiverbotsverfahren der grundrechtlichen Prüfung gewissermaßen vorgelagert sei und es die „parteispezifische Anwendungsbedingung" betreffe

vgl. Seite 17 [S. 50 f.] der Antragsschrift.

Darüber hinaus meint der Antragsteller, politische Parteien seien vom Grundgesetz als Quasi-Staatsorgane ausgestaltet und unterlägen daher einem besonderen Pflichtenkanon, der über den normaler Grundrechtsträger hinausgehe

vgl. Seiten 102 [S. 112] und 135 [S. 137] der Antragsschrift.

Dem kann freilich nicht gefolgt werden. Eine Personenvereinigung wie eine politische Partei, deren Mitglieder allesamt unzweifelhaft dem Schutz der Grundrechte unterliegen und die deshalb auch als Kollektiv mit personalem Substrat über Art. 19 Abs. 3 GG Grundrechtsschutz genießen, kann dieses Schutzes schwerlich allein deshalb verlorengehen, weil sie in ein Parteiverbotsverfahren gezwungen wird. Dass dieser kollektive Grundrechtsschutz mit rechtskräftigem Ausspruch eines Verbotsurteils in Wegfall gerät, darf nicht mit der Frage vermengt werden, ob bei der Frage, ob ein Verhalten der Partei als verbotswürdig zu werten ist, die wertsetzende Bedeutung der Grundrechte zu berücksichtigen ist.

Die angebliche Quasi-Staatsorganstellung der politischen Parteien nötigt zu keiner anderen Sichtweise. Die Einstufung politischer Parteien als „Staatsorgane" im weiteren Sinne rührt ursprünglich von der Rechtsprechung des Staatsgerichtshofs der Weimarer Republik her, welcher politische Parteien nur deshalb in den Rang von „Staatsorganen" hob, um ihnen im Organstreitverfahren Beteiligungsfähigkeit zuerkennen zu können, weil in damaliger Ermangelung der Verfahrensart der Verfassungsbeschwerde ansonsten keine Rechtsschutzmöglichkeit für sie bestanden hätte. Diese ursprünglich zur Verbesserung der Rechtsstellung und des Rechtsschutzes politischer Parteien entwickelte Idee, die mit der Einführung der Verfassungsbeschwerde ohnehin ihre Daseinsberechtigung verloren hat, wird vom Bundesrat nun in geradezu dreister Weise dahingehend pervertiert, dass sie nunmehr dazu dienen soll, politischen Parteien ihre Grundrechtsberechtigung abzuerkennen, um sie leichter verbieten zu können. Umgekehrt wird aber ein Schuh draus: Gerade weil den politischen Parteien im demokratischen Rechtsstaat eine herausragende Stellung – und eben keine Staatsorganstellung innerhalb der öffentlichen Gewalt – zukommt, bedürfen sie in besonderem Maße des grundrechtlichen Schutzes. Die Bedeutung der Grundrechte als Abwehrrechte gegen den Staat aktualisiert sich doch gerade dort, wo der Staat mit drakonischen Maßnahmen wie einem Parteiverbot ganze politische Strömungen und damit Meinungen (Art. 5 Abs. 1 Satz 1 GG) wegverbieten will. Wo könnte der Schutz der Grundrechte daher mehr vonnöten sein als in einem Parteiverbotsverfahren wie dem vorliegenden? Und welchen Wert hat beispielsweise die Meinungsfreiheit noch, wenn sie in dem Bereich, im dem ihre größtmögliche Beschneidung droht, nämlich im Parteiverbotsverfahren, überhaupt nicht anwendbar sein soll? Diese Fragen zu stellen, heißt, sie zu beantworten.

Zudem wird eine Geltung der Grundrechte im verfassungsprozessualen Parteiverbotsverfahren auch durch die – unten noch vertieft darzustellende – Rechtsprechung des Europäischen Gerichtshofs für Menschenrechte nahegelegt. Dieser beurteilt die konventionsrechtliche Zulässigkeit von Parteiverboten regelmäßig am Maßstab von Art. 10 und 11 EMRK, also an den Menschenrechten der Vereinigungs- und der Meinungsfreiheit. Folglich müssen diese Menschenrechte im nationalen Parteiverbotsverfahren anwendbar sein, weil sie andernfalls nicht als zulässiger Prüfungsmaßstab in Betracht kämen. Auf die vom Antragsteller aufgebrachte Idee, derlei Rechte stünden einer politischen Partei als Quasi-Staatsorgan überhaupt nicht zu, ist der EGMR bislang zu Recht nicht gekommen. Wenn sich eine politische Partei im Verbotsverfahren aber auf die Menschenrechte der Art. 10, 11 EMRK berufen kann, dann ist kein Grund ersichtlich, warum sie sich nicht auch auf die – im Wesentlichen inhaltsgleichen – grundgesetzlichen Grundrechte der Art. 5 Abs. 1 Satz 1 und Art. 9 Abs. 1 GG sollte berufen können. Doch auch in dem Fall, dass man dies – mit welcher Begründung auch immer – anders sehen und eine ausschließliche Geltung von Art. 10, 11 EMRK unter Ausschluss von Art. 5 Abs. 1 Satz 1 iVm. Art. 9 Abs. 1 GG annehmen wollte, würde dies an dem gefundenen Ergebnis der Geltung von Meinungs- und Vereinigungsfreiheit im Parteiverbotsverfahren nichts ändern.

Selbst wenn man allen Ernstes die Auffassung vertritt, dass auch legales und damit grundrechtlich geschütztes Verhalten ein Parteiverbot zu rechtfertigen vermag – diese Frage wird im Folgenden noch umfassend zu untersuchen sein – müssen aber gleichwohl Bedeutung und Tragweite der Grundrechte, auf die sich eine politische Partei bis zu ihrem Verbot zweifelsohne berufen kann, dazu führen, dass die Verwertung grundrechtlich geschützten Verhaltens zur Begründung eines Parteiverbots äußerst restriktiv gehandhabt wird, etwa dergestalt, dass nur nachgewiesenes grundrechtsmissbräuchliches Handeln (etwa im Sinne des ebenfalls restriktiv auszulegenden Art. 17 EMRK) ein Parteiverbot zu rechtfertigen vermag, wohingegen nicht als missbräuchlich zu qualifizierende grundrechtlich geschützte Parteibetätigung – auch wenn sie den politisch korrekten Gesinnungswächtern der vorliegend als Bundesrat in Erscheinung tretenden Parteien als „unsäglich" und „unerträglich" erscheinen mag – von vornherein als Verbotsgrund ausscheidet. Keinesfalls kann es angehen, die Grundrechte auf mit einem Parteiverbotsverfahren überzogene politische Parteien überhaupt nicht mehr anzuwenden und dadurch jede regierungskritische oder im Hinblick auf die etablierten Parteien als „Majestätsbeleidigung" aufgefasste Äußerung, die außerhalb eines Parteiverbotsverfahren ohne jeden Zweifel von der Meinungsfreiheit geschützt wäre, ohne Hinzutreten weiterer restriktiver Kriterien als verbotsbegründend anzusehen.

Im Übrigen kann dem Staatskirchenrecht, welches vom geschichtlichen Ausgangspunkt der Parteienfreiheit

<blockquote>vgl. dazu nachfolgend die Ausführungen zur Paulskirchenverfassung</blockquote>

für die Frage der Legalität von Parteien von unmittelbarer Relevanz ist, entnommen werden, dass selbst einer Körperschaft des öffentlichen Rechts, wie den Kirchen und entsprechend anerkannten anderen Religionsgemeinschaften nach Art. 19 Abs. 3 GG Grundrechtsschutz zu gewähren ist, wie sogar für das „öffentlich-rechtliche" Rundfunksystem gilt. Dies bedeutet, dass selbst für den Fall, dass den politischen Parteien die Rechtsform einer quasi-öffentlich-rechtlichen Körperschaft zugesprochen werden würde, ihnen der Grundrechtsschutz nicht abgesprochen werden kann, was in Sonderheit für die Gewährleistung der mit der Nicht-Volksdemokratie schon aufgrund des antiken Ausgangspunkts des griechischen Wortes Demokratie" (dazu später) begriffsnotwendig verbundenen Garantie der Meinungsfreiheit (Art. 5 Abs. 1 Satz 1 GG) gilt.

Folglich kann kein ernsthafter Zweifel daran bestehen, dass sich politische Parteien auch im Parteiverbotsverfahren auf Grundrechte im Allgemeinen und auf die Meinungsfreiheit im Besonderen berufen können und ihre wertsetzende Bedeutung maßgeblich zu Gunsten der betroffenen Partei Berücksichtigung finden muss.

d) Folge der Meinungsfreiheit: Verbot der ideologischen Diskriminierung

Die Garantie der Meinungsfreiheit, welche entgegen der Antragsschrift für Parteien unstreitig gilt, ist dann auch zur Definition der „Verfassungswidrigkeit" nach Art. 21 GG heranzuziehen. Danach lässt es das Gebot der Allgemeinheit des die Meinungsfreiheit beschränkenden Gesetzes nach Art. 5 Abs. 2 GG nicht zu, dieselbe Aktivität nur deshalb bei dem einen als verbotsbegründend „aggressiv-kämpferisch" einzuordnen und beim anderen als Demokratie geboten zu privilegieren, weil der eine aus amtlicher Sicht „falsche", der andere aber eine „gute" Ansicht vertritt. Banal heißt das: Eine NPD kann nur verboten werden, wenn Tatsachen vorliegen, die auch bei einer SPD zu einem Verbot führen würden, wobei dies nicht die Tatsache meint, dass die SPD die NPD-Ideologie oder was man dafür hält, übernimmt, sondern auf rechtswidrige Aktivitäten, wie nach § 21 des Versammlungsgesetzes verbotene Grundrechtsverhinderungen, abzielt.

Zuzugeben ist, dass dies in der Verbotsrechtsprechung bislang nicht in der gebotenen Weise praktiziert worden ist, was aber gerade die Revisionsbedürftigkeit der bisherigen Verbotskonzeption des Bundesverfassungsgerichts deutlich machen sollte: Im KPD-Verbotsurteil hat das Bundesverfassungsgericht aber immerhin den Aspekt der Meinungsfreiheit gesehen – der beim SRP-Urteil aufgrund der ideologie-politischen Voreingenommenheit überhaupt nicht interessiert hatte – und den Konflikt mit dem Hinweis „gelöst", wonach Parteiverbot und Meinungsfreiheit auf der gleichen verfassungsrechtlichen Ebene angesiedelt wären

vgl. BVerfG 5, 85, 134 f.

Bei der Vorrangstellung des Parteiverbots gegenüber der Meinungsfreiheit konnte dann wieder die im Grundgesetz nicht enthaltene, sondern dezisionistisch eingeführte Parteienstaatslehre den Ausschlag geben, indem man Grundrechte im Rahmen des virtuellen Einparteiensystems von Demokraten im Ergebnis zumindest implizit (in der Verbotsbegründung sogar explizit) zur staatlichen Kompetenznormen macht mit dem Gebot, eine bestimmte Meinung, nämlich eine gesamtdemokratische, haben zu müssen. Dies erlaubt dann im Ergebnis doch, das Parteiverbot – unter bemerkenswertem Verzicht auf den Firlefanz des „Aggressiv-Kämpferischen" – auf die verfassungsrechtlich unzulässige „Vorstellungswelt" zu stützen:

„Mit dem Urteil des Bundesverfassungsgerichts in einem Verfahren nach Art. 21 Abs. 2 GG steht fest, dass die Partei – von Anfang an oder von dem im Urteil bezeichneten Zeitpunkt ab – wegen des mit den demokratischen Grundprinzipien in Widerspruch stehenden Inhalts ihrer politischen Vorstellungswelt die Voraussetzungen für die Mitwirkung bei der politischen Willensbildung des Volkes nicht erfüllt hat. Ist dem aber so, dann kann sich die Wirkung des Urteils nicht in der Auflösung des organisatorischen Apparates erschöpfen, der zur Durchsetzung dieser Vorstellungen geschaffen worden ist; vielmehr ist es der Sinn des verfassungsgerichtlichen Spruches, diese Ideen selbst aus dem Prozess der politischen Willensbildung auszuscheiden."

vgl. BVerfGE 2, 1, 73

Die letzte Sentenz dürfte dabei den verhängnisvollsten Teil der Verbotsrechtsprechung überhaupt darstellen, weil dies die Grundlage der permanenten Ideologieanwürfe in sog. „Verfassungsschutzberichten" „gegen rechts" darstellt, welche die Chancengleichheit politischer Parteien und damit das Mehrparteienprinzip in einer Weise beeinträchtigen, das man nicht umhin kommt – es ist ja entsprechend dem Konzept einer „politischen Gefahrenabwehr" Politik-"Wissenschaft" statt juristischer Subsumtion gefragt – von einer „defekten Demokratie" Bundesrepublik Deutschland zu sprechen. Dass die Verbotsparteien, die vorliegend als Bundesrat in Erscheinung treten, ein fundamentales Interesse an der Aufrechterhaltung dieses sie privilegierenden Verbotssystems haben, ist offensichtlich, sollte jedoch kein Maßstab für die Fortführung dieses verfehlten Verbotssystems durch das Bundesverfassungsgericht sein. Vielmehr ist nunmehr der Meinungsfreiheit Geltung zu verschaffen, indem sich ein Verbotsausspruch nur im Rahmen der rechtmäßigen Schranken vollzieht, die den Anforderungen des Art. 5 Abs. 2 GG entsprechen, mit der Folge, dass Art. 21 Abs. 2 GG in einer ähnlichen Weise verstanden werden muss, wie dies mit § 78 der Verfassung des Königreichs Dänemark klar formuliert ist (dazu sogleich).

Allein mit dieser Lesart der Verbotsvorschrift des Art. 21 Abs. 2 GG können die aus der festgestellten Geltung der Grundrechte auch im Parteiverbotsverfahren resultierenden Wertungswidersprüche dogmatisch sauber vermieden werden, die sich bei Zugrundelegung der Rechtsauffassung des Antragstellers unweigerlich ergeben: Man kann nicht einerseits behaupten, die Grundrechte seien Abwehrrechte gegen den Staat, die Geltung eben dieser Abwehrrechte aber genau dann in Abrede stellen, wenn sie der von einer staatlichen Zwangsmaßnahme Betroffene am meisten braucht, nämlich insbesondere im Rahmen eines Parteiverbotsverfahrens. Wenn die Grundrechte somit aber auch für eine mit einem Parteiverbotsverfahren überzogene politische Partei Geltung beanspruchen, kann es ebenfalls nicht angehen, grundrechtlich geschütztes politisches Handeln gegen die zu verbietende Partei verbotsbegründend in Stellung zu bringen: Wenn jedem einzelnen Bürger das Äußern und Vertreten einer „falschen" politischen Meinung über Art. 5 Abs. 1 GG – unstreitig – gestattet ist

sogar das Vertreten einer nationalsozialistischen Meinung wäre in den Grenzen des geltenden Rechts von der Meinungsfreiheit geschützt, weil das Grundgesetz – entgegen der rechtsirrigen Meinung des Antragstellers – kein allgemeines anti-nationalsozialistisches Prinzip kennt, vgl. BVerfG vom 04.11.2009, Az.: 1 BvR 2150/08, Rn. 67 – Wunsiedel,

und der Bürger sich darüber hinaus über die Gewährleistung des Art. 9 Abs. 1 GG mit anderen gleichgesinnten zusammenschließen darf, dann kann nicht gleichzeitig ein diese Grundrechte einschränkendes Parteiverbot auf Handlungen gestützt werden, die von denselben Grundrechten verfassungsrechtlich gebilligt werden, nämlich auf das

Äußern und Vertreten einer „falschen" Meinung. Solange dies im Rahmen der geltenden Rechtsordnung im demokratischen Prozess und ohne Gewalt erfolgt, gibt es hiergegen verfassungsrechtlich nichts zu erinnern und demzufolge auch nichts zu verbieten, auch nicht unter Hinweis auf einen rechtsstaatlich überhaupt nicht subsumierbaren Begriffs-Firlefanz wie „aggressiv-kämpferisches" Vorgehens, mit dem der dogmatisch verfehlte Versuch unternommen werden soll, aus grundrechtlich geschütztem und damit völlig legalem Verhalten Verbotsgründe zu konstruieren. Wenn einer Handlung oder einer Äußerung über Art. 5 Abs. 1 Satz 1 bzw. über Art. 9 Abs. 1 GG grundrechtlicher Schutz zukommt, dann steht dem Bürger insoweit ein verfassungsrechtlich verbürgtes Abwehrrecht gegen den Staat zu. Dieses Abwehrrecht erlaubt es dem Bürger aber nicht nur, strafrechtliche Verurteilungen oder strafprozessuale Zwangsmaßnahmen, sondern staatliche Eingriffe jeder Art abzuwehren, einschließlich eines Parteiverbots.

Als Zwischenfazit ist daher festzuhalten: Grundrechtlich geschützte Handlungen und Äußerungen sind per se ungeeignet, ein Parteiverbot rechtlich begründen zu können.

e) Verabschiedung von der westlichen Demokratie

Ein auf Missachtung der Meinungsfreiheit beruhendes Parteiverbotssystem bedeutet dagegen eine Abkehr vom westlichen Demokratiekonzept. Das auf die bisherige Verbotsrechtsprechung gestützte System eines permanenten ideologischen Notstands mit erheblichem zivilreligiösem Radikalisierungspotential hat dementsprechend zu Recht eine maßgebende Zeitschrift des freien Westens, nämlich das liberale britische Wirtschaftsmagazin „Economist"

> vgl. The Economist vom 29.04.1995, S. 36

als „German way of democracy" bezeichnet, wo der Schutz der Verfassung nicht (nur) den Wählern oder den Gerichten überlassen ist, sondern es dazu in Deutschland spezielle Behörden, *democracy agencies* mit *democracy agents*, gibt. Nun ist die Kritik deshalb nicht besonders fair, weil dieser eigenartige „German way of democracy" auf die britische Besatzungspolitik mit zurückzuführen ist,

> wobei allerdings gesagt werden muss, dass die britische Lizenzierungspolitik von der sowjetisch-amerikanisch-französischen abgewichen ist und auch Rechtsparteien, bei erheblichen Interventionsvorbehalten, zugelassen hat; nur deshalb konnte überhaupt die „Deutsche Partei", die einzige etablierte Rechtspartei der Bundesrepublik Deutschland entstehen wie auch die Vorgängerparteien, die dann zur SRP oder mit anderen Strömungen auch zur Antragsgegnerin geführt haben,

die eben Demokratie ausgerufen und gleichzeitig ein Besatzungsregime, d. h. eine Militärdiktatur errichtet hat. Diese hat für Deutsche die politischen Parteien von einer Lizenzierung entsprechend alliierten Interessen abhängig gemacht, was in Großbritannien und den USA als völlig unzulässig angesehen werden würde, sondern nur in den Kolonien praktiziert wurde, was dann zu einer deformierten Konzeption der Freiheit von politischen Parteien führen sollte.

Um zu einem derartigen Verbotskonzept zu gelangen, welches mittlerweile als „German way of democracy" hinreichend herausgestellt wurde, musste sich das Bundesverfassungsgericht nämlich von der westlichen Demokratie, d. h. in der Formulierung der Antragsschrift von den „konsequent liberalen Ordnungen"

vgl. Seite 101 [S. 111] der Antragsschrift

und auch von der deutschen Verfassungstradition distanzieren, indem es im KPD-Verbotsurteil festgestellt hat:

„Es ist also kein Zufall, dass die liberalen Demokratien des Westens ein Parteiverbot entsprechend Art. 21 Abs. 2 GG nicht kennen, wie es auch der deutschen Reichsverfassung von 1919 [...] fremd war."

BVerfGE 5, 85, 135

Dementsprechend ist dann in der maßgeblichen Literatur des Verfassungsrechts bei Aufgreifen dieses Verbotsansatzes behauptet worden, dass „das Grundgesetz ganz bewusst einen neuen Typ der demokratischen Staatsform geschaffen (hat), für die wir noch die richtige Vokabel suchen",

so Dürig/Klein, in Maunz/Dürig, Kommentar zum Grundgesetz, Art. 18 Rn. 10.

Das Besondere an diesem „neuen Typ der demokratischen Staatsform" soll dann ausgehend von der Erkenntnis, dass „der Grundrechtsterror auch von den Bürgern als Grundrechtsinhabern her droht, also von uns", darin bestehen, dass dieses Grundgesetz gegen die mittlerweile maßgebliche Wettbewerbskonzeption

die maßgeblich von Joseph A. Schumpeter, Kapitalismus, Sozialismus und Demokratie, 4. Auflage, München 1975, insbes. Seite 397 ff., formuliert worden ist; vgl. außerdem zusammenfassend: Hans-Rudolf Lipphardt, Die Gleichheit der politischen Parteien vor der öffentlichen Gewalt. Kritische Studie zur Wahl- und Parteienrechtsjudikatur des Bundesverfassungsgerichts, Berlin 1975

und dabei in polemischer Stoßrichtung gegen die Freiheitskonzeption der Weimarer Reichsverfassung (WRV) gerichtet ist,

vgl. Dürig/Klein, aaO. Rn. 8 als „Irrtum der Weimarer Republik" hervorgehoben und „große geistesgeschichtliche Fehlleistung": Man könnte dem GG-Kommentator bei Anlegen der Methodik des sog. Verfassungsschutzes „Delegitimierung des westlichen Demokratiekonzepts" vorwerfen,

wonach Demokratie den Wettbewerb unterschiedlicher politisch-weltanschaulicher Richtungen des jeweiligen Volks um den Machterwerb darstellt. Im Unterschied zu dem, was man „westliche Demokratie" zu nennen pflegt, können deshalb nach diesem mit den Verbotsurteilen begründeten bundesdeutschen Demokratietypus „durch Setzen von Werten" Parteien und Vereine aus weltanschaulichen Gründen verboten werden. So ist in der Tat die SRP ja nicht verboten worden, weil sie etwa den Umsturz durch militärisches Training ihrer Anhänger vorbereitet oder Waffenlager angelegt hätte, sondern weil sie „rechtsradikale Ideen neu beleben" würde

vgl. BVerfGE 2, 1, 23,

die „im Gegensatz zum Liberalismus" stünden

> vgl. BVerfGE 2, 1, 15,

ein Vorwurf, der zumindest als Verbotsbegründung des Gerichts schon deshalb erstaunt, weil die Parteienstaatslehre Leibholz', die dem Verbotskonzept zugrunde liegt, zumindest in der Tendenz selbst gegen Liberalismus und Parlamentarismus gerichtet ist, diesen zumindest erheblich „modifiziert". Dieser Ansatz widerspricht der Erkenntnis, dass der „Unterschied zwischen einem totalen Staat und der Demokratie westlicher Prägung" derjenige „zwischen einem Einparteienstaat und einem Mehrparteienstaat" ist

> vgl. Leibholz, zitiert bei Thurn, aaO., Seite 83.

Dann gebietet jedoch die Aufrechterhaltung dieser Unterscheidung zwischen freier Demokratie und „Volksdemokratie" einen sehr vorsichtigen Umgang mit dem Parteiverbot, welches dann in einer Weise verstanden werden muss, dass es nicht auf die Abschaffung des Mehrparteienprinzips hinausläuft; dies ist bei einer Parteiverbotskonzeption, wonach wegen „politischer Vorstellungswelt" wie „Wesensverwandtschaft" und ähnlicher unjuristisch-zivilreligiöser Ideologiebegrifflichkeit ein „ewiges" Parteiverbot ausgesprochen werden kann, nicht möglich. Diese Beeinträchtigung des Mehrparteienprinzips kann dann auch nicht durch eine demokratischer Binnenstruktur bei den nicht verbotenen Parteien kompensiert werden, weil dies zur Voraussetzung hat, dass eine Minderheit in einer etablierten Partei drohen kann, jederzeit eine neue Partei zu gründen. Dieser Mechanismus zur Sicherstellung einer demokratischen Binnenstruktur wird jedoch unwirksam, wenn eine andere Partei durch Aufnahme von Mitgliedern einer verbotenen Partei zur verbotsgefährdeten Ersatzpartei wird, wie dies in der Konsequenz der Fortführung der bisherigen Parteiverbotskonzeption liegen würde.

3. Verfassungswidrigkeit des „neuen Typs der demokratischen Staatsform"

Bei dieser Konzeption, nach der eine Partei wegen „politischer Vorstellungswelt" und dergleichen verboten werden kann, erhält die „Verfassung" einen völlig anderen Stellenwert als in westlichen Demokratien: Sie schützt nicht mehr die Bürger vor ihren Politikern, sondern ermächtigt diese, ihren Bürgern bei Bedarf ein falsches Demokratie- oder Grundrechtsverständnis verbotsbegründend vorzuwerfen, was man „Setzen von Werten" nennt und gleichzeitig das Mehrparteiensystem entwertet. Methodisch wird dies erreicht, indem das Schutzgut des Verbotssystems, die „freiheitliche demokratische Grundordnung", als ein System von Verfassungsprinzipien verstanden wird, die jedoch von Bürgern bei rechtsstaatlicher Betrachtungsweise – abgesehen von politisch motivierter Gewalttätigkeit – rechtlich eigentlich gar nicht verletzt werden können, weil dazu nur etablierte Politiker die Macht haben, stellt doch eine Verfassung im Wesentlichen ein Staatsorganisationsstatut dar, das machthabenden Politikern Schranken setzen sollte. Die „Verletzung" dieser Prinzipien ist dem Bürger weitgehend nur verbal möglich, indem er sich etwa gegen diese Prinzipien ausspricht oder gar nur aufgrund eines „falschen" Menschenbildes, „falscher" Gesellschaftstheorie und „falscher" Geschichtsannahmen auszusprechen scheint. Insbesondere der bei der geheimdienstlichen Überwachung der Bundesbürger entscheidende Gesichtspunkt vom „Menschenbild des Grundgesetzes" ist zu Recht als „erstaunlich" gekennzeichnet vgl. Ernst Forsthoff, Zur heutigen Situation der Verfassungslehre, in: Epirrhosis, Festschrift für Carl Schmitt, 1968, Seite 185 ff., Seite 192.,

da dessen „Erkenntnisgehalt gleich null" sei, d. h. es kann eigentlich immer eine „Verletzung" unterstellt werden! Es ist dabei auch zu Recht von „der Staatsreligion der Bundesrepublik Deutschland" die Rede

so Helmut Ridder, „Das Menschenbild des Grundgesetzes". Zur Staatsreligion der Bundesrepublik Deutschland, in: DuR 1979, Seite 123 ff.

Auf der Grundlage dieser Verbotskonzeption hat sich in der Bundesrepublik Deutschland eine Verfassungsschutzdemokratie entwickelt, in der öffentlich in Erscheinung tretende Inlandsgeheimdienste ohne rechtsstaatliche Anhörung „Verfassungsfeinde" ausmachen und damit die Chancengleichheit und das Mehrparteiensystem nachhaltig relativieren. Als „richtige Vokabel" für diesen „neuen Typs der demokratischen Staatsform", den angeblich „das Grundgesetz" (man beachte die Personifikation und damit letztlich Deifizierung eines weltlichen Rechtstextes!), in Wirklichkeit die revisionsbedürftige Verbotsrechtsprechung des Bundesverfassungsgerichts geschaffen hat, könnte man dabei im Begriff der „defekten Demokratie" finden, die mit der amtlichen Unterdrückung der Rechtsopposition ausgemacht werden kann und in der Ausschaltung der politischen Wirksamkeit von ca. 1/3 der Wählerschaft besteht, die in einem umfassend eingefädelten System von „Verfassungsschutz", wahlrechtlichen Sperrklauseln, ideologie-politisch ausgerichteten Diskriminierungsmaßnahmen im öffentlichen Dienst mit Verfolgungscharakter, staatlicher Finanzierung der Oppositionsbekämpfung und rechtsstaatswidrigen Propagandadelikten besteht.

Dieser „neue Typ der demokratischen Staatsform" wird durchaus erfolgreich durchgesetzt. Man braucht hierzu als Nachweis nur den Vergleich mit den benachbarten und im weitesten Sinne deutschen Staaten Österreich und Schweiz betrachten, in denen eine sicherlich jeweils unterschiedlich ausgerichtete Rechtspartei über ca. 1/3 der Stimmen verfügt und plausibel vermutet werden kann, dass die Situation in der Bundesrepublik Deutschland nicht so ganz anders wäre, würde es dabei diesen „neuen Typ der demokratischen Staatsform" als Erscheinungsform einer „exklusiven Demokratie" (eigentlich: ausschließenden „Demokratie") nicht geben, sondern eine normale westliche Demokratie verwirklicht wäre.

Diese gemäß Art. 20 Abs. 1 und 2 GG iVm. Art. 79 Abs. 3 GG gebotene Staatsform gilt es zu verwirklichen, was nur durch ein verfassungsmäßiges und demokratiekonformes Verständnis von Art. 21 Abs. 2 GG erreicht werden kann. Trotz (selbst-)kritischer Ansätze ist die Antragsbegründung zu dieser gebotenen Problemstellung nicht vorgestoßen, da andernfalls der Verbotsantrag nicht oder zumindest nicht in der vorgelegten ideologie-politischen Weise gestellt sein würde. Dort ist sehr viel von „Ideologie", „verfassungswidriger Ideologie" von letztlich ideologischen Kategorien wie (ideologische) „Wesensverwandtschaft" mit Propagandaformeln wie „Antisemitismus", „Anerkennung von Kriegsschuld", (ideologischer) „Extremismus" und (ideologischer) „Relativierung" die Rede. Dagegen gibt es in der Antragstellung keine Aussagen zur Meinungsfreiheit und völlig unbekannt ist der Antragsschrift die Funktion des Rechtsstaates als Gegenbegriff zum quasi-religiösen Ideologiestaat. Damit bleibt die Antragstellung diesem

„neuen Typs der demokratischen Staatsform", dem „German way of democracy", verhaftet. Dieser „neue Typs der demokratischen Staatsform" ist allerdings nicht verfassungsgemäß, eine Erkenntnis, die nur deshalb nicht zu einer verfassungsgerichtlichen Feststellung geführt werden kann, weil dem der Numerus clausus der Antragsberechtigung nach § 43 BVerfGG entgegensteht.

Aufgrund der wohl auch von der Antragstellung anerkannten Revisionsbedürftigkeit der bisherigen Parteiverbotskonzeption

> vgl. Seiten 95 ff. [S. 106 ff.] der Antragsschrift

stellt sich vorliegend als Voraussetzung einer derartigen Maßnahme zwingend die Frage nach dem verfassungsgemäßen Konzept der Feststellung der Verfassungswidrigkeit nach Art. 21 Abs. 2 GG. Die Ermittlung dieses Konzepts führt dazu, den Verbotsantrag als durchweg unbegründet einzustufen.

4. Parteiverbotsantrag als rechtsstaatswidrige Exekution einer Zivilreligion

Die Tendenz der Antragstellung, die notwendigerweise in Richtung „Volksdemokratie" geht, welche die Ausschaltung des Volks durch eine demokratische Verfassung als Ideologiedokument impliziert, lässt sich aus der Motivation der Antragsstellung erschließen, die sich als Radikalisierung einer Zivilreligion darstellt. Reduziert man die wesentlichen ideologischen Vorwurfselemente, dann besteht der wesentliche Vorwurf darin, gegen die Prämissen der bundesdeutschen Zivilreligion zu verstoßen, die auf „Werte" gründet ist, wie etwa die „Anerkennung der deutschen Kriegsschuld", „Unvergleichlichkeit", „Klageverbot über die Verbrechen an den Deutschen", „Anerkennung der (göttlichen) Auserwähltheit des Amerikanismus", „Befreiungscharakter einer Besatzungsdiktatur" und ähnliche politisch und ideologisch bemerkenswerten Aspekte, die aber rechtsstaatlich irrelevant sind, soweit es dabei um die Zustimmung durch den deutschen Wahlbürger geht

> „Die politische Neugründung Deutschlands 1945 wurde [...] zu einem Gesellschaftsexperiment, das seinen mythologischen Grund und Anker in einem weltweit singulären negatorischen Erwähltheitsglauben gefunden hatte. Dieser politische Glaube sichert den institutionellen Gestaltungsgewinn der deutschen Kollektivschuld auch nach innen: Es genügte nur ein Jahrzehnt, um die Bevölkerung mit dem Bewusstsein der deutschen Kollektiv-Schuld so tief und flächendeckend zu prägen, dass sie der alliierten Dauerverweigerung einer deutschen nationalen Souveränität ‚aus Moral' die Zustimmung nicht mehr verweigerte."

> vgl. dazu Karl Richard Ziegert, Zivilreligion. Der protestantische Verrat an Luther. Wie sie in Deutschland entstanden ist und wie sie herrscht, 2013, Seite 27.

Diese „Werte", die der „freiheitlichen demokratischen Grundordnung" als „Werteordnung" im Sinne einer Zivilreligion unterschoben werden, sollen vorliegend durch ein Parteiverbot „verteidigt" werden. Eine „Gefahr" wie etwa eine Hakenkreuzschmiererei, die man zu rationaleren Zeiten mit Anwendung von Seife beseitigt hätte, wird nunmehr zu einer „Gefahr" hochstilisiert, die nur durch „Parteiverbot" bekämpft werden kann, auch wenn die Antragsgegnerin damit nichts zu tun hat. Es bewahrheitet sich dabei: Die Geltung von Werten beruht auf Setzungen, die immer eine „immanente Aggressivität" enthalten.

vgl. unübertroffen Carl Schmitt, Die Tyrannei der Werte, in: Sepp Schelz (Hg.), Die Tyrannei der Werte, 1979, Seite 9 ff., insbes. Seite 30 ff.:

> „Der Geltungsdrang des Wertes ist unwiderstehlich und der Streit der Werter, Abwerter, Aufwerter und Verwerter unvermeidlich ... Der höhere Wert hat das Recht und die Pflicht, den niederen Wert sich zu unterwerfen und der Wert als solcher vernichtet mit Recht den Unwert als solchen." „Wertlogisch muss immer gelten: dass für den höchsten Wert der höchste Preis nicht zu hoch ist und gezahlt werden muss."

Dementsprechend ist ja eine zunehmende Radikalisierung der Bewältigungsdoktrin, dem gemeinen Parteiüberprogramm der virtuellen Demokrateneinheitspartei festzustellen: Bestimmungen wie der berüchtigte Gegenentwurf § 130 StGB, wofür man vielleicht Verständnis haben müsste, wenn derartiges etwa im Jahr 1950 erlassen worden wäre, werden aber erst erlassen, als sich das historische Problem „biologisch" gelöst hat und dabei schrittweise radikalisiert, indem Strafen wegen „Relativierung" und ähnlichen ideologischen Besonderheiten verhängt werden, die höher ausfallen als Verurteilung wegen Tötungsdelikten. So sind Strafaussprüche von sechs (!) Jahren diesbezüglich schon vorgekommen!

> Auch wenn M. nicht nur mehrfache Leugnung vorzuwerfen ist, sondern auch noch andere Verbaldelikte, so vermindert ein derart abstruser Strafausspruch erheblich die Legitimität der Bundesrepublik Deutschland, die Menschenrechtssituation etwa in der Volksrepublik China zu kritisieren, insbesondere wenn diese Kritik dann mit dem nahezu religiösen Pathos einer Menschenrechtsverehrung vorgetragen wird, die dann notwendigerweise einen von Scheinheiligkeit strotzenden Eindruck vermittelt.

Ihre aggressive Werteverwicklung drängt die Verbotsparteien nicht nur zum Erlass von abstrusen gegen die Meinungsfreiheit gerichteten Strafrechtsbestimmungen, sondern auch zur Abschaffung der rechtsstaatlichen Demokratie unter ideologischer Berufung auf ebendiese Demokratie, die sich für die Verbieter in zivilreligiösen Dogmen niederschlägt. Wie alle (Zivil-) Religionen soll auch die spezielle Staatsreligion in *statu nascendi* auf ein Bußopfer hinauslaufen, das konkret von den Deutschen gefordert wird. Da die Deutschen nach dieser Zivilreligion sich als ein letztlich nazistisches Volk darstellen, erwarten die Verbotsparteien etwa die Bereitschaft der Deutschen zum wirtschaftlichen Ruin durch eine europäische Staatsschuldenfinanzierung, eine nach oben unbeschränkte Alimentierung von „Flüchtlingen" und die Errichtung einer „bunten Republik", welche die „Deutschen" durch „Menschen" ersetzt. Und da gibt es nun eine Partei wie die Antragsgegnerin, die sich gegen diese Dogmen wendet. Da die Verbotsparteien mit ihrer Zivilreligion dem Grundgesetz als „Grund des Grundgesetzes" eine ideologische Legitimationsgrundlage untergeschoben haben, welche die demokratische Legitimationsbasis, nämlich den rechtlichen Rahmen zur Verwirklichung des demokratischen Selbstbestimmungsrechts des deutschen Volkes zu sein, abgelöst hat, fühlen sich die Verbotsparteien bedroht, wenn sich jemand auf die rechtsstaatliche Demokratie beruft und die Dogmen der Zivilreligion ablehnt oder für irrelevant hält. Dies drängt dann zur Verwirklichung des Aggressionspotentials der „Werte", indem eine „Gefahr" gesehen wird, deren Abwehr jedoch nur durch Verstoß gegen die normale Demokratie möglich ist.

Deren Wirkungsweise besteht bekanntlich darin, dass der freie Wähler und mündige Bürger über die Agenda einer Partei entscheidet. Dieses Recht soll den Deutschen durch Parteiverbot abgesprochen werden, da eine zivilreligiöse deformierte Demokratie die rechtsstaatlich gebotene demokratische Freiheit nicht zulassen kann: Es wird deshalb ein verfassungswidriges Parteiverbot angestrebt.

5. Parteiverbot als Diktaturmaßnahme

Nach üblichem Verständnis ist mit Art. 21 Abs. 2 GG die Möglichkeit des Parteiverbots vorgesehen, das aber nicht offen so benannt worden sei, damit vermieden werde, „Erinnerung zu wecken an die schlechten Erfahrungen, die das deutsche Volk mit dem Parteiverbot als einem Mittel der Unterdrückung der freiheitlichen Ordnung in jüngster Zeit gemacht hat."

> so im Jahr 1953 Hellmuth von Weber, Zum SRP-Verbot des Bundesverfassungsgerichts, in: JZ 1953, Seite 293 ff.

Bei diesem Verständnis, das dem Grundgesetzgeber Täuschungsabsicht bei schlechtem Gewissen unterstellt, drängt sich schon die Frage auf, ob im Grundgesetz überhaupt ein derartiges Verbot vorgesehen ist oder ob nicht vielleicht doch der Wortlaut so zu nehmen ist wie er geschrieben steht, nämlich als Möglichkeit der verfassungsgerichtlichen Feststellung

> vgl. hierzu bereits die obigen Ausführungen.

Dabei wäre die Annahme naheliegend, es dem Wähler, dem „mündigen Bürger", zu überlassen, welche Konsequenzen aus einer derartigen verfassungsgerichtlichen Feststellung er bei seinem Wahlakt als freier Wähler zieht. Auch so könnte ja die „Vergangenheit" der Parteiverbote des Nationalsozialismus durch Etablierung eines Gegenentwurfs „bewältigt" werden. Und auch so könnte das in der Antragsschrift aufgeworfene Rätsel gelöst werden, das darin besteht, dass ausgerechnet ein Gericht einen Exekutivakt, nämlich ein Verbot, vorzunehmen hat. Dies spricht dann entgegen der Annahme der Antragsschrift nicht für eine weite Vorverlagerung des Demokratieschutzes in den Bereich der Ideologieabwehr im Sinne der demokratischen Abwehr eines Schadenszaubers, sondern dafür, dass überhaupt kein gerichtlicher Quasi-Exekutivakt ausgesprochen, sondern eben eine verfassungsgerichtliche Feststellung getroffen wird, die dann von deutschen wahlberechtigten Bürgern, die der Menschenwürde (Art. 1 Abs. 1 GG) berechtigt sind und denen daher politische Mündigkeit zugesprochen werden muss, im Wahlakt „vollstreckt" wird.

Mit der Einschätzung, dass das angeblich mit Art. 21 Abs. 2 GG geregelte Parteiverbot nicht als solches benannt worden sei, weil es Assoziationen mit Diktatur verursachen würde, ist zumindest die grundlegende Erkenntnis ausgedrückt, dass ein Parteiverbot ein, wenn nicht das zentrale Instrument einer Diktatur darstellt und damit ein Parteiverbot notwendigerweise – um im Vokabular der Antragsschrift zu fabulieren – eine „Wesensverwandtschaft" mit dem Nationalsozialismus aufweist. Das Parteiverbot stellt allerdings nur dann ein verfassungsrechtliches Problem dar, wenn als Grundsatz die Freiheit der Parteien und der damit verbundenen Tätigkeit anerkannt wird. Das

Parteiverbot stellt dann, sofern es in einer (normalen) Demokratie überhaupt vorgesehen werden kann, die rechtfertigungsbedürftige extreme Ausnahme dar, welche als demokratiekonform nur bei restriktiven Verbotsvoraussetzungen ausgesprochen werden kann und in den Verbotsfolgen insbesondere im Wege der zeitlichen Befristung zu begrenzen ist. Nur dadurch kann der Verwirklichung einer Diktatur in der berechtigterweise negativen Bedeutung, der dem Begriff nunmehr anhaftet, vermieden werden. Lediglich bei einem Diktaturverständnis im Sinne der ursprünglichen Bedeutung, die der Begriff als Institut des altrömischen republikanischen Verfassungsrechts als zeitlich befristete Abwehr eines konkreten Notstandes hatte, kann ein Parteiverbot gerechtfertigt werden.

a) Staatskirchenrechtlicher Ausgangspunkt von Demokratie und Mehrparteienprinzip

Den als Grundsatz zunächst festzustellenden Zusammenhang zwischen Freiheit von Parteien und Demokratie dürfte in Deutschland wohl v. Gerlach, ein später Anhänger des Ständestaates, erkannt haben, wonach die Ersetzung des Prinzips der ständischen Pluralität durch eine allgemeine Volksvertretung gewissermaßen als Ersatz zur Parteibildung führen müsse.

Die Transformation des ständischen in einen parteipolitischen Pluralismus als Voraussetzung der Demokratie erfolgte in Deutschland aufgrund der Gewährleistung der Religionsfreiheit unter Einschluss des Rechts, neue Religionsgemeinschaften zu bilden. Dies hat seinen Niederschlag in § 147 der Paulskirchenverfassung gefunden, der nachfolgend wiedergegeben werden soll, wobei der Begriff „Partei" (in Klammern) hinzugefügt ist,

> so Hans-Rudolf Lipphardt, Die Gleichheit der politischen Parteien vor der öffentlichen Gewalt. Kritische Studie zur Wahl- und Parteienrechtsjudikatur des Bundesverfassungsgerichts, 1975, Seite 47 f.,

um deutlich zu machen, dass hier das für die Demokratie entscheidende Prinzip der Chancengleichheit politischer Parteien und aufgrund der Gründungsfreiheit erstmals ausdrücklich auch das Mehrparteienprinzip verfassungsrechtlich formuliert worden ist:

> „(1) Jede Religionsgemeinschaft (Partei) ordnet und verwaltet ihre Angelegenheit selbständig, bleibt aber den allgemeinen Staatsgesetzen unterworfen.
> (2) Keine Religionsgemeinschaft (Partei) genießt vor anderen Vorrechte durch den Staat; es besteht fernerhin keine Staatskirche (Staatspartei).
> (3) Neue Religionsgemeinschaften (neue Parteien) dürfen sich bilden; einer Anerkennung ihres Bekenntnisses (Parteiprogramms) durch den Staat bedarf es nicht."

Das Hinzufügen des Begriffs der politischen „Partei" zur Religionsgemeinschaft ist schon deshalb gerechtfertigt, weil im Alten Reich (aber auch andernorts) die Konfessionen vordemokratisch tatsächlich die eigentlichen Parteien darstellten und der weltanschaulich (säkular) religiöse bzw. ideologische Charakter gerade des modernen deutschen Parteiwesens unverkennbar ist. Außerdem markiert die Formulierung der Paulskirchenverfassung den Übergang von der religiösen Herrschaftsbegründung, dem gewissermaßen Normalfall der Herrschaftsbegründung in der Menschheitsgeschichte zur rechtsstaatlichen Herrschaftsbegründung, die auf der religiös-weltanschaulichen Neutralität des Staates beruht, wo dann durch Übergang zur Demokratie politische Parteien politisch an die Stelle der unterschiedlichen religiösen Konfessionen treten. Wird deshalb durch den Gedanken von § 147 der Paulskirchenverfassung im Lichte der Erkenntnis von v. Gerlach der Zweck von Parteien hinreichend beschrieben, dann findet sich die Begrenzung des Rechts der Bildung und Tätigkeit von politischen Parteien in den allgemeinen Gesetzen (Abs. 1), die dann „allgemein" sind, wenn sie die Gleichheit der Parteien beachten (Abs. 2). Diese Gleichheit wiederum ist dann gewährleistet, wenn dem die „allgemeinen Staatsgesetze" wahrenden Staat das Parteiprogramm („Glaubensbekenntnis") rechtlich nicht interessiert (Abs. 3), also die weltanschauliche Neutralität des Staates gegeben ist.

b) Verfassungsgeschichtliche Legitimation der Beschränkung der Parteienfreiheit

Ein Parteiverbot ist bei Beachtung des mit der Gründung von Parteien und ihrer Tätigkeit erlaubten Zwecks danach als legitim zu rechtfertigen, wenn die „Unterwerfung" unter die „allgemeinen Staatsgesetze" anders als durch ein derartiges Verbot nicht zu gewährleisten ist. Ein über den Schutz der allgemeinen Staatsgesetze hinausgehendes Verbot oder auch vergleichbare Beschränkungen sind dann als gegen die Entfaltung des Parteiwesens und damit gegen die (normale) Demokratie gerichtet einzustufen. Zweck der Verhinderung der Entfaltung des Parteiwesens ist in der Übergangsphase von der Vormoderne („Ständestaat") zur Staatsverfassung der modernen Demokratie sicherlich gewesen, dem demokratischen Element im Rahmen der konstitutionellen Monarchie entgegenzuwirken und die Entwicklung zur (parlamentarischen) Demokratie dadurch in Schranken zu halten.

Es versteht sich von selbst, dass der letztgenannte Zweck der Beschränkung der Parteienfreiheit in einer Demokratie keine Berechtigung haben kann. Unter Abgrenzung von der „totalitären Demokratie"

> vgl. insbesondere J. L. Talmon, The Origins of Totalitarian Democracy, Boulder, 1985,

die mit dem Ausdruck „freiheitliche demokratische Grundordnung" angestrebt wird

> der Abgeordnete v. Mangoldt hat im Parlamentarischen Rat in den Verhandlungen zu (dem späteren) Art. 18 GG die „freiheitliche demokratische Grundordnung" damit erläutert: „Es gibt eine demokratische Ordnung, die weniger frei ist, die volksdemokratische, und eine, die frei ist"; vgl. JöR N. F. 1, 173,

kann auch nicht eine Parteiverbotskonzeption akzeptiert werden, die eine oppositionslose „Volksdemokratie" mit sozialistisch-sozialdemokratischer Einheits-"Partei" und christlich-demokratischen und liberalen Blockparteien anstrebt, selbst wenn sich dabei nur um eine virtuelle Einheitspartei im Sinne eines gemeinsamen Überprogramms handeln sollte.

Ausgangspunkt dieser totalitären Demokratiekonzeption bei den radikalen Anhängern der Französischen Revolution ist insbesondere die Annahme, dass angesichts des Nachwirkens vordemokratischer Verhältnisse und Mentalitäten, vielleicht auch wegen der demokratiefeindlichen Veranlagung, die aus rassischen Gründen besteht – so wäre in einer vergleichbaren Weise letztlich mit der Antragsbegründung anzunehmen, dass die (nicht bunten) Deutschen aus letztlich rassischer Veranlagung zur Wahl von massenmordenden „Nazis" neigten – die Leute ohnehin nicht richtig wählen könnten, so dass (Links-) Demokraten als Verbotselite nichts anderes übrig bliebe, als ihre Diktatur (des Proletariats) durch Parteiverbote, zumindest durch Aussetzung des freien Parteienwettbewerbs, zu errichten, um dann Verhältnisse zu schaffen, welche Demokratie erst ermöglichen, wie etwa die Herstellung von umfassender ideologischer Gleichheit (ursprünglich Kommunismus, nunmehr eher transsexuelles Mainstreaming) und sozialer Gerechtigkeit (als Beseitigung von Nichtdemokraten verstanden) mit buntdemokratischer Abstammung.

Historisch dient im Zusammenhang mit der neuzeitlichen Demokratieentwicklung ein Parteiverbot dementsprechend der

a. anderweitig nicht möglichen Aufrechterhaltung der allgemeinen, eine Demokratie konstituierenden Rechtsordnung,
b. Verhinderung/Verzögerung der Entwicklung von der vordemokratischen zur demokratischen Herrschaftsform,
c. Errichtung einer Diktatur als Alternative zur modernen Demokratie oder,
d. Errichtung einer Diktatur/Herbeiführung eines ideologischen Dauernotstands zur Gewährleistung demokratischer Werte wie Verhinderung einer undemokratischen Mehrheit, Herstellen der Voraussetzungen einer späteren Demokratie.

Entsprechendes gilt für die Beschränkung der Betätigungsfreiheit von Parteien, insbesondere die Einschränkung der Wettbewerbsgleichheit.

Den Grundsätzen der freiheitlichen demokratischen Grundordnung, insbesondere dem politischen Pluralismus mit Mehrparteiensystem entspricht nur der erste Verbotsgrund. Der zweite Verbotsgrund ist in Europa eher von historischer Bedeutung, wenngleich die Methodik auch für die jüngste Moderne von Relevanz sein könnte wie insbesondere im Nachkriegsdeutschland der Übergang vom Notstandsregime eines demokratisierenden Besatzungsregimes zur normalen Demokratie im Bundesgebiet. Der dritte Verbotsgrund war vielleicht für den Nationalsozialismus charakteristisch, der vierte Verbotstypus steht eindeutig für die „Volksdemokratie", letztlich aber auch für ein Besatzungsregime, das lediglich formal Demokratie ausruft und zu diesem Zwecke eine diskriminierende Parteienlizenzierung mit vorausgesetztem Parteienverbot begründet.

Den vierten Verbotsgrund kennzeichnet allerdings auch die bisherige bundesdeutsche Verbotskonzeption, die es deshalb zu überwinden gilt, weil es in einer nach Art. 20 Abs. 1 und 2 und Art. 79 Abs. 3 GG gebotenen Demokratie nur auf den ersten Verbotsgrund ankommen kann. Dabei steht der zum Zwecke der Abgrenzung zur „Volksdemokratie" eingeführte Begriff der „freiheitlichen demokratischen Grundordnung" dem Versuch entgegen, durch ein ideologie-politisch begründetes Parteiverbot eine ideologische Demokratiekonformität zu erzwingen, indem rechtsstaatswidrig, d. h. eine virtuelle Staatskirche begründend eine Staatsideologie als Bewertungsmaßstab für ein Parteiverbot eingeführt wird.

6. Parteiverbot als Teil der Notstandsverfassung

Zu einem angemessenen Verbotsverständnis gelangt man, wenn man Möglichkeit und Grenzen eines Parteiverbots, das der Wahrung und nicht der Abschaffung der Demokratie und des mit ihr einhergehenden Mehrparteienprinzips dienen soll, als Bestandteil des verfassungsrechtlichen Notstandsrechts begreift. Dies bedeutet, dass die Voraussetzungen eines Parteiverbots rechtlich eindeutig sein müssen, was etwa beim Nachweis einer nicht mit Art. 21 Abs. 1 GG vorgegebenen demokratischen Binnenstruktur der Fall sein könnte, und die Folgen dem Verhältnismäßigkeitsprinzip entsprechend beschränkt definiert werden müssen, was insbesondere durch die Befristung zu erreichen ist.

a) Grundgesetzliche Regelungen des Notstands

Bekanntlich konnte im Grundgesetz trotz der mehrfachen Anträge im Parlamentarischen Rat, eine an Art. 48 WRV ausgerichtete Notstandsregelung zu verankern, eine explizite Notstandsverfassung nicht vorgesehen werden, da dem der generelle Notstandsvorbehalt der Alliierten entgegenstand, welche diesen im Memorandum der Militärgouverneure vom 2. März 1949 geltend gemacht haben

vgl. bei Heinrich Wilms (Hg.), Ausländische Einwirkungen auf die Entstehung des Grundgesetzes – Dokumente, 2003, Seite 192 f.

Daher konnte die Notstandskompetenz lediglich marginal und verstreut in Form des Gesetzgebungsnotstands nach Art. 81 GG und der föderalistisch ausgerichteten Ausnahmekompetenz nach Art. 91 GG umgesetzt werden, wobei im alliierten Genehmigungsschreiben zum Grundgesetz vom 12.05.1949 ausdrücklich festgehalten wurde, dass die Ausübung dieser Restkompetenz an Notstand von der vorherigen Zustimmung der Besatzungsbehörden abhängig gemacht werde

vgl. bei Wilms, aaO., Seite 426.

Flankierende Regelungen des Notstands enthielten Art. 9 Abs. 2, Art. 18, Art. 21 Abs. 2 GG

so Meinel, aaO., Seite 458.

Dementsprechend ist es geboten, insbesondere Art. 21 Abs. 2 GG im Zusammenhang mit Art. 91 GG zu interpretieren, womit man automatisch zum Rechtsprinzip der Befristung bei den Verbotsfolgen und zu einer operablen Bestimmung der Verbotsvoraussetzungen kommt.

Es stellt einen grundlegenden methodischen Fehler der bisherigen Verbotsurteile des Bundesverfassungsgerichts dar, der sicherlich mit der Ersetzung der juristischen Logik durch eine politologische Phänomenologie (unter Einschluss sprachpolizeilicher Methodik) im Kontext der Parteienstaatslehre einhergeht, dass auf Art. 91 GG bei Auslegung des Art. 21 Abs. 2 GG überhaupt nicht eingegangen wurde.

Dieser methodische Fehler kann auch nicht damit entschuldigt werden, dass die Anwendung von Art. 91 GG der ursprünglich permanent ausgeübten Notstandsbefugnis (Diktaturgewalt) den Alliierten vorbehalten war.

b) Verfassungsgeschichtliche Vorläufer der Notstandsbefugnisse

Art. 91 und Art. 21 Abs. 2 GG stellen (mit anderen Komponenten wie Art. 9 Abs. 2 GG, soweit dabei über die Strafgerichtsbarkeit hinausgehend die verfassungsmäßige Ordnung geschützt wird) zusammengenommen die Nachfolgeregelung von Art. 48 WRV dar, welcher eine Notstandsbefugnis begründet hat, die als Diktaturgewalt des Reichspräsidenten eingeordnet wurde. Nach Art. 48 Abs. 2 WRV konnte der Reichspräsident bei erheblicher Störung oder Gefährdung der öffentlichen Sicherheit im Reich, die zur Wiederherstellung der öffentlichen Sicherheit und Ordnung nötigen Maßnahmen treffen, erforderlichenfalls mit Hilfe der bewaffneten Macht einschreiten. Zu diesem Zwecke durfte er vorübergehend Grundrechte ganz oder zum Teil außer Kraft setzen. Zur Wahrung der Verfassungsordnung mussten diese Maßnahmen dem Reichstag zur Kenntnis gegeben und auf dessen Verlangen außer Kraft gesetzt werden, was dann auch für die Beschränkung der Vereinigungsfreiheit, wie etwa von Parteiverboten, galt. Damit ist insgesamt der zeitlich befristete Charakter der Notstandsbefugnis unter Einschluss von Parteiverboten, welche jenseits der Schranke der Vereinigungsfreiheit nach Art. 124 WRV, nämlich der Strafrechtswidrigkeit ausgesprochen wurden, gewährleistet gewesen. Nicht eingeschränkt werden konnte durch entsprechende Notstandsmaßnahmen etwa – man höre und staune – die mit Art. 125 WRV garantierte Wahlfreiheit des aktiven und passiven Wahlrechts.

Deshalb sollte und konnte das Parteiverbot, welches neben Art. 48 WRV, aber daran angelehnt, die zeitlich befristeten – verfassungsdurchbrechenden, d. h. mit verfassungsändernder Mehrheit erlassenen – Republikschutzgesetze ermöglichten, das aktive und passive Wahlrecht zu den Parlamenten nicht beeinträchtigen. Unter die seit der sog. Bismarckzeit üblichen rechtsstaatlichen Standards (siehe dazu nachfolgend) wollte der (Verfassungs-)Gesetzgeber der Weimarer Republik nicht zurückfallen. Dementsprechend hob der mit dem Republikschutzgesetz begründete Staatsgerichtshof zum Schutz der Republik hervor,

> „dass die parlamentarische Stellung der einer verbotenen Partei angehörenden Abgeordneten durch Verbot und Auflösung nicht berührt werden dürfte. Der in Art. 21 WRV niedergelegte Repräsentationsgedanke und die besonderen Rechte der Abgeordneten aus Art. 37, 38 WRV verlangten nach Ansicht der Richter vielmehr, dass die innerhalb der Parlamente bestehende Fraktion, die von den der verbotenen Partei angehörenden Abgeordneten gebildet wurde, durch das Verbot nicht ergriffen werden dürfte."

vgl. Katrin Stein, Parteiverbote in der Weimarer Republik, 1999, Seite 123.

Deshalb wurde in der Folgezeit dem Parteiverbot dadurch die Spitze zu nehmen versucht, indem Parteiverbote die Werbung und die Beteiligung verbotener Parteien für Wahlen nicht beeinträchtigen durften:

> „Durch die Entscheidung der Reichsregierung, daß das Verbot einer Organisation nicht die Wirkung haben dürfe, wahlberechtigte Personen an der Ausübung ihres Wahlrechts oder an der Vorbereitung der Wahlen zu verhindern, ist den verbotenen Parteien überall da eine gewisse Arbeitsmöglichkeit gegeben, wo Termine zu Gemeinde- oder Landeswahlen angesetzt sind."

vgl. bei Walter Schön, Grundlagen der Verbote politischer Parteien als politische Gestaltungsfaktoren in der Weimarer Republik und in der Bundesrepublik, 1972, Seite 147 f., Fn. 3, wiedergegebene Rundschreiben des Reichsministers des Innern vom 28.12.1924, Betr.: Verbot politischer Parteien, in: R 43I/2653/S. 10, wo auf Verbotsaussetzung wegen einer Wahl in Baden verwiesen wird.

Damit hat sich die Notstandsverfassung in die vorausgehende Verfassungstradition eingeordnet, die auf Art. 30 der Verfassungsurkunde für den Preußischen Staat vom 31.01.1850 über die Garantie der Vereinigungsfreiheit zurückgeht. Diese Bestimmung enthielt in Abs. 3 für „politische Vereine", zu denen auch Parteien zu zählen waren, eine gesetzliche Beschränkungsmöglichkeit und eine Verbotsvorschrift:

„Politische Vereine können Beschränkungen und vorübergehenden Verboten im Wege der Gesetzgebung unterworfen werden."

Mit dieser Formulierung war klargestellt, dass die „Beschränkungen" allgemein gelten, jedoch Verbote nur eine zeitliche befristete Wirkung entfalten sollten. Die Vereinigungsfreiheit als solche zählte außerdem zu den Vorschriften, die im Notstandsfall gemäß Art. 111 der Verfassungsurkunde zeitweilig und gebietsbezogen außer Kraft gesetzt werden konnten. Dies kann insgesamt als Beleg dafür angesehen werden, dass das Verbot eines politischen Vereins, einschließlich Partei als – zeitlich und nach Möglichkeit gebietsbezogen – befristeter Fall des Notstands in Betracht kam.

Diese Vorstellung war maßgebend für das auf Reichsebene bei Geltung der Reichsverfassung von 1867/1871 ergangene „Sozialistengesetz" vom 21. Oktober 1878

vgl. dazu Arnim Zirn, Das Parteiverbot nach Art. 21 Abs. 2 GG im Rahmen der streitbaren Demokratie des Grundgesetzes, 1988, Seite 20 ff.,

das durch Reichsgesetz die Grundlage schaffte, die SPD beziehungsweise entsprechende Vereine mit jeweils zeitlich befristeter Wirkung zu verbieten. Die Geltungsdauer dieses Gesetzes ist durch die Reichsgesetze vom 31. Mai 1880, 28. Mai 1884, 20. April 1886 und vom 18. März 1888 schließlich bis zum 30. September 1890 verlängert worden. Da die nochmalige Verlängerung am 25. Januar 1890 im Reichstag gescheitert ist, trat es am 30. September 1890 außer Kraft. Anlass für dieses insgesamt 12 Jahre währende Verbotssystem waren zwei Anschläge auf das Staatsoberhaupt, nämlich Kaiser Wilhelm I., für die die Sozialdemokratie unter Berufung auf Reden wie diejenigen von Parteiführer August Bebel verantwortlich gemacht wurde, in denen dieser die Gräuel des Aufstandes der Pariser Commune als vorbildlich für die Verwirklichung der sozialdemokratischen Forderungen hingestellt hatte. Aufgrund dieses Zusammenhangs konnte der SPD sicherlich ein überzeugenderer Vorwurf der „Verfassungswidrigkeit" gemacht werden als ihn das Bundesverfassungsgericht gegenüber der SRP machen konnte. Maßgeblich war die Furcht Bismarcks von einem „allgemeinen sozialistischen Zuchthaus"

vgl. dazu Siegfried Fischer-Fabian, Herrliche Zeiten. Die Deutschen und ihr Kaiserreich, 1983, Seite 123; sowie auf Seite 124 aus der Rede Bismarcks zur Begründung des Sozialistengesetzes: „Im Zuchthaus von heute ist der Aufseher wenigstens ein achtbarer Beamter, über den man sich beschweren kann. Aber wie werden die Aufseher sein in dem allgemeinen sozialistischen Zuchthaus? ... Die erbarmungslosesten Tyrannen, die je gefunden wurden."

Entsprechend seinem Anlass stellt sich dieses Sozialistengesetz als zeitlich (jeweils) befristetes Maßnahmegesetz zur zeit- und situationsbezogenen Abwehr einer konkreten Gefahrenlage für die „Staats- oder Gesellschaftsordnung" dar, weshalb von einer „in Gesetzesform gekleidete(n) Maßnahme des Verfassungsschutzes"

vgl. Ernst Rudolf: Huber, Dokumente zur deutschen Verfassungsgeschichte, 1961 ff., IV, Seite 1158

gesprochen werden kann. Aufgrund des verfassungsrechtlichen Dualismus der konstitutionellen Monarchie stellte dabei das in Gesetzesform ergangene, und von vornherein als befristet zu konzipierende Verbot das Höchstmaß einer Garantie gegen den Machtmissbrauch dar. Diese Garantie letztlich der Vereinigungsfreiheit ist durch die Beschwerdemöglichkeit an den Bundesrat, der insoweit die Funktion eines Verfassungsgerichts ausgeübt hat, noch verstärkt worden.

Erkennbar ist die Wirksamkeit dieser Garantien daran, dass sich dieses Parteiverbot (sofern man überhaupt davon sprechen kann) nicht auf die im Reichswahlgesetz vorgesehenen Wahlvereine bezog, so dass die Freiheit des passiven und aktiven Wahlrechts trotz Parteiverbots weitgehend gewahrt blieb. Das Parteiverbot hatte auch keine Kassation der Abgeordnetenmandate zur Folge, so dass es der verfassungsfeindlichen SPD ermöglicht wurde, trotz Verbots in den Jahren 1878 bis 1890 schließlich zur stärksten Fraktion des Deutschen Reichstags anzuwachsen und in die staatspolitische Verantwortung hineinzuwachsen, die sie dann durch ihre Zustimmung zu den Kriegskrediten mit Entscheidung vom 4. August 1914 zeigen sollte, welche den 1. Weltkrieg demokratisch legitimiert hat. Zweck des Sozialistengesetzes war allein, das öffentliche Auftreten der Partei zu verhindern, um dadurch die von dieser Partei für Staats- und Gesellschaftsordnung ausgehende Umsturzgefahr abzuwehren, wobei man befürchtete, dass in Versammlungen der Umsturz gepredigt und die entsprechend aufgepeitschten Massen dann mit Barrikadenbau die Revolution beginnen würden, was ein nachvollziehbares Aktivitätsmerkmal darstellt. Alle sozialdemokratischen, sozialistischen und kommunistischen Vereine, Versammlungen, Druckschriften, Feste und Demonstrationen konnten daher polizeilich verboten werden.

Zusammenfassend ist festzuhalten: Selbst ein endgültiges Parteiverbot tastete ebenso wenig das aktive und das passive Wahlrecht der verfassungswidrigen Sozialdemokratie an, wie die in Art. 31 der Reichsverfassung verankerte Immunität der sozialdemokratischen Abgeordneten. Eine Aberkennung der Mandate war im Sozialistengesetz ebenfalls nicht vorgesehen und wäre bei der staatsrechtlichen Konstruktion auch kaum denkbar gewesen. Damit entzog das Sozialistengesetz der Sozialdemokratischen Partei also zwar ihre organisatorische Basis in der Gesellschaft, die staatsmitwirkungsbezogene Tätigkeit der Partei blieb aber weitgehend von Sanktionen verschont

vgl. dazu Katrin Stein, aaO., Seite 41; ein Buch, das zur vertiefenden Lektüre des Verbotssystems der Zeit vor der Weimarer Republik, aber vor allem in dieser mit zahlreichen Nachweisen, empfohlen werden soll; ergänzend sei von den neueren Veröffentlichungen verwiesen auf Mathias Grünthaler, Parteiverbote in der Weimarer Republik, 1994, dessen Bewertungen mehr den Prämissen der bisherigen Parteiverbotskonzeption entsprechen.

Zum Gesamtbild, das konkrete Vorstellungen hinsichtlich des Verhältnismäßigkeitsprinzips vermittelt, welche nach Auffassung der Antragsschrift angeblich beim Parteiverbot nicht anwendbar sein soll

vgl. Seiten 133 ff. [S. 136 ff.] der Antragsschrift,

gehört noch, dass in der Weimarer Republik aufgrund des weiter geltenden Reichsvereinsgesetzes des Kaiserreichs, aber auch der Schrankenbestimmung von Art. 124 WRV Vereine und damit auch Parteien bei Strafrechtswidrigkeit verboten werden konnten. Darauf gestützt wurden insgesamt zwei NS-Vereine aufgelöst. Dabei wurde zwischen Auflösung und Verbot unterschieden, was sich insbesondere hinsichtlich der Rechtsfolgen ausgewirkt hat: Ein aufgelöster Verein musste neu begründet werden, während ein (nur) verbotener Verein bei Entfallen des Verbotsgrunds, d. h. kein Vorliegen einer Strafrechtswidrigkeit mehr, ohne weiteres seine Tätigkeit wieder aufnehmen konnte.

vgl. dazu Katrin Stein, aaO., Seite 78 f.

Damit wird deutlich, dass ein Vereinsverbot unter Einschluss eines darauf gestützten Parteiverbots keine Aufhebung des Grundrechts der Vereinigungsfreiheit intendierte, also keine „Verwirkung" eines Rechts darstellen sollte, sondern der legitimen Abwehr einer konkreten Gefahr diente. Erst durch § 19 Abs. 1 Satz 3 des 1. Republikschutzgesetzes wurde eine angeblich neue Partei einer verbotenen Partei gleichgestellt, wenngleich es nach allgemeiner Ansicht nicht genügte, dass der neuen Partei Mitglieder der verbotenen Partei angehörten, sondern es musste darüber hinausgehend eine tatsächliche Verbindung insbesondere auf Führungsebene vorliegen

vgl. ebenda, Seite 137.

Eine solche Ersatzorganisation war nicht unmittelbar verboten, wenngleich sich Mitglieder wegen Verletzung der Verbotsentscheidung strafbar machen konnten, aber die Ersatzorganisation konnte unter Berufung auf ihren Charakter als Ersatzorganisation verboten werden, was jedoch ein erneutes behördliches Handeln voraussetzte

vgl. ebenda, Seite 153 f.

Die tatsächlich ausgesprochenen Verbote insbesondere von NSDAP-Gruppierungen wurden von den Verbotsbehörden nach einiger Zeit wieder aufgehoben

vgl. ebenda Seite 164 ff.,

was insofern konsequent war als nur durch die Aufhebung nach Abwehr der Gefahr die Vereinigungsfreiheit wieder gewährleistet werden musste.

c) Auslegung der grundgesetzlichen Notstandsbestimmungen

Unter Bezugnahme auf das KPD-Verbotsurteil des Bundesverfassungsgerichts hat Wolfgang Abendroth die Frage gestellt, ob Art. 21 Abs. 2 GG wirklich den Bereich der Freiheit für politische Auseinandersetzungen hinter den Stand zurückwerfen wollte, der im Deutschen Reich zwischen 1890 und 1933 als unumstritten und selbstverständlich gegolten hat vgl. Wolfgang Abendroth, Antagonistische Gesellschaft und politische Demokratie. Aufsätze zur politischen Soziologie, Neuwied/Berlin 1967, Seite 153.

Dabei müsste man daran denken, statt der Jahreszahl „1890" (Auslaufen des Sozialistengesetzes) die Jahreszahl „1867" (Inkrafttreten der späteren Reichsverfassung als Verfassung des Norddeutschen Bundes) zu nennen, zumindest soweit es um Aspekte des Parteiverbots wie zeitliche Befristung der Verbotswirkung und um die Wahrung der parlamentarischen Stellung von Parlamentsabgeordneten geht, die einer vom Verbot betroffenen Partei angehören. Auch die weitgehende Gewährleistung der Wahlfreiheit des Volks trotz Parteiverbots im Kaiserreich und der Weimarer Republik im Unterschied zur Bundesrepublik Deutschland nach der bisherigen Verbotskonzeption

In diesem Sinne auch E.-W. Böckenförde, Staat, Gesellschaft, Freiheit. Studien zur Staatstheorie und zum Verfassungsrecht, 1976, Seite 91, Fn. 77:

„Z. B. ist das Parteienrecht des freiheitlich-demokratischen Rechtsstaates unter dem Gesichtspunkt der rechtlichen Freiheit betrachtet, schlechter als dasjenige der Sozialistengesetze im Bismarckreich … Dem monarchisch-autoritär verfassten Bismarckreich ist es demgegenüber nicht in dem Sinn gekommen, wegen der Unvereinbarkeit politischer Zielsetzungen der Sozialdemokratischen Partei mit seiner eigenen Wertgrundlage über das Verbot der Parteivereine, ihrer Versammlungen und Druckerzeugnisse hinaus auch die Freiheit der Stimmabgabe für sozialdemokratische Kandidaten, ihre Teilnahme an den politischen Wahlen aufzuheben oder gar errungene Reichstagsmandate zu kassieren." – Bei der Aufzählung fehlt noch der von vornherein befristete Charakter der Verbotsmaßnahmen!

und der Deutschen Demokratischen Republik (die allerdings kein Parteiverbot kannte, sondern einfach keine weiteren Parteien erlaubte, außer geheimdienstlich gesteuerten Pseudo-Rechtsparteien) darf dabei nicht vergessen werden.

Soll der „demokratische Bundesstaat" Bundesrepublik Deutschland (Art. 20 Abs. 1 GG) dem geäußerten Selbstverständnis entsprechend wirklich der „freieste Staat, den es auf deutschem Boden je gegeben hat" sein und damit die vorgenannte zitierte Frage von Prof. Abendroth verneint werden können, dann wird sich aus Art. 21 Abs. 2 GG in Zusammenschau mit Art. 91 GG kaum etwas anderes ergeben können als durch die deutsche Verfassungstradition vorgegeben, es sei denn der Grundgesetzwortlaut würde wirklich eine unfreiere Handhabung gebieten, was jedoch nur der illiberalen Parteienstaatslehre entnommen werden könnte.

Die Analyse des zum Verständnis von Art. 21 Abs. 2 GG entsprechend der juristischen Logik heranzuziehenden Grundgesetzbestimmungen führt dann in der Tat in Übereinstimmung mit der beachtlichen deutschen Verfassungsentwicklung zu dem Ergebnis, dass Gewaltbereitschaft oder eine auf dem Verfassungsumsturz ausgerichtete politisch motivierte Illegalität für die Feststellung der Verfassungswidrigkeit nach Art. 21 Abs. 2 GG erforderliche Voraussetzung darstellt, weil das Schutzgut dieser Vorschrift, die freiheitliche demokratische Grundordnung, nicht als Ansammlung von Verfassungsprinzipien zu verstehen ist, sondern das rechtmäßige Funktionieren der Verfassungseinrichtungen bedeutet. Nur dieses Funktionieren kann im Falle des Notstandes, der eine massive Beeinträchtigung der verfassungsmäßigen Ordnung zur Voraussetzung hat, durch besonderen Polizei- und Militäreinsatz gesichert werden. Zu einem abstrakten Schutz von Verfassungsprinzipien, deren „Verletzung" aufgrund des Propagierens falscher Ideologie stattfindet, braucht man keinen Militäreinsatz nach Art. 87a Abs. 4 GG oder besonderen Polizeieinsatz nach Art. 91 GG.

d) Freiheitliche demokratische Grundordnung als verfassungsmäßige Ordnung

Die dabei vorzunehmende Zusammenschau von Art. 91 GG und Art. 21 Abs. 2 GG, vor der das Bundesverfassungsgericht in seinen Verbotsentscheidungen wohl aufgrund des umfassenden alliierten Notstandsvorbehalts noch zurückgeschreckt ist, sollte zumindest seit Erlass der Notstandsverfassung durch das 17. Gesetz zur Änderung des Grundgesetzes vom 24.6.1968 (BGBl. I S. 709) endlich möglich sein, wodurch dem Art. 91 Abs. 2 GG der Art. 87a Abs. 4 GG zur Seite gestellt wurde und somit von den Befugnissen die Situation von Art. 48 Abs. 2 WRV wieder erreicht worden ist, wenngleich die Inhaberschaft der Notstandsbefugnisse auf andere Instanzen (Bundesregierung und – indirekt – Bundesverfassungsgericht) übergegangen ist. Zumindest muss dann dem Art. 21 Abs. 2 GG der Gedanke der Befristung nach Art. 91 GG unterstellt werden.

Nach diesen Bestimmungen können Bundespolizei und Streitkräfte „zur Abwehr einer drohenden Gefahr für den Bestand oder die freiheitliche demokratische Grundordnung des Bundes oder eines Landes" eingesetzt werden. Dementsprechend muss es sich bei der „freiheitlichen demokratischen Grundordnung", dem Schutzgut des Notstandsrechts um ein Rechtsgut handeln, das durch Polizei und Militär geschützt werden kann. Damit sollte eigentlich hinreichend klargestellt sein, dass es sich bei der „freiheitlichen demokratischen Grundordnung" nicht um die vom Bundesverfassungsgericht aus dem politischen Strafrecht übernommenen (wenngleich etwas erweiterten) Verfassungsprinzipien handeln kann, da zu deren besonderen Schutz Polizeikräfte anderer Länder untauglich sind: Wie soll etwa durch Einsatz der bewaffneten Polizei das Mehrparteienprinzip gesichert werden? Doch allenfalls indirekt, indem etwa die gewalttätige Verhinderung einer Demonstration politischer Gegner durch Polizeieinsatz gegen die Störer (Grundrechtsverhinderungsaktivisten) entgegengetreten wird – dann ist aber der rechtliche Ansatz des besonderen Verfassungsschutzes die Illegalität der politischen Kampfmethoden wie dies etwa in § 21 des Versammlungsgesetzes spezialgesetzlich statuiert ist (in der Regel sind derartige Grundrechtsverhinderungsaktionen auch nach anderen Strafbestimmungen strafbar, nur spricht die Erfahrungen der Antragsgegnerin dafür, dass hierbei das Legalitätsprinzip nicht mehr gilt).

Deshalb kann es beim Schutz der „freiheitlichen demokratischen Grundordnung" nach dem Notstandsrecht des Art. 91 GG und beim nunmehr auch nach Art. 87a Abs. 4 GG zum Schutze der „freiheitlichen demokratischen Grundordnung" möglichen Militäreinsatz im Innern, nur um die Abwehr illegaler gewalttätiger Aktionen gehen, die das Funktionieren der Staatsorgane (wie etwa Durchführung einer Gerichtsverhandlung oder einer Parlamentssitzung) oder auch gegnerische politische Aktivitäten (wie legale Demonstrationen rechter Vereinigungen) beeinträchtigen und damit illegale Machtausübung im Sinne der klassischen Hochverratsbestimmung darstellen. Damit ist der Begriff „freiheitliche demokratische Grundordnung" mit dem Begriff „verfassungsmäßige Ordnung" im Sinne der Hochverratsbestimmung identisch, womit dann die Voraussetzungen eines Ausspruchs nach Art. 21 Abs. 2 GG definiert sind.

e) Gewaltbereitschaft als zu forderndes Aktivitätsmerkmal für Verfassungswidrigkeit

Als verfassungswidrig erkannt (und möglicherweise verboten) werden kann danach nur eine als Partei organisierte Umsturzbewegung, etwa auch eine Partei, die entsprechend einem Parteiverbot im Königreich Spanien als parlamentarischer Arm einer Terrororganisation anzusehen ist

> vgl. hierzu etwa EGMR vom 30.06.2009, Beschw. Nr. 25803/04 – Herri Batasuna u. a. ./. Spanien.

Sie muss dabei selbstverständlich den Straftatbestand des Hochverrats noch nicht verwirklichen, aber dazu Bereitschaft zeigen, also im Sinne von Art. 21 Abs. 2 GG darauf, d. h. auf den Verfassungsumsturz abzielen und damit etwa durch Anlegen von Waffenlager oder militärisches Training von Anhängern „darauf ausgehen". Dieses Aktivitätsmerkmal, das das Bundesverfassungsgericht mit dem inoperablen Begriff der „aggressiven kämpferischen Haltung" gekennzeichnet hat, konkretisiert sich dann als Gewaltbereitschaft, also etwas, was rechtlich operabel ist und auch den rechtsstaatlichen Anforderungen an die Berechenbarkeit des Rechts entspricht, was bei einer bloßen „Haltung" kaum der Fall ist.

Dieses Ergebnis wird durch einen ebenfalls vom Bundesverfassungsgericht bei seinen Verbotsentscheidungen nicht erwogenen Gesichtspunkt bestätigt: Die Ausrichtung der „freiheitlichen demokratische Grundordnung" als Notstandsbegriff auf die klassische strafrechtliche Hochverratsbestimmung hatte nämlich eine grundgesetzliche Verankerung in einer Hochverratsbestimmung, die in Art. 143 der ursprünglichen GG-Fassung geregelt war. Danach ist bestraft worden,

> „wer mit Gewalt oder durch Drohung mit Gewalt die verfassungsmäßige Ordnung des Bundes oder eines Landes ändert, den Bundespräsidenten der ihm nach diesem Grundgesetze zustehenden Befugnisse beraubt oder mit Gewalt oder durch gefährliche Drohung nötigt oder hindert, sie überhaupt in einem bestimmten Sinne auszuüben, oder ein zum Bunde oder zu einem Lande gehöriges Gebiet losreißt."

Diese Grundgesetzbestimmung sollte vorübergehend die Lücke des strafrechtlichen Staatsschutzes schließen, die dadurch entstanden war, dass die Alliierten das bestehende, für nationalsozialistisch gehaltene strafrechtliche Staatsschutzrecht aufgehoben hatten: Abs. 6 dieses Artikels überlies dem einfachen Gesetzgeber die Schaffung des die Hochverratsbestimmung des Grundgesetzes außer Geltung setzenden neuen Rechts und schien damit die Umbildung des Verfassungsgesetzes durch bloßes Gesetz legitimiert zu haben.

Nach dieser vorläufigen Grundgesetz-Bestimmung war aber eindeutig, dass Hochverrat gegen die Verfassungsordnung nur durch Gewaltanwendung und entsprechende Vorbereitungshandlung begangen werden konnte. Der so verstandene Begriff der „verfassungsmäßigen Ordnung" als Schutzgut des verfassungsgesetzlichen Hochverratstatbestandes ist mit dem gleichlautenden Begriff des auf Vereinsverbote bezogenen Art. 9 Abs. 2 GG identisch. Anders als die allgemeine Meinung, die den Begriff „verfassungsmäßige Ordnung" in Art. 9 Abs. 2 GG mit dem Begriff „freiheitliche demokratische Grundordnung" etwa im Sinne des Art. 21 Abs. 2 GG im bisherigen Verständnis des Bundesverfassungsgerichts (Prinzipienkatalog) in etwa für identisch hält

so etwa BVerwG NJW 1993, 3213, 3215,

ist vielmehr umgekehrt davon auszugehen, dass der Begriff „freiheitliche demokratische Grundordnung" nach den Art. 18, 21, 91 und 87a GG mit dem Begriff „verfassungsmäßige Ordnung" identisch ist, der mit dem gleich lautenden Begriff des Art. 143 GG a. F. gleichzusetzen ist und dementsprechend die Gewaltbereitschaft als Voraussetzung für die Anwendung der weitreichenden Notstandsbefugnisse zu verstehen ist.

Dieses schon aufgrund des Notstandscharakters von Art. 21 Abs. 2 GG naheliegende Ergebnis wird bestätigt durch die vom Bundesverfassungsgericht bei der Auslegung des Begriffs „freiheitliche demokratische Grundordnung" ebenfalls nicht konsultierten Art. 87 Abs. 1 Satz 2 GG, der die Verwaltungskompetenz des Bundes begründet

„für Zwecke des Verfassungsschutzes und des Schutzes gegen Bestrebungen im Bundesgebiet, die durch Anwendung von Gewalt oder darauf gerichtete Vorbereitungshandlungen auswärtige Belange der Bundesrepublik Deutschland gefährden."

Zwar ist das Element „Gewaltanwendung" nebst Vorbereitungshandlungen, was man operabel als „Gewaltbereitschaft" definieren kann, anscheinend nur auf das Schutzgut „auswärtige Belange der Bundesrepublik" bezogen (was man aber schon anders interpretieren könnte), aber es dürfte klar sein, dass wegen der Gleichwertigkeit der Schutzgüter bei der Notstandsermächtigung auch der „Verfassungsschutz" gegen Gewaltanwendung und entsprechende Vorbereitungshandlungen ausgerichtet sein muss.

Bemerkenswerter Weise spiegelt sich Art. 87 Abs. 1 Satz 2 GG in Art. 21 Abs. 2 GG, da ja nicht nur Parteien für verfassungswidrig erklärt werden können, welche die freiheitliche demokratische Grundordnung zu beeinträchtigen oder zu beseitigen suchen, sondern die „den Bestand der Bundesrepublik Deutschland [...] gefährden" (übrigens das Merkmal, welches das KPD-Verbot jenseits anti-kommunistischer Ideologie im Unterschied zum SRP-Verbot verfassungsrechtlich hätte begründen können). Diese sich schon aus der Systematik ergebende Auslegung dieser Grundgesetzbestimmung, die die Zuständigkeit der „Zentralstellen" beschreibt, wird von der Entstehungsgeschichte dieser Bestimmung bestätigt: Art. 87 Abs. 1 Satz 2 GG geht nämlich insoweit auf den sog. Polizeibrief der Westalliierten vom 14. April 1949 zurück, der der Bundesregierung gestattete,

„eine Stelle zur Sammlung und Verbreitung von Auskünften über umstürzlerische, gegen die Bundesregierung gerichtete Tätigkeiten einzurichten."

vgl. Schreiben der Militärgouverneure vom 14.4.1949 an den Parlamentarischen Rat über die Regelung der der Bundesregierung auf dem Gebiet der Polizei zustehenden Befugnisse, welcher bei v. Mangoldt, Bonner Grundgesetz, 1953, Anhang Nr. 1, Seite 669, abgedruckt ist; auf der Grundlage dieses Schreibens wurden in interfraktionellen Besprechungen die Art. 73 Nr. 10 a. F. und Art. 87 Abs. 1 Satz 2 GG endgültig formuliert.

Aus systematischen Gründen kommt hinzu, dass der Geheimdienst („Verfassungsschutz") eines Rechtsstaates nichts anderes schützen kann als die Polizei, weshalb es, wie von der Entstehungsgeschichte von Art. 87 und 73 Nr. 10 GG (Gesetzgebungskompetenz für Verfassungsschutz) bestätigt, bei der „freiheitlichen demokratischen Grundordnung" um etwas handeln muss, was polizeirechtlich geschützt werden kann, wie staatliche Einrichtungen, von deren ungehindertem Funktionieren der demokratische Prozess abhängt. Letztlich ist also ein dem polizei- und strafrechtsakzessorisches Handeln der Inlandsgeheimdienste („Verfassungsschutz") gefordert, selbst wenn diesem die eigentlichen polizeilichen Befugnisse wie Verhaftungskompetenz fehlen, sodass die Auseinandersetzung mit einem falschen politischen Programm, dessen Propagieren insbesondere gemäß Art. 5 Abs. 1 GG (Meinungsfreiheit) rechtmäßig ist, nicht Gegenstand geheimdienstlicher Maßnahmen und erst recht nicht Gegenstand der Feststellung der Verfassungswidrigkeit und damit eines Parteiverbots sein kann.

f) Kein unbefristetes „Parteiverbot" im Grundgesetz

Die mit § 46 Abs. 3 BVerfGG angeordnete Folge der Auflösung der Partei, deren Verfassungswidrigkeit festgestellt worden ist, geht über die übliche Festlegung hinaus, wonach das Verbot einer Vereinigung – wobei die Auflösung sogar schon die Vollstreckung eines Verbots darstellt – Aufgabe der Vereinsverbotsbehörden darstellt. Es stellt sich als fraglich dar, ob dem Bundesverfassungsgericht über eine Zuweisung nach Art. 93 Abs. 2 GG wirklich die Kompetenz einer Vereinsverbotsbehörde zugewiesen werden kann, die nach Art. 9 Abs. 2 GG der Exekutive obliegt. Bei Trennung dieser Befugnisse wäre nämlich denkbar, dass eine als verfassungswidrig erkannte Partei als Verein fortbesteht, sofern er dann nicht auch nach Art. 9 Abs. 2 GG verboten werden könnte. Dieser Fall der Konversion einer Partei im Sinne von Art. 21 GG in eine Vereinigung nach Art. 9 GG tritt nach § 2 Abs. 2 des Parteiengesetzes etwa ein, wenn sie sechs Jahre lang nicht mit Wahlvorschlägen an Wahlen teilgenommen hat. Immerhin hat auch das Bundesverfassungsgericht erwogen,

> „dass eine politische Partei, die diese Grundwerte verwirft und bekämpft als gesellschaftlich-politische Gruppe besteht und sich betätigt; es ist aber nicht denkbar, dass ihr die verantwortliche, rechtlich maßgebliche Mitwirkung bei der Bildung des Staatswillens verfassungsrechtlich garantiert ist."

vgl. BVerfGE 5, 85, 134

Insofern kann durch die Feststellung der Verfassungswidrigkeit nach Art. 21 Abs. 2 GG allenfalls das Spezifikum „verwirkt" werden, welches eine Partei von einer sonstigen (politischen) Vereinigung unterscheidet. Dieses Spezifikum besteht in der Teilnahme an Parlamentswahlen. Die entsprechende Rechtsfolge, nämlich die Beseitigung dieses Spezifikums könnte dann in einem vorübergehenden Wahlteilnahmeverbot bestehen, mit der Folge, dass die Wahlteilnahme ausgesetzt ist, der Partei also der Charakter als Partei „verboten" wird – was man auch als „Parteiverbot" bezeichnen könnte –, als politischer Verein aber fortbesteht bis er dann nach einer bestimmten Frist, innerhalb derer er die „Verfassungswidrigkeit", also die Verbotsgründe beseitigt, wieder als Partei in Erscheinung treten kann

vgl. ähnlich Ridder in: Alternativkommentar zum Grundgesetz, Art. 21 Rn. 19.

Für dieses Verständnis kann etwa Art. 133 Abs. 2 der vorkonstitutionellen Verfassung von Rheinland-Pfalz und Art. 32 der 1950 erlassenen Verfassung von Nordrhein-Westfalen angeführt werden; danach werden entsprechend eingestufte Parteien nicht zu Wahlen und Abstimmungen zugelassen; diese Bestimmungen bestätigen hinsichtlich der Verbotsvoraussetzungen (Gewaltbereitschaft) die vorliegende Argumentation; schließlich ist noch auf das Recht des Staates Israel hinzuweisen (dazu später), nach dem ein sog. Parteiverbot ebenfalls als Wahlzulassungshindernis gehandhabt wird; auch das von der Antragstellung

vgl. Seite 104 [S. 114] der Antragsschrift

als Kompensation hervorgehobene alliierte Vorgehen gegen die Antragsgegnerin in (West-) Berlin hat sich in jeweils befristet (!) ausgesprochenen Wahlteilnahme- und Versammlungsverboten beschränkt.

Diese Bestimmung der Rechtsfolgen wäre zwar „weniger frei" als die Notstandsbefugnisse nach der Weimarer Reichsverfassung, welche in der Nachfolge der Praxis des Sozialistengesetzes des Deutschen Kaiserreichs die parlamentarische Tätigkeit einer verbotenen Partei im Interesse der Wahlfreiheit des Volks und damit des demokratischen Elements der Verfassung gerade nicht berührt hat, aber immerhin wäre durch die damit denkbare zeitliche Befristung der Notstandscharakter des „Parteiverbots" gewahrt; dieser Notstand muss ja einmal beendet sein, will man nicht zu einen permanenten Notstand geraten, welcher an die DDR-Konzeption von „Demokratie" heranführt.

Eingeordnet in die deutsche Verfassungstradition ist allerdings die Annahme geboten, dass sich die Rechtswirkung der Verfassungswidrigkeitserklärung nach Art. 21 Abs. 2 GG in einer „Verwarnung" von höchster Stelle reduziert

so auch die Andeutung bei Ridder, aaO., Rn. 17.

Für diese Wirkung der verfassungsgerichtlichen Feststellung würde sprechen, wenn die Feststellung der „Verfassungswidrigkeit" nach Art. 21 Abs. 2 GG nicht als eine gesteigerte Form der Rechtswidrigkeit einzustufen wäre, sondern dies – zumindest in diesem Bereich – als politische Kategorie aufzufassen wäre

so etwa Ridder, aaO., Rn. 13.

Dafür wiederum würde sprechen, dass die Kompetenz zur Antragstellung nicht als *rechtliches*, sondern als *politisches* Ermessen eingestuft wird. Handelt es sich jedoch um ein derartiges politisches Ermessen, mit der Folge, dass dann keine Verhältnismäßigkeitsprüfung angestellt werden müsste – ein besonderes Anliegen der Antragsschrift! –, was bei einem rechtlich relevanten Ermessen nicht zu vermeiden ist, dann muss auch die Schlussfolgerung gezogen werden, dass der Urteilsausspruch auf eine (nur) politische Wirkung, eben als Appell an den freien Wähler und mündigen Bürger zu verstehen ist.

Auch die Vorstellung der Antragsschrift, dass mit dem Parteiverbot nach Art. 21 Abs. 2 GG „politische Gefahren" abgewehrt werden sollen

vgl. Seiten 97 ff. [S. 108 ff.] der Antragsschrift,

spricht dann für „politische" Rechtsfolgen: Man kann nicht in den Voraussetzungen lediglich „Politik" genügen lassen, in den Rechtsfolgen dann aber extreme polizeirechtliche Verbotswirkungen fordern. Der Urteilsausspruch nach Art. 21 Abs. 2 GG hätte bei einem derartigen politischen Präventionsverständnis dann die Funktion, welche seit den 1970er Jahren von den öffentlich in Erscheinung tretenden Inlandsgeheimdiensten in Form der Herausgabe von „Verfassungsschutzberichten" ausgeübt wird. Nur würde die verfassungsgerichtliche Feststellung dann aufgrund eines gerichtlichen Verfahrens mit den gerichtlichen Verfahrensgarantien, insbesondere durch Wahrung des rechtlichen Gehörs (Art. 103 Abs. 1 GG) erfolgen und damit die rechtsstaatlichen Kautelen eingehalten werden, welche bei der Herausgabe von so genannten „Verfassungsschutzberichten" nahezu rechtsnihilistisch völlig ignoriert werden. Es wäre dann der freien Wahlentscheidung des Wählers überlassen, das Urteil des Verfassungsgerichts durch entsprechende Ausübung des Wahlrechts zu „vollstrecken". Auf diese Weise wäre trotz eines verfassungsgerichtlichen Feststellungsurteils als „Appellentscheidung" oder gerade deshalb die Wahlfreiheit des Wählers und damit der „demokratische Bundesstaat" iSd. Art. 20 Abs. 1 GG iVm. Art. 79 Abs. 3 GG gewahrt.

Wie immer man die Rechtsfolgen des Urteils einzustufen hat, als bloße Appellentscheidung oder als vorübergehende „Verwirkung" der Rechtsstellung der Vereinigung als Partei mit der Folge eines vorübergehenden Wahlteilnahmeverbots, was zumindest gesagt werden kann ist Folgendes: Die im BVerfGG angeordneten Rechtsfolgen der Vereinsauflösung und der Vermögenskonfiskation sind nicht grundgesetzkonform und ein entsprechender Antrag ist folglich wenn nicht schon unzulässig, so doch zumindest unbegründet.

g) Kein Verbot der Bildung einer Ersatzorganisation

Die gesetzliche Anordnung der Bildung einer Ersatzorganisation durch § 46 Abs. 3 BVerfGG und § 33 PartG, was gemäß § 84 StGB auch noch als Straftatbestand für maßgebliche Personen (Rädelsführer) ausgestaltet ist, verletzt Art. 18 GG, da erst in diesem Verfahren festgestellt werden muss, dass betroffenen Individuen die Vereinigungsfreiheit nach Art. 9 GG „verwirkt" ist. Mit den genannten gesetzlichen Rechtsfolgen wird der Kreis der „Verwirkung" ohne Durchführung von Verfahren nach Art. 18 GG erheblich ausgeweitet und damit im Ergebnis eine Partei, deren Verfassungswidrigkeit aus bestimmten Gründen festgestellt ist, quasi zu einer kriminellen Organisation gemacht, ohne dass sie die Möglichkeit hätte, die Gründe der Verfassungswidrigkeitserklärung (bzw. des „Parteiverbots") nach Ablauf des Notstands zu beseitigen, um dann zur Wahrung des politischen Pluralismus wieder als Partei, d. h. durch Teilnahme an Parlamentswahlen in Erscheinung treten zu können.

Die verfassungswidrig angeordneten gesetzlichen Verbotsfolgen bedrohen nicht am Verfahren beteiligte Organisationen, welche damit rechnen müssen, als „Ersatzorganisationen" eingestuft und quasi zur kriminellen Organisation erklärt zu werden, weil sie ehemalige Mitglieder einer vom Bundesverfassungsgericht aufgelösten Partei aufgenommen hätten. Als verfassungsrechtlich bei Beachtung des Demokratiegebots akzeptabel stellte sich das Verbot der Bildung einer Ersatzorganisation allenfalls in dem Fall dar, dass der Ausspruch der Verfassungswidrigkeit von vornherein zeitlich befristet

C. Das zweite NPD-Verbotsverfahren (2013–2017)

ist, so dass die als verfassungswidrig erkannte Gruppierung nach Beseitigung der verfassungsgerichtlich erkannten Gründe, wie etwa Ausscheiden problematischer Mitglieder, wieder den vollen Rechtsstatus erlangen kann, weil dann die die Feststellung rechtfertigende (Notstands-)Gefahr beseitigt wäre.

h) Kein Verlust der Parlamentsmitgliedschaft/Mitgliedschaft in Vertretungsorganen

Als verfassungswidrig, da gegen Art. 38 Abs. 1 Satz 2 GG und Art. 3 EMRK ZP I verstoßend, stellt sich vor allem der von § 46 Abs. 1 Nr. 5 und Abs. 4 BWahlG angeordnete Verlust der Abgeordnetenstellung dar. Dies gilt entsprechend für Landesgesetze in Bezug auf die Zugehörigkeit von Landtagen oder gar bei kommunalen Vertretungsorganen.

Das vom Bundesverfassungsgericht aufgrund der Parteienstaatsdoktrin erörterte Spannungsverhältnis zwischen Art. 21 Abs. 2 GG und Art. 38 GG ist in einer verfassungsrechtlich relevanten Weise nicht vorhanden. Selbst wenn ein Parteiverbot die – für eine freie Demokratie ziemlich abwegige – Funktion haben sollte, „Ideen auszuscheiden", dann sind diese Ideen einer Partei für einen Parlamentsabgeordneten rechtlich nicht verbindlich. Zudem ist denkbar, dass eine Partei aus taktischen Gründen zur Gewinnung von Wählern der „Mitte" „gemäßigte" Parlamentskandidaten aufstellt. Gerade diese Parlamentsmitglieder könnten dann der Ausgangspunkt sein, die Partei nach Entfallen der – vereinfacht gesagt – Verbotsgründe zur Wahrung des politischen Pluralismus des Volks neu aufzustellen.

Die Feststellung der Verfassungswidrigkeit einer Partei nach Art. 21 Abs. 2 GG kann nämlich nicht die Ausschaltung einer ganzen politischen Strömung bezwecken, sondern dient lediglich der Verhinderung einer drohenden Gefahr für die Verfassungsordnung, die von einer konkreten Organisation in einem konkreten zeitlich-räumlichen und vor allem personellen Zusammenhang ausgeht. Allein die Abwehr einer derartigen Gefahr durch eine Umsturzbewegung kann das Verdikt nach Art. 21 Abs. 2 GG rechtfertigen, jedoch darf dieses Verdikt nicht daran hindern, dass die politischen Vorstellungen der gefährlichen Partei in einer rechtmäßigen Weise propagiert werden. Die Abwehr einer „Gefahr", die vom rechtmäßigen Verhalten einer Partei, d. h. von deren Mitgliedern ausgeht oder ausgehen soll, ist der freien Wahlentscheidung des Wählers zu überlassen. Ein Verbotsantrag, welcher auf die Ausschaltung des Wählers abzielt, ist dementsprechend als verfassungswidrig zu kennzeichnen und als unzulässig einzustufen.

Ansonsten kommt man nicht umhin, dem Parteiverbot, welches insbesondere über die Aberkennung von Parlamentsmandaten eine gesamte politische Richtung ausschalten will, entsprechend der ideologisierenden Terminologie der Antragsbegründung eine Wesensverwandtschaft mit dem Nationalsozialismus zuschreiben zu müssen. Das Parteiverbot war nämlich erstmals beim Nationalsozialismus mit der Kassation von Parlamentsmandaten verbunden. Aufgrund der Verordnung zum Schutze von Volk und Staat vom 28.02.1933 (RGBl. I S. 83 ff.), die als Nachfolgeregelung der Republikschutzgesetze angesehen werden kann und als das wesentliche Instrument der Begründung einer Diktatur durch (Drohung mit) Parteiverbote(n) angeführt werden muss, gehörte dann auch die Kassation von Abgeordnetenmandaten wie durch das zu Beginn der Hitlerdiktatur ausgesprochene SPD-Verbot. Während die KPD faktisch aufgelöst wurde und sich die bürgerlichen Parteien unter Verbotsdruck selbst auflösten vgl. zum Ende der Parteien, die entsprechende Monographie von Erich Matthias, und Rudolf Morsey (Hg.): Das Ende der Parteien 1933, 1980

wurde einzig die SPD förmlich auf der Grundlage der sog. Reichstagsbrandverordnung am 22. Juni 1933 als „volks- und staatsfeindliche Organisation" verboten,

Begründet wurde dieses Verbot damit, dass in der Erstausgabe des am 18. Juni 1933 in Prag erschienen „Neuen Vorwärts" ein Aufruf zum Sturz der Regierung Hitler enthalten war. Der Aufforderung des Reichsinnenministers, die für den Aufruf verantwortlichen emigrierten SPD-Mitglieder aus der Partei auszuschließen, kam die SPD-Führung nicht nach, worauf das SPD-Verbot erfolgt ist,

dem am 7. Juli 1933 auf dem Verordnungswege erstmals in der jüngsten deutschen Verfassungsgeschichte auch noch die Unwirksamkeitserklärung der Abgeordnetenmandate durch Verordnung zur Sicherung der Staatsführung (RGBl. 1933 I S. 462) folgte. Anfang Juli 1933 war dann die NSDAP durch förmliches und weniger förmliches Parteiverbot zur einzig legal zugelassenen politischen Partei geworden, ein Status, der mit dem aufgrund des zwischenzeitlich erlassenen Ermächtigungsgesetzes von der Reichsregierung mit dem am 14. Juli 1933 beschlossenen „Gesetz gegen die Neubildung von Parteien" (RGBl. 1933 I S. 479) und am 1. Dezember 1933 mit dem „Gesetz zur Sicherung der Einheit von Partei und Staat" (RGBl. 1933 I S. 1016) gesetzlich verankert wurde. Andere Parteien waren damit verboten und somit stellte das zeitlich unbefristete und auch sachlich unbegrenzte Parteiverbot, wie dies auch von der Antragstellung befürwortet wird, das maßgebliche Instrument einer Diktatur dar.

Dementsprechend kann eine politische Ordnung, die sich als „Gegenentwurf" versteht, unmöglich ein zeitlich unbefristetes, im Zweifel auch noch inhaltlich weitgehend unbestimmtes, weil auf Ideologiephrasen wie „Wesensverwandtschaft" gestütztes und mit sprachpolizeilichen Ermittlungen „bewiesenes" Parteiverbot kennen, das durch das Verbot einer (rechtmäßig handelnden) Ersatzorganisation zur Ausschaltung einer gesamten politischen Richtung auch noch Parlamentsmandate aberkennt und damit notwendigerweise die anderen Parteien zur virtuellen Einheitspartei macht, wie dies tendenziell in der Parteienstaatslehre angelegt ist.

i) Verfassungsrechtlich geboten:
Antragsrecht von diskriminierten Minderheitsparteien

Wenn der Gesetzgeber wie ausgeführt, einerseits weit über die Ermächtigung des Art. 21 Abs. 3 GG hinausgegangen ist, das „Nähere" auch der Feststellung Verfassungswidrigkeit nach Absatz 2 zu regeln, so muss ihm andererseits vorgeworfen werden, einen zentralen Regelungsbedarf nicht abgedeckt zu haben, nämlich die Antragsbefugnis einer diskriminierten Minderheitspartei, die im Unterschied zu etablierten Parteien, die sich der Staatsorgane zur Antragstellung bedienen können, des verfassungsrechtlichen Schutzes besonders bedürftig ist. Im Parlamentarischen Rat ist in der Tat die Antragsbefugnis von politischen Parteien auf Feststellung der Verfassungswidrigkeit von (letztlich) Konkurrenzparteien erwogen worden

vgl. JöR N. F. 1, Seite 208 f.,

ist aber letztlich, wie fast allgemein für den hier interessierenden Bereich festgestellt werden kann, nicht entschieden worden, so dass sich die Frage stellt, ob mit dem Numerus clausus der Antragsberechtigten nach § 43 BVerfGG das verfassungsrechtlich Gebotene „Nähere" wirklich geregelt wurde. Dies muss zumindest dann verneint werden, wenn weiterhin die Parteienstaatslehre von Richter Leibholz das Umfeld der Feststellung der Verfassungswidrigkeit bestimmen soll, d. h. etwa die Antwort auf Fragen geben soll, ob Art. 21 Abs. 2 GG ein Parteiverbot enthält oder ob die Verbotsvoraussetzungen dahingehend formuliert werden dürfen, dass das Parteiprogramm einer zu verbietenden Partei am virtuellen Gemeinschaftsprogramm der etablierten, sich als „demokratisch" verstehenden Parteien gemessen wird, um zur Verbotsbegründung zu gelangen. Sollte diese zweifelhafte Doktrin von Richter Leibholz weiterhin maßgebend sein, dann muss nämlich als zwingend angenommen werden, dass der eigentliche Antragsteller vorliegend nicht formal das Verfassungsorgan „Bundesrat" ist, sondern die politischen Parteien, die über die Mehrheit in diesem Verfassungsorgan verfügen. Dann darf zwar konkret etwa die SPD verschleiert als „Bundesrat" einen Verbotsantrag gegen die NPD stellen, jedoch ist es letzterer verwehrt, etwa im Wege einer Art „Widerklage" die Feststellung der Verfassungswidrigkeit der SPD zu beantragen. Die dabei zu erkennende Verfahrensungleichheit, die ohnehin einem fairen Verfahren entgegensteht, führt dann fast notwendigerweise zu einem ideologisch ausgerichteten Verbotsverfahren mit der Folge, dass dann SPD-Ideologie, soweit diese von anderen etablierten Linksparteien unter Einschluss der sog. „Christdemokratie" geteilt wird, den Inhalt von Verfassungsnormen bestimmen, die als Maßstab für eine Verbotsentscheidung einer exkludierten Oppositionspartei genommen werden. Hätte dagegen die Antragsgegnerin faire Verfahrenschancen, dann wäre viel eher gewährleistet, dass das notstandsrechtliche Verständnis der Feststellung der Verfassungswidrigkeit maßgebend für die Prüfung eines (möglichen) Parteiverbots wäre.

Diese Verfahrensungleichheit, die einem fairen Verfahren entgegensteht, kann vorliegend nur durch Aussetzung des vorliegenden Antrags bis zum Erlass eines neuen Bundesverfassungsgerichtsgesetzes beseitigt werden, welches die parteipolitische Verfahrensgleichheit im Lichte der Parteienstaatslehre verwirklicht. Eine Ablehnung dieser Vorstellung kann nur damit begründet werden, dass die Parteienstaatslehren nicht mehr gilt, zumindest nicht in der ursprünglichen Weise; dies hat dann aber weitreichende Auswirkungen hinsichtlich der Verbotsvoraussetzungen und der Verbotsfolgen, sofern man Art. 21 Abs. 2 GG überhaupt als Parteiverbotsvorschrift verstehen kann.

7. Zur Nachrangigkeit des Demokratieschutzes durch Parteiverbot

Die Herstellung der Verfahrensgleichheit würde auch zur Erkenntnis der gebotenen Nachrangigkeit des Demokratieschutzes durch ein Parteiverbot führen. Es ist nachvollziehbar, dass Verbotspolitiker, denen es gewissermaßen zur zweiten Natur geworden, bei aller unpassenden Gelegenheit nach dem Verbot einer Konkurrenzpartei zu rufen, enttäuscht sind, wenn ihnen aufgezeigt wird, dass ein Parteiverbot aufgrund seines Notstandscharakters nur ein sehr nachrangiges Instrument des Demokratieschutzes sein kann. Letzteres wird jedoch durch die historische Erfahrung bestätigt: So hat sich in der Weimarer Republik herausgestellt, dass die Parteiverbote aufgrund der Diktaturgewalt des Reichspräsidenten und der verfassungsdurchbrechenden Republikschutzgesetze nicht die wirksamste Methode des Republikschutzes dargestellt haben, sondern dieser Schutz in der schlichten strafrechtlichen Verfolgung von Individuen aufgrund allgemeinen Strafrechts bestanden hätte.

Die Festungshaft Hitlers hat die NSDAP in eine fundamentale Krise gestürzt, von der sie sich vielleicht nicht erholt hätte, wäre das Strafmaß schuldangemessen hoch gewesen und hätten sich aus parteitaktischen Gründen von „Demokraten" nicht die „Notwendigkeit" von Amnestien ergeben. Die angeblich mangelhafte Möglichkeit von Parteiverboten und die Beachtung der Verfassungsgarantien wie der Immunität von Parlamentsabgeordneten und die Respektierung der Wahlfreiheit des Volks trotz Parteiverbots kann deshalb kaum als Rechtfertigung für die bisherige Parteiverbotskonzeption des Bundesverfassungsgerichts angeführt werden. Vielmehr liegt ein Versagen darin, das normale Strafrecht nicht konsequent anzuwenden. Woran das wiederum gelegen hat, lässt sich dem letzten der zahlreichen Amnestiegesetze der Weimarer Republik entnehmen, das gemeinsam von Dr. Frick (NSDAP), Dr. Breitscheid (SPD) und Törgler (KPD) eingebracht und dann nach intensiven Verhandlungen zwischen diesen Parteien mit 365 : 143 vom Reichstag angenommen worden ist

vgl. Jürgen Christoph, Die politischen Reichsamnestien 1918–1933, 1987, Seite 323 ff.

Mit diesem Amnestiegesetz, das als „Schleicheramnestie" wohl fehlbezeichnet ist, wird deutlich, dass der Versuch des politisch rechten Präsidialkabinetts, aufgrund präsidialer Ermächtigung nach Art. 48 WRV mit Schnellgerichten gegen hochverräterische Aktivitäten (darunter etwa gegen das SPD-Mitglied Otto Ring und das NSDAP-Mitglied Georg Zabel) im Zusammenhang mit dem von Walter Ulbricht (SPD, KPD, SED) und Joseph Goebbels (NSDAP) organisierten Streik bei den Berliner Verkehrsbetrieben vorzugehen, wegen der „sozialistischen Mehrheit des Reichstags, nämlich KPD, SPD und NSDAP, (die) eine Zweidrittelmehrheit ausmache" (so der Reichsinnenminister des „Kabinetts der Barone" von Gayl in der Kabinettsitzung vom 9.11.1932)

vgl. dazu das Buch von Klaus Rainer Röhl, Die letzten Tage der Republik von Weimar. Kommunisten und Nationalsozialisten im Berliner BVG-Streik von 1932, 2008

zum Scheitern verurteilt war und sich die traditionelle politische Rechte im Interesse der Rückkehr zum Parlamentarismus daher genötigt sah, eine der Amnestieparteien, nämlich die NSDAP, als vorübergehend gedachten Koalitionspartner auszuwählen. Dies wiederum führte dann bekanntlich zu der von den Vorgängerparteien von CDU/CSU und FDP zu verantwortenden „Legalität der Diktatur" mit ihren Parteiverboten.

Lediglich die linksextreme KPD hat zur „Legalität der Diktatur" nichts beigetragen, womit ihr aber keine besondere Verfassungskonformität bescheinigt werden kann, konnte sie dann in Zusammenarbeit mit dem linksextremistischen Grotewohl-Flügel der SPD als SED die DDR-Diktatur mit ihren mangels alliierter Nichtzulassung vorweggenommenen Parteiverboten verwirklichen, um sich nunmehr als „Die Linke" maßgeblich am vorliegenden Parteiverbotsantrag zu beteiligen. Ein besonders erhebendes Bild ergibt das Stichwort „Parteiverbote" deshalb nicht: Mit Demokratieschutz

C. Das zweite NPD-Verbotsverfahren (2013–2017)

ist das Parteiverbot eigentlich nicht zu verbinden, mit Abschaffung von Demokratie dagegen sehr wohl.

8. Defekte Demokratie Türkische Republik als Maßstab?

Der Verbotsantrag versucht, die auf „Ausscheiden von Ideen" gerichtete bisherige Parteiverbotsrechtsprechung des Bundesverfassungsgerichts, die im Widerspruch zu den Anforderungen einer „liberalen Demokratie des Westens" steht, wie sie in den Art. 1, Art. 20 und Art. 79 Abs. 3 im Grundgesetz verankert ist, aber eine Ähnlichkeit mit „volkdemokratischen" Ansätzen aufweist, unter Berufung auf die Europäische Menschenrechtskonvention und die Rechtsprechung des Europäischen Menschenrechtsgerichtshof, die einige Parteiverbote insbesondere der defektiven Demokratie Türkische Republik gebilligt hat, zu rechtfertigen. Dieser die Bundesrepublik Deutschland auf eine Vergleichsebene mit einer defekten Demokratie bringende Argumentationsstrang der Antragsstellung

vgl. Seite 150 ff. [S. 148 ff.] der Antragsschrift

hat erkennbar die Funktion, über eine bestimmte Auslegung von Art. 21 Abs. 2 GG, welche letztlich auf der bisherigen Parteiverbotskonzeption beruht, aber von ihr als mit dem europäischen Menschenrechtsvorschriften vereinbar ausgegeben wird, den sich aus den Art. 20 und 28 Abs. 1 GG ergebenden rechtsstaatlichen Demokratiegebot entgegenzutreten.

Grundsätzlich handelt es sich bei der Menschenrechtskonvention um einen völkerrechtlichen Vertrag, der entsprechend den völkerrechtlichen Auslegungsprinzipien wie in dubio pro *souveraenitate* und aufgrund des völkerrechtlichen Konsensprinzips, dem er sein Entstehen verdankt, nicht ein Maximum an Rechten garantiert, sondern einen Minimalstandard vorschreibt, mag dieser auch weltweit betrachtet durchaus und erfreulicher Weise nicht zu „minimal" sein. Dementsprechend beruht ein internationaler Menschenrechtsschutz auf der Prämisse, dass die Rechtsgewährleistungen der Mitgliedstaaten in der Regel über dem völkerrechtlichen Standard liegen sollten. Deshalb reduziert sich die internationale Rechtsprechung im Ergebnis auf eine Ermessenskontrolle gegenüber den Mitgliedstaaten, stellt demnach keine im deutschen Sinne „Verfassungsgerichtsbarkeit" zumindest nicht in dem weiten Verständnis des Bundesverfassungsgerichts dar. Dabei ist insbesondere hinsichtlich des Demokratieschutzes international die plausible Überlegung maßgebend, dass auch Staaten, welche die Form einer defekten Demokratie aufweisen, Mitglied der Konvention sein können, da eine defekte Demokratie immer noch besser erscheint als eine antifaschistische „Volksdemokratie" oder sozialistische Dauerdiktatur („souveräne Diktatur" im Unterschied zur Notstandsdiktatur im Sinne der Lehre von Carl Schmitt) und dabei auch die Chance besteht, durch die internationale Rechtsprechung darauf hinzuwirken, dass die „defekte Demokratie" ihren die Demokratiekonzeption relativierenden Charakter verliert und eine normale „liberale Demokratie des Westens" wird. Nur auf diese Weise kann man erklären, weshalb defekte Demokratien wie die Türkische Republik mit ihren im Sinne der Antragstellung die Demokratie fördernden Parteiverboten und Militärputschen (siehe dazu nachfolgend) und die Russische Föderation in den Europarat aufgenommen und damit zum Geltungsbereich der Europäischen Menschenrechtskonvention einbezogen wurden.

Die damit verfolgte Politik hat notwendigerweise zur Folge, dass der Menschenrechtsgerichtshof bei der Sicherung des demokratischen Minimalstandards (und nicht Maximal- oder Optimalstandard) den „nationalen Besonderheiten" Rechnung tragen zu müssen glaubt, obwohl sich das gesamte System des internationalen regionalen und überregionalen Menschenrechtsschutzes gerade aus dem Gedanken der Universalität der Menschenrechte begründet. Deshalb ist es als bemerkenswert hervorzuheben, wie auch die Antragsschrift, die sich aufgrund ihrer Festlegung auf eine buntrepublikanische Weltmasseneinwanderungsgesellschaft „Bundesrepublik" – bei Verbot der Opposition gegen diese Entwicklungen – erkennbar dem politischen Universalismus verpflichtet weiß, plötzlich bei der Frage des Parteiverbots die nationalen Besonderheiten betont, die es rechtfertigen sollen, dass das bundesdeutsche Demokratieniveau durch eine umfassend wirkende Parteiverbotskonzeption auf das Niveau der defekten Demokratie Türkischen Republik gedrückt wird.

Als bemerkenswert für das vorliegende Verfahren ist jedoch hervorzuheben, dass sich Vertreter der bundesdeutschen Verbotsparteien, die vorliegend als Bundesrat in Erscheinung treten, sich massiv gegen die „nationalen Besonderheiten" der türkischen Parteiverbotspraxis ausgesprochen, die türkischen Parteiverbotsverfahren entschieden kritisiert und die Abschaffung derartiger Verbotsmöglichkeiten als Voraussetzung für einen möglichen EU-Beitritt der Türkischen Republik postuliert haben

vgl. FAZ vom 26. Juni 2001, Seite 1: EU besorgt über Verbot der Tugendpartei und FAZ vom 27. Juni 2001, Seite 4: Frau Däubler-Gmelin kritisiert Parteiverbot.

Wenn nunmehr dieselben Verbotsparteien keine Skrupel zeigen, die Antragsgegnerin verbieten zu lassen, dann bringen sie damit zum Ausdruck, dass sie die bundesdeutsche Demokratie sogar unter das Freiheitsniveau der defekten Demokratie Türkei bringen wollen und sich damit die Frage der Geeignetheit der Mitgliedschaft der Bundesrepublik Deutschland in der Europäischen Union stellen müsste.

[...]⁴

II. Das verfassungsgemäße Konzept der Verfassungswidrigkeitsfeststellung

Nachdem mit den vorstehenden Darlegungen hinreichend deutlich herausgearbeitet wurde, dass und warum die bisherige bundesdeutsche Parteiverbotskonzeption grundlegend überholungsbedürftig ist, sollen im Folgenden willkürfrei subsumierbare Kriterien für ein verfassungs- und konventionskonformes Parteiverbotsverfahren im 21. Jahrhundert entwickelt werden.

1. Gebot der Vereinbarkeit des Parteiverbots mit dem Demokratieprinzip

Der vorliegende Verbotsantrag ist vor allem deshalb offensichtlich unbegründet, weil er im Widerspruch zum Demokratieprinzip nach Art. 20 Abs. 2 GG und zum Mündig-

---

⁴ Die folgenden Ausführungen spielten für die Entscheidung des Senats keine Rolle und waren mit Rücksicht auf den Umfang des vorliegenden Werkes zu kürzen.

keitsprinzip nach Art. 1 GG steht, was sich im positiven Verfassungsrecht im Rechtsstaatsprinzip (weltanschauliche Neutralität des Staates) und dabei im absoluten Diskriminierungsverbot der politischen Anschauung nach Art. 3 Abs. 3 GG niederschlägt, um sich weiter in der Beachtung der Allgemeinheit des die Meinungsfreiheit rechtmäßig beschränkenden Gesetzes nach Art. 5 Abs. 2 GG konkretisiert. Die Feststellung der Verfassungswidrigkeit nach Art. 21 Abs. 2 GG kann dementsprechend nur bei Beachtung des politischen Diskriminierungsverbots (Art. 3 Abs. 3 GG), der Meinungsfreiheit (Art. 5 GG) und – zusammengenommen – des Rechtsstaatsprinzips umgesetzt werden. Zur Beachtung des Rechtsstaatsprinzips wiederum ist es erforderlich, den Rechtsgedanken von Art. 137 Abs. 1 WRV, welcher gemäß Art. 140 GG weiterhin gilt, zu beachten, indem es ausgeschlossen wird, dass ein Parteiverbot auf eine unzulässige Ideologie gestützt wird. Vielmehr ist entsprechend der historisch gebotenen Analogie nach staatskirchenrechtlichen Prinzipien ein staatliches Ideologiebewertungsverbot zu konstatieren, was die Antragsbegründung, insbesondere das vorgelegte Beweismaterial weitgehend bedeutungslos macht.

Jedoch ist vorliegend davon auszugehen, dass im positiven Verfassungsrecht der Bundesrepublik Deutschland keine „antifaschistische" Ungleichheitsideologie verankert ist, sondern Art. 3 Abs. 3 und Art. 5 Abs. 2 GG als Ausprägung des zentralen Rechtsstaatsprinzips der weltanschaulich-politischen Neutralität des Staates auch bei Anwendung des Art. 21 Abs. 2 GG beachtet werden müssen. Diese Prinzipien sind dann als gewahrt anzusehen, wenn die Feststellung der Verfassungswidrigkeit („Parteiverbot") nicht die Wirkung einer „totalitären Demokratie" (Talmon) entfaltet. Dies stellt die Bedeutung des Begriffs der „freiheitlichen demokratischen Grundordnung" als Demokratieschutzvorschrift dar, der zur Abgrenzung zur „Volksdemokratie" eingeführt worden ist, damit die durch Art. 21 Abs. 2 GG grundsätzlich mögliche Einschränkung des Demokratieprinzips des Art. 20 GG nicht auf eine Form einer Volksdemokratie" hinausläuft. Diese „totalitäre Demokratie" bedeutet die Etablierung einer Staatsideologie („Antifaschismus", „Bewältigung", „Gegenentwurf"), auf welche alle politischen Gruppierungen von Staatswegen mit Sanktion u. a. Parteiverbot verpflichtet werden und sie damit in eine zumindest virtuelle Einheitspartei bei – zumindest insoweit – angeordneter Oppositionslosigkeit verwandeln.

a) Kern des Demokratieprinzips im Sinne von Art. 20 Abs. 2 GG

Die Erklärung der Verfassungswidrigkeit einer Partei nach Art. 21 Abs. 2 GG kann – unabhängig davon, ob dies nun als „Parteiverbot" im weiteren oder engeren Sinne oder überhaupt nicht als solches zu verstehen ist – verfassungsrechtlich nur in der Weise erfolgen, dass damit keine anderen Grundgesetzbestimmungen verletzt werden. Insbesondere dürfen dabei nicht die verfassungsrechtlichen Bestimmungen verletzt werden, welche durch Art. 79 Abs. 3 GG einen besonderen Rang erhalten. Dazu gehört das in Art. 20 Abs. 2 GG geregelte Demokratieprinzip und das in Art. 1 Abs. 1 GG statuierte Prinzip der Menschenwürde (Mündigkeitsprinzip des freien Wählers im Sinne der Selbstbestimmung seiner politischen und weltanschaulichen Ansichten).

Nach Art. 20 Abs. 1 GG ist nämlich die Bundesrepublik Deutschland keine „wehrhafte Demokratie" und dergleichen mehr, sondern ein „demokratischer [...] Bundesstaat", bei dem nach Abs. 2 dieses Artikels alle Staatsgewalt vom Volke ausgeht, wobei der für die „Staatsgewaltausübung" vorgesehene Mechanismus in Wahlen zu repräsentativen Staatsorganen und in Abstimmungen besteht. Die Legitimität der vorgesehenen Wahlen ist dann im Sinne der Volkssouveränität anzunehmen, wenn dem sich aus Art. 1 Abs. 1 GG ergebenen Mündigkeitsprinzip Rechnung getragen ist. Dies bedeutet, dass die zur Wahl berechtigten Bürger selbst ihre Auffassungen bestimmen, um sie im Wahlakt zur Ausübung der Staatsgewalt durch das Volk umsetzen zu können. Wie dies funktioniert hat das Bundesverfassungsgericht in seinem KPD-Verbotsurteil zutreffend beschrieben (im SRP-Urteil naturgemäß völlig ignoriert), wenngleich es dabei die Bundesrepublik Deutschland aufgrund des dargestellten Verkennens des notstandsrechtlichen, diktatorischen Ausnahmecharakters eines Parteiverbots von diesem demokratischen Normalfall ausnimmt:

> „Das System dieser Verfassungen (nämlich der ‚liberalen Demokratien des Westens' sowie der Weimarer Reichsverfassung und der deutschen Landesverfassungen zu dieser Zeit, Anm.) besteht darin, dass den Bürgern der freie Zusammenschluss zu politischen Parteien ohne Einschränkung freigestellt oder sogar – wie in der italienischen Verfassung von 1947 – ausdrücklich gewährleistet ist, und dass das Risiko einer selbst grundsätzlich gegnerischen Einstellung einer Partei zur geltenden Staatsordnung bewusst in Kauf genommen wird; für äußerste Fälle der Staatsgefährdung werden gegenüber den verantwortlichen Personen die Sanktionen des Strafrechts bereitgehalten.
>
> Dem mag die optimistische Auffassung zugrunde liegen, dass die beste Garantie des freiheitlichen demokratischen Staates in der Gesinnung seiner Bürger liegt; da freies Wahlrecht besteht, kann und soll die Abwehr staatsfeindlicher Parteien sich in der Versagung der Wählerstimmen ausdrücken; so werden sie in ‚systemkonformer' Weise von der politischen Willensbildung des Staates ausgeschlossen."

vgl. BVerfGE 5, 85, 135.

Dementsprechend verkennt der vorliegende Parteiverbotsantrag die Existenzbedingungen einer westlichen Demokratie, wie sie – lediglich bundesstaatlich modifiziert – mit Art. 20 Abs. 2 GG in Verbindung mit dem Mündigkeitsprinzip nach Art. 1 Abs. 1 GG verfassungsrechtlich gemäß Art. 79 Abs. 3 GG zwingend verankert sind. Diese Prinzipien lassen sich dahingehend zusammenfassen, dass die Wähler bei freien Wahlen, die nur bei vollem parteipolitischem Pluralismus mit voller Gründungsfreiheit und bei weitestgehendem Verbotsschutz aller Parteien gegeben sind, über die Agenda einer Partei befinden müssen.

Mit dem Bundesverfassungsgericht ist deshalb davon auszugehen, dass „die nicht durch den Wählerwillen im Prozess der staatlichen Willensbildung, sondern durch staatlichen Eingriff sich vollziehende Ausschaltung einer politischen Partei aus dem politischen Leben" mit den theoretischen Grundpositionen der freiheitlichen demokratischen Grundordnung im Widerspruch steht. Das Verfassungsgericht hat seinerzeit allerdings nach Feststellung dieses Prinzips eine verfehlte Relativierung eingeführt, welche nunmehr als unzulässig anzusehen ist (und hätte seinerzeit schon als unzulässig angesehen werden müssen). Zumindest steht diese Relativierung mit dem nach Art. 79 Abs. 3 GG absoluten Demokratiegebot des Art. 20 Abs. 2 GG in Widerspruch.

Ein auf die Relativierung des Demokratieprinzips gestützter Verbotsantrag ist daher als verfassungswidrig zu erkennen.

b) Demokratiebegriff und Volkssouveränität

Das Demokratieprinzip steht in untrennbarer Wechselwirkung mit dem Prinzip der Volkssouveränität, wobei letztere durchaus wörtlich zu nehmen ist: In der Demokratie ist das Volk der Souverän, von ihm leitet sich alle staatliche Macht ab und ihm allein kommt die Befugnis der Verfassungsgebung zu. Dem Volk als dem *pouvoir constituant* obliegt die Letztentscheidungskompetenz über alle wesentlichen Grundentscheidungen der staatlichen Gemeinschaft, an die die verfasste Gewalt, der *pouvoir constitué* gebunden ist. Die verfasste Gewalt hat sich mithin dem Volk zu verantworten und dessen Entscheidungen auszuführen und nicht umgekehrt. Dies könnte man auf griffige Formel bringen:

„Das Volk hat immer Recht."

Wenn das Volk in freier Selbstbestimmung eine Grundentscheidung getroffen hat, dann hat die verfasste Gewalt diese umzusetzen und nicht umgekehrt das Volk darüber zu belehren, was es „richtigerweise" zu wollen hätte. Genau diese das Prinzip der Volkssouveränität geradezu in sein komplettes Gegenteil pervertierende Umkehrung der Rolle von „Koch" und „Kellner" im Staatsgefüge kann im Rahmen des vorliegenden Verbotsverfahrens sehr anschaulich beobachtet werden. Eine selbsternannte Verbotselite, die sich aus den als Bundesrat in Erscheinung tretenden etablierten politischen Parteien rekrutiert, maßt sich die Befugnis an, dem Souverän mittels Parteiverbot vorzuschreiben, welche politischen Programme, Ideen und Ideologien zulässigerweise vertreten werden dürfen. Die Instrumente der sogenannten „wehrhaften Demokratie" werden nicht – wie vom Grundgesetzgeber ursprünglich beabsichtigt – dazu eingesetzt, hochverräterische oder umstürzlerische Revolutionsbewegungen zu bekämpfen, die einen Wechsel der politischen Verhältnisse auf gewaltsamem Wege und gerade unter Missachtung des Prinzips der Volkssouveränität erstreben, sondern die verfasste Gewalt schwingt sich zum selbstherrlichen Gesinnungswächter über den Souverän auf, um diesen vor der demokratischen Wahl „falscher" Ideen, also gleichsam vor sich selbst zu schützen. Diese unerträgliche Bevormundung des Souveräns stellt in einem demokratischen Rechtsstaat aber schon keinen legitimen Zweck dar, weil die Frage, was „richtige" und was „falsche" Ideen sind, von niemand anderem zu entscheiden ist als vom Volk höchst selbst.

Dass die verfasste Gewalt mit auf rein gesinnungsstrafrechtlichen Erwägungen beruhenden Verbotsanträgen der vorliegenden Art vollständig ihre „Kellner"-Rolle im demokratischen Staatsgefüge verkennt, wird nicht zuletzt in der Überlegung deutlich, dass das Volk ohne weiteres zur Verfassungsneugebung befugt wäre, und zwar nicht durch die lediglich deklaratorische Norm des Art. 146 GG, sondern unmittelbar kraft der ihm zukommenden Volkssouveränität. Im Rahmen dieser Verfassungsneugebung wäre das Volk aber nicht einmal an die Ewigkeitsklausel des Art. 79 Abs. 3 GG gebunden, sondern allenfalls an elementare überpositive Rechtssätze, wie etwa das Prinzip der Menschenwürde – freilich in seiner ursprünglichen Bedeutung und nicht in der inhaltlich völlig überfrachteten Lesart des Antragstellers

vgl. dazu die vertiefenden Ausführungen unten.

Würde das Volk also morgen zu einer Nationalversammlung zusammentreten und eine parlamentarisch-monarchistische Verfassung beschließen, wäre dies weder illegal noch illegitim, ebenso das Handeln einer politischen Partei, die für eine solche Zielsetzung werben würde. Der Souverän unterliegt – außer den genannten allgemeingültigen überpositiven Rechtssätzen – keinerlei rechtlichen Bindungen bei der Gestaltung der Verfassung und muss sich diesbezüglich gegenüber der von ihm selbst geschaffenen verfassten Gewalt nicht rechtfertigen.

Wenn dem Souverän aber derart weitreichende Befugnisse zustehen – sonst wäre er ja nicht mehr souverän – dann können programmatische Forderungen, die nicht über das hinausgehen, was der Souverän selbst in eine neue Verfassung hineinschreiben dürfte, schwerlich „verfassungswidrig" mit der Folge sein, dass die verfasste Gewalt derlei Ideen mittels Parteiverbot aus dem Kanon zulässiger politischer Forderungen ausscheiden dürfte.

„Verfassungswidrig" im Sinne von demokratiewidrig kann folglich niemals ein politisches Programm als solches sein, sondern lediglich der Modus seiner Realisierung.

Wenn diese Realisierung nicht mit demokratischen Mitteln erfolgen soll, sondern beispielsweise mit Gewalt, Terror und revolutionärem Umsturz, sodass das souveräne Volk letztlich gar nicht mehr befragt wird, dann besteht selbstverständlich ein Bedürfnis, mit den Mitteln der „wehrhaften Demokratie" die freie Selbstbestimmung des Volkes zu schützen. Damit ist aber das zentrale Verbotskriterium herausgearbeitet: Es geht im Parteiverbotsverfahren nicht um Gedankenverbrechen und Gesinnungsstrafrecht gegenüber „falschen Ideen", die von einer selbsternannten Verbotselite „entlarvt" werden, sondern um die verfassungsrechtliche Sanktionierung der Anwendung, Förderung oder Billigung von Gewalt in der politischen Auseinandersetzung mit dem Ziel des Verfassungsumsturzes auf nicht demokratischem Wege.

c) Schutz der Demokratie vor Verfassungsumsturz/Gewaltkriterium

Dem Bundesverfassungsgericht ist mit seiner damaligen Analyse zuzustimmen, dass

> „auch die freiheitlichen Demokratien an dem praktisch-politischen Problem der Ausschaltung verfassungsfeindlicher Parteien aus dem politischen Leben nicht vorübergehen können, sobald die Staatsgefährlichkeit einen bestimmten Grad erreicht hat."

vgl. BVerfGE 5, 85, 136

Unter dieser „Staatsgefährlichkeit" ist aber schon im Ansatz etwas anderes zu verstehen als der „ideologische Hochverrat", den letztlich das Bundesverfassungsgericht in den beiden Verbotsurteilen durch das Parteiverbot ahnden wollte und nunmehr die vorliegende Verbotsbegründung ahnden will. Während es dem Bundesverfassungsgericht – in der Begriffsverwendung von Boventer

> vgl. Gregor Paul Boventer, Grenzen der politischen Freiheit im demokratischen Verfassungsstaat – Das Konzept der streitbaren Demokratie in einem internationalen Vergleich, Berlin 1984; diese Darstellung ist im Großen und Ganzen noch als immer aktuell einzustufen, soweit es um die behandelten Staaten geht –

C. Das zweite NPD-Verbotsverfahren (2013–2017)

um die Ziehung einer (letztlich ideologischen) **Wertgrenze** geht, ziehen die westlichen Demokratien eine – rechtsstaatlich nachvollziehbare und völlig legitime – **Gewaltgrenze**. Aus den bereits dargestellten und noch weiter dazustellenden Gründen ist jedoch diese „Gewaltgrenze" auch nach dem Grundgesetz zu ziehen, indem der Notstandscharakter (Diktaturcharakter) des Rechtsinstituts Parteiverbot erkannt und anerkannt wird.

Ein juristisches Verfahren wie das vorliegende, welches gegen die Existenz einer Partei, d. h. auf ihre juristische Vernichtung gerichtet ist, kann deshalb nur insofern legitim sein, als es um einen Bereich geht, auf den die Wähler keinen Einfluss haben, was nur gegeben ist, wenn eine Partei gerade den Einfluss der Wähler ausschalten will, indem sie etwa jenseits eines Wählervotums gewaltsam die Macht anstrebt. Derartiges wird hinsichtlich der Antragsgegnerin nicht einmal von den als Bundesrat in Erscheinung tretenden politischen Konkurrenzparteien behauptet. Sofern sich der Antragsteller zur Verbotsbegründung auf (angebliche) Programmatik oder gar (angebliche) Ideologie der Antragsgegnerin bezieht, ist dies verfassungsrechtlich völlig irrelevant, lohnt nicht der Auseinandersetzung und darf auch gar nicht berücksichtigt werden.

Dieser verfassungswidrige Verbotsansatz der Antragstellung verkennt in einer rechtsstaatswidrigen Weise Sinn und Zweck eines Parteiverbots in einer westlichen Demokratie als welche sich die Bundesrepublik Deutschland amtlich darstellen will. Zweck eines Parteiverbots in den „liberalen Demokratien des Westens"

vgl. BVerfGE 5, 85, 135

ist die Verhinderung eines rechtswidrigen Verfassungsumsturzes, nicht jedoch das Ausschalten einer ganzen sich legal verhaltenden politischen Richtung, was im Zweifel weit über die verbotene Partei zu Lasten des politischen Pluralismus hinausgeht. Anstelle eines Organisationsverbots ergibt sich dann ein rechtsstaatswidriges Ideologieverbot. Das Ausschalten einer politischen Richtung ist der freien Wahlentscheidung des freien Wählers und mündigen Bürgers zu überlassen. Der Verbotsantrag ist dagegen, insbesondere aufgrund der weitreichenden Verbotsfolgen, darauf gerichtet, ein verfassungsgerichtliches Verfahren an die Stelle der freien Wahlentscheidung des Volkes treten zu lassen.

Damit dürfte im Großen und Ganzen die Verbotskonzeption, die in der angeführten Verfassungsbestimmung des freien Königsreichs Dänemark nach §78 seiner Verfassung verankert ist, den Standard der „liberalen Demokratien des Westens":

> „Vereine, die sich unter Anwendung von Gewalt betätigen oder ihre Ziele durch Gewaltanwendung, Anstiftung zu Gewaltanwendung oder ähnliche strafbare Beeinflussung Andersdenkender zu erreichen suchen, werden durch Gerichtsurteil aufgelöst."

wiedergeben. Die Garantie des Demokratieprinzips in Art. 20 GG iVm. Art. 1 GG ist ebenso zu verstehen. Da der vorliegende Verbotsantrag diesem Maßstab nicht gerecht wird, ist er als offensichtlich unbegründet, ja als verfassungswidrig einzustufen.

2. Gebot der Vereinbarkeit des Parteiverbots mit der Garantie der Meinungsfreiheit

Der wesentliche Grund, weshalb eine Partei nach dem Demokratiegebot des Art. 20 Abs. 2 GG in Übereinstimmung mit den vorgenannten Empfehlungen im Bereich des Europarats nicht aufgrund ihrer (möglichen/angeblichen) Auffassungen oder (möglichen/angeblichen) politischen Zielsetzungen verboten werden kann, stellt die Meinungsfreiheit dar, welche mit Art. 5 Abs. 1 GG garantiert ist. Im KPD-Verbotsurteil hat sich das Bundesverfassungsgericht der Problematik gestellt und dabei die Frage aufgeworfen,

> „ob die fundamentale Bedeutung des Grundrechts der politischen Meinungsfreiheit in der freiheitlichen demokratischen Grundordnung eine Bestimmung wie Art. 21 Abs. 2 GG überhaupt zulässt", ja mehr noch, „ob ... eine freiheitlich-demokratische Verfassung, die zu ihrem Schutz einen ihrer eigenen Grundwerte, die politische Meinungsfreiheit, in so starkem Maße beschränkt, nicht damit in einen so unerträglichen Selbstwiderspruch verfällt, dass die beschränkende Bestimmung selbst als ‚verfassungswidrig' angesehen werden müsste."

vgl. BVerfGE 5, 85, 137 ff.

Dem soll im Folgenden weiter nachgegangen werden.

a) Notwendiger Zusammenhang von Demokratie mit Meinungs- und Vereinigungsfreiheit

Zunächst ist hervorzuheben, dass das Bundesverfassungsgericht den Zusammenhang zwischen Demokratie und Meinungsfreiheit bei seiner Fragestellung als selbstverständlich angenommen hat, womit die anderweitig gemachte Feststellung des Gerichts, wonach die Meinungsfreiheit „in gewissem Sinne die Grundlage jeder Freiheit überhaupt" und für die demokratische Staatsordnung „schlechthin konstituierend" sei

vgl. BVerfGE 7, 198, 208 – Lüth,

schon vorweggenommen hat. Dementsprechend ist dem Demokratiegebot nach Art. 20 GG die Garantie der Meinungsfreiheit immanent. Dies gilt dabei aufgrund des historischen Ausgangspunktes der Demokratie in der griechischen Antike auch für die Gewährleistung der Vereinigungsfreiheit. Letztlich geht nämlich die Vorstellung einer notwendigen Verknüpfung von Demokratie, Meinungsfreiheit und Vereinigungsfreiheit unübertroffen auf die antike Demokratiekonzeption zurück, wonach sich Demokratie durch die politische Freiheit begründet.

vgl. Aristoteles, Politik, Seite 300; zitiert nach der Reclam-Ausgabe von 1989 (übersetzt und herausgegeben von Franz F. Schwarz).

Darauf ist im Zweifel zu rekurrieren, soll die auf die griechische Antike zurückgehende Begrifflichkeit überhaupt einen Sinn haben, der wohl angenommen werden muss, weil ihn das Grundgesetz an zentraler Stelle, nämlich in Art. 20 Abs. 1 GG mit dem aus dem Altgriechischen stammenden Begriff „Demokratie" verwendet. Diese Demokratie wird nach dieser antiken Konzeption durch die Kombination von Meinungsfreiheit und gleichem Stimmrecht, der Umsetzung der politischen Gleichheit verwirklicht und danach durch das gleiche Recht, frei zu sprechen: durch *isologia* oder *isegoria*.

vgl. dazu m. w. Isidor F. Stone, The Trial of Socrates, 1988, insbs. Seite 216 ff.

Während *isegoria* sich erstmals als politischer Begriff bei Herodot nachweisen lässt, findet sich der Begriff *isologia* bei Polybios Beschreibung der Archaischen Liga, die als erste demokratische repräsentative Institutionen verwirklicht hat

vgl. dazu Alexander Demandt, Antike Staatsformen – Eine vergleichende Verfassungsgeschichte der Alten Welt, Berlin 1995, Seite 235 ff.; diese Bundesrepublik galt amerikanischen Verfassungsvätern als historisches Vorbild,

in denen, anders als in den früheren Gesandtenkongressen der von Athen und Sparta gegründeten völkerrechtlichen Bündnissen, *isologia* garantiert war, also das gleiche Recht, sprechen zu dürfen. In Athen wurde der Begriff *isegoria* synonym mit dem Begriff der *isonomia* (Demokratie) gebraucht und bedeutete dabei das gleiche Rede- und Antragsrecht in der Volksversammlung

vgl. Christian. Meier, Athen, Ein Neubeginn der Weltgeschichte, Berlin 1993, Seite 479.

bei vorausgesetztem gleichem Abstimmungsrecht. Anders als die Volksversammlungen von Sparta und Rom

zumindest gilt dies für die entscheidenden *comitia centuriata*; für die *contio* nimmt Ingemar König, Der römische Staat I. Die Republik, Stuttgart 1992, Seite 131, das Recht der freien Meinungsäußerung an; selbst wenn dieses faktisch bestanden hat, ist bemerkenswert, dass die *contio* kein Stimmrecht hatte; es ist demnach versucht worden, Abstimmung und Diskussion zu separieren und auch deshalb ist die Römische Republik nicht als Demokratie zu kennzeichnen, wenngleich Cicero sie auf der *maiestas populi* (Volkssouveränität) gegründet sah,

hatte diejenige von Athen den Zweck, vor Abstimmung eine öffentliche Debatte durchzuführen, wodurch sich Volksherrschaft verwirklicht. Dass es sich bei der Redefreiheit um ein verfassungsrechtliches Prinzip gehandelt hat, ergibt sich aus dem Beschluss der Athenischen Volksversammlung aufgrund eines *graphe paranomon* (Antrag auf Feststellung der Verfassungswidrigkeit) das Gesetz vom Jahr 307 v. Chr. aufzuheben

vgl. Stone, aaO., Seite 245.; der Verteidiger des Gesetzes, ein Neffe des Demosthenes, Demochares, wie der Verfasser des Gesetzentwurfs, Sophokles, wurde dementsprechend mit einer Geldbuße belegt wegen Vorschlages eines für verfassungswidrig erkannten Gesetzes, das die Volksversammlung vorübergehend angenommen hatte,

das die Gründung von Akademien von der staatlichen Genehmigung abhängig gemacht hatte. Das Gesetz war eine der Maßnahmen zur Wiedererrichtung der Demokratie nach dem Sturz des Demetrius von Phalerum, der in Athen Verfassungsreformen im Geiste von Aristoteles und seiner peripathetischen Schule durchführt hatte, dabei aber von makedonischen Monarchie abhängig war, so dass zu Recht davon ausgegangen werden konnte, dass es sich bei den Akademien um Einrichtungen handeln würde, die demokratiefeindliche Theorien diskutieren und lehren würden. Die Volksversammlung war im Prozess der auf die Verfassungsklage gestützten Gesetzesrevision der Meinung, dass dieses von Sophokles beantragte Gesetz gegen das für grundlegend angesehene (Verfassungs-) Gesetz des Solon verstoßen würde, das die weitgehende Vereinigungsfreiheit begründet hatte. Daraus kann man ersehen, dass indirekt über den Schutz der primär religiösen Vereinigungen dienenden Vereinigungsfreiheit die Meinungsfreiheit verfassungsrechtlich geschützt worden ist. Dementsprechend haben sich die Philosophenschulen, wie die des Theophrastus, des von Aristoteles anerkannten Nachfolgers der peripathetischen Schule, als unter der Garantie der Vereinigungsfreiheit stehenden Kultvereinigungen konstituiert

> überliefert bei William Scott Ferguson, Hellenistic Athens, London 1911, Seite 104 f. und Seite 107, Anm. 2.

Während es, soweit bekannt, keine ausdrückliche verfassungsrechtliche Garantie der Meinungsfreiheit gegeben hat, wenngleich diese, wie die Tragödiendichtungen zeigen, als theoretisches Konzept existiert hat, war diese über die Vereinigungsfreiheit in der Tat förmlich gewährleistet. Die Meinungsfreiheit selbst scheint als selbstverständlich und damit nicht regelungsbedürftig angesehen worden zu sein, da man davon ausgegangen ist, dass eine Vereinigungsfreiheit ohne die vorausgesetzte Redefreiheit nicht existieren könnte. Zumindest dieser Aspekt der Redefreiheit war antiken Autoren bewusst, lässt doch im 4. Jahrhundert n. Chr. Libanus, ein enger Mitkämpfer von Kaiser Julian (Apostata), in seiner Apologie des Sokrates gegen den politisch gewichtigen und historisch auch sonst bekannten Ankläger Anytus sagen: „Du handelst in einer Demokratie härter als ein Diktator." Athen gewährleiste das freie Rederecht,

> „so dass wir, befreit von aller Furcht unseren Verstand durch Lernen ausüben können [...] Wer unsere Freiheit der Rede wegnimmt, zerstört auch die Gebräuche der Demokratie, so sicher also würde man uns die Augen aus unseren Körpern quetschen oder unsere Zungen ausreißen."
>
> zitiert bei Ferguson, Source Book, Seite 269.

Es stellt deshalb schon einen juristischen Anschlag auf die europäische Verfassungstradition dar, wenn der vorliegende Verbotsantrag meint

> vgl. nochmals Seite 135 [S. 137] der Antragsschrift,

eine Partei könne sich in einem Verfahren nach Art. 21 Abs. 2 GG gar nicht auf Grundrechte berufen, weil ihr ja Grundrechte aberkannt werden sollen. Ohne Aberkennung von Demokratie ist diese Aberkennung aber nicht möglich, wie schon die antike Demokratiekonzeption mehr als deutlich macht.

b) Beachtung der Schrankenziehung der Meinungsfreiheit (auch) beim Parteiverbot

Das Bundesverfassungsgericht hat im KPD-Verbotsurteil wenngleich mehr in Frageform gekleidet, erkannt, dass seine damalige Verbotskonstruktion im Widerspruch zur Meinungsfreiheit und damit zum Demokratieprinzip steht. Dies war für das Gericht jedoch kein Grund, diesen mit dem SRP-Verbotsurteil eingeschlagenen Weg, bei dem die Meinungsfreiheit von vornherein nicht interessiert hatte, zu verlassen. Die als Parteiverbot verstandene Vorschrift von Art. 21 Abs. 2 GG und die mit Art. 5 Abs. 1 GG garantierte Meinungsfreiheit werden ganz einfach auf dieselbe Ebene gestellt, indem sich das Gericht mit der Prämisse begnügt hat, dass Art. 21 Abs. 2 und Art. 5 Abs. 1 GG „gleichwertig nebeneinander" stünden

BVerfGE 5, 85, 137,

um dann einfach der Möglichkeit eines umfassend konzipierten Parteiverbots den Vorrang einzuräumen. Kurioser Weise wurde dabei der erkannte Konflikt „gelöst" durch Hinweis, dass sich das Grundgesetz nicht nur mit Art. 21 Abs. 2 GG von den „liberalen Demokratien des Westens" unterscheiden würde, sondern auch durch die Existenz des Bundesverfassungsgerichts mit umfassenden Entscheidungskompetenzen. Es sollte also auf die Weisheit eines verfassungsgerichtlichen Dezisionismus gesetzt werden: Ein weiterer entscheidender Gesichtspunkt, die Verbotsurteile für revisionsbedürftig zu halten!

Dies stellt die Parteiverbotskonzeption auch in den Zusammenhang mit der Problematik des Verfassungsgerichts als Verfassungsorgan, zu dem es die Parteienstaatsdoktrin von Richter Leibholz entgegen der Systematik des Grundgesetzes gemacht hat;

> vgl. dazu Justin Collings, Gerhard Leibholz und der Status des Bundesverfassungsgerichts. Karriere eines Berichts und seines Berichterstatters, in: Anna-Bettina Kaiser, aaO., Seite 227 ff.; die Pflege eines derartigen Dezisionismus und die Relativierung der juristischen Logik durch politologische Phänomenologie beim Parteiverbot könnten – wie im Führungskreise der derzeitigen großen Koalition anscheinend erwogen – als Argument für die Verminderung der Rolle des Verfassungsgerichts angeführt werden, siehe dazu: Das entgrenzte Gericht. Eine kritische Bilanz nach sechzig Jahre Bundesverfassungsgericht, 2011.

Wenn jedoch das Verhältnis von Meinungsfreiheit und (möglichem) Parteiverbot nach einer verfassungsrechtlichen Rangordnung zu entscheiden ist, dann hätte diese Frage im Lichte von Art. 20 Abs. 2, Art. 79 Abs. 3 GG entschieden werden müssen, was dann aufgrund der mit dem Demokratieprinzip historisch-begriffslogisch verbundenen Garantie der Meinungs- und Vereinigungsfreiheit zur Vorrangstellung der Meinungsfreiheit vor dem Parteiverbot hätte führen müssen und führen muss. Zumindest gilt dies, soweit ein Parteiverbot aufgrund der zulässigen Grenzziehung der Meinungsfreiheit ausgeschlossen werden muss, etwa weil auf eine unzulässige Ideologie abgestellt werden soll, welche aufgrund der Allgemeinheit des die Meinungsfreiheit rechtmäßig beschränkenden Gesetzes jedoch nicht verboten werden könnte. Davon unberührt bleibt selbstverständlich ein Verbot, welches auf Gewaltbereitschaft gestützt wird, da die Garantie der Meinungsfreiheit gerade nicht die gewaltsame Durchsetzung einer Meinung gewährleistet, da dies selbstverständlich auch dem Demokratieprinzip entgegensteht.

Dementsprechend ist die Feststellung der Gleichrangigkeit von Art. 5 Abs. 1 GG und Art. 21 Abs. 2 GG im Ansatz durchaus zutreffend. Die Auslegungsmaxime der praktischen Konkordanz der Rechtsvorschriften gebietet dann jedoch, eine Parteiverbotskonzeption bzw. eine Verfassungswidrigkeitskonzeption zu ermitteln, die mit der Garantie der Meinungsfreiheit nicht in Konflikt gerät. Die bereits erwähnte Verbotsvorschrift von § 78 der Verfassung des Königreichs Dänemark belegt, dass eine derartige Verbotsvorschrift formuliert werden kann, was dann gemäß Art. 20 Abs. 2 in Verbindung mit Art. 79 Abs. 3 GG gebietet, den in der Tat auslegungsbedürftigen, da ziemlich unzulänglich formulierten Art. 21 Abs. 2 GG in etwa die Bedeutung von § 78 der dänischen Verfassung zuzuschreiben. Dies drängt sich bei dem gebotenen Verständnis der Parteiverbotsmöglichkeit als Maßnahme des *a priori* zeitlich befristeten Notstands gewissermaßen wie von selbst auf.

Im Übrigen gebietet die Analyse der Schrankenziehung des Art. 5 Abs. 2 GG auch ohne ausdrücklichen Rekurs auf Art. 20 Abs. 2 GG (wenngleich dieser Bezug notwendigerweise vorauszusetzen ist) eine derartige Parteiverbotskonzeption wie sie mit § 78 der Verfassung des freien und demokratischen Königreichs Dänemark nachvollziehbar und juristisch berechenbar ausformuliert ist. In diesem Zusammenhang ist den Verbotsurteilen des Bundesverfassungsgerichts nämlich der Vorwurf zu machen, dass hierbei auf die Dogmatik der betroffenen Freiheitsrechte, insbesondere des Grundrechts der Meinungsfreiheit nach Art. 5 Abs. 1 GG nicht eingegangen ist und dementsprechend festzuhalten ist, dass

> „von einem schonenden Umgang mit den Freiheitsrechten der politischen Kommunikation im Übrigen keine Rede sein [kann]."
>
> so Horst Meier, Parteiverbote und demokratische Republik, 1994, Seite 91.

Die maßgeblichen Schranken der Meinungsfreiheit nach Art. 5 Abs. 2 GG stellen bekanntlich „die Vorschriften der allgemeinen Gesetze" dar. Zurückgehend auf die bei Art. 118 WRV begründete Dogmatik sind unter „allgemeine Gesetze" anerkanntermaßen Vorschriften zu verstehen, die sich nicht spezifisch gegen eine bestimmte Meinung richten und daher kein „Sonderrecht gegen die Meinungsfreiheit" enthalten. Unzulässiges Sonderrecht liegt danach vor, wenn eine an sich erlaubte Handlung „allein wegen ihrer geistigen Zielsetzung" verboten oder beschränkt wird

> so klassisch Häntzschel, in: Anschütz/Thoma, Handbuch des Deutschen Staatsrechts, 1930/32, Seite 657, insbes. Seite 659 f.: „Allgemeine Gesetze im Sinne des Art. 118 sind also die Gesetze, die ohne Rücksicht auf die gerade herrschenden geistigen Strömungen, Anschauungen und Erkenntnisse das menschliche Leben in seiner Allgemeinheit regeln. Nicht allgemeine Gesetze, sondern Sonderrecht gegen die Meinungsfreiheit dagegen sind die Rechtssätze, die eine an sich erlaubte Handlung allein wegen ihrer geistigen Zielrichtung und der dadurch hervorgerufenen schädlichen geistigen Wirkung verbieten oder beschränken."

Mit dieser Formulierung der Grenzen der Meinungsfreiheit besteht eine besondere Beziehung zum Parteiverbot, weil nämlich der Verfassungsgesetzgeber der Weimarer Republik damit Eingriffe in die Meinungsfreiheit ausschließen wollte, die im Zusammenhang mit dem Sozialistengesetz, also dem Verbot der verfassungswidrigen SPD durch den „Obrigkeitsstaat" bei erstmaliger genereller Verwirklichung der Meinungsfreiheit in Deutschland, insbesondere durch das Reichspressegesetz vom 7. Mai 1874 als vorübergehendes Sonderrecht erlassen worden waren. Dieser historischen Zielsetzung des Art. 118 WRV ist durch die gefundene Definition des „allgemeinen Gesetzes", welche auch für Art. 5 Abs. 2 GG übernommen ist, überzeugend Rechnung getragen. Dementsprechend darf es kein Parteiverbot geben, welche diese Bewältigung des Sozialistengesetzes revidiert, indem ein Parteiverbot ausgesprochen wird, welches nach Art. 5 Abs. 2 GG ausgeschlossenes Sonderrecht darstellt. Eine Partei wie die Antragsgegnerin kann danach nur dann verboten werden, wenn ein Verhalten vorliegt, das auch zum Verbot etwa der SPD führen müsste. Kein Verbotsgrund kann aber sein, dass NPD-Anhänger zu zentralen Punkten andere Auffassungen als SPD-Anhänger vertreten, wenngleich sicherlich auch Übereinstimmungen bestehen.

Dieses Ergebnis wird in einer speziellen Weise noch dadurch abgestützt, dass sich mit Art. 21 Abs. 1 GG vorgenommene Verpflichtung einer politischen Partei, welche die Garantie der Vereinigungsfreiheit nach Art. 9 GG beschränkt, zwar auf eine demokratische Binnenstruktur bezieht, nicht aber ein demokratisches Bekenntnis, was aber der Fall sein müsste, würde das bislang praktizierte Parteiverbotsverständnis zutreffend sein.

Da der Verbotsantrag der als Bundesrat in Erscheinung tretenden Parteien jedoch darauf gerichtet ist, die Antragsgegnerin zu verbieten, weil sie insbesondere im Hinblick auf die Erhaltung des deutschen Charakters der Bundesrepublik Deutschland und zu zivilreligiösen Fragen (Vorrang der Bewältigungsbedürftigkeit von Kommunismus und Deutschenvertreibung) andere Auffassungen als die den als Bundesrat in Erscheinung tretenden Parteien vertritt, stellt sich der Antrag als gegen die Meinungsfreiheit gerichtet dar.

c) Beachtung des absoluten Diskriminierungsverbots der „politischen Anschauung" (auch) beim Parteiverbot

Der Ausschluss von „Sonderrecht gegen die Meinungsfreiheit" auch – oder gerade – beim Parteiverbot ist auch deshalb geboten, weil damit die Garantie beachtet wird, wonach niemand wegen seiner politischen Anschauungen benachteiligt werden darf, eine Vorschrift, die als „absolutes Diskriminierungsverbot" verstanden wird. Dementsprechend muss eine verfassungsmäßige Parteiverbotskonzeption in einer Weise ausgestaltet sein, dass sie das absolute Differenzierungsverbot der „politischen Anschauung" beachtet. Wie nicht zuletzt die Verbotskonzeption des freien und demokratischen Königreichs Dänemark zeigt, ist eine derartige Verbotskonzeption denkbar und sie ist dementsprechend zur Wahrung von Art. 3 Abs. 3 GG auch in der Bundesrepublik Deutschland zu verwirklichen, zumindest dann, wenn man amtlich Wert darauf legt, eine „liberale Demokratie des Westens" (BVerfG) und der „freieste Staat, den es auf deutschem Boden je gegeben hat" (politische Sonntagsreden) zu sein.

Da die Antragsschrift im Wesentlichen gegen angebliche oder auch tatsächliche Auffassungen von Mitgliedern und möglichen Anhängern der Antragsgegnerin gerichtet ist und dies als Verbotsvoraussetzung vorgebracht wird, stellt sich der Verbotsantrag als politisch-weltanschaulich diskriminierend und dementsprechend als offensichtlich verfassungswidrig dar.

3. Gebot der Vereinbarkeit des Parteiverbots mit dem Rechtsstaatsprinzip

Das absolute Diskriminierungsverbot des Art. 3 Abs. 3 GG hinsichtlich der „politischen Anschauung" und die daraus für die Garantie der Meinungsfreiheit folgenden Allgemeinheit des die Meinungsfreiheit gemäß Art. 5 Abs. 2 GG rechtmäßig beschränkenden Gesetzes, welche auch bei einem Verfahren nach Art. 21 Abs. 2 GG Anwendung finden müssen, sind grundrechtlicher Ausdruck eines übergeordneten Prinzips, nämlich der Rechtsstaatskonzeption. Der Rechtsstaat ist zwar nicht ausdrücklich in Art. 20 GG (iVm. Art. 79 Abs. 3 GG) aufgeführt, jedoch ergibt die verfassungsrechtliche Homogenitätsvorgabe für die Bundesländer gemäß Art. 28 Abs. 1 Satz 1 GG, wonach die

„verfassungsmäßige Ordnung in den Ländern [...] den Grundsätzen des republikanischen, demokratischen und sozialen Rechtsstaates im Sinne dieses Grundgesetzes entsprechen"

muss, dass die Rechtsstaatskonzeption dem Grundgesetz in einer maßgebenden Weise insgesamt zugrunde liegt.

a) Charakteristikum des Rechtsstaats

Das Wesen des Rechtsstaats besteht in der weltanschaulichen Neutralität des Staates, welche dementsprechend auch für die zu ermittelnde Parteiverbotskonzeption gelten muss. Dies führt konsequenterweise zur Gleichsetzung von Legalität und Legitimität: Ein legales Handeln kann nicht deshalb mit staatlichen Sanktionen, wie weitreichendes Parteiverbot belegt werden, weil es von einer illegitimen Auffassung getragen wird. Der Bruch von Legalität und Legitimität, die dem Verbotsantrag in einer zentralen Weise zugrunde liegt, indem etwa die „Legalität der NPD" von angeblich „rechtstreuen Bürgern" als „störend" empfunden wird, weil sich „das verfassungsfeindliche Handeln der Antragsgegnerin auf die Rechtsordnung berufen kann"

vgl. Seite 7 [S. 44] der Antragsschrift,

ist in einer zentralen Weise gegen die Rechtsstaatskonzeption gerichtet und erweist sich damit selbst als verfassungswidrig. Dem wird mit Art. 21 Abs. 2 GG auch dadurch vorgebeugt, dass nur das „verfassungswidrige Handeln" rechtlich von Bedeutung ist, nicht jedoch das ihr vorgeworfene (angebliche) „verfassungsfeindliche Handeln".

Der moderne Staat, der mit der Rechtsstaatskonzeption als Staatsgattung seine abschließende Prägung erhalten sollte, hat sich zur Überwindung der frühmodernen konfessionellen Bürgerkriege als weltgeschichtliche (Erfolgs-)Lösung erfolgreich etabliert

vgl. im einzelnen E. W. Böckenförde, Die Entstehung des Staates als Vorgang der Säkularisation, in: Böckenförde, Staat, Gesellschaft, Freiheit, 1976, Seite 42 ff.

In diesem Kontext stellt die Konzeption „Rechtsstaat"

vgl. E. W. Böckenförde, Entstehung und Wandel des Rechtsstaatsbegriffs, in: aaO., S. 65 ff.

eine Frucht speziell der deutschen Aufklärung dar, die sich gegen die als „Despotie" bezeichnete Machtwillkür richtete. Die „Despotie" hatte sich als „Glaubensstaat" oder genereller: als Ideologiestaat unter Berufung auf religiöse und weltanschauliche Dogmen legitimiert. Demgegenüber erstrebt der Rechtsstaat zur Wahrung des inneren Friedens durch Integration aller seiner Bürger die Trennung von Staat und Religion/Ideologie, indem die Existenz einer Staatskirche und damit auch einer Staatsreligion/Staatsideologie ausgeschlossen wird (Art. 137 Abs. 1 WRV iVm. Art. 140 GG). „Rechtsstaat" wird mit Hilfe der Gesetzeskonzeption – Vorrang und Vorbehalt des Gesetzes bei staatlichen Eingriffen – bewerkstelligt, welche gewährleistet, dass legales Verhalten keiner staatlichen Legitimitätsbewertung unterworfen wird. Das Gesetz muss zur Verwirklichung der Freiheit der Individuen bestimmte Kriterien der Allgemeinheit (vgl. Art. 19 Abs. 1 Satz 1 GG und in Bezug auf die Meinungsfreiheit: Art. 5 Abs. 2 GG) und damit der weltanschaulichen Neutralität (vgl. Art. 3 Abs. 3 GG) erfüllen. Zum Schutz vor staatlichen Maßnahmen stehen dem Bürger als sog. „Abwehrrechte" Rechtsgarantien (negative

Staatskompetenzen) zur Seite stehen, die als „Grundrechte" bezeichnet werden und dabei keine Bekenntnisnormen darstellen. Der dadurch rechtlich geschützte Entfaltungsrahmen erlaubt dem Individuum die Pflege seiner Interessen: Der Bürger für sich oder in Vereinigung mit anderen bestimmt selbst seine weltanschaulichen und politischen Überzeugungen – wie etwa sein „rechtes" oder auch sein tatsächlich oder vermeintlich „wesensverwandtes" „Gedankengut" – und Art und Weise seiner geschichtlichen Erinnerung oder der Bedeutung, welche er historischen Ereignissen zuordnet, ohne zwangsweise Einflussnahme des Staates oder gar Inpflichtnahme durch eine Staatsideologie oder eine staatliche erzwungene Zivilreligion.

In Übereinstimmung mit dieser historischen Ableitung hat das Bundesverfassungsgericht zu Recht den staatskirchenrechtlichen Grundsatz der staatlichen Neutralität dahingehend verstanden,

„dass die zahlenmäßige Stärke oder soziale Relevanz einer bestimmten Glaubenshaltung keine Rolle spielen kann",

weil es dem „Staat verwehrt" ist,

„bestimmte Bekenntnisse zu privilegieren oder den Glauben oder Unglauben seiner Bürger zu bewerten."

vgl. BVerfGE 33, 23, 28 f.

Dieser Grundsatz muss schon entsprechend der historischen Ableitung des Mehrparteienprinzips und damit der modernen Demokratie aus staatskirchenrechtlichen Grundsätzen auch für politische Anschauungen und Parteien gelten, zumal das Verfassungsgericht zu Recht einen Zusammenhang dieser Bereiche hergestellt hat, wenn es ausführt, dass um der religiösen und politischen Freiheit aller Bürger und um der Offenheit des politischen Prozesses willen die freiheitliche Demokratie allen religiösen und politischen Richtungen gegenüber neutral sein müsse

vgl. BVerfGE 19, 1, 8.

Die sowohl auf Religionsgemeinschaften wie auf politische Organisationen bezogene Gesamtbetrachtung ist schon entstehungsgeschichtlich geboten, weil – wie unter Bezugnahme auf die Paulskirchenverfassung dargelegt – die politische Freiheit, welche zur modernen parlamentarischen Demokratie führen sollte, die Religionsfreiheit als Freiheit zur Bildung neuer religiöser Vereinigungen im Rahmen allgemeiner Gesetze ohne staatliche Lizenzierung im Sinne einer staatlichen Prüfung der Anschauungsinhalte zur Voraussetzung hat. Dieser weltanschaulich neutrale Staat kann und darf daher

„den Inhalt dieser Freiheit nicht näher bestimmen, weil er den Glauben oder Unglauben seiner Bürger nicht bewerten darf"

vgl. BVerfGE 12, 1, 4.

Nur bei Beachtung dieses Prinzips kann der Staat „Heimstatt aller Bürger", einschließlich – um ein nahe liegendes Beispiel anzuführen – seiner „Rechtsextremisten" ohne Ansehen der Person und des kirchlichen oder politischen Verbandes sein. Aus dieser „Pflicht zur religiösen und konfessionellen Neutralität" folgt dann sowohl das Verbot der „Privilegierung bestimmter Bekenntnisse" vgl. BVerfGE 19, 206, 216,

einschließlich ihrer staatsorganisatorischen Ein- oder Angliederung

vgl. BVerfGE 18, 385, 386 f.,

wozu auch die Unterwanderung durch den (staatlichen) Geheimdienst zählt, wie auch das Verbot der weltanschaulichen und politischen Diskriminierung.

Der Rechtsstaat kann deshalb dem Bürger dem Prinzip der Gesetzmäßigkeit entsprechend nur rechtwidrige Handlungen zum Vorwurf machen, ihm jedoch nicht seine weltanschaulich-politischen Auffassungen vorschreiben, um dadurch legales, insbesondere grundrechtlich geschütztes Verhalten als illegitim zu delegitimieren.

Diese rechtsstaatliche Maxime ist in der Antragsschrift in einer grundlegenden Weise missachtet, die nötigt, den Verbotsantrag als verfassungswidrig einzustufen, mit der zwingenden Folge seiner Zurückweisung.

b) Rechtsstaat als Verbot einer durch Parteiverbot zu schützenden Staatsideologie

Dem Gebot der weltanschaulichen Neutralität des Staates kann bei Abwehr einer despotischen Zwangsbeglückung der Bürger durch amtliche Lehren und Wahrheiten nur Rechnung getragen werden, indem das Verbot einer Staatsideologie postuliert wird, was allerdings schon Sinn und Zweck des Verbots einer Staatskirche nach Art. 140 GG iVm. Art. 137 Abs. 1 WRV darstellt.

Zur Verhinderung einer derartigen rechtsstaatswidrigen Staatsideologie/Zivilreligion hat der Parlamentarische Rat bemerkenswerter Weise bewusst darauf verzichtet, so genannte „antifaschistische" Bekenntnisklauseln aufzunehmen, welche verfassungsrechtlicher Ausgangspunkt einer amtlichen Staatsideologie hätten sein können. Deshalb wurde der Vorschlag, in die Präambel einen Hinweis auf „Die nationalsozialistische Zwingherrschaft" – was ja nach den neuesten Kriterien der „Bewältigung" schon eine „Verharmlosung" ist, weil insoweit Formulierungen wie von „sich allgemeinen Kategorien entziehenden Unrechts und des Schreckens" staatlich anbefohlen werden – aufzunehmen, im Unterschied zur bereits bestehenden Bremer Landesverfassung ausdrücklich zurückgewiesen: „Je weniger man von diesen Dingen sieht und hört, desto besser ist es".

vgl. JöR n. F. Bd. 1 (1951), Seiten 24 und 27; dazu auch Ulli F. H. Rühl, „Öffentliche Ordnung" als sonderrechtlicher Verbotstatbestand gegen Neonazis im Versammlungsrecht?, in: NVwZ 2003, Seite 531, 533.

Die Haltung des Parlamentarischen Rates, welche sich in der Tat im doch für eine verfassungsgerichtliche Entscheidung als entscheidend anzusehenden Grundgesetztext manifestiert, folgt daher dem humanen Lösungsansatz der europäischen Tradition, nämlich des amtlichen Vergessens. Dieses Gegenteil des permanenten amtlichen „Erinnerns", eben das Vergessenkönnen, hat man nämlich in Europa als die moralisch erstrebenswerte Leistung gehalten

vgl. dazu Plädoyer für das Nicht-Erinnern. Der Umgang mit der Vergangenheit, in: FAZ vom 04.10.01, Seite 14, eine Rezension der Ausführungen des Philosophen Rudolf Burger, sowie Siegfried Kohlhammer, Über Genozid, moralische Ressourcen und Belange der Gegenwart, in: Merkur, Juli 2001, Seite 586 ff.; siehe dazu neben den bereits angeführten Werk von Yang Xianhui, den entsprechenden Beitrag des Friedenspreisträger des Deutschen Buchhandels Liao Yiwu, in: Fräulein Hallo und der Bauernkaiser, 2012, Der alte Rechtsabweichler, Seite 198 ff., was den totalitären und zutiefst menschenverachtenden Charakter eines „Kampfs gegen rechts" beschreibt.

Zu dem traditionellem Menschenwürdeverständnis der europäischen Zivilisation gehört nämlich der Grundsatz, wie

„es klassisch Pico della Mirandolo (1463–1494) schon ganz neuzeitlich als Grundsatz europäischer Rechtlichkeit und Menschlichkeit auf den Begriff gebracht hatte: Die hominis dignitas, die Würde des Menschen kommt in einem Prinzip unmittelbar zum Ausdruck: Der Sohn haftet nicht für den Vater."

vgl. dazu Ziegert, aaO., Seite 38.

Dagegen wurde es als kennzeichnend für eine asiatische Despotie angesehen, die Vergangenheit nicht vergessen zu können, was zwanghaft die tödliche Feindschaft fortsetzt. Dementsprechend werden

„Vergeltungskulturen, wie sie in China dominieren, ... nur durch eine Autokratie zusammengehalten, die den Macht und den Willen hat, ihre Bürger hart anzufassen",

vgl. zu diesem Komplex, der der Bildung einer „Zivilgesellschaft" in China entgegensteht, W. J. F. Jenner, Chinas langer Weg in die Krise. Tyrannei der Geschichte, 1992, insbesondere Seite 176,

womit sich auch zeigt, dass sich die Rechtsstaatskonzeption berechtigterweise sowohl gegen die „Despotie" als auch gegen die Staatsreligion/Staatideologie gewandt hat, weil staatliche Willkür und Ideologiepolitik untrennbar verbunden sind.

Sicherlich darf und muss man das Grundgesetz – auch – als „Gegenentwurf" zum NS-Regime ansehen

Dabei handelt es sich um das zentrale Argument des Bundesverfassungsgerichts im Wunsiedel-Beschluss, eine „eigentlich" verfassungswidrige Strafrechtsnorm doch noch als „verfassungsmäßig" zu rechtfertigen; in der defekten Demokratie Russland ist diese Art von Gesetzgebung mittlerweile rezipiert und dabei in eine Schutzvorschrift zugunsten einer positiven Bewertung des Sowjetregimes erweitert worden (worauf aber die bundesdeutsche Gesetzgebung mit ihrer Relativierungswirkung im Ergebnis ebenfalls hinausläuft!),

nur besteht dieser Gegenentwurf eben nicht darin, einen ideologischen Staat durch einen gegenideologischen, etwa einen „antifaschistischen" nach Art der „Demokratie" der „DDR" zu ersetzen. Der „antifaschistische" Staat wäre nämlich nicht die Überwindung eines rechtsstaatswidrigen Ideologiestaates, sondern seine Fortsetzung, wenngleich mit (nur) formal anderer Ideologie unter umgekehrten Vorzeichen. Die Grundgesetzväter haben noch erkannt, dass die Etablierung einer amtlichen Gegenideologie, wie dies nunmehr zivilreligiös von den Verbotsparteien durchgepeitscht werden soll, einen ähnlichen Charakter annehmen würde wie die bekämpfte Ideologie selbst, d. h. die „Wesensverwandtschaft" wäre dann wirklich etabliert. In der Tat muss ja festgestellt werden, dass der bundesrepublikanische „Gegenentwurf" zum Nationalsozialismus nur exakt in der Form und Methodik geprägt wird, „die auch die Umwälzung von 1933 gekennzeichnet hatten:

> „Es ist bemerkenswert, wie sehr sich die Techniken der Umstellung – über Neuinterpretation von Generalklauseln, unbestimmten Rechtsbegriffen, Ermessenstatbeständen und Abwägungsklauseln – ähnelten, wie leicht sich die Sprödigkeit des Rechts in Biegsamkeit verwandeln ließ, wie stark das Bundesverfassungsgericht bei seinem Erfolg nolens volens von der erst kurz zurückliegenden Rechtsumstürzung profitierte."

vgl. Christoph Schönberger, Anmerkungen zu Karlsruhe, Seite 43, in: Das entgrenzte Gericht.

Man kann in diesem Zusammenhang der ideologischen Richtung des deutschen Staatsrechts, wie sie auch in der Antragsschrift

vgl. Seite 131: eher eingeschränkte juristische Bedeutung von Art. 139 GG

zivilreligiös zum Ausdruck kommt, allenfalls zugestehen, dass sich bei Art. 139 GG als vorübergehende Fortgeltung des „Befreiungsrechts" (Anführungszeichen im Grundgesetztext) antifaschistische Ideologie zeigt, die sich insofern verhängnisvoll ausgewirkt hat, weil das noch während des Besatzungsstatuts ergangene SRP-Verbot als Ausgangspunkt der Ideologieverfolgung „gegen Rechts" nur möglich gewesen ist, weil man gewissermaßen – wenngleich, wie so manches in diesem Zusammenhang („Ableitung" der freiheitlichen demokratischen Grundordnung als Prinzipienkatalog aus dem politischen Strafrecht, Gründe für die Ablehnung des Notstandsverständnis der Parteiverbotsvorschrift, nicht nachvollziehbarer Dezisionismus bei der Bestimmung des Verhältnisses Meinungsfreiheit/Parteiverbot, Relativierung der juristischen Logik und deren Ersetzung durch politologisch-sprachpolizeiliche Phänomenologie) unausgesprochen – Art. 139 GG in den Art. 21 Abs. 2 GG „hineingelesen" hat, was man bei der KPD als Agentur einer feindlichen Macht ja nicht tun musste (und besatzungspolitisch nicht tun konnte), um zu einen Verbot zu kommen.

Es dürfte klar sein, dass diese Nachkriegszeit nunmehr wohl als überwunden zu gelten hat, weshalb auch aus diesem Grunde die Verbotsurteile keinen Maßstab mehr abgeben können. Vielmehr muss nunmehr eine grundgesetzkonforme Verbotskonzeption gefunden und damit die Fehler der Verbotsurteile korrigiert werden. Dabei ist unabhängig von der Frage wie die Antragsgegnerin nach politologischen, ideologischen, historischen oder hysterischen Gründen einzuordnen ist, festzuhalten, dass weder Art. 5 Abs. 2 GG noch Art. 3 Abs. 3 GG eine Sonderbehandlung nazistischer oder als solcher zu Recht oder zu Unrecht bewerteter Ideologie vorsehen, womit nach dem Grundgesetztext ein unverbrüchlicher Rechtsstaat garantiert ist, worauf die Antragssteller eigentlich stolz sein und nicht zur Relativierung greifen sollten. Mit den Worten des Bundesverfassungsgerichts im „Wunsiedel"-Beschluss:

> „Die Offenheit des Art. 5 Abs. 1 und 2 GG für derartige Sonderbestimmungen, die sich auf Äußerungen zum Nationalsozialismus in den Jahren zwischen 1933 und 1945 beziehen, nimmt den materiellen Gehalt der Meinungsfreiheit nicht zurück. Insbesondere kennt das Grundgesetz kein allgemeines antinationalsozialistisches Grundprinzip (vgl. so aber in der Sache: Battis/Grigoleit, NVwZ 2001, S. 121 ⟨123 ff.⟩; OVG Münster, Beschluss vom 23. März 2001 – 5 B 395/01 –, NJW 2001, S. 2111), das ein Verbot der Verbreitung rechtsradikalen oder auch nationalsozialistischen Gedankenguts schon in Bezug auf die geistige Wirkung seines Inhalts er-

laubte. Ein solches Grundprinzip ergibt sich insbesondere weder aus Art. 79 Abs. 3 GG noch aus Art. 139 GG, in dem aufgrund bewusster Entscheidung allein die dort genannten Vorschriften von der Geltung der Verfassung ausgenommen werden. Das Grundgesetz gewährt Meinungsfreiheit im Vertrauen auf die Kraft der freien öffentlichen Auseinandersetzung vielmehr grundsätzlich auch den Feinden der Freiheit. Der Parlamentarische Rat bekannte sich hierzu auch gegenüber dem soeben erst überwundenen Nationalsozialismus. In den Art. 9 Abs. 2, Art. 18 und Art. 21 Abs. 2 GG legte er fest, dass nicht schon die Verbreitung verfassungsfeindlicher Ideen als solche die Grenze der freien politischen Auseinandersetzung bildet, sondern erst eine aktiv kämpferische, aggressive Haltung gegenüber der freiheitlichen demokratischen Grundordnung (vgl. BVerfGE 5, 85 ⟨141⟩). Entsprechend gewährleistet Art. 5 Abs. 1 und 2 GG die Meinungsfreiheit als Geistesfreiheit unabhängig von der inhaltlichen Bewertung ihrer Richtigkeit, rechtlichen Durchsetzbarkeit oder Gefährlichkeit (vgl. BVerfGE 90, 241 ⟨247⟩). Art. 5 Abs. 1 und 2 GG erlaubt nicht den staatlichen Zugriff auf die Gesinnung, sondern ermächtigt erst dann zum Eingriff, wenn Meinungsäußerungen die rein geistige Sphäre des Für-richtig-Haltens verlassen und in Rechtsgutverletzungen oder erkennbar in Gefährdungslagen umschlagen."

vgl. BVerfG vom 04.11.2009, Az.: 1 BvR 2150/08, Rn. 67 – zitiert nach www.bverfg.de)

Bemerkenswert ist in diesem Zusammenhang insbesondere der Umstand, dass das Bundesverfassungsgericht für ein staatliches Einschreiten gegen Meinungen ausdrücklich „Rechtsgutsverletzungen" oder „Gefährdungslagen" verlangt – ein signifikanter Hinweis darauf, dass die These des Antragstellers, auf das Vorliegen einer Gefahr komme es bei Art. 21 Abs. 2 GG nicht an, da ja „Gefahrenvorsorge für den Sankt Nimmerleinstag"

so die treffende Formulierung von Meier, Parteiverbote, Seite 93, betrieben werde, nicht richtig sein kann.

Dies wird in der Antragsschrift in einer grundlegenden Weise verkannt. Der Verbotsantrag geht vielmehr verfassungswidrig davon aus, dass das Rechtsstaatskonzept beim Parteiverbot durch eine offene Ideologiestaatlichkeit ersetzt und die weltanschaulich-politische Freiheit in Deutschland durch eine amtlich im Wege eines weltanschaulich begründeten Parteiverbots aufgenötigte Zivilreligion abgeschafft werden kann.

c) Bewältigungsbedürftigkeit der Demokratiefeindlichkeit von „Demokraten"

Das Besondere der bisherigen bundesdeutschen Verbotskonzeption, die hoffentlich im Interesse einer „liberalen Demokratie des Westens" (BVerfG) mit dem vorliegenden Verfahren überwunden wird, besteht darin, dass im Grundsatz aufgrund falscher Ideologie legales Verhalten rechtsstaatswidrig zum Verbotsvorwurf gemacht wird

vgl. Seite 7 [S. 44] der Antragsschrift.

Die Rechtfertigung hierfür ist historischer bzw. geschichtspolitischer Art, nämlich die „Legalität der Diktatur" von 1933, die wohl gemeint ist, wenn im Parlamentarischen Rat, wohl auf den als „rechtsextremistisch" angesehenen Verfassungsrechtler Carl Schmitt zurückgehend vom „Selbstmord einer Demokratie" die Rede war. Die Wiederholung dieses Vorgangs gilt es nach diesem Verständnis durch ideologie-politische Parteiverbote frühzeitig zu verhindern, indem sich das Parteiverbot gerade gegen diejenigen richtet, welche mit den „formalen Mitteln der Demokratie" diese zu beseitigen suchen, womit dann der Vorwurf der – letztlich von einem „Beschuldigten" nicht widerlegbaren „Legalitätstaktik" – zur zentralen Vorwurfskategorie des bundesdeutschen „Verfassungsschutzes" wird und auch das vorliegende Verbotsverfahren nach eigener Einschätzung motiviert.

Wäre die Diktatur 1933 dagegen im Wege eines Staatsstreichs oder einer Revolution begründet worden, so ist zu vermuten, hätte diese besondere Verbotskonzeption keine Rechtfertigung, sondern müsste dann dem – im Grundgesetztext allerdings nach Ansicht der vorliegenden Antragserwiderung vorgegebenen – Schema folgen, dass ein Verbot nur gegen eine Umsturzbewegung ausgesprochen werden kann, also gegen eine Gruppierung, die rechtswidrig politische Macht erwerben will. Geschichtspolitisch – kann dergleichen in einem rechtsstaatlichen Parteiverbot überhaupt maßgebend sein? – muss darauf hingewiesen werden, dass von einer „Legalität der Diktatur" nur deshalb gesprochen werden kann, weil die Vorläuferparteien von CDU/CSU und FDP, also von Parteien, die nunmehr als „Bundesrat" einen Verbotsantrag stellen, dem verfassungsändernden Ermächtigungsgesetz vom 24. März 1933 (RGBl. S. 141) zugestimmt haben. Hätten sie dies nicht getan, wäre die Diktaturbegründung nur im Wege des Staatsstreichs oder der Revolution möglich gewesen, so dass gerade „die Demokraten" für die als besonders bewältigungsbedürftig angesehene „Legalität der Diktatur" selbst verantwortlich zeichnen.

Abgesehen davon, dass das „Ermächtigungsgesetz" bei genuinem Verständnis keine (in den Kategorien von Carl Schmitt) „souveräne Diktatur" im kommunistisch-volksdemokratischen Sinne, sondern formal eine zum 01.04.1937 befristete Notstandsdiktatur

> der SchlussArt. 5 dieses Ermächtigungsgesetzes („Gesetz zur Behebung der Not von Volk und Reich") hat gelautet: „Dieses Gesetz tritt mit dem Tage seiner Verkündung in Kraft. Es tritt mit dem 1. April 1937 außer Kraft, es tritt ferner außer Kraft, wenn die gegenwärtige Reichsregierung durch eine andere abgelöst wird."

etabliert hatte, also den Anschein einer außergewöhnlichen Verfassungsschutzmaßnahme machte, so zeigt die Zustimmung der genannten Parteien zu diesem Gesetz dennoch ihre Diktaturbereitschaft an – zumindest im Sinne einer Notstandsdiktatur. Diese Diktaturbereitschaft mag angesichts der unterstellten Revolutionsbereitschaft des Nationalsozialismus insofern als „aufgezwungen" angesehen werden, als man annahm, die Nationalsozialisten würden dann ohnehin zum offenen Bürgerkrieg/Staatsstreich übergehen, diesen gewinnen und die dann begründete Diktatur wäre – was wohl eine zutreffende Einschätzung darstellt, die sich aus dem Vergleich mit dem zeitgenössischen Sowjetregime, das allerdings nach offizieller Bundesideologie trotz seines unbegreiflich verbrecherischen Charakters nicht als bewältigungsbedürftig gilt, ohne weiteres ergibt –, repressiver als eine formal institutionalisierte Diktatur, bei der man in Übereinstimmung mit einem genuinen Notstandskonzept hoffen konnte, dass sie vielleicht doch rechtzeitig wieder beendet werden könnte.

Wenn dem so ist, dann stellt sich allerdings die Unterscheidung zwischen legaler und illegaler Demokratieabschaffung als kaum relevant dar, weil es letztlich auf die Bereitschaft zur illegalen Abschaffung ankommt: Genau aus diesem Grunde kann auch geschichtspolitisch der spezielle Charakter der bundesdeutschen Parteiverbotskonzeption nicht begründet werden, weil ohnehin die Revolutionsbereitschaft, also die Option der Illegalität (Staatsstreich, Bürgerkrieg), die entscheidende Größe dargestellt hat und sich demgemäß eine Parteiverbotskonzeption, welche die Vergangenheit „bewältigen" will, sich in der Tat ausschließlich gegen eine Gruppierung richten muss, welche als Umsturzbewegung eingestuft werden kann, die illegal politische Macht ausüben und entsprechend die Verfassung umstürzen will.

Dabei lässt sich bewältigungspolitisch, sofern dies bei einem rechtsstaatlichen Verständnis überhaupt relevant sein kann, auch ableiten, dass die Einstufung als „Umsturzbewegung", gegen die sich legitimerweise ein Parteiverbot richtet, ohne Rücksicht auf die Ideologie dieser Bewegung festzustellen ist. Dafür spricht, dass die Demokratieabschaffung durchaus auch ohne die Existenz einer NSDAP hätte stattfinden können, wofür nicht nur die Zustimmung von „Demokraten" für das Ermächtigungsgesetz, sondern vor allem die Entwicklung im zeitgenössischen Österreich angeführt werden kann. Dort wurde die Demokratie durch die Christlichsoziale Partei Österreichs im Wege der so genannten „Selbstausschaltung des Parlaments", wie die Formel von Bundeskanzler und (um eine bundesdeutsche Begrifflichkeit zu verwenden) „CSU-Diktator" Engelbert Dollfuß gelautet hat, am 04. März 1933 abgeschafft. Auch diese Demokratieabschaffung, völlig ohne NSDAP (Verbot derselben am 19. Juni 1933) und ohne KP (Verbot derselben am 26. Mai 1933) hatte einen legalen Anstrich, wurden doch die Diktaturmaßnahmen auf das noch geltende Kriegswirtschaftliche Ermächtigungsgesetz von 1917 gestützt. Die so genannte „Selbstausschaltung des Parlaments" wurde durch Beschlussunfähigkeit des Parlaments herbeigeführt, da die Parlamentspräsidenten, um angesichts einer Pattsituation bei einer wichtigen Frage abstimmen zu können, ihren Rücktritt erklärten und damit endgültig die parlamentarische Beschlussunfähigkeit herbeiführten, zumal die parlamentarische Geschäftsordnung keine Regelungen für diesen Fall enthielt. Selbstverständlich hätte man eine Lösung für diese Abstimmungstechnikalie finden können, aber diese Lösung wurde von der christlich-sozialen Regierung mit Hilfe des Ermächtigungsgesetzes gewaltsam verhindert. Der christlichsoziale Bundespräsident Wilhelm Miklas, welcher den Übergang zur – nachkriegsbayerisch gesprochen – „CSU-Diktatur" hätte verhindern können, war nicht zum Handeln bereit (was ihm anders als v. Hindenburg in Deutschland allerdings bewältigungspolitisch nicht zum Vorwurf gemacht wird, da es sich hier um keinen Rechtspolitiker, sondern um einen linken Christlich-Sozialen handelt). Um auch das Verfassungsgericht an der Feststellung der Verfassungswidrigkeit der christlichsozialen Demokratieabschaffung zu hindern, wurde die Beschlussunfähigkeit dieses Gerichts durch den Rücktritt der christlichsozialen Richter herbeigeführt (womit auch deutlich wird, wem die wirkliche Loyalität dieser christlichen Verfassungsrichter gegolten hat!). Nach dem „Februaraufstand" der Sozialdemokratie von 1934 (so die Bezeichnung der Regierung) bzw. „dem österreichischen Bürgerkrieg" (so die Einstufung durch die Sozialdemokratie) wurde bei Aberkennung der Parlamentsmandate die Sozialdemokratie am 12. Februar 1934 verboten, so dass dann das auf diese Weise herbeigeführte Rumpfparlament vom 30. April 1934 (gegen die Stimmen zweier – rechter – Großdeutscher Abgeordneter) die Verfassung des Bundesstaates Österreich vgl. dazu: Die neue Bundesverfassung für Österreich samt Übergangsverfassung, 1936, mit Erläuterung von Kurt Schuschnigg; sowie Georg Froehlich, Die „Verfassung 1934" des Bundesstaates Österreich, 1936

beschließen konnte, womit der Parlamentarismus endgültig abgeschafft war. Wenn man mit der bundesdeutschen Parteiverbotskonzeption davon ausgeht, dass aus einem Parteiverbot die Nichtigkeit der entsprechenden Parlamentssitze folgen würde, dann muss man auch den Erlass dieser Verfassung einer „ständestaatlichen" Diktatur in Österreich als „legal" ansehen. Bemerkenswerter und letzlich konsequenter Weise wurde auch die Christlichsoziale Partei durch Aufgehen in die Vaterländische Front abgeschafft. Diese christlichsoziale Diktatur war dabei durchaus nicht so harmlos

Eine gute Zusammenfassung der Situation findet sich bei Gerd Schultze-Rhonhof, Der Krieg, der viele Väter hatte. Der lange Anlauf zum Zweiten Weltkrieg, 2003, Seite 99 ff.,

wie sich dies heutige christlich-demokratische/christlich-soziale ÖVP-Anhänger einreden: Beim Vergleich mit dem zeitgenössischen NS-Deutschlands von 1934–1937, d. h. in der „gemäßigten" Phase nach Niederschlagung des sog. „Röhm-Putsches" und vor der antisemitischen Radikalisierung der sog. „Reichskristallnacht", konnte man durchaus zu der Annahme kommen, dass der verfassungsrechtlich nach der Weimarer Reichsverfassung statuierte „Anschluss" (als Verwirklichung der Demokratiekonzeption von 1848 wie von Art. 61 Abs. 2 WRV geboten), den die christlichsoziale Diktatur Österreichs mit aller Gewalt, in Übereinstimmung mit der internationalen Machtordnung gegen den erkennbaren Willen der Volksmehrheit in Österreich und (Rest-)Deutschland zu verhindern suchte, keinen größeren Verlust an persönlicher Freiheit darstellen würde.

Bedeutsam für den vorliegend zu behandelnden Komplex ist jedoch, dass der Untergang der Demokratie in Österreich nicht durch NSDAP, die bei den Wahlen von 1927 mit 3,6 % der Stimmen den Einzug ins österreichische Parlament verfehlt hatte, herbeigeführt wurde, sondern durch den teilweise bürgerkriegsähnlich ausgetragenen Antagonismus der – im bundesdeutschen DDR-ähnlichen Politslang gesprochen – „demokratischen Parteien" der Christdemokratie und der Sozialdemokratie. Auch wenn sich letztlich die christlichsoziale Richtung bei der Diktaturbegründung durchgesetzt hat, so ist doch nicht zu verkennen, dass gerade bei der Sozialdemokratie grundsätzlich Diktaturbereitschaft mit Bürgerkriegsoption bestanden hatte. Für die Republik Österreich war kennzeichnend (wobei sich die Situation im eigentlichen Deutschland nicht so sehr davon unterschied), dass sich das Gewaltmonopol des Staates als äußerst prekär darstellte, da man die erhebliche Beschränkung des (staatlichen) Heeres durch die alliierte „Friedensordnung" durch Duldung von Privatarmeen, wie den sozialdemokratischen „Republikanischen Schutzbund" und den weniger parteigebundenen Heimwehren, entgegenwirkte. Damit konnte jedoch im Laufe der Entwicklung der Sozialdemokratie, die sich ohnehin als revolutionäre Partei verstand, unterstellt werden, doch mit der Revolutionsoption zu spielen, wofür plausibel angeführt werden konnte, dass die sozialdemokratische Diktaturoption im Linzer Programm der SPÖ formuliert war

vgl. dazu Otto Naderer, Der bewaffnete Aufstand. Der Republikanische Schutzbund der österreichischen Sozialdemokratie und die militärische Vorbereitung auf den Bürgerkrieg (1923–1934), Graz 2004, Seite 202, wo explizit davon die Rede war, dass sich „die Arbeiterklasse gezwungen" sehen könnte, „den Widerstand der Bourgeoisie mit den Mitteln der Diktatur zu brechen." Diese Aussage in einem sozialdemokratischen Parteiprogramm ist deshalb bemerkenswert, weil es die Sozialdemokratie ansonsten vermied, den Begriff „Diktatur" offiziell aufzunehmen; vielmehr gehörte die marxistische Konzeption „Diktatur des Proletariats" als Bestandteil der marxistischen Doktrin eher zu den – im Sinne des bundesdeutschen „Verfassungsschutzes" gesprochen – „geheimen" Programmzusätzen der Sozialdemokratie, welche in einem gegen die zeitgenössische Sozialdemokratie geführten Parteiverbotsverfahren entsprechend den Prämissen der bisherigen bundesdeutschen Parteiverbotskonzeption ermittelt werden müssten. Allerdings konnten die parteipolitischen Gegner, also die Christlichsoziale Partei, legitimer Weise (insbesondere bei Gebrauch des Erkenntnisapparats des späteren bundesdeutschen „Verfassungsschutzes") davon ausgehen, dass von dieser sozialdemokratischen Diktaturoption doch Gebrauch gemacht werden könnte, berücksichtigt man die politische Argumentation der damaligen Sozialdemokratie, wie sie etwa vom maßgeblichen Austromarxisten Otto Bauer gepflegt worden ist: Dessen Aufrechterhaltung der marxistischen Position unter den geänderten Umständen einer primär von der Sozialdemokratie befürworteten Republik lief nämlich auf die Annahme hinaus, dass die „bürgerliche Demokratie" immer noch keine Volksherrschaft sei, weil

> „die Macht der Bourgeoisie über die Presse, über die Kanzel, über den Wahlapparat es ihr ermöglicht, den Ausgang der Wahlen zu bestimmen, daß die aus allgemeinen Wahlen hervorgehende Regierung zur Klassenregierung der Bourgeoisie, zur Regierung einer Minderheit des Volkes wird. Darum zieht sich durch die ganze revolutionäre Bewegung, die der große Krieg hervorgerufen hat, überall der Kampf der Arbeiterklasse gegen die bloß parlamentarische Demokratie."

> diese Position des maßgeblichen österreichischen Sozialdemokraten, Otto Bauer, ist zitiert bei Norbert Leser, Zwischen Reformismus und Bolschewismus. Der Austromarxismus als Theorie und Praxis, Wien 1968, Seite 117 ff.; vgl. insbesondere Seite 127 ff.: Beginn einer Rechtfertigungsideologie, Bauers Dilemma – Dilemma des Marxismus, Manipulierbare historische Notwendigkeit.

Diese zeitgenössisch durchaus maßgebende sozialdemokratische Position, die der nationalsozialistischen durchaus ähnelte, bringt die Vorstellung zum Ausdruck, dass zwar eine SPD oder SPÖ etc. regieren mag, „das Kapital" aber herrscht, so dass zur Verwirklichung der „wahren Volksherrschaft" doch die Revolutionsoption virulent bleiben musste, weil sich das als solches aufrechterhaltene „Endziel" des Kommunismus rein parlamentarisch letztlich doch nicht verwirklichen lasse. Damit konnten die politischen Gegner der SPÖ sehr wohl an der Verfassungstreue der Sozialdemokratie zweifeln und in der Aufstellung eines Republikanischen Schutzbundes die Option erkennen, den von der Sozialdemokratie propagierten Sozialismus gegebenenfalls, zumindest wenn sich dies als „Verteidigung der Republik gegen die bürgerliche Reaktion" propagandistisch zur Wahrung des guten Gewissens verkaufen ließe, doch auch mittels Revolution, d. h. Bürgerkrieg und damit diktatorisch mit Hilfe von wehrhaften Parteiverboten umzusetzen.

Kommt es bei der Begründung der bundesdeutschen Parteiverbotskonzeption auf die „geschichtliche Erfahrung" an und nicht primär auf eine derzeit drohende (Umsturz-)Gefahr, dann stellt sich zwingend die Frage, wie man sich vor der historisch belegbaren Mitwirkungsbereitschaft zur Diktaturbegründung durch ein bundesdeutsches Parteiverbot schützen könnte. Zu beachten ist nämlich, dass CDU und FDP (letztere als LDPD firmierend) dann auch noch bei der Errichtung der von Der Linken und maßgeblichen Kreisen der SPD (Grotewohl-Flügel) als SED getragenen linksextremen DDR-Diktatur mitwirken sollten, sodass zumindest ein Diktaturpotential bei diesen Parteien auszumachen ist, gegen das man sich dann mit Parteiverbot schützen können müsste, sollte die bundesdeutsche Bewältigung, einer Demokratieabschaffung frühzeitig entgegentreten zu können, ernst gemeint sein.

Da aber eine Vorkehrung gegen die Demokratiefeindlichkeit der „Demokraten", trotz ihrer „Vergangenheit" im positiven Gesetzesrecht keinen Widerhall findet – so fehlt etwa die Möglichkeit, die Verfassungswidrigkeit von SPD oder CDU durch das Bundesverfassungsgericht aufgrund eines Antrags einer diskriminierten Minderheitspartei feststellen zu lassen – kann die Bezugnahme auf „Vergangenheit" zur Legitimierung einer besonderen Parteiverbotskonzeption nicht ernst genommen werden. Dies ist grundsätzlich auch unschädlich, da das Parteiverbot als Diktaturmaßnahme in einem demokratischen Rechtsstaat mit vorübergehender Wirkung eine konkrete Gefahr abwenden soll und nicht dazu dienen kann, das Wahlergebnis von 1933 nachträglich zu korrigieren. Konkret stellt sich allerdings die Frage, ob sich das feststellbare Diktaturpotential, das historisch bei den „Demokraten" ermittelt werden kann, sich nunmehr im vorliegenden Parteiverbotsantrag manifestiert, welcher auf die permanente Ausschaltung einer gesamten politischen Strömung gerichtet ist und sich damit als „wesensverwandt" darstellt. Zumindest deshalb verdient der vorliegende Verbotsantrag die historische Zurückweisung, um insoweit dem Diktaturpotential entgegenzutreten.

d) Trägerschaft der „historischen Erinnerung": Volk oder Verbotselite?

Ein tiefes Misstrauen gegen das eigene Volk zeigt schon die Verbotsbegründung des Bundesverfassungsgerichts, wenn im KPD-Verbotsurteil (beim SRP-Verbotsurteil war dies von vornherein irrelevant) ja durchaus die Wirkungsweise einer „liberalen Demokratie des Westens" erkannt wird

> „[...] da freies Wahlrecht besteht, kann und soll die Abwehr staatsfeindlicher Parteien sich in der Versagung der Wählerstimmen ausdrücken; so werden sie in ‚systemkonformer' Weise von der politischen Willensbildung des Staates ausgeschlossen."

vgl. BVerfGE 5, 85, 135

Zu Recht hat das Bundesverfassungsgericht dabei angenommen:

> „Dem mag die optimistische Auffassung zugrunde liegen, dass die beste Garantie des freiheitlichen demokratischen Staates in der Gesinnung seiner Bürger liegt."

vgl. BVerfG, ebenda.

Diese „optimistische Auffassung" hat allerdings das Bundesverfassungsgericht bei den Deutschen im Ergebnis für unangebracht gehalten, notwendigerweise deshalb, weil die (für die Rechtsprechung maßgebende?) „Gesinnung seiner Bürger" offensichtlich nicht (wirklich) „demokratisch", sondern potentiell „nazistisch" sei. Die Frage, inwieweit diese die Verbotskonzeption tragende Verdachtsstrategie mit der Menschenwürdeverpflichtung nach Art. 1 Abs. 1 GG vereinbar ist, soll hier nur mit dem Hinweis aufgeworfen werden, dass diese verfassungsrechtliche Verpflichtung wohl auch für Deutsche gilt, die sich keiner privilegierten bunten Abstammung berühmen dürfen.

In der Tat wird der gegen das Mehrparteienprinzip gerichtete Ansatz der bundesdeutschen Parteiverbotskonzeption, dem deutschen Wahlvolk mit Hilfe des Parteiverbots „für ewig" eine ganze Wahloption und damit eine ganze weltanschaulich-politischer Richtung wegzuverbieten, was aufgrund des mit dem verfassungsgerichtlichen Verbot explizit oder zumindest implizit ausgesprochenen Ideologie- und Ideenverbots auch negative Auswirkungen auf (noch?) nicht verbotene Wahloptionen zeitigt (siehe dazu im nächsten Punkt), in der Regel geschichtstheologisch und nicht – wie bei rechtsstaatlicher Gefahrenabwehr geboten – mit einer konkreten Gefahr begründet: Die „besonderen Erfahrungen der deutschen Geschichte" bzw. die „bitteren Erfahrungen mit dem Schicksal der Weimarer Republik", von denen das Bundesverfassungsgericht in der „Radikalen-Entscheidung" mit einer besonderen Dramatik zur Begründung der dezisionistischen Abschaffung von Art. 3 Abs. 3 GG spricht, würde danach diese weitgehende Verbotskonzeption mit Aberkennung frei gewählter Parlamentsmandate und anschließendem Wahlteilnahmeverbot und damit die Ausschaltung einer ganzen politischen Richtung rechtfertigen.

Bei der Argumentation, wonach den Deutschen die „konsequent liberale Ordnung" verwehrt werden muss, weil die „historische Erfahrung" dem entgegenstünde, drängt sich unmittelbar die Frage auf, wer denn Träger dieser „bitteren historischen Erfahrung" ist, die man politisch sicherlich beherzigen mag. Da es bei der Ausübung des freien, gleichen, allgemeinen und geheimen Wahlrechts um den Kern der Demokratie im Sinne von Art. 20 Abs. 2 GG geht, müsste das Wahlvolk, also die Deutschen als Inhaber dieser „historischen Erfahrung" angesprochen sein. Wird jedoch diese „bittere historische Erfahrung" von den Deutschen weitgehend geteilt, erübrigt es sich, ein derartiges Parteiverbot überhaupt vorzusehen oder gar auszusprechen, da das Volk aufgrund seiner bitteren Erfahrung keine entsprechenden Parteien wählen wird, zumindest nicht in dem Ausmaß, dass eine verfassungsändernde Mehrheit zur legalen Demokratieabschaffung zustande kommt! Auch das als „absolut" angesprochene Diskriminierungsverbot wegen politischer Anschauungen müsste dann nicht im Rahmen einer „Werteordnung" relativiert werden, sondern könnte so gewährt werden, wie es im Grundgesetz, nämlich in Art. 3 Abs. 3 GG geschrieben steht – oder nur so geschrieben erscheint? Dabei ist die Klugheit des Grundgesetztextes hervorzuheben, nämlich mit Art. 3 Abs. 3 GG die rassische Diskriminierung der politischen gleichzusetzen, weil dies häufig ineinander übergeht.

Wer daher glaubt, das absolute Diskriminierungsverbot wegen „politischer Anschauung" bei der Frage des Parteiverbots relativieren zu können, muss zumindest dies auch bei der rassischen Diskriminierung tun. Dementsprechend steht eine Parteiverbotskonzeption, welche meint, das absolute Diskriminierungsverbot der politischen Anschauung ignorieren zu können, unter Verdacht, eine letztlich als „rassistisch" einzustufende Diskriminierung zu legitimieren, welche sich gegen die Deutschen an sich richtet. Dieser verfassungswidrigen Diskriminierung wird entgegengewirkt, indem man das Deutsche Volk als Träger der „historischen Erinnerung" anerkennt, welches daher keine Verbotselite braucht, die ihr im Wege eines ideologisch begründeten Parteiverbots vorgibt, was es nicht wählen darf.

e) **Wirkliches Verbotsziel: Ausschaltung einer ganzen politischen Strömung**

Der Verbotsantrag ist auch deshalb als gegen das Demokratieprinzip (Art. 20 GG) und den Kern der Meinungsfreiheit verstoßen anzusehen, weil er aufgrund seiner ideologischen Begriffsbildung und ideologischen „Begründung" notwendigerweise gegen eine gesamte politische Strömung gerichtet ist, deren Ausschaltung bis hin zum Wahlverbot für das gesamte Wahlvolk Opposition und damit das Mehrparteienprinzip beseitigt. Dies führt dann entsprechend der Parteienstaatsdoktrin zu einem virtuellen Einparteiensystem der nicht verbotenen „Demokraten", was gegen die mit dem Begriff der „freiheitlichen demokratischen Grundordnung" nach Art. 21 Abs. 2 GG als Abgrenzung zur „weniger freien Demokratie" zu entnehmende Maßgabe verstößt, dass der Demokratieschutz nicht auf die Errichtung „volksdemokratischer" Verhältnisse gerichtet sein darf.

aa) Unmöglichkeit einer rechtsstaatlich berechenbaren Ideologiebekämpfung

Zwar wird in der „Gegenprobe" der Antragsschrift

vgl. Seite 126 f. [S. 130 f.] und Seite 242 f. [S. 217 ff.]

darzulegen versucht, dass der Verbotsantrag in einer Weise formuliert wäre, dass das angestrebte Verbot der Antragsgegnerin eine „deutsch-nationale kapitalismuskritischen Partei, die etwa für den Austritt Deutschlands aus EU und NATO eintritt, eine marktkritische isolationistische Wirtschaftspolitik anstrebt und mit einem starken Konzept von deutscher Nation gegen den Zuzug von Migranten eintritt", nicht beeinträchtigen würde.

Allein die Notwendigkeit, eine derartige „Gegenprobe" mit einer ziemlich herabsetzenden Beschreibung dessen – zumindest aus Sicht derer, die sich selbst als „rechts" einstufen –, formulieren zu müssen, zeigt doch den rechtsstaatlich und demokratisch völlig verfehlten Verbotsansatz der Antragsschrift an, welcher in der Abkehr von einem rechtlich rationalen Verbotskriterium, nämlich der Gewaltanwendung oder zumindest der nachweisbaren Gewaltbereitschaft (Vorbereitungsaktivitäten) und der damit einhergehenden politisch motivierten Illegalität, besteht. Stattdessen soll mit dem Parteiverbotsantrag „Ideologie" bekämpft werden. Die staatliche Bekämpfung einer Ideologie ist jedoch ohne „Kollateralschaden" nicht zu erreichen, weil Ideologiegehalte zu unspezifisch sind und von unterschiedlichen Leuten entsprechend ihrem durch Art. 1 Abs. 1 GG gewährleisteten Recht, ihre Anschauung individuell unterschiedlich zu interpretieren, teilweise völlig unterschiedlich verstanden werden, d. h. Ideologien können nicht im Sinne einer einigermaßen klaren juristischen Begrifflichkeit voneinander abgegrenzt werden.

Weil dem so ist, gibt es eben in einer rechtsstaatlichen Demokratie (Art. 20 Abs. 2, Art. 28 GG) die Freiheit von Religion, Weltanschauung und Meinungsäußerung (Art. 1 Abs. 1, Art. 3 Abs. 3, Art. 4 und 5 GG), was dann schon eine ganz pragmatische Begründung zugunsten dieser Garantien in sich trägt. Dementsprechend ist auch festzustellen, dass es natürlich ein ideologisches Kontinuum gibt, das schrittweise etwa von der CSU zur NPD und weiter zur SPD etc. führt. Dieses Kontinuum reicht „von liberalen und sozialistischen bis zu neokonservativen und faschistischen Vorstellungen", wobei sich – entgegen bundesdeutscher Bewältigungsideologie und damit auch der Ideologie des vorliegenden Verbotsantrags – insbesondere „die Übergänge zwischen sozialistischen und faschistischen Ideologien" als „fließend" darstellen konnten.

> so – bezogen auf die Situation zur Zeit der Weimarer Republik – zu Recht Stefan Vogt, Nationaler Sozialismus und Soziale Demokratie. Die sozialdemokratische Junge Rechte 1918–1945, 2006, Seite 18 und Seite 22, wobei hier kritisch gegen den Autor eingewandt werden muss, dass der Begriff „junge Rechte" nicht dem Selbstverständnis der beschriebenen Gruppe entsprochen hat, sondern diese in der parteiinternen Kritik der SPD als „Linkssozialismus mit nationalen Vorzeichen" beschrieben wurde (vgl. ebenda, Seite 11).

Diese Erkenntnis der Nähe etwa national-sozialistischer und international-sozialistischer Ideologie ist überhaupt nicht anrüchig, sondern beruht auf der humanistischen Einsicht, dass es unter Menschen keine völlige Fremdheit gibt. Dabei kann sogar festgestellt werden, dass ähnliche ideologische Ausgangsprämissen zu unterschiedlichen politischen Konsequenzen führen können. Und allenfalls die Konsequenzen hinsichtlich Art und Weise der Verwirklichung von ideologischen Prämissen sind bei einer rechtsstaatlichen Betrachtung einer rechtlichen Kategorisierung zugänglich. Deshalb kann und muss sich der Rechtsstaat in Übereinstimmung mit den dargestellten verfassungsrechtlichen Erkenntnissen im Bereich des Staatskirchenrechts davor hüten, den Inhalt einer politischen Ideologie zu bewerten. Bewerten und eventuell in gebotener Weise sanktionieren kann er allein die Konsequenzen, die jemand aus einer Ideologie zieht. Diese rechtsstaatlich zwingende Unterscheidung zwischen Ideologie und den rechtlich allein interessierenden Konsequenzen wird in der Antragsschrift aufgrund ihrer Ideologiegerichtetheit rechtsstaatswidrig verfehlt.

Damit soll nicht ausgeschlossen sein, dass etwa bei dem Verbot einer islamistischen Terrororganisation auf die ideologische Motivation eingegangen wird. Jedoch muss zunächst die rechtswidrige Tat oder wenigstens ein verwandtes Verhalten festgestellt werden (etwa Vorbereitung von Selbstmordattentaten) und dann erst die Darstellung der ideologischen Motivation der Täter (etwa Paradiessehnsucht). Beim bundesdeutschen Parteiverbot wird umgekehrt vorgegangen: Zunächst wird die Ideologie ermittelt (Paradiessehnsucht) und dann versucht man noch Elemente der „Haltung" (wie polemische Reden) aufzudecken, die im Großen und Ganzen in Aktivitäten bestehen, die an sich legal sind, aber aufgrund der rechtsstaatswidrigen Legitimitätsbewertung legalen Handelns als „verfassungswidrig" ausgemacht werden. Bei diesem Ansatz ist ein – im Übrigen ohnehin angestrebter – Kollateralschaden am politischen Pluralismus nicht zu vermeiden, während bei einem gebotenen umgekehrten Vorgehen: rechtswidrige Tat und dann Darstellung der ideologischen Motivation der Täter, diese staatliche Darstellung in einer Weise abgefasst werden kann, dass damit eine diskriminierende Wirkung zulasten von Personen und Organisationen mit ähnlicher Ideologie (etwa Paradiesglauben), die sich aber rechtmäßig verhalten (Erreichen des Paradieses durch gute Taten), weitgehend ausgeschlossen ist. Allein die Vorgehensweise der Antragsschrift, falsche

Ideologie zu ermitteln und dann auch etwas „Haltung" zu ermitteln, führt notwendigerweise zum Kollateralschaden und damit zur Beeinträchtigung des politischen Pluralismus (weil dann allen Paradiesgläubigen Terrorabsicht unterstellt wird).

Müsste es nämlich auf die staatlich für falsch gehaltene Ideologie ankommen, um die Gefahren für die Verfassungsordnung zu ermitteln, dann würde bei rückwirkender Betrachtung, die für die bisherige bundesdeutsche Parteiverbotskonzeption, welche ewiggestrig „Vergangenheit" bewältigt und sich dabei der gegenwärtigen Gefahrenabwehr hinsichtlich – tatsächlich – gewaltbereiter Linksextremisten verschließt (dazu später), nicht nur ein Verbotsverfahren gegen den historischen Nationalsozialismus durchzuführen sein, sondern aufgrund ähnlicher ideologischer Ausgangsprämissen auch gegen den Internationalsozialismus, wie er etwa von Teilen der Sozialdemokratie, insbesondere von ihrem im vorigen Jahr als SPD-Gründer gefeierten Gründer Ferdinand Lassalle (1825–1864), „seinem ganzen Wesen nach [...] ein revolutionärer Diktator",

> vgl. Peter Gilg, Die Erneuerung des demokratischen Denkens im Wilhelminischen Deutschland. Eine ideengeschichtliche Studie zur Wende vom 19. zum 20. Jahrhundert, Wiesbaden 1965, Seite 58

vertreten worden ist. Hauptzweck der Demokratie, für die Lassalle nachhaltig mit der Forderung des allgemeinen Wahlrechts eintrat, war es, einen Führer als „großen Mann" an die Macht zu bringen, der durch die „Diktatur der Einsicht" „nicht durch die Krankheit des individuellen Meinens und Nörgelns die große gewaltige Übergangsarbeit der Gesellschaft" bewerkstelligen würde. Im Arbeiterstand fand Lassalle die größte Diktaturbereitschaft, was die politische Ausrichtung auf die Arbeiter durch Gründung eines „Arbeitervereins", d. h. einer Arbeiterpartei entsprach. Dieser (im Zweifel: seiner) Diktatur hat Lassalle mindestens die Machtfülle der Monarchie zugedacht, von der sie sich allerdings durch die Berufung auf den Volkswillen unterscheiden würde. Als Repräsentant einer großen geschichtlichen Entwicklung war der Diktator zur rücksichtslosesten Bekämpfung seiner politischen Gegner berechtigt: „Zwischen ihm und ihnen gibt es keine Brücke, keine gemeinsame Plattform, sondern nur den Kampf bis zur Vernichtung"

> vgl. Thilo Ramm, Ferdinand Lassalle als Rechts- und Sozialphilosoph, Meisenheim/Wien 1952

Die Liquidierung der politischen Gegner sollte durch „freie" Revolutionstribunale nach dem Vorbild der französischen Revolution erfolgen. Die als notwendig angesehene Revolution bezeichnete Lassalle mitleidlos als „Schirokkowind", als „göttlichen Atem der Geschichte und des menschlichen Fortschritts", der „mit Recht eine ganze Welt der Existenzen als bloßen Dünger auf den Haufen seines Wachstums" werfe.

> „Mit Lassalles Demokratiebegriff zeichnen sich die Möglichkeiten ab, an denen die Demokratie im 20. Jahrhundert scheiterte. Der Nationalsozialismus benutzte die Demokratie der Weimarer Republik zu eben den gleichen Zwecken, wie sie Lassalle seiner Demokratievorstellung unterschob. Es mag als Ironie der Geschichte erscheinen oder als List der Vernunft, daß der Lassallesche Demokratiebegriff in der deutschen Sozialdemokratie als Hinwendung zum Staat interpretiert wurde, dass die Sozialdemokratie auf Grund eben dieser Haltung die totalitäre Tendenz des ursprünglichen Lassalleschen Begriffs – in der nationalsozialistischen Ideologie – bekämpfte."

> vgl. Hermann Ebeling, Der Begriff „Demokratie" in den sozialistischen Ideologien – Marx, Lassalle, Engels-, Dissertation der Universität Heidelberg, 1964

Würde man daher bei der Parteiverbotsbegründung an der Ideologie anzusetzen haben, dann müsste konsequenterweise die Sozialdemokratie wegen „Wesensverwandtschaft", die sie ja zum 150. Gründungstags mit Lassalle herausgestellt hat, einem Parteiverbotsverfahren unterworfen werden. Kommt es dagegen auf die politische Umsetzungsmethodik, d. h. Handlungen an, dann kommt die Sozialdemokratie vielleicht um ein Parteiverbotsverfahren herum, hat sie doch „attentistisch"

> vgl. dazu Dieter Groh, Negative Integration und revolutionärer Attentismus. Die deutsche Sozialdemokratie am Vorabend des Ersten Weltkrieges, Frankfurt 1973

auf die parlamentarische Demokratie gesetzt (wohl in der Hoffnung, dass bei 50-%-Mehrheit umgesetzt werden könnte, was ansonsten revolutionär zu verwirklichen wäre).

> Welche Konsequenzen eine derartige SPD-Mehrheit wohl gehabt hätte, kann der Schrift des liberalen Reichstagsabgeordneten Eugen Richter, Sozialdemokratische Zukunftsbilder. Frei nach Bebel, 1891, entnommen werden, welche luzide eine „DDR" auf Reichsebene vorausgesagt hat, was etwas über das Diktaturpotential der klassischen Sozialdemokratie besagt, welches sich nunmehr vielleicht im Bedürfnis auf Verbot konkurrierender Parteien äußert.

So konnte im Laufe der weltanschaulichen Entwicklung etwa aus den Lehren von Eugen Dühring, der einst nahe davor gestanden war, der Chefideologe der SPD zu werden, bevor ihn Friedrich Engels mit seinem „Anti-Dühring" aus der SPD geekelt hat, ganz unterschiedliche Konsequenzen gezogen werden: Dühring kann mit seiner Befürwortung von Gewerkschaftsaktivitäten und des freien Genossenschaftswesens einerseits

> vgl. Dieter Dowe/Klaus Tenfelde, Zur Rezeption Eugen Dührings in der deutschen Arbeiterbewegung in den 1870er Jahren, in: Wissenschaftlicher Sozialismus und Arbeiterbewegung, Schriften aus dem Karl-Marx-Haus, Nr. 24, Trier 1979

als Vorverfasser des den totalitären Marxismus überwindenden Godesberger Programms der SPD angesehen werden

> vgl. Gerd-Klaus Kaltenbrunner, Vom Konkurrenten des Karl Marx zum Vorläufer Hitlers: Eugen Dühring, in: Karl Schwedhelm (Hg.) Propheten des Nationalismus, München 1969, Seite 36 ff.

Damit soll es vorliegend sein Bewenden haben, zumal es in einem rechtsstaatlichen Verfahren nicht um derartige ideologische Bewertungen gehen kann, sondern um den Nachweis, dass rechtwidrige Handlungen vorliegen oder bevorstehen, welche die Verfassungsordnung gefährden und zwar unabhängig davon, aus welcher Ideologie auch immer (sozialdemokratisch, nationalsozialistisch, liberal etc.) diese politisch motivierte Illegalität hervorgeht, genauer: Allein das Vorliegen oder Nichtvorliegen derartiger Handlungen kann rechtsstaatlich bewertet werden, nicht dagegen die angebliche oder tatsächliche Ideologie. Diese hat den Staat, welcher der Staat aller seiner Bürger, d. h. aller Deutscher sein will, nicht zu interessieren. Interessieren darf ihn nur rechtswidriges Handeln, welches in einer weltanschaulich neutralen Weise als solches definiert ist (was z. B. für das bundesdeutsche politische Strafrecht nicht generell der Fall ist). Erst bei Nachweis der entsprechend definierten Gefahr, kann auch die ideologische Motivation erwähnt werden.

Dieser rechtsstaatliche gebotene Verbotsansatz wird in der Antragsbegründung verfassungswidrig verkannt.

Der Ideologieansatz der Verbotsbegründung beseitigt die rechtsstaatliche Berechenbarkeit und dementsprechend erfasst ein Parteiverbot, das – wie vorliegend beantragt – auf (angebliche Wesensverwandtschafts-)Ideologie gestützt wird, im Rahmen des feststellbaren ideologischen Kontinuums automatisch auch andere Organisationen. Da eine ideologische Betrachtung, die amtlich durchexerziert wird, die rechtsstaatliche Gleichheit notwendigerweise (entsprechend der geschichtlichen Ableitung der Rechtsstaatsidee) durch eine politische, d. h. despotisch-willkürliche Betrachtung ersetzt, ist dann entsprechend der Machtlage allerdings gesichert, dass sich ein mit „Wesensverwandtschaft" begründetes Ideologieverbot „gegen rechts" nicht etwa auf den in vielerlei Hinsicht wesensverwandten Internationalsozialismus auswirkt, weil diesbezüglich keine ideologische Wesensschaubetrachtung vorgenommen wird, obwohl etwa bei den bundesdeutschen Gewerkschaften, welche zur politischen Linken tendieren, erhebliches Potential an „Rechtsextremismus" festgestellt worden ist: „Jeder fünfte Gewerkschafter steht rechts". So die Zusammenfassung einer noch jüngeren Studie über das als „rechts" angesprochene „rechtsextreme Potential" in den bundesdeutschen Gewerkschaften.

vgl. spiegel-online vom 28.06.2005; mit „rechts" ist dabei die Ideologievokabel „rechtsextrem" gemeint.

Danach sind 19,1 % der gewerkschaftlich Organisierten „rechtsextrem" orientiert, worunter wohl so etwas wie „nationalsozialistisch" gemeint sein dürfte. „Gewerkschaftsmitglieder aus der Mittelschicht, die die Hälfte aller Mitglieder ausmachen, sind anderthalb Mal so häufig rechtsextrem eingestellt wie Nichtmitglieder aus dieser Schicht". Dies ist deshalb gewichtig, weil 43 % der Gewerkschaftsfunktionäre dieser Schicht angehören. Insgesamt bedeutet dies bei ca. 7,5 Mio. Mitgliedern der DGB-Gewerkschaften etwa 1,5 Mio. gewerkschaftliche „Rechtsextremisten", was die Mitgliederzahl sämtlicher amtlich, in sog. „Verfassungsschutzberichten" als „rechtsextrem" eingestuften Parteien weit übertrifft

vgl. dazu den Kommentar von Hans-Ulrich Jörges, Die Gewerkschaftspartei, in: Stern 37/2005, Seite 154.

Dies wirft in der Tat Erinnerung an das Jahr 1933 auf. Damals hatte Walther Pahl, Leiter der Zentralstelle für den Freiwilligen Arbeitsdienst und bedeutsamsten Vertreter dessen, was als „junge Rechte" der Sozialdemokratie fehl bezeichnet wird,

vgl. Vogt, aaO., Seite 377 f.

folgende Abgrenzung vorgenommen:

„Vom Nationalsozialismus unterscheidet uns keine andere Rangordnung der Werte Nation oder Sozialismus, sondern lediglich eine andere Prioritätsordnung. Wir wollen erst den Sozialismus, um die Nation zu gestalten. Der Nationalsozialismus forderte und verwirklichte jetzt

C. Das zweite NPD-Verbotsverfahren (2013–2017)

die Einheit der Nation, um auf diesem breiten und festen Fundament den deutschen Sozialismus aufzubauen."

Allerdings interessieren diese „Rechtsextremisten" innerhalb der sozialdemokratisch ausgerichteten Gewerkschaften nicht, da sie dem Bereich der Verbotsparteien angehören, die als Bundesrat firmierend den vorliegenden Antrag stellen. Vielmehr soll ein entsprechendes verfassungsgerichtliches Ideologieverbot automatisch eine Verbots- oder zumindest Diskriminierungsorgie „gegen Rechts" bis hin zum Nationalliberalismus und damit entsprechenden eurokritischen Parteien auslösen.

Diese Absicht ist von den Verbotspolitikern entgegen den Ausführungen der Antragschrift gezielt gewollt. Was diese Verbotspolitiker nämlich wirklich umtreibt, kann wohl dem Gespräch entnommen werden, das die Frankfurter Allgemeine Zeitung (FAZ) unter der Überschrift „Wir müssen den Verbotsantrag stellen" dem NRW-Innenminister Ralf Jäger gewährt hat,

vgl. FAZ vom 01.12.2012, Seite 4 mit dem Vorspann: „Innenminister Jäger gilt seit langem als Verfechter eines NPD-Verbots. Das Risiko, dass der Europäische Gerichtshof ein Verbot wieder aufheben könnte, will er eingehen." Von einer in dubio pro libertate-Einstellung, welche zumindest Respekt vor Menschenrechten belegen würde, ist da nichts zu spüren. Was sind die Konsequenzen, wenn sich das „Risiko" verwirklichen sollte? Verbot der NRW-SPD?

dessen zentraler Kern lautet:

„Es ist ein unglaublicher Erfolg der Demokratie in Deutschland, dass es keine rechtsextreme Partei im Bundestag gibt. Das ist im europäischen Ausland um uns herum völlig anders. Das zeigt, dass die Demokratie in Deutschland wehrhaft ist."

Der logisch berechtigte Einwand der FAZ, dass genau dies ein „Argument gegen ein NPD-Verbot" darstellt, zeigt aber noch nicht die vollständige Problematik der Mentalität eines prominenten Verbotspolitikers auf: Es wird mit dessen Aussage nämlich deutlich, dass es gar nicht gegen die Antragsgegnerin geht. Der Verbotsvorstoß richtet sich gegen die Art von Parteien, die in den freieren Demokratien, welche der Bundesrepublik Deutschland benachbart sind, eine erhebliche Unterstützung bei freien Wahlen gewinnen, womit etwa die nationalliberale/deutschnationale Freiheitliche Partei Österreichs (FPÖ) oder gar die nationalliberale Schweizer Volkspartei (SVP) gemeint sein dürfte, welche vergleichbar nach Auffassung eines antipluralistischen SPD-Politikers in der Bundesrepublik Deutschland bei freien Wahlen nicht ins Parlament gewählt werden sollten, indem diese durch Parteiverbot dem Volk gar nicht erst als Wahloption angeboten werden dürfen. Die beabsichtigte Verbotswirkung gegen das freie Wahlrecht in der Bundesrepublik Deutschland wird nicht nur durch das Stichwort „Bundestag" deutlich, sondern in der vorausgehenden Aussage dieses Verbotspolitikers im besagten Interview:

„In Mecklenburg-Vorpommern und Sachsen sitzt sie (die Antragsgegnerin, Anm.) ja sogar im Landtag."

Anstatt entsprechend der klassischen Maxime eines überzeugten Demokraten, *vox populi vox dei* (die Stimme des Volkes ist die Stimme Gottes), die Hochachtung vor dieser parlamentarisch vertretenen Partei als Repräsentanten des Volkswillens zum Ausdruck zu bringen, auch wenn man entschieden anderer Ansicht als diese sein sollte, wird sie gerade aufgrund ihres regionalen Wahlerfolges bei freien Wahlen als besonders verbotsbedürftig angesehen: Parteien müssen verboten werden, gerade weil sie bei freien Wahlen gewählt werden! Aber nicht nur Parteien, die gewählt werden, sondern auch Parteien, die gewählt werden könnten, müssen verboten werden, natürlich wenn sie für einen SPD-Politiker unerwünschte Auffassungen hegen:

> „In der Tat ('Erfolg der Demokratie' ist an sich ein Argument gegen ein NPD- Verbot!, Anm.). Aber ich bin fest davon überzeugt, dass die wehrhafte Demokratie nicht abwarten darf, bis ein Punkt erreicht ist, an dem die Demokratie extrem gefährdet ist. Die NPD ist die zentrale Kraft im Rechtsextremismus, sie ist nicht zu unterschätzen."

Man geht im Kontext der Aussage, nämlich Hinweis auf parlamentarische Vertretung der Antragsgegnerin in zwei Landesparlamenten und parlamentarische Situation in anderen europäischen Staaten, sicherlich nicht fehl in der Annahme, dass der antipluralistische Verbotspolitiker unter „extrem gefährdet" den Zustand versteht, dass eine „rechtsextremistische" Partei, womit nicht unbedingt oder vielleicht überhaupt nicht die Antragsgegnerin gemeint ist, da sie nur eine „Kraft" innerhalb eines weiteren Umfelds darstellt, freie Wahlen gewinnen, bei diesen zumindest einen Achtungserfolg erzielen könnte. Damit wird deutlich: Das in der Bundesrepublik Deutschland angestrebte Parteiverbot richtet sich gegen die Demokratie, deren Wesen in freien Wahlen besteht! Und es richtet sich dabei notwendigerweise und gewollt, gegen eine ganze politische Richtung, die den Bereich der Antragsgegnerin weit überschreitet.

Diese Absicht ist bereits dem ersten förmlichen Verbotsversuch zugrunde gelegen, wie sich der Äußerung des damaligen Hauptverbotspolitikers, des bayerischen Innenministers Beckstein (CSU) entnehmen lässt, welcher später deutlich gemacht hat, dass man sich beim „Kampf gegen Rechts" nicht so genau an den Rechtsstaat halten müsse:

> „Wir sind bei Rechtsextremisten härter vorgegangen als bei Linksextremisten – weil die Zustimmung in der Bevölkerung hier viel größer ist. Manchmal gingen wir sogar weiter, als der Rechtsstaat eigentlich erlaubt."

vgl. Interview in der Tageszeitung Münchner Merkur vom 16.11.2011, Seite 2, „Wir gingen weiter als der Rechtsstaat erlaubt":

Nachdem dieser wehrhafte Verbotsdemokrat das Verbotsverfahren gegen den Antragsgegnerin angeleiert hatte, träumte er bereits von einem „Dominoeffekt"

vgl. http://www.focus.de/politik/deutschland/deutschland_aid_185431.html

Er, Beckstein (CSU), werde „keinen Moment zögern", nach getanem erstem Schritt „auch gegen die DVU und die Republikaner Verbotsanträge zu stellen." Im letzteren Fall hätte dies bedeutet, das von der stalinistischen Volkskammer der Wende-DDR linksextremistisch ausgesprochene Republikanerverbot bundesdeutsch zu legitimieren!

Ausgehend von diesen klaren Worten ist es dann wohl auch kein Zufall, dass nur wenige Tage vor dem Beginn der mündlichen Verhandlung im hiesigen Verbotsverfahren im Bayerischen Landtag schon über die Einleitung der nächsten Parteiverbotsverfahren – dieses Mal gegen die Parteien „DIE RECHTE" und „Der III. Weg" – diskutiert wird

C. Das zweite NPD-Verbotsverfahren (2013–2017)

vgl. Artikel von „Endstation Rechts Bayern" vom 26.02.2016, abrufbar unter https://www.endstation-rechts-bayern.de/2016/02/landtag-debattierte-ueber-verbot-zweier-neonazi-parteien-2/.

Die vorliegend als Bundesrat in Erscheinung tretenden etablierten politischen Parteien stehen bereits in den Startlöchern, um nach dem „Fall" der Antragsgegnerin das gesamte politisch rechte Spektrum in Deutschland wegverbieten zu lassen.

In der Tat ist die „volksdemokratische" Salamitaktik den bundesdeutschen Verbotspolitikern nicht fremd. Dies sollte angesichts eines permanent etablierten „Kampfes gegen Rechts" eigentlich nicht weiter darlegungsbedürftig sein, dass unter „Rechtsextremismus" als staatlicher Hauptbekämpfungskategorie in der Bundesrepublik Deutschland die gesamte politische Rechte gemeint ist. Schon der Hinweis des Verbotspolitikers Jäger (SPD) auf die unterschiedliche parlamentarische Situation in der Bundesrepublik Deutschland zum umgebenden euro- päischen Ausland, den „liberalen Demokratien des Westens" (BVerfG), macht deutlich, dass er mit seinen Verbotsbestrebungen nicht die Antragsgegnerin meint, sondern Parteien, die in freieren Staaten gewählt werden und dabei auch von einem Verbotsdemokraten Jäger nicht als kriminelle Umsturzbewegungen oder als Staatsstreichorganisationen angesehen werden können. Gerade die sozialdemokratischen Vorgänger von NRW-Innenminister Jäger haben überdeutlich gemacht, dass sie eine Rechtspartei, egal unter welcher Bezeichnung sie auftritt, ausschalten wollen und haben deshalb sogar eine offizielle Website betrieben „NRW gegen Rechts", die abrufbar gewesen war unter:

http://www.andi.nrw.de/Andi1/Service/service.htm

Zwar ist diese Website eingestellt worden, dafür gab es den Koalitionsvertrag der Rot-Grünen-Landesregierung von Nordrhein-Westfalen unter der parolenartigen Überschrift:

„Wir treten für ein demokratisches NRW ein" und vor der weiteren Überschrift: „Wir stehen für ein tolerantes NRW":

„Wir beabsichtigen, im Kampf gegen Rechts ‚Mobile Beratungsteams' einzurichten. Sie sollen als Ansprechpartner vor Ort für Jugendliche, Eltern, Lehrerinnen und Lehrer, Polizei und weitere in der Arbeit mit gefährdeten Jugendlichen Engagierte dienen und vor Ort Projekte initiieren. Wir werden mit allen gesellschaftlichen Akteuren (Gewerkschaften, Unternehmen, Verbände) ein Bündnis ‚NRW gegen Rechts' schmieden."

vgl. Koalitionsvertrag Gemeinsam neue Wege gehen, Seite 78

Damit wird ganz ungeniert in einem Koalitionsvertrag von vorliegend als Bundesrat auftretenden Verbotsdemokraten die „tolerante" Parole ausgegeben, das Mehrparteienprinzip nicht hinnehmen zu wollen: 1/3 der deutschen Bevölkerung, die sich üblicherweise, d. h. wenn vorübergehend ideologie-politisch wieder normale Verhältnisse bestehen, als „(eher) rechts" einstuft, soll politisch ausgeschaltet werden: Das verstehen die bundesdeutschen Verbotsdemokraten unter „Demokratie" und „Toleranz"! Dies kann nur im Wege einer rechtsstaatswidrigen Ideologieverfolgung erreicht werden, die vorliegend als Parteiverbotsargument gebraucht wird. Die Verfassungswidrigkeit einer derartigen „Argumentation" dürfte nicht weiter darlegungsbedürftig sein.

bb) Begriffsschrott „(Rechts-)Extremismus" als Bekämpfungskategorie

Üblicherweise geschieht die Salamitaktik der Ausschaltung der politischen Rechten unter der amtlichen Bekämpfungskategorie des ideologischen „Rechtsextremismus". Dieser ideologische Begriff ist gesetzlich nicht definiert und sollte sich deshalb nach rechtsstaatlichen Grundsätzen als amtlicher Begriff unzulässig darstellen, zumal er in der gesetzlichen Ermächtigungsgrundlage vor allem von sog. „Verfassungsschutzberichten" zur „Aufklärung der Bürger", d. h. der staatlichen Propaganda gegen oppositionelle Bestrebungen, nicht enthalten ist. Den mangelnden Rechtscharakter des Extremismus-Begriffs hat das Bundesverfassungsgericht, allerdings noch nicht im Zusammenhang mit der Herausgabe so genannter „Verfassungsschutzberichte" oder gar im Zusammenhang mit Parteiverbotsverfahren, durchaus erkannt:

> „Erst Recht fehlt es dem Verbot der Verbreitung rechtsextremistischen Gedankenguts an bestimmbaren Konturen. Ob eine Position als rechtsextremistisch – möglicherweise in Abgrenzung zu ‚rechtsradikal' oder ‚rechtsreaktionär' – einzustufen ist, ist eine Frage des politischen Meinungskampfes und der gesellschaftswissenschaftlichen Auseinandersetzung. Ihre Beantwortung steht in unausweichlicher Wechselwirkung mit sich wandelnden politischen und gesellschaftlichen Kontexten und subjektiven Einschätzungen, die Abgrenzungen mit strafrechtlicher Bedeutung (vgl. § 145a StGB), welche in rechtsstaatlicher Distanz aus sich heraus bestimmbar sind, nicht hinreichend erlauben. Die Verbreitung rechtsextremistischen oder nationalsozialistischen Gedankenguts ist damit kein hinreichend bestimmtes Rechtskriterium, mit dem einem Bürger die Verbreitung bestimmter Meinungen verboten werden kann."

> vgl. BVerfG vom 08.12.2010, Az.: 1 BvR 1106/08

Trotzdem wird in der Bundesrepublik Deutschland bis hin zum Parteiverbotsantrag unter dieser ideologischen, rechtsstaatsfeindlichen Begriffsbildung politische Opposition diskriminiert und zu verbieten versucht. Deshalb kann die Verwendung dieses bewusst unklaren Begriffs nur damit erklärt werden, dass man bei Anwendung einer ideologischen Salamitaktik politische Opposition von rechts ausschalten will. Der Begriff ist nämlich in einer Weise kontaminiert, dass mit diesem Vorwurf so gut wie jeder überzogen werden kann, wenngleich die Machtordnung – bei Abgrenzung zur Rechtsordnung – dafür sorgt, dass damit etwa die in der überwiegenden Tendenz sozialdemokratischen Gewerkschaften trotz des festgestellten „rechten" Potentials, das bis auf den Parteigründer Lassalle zurückführt, nicht überzogen werden. Dieser in keiner Rechtsnorm aufgeführte, geschweige definierte Begriff zielt rechtsstaatsfremd auf politisch-weltanschauliche Diskriminierung ab und verletzt damit das für Demokratie grundlegende Gleichheitsprinzip (Art. 3 Abs. 3 GG). Das gelegentlich vorgebrachte „Argument", wonach „Extremismus" das gleiche wie „Verfassungsfeind" bedeute,

> vgl. Hermann Borgs-Maciejewski/Frank Ebert, Das Recht der Geheimdienste. Kommentar zum Bundesverfassungsschutzgesetz, 1986., A § 3 Rn. 68,

ist schon deshalb rechtsirrig, weil das Grundgesetz nur den Begriff „verfassungswidrig" aufführt und zum anderen nur von den politischen Begriffen „rechts" und „links" in Verbindung mit dem (Inländer-)Extremismus die Rede ist, womit das grundlegende Verfassungsprinzip der weltanschaulichen Neutralität des Staates verletzt wäre, falls es sich beim Extremismus-Begriff um einen Rechtsbegriff handeln sollte.

C. Das zweite NPD-Verbotsverfahren (2013–2017)

Zumindest würde es sich um eine diskriminierende Eigeninterpretation der gesetzlichen Ermächtigungsgrundlage handeln, weil vermittels dieser Begriffsbildung verfassungsfeindliches Verhalten der sog. „Mitte", die sich etwa in verfassungswidrigen Parteiverbotsanträgen äußern, von vornherein ausgeblendet wird. Die rechtsstaatswidrige Beliebigkeit der wesentlichen Kategorie bundesdeutscher Oppositionsbekämpfung durch Verfassungsschutzberichterstattung, Parteiverbot etc. pp. kommt in der von den Vertretern des Bundesrates formulierten Verbotsbegründung im ersten Verbotsverfahren gegen die Antragsgegnerin zum Ausdruck, die überhaupt einmal den Begriff „Rechtsextremismus" definieren:

> „Zwar schwanken sie dabei zwischen einer weiten Rechtsextremismusdefinition, die auf die Elemente Nationalismus und Rassismus setzt und einer engen, die klassische Elemente des Hitlerismus, wie Antisemitismus und Sozialdarwinismus integrieren, aber immerhin kommt man zu der Feststellung, dass die rechtsextreme Szene in sich sehr differenziert ist und daher zwar alle Neonazis Rechtsextremisten, aber nicht alle Rechtsextremisten Neonazis seien."

> vgl. Mathias Brodkorb, Metamorphosen von rechts. Eine Einführung in Strategie und Ideologie des modernen Rechtsextremismus, 2003, Seite 128 f.

Diese „Differenzierung" ist schon deshalb bemerkenswert, rechtfertigt sich doch die Bundesrepublik Deutschland nach der amtlichen Ideologiepolitik als „Gegenentwurf": Wie kann ein derartiger „Gegenentwurf" gegen Nicht-Neonazis gerichtet sein?

Aus der Perspektive effektiver Oppositionsbekämpfung, die jedoch einem demokratischen Rechtsstaat fremd sein sollte, besteht der Vorteil des Rechtsextremismus-Begriffs darin, dass eigentlich jede politische Strömung darunter subsumiert werden kann und zwar unter Einschluss der Ideologiepolitik des bundesdeutschen „Verfassungsschutzes" selbst. Die bundesdeutsche Verfassungsschutzpolitik und damit auch die Parteiverbotspolitik könnte nämlich als „rechtsextremistisch" gekennzeichnet werden, weil sie sich gegen den ideologisch definierten „Verfassungsfeind" wendet. Wenn es nämlich nach einem Hauptinterpreten des „Verfassungsschutzes", dem Rechtsextremismus-"Papst" Pfahl-Traughber, kennzeichnend für „Rechtsextremismus" unter anderem die Freund-Feind-Stereotypie ist

> vgl. Pfahl-Traughber, Rechtsextremismus. Eine kritische Bestandsaufnahme nach der Wiedervereinigung, 1993, Seite 23 ff.

dann ist damit die amtliche Verfassungsschutzpolitik erkennbar zutreffend gekennzeichnet, richtet sie sich doch gegen den „Feind der Verfassung" (ein Begriff, welcher der DDR-Verfassung von 1949 entnommen ist), und wäre bei konsequenter Anwendung der Begrifflichkeit selbst als „rechtsextremistisch" einzuordnen.

Dies könnte man natürlich auch zum vorliegenden Verbotsantrag sagen, mit dem eine staatliche Freund-Feind-Kategorisierung Hochkonjunktur feiert. Selbstverständlich wird diese Bewertung des vorliegenden Verbotsantrags nicht vorgenommen werden, weil die ideologie-politische Betrachtung und Begründungsebene eine willkürliche Beschränkung der Wahrnehmung den parteipolitischen Bekämpfungsbedürfnissen entsprechend ermöglicht und diese staatliche Feindbestimmung ist nun einmal in einem umfassenden Sinne dem dargestellten besatzungspolitischen Ausgangspunkt entsprechend „gegen Rechts" gerichtet. Als politische Kampfkategorie mag dies ja angehen, jedoch stellt sich diese Begrifflichkeit als willkürlich und rechtsstaatswidrig, also als despotisch dar, wenn sie eine staatliche Maßnahme rechtfertigen soll. Dann bleibt nichts anderes übrig als eine derartige Bekämpfungskategorie als politischen Begriffsschrott einzustufen, welcher sich allerdings für die Salamitaktik zur Ausschaltung des politischen Pluralismus eignet, sodass legitimer Weise dies als der Hauptzweck des Verbotsantrags festgestellt werden kann. Hierbei sucht man sich den am prominentesten zu bekämpfenden Feind heraus, nämlich die Antragsgegnerin, um dabei zum Zwecke der Ausschaltung politischer Opposition einen viel weiteren Personenkreis zu treffen, wie dies die eindeutige Motivation der maßgebenden Verbotspolitiker darstellt und aufgrund der ideologischen Bekämpfungsbegrifflichkeit, die sich der rechtsstaatlichen Rationalität weitgehend entzieht und damit die despotische Wirkung entfaltet, der die Rechtsstaatskonzeption entgegentreten wollte, notwendigerweise darstellen muss.

cc) Antipluralistischer Antiliberalismus

Die dabei auszuschaltende politische Strömung reicht in etwa bis zum National-Liberalismus, welcher derzeit vor allem mit der Kritik am europäischen Währungssozialismus zum Ausdruck kommt, aber die maßgebliche parteipolitische Richtung des Deutschen Kaiserreichs dargestellt hatte. Den Antragstellern kann prima facie vielleicht zu Gute gehalten werden, dass diese rechtsstaatswidrige Methodik einer Salamitaktik mit „Domino-Effekt" (Beckstein, CSU) gegen eine ganze politische Richtung ihren Ausgangspunkt in der überwindungsbedürftigen Begründungsstruktur des SRP-Verbotsurteils hat und dieses wiederum auf das diskriminierende Lizenzierungssystem des alliierten Militärregimes zurückgeht, das man aufgrund des präventiven Verbotssystems als Diktatur beschreiben kann, zumindest als defekte Demokratie einstufen muss. Diese defekte Demokratie ist im SRP-Verbotsurteil, bei dem das Bundesverfassungsgericht als Nachlizenzierungsinstanz aufgetreten ist, fortgeschrieben worden. Da aber die Bundesrepublik Deutschland seit dem 2 + 4-Vertrag ein souveräner Staat sein soll, ist es wohl nicht mehr erforderlich, die Demokratiedefekte durch ideologische Verbotsbegründung weiter fortzuschreiben.

Wie bereits ausgeführt, sind in der SRP-Entscheidung die „so genannten Rechtsparteien", der die zu verbietende SRP zugeordnet wurde, in einer völlig befremdlichen Weise (sofern man den historischen Kontext einer Besatzungsherrschaft als Gegenbegriff zur Demokratie ausblendet) ideologiepolitisch eingeordnet worden. Befremdlich deshalb, weil eine derartige ideologische Einordnung, die erkennbar die zu verbietende Partei in einen größeren weltanschaulich-politischen Rahmen einordnet und deshalb auf Kollateralschaden abzielen muss, für das Vorliegen von Verbotsvoraussetzungen rechtlich völlig irrelevant ist. Rechtsparteien sind dabei ideologisch als dadurch gekennzeichnet dargestellt worden, dass sie „unter der konstitutionellen Monarchie gewohnt" waren, „als staatstragende Parteien schlechthin zu gelten"

vgl. BVerfGE 2, 1, 15 f.

Dies zeigt die Weitreiche des Verbotsansatzes an, indem die maßgeblichen politischen Kräfte des Kaiserreichs in den Ruch der Verfassungswidrigkeit einbezogen werden sollten. Ausdrücklich kommt in der weiteren Darlegung des Gerichts zu „Rechtsparteien" zwar nur der politische Konservativismus ins Blickfeld, dessen Radikalisierung – so muss man das ideengeschichtliche, bei rechtsstaatlicher Vorgehensweise juristisch völlig irrelevante ideologiepolitische Räsonieren des Bundesverfassungsgerichts wohl verstehen – den Nationalsozialismus begründet oder zumindest vorgearbeitet habe. Gemeint sein kann aber bei der ideologiepolitischen Ableitung der zu verbietenden „Rechtspartei" SRP eigentlich nur oder vor allem der National-Liberalismus, der sich – anderes als der Konservatismus, der sich ursprünglich schwerer mit der Nationalstaatskonzeption und damit dem (demokratischen) Nationalismus getan hatte – von Anfang an als die parteipolitisch maßgebliche Formation des Kaiserreichs

> so etwa Wolfgang J. Mommsen, Wandlungen der liberalen Idee im Zeitalter des Imperialismus, in: Karl Holl/Günther List, Liberalismus und imperialer Staat. Der Imperialismus als Problem liberaler Parteien in Deutschland 1890–1914, 1975, Seite 109, 116,

gewissermaßen und durchaus mit Berechtigung als „Reichsgründungspartei"

> so die Überschrift einer Besprechung des Buches von Ansgar Lauterbach, Im Vorhof der Macht. Die nationalliberale Reichstagsfraktion in der Reichsgründungszeit (1866–1880), 2000, in der FAZ vom 14.02.2001,

verstand, mag auch der „Reichsgründer" selbst ein Parteigänger des Konservatismus gewesen sein (wenngleich er zuletzt für die Nationalliberalen zum Reichstag kandidiert, das Mandat aber nicht angenommen hat). Damit kommt ins Blickfeld, dass es die liberalen Parteien, aus denen die bundesdeutsche FDP hervorgehen sollte, unter den etablierten Parteien ursprünglich am schwersten hatten, von den demokratisierenden Besatzungsmächten eine Lizenz zu bekommen, wie man der sehr allgemeinen Aussage des langjährigen FDP-Bundesvorsitzenden Erich Mende entnehmen kann:

> „In der Französischen Besatzungszone lagen die Verhältnisse noch schwieriger, da die Voreingenommenheit gegenüber einer nationalliberalen Partei dort am größten waren."

> vgl. Erich Mende, Die FDP, Daten, Fakten, Hintergründe, 1972, Seite 15

Die Besatzungsmächte haben wohl – entsprechend der Wirkungsweise einer Demokratie, soweit sie zugelassen wird, zu Recht – vermutet, dass sich bei den Liberalen die politisch rechten Tendenzen durchsetzen könnten, die durch das anstelle der vollen Gründungsfreiheit von Parteien eingerichtete besatzungsdiktatorische Lizenzierungssystem gerade ausgeschaltet werden sollten. Dabei muss ausdrücklich nochmals darauf hingewiesen werden, dass das Lizenzierungssystem nicht nur gegen den Nationalsozialismus gerichtet war, sondern damit der gesamte rechte Flügel des traditionellen parteipolitischen Spektrums der Deutschen amputiert werden sollte.

So wurde denn auch im Saarland, das als Vorbereitung auf eine französische Annexion, ersatzweise Europäisierung, einem französischen Sonderregime („Demokratur") unterstellt war, am 21.05.1951 die national-liberale Partei „Demokratische Partei des Saarlandes" (DPS) unter Beschlagnahme ihres Vermögens aufgrund ihrer – „europafeindlichen", würde man nunmehr sagen – Deutschfreundlichkeit mit der Begründung aufgelöst, die Verbindung des Saarlandes zu Frankreich lösen und stattdessen eine Anlehnung an Deutschland erstreben zu wollen vgl. Klaus Altmeyer, Die Volksbefragung an der Saar vom 23. Oktober 1955. Entscheidung über das deutsch-französische Abkommen vom 23. Oktober 1954, in: Europa-Archiv 1956, Seite 9049 ff., S. 9051; zuletzt: Johannes Schäfer, Das autonome Saarland. Demokratie im Saarland 1945–1957, 2012, vgl. zum Verbot der DPS Seite 139 ff.,

was später bekanntlich von den bundesdeutschen Ideologiebewertungsstellen („Verfassungsschutz") als „rechtsextrem", nämlich als „geographischer Revisionismus" (gemeint: unzulässige Erstreckung des Grundgesetzes) bezeichnet werden sollte. Eine Rolle als „Begründung" des antideutschen Liberalismusverbots Frankreichs, das in Form der „Österreichsanktionen" als Verbot einer demokratischen Regierungsbildung bei „deutschen Nationen" eine Neuauflage erleben sollte, spielte dabei ein (gefälschtes) Telegramm des maßgeblichen Mitglieds der SRP, Remer, an die DPS. Gegen die SRP war drei Tage vor dem DPS-Verbot das Verbotsverfahren durch die Bundesregierung beschlossen worden, welches dann entsprechend der Salamitaktik, die auch von einem Besatzungsregime praktiziert wurde, gleich auf deutschfreundliche Liberale ausgeweitet werden sollte. In ähnlicher Weise sind die in der Antragsschrift erwähnten Maßnahmen der fortbestehenden britischen Besatzungsherrschaft in Deutschland gegen den NRW-Landesverband der FDP einzustufen.

Das Bundesverfassungsgericht hat sich im Falle von „rechts" dieser Salamitaktik geöffnet, indem es als Zweck des Parteiverbots das „Ausscheiden von Ideen"

vgl. BVerfGE 2, 1, 73 f.

angenommen hat. Da sich aber „Ideen", die nicht mehr von einer durch staatliche Maßnahmen juristisch vernichteten Partei vertreten werden können, bei Aufrecherhaltung des politischen Pluralismus entsprechend der Wirkungsweise einer normalen Demokratie von anderen Parteien aufgegriffen werden (müssen), sofern sie Anklang beim mündigen Bürger und freien Wähler finden, welcher sich diese geschützt von Art. 1 Abs. 1 GG zu eigen macht, muss sich das ideologie-staatliche Verbotssystem notwendigerweise auf andere Gruppierungen ausdehnen. Als Verbots- zumindest Diskriminierungskandidaten kommt da in der Tat der Nationalliberalismus in Betracht, also Gruppierungen, die in der „Gegenprobe" der Antragstellung angeblich von der ideologischen Verbotsbegründung nicht betroffen sein sollen. Ein ideologie-politisches Parteiverbot ist jedoch nur mit Kollateralschaden zu haben, wie schon die unter „Rechtsextremismus" zu findende staatliche Bekämpfungsberichterstattung zeigt, welche sich staatlich noch dahingehend radikalisiert, weil gar kein Unterschied zwischen „rechts" und „rechtsextrem" gemacht wird und auf ideologischer Ebene wohl auch nicht wirklich gemacht werden kann.

Genau aus diesem Grunde darf den Rechtsstaat die Ideologie seiner Bürger nicht interessieren, sondern es kann nur Illegalität bekämpft werden, welche allerdings nur bei Beachtung der absoluten Differenzierungsverbote des Art. 3 Abs. 3 GG verfassungsgemäß als rechtswidrig definiert werden können. Ein Ideologieverbot kann diesen rechtsstaatlichen Anspruch nicht erfüllen, auch die Illegalisierung einer Aktivität wie Wahlkampf aufgrund der dabei vertretenen unerwünschten Ideologie verfehlt die Anforderungen einer rechtsstaatlichen Demokratie. Dementsprechend ist der Verbotsantrag als verfassungswidrig einzustufen. Damit soll nämlich der politische Pluralismus und das damit verbundene Mehrparteiensystem beseitigt, zumindest aber untergraben werden.

dd) Errichtung eines Ideologiestaats: Abschaffung der Volkssouveränität

Um dieses Diskriminierungssystem gegen eine gesamte politische Strömung durch ideologisch begründetes Parteiverbot durchsetzen zu können, muss dem Verbotsantrag entsprechend die durch Art. 20 Abs. 2 GG garantierte Volkssouveränität durch etwas abgelöst werden, was man wohlwollend als „Verfassungssouveränität" einstufen mag

> vgl. dazu Heidrun Abromeit, Volkssouveränität, Parlamentssouveränität, Verfassungssouveränität: Drei Realmodelle der Legitimation staatlichen Handelns, in: Politische Vierteljahreszeitschrift 1995, Seite 49 ff.

Zutreffender sollte man jedoch von einem „Ideologiestaat" sprechen, weil die Besonderheit dieses entsprechend der Antragsschrift die Volkssouveränität ablösenden postdemokratischen Staates gar nicht in der „Verfassung" enthalten ist, sondern ihr allenfalls ideologisch „geschichtspolitisch" unterlegt wird (da die normale Auslegung dazu nicht ausreicht). Dieser Ideologiestaat gibt unter fragwürdiger Bezugnahme auf „die Verfassung" Anhängern bestimmter weltanschaulich-politischer Auffassungen die Vorrangstellung vor den Vertretern anderer Auffassungen, welche wiederum einer staatlichen Feinderklärung unterworfen werden (was eigentlich als kennzeichnend für „Rechtsextremismus" angesehen werden müsste). Für diese „Feinde" gelten Grundrechte allenfalls als durch Parteiverbot(sdrohungen) und durch ein umfassendes Diskriminierungssystem widerrufbare „Toleranz" und auf Menschenrechte dürfen sich derartige „Feinde" schon gar nicht berufen, zumindest wenn sie sich von den Anhängern staatlich privilegierter Auffassungen, die als „Demokraten" oder „demokratische Politiker" firmieren – ein Begriff der DDR-Verfassung von 1949 (vgl. insb. deren Art. 6), der im Grundgesetz nicht enthalten ist – ihre Partei nicht verbieten lassen wollen. Dieser angestrebte Ideologiestaat mag zwar nicht so formalisiert sein wie dies mit Art. 1 der Ulbricht-Honecker Verfassung der „DDR" von 1968/74 erfolgt war, womit die „Führung der Arbeiterklasse und ihrer marxistisch-leninistischen Partei" festgeschrieben wurde. Eine Wesensverwandtschaft besteht jedoch zumindest methodisch, indem amtlich die Vorherrschaft einer bestimmten Bewältigungsdoktrin festgeschrieben wird, welche ihre Gegner mit Sonderstrafrechtsbestimmungen, die mit Art. 5 Abs. 1,2 GG nicht vereinbar sind, ins Gefängnis bringt und entsprechende Oppositionsparteien durch ein weitreichendes Parteiverbot mit Wahlteilnahmeverbot juristisch vernichtet.

Die vom Verbotsantrag angestrebte Staatsform beruht erkennbar nicht mehr auf der Volkssouveränität, sondern auf der Herrschaft einer ideologie-politisch bevorrechtigten Verbotselite. Es versteht sich von selbst, dass eine derartige Herrschaftsform nicht mehr mit einer rechtsstaatlichen Demokratie gemäß Art. 20 Abs. 2, Art. 28 GG vereinbar ist.

(1) Ideologiewert: Antisemitismus-Vorwurf

Der Vorwurf des Antisemitismus kann gemäß Art. 3 Abs. 3 GG für sich keine rechtliche Bedeutung haben, genauso wenig wie dies etwa beim Vorwurf des „Antikatholizismus" der Fall wäre. Selbstverständlich kann die Haltung eines Katholikenfeindes derart radikal sein, dass er die Diskriminierung von Katholiken oder gar das Verbot der Katholischen Kirche befürwortet und damit in einen Bereich gelangt, welcher rechtlich relevant werden könnte, wenn er an die Umsetzung der Diskriminierung geht. Dagegen ist die Kritik am Katholizismus, an katholischen Glaubenslehren oder an der Haltung der Katholischen Kirche Teil des weltanschaulich-politischen Pluralismus, welche durch Meinungsfreiheit (Art. 5 Abs. 1 GG), (negative) Glaubensfreiheit (Art. 4 GG) und auch Vereinigungsfreiheit (Art. 9 Abs. 1 GG), etwa durch Gründung eines antikatholischen Vereins, rechtlich abgesichert ist. Für den so genannten „Antisemitismus" kann gemäß Art. 3 Abs. 3 GG nichts anderes gelten, d. h. Kritik an der jüdischen Religion, an Auffassung und Taten jüdischer oder israelischer Politik ist rechtlich nicht als schlimmer zu bewerten als etwa Antikatholizismus.

Die diskriminierende Wertung, wonach dieser „Antisemitismus" schlimmer sei als etwa eine Anti-Rechts-Haltung – nachfolgend als „Antidextrismus" bezeichnet (von lateinisch dextrum = rechts oder in Esperanto: dekstra) – kann nicht rechtsstaatlich begründet werden, sondern nur ideologiestaatlich durch rechtsstaatlich irrelevante Berufung auf – staatlich zu erzwingende – „Erinnerung", welche nur durch die antidextristische Unterstellung einen Sinn bekommt, dass jemand, welcher das Judentum oder israelische Politiker etwas schärfer kritisiert, sie zumindest nicht – wie staatsideologisch anscheinend geboten – anhimmelt, politisch motivierten Massenmord beabsichtigt. Dagegen wird diese massenmordende Absicht trotz der bitteren Erfahrungen religiöser Verfolgung einem Katholikenfeind oder trotz der bitteren Erfahrungen der kommunistischen Verfolgung von „Rechtsabweichlern" oder „Rechtsrevisionisten" Antidextristen nicht unterstellt, weil dem die Menschenwürdeverpflichtung (Art. 1 Abs. 1 GG) entgegenstünde, jemanden entgegen der Unschuldsvermutung von Staatswegen eine derartige Entschlossenheit zum politischen Massenmord zu unterstellen. Beim Vorwurf des „Antisemitismus" scheint dies dagegen möglich zu sein:

Offene Diskriminierungspolitik eines Ideologiestaates also auch hier! Für eine Verbotsbegründung in einem Rechtsstaat in Sinne von Art. 28 Abs. 1 GG reichen derartige Ideologieschlagworte wie „Antisemitismus" nicht aus, ähnlich wie man kein Vereinsverbot wegen ideologischen „Antikatholizismus" oder „Antidextrismus" aussprechen könnte.

(2) Ideologiewert: Wesensverwandtschaftsverbot

Nachholende Wesensverwandtschaft kann man vor allem im „Kampf gegen Rechts" erkennen. Auch ein ideologie-politisch begründetes Parteiverbot mit weitreichender Verbotswirkung der „Ausscheidung von Ideen" lässt sicherlich wesensverwandte Züge erkennen. Damit soll gesagt sein: Auch bei diesem zentralen Vorwurf der Antragsbegründung ist die rechtsstaatliche Irrelevanz hervorzuheben, weil der Rechtsstaat (Art. 20 Abs. 3 GG) die weltanschaulich-politischen Ansichten seiner Bürger nicht bewertet, sondern eine derartige Bewertung mit staatlicher Sanktionswirkung (Parteiverbot) dem gegen die Demokratie (Art. 20 Abs. 2 GG) gerichteten Ideologiestaat vorbehalten ist, den die Antragsschrift erkennbar anstrebt.

Der Antragsteller versucht mit ungenierter Offenheit, die juristisch-dogmatisch gebotene Subsumtion unter die Tatbestandsmerkmale der Verbotsvorschrift in Art. 21 Abs. 2 GG dadurch zu umgehen, dass er die Antragsgegnerin durch pseudo-wissenschaftliche Rabulistik auf eine Ebene mit der NSDAP zu stellen versucht. Da es sich

C. Das zweite NPD-Verbotsverfahren (2013–2017)

bei der NSDAP freilich um die Anti-Grundgesetz-Partei par excellence handelt, kann – so die „Logik" des Antragsstellers – an der Verbotswürdigkeit einer mit dieser Anti-Grundgesetz-Partei wesensverwandten Partei natürlich kein Zweifel bestehen. Derlei simplifizierende Überlegungen ändern aber freilich nichts daran, dass es für ein Verbot einzig und allein auf die Beeinträchtigung oder Beseitigung der freiheitlich demokratischen Grundordnung ankommt. Dies allein ist der anzulegende Maßstab und nicht irgendwelche tatsächlichen oder vermeintlichen Wesensverwandtschaften. Eine politische Partei kann so wesensverwandt sein, wie sie will, solange sie eben nur nicht darauf ausgeht, die freiheitlich demokratische Grundordnung zu beeinträchtigen oder zu beseitigen. Wenn das eine zwangsläufig aus dem anderen folgt – so wie die Gegenseite es dem Gericht weiszumachen versucht – dann sind beide Kategorien ohnehin kongruent, sodass es keine Probleme bereiten sollte, das behauptete Streben nach einer Beeinträchtigung oder Beseitigung der freiheitlich demokratischen Grundordnung auch ohne Rückgriff auf irgendwelche dubiosen Wesensverwandtschaftskonstruktionen gerichtsfest nachzuweisen. Folgt das eine aber nicht zwangsläufig aus dem anderen, dann ist das Wesensverwandtschaftskriterium ohnehin von vornherein untauglich und rechtlich irrelevant.

Der Vorwurf der ideologischen „Wesensverwandtschaft" ist auch deshalb als rechtsstaatswidrig zu erkennen, weil er ziemlich beliebig – fast gegen jeden – erhoben werden könnte und deshalb auch kaum widerlegbar ist. Dies hat vor allem damit zu tun, dass der „Faschismus" zahlreiche linke, rechte und liberale (Mitte)-Aspekte aufgewiesen hat

> vgl. gut zusammengefasst von Karlheinz Weißmann, Faschismus. Eine Klarstellung, 2009,

ja, es kann durchaus plausibel behauptet werden, es habe so viele Nationalsozialismen wie Nationalsozialisten (erst recht so viele Faschismen wie Faschisten) gegeben

> so die (Selbst-)Einschätzung bei Hans Frank, zitiert bei Andreas Molau, Alfred Rosenberg. Der Ideologe des Nationalsozialismus – Eine politische Biografie,1993, Seite 34,

sogar ein Nationalsozialismus ohne Antisemitismus hätte ja möglich sein können

> vgl. Günter Bartsch, Zwischen drei Stühlen. Otto Strasser – Eine Biographie, 1990, Seite 197 am Beispiel der ideologischen Einstellung von Otto Strasser dargelegt.

Diese umfassende ideologische Heterogenität wird bestätigt durch die Einschätzung des ehemaligen Mitarbeiters von Propagandaminister Joseph Goebbels (NSDAP), des in der NRW-FDP der 1950er Jahre äußerst einflussreichen Werner Naumann (NSDAP, FDP), welcher plausibel dargelegt hat, dass der NSDAP neben „überzeugten Sozialisten" auch

> „unternehmungsfreudige Kapitäne der Wirtschaft von ausgeprägter individualistischer Art, Vertreter des Liberalismus [...]"

angehörten, die alle nur durch die speziellen historischen Umstände und durch die einmal etablierte diktatorische Führung zusammengehalten worden seien, sodass mit Wegfall dieser Führung notwendigerweise auch die NS-Bewegung als solche verschwunden wäre (gemeint wohl: auch ohne militärische Niederlage) vgl. Werner Naumann, Nau-Nau gefährdet das Empire? Eingeleitet und ergänzt von Karl Heinrich Peter, 1953, Seite 159.

Dies dürfte in der Tat erklären, weshalb der Übergang von der NS-Ordnung zum „Gegenentwurf" so leicht möglich gewesen ist, es musste dazu nur das ideologische NS-Konglomerat wieder in „demokratischen" Teilen aufgehen. Diese nüchterne Betrachtung ist allerdings in einer Ideologierepublik nicht möglich, bei der an die Stelle von Analysen eines historischen Phänomens, worüber man sich natürlich gestützt auf Meinungs- und Wissenschaftsfreiheit streiten kann, so etwas wie demokratischer Schadenszauber zelebriert wird, der keine Meinungsfreiheit zulässt, sondern nur Parteiverbote und ähnliche Diskriminierungs- und Unterdrückungsmaßnahmen kennt.

Machtpolitisch, etwa zu einer Parteiverbotsbegründung ist der Ideologievorwurf der „Wesensverwandtschaft" natürlich nur möglich, wenn er dem Begriffsschrott „Rechtsextremismus" entsprechend nur einseitig vorgenommen wird. Dementsprechend zeichnet die Antragsschrift mit ihren sprachpolizeilichen „Beweisen" eine antidextristische Dämonisierungswirkung aus. Sucht man nämlich objektiv nach „Wesensverwandtschaft" dann lässt sich diese auch ganz anders als in der Antragsschrift zelebriert feststellen. So gibt es ja zunehmend Stimmen, wonach der verfassungsrechtliche Bezugspunkt der Antragsschrift, nämlich das Verfassungsproblem Adolf Hitler, zu Beginn seiner politischen Tätigkeit als SPD-Sympathisant gegolten

vgl. Höhne, aaO., Seite 41 f. mwN.; dazu zuletzt Ralf Georg Reuth, Hitlers Judenhass. Klischee und Wirklichkeit, München/Zürich 2009,

und sich bei Bekundung seiner wahren Absichten eigentlich – abgesehen von der „jüdischen Führungsschicht" – im Unterschied zu den äußerst negativ eingeschätzten bürgerlichen Rechtsparteien immer positiv über diese Partei geäußert

vgl. Zitelmann, aaO., Seite 464, mwN.,

hatte und es ihm auch entschieden um die Integration des sozialdemokratischen Arbeiters gegangen ist. Dies ist Hitler als Bezugspunkt des bundesdeutschen Parteiverbotsrechts durch seine sozialpolitischen Maßnahmen derart weitgehend gelungen, dass man sogar „so etwas wie eine Affinität (dt. ‚Wesensverwandtschaft', Anm.) sozialdemokratischer Arbeiter zu Hitler" feststellen lässt, „die auch umgekehrt zutraf" und in den Berichten der zeitgenössischen Exil-SPD (Sopade) durchaus erkannt wurde

vgl. Höhne, aaO., Seite 360.

Unklar ist allerdings, welche Konsequenzen die Antragschrift aus derartigen Wesensverwandtschaften ziehen will. Aller Wahrscheinlichkeit will sie dies ignorieren, um durch Realitätsverleugnung eine antidextristische Dämonisierung herbeizuführen. Diese ideologiepolitische Realitätsverleugnung ist für die Einseitigkeit der bundesdeutschen Verbotspolitik entsprechend der Maßgaben der alliierten Lizenzierungs- und damit Verbotspolitik allerdings schon immer kennzeichnend gewesen und erklärt, warum in der Bundesrepublik Deutschland Organisationen, die sich auf Pol Pot und Mao als maßgebliche Figuren bezogen, wie die sog. „K-Gruppen", trotz der „alle menschlichen Vorstellungen überschreitenden" Massentötungen durch die Bezugsfiguren kaum Verbotsüberlegungen und schon gar keinen Verbotsverfahren unterworfen waren

C. Das zweite NPD-Verbotsverfahren (2013–2017)

> vgl. Gunnar Heinsohn, Lexikon der Völkermorde, 1998, S. 243 ff. unter Bezugnahme auf H. Fein, Accounting for Genocide after 1945: Theories and Some Findings, in: International Journal on Group Rights, Bd. 1. 1993, S. 79 ff., 88.

Dabei wird man sagen können, dass die 68er-Bewegung, die nunmehr die vorliegend als Bundesrat auftretenden Verbotsparteien ideologisch prägt, zumindest soweit sie eine spezielle bundesdeutsche Erscheinung darstellt, bei einer einigermaßen objektiven Bewertung nach den Kriterien der amtlichen Bewältigungsideologie das größte Maß an „Wesensverwandtschaft" im bundesdeutschen verbotspolitischen Sinne gezeigt hat. Ein „virtueller Totalitarismus" ist dabei ganz real vorhanden gewesen. So zeigte 1971 „jeder vierte Bundesbürger unter dreißig Jahren" „gewisse Sympathien für die ROTE ARMEE FRAKTION"

> vgl. Gerd Koenen, Das rote Jahrzehnt. Unsere kleine deutsche Kulturrevolution 1967–1977, 2. Auflage, 2004, Seite 392.

Aus diesem Sympathisantenkreis sollten vor allem die K-Gruppen als „Schule des virtuellen Totalitarismus hervorgehen

> vgl. ebenda, Seite 415 ff.

und aus diesem wiederum sollten sich etwa (Stand: 2000) 20 % der maßgeblichen Mandatsträger und Funktionäre der Partei Die Grünen rekrutieren

> so Jochen Staadt, Nicht unter 200 Anschlägen pro Minute. Hans-Gerhart Schmierer und der „Kommunistische Bund Westdeutschlands", in: FAZ vom 31.01.2001, Seite 10.

Die zwischenzeitlich fest etablierten 68er können insofern als die eigentlichen Neo-Nazis der Bundesrepublik Deutschland ausgemacht werden. In diese Richtung geht immerhin eine Selbstkritik aus den Reihen ehemaliger 68er,

> wie sie etwa von Gerd Koenen, aaO., geäußert worden ist und wie sie auch Götz Aly mit seinem Buch mit dem wohl selbsterklärenden Titel „Unser Kampf 1968" zum Ausdruck gebracht hat,

ohne dass dies zu Verbotsforderungen wegen „Wesensverwandtschaft" geführt hätte, obwohl sich diese als handgreiflich darstellt, würde man wenigstens offensichtliche Tatsachen einer weltanschaulich neutralen Betrachtung zuführen. In der entsprechenden Literatur wird etwa die Einsicht des amerikanischen Außenministers Henry Kissinger mitgeteilt, wonach die studentischen Rebellen in Deutschland „nazistischer als etwa die NPD" sein würden. Der jüdische Professor Ernst Fraenkel bemerkte in diesem Zusammenhang, dass die Judengegnerschaft auf der rechten politischen Seite nicht in Erscheinung trete, wohl aber auf der linken und es sei erschütternd, „mit welcher Inbrunst die ahnungslosen Jünglinge und Jungfrauen [...] ihre proarabischen Sprüche herunterleierten." Diese Problematik führte im Laufe der Entfaltung der deutschen 68er-Ideologie in den politischen Terrorismus zum Vorfall in Entebbe, wo deutsche Linksterroristen die jüdischen Passagiere eines entführten Flugzeuges der Air France in einem Selektionsverfahren von den übrigen Passagieren trennten, ersichtlich, um jene eine „Sonderbehandlung", nämlich Geiselermordung, angedeihen zu lassen:

"Dass Linke dies dreißig Jahre nach Auschwitz fertig brachten, gehört bis heute für mich zu den traurigsten und schlimmsten Kapiteln der 68er-Bewegung", so der Kommentar eines 68er-"Renegaten".

nämlich von Werner Olles; vgl. Claus-M. Wolfschlag (Hg.), Bye-bye '68 ... Renegaten der Linken, APO-Abweichler und allerlei Querdenker berichten, 1998, Seite 13; zu diesem Komplex auch Martin Kloke, "Das zionistische Staatsgebilde als Brückenkopf des Imperialismus". Vor vierzig Jahren wurde die neue deutsche Linke antiisraelisch, in: Merkur 2007, Seite 487 ff., Seite 495 f.

Aus eigentlich aufklärungs- und damit bewältigungsbedürftigen Gründen ging der Weg der deutschen 68er, ersichtlich einer inneren Ideologik folgend, welche sich aus dem Vollzug des Gegenentwurfs zu ergeben scheint, welche psychologisch zur Annäherung zu nötigen scheint, vom „zutiefst moralischen Antifaschismus zum mordbereiten Antizionismus", also von „Auschwitz nach Entebbe" „ein Weg, der für alle deutschen Terroristen, jedenfalls in den siebziger Jahren, zum geheimen Gravitationszentrum ihrer Aktionen wurde"

so Gerd Koenen, aaO., Seite 409.

Die Tatsache, dass von der bundesdeutschen Verbotspolitik die „Wesensverwandtschaft" nur im Falle von „rechts" festgestellt wird, macht demnach die Verfehltheit der Ersetzung von rechtlichen Kategorien durch ideologie-politische Ansätze deutlich, wie dies mit der „Wesensschau" notwendiger impliziert ist, weil ein derartiger Verbotsansatz auf einen zentral gegen den politischen Pluralismus gerichteten Schaden abzielt, was wohl den wirklichen Grund für ein Parteiverbotsverfahren gegen die Antragsgegnerin darstellt.

Wie bereits ausgeführt, kann eine „Wesensverwandtschaft" mit dem Nationalsozialismus oder auch einer beliebigen Ideologie natürlich immer festgestellt werden: Bei ideologischen und politischen Ansichten stehen, anders als Antifaschismus und die Begründungen der bundesdeutschen Verbotspolitik meinen, nicht Gut und Böse gegeneinander, sondern es besteht ein ideologisches Kontinuum, das „von liberalen und sozialistischen bis zu neokonservativen und faschistischen Vorstellungen" reicht

verwiesen sei nochmals auf die Darstellung von Stefan Vogt, Nationaler Sozialismus und Soziale Demokratie. Die sozialdemokratische Junge Rechte 1918–1945, 2006, Seite 18.

Aus einer ideologischen Verwandtschaft, sollte sie vorliegen, müssen nicht dieselben Konsequenzen gezogen werden. Allein diese Konsequenzen dürfen aber einen Rechtsstaat nur interessieren, der sich dabei einer ideologisch neutralen Bewertung zu befleißigen hat. Das zur „Begründung" des Antrags angeführte Ideologem ist hingegen als rechtsstaatlich irrelevant einzustufen.

(3) Ideologiewert: Relativierungsverbot

Auch bei diesem Begründungselement handelt es sich um ein Ideologem, das rechtsstaatlich ebenfalls irrelevant ist, weil die Frage, was als bewältigungsbedürftig anzusehen ist und wo die maßgeblichen politischen Verbrechen des 20. Jahrhundert begangen wurden, in einem freien Staat, als welcher sich ein rechtsstaatlicher „demokratischer

Bundesstaat" gemäß Art. 20, 28 GG verstehen müsste, der Meinungsfreiheit der Bürger (Art. 5 GG) anheim gegeben ist, mit der Konsequenz, das einem Bürger aus seiner entsprechenden Vorstellung kein Nachteil erwachsen kann (Art. 3 Abs. 3 GG), zumal der Staat den Glauben oder Unglauben seiner Bürger an der Bewältigungsbedürftigkeit eines historischen Phänomens, was letztlich ein zivilreligiöser Vorgang ist, nicht bewerten darf (Art. 140 GG iVm. Art. 137 Abs. 1 GG).

Die Antragsgegnerin geht davon aus, dass die zivilreligiösen Dogmen, welche nunmehr sogar zur „Begründung" eines das Mehrparteienprinzip ausschaltenden Parteiverbots herhalten sollen, eine ziemliche Relativierung entfalten, indem sie etwa kommunistische politische Massenverbrechen für irrelevant erklären, um von den ohnehin als unbedeutsam angesehenen deutschen Massenvertreibungsopfern gar nicht zu sprechen, welche üblicherweise mit der „Begründung" hinwegrelativiert werden, sie seien berechtigte Reaktion. Das bewältigungsbedürftige Unheil des 20. Jahrhundert begann mit der amtlichen Erklärung des Sowjetregimes durch die Führungsfigur Grigorij Zinoviev vom September 1918:

„Um unsere Feinde zu überwinden, brauchen wir unseren eigenen sozialistischen Militarismus. Von der einhundert Millionen zählenden Bevölkerung Sowjetrusslands müssen wir 90 Millionen mit uns nehmen. Was den Rest angeht, so habe wir ihm nichts zu sagen. Er muss vernichtet werden."

Dementsprechend:

„Die russische Revolution war die Geburtsstunde des totalitären Zeitalters, sie war die Erbsünde, aus der sich die modernen Diktaturen und Ideologien hervorbrachten. Sie verknüpften das Menschenglück mit der physischen Vernichtung von Menschen. Die Bolschewiki führten die staatlich organisierte Tötung stigmatisierter Kollektive ... als Möglichkeit überhaupt in die Praxis der modernen Politik ein."

vgl. bei Baberowski, aaO., Seite 38 f.

Wenn man unbedingt ideologisch bewältigen will, um die wohl als verfassungswidrig anzusehende „Relativierung" dieser amtlichen Ankündigung der Ermordung von 10 Millionen Menschen zu vermeiden, dann muss darauf hingewiesen werden, dass sich diese Ankündigung in die sozialistische Geistesströmung einordnet, die wesentlich in Deutschland über den Ideologiekomplex der klassischen Sozialdemokratie zur Entfaltung gebracht worden war und dementsprechend dort seinen bewältigungsbedürftigen historischen Ausgangspunkt hat.

Dass die aufgrund des sog. Sozialistengesetzes mit den dargestellten rechtsstaatlichen Einschränkungen verbotene Sozialdemokratie nunmehr als maßgebliche Partei einer parlamentarischen Demokratie gelten kann, so ist dies wesentlich auf „Relativierung" zurückzuführen: Es wird allgemein akzeptiert, dass mit dem Hinweis auf die entsprechenden Zeitumstände relativiert wird, die unter anderen Umständen aufgrund geänderter Verhältnisse und dergleichen keine oder eine andere Bedeutung haben oder dass man aufgrund der Umstände, wie Verfolgungssituation und Diskriminierung bestimmte Ansichten verstehen und würdigen müsse. Nur auf diese Weise ist es überhaupt möglich, dass insbesondere Parteien, die sich in eine lange Tradition einordnen, Bestandteil einer parlamentarischen Demokratie werden können, indem ihnen nicht jede

Identifizierung mit Traditionsbeständen diskriminierend und verbotsbegründend vorgeworfen wird.

Wer etwa Julius Caesar für eine bedeutsame historische Figur hält, den wird man wohl nicht zum Vorwurf machen, die freiheitliche demokratische Grundordnung abschaffen zu wollen, auch wenn die Herrschaftsprinzipien von Cäsar damit nicht in Einklang stehen. Einer Christdemokratie, die sich von der Namensgebung her in eine religiöse Tradition stellt, wird man von Staatswegen keinen Verbotsstrick drehen können, indem ihr die entschiedene Ablehnung von Menschenrechten durch die Katholische Kirche, wie sie etwa in der Enzyklika „Mirari vos" von Papst Gregor XVI aus dem Jahr 1832 in einer bemerkenswerten Weise zum Ausdruck kommt, vorgehalten wird. Dies wird aber der Verbotspartei CDU nicht verbotsbegründend zum Vorwurf gemacht. Vielmehr wird ihr das Recht der historischen Relativierung zugute gehalten werden, was es ihr ermöglicht, sich zu ihrer kirchlich beeinflussten Tradition zu bekennen und trotzdem als Anhänger der bundesdeutschen Demokratie zu gelten. Auch hinsichtlich der Mitwirkung der Christdemokratie als Blockpartei der DDR-Diktatur wird ihr von Staatswegen kein Vorwurf gemacht, obwohl hier noch unmittelbare personelle und wohl auch ideologische Kontinuitäten bestehen, die sich bei dem vorliegenden Verbotsantrag bemerkbar machen, welcher von einer ähnlichen Motivation getragen sein dürfte, die in einer Zeit, die in der Tat noch nicht so lange zurückliegt zur Mitwirkung an der linksextremistischen DDR-Diktatur geführt hat.

Insbesondere gilt: Würde man die Kriterien, welche in der Antragsschrift auf die Antragsgegnerin angewandt werden, auf die links von der sog. Christdemokratie angesiedelten Verbotsparteien anwenden, dann käme die SPD (um von der SED gar nicht zu sprechen) nicht um ein Verbot herum, hat sie sich bei der 150. Jahrfeier der Partei nicht von den Ansichten ihres Gründers Ferdinand Lassalle distanziert, dessen politische Konzeption auf eine demokratisch legitimierte sozialistische Führerdiktatur hinausgelaufen wäre.

Was nun die Einstellung der klassischen SPD zur Demokratie betrifft, so braucht nur auf eine maßgebliche Untersuchung zum „eigentümlichen Freiheitsbegriff" der Sozialdemokratie

> nämlich von: Susanne Miller, Das Problem der Freiheit im Sozialismus. Freiheit, Staat und Revolution in der Programmatik der Sozialdemokratie von Lassalle bis zum Revisionismus-Streit, 1964

verwiesen werden, welche zum Ergebnis kommt, dass der Ansatzpunkt der Freiheitsvorstellungen der Sozialisten stets die Freiheit eines Kollektivs, nämlich des Proletariats, des Volkes oder der Menschheit, niemals jedoch die des einzelnen war. Der mögliche Gegensatz zwischen Volk und Individuum wurde als durch die Identifikation von Individuum und Gemeinschaft („identitär") aufgelöst angesehen, da sich die Differenzen lediglich aus der kapitalistischen Klassengesellschaft ergäben. Wenn aber dieses Kollektiv so etwas Gutes ist, dann musste es notwendiger Weise zum absoluten Wert erhoben werden, hinter dem der Einzelne als „nichtig" (Kautsky) betrachtet werden müsse. Dem Individuum wird deshalb auch „das Recht abgesprochen, seine Freiheitsansprüche gegenüber einer sozialistischen Gesellschaft geltend zu machen, sobald diese dem etablierten Kodex dieser Gesellschaft nicht entsprechen."

vgl. S. Miller, aaO., Seite 294 f.

Soweit dieser demokratie-theoretisch zweifelhafte Charakter der klassischen Sozialdemokratie meist widerwillig in der einschlägigen Literatur zugestanden wird, so wird sofort – selbstverständlich relativierend – entgegengehalten, dass sich die Sache anders darstellen würde, wenn es um die praktischen Forderungen ginge, so dass die traditionelle SPD zwar theoretisch totalitär („wesensverwandt" im Sinne der Antragsschrift), praktisch jedoch liberal-demokratisch gewesen sei. Hierbei ist darauf hinzuweisen, dass die vorliegende Antragsschrift eine derartige Kombination nicht für möglich halten dürfte. Dazu könnte angeführt werden, dass die nachhaltig befürwortete Parlamentarisierung des Kaiserreichs etwa für den programmatisch maßgeblichen Kautsky kein Selbstzweck war, sondern nur die sozialistische Revolution erleichtern sollte, wie schon aus der Formulierung hervorgeht, dass ein parlamentarisches Regierungssystem den „Boden" bilden müsse, „aus dem die Diktatur des Proletariats und die sozialistische Gesellschaft erwachsen" könne. Deshalb lehnte Kautsky auch entschieden eine Koalition ab, d. h. er beanspruchte für die SPD die gesamte Macht, was wohl nicht die Vorstellung vermittelt, dass sie auch wieder würde abgegeben werden. Damit ist unbestreitbar, dass bei dieser Konzeption die (liberale) Demokratie im vorrevolutionären Zeitalter als bloßes Kampfmittel des Proletariats, nicht jedoch als Zweck („Wert" im Sinne der bundesdeutsche Argumentation) an sich erscheint. Der Revolutionsmythos kommt dann voll zum Ausdruck, wenn Kautsky mit der Überlegung spielt, dass die Bevölkerung der Hauptstadt der Kammer ihren Willen diktiert und diese somit zum revolutionären Werkzeug würde

> „Der Satz ruft in Erinnerung, dass die proletarische Revolution auch in einem demokratischen Staate nicht unbedingt in verfassungsmäßigen, parlamentarischen Rahmen ablaufen müsse. Die Revolution bildet das Ende der bewusst demokratischen Wegstrecke der sich zu Marx bekennenden Sozialdemokratie; nur solange mit ihr nicht zu rechnen ist, bleibt die Partei auch für nichtmarxistische Begriffe sicher auf dem Boden der Demokratie."

so zusammenfassend Gilg, aaO., Seite 82 f.,

d. h. aber dann nicht mehr, wenn es wirklich darauf ankommen würde, dass man sich auf die demokratische Zuverlässigkeit der SPD hätte verlassen müssen. Wenn demgegenüber zugunsten der SPD – natürlich „relativierend" – eingewandt wird, dass dies zwar theoretisch so sein mag, aber die revisionistische Praxis zu einer anderen Einschätzung zwingt, so muss aber darauf hingewiesen werden, dass dieser Revisionismus von der Partei grundsätzlich und wiederholt formal abgelehnt worden ist, am schärfsten noch auf dem Dresdner Parteitag von 1903 und dies mit einer Mehrheit von 288:11 Stimmen! Man stelle sich angesichts des ideologischen Charakters der vorliegenden Verbotsbegründung vor, welches „Argument" aus einer ähnlichen Situation daraus zu Lasten der Antragsgegnerin gemacht werden würde.

Zusammengefasst: Der Vorwurf der „Relativierung" kann für eine Verbotsbegründung nicht relevant sein. Mit diesem Postulat fordert die Antragsgegnerin nicht mehr als was aus den dargestellten Gründen auch anderen Parteien als Voraussetzung für ihre Integration in den demokratischen Prozess zugestanden wird. Dabei ist vorliegend auf die maßgebliche Relativierung hinsichtlich des Maoismus der 68er Generation, ein

Phänomen, das in der Tat noch keine 70 Jahre zurückliegt, eingegangen, wenngleich hierzu auf die vorliegend dazu gemachten Ausführungen hingewiesen werden soll. Auch hier hat „Relativierung" zur Akzeptanz etwa der „Grünen" im politischen System der Bundesrepublik Deutschland geführt.

ee) Rechtsstaatswidrige Gefahrendefinition

Die vorliegend zur Verbotsbegründung angeführten Ideologievorwürfe stellen sich deshalb als bemerkenswert dar, weil dies zu einer demokratietheoretisch abwegigen Definition der Gefahr führt, welche durch ein Parteiverbot abgewehrt werden soll. Die Gefahr, welche denn in der Antragsschrift als „politisch" beschrieben wird, kann dann nämlich nur darin bestehen, dass sich zu viele mündige Bürger die entsprechenden Ideologiekomplexe zu eigen machen könnten und sich das auf ihr Wahlverhalten bei freien Wahlen zu Lasten der Verbotsparteien auswirken könnte. Eine derartige „Gefahr" gehört jedoch zum Wesen der Demokratie, da diese davon ausgeht, dass Wahlen von den einen Parteien verloren werden können, um über den Wechsel des politischen Personals, das durch das Gewinnen der Wahlen durch andere Parteien herbeigeführt wird, den Willen des Volks, den die Demokratie (Volksherrschaft) als gegeben voraussetzt, zu verwirklichen.

Unabhängig davon führt das von der Antragstellerseite vertretene extrem weit vorgelagerte Präventionsverständnis des Art. 21 Abs. 2 GG zu schwerwiegenden Wertungswidersprüchen: Während beispielsweise im traditionellen polizeilichen Gefahrenabwehrrecht selbst zur Rechtfertigung auch nur vergleichsweise geringfügiger Grundrechtseingriffe stets eine Gefahr vorliegen muss, soll im Bereich der verfassungsschützenden „Ideenabwehr" überhaupt keine konkrete Gefahr erforderlich sein, sondern das Vorliegen einer falschen Ideologie für sich genommen schon genügen. In einem Staat, in dem jeder Streifenpolizist das Vorliegen einer Gefahr nachweisen können muss, um einen Platzverweis zu erteilen, soll es zulässig sein, eine mit dem Verfassungsauftrag des Art. 21 Abs. 1 GG ausgestattete und durch die Menschenrechte der Art. 10, 11 EMRK geschützte politische Partei ohne Vorliegen einer auch wie auch immer gearteten Gefahrenlage allein zum Zwecke der rein ideologischen Gefahrenvorsorge wegzuverbieten. Die Absurdität der These, das Vertreten „falscher" Ideen sei letztlich schlimmer als polizeiliches Einschreiten legitimierendes Gefährdungshandeln, dürfte ohne weiteres auf der Hand liegen.

Die Gefahrendefinition der Verbotsbegründung zielt deshalb erkennbar darauf ab, unter Berufung auf eine Demokratieideologie die freie Demokratie durch einen Ideologiestaat abzulösen. Damit ist der Verbotsantrag als unbegründet zurückzuweisen.

f) Schlussfolgerung für ein rechtsstaatskonformes Parteiverbotskonzept

Die rechtsstaatlichen Grundsätze, wonach der Staat dem Bürger nur rechtwidrige Handlungen zum Vorwurf machen, ihm jedoch nicht seine weltanschaulich-politischen Auffassungen sanktionsbewehrt vorschreiben kann, gelten dementsprechend und selbstverständlich auch für das Verfahren der Feststellung der Verfassungswidrigkeit nach Art. 21 Abs. 2 GG, mag dieses Verfahren nun ein Parteiverbot in der üblichen Bedeutung darstellen bzw. darauf hinauslaufen oder auch nicht. Es bestätigt sich dabei die Erkenntnis, dass das (vereinfacht geschrieben) Parteiverbot nur zur Abwehr einer auf (geplantes) unrechtmäßiges Handeln zurückzuführenden Gefahr ausgesprochen werden kann, was in der Regel gewaltsames Handeln, zumindest plausibel und konkret als Vorbereitungshandlungen nachweisbare Gewaltbereitschaft zur Voraussetzung hat. Dementsprechend ist allein das Verständnis des Parteiverbots als vorübergehende, d. h. zeitlich befristete Notstandsmaßnahme, letztlich als Ausübung von notwendigerweise befristeter Diktaturgewalt, rechtsstaatskonform.

Deshalb kann ein Parteiverbot nicht zur Abwehr der drohenden „Gefahr" ausgesprochen werden, welche von einer weltanschaulich-politischen Agenda ausgeht, weil dies den rechtsstaatlichen Grundsätzen der weltanschaulichen Neutralität des Staates widerspricht. Dem Bürger ist danach nämlich erlaubt, für sich oder in Vereinigung mit anderen Bürgern nicht nur seine Überzeugung zu „haben", sondern die sich aus dieser Überzeugung ergebenden politischen Konsequenzen im Rahmen und mit den Mitteln der Gesetze auch durchzusetzen, indem man durch Ausübung vor allem der Grundrechte der Meinungs- und Vereinigungsfreiheit (Art. 5 Abs. 1 und 9 Abs. 1 GG) zur Willensbildung des Volkes (Art. 21 Abs. 1 GG) Anhänger und Wähler (Art. 38 GG) zu gewinnen sucht, was zur Änderung der parlamentarischen Mehrheitsverhältnisse beitragen und dabei sogar zu einer verfassungsändernden Mehrheit (Art. 79 Abs. 2 GG) führen könnte. Das Bestreben des Bürgers darf demnach darauf gerichtet sein, die Verfassung zu ändern, sofern dies mit gesetzeskonformen Mitteln geschieht.

Die staatliche, etwa gerichtliche Kontrolle des politischen Prozesses kann sich naturgemäß nicht auf die Prüfung beziehen, ob die weltanschaulichen Ideen oder politischen Forderungen als solche zulässig wären, sondern nur darauf, ob ihre rechtliche Umsetzung im konkreten Fall etwa ohne das für Änderung der Verfassung vorgesehene Verfahren erfolgen soll. Da der vorliegende Antrag nicht belegen kann, dass die Antragsgegnerin eine rechtswidrige Änderung der Verfassung anstrebt, ist ihre Verfassungswidrigkeit nicht belegt. Der Antrag ist demnach gemessen an den Anforderungen des Rechtsstaats unschlüssig und dementsprechend zurückzuweisen.

g) Bestätigung der rechtsstaatlichen Verbotskonzeption durch den Begriff der „freiheitlichen demokratischen Grundordnung"

Die entsprechend den vorstehenden Ausführungen gebotene rechtsstaatskonforme Verbotskonzeption, genauer: Konzeption für die Feststellung der Verfassungswidrigkeit, wird durch den üblicherweise missverstandenen Begriff der „freiheitlichen demokratischen Grundordnung" als Schutzgut bestätigt. Dieser stellt sicherlich eine Schranke des Demokratieprinzips gemäß Art. 20 Abs. 2 GG dar, impliziert aber auch eine inhaltliche Beschränkung dieser Schranke im Sinne einer Schranken-Schranke, weil damit die Situation verhindert werden soll, dass der Demokratieschutz zu „volksdemokratischen" Verhältnissen führt. Diese Intention ergibt sich aus der in der Entstehungsgeschichte nachweisbaren Funktion der Abgrenzung der „freiheitlichen demokratischen Grundordnung" von der „weniger freien" Volksdemokratie. Hingewiesen sei nochmals auf die Aussage des Abgeordneten v. Mangoldt, welcher im Parlamentarischen Rat in den Verhandlungen zu (dem späteren) Art. 18 GG die „freiheitliche demokratische Grundordnung" wie folgt erläutert hat:

„Es gibt eine demokratische Ordnung, die weniger frei ist, die volksdemokratische, und eine, die frei ist"

vgl. JöR N. F. 1, 173.

Diese freie Demokratie gilt es demnach zu wahren, indem die Feststellung der Verfassungswidrigkeit nicht als Vorwand benutzt wird, eine DDR-ähnliche Demokratiekonzeption im Wege der Abschaffung des Mehrparteienprinzips und der Meinungsfreiheit zu verwirklichen.

Zunächst ist nochmals auf die häufig übersehene Banalität hinzuweisen, dass die Bundesrepublik Deutschland keine extrakonstitutionelle „wehrhafte Demokratie" darstellt, sondern gemäß Art. 20 Abs. 1 GG, bekräftigt durch Art. 79 Abs. 3 GG, ein „demokratischer Bundesstaat" ist, welcher den Bundesländern nach Art. 28 Abs. 1 GG aufgibt, ein „demokratischer Rechtsstaat" zu sein und sich dementsprechend aufgrund des dabei zum Ausdruck gebrachten verfassungsrechtlichen Homogenitätsgebots als Bund selbst so verstehen muss. Zusammengefasst ist demnach die Bundesrepublik Deutschland normativ als „rechtsstaatliche Demokratie" zu verstehen, ein Begriff, der noch eindeutiger eine Abgrenzung zu Diktatursystemen vornimmt, welche sich unter Berufung auf eine als Ideologie verstandene Demokratie zu legitimieren suchen. Dafür kann auch angeführt werden, dass die klassische Rechtsstaatskonzeption auch in der „unbeschränkten Demokratie" eine mögliche Despotie erkannte, welche durch den Rechtsstaat als Staatsgattung abgewehrt werden sollte

vgl. Böckenförde, aaO, Seite 69.

Diese schon mit der Französischen Revolution in Erscheinung getretene diktatorische Ideologie-Demokratie stellt eine neuartige Herrschaftsordnung dar, welche als „okzidentale Despotie" eingeordnet wurde

vgl. Ernst Vollrath, Die okzidentale Despotie, in: Der Staat, 1982, Seite 321 ff.,

die aber eine zwingende Logik aufweist, wenn man beim Demokratiegedanken eine falsche Weichenstellung vornimmt,

so auch Talmon, aaO, Seite 249, der feststellt: „Totalitarian democracy far from being a phenomenon of recent growth, and outside the Western tradition, has its roots in the common stock of eighteenth-century ideas. It branched out as a separate and identifiable trend in the course of the French Revolution and has had an unbroken continuity ever since.",

nämlich zur Demokratieideologie, welche eine Opposition wegen reiner Gedankenverbrechen als kriminell einstuft, wobei die Delegitimierung des Legalitätsprinzips durch eine staatliche Legitimitätsbewertung einen wesentlichen Zwischenschritt dazu darstellt.

Die Abwehr einer derartigen, Opposition aus ideologischen Gründen kriminalisierenden „Demokratie" stellt die Funktion des Begriffs „freiheitliche demokratische Grundordnung" dar, welche die rechtsstaatliche Demokratie schützen soll. Bereits dies macht deutlich, dass das in Art. 21 Abs. 2 GG genannte Schutzgut der „freiheitlichen demokratischen Grundordnung" einer anderen Kategorie angehört als der gemäß Art. 79 Abs. 3 GG als höherrangig einzustufende Art. 20 Abs. 2 GG als Normalfall der rechtsstaatlichen Demokratie. Diese andere Ebene kann als diejenige des Notstandsrechts bezeichnet werden, welche zum gebotenen Schutz der Verfassung und soweit dies geboten ist, den „demokratischen Bundesstaat" bzw. den „demokratischen Rechtsstaat" derogiert, was nur bei Beachtung des Verhältnismäßigkeitsprinzips möglich ist. Es versteht sich deshalb von selbst, dass diese Derogation nur bei Vorliegen von Umständen, welche die Demokratie bedrohen, wie das Bestehen einer zum rechtswidrigen Regierungswechsel bereiten Umsturzbewegung und dabei zeitlich befristet ausgesprochen werden kann, weil sonst das Regel-/Ausnahmeverhältnis umgekehrt wird und ein permanenter Notstand angeordnet würde, welche die „Volksdemokratie" begründet hat. Bei Aufrechterhaltung einer rechtsstaatlichen Ordnung muss vielmehr davon ausgegangen werden, dass der Notstand auch wieder einmal vorbei ist und dann die Normalität von Demokratie praktiziert werden kann. Dies verkennt der vorliegende Verbotsantrag in einer fundamentalen Weise.

Als System eines permanenten Notstands zum vorgeblichen Schutz der Demokratie kann die mit dem Begriff „freiheitliche demokratische Grundordnung" abgelehnte „Volksdemokratie" definiert werden. Diese als „totalitäre Demokratie" (Talmon) eingeordnete Demokratieform ist entsprechend der Prämisse des Abgeordneten v. Mangoldt insofern mit einer gewissen Berechtigung in einer genuinen Weise mit der Demokratiekonzeption verbunden, weil sie eine Antwort auf die Frage darstellt, die als „jakobinisches Dilemma" der Demokratie formuliert worden ist: Was macht „die Demokratie" oder „der Demokrat", wenn sich die Mehrheit des Volks gegen die Demokratie entscheidet oder man annimmt, dass eine derartige Entscheidung bevorstehen könnte. Die Antwort der Jakobiner war eben die blutige Notstandsdiktatur der Demokraten gegen Opposition, welche die falsch wählende Volksmehrheit repräsentiert. Geht man davon aus, dass etwa aus rassischen Gründen eine Neigung des entsprechenden Volks zur Abwahl der Demokratie etwa durch Nazismusanfälligkeit besteht, dann lässt sich diese Notstandsdiktatur ziemlich lange ausdehnen. Diese Annahme hat letztlich die Diktatur der „Deutschen Demokratischen Republik" ideologisch wesentlich getragen. Auf den entscheidenden Kern zusammengefasst kann die „totalitäre Demokratie" dahingehend beschrieben werden, dass sie Demokratie in einer absolut feststehenden (demokratischen) Verfassung ausgedrückt sieht, die zu einem religiösen Dokument aufgewertet und somit Gegenstand einer Quasi-Staatsreligion und dabei dem demokratischen Änderungsverlangen ideologiepolitisch entzogen ist

vgl. Talmon, aaO., Seite 201.

Die staatsreligiöse Inbrunst gilt dabei den Menschenrechten, zu denen sich die Verfassungsuntertanen als Zwangsmitglieder einer Art staatlicher Superkonfession – Rousseau hat insoweit den Begriff der „Zivilreligion" kreiert

vgl. Jean-Jacques Rousseau, Gesellschaftsvertrag, Reclam-Ausgabe 1977, Seite 151 ff. –

bekennen müssen, wobei die zivilreligiöse Aufwertung der Menschenrechte mit der Abnahme ihrer rechtlichen Verbindlichkeit zugunsten von Individuen einherzugehen pflegt. Grundrechtsausübung ist dann nämlich nur noch regierungsaffirmativ durch Zustimmung zu den Erkenntnissen der „demokratischen" Überwachungsorgane möglich, insbesondere (in der Französischen Revolution) der *Comités de surveillance* (ins Bundesdeutsche wohl zu übersetzen mit geheimdienstlichen „Verfassungsschutz", den oben bereits genannten democracy agencies), die nicht nur „Feinde" des Volkes und der Demokratie zu ermitteln, sondern dem Volk im Sinne der „Aufklärung" klar zu machen hatten, was es demokratisch zu wollen habe. Dem stand das Recht des Einzelnen gegenüber, Feinde des Volkes, die sich wegen *incivisme* (was man mit „Verfassungsfeindlichkeit" wiedergeben kann) verdächtig machen, zu denunzieren

vgl. J. L. Talmon, aaO., Seiten 128 und 126.

Grundrechte sind dann nicht mehr als Beschränkung staatlicher Macht zugunsten natürlicher und privater juristischer Personen zu verstehen, sondern sie stellen ein System der Verwirklichung objektiver und ausschließlicher Werte zur Unterdrückung der Bürger dar

vgl. Talmon, aaO., Seite 114,

insbesondere mutiert die Meinungsfreiheit über die Wandlung eines Grundrechts zur staatlichen Kompetenznorm zur staatlichen Propaganda einer demokratischen Volkserziehung gegen politische Opposition

vgl. Talmon, aaO., Seite 212.

Zumindest wird die Meinungsfreiheit unter den Vorbehalt von Verfassungswerten gestellt wie dies – fast vollendet zu nennen – mit Art. 27 der DDR-Verfassung von 1968/1974 zum Ausdruck gekommen ist:

„Jeder Bürger [...] hat das Recht, den Grundsätzen dieser Verfassung gemäß seine Meinung frei und öffentlich zu äußern."

Es sei darauf hingewiesen, dass die Schrankenziehung bei Art. 5 Abs. 2 GG nicht in dieser Weise vorgenommen ist und bei Beachtung des Demokratieprinzips, wonach das Volk über die Verfassung entscheidet und sich dabei die Volkssouveränität individualrechtlich im Recht der unbeschränkten Verfassungskritik, der ja bei Ausübung des freien Wahlrechts mehrheitlich nicht entsprochen werden muss, zum Ausdruck bringen muss, auch nicht geregelt werden kann.

Insgesamt lässt sich die „Volksdemokratie" DDR als konsequente Verwirklichungsform der „totalitären Demokratie" begreifen, worauf hinzuweisen vorliegend nicht nur deshalb Bedeutung hat, weil diese totalitäre Demokratie politische Kräfte, die vorliegend als Bundesrat auftreten, als Staats- oder Blockparteien mitgetragen haben, sondern weil zentrales verfassungspolitisches Vokabular, welches in der Bundesrepublik Deutschland Bedeutung erlangt hat, im Grundgesetz jedoch nicht zu finden ist, offensichtlich aus der „antifaschistischen" DDR-Verfassung von 1949 zu stammen scheint, einer zum Zwecke des Übergangs zur „totalitären Demokratie" juristisch durchaus klugen Nachbildung des Grundgesetzes. Dazu gehört vor allem der Begriff „Verfassungsfeind": Art. 4 Abs. 2 der DDR-Verfassung von 1949 (DDR-Verf 49) hat nämlich die Verpflichtung jeden Bürgers festgelegt, die Verfassung „gegen ihre Feinde zu verteidigen", eine Konzeption, die auf den Begriff der „kämpferischen Demokratie" gebracht wurde, wie sie etwa vom „Demokraten" Mielke vertreten wurde, „die den Feinden der Demokratie keinen Raum [...] lässt."

vgl. die entsprechende Formulierung von kommunistischer Seite bei László Révész, Die Liquidierung der Sozialdemokratie in Osteuropa, 1971, Seite 86.

Ausgangspunkt für die Maßnahmen dieser „kämpferischen Demokratie" gegen „die Feinde der Demokratie" war Art. 6 DDR-Verf 49, wonach „demokratische Politiker" und damit die „Demokratie" durch „Gleichbehandlungsgrundsatz, Boykotthetze" „geschützt" wurden. Das Besondere an dieser Bestimmung ist die Transformation des grundlegenden Grundrechts auf Gleichbehandlung gegenüber dem Staat in eine gegen politische Gegner gerichtete Kompetenz- und schließlich Strafnorm, die darauf abzielt, die verfassungsrechtliche Gleichheit, also die „soziale Gerechtigkeit" der Verfassungspräambel dadurch herzustellen, dass man die Gleichheit des politischen Denkens und damit „Demokratie" erzwingt, indem man erklärt, dass Antidemokraten, also „Feinde der Verfassung" „Hetze" betreiben. Diese Art der Transformation liberaler Grundrechte läuft in der bundesdeutschen Verfassungswirklichkeit als „Werteordnung". Werteordnung bedeutet, dass staatliche Organe die Bürger ausfindig machen dürfen, die angeblich oder tatsächlich nicht hinreichend an Grundrechte glauben und damit „Feinde der Verfassung" darstellen. Legales Handeln der „Verfassungsfeinde" wird dann einer demokratieideologischen Legitimitätsbewertung unterzogen und damit der Rechtsstaat abgeschafft.

Immerhin hat der ehemalige Bundesverfassungsrichter Böckenförde die zumindest methodische Ähnlichkeit des Verfassungsschutzansatzes der bundesdeutschen Wertekonzeption mit der totalitär-demokratischen (marxistischen) Demokratiekonzeption und ihren Grundrechten als Staatskompetenzen durchaus erkannt und mit gebotener Zurückhaltung kritisiert:

> „In der Bundesrepublik geschieht dies (die ideologische Absolutsetzung der jeweiligen staatlichen Ordnung letztlich durch ein Verbotsregime, Anm.) meist unter Berufung auf die Wertgrundlage und Wertgebundenheit der freiheitlichen Demokratie. Wieweit dieser Versuch, einen einmal erreichten Stand geschichtlich-politischer Entwicklung und dessen rechtlich-organisatorische Ausformung der weiteren geschichtlichen Entwicklung zu entziehen, mit dem Prinzip einer freiheitlichen Ordnung vereinbart werden kann, bedarf dringend näherer Untersuchung. Möglicherweise erliegt hier die freiheitliche Demokratie dem gleichen ideologischen Dogmatismus, den sie – mit Recht – der marxistisch-leninistischen Ideologie vorhält."

vgl. E.-W. Böckenförde, Die Rechtsauffassung im kommunistischen Staat, 1967, Seiten 48 ff., 104 f., Fn. 37.

Gerade diese Erkenntnis sollte eine zwingende Aufforderung sein, die dem Demokratieprinzip des Art. 20 GG entsprechende Parteiverbotskonzeption nach Art. 21 Abs. 2 GG entsprechend der Funktion des Begriffs „freiheitliche demokratische Grundordnung", eine Abgrenzung zur „Volksdemokratie" vorzunehmen, so zu formulieren, dass damit eine Imitation der „Volksdemokratie" ausgeschlossen wird.

Dies bedeutet konkret, dass der Notstand, welcher sich im Parteiverbot ausdrückt, kein permanenter sein kann und seine Voraussetzungen nicht dadurch begründet werden können, dass man Grundrechte, insbesondere den Gleichheitsaspekt der Grundrechte als Staatskompetenzen zur Unterdrückung und Diskriminierung der Bürger ausgestaltet, indem man die Verfassung quasi zur Staatsideologie oder (Staats-)Religion macht, zu deren Schutz ungläubige Verfassungshäretiker unterdrückt werden dürfen.

Nachdem mit dem Grundgesetz ausdrücklich keine Bewältigungsideologie verankert werden sollte, kann dieses zivilreligiöse Element einer totalitären Demokratie ohnehin nicht dem Grundgesetz entnommen werden, sondern muss ihm ideologisch etwa als „Erinnerungskult" (im Sinne des Juristen Johann Wolfgang v. Goethe) „unterlegt" werden.

Die Gefahr, das Parteiverbot und schon die generelle Verfassungsschutzkonzeption totalitär-demokratisch zu interpretieren, besteht abgesehen davon, dass dem das SRP-Verbotsurteil in der Begründung eines Ideologieverbots ziemlich nahekommt, politisch vor allem darin, dass Die „Linkspartei", also die ehemalige maßgebliche Diktaturpartei der DDR, die zu den als Bundesrat in Erscheinung tretenden Antragstellern gehört, sich selbst bereits als „konsequente Verfassungsschutzpartei" versteht

> vgl. die entsprechende Aussage der stellvertretenden Chefin der Bundestagsfraktion, Petra Pau, in: Handelsblatt vom 20.03.2006, Seite 4: Verfassungsschutz hat Lafontaine im Visier. Linkspartei steht unter Beobachtung-Fraktionschef Gysi kritisiert „Machtmissbrauch";

und dabei schon zur umfassenden politischen Verfolgung aufgerufen hat: So hat immerhin die kluge „Frankfurter Allgemeine Zeitung" eine entsprechende Aussage des Thüringer Wahlsiegers und Ministerpräsidenten Ramelow wie folgt kommentiert:

> „Gut 45 000 NPD-Wähler in Thüringen werden sich ebenfalls in Acht nehmen müssen vor einem Ministerpräsidenten Ramelow. An ihre Adresse sagte er nach seinem Sieg, ‚Nazis' seien ‚keine Meinung und keine Haltung, sondern ein Verbrechen'. Und Verbrecher gehörten bekanntlich ins Gefängnis. In der Thüringischen Demokratischen Republik (TDR) wäre es bald so weit."

> vgl. FAZ vom 01.09.09, Seite 12

Das (im Sinne der bundesdeutschen amtlichen Ideologiesprache) „linksextremistische" Schlagwort „Faschismus ist keine Meinung, sondern ein Verbrechen" kann man fast schon als amtlich ansehen, wobei der amtliche bundesdeutsche Feindbekämpfungsbegriff „Rechtsextremismus" zunehmend den Inhalt erhält, der ihn an den Begriff des „Faschismus" des DDR-Regimes mit seinem „antifaschistischen" Schutzwall heranführt. Die damit verbundene Gleichsetzung von ideologisch-theoretischen Aussagen von „Feinden" mit Kriminalität

> Dies stellt sich als grundlegend für die sowjetische Terrorpolitik dar: „Wo die Möglichkeit, der andere könne auch recht haben, bestritten wird, eröffnen sich schon keine gleichberechtigten Möglichkeiten, die Welt anzuschauen, für sie gab es nur eine Interpretation, und dieser vertraten sie (die Linksextremisten, Anm.) selbst. Darin liegt die Ursache für die Kriminalisierung abweichenden Denkens und die Stigmatisierung all dessen, was sich nicht dem Ordnungsentwurf der Bolschewiken nicht unterwarf", Jörg Baberowski, Der Rote Terror. Die Geschichte des Stalinismus, 2. Auflage 2004, Seite 13

kann vor allem am Vorgehen des NRW-Innenministeriums gegen „rechtes Gedankengut" aufgezeigt werden. Insbesondere ist auf die Aussage des NRW-Innenminister Behrens (SPD) hinzuweisen, die in der Schlagzeile einer Tageszeitung wie folgt zum Ausdruck gekommen ist:

> vgl. Westfälischer Anzeiger vom 26.04.2003

„Rechte rüstet intellektuell stark auf. Innenminister: Schaden für Demokratie nicht geringer als durch Gewalttäter." Das Bundesverfassungsgericht ist dieser Art von Volksdemokratie mit dem JF-Beschluss

vgl. BVerfGE 113, 63

entgegengetreten. Aufgrund des Fehlens der Möglichkeit, gegen die bundesdeutschen Verbots-"Demokraten" Verbotsanträge zu stellen, konnte diese Entwicklung zu volksdemokratischen Tendenzen, die sich als „Verfassungsschutz" tarnen, allerdings nicht wirklich entgegengetreten werden. Es ist anzunehmen, dass diese Art von Volksdemokratie im Sinne einer „DDR-light" nunmehr (wieder) durch Parteiverbote durchgesetzt werden soll. Ein in Übereinstimmung mit Art. 20 GG stehender Demokratieschutz nach Art. 21 GG steht dem jedoch entgegen.

Da der Verbotsantrag eher in Richtung totalitäre Demokratie im Sinne einer „DDR-light" gerichtet ist, indem er weltanschauliche „Wesensverwandtschaft" und seine Vorstellungen von einem „Gegenentwurf", die nur eine Weltanschauung erlaubt, die auf gleichen (zivilreligiösen) Prämissen beruht, zur Verbotsvoraussetzung mit kriminalisierenden Verbotsfolgen macht, ist er als unbegründet zurückzuweisen.

4. Die Rechtsprechung des Europäischen Gerichtshofs für Menschenrechte

Auch wenn die Urteile des Europäischen Gerichtshofs für Menschenrechte zum übergroßen Teil anlässlich von Parteiverboten in der Türkei ergangen sind, darf dieser Umstand nicht darüber hinwegtäuschen, dass die dort entwickelten Rechtsgrundsätze auch für die übrigen Mitgliedsstaaten der Europäischen Menschenrechtskonvention Geltung beanspruchen. Es empfiehlt sich daher, die den bisher ergangenen Urteilen zugrundeliegenden tragenden und damit auch jenseits der Türkei Bedeutung erlangenden Erwägungen einer näheren Betrachtung zu unterziehen.

a) Die maßgeblichen Verbotskriterien der Straßburger Rechtsprechung

Der Antragsteller vertritt die insoweit höchst zweifelhafte Auffassung, dass die Rechtsprechung des EGMR letztlich nichts anderes aussage als die Rechtsprechung des Bundesverfassungsgerichts, weshalb eine Modifizierung der bundesdeutschen Parteiverbotskonzeption europarechtlich nicht veranlasst sei. Diese Einschätzung beruht freilich auf einer völlig verfehlten Lesart der Rechtsprechung des Menschenrechtsgerichtshofs:

Der EGMR misst Parteiverbote – wie oben bereits erwähnt – in ständiger Rechtsprechung an den konventionsrechtlichen Gewährleistungen der Vereinigungs- und der Meinungsfreiheit (Art. 10, 11 EMRK). Gemäß Art. 11 Abs. 2 Satz 1 EMRK sind Beschränkungen zulässig, soweit sie

1. auf einer **gesetzlichen Grundlage** beruhen,
2. einem der in Art. 11 Abs. 2 Satz 1 EMRK genannten **legitimen Zwecke** dienen und
3. **in einer demokratischen Gesellschaft notwendig** sind.

Speziell für politische Parteien hat der EGMR das letztere Kriterium dergestalt präzisiert, dass ein **„dringendes soziales Bedürfnis"** bestehen muss

vgl. EGMR vom 25.05.1998, Beschw. Nr. 21237/93 – Sozialistische Partei u. a. ./. Türkei, Rn. 49.

Ein solches dringendes soziales Bedürfnis setzt wiederum voraus, dass das beabsichtigte Parteiverbot in einem angemessenen Verhältnis zu dem erstrebten Ziel, dem Schutz der demokratischen Ordnung, stehen muss

vgl. EGMR vom 13.02.2003, Beschw. Nr. 41340/98 u. a. – Refah Partisi ./. Türkei, Rn. 104, 106, abgedruckt in NVwZ 2003, 1489,

was im Wesentlichen eine Paraphrasierung des deutschen Verhältnismäßigkeitsgrundsatzes darstellt. Das dringende soziale Bedürfnis liegt aus Sicht des EGMR vor, wenn

1. die von der politischen Partei angewandten **Mittel** zur Erreichung ihrer Ziele unrechtmäßig und undemokratisch sind,
2. die **politischen Ziele** mit fundamentalen Grundsätzen der Demokratie unvereinbar sind,
3. die angewandten undemokratischen Mittel und undemokratischen Ziele **der Partei in ihrer Gesamtheit zugerechnet** werden können und
4. von der Partei eine **unmittelbare Gefahr** für das demokratische System ausgeht.

Gerade das letztere Kriterium, welches von der Antragstellerseite wohlweislich ignoriert wird, hat der EGMR im Fall der türkischen Wohlfahrtspartei klar herausgestellt:

„Im Licht der vorstehenden Ausführungen muss sich der Gerichtshof bei der Gesamtwürdigung der Frage, ob die Auflösung einer politischen Partei wegen Gefahr eines Verstoßes gegen die Grundsätze der Demokratie einem ‚dringenden sozialen Bedürfnis' entsprach (s. z. B. EGMR, 1998-III, S. 1258 Nr. 49 – Sozialistische Partei u. a./Türkei), auf folgende Punkte konzentrieren: (1) ob es Hinweise dafür gibt, dass die Gefahr eines Angriffs auf die Demokratie, falls nachgewiesen, auch tatsächlich unmittelbar bevorstand; (2) ob die Handlungen und Reden der Verantwortlichen und der Mitglieder der Partei, die im Rahmen der Prüfung des Falles in Betracht gezogen worden sind, der Partei insgesamt zugerechnet werden können; (3) ob die Handlungen und Reden, die der Partei zuzurechnen sind, ein Ganzes darstellen, das ein klares Bild eines von der Partei aufgestellten und propagierten Modells einer Gesellschaft abgibt, ein Modell, das dem Grundkonzept einer ‚demokratischen Gesellschaft' widerspricht."

vgl. EGMR vom 13.02.2003, Beschw. Nr. 41340/98 u. a. – Refah Partisi ./. Türkei, Rn. 104.

Unter Rn. 107 f. des genannten Urteils heißt es weiter:

„Der Gerichtshof prüft zunächst, ob die Refah zur Zeit ihrer Auflösung eine Gefahr für die demokratische Ordnung sein konnte. Im Jahre 1983 gegründet, hat die Refah an mehreren allgemeinen und kommunalen Wahlen teilgenommen und erhielt bei den allgemeinen Wahlen 1995 ungefähr 22 % der Stimmen, was ihr 158 Sitze in der Großen Nationalversammlung einbrachte (die seinerzeit insgesamt 450 Abgeordnete zählte). Nach ihrer Regierungsbeteiligung im Rahmen einer Koalition erhielt sie bei den Kommunalwahlen im November 1996 ungefähr 35 % der Stimmen. Nach einer Umfrage vom Januar 1997 hätte sie 38 % der Stimmen erhalten, wenn es zu diesem Zeitpunkt Parlamentswahlen gegeben hätte. Den Prognosen dieser Umfrage zufolge hätte die Refah 67 % der Stimmen bei den allgemeinen Wahlen erhalten können, die wahrscheinlich vier Jahre später stattfinden sollten […]. Trotz der Unzuverlässigkeit bestimmter – Umfragen zeigen diese Zahlen eine erhebliche Steigerung des Einflusses der Refah als politische Partei und ihrer Aussichten, allein an die Macht zu kommen.

Die Refah hatte also zur Zeit ihrer Auflösung eine echte Chance, die politische Macht zu ergreifen, ohne durch Kompromisse, wie sie in einer Koalition notwendig sind, gebunden zu werden. Wenn sie ein den Grundsätzen der Demokratie widersprechendes Programm vorgeschlagen hätte, wäre sie dank ihrer Alleinherrschaft in der Lage gewesen, das in ihrem Programm vorgesehene Gesellschaftsmodell zu verwirklichen."

Letztlich wendet der EGMR in seiner ständigen Rechtsprechung den „clear and present danger test" des us-amerikanischen Supreme Court an

vgl. hierzu etwa Winfried Brugger, Demokratie, Freiheit, Gleichheit. Studien zum Verfassungsrecht der USA, Berlin 2002, Seiten 271 ff.,

wie sich ausdrücklich aus dem Sondervotum des Richters Zupančič im Fall Ždanoka ./. Lettland ergibt

vgl. EGMR vom 16.03.2006, Beschw. Nr. 58278/00, Sondervotum Zupančič.

In diesem Zusammenhang hebt der EGMR das Recht einer politischen Partei, für eine Änderung der geltenden Verfassungsordnung einzutreten, ausdrücklich hervor, knüpft dies jedoch an besondere Voraussetzungen:

„Eine politische Partei kann für eine Änderung der Gesetzgebung oder der gesetzlichen oder verfassungsrechtlichen Strukturen des Staates unter zwei Bedingungen eintreten: (1) die dazu eingesetzten Mittel müssen rechtmäßig und demokratisch sein; (2) die vorgeschlagene Änderung muss ihrerseits mit den grundlegenden demokratischen Prinzipien vereinbar sein. Daraus folgt zwangsläufig, dass sich eine politische Partei, deren Führung zu Gewalt aufruft oder eine Politik verfolgt, die nicht die Demokratie achtet oder deren Abschaffung sowie die Missachtung der in ihr anerkannten Rechte und Freiheiten zum Ziel hat, nicht auf den Schutz der Konvention gegenüber Sanktionen berufen kann, die eben deswegen verhängt wurden (EGMR, Urt. v. 9, 4. 2002 – Yazar u. a./Türkei, unveröff.; s. auch mutatis mutandis Slg. 2001-IX Nr. 97 – Stankov und Vereinigte mazedonische Organisation Ilinden/Bulgarien; Slg. 1998-III, S. 1256–1257 Nr. 46 und 47, – Sozialistische Partei u. a./Türkei)."

Wie man – wie offenbar der Antragsteller – angesichts dieser klaren Aussagen des EGMR, es bedürfe zum Ausspruch eines Parteiverbots der Gefahr eines unmittelbar bevorstehenden Angriffs auf die Demokratie, zu der Auffassung gelangen kann, der Nachweis einer solchen Gefahr sei nicht erforderlich, weil ja gerade Gefahrenvorsorge betrieben werden solle und deshalb reine „Gedankenverbrechen" ohne jede konkrete Gefahr für ein Parteiverbot genügen sollen, ist nicht nachvollziehbar und mit den eindeutigen Vorgaben des EGMR nicht in Einklang zu bringen. Maßgebliches Kriterium für die Annahme einer durch die Anwendung undemokratischer Mittel geschaffenen unmittelbaren und konkreten Gefahr für die Demokratie ist aus Sicht des EGMR nämlich gerade das aus dem nationalen Verfassungsrecht umfassend herausgearbeitete Gewalt-Kriterium

vgl. hierzu etwa EGMR vom 30.06.2009, Beschw. Nr. 25803/04 – Herri Batasuna u. a. ./. Spanien, Rn. 83.

Eine Partei, die als parlamentarischer Arm einer Terrororganisation anzusehen ist, mit einer solchen Organisation personell verschränkt ist und sich von deren Taten nicht distanziert kann demnach auch dann verboten werden, wenn sie nicht unmittelbar vor der Machtübernahme steht. Die **„clear and present danger"** folgt in diesem Fall aus der Billigung undemokratischer Mittel, nämlich der Gewaltanwendung in der politischen Auseinandersetzung.

Aus alledem folgt: Der EGMR hat bislang Parteiverbote nur dort konventionsrechtlich „gehalten", wo die betroffene Partei entweder unmittelbar vor der Machtübernahme stand oder aber Gewalt als Mittel der politischen Auseinandersetzung entweder propagiert oder selbst angewendet hat. Zumindest eines der beiden Kriterien muss die zu verbietende Partei mithin aufweisen, damit ihr Verbot vor der EMRK Bestand haben kann. Das Postulat des Antragstellers, die Antragsgegnerin müsse trotz fehlender Gefahrenlage allein wegen eines „falschen" Programms, das sie mit rein legalen und demokratischen Mitteln verwirklichen will und das auch nicht zum Demokratieprinzip in Widerspruch steht, verboten werden können, ist mit den Vorgaben der EMRK und der ständigen Rechtsprechung des EGMR offensichtlich inkompatibel.

Selbst wenn ein Einschreiten gegen eine politische Partei nach der Konvention grundsätzlich zulässig ist, muss der Staat aber stets auch die Anwendung andere Mittel prüfen als ein totales Verbot:

„Einschneidende Maßnahmen wie die vollständige Auflösung einer politischen Partei und das gegen ihre Vorsitzenden verhängte Verbot, für eine bestimmte Zeit ähnliche Aufgaben zu übernehmen, dürfen nur in besonders schwerwiegen den Fällen ergriffen werden."

vgl. EGMR vom 13.02.2003, Beschw. Nr. 41340/98 u. a. – Refah Partisi ./. Türkei, Rn. 100.

Der EGMR erteilt damit einer starren Verbotskonzeption, die im Wege eines „Alles-oder-Nichts-Prinzips" entweder ein Verbot oder einen Freispruch vorsieht, eine klare Absage und fordert vielmehr ein auf der Rechtsfolgenseite ausdifferenziertes Verbotssystem.

Diese Sichtweise hat der EGMR in einem aktuellen Urteil nochmals ausdrücklich bekräftigt und ein gegen die kurdische Partei maßgeblich deshalb aufgehoben, weil die „extreme Strenge" des türkischen Verfassungsgerichts, das die Partei „mit sofortiger Wirkung und endgültig" aufgelöst hatte, nicht mit der Konvention in Einklang stehe, zumal sich die betroffene Partei in ihrem Parteiprogramm ausdrücklich von Gewalt distanziert habe. Insbesondere hätte das Verfassungsgericht auch mildere Strafen verhängen können, beispielsweise die Kürzung staatlicher Finanzhilfen

vgl. EGMR vom 16.01.2016, Beschw. Nr. 3840/10 u. a. – DTP ./. Türkei.

Die herausragende Bedeutung des Verhältnismäßigkeitsprinzips in der Straßburger Rechtsprechung wird damit nochmals besonders hervorgehoben.

Die zitierte Entscheidung des EGMR vom 16.01.2016 in der Beschwerdesache DTP ./. Türkei ist aber auch noch aus einem Grund für den hiesigen Fall von besonderem Interesse. Der Gerichtshof hat darin nämlich nochmals ausdrücklich die Heranziehung der „GUIDELINES ON PROHIBITION AND DISSOLUTION OF POLITICAL PARTIES AND ANALOGOUS MEASURES" der Venedig-Kommission des Europarates als Auslegungsmaßstab für die aus Art. 10, 11 EMRK herauszudestillierenden Parteiverbotskriterien betont

vgl. EGMR vom 16.01.2016, Beschw. Nr. 3840/10 u. a. – DTP ./. Türkei, Rn. 80, 101.

Ziffer 3 der Guidelines sind für das vorliegende Verfahren von besonderer Bedeutung:

"Prohibition or enforced dissolution of political parties may only be justified in the case of parties which advocate the use of violence or use violence as a political means to overthrow the democratic constitutional order, thereby undermining the rights and freedoms guaranteed by the constitution. The fact alone that a party advocates a peaceful change of the Constitution should not be sufficient for ist prohibition or dissolution."

Diese sind abgedruckt als Anhang bei Seyda Dilek Emek, Parteiverbote und Europäische Menschenrechtskonvention. Die Entwicklung europäischer Parteiverbotsstandards nach Art. 11 Abs. 2 EMRK unter besonderer Berücksichtigung des deutschen und türkischen Parteirechts, 2008 nach Seite 321.

Die Guidelines postulieren demnach ausdrücklich das Gewaltkriterium als notwendige Bedingung für den Ausspruch eines Parteiverbots; die Verfassungsreform mit friedlichen Mitteln soll demgegenüber nicht genügen.

b) Insbesondere: Gebot der Verhältnismäßigkeit

Der oben bereits erwähnte Schritt zu einer „knallharten Volksdemokratie" durch eine im Rahmen der „liberalen Demokratien des Westens" extreme, ja extremistische Parteiverbotskonzeption könnte zumindest noch verhindert werden, wenn wenigstens ein zentrales Gebot der Rechtsprechung des Europäischen Menschenrechtsgerichtshofs beachtet würde, nämlich das Gebot der Verhältnismäßigkeit, welches nach Ansicht der Antragsschrift ausgerechnet bei einem derartig schwerwiegenden Eingriff in das Mehrparteienprinzip, worin sich die „liberalen Demokratien des Westens" von der „Volksdemokratie" unterscheiden, keine Rolle spielen soll

vgl. Seiten 133 ff. [S. 136 ff.] der Antragsschrift.

Wieso selbst nach der Rechtsauffassung des Antragstellers die nachrichtendienstliche Bespitzelung von Abgeordneten am Verhältnismäßigkeitsgrundsatz zu messen sein soll

vgl. hierzu Antragsschrift, Seite 136 [S. 137]

der ungleich schwerere Eingriff eines kompletten Parteiverbots mit anschließendem automatischen Mandatsverlust hingegen nicht, vermag der Antragsteller nicht zu erklären. Ebenso wenig ist nachvollziehbar, warum im individuellen Grundrechtsverwirkungsverfahren nach Art. 18 GG unstreitig der Verhältnismäßigkeitsgrundsatz gelten soll

vgl. hierzu Peterek, in: Burkiczak/Dollinger/Schokopf, Bundesverfassungsgerichtsgesetz, Neuausgabe 2015, § 39 Rn. 10, 13,

im kollektiven Grundrechtsverwirkungsverfahren, dem Parteiverbot, hingegen nicht. Argumentum a maiore ad minus müsste die Verhältnismäßigkeit im Rahmen des weitaus eingriffsintensiveren Parteiverbotsverfahrens daher erst recht zu prüfen sein. Warum es sich gleichwohl anders verhalten soll, legt der Antragsteller nicht nachvollziehbar dar.

Sicherlich können sich die den Antrag stellenden und vorliegend als Bundesrat in Erscheinung tretenden Parteien, denen es um die Ausschaltung einer unerwünschten Oppositionspartei geht, insoweit auf das KPD-Verbotsurteil berufen, wonach eine konkrete Gefahr gerade keine Voraussetzung für ein Verbot darstellen soll vgl. BVerfGE 85, 85, 143.

Gerade aus diesem Grunde müsste sich doch die Verbotsrechtsprechung des Bundesverfassungsgerichts aus den 1950er Jahren selbst nach Auffassung des Antragstellers als revisionsbedürftig darstellen, weil das damit begründete Freiheitsniveau unter dem (wenngleich – international gesehen – nicht zu geringen) Minimalniveau der Europäischen Menschenrechtskonvention erkennbar zurückbleibt. Außerdem hat zwischenzeitlich der Verhältnismäßigkeitsgrundsatz als Möglichkeit einer gewissen Abkehr von der entsprechenden Gleichheitslehre von Richter Leibholz auch bei Auslegung des Gleichheitsgrundsatzes erheblich an Bedeutung gewonnen

> vgl. dazu den Beitrag von Gabriele Britz, Der allgemeine Gleichheitssatz in der Rechtsprechung des BVerfG. Anforderungen an die Rechtfertigung von Ungleichbehandlung durch Gesetz, in: NJW 2014, S. 346 ff.

Da es bei einem selektiven Parteiverbot letztlich um Gleichbehandlung geht, nämlich um die Frage, wie es zu rechtfertigen ist, weshalb die NPD verboten werden soll, die CDU jedoch nicht, wird die größere Bedeutung, die dem Verhältnismäßigkeitsgrundsatz eingeräumt wird, sehr wohl relevant. Noch spezieller geht es dabei um die Frage, ob es dabei entgegen dem speziellen Gleichheitsmaßstab des absoluten Diskriminierungsverbots der „politischen Anschauung" gemäß Art. 3 Abs. 3 GG wirklich etwa darauf ankommen kann, dass die CDU deshalb nicht verboten wird, weil sie eine US-freundliche Politik bei Übernahme der US-Zivilreligion betreibt, während die Antragsgegnerin eine größere Neutralität befürwortet und die Zivilreligion, wonach die Deutschen so etwas wie ein „Verbrechervolk" seien, wenn sie sich nicht den US-Werten unterwerfen, entschieden ablehnt.

Die politischen Kräfte des Antragstellers haben die Verhältnismäßigkeitsproblematik immerhin insoweit erkannt als vorprozessual die Einschätzung vorgenommen wurde:

> „Die Tatsache, dass die Partei letztlich unbedeutend ist, geringe Wahlerfolge und (wenige) Mitglieder hat und in zunehmender Geldnot lebt, ist dennoch bei der Entscheidung zu berücksichtigen, allerdings nicht unter dem rechtlichen Gesichtspunkt der Verhältnismäßigkeit, sondern bei der Ausübung des politischen Ermessens."

> zitiert bei Horst Meier, Endlosschleife NPD-Verbot. Über Parteienfreiheit und „streitbare Demokratie", in: Merkur, Mai-Ausgabe 2013, Seite 457 ff., Seite 463.

Dementsprechend gehören Verhältnismäßigkeit und Ermessen doch zusammen, was vorliegend nur deshalb von der Antragstellung in Frage gestellt wird, weil das als rechtlich einzustufende prozessuale Ermessen als „politisches" eingestuft wird. Ginge es der Antragstellung um das Rechtsgut Mehrparteienprinzip als Ausdruck übergeordneter Rechtsprinzipien wie Demokratie (Art. 20 Abs. 2 GG) und Rechtsstaat (Art. 20 Abs. 3 GG), dann wäre ein Ermessen, welches bei entsprechender Ausübung auf eine Beeinträchtigung des Mehrparteienprinzips hinauslaufen soll, eindeutig als rechtliches einzustufen, mit der zwingenden Folge, dass in Übereinstimmung mit der einschlägigen Rechtsprechung des Europäischen Menschenrechtsgerichtshofs der vielleicht etwas anders akzentuierte Verhältnismäßigkeitsgrundsatz anzuwenden ist, dessen Beachtung erlaubt, eine Ermessensentscheidung als rechtmäßig einzustufen.

Das Ermessen ist vorliegend deshalb als rechtliches und nicht als bloß politisches einzustufen, weil genau dies den Numerus clausus der Antragsberechtigung auf privilegierte Verfassungsorgane erklärt. Der im Parlamentarischen Rat erwogenen Antragsberechtigung von politischen Parteien kann nur unter dem Gesichtspunkt entgegengetreten werden, dass politischen Parteien notwendigerweise eine politische Ermessensausübung unterstellt wird, während bei Staatsorganen davon ausgegangen wird, dass eine rechtliche Ermessensausübung vorgenommen wird, welche zwingend die Anwendung des Verhältnismäßigkeitsprinzips gebietet.

Selbst wenn man das Ermessen des den Antrag stellenden Verfassungsorgans als „politisches" einstufen will, so ist zumindest das angerufene Gericht, gerade wenn es als Sonderverbotsbehörde agieren soll (was ja nach Ansicht der Antragsgegnerin nicht zulässig sein kann) an das Verhältnismäßigkeitsprinzip gebunden. Diese Prüfung kann nur zu dem Ergebnis führen, dass ein Verbotsausspruch vorliegend nicht in Betracht kommen kann, selbst wenn man ansonsten den Ausführungen der Antragstellung folgen wollte. Das Verbot ist erkennbar nicht erforderlich zur Aufrechterhaltung der Verfassungsordnung der Bundesrepublik Deutschland, selbst wenn die Anschuldigung zutreffend und insbesondere die rechtsstaatlich irrelevanten Bewertungen als relevant angesehen würden.

Sollte man aber insoweit tatsächlich von einem politischen Ermessen auszugehen haben, das ein Gericht nicht wirklich nachprüfen kann, dann kann es sich bei der „Verfassungswidrigkeit", welche gemäß Art. 21 Abs. 2 GG festgestellt werden soll, nicht um eine Rechtskategorie, sondern um eine politische Kategorie handeln

vgl. Ridder, aaO., Rn. 13.

Sieht man „Verfassungswidrigkeit" im Unterschied zu „Rechtswidrigkeit" jedoch als politische Kategorie an, dann kann die Rechtswirkung eines Feststellungsausspruchs nach Art. 21 Abs. 2 GG nur eine politische Wirkung zugesprochen werden und damit keine weitergehende Wirkung haben als die Veröffentlichung eines so genannten „Verfassungsschutzberichts", dem selbst nach der mittlerweile, insbesondere durch den JF-Beschluss überholten Rechtsprechung, keine rechtliche Bedeutung zukommt

vgl. BVerfGE 40, 287, 293.

Der Urteilsausspruch nach Art. 21 Abs. 2 GG hätte dann, – wie oben bereits umfassend dargestellt – entsprechend der anderweitigen Ableitung der „Verbotswirkung" eine bloße Warnfunktion an die freien Wähler und mündigen Bürger bei Wahrnehmung des freien Wahlrechts die Feststellung des Bundesverfassungsgerichts in Erwägung zu ziehen.

Die menschenrechtlich unerträgliche Situation des vorliegenden Verbotsantrags besteht dagegen in der Annahme, bei bloßen Ideologievoraussetzungen, etwas angereichert mit „Haltung", ein Parteiverbot mit weitreichenden Wirkungen herbeiführen zu können, die auf die Ausschaltung des Mehrparteienprinzips hinauslaufen, zumindest über die oppressiven Wirkungen eines Parteiverbots in der defekten Demokratie Türkischen Republik hinausgehen. Die Antragsteller, d.h. die als Bundesrat in Erscheinung tretenden Konkurrenzparteien, wollen dabei auch nicht durch rechtliche Ermessenswägungen gebunden sein, sondern nach politischer Opportunität entscheiden, was sie dem Bundesverfassungsgericht zumuten. Genau darin offenbart sich wiederum die Tendenz, rechtliche Garantien, die mit dem Mehrparteienprinzip verbunden sind, auf jederzeit widerrufbare „Toleranz" herabzustufen, mehr noch, sie bestreiten der Antragsgegnerin, sich überhaupt auf Menschenrechte berufen zu dürfen, wenn die „Toleranz" der „Demokraten" in eine Verbotsentscheidung umschlagen soll.

Bei dieser Art von Parteiverbotskonzeption wird die Abgrenzung zur „Volksdemokratie", welche der Begriff „freiheitliche demokratische Grundordnung" gebietet, immer schwieriger. Schon aus diesem Grunde stellt sich der Verbotsansatz der Antragsbegründung als offensichtlich unbegründet dar.

5. Unanwendbarkeit von Art. 21 Abs. 2 GG wegen Verstoßes gegen Unionsrecht

Völlig aus den Augen verloren und mit keinem Wort erwähnt, hat die Antragsschrift das Recht der Europäischen Union als Prüfungsmaßstab für ein nationales Parteiverbotsverfahren. Dem liegt wohl die rechtsirrige, auf den Beschluss des Senats vom 22.11.2001 in dem Verfahren 2 BvB 1/01 gestützte Auffassung zu Grunde, diese Rechtsmaterie sei im vorliegenden Kontext irrelevant. Das Gegenteil ist indes der Fall. Tatsächlich sind Art. 2 EUV, Art. 22 AEUV sowie Art. 12, 39, 40 GRCh in Parteiverbotsverfahren jedenfalls dann unmittelbarer Prüfungsmaßstab, wenn die zu verbietende Partei – wie hier die Antragsgegnerin – im Europäischen Parlament durch einen eigenen Abgeordneten vertreten und zudem als nationale Partei Mitglied einer Politischen Partei auf Europäischer Ebene im Sinne der Verordnung (EG) Nr. 2004/2003 des Europäischen Parlaments und des Rates vom 4. November 2003 über die Regelungen für die politischen Parteien auf europäischer Ebene und ihre Finanzierung ist.

Nach Art. 2 EUV sind die Werte, auf die sich die Union gründet, die Achtung der Menschenwürde, Freiheit, Demokratie, Gleichheit, Rechtsstaatlichkeit und die Wahrung der Menschenrechte einschließlich der Rechte der Personen, die Minderheiten angehören. Diese Werte sind allen Mitgliedstaaten in einer Gesellschaft gemeinsam, die sich durch Pluralismus, Nichtdiskriminierung, Toleranz, Gerechtigkeit, Solidarität und die Gleichheit von Frauen und Männern auszeichnet.

Gemäß Art. 22 Abs. 1 Satz 1 AEUV iVm. Art. 40 GRCh hat jeder Unionsbürger mit Wohnsitz in einem Mitgliedstaat, dessen Staatsangehörigkeit er nicht besitzt, hat in dem Mitgliedstaat, in dem er seinen Wohnsitz hat, das aktive und passive Wahlrecht bei Kommunalwahlen, wobei für ihn dieselben Bedingungen gelten wie für die Angehörigen des betreffenden Mitgliedstaats.

Nach Art. 22 Abs. 2 Satz 1 AEUV iVm. Art. 39 Abs. 1 GRCh besitzt – unbeschadet des Art. 223 Absatz 1 AEUV und der Bestimmungen zu dessen Durchführung – jeder Unionsbürger mit Wohnsitz in einem Mitgliedstaat, dessen Staatsangehörigkeit er nicht besitzt, in dem Mitgliedstaat, in dem er seinen Wohnsitz hat, das aktive und passive Wahlrecht bei den Wahlen zum Europäischen Parlament, wobei für ihn dieselben Bedingungen gelten wie für die Angehörigen des betreffenden Mitgliedstaats. Art. 39 Abs. 2 GRCh ordnet zudem an, dass die Mitglieder des Europäischen Parlaments in allgemeiner, unmittelbarer, freier und geheimer Wahl gewählt werden.

Art. 11 Abs. 1 GRCh gewährleistet jeder Person das Recht auf freie Meinungsäußerung.

Gemäß Art. 12 Abs. 1 GRCh hat jede Person das Recht, sich insbesondere im politischen, gewerkschaftlichen und zivilgesellschaftlichen Bereich auf allen Ebenen frei und friedlich mit anderen zu versammeln und frei mit anderen zusammenzuschließen, was das Recht jeder Person umfasst, zum Schutz ihrer Interessen Gewerkschaften zu gründen und Gewerkschaften beizutreten. Nach Art. 12 Abs. 2 GRCh tragen politische Parteien auf der Ebene der Union dazu bei, den politischen Willen der Unionsbürgerinnen und Unionsbürger zum Ausdruck zu bringen.

a) Vertretung durch eigene Abgeordnete im Europäischen Parlament

Nach diesen Maßstäben bestehen aus unionsrechtlicher Sicht erhebliche Bedenken gegen eine nationale Parteiverbotskonzeption, welche das Verbot im Europäischen Parlament vertretener nationaler politischer Parteien allein auf Grund ihrer Programmatik und daher auf der Basis reinen Gesinnungsstrafrechts erlaubt. Unabhängig von der sich bereits im nationalen Verfassungsrecht stellenden Rechtsfrage, ob ein Verbot politischer Parteien mit dem Demokratieprinzip vereinbar ist

vgl. hierzu oben,

lassen die dargestellten Grundwerte und Grundrechte der Union ein nationales Parteiverbotsrecht jedenfalls dann als rechtfertigungsbedürftig erscheinen, wenn es – wie Art. 21 Abs. 2 GG in Deutschland – die Anwendung von oder die Aufforderung zur Gewalt in der politischen Auseinandersetzung nicht ausdrücklich zur Verbotsvoraussetzung erhebt, sondern ein „falsches Programm" genügen lässt. Dass hierdurch nicht nur die Grundwerte der Union (Art. 2 EUV) tangiert werden, sondern auch die in Art. 12, 39, 40 GRCh niedergelegten Grundrechte, liegt auf der Hand, sodass eine derart massiv in den politischen Wettbewerb eingreifende Maßnahme nur unter strengen Voraussetzungen zulässig sein kann.

Die ausschließlich an die Programmatik der zu verbietenden Partei anknüpfende deutsche Parteiverbotskonzeption des Art. 21 Abs. 2 GG nimmt in der Union insofern eine bedeutende Sonderstellung ein. Zwar kennen auch andere Mitgliedsstaaten der Europäischen Union das Rechtsinstitut des Parteiverbots, jedoch hängt in keinem anderen EU-Staat die Verbotsschwelle dermaßen niedrig wie in Deutschland, sodass die deutsche Rechtslage, welche einen gravierenden Eingriff in den politischen Eingriff in den politischen Meinungskampf und die individuellen Grundrechte schon unter relativ schwachen Voraussetzungen zulässt, im Hinblick auf die unionale Rechtslage einem erhöhten Rechtfertigungszwang ausgesetzt ist.

Dies gilt umso mehr, als der Wortlaut des Art. 21 Abs. 2 GG in klarem Widerspruch zu den oben bereits erwähnten „GUIDELINES ON PROHIBITION AND DISSOLUTION OF POLITICAL PARTIES AND ANALOGOUS MEASURES" der Venedig-Kommission des Europarates steht, wonach eine politische Partei erst dann aufgelöst werden können soll, wenn sie Gewalt gutheißt oder sie zum revolutionären Umsturz der verfassungsmäßigen Ordnung einsetzt. Zwar kommt den Guidelines der Venedig-Kommission keine Rechtsaktsqualität zu; sie stellen aber gleichwohl ein Destillat der Rechtsüberzeugungen der 47 Mitgliedsstaaten des Europarates dar, sodass diesen durchaus interpretationsleitende Bedeutung zukommt. Das Unionsrecht selbst enthält nämlich keinerlei Regelungen über die Zulässigkeit von Parteiverboten. Für die Mitgliedsstaaten der Europäischen Union können keinesfalls niedrigere Maßstäbe als für diejenigen des Europarats gelten, da in den Guidelines der Venedig-Kommission die Rechtsüberzeugungen „problematischer" Demokratien wie der Türkei und Russland bereits mit „eingepreist" sind. Wenn also das Destillat der allgemeinen Rechtsüberzeugungen des Europarats – einschließlich der relativ niedrigen Standards in der Türkei und Russland – das Tatbestandmerkmal der Gewaltanwendung bzw. Gewaltbefürwortung zur Voraussetzung eines Parteiverbots erhebt, dann kann für die 28 Mitgliedsstaaten der Europäischen Union, welche die Türkei und Russland gar nicht umfasst, nichts Anderes gelten. Im Gegenteil müssen die von der Venedig-Kommission erarbeiteten Grundsätze in der Europäischen Union erst recht und in noch viel strengerem Maße gelten als in den Mitgliedsstaaten des Europarats.

Es spricht daher vieles dafür, dass ein nationales Parteiverbotsrecht, welches auf das Kriterium der Gewaltanwendung oder -gutheißung in seinem nationalen Parteiverbotsrecht verzichtet, jedenfalls dann gegen Unionsrecht verstößt, wenn eine Partei verboten werden soll, die mit eigenen Abgeordneten im Europäischen Parlament vertreten ist.

Aus dem Beschluss des Senats vom 22.11.2001 in dem Verfahren 2 BvB 1/01 u. a., mit dem das erkennende Gericht die Durchführung eines Vorabentscheidungsverfahrens abgelehnt hat, ergibt sich nichts anderes, denn die damals tragenden Erwägungen sind durch die zwischenzeitlich erfolgte stärkere europäische Integration auch und gerade im Recht der politischen Parteien überholt.

Entgegen der Meinung des Senats im seinerzeitigen Beschluss ist der Anwendungsbereich des Unionsrechts vorliegend sehr wohl eröffnet. Gemäß Art. 51 Abs. 1 GRCh gilt die Charta für die Organe und Einrichtungen der Union unter Einhaltung des Subsidiaritätsprinzips und für die Mitgliedstaaten ausschließlich bei der Durchführung des Rechts der Union. Dementsprechend achten sie die Rechte, halten sie sich an die Grundsätze und fördern sie deren Anwendung gemäß ihren jeweiligen Zuständigkeiten. Die nationalen Regelungen im EuWG betreffend die Wahlen zum Europäischen Parlament dienen unmittelbar der Umsetzung der der Vorgaben des Direktwahlaktes (DWA) und vollziehen mithin Unionsrecht. Zwar sind Regelung und Durchführung einer solchen Wahl nach Art. 7 Abs. 2 DWA Sache der Mitgliedstaaten, sodass es grundsätzlich auch in deren Zuständigkeit fällt darüber zu entscheiden, welche Parteien sich an der Wahl beteiligen dürfen

so ausdrücklich BVerfG vom 22.11.2001, Az.: 2 BvB 1/01, Rn. 18.

Bei der Beantwortung dieser Frage ist aber die wertsetzende Bedeutung der in der GRCh niedergelegten Grundrechte der Europäischen Grundsätze der Union ebenso zu beachten wie die Werte der Union. Die Herausnahme einer im Europäischen Parlament vertretenen nationalen politischen Partei im Wege eines Verbots zeitigt durch die damit verbundene Aberkennung der Mandate dieser Partei im Europäischen Parlament (§ 22 Abs. 4 EuWG) unmittelbare Auswirkungen auf ein Unionsorgan, weshalb kein Zweifel daran bestehen kann, dass die Voraussetzungen des Art. 51 Abs. 1 GRCh vorliegen und bei der Prüfung eines solchen Verbots Unionsrecht zu beachten ist.

Dies gilt umso mehr, als die Integration der politischen Parteien im Rahmen der Europäischen Union seit dem damaligen Senatsbeschluss ganz erhebliche Fortschritte gemacht hat. In diesem Zusammenhang ist zuvörderst die Verordnung (EG) Nr. 2004/2003 des Europäischen Parlaments und des Rates vom 4. November 2003 über die Regelungen für die politischen Parteien auf europäischer Ebene und ihre Finanzierung, welche eine weitere Europäisierung der Parteienlandschaft herbeigeführt hat. Hinzu kommen aktuelle Bestrebungen, ein einheitliches unionsweites Wahlrecht für die Wahlen zum Europäischen Parlament zu schaffen

vgl. Entschließung des Europäischen Parlaments vom 11. November 2015 zu der Reform des Wahlrechts der Europäischen Union (2015/2035(INL)).

Da diese Initiative der Umsetzung des unionsrechtlichen Gebots in Art. 223 AEUV nach Schaffung eines einheitlichen unionsweiten Wahlrechts für die Wahlen zum Europäischen Parlament dient, ist in absehbarer Zeit mit der Einführung eines solchen zu rechnen. Spätestens dann wird das Wahlrecht im Hinblick auf die Europawahlen keine genuine nationalstaatliche Materie mehr, sondern vollumfänglich unionsrechtlich geregelt sein.

Dass die Beteiligung einer Partei auf mitgliedstaatlicher Ebene an einer Wahl zum Europäischen Parlament keine gemeinschafts- bzw. unionsrechtlichen Fragen aufwerfe

so noch BVerfG, aaO., kann vor diesem Hintergrund schwerlich behauptet werden.

b) Mitgliedschaft der nationalen Partei in einer Europäischen Partei

Kommt man zu dem Ergebnis, dass eine auf reinem Gesinnungsstrafrecht beruhende nationales Parteiverbotskonzeption wie die des Art. 21 Abs. 2 GG für sich genommen keinen unionsrechtlichen Bedenken ausgesetzt sei, so tritt diese aber jedenfalls in Konflikt mit dem Unionsrecht, wenn das Verbot der nationalen Partei (hier: der Antragsgegnerin) automatisch zu einem faktischen Verbot einer politischen Partei auf europäischer Ebene (hier: der Alliance for Peace and Freedom [APF]) führen würde. Im Einzelnen:

Gemäß Art. 3 Abs. 1 der Verordnung (EG) Nr. 2004/2003 des Europäischen Parlaments und des Rates vom 4. November 2003 über die Regelungen für die politischen Parteien auf europäischer Ebene und ihre Finanzierung gegründet muss eine Vereinigung, die als politische Partei auf europäischer Ebene anerkannt werden will, folgende Voraussetzungen erfüllen:

a) Sie besitzt in dem Mitgliedstaat, in dem sie ihren Sitz hat, Rechtspersönlichkeit;
b) sie ist in mindestens einem Viertel der Mitgliedstaaten durch Mitglieder des Europäischen Parlaments oder in den nationalen Parlamenten oder regionalen Parlamenten oder Regionalversammlungen vertreten, oder sie hat in mindestens einem Viertel der Mitgliedstaaten bei der letzten Wahl zum Europäischen Parlament mindestens 3 Prozent der abgegebenen Stimmen in jedem dieser Mitgliedstaaten erreicht;
c) sie beachtet insbesondere in ihrem Programm und in ihrer Tätigkeit die Grundsätze, auf denen die Europäische Union beruht, das heißt die Grundsätze der Freiheit, der Demokratie, der Achtung der Menschenrechte und Grundfreiheiten sowie der Rechtsstaatlichkeit;

d) sie hat an den Wahlen zum Europäischen Parlament teilgenommen oder die Absicht bekundet, dies zu tun.

Im Sommer 2015 wurde die „Alliance for Peace and Freedom (APF)" als politische Partei auf europäischer Ebene gegründet, welche sämtliche Voraussetzungen des Art. 3 Abs. 1 der genannten Verordnung erfüllt und daher vom Europäischen Parlament anerkannt wurde. Allerdings erfüllt die APF das Kriterium des Art. 3 Abs. 1 lit. b Alt. 2 der Verordnung 2004/2003 (Erreichen in mindestens einem Viertel der Mitgliedstaaten bei der letzten Wahl zum Europäischen Parlament mindestens 3 Prozent der abgegebenen Stimmen in jedem dieser Mitgliedstaaten) überhaupt nicht und das Alternativkriterium des Art. 3 Abs. 1 lit. b Alt. 1 der Verordnung 2004/2003 (Vertretung in mindestens einem Viertel der Mitgliedstaaten durch Mitglieder des Europäischen Parlaments oder in den nationalen Parlamenten oder regionalen Parlamenten oder Regionalversammlungen) nur ganz knapp. Einer der die APF mitgründen Abgeordneten ist Herr Udo Voigt, welcher über den Wahlvorschlag der Antragsgegnerin bei der letzten Europawahl ins Europäische Parlament gewählt wurde. Zudem ist die Antragsgegnerin selbst Mitglied der APF.

Würde die Antragsgegnerin im vorliegenden Verfahren verboten, verlöre der Abgeordnete Udo Voigt gemäß § 22 Abs. 4 EuWG seinen Sitz im Europäischen Parlament. Dies hätte wiederum zur Folge, dass die APF nicht mehr in einer ausreichenden Zahl von Mitgliedsstaaten durch Mitglieder des Europäischen Parlaments oder nationaler Parlamente vertreten wäre. Mit Abgeordneten aus lediglich sechs Mitgliedsstaaten würde die APF nicht mehr die Anerkennungsvoraussetzungen des Art. 3 Abs. 1 lit. b der Verordnung 2004/2003 erfüllen. Da das Europäische Parlament das Fortbestehen der Anerkennungsvoraussetzungen der politischen Parteien auf europäischer Ebene gemäß Art. 5 Abs. 1 der VO 2004/2003 regelmäßig nachprüft, würde die APF durch den mit einem Verbot der Antragsgegnerin verbundenen Mandatsverlust des Herrn Udo Voigt ihren Status als politische Partei auf europäischer Ebene verlieren und von der europäischen Parteienfinanzierung ausgeschlossen werden (Art. 5 Abs. 3 der VO 2004/2003). Mit anderen Worten: Das Verbot der nationalen politischen Partei NPD würde automatisch das faktische Verbot der politischen Partei auf europäischer Ebene APF nach sich ziehen.

Selbst wenn man sich auf den Standpunkt stellt, dass die auf reinem Gesinnungsstrafrecht beruhende Parteiverbotskonzeption des Art. 21 Abs. 2 GG auch hinsichtlich solcher Parteien mit dem Unionsrecht vereinbar sei, die im Europäischen Parlament mit eigenen Abgeordneten vertreten sind, so kann dies aber jedenfalls dann nicht mehr uneingeschränkt gelten, wenn aus dem nationalen Parteiverbot zwangsläufig ein europäisches resultiert. Ein Mitgliedsstaat kann sich den verfassungsrechtlichen Luxus eines reinen Gesinnungsstrafrechts allenfalls solange leisten, wie eine hierauf beruhende Parteiverbotsentscheidung keinerlei nachteilige Rechtswirkungen für die europäischen Institutionen, für andere Mitgliedstaaten oder für sonstige Akteure des Unionsrechts zeitigt. In dem Moment aber, indem eine nationale Verbotsentscheidung unmittelbare Auswirkungen auf das politische Parteiengefüge in der gesamten Union nach sich zieht, kann die nationale Rechtsordnung nicht mehr schalten und walten, wie sie möchte, sondern muss die europarechtlichen Vorgaben, insbesondere diejenigen der GRCh und in diesem Zusammenhang den Grundsatz der Verhältnismäßigkeit beachten. Es kann nicht angehen, dass eine komplette politische Partei auf europäischer Ebene ihren Rechtsstatus verliert und von der Finanzierung durch das Europäische Parlament ausgeschlossen wird, nur weil man in Deutschland überempfindlich auf nationale Meinungen reagiert und den gesamten Parteiverbotsapparat des Rechtsstaats gegen eine Partei in Bewegung setzt, die niemandem etwas tut und sogar nach dem eigenen Vortrag des Antragstellers weder Gewalt in der politischen Auseinandersetzung anwendet noch zu deren Verwendung aufruft, sondern einfach nur „falsche" Gedanken vertritt.

c) Vorlagepflicht an den Gerichtshof der Europäischen Union

Bei dieser Sachlage steht die gesinnungsstrafrechtliche Parteiverbotskonzeption des Art. 21 Abs. 2 GG in klarem Widerspruch zu den unionsrechtlichen Vorgaben aus Art. 2 EUV, Art. 22 AEUV, Art. 11, 12, 39, 40 GRCh sowie zu den Vorschriften der VO 2004/2003 und ist daher wegen des Anwendungsvorrangs des Unionsrechts unanwendbar.

Da die rechtliche Frage der Vereinbarkeit des Art. 21 Abs. 2 GG mit dem Unionsrecht mithin entscheidungserheblich ist, hat das in Parteiverbotssachen erst und letztinstanzlich zuständige Bundesverfassungsgericht zur Wahrung des Grundrechts auf den gesetzlichen Richter der Gerichtshof der Europäischen Union im Wege der Vorabentscheidung anzurufen, was eingangs bereits **beantragt** wurde.

6. Erkenntnisquellen und Zurechnung

Eine verfassungs- und europarechtskonforme Parteiverbotskonzeption muss aber nicht nur bei der Maßstabsbildung hinsichtlich der Verbotsgründe die oben dargestellten Grundsätze beachten, sondern auch im Hinblick auf die nicht minder entscheidende Frage, welches Verhalten sich die zu verbietende Partei überhaupt zurechnen lassen muss.

a) Zurechenbarkeit von Anhängerverhalten?

Insoweit ist zunächst zu konstatieren, dass die Zurechenbarkeit des Handelns von Funktionären und – mit Einschränkungen – einfacher Parteimitglieder grundsätzlich möglich ist. Die Partei handelt durch ihre Organe, sodass umgekehrt ein Organhandeln in dieser Eigenschaft – und nicht nur bei Gelegenheit – grundsätzlich als Handeln der Partei selbst anzusehen ist. Freilich stellt sich insoweit stets die Frage, ob die Handlung des Mitglieds oder Funktionärs gleichsam in Exekution des amtlichen Parteiprogramms erfolgt ist oder ob es sich um einen auf der Privatmeinung des Betreffenden beruhenden Exzess, um eine Entgleisung handelt, welche der Partei freilich nicht zugerechnet werden kann. Selbst im Fall einer erfolgreichen Zurechnung schließt sich stets die weitere Frage an, ob das im Einzelfall zurechenbare Verhalten repräsentativ für das Handeln der Gesamtpartei ist.

Der vorliegende Verbotsantrag stützt sich aber in zentralen Teilen weniger auf das Verhalten von Funktionären und Mitgliedern, sondern – gerade im Kontext der angeblichen Schaffung einer „Atmosphäre der Angst" – auf Handlungen von tatsächlichen oder vermeintlichen Anhängern der Antragsgegnerin, sodass sich die grundlegende Frage nach der verfassungsrechtlichen Zulässigkeit dieser Vorgehensweise stellt.

aa) Uferlosigkeit und damit Verfassungswidrigkeit des „Anhänger"-Begriffs

Der Antragsteller glaubt sich insofern durch den bloßen Verweis auf den Wortlaut des Art. 21 Abs. 2 GG auf der sicheren Seite, denn dieser scheint prima facie eine Zurechenbarkeit von Anhängerverhalten ausdrücklich anzuordnen. Gleichwohl darf man sich bei einer solchen für die Frage der Verbotswürdigkeit einer politischen Partei ganz entscheidenden Frage nicht einfach mit dem Wortlaut begnügen, sondern muss diesen in den weiteren verfassungs- und europarechtlichen Kontext einordnen. Hierdurch wird sich zeigen, dass eine Zurechnung reinen Anhängerverhaltens entgegen dem Wortlaut des Art. 21 Abs. 2 GG weder verfassungs- noch europarechtlich zulässig ist:

Als Parteianhänger werden gemeinhin über die Mitglieder im formellen Sinne hinaus alle Personen gezählt, die sich für die Partei einsetzen und sich zu ihr bekennen, wobei sie dies auch nach außen kundtun

> vgl. etwa Dollinger, in: Burkiczak/Dollinger/Schorkopf, Bundesverfassungsgerichtsgesetz, § 46 Rn. 9.

Bereits diese Definition offenbart die völlige Uferlosigkeit des Anhängerbegriffs und die damit verbundene nahezu unbegrenzte Zurechenbarkeit jeglichen verbotsgründenden Verhaltens fast jeder beliebigen Person zur zu verbietenden Partei. Das Merkmal des „Sich-zu-einer-Partei-Bekennens" und des „Sich-für-sie-Einsetzens" ist dermaßen weitläufig, dass es ohne Willkür überhaupt nicht subsumierbar ist und daher gegen das rechtsstaatliche Bestimmtheitsgebot verstößt. Es bleibt völlig offen, wo ein zurechnungsbegründendes „Sich-Einsetzen" bzw. „Sich-Bekennen" beginnt und wo es aufhört. Allein der Umstand beispielsweise, dass sich eine Person zu einer von der Partei organisierten Demonstration hinzugesellt, dort eine selbst mitgebrachte Parteifahne schwenkt und anschließend verfassungsfeindliche Parolen grölt oder gar Straftaten begeht, würde nach dieser Auffassung für eine Zurechnung zur Partei ausreichen. Mittlerweile geht die Presse sogar schon so weit, allein das „Liken" der Facebook-Seite der Antragsgegnerin zur Begründung eines Anhängerstatus ausreichen zu lassen:

> So titelte etwa die BILD-Zeitung im Rahmen der Berichterstattung über den mutmaßlichen Brandanschlag auf ein Flüchtlingsheim in Salzhemmendorf Anfang September 2015 in einem unter http://www.bild.de/regional/hannover/anschlag/feuerwehr-funktionaer-tritt-zurueck-42434930.bild.html abrufbaren Artikel: „NPD-BEKENNTNIS | Feuerwehr-Funktionär tritt nach Brandanschlag zurück." Das „NPD-Bekenntnis" bestand dann freilich darin, dass der Tatverdächtige „die rechtsextreme NPD bei Facebook mit ‚gefällt mir' markiert" habe.

Auch der Antragsteller bemüht im Verbotsantrag zuhauf derart dubiose Konstruktionen, wie etwa im Schriftsatz vom 27.08.2015, Seite 58 [S. 393] iVm. **Beleg 178** (Schriftsatz vom 27.08.2015 [S. 393]). Dort sollen Mordaufrufe in der Kommentarspalte zu einem Artikel des zwischenzeitlich verbotenen Portals „Altermedia" der Antragsgegnerin allein deshalb zugerechnet werden können, weil die Autoren dieses Portals, mit dem die Antragsgegnerin nichts zu tun hat – was der Antragsteller auch nicht einmal behauptet –, zuvor zustimmend über angebliche Aktionen der Antragsgegnerin berichtet hatten. Es ist schon absurd genug, die Antragsgegnerin für reguläre Artikel einer Internetseite verantwortlich machen zu wollen, auf deren Inhalt sie überhaupt keinen Einfluss hat, aber ihr sogar noch anonyme Kommentare auf einer solchen Seite zurechnen zu wollen, muss als juristische Realsatire gewertet werden.

Gerechtfertigt wird diese unter rechtsstaatlichen Gesichtspunkten doch sehr befremdliche Anhänger-Zurechnungslehre mit dem Argument, es könne nicht auf die formale Mitgliedschaft zur Partei ankommen, weil ansonsten eine Umgehung der Verbotsvorschrift des Art. 21 Abs. 2 GG durch formal fehlende Parteimitgliedschaft der maßgeblichen „Rädelsführer" verfassungswidriger Betätigung innerhalb des Parteiapparates zu befürchten wäre. Darüber hinaus wird vertreten, die Partei sei für das Verhalten ihrer Anhänger verantwortlich, da sie erst den organisatorischen Rahmen für das Anhängerverhalten schaffe und somit gewissermaßen aus Ingerenz garantenpflichtig sei, beispielsweise in Form einer Distanzierung, weil ansonsten ein qualifiziertes Unterlassen vorläge. Dollinger, aaO., formuliert dies wie folgt:

> „Eine Partei, die durch ihre Organisation, ihr Programm und das Verhalten ihrer Mitglieder und Funktionäre eine Gefahr schafft – hier: verfassungswidriges Verhalten ihrer Anhänger – ist dazu verpflichtet, gerade dieser Gefahr auch entgegenzutreten."

Dem Missbrauchsargument ist bereits entgegenzuhalten, dass es allenfalls dort eingreifen kann, wo tatsächlich ein Missbrauch vorliegt, was wiederum vom Antragsteller darzulegen und zu beweisen ist. Dies wird allenfalls in extremen Ausnahmefällen vorkommen, etwa wenn ein Nicht-Mitglied auf Anweisung der Partei faktische Funktionärstätigkeiten ausübt. In diesem Fall der missbräuchlichen Nicht-Aufnahme von faktischen Funktionären in die Partei, um einen Zurechnungsausschluss seines Verhaltens zu erwirken, mag man durchaus über eine gleichwohl mögliche Zurechenbarkeit nachdenken. Dies kann aber freilich nicht dazu führen, dass man per se sämtliches Anhängerverhalten zurechnet, nur weil es möglicherweise vereinzelt zu irgendwelchen Missbrauchsfällen kommen könnte.

Das darüber hinaus angeführte Ingerenz-Argument leidet an einem schweren denklogischen Manko, weil es die Garantenpflichtigkeit der politischen Partei voraussetzt, anstatt sie zu begründen. Richtig ist zwar, dass der Verursacher einer Gefahr diese zu beseitigen hat. Bei der Frage der Anhängerzurechnung stellt sich aber das Problem, worin das gefahrbegründende Verhalten der politischen Partei bestehen soll, welches eine Garantenpflicht auszulösen geeignet wäre. Die von Dollinger genannten Aspekte (Organisation, Programm und Mitglieder- bzw. Funktionärsverhalten) sind für sich genommen vollständig legal und sozialadäquat, sodass nicht ersichtlich ist, inwiefern sie gefahr- und damit garantenpflichtbegründend sein sollen. Um zu dem oben gewählten Beispiel zurückzukommen: Das Durchführen einer von der Partei angemeldeten Demonstration zu aktuellen politischen Themen ist ebenso legal wie sozialadäquat und weit davon entfernt, eine Gefahr zu schaffen. Es mag zwar sein, dass die politische Partei durch Anmeldung der Versammlung den organisatorischen Rahmen für die späteren verfassungsfeindlichen bzw. strafbaren Ausfälle des „Anhängers" geschaffen hat, doch kann das Gebrauchmachen von den Gewährleistungen der Art. 5 Abs. 1, Art. 8 Abs. 1 GG schwerlich als gefahrbegründendes Verhalten gewertet werden. Dass die Partei Dritten lediglich die Gelegenheit bietet, anlässlich von Parteiveranstaltungen verfassungsfeindliche oder strafbare Handlungen zu begehen, reicht für sich genommen nicht aus, um eine garantenpflichtbegründende Gefahrschaffung annehmen zu können. Kausalität alleine schafft keine Garantenpflicht. Fällt der Ingerenz-Aspekt somit weg, fällt die herrschende Zurechnungslehre für das Anhängerverhalten in sich zusammen, weil es am Anknüpfungspunkt für die Konstruktion einer Garantenstellung der politischen Partei fehlt.

Fehlt es mithin an einer Zurechenbarkeit solchen Anhängerverhaltens bereits dem Grunde nach, besteht für die politische Partei überhaupt keine Veranlassung zu irgendwelchen Distanzierungen, weil sie mit dem entsprechenden Verhalten dieses „Anhängers" nichts zu tun hat. Das Fehlen einer entsprechenden Distanzierung kann mithin nicht als nachträgliche Billigung des Anhängerverhaltens und damit als zurechnungsbegründend angesehen werden.

Die völlige rechtliche Abstrusität der Konstruktion einer Zurechenbarkeit von Anhängerverhalten resultiert im Wesentlichen aus der Verkennung eines tragenden Grundsatzes der Zurechnungslehre, nämlich dem der Beherrschbarkeit. Zuzurechnen ist stets nur solches Handeln, auf das der Betreffende überhaupt Einfluss hat. Was man nicht beherrschen und steuern kann, dafür ist man auch nicht verantwortlich. Da Verhaltensnormen nur über den zwecksetzenden menschlichen Willen ihr Ziel (Rechtsgüterschutz) erreichen können, dürfen auch nur solche Erfolge dem menschlichen Verhalten zugerechnet werden, die im beherrschbaren Machtbereich des Normadressaten liegen

vgl. etwa Kühl, Strafrecht – Allgemeiner Teil, 7. Auflage 2012, § 4 Rn. 76, der in diesem Zusammenhang ausdrücklich auf die Regressverbotsfälle hinweist, in denen dem fahrlässig handelnden „Ermöglicher" die Tat eines dazwischentretenden Vorsatztäters mangels Beherrschbarkeit des Handelns des Dazwischentretenden nicht zugerechnet werden kann.

Übertragen auf die Organisationsstruktur einer politischen Partei bedeutet das folgendes:

Das Gesamtbild einer Partei prägendes Mitgliederverhalten muss sich die betroffene Partei deshalb zurechnen lassen, weil sie das Mitglied selbst in die Partei aufgenommen hat und ihr durch dessen Einbindung in den Parteiapparat ein nicht unerhebliches Instrumentarium an Ordnungsmitteln zur Verfügung steht, um gegen Fehlverhalten einzuschreiten. In der Satzung der Antragsgegnerin sind an Ordnungsmitteln insbesondere die Rüge, die Abmahnung mit Warnfunktion, die Erhebung einer Geldbuße bis höchstens zwei Jahresbeiträgen in normaler Höhe, die mit dem Verlust des Sitzes im jeweiligen Vorstandsgremium einhergehende Amtsenthebung, die Aberkennung der Fähigkeit zur Bekleidung von Parteiämtern von mindestens einem Jahr bis zu drei Jahren und der Ausschluss aus der Partei

vgl. § 17 Abs. 7 Satz 1 der NPD-Bundessatzung 2015.

Tritt nun ein solches Parteimitglied, welches die Partei selbst aufgenommen hat, in deren Namen auf, gibt politische Erklärungen ab oder macht sich beanstandungswürdigen Verhaltens in unmittelbarem Zusammenhang mit seiner Parteimitgliedschaft schuldig, kann die Partei hiergegen vermittels ihres satzungsmäßigen Ordnungsmittelinstrumentariums einschreiten und muss dies zweifelsohne auch, widrigenfalls sie sich vorhalten lassen müsste, das Verhalten des Mitglieds zu billigen. Das Unterlassen eines sowohl rechtlich als auch tatsächlich möglichen und gebotenen Einschreitens gegen ein Mitglied als Teil der Partei ist daher der Partei zurechenbar.

Alle diese Überlegungen treffen indes auf den bloßen „Anhänger" einer politischen Partei nicht zu. So kann sich die Partei die Personen ihrer Anhänger schon gar nicht aussuchen, weil es für sie im Gegensatz zu den Mitgliedern schon keine Aufnahmeverfahren gibt. Jede beliebige Person kann sich daher selbst zum Anhänger einer politischen Partei aufschwingen, ohne dass die hiervon betroffene Partei dies verhindern könnte. Im Extremfall könnten sich sogar Linksextremisten zu von der Antragsgegnerin organisierten Demonstrationen begeben, dort politische Straftaten begehen, wobei die Täter später namentlich nicht mehr ermittelt werden können, und hierdurch erreichen, dass der Antragsteller dieses „Anhänger"-Verhalten verbotsbegründend gegen die Antragsgegnerin ins Feld führen könnte, mit dem Argument, die Identität der Täter und ihre Parteizugehörigkeit sei irrelevant, weil es sich ja jedenfalls um Anhänger handele, deren Verhalten die Antragsgegnerin „ermöglicht" habe.

Das Problem der fehlenden Kontrolle stellt sich aber auch im Nachgang, wenn ein Anhänger parteiverbotsrelevante Handlungen begangen hat. Gegen ein Mitglied könnte in seinem solchen Fall mit den Ordnungsmitteln der Satzung vorgegangen werden; bei bloßen Anhängern hat die betroffene politische Partei aber überhaupt keine Möglichkeit, sich eines ihr unliebsamen Anhängers zu entledigen, denn da er außerhalb der Parteiorganisation steht, ist er kein tauglicher Adressat von Ordnungs- oder Ausschlussmaßnahmen.

Soweit der Antragsteller diesbezüglich das Erfordernis einer Distanzierung von solchem Anhängerverhalten ins Spiel bringt, hat er dies offenbar nicht folgerichtig zu Ende gedacht. Es stellt sich nämlich die – rechtlich bislang völlig ungeklärte – Frage, welche Anforderungen im Einzelnen an eine solche Distanzierung zu stellen sind und wie diese rein praktisch vonstattengehen soll. Insoweit ist zu klären, wer innerhalb der Partei der für entsprechende Distanzierungen überhaupt zuständig ist. Ist dies stets die Bundespartei oder ist eine Distanzierung Landes-, Kreis- oder gar Ortsverbänden ausreichend? Reicht es aus, einen förmlichen Vorstandsbeschluss zu fassen oder müsste diese Distanzierung beispielsweise mittels einer Pressemitteilung nach außen kundgetan werden? Wer wäre überhaupt Adressat einer solchen Distanzierung? Unter Umständen wäre die Distanzierungs-Prozedur mehrmals pro Woche zu wiederholen, je nachdem, wie viele distanzierungswürdige Äußerungen gefallen sind. Trotz größter Distanzierungsbemühungen könnte es aber gleichwohl passieren, dass die Partei eine distanzierungswürdige Aussage eines Anhängers gar nicht mitbekommt und sich folglich auch nicht davon distanzieren könnte. Hierbei ist nämlich zu beachten, dass es schon mit ganz erheblichem organisatorischem Aufwand verbunden ist, die öffentlichen Verlautbarungen der Verbände und Funktionsträger auf etwaigen Distanzierungs- bzw. Einschreit-Bedarf hin zu überwachen. Eine darüber hinausgehende Beaufsichtigung sämtlicher Anhänger, die der Partei in der Regel größtenteils nicht einmal namentlich bekannt sind, ist völlig illusorisch und unmöglich. Postet etwa der Parteianhänger aus dem Ursprungsbeispiel im Anschluss an die von der Antragsgegnerin organisierte Demonstration auf seiner privaten Facebook-Seite volksverhetzende Parolen oder ruft er zum Niederbennen von Asylantenheimen auf, könnte die Antragsgegnerin hiergegen weder einschreiten noch sich distanzieren, weil ihr die Anhänger-Eigenschaft des Täters überhaupt nicht bekannt ist. Hier zeigt sich einmal mehr, dass der Anhängerstatus regelmäßig mit einer vollständigen Anonymität einhergeht und diese einer Distanzierung entgegensteht. Wer seine Anhänger nicht kennt, der weiß auch nicht, wann und wo er welche Äußerungen in welchem Medium auf etwaigen Distanzierungsbedarf überwachen soll.

Diese Überlegungen zeigen, dass die vom Antragsteller konstruierte „Distanzierungsobliegenheit" in der Praxis überhaupt nicht darstellbar ist und von der Partei insoweit – jedenfalls solange die Anforderungen an eine solche Distanzierung nicht hinreichend klar und bestimmt geregelt sind – etwas völlig Unmögliches verlangt wird. Dies illustriert die völlige Beliebigkeit und Voraussetzungslosigkeit des Anhänger-Begriffs und damit zugleich seine Untauglichkeit als verfassungsrechtlich handhabbares Zurechnungskriterium.

Vor dem Hintergrund der so dargestellten rechtsdogmatischen Absurdität des Anhänger-Kriteriums ist es natürlich nur folgerichtig, dass auch der Europäische Gerichtshof für Menschenrechte in seinen Entscheidungen in Parteiverbotssachen regelmäßig ausschließlich auf das Verhalten der „Mitglieder und der Verantwortlichen der Partei" abstellt

so beispielsweise die durchgängige Formulierung im Grundsatzurteil vom 13.02.2003, Beschw. Nr. 41340/98 u. a. – Refah Partisi ./. Türkei.

Ein Anhänger ist aber per definitionem weder Mitglied noch Verantwortlicher der Partei und in der Folge aus Sicht des EGMR unter parteiverbotsrechtlichen Gesichtspunkten schlicht irrelevant.

Dieser Befund wird durch Empfehlung Nr. 4 der bereits oben erwähnten parteiverbotsrechtlichen Guidelines der Venedig-Kommission bestätigt:

„4. A political party as a whole cannot be held responsible for the individual behaviour of its members not authorised by the party within the framework of political/public and party activities."

Wenn die Partei schon nicht für das unautorisierte und das Gesamtbild der Partei nicht prägende Verhalten einzelner Mitglieder in Sippenhaft genommen werden kann, dann doch wohl erst recht nicht für das Handeln von parteifremden Dritten.

bb) Jedenfalls: Kein Beleg für Quellenfreiheit bei Anhänger-Verhalten

Unterstellt, man wollte Anhängerverhalten der zu verbietenden Partei gleichwohl zurechnen, dann stellt sich aber ein besonderes Problem im Hinblick auf die Gewährleistung der Quellenfreiheit.

Zur Veranschaulichung dieser Problematik soll nochmals auf das oben erwähnte Beispiel von **Beleg 178** (Schriftsatz vom 27.08.2015 [S. 393]) zurückgekommen werden. Dort möchte der Antragsteller der Antragsgegnerin einen Mordaufruf zurechnen, den eine anonyme Person auf einer Internetseite gepostet hat, mit welcher die Antragsgegnerin nichts zu tun hat. Der Antragsteller ordnet diesen anonymen Beleg in Kategorie 2 ein. Diese Kategorie wird ausweislich Seite 26 des Verbotsantrags wie folgt definiert:

C. Das zweite NPD-Verbotsverfahren (2013–2017)

„Belege der Kategorie 2 haben keine eindeutig einer Person zuzurechnende Urheberschaft. Für dieses Material bestätigen Bund und Länder eine inhaltliche Quellenfreiheit dergestalt, dass zum Zeitpunkt, zu dem das Beweismittel entstand (Datum der Veröffentlichung oder bei Internet-Veröffentlichungen der Zeitpunkt des Abrufs durch die Sicherheitsbehörden), in dem hierfür verantwortlichen Personenkreis (z. B. Vorstand oder Redaktion) der Organisation (z. B. Orts-, Kreis-, Landes- oder Bundesverband der NPD, JN-Stützpunkt oder Verlagsgesellschaft), der das Beweismittelinhaltlich zuzuordnen ist, weder vom Verfassungsschutz noch von der Polizei des für die Beobachtung jeweils zuständigen Landes oder des Bundes Quellen im Sinne von Verdeckten Ermittlern, Under-Cover-Agents oder Vertrauenspersonen zur Erforschung der NPD zielgerichtet eingesetzt oder geführt wurden."

Unabhängig von der an anderer Stelle bereits ausgiebig thematisierten Frage, ob derart pauschal gehaltenen „Testaten" irgendein verfassungsprozessualer Beweiswert zukommt, muss die Einordnung des „Altermedia"-Kommentars in die Beleg-Kategorie 2 doch sehr verwundern. Hinsichtlich des Portals „Altermedia" selbst könnte man zu Gunsten des Antragstellers noch annehmen, dass er insoweit eine Quellenfreiheit der Redaktion „testieren" möchte. Im Beleg 178 (Schriftsatz vom 27.08.2015) geht es aber nicht um den eigentlichen „Altermedia"-Artikel, sondern um einen Kommentar hierzu, den ein anonymer Nutzer namens „Griesgram" verfasst hat. Wie kann der Antragsteller hinsichtlich dieses anonymen Nutzers aber Quellenfreiheit bescheinigen? Der Nutzer „Griesgram" dürfte eine natürliche Person sein, die keinen Vorstand und keine übergeordnete Redaktion aufweist, hinsichtlich deren man Quellenfreiheit bescheinigen könnte. Folglich müsste man die Quellenfreiheit bezogen auf die natürliche Person „Griesgram" „testieren", was aber wiederum voraussetzt, dass man die Identität dieser Person kennt. Sollte der Antragsteller die Identität des Nutzers „Griesgram" kennen, weil er ja seine Quellenfreiheit testiert, dann stellt sich die Frage, woher der Antragsteller die Identität von „Griesgram" kennt, was den Verdacht, dass es ich hierbei um einen staatlichen Provokateur handelt, eher erhärten als entkräften würde. Falls der Antragsteller den Nutzer „Griesgram" hingegen nicht persönlich kennt, kann er auch seine Quellenfreiheit nicht testieren. Wenn er es gleichwohl tut, versucht er das erkennende Gericht offensichtlich mit falschen Testaten zu täuschen. Der Antragsteller möge sich hierzu erklären.

Diese Problematik stellt sich ausnahmslos in jedem Fall, in dem es um die Zurechnung von anonymem Anhängerverhalten geht, wobei der Antragsteller niemals glaubhaft ausschließen kann, dass es sich insoweit um die Handlung eines staatlich bezahlten Provokateurs handelt. Beispielhaft genannt seien in diesem Zusammenhang die Taten der persönlich nicht ermittelbaren Personen, welche in Heidenau randaliert haben sollen

vgl. hierzu Schriftsatz vom 27.08.2015, Seiten 121 ff. [S. 442 ff.]

Unabhängig von der später noch ausführlich zu untersuchenden Frage, ob diese Geschehnisse überhaupt so wie behauptet stattgefunden haben, würde sich aber selbst im Falle der inhaltlichen Richtigkeit der antragstellerischen Behauptungen das Folgeproblem des Nachweises der Quellenfreiheit hinsichtlich der Täter stellen. Selbst wenn man es sich tatsächlich so einfach machen könnte, wie der Antragsteller meint, und die Handlungen dieser Täter der Antragsgegnerin über die „Anhänger"-Schiene zurechnen könnte, wäre immer noch nicht die Quellenfreiheit dieses Beweismittels belegt. Bei anonym gebliebenen Tätern kann nämlich nie ausgeschlossen werden, dass es sich dabei um staatliche Agenten oder V-Personen gehandelt hat.

Spätestens diese Überlegung sollte zu der Einsicht verleiten, die gesamte „Anhänger"-Zurechnung insgesamt als rechtstaatlich nicht praktikabel zu erkennen und daher zu verwerfen.

b) Schutzumfang der parlamentarischen Indemnität

Der Antragsteller vertritt des Weiteren die Auffassung, dass der Grundsatz der Indemnität der Parlamentsabgeordneten (etwa Art. 24 Abs. 1 LVerf M-V sowie Art. 55 Abs. 1 SächsVerf) einer Verwertung entsprechender Reden in einem Parteiverbotsverfahren nicht entgegenstehe. Dem ist entschieden zu widersprechen.

Gemäß Art. 24 Abs. 1 LVerf M-V bzw. nach den insoweit wortgleichen landesverfassungsrechtlichen Bestimmungen der übrigen Bundesländer und des Bundes dürfen Abgeordnete zu keiner Zeit wegen einer Abstimmung oder wegen einer Äußerung im Landtag oder in einem seiner Ausschüsse gerichtlich oder dienstlich verfolgt oder sonst außerhalb des Landtages zur Verantwortung gezogen werden. Dies gilt nicht für verleumderische Beleidigungen.

Es drängt sich unmittelbar auf, dass die Vorschrift weit zu verstehen ist, denn unzulässig ist ausdrücklich nicht nur eine gerichtliche Verfolgung, sondern auch ein sonstiges Zur-Verantwortung-Ziehen außerhalb des Parlaments. Sinn und Zweck der Vorschrift bestehen darin, eine größtmögliche Redefreiheit in der Volksvertretung herzustellen und damit eine lebendige Debatte zu ermöglichen. Der Abgeordnete soll nicht aus Angst vor gerichtlicher Verfolgung jedes seiner Worte auf die Goldwaage legen müssen. Nur so kann ein ungestörtes „parlare" im Parlament stattfinden.

Diese Erwägungen gelten aber ohne weiteres auch in einem verfassungsprozessualen Parteiverbot, sodass nicht erkennbar ist, warum der Indemnitätsschutz insoweit nicht eingreifen sollte. Es macht keinen Unterschied, ob der Abgeordnete deshalb zur Selbstzensur genötigt wird, weil er eine strafrechtliche Verurteilung fürchtet oder weil er damit rechnen muss, dass seine Aussagen über ein damit begründetes Parteiverbot zur Aberkennung seines Parlamentsmandats führen. In beiden Fällen erfährt der Parlamentarier eine persönliche Sanktion, die an seine Äußerungen im Parlament anknüpfen. Deshalb darf er weder unmittelbar (zum Beispiel durch strafgerichtliche Verurteilung oder zivilprozessuale einstweilige Verfügung) noch mittelbar (zum Beispiel eine Mandatsaberkennung als Folge eines auf seine Äußerungen gestützten Parteiverbots) außerhalb des Parlaments zur Verantwortung gezogen werden. Die gilt umso mehr, als es sich bei dem Parteiverbotsverfahren um ein quasi-strafrechtliches Verfahren handelt, dessen Sanktionen nicht nur die Partei, sondern insbesondere auch ihre Mandatsträger treffen.

Dass die Geltung des Indemnitätsschutzes auch im Parteiverbotsverfahren zu einer faktischen Aufwertung des Parteienschutzes führen mag, ist durchaus zutreffend

vgl. Seite 15 [49 f.] der Antragsschrift.

C. Das zweite NPD-Verbotsverfahren (2013–2017)

Hierbei handelt es sich aber lediglich um einen Reflex des vom Indemnitätsschutz primär angestrebten Schutzes des einzelnen Abgeordneten vor einer persönlichen gerichtlichen oder sonstigen Inanspruchnahme außerhalb des Landtags. Dies kommt natürlich über Umwege auch der Partei des Abgeordneten zu Gute. Dass der Indemnität unterfallende parlamentarische Äußerungen in einem Parteiverbotsverfahren als Beweismittel nicht zur Verfügung stehen, ist kein Argument gegen das so gefundene Ergebnis, sondern seine logische Konsequenz, die im Interesse eines umfassenden persönlichen Verantwortungsausschlusses der Abgeordneten vom Gesetz so gewollt und daher hinzunehmen ist.

Dass das Bundesverfassungsgericht im KPD-Verbotsverfahren gleichwohl parlamentarische Äußerungen von Abgeordneten verwendet haben mag, nötigt zu keiner anderen Sichtweise. Wie oben dargelegt, ist das KPD-Verbotsurteil ohnehin ein anschauliches Beispiel, wie man ein Parteiverbotsverfahren in einem demokratischen Rechtsstaat des 21. Jahrhunderts gerade nicht betreiben darf, sodass es nur konsequent ist, das damalige Urteil nicht nur in Bezug auf den angelegten Prüfungsmaßstab, sondern auch hinsichtlich der Frage der Verwertbarkeit und Zurechenbarkeit der Beweismittel einer umfassenden Revision zu unterziehen.

7. Zwischenergebnis

Die vorstehenden Überlegungen führen zu folgenden grundlegenden Thesen für eine verfassungs- und europarechtskonforme Interpretation der Verbotsvorschrift des Art. 21 Abs. 1 GG:

1. Das Schutzgut, der **freiheitlich demokratischen Grundordnung** iSd. Art. 21 Abs. 2 GG besteht nicht in einem abstrakten Prinzipienkatalog von Verfassungswerten, sondern meint das Funktionieren des Staates, seiner Institutionen.

2. Die **Ziele** einer politischen Partei sind per se kein tauglicher Anknüpfungspunkt für ein Parteiverbot, da Art. 21 Abs. 2 GG eine Handlungssanktion und keine Gesinnungssanktion darstellt.

3. Das Tatbestandsmerkmal des „**darauf Ausgehens**" ist als konkrete Gefährdung des demokratischen Rechtsstaats durch gewaltsame, mindestens jedoch rechtswidrige Handlungen zu begreifen. Grundrechtlich geschütztes Verhalten kann kein Parteiverbot rechtfertigen, weil insoweit ihre Funktion als Abwehrrechte gegen den Staat eingreift.

4. **Anhängerverhalten** ist der Partei grundsätzlich nicht und allenfalls in Ausnahmefällen zurechenbar.

5. Ein Parteiverbot muss sich am **Grundsatz der Verhältnismäßigkeit** messen lassen.

III. Keine Verfassungswidrigkeit der Antragsgegnerin

Unterstellt man sämtliche tatsächlichen Behauptungen des Antragstellers im vorliegenden Verbotsantrag als wahr und subsumiert man diese unter den soeben herausgearbeiteten Prüfungsmaßstab, erweist sich der Verbotsantrag durchweg als unschlüssig. Der

Antragsteller behauptet nicht einmal, dass die Antragsgegnerin in der politischen Auseinandersetzung Gewalt anwenden oder sich überhaupt rechtswidriger Mittel bedienen würde. Der Antragsgegnerin wird lediglich ein – verfassungsrechtlich irrelevanter, weil grundrechtlich geschützter – Verbalradikalismus zum Vorwurf gemacht, der weit davon entfernt ist, den demokratischen Rechtsstaat in irgendeiner Form gefährden zu können.

Bei einer Konzeption der Feststellung der Verfassungswidrigkeit nach Art. 21 Abs. 2 GG (mag diese nun auf ein Parteiverbot in der üblichen Wortbedeutung hinauslaufen oder auch nicht), die mit Demokratie (Art. 20 Abs. 1 GG) und Rechtsstaat (Art. 20 Abs. 3 GG) vereinbar ist und dabei auch die individual-rechtlichen Komponenten einer rechtsstaatlichen Demokratie – als Abgrenzung zur „weniger freien" „Volksdemokratie" –, nämlich die Allgemeinheit, d. h. weltanschauliche Neutralität des die Meinungsfreiheit rechtmäßig beschränkenden Gesetzes im Sinne von Art. 5 Abs. 2 GG beachtet, was die Einhaltung des absoluten Verbots der Diskriminierung von weltanschaulich-politischen Anschauungen gemäß Art. 3 Abs. 3 GG zur Voraussetzung hat, stellt sich die „Argumentation" mit (ideologischer) „Wesensschau" und entsprechender Ideologiebegriffe wie „Relativierung" etc. als verfassungsrechtlich irrelevant dar.

Dementsprechend sind die umfassenden „Beweismittel", d. h. die Zusammenstellung von Redeausschnitten, Flugblättern und künstlerischen Darbietungen, zu deren Gunsten auch noch die Freiheit der Kunst (Art. 5 Abs. 3 Satz 1 GG) vorgebracht werden muss, weitgehend Makulatur und zwar selbst dann, wenn dieses Material überhaupt der Antragsgegnerin in einer rechtlich relevanten Weise zugerechnet werden könnte. Diese Zurechnung lässt sich in großen Teilen schon nicht begründen. Im äußersten Fall einer Zurechnung handelt es sich um Diskussionsbeiträge von Mitgliedern oder (potentiellen) Anhängern. Maßgebend für die Partei ist aber primär das geltende Parteiprogramm und nicht das aus Meinungsäußerungen mit Hilfe pseudowissenschaftlicher Methoden von Politinstituten, die an den Nachweis von Schadenszauber als Voraussetzung der frühmodernen Hexenprozesse gemahnen, konstruierte „Geheimprogramm", gegen das der Verbotsantrag gerichtet ist. Sofern mit „Zielen" in Art. 21 Abs. 2 GG ein Parteiprogramm gemeint sein sollte, was in Frage gestellt wird, kann nur das dem Bundeswahlleiter vorgelegte Programm und nicht das pseudowissenschaftlich ermittelte „Geheimprogramm" Gegenstand einer verfassungsgerichtlichen Prüfung sein, sofern bei Beachtung von Meinungsfreiheit und des politischen Pluralismus ein Parteiprogramm als solches überhaupt Gegenstand einer gerichtlichen Bewertung von angeblich verbotenen Ideologieinhalten sein kann. Es wird ja auch nicht vereinbar mit der Garantie der Religionsfreiheit angesehen, die Glaubensinhalte der Katholischen Kirche einer verfassungsgerichtlichen Bewertung zu unterziehen. Dies gilt aufgrund des engen historischen Zusammenhangs von Glaubensfreiheit und der Freiheit zur Bildung politischer Vereinigungen aus den dargestellten Gründen auch für programmatische Aussagen einer politischen Partei. Die Freiheit von politischen Parteien ist nur dann gewährleistet, wenn die Programmatik einer Partei oder gar deren angebliche oder tatsächliche Ideologie keine rechtliche Rolle spielt, sondern der Entscheidung des gemäß Art. 38 GG freien Wählers und gemäß Art. 1 Abs. 1 GG mündigen Bürgers überlassen bleibt.

Das vorliegende „Beweismaterial", welches als Art „Geheimsache" ja schon länger bekannt ist, mag es zwischenzeitlich noch etwas „aufgepäppelt" worden sein, ist ja bereits als von „haarsträubender Qualität" eingestuft worden.

vgl. Horst Meier, Endlosschleife, Seite 460, r. Sp.

Für die folgenden Überlegungen soll gleichwohl und lediglich hilfsweise unterstellt werden, dass das vom Antragsteller in der Antragsschrift dargestellte und auf reinem Gesinnungsstrafrecht beruhende Parteiverbotskonzept tatsächlich sowohl vor dem Grundgesetz als auch vor der Grundrechtecharta der Europäischen Union als auch vor der Europäischen Menschenrechtskonvention bestand hätte und daher tauglicher Maßstab für das vorliegende Verfahren wäre. Selbst in diesem Fall ergibt jedoch die durchzuführende Subsumtion unter die demnach als zutreffend unterstellten Kriterien des Antragstellers, dass eine Verfassungswidrigkeit der Antragsgegnerin nicht ersichtlich ist.

1. Vorbemerkungen

a) „Verschleierungstaktik"

Gleich zu Beginn des Verbotsantrags vom 01.12.2013 wartet der Antragsteller mit einer sehr bemerkenswerten „Erkenntnis" auf, der für das Verständnis sämtlicher Äußerungen der Antragsgegnerin interpretationsleitende Bedeutung zukomme: Die Antragsgegnerin arbeite durchweg mit einer perfiden „Verschleierungstaktik", um ihre wahre, „verfassungswidrige" Gesinnung mit prima facie harmlos daherkommenden Aussagen zu verbergen. Die Gegenseite unternimmt damit den leicht durchschaubaren Versuch, das Gericht von vornherein dazu verleiten zu wollen, sämtliche Aussagen der Antragsgegnerin durch die „Verfassungswidrigkeitsbrille" betrachten zu wollen, wobei in freilich rechtlich völlig unzulässiger Weise genau diejenige Frage zum vorgelagerten Auslegungsmaßstab erhoben werden soll, die mit den fraglichen Aussagen gerade geprüft werden soll, nämlich die Frage der Verfassungswidrigkeit der Antragsgegnerin. Die vom Antragsteller dabei zugrunde gelegte „Logik" erweist sich dabei als wahrlich haarsträubend: Zwar können wir eigentlich nicht beweisen, dass die Antragsgegnerin verfassungswidrig ist, weil ihre Äußerungen nicht zu beanstanden sind, aber da wir ja wissen, dass sie verfassungswidrig ist und ihr „Geheimprogramm" verschleiert, sind selbst scheinbar verfassungskonforme Aussagen letztlich doch ein Beweis für die Verfassungswidrigkeit. Äußert sich die Antraggegnerin demnach offen verfassungswidrig, ist dies aus Sicht des Antragstellers natürlich ein Indiz für eine tatsächlich bestehende Verfassungswidrigkeit. Äußert sie sich hingegen verfassungskonform, ist dies nach Meinung der Antragsteller aber sogar ein noch viel größeres Anzeichen für eine tatsächlich bestehende Verfassungswidrigkeit, weil die Antragsgegnerin durch das Vorspiegeln einer Verfassungskonformität nur ihre Perfidie und Gerissenheit unter Beweis stelle, mit der sie den Wähler täusche. Diese „Logik" erinnert frappierend an diejenige der Heiligen Inquisition während der mittelalterlichen Hexenprozesse: Der Angeklagte ist immer schuldig, ganz egal, was er tut, und je unschuldiger er nach außen hin erscheint, desto größer ist der Beweis für seine Gefährlichkeit.

Es versteht sich von selbst, dass derlei pseudojuristischer Unfug in einem verfassungsgerichtlichen Parteiverbotsverfahren nichts verloren hat. Fakt ist, dass ein solches „Geheimprogramm" bei der Antragsgegnerin nicht existiert und dieses es daher nicht nötig hat, ein solches „Geheimprogramm" zu verbergen. Gegenteilige Behauptungen sind falsch und werden mit Nachdruck **bestritten**.

I. Schriftverkehr

Primäres Erkenntnismittel im Rahmen eines Parteiverbotsverfahrens muss daher das schriftlich niedergelegte Programm sein, weil dies vom Souverän der Partei, vom Bundesparteitag, beschlossen worden ist und daher die programmatische Ausrichtung der Partei maßgeblich abbildet. Es muss beim Bundeswahlleiter hinterlegt werden und stellt eine Beweisurkunde dar

vgl. Meier, Die „verfassungswidrige" Partei als Ernstfall der Demokratie, in: Meier (Hrsg.), Verbot der NPD, ein deutsches Staatstheater in zwei Akten, Seite 164.

Die programmatische Verbindlichkeit des Parteiprogramms wird nicht durch Entgleisungen Einzelner in Frage gestellt, weil diesen nicht die Befugnis zusteht, vom Bundesparteitag beschlossene programmatische Leitlinien durch individuelles Handeln zu derogieren. Will der Antragsteller sich zu der Behauptung versteigen, das schriftlich niedergelegte Parteiprogramm der Antragsgegnerin sei gar nicht relevant, sondern ein wie auch immer geartetes „Geheimprogramm", dann trägt er für diese Behauptung die volle Darlegungs- und Beweislast, der mit der pauschalen Behauptung, die Antragsgegnerin betreibe eine „Verschleierungstaktik" freilich nicht genügt werden kann. Der Antragsteller hat insoweit vielmehr den Vollbeweis zu führen.

b) Spiel mit „Doppeldeutigkeiten"

Ferner echauffiert sich die Antragstellerseite darüber, dass die Antragsgegnerin sehr oft mit „Doppeldeutigkeiten" arbeite, und vertritt in diesem Zusammenhang die sehr verwunderliche Auffassung, dass dies der Antragsgegnerin im verfassungsprozessualen Parteiverbotsverfahren zum Nachteil gereichen müsse. Anders als im Strafrecht, wo im Hinblick auf Bedeutung und Tragweite der Meinungsäußerungsfreiheit erst dann verurteilt werden dürfe, wenn bei einer objektiv mehrdeutigen Aussage alle nicht zur Strafbarkeit führenden Auslegungsalternativen mit schlüssiger Begründung ausgeschieden worden sind, müsste vorliegend die aus dem zivilprozessualen Schutz des Allgemeinen Persönlichkeitsrechts vor unwahren Tatsachenbehauptungen bekannte Rechtsprechung herangezogen werden, bei der der Grundsatz der wohlwollenden Auslegung nicht gelte, sondern ein Unterlassungsurteil bereits dann ergehen könne, wenn der Äußernde nicht klarstelle, welche von mehreren Auslegungsvarianten einer nur in einer Auslegungsvariante sich als persönlichkeitsrechtsverletzend erweisenden Äußerung er meine

vgl. hierzu grundlegend BVerfGE 114, 339 (340) – Stolpe.

Dies schlussfolgert der Antragsteller aus dem Umstand, dass das Parteiverbotsverfahren nicht – wie der Strafprozess – der Sanktionierung vergangenen Verhaltens diene, sondern – wie der Zivilprozess im Bereich des Äußerungsrechts – um die Unterbindung zukünftiger Äußerungen.

Diese Auffassung des Antragstellers erweist sich als rechtsirrig.

Falsch ist bereits die Grundprämisse des Antragstellers, beim verfassungsprozessualen Parteiverbot gehe es nicht um die Sanktionierung vergangenen Handelns und daher bestehe keine Strafrechtsähnlichkeit. Tatsächlich ist genau dies das eigentliche Kernelement des Parteiverbots: Auf Grund vergangenen Verhaltens soll die Existenz einer politischen Partei ausgelöscht werden, also gleichsam die „Todesstrafe" gegen sie verhängt werden. Hierin liegt der klassische Fall einer Sanktionierung vergangenen Handelns und dies ist auch der Grund, weshalb das Parteiverbotsverfahren zusammen mit der Grundrechtsverwirkung, der Präsidenten- und der Richteranklage bekanntermaßen zu den quasi-strafrechtlichen Verfahrensarten des Verfassungsprozesses gezählt wird. Es mutet geradezu absurd an, wenn der Antragsteller in einer solchen Verfahrensart, in der sogar ausdrücklich Normen des Strafprozessrechts für entsprechend anwendbar erklärt werden

vgl. etwa §§ 47, 38 Abs. 1 BVerfGG

plötzlich Rechtsprechungsgrundsätze aus dem Zivilprozess zur Anwendung bringen möchte. Dass das BVerfG den Grundsatz der wohlwollenden Auslegung im Bereich des zivilrechtlichen Äußerungsrechts nicht anwendet, liegt schlicht und ergreifend daran, dass es keinen sonderlich großen Eingriff in die Meinungsäußerungsfreiheit darstellt, wenn dem sich Äußernden in einem Unterlassungsurteil angesonnen wird, sich zukünftig dergestalt klarstellend auszudrücken, dass keine Persönlichkeitsrechte Dritter tangiert werden. Hätte ein solches Zivilurteil nicht nur die Wirkung eines in die Zukunft gerichteten strafbewehrten Äußerungsverbots, sondern würde ein solches Urteil – wie das im Parteiverbotsverfahren ergehende – die rechtliche Existenzvernichtung des sich Äußernden nach sich ziehen, würde das BVerfG den Grundsatz der wohlwollenden Auslegung zweifelsohne auch im Zivilprozess zur Geltung bringen, weil der Grundrechtseingriff in diesem Fall zweifelsohne sehr viel intensiver wäre: Das Parteiverbot unterbindet nämlich nicht einfach nur eine einzige im Tenor genau bezeichnete zukünftige Äußerung, sondern vernichtet den dahinterstehenden Rechtsträger und nimmt ihm auf Dauer die Möglichkeit, sich in irgendeiner Weise am politischen Wettbewerb zu beteiligen. Parteiverbot und zivilgerichtliche Äußerungsuntersagung sind daher – evident – zweierlei.

Dass die Antragstellerseite es natürlich gerne sehen würde, wenn der von ihr geforderte Auslegungsgrundsatz „Im Zweifel gegen den Angeklagten" im vorliegenden Verfahren Geltung beanspruchen könnte, ist in Ermangelung validen Belastungsmaterials durchaus verständlich, ändert aber nichts an den rechtsdogmatischen Zusammenhängen und den darauf zu ziehenden Schlussfolgerungen.

Festzuhalten ist daher für die Auslegung von objektiv mehrdeutigen Äußerungen der Antragsgegnerin, dass diese erst dann als verbotsbegründend angesehen werden können, wenn zuvor sämtliche zur Annahme von Verfassungswidrigkeit führenden Deutungsalternativen mit vertretbarer Begründung ausgeschieden wurden. Andernfalls ist die Äußerung unter Verbotsgesichtspunkten als irrelevant anzusehen.

Dies gilt dann auch maßgeblich für das von der Gegenseite in diesem Zusammenhang präsentierte Wahlplakat „Gas geben"

vgl. etwa Antragsschrift, **Beleg 1.** [S. 47]

Dieses enthält schlicht und ergreifend die Aussage, dass Udo Voigt als passionierter Motorradfahrer nicht nur auf der Straße, sondern auch in der Politik „Gas geben", also sprichwörtlichen Schwung ins Parlament und die dort zu verrichtende politische Arbeit bringen möchte. Dass die bundesrepublikanischen Gesinnungswächter im Rahmen der von Amts wegen angelegten per böswilligen Interpretation auch andere Aussagen aus diesem Plakat herauslesen zu können glauben, ist für die verfassungsrechtliche Bewertung irrelevant, weil die naheliegendste Deutungsvariante „Gas geben nicht nur auf der Straße, sondern auch im Parlament", nicht mit schlüssiger Argumentation ausgeschlossen werden kann. Es gilt daher der altbekannte Grundsatz: „Honni soit qui mal y pense."

Auch wenn es der Antragstellerseite nicht passt: Das Parteiverbotsverfahren ist ein Instrument zur Unterbindung verfassungswidrigen Handelns und nicht zur Beseitigung als störend empfundener verbaler Doppeldeutigkeiten.

2. Keine Beeinträchtigung oder Beseitigung der freiheitlich demokratischen Grundordnung

Im Folgenden wird gezeigt werden, dass die Antragsgegnerin weder Beseitigung noch eine Beeinträchtigung der freiheitlich demokratischen Grundordnung weder programmatisch anstrebt noch auf ein derartiges Ziel faktisch hinarbeitet.

a) Kein Verstoß gegen die Menschenwürde

Die Hauptstoßrichtung des Verbotsantrags der Gegenseite geht dahin, die Antragstellerin durch ihre gesamte Programmatik hinweg mit dem Vorwurf des Verstoßes gegen die Menschenwürde von Ausländern und Minderheiten zu überziehen. Dabei unternimmt die Antragstellerseite den durchaus kühnen Versuch, den ethnischen Volksbegriff der Antragsgegnerin als Verstoß gegen die Menschenwürde zu brandmarken. Dieser Vorwurf ist entschieden zurückzuweisen; ein Verstoß gegen die Menschenwürde liegt tatsächlich nicht vor. Die Antragsgegnerin steht mit ihrem Volksbegriff voll und ganz auf dem Boden des Grundgesetzes, weil dieses eben den von der Antragsgegnerin vertretenen Volksbegriff wie selbstverständlich voraussetzt, sodass sich vielmehr der vom Antragsteller propagierte, auf beliebiger Austauschbarkeit der zum Staatsvolk gehörenden Personen beruhende Volksbegriff als verfassungswidrig erweist. Auch jenseits des ethnischen Volksbegriffs führt die Antragsgegnerin weder Angriffe auf die Menschenwürde von Ausländern noch von sonstigen Minderheiten.

aa) Zum Gewährleistungsgehalt der Menschenwürdegarantie im Staatsangehörigkeitsrecht

Im Ansatz allerdings noch zutreffend geht der Antragsteller davon aus, dass die Menschenwürde jedem Menschen kraft seines Menschseins und unabhängig von seiner Abstammung ein basales Minimum an Rechten garantiert. Gleichfalls unstreitig ist das Postulat des Antragstellers, wonach die Menschenwürdegarantie fordert, jedem Menschen gleichermaßen ein basales Minimum an Rechten zuzuerkennen. Darüber hinaus stellt die Antragsgegnerin auch nicht in Abrede, dass die Menschwürdegarantie im Sinne eines „Rechts auf (mehr) Rechte" dazu führt, dass jedem Menschen die Möglichkeit eingeräumt werden muss, sein basales „Rechte-Minimum" um weitere Rechte zu erweitern.

Entschieden zu widersprechen ist jedoch der These des Antragstellers, das aus der Menschwürde resultierende „Recht auf (mehr) Rechte" umfasse auch das Recht, jede beliebige Staatsangehörigkeit annehmen zu können. Dem liegt offenbar die bereits im Ansatz verfehlte Vorstellung zu Grunde, jeder Mensch müsse theoretisch Träger jedes denkbaren Rechts sein können. Diese völlig uferlose Überfrachtung der Menschenwürdegarantie hat aber freilich überhaupt nichts mit den verfassungsrechtlichen Vorgaben zu tun und wird – soweit ersichtlich – von keiner einzigen seriösen Stimme im rechtswissenschaftlichen Diskurs vertreten, nicht einmal vom BVerfG selbst.

Das BVerfG umschreibt den Schutzbereich der Menschenwürdegarantie etwa in seinem Urteil vom 15.02.2006, Az.: 1 BvR 357/05, unter Rn. 121 im Wesentlichen wie folgt:

> „Art. 1 Abs. 1 GG schützt den einzelnen Menschen nicht nur vor Erniedrigung, Brandmarkung, Verfolgung, Ächtung und ähnlichen Handlungen durch Dritte oder durch den Staat selbst (vgl. BVerfGE 1, 97 ⟨104⟩; 107, 275 ⟨284⟩; 109, 279 ⟨312⟩). Ausgehend von der Vorstellung des Grundgesetzgebers, dass es zum Wesen des Menschen gehört, in Freiheit sich selbst zu bestimmen und sich frei zu entfalten, und dass der Einzelne verlangen kann, in der Gemeinschaft grundsätzlich als gleichberechtigtes Glied mit Eigenwert anerkannt zu werden (vgl. BVerfGE 45, 187 ⟨227 f.⟩), schließt es die Verpflichtung zur Achtung und zum Schutz der Menschenwürde vielmehr generell aus, den Menschen zum bloßen Objekt des Staates zu machen (vgl. BVerfGE 27, 1 ⟨6⟩); 45, 187 ⟨228⟩; 96, 375 ⟨399⟩). Schlechthin verboten ist damit jede Behandlung des Menschen durch die öffentliche Gewalt, die dessen Subjektqualität, seinen Status als Rechtssubjekt, grundsätzlich in Frage stellt (vgl. BVerfGE 30, 1 ⟨26⟩; 87, 209 ⟨228⟩; 96, 375 ⟨399⟩), indem sie die Achtung des Wertes vermissen lässt, der jedem Menschen um seiner selbst willen, kraft seines Personseins, zukommt (vgl. BVerfGE 30, 1 ⟨26⟩; 109, 279 ⟨312 f.⟩). Wann eine solche Behandlung vorliegt, ist im Einzelfall mit Blick auf die spezifische Situation zu konkretisieren, in der es zum Konfliktfall kommen kann (vgl. BVerfGE 30, 1 ⟨25⟩; 109, 279 ⟨311⟩)."

Es liegt auf der Hand, dass ein auf dem ethnischen Volksbegriff beruhendes Staatsangehörigkeitsrecht weit von den vorstehend genannten Grausamkeiten (Erniedrigung, Brandmarkung, Verfolgung, Ächtung, etc.) entfernt ist. Die Menschenwürde umfasst evident nicht das Recht, deutscher Staatsangehöriger werden zu können, sondern lediglich das Recht, überhaupt Staatsangehöriger irgendeines Staates sein zu können. Deshalb wäre es durchaus als gegen die Menschenwürdegarantie verstoßend zu erachten, wenn die Antragsgegnerin im Sinne eines sozialdarwinistischen Menschenbildes die Auffassung verträte, gewisse Gruppen von Menschen seien per se „unwürdig", überhaupt Staatsangehörige gleich welchen Staates zu sein. Hierdurch würde den von einer solchen Ideologie betroffenen Personen gewissermaßen die Rechtsfähigkeit als solche abgesprochen, was zweifelsohne in einem freiheitlichen Rechtsstaat unzulässig wäre. Derlei abwegige Auffassungen werden von der Antragsgegnerin aber gerade nicht vertreten, weil sie solchen Menschen, die von der Abstammung her keine Deutschen sind, selbstverständlich das Recht zugesteht, Staatsangehörige in ihrem Herkunftsland zu sein. Solange die Antragsgegnerin das grundsätzliche Recht eines jeden Menschen, in irgendeinem Staat – wenn auch nicht zwangsläufig in Deutschland – Träger von staatsbürgerlichen Rechten zu sein, nicht in Zweifel zieht, wird die darüber hinausgehende Diskussion, ob jeder Mensch gerade in Deutschland eingebürgert werden können muss, weit jenseits des menschenrechtlichen Minimalstandards geführt. Hierbei handelt es sich um eine im politischen Diskurs durch Mehrheitsentscheid zu klärende Frage, die weder vom Verfassungsrecht im Allgemeinen noch von der Menschenwürdegarantie im Besonderen dergestalt präjudiziert wird, dass ein auf dem ethnischen Volksbegriff beruhendes Staatsangehörigkeitsrecht als gegen die freiheitlich-demokratische Grundordnung verstoßend angesehen werden könnte.

Dieser Gedanke offenbart aber die perfide Argumentationsstruktur des Antragstellers: Dieser ist sich der großen Durchschlagskraft des Menschenwürde-Arguments sehr wohl bewusst und versucht daher – in Ermangelung sonstiger stichhaltiger Argumente für ein Verbot der Antragsgegnerin – den Menschenwürdebegriff mit allen möglichen Inhalten und Gewährleistungen „aufzuladen", um eine angebliche Verletzung dieses Prinzips durch die Antragsgegnerin zu konstruieren. Die Menschenwürde-Garantie stellt aber keinen juristischen Rettungsanker dar, auf den man stets dann zurückgreifen kann, wenn einem die Argumente ausgehen. Mit seiner geradezu grotesken These

„Alle Menschen müssen eingebürgert werden können."

vgl. Seite 115 [S. 122] der Antragsschrift

pervertiert der Antragsteller die Menschenwürdegarantie indes von einem Minimum an Rechten zu einem regelrechten Maximum an Rechten.

Abschließend sei noch auf folgendes hingewiesen: Allein in Europa halten 17 Staaten auch weiterhin am Abstammungsprinzip in ihren Staatsangehörigkeitsrecht fest, nämlich:

- Österreich,
- Bulgarien,
- Tschechien,
- Ungarn,
- Italien,
- Rumänien,
- Slowenien,
- Dänemark,
- Zypern, Malta,
- Polen,
- Slowakei,
- Schweden,
- Finnland,
- Estland,
- Lettland,
- Litauen.

Die unzähligen Staaten weltweit, welche ihr Staatsangehörigkeitsrecht am Abstammungsprinzip orientieren, können hier gar nicht abschließend aufgezählt werden. Angesichts dieses Befunds ist es umso absurder, die politische Forderung der Antragsgegnerin zu einer Rückkehr zum ius sanguinis im deutschen Staatsangehörigkeitsrecht als Verstoß gegen die Menschenwürde ansehen zu wollen. Nach der „Logik" des Antragstellers würde sich nahezu der halbe Globus eines „menschenunwürdigen" Staatsangehörigkeitsrechts bedienen.

bb) Der ethnische Volksbegriff als tradiertes Leitprinzip des deutschen Staatsangehörigkeitsrechts

Der Antragsteller verkennt aber nicht nur den Gewährleistungsgehalt der Menschenwürdegarantie im Bereich des Staatsangehörigkeitsrechts, sondern er verliert auch völlig aus den Augen, dass es sich bei dem ethnischen Volksbegriff um das tradierte Kernelement des deutschen Staatsangehörigkeitsrechts handelt, welches von den Vätern des Grundgesetzes als selbstverständlich vorausgesetzt wurde und vom Bundesverfassungsgericht explizit bestätigt worden ist.

In diesem Zusammenhang ist zunächst einmal die – vom Antragsteller wohlweislich ignorierte – Vorschrift des Art. 116 Abs. 1 GG in den Blick zu nehmen. Darin heißt es:

> „(1) Deutscher im Sinne dieses Grundgesetzes ist vorbehaltlich anderweitiger gesetzlicher Regelung, wer die deutsche Staatsangehörigkeit besitzt oder als Flüchtling oder Vertriebener deutscher Volkszugehörigkeit oder als dessen Ehegatte oder Abkömmling in dem Gebiete des Deutschen Reiches nach dem Stande vom 31. Dezember 1937 Aufnahme gefunden hat."

Art. 116 Abs. 1 GG geht von deutscher Volkszugehörigkeit aus, führt also eindeutig ein „völkisches Element" in das Verfassungsrecht ein. Zudem ist ausdrücklich von „Abkömmlingen" die Rede. Diese Einordnung ist konsequent, weil anders die Formulierungen des Grundgesetzes über das Deutsche Volk (vgl. etwa Präambel) bzw. „Deutsche Volk" (vgl. etwa Art. 1 Abs. 2 GG) keinen Sinn ergeben. Das Abstammungsprinzip wird dabei als so gewichtig angesehen, dass es sogar dort angewandt werden soll, wo der entsprechende Personenkreis (die Status-Deutschen) schon längst in anderen Staaten „integriert" ist.

Dies sieht die Kommentarliteratur zum Grundgesetz ebenso. So vertritt beispielsweise Hillgruber, in: Epping/Hillgruber, Grundgesetz, 2. Auflage 2013, Art. 116 Rn. 3.2, die zutreffende Auffassung:

> „Art 116 Abs 1 GG enthält für den einfachen Gesetzgeber implizite Vorgaben hinsichtlich des Erwerbs der deutschen Staatsangehörigkeit. Die Gleichstellung bestimmter Volksdeutscher mit deutschen Staatsangehörigen lässt den Rückschluss zu, dass die Zugehörigkeit zu der deutschen Nation im ethnisch-kulturellen Sinne auch den grundsätzlich maßgeblichen Anknüpfungspunkt für die Verleihung der deutschen Staatsangehörigkeit bilden soll (HStR II/ Hillgruber § 32 Rn. 23; Schmidt-Bleibtreu/Klein/Hofmann/Hopfauf/Hofmann GG Art 116 Rn 7f, 10; aA Umbach/Clemens/Rennert GG Art 116 Rn 10a; Dreier/Lübbe-Wolff GG Art 116 Rn 13, 19; v.Münch/Kunig/Vedder GG Art 116 Rn 35; AK-GG/Zuleeg GG Art 116 Rn 7). Deshalb darf das überkommene Abstammungsprinzip als regelhaftes Leitbild für den Geburtserwerb der deutschen Staatsangehörigkeit nicht aufgegeben werden; es gehört zu dem in seinem Kern änderungsfesten Institut der deutschen Staatsangehörigkeit, wie sie das Grundgesetz als bestehend und fortgültig vorausgesetzt und den Garantien der Art 16 Abs 1 und 116 Abs 1 GG zugrunde gelegt hat (HStR II/Hillgruber § 32 Rn 22). Daneben darf aber für Ausnahmefälle das ius soli gelten, wenn nur ein relativ kleiner Personenkreis auf diese Weise die deutsche Staatsangehörigkeit erwirbt und durch über die Geburt im Inland hinausgehende Voraussetzungen sichergestellt ist, dass diese Staatsangehörigen eine echte Bindung zur deutschen Kultur und Rechtsordnung haben oder entwickeln (HStR II/Hillgruber § 32 Rn 25)."

Diese grundgesetzliche Formulierung korrespondiert mit der Präambel der Weimarer Reichsverfassung:

„Das Deutsche Volk, einig in seinen Stämmen und von dem Willen beseelt, sein Reich in Freiheit und Gerechtigkeit zu erneuern und zu festigen, dem inneren und dem äußeren Frieden zu dienen und den gesellschaftlichen Fortschritt zu fördern, hat sich diese Verfassung gegeben."

Die Formulierung „einig in seinen Stämmen" ist ein deutlicher Hinweis darauf, dass das deutsche Volk in der deutschen Rechtstradition immer als Abstammungsgemeinschaft verstanden wurde. An diese Sichtweise hat der Grundgesetzgeber mit der Verwendung des terminus technicus „deutsches Volk" erkennbar angeknüpft, denn er verstand sich zwar in Frontstellung zum Nationalsozialismus, nicht aber zur Weimarer Reichsverfassung.

Zudem machen die nach Art. 56 und 64 GG vorgeschriebenen Amtseide des Bundespräsidenten, des Bundeskanzlers und der Bundesminister deutlich, dass sie verpflichtet sind, für die Interessen des „deutschen Volkes" zu arbeiten. Wörtlich lautet der zu leistende Amtseid:

„Ich schwöre, daß ich meine Kraft dem Wohle des deutschen Volkes widmen, seinen Nutzen mehren, Schaden von ihm wenden, das Grundgesetz und die Gesetze des Bundes wahren und verteidigen, meine Pflichten gewissenhaft erfüllen und Gerechtigkeit gegen jedermann üben werde. So wahr mir Gott helfe."

Mit der Vereidigung auf das Wohl gerade des deutschen Volkes wollte der Grundgesetzgeber aber wohl kaum eine Verpflichtung auf das Wohl einer anonymen und beliebig austauschbaren Wohnbevölkerung statuieren.

Auch das Bundesverfassungsgericht hat in seiner ständigen Rechtsprechung diesen Volksbegriff zugrunde gelegt und beispielsweise im „Teso"-Beschluss

vgl. BVerfG vom 21.10.1987, Az.: 2 BvR 373/83, Rn. 34

ausdrücklich bekräftigt

„Der Parlamentarische Rat hat das Grundgesetz nicht als Akt der Neugründung eines Staates verstanden; er wollte ‚dem staatlichen Leben für eine Übergangszeit eine neue Ordnung' geben, bis die ‚Einheit und Freiheit Deutschlands' in freier Selbstbestimmung vollendet sei (Präambel des Grundgesetzes). Präambel und Art. 146 GG fassen das gesamte Grundgesetz auf dieses Ziel hin ein: der Verfassungsgeber hat dadurch den Willen zur staatlichen Einheit Deutschlands normiert, der wegen der zwischen den Besatzungsmächten ausgebrochenen weltpolitischen Spannungen ernsthafte Gefahr drohte. Er wollte damit einer staatlichen Spaltung Deutschlands entgegenwirken, soweit dies in seiner Macht lag. Es war die politische Grundentscheidung des Parlamentarischen Rates, nicht einen neuen (‚westdeutschen') Staat zu errichten, sondern das Grundgesetz als Reorganisation eines Teilbereichs des deutschen Staates – seiner Staatsgewalt, seines Staatsgebiets, seines Staatsvolkes – zu begreifen. Dieses Verständnis der politischen und geschichtlichen Identität der Bundesrepublik Deutschland liegt dem Grundgesetz zugrunde. Das Festhalten an der deutschen Staatsangehörigkeit in Art. 116 Abs. 1, 16 Abs. 1 GG und damit an der bisherigen Identität des Staatsvolkes des deutschen Staates ist normativer Ausdruck dieses Verständnisses und dieser Grundentscheidung."

und unter Rn. 35 des zitierten Beschlusses sogar eine Pflicht des Gesetzgebers postuliert, die Identität des deutschen Staatsvolkes im Sinne der dargestellten grundgesetzlichen Definition zu erhalten:

> „Aus dem Wahrungsgebot folgt insbesondere die verfassungrechtliche Pflicht, die Identität des deutschen Staatsvolkes zu erhalten."

Eine erhaltens- und bewahrenswerte Identität des deutschen Staatsvolkes im Sinne der bundesverfassungsgerichtlichen Rechtsprechung gibt es aber nur dort, wo das Staatsvolk in Übereinstimmung mit der Meinung Hillgrubers in erster Linie über die klassischen Abgrenzungsmerkmale eines Volkes wie Abstammung, Sprache, Kultur, Geschichte und ein Zusammengehörigkeitsgefühl definiert wird. Durch den Rekurs des BVerfG auf die „bisherige Identität des Staatsvolkes des deutschen Staates" wird ganz eindeutig an dieses Leitmotiv der historischen deutschen Rechtstradition angeknüpft. Die Ausführungen des BVerfG würden hingegen überhaupt keinen Sinn ergeben, wenn man den Volksbegriff – wie es der Antragsteller postuliert – als bunt zusammengewürfelte und beliebig austauschbare Wohnbevölkerung verstehen würde, die potentiell jeden Menschen auf dem Globus umfasst.

Dem bis zum 31.12.1999 geltenden Reichs- und Staatsangehörigkeitsgesetz, welches durch die rot-grüne Bundesregierung mit Brachialgewalt geändert wurde, lag daher wie selbstverständlich das Abstammungsprinzip als prägendes Wesensmerkmal zugrunde. Gemäß § 4 Abs. 1 RuStAG erwarb ein Kind durch die Geburt die deutsche Staatsangehörigkeit, wenn ein Elternteil die deutsche Staatsangehörigkeit besaß. Der Erwerb der Staatsangehörigkeit kraft Geburt war mithin der Regelfall, die Ermessenseinbürgerung nach § 8 RuStAG die Ausnahme. Es ist nicht bekannt, dass gegen diese Regelung in der Vergangenheit verfassungsrechtliche Bedenken unter dem Gesichtspunkt der Menschenwürdegarantie erhoben worden wären.

Der ethnische Volksbegriff entspricht mithin eins zu eins den grundgesetzlichen Vorgaben, weshalb die Behauptung des Antragstellers, eben diese Konzeption sei wegen Verstoßes gegen die Menschenwürde als Verstoß gegen die freiheitlich demokratische Grundordnung zu werten, ins juristische Kuriositätenkabinett gehört. Vielmehr stellt sich umgekehrt die Frage, ob die vorliegend als Bundesrat in Erscheinung tretenden etablierten Parteien nicht ihrerseits eine verfassungswidrige Gesinnung offenbaren, wenn sie seit dem 01.01.2000 nicht nur eine dem vom Grundgesetz vorausgesetzten Abstammungsprinzip gegenläufige Staatsangehörigkeitskonzeption in Gesetzesform gegossen haben, sondern sogar noch die Frechheit besitzen, die Vertreter der grundgesetzlichen Staatsangehörigkeitskonzeption mit dem Vorwurf der Verfassungswidrigkeit zu überziehen. Die wirklichen Verfassungsfeinde sind vorliegend auf der Antragstellerbank zu finden, weil die als Bundesrat in Erscheinung tretenden politischen Kräfte unter grobem Verstoß gegen das Identitätswahrungsgebot des Bundesverfassungsgerichts im vorerwähnten „Teso"-Beschluss die Identität des Deutschen Staatsvolkes radikal verändern wollen. An die Stelle einer organisch gewachsenen durch Abstammung, Kultur, Sprache und Geschichte verbundenen Schicksalsgemeinschaft soll eine willkürlich zusammengewürfelte identitätslose Wohnbevölkerung treten. Zu einer solchen radikalen Veränderung des Staatsvolkes ist die verfasste Gewalt aber nicht befugt. Hillgruber, aaO., Rn. 3.1, schreibt dazu zutreffend:

> „Zwar schließt die mit der Zuweisung der ausschließlichen Gesetzgebungskompetenz an den Bund in Art 73 Nr 2 GG und mit dem Vorbehalt anderweitiger gesetzlicher Regelung in Art 116 Abs 1 Hs 1 GG vorausgesetzte Regelungsbefugnis des Bundesgesetzgebers die Annahme

aus, diesem sei jede Einwirkung auf die Zusammensetzung des Volkes iSd Art 20 Abs 2 S 2 GG verwehrt (vgl BVerfGE 83, 37, 52 = NJW 1991, 162, 163; zu Befugnis und Notwendigkeit gesetzgeberischer Ausgestaltung der deutschen Staatsangehörigkeit siehe ferner Ziemske Die deutsche Staatsangehörigkeit nach dem Grundgesetz 1995, 209–214). Doch der Gestaltungsspielraum des Gesetzgebers ist hier schon deshalb eng begrenzt, weil mit der Definition des Staatsvolkes das demokratische Legitimationssubjekt festgelegt wird, von dem alle staatliche Gewalt ausgeht. Das Deutschen Volk als souveräner Verfassungsgeber und Inhaber aller Staatsgewalt ist ein dem Gesetzgeber in seiner Zusammensetzung im Kern zwingend vorgegebenes Subjekt. Mit einer Neudefinition des Staatsvolks nähme der Gesetzgeber eine Selbstermächtigung vor und überschritte als pouvoir constitué seine vom Verfassungsgeber abgeleiteten, verfassungsmäßigen Kompetenzen (vgl nur Isensee FS Roellecke 1997, 137, 142, 157; Di Fabio, Das Recht offener Staaten 19.98, 134; s auch BVerfGE 37, 217, 239)."

Ähnlich argumentierte schon 1999 der Staatsrechtler Josef Isensee, als er in weiser Voraussicht feststellte:

„Die Problematik besteht darin, daß geplant wird, durch einfachen Gesetzesbeschluß des Parlaments das deutsche Volk umzudefinieren und auf einen Schlag drei Millionen Personen als Deutsche zu bestimmen, obwohl diese sich nicht zur Gemeinschaft des deutschen Volkes, sondern zu der eines anderen, im wesentlichen des türkischen bekennen. Eine solche obrigkeitliche Umdefinition durch das Parlament liegt außerhalb seiner verfassungsrechtlichen Befugnisse. Die Staatsangehörigkeit in ihren wesentlichen Strukturen wird vom Grundgesetz garantiert und kann nur durch Verfassungsänderung aufgehoben und wesentlich umstrukturiert werden."

vgl. Interview mit Josef Isensee vom 06.01.1999, abrufbar unter http://www.welt.de/print-welt/article563971/Ein-Staatsstreich-des-Parlments.html

Isensee, aaO., bezeichnet die Umdefinition des deutschen Volkes gar als „Staatsstreich durch das Parlament".

Auch der frühere Bundesverfassungsrichter Udo di Fabio hat unlängst aus aktuellem Anlass darauf aufmerksam gemacht, dass die Staatsführung sich durch unbegrenzte Zuwanderung nicht einfach ein neues Volk schaffen kann, da in einem solchen Fall die Staatsgewalt nicht mehr von unten nach oben ausgeht, sondern die Regierung von sich aus den Umfang und die Zusammensetzung des Staatsvolks verändern würde. Die „Staatlichkeit als Voraussetzung der demokratischen Selbstbestimmung des Volkes" sei in Gefahr, wenn „ein Staat die massenhafte Einreise von Menschen in sein Territorium nicht mehr kontrollieren".

vgl. Di Fabio, Migrationskrise als föderales Verfassungsproblem, Gutachten im Auftrag der Bayerischen Staatsregierung vom 08.01.2016, Seite 48 ff.

Diesen durchweg zutreffenden Einschätzungen ist nichts mehr hinzuzufügen.

cc) Der nationaldemokratische Volksbegriff

Ausgehend von diesen Maßstäben ist nicht ersichtlich, in wiefern der ethnische Volksbegriff der Antragsgegnerin gegen die freiheitlich demokratische Grundordnung im Allgemeinen oder gegen die Menschenwürdegarantie im Besonderen verstoßen sollte.

Die Antragsgegnerin versteht unter dem Begriff „Volk" eine menschliche Gruppe bzw. Gemeinschaft von Menschen mit gleicher Abstammung, Sprache, Kultur und Geschichte. So heißt es im NPD-Parteiprogramm, Seite 6, wörtlich:

> „Die NPD bekennt sich zur Vielfalt der Völker als Träger der Kulturen. Sie unterscheiden sich durch Abstammung, Sprache, geschichtliche Erfahrungen und Wertvorstellungen."

Das Volk ist nach dieser Sichtweise sowohl eine Abstammungs- als auch eine Kulturgemeinschaft. Nach Auffassung der Antragsgegnerin muss das Volk im Zentrum jeder vernünftigen und nachhaltigen Politik stehen. Auch dem Grundgesetz zufolge ist das deutsche Volk zum Staat Bundesrepublik Deutschland verfasst. Sowohl die Präambel des Grundgesetzes als auch Art. 146 GG nehmen deutlich Bezug auf das „deutsche Volk". Kein Artikel im Grundgesetz statuiert, dass Deutschland ein Einwanderungsland und eine multikulturelle Gesellschaft sei oder zukünftig werden müsse. Insofern befindet sich auch die Politik und Programmatik der Antragsgegnerin, die immer wieder betont, für die Interessen des deutschen Volkes einzutreten, in Einklang mit dem Grundgesetz.

Ausdrücklich bezieht sich die Antragsgegnerin in ihrem Parteiprogramm auf Johann Gottfried Herder, weil er Völker als kulturelle Größen begreift. So heißt es Parteiprogramm der Antragsgegnerin auf Seite 17:

> „Die NPD teilt den Kulturbegriff Herders, demzufolge Völker Gedanken Gottes sind. Es ist Aufgabe des Staates, der gewachsenen Nationalkultur als identitätsstiftendem Element auf allen Gebieten sorgfältige Pflege zuteil werden lassen und sie vor kultureller Überfremdung, wirtschaftlichem Ausverkauf und kommerzieller Verflachung zu schützen."

Der Volksbegriff Herders und auch der der Antragsgegnerin wird nicht rassisch konstruiert. Mit Bezug auf Herder heißt es hierzu im Werk „Geschichtliche Grundbegriffe. Historisches Lexikon zur politisch-sozialen Sprache in Deutschland" auf Seite 152:

> „Naturbedingtheit des Menschen durch Umwelt und Erbanlage – genetische Kraft als die Mutter aller Bildungen auf der Erde – war für Herder grundlegend und wurde in ihrer konkreten Vielfalt ausgewiesen."

Weiter heißt es dazu, aaO.:

> „Wort und Begriff ‚Race' waren ihm [i. e.: Herder, Anm.] zuwider. Sie standen ihm unter der Würde der Humanität. Das *unedle Wort* sah er als überflüssig an.
>
> [...]
>
> Daran schloß Herder den Satz: *Denn jedes Volk ist Volk: es hat seine Nationalbildung wie seine Sprache.* Für sein Hauptinteresse, die Erkenntnis der Völker und ihrer Charaktere, bedurfte Herder des Rassebegriffs nicht."

Die Antragsgegnerin vertritt den ethnischen Volksbegriff nach Herder und nimmt daher ebenfalls keinen Bezug auf den Rasse-Begriff. Dass die Antragsgegnerin nicht von einer völlig homogenen Volksmasse ausgeht, macht folgende Aussage im Parteiprogramm, Seite 17 deutlich:

> „Die Berücksichtigung landsmannschaftlicher Eigenheiten ist Ausdruck des politischen Selbstverständnisses der NPD."

Eine der drei wesentlichen Säulen der Programmatik der Antragsgegnerin ist der Einsatz für die nationale Identität. Diese Identität des deutschen Volkes wird nach Überzeugung nationaldemokratischer Politik durch Überfremdung bedroht. Der Begriff der Überfremdung, der von der Antragsgegnerin in vielen Publikationen und öffentlichen Reden verwendet wurde und wird, macht schon deutlich, dass sich diese Kritik nicht an der Einwanderung Einzelner ausrichtet, sondern an unkontrollierter und unkontrollierbarer Massenzuwanderung.

Dass diese zuwanderungskritische Haltung nicht nur mit dem Grundgesetz konform geht, sondern noch in den 80er Jahren auch von Teilen der Bundesregierung vertreten wurde, macht die Begründung des ehemaligen Bundesinnenministers Friedrich Zimmermann zu einem Entwurf zur Novellierung des Ausländergesetzes deutlich:

> „Die Entscheidung, ob und in welchem Umfang Ausländern der dauernde Aufenthalt im Bundesgebiet ermöglicht werden soll, hängt überdies nicht allein von der faktischen Möglichkeit einer dauerhaften Integration von Ausländern ab. Es geht im Kern nicht um ein ökonomisches Problem, sondern um ein gesellschaftspolitisches Problem und die Frage des Selbstverständnisses der Bundesrepublik Deutschland als eines deutschen Staates. Eine fortlaufende, nur von der jeweiligen Wirtschafts-, Finanz- und Arbeitsmarktlage abhängige Zuwanderung von Ausländern würde die Bundesrepublik ... tiefgreifend verändern. Sie bedeutet den Verzicht auf Homogenität der Gesellschaft, die im wesentlichen durch die Zugehörigkeit zu deutschen Nation bestimmt ist. Die gemeinsame deutsche Geschichte, Tradition, Sprache und Kultur verlören ihre einigende und prägende Kraft. Die Bundesrepublik ... würde sich nach und nach zu einem multinationalen und multikuturellen Gemeinwesen entwickeln, das auf Dauer mit den entsprechenden Minderheitenproblemen belastet wäre. Schon im Interesse der Bewahrung des inneren Friedens, vornehmlich aber im nationalen Interesse muß einer solchen Entwicklung bereits im Ansatz begegnet werden."

vgl. Zimmermann, Begründung zum Gesetzentwurf, Seite 23, zitiert nach https://de.wikipedia.org/wiki/Friedrich_Zimmermann#cite_note-12.

Das Volk wird als Gemeinschaft verstanden, die durch zu starke Zuwanderung gefährdet wird. Wörtlich heißt es dazu im Aktionsprogramm der NPD:

> „Durch gemeinsame Abstammung, Geschichte, Sprache und Kultur entsteht eine Gemeinschaft, mit der sich der Mensch identifizieren kann und deren Bestandteil er ist. Durch das Eindringen zu vieler Fremder wird diese Gemeinschaft zerstört."

vgl. Aktionsprogramm für ein besseres Deutschland, Seite 13.

Die Antragsgegnerin geht von der Vielgestaltigkeit der Menschen und Völker aus. Deshalb hat nach ihrer Ansicht auch jedes Volk ein Recht auf Selbstbestimmung und Wahrung seiner kulturellen und nationalen Identität. Dieses Recht gesteht die Antragsgegnerin selbstverständlich allen Völkern gleichermaßen zu. Mit Blick auf die Anerkennung der Vielfalt der Völker heißt es auch im Aktionsprogramm:

> „Vielfalt der Völker bewahren statt Universalismus – Erst die Akzeptanz der Andersartigkeit und der Abbau des eigenen Anspruches, über die Belange fremder Völker bestimmen zu wollen, sichert den Frieden dauerhaft."

vgl. Aktionsprogramm für ein besseres Deutschland, Seite 55.

Dass die Kritik an Überfremdung und Massenzuwanderung erst heute ein Alleinstellungsmerkmal der Antragsgegnerin ist, früher aber auch von anderen Parteien geteilt wurde, macht das CSU-Grundsatzprogramm aus dem Jahr 1976 deutlich, in dem es wörtlich hieß:

„Auf lange Sicht [...] eine Verringerung der Zahl ausländischer Arbeitnehmer in der Bundesrepublik Deutschland anzustreben."

Auch der ehemalige Bundeskanzler Willy Brandt machte in einer Regierungserklärung vom Januar 1973 deutlich, dass die Aufnahmekapazität Deutschlands nicht unbegrenzt sei:

„Es ist aber notwendig geworden, daß wir sehr sorgsam überlegen, wo die Aufnahmefähigkeit unserer Gesellschaft erschöpft ist und wo soziale Vernunft und Verantwortung Halt gebieten."

Vom ebenfalls der SPD zugehörigen Bundeskanzler Helmut Schmidt sind ebenso überfremdungskritische Zitate überliefert, die so auch von der Antragsgegnerin publiziert worden sein könnten. So zitierte ihn die Frankfurter Rundschau am 12.09.1992:

„Man kann aus Deutschland mit immerhin einer tausendjährigen Geschichte seit Otto I. nicht nachträglich einen Schmelztiegel machen. [...] Aus Deutschland ein Einwandererland zu machen, ist absurd."

Und im „Focus" vom 11.06.2005 ist zu lesen:

„Sieben Millionen Ausländer in Deutschland sind eine fehlerhafte Entwicklung, für die die Politik verantwortlich ist. [...] Weitere Zuwanderung aus ‚fremden Kulturen' muss unterbunden werden. [...] Als Mittel gegen die Überalterung der deutschen Gesellschaft kommt dieser Ansatz nicht in Frage."

vgl. Artikel des „Focus" vom 11.06.2005, abrufbar unter http://www.focus.de/politik/deutschland/helmut-schmidt-ii_aid_95473.html

In seiner Regierungserklärung vom 13.10.1982 wies Altkanzler Helmut Kohl darauf hin, dass Integration nicht zum Verlust der eigenen Identität führen dürfe, wie es seit Jahrzehnten auch die Antragsgegnerin fordert:

„Die Integration der bei uns lebenden Ausländer ist ein wichtiges Ziel unserer Ausländerpolitik. Integration bedeutet nicht Verlust der eigenen Identität, sondern ein möglichst spannungsfreies Zusammenleben von Ausländern und Deutschen. Integration ist nur möglich, wenn die Zahl der bei uns lebenden Ausländer nicht weiter steigt."

vgl. http://www.deutschlandradiokultur.de/zuwanderung-deutschlands-fehler-in-der-integrationspolitik.976.de.html?dram:article_id=331060

Der ehemalige SPD-Innenminister Otto Schily wurde in der Süddeutschen Zeitung vom 03.11.1999 mit folgenden Worten zitiert:

„Die Grenzen der Belastbarkeit durch Zuwanderung sind überschritten."

vgl. http://www.spiegel.de/spiegel/print/d-8034220.html

Dass auch die Abschaffung des Individualrechts auf Asyl, wie es die Antragsgegnerin fordert, einerseits mit dem Grundgesetz kompatibel ist und anderseits auch nicht immer nur von der Antragsgegnerin gefordert wurde, macht folgendes Zitat aus der Frankfurter Allgemeinen Zeitung vom 19.04.2001 deutlich:

„Sollte der Missbrauch auf diese Weise nicht entscheidend eingedämmt werden, will die CSU eine Gesetzesänderung im Bundestag einbringen, die eine Abschaffung des von der Verfassung garantierten Individualrechts auf Asyl vorsieht. Im ersten Papier der CSU-Zuwanderungskommission war dies noch ausdrücklich gefordert worden."

vgl. http://www.faz.net/aktuell/politik/asylrecht-stoiber-praesentiert-zwei-stufen-modell-121810.html

Im Jahre 1988 erklärte Edmund Stoiber als CSU-Generalsekretär, dass er

„eine multinationale Gesellschaft auf deutschem Boden, durchmischt und durchrasst"

vgl. http://www.focus.de/politik/deutschland/tid-8010/thierse-zitat_aid_139426.html

nicht für gut befände.

Hierdurch wird klar, dass die Antragsgegnerin im Ergebnis nichts Anderes vertritt als eine auf dem ius sanguinis beruhende Staatsangehörigkeitskonzeption, wie sie bereits dem Reichs- und Staatsangehörigkeitsgesetz zugrunde lag, welches immerhin bis zum 31.12.1999 in Geltung war, und in der Rhetorik der bundesdeutschen Regierungspolitiker wie selbstverständlich zugrunde gelegt wurde. Hierzu sagt das NPD-Parteiprogramm, Seite 12:

„Durch massenhafte Einbürgerungen wird das deutsche Staatsbürgerrecht aufgeweicht und das Existenzrecht des deutschen Volkes in Frage gestellt. Um diese Fehlentwicklung zu stoppen, muss das ursprüngliche, auf dem Abstammungsprinzip fußende Staatsbürgerschaftsrecht wieder eingeführt werden."

Es ist geradezu absurd, die rechtliche Konzeption des ius sanguinis, welche seit jeher der deutschen Rechtstradition entspricht und nicht zuletzt 100 Jahre lang im RuStAG selbst in der Bundesrepublik Deutschland geltendes Recht war, nun plötzlich gegen die Menschenwürde verstoßen soll.

Indem die Antragsgegnerin zudem die in § 8 RuStAG verankerte Möglichkeit einer Ermessenseinbürgerung ausdrücklich anerkennt

Ein praktischer Beleg für die Tatsache, dass die Antragsgegnerin Einbürgerungen nicht kategorisch ablehnt, ist der Kreisvorsitzende der NPD Trier, Safet Babic, der bosnischer Herkunft ist, die deutsche Staatsbürgerschaft hat und seit vielen Jahren Führungskraft und zeitweise auch kommunaler Mandatsträger der NPD ist/war,

würde sie die Menschenwürdegarantie selbst dann nicht verletzen, wenn diese die Möglichkeit zur Erlangung einer fremden Staatsangehörigkeit garantieren würde. Der ethnische Volksbegriff der Antragsgegnerin eröffnet Menschen, die nicht deutscher Abstammung sind, daher sehr wohl die Möglichkeit, deutsche Staatsangehörige zu werden, allerdings handelt es sich hierbei um eine Ermessenentscheidung des deutschen Staates und nicht um ein subjektives Recht des Einbürgerungswilligen. Selbst der Antragsteller wird jedoch kaum so weit gehen wollen, aus der Menschenwürdegarantie nicht nur die prinzipielle Möglichkeit des Erwerbs einer fremden Staatsangehörigkeit im Sinne eines Exklusionsverbots, sondern sogar ein gegen jeden Staat der Welt gerichtetes subjektives Recht auf Einbürgerung abzuleiten.

Höchst vorsorglich sei an dieser Stelle nochmals eindeutig klargestellt, dass die Antragsgegnerin zu keinem Zeitpunkt gefordert hat, denjenigen Menschen, die auf der Basis eines aus ihrer Sicht verfehlten weil auf dem ius soli beruhenden Staatsangehörigkeitsrechts eingebürgert worden sind, die deutsche Staatsangehörigkeit wieder zu entziehen. Die Antragsgegnerin plant keine Ausbürgerungen, die wegen Art. 16 Abs. 1 GG rechtlich auch gar nicht zulässig wären, sondern lediglich die Änderung des Staatsangehörigkeitsrechts mit Wirkung ex nunc. Diese Klarstellung erscheint angezeigt, weil die Antragsgegnerin Gegenteiliges behaupten und der Antragsgegnerin – völlig neben der Sache liegend und ins Blaue hinein – gewaltsame Vertreibungen von Nichtdeutschen vorwerfen will

> so etwa die vollständig unqualifizierten Ausfälle des Antragstellers auf Seite 244 der Antragsbegründung. Woher die Antragstellerseite ihre vermeintlichen Erkenntnisse über eine angeblich geplante „massenhafte Entziehung der Bürgerrechte deutscher Staatsangehöriger mit anschließender gewaltsamer Expatriierung" gewonnen haben will, verrät sie freilich nicht. Diese ebenso haltlosen wie böswilligen Unterstellungen sind aber symptomatisch für das fragwürdige Niveau, auf dem die Antragsschrift in Ermangelung valider Argumente in weiten Teilen operiert.

dd) Reizwort „Volksgemeinschaft"

Allerdings stört sich die Antragstellerseite nicht nur an dem – wie dargelegt vollständig verfassungskonformen – ethnischen Volksbegriff der Antragsgegnerin, sondern auch an dem Reizwort der „Volksgemeinschaft". Da um diesen Begriff offensichtlich reichlich ideologische Verwirrung herrscht, soll im Folgenden für diesbezügliche Klarheit gesorgt werden.

(1) „Volksgemeinschaft" als tradierter Rechtsbegriff

Vorab ist jedoch mit einem Irrglauben des Antragstellers aufzuräumen, den im vorliegenden Verbotsantrag zu lesen beim Unterzeichner nur noch fassungsloses Kopfschütteln hervorgerufen hat, nämlich die These des Antragstellers, die Worte „Volk", „Gemeinschaft" bzw. „Volksgemeinschaft" hätten eine „undemokratische Tradition"

> vgl. Seite 42 [S. 69] der Antragschrift.

Diese Aussage stellt zweifelsohne die unübertroffene Krönung des groben Unfugs dar, den die Antragstellerseite dem erkennenden Gericht im hiesigen Verfahren vorsetzt, dem aber mit einem simplen Zitat entgegenzutreten ist:

> „Schlüsselunternehmungen der Wirtschaft (Kohlen-, Kali- und Erzbergbau, andere Bodenschätze, Energiewirtschaft, Verkehrs- und Transportwesen) dürfen wegen ihrer überragenden Bedeutung für die Wirtschaft des Landes oder ihres Monopolcharakters nicht Gegenstand privaten Eigentums sein und müssen im Interesse der **Volksgemeinschaft** geführt werden."
> [Hervh. d. Unterz., Anm.]

Dieses Zitat stammt nicht etwa – wie der politisch korrekte BRD-Bürger vermuten dürfte – aus dem Parteiprogramm der Antragsgegnerin oder gar aus dem der NSDAP, sondern aus **Art. 52 Abs. 1 der Verfassung des Saarlandes** vom 15.12.1947.

Diese Verfassungsbestimmung steht in enger Tradition zum Görlitzer Programm der SPD von 1921 in dem es heißt:

„Grund und Boden, die Bodenschätze sowie die natürlichen Kraftquellen, die der Energieerzeugung dienen, sind der kapitalistischen Ausbeutung zu entziehen und in den Dienst der Volksgemeinschaft zu überführen."

Nach der „Logik" des Antragstellers stehen sowohl die Verfassung des Saarlandes als auch das Görlitzer Parteiprogramm der SPD mithin in einer „antidemokratischen Tradition" und erweisen sich als verfassungswidrig. Verfassungsrichter Peter Müller hätte demzufolge über ein Jahrzehnt als CDU-Ministerpräsident an der Spitze eines Bundeslandes gestanden, das über eine verfassungswidrige Verfassung verfügt, von der er sich nicht ausdrücklich distanziert hat. Diese Überlegungen offenbaren die Lächerlichkeit der antragstellerischen Behauptung von der angeblichen „undemokratischen Tradition" der Worte „Volk", „Gemeinschaft" und „Volksgemeinschaft", sodass sich weitere Ausführungen hierzu an und für sich erübrigen dürften.

(2) Das nationaldemokratische Konzept der Volksgemeinschaft

Gleichwohl möchte die Antragsgegnerin im folgenden ihren Volksgemeinschaftsbegriff näher erläutern, um insbesondere den Vorwurf, es handele sich dabei um eine Art „Zwangskollektiv", außerhalb dem der Einzelne keinerlei Rechte habe, und das zu einer Exklusion von Ausländern von der Grundrechtsberechtigung führe, zu widerlegen:

Eine Gemeinschaft ist dem Soziologen Ferdinand Tönnies zufolge eine Gruppe von Menschen, die eine emotionale Bindung aufweist und ein Zusammengehörigkeitsgefühl stiftet. Der Begriff der Volksgemeinschaft umfasst diese von Tönnies beschriebene Gemeinschaft auf der Ebene des Volkes. Die Programmatik der Antragsgegnerin basiert auf dem sog. „lebensrichtigen Menschenbild", das sämtliche den Menschen betreffenden wissenschaftlichen Erkenntnisse einbezieht. In einer Schrift des Parteivorstandes aus dem Jahr 2002 heißt es zum lebensrichtigen Menschenbild:

„Das ‚lebensrichtige Menschenbild' ist ein Versuch, den Menschen in seiner Wirklichkeit zu beschreiben. Ausgehend von den Erkenntnissen und Theorien großer Philosophen über das ‚Sein des Menschen', wie Kant, Hegel, Herder oder Fichte, dienen uns dabei u. a. Methoden zum Erkenntnisgewinn wie die Wissenschaften, deren Gegenstand der Mensch ist (z. B. Neurologie, Genetik, Soziologie, Biologie, Anthropologie, Ethnologie oder Psychologie). Da der Mensch jedoch nicht isoliert, ohne wechselseitige Abhängigkeiten existiert, sondern sich stets in einer Umwelt befindet, sind auch die Wissenschaften, die diese Umwelt beschreiben, zu berücksichtigen."

vgl. Strategische Leitlinien zur politischen Arbeit der NPD, 2002

Das lebensrichtige Menschenbild wird nicht als statisch verstanden, wie das beispielsweise bei Religionen und Dogmen der Fall ist, es ist nicht aus alle Ewigkeiten „in Stein gemeißelt", sondern als dynamisch. Wesentlicher Ausfluss des lebensrichtigen Menschenbildes ist es, den Menschen so zu sehen, wie er ist, nicht wie er sein soll. Die Individuen und Völker sind nicht gleich im Sinne von identisch, aber gleichwertig. Letzteres schlägt sich auch in den zentralen Aussagen der Antragsgegnerin nieder, dass die Würde aller Menschen unantastbar ist und alle Völker das Recht auf Freiheit und Selbstbestimmung haben.

Von daher liegt die Feststellung des Antragstellers auf Seite 114 der Antragsschrift:

> „Aus dem spezifischen Volksbegriff wird ein ‚lebensrichtiges Menschenbild' gefolgert. Das Menschenbild, die Position der einzelnen Person in Staat und Gesellschaft, ist damit abgeleitet, nicht originär."

völlig neben der Sache, weil es sich genau umgekehrt verhält: Das „lebensrichtige Menschenbild" ist keine Folgerung aus einem „in Stein gemeißelten" Volksbegriff; vielmehr ist der von der Antragsgegnerin verwendete Volksbegriff seinerseits die Folge des „lebensrichtigen Menschenbildes": Der Mensch wird darin als Gemeinschaftswesen verstanden, der der Gemeinschaft bedarf, wie auch die Gemeinschaft der Leistung des Einzelnen bedarf. Individuum und Gemeinschaft sind keine Gegensätze, sondern bedingen einander. Die Antragsgegnerin vertritt hierbei den erkenntnisphilosophischen Standpunkt der Hegelschen Dialektik, der zufolge sich zwei vermeintlich gegensätzliche Zustände nicht ausschließen, sondern im Aufeinandertreffen von These und Antithese eine Synthese und somit eine Höherentwicklung mit sich bringen. Es wird davon ausgegangen, dass die Schaffung einer Volksgemeinschaft zu größerer Solidarität zwischen den Mitgliedern des Volkes führt. Die aktuellen Verhältnisse in Deutschland wirken dem entgegen. So heißt es im Parteiprogramm der Antragsgegnerin auf Seite 6:

> „Die Solidarität einer bestehenden Volksgemeinschaft wird durch die übertriebene Vertretung von Einzel- oder Gruppeninteressen aufgehoben."

Entgegen der Ansicht des Antragstellers, der den Volksgemeinschaftsbegriff bewusst als gegen die Freiheit des Einzelnen gerichtetes Unterdrückungsinstrument missverstehen will, stellt die Volksgemeinschaft bei Lichte betrachtet kein Zwangskollektiv dar, sondern das Idealbild einer möglichst harmonischen Gesellschaftsordnung, die Klassenschranken, Standesdenken und Klassenkampf entgegenwirkt und verhindert. Hierzu heißt es im NPD-Parteiprogramm, Seite 6, wiederum:

> „Die Würde des Menschen als soziales Wesen verwirklicht sich vor allem in der Volksgemeinschaft. Erst die Volksgemeinschaft garantiert die persönliche Freiheit; diese endet dort, wo die Gemeinschaft Schaden nimmt. Der Staat hat die Fürsorgepflicht für alle Deutschen. Der soziale Nationalstaat verhindert den Kampf aller gegen alle und ist daher die Schutzmacht des deutschen Volkes."

Der Hinweis, dass es „vor allem" die Volksgemeinschaft ist, die die Würde des Menschen garantiert, macht deutlich, dass die Würde des Menschen auch ohne Volksgemeinschaft selbstverständlich vorhanden ist. Es bleibt dem Einzelnen freigestellt, für sich zu entscheiden, ob er sich als Teil der Volksgemeinschaft begreift und an dieser mitwirken will oder ob er dies für sich verneint. Mit keiner Silbe wird behauptet, dass es keine individuellen Identitäten oder Rechte außerhalb der Volksgemeinschaft geben könne.

Dementsprechend erklärte bereits der ehemalige NPD-Parteivorsitzende M. auf dem Bundesparteitag am 18./19.11.1978:

> „In der nationaldemokratischen Weltanschauung steht der Mensch als Mittelpunkt der Volksgemeinschaft. In den Verfahren gegen Beamte, die Mitglieder der NPD sind, wird von den staatlichen Instanzen der Bundesrepublik Deutschland vorgebracht, wir forderten einen völ-

kischen Kollektivismus. Wer aus der Forderung nach einer Volksgemeinschaft die Forderung nach einem völkischen Kollektivismus auf Kosten der Interessen und der Rechte des einzelnen herausdeutet, ist ein böswilliger Verleumder oder ein Dummkopf."

Zum nationaldemokratischen Freiheitsbegriff heißt es in der Rede weiter:

„Wir stellen dem liberalistischen Freiheitsbegriff, wonach die absolute Freiheit des Einzelmenschen das höchste erstrebenswerte Ziel ist, die Freiheit der Gemeinschaft des Volkes entgegen. Während die durch den Liberalismus geprägte Freiheit zur Ellenbogen-Freiheit, zur Macht des Stärkeren und zur Verantwortungslosigkeit führte, ist in der Nationaldemokratie die Freiheit des einzelnen in die Verantwortung vor der Gemeinschaft eingebettet. Nicht die absolute Freiheit des Einzelmenschen – denn der Mensch ist kein Einzelwesen, sondern wird in die Gemeinschaft geboren und ist im Leben auf die Gemeinschaft angewiesen – sondern die Freiheit der Lebensgemeinschaft, die Freiheit der Gemeinschaft des Volkes bildet den Freiheitsraum für den Menschen. Freie Menschen können nur in einem freien Volk leben. Nicht Freiheit – Gleichheit – Brüderlichkeit heißt die Lösung, sondern Freiheit und Verantwortung."

An anderer Stelle umschreibt M. auch das Verhältnis vom Einzelnen zur Volksgemeinschaft und umgekehrt:

„Deshalb lautet das nationaldemokratische soziale Grundprinzip: ,Verpflichtung und Verantwortung des einzelnen für die Gemeinschaft und der Gemeinschaft für jeden einzelnen!' Dieses Grundprinzip geht davon aus, daß es die wichtigste Aufgabe einer Gemeinschaft ist, eine Ordnung zu schaffen, in der die volle Eingliederung aller Angehörigen mit gleichen Rechten und gleichen Pflichten garantiert ist."

Die Rechte des Einzelnen werden durch die Volksgemeinschaft nicht bedroht oder unterdrückt, sondern können nach nationaldemokratischem Dafürhalten durch die Volksgemeinschaft am besten garantiert werden.

Der Hinweis im Parteiprogramm, dass die Freiheit des Einzelnen dort endet, wo die Gemeinschaft Schaden nimmt, orientiert sich unter anderem am kategorischen Imperativ des deutschen Philosophen und Aufklärers Immanuel Kant. So heißt es bei Kant:

„Handle so, daß die Maxime deines Willens jederzeit zugleich als Prinzip einer allgemeinen Gesetzgebung gelten könne."

Auch daraus lassen sich somit weder ein Zwangskollektiv noch eine Entrechtung des Einzelnen konstruieren.

Eine der drei wesentlichen Säulen der Programmatik der Antragsgegnerin ist der Einsatz für nationale Solidarität. Unter nationaler Solidarität versteht die Nationaldemokratie eine Sozialpolitik, die die Bedürfnisse des Einzelnen und der Gemeinschaft in Einklang zu bringen versucht. So heißt es dazu im Parteiprogramm der Antragsgegnerin, Seite 10:

„Nationale Sozialpolitik verbindet soziale Gerechtigkeit und wirtschaftliche Vernunft. Sie muß die Geborgenheit des Einzelnen in der Gemeinschaft sichern und den Einsatz des Einzelnen für das Ganze befördern."

Ähnliche Aussagen können im Aktionsprogramm der Antragsgegnerin, Seite 14, gefunden werden:

„Sozialpolitik bedeutet nach unserer Auffassung die Solidarität des Volkes mit seinen Angehörigen. Sie muß die Geborgenheit des Einzelnen in der Gemeinschaft sichern."

Gemeinschaft und Individuum werden auch hier nicht als Gegensatz verstanden, sondern als Synthese. Weiter heißt es dort in diesem Kontext auf Seite 15 des Aktionsprogramms:

„Dabei ist jeder Einzelne in der Gemeinschaft unseres Volkes ein wichtiger Bestandteil unserer Kultur, Geschichte, Sprache und Entwicklung. Die Erkenntnis des einzelnen Menschen, wertvoller und benötigter Bestandteil einer großen Volksgemeinschaft zu sein, die zudem die Gemeinschaftsaufgaben zu bewältigen hat, die nur durch seine persönliche Mithilfe bewältigt werden kann, wirkt der Sinnentleerung der liberalistischen Massengesellschaft entgegen. Mensch und Gemeinschaft sind keine Widersprüche, sondern bedingen sich gegenseitig."

Die Volksgemeinschaft wird von der Antragsgegnerin als Gegensatz zur Ellenbogengesellschaft gesehen. Die Volksgemeinschaft ist somit das Gegenmodell bzw. die Alternative zu einer Gesellschaftsordnung, die auf Egoismus, Konkurrenz, Rücksichtslosigkeit und Eigennutz basiert und bei der soziale Denkweisen und Verhaltensnormen unterentwickelt sind.

Eine im Jahr 2002 vom NPD-Parteivorstand veröffentlichte Schrift stellt den Begriff der Volksgemeinschaft im wirtschaftlichen Zusammenhang dar:

„Der einzelne Mensch muß in seiner Heimat Arbeit finden und diese Arbeit als etwas Wichtiges, als etwas Höheres begreifen, das den Fortbestand, die Weiterentwicklung seiner Familie, seines Volkes und seiner Nation durch seinen persönlichen Einsatz garantiert."

vgl. Strategische Leitlinien zur politischen Arbeit der NPD, 2002

Weiter heißt es dort mit Blick auf das Ideal der Volksgemeinschaft:

„Die Volksgemeinschaft ist der Gegenentwurf zur Vereinzelung des Individuums in einer multikulturellen Konsumgesellschaft. Auf der Basis eines lebensrichtigen Menschenbildes werden die realen Bedürfnisse des Menschen gesehen, der Mensch nicht auf seine Rolle als Konsument und Produzent reduziert. So benötigt der Mensch Identität, die er u. a. durch klare Selbsteinordnung in Volk und Familie gewinnt. Der Mensch benötigt auch Gemeinschaft. Fortdauernder Konkurrenzkampf ohne Rückzugsmöglichkeiten in die Geborgenheit zerstören ihn, führen zu Depressionen und Drogenmißbrauch."

vgl. Strategische Leitlinien zur politischen Arbeit der NPD, 2002

Die Volksgemeinschaft wird von der Antragsgegnerin – vor allem auch in Zeiten der Globalisierung – als soziales Bollwerk und sozialer Schutzanker gegen wirtschaftliche Entwicklungen betrachtet, gegen die sich der Einzelne kaum zur Wehr setzen kann. Die Volksgemeinschaft wirkt durch ein (gemäß Ferdinand Tönnies) emotional unterfüttertes Zusammengehörigkeitsgefühl und soziale Teilhabe und Sicherheit. Mit den Worten des Parteiprogramms, Seite 5:

„Der Nationalstaat ist der notwendige politische Rahmen der Volksherrschaft und der einzige Garant sozialer Verteilungsgerechtigkeit, die es ohne das Bewusstsein nationaler Loyalität und Zusammengehörigkeit nicht geben kann."

Spätestens durch die vorstehenden Ausführungen dürfte klargeworden sein, dass der Volksgemeinschaftsbegriff der Antragsgegnerin weit davon entfernt ist, das zwangskollektivistische Unterdrückungsinstrument darzustellen, welches der Antragsteller als menschenrechtliches Schreckensszenario an die Wand malt, sondern eine idealistische Gesellschaftsordnung, welche Freiheit gewährt, anstatt sie zu beschränken.

ee) Exkurs: Vergleich mit dem israelischen Staatsangehörigkeitsrecht

In Übereinstimmung mit der dargestellten Intention des Verbotsantrags, den Deutschen keine normale, d. h. „konsequent liberale" Ordnung zugestehen zu wollen, in der freie Wähler und mündige Bürger und nicht eine ideologisch ausgerichtete Verbotselite mit Hilfe eines Verbotsgerichts über den Wert von Parteien und deren Programme entscheidet, bezweckt der Verbotsantrag in vorderster Linie die Ausschaltung einer konkurrierenden Partei, die sich für den Erhalt des deutschen Charakters der Bundesrepublik Deutschland ausspricht.

Die Abschaffung des deutschen Charakters der Bundesrepublik Deutschland durch Erzwingen einer Einwanderungsgesellschaft ist insofern kongenial mit der gesamten ideologiepolitischen Parteiverbotskonzeption, weil diese ja davon ausgeht, dass die „einfarbigen" (nicht-bunten) Deutschen ohne Maßnahmen der Verbotselite massenmörderische Nazis wählen würden. Dann liegt es nahe, die Deutschen mit Begründung einer „bunten Republik" (so der gescheiterte Bundespräsident Wulff) durch bunte Menschen zu ersetzen, bei denen dieses Nazigenom nicht so sehr vermutet wird. Über das Schlagwort der „bunten Republik" soll dabei der politische Pluralismus der Einheimischen, der an politisch konnotierten Farben (die Roten, die Schwarzen, insbesondere ausdrücklich „Die Grünen" etc.) festgemacht wird, durch einen Hautfarben-"Pluralismus" ersetzt werden (insbesondere tritt anstelle „brauner" Gesinnung dann die „braune" Hautfarbe), welcher wesentliche Teile der einfarbigen Einheimischen in eine weltanschaulich-politische Apartheid schickt. Die Kombination von großzügiger Einwanderungspolitik bei gleichzeitiger Diskriminierung der Einheimischen zeigt eine gewisse Wesensverwandtschaft mit der Sowjetunion unter Stalin auf:

> „Die Kinder der ‚sozial fremden Elemente' wie die Feinde nunmehr genannt werden mussten, erhielten keinen Zugang zu den höheren Bildungsanstalten des Landes. Nicht einmal auf die Staatsangehörigkeit kam es den Bolschewiki dabei an. Kein anderer Staat hätte seinen Staatsangehörigen die bürgerlichen Rechte aberkannt und sie Ausländern zuerkannt, wenn sie dem Regime als Proletarier galten, wie es in der Sowjetunion geschah."

vgl. Baberowski, aaO., Seite 114.

Deutlich wird dabei, wie die gegen Art. 3 Abs. 3 GG verstoßende weltanschaulich-politische Diskriminierung durch eine ideologisch ausgerichtete Verbotspolitik ziemlich schnell in eine Art Rassendiskriminierung – vorliegend gegen Abstammungsdeutsche – übergeht, welche ebenfalls Art. 3 Abs. 3 GG verletzt und entsprechend den Ausführungen der Antragsschrift zum Rassismus auch gegen Art. 1 Abs. 1 GG gerichtet ist, der auch zugunsten von Abstammungsdeutschen wirkt. Der rassistische Charakter dieser mit dem Verbotsantrag angestrebten weltanschaulichen Diskriminierung wird dadurch deutlich, weil die Prämissen der Verbotsargumentation als anti-israelisch und damit entsprechend der ideologischen Zurechnungsformel „Antisemitismus" (dazu anschließend) als antisemitisch ausgemacht werden können.

C. Das zweite NPD-Verbotsverfahren (2013–2017)

Die mit der Antragsschrift hinsichtlich der Beliebigkeit des Staatsangehörigkeitsrechts angestrebte Konzeption einer „Demokratie" ohne konkretes Volk ist nämlich deshalb als antiisraelisch und damit – entsprechend der üblichen ideologischen Zurechnungsformeln – als letztlich antisemitisch einzustufen, weil damit der gesamten Staatskonstruktion Israels, die den Erhalt des jüdischen Charakters des Staates Israel bezweckt, der Boden entzogen wird, so dass Israel aufgrund der Prämissen der Antragsschrift als gegen die freiheitliche demokratische Grundordnung der Bundesrepublik Deutschland gerichtet eingestuft werden müsste. Der jüdische Charakter des Staates Israel wird nämlich vor allem durch das strikte Abstammungsprinzip beim Erwerb der Staatsangehörigkeit herbeigeführt, während der Erwerb der Staatsangehörigkeit außerhalb des Abstammungsprinzips äußerst schwierig ist. So wurde im Shalit-Urteil

vgl. Nachweise bei Albrecht Gundermann, Die Rolle des Obersten Gerichtshofs bei der Entwicklung der israelischen Verfassung, 2002, Seite 100,

bei der Entscheidung über die Definition als Jude und damit als israelischer Staatsbürger auf die kulturellen Gemeinsamkeiten, die rassisch-ethnische Verwandtschaft und die Blutsgemeinschaft der Juden verwiesen. Diese Bezugnahme würde nach Ansicht von Richtern des israelischen Obersten Gerichtshofs nicht auf dem Gedanken der rassischen Überlegenheit beruhen, sondern folge den historischen Gegebenheiten. Uneinigkeit besteht darin, inwieweit der religiösen Definition des Judentums als Voraussetzung der israelischen Staatsangehörigkeit gefolgt werden kann. Diese Problematik wird dadurch entspannt, weil es auch nach der religiösen Definition des Judentums letztlich auf die Abstammung und nicht auf den (praktizierten) Glauben ankommt. Dementsprechend gilt nach neueren gesetzlichen Regelungen Israels als Jude (und damit als israelischer Staatsangehöriger, falls er von den Möglichkeiten des Heimkehrergesetzes Gebrauch machen will), wer Kind einer jüdischen Mutter ist oder zum Judentum übergetreten ist, ohne einer anderen Religion anzugehören. Als offen stellt sich dabei immer noch die Frage, nach welchen Regeln ein Nichtjude zum Judentum konvertieren kann, um sich über diesen Weg dann auch für die israelische Staatsangehörigkeit zu qualifizieren

vgl. Gundermann, aaO., Seite 111.

Da die Konversion zum Judentum nicht besonders einfach ist (erheblich schwieriger als etwa der Erwerb der deutschen Staatsangehörigkeit auch nach dem früheren demokratischen Recht), kommt es im Interesse des Erhalts des jüdischen Charakters des Staates Israel durch ein restriktives Staatsangehörigkeitsrecht überwiegend, ja fast ausschließlich auf die biologische Abstammung an und der Erwerb der Staatsangehörigkeit außerhalb der Abstammung stellt sich als äußerst restriktiv dar. Unter Berufung auf das Selbstbestimmungsrecht der Völker, internationale Grundlage des Prinzips der Volkssouveränität, wird dabei durch die israelische Justiz das Konzept einer israelischen oder hebräischen Nation außerhalb der jüdischen Nation, also des durch Abstammung vermittelten jüdischen Volkstums abgelehnt

vgl. Gundermann, aaO., Seite 112.

Für die Frage der Parteiverbotskonzeption, welche in Israel nach Ablösung des aus dem Osmanischen Reichs stammenden Vereinsgesetzes, das die Auflösung von Vereinen kannte

vgl. Gerd-Rudolf Wehling, Die politischen Parteien im Verfassungsrecht Israels, 1977, Seite 167 f.

und sich als Teilnahmeverbot bei Wahlen niederschlägt, hat dies zur Folge, dass nach der Staatspraxis von Israel Parteien nicht zur Wahl zugelassen werden, welche den jüdischen Charakter von Israel nicht anerkennen wollen:

„Mit Bezug auf den Art. 7a KnessetGG schrieb Richter Levin in einem Minderheitenvotum vier Jahre später, dass eine Partei, die eine absolute Gleichheit zwischen Juden und Nichtjuden fordert, von der Knessetwahl ausgeschlossen werden sollte. Ähnlich lautet eine Regelung im 1992 verabschiedeten Parteiengesetz: Gemäß § 5 Parteiengesetz können die Parteien verboten werden, die die Existenz Israels als jüdischen und demokratischen Staat ablehnen."

vgl. Gundermann, aaO., Seite 143 f.; wobei mit „Verbot" nur die Nichtzulassung zu Wahlen gemeint sein kann (Anm.)

Zwar scheint es auch in Israel Meinungen zu geben, die der Ansicht sind, dass ein jüdischer Staat nicht demokratisch sein könne und umgekehrt ein demokratischer Staat nicht jüdisch,

vgl. die Nachweise bei Gundermann, aaO., Seite 185 f.,

ähnlich wie die Antragsbegründung wohl zu meinen scheint, dass der deutsche Charakter der Bundesrepublik Deutschland nicht demokratisch sein könne und eine demokratische Bundesrepublik Deutschland nicht als deutsch, sondern buntrepublikanisch definiert werden müsste. Maßgebend ist jedoch die Staatspraxis, die davon ausgeht, dass aufgrund des Selbstbestimmungsrechts der Völker sich der demokratische Charakter des Staates Israels dadurch zeigt, dass der Staat Israel jüdisch ist. In vergleichbarer Weise geht die Antragsgegnerin davon aus, dass nur der deutsche Charakter der Bundesrepublik Deutschland dem gemäß Art. 25 GG geltenden völkerrechtlichen Prinzip des Selbstbestimmungsrechts der Völker und damit dem Grundsatz der Volkssouveränität, also dem Demokratiegebot von Art. 20 GG entspricht. Zur Wahrung des in dieser Weise verstandenen jüdischen Charakters des Staates Israel wurde sogar das bundesdeutsche extra-konstitutionelle Prinzip der „wehrhaften Demokratie" (fehl-)rezipiert

vgl. Gundermann, aaO., Seite 64 und 105 f.,

wonach letztlich mit dem Mittel des Parteiverbots, d. h. der Nichtzulassung zu den Parlamentswahlen, Parteien ausgeschlossen werden können, die den jüdischen und damit demokratischen Charakter Israels durch ein beliebig manipulierbares israelisches Staatsangehörigkeitsrecht beseitigen wollen.

Was Israel und Juden als Demokratie nicht verwehrt werden kann, nämlich den jüdischen Charakter des Staates Israel gegebenenfalls sogar mit einem Parteiverbot (Wahlteilnahmeverbot) gegen Parteien zu erhalten, welche keine von der Demokratie gebotene Unterscheidung zwischen Juden und Nichtjuden machen wollen, wobei diese durch ein striktes Abstammungsprinzip definiert werden, kann auch den Deutschen nicht verwehrt werden, die im Interesse des Erhalts des deutschen Charakters Deutschlands die völlige Gleichheit (nicht: Gleichwertigkeit!) von Deutschen und Nichtdeutschen ablehnen, welche jeweils maßgebend durch die Abstammung definiert wird. Genauer: Dieses Recht kann den Deutschen natürlich mit der Antragschrift verwehrt werden, allerdings nur aufgrund einer letztlich rassisch motivierten Ungleichheitsideologie, welche jedoch nicht als grundgesetzkonform ausgegeben werden kann. Der Erhalt des deutschen Charakters der Bundesrepublik Deutschland durch ein restriktives, auf dem strikten Abstammungsprinzip beruhenden Staatsangehörigkeitsrecht darf sehr wohl angestrebt werden, während das von der Antragsstellung erzwungene Beliebigkeitsprinzip als ideologiestaatlich auszumachen ist.

Hervorzuheben ist, dass Art. 3 Abs. 3 GG der Unterscheidung zwischen Staatsangehörigen und Nichtstaatsangehörigen (unter Einschluss von Staatenlosen) nicht entgegensteht, anders als der Unterscheidung nach der politischen Anschauung wie sie die Antragsschrift rechtswidrig anstrebt. Nach der in der Antragsschrift befürworteten Ideologiestaatlichkeit soll nämlich dem Wortlaut des Grundgesetzes zuwider eine Ungleichbehandlung der politischen Anschauung etwa durch ein ideologie-politisch begründetes Parteiverbot möglich sein, dagegen soll eine demokratietheoretisch gebotene und durch Art. 3 Abs. 3 GG erlaubte Unterscheidung zwischen Deutschen und Nichtdeutschen (unter Einschluss von Staatenlosen) als „verfassungswidrig" karikiert werden. Eine derartige Verbotsbegründung richtet sich selbst. Sie ist zumindest als latent antiisraelisch und damit antisemitisch zu erkennen, da sie gegen die Prämissen der Staatskonstruktion Israel gerichtet ist.

Dieser latente Antisemitismus einer anti-nationalstaatlich ausgerichteten Politik einer „bunten Republik", wie sie von den vorliegend als Bundesrat auftretenden Verbotsparteien etwa als Europapolitik vertreten wird, ist von israelischen Intellektuellen durchaus erkannt und analysiert worden

> vgl. etwa Yoram Hazony, Ist die Idee des Nationalstaates überholt. Israel aus europäischer Sicht, im Januar-Heft 2011 der Zeitschrift Merkur, Seite 1 ff.

In der Tat müsste das Ende des Staates Israel gefordert werden, würden auf diesen Staat und gegenüber seinem Bürgern dieselben ideologie-politischen Grundsätze angelegt werden, die von den Verbotsparteien üblicherweise zur Begründung ihrer Europa-Konstruktion vorgebracht werden: In Israel müsste dabei zur Herstellung der von Bundespräsident Wulff (CDU) als – dann wohl auch für Israel – erstrebenswert angesehenen „bunten Republik" die unbeschränkte Niederlassungsfreiheit für Araber, Türken und andere Muslime eingeführt werden, was mit einer wirksamen Berechtigung zum schnellen Erwerb der israelischen Staatsangehörigkeit zu verbinden wäre; zumindest müsste in einer umfassenden Weise die Doppelstaatsangehörigkeit auch für Nichtjuden akzeptiert und das Wahlrecht für alle niedergelassenen arabischen Wanderer in Israel eingeführt werden.

Wenn eingewandt wird, dass derartige Forderungen auf Israel deshalb nicht angewandt werden dürften, weil „Israel" etwas Besonderes sei, was etwa den bösen Deutschen aufgrund biologischer Abstammung nicht zusteht, dann wird offen für eine Ungleichbehandlung von Juden plädiert, was sich schon immer als Auftakt zum wirklichen Antisemitismus erwiesen hat, zumal die Argumentation etwa zu Lasten der Deutschen rassistisch ausfallen muss, d. h. man begibt sich bei einer ideologischen Diskriminierung sehr schnell auf eine rassistische: Aufgrund der biologisch (wie denn sonst?) vererbten „historischen Schuld", müssten danach die Deutschen das Abstammungsprinzip bei der Staatsangehörigkeit aufgeben und sich mit historisch-biologisch nicht Vorbelasteten aufgrund staatlicher Begünstigung, wenn nicht gar Anordnung vermischen, während den Juden als historisches Opfer das relativ strikte Abstammungsprinzip zugestanden werden muss. Es dürfte offensichtlich sein, dass eine derartige Verbotsbegründung nicht verfassungskonform sein bzw. umgekehrt das Staatsangehörigkeitsverständnis der Antragsgegnerin verfassungsrechtlich nicht zu beanstanden sein kann.

Angesichts eines Verbotsantrags, welcher mit seinen implizit gegen die Staatskonstruktion Israels gerichteten Prämissen bei Anlegen des üblichen Argumentationstopos des bundesdeutschen „Verfassungsschutzes" zumindest als „latent antisemitisch" eingeordnet werden kann, verwundert die Kühnheit, die Antragsgegnerin mit dem verbotsbegründenden Vorwurf des „Antisemitismus" zu überziehen

vgl. zu diesem Vorwurf weiter unten.

ff) Keine Menschenwürdeverletzung in Bezug auf Minderheiten

Der Antragsteller vertritt schließlich die Auffassung, das Konzept der Volksgemeinschaft führe zu einem Ausschluss Nicht-Staatsangehörigen von der Grundrechtsberechtigung und verstoße dadurch gegen das Prinzip der Menschenwürde. Dieser Vorwurf ist mit Nachdruck zurückzuweisen; die Antragsgegnerin beabsichtigt in keiner Weise, Nicht-Deutsche von jeglicher Grundrechtsberechtigung auszuschließen, sondern setzt sich lediglich für eine konsequente Unterscheidung von Staatsangehörigen und Nicht-Staatsangehörigen ein, weil die herrschende Politik eine Nivellierung beider Personengruppen vornimmt. Diese Unterscheidung ist jedoch eine verfassungsrechtliche Selbstverständlichkeit, die vom Grundgesetz etwa bei der Unterscheidung von Deutschen-Grundrechten und Jedermanns-Grundrechten vorgenommen wird, und hat nichts mit „Rassismus" oder dergleichen zu tun. Jeder Staat dieser Welt erkennt seinen Staatsbürgern einen größeren Umfang an Rechten zu als Fremden, zum Beispiel politische Grundrechte. Diese verfassungsrechtlich unbedenkliche Ungleichbehandlung von wesentlich Ungleichem wurde bislang von niemandem zum Anlass genommen, einen Angriff auf die Menschenwürde zu vermuten.

Der Hinweis auf tatsächlich vorhandene Unterschiede zwischen den Menschen stellt nicht ihre Gleichheit vor dem Gesetz in Frage. Vielmehr heißt es im Parteiprogramm der Antragsgegnerin im Kapitel „Grundgedanken", Seite 5, ausdrücklich:

> „Nationaldemokratische Politik gründet im Geist des Deutschen Idealismus. Wir Nationaldemokraten bekennen uns zur Vielfalt des Lebens und seiner Erscheinungsformen in Natur und Kultur und deshalb zur Anerkennung und Achtung der natürlichen Unterschiedlichkeit der Menschen. Gleich sind die Menschen dagegen vor dem Gesetz und in der Unantastbarkeit ihrer Würde."

Gänzlich neben der Sache liegt daher auch die Andeutung des Antragstellers, die Antragsgegnerin wolle in letzter Konsequenz Ausländern die Rechtsfähigkeit entziehen, so wie es von den Nationalsozialisten geplant gewesen sei vgl. Seite 42 [S. 69] der Antragsschrift.

Hierbei handelt es sich um eine von vielen völlig ins Blaue hinein getätigten böswilligen Unterstellungen, mit denen der Antragsteller in unsachlicher Weise Stimmung gegen die Antragsgegnerin zu machen versucht.

Klarzustellen ist an dieser Stelle aber auch, dass es keine verfassungsrechtliche Obliegenheit gibt, Ausländer oder Minderheiten in dem Maße zu „mögen" wie es die vorliegend als Bundesrat in Erscheinung tretenden politischen Parteien tun, und die zahlenmäßige Zunahme von Fremden in Deutschland toll zu finden. Es ist das gute Recht eines jeden Bürgers, seiner Sorge vor einer Überfremdung seines Landes öffentlich Ausdruck zu verleihen, solange keine Strafgesetze verletzt werden und die Menschenwürde anderer nicht angegriffen wird.

Zu den konkreten Vorwürfen des Antragstellers in Bezug auf einzelne Minderheiten ist darüber hinaus folgendes zu sagen:

(1) Asylbewerber

Bei der Behauptung, die Antragsgegnerin spreche Asylbewerbern die Menschenwürde ab

vgl. Seite 105 [S. 431] des Schriftsatzes vom 27.08.2015,

erweist sich als böswillige Unterstellung, die inhaltlich neben der Sache liegt und durch keinerlei tatsächliche Belege untermauert wird. Die Kritik an der rechts- und verfassungswidrigen Asylpolitik und die öffentliche Verurteilung des tagtäglich stattfindenden Asylbetrugs durch Wirtschaftsflüchtlinge stellen keinen Angriff auf die Menschenwürde dar. Nur höchst vorsorglich: Indem die Antragsgegnerin auf die Existenz von Asylbetrug durch Wirtschaftsflüchtlinge aufmerksam macht, behauptet sie keineswegs, alle Asylbewerber seien Betrüger.

Die an gleicher Stelle

vgl. wiederum Seite 105 [S. 431] des Schriftsatzes vom 27.08.2015

aufgestellte Behauptung, der Fraktionsvorsitzende der Antragsgegnerin im Landtag Mecklenburg-Vorpommern habe Asylbewerber als „entartete" Menschen" bezeichnet, ist nachweislich unwahr und beruht auf einer perfiden Entstellung der – wegen des Indemnitätsschutzes ohnehin nicht verwertbaren – Landtagsrede des Herrn Udo Pastörs. Tatsächlich hat der Redner nämlich nicht Asylbewerber als solche als „entartet" bezeichnet, sondern Menschen, die Polizisten anspucken. Wörtlich heißt es hierzu in dem vom Antragsteller wohlweislich nicht vorgelegten Sitzungsprotokoll 84/6 des Landtags Mecklenburg-Vorpommern auf Seite 99:

„Wenn ich Polizisten bespucke, ist das eine Entartung, ganz klar."

Es ist wieder einmal bezeichnend für das Niveau des Antragstellers im vorliegenden Verbotsantrag, dass er in Ermangelung tatsächlich gegen die Antragsgegnerin sprechender Beweise solche durch bewusste Wortverdrehung einfach konstruiert.

Soweit der Antragsteller die Verwendung der Vokabeln „neunköpfige Negerbande" durch den Abgeordneten Tino Müller während derselben Plenarrede moniert vgl. Seite 106 [S. 431] des Schriftsatzes vom 27.08.2015,

so bezog sich diese Äußerung ausweislich des Protokolls auf einen Überfall von neun „Negern" auf eine Frau mit Kind. In diesem Zusammenhang von „Negerbande" zu sprechen, ist verfassungsrechtlich nicht zu beanstanden.

Die vom Wormser Stadtverordneten W. angebliche „Sterilisations-Forderung" ist so wie in **Beleg 268** (Schriftsatz vom 27.08.2015 [S. 431]) dargestellt, gar nicht gefallen und zudem völlig aus dem Zusammenhang gerissen. Es ging schon vom Kontext her nicht um Zwangssterilisationen, sondern ausschließlich um solche auf freiwilliger Basis

Beweis: Zeugnis des Herrn W., zu laden über die Stadt Worms, Marktplatz 2, 67547 Worms.

Zudem hat sich W. für seine missverständliche Äußerung umgehend entschuldigt und ist zudem zwischenzeitlich aus der NPD ausgetreten. Höchst vorsorglich stellt die Antragsgegnerin ausdrücklich klar, dass sie selbstverständlich nicht beabsichtigt, Asylbewerber zwangsweise zu sterilisieren.

Inwiefern die Termini „Scheinasylanten", „Asyl-Betrüger", „Moslem-Extremisten" oder „kriminelle Ausländer"

vgl. Seite 106 [S. 431] des Schriftsatzes vom 27.08.2015 iVm. **Beleg 269** (Schriftsatz vom 27.08.2015 [S. 431])

einen Angriff auf die Menschenwürde darstellen sollen, ist unerfindlich. Dass es sowohl Scheinasylanten, als auch Asyl-Betrüger als auch Moslem-Extremisten als auch kriminelle Ausländer in Deutschland zuhauf gibt, wird der Antragsteller wohl kaum in Abrede stellen wollen. Dies zu kritisieren, ist völlig legitim. Eine pauschale Verunglimpfung von Menschengruppen ist damit nicht verbunden.

Der **Beleg 270** (Schriftsatz vom 27.08.2015 [S. 431]) gibt offensichtlich ein persönliches Erlebnis von Herrn Jürgen Gansel wieder, welches er mit entsprechenden Werturteilen kommentiert. Dies ist legitim und nicht zu beanstanden, selbst dann nicht, wenn dies – wie in **Beleg 271** (Schriftsatz vom 27.08.2015 [S. 432]) – mit polemischen und überspitzten Äußerungen geschieht, welche die Grenze zur Schmähkritik nicht überschreiten.

Hinsichtlich der Ausführungen im **Beleg 272** (Schriftsatz vom 27.08.2015 [S. 432]) ist richtigzustellen, dass die Antragsgegnerin niemandem Vorschriften bei der Partnerwahl machen möchte. Der Verfasser des Beitrags wollte aber offensichtlich primär auf die explodierende Zahl von Asylbewerberzahlen aufmerksam machen, wofür auch die im Beleg einbettete Grafik spricht. Hiergegen ist verfassungsrechtlich nichts zu erinnern.

Im **Beleg 273** (Schriftsatz vom 27.08.2015 [S. 432]) wurde entgegen der Darstellung des Antragstellers nicht pauschal behauptet, dass von allen Flüchtlingen per se eine Gesundheitsgefahr ausgehe, sondern lediglich darauf hingewiesen, dass nach Informationen der BILD-Zeitung vermehrt Infektionen mit Krätze in Flüchtlingsunterkünften vorgekommen sein sollen. Die in dem Beleg ausgesprochene Warnung erfolgte mithin nicht ins Blaue hinein, sondern beruhte auf einer validen Tatsachengrundlage.

Was den „Zombi-Ausweis" in **Beleg 274** (Schriftsatz vom 27.08.2015 [S. 432]) angeht, so handelt es sich hierbei nicht um einen von der Parteileitung autorisierten Post, sondern um eine Entgleisung eines Einzelnen, welche der Partei insgesamt nicht zurechenbar ist. Da der Beitrag nicht mit einem Namen versehen ist, konnte der Verantwortliche bislang nicht ermittelt werden. Die Antragsgegnerin macht sich dergleichen nicht zu eigen und hat die sofortige Löschung dieses Posts angeordnet, was auch umgehend geschehen ist.

Die Ausführungen in **Beleg 275** (Schriftsatz vom 27.08.2015 [S. 433]) stellen der Sache nach eine Forderung nach Rückkehr zum alten Staatsangehörigkeitsrecht nach dem RuStAG dar. Die verfassungsrechtliche Unbedenklichkeit dieser Forderung wurde oben bereits herausgearbeitet.

Was die **Belege 276** und **277** (Schriftsatz vom 27.08.2015 [S. 433]) anbelangt, in denen die Frage gestellt wird, warum auf Bootsflüchtlinge nicht scharf geschossen wird, so macht sich die Antragsgegnerin diese Äußerungen ebenfalls nicht zu eigen. Die Antragsgegnerin lehnt es kategorisch ab, Waffengewalt gegen unbewaffnete Menschen anzuwenden. Allerdings ist es schon auffällig, dass in dieser Hinsicht vom Antragsteller offensichtlich mit zweierlei Maß gemessen wird: Während Äußerungen der vorliegenden Art vom Antragsteller als Verbotsgrund ins Feld geführt werden, können die Parteivorsitzende der Alternative für Deutschland, Frauke Petry, sowie die AfD-Europaabgeordnete Beatrix von Storch im Wesentlichen das Gleiche sagen und ernsthaft einen Schusswaffeneinsatz an der Grenze gegen Frauen und Kinder ins Gespräch bringen, ohne dass die AfD wegen solcher Äußerungen überhaupt vom Verfassungsschutz beobachtet, geschweige denn mit Verbotsforderungen überzogen würde. Von dieser Äußerung der AfD-Vorsitzenden hat sich die Antragsgegnerin im Übrigen klar distanziert:

> „Frau Petry schießt übers Ziel hinaus! AFD Bundesvorsitzende Frauke Petry sorgt mit ihren Äußerungen, notfalls auf Flüchtlinge an der Grenze schießen zu wollen, für eine Welle der Empörung. Bundesvorstandsmitglied Beatrix von Storch setzt mit der Forderung, auch auf Kinder und Frauen zu schießen, noch eins drauf. Eines zeigt sich dabei ganz deutlich: Der Versuch, die NPD rechts zu überholen, ist deutlich gescheitert. Auf der einen Seite will die AfD 200.000 Asylforderer ins Land lassen und andererseits auf Nr. 200.001 schießen! In einer Facebook-Diskussion des Böblinger NPD-Kreisrats N., der zugleich Spitzenkandidat der NPD in der Region Stuttgart ist, bezeichnet N. die Forderung nach einem Schießbefehl als ‚chauvinistische Scheißhausparole'. ‚Da die NPD nicht auf Frauen und Kinder schießen lassen würde und das Asylproblem nicht durch die Asylforderer, sondern durch die Bundes- und Landesregierungen verschärft worden ist, ist die einzige konsequente Waffe gegen die Asylflut die Absetzung der Bundesregierung um Frau Merkel, Neuwahl und u. a. auch in Baden-Württemberg die konsequente Anwendung der Abschiebegesetze, die von Grün-Rot vorsätzlich mißachtet werden', so N."
>
> vgl. Facebook-Post der NPD-Baden-Württemberg vom 01.02.2016, abrufbar unter https://de-de.facebook.com/npdbw.

Diese Distanzierung belegt klar, dass in den **Belegen 276** und **277** (Schriftsatz vom 27.08.2015 [S. 433]) nicht die Meinung der Antragsgegnerin dargestellt wird, sondern eine entgleisende Einzelmeinung, welche nicht repräsentativ für die Antragsgegnerin insgesamt ist.

Zu der in **Beleg 278** (Schriftsatz vom 27.08.2015 [S. 434]) enthaltenen Abbildung mit dem Titel „THE OTHER ISLAMIC BOMB" ist folgendes festzustellen: Angesichts der Äußerungen des türkischen Staatspräsidenten Erdogan:

> „Die Demokratie ist nur der Zug, auf den wir aufsteigen, bis wir am Ziel sind. Die Moscheen sind unsere Kasernen, die Minarette unsere Bajonette."
>
> vgl. http://www.focus.de/politik/videos/er-will-praesident-der-tuerkei-werden-der-unberechenbare-sultan-erdogans-groesste-fehltritte_id_4048254.html,

und des Europaabgeordneten Ö.:

> „Was Sultan Süleyman mit der Belagerung Wiens begonnen hat, werden wir mit unseren kräftigen Männern und geburtenfreudigen Türkinnen verwirklichen."
>
> vgl. „Junge Freiheit" vom 04.06.2004

ist das Werturteil vieler Bürger, der Islam plane eine Invasion Europas – sowie er es schon einmal getan hat – nicht von der Hand zu weisen und stellt mithin keine die Menschenwürde angreifende Schmähkritik dar.

Im **Beleg 279** (Schriftsatz vom 27.08.2015 [S. 434]) wird entgegen der Darstellung der Antragstellerseite nicht behauptet, alle Asylbewerber seien „Sozialschmarotzer" und man solle ihnen daher allesamt das Gefühl geben, dass sie nicht willkommen seien; vielmehr bezog sich die Aussage nur auf diejenigen Asylbewerber, die in betrügerischer Absicht nach Deutschland kommen.

Beleg 281 (Schriftsatz vom 27.08.2015 [S. 434]) lässt im Gegensatz zur Interpretation des Antragstellers keineswegs den Schluss zu, der Antragsgegnerin seien „alle Mittel recht"; vielmehr setzt sich die Rednerin F. kritisch mit der immer stärker ausufernden Ausländerkriminalität auseinander, was von Verfassungs wegen nicht beanstandet werden kann. Die deutliche Wortwahl der Rednerin ist der besonderen Verwerflichkeit der Verbrechen geschuldet, welche Frau Frank in ihrer über zehnminütigen Rede umfangreich darlegt.

Auch der vom Antragsteller im Schriftsatz vom 11.02.2016 nachgereichte **Beleg 3** (Schriftsatz vom 11.02.2016 [S. 503]) führt zu keiner anderen Bewertung. Der Hinweis von Herrn K., straffällige Asylbewerber über „Gleis 17" auf die Heimreise zu schicken, enthält nicht mehr und nicht weniger als die Aufforderung, geltendes Recht umzusetzen und kriminelle Asylbewerber ohne Bleiberecht abzuschieben. Dass diese Heimführung mit menschenrechtswidrigen Mitteln betrieben werden solle, wird gerade nicht gefordert. Eine Aufforderung zu Gewalt- und Willkürmaßnahmen im Sinne einer Deportation lässt sich auch nicht aus dem Hinweis auf „Gleis 17" und irgendwelche dort stehenden Denkmäler herbeikonstruieren. Hier zeigt sich wieder einmal die rechtsstaatlich mehr als bedenkliche Tendenz des Antragstellers, stets die für die Antragsgegnerin schlechteste denkbare Auslegungsalternative zugrunde zu legen, was aber – wie oben herausgearbeitet – den Gewährleistungen des Art. 5 Abs. 1 Satz 1 GG diametral zuwider läuft. Dies gilt unabhängig von der Erwägung, dass für die Interpretation einer Äußerung das Verständnis eines durchschnittlichen Zuhörers maßgebend ist; der durchschnittliche Zuhörer hat aber regelmäßig keinen Lageplan im Kopf, an welchem Gleis in Berlin-Grunewald wo welche Denkmäler stehen, und wird daher überhaupt nicht auf solch abstruse Gedanken kommen wie der Antragsteller. Richtigerweise gilt hier abermals der Grundsatz: „Honni soit qui mal y pense!"

Die zweite in **Beleg 3** (Schriftsatz vom 11.02.2016 [S. 503]) wiedergegebene Äußerung des Herrn K. lässt ebenfalls keinen Grund zur Beanstandung erkennen, da es völlig legitim ist, sich gegen eine „Umvolkung" des Deutschen Volkes zu wenden.

Ein gewaltiges Eigentor geschossen, hat sich der Antragsteller mit den **Belegen 4** und **5** (Schriftsatz vom 11.02.2016 [S. 503 f.]), und zwar gleich in zweifacher Hinsicht:

Zum einen behauptet der Antragsteller im Schriftsatz vom 11.02.2016, Seite 4, in **Beleg 4** (Schriftsatz vom 11.02.2016 [S. 503]) sei folgendes Zitat zu lesen:

> „Die ewigen, internationalen Verbrecher tun alles, um uns Deutsche zu entrechten zu vertreiben und zu vernichten! Sie wollen lieber Neger als Untertanen und ‚Facharbeiter'! Viele tausend Jahre Kulturentwicklung sollen vernichtet werden durch diese **Untermenschen**!" [Hervorh. d. Unterz., Anm.]

Tatsächlich ist in Beleg 4 (Schriftsatz vom 11.02.2016 [S. 503]) aber folgendes zu lesen:

> „Die ewigen, internationalen Verbrecher tun alles, um uns Deutsche zu entrechten, zu vertreiben und zu vernichten! Sie wollen lieber Neger als Untertanen und ‚Facharbeiter'! Viele tausend Jahre Kulturentwicklung sollen vernichtet werden durch diese **Unmenschen**!" [Hervorh. d. Unterz., Anm.]

Zwischen einem „Untermenschen" und einem „Unmenschen" besteht aber ein gewaltiger Unterschied, gerade weil erstere Vokabel wegen ihrer NS-Lastigkeit wunderbar in das „Wesensverwandtschafts-Schema" des Antragstellers passt. Dieser entstellt also wieder einmal – offensichtlich vorsätzlich – die vorgelegten Zitate, um sie in einem verbotsbegründenden Sinne zu verschärfen. Scheinbar gibt er sich dabei einmal mehr der Illusion hin, die Antragsgegnerin und das Gericht würden nicht jeden einzelnen Beleg akribisch nachprüfen. Diese unverhohlene Dreistigkeit und Unseriosität, mit welcher der Antragsteller hier vorgeht, bewegt sich nach diesseitiger Rechtsauffassung hart an der Grenze zum versuchten Prozessbetrug. Der Senat mag die Akten zum Zwecke der diesbezüglichen Prüfung eines Anfangsverdachts an die Staatsanwaltschaft Karlsruhe zur weiteren Prüfung abgeben.

Was das – korrekte – Zitat angeht, lässt sich wiederum nichts Beanstandungswürdiges feststellen. Der Autor verurteilt die von ihm befürchtete Vernichtung der Deutschen und bezeichnet die hierfür verantwortlichen „internationalen Verbrecher" als „Unmenschen". Dies stellt ein zulässiges Werturteil da.

Einen zweiten Bock schießt der Antragsteller mit **Beleg 5** (Schriftsatz vom 11.02.2016 [S. 504]). Dort wird behauptet, der „Stellvertretende Landesvorsitzende" der NPD-Rheinland-Pfalz, W., habe den in Beleg 4 (Schriftsatz vom 11.02.2016 [S. 503]) genannten Beitrag des NPD-Landesverbandes Bayern wie folgt kommentiert:

> „sobald es steht gleich in brandsetzen, wenn nicht wir dann auch kein anderer"

Hierzu ist folgendes festzustellen:

Im Landesvorstand der NPD-Rheinland-Pfalz existiert kein W. und dieser ist folglich dort auch kein Stellvertretender Landesvorsitzender. Im Saarland war bis im letzten Jahr ein Herr W. Mitglied des Landesvorstands, allerdings handelt es sich ausweislich des in **Beleg 5** (Schriftsatz vom 11.02.2016 [S. 504]) zu sehenden Profilbildes bei dem zitierten Kommentator augenscheinlich nicht um den NPD-Funktionär W.

Beweis: Inaugenscheinnahme des NPD-Funktionärs W., zu laden über die Antragsgegnerin.

Der vom Antragsteller zitierte W. hat offensichtlich mit der Antragsgegnerin nichts zu tun, sodass sie sich dessen Äußerungen nicht zurechnen lassen muss.

Mit den **Belegen 4** und **5** (Schriftsatz vom 11.02.2016 [S. 503 f.]) hat sich der Antragsteller mithin gewiss keinen Gefallen getan. Im Gegenteil bewahrheitet sich einmal mehr die Sentenz: „Si tacuisses, philosophem mansisses."

Insgesamt wird die These des Antragstellers, die Antragsgegnerin spreche Asylbewerbern ihre Menschenwürde ab, durch die obigen Ausführungen klar und eindeutig widerlegt.

(2) Migranten

Migranten spricht die Antragsgegnerin ebenso wenig die Menschenwürde ab wie Asylbewerbern, wobei abermals zu betonen ist, dass grundsätzliche Kritik an der Einwanderungspolitik der vorliegend als Bundesrat in Erscheinung tretenden politischen Parteien keinen Menschenwürdeangriff darstellt.

Der Vorwurf des Antragstellers, der im Jahre 2013 verschickte „Migranten-Brief" verletze die Adressaten in ihrer Menschenwürde

vgl. Antragsschrift, Seite 221 f. [S. 202 f.] iVm. Beleg 296 bzw. Schriftsatz vom 27.08.2015, Seite 72 [S. 98] iVm. Beleg 219 (Schriftsatz vom 27.08.2015).

ist unzutreffend. Das Aufenthaltsrecht von Migranten in deutscher Staatsangehörigkeit wird überhaupt nicht angesprochen. Die Migranten werden aufgefordert persönlich an ihrem Beispiel über Migration und die damit zusammenhängenden Probleme nachzudenken. Sollten sie zu der Erkenntnis gelangen, sich im Sinne der Antragsgegnerin zu betätigen, dann sollen sie über Auswanderung nachdenken. Hierin liegt weder ein Angriff auf die Menschenwürde noch eine Drohung in irgendeiner Form. Dass sich durch diesen Brief irgendjemand bedroht gefühlt haben soll, wird ausdrücklich **bestritten**.

Gleiches gilt für den Brief „Ihr Ausländerrückführungsbeauftragter informiert"

vgl. hierzu Antragsschrift, Seite 221 [S. 202] iVm. Beleg 295.

Nur am Rande sei erwähnt, dass der für dieses Schreiben verantwortlich zeichnende H. vom Kammergericht Berlin insoweit rechtskräftig freigesprochen wurde. Mit den Worten des Kammergerichts:

„Die Äußerung und auch das alleinige Bestreiten des Aufenthaltsrechts erfüllen jedoch schon vom Text her nicht den Tatbestand der Volksverhetzung. Die in dem Programm enthaltenen Forderungen und das Ausländerrückführungsprogramm sprechen schon inhaltlich nicht allen Ausländern ein Lebensrecht als gleichwertige Persönlichkeiten einer staatlichen Gemeinschaft ab. Dies umso weniger, als nach Ziffer 3 des Ausländerrückführungsprogramms zwischen ausländischen Gästen, Touristen, Studenten, Auszubildenden und Ausländern ohne Arbeitserlaubnis oder Sonderaufenthaltsgenehmigung differenziert wird. Des Weiteren wer-

C. Das zweite NPD-Verbotsverfahren (2013–2017)

den den in Deutschland lebenden Ausländern keine negativen Eigenschaften oder sonstige sozial unverträgliche Verhaltensweisen zugeschrieben.
[...]
Aus der Forderung, Ausländer aus den Sozialversicherungssystemen auszuschließen und ihnen den Erwerb von Eigentum an Grundstücken zu verbieten, ist nicht zu entnehmen, daß sie nicht als gleichwertige Persönlichkeiten in der Gesellschaft, rechtlos oder als Objekte anzusehen sein sollen."

Beweis: Beiziehung der Akten des KG Berlin in der Strafsache (4) 121 Ss 161/12 (193/12).

Was der Antragsteller aus dem Interview zwischen Ronny Zasowk und A. herauslesen will

vgl. Schriftsatz vom 27.08.2015, Seite 73 f. [S. 405] iVm. Beleg 220 (Schriftsatz vom 27.08.2015),

erschließt sich der Antragsgegnerin nicht. Herr Zasowk referiert ruhig und sachlich über das von der Antragsgegnerin geplante Ausländerrückführungsprogramm, wobei er ausdrücklich betont, dass dieses nach streng rechtsstaatlichen Grundlagen ablaufen werde. Wo hierin eine „Bedrohung" liegen soll, bleibt ebenso das Geheimnis des Antragstellers wie die Frage, wieso dieses Interview eine besondere „Aggressivität" vermitteln soll. Bezeichnend ist in diesem Zusammenhang folgende Äußerung des Antragstellers auf Seite 72 f. [S. 404 f.] des Schriftsatzes vom 27.08.2015:

„Die Aggressivität der NPD-Agitation kommt dabei in besonderem Maße durch das Interviewformat zum Ausdruck. Denn die Form des persönlichen Gesprächs verleiht den vermittelten menschenverachtenden Inhalten den Anschein einer Normalität und ist damit besonders geeignet, Ängste bei den Betroffenen zu schüren. Durch das demonstrativ zur Schau getragene Selbstbewusstsein und das Selbstverständnis, mit der *Zasowk* hier im unmittelbaren Gespräch mit einer Betroffenen seine herabwürdigen Forderungen vorbringt, wird die nur scheinbar subtile Bedrohung noch verstärkt."

Dieses Argumentationsmuster gehört wahrlich ins juristische Satireprogramm: Der Vertreter der Antragsgegnerin stellt seine besondere „Aggressivität" dadurch unter Beweis, dass er im persönlichen Gespräch sachlich argumentiert und selbstbewusst auftritt, sodass diejenige Person, die ihn selbst zum Gespräch eingeladen hat, sich „bedroht" und „eingeschüchtert" fühlen soll. Das ist völlig lächerlich.

Wie wenig sich Frau A. tatsächlich von der Antragsgegnerin eingeschüchtert fühlt, zeigt ein aktueller unter http://www.vorwaerts.de abrufbarer Artikel vom 25.02.2016 mit der Überschrift „Wie A. die Nazis das Fürchten lehrte". Darin heißt es unter anderem:

„Sie hat sich in die Höhle des Löwen begeben, tief in den braunen Sumpf: Die Journalistin A. besuchte Nazis im Knast, bei der NPD und beim Ku-Klux-Klan. In ihrem Buch ‚Mo und die Arier' erzählt sie, wie sie die Rechtsextremisten verunsicherte."

Bei der Lektüre dieses Artikels gewinnt man eher den Eindruck, Frau A. würde die „Nazis" einschüchtern und nicht umgekehrt.

Dass der ehemalige Wormser Stadtrat der NPD, Herr W., das Ziel verfolgt habe, „Bevölkerungsgruppen zu diffamieren und zu diskriminieren sowie ein Klima der Angst und Einschüchterung in Worms zu erzeugen" vgl. Schriftsatz vom 27.08.2015, Seite 74 [S. 405]

wird entschieden zurückgewiesen und **bestritten**. Die Privatmeinung des Wormser OB im **Beleg 221** (Schriftsatz vom 27.08.2015 [S. 405]) ist rechtlich irrelevant. Die politische Sinnhaftigkeit der von Herrn W. gestellten Anfragen in den **Belegen 222, 223, 224** (Schriftsatz vom 27.08.2015 [S. 405]) ist vom erkennenden Gericht nicht zu bewerten, sondern allein ihre verfassungsrechtliche Zulässigkeit. Diesbezügliche substantiierte Zweifel vermag der pauschale Vortrag des Antragstellers nicht hervorzurufen.

Wieso der im **Beleg 225** (Schriftsatz vom 27.08.2015 [S. 406]) geschilderte Vorfall der Antragsgegnerin zuzurechnen sein soll, erklärt der Antragsteller nicht. Ausweislich der Urteilsfeststellungen standen die von Herrn G. geäußerten Beleidigungen in keinerlei Zusammenhang mit einer politischen Betätigung für die Antragsgegnerin, sondern spielten sich auf einer öffentlichen „99-Cent-Party" in einer Diskothek ohne jeden politischen Bezug ab. Straftaten, die ein Parteimitglied in seiner Freizeit begeht, sind jedoch der Antragsgegnerin nicht zurechenbar. Unabhängig davon verurteilt die Antragsgegnerin das Anpöbeln und Beleidigen von Ausländern deutlich.

(3) Juden

Die Behauptung des Antragstellers, die Antragsgegnerin würde auch Juden die Menschenwürde absprechen und diese „einschüchtern", ist ebenso völlig aus Der Luft gegriffen und wird mit Nachdruck zurückgewiesen. Legitime Kritik am Staat Israel sowie an prominenten jüdischen Funktionären kann wohl schwerlich als „Einschüchterung" gewertet werden, zumal eben diese Funktionäre auch kein Blatt vor den Mund nehmen, wenn es um Forderungen nach einem Verbot der Antragsgegnerin geht.

Die vom Antragsteller vorgelegten Belege sind völlig ungeeignet, seine „Einschüchterungs-These" zu untermauern, insbesondere ist es verfassungsrechtlich völlig irrelevant, ob Dr. R. meint, die Kosten für Polizeieinsätze zum Schutz jüdischer Einrichtungen sollten nicht vom deutschen Steuerzahler, sondern vom Jüdischen Weltkongress bezahlt werden

vgl. Schriftsatz vom 27.08.2015, Seite 74 [S. 406], **Beleg 226** (Schriftsatz vom 27.08.2015),

oder ob Karl Richter sein Abendland nur für christlich und nicht für christlich-jüdisch hält

vgl. Schriftsatz vom 27.08.2015, Seite 76 [S. 407], **Beleg 228** (Schriftsatz vom 27.08.2015),

Das sind alles völlig legitime Überlegungen, die von einem Absprechen der Menschenwürde bzw. von einer wie auch immer gearteten „Einschüchterung" meilenweit entfernt sind. Ob jüdische Vertreter möglicherweise Anstoß an solchen Äußerungen nehmen könnten, ist verfassungsrechtlich irrelevant.

Dass das „Gas-Geben"-Plakat, auf welches der Antragsteller auf Seite 76 [S. 407] des Schriftsatzes vom 27.08.2015 iVm. **Beleg 229** (Schriftsatz vom 27.08.2015) abermals verweist, rechtlich unbedenklich ist, wurde bereits festgestellt. Wenn Juden sich daran stören, ist dies in einer pluralistischen Demokratie hinzunehmen und kein Grund, die Antragsgegnerin verbieten zu wollen. Die Antragsgegnerin stört sich in diesem Land auch an sehr vielem, nur interessiert dies niemanden.

Was der Antragsteller mit **Beleg 230** (Schriftsatz vom 27.08.2015 [S. 407]) aussagen will, ist unerfindlich. Der Antragsteller möge erläutern, was dieses Bild, auf dem der Parteivorsitzende und Herr S. zu sehen sind, mit dem Themenkomplex Menschenwürde bzw. „Einschüchterung von Minderheiten" zu tun haben soll.

Dass in Demmin am 19.08.2010 Stolpersteine sowie eine Hausfassade beschmiert worden sein sollen

vgl. Schriftsatz vom 27.08.2015, Seite 76 f. [S. 408], **Beleg 231–236** (Schriftsatz vom 27.08.2015),

wird **mit Nichtwissen bestritten**. Ebenfalls wird **mit Nichtwissen bestritten**, dass einer der Tatverdächtigen erklärt haben soll, er sei NPD-Mitglied. Irgendwelchen Presseberichten und teilweise geschwärzten Auszügen aus angeblichen Ermittlungen kommt kein Beweiswert zu. Im Übrigen ist nicht ersichtlich, wieso der Antragsgegnerin diese Taten, die sie ausdrücklich verurteilt, in irgendeiner Form zurechenbar sein sollten.

Die Behauptung des Antragstellers am 20.08.2010 hätten unbekannte Täter in der Innenstadt von Ueckermünde vier Stolpersteine mit schwarzer Farbe beschmiert sowie ca. 100 Plakate geklebt

vgl. Schriftsatz vom 27.08.2015, Seite 77 [S. 408], **Beleg 237–239** (Schriftsatz vom 27.08.2015),

wird ebenfalls **mit Nichtwissen bestritten**. Ob auf diesen Plakaten eine Internetseite genannt war, die von Tino Müller verantwortet wurde, ist rechtlich irrelevant, denn selbst wenn dies so wäre, würde dies keine Zurechenbarkeit der behaupteten Sachbeschädigung zur Antragsgegnerin begründen, welche sich diese Tat, mit der sie nichts zu tun hat, ausdrücklich nicht zu eigen macht. Etwas Anderes folgt auch nicht aus dem als **Beleg 239** (Schriftsatz vom 27.08.2015 [S. 408]) vorgelegten Artikel von „mupinfo".

Gleiches gilt für die angebliche Einbetonierung von neun Stolpersteinen in Wismar im Juli 2014

vgl. Schriftsatz vom 27.08.2015, Seite 77 f. [S. 409], **Beleg 240, 241** (Schriftsatz vom 27.08.2015),

welche ebenfalls **mit Nichtwissen bestritten** wird. Die angeführten Belege sind nicht geeignet, eine Zurechenbarkeit dieser Tat zur Antragsgegnerin zu begründen; insoweit gilt das oben Ausgeführte entsprechend.

Der auf Seite 78 [S. 409] des Schriftsatzes vom 27.08.2015 iVm. **Beleg 242** (Schriftsatz vom 27.08.2015) angeführte Boykottaufruf stellt sich als zulässige Meinungsäußerung dar, gegen die verfassungsrechtlich nichts zu erinnern ist. Tatsächliche oder vermeintliche „antisemitische Sprachmuster" stellen keinen Angriff auf die Menschenwürde und schon gar keine Einschüchterung dar. Wer am laufenden Band ein Verbot der Antragsgegnerin fordert, darf sich nicht wundern, wenn er selbst zum Ziel berechtigter und rein verbaler Kritik wird.

(4) Muslime

Muslimen wird von der Antragsgegnerin ebenso wenig die Menschenwürde abgesprochen wie Juden, Asylbewerbern und Migranten. Die von der Antragsgegnerin artikulierte Kritik an der Islamisierung Europas im Allgemeinen und Deutschlands im Besonderen stellt keinen Angriff auf die Menschenwürde und schon gar keine „Einschüchterung" dar. Insbesondere liegt die Unterstellung von Machtansprüchen, die die Antragsgegnerin gegenüber dem Islam erheben würde

vgl. Schriftsatz vom 27.08.2015, Seite 79 [S. 410], **Beleg 244** (Schriftsatz vom 27.08.2015),

vollständig neben der Sache. Die Antragsgegnerin erhebt keine Machtansprüche gegenüber dem Islam, sondern wendet sich schlicht und ergreifend gegen einen falsch verstandenen Toleranzgedanken. Die Antragsgegnerin stellt sogar ausdrücklich fest, dass der Islam dort, wo er historisch beheimatet ist, selbstverständlich sein Existenzrecht hat

vgl. **Beleg 243** (Schriftsatz vom 27.08.2015 [S. 409]).

Die gesamten vom Antragsteller diesbezüglich zusammengetragenen Belege untermauern weder die These vom angeblichen Absprechen der Menschenwürde noch von einer wie auch immer gearteten „Einschüchterung" von Muslimen, sondern erschöpfen sich in einer Aufzählung berechtigter Kritik an den gegenwärtigen gesellschaftlichen Zuständen in Deutschland.

Soweit der Antragsgegner meint, aus den **Belegen 244** bis **246** (Schriftsatz vom 27.08.2015 [S. 410]) einen „Kampfaufruf" gegen den Islam herauslesen zu können, verkennt er freilich, dass die zitierten Personen sich lediglich desjenigen Vokabulars befleißigen, welches auch vom türkischen Staatspräsidenten Erdogan und von Herrn Ö.

vgl. hierzu oben

benutzt wird.

Kritik in Form von Demonstrationen gegen den überbordenden Moschee-Bau ist über Art. 5 Abs. 1 und Art. 8 Abs. 1 GG geschützt, sodass auch die **Belege 247–250** (Schriftsatz vom 27.08.2015 [S. 411]) für die antragstellerischen Thesen nichts hergeben. Dass „die unmittelbare physische Präsenz" der Demonstranten „für die Betroffenen wahrnehmbar war"

so der Vorwurf des Antragstellers auf Seite 81 [S. 411] des Schriftsatzes vom 27.08.2015,

ist ein ganz normaler, mit dem Grundrecht auf Demonstrationsfreiheit denknotwendig verbundener Vorgang. Muslime müssen es hinnehmen, wenn die einheimische Bevölkerung mit einem geplanten Moschee-Bau nicht einverstanden ist. Was hieran „aggressiv" sein soll, bleibt das Geheimnis des Antragstellers.

(5) Sinti und Roma

Auch was Sinti und Roma anbetrifft, ist weder ein von der Antragsgegnerin zu verantwortender Angriff auf deren Menschenwürde noch eine wie auch immer geartete „Einschüchterung" erkennbar.

Die Äußerung von K. im **Beleg 251** (Schriftsatz vom 27.08.2015 [S. 412]) stellt legitime Kritik an tatsächlich bestehenden Missständen dar, die insbesondere in Duisburg-Marxloh im Jahre 2015 so gravierend wurden, dass die Bundeskanzlerin sich persönlich dorthin begeben musste.

Dass das Plakat „Geld für die Oma statt für Sinti und Roma"

vgl. **Belege 252, 253** (Schriftsatz vom 27.08.2015 [S. 412])

rechtlich nicht zu beanstanden ist, wie das VG Kassel zutreffend festgestellt hat und der Antragsteller selbst einräumt

vgl. **Beleg 254** (Schriftsatz vom 27.08.2015 [S. 412]),

indiziert die verfassungsrechtliche Irrelevanz dieses Plakats im vorliegenden Parteiverbotsverfahren. Wie oben bereits umfassend ausgeführt, geht es nicht an, einer politischen Partei die Verwendung eines grundrechtlich geschützten Plakats verbotsbegründend vorzuwerfen. Unabhängig davon wird die Behauptung des Antragstellers, durch dieses Plakat hätte sich irgendjemand „bedroht" oder „eingeschüchtert" gefühlt, ausdrücklich **bestritten**. Insbesondere wird die vom Antragsteller auf Seite 82 [S. 413] des Schriftsatzes vom 27.08.2015 wiedergegebene Behauptung des Zentralratsvorsitzenden Romani Rose, vor der Bundestagswahl 2013 habe der Zentralrat

„Hunderte von Anrufen besorgter Sinti- und Roma-Familien aus ganz Deutschland erhalten"

mit Nachdruck **bestritten**. Diese äußerst gewagte Aussage möge Herr Rose im Rahmen einer zeugenschaftlichen Vernehmung vor dem erkennenden Senat bestätigen. Selbst wenn eine entsprechende Anzahl an Anrufen eingegangen wäre, beweist dies keine „Aggressivität" der antragsgegnerischen Plakate. Es kann nicht angehen, dass rechtlich zulässige Plakate dadurch illegitim werden sollen, dass eine Minderheit kollektiv zum Telefonhörer greift und sich über grundrechtlich geschützte Kritik aufregt, die ihr einfach nicht passt. In einem Rechtsstaat beurteilt sich die Zulässigkeit von Handlungen allein nach dem Gesetz und nicht nach der Lautstärke, mit der Minderheiten dagegen auf die Barrikaden gehen.

gg) „Antisemitismus"

Immer wieder sieht sich die Antragsgegnerin in der Antragsschrift mit dem Vorwurf konfrontiert, „antisemitisch" zu agieren, wobei dieser Begriff reichlich inflationär und meistens auch jenseits seiner eigentlichen Bedeutung gebraucht wird. Dies soll im Folgenden richtiggestellt werden:

(1) Die historische Entstehung einer antisemitischen Bewegung in Deutschland

Der Begriff „Antisemitismus" wurde in Deutschland erstmals von dem Journalisten Wilhelm Marr im Jahr 1879 verwendet. Marr begann seinen politischen Lebensweg als früher Kommunist und Anarchist, der viele Jahre im Schweizer Exil lebte und dort den Schweizerischen Arbeiterbund gründete. 1848 gehörte er zu den extrem linken Deputierten in der Frankfurter Paulskirche, wo er sich zum ersten Mal gegen die Judenemanzipation wandte. Im Jahr 1879 veröffentlichte Marr sein Buch „Der Sieg des Judenthums über das Germanenthum – Vom nichtconfessionellen Standpunkt aus betrachtet" und ein Jahr später die Schrift „Der Weg zum Siege des Germanenthums über das Judenthum – 4. Aufl. von ‚Wählet keinen Juden'". Marr machte in seinen Schriften schon keinen religiösen, sondern einen rassischen Vorbehalt gegen die Juden geltend. Freilich hatte der protestantische Theologe Adolf Stoecker schon ein Jahr vor Marrs erstmaliger Verwendung des Begriffs „Antisemitismus" die „Christlich-Soziale Arbeiterpartei" gegründet, die neben einer stark protestantischen Ausrichtung auch antisemitisch ausgerichtet war, allerdings keine größeren Erfolge aufzuweisen hatte, und zu Beginn der 1890er Jahre in der „Deutschkonservativen Partei" (DKP) aufging. Stoecker selbst war als Kandidat zu den Reichstagswahlen durchaus erfolgreich und konnte über Jahrzehnte hinweg bis ins Jahr 1908 das Mandat im Wahlkreis Siegen-Wittgenstein-Biedenkopf halten, wurde allerdings aus der DKP wegen diverser Intrigen gegen den damaligen Reichskanzler Otto von Bismarck im Jahr 1896 ausgeschlossen. Stoecker war Erstunterzeichner einer „Petition an den Reichskanzler gegen das Judentum" (sog. „Antisemiten-Petition"), die 1880 gestartet wurde und eine Rücknahme der rechtlichen Gleichstellung der Juden verlangte, die von Bismarck, dem man sie 1881 vorlegte, allerdings nicht einmal zur Kenntnis genommen wurde.

Die Jahre von 1879 bis 1881 wurden außerdem durch den sog. „Berliner Antisemitismusstreit" geprägt, an dem sich zahlreiche Vertreter des damaligen wissenschaftlichen Lebens beteiligten und der sich um die Frage der Größe des Einflusses der Juden auf die deutsche Politik bzw. ihrer Rolle bei der dem Gründerkrach von 1873 vorausgehenden Freihandelspolitik drehte. Ausgelöst wurde die Debatte durch den Aufsatz „Unsere Aussichten" des Historikers Heinrich von Treitschke in den „Preußischen Jahrbüchern" des Jahres 1879, der zwar auch die Worte „die Juden sind unser Unglück" – die später den Untertitel der antisemitischen Zeitung „Der Stürmer" bildeten – enthielt, allerdings die Forderung enthielt, dass die Juden nun „auch innerlich Deutsche werden" müssten. Treitschke hielt also Distanz zum Rasseantisemitismus.

(2) Antisemitische Bewegungen in Österreich und Frankreich

In Österreich-Ungarn und in Frankreich waren antisemitische Bewegungen erfolgreicher als im deutschen Kaiserreich. So wurde der Gründer der im Jahr 1893 gegründeten „Christsozialen Partei", Karl Lueger, von 1897 bis 1910 Wiener Bürgermeister. Die Partei vertrat unter anderem auch einen eher religiös gefärbten Antijudaismus, weswegen der österreichische Kaiser Franz Joseph viermal Luegers Ernennung zum Bürgermeister verhinderte. Radikaler trat der österreichische Politiker Georg von Schönerer auf, der seinen Antisemitismus rassisch begründete und als Gegner der katholischen Kirche eine „Los-von-Rom-Bewegung" favorisierte.

Das europäische Land, in dem bis zum Jahr 1900 antisemitische Bewegungen die größten Erfolge feiern konnten, war allerdings Frankreich. So erzielte der französische Monarchist Édouard Drumont mit seiner zweibändigen Schrift „La France Juive" einen durchschlagenden Verkaufserfolg, es wurde schon im Erscheinungsjahr 1886 einige hunderttausendmal verkauft und erlebte bis 1945 über 200 Auflagen. Drumont unterschied in seiner Schrift zwischen Juden und „Ariern", setzte den preußisch-deutschen Protestantismus mit dem Judentum gleich (!) und unterstellte beiden einen gesamteuropäischen Herrschaftsanspruch.

In der sog. „Dreyfus-Affäre" war Drumont einer der prominentesten Fürsprecher der „Antidreyfusards", also der Gegner des französischen, aus dem Elsass stammenden, Artillerie-Hauptmanns Alfred Dreyfus, der 1894 Opfer eines Justizirrtums wurde, als er von einem Pariser Kriegsgericht wegen angeblichen Landesverrats zugunsten des Deutschen Kaiserreichs verurteilt wurde. In der „Dreyfus-Affäre" spielten neben antisemitischen Motiven aber auch Ressentiments gegen Elsässer in der französischen Armee und generell antideutsche Motive eine Rolle, die oftmals der Deutschenfreundlichkeit bezichtigt wurden. Die Dreyfus-Affäre war für den österreichisch-ungarischen Schriftsteller Theodor Herzl der innere Auslöser, um das Konzept des Zionismus zu entwickeln, die er 1896 in seinem Buch „Der Judenstaat" darlegte.

In Frankreich war schon 1846 das Buch „Die Juden, Könige der Epoche: Eine Geschichte des Finanzfeudalismus" von Alphonse Toussenel erschienen, in dem er die finanziellen Bedingungen kritisierte, unter denen James de Rothschild als Vertreter der Rothschildfamilie die Bahnlinie von Paris nach Belgien erwarb. In dieser Schrift tauchte erstmals der Begriff „jüdische Weltherrschaft" auf.

Antijudaistische oder sogar antisemitische Bewegungen waren Ende des 19. Jahrhunderts also gerade auch außerhalb Deutschlands zum Massenphänomen geworden.

(3) Der Antisemitismus Hitlers

Es gibt Versuche, den Antisemitismus Hitlers aus der Lektüre semiesoterischer Schriften des Runen-Mystikers und Wotanisten Guido von List oder den wahnhaft anmutenden Schriften des früheren Zisterziensermönches Jörg Lanz von Liebenfels zu erklären, der in dem von ihm entwickelten Konzept der „Theozoologie" behauptet, dass die ursprünglich göttlichen Arier sich mit Tieren („Äfflingen") vermengt hätten, und in der Folge ihre göttlichen Eigenschaften (bspw. besondere elektrische Organe [!]) verloren hätten. Der österreichische Autor Wilfried Daim sah in Jörg Lanz von Liebenfels gar den „Mann, der Hitler die Ideen gab", so der Titel seines 1958 erschienenen Buches.

Auch der britische Historiker Nicholas Goodrick-Clarke führte Hitlers Antisemitismus in seinem 1985 erstmals erschienenen Buch „Die okkulten Wurzeln des Nationalsozialismus" auf okkulte Rassenlehren zurück. Es ist allerdings eine fehlerhafte Annahme, die Wurzeln von Hitlers Weltbild in okkulten Lehren zu suchen.

Sein Weltbild legte Hitler in seinem Buch „Mein Kampf" dar. Hierin finden sich zahlreiche Verweise auf die schon genannten Karl Lueger, dem Hitler in „Mein Kampf" seine „unverhohlene Bewunderung" ausspricht, und Georg von Schönerer. Außerdem beruft sich Hitler auf Richard Wagner und dessen Schwiegersohn Houston Stewart Chamberlain. Insgesamt sind die Verweise Hitlers auf ideologische Vorläufer, mit denen er seine Positionen gegenüber den Juden begründet, in seinem Buch „Mein Kampf" aber eher spärlich gesät. Hitler beruft sich auf den „Anschauungsunterricht der Wiener Straßen" und stößt sich an der starken Vertretung der Juden in bestimmten Berufen und Tätigkeiten, was also eher auf einen „Ressentiment-Antisemitismus" hindeutet, den Hitler pflegte. Wer allerdings nur Hitlers Selbstauskünfte in „Mein Kampf" betrachtet, geht wohl auch in die Irre, wenn er damit auf seine Weltanschauung schließen wollte.

(4) „Der Bolschewismus von Moses bis Lenin"

Es bleibt die Erkenntnis, dass auch das Denken Hitlers letztlich zeitgebunden war, und dieses Denken rassistische und sozialdarwinistische Elemente aufgriff und radikal zuspitzte, die letztlich Teil des gesamten Denkens des 19. und des frühen 20. Jahrhunderts waren, was Geistesbewegungen wie die Aufklärung, den Marxismus und den Sozialismus mit einschließt.

Hitlers Antisemitismus beruhte also auf einer persönlichen Obsession, einem Aufgreifen verschiedener Ideen, die zu Beginn des 20. Jahrhunderts noch weit verbreitet waren, und auch seinem Bestreben, selbst eine Ideologie zu schaffen, die so radikal und so „aus einem Guss" war wie der Bolschewismus. Nationalsozialismus und Bolschewismus waren sich in „imitativer Todfeindschaft" verbunden, wie es der Historiker Ernst Nolte nennt.

Ein derartig ideologisierter Antisemitismus musste natürlich zu diversen Geschichtsklitterungen greifen, wie er beispielsweise in dem 1924 erschienenen Buch „Der Bolschewismus von Moses bis Lenin" zu Tage tritt. Dort wird ein Zwiegespräch zwischen Adolf Hitler und dessen zeitweiligem Mentor Dietrich Eckart wiedergegeben, in dem die Juden als allgegenwärtige Drahtzieher der Geschichte erscheinen und in dem praktisch alle Kriege und Blutbäder der Geschichte, angefangen vom vorchristlichen Orient bis zur Oktober- und Novemberrevolution, als vermeintliche Machenschaften „Judas" dargestellt werden. Hitler zeichnet einen Weg vom „Hofjuden" als Financier der Fürsten, über den „Volksjuden", der aufklärerische Positionen vertritt, bis zum „Blutjuden" der Russischen Revolution.

(5) Die Position der Antragsgegnerin

Die Antragsgegnerin lehnt den Hitlerschen Antisemitismus in allen seinen Facetten seit jeher ab. Die Position der Antragsgegnerin ist – wie oben bereits dargelegt wurde – ethnopluralistisch, d. h. dem Ziel einer multipolaren Weltordnung verpflichtet, in der die Völker in ihrer Vielfalt friedlich zusammenleben. Die pauschale Abwertung ganzer Völker oder Religionen lehnt die Antragsgegnerin aus tiefster innerer Überzeugung ab. Sie ist außerdem ausdrücklich keine sozialdarwinistische Partei – was der Antragsteller auch gar nicht behauptet –, sondern strebt eine gerechte Teilhabe aller Bürger am sozialen und kulturellen Leben an.

Herder ist der einzige Denker, auf den sich die NPD in ihrem Programm bezieht. Der grundlegende Gedanke von Herders Nationentheorie ist aber die Gleichwertigkeit der Nationen; nach Heinrich Heine sind die Völker für Herder wie eine Harfe, wie die Saiten an einer Harfe und die Harfe spielt Gott. Ein rasse- oder völkerhierarchisierendes Denken, aus dem dann auch Denkbewegungen wie der Antisemitismus entstehen können, ist mit den politisch-philosophischen Grundlagen der Antragsgegnerin völlig unvereinbar.

In den Reihen der Antragsgegnerin hat es immer eine differenzierte Auseinandersetzung mit dem Judentum und der schwierigen deutsch-jüdischen Geschichte im 20. Jahrhundert gegeben. Ein Beispiel dafür ist der Aufsatz „Verlorener Pfad – zerrissenes Band" von Gerry Hofmann, der in der JN-Zeitschrift „hier & jetzt" im Jahr 2007 erschien

vgl. Gerry Hofmann: Verlorener Pfad – zerrissenes Band, in: „hier & jetzt", Ausgabe 8/Herbst 2007, Seiten 36–37, und in dem das Buch „Buch der Erinnerung" – Juden in Dresden – deportiert, ermordet, verschollen" rezensiert wurde.

Hofmann schreibt hier unter, aaO., anderem:

„Sie waren alteingesessene Dresdner Bürger, aber auch Einwanderer aus dem Osten; waren Fabrikbesitzer, Künstler, aber eben auch als Mittelständler, Angestellte und Handwerker ganz normale Durchschnittsmenschen ihrer Zeit. Dresden gehörte seinerzeit mit knapp einem Prozent Bevölkerungsanteil jüdischer Einwohner nicht gerade zu den Zentren deutsch-jüdischen Zusammenlebens. Auch die üblichen Wert- bzw. Missfallensurteile greifen auf den ersten Blick in der sächsischen Hauptstadt kaum, denn die Biographien der ehemaligen jüdischen Bürger fallen wohl mehr durch eine ‚erschreckende Normalität' ins Auge, als durch radikales politisches Bestreben, avantgardistische Kunstauswüchse und verschwörerische Hochfinanz.

[...]

Doch was ist nun die Wahrheit? Alles ist Wahrheit, könnte man bei (deutschen) Juden meinen. Für viele Deutsche waren sie aufgrund ihrer Minorität (ca. 0,5 Mio. im Reichsgebiet) und überwiegender Unauffälligkeit wohl ganz normale Mitmenschen, andererseits durch überproportionale Präsenz in Wissenschaft, Kunst und Politik, sowie im Bewußtsein ihrer Religion und ethnischen Exklusivität auch als Sondergruppe wahrnehmbar, und dies durchaus in ambivalentem Sinne. Die systematische gesellschaftliche und physische Elimination von Staatsbürgern jedoch, die in der Summe sehr wohl als Assimilanten, respektive „normale Deutsche" anzusehen waren, erschüttert anhand vorliegender Zeugnisse umso mehr. Denn nicht das Verdikt untilgbarer Schuld und die Hochrechnung anonymer Zahlen bestimmen das Werk, sondern die lebensnahe Dokumentation authentischer Einzelschicksale der Dresdner Juden, die einst in den Straßen dieser Stadt zu Hause waren.

Entgegen den bequemen Urteilsmechanismen der Philo- und Antisemiten sollten weder Stereotypen wie „Ferment der Dekomposition" noch „Wegbereiter des Fortschritts" bei der Beurteilung der Judenheit als solcher den beherrschenden Gradmesser ausmachen. Offene Auseinandersetzung und ‚Vergangenheitsbewältigung' mit unverstelltem Blick, ohne vorgefertigte moralisierende Lesart, – dazu bietet gerade das „Buch der Erinnerung" genug Potential, kritische Fragen jeder Art inklusive."

Dieser Aufsatz von Hofmann wurde auch von Mathias Brodkorb, dem heutigen Kultusminister des Landes Mecklenburg-Vorpommern, in einem Artikel für das Netzportal „Endstation Rechts" thematisiert, der am 21. Mai 2008 unter dem Titel „Hier & Jetzt: Anti-Antisemitismus im Umfeld der NPD?" erschien

vgl. Artikel von „Endstation Rechts", abrufbar unter http://www.endstation-rechts.de/news/kategorie/hier-und-jetzt/artikel/hierjetzt-anti-antisemitismus-im-umfeld-der-npd.html.

Brodkorb äußert sich hier wie folgt:

„Seit dem Auftauchen der ‚Nationalen Sozialisten für Israel' wird rechts wie links heftig über das Verhältnis von Rechtsextremisten zum Antisemitismus diskutiert. Es geht jedoch auch ohne. Ein Beispiel hierfür bot unlängst die Redaktion des Theorieorgans der sächsischen Jungen Nationaldemokraten (JN) ‚Hier&Jetzt'.

In der Herbstausgabe des Jahres 2007 besprach Gerry Hofmann das Sammelwerk ‚Buch der Erinnerung – Juden in Dresden – deportiert, ermordet, verschollen' äußerst wohlwollend und argumentierte deutlich gegen Antisemitismus. Die jüdischen Bürger Dresdens hätten sich seinerzeit durch ‚erschreckende Normalität' ausgezeichnet. Sie wären ‚ganz normale Mitmenschen' gewesen und hätten häufig im ersten Weltkrieg tapfer für Deutschland gekämpft.

‚Die systematische gesellschaftliche und physische Elimination von Staatsbürgern [...], die in der Summe sehr wohl als Assimilanten, respektive ‚normale Deutsche' anzusehen waren, erschüttert anhand vorliegender Zeugnisse umso mehr.', spitzte Hofmann seine Bewertung zu.

Für so manchen Sherlock Holmes von der linken Seite war dies indes zuviel des Guten: Da nicht sein kann, was nicht sein darf, wurden Hofmanns Äußerungen in einer Sonderausgabe des Newsletters vom linken Projekt ‚Attenzione' aus Pirna gar ins Gegenteil verkehrt. Gerade weil Hofmann als Antisemit a priori den Staat Israel als Hassobjekt gar nicht erst erwähne, werde ‚dessen Zerstörung in Gedanken bereits' vorweg genommen. Hofmann entlarve sich gerade dadurch als Antisemit, dass er Juden im Nationalsozialismus als ‚ganz normale Mitmenschen' bezeichne. ‚Mit dieser zwangsweisen Eingemeindung der JüdInnen in die Kategorie ‚normale Deutsche' [...] wird die Täter-Opfer-Verdrehung dann vollendet.', heißt es in dem Text.

Zum Verständnis der Argumentation, die sich im Unterschied zu Hofmanns ‚Achte-Klasse-Schulaufsatz' offenbar auf wissenschaftlichem Niveau wähnt, lohnt es, Selbstverständnis und Antisemitismus-Begriff des Schreiberlings näher zu betrachten. Antisemitismus sei nämlich gar keine Meinung, sondern ein ‚Wahn' und daher eher ein Gegenstand für die Psychoanalyse als für den Diskurs. Anders wäre der ‚heimliche(n) Befriedigung' und den ‚antisemitischen Gelüste(n)' der Antisemiten gar nicht beizukommen: ‚Insoweit Antisemitismus freilich auf psychopathologischer Projektion beruht, ist es gleichzeitig unmöglich, Antisemiten von der Falschheit ihres ‚Weltbildes' zu überzeugen; sie machen ihre Wahrnehmung den eigenen Vorstellungen gleich [...]'. Folglich habe die anti-antisemitische Kritik nicht den Auftrag, mit Antisemiten zu diskutieren, sondern sich in der Analyse im Sinne einer postaufklärerischen Ideologiekritik ‚stets als Meisterin über jene' zu erweisen. Im Umgang mit den Antisemiten selbst empfiehlt der Autor vielmehr ‚ein dutzend Hiebe mit einem stumpfen Gegenstand'.

Wenn es jedoch für einen Antisemiten kennzeichnend sein soll, dass dieser seine Wahrnehmung nach seinen Vorurteilen zurechtbiege, muss man aufpassen, dabei nicht selbst die Torte im Gesicht zu haben. Denn die anti-antisemitische Ideologiekritik vertraut freilich nicht den bloßen Worten des Antisemiten, es müsse vielmehr „über dessen bloße Äußerungen hinausgedacht werden". Praktisch angewandt: Wenn Rechtsextremisten wie Hofmann gegen Juden als ‚Parasiten' und ‚minderwertige Lebewesen' hetzten und ihnen so eine Sonderrolle zuwiesen, wäre ihr Antisemitismus offenkundig. Bezeichnen sie hingegen Juden als ‚normale Mitmenschen', werden sie, gerade weil sie es tun und so eine Sonderrolle der Juden bestreiten, als Antisemiten ‚entlarvt'. Rechtsextremist Hofmann kann also machen, was er will: Er ist und bleibt ein ‚metaphysischer' Antisemit.

Mit diesem Vorgehen gleicht man sich strukturell jedoch gerade dem an, was man für den Antisemiten als konstitutiv erklärt: Dass dieser nämlich seine Vorurteile über Juden eben nicht auf objektive, empirisch nachweisbare Fakten stützen könne. Und so droht eine selbstherrliche anti-antisemitische Ideologiekritik, die sich mit einem ‚stumpfen Gegenstand' auch noch ein extremistisches und militantes Sahnehäubchen aufsetzt, strukturell genau das nachzuahmen, was sie eigentlich zu bekämpfen vorgibt. René Girard prägte hierfür den Begriff der mimetischen Rivalität.

Was geschah danach? Zunächst ergriff K., einer der Macher der rechten Zeitschrift ‚Sezession' noch in deren Dezember-Ausgabe, das Wort und sprang Hofmann bei: ‚Diese Rezension beschreibt den Untergang der Juden als das, was er war: ein wahnhafter, vernichtender Angriff auf größtenteils ganz normale Durchschnittsmenschen ihrer Zeit.' ‚Hier&Jetzt' hatte also die Männer aus Schnellroda wieder einmal auf sich aufmerksam gemacht. K. schloss seine Ausführungen über die ‚Herrschaft des Verdachts' dabei mit einer subtilen Solidaritätsadresse: ‚Nochmals zu Hier&Jetzt? Das Gebot lautet: nachfragen, ganz konkret nachfragen, wie der Text über die Dresdner Juden gemeint war. Und vor allem: wie er ankam in der NPD.' Man wird vermuten dürfen, dass K. genau dies getan hat. Und es würde nicht verwundern, wenn

‚Hier&Jetzt' fortan ein paar Abonnenten weniger zu verzeichnen hatte – aus den Reihen der Antragsgegnerin.

In der Winterausgabe 2008 von ‚Hier&Jetzt' trat L. den Interpretationen von ‚Attenzione' für die Redaktion schließlich selbst entgegen und forderte eine ‚rückhaltlose Überwindung' des Antisemitismus in der rechtsextremen Szene. Er bewunderte die Israelis für ihre ‚strikte Interessenpolitik', von der ‚jeder Nationalist nur träumen' könne. ‚Vielleicht', schloss L. fast melancholisch seinen Text, ‚ist es eines fernen Tages durchaus denkbar, daß israelische und deutsche Nationalisten die Geschicke ihrer Länder verhandeln, Bündnisse möglich werden, die sich die Herrschaften in der Pirnaer Gartenstraße nicht einmal vorzustellen wagen ...'"

Neben der Antisemitismusdebatte in der JN-Zeitschrift „hier & jetzt" fand auch in der vom NPD-Parteivorstand herausgegebenen Zeitung „Deutsche Stimme" ein deutsch-jüdischer Dialog statt, so beispielsweise in Form eines Interviews mit dem jüdischstämmigen US-amerikanischen Politologen Professor G. in der „Deutschen Stimme", Ausgabe 6/2012

„Nationaler Selbsthaß, wohin man blickt", Interview mit Professor G., in: „Deutsche Stimme", Ausgabe 6/2012, Seiten 3 und 4.

In diesem Interview äußerte Professor G. unter anderem:

„Frage: Der Begriff der ‚Schuld' oder auch der ‚Verantwortung' wird, mit Blick auf die NS-Vergangenheit, von der politischen Klasse in Deutschland, nicht nur bemüht, um die außenpolitische Ausrichtung der Bundesrepublik zu legitimieren, sondern auch die Einwanderungspolitik. Ist der Multikulturalismus die ‚gerechte Strafe' für Hitler und den Nationalsozialismus?

G.: Während der Nachkriegsbesatzung des geschlagenen Deutschlands wurde ein großangelegtes Unternehmen ins Rollen gebracht, das darauf abzielte, die Deutschen nach einem progressiv-westlichen Muster seelisch und politisch umzuformen. Das Ausmaß dieser versuchten Umformung untersucht der Historiker Stefan Scheil ausführlich in seiner bereits angesprochenen Neuerscheinung über die Umerziehung der Deutschen – mit Bezug auf die Wechselwirkungen zwischen den Persönlichkeiten, denen eine führende Rolle in Nachkriegsdeutschland zugedacht war, und dem demokratischen Vorbild Amerika. Erstaunlich ist, wie sich das umgestaltete Bewußtsein, welches die Besatzer bezweckten, verfestigte. Darüber hinaus ist die Selbstverleugnung der Deutschen seit den 1970er Jahren ständig vorangeschritten. Selbst bei Scheils Beweismaterialien findet man nur spärliche, vereinzelte Hinweise auf das Kollektivschuldthema in der Kulturlandschaft Nachkriegsdeutschlands. Jetzt hingegen scheint dies das Grundmotiv in der deutschen Publizistik und in politischen Ansprachen zu sein. Fassungslos war ich, als Angela Merkel im letzten Jahr in Moskau den Rotarmisten ihren Dank ausspräch, weil diese mordende und vergewaltigende Soldateska die ‚Deutschen vom Faschismus befreit' hätte. Ohne nun auf die verheerenden Auswirkungen des deutschen Einmarsches in Rußland einzugehen, markierte die Kanzlerin mit ihrer deplazierten Äußerung doch den vorläufigen Gipfel des deutschen Selbsthasses. Damit stellte sie die kollektive Selbstverachtung auf eine neue Ebene, ohne daß dies bei der deutschen Politikaste zu Widerspruch führte."

In der Ausgabe 7/2013 der „Deutschen Stimme" folgte dann ein Interview mit C., einem Repräsentanten der ultraorthodoxen jüdischen Gruppierung „Neturei Karta"

vgl. „Israel kann auf Dauer nicht funktionieren", Interview mit C., in: „Deutsche Stimme", Ausgabe 7/2013, Seiten 3 u 4.

In dem Interview äußerte C. unter anderem:

„Frage: Abschließend ein ganz anderes Thema: Sie sind im März als Referent bei einem Lesertreffen des rechten Verlegers M. in Sachsen aufgetreten und haben dort über deutsch-jüdischen Patriotismus gesprochen. Wie ist das einzuordnen?

C.: Wenn ich davon spreche, daß wir als orthodoxe Juden unsere Thora-Identität auch in dem Sinne erhalten wollen, daß wir mit unserer jeweiligen Heimat treu verbunden sind, dann respektieren wir damit zugleich auch die Identität und die positiven Tugenden der nicht-jüdischen Deutschen und wollen diese bewahren helfen. Schließlich haben wir eine 1800 Jahre alte Geschichte in diesem Land! Das beinhaltet durchaus auch, daß man eine Islamisierung Deutschlands als einen Bestandteil der Überfremdung zwar thematisieren, sich aber nicht in einen vom Zionismus gewollten Konflikt Deutschlands mit der islamischen Hemisphäre hineintreiben lassen darf. Es gibt nun mal sehr viele Muslime auf der Welt, und diese sind Deutschland – trotz des Iran-Embargos und trotz der Erhebung des Existenzrechts eines fremden und ihnen feindlichen Staates zu deutscher Staatsräson, trotz fortgesetzter Einmischung in die inneren Angelegenheiten ihrer Länder, noch immer grundsätzlich sehr wohlgesonnen. Man sollte sich nicht durch die zionistische Fremdbestimmung im Innern und von außen sowie durch die Phrasen einer sogenannten „westlichen Wertegemeinschaft" unter US-amerikanischem und zionistischem Diktat ins Bockshorn jagen lassen.

Frage: Würden Sie sich auch selbst als deutschen Patrioten bezeichnen?

C.: Ich bezeichne mich als deutsch-jüdischen Patrioten, der stolz darauf ist, deutscher Jude zu sein und der sein Vaterland auch von Belgien aus immer noch liebt. Ist ja Gott sei Dank nicht so weit voneinander entfernt.

Frage: Man „darf" sich also auch als Deutscher trotz der NS-Vergangenheit zu seiner Heimat und seiner Nation bekennen?

C.: Man darf nicht nur, man sollte das unbedingt! Ich tue es ja auch!""

Sowohl die Antisemitismusdebatte in der JN-Zeitschrift „hier & jetzt" als auch die beiden Interviews in der „Deutschen Stimme" mit Professor G. und C. zeigen, dass man sich in der Antragsgegnerin und in ihrem Umfeld differenziert mit dem Judentum auseinandersetzt und den Dialog zu dessen Vertretern sucht, und zwar – dies sei ausdrücklich festgestellt – zu Vertretern ganz unterschiedlicher politischer Strömungen im Judentum, sowohl zu einem orthodoxen Israelkritiker wie C. wie auch zu einem eher proisraelisch ausgerichteten US-Konservativen wie dem früheren Nixon-Berater Professor G. In einer wirklich strukturell antisemitischen Partei wäre eine derartig differenzierte Auseinandersetzung mit dem Judentum völlig undenkbar.

Ein weiteres Beispiel für die Bereitschaft der Antragsgegnerin zum deutsch-jüdischen Dialog ist auch der Vortrag des Sohnes des weltberühmten jüdischen Violinisten Y. M. und des früheren Vorstandsvorsitzenden der Yehudi-Menuhin-Stiftung, G. M., bei dem vom Deutsche Stimme-Verlag ausgerichteten „Freiheitlichen Kongress" in Bad Kösen im November 2007

Der Vortrag kann im Internet unter der Adresse http://www.x eingesehen werden.

Übrigens verwendete auch der Chefredakteur der „Deutschen Stimme" und das Mitglied im NPD-Parteivorstand S. in einem Grundsatzartikel zum 70. Jahrestag des Endes des Zweiten Weltkriegs ein Zitat von C., das dieser zuvor auf seinem Facebook-Profil geteilt hatte, als Beispiel für eine ausgewogene Geschichtsbetrachtung. S. zitierte C. wie folgt:

„Als Jude beweine ich die Vernichtung des europäischen Judentums im Zuge des Zweiten Weltkrieges und gedenke selbstverständlich unserer Opfer. Sie ist Teil unserer jüdischen Geschichte. Für die Gefangenen in den Lagern war das Ende der Schreckensherrschaft in der Tat eine Befreiung aus Knechtschaft, Leiden und Tod! Doch warum sollte ich als deutscher Jude die Vertreibung, den Bombenkrieg der Alliierten und das dadurch verursachte Leid an Deutschen auch als Befreiung empfinden?"

vgl. S.: „‚Befreiung' sieht anders aus", in: Deutsche Stimme, Ausgabe 6/2015, Seiten 19 und 20.

Der Antragsgegnerin wird dessen ungeachtet gebetsmühlenartig vorgehalten, dass sie häufig Kritik am israelischen Staat übt. Eine solche Kritik ist indes völlig legitim, wie sie auch an anderen Staaten völlig legitim ist. Die beiden US-amerikanischen Politikwissenschaftler John J. Mearsheimer und Stephen M. Walt lösten im Jahr 2006 mit ihrem im „London Review of Books" abgedruckten Artikel „The Israel Lobby and U. S. Foreign Policy", der ein Jahr später auch in Buchform erschien, eine heftige Debatte aus, da die beiden Autoren das Wirken einer proisraelischen Lobby in den USA für die Abkehr des Landes von objektiven amerikanischen Interessen im Nahen Osten verantwortlich machten. Auf der Basis der Theorie der neorealistischen Schule in den internationalen Beziehungen konstatierten die Autoren, dass die Nahostpolitik der USA unter der Bush-Regierung in den Jahren 2001 bis 2009 nicht die tatsächlichen Interessen des Landes verfolgt habe, was auf den Einfluss einer innenpolitisch mächtigen „Israel-Lobby" zurückzuführen sei, wobei Mearsheimer/Walt die Vielfalt pro-israelischer – jüdischer wie nicht-jüdischer Lobbyarbeit betonten und diese mit dem Einfluss anderer Großlobbyisten wie der „National Rifle Association" oder den Exilkubanern verglichen. Obwohl der Aufsatz nur unter Widerständen abgedruckt wurde – die Zeitschrift „The Atlantic Monthly" hatte ihn 2002 in Auftrag gegeben, weigerte sich aber dann, ihn abzudrucken – gilt er heute als eine wichtige Pionierarbeit zur Analyse des Einflusses von Lobbygruppen auf die US-amerikanische Außenpolitik und Mearsheimer als einer der wichtigsten Politologen der USA. In Deutschland wurde der Aufsatz von Lorenz Jäger in der „Frankfurter Allgemeinen Zeitung" positiv gewürdigt, der feststellte, dass der Begriff der „Verschwörungstheorie" ein „Kampfbegriff" sei, „mit dem man Erstsemester erschrecken kann, und es nicht sein könne, ‚dass die Soziologie bestimmter Akteure von der Erforschung ausgenommen sein soll'".

Die Kritik der NPD an Israel bewegt sich im Rahmen der Kritik von Mearsheimer und Walt. Die Mearsheimer/Walt-Debatte in den USA macht aber auch deutlich, dass der Antisemitismusvorwurf dazu missbraucht werden kann (und tatsächlich auch massiv dazu missbraucht wird) eigentlich notwendige Debatten zu führen.

Es kann nicht angehen, dass reine soziologische Tatsachenbehauptungen als „antisemitisch" klassifiziert werden und dann schwerste persönliche Konsequenzen für denjenigen nach sich ziehen, der sie ausgesprochen hat. Als Beispiel sei hier die sogenannte „Hohmann-Affäre" aus dem Oktober 2003 genannt. Der damalige Bundestagsabgeordnete Martin Hohmann hatte in einer zunächst unbeachteten Rede zum Tag der deutschen Einheit in einer kleinen osthessischen Gemeinde die Deutschen gegen den Vorwurf in Schutz genommen, ein „Tätervolk" zu sein, und angefügt, dass man, wenn man sich auf solche Kollektivschuldthesen einlasse, andernfalls auch die Juden ein „Tätervolk" nennen könne, da es erwiesenermaßen zahlreiche Kommunisten jüdischer Herkunft in den Führungszirkeln der Partei der Bolschewiki gab, die im Zuge der russischen Oktoberrevolution 1917 die Macht ergriff. Homann bezog sich dabei auf die wissenschaftliche Arbeit des früheren Direktors der Universitätsbibliothek der Universität Bielefeld, Johannes Rogalla von Bieberstein, die dieser 2002 unter dem Titel „Jüdischer Bolschewismus' – Mythos und Realität" veröffentlicht hatte. Obwohl Hohmann in seiner Rede ganz ausdrücklich zu dem Schluss gelangt war, dass weder Juden noch Deutsche noch Russen „Tätervölker" seien, wurde er in der Folge aus der Bundestagsfraktion der CDU und dann der CDU selbst ausgeschlossen.

Es ist nicht „antisemitisch", die bedeutende Rolle der Juden im historischen Prozess oder ihre überdurchschnittliche Repräsentanz in hohen entscheidenden Positionen zu thematisieren. Das machen jüdische Autoren auch selbst, so Yuri Slezkine, Professor für Russische Geschichte an der University of Berkeley, in seiner hochgelobten Arbeit „Das jüdische Jahrhundert" aus dem Jahr 2004. Die Juden, so Slezkine, hätten durch ihr historisches Schicksal eine hohe Affinität zu den Prozessen der Urbanisierung, Individualisierung und Ökonomisierung mitgebracht, die für die historische Moderne so kennzeichnend sind, und seien so zur erfolgreichsten aller modernen Ethnien („tribes") geworden, auch, weil sie durch ihren wirtschaftlichen Erfolg besonders großen Einfluss ausgeübt hätten. Das Buch enthält auch ausführlich ausgebreitetes Zahlenmaterial über die Überrepräsentation von Juden in Wirtschaft, Gesellschaft und Staat und erwähnt auch, dass in den USA 16 von 40 Milliardären sowie 11 von 23 Medien-"Mogulen" Juden seien. Das Vorwort zur deutschen Übersetzung des Buches steuerte Dan Diner, der ehemalige Leiter des Simon-Dubnow-Instituts für Jüdische Geschichte an der Universität Leipzig bei, und niemand machte Slezkine den Vorwurf, ein „Antisemit" zu sein, was auch reichlich absurd gewesen wäre.

Es ist auch nicht „antisemitisch", Kritik an der israelischen Politik zu üben. Was für absurde Wellen der Antisemitismusvorwurf in dieser Beziehung schlägt, wurde im Jahr 2012 deutlich, als das „Simon Wiesenthal Center" (SWC) den deutschen linken Publizisten und „Freitag"-Herausgeber Jakob Augstein auf Platz 9 seiner weltweiten „Top Ten Anti-Semitic/Anti-Israel Slurs"-Liste setzte und ihn so mit islamistischen Fundamentalisten gleichstellte. Gerade dieses Beispiel zeigt deutlich, wie missbrauchsanfällig der Antisemitismusvorwurf in unserer Gegenwart geworden ist und wie wenig er sich als juristische Kategorie im Rahmen eines verfassungsgerichtlichen Parteiverbotsverfahrens eignet.

Der Antisemitismusvorwurf dreht vollends ins Absurde und Phantastische ab, wenn jeder als „Antisemit" gebrandmarkt wird, der nur gewisse Schlüsselbegriffe mit negativer Sprachfärbung nutzt. Ein Beispiel hierfür ist die sogenannte „Heuschreckendebatte", die im April und Mai 2005 geführt wurde. Der damalige SPD-Vorsitzende Franz Müntefering verglich das Verhalten mancher „anonymer Investoren" – bspw. sogenannter „Private Equity-Gesellschaften" – mit Heuschreckenplagen und wurde bald darauf selbst mit dem Verdacht konfrontiert, „Antisemit" zu sein. Als Reaktion auf Münteferings Äußerung veröffentlichte der Historiker Michael Wolffsohn am 03.05.2005 den Artikel „Zum 8. Mai" in der „Rheinischen Post", in dem es hieß:

> „60 Jahre ‚danach' werden heute wieder Menschen mit Tieren gleichgesetzt, ‚Ratten' oder ‚Judenschweine'. Worte aus dem Wörterbuch des Unmenschen, weil Menschen das Menschsein abgesprochen wird."

C. Das zweite NPD-Verbotsverfahren (2013–2017)

Es ist genau jene allgegenwärtige „Herrschaft des Verdachts", mit der auch der Antragsteller seinen Antisemitismusverdacht gegen die Antragsgegnerin begründen möchte. Demnach ist dann jedes kritische Sprechen über den Kapitalismus „antisemitisch", jedes Nutzen von Wörtern wie bspw. „Hochfinanz", womit man sich rechtsmethodisch allerdings tatsächlich exakt an der Zeit der frühneuzeitlichen Hexenprozesse orientiert, in denen es mit entsprechend viel Phantasie und Bösartigkeit ja auch möglich war, den oder die Angeklagte(n) der Wesensverwandtschaft mit dem Teufel zu überführen.

Letztlich bringt der Antragsteller nichts weiter gegen die Antragsgegnerin vor, als dass diese als Folge ihrer differenziert-kritischen Haltung zum Staat Israel einerseits und den in Deutschland aktiven jüdischen Funktionären andererseits die Juden nicht so „liebhabe", wie es die „political correctness" fordert. Es gibt aber keine verfassungsrechtliche Obliegenheit, die von den vorliegend als Bundesrat in Erscheinung tretenden politischen Parteien im Wege einer zweifelhaften Staatsraison praktizierte Semitophilität affirmativ zu unterstützen; verboten ist lediglich ein Angriff auf die Menschenwürde jüdischer Menschen. Dass die Antragsgegnerin dergleichen Angriffe jenseits berechtigter Kritik verübt hätte, ist nicht nachgewiesen. Mangelnde Semitophilität unterhalb der Rechtswidrigkeitsschwelle stellt aber keinen Verbotsgrund dar.

b) Kein Verstoß gegen das Demokratieprinzip

Nachdem bereits festgestellt wurde, dass die Antragsgegnerin mit ihrem ethnischen Volksbegriff in voller Kongruenz mit den grundgesetzlichen Vorgaben steht, ist damit zugleich der Vorwurf entkräftet, dieser Volksbegriff verstoße auch gegen das Demokratieprinzip. Gleichwohl soll es damit an dieser Stelle nicht sein Bewenden haben; vielmehr soll die Abstrusität der antragstellerischen Gedankenführung in Bezug auf den ethnischen Volksbegriff und das Demokratieprinzip nochmals deutlich herausgearbeitet werden. Sodann wird der weitere Vorwurf entkräftet werden, die Antragsgegnerin wende sich gegen das parlamentarische System als solches.

aa) *Ethnischer Volksbegriff und Demokratieprinzip*

Der vom Antragsteller gegen die Antragsgegnerin erhobene Vorwurf der angeblichen Inkompatibilität von ethnischem Volksbegriff und Demokratieprinzip wird von der Gegenseite im Wesentlichen wie folgt hergeleitet:

Der Antragsteller steht auf dem Standpunkt, dass das Demokratieprinzip (Art. 20 Abs. 2 Satz 1 GG) die Kompetenz des – einfachen – Gesetzgebers umfasse, die Zusammensetzung des deutschen Staatsvolkes nach Belieben zu regeln und offen auszugestalten. Die Regelungen über die Staatsangehörigkeit müssten nämlich – wie alle wesentlichen Entscheidungen im demokratischen Rechtsstaat –, das Ergebnis einer demokratischen Entscheidung sein. Deshalb verbiete sich eine Volkskonzeption, die an biologische Determinanten anknüpfe und die Frage, wer zum Staatsvolk gehöre und wer nicht, der Entscheidungsfindung des demokratischen Gesetzgebers entziehe.

Dem kann nicht gefolgt werden.

Bereits die Ausgangsprämisse des Antragstellers, das Staatsangehörigkeitsrecht müsse vom – einfachen – Gesetzgeber völlig offen und frei ausgestaltet werden können, ist nach der obigen Darstellung der grundgesetzlichen Staatsangehörigkeitsdefinition im

Ansatz verfehlt. Das Grundgesetz gewährt dem – einfachen – Gesetzgeber bei der Verteilung deutscher Pässe eben gerade keine willkürliche Narrenfreiheit, die auf die Einbürgerung der halben Weltbevölkerung hinausläuft, sondern verpflichtet ihn darauf, die Identität des deutschen Staatsvolkes zu erhalten

>   vgl. nochmals BVerfG vom 21.10.1987, Az.: 2 BvR 373/83, Rn. 35.

Dem – einfachen – Gesetzgeber sind daher schon von Verfassungs wegen Grenzen bei der Konzeption des Staatsangehörigkeitsrechts gesetzt, wobei diese Grenzen eben gerade im Abstammungsgedanken zu sehen sind. Es ist daher nicht die Antragsgegnerin, die sich auf irgendwelche „naturgegebenen" und nicht abänderbaren biologischen Determinanten bezieht und drumherum ein „undemokratisches" Ideologiegebäude aufgebaut; vielmehr nimmt die Antragsgegnerin im Gegensatz zum Antragsteller die verfassungsmäßigen Vorgaben für die Staatangehörigkeitskonzeption ernst und strebt daher auf demokratischem Wege im Rahmen des politischen Prozesses eine Rückkehr zur bekannten und bewährten Regelungskonstruktion des RuStAG an – nicht mehr und nicht weniger. Auch der ethnische Volksbegriff ist in diesem Sinne ein politischer Volksbegriff, solange er demokratisch beschlossen und durch Mehrheitsbeschluss jederzeit wieder geändert werden kann

>   vgl. zur Begrifflichkeit des „politischen Volksbegriffs" die Antragsschrift, Seite 114.

Selbst wenn dem Grundgesetz ein klares Bekenntnis zum Abstammungsprinzip nicht zu entnehmen wäre, kann der ethnische Volksbegriff schwerlich als undemokratisch angesehen werden. Dem Gesetzgeber obliegt nämlich nach wie vor die Entscheidung darüber, ob er an biologische Kriterien anknüpfen möchte oder nicht. Wenn das Parlament ein auf dem ius sanguinis beruhendes Staatsangehörigkeitsrecht beschließt, ist dieses Gesetz völlig demokratisch zustandegekommen, wogegen es unter dem Gesichtspunkt des Demokratieprinzips hiergegen nichts zu erinnern gibt.

>   Dass die Menschenwürdegarantie einer solchen Konzeption nicht entgegensteht, wurde oben bereits dargelegt.

Etwas anderes würde höchstens dann gelten, wenn die Antragsgegnerin ihren ethnischen Volksbegriff als natur- oder gottgegeben ansehen, dem demokratischen Gesetzgeber angesichts dieser biologischen „Determiniertheit" das Recht absprechen würde, überhaupt das Staatsangehörigkeitsrecht betreffende Regelungen zu erlassen und gleichwohl erlassene Vorschriften nicht anerkennen würde. Das tut die Antragsgegnerin aber in keiner Weise, sondern sie stellt lediglich ihre Staatsangehörigkeitskonzeption auf dem Markt der politischen Meinungen zur Abstimmung in der Hoffnung, dass der Wähler sich dieser Meinung anschließen und durch die Vermittlung entsprechender Parlamentarischer Mehrheiten eine Gesetzesänderung ermöglichen möge. Sollte eine – hypothetische – nationaldemokratische Regierung die von der Antragsgegnerin geforderte Rückkehr zum ius sanguinis realisieren, würde diese Regelung ebenfalls wieder der Disposition des demokratischen Gesetzgebers unterliegen, sodass im Falle eines Regierungswechsels zurück zu etablierten Kräften selbstverständlich auch wieder ein Wechsel zum ius soli möglich wäre.

Das Üben von Kritik an den von den etablierten Parteien zu verantwortenden Masseneinbürgerungen bedeutet nicht, dass die Antragsgegnerin nicht anerkennen würde, dass die eingebürgerten Personen deutsche Staatsangehörige sind. Die Antragsgegnerin anerkennt dies sehr wohl; sie findet es halt nur nicht richtig. Wo hierbei eine Verletzung des Demokratieprinzips liegen soll, ist unerfindlich. Als undemokratisch ist vielmehr die Argumentationsstruktur des Antragstellers zu bewerten: Dieser will dem Volk nämlich von vorneherein die Möglichkeit nehmen, bei Bundestagswahlen für die Staatsangehörigkeitskonzeption der Antragsgegnerin zu votieren; vielmehr soll diese Konzeption vollständig aus dem Kanon zulässiger politischer Forderungen ausgeschieden werden. Diese unerträgliche Bevormundung des Deutschen Volkes stellt sich aber ja wohl als weitaus größerer Eingriff in das Demokratieprinzip dar als die Forderung nach einem Staatsangehörigkeitsrecht auf Basis des Abstammungsprinzips.

bb) Nationalismus versus Chauvinismus

Dass sich die Antragsgegnerin als nationalistische Partei sieht, kann ihr ebenfalls nicht zum Vorwurf gemacht werden, da ein aufgeklärter Nationalismus, wie ihn die Antragsgegnerin vertritt, in keinerlei Widerspruch zum Grundgesetz, insbesondere nicht zum Demokratieprinzip steht. Der Antragsteller beabsichtigt vielmehr, der Antragsgegnerin einen von ihr in Wahrheit gar nicht vertretenen Chauvinismus zu unterstellen, den diese aber gar nicht propagiert.

Der Nationalismus wurde Mitte des 19. Jahrhunderts zu einer wirkmächtigen Legitimations-, Mobilisierungs- und Integrationsideologie, die im Nationalstaat die Einheit von Volks- und Staatsgrenzen anstrebte. Er stritt seit jeher für das nationale Selbstbestimmungsrecht eines Volkes in einem eigenen Staat mit gleichberechtigten Nationsgenossen. Insbesondere in der bereits angesprochenen Paulskirchenverfassung von 1848 wird die enge Verbindung zwischen liberalen und nationalen Ideen deutlich, weshalb es als regelrecht absurd angesehen werden muss, einer Partei wie der Antragsgegnerin, welche sich in der ungebrochenen Tradition der liberalen und nationalen Ideen der Paulskirche sieht, eine „antiliberale" Haltung vorzuwerfen.

Nationalismus ist das politische Bestreben, die Identität, die Souveränität und die Solidarität eines Volkes zur Grundlage eines Gemeinwesens zu machen. Für den Nationalismus steht die eigene Nation als gewachsener Schicksalsverband mit starken Zusammengehörigkeitsgefühlen, emotionaler Bindekraft und Loyalitätsempfindungen im Mittelpunkt. Die eigene Nation, die moralisch nicht über anderen Nationen steht, aber gegen diese ihre kulturelle Identität zu bewahren und ihre Lebensinteressen zu behaupten hat, ist für die Antragsgegnerin einer der höchsten ethischen Werte. In einer im Jahr 2002 vom NPD-Parteivorstand veröffentlichen Schrift heißt es dazu:

„Wir bekennen uns somit zum Ethnopluralismus, zum Grundsatz der Vielfalt der Völker und lehnen die sozialistische oder kapitalistische ‚One-World-Ideologie' ab. In der Vielfalt der Völker sehen wir einen großen und erhaltenswerten Reichtum der Erde. Die Völker auf der Welt haben ein Recht auf Wahrung ihrer nationalen Identität und Erhalt ihrer kulturellen Traditionen, auf Selbstbestimmung, Einheit, Freiheit und eine von ihnen selbst gewählte (nicht aufgezwungene) Werteordnung."

vgl. Strategische Leitlinien zur politischen Arbeit der NPD, 2002

Hier verläuft auch die Trennlinie zwischen Nationalismus und Chauvinismus: Der Nationalist streitet für Selbstbestimmung, Identität und Leben des eigenen Volkes und billigt Gleiches auch jedem anderen Volk zu, während der Chauvinist fremde Völker und Vaterländer verachtet und sich über diese erheben will. Ziel des deutschen Nationalismus ist ein freies und identitätsstarkes deutsches Volk unter anderen freien und identitätsstarken Völkern. Dass die Antragsgegnerin sich über andere Völker erheben und ihnen „Minderwertigkeit" oder ähnlichen Unfug vorwerfen würde, behauptet der Antragsteller nicht einmal; dergleichen ist höchst vorsorglich mit Nachdruck zurückzuweisen.

Chauvinistische Ideen überhöhen den Wert der eigenen Nation, die Antragsgegnerin hingegen billigt allen Völkern und Nationen das Recht auf Einheit, Freiheit und Selbstbestimmung zu. Mit Blick auf Imperialismus und Chauvinismus heißt es in einer im Jahr 2002 vom Parteivorstand veröffentlichten Schrift:

„Somit stehen wir Nationaldemokraten als Nationalisten im neuen Jahrtausend zwangsläufig im Widerspruch zu Imperialismus und Kapitalismus. Der Chauvinismus des 20. Jahrhunderts darf nicht mit dem Befreiungsnationalismus der Zukunft verwechselt werden."

vgl. Strategische Leitlinien zur politischen Arbeit der NPD, 2002.

Der wirkliche Nationalismus steht in absolutem Widerspruch zu imperialistischen oder chauvinistischen Ideen. Während erstere das Selbstbestimmungsrecht anderer Völker und Staaten beseitigen wollen, spricht sich die Antragsgegnerin für das Gebot der Nichteinmischung in die inneren Angelegenheiten anderer Staaten aus. So heißt es auch im NPD-Parteiprogramm, Seite 14:

„Wir bekennen uns zum Grundsatz der Nicht-Einmischung in die inneren Angelegenheiten fremder Staaten."

Im Abschnitt „Wehrpolitik auf nationaler Grundlage" des Parteiprogramms heißt es auf Seite 20:

„Nationale wie europäische Sicherheitspolitik haben die Aufgabe, nach Maßgabe des Völkerrechts sowie des Grundsatzes der Nichteinmischung in die inneren Angelegenheiten souveräner Staaten die äußere Sicherheit des europäischen Raumes sicherzustellen. Oberster Grundsatz ist hierbei, im Verteidigungsfall unter Wahrung des Völkerrechts das Selbstbestimmungsrecht des deutschen Volkes wie auch der europäischen Völker zu verteidigen."

Im Aktionsprogramm der Antragsgegnerin ist auf Seite 52 dazu ergänzend zu lesen:

„Statt einer ‚Weltordnung' strebt sie, angelehnt an das Subsidiaritätsprinzip, eine großraumpolitische Ordnung mit grundsätzlichem Interventionsverbot für raumfremde Mächte an. Somit ist die NPD eine Kraft, die der nationalen Emanzipation und dem Sieg der Freiheit, nationaler Souveränität und Völkerrecht dient."

Wie die antiimperialistische Grundhaltung des Nationalismus, wie ihn die Antragsgegnerin vertritt, Kriege verhindert und Frieden sichert, wird in einer Schrift des NPD-Parteivorstands aus dem Jahr 2002 näher erläutert:

„So führt die antiimperialistische Grundhaltung vielfach zur Vermeidung bzw. zur Begrenzung von Kriegen. Nationalisten akzeptieren Kriege nur zur Abwendung von Gefahr für das eigene Volk, nicht aber zur Beherrschung oder Ausrottung anderer Völker, zur Steigerung des

Profites der Rüstungsindustrie oder zur Erlangung wirtschaftlicher Vorteile. Friedenspolitik ist also aus nationalistischer Sicht das direkte Resultat der Anwendung des lebensrichtigen Menschenbildes in der politischen Praxis. Sie resultiert zudem unmittelbar aus der Anerkennung des Selbstbestimmungsrechtes der Völker, welches wiederum Universalismus und Imperialismus ausschließt."

vgl. Strategische Leitlinien zur politischen Arbeit der NPD, 2002

Die Antragsgegnerin versteht sich als nationalistische Partei, weil sie die Unabhängigkeit und das Selbstbestimmungsrecht der Völker als wesentlich für deren Freiheit betrachtet. In diesem Zusammenhang fordern die Nationaldemokraten – um eine Redewendung des ehemaligen französischen Staatspräsidenten Charles de Gaulle zu verwenden – die Schaffung eines „Europas der Vaterländer", in dem nicht eine Zentrale in Brüssel die existenziellen Entscheidungen für die europäischen Staaten trifft, sondern die Völker und Staaten selbst.

Auch heute ist das Konzeption der Nation keineswegs überholt, sondern angesichts der mit der Globalisierung einhergehenden Problemen aktueller denn je. Bemerkenswerterweise sehen das nicht nur angeblich „ewiggestrige" Parteien wie der Antragsgegnerin so, sondern diese Erkenntnis bricht sich allmählich bis hinauf in die bundesdeutsche Medienlandschaft Bahn. So ist der Online-Ausgabe des Magazins „Cicero" unter http://www.cicero.de/weltbuehne/die-rueckkehr-des-nationendenkens-rettungsanker-nationalismus/60467 ein vom 05.02.2016 datierender Artikel mit dem Titel „Die Rückkehr des Nationalismus – der Preis der Globalisierung" zu lesen, der die von der Antragsgegnerin seit Jahrzehnten propagierten Erkenntnisse mit bemerkenswerter gedanklicher Schärfe auf den Punkt bringt:

„[...]
Nationen sind nicht beliebig austauschbar
Viele Vertreter nicht nur der politischen Eliten hat diese Entwicklung kalt erwischt. Der Grund: Ihr Weltbild basiert zumeist auf der Annahme, „Nationen" seien kulturelle oder soziale Konstruktionen und daher beliebig und austauschbar. Also könne man sie auch dekonstruieren und durch neue, politisch genehmere Konstrukte ersetzen.

Moralisch legitimiert erschien diese Sicht der Dinge angesichts der Katastrophen des 20. Jahrhunderts ohnehin – zumal aus deutscher Sicht.

Doch Konstruktionen, auch historisch zufällige Konstruktionen sind nicht vollkommen beliebig. Auch sie folgen Parametern. Im Falle der Nation etwa Sprache, Brauchtum und Tradition. Und nur aus der Tatsache, dass Nationen nicht exakt definiert werden können, folgt nicht gleichzeitig ihre Beliebigkeit oder Irrationalität. Geschichte ist keine Ingenieurswissenschaft.

Globalisierung befeuert neuen Nationalismus
Wenn man aus der Geschichte des Nationenbegriffs etwas lernen sollte, dann, dass Nationen nicht in Stein gemeißelt sind. Wie alle historischen Konfigurationen sind sie dynamisch und in permanenter Bewegung. Deshalb ist auch das Konzept der Nation nicht zwangsläufig und von Natur aus aggressiv, verbrecherisch und auf Überlegenheit angelegt. Ohne Probleme lässt sich ein liberales und kooperatives Konzept von Nation denken, dass einen offenen Nationenpluralismus ermöglicht, der nationale Eigenständigkeit ebenso umfasst wie friedliches und konstruktives internationales Miteinander.

Man muss nicht meterweise Hegel oder Marx gelesen haben, um zu wissen, dass auf jede historische Aktion eine Reaktion erfolgt. Das neue Interesse an der Nation ist das Produkt der

Globalisierung. Ohne Nationen wird eine friedliche Globalisierung auf Dauer aber nicht zu haben sein.

Nationen stiften Identität
Menschen brauchen ein Identitätsbewusstsein. Andernfalls haben sie das Gefühl in einem anonymen Meer globaler Austauschbarkeit zu versinken. Den dafür notwendigen Identifikations- und Zugehörigkeitsraum bietet das Konzept der Nation, da es auf Sprache, Traditionen, Landschaften und Erinnerungsorten basiert. Hier fühlen sich Menschen geborgen, zugehörig und beheimatet. Durch einen blutleeren Verfassungspatriotismus etwa ist das kaum zu ersetzen.

Das Problem am Nationenbegriff ist nicht so sehr die Nation selbst, sondern die im 19. und 20. Jahrhundert mit ihr verknüpfte Erzählung von Machtanspruch und Überlegenheit. Doch Nation und Superioritätsanspruch sind nicht notwendigerweise und untrennbar miteinander verbunden.

Wir brauchen einen pluralistischen Nationenbegriff
Im Gegenteil, gerade das Konzept der Nation scheint am ehesten geeignet, den Menschen jene emotionale Verortung zu bieten, ohne die das Zeitalter der Globalisierung gefährliche Zentrifugalkräfte entwickeln kann. Das Ergebnis wäre ein verhängnisvolles Erstarken von Chauvinismus und Separatismus.

Um dem entgegenzuwirken, brauchen wir einen Begriff von Nation, der eng mit einem liberalen Nationenpluralismus verbunden ist und damit chauvinistische Überlegenheitsansprüche ebenso ausschließt wie einen ausufernden Superstaat. Sonst droht Europa, und alles, was in seinem Namen erreicht wurde, zu scheitern."

Diesen pointierten Ausführungen, welche eins zu eins aus dem Parteiprogramm der Antragsgegnerin stammen könnten, ist nichts mehr hinzuzufügen.

cc) Systemkritik versus Demokratiekritik

Eine grundlegende Fehleinschätzung der Antragsschrift besteht aber auch darin, dass die von der Antragsgegnerin artikulierte Kritik an der herrschenden politischen Klasse in Deutschland als Kritik an der Demokratie als solcher bewusst fehlinterpretiert wird, weil eben diese herrschende Klasse in ihrem Hang zur Selbstüberschätzung davon ausgeht, selbst die Inkarnation des demokratischen Prinzips zu verkörpern. Deshalb wird – von der Meinungsfreiheit gedeckte – Kritik an den etablierten Parteien, die im politischen Meinungskampf auch in überspitzter, polemischer und polemischer Form hingenommen werden muss

vgl. EGMR vom 16.03.2000, Beschw. Nr. 23144/93, Rn. 60 – Özgür Gündem ./. Türkei.

als „Majestätsbeleidigung" aufgefasst und soll vorliegend gegen die Antragsgegnerin verbotsbegründend ins Feld geführt werden. Die „gefühlte Majestätsbeleidigung" der vorliegend als Bundesrat in Erscheinung tretenden politischen Parteien ist aber kein verfassungsrechtlicher Maßstab, sondern allein die Frage, ob die Antragsgegnerin die Demokratie als solche – ungeachtet der Pervertierungen, die diese Staatsform durch die herrschende politische Klasse erfahren – hat, bekämpft. Dies ist, wie im Folgenden zu zeigen sein wird, nicht der Fall, weil Systemkritik nicht mit Demokratiekritik vermengt werden darf.

Zunächst einmal übergeht die Antragsschrift in ihrem ganz auf die Suche nach vermeintlicher „Verfassungswidrigkeit" ausgerichteten Scheuklappenblick natürlich die naheliegendste Erkenntnisquelle, nämlich das Parteiprogramm der Antragsgegnerin. Dort heißt es unter Punkt „3. Alle Staatsgewalt geht vom Volke aus" wörtlich:

> „Volksherrschaft setzt die Volksgemeinschaft voraus. Der Staat nimmt die Gesamtverantwortung für das Volksganze wahr und steht daher über Gruppeninteressen. Die Ablösung der Regierung durch demokratische Entscheidungen, die Kontrolle der Machthaber und die Überprüfung der Rechtmäßigkeit ihrer Entscheidungen sind die Grundlagen nationaldemokratischer Staatsordnung.
> Soviel Freiheit wie möglich erfordert soviel Ordnung wie nötig. Rechtsfreie Räume dürfen nicht geduldet werden.
> Die Unabhängigkeit der gesetzgebenden, der ausführenden und der rechtsprechenden Gewalt im Staat ist sicherzustellen.
> Der angemessene Zugang zu den Massenmedien ist allen gesellschaftlich relevanten Organisationen zu garantieren.
> Bei nationalen Lebensfragen muß der Einfluß des Souveräns durch Volksentscheide auf allen politischen Ebenen gestärkt werden. Das Selbstbestimmungsrecht des Volkes darf nicht durch Rechtsetzungsakte überstaatlicher Organisationen wie der Europäischen Union, der UNO oder der WTO ausgehöhlt werden.
> Zentrale Eckpunkte einer politischen Neuordnung sind: die Festschreibung einklagbarer sozialer Grundrechte und der Grundpflichten, die Direktwahl des mit mehr Machtbefugnissen ausgestatteten Präsidenten der Deutschen durch das Volk und die Stärkung der Gesetzgebung durch Volksentscheide auf allen Ebenen. Dadurch wird die gemeinwohlschädigende Dominanz der Parteien zurückgedrängt und das Volk in seinen Rechten gestärkt."

Die vorstehend aufgeführten staatspolitischen Forderungen könnten demokratischer kaum sein: Die Antragsgegnerin bekennt sich zur Volkssouveränität, fordert die Einführung von Volksentscheiden und fordert die Direktwahl des Staatsoberhaupts. Dass der Antragsgegnerin aus dem Reizwort „Volksgemeinschaft" kein verfassungsprozessualer Strick gedreht werden kann, wurde oben bereits hinreichend dargelegt. Soweit sich die Antragstellerseite an der Formulierung „gemeinwohlschädigende Dominanz der Parteien" stört, ist hierzu folgendes klarzustellen:

Die NPD hat ihre staats- und demokratiepolitischen Grundsätze schon in einer Broschüre ihrer Schriftenreihe „Profil" aus dem Jahr 2001 festgelegt. Hier hieß es unmissverständlich zu den staatspolitischen Zielsetzungen der NPD:

> „An dieser Gegenwartsbeschreibung orientiert, will die Nationaldemokratische Partei Deutschlands:
> – den demokratischen und sozialen Bundesstaat gegen den extremistischen Egoismus stärken,
> – dem deutschen Volk, unabhängig vom sozialen Status des einzelnen, den Wert des demokratischen und sozialen Bundesstaats vermitteln.
> – die verfassungsfeindlichen Tendenzen, die BRD in eine totalitäre Gesellschaft umzuwandeln, durch Aufklärung des deutschen Volkes verhindern.
> – jeder Form von Diktatur durch eine oder mehrere Parteien oder Gruppen den Kampf ansagen,
> – das Gewaltenteilungsgebot der Demokratie in Legislative, Exekutive und Judikative konsequent durchsetzen, indem die Gewaltenverschränkung so weit wie möglich eingedämmt wird,

- die zu beobachtende Entwicklung, dass die Parlamente als Scharnier zur wachsenden Gewaltenverschränkung und Oligarchisierung dienen, zukünftig durch die Beschränkung der Parlamente auf ihre ureigensten Aufgaben, die Gesetzgebung, die Kontrolle der Regierung und die öffentliche Diskussion von Interessen und deren Folgen für die Gemeinschaft, von ihrem schlechten Ansehen im deutschen Volk befreien.
- allen politischen Parteien die Formulierung ihrer Ziele ermöglichen und das deutsche Volk darüber aufklären, welche dieser Parteien Ziele verfolgt, die gegen den demokratischen und sozialen Bundesstaat gerichtet sind,
- die demokratisch gebotenen Mitwirkungsmöglichkeiten der Bürger in Gesellschaft und Staat verbessern, was vor allem durch Direktwahl hoher Amtsträger und eine großzügigere Verwirklichung des Volksentscheids geschehen soll, was dem demokratischen Gebot der Volkssouveränität mehr Rechnung tragen wird,
- einem möglichen Bürgerkrieg, wie im ehemaligen Jugoslawien, in der BRD vorbeugen, wofür ein offener Dialog über die Zukunft des deutschen Volkes und Staates die Grundvoraussetzung darstellt."

Die genannte Broschüre kann im Bestreitensfalle im Termin vorgelegt werden. Schon damals rekurrierte die Antragsgegnerin in erster Linie auf die Arbeiten des Speyrer Verfassungsrechtlers Hans Herbert von Arnim. Dazu hieß es in der Broschüre:

„Wer am realexistierenden Parteienstaat fundierte Kritik üben will, der kommt an einem Namen nicht vorbei: Hans Herbert von Arnim. In zahlreichen Büchern analysiert der Speyrer Staatsrechtler die demokratiefeindlichen Fehlentwicklungen in Deutschland, und er erntet dafür bei den parteipolitischen Nutznießern dieses politischen Systems zum Teil heftige Polemik. Mittlerweile legendär mutet von Arnims Fazit an, das er in seinem Buch ‚Staat ohne Diener' gezogen hat: ‚Das Grundübel unserer Demokratie liegt darin, dass sie keine ist. Das Volk, der nominelle Herr und Souverän, hat in Wahrheit nichts zu sagen.' Das Buch von Arnims lässt sich in vier Hauptthesen zusammenfassen: Das Volk wird entmündigt, die anstehenden politischen Probleme werden nicht gelöst, die Parteien durchdringen alle Bereiche, höhlen die Gewaltenteilung aus und unterlaufen den politischen Wettbewerb, statt Engagement für die Sache gewinnt das Eigeninteresse der politischen Klasse an Macht, Posten und Geld immer mehr Gewicht. Als Therapie bietet von Arnim an: Die Aktivierung des Volkes, etwa durch seine Mitwirkung an Verfassungsgebung und -änderung, durch Verbesserung des Wahlrechts zu den Volksvertretungen (freie statt starre Liste), durch Einführung von Volksbegehren und Volksentscheid auch auf Bundesebene, durch Direktwahl der Exekutivspitzen (neben Bürgermeistern, Landräten bspw. auch Ministerpräsidenten)."

Der Antragsgegnerin wird ferner vorgeworfen, bei ihren staatspolitischen Überlegungen manchmal auch auf den Staatsrechtler Carl Schmitt zu rekurrieren, der insbesondere wegen seines Engagements im Dritten Reich heute in Deutschland als umstritten gilt. Demgegenüber ist festzuhalten, dass Carl Schmitt heute weltweit einer der am meisten rezipierten deutschen politischen Denker ist, über den auch in Ostasien, den Vereinigten Staaten, in Lateinamerika und Russland umfangreich geforscht wird. Schmitt beeinflusste auch nach 1945 zahlreiche bedeutende Persönlichkeiten der Bundesrepublik wie die Staatsrechtler Ernst Forsthoff und Ernst-Wolfgang Böckenförde, den Philosophen Robert Spaemann, den Historiker Reinhart Koselleck oder Journalisten wie Johannes Groß und Rüdiger Altmann und wurde 1966 von Bundeskanzler Kurt Georg Kiesinger besucht. Auch auf der politischen Linken wurde Carl Schmitt häufig rezipiert (unter anderem von Ellen Kennedy, Joachim Schickel oder nach seinem Tod von Giorgio Agamben). Die Beschäftigung mit Schmitts Werk kann also kein Verbotsgrund sein.

Schmitt lieferte mit seiner im Jahr 1923 erschienenen Schrift „Die geistesgeschichtliche Lage des heutigen Parlamentarismus" eine Kritik der Weimarer Verhältnisse, die auch heute noch in einigen Elementen durchaus aktuell ist. Es handelt sich eben – dies ist mit Blick auf die heutige Rezeption dieser Schrift festzuhalten – nicht um eine platte Verunglimpfung des Parlamentarismus. Nach Schmitt verfügt der Parlamentarismus über ihn tragende Ideen wie die Idee der Öffentlichkeit und der Debatte, er ist ein „government by discussion" (so der frühe Schmitt-Rezipient Harold Laski), wobei die Diskussion dann tatsächlich eine ergebnisoffene Debatte bezeichnet, mit der Möglichkeit des Sich-Überzeugen-Lassens auch eines Meinungsgegners. Dies war nach Schmitt in der Blütezeit des Parlamentarismus im 18. und 19. Jahrhundert auch noch der Fall, und er beruft sich bei seinen Gedankengängen auf frühe Parlamentarismustheoretiker wie Edmund Burke, John Stuart Mill oder François Guizot. Für das 20. Jahrhundert konstatierte Schmitt allerdings einen Niedergang des Parlamentarismus, da die politische Wirklichkeit immer stärker durch Interessen- und Machtgruppen sowie Propaganda und massenmediale Einflussnahme gekennzeichnet sei. Durch das Instrument der Fraktionsdisziplin werde gesichert, dass alle Entscheidungen bereits vor dem Beginn der Debatte hinter verschlossenen Türen gefällt würden. Damit habe sich der Parlamentarismus des Strukturmerkmals der offenen Debatte beraubt, er sei fassadenhaft geworden und gleiche einem Heizkörper, den man „mit roten Flammen" bemale, um den Anschein eines lodernden Feuers hervorzurufen. Schmitt ging es mit seiner damaligen Schrift sicherlich auch um den im Jahr der großen politischen und ökonomischen Krise der Weimarer Republik zeitgebundenen Anspruch einer Stärkung der Rolle des damaligen Reichspräsidenten, dies entwertet aber nicht alle Elemente einer durchaus konstruktiven Parlamentarismuskritik in Zeiten, in denen parlamentarische Debatten ihren Vorrang vor massenmedialen „Talk-Shows" de facto schon lange eingebüßt haben.

Jürgen Habermas, der als einflussreichster politischer Philosoph unserer Gegenwart gilt, hat in seiner Habilitationsschrift „Strukturwandel der Öffentlichkeit" aus dem Jahr 1962 sehr stark an die Ideen Carl Schmitts aus dessen Schrift „Die geistesgeschichtliche Lage des heutigen Parlamentarismus" angeknüpft. Habermas konstatiert, dass der Raum der Öffentlichkeit immer stärker von den Massenmedien beherrscht werde, während gleichzeitig der Staat immer stärker für die Daseinsfürsorge zuständig ist. Die Zerstörung einer einstmals liberalen Öffentlichkeit bezeichnet Habermas als „Refeudalisierung", da in ihr die einstmals freien Bürger zu Klienten würden. Habermas konstatiert wie Schmitt, dass die Gefahr besteht, dass mächtige Interessengruppen die Entscheidungsprozesse im modernen Parlamentarismus bestimmen, dass wichtige Entscheidungen in den Fraktionen getroffen werden, und am Ende das Parlament „zu einer Stätte" wird, „in der sich weisungsgebundene Parteibeauftragte treffen, um bereits getroffene Entscheidungen registrieren zu lassen."

Habermas hat Carl Schmitt in seiner Habilitationsschrift neun Mal zitiert, was ihn neben John Locke zum meistzitierten Autor der Schrift macht. Man ist also keineswegs zwangsläufig ein „Antidemokrat", wenn man sich Gedanken über die dem Parlamentarismus drohenden Gefahren im Zeitalter der Massenmedien macht; ganz im Gegenteil. Der Rekurs auf Klassiker des politischen Denkens kann dabei helfen, die heute drohenden Gefahren für die Demokratie und die politische Willensbildung schärfer in den Blick zu nehmen und sie dadurch ein Stück weit zu entschärfen.

Der französische, an der New York University lehrende Politikwissenschaftler Bernard Manin legte in seinem im Jahr 1997 erschienenen Werk „Kritik der repräsentativen Demokratie" einen Überblick über die Entwicklung der westlichen Demokratien vor und kam zu dem pessimistischen Ergebnis, dass sich die klassisch-parlamentarische Demokratie über die Parteiendemokratie hin zu einer „Publikumsdemokratie" entwickelt habe, in der der „Medienprofi" den typischen Repräsentanten darstelle, in der sich der Ort der Entscheidungsfindung in die Mediendebatten hinein verlagert habe, in der die Gewählten aufgrund eines bestimmten Images gewählt werden und in der sich die Spitzenkandidaten nach ihrer Wahl in einer Rechenschaftspflicht gegenüber den Medien (und weniger gegenüber der Bürgerschaft) sähen. Nach Manin schwindet heute deshalb sogar die Illusion einer Identität zwischen Regierenden und Regierten.

Der deutsche Staatsrechtler Hans-Herbert von Arnim ist der wohl bedeutendste deutsche Kritiker des Parteienstaates. In seinem im Jahr 2000 erschienenen Buch „Vom schönen Schein der Demokratie. Politik ohne Verantwortung – am Volk vorbei", kommt von Arnim zu dem Schluss, dass in Deutschland eine zahlenmäßige Minderheit von 17.000 Personen ein parteiübergreifendes Kartell der Postenverteilung bildet, die ihr Fortkommen allerdings nicht ihrem Einsatz für Bürgerinteressen oder auch nur dem Vertrauen der Parteimitglieder an der Basis verdankt, sondern dem Wohlwollen anderer Berufspolitiker und Berufsfunktionäre. Deswegen ist für diesen Personenkreis nach von Arnim die Festigung ihrer persönlichen Beziehungen innerhalb der bestehenden Machtstrukturen wichtiger als ihr Einsatz für das Bürgerwohl. Um gegen diese Fehlentwicklung vorzugehen, schlug von Arnim in seinem Buch „Das System. Die Machenschaften der Macht" einen „basisdemokratischen Urknall" vor, wozu er die Direktwahl von Bundespräsident und Ministerpräsidenten und die Abhaltung von mehr Volksbegehren zählt. Es liegt von daher völlig neben der Sache, der Antragsgegnerin aus der Verwendung der Vokabel „Das System" einen Strick drehen zu wollen.

Die politisch-philosophische Bewegung des Kommunitarismus ist, ausgehend von Nordamerika, zu einer der einflussreichsten Denkbewegungen unserer Gegenwart geworden. Schon sprachlich leitet sie sich von dem lateinischen Wort „communitas", also Gemeinschaft, ab. Der Kommunitarismus wendet sich der in Deutschland leider bis in die heutige Gegenwart hinein tabuisierten Frage zu, wieviel Gemeinschaft die Demokratie benötigt, um dauerhaft bestehen zu können. Der Kommunitarismus erinnert die heutigen westlichen Gesellschaften daran, dass sie sich zu ihrer notwendigen Erneuerung auch auf die traditionellen Quellen des gemeinschaftlichen Lebens beziehen müssen, und eine rein durch utilitaristische und individualistische Tendenzen geprägte Moderne zum Scheitern verurteilt ist.

Einer der bedeutendsten Denker des Kommunitarismus ist der amerikanische Politologe Benjamin Barber, der in seinem Buch „Strong Democracy" aus dem Jahr 1984 zwischen der schwachen („thin") und der starken („strong") Demokratie unterscheidet. Eine ausschließlich repräsentative Demokratie rechnet er den schwachen Spielarten der Demokratie zu, da sie dem Volk als dem eigentlichen Souverän mit Misstrauen begegnet und jeder Form von politischen Vereinigungen mit Hilfe diverser Vertragstheorien erklärt. In seinem späteren Buch „Jihad versus McWorld" zeigt sich Barber einerseits als

Kritiker des Multikulturalismus, dem er vorwirft, jedwede Idee einer Einheit zu zerstören, die aber für jedwedes funktionierende Gemeinwesen unerlässlich sei, andererseits kritisiert er aber auch die Reduktion des Staates auf einen allein die Märkte schützenden „Nachtwächterstaat". Bei seiner Kritik des Multikulturalismus weist Barber darauf hin, dass gewisse Errungenschaften wie die Trennung von Kirche und Staat sowie die pluralistische Demokratie nur im westlichen Kulturkreis entstanden sind, und diese Errungenschaften durch den mit dem Multikulturalismus verschwisterten Wertrelativismus aufs Spiel gesetzt werden.

Die fast vollkommene Tabuisierung des Gemeinschaftsbegriffs in Deutschland führt dazu, dass sich die politisch-philosophischen Debatten in Deutschland auf eine ungute und selbstgerechte Art und Weise von den internationalen Debatten abkoppeln. So wird in Deutschland bspw. demjenigen, der noch den Begriff der „Volksgemeinschaft" verwendet, der Vorwurf gemacht, er wolle damit den Nationalsozialismus verteidigen. Dies ist aber schon aus begriffshistorischen Gründen Unsinn, denn die großen Staatsmänner der Weimarer Republik wie Friedrich Ebert und Gustav Stresemann verwendeten den Begriff ebenfalls, und zwar mit positiver Konnotation.

Auch ein politisch eher linksorientierter Philosoph wie Richard David Precht steht den Ideen des Kommunitarismus nahe, und fordert „mehr Verantwortung" für alle Bürger und „mehr Volksentscheide" und kritisiert, dass unseren Gegenwartspolitikern „die Lobbyisten aller Couleur" als „Wegweiser" dienten.

In Büchern wie „Logik der Forschung" entwickelte Karl Raimund Popper eine eigene Wissenschaftstheorie, die er später auch auf den Bereich des Politischen ausweitete, und die als „Kritischer Rationalismus" bekannt wurde. Nach Popper sind wissenschaftliche (oder auch politische) Theorien Vermutungen, die bis dato nicht widerlegt wurden, aber prinzipiell widerlegbar sind. Ideologien hingegen neigen dazu, sich gegen jedwede Kritik zu „immunisieren". Der Begriff der „Kritikimmunisierung" stammt von dem Popper-Schüler Hans Albert, und bezeichnet – laut „Wikipedia" –

> „alle Versuche, Theorien, religiöse oder säkulare Anschauungen durch Dogmatisierung gegen unvoreingenommene, kritische Überprüfung, gegen rationale Einwände abzuschirmen (zu immunisieren), unwiderlegbar zu machen, indem man sie z. B. zu absoluten und unumstößlichen Wahrheiten erklärt."

Wissenschaft und Politik müssen sich also ihre Kritikfähigkeit erhalten, um nicht der Gefahr der Kritikimmunisierung zu erliegen. Politische und wissenschaftliche Denk- und Ideengebäude müssen widerlegbar bleiben, dies ist eine erkenntnistheoretische Position, die als „Fallibilismus" bezeichnet wird. Popper ergriff damit philosophiegeschichtlich gesprochen auch Partei für Sokrates und dessen Wissen um sein Nicht-Wissen, und gegen die antiken Staatstheorien Platons, in denen eine Kaste unangreifbarer (vermeintlicher) Autoritäten die Macht wegen ihres angeblichen überlegenen politisch-philosophischen Wissens in den Händen halten sollte. Kritischer Rationalismus und blinde Autoritätsgläubigkeit stehen also in einem strikten Gegensatz zueinander. Popper leitete aus seinen erkenntnistheoretischen Überlegungen auch politische Forderungen nach Gedanken- und Redefreiheit ab. Rationalismus ist nach Popper eine Einstellung, die zugibt,

„dass ich mich irren kann und dass du recht haben kannst und dass wir zusammen vielleicht der Wahrheit auf die Spur kommen werden."

An diesen Kriterien gemessen ist die Bundesrepublik Deutschland vielleicht noch eine formal verfasste Demokratie, eine „offene Gesellschaft" im Sinne Poppers ist sie nicht. Der staatsoffizielle „Kampf gegen Rechts", der in der Bundesrepublik mit Staatsgeldern in astronomischer Höhe geführt wird, stellt eine in der gesamten westlichen Welt einmalige Beschneidung des politischen Pluralismus dar, mit der man es einfach einer gesamten Hälfte des politischen Spektrums unmöglich machen will, ihre Ideen in den öffentlichen Diskurs einzubringen.

Die Antragsgegnerin hat auf diese Entwicklung schon im Jahr 2007 mit einer Broschüre unter dem Titel „Mehr Demokratie wagen – eine demokratiepolitische Entgegnung" reagiert, die auch als direkte Antwort auf einen Leitantrag für ein NPD-Verbot war, den die SPD auf ihrem Parteitag im gleichen Jahr verabschiedet hatte. In dieser Broschüre heißt es unter anderem:

„Diese Instrumentalisierung des Verfassungsschutzes zugunsten bestimmter politisch-weltanschaulicher Positionen in Kombination mit der antifaschistischen Drift der Bundesrepublik stellen eine ernsthafte Bedrohung der Demokratie dar. Soziologisch betrachtet läuft die Politik des ‚Kampfes gegen Rechts' auf eine Aushebelung des Prinzips der funktionalen Differenzierung (im Sinne Luhmanns) zugunsten einer übergeordneten politischen Steuerung hinaus – genau jenes Gesellschaftsmodells, was den Verfassungsschützern als beobachtenswert im Sinne ‚rechtsextremistischen' Gesellschaftsverständnisses erscheint! Die bundesdeutsche Realität kennt inzwischen zahlreiche Belege für die These, dass es hier längst nicht mehr um reine Absichtserklärungen geht, sondern dieser Entdifferenzierungsprozeß unter wechselnden terminologischen Ausflaggungen wie ‚Zivilcourage', ‚Gesicht zeigen' etc. in allen gesellschaftlichen Subsystemen seine unheilvolle Wirkung zeitigt. Seien es Aufforderungen des Bundesverbandes der Deutschen Industrie aus dem Jahre 2000, ‚Rechtsradikalen' das Arbeitsverhältnis zu kündigen, seien es Kontenkündigungen aus politischen Gründen, sei es die Verweigerung der Mitgliedschaft von ‚rechten' Personen in Vereinen und Organisationen und vieles andere mehr – immer wird ein Teil der Bevölkerung (Rechtsextremisten) mit Exklusion bedroht aufgrund einer unterstellten oder realen Gesinnung und nicht etwa aufgrund der Eigenlogik der jeweiligen gesellschaftlichen Funktionssysteme. Vom juristischen Standpunkt aus muss darauf verwiesen werden, dass demokratische Grundrechte, welche die geschilderte Praxis des Parteienkartells und des Verfassungsschutzes ja vorgibt zu schützen, im Wesentlichen Abwehrrechte des Einzelnen gegenüber dem Staat und eben nicht staatliche Kompetenznormen darstellen. Der einzelne Bürger kann streng genommen nicht verfassungswidrig handeln, sondern nur gegen Gesetze verstoßen, welche selbst wiederum entweder verfassungskonform oder verfassungswidrig sein können.

Ein wichtiger rechtsstaatlicher Grundsatz lautet: Dem Bürger ist alles erlaubt, was nicht explizit verboten ist, während dem Staat nur das erlaubt ist, was die Gesetze explizit regeln. Die Umwandlung der Grundrechte in Grundwerte durch die gängige Praxis des derzeitigen Parteienkartells sowie der Verfassungsschutzbehörden konterkarieren dieses Prinzip. Der ‚freiheitlich demokratischen Grundordnung' wird damit ein quasi-religiöser Status zuerkannt. Werte haben die Eigenschaft, ihre Geltung in der laufenden Kommunikation unthematisiert vorauszusetzen. Wer geltende Werte explizit thematisiert oder in Frage stellt, muß damit rechnen, Verdacht auf sich zu ziehen beziehungsweise hohe Begründungslasten für sein Verhalten zu tragen, was wiederum die Motivationsschwelle für ein solches Handeln anhebt. Gerade diejenigen, welche ‚Toleranz' als Grundwert installieren wollen (obwohl dies kein Wert, sondern nur ein Prinzip zum Umgang mit verschiedenen Werten sein kann!) und permanent zu Toleranz ermahnen, meinen durch bloße Präsenz rechter Politikangebote dauerhaft ‚Unerträglichkeiten' (also: intolerablen [!] Meinungsäußerungen und Argumentationen) ausgesetzt zu sein. Durch den semantischen Trick, einer oppositionellen Partei oder Organisation den Status des ‚Noch-nicht-Verboten-Seins' anzuheften, wird die Gewährung der Grundrechte unter einen ständigen Widerrufsvorbehalt gestellt. Man täuscht somit eine Toleranz vor, welche substantiell keine darstellt, sondern eine rechtsstaatlich gebotene Selbstverständlichkeit (eine Organisation, die nicht verboten ist, ist – mit allen sich daraus ergebenden Rechtsansprüchen – erlaubt!). Gleichzeitig aber wird deren grundgesetzlich garantierte Chancengleichheit massiv in Frage gestellt, was sich dann wiederum negativ z. B. auf das Wählerverhalten oder auf die Chancen der Rekrutierung attraktiven Personals auswirkt. Einem demokratischen Rechtsstaat stünde es gut an, sich auf die strafrechtsrelevante Bekämpfung krimineller Taten zu beschränken und nicht die Kriminalisierung seiner Bürger in deren Gedankengänge und Argumentationsmuster ‚vorzuverlagern'. Geht doch ‚[n]aturgemäß ... die stärkste Bedrohung für die Verfassungsordnung von den politischen Kräften aus, welche die politische Macht ausüben.'"

Die demokratie- und staatspolitische Grundposition der NPD besteht nach alledem also darin

a) eine Demokratisierung des Staates zu fordern, aber nicht nur als hohle Phrase, sondern durch den Ausbau konkreter Mitbestimmungsrechte der Staatsbürger und den Ausbau der Volksgesetzgebung und

b) der massiven Beschneidung des politischen Pluralismus im Zuge des sogenannten „Kampfes gegen Rechts" entgegenzutreten und der damit derzeit größten Gefahr für die freiheitlich-demokratische Grundordnung zu begegnen.

Wenn die Antragsgegnerin also Kritik an der derzeit herrschenden politischen Ordnung übt, dann nur, weil diese ihr ein Defizit an wirklicher Demokratie vorwirft, und nicht etwa ein Übermaß. Eine demokratiefeindliche Programmatik der Antragsgegnerin kann von daher nicht festgestellt werden.

dd) Parlamentarische Initiativen der Antragsgegnerin für Demokratie und Rechtsstaatlichkeit

Abgesehen davon, dass die Antragsgegnerin – wie dargelegt – weit davon entfernt ist, das Demokratieprinzip als solches zu bekämpfen, sondern sich lediglich gegen die Demokratie-Pervertierung wendet, welche die vorliegend als Bundesrat in Erscheinung tretenden etablierten Parteien dem Deutschen Volk und auch dem erkennenden Gericht als „Demokratie" verkaufen wollen, kann die Antragsgegnerin auch auf zahlreiche parlamentarische Initiativen ihrer Landtagsfraktionen verweisen, in denen ausdrücklich ein Mehr an Demokratie und Rechtsstaatlichkeit eingefordert wird. Eine nähere Befassung mit diesen parlamentarischen Initiativen ist auch deshalb dringend geboten, weil der Antragsteller in Folge seiner auf ein Verbot kaprizierten selektiven Wahrnehmung natürlich nur solche Geschehnisse aus den Landesparlamenten in Sachsen und Mecklenburg-Vorpommern wiedergibt, die der Antragsgegnerin aus seiner Sicht nachteilig sind. So soll wahrheitswidrig der Eindruck erweckt werden, die Antragsgegnerin würde durch ihre Abgeordneten in den Landesparlamenten nur herumpöbeln und ge-

gen die Ordnung verstoßen. Das Gegenteil ist aber der Fall, wie die nachfolgenden Ausführungen zeigen werden:
[...]⁵

ee) „Ungebührliches" Verhalten im Parlament als Verbotsgrund?

Da es angesichts dieser umfangreichen Initiativen für jedermann erkennbar neben der Sache liegt, der Antragsgegnerin eine gegen die demokratische Staatsform gerichtete Ideologie zu unterstellen, versucht der Antragsteller die parlamentarische Arbeit der Antragsgegnerin mit dem Argument zu diskreditieren, diese halte sich nicht an die parlamentarische Ordnung und bringe dadurch ihre „Verachtung" gegenüber dem parlamentarischen System zum Ausdruck

vgl. Seite 219 [S. 201 f.] der Antragsschrift,

was sich wiederum in der überdurchschnittlichen Zahl von Ordnungsrufen manifestiere

vgl. Seite 64 [S. 85] der Antragsschrift.

Zudem offenbare die Antragsgegnerin ein „aggressives, sprachverrohendes parlamentarisches Verhalten"

vgl. Seite 65 [S. 86] der Antragsschrift.

Schließlich kritisiert der Antragsteller die von den Fraktionen der Antragsgegnerin eingebrachten Anträge

vgl. Seite 63 f. [S. 84 f.] der Antragsschrift.

Soweit sich der Antragsteller über parlamentarische Äußerungen und Anträge der Antragsgegnerin aufregt, sind diese hier allesamt nicht verwertbar, weil sie dem Indemnitätsschutz unterfallen

vgl. hierzu bereits oben.

Hinsichtlich der Vorwerfbarkeit parlamentarischer Stellungnahmen und erfolgter Rügen, ist aus der Sicht der Antragsgegnerin das Verhalten des 1973 mit dem Großkreuz des Verdienstordens der Bundesrepublik Deutschland ausgezeichneten und üblicherweise als großen Parlamentarier eingeordneten Fraktionsführers der SPD, Herbert Wehner (KPD, SPD), ausschlaggebender Maßstab. Dementsprechend ist davon auszugehen, dass Aussagen, wonach man keine Opposition benötige, diese aus Schweinen, Strolchen, Dreckschleudern, Quatschköpfen, Lümmeln oder einstudierten Pharisäern bestehe, als parlamentarisch vertretbar angesehen, diese zwar gerügt werden können, aber zu einer Parteiverbotsbegründung nicht ausreichen; denn schließlich ist die SPD wegen Wehner ja keinem Verbotsverfahren unterworfen worden.

---

⁵ Es folgt eine Auflistung zahlreicher parlamentarischer Initiativen der Antragsgegnerin bzw. ihrer Fraktionen in den Landtagen von Sachsen-Anhalt und Mecklenburg-Vorpommern. Der Schriftsatz wurde insoweit gekürzt da diese auch im Urteil nur kursorisch erwähnt wurden und keine Rolle für die Entscheidung spielten, vgl. Tatbestand des Urteils Rn. 307 (S. 1365).

C. Das zweite NPD-Verbotsverfahren (2013–2017)

Dagegen wird es als verbotsbegründend angesehen, wenn sich Parlamentarier der Antragsgegnerin den großen SPD-Parlamentarier zum Vorbild nehmen. Auch hier zeigt sich die aufgrund Ideologievorgaben völlig einseitige antidextristische Betrachtungsweise der Verbotsbegründung. Mit rechtsstaatlichen Bewertungsmaßstäben hat dies nichts zu tun, mit antidemokratischer Diskriminierung jedoch eine ganze Menge. Dabei ist noch zu berücksichtigen, dass die Attacken eines Herbert Wehners sich zwar teilweise aus der Defensive heraus erklären, aber letztlich die SPD keinen Diskriminierungen unterworfen gewesen ist, wie dies bei der Antragsgegnerin der Fall gewesen ist. Man kann sich leicht vorstellen, zu welchem Verbalradikalismus es dann wohl gekommen wäre.

Dessen ungeachtet lässt sich in den diesbezüglich vorgebrachten Belegen keine einzige Äußerung finden, die in irgendeiner Form Stellung gegen die freiheitliche demokratische Grundordnung bezöge. Dass sich die Abgeordneten der Antragstellerin das Recht herausnehmen, den politischen Gegner mit scharfen Worten anzugreifen und mit der Regierung hart ins Gericht zu gehen, ist die ureigenste Aufgabe eines Parlaments und rechtlich daher nicht zu beanstanden, auch wenn die vorliegend als Bundesrat in Erscheinung tretenden politischen Parteien dies als „Majestätsbeleidigung" und „Blasphemie" empfinden mögen. Der Antragsteller scheint insoweit von einem reichlich verzerrten Demokratiebegriff auszugehen, in dem die Abgeordneten zu reinen Claqueuren der Regierungspolitik und das Parlament zum Akklamationsorgan für die Gubernative degradiert wird. In diesem Zusammenhang ist es dann auch völlig legitim, die israelische Politik gegenüber den Palästinensern zu kritisieren, die höchst einseitige Form der Vergangenheitsbewältigung, die in der Bundesrepublik Deutschland mit einer bemerkenswert selektiven Form des Gedenkens einhergeht, oder die aktuelle Asylpolitik, welche nicht nur den deutschen Steuerzahler Milliarden kostet, sondern auch die innere Sicherheit gefährdet. Entsprechende Äußerungen sind weder „antisemitisch" noch „revisionistisch", sondern das gute Recht eines gewählten Volksvertreters.

Gegen die von den Fraktionen der Antragsgegnerin gestellten parlamentarischen Anträge ist verfassungsrechtlich ebenfalls nichts zu erinnern, insbesondere ist nicht erkennbar, was beispielsweise an einem Antrag „Antigermanismus bekämpfen" zu beanstanden sein soll. Der Antragsteller scheint mit Antigermanismus offenbar kein Problem zu haben, wie der vorliegende Antrag eindrucksvoll unter Beweis stellt. Die Frage, ob die Kriegserklärung des Jüdischen Weltkongresses 1933 und die Ermordung des deutschen Legationsrats Ernst von Rath 1938 einschließlich der Ausschreitungen der „Reichskristallnacht" kausal zusammenhingen oder nicht, mag im geschichtswissenschaftlichen Seminar diskutiert werden; warum dies in einem verfassungsprozessualen Parteiverbotsverfahren von Relevanz sein sollte, erschließt sich nicht.

Die auf Abgeordnete der Antragsgegnerin überproportional häufig entfallenden Ordnungsrufe sind entgegen der Auffassung des Antragstellers kein Beleg für ihre „Aggressivität", sondern ein Beweis für die höchst parteiische Sitzungsführung der Parlamentspräsidenten in Dresden und Schwerin, welche das parlamentarische Ordnungsmittelinstrumentarium zur Unterdrückung missliebiger Äußerungen missbrauchen. Nicht umsonst haben die Verfassungsgerichte in Sachsen und Mecklenburg-Vorpommern eine erhebliche Anzahl eben dieser Ordnungsmaßnahmen als verfassungswidrig kassiert vgl. etwa LVerfG M-V vom 29.01.2009, Az.: LVerfG 5/08; LVerfG vom 23.01.2014, Az.: LVerfG 5/13; LVerfG M-V vom 25.06.2015, Az.: LVerfG 8/14; LVerfG M-V vom 25.06.2015, Az.: LVerfG 9/14; LVerfG M-V vom 25.06.2015, Az.: LVerfG 10/14.

Speziell in seinen drei Urteilen vom 25.06.2015 in den Verfahren LVerfG 8/14, LVerfG 9/14 und LVerfG 10/14 hat das LVerfG M-V ausdrücklich festgestellt, dass die Landtagspräsidentin Sylvia Bretschneider den Abgeordneten der Antragsgegnerin nur deshalb das Wort entzogen hat, weil sie selbst anderer Meinung war:

> „Statt dessen hat die Antragsgegnerin ausweislich ihres Schreibens vom 18. August 2014 und des Vorbringens in dem vorliegenden Verfahren vorrangig eine Interpretation der Rede des Antragstellers ausgehend von seiner unterstellten Gesinnung vorgenommen und aufgrund davon abweichender eigener Prinzipien in sein Rederecht eingegriffen, das zum Kernbereich der Abgeordnetenrechte gehört."

In Sachsen verhält es sich nicht anders

vgl. etwa VerfGH Sachsen vom 03.11.2011, Az.: Vf. 31-I-11; VerfGH Sachsen vom 03.11.2011, Az.: Vf. 30-I-11; VerfGH Sachsen vom 03.12.2010, Az.: Vf. 12-I-10.

Ob Abgeordnete an Gedenkveranstaltungen teilnehmen oder nicht oder ob sie im Falle einer Teilnahme sitzenbleiben oder nicht

vgl. Seite 65 [S. 86] der Antragsschrift,

ist rechtlich völlig bedeutungslos. Hieraus eine „Verharmlosung" derjenigen Taten konstruieren zu wollen, die Anlass für diese Gedenkminuten waren, wobei diese „Verharmlosung" bei den Opfern wiederum „ein Gefühl der Bedrohung und der Unsicherheit" erweckt habe

vgl. Grabenwarter-Gutachten, Schriftsatz vom 11.02.2016, Anlage 5, Seite 47

ist absurd und haarsträubend zugleich. Es ist das gute Recht der Abgeordneten der Antragsgegnerin, die höchst einseitigen und deshalb scheinheiligen Gedenkpraktiken der vorliegend als Bundesrat in Erscheinung tretenden politischen Parteien nicht zu unterstützen, sondern öffentlich anzuprangern.

Ferner ist die Behauptung des Antragstellers, Herr Udo Pastörs sei wegen der Formulierung, wonach die Vernichtung des jüdischen Bolschewismus eine „gute Idee" gewesen sein soll, strafgerichtlich verurteilt worden sei, zu **bestreiten**. Der vorgelegte **Beleg 133 [S. 86]** gibt diesbezüglich nichts her.

Zu dem Zitate-Sammelsurium, welches der Antragsteller auf Seite 66 f. [S. 86 f.] der Antragsschrift veranstaltet, ist eine diesseitige Stellungnahme nicht veranlasst, weil der Antragsteller die in Bezug genommenen Sitzungsprotokolle nicht vorlegt und es nicht Aufgabe der Antragsgegnerin ist, diese Aussagen zu überprüfen bzw. den Kontext zu ermitteln, in dem sie möglicherweise getätigt worden sind. Hier möge der Antragsteller erst einmal in einlassungsfähiger Weise vortragen und Beweis antreten. Insbesondere wird die Behauptung, der Landtagsabgeordnete Andrejewski habe am 24.04.2013 im Rahmen einer Landtagssitzung dazu aufgerufen, „die BRD abzuschaffen"

vgl. Antragsschrift, Seite 48 [S. 73],

bestritten; der in Bezug genommene angebliche Videomitschnitt der Rede wird nicht vorgelegt.

Insgesamt ist die parlamentarische Tätigkeit der Abgeordneten der Antragsgegnerin mithin rechtlich nicht zu beanstanden. Dies sieht übrigens sogar Herr Borstel so; stellt er doch in seinem Gutachten zwei bemerkenswerte Thesen über die Parlamentsarbeit der Antragsgegnerin in Mecklenburg-Vorpommern auf. So heißt es im Borstel-Gutachten auf Seite 28 wörtlich:

> „Insgesamt gesehen, mag die Parlamentsarbeit der NPD zwar stören. Eine ernsthafte Gefährdung des parlamentarischen Geschehens lässt sich bisher jedoch nicht nachweisen."

Auf Seite 42 steht geschrieben:

> „Wichtig ist es dabei zu betonen, dass kein Fall bekannt geworden ist, in dem die parlamentarischen oder kommunalpolitischen Abläufe durch die neue Präsenz der NPD insgesamt gefährdet worden wären. Sie zeigte vielmehr eklatante Schwächen der demokratischen Vertreter auf."

Und auf Seite 45 wird festgestellt:

> „Die NPD hält sich z. B. in den kommunalen Parlamenten an die kommunalen Regeln und wirkt dort als grundsätzliche Opposition gegen das von ihr so bezeichnete ‚System'."

Wenn sich die Antragsgegnerin aber an die Regeln hält, dann ist doch alles in Ordnung. Allein der Umstand, dass sich die etablierten Parteien über die – legale und nachweislich ungefährliche – parlamentarische Arbeit der Antragsgegnerin aufregen, stellt keinen Verbotsgrund dar.

c) Kein Verstoß gegen das Rechtsstaatsprinzip

Ebenso wenig wie die Antragsgegnerin in ideologischer Hinsicht in irgendeiner Form in Opposition zum Menschenwürdeprinzip oder zur demokratischen Staatsform in Opposition steht, genauso wenig bekämpft sie den Rechtsstaat. Das Gegenteil ist der Fall. Gerade weil die Antragsgegnerin fortwährend politisch motivierten Diskriminierungen vielfältigster Art ausgesetzt ist und in extrem hohem Ausmaß Opfer physischer Gewalt durch linksextremistische Elemente wird

> vgl. hierzu ausführlich unten

bekennt sich die Antragsgegnerin vorbehaltslos zur Herrschaft des Rechts im demokratischen Rechtsstaat und lehnt Gewalt als Mittel der politischen Auseinandersetzung kategorisch ab.

aa) Anerkennung des staatlichen Gewaltmonopols

Bereits unter Punkt „3. Alle Staatsgewalt geht vom Volke aus" wurden im Parteiprogramm der Antragsgegnerin folgende Forderungen aufgestellt:

> „Rechtsfreie Räume dürfen nicht geduldet werden.
> Die Unabhängigkeit der gesetzgebenden, der ausführenden und der rechtsprechenden Gewalt im Staat ist sicherzustellen."

Hierin liegt ein klares Bekenntnis zum Primat des Rechts, zum Gewaltenteilungsgrundsatz und zur Unabhängigkeit der Justiz. Weiter heißt es im Parteiprogramm unter Punkt „*17. Reform des Rechtssystems*":

> „Die Grundrechte müssen in unserem Land für jeden Deutschen, ungeachtet seiner politischen Einstellung, Gültigkeit besitzen. Mit ihrer Beschneidung der Meinungs- und Versammlungsfreiheit für nationale Deutsche haben die etablierten politischen Kräfte den Weg vom Rechtsstaat zum Gesinnungsstaat beschritten. Es sind die herrschenden Parteien selbst, die die Grundrechte aushebeln. Die Etablierten, die heute durch ihre EU- und Globalisierungspolitik die Auflösung des Nationalstaates betreiben, haben die freiheitlich-demokratische Grundordnung, auf die sie sich formal immer noch berufen, in ihrem Kernbestand längst beseitigt.
>
> Die NPD setzt sich deshalb für eine Reform des deutschen Rechtssystems nach streng rechtsstaatlichen Grundsätzen ein.
>
> Die Unabhängigkeit der Justiz ist sicherzustellen. Der Schutz der Opfer von Gewaltverbrechen ist zu gewährleisten. Opferschutz muß vor Täterschutz gehen. Politiker, Regierungs- und Verwaltungsbeamte, die vorsätzlich oder fahrlässig dem Volksvermögen Schaden zufügen, sind persönlich zur Verantwortung zu ziehen und ggf. mit ihrem Privatvermögen haftbar zu machen.
>
> Über die Wiedereinführung der Todesstrafe ist ein Volksentscheid durchzuführen. Lebenslange Freiheitsstrafe muß tatsächlich lebenslangen Freiheitsentzug bedeuten.
>
> Kriminelle Ausländer sind abzuschieben, es ist ein lebenslanges Einreiseverbot zu verhängen. Die Feststellung, daß im Heimatland eines Ausländers strengere Strafen als in Deutschland gelten, darf der Abschiebung nicht im Wege stehen.
>
> Frage-, Rede- und Denkverbote sind eines freiheitlichen Staates unwürdig. Die Freiheit der Wissenschaft, insbesondere der Geschichtsforschung, ist staatlich zu garantieren. Das politische Strafrecht schränkt die Meinungsfreiheit ein. Daher sind die §§ 86, 86a und 130 StGB ersatzlos zu streichen, und der politische Mißbrauch des § 131 StGB ist zu unterbinden. Opfer politischer Justiz sind zu entschädigen.
>
> Der Staat hat mit aller gebotenen Härte gegen die organisierte Kriminalität vorzugehen, die zu einer gefährlichen Begleiterscheinung der Globalisierung geworden ist.
>
> Alliierter Massenmord darf nicht verjähren. Der Ehrenschutz des deutschen Volkes ist wirksam zu gewährleisten."

Die Antragsgegnerin betont demnach ausdrücklich, dass sich sämtliche von ihr angestrebten Reformen „nach streng rechtsstaatlichen Grundsätzen" vollziehen sollen.

Zu dem Vorwurf der Antragstellerseite, die Antragsgegnerin kritisiere die Strafvorschrift des § 130 Abs. 4 StGB und verlange deren Abschaffung, was auf eine Absicht, den Holocaust zu leugnen, hindeute

vgl. Antragsschrift, Seite 51 [S. 75],

ist schlicht entgegenzuhalten, dass auch der ehemalige Vizepräsident des Bundesverfassungsgerichts, Herr Prof. Dr. Winfried Hassemer, deutliche Kritik an dieser Vorschrift geübt hat

vgl. Süddeutsche Zeitung vom 10.06.2008.

Trotz des verfassungsdogmatisch völlig verunglückten „Wunsiedel"-Beschlusses des Ersten Senats des Bundesverfassungsgerichts bleibt die Antragsgegnerin bei ihrer – von führenden Juristen geteilten – Rechtsauffassung, dass die Norm des § 130 Abs. 4 StGB als meinungsspezifisches Sonderrecht verfassungs- und konventionswidrig ist und daher abgeschafft gehört. Was an dieser Rechtsauffassung „verfassungswidrig" sein soll, bleibt unerfindlich.

Die vorbehaltlose Geltung des staatlichen Gewaltmonopols wird aber auch unter Punkt „18. Innere Sicherheit" im Parteiprogramm der Antragsgegnerin abermals deutlich unterstrichen:

> „Leitbilder deutscher Innenpolitik sind Freiheit und Sicherheit.
>
> Die NPD fordert die Freiheit und Wiederherstellung der Privatsphäre statt Rundumüberwachung, amtlicher Kontroll- und Datensammelwut sowie behördlicher Diffamierung Andersdenkender.
> [...]
> Der Schutz der Bürger und ihres Eigentums ist die zentrale Aufgabe deutscher Innenpolitik. Sicherheit für jeden Deutschen kann es nur dann geben, wenn das Gewaltmonopol ausschließlich von den zuständigen staatlichen Organen ausgeübt wird. Rechtsfreie Räume darf es deshalb nicht geben, weil damit die Autorität und Legitimität der ausführenden Gewalt relativiert wird.
> [...]
> Die NPD steht ein für die Wiederherstellung der inneren Sicherheit durch Recht und Ordnung, sie fordert die verstärkte öffentliche Präsenz einer bürgernahen Polizei, die sich wieder als „Freund und Helfer" der gesetzestreuen deutschen Bürger versteht. Wo sich mafiöse Strukturen – insbesondere im Bereich der organisierten und Ausländerkriminalität – verfestigt haben, sind diese mit allem Nachdruck zu zerschlagen. Die hierfür erforderlichen technischen und personellen Mittel sind der Polizei an die Hand zu geben."

Die Antragsgegnerin anerkennt somit ein weiteres Mal ausdrücklich das staatliche Gewaltmonopol und fordert eine angemessene Ausstattung der Polizei, damit diese ihren Sicherheitsauftrag ausführen kann. Zudem bezieht die Antragsgegnerin dezidiert Stellung gegen das Entstehen rechtsfreier Räume.

Dass sich die Antragsgegnerin gerade bei Demonstrationen stets friedlich verhält und den Anordnungen der Polizei Folge leistet, wird sogar von namhaften Experten bestätigt. So erklärte der Dresdner Extremismusforscher Werner Patzelt anlässlich der linksextremistischen Krawallen in der Leipziger Innenstadt im Dezember 2015:

> „Von Pegida-Demonstrationen gehe nur in Einzelfällen Gewalttätigkeit aus. Und selbst die NPD habe ‚eigentlich immer Respekt vor – zumindest – der Polizei'."

vgl. Artikel der „WELT" vom 13.12.2015, abrufbar unter http://www.welt.de/politik/deutsch land/article149918743/Scheinheilig-Verwunderung-ueber-linken-Gewaltexzess.html.

Gerade das Beispiel „Leipzig" exemplifiziert in erschreckender Deutlichkeit, dass die Gewalt in diesem Lande tatsächlich von Links ausgeht und nicht von Rechts, ein Umstand, der von dem auf dem linken Auge blinden Antragsteller aber geflissentlich ignoriert wird.

bb) Klares Bekenntnis gegen Gewalt in der politischen Auseinandersetzung

Die Antragsgegnerin bekennt sich aber nicht nur zum Rechtsstaat im Allgemeinen und zum Gewaltmonopol des Staates im Besonderen, sondern sie lehnt auch seit jeher Gewalt als Mittel der politischen Auseinandersetzung kategorisch ab. So wurde auf dem

Bundesparteitag der Antragsgegnerin am 21.04.2013 in Weinheim folgender Beschluss gefasst:

> „Die NPD lehnt Gewalt als Mittel der politischen Auseinandersetzung kategorisch ab und fordert die übrigen Parteien auf sich ebenfalls von jeglicher Gewaltanwendung in der politischen Auseinandersetzung zu distanzieren."

Beweis: Beschluss des Bundesparteitags der Antragsgegnerin vom 21.04.2013, kann im Bestreitensfalle vorgelegt werden.

Auf der Homepage der Antragsgegnerin ist seit Jahren – insbesondere nicht erst seit Einreichung des vorliegenden Verbotsantrags – unter der Adresse https://npd.de/wie-steht-die-npd-zur-gewaltfrage/ folgendes klares Bekenntnis gegen Gewalt zu lesen:

> „Die NPD hat das Gewaltmonopol des Staates zu keinem Zeitpunkt in Frage gestellt und lehnt Gewalt als Mittel der politischen Auseinandersetzung ab. Jede Form der Gewalt ist politisch kontraproduktiv und ein Ausdruck geistiger Schwäche und fehlender Argumente. Wir aber brauchen keine inhaltliche Auseinandersetzung mit dem Gegner zu scheuen, da wir die besseren Argumente haben und die Systemkräfte mit ihrem politischen Latein längst am Ende sind."

Oben schon wurde auf den Antrag der NPD-Fraktion im Sächsischen Landtag verwiesen, womit eine Verurteilung jeglicher politisch motivierter Gewalt in der politischen Auseinandersetzung beantragt worden war

> vgl. LT-Drs. 4/2486 vom 4.7.2005 betreffend Verurteilung von politischer Gewalt durch den Sächsischen Landtag.

Es ist mehr als bezeichnend, dass dieser Antrag durch die Fraktionen der vorliegend als Bundesrat in Erscheinung tretenden politischen Parteien abgelehnt worden ist, was weniger das Anti-Gewaltbekenntnis der Antragsgegnerin, sondern viel eher dasjenige der etablierten Parteien in seiner Glaubwürdigkeit zu erschüttern geeignet ist.

In zahlreichen Publikationen und Reden hat die Antragsgegnerin regelmäßig und wiederholt nachhaltig gegen jede Form von Gewalt in der politischen Auseinandersetzung mit klaren Worten Stellung bezogen, was der Antragsteller sogar selbst einräumt

> vgl. Seite 198 [S. 185] der Antragschrift.

So erklärte etwa der ehemalige Parteivorsitzende Udo Voigt anlässlich des – angeblichen – Angriffs auf den Passauer Polizeipräsidenten:

> „Die NPD setzt sich mit den vielfältig vorhandenen politischen Gegnern politisch auseinander und nicht mit Gewalt. Dieser Grundsatz galt in der Vergangenheit, und er wird auch in Zukunft gelten. Es gibt viele Gründe, sich mit dem Passauer Polizeichef politisch und auch juristisch auseinanderzusetzen. Der hinterhältige Anschlag auf den Vater von zwei Kindern gehört nicht zu unserer Auseinandersetzung mit ihm und wird von der NPD schärfstens mißbilligt.
> [...]
> Wer immer das Messer gegen den Passauer Polizeichef zückte, er hat nicht nur der NPD sondern dem gesamten nationalen Widerstand einen sehr schlechten Dienst erwiesen. Wer Unrecht bekämpfen will, darf nicht selber Unrecht begehen. Für die NPD ist Gewalt kein

Mittel der innenpolitischen Auseinandersetzung. Wir wollen eine Volksgemeinschaft schaffen und keinen Bürgerkrieg."

vgl. Presseerklärung der Antragsgegnerin vom 15.12.2008, bereits vom Antragsteller als **Beleg 263** [S. 184] vorgelegt.

Ebenfalls ein klares Bekenntnis gegen Gewalt enthält ein Artikel der Juli-Ausgabe 2008 der „Deutschen Stimme". Dort heißt es auf Seite 13:

„Auch zur aktuellen Verbotsdiskussion um die NPD nahm Voigt Stellung. Hier werde mit der Begriffskonserve ‚Zivilcourage' schamlos Schindluder getrieben, denn: ‚Gewalt wird in diesem Land nicht von Rechten sondern von Ausländern und Linken ausgeübt.' Die NPD distanziere sich nachdrücklich von jedweder Gewaltanwendung – Randale sei ‚eines Nationalisten unwürdig'."

vgl. DS-Artikel vom Juli 2008, bereits vom Antragsteller als **Beleg 262** [S. 184] vorgelegt.

Der ehemalige NPD-Funktionär M. erklärte ausweislich eines FOCUS-Berichts vom 11.01.2009:

„‚Es gibt Kameradschaften, denen geht es nicht um Politik, sondern nur um Randale', sagte der Sprecher der NPD-Fraktion im Schweriner Landtag der Deutschen Presse-Agentur dpa. ‚Wem ein gewaltfreier Kurs zu liberal ist, der soll draußen bleiben.'"

vgl. Artikel des FOCUS vom 11.01.2009, abrufbar unter http://www.focus.de/politik/deutschland/rechtsextreme-npd-startet-zerstritten-ins-wahljahr_aid_361293.html.

Auch Herr Borstel gesteht in seinem Gutachten die seitens der Antragsgegnerin vorgenommene regelmäßige Distanzierung von Gewalt ausdrücklich zu

vgl. Borstel-Gutachten, Seite 45.

Selbst der Antragsteller konzediert, dass sich dem Parteiprogramm der Antragsgegnerin eine Anwendung oder Billigung von Gewalt in der politischen Auseinandersetzung nicht entnehmen lasse

vgl. Seite 198 [S. 185] der Antragschrift,

nur um dann völlig ins Blaue hinein zu behaupten, diese Gewaltdistanzierungen seien nicht glaubhaft, weil die vorliegend als Bundesrat in Erscheinung tretenden Konkurrenzparteien ja das wahre „Geheimprogramm" der Antragsgegnerin entlarvt hätten. Dass es sich dabei nur um Schaumschlägerei eines argumentativ an der Wand stehenden Antragstellers handelt, wird durch einen Blick in die Belege, welcher zur „Entlarvung" der antragsgegnerischen Gewaltdistanzierungen als unglaubwürdig vorgelegt werden, schnell deutlich:

Dass die Antragsgegnerin einen „nationalrevolutionären" bzw. „systemüberwindenden" Anspruch erhebt

vgl. hierzu Seite 198 [S. 185] der Antragsschrift

hat rein gar nichts mit Gewalt zu tun, sondern bezieht sich einzig und allein auf eine beabsichtigte Änderung des geltenden Rechts auf demokratischem Wege. Etwas anderes gibt der Wortlaut der vom Antragsteller zitierten Belege auch nicht her. Insbesondere ist die Behauptung des Antragstellers, die Antragsgegnerin würde den Einsatz von Gewalt teilweise fordern, zumindest jedoch gebilligt oder in Kauf nehmen

vgl. hierzu Seite 198 [S. 185] der Antragsschrift,

entschieden zurückzuweisen. Der Antragsteller betreibt hier wieder einmal eine reichlich unseriöse Wortverdrehung, um das von ihm gewünschte Ergebnis zu konstruieren.

So hat Udo Pastörs im **Beleg 87** [S. 71] eben gerade nicht zur Gewalt aufgerufen, sondern sich über die mögliche Anwendung des Art. 20 Abs. 4 GG (Widerstandsrecht) Gedanken gemacht. Widerstand nach dieser Vorschrift meint aber keine Gewaltanwendung und selbst wenn es so wäre, würde diese durch Art. 20 Abs. 4 GG gerade gerechtfertigt werden, sodass keine rechtswidrige Gewaltanwendung vorläge.

Auch in der von Claus Cremer zu verantwortenden Pressemitteilung im **Beleg 98** [S. 73] ist weit und breit keine Billigung von Gewalt oder ein Aufruf zu solcher enthalten. Der Antragsteller möge einmal erläutern, auf welche konkrete Formulierung er sich insofern bezieht.

Gleiches gilt für den **Beleg 104** [S. 74]. Diesem ist ebenso weder eine Aufforderung zur noch eine Billigung von Gewalt zu entnehmen; es handelt sich stattdessen um einen ganz gewöhnlichen Demonstrationsaufruf. Scheinbar spekuliert der Antragsteller darauf, dass das Gericht den Inhalt der vorgelegten Belege nicht nachprüft; anders ist das Belegvorbringen des Antragstellers nicht mehr zu erklären.

Die Äußerung von S. in der Deutschen Stimme

vgl. Seite 199 [S. 185] der Antragsschrift iVm. **Beleg 265**

ist ebenso wenig als Billigung von Gewalt interpretierbar. Tatsächlich hat sich die Verfasserin über die Unwilligkeit der Dresdner Polizei beklagt, gegen die Zerstörungswut linker Gewalttäter während des Trauermarschs am 13.02.2011 in Dresden einzuschreiten, wobei sie darauf hinweist, dass sich die Polizei im Jahre 2010 anlässlich der gleichen Veranstaltung ebenfalls – und zwar gerichtlich festgestellt – rechtswidrig verhalten habe. Das von der Antragstellerseite bewusst entstellte und verkürzt wiedergegebene Zitat hat tatsächlich folgenden Wortlaut:

> „Aber dieser Schuß kann auch nach hinten losgehen: wer ständig nur unterdrückt wird, wird sich eines Tages wehren – sicher nicht so, wie die Linken, die Privateigentum zerstören, aber vielleicht gegen die Polizei, die zwar der linken Gewalt nicht mehr gewachsen zu sein scheint, dafür aber ihren Frust teilweise an Unschuldigen ausläßt, indem sie Frauen den Gang auf die Toilette verwehrt ..."

vgl. DS-Beitrag von S. vom April 2011, bereits vom Antragsteller als **Beleg 265** [S. 185] vorgelegt.

Die Verfasserin ruft also nicht dazu auf, sich der Polizei entgegenzustellen oder das staatliche Gewaltmonopol nicht mehr zu achten, sondern sieht es als legitim an, sich polizeilicher Willkür zu erwehren, wie sie in Dresden zum Beispiel durch die polizeilicherseits erfolgte Verweigerung des Gangs zur Toilette vorgekommen sein soll. Es ist wahrhaft unerträglich, wie der Antragsteller durch böswillige Entstellung von Zitaten, die durch gezielte Kürzungen aus dem Zusammenhang gerissen werden, eine Gewaltbereitschaft herbeikonstruieren will, wo in Wahrheit keine existiert. Wer es nötig hat, mit solchen hinterhältigen Methoden zu arbeiten, um das Gericht zu täuschen, der beweist unzweideutig, wes Geistes Kind er in Wahrheit ist.

Hinsichtlich des **Belegs 266** [S. 186] erübrigt sich eine Stellungnahme, weil es sich um eine Äußerung eines anonymen Autors auf dem – zwischenzeitlich verbotenen – Portal „Altermedia" handelt. Es ist nicht erkennbar, was diese Äußerung mit der Antragsgegnerin zu tun haben sollte. Dass es sich um eine Verlautbarung der JN Chemnitz handeln soll, wird nur behauptet, aber nicht belegt und diesseitig vorsorglich **mit Nichtwissen bestritten**.

Soweit sich die Antragstellerseite an der Formulierung „effektive[n] Kampf fern jeder staatlichen Kontrolle" stört

vgl. Seite 200 [S. 186] der Antragsschrift, **Beleg 267**,

kann dieser eine Billigung von Gewalt wiederum nicht entnommen werden. Es geht offensichtlich um einen politischen Kampf mit legalen Mitteln, wobei sich die zu vermeidende staatliche Kontrolle auf geheimdienstliche Überwachungsmaßnahmen der Inlandsgeheimdienste bezieht.

Dass Udo Pastörs in der 90. Sitzung des Innenausschusses des Landtags Mecklenburg-Vorpommern am 15. April 2010 auf „Selbsthilferechte" gesetzt haben soll

vgl. Seite 200 [S. 186] der Antragsschrift,

wird vom Antragsteller nicht belegt; das angesprochene Wortprotokoll wird nicht vorgelegt. Es ist nicht Aufgabe der Antragsgegnerin, auf Protokollsuche zu gehen, nur weil der Antragsteller seiner Darlegungs- und Beweislast nicht nachkommt.

Ob Herr K. in seinen eigenen vier Wänden auf Fotos von tatsächlichen oder vermeintlichen Prominenten schießt

vgl. Seite 200 [S. 186] der Antragsschrift, **Beleg 268**,

ist irrelevant, solange er dies nicht in der Öffentlichkeit tut. Dergleichen wird aber weder behauptet noch belegt.

Ob Udo Pastörs auf dem Politischen Aschermittwoch der NPD Saar am 22.02.2012 die Ermordung des Herrn B. tatsächlich als „nicht die schlechteste Lösung" bezeichnet und damit die Gewaltanwendung Dritter gebilligt haben soll

vgl. Seite 200 [S. 186] der Antragsschrift, **Beleg 269**,

bedarf genauerer Untersuchung in der mündlichen Verhandlung. Auf den als Beleg 269 vorgelegten Mitschnitten begrüßt Udo Pastörs nämlich gleich zu Anfang „die Politik interessierten Menschen hier in Saarbrücken", somit kann es sich schwerlich um eine Aschermittwochsveranstaltung in Völklingen handeln. Diese Ungereimtheiten werden durch eine Inaugenscheinnahme des entsprechenden Videos in der mündlichen Verhandlung aufzuklären sein.

Wieso sich die Antragsgegnerin Äußerungen des Herrn H. in der Zeitschrift „Volk in Bewegung" zurechnen lassen sollte

vgl. Seite 201 [S. 187] der Antragsschrift, **Beleg 270**,

teilt der Antragsteller nicht mit. Herr H. ist weder Mitglied der NPD noch handelt es sich bei der genannten Publikation um eine solche der Antragsgegnerin. Weitere Ausführungen erübrigen sich von daher.

Der angebliche Schriftwechsel zwischen N. und Herrn H.

vgl. Seite 201f. [S. 187] der Antragsschrift, **Beleg 271**,

ist in dem **Beleg 271** [S. 187] viel zu klein unscharf abgedruckt und daher nicht lesbar. Nicht lesbare Schriftstücke stellen jedoch keinen tauglichen Beleg dar.

Eine aufgeschobene Gewaltandrohung für den Fall, mehr Macht erlangt zu haben, ist dem **Beleg 272** [S. 187] entgegen der Meinung des Antragstellers

vgl. Seite 202 [S. 187] der Antragsschrift, **Beleg 272**,

nicht zu entnehmen. Die Ankündigung von Udo Voigt, dass sich Minister, Abgeordnete wie auch Beamte daraufhin überprüfen lassen müssen, ob sie im Rahmen ihres Amtseides zum Wohl des deutschen Volkes gehandelt haben und dass diese möglicherweise Angst haben, erwischt und eines schönen Tages vielleicht sogar bestraft zu werden, hat mit Gewaltanwendung nicht das Geringste zu tun, sondern meint schlicht und ergreifend eine Anwendung des geltenden Strafrechts.

Gleiches gilt für die Aussage, dass das Volk bestimmte Politiker eines Tages zur Rechenschaft ziehen könnte

vgl. Seite 202 [S. 188] der Antragsschrift, **Beleg 273**,

und nichts anderes meint auch Udo Pastörs, wenn er davon spricht, dass „diese Nomenklatura am Tag der Abrechnung auch keine Gnade" verdiene

vgl. Seite 202 [S. 188] der Antragsschrift, **Beleg 274**.

Eine Billigung von Gewalt- und Willkürmaßnahmen kann hier freilich nicht herausgelesen werden.

In dieselbe Richtung geht auch das Zitat von Andreas Storr, wonach

„unser Volk [...] die historische Schuld, die sich die politische Klasse in diesem Land aufgeladen hat, einmal erkennen und sich ihrer dann auch entledigen [wird] – ganz demokratisch!"

vgl. Seite 202 [S. 188] der Antragsschrift, **Beleg 275**.

Dass dazu aufgerufen wird, sich Politiker auf demokratische Weise – nämlich durch Abwahl – zu entledigen, ist verfassungsrechtlich nicht zu beanstanden.

Ebenso verhält es sich mit der Äußerung von Karl Richter

vgl. Seite 203 [S. 188] der Antragsschrift, **Beleg 276**,

welcher ein Aufruf zur Gewalt wiederum nicht entnommen werden kann. „Ausmisten" kann man selbstverständlich auch durch Abwahl unfähiger Politiker.

Selbiges gilt für **Beleg 280** (Schriftsatz vom 27.08.2015 [S. 434]). Die Inaussichtstellung, dass das Volk irgendwann „richten" werde, stellt keine Drohung gegen Politiker, sondern einen Hinweis auf die Rechtslage, insbesondere auf den Amtseid der Regierungsmitglieder, sowie auf das geltende Strafrecht dar. Eine Ankündigung von Gewalt- und Willkürmaßnahmen ist damit nicht verbunden.

Soweit im **Beleg 233** [S. 166] davon die Rede ist, dass

„die JN [...] sich als eine Friedens- und Freiheitsbewegung für Deutschland und Europa [versteht]. Dennoch besteht die Welt nicht nur aus Freunden und Verbündeten. Sie ist ein ewiger Kriegsschauplatz."

vgl. Seite 203 [S. 166] der Antragsschrift, **Beleg 233**,

handelt es sich hierbei um eine zutreffende Feststellung. Die Welt ist in der Tat – was leider nicht zu ändern ist – ein ewiger Kriegsschauplatz. Fakt ist jedoch, dass sich die JN und auch die Antragsgegnerin ausdrücklich als Friedensbewegung verstehen. Auch die ewige Leier von der angeblichen „Verdeckungsabsicht" der Antragsgegnerin ändert an diesem Befund nichts.

Was die vom Antragsteller erwähnten Selbstverteidigungskurse anbelangt

vgl. Seite 204 [S. 189] der Antragsschrift, **Beleg 178**,

handelt es sich dabei – wie der Name schon sagt – um SelbstVERTEIDIGUNGSkurse, deren Sinnhaftigkeit in der heutigen Zeit schwerlich bestritten werden kann, gerade weil nationale Deutsche fortwährend Opfer linker Gewalt werden

vgl. dazu ausführlich unten.

Hieraus eine Art „paramilitärisches Training" konstruieren zu wollen, liegt neben der Sache und wird auch durch den in diesem Zusammenhang als **Beleg 178** [S. 189] vorgelegten Artikel des Portals „MUPINFO.de" nicht gestützt. Ob die Antragsgegnerin den insoweit veröffentlichten Bericht der Frau Andrea Röpke dementiert hat oder nicht

vgl. Seite 204 [S. 189] der Antragsschrift, **Beleg 277**,

ist irrelevant, weil die Antragsgegnerin besseres zu tun hat, als die unqualifizierten Elaborate dieser „Journalistin" zu kommentieren. Aus einem unterbliebenen Widerspruch zu diesem „taz"-Artikel kann daher nicht geschlussfolgert werden, die böswilligen Unterstellungen der Frau Röpke seien zutreffend.

Nach alledem ist festzuhalten, dass die Zitatsammlung des Antragstellers gänzlich ungeeignet ist, die Glaubhaftigkeit der regelmäßigen ausdrücklichen Distanzierungen der Antragsgegnerin von jedweder Form von Gewalt in Zweifel zu ziehen.

cc) Bürgerwehren

Obwohl an der Rechtsstaatstreue der Antragsgegnerin angesichts dieser Fakten keinerlei Zweifel bestehen können, meint der Antragsteller gleichwohl, die Antragsgegnerin der Verfassungswidrigkeit überführen zu können. Er hält die schriftlich niedergelegten programmatischen Erklärungen der Antragsgegnerin für irrelevant, weil er für sich in Anspruch nimmt, das tatsächliche „Geheimprogramm" der Antragsgegnerin aufgedeckt zu haben. Dass es ein solches – vom Antragsteller darzulegendes und zu beweisendes – „Geheimprogramm" nicht gibt, wurde bereits mehrfach betont. Gleichwohl sollen die ebenso plumpen wie pauschalen Vorwürfe der Antragstellerseite zu diesem Punkt im Folgenden entkräftet werden:

Angesichts der äußerst prekären Sicherheitslage in diesem Land, die mit den Kölner Gewaltexzessen an Silvester 2015/2016 einen erschreckenden Höhepunkt erreicht hat, fühlen sich viele Bürger nicht mehr sicher, weil sie das Vertrauen in die staatlichen Sicherheitsbehörden verloren haben. Wenn die deutsche Polizei über Jahre hinweg konsequent kaputtgespart wird und die wenigen noch vorhandenen Kräfte damit beschäftigt sind, „Verfassungsfeinde" zu jagen und Gedankenverbrechen zu verfolgen, dann gehen diese Fehlentwicklungen zwangsläufig mit einem Verlust der inneren Sicherheit einher. Der Erlass der Generalstaatsanwaltschaft in Schleswig-Holstein vom Oktober 2015 an die Polizei, keine Identitätsfeststellungen von ausländischen Straftätern in Bagatellfällen mehr durchzuführen, ist ein Beleg mehr für das Zurückziehen staatlicher Sicherheitsbehörden aus ihrem eigentlichen Aufgabenbereich.

Da die Bürger sich vom Staat alleingelassen fühlen, wollen viele selbst etwas für die Sicherheit und die ihrer Familien tun. Die Gründung von „Bürgerwehren" ist dabei eine von vielen möglichen Maßnahmen. Im Prinzip handelt es sich dabei um bürgerliches Engagement, wie es von staatlichen Stellen in anderen Zusammenhängen (z. B. beim „Kampf gegen Rechts") immer wieder gefordert wird. Immer dann, wenn der Staat sich aus bestimmten Bereichen zurückzieht, gehen Aktionen freiwillig von Bürgern aus.

Hervorzuheben ist im Besonderen, dass diese berechtigten Ängste um die eigene Sicherheit nicht etwa von „Demagogen" der Antragsgegnerin in das Volk hineingetragen werden, sondern sich diese Ängste völlig ohne Zutun der Antragsgegnerin gebildet haben, und zwar als Folge der völlig verfehlten Asyl- und Einwanderungspolitik der Bundesregierung. In diesem Zusammenhang ist auf einen sehr aufschlussreichen Bericht des Magazins „Kulturzeit" des Senders 3SAT hinzuweisen, welcher am 25.01.2016 ausgestrahlt wurde und genau diese Sicherheitsängste der Bürger und die daraus resultierenden exorbitant gestiegenen Waffenkäufe thematisiert, ohne deren Ursache jedoch in „rechter" Agitation zu suchen. Ein in dem Beitrag interviewter Waffenhändler wird darin mit den Worten zitiert:

> „Weil der Staat seine eigenen Bürger im Stich lässt. Das ist Notwehr gegen den Staat, nicht nur gegen die Kriminellen. Dass die Bürger sich ihren Schutz wieder selber organisieren MÜSSEN. Sie WOLLEN nicht, sie MÜSSEN."
>
> **Beweis**: Beitrag des Magazins „Kulturzeit" vom 25.01.2016, abrufbar unter http://www.3sat.de/mediathek/?mode=play&obj=56638, wird im Termin auf Datenträger vorgelegt werden.

An anderer Stelle heißt es in dem genannten Bericht:

> „Moderation:
> Sich auf mögliche Schläge vorbereiten, den Ernstfall trainieren. Dass Staat und Polizei einen schützen, daran glaubt hier niemand mehr.
>
> S. (Sachsen Street Defence):
> Also was das für mich heißt, ist letzten Endes, dass unser Rechtsstaat in seiner Schutzfunktion für den Bürger versagt hat."
>
> **Beweis**: wie vor.

Es ist mithin nicht die Antragsgegnerin, die den Staat „diffamiert", wenn sie darauf hinweist, dass dieser seinem Schutzauftrag nicht nachkommt

> so aber die unqualifizierte Unterstellung des Antragstellers auf Seite 37 [S. 376] des Schriftsatzes vom 27.08.2015,

sondern es sind die Bürger selbst, die entsprechende Vorwürfe gegen den Staat erheben, was den vorliegend als Bundesrat in Erscheinung tretenden etablierten politischen Parteien vielleicht einmal Anlass zu selbstkritischer Reflexion des eigenen politischen Tuns geben sollte.

Die Angst der Bürger um ihre Sicherheit ist eine gesamtgesellschaftliche Realität, mit der sich auseinandersetzen muss, und es ist auch und gerade Aufgabe der politischen Parteien, gemeinsam mit den Betroffenen nach Lösungen für diese Problematik zu suchen, wenn es schon der Staat nicht tut.

Neben den in dem „Kulturzeit"-Bericht ebenfalls angesprochenen Möglichkeiten des Besuchs von Selbstverteidigungskursen und der Anlegung von privaten Waffenlagern ist die Gründung von Bürgerwehren eine Möglichkeit, der Bevölkerung wieder ein größeres Sicherheitsgefühl zu vermitteln. Der Antragsteller scheint indes das Konzept dieser Bürgerwehren nicht recht begriffen zu haben, weshalb diesbezüglich für Klarheit gesorgt werden soll:

Hervorzuheben ist zunächst, dass die Initiative zur Gründung solcher Bürgerwehren, von den Betroffenen selbst ausgeht und nicht etwa von der Antragsgegnerin in die Bürgerschaft hineingetragen wird. So wurde etwa die Bürgerwehr „Düsseldorf passt auf" nicht etwa von der Antragsgegnerin ins Leben gerufen, sondern von Herrn H., der mit der Antragsgegnerin – wie der Name schon nahelegt – nichts zu tun hat. Die Süddeutsche Zeitung schreibt hierzu am 12.01.2016:

> „Am Samstagabend hat sich zum ersten Mal die Bürgerwehr in Düsseldorf getroffen, die nicht so heißen will, sondern unter dem Motto ‚Einer für alle, alle für einen ... Düsseldorf passt auf' firmiert. Initiator [H.] hatte zuvor mehrfach beteuert, es gehe ihm lediglich darum, Präsenz zu zeigen. Man wolle sich ‚anständig verhalten und Hilfe anbieten', um die Stadt ‚für unsere Damen sicherer zu machen', sagte der gebürtige Iraner dem WDR."

> vgl. Süddeutsche Zeitung vom 12.01.2016, abrufbar unter http://www.sueddeutsche.de/panorama/uebergriffe-in-koeln-deutschland-ruestet-auf-1.2814131

Wenn die Antragsgegnerin die Initiatoren einer solchen Bürgerwehr bei ihrem Vorhaben unterstützt, ist dies rechtlich nicht zu beanstanden. Deshalb muss es auch als völliger Unfug bezeichnet werden, wenn der Antragsteller den Eindruck zu erwecken versucht, die Bevölkerung fühle sich durch die sich bildenden Bürgerwehren „eingeschüchtert". Das Gegenteil ist der Fall. Die Bürger gründen selbst entsprechende Wehren, um ihr Sicherheitsgefühl zu erhöhen. Die Behauptung des Antragstellers in den **Belegen 109, 110, 111, 112** und **113** (Schriftsatz vom 27.08.2015 [S. 380]), derartige „Bürgerwehren" verbreiteten in der Bevölkerung Unruhe, wird durch keinerlei tatsächliche Umstände untermauert und daher nachdrücklich **bestritten**. Insbesondere **bestritten** wird die Behauptung, dass sich besorgte Anwohner im Hinblick auf die Bürgerwehr Güstrow an die Polizei gewandt haben sollen. Fakt ist vielmehr, dass sich Vertreter der Antragsgegnerin – sofern Sie bei solchen Bürgerwehren überhaupt selbst mitwirken – sich selbstverständlich rechtskonform verhalten und keine Straftaten begehen. Dies wird in den vom Antragsteller vorgelegten Belegen sogar eingeräumt; in Beleg 109 (Schriftsatz vom 27.08.2015 [S. 380]) heißt es etwa:

> „Straftaten seien von den Rechtsextremen nicht begangen worden."

Ein weiterer vom Antragsteller bewusst geschürter Irrglaube liegt in der wahrheitswidrigen Unterstellung, die Bürgerwehren sollten an die Stelle der Polizei treten und dadurch das staatliche Gewaltmonopol aushebeln. Tatsächlich geht die Zielsetzung der Bürgerwehren indes dahin, die Polizei nicht zu ersetzen, sondern die personell und materiell unterbesetzten Ordnungshüter bei ihrer Arbeit zu unterstützen. Wenn Bürger nachts durch Straßen und Parks laufen, auf verdächtige Vorfälle achten und diese dann umgehend der Polizei melden, ist dies völlig legal und gänzlich ungeeignet, das staatliche Gewaltmonopol zu untergraben. Wenn Täter auf frischer Tat ertappt werden, ist jedermann berechtigt, eine dringend tatverdächtige Person vorläufig festzunehmen, um sie anschließend der Polizei zu übergeben (§ 127 Abs. 1 Satz 1 StPO). Dass solche Bürgerwehren Selbst- oder Lynchjustiz geübt hätten, was selbstverständlich nicht zulässig wäre, wird vom Antragsteller weder behauptet noch bewiesen:

Im **Beleg 90** (Schriftsatz vom 27.08.2015 [S. 377]) ist eine Rede des NPD-Funktionärs H. wiedergegeben, in der er zur Bildung von Bürgerwehren aufgerufen hat. Das ist nur zu verstehen im Gesamtzusammenhang des Films und seiner eigentlichen Rede:

> „Wenn eine Regierung bzw. ein Staat nicht mehr für die Sicherheit und Freiheit des eigenen Volkes garantieren kann, da müssen wir das selber in die Hand nehmen."

Darauf, dass dies selbstverständlich nur im Rahmen der geltenden Rechtsordnung erfolgt, wurde oben bereits hingewiesen.

Im **Beleg 91** (Schriftsatz vom 27.08.2015 [S. 377]) stellt sich die Antragsgegnerin hinter eine von Bürgern freiwillig gegründete Bürgerwehr, die sich im Grenzbereich des Erzgebirgskreises in Sachsen wegen der dort festgestellten massiven Grenzkriminalität gebildet hat. Auch dies ist Ausdruck bürgerschaftlichen Engagements, geschuldet dem Zurückziehen der Polizei in diesem Gebiet und der Öffnung der Grenzen im Rahmen des Schengen-Abkommens. In diesem Zusammenhang wird darauf verwiesen, dass das Schengen-Abkommen im Zuge der G8-Konferenz in Elmau im Juni 2015 aus Sicherheitsgründen vorübergehend außer Kraft gesetzt und die Grenzen Deutschlands von der Bundespolizei überwacht wurden. Die Grenzkriminalität ging in diesem Zusammenhang massiv zurück und es konnten Hunderte von Haftbefehlen vollstreckt werden.

Nach **Beleg 92** (Schriftsatz vom 27.08.2015 [S. 377]) wurde die Bürgerwehr im Leipziger Stadtteil Volksmarsdorf von Anwohnern gebildet, weil

> „Diebstähle, Einbrüche, Belästigung von Passanten, ruhestörender Lärm, Zerstörung von öffentlichem und privatem Eigentum zu einem Sinken der Wohnqualität im Stadtviertel sowie zu einer permanenten Situation der Bedrohung für deutsche Anwohner geführt haben."

Die beiden NPD-Stadträte haben im Stadtrat nachgefragt,

„wie viele Strafanzeigen wegen welcher Delikte in Volkmarsdorf seit Jahresbeginn 2010 gestellt wurden und welche Reaktionen es von Seiten welcher Behörden auf die Beschwerden von Anwohnern in Leipzig-Volkmarsdorf über das Verhalten der Sinti und Roma gab".

Es bleibt festzuhalten, dass die NPD-Stadträte die von Anwohnern gebildete Bürgerwehr unterstützt und deren Anliegen im Stadtrat zur Sprache gebracht haben. Es ist Kernaufgabe von kommunalen Vertretern, sich Anwohner-Anliegen anzunehmen. Wenn dies nicht Vertreter anderer Parteien tun, dann wenden sich die Bürger eben auch an die örtlichen Vertreter der Antragsgegnerin. Die Nennung von Sinti und Roma ist kein Angriff auf diese Gruppe als solche. Wenn aber aus diesen Gruppen heraus vermehrt Straftaten verübt werden, dann ist es auch notwendig, dies zu benennen. Wenn staatliche Stellen sich bei der Nennung der Gruppen, aus denen heraus Straftaten begangen werden, aus unerfindlichen Gründen zurückhalten, dann verwundert es nicht, dass es unter den Bürgern zu allgemeinen Verdächtigungen kommt.

Auch die **Belege 93, 94** und **95** (Schriftsatz vom 27.08.2015 [S. 377]) sind Beweise für das freiwillige Engagement von Bürgern in Schöneiche, die sich wegen der steigenden Kriminalität und des Abbaus der Polizei unsicher fühlen. Die Mitglieder der Bürgerwehr wollen keine Exekutivfunktionen ausüben, sondern nur beobachten und gegebenenfalls den Behörden berichten.

Die Aktivisten der Antragsgegnerin haben sich keineswegs staatliche Aufgaben angemaßt, sondern sind aufmerksam durch die Straßen gegangen.

Im **Beleg 96** (Schriftsatz vom 27.08.2015 [S. 378]) merkt der Antragsteller selbst an, dass die Antragstellerin die Bildung einer Anti-Gewalt-Bürgerwehr unterstützt habe, weil der Staat den Gewaltexzessen linker Straftäter entgegen seiner Pflicht nicht Einhalt geboten hatte. Was an einer Bürgerwehr, die sich ausdrücklich gegen Gewalt richtet, zu beanstanden sein soll, teilt der Antragsteller nicht mit. Konkreter Anlass für den in den **Belegen 96** und **97** (Schriftsatz 27. August 2015 [S. 378]) genannten Aufruf waren zahlreiche Straftaten gegen Deutsche durch Linksextremisten. Der Hinweis von Bürgern, dass Grundschulkinder überfallen und genötigt wurden, ihre Pausenbrote für die „armen Asylanten" herauszugeben, war ausschlaggebend für den Aufruf. Es war rational einsichtig, dass die Polizei nach dem Aufruf der Antragsgegnerin trotz des politischen Drucks sofort handeln und das staatliche Gewaltmonopol wieder ausüben würde. Das war das Ziel der Aktion und ein voller Erfolg. Die Polizeipräsenz wurde im Nachgang erhöht und das Gebiet dadurch wieder – einigermaßen – sicher. Dass dieser Aufruf der Antragsgegnerin vom Berliner Polizeipräsidenten untersagt wurde

vgl. **Beleg 97** (Schriftsatz vom 27.08.2015 [S. 378]),

führt zu keiner anderen Bewertung, da sich diese Verfügung in Ermangelung einer Gefahr für die öffentliche Sicherheit als offensichtlich rechtswidrig erweist. Es ist aber natürlich sehr bezeichnend, dass die Berliner Polizei, anstatt die Sicherheit der Bürger zu gewährleisten, lieber gegen diejenigen Personen vorgeht, welche auf die bestehenden Missstände aufmerksam machen. Insofern darf man getrost davon ausgehen, dass die genannte Untersagungsverfügung auf sachfremden Erwägungen beruhte.

Dass die im **Beleg 98** (Schriftsatz vom 27.08.2015 [S. 378]) genannten Straftaten in Trier von Ausländern (somalischer Asylbewerber, Kosovare) begangen wurden, ist schlicht eine Tatsachenfeststellung. Gerade durch die Ereignisse in Köln und in anderen deutschen Großstädten in der Silvesternacht 2015/2016 haben die Diskussion über die Nennung der ethnischen Herkunft von Straftätern wiederbelebt. Es wurden verschiedene Erlasse bekannt, sich bei der Nennung der ethnischen Herkunft von Straftätern öffentlich zurückzuhalten. Dass sich die Antragsgegnerin gegen diese Praxis wendet, ist rechtlich nicht zu beanstanden.

Bei **Beleg 99** (Schriftsatz vom 27.08.2015 [S. 378]) empfiehlt es sich, den Text genau anzusehen. Beim Bürgermeister von Ingolstadt wird beantragt, die Bildung einer Bürgerwehr zu genehmigen. Allein schon dieser Umstand deutet darauf hin, dass diese Bürgerwehr nicht außerhalb staatlicher Stellen und Regeln operieren will. Zudem wird die Bildung damit begründet, dass es von Seiten der Polizei und des Ordnungsamts keinerlei Schutz für die eigene Bevölkerung gebe. Im Fall von Übergriffen auf Frauen soll die Polizei sofort informiert werden. Auch hier ist kein Übertreten von Gesetzen zu erkennen.

Nichts anderes gilt für die im **Beleg 102** (Schriftsatz vom 27.08.2015 [S. 379]) genannte „Bürgerwehr Güstrow"; auch diese fordert die Bürger lediglich auf, Zivilcourage zu zeigen. Daran ändern auch die Verurteilungen von Herrn M. und anderen nichts (**Belege 100** und **101** [S. 379]), denn auch gerichtlich verurteilte Personen haben das Recht, für ihre Sicherheit zu sorgen, solange sie dies – wie vorliegend – mit legalen Mitteln tun.

Die „Süddeutsche Zeitung" stellte am 15.01.2016 die Frage: „Sind Bürgerwehren eine Alternative zur Polizei?" und antwortete wie folgt:

> „Die sexuellen Übergriffe auf Frauen in der Silvesternacht in Köln und anderen deutschen Städten haben bei vielen Menschen das Gefühl ausgelöst, es sei notwendig, den Schutz vor solchen Verbrechen in die eigene Hand zu nehmen. Tausende besorgte Bürger sind inzwischen Mitglieder in etlichen Facebook-Gruppen, die die Idee ausdrücklich begrüßen, nachts auf den Straßen zu patrouillieren.
>
> Aufsehen erregte insbesondere die Gruppe „Düsseldorf passt auf", die am vergangenen Wochenende mit etwa 50 Personen – aufgeteilt in kleine Gruppen – in der Düsseldorfer Altstadt unterwegs war. Ihr Auftritt wurde von Polizisten, Medien und Linken begleitet.
>
> Das Phänomen ist nicht neu. Schon seit Jahren finden sich immer wieder Gruppen – auch auf Facebook – unter der Bezeichnung „Bürgerwehr" zusammen und schmieden entsprechende Pläne. Und immer wieder machen sich auch manche selbst ernannten Wächter der öffentlichen Ordnung tatsächlich zu Fuß oder mit dem Auto auf zur „Streife".
>
> [...]
>
> Prinzipiell ist es völlig legal, wenn Menschen sich dazu verabreden, nachts durch bestimmte Straßen zu „spazieren" mit dem Ziel, mittels ihrer Präsenz die Sicherheit dort zu erhöhen. Die Frage ist eben, wie sehr sie tatsächlich als Bürgerwehr mit der Betonung auf „Wehr" auftreten. Bürgerwehren waren ursprünglich bewaffnete Gruppen städtischer Bürger im 19. Jahrhundert, lokale Milizen zur Verteidigung von Städten, aus denen vielerorts die heutigen Schützenvereine hervorgegangen sind. Heute werden gemeinhin Gruppen als Bürgerwehr bezeichnet, die sich lokal zusammenschließen, um Bürger irgendwie vor Verbrechen zu schützen.
>
> Dabei dürfen ihre Mitglieder, wenn sie eine Straftat beobachten, aber nur genau das tun, das jeder immer tun darf: Die Polizei benachrichtigen oder dem Paragrafen 127 Strafprozessordnung folgen. „Jedermann", so heißt es dort, ist „befugt", eine Person auch ohne richterliche Anordnung „vorläufig festzunehmen", die „auf frischer Tat betroffen oder verfolgt" wird – je-

denfalls wenn er „der Flucht verdächtig ist oder seine Identität nicht sofort festgestellt werden kann".

Das bedeutet, wenn nur der Verdacht besteht, jemand könne ein Verbrechen vorhaben, darf nicht eingegriffen werden. Auch die Identität von Personen dürfen Zivilisten genauso wenig überprüfen, wie sie zu durchsuchen – das ist Sache der Polizei."

vgl. Süddeutsche Zeitung vom 15.01.2016, abrufbar unter http://www.sueddeutsche.de/panorama/nach-den-uebergriffen-in-koeln-koennen-buergerwehren-eine-alternative-zur-polizei-sein-1.2820461

Nicht mehr und nicht weniger tun die genannten Bürgerwehren, sodass nicht erkennbar ist, weshalb die Unterstützung solcher Wehren durch die Antragsgegnerin das staatliche Gewaltmonopol in Frage stellen soll. Es ist selbstverständlich, dass derartige Bürgerwehren kein Ersatz für das staatliche Gewaltmonopol sind. Ein Staat allerdings, der Anspruch auf dieses Monopol erhebt, muss es auch tatsächlich ausüben. Unterstützung oder Bildung von Bürgerwehren sind keineswegs eine Forderung nach einer Überwindung einer revolutionären Überwindung des Grundgesetzes, sondern genau das Gegenteil: Der Staat soll seine originären Aufgaben endlich wieder selbst in die Hand nehmen.

Es muss von daher geradezu als Frechheit gewertet werden, wenn die vorliegend als Bundesrat in Erscheinung tretenden politischen Parteien durch ihre eigene wahnwitzige „Willkommens-Kultur" die innere Sicherheit gefährden und dann der Antragsgegnerin zum Vorwurf machen, dass sie die hieraus resultierenden Ängste der Bürger ernst nimmt und etwas dagegen tun möchte.

dd) Ordnungsdienst

Der Versuch des Antragstellers, aus dem Ordnungsdienst der Antragsgegnerin eine Art „paramilitärische" Einheit zu konstruieren, die öffentlich „Dominanzansprüche" erhebe und durch die sich beispielsweise Gegendemonstranten bedroht fühlen wollen, ist lächerlich. Bei Demonstrationen müssen als Folge regelmäßig erfolgender versammlungsrechtlicher Auflagen Ordner in ausreichender Zahl vorgehalten werden. Dass die Antragsgegnerin den „Pool" der parteiintern für solche Zwecke vorhandenen Personen als „Ordnungsdienst" bezeichnet, ist rechtlich nicht zu beanstanden. Dass diese Personen andere Personen wie etwa Gegendemonstranten einschüchtern, bedrohen oder angreifen würden, wird **bestritten**. Brauchbare Beweise hat der Antragsteller insoweit nicht vorgelegt.

d) Keine Wesensverwandtschaft mit dem Nationalsozialismus/ Gutachten des Instituts für Zeitgeschichte

Dass die Antragstellerseite mit dem Vorwurf der Wesensverwandtschaft mit dem Nationalsozialismus den durchschaubaren Versuch unternimmt, ein Totschlag-Kriterium zu konstruieren, um nicht mehr sauber unter die Tatbestandsmerkmale des Art. 21 Abs. 2 GG subsumieren zu müssen, wurde oben bereits herausgearbeitet, ebenso die dogmatische Verfehltheit dieses Ansatzes, weil es nicht auf irgendwelche Wesensverwandtschaften ankommt, sondern allein darauf, ob die Antragsgegnerin darauf ausgeht, die freiheitliche demokratische Grundordnung zu beseitigen. Ist letzteres nicht der Fall, könnte die Antragsgegnerin so „wesensverwandt" sein, wie sie will – sie könnte gleichwohl nicht verboten werden.

Darauf kommt es aber letztlich gar nicht an, weil die Antragsgegnerin tatsächlich überhaupt keine Wesensverwandtschaft mit dem Nationalsozialismus aufweist.

Zunächst ist insoweit hervorzuheben, dass weder die Antragsschrift noch das Gutachten des Instituts für Zeitgeschichte der Antragsgegnerin eine Verletzung der verfassungsrechtlichen Verpflichtung nach Art. 21 Abs. 1 Satz 3 GG zu einer demokratischen Binnenstruktur zum Vorwurf macht. Da es sich demnach bei der Antragsgegnerin um keine als „wesensverwandt" anzusehenden Partei handelt, die nach dem Führerprinzip ausgerichtet wäre, können einzelne vielleicht problematische Aussagen selbst von Führungspersönlichkeiten nicht automatisch oder ohne weiteres der Partei zugerechnet werden. Selbst wenn einzelne Mitglieder oder Anhänger im Sinne der Verbotserwartung weitergehende Auffassungen haben sollten, so haben sie sich im Rahmen des demokratischen Prozesses der Meinungsbildung innerhalb der Partei damit nicht durchgesetzt. Dementsprechend kommt es bei einer Würdigung der Partei auf das auf einem Parteitag beschlossene Programm an und nicht auf ein fiktives Programm, das mit dem pseudowissenschaftlichen Mitteln einer Sprachpolizei aus Aussagen mit Mitgliedern und Anhängern destilliert wird.

Dass die antragstellerischen Vorwürfe mit der Realität nichts zu tun haben, untermauert schließlich auch ein Zitat des ehemaligen NPD-Parteivorsitzenden M. aus dem Jahre 1978 sehr anschaulich:

> „Wir Nationaldemokraten knüpfen weder an Weimar noch an das Dritte Reich an. Und lassen Sie mich auch hier noch mal in aller Deutlichkeit feststellen; die NPD hat, weder was den Namen angeht, noch das Programm betrifft, nie und zwar zu keiner Zeit irgendwelche Vorgänger gehabt. Unsere Tradition liegt weder bei 1918 noch bei 1933. Weder Karl Marx, noch Adolf Hitler sind unsere ideologischen Vorbilder. Die Idee einer nationaldemokratischen Ordnung, wie sie von uns formuliert ist und angestrebt wird, ist eine neue Ordnung und ist die einzige Alternative zur Überwindung des Machtanspruchs der internationalistischen Ideologien und Systeme."

Gleichwohl soll im Folgenden auf die umfangreichen Vorwürfe des Antragstellers im Rahmen dieses Themenkomplexes näher eingegangen werden.

Aus dem von der Antragstellerseite vorgelegten Gutachten des Instituts für Zeitgeschichte ergibt sich die behauptete Wesensverwandtschaft entgegen der Meinung des Antragstellers nicht. Dieses Gutachten weist zunächst durchgreifende wissenschaftlich-methodische Fehler auf. Unabhängig davon erweist sich die gezogene Schlussfolgerung einer angeblich bestehenden Wesensverwandtschaft zwischen der Antragsgegnerin und dem historischen Nationalsozialismus auch in der Sache als nicht haltbar.

[...][6]

---

[6] Vom Abdruck des folgenden Abschnitts wurde größtenteils abgesehen, da der Senat das Gutachten des Instituts für Zeitgeschichte dem Urteil ausdrücklich nicht zugrunde gelegt hat (Urteil Rn. 839 [S. 1476]). Abgedruckt werden nur die Teile, die eine Auseinandersetzung mit dem Vortrag des Antragstellers selbst enthalten.

(6) Geschichtsfälschende Leugnung von NS-Verbrechen und Schuldumkehr

[...]

Soweit über das Gutachten des Instituts für Zeitgeschichte hinaus seitens des Antragstellers behauptet wird, die Antragsgegnerin würde die Verbrechen des Nationalsozialismus leugnen oder verharmlosen, ist hierzu bei dieser Gelegenheit folgendes ergänzend auszuführen:

Oben wurde bereits darauf hingewiesen, dass die Bewertung historischer Tatsachen jenseits der Strafbarkeitsschwelle des – verfassungswidrigen – § 130 Abs. 4 StGB schwerlich Teil der freiheitlich demokratischen Grundordnung sein kann. Es gehört evident nicht zur Verfassungsidentität der Bundesrepublik Deutschland, die deutsche Kollektivschuld unabänderlich festzuschreiben, sodass diesbezügliche „Ketzer" von Verfassungs wegen mit Parteiverboten zu belegen wären. Solange die Antragsgegnerin keine geschichtsbezogenen Äußerungen tätigt, die im Widerspruch zur geltenden Rechtsordnung stehen – was sie nicht tut –, gibt es gegen entsprechende Verlautbarungen unter verbotstechnischen Gesichtspunkten nichts zu erinnern. Gleichwohl sollen im Folgenden einige zentrale Vorwürfe des Antragsgegners entkräftet werden:

Dass Udo Pastörs – entgegen der rechtsirrigen Meinung des Landgerichts Schwerin – tatsächlich keine Holocaust-Leugnung begangen hat, wird weiter unten bei der Frage der angeblichen strafrechtlichen Auffälligkeit der Funktionäre der Antragsgegnerin vertieft dargestellt werden. Hier mag der Hinweis genügen, dass Udo Pastörs entsprechende Leugnungshandlungen nicht begangen hat und die Antragsgegnerin dergleichen auch nicht tut.

Die Behauptung der Antragstellerseite, der NPD-Gemeindevertreter B. aus Löcknitz (Mecklenburg-Vorpommern) habe gegenüber einer norwegischen Zeitung erklärt, der Holocaust sei eine jüdische Erfindung und „die Juden" hätten beide Weltkriege begonnen, er dagegen stehe „voll hinter Adolf Hitler"

vgl. Seite 51 [S. 76] der Antragsschrift iVm. **Beleg 109**

wird **mit Nichtwissen bestritten**. Ob der **Beleg 109** tatsächlich die von der Antragstellerseite zitierten Worte hergibt, kann nicht beurteilt werden, weil der Unterzeichner der norwegischen Sprache nicht mächtig ist. Das Gericht möge den **Beleg 109** mittels eines linguistischen Sachverständigen übersetzen lassen, da die Gerichtssprache immer noch deutsch ist (§ 184 Satz 1 GVG). Selbst wenn Herr B. dergleichen erklärt hätte, würde es sich um eine Entgleisung eines Einzelnen handeln, welche sich die Antragsgegnerin nicht zu eigen macht und die ihr folglich nicht zugerechnet werden kann.

Sonstige der Antragsgegnerin zurechenbare verbotstechnisch relevante Aussagen legt der Antragsteller nicht vor. Insbesondere hat das, was der ehemalige SPD-Ortsbürgermeister P. auf seiner Privathomepage erklärt

vgl. hierzu Seite 51 [S. 75] der Antragsschrift iVm. **Beleg 108**,

mit der Antragsgegnerin nichts zu tun, zumal Herr P. nicht einmal NPD-Mitglied ist. Dass dieser sich „medienwirksam der NPD annähern" mag, begründet keine Zurechenbarkeit zur Antragsgegnerin. Darauf kommt es aber auch nicht an, weil die zitierten Äußerungen des Herrn P. durch das Grundrecht auf Meinungsfreiheit gedeckt sind.

Wenn in **Beleg 1** (Schriftsatz vom 27.08.2015 [S. 352]) behauptet wird, die Holocaust-Leugnerin H. habe auf dem Neujahrsempfang der NPD-Fraktion im Burgenlandkreis gesprochen, so ist hierzu anzumerken, dass diese Einladung von dem keinen Weisungen unterworfenen Mandatsträger P. ausgesprochen wurde, der – wie erwähnt – kein NPD-Mitglied ist. Im Übrigen macht sich die Antragsgegnerin die Thesen der Frau H. ausdrücklich nicht zu eigen. Schließlich ist zu betonen, dass sich Frau H. am Ende des als **Beleg 3** (Schriftsatz vom 27.08.2015 [S. 353]) vorgelegten „Panorama"-Interviews deutlich von der Antragsgegnerin distanziert.

Soweit der Antragsteller im Schriftsatz vom 11.02.2016 im dortigen **Beleg 1** [S. 503] das KZ-Tättoo des Herrn Z. beanstandet, ist hierzu festzustellen, dass dieses Tättoo der Antragsgegnerin bis zu seiner öffentlichen Präsentation im Schwimmbad nicht bekannt war. Die Antragsgegnerin hat bislang keine Veranlassung dazu gesehen, die entblößten Gesäße von Mitgliedschaftsanwärtern vor der Entscheidung über deren Aufnahmeanträge nach problematischen Tätowierungen zu inspizieren. Unabhängig von der Frage, ob das öffentliche Zeigen dieser Tätowierung, der kein objektiver Erklärungswert zukommt, überhaupt einen Straftatbestand erfüllt, hat die Antragsgegnerin Herrn Z. direkt nach Bekanntwerden dieser Tätowierung scharf gerügt und ihn aufgefordert, diese umgehend entfernen zu lassen

Beweis: Zeugnis des Leiters der Rechtsabteilung der Antragsgegnerin, Herrn Frank Schwerdt, zu laden über die Antragsgegnerin.

Zu dem von Thomas Wulff zum 20.04.2015 angeblich veröffentlichten Gedicht

vgl. **Beleg 6** (Schriftsatz vom 11.02.2016 [S. 504])

ist festzustellen, dass diesem ebenfalls kein objektiver Erklärungswert zukommt. Wäre darin eine Leugnung, Billigung oder Verharmlosung des Holocaust zu erblicken, hätte die zuständige Staatsanwaltschaft sicherlich umgehend Ermittlungen aufgenommen.

Auch hier war es unmöglich, eine Wesensverwandtschaft zwischen der NPD und den historischen Nationalsozialisten zu konstruieren, denn beide sind wesensfremd.

(7) Übernahme nationalsozialistischer Repräsentationsformen

In diesem Abschnitt spielt Musik die Rolle des Beleges für eine Wesensverwandtschaft. Diese Behauptung erweist sich als noch absurder als die des vorangegangenen Abschnittes. Bei Anwendung der „Logik" des Antragstellers müssten die Rolling Stones wesensverwandt mit der Antragsgegnerin sein, wenn sich ein Mitglied der Antragsgegnerin ein Lied von ihnen anhört. Anders als im Fall der SRP die unter anderem deswegen verboten wurde, weil sie ihre Versammlungen wie die NSDAP gestaltete, verwendet die NPD nie Kommunikationsformen des historischen Nationalsozialismus. Auch hier war es unmöglich eine Wesensverwandtschaft zwischen der NPD und den historischen Nationalsozialisten zu konstruieren.

Soweit der Antragsteller diese Vorwürfe im Verbotsantrag noch erweitert und vertieft, ist hierzu folgendes festzustellen:

Ob Mitglieder der Antragsgegnerin etwa auf ihren Facebook-Profilen Gedichte oder Abbildungen veröffentlichen, die sich auch in Büchern aus der NS-Zeit finden, ist verbotsverfahrenstechnisch solange völlig irrelevant, wie die geposteten Inhalte nicht ihrerseits spezifisch nationalsozialistisches Gedankengut wiedergeben. Nicht alle Inhalte von zwischen 1933 und 1945 erschienenen Büchern sind per se als nationalsozialistisch einzustufen, sondern viele Inhalte beziehen sich auf alltägliche und völlig unideologische Themen wie etwas das Feiern das Feiern von Weihnachten in der Familie

vgl. hierzu etwa Antragsschrift, Seite 185 [S. 174], **Beleg 244**.

Nur weil jemand das Feiern von Weihnachten in der Familie gutheißt und ein Gedicht zitiert, welches inhaltlich als völlig unproblematisch anzusehen ist, wird er nicht dadurch zum „wesensverwandten Neonazi", dass das zitierte Gedicht aus einem vom Hauptkulturamt der NSDAP herausgegebenen Buch stammt. Nach dieser Auffassung müsste auch derjenige, welcher Speisen nach den Empfehlungen eines zwischen 1933 und 1945 erschienen Kochbuchs zubereitet wegen „Wesensverwandtschaft" verboten werden. So weit wird aber ja wohl nicht einmal der Antragsteller gehen wollen.

Entsprechendes gilt für den **Beleg 249** [S. 178], welcher eine völlig harmlose Abbildung einer Mutter mit Kindern enthält, die unter keinem rechtlichen Gesichtspunkt zu beanstanden ist und keinerlei ideologische Aussagen aufweist. Nur weil diese Zeichnung aus einem Buch des Winterhilfswerks von 1939 stammt, kann man den Verwender der Zeichnung nicht mit Erfolg der „Wesensverwandtschaft" bezichtigen.

Auch bei **Beleg 250** [S. 178] kann auf die soeben erfolgten Ausführungen verwiesen werden.

Die Behauptung des Antragstellers, Mitglieder der JN hätten einen Sonnenschirm verwendet, auf dem ein Hakenkreuz zu erkennen gewesen sei

Vgl. Antragsschrift, Seite 190,

wird **bestritten**. Die Inaugenscheinnahme des **Belegs 251** [S. 179] ergibt eindeutig, dass auf dem Sonnenschirm weit und breit kein Hakenkreuz erkennbar ist.

Die Behauptungen der Antragsschrift hinsichtlich der Vorgänge um Herrn H.

vgl. Seite 192 f. [S. 181] der Antragsschrift iVm. **Beleg 259**

werden nach Maßgabe der nachfolgenden Ausführungen **bestritten**:

Das ursprüngliche Anlassverfahren für die genannte Hausdurchsuchung (Verdacht der Verbrechensverabredung) erwies sich als nicht haltbar und wurde eingestellt. Bei den sichergestellten Waffen handelte es sich durchweg um Deko-Waffen, sodass keinerlei Gefahr bestand. Lediglich wurde lediglich eine einzige Waffe beanstandet, und zwar eine völlig verrostete und nicht mehr verwendungsfähige Mauser 1918, ein Erbstück vom Urgroßvater des Herrn H.

Beweis: Zeugnis des Herrn H., zu laden über die Antragsgegnerin.

(8) Überwindung der gegenwärtigen Demokratie und „Legalitätstaktik"

Als System wird hier begrifflich ein Plan, nach dem vorgegangen wird, bestimmt und nicht ein Lehrgebäude oder die Form der staatlichen, wirtschaftlichen und gesellschaftlichen Organisation angesprochen vgl. Duden. Das Fremdwörterbuch, CD-ROM, Version 1.1, Mannheim/Leipzig/Wien/Zürich: Dudenverlag 1996

In einer real existierenden Situation, in der Menschen mit staatlicher und totalitär zivilgesellschaftlicher Repression unterdrückt werden, in der jede Kritik an menschenverachtenden kapitalistischen Fremdenpolitik mit illegaler Massenzuwanderung und multikulturellen Parallelgesellschaften systematisch diffamiert wird, nur weil es die betreffenden Kritiker gewagt haben, tabuisierte und öffentlichen Kommunikationsritualen unterworfene Themen aufgegriffen zu haben, in einer solchen Zeit ist es die Pflicht eines jeden demokratisch gesinnten Menschen, auf eine Korrektur der Auswüchse der totalitären Zivilgesellschaft hinzuwirken.

Die Antragsgegnerin hat das Recht den real existierenden Parlamentarismus zu kritisieren und im Rahmen dieser Kritik zeitlose Studien und intellektuelle Reflexionen zu verwenden

vgl. Arnim, Hans Herbert von: Politische Parteien im Wandel. Ihre Entwicklung zu wettbewerbsbeschränkenden Staatsparteien – und was daraus folgt, Berlin: Duncker & Humblot 2011; vgl. Hellpach, Willy: Politische Prognose für Deutschland, Berlin. Fischer 1928, S. 153ff; vgl. Jung, Edgar Julius: Die Herrschaft der Minderwertigen, ihr Zerfall und Ihre Ablösung durch ein Neues Reich, 3. Aufl., Faksimile der 2. Aufl. 1930, Stuttgart: Archiv-Edition 1991 (Reihe Politische Theorie Bd. 2. Hg. Roland Bohlinger); vgl. Michels, Robert: Zur Soziologie des Parteiwesens in der modernen Demokratie. Untersuchungen über die oligarchischen Tendenzen des Gruppenlebens, 4. Aufl., Stuttgart: Kröner 1989; vgl. Schmitt, Carl: Die geistesgeschichtliche Lage des heutigen Parlamentarismus, 8. Aufl., Nachdruck der 2. Aufl. 1926, Berlin: Duncker & Humblot 1996.

Was der Antragsteller mit dem Vorwurf der „Legalitätstaktik" aussagen will, bleibt im Dunkeln. Wenn sich die Antragsgegnerin nach den eigenen Feststellungen des Antragstellers legal verhält, dann ist doch alles in Ordnung. Jeder rechtschaffene Staat freut sich darüber, wenn seine Bürger sich legal zu verhalten. Dass einer politischen Partei legales Verhalten neuerdings zum Vorwurf gemacht wird, trägt realsatirische Züge. Offenbar wäre es dem Antragsteller lieber, wenn sich die Antragsgegnerin illegal verhalten würde.

dd) Fazit

Wie gezeigt wurde, ist die Antragsgegnerin eindeutig nicht wesensverwandt mit dem historischen Nationalsozialismus. Schon methodisch unmöglich ist der Vergleich einer politischen Partei auf der Grundlage des Art. 21 Abs. 1 GG im 21. Jahrhundert mit einer gesellschaftlichen Bewegung oder deren Ideologie oder politischen Religion oder dem Zeitraum, in dem sie existierte oder dem Zeitraum, in dem sie die Regierungsverantwortung innehatte.

Wäre vom Institut für Zeitgeschichte stattdessen die Nationaldemokratische Partei Deutschlands (NPD) mit der Nationalsozialistischen Deutschen Arbeiterpartei (NSDAP) verglichen worden, wäre der Verfasser der Gutachten schnell auf das Fundament der nationalsozialistischen Ideologie oder politischen Religion gestoßen, das Führerprinzip. Nur ausgehend von diesem Prinzip waren die nationalsozialistische Ideologie oder politische Religion in der historisch singulären Form möglich. Diese

Feststellung betrifft auch die Struktur der Organisation der NSDAP, die jeweils von den Bedürfnissen Adolf Hitlers, dem vorhandenen Gefolgsleuten abhängig und ihren jeweiligen Fähigkeiten sowie dem Grad ihrer Loyalität abhängig war. Die Bedeutung des Führerprinzips für die historische nationalsozialistische Ideologie oder politische Religion und die Organisationsstruktur der NSDAP wurden vollständig im Gutachten unterschlagen. Das Führerprinzip wurde noch nicht einmal angedeutet.

Die Sammlung der aus dem Kontext herausgerissenen persönlichen Meinungen belegen nur, dass diese persönlichen Meinungsäußerungen in deutscher Sprache geäußert wurden. Ein Vergleich mit Worten die im historischen Nationalsozialismus genutzt wurden, ist wegen des sprachwissenschaftlichen Forschungsstandes unmöglich. Die Antragsgegnerin ist nicht nur aus methodischen und inhaltlichen Gründen eine eigenständige und nicht wesensverwandte soziale Gruppe, sondern auch, weil sie aus Überzeugung durch Beschlüsse der zuständigen Organe gemäß Parteiengesetz und Satzung eine eigenständige und neue politische Partei sein will. Diesen Willen hat sie seit ihrer Gründung immer wieder neu betont.

Dass die Antragsgegnerin nach dem Führerprinzip organisiert wäre, dass sie eine aggressive „Blut-und-Boden"-Ideologie betreibe, dass sie die Weltherrschaft an sich reißen wolle, dass sie einem Sozialdarwinismus das Wort rede oder Eugenik zu betreiben beabsichtige, wird vom Antragsteller weder behauptet, geschweige denn belegt. Die tatsächlichen prägenden Wesensmerkmale des historischen Nationalsozialismus sind bei der Antragsgegnerin mithin nicht festzustellen, was eine Wesensverwandtschaft ausschließt. Allein die Verwendung der deutschen Sprache sowohl durch die Antragsgegnerin als auch durch die historischen Nationalsozialisten reicht zur Annahme einer Wesensverwandtschaft nicht aus.

3. Fehlendes „darauf Ausgehen"

Selbst wenn man das Tatbestandsmerkmal des „darauf Ausgehens" nicht – wie oben herausgearbeitet – als Verbot des gewaltsamen Verfassungsumsturzes begreift und selbst wenn nicht einmal strafbares und auch kein rechtswidriges Verhalten zu fordern wäre, geben die vom Antragsteller vorgelegten „Beweismittel" und „Belege" für eine Bejahung dieses Tatbestandsmerkmals gleichwohl nichts Substantielles her. Der Antragsteller ist schon nicht in der Lage, die Kriterien für ein verbotsrelevantes „darauf Ausgehen" dogmatisch sauber zu definieren, geschweige denn willkürfrei zu subsumieren. Scheinbar soll das „darauf Ausgehen" irgendwo zwischen verfassungsrechtlich irrelevantem „forum internum" und rechtswidrigem, aber nicht notwendig strafbarem Verhalten liegen, wobei wiederum das bloße „Haben" eines „falschen" Parteiprogramms nicht ausreichen soll, die Schwelle zur Illegalität aber ebenfalls nicht überschritten sein müsse. Auch „normale" Parteiaktivität soll nicht ausreichen, ein „finales" Handeln aber schon. Das verstehe, wer will. Bereits Formulierungen wie „Finalität, nicht Illegalität der Aktivität"

> vgl. Seite 131 [S. 134] der Antragsschrift

offenbaren die ganze argumentative Hilflosigkeit der Antragstellerseite, denn schließlich verfolgt jede politische Partei ihre Ziele „final" – die vorliegend als Bundesrat in Erscheinung tretenden etablierten Parteien nicht mehr und nicht minder als die Antragsgegnerin. Dies kann von daher wohl kaum ein taugliches Verbotskriterium sein. Wenn jede Partei ihre Ziele „final" verfolgt, erweist sich das Tatbestandsmerkmal des „darauf Ausgehens" als völlig redundant, weil am Ende doch allein das „falsche" Programm zum Verbot führt.

Letztlich läuft das gesamte vom Antragsteller betriebene muntere Zitate-Sammeln darauf hinaus, der Antragstellerin genau das zum Vorwurf zu machen, was gemäß Art. 21 Abs. 1 GG ihre ureigenste Aufgabe ist: Die Mitwirkung bei der politischen Willensbildung des Volkes, etwa durch Teilnahme an Wahlen, strategische Konzepte, wie Kampf um die Köpfe, die Straße und die Parlamente, bürgernahe Agitation, Spielnachmittage und Kinderfeste, Mitgliedschaft in Fußballvereinen, Anwendung der Worterergreifungsstrategie, Schulung kommunaler Mandatsträger, Selbstverteidigungskurse und jugendorientierte Agitation, etwa mit Schulhof-CDs

so die gute – gewissermaßen vorweggenommene – (wenngleich nicht völlig neutrale) Zusammenfassung der Antragsschrift bei Horst Meier, Endlosschleife, Seite 461 f.

Regelrecht lächerlich mutet in diesem Zusammenhang der Vorwurf an, die Antragsgegnerin wolle sich ein „Kümmerer-Image" zulegen, was als ganz besonders gefährlich zu werten sei, weil es zu einer „schleichenden Infiltration der Gesellschaft durch eine vermeintliche Normalisierung" führe

vgl. etwa Antragsschrift, Seite 69 [S. 89].

Hier muss man sich wahrlich an den Kopf greifen. Der Antragsgegnerin soll allen Ernstes ein Strick daraus gedreht werden, dass sie sich – im Gegensatz zu den vorliegend als Bundesrat in Erscheinung tretenden politischen Parteien – um die Belange der Bürger kümmert und diese das wiederum zustimmend honorieren. Eine solche absurde Antragsbegründung richtet sich selbst.

Obwohl die Abstrusität dieses antragstellerischen Gedankengangs damit auf der Hand liegt, sollen im Folgenden die wesentlichen „Argumente" der Gegenseite Stück für Stück entkräftet werden. Vorab ist jedoch auf folgendes hinzuweisen:

Ein Großteil der Argumentation zu diesem Prüfungspunkt basiert auf dem von Herrn Borstel vorgelegten Gutachten über die tatsächlichen oder vermeintlichen Aktivitäten der Antragsgegnerin in Mecklenburg-Vorpommern. Bei diesem Gutachten stellt sich das methodische Problem, dass zahlreiche der Belege, auf die sich Herr Borstel bei seiner Ausarbeitung bezieht, nicht vorgelegt werden und auch ansonsten nicht ermittelbar sind. So liest man an zahlreichen Stellen immer wieder Dinge wie „Flyer vom 22.6.2013 liegt vor"

vgl. Borstel-Gutachten, Seite 17, Fußnote 90,

„Aussage in der Anklamer Zeitung (undatierte Kopie liegt vor)"

vgl. Borstel-Gutachten, Seite 42, Fußnote 205.

oder „Er lebt noch in Anklam und möchte namentlich nicht erwähnt werden. Anonymisiertes Protokoll des Gesprächs liegt vor"

vgl. Borstel-Gutachten, Seite 42, Fußnote 206.

C. Das zweite NPD-Verbotsverfahren (2013–2017)

1. Eine derartige „Belegführung" ist nicht nur unseriös und unwissenschaftlich, sondern macht es der Antragsgegnerin auch unmöglich, sachgerecht auf das vorgelegte Gutachten zu erwidern, weil seine tatsächliche Grundlage nicht vollständig bekannt ist. Wenn aber nicht bekannt ist, welche konkreten Tatsachen dem Gutachten zugrunde liegen, können weder seine Gedankenführung noch das gefundene Ergebnis bewertet werden. Eine Einlassung, zu der wegen Art. 103 Abs. 1 GG Gelegenheit gegeben werden muss, ist ohne die genannten Belege nicht möglich. Solange der Antragsgegnerin nicht sämtliche dem Gutachten zugrunde gelegten Belege zugänglich gemacht werden, ist daher ein faires Verfahren nicht gewährleistet.

Der Verwertung des Borstel-Gutachtens im vorliegenden Verfahren wird daher ausdrücklich

widersprochen.

Die Antragsgegnerin behält sich ausdrücklich vor, die dem Gutachten zugrunde gelegten Belege nach deren Vorlage umfassend zu prüfen und hierzu ergänzend Stellung zu nehmen.

Soweit in den nachfolgenden Ausführungen auf dieses Gutachten Bezug genommen wird, erfolgen die entsprechenden Ausführungen lediglich hilfsweise.

a) Angebliche Unterwanderung der Zivilgesellschaft/ „Graswurzelrevolution"/„Dominanzstreben"

aa) Dorfgemeinschaft Jamel

Es wird **bestritten**, dass die Antragsgegnerin, wie vom Antragssteller behauptet

vgl. Borstel-Gutachten, Seite 10,

eine Taktik der „kulturellen Subversion und gezielter Siedlung an ausgesuchten Orten" betreibe, um in einzelnen Regionen „Dominanzzonen" und eine „Kultur der Angst" zu erzeugen. Insbesondere ist die Besiedlungsstruktur des Dorfes Jamel nicht auf Initiativen der Parteiorganisation zurückzuführen. Der Antragsteller hat weder dargelegt noch bewiesen, dass die rechtsorientierten Bürger, die nach Jamel gezogen sind, dies im „Parteiauftrag" taten oder gar mit Parteigeldern ihre Häuser gekauft hätten.

Vielmehr handelt es sich um private Initiativen, die nicht auf einen Machtanspruch abzielen, sondern eine klassische Ausweichbewegung darstellen, wie sie gesellschaftlich unerwünschte oder gar verfolgte Gruppen immer wieder vollzogen haben. Als Beispiel könnten die Puritaner gelten, die nach Nordamerika auswanderten, um nach ihrer Façon leben und dem im heimischen England herrschenden Anpassungsdruck entgehen zu können. Entlegene Gegenden übten stets eine große Anziehungskraft auf Nonkonformisten aller Art aus. In den USA trifft dies im besonderen Maße auf Montana zu. Mit Parteiverboten ist solchen Siedlungsbewegungen nicht beizukommen. Diese werden durch solche Maßnahmen im Gegenteil noch verstärkt. Denn der sicherste Weg, einer Verfolgung wegen der Fortsetzung einer verbotenen Vereinigung zu entgehen, ist der, Nachbar von Gleichgesinnten zu werden. Nachbarschaft stellt keine Organisation dar und auch keine Fortsetzung einer solchen.

Was die angeblichen Einschüchterungsversuche in Jamel gegenüber Andersdenkenden betrifft, weisen nur zwei dieser Vorfälle überhaupt einen ansatzweisen Bezug zur Antragsgegnerin auf.
So habe der NPD-Gemeindevertreter S. die Frau L. bedroht

vgl. Schriftsatz vom 27.08.2015, Seite 27.

Dies wird **bestritten** und – unter Verwahrung gegen die Beweislast –

Beweis: Zeugnis des Herrn S., zu laden über NPD-Landesverband Mecklenburg-Vorpommern, Pasewalker Strasse 36, 17389 Anklam

angeboten.
Ebenso wird **bestritten**, dass Herr K. bei den Dorfbewohnern ein „hohes Bedrohungsgefühl" hervorrufe

vgl. Schriftsatz vom 27.08.2015, Seite 26 [S. 368].

Woher dieses angebliche Bedrohungsgefühl kommen soll, wird nicht mitgeteilt und ist auch ansonsten nicht ersichtlich.
Alle anderen „bedrohlichen" Vorfälle können keiner konkreten Person zugeordnet werden:
„Sie schlugen Fensterscheiben ein, zerstachen Autoreifen", schreibt der „Spiegel" 2011, nennt aber keine Namen. Unsubstantiiert behauptet der ehemalige Bürgermeister W., es habe in den 90'ern Leute gegeben, die Angst um ihr Leben hätten haben müssen. Die hätten dann meist ihre Häuser an K. verkauft. So wird auf perfide Weise der Eindruck erweckt, die heutigen Eigentumsverhältnisse in Jamel beruhten auf schwersten Straftaten, ja sogar Mafiamethoden, ohne dass hierfür auch nur der Schatten eines Beweises vorliegt. Gleiches gilt für angeblich auf das Grundstück der L. geworfene Tierkadaver oder den Brand ihrer Scheune.
Höchst vorsorglich wird **bestritten**, dass die Antragsgegnerin mit diesen – vorsorglich **mit Nichtwissen zu bestreitenden** – Vorfällen irgendetwas zu tun hatte.
Wieso private Fest und Konzertveranstaltungen – mit denen die Antragsgegnerin im Übrigen gar nichts zu tun hat – „bedrohlich" sein sollen, bleibt unerfindlich.
Soweit der Antragsteller auf die Verurteilung des Herrn P. wegen Beleidigung zum Nachteil des Ehepaars L. anspielt

vgl. Schriftsatz vom 27.08.2015, Seite 28 [S. 369] iVm. **Beleg 61** (Schriftsatz vom 27.08.2015)

hält diese Verurteilung einer verfassungsgerichtlichen Nachprüfung nicht stand

Beweis: Beiziehung der Akten des Bundesverfassungsgerichts in dem Verfassungsbeschwerdeverfahren 1 BvR 1438/15.

Was den angeblichen tätlichen Angriff von Herrn M. auf einen Teilnehmer des Festivals „Jamel rockt den Förster" anbelangt

vgl. Schriftsatz vom 27.08.2015, Seite 28 [S. 369] iVm. **Belegen 64 bis 68** (Schriftsatz vom 27.08.2015) ist dieser Vorfall der Antragsgegnerin nicht zuzurechnen. Es ist absurd, die Antragsgegnerin für Taten einer parteifremden Person verantwortlich machen zu wollen, nur weil diese im Gewerbebetrieb eines Parteimitglieds beschäftigt ist.

Soweit ersichtlich wurden für den Brand der Scheune des Ehepaars L. bislang keine Täter ermittelt. Die Antragsgegnerin **bestreitet** vorsorglich, mit diesem Brand etwas zu tun zu haben.

Der Beweiswert der Aussagen des Ehepaars L. ist ohnehin als sehr gering einzuschätzen. Sie weisen eine hohe Belastungstendenz auf, weil sie den Konflikt mit der Antragsgegnerin selbst offensiv suchen und nicht schlecht davon profitieren. Ihre Selbststilisierung als „Opfer der Rechten" hat ihnen Medienruhm und lukrative Preise beschert.

Zusammenfassend ist zu sagen, dass die in Jamel lebenden Bürger rechter Orientierung keinerlei Unterstützung der Antragsgegnerin für das benötigen, was sie in ihrem Dorf tun, und dass weder dargelegt noch bewiesen ist, dass die Antragsgegnerin etwas mit vermeintlichen Aktionen gegen das Ehepaar L. zu tun hat, zumal ja noch nicht einmal die unmittelbaren Täter bekannt sind. Allein schon der Umstand, dass Herr und Frau L. sich weiterhin massiv „gegen Rechts" engagieren (Stichwort: „Jamel rockt den Förster"), widerlegt die antragstellerische These, die beiden seien „eingeschüchtert" und trauten sich nicht, gegen „Rechtextremisten" ihre Stimme zu erheben. Das Gegenteil ist der Fall.

bb) Anklam

Ein wie auch immer geartetes „Dominanzstreben" der Antragsgegnerin kann in Anklam nicht festgestellt werden.

Es wird **bestritten**, dass in der Stadt Anklam ein von der Antragsgegnerin erzeugtes „Klima der Angst" herrsche, das eine „offensive Auseinandersetzung mit dem Rechtsextremismus lähme", Menschen von Aussagen gegenüber der Polizei abhalte und demokratische Prozesse beinträchtige

> so im Ergebnis aber das Borstel-Gutachten, Seiten 29 ff., 42 ff. sowie Schriftsatz vom 27.10.2015, Seiten 30–31 [S. 371 f.].

Die Stadtvertretung Anklams besteht aus 25 Mitgliedern. Davon stellt die Antragsgegnerin zwei. In den Ausschüssen ist sie jeweils mit nur einem Sitz vertreten. Schon rein numerisch ist damit eine Beeinträchtigung politischer Prozesse in diesen Gremien nicht zu bewerkstelligen. Die Antragsteller konnten hierfür auch keinerlei Beispiele anführen. Im Gegenteil stellt das Borstel-Gutachten auf Seite 42 ausdrücklich fest:

> „Wichtig ist es dabei zu betonen, dass kein Fall bekannt geworden ist, in dem die parlamentarischen oder kommunalpolitischen Abläufe durch die neue Präsenz der NPD insgesamt gefährdet worden wären. Sie zeigte vielmehr eklatante Schwächen der demokratischen Vertreter auf."

Dazu, dass sich die Vertreter der im Gemeindeparlament vertretenen politischen Kräfte durch die NPD-Abgeordneten in ihrer Arbeit tatsächlich nicht beeinträchtigt fühlen, wird zudem – wiederum unter Verwahrung gegen die Beweislast –

Beweis: Zeugnis des Bürgermeisters der Stadt Anklam, Herrn G., des Bürgervorstehers, Herrn B. und der Fraktionsvorsitzenden G. (CDU), Z. (Linke), G. (Ifa), S. (SPD), jeweils zu laden über das Rathaus Anklam, Am Markt 3, 17389 Anklam).

angeboten.

Dass Beeinträchtigungen der Aktivitäten anderer Parteien im außerparlamentarischen Raum aufträten, machen die Antragssteller am Beispiel des Parteibüros der SPD fest, dessen Adresse monatelang nicht veröffentlicht worden sei. Dies, so Borstel

vgl. Borstel-Gutachten, Seite 43,

sei mit „der rechtsextremen Herausforderung vor Ort" begründet worden. Einen Nachweis hierfür bleibt der Gutachter freilich schuldig. Höchst vorsorglich wird **bestritten**, dass die unterbliebene Publikation der Adresse etwas mit der Antragsgegnerin zu tun gehabt haben soll. Anklam ist eine Kleinstadt mit knapp 13 000 Einwohnern. Hier ein Parteibüro vor angeblich die Stadt kontrollierenden „Rechtsextremisten" verstecken zu wollen, dürfte wohl ein vergebliches Unterfangen darstellen. Welche Gründe die SPD auch immer bewogen haben mögen, die Adresse ihres Büros zunächst nicht veröffentlichen zu wollen, sie hat dies jedenfalls inzwischen getan. In der Stadt befinden sich außerdem noch Büros der CDU, der Linken und der Grünen. Zum Beweis der Tatsache, dass für diese Büros keine Bedrohung von der Antragsgegnerin ausgeht und in der Vergangenheit auch nicht ausging, wird – unter Verwahrung gegen die Beweislast –

Beweis: Zeugnis des Leiters der Polizeiinspektion Anklam, M., zu laden über die PI Anklam, Friedländer Strasse 13, 17389 Anklam,

angeboten.

Von einer Lähmung des „Kampfes gegen Rechts" kann keine Rede sein. Neben einem „Demokratieladen", der von den Landeszentralen für politische Bildung des Bundes und des Landes seit 2011 gefördert wird, gibt es noch einen vom Stadtjugendring Greifswald betriebenen „Demokratiebahnhof" sowie ein Büro des „Regionalzentrums für demokratische Kultur". Tätig ist zudem ein Präventionsrat der Stadt.

Es wird **bestritten**, dass im Jahre 2007 die Geschäftsleute der Stadt, darunter der Vorsitzende der CDU-Fraktion, sich aus Furcht vor der NPD geweigert hätten, eine gegen die Partei gerichtete öffentliche Erklärung in ihren Ladengeschäften aufzuhängen. Dagegen spricht, dass der damalige CDU-Fraktionsvorsitzende, B., keine Bedenken hatte, während der Sitzungspausen an einem Tisch mit den NPD-Stadtvertretern zu sitzen

Beweis: Zeugnis des Herrn B., zu laden über das Rathaus Anklam, Am Markt 3, 17389 Anklam

Für Bürgermeister G. stellt dies ein erhebliches Ärgernis dar. Deshalb fotografierte er im Dezember 2012 während einer Sitzungspause den Tisch, an dem CDU- und NPD-Vertreter gemeinsam saßen, um dieses Verhalten anzuprangern. Der damalige CDU-Fraktionsvorsitzende L. sprach in diesem Zusammenhang von „Stasi-Methoden" vgl. Artikel auf „Endstation Rechts" vom 18.12.2012, abrufbar unter http://www.endstation-rechts.de/news/kategorie/kommunale-ebene/artikel/pausentee-mit-der-npd-in-anklam-oder-ein-buergermeister-auf-antifa-mission.html.

Der CDU-Abgeordnete S. fühlte sich angesichts von Galanders Methoden sogar an das Dritte Reich erinnert. Im „Pommernblog" schrieb er:

„Ich erinnere gern an das Dritte Reich. Dort wurden solche Bürger letztlich sogar markiert, damit jeder sehen konnte, dass dieser Mensch wegen seiner Anschauung bzw. Religion ein Staatsfeind ist."

vgl. Artikel auf „Zeit Online" vom 20.12.2012, abrufbar unter http://blog.zeit.de/stoerungsmelder/2012/12/20/eklat-in-anklam-cdu-politiker-vergleicht-npd-ausgrenzung-mit-judenverfolgung_10913

Von daher ist es sehr verwunderlich, wenn Bürgermeister G. sich nunmehr als „feiner Demokrat" und als „Opfer" von „Einschüchterungen" der Antragsgegnerin gerieren will.

Die Weigerung vieler Geschäftsleute, das fragliche Plakat aufzuhängen, ist, wie bei dem erwähnten CDU-Fraktionsvorsitzenden, kein Resultat von Furcht, sondern lediglich von mangelnder Ablehnung der Antragsgegnerin

Beweis: Zeugnisse der Herren B., S., L., jeweils zu laden über die CDU-Geschäftsstelle Anklam, Pasewalker Strasse 29, 17389 Anklam.

Erinnerungen aus der SED-Zeit, als ständig Kampagnen durchgeführt und öffentliche Bekenntnisse gefordert wurden, mögen auch eine Rolle gespielt haben.

Der Antragsteller erwähnt darüber hinaus Straftaten, die sich in Anklam ereignet haben sollen, und behauptet pauschal und unsubstantiiert, für diese sei die Antragsgegnerin verantwortlich. Dies wird ausdrücklich **bestritten**.

Die Verantwortlichen für die angebliche Verbreitung von „Schmähschriften" gegen einen Bargischower Kommunalpolitiker

vgl. Borstel-Gutachten, Seite 32,

wurden nie ermittelt. Bei den Bargischower Jugendlichen, die sich in Anklam mit Punkern prügelten

vgl. Borstel-Gutachten, Seite 33,

wurde keine Verbindung zur Antragsgegnerin festgestellt; eine solche existiert auch nicht. Dass diese angesichts der massiven Polizeipräsenz in der Stadt – dort ist auch eine Spezialeinheit gegen Rechtsextremismus, die MAEX, stationiert – tagelang den öffentlichen Raum kontrolliert und das Gewaltmonopol des Staates außer Kraft gesetzt hätten, ist in höchstem Maße abwegig.

Ebenfalls nie ermittelt wurden die Personen, die im Vorfeld einer Demonstration im Jahre 2010 Schilder mit der Aufschrift „Kein Ort für Neonazis" entfernten

vgl. Schriftsatz vom 27.08.2015, Seite 31 [S. 372].

Hierbei ist bereits fraglich, inwiefern das Aufhängen solcher Plakate etwas mit „Demokratie" zu tun haben soll und ob Firlefanz dieser Art überhaupt von der Verbandskompetenz einer Gemeinde gedeckt ist. Zudem stellen Sprüche wie „Kein Ort für Neonazis" einen Angriff auf die Menschenwürde der damit gemeinten Personen dar, was sich im Vergleich mit dem wohl eine Straftat darstellenden Slogan „Ausländer raus!" erweist: Während dieser Slogan fordert, dass Ausländer in ihre Herkunftsländer zurückgehen sollen – eine Forderung, die man zumindest nicht von vornherein als gegen die Menschenwürde gerichtet ansehen kann (auch wenn dies sicherlich die Einschätzung in amtlichen „Verfassungsschutzberichten" ist), da die Menschenwürde wohl nicht unbedingt einen Aufenthalt in der Bundesrepublik Deutschland implizieren muss – so muss man sich doch fragen, wo denn so genannte „Neonazis" hingehen sollen, wenn es für sie „keinen Ort" geben soll. Ist dann die Formel vom „politischen Vernichtungskampf" etwas wörtlicher zu verstehen?

Der Antragsteller wirft der Antragsgegnerin zudem vor, sie hätte sich von diesen Taten nicht distanziert. Sowohl auf Bundes- als auf Landesebene hat die Antragsgegnerin – wie oben dargestellt wurde – oft genug erklärt, dass sie Gewalt entschieden ablehnt. Damit ist eine Distanzierung von jedem einzelnen Vorfall nicht nur überflüssig, sie würde von den Gegnern der Partei auch propagandistisch gegen sie gewendet werden, nach dem Motto: „Wer sich verteidigt, klagt sich an". Die Antragsgegnerin ist selbst Opfer zahlreicher Straftaten, von denen sich die etablierten Parteien in den seltensten Fällen distanzieren. Daraus kann aber nicht auf eine Täterschaft geschlossen werden.

Fazit: In Anklam sind keinerlei Auswirkungen einer „Atmosphäre der Angst" vorhanden. Es gibt vielfältige Aktivitäten konkurrierender politischer Kräfte. Staatlich unterstützte Projekte „gegen Rechts" finden sich in einer für eine so kleine Stadt beachtlichen Dichte. Wegen der erheblichen Polizeipräsenz kann von einer Herrschaft der Gewalt und der Einschüchterung keine Rede sein. Einschüchterung geht vielmehr vom Bürgermeister G. und den Betreibern der gegen die Antragsgegnerin gerichteten Organisationen aus. Das oben genannte Fotografieren des Pausentisches ist ein Beispiel hierfür. Auf die CDU-Abgeordneten sollte Druck ausgeübt werden. Was vom Antragsteller als „Angstzone" denunziert wird, ist in Wirklichkeit der Umstand, dass die Antragsgegnerin in Anklam weithin als „normale Partei" akzeptiert wird

vgl. Borstel-Gutachten, Seite 31.

Das kann man ihr aber wohl schwerlich zum Vorwurf machen. Insofern stellt Borstel auf Seite 29 seines Gutachtens unzweideutig fest:

„Vertreter der NPD sprechen bezüglich Anklam offen von der Schaffung einer ‚national befreiten Zone'. Damit ist weniger die Schaffung von Angsträumen für Opfergruppen rechtsextremer Gewalt gemeint, sondern die Entwicklung alltäglicher Dominanzzonen der Rechtsextremisten, in denen sie im Alltag bestimmend, kümmernd und meinungsbildend wirken."

Von der Schaffung von „Angstzonen" für politische Gegner kann mithin keine Rede sein.

b) Angebliche Schaffung einer „Atmosphäre der Angst" für politische Gegner

Allein auf Grund des klaren Befunds von Herrn Borstel ist die These des Antragstellers, die Antragsgegnerin würde für politische Gegner eine „Atmosphäre" der Angst schaffen, geradezu lächerlich. Dies aber auch deshalb, weil sich ausnahmslos bei jeder von der Antragsgegnerin organisierten Demonstration, bei jedem Parteitag und bei jeder größeren Veranstaltung regelmäßig hunderte, wenn nicht sogar tausende „politische korrekte" Gutmenschen zusammenfinden, die lautstark gegen die Antragsgegnerin protestieren. Die Zahl dieser – teilweise von Parteien und Gewerkschaften bezahlten – Berufsdemonstranten hat in den vergangenen Jahren eher zu als abgenommen. Den Eindruck, irgendjemand dieser Herrschaften sei „eingeschüchtert" und „angsterfüllt", weil die Antragsgegnerin eine entsprechende Atmosphäre schaffe, hat außer dem Antragsteller bislang noch niemand gewinnen können. Vielmehr handelt es sich bei dem diesbezüglichen Vorwurf um den untauglichen Versuch des Antragstellers, in Ermangelung valider Beweise einen völligen Popanz zu konstruieren, um dem erkennenden Gericht irgendetwas vorsetzen zu können, was zumindest ansatzweise in das Raster des „Aggressiv-Kämpferischen" passt. Beispielhaft sei hier nur der Fall „Lassan" genannt, der im Borstel-Gutachten auf Seite 34 ausgewalzt wird, obwohl weit und breit keine Beteiligung der Antragsgegnerin erkennbar ist, die eine solche höchst vorsorglich auch ausdrücklich **bestreitet**.

Aus der von der Antragsgegnerin praktizierten Wortergreifungsstrategie kann ihr ebenfalls kein verbotsverfahrensrechtlicher Strick gedreht werden. Dass die Antragsgegnerin mittels „geschulter Aktivisten" „politische Veranstaltungen der anderen Parteien zu eigenen Zwecken umfunktioniert"

vgl. hierzu Antragsschrift, Seite 68 [S. 88],

ist ein in der Demokratie völlig normaler Vorgang. Wenn der politische Gegner zu öffentlichen Versammlungen einlädt, dann muss er selbstverständlich damit rechnen, dass seine Thesen nicht unwidersprochen bleiben. Hierbei handelt es sich um nicht mehr und nicht weniger als um die von Art. 5 Abs. 1 Satz 1 GG geschützte Teilnahme am politischen Diskurs in einem pluralistischen Gemeinwesen. Dass der politische Gegner hierbei „eingeschüchtert, bloßgestellt, lächerlich gemacht" werde

vgl. Antragsschrift, aaO.,

wird ebenso **bestritten** wie die Behauptung, es sei dabei zu tätlichen Angriffen von Seiten der Antragsgegnerin gekommen. Die **Belege 137 bis 140** [S. 88] geben diesbezüglich rein gar nichts her.

Auch die übrigen Vorwürfe des Antragstellers, mit denen ins gleiche Horn geblasen wird, lassen sich ohne Mühe entkräften.

aa) Angriffe auf Wahlkreisbüros

Der Versuch des Antragstellers, die Antragsgegnerin für angebliche Anschläge auf Wahlkreisbüros von Politikern der etablierten Parteien verantwortlich zu machen, geht fehl, weil die Antragsgegnerin mit diesen Angriffen nichts zu tun hatte und sie ausdrücklich verurteilt. Etwas anderes ergibt sich auch nicht aus vom Antragsteller eingereichten **Belegen 138 bis 156** [S. 385–387] (Schriftsatz vom 27.08.2015).

Soweit die Gegenseite den Artikel des Portals „mupinfo" mit dem Titel „Demokraten gibt es auch in Deiner Stadt" als Aufruf zur Gewalt interpretiert

vgl. Schriftsatz vom 27.08.2015, Seite 48 [S. 385] iVm. **Beleg 138** (Schriftsatz vom 27.08.2015), kann dem bereits im Ansatz nicht gefolgt werden. Wörtlich heißt es in dem zitierten Artikel

> „Vandalismus heißt es entschieden entgegenzutreten."

Wenn der Antragsteller – wohl unter abermaligem Rekurses auf seine These von der angeblichen „Verschleierungstaktik" der Antragsgegnerin – meint, das genaue Gegenteil des Gesagten herauslesen zu können, kann dies nicht der Antragsgegnerin zum Nachteil gereichen.

Ähnliche ausdrückliche Gewaltdistanzierungen finden sich auch in den weiteren in Bezug genommenen Artikeln von „mupinfo". So heißt es etwa in **Beleg 141** [S. 386] (Schriftsatz vom 27.08.2015):

> „Unabhängig von ausgelösten Gefühlsregungen bei einzelnen Autoren von MUPINFO wenn sog. Demokratenbüros Zielscheibe von Gewalt und Vandalismus werden, rufen wir ausdrücklich NICHT dazu auf, diese zu beschädigen!"

In **Beleg 145** [S. 386] (Schriftsatz vom 27.08.2015) setzt sich der Verfasser des Artikels von „mupinfo" kritisch mit der Doppelmoral der etablierten Parteien auseinander, die bei Anschlägen auf die Bürgerbüros sogenannter „demokratischer" Parteien stets empört reagierten, sich für die viel zahlreicheren Anschläge auf Bürgerbüros und Einrichtungen der Antragsgegnerin hingegen überhaupt nicht interessierten und sogar eine von der NPD-Landtagsfraktion eingebrachte Anti-Gewalt-Resolution im Landtagsplenum abgelehnt haben. Hierin ist keine – wie der Antragsteller fälschlich meint – „wohlwollende" Berichterstattung über die Anschläge auf die Wahlkreisbüros der etablierten Parteien zu sehen, sondern eine berechtigte Kritik an der selektiven öffentlichen Wahrnehmung solcher Vorkommnisse, welche offenbar stark vom Parteibuch des Opfers eines solchen Anschlages abhängt.

Dass die Betroffenen der etablierten Parteien derartige Anschläge als Einschüchterung empfinden, mag sein, jedoch kann dies nicht der Antragsgegnerin angelastet werden, deren Abgeordnete ebenfalls Opfer entsprechender Anschläge geworden waren und dies ihrerseits als Einschüchterung empfunden haben

> **Beweis**: Zeugnis der Landtagsabgeordneten Udo Pastörs, Stefan Köster, Tino Müller, Michael Andrejewski und David Petereit, zu laden über den Landtag Mecklenburg-Vorpommern, Lennéstraße 1 (Schloss), 19053 Schwerin.

Da mithin Verantwortliche der Antragsgegnerin weder für die geschilderten Angriffe auf Wahlkreisbüros etablierter Politiker verantwortlich sind noch zu entsprechenden Taten aufgerufen oder diese gebilligt haben, erweist sich das diesbezügliche Vorbringen des Antragstellers als unergiebig.

bb) „Bedrohung" des Bürgermeisters von Lalendorf

Es wird **bestritten**, dass die Antragsgegnerin gegenüber dem ehrenamtlichen Bürgermeister von Lalendorf am 05.12.2010 in bedrohlicher Weise aufgetreten sei, um diesen in der Wahrnehmung seiner Grundrechte einzuschränken.

Alle in dieser Sache Angeklagten wurden vom Vorwurf des Hausfriedensbruchs rechtskräftig freigesprochen. Es liegen keinerlei Erkenntnisse darüber vor, ob und ggfs. welche Person das Grundstück betreten hat. Erst recht ist in keiner Weise nachweisbar, dass die Antragsgegnerin den oder die Unbekannten zu diesem Verhalten bestimmt, ermuntert oder dieses auch nur toleriert habe. Die Darstellung des Antragstellers

vgl. Seite 52 [S. 388] des Schriftsatzes vom 27.08.2015

kann in der Weise korrigiert werden, dass David Petereit vom Landgericht Rostock mittlerweile vom Vorwurf der uneidlichen Falschaussage freigesprochen worden ist.

Im Übrigen ist der ganze Vorgang, wer immer dafür verantwortlich sein mag, nicht als einseitiger Akt der „Bedrängung und Einschüchterung" zu werten, sondern als politischer Schlagabtausch innerhalb einer Auseinandersetzung zwischen politischen Gegnern.

Der Bürgermeister von Lalendorf hatte sich geweigert, einer Familie, die er als „rechtsextremistisch" einstufte, die übliche Patenurkunde des Bundespräsidenten zur Geburt des siebten Kindes zu überreichen. Darin ist eine bewusste Brüskierung der rechtsorientierten Bürger in Mecklenburg-Vorpommern zu sehen und die aggressive Kundgabe der Missachtung nicht nur dieser Menschen, sondern auch ihrer Familien. Wer eine solche Kampfansage von sich gibt, muss auch harsche Kritik hinnehmen.

cc) „Bedrohung" von Lokalpolitikern in Berlin-Pankow

Die Behauptungen des Antragstellers auf den Seiten 53 ff. [S. 389 ff.] des Schriftsatzes vom 27.08.2015 werden nach Maßgabe des nachfolgenden Vortrags **bestritten**.

Zuerst ist festzustellen, dass die Kundgebung nicht direkt vor dem Bürgerhaus, sondern laut polizeilicher Auflage vor Ort 50 Meter daneben auf einer Grünfläche stattfand

Beweis: Zeugnis des Herrn S., zu laden über die Antragsgegnerin, sowie Zeugnis der anwesenden Polizeibeamten.

Dort wurde mittels eines Redebeitrags über Herrn K., seine Funktionen in der SPD, als Bezirksbürgermeister und sein politisches Handeln den Bürgern gegenüber erläutert und diese gebeten, die Fragestunde wahrzunehmen, die laut Aussage der Polizei wohl nur von maximal zwei Personen besucht wurde. Die Kundgebung, welche aus ca. 5 Teilnehmern bestand, wurde daraufhin nach etwa 45–60 Minuten beendet und man verblieb noch vor Ort, um mit Anwohnern, die sich dazugesellt hatten, zu sprechen

Beweis: wie vor.

Die Polizei zog nach Kundgebungsende mit etwa der Hälfte der Besatzung ab, ließ jedoch 3–4 Mannschaftswagen noch am Bürgerhaus zurück. Als der Zeuge S. dann bemerkte, dass wohl kein Bürger die Bürgersprechstunde mit Herrn K. nutzte, ging der Zeuge S. mit einem weiteren Kameraden in das Haus und wollte sehen, ob Herr K. gesprächsbereit war. Schon am Eingang folgten dem Zeugen S. 5 Polizisten, die ihm auf dem Flur des Stockwerkes, wo K. tagte, Anweisung gaben, stehen zu bleiben. Der Aufforderung kam der Zeuge S. nach und ihm wurde gesagt, dass er nicht befugt sei, an der Bürgersprechstunde teilzunehmen

Beweis: wie vor.

Hierbei handelt es sich bereits um eine rechtswidrige polizeiliche Maßnahme, denn es ist nicht ersichtlich, wieso der Zeuge S. als Einwohner des Bezirks nicht bei einer Sprechstunde seines Bezirksbürgermeisters sollte vorsprechen dürfen. Der Zeuge S. wurde sodann gebeten, das Gebäude zu verlassen, was der Zeuge S. daraufhin auch tat. Es war keinerlei Grund gegeben, sich „Zugang zur Sprechstunde zu verschaffen", wie der Antragsteller fälschlich behauptet, da alles barrierefrei zugänglich war und niemand etwas dagegen sagte, bis zur Situation vor dem genannten Flur. Bis dahin es kam weder zur Teilnahme an der Sprechstunde, noch sonst zu einem Kontakt mit Herrn K.

Beweis: wie vor.

Als der Zeuge S. mit den verbliebenen Aktivisten wieder vor dem Haus stand, wurde diesen erläutert, dass man sich vorher zur Bürgersprechstunde hätte anmelden sollen, was bis dato jedoch keinem der Aktivisten bewusst war. Vor dem Haus wurde dann noch gewartet und gefragt, warum denn Herr K. als Bezirksbürgermeister nicht willens sei, sich mit den Bürgern seines Bezirks zu unterhalten

Beweis: wie vor.

Herr K. allerdings war – trotz eines leeren Büro – nicht gewillt, sich mit irgendwem zu unterhalten und versuchte aus seinem Büro heraus die Beamten dazu anzustacheln, die Aktivisten zu verscheuchen, wozu laut eigener Aussage der eingesetzten Polizeibeamten allerdings kein Anlass bestand

Beweis: wie vor.

Lediglich das Haus durfte nicht mehr betreten werden. Später schlich sich Herr K. unter Polizeischutz aus dem Seiteneingang heraus und ging ohne irgendwelche Zwischenfälle zu einem Polizeiauto, welches ihn sodann fortfuhr.

Eine Bedrohungslage gegenüber dem Bezirksbürgermeister lag mithin zu keinem Zeitpunkt vor. Es ist ein völlig normaler Vorgang, dass interessierte Bürger eine Bürgersprechstunde wahrnehmen wollen, um den zuständigen Bürgermeister auf aktuelle Problemlagen anzusprechen. Hierbei muss ein Bürgermeister auch damit rechnen, von Personen angesprochen zu werden, die seine politischen Ansichten nicht teilen. Ein Bürgermeister, der legitime Nachfragen dieser Art als „Bedrohung" empfindet, hat offensichtlich den Beruf verfehlt.

Zu der angeblichen Bedrohung des LINKEN-Politikers D.

vgl. Schriftsatz vom 27.08.2015, Seite 55 [S. 391] iVm. **Belegen 167** und **168** (Schriftsatz vom 27.08.2015)

ist folgendes auszuführen:

Herr D. ist wohnhaft in der W.-Straße 62 und nicht 54, wo die Kundgebung angemeldet wurde. Der Abstand beträgt 100 Meter und laut der Aussage seiner Frau auf Facebook war nichts von der Kundgebung bei ihm zu Hause wahrzunehmen. Ein Eingriff in den persönlichen Lebensbereich lag daher nicht vor. Zudem wurde der Verlauf der Kundgebung seitens der Polizei vor Ort auch nicht beanstandet.

Beweis: wie vor.

Auch insoweit ist eine Bedrohungslage weit und breit nicht ersichtlich. Insbesondere müssen es führende Politiker politischer Parteien hinnehmen, dass Konkurrenzparteien sich kritisch mit ihrem politischen Wirken auseinandersetzen. Funktionäre der Antragsgegnerin müssen dergleichen ständig gegenwärtigen, nur interessiert es da niemanden, insbesondere kommt der Staat nicht auf die Idee, es liege eine „Bedrohungslage" vor. Offenkundig wird hier mit zweierlei Maß gemessen.

dd) „Bedrohung" des Bürgermeisters von Schneeberg

Die Behauptungen des Antragstellers auf den Seiten 55 f. [S. 391 f.] des Schriftsatzes vom 27.08.2015 werden nach Maßgabe des nachfolgenden Vortrags **bestritten**.

Bei der genannten Demonstration handelte es sich überhaupt nicht um eine solche der Antragsgegnerin. Der Zeuge H. war bei dieser Spontandemonstration lediglich als Teilnehmer anwesend. Aus der Situation heraus ergriff der Zeuge H. spontan das Wort und berichtete über die wenige Tage zuvor stattgefundene Stadtratssitzung und die Aussagen des Bürgermeisters

Beweis: Zeugnis des Herrn H., zu laden über die Antragsgegnerin, sowie Zeugnis der anwesenden Polizeibeamten.

Als der Zeuge H. seine 5- bis 10-minütige freie Rede beendet hatte, setzte sich – ohne jedes Zutun seinerseits – die Versammlung in Richtung des Hauses des Bürgermeisters in Bewegung. Die erst recht spät eintreffende Polizei machte irrtümlich den Zeugen H. als vermeintlichen Anführer aus, sprach diesen gezielt an und fragte nach, ob er der Verantwortliche sei. Der Zeuge H. verneinte dies

Beweis: wie vor.

Daraufhin leitete die Staatsanwaltschaft Chemnitz ein Ermittlungsverfahren wegen Verstoßes gegen das Versammlungsgesetz ein, welches mittlerweile eingestellt wurde

Beweis: Beiziehung der Akten der Staatsanwaltschaft Chemnitz in dem Ermittlungsverfahren 200 Js 44468/13.

Die mitgeführten Fackeln bei der Spontan-Demonstration waren ca. 5–10 an der Zahl und wurden von den Teilnehmern individuell mitgebracht. Dabei muss man anmerken, dass es Anfang Oktober um diese Tageszeit bereits dunkel und somit eine Beleuchtung erforderlich war. Bedrohungen gegen den Bürgermeister und sein Umfeld wurden zu keinem Zeitpunkt ausgestoßen

Beweis: Zeugnis des Herrn H., zu laden über die Antragsgegnerin, sowie Zeugnis der anwesenden Polizeibeamten.

Gegenteilige Darstellungen in den **Belegen 169** und **170** [S. 391] (Schriftsatz vom 27.08.2015) werden **bestritten**.

ee) „Bedrohung" des Bürgermeisters von Schöneiche

Die Behauptungen des Antragstellers auf den Seiten 56 ff. [S. 392 ff.] des Schriftsatzes vom 27.08.2015 werden nach Maßgabe des nachfolgenden Vortrags **bestritten**.

Richtig ist, dass die Gemeinde Schöneiche regelmäßig öffentlich zum Besuch hoher jüdischer Feste, unter anderem Sukkot-, Chanukka- und Purimfest in die Kulturgießerei, einem Veranstaltungszentrum im Ort, einlädt. Da sich auch die Mitglieder der Antragsgegnerin als Bürger des Ortes verstehen, sind einige den Einladungen gefolgt. Eine Störung des Festablaufes ist bei keinem der drei genannten Besuche entstanden. Dies war auch überhaupt nicht möglich, da den Mitgliedern der Antragsgegnerin von vornherein das Betreten der Kulturgießerei untersagt wurde

Beweis: Zeugnis des Herrn S., zu laden über die Antragsgegnerin.

Der Zeuge S. war daher entgegen der Behauptung des Antragstellers noch nie im Gebäude der Kulturgießerei anwesend. Demzufolge kann er ein dort stattfindendes Fest gar nicht gestört haben. Der Zeuge S. hielt sich bei den genannten Vorfällen lediglich in der Nähe der Kulturgießerei auf

Beweis: wie vor.

Der vom Antragsteller genannte K. ist bereits seit Jahren kein Mitglied der Antragsgegnerin mehr und macht auch heute aus seiner Ablehnung gegenüber dieser Partei keinen Hehl

Beweis: wie vor.

Die beabsichtigen Besuche der genannten Personen waren ihrerseits eine Reaktion auf mehrere antidemokratische Vorfälle, die hauptsächlich durch den Bürgermeister J. organisiert und durchgeführt wurden. So organisierte dieser etwa eine Besetzung aller Restaurants des Ortes, um die Gründung des NPD-Ortsbereiches und die Wahl des ersten Vorstandes zu verhindern. Regelmäßig erschienen zu dieser Zeit vom Bürgermeister verfasste Schmäh-Artikel in der kostenlos an alle Haushalte verteilten Schöneicher Zeitschrift „Schöneiche Konkret"

Beweis: wie vor.

Dass irgendein NPD-Verantwortlicher anlässlich eines der genannten Feste wörtlich oder sinngemäß geäußert haben soll

„Da sitzen also alle, die beim vergasen vergessen wurden."

wird **bestritten** und höchst vorsorglich gegenbeweislich – unter Verwahrung gegen die Beweislast –

Beweis: wie vor.

angeboten.

Auch die Darstellung in dem von der Gegenseite als **Beleg 175** [S. 393] (Schriftsatz vom 27.08.2015) vorgelegten „Altermedia"-Artikel wird nach Maßgabe des diesseitigen Sachvortrags ebenfalls **bestritten**, zumal die Antragsgegnerin mit diesem Portal nichts zu tun hat und folglich keinen Einfluss darauf hat, was dort publiziert wird.

Dass der Bürgermeister von Schöneiche am 27.10.2008 auf seinem Privatgrundstück von drei Personen beschimpft und bedroht worden sein soll

> vgl. Schriftsatz vom 27.08.2015, Seite 57 iVm. **Belegen 176, 177** [S. 393] (Schriftsatz vom 27.08.2015),

wird **mit Nichtwissen bestritten**. Selbst wurde dies tatsächlich der Fall gewesen sein sollte, dann hat die Antragsgegnerin hiermit nichts zu tun. Vor einiger Zeit soll allerdings ein Täter festgenommen worden sein, der in keinem Zusammenhang mit der Antragsgegnerin stehen und auch nicht der „rechten Szene" angehören soll. Hierzu mag sich der Antragsteller erklären.

Wie bereits dargelegt, hat die Antragsgegnerin mit dem Internet-Portal „Altermedia" nichts zu tun und muss sich daher Äußerungen wie die in **Beleg 178** [S. 393] (Schriftsatz vom 27.08.2015), nicht zurechnen lassen. Daran ändern auch die dubiosen „Anhänger"-Konstruktionen des Antragsgegners nichts

> vgl. hierzu bereits umfassend oben.

Die Darstellung im **Beleg 179** [S. 394] (Schriftsatz vom 27.08.2015) ist ebenfalls unzutreffend und daher wie folgt zu korrigieren:

Richtig ist, dass der Zeuge S. beim Heimatfest von Schöneiche am 14.06.2009 privat mit zwei Freunden an einem Tisch vor der Bühne saß. Als der Zeuge S. mit seinen Freunden vom Bürgermeister und dem damaligen Vorsitzenden der Gemeindevertretung L. (DIE LINKE), die gemeinsam ebenso das Fest besuchten, erkannt wurden, stellten diese sich in die Nähe. L. begann sogleich mit provozierenden Gesten in Richtung der Gruppe des Zeugen S. Die beiden Begleiter des Zeugen S. wollten die Situation klären und wissen, was diese Kindereien sollen. Die Reaktion war jedoch keine Klärung sondern das Herbeirufen der in der Nähe stehenden Polizei durch den Bürgermeister

> **Beweis**: wie vor.

Die damals anwesenden Polizeibeamten haben der Gruppe des Zeugen S. gegenüber erklärt, dass nicht sie, sondern der Bürgermeister und der Vorsitzende der Gemeindevertretung auf sie einen bedrohenden Eindruck gemacht hätten, man aber auf dem Schöneicher Heimatfest nicht den Bürgermeister festnehmen könne. Das Gericht mag die damals ermittelnden Polizeibeamten als Zeugen laden und zu dem Vorgang befragen. Ebenfalls sehr aufschlussreich wird sicherlich die zeugenschaftliche Einvernahme des Bürgermeisters von Schöneiche.

ff) „Kampagne" gegen einen Lokalpolitiker in Thüringen

Mit dem vom Antragsteller in diesem Zusammenhang angesprochenen Plakat „Echter Thüringer – falscher Thüringer"

> vgl. Schriftsatz vom 27.08.2015, Seite 59 [S. 394],

sollte legitime Kritik an der überbordenden Einbürgerungspolitik der Bundesregierung geübt werden. Ein Angriff auf die Menschenwürde des Herrn S. lag zu keinem Zeitpunkt vor, weil es – wie bereits aufgeführt – nicht von der Menschenwürdegarantie umfasst ist, Deutscher werden zu können. Die Antragsgegnerin hat mit dieser Aktion lediglich zum Ausdruck gebracht, dass Herr S. nach ihrer Auffassung kein Deutscher ist, er also nicht hätte eingebürgert werden sollen. Damit ist keine Wertung der Person des Herrn S. als solcher verbunden, insbesondere geht es nach dem oben bereits hinreichend dargelegten Staatsangehörigkeitsverständnis der Antragsgegnerin nicht etwa darum, dass Herr S. es nicht „wert" wäre, Deutscher zu sein, sondern dass er es aus Sicht der Antragsgegnerin auf Grund seiner Abstammung schlichtweg nicht ist. Diese Meinung wird eine politische Partei im Wahlkampf ja wohl noch artikulieren dürfen. Eine strafbare Beleidigung des Betroffenen ist von daher nicht erkennbar.

Was daran schlimm sein soll, dass die Antragsgegnerin das direkte Gespräch mit Herrn S. gesucht hat

vgl. Schriftsatz vom 27.08.2015, Seite 60 [S. 395] iVm. **Beleg 182** (Schriftsatz vom 27.08.2015)

erschließt sich nicht. Dass man im politischen Meinungskampf versucht, miteinander ins Gespräch zu kommen und Missverständnisse auszuräumen, ist ein völlig normaler Vorgang. Soweit der Antragsteller insinuieren möchte, die Antragsgegnerin habe Herrn S. bedrohen wollen, ist dies zurückzuweisen. Es wird zudem **bestritten**, dass Herr S. sich tatsächlich bedroht gefühlt haben soll.

gg) „Bedrohung" einer Lokalpolitikerin in Güstrow

Es wird **bestritten**, dass die Antragsgegnerin eine „Bedrohungslage" für die Stadtvertreterin L. in Güstrow geschaffen habe. Wie der Antragsteller selbst darlegt

vgl. Schriftsatz vom 27.08.2015, Seite 60 [S. 396],

begibt sich Frau L. offensiv in die Nähe der von ihr angeblich so gefürchteten Antragsgegnerin. Sie klagte gegen ein Verbot einer Mahnwache in unmittelbarer Nähe einer NPD-Kundgebung und führte die Gegenkundgebung dann auch durch.

Wenn dies nicht als Schaffung einer Bedrohungslage zuungunsten der Antragsgegnerin zu werten ist, dann kann auch keine Bedrohungslage darin bestehen, dass, wie Frau L. beklagt, Mitglieder der Antragsgegnerin sie von draußen beobachten würden, während sie in einem Restaurant saß. Dies ist der einzige Vorfall, der einem NPD-Mitglied zuzurechnen wäre, wenn man dem zugrundeliegenden Bericht des „Stern" Glauben schenken wollte. Ein bedrohlicher Charakter kann im Übrigen schon deshalb nicht vorgelegen haben, weil die anwesenden Polizeibeamten nicht eingriffen. Um wen genau es sich bei den Personen handelte, die sich anschließend vor L.'s Haus versammelt haben sollen, geht aus dem Bericht nicht hervor. Die behaupteten tatsächlichen Vorgänge, Sachbeschädigungen und Bedrohungen

vgl. Schriftsatz vom 27.08.2015, Seite 61f. [S. 396f.],

werden daher **mit Nichtwissen bestritten**, ebenso wie die Behauptung, vor L.'s Haustür seien 20 NPD-Flugblätter gefunden worden, was aber unabhängig davon ebenfalls nicht als Bedrohung hergenommen werden kann.

Dass die örtliche Polizei Schutzmaßnahmen für Frau L. angeordnet habe, wird ebenfalls **mit Nichtwissen bestritten**; es ist nicht erkennbar, inwiefern und vor wem Frau L. geschützt werden müsste.

Was die Antragsgegnerin mit der Publikation „Der Staatsstreich"

vgl. **Beleg 189** [S. 397] (Schriftsatz vom 27.08.2015)

zu tun haben soll, wird nicht mitgeteilt und ist auch nicht ersichtlich. Gleiches gilt für den Facebook-Eintrag in **Beleg 192** [S. 397] (Schriftsatz vom 27.08.2015).

Auch alle anderen behaupteten Vorfälle weisen keinen nachgewiesenen Bezug zur Antragsgegnerin auf, insbesondere geht der Versuch fehl, Herrn M. zum Sündenbock für jede Straftat zu stilisieren, die in Güstrow begangen worden sein soll. Im Übrigen sei darauf hingewiesen, dass M. im Dezember 2015 aus der Antragsgegnerin ausgetreten ist.

Irgendwelche physischen oder psychischen Auswirkungen der „Bedrohungen" sind bei Frau L. nicht festzustellen. Im Gegenteil, sie hat ihr politisches Engagement noch verstärkt und bemüht sich nun für DIE LINKE. um ein Landtagsmandat auf dem aussichtreichen Listenplatz 9. Der Medienruhm, den sie durch die von ihr gesuchte Konfrontation mit „den Rechten" erlangt hat, ermöglichte diesen Karrieresprung. Unter diesem Gesichtspunkt muss man ihre „Opfergeschichte" wohl sehen.

hh) „Gewalt" gegen politische Gegner in Pölchow

Die vom Antragsteller als „Gewalt gegen politische Gegner" gewerteten Ereignisse von Pölchow

vgl. Schriftsatz vom 27.08.2015, Seiten 63 f. [S. 398 f.]

belegen genau das Gegenteil von dem, was sie glauben machen wollen.

Unstreitig waren Herr G., und seine Begleiter an diesem 30.06.2007 nicht etwa deshalb unterwegs, um in bedrohlicher Weise die Grundrechte anderer einzuschränken. Sie wollten vielmehr von ihrer Versammlungsfreiheit aus Art. 8 Abs. 1 GG Gebrauch machen und an einer angemeldeten, nicht verbotenen Demonstration der Antragsgegnerin in Rostock teilnehmen. Daran wollten sie gewaltbereite Linksextremisten hindern, die, wie der Antragsteller selbst einräumt, die Mitglieder der Antragsgegnerin zuerst angriffen. Dass G. bei seiner Reaktion auf diesen Übergriff nach Ansicht des Landgerichts Rostock sein Notwehrrecht überschritten haben soll und sein Agieren den Charakter eines Gegenangriffs angenommen habe, ändert – unabhängig davon, dass diese Darstellung des Landgerichts **bestritten** wird – nichts an der Tatsache, dass hier von einem Versuch, systematisch Dominanz über politische Gegner zu erringen und Furcht zu verbreiten, keine Rede sein kann

Beweis: Zeugnis des Herrn G., zu laden über die Antragsgegnerin.

Vielmehr wirft dieser linksextreme Angriff ein Schlaglicht auf die Praxis der linken Parteien in Mecklenburg-Vorpommern – SPD, LINKE und Grüne –, welche durch in einschüchternder und bedrängender Weise organisierte und durchgeführte Gegendemonstrationen das Versammlungsrecht missliebiger politischer Gegner zu beinträchtigen suchen, wobei regelmäßig „antifaschistische" Gruppen die Aufzüge durch Blockaden aufhalten oder gar gewaltsam attackieren. Zumindest ein faktisches Zusammenwirken liegt hier vor.

Die Antragsgegnerin führt niemals Gegendemonstrationen durch, weil sie das Versammlungsrecht anderer politischer Kräfte respektiert. Die von LINKEN, GRÜNEN, SPD und gewalttätigen „Antifaschisten" in Szene gesetzten Gegenversammlungen dienen dagegen eindeutig dem Zweck, das Versammlungsrecht der NPD-Mitglieder möglichst zu vereiteln und eine Atmosphäre der Angst zu schaffen.

ii) „Angriff" auf politische Gegner in Greifswald

Der Antragsteller versucht insofern, an Hand eines einzigen Vorfalls in der Hansestadt Greifswald diese als Angstzone für politische Gegner der Antragsgegnerin darzustellen. Angesichts der tatsächlichen Verhältnisse kann dies nur als Lügenkonstrukt bezeichnet werden.

Bei dem von Antragstellerseite erwähnten Vorfall handelt es sich um die Beschädigung der Tür eines von linksorientierten Personen bewohnten Hauses. Hierfür wurde das NPD-Mitglied O. wegen Sachbeschädigung in Tateinheit mit versuchter Nötigung verurteilt

vgl. Schriftsatz vom 27.08.2015, Seite 65 [S. 399].

Die Ermittlungen gegen alle anderen Beschuldigten, darunter gegen den NPD-Landtagsabgeordneten Tino Müller, wurden wegen mangelnden Tatverdachts eingestellt.

Der Antragsteller verschweigt bewusst, dass in Greifswald massiver linksextremer Terror gegen rechtsorientierte Personen ausgeübt wird oder solche, die dafür gehalten werden. Die Stadt ist als von Linksextremen dominierte Angstzone anzusehen, was staatlicherseits toleriert wird. So wurde im Vorfeld der Kreistagssitzung vom 05.12.2011 von Linksextremen dazu aufgerufen, die Zuschauertribünen zu besetzen und den Abgeordneten der Antragsgegnerin den Zutritt zu verwehren. Die Sitzung selbst wurde von den linksextremen Demonstranten in einer Weise gestört, dass der Kreistagspräsident sich zu einem Abbruch genötigt sah und Polizeibeamte den Saal räumen mussten

vgl. Artikel des Hamburger Abendblatt Online vom 06.12.2011, abrufbar unter http://www.genios.de/presse-archiv/artikel/HA/20111206/auf-der-strasse-vater-erschiesst-13/82682490.html.

Seitdem kommt es immer wieder zu „Mahnwachen" vor dem Gebäude, in welchem in Greifswald die Kreistagssitzungen stattfinden. Die Demonstranten stehen stets unmittelbar am Eingang. Das Ganze ist als „Spießrutenlauf" für die Abgeordneten der Antragsgegnerin gestaltet und soll ganz klar deren Einschüchterung dienen. Mit Billigung der etablierten Parteien praktizieren die NPD-Gegner genau das, was der Antragsteller der Antragsgegnerin vorwirft: die Beeinträchtigung demokratischer Prozesse durch die Schaffung einer Atmosphäre der Angst. Seit den genannten Tumulten sind bei jeder Greifswalder Kreistagssitzung stets Polizeikräfte vor Ort.

Darüber hinaus kam es auch zu Anschlägen, die gegen einzelne Personen gerichtet waren. Zum Beispiel wurde das Fahrzeug des Greifswalder NPD-Mitglieds K. angezündet, seine Familie wurde bedroht

Beweis: Zeugnis des Herrn K., zu laden über NPD-Fraktion Mecklenburg-Vorpommern, Lennéstraße 1, 19053 Schwerin.

Selbst die Häuser von Burschenschaften wurden angegriffen, so der Sitz der „Rugia". Bei der Attacke, die nach einer linksorientierten Demonstration stattfand, wurden 10 Fensterscheiben eingeworfen. Zusätzlich verschmierten die Täter eine übel riechende Flüssigkeit auf der Fassade

vgl. Artikel der Ostseezeitung Online vom 03.11.2015, abrufbar unter http://www.ostseezeitung.de/Vorpommern/Greifswald/Nach-Asyl-Demo-Haus-einer-Burschenschaft-attackiert

Wenn es in Greifwald eine „Atmosphäre der Angst gibt, dann geht diese von organisierten Linksextremisten aus und nicht von der Antragsgegnerin.

jj) „Angriff" auf eine DGB-Kundgebung in Weimar

Die Behauptungen des Antragstellers auf den Seiten 65 ff. [S. 399 ff.] des Schriftsatzes vom 27.08.2015 werden nach Maßgabe des nachfolgenden Vortrags **bestritten**.

Am 01.05.2015 schlossen sich ca. 40 Aktivisten der „Junge Nationaldemokraten" (JN) der mit ca. 200 Teilnehmern besuchten DGB-Kundgebung an, bei welcher es sich eine öffentliche und damit für jeden Bürger zugängliche Veranstaltung handelte. Die JN-Aktivisten entrollten Transparente und verteilten Flugblätter mit Texten gegen die Globalisierung

Beweis: Zeugnis der Damen und Herren D., S., W., G., S., S., H., R., R., K., jeweils zu laden über die Antragsgegnerin.

Einer der JN-Demonstranten nahm das Motto der Gewerkschafts-Veranstaltung „Besucher fragen – Politiker antworten" ernst, ergriff auf der Bühne das frei herumstehende Mikrofon und erklärte die Beweggründe des Protestes

Beweis: wie vor.

Niemandem, auch nicht dem Bundestagsabgeordneten Carsten Schneider, wurde das Mikrofon aus der Hand gerissen. Es wurde auch niemand durch die JN-Aktivisten angegriffen. Gegenteilige Behauptungen sind unwahr und werden mit Nachdruck **bestritten**

Beweis: wie vor.

Die meistens älteren Teilnehmer der DGB-Veranstaltung wollten sich aber nicht mit den Argumenten der jungen Leute auseinandersetzen und wurden diesen gegenüber äußerst aggressiv. Sie schlugen mit Stangen, anderen harten Gegenständen und Fäusten auf die nationalen Demonstranten ein, wobei in diesem Zusammenhang einem JN-Aktivisten das „offene" Mikrofon von einem DGB-Funktionär gewaltsam entrissen wurde

Beweis: wie vor.

Das gesamte Geschehen wurde auszugsweise auf Video festgehalten, sodass darüber hinaus

    Beweis: Inaugenscheinnahme der von den JN-Aktivisten gefertigten Videos, wird im Termin auf Datenträger vorgelegt werden,

angeboten wird.

Soweit der Antragsteller einen Landfriedensbruch herbei konstruieren möchte, geht dieser Versuch fehl. Mittlerweile steht nur noch der strafrechtliche Vorwurf der Versammlungsstörung im Raum

    Beweis: Beiziehung der Akten des Amtsgerichts Weimar in dem Verfahren 590 Js 13193/15 1 Ds jug.;

auch dieser Vorwurf wird jedoch in der Hauptverhandlung widerlegt werden.

Insgesamt kann daher von einem „Angriff" oder einem „Überfall" der JN-Aktivisten keine Rede sein. Vielmehr haben diese von ihrem guten Recht Gebrauch gemacht, auf einer öffentlichen Veranstaltung ihre abweichende Meinung kundzutun.

kk) „Gewaltsame Störung" einer Informationsveranstaltung in Goldbach

Die Behauptungen des Antragstellers auf den Seiten 67 f. [S. 400 f.] des Schriftsatzes vom 27.08.2015 werden nach Maßgabe des nachfolgenden Vortrags **bestritten**.

Richtig ist, dass der Zeuge S. am 06.07.2015 an der sogenannten Bürgerversammlung mit der Bundestagsvizepräsidentin Claudia Roth teilnahm. Der Tageszeitung „Main Echo" – Ausgabe vom 04.07.2015 – hatte Herr S. entnommen, dass Frau Roth – wie von der Kreis-Grünen-Sprecherin Frau S. ausdrücklich versprochen – „mit den Menschen ins Gespräch kommen wollte – auch mit Kritikern der geplanten Unterkunft". Um die Argumente der Frau Roth zur Kenntnis zu nehmen und hiernach mit ihr zu diskutieren, machte er sich mit einem selbst gefertigten Transparent mit der Aufschrift „Asylflut ist kein Menschenrecht" auf den Weg zur Bürgerversammlung. Eine Störung der Bürgerversammlung war zu keinem Zeitpunkt geplant oder beabsichtigt

    Beweis: Zeugnis des Herrn S., des Herrn M. sowie des Herrn M., jeweils zu laden über die Antragsgegnerin.

Im Saal angekommen stellte der Zeuge S. fest, dass sich dort viele Kritiker der geplanten Asylbewerberunterkunft befanden – keineswegs nur Personen, die Herr S. persönlich kannte. Er nahm auf einem Stuhl beim Mittelgang des Saales Platz und hörte sich an, was Frau Roth zu sagen hatte.

    Beweis: wie vor.

Gleich zu Beginn der Rede kam Frau Roth auf das Thema „Kirchenasyl" zu sprechen. Als einer der Teilnehmer der Versammlung in Richtung von Frau Roth rief, dass die Institution „Kirchenasyl" rechtswidrig sei, erwiderte Frau Roth, dass ihrer Meinung nach

35. Antragserwiderung vom 2. März 2016

„Kirchenasyl" vom Grundsetz garantiert sei und dass man dem „Zwischenrufer ein Bier geben solle"

Beweis: wie vor.

Wohl weil hierdurch seitens der Frau Roth der Versuch unternommen wurde, Kritiker zu diskreditieren, indem man sie „durch die Blume" als Alkoholiker bezeichnet, waren einige Veranstaltungsbesucher empört und es kam zu weiteren spontanen Zwischenrufen – wobei Herr S. die Beobachtung machte, dass diese weiteren Zwischenrufe zunächst nicht von ihm bekannten Personen ausgingen. Herr S. jedenfalls beteiligte sich an den Zwischenrufen nicht

Beweis: wie vor.

Weiter nahm Herr S. zur Kenntnis, dass die Versammlungsleiterin Frau Roth fragte, ob sie einschreiten solle, worauf Frau Roth sinngemäß sagte: „Mit dem werde ich alleine fertig", wobei sie „mit dem" offensichtlich den Herren meinte, der zuvor das Kirchenasyl als rechtswidrig bezeichnet hatte

Beweis: wie vor.

Um die Veranstaltung nicht durch seine Anwesenheit aufzuwerten, beschloss Herr S. zu gehen, stand auf, hielt sein kleines Transparent in die Luft, um zu zeigen, dass er ein Kritiker der von Frau Roth vertretenen Asylpolitik sei, drehte sich um und ging Richtung Ausgang. Währenddessen wurde er von dem in der Nähe befindlichen Herrn O. attackiert, der Herrn S. packte und versuchte, ihm sein Transparent zu entreißen

Beweis: wie vor.

Obwohl Herr O. als „normaler" Veranstaltungsbesucher keinerlei Befugnis hatte, das Hausrecht bei dieser Veranstaltung auszuüben, ließ sich Herr S. diese unwürdige Behandlung gefallen und ging weiter Richtung Saalausgang wobei Herr O. ihn weiterhin von hinten bedrängte und ihn energisch in Richtung Saalausgang schob – obwohl Herr S. sowieso ging

Beweis: wie vor.

In etwa bei der letzten bestuhlten Reihe angekommen, sah sich Herr S. der Situation ausgesetzt, dass wiederum eine Besucherin ihm sein Transparent entreißen wollte. Etwa zeitgleich schubste der immer noch hinter Herr S. befindliche Herr O. Herrn S. sehr kräftig von hinten, sodass Herr S. nach vorne stolperte und den Sturz zu Boden gerade noch verhindern konnte

Beweis: wie vor.

Als sich Herr S. daraufhin zu dem „Schubser" umdrehte, erblickte er wiederum Herr O., der offensichtlich seinen Angriff noch nicht beendet hatte und ihn weiterhin in äußerst aggressiver Art und Weise bedrängte. Im Rahmen einer Abwehrreaktion des Herrn S. landete sodann dessen Faust im Bereich des linken Schlüsselbeines von Herrn O.

Beweis: wie vor.

Hiernach versuchte Herr O. weiterhin auf Herrn S. loszugehen und konnte nur durch eine dritte Person davon abgehalten werden, Herrn S. erneut zu schubsen oder gar zu schlagen. Hierauf verließ Herr S. den Saal

Beweis: wie vor.

Ein gegen den Zeugen S. sowie gegen den ebenfalls anwesenden Zeugen Herrn M. eingeleitetes Ermittlungsverfahren wegen Versammlungsstörung wurde zwischenzeitlich gemäß § 170 Abs. 2 StPO eingestellt

Beweis: Beiziehung der Akten der Staatsanwaltschaft Aschaffenburg in dem Ermittlungsverfahren 104 Js 7572/15.

Nur beiläufig sei erwähnt, dass der angeblich Geschädigte Herr O. wegen der vom Zeugen S. begangenen – gemäß § 32 StGB durch Notwehr gerechtfertigten – Körperverletzung nicht einmal Strafantrag gestellt hat. Offenbar wollte er nicht riskieren, seinerseits wegen Nötigung und versuchter Körperverletzung belangt zu werden.

Ein unter Verbotsgesichtspunkten beanstandungswürdiges Verhalten von Mitgliedern oder Funktionären der Antragsgegnerin kann mithin nicht festgestellt werden.

ll) „Bedrohung" des Bürgermeisters von Tröglitz

Die Behauptungen des Antragstellers auf den Seiten 68 ff. [S. 401 ff.] des Schriftsatzes vom 27.08.2015 werden nach Maßgabe des nachfolgenden Vortrags **bestritten**.

Wie in fast allen Gegenden der neuen Bundesländer sollte auch Tröglitz eine größere Zahl von Asylanten aufnehmen. Dagegen regte sich massiver Widerstand in der Bevölkerung. T., Kreisrat der Antragsgegnerin, stand von Anfang an auf Seiten dieses Protestes, der in Form von insgesamt zehn „Lichterspaziergängen" durchgeführt wurde. Auf das Mitführen von Fahnen oder Transparenten wurde verzichtet. Zwischenfälle gab es bei keiner der Veranstaltungen. Für den 09.03.2015 war ein 10. Spaziergang angemeldet. Die Route wurde für diesen Tag verändert, weil vom damaligen Bürgermeister keinerlei Stellungnahme zu den geplanten Unterbringungen von ca. 50 Asylanten in Tröglitz zu erhalten war und vor der Abstimmung im Kreisrat noch einmal ein Zeichen gesetzt werden sollte.

Hiergegen gibt es unter Verbotsgesichtspunkten nichts einzuwenden. In einer Demokratie sollte es eine Selbstverständlichkeit sein, dass ein Bürgermeister auch die kritische Fragen von Einwohnern beantwortet, die nicht mit seinem Vorhaben einverstanden sind. Das hat Herr N. nicht getan. Drohungen gegen den Ortsbürgermeister wurden von Seiten der Antragsgegnerin zu keinem Zeitpunkt ausgesprochen. Dies wird durch die vom Antragteller selbst vorgelegten öffentlichen Verlautbarungen der Antragsgegnerin

vgl. Schriftsatz vom 27.08.2015, Seite 70 [S. 403] iVm. **Beleg 210** (Schriftsatz vom 27.08.2015)

bestätigt.

Die Kritik des zurückgetretenen Ortsbürgermeisters richtete sich im Übrigen hauptsächlich an die Behördenvertreter, die ihn und seine Kollegen auf kommunaler Ebene in der Asylfrage und den damit zusammenhängenden Problemen regelmäßig allein ließen. Von daher ist es sehr bezeichnend, wenn der Antragsteller die Ursachen für den Rücktritt den örtlichen Vertretern der Antragsgegnerin anzulasten versucht.

Fakt ist, dass für den Ortsbürgermeister objektiv weder eine Bedrohungslage bestand noch in irgendeiner Form Druck auf ihn ausgeübt wurde. Wenn der Mann gleichwohl – aus welchen Gründen auch immer – zurücktritt, kann man dies der Antragsgegnerin nicht zum Vorwurf machen. Etwas anderes ergibt sich auch nicht daraus, dass die Antragsgegnerin den Rücktritt begrüßt und – in der Diktion des Antragstellers – hierüber „Genugtuung" geäußert habe

vgl. Schriftsatz vom 27.08.2015, Seite 70 [S. 403] iVm. **Belegen 211 bis 213** (Schriftsatz vom 27.08.2015);

dies macht die Antragsgegnerin nämlich nicht zur Verantwortlichen für den Rücktritt. Dies war vielmehr die souveräne und freiwillige Entscheidung des Bürgermeisters selbst.

c) Angebliche „Beeinträchtigung des demokratischen Handelns vor Ort"

Die These von der seitens der Antragsgegnerin angeblich zu verantwortenden „Beeinträchtigung des demokratischen Handelns vor Ort" erweist sich durchweg als haltlos.

aa) Akzeptanz verfassungsfeindlicher rechtsextremistischer Ansichten in der Gesellschaft

Der Antragsteller moniert insoweit zunächst, dass „verfassungsfeindliche rechtsextremistische Ansichten" in der Gesellschaft verbreitet Akzeptanz finden würden

vgl. Schriftsatz vom 27.08.2015, Seiten 84 ff. [S. 414 ff.]

Worin hier eine Beeinträchtigung demokratischen Handelns liegen soll, ist unerfindlich. Der Antragsteller macht der Antragsgegnerin der Sache nach zum Vorwurf, dass ihre Thesen bei den Bürgern auf fruchtbaren Boden fallen und von diesen unterstützt werden. Es ist aber gerade die ureigenste Aufgabe einer politischen Partei, bei der Willensbildung des Volkes mitzuwirken und die Wähler von der Richtigkeit des eigenen Parteiprogramms überzeugen zu wollen. Verstärkter Rückhalt im Volk ist von daher ein Indiz für die effiziente Verwirklichung des Verfassungsauftrags aus Art. 21 Abs. 1 GG und spricht mithin eher für als gegen die Verfassungstreue der Antragsgegnerin.

bb) Beeinträchtigung demokratischer Prozesse durch Furcht vor sozialer Stigmatisierung

Die Behauptung des Antragstellers, durch das politische Wirken der Antragsgegnerin empfänden politische Gegner Furcht vor sozialer Stigmatisierung

vgl. Schriftsatz vom 27.08.2015, Seiten 88 [S. 417].

wird **bestritten**.

Die Behauptung, dass in der Gemeinde Bargischow in Mecklenburg-Vorpommern am Donnerstag vor der Kommunalwahl 2009 im Ort an Bäumen und in Briefkästen nicht namentlich gekennzeichnete Schmähschriften aufgetaucht seien, die sich gegen einen parteilosen Kandidaten auf der Liste der CDU als sog. „Nestbeschmutzer" gewendet hätten

vgl. Schriftsatz vom 27.08.2015, Seiten 88 [S. 417],

wird **mit Nichtwissen bestritten**. Der Antragsteller möge die angebliche Schmähschrift vorlegen und ihre Zurechenbarkeit zur Antragsgegnerin belegen. Soweit sich der CDU-Kandidat darüber beklagt, dass sich niemand mit ihm solidarisiert habe, dürfte dies weniger mit einer Angst der Bürger vor Stigmatisierung zusammenhängen, denn wohl eher damit, dass die Bürger von Bargischow wohl einfach kein Problem damit haben, wenn ein öffentlich finanzierter Jugendclub von „Rechtsextremisten" genutzt wird. Da tatsächlich kein Grund ersichtlich ist, warum man gegen eine solche Nutzung aufbegehren sollte, ist es durchaus nachvollziehbar, wenn die Bürger den Anti-Rechts-Zirkus des CDU-Kandidaten nicht unterstützen.

cc) Beeinträchtigung demokratischer Prozesse durch Furcht vor Gewalt, Drohungen oder sonstigen Nachteilen

Die Behauptung des Antragstellers, in bestimmten Regionen empfänden die Bürger durch das politische Wirken der Antragsgegnerin Furcht vor Gewalt, Drohungen oder sonstigen Nachteilen, was sie davon abhalte, offen gegen Rechtsextremismus Position zu beziehen und von demokratischen Rechten Gebrauch zu machen

vgl. Schriftsatz vom 27.08.2015, Seiten 89 ff. [S. 418 ff.],

wird **bestritten**.
Die Aufregung der Bürgermeisterin von Lübtheen darüber, dass angeblich niemand öffentlich etwas Negatives über Herrn Udo Pastörs sagen würde

vgl. Schriftsatz vom 27.08.2015, Seiten 89 [S. 418],

mag einfach damit zusammenhängen, dass er auf Grund seiner politischen Arbeit in der Lübtheener Stadtgemeinschaft beliebt ist. Die Behauptung, die Bürger würden sich aus Angst nicht trauen, Negatives über Herrn Pastörs zu sagen, wird **bestritten**.
Ebenso **bestritten** wird die Behauptung, Normalbürger würden sich im Dorf Jamel nicht trauen, eine Aussage zu tätigen, die NPD-Funktionär K. belasten würde, wobei insbesondere das Ehepaar L. solche Ängste verspüre. Fakt ist, dass das Ehepaar L. sich am laufenden Band gegen „Rechts" engagiert, regelmäßig ihr Anti-Rechts-Musik-Festival veranstaltet und durch alle möglichen Fernsehsendungen tingelt. Jemand, der tatsächlich „eingeschüchtert" ist, verhält sich nicht so.
Die Weigerung von Geschäftsleuten in Anklam, eine vom Rat verabschiedete öffentliche Erklärung aufzuhängen, in der er sich zusammen mit dem Bürgermeister ablehnend zum Immobilienkauf örtlicher NPD-Mitglieder positionierte

vgl. Schriftsatz vom 27.08.2015, Seiten 90 [S. 418],

hat ebenfalls nichts mit Angst zu tun, sondern mit gesundem Menschenverstand. Da ein solcher Ratsbeschluss evident rechtswidrig ist – ein Stadtrat hat keine Werturteile darüber abzugeben, wer welche Immobilien erwerben „darf" –, ist die Verweigerungshaltung vieler Gewerbetreibender mehr als verständlich. Offensichtlich wollen sie sich nicht vor den Anti-Rechts-Karren eines Bürgermeisters spannen lassen, der seine Amtsbefugnisse für politische Zwecke missbraucht hat. Dass der CDU-Fraktionsvorsitzende seinerseits Angst vor von der Antragsgegnerin ausgehenden Anschlägen gehabt haben will, wird **bestritten**.

Was der Hinweis des Antragstellers auf den von Herrn M. verübten Überfall auf den Jugendclub „Phönix" im Jahre 2009 mit der vorliegenden Thematik zu tun haben soll, erschließt sich nicht. Ausweislich der Feststellungen im diesbezüglich ergangenen Urteil des Amtsgerichts Güstrow

vgl. Beleg 100 [S. 379] (Schriftsatz vom 27.08.215)

ist ein politischer Hintergrund der Tat nicht feststellbar, sodass sich die Antragsgegnerin diese Tat auch nicht zurechnen lassen muss. Unabhängig davon war Herr M. zum Tatzeitpunkt erheblich alkoholisiert und daher nur vermindert schuldfähig, wie das Amtsgericht ebenfalls festgestellt hat. Dass ein derartiger Vorfall geeignet seien, eine von der Antragsgegnerin ausgehende „Drohkulisse" zu schaffen, erweist sich als abwegig.

Dass Betroffene sich nicht trauen würden, vor die Kamera zu treten und auch nicht genannt werden wollten, um nicht zur „Zielscheibe" zu werden

vgl. Schriftsatz vom 27.08.2015, Seiten 91 [S. 419],

wird ebenfalls **bestritten**. Ferner wird **mit Nichtwissen bestritten**, dass sich die Journalistin V. überhaupt in dieser Art geäußert haben soll.

Die Behauptung, der Journalist K. habe sich von Mitgliedern und Funktionären der Antragsgegnerin bedroht gefühlt, weil ihm „starke Aggressivität" entgegengeschlagen sei

vgl. Schriftsatz vom 27.08.2015, Seiten 91 f. [S. 420],

wird ebenso **bestritten**. Ferner wird **mit Nichtwissen bestritten**, dass sich der Journalist K. überhaupt in dieser Art geäußert haben soll.

Darüber hinaus wird **bestritten**, dass irgendjemand vor der Antragsgegnerin „Angst vor Rache" haben müsse und dass irgendjemand derartige Ängste hat

vgl. Schriftsatz vom 27.08.2015, Seiten 91 [S. 420].

Sollten solche Ängste tatsächlich bestehen, dann sind sie nicht auf ein Verhalten der Antragsgegnerin zurückzuführen.

dd) Einschränkung politischer und gesellschaftlicher demokratischer Mitwirkung

Die angebliche Aussage des Herrn K. von der Evangelischen Akademie der Nordkirche, wonach bei Personen, die sich haupt- oder ehrenamtlich gegen Rechtsextremismus und für Demokratie engagieren, ihrem Arbeitsfeld Angst, Bedrohungen und Bedrohungsgefühle immanent seien

vgl. Schriftsatz vom 27.08.2015, Seiten 93 f. [S. 421 f.],

wird ebenso **bestritten** wie die weitere angebliche Behauptung, der Betreffende und seine Mitarbeiter erhielten regelmäßig Anfragen von engagierten Personen, wie sie sich vor Angriffen schützen könnten, wobei diesem Bedrohungsgefühl im Rahmen der Sicherheitsberatung mit Informationsmaterial begegnet werde

vgl. Schriftsatz vom 27.08.2015, Seiten 94 [S. 421],

Weiterhin wird die Behauptung **bestritten**, das angebliche Bedrohungsgefühl resultiere auch aus regelmäßig eintreffenden Drohbriefen, Drohmails und Drohanrufen, beleidigenden Flugblättern im Wohnumfeld, Beleidigungen im Internet, Bedrohungen von Angehörigen, die Veröffentlichung der Privatadressen, Postwurfsendungen mit persönlicher Ansprache sowie aus der Präsenz rechtsextremistischer Gewalt

vgl. Schriftsatz vom 27.08.2015, Seiten 94 [S. 422].

Wie nun schon mehrfach klargestellt, wendet die Antragsgegnerin keine Gewalt an und fördert dergleichen auch nicht. Ebenso wenig hat sie es nötig, Drohbriefe zu verschicken. Sollte es derlei Briefe tatsächlich gegeben haben, hat die Antragsgegnerin nichts damit zu tun. Deshalb ist auch nicht ersichtlich, weshalb die Mitarbeiter der Evangelischen Akademie der Nordkirche – angeblich – zu irgendwelchen Schutzmaßnahmen sollten greifen müssen.

Die angebliche Behauptung der Frau Andrea Röpke, nur wenige Kandidaten anderer Parteien außer der Antragsgegnerin führten noch einen kommunalen Straßenwahlkampf in den Dörfern Vorpommerns und bei denen, die sich trauten, gebe es nicht selten von den Rechten errichtete Bedrohungskulissen oder Anfeindungen

vgl. Schriftsatz vom 27.08.2015, Seiten 95 [S. 423],

wird gleichfalls **bestritten**. Es ist nicht erkennbar, dass der Straßenwahlkampf der etablierten Parteien gegenüber früheren Zeiten abgenommen hätte oder von Seiten der Antragsgegnerin beeinträchtigt würde.

Soweit der Ministerpräsident von Sachsen-Anhalt, Reiner Haseloff, darüber klagt, er habe sich nach dem Brand in Tröglitz für die Flüchtlingsunterkunft ausgesprochen und daraufhin derart „brutale" Reaktionen erfahren, dass er die Staatsanwaltschaft informiert habe

vgl. Schriftsatz vom 27.08.2015, Seiten 95 f. [S. 423],

wird **mit Nichtwissen bestritten**. Der Herr Ministerpräsident möge seine Aussage konkretisieren und die konkrete Art der angeblichen Reaktionen mitteilen. Aus den Reihen der Antragsgegnerin kamen diese jedenfalls nicht.

ee) Insbesondere: Wirkung auf Minderheiten

Die angebliche Behauptung der Landesweiten Opferberatung für Betroffene rechter Gewalt (LOBBI) in Mecklenburg-Vorpommern, es gebe in Mecklenburg-Vorpommern Städte und Regionen, in denen sich potentiell von Rechtsextremismus Betroffene kaum angstfrei bewegen könnten, wobei die Antragsgegnerin hierzu beitrage

vgl. Schriftsatz vom 27.08.2015, Seiten 96 f. [S. 423 f.],

wird ebenso **bestritten** wie die weitere Behauptung, LOBBI habe eine starke Zunahme rassistisch motivierter Angriffe wie körperliche Gewalt, gezielte Sachbeschädigungen und rassistische Bemerkungen festgestellt

vgl. Schriftsatz vom 27.08.2015, Seite 97 [S. 424],

Darüber hinaus **bestritten** wird die Behauptung, die Jüdische Gemeinde Thüringen habe bestätigt, dass sich dort die Angst der Gemeindemitglieder wegen des angeblich „aggressiv-antisemitischen Charakters" der von der Antragsgegnerin organisierten und unterstützten Demonstrationen zunehmend erhöht habe, und dass Mitglieder der Jüdischen Gemeinde Dresden die Aktivitäten von „Rechtsextremisten", insbesondere der Antragsgegnerin, als „Bedrohungsszenarien" empfänden

vgl. Schriftsatz vom 27.08.2015, Seite 97 [S. 424],

Es ist nicht erkennbar, wo die Antragsgegnerin „aggressiv-antisemitisch" aufgetreten wäre. Soweit man sich in den Jüdischen Gemeinden Sachsens über die Gedenkmärsche zum 13. Februar, insbesondere über die „die hohe Zahl von Teilnehmern an solchen Demonstrationen" echauffiert, ist ebenfalls bei Lichte betrachtet kein Grund zur Aufregung ersichtlich. Offenbar stören sich die jüdischen Gemeinden an der bloßen Präsenz sogenannter „Rechtsextremisten", ohne dass diese irgendetwas Beanstandungswürdiges tun würden. Diese irrationale „Angst" geht dann aber mit den jüdischen Gemeinden heim und kann nicht der Antragsgegnerin angelastet werden.

Schließlich wird die angebliche Behauptung des Zentralrats der Sinti und Roma bestritten, dieser habe Hunderte von Anrufen besorgter Sinti- und Roma-Familien aus ganz Deutschland erhalten, die insbesondere wegen der „Oma"-Plakate der Antragsgegnerin zutiefst betroffen gewesen seien, wobei bei den älteren Menschen, die den Holocaust überlebten, erneut massive Ängste wachgeworden wären

vgl. Schriftsatz vom 27.08.2015, Seite 98 [S. 425],

mit Nachdruck **bestritten**. Es ist nicht ersichtlich, wieso ein dermaßen harmloses – und zudem völlig legales – Plakat bei irgendjemandem „Ängste" auslösen sollte.

Abschließend ist die Behauptung des Antragstellers, die Antragsgegnerin fördere ein minderheitenfeindliches Klima, indem sie kraft ihrer institutionellen Präsenz als Partei minderheitenfeindliches Gedankengut in die Gesellschaft trage und damit auch andere zu solchen Aktionen animiere

vgl. Schriftsatz vom 27.08.2015, Seite 98 [S. 425],

ebenso entschieden zu **bestreiten** wie die weitere Behauptung, diese angebliche „Atmosphäre der Angst" für Minderheiten sei nicht zufälliges Produkt, sondern kalkulierter, ideologisch begründeter Zweck der Tätigkeit der Antragsgegnerin. Die Behauptung, die Antragsgegnerin fördere damit absichtlich ein Klima, in dem jüdische Gemeinden anonyme Drohbriefe erhalten, rassistische Angriffe auf Muslime erfolgen und Brandanschläge auf Asylunterkünfte stattfinden

vgl. Schriftsatz vom 27.08.2015, Seite 98 [S. 425],

ist eine durch keinerlei Tatsachen belegte, sondern ausschließlich auf hysterische Spekulationen gestützte Unverschämtheit, welcher die Antragsgegnerin mit Nachdruck entgegentritt.

d) Angeblich „aggressive" Aktivitäten gegen Asylbewerber

Was der Antragsteller der Antragsgegnerin unter diesem konkreten Topos im Kern eigentlich vorwerfen will, lässt sich den diesbezüglichen Ausführungen

> vgl. Schriftsatz vom 27.08.2015, Seiten 99 ff. [S. 426 ff.]

nicht so recht entnehmen. Insbesondere räumt der Antragsteller selbst ein, dass

> „das Maß an Aggressivität der Antragsgegnerin gegen Asylbewerber [...] sich schwerlich in Zahlen fassen [lässt]."

Scheinbar ist er also selbst nicht in der Lage, die von der Antragsgegnerin angeblich ausgehende „Aggressivität" in irgendeiner Form zu quantifizieren, was schlicht und ergreifend darauf zurückzuführen ist, dass die Antragsgegnerin eben kein „aggressives" Verhalten an den Tag legt, sondern lediglich von ihrem verfassungsmäßigen Recht aus Art. 21 Abs. 1 GG Gebrauch macht, an der politischen Willensbildung des Volkes mitzuwirken. Nur weil die Forderungen der Antragsgegnerin in politisch korrekten Ohren „unsäglich" und „unerträglich" klingen, verleiht ihnen das noch lange keine „Aggressivität".

In diesem Zusammenhang echauffiert sich die Gegenseite hauptsächlich darüber, dass die Antragsgegnerin eine „diffamierende und hetzerische Rhetorik" gegen Asylbewerber betreibe. Hierzu wurde aber oben bereits festgestellt, dass Kritik am ausufernden Asylmissbrauch und der hochgradig rechts- und verfassungswidrigen Flüchtlingspolitik der Bundesregierung

> vgl. speziell hierzu die Ausführungen unten

verfassungsrechtlich nicht zu beanstanden, weil von der Meinungsfreiheit (Art. 5 Abs. 1 Satz 1 GG) gedeckt ist.

Hinsichtlich des Vorwurfs des Antragstellers, die Antragsgegnerin führe ja so viele Kundgebungen gegen Flüchtlingsheime durch, gilt das gleiche: Das Durchführen von Demonstrationen stellt nichts weiter als ein legitimes Gebrauchmachen vom Grundrecht auf Versammlungsfreiheit (Art. 8 Abs. 1 GG) dar und kann schwerlich als Verbotsgrund hergenommen werden.

Am meisten regt sich der Antragsteller freilich darüber auf, dass die Antragsgegnerin mit ihrem Anti-Asyl-Kurs erheblichen Zuspruch im Volk erzielt, was aber wiederum keinen Verbotsgrund darstellt, sondern vielmehr den vorliegend als Bundesrat in Erscheinung tretenden etablierten Parteien Anlass geben sollte, ihre Flüchtlingspolitik einmal kritisch zu hinterfragen.

Dass sich Asylbewerber durch diese Demonstrationen „eingeschüchtert" fühlen sollen, wird **bestritten**, weil die Antragsgegnerin zu keinem Zeitpunkt Drohungen oder dergleichen gegen Asylbewerber ausgesprochen hat und sich von Gewalt ausdrücklich distanziert. Soweit sich Asylbewerber an der physischen Präsenz von Mitgliedern und

Funktionären der Antragsgegnerin stören sollten, ist dies rechtlich irrelevant. Die Zulässigkeit der Grundrechtsausübung durch deutsche Staatsbürger steht nicht unter dem Vorbehalt der Befindlichkeiten von Asylbewerbern.

Schließlich trägt auch der Hinweis des Antragstellers auf die angeblich steigende Zahl von Angriffen auf Asylbewerberunterkünfte nicht, weil die Antragsgegnerin hiermit nichts zu tun hat und sich ausdrücklich von solchen Taten distanziert. Dass Mitglieder oder Funktionäre der Antragsgegnerin an derartigen Taten beteiligt gewesen wären, dazu aufgerufen oder sie gebilligt hätten, wird vom Antragsteller nicht einmal behauptet, geschweige denn bewiesen. Im Gegenteil wird sein Versuch, die Antragsgegnerin für diese Gewaltattacken in Kollektivhaftung zu nehmen, durch die von ihm vorgelegten Belege selbst widerlegt. So heißt es in der Stellungnahme des Bundeskriminalamtes in **Beleg 267 [S. 431]** (Schriftsatz vom 27.08.2015), Seite 16, ausdrücklich:

> „Konkrete Hinweise auf organisationsgesteuerte Gewaltstraftaten durch die jeweiligen Akteure und Parteien gegen Asylbewerber und Unterkünfte liegen nicht vor. Genauso wenig sind bislang Kausalzusammenhänge zwischen entsprechenden Demonstrationen und konkreten Übergriffen auf die im Kontext stehenden Einrichtungen nachweisbar"

Damit ist die Diskussion an sich schon beendet, denn Kausalität als zwar nicht hinreichende, aber doch notwendige Bedingung für eine Zurechnung gleich welcher Art muss schon mindestens vorliegen, wenn man ein Verhalten staatlicherseits mit Sanktionen (hier: Parteiverbot) überziehen will. Wenn aber die staatlichen Sicherheitsbehörden selbst zu dem Ergebnis gelangen, die Proteste der Antragsgegnerin seien eben nicht ursächlich für die genannten Gewaltattacken, dann ist dieser gesamte Themenkomplex für das vorliegende Verfahren schlichtweg irrelevant.

Der im Schriftsatz vom 27.08.2015, Seite 104 f. [S. 430], diesbezüglich bereits antizierte Einwand des Antragstellers:

> „Inwiefern eine wissenschaftlich nachweisbare Kausalität zwischen dem Agieren der Antragsgegnerin und solchen Übergriffen besteht, muss hier nicht geklärt werden. Entscheidend ist, dass Übergriffe auf Asylunterkünfte eine konsequente Umsetzung der – im Folgenden unter III. dargestellten – Ideologie der Antragsgegnerin sind. Sie erfüllen die Intention der Antragsgegnerin, ethnisch Fremde aus Deutschland auszuschließen. Die aggressive und intensive Form der Agitation (dazu IV. ff.) trägt dazu bei, diese Intention in der gesellschaftlichen Wirklichkeit präsent zu machen, um sie schließlich in die Tat umzusetzen."

stellt den untauglichen Versuch dar, wissenschaftliche Logik mit juristischer Rabulistik zu vernebeln, so nach dem Motto: Wir können der Antragsgegnerin zwar nicht nachweisen, dass sie etwas mit den Angriffen auf Asylbewerberunterkünfte zu tun hat, aber da wir ja ihr „Geheimprogramm" kennen, wissen wir, dass sie sich heimlich darüber freut. Mit einem solchen argumentativen Unfug könnte der Antragsteller vielleicht die Heilige Inquisition überzeugen; eine verfassungs- und konventionsfeste Beweisführung vor einem Verfassungsgericht des 21. Jahrhunderts wird damit aber definitiv nicht gelingen.

Gleichwohl sollen zu den Vorwürfen des Antragstellers, die auf konkrete Vorfälle gestützt werden, in der gebotenen Kürze einige Worte gesagt werden:

I. Schriftverkehr

aa) Gewaltanwendung bei einer NPD-Demonstration in Dresden am 24. Juli 2015

Die Behauptungen des Antragstellers auf den Seiten 111 ff. [S. 435 ff.] des Schriftsatzes vom 27.08.2015 werden nach Maßgabe des nachfolgenden Vortrags **bestritten**.

Gegen 11 Uhr des 24.07.2015 zeigte der Zeuge B. die Kundgebung unter dem Motto „Asylflut stoppen – Nein zur Zeltstadt auf der Bremer Straße!" für den gleichen Abend 18.30 Uhr beim Dresdner Ordnungsamt als Eilversammlung an. Nachmittags bekam der Zeuge B. einen Anruf von Frau B. von der Versammlungsbehörde, die ihm mitteilte, dass die Kundgebung nicht direkt vor der Zeltstadt stattfinden könne, da der Platz angeblich freigehalten werden müsse und stattdessen auf die andere Straßenseite verlegt wird. Damit erklärte sich der Zeuge B. einverstanden

Beweis: Zeugnis des Herrn B., zu laden über die Antragsgegnerin.

Gegen 18.00 Uhr rief Frau B. den Zeugen B. nochmals an und fragte, wann er kommen würde, da inzwischen viele Gegendemonstranten vor Ort wären und direkt vor der Zeltstadt (dem Platz, welcher Herrn B. zuvor versagt worden war!) eine Spontanversammlung angemeldet hätten

Beweis: wie vor.

Gegen 18.15 Uhr kam der Zeuge B. selbst vor Ort an und teilte sowohl der Frau B. als auch dem Einsatzleiter der Polizei, Herrn G., mit, dass er mit der Gegendemonstration in nur 6 bis 7 Metern Entfernung auf der anderen Straßenseite nicht einverstanden sei. Polizei und Ordnungsamt bezichtigten sich daraufhin gegenseitig, dafür verantwortlich zu sein

Beweis: wie vor.

Auffällig war bereits zu diesem Zeitpunkt die geringe Anzahl von Einsatzkräften der Polizei, die mit nur etwa 30 Beamten vor Ort war. In Anbetracht der Tatsache, dass sich auf der Seite der Kundgebung der Antragsgegnerin ca. 250 Personen und auf der Gegenseite nochmals etwa 150 Personen in absoluter Nahdistanz gegenüberstanden, war dies eine extrem geringe Zahl an Polizeibeamten

Beweis: Zeugnis des Herrn B., zu laden über die Antragsgegnerin, sowie der anwesenden Polizeibeamten.

Die Kundgebung der Antragsgegnerin begann gegen 18.45 Uhr und dauerte etwa eine Stunde. Es kam immer wieder zu verbalen Auseinandersetzungen mit der Gegenseite, insgesamt blieb die Lage aber ruhig. Der Zeuge B. ermahnte die Teilnehmer mehrmals per Lautsprecher, sich nicht provozieren zu lassen. Kurz vor Beendigung der Kundgebung tat er dies nochmals

Beweis: wie vor.

Wenige Minuten später, nachdem er die Versammlung geschlossen hatte und die Lautsprecheranlage abgebaut war, kam es zu einer kurzen Eskalation, welche jedoch dadurch verursacht wurde, dass aus der linken Gegendemonstration heraus ein Wurfgeschoss geworfen worden war

Beweis: wie vor.

Diese Eskalation dauerte nur etwa 20 bis 30 Sekunden; neben Plastikflaschen wurde auch eine Warnbake geworfen. Anschließend kam es noch zu einigen verbalen Auseinandersetzungen, jedoch ereigneten sich keine körperlichen Attacken.

Dass es in Fällen nahe beieinander gelegener Demonstrationen und Gegendemonstrationen zu verbalen Angriffen kommt und Linksextremisten versuchen, Demonstrationsteilnehmer der Antragsgegnerin durch das Werfen von Gegenständen zu provozieren, ist allgemein bekannt und spricht nicht gegen die Antragsgegnerin. Vielmehr müssen sich Polizei und Ordnungsamt die Frage stellen lassen, weshalb sie beide Kundgebungen nur wenige Meter auseinander positioniert und nur einen Bruchteil der eigentlich erforderlichen Polizeikräfte eingesetzt haben.

Die Behauptung des Antragstellers, in der Nacht zum 28.07.2015 hätten rund 20 Rechtsextremisten in der Nähe der Flüchtlingsunterkunft 15 Asylbefürworter attackiert und dabei einen 25-jährigen Mann verletzt

vgl. Schriftsatz vom 27.08.2015, Seite 113 [S. 436] iVm. **Belegen 282 bis 289** (Schriftsatz vom 27.08.2015)

wird ebenso **m i t N i c h t w i s s e n b e s t r i t t e n** wie die weitere Behauptung, beim Aufbau der Zeltstadt ab dem 23. 07. 20.15 wäre es zudem zu Angriffen auf Mitarbeiter des DRK durch Asyl-Gegner gekommen

vgl. Schriftsatz vom 27.08.2015, Seite 113 [S. 436] iVm. **Belegen 282 bis 289** (Schriftsatz vom 27.08.2015).

Die Antragsgegnerin kann sich zu diesen Vorfällen nicht erklären, da sie damit nichts zu tun hat. Wie der Antragsteller selbst einräumt, konnten die Täter unerkannt entkommen, sodass nicht nachgewiesen ist, dass es sich um Mitglieder oder Funktionäre der Antragsgegnerin handelt. Unabhängig davon distanziert sich die Antragsgegnerin von solchen Gewalttaten.

bb) Die Schneeberger „Lichtelläufe"

Was an den „Schneeberger Lichtelläufen" verfassungsrechtlich zu beanstanden soll, bleibt unklar. Dass ein NPD-Funktionär mit einem Bürgermeister ins Gespräch kommen will und diesem daher ein entsprechendes Angebot unterbreitet, ist ein völlig normaler Vorgang.

cc) Leipzig: Proteste gegen eine Moschee und die Unterbringung von Asylbewerbern

Ebenso wenig erschließt sich, worin eine „Bedrängung" der Leipziger Stadtspitze liegen soll, wenn dem Bürgermeister Unterschriften besorgter Bürger übergeben werden

vgl. Schriftsatz vom 27.08.2015, Seite 116 [S. 439] iVm. **Beleg 302** (Schriftsatz vom 27.08.2015).

Die übrigen Belege beziehen sich ausschließlich auf von Art. 5 Abs. 1 Satz 1 und Art. 8 Abs. 1 GG geschützte Demonstrationen, die daher verbotsverfahrensverfahrenstechnisch irrelevant sind. Gewalttätige Aktionen der Antragsgegnerin werden vom Antragsteller insofern nicht einmal behauptet.

dd) Proteste gegen die Nutzung des Spreehotels in Bautzen als Asylbewerberunterkunft

Die Unterstellung eines von der Antragsgegnerin ausgehenden „Drohpotentials" liegt neben der Sache. Richtig ist, dass Mitglieder und Funktionäre der Antragsgegnerin von ihrem guten Recht Gebrauch machen, potentielle Vermieter von Flüchtlingsunterkünften zum Nachdenken anzuregen und sie aufzufordern, entsprechende Räumlichkeiten nicht zur Flüchtlingsunterbringung zur Verfügung zu stellen. Die in Beleg 309 [S. 440] (Schriftsatz vom 27.08.2015) angekündigte „Ausschöpfung aller friedlich-legalen Protestformen von der Flugblatt-Verteilung bis zur Mahnwache und Demonstration" ist die Ankündigung bürgerschaftlichen Engagements und stellt keine Drohung dar.

Die Behauptungen des Journalisten L. in **Beleg 311** [S. 441] (Schriftsatz vom 27.08.2015) hinsichtlich der Demonstration am 08.09.2014 in Bautzen werden **bestritten**, insbesondere die Behauptungen, die Veranstaltung sei „enorm aggressiv, laut und unkontrollierbar" verlaufen, es sei ein Hitlergruß gezeigt worden und es seien die Worte „Weg mit linkem Gezeter – 9 Millimeter" zu hören gewesen. Der Antragsteller mag Beweis durch zeugenschaftliche Vernehmung des zitierten Journalisten anbieten.

ee) Aufbau und Beteiligung der NPD an Bürgerprotesten in der Sächsischen Schweiz

Die insoweit vorgelegten Belege des Antragstellers sind durchweg substanzlos, weil der untaugliche Versuch unternommen wird, legitimen Protest verfassungsrechtlich zu kriminalisieren.

ff) „Gewalteskalation" infolge einer Demonstration am 21. August 2015 in Heidenau

Die Behauptungen des Antragstellers auf den Seiten 121 ff. [S. 442 ff.] des Schriftsatzes vom 27.08.2015 werden nach Maßgabe des nachfolgenden Vortrags **bestritten**.

Zunächst einmal ist festzustellen, dass sich die angeblichen Ausschreitungen, auf die der Antragsteller maßgeblich abhebt, nicht im Rahmen der von der Antragsgegnerin durchgeführten Kundgebung ereignet haben, sondern erst einige Stunden später. Bereits aus diesem Grunde ist es fernliegend, die Antragsgegnerin für die angeblichen Krawalle verantwortlich machen zu wollen.

Die Behauptung des Antragstellers, der Heidenauer Bürgermeisters O. sei vor seinem Haus aus der Demonstration heraus als „Volksverräter" beschimpft worden,

vgl. Schriftsatz vom 27.08.2015, Seite 122 [S. 443]

wird **bestritten**; Beweis bietet der Antragsteller insoweit nicht an.

Die – freilich gleichfalls ohne Beweisangebot in den Raum gestellte – Behauptung des Antragstellers, die Antragsgegnerin habe bereits während der von ihr organisierten Kundgebung einen

„Zettel mit der Information verteilt, sich eine halbe Stunde nach Versammlungsende in Kleingruppen in Richtung Erstaufnahmeeinrichtung zu begeben, um eine Blockade durchzuführen"

vgl. Schriftsatz vom 27.08.2015, Seite 122 [S. 443]

ist unwahr und wird ebenfalls **bestritten**. Ein solcher Zettel ist von Verantwortlichen der Antragsgegnerin nicht verteilt worden und ein solcher Zettel ist der Antragsgegnerin auch im Übrigen nicht bekannt. Der Antragsteller möge diesen angeblichen Zettel erst einmal vorlegen, bevor er den sächsischen Landesvorsitzenden B. in reichlich unverschämter Weise insoweit der Verbreitung „wahrheitswidriger" Behauptungen bezichtigt

vgl. Schriftsatz vom 27.08.2015, Seite 123 [S. 444].

Somit wären die angeblichen Krawalle, selbst wenn sie wie behauptet stattgefunden hätten, der Antragsgegnerin nicht zurechenbar.

Darauf kommt es aber gar nicht an, weil sich die Geschehnisse vor dem Baumarkt in Heidenau völlig anders zugetragen haben als vom Antragsteller behauptet:

Nach Beendigung der friedlichen NPD-Veranstaltung in der Innenstadt waren einzelne Bürger in der Stadt geblieben. Diese machten sich spontan und ohne Einwirkung der Antragsgegnerin mehrere Stunden nach Ende der NPD-Demonstration auf den Weg zu dem Baumarkt, in dem die Asylanten untergebracht werden sollten. Als gegen 23 Uhr die Busse mit den einzuquartierenden Asyl-Suchenden anrollten, setzte sich eine große Anzahl der Anwesenden auf die Straße, um die Zufahrt zu blockieren. Die Bürger taten somit genau das, was „linke" Antifa-Demonstranten regelmäßig und von der Polizei unbeanstandet regelmäßig tun, um deutsche Patrioten an der Ausübung ihres Grundrechts auf Versammlungsfreiheit zu hindern. Es handelte sich also um eine reine Sitzblockade, diesmal aber nicht um Bürgerrechte zu verletzen, sondern um gegen die Asyl-Politik der Bundesregierung zu protestieren und um den berechtigten Sorgen der Bürger Ausdruck zu verleihen. Im Gegensatz zu den meisten von der politischen Klasse bejubelten Antifa-Aktionen ging von der Heidenauer Sitzblockade keinerlei Gewalt aus

Beweis: Zeugnis der Damen und Herren A., K., H., N., S., S., S. und B., jeweils zu laden über die Antragsgegnerin.

Die mit einer Hundertschaft vertretene Polizei ging aber keineswegs in der Weise dagegen vor, wie von „linken" Sitzblockaden bekannt, sondern mit brachialer Gewalt und ohne jede Vorwarnung

Beweis: wie vor.

Bei den Antifa-Sitzblockaden verhält es sich in der Regel so, dass die Polizei sehr lange zögert, bis sie zur Auflösung schreitet, zumal sich häufig auch Prominente, wie Abgeordnete oder zum Teil höchste Amtsträger, an diesen Aktionen beteiligen. Dabei werden zunächst mehrmals polizeiliche Lautsprecheransagen durchgegeben, durch welche die Demonstranten aufgefordert werden, den Platz frei zu machen. Zu einer tatsächlichen Räumung kommt es meistens gar nicht, da regelmäßig nach polizeilicher Verlautbarung hierfür die „Verhältnismäßigkeit" fehle. Wenn in Ausnahmefällen doch eine Räumung stattfindet, erfolgt sie in der Weise, dass die Demonstranten von den Polizeibeamten einzeln weggetragen werden.

In Heidenau hingegen ging die angerückte Polizei-Hundertschaft ganz plötzlich, ohne jede Vorwarnung mit extremer Gewalt gegen die Blockadeteilnehmer vor. Die Polizeibeamten schlugen dabei rücksichtslos mit Schlagstöcken auf die Menschen ein und setzten Tränengas ein

Beweis: wie vor.

Eine Augenzeugin berichtet sogar, dass ein Polizist eine Flasche nach ihr und ihrem Ehemann geworfen habe

Beweis: Inaugenscheinnahme des Interviews von DS-TV mit einer Augenzeugin, abrufbar unter https://www.youtube.com/watch?v=cLC-DigTgjg bzw. zeugenschaftliche Vernehmung derselben.

Dadurch – und nur dadurch – kam es binnen Minuten zu einer verhängnisvollen Eskalation, bei der die Demonstranten wegen ihrer erheblichen Überzahl am Anfang „im Vorteil" waren, sodass sich die Polizei zunächst zurückziehen musste. Wenn es bei einer derartigen Eskalation auch zu Übergriffen seitens einzelner Demonstranten gekommen sein mag, sollte niemanden wirklich überraschen. Höchst wahrscheinlich waren auch VS- oder Polizei-Provokateure in Zivil anwesend, die durch entsprechende Handlungen und Parolen die Stimmung anheizten. Der Antragsteller möge von daher in geeigneter Weise belegen, dass dem nicht so war.

Im Falle Heidenau bedarf es aber im Grunde gar nicht der Annahme anonymer Einzelprovokateure, um von einer behördlichen Provokation auszugehen. Allein schon das Verhalten der uniformierten Polizei war so unprofessionell, so ungewöhnlich und wich so gravierend von der üblichen Polizeitaktik ab, dass mit Sicherheit von einer „von oben" angeordneten Provokation ausgegangen werden kann, um den legitimen Protest gegen die Asylpolitik der Bundesregierung zu kriminalisieren und mundtot zu machen.

Wenn die Polizei aber – offenbar auf Weisung von „oben" – eine knallharte Eskalationstaktik fährt und friedliche Demonstranten angreift, dann darf man sich nicht wundern, wenn diese Demonstranten sich schließlich zur Wehr setzen.

gg) Aufsuchen von Asylunterkünften durch NPD-Funktionäre

Der Vorwurf des Antragstellers, das persönliche Aufsuchen von Flüchtlingsunterkünften durch Funktionäre der Antragsgegnerin sei

„eine besonders aggressive Form der Umsetzung der ideologischen und strategischen Postulate der Antragsgegnerin"

und ziele darauf ab,

„den Dominanzanspruch der Antragsgegnerin zum Ausdruck zu bringen, indem sie in den Privatbereich der Asylbewerber eindringt"

vgl. Schriftsatz vom 27.08.2016, Seite 129 [S. 448]

gehört in die Kategorie „grober Unfug".

Zunächst einmal wurden die genannten Begehungen von Asylbewerberunterkünften nicht von irgendwelchen Funktionären der Antragsgegnerin durchgeführt, sondern von gewählten Abgeordneten in den Landtagen von Sachsen und Mecklenburg-Vorpommern sowie von kommunalen Mandatsträgern im Rahmen des ihnen zustehenden parlamentarischen Kontrollrechts. Das Landesverfassungsgericht Mecklenburg-Vorpommern hat hierzu verbis festgestellt hat:

> „Aus der in der Aufgabenzuweisung der Landesverfassung an das Verfassungsorgan Landtag u. a. enthaltenen Befugnis zur ‚Kontrolle der Tätigkeit der Regierung und der Landesverwaltung' (Art. 20 Abs. 1 Satz 3 LV) und zur ‚Behandlung öffentlicher Angelegenheiten' (Art. 20 Abs. 1 Satz 4 LV) allgemein in Verbindung mit dem generellen Status eines Mitglieds des Landtages (Art. 22 Abs. 1 und 2 LV) und dessen im Einzelnen gegenüber der Exekutive statuierten Rechten (Art. 39, Art. 40 LV) ergibt sich im Grundsatz auch ein verfassungsunmittelbares (Selbst)Informationsgewinnungsrecht, das nachgeordnete Einrichtungen des Landes und den Zugang zu diesen einschließt.
>
> [...]
>
> Bestätigt wird diese Auffassung durch eine seit Jahrzehnten unbestritten geübte entsprechende parlamentarische Praxis, in deren Rahmen auch Besuche von Abgeordneten unmittelbar bei Landesbehörden unabhängig von einer ausdrücklichen Verankerung in der Landesverfassung üblich sind und ein Recht der Abgeordneten dazu von niemandem in Frage gestellt wird. Dies gilt wie nicht zuletzt die in das vorliegende Verfahren eingebrachten Beispiele zeigen auch in Mecklenburg-Vorpommern."

vgl. LVerfG M-V vom 27.08.2015, Az.: LVerfG 4/15 e. A., Seite 9 f. des amtlichen Entscheidungsumdrucks.

Der Besuch von Flüchtlingsunterkünften durch gewählte Abgeordnete ist also eine seit Jahren bei sämtlichen Fraktionen anzutreffende gängige Praxis, sodass nicht erkennbar ist, wieso ein von den Mandatsträgern der Antragsgegnerin durchgeführter Besuch einer entsprechenden Unterkunft irgendjemanden „einschüchtern" oder ein Zeichen von „Dominanz" sein sollte. Dass sich jemand durch die Präsenz der Abgeordneten der Antragsgegnerin „bedroht" oder „eingeschüchtert" gefühlt habe, wird **bestritten**, vielmehr legt gerade der Umstand, dass sich einige Bewohner mit dem Münchner Stadtrat Karl Richter sogar noch haben fotografieren lassen

vgl. Schriftsatz vom 27.08.2015, Seite 129 [S. 449],

die Vermutung nahe, dass die Bewohner den Besuch des Stadtrats als angenehm und unterhaltsam empfunden haben. Eine angebliche Geringschätzung des Herrn Karl Richter gegenüber den Bewohnern kann der als **Beleg 342** [S. 449] (Schriftsatz vom 27.08.2015) vorgelegten Verlautbarung des Herrn Richter nicht entnommen werden.

Der gegen die ehemaligen Mitglieder der Sächsischen Landtagsfraktion gerichtete Vorwurf, die Fraktionsmitglieder hätten wahrheitswidrig falsche Tatsachen vorgetäuscht, um sich den Zugang zu erschleichen

vgl. Schriftsatz vom 27.08.2015, Seite 130 [S. 450],

ist zurückzuweisen. Wäre dergleichen tatsächlich erfolgt, wären wohl Ermittlungen wegen des Verdachts der Amtsanmaßung eingeleitet worden.

e) Angebliche Straffälligkeit der Funktionäre der Antragsgegnerin

Soweit die Gegenseite behauptet, ein Großteil der Funktionäre der Antragsgegnerin sei vorbestraft und offenbare dadurch mangelnde Rechtstreue, ist dem entschieden zu widersprechen. Richtig ist, dass es vereinzelt zu Verurteilungen von Funktionären gekommen ist, wobei es sich in der allergrößten Zahl der Fälle um reine Meinungs- und Propagandadelikte handelt (§ 86a StGB, § 130 StGB), die per se nur von politisch rechtsstehenden Personen begangen werden können.

Die Behauptung des Antragstellers, 25 % der Vorstandsmitglieder der Antragsgegnerin seien rechtskräftig strafrechtlich verurteilt ist und über 11 % der Vorstandsmitglieder seien schon mehrfach verurteilt worden

vgl. Seite 89 f. [S. 102 f.] der Antragsschrift

wird mit Nachdruck **bestritten**. Der Antragsteller möge darlegen, wie er auf diese Zahlen gekommen sein will, und entsprechenden Beweis antreten. Zu Recht der Senat in seiner Terminsladung vom 07.12.2015 aber bereits schon darauf hingewiesen, dass die vom Antragsteller als Anlage 5 zur Antragsschrift vorgelegte Übersicht und Statistik über strafrechtliche Verurteilungen von Bundes- und Landesvorstandsmitgliedern der Antragsgegnerin in anonymisierter Form nicht verwertbar ist. Soweit der Antragsteller meint, dieses Manko durch Vorlage der Anlage 3 zum Schriftsatz vom 11.02.2016 behoben zu haben, so befindet er sich im Irrtum. Zum einen wird lediglich eine nichtssagende Tabelle vorgelegt, nicht hingegen die entsprechenden Urteile und auch keine Bundeszentralregisterauszüge. Diese wären aber allein schon deshalb erforderlich, um einen eventuellen politischen Hintergrund der behaupteten Straftat eruieren zu können. Straftaten ohne politischen Hintergrund sind im vorliegenden Verfahren nämlich irrelevant.

Lichdi hat für die vorgenannte Statistik die treffenden Worte gefunden:

„Die Antragsschrift möchte eine ‚aktiv kämpferische aggressive Grundhaltung' der NPD mit Straftaten ihrer Vorstandsmitglieder in Bund und Ländern belegen. Ein Viertel sei rechtskräftig verurteilt, davon ein ‚immer noch beachtlicher Teil' wegen Gewaltkriminalität: Auf den ersten Blick beeindruckend, doch eine Analyse der wohlweislich nicht veröffentlichten Statistik belehrt eines Besseren. Die Zahl von knapp einem Drittel wegen Körperverletzungsdelikten verurteilter Vorstandsmitglieder reduziert sich, bezogen auf alle Vorstandsmitglieder, auf gut 7 Prozent. Die Angaben schließen zudem Vorstände von Nebenorganisationen wie den ‚Jungen Nationaldemokraten (JN)' ein und reichen ‚bis in die 90er Jahre' zurück. Bei 176 erfassten Personen sind damit in etwa 20 Jahren insgesamt 12 Personen rechtskräftig wegen Körperverletzungsdelikten verurteilt worden. Zu Freiheitsstrafen ohne Bewährung wurden 1,7 Prozent der Vorstandsmitglieder seit den 90er Jahren verurteilt, das heißt zwei bis drei Personen!"

vgl. Lichdi, Sächsische Szenen: Wie das Versagen der Zuständigen die Demokratie gefährdet, in: Meier [Hrsg.], NPD-Verbot – Ein deutsches Staatstheater in zwei Akten, Seite 207 f.

Völlig absurd wird es schließlich, wenn der Antragsteller etwa unter der Überschrift „rechtswidriges Verhalten führender Parteimitglieder" zuallererst auf Urteile des Sächsischen Verfassungsgerichtshofs verweist, [...]

vgl. Seite 85 [S. 100] der Antragsschrift.

Die verfassungsgerichtliche Billigung parlamentarischer Ordnungsmittel im Organstreitverfahren kann wohl schwerlich als „Verurteilung" gewertet werden.

aa) Verurteilung von P. wegen Volksverhetzung (Aschermittwochsrede 2009)

Die vom Antragsteller ins Feld geführte Aschermittwochsrede von P. aus dem Jahre 2009

vgl. Seite 86 [S. 101] der Antragsschrift,

wegen der Herr P. verurteilt wurde, ist nach richtiger Rechtsauffassung nicht strafbar und damit nicht rechtswidrig. Wegen der weiteren Einzelheiten wird auf das beim Bundesverfassungsgericht in dieser Sache anhängige Verfassungsbeschwerdeverfahren 1 BvR 1966/11 verwiesen, sowie auf das parallel hierzu anhängige Verfassungsbeschwerdeverfahren bei dem Verfassungsgerichtshof des Saarlandes Lv 14/11.

> **Beweis:** Beiziehung der Akten des Bundesverfassungsgerichts in dem Verfassungsbeschwerdeverfahren 1 BvR 1966/11 und des Verfassungsgerichtshofs des Saarlandes in dem Verfassungsbeschwerdeverfahren Lv 14/11.

Solange über diese Verfassungsbeschwerden nicht entschieden und damit weiterhin offen ist, ob die zugrundeliegenden Äußerungen vom Grundrecht auf Meinungsäußerungsfreiheit gedeckt sind, können diese nicht gegen die Antragsgegnerin verbotsbegründend ins Feld geführt werden.

Jedenfalls muss das erkennende Gericht eine eigene rechtliche Bewertung dieses Vorfalls durchführen, weil es seiner hier zu treffenden Entscheidung gemäß § 33 Abs. 2 BVerfGG lediglich die tatsächlichen Feststellungen eines fachgerichtlichen Urteils zugrunde legen kann, nicht hingegen dessen rechtliche Bewertung.

bb) Verurteilung von P. wegen Holocaust-Leugnung

Die unter Hinweis auf eine entsprechende Verurteilung des Landgerichts Schwerin vom Antragsteller aufgestellte Behauptung, Herr P. habe den Holocaust geleugnet, ist nachweislich unwahr, weil die genannte landgerichtliche Verurteilung auf einer evident willkürlichen Rechtsanwendung beruht und Herrn P. das sprichwörtliche Wort im Munde rumgedreht wurde. Tatsächlich hatte es mit dieser angeblichen Holocaust-Leugnung folgende Bewandtnis:

Am 27.01.2010 hielt Herr P. in seiner Eigenschaft als Landtagsabgeordneter im Landtag Mecklenburg-Vorpommern zum Tagesordnungspunkt „Gedenken an die Opfer der der größten Katastrophe der deutschen Seefahrtsgeschichte" eine Rede, wegen deren komplettem Wortlaut die Beiziehung der Akten des erkennenden Gerichts in dem Verfassungsbeschwerdeverfahren 2 BvR 2636/13 angeregt wird

> **Beweis:** Beiziehung der Akten des Bundesverfassungsgerichts in dem Verfassungsbeschwerdeverfahren 2 BvR 2636/13.

Entsprechend den obigen Ausführungen ist diese Rede des Herrn P. im vorliegenden Verfahren bereits nicht verwertbar, weil es sich um eine der Indemnität unterfallende Landtagsrede handelt, für die Herr P. weder unmittelbar noch mittelbar zur Verantwortung gezogen werden darf.

Dass unabhängig davon in den vorzitierten Worten aber auch gar keine Leugnung des Holocaust zu erkennen ist, ergibt sich schon daraus, dass die seinerzeitige Strafkammer die Grundaussage der verfahrensgegenständlichen Rede überhaupt nicht erfasst und vollkommen fehlinterpretiert hat und deshalb die angeklagten Tatbestände überhaupt nicht erfüllt sind. Die Rede des Herrn P. ist nämlich bei Lichte betrachtet gerade nicht als „Holocaust-Leugnung" auszulegen, zumindest sind auch andere, nicht zur Strafbarkeit führende Deutungsvarianten möglich.

In diesem Zusammenhang ist es angezeigt, sich nicht, wie es die Strafkammer getan hat, auf aus dem Zusammenhang gerissene Wortfetzen zu kaprizieren und darum dann ergebnisorientiert eine Strafbarkeit zu konstruieren, sondern die Rede einmal ganz unvoreingenommen in ihrer Gesamtheit zu betrachten. Hierzu hat das BVerfG – wie oben bereits erwähnt – klargestellt:

> „Voraussetzung jeder rechtlichen Würdigung von Äußerungen ist hierbei, dass ihr Sinn zutreffend erfasst worden ist. Ziel der Deutung ist die Ermittlung des objektiven Sinns einer Äußerung. Maßgeblich ist daher weder die subjektive Absicht des sich Äußernden noch das subjektive Verständnis der von der Äußerung Betroffenen, sondern der Sinn, den sie nach dem Verständnis eines unvoreingenommenen und verständigen Publikums objektiv hat. Dabei ist stets von dem Wortlaut der Äußerung auszugehen. Dieser legt ihren Sinn aber nicht abschließend fest. Er wird vielmehr auch von dem sprachlichen Kontext, in dem die umstrittene Äußerung steht, und ihren **Begleitumständen** [Hervorhebung durch Unterzeichner, Anm.] bestimmt, soweit diese für den Rezipienten erkennbar sind (vgl. BVerfGE 93, 266 ⟨295⟩)."

vgl. BVerfG vom 25.03.2008, Az.: 1 BvR 1753/03. Rn. 32, zitiert nach www.bverfg.de.

Führt die hiernach vorgenommene Auslegung zu keinem eindeutigen Ergebnis, sondern sind verschiedene Deutungsvarianten denkbar, gilt nach dem BVerfG folgendes:

> „Bei der Überprüfung zivilrechtlicher oder strafrechtlicher Sanktionen geht das Bundesverfassungsgericht von dem Grundsatz aus, dass die Meinungsfreiheit verletzt wird, wenn ein Gericht bei mehrdeutigen Äußerungen die zur Verurteilung führende Bedeutung zugrunde legt, ohne vorher andere mögliche Deutungen, die nicht völlig fern liegen, mit schlüssigen Gründen ausgeschlossen zu haben (vgl. BVerfGE 82, 43 ⟨52⟩; 107, 275 ⟨282⟩; 114, 339 ⟨349 f.⟩; BVerfG, Beschluss der 1. Kammer des Ersten Senats vom 12. November 2002 – 1 BvR 232/97 –, NJW 2003, S. 660 ⟨661⟩). Mit Art. 5 Abs. 1 GG wäre es nicht vereinbar, wenn Meinungsäußerungen mit dem Risiko verbunden wären, wegen einer nachfolgenden Deutung einer Äußerung durch die Strafgerichte verurteilt zu werden, die dem objektiven Sinn dieser Äußerung nicht entspricht. Denn der Äußernde darf in der Freiheit seiner Meinungsäußerung nicht aufgrund von Meinungen eingeengt werden, die er zwar hegen oder bei anderer Gelegenheit geäußert haben mag, aber im konkreten Fall nicht kundgegeben hat (vgl. BVerfGE 82, 43 ⟨52 f.⟩). Diese verfassungsrechtlichen Anforderungen schließen zwar nicht aus, dass die Verurteilung auf ein Auseinanderfallen von sprachlicher Fassung und objektivem Sinn gestützt wird (vgl. BVerfGE 93, 266 ⟨303⟩), wie dies insbesondere auf in der Äußerung verdeckt enthaltene Aussagen zutrifft. Eine solche Interpretation muss aber unvermeidlich über die reine Wortinterpretation hinausgehen und bedarf daher der Heranziehung weiterer, dem Text nicht unmittelbar zu entnehmender Gesichtspunkte und Maßstäbe. Diese müssen mit Art. 5 Abs. 1 GG vereinbar sein (vgl. BVerfGE 43, 130 ⟨139 f.⟩). Auf eine im Zusammenspiel der offenen Aussagen verdeckt enthaltene zusätzliche Aussage dürfen die Verurteilung zu einer Sanktion oder vergleichbar einschüchternd wirkende Rechtsfolgen daher nur gestützt werden, wenn sich die verdeckte Aussage dem angesprochenen Publikum als unabweisbare Schlussfolgerung aufdrängt (vgl. BVerfG, Beschluss der 1. Kammer des Ersten Senats vom 19. Dezember 2007 – 1 BvR 967/05 –, JURIS, Rn. 29). Hierfür müssen die Gerichte die Umstände benennen, aus denen sich ein solches am Wortlaut der Äußerung nicht erkennbares abweichendes Verständnis

ergibt. Fehlt es daran, so liegt ein Verstoß gegen Art. 5 Abs. 1 Satz 1 GG vor (vgl. BVerfGE 93, 266 ⟨302 f.⟩)."

vgl. BVerfG vom 25.03.2008, Az.: 1 BvR 1753/03. Rn. 33, zitiert nach www.bverfg.de.

Nach diesen Maßstäben erweist sich die Behauptung der Strafkammer, die Rede des Herrn P. könne nur als Holocaust-Leugnung aufgefasst werden und andere Deutungsvarianten seien nicht denkbar, als rechtsfehlerhaft:

Den nachfolgenden Rechtsausführungen ist zunächst folgende Textanalyse der verfahrensgegenständlichen voranzustellen:

Zu Beginn der vorliegenden Protokollaufzeichnung ruft die Landtagspräsidentin den Tagesordnungspunkt 27 auf: „Beratung des Antrages der Fraktion der NPD – Gedenken an die Opfer der größten Katastrophe der deutschen Seefahrtsgeschichte – Denkmal für die Toten der ‚Wilhelm Gustlow'".

Der Redner eröffnet mit einer Aufzählung von Verbrechen gegen die Menschlichkeit. Er erwähnt die Hexenverbrennungen sowie das „Abschlachten" von Indianern, tasmanischen Ureinwohnern und Palästinensern. Da die Rede von den Toten der „Wilhelm Gustloff" handelt, gehören offensichtlich diese in die Reihe der vom Redner aufgezählten Opfer. Dass hier „zwingend" die Erwähnung der Opfer des Holocaust zu erwarten gewesen wäre, wie das Amtsgericht Schwerin meint, ist abwegig. Hätte der Redner der Reihe die im Dritten Reich ermordeten Juden hinzugefügt, wäre dies von der Justiz mit hoher Wahrscheinlichkeit als Verharmlosung des Holocaust im Sinne einer Relativierung bewertet worden. Man hätte ihm vorgeworfen, die Singularität der systematischen Vernichtung der Juden zu leugnen, indem er den an ihnen begangenen Völkermord als einen von vielen hingestellt hätte. Es kann Herrn P. kaum angekreidet werden, dass er ein strafrechtlich bedenkliches Verhalten unterließ. Was er zum Ausdruck bringen wollte, war lediglich, dass Untaten wie die Versenkung der „Wilhelm Gustloff" leider immer wieder geschehen und nichts Einmaliges sind. Ähnliches stieß eben auch den Indianern, Palästinensern und Tasmaniern zu. Es handelte sich um eine Aufzählung nichtsingulärer Verbrechen.

Der Redner fährt mit der Bemerkung fort, dass nach solch schrecklichen Ereignissen gerne ein „Nie wieder" beschworen werde. Ein Mittel, Wiederholungen zu verhindern, sei das Gedenken. Er geht dann darauf ein, dass die anderen Parteien – an die er sich als seine Zuhörer wendet – am Vortag, dem 27.01.2010, dem offiziellen Gedenktag für die Befreiung von Auschwitz, der Opfer des Holocaust gedachten. „Das kann man tun", fügt er wörtlich hinzu. Und: „Aber, meine sehr verehrten Damen und Herren, neben diesen beklagenswerten Opfern gab es auch deutsche Opfer". Der Redner bezieht sich ausdrücklich auf die Opfer, denen die Gedenkfeier am Vortag galt. Damit gesteht er zu, dass es diese Opfer gegeben hat, und zwar nicht irgendwelche Opfer, sondern jene, um die es am 27.01. ging – die Opfer der systematischen Judenvernichtung. Dies ergibt sich auch ohne weiteres aus dem Ausdruck:

„auch" deutsche Opfer.

Der Redner geht dann auf Äußerungen historischer Persönlichkeiten ein, die gegen Deutsche gerichtet gewesen waren. Diese „wenigen Aussagen", wie er dann weiter ausführt, zeigten deutlich, dass „Ihr einseitiger Schuldkult längst die Musik von gestern sei". Er leugnet mit dieser Formulierung gar nichts. Es ist die „Einseitigkeit", die er kritisiert. Aufgrund dieser Einseitigkeit seien die Gedenkveranstaltungen der anderen Parteien „Betroffenheitstheater". Nicht, weil es den Holocaust nicht gegeben hätte, sondern weil die deutschen Opfer nicht gewürdigt würden. Dabei äußert Herr P. nichts, woraus sich schließen ließe, er würde die systematische Vernichtung der Juden und Verbrechen an Deutschen auf die gleiche Stufe stellen. Was er will, ist, dass die deutschen Opfer „auch" berücksichtigt würden. Deshalb fordert er ein Denkmal für die Toten der „Wilhelm Gustloff" und nicht etwa den Abriss von Denkmälern für die Holocaust-Opfer.

Dass die Bevölkerung so wenig Anteil am Holocaust-Gedenken nimmt, führt der Redner dann darauf zurück, dass der „*so genannte Holocaust politischen und kommerziellen Zwecken dienstbar gemacht*" werde und weil, wie er den anderen Parteien vorwirft, „*Sie Gedenkveranstaltungen für deutsche Opfer keinen Raum bieten wollen.*" Wieder prangert er die Einseitigkeit des Gedenkens an. Es sei darauf hingewiesen, dass er jedes Mal, wenn er dies tut, logischerweise das Gedenken für die nicht vernachlässigte „andere Seite" im Grundsatz billigt und die Existenz der Opfer des Holocaust zugesteht. Die Kritik an den realexistierenden Gedenkkultur der anderen Parteien richtet sich ausschließlich gegen diese und nicht etwa gegen die Toten. Diese können kein „Betroffenheitstheater" und keinen „Schuldkult" veranstalten. Der von der Verteidigung schon zitierte Autor B. ging sogar so weit, in einem „Spiegel"-Interview Auschwitz als „Rummelplatz des Grauens" zu bezeichnen. Auch diese Äußerung richtete sich natürlich nicht gegen die Opfer, sondern die Art und Weise, wie das Gelände des ehemaligen Vernichtungslagers mit Imbiss- und Souvenierbuden verschandelt wurde.

Nachdem der Redner immer wieder die Einseitigkeit des Gedenkens und die Vernachlässigung der deutschen Opfer gegeißelt hatte, spricht er von „Propagandalügen", denen das deutsche Volk seit dem Ende des zweiten Weltkrieges ausgesetzt sei. Er fährt fort: „Auch, was Sie gestern hier im Schloss wieder veranstaltet haben, war nichts anderes, als dem deutschen Volk ebenso raffiniert wie brutal ihre Auschwitzprojektionen überzustülpen". Und: „Sie, meine Damen und Herren, hoffen auf den Sieg der Lüge über die Wahrheit".

Wie das Amtsgericht in seiner Ausgangsentscheidung richtig sagte, sind diese im Zentrum der strafrechtlichen Vorwürfe stehenden Äußerungen im Rahmen der gesamten Rede zu deuten, unter Berücksichtigung dessen, was vorher gesagt wurde und was unmittelbar darauf folgte, nämlich die Aussage:

> „Längst ist die Zeit überfällig, dass wir in Deutschland zu einer ausgewogenen, ehrlichen und damit ehrenvollen, auch der deutschen Opfer gerecht werdenden Gedenkkultur zurückfinden."

Wieder will der Redner, dass „auch" der deutschen Opfer gedacht werde. Dass er mit den Begriffen „Lüge" und „Auschwitzprojektion" eine einseitige, deutsche Opfer unter den Tisch fallen lassende, sich ausschließlich auf Auschwitz konzentrierende Gesamtdarstellung der NS-Epoche meint, ist wesentlich nahe liegender als die Deutung des Amts- und des Landgerichtes Schwerin, er habe zum Ausdruck bringen wollen, der Holocaust an den Juden habe nicht stattgefunden.

Im weiteren Verlauf der Rede wirft er den anderen Parteien vor:

„Sie entlarven sich selbst, indem Sie bewusst den Holocaust an den deutschen Vertriebenen ausblenden."

Darin sieht er offenkundig die zuvor von ihm erwähnte „Lüge", und in der Tat kann eine Gesamtdarstellung, aus der bewusst wesentliche Bestandteile „ausgeblendet" würden, den Charakter einer Lüge haben, selbst wenn die verbliebenen, nicht weg gelassenen Elemente der Wahrheit entsprächen.

Das Landtagsplenum hat dann auch keine Holocaustleugnung in den Äußerungen des Herrn P. gesehen. Als der Redner vom „Sieg der Lüge über die Wahrheit" sprach, fragte der SPD-Fraktionsvorsitzende Dr. N. drei Mal nach: „Welche Lüge meinen Sie?" Er stellte im Nachhinein auch keine Strafanzeige gegen Herrn P. wegen Holocaustleugnung, genauso wenig wie die Landtagspräsidentin trotz ihrer Ankündigung, die Rede rechtlich prüfen lassen zu wollen.

Während der gesamten Sitzung befand sich Herr B., ein Mitarbeiter des juristischen Dienstes des Landtages, in ihrer unmittelbaren Nähe, ebenfalls, ohne während der Rede des Herrn P. eine Holocaustleugnung zu unterstellen oder hernach eine Strafanzeige zu stellen.

Aus der Gesamtwürdigung der Rede ergibt sich, selbst wenn man die konkreten Begleitumstände nicht berücksichtigte, dass andere Deutungen der Äußerungen des Herrn P. als die des Landgerichts Schwerin nicht mit nachvollziehbaren Gründen ausgeschlossen werden können. Es kann nicht plausibel ausgeschlossen werden, dass Herrn P. die Einseitigkeit des Gedenkens und die von ihm so gesehene Nichtbeachtung deutscher Opfer in Verbindung mit zweifelhaften Motiven und mangelnder Ernsthaftigkeit der offiziell Gedenkenden als Lüge gewertet hat. Dies ist im Gegenteil die wesentlich näherliegende Deutung.

Es kann nicht wegdiskutiert werden, dass Herr P. mehrfach zugestand, dass es den Holocaust gegeben hat, und zwar jedes Mal, wenn er sich gegen die Einseitigkeit des Gedenkens wandte, und jedes Mal, wenn er forderte, dass deutscher Opfer „auch" gedacht werden solle. Das ist eine Frage der Denklogik. Das bereits existierende Gedenken, das den jüdischen Opfern des Holocaust gilt, wollte er ergänzt sehen durch das Gedenken an deutsche Opfer, aber nicht beseitigt.

Hinzugefügt sei, dass ausschließlich die Verstorbenen durch § 189 StGB geschützt sind. Die Vorschrift will nicht lebende Personen, die Gedenkveranstaltungen durchführen, und deren Gefühle vor Kritik an der konkreten Ausgestaltung der Gedenkkultur oder Zweifeln an der Ernsthaftigkeit ihrer Motive schützen. Deshalb stellt es keine besonders schwerwiegende Herabsetzung der Verstorbenen dar, wenn Gedenkaktivitäten von Politikern als „Schuldkult" oder „Betroffenheitstheater" bezeichnet werden.

Abschließend ist noch auf folgendes hinzuweisen: Sowohl das Amts- als auch das Landgericht versuchen, Herrn P. aus der Verwendung der Formulierung „der so genannte Holocaust" einen Strick zu drehen und eine strafrechtlich relevante Holocaust-Leugnung zu konstruieren. Die Formulierung „so genannt" bringe nämlich zum Ausdruck, dass Herr P. den Holocaust nicht als feststehendes geschichtliches Ereignis anerkenne. Diese Lesart ist insofern interessant, als auch die Staatsanwaltschaft Schwerin in der Anklageschrift des vorliegenden Verfahrens vom „so genannten Dritten Reich" spricht

Beweis: Beiziehung der Akten des Bundesverfassungsgerichts in dem Verfassungsbeschwerdeverfahren 2 BvR 2636/13.

Nach der „Logik" von Amts- und Landgericht müsste nun auch ein Ermittlungsverfahren gegen die die Anklageschrift unterzeichnende Oberstaatsanwältin B. wegen § 130 Abs. 4 StGB bzw. §§ 187, 189 StGB eingeleitet werden, denn wenn die Formulierung „so genannt" bedeutet, dass etwas nicht als feststehendes geschichtliches Ereignis anerkannt wird, dann erkennt die Frau Oberstaatsanwältin B. offensichtlich das als historisch feststehende und keines Beweises mehr bedürfende „Dritte Reich" nicht als solches an. Wer aber die Existenz des „Dritten Reichs" leugnet, der leugnet inzidenter natürlich auch die von den Verantwortlichen des „Dritten Reichs" verübten einmaligen Verbrechen und Gräueltaten. Um dem gegen die mecklenburg-vorpommersche Justiz im Raum stehenden Vorwurf, sie würde mit zweierlei Maß messen, glaubwürdig entgegenzutreten, müsste nun also entweder umgehend ein Ermittlungsverfahren gegen die Frau Oberstaatsanwältin B. eingeleitet werden oder aber man muss endlich damit aufhören, Herrn P. aus objektiv harmlosen Äußerungen mittels schon geradezu peinlich anmutender Rabulistik und Wortklauberei juristische Stricke drehen zu wollen.

Diese differenzierten Überlegungen waren der seinerzeitigen Strafkammer aber augenscheinlich zu viel Arbeit, weshalb er dergleichen gar nicht erst angestellt hat. Die umfangreiche und detaillierte Textanalyse, welche in der Hauptverhandlung am 25.03.2013 vom Mitverteidiger, Herrn RA Michael Andrejewski, zu den Akten gereicht wurde, würdigt das Landgericht in den Urteilsgründen mit keinem Wort. Das Landgericht greift sich vielmehr nur ein paar Worte und Satzbausteine aus der Rede des Herrn P. heraus, reißt diese aus dem Zusammenhang, biegt sie sich so zurecht, dass sie eine Verurteilung tragen und wischt alle Gegenargumente und alternativen Deutungsvarianten einfach mit der Erwägung beiseite, dass die insoweit von der Verteidigung vorgebrachten alternativen Deutungsmöglichkeiten „nicht überzeugend" seien und die Rede des Herrn P. nicht „schön reden" könnten.

Dass die Strafkammer bei der Auslegung der verfahrensgegenständlichen Rede keine ergebnisoffene Auslegung auf der Basis der vom BVerfG aufgestellten Maßstäbe betreibt, sondern von Anfang an auf ein gewünschtes Ergebnis, nämlich die angebliche Holocaust-Leugnung hinargumentiert, wird schon ganz zu Beginn der Ausführungen unter Punkt V. der Urteilsgründe mehr als deutlich, wo der Vorsitzende bereits im ersten Satz schweres Geschütz auffährt:

> „Der Angeklagte behauptet, dass die mit Auschwitz verknüpfte Judenvernichtung nicht oder jedenfalls nicht so stattgefunden hätte, wie historisch überliefert. Die mit Auschwitz verbundenen Greueltaten seien eine Lüge, eine Projektion. Die Lügen über Auschwitz würden seit dem Ende des Zweiten Weltkriegs dazu missbraucht, sonstigen politischen oder wirtschaftlichen Zielen zu dienen."

Das Landgericht macht sich dabei gar nicht erst die Mühe, einen Maßstab für die vorzunehmende Auslegung der Rede herauszuarbeiten und dann darunter unter Abwägung verschiedener möglicher Deutungsvarianten zu subsumieren, sondern prescht sofort mit höchst gewagten Thesen vor. Dies ist nicht nur handwerklich unsauber, sondern schlägt sich auch in der inhaltlichen Qualität der nachfolgenden „Argumentation" in der Urteilsbegründung nieder. Wörtlich führt der Vorsitzende auf Seite 12 der Urteilsbegründung aus:

> „Der Angeklagte selbst hat sich zu seiner Rede nicht geäußert, hat seine Botschaften nicht erläutert. Seine Verteidiger haben eigene Interpretationen des vermeintlichen Erklärungswertes der Rede abgegeben, die aber nicht überzeugen. Es ist nämlich unstreitig, dass die Rede des Angeklagten in den weit überwiegenden Teilen strafrechtlich ohne Belang ist – sei es, weil diese Teile keinen Straftatbestand verwirklichen, sei es, weil für den Angeklagten der persönliche Strafausschließungsgrund der Indemnität galt. Fehl geht indes der Versuch, mit diesen strafrechtlich nicht relevanten Teilen der Rede die unter III.2. dargestellten Passagen relativieren zu wollen."

An dieser Stelle kann man sich nur noch an den Kopf greifen: Das Gericht gesteht selbst zu, dass die Rede in weiten Teilen strafrechtlich nicht relevant ist. Anstatt daraus aber dann den Schluss zu ziehen, dass die von ihm als strafbar angesehenen Passagen im Hinblick auf die völlige Straflosigkeit des Restes der Rede nach einer umfassenden Gesamtbetrachtung sämtlicher Redepassagen und unter Berücksichtigung der Begleitumstände – wie etwa der Reaktionen der anwesenden Parlamentarier – möglicherweise auch in einer nicht zur Strafbarkeit führenden Art und Weise ausgelegt werden könnten, sieht der Kammervorsitzende die nicht strafbaren Teile scheinbar nur als lästige „Störfaktoren", die seiner schönen These von der „eindeutigen Holocaust-Leugnung" bitte schön nicht entgegenzuhalten seien.

Spätestens an dieser Stelle wäre jetzt der mittels der drei in der Hauptverhandlung gestellten Beweisanträge unter Beweis gestellte Umstand relevant geworden, dass mit Ausnahme des Kammervorsitzenden und der erstinstanzlich erkennenden Amtsrichterin kein Mensch die Rede des Herrn P. als „Holocaust-Leugnung" angesehen hat – nicht die Landtagspräsidentin, nicht das Landtagsjustitiariat, nicht die übrigen Abgeordneten, ja nicht einmal der zunächst ermittelnde Staatsanwalt, der das Verfahren ausdrücklich eingestellt hatte, weil er nichts Strafbares zu erkennen vermochte. Es mag durchaus sein, dass der objektive Erklärungswert der Rede nicht allein durch die Vernehmung einer einzelnen Person unter Stellung der Frage, wie sie die Rede verstanden hat, zu ermitteln ist. Wenn aber absolut niemand die Rede so verstanden hat, wie das Gericht behauptet, dass sie ausschließlich hätte verstanden werden können und müssen, dann muss hier wohl in der „Logik" des Gerichts ein Fehler vorliegen. Genau aus diesem Grund liegt es daher auch reichlich neben der Sache, wenn der Vorsitzende auf Seite 12 der Urteilsgründe davon spricht, dass der von ihm „ermittelte" objektive Erklärungswert sich ja bereits beim Lesen der Rede „aufdränge". Wäre dieser Erklärungswert tatsächlich so aufdrängend, wie der Vorsitzende behauptet, dann muss es doch schon sehr Wunder nehmen, dass kein Mensch – außer dem Vorsitzenden – diesen sich doch jedermann „aufdrängenden" Erklärungswert so wahrgenommen hat. Auf diese offensichtliche Diskrepanz zwischen dem Auslegungsergebnis des Gerichts und den tatsächlichen Gegebenheiten geht der Vorsitzende aber freilich mit keinem Wort ein, sondern blendet die Reaktionen der Zuhörer und Zuschauer vollständig aus und verschanzt sich hinter seiner „objektivierten Textanalyse".

Von den insoweit zu beachtenden Gesetzen der Denklogik lässt sich das Landgericht aber natürlich nicht beeindrucken und versucht über diese Hürde dergestalt hinwegzukommen, dass er den Umstand, dass kein Mensch eine Holocaust-Leugnung durch Herrn P. zu erkennen vermochte, zu allem Überfluss auch noch gegen ihn selbst in Stellung bringt und dreist behauptet, dieser sei ja so ein ausgebuffter „Giftmischer", dass niemand außer dem Gericht das von Herrn P. zusammengemischte und geschickt „verdünnte" Gift erkannt habe und selbst die Landtagspräsidentin von Herrn P. ausgetrickst worden sei. Hier verkommt die Urteilsbegründung dann endgültig zur juristischen Realsatire, denn die naheliegendste Erklärung dafür, dass niemand eine Strafbarkeit erkannt hat, könnte ja auch einfach darin bestehen, dass objektiv eben gar keine Strafbarkeit vorliegt. Diesen an sich naheliegenden Schluss zieht das Landgericht aber natürlich nicht, weil es sich augenscheinlich derart in seine „Giftmischer-These" hineingesteigert hat, dass er die Möglichkeit einer eventuellen Straflosigkeit des Herrn P. partout nicht wahrhaben will.

Fakt ist nach alledem jedenfalls, dass die Rede des Herrn P. ohne weiteres auch in anderer Weise als eine Leugnung des Holocaust interpretierbar ist, nämlich als öffentlich verlautbarte Kritik an der aus seiner Sicht in Deutschland praktizierten einseitigen Gedenkkultur, welche zwar zu Recht den Opfern des Nationalsozialismus gedenke, dabei aber zu Unrecht das Leid deutscher Opfer ausblende, weshalb es nötig sei, zu einer ausgewogenen Gedenkkultur zu finden.

Es mag sein, dass man die Rede des Herrn P. bei böswilliger Interpretation und bei Fokussierung allein auf die vom Landgericht herausgegriffenen Redebestandteile möglicherweise auch so verstehen kann, wie die mecklenburg-vorpommersche Strafgerichtsbarkeit. Die hier vertretene Auslegungsvariante kann aber jedenfalls als mindestens gleichwertige Deutungsmöglichkeit nicht ausgeschlossen werden, weil es weder Amts- noch Landgericht gelungen ist, die Äußerungen des Herrn P., in denen er die Existenz des Holocaust mehrfach ausdrücklich zugestanden hat

- „Aber, meine sehr verehrten Damen und Herren, neben diesen beklagenswerten Opfern gab es auch deutsche Opfer".
- „Längst ist die Zeit überfällig, dass wir in Deutschland zu einer ausgewogenen, ehrlichen und damit ehrenvollen, auch der deutschen Opfer gerecht werdenden Gedenkkultur zurückfinden."

mit schlüssiger Begründung wegzudiskutieren. Insbesondere die exaltierte „Giftmischer-Rhetorik" des landgerichtlichen Strafkammervorsitzenden ersetzt die erforderliche logisch-stringente Argumentation und Gedankenführung nicht. Solange aber – wie vorliegend – auch nur eine einzige nicht zur Strafbarkeit führende Auslegungsvariante bestehen bleibt, hat zwingend ein Freispruch zu erfolgen.

Die Sache liegt mittlerweile beim Europäischen Gerichtshof für Menschenrechte in Straßburg (Beschw. Nr. 55225/14). Solange dort keine endgültige Entscheidung über die Rechtmäßigkeit der entsprechenden Äußerungen des Herrn P. ergangen ist, können diese vorliegend nicht verbotsbegründend gegen die Antragsgegnerin in Stellung gebracht werden.

cc) Verurteilung von Frank Schwerdt von Beleidigung

Dass Herr Frank Schwerdt wegen Beleidigung verurteilt wurde, ist zutreffend, es ist jedoch nicht erkennbar, in wiefern Delikte im allerunterstern Bereich des Strafbarkeitsspektrums, die bei jedem „normalen" Beschuldigten sofort eingestellt und nur bei NPD-Mitgliedern zur Anklage gebracht werden, verbotsbegründend sein sollen.

dd) Verurteilung von Karl Richter wegen Zeigen des Hitler-Grußes

Richtig ist, dass Herr Karl Richter wegen Zeigens des Hitler-Grußes im Rahmen seiner Vereidigung als Stadtrat in München verurteilt worden ist. Dies ändert jedoch nichts daran, dass Herr Karl Richter den Hitler-Gruß in Wirklichkeit gar nicht gezeigt hat und es sich tatsächlich um eine Falschwahrnehmung des Belastungszeugen gehandelt hatte

Beweis: Zeugnis des Herrn Karl Richter, zu laden über die Antragsgegnerin.

[...]⁷

ff) Verurteilung von Safet Babic wegen gefährlicher Körperverletzung

Die Behauptung des Antragstellers, Herr Safet Babic habe „politische Gegner zusammengeschlagen", liegt neben der Sache. Richtig ist, dass Herr Babic gegenüber linken Angreifern, welche NPD-Plakate abgerissen hatten, die Grenzen der Notwehr überschritten hat. Im Mai 2009 wurden in Trier zahlreiche NPD-Plakate von angereisten linken Chaoten systematisch zerstört. Bei Versuch die Chaoten zu stellen, kam es zum Handgemenge. Tatsächlich hat Herr Babic den Geschädigten – wie im Urteil auch festgestellt – überhaupt nicht berührt, und dieser hat lediglich leichte Prellungen davongetragen. Während der Mitangeklagte NPD-Aktivist A. freigesprochen wurde, wurde ein Mitangeklagter und Mitglied der Jungen Union Koblenz ebenfalls zu einer Bewährungsstrafe verurteilt. Von einer gezielten Aktion der Antragsgegnerin zur Einschüchterung des politischen Gegners kann somit nicht gesprochen werden. Zudem hat das Urteil die vorangegangene Zerstörung der Plakate als strafmildernde Provokation angesehen

Beweis: Beiziehung der Akten des Landgerichts Trier in dem Verfahren 8033 Js 11972/09.5 KLs

gg) Verurteilung von W. wegen gefährlicher Körperverletzung

Hinsichtlich der Verurteilung von W. ist folgendes festzustellen: Die Demonstration gegen die Moschee in Berlin-Pankow war beendet und die etwa 25 Demonstranten strebten zum S-Bahnhof. Als die vorne laufenden Demonstranten mit Gegendemonstranten zusammentrafen, kam es zu Rangeleien. Es wurden wechselseitig Backpfeifen und vereinzelt Tritte verabreicht. Herr W. selbst lief nicht vorne, sondern in der Gruppe

---

⁷ Im Folgenden setzt sich der Schriftsatz mit weiteren vom Antragsteller vorgetragener Straftaten von Mitgliedern der Antragsgegnerin auseinander, die allerdings großteils für die Entscheidung keine Rolle gespielt haben (vgl. Urteil Rn. 342 [S. 1371], 955 [S. 1503], 973 [S. 1507]), weshalb hier nur diejenigen abgedruckt werden, die Niederschlag im Urteil gefunden haben.

Beweis: Zeugnis des Herrn W., zu laden über die Antragsgegnerin.

kk) Verurteilung von Sebastian Schmidtke wegen § 86a StGB

Hierzu ist festzustellen, dass der Schmidtke zum Tatzeitpunkt noch gar kein Mitglied der Antragsgegnerin war

Beweis: Zeugnis des Herrn Sebastian Schmidtke, zu laden über die Antragsgegnerin.

Der Antragsteller wird wohl kaum behaupten wollen, die Antragsgegnerin hätte Herrn Schmidtke nicht in die Partei aufnehmen dürfen, weil dieser Jahre vorher irgendwann einmal ein T-Shirt mit dem behaupteten Aufdruck getragen hat. Unabhängig davon macht sich die Antragsgegnerin die Aussage dieses T-Shirts nicht zu eigen.

f) NSU als militanter Arm der NPD?

Der NSU-Komplex taucht in der Antragsschrift wohlweislich nur am Rande auf, weiß der Antragsteller doch ganz genau, dass er diese Verbrechen der Antragsgegnerin definitiv nicht auf's sprichwörtliche Butterbrot schmieren kann. Gleichwohl ist an dieser Stelle nochmals ausdrücklich klarzustellen, dass selbst exponierte Vertreter der bundesdeutschen Strafverfolgungs- und Sicherheitsbehörden ausdrücklich erklärt haben, dass der NSU nicht der „militante Arm der NPD" gewesen sei. So heißt es beispielsweise in einem Artikel des „Tagesspiegel" vom 18.04.2012:

> „Ein neuer NPD-Verbotsantrag wäre laut Innenminister Hans-Peter Friedrich (CSU) kaum mit den Taten der Zelle Nationalsozialistischer Untergrund (NSU) zu begründen. ‚Wenn der NSU der militante Arm der NPD gewesen wäre, dann wäre es relativ leicht, ein Verbotsverfahren zügig und erfolgreich durchzuführen', sagte Friedrich der ‚Südwest-Presse' vom Mittwoch. ‚Momentan sieht es aber nicht so aus, als könnten wir diesen Beweis erbringen.' Es sei ‚wohl nicht haltbar' zu sagen, dass die Politik der NPD zur Gründung des NSU geführt habe, sagte Friedrich."

vgl. Artikel des „Tagesspiegel" vom 18.04.2012, abrufbar unter http://www.tagesspiegel.de/politik/npd-verbotsverfahren-friedrich-nsu-war-nicht-der-militante-arm-der-npd/6525552.html.

Die „WELT" schreibt in einem Artikel vom 09.02.2012:

> „Zum Thema NPD sagte Generalbundesanwalt Range in der Phoenix-Sendung ‚Kamingespräch', die am Sonntag ausgestrahlt werden soll: ‚Es ist nach unseren Erkenntnissen nicht so, dass die NSU der militante Arm der NPD wäre.' Verbindungen bei einigen Verdächtigen seien zwar augenscheinlich. ‚Das zu werten müssen dann andere entscheiden', sagte Range. Ein Zusammenhang sei zwar noch nicht endgültig einzuschätzen. ‚Aber ich wage die Prognose, dass das keine entscheidende Rolle gespielt hat und auch nicht spielt'"

vgl. Artikel der „WELT" vom 09.02.2012, abrufbar unter http://www.welt.de/newsticker/dpa_nt/infoline_nt/brennpunkte_nt/article105967109/Rechtsterroristen-nicht-militanter-Arm-der-NPD.html.

Wenn sich Bundesinnenminister und Generalbundesanwalt aber einig sind, dass die Antragsgegnerin mit der Mordserie des NSU nichts zu tun hatte, dann hilft es dem

Antragsteller auch nichts, auf irgendwelchen persönlichen Bekanntschaften (z. B. zwischen Frank Schwerdt und K.) herumzureiten

vgl. etwa Seite 35 f. [S. 64] der Antragsschrift.

Zum einen ist es völlig unverfänglich, irgendwelche Personen lediglich zu kennen. Niemand kann vorhersagen, ob ein Bekannter, der heute völlig normal daherkommt, morgen vielleicht furchtbare Verbrechen begeht. Zum anderen ist in Erinnerung zu rufen, dass Frank Schwerdt in der auf Seite 36 der Antragsschrift zitierten Interviewpassage den drei in Rede stehenden Personen ausdrücklich nicht dabei helfen wollte, *„aus ermittlungstechnischen Gründen mal ein bisschen [zu] verschwinden".* Was hiervon gegen die Antragsgegnerin sprechen soll, ist unerfindlich.

g) Vernetzung mit „freien Kräften"

Ein weiterer Vorwurf der Antragstellerseite geht dahin, dass die Antragsgegnerin mit „freien Kräften", also parteiungebundenen Nationalisten zusammenarbeite und diese in ihre Parteistruktur integrieren wolle, um eine „Volksfront von Rechts" zu bilden. Dies sei deshalb problematisch, weil viele Vertreter dieses Personenkreises in einer Vielzahl von Fällen strafrechtlich vorbelastet und gewaltbereit und im Übrigen äußerst radikal seien. Hierzu ist folgendes richtigzustellen:

Es wird **bestritten**, dass die Antragsgegnerin – insbesondere in Mecklenburg-Vorpommern – zusammen mit Kameradschaften, die auf Gewalt und Einschüchterung abzielten, ein Netzwerk oder gar eine „Volksfront von Rechts" bilde.

Der Antragssteller behauptet weiter, aufgrund eines solchen Zusammenwirkens seien der Antragsgegnerin Gewaltakte so genannter „freier Kräfte" der NPD zuzurechnen, sogar im Sinne einer Beihilfe

vgl. Schriftsatz vom 27.08.2015, Seite 13 [S. 357].

Der Antragsteller verzichtet aber wohlweislich darauf, all diese Kameradschaften und ihre angeblichen Taten aufzulisten oder anderweitig zu konkretisieren. Denn dann müsste er erläutern, warum die jeweiligen Innenminister diese Vereinigungen nicht nach Vereinsrecht verbieten, was mittlerweile auch bei lockeren Zusammenhängen ohne weiteres möglich ist und auch bundesweit praktiziert wird. Entweder können die Innenminister dies nicht, weil keine Verbotsgründe vorliegen – dann wäre der Antragsgegnerin eine Zusammenarbeit mit solchen rechtskonformen Gruppierungen nicht vorzuwerfen – oder die Landesinnenminister verzichten bewusst auf ein Verbot solcher Kameradschaften, um unter Berufung auf deren Kooperation mit der Antragsgegnerin letztere verbieten zu können. Damit nähmen sie nicht nur eine Gefährdung der öffentlichen Sicherheit und Ordnung in Kauf, indem sie verbotswürdige Gruppierungen weiter agieren ließen, sondern ein derartiges Vorgehen wäre auch als hochgradig rechtsmissbräuchlich einzustufen.

Umso grotesker wirkt es da, dass der Antragsteller die Antragsgegnerin als organisatorische, finanzielle und kraft Parteistatus unangreifbare Basis dieser „Volksfront" bezeichnet. Es stünde ihm frei, durch die Landesinnenminister die angreifbaren Teile dieser ach so gefährlichen „Volksfront" auszuschalten. Geboten wäre dies auch im Hinblick auf den Grundsatz der Verhältnismäßigkeit, weil ein Verbot von Kameradschaften verglichen mit einem Parteiverbot das mildere Mittel darstellt. In diesem Zusammenhang führt der Antragssteller selbst aus, dass die Zusammenarbeit mit dem „bewegungsförmigen Rechtsextremismus" – also den Kameradschaften – für die Antragsgegnerin essentiell sei. Ohne deren Unterstützung habe sie keine Erfolgschancen, was sich am Beispiel Bayerns zeige, wo Autonome Nationalisten und Kameradschaften sich von der Antragsgegnerin abgewandt hätten, sodass diese nicht einmal die erforderlichen Unterstützungsunterschriften für die Landtagswahl 2013 hätte sammeln können

vgl. Borstel-Gutachten, Seite 22.

Nach dem eigenen Vortrag des Antragstellers ist also nicht die Antragsgegnerin, das eigentliche „Problem", sondern der „bewegungsförmige Rechtsextremismus", dem man mit den Mitteln des Vereinsrechts ohne weiteres beikommen könnte, lägen insoweit tatsächlich Gründe für ein rechtsstaatliches Einschreiten vor. Dass der Antragsteller diese einfach zu beseitigende „Gefahr" aber gleichwohl nicht beseitigt, sondern sich vielmehr krampfhaft an der Antragsgegnerin festbeißt, darf als sehr bezeichnend gewertet werden.

Dessen ungeachtet mutet es sehr befremdlich an, dass ausgerechnet die vorliegend als Bundesrat in Erscheinung tretenden politischen Partei, die sonst bei jeder sich bietenden Gelegenheit Lobeshymnen auf das Konzept der Resozialisierung singen, es vorliegend als anstößig erachten, vorbestrafte Jugendliche oder Heranwachsende, welche die gesellschaftlichen Probleme unserer Zeit völlig richtig erkannt haben, aber meist aus jugendlichem Leichtsinn und Übermut heraus die Grenzen der Rechtsordnung überschritten haben, an seriöse Politik heranführen und in eine Parteistruktur integrieren, diesen Personenkreis also im Rahmen des Auftrages gemäß Art. 21 Abs. 1 GG in politisch konstruktive Bahnen kanalisieren zu wollen.

Die Antragsgegnerin nimmt dabei ihre Aufgabe ernst, auch Personen und Tendenzen in den demokratischen Prozess zu integrieren, die sich radikalisieren könnten. Zu diesem Integrationsprozess gehört, dass bestimmten Aussagen nicht sofort disziplinarisch durch Ausschlussverfahren etc. entgegengetreten wird, sondern sich entsprechende Personen durch Einbeziehung in den Entscheidungsprozess entradikalisieren. Dies dürfte auch Sinn und Zweck von Art. 21 Abs. 1 Satz 3 GG sein, welcher den Parteien zwar eine demokratische Binnenstruktur vorgibt, aber kein demokratisches Bekenntnis abverlangt. Dem liegt wohl die verfassungsrechtliche Annahme zugrunde, dass die Organisation nach demokratischen Prinzipien und ihre Beachtung durch sich daraus ergebenden Verhaltensweisen ungeachtet von ideologischen Glaubensbekenntnissen zur Integration in den demokratischen Prozess führt. Dementsprechend ist bei der Feststellung der Verfassungswidrigkeit einer Partei nach Art. 21 Abs. 2 GG primär auf die Einhaltung von Art. 21 Abs. 1 GG abzustellen, d. h. es sind die Verhaltensweisen, nicht jedoch die angebliche oder tatsächliche Ideologie einer Bewertung zu unterziehen.

Die Antragsgegnerin unternimmt zu diesem Zwecke auch alles in ihren Möglichkeiten Stehende. Dazu zählen in erster Linie das Halten von Kontakt und der Aufbau eines Vertrauensverhältnisses dann die inhaltlich-politische Einflussnahme mit dem

C. Das zweite NPD-Verbotsverfahren (2013–2017)

Ziel, die fraglichen Kräfte auf eine politische, also bewusst-rationale Ebene zu heben. Das ist regional und in Ansätzen bereits gelungen. So ist beispielsweise festzustellen, dass in den Bereichen, in denen die Antragsgegnerin auf die sogenannte „Neonazi-" oder „Skinhead"-Szene Einfluss genommen hat, die Straftaten deutlich zurückgegangen sind.

Von ihrer geistigen Basis her kann die Antragsgegnerin den aufgezeigten gefährdeten Kreisen Wege jenseits von Frustration und blinder Aktion aufzeigen, insbesondere also, wie man durch Schulung, Disziplin, Einbindung in eine Organisation und regelmäßige und langfristige Arbeit politisch wirken und etwas aufbauen kann.

Aber auch ohne Integration oder direkte Anleitung durch die Partei zeigt gelegentliches Einbinden der fraglichen Kräfte, dass die Antragsgegnerin diese kanalisieren kann. So werden bei den zahlreichen Aufzügen und Kundgebungen der Antragsgegnerin auch „freie Kräfte" im wesentlichen Anteil festgestellt. Durch Alkoholverbot und Einbindung ergeben sich mit diesem Personenkreis in keinem Falle Probleme. Dies wäre freilich anders, würde man diese Kräfte sich selbst überlassen und – wie es ja die „aufständischen Anständigen" regelmäßig praktizieren – gesellschaftlich ausgrenzen und stigmatisieren. Gäbe es die Diffamierungen über die Antragsgegnerin nicht, würde seitens der Behörden die Partei tatsächlich neutral behandelt, gäbe es keine die Neutralitätspflicht verletzenden „Konzepte gegen Rechts", sähe man die Antragsgegnerin stattdessen als Partnerin zur Lösung gesellschaftlicher Probleme, so würde sich diese gesamte Problematik überhaupt nicht stellen. Bei dem genannten Personenkreis, der mit „freien Kräften" bzw. „Neonazis" umschrieben wird, handelt es sich um einen ins Auge fallenden Teil der Bevölkerung, der seitens des politischen Spektrums der Berliner Parlamentsparteien nicht mehr erreicht und integriert werden kann. Hier ist ein politisch-gesellschaftliches Vakuum entstanden, das nur die Antragsgegnerin ausfüllen könnte. Da sie daran – wie aufgezeigt – aber gehindert wird und ihr ihre Integrationsbemühungen sogar noch zum Vorwurf gemacht werden, entstehen wirklichkeitsfremde und zum Teil skurrile politische und subkulturelle Strukturen.

Tatsächlich erweist sich die Antragsgegnerin mithin als entscheidender gesellschaftspolitischer Ordnungsfaktor in der „Neonazi-Szene". Diesen Ordnungsfaktor kann man natürlich durch Verbot zerschlagen. Dann darf man sich aber nicht wundern, wenn man der „rechten Gewalt", die man eigentlich bekämpfen zu wollen vorgibt, durch ein Parteiverbot erst richtigen Auftrieb verschafft.

Von daher ist verfassungsrechtlich rein gar nichts dagegen zu erinnern, wenn die Antragsgegnerin mit konstruktiven „freien Kräften" zusammenarbeitet, solange diese sich in Zukunft an die geltende Rechtsordnung sowie an die Parteisatzung halten. Wenn Abgeordnete der vorliegend als Bundesrat mit in Erscheinung tretenden Partei DIE LINKE. rechtskräftig verurteilte Neunfach-Mörder wie etwa Herrn K. beschäftigen dürfen

vgl. Artikel des SPIEGEL vom 21.02.2016, abrufbar unter [...],

ohne dass dies Parteiverbotsforderungen gegen die Linkspartei nach sich zöge, dann wirkt es reichlich lächerlich, den moralischen Zeigefinger gegen die Antragsgegnerin wegen ihrer „Vernetzung" mit einem weitaus weniger kriminellen Personenkreis wie den „freien Kameraden" zu erheben. Angesichts solcher regierungsamtlich tolerierter

Zustände ist auch überhaupt nichts dagegen einzuwenden, wenn der Fraktionsvorsitzende der NPD-Fraktion im Landtag Mecklenburg-Vorpommern, Herr Udo Pastörs, im Landtag mit dem wegen der Ausschreitungen in Rostock-Lichtenhagen verurteilten Herrn S. nach Verbüßung von dessen Haftstrafe gesprochen haben sollte

vgl. Antragsschrift, Seite 90 [S. 104] iVm. **Beleg 227**,

oder wenn Mitglieder der Fraktion veruteilte Personen im Gefängnis besuchen, um mit ihnen zu sprechen

vgl. Antragsschrift, Seite 90 [S. 103] iVm. **Belegen 225** und **226**.

Es stellt einen kleinen, aber feinen Unterschied dar, ob man mit entsprechenden Personen lediglich spricht oder ob man sie als Mitarbeiter beschäftigt.

h) „Freie Kräfte": NPD zu demokratisch und systemkonform!

Gerade dieser Status der Antragsgegnerin als stabilisierender Ordnungsfaktor in der „Neonazi-Szene" wird von einigen wirklich radikalen Vertretern der „Freien Kräfte" mit deutlichen Worten kritisiert, weil die Antragsgegnerin durch ihr demokratisches und „angepasstes" Verhalten viel zu „weichgespült" sei und man sie daher nicht unterstützen könne. Insofern erweisen sich folgende Äußerungen als durchaus aufschlussreich:

In einem unter https://dokmz.wordpress.com/2005/01/19/junge-welt-vom-190120 05-neue-stufe-der-militanz/ abrufbaren Artikel vom heißt es:

„Nach diesem Erfolg hat sich die NPD nun vorgenommen, auch das gestörte Verhältnis zum Hamburger Neonazikader W. sowie zu H., der 2001 aus der NPD ausgeschlossen wurde, wieder zu verbessern. W. gilt als Führungsperson der NPD-kritischen, militanten ‚Kameradschaften' und ist verantwortlich für die Organisation eines Großteils von Neonaziaufmärschen in den letzten Jahren. Er war zunehmend auf Distanz zur NPD gegangen, weil die Partei seiner Meinung nach zu sehr auf das Grundgesetz fixiert und zu systemkonform sei."

In einem unter http://www.sueddeutsche.de/politik/andreas-speit-zu-den-freien-kameradschaften-die-npd-ist-ihnen-zu-moderat-1.203552 abrufbaren Artikel der Süddeutschen Zeitung vom 17.05.2010 ist folgendes zu lesen:

„Die zweite Richtung in dem Spektrum, wie den sogenannten autonomen Nationalisten, sucht Distanz zu der Partei. Ihnen ist die NPD zu parlamentarisch und legalistisch ausgerichtet. Sie verfolgen offen einen nationalen Sozialismus. Die NPD ist ihnen viel zu moderat im Programm."

Die taz schreibt in einem unter http://www.taz.de/!5171760/ abrufbaren Artikel vom 02.12.2008:

„Der schlanke junge Mann war ein Kader, gebildet und gewaltbereit. Bis vor wenigen Wochen gehörte er zu den ‚Autonomen Nationalisten' (AN). Jene militanten Kameradschaften, denen die NPD zu moderat im Programm und zu legalistisch aufs Parlament ausgerichtet ist."

Die Antifa Friedrichshain stößt in einem unter https://antifa-fh.so36.net/fenster_mai04.htm einsehbaren Beitrag ins gleiche Horn:

> „Die freien Kameradschaften sehen sich als gewaltbereite Nationalrevolutionäre; ihnen ist die NPD zu hausbacken, zu systemkonform, zu legalistisch. Einige der radikalen Kameradschaften wandten sich deshalb von der NPD ab."

Im Solinger Tagblatt vom 22.09.2014 ist unter http://www.solinger-tageblatt.de/solingen/vortrag-ueber-neonazis-jung-gewaltbereit-3896465.html folgendes zu lesen:

> „P.: Insbesondere jüngere Neonazis waren auf der Suche nach radikalen Gesten, nach einer zeitgemäßen und ‚rebellischen' politischen Ästhetik. Sie wollten nicht verharren bei Latschdemos und dem Regelwerk selbsternannter Führer und erst recht nicht bei der Unterstützung der NPD, die sie als zu wenig revolutionär und als zu bürgerlich ablehnten."

In der Süddeutschen Zeitung vom 30.10.2013 steht unter http://www.sueddeutsche.de/bayern/npd-funktionaer-s-ein-ganz-normaler-neonazi-1.1806888-2 geschrieben:

> „Trotz seines Erfolgs ist S. in der rechtsextremen Szene umstritten. Den freien Kameradschaften ist die NPD, in der es S. zum Kreisvorsitzenden, Bezirksgeschäftsführer und Mitglied des Landesvorstandes gebracht hat, zu weich gespült, zu bürgerlich. Auch andersrum hält sich die Sympathie in Grenzen."

Unter http://www.friedensforum-neustadt.de/wp/?page_id=123 kann man lesen:

> „Man kann durchaus sagen, dass die Freien Kameradschaften und die NPD eine Art Hass-Liebe verbindet. Für viele Kameradschaften ist die NPD zu ‚bürgerlich', fast schon eine etablierte Partei voller Funktionäre."

Die WELT merkt in einem Artikel vom 23.05.2008 unter http://www.welt.de/politik/article2027287/Den-Neonazis-in-der-Partei-ist-die-NPD-zu-zahm.html an:

> „In der Partei tobt unterdessen ein Kampf zwischen den gemäßigten Altkonservativen und dem jungen radikalen Flügel. Die einen wollen das ‚Drei-Säulen-Modell' weiter vorantreiben, den ‚Kampf um die Straße, Kampf um die Köpfe, Kampf um die Parlamente'. Ihre Strategie ist es, im sozial schwachen Milieu auf Stimmenfang zu gehen, das Parteimotto ‚Sozial geht nur national' in der Mitte der Gesellschaft verankern. Die Neonazis drohen hier auszuscheren, weil ihnen der ‚vorgestrige Haufen' zu zahm ist."

Angesichts dieser Sachlage ist der Antragsteller bei der Antragsgegnerin in Punkto „Demokratieschutz" definitiv an der falschen Adresse. Wenn es ihm wirklich um die Abwehr von Gefahren für die freiheitlich demokratische Grundordnung geht, dann soll er zunächst einmal diejenigen Gruppen und Kameradschaften verbieten, die solche Aussagen tätigen und sich damit über die strikt demokratische Ausrichtung der Antragsgegnerin lustig machen, ja, diese sogar ausdrücklich bekämpfen.

i) Vernetzung der Antragsgegnerin mit ausländischen Parteien

Völlig abstrus ist der darüber hinausgehende Vorwurf des Antragstellers, die Antragsgegnerin unterhalte gute Kontakte zu ausländischen „rechtsextremistischen" Parteien in Europa

vgl. Seite 36 f. [S. 65] der Antragsschrift.

Die Pflege gutnachbarlicher Beziehungen mit befreundeten politischen Parteien in Europa ist ja wohl kein Zeichen von „Verfassungsfeindlichkeit", sondern viel eher ein Indiz dafür, dass die Antragsgegnerin für den Gedanken der Völkerverständigung eintritt, also fremde Völker achtet und nicht – wie es der Antragsteller wahrheitswidrig insinuieren möchte – als „minderwertig" ansieht. Es muss wirklich als „starkes Stück" angesehen werden, dass der Antragsteller der Antragsgegnerin dergleichen allen Ernstes zum Vorwurf macht.

j) Realisierungschance

Letztlich kommt es auf all die vorgenannten Punkte aber gar nicht an, weil die Antragsgegnerin gegenwärtig weit davon entfernt ist, ihre Programmatik in absehbarer Zeit verwirklichen zu können.

Die Antragsgegnerin ist bekanntlich nicht im Deutschen Bundestag vertreten und es ist auch nicht absehbar, dass sie die geltende 5%-Hürde demnächst wird überspringen können

> zu der Idee, das Überspringen der 5%-Sperrklausel als Indikator bei der Bestimmung der von einer politischen Partei ausgehenden Gefahrenlage heranzuziehen, vgl. Meier, Die „verfassungswidrige" Partei als Ernstfall der Demokratie, in: Meier (Hrsg.), Verbot der NPD, ein deutsches Staatstheater in zwei Akten, Seite 176.

Selbst wenn dies anders wäre, würde keine der etablierten Bundestagsparteien mit der Antragsgegnerin koalieren, weshalb diese – in Ermangelung einer eigenen parlamentarischen Mehrheit – an der Gesetzgebung nicht würde mitwirken können, sondern auf die Rolle einer Oppositionsfraktion beschränkt wäre. Auf Bundesebene droht mithin evident keine Gefahr einer zeitnahen Umsetzung der antragsgegnerischen Programmatik in Gesetzesform.

Auf der Ebene der Länder verhält es sich nicht anders: Die Antragsgegnerin ist nur noch mit fünf Abgeordneten im Landtag von Mecklenburg-Vorpommern vertreten; die Landtagsfraktion im Sächsischen Landtag ist ersatzlos weggefallen. Im Landtag Mecklenburg-Vorpommern ist die Fraktion der Antragsgegnerin vollständig isoliert, weil keine der übrigen Fraktionen jemals einem Antrag, geschweige denn einem Gesetzentwurf der Fraktion der Antragsgegnerin zugestimmt hat. Dass sich hieran etwas ändern könnte, ist weit und breit nicht ersichtlich. Eine Umsetzung des Programms der Antragsgegnerin in Gesetzesform ist auf Landesebene somit vorerst ebenso ausgeschlossen wie auf Bundesebene.

Soweit der Antragsteller auf die über 300 kommunalen Mandate der Antragsgegnerin in ganz Deutschland hinweist, relativiert sich diese Zahl ganz erheblich, wenn man sich vergegenwärtigt, dass diese Gesamtzahl an Mandaten sich auf nahezu ebenso so viele Kommunalparlamente verteilt, weil die Antragsgegnerin in den meisten Räten nur mit ein oder zwei fraktionslosen Abgeordneten vertreten ist, die in der Regel nicht einmal über ein eigenes Antragsrecht verfügen und folglich keinen demokratiepolitischen „Schaden" anrichten können. Soweit überhaupt Gruppen oder Fraktionen vorhanden sind, werden diese ebenso isoliert wie die Fraktion im Schweriner Landtag, weswegen ein mehrheitsbestimmender Einfluss der Antragsgegnerin bislang in keinem einzigen kommunalen Parlament vorgekommen ist. Selbst wenn die Mandatsträger der Antragsgegnerin einmal das „Zünglein an der Waage" bei einer Abstimmung sein sollten, kann angesichts der äußerst begrenzten Befugnisse kommunaler Vertretungskörperschaften kein nachhaltiger „Schaden" entstehen, zumal bei einer solchen Abstimmung ja auch eine nicht unerhebliche Anzahl etablierter Politiker mitstimmen müsste, damit die erforderliche Mehrheit erreicht werden könnte.

Vergegenwärtigt man sich zudem die – gerichtsbekannten – eminenten finanziellen Probleme, an denen die Antragsgegnerin seit Jahren leidet, wird eine trotz der obigen Ausführungen verbleibende „Rest-Gefahr" durch den Mangel an Liquidität und die damit verbundene Einschränkung der politischen Kampagnenfähigkeit nochmals ganz erheblich relativiert.

Eine Trendwende sowohl in politischer als auch in finanzieller Hinsicht ist zurzeit nicht zu erwarten, weil die Antragsgegnerin ausweislich der jüngsten Wahlprognosen und Wahlergebnisse von der AfD „rechts überholt" wird und daher von der Flüchtlingsdebatte nicht nachhaltig politisch profitieren kann.

Zusammenfassend kommt man somit zu dem Ergebnis, dass eine Realisierung des politischen Programms der Antragsgegnerin gegenwärtig nicht einmal ansatzweise absehbar ist, weshalb sich ein Parteiverbot als nicht erforderlich erweist.

4. Hilfsweise: Rechtfertigung defensiv-kämpferischen Verhaltens über § 193 StGB analog

Höchst vorsorglich soll im Folgenden aufgezeigt werden, dass selbst dann, wenn man der Antragsgegnerin eine unter normalen Umständen als aggressiv-kämpferisch zu qualifizierende Haltung nachweisen könnte, diese Haltung auf Grund besonderer, gerade die Antragsgegnerin in spezifischer Weise betreffender Umstände ausnahmsweise gerechtfertigt wäre. Soweit es entsprechend der bisherigen Vereins- und Parteiverbotspraxis, welche aus dargestellten Gründen der dringenden Revision bedarf, auf die ominöse „aggressiv-kämpferische Haltung" und nicht auf das rechtlich operable Merkmal der Gewaltanwendung oder auf sonstige politisch motivierte Illegalität, zumindest auf das Vorliegen nachweisbarer Gewaltbereitschaft ankommen soll, ist für eine angemessene Bewertung von „aggressiven" Meinungsäußerungen als Vergleichsmaßstab heranzuziehen, welches Vokabular ansonsten in der politischen Auseinandersetzung üblich ist. Vor allem ist die spezielle Situation der Antragsgegnerin maßgebend zu berücksichtigen. Diese Situation besteht in der massiven Diskriminierung der Antragsgegnerin seit ihrem Bestehen durch die Parteien, welche vorliegend als Bundesrat in Erscheinung treten und die Beeinträchtigung des Mehrparteiensystems anstreben. Diese – auch mit massiven staatlichen Finanzmitteln betriebene – Diskriminierung stellt sich häufig als gegen die Menschenwürde von Parteimitgliedern und Anhängern der Antragsgegnerin gerichtet dar, ja „man" schreckt dabei von einem „politischen Vernichtungskampf" nicht zurück. Nur bespielhaft genannt sei hier der weiter unten noch im Detail darzustellende politische Terror von staatlich alimentierten Linksextremisten, soziale Stigmatisierung, Verlust des Arbeitsplatzes, Berufsverbote im öffentlichen Dienst, Kontokündigungen, Druckausübung auf Gastwirte, damit diese der Antragsgegnerin keine Räume zur Verfügung stellen, Diskriminierung durch Hotelbetreiber, die kurzfristig Beherbergungsverträge aus politischen Gründen kündigen, und so weiter und so fort.

a) Massive Diskriminierung der Antragsgegnerin

Die Antragsgegnerin wurde bereits in den 1960er Jahre insbesondere von der Christdemokratie mit einem christlichen (?) „politischen Vernichtungskampf" überzogen. Dies kann der (Selbst-)Einschätzung des Adenauer-Biographen Hans-Peter Schwarz in seinem Vorwort zu dem von Manfred Langner herausgegebenen Sammelband

> vgl. Manfred Langner (Hrsg.) „Die Grünen auf dem Prüfstand. Analyse einer Partei", 1987, Seite 21,

entnommen werden. Dort wird die Sozialdemokratie dafür kritisiert, gegen die Grünen nicht in einer Weise vorgegangen zu sein, wie die CDU/CSU gegen die Antragsgegnerin:

> „Anders als die CDU/CSU, die vor allem bei den Bundestagswahlen 1969 den Einzug der NPD mit größtem Einsatz verhindert und damit der Demokratie viel erspart, sich selbst allerdings den Weg auf die Oppositionsbänke planiert hat, konnten die Sozialdemokraten nicht die Kraft zum politischen Vernichtungskampf aufbringen."

Damit ist ausgesagt, dass gegen die Antragsgegnerin im Wege eines „politischen Vernichtungskampfes" vorgegangen wurde, welcher nach Ansicht des Antragsstellers wohl mit Demokratie konform ist, weil der Antragsgegnerin als Partei keine Grundrechte zukommen sollen, sondern sie allenfalls „toleriert" wird (oder auch nicht). Man stelle sich nur vor, die Antragsgegnerin würde zum „politischen Vernichtungskampf" gegen die Parteien aufrufen, welche vorliegend als Bundesrat in Erscheinung treten: Der Verbotsausspruch würde dann für „todsicher" gehalten werden.

Hier spielt natürlich wiederum die Verfahrensungleichheit eine Rolle, die zumindest nach den Prämissen der Parteienstaatslehre eine solche darstellen muss, welche im Numerus clausus der Antragsberechtigung liegt; hätte die Antragsgegnerin eine faire Chance, derartiges Vernichtungsvokabular zu einem umfassenden Prozessgegenstand eines Feststellungsantrags nach Art. 21 Abs. 2 GG zu machen, wie dies umgekehrt die etablierten Parteien tun können, welche sich dazu eines zum Antrag berechtigen Verfassungsorgans bedienen können, dann würden diese Parteien von einem derartigen politischen Vernichtungskampf vielleicht doch absehen und in der Bundesrepublik Deutschland wäre dann zumindest die Chancengleichheit für alle politischen Parteien und weltanschaulichen Bestrebungen gewährleistet.

Noch jüngeren Datums ist die Entscheidung des Rechtsausschusses des Deutschen Bundestages, aus der Regierungsvorlage des Gesetzentwurfs des Allgemeinen Gleichbehandlungsgesetzes (AGG), also des Gesetzes, das zentral dem Verbot der Diskriminierung im Zivilrechtsverkehr gewidmet sein sollte, in dem Abschnitt „Schutz vor Benachteiligung im Zivilrechtsverkehr" (§§ 19 ff. AGG) das Merkmal der „Weltanschauung" als zivilrechtlich wirkendes Diskriminierungsverbot mit der Begründung zu streichen, es bestünde sonst die Gefahr,

> „dass z. B. Anhänger rechtsradikalen Gedankenguts aufgrund der Vorschrift versuchen, sich Zugang zu Geschäften zu verschaffen, die ihnen aus anerkennenswerten Gründen verweigert wurden"

vgl. BT-Drs. 16/2022, Seite 13 zu Nr. 4 a.

Danach halten es die politischen Kräfte, die sich des Verfassungsorgans Bundesrat als Antragsteller für ein von ihnen als Parteiverbotsverfahren angesehenes Feststellungsverfahren bedienen können, für „demokratisch", wenn aufgrund „Gedankenguts" die Hotelübernachtung oder die Eröffnung eines für das wirtschaftliche Leben zwingend erforderlichen Bankkontos verwehrt wird! Ein dem AGG-Konzept sehr gewogenes „Handbuch" hat diese – nach den selbst gestellten legislativen Zielen bewertet – offene weltanschauliche Apartheidspolitik des Bundesgesetzgebers das Verhalten der vorliegend als Bundesrat in Erscheinung tretenden Parteien, wie folgt kommentiert:

> „Mit dem Ausschluß der Weltanschauung aus dem zivilrechtlichen Diskriminierungsverbot (§ 19 Abs. 1 AGG) hat der Gesetzgeber hingegen eine Systemwidrigkeit begangen. Religion und Weltanschauung sind gemäß Art. 4 GG gleichermaßen geschützt, weil sie in gleicher Weise Ausprägung der Menschenwürde und des Persönlichkeitsrechts sind. Der Gesetzgeber darf aus diesem Grund nicht willkürlich zwischen ihnen differenzieren. An einer plausiblen Begründung für die Unterscheidung fehlt es jedoch: Das gesetzgeberische Ziel war es, eine auf ‚anerkannten Gründen' beruhende Differenzierung wegen der Weltanschauung zu ermöglichen. Diese Begründung steht in diametralen Gegensatz zu der Zielsetzung des AGG, nämlich gerade zu verhindern, dass Personen aufgrund unveränderlicher oder persönlichkeitsbezogener Merkmale aus der Rechtsgemeinschaft ausgeschlossen werden. Hierauf hat auch der Rechtsextremist, den der Gesetzgeber bei der Änderung der Norm vor Augen hatte, Anspruch. Sein Ausschluß vom Vertragsschluss ist nur aus Sachgründen gerechtfertigt – etwa, wenn ein Gastwirt den Zugang zum Lokal verweigert, weil er Grund zur Furcht vor Gewalttätigkeiten durch diese Person hat."

vgl. Beate Rudolf/Matthias Mahlmann, Handbuch Gleichbehandlungsrecht, 2007, § 6 Rn. 21, Seite 193 f.

Dementsprechend ist festzustellen, dass die politischen Kräfte, welche im vorliegenden Antrag als Bundesrat in Erscheinung treten, vor allem Mitgliedern und Anhängern der Antragsgegnerin die nach Art. 1 Abs. 1 GG in Verbindung mit Art. 79 Abs. 3 GG auch für Abstammungsdeutsche gewährleistete Menschenwürde verweigern wollen.

Die Aberkennung der Menschenwürde von „Rechtsextremisten", die auch als „Rechte" oder „Nazis" vorgeführt werden (ein weiterer Beleg, dass es beim vorliegenden Verbotsantrag um die Ausschaltung einer gesamten politischen Strömung bis hin zum Nationalliberalismus geht), setzt sich fort im so genannten „Nazi-Outing":

> „Es ist der Volkssport linksextremistischer Gruppen: Mitglieder der rechten Szene bloßzustellen und sie im Internet zu öffentlichen Personen zu machen. Persönlichkeitsrechte sprechen sie ihren ‚Outing-Opfern' ab. Die Devise lautet: ‚den Nazis das Leben zur Hölle machen'."

vgl. dazu den entsprechenden Aufsatz von Katharina Iskandar in der Frankfurter Allgemeinen Zeitung vom 17.04.2011. Umso bezeichnender ist dann freilich, wenn derartige Outing-Aktionen von dem auf dem linken Auge ersichtlich Blinden Antragsteller vollständig ignoriert werden, man jedoch Zeter und Mordio schreit, wenn Funktionäre der Antragstellerin sich „erdreisten" die politischen Missetaten führender Funktionäre der etablierten Parteien beispielsweise vor Rathäusern anzuprangern, weil hierin eine „Bedrohung" und „Einschüchterung" zu sehen sei (vgl. hierzu nochmals die **Belege 165 und 166** [S. 390 f.] [Schriftsatz vom 27.08.2015 – Bezirksbürgermeister Bürgermeister von Berlin-Pankow]).

Persönlichkeitsrechte sprechen die Linksextremisten ihren „Outing-Opfern" ab. Personen aus dem „rechten Milieu" (sic!) hätten kein Recht auf Menschenwürde und

Rechtsstaatlichkeit, lautet das Argument. Das gilt auch für Personen, die nur mutmaßlich der „rechten Szene" (sic!) angehören. Straftaten, die aufgrund von Outings stattfinden, werden toleriert. Wenn nicht gar durch die Veröffentlichung von Wohnort, Autokennzeichen oder Arbeitsplatz forciert und in gewisser Weise auch gefordert. Zu Recht wird dies von einem Publizisten wie folgt kommentiert:

> Der unter „Antifaschismus" laufende „Kampf gegen rechts" (sic!) treibt danach seltsame Blüten. Im Namen von Toleranz und Anstand werden die Grundrechte der „Feinde" missachtet. Diese gegen die Freiheitsrechte gerichtete Haltung des Antifaschismus werde von einem Denken getragen, „das in letzter Konsequenz auf die Vernichtung des Anderen zielt."

> vgl. dazu Horst Meier in der Frankfurter Allgemeinen Sonntagszeitung vom 03.07.2011, Seite 11 unter der Überschrift „In übler Tradition".

Zumindest ist unter der schon seit längerem bei Grundrechtsverhinderungsaktionen praktizierten Parole „Faschismus ist keine Meinung, sondern ein Verbrechen", ganz offen die „Verknastung" von aus ideologischen Gründen als „Faschisten" ausgemachter Personen angekündigt! Dem Staat Bundesrepublik Deutschland, also den Parteien, die über seine Staats- und Verfassungsorgane verfügen, und damit letztlich dem Antragsteller des vorliegenden Verfahrens ist diese Praktizierung einer „Ungleichheitsideologie", also eines „Rechtsextremismus" der bis zur „Mitte" gehenden politischen Linken, dabei schon deshalb zuzurechnen, weil wohl einige der Gelder, die auf Bundesebene seit 2007 jährlich in Höhe von 24 Millionen Euro für den „Kampf gegen Rechts", wie dies in der Presse formuliert wird

> in der FAZ ist immerhin entsprechend dem amtlichen Wortgebrauch von „Rechtsextremismus" die Rede: s. Wirkung ungewiss. Wie die Bundesregierung Programme gegen Rechtsextremismus fördert, in: FAZ vom 24.11.2011, Seite 4.

ausgegeben werden, zumindest indirekt derartigen Gruppierungen zufließen. So ist etwa die 24-seitige Broschüre des Jugendverbandes der Gewerkschaft Ver.di mit dem Titel „Aktiv gegen extrem rechte Zeitungen", wo dargelegt, wie Kioskbesitzer eingeschüchtert werden können, unerwünschte Zeitschriften Andersdenkender (unter Einschluss der „Preußischen Allgemeinen Zeitung" als „Nazizeitung") aus dem Sortiment zu nehmen, mit dem Hinweis versehen: „gefördert aus Mitteln des Kinder- und Jugendplans des Bundes"

> vgl. „eigentümlich frei", Aug./Sept. 2012, Seite 6.

Insofern ist nachvollziehbar, dass die frühere Bundesfamilienministerin (CDU), die für diese Gelder zuständig ist, eine – wenngleich nichtssagende – „Extremismusklausel" bei der Vergabe zur Förderung der amtlichen Ungleichheitsideologie, d. h. eine Verpflichtung auf das Grundgesetz aufgenommen haben will. Es ist bezeichnend, dass ein Bundestagsvizepräsident sich schon gegen die Abgabe von derartigen Lippenbekenntnissen auf das Grundgesetz (mehr dürfte dies bei vielen der indirekten Empfänger staatlicher Gelder kaum darstellen) wendet, sondern die „Zivilgesellschaft" – zu der natürlich „Rechtextremisten" nicht zählen – zu Maßnahmen auffordert, die sich letztlich als rechtswidrig darstellen: Bundestagsvizepräsident Thierse meint nämlich, dass der „zivile Widerstand" „im Übrigen durch unsere Verfassung und unser Verfassungsgericht legitimiert" sei

> So in der der (rechtsextremistischen?) Ungleichheitsideologie „gegen rechts" gewidmeten Ausgabe der amtlichen Zeitung „Das Parlament" vom 16. Juli 2012, Seite 2; auf Seite 6 dieser amtlichen Zeitung wird die offizielle oder zumindest offiziöse Ungleichheitsideologie verkündet: „Extremistische Parteien dürfen teilweise ausgegrenzt und an den Pranger gestellt werden", wobei sich diese amtliche Zeitung unter „Extremismus" wie schon das Allgemeinthema der Ausgabe besagt, nur „Rechtsextremismus" vorstellen kann; ohne einen Grundgesetzartikel zu nennen (Art. 20 Abs. 4 GG?) oder eine Verfassungsgerichtsentscheidung anzuführen, wird dann behauptet, dass folgende Art des „zivilen Widerstands" gerechtfertigt sei:
>
> „Die Zivilgesellschaft ist genauso herausgefordert zu widersprechen, wenn Rechtsextreme die Straßen und Plätze unserer Republik besetzen wollen. Deswegen habe ich es immer sympathisch gefunden, wenn in Dresden, Berlin oder anderswo Bürger sich dagegen wehren, dass die NPD aufmarschiert",

womit sich der Bundestagsvizepräsident gegen das häufig gerichtlich eingeklagte und bestätigte Grundrecht der Versammlungsfreiheit und Meinungsfreiheit von politischer Opposition wendet! Seine Teilnahme an rechtswidrigen Sitzblockaden macht dabei deutlich, dass er damit nicht Demonstrationen mit Gegenparolen meint, sondern Grundrechtsverhinderung, die zumindest unter dem Gesichtspunkt von § 21 des Versammlungsgesetzes strafrechtlich relevant ist. Immerhin ist dieser Praxis veralltäglichter, aber wohl trotz Legalitätsprinzips nicht (hinreichend, wenn überhaupt) strafrechtlich verfolgter Illegalität „gegen rechts" Bundesverfassungsrichter Masing entgegengetreten:

> „Es geht nicht an, dass sich staatliche Behörden dafür feiern lassen, dass sie eine erlaubte Veranstaltung abgedrängt haben."

Hier spielte der Staatsrechtslehrer auf die beliebte Übung von manchen Bürgermeistern und Abgeordneten an, genehmigte Aufmärsche faktisch zu unterbinden:

> „Es ist keine gute Tat, rechtsradikale Demonstrationen zu verhindern."
>
> vgl. FAZ vom 25.10.2010, Seite 4: Meinungsfreiheit ist keine Frage der Meinung.

Das gegenüber dieser rechtlich eindeutigen Haltung durch Geschichtsideologie wohl etwas abgestumpfte Rechtsempfinden des Bundestagsvizepräsidenten Thierse (SDP, SPD) kommt in seiner Anmotzung einer Gerichtsentscheidung zum Ausdruck, in dem ein Verwaltungsgericht, das entsprechend der Rechtslage eine „rechte" Versammlung erlaubt hatte und zur Sicherstellung des Grundrechts der Versammlungsfreiheit einer „rechten" Gruppierung eine als konkrete Gefahr anzusehende gewerkschaftliche Gegendemonstration, nämlich eine geplante Grundrechtsverhinderungsblockade gewerkschaftlicher Hilfstruppen wegen plausibel befürchteter Illegalität verboten hatte, als „juristische Parteinahme zugunsten einer Neonazi-Versammlung" gewertet, was „angesichts der deutschen Geschichte erschütternd" sei. Dieser seine Geschichtsideologie gegen Verfassungs- und Verfassungsnormen ausspielende Parlamentsvizepräsident musste sich dann berechtigter Weise von der Präsidentin des Verwaltungsgerichts Hannover dahingehend belehren lassen, dass ein Gericht nicht nach politischer Opportunität entscheiden könne, da dies angesichts „der deutschen Geschichte erschütternd" wäre.

Diese systematische vom Antragsteller, d. h. von den ihn darstellenden Konkurrenzparteien betriebene, mit Staatsmitteln geförderte und „antifaschistisch" tolerierte massive Diskriminierung im Sinne von Grundrechtsverhinderungen und Verächtlichmachung insbesondere der Antragsgegnerin, ihrer Mitglieder und Anhänger ist zur traurigen Routine in diesem Land geworden und müsste bei einer nach der Parteienstaatslehre zwingend gebotenen Antragsberechtigung nach §§ 43 ff. BVerfGG in Verfahren gegen Parteien, die vorliegend als Bundesrat in Erscheinung treten, ausführlicher dargestellt werden. Es kann insgesamt von einer Feinderklärung gesprochen werden, welcher die Antragsgegnerin ausgesetzt ist.

Gegen diese massive Beeinträchtigung ihrer grundrechtlichen Rechtspositionen kann sich die Antragsgegnerin in der Regel nur verbal zur Wehr setzen, zumal die Gerichtsbarkeit völlig überlastet wäre, wenn die Hunderte von Einzelfällen gerichtlich durchgesetzt werden würden, wozu die Antragsgegnerin schon kein Personal und keine hinreichenden Geldmittel hat.

Auch hier zeigt sich die Benachteiligung durch den Numerus clausus der Antragsberechtigung; denn nur in einem gegen eine Partei des Antragsstellers gerichteten Verfahren nach Art. 21 Abs. 2 GG könnten diese Einzelfälle zu einem umfassenden verfassungsgerichtlichen Streitgegenstand gemacht werden.

Diese verbale Verteidigung mag im Einzelfall nicht geschickt oder überzogen sein, ein Vorwand für ein sog. Parteiverbot können sie aber schon deshalb nicht sein, weil damit völlig ausgeblendet würde, was sonst in der politischen Auseinandersetzung an Äußerungen getätigt wird.

b) Vergleichsmaßstab: Verhalten etablierter „Demokraten" in der Defensive

Eine angemessene Würdigung des Verbalradikalismus von Anhängern und Mitgliedern der Antragsgegnerin, welcher als Verbotsbegründung vorgebracht wird, ist die Frage, wie Mitglieder und Anhänger der Parteien reagieren würden, die vorliegend als Bundesrat in Erscheinung treten, wären sie derart massiven Diskriminierungen und Verächtlichmachungen ausgesetzt, wie die Antragsgegnerin, ihre (möglichen) Anhänger und Mitglieder. Da diese Situation nicht gegeben ist, bleibt nichts anderes übrig als eine Hypothese aufzustellen, die sich aus einer ähnlichen Konstellation einer totalen Defensivlage ergibt. Hinzuweisen ist auf die Äußerung des gescheiterten Bundespräsidenten Wulff (CDU). Dieser hat in einem Telefonanruf an die Bildzeitung von „Krieg führen" gesprochen, es sei der „Rubikon überschritten" (also: Bürgerkrieg, Anm.), und ein „endgültiger Bruch" wurde ins Spiel gebracht.

In einem Verbotsantrag gegen die CDU könnte damit im Sinne der Argumentationsweise der Antragsstellung „bewiesen" werden, dass die CDU ihr unerwünschten Presseorganen und politischen Gegnern „Krieg" androht, um diesen als „Bürgerkrieg" durchzuführen, was ja mit dem Codewort „Rubikon" eindeutig gemeint ist, und eine „Wesensverwandtschaft" mit den Herrschaftsmethoden Julius Caesars belegt. Der angekündigte „endgültige Bruch" wäre als Hinweis darauf zu interpretieren, dass sich die CDU von parlamentarischen Kompromissen verabschiedet und zu einem totalitären Freund-Feind-Verhältnis übergeht. Dieser Verbalradikalismus könnte man dann sogar als „Beweis" für Gewaltbereitschaft, auf alle Fälle als Nachweis für eine „aggressiv-kämpferische Haltung" konstruieren, die naturgemäß gegen die verfassungsmäßige Ordnung gerichtet ist, welche durch einen friedlichen Machterwerb und friedliche Machterhaltung gekennzeichnet ist und nicht durch Bürgerkrieg oder einer Drohung mit diesem.

Aufgrund der „Wesensverwandtschaft" der CDU mit der Zentrumspartei von 1933, welche für die „Legalität der Diktatur" in Deutschland verantwortlich ist und ihrer Wesensverwandtschaft mit den österreichischen Christlich-Sozialen Partei, welche staatsstreichartig die parlamentarische Demokratie abgeschafft hat und zur Niederringung der Sozialdemokratie durch Bürgerkrieg entschlossen war, kann man von der CDU nichts anderes als die Abschaffung, zumindest Untergrabung der freiheitlichen demokratischen Grundordnung erwarten. In einem Verbotsantrag gegen die CDU könnte man schließlich zur Abrundung des Bildes auf die Mitwirkung der „gegen Rechts" agitierenden Christdemokraten bei der Verwaltung der linksextremistischen, von der aus KPD und SPD hervorgegangenen Partei „Die Linke" geführten DDR-Diktatur verweisen, womit die Gefährlichkeit und Verbotsbedürftigkeit der Christdemokratie aufgrund entsprechender „Wesensverwandtschaft" hinreichend belegt wäre.

Dazu könnte man einen Sack voller „Beweismittel" von der Qualität der vom Antragsteller des vorliegenden Verfahrens vorgelegten „Beweise" vorlegen.

Der angeführte Verbalradikalismus eines (ehemaligen) Repräsentanten einer etablierten Partei, welche vorliegend als Antragsteller Bundesrat in Erscheinung tritt, ist zumindest als deutlicher Hinweis zu werten, zu welchem extremen/extremistischen Verbalradikalismus maßgebliche Mitglieder und Anhänger etablierter Parteien fähig wären, wenn ihre Parteien und sie selbst in einem Ausmaß politisch und gesellschaftlich diskriminiert und auch diffamiert werden würden, wie ideologie-politisch als „rechts", „rechtsradikal", „rechtsextrem", „rechtsextremistisch" oder – zunehmend – „nazistisch" eingestufte Parteien, Vereinigungen und Personen. Man stelle sich vor, eine Gemeindebehörde würde amtlich oder quasi-amtlich (durch Duldung und Unterstützung entsprechender Organisationen) Ortsschilder aufstellen etwa mit einer Parole „Sozialdemokratler unerwünscht!"

Dieser Begriff stammt von Eugen Dühring, der sich mit seiner Kritik am Marxismus „von links" (so die Einschätzung des SPD-Revisionisten Eduard Bernstein) schon als der künftige Chefideologe der SPD gesehen hatte, dann aber von Friedrich Engels mit seinem „Anti-Dühring" von der SPD weggeekelt worden ist und sich mit derartiger Begrifflichkeit gerächt hat, dabei aber über den „freiheitlichen Sozialismus" programmatisch in Richtung „Godesberg" und gar israelischen Kibbuz-Sozialismus weitergewirkt hat, aber als der extremste sozialistische Antisemit Deutschland auch als Vorläufer von Adolf Hitler angesehen wird.

Der Vorwurf des „Faschismus" oder des unterdrückenden „NS-Staates" wäre wohl noch das Harmloseste, was dann von derartigen Politikern – und zwar mit Recht! – zu vernehmen wäre. Es würde ebenfalls berechtigter Weise der Hinweis auf entsprechende Slogans der NS-Zeit wie „Juden unerwünscht!" nicht fehlen. Dieser hypothetische Vergleich, dem jedoch aufgrund der angeführten Rubikon-Äußerung des ehemaligen Bundespräsidenten Wulff (CDU) der Realitätsgehalt wohl nicht abgesprochen werden kann, ergibt einen fairen Maßstab dafür, wie der als „Beweis" angeführte Verbalradikalismus in einigen Aussagen von (möglichen) Anhängern und Mitgliedern der Antragsgegnerin fairer Weise zu werten ist: als **defensiv-kämpferisch**! Ebenso wenig wie man unter derartigen Bedingungen Verbalradikalismus von CDU- und SPD-Politikern trotz umfangreichen „Beweismaterials" als Verbotsbegründung verwenden könnte, kann dies hinsichtlich der Antragsgegnerin des vorliegenden Verbotsantrags gemacht werden. Die als Verbotsvoraussetzung erforderliche „aggressiv-kämpferische Haltung" nach der revisionsbedürftigen bisherigen Parteiverbotsdoktrin, welche in der Regel am Verbalradikalismus festgemacht wird, liegt dementsprechend nicht vor.

Abgesehen davon, dass die Vokabel „aggressiv-kämpferisch" begriffslogisch das Element „defensiv-kämpferisch" zur Folge hat, geht es dabei nicht um ein bloßes Begriffsspiel, sondern diese Begrifflichkeit ist aufgrund der Garantie der Meinungsfreiheit nach Art. 5 Abs. 1 Satz 1 GG als Grundlage der (demokratischen) Freiheit nach Art. 20, 79 Abs. 3 GG überhaupt, sofern diese entgegen der Ansicht der Antragstellung auch für politische Parteien gilt, welche zur Beeinträchtigung des Mehrparteiensystems nach einem extremen Verständnis von Art. 21 Abs. 2 GG verboten werden sollen, geboten. Dies ist nämlich letztlich dem Rechtsgedanken von § 193 StGB zu entnehmen, welcher als vorkonstitutionelles Recht zur Bestimmung des Inhalts der verfassungsrechtlich gewährleisteten Meinungsfreiheit nach Art. 5 Abs. 1 Satz 1 GG auch bei Beachtung von Art. 79 Abs. 1 GG (Verfassungsmäßigkeit der Gesetze und nicht Gesetzmäßigkeit der Verfassung, wie dies bei der Definition der freiheitlich demokratischen Grundordnung erfolgt ist) heranzuziehen ist und anerkanntermaßen von der Gerichtsbarkeit auch herangezogen wird, insbesondere im Zusammenhang mit dem „Kampf ums Recht", wo zugestanden wird „selbst harte Worte gebrauchen" zu dürfen „und auch zusammenfassende Wertungen können ihm (etwa einem betroffenen Beamten, Anm.) nicht versagt werden."

Den dabei erforderlichen Abwägungsprozess zur Zulässigkeit entsprechender Äußerungen, welche ansonsten staatlich sanktioniert werden dürften, hat das VG Düsseldorf unter Bezugnahme auf die einschlägigen Entscheidungen des Bundesverfassungsgerichts und des Bundesverwaltungsgerichts in einer angemessenen Weise dahingehend zusammengefasst, dass eine entsprechende Meinungsäußerung daher unter Heranziehung des gesamtes Kontexts der Erklärung objektiv und sachlich in ihrem Zusammenhang vor den Hintergrund des gesellschaftlichen, sozialen und politischen Geschehens zu ermitteln und zu würdigen ist, in dem sie gefallen ist.

Als relevant ist dabei der Gesichtspunkt anzusehen, dass eine Äußerung im Zusammenhang mit dem „Kampf ums Recht" gefallen ist und welchem Adressatenkreis dabei auszugehen ist (BVerfG 1 BvR 2883/11). Im „Kampf ums Recht" dürfen „auch starke, eindringliche Ausdrücke und sinnvolle Schlagworte benutzt und sogar ‚ad personam' argumentiert werden". Negativ fällt ins Gewicht, wenn die Äußerung falsche Tatsachen enthalten hat, da für die Äußerung derselben nicht die „Vermutung zugunsten der freien Rede" gilt.

vgl. BVerfGE 90, 241, 248

Im parteipolitischen Meinungskampf geht es letztlich immer um einen Kampf ums Recht, in Sonderheit bei den Gruppierungen, deren Rechtsstellung durch Parteiverbotsdrohungen und antifaschistische Diskriminierungsaktionen und gegen die Menschenwürde verstoßende (quasi-)amtliche Propaganda nahezu permanent bedroht ist.

Die Antragsgegnerin befindet sich fast permanent in der Situation, zum „Gegenschlag" ausholen zu müssen. In dieser Situation müssen sich die Parteien, welche vorliegend als Bundesrat ein Parteiverbot herbeiführen wollen, nach der Rechtsprechung einiges gefallen lassen, was auch für die Kritik an den Verhältnissen gilt, die den eigentlichen Antragstellern vorgeworfen werden können. Diesen Verhältnissen, die man auf den Begriff „System" bringen mag, wie etwa die Unterdrückung der Antragsgegnerin unter der Vokabel „Vielfalt" (sic!), welche wohl nicht den politischen Pluralismus, sondern einen Hautfarbenpluralismus meint, rechtfertigen eine massive Kritik, welche dementsprechend auf der Ebene der (bisherigen) Parteiverbotsrechtsprechung als „defensiv-kämpferisch" eingestuft werden muss und dementsprechend nicht als „aggressiv-kämpferische Haltung" verbotsbegründend vorgeworfen werden kann.

c) NPD-Mitglieder als Dauerangriffsziel linker Gewalt

Bekanntlich bleibt es im „freiheitlichsten Staat, den es auf deutschem Boden je gegeben hat", aber nicht nur bei verbalen Angriffen und Stigmatisierungen gegenüber der Antragsgegnerin, sondern diese bzw. ihre Mitglieder und Funktionäre werden beinahe täglich zum Opfer gewalttätiger körperlicher Angriffe aus der linksradikalen Szene. Die Antragsgegnerin hat sich die Mühe gemacht, einmal eine kleine Auswahl dieser Angriffe seit dem Jahre 2003 für das erkennende Gericht zusammenzustellen:

[...][8]

Diese Übersicht zeigt mehr als eindrücklich, dass wenn in diesem Land eine Personengruppe einem „Klima der Angst" ausgesetzt ist, es sich insoweit um die Mitglieder und Anhänger der Antragsgegnerin handelt. Der Antragsteller hat von daher im Ansatz völlig recht, wenn er darauf hinweist, dass ein demokratischer Diskurs

„eine Atmosphäre offenen Austauschs divergierender Ansichten, der sich ohne Furcht vor politischen oder anderen Konsequenzen"

erfordert

vgl. Antragsschrift, Seite 118 [S. 124];

die Frage ist nur, warum man dergleichen ausschließlich für die Vertreter der etablierten Parteien fordert, der Antragsgegnerin eine angstfreie Atmosphäre hingegen nicht zugesteht. Es ist geradezu lächerlich, wenn die gesamte linke Schickeria dieses Landes Taten der oben geschilderten Art duldet, teils verdeckt und teils offen gutheißt und sich heimlich ins Fäustchen lacht, gleichzeitig aber allen Ernstes die Frechheit besitzt, sich bei den Verfahrensbevollmächtigten des Antragstellers im „vertraulichen Gespräch" auszuheulen und die Antragsgegnerin der Schaffung eben eines solchen Klimas der Angst zu bezichtigen. Im Gegenteil könnte man durchaus einmal die Frage stellen, ob es denn nicht vielleicht die gegen die Antragsgegnerin gerichteten staatlich finanzierten Hetzkampagnen der vorliegend als Bundesrat in Erscheinung tretenden etablierten Parteien waren, die erst den geistigen Nährboden geschaffen haben, auf dem linksextremistischer Terror der vorliegenden Art gedeihen konnte. Nach den vom Antragsteller

---

[8] Von einem Abdruck der rund 30-seitigen Auflistung wurde abgesehen, da diese keine Relevanz für die Entscheidung des Senats hatte, vgl. Tatbestand des Urteils Rn. 348 (S. 1372).

selbst postulierten Verbotskriterien, nach denen der Nachweis einer wissenschaftlich begründeten Kausalität in dieser Hinsicht nicht erforderlich sein soll, müsste der Bundesrat konsequenterweise umgehend ein Parteiverbotsverfahren gegen die ihn tragenden etablierten politischen Parteien einleiten, weil diese sich von dem aggressiv-kämpferischen Verhalten der genannten Art nicht distanzieren.

Speziell zum Thema „Atmosphäre der Angst" ist auf einen aktuellen Vorgang hinzuweisen, der – käme er aus der Ecke der Antragsgegnerin – wohl einmal mehr zu hyperventilierendem Verbotsgeschrei geführt hätte, faktisch aber, da er „nur" aus der linksextremistischen Szene kommt, scheinbar niemanden interessiert: Als Reaktion auf die Vorfälle im sächsischen Clausnitz am 18.02.2016 veröffentlichen „besorgte Antifas" auf dem linksextremistischen Portal „Indymedia" unter der Adresse https://linksunten.indymedia.org/de/node/169431 folgenden Drohbrief an die Bürger der Stadt:

> „Liebe Clausnitzer,
> Allerorten liest man, dass ihr Angst habt, dass ihr verunsichert seid. Ihr möchtet einen Dialog auf Augenhöhe. Ihr habt am Donnerstag gezeigt, wo euer Dialog hinführt, und daran knüpfen wir gerne an! Wir von der Antifa haben euer Dorf besucht. Ein schönes Dorf. Auch euer Heimatmuseum hat uns sehr gefallen. Dinge können kaputt gehen, Traktoren können sich spontan selbst entzünden – es wäre doch schade drum. Nun ja, ein Teil unserer weiteren Möglichkeiten würde die Bevölkerung verunsichern.
> Falls ihr noch einer einzigen geflüchteten Person Angst macht, wird das Konsequenzen für euch haben. Wir beobachten euch. Ein weiterer Angriff auf einen Flüchtling, ein Böller vor der Unterkunft – und euer Dorf wird in Trümmern liegen. Die Kosten für eure Unmenschlichkeit werden wir möglichst hoch treiben. Euer Hass und eure Hetze werden nicht unwidersprochen bleiben. Wir werden nicht tatenlos zusehen, wie ihr euren autoritären Charakter auslebt. Ihr lebt in einer Welt, in der „Deutschsein" mehr wert ist als Menschsein. Das werden wir nicht dulden."

Hier wird nicht mehr nur mit irgendwelchen „Doppeldeutigkeiten" gearbeitet, wie der Antragsteller sie der Antragsgegnerin vorwerfen zu können meint, sondern hier werden knallharte Drohungen gegen Leib und Leben der Bevölkerung ausgesprochen, um Angst und Schrecken zu verbreiten. Dass der Antragsteller sich um dergleichen in keiner Weise schert, in Bezug auf die Antragsgegnerin aber einen an Lächerlichkeit nicht mehr zu überbietenden Popanz aufbaut, entlarvt die Doppelmoral der Antragstellerseite, der es offensichtlich nicht um den Schutz der Bevölkerung, sondern um das Wegverbieten missliebiger parteipolitischer Konkurrenz geht.

Fakt ist somit, dass man sich angesichts der unzähligen verbalen Diskriminierungen, unverhohlenen Bedrohungen und körperlichen Angriffe, denen die Antragsgegnerin, ihre Mitglieder und ihre Funktionäre tagtäglich ausgesetzt sind, nicht zu wundern braucht, wenn der genannte Personenkreis auf den Staat, der solche ungeheuerlichen Vorgänge nicht nur duldet, sondern sogar aus Steuermitteln aktiv alimentiert, nicht allzu gut zu sprechen sind und sich im politischen Diskurs nicht stets so ausdrücken, wie Knigge es empfiehlt. Vielmehr muss der Antragsgegnerin zur Kompensation der äußerst schwierigen Lage, in der sie sich befindet, der Rechtsgedanke des § 193 StGB zugute gehalten werden, sodass sich ihr Verbalradikalismus nicht als unprovozierter aggressiv-kämpferischer Angriff auf die freiheitlich-demokratische Grundordnung, sondern als defensiv-kämpferische Reaktion auf die gegen sie selbst geführten Angriffe darstellt.

5. Hilfsweise: Rechtfertigung über Art. 20 Abs. 4 GG (Widerstandsrecht)

Hält man die vorstehend skizzierte Konzeption des defensiv-kämpferischen Verhaltens nicht für ausreichend, das Verhalten der Antragsgegnerin zu rechtfertigen, so ist eine solche Rechtfertigung aber jedenfalls über das Widerstandsrecht des Art. 20 Abs. 4 G möglich.

Die rechts- und verfassungswidrige Überschwemmung Deutschlands mit sogenannten „Flüchtlingen", durch die sukzessive das deutsche Staatsvolk ausgetauscht werden soll, stellt sich nämlich nicht nur einfach als rechtswidrig, sondern vielmehr als „Putsch von oben", als regierungsamtlich angeordnete Aushebelung des Rechtsstaatsprinzips und damit als Angriff auf die Verfassungsidentität der Bundesrepublik Deutschland dar und berechtigt alle Bürger, insbesondere die Antragsgegnerin, zum Widerstand.
[...][9]

6. Hilfsweise: Subsumtion unter die Kriterien des EGMR

Unterstellt, die Antragsgegnerin wäre nach der Norm des Art. 21 Abs. 2 GG als verfassungswidrig zu verbieten, so müsste sich ein solches Verbot auch an der oben bereits dargestellten Rechtsprechung des EGMR messen lassen. Spätestens unter Zugrundelegung dieser gegenüber dem nationalen Verfassungsrecht ungleich strengeren Prüfungsmaßstäbe erweist sich das gegen die Antragsgegnerin beantragte Verbot als rechtlich unzulässig.

a) Gesetzlich vorgesehener Eingriff?

Es bestehen bereits erhebliche Zweifel daran, ob das vom Antragsteller gegen die Antragsgegnerin beantragte Parteiverbot überhaupt auf eine gesetzliche Rechtsgrundlage im Sinne der Straßburger Rechtsprechung gestützt werden kann. Diese Frage stellt sich selbst dann noch, wenn man entgegen der hiesigen Rechtsauffassung davon ausgeht, dass die Alternative des „Beeinträchtigens" der freiheitlich demokratischen Grundordnung in Art. 21 Abs. 2 GG trotz des herausgearbeiteten Redaktionsversehens des Parlamentarischen Rates geltendes Verfassungsrecht sei und – darüber hinaus – dass § 46 Abs. 3 BVerfGG nicht verfassungswidrig sei. Selbst unter Zugrundelegung dieser beiden Prämissen erfüllen Art. 21 Abs. 2 GG iVm. § 46 Abs. 3 BVerfGG nicht die Mindestanforderungen an eine gesetzliche Grundlage iSd. konventionsrechtlichen Anforderungen.

Der EGMR lässt nämlich in ständiger Rechtsprechung nicht einfach „irgendeine" im formellen Gesetzesrecht positivierte Norm genügen, in der das Wort Parteiverbot auftaucht; vielmehr fordert der EGMR regelmäßig eine ausreichend präzise Formulierung des Gesetzes, damit der Bürger erkennen kann, unter welchen konkreten Voraussetzungen sein Verhalten sanktioniert werden kann. Der EGMR kleidet dies in folgende Formulierung:

> „Hinsichtlich Zugänglichkeit und Vorhersehbarkeit der fraglichen Vorschriften erinnert der Gerichtshof daran, dass der Begriff ‚gesetzlich vorgesehen' zunächst eine Rechtsgrundlage im

---

[9] Von einem Abdruck der folgenden hilfsweisen Ausführungen wurde abgesehen, da diese im Sachbericht des Urteils keine Berücksichtigung gefunden haben und damit für die Entscheidung des Senats ohne Bedeutung waren, vgl. Tatbestand des Urteils Rn. 348 (S. 1372).

staatlichen Recht verlangt, dass er aber auch die Qualität des jeweiligen Gesetzes betrifft: Das Gesetz muss für den Bürger zugänglich sein und so bestimmt, dass er, notfalls mit sachkundiger Hilfe, in einem nach den Umständen angemessenen Umfang die möglichen Folgen seines Verhaltens voraussehen kann."

vgl. EGMR vom 13.02.2003, Beschw. Nr. 41340/98 u. a. – Refah Partisi ./. Türkei, Rn. 57.

Art. 21 Abs. 2 GG genügt diesen Anforderungen nicht, weil sämtliche Tatbestandsmerkmale dermaßen unbestimmt sind, dass eine Vorhersehbarkeit im konventionsrechtlichen Sinne nicht mehr gewährleistet ist.

Bereits die Bestimmung des Inhalts der „freiheitlich demokratischen Grundordnung" gestaltet sich außerordentlich schwierig. Zunächst wird dieser Begriff im Grundgesetz nicht einheitlich verwandt, sodass sich die nicht ohne weiteres beantwortbare Frage stellt, ob es sich – was der systematische Vergleich mit Art. 87a Abs. 4 GG und Art. 91 GG nahelegt – um das Funktionieren der staatlichen Institutionen handelt, oder aber – worauf die ältere verfassungsgerichtliche Rechtsprechung hindeutet – um einen reinen Prinzipienkatalog, wobei die Definition des SRP-Urteils evident nicht richtig sein kann, überzieht sie doch das Bestreben, von Art. 79 Abs. 3 GG nicht verbotene Grundgesetzänderungen umzusetzen, mit dem Verdikt der Verfassungswidrigkeit. Dies besteht selbst der Antragsteller zu und operiert daher mit einem anderen Begriff der freiheitlich demokratischen Grundordnung als die beiden Verbotsurteile des BVerfG. Ist es demnach also nicht ohne weiteres möglich, das Schutzgut der Parteiverbotsvorschrift überhaupt klar zu definieren, kann eine politische Partei nicht in zumutbarer Weise voraussehen, welches konkrete Verhalten sie in die Gefahr eines Parteiverbots rückt.

Diese Vorhersehbarkeitsproblematik verschärft sich zusätzlich durch das schillernde Tatbestandsmerkmal der „Beeinträchtigung" der freiheitlich demokratischen Grundordnung. Dieses ohne Übertreibung als regelrechtes „Gummi-Paragraph" zu bezeichnende Tatbestandsmerkmal ist ohne Willkür überhaupt nicht subsumierbar. Meier hat hierzu treffend formuliert:

> „Es liegt auf der Hand – und wurde vom Abgeordneten de Chapeaurouge auch als Begründung für seinen Streichungsantrag vorgebracht –, daß mit dem inhaltlich ausgedünnten Begriff des ‚Beeinträchtigens' außerordentliche Interpretationsprobleme verbunden sind. Man mag mit der ‚Beseitigung' einer ‚Grundordnung' – wenigstens auf den ersten Blick – halbwegs klare Vorstellungen verbinden und die Tätigkeit einer Partei unter diesen verfassungsrechtlichen Begriff nachvollziehbar subsumieren können. Unterhalb dieser Schwelle der klaren Negation einer ‚Grundordnung' wird jedoch mit der Tatvariante des ‚Beeinträchtigens' ein schier uferloses Terrain eröffnet, dem nahezu jede parteipolitische Tätigkeit zugerechnet werden kann. Ein bloß ‚beeinträchtigtes' Rechtsgut muß keinerlei Schaden genommen haben; im Umfeld des Staatsschutzes evoziert der Beeinträchtigungsbegriff eine diffuse Gefährdungsabsicht, die als Störung der staatlichen Ordnung gedacht wird. Wegen dieses strukturell tiefer angesetzten, vagen Begriffs kann die Eingriffsschwelle gegen verfassungswidrige Parteien bei der fallbezogenen Interpretation ungleich schwerer ausgelotet werden. Die politischen Konsequenzen, die daraus für Oppositionsparteien erwachsen, liegen auf der Hand: ihr legaler, eben nur im Regelfall grundrechtlich geschützter Status ist einer Entzugsdrohung ausgesetzt, deren Gefährlichkeit niemand halbwegs verläßlich zu prognostizieren vermag."

vgl. Horst Meier, Parteiverbote, Seite 162.

Genau das war auch der Grund, weshalb das Tatbestandsmerkmal – wie oben eingehend dargelegt – vom Hauptausschuss des Parlamentarischen Rates gestrichen worden war und nur durch ein Redaktionsversehen des Grundgesetzgebers überhaupt seinen Weg in den endgültigen Gesetzestext gefunden hat. Wo genau die Schwelle des „Beeinträchtigens" überschritten sein soll, ist für eine politische Partei im Vorfeld nicht einmal ansatzweise ermittelbar, weshalb es an der konventionsrechtlich geforderten Vorhersehbarkeit und Berechenbarkeit der Verbotsvorschrift fehlt.

Endgültig unmöglich gemacht wird die erforderliche Vorhersehbarkeit des bundesrepublikanischen Parteiverbots durch das ebenfalls nicht willkürfrei subsumierbare Kriterium des „darauf Ausgehens". Es ist völlig unklar, ob es sich hierbei um eine reine Gesinnungssanktion handelt oder ob es auf das Verhalten der politischen Partei ankommt. Im zweiten Falle bleibt unklar, ob rechtswidriges Verhalten gefordert wird, wobei verneinendenfalls zu klären wäre, wie der verbotsrelevante Bereich zwischen legalem und verfassungskonformem Handeln einerseits und legalem, aber gleichzeitig verfassungswidrigem Handeln andererseits klar zu definieren sein soll. Auch in diesem Punkt wird einer politischen Partei die Ermittlung verbotsrelevanten Verhaltens vollständig unmöglich gemacht, sondern der Willkür Tür und Tor geöffnet. Allein die unzähligen Seiten, auf denen der Antragsteller letztlich erfolglose argumentative Klimmzüge veranstaltet, um die Tatbestandsmerkmale des Art. 21 Abs. 2 GG in eine halbwegs handhabbare Form zu bringen, unterstreichen die fehlende Bestimmtheit der Verbotsnorm und damit die entgegen den konventionsrechtlichen Vorgaben nicht gegebene Vorhersehbarkeit ihrer Anwendung.

Schließlich steht auch das oben bereits wegen seiner uferlosen Weite als rechtsstaatswidrig verworfene Anhänger-Kriterium der Vorhersehbarkeit einer drohenden Verbotsentscheidung entgegen. Da nach der „Logik" des Antragstellers gleichsam jeder Sympathisant im weitesten Sinne zum „Anhänger" hochstilisiert werden kann, wobei der Antragsgegnerin diese Personen in den meisten Fällen überhaupt nicht bekannt sind und sie zudem mangels Anwendbarkeit des parteirechtlichen Ordnungsinstrumentariums nicht gegen diese einschreiten kann, wird damit einer nahezu unbegrenzten Zurechenbarkeit Tür und Tor geöffnet. Eine Vorhersehbarkeit ist hier nicht einmal mehr ansatzweise gewährleistet.

Das von der Gegenseite vorgelegte Rechtsgutachten von Prof. Dr. Grabenwarter

vgl. Schriftsatz vom 11.02.2016, Anlage 5, Seite 5 f. [S. 502]

führt zu keiner anderen Bewertung, behandelt das Gutachten diesen zentralen Prüfungspunkt doch reichlich oberflächlich. Grabenwarter behauptet lediglich apodiktisch, dass es „keinem Zweifel" begegne, dass die bundesdeutschen Regelungen den Anforderungen der EMRK an die hinreichende Bestimmtheit der gesetzlichen Grundlage genüge, macht sich jedoch nicht die Mühe, die einzelnen Tatbestandsmerkmale sauber zu subsumieren. Insbesondere die Tatbestandsmerkmale der „freiheitlich demokratischen Grundordnung" sowie der „Gefährdung des Bestandes der Bundesrepublik Deutschland" werden ohne irgendeine nähere Prüfung einfach als hinreichend bestimmt unterstellt. Während sich das Tatbestandsmerkmal der „Gefährdung des Bestandes der Bundesrepublik Deutschland" im vorliegenden Kontext indes als völlig irrelevant erweist, erwähnt Grabenwarter die unter Bestimmtheitsgesichtspunkten ganz besonders problematischen Merkmale des „Beeinträchtigens" der freiheitlich demokratischen Grundordnung sowie das des „darauf Ausgehens" mit keinem Wort. Wieso der „systematische Zusammenhang mit anderen Verfassungsbestimmungen" sowie die Verfahrensvorschriften des einfachen Rechts einen Beitrag zur besseren Bestimmbarkeit dieser eben viel zu unbestimmten Rechtsbegriffe leisten sollen, bleibt ebenso Grabenwarters Geheimnis wie die Frage, welche materiell-rechtlichen Erkenntnisse für die Auslegung des Art. 21 Abs. 2 GG aus den ausschließlich das Verfahrensrecht betreffenden Entscheidungen des BVerfG in den letzten Jahrzehnten sollten gewonnen werden können. Völlig abwegig ist schließlich die im Übrigen nicht weiter begründete These, das erhöhte Quorum des § 15 Abs. 4 Satz 1 BVerfGG trage zu einer „Vorhersehbarkeit der Entscheidung eines Parteiverbots bei".

Selbst wenn die Antragsgegnerin also nach bundesdeutschem Verfassungsrecht verboten werden könnte, dürfte ein solches Urteil vor dem Hintergrund der Straßburger Rechtsprechung keinen Bestand haben, weil auf ohne Willkür nicht subsumierbare Verbotstatbestände kein Eingriff in Art. 10 und 11 EMRK gestützt werden kann.

b) **Legitimer Zweck?**

Zudem kann sich der Antragsteller auch nicht auf das Vorliegen eines legitimen Zwecks berufen, weil der von ihm verfolgte Zweck des Schutzes der freiheitlich demokratischen Grundordnung offensichtlich nur vorgeschoben ist und es ihm im hiesigen Verfahren in Wirklichkeit um die Ausschaltung einer missliebigen Oppositionspartei geht.

Wie oben umfassend dargelegt wurde, sind es die vorliegend als Bundesrat in Erscheinung tretenden politischen Parteien selbst, die in Gestalt der amtierenden Bundesregierung eine nachweislich evident verfassungswidrige Asylpolitik praktizieren und mithin selbst eine viel größere Gefahr für die freiheitlich demokratische Grundordnung und den Rechtsstaat darstellen als die Antragsgegnerin, welche lediglich von ihren grundgesetzlich verbrieten Grundrechten und insbesondere von ihrem Widerstandsrecht (Art. 20 Abs. 4 GG) Gebrauch macht. Dass ausgerechnet diejenigen politischen Kräfte, denen – im Gegensatz zur Antragsgegnerin – nicht nur „Gedankenverbrechen", sondern handfester Rechts- und Verfassungsbruch vorzuwerfen ist, die Antragsgegnerin ausgerechnet zu dem Zeitpunkt verbieten wollen, in dem sich die ganzen von der Antragsgegnerin seit Jahrzehnten prophezeiten Probleme von Masseneinwanderung und Überfremdung praktisch aktualisieren, ist ein untrügliches Zeichen dafür, dass im hiesigen Verfahren in Wirklichkeit die politische Opposition von Rechts ausgeschaltet und mundtot gemacht werden soll. So geben prominente Verbotspolitiker wie die oben bereits zitierten Innenminister Jäger und Beckstein selbstentlarvend zu, dass die Antragsgegnerin erst der Anfang sein soll und in Wirklichkeit die gesamte politische Rechte in Deutschland wegverboten werden soll (Stichwort: Domino-Effekt). Auf die obigen Ausführungen wird insoweit vollumfänglich Bezug genommen.

Dieses zutiefst undemokratische und als wesensverwandt mit totalitären Systemen einzustufende Bestreben stellt jedoch keinen legitimen Zweck dar.

c) Notwendigkeit in einer demokratischen Gesellschaft?

Subsumiert man das, was nach den obigen Ausführungen von den Vorwürfen und „Belegen" des Antragstellers übrig bleibt, unter die herausgearbeiteten Kriterien des EGMR, kommt man unschwer zu dem Ergebnis, dass ein „dringendes soziales Bedürfnis" für ein Verbot der Antragsgegnerin nicht ersichtlich ist.

Weder vertritt diese Ziele, welche mit der Demokratie unvereinbar sind, noch setzt sie undemokratische Mittel im politischen Wettbewerb ein. Auch eine Machtübernahme durch die Antragsgegnerin ist gegenwärtig nicht einmal ansatzweise zu erwarten. Insoweit wird wiederum auf die obigen Ausführungen verwiesen.

Das beantragte Verbot wäre daher nicht erforderlich in einer demokratischen Gesellschaft.

d) Insbesondere: Verhältnismäßigkeit

Unterstellt, der Antragsteller würde im vorliegenden Verfahren einen legitimen Zweck verfolgen und weiter unterstellt, die Antragsgegnerin sei an sich verbotswürdig, erwiese sich der tatsächliche Ausspruch eines Verbots aber als unverhältnismäßig.

aa) fehlende Geeignetheit

Der Antragsteller gibt vor, durch ein Verbot der Antragsgegnerin die freiheitlich demokratische Grundordnung schützen zu wollen, übersieht dabei aber, dass das Wegverbieten einer politischen Partei ohne gleichzeitige Eliminierung des dahinerstehenden Gedankenguts überhaupt keinen Beitrag zum Schutz der freiheitlich-demokratischen Grundordnung wird leisten können.

(1) Keine Unterbindung „gefährlicher" Aktionsformen durch ein Parteiverbot

Im Rahmen der Geeignetheitsprüfung ist die Frage zu klären, ob die ins Auge gefasste Maßnahme geeignet ist, den angestrebten, legitimen Zweck zu erreichen. Durch ein Parteiverbot müssten also gerade diejenigen Aktionsformen unterbunden werden können, welche die angebliche „Gefahr" für die freiheitlich demokratische Grundordnung begründen. Der Antragssteller stellt in seinem Vortrag indes durchweg Aktivitäten als „gefährlich" dar, die durch ein Parteiverbot nicht zum Erliegen kämen, sondern sich im Gegenteil noch verstärken würden.

Zum Erliegen käme freilich die parlamentarische Arbeit der Antragsgegnerin. Diese stellt aber nach Borstel keine ernsthafte Gefährdung des parlamentarischen Geschehens dar

vgl. Borstel-Gutachten, Seiten 28, 42.

Angesichts der wenigen NPD-Abgeordneten im Landtag und in den Kommunalvertretungen wäre es auch abwegig, anderes zu behaupten. Zu beachten ist hierbei aber, dass in zwei nationalen Hochburgen des Landes, Ueckermünde und Torgelow, nicht die Antragsgegnerin in den Stadtvertretungen sitzt, sondern unabhängige Wählervereinigungen, die „Alternative für Torgelow" und „Wir von Hier". Auf beiden Listen kandidierten zwar NPD-Mitglieder. Wenn diese ihre Mandate verlören, beträfe dies aber nicht die parteilosen Stadtvertreter und parteilose Nachrücker.

Zum Erliegen käme wohl auch eine flächendeckende, über regionale Zentren hinaus gehende propagandistische Bearbeitung des Landes mit traditionellen Mitteln (z. B. Flugblattverteilungen). Dies erforderte ein überregionales Zusammenwirken, das als Fortsetzung des Organisationszusammenhangs gewertet werden könnte. Vermutlich würden auch die finanziellen Mittel fehlen.

Ganz anders sieht es bei der vom Antragssteller als besonders bedrohlich eingeschätzten Siedlungsbewegung aus. Diese existiert durchaus, aber nicht um im Parteiauftrag „Herrschaftsgebiete" zu errichten, sondern um unter Gleichgesinnten zu sein. Parteilose, aber rechtsorientierte Bürger haben sich in signifikanter Anzahl in Mecklenburg-Vorpommern angesiedelt, insbesondere in Lübtheen und Jamel. Es handelt sich um klassische Rückzugsgebiete gesellschaftlich unerwünschter Gruppen, vergleichbar dem Massachusetts der Puritaner oder den Gebirgsdörfern der Waldenser. Nach einem Verbot der Antragsgegnerin bestünde der strafrechtlich ungefährlichste Weg, zu Gleichgesinnten Kontakt zu halten, darin, in die Nachbarschaft Gleichgesinnter zu ziehen, in das gleiche Viertel, in das gleiche Dorf.

Die Antragsgegnerin ist eine Partei mit dem Anspruch, auf Bundesebene Politik zu machen. Viele Parteimitglieder bleiben dort wohnen, wo sie sind, um diesen Anspruch nicht aufzugeben. Wenn bundesweite Politik indes nicht mehr möglich ist, bietet sich – juristisch unangreifbar –, die Alternative der Bildung von möglichst geschlossenen Siedlungen an, bevorzugt in dünn besiedelten Regionen wie Mecklenburg-Vorpommern. Je stärker der staatliche Verfolgungsdruck wird, desto größeren Zulauf werden Ausweichbewegungen dieser Art erfahren. Dem wäre dann nur noch mit Maßnahmen wie dem „Kleinen Belagerungszustand" aus dem Kaiserreich zu begegnen. Damals konnten SPD-Funktionäre aus ihren Heimatorten verbannt werden; August Bebel musste allein über 40 Mal umziehen. Der Antragsteller mag mitteilen, ob er zu solchen Maßnahmen zurückkehren möchte.

In Jamel wird sich gar nichts ändern. Für ihr bloßes Wohnen in diesem Ort benötigen die dortigen rechtsorientierten Bürger keine Partei. Ihre Haltung gegenüber dem Ehepaar L. wird nicht freundlicher werden. Man wird ihnen auch kaum untersagen können, sich gegenseitig zu besuchen und Dorffeste zu feiern. Es wird dann allerdings mehr Orte wie Jamel geben.

Problematisch ist in den Augen des Antragsstellers auch das „zunehmend subversive" Vorgehen so genannter Rechtsextremer. Durch ein „Kümmererimage" würden sie Vorbehalte in der Bevölkerung abbauen. Normalität würde gewonnen. Borstel

vgl. Borstel-Gutachten, Seite 31

beklagt überdurchschnittliche Akzeptanzwerte für die Antragsgegnerin in Anklam. Überdies würde die Gesinnung häufig verborgen, um Freiwillige Feuerwehren, Vereine oder Elternbeiräte „unterwandern" zu können. Durch ein Parteiverbot wären die als „rechtsextrem" eingestuften Personen noch „unauffälliger" und schwerer anzuprangern. Im Augenblick besteht die Möglichkeit, NPD-Mitgliedern die Kandidatur zu Bürgermeisterwahlen oder die Wahrnehmung von Ehrenämtern wie dem des Wehrführers einer Freiwilligen Feuerwehr unter Hinweis auf ihre Parteimitgliedschaft zu verwehren. Es ist zu fragen, ob hierfür auch eine ehemalige Mitgliedschaft ausreichen soll, und wenn ja, wie lange. Welche Art von Gesinnungsprüfung soll dann nach einem Parteiverbot zur Anwendung gelangen?

Nichts ändern würde sich auch an den fragwürdigen und sehr schlecht belegten „Bedrohungserfahrungen", die die Greifswalder Privatdozentin Dr. Annette Hiemisch als Anlage 1 zum Schriftsatz vom 27.08.2015 beisteuerte. Die ehemals der Antragsgegnerin angehörigen Personen wären immer noch da. Sie würden immer noch im Supermarkt in der Schlange stehen, zum Verdruss antifaschistisch gesonnener Personen.

Die effektivsten Methoden der politischen Öffentlichkeitsarbeit sind auf Parteiorganisationen in keiner Weise angewiesen. Die Eröffnung einer Facebook-Seite kostet nichts. Sie kann von einem einzelnen Bürger betrieben werden und eine enorme Durchschlagskraft entfalten. Gleiches gilt für das Posten von Kommentaren auf anderen Seiten. PEGIDA startete seine Aktivitäten mit einer solchen Seite und erschütterte, ganz ohne Parteiapparat, die Republik. Nach einem Parteiverbot würde viel Energie, die jetzt in Gemeindevertretungs- und Ausschusssitzungen sowie interner Parteiarbeit gebunden ist, in Internetaktivitäten fließen.

Für Demonstrationen ist ebenfalls keine Partei von Nöten. Ein Einzelner kann sie anmelden und im Internet Aufrufe veröffentlichen. Seit Herbst 2015 hat die Anzahl von Demonstrationen in Mecklenburg-Vorpommern enorm zugenommen. Die meisten wurden von parteifreien Kräften angemeldet. Durch ein Parteiverbot wird sich am Demonstrationsgeschehen nichts ändern. Ehemalige Mandatsinhaber der Antragsgegnerin werden allerdings mehr Zeit haben, an solchen Aufzügen teilzunehmen. Dank der modernen Technik kann auch jeder, der einen Computer und einen Drucker hat, seine eigenen Flugblätter entwerfen und in einer Stückzahl herstellen, die für eine Kleinstadt oder ein Dorf völlig ausreichend ist.

Ein Parteiverbot würde sich in der Stadt Anklam, um ein Beispiel zu nennen, wie folgt auswirken:

Der dann ehemalige Stadtvertreter und Landtagsabgeordnete Michael Andrejewski wäre immer noch Rechtsanwalt. Unter Beachtung des Standesrechts könnte er weiterhin die als „Kümmererstrategie" angeprangerten Hartz-IV-Beratungsstunden anbieten, im selben Gebäude, das nicht im Eigentum der Antragsgegnerin steht. Er kann noch am Tag eines möglichen Verbots verkünden, zur Kommunalwahl 2019 als Einzelkandidat anzutreten und seinen Wahlkampf unverzüglich eröffnen, mit selbst entworfenen und gedruckten Flugblättern, mit einer eigenen Facebookseite, ohne dafür einen organisatorischen Zusammenhalt mit ehemaligen Parteifreunden zu benötigen. Er kann Demonstrationen anmelden, in der Einwohnerfragestunde der Stadtvertretungssitzungen erscheinen und auch Bürgerbegehren initiieren. Auf einem so engen Raum wie Anklam ist das alles für einen Einzelnen machbar. Sein Bekanntheitsgrad ist in der Stadt groß genug, um eine Wiederwahl 2019 sehr wahrscheinlich zu machen.

Die Bedeutung der staatlichen Geldmittel, welche die Landtagsfraktion und der Landesverband der Antragsgegnerin in Mecklenburg-Vorpommern erhalten, wird von der Antragstellerseite überschätzt. Die der Fraktion zufließenden Mittel werden überwiegend für Personalkosten aufgewendet. Im Falle eines Verbots würden sich die Betroffenen neue Arbeit suchen. Falls sie wegen ihrer Gesinnung keine fänden, hätten sie mehr Zeit für politische Aktivitäten. Für flächendeckende Wahlkämpfe wäre zwar nicht mehr ausreichend Geld vorhanden, aber – wie dargestellt – für die Bearbeitung von Dörfern und Kleinstädten, in denen man persönlich bekannt ist, sowie für Internetarbeit und Demonstrationen reichen geringe Mittel aus.

Mit Sicherheit würden sich als Nebenfolgen eines Verbots organisatorische Zersplitterung, erschwerte Überwachbarkeit, Radikalisierung und eine weitere Aufheizung des politischen Klimas ergeben. Mit allen absehbaren Folgen. Welcher „Nutzen" damit für die freiheitlich demokratische Grundordnung einhergehen sollte, ist nicht erkennbar.

(2) Wegfall eines Stabilitätsfaktors für die „freie Szene"

Zudem wurde oben schon das Bestreben der Antragsgegnerin herausgearbeitet, fehlgeleitete Personen aus der „freien Szene" durch frühzeitige Politisierung an demokratische und parlamentarische Abläufe heranzuführen und auf diese Weise der andernfalls zu erwartenden Anwendung von Gewalt entgegenzuwirken. Diejenigen Gruppen, auf welche die Antragsgegnerin in ihrer Funktion als politische Partei noch mäßigend einwirken kann – was ihr groteskerweise als Paktieren mit freien Kräften auch noch zum Vorwurf gemacht wird –, wären nach einem Verbot der Antragsgegnerin vollständig sich selbst überlassen werden und würden auch nicht von anderen politischen Kräften wie etwa der AfD aufgefangen werden können, weil diese sich von „solchen Leuten" regelmäßig distanzieren.

Von daher dürfte ein Verbot der Antragsgegnerin letztlich nicht zu einem Rückgang der tatsächlichen oder vermeintlichen Gewalt führen – zumal die Antragsgegnerin dergleichen gar nicht anwendet –, sondern im Gegenteil zu einem rasanten Anstieg von Gewalttaten aus der dann völlig unkontrollierten „freien Szene", weil diese sich im Untergrund erheblich radikalisieren wird.

(3) Wegfall der politischen Kanalisierung des Volkszorns

Das Verbot der Antragsgegnerin würde aber auch außerhalb der „freien Szene" eher zu einer Verschärfung der gegenwärtig erheblich angespannten politischen Stimmungslage denn zu einer Entspannung führen.

Wie Bürgerbewegungen wie etwa PEGIDA zeigen, stellt die Kritik an der Überfremdungspolitik der Bundesregierung eine weit verbreitete gesellschaftliche Meinung dar, die sich auch mittels einer Liquidation der Antragsgegnerin nicht aus den Köpfen der Bürger wegverbieten lässt. Zwar würde ein Großteil der bisherigen NPD-Wähler im Falle eines Verbots zur AfD überwechseln; vor dem Hintergrund des zu erwartenden und von den Verbotspolitikern auch offen propagierten „Domino-Effekts" wäre es aber nur eine Frage der Zeit, bis auch die AfD dem Verbotswahn der vorliegend als Bundesrat in Erscheinung tretenden Konkurrenzparteien zum Opfer fallen würde. Wenn mit der Antragsgegnerin der Damm gebrochen ist, dann wird die Ausschaltung der gesamten politischen Rechten in Deutschland nicht mehr zu verhindern sein.

Dann wird sich aber die Frage stellen, wie die Bürger ihre berechtigte Kritik noch artikulieren sollen, wenn ihnen sämtliche legalen Sprachrohre in Gestalt politischer Parteien von den selbsternannten „Demokraten" wegverboten werden. Hier besteht die ganz erhebliche Gefahr, dass sich der Volkszorn in einem solchen Falle auf anderem – unter Umständen auch gewaltsamem – Wege Bahn brechen könnte, denn das deutsche Volk wird sicherlich nicht dauerhaft tatenlos zusehen, wie die amtierende Bundesregierung Deutschland durch massenhafte Überfremdung zu Grunde richtet. Was daran dann besser sein soll, als die Antragsgegnerin einfach in Ruhe ihren Verfassungsauftrag aus Art. 21 Abs. 1 GG erfüllen zu lassen, ist nicht nachvollziehbar.

bb) fehlende Erforderlichkeit

Ein Verbot der Antragsgegnerin ist aber auch nicht erforderlich, weil mildere, gleich geeignete Mittel zur Verfügung stehen, um das – vorliegend einmal als legitim unterstellte – Ziel zu erreichen.

(1) Staatliche und zivilgesellschaftliche „Anti-Rechts-Programme"

So ist derzeit zu konstatieren, dass die von Seiten des Staates umfangreich alimentierten „Anti-Rechts-Programme" offenbar so erfolgreich sind, dass ein Einzug der Antragsgegnerin in den Deutschen Bundestag bislang verhindert werden konnte und die Antragsgegnerin auch sonst in keinem Parlament überhaupt in die Nähe einer Regierungsbeteiligung gekommen ist. Der Antragsteller legt selbst umfangreich dar, welch weitreichenden Maßnahmen gegen die Antragsgegnerin ergriffen wurden und werden

> vgl. Antragsschrift, Seite 229 ff. [S. 208 ff.]

Der Antragsteller nennt hier selbst insbesondere:

- Aufklärung und politische Bildung,
- Förderung zivilgesellschaftlichen Engagements,
- Programme für Aussteiger,
- Vernetzung,
- lokale Maßnahmen „vor Ort".

Warum diese umfassenden und kostenintensiven Maßnahmen

> um eine konkrete Bezifferung des monetären Mitteleinsatzes drückt sich der Antragsteller freilich herum, vgl. Antragsschrift, Seite 237 [S. 214],

aber nicht ausreichend sein sollen, um die freiheitlich demokratische Grundordnung zu schützen, legt der Antragsteller nicht einmal ansatzweise dar. Allein der Umstand, dass der Antragsgegnerin aufgrund der Rechte aus Art. 21 Abs. 1 GG legale, öffentlichkeitswirksame Plattformen zur Verfügung stehen, um gegen die staatlicherseits verfolgten antidextristischen Ziele zu arbeiten, belegt noch lange nicht die Unzulänglichkeit der dargelegten Maßnahmen. Solange der Antragsteller die Antragsgegnerin – wie vorliegend – mit derlei Maßnahmen in Schach halten kann – selbst wenn diese fortwährend „dagegen arbeiten" mag – besteht schlicht und ergreifend kein Bedürfnis nach weitergehenden Maßnahmen wie etwa nach einem Parteiverbot.

(2) Verbot von „freien Kameradschaften" nach Vereinsrecht

Darüber hinaus wurde oben bereits auf die Möglichkeit des Verbots von Kameradschaften nach dem Vereinsgesetz als milderes und zugleich einfacheres und schnelleres Mittel hingewiesen. Da die „Gefährlichkeit" der Antragsgegnerin ja im Wesentlichen aus ihrer angeblich engen Verzahnung mit „freien Kameradschaften" resultieren soll, die Antragsgegnerin als solche also offenbar gar nicht das eigentliche „Problem" ist, läge ein Verbot der tatsächlich problematischen Kameradschaften viel näher als ein Verbot der selbst nicht in diesem Maße problematischen Antragsgegnerin.

Entgegen der Meinung des Antragstellers liegt hierin auch kein vergeblicher „Kampf gegen die Hydra"

vgl. Antragsschrift, Seite 231 [S. 209].

Selbst wenn Mitglieder verbotener Vereinigungen möglicherweise in der Antragsgegnerin Aufnahme finden könnte, wäre damit gleichwohl ein erhebliches Maß an – unterstellter – Gefährlichkeit gebannt. Wie dargestellt, übt die Antragsgegnerin nämlich einen erheblichen disziplinierenden Einfluss auf Vertreter der „freien Szene" aus, die um Aufnahme in die Partei nachsuchen. Die Resozialisierung von möglicherweise tatsächlich gewaltbereiten „freien Kräften" ist aber gesamtgesellschaftlich wünschenswert und hierzu könnte die Antragsgegnerin einen nachhaltigen Beitrag leisten. Ihr Verbot erweist sich daher als vollständig kontraproduktiv.

(3) Grundrechtsverwirkungsverfahren gegen führende Funktionäre

Sollte auch dies nicht ausreichen, bestünde immer noch die Möglichkeit der Durchführung von Grundrechtsverwirkungsverfahren gegen diejenigen Funktionäre, welche mit ihren Äußerungen aus Sicht des Antragstellers maßgeblich zur angeblichen Verbotswürdigkeit der Antragsgegnerin beigetragen haben. Die Antragsschrift stützt sich der Sache nur auf die Aussagen von etwa einer Handvoll Funktionäre, deren zahlreich zitierte Aussagen angeblich für die Antragsgegnerin prägend und repräsentativ sein sollen. Sonstige Personen werden höchstens ein- bis zweimal zitiert, wobei es sich hierbei regelmäßig um völlig unproblematische Äußerungen handelt. Bevor man bei dieser Sachlage eine kollektive Grundrechtsverwirkung in Gestalt eines Parteiverbots anstrebt, wäre der Antragsteller unter Erforderlichkeitsgesichtspunkten gehalten gewesen, zunächst Grundrechtsverwirkungsverfahren gegen die tatsächlichen oder vermeintlichen „Einpeitscher" und „Demagogen" anzustrengen, weil allein hierdurch die von der Antragsgegnerin ausgehende – unterstellte – „Gefahr" höchst wahrscheinlich schon hätte eingedämmt werden können. Wäre dieser Versuch gescheitert, hätte immer noch die Möglichkeit eines kompletten Parteiverbots offen gestanden. Die Beantragung eines Parteiverbots ohne vorher überhaupt den Versuch eines Antrags auf Grundrechtsverwirkung hinsichtlich der „problematischen" Funktionäre gestellt zu haben, lässt den Verbotsausspruch insgesamt als nicht erforderlich erscheinen.

cc) fehlende Angemessenheit

Letztlich wäre ein völliges Verbot der Antragsgegnerin aber auch nicht verhältnismäßig im engeren Sinne, weil der von ihr – einmal als gegeben unterstellte – „Gefährlichkeitsgrad" in Anbetracht der äußerst geringen Realisierungschance ihrer programmatischen Zielsetzungen in einem groben Missverhältnis zu der Schwere des mit einem Parteiverbot verbundenen Eingriffs in die Menschenrechte der Art. 10, 11 EMRK verbunden mit den damit einhergehenden Kollateralschäden (Kriminalisierung von tatsächlichen oder nur vermeintlichen Ersatzorganisationen, Domino-Effekt hinsichtlich anderer „Rechts"-Parteien) steht. Mit anderen Worten: Es soll mit Kanonen auf Spatzen geschossen werden, was dem rechtsstaatlichen Übermaßverbot evident zuwiderläuft.

Dies gilt erst recht, wenn man sich vergegenwärtigt, dass die Antragsgegnerin bereits seit über 50 Jahren existiert, wobei ihr Parteiprogramm im Kern von Anfang an dasselbe geblieben ist. Es ist nicht nachvollziehbar, warum eine Partei, die angeblich so „gefährlich" ist, dass man sich ihrer nur durch ein Verbot erwehren kann, 50 Jahre lang unbehelligt politisch tätig sein und sogar in zahlreiche Landesparlamente einziehen kann, den „wehrhaften Demokraten" aber erst im Jahre 2013 auffällt, dass die Partei ganz dringend verboten werden muss, wobei sie zu diesem Zeitpunkt nur noch in zwei Parlamenten vertreten ist und ansonsten unter erheblichen personellen und finanziellen Problemen leidet. Diesen grundlegenden dogmatischen Widerspruch in seiner „Gefährlichkeitsprognose" kann der Antragsteller auch nicht mehr mit irgendwelchen dubiosen Ermessenserwägungen über den Zeitpunkt der Antragstellung wegdiskutieren, sondern dieser Umstand ist ein klarer Beleg für die Verlogenheit des „Gefährlichkeitsarguments".

e) Berücksichtigung nationaler Besonderheiten als „Anti-Nazi"-Rabatt?

Kommt man somit zu dem Ergebnis, dass ein Verbot der Antragsgegnerin (auch) konventionsrechtlich keinen Bestand haben kann, stellt sich die Frage, ob sich an diesem Ergebnis etwas durch die vom Antragsteller in epischer Breite dargestellten „nationalen Besonderheiten" der Bundesrepublik Deutschland etwas ändert. So vertritt der Antragsteller ja der Sache nach die Meinung, dass selbst wenn die NPD in ganz Europa nicht verboten werden könnte, dies aber jedenfalls in Deutschland auf Grund seiner historischen Verantwortung möglich sein müsse. Mit anderen Worten: Der Antragsteller postuliert einen konventionsrechtlichen „Anti-Nazi"-Rabatt

> vgl. zur Begrifflichkeit: Meier, Die „verfassungswidrige" Partei als Ernstfall der Demokratie, in: Meier (Hrsg.), Verbot der NPD, ein deutsches Staatstheater in zwei Akten, Seite 183.

Mit der tatsächlichen Gewährung eines solchen Rabatts ist in Straßburg hingegen nicht zu rechnen, und zwar aus folgenden Gründen:

Richtig ist zunächst, dass der Europäische Gerichtshof für Menschenrechte den Mitgliedsstaaten einen gewissen – indes im Rahmen von Parteiverboten deutlich eingeschränkten – Ermessensspielraum bei der Auslegung und Anwendung der Kriterien des Art. 11 Abs. 2 zubilligt, insbesondere bei der Wahl des Zeitpunkts für ein Verbot. Diesbezüglich stellt der EGMR fest:

> „Man kann von einem Staat nicht verlangen, erst dann gegen eine politische Partei vorzugehen, wenn sie an die Macht gekommen ist und konkrete Maßnahmen ergreift, um eine mit der Konvention und der Demokratie unvereinbare Politik in die Praxis umzusetzen, obwohl die Gefahr dieser Politik für die Demokratie hinreichend nachgewiesen und unmittelbar ist. Wenn die staatlichen Gerichte nach eingehender Prüfung, die ihrerseits einer strikten europäischen Kontrolle unterliegt, eine derartige Gefahr als erwiesen ansehen, muss der Staat vernünftigerweise in der Lage sein, die Verwirklichung eines mit der Konvention unvereinbaren politischen Programms zu verhindern, bevor dieses durch konkrete Handlungen in die Praxis

umgesetzt wird, die den Frieden in der Gemeinschaft und die Demokratie im Land gefährden" (EGMR, Kammer, Urt. v. 31.7.2001, in dieser Sache, Nr. 81, unveröff.)."

vgl. EGMR vom 13.02.2003, Beschw. Nr. 41340/98 u. a. – Refah Partisi ./. Türkei, Rn. 102, abgedruckt in NVwZ 2003, 1489.

Das Entstehen eines Ermessensspielraums hinsichtlich des „richtigen" Verbotszeitpunkts dispensiert den Konventionsstaat aber nicht von dem Nachweis, dass überhaupt eine konkrete und unmittelbare Gefahr vorliegt, die es abzuwehren gilt. Die vom Antragsteller geforderte uferlose Vorverlagerung des Demokratieschutzes in den Bereich reiner Gefahrenvorsorge fernab jeglicher tatsächlich bestehenden Gefährdungslage lässt sich auf die Rechtsprechung des Menschenrechtsgerichtshofs zum Ermessensspielraum hinsichtlich des Auflösungszeitpunkts mithin nicht stützen.

Allerdings berücksichtigt der Gerichtshof bereits auf der vorgelagerten Prüfungsstufe bei der Frage, ob ein „dringendes soziales Bedürfnis" für ein Parteiverbot vorliegt, implizit auch nationale geschichtliche und kulturelle Besonderheiten des jeweiligen Konventionsstaats

vgl. EGMR vom 13.02.2003, Beschw. Nr. 41340/98 u. a. – Refah Partisi ./. Türkei, Rn. 104, abgedruckt in NVwZ 2003, 1489.

Der Antragsteller meint nun, dass – ähnlich wie im Wunsiedel-Beschluss des BVerfG – die Erfahrungen der deutschen Geschichte und die – angebliche – Entscheidung des Grundgesetzes für eine „wehrhafte" Demokratie eben solche nationalen Besonderheiten darstellen würden, die zu einer Absenkung der Verbotsschwelle führen müssten.

Dieser Gedankengang setzt jedoch voraus, dass diese nationalen Besonderheiten in der behaupteten Form überhaupt bestehen, was jedoch nicht der Fall ist. Insbesondere kennt das Grundgesetz kein allgemeines anti-nationalsozialistisches Prinzip und kann darum nicht als Freifahrtschein für ein anti-nazistisches Ausnahmerecht hergenommen werden, was das Bundesverfassungsgericht im Wunsiedel-Beschluss auch ausdrücklich klargestellt hat. Zur Erinnerung daher nochmals:

„Die Offenheit des Art. 5 Abs. 1 und 2 GG für derartige Sonderbestimmungen, die sich auf Äußerungen zum Nationalsozialismus in den Jahren zwischen 1933 und 1945 beziehen, nimmt den materiellen Gehalt der Meinungsfreiheit nicht zurück. Insbesondere kennt das Grundgesetz kein allgemeines antinationalsozialistisches Grundprinzip (vgl. so aber in der Sache: Battis/Grigoleit, NVwZ 2001, S. 121 ⟨123 ff.⟩; OVG Münster, Beschluss vom 23. März 2001 – 5 B 395/01 –, NJW 2001, S. 2111), das ein Verbot der Verbreitung rechtsradikalen oder auch nationalsozialistischen Gedankenguts schon in Bezug auf die geistige Wirkung seines Inhalts erlaubte. Ein solches Grundprinzip ergibt sich insbesondere weder aus Art. 79 Abs. 3 GG noch aus Art. 139 GG, in dem aufgrund bewusster Entscheidung allein die dort genannten Vorschriften von der Geltung der Verfassung ausgenommen werden. Das Grundgesetz gewährt Meinungsfreiheit im Vertrauen auf die Kraft der freien öffentlichen Auseinandersetzung vielmehr grundsätzlich auch den Feinden der Freiheit. Der Parlamentarische Rat bekannte sich hierzu auch gegenüber dem soeben erst überwundenen Nationalsozialismus. In den Art. 9 Abs. 2, Art. 18 und Art. 21 Abs. 2 GG legte er fest, dass nicht schon die Verbreitung verfassungsfeindlicher Ideen als solche die Grenze der freien politischen Auseinandersetzung bildet, sondern erst eine aktiv kämpferische, aggressive Haltung gegenüber der freiheitlichen demokratischen Grundordnung (vgl. BVerfGE 5, 85 ⟨141⟩). Entsprechend gewährleistet Art. 5 Abs. 1 und 2 GG die Meinungsfreiheit als Geistesfreiheit unabhängig von der inhaltlichen Bewertung ihrer Richtigkeit, rechtlichen Durchsetzbarkeit oder Gefährlichkeit (vgl. BVerfGE 90, 241 ⟨247⟩). Art. 5 Abs. 1 und 2 GG erlaubt nicht den staatlichen Zugriff auf die Gesinnung, sondern ermächtigt erst dann zum Eingriff, wenn Meinungsäußerungen die rein geistige Sphäre des Für-richtig-Haltens verlassen und in Rechtsgutverletzungen oder erkennbar in Gefährdungslagen umschlagen."

vgl. BVerfG vom 04.11.2009, Az.: 1 BvR 2150/08, Rn. 67 – zitiert nach www.bverfg.de)

Dass das BVerfG die Strafvorschrift des § 130 Abs. 4 GG mit einer dogmatisch verfehlten, weil primär ergebnisorientierten Begründung „gehalten" hat, darf nicht zu dem Fehlschluss verleiten, „rechtsextreme" Meinungen und Parteien seien nunmehr vogelfrei und ungeachtet geltenden Rechts „zum Abschuss freigegeben". Genau diesem Trugschluss wollte das BVerfG im Wunsiedel-Beschluss auch vorbeugen und hat daher die in Rn. 67 zitierte Klarstellung vorgenommen. Auch der Grundgesetzgeber hat dergleichen zu keinem Zeitpunkt intendiert. Die Ordnung des Grundgesetzes ist – um eine Formulierung aus dem SRP-Verbotsurteil zu gebrauchen – „das Gegenteil des totalen Staates", eine Grundordnung die jede Form von Diktatur und Totalitarismus ablehnt, und eben gerade keine antifaschistische Volksdemokratie, die ihre eigenen Prinzipien und die geltende Rechtsordnung über Bord wirft, wenn es „gegen Nazis" geht

so im Ergebnis auch zutreffend: Meier, Die „verfassungswidrige" Partei als Ernstfall der Demokratie, in: Meier (Hrsg.), Verbot der NPD, ein deutsches Staatstheater in zwei Akten, Seite 183 ff.

Allein der geschichtliche Umstand der zwischen 1933 und 1945 geschehenen Verbrechen rechtfertigt nicht die Schaffung eines Sonderrechts gegen eine ganze politische Strömung, die – wie oben gezeigt wurde – eben nicht „wesensverwandt" mit dem historischen Nationalsozialismus ist.

Soweit der Antragsteller meint, aus der Entscheidung des EGMR vom 08.09.2012, Beschw. Nr. 43481/09 – PETA ./. Deutschland – Honig saugen zu können, erweist sich diese Auffassung als rechtsirrig. Zwar wird unter der vom Antragsteller auf Seite 165 der Antragsschrift zitierten Rn. 49 des vorerwähnten EGMR-Urteils durchaus konstatiert, dass im Umgang mit dem Holocaust besondere Sensibilität geboten ist und insofern Schutzpflichten des betroffenen Konventionsstaats – hier: Deutschland – bestehen können. Allerdings nimmt der Gerichtshof diese vom Antragsteller unzulässig verallgemeinerte Aussage in der nachfolgenden Rn. 50 wieder deutlich zurück:

„Der Gerichtshof erinnert ferner daran, dass bei der Prüfung der Verhältnismäßigkeit des Eingriffs auch die Art und die Schwere einer auferlegten Sanktion zu berücksichtigen sind (siehe u. a. Ceylan, a. a. O., Rdnr. 37, und A. II ./. Deutschland [Entsch.], Individualbeschwerden Nrn. 2373/07 und 2396/07, 30. März 2010). Was die Umstände der vorliegenden Rechtssache angeht, stellt der Gerichtshof fest, dass das in Rede stehende Verfahren keine strafrechtlichen Sanktionen, sondern eine zivilrechtliche Unterlassungsverfügung betraf, mit der der beschwerdeführende Verein daran gehindert wurde, sieben konkret bezeichnete Plakate zu veröffentlichen. Der Gerichtshof stellt weiter fest, dass der Beschwerdeführer nicht nachgewiesen hat, dass ihm keine anderen Mittel zur Verfügung standen, um die Öffentlichkeit auf die Belange des Tierschutzes aufmerksam zu machen."

Das heißt im Klartext: Wenn man einem Tierschutzverein konventionsrechtlich unbedenklich durch nationale Zivilgerichte verbieten kann, sieben Plakate aufzuhängen, auf denen jeweils ein Foto von KZ-Insassen und ein Foto von in Massentierhaltung gehaltenen Tieren abgebildet sind, dann heißt das noch lange nicht, dass ein auf dieselben Handlungen gestütztes Parteiverbot durch eine nationales Verfassungsgericht zulässig wäre. Wäre es im Fall PETA ./. Deutschland nicht nur um ein zivilrechtliches Unterlassungsgebot, sondern um eine strafrechtliche Verurteilung oder gar ein Parteiverbot gegangen, hätte der Gerichtshof sicherlich anders entschieden.

Ein „Anti-Nazi"-Rabatt wird in Straßburg folglich nicht gewährt werden.

IV. Rechtsfolgen

Unterstellt, die Antragsgegnerin sei verfassungswidrig, so kann sie gleichwohl nicht verboten werden. Selbst wenn man sich auf den Standpunkt stellt, der Verhältnismäßigkeitsgrundsatz sei nicht auf Tatbestandsseite, nicht anzuwenden, so muss er aber jedenfalls auf der Rechtsfolgenseite Gültigkeit beanspruchen.

1. Minus-Maßnahmen gegenüber einem Totalverbot

An diesem Prüfungspunkt offenbart sich ein zentraler Denkfehler im Argumentationssystem des Antragstellers. Dieser meint, der Verhältnismäßigkeitsgrundsatz könne im Parteiverbotsverfahren überhaupt nicht zur Anwendung gelangen, weil ja nur eine Rechtsfolge, nämlich das totale Verbot, ausgeworfen werden könne. Stehe aber nur eine einzige Rechtsfolge zur Verfügung, sei eine Verhältnismäßigkeitsprüfung gegenstandslos, da diese stets das Vorhandensein eines Kontinuums verschiedener Rechtsfolgen voraussetze. Folglich komme das Verhältnismäßigkeitsprinzip im vorliegenden Verfahren nicht zur Anwendung

vgl. Antragsschrift, Seite 141 [S. 141 f.].

Tatsächlich wird umgekehrt ein Schuh draus: Dass das Verhältnismäßigkeitsprinzip – zumindest konventionsrechtlich – auch beim Verbot politischer Parteien gelten muss, ist ein Gebot der Rechtsstaatlichkeit, weshalb eine demokratiekompatible Parteiverbotskonzeption – eigentlich ein Widerspruch in sich – sich an diesem Grundprinzip messen lassen muss. Kommt ein Konventionsstaat – wie vorliegend die Bundesrepublik Deutschland – nun mit einem Parteiverbotskonzept daher, welches nur eine Rechtsfolge, nämlich das totale Verbot kennt, dann führt dies nicht zur Suspendierung des Verhältnismäßigkeitsgrundsatzes, sondern zur Konventionswidrigkeit des bundesdeutschen Parteiverbotsrechts bzw. zur Erforderlichkeit einer konventionskonformen Auslegung. Diese könnte etwa in Anlehnung an die Auslegung des § 15 Abs. 3 VersammlG erfolgen, wonach die Versammlungsbehörde bei Vorliegen der näher spezifizierten Voraussetzungen nicht nur die im Gesetz allein genannte Auflösung der Versammlung aussprechen, sondern auch sog. „Minusmaßnahmen" wie etwa gegenüber einer kompletten Auflösung weniger grundrechtsintensive Auflagen verhängen darf.

Demzufolge ist Art. 21 Abs. 2 GG keineswegs im Sinne eines „Alles-oder-Nichts-Prinzips" zu verstehen; vielmehr muss das gesamte Kontinuum möglicher Rechtsfolgenaussprüche in die Norm hineingelesen werden und sodann unter Verhältnismäßigkeitsgesichtspunkten geprüft werden, welche Rechtsfolge zu dem festgestellten Gefährlichkeitsgrad in angemessener Relation steht. Eben diese Prüfung der Verhängung weniger einschneidender Rechtsfolgen als ein Totalverbot hat der EGMR in seiner jüngsten Parteiverbotsentscheidung ausdrücklich gefordert und den türkischen Verfassungsgerichtshof dafür gerügt, dass er mildere Mittel überhaupt nicht in Erwägung gezogen hat

vgl. EGMR vom 16.01.2016, Beschw. Nr. 3840/10 u. a. – DTP ./. Türkei.

Ausgehend von diesem Maßstab bietet sich ein bunter Strauß an Maßnahmen an, die gegen eine politische Partei statt eines Totalverbots verhängt werden können:

Zuvörderst wäre in diesem Kontext der auch vom EGMR in der genannten Entscheidung angesprochene Ausschluss von der staatlichen Parteienfinanzierung zu nennen, so wie er seinerzeit bereits von den Verfassungsrichtern Huber und Müller vorgeschlagen wurde allerdings nicht als Minusmaßnahme zum Verbot, sondern als vom Parteiverbotsverfahren abgekoppelte allgemein-politische Diskriminierungsmaßnahme.

Darüber hinaus wäre auch ein zeitlich befristetes Wahlteilnahmeverbot denkbar, welches die Partei nicht in ihrer Existenz vernichten, im Hinblick auf die Verhinderung einer „legalen Machtergreifung" aber denselben Effekt erzielen würde wie eine Liquidation.

Schließlich kommt der Ausspruch des Verlusts der Parteieigenschaft in Betracht, womit die Partei als regulärer Verein weiter existieren könnte und lediglich der mit dem Parteistatus verbundenen Privilegien verlustig ginge.

2. Unzulässigkeit der automatischen Aberkennung von Parlamentsmandaten

Was die in zahlreichen Wahlgesetzen des Bundes und der Länder angeordnete automatische Aberkennung von Mandaten in Parlamenten und kommunalen Vertretungskörperschaften anbelangt, hat der EGMR das hierzu Nötige bereits frühzeitig gesagt:

> „37. To assess the proportionality of that measure, the Court considers it important to note that as a result of the amendment to Article 84 § 5 of the Constitution, only the seat of a member of parliament whose words and deeds have, according to the Constitutional Court's judgment, led to the dissolution of his party must be forfeited (see Article 84 § 3 of the Constitution in force at the material time). In the instant case, the forfeiture of the applicants' parliamentary seats was the consequence of the dissolution of the political party of which they were members and occurred regardless of their personal political activities.
>
> 38. The Court notes the extreme harshness of the measure in question. The DEP was immediately and permanently dissolved and the applicants, who had been DEP MPs, were prohibited from engaging in their political activities and could no longer fulfil their mandate.
>
> 39. The Court considers in this connection that the nature and severity of the interferences are factors to be taken into account when assessing their proportionality (see, for example, Sürek v. Turkey (no. 1) [GC], no. 26682/95, § 64, ECHR 1999-IV).
>
> 40. Having regard to all of the above considerations, the Court concludes that the penalty imposed on the applicants by the Constitutional Court cannot be regarded as proportionate to any legitimate aim relied on by the Government. The Court therefore considers that the measure in question was incompatible with the very substance of the applicants' right to be elected and sit in parliament under Article 3 of Protocol No. 1 and infringed the sovereign power of the electorate who elected them as members of parliament."

vgl. EGMR vom 11.06.2002, Beschw. Nr. 25144/94, Rn. 37 ff. – Sadak ./. Türkei.

Eine nicht an das persönliche Verhalten des Betreffenden anknüpfende Mandatsaberkennung als automatische Folge eines Parteiverbots verstößt daher regelmäßig gegen das Recht auf freie Wahlen (Art. 3 EMRK-ZP I) und ist daher konventionsrechtlich unzulässig.

C. Gesamtergebnis

Nach alledem ist der vorliegende Verbotsantrag – ungeachtet seiner Unzulässigkeit – auch unbegründet, weil sich die Antragsgegnerin bei Zugrundelegung einer zeitgemäßen Interpretation des Art. 21 Abs. 2 GG nicht als verfassungswidrig darstellt. Der Antrag des Antragstellers ist daher zu verwerfen bzw. zurückzuweisen.

Gemäß § 34a Abs. 1 BVerfGG analog bzw. nach § 34a Abs. 3 GG ist die Erstattung der notwendigen Auslagen der Antragsgegnerin anzuordnen.

Dipl.-Jur. Peter Richter, LL.M.
– Rechtsanwalt –

36. Schriftsatz des Antragstellers vom 22. März 2016

Prof. Dr. Christoph Möllers
Prof. Dr. Christian Waldhoff
c/o Bundesrat
Leipziger Straße 3–4
10117 Berlin

An das
Bundesverfassungsgericht
Zweiter Senat
Schlossbezirk 3
76131 Karlsruhe

2 BvB 1/13

Berlin, am 22. März 2016

Sehr geehrter Herr Vorsitzender,

hiermit übersenden wir die Belege, die das Institut für Zeitgeschichte seinen gutachterlichen Stellungnahmen vom 25. Februar 2013 und vom 9. Februar 2016 zugrunde gelegt hat.

Alle Belege sind quellenfrei i. S. d. Kategorien 1 bzw. 2. Bei der Erstellung des Gutachtens hat das Institut für Zeitgeschichte unabhängig von unseren Schriftsätzen Belege aus der Materialsammlung der Sicherheitsbehörden von Bund und Ländern geschöpft.

Von den beiliegenden Belegen, die den Gutachten zugrunde lagen, wurden einige auch in den Schriftsätzen des Antragstellers verwendet. Eine Übersicht hierzu haben wir ebenfalls beigefügt.

Eine Erwiderung auf den Schriftsatz der Antragsgegnerin vom 2. März 2016 sowie auf einen weiteren Schriftsatz der Antragsgegnerin, den diese ggf. bis zum Ablauf der ihr gesetzten 6-Wochen-Frist einreichen wird, behält sich der Antragsteller vor. Wir gehen davon aus, dass wir nach Ablauf dieser Frist Gelegenheit zu einer gesammelten Stellungnahme zu beiden Schriftsätzen erhalten werden.

Mit freundlichen Grüßen

Christoph Möllers   Christian Waldhoff

37. Schriftsatz der Antragsgegnerin vom 11. April 2016

Rechtsanwalt Dipl.-Jur. Peter Richter, LL.M. Saarbrücken, den 11.04.2016

Bundesverfassungsgericht
– Zweiter Senat –
Schlossbezirk 3
76131 Karlsruhe

<u>2 BvB 1/13</u>

In dem Parteiverbotsverfahren

<u>Bundesrat</u>	gegen	<u>NPD</u>
Prof. Dr. Möllers, LL.M.		RA Richter, LL.M.
Prof. Dr. Waldhoff		RA Andrejewski
Prof. Dr. Dr. Ignor		

nimmt die Antragsgegnerin sowohl zum Verbotsantrag als auch zu diversen Behauptungen und Unterstellungen im Laufe der mündlichen Verhandlung wie folgt ergänzend Stellung:

I. Zu den Ausführungen der Frau Landtagspräsidentin Bretschneider

1. Angebliche Bedrohung eines SPD-Mitgliedes in Lübtheen

Es wird **bestritten**, dass während des Wahlkampfes im Jahre 2006 ein SPD-Mitglied im Lübtheener Ortsteil Quassel „bedroht" wurde. Hierzu sollen nach Aussage der Frau Bretschneider NPD-Wahlkampfhelfer mit dem Bus des Landesvorsitzenden der Antragsgegnerin zweimal zum Wohnhaus eines SPD-Mitglieds gefahren sein und dieses aufgefordert haben, herauszukommen.

Richtig ist vielmehr, dass die SPD im Wahlkampf 2006 Liederbücher verteilt hatte. In Lütbheen kam es zwischen Wahlhelfern der NPD und dem SPD-Mitglied R. zu einem Wortgefecht. Nach dem Aufhängen von Plakaten in Quassel klingelten die NPD-Wahlhelfer bei Frau R., um sie zu bitten, gemeinsam das Lied „Die Gedanken sind frei" zu singen, was diese jedoch ablehnte. Wo hier eine Bedrohungslage liegen soll, erschließt sich nicht.

Der Vollständigkeit halber sei noch darauf hingewiesen, dass der NPD-Landesvorsitzende Stefan Köster im Jahre 2006 gar keinen Bus besaß

<u>Beweis</u>: Zeugnis des Herrn Stefan Köster, zu laden über die Antragsgegnerin.

2. Angebliche werbliche Vereinnahmung von Schülern für den Wahlkampf im Jahr 2011

Es wird **bestritten**, dass die Antragsgegnerin in der Gemeinde Ferdinandshof im Jahre 2011 missbräuchlich eine Schulklasse für den Wahlkampf „benutzt" hatte oder diesbezüglich gar eine Straftat vorlag.

Richtig ist, wie der Spiegel am 02.09.2011 auch berichtete, dass der Lehrer der Klasse Herrn Udo Pastörs fragte, was für eine Bedeutung der Begriff „Bonze" auf dem Wahlplakat der NPD habe. Der Lehrer kam also seinerseits auf die Wahlkampfgruppe um Herrn Udo Pastörs zu und trat mit ihm in eine Diskussion ein. Gegen die klar erkennbare Fertigung von Videoaufnahmen erhob er keinen Widerspruch, weswegen davon ausgegangen werden musste, dass die gemachten Filmaufnahmen mit Zustimmung der Anwesenden erfolgten

> **Beweis:** Zeugnis des Herrn Udo Pastörs, zu laden über die NPD-Fraktion im Landtag Mecklenburg-Vorpommern, Lennéstraße 1, 19053 Schwerin.

Dass einige der gefilmten Kinder im Nachhinein Unterlassungs- und Schmerzensgeldansprüche geltend machten, war einzig und allein auf eine „Ermunterung" des damaligen Bildungsministers des Landes Mecklenburg-Vorpommern zurückzuführen. In diesem Zusammenhang ist es sehr bezeichnend, dass das Land Mecklenburg-Vorpommern selbst am heutigen Tage noch einen Ersatz von Anwaltskosten der betroffenen Kinder gegen Funktionäre der Antragsgegnerin gerichtlich geltend macht

> **Beweis:** Beiziehung der Akten des AG Wismar in dem Verfahren 8 C 50/16.

3. Angebliche Bedrohung des SPD-Abgeordneten Körner durch Herrn M.

Es wird **bestritten**, dass der ehemalige Geschäftsführer der NPD-Fraktion im Landtag Mecklenburg-Vorpommern, Herr M., den damaligen SPD-Landtagsabgeordneten Klaus-Michael Körner bedroht haben soll.

Richtig ist, dass der seinerzeitige SPD-Abgeordnete am 20.11.2008 in einem Zwischenruf den NPD-Landtagsabgeordneten Tino Müller als „Kinderschänder" verleumdet hatte. Der Zwischenruf des SPD-Abgeordneten Körner ist auch im Protokoll vermerkt, welches unter

> http://www.dokumentation.landtag-mv.de/Parldok/dokument/27397/plenarprotokoll-5-56.pdf abgerufen werden kann.

Die Empörung über die Äußerung Körners war sehr groß. Herr M. äußerte im Beisein eines Mitarbeiters der Landtagsverwaltung sinngemäß, der Abgeordnete Körner solle diese Behauptungen nicht wiederholen, weil diese ehrabschneidend seien und zu strafrechtlichen Konsequenzen führen könnten

> **Beweis:** Zeugnis des Herrn M., zu laden über die Antragsgegnerin.

Eine Drohung kann diesem Kommentar in keiner Weise entnommen werden. Hätte Herr M. tatsächlich eine Drohung ausgesprochen, wäre dies gerade von einer Landtagspräsidentin wie Frau Bretschneider sicherlich strafrechtlich verfolgt worden. Dergleichen ist aber nicht geschehen.

4. Kommentar auf der Facebook-Seite von Herrn Udo Pastörs

In ihrem Beitrag während der mündlichen Verhandlung am 03.03.2016 behauptete Frau Bretschneider zudem, auf der Facebook-Seite von Herrn Udo Pastörs sei ein Kommentar veröffentlicht worden, in dem gefordert worden sei, die Landtagspräsidentin in die Gaskammer zu stecken.

Richtig ist, dass am 15.12.2013 ein Thomas B. zu einem Beitrag von Herrn Udo Pastörs folgenden Kommentar hinterließ:

> „Wir leben in einem freien Land und die Vorsitzende gehört in die Gaskammer! Beim Führer wäre so etwas nicht möglich gewesen! Wir brauchen keine weiteren Asyl- und Sozialhilfeschnorer mehr in Deutschland sondern einen der mit Soddemm und Gomorrha in unserem Land aufräumt! In dieses Land kommen nur Verbrecher die in ihrem Land wegen genau diesen verfolgt werden, aber nicht um sich hier eine neue Existenz aufzubauen, sondern weil unsere Gesetze lascher sind als bei denen!."

Bedingt durch die Vor- und Weihnachtszeit wurde der Kommentar erst einige Tage später festgestellt und unverzüglich gelöscht. Udo Pastörs hatte im Januar 2014 Strafanzeige gegen Unbekannt gestellt. Über die Konsequenzen für den Kommentator liegen keine Erkenntnisse vor

> **Beweis:** Zeugnis des Herrn Udo Pastörs, zu laden über die NPD-Fraktion im Landtag Mecklenburg-Vorpommern, Lennéstraße 1, 19053 Schwerin.

5.

Zum besseren Verständnis der Persönlichkeit/des Charakters von Frau Bretschneider und ihrer unverkennbaren Belastungstendenz hinsichtlich der Antragsgegnerin sei darüber hinaus auf zwei beispielhafte Vorfälle hingewiesen:

a)

In der unter https://jungefreiheit.de/politik/deutschland/2012/cdu-mitglieder-werfen-spd-landtagspraesidentin-denunziation-vor/ abrufbaren Ausgabe der Wochenzeitung „Junge Freiheit" vom 25.06.2012 kann folgendes gelesen werden:

> „Zwei CDU-Kommunalpolitiker aus dem mecklenburgischen Neubrandenburg erheben schwere Vorwürfe gegen die Präsidentin des Landtages von Mecklenburg-Vorpommern, Sylvia Bretschneider (SPD). Der Auslöser ist eine Email, mit der Bretschneider die beiden rechtsextremer Kontakte verdächtigt. Beweis:
> Ihre Facebook-Freundesliste.
> Bretschneiders Email war unter anderem an den Oberbürgermeister von Neubrandenburg, an den Innenminister von Mecklenburg-Vorpommern und an den Chefredakteur der vor Ort tonangebenden Tageszeitung Nordkurier adressiert. Die Nachricht beinhaltete einen Screenshot von der Facebookfreundesliste und den Hinweis, daß ein gewisser K. Inhaber eines Unternehmens sei, das ein Kampfsporttreffen in Neubrandenburg ausrichte und zwar

‚mit rechtsextremer Beteiligung'. Bei dieser sogenannten ‚Fight Night' handelt es sich um eine unpolitische Veranstaltung, die die Landtagspräsidentin verbieten möchte.

Einer der zwei Denunzierten ist der CDU-Chef von Neubrandenburg, B., der mit K. befreundet ist und sich gegen ein Verbot des Treffens im Kreisrat ausgesprochen hat. Der CDU-Mann, der selbst an Anti-Rechts-Demonstrationen teilgenommen hat, wirft der SPD-Politikerin, massive charakterliche Schwächen und denunziatorisches Verhalten vor. An Bretschneider gerichtet fragt er, ‚mit welcher moralischen Rechtfertigung Sie die Ihnen anvertrauten hohen öffentlichen Ämter führen.'

Noch deutlicher wird B.'s Parteifreund S. Der frühere CDU-Politiker, der seit 2009 kein Parteiamt mehr ausübt, verbreitet heftige Kritik an Bretschneider über Facebook. Auch er wirft ihr Charakterschwäche vor. Hinter ihrem Kampf gegen Rechts verberge sich in Wahrheit ihr Bemühen ihre Alimentierung durch die Öffentlichkeit aufrechtzuerhalten. Jedem, der von dem von Ihnen repräsentierten Mittelmaß nach unten oder oben abweicht, kann eine braune Soße übergegossen gestellt werden, aus dem eine Rehabilitierung so gut wie gar nicht stattfindet. Ihnen ist damit eine scharfe Waffe zur Hand gegeben, die man universell und ohne viel Gegenwehr einsetzen kann", beklagt sich S. Und weiter: „Es kann mittlerweile jeden treffen – Verbindungsstudenten, Katholiken, Trachtenvereine oder Gesellschaftsanalytiker, und das verbreitet Angst.

Neben den beiden Betroffenen CDU-Mitgliedern und der Jungen Union von Neubrandenburg ist inzwischen auch der FDP-Kreisverband Mecklenburgische Seenplatte für einen Rücktritt der Landtagspräsidentin, weil sie nach der Email untragbar sei. Am Freitag erreichte der Streit den Schweriner Landtag. Der Antrag der NPD zur Abwahl Bretschneiders wurde jedoch erwartungsgemäß abgelehnt."

b)

Sodann erweist sich folgender weiterer Vorfall als sehr aufschlussreich:

Am Morgen des 09.03.2016 betrat ein Mitarbeiter der NPD-Fraktion im Landtag Mecklenburg-Vorpommern, Herr Sebastian Richter, gegen 08.45 Uhr das Schlossgelände und begab sich zu einem Personenaufzug des Landtagsgebäudes, um zu seinem Arbeitsplatz zu fahren. Vor dem Fahrstuhl warteten bereits zwei Damen und ein Herr sowie eine Mitarbeiterkollegin. Wenig später kam die Landtagspräsidentin hinzu

Beweis: Zeugnis des Herrn Sebastian Richter, zu laden über die NPD-Fraktion im Landtag Mecklenburg-Vorpommern, Lennéstraße 1, 19053 Schwerin.

Nachdem die Fahrstuhltüren sich öffneten und alle Personen einstiegen, wollte Herr Richter folgen. In diesem Moment fragte Frau Bretschneider, ob Herr Richter zur NPD-Fraktion gehöre. Nachdem dieser das bejahte, forderte Frau Bretschneider ihn auf, den Fahrstuhl nicht zu betreten, da sie es den anderen Mitfahrern nicht zumuten könnte, mit einer Person wie ihm in einem Fahrstuhl zu fahren

Beweis: wie vor.

Herr Richter trat dennoch ein, um zusammen mit den anderen Fahrgästen nach oben zu fahren. Frau Bretschneider wurde daraufhin im Ton energischer und forderte Herrn Richter nochmals auf, den Fahrstuhl zu verlassen, da sie von ihrem Hausrecht Gebrauch machen würde. Herr Richter erläuterte Frau Bretschneider sachlich, dass es sich hierbei um eine willkürliche Diskriminierungsmaßnahme handele, und blieb zunächst stehen

Beweis: wie vor.

Daraufhin ließ Frau Bretschneider einen Mitarbeiter des Haussicherheitsdienstes, Herrn H., rufen, um Herrn Richter aus dem Fahrstuhl entfernen zu lassen. Der Aufforderung des Zeugen H., zu gehen, leistete Herr Richter ohne Widerstand Folge und benutzte einen anderen Fahrstuhl

> **Beweis:** wie vor sowie Zeugnis des Herrn H., zu laden über den Landtag Mecklenburg-Vorpommern, Lennéstraße 1, 19053 Schwerin.

c)

Diese beiden Vorfälle sollten Anlass dazu geben, die „Expertise" der Frau Landtagspräsidentin Bretschneider über die parlamentarische Arbeit der NPD-Fraktion im Landtag Mecklenburg-Vorpommern kritisch zu hinterfragen, da ihr leitendes Handlungsmotiv offenbar weniger in der Absicht besteht, die Grundwerte der Verfassung zu schützen, sondern sich vielmehr durch Denunziation und Diskriminierung politischer Gegner selbst zu profilieren. Jemand, der missliebige Personen aus politischen Gründen aus einem Fahrstuhl werfen lässt, weil eine gemeinsame Fahrt nicht „zumutbar" sei, und dadurch die Menschenwürde des Betroffenen angreift, erweist sich als denkbar ungeeignet, um die Antragsgegnerin des Verstoßes gegen eben diese Menschenwürde zu bezichtigen.

II. Zu den Ausführungen der Frau Andrea Röpke

Es wird **bestritten**, dass das NPD-Mitglied Manfred Börm ein „Gewerkschaftsmitglied" angegriffen habe. Wie im Bericht auf kreiszeitung-wochenblatt.de unter http://www.kreiszeitung-wochenblatt.de/jesteburg/blaulicht/nazi-kundgebung-linke-und-rechte-jagen-sich-durch-hittfeld-d73296.html nachzulesen, gingen die Angriffe von „Linksmotivierten" aus. Wörtlich heißt es dort:

> „Bereits vor Beginn der Kundgebung hatten sich auf dem Parkplatz eines Einkaufmarktes bis zu 90 Demonstrationsgegner aus der linken Szene versammelt und versucht, die angemeldete Versammlung durch Aktionen zu verhindern. Als ein mit mehreren Personen der rechten Szene besetzter Kleinbus auf den Parkplatz fuhr, kam es zur ersten Konfrontation beider Lager. ‚Etwa 30, teils vermummte Linksmotivierte schlugen und traten gegen den Wagen', heißt es im Polizeibericht. ‚Es flogen Eier und Knallkörper. Eine Person sprühte Reizgas in das Fahrzeug.' Daraufhin seien Insassen aus dem Kleinbus ausgestiegen und hätten bewaffnet mit Holzstangen die linken Gegendemonstranten angegriffen. Die Polizei setzte ebenfalls Pfefferspray ein, um beide Lager zu trennen und geleitete den Kleinbus schließlich vom Parkplatz.
> Während später ein Großteil der Demonstrationsgegner mit lauten Pfiffen und Gesängen dem etwa halbstündigen Redebeitrag der Nazi-Kundgebung am Rathaus entgegen trat, verließen laut Polizei etwa 30 linksmotivierte Personen das Gelände und verteilten sich im Ortskern. Im Anschluss kam es zu mehreren Konfrontationen zwischen diesen Personen und anreisenden Versammlungsteilnehmern der rechten Szene. So wurden unter anderem vermummte Personen auf einem Privatgrundstück an der Jesteburger Straße gemeldet. Die Polizei verhinderte weitere Ausschreitungen."

Im entsprechenden unter http://www.presseportal.de/blaulicht/pm/59458/3245265 abrufbaren Polizeibericht wird der Hergang wie folgt geschildert:

> „Als ein mit mehreren Personen der rechten Szene besetzter Kleinbus auf den Parkplatz fuhr, kam es zur ersten Konfrontation der Lager. Etwa 30, teilsvermummte Linksmotivierte schlugen und traten gegen den Wagen. Es flogen Eier und Knallkörper. Eine Person sprühte Reizgas in das Fahrzeug. Daraufhin stieg mindestens ein Insasse aus dem Kleinbus aus. Bewaffnet mit einer Holzstange versuchte er die linken Gegendemonstranten zu attackieren.
>
> Unter Einsatz von Pfefferspray und Diensthunden trennte die Polizei die Personen beider Lager und geleitete den Kleinbus schließlich vom Parkplatz."

Beweis: Zeugnis des Herrn Manfred Börm, zu laden über die Antragsgegnerin.

III. Einschreiten der Antragsgegnerin gegen rechts- und satzungswidriges Verhalten

In der mündlichen Verhandlung war von Seiten des Senats die Frage gestellt worden, ob und inwiefern die Antragsgegnerin gegen rechts- und satzungswidriges Verhalten innerhalb der Partei einschreite. Insbesondere wurde um Mitteilung gebeten, ob der von Seiten der Antragsgegnerin behauptete Beschluss des Parteivorstands über die Einziehung und Vernichtung der als Belege 233 und 240 vorgelegten JN-Leitfaden-Broschüren schriftlich dokumentiert sei. Hierzu ist folgendes festzustellen:

1.

In seiner Sitzung vom 05./06. April 2014 erörterte der Parteivorstand der Antragsgegnerin die ihm bis dahin völlig unbekannten Broschüren und fasste sodann den Beschluss, diese aus dem Verkehr zu ziehen und zu vernichten. Gleichzeitig wurde beschlossen, die als Beleg 78 vorgelegte Broschüre „Argumente für Mandats- und Funktionsträger" nicht weiter zu verbreiten. Im Protokoll der Parteivorstandssitzung heißt es dazu wörtlich:

> „Auf die Frage von M., wer die ‚Schulungsbriefe' der ‚JN' zu verantworten und wer diese genehmigt hat, folgt eine Diskussion. Viele PV-Mitglieder bekunden, diese Broschüre gar nicht zu kennen. Zudem sind diese Broschüren nicht vom Parteivorstand genehmigt worden.
>
> Für die JN antwortet Julian M. auf die Fragen zu den Leitfäden, daß diese selbstverständlich vom JN-Bundesvorstand geprüft wurden. Der Parteivorstand beschließt, daß die Broschüren sofort vernichtet werden. Gleiches gilt auch für die bisherige Broschüre des Parteivorstandes ‚Leitfaden für Kandidaten'. Hier sind einige Passagen enthalten, die sehr fragwürdig sind und ohne entsprechende Einbindung der jeweiligen Ämter und entsprechender Kontrollen gedruckt wurden.
>
> In Bezug auf die Erstellung von Broschüren werden Strukturprobleme festgestellt.
>
> Der Parteivorstand möge beschließen, daß die Schulungsbroschüren der JN eingezogen und vernichtet werden. Die Kandidatenbroschüre wird nicht mehr verbreitet und einer inhaltlichen Prüfung unterzogen. Es wird festgehalten, daß künftig ohne Einbindung der jeweiligen Amtsleiter und notwendiger Rechtsprüfungen keine Druckaufträge erfolgen. Einstimmig beschlossen. Die Kommunalpolitik-Broschüre soll vom LV Niedersachsen geprüft und bewertet werden."

Beweis: Auszug aus dem Protokoll der Parteivorstandssitzung vom 05./06.04.2016 (Anlage B-1).

2.

Sodann stellt die Antragsgegnerin exemplarisch mehrere Fälle dar, in denen sie mit parteirechtlichen Ordnungsmitteln gegen Mitglieder vorgegangen ist, die sich rechts- bzw. satzungswidrigen Verhaltens schuldig gemacht haben. Es handelt sich lediglich um eine beispielhafte, nicht abschließende Auswahl. Im Hinblick auf das von der Gegenseite zu erwartende Argument, dass nach dem Dezember 2013 erfolgende Maßregelungen nur im Hinblick auf das laufende Verbotsverfahren und gewissermaßen „pro forma" erfolgt seien, wurden bewusst nur Maßnahmen vor diesem Zeitpunkt gewählt.

a) Fall H.:

Am 24.04.2006 erfolgte die Einleitung eines Schiedsgerichtsverfahrens durch den Parteivorstand gegen Herrn H. Auf einer Veranstaltung der JN in Cham hatte er den rechten Arm zum „Führergruß" erhoben. Weiter hatte er die JN als legalen Arm der NSDAP bezeichnet. Die Veranstaltung hatte er mit den Worten „Unserem geliebten Führer, Sieg Heil, Sieg Heil, Sieg Heil" beendet. Auf einer Schulungsveranstaltung der JN hatte er sich schließlich positiv zur Endlösung der Judenfrage geäußert

Beweis: Schreiben des Parteijustitiars vom 24.04.2006 (Anlage B-2).

H. hat vor Durchführung des schiedsgerichtlichen Verfahrens die Partei verlassen.

Es wäre sicherlich interessant zu erfahren, ob die betreffende Person mit staatlichen Behörden zusammengearbeitet hat, weil ein solch massiv provokatives Verhalten anders nicht zu erklären ist. Der Antragsteller mag sich dazu äußern.

b) Fall H., L. und R.

Am 30.12.2010 wurde ein Schiedsgerichtsverfahren des Landesvorstandes Nordrhein-Westfalen der Antragsgegnerin gegen die Mitglieder H., L. und R. eingeleitet. In einer Veranstaltung in Köln wurde von den drei Beschuldigten die Überfremdung Deutschlands als Folge der Demokratie bezeichnet und die Parole „Nieder mit der Demokratie" ausgegeben. Auf dieser Veranstaltung trat auch das Nichtmitglied R. als Redner auf, der wiederholt seine plakative Nähe zum historischen Nationalsozialismus betonte und dessen Aufnahme in die NPD deshalb vom Landesvorstand abgelehnt wurde.

Das Landesschiedsgericht entsprach nicht dem Antrag des Landesvorstands auf Parteiausschluss, sondern verhängte Geldstrafen, Rede- und Publikationsverbote sowie weitere Auflagen. Das Bundesschiedsgericht verhängte dann den Parteiausschluss

Beweis: Urteil des Bundesschiedsgerichts der Antragsgegnerin vom 05.11.2011 (Anlage B-3).

Auch hier stellt sich die Frage nach einer etwaigen Zusammenarbeit der Betroffenen mit staatlichen Diensten.

c) Fall W.

Am 01.03.2011 wurde ein Schiedsgerichtsverfahren durch den NPD-Regionalverband Karlsruhe/Mittelbaden gegen das JN-Mitglied W. eingeleitet. Dieser hatte seine Einladungsschreiben als JN-Stützpunktleiter mit „Heil Hitler" überschrieben

> **Beweis:** Schreiben des NPD-Regionalverbands Karlsruhe/Mittelbaden vom 01.03.2011 (Anlage B-4).

Der Betreffende trat vor Durchführung des Schiedsgerichtsverfahrens aus der JN und der NPD aus.

Wiederum steht eine mutmaßliche V-Mann-Tätigkeit des Betreffenden im Raum, da offensichtlich reine Provokationsabsichten verfolgt wurden.

d) Fall B.

Am 22.11.2011 erfolgte eine Abmahnung durch den Parteivorstand an das Düsseldorfer NPD-Mitglied B. Auf einer Veranstaltung in Hamm soll er gesagt haben:

> „In naher Zukunft gibt es nur eine einzige Möglichkeit, wie mit diesen Leuten zu verfahren ist, nämlich am nächsten Laternenpfahl aufzuhängen mit einem Schild um den Hals, auf dem geschrieben steht: Ich habe Verrat an meinem Volk begangen."

Auf einer Veranstaltung in Stolberg soll er gesagt haben:

> „[...] doch eines Tages wird Deutschland im Glanz brennender Moscheen erstrahlen."

> **Beweis:** Schreiben Parteijustitiars vom 22.11.2011 (Anlage B-5).

Diese Redeauszüge hat er auf mehrfache Nachfrage durch den Landesvorsitzenden von Nordrhein-Westfalen und den Parteivorstand weder bestätigt noch dementiert. Er ist dann aus der Partei ausgetreten.

Erneut möge die Frage einer etwaigen V-Mann-Tätigkeit durch den Antragsteller geklärt werden.

e) Fall K.

Am 03.04.2012 erfolgte die Einleitung eines Schiedsgerichtsverfahrens durch den Parteivorstand gegen das NPD-Mitglied K. Er hatte an verschiedene Adressaten, unter anderem an Gerichte, Schreiben verschickt, in deren Briefkopf Hakenkreuze und Doppelsiegrunen abgebildet waren. In diesen Briefen hatte er dazu aufgefordert, Israel und die USA in die Steinzeit zurück zu bomben. Weiter hatte er ausgeführt:

> „Tötet alle Juden, denn Juden sind die Quelle allen Übels! Erst wenn der letzte Jude vergast, zerschmettert und an Schweine verfüttert wurde, kann die Menschheit die Früchte ihrer Arbeit in Frieden und Wohlstand genießen! Es ist besser 6 Milliarden völlig unschuldige Menschen zu vergasen, als auch nur einen einzigen Juden zu übersehen! Nur ein toter Jude ist ein guter Jude!"

In einer E-Post vom 22.11.2011 hat er unter anderem angekündigt:

„Ich werde in Kürze ein solches Massaker anrichten, daß ein weltweiter Aufschrei des Entsetzens durch die Weltpresse geht und sich die Menschheit noch in 100 Jahren voller Schaudern daran erinnern wird, was ich mit den Kindern gemacht habe."

Beweis: Schreiben Parteijustitiars vom 03.04.2012 (Anlage B-6).

K. hat vor Durchführung des Schiedsgerichtsverfahrens die Partei verlassen.

Wiederum steht ein in extremem Maße provokatives Verhalten in Rede, welches eine V-Mann-Tätigkeit des Betreffenden nahelegt.

f) Fall F.

Am 24.04.2012 wurde durch den Parteivorstand ein Schiedsgerichtsverfahren gegen das NPD-Mitglied F. eingeleitet. In einem Video-Beitrag auf der Weltnetz-Plattform „YouTube", hatte er sich zur sogenannten „Braunen Armee Fraktion" geäußert. Unter „Braune Armee Fraktion" werden die beiden Männer und eine Frau aus Thüringen verstanden, die 1998 untergetaucht sind und denen man neun Morde an Ausländern und einer deutschen Polizistin zuschreibt. Herr F. hatte sich in dem besagten Beitrag sehr positiv und lobend über diese „Braune Armee Fraktion" geäußert. Unter anderem hatte er die Taten als Heldentaten bezeichnet, die Respekt verdienten. Die Aktionen hatte er als mutig bezeichnet. Zudem hatte er sich darüber beklagt, dass den Angehörigen der Opfer Geld ausgezahlt wurde

Beweis: Schreiben Parteijustitiars vom 24.04.2012 (Anlage B-7).

F. hat vor Durchführung des Verfahrens die Partei verlassen.

Wie in den vorgenannten Fällen, liegt eine V-Mann-Tätigkeit nahe, wozu sich der Antragsteller erklären möge.

3.

Die genannten Beispiele zeigen, dass die Antragsgegnerin sowohl die geltenden Gesetze als auch ihre eigene Satzung mit entsprechenden Ordnungsmaßnahmen durchsetzt und gegen Verstöße konsequent einschreitet. Zudem wird einmal mehr die These einer angeblichen „Wesensverwandtschaft" mit dem Nationalsozialismus widerlegt, denn die Antragsgegnerin duldet – wie dargelegt – keine NS-Nostalgie in ihren Reihen, sondern geht hiergegen entschieden vor.

Sollte der Senat eine vollumfängliche Darstellung sämtlicher verhängter Ordnungsmaßnahmen wünschen, wird höflichst um entsprechenden richterlichen Hinweis gebeten.

IV. Richtigstellungen zum „Klima der Angst"

Im Hinblick auf die Thematik eines von der Antragsgegnerin angeblich verbreiteten „Klimas der Angst" ist ergänzend auf eine aktuelle unter https://www.boell.de/de/2016/03/01/darf-die-npd-wegen-taten-parteiloser-neonazis-verboten-werden abrufbare Broschüre der Heinrich-Böll-Stiftung sowie der Amadeu-Antonio-Stiftung – beides Organisationen, die über jeden Verdacht der Rechtslastigkeit erhaben sind – hinzuweisen, in denen aktuelle Erkenntnisse zu den vom Antragsteller aufgelisteten Fällen einer angeblichen „Einschüchterung" von etablierten Politikern und politischen Gegnern verarbeitet wurden:

1. Zum Fall Tröglitz

Hinsichtlich des Ortsbürgermeisters von Tröglitz, welchen die Antragsgegnerin angeblich zum Rücktritt gezwungen habe, steht in der erwähnten Broschüre auf Seite 50 folgendes geschrieben:

> „Der Rücktritt von Markus N. scheint im Nachhinein weniger mit den Handlungen des NPD-Kaders Steffen T., als mit dem Unwillen und der Unfähigkeit der zuständigen Versammlungsbehörde des Burgenlandkreises begründet, einen angemessenen Ausgleich der Grundrechte der Familie von N. und des Versammlungsrechts der extrem rechten Demonstrierenden in Tröglitz zu finden. Insbesondere die fehlende Kommunikation der Versammlungsbehörde und deren Unwille, seine Familie zu schützen, brachten für Markus N. das Fass zum Überlaufen. N. fühlte sich mit seiner Familie isoliert und von den örtlichen Eliten und lokal Verantwortlichen nicht unterstützt. So tauchte beispielsweise der für Tröglitz verantwortliche hauptamtliche Bürgermeister der Gemeinde Elsteraue mit Beginn der Debatte um eine Unterbringung von Geflüchteten und der rassistischen Proteste vollständig aus der Öffentlichkeit ab. Er überließ den Fall seinem ehrenamtlichen Ortsbürgermeister, der sich am Ende mangels Rückendeckung zum Rücktritt gezwungen sah."

2. Zum Fall Dresden

Zu den Vorgängen am 24.07.2015 in Dresden wird in der Broschüre auf Seite 65 folgendes festgestellt:

> „Die Gewalt am 24.07.2015 geschah im direkten Anschluss an eine angemeldete NPD-Kundgebung am gleichen Ort. Die NPD-Mitglieder waren an diesen Taten nicht direkt beteiligt, haben aber auch nicht den Versuch unternommen, diese zu unterbinden. Landeschef B. stellte die Ereignisse im Nachgang als eine Falschdarstellung der Medien dar, sprach von ‚bedauernswerten Vorfälle(n)' und behauptete in einer Pressemitteilung: ‚Nach Beendigung der Kundgebung begannen zuerst Teilnehmer der linken Kundgebung Wurfgeschosse wie Flaschen und Steine auf die Teilnehmer der NPD-Kundgebung zu werfen'. Eine Distanzierung der NPD von den Gewalttaten fand nicht statt. Trotzdem ist festzuhalten, dass die koordinierte rechte Gewalt nach der Kundgebung und in den Tagen nach der Kundgebung nach derzeitigem Kenntnisstand nicht von der NPD geplant oder gesteuert wurde. Die Personen, die die Gewalt bereits ab dem 22.07. ausgeübt haben und deren Taten schließlich am 24.07. in einem öffentlichen Gewaltausbruch ihren vorläufigen Höhepunkt erreichten, sind nicht in der NPD organisiert und lassen sich von dieser nicht steuern."

3. Zum Fall Heidenau:

Schließlich zieht die Broschüre zum Fall Heidenau und der in diesem Zusammenhang von der Antragsgegnerin angeblich ausgegangenen Gewalt auf Seite 71 folgendes bemerkenswertes Fazit:

> „Die ersten gewalttätigen Ausschreitungen am Abend des 21. August 2015 in Heidenau fanden tatsächlich im Anschluss an eine NPD-Demonstration statt. Die NPD war im Ort in den Tagen und Monaten vor der Eskalation eine tragende Kraft in der aggressiven rassistischen

Stimmungsmache gegen die Unterbringung von Geflüchteten. Wenn es im Antrag des Bundesrates zum Verbot der NPD also heißt, dass die Partei für eine aggressive, rassistische Stimmung verantwortlich zu machen ist, die letztlich auf der lokalen Ebene zur Gefährdung des friedlichen, demokratischen Zusammenlebens von Menschen führt, dann kann der Fall Heidenau durchaus als Beispiel vorgetragen werden. Zu fragen wäre dann aber auch, ob die Verantwortlichkeit für die Eskalation am 21./22.8. einem regionalen NPD-Stadtrat und seinem Umfeld oder der gesamten Partei als solches zugeschrieben werden kann. Der Anmelder der besagten NPD-Demonstration hat der Partei inzwischen, ob nun aus taktischen Erwägungen im NPD-Verbotsverfahren oder aus anderen Gründen, den Rücken gekehrt. Formal hat sich die Partei außerdem in direkter zeitlicher Nähe zu den Vorfällen Ende August 2015 von der Gewalt in Heidenau distanziert. Die Ausführenden waren jedenfalls keine NPD-Mitglieder, es bestehen auch keine Anhaltspunkte für eine Lenkung durch die Partei. Ein Verbot der NPD würde die rechten Gewalttäter_innen von Heidenau weder persönlich betreffen, noch würde es etwas an deren Organisationsgrad oder hohen Aktionsfähigkeit ändern."

4.
Hiermit wäre dann endgültig die These widerlegt, die Antragsgegnerin verbreite eine Atmosphäre der Angst und schüchtere politische Gegner ein.
Sollte eine Vorlage der erwähnten Broschüre im Original gewünscht werden, wird höflichst um entsprechenden richterlichen Hinweis gebeten.

V.

Im Übrigen wird vollumfänglich auf die Ausführungen im diesseitigen Schriftsatz vom 02.03.2016 verwiesen.
Eine Stellungnahme zu den vom Antragsteller mit Schriftsatz vom 22.03.2016 vorgelegten Belegen des Instituts für Zeitgeschichte bleibt innerhalb der hierfür gerichtlicherseits gewährten Stellungnahmefrist bis zum 13.05.2016 vorbehalten.

Dipl.-Jur. Peter Richter, LL.M.
– Rechtsanwalt –

38. Schriftsatz des Antragstellers vom 27. April 2016

Prof. Dr. Christoph Möllers
Prof. Dr. Christian Waldhoff
c/o Bundesrat
Leipziger Straße 3–4
10117 Berlin

An das
Bundesverfassungsgericht
Zweiter Senat
Schlossbezirk 3
76131 Karlsruhe

2 BvB 1/13

Berlin, am 27. April 2016

Im Nachgang zur mündlichen Verhandlung vom 1. bis 3. März 2016 und in Erwiderung auf den dort überreichten Schriftsatz der Antragsgegnerin vom 2. März 2016 sowie auf den Schriftsatz der Antragsgegnerin vom 11. April 2016 nehmen wir wie folgt Stellung:

Die mündliche Verhandlung hat bestätigt, dass die Antragsgegnerin verfassungswidrige Ziele verfolgt und darauf ausgeht, die freiheitliche demokratische Grundordnung nicht nur zu beeinträchtigen, sondern auch zu beseitigen.

Die beiden Schriftsätze der Antragsgegnerin vermögen die Verbotsgründe nicht zu widerlegen. Vielmehr sind die Schriftsätze selbst von den verfassungswidrigen Zielen der Antragsgegnerin geprägt. Darüber hinaus enthalten sie Falschbehauptungen, verzerrende Interpretationen von Aussagen der Partei und ihrer Mitglieder, bewusste Dekontextualisierungen von Äußerungen, unrichtige Darstellungen des Vortrags des Antragstellers sowie wiederum Behauptungen ins Blaue hinein.

Der Antragsteller legt mit diesem Schriftsatz – auch im Anschluss an die mündliche Verhandlung – weitere Unterlagen vor, die die umfangreichen Aktivitäten belegen, mit denen die Antragsgegnerin ihre verfassungsfeindlichen Ziele aggressiv-kämpferisch ins Werk setzt. Damit wird erneut die Behauptung widerlegt, dass die Antragsgegnerin marginalisiert sei: Für das Jahr 2015 ist der Antragsgegnerin ein umfangreiches und gesteigertes Demonstrationsgeschehen mit erheblichen Teilnehmerzahlen zuzurechnen. Ferner lassen sich Verbindungen zahlreicher aktiver bzw. ehemaliger Fraktionsmitarbeiter der Antragsgegnerin zu neonazistischen Vereinigungen belegen. Darüber hinaus zeigen auch aktuelle Vorfälle, dass die Antragsgegnerin demokratische Prozesse auf regionaler Ebene aggressiv beeinträchtigt.

Schließlich fasst der vorliegende Schriftsatz des Antragstellers den Kern seiner Auslegung des Regelungsprogramms in Art. 21 Abs. 2 GG noch einmal gerafft zusammen. Dieses steht in Einklang mit den Anforderungen der Europäischen Menschenrechtskonvention. Zu diesen fügen wir als **Anlage 1** eine Stellungnahme von *Prof. Dr. Christian Walter* und *Prof. DDr. Christoph Grabenwarter* bei, die auf die in der mündlichen Verhandlung hierzu diskutierten Fragen eingeht. Hinweisen möchten wir in diesem Zusammenhang auch auf den Staatenbericht zu Deutschland der Europäischen Kommission gegen Rassismus und Intoleranz des Europarates (ECRI), die die Entscheidung des Antragstellers für einen Antrag auf Verbot der NPD ausdrücklich „begrüßt" (S. 19; Auszug als **Anlage 2**).

Gliederung

A. Parteiverbotskonzeption und Demokratieverständnis 830

B. Ausgewählte Tatbestandselemente 833
    I. Freiheitliche demokratische Grundordnung 833
        1. Volksbegriff und Menschenwürde 833
            a) Rassischer Volksbegriff 834
            b) Ausschluss vom demokratischen Prozess und Exklusion von der Grundrechtsberechtigung 836
            c) Sinnentleerung der Staatsbürgerschaft im Konzept der Antragsgegnerin 837
        2. Verfälschende Darstellung der Ideologie in den Schriftsätzen der Antragsgegnerin 838
            a) Verharmlosende Auslegung von Äußerungen 838
                aa) Verfassungsrechtliche Grundlagen der Auslegung von Äußerungen im Parteiverbotsverfahren 839
                bb) Beispiele 839
                cc) insbesondere: Banalisierung des Antisemitismus 841
            b) Bewusste Dekontextualisierung und Unterschlagung von nationalsozialistischen Bezügen 841
            c) Vergebliche Distanzierung von grundlegenden Parteidokumenten ... 843
                aa) JN-Leitfäden „Politische Grundbegriffe" 843
                bb) Argumentationsbroschüre für Mandats- und Funktionsträger ... 844
            d) Vergebliche Distanzierung von einzelnen Belegen und Personen 846
        3. Systemüberwindung und Antiparlamentarismus 847
    II. „Darauf ausgehen" 848
        1. Maßstab 848
            a) Ausgangslage 848
            b) Entwicklung aus dem Zweck des Parteiverbotsverfahrens 849
                aa) Keine Kriterien: Wahlergebnisse und Größe der Partei, konkrete Gefahr, Realisierungschance 849
                bb) Politische Gefahrenvorsorge 849

c) Handlungsleitung und Handlungen 850
   aa) Grundsatz 850
   bb) Bezogen auf die Antragsgegnerin 850
d) Kein Verstoß dieses Maßstabs gegen Grundrechte 851
e) Handlungsleitung und Wesensverwandtschaft 851
2. Anwendung 852
  a) Umfang und Reichweite der Aktivitäten der Antragsgegnerin 852
    aa) Allgemeines 853
    bb) Teilnehmerzahlen bei Demonstrationen im Jahr 2015 854
    cc) Rolle als Arbeitgeber und Vernetzung mit Kameradschaften und Freien Kräften 854
  b) Neue Ereignisse und Erkenntnisse 855
    aa) Nauen 855
    bb) Löcknitz 855
  c) Vernetzung und Zurechnung 856
    aa) Selbstzurechnung 856
    bb) Belege für Vernetzung 856
  d) Gewalt und Straftaten als Mittel der Antragsgegnerin 857
    aa) Taten 858
    bb) Konterkarieren der Distanzierung von Gewalt/Straftaten 858
  e) Beeinträchtigung demokratischer Prozesse vor Ort und Angriffe auf die Menschenwürde Einzelner 860
    aa) Beweissituation 860
    bb) Verharmlosungen und Verfälschungen in den Schriftsätzen der Antragsgegnerin 861

C. Fazit: Verbotsgründe in den Schriftsätzen der Antragsgegnerin 864

A. Parteiverbotskonzeption und Demokratieverständnis

Das Parteiverbotsverfahren konstituiert eine Identitätsprüfung für den politischen Prozess. Es dient der normativen Vergewisserung der Grenzen im demokratischen Meinungskampf. Damit ist es zugleich Ausdruck des Demokratieverständnisses des Grundgesetzes.

Ihr eigenes, dem Grundgesetz fremdes Demokratieverständnis hat die Antragsgegnerin mit ihren Einlassungen zur Parteiverbotskonzeption noch einmal in entlarvender Deutlichkeit zum Ausdruck gebracht (S. 19 ff. [S. 540 ff.] des Schriftsatzes vom 2. März 2016). Sie behandelt eine einfache politische Mehrheitsentscheidung, die durch rechtliche Grenzen nicht legitim eingeschränkt werden darf, als letzten Legitimationsgrund (vgl. S. 93 ff. [S. 583 ff.]). Aus der Freiheit des Volkssouveräns von jeglichen rechtlichen Bindungen zieht sie den Schluss, dass ein politisches Programm auch unter der geltenden Verfassung niemals verfassungswidrig sein könne (S. 97 [S. 586 f.]).

Die Antragsgegnerin reduziert Demokratie auf den für die „‚Staatsgewaltausübung' vorgesehene[n] Mechanismus" von Wahlen und Abstimmungen (S. 94 [S. 584]). Dies kulminiert in der Formel: „Das Volk hat immer Recht." (S. 96 [S. 586] des Schriftsatzes vom 2. März 2016).

Mit dem Grundgesetz – insbesondere mit den Grundsätzen des Art. 79 Abs. 3 GG – ist dieses Demokratieverständnis nicht zu vereinbaren. Es baut auf der Möglichkeit einer Diktatur der Mehrheit auf, bei der selbst die Bestimmung eben dieser Mehrheit an keine rechtlichen Regeln mehr gebunden ist. In dieser Konstruktion lösen sich nicht nur die änderungsfesten Grenzen des Art. 79 Abs. 3 GG auf, sondern bereits der einfache Vorrang der Verfassung. Zudem ist die von der Antragsgegnerin angerufene Mehrheit keine Mehrheit innerhalb einer demokratischen Allgemeinheit, sondern eine völkisch selektierte Mehrheit. Bringt man diese Sicht der Volkssouveränität mit dem Volksbegriff der Antragsgegnerin in Verbindung, so ergibt sich daraus das Ideal einer politischen Ordnung in der eine rassisch homogene Volksgemeinschaft sich dazu ermächtigt sieht, prozedural und materiell unbegrenzt politische Entscheidungen zu treffen.

Dadurch wird zugleich der zentrale Widerspruch zwischen dem Grundgesetz und den Konzepten der Antragsgegnerin deutlich: Nach Artikel 1 Absatz 1 GG begrenzt die Universalität der Menschenwürde auch die demokratische Mehrheit. Diese Funktion der Menschenwürde – vor allem zugunsten von Minderheiten – lässt die Antragsgegnerin vollständig außer Acht. Mehr noch: „Menschenwürde" dient für sie alleine als Mittel, um die unbeschränkte Geltung des keinen rechtlichen Bindungen unterliegenden Willens der Mehrheit argumentativ zu stützen. Menschenwürde wird daher allein als „Mündigkeitsprinzip des freien Wählers im Sinne der Selbstbestimmung seiner politischen und weltanschaulichen Ansichten" (S. 94 [S. 584]) definiert. Bemerkenswerterweise wird die Menschenwürde auch herangezogen, um ein Vergessen des nationalsozialistischen Unrechts zu rechtfertigen (vgl. S. 113 f. [S. 598] des Schriftsatzes der Antragsgegnerin vom 2. März 2016).

Die Antragsgegnerin verkennt nicht nur, dass das Grundgesetz den demokratischen Willensbildungsbildungsprozess sowohl an förmliche Regeln bindet als auch materiell begrenzt. Sie offenbart insgesamt ein Verfassungsverständnis, das von materiellen Bindungen vollständig entleert ist. Die Verfassungsordnung ist für die Antragsgegnerin nur ein Mechanismus zur Umsetzung des Mehrheitswillens. Dies demonstriert der Schriftsatz der Antragsgegnerin eindrücklich bei der Definition der freiheitlichen demokratischen Grundordnung:

„Das Schutzgut der freiheitlich demokratischen Grundordnung iSd Art. 21. Abs. 2 GG besteht nicht in einem abstrakten Prinzipienkatalog von Verfassungswerten, sondern meint das Funktionieren des Staates, seiner Institutionen." (S. 198 [S. 656] des Schriftsatzes der Antragsgegnerin vom 2. März 2016).

Mit dieser Entleerung des Rechts- und Verfassungsstaates von materiellen Bindungen negiert die Antragsgegnerin nicht nur den wichtigsten Fortschritt des Grundgesetzes gegenüber früheren deutschen Verfassungen. Sie negiert auch die Verfassungsidentität des Grundgesetzes.

Die Antragsgegnerin geht schließlich noch einen Schritt weiter, indem sie diese Identität rhetorisch zu delegitimieren sucht. In Anlehnung an – in rechtsextremistischen Kreisen häufig verwendete – Formulierungen bezeichnet sie die materiellen Bindungen der grundgesetzlichen Werteordnung mehrfach als „zivilreligiös" (vgl. etwa S. 47 [S. 545], 49 [S. 546], 164 [S. 593], 167 [S. 598]).

Dies bezieht sich insbesondere auf Grund- und Menschenrechte: Positiv konnotiert werden Grundrechte nur als Mittel gegen ein Parteiverbot. Meinungsfreiheit wird in Parallele zur völligen Bindungslosigkeit des Volkssouveräns ebenfalls als vollständig bindungslos konstruiert (vgl. S. 165 [S. 633] oben: *„auch nicht geregelt werden kann"*). Darüber hinaus werden Grund- und Menschenrechte jedoch negativ in Bezug genommen: *„Die staatsreligiöse Inbrunst gilt dabei den Menschenrechten, zu denen sich die Verfassungsuntertanen als Zwangsmitglieder einer Art staatlicher Superkonfession [...] bekennen müssen, wobei die zivilreligiöse Aufwertung der Menschenrechte mit der Abnahme ihrer rechtlichen Verbindlichkeit zugunsten von Individuen einherzugehen pflegt."* (S. 163 f. [S. 632]).

Aus Sicht der Antragsgegnerin ist es daher konsequent, Parteiverbote nicht von den Inhalten eines Parteiprogramms abhängig zu machen, sondern alleine davon, ob die Realisierung *„nicht mit demokratischen Mitteln erfolgen soll, sondern beispielsweise mit Gewalt, Terror und revolutionärem Umsturz, sodass das souveräne Volk letztlich gar nicht mehr befragt wird"* (S. 98 [S. 587]).

Aus Sicht des Grundgesetzes ist genau dies ein Fehlschluss: Die im Grundgesetz konzipierte Demokratie ist kein bloßer Selbstzweck. Sie soll als Staatsform den Individuen die in Art. 1 bis 19 GG garantierten Freiheitsrechte sichern. Eingriffe in die Freiheit dürfen nur durch Gesetze erfolgen, die selbst an materielle Maßstäbe gebunden sind. Die Staatsgewalt darf nur durch demokratisch legitimierte Organe ausgeübt werden, die verpflichtet sind, die Freiheitsrechte zu achten.

Dementsprechend stellt Art. 21 Abs. 2 GG auch an die „Ziele" einer Partei – und damit an die Inhalte ihres Programms – Anforderungen. Parteien dienen der „staatsfreien und offenen Meinungs- und Willensbildung vom Volk zu den Staatsorganen" (BVerfGE 107, 339 [361]). Art. 21 GG hat die Parteien aufgrund ihrer Notwendigkeit für die politische Willensbildung „in den Rang einer verfassungsrechtlichen Institution erhoben" (BVerfGE 107, 339 [361]). Damit dienen sie aber nicht einer von jeglichen Bindungen freien Willensbildung im Sinne der Ausübung reiner politischer Macht, sondern einer Willensbildung im Rahmen der geltenden, materiell gebundenen verfassungsrechtlichen Ordnung.

Deshalb dürfen Parteien der freiheitlichen demokratischen Grundordnung, innerhalb derer sie nach dem Grundgesetz wirken sollen, ihre Anerkennung nicht versagen. Ihre Rechte sind an die Funktion der politischen Willensbildung unter dem Grundgesetz und an diese Grundordnung gebunden – und deshalb auch ihre Pflichten. Eine Partei, die die Menschenwürde nicht anerkennt, kann ihre Funktion, bei der politischen Willensbildung des Volkes mitzuwirken, von vornherein nicht erfüllen.

Die hier vertretene Konzeption des Parteiverbotsverfahrens steht der Anerkennung der Grundrechtsfähigkeit politischer Parteien nicht im Wege. Entgegen den Einlassungen der Antragsgegnerin leugnet der Antragsteller diese nicht.

Einschlägige Grundrechte wie die Meinungs- und die Versammlungsfreiheit schützen einzelne Akte natürlicher Personen oder auch einer Partei. Sie beantworten die Frage, welchen Pflichten Vereinigung und Partei unterworfen sind, aber nur unter dem Vorbehalt der Art. 9 Abs. 2 und 21 Abs. 2 GG. Unter diesem Vorbehalt steht die – vom

Grundgesetz als für die Verfassungsordnung besonders gefahrenträchtig bewertete – institutionelle Organisation politischen Handelns. Daher schließen einschlägige Grundrechte nicht die Zurechnung von Handlungen für ein Verbotsverfahren aus. Es liegt somit kein Widerspruch darin, dass eine Veranstaltung der NPD von der Versammlungsfreiheit geschützt ist und dieselbe Veranstaltung zugleich als ein ihr zurechenbares Indiz für ihre Verfassungswidrigkeit im Parteiverbotsverfahren verwendet werden kann.

Genau diese Differenzierung trifft auch das Bundesverfassungsgericht in einem Beschluss, in dem es das Verbot einer NPD-Versammlung aufhob (BVerfGE 111, 147 [158]):

„Einschränkungen von Versammlungen wegen des Inhalts der mit ihnen verbundenen Äußerungen können auch nicht darauf gestützt werden, dass das Grundgesetz sich angesichts der Erfahrungen mit dem Nationalsozialismus für eine wehrhafte Demokratie entschieden hat. In der Tat will das Grundgesetz nationalsozialistische Bestrebungen abwehren. Zugleich schafft es rechtsstaatliche Sicherungen, deren Fehlen das menschenverachtende Regime des Nationalsozialismus geprägt hat. Dementsprechend enthält das Grundgesetz einen Auftrag zur Abwehr von Beeinträchtigungen der Grundlagen einer freiheitlichen demokratischen Ordnung mit den Mitteln des Rechtsstaats. Dem trägt die Rechtsordnung insbesondere in den Strafgesetzen durch besondere Schutznormen Rechnung. Das Grundgesetz enthält darüber hinaus in Art. 9 Abs. 2, Art. 18 und Art. 21 Abs. 2 sowie auch in Art. 26 Abs. 1 besondere Schutzvorkehrungen, die zeigen, dass der Verfassungsstaat des Grundgesetzes sich gegen Gefährdungen seiner Grundordnung – auch soweit sie auf der Verbreitung nationalsozialistischen Gedankenguts beruhen – im Rahmen rechtsstaatlich geregelter Verfahren wehrt. Aus den aufgeführten Normen des Grundgesetzes können aber keine weiter gehenden Rechtsfolgen als die ausdrücklich angeordneten abgeleitet werden (vgl. BVerfGE 10, 118 ⟨123⟩; 13, 46 ⟨52⟩; 25, 44 ⟨57 f.⟩; BVerfG, 1. Kammer des Ersten Senats, Beschluss vom 5. September 2003 – 1 BvQ 32/03 –, NVwZ 2004, S. 90 ⟨91⟩)."

B. Ausgewählte Tatbestandselemente

I. Freiheitliche demokratische Grundordnung

1. Volksbegriff und Menschenwürde

Die Verfassungswidrigkeit der Ideologie der Antragsgegnerin ergibt sich – jenseits der großen Zahl durch den Antragsteller gelieferter Belege – bereits aus ihrem Parteiprogramm:

(a) Die Antragsgegnerin vertritt einen rassisch definierten, ethnischen Volksbegriff. Sie unterscheidet kategorial zwischen dem biologistisch definierten „Deutschen" und der „Staatsangehörigkeit". Der Deutschenbegriff des Parteiprogramms knüpft nicht an die gesetzlich geregelte Staatsangehörigkeit, sondern an eine rassische Volkszugehörigkeit an.

(b) Über die Berechtigung, am demokratischen Selbstbestimmungsprozess teilzunehmen und sich auf Grundrechtsschutz berufen zu können, entscheidet nach dem

Konzept der Antragsgegnerin nicht die Staatsangehörigkeit, sondern die rassisch definierte Deutscheneigenschaft. Damit sind rassisch definierte Nichtdeutsche im Sinne der Antragsgegnerin sowohl politisch als auch grundrechtlich rechtlos gestellt – unabhängig von ihrer rechtlich ausgestalteten Staatsangehörigkeit. Ihnen droht aus diesem Grund wiederum unabhängig von ihrer Staatsangehörigkeit die Ausweisung. Dies ist weder mit der Menschenwürdegarantie noch mit dem Demokratieprinzip des Grundgesetzes in seinen unabänderlichen Inhalten zu vereinbaren. Es ist Ausdruck einer Ideologie, die bestimmten Menschen ein basales Minimum an Rechten abspricht.

(c) Die gesetzlich ausgestaltete Staatsangehörigkeit führt ein für die Antragsgegnerin politisch und rechtlich irrelevantes Nebendasein. Sie ist ihrer Bedeutung entleert. Damit wird die von der Antragsgegnerin aufgeworfene Frage nach der verfassungsrechtlichen Zulässigkeit eines auf Abstammung abzielenden Staatsangehörigkeitsrechts zu einem von der Sache ablenkenden Scheinproblem. Wer Angehöriger der deutschen Volksgemeinschaft mit den damit verbundenen Rechten ist, kann aus ihrer Sicht konstitutiv gar nicht vom Gesetzgeber entschieden werden.

In ihrem Schriftsatz vom 2. März 2016 werden diese Befunde von der Antragsgegnerin in Frage gestellt. In der Antragsschrift sowie den weiteren Schriftsätzen des Antragstellers wurden sie jedoch bereits hinreichend belegt. Daher sollen die Behauptungen der Antragsgegnerin hier nur noch einmal exemplarisch widerlegt werden:

a) **Rassischer Volksbegriff**

Der rassisch geprägte ethnische Volks- und Deutschenbegriff sowie die klare Trennung zwischen diesem Begriff des „Deutschen" und der Staatsangehörigkeit zeigt sich nicht nur in den Schulungs- und Argumentationsbroschüren der Antragsgegnerin, sondern auch in Äußerungen führender Funktionäre sowie im Parteiprogramm selbst.

In den Schulungs- und Argumentationsbroschüren, die Gegenstand der mündlichen Verhandlung waren, wird diese Programmatik nur besonders pointiert zum Ausdruck gebracht: *„Ein Afrikaner, Asiate oder Orientale wird nie Deutscher werden können, weil die Verleihung bedruckten Papiers (des BRD-Passes) ja nicht die biologischen Erbanlagen verändert."* (Beleg 78 der Antragsschrift, S. 19). Wie vom Senat festgestellt, ist dieser Satz bis heute auf der Homepage der Antragsgegnerin abrufbar (unter „Fragen und Antworten": https://npd.de/wer-ist-denn-ein-deutscher-was-versteht-die-npd-unter-volk/).

Klar widerlegt ist hierdurch sowie durch die JN-Schulungsbroschüren auch die Behauptung der Antragsgegnerin, dass der Volksbegriff der Antragsgegnerin „nicht rassisch konstruiert" (S. 215 [S. 668]) und der Begriff „Rasse" für die Antragsgegnerin „bedeutungslos" und kritikwürdig sei (S. 355). So heißt es etwa im Leitfaden Politische Grundbegriffe der JN, Teil 2 (Beleg 233 der Antragsschrift, S. 32): *„Es ist dennoch wichtig, dass wir uns als Nationalisten über den Rassebegriff im Klaren sind. Er ist ein Bestandteil unseres Weltbildes und unserer Lebenshaltung."* Daran schließt sich eine Rassenlehre an, die zwischen den *„europiden"*, *„negroiden"* und *„mongoliden"* *„Großrassen"* unterscheidet und an diese Unterschiede Eigenschaften wie *„Hormonniveau"*, *„freizügige Einstellungen"*; *„Geselligkeit"*, *„Zahnentwicklung"*, *„erster Geschlechtsverkehr"*, *„IQ-Test Ergebnisse"* und *„Kulturleistungen"* knüpft (a. a. O., S. 33 f.). Dies kulminiert in einer Aussage, die die fundamentale Gleichheit von Menschen leugnet:

"Der Begriff einer so genannten Menschheit wird somit überflüssig. Er suggeriert eine Gleichstellung aller Menschen zu einer Einheit. [...] Das Wort ‚Menschheit' gilt somit als Kampfbegriff, der die natürlich gewachsenen Strukturen leugnet." (Beleg 233 der Antragsschrift, S. 35)

Die Bedeutung für den Volksbegriff zeigt sich im Leitfaden Politische Grundbegriffe der JN, Teil 1 (Beleg 240 der Antragsschrift, S. 6): *"Ein Volk ist eine organisch gewachsene Gemeinschaft gleichen Blutes, gleicher Geschichte, mit gleichem Lebensraum und gleicher Kultur."* Als grundlegende Merkmale werden u. a. aufgeführt: *"Abstammung/Genetik"*, *"Schicksalsgemeinschaft"* und *"Rasse/Blutsmischung"*.

Diesen Volksbegriff verbreitet die Antragsgegnerin auch im Internet: *"Deutscher ist man durch sein Blut und durch nichts anderes!"* (Beleg 275 des Schriftsatzes vom 27. August 2015).

Der genannte Leitfaden zeigt auch: Wenn die Antragsgegnerin „Deutsch" sagt, meint sie den rassisch-biologistischen Volksbegriff und nicht die Staatsangehörigkeit i. S. v. Art. 116 GG. So heißt es: *"Die Staatsangehörigkeit ist nicht ‚deutsch', sondern BRD."* (vgl. Beleg 240 der Antragsschrift, S. 8).

Offen vertreten wird die Differenzierung zwischen rassistisch-ethnischem Deutschen-/Volksbegriff und der Staatsbürgerschaft – wie in unseren Schriftsätzen und in der mündlichen Verhandlung (u. a. *Jürgen Gansel*) gezeigt – auch von führenden Funktionären der Antragsgegnerin. Der NPD-Fraktionsvorsitzende im Landtag Mecklenburg-Vorpommern, *Udo Pastörs*, hielt etwa einem Abgeordneten mit deutscher Staatsangehörigkeit, der im Irak geboren wurde, in einer Landtagsdebatte Folgendes entgegen:

„Udo Pastörs, NPD: [...]
‚Herr A.,
(A., Die Linke: Ich bin Deutscher.)
schauen Sie, Herr, Sie haben einen deutschen Pass, Herr A.
Wenn Sie in den Spiegel schauen würden, würden Sie erkennen,
(Glocke der Vizepräsidentin)
dass Sie kein Deutscher sind ..."

Landtag Mecklenburg-Vorpommern, Plenarprotokolle, 6. Wahlperiode, 4. Sitzung, 17. November 2011, S. 100; **Anlage 3a**

Diese Differenzierung findet sich auch im Parteiprogramm. Hier wird konsequent zwischen Deutschen und Fremden unterschieden (S. 5). Dabei wird deutlich, dass diese Unterscheidung nicht nach dem Kriterium der Staatsbürgerschaft, sondern allein nach rassisch-ethnischen Kriterien erfolgt: *"Eine Überfremdung Deutschlands,* **ob mit oder ohne Einbürgerung,** *lehnen wir strikt ab."* (S. 6; Hervorhebung hier).

Die Anknüpfung des Begriffs des deutschen Volkes bzw. des Deutschen an eine rassistisch-ethnische Zugehörigkeit zeigen auch die Sätze: *"Die Familie – als Trägerin des biologischen Erbes – ist die Keimzelle des Volkes."* (S. 7); *"Die Bewahrung unserer nationalen Identität und Sicherung unseres Heimatrechtes erfordert eine den Bestand des deutschen Volkes sichernde aktive Familien- und Bevölkerungspolitik"* (S. 5).

b) Ausschluss vom demokratischen Prozess und Exklusion von der Grundrechtsberechtigung

Der Verfahrensbevollmächtigte der Antragsgegnerin leugnet in seinem Schriftsatz vom 2. März 2016, dass die Antragsgegnerin ethnisch Fremden mit deutscher Staatsbürgerschaft Grundrechte abspricht und diese des Landes verweisen möchte (vgl. S. 220 f. [S. 671 f.]).

Doch genau diese Rechtsfolgen ergeben sich unmittelbar aus dem Parteiprogramm: *„Grundsätzlich darf es für Fremde in Deutschland kein Bleiberecht geben, sondern nur eine Rückkehrpflicht in ihre Heimat." (S. 5)* Wenn das Parteiprogramm gleichzeitig sagt, dass sie eine „Überfremdung Deutschlands, ob mit oder ohne Einbürgerung" strikt ablehne (S. 6), kann daraus nur der Schluss gezogen werden, dass auch deutsche Staatsbürger, die nach den rassistisch-ethnischen Kriterien der Antragsgegnerin „fremd" sind, eine Rückkehrpflicht haben.

Dieser Schluss wird auch von den Funktionären und Mitgliedern der Antragsgegnerin selbst gezogen. Zu erinnern ist hier nur an die zahlreichen Fälle, in denen die Funktionäre und Mitglieder der Antragsgegnerin deutsche Staatsangehörige dazu auffordern, das Land zu verlassen. Das gilt etwa für *Ronny Zasowk* gegenüber der deutschen Journalistin *M.* (Beleg 220 des Schriftsatzes vom 27. August 2015). Das gilt auch für die Schreiben „Ihr Ausländerrückführungsbeauftragter informiert" der NPD Berlin (Beleg 295 der Antragsschrift) sowie das „Rundschreiben an Migranten" (Beleg 296 der Antragsschrift). Die darin enthaltenen Aufforderungen zur Ausreise – dort als „Heimreise" bezeichnet – wurden an Politiker mit deutscher Staatsangehörigkeit versendet, darunter *M.* Der damalige NPD-Bundesgeschäftsführer *Klaus Beier* bezeichnete dies als eine „gelungene Aktion"; der „5-Punkte-Plan zur Ausländerrückführung" sei schließlich in der Parteizentrale entstanden.

Beleg 1 (Kategorie 2): Rechtsextremer Hass-Wahlkampf: Ermittler durchsuchen NPD-Zentrale wegen Drohbriefen, Spiegel-Online vom 23. September 2009,

Das „Rundschreiben an Migranten" bewertete der Verfassungsgerichtshof des Landes Berlin in einem Urteil vom 1. Juli 2015 (Az. 141/14, LKV 2015, 414 ff.) dahingehend, dass das Schreiben des NPD-Landesverbandes Berlin (Beleg 296) „keine Auseinandersetzung mit der Politik des ‚machthabenden Regimes', sondern eher die Herabwürdigung der Beschwerdeführerin wegen ihres Migrationshintergrundes" nahelege.

Bezeichnend ist schließlich, dass die Antragsgegnerin im Schriftsatz vom 2. März 2016 (S. 417 [S. 752 f.]) kein Problem darin sieht, dass *S.* trotz seiner deutschen Staatsangehörigkeit zur Ausreise aufgefordert wurde (Beleg 182 des Schriftsatzes vom 27. August 2015).

Die dargelegte rassisch-ethnische Definition des Deutschen und des deutschen Volkes hat – neben der Ausreise – weitere Folgen, die unmittelbar die Rechtsstellung deutscher Staatsangehöriger betreffen, die nicht Deutsche i. S. d. rassisch-ethnischen Begriffs der Antragsgegnerin sind: Sie sind von der demokratischen Willensbildung ausgeschlossen, da diese nach dem Parteiprogramm auf die rassisch-ethnische „Volksgemeinschaft" beschränkt ist (S. 7).

Am gravierendsten sind jedoch die Folgen im grundrechtlichen Bereich. Auf S. 18 des Parteiprogramms heißt es: „Die Grundrechte müssen in unserem Land für jeden Deutschen, ungeachtet seiner politischen Einstellung, Gültigkeit besitzen." Angesichts des rassisch-ethnischen Begriffs des „Deutschen" (s. o.) bedeutet dies: Grundrechte sollen nach der Vorstellung der Antragsgegnerin in Deutschland nicht für ethnisch Fremde gelten – unabhängig von der Staatsangehörigkeit. In dieselbe Richtung gehen auch die Forderungen:

„Eigentum an deutschem Grund und Boden kann nur von Deutschen erworben werden." (S. 9). „Der Staat hat die Fürsorgepflicht für alle Deutschen." (S. 6).

Diese Forderungen verletzen den grundrechtlichen Mindeststandard, der Teil der Menschenwürde ist. Die NPD spricht Menschen ein Recht auf Rechte, ein basales Minimum an Rechten ab.

c) Sinnentleerung der Staatsbürgerschaft im Konzept der Antragsgegnerin

Wenn der Verfahrensbevollmächtigte der Antragsgegnerin in seinem Schriftsatz vom 2. März 2016 behauptet, dass die Antragsgegnerin „keine Ausbürgerungen" plane (S. 220 [S. 671]), ist dies für ihre verfassungsfeindlichen Ziele irrelevant. Er kann dies deshalb sagen, weil die Staatsbürgerschaft für das Bleiberecht keine Bedeutung hat. Wie gezeigt, knüpfen nach dem Konzept der Antragsgegnerin alle Rechte – wie etwa das Bleiberecht in Deutschland, aber auch die Grundrechte – gerade nicht an die Staatsbürgerschaft an, sondern an das rassistisch-ethnisch definierte Deutschsein. Ausbürgerungen sind nach diesem Konzept also gar nicht erforderlich, um – wie auch tatsächlich geschehen – die Ausreise deutscher Staatsbürger zu verlangen. Die Staatsbürgerschaft ist damit jeglicher Bedeutung entleert.

Vor diesem Hintergrund ist die gesamte Debatte, die die Antragsgegnerin in ihrem Schriftsatz zur Staatsangehörigkeit führt (S. 209 ff. [S. 663 ff.]), ein Scheinproblem. Auch ihre verfehlte Berufung auf Stimmen in der Rechtswissenschaft bezieht sich auf ein hier nicht relevantes Problem. Richtig ist vielmehr folgende Feststellung: Niemand in der deutschen Rechtswissenschaft vertritt die Ansicht, dass bestimmte deutsche Staatsangehörige weder ein Bleiberecht noch ein Recht zur demokratischen Mitwirkung als Teil des deutschen Volkes haben.

Im Übrigen werden die Rechtsprechung des Bundesverfassungsgerichts und die Position des Antragstellers verzerrt wiedergegeben: Der Antragsteller leugnet nicht, dass eine Rückkehr zu einem allein auf Abstammung basierenden Staatsangehörigkeitsrecht auf gesetzlichem Weg möglich ist. Der Antragsteller tritt jedoch der Ideologie der Antragsgegnerin entgegen, dass der Gesetzgeber gar nicht konstitutiv entscheiden könne, wer zum „deutschen Volk" gehört, da sich dies aus ethnisch-rassischen Kriterien ergebe. Art. 116 Absatz 1, 1. Var. GG bestätigt gerade, dass die „Volkszugehörigkeit" allein nicht darüber bestimmen darf, wer zum Staatsvolk gehört, sondern dass dies bewusst dem Gesetzgeber im Rahmen des Staatsangehörigkeitsrechts überlassen wurde.

Die Antragsgegnerin versucht in ihrem Schriftsatz vom 2. März 2016 (S. 211 ff. [S. 665 ff.]), ihre Ideologie durch die fälschliche Wiedergabe des Inhalts eines Beschlusses des Bundesverfassungsgericht aus dem Jahr 1987 zu rechtfertigen (2 BvR 373/83). Dabei ignoriert sie nicht nur den historischen Kontext der Entscheidung, sondern auch den – auf den zitierten Ausschnitt folgenden – Satz, dass das Wahrungsgebot nicht „statisch" auf den Kreis bestimmter Personen begrenzt ist. Bedeutender ist allerdings, dass die Antragsgegnerin die zentrale Entscheidung des Bundesverfassungsgerichts zu diesem Thema außer Acht lässt.

In BVerfGE 83, 37 (52) heißt es: *„Das bedeutet keineswegs, daß dem Gesetzgeber jede Einwirkung auf die Zusammensetzung des Volkes im Sinne des Art. 20 Abs. 2 Satz 2 GG verwehrt wäre. So überläßt das Grundgesetz, wie Art. 73 Nr. 2 und Art. 116 belegen, die Regelung der Voraussetzungen für Erwerb und Verlust der Staatsangehörigkeit und damit auch der Kriterien, nach denen sich die Zugehörigkeit zum Staatsvolk des näheren bestimmt, dem Gesetzgeber. Das Staatsangehörigkeitsrecht ist daher auch der Ort, an dem der Gesetzgeber Veränderungen in der Zusammensetzung der Einwohnerschaft der Bundesrepublik Deutschland im Blick auf die Ausübung politischer Rechte Rechnung tragen kann."*

Genau dieses Recht spricht die Antragsgegnerin dem Gesetzgeber ab.

2. Verfälschende Darstellung der Ideologie in den Schriftsätzen der Antragsgegnerin

Der Befund der Verfassungswidrigkeit der Ziele der Antragsgegnerin beruht auf einer Betrachtung des Gesamtbildes der Partei. Die vom Antragsteller vorgelegten Belege geben Äußerungen und Aktivitäten von mehr als 300 Funktionären und Mitgliedern der Antragsgegnerin auf allen Ebenen der Parteihierarchie und mit unterschiedlicher regionaler Herkunft wieder. In Kombination mit dem Parteiprogramm und den wichtigsten ideologischen Grundlagenschriften geben sie damit ein authentisches und repräsentatives Bild der gesamten Partei. Dieses Bild belegt die Verfassungswidrigkeit der Ideologie der Antragsgegnerin wegen Verstoßes gegen die Menschenwürde, wegen ihrer Ablehnung des auf dem Demokratieprinzip beruhenden parlamentarischen Regierungssystems, ihres Antisemitismus, ihrer Wesensverwandtschaft zum Nationalsozialismus und ihres systemüberwindenden Anspruchs.

Der Verfahrensbevollmächtigte der Antragsgegnerin versucht in seinen Schriftsätzen vom 2. März 2016 und 11. April 2016 diesen Befund durch Verfälschungen zu erschüttern. Dabei wendet er vier Strategien an: (a) die verharmlosende Auslegung von Äußerungen, (b) die bewusste Dekontextualisierung und Unterschlagung von nationalsozialistischen Bezügen, (c) den Versuch der Distanzierung von grundlegenden Parteidokumenten, (d) den Versuch der Distanzierung von einzelnen Belegen und Personen.

Die Art und Weise der Verfälschung in den Schriftsätzen sind selbst unmittelbarer Ausdruck und Beleg nicht nur der Verfassungswidrigkeit der Ideologie, sondern auch der aggressiv-kämpferischen Vorgehensweise der Antragsgegnerin.

a) Verharmlosende Auslegung von Äußerungen

Die Antragsgegnerin versucht dem Vorwurf der Verfassungswidrigkeit dadurch zu entgehen, dass sie Äußerungen von Funktionären und Mitgliedern unter Berufung auf die Meinungsfreiheit (vgl. S. 202 f. [S. 659 f.]) verharmlosend auslegt (vgl. S. 205–394 [S. 661–738] des Schriftsatzes vom 2. März 2016).

Diesem Vorgehen ist sowohl in rechtlicher als auch in tatsächlicher Hinsicht zu widersprechen.

aa) Verfassungsrechtliche Grundlagen der Auslegung von Äußerungen im Parteiverbotsverfahren

Rechtlich ist zunächst festzustellen, dass die Äußerungen – entgegen der Auffassung der Antragsgegnerin – nicht „objektiv mehrdeutig" sind. Denn selbst bei der von der Antragsgegnerin geforderten Anwendung strafrechtlicher Maßstäbe, die aufgrund des präventiven Charakters des Parteiverbotsverfahrens ohnehin fehlgeht, sind bei der Auslegung einer Äußerung die „Umstände", der „sprachliche Kontext" und der „Kommunikationszusammenhang" (BVerfGE 93, 266 [295]) zu berücksichtigen. Zu diesem Kommunikationszusammenhang gehört etwa der Ort der Äußerung, der inhaltliche Kontext sowie der Adressat bzw. das potentielle Publikum der Äußerung unter Beachtung ihres Kenntnisstandes. *„Die isolierte Betrachtung eines umstrittenen Äußerungsteils wird daher den Anforderungen an eine zuverlässige Sinnermittlung regelmäßig nicht gerecht."* (BVerfGE 93, 266 [295]). Genau eine solche isolierte Betrachtung nimmt die Antragsgegnerin jedoch in zahlreichen Fällen vor und kommt damit zu abwegigen Auslegungsergebnissen.

Entgegen den schriftsätzlichen Äußerungen des Antragsgegnerin (vgl. S. 200 ff. [S. 657 ff.]) unterstellt der Antragsteller der Antragsgegnerin auch kein „Geheimprogramm". Der Antragsteller spricht vielmehr von der gezielten Verwendung doppeldeutiger Begriffe und der taktischen Verschleierung tatsächlicher Fernziele in Abhängigkeit vom jeweiligen Empfängerhorizont. Im Sinne der dargestellten Rechtsprechung des Bundesverfassungsgerichts muss der Empfängerhorizont als Teil des Kommunikationszusammenhangs bei der Auslegung einer Äußerung berücksichtigt werden. Aus diesem Grund ist auch diese Verschleierungstaktik der Antragsgegnerin von Relevanz. Die Äußerung kann nur unter deren Berücksichtigung sinnvoll und sinnwahrend ausgelegt werden. Dass die Antragsgegnerin eine solche – am jeweiligen Empfängerhorizont orientierte – Taktik verfolgt, zeigt Beleg 264 des Schriftsatzes vom 27. August 2015, in dem *Udo Voigt* bei der Art der Vermittlung weltanschaulicher Grundlagen zwischen den verschiedenen Empfängern (Führungskräfte, Mitglieder, Wähler) unterscheidet. Es ist zudem Ausdruck der Strategie, gegenüber eigenen Anhängern und Kennern rechtsextremistischen Vokabulars Radikalität zu beweisen, gegenüber der sonstigen Bevölkerung jedoch Seriosität zu suggerieren. Diese Strategie ist bei der Auslegung zu berücksichtigen. Zum Zwecke der Ermittlung des Gesamtbildes einer Partei kann die Äußerung eines Funktionärs zudem im Lichte der Äußerungen anderer Parteifunktionäre ausgelegt werden.

Unter Berücksichtigung der genannten verfassungsrechtlichen Grundlagen kommt man gerade nicht zu der Mehrdeutigkeit der Äußerungen, die die Antragsgegnerin behauptet.

bb) Beispiele

Vor diesem rechtlichen Hintergrund sollen einige Beispiele für eine verfälschende, verharmlosende und den jeweiligen kommunikativen Zusammenhang ausblendende Auslegung von Äußerungen in den Schriftsätzen der Antragsgegnerin genannt werden:

Paradigmatisch ist die schriftsätzliche Kommentierung des Gedichts von *Thomas Wulff* „Im Gedenken zum Geburtstag" am 20. April 2015, dem Geburtstag *Adolf Hitlers* (Beleg 6 des Schriftsatzes vom 11. Februar 2016). Dem Gedicht komme laut Schriftsatz der Antragsgegnerin „kein objektiver Erklärungswert" zu (S. 390). Damit blendet der Schriftsatz der Antragsgegnerin aus, dass das Gedicht ursprünglich von *Heinrich Anacker* stammt, der 1936 den Kunstpreis der NSDAP für sein Gesamtwerk erhielt. Es wurde unter dem Titel „Dem Führer" zum 50. Geburtstag *Adolf Hitlers* veröffentlicht in: Die deutsche Glocke. Volksbuch der deutschen Heimat. Band 1, Bayreuth 1939, S. 7.

Ebenso bezeichnend ist die schriftsätzliche Kommentierung des Zitats von *K.* in Bezug auf straffällige Asylbewerber: „Nee, Gleis 17, Waggon 1, rein und ab." (Beleg 3 des Schriftsatzes vom 11. Februar 2016). Dazu meint der Verfahrensbevollmächtigte im Schriftsatz: „*... der durchschnittliche Zuhörer hat aber regelmäßig keinen Lageplan im Kopf, an welchem Gleis in Berlin-Grunewald wo welche Denkmäler stehen, und wird daher überhaupt nicht auf solch abstruse Gedanken kommen wie der Antragsteller.*" (S. 240 f. [S. 685]). Damit werden nicht nur die historischen Kenntnisse des durchschnittlichen Lesers der Frankfurter Allgemeinen Zeitung (dort erschien die Äußerung zuerst) bzw. des adressierten FAZ-Redakteurs unterschätzt. Es wird hier auch der kommunikative Kontext dieser Äußerung außer Acht gelassen. *K.* beklagte in demselben Interview, dass „*die deutsche Rasse [...] aufgemischt*" werde.

Die eindeutig rassistisch-biologistische Äußerung „*Deutscher wird man durch sein Blut und durch nichts anderes!*" (Beleg 275 des Schriftsatzes vom 27. August 2015) bezeichnet der Schriftsatz der Antragsgegnerin – unter Ausblendung ihres rassistischen Gehalts – als „*der Sache nach eine Forderung nach Rückkehr zum alten Staatsangehörigkeitsrecht nach dem RuStAG*" (S. 238 des Schriftsatzes vom 2. März 2016).

Darüber hinaus enthält der Schriftsatz der Antragsgegnerin verharmlosende Auslegungen, die die Gefühle von herabgesetzten Personen missachten und selbst die Menschenwürde tangieren (vgl. etwa S. 237 ff. [S. 683 ff.]). Beispielhaft ist etwa die auch in der mündlichen Verhandlung zitierte Äußerung von *Jürgen Gansel* („Asyl-Neger", Beleg 270 des Schriftsatzes vom 27. August 2015), die der Verfahrensbevollmächtigte der Antragsgegnerin als „legitim und nicht zu beanstanden" bezeichnet (S. 237 [S. 683]). In ähnlicher Weise verharmlost er die bedrohende Wirkung von Aufforderungen zur Ausreise an deutsche Staatsangehörige (S. 243 ff.) oder Bedrohungsgefühle von Sinti und Roma (S. 250 f. [S. 691 f.]).

Dass der Verfahrensbevollmächtigte die Rückführung von deutschen Staatsbürgern per „Heimflug" (so *Ronny Zasowk*, Beleg 220 des Schriftsatzes vom 27. August 2015) als sachliches Referat des „Ausländerrückführungsprogramms" (S. 244 [S. 688]) bewertet, zeigt, wie sehr der Schriftsatz der Antragsgegnerin selbst von der verfassungswidrigen Ideologie geprägt ist, die sich unmittelbar auch in der Auslegung niederschlägt.

Schließlich verharmlost die Antragsgegnerin auch in ihrem Schriftsatz vom 11. April 2016 die adressatenbezogene Wirkung der Aussagen, die als solche unbestritten bleiben. Zur Verdeutlichung der Wirkung der Äußerungen von *Udo Pastörs* und dem Versuch der Vereinnahmung von Schülern für den Wahlkampf sei nur aus den Äußerungen von *Udo Pastörs* zitiert. Dabei ist zu berücksichtigen, dass diese Worte gegenüber Schülern einer 9. Klasse fielen (Beleg 189 der Antragsschrift):

„Und diese BRD wird genauso versinken wie die DDR versunken ist. Und dann werden die nächsten Lehrer und die nächsten Polizisten und die nächsten Richter genau den Wendehals machen, den sie beim letzten Mal gemacht haben und werden dem nächsten System dienen – müssen."

cc) insbesondere: Banalisierung des Antisemitismus

Der Schriftsatz der Antragsgegnerin vom 2. März 2016 banalisiert insbesondere den die Menschenwürde verachtenden Charakter des Antisemitismus. Das zeigen etwa der Vergleich mit „Antidextrismus" und „Antikatholizismus" sowie die auf S. 147 [S. 620f.] des Schriftsatzes geäußerte Bewertung, dass das Anhimmeln des Judentums „staatsideologisch anscheinend geboten" sei.

Die Banalisierung des Antisemitismus gipfelt schließlich in zwei Sätzen, die selbst antisemitische Klischees bedienen: „Tatsächliche oder vermeintliche ‚antisemitische Sprachmuster' stellen keinen Angriff auf die Menschenwürde und schon gar keine Einschüchterung dar. Wer am laufenden Band ein Verbot der Antragsgegnerin fordert, darf sich nicht wundern, wenn er selbst zum Ziel berechtigter und rein verbaler Kritik wird." (S. 248 [S. 690]).

Der Schriftsatz zitiert einen singulären, weit zurückliegenden Beitrag, der das Fehlen von Antisemitismus in der Partei belegen soll. Er setzt sich jedoch nicht vertieft mit den zahlreichen antisemitischen Äußerungen von führenden Funktionären der Partei auseinander, die in der Antragsschrift (S. 208 ff. [S. 192 ff.], S. 52 f. [S. 76 f.]) und in den Stellungnahmen des Instituts für Zeitgeschichte (vgl. S. 9 der Stellungnahme von 2013, S. 2 ff. der Stellungnahme von 2016) genannt werden. Wie unten (vgl. d)) gezeigt wird, ist schließlich auch der Versuch des Schriftsatzes vergeblich, sich nachträglich von Holocaust-Leugnungen zu distanzieren.

b) Bewusste Dekontextualisierung und Unterschlagung von nationalsozialistischen Bezügen

Bewusst dekontextualisiert und damit entgegen den o. g. verfassungsrechtlichen Maßstäben ausgelegt werden insbesondere Aussagen, die die Wesensverwandtschaft der Antragsgegnerin zum Nationalsozialismus belegen. Diese ist vom wissenschaftlich unabhängigen Institut für Zeitgeschichte methodisch einwandfrei nachgewiesen und zusätzlich durch zahlreiche Belege in unseren Schriftsätzen untermauert worden (vgl. etwa S. 184 ff. der Antragsschrift; wie in der mündlichen Verhandlung bereits dargelegt, schöpfen die beiden Gutachten des Instituts für Zeitgeschichte aus der Materialsammlung der Sicherheitsbehörden von Bund und Ländern, die einer anderen Zählung folgen, als die in den Schriftsätzen des Antragstellers verwendeten Belege; das Institut konnte zur Wahrung seiner wissenschaftlichen Unabhängigkeit aus dem Material schöpfen, ohne durch die Auswahl der Verfahrensbevollmächtigten des Antragstellers beeinflusst zu werden).

Die Dekontextualisierungen in den Schriftsätzen der Antragsgegnerin vermögen diesen Befund daher nicht zur erschüttern.

Auch hier sollen einige Beispiele die Strategie des Schriftsatzes der Antragsgegnerin illustrieren:

C. Das zweite NPD-Verbotsverfahren (2013–2017)

Hinsichtlich der bei NPD-Funktionär *H.* gefundenen Gegenstände (Beleg 259 und Seite 192 [S. 181] der Antragsschrift) betont der Schriftsatz der Antragsgegnerin lediglich, dass es sich um „Deko-Waffen" gehandelt und daher „keinerlei Gefahr" bestanden habe (S. 391 f. [S. 736]) – was der Antragsteller auch nie behauptet hatte. Der Schriftsatz der Antragsgegnerin unterschlägt jedoch, dass bei *H.* umfangreiche NS-Devotionalien gefunden wurden, u. a. Hakenkreuze, NS-Literatur, ein Bild von *Adolf Hitler* und Flaschen mit Hitler-Etiketten, die wie zu einem Altar aufgebaut waren.

Die Identifikation mit dem Nationalsozialismus kommt nicht nur durch den Inhalt von Aussagen zum Ausdruck, sondern gerade auch durch die bewusste Verwendung derselben Textstücke und Symbolik wie Nationalsozialisten. Daher versucht der Schriftsatz der Antragsgegnerin bewusst, die Herkunft von Symbolen und Textstücken auszublenden oder kleinzureden:

Die Abbildung in Beleg 249 der Antragsschrift bezeichnet er als „völlig harmlose Abbildung einer Mutter mit Kindern" (S. 391 [S. 736]), obwohl diese aus einem – mit einem Leitspruch *Adolf Hitlers* – versehenen Buch des Winterhilfswerks des Deutschen Volkes aus dem Jahr 1939 stammt.

Das Gedicht in Beleg 244 der Antragsschrift sei „inhaltlich als völlig unproblematisch" anzusehen (S. 390 f. [S. 736]); es ist jedoch der Schrift „Kriegsweihnacht" entnommen, die im Jahr 1944 vom Hauptkulturamt der NSDAP veröffentlicht wurde.

Die Antragsgegnerin bestreitet, dass auf einem JN-Sonnenschirm ein Hakenkreuz erkennbar gewesen sei. Diesbezüglich wird auf einen Auszug aus dem Urteil des Amtsgerichts Rostock vom 4. März 2013 verwiesen, das das Vorhandensein eines Hakenkreuzes feststellt.

Beleg 2 (Kategorie 1): Urteil des Amtsgerichts Rostock vom 4. März 2013, 20 Ds 15/13,

Deutlich wird die bewusst verkürzende Darstellung insbesondere hinsichtlich einer Äußerung des NPD-Fraktionsvorsitzenden *Udo Pastörs* in der Landtagsdebatte vom 11. Dezember 2014.

Die Antragsgegnerin behauptet (S. 236 [S. 682] des Schriftsatzes vom 2. März 2016), der von *Udo Pastörs* in der Plenarsitzung verwendete Begriff „entartete Menschen" habe sich nur auf das Anspucken von Polizisten, nicht aber auch auf Asylbewerber als solche bezogen. Tatsächlich sagt *Pastörs* jedoch: „… dadurch, dass die Fremden, dass die, ja, entarteten Menschen, …"

Der Begriff des „entarteten Menschen" wird – ganz im Sinne der dargestellten rassistischen Ideologie – zumindest auch auf den „Fremden", auf das „Fremdsein" bezogen. Erst nachträglich versucht *Pastörs*, den Begriff der Entartung vom Fremdsein zu entkoppeln und allein auf das Anspucken zu beziehen. Dies entspricht dem üblichen Muster, verbal – nicht zuletzt durch Rekurs auf die NS-Diktion – zunächst maximal zu provozieren, um nach Erreichen der intendierten Reaktion den bei verständiger Auslegung der Aussage sich ergebenden bzw. gleichsam aufdrängenden Inhalt zurückzuweisen.

Der entsprechende Teil des Landtagsprotokolls ist diesem Schriftsatz als **Anlage 3b** beigefügt.

Landtag Mecklenburg-Vorpommern, Plenarprotokolle, 6. Wahlperiode, 84. Sitzung, 11. Dezember 2014, S. 98 f., **Anlage 3b**.

In ähnlicher Weise versucht die Antraggegnerin, der rechtskräftigen Verurteilung von P. wegen Holocaustleugnung durch das Landgericht Schwerin durch eine abwegige Auslegung seiner Aussagen entgegenzutreten (S. 450 ff. [S. 775 ff.]).

Das Gesamtbild der vom Antragsteller beigebrachten Belege wird schließlich bestätigt durch die Aussage des früheren Parteivorsitzenden *Holger Apfel* in der mündlichen Verhandlung, dass signifikante Teile der Antragsgegnerin sich weiterhin in der Gedankenwelt der Dritten Reiches bewegen.

Dass die Antragsgegnerin versucht, dies bewusst zu verschleiern, zeigt die Handlungsempfehlung in der Argumentationsbroschüre „Wortgewandt" (Beleg 78 der Antragsschrift), wo es auf Seite 54 heißt: *„Auf den Themenkomplex Holocaust, Kriegsschuldfrage 1939 und Nationalsozialismus sollte sich mit dem Hinweis auf die Gegenwartsaufgaben der NPD niemand festnageln lassen. Auf dieses rückwärtsgewandte Themenfeld will uns der Gegner locken, weil er [...] mit der historischen Ahnungslosigkeit und damit der ‚antifaschistischen' Verblendung der Zeitgenossen rechnen kann [...]"*

c) Vergebliche Distanzierung von grundlegenden Parteidokumenten

Im Schriftsatz vom 11. April 2016 versucht die Antragsgegnerin nachträglich, sich von der als Beleg 78 der Antragsschrift vorgelegten Schrift „Wortgewandt. Argumente für Mandats- und Funktionsträger" sowie von den als Belege 233 und 240 vorgelegten JN-Broschüren „Leitfaden: Politische Grundbegriffe" Teil 1 und 2 zu distanzieren. Dazu legt sie einen Beschluss des Parteivorstandes vom 5./6. April 2014 vor.

Es ist offenkundig, dass dieser Beschluss nicht Ausdruck einer veränderten Programmatik ist, sondern Teil eines taktischen Vorgehens im Hinblick auf das Parteiverbotsverfahren. Der Beschluss erfolgte vier Monate nach Einreichung der Antragsschrift. Im Verbotsantrag wird mehrfach auf diese Schriften rekurriert, weil sie authentisch, direkt und prägnant die verfassungsfeindlichen Positionen der Antragsgegnerin wiedergeben. Der Beschluss hatte daher nicht den Zweck einer inhaltlichen Neuausrichtung, sondern ist der Versuch, das Verbotsrisiko zu mindern.

Die betroffenen Texte behandeln Kernpositionen der Antragsgegnerin, die diese nicht nur über einen langen Zeitraum vertreten hat, sondern auch weiterhin noch vertritt. Wie in den Schriftsätzen gezeigt, werden diese Positionen durch zahlreiche Äußerungen hochrangiger Parteifunktionäre belegt. Die Schriften stammen zudem von hochrangigen Funktionären der Partei, die nicht nur über Jahre die Parteiarbeit prägten, sondern auch heute noch in der Partei prägend sind:

aa) JN-Leitfäden „Politische Grundbegriffe"

Die JN-Leitfäden „Politische Grundbegriffe" wurden federführend von JN-Schulungsleiter D. erstellt. Diese zentrale Funktion für die NPD-Jugendorganisation nimmt er seit 2011 wahr. Am 27. Oktober 2012 wurde er in den Bundesvorstand der JN gewählt. Zudem stieg er am 13. Dezember 2014 – also mehr als ein halbes Jahr nach dem Parteivorstandsbeschluss zu den JN-Leitfäden – zum stellvertretenden Bundesvorsitzenden der JN auf. Dieses Amt übt er weiterhin aus.

Die fortwährende Gültigkeit der Leitfäden auch nach dem Beschluss affirmierte D. in einem Interview am 27. April 2014, also <u>nach</u> dem oben genannten Vorstandsbeschluss. Gegenüber dem rechtsextremistischen Nachrichtenportal FSN-TV stellt er zudem seine Funktion dar und äußerte sich wörtlich wie folgt:

Frage:
„Du bist ja auch im Bundesvorstand der JN. Was stellst du denn da an?"

D.:
*„Was ich da anstelle? Ja ich bin ja Bundesschulungsleiter der JN und das bedeutet, dass ich, anders als es jetzt vielleicht der Name sagt, mich nicht in erste Linie um Schulung, sondern um Bildung kümmere. Bildung, darunter verstehen wir nicht nur, wie das die meisten anderen vielleicht denken, so trockene Schulungen und reine Theorie, auswendig Lernen, sondern eben von dem althochdeutschen Wort ‚Bedunge', das heißt soviel wie gestalten, schöpfen, schaffen, das wir eher uns, das ich die Aufgabe habe, die erzieherischer Natur ist. Das bedeutet, dass ich Bildungsarbeit, also Seminare, die sogenannten **Kaderwochenenden**, die wir ja zwei Mal im Jahr veranstalten, anbiete, wo wir in erste Linie dafür sorgen, dass auf geistiger wie auch auf körperlicher Ebene eine Optimierung generell in unserer Jugendbewegung erfolgt. Dann ist letztlich eine Aufgabe, die Leute mit **geistigem Rüstzeug** auszurüsten, also mit Leitfäden oder mit Seminaren, so etwas zu koordinieren und die Bildungsarbeit bis runter zum Stützpunkt zumindest zu befördern und ja zu unterstützen, dass die also stattfinden kann. Und darüber hinaus sollen dann im Bestfall Leute sich herausentwickeln, die dann später einmal auch die Partei auf Führungsebene **oder eben generell**, wir wissen auch ja gar nicht, was die nächsten zwanzig Jahre kommt. Die Frage wird ja vielleicht noch kommen. Das wissen wir ja nicht, was da auf uns zukommt. Aber das wir dann zumindest, dann brauchen wir ja Leute, die in der Lage sind, **Menschenmassen zu begeistern, zu führen, die wissen, wie haben sie sich zu verhalten.** [...]*

Frage:
„Im Chat gibt es noch einige Fragen. Hier gibt es zum Beispiel eine Frage an dich persönlich: ‚Welches Buch empfiehlst du noch Unbedarften, um etwas weltanschaulich Wertvolles eben zu lesen?'"

D.:
*„Da gibt's ne ganze Menge. **Also auf jeden Fall die JN-Leitfäden, auf jeden Fall.** [...]"*

Beleg 3 (Kategorie 1): *D.*, in: Interview durch FSN-TV, Sendung 78 vom 27. April 2014; Videodatei, Sequenz ab 1:00:07 (Hervorhebungen hier).

Die ohne Jahresangabe veröffentlichten Leitfäden „Politische Grundbegriffe" Teil 1 und 2, die als Beweismittel in der Antragsschrift Verwendung finden, sind in dieser Form bzw. mit diesem Layout in den Jahren 2012/2013 erschienen. Im Impressum beider Leitfäden heißt es unmissverständlich: *„Die Leitfäden bilden die Grundlage der Bildungsarbeit der Jungen Nationaldemokraten."*

bb) Argumentationsbroschüre für Mandats- und Funktionsträger

Die Antragsgegnerin versucht den völlig unzutreffenden Eindruck zu erwecken, die Argumentationsbroschüre „Wortgewandt: Argumente für Mandats- und Funktionsträger" (Beleg 78 der Antragsschrift) aus dem Jahr 2012 sei ohne breite Abstimmung innerhalb

I. Schriftverkehr

der Partei erstellt und in Umlauf gebracht worden. Tatsächlich besitzt sie jedoch eine große Relevanz innerhalb der Antragsgegnerin und eine hohe Reichweite.

Die Schrift aus dem Jahr 2012 entstammt der „Schriftenreihe des Parteivorstandes der NPD" und enthält ein Vorwort des damaligen Parteivorsitzenden der Antragsgegnerin. Schon hieran lässt sich die hohe innerparteiliche Relevanz ablesen.

Dem Vorwort des Parteivorsitzenden ist zu entnehmen, dass die Schrift die Vorgängerversion grundlegend aktualisieren und ergänzen sollte. Sie erscheint „in einer zweiten Auflage". Dies zeigt auch die zeitlich langfristige Verwendung dieser Schrift.

Diese ist auch am Geleitwort von *Jürgen Gansel* zu erkennen: *„... nachdem im Jahr 2006 meine erste Schulungsbroschüre mit Argumenten für Mandatsträger und Funktionsträger erschienen ist, habe ich diese auf Bitte des neuen Parteivorsitzenden Holger Apfel nun aktualisiert und erweitert."* Dies belegt, dass die Broschüre auch schon unter dem Parteivorsitzenden *Udo Voigt* Verwendung fand und somit seit mindestens zehn Jahren eine ideologische Grundlage der Parteiarbeit bildet.

Laut Vorwort des damaligen Parteivorsitzenden in der Argumentationsbroschüre aus dem Jahr 2012 handelt es sich bei dieser Schrift zudem um eine der **„drei Grundlagenschriften nationaldemokratischen Politikverständnisses"**, mit deren Hilfe die Mandats- und Funktionsträger auf nahezu alle an sie gerichteten Fragen antworten könnten.

Diese eindeutigen Aussagen des Parteivorsitzenden widerlegen den Versuch der Antragsgegnerin, die Argumentationshilfe als nur unzureichend ausgearbeitetes und für die Partei nicht aussagekräftiges Produkt eines Einzelnen darzustellen. Es ist im Gegenteil davon auszugehen, dass die Veröffentlichung der Neuauflage nach der Vorgängerversion das Ergebnis eines – aus Sicht des herausgebenden Parteivorstands bzw. des Verfassers *Jürgen Gansel* – sorgfältigen Reflexionsprozesses ist.

Schließlich ist zu berücksichtigen, dass der Verfasser der Schrift, *Jürgen Gansel*, führender und die Ideologie der Partei prägender Funktionär ist. Er ist seit 1998 Mitglied der NPD, war von März 2002 bis April 2009 Beisitzer im Bundesvorstand und von 2004 bis 2014 NPD-Landtagsabgeordneter in Sachsen. Derzeit ist er Kommunalmandatsträger in Sachsen und seit Oktober 2002 Beisitzer im NPD-Landesvorstand Sachsen, aktuell als Pressesprecher. Zudem ist er regelmäßiger Autor im NPD-Parteiorgan „Deutsche Stimme" und derzeit Redaktionsmitglied.

Die fortgesetzte Gültigkeit der in der Broschüre abgedruckten Thesen zeigt sich schließlich dadurch, dass zentrale Thesen der Schrift noch heute im Wortlaut auf der Homepage der Partei abgerufen werden können (unter „Fragen und Antworten": https://npd.de/wer-ist-denn-ein-deutscher-was-versteht-die-npd-unter-volk/).

Die Stabilität der verfassungsfeindlichen Ideologie wird schließlich exemplarisch in einem Grundsatzinterview des Parteivorsitzenden *Frank Franz* aus dem Jahr 2015 deutlich, in dem er keinerlei Anlass für eine inhaltliche Änderung der Positionen der Partei sieht:

„Wir erleben eine politische Lage, die den Bürgern vor Augen führt, daß die NPD nicht rechtsextrem ist, sondern daß wir extrem recht haben – **und immer schon hatten**.*"*

Beleg 4 (Kategorie 1), *Frank Franz*, „Das Volk ist keine Verfügungsmasse, sondern der originäre Souverän", Interview in „Deutsche Stimme" Nr. 11/2015 vom November 2015, S. 4. Hervorhebung hier.

d) Vergebliche Distanzierung von einzelnen Belegen und Personen

Wenn selbst aus Sicht des Verfahrensbevollmächtigten der Antragsgegnerin eine verharmlosende Auslegung einer Äußerung nicht möglich erscheint, versucht er diese Äußerung als *„Entgleisung eines Einzelnen"* (vgl. etwa S. 238 [S. 683], 388 [S. 734] des Schriftsatzes vom 2. März 2016) zu qualifizieren oder auf sonstige Weise die Zurechenbarkeit zu leugnen (S. 388 f. [S. 734 f.]). Zudem versucht die Antragsgegnerin im Schriftsatz vom 11. April 2016 durch die Nennung von sechs Einzelfällen zu belegen, dass die Partei gegen Mitglieder vorgegangen ist, die sich „rechts- bzw. satzungswidrigen Verhaltens schuldig gemacht" haben.

Diese Distanzierungsversuche haben schon deshalb keine Auswirkung auf das Gesamtbild der Partei, weil die Antragsgegnerin gegen die zahlreichen und immer wiederkehrenden verfassungsfeindlichen Äußerungen und Aktivitäten führender Funktionäre der Partei nicht mit Ordnungsmaßnahmen vorgeht. Die genannten Einzelfälle betreffen einfache (ehemalige) Mitglieder, die für die Partei keinerlei prägende Rolle haben.

Der Antragsteller hat in seinen Schriftsätzen mehr als 600 Belege vorgebracht – darunter viele mit antisemitischen, menschenverachtenden, nationalsozialistischem Inhalt. Diese stammen in weiten Teilen von führenden Funktionären der Partei. Diese führenden Funktionäre verbreiten verfassungsfeindliches Gedankengut und handeln dementsprechend, ohne dass Ordnungsmaßnahmen folgen.

Ein bekennender Nationalsozialist, *Thomas Wulff*, ist zudem weiterhin Mitglied des Bundesvorstandes. Er hatte sich Anfang 2014 auf einem Parteitag in Hamburg in seiner Vorstellungsrede als „Nationalsozialisten" bezeichnet und wurde danach zum Landesvorsitzenden gewählt. Das Scheitern des – daraufhin wohl im Hinblick auf die Verbotsgefahr eingeleiteten – Parteiausschlussverfahrens zeigt, dass nationalsozialistisches Gedankengut in der Partei großen Rückhalt genießt und gegen die führenden Vertreter dieses nationalsozialistischen Gedankenguts keine Maßnahmen möglich sind. Wie auch die Aussage von *Holger Apfel* in der mündlichen Verhandlung bestätigt hat, ist es nicht möglich, dieses Gedankengut aus der Partei zu entfernen. Die Partei ist mit diesem ideologisch untrennbar verbunden.

Beleg 5 (Kategorie 1): Spiegel-Online vom 6. März 2015, Niederlage für die NPD-Führung: Nationalsozialist Wulff entgeht Rauswurf

Zu den Versuchen der Antragsgegnerin, sich von den verfassungsfeindlichen Äußerungen und Aktivitäten einzelner Personen zu distanzieren, wird hier exemplarisch nur auf *P.*, *H.* und Holocaust-Leugnungen eingegangen:

Zu *H.* und Beleg 270 der Antragsschrift leugnet die Antragsgegnerin mangels Mitgliedschaft eine Zurechnung (S. 325 [S. 724 f.]). Zwischen 2006 und 2012 vertrat *H.* jedoch die NPD im Stadtrat und im Kreistag Verden (Niedersachsen). Der stellvertretende thüringische NPD-Landesvorsitzende *Thorsten Heise* ist Herausgeber der Publikation, in dem Beleg 270 erschien; der NPD-Funktionär *W.* ist V. i. S. d. P.

Beleg 6 (Kategorie 1): *Heise, Thorsten,* Anschreiben zu Ausgabe 6/2014 der Publikation „Volk in Bewegung – Der Reichsbote".

Beleg 7 (Kategorie 1): Impressum der Publikation „Volk in Bewegung – Der Reichsbote".

Zu *P.*, der auf seiner Homepage im Hinblick auf die NSU-Verbrechen die Frage „Sind die ‚Dönermörder' verfassungsgemäße Widerständler?" diskutiert (Beleg 228 der Antragsschrift) und „Manipulationen im Wannsee-Protokoll oder im Anne-Frank-Tagebuch" erkennt (Beleg 108 der Antragsschrift), sagt der Schriftsatz vom 2. März 2016, dass „keine Zurechenbarkeit zur Antragsgegnerin" bestehe (S. 389 [S. 734]).

Die Zurechenbarkeit ergibt sich jedoch schon daraus, dass *P.* NPD-Fraktionsvorsitzender im Kreistag des Burgenlandkreises ist, im Jahr 2011 für ein NPD-Landtagsmandat kandidierte und seit 2015 Vorstandsmitglied in der NPD-Teilorganisation „Kommunalpolitische Vereinigung" ist.

> **Beleg 8 (Kategorie 1):** Bürgerinfo – Kreistag Burgenlandkreis vom 22.04.2016.
> Siehe auch: Beleg 207 des Schriftsatzes vom 27. August 2015: „KPV hat neu gewählt".

Somit ist auch die Distanzierung (S. 389 [S. 735]) von der Einladung der Holocaust-Leugnerin *H.* durch den NPD-Kreisverband Burgenland (vgl. S. 7 des Schriftsatzes vom 27. August 2015 [S. 352 f.]) nicht überzeugend. Im Übrigen haben NPD-Funktionäre ihre besondere Wertschätzung für die mittlerweile wegen Volksverhetzung durch das Amtsgericht Hamburg am 12. November 2015 verurteilte *H.* zum Ausdruck gebracht.

So etwa NPD-Funktionär *K.*: „*Danke!!!! X. Allen Respekt dieser Heldin*"
„*Für mich persönlich einer der tapfersten Frauen in diesem Land*"

> **Beleg 9 (Kategorie 1):** *K.*: Facebookeintrag vom 18. Juli 2015, in: www.facebook.com, abgerufen am 4. August 2015
> **Beleg 10 (Kategorie 1):** *K./W.*: Facebookeintrag mit Kommentar vom 18. Juli 2015, in: www.facebook.com, abgerufen am 4. August 2015

Der NPD-Funktionär *A.* sieht – beim Vergleich mit den „*geistige(n) Huren der Lügenpresse*" und dem „*Subjekt von Amtsrichter*" – in *H.* eine „*geistig und moralisch tausendfach überlegene, charakterlich hochstehende DAME*". Der frühere thüringische Landesvorsitzende *W.* bezeichnete die revisionistische Aktivistin als „*Streiterin für Frieden, Wahrheit und Gerechtigkeit*".

> **Beleg 11 (Kategorie 1):** *A.*: Facebookeintrag vom 14. November 2015, in: www.facebook.com, abgerufen am 2. Dezember 2015
> **Beleg 12 (Kategorie 1):** *W.*: Facebookeintrag vom 5. Dezember 2015, in: www.facebook.com/..., abgerufen am 7. Dezember 2015

3. Systemüberwindung und Antiparlamentarismus

Bezeichnend ist schließlich, dass die Antragsgegnerin in ihren Schriftsätzen die zahlreichen Belege zum Antiparlamentarismus und zur systemüberwindenden Arbeit der Antragsgegnerin (vgl. etwa S. 44 ff. [S. 69 ff.] der Antragsschrift) nicht inhaltlich kommentiert.

Das Ziel, die Bundesrepublik Deutschland zu „überwinden" kann die Antragsgegnerin nicht leugnen. Sie wurde in der mündlichen Verhandlung auch aus den Äußerungen von *Udo Voigt* deutlich und ist prominent u. a. durch Äußerungen von *Udo Pastörs* und anderer belegt. Exemplarisch: „*Das, was vor uns liegt, ist die Reststrecke eines korrupten Systems, was beseitigt gehört, weil es den Volkserhalt gefährdet, liebe Freunde.*" (Beleg 82 der Antragsschrift).

Von dieser handlungsleitenden Zielsetzung kann auch der Verweis auf parlamentarische Arbeit nicht ablenken, da diese Arbeit, wie die genannten Belege in der Antragsschrift zeigen, nur Mittel auf dem Weg zur Abschaffung des parlamentarischen Systems ist.

Die Antragsgegnerin verbalisiert die Verachtung gegenüber dem Parlamentarismus deutlich und spricht in ihrem Parteiprogramm von der „gemeinwohlschädlichen Dominanz der Parteien" (S. 8). Sie bekennt sich „nicht zur Demokratie wie sie heute in der BRD praktiziert wird", da diese „keine Volksherrschaft" sei (JN-Leitfaden, Teil 1, S. 23, Beleg 240 der Antragsschrift). Die von der Antragsgegnerin angestrebte „Volksherrschaft" soll eine Herrschaft der „Besten" sein (JN-Leitfaden, Teil 1, S. 23, Beleg 240). Das ist – anders als die Antragsgegnerin in ihrem Schriftsatz behauptet – deutlich mehr als bloße Kritik an der konkreten Ausgestaltung von Demokratie. Es ist eine Abwendung vom offenen Austausch von Argumenten als Mittel politischer Entscheidung und damit letztlich auch vom Rechtsstaat. Die NPD propagiert zwar Plebiszite und eine Präsidialdemokratie. Sie sagt jedoch zugleich, dass in ihrer Form der Demokratie „alles am Prinzip Volkserhalt ausgerichtet" sein müsse. (Beleg 86 der Antragsschrift, *Udo Pastörs*). Betrachtet man den ethnischen Volksbegriff und die „Herrschaft der Besten" zusammen, bedeutet das: Es soll eine rassische Elite herrschen. Das ist keine andere Form von Demokratie, sondern eine menschenrechtsverletzende Willkürherrschaft, zu der die freiheitliche demokratische Grundordnung des Grundgesetzes der Gegenentwurf ist.

II. „Darauf ausgehen"

1. Maßstab

Die Maßstabsbildung in Art. 21 Abs. 2 GG ist doppelt systematisch bedingt: Zum Einen kann sich ein Parteiverbot nicht allein auf eine bloße verfassungswidrige Gesinnung stützen. Zum Anderen muss das Verfahren eine eigenständige Funktion erfüllen. Das wäre jedoch nicht der Fall, wenn man es auf andere Rechtswidrigkeitstatbestände abbilden könnte. Daher können Straf- oder Rechtswidrigkeit keine Voraussetzung für verbotsrelevantes Verhalten sein.

a) Ausgangslage

Die Entstehungsgeschichte zeigt, dass es dem Parlamentarischen Rat nicht darum ging, über die verfassungswidrigen Ziele hinaus weitere Voraussetzungen aufzustellen. Das Kriterium „Verhalten der Anhänger" wurde nicht hinzugefügt, um den Tatbestand zu verschärfen und das Verbot zu erschweren. Es sollte vielmehr nur verhindern, dass eine verfassungsfeindliche Partei sich hinter einem harmlosen Programm, einem „Lippenbekenntnis", verstecken könnte, ohne dass bei der Einschätzung der Verfassungsfeindlichkeit auf die tatsächlichen Handlungen zurückgegriffen werden konnte (vgl. Abgeordneter *Katz*, 6. Sitzung des Kombinierten Ausschusses, 24. September 1948 [Der Parlamentarische Rat, Bd. 13, S. 176] und Abgeordneter *Dr. Löwenthal*, 20. Sitzung des Ausschusses für Organisation des Bundes, 5. November 1948 [aaO, S. 732]).

Es ging also nicht darum, den Tatbestand strenger zu fassen, sondern darum, verschiedene mögliche Grundlagen, Programmatik und Handeln, nebeneinander zu stellen, die ein Verbot rechtfertigen können. Folgerichtig steht im Wortlaut „nach ihren Zielen oder nach dem Verhalten ihrer Anhänger" (Hervorhebung hier).

Vor diesem Hintergrund sind alle zusätzlichen Anforderungen, die über die Verfassungswidrigkeit der Ziele hinausgehen, rechtfertigungsbedürftig.

b) Entwicklung aus dem Zweck des Parteiverbotsverfahrens

aa) Keine Kriterien: Wahlergebnisse und Größe der Partei, konkrete Gefahr, Realisierungschance

Die ganz überwiegende Literatur ist sich einig, dass der Verbotstatbestand keine – auch nicht eine marginale – konkrete Gefahr für eines der beiden Schutzgüter des Art. 21 Abs. 2 GG voraussetzt.

Vgl. *Ipsen*, in: Sachs (Hrsg.), Grundgesetz. Kommentar, 7. Aufl. 2014, Art. 21 Rn. 159; *Streinz*, in: von Mangoldt/Klein/Starck, Kommentar zum Grundgesetz, Bd. 2, 6. Aufl. 2010, Art. 21 Abs. 2 Rn. 233; *Klein*, Ein neues NPD-Verbotsverfahren? 2012, S. 18; im Ergebnis auch *Kunig*, Parteien, in: Isensee/Kirchhof (Hrsg.), HStR, Bd. 3, 3. Aufl. 2005, § 40 Rn. 50–54.

Dies liegt im Zweck des Parteiverbotsverfahrens begründet: Es dient der politischen Prävention, nicht aber einer Gefahrenprävention im polizeirechtlichen Sinne. Würde man eine Gefahr im polizeirechtlichen Sinne voraussetzen, hätte dies die – auch demokratietheoretisch problematische – Folge, dass eine Partei nur dann verboten werden könnte, wenn sie zur erst- oder zweitstärksten politischen Kraft des Landes erstarkt wäre.

Aber auch aus einem weiteren Grund kann eine polizeiliche Gefahr oder auch nur eine Realisierungschance kein Kriterium für ein Parteiverbot sein: Niemand kann eine verlässliche Prognose über die Realisierungschance einer solchen Gefahr treffen. Historische und aktuelle Erfahrungen zeigen, dass sich die politische Stimmung und damit auch der Grad der Zustimmung zu einer Partei innerhalb kürzester Zeit signifikant ändern können. Eine verlässliche Prognose über die Realisierungschance oder die Gefährlichkeit allein auf Basis ihrer derzeitigen Größe oder ihrer derzeitigen Wahlergebnisse ist nicht möglich.

Die jeweilige prozentuale Entwicklung der Wahlergebnisse kann daher auch kein Maßstab für den „richtigen Zeitpunkt" eines Parteiverbots sein. Die Wahl des Zeitpunktes liegt im Parteiverbotsverfahren im politischen Ermessen der zugelassenen Antragsteller – allesamt Verfassungsorgane. Dieses Ermessen ist vom Bundesverfassungsgericht allenfalls auf Missbrauch hin überprüfbar.

bb) Politische Gefahrenvorsorge

Das Parteiverbotsverfahren kann aus den vorgenannten Gründen nicht zur Abwehr von konkreten Gefahren im polizeirechtlichen Sinne dienen, sondern nur zur Prävention abstrakter politischer Gefahren. Es dient der Gefahrenvorsorge. Das Bundesverfassungsgericht spricht sogar davon, dass schon das „Aufkommen" von verfassungsfeindlichen Parteien zu verhindern sei (BVerfGE 5, 85 [142]). Selbst wenn man soweit nicht geht, ist von Art. 21 Abs. 2 GG jedenfalls bezweckt, dass konkrete Gefahrenlagen für die freiheitliche demokratische Grundordnung von vornherein nicht entstehen sollen. Nach den historischen Erfahrungen ist es dann in der Regel zu spät.

Eine diesem Zweck angemessene Prävention erlaubt ein Verbot jedenfalls dann, wenn der Partei Äußerungen oder Aktivitäten zuzurechnen sind, die typischerweise Gefährdungen für den Verfassungsstaat oder die Menschenwürde darstellen und es unvorhersehbar ist, wie und wann sie sich realisieren.

c) Handlungsleitung und Handlungen

aa) Grundsatz

Verbotsrelevant sind Äußerungen und Aktivitäten, die in diesem Sinne typischerweise gefährlich für die Menschenwürde, die Demokratie sowie andere Schutzgüter sind.

Dies gilt namentlich für Handlungen und Äußerungen unmittelbar gegenüber dem politischen Gegner oder einer angegriffenen Minderheit. Selbst wenn diese Aktivitäten die Form einer Äußerung annehmen – etwa eine Aufforderung zur Ausreise – kann darin nicht nur eine Mitteilung von Inhalten enthalten sein. Die Äußerung stellt – etwa aufgrund des bedrohlichen oder einschüchternden Charakters – gleichzeitig eine die genannten Schutzgüter gefährdende *Handlung* dar.

Typischerweise gefährlich für Menschenwürde, Demokratie und andere Schutzgüter des Art. 21 Abs. 2 GG können jedoch auch Äußerungen sein, die gegenüber eigenen Anhängern erfolgen. Dies ist jedenfalls dann der Fall, wenn diese handlungsleitend sind. Entscheidend ist, dass die Äußerungen über die allgemeine Ablehnung der Ordnung hinausgehen (das wäre bloße Anknüpfung an die Gesinnung), sondern typischerweise das Potential enthalten, Handlungen zu bewirken oder Hemmschwellen zu Handlungen herabzusetzen, die Gefahren für die genannten Schutzgüter bergen. Das ist etwa dann der Fall, wenn bestimmte Personengruppen als Gegner definiert werden, wenn bestimmte Personengruppen degradiert werden oder wenn zur Überwindung bestimmter politischer Verhältnisse aufgerufen wird.

Wenn sich Äußerungen gegen bestimmte identifizierbare Minderheiten richten und diese sowohl programmatisch rechtlos stellen als auch aus der Bundesrepublik vertreiben wollen, sind diese eben nicht nur auf allgemeine politische Ziele gerichtet, sondern wenden sich gegen konkrete Individuen.

bb) Bezogen auf die Antragsgegnerin

Daher würde es in die Irre führen, in den Äußerungen der Antragsgegnerin bloß den Ausdruck einer Gesinnung zu sehen. Diese sind von vornherein darauf angelegt, politisch verwirklicht zu werden und sich in der Verwirklichung gegen bestimmte Personenkreise zu richten. Die Ideologie der Antragsgegnerin definiert Adressaten politischer Handlungen, sie spricht diesen Adressaten mit der Fähigkeit Rechte zu haben auch die Möglichkeit ab, als Gegenüber einer zivilisierten politischen Auseinandersetzung fungieren zu können. Die Antragsgegnerin gibt hierdurch ein hohes Maß an Aggressivität im Umgang mit diesen Gruppen und mit ihrem politischen Gegner im Allgemeinen vor. Sie verhält sich dabei zur Ordnung des Grundgesetzes offen instrumentalistisch, aber im Kern revolutionär. Denn wenn eine einfache Mehrheit dazu in der Lage ist, den Geltungsgrund des Grundgesetzes aufzuheben, dann ist potentiell jede Mehrheitsentscheidung eine solche einer völkisch homogenisierten verfassunggebenden Gewalt, die an die Ordnung des Grundgesetzes nicht gebunden ist.

Handlungen, die von vornherein harmlos erscheinen – wie etwa die Veranstaltungen von Kinderfesten – erscheinen zunächst nicht verbotsrelevant. Anders ist dies jedoch, wenn diese Veranstaltungen als Mittel dazu dienen, handlungsleitende Äußerungen im oben genannten Sinne an möglichst viele Adressaten zu richten. Genau dies geschieht durch die Antragsgegnerin. Die Äußerungen der Antragsgegnerin sind handlungsrelevant, weil sie dazu einladen, bestimmte Minderheiten – nicht indigene Deutsche, Juden, Muslime – zu diskriminieren, sie auch praktisch vom demokratischen Prozess fernzuhalten und nicht als Träger der Menschenwürde zu respektieren. Handlungen, die diesem Programm folgen, und Äußerungen, die unmittelbar Betroffene einschüchtern und degradieren, haben wir in der Antragsschrift und den weiteren Schriftsätzen dokumentiert.

d) Kein Verstoß dieses Maßstabs gegen Grundrechte

Aus den genannten Grundsätzen ergibt sich auch, dass der Partei als verbotsrelevant zurechenbares Verhalten weder strafbar noch anderweitig rechtswidrig sein muss. Daher kann auch ein Verhalten, das grundrechtlich geschützt ist, zu einem parteiverbotsrelevanten Gesamtbild beitragen.

Aus der verfassungsrechtlichen Wertung der Art. 9 Abs. 2 und Art. 21 Abs. 2 GG ergibt sich ausdrücklich, dass die organisierte Zusammenfassung und Verknüpfung von verfassungsfeindlichen Aktivitäten in einer Vereinigung höhere Gefahrpotentiale bergen als die jeweils einzelnen verfassungsfeindlichen Meinungsäußerungen oder Versammlungen. Daher können verfassungsfeindliche Meinungsäußerungen grundrechtlich geschützt sein, zugleich aber bei der Frage berücksichtigt werden, ob ihre institutionelle Verknüpfung in einer Vereinigung ein Parteiverbot rechtfertigt.

Ist den Parteien nach Art. 21 Abs. 1 GG die politische Willensbildung des Volkes aufgetragen, dann sind die Gefahren, die von diesen Parteien ausgehen können, und die Maßstäbe, nach denen sie für diese Gefahren Verantwortung übernehmen müssen, spezifisch in der Sphäre politischer Willensbildung zu verorten. Parteispezifische Gefahren verwirklichen sich nicht nur durch strafbare und rechtswidrige Handlungen, sondern namentlich durch die Schaffung einer Atmosphäre, in der der Raum des politisch Möglichen auch Handlungen umfasst, die sich nicht mehr mit den Vorgaben für einen demokratischen Prozess i. S. d. Grundgesetzes vereinbaren lassen. In diesem Fall verfehlt die Partei die Funktion, wegen derer sie gerade die Stellung als „verfassungsrechtliche Institution" hat.

e) Handlungsleitung und Wesensverwandtschaft

Das Kriterium des „Wesensverwandtschaft mit dem Nationalsozialismus" knüpft nicht nur an eine Gesinnung oder eine Überzeugung an. Es ist – als ein Indiz für ein „Darauf ausgehen" – vielmehr auch anwendbar, wenn man deutlich mehr als eine verfassungswidrige Überzeugung verlangt.

Das Kriterium der „Wesensverwandtschaft" basiert auf der Erkenntnis, dass eine mit dem Nationalsozialismus wesensverwandte Partei typischerweise Gefahren für die freiheitliche demokratische Grundordnung schafft. Dies liegt darin begründet, dass die nationalsozialistische Ideologie typischerweise – insbesondere aufgrund historischer Erfahrung – zu handlungsleitenden Äußerungen und Handlungen gegen die Menschenwürde, die parlamentarische Demokratie und andere Schutzgüter des Art. 21 Abs. 2 GG führt. Die Wesensverwandtschaft führt zwangsläufig dazu, dass die Partei nicht nur Gesinnungen kommuniziert, sondern auch Handlungen bewirkt. Das Bundesverwaltungsgericht begründet dies damit, dass ein fortlaufendes Untergraben der verfassungsmäßigen Ordnung für eine mit dem Nationalsozialismus wesensverwandte Vereinigung kennzeichnend sei (BVerwG, NVwZ 2013, 870 [871]).

In dieser Auslegung widerspricht die Heranziehung des Kriteriums des Wesensverwandtschaft auch nicht dem Satz der Wunsiedel-Entscheidung, dass das Grundgesetz „kein allgemeines antinationalsozialistisches Grundprinzip" enthalte, das „ein Verbot der Verbreitung rechtsradikalen oder auch nationalsozialistischen Gedankenguts schon in Bezug auf die geistige Wirkung seines Inhalts erlaubte" (BVerfG 124, 300 [330]). Es geht hier nicht um die rein „geistige Wirkung" von Gedankengut, sondern um das handlungsleitende Potential der Wesensverwandtschaft und die daraus resultierenden typischen Gefahren für die Menschenwürde und andere höchste Verfassungswerte. Diese Gefahren sind insbesondere dann gegeben, wenn es nicht nur – wie in der Wunsiedel-Entscheidung – um einzelne Äußerungen geht, sondern um das organisierte und institutionell gebündelte und koordinierte Agieren einer politischen Partei durch Äußerungen und Aktivitäten. Für dieses organisierte Agieren als Vereinigung sieht das Grundgesetz in Art. 9 und 21 GG daher bewusst andere Maßstäbe vor als für einzelne Äußerungen.

Daher kann im *Parteiverbotsverfahren* auf das Kriterium der Wesensverwandtschaft, das das Bundesverwaltungsgericht für Vereinsverbote – vom BVerfG unbeanstandet – verwendet, zurückgegriffen werden.

2. Anwendung

In unseren Schriftsätzen wurde dargelegt, dass die Antragsgegnerin ihre verfassungsfeindlichen Ziele aggressiv-kämpferisch verfolgt. Zum einen wird die umfangreiche Gesamtaktivität der Partei dokumentiert. Zum anderen werden hunderte Belege für handlungsleitende Äußerungen, aber auch für einschüchternde, bedrohliche und degradierende Äußerungen und Handlungen unmittelbar gegenüber Betroffenen beigebracht.

Im Lichte der mündlichen Verhandlung sowie den Schriftsätzen der Antragsgegnerin soll nur auf einzelne Aspekte erneut näher eingegangen werden.

a) Umfang und Reichweite der Aktivitäten der Antragsgegnerin

Die relative Größe einer Partei und die daraus resultierenden Realisierungschancen können – wie oben dargelegt – kein Kriterium für ein Parteiverbot sein. Der Umfang ihrer Aktivitäten kann allerdings ein Indiz für die aggressiv-kämpferische Verfolgung ihrer verfassungsfeindlichen Ziele sein, da diese Aktivitäten Handlungen und handlungsleitende Äußerungen im oben genannten Sinne enthalten.

aa) Allgemeines

Bei der Beurteilung des Umfangs und der Reichweite der Aktivitäten der Antragsgegnerin ist zu beobachten, dass die Entwicklung der Partei in den vergangenen Jahrzehnten in Wellenbewegungen verlaufen ist. Auf eine Schwäche in den 90er-Jahren folgte eine starke Phase in den 2000er-Jahren – unter anderem mit Präsenz in zwei Landtagen. Nachdem sie zwischen 2012 und 2014 zunächst eine schwächere Phase hatte, ist in den vergangenen eineinhalb Jahren – auch bedingt durch die Flüchtlingsproblematik – eine Stärkung der NPD zu beobachten. Das betrifft insbesondere die Zahl und die Reichweite der Aktivitäten der Antragsgegnerin, was etwa das zunehmende Demonstrationsgeschehen zeigt (dazu unter bb)). Die selektive Betrachtung von Verfassungsschutzberichten aus einzelnen Jahren ist damit nicht repräsentativ. Vielmehr ist die Entwicklung der Partei insgesamt in den Blick zu nehmen: Sie ist bundesweit die einzige rechtsextremistische Partei mit einer mehr als fünfzigjährigen Geschichte. Durch dieses Alleinstellungsmerkmal hat sie nicht nur ein besonderes Mobilisierungspotential, sondern auch die organisatorischen Strukturen, bei entsprechenden Rahmenbedingungen in kurzer Zeit umfangreiche Aktivitäten zu entfalten und damit eine beginnende Stärkephase zu intensivieren. Dies kann etwa auch durch neue Kooperationen mit anderen Teilen der rechtsextremistischen Szene geschehen. Die Entwicklung der vergangenen Jahrzehnte belegt dieses Potential.

Zu berücksichtigen ist ferner, dass die Reichweite der Aktivitäten nicht nur an traditionellen Indikatoren wie etwa Mitgliederzahlen festgemacht werden kann. Die Antragsgegnerin benutzt umfangreich und professionell die neuen Medien und erreicht dadurch – mit relativ kleinem Aufwand – eine große Zahl von Adressaten. Durch ihre bundesweite Bekanntheit kann die Antragsgegnerin über die neuen Medien auch dort Adressaten erreichen, wo sie – wie etwa in Teilen Westdeutschlands – personell weniger stark vertreten ist als in Ostdeutschland, wo sie auch personell über eine intensive kommunale Verankerung verfügt (vgl. dazu die Antragsschrift sowie den Schriftsatz vom 27. August 2015).

Entscheidend für die Beurteilung der Stärke der Antragsgegnerin ist darüber hinaus ihr Selbstverständnis als Weltanschauungspartei. Dieses hat zur Folge, dass die Mitglieder der Antragsgegnerin eine – im Vergleich zu den Mitgliedern anderer Parteien – überdurchschnittlich hohe Aktivitätsquote haben. Dazu äußerte sich der Parteivorsitzende *Frank Franz* am 7. März 2016:

„*Wobei man natürlich sagen muss, dass sich die NPD insofern auch von anderen Parteien unterscheidet, als dass die Mitglieder bei uns zu einem sehr großen Teil dann auch wirklich Aktivisten sind, im Wahlkampf auf der Straße sind, die aber auch zwischen den Wahlkämpfen sehr aktiv sind, das sind nur wenige Mitglieder, die nur zuhause auf dem Sofa sitzen, sondern die 5.200 Mitglieder, die wir haben, das sind auch wirklich Aktivisten, die dann im Wahlkampf auch auf der Straße stehen, plakatieren, Infostände durchführen, sonst wären solche Wahlen auch gar nicht zu stemmen für uns.*"

Beleg 13 (Kategorie 1): *Frank Franz,* Pressekonferenz vom 7. März 2016 (DS-TV) in: http://npd.de/pressekonferenz-am-07-03-2016 vom 08.03.2016

bb) Teilnehmerzahlen bei Demonstrationen im Jahr 2015

Die Kampagnenfähigkeit und das Mobilisierungspotential der Antragsgegnerin lassen sich insbesondere an den umfangreichen Demonstrationsaktivitäten im Jahr 2015 ablesen. Bei den Demonstrationen des vergangenen Jahres konnte die Partei erhebliche Teilnehmerzahlen mobilisieren.

Betrachtet man nur die Veranstaltung ab 20 Personen, sind **192 unmittelbar der NPD zurechenbare Veranstaltungen** im Jahr 2015 zu verzeichnen. Die Summe der Teilnehmerzahlen dieser Veranstaltungen beträgt mehr ca. **23.000**.

Hinzu kommen **95 NPD-beeinflusste oder NPD-gesteuerte Veranstaltungen** (THÜGIDA, MVGIDA, „Saarländer gegen Salafisten" etc.) mit einer Gesamtteilnehmerzahl von über **20.000**.

Die Veranstaltungen sind mit Datum, Thema und Teilnehmerzahlen in **Anlage 4** aufgelistet. Die in der **Anlage 4** genannten Demonstrationsanmelder sind quellenfrei i. S. v. Kategorie 1.

Die Übersicht wurde auf Basis von Berichten in Online- und Printmedien, Polizeimeldungen, Eigenangaben u. Ä. erstellt. Sollte der Senat hierzu weitere Nachweise wünschen, bitten wir um einen entsprechenden Hinweis.

Die Antragsgegnerin ist damit ein Hauptakteur der rechtsextremistischen Anti-Asyl-Agitation. Zu von rechtsextremistischen Parteien organisierten Aktionen und Straftaten gegen Asylunterkünfte – die im Jahr 2015 mit 1.031 Straftaten, die rechts motiviert waren oder bei denen eine rechte Tatmotivation noch nicht sicher ausgeschlossen werden kann (davon 177 Gewaltdelikte), ihren Höchststand erreicht haben – schreibt das Bundeskriminalamt Folgendes:

„*Gleichwohl muss in Betracht gezogen werden, dass die hetzerische Aufbereitung dieser Thematik die Vorstellung einer völkischen Ideologie weiter verstärkt sowie eine katalysierende Wirkung für den Gesamtkomplex entwickeln kann. Abseits einer ideologischen und somit grundsätzlich abstrakten Betrachtungsweise sind darüber hinaus rechtsparteilich organisierte Aktionen, [...] innerhalb Delinquenz geneigter Personenkreise grundsätzlich auch dazu geeignet, konkrete Tatgelegenheiten aufzuzeigen.*" (Beleg 267 des Schriftsatzes vom 27. August 2015)

cc) Rolle als Arbeitgeber und Vernetzung mit Kameradschaften und Freien Kräften

Ein weiterer Faktor bei der Beurteilung der Stärke der Antragsgegnerin ist ihre Rolle als Arbeitgeberin. In der mündlichen Verhandlung wurde von Seiten des Antragstellers am Beispiel der Landtagsfraktion Mecklenburg-Vorpommern dargelegt, dass die Antraggegnerin durch ihre Rolle als Arbeitgeberin zum einen zahlreiche Loyalitäten aufbauen und damit ihre personelle Basis stärken kann. Zum anderen stärkt sie durch die Einstellung von Mitarbeitern mit ehemaligen und aktuellen Verbindungen zu neonazistischen Vereinigungen (sog. Kameradschaften oder Freie Kräfte) ihre Netzwerkfunktion im rechtsextremistischen Spektrum.

Diese Wirkungszusammenhänge wird mit der als **Anlage 5** beigefügten Liste belegt: Die Liste benennt insgesamt **87 Personen**, die den Verfassungsschutzbehörden seit 2004 als Mitarbeiter bzw. Praktikanten der NPD-Landtagsfraktionen in Mecklenburg-Vorpommern und Sachsen, der einzelnen Landtagsabgeordneten der Partei sowie des

Europaabgeordneten Udo Voigt bekannt geworden sind und deren Tätigkeit durch offene Materialien belegt werden kann. Bei **37 dieser Personen** kann eine vorherige oder gleichzeitige **Verbindung zu neonazistischen Personenzusammenschlüssen** aus offen verwertbaren Informationen bestätigt werden. Die Art der jeweiligen Verbindung ist der Liste ebenfalls zu entnehmen.

Die zugehörigen Belege sind ebenfalls beigefügt (Belege 1–67 zu Anlage 5).
Alle namentlich genannten Mitarbeiter sind quellenfrei i. S. v. Kategorie 1.

b) Neue Ereignisse und Erkenntnisse

In den vergangenen Wochen und Monaten ist es zu weiteren Ereignissen gekommen, die zeigen, dass die Antragsgegnerin durch Einschüchterungen, Bedrohungen bis hin zur Gewaltanwendung demokratisches Handeln vor Ort einschränkt – zu Lasten von Minderheiten und politischen Gegnern.

aa) Nauen

In Nauen (Brandenburg) wurde der führende NPD-Funktionär *S.*, der den Stadtverband leitet und für die Partei Mitglied der Stadtverordnetenversammlung und des Kreistages ist, Anfang März 2016 wegen des dringenden Tatverdachts der Brandstiftung verhaftet. Im Zuge der Ermittlungen wurden Erkenntnisse erlangt, dass sich um *S.* herum eine Gruppierung gebildet hat, deren Ziel es ist – getragen von einer asyl- und ausländerfeindlichen Grundhaltung – Straftaten zu begehen. Erste Anhaltspunkte für das Bestehen einer solchen Vereinigung hatten sich bereits unmittelbar nach einer Brandstiftung an der Turnhalle in Nauen ergeben. Im Einzelnen steht die Gruppierung in Verdacht hinsichtlich der Brandstiftung an einer Turnhalle am 25. August 2015, die ab September 2015 als Notunterkunft für Asylbewerber genutzt werden sollte, der Inbrandsetzung des PKW eines polnischen Geschädigten am 7. Mai 2015, hinsichtlich Sachbeschädigungen gegen ein Parteibüro sowie der Sprengung eines Unterstandes.

Eine detaillierte Darstellung der Lage in Nauen, der Aktivitäten der dortigen NPD, der Aktivitäten des *S.* sowie der genannten Ereignisse findet sich in einer Stellungnahme des Ministeriums des Innern und für Kommunales des Landes Brandenburg, die diesem Schriftsatz als **Anlage 6** beigefügt ist.

S. und die weiteren genannten Tatverdächtigen sind quellenfrei i. S. v. Kategorie 1.

bb) Löcknitz

In Löcknitz (Mecklenburg-Vorpommern) störten am 6. April 2016 mehrere Personen um den NPD-Gemeindevertreter *B.* eine Informationsveranstaltung der Regionalen Arbeitsstelle für Bildung, Integration und Demokratie (RAA) für polnische Bürger. *B.* betrat mit vier weiteren Personen das Gebäude und versuchte, das Wort an sich zu reißen.

Laut Strafanzeige fielen Äußerungen wie „keine Volksdeutschen", „alles Parasiten" und „polnischer Pöbel". Die Situation wurde durch den Leiter des Projektes der RAA als „bedrohlich" bewertet. Insbesondere das Verhalten von NPD-Gemeindevertreter *B.* bewerteten Anwesende als aggressiv. Polizeikräfte verwiesen die Personen des Gebäudes und stellten ihre Identität fest. Bei der Identitätsfeststellung zeigte B. einen Reichsbürgerausweis („Personalausweis des Deutschen Reiches").

Beleg 14 (Kategorie 1): Rechte provozieren Einsatz der Polizei, in: Nordkurier vom 8. April 2016.
Beleg 15 (Kategorie 1): Auszug aus der Strafanzeige bei der PI Anklam vom 6. April 2016 (Die Namen der Zeugen und des Beamten wurden aus Gründen des Persönlichkeitsschutzes geschwärzt.)

c) Vernetzung und Zurechnung

aa) Selbstzurechnung

Schon aus dem Wortlaut des Art. 21 Abs. 2 GG („Anhänger") ergibt sich, dass Handlungen und handlungsleitende Äußerungen nicht nur von Mitgliedern der Partei begangen werden müssen, um ihr zurechenbar zu sein. Die Definition und Grenzen des Anhänger-Begriffs haben wir insbesondere in unserem Schriftsatz vom 27. August 2015 (S. 11 ff. [S. 356 ff.]) dargelegt.

Die Antragsgegnerin führt hinsichtlich des Anhänger-Begriffs wiederum juristische Scheingefechte (S. 187 ff. [S. 648 ff.] des Schriftsatzes vom 2. März 2016). Sie argumentiert mit einer angeblich fehlenden Beherrschbarkeit von Anhängern (S. 191 [S. 651]), sagt aber gleichzeitig, dass die Antragsgegnerin ein entscheidender „Ordnungsfaktor" in der „Neonazi-Szene" sei (S. 468 f. [S. 786]), also genau diese Beherrschung ausübe.

In jedem Fall muss sich die Antragsgegnerin zu ihrem Gesamtbild zumindest diejenigen Personen zurechnen lassen, die sie sich selbst zurechnet. Eine solche Selbstzurechnung ist jedoch nicht nur durch diesen Teil des Schriftsatzes der Antragsgegnerin, sondern durch die bewusste und offen postulierte Zusammenarbeit mit anderen rechtsextremistischen und neonazistischen Vereinigungen erfolgt, die wir im Schriftsatz vom 27. August 2015 (S. 11 ff. [S. 356 ff.]) sowie in der Antragsschrift dargelegt haben.

Darüber hinaus ist in unseren Schriftsätzen Anhänger-Verhalten immer nur kontextbezogen und als Teil des Gesamtbildes der Partei verwertet worden. Es wurde jeweils gezeigt, in welchem Zusammenhang das Anhänger-Verhalten mit den Aktivitäten oder Äußerungen von Funktionären und Mitgliedern der Partei oder mit ihren ideologischen Positionen steht.

Im Übrigen darf das Scheingefecht um den Anhänger-Begriff nicht davon ablenken, dass der weitaus größte Teil der vorgelegten Belege sich nicht auf Anhänger oder einfache Mitglieder, sondern auf Funktionäre der Antragsgegnerin bezieht.

bb) Belege für Vernetzung

Die personelle und strategische Vernetzung der Antragsgegnerin mit neonazistischen Vereinigungen haben wir in der Antragsschrift (S. 77 [S. 95]), insbesondere in Anlage 15 der Antragsschrift sowie im Schriftsatz vom 27. August 2015 (S. 11 ff. [S. 356 ff.]) unter Nennung von Namen detailliert aufgezählt.

Insofern geht die – auch in der mündlichen Verhandlung geäußerte – Behauptung der Antragsgegnerin (S. 465 des Schriftsatzes vom 2. März 2016), der Antragsteller verzichte auf eine entsprechende Auflistung, ins Leere.

Gerade für das benannte Beispiel Mecklenburg-Vorpommern lassen sich solche Vernetzungen umfangreich nachweisen. Zusätzlich zu den im Schriftsatz vom 27. August 2015 (S. 14 ff. [S. 358 ff.]) genannten Beispielen sei darauf hingewiesen, dass etwa der NPD-Landtagsabgeordnete *David Petereit* zuvor Führungsperson der „Mecklenburgischen Aktionsfront" (MAF) war. Die MAF hatte – etwa durch gemeinsame Flugblätter – intensiv mit der NPD zusammengearbeitet. Im Jahr 2009 wurde die MAF verboten. Die Verbotsverfügung war an *David Petereit* adressiert.

> **Beleg 16 (Kategorie 2):** Gemeinsames Flugblatt von MAF und NPD zum 1. Mai 2009
> **Beleg 17 (Kategorie 1):** Verbotsverfügung „Mecklenburgische Aktionsfront"

Eine personelle und/oder strategische Vernetzung bzw. Zusammenarbeit der Antragsgegnerin kann auch für weitere kameradschaftliche bzw. neonazistische Gruppierungen, wie etwa die Nationale Sozialisten Rostock (Beleg 206 der Antragsschrift) und die Nationale Sozialisten Müritz (Belege 36 bis 42 des Schriftsatzes vom 27. August 2015) nachgewiesen werden

Offen zur Schau gestellt wurde die Zusammenarbeit der NPD mit „freien Kräften" regelmäßig insbesondere bei den Demonstrationen der NPD zum „Kampftag der Arbeiter" am 1. Mai. Als Beispiel sei hier die Demonstration der NPD am 1. Mai 2012 in Neubrandenburg mit dem Versammlungsleiter G. und den Rednern *Tino Müller* (MdL), *B.* (Neubrandenburger NPD-Stadtvertreter), *Stefan Köster* (Landesvorsitzende der NPD) sowie *Michael Andrejewski* (MdL) genannt, bei der Transparente der NPD, des „Jugendbundes Pommern", von „Freies Pommern", der „Nationalen Sozialisten Rostock" sowie der „Nationalen Offensive Teterow" gezeigt wurden. Auch die „Nationalen Sozialisten Greifswald" und die „Freie Kameradschaft Wismar" beteiligten sich am Demonstrationszug.

> **Beleg 18 (Kategorie 2):** „Leben und Arbeiten in der Heimat", veröffentlicht auf www.mupinfo.de, abgerufen am 2. Mai 2012

Eine weitere rechtsextremistische Großveranstaltung in Mecklenburg-Vorpommern, die die Vernetzung der NPD mit neonazistischen Gruppierungen zeigte, war das Pressefest der „Deutschen Stimme Verlagsgesellschaft mbH" am 11. August 2012 in Pasewalk OT Viereck. Politische Informationsstände sollten laut Anmeldung nicht nur von verschiedenen NPD-Landesverbänden, sondern auch von „Freies Pommern" und dem „Projekt TddZ" präsentiert werden, was bereits eine Einbindung „freier Kräfte" zeigt. Darüber hinaus wurden ein Programm sowie Verkaufsstände präsentiert, die offenbar gezielt die neonazistische Szene ansprechen sollten. In der Anmeldung waren die Musikgruppen „Die Lunikoffverschwörung", „Sachsonia", „Faust" und „Wiege des Schicksals" angekündigt worden. Verkaufsstände waren u. a. von „PC Records", „Eric & Sons", „Pommerscher Buchdienst" sowie „NW-Verlag" vorgesehen (vgl. Beleg 222 der Antragsschrift).

d) Gewalt und Straftaten als Mittel der Antragsgegnerin

Die Antragsgegnerin kann selbst den niedrigen Standard nicht einhalten, den ihr Verfahrensbevollmächtigter im Schriftsatz vom 2. März 2016 an die Verfassungsmäßigkeit des Handelns von Parteien anlegt (vgl. S. 98 [S. 587] des Schriftsatzes vom 2. März 2016): ein Absehen von der Anwendung, Förderung und Billigung von Gewalt sowie von strafbaren Handlungen.

aa) Taten

Dies zeigen etwa die – durch rechtskräftige Urteile belegten – Gewaltakte bzw. Angriffe in Pölchow und Greifswald (S. 63 [S. 398] des Schriftsatzes vom 27. August 2015) sowie die oben genannten Ereignisse (vgl. oben b)).

Dies zeigen aber auch die weiteren Straftaten mit politischen Bezug, die wir in der Antragsschrift (S. 85 ff. [S. 100]) dokumentiert haben. Soweit die Antragsgegnerin dies in ihrem Schriftsatz vom 2. März 2016 bestreitet, sei auf die Rechtskraft der entsprechenden Urteile verwiesen.

Die Antragsgegnerin versucht sich der Zurechnung einzelner Straftaten durch Darstellung als Privatangelegenheit zu entziehen (vgl. etwa zu *G.*, S. 246 des Schriftsatzes vom 2. März 2016). Wenn jedoch etwa ein NPD-Kreisvorsitzender einen rassistisch motivierten Angriff verübt, ist dies unmittelbarer Ausfluss der Ideologie der Antragsgegnerin und damit Teil ihres Gesamtbildes (vgl. zu der Tat des *G.*: Beleg 225 des Schriftsatzes vom 27. August 2015).

bb) Konterkarieren der Distanzierung von Gewalt/Straftaten

Zu den Straftaten kommt die Tatsache hinzu, dass sich die Antragsgegnerin zwar abstrakt- formelhaft und – zur Minderung des Verbotsrisikos – auch in Einzelfällen von Gewalttaten bzw. Straftaten distanziert, diese Distanzierung jedoch immer wieder selbst konterkariert, relativiert und damit unglaubhaft macht.

Die Antragsgegnerin konterkariert ihre Distanzierung erstens dadurch, dass sie an anderen Stellen Gewalt und Straftaten – teils ironisierend – positiv konnotiert. Dies geschieht teilweise dadurch, indem sie die Opfer der Straftaten verhöhnt. Beispiele hierfür sind die Äußerungen zu Sachbeschädigungen an Wahlkreisbüros sowie an Stolpersteinen (vgl. Schriftsatz vom 27. August 2015, S. 47 ff. [S. 385 ff.], und 77 f. [S. 408 f.]). Deutlich wird dies auch durch eine Äußerung von *Udo Pastörs*, in der er die „Vernichtung des jüdischen Bolschewismus" als „gute Idee" bezeichnete.

> Landtag Mecklenburg-Vorpommern, Landtag Mecklenburg-Vorpommern, Plenarprotokolle, 5. Wahlperiode, 88. Sitzung, 28. Januar 2010, S. 77 f.– **Anlage 3c**; die Verurteilung in Beleg 133 der Antragsschrift bezieht sich auf eine weitere strafrelevante Äußerung in derselben Landtagssitzung.

Besonders anschaulich für die positive Konnotation von Gewalt durch die Antragsgegnerin sind zudem ihre unmittelbaren Reaktionen auf Ausschreitungen in Leipzig-Connewitz. Am 11. Januar 2016, an dem in Leipzig eine Versammlung unter dem Motto „Ein Jahr Legida" mit ca. 3.000 Personen stattfand, wurden im Stadtteil Leipzig-Connewitz unabhängig davon mehr als 200 vermummte Personen festgestellt. Diese Gruppe zündete massiv Pyrotechnik, mit der auch eingesetzte Polizeibeamte angegriffen wurden. Zudem wurden Barrikaden errichtet, Fensterscheiben eingeschlagen und Mülltonnen umgeworfen. In einem Wohnhaus kam es zu einem Brand, vermutlich durch Pyrotechnik. Der überwiegende Teil der Täter wurde schließlich von der Polizei in Gewahrsam genommen. Sie waren zu einem nicht unerheblichen Teil bereits als „rechtsmotiviert" und/oder „Gewalttäter Sport" aktenkundig. An diesem Abend twitterte die Leipziger NPD:

„*Connewitz wird eben mit Kärcher gereinigt. Linke heulen und jammern.*"

Beleg 19 (Kategorie 2): Auszug aus www.blog.zeit.de abgerufen am 25.01.2016

Kurze Zeit später retweetete der NPD-Kreisverband Leipzig den Eintrag von „Sachsonia_LE" mit dem Spruch:

„*FRONTSTADT LEIPZIG IN NAZIHAND FESTUNG CONNEWITZ IST GEFALLEN!*"

Beleg 20 (Kategorie 2): Auszug aus twitter.com/npd_leipzig vom 12.01.2016
Vgl. auch: **Beleg 21 (Kategorie 1): Sächsisches Staatsministerium des Innern,** Polizeiliche Lage Sachsen, 12. Januar 2016, S. 1 f.

In ihrer ersten Reaktion heizte die Antragsgegnerin die Situation somit über die sozialen Medien zusätzlich an. Die Ausschreitungen, an denen nach Erkenntnissen der Polizei und des Verfassungsschutzes in Sachsen auch mehrere Personen mit Verbindungen zur Antragsgegnerin beteiligt waren, wurden von ihr deutlich positiv konnotiert. Das steht zu der von der Antragsgegnerin behaupteten Distanzierung von Gewalt in klarem Widerspruch.

<u>Zweitens</u> konterkariert die Antragsgegnerin ihre Distanzierung dadurch, dass sie Gewaltanwendung durch abwegige juristische Argumentationen zu rechtfertigen oder tatsächlich zu verharmlosen versucht. Dies geschieht im Schriftsatz der Antragsgegnerin insbesondere unter Berufung auf Art. 20 Abs. 4 GG: „*… selbst wenn es so wäre, würde diese durch Art. 20 Abs. 4 GG gerade gerechtfertigt werden, sodass keine rechtswidrige Gewaltanwendung vorläge.*" (S. 322 des Schriftsatzes vom 2. März 2016).

Die Argumentation über Art. 20 Abs. 4 GG ist Teil der Strategie, das Gewaltmonopol des Staates in Frage zu stellen. Diese Strategie verfolgen – entgegen den Ausführungen der Antragsgegnerin – auch die Bürgerwehren. Dies lassen etwa die Aussagen von H. erkennen, der bei einem Aufruf zur Gründung von Bürgerwehren revolutionäre Rhetorik verwendet und zum „nationalen Widerstand" aufruft (S. 37 [S. 377] des Schriftsatzes vom 27. August 2015, Beleg 90). Auch die Verharmlosung von Selbstverteidigungskursen (S. 327 [S. 726] des Schriftsatzes der Antragsgegnerin vom 2. März 2016) ist Teil derselben Argumentationsstrategie – insbesondere in Anbetracht der Tatsache, dass in Beleg 178 des Schriftsatzes vom 27. August 2015 angedeutet wird, dass entsprechende Fähigkeiten gezielt gegen politische Gegner eingesetzt werden könnten („auf sie selbst schmerzhaft zurückfallen könnten").

<u>Drittens</u> wird die Distanzierung von Gewalt durch die Ankündigung von Racheakten nach einer „Machtübernahme" konterkariert. Diese Drohungen sind im Kontext des – in unserer Antragsschrift (S. 197 f. [S. 184 f.], S. 171 [S. 163], S. 48 [S. 70], S. 49 [S. 71], S. 59 [S. 81 f.]) belegten – revolutionären und systemüberwindenden Anspruchs zu sehen, mit dem die Antragsgegnerin die Machtübernahme anstrebt. In diesem Licht – und nicht im Kontext eines rechtsstaatlichen Verfahrens – sind Ankündigungen von drakonischen Strafen bis hin zur Tötung durch *Udo Voigt* (Beleg 11 des Schriftsatzes

vom 27. August 2015) sowie der Ausruf von *Udo Pastörs* zu sehen: „Und wenn wir zur Macht gelangen, dann besteht darin auch die Verpflichtung, jene einer gerechten Strafe zuzuführen, die für diese Ausplünderungspolitik unseres deutschen Volkes Verantwortung tragen und heute noch uns frech ins Gesicht grinsen. Also, liebe herrschende Klasse, seht euch vor, denn wer Wind sät, wird Sturm ernten. Lasst uns Sturm sein!" (Beleg 10 zum Schriftsatz vom 27. August 2015).

Hieran zeigt sich sogleich die besondere Gefährlichkeit der Antragsgegnerin. Sie würde nach Machtübernahme die von ihr avisierte, rassistische Willkürherrschaft konsequent zu Lasten politischer Gegner und Minderheiten ausüben. Schon das Entstehen dieser Gefahr möchte Art. 21 Abs. 2 GG verhindern.

e) Beeinträchtigung demokratischer Prozesse vor Ort und Angriffe auf die Menschenwürde Einzelner

Gefahren für die freiheitliche demokratische Grundordnung ergeben sich nicht nur auf Bundesebene, sondern auch und vor allem durch die Beeinträchtigung demokratischer Prozesse vor Ort sowie durch Angriffe auf die Menschenwürde Einzelner. Hierfür haben wir in unserer Antragsschrift, insbesondere jedoch in unserem Schriftsatz vom 27. August 2015 eine Vielzahl von Belegen beigebracht.

aa) Beweissituation

Die Antragsgegnerin reagiert auf viele dieser Belege, indem sie Tatsachen „bestreitet". Damit argumentiert sie fälschlicherweise zivilprozessual. Im verfassungsgerichtlichen Verfahren ist nach § 26 Abs. 1 BVerfGG die Klärung des Sachverhalts dem Gericht von Amts wegen aufgegeben. Die Ausführungen der Antragsgegnerin, mit denen Darlegungen des Antragstellers in vielfältiger Form bestritten werden, sind daher prozessual unbeachtlich. § 138 Abs. 3 und 4 ZPO finden keine Anwendung. Das formale Bestreiten und schon gar das Bestreiten mit Nichtwissen durch die Antragsgegnerin ändern daran nichts.

Die Feststellung einer „Atmosphäre der Angst" sowie der Beeinträchtigung demokratischer Prozesse beruht naturgemäß zu einem großen Teil auf Empfindungen von Personen. Die Antragsgegnerin bestreitet, dass solche Bedrohungssituationen existieren. Wir haben in unseren Schriftsätzen zahlreiche Personen – Journalisten, Kommunalpolitiker, Mitarbeiter von Sozial- bzw. Bildungseinrichtungen, Kirchenvertreter – genannt, die die genannten und weitere Bedrohungen und Einschüchterungen bezeugen und damit auch die Beeinträchtigung demokratischer Prozesse vor Ort belegen können. Sofern der Senat hier Aufklärungsbedarf sieht, steht es ihm offen, diese Personen zu befragen.

Darüber hinaus wurden aber auch durch die Literatur sowie durch die Forschung zu Bedrohungserfahrungen von *Privatdozentin Dr. Anette Hiemisch* (Anlagen 1 und 2 des Schriftsatzes vom 27. August 2015) Bedrohungen und Einschüchterungen belegt.

In der mündlichen Verhandlung erfolgte dieser Beleg zusätzlich durch den Vortrag der sachkundigen Dritten *Andrea Röpke* sowie durch Frau Landtagspräsidentin *Bretschneider*. Deren Aussagen werden auch durch die Ausführungen der Antragsgegnerin im Schriftsatz vom 11. April 2016 nicht in Zweifel gezogen, da diese die geäußerten Tatsachen nicht in Frage stellen, sondern nur Bewertungen betreffen. Hier hat der Verfahrensbevollmächtigte der Antragsgegnerin bereits durch seine Äußerungen in der mündlichen Verhandlung gezeigt, dass er die Äußerungen der Landtagspräsidentin nicht rechtlich und objektiv, sondern in politischem Jargon bewertet.

Schließlich hat auch der sachkundige Dritte *Prof. Dierk Borstel* in seiner Stellungnahme in der mündlichen Verhandlung sein schriftliches Gutachten und damit zugleich den Vortrag des Antragstellers zu den gesellschaftlichen Wirkungen der Antragsgegnerin auf kommunaler Ebene überzeugend bestätigt.

Seine Äußerungen werden nicht dadurch geschmälert, dass er politische Zweifel an einem Parteiverbot hegt. Diese Einstellung war dem Antragsteller bekannt, als er *Prof. Borstel* wegen seines wissenschaftlichen Ausweises durch empirische Forschungen vor Ort als Sachverständigen beauftragte. Dass er trotz dieser politischen Überzeugung die vom Antragsteller vorgetragenen Tatsachen bestätigt, erhöht vielmehr die Glaubhaftigkeit seiner Aussagen.

Borstel dokumentierte die schleichende Infiltrierung der Gesellschaft vor Ort durch verfassungsfeindliches Gedankengut der Antragsgegnerin. Seiner Darstellung zufolge gibt es kaum Familien, die von dem Thema Rechtsextremismus nicht innerfamiliär betroffen seien. Eine Distanzierung von rechtsradikalem Gedankengut bedeute zugleich die emotional schwierige und im Übrigen nicht erwünschte Distanzierung von einem Familienmitglied. Zudem sei die Zusammenarbeit der Antragsgegnerin mit den sogenannten freien Kräften – auch in finanzieller Hinsicht – sowie ihre personelle Verflechtung mit Kräften, die zum Teil auch gewaltbereit seien, gesellschaftlich relevant. Die Aussage belegte damit die deutliche Verzahnung von partei- und bewegungsförmigem Extremismus, der teilweise auch massiv zur Gewalt neige. Dies beeinträchtige den offenen demokratischen Prozess auf lokaler Ebene spürbar. Es komme durch Einschüchterungen zu einem Gefühl der Angst bei denjenigen, die sich zur Demokratie bekennen wollen. So würden beispielsweise Kampagnen in der Flüchtlingsdebatte häufig personalisiert, d. h. mit Namen und Adressen individualisiert, so dass sich Betroffene nicht mehr in entsprechender Weise äußern würden. Darüber hinaus greife die entsprechende Sorge auf Dritte über. Dies sei vor dem Hintergrund des hohen Akzeptanzgrades der Antragsgegnerin in der Bevölkerung zu sehen, nach dem 34,7 % der Befragten die Antragsgegnerin für eine Partei „wie jede andere" hielten. So entstehe eine Kombination aus Normalisierung einerseits und Angstphänomenen andererseits. Dabei arbeite die Antragsgegnerin propagandistisch auf eine Demokratieentfremdung hin letztlich mit dem Ziel der Systemüberwindung.

bb) Verharmlosungen und Verfälschungen in den Schriftsätzen der Antragsgegnerin

Die Antragsgegnerin verfolgt in ihrem Schriftsatz vom 2. März 2016 zum einen die Strategie, Bedrohungs- und Einschüchterungssituationen sowie Angriffe auf die Menschenwürde zu verharmlosen. Zum anderen werden Situationen verfälscht dargestellt.

Dies geschieht – ähnlich wie im Hinblick auf verfassungsfeindliche Äußerungen (s. o.) – durch gezielte Dekontextualisierungen, verkürzende Darstellungen und unver-

C. Das zweite NPD-Verbotsverfahren (2013–2017)

tretbare Auslegungen. Darüber hinaus missachtet die Antragsgegnerin die Reaktionen der Betroffenen.

Diese Strategie der Antragsgegnerin soll hier nur exemplarisch verdeutlicht und entsprechende Richtigstellungen getroffen werden:

- Zur Missachtung der Gefühle jüdischer Mitbürger soll nur aus dem Schriftsatz der Antragsgegnerin vom 2. März 2016 kurz zitiert werden: *„Offenbar stören sich die jüdischen Gemeinden an der bloßen Präsenz sogenannter ‚Rechtsextremisten', ohne dass diese irgendetwas Beanstandungswürdiges tun würden. Diese irrationale ‚Angst' geht dann aber mit den jüdischen Gemeinden heim und kann nicht der Antragsgegnerin angelastet werden."* (S. 434 [S. 764]).

- Das Aufsuchen einer Flüchtlingsunterkunft durch den Multifunktionär der Antragsgegnerin *Karl Richter* wird von der Antragsgegnerin mit dem Argument verharmlost, dass *„gerade der Umstand, dass sich einige Bewohner mit dem Münchener Stadtrat Karl Richter sogar noch haben fotografieren lassen [...] die Vermutung [nahelege], dass die Bewohner den Besuch des Stadtrats als angenehm und unterhaltsam empfunden"* haben (S. 447 des Schriftsatzes vom 2. März 2016).

Tatsächlich stellten die drei abgebildeten Asylbewerber jedoch wegen der von *Karl Richter* veröffentlichten Fotos Strafanzeige und Strafantrag. Daraufhin erhielt *Richter* einen – seit dem 13. Dezember 2014 rechtskräftigen – Strafbefehl wegen Verstoßes gegen das Kunsturhebergesetz in drei tateinheitlichen Fällen.

Beleg 22 (Kategorie 1): Amtsgericht München, Strafbefehl vom 27.10.2014,

- Die Aufforderungen zur Ausreise gegenüber dem deutschen Staatsangehörigen und thüringischen CDU-Kandidaten S. sowie gegenüber anderen deutschen Politikern mit Migrationshintergrund stellen aus Sicht der Antragsgegnerin weder eine Beeinträchtigung der Menschenwürde noch eine Bedrohung dar. Auf die zu Recht andere Bewertung des Verfassungsgerichtshofs des Landes Berlin wurde bereits hingewiesen. Aufgrund der Kampagne gegen S. wurde *Frank Schwerdt* wegen Beleidigung rechtskräftig zu einer Geldstrafe verurteilt.

Beleg 23 (Kategorie 1): Genugtuung für S.: NPD-Funktionär erhält Geldstrafe, vom 11.07.2011, in: www.tlz.de, abgerufen am 12.07.2011

- Hinsichtlich der Bedrohung des Bürgermeisters von Lalendorf (S. 50 ff. [S. 387 ff.] des Schriftsatzes vom 27. August 2015) unterschlägt die Antragsgegnerin (ebd. S. 409 [S. 747 f.]) die Tatsache, dass es in den Gerichtsverfahren unbestritten war, dass eine Gruppe von Rechtsextremisten, darunter *David Petereit*, vor dem Privathaus des Bürgermeisters anwesend war und dabei das Ziel verfolgte, den Bürgermeister einzuschüchtern. Dies ist der Antragsgegnerin insbesondere hinsichtlich der Ehefrau des Bürgermeisters auch gelungen. Das zugehörige Strafverfahren wegen uneidlicher Falschaussage ist noch nicht beendet. Die Staatsanwaltschaft hat gegen das Urteil des Landgerichts Rostock Revision eingelegt. Eine strafrechtliche Verurteilung ist – wie oben gezeigt – für eine Relevanz im Verbotsverfahren jedoch keine notwendige Bedingung.

I. Schriftverkehr

- Die Bedrängung von Lokalpolitikern in Berlin-Pankow betrachtet die Antragsgegnerin als „völlig normale[n] Vorgang" (S. 411 [S. 749] des Schriftsatzes vom 2. März 2016). Dabei blendet sie aus, dass die gesamte Aktion nicht der Auseinandersetzung mit einem konkreten politischen Thema gewidmet war. Vielmehr lautete das Motto: „Den Feind erkennen – den Feind benennen." (vgl. Schriftsatz vom 27. August 2015, S. 53 ff. [S. 389]). Es sollten also unmittelbar konkrete Personen getroffen werden – ein Bezirksbürgermeister und ein Kommunalpolitiker einer anderen Partei. Das Verhalten der Aktivisten der Antragsgegnerin wurde von den örtlichen Polizeibeamten als aggressiv bewertet. Deshalb wurde den Aktivisten der Antragsgegnerin auch der Zugang zur Sprechstunde verwehrt.

- Hinsichtlich der Bedrohungslage gegen L. distanziert sich die Antragsgegnerin in ihrem Schriftsatz vom 2. März 2016 von der Internetseite „Der Staatsstreich". Tatsächlich ist jedoch K., NPD-Stadtvertreter von 2009 bis 2015, nach eigenen Angaben Administrator der Seite „Der Staatsstreich".

  Beleg 24 (Kategorie 1): Protokoll einer Vernehmung von K. vom 10. August 2015.

- Die Antragsgegnerin verharmlost die Störung der DGB-Kundgebung in Weimar (S. 422 ff. ihres Schriftsatzes). Die Frage, ob das Verhalten auch einen Landfriedensbruch darstellt, ist für die Kernaussage irrelevant. Die Staatsanwaltschaft sieht in den Geschehnissen jedenfalls eine Straftat gemäß § 21 VersG (Störung von Versammlungen) und hat deshalb Anklagen erhoben bzw. Strafbefehle beantragt. Genau diese Störung ist jedoch der Kern des Vorwurfs, den der Antragsteller der Antragsgegnerin hier macht.

- Die Darstellung der Antragsgegnerin zu den Ereignissen in Dresden am 24. Juli 2015 verharmlost die Ausschreitungen, an der auch Teilnehmer der vorherigen NPD-Demonstration beteiligt waren. Die Hauptbeteiligten konnten mittlerweile namentlich identifiziert werden. Unter ihnen waren N., der Vorsitzender der NPD-Ortsgruppe Heidenau, sowie K. K. ist Anhänger der NPD. Er fungierte etwa am 17. Juni 2015 bei einer Demonstration als Ordner. K. warf nach Beendigung der Demonstration gegen das Zeltlager für Flüchtlinge eine Warnbake in Richtung der Gegendemonstranten quer über die Straße. Dabei mussten mindestens zwei Polizeibeamte der Bake ausweichen, um durch diese nicht verletzt zu werden. N. hielt sich innerhalb der Gruppe der gewaltbereiten Teilnehmer auf.

  Gewalttätig wurden darüber hinaus drei weitere Personen, die Teilnehmer der NPD-Demonstration waren: F. stieß einen Polizeibeamten, Z. warf ein pyrotechnisches Erzeugnis, A. schlug gegen das Mikrofon einer Reporterin und die Kamera eines Kameramanns des ZDF.

  Alle genannten Personen sind quellenfrei i. S. v. Kategorie 1.

  Beleg 25 (Kategorie 1): Bericht der PD Leipzig OAZ vom 21.01.2016
  Beleg 26 (Kategorie 1): DNN Fotostrecke: Erste Flüchtlinge beziehen Dresdner Zeltstadt – Neonzais greifen Polizisten und Gegendemonstranten an

- Hinsichtlich der Vorfälle in Pölchow, Greifswald und den Überfall auf den Jugendclub Phönix im Jahr 2009 durch M. sprechen die rechtskräftigen Urteile für sich.

Auch der letztgenannte Überfall war entgegen der Falschbehauptung der Antragsgegnerin politisch motiviert: Der Jugendclub wurde von Jugendlichen des linken Spektrums besucht. *M.*, der später u. a. NPD-Kreistagsmitglied wurde, war im Jahr 2009 bereits NPD-Anhänger (vgl. Seite 17 des Urteils: Kleben von NPD-Plakaten; Beleg 100 zum Schriftsatz vom 27. August 2015).

C. Fazit: Verbotsgründe in den Schriftsätzen der Antragsgegnerin

Selbst die Schriftsätze der Antragsgegnerin sind Ausdruck ihrer verfassungsfeindlichen Ideologie. Dies lässt sich nicht nur an dem dargestellten Demokratieverständnis, der Banalisierung des Antisemitismus, der Missachtung der Menschenwürde von Minderheiten und der Verächtlichmachung verfassungsrechtlicher Institutionen erkennen. Es zeigt sich auch durch die umfangreiche Bezugnahme auf Art. 20 Abs. 4 GG am Ende des Schriftsatzes (S. 519 ff. [S. 800]). Dies korrespondiert mit neueren Tendenzen im rechtsextremistischen Spektrum sowie insbesondere mit einer Aktion der NPD im Februar 2016, in dem die Antragsgegnerin Beamte und Angestellte des öffentlichen Dienstes sowie Soldaten dazu aufrief, von ihrem Widerstandsrecht nach Art. 20 Abs. 4 GG Gebrauch zu machen.

> **Beleg 27 (Kategorie 2):** Pressemitteilung „Sicherheitsbehörden und Streitkräfte erhalten Brief vom NPD-Parteivorsitzenden" vom 25.02.2016, in: www.npd.de.
>
> **Beleg 28 (Kategorie 1):** Anschreiben des NPD-Parteivorsitzenden Frank Franz an die Polizeiwache Lage vom 15.02.2016

Auf scheinlegale Weise ruft die Antragsgegnerin damit zum Umsturz auf. Sie beschränkt sich nicht nur auf eine Kritik am geltenden System, sondern unternimmt gezielt Aktivitäten, die andere – hier Beamte, öffentliche Bedienstete sowie Soldaten – zum Ungehorsam gegenüber dem Staat veranlassen sollen. Darin liegt ein aktives Untergraben der freiheitlichen demokratischen Grundordnung.

Der Verfahrensbevollmächtigte der Antragsgegnerin zitierte in seinem Abschlussstatement in der mündlichen Verhandlung einen Satz von *Rosa Luxemburg*: „Freiheit ist immer Freiheit des Andersdenkenden." Für die Erschießung *Rosa Luxemburgs* am 15. Januar 1919 war *Waldemar Pabst* – ein ausgewiesener Republikfeind – maßgeblich verantwortlich.

Das ehemalige Bundesvorstandsmitglied der Antragsgegnerin, *H.*, wurde im Jahr 2008 zu einer Geldstrafe von 150 Tagessätzen verurteilt. Er hatte die Erschießung von *Rosa Luxemburg* als „politisch geboten" bezeichnet. Anlass war ein Antrag der Antragsgegnerin in der Bezirksvertretung Berlin-Lichtenberg, den nach *Anton Saefkow* benannten Platz in „Waldemar-Pabst-Platz" umzubenennen.

> **Beleg 29 (Kategorie 1):** Presseartikel „Berlins NPD-Chef zu Geldstrafe verurteilt", in: www.welt.de vom 25.10.2008, abgerufen am 27.10.2008.

Darin zeigt sich das Freiheitsverständnis der Antragsgegnerin. Freiheit ist für sie die Freiheit der „weißen Rasse", ihren Mehrheitswillen unter Missachtung jeglicher Rechte von ethnisch „Fremden" und von politischen Gegnern durchzusetzen. Diese Ideologie und die sie umsetzenden Aktivitäten führen zur Verfassungswidrigkeit der Antragsgegnerin.

Christoph Möllers   Christian Waldhoff   Alexander Ignor
                                           Rechtsanwalt

39. Schriftsatz der Antragsgegnerin vom 9. Mai 2016

Rechtsanwalt Dipl.-Jur. Peter Richter, LL.M.　　　　　Saarbrücken, den 09.05.2016

Bundesverfassungsgericht
– Zweiter Senat –
Schlossbezirk 3
76131 Karlsruhe

<u>2 BvB 1/13</u>

In dem Parteiverbotsverfahren

Bundesrat	gegen	**<u>NPD</u>**
Prof. Dr. Möllers, LL.M.		RA Richter, LL.M.
Prof. Dr. Waldhoff		RA Andrejewski

teilt die Antragsgegnerin zu den unter dem 23.04.2016 übersandten Belegen des Instituts für Zeitgeschichte mit, dass die Belege betreffend Herrn P. und Herrn H. nach diesseitiger Rechtsauffassung nicht zurechenbar sind, da keine der beiden Personen Mitglied der Antragsgegnerin ist. Im Übrigen wird von weiterer Stellungnahme abgesehen und auf die Ausführungen im Schriftsatz vom 02.03.2016 verwiesen. Darin wurde umfassend dargelegt, dass es sich bei der Frage der „Wesensverwandtschaft" um keine rechtlich relevante Kategorie handelt, unabhängig davon, dass die vorgelegten Belege – wie ausgeführt – die Schlussfolgerung, die Antragsgegnerin sei mit dem Nationalsozialismus wesensverwandt, nicht tragen.

Dipl.-Jur. Peter Richter, LL.M.
– Rechtsanwalt –

40. Schriftsatz der Antragsgegnerin vom 23. Mai 2016

Rechtsanwalt Dipl.-Jur. Peter Richter, LL.M.   Saarbrücken, den 23.05.2016

Bundesverfassungsgericht
– Zweiter Senat –
Schlossbezirk 3
76131 Karlsruhe

<u>2 BvB 1/13</u>

In dem Parteiverbotsverfahren

<u>Bundesrat</u>	gegen	<u>NPD</u>
Prof. Dr. Möllers, LL.M.		RA Richter, LL.M.
Prof. Dr. Waldhoff		RA Andrejewski
Prof. Dr. Dr. Ignor		

wird auf den Schriftsatz des Antragstellers vom 27.04.2016, hier eingegangen am 11.05.2016, in der gebotenen Kürze wie folgt erwidert:

1.

Die Antragsgegnerin hat zu keinem Zeitpunkt eine „Freiheit des Volkssouveräns von jeglichen rechtlichen Bindungen"

vgl. Schriftsatz des Antragstellers vom 27.04.2016, Seite 4 [S. 832],

postuliert, sondern das Menschenwürdeprinzip ausdrücklich als eine solche Bindung anerkannt

vgl. Schriftsatz der Antragsgegnerin vom 02.03.2016, Seite 97 [S. 585].

Hierauf wird zur Meidung von Wiederholungen Bezug genommen. Wieso die Verwirklichung des Prinzips der Volkssouveränität im demokratischen Rechtsstaat zu einer „Diktatur der Mehrheit"

vgl. Schriftsatz des Antragstellers vom 27.04.2016, Seite 4 [S. 831],

führen soll, ist nicht ersichtlich. Eine solche Diktatur dürften wohl eher diejenigen Kräfte anstreben, welche politische Parteien durch Verbote aus dem demokratischen Meinungswettbewerb entfernen wollen.

2.

Dass die verfassungsrechtlich zulässige Kritik am geltenden Staatsangehörigkeitsrecht nicht bedeutet, dass Inhabern eines deutschen Passes mit Migrationshintergrund die Menschenwürde oder die Grundrechte abgesprochen werden oder dass deutsche Staatsbürger ausgewiesen werden sollten, wurde sowohl im Schriftsatz vom 02.03.2016 als auch während der mündlichen Verhandlung bereits hinreichend dargelegt. Die bloße Paraphrasierung der gegenteiligen Behauptung durch den Antragsteller ohne sachgerechte Auseinandersetzung mit dem diesseitigen Vorbringen gibt zu einer abweichenden Bewertung keinen Anlass.

Der Versuch des Antragstellers, der Antragsgegnerin nunmehr aus der Formulierung auf Seite 18 des Parteiprogramms

> „Die Grundrechte müssen in unserem Land für jeden Deutschen, ungeachtet seiner politischen Einstellung, Gültigkeit besitzen."

dergestalt einen Strick zu drehen, dass damit die Geltung der (Jedermanns-)Grundrechte für Ausländer negiert würde, geht fehl. Wieder einmal möchte der Antragsteller durch gezielte Dekontextualisierung von Zitaten einen bewusst falschen Eindruck erwecken. Richtigerweise sind die unmittelbar nach der zitierten Passage folgenden Aussagen in die Auslegung mit einzubeziehen:

> „Die Grundrechte müssen in unserem Land für jeden Deutschen, ungeachtet seiner politischen Einstellung, Gültigkeit besitzen. Mit ihrer Beschneidung der Meinungs- und Versammlungsfreiheit für nationale Deutsche haben die etablierten politischen Kräfte den Weg vom Rechtsstaat zum Gesinnungsstaat beschritten. Es sind die herrschenden Parteien selbst, die die Grundrechte aushebeln. Die Etablierten, die heute durch ihre EU- und Globalisierungspolitik die Auflösung des Nationalstaates betreiben, haben die freiheitlich-demokratische Grundordnung, auf die sie sich formal immer noch berufen, in ihrem Kernbestand längst beseitigt.
>
> Die NPD setzt sich deshalb für eine Reform des deutschen Rechtssystems nach streng rechtsstaatlichen Grundsätzen ein."

Die fragliche Textstelle beinhaltet mithin keinen Antagonismus zwischen den Rechten von Deutschen und Ausländern, sondern setzt sich kritisch mit der Unterdrückung der Meinungsfreiheit in diesem Land auseinander, von der in erster Linie nationale Deutsche betroffen sind, wie der vorliegende Prozess anschaulich zeigt.

3.

Soweit der Antragsteller auf Seite 13 [S. 837] des Schriftsatzes vom 27.04.2016 darauf hinweist, dass niemand in der deutschen Rechtswissenschaft die Ansicht vertrete, dass bestimmte deutsche Staatsangehörige weder ein Bleiberecht noch ein Recht zur demokratischen Mitwirkung haben, hat er völlig Recht. Derartige Thesen vertritt die Antragsgegnerin nämlich ebenfalls nicht. Der Antragsteller verkennt, dass die Kritik an der massenhaften Einbürgerung ethnisch Nicht-Deutscher nicht bedeutet, die Antragsgegnerin spräche den so eingebürgerten Personen ihre demokratischen Mitwirkungsrechte ab. Die Antragsgegnerin fordert, die überbordende Einbürgerungspraxis durch eine gesetzliche Änderung des Staatsangehörigkeitsrechts zukünftig einzuschränken; sie behauptet aber nicht, bereits eingebürgerte Menschen hätten keine Rechte und müssten ausgewiesen werden. Auch von Ausbürgerungen ist nirgends die Rede.

Durch Forderung nach einer demokratisch legitimierten Gesetzesänderung des StAG erkennt die Antragsgegnerin zudem ausdrücklich die Regelungsbefugnis des Gesetzgebers im Hinblick auf das Staatsangehörigkeitsrecht an. Die gegenteiligen Behauptungen des Antragstellers basieren auf böswilligen Interpretationen und Spekulationen, haben aber mit dem Programm der Antragsgegnerin nichts zu tun.

4.

Dem vermeintlichen Befund des Antragstellers, die Schriftsätze des Unterzeichners seien ihrerseits ein Beleg für die „aggressiv-kämpferische" Vorgehensweise der Antragsgegnerin, vermag diese sich nicht anzuschließen. Die Antragsgegnerin betreibt in ihren Schriftsätzen keine „Relativierung" tatsächlich oder vermeintlich beanstandungswürdigen Verhaltens, sondern korrigiert lediglich den vom Antragsteller angelegten völlig verfehlten Prüfungsmaßstab, sodass die von der Gegenseite als verfassungswidrig gebrandmarkten Handlungen und Äußerungen als das herausgearbeitet werden, was sie tatsächlich sind: Beiträge zur verfassungsrechtlich zulässigen Mitwirkung bei der Willensbildung des Volkes (Art. 21 Abs. 1 GG).

5.

Die Frage, ob der Verbotstatbestand des Art. 21 Abs. 2 GG das Vorliegen einer wie auch immer gearteten Gefahr voraussetzt, wurde sowohl in den gewechselten Schriftsätzen als auch in der mündlichen Verhandlung umfassend erörtert. Von weiterer Stellungnahme wird insoweit abgesehen.

6.

Soweit der Antragsteller im Schriftsatz vom 27.04.2016 neue Vorwürfe in tatsächlicher Hinsicht erhebt, ist hierzu folgendes auszuführen:

a) Fall Nauen

Hinsichtlich des unter Brandstiftungsverdachts stehenden Herrn Maik S. bestehen derzeit nichts weiter als reine Verdachtsmomente. Gerichtliche Feststellungen hinsichtlich des tatsächlichen Geschehensablaufs und der verantwortlichen Personen wurden bislang nicht getroffen; es liegt – soweit ersichtlich – nicht einmal eine Anklageschrift vor. Die Antragsgegnerin sieht keine Veranlassung, sich an irgendwelchen Spekulationen zum Tathergang zu beteiligen, und muss die Darstellungen des Antragstellers **mit Nichtwissen bestreiten**.

Selbst wenn Herr S. schuldig gesprochen würde, wäre dies kein Beleg für die Verbotswürdigkeit der Antragsgegnerin. Diese hat die hier in Rede stehende Tat weder gefördert, noch unterstützt noch gebilligt, noch dazu angestiftet. Im Gegenteil: Fakt ist, dass die Antragsgegnerin Gewaltanwendungen jeder Art und insbesondere Brandlegungen seit jeher scharf verurteilt; auf die entsprechenden Nachweise in der Antragserwiderung vom 02.03.2016 wird Bezug genommen. Nur weil ein – unterstellter – Straftäter sowohl gegen geltendes Recht als auch gegen die Statuten der Partei verstößt, kann nicht die Gesamtpartei für derartige – unterstellte – Entgleisungen eines Einzelnen in „Sippenhaft" genommen werden.

b) Fall Löcknitz

Es wird **bestritten**, dass der Löcknitzer NPD-Gemeindevertreter B. am 06.04.2016 die Teilnehmer einer Veranstaltung der so genannten Regionalen Arbeitsstelle für Bildung, Integration und Demokratie – RAA – eingeschüchtert hätte und dies als Beleg dafür gewertet werden könne, Löcknitz sei eine von der Antragsgegnerin dominierte Angstzone, in der demokratische Prozesse gestört seien oder gar vollständig unterdrückt würden.

Zum Einen nahmen, wie auch aus der Strafanzeige und dem Polizeibericht hervorgeht, an der RAA-Veranstaltung etwa 35 Personen teil, während es lediglich 4 rechtsorientierte Bürger waren, die sich in die Diskussionsveranstaltung einbringen wollten. Von einer einschüchternden Wirkung durch deren bloße Anwesenheit kann angesichts dieser Kräfteverhältnisse nicht die Rede sein, zumal keinerlei physische Gewalt ausgeübt oder auch nur angedroht wurde. Zum Anderen beruht die Darstellung des Sachverhalts bisher ausschließlich auf den Angaben von Personen aus dem Umfeld der RAA, einer Organisation, die sich als Feind der Antragsgegnerin betrachtet, zu deren Bekämpfung gegründet wurde und staatlicherseits alimentiert wird. Diese Aussagen sind nicht nur als parteiisch anzusehen, ihr Beweiswert sowie die Glaubwürdigkeit der Zeugen sind zudem unbestimmbar, weil die Angaben zur Person im entsprechenden Beleg allesamt geschwärzt sind.

Tatsächlich hat sich der Vorgang ganz anders abgespielt:

Der Zeuge B. wurde durch eine Anzeige im Löcknitzer Amtsblatt auf die Veranstaltung aufmerksam, die im Bürgerhaus der Kommune stattfand. Als Gemeindevertreter wollte er an der angekündigten Diskussion teilnehmen und Fragen stellen. Dies wurde ihm von den Organisatoren verwehrt, die sofort die Polizei riefen, welche Herrn B. und seinen drei Begleitern einen Platzverweis erteilten

Beweis: Zeugnis des Herrn B., zu laden über die Antragsgegnerin.

Ohne Widerstand zu leisten, folgten sie den Anweisungen der Beamten, obwohl die Rechtmäßigkeit der ausgesprochenen Platzverweise im Hinblick auf § 11 Abs. 1 VersammlG durchgreifenden Zweifeln ausgesetzt ist. Dass die Situation von den Veranstaltern den Ordnungskräften gegenüber maßlos übertrieben dargestellt wurde, lässt sich aus dem Umstand ablesen, dass diese mit neun Streifenwagen anrückten – wegen ganzen vier rechtsorientierten Versammlungsbesuchern.

Bestritten wird insbesondere, dass der Zeuge B. beleidigende Bemerkungen getätigt oder in irgendeiner Weise Gewalt ausgeübt hätte. Für ihn gilt die Unschuldsvermutung, zumal bislang noch nicht einmal Anklage erhoben wurde.

c) Fall Leipzig-Connewitz

Zu den auf Seite 42 [S. 858 f.] des Schriftsatzes vom 27.04.2016 dargelegten Vorfällen in Leipzig-Connewitz und den diesbezüglich monierten Verlautbarungen des Kreisverbandes Leipzig ist darauf hinzuweisen, dass die Antragsgegnerin den hierfür verantwortlichen Kreisvorsitzenden B. unverzüglich seines Amtes enthoben hat

> **Beweis**: Suspendierungsbeschluss des Landesvorstandes Sachsen vom 03.02.2016 (Anlage).

Mehr als ein sofortiges Einschreiten gegen derartige Verlautbarungen ist der Antragsgegnerin nicht abzuverlangen. Herr B. hat die Partei sodann freiwillig verlassen.

7.

Der Versuch des Antragstellers, das diesseitige Bestreiten tatsächlicher Behauptungen für unbeachtlich zu erklären, verwundert sehr. Die Gegenseite meint wohl, allein deshalb, weil sie eine Behauptung in die Welt setzt, sei diese selbst im Bestreitensfalle ohne weitere Prüfung der gerichtlichen Entscheidung zugrunde zu legen. Hiermit offenbart der Antragsteller ein sehr bemerkenswertes Verständnis des verfassungsgerichtlichen Verfahrens im Allgemeinen und des Fair-Trial-Grundsatzes im Besonderen. Fakt ist, dass substantiiert bestrittenen tatsächliche Behauptungen, über die kein Beweis erhoben wurde, einer Entscheidung eben gerade nicht zugrunde gelegt werden können.

Bezeichnenderweise wurde in der mündlichen Verhandlung dann auch keine einzige Person vernommen, die selbst behauptet, vor der Antragsgegnerin „Angst" zu haben, sondern es kamen lediglich Personen zu Wort, die angeblich andere Personen kennen, die aus nicht nachvollziehbaren Gründen vorgeben, „Angst" zu haben. Mit dieser äußerst dünnen Beweislage ein von der Antragsgegnerin ausgehendes „Klima der Angst" belegen zu wollen, muss als abwegig angesehen werden.

8.

Von weiterer Stellungnahme wird einstweilen abgesehen.

Dipl.-Jur. Peter Richter, LL.M.
– Rechtsanwalt –

41. Schriftsatz der Antragsgegnerin vom 28. Juni 2016

Rechtsanwalt Dipl.-Jur. Peter Richter, LL.M. Saarbrücken, den 28.06.2016

Bundesverfassungsgericht
– Zweiter Senat –
Schlossbezirk 3
76131 Karlsruhe

2 BvB 1/13

In dem Parteiverbotsverfahren

Bundesrat	gegen	**NPD**
Prof. Dr. Möllers, LL.M.		RA Richter, LL.M.
Prof. Dr. Waldhoff		RA Andrejewski
Prof. Dr. Dr. Ignor		

wird namens und im Auftrage der Antragsgegnerin die ordnungsgemäße Besetzung des Zweiten Senats des Bundesverfassungsgerichts im Hinblick auf die Mitwirkung des **Richters Landau**

<u>gerügt</u>

und **beantragt**,

> das Verfahren wegen Vorliegens eines unbehebbaren Verfahrenshindernisses einzustellen.

Gründe:

Der Zweite Senat des Bundesverfassungsgerichts ist gegenwärtig nicht ordnungsgemäß besetzt, weil die Amtszeit des Richters Landau am 30.04.2016 abgelaufen ist und die rechtsmissbräuchliche Weigerung des Antragstellers, einen Nachfolger zu wählen, eine schwerwiegende Verletzung des Rechts auf den gesetzlichen Richter (Art. 101 Abs. 1 Satz 2 GG) sowie auf ein faires Verfahren (Art. 6 Abs. 1 EMRK) darstellt.

1.

Die Amtszeit des Richters Landau endete gemäß § 4 Abs. 3 BVerfGG am 30.04.2016. Er führt seitdem die Amtsgeschäfte gemäß § 4 Abs. 4 BVerfGG fort. Zur Wahl eines Nachfolgers ist der Antragsteller berufen. Eine solche Wahl ist indes bislang nicht erfolgt und auch nicht absehbar.

2.

Es begegnet bereits durchgreifenden rechtsstaatlichen Bedenken, dass ein Beteiligter eines laufenden Verfahrens berechtigt ist, selbst Richter des erkennenden Gerichts zu wählen. Insofern stellt sich unter dem Gesichtspunkt der prozessualen Waffengleichheit die Frage, wieso der Antragsteller Richter wählen darf, die Antragsgegnerin hingegen nicht.

Diese Problematik wird vorliegend jedoch dadurch entschärft, dass der zu wählende Nachfolger des Richters Landau wegen §15 Abs. 3 BVerfGG ohnehin an einer Mitwirkung im vorliegenden Verfahren gehindert ist und daher zumindest nicht die Gefahr besteht, dass sich der Antragsteller „genehme" Richter in den Senat wählt.

3.

Ein im Rechtsstaat nicht mehr hinnehmbarer Zustand entsteht jedoch, wenn – wie vorliegend – die verfassungsrechtlich gebotene Wahl eines Nachfolgers von dem zur Wahl berechtigten Verfahrensbeteiligten mit dem Ziel vorsätzlich verschleppt wird, einen Richter trotz Ablaufs seiner Amtszeit im Amt zu halten und dadurch manipulativen Einfluss auf die Zusammensetzung des Senats in einem laufenden Verfahren zu nehmen.

Zwar gibt das BVerfGG keine exakte Frist vor, innerhalb deren ein Nachfolger gewählt und ernannt sein müsste. Es folgt aber aus der Natur der Sache, dass für einen Richter des Bundesverfassungsgerichts, bei dem der Zeitpunkt seines Ausscheidens bereits seit Jahren feststeht, so rechtzeitig ein Nachfolger zu wählen ist, dass ein nahtloser Übergang zwischen beiden Amtswaltern gewährleistet ist. Die Sachlage liegt insofern anders als bei einem nicht vorhersehbaren Ausscheiden eines Bundesverfassungsrichters wie etwa im Fall des zurückgetretenen Richters Gerhardt, wo kurzfristig ein Nachfolger gesucht werden musste und daher gewisse zeitliche Verzögerungen eintreten können.

Es muss bereits als verfassungsrechtlich problematisch angesehen werden, wenn die Wahl eines Nachfolgers „nur" zeitlich verzögert wird. Ein verfassungsrechtlich endgültig unhaltbarer Zustand entsteht jedoch dann, wenn die Verzögerung der Wahl eines Nachfolgers von einem Verfahrensbeteiligten vorsätzlich herbeigeführt wird, um auf ein laufendes Verfahren einzuwirken. In diesem Zusammenhang ist in der Ausgabe des Nachrichtenmagazins DER SPIEGEL, Ausgabe 26/2016, auf Seite 23 folgendes zu lesen:

> „NPD-Verbot
>
> Richter-Neuwahl verschieben
>
> Unionsgeführte Länder im Bundesrat wollen offenbar die Chancen auf ein Verbot der NPD dadurch wahren, dass sie die überfällige Neuwahl eines Bundesverfassungsrichters weiter hinauszögern. Die Amtszeit des einst von der CDU nominierten Richters Herbert Landau lief eigentlich schon im April aus. Landau sitzt im Zweiten Senat des Bundesverfassungsgerichts, der über den Verbotsantrag des Bundesrats gegen die rechtsextremistische NPD berät. Der

> Bundesrat ist auch für die Wahl seines Nachfolgers zuständig, bis dieser gewählt ist, muss Landau weiter im Amt bleiben. Scheidet Landau aus, bevor ein Urteil unterschriftsreif ist, würden sich die Chancen auf ein Verbot der NPD zumindest rechnerisch verringern – denn dafür braucht es mindestens sechs Stimmen der acht ursprünglich am Verfahren mitwirkenden Richter. Aus dem Bundesrat heißt es nun, ein Landau-Nachfolger solle nicht gewählt werden, solange das Verbotsverfahren läuft. Das ‚Bestreben, durch Verschieben einer Richterwahl den Antrag abzusichern, den der Bundesrat selbst gestellt hat', sagt der Düsseldorfer Parteienrechtler Martin Morlock, ‚berührt die Fairness des Verfahrens und könnte dessen erfolgreichen Abschluss wiederum selbst gefährden'. Mit einem Urteil ist frühestens im August zu rechnen."

Glaubhaftmachung: Bericht in der SPIEGEL-Ausgabe 26/2016, Seite 23 (**Anlage**).

Der Antragsteller gibt also unumwunden zu, die ihm vom Grundgesetzgeber zu treuen Händen überantwortete Richterwahlbefugnis bewusst dafür zu missbrauchen, durch vorsätzliche Nicht-Wahl eines Nachfolgers die Erfolgsaussichten in einem laufenden Verfahren abzusichern. Offenbar fürchtet der Antragsteller, nach dem Ausscheiden des Richters Landau möglicherweise nicht mehr die nach der Vorgabe des § 15 Abs. 4 Satz 1 BVerfGG für einen Verbotsausspruch erforderliche Zwei-Drittel-Mehrheit im Senat zu erreichen. Hierbei handelt es sich um den ebenso verfassungswidrigen wie dreisten Versuch, die Antragsgegnerin ihrem gesetzlichen Richter (Art. 101 Abs. 1 Satz 2 GG) zu entziehen und ein laufendes Verfahren in rechtsstaatswidriger Weise zu manipulieren.

Wenn ein Antragsteller in einem Verfahren, welches – angeblich – dem Schutz der freiheitlich demokratischen Grundordnung vor der – angeblich – gefährlichen Antragsgegnerin dienen soll, selbst elementare Rechtsgrundsätze wie die Gewährleistung eines fairen Verfahrens grob missachtet, um sich durch eine gegen seine verfassungsrechtliche Wahlpflicht verstoßende Manipulation der Richterbank prozessuale Vorteile zu verschaffen, entzieht ein solches Vorgehen dem laufenden Parteiverbotsverfahren die rechtsstaatliche Grundlage, lässt dieses einmal mehr als rechtsmissbräuchlich erscheinen und schafft ein unbehebbares Verfahrenshindernis, welches zur Einstellung des Verfahrens führen muss.

Dipl.-Jur. Peter Richter, LL.M.
– Rechtsanwalt –

42. Terminsladung vom 8. November 2016

Bundesverfassungsgericht
Zweiter Senat
– Der Vorsitzende –

Karlsruhe, den 08.11.2016

<u>**Terminsladung**</u>

in dem Verfahren
über
die Anträge

1. Die Nationaldemokratische Partei Deutschlands einschließlich ihrer Teilorganisationen Junge Nationaldemokraten, Ring Nationaler Frauen und Kommunalpolitische Vereinigung ist verfassungswidrig.

2. Die Nationaldemokratische Partei Deutschlands einschließlich ihrer Teilorganisationen Junge Nationaldemokraten, Ring Nationaler Frauen und Kommunalpolitische Vereinigung wird aufgelöst.

3. Es ist verboten, Ersatzorganisationen für die Nationaldemokratische Partei Deutschlands einschließlich ihrer Teilorganisationen Junge Nationaldemokraten, Ring Nationaler Frauen und Kommunalpolitische Vereinigung zu schaffen oder bestehende Organisationen als Ersatzorganisationen fortzusetzen.

4. Das Vermögen der Nationaldemokratischen Partei Deutschlands einschließlich ihrer Teilorganisationen Junge Nationaldemokraten, Ring Nationaler Frauen und Kommunalpolitische Vereinigung wird zugunsten der Bundesrepublik Deutschland für gemeinnützige Zwecke eingezogen.

Antragsteller: Bundesrat,
vertreten durch den Präsidenten des Bundesrates,
Leipziger Straße 3–4, 10117 Berlin,

– Bevollmächtigte: 1. Prof. Dr. Christoph Möllers,
c/o Bundesrat, Leipziger Straße 3–4, 10117 Berlin,
2. Prof. Dr. Christian Waldhoff,
c/o Bundesrat, Leipziger Straße 3–4, 10117 Berlin
3. Prof. Dr. Dr. Alexander Ignor,
c/o Bundesrat, Leipziger Straße 3–4, 10117 Berlin –

Antragsgegnerin: Nationaldemokratische Partei Deutschlands,
vertreten durch den

Bundesvorsitzenden Frank Franz,
Seelenbinderstraße 42, 12555 Berlin,

– Bevollmächtigte: 1. Rechtsanwalt Dipl.-Jur. Peter Richter, LL.M.

2. Rechtsanwalt Michael Andrejewski –

hat der Zweite Senat des Bundesverfassungsgerichts Termin zur Verkündung einer Entscheidung bestimmt auf

Dienstag, den 17. Januar 2017, 10:00 Uhr

im Sitzungssaal des Bundesverfassungsgerichts, Schlossbezirk 3, Karlsruhe.
Zu diesem Termin werden Sie hiermit geladen.
Es wird gebeten, die Namen der teilnehmenden Personen bis zum **3. Januar 2017** mitzuteilen. Da die Raumkapazitäten im Sitzungssaal begrenzt sind, wird außerdem darum gebeten, eine Vorauswahl und Reihung der teilnehmenden Personen zu treffen.

II. Mündliche Verhandlung

Tonband-Wortprotokoll der mündlichen Verhandlung vom 1., 2. und 3. März 2016:

1. Erster Verhandlungstag (Dienstag, 1. März 2016)

a) Vormittags

Präsident Prof. Dr. Voßkuhle: Bitte nehmen Sie Platz!
Ich eröffne die mündliche Verhandlung des Zweiten Senats des Bundesverfassungsgerichts in dem Verfahren über die Anträge

1. Die Nationaldemokratische Partei Deutschlands einschließlich ihrer Teilorganisationen Junge Nationaldemokraten, Ring Nationaler Frauen und Kommunalpolitische Vereinigung ist verfassungswidrig.
2. Die Nationaldemokratische Partei Deutschlands einschließlich ihrer Teilorganisationen Junge Nationaldemokraten, Ring Nationaler Frauen und Kommunalpolitische Vereinigung wird aufgelöst.
3. Es ist verboten, Ersatzorganisationen für die Nationaldemokratische Partei Deutschlands einschließlich ihrer Teilorganisationen Junge Nationaldemokraten, Ring Nationaler Frauen und Kommunalpolitische Vereinigung zu schaffen oder bestehende Organisationen als Ersatzorganisationen fortzusetzen.
4. Das Vermögen der Nationaldemokratischen Partei Deutschlands einschließlich ihrer Teilorganisationen Junge Nationaldemokraten, Ring Nationaler Frauen und Kommunalpolitische Vereinigung wird zugunsten der Bundesrepublik Deutschland für gemeinnützige Zwecke eingezogen.

Antragsteller ist der Bundesrat.

Antragsgegnerin ist die Nationaldemokratische Partei Deutschlands.

Meine Damen und Herren, wir verhandeln heute über den Antrag des Bundesrates vom 1. Dezember 2013, die Verfassungswidrigkeit der Nationaldemokratischen Partei Deutschlands einschließlich ihrer Teilorganisationen Junge Nationaldemokraten, Ring Nationaler Frauen und Kommunalpolitische Vereinigung festzustellen, diese aufzulösen sowie die Einziehung ihres Vermögens und ein Verbot der Schaffung von Ersatzorganisationen anzuordnen.

Gemeinhin spricht man insoweit – inhaltlich etwas verkürzt – von einem Parteiverbotsverfahren. Das Parteiverbotsverfahren ist Ausdruck des Konzepts einer wehrhaften Demokratie und des bewussten verfassungspolitischen Willens zur Lösung eines Grenzproblems der freiheitlichen demokratischen Staatsordnung. Nämlich des Problems, dass die Freiheit zur Abschaffung der Freiheit missbraucht und somit gegen sich selbst verkehrt werden kann. Zum Beispiel, indem Parteien die ihnen verfassungsrechtlich eingeräumte Freiheit dazu nutzen, die Freiheit Andersdenkender zu beseitigen. Vor diesem Hintergrund erweist sich das Parteiverbotsverfahren als ebenso scharfes wie zweischneidiges Schwert, das mit Bedacht geführt werden muss. Es schränkt Freiheit ein, um Freiheit zu bewahren.

Nicht von ungefähr hat das Bundesverfassungsgericht daher die Antragstellung im Parteiverbotsverfahren in das politische Ermessen der Antragsberechtigten, mithin des Bundestages, des Bundesrates und der Bundesregierung gestellt, die von diesem Instrument nur sehr sparsam Gebrauch gemacht haben. Auf entsprechende Anträge hat das Bundesverfassungsgericht bisher nur zwei Parteiverbote ausgesprochen. Das eine Verbot aus dem Jahre 1952 betraf die „Sozialistische Reichspartei", das andere Verbot aus dem Jahr 1956 die „Kommunistische Partei Deutschlands". Keinen Erfolg hatten die 1993 beantragten Verbote der „Freiheitlichen Deutschen Arbeiterpartei" und der in Hamburg aktiven „Nationalen Liste", da es sich nach Auffassung des Bundesverfassungsgerichts bei diesen Vereinigungen mangels hinreichender Organisationsstruktur und hinreichender Mitgliederzahl um keine politischen Parteien handelte.

Was die NPD angeht, so haben Bundesregierung, Bundesrat und Bundestag bereits im Jahr 2001 einen Verbotsantrag gestellt. Das Verfahren ist im Jahre 2003 vom Bundesverfassungsgericht eingestellt worden, weil die die Entscheidung tragende Minderheit der Richter – eine Entscheidung zu Lasten der Partei kann nur mit einer Mehrheit von sechs Richtern getroffen werden – nach der Ladung zur mündlichen Verhandlung zu der Auffassung gelangten, dass – ich zitiere aus der Entscheidung: „Die Beobachtung einer politischen Partei durch V-Leute staatlicher Behörden, die als Mitglieder des Bundesvorstands oder eines Landesvorstands fungieren, unmittelbar vor und während der Durchführung eines Verfahrens vor dem Bundesverfassungsgericht zur Feststellung der Verfassungswidrigkeit der Partei in der Regel unvereinbar ist mit den Anforderungen an ein rechtsstaatliches Verfahren, die sich aus Art. 21 Abs. 1 und Abs. 2 GG in Verbindung mit dem Rechtsstaatsprinzip (Art. 20 Abs. 3 GG) ergeben. Die Voraussetzungen für die und das Verfahren zur Feststellung der Verfassungswidrigkeit einer Partei sowie die damit zusammenhängenden Folgeentscheidungen sind in Art. 21 Abs. 2 GG in Verbindung mit den §§ 13 Nr. 2, 35, 43 bis 47 BVerfGG und nicht zuletzt § 15 Abs. 4 Satz 1 BVerfGG geregelt. Verfassungswidrig sind danach Parteien, die nach ihren Zielen oder nach dem Verhalten ihrer Anhänger darauf ausgehen, die freiheitlich demokratische Grundordnung zu beeinträchtigen oder zu beseitigen oder den Bestand der Bundesrepublik Deutschland zu gefährden."

Wie diese Voraussetzungen zu konkretisieren sind und ob sie vorliegen, ist eine juristische Frage. Allein über diese juristische Frage hat das Bundesverfassungsgericht im vorliegenden Verfahren zu entscheiden. Gemäß § 45 BVerfGG war über den Antrag des Bundesrates vom 1. Dezember 2013 ein Vorverfahren durchzuführen und den Vertretungsberechtigten der Antragsgegnerin Gelegenheit zur Stellungnahme zu geben. Die NPD hat daraufhin durch ihren Bevollmächtigten, Herrn Rechtsanwalt Richter, beantragt, den Verbotsantrag als unzulässig zu verwerfen, hilfsweise das Parteiverbotsverfahren wegen des Vorliegens unbehebbarer Verfahrenshindernisse einzustellen. Dem hat der Antragsgegner widersprochen.

Mit Hinweisbeschluss vom 19. März 2015 hat der Senat dem Antragsteller insbesondere aufgegeben, seinen Sachvortrag hinsichtlich der Abschaltung von Quellen und der Nichtausspähung der Prozessstrategie der Antragsgegnerin zu ergänzen und in geeigneter Weise zu belegen. Zugleich hat der Berichterstatter mit Schreiben vom gleichen Tag darauf hingewiesen, dass der Sachvortrag des Antragstellers zur vorübergehenden Kontrolle öffentlicher Räume durch die Antragsgegnerin und zum Vorgehen gegenüber Asylbewerbern möglicherweise nicht hinreichend durch Beispiele unterlegt sei. Der Antragsteller hat daraufhin seinen Sachvortrag mit Schriftsätzen vom 13. Mai und 27. August 2015 ergänzt. Die Antragsgegnerin hat demgegenüber ihren Vortrag zur Zulässigkeit des Verfahrens und zum Bestehen von Verfahrenshindernissen vertieft, sich aber zur Sache selbst nicht eingelassen.

Mit Beschluss vom 2. Dezember 2015 hat der Senat die Durchführung der mündlichen Verhandlung über das Parteiverbotsverfahren/den Parteiverbotsantrag beschlossen. Diese Entscheidung setzt gemäß § 45 BVerfGG voraus, dass der Senat nach vorläufiger Bewertung und summarischer Prüfung des Antrags davon ausgeht, dass er zulässig und hinreichend begründet ist.

Meine Damen und Herren, auch für das Bundesverfassungsgericht stellt das vorliegende Verfahren in vielfacher Hinsicht eine besondere Herausforderung dar. Es muss nicht nur dem sehr offen formulierten Verbotstatbestand des Art. 21 Abs. 2 Satz 1 GG im Lichte der heutigen Interpretation des Grundgesetzes und der Rechtsprechung des Europäischen Gerichtshofs für Menschenrechte inhaltliche Konturen verleihen, ohne auf eigene aktuelle Entscheidungen zurückgreifen zu können. Es muss auch selbst als quasi erste Instanz einen komplexen Sachverhalt aufklären und sehr viele Einzelaspekte in eine wertende Gesamtbetrachtung überführen. Dabei hat es sich jeder politischen Bewertung zu enthalten und die Grundsätze eines fairen rechtsstaatlichen Verfahrens zu gewährleisten. Nach alledem zeigt sich einmal mehr: Jedes Parteiverbotsverfahren stellt eine ernsthafte Bewährungsprobe für den freiheitlich demokratischen Verfassungsstaat dar.

Ich komme damit zur Anwesenheit.

Für die Antragsgegnerin sind erschienen:
Herr Parteivorsitzender Frank Franz – Würden Sie sich bitte erheben! Dankeschön!
die Herren Stefan Köster
Frank Schwerdt
Ronny Zasowk
sowie als Bevollmächtigte
die Herren Rechtsanwälte
Peter Richter und
Michael Andrejewski

Für den Bundesrat:
Herr Bundesratspräsident Stanislaw Tillich
die Direktorin des Bundesrates, Frau Staatssekretärin Dr. Ute Rettler
sowie als Bevollmächtigte
Herr Prof. Dr. Christoph Möllers
Herr Prof. Dr. Christian Waldhoff und
Herr Prof. Dr. Dr. Alexander Ignor

C. Das zweite NPD-Verbotsverfahren (2013–2017)

Mit dem Bundesrat sind erschienen:
Herr Ministerpräsident Winfried Kretschmann
Herr Ministerpräsident Dr. Dietmar Woidke
Frau Landtagspräsidentin Sylvia Bretschneider
Herr Innenminister Reinhold Gall
Herr Innenminister Joachim Herrmann
Herr Innensenator Andy Grote
Herr Innenminister Peter Beuth
Herr Innenminister Lorenz Caffier
Herr Innenminister Ralf Jäger
Herr Innenminister Holger Stahlknecht
Herr Innenminister Stefan Studt
Herr Innenminister Dr. Holger Poppenhäger
Herr Staatsminister Dr. Fritz Jaeckel
Frau Senatorin Dilek Kolat

Für den Deutschen Bundestag ist erschienen:
Herr Regierungsdirektor Patrick Wegner

Aus dem Deutschen Bundestag sind erschienen:
Frau Abgeordnete Dr. Eva Högl
Frau Abgeordnete Renate Künast
Herr Abgeordneter Dr. Tim Ostermann
Herr Abgeordneter Matthias Schmidt und
Frau Abgeordnete Ulla Jelpke

Für die Bundesregierung sind erschienen:
Herr Ministerialdirektor Stefan Kaller
Herr Ministerialdirektor Hans-Heinrich von Knobloch
Herr Ministerialdirektor Günter Heiß

Für das Bundespräsidialamt ist erschienen:
Herr Ministerialrat Prof. Dr. Stefan Ulrich Pieper

Als Sachkundige Dritte sind erschienen:
Herr Prof. Dr. Eckhard Jesse
Herr Prof. Dr. Dierk Borstel
Herr Prof. Dr. Steffen Kailitz
Frau Andrea Röpke

Als Sachkundige Auskunftspersonen sind erschienen:
Herr Udo Pastörs – ist nicht anwesend
Herr Udo Voigt
Herr Jürgen Gansel – nicht erschienen
Herr Claus Cremer und
Herr Holger Apfel

Ich weise darauf hin, dass die mündliche Verhandlung gemäß § 25a des Gesetzes über das Bundesverfassungsgericht in Verbindung mit § 24 der Geschäftsordnung in einer Tonaufzeichnung festgehalten wird. Näheres finden Sie dazu in den genannten Vorschriften. Ich darf die Presse bitten, den Raum zu verlassen.

Würden Sie bitte auch oben …

So, bevor wir zur Sache verhandeln, möchte ich dem Antragsgegner Gelegenheit geben, Anträge zu stellen.

Rechtsanwalt Richter: Vielen Dank, Herr Präsident! Hoher Senat, verehrte Verfahrensbeteiligte, für die Antragsgegnerin möchte ich ein Ablehnungsgesuch gegen mehrere Richter des Bundesverfassungsgerichts vorbringen und dieses zunächst verlesen.

In dem Parteiverbotsverfahren Bundesrat gegen NPD werden die Richter des Bundesverfassungsgerichts Huber und Müller namens und im Auftrage der Antragsgegnerin wegen Besorgnis der Befangenheit abgelehnt.

Zudem wird namens und im Auftrage der Antragsgegnerin die ordnungsgemäße Besetzung des Zweiten Senats im vorliegenden Verfahren gerügt, weil die Richter des Bundesverfassungsgerichts König und Maidowski wegen § 15 Abs. 3 Satz 1 BVerfGG von einer Mitwirkung ausgeschlossen sind.

Darüber hinaus wird namens und im Auftrage der Antragsgegnerin die ordnungsgemäße Besetzung des Gerichts insgesamt gerügt, weil die Richter des Bundesverfassungsgerichts Huber, Hermanns, König, Maidowski, Kirchhof, Schluckebier, Paulus und Baer nicht gemäß Art. 94 Abs. 1 Satz 2 GG vom Deutschen Bundestag, sondern lediglich vom Richterwahlausschuss gewählt worden sind.

Hinsichtlich der Entscheidung über die die vom Deutschen Bundestag gewählten Richter betreffende Besetzungsrüge werden die Richter des Bundesverfassungsgerichts Huber, Hermanns, König, Maidowski, Kirchhof, Schluckebier, Paulus und Baer namens und im Auftrage der Antragsgegnerin zusätzlich wegen Besorgnis der Befangenheit abgelehnt.

Schließlich wird beantragt, der Antragsgegnerin die dienstlichen Äußerungen der abgelehnten Richter mit der Gelegenheit zur Stellungnahme zuzuleiten.

Gründe:

Das Bundesverfassungsgericht hat seine ordnungsgemäße Besetzung zur Wahrung des Anspruchs aus Art. 101 Abs. 1 Satz 2 GG (rechtliches Gehör) in jeder Lage des Verfahrens (Grundrecht auf den gesetzlichen Richter), in jeder Lage des Verfahrens von Amts wegen zu prüfen.

Die Richterbank des Zweiten Senats ist derzeit gleich in mehrfacher Hinsicht fehlerhaft besetzt. Gegen die Richter Huber und Müller besteht die Besorgnis der Befangenheit. Darüber hinaus sind die Richter König und Maidowski von einer Mitwirkung im vorliegenden Verfahren ausgeschlossen. Schließlich sind die Richter Huber, Hermanns, König, Maidowski, Kirchhof, Schluckebier, Paulus und Baer an einem Tätigwerden gehindert, weil sie nicht gemäß Art. 94 Abs. 1 Satz 2 GG vom Deutschen Bundestag, sondern lediglich vom Richterwahlausschuss gewählt worden sind und der die indirekte Wahl der Verfassungsrichter bislang vorschreibende § 6 Abs. 1 BVerfGG a. F. verfassungswidrig und nichtig war. Hinsichtlich der Entscheidung über die die vom Deutschen Bundestag gewählten Richter betreffende

Besetzungsrüge besteht gegen die hiervon betroffenen Richter die Besorgnis der Befangenheit.

Zum Befangenheitsantrag gegen die Richter Huber und Müller:

Die Richter Huber und Müller waren wegen Besorgnis der Befangenheit abzulehnen, weil für einen vernünftigen und besonnenen Verfahrensbeteiligten Zweifel an ihrer Unparteilichkeit bestehen.

Die Besorgnis der Befangenheit eines Richters des Bundesverfassungsgerichts nach § 19 Abs. 1 BVerfGG setzt voraus, dass ein Grund vorliegt, der geeignet ist, Zweifel an der Unparteilichkeit des Richters zu rechtfertigen. Es kommt nicht darauf an, ob der Richter tatsächlich befangen oder parteilich ist oder ob er sich selbst für befangen oder für unbefangen hält. Entscheidend ist allein, ob ein am Verfahren Beteiligter bei vernünftiger Würdigung aller Umstände Anlass hat, an der Unvoreingenommenheit des Richters zu zweifeln. Eine Besorgnis der Befangenheit im Sinne des § 19 BVerfGG kann dabei nicht allein aus den Gründen hergeleitet werden, die nach der ausdrücklichen Regelung des § 18 Abs. 2 und Abs. 3 BVerfGG nicht zum Ausschluss von der Ausübung des Richteramts führen. Wissenschaftliche Äußerungen zu einer für das Verfahren bedeutsamen Rechtsfrage (§ 18 Abs. 3 Nr. 2 BVerfGG) können deshalb für sich genommen kein Befangenheitsgrund sein. Wenn es um die Beurteilung wissenschaftlicher Äußerungen geht, muss, damit eine Besorgnis der Befangenheit als begründet erscheinen kann, deshalb etwas Zusätzliches hinzutreten, das über die in § 18 Abs. 3 BVerfGG als unbedenklich bezeichneten Tätigkeiten hinausgeht. Die Besorgnis der Befangenheit rechtfertigende Zweifel an der Unvoreingenommenheit eines Richters des Bundesverfassungsgerichts werden danach nicht schon dadurch begründet, dass der Richter eine bestimmte wissenschaftliche Meinung, Rechtsauffassung oder politische Überzeugung hat und diese auch nach außen offenbart und vertritt. Sie scheiden damit allerdings als mögliche Befangenheitsgründe auch nicht von vornherein aus. Das Vertrauen in die Unabhängigkeit des Richters kann durch solche Äußerungen gefährdet sein, wenn Umstände hinzutreten, die aus der Sicht eines Verfahrensbeteiligten Anlass zu der Befürchtung geben, der Richter sei bei der Entscheidungsfindung einem offenen rechtlichen Diskurs – sei es mit den Verfahrensbeteiligten, sei es im Rahmen der Beratung des Senats – nicht mehr zugänglich und werde seine Argumente nicht ernsthaft erwägen. Zweifel an der Objektivität des Richters können etwa berechtigt sein wenn sich aufdrängt, dass ein innerer Zusammenhang zwischen einer – mit Engagement geäußerten – politischen Überzeugung und seiner Rechtsauffassung besteht oder wenn Forderungen des Richters nach einer Rechtsänderung in einer konkreten Beziehung zu einem bei ihm anhängigen Verfahren stehen. Leitendes Motiv muss es dabei stets sein, bereits den bösen Schein einer möglicherweise fehlenden Unvoreingenommenheit zu vermeiden. Nach diesen Maßstäben ist vorliegend sowohl gegen Richter Huber als auch gegen Richter Müller eine Befangenheitsbesorgnis gegeben.

Zum Befangenheitsantrag gegen Richter Huber:

Richter Huber war bekanntlich von 2009 bis 2010 Innenminister des Freistaats Thüringen und hat sich in dieser Funktion mehrfach sowohl für ein Verbot der Antragsgegnerin ausgesprochen und ein solches gefordert als sich auch mit Nachdruck für einen Ausschluss der Antragsgegnerin aus der staatlichen Parteienfinanzierung stark gemacht.

Im Einzelnen:

In einem unter ⟨publikative.org⟩ abrufbaren Beitrag mit dem Titel „CDU-Innenminister fordert NPD-Verbot" vom 21. Januar 2010 ist unter anderem Folgendes zu lesen: „Auch in Thüringen fordern CDU-Politiker mittlerweile ein Verbot der neonazistischen NPD. Angestoßen wurde die Debatte von Innenminister Peter Huber, der einen zweiten Anlauf für ein NPD-Verbotsverfahren befürwortete. Der NPD müssen die Vorteile des Parteiengesetzes genommen werden, begründete der CDU-Innenminister laut MDR seinen Vorstoß. Voraussetzung sei aber, dass sich alle Innenminister einig seien, einen neuen Anlauf zu wagen, und dass die Erfolgsaussichten größer seien als beim ersten Versuch. Huber bezeichnete den ‚Kampf gegen Rechts' als gesamtgesellschaftliche Aufgabe. Jeder Bürger sei gefordert, im Privatleben oder am Arbeitsplatz extremistischen Äußerungen entgegenzutreten. Gleichzeitig forderte er die Polizei auf, alle gesetzlichen Möglichkeiten zu nutzen, um Skinhead-Konzerte zu verhindern."

In einem weiteren im Internet abrufbaren und von Richter Huber selbst verfassten Gastbeitrag für die FAZ mit dem Titel „NPD-Verbot? Kein Staatsgeld für Extremisten" vom 6. Mai 2010 steht Folgendes geschrieben: „Der Staat muss keine Parteien finanziell unterstützen, die seine Grundordnung bekämpfen. Der öffentliche Friede geht vor. Statt einer Neuauflage eines NPD-Verbotsverfahrens sei es geboten, das Parteiengesetz zu ändern", fordert Thüringens Innenminister Peter M. Huber in seinem Gastbeitrag. Weiter heißt es in dem erwähnten Gastbeitrag: „Muss der freiheitliche Verfassungsstaat extremistische Parteien also finanziell unterstützen, die seine Grundordnung bekämpfen? Muss er den Verstößen gegen Straf- und Ordnungsvorschriften durch Anmelder und Teilnehmer extremistischer Demonstrationen zusehen und sich auf wiederholte Veranstaltungsverbote sowie auf die Bestrafung von Einzelpersonen beschränken? Wohl nicht. [...] Anders ausgedrückt: Wenn Meinungsäußerungen und Versammlungen, die den öffentlichen Frieden gefährden, diskriminiert werden dürfen, weshalb nicht auch Parteiaktivitäten?"

Zudem hat der abgelehnte Richter Huber während seiner Amtszeit als Thüringer Innenminister eine Broschüre mit dem Titel: „Geistige Brandstifter – nicht in unseren Reihen!" herausgegeben, in der Handlungsempfehlungen für die Thüringer Feuerwehren im Umgang mit Rechtsextremisten gegeben werden. In dieser Broschüre, die ein Vorwort des abgelehnten Richters Huber enthält, wird zwar formal gegen Rechtsextremismus argumentiert, der Sache nach handelt es sich aber um eine Anti-NPD-Schrift, weil als einzige rechtsextreme Gruppierung immer nur die Antragsgegnerin erwähnt wird. Dabei verlässt die Broschüre immer wieder die Ebene der Sachlichkeit und bemüht Polemiken, um gegen die Antragsgegnerin Stimmung zu machen. So heißt es etwa: „Die rechtsextreme Ideologie ist im Grunde ein kümmerliches Konglomerat von überholten Aussagen. Die Rechtsextremisten setzen auf ‚Blut und Boden' und nicht auf ‚Bits und Bytes'. Die Ewiggestrigen verbreiten die totalitäre Versuchung des 20. Jahrhunderts, um das 21. Jahrhundert zu regieren." (nachzulesen auf Seite 6 der Broschüre)

Ein weiteres Zitat: „Eine nicht verbotene Partei ist deshalb nicht per se demokratisch. Das trifft heute besonders für die NPD zu. Die NPD ist nicht verboten, sie kann sich an Wahlen beteiligen, aber sie ist als Anti-Partei – antidemokratisch, antipluralistisch, antikonstitutionell – auch keine Partei wie alle anderen." (nachzulesen auf Seite 8)

Ein weiteres Zitat: „Demokraten sind gegenüber Antidemokraten nicht neutral, auch wenn diese alle Freiräume des Rechtsstaats in der Demokratie nutzen können." (nachzulesen auf Seite 8)

Weiteres Zitat – zweiter Fall: „Ein Mitglied der NPD, das sich im Dienst politisch unauffällig verhält" – also im Dienst der Freiwilligen Feuerwehr, zur Ergänzung – „aber in der Partei Funktionen ausübt oder sich als Wahlkandidat zur Verfügung stellt. Jemand, der diese Parteiaktivitäten ausübt oder an rechtsextremen Demonstrationen teilnimmt, ist z. B. als Jugendwart in der örtlichen Feuerwehr nicht geeignet. Jemand, der die jüngste deutsche Geschichte auf den Kopf stellt, der zum Beispiel den Unsinn vom Friedensflieger Rudolf Heß verbreitet, kann nicht Ausbilder von Jugendlichen sein. Wer auf die Frage: ‚Wie hältst Du es mit der Demokratie und ihren zentralen Werten?' keine plausible Antwort gibt, der ist nicht im Einklang mit dem Grundgesetz, mit der Landesverfassung und gegebenenfalls mit der Satzung der Feuerwehr. Derartiges Verhalten kann, sofern die Satzung ein Bekenntnis zur freiheitlichen demokratischen Grundordnung vorsieht, als Satzungsverstoß sanktioniert werden." (nachzulesen auf Seite 16)

Ein weiteres Zitat: „Nun könnte einer sagen, die NPD ist keine wegen ihrer Verfassungsfeindlichkeit verbotene Partei. Wie bekannt, ist das im Jahr 2001 eingeleitete Verbotsverfahren gegen die NPD vom Bundesverfassungsgericht in Karlsruhe wegen der ungeklärten Rolle von V-Männern, die nach Meinung des Gerichts ein nicht behebbares Verfahrenshindernis darstellen, in 2003 eingestellt worden. Dabei ist zu beachten: Dieser Einstellungsbeschluss hat der NPD keineswegs bescheinigt, sie stünde auf dem Boden des Grundgesetzes. Also könne auch die Aufnahme eines NPD-Mitglieds erfolgen. Dagegen hat die Satzung einen Riegel vorgeschoben. In § 3 Abs. 2 erfolgt eine Klarstellung. Die Aufnahme in die Feuerwehr ist auch dann verwehrt, wenn der Bewerber einer Vereinigung angehört, die mit der demokratischen Grundordnung unvereinbare Ziele verfolgt. Welche Parteien und Organisationen dies aus Sicht der Verfassungsschutzämter sind, kann den jährlichen Berichten dieser Behörden entnommen werden." (nachzulesen auf Seite 17)

Weiteres Zitat: „Über die Prahlerei der NPD, sie sei die echte Heimatpartei, können Leute, die selbst von der Schönheit ihrer Heimat zu Recht überzeugt sind, lässig hinwegsehen." (Seite 21)

Weiteres Zitat: „Im Gespräch auf die Widersprüche in der Gruppe seiner neuen Freunde hinzuweisen – zum Beispiel wird viel von Ordnung und Sauberkeit schwadroniert –, über die illegalen Machenschaften der Thüringer Landes-NPD, werfen ein trübes Licht auf die Gesamtpartei. Der Bundesschatzmeister der NPD saß bis zu seiner Verurteilung sieben Monate wegen undurchsichtiger Finanztransaktionen zulasten seiner Partei in Untersuchungshaft. Die ‚Saubermänner' der NPD wollen mit einem vielfach vorbestraften Führungspersonal die angeblich verrotteten ‚Blockparteien' ablösen. Eine Partei mit diesem Programm und diesen Funktionären ist kein

Vorbild für Ehrlichkeit und Sauberkeit in öffentlichen Angelegenheiten." (nachzulesen auf Seite 22 der Broschüre)

Schließlich hat Richter Huber im Rahmen der Vorstellung des Thüringer Verfassungsschutzberichts 2009 Folgendes öffentlich erklärt: „Die gesunkene Mitgliederzahl der NPD und der Rückgang bei den Gewalttaten im rechten Bereich dürfen nicht darüber hinwegtäuschen, dass der Kampf gegen den Rechtsextremismus weiterhin mit großem Nachdruck betrieben werden muss. [...] Darüber hinaus bleibt der Kampf gegen den Rechtsextremismus eine gesamtgesellschaftliche Aufgabe. Ich bin sehr froh, dass am 1. Mai in Erfurt ein breites Bürgerbündnis aus allen demokratischen Lagern ein deutliches Zeichen gegen den Rechtsextremismus gesetzt hat und erhoffe mir auch für die Zukunft solch eindrucksvollen friedlichen Protest."

In demselben Artikel wird unter Verweis auf eine Pressemitteilung des Thüringer Innenministeriums vom 9. Juli 2010 folgende weitere Äußerung von Richter Huber wiedergegeben: „Thüringens Innenminister Prof. Dr. Peter M. Huber begrüßt den breiten gesellschaftlichen Protest gegen die NPD-Veranstaltung am kommenden Samstag in Gera, ruft aber zu strikter Friedfertigkeit auf."

Diese Äußerungen des abgelehnten Richters begründen nach den oben dargestellten Maßstäben die Besorgnis der Befangenheit. Richter Huber bringt mit seinen vorbezeichneten Äußerungen eine durchweg negative und schon geradezu feindselige Haltung gegenüber der Antragsgegnerin zum Ausdruck. Er befürwortet ein Verbot der Antragsgegnerin nicht nur, sondern fordert es sogar ausdrücklich und versuchte seinerzeit andere Innenministerkollegen von der vermeintlichen Sinnhaftigkeit eines erneuten Verbotsantrags zu überzeugen. Dabei ging es ihm offensichtlich nicht nur um die Durchführung eines ergebnisoffenen Verbotsverfahrens, sondern expressis verbis um ein tatsächliches Verbot der Antragsgegnerin. Richter Huber fordert zudem einen mit großem Nachdruck zu betreibenden Kampf gegen den Rechtsextremismus und solidarisiert sich öffentlich mit Gruppierungen, welche gegen die Antragsgegnerin demonstrieren – also mit ihren politischen Gegnern. Dass derartige Prozessaufrufe gegen das Neutralitätsgebot des Staates und gegen den Grundsatz der Chancengleichheit der politischen Parteien verstoßen, ist bereits verfassungsgerichtlich geklärt (vgl. Thüringer Verfassungsgerichtshof vom 3. Dezember 2014 VerfGH 2/14, betreffend einen Protestaufruf der ehemaligen Thüringer Sozialministerin gegen einen Listenaufstellungsparteitag der Antragsgegnerin). Der in seinen Äußerungen zum Ausdruck kommende Impetus geht damit deutlich über die Äußerung einer reinen Meinung im politischen Tagesgeschäft hinaus und betrifft die zentrale Rechtsfrage des vorliegenden Verfahrens, nämlich die Frage der Verfassungswidrigkeit und der Verfassungsmäßigkeit der Antragsgegnerin. Es liegen damit genau diejenigen besonderen Umstände vor, welche nach der Rechtsprechung des erkennenden Gerichts für die Annahme einer Befangenheitsbesorgnis erforderlich sind. Für Richter Huber steht die Sanktionswürdigkeit der Antragsgegnerin im Allgemeinen und ihre Verbotswürdigkeit im Besonderen offensichtlich schon seit Jahren fest, so dass ein vernünftiger Verfahrensbeteiligter angesichts der Häufigkeit und der Massivität der getätigten Äußerungen eine verfestigte Voreingenommenheit des abgelehnten Richters befürchten muss. Jemand der öffentlich, lautstark und nachhaltig nicht nur eine Diskriminierung der Antragsgegnerin bei der staatlichen Parteienfinanzierung, sondern sogar ihr tatsächliches Verbot gefordert und auch noch ihren politischen Gegner bei ihrem Protest offen und unter Verstoß gegen das Gebot staatlicher Neutralität unterstützt hat, wird es sicherlich begrüßen, dass die Bundesländer in Gestalt des Antragstellers seiner damaligen Aufforderung nunmehr tatsächlich nachgekommen sind und einen erneuten Verbotsantrag gegen die Antragsgegnerin gestellt haben. In der Folge ist zu befürchten, dass der abgelehnte Richter als Folge seiner Voreingenommenheit gegenüber der Antragsgegnerin, für deren Argumente er nicht mehr zugänglich sein wird, sondern ergebnisorientiert eine auf ein Verbot der Antragsgegnerin gerichtete Entscheidung wird treffen wollen, so wie er es in der Vergangenheit stets gefordert hat.

Diese Befürchtung wird durch die erwähnte Feuerwehrbroschüre noch verstärkt. Unabhängig von der Frage, ob es überhaupt zu den Aufgaben eines Innenministers gehört, die Angehörigen der Feuerwehren einer politischen Gesinnungsprüfung zu unterziehen und Handlungsempfehlungen zur Diskriminierung von Kameraden mit unliebsamen politischen Ansichten zu geben, geht diese Publikation selbst bei Anlegung eines großzügigen Maßstabs weit über das rechtlich zulässige Maß hinaus und stellt eine erneute Verletzung des staatlichen Neutralitätsgebots dar. Die Publikation befasst sich in einseitiger Weise allein mit der Antragsgegnerin und rückt diese durch unbewiesene Behauptungen in ein durchweg negatives Licht. Gerade bei Formulierungen wie: „geistige Brandstifter" handelt es sich um typischen Wahlkampfjargon, der einem zur parteipolitischen Neutralität verpflichteten Minister nicht zu Gebote steht. Auch exaltierte Formulierungen wie: „Die Ewiggestrigen verbreiten die totalitäre Versuchung des 20. Jahrhunderts, um das 21. Jahrhundert zu regieren." offenbaren reine Polemik und Stimmungsmache gegen die Antragsgegnerin. Böswillige und unbelegte Äußerungen, wonach es sich bei der Antragsgegnerin um eine Anti-Partei handele, die als antidemokratisch, antipluralistisch und antikonstitutionell einzustufen und daher keine Partei wie alle anderen sei, unterstreichen diese Haltung des für die Broschüre verantwortlichen damaligen Innenministers Huber gegenüber der Antragsgegnerin. Geradezu haarsträubend mutet die in der Broschüre aufgestellte These an, wonach ein an sich für den Dienst geeigneter Feuerwehrmann allein deshalb ungeeignet sei, weil er sich für die Antragsgegnerin engagiere. Indem diesbezüglich konkrete Formulierungsvorschläge für Feuerwehrsatzungen gemacht werden, wie man Personen mit missliebiger Gesinnung wegen angeblicher Satzungsverstöße am einfachsten und schnellsten entfernen kann, wird die durch Art. 3 Abs. 3 Satz 1 GG verfassungsrechtlich verbotene Diskriminierung wegen der politischen Anschauung von regierungsamtlicher Stelle gutgeheißen und aktiv unterstützt. Die damit einhergehende Argumentation wirkt geradezu absurd. Zwar habe man die Antragsgegnerin bislang nicht verbieten können, allerdings könne man in der Satzung ja einen Passus einfügen, wonach die Aufnahme in die Feuerwehr auch dann zu versagen sei, wenn der Bewerber einer Vereinigung angehöre, die mit der demokratischen Grundordnung unvereinbare Ziele verfolge. Welche Parteien und Organisationen dies seien, ergebe sich wiederum aus den jährlichen Berichten der Verfassungsschutzämter. Mit anderen Worten: Wenn man die hohen rechtlichen Hürden für ein Parteiverbot nicht nehmen kann, dann erfindet man entsprechende Gummi-Kriterien, auf deren Basis die Exekutive allein aufgrund von

Meinungsäußerungen der Verfassungsschutzbehörden an die Mitgliedschaft in einer nicht verbotenen politischen Partei ohne jede gerichtliche Prüfung rechtliche Nachteile knüpfen kann. Schließlich muss es geradezu als Dreistigkeit gewertet werden, wenn die besagte Broschüre der Antragsgegnerin vorwirft, sie würde nur von Ordnung und Sauberkeit schwadronieren, eine Partei mit diesem Programm und diesen Funktionären aber schwerlich als Vorbild für Ehrlichkeit und Sauberkeit in öffentlichen Angelegenheiten angesehen werden könne, weil der Bundesschatzmeister der Antragsgegnerin – also der ehemalige Bundesschatzmeister – Geld veruntreut habe. Den Umstand, dass die Antragsgegnerin selbst Opfer krimineller Machenschaften geworden ist, zum Anlass zu nehmen, sie in dieser unsachlichen Weise zu diskreditieren, hat mit legitimer Öffentlichkeitsarbeit und staatlichem Informationshandeln nichts mehr zu tun. Hier werden hoheitliche Befugnisse dazu missbraucht, Stimmung gegen den politischen Gegner zu machen. Ein Innenminister, der zu solchen Mitteln greift, kann schwerlich als unparteilicher Richter unvoreingenommen über das beantragte Verbot der Antragsgegnerin urteilen. Dabei kann die Frage offen bleiben, ob Richter Huber die genannte Broschüre selbst verfasst hat oder nicht, denn jedenfalls hat er sie als zuständiger Minister inhaltlich zu verantworten. Jedenfalls durch das Verfassen des Vorworts hat sich Richter Huber den Inhalt der Broschüre zu eigen gemacht, nachdem er deren Inhalt offensichtlich zustimmend zur Kenntnis genommen hatte.

Darauf, ob Richter Huber tatsächlich in der geschilderten Weise befangen oder voreingenommen ist, kommt es nicht an. Maßgeblich ist allein die objektivierte Sicht eines durchschnittlichen und besonnenen Verfahrensbeteiligten. Dieser hat in der vorliegenden Konstellation indes ganz erhebliche Veranlassung, die Unvoreingenommenheit des Richters aus den umfassend dargelegten Gründen in Zweifel zu ziehen.

Zum Befangenheitsantrag gegen Richter Müller:

Richter Müller war von 1999 bis 2011 Ministerpräsident des Saarlandes und hat sich in dieser Zeit – ebenso wie Richter Huber – mehrfach negativ und abwertend über die Antragsgegnerin geäußert.

Im Einzelnen:

In einem Artikel des Handelsblatt vom 29. Januar 2005 mit dem Titel „Müller gegen staatliche Finanzierung der NPD", welcher unter (Internetadresse) abgerufen werden kann, wird Folgendes berichtet: „Der saarländische Ministerpräsident Peter Müller (CDU) hat sich dafür ausgesprochen, verfassungsfeindlichen Parteien generell die staatliche Finanzierung zu entziehen. Trotz des gescheiterten Verbotsverfahrens sei es ‚unstreitig', dass die NPD verfassungsfeindliche Ziele verfolge, sagte Müller der Bild am Sonntag. Müller forderte zu prüfen, ob es rechtlich möglich sei, dass verfassungsfeindliche Parteien keine staatliche Finanzierung erhielten. Dann könnte die NPD von der Parteienfinanzierung ausgeschlossen werden, sagte er."

ZEIT-Online schreibt in einem Artikel vom 20.03.2003: „Am 1. August trat der bayerische Innenminister vor die Presse und forderte eine ‚Rechts- und Sicherheitspolitik, die alle Möglichkeiten der Prävention und der Repression ausschöpft'. In Bayern wurde bereits nach dieser Prämisse gehandelt, sagte Günther Beckstein. Von der Bundesregierung verlangte er, in Karlsruhe ein Verbot der NPD zu beantragen.

Anders als noch im Frühjahr war jetzt der Boden für eine hektische Debatte bereitet. Unverzüglich unterstützte Niedersachsens Ministerpräsident Sigmar Gabriel die bayerische Initiative. Sein Innenministerium hatte schon im März die Chancen für ein Verbot geprüft und für gut befunden. Auch Bundesumweltminister Jürgen Trittin und Saarlands Ministerpräsident Peter Müller äußerten sich zustimmend."

Schließlich behauptet die taz in einem im Internet abrufbaren Artikel vom 20.01.2016, Richter Müller habe gegenüber der Berliner Zeitung Folgendes über die Antragsgegnerin geäußert: „Es ist unstreitig, dass die NPD verfassungsfeindliche Ziele verfolgt und rassistische Inhalte vertritt. Das Gedankengut der NPD finde ich ekelerregend."

Diese Äußerungen des abgelehnten Richters begründen nach den oben dargestellten Maßstäben die Besorgnis der Befangenheit. Auch wenn Richter Müller nicht derart offen ein NPD-Verbot fordert wie Richter Huber, so lässt er doch keinen Zweifel daran, dass er der Antragsgegnerin zutiefst ablehnend gegenübersteht und sie als ekelerregend ansieht. Eine solche in hohem Maße derbe und unsachliche Wortwahl lässt auf eine bereits im Grundsatz emotional-feindselige Haltung des abgelehnten Richters gegenüber der Antragsgegnerin schließen. Darüber hinaus ist es aus Sicht von Richter Müller offenbar „unstreitig", dass die Antragsgegnerin verfassungsfeindlich sei, gleichsam als handele es sich dabei um ein evidentes Faktum, hinsichtlich dessen jede Diskussion überflüssig sei. Die Verfassungsmäßigkeit der Antragsgegnerin stellt aber gerade die zentrale Rechtsfrage des vorliegenden Verfahrens dar. Wenn diese entscheidungserhebliche Rechtsfrage für Richter Müller aber unstreitig ist, es also keinerlei diesbezüglichen Diskussionsbedarf mehr gibt, dann hat er sich offenbar schon eine abschließende Meinung über die Verbotswürdigkeit der Antragsgegnerin gebildet und dürfte ihren Argumenten nicht mehr unvoreingenommen gegenübertreten.

Dies gilt umso mehr, als Richter Müller es offenbar ebenso wie Richter Huber als legitim ansieht, eine politisch missliebige Partei wie die Antragsgegnerin im Bereich der staatlichen Parteienfinanzierung offen zu diskriminieren. Es dürfte unmittelbar einleuchten, dass die Unvoreingenommenheit eines Richters, der einen Verfahrensbeteiligten als „ekelerregend" bezeichnet, der dessen angebliche Verfassungsfeindlichkeit als unstreitig ansieht und offen zu dessen parteienfinanzierungsrechtlicher Diskriminierung aufruft, durchgreifenden Bedenken ausgesetzt ist. Darüber hinaus liegen aber auch weitere Gründe vor, die gegen Richter Huber und Richter Müller gleichermaßen die Besorgnis der Befangenheit begründen.

Die Antragsgegnerin hat im Rahmen der Erörterung der Frage des Vorliegens von Verfahrenshindernissen, speziell zur V-Mann-Problematik, umfangreiche Beweisanträge gestellt und insbesondere die Beschlagnahme von Unterlagen der bundesdeutschen Inlandsgeheimdienste betreffend Funktionäre aus der Führungsebene der Antragsgegnerin beantragt. Da die beiden abgelehnten Richter nicht nur führende politische Positionen in den Ländern Thüringen und Saarland bekleidet haben, sondern als Innenminister beziehungsweise Ministerpräsidenten auch direkte Vorgesetzte der jeweiligen Verfassungsschutzämter waren, ist davon auszugehen, dass sie über die in ihrer Amtszeit gegen die Antragsgegnerin durchgeführten geheimdienstlichen Aktionen (Überwachung von Funktionären, Infiltration der Partei mit angeworbenen oder eingeschleusten Spitzeln etc.) informiert waren, wenn derlei Aktionen – wofür insbesondere im Fall des Richters Huber einiges spricht – nicht sogar von ihnen selbst in Auftrag gegeben worden sind. Mithin darf davon ausgegangen werden, dass den abgelehnten Richtern der Inhalt der Geheimdienstakten, deren Beschlagnahme die Antragsgegnerin beantragt hat, in weiten Teilen bekannt ist. Wenn die Behauptung der Antragstellerin zutrifft, dass der Inhalt dieser vom Antragsteller krampfhaft unter Verschluss gehaltenen Akten tatsächlich geeignet ist, die vom Antragsteller aufgestellte These der angeblichen Staatsfreiheit der Führungsebene der Antragsgegnerin und des vorgelegten Beweismaterials zu entkräften – was freilich erst nach einer Inaugenscheinnahme der betreffenden Akten verlässlich beurteilt werden könnte –, dann liegt jedenfalls der Verdacht nahe, dass die mit dem Inhalt der entsprechenden Akten aus Thüringen und dem Saarland hinreichend vertrauten Richter Huber und Müller tendenziell geneigt sein könnten, eine Offenlegung dieser Akten zu verhindern, um eine Bloßstellung ihrer ehemaligen Untergebenen und Kollegen zu verhindern. Angesichts des Totalversagens des Thüringischen Landesamtes für Verfassungsschutz im NSU-Skandal und der damals daraus abzuleitenden strukturellen Versäumnisse des übergeordneten Innenministeriums ist sogar zu befürchten, eine Offenlegung entsprechender geheimdienstlicher Akten könnte weitere Versäumnisse des aufsichtsführenden Innenministers zutage fördern, was in Anbetracht des nahezu unkontrollierbaren Eigenlebens, welches gerade das Thüringische Landesamt für Verfassungsschutz entwickelt hat, keineswegs fernliegend ist.

Auch die Offenlegung der NPD-Funktionäre betreffenden Akten des Landesamtes für Verfassungsschutz Saarland ist von nicht unerheblicher politischer Brisanz, denn sollte sich insbesondere durch eine Inaugenscheinnahme der die Unterzeichner betreffenden Geheimdienstakten ergeben, dass dieser – entgegen den unglaubhaften Beteuerungen der Gegenseite und entsprechend dem vom Unterzeichner gehegten und schriftsätzlich dargelegten Verdacht – tatsächlich schon seit Jahren – und damit bis in die Zeit zurückreichend, in welcher Richter Müller das Amt des saarländischen Ministerpräsidenten bekleidet hat – nachrichtendienstlich beobachtet wird, wäre nicht nur die Glaubwürdigkeit des Antragstellers erschüttert, sondern es könnten auch etwaige Versäumnisse der aufsichtsführenden Behörden, unter anderem des ehemaligen Ministerpräsidenten Peter Müller, bekannt werden.

Mit anderen Worten: Die abgelehnten Richter waren in ihrer Zeit als hochrangige Politiker unmittelbar in diejenigen geheimdienstlichen Arbeitsabläufe eingebunden, die vorliegend ein Verfahrenshindernis begründen. Da beide Richter sich – wie oben bereits umfassend dargestellt – in der Öffentlichkeit abwertend über die Antragsgegnerin geäußert haben und – jedenfalls Richter Huber – offen ihr Verbot gefordert hat, dürften beide Richter schon von vornherein nicht geneigt sein, sich mit den zugunsten einer Verfahrenseinstellung ins Feld geführten Argumenten der Antragsgegnerin unvoreingenommen und ergebnisoffen zu befassen. Dies gilt erst recht, wenn die beantragte Offenlegung der Geheimdienstakten aufsichtsbehördliche Defizite der übergeordneten Behörden und damit unter Umständen sogar mögliche persönliche Versäumnisse der beiden abgelehnten Richter zutage fördern könnte.

Nach alledem sind die Ablehnungsgesuche gegen die Richter Huber und Müller für begründet zu erklären.

Zur Besetzungsrüge hinsichtlich der Richter König und Maidowski:

Zudem sind die Richter König und Maidowski ungeachtet der vorstehenden Ausführungen gemäß § 15 Abs. 3 Satz 1 BVerfGG von einer Mitwirkung im vorliegenden Verfahren ausgeschlossen.

Nach dieser Vorschrift können nach Beginn der Beratung einer Sache weitere Richter nicht mehr hinzutreten. Die Richter König und Maidowski haben ihr Richteramt im Juni und Juli 2014 angetreten, zu diesem Zeitpunkt hatte die Beratung der Sache aber bereits begonnen. Zum einen hat der Senat im vorliegenden Verfahren bereits am 28.01.2014 – also vor Dienstantritt der Richter König und Maidowski – einen Beschluss gefasst, der denknotwendig eine vorherige Beratung seiner Mitglieder voraussetzt. Dass der seinerzeitige Beschluss ein einstweiliges Anordnungsverfahren betreffend die vom Deutschen Bundestag einbehaltenen Mittel aus der staatlichen Parteienfinanzierung betraf, steht dem nicht entgegen, denn der damals gestellte Antrag auf Erlass einer einstweiligen Anordnung, hilfsweise auf Aussetzung des Verfahrens, diente der Sicherstellung der prozessualen Waffengleichheit zwischen Antragsteller und Antragsgegnerin. Eine Beratung über den mit einem hilfsweisen Aussetzungsgesuch verbundenen einstweiligen Anordnungsantrag stellt damit eine Beratung „der Sache" im Verfahren 2 BvB 1/13 dar, so dass das Hinzutreten weiterer Richter nach diesem Zeitpunkt ausgeschlossen ist.

Spätestens dürfte die Beratung der Sache 2 BvB 1/13 im April 2014 begonnen haben, nachdem der mittlerweile ausgeschiedene Richter Gerhardt mit gerichtlichem Schreiben vom 01.04.2014 mitgeteilt hat, das Verfahren werde ungeachtet des von der Antragsgegnerin gestellten Antrags auf Verfahrenseinstellung wegen des Vorliegens von Verfahrenshindernissen „umfassend weiter vorbereitet". Da eine umfassende weitere Vorbereitung selbstverständlich auch eine entsprechende Beratung innerhalb des Senats umfassen dürfte, kann davon ausgegangen werden, dass die Beratung der Sache in jedem Falle vor Amtsantritt der Richter König und Maidowski begonnen hat.

Die genannten Richter sind daher von einer Mitwirkung im vorliegenden Verfahren ausgeschlossen. Ihre Mitwirkung bei der Fassung des Beschlusses vom 02.12.2015 über die Durchführung der Verhandlung dürfte von daher zur Unwirksamkeit dieses Beschlusses führen.

Zur Besetzungsrüge hinsichtlich der vom Deutschen Bundestag gewählten Richter:

Die Richter Huber, Hermanns, König, Maidowski, Kirchhof, Schluckebier, Paulus und Baer sind an einem Tätigwerden im vorliegenden Verfahren gehindert, weil sie nicht gemäß Art. 94 Abs. 1 Satz 2 GG vom Deutschen Bundestag, sondern lediglich vom Richterwahlausschuss gewählt worden sind. Aus dem Beschluss des Senats vom 19.06.2012 in dem Verfahren 2 BvC 2/10 folgt nichts anderes.

Die bislang praktizierte Wahl der Bundesverfassungsrichter durch den Richterwahlausschuss anstatt durch das Plenum des Deutschen Bundestages war verfassungsrechtlich unzulässig.

Gemäß Art. 94 Abs. 1 Satz 2 GG werden die Mitglieder des Bundesverfassungsgerichts je zur Hälfte vom Bundestage und vom Bundesrate gewählt. Nach § 6 Abs. 1 BVerfGG a. F. wurden die vom Bundestag zu berufenden Richter in indirekter Wahl gewählt, wobei nach der Bestimmung des § 6 Abs. 2 Satz 1 BVerfGG a. F. nach den Regeln der Verhältniswahl ein aus zwölf Abgeordneten des Bundestages bestehender Wahlausschuss gebildet wird, dem allein die Wahl der vom Bundestage zu benennenden Verfassungsrichter obliegt. Diese einfachgesetzliche Ausgestaltung der Wahl der Richter des Bundesverfassungsgerichts ist mit Art. 94 Abs. 1 Satz 2 GG nicht vereinbar, weil die Wahl durch einen zwölfköpfigen Ausschuss schon begrifflich keine Wahl durch den Bundestag im Sinne des Art. 94 Abs. 1 Satz 2 GG darstellt.

Daran ändert auch der Hinweis nichts, der Deutsche Bundestag sei aufgrund seiner Geschäftsordnungsautonomie (Art. 40 Abs. 1 Satz 2 GG) zur Einsetzung von Ausschüssen befugt und mache von dieser Befugnis insbesondere auch im regulären Gesetzgebungsverfahren umfangreich Gebrauch. Die zahlreichen vom Bundestag eingesetzten Ausschüsse dienen regelmäßig nur dazu, die vom Plenum des Bundestages zu fassenden Beschlüsse vorzubereiten und es auf diese Weise arbeitsmäßig zu entlasten. Eine vollständige Delegation der Befugnisse des Bundestages auf einen einzelnen Ausschuss ist demgegenüber bei einer demokratiepolitisch so überaus wichtigen Aufgabe wie der Wahl der Richter des Bundesverfassungsgerichts nicht zulässig.

Diese Auffassung wird von systematischen Erwägungen gestützt. Art. 42 Abs. 2 Satz 1 GG stellt nämlich klar, dass für einen Beschluss des Bundestages die Mehrheit der abgegebenen Stimmen erforderlich ist, soweit das Grundgesetz nichts anderes bestimmt. Daraus folgt, dass die Beschlussfassung im Plenum vom Grundgesetz als Normalfall angesehen wird, von dem nur durch ausdrückliche Vorschriften in der Verfassung abgewichen werden darf. Hinzu kommt, dass das Grundgesetz an anderen Stellen begrifflich sehr präzise zwischen dem Bundestagsplenum einerseits und seinen Ausschüssen andererseits unterscheidet (vgl. Art. 42 Abs. 3, Art. 43 Abs. 1 und Abs. 2, Art. 46 Abs. 1 GG) und lediglich in Art. 45 Sätze 2 und 3 GG die Übertragung von Bundestagskompetenzen auf einen Ausschuss ausdrücklich zulässt. Argumentum e contrario ist eine solche Kompetenzdelegation in anderen Bereichen ohne ausdrückliche verfassungsrechtliche Ermächtigung unzulässig.

Für die hier vertretene Ansicht spricht darüber hinaus auch ein Vergleich mit dem Verfahren der Wahlprüfung. Diese ist gemäß Art. 41 Abs. 1 Satz 1 GG Sache des Bundestages. Zwar bildet dieser gemäß § 3 Abs. 1 WahlprüfG einen Wahlprüfungsausschuss, doch entscheidet dieser nicht selbst über die Gültigkeit der Bundestagswahl, sondern erarbeitet nur eine Beschlussempfehlung, über welche das Bundestagsplenum anschließend abstimmt. Wenn schon bei der Wahlprüfung keine Delegation der Entscheidungskompetenz auf einen Ausschuss stattfindet, kann dies bei der Wahl der Verfassungsrichter erst recht nicht zulässig sein.

Dieses Ergebnis folgt unmittelbar aus dem Demokratieprinzip, welches verlangt, dass auch und gerade die Verfassungsrichter über eine möglichst hohe demokratische Legitimation verfügen müssen. Je politisch wichtiger eine Kompetenz ist, desto mehr erwartet die Verfassung ihre Wahrnehmung durch das Plenum. Letztlich ist dies nichts anderes als die konsequente Anwendung der Wesentlichkeitslehre. Wollte man dies anders sehen, könnte man zukünftig auch den Bundeskanzler oder den Bundespräsidenten von einem eigens hierfür gebildeten Wahlausschuss statt vom Bundestagsplenum beziehungsweise vom Plenum der Bundesversammlung wählen lassen. Solche Erwägungen werden aber zu Recht von niemandem angestellt. Daher muss es umso mehr verwundern, dass nach der bisherigen Rechtslage zwar der Wehrbeauftragte und der Datenschutzbeauftragte durch das Plenum gewählt werden, die im gesamten Staatsgefüge aber weitaus wichtigeren Verfassungsrichter von einem Geheimgremium, in dem nur knapp 2 % der Mitglieder des Gesamtgremiums vertreten sind. Eine Wahl der Verfassungsrichter durch das Bundestagsplenum wäre auch deshalb angezeigt, weil es auf diese Weise zu einem Gleichlauf mit dem Wahlmodus im Bundesrat käme. Dort werden die Verfassungsrichter nämlich nicht durch einen Ausschuss, sondern vom Plenum des Bundesrates gewählt (§ 7 BVerfGG).

Auch allgemeine Transparenzerwägungen sprechen für die Notwendigkeit einer Entscheidung des gesamten Bundestagsplenums. Indem man die Verfassungsrichterwahl in einen geheim tagenden Ausschuss verbannt, dessen Mitglieder gemäß § 6 Abs. 4 BVerfGG a. F. auch noch zur Verschwiegenheit verpflichtet sind, wird das Volk von einer Willensbildung über die zur Wahl stehenden Kandidaten vollständig ausgeschlossen, was wiederum dem Öffentlichkeitsgrundsatz (Art. 42 Abs. 1 Satz 1 GG) widerspricht.

Soweit zur Rechtfertigung des aktuellen und mittlerweile überholten Wahlmodus geltend gemacht wird, eine Wahl durch das Bundestagsplenum berge die Gefahr, dass die zu wählenden Richter als Exponenten einer Partei abgestempelt würden, verfängt schon aus dem Grunde nicht, weil auf Länderebene die Richter der Staats- und Verfassungsgerichtshöfe ebenfalls durch das Landtagsplenum erfolgt, ohne dass die Verfassungsrichter in den Ruch der „Parteilichkeit" gekommen wären.

Nach alledem wäre es also von Verfassungs wegen lediglich zulässig, den Wahlausschuss gemäß § 6 Abs. 2 Satz 1 BVerfGG mit der Erarbeitung einer Beschlussempfehlung zu beauftragen, über welche das Bundestagsplenum später beschließen müsste, so wie es nach der neuen Rechtslage dann auch tatsächlich praktiziert worden ist. Eine vollständige Delegation der Wahl der Verfassungsrichter auf einen lediglich aus zwölf Abgeordneten bestehenden Ausschuss verstößt jedoch sowohl gegen den Wortlaut des Art. 94 Abs. 1 Satz 2 GG als auch gegen das Demokratieprinzip (Art. 20 Abs. 2 GG).

Dies wurde bis zur Entscheidung des Senats im Verfahren 2 BvC 2/10 auch von der Mehrheit der älteren Kommentarliteratur so gesehen, welche ebenfalls von der Verfassungswidrigkeit des § 6 BVerfGG a. F. ausging. Letztlich hat sogar der Bundesgesetzgeber die Rechtswidrigkeit der bisherigen Wahlpraxis eingesehen und mit Gesetz vom 24.06.2015 die Wahl der Verfassungsrichter durch das Plenum des Deutschen Bundestages ausdrücklich im BVerfGG festgeschrieben.

Aus dem Beschluss des Senats vom 19.06.2012 in dem Verfahren 2 BvC 2/10 folgt nichts anderes, weil dieser Beschluss zum einen in rechtsfehlerhafter, gegen Art. 101 Abs. 1 Satz 2 GG verstoßender Weise unter Mitwirkung der seinerzeit abgelehnten Richter gefasst wurde, mithin unwirksam ist und daher für das vorliegende Verfahren keine Bindungswirkung beanspruchen kann. Zum anderen überzeugt die Beschlussbegründung des Senats auch in der Sache nicht, weil sie sich unter Verstoß gegen Art. 103 Abs. 1 GG mit wesentlichen, für die Verfassungswidrigkeit der Altregelung sprechenden Argumenten nicht auseinandersetzt und zudem in Widerspruch zur eigenen Rechtsprechung des erkennenden Senats steht.

Im Einzelnen: Der Beschluss des Senats vom 19.06.2012 in dem Verfahren 2 BvC 2/10 wurde rechtsfehlerhaft unter Mitwirkung der seinerzeit abgelehnten Richter gefasst, ist daher wegen Verstoßes gegen Art. 101 Abs. 1 Satz 2 GG nichtig und entfaltet vorliegend keine Bindungswirkung. Wird eine Besetzungsrüge erhoben, so erfolgt die Feststellung der richtigen Besetzung eines erkennenden Gerichts regelmäßig ohne Beteiligung des Richters, dessen Berechtigung zur Mitwirkung zweifelhaft erscheint (ständige Rechtsprechung des Senats und des ganzen Gerichts). Dies gilt auch dann, wenn die Ordnungsmäßigkeit seiner Wahl in Frage gestellt wird. Nach diesen Maßstäben hätten die damals abgelehnten Richter nicht an der Entscheidung des Senats vom 19.06.2012 mitwirken dürfen. Soweit der Senat in diesem Beschluss hiervon abweichend die Auffassung vertritt, mit vier abgelehnten Senatsmitgliedern seien derart viele Richter betroffen, dass die Beurteilung der vorschriftsmäßigen Senatsbesetzung der Frage nach der ordnungsgemäßen Einrichtung eines Spruchkörpers gleichzusetzen sei, über die dieser selbst befindet, vermag nicht zu überzeugen. Dass ein Richter über die Begründetheit eines gegen ihn selbst gerichteten Ablehnungsgesuchs entscheidet, widerspricht elementaren rechtsstaatlichen Grundsätzen und kann allenfalls in extremen Ausnahmesituationen erwogen werden, etwa dann, wenn sämtliche Richter eines Gerichts abgelehnt werden und – bei strikter Anwendung des vorstehenden Grundsatzes – überhaupt kein Richter mehr zur Verfügung stünde, um das entsprechende Ablehnungsgesuch zu verbescheiden. Umgekehrt kann eine Selbstentscheidung abgelehnter Richter so lange nicht in Betracht kommen, wie vertretungsbereite, nicht abgelehnte Richter vorhanden sind.

So lag der Fall im Verfahren 2 BvC 2/10. Selbst wenn sämtliche Richter des Zweiten Senats abgelehnt worden wären, hätten die Richter des Ersten Senats über die Begründetheit des Ablehnungsgesuchs befinden müssen, so dass nicht einmal in diesem Falle eine Selbstentscheidung der abgelehnten Richter begründbar wäre. Erst recht ist eine Selbstentscheidung unzulässig, wenn lediglich die Hälfte der Mitglieder des Zweiten Senats abgelehnt wird, weil immer noch vier nicht abgelehnte und für die Entscheidung daher zur Verfügung stehende Richter verbleiben. Dass der Senat mit vier Richtern wegen § 15 Abs. 2 Satz 1 BVerfGG nicht beschlussfähig ist, führt zu keinem anderen Ergebnis, weil über das in § 15 Abs. 2 Satz 2 BVerfGG niedergelegte Losverfahren ohne Weiteres noch zwei zusätzliche Richter aus dem Ersten Senat als Vertreter hätten bestimmt werden können. Angesichts einer für den Fall der Beschlussunfähigkeit des Spruchkörpers ausdrücklich vorgesehenen gesetzlichen Regelung erscheint es befremdlich, dass der Senat in seinem Beschluss vom 19.06.2012 nicht diesen gesetzlich vorgesehenen Weg gegangen ist, sondern unter Mitwirkung der abgelehnten Richter entschieden hat.

Auch das im Beschluss vom 19.06.2012 vorgebrachte Argument, die Mitwirkung der abgelehnten Richter sei deshalb geboten, weil anderenfalls eine bei divergierenden Rechtsauffassungen beider Senate des Bundesverfassungsgerichts herbeizuführende Entscheidung des Plenums nicht ergehen könne, weil dieses nicht beschlussfähig wäre (§ 16 Abs. 2 BVerfGG), verfängt nicht. Wie dieser Fall konkret zu behandeln wäre, sollte er tatsächlich einmal eintreten, müsste in der konkreten Situation entschieden werden. Naheliegend wäre eine teleologische Reduktion des § 16 Abs. 2 BVerfGG dahingehend, dass das Plenum dann ausnahmsweise mit nur acht

Richtern beschlussfähig wäre. Denn wenn aus jedem Senat jeweils nur vier Richter für eine Plenarentscheidung zur Verfügung stehen, würde ein Festhalten am Wortlaut des § 16 Abs. 2 BVerfGG eine Plenarentscheidung dauerhaft verunmöglichen, was aber wiederum dem Telos der Norm zuwiderliefe. Auf keinen Fall aber kann diese hypothetische Überlegung über eine mögliche Beschlussunfähigkeit des Plenums im Fall theoretisch denkbarer divergierender Ansichten beider Senate ein tragendes Argument für eine Abkehr von dem rechtsstaatlichen Grundsatz liefern, dass über Ablehnungsgesuche jedenfalls solange unter Ausschluss der abgelehnten Richter zu entscheiden ist, wie in ausreichender Zahl vertretungsbereite, nicht abgelehnte Richter im Gericht zur Verfügung stehen.

Lagen zum Zeitpunkt der Abfassung des Beschlusses vom 19.06.2012 mithin die Voraussetzungen für eine Selbstentscheidung der abgelehnten Richter nicht vor, erweist sich dieser Beschluss wegen Entzugs des gesetzlichen Richters als unwirksam, so dass dieser keinerlei Bindungswirkung für das vorliegende Verfahren entfaltet. Über die Rechtsfrage, ob die indirekte Richterwahl durch den Richterwahlausschuss verfassungskonform war, wurde nämlich noch nicht durch den gesetzlichen Richter im Sinne des Art. 101 Abs. 1 Satz 2 GG entschieden.

Unabhängig davon kann auch der inhaltlichen Begründung des Senats in dem Beschluss nicht beigetreten werden, da die Verfassungskonformität der indirekten Verfassungsrichterwahl durch den Richterwahlausschuss zu verneinen ist. Der Senat hat im Beschluss vom 19.06.2012 dahingehend argumentiert, dass die indirekte Richterwahl seit Jahrzehnten praktiziert worden sei und sowohl der Gesetzgeber im Verfahren diverser Grundgesetzänderungen als auch das Bundesverfassungsgericht selbst die Praxis zumindest konkludent gebilligt hätten. Darüber hinaus sei die Delegation von eigentlich dem Bundestagsplenum zustehenden Entscheidungsbefugnissen auf einen beschließenden Ausschuss nur zum Schutz anderer Rechtsgüter mit Verfassungsrang unter strikter Wahrung des Grundsatzes der Verhältnismäßigkeit zulässig. Es bedürfe eines besonderen Grundes, der durch die Verfassung legitimiert und von einem Gewicht sei, das der Gleichheit der Abgeordneten die Waage halten könne. Dieser legitime Zweck liege bei der indirekten Richterwahl in dem erkennbaren gesetzgeberischen Ziel, Ansehen des Gerichts und das Vertrauen in seine Unabhängigkeit zu festigen und damit seine Funktionsfähigkeit zu sichern.

Dem kann jedoch nicht gefolgt werden. Das Argument, die indirekte Richterwahl sei schon über Jahrzehnte hinweg praktiziert worden und deshalb spreche gleichsam die normative Kraft des Faktischen für die Zulässigkeit eines entsprechenden Vorgehens, verfängt nicht. Allein die jahrzehntelange Duldung einer verfassungswidrigen Praxis vermag dieser weder ex tunc noch ex nunc Legalität zu verleihen.

Dessen ungeachtet kann eine vom Gesetzgeber vorgenommene Grundgesetzänderung an einzelnen Teilen eines Artikels nicht als konkludente Ablehnung einer bestimmten Literaturmeinung zur Auslegung der Vorschrift im Übrigen betrachtet werden. Auch aus dem Schweigen des Bundesverfassungsgerichts zu der hier in Rede stehenden Rechtsfrage in seinen Entscheidungen betreffend die Wahlen der Richter Zeidler und Henschel nötigt mich zu der Annahme, hierdurch sei die indirekte Richterwahl durch einen Wahlausschuss anstatt durch das Plenum unausgesprochen gebilligt worden. Die Frage wurde seinerzeit von Seiten des Gerichts

– aus welchen Gründen auch immer – nicht geprüft und folglich weder in die eine noch in die andere Richtung entschieden. Nach dem Grundsatz, dass Schweigen keinen Erklärungswert aufweist, lassen sich die damaligen Entscheidungen des Gerichts für die Beantwortung der vorliegenden Fragestellung nicht fruchtbar machen.

Die Zielsetzung des Gesetzgebers, das Ansehen des Bundesverfassungsgerichts und das Vertrauen in seine Unabhängigkeit zu festigen und damit seine Funktionsfähigkeit zu sichern, stellt keine taugliche Erwägung zur Rechtfertigung des mit der indirekten Richterwahl verbundenen Eingriffs in das Demokratieprinzip und in die Mitwirkungsrechte der nicht dem Richterwahlausschuss angehörenden Abgeordneten dar. Die Einrichtung eines „Geheimgremiums" wie des Richterwahlausschusses ist nämlich zur Festigung von Ansehen und Vertrauen des Bundesverfassungsgerichts sowie zur Sicherung seiner Funktionsfähigkeit weder erforderlich noch angemessen und daher unverhältnismäßig.

In seiner Entscheidung zum sogenannten „Neuner-Gremium" hat das Bundesverfassungsgericht Kriterien aufgestellt, nach denen sich die Zulässigkeit der Delegation von Letztentscheidungsbefugnissen auf einen parlamentarischen Ausschuss beurteilt, wobei insbesondere die Geltung des Verhältnismäßigkeitsprinzips herausgestellt wurde: „Bei der Beschränkung der Statusrechte der Abgeordneten ist jedoch der Grundsatz der Verhältnismäßigkeit zu wahren und ein angemessener Ausgleich zwischen der Funktionsfähigkeit des Deutschen Bundestages einerseits sowie den damit kollidierenden Statusrechten der Abgeordneten andererseits sicherzustellen. Die Delegation von Entscheidungsbefugnissen des Deutschen Bundestages auf das Untergremium, verbunden mit der Befugnis zur selbstständigen und plenarersetzenden Wahrnehmung dieser Zuständigkeiten steht in einem Spannungsverhältnis zu dem die Befassung des Plenums gebietenden Grundsatz der Budgetöffentlichkeit, der als Ausprägung des die Demokratie prägenden Transparenzgebotes ebenfalls Verfassungsrang genießt. Der damit einhergehende weitergehende Entzug von Abgeordnetenrechten bedarf besonders gewichtiger Gründe."

Nach diesem überzeugenden Prüfungsmaßstab erweist sich die indirekte Richterwahl im Richterwahlausschuss als in dieser Intensität nicht erforderlicher Eingriff in das Demokratieprinzip und die Mitwirkungsrechte der dem Ausschuss nicht angehörenden Parlamentarier, was die Verfassungswidrigkeit der entsprechenden Regelung nach sich zieht.

Es ist bereits nicht ersichtlich, wieso die Autorität eines Richters durch die öffentliche Auseinandersetzung über seine Person im Parlament Schaden nehmen und dadurch zugleich das Ansehen des gesamten Gerichts in Gefahr geraten sollte, denn die Personaldiskussion wird ohnehin in den Medien ausgetragen und hat bislang noch keinem Verfassungsrichter, geschweige denn dem Gericht selbst geschadet.

Jedenfalls war die bisherige Regelung unverhältnismäßig, weil ein milderes, gleich geeignetes Mittel zur Verfügung stand, um einer – unterstellten – Schädigung von Ansehen und Funktionsfähigkeit des Bundesverfassungsgerichts vorzubeugen und seine Funktionsfähigkeit zu sichern. Dieses mildere Mittel stellt die nunmehr geänderte Gesetzeslage dar, wonach dem Wahlausschuss ein exklusives Vorschlagsrecht zusteht, die Letztentscheidungsbefugnis aber gleichwohl beim Bundestagsplenum liegt, wobei insbesondere ein Aussprachverbot herrscht. Es ist nicht erkennbar, warum diese weniger eingriffsintensive Ausgestaltung zum Erreichen des erstrebten Zwecks weniger geeignet sein soll als die indirekte Richterwahl nach § 6 BVerfGG a. F.

Da ein Gestaltungsspielraum des Gesetzgebers allenfalls dort in Betracht kommen kann, wo mehrere gleichermaßen eingriffsintensive Ausgestaltungsmöglichkeiten zur Verfügung stehen, keinesfalls aber dort, wo – wie vorliegend – eine gesetzgeberische Ausgestaltungsvariante deutlich weniger eingriffsintensiv ist als eine andere, kann die indirekte Richterwahl auch nicht mit Verweis auf den gesetzgeberischen Gestaltungsspielraum gerechtfertigt werden. Dieser Gestaltungsspielraum dispensiert nämlich nicht von der Beachtung des rechtsstaatlichen Verhältnismäßigkeitsgrundsatzes, schon gar nicht bei einer für die Demokratie so überaus wichtigen Materie wie der Verfassungsrichterwahl.

Nach alledem war die bis zur Gesetzesnovelle praktizierte indirekte Richterwahl verfassungswidrig, so dass die Richter Huber, Hermanns, König, Maidowski, Kirchhof, Schluckebier, Paulus und Baer, welche nach dem alten Wahlmodus gewählt wurden, eben nicht ordnungsgemäß gewählt wurden und daher von der Mitwirkung im vorliegenden Verfahren ausgeschlossen sind.

Zum Befangenheitsantrag hinsichtlich der vom Deutschen Bundestag gewählten Richter:

Nach den obigen Ausführungen wäre über die Besetzungsrüge hinsichtlich der vom Bundestag gewählten Richter unter Ausschluss dieser Richter zu befinden, wobei die insoweit fehlende Beschlussfähigkeit des erkennenden Senats durch Anwendung des Losverfahrens nach § 15 Abs. 2 Satz 2 BVerfGG wiederherzustellen wäre.

Geht man, wie der erkennende Senat im Beschluss vom 19.06.2012 in dem Verfahren 2 BvC 2/10, nicht schon mit der zutreffenden Auffassung davon aus, dass die im Wege der Besetzungsrüge abgelehnten, vom Bundestag gewählten Richter nicht schon allein aufgrund dieser Besetzungsrüge an einer Mitwirkung an der Entscheidung über die erhobene Besetzungsrüge gehindert sind, so wird man aber jedenfalls davon ausgehen müssen, dass gegen die vom Deutschen Bundestag gewählten Richter Huber, Hermanns, König, Maidowski, Kirchhof, Schluckebier, Paulus und Baer insoweit eine begründete Befangenheitsbesorgnis besteht, weshalb diese insofern wegen Besorgnis der Befangenheit abzulehnen waren.

Die Befangenheitsbesorgnis resultiert daraus, dass ein Richter, der die Rechtmäßigkeit seiner eigenen Wahl prüfen soll, zwangsläufig in eigener Sache tätig wird, so dass man bereits mit guten Gründen eine unmittelbare Anwendung des § 18 Abs. 1 Nr. 1 BVerfGG (Ausschluss eines Richters wegen Beteiligung „an der Sache") vertreten kann. Eine direktere Beteiligung des Richters „an der Sache" ist kaum vorstellbar, wenn die zu entscheidende Sache in der Frage der Rechtmäßigkeit der eigenen Wahl besteht. Der die Gültigkeit der eigenen Wahl prüfende Richter hat ebenso wie der an der regulären Streitsache beteiligte Richter ein persönliches Interesse am Ergebnis der Entscheidung und tritt den zu prüfenden Rechtsfragen daher nicht unvoreingenommen und neutral gegenüber. Der betreffende Richter wird, bewusst oder unbewusst, stets bestrebt sein, die Frage nach der Gültigkeit seiner eigenen Wahl bejahend zu beantworten, weil er andernfalls seine eigene richterliche Legitimität und Autorität zur Disposition stellen würde.

Vom Standpunkt eines vernünftigen Verfahrensbeteiligten besteht daher gegen die vom Bundestag gewählten Richter bezüglich der Entscheidung über die Begründetheit der insoweit erhobenen Besetzungsrüge die begründete Besorgnis der Befangenheit. Nach alledem ist wie beantragt zu entscheiden.

Ich habe entsprechende Mehrfertigungen der Schriftsätze dabei und würde die dann dem Gericht und den Verfahrensbeteiligten vorlegen.

Präsident Prof. Dr. Voßkuhle: Vielen Dank!

So, wir werden über diese verschiedenen Rügen, die Sie erhoben haben, in der Mittagspause beraten. Das muss nicht sofort gemacht werden, sondern wir können das in der Mittagspause machen.

Rechtsanwalt Richter: Darf ich dazu etwas sagen?

Präsident Prof. Dr. Voßkuhle: Da dürfen Sie etwas zu sagen, ja.

Rechtsanwalt Richter: Herr Präsident, hoher Senat, verehrte Verfahrensbeteiligte, wir vertreten die Rechtsauffassung, dass über diese Anträge direkt zu entscheiden wäre, weil wir meinen, dass die ordnungsgemäße Besetzung der Richterbank eben ein Umstand ist, der direkt zu prüfen ist, und dass, wenn Anträge diesbezüglich gestellt werden, diese keinen Aufschub dulden. Es ist richtig, dass nach der StPO entsprechende Anträge zurückgestellt werden können; wie Sie jedoch richtig gesagt haben, sind wir nicht im Strafprozess, deswegen würden wir jetzt keine Rechtsgrundlage sehen, den Antrag zurückzustellen und würden ausdrücklich beantragen, über diese Anträge direkt zu entscheiden und würden insoweit auch eine Entscheidung des ganzen Senats beantragen. Dankeschön!

Präsident Prof. Dr. Voßkuhle: Das sind Anregungen, die Sie hier geben, Beweisanregungen, weil wir kein formales Antragsrecht in diesen Zusammenhängen haben, außer der Befangenheitsfrage. Der Senat muss die Besetzung vorab von Amts wegen prüfen. Er hat das auch schon getan. Deshalb bitte ich um Ihr Verständnis, wenn wir vor dem Hintergrund so verfahren, wie wir es vorgeschlagen haben. Ich schaue einmal den Senat an. Ist der Senat damit einverstanden? [Die Senatsmitglieder nicken zustimmend] Das ist der Fall. Dann werden wir das so tun. Ich würde gerne Herrn Huber fragen, ob er eine dienstliche Äußerung zur Gewährung rechtlichen Gehörs abgeben möchte?

Richter Prof. Dr. Huber: Die meine Person betreffenden Äußerungen im ersten Teil dessen, was der Vertreter der Antragsgegnerin vorgetragen hat, treffen zu. Sie entsprachen der Wahrnehmung meiner Dienstpflichten als Innenminister des Freistaats Thüringen. Die Regierung hatte ein Verbot der Antragsgegnerin in die Koalitionsvereinbarung aufgenommen. Die Bekämpfung des Extremismus ist Aufgabe des Innenministers, die Zuständigkeit für die Feuerwehr ist in Thüringen auch für den Innenminister begründet, so dass auch die Erfassung dieses Vorworts in meine dienstlichen Aufgaben als Innenminister fiel. Das hat mit meiner Tätigkeit als Richter des Bundesverfassungsgerichts nichts zu tun. Soweit der Vertreter der Antragsgegnerin der Auffassung ist, dass ich die Akten des Verfassungsschutzes kennen würde, kann ich hier erklären, dass das nicht der Fall ist.

Präsident Prof. Dr. Voßkuhle: Vielen Dank! Herr Müller!

Richter Müller: Letzteres gilt auch für mich. Ich kenne keine Akten des Saarländischen Verfassungsschutzes. Die angesprochenen Äußerungen sind zutreffend. Ich habe diese Äußerungen in Wahrnehmung meiner früheren Tätigkeit als saarländischer Ministerpräsident gemacht. Es handelt sich um politische Bewertungen der von der Antragsgegnerin verfolgten Zielsetzung. Sie stehen der Unvoreingenommenheit einer juristischen Prüfung der Tatbestandsvoraussetzungen des Art. 21 Abs. 2 GG nicht entgegen.

Präsident Prof. Dr. Voßkuhle: Vielen Dank! Dann würden wir jetzt in die Verhandlung übergehen und …

Richter Müller: Wollen Sie etwas dazu sagen? [in Richtung Antragsteller]

Präsident Prof. Dr. Voßkuhle: Möchten Sie dazu Stellung nehmen? [in Richtung Antragsteller]

Prof. Dr. Möllers: Es ist doch angemessen, dass wir kurz sagen, dass wir die von der Antragsgegnerin ausgeführten Besorgnisse der Befangenheit in den Fällen von Richter Huber und Richter Müller nicht teilen. Wir möchten ganz kurz zwei Dinge sagen. Erstens, das juristische Argument, dass wir eine relativ gefestigte Rechtsprechung dazu haben, dass dienstliche Tätigkeiten und öffentliche Äußerungen als solche erst einmal nicht hinreichend sind, eine Besorgnis der Befangenheit zu begründen, sondern allenfalls eine formelle Beteiligung an diesem Streitgegenstand, etwa ein Kabinettsbeschluss, der dann Streitgegenstand wäre. Wir wollen aber auch noch einmal anmerken, dass es im Ergebnis für uns auch bedenklich wäre, wenn Verfahren mit einem politischen Bezug, in denen es ja auch darum geht, im Grunde an der Grenze von Politik und Recht Grenzen zu ziehen, durch Besetzungsrügen so besetzt werden müssen, dass entweder Senatsmitglieder mit politischer Erfahrung nicht mehr teilnehmen könnten oder nur solche Senatsmitglieder mit politischer Erfahrung teilnehmen könnten, die sich in ihrer politischen Tätigkeit nicht auch zu Fragen der Extremismusbekämpfung geäußert hätten. Da würde eine Schieflage auch in die Senatsbesetzung reinkommen, die wir juristisch für nicht begründet und funktionell für sehr bedenklich halten. Wir teilen im Übrigen die anderen Besetzungsrügen nicht, insbesondere haben wir einen Beschluss des Senats zur Frage der Richterwahl, und damit ist das Problem unserer Ansicht nach rechtlich gelöst.

Präsident Prof. Dr. Voßkuhle: Vielen Dank! Herr Andrejewski, bitte! Kommen Sie nach vorne!

Rechtsanwalt Andrejewski: Herr Präsident, hoher Senat, meine Herren und Damen Verfahrensbeteiligte, es gehört nicht zu den Dienstpflichten eines Innenministers, sich für ein NPD-Verbot auszusprechen, denn der Bundesinnenminister hat das auch nicht getan – ein Innenminister kann das unterschiedlich sehen. Es gehört auch nicht zu den Dienstpflichten eines Innenministers, die NPD als „ekelerregend" zu bezeichnen. Das geht weit über Dienstpflichten hinaus und spielt schon sehr in persönliche Anschauungen hinein, so dass die Befangenheitsanträge trotz der dienstlichen Erklärung mehr als begründet sind. Es liegen bei Herrn Huber Belege in großer Dichte vor, wie er sich immer wieder in einer ganz speziellen und parteiischen Wahrnehmung seiner Innenministerpflichten, die mehr der Richtung seiner Partei zuzuschreiben waren, geäußert hat. Er hat ja selber gesagt, dass es um eine Vereinbarung in der Koalitionsvereinbarung, es geht ja also um eine Vereinbarung darüber, dass ein NPD-Verbot angestrebt werden solle, und auch das ist mehr dem parteipolitischen Bereich zuzuordnen als den Dienstpflichten eines Innenministers. Und dass er sich – die Innenminister können Verfassungsschutzakten kennen – diese nie angesehen haben will, ist in höchstem Maße unglaubwürdig. Die Landesverfassungsschutzämter sind ihnen untergeordnet, und ich als Innenminister würde schon wissen wollen, was der Verfassungsschutz treibt, und würde mir auch die wichtigsten Akten ansehen, und würde, wenn ich schon – wie Sie, Herr Richter Huber – ein NPD-Verbot anstrebe und als Innenminister auch immer wieder fordere, dann würde ich mir auch die entsprechenden Erkenntnisse meines Verfassungsschutzes über die NPD ansehen und meine Anschauungen darauf stützen. Dass Sie das nun überhaupt nicht gemacht haben, das ist schon in höchstem Maße unglaubhaft. Vielen Dank!

Präsident Prof. Dr. Voßkuhle: Vielen Dank, Herr Rechtsanwalt Andrejewski! Dann haben wir diese Frage hier erörtert. Der Senat wird in der jeweilig erforderlichen Besetzung über diese Anträge befinden, in der Mittagspause. Ich würde jetzt gerne in die Verhandlung übergehen. Die Beteiligten haben eine Verhandlungsgliederung bekommen, die ungefähr zeigt, wie sich der Senat die Erörterungen vorstellt. Am Anfang stehen einführende Stellungnahmen, dann werden wir zu den Verfahrenshindernissen kommen, dann zur Zulässigkeit und zur Begründetheit. Bevor ich dem Berichterstatter, Herrn Müller, das Wort für ein paar einführende Worte erteile, möchte ich noch etwas zum Verfassungsprozessrecht sagen.

Das Bundesverfassungsgericht orientiert sich an den allgemeinen Verfahrensvorschriften der §§ 17 ff. BVerfGG, solange die §§ 43 ff. BVerfGG keine speziellere Regelung vorsehen. Die Regelungen des BVerfGG sind nicht abschließend. Prozessuale Lücken sind deshalb durch Bezüge auf andere Prozessordnungen zu schließen. Oberste Maxime ist dabei die Gewährleistung eines transparenten, nachvollziehbaren, fairen, rechtsstaatlichen Verfahrens sowie die Gewährleistung effektiven Rechtsschutzes. Teilweise wird auf Regelungen der StPO verwiesen, das heißt aber nicht, dass von diesen Einzelregelungen auf eine generelle Analogie zum Strafprozessrecht geschlossen werden kann. Im Strafprozess geht es um die Feststellung von individueller Schuld und die Durchsetzung des staatlichen Strafanspruches im Sinne eines repressiven staatlichen Rechtsgüterschutzes. Das Parteiverbotsverfahren dient dagegen dem präventiven Schutz fundamentaler Verfassungswerte.

Was bedeutet das konkret für unseren Prozess? Es gilt der Untersuchungsgrundsatz, das heißt, das Gericht selbst muss die Feststellungen treffen, die es braucht, um den Fall entscheiden zu können. Es besteht kein Anspruch auf förmliche Bescheidung von Beweisanträgen. Vielmehr handelt es sich jeweils der Sache nach um Beweisanregungen, die das Gericht aber aus Gründen des rechtlichen Gehörs zur Kenntnis nehmen und in Erwägung ziehen muss. Das Bundesverfassungsgericht kennt keinen numerus clausus der Beweismittel. Geregelt sind lediglich Zeugen, Sachverständige und Urkunden. Daneben sind aber auch die klassischen Beweismittel der Beteiligtenvernehmung, des Augenscheins sowie weitere sachdienliche Mittel wie etwa Behördenauskünfte zulässig. Ferner können – entsprechende Personen sind auch geladen – nach § 27a BVerfGG Stellungnahmen sachkundiger Dritter eingeholt werden. Während eine förmliche Beweisaufnahme der Tatsachenermittlung im engeren Sinne dient, sollen sachkundige Dritte Auskunft geben über gesellschaftliche, politische, kulturelle, wirtschaftliche Hintergründe. Sie sind nicht gesetzlich zur Aussage verpflichtet.

Schließlich, was wichtig ist für diesen Prozess: Die strafprozessualen Prinzipien der Mündlichkeit, der Unmittelbarkeit und der Öffentlichkeit des Verfahrens gelten nur in dem Maße, wie es der Grundsatz des fairen Verfahrens gebietet. Die Kenntnis der vom Antragsteller vorgelegten Urkunden – 303 Belege in der Antragsschrift, 388 sich damit zum Teil überschneidende Belege im Schriftsatz vom 27. August 2015 – kann daher vorausgesetzt werden. Einer Einführung dieser Urkunde in die mündliche Verhandlung durch Verlesung bedarf es deshalb nicht mehr.

Herr Müller, ich darf Ihnen das Wort erteilen!

Zwischenruf Rechtsanwalt Richter: Darf ich dazu kurz Stellung nehmen?

Präsident Prof. Dr. Voßkuhle: Dazu dürfen Sie, nachdem Herr Müller gesprochen hat, das Wort haben.

Richter Müller: Meine sehr verehrten Damen und Herren! Art. 21 Abs. 1 des Grundgesetzes erkennt den politischen Parteien einen eigenen verfassungsrechtlichen Status zu. Parteien wirken bei der politischen Willensbildung des Volkes mit und tragen dadurch zur demokratisch unverzichtbaren Offenheit dieses Prozesses bei. Die Erfüllung ihres verfassungsrechtlichen Auftrages setzt die Freiheit der Gründung und der Betätigung politischer Parteien voraus. In diese Parteienfreiheit wird durch ein Parteiverbot massiv eingegriffen. Da das Grundgesetz – wie es im Wunsiedel-Beschluss des Bundesverfassungsgerichtes heißt – „auf die Kraft der freien Auseinandersetzung als wirksamste Waffe auch gegen die Verbreitung totalitärer und menschenverachtender Ideologien vertraut", kann ein solcher Eingriff in die Parteienfreiheit nur in Ausnahmefällen und unter Beachtung strengster Voraussetzungen in Betracht kommen. Diese Voraussetzungen hat der Verfassungsgesetzgeber selbst in Art. 21 Abs. 2 des Grundgesetzes normiert.

Aufgabe des Bundesverfassungsgerichtes ist es, im Spannungsfeld zwischen Parteienfreiheit und Parteiverbot diese Voraussetzungen zu konkretisieren und ihr Vorliegen im Einzelfall zu überprüfen. Allerdings setzt dies voraus, dass Art. 21 Abs. 2 GG keine transitorische Vorschrift ist, die mittlerweile obsolet geworden ist. Für den Fall des Fortbestehens des Geltungsanspruchs der Norm ist bei ihrer Konkretisierung dem Ausnahmecharakter der Vorschrift Rechnung zu tragen. Im vorliegenden Verfahren wird daher zu prüfen sein, ob die für die Bestimmung der einzelnen Tatbestandsmerkmale des Art. 21 Abs. 2 GG in den bereits angesprochenen Entscheidungen des Bundesverfassungsgerichtes zur SRP und zur KPD entwickelten Maßstäbe unverändert fortgelten. Dabei wird neben der erneuten Befassung mit dem Begriff der freiheitlichen demokratischen Grundordnung im Sinne der fundamentalen Grundwerte des demokratischen Verfassungsstaates vor allem zu erörtern sein, welche Anforderungen erfüllt sein müssen, damit festgestellt werden kann, dass eine

II. Mündliche Verhandlung

Partei auf die Beseitigung oder Beeinträchtigung der freiheitlich demokratischen Grundordnung „ausgeht". Das Parteiverbot dient nicht der Untersagung bestimmter politischer Auffassungen. Es setzt voraus, dass eine Partei die Grenze vom bloßen Bekenntnis zu verfassungsfeindlichen Zielen hin zu einer aktiven Bekämpfung der freiheitlichen demokratischen Grundordnung überschreitet. Zugleich ist dem präventiven Charakter, der dem Parteiverbot bereits angesichts seiner Entstehungsgeschichte zweifellos zukommt, Rechnung zu tragen.

Vor diesem Hintergrund wird im vorliegenden Verfahren darüber zu befinden sein, ob an der Einschätzung des KPD-Urteils, ein Parteiverbot komme auch dann in Betracht, wenn nach menschlichem Ermessen keine Aussicht darauf besteht, dass sie ihre verfassungswidrigen Absichten in absehbarer Zeit werde verwirklichen können, festzuhalten ist, oder ob ein Parteiverbot die Wahrscheinlichkeit oder zumindest die Möglichkeit einer Erreichung der verfassungsfeindlichen Zielsetzung der Partei voraussetzt. Demgemäß ist zu entscheiden, welches Maß an Aktivität und Wirksamkeit eine Partei entfalten muss, um ein „Darauf Ausgehen" im Sinne des Art. 21 Abs. 2 GG annehmen zu können.

Nicht zuletzt in diesem Zusammenhang ist die Rechtsprechung des Europäischen Gerichtshofes für Menschenrechte zu Art. 11 der Europäischen Menschenrechtskonvention als Auslegungshilfe in den Blick zu nehmen. Nach Auffassung des Europäischen Gerichtshofs für Menschenrechte ist der Bestand eines dringenden sozialen Bedürfnisses Voraussetzung für die Konventionskonformität eines Parteiverbotes. Demgemäß wird zu erörtern sein, wie die in diesem Zusammenhang entwickelten Kriterien vorliegend fruchtbar gemacht werden können. Darüber hinaus ist zu bewerten, welche Auswirkungen im Parteiverbotsverfahren der gegenbildlich identitätsprägenden Bedeutung des Nationalsozialismus für die Ausgestaltung der Verfassungsordnung zukommt. Beruht die Einführung des Art. 21 Abs. 2 GG gerade auch auf den Erfahrungen der Machtergreifung der Nationalsozialisten und soll das Parteiverbot eine Wiederholung dieser Abläufe verhindern, ergibt sich die Frage, ob eine feststellbare Wesensverwandtschaft einer Partei mit dem Nationalsozialismus bereits für sich genommen ein Parteiverbot zu rechtfertigen vermag, oder ob dieser Umstand zumindest hinsichtlich einzelner Elemente des Art. 21 Abs. 2 GG als tatbestandsausfüllend anzusehen ist.

Schließlich ist neben der Problematik, ob und inwieweit der Verhältnismäßigkeitsgrundsatz im Parteiverbotsverfahren gilt, vor allem zu klären, welche Publikationen, Äußerungen und Handlungen einer Partei bei der Prüfung ihrer Verfassungswidrigkeit zugerechnet werden können. Grundsätzlich können dabei nur Materialien Berücksichtigung finden, die Ausdruck selbstbestimmter Willensbildung der Partei sind. Daraus folgt: Die Materialien müssen quellenfrei sein. Unabhängig davon ist zu fragen, inwieweit das Verhalten von Funktionären, Mitgliedern und sonstigen Personen zulasten der Partei berücksichtigt werden kann, und ob die Partei einer Zurechnung durch bestimmte, sich von einem Verhalten distanzierende Maßnahmen entgegenwirken kann. Vor allem stellt sich die Frage, ob die Schaffung oder die Unterstützung eines bestimmten geistigen Klimas durch eine Partei ausreicht, um der Partei alle Handlungen, die auf dieses Klima zurückzuführen sind, anlasten zu können. Genügt also geistige Brandstiftung als Anknüpfungspunkt für ein Parteiverbot?

Auf der Grundlage einer Bestimmung der diese Fragestellungen berücksichtigenden Maßstäbe wird sodann im vorliegenden Verfahren festzustellen sein, ob bei der Antragsgegnerin die tatbestandlichen Voraussetzungen eines Parteiverbots gemäß Art. 21 Abs. 2 des Grundgesetzes vorliegen. Die Durchführung des Verbotsverfahrens hat dabei aber den rechtsstaatlichen Geboten des fairen Verfahrens und der Staatsfreiheit im Sinne unbeobachteter, selbstbestimmter Willensbildung und Selbstdarstellung der Partei vor dem Bundesverfassungsgericht zu genügen. Demgemäß muss gewährleistet sein, dass weder eine Ausspähung der Prozessstrategie der Antragsgegnerin stattgefunden hat oder stattfindet, noch, dass ab dem Zeitpunkt des Beschlusses über eine Stellung des Verbotsantrages auf den Führungsebenen der Antragsgegnerin V-Leute oder Verdeckte Ermittler tätig waren oder sind. Diese Frage ist vorab in den Blick zu nehmen.

Präsident Prof. Dr. Voßkuhle: Vielen Dank, Herr Müller! Herr Richter, möchten Sie vorab zu den Prozessfragen etwas sagen? Sonst würde ich Ihnen einfach Gelegenheit im Rahmen der einführenden Stellungnahme geben, dazu noch etwas zu sagen.

Rechtsanwalt Richter (aus dem Saal): Mir ist es wichtig, vorab etwas zum Prozessrecht zu sagen!

Präsident Prof. Dr. Voßkuhle: Bitte!

Rechtsanwalt Richter: Herr Präsident! Hoher Senat! Verehrte Verfahrensbeteiligte! Ich möchte einfach die von den einführenden Worten des Herrn Präsidenten abweichende Rechtsansicht der Antragsgegnerin hier einfach mal darlegen und den Senat bitten, das bei seiner Entscheidung zu berücksichtigen. Es ist sicherlich unstreitig, dass wir hier im Verfassungsprozess und nicht im Strafprozess sind. Da, denke ich, wird kein Dissens zwischen uns herrschen. Ich finde allerdings – und da sind wir uns auf der Antragsgegnerseite auch soweit einig –, dass man auch nicht einfach sagen kann, der Verfassungsprozess im Sinne eines Parteiverbotsverfahrens ist etwas völlig anderes als ein Strafprozess, weil er ja präventiv ausgerichtet sei und nicht repressiv. Dem ist entschieden zu widersprechen. Richtig ist zwar, dass das Parteiverbot dazu dienen soll, verfassungsfeindliche, gefährliche Parteien an einer künftigen Mitwirkung im demokratischen Meinungskampf zu hindern. Allerdings geschieht diese Hinderung dadurch, dass die Existenz der Partei vernichtet wird. Die Partei hört auf zu existieren, es gibt sie nicht mehr. Wie der Herr Berichterstatter zu Recht gesagt hat, handelt es sich dabei um einen der schwersten Eingriffe, der überhaupt in dem demokratischen Willensbildungsprozess möglich ist, in dem eine Partei, und mit ihr unter Umständen sogar eine ganze politische Strömung, aus dem politischen Wettbewerb ausgeschaltet wird. Diese Ausschaltung geschieht nicht einfach nur aufgrund einer Prognose im Sinne von „wir vermuten, was geschehen könnte", sondern es geschieht auf der Basis des vergangenen Tuns der zu verbietenden Partei. Es geschieht auf der Basis dessen, was die Partei bisher getan hat beziehungsweise was sie möchte, was sie propagiert, was sie an Zielen darstellt. Insofern sehe ich eigentlich mehr Parallelen zum Strafprozess als zum normalen Verfassungsprozess

II. Mündliche Verhandlung

– gerade auch im Hinblick darauf, wie der Herr Vorsitzende richtig gesagt hat, weil auch die Tatsachen durch das Gericht selbst zu ermitteln sind. Wobei man sich jetzt natürlich wieder fragen kann, welche prozessualen Maßstäbe anzulegen sind, womit wir wieder bei der eingangs gestellten Frage wären. Im Hinblick darauf jedoch, dass hier faktisch die Todesstrafe gegen eine politische Partei verhängt werden soll auf der Basis vergangenen Tuns, kann ich hier eigentlich nur sagen, liegt eine unmittelbare Parallele zum Strafprozess vor, die es aus unserer Sicht auch erfordert, dem Grundsatz der Unmittelbarkeit und der Mündlichkeit der Hauptverhandlung Geltung zu verschaffen.

Es ist sicherlich richtig, dass der Antragsgegnerin hier die Belege in weiten Teilen – teilweise sind Belege nicht vorgelegt worden, darüber müssen wir uns noch unterhalten – vorgelegt worden sind und natürlich insofern grundsätzlich vorausgesetzt werden kann, dass die entsprechenden Belege bekannt sind. Das ist bis dahin richtig. Die Frage ist aber auch – das kann ich im Strafprozess natürlich genauso argumentieren, da kann ich auch sagen: „Wir haben eine Ermittlungsakte, da kann man Akteneinsicht beantragen." Dann weiß man, was belastend gegen die Partei ins Feld geführt werden soll, und dann kann quasi nach Aktenlage entschieden werden, nachdem nur das thematisiert wird, was dann letztlich von Seiten des Gerichts für relevant erachtet wird. Hier sehe ich allerdings noch einen weiteren Aspekt, den wir berücksichtigen müssen, nämlich den Öffentlichkeitsgrundsatz und gerade den Aspekt der Transparenz. Ich behaupte jetzt einfach mal, dass eine große Zahl der hier im Raum anwesenden Personen, insbesondere die Öffentlichkeit, den Antrag und die entsprechenden Belege nicht kennt. Der Verbotsantrag als solcher war zwar auf der Homepage des Bundesrates veröffentlicht worden, die entsprechenden Belege aber natürlich nicht. Der nachgereichte Schriftsatz vom 27.08.2015 ist überhaupt nicht veröffentlicht worden und ist daher nur den Verfahrensbeteiligten bekannt. Im Hinblick darauf, dass hier in die Meinungsbildungsoptionen des Volkes eingegriffen werden soll, ist es aus unserer Sicht zwingend erforderlich, dass die einzelnen Beweismittel und die einzelnen Vorwürfe, die gegen die Antragsgegnerin ins Feld geführt werden, hier öffentlich präsentiert werden. Dass der Antragsteller nicht sagen kann: „Je nachdem, wie die Verhandlung jetzt laufen wird, da müssen wir mal schauen. In Beleg 287 steht ja geschrieben, dass der Parteifunktionär XY dies und das gesagt hat. Ist das jetzt verfassungswidrig, ja oder nein?". Sondern da meinen wir, dass es da erforderlich ist, diesen Beleg entsprechend zu verlesen oder durch Verlesen in die Hauptverhandlung einzuführen, damit der Öffentlichkeitsgrundsatz gewahrt ist und alle Beteiligten, nicht nur die Verfahrensbeteiligten, sondern auch die Öffentlichkeit, der hier letztlich Wahlmöglichkeiten wegverboten werden sollen, dass die sich ein Bild machen kann und entsprechend die Beweise würdigen kann.

Ein weiteres Problem, da möchte ich jetzt nicht vorgreifen, aber weil es hier mit dazu gehört, möchte ich es vielleicht kurz erwähnen. Wir haben ja dargelegt, dass es hier bei uns in der Vorbereitung auf der Antragsgegnerseite Probleme hinsichtlich der Vertraulichkeit der Kommunikation gegeben hat. Auch hier besteht das Problem, dass natürlich auch die Mitglieder des Parteivorstands, die hier anwesend sind, nicht derart umfassend über dieses Verfahren und über die damit verbundenen Beweismittel unterrichtet sind, wie sie es eigentlich für eine ordnungsgemäße Verteidigung und eine ordnungsgemäße Verhandlungsführung in einem fairen Verfahren sein müssten.

Deswegen meine ich hier in der Zusammenfassung, müssen wir selbstverständlich jetzt nicht die StPO komplett analog anwenden, ich meine aber durchaus, dass hier gerade bei der Frage, welche Verhandlungsmaximen gelten, wir eben nicht hingehen können und sagen können: „Es wird alles als bekannt vorausgesetzt!" Sondern dass hier die einzelnen Belege durch Verlesung in die Hauptverhandlung einzuführen sind, und dass wir deswegen tragende Grundsätze des Strafprozesses auch hier in der heutigen Verhandlung und den folgenden Tagen zur Anwendung bringen müssen. Dankeschön!

Präsident Prof. Dr. Voßkuhle: Vielen Dank! Möchte zu dieser Frage vorab jemand von Seiten der Antragsteller etwas sagen? Herr Prof. Waldhoff!

Prof. Dr. Waldhoff: Nur ganz kurz. Der zentrale Unterschied zwischen dem Strafprozess und dem Parteiverbotsverfahren ist, dass es hier nicht um den Schutz des Individuums, also der Person mit Menschenwürde, geht, sondern dass der Adressat des Parteiverbotsverfahrens eine Institution, eine politische Partei, ist und dass deshalb einige Schutzvorkehrungen der Strafprozessordnung hier funktional einfach nicht passen. Der Berichterstatter – mein zweiter Punkt – hat schon gesagt, und so sehen wir es auch, dass es sich um einen Tatbestand politischer Prävention des Art. 21 Abs. 2 GG handelt. Auch präventive Verfahren kennen so etwas wie Sanktionen, das kennen wir etwa aus dem Polizeirecht. Und zum dritten Punkt ganz kurz. Das schriftliche Verfahren ist grundsätzlich nicht öffentlich. Die Gegenseite, die Antragsgegnerin hat alle Beweismittel, alle Anlagen aus sämtlichen Schriftsätzen zugestellt erhalten, so dass sie sich informieren konnte. Zum Schriftsatz vom 27. August 2015, darüber werden wir ja wahrscheinlich noch ausführlich sprechen: Wir haben ihn nicht ins Netz gestellt, nicht veröffentlicht, weil es um Personenschutz geht, weil dort sich bedrohte Personen geäußert haben. Es wäre unverantwortlich, das komplett öffentlich zu machen. Aber das schriftliche Verfahren des Bundesverfassungsgerichts ist nicht vollständig öffentlich.

Präsident Prof. Dr. Voßkuhle: Vielen Dank! Dann nehmen wir das zur Kenntnis. Fragen von Seiten der Senatsmitglieder? Das ist nicht der Fall. Dann würde ich jetzt gern zu den einführenden Stellungnahmen kommen und zunächst Herrn Ministerpräsidenten Tillich bitten.

Ministerpräsident Tillich: Hoher Senat! Bitte lassen Sie mich eingangs die politischen Motive erläutern, aus denen der Bundesrat den vorliegenden Verbotsantrag gestellt hat.

Die NPD ist eine rassistische, antisemitische, revisionistische und demokratiefeindliche Partei. Ihre Ideologie steht in einer eindeutigen Tradition des historischen Nationalsozialismus. Die NPD schürt Hass, verbreitet abwertende Äußerungen und aggressive Drohungen gegen ethnische Minderheiten, gegen Religion und gegen politische Gegner. Sie missachtet die Menschenwürde von Mitbürgern jüdischen und islamischen Glaubens, von Ausländern, insbesondere Asylbewerbern, sowie von politisch Engagierten jeglicher Couleur. NPD-Vertreter relativieren nationalsozialistische Verbrechen, sympathisieren mit Holocaust-Leugnern, vertreiben NS-Literatur und verherrlichen Repräsentanten des Nationalsozialismus. Die NPD will keine demokratische Meinungs- und Weltanschauungsvielfalt. Sie will diejenigen aus ihrer sogenannten „Volksgemeinschaft" ausschließen, die nicht ihrem rassistischen Menschenbild entsprechen, egal ob sie deutsche Staatsangehörige sind oder nicht. Alleinstellungsmerkmal der NPD ist ihr radikaler biologistischer Rassismus. Sie kategorisiert Menschen nach ihren Erbanlagen und sagt: „Angehörige anderer Rassen bleiben körperlich, geistig und seelisch immer Fremdkörper, egal wie lange sie in Deutschland leben. Sie mutieren durch die Verleihung eines Passes ja nicht zu Deutschen." Die NPD verachtet unsere Demokratie. Sie betrachtet sich – nach den Worten eines führenden Funktionärs und ehemaligen Bundesvorsitzenden – ausschließlich als „politisches Werkzeug" um „keinen Kollateralschaden", sondern den „Maximalschaden dieses Parteienstaates" zu erreichen. Sie sieht sich selbst als „revolutionär". Die NPD arbeitet aktiv-kämpferisch daraufhin, die freiheitliche demokratische Grundordnung der Bundesrepublik Deutschland zu beseitigen.

Das waren und sind aus Sicht des Bundesrates mehr als ausreichende Gründe für einen Verbotsantrag. Trotz alledem hat sich der Bundesrat die Entscheidung für einen Verbotsantrag nicht leicht gemacht. Aus guten Gründen sind die Hürden für ein Parteiverbot hoch. Das Instrument des Parteiverbotes darf nicht dazu missbraucht werden, missliebige politische Konkurrenten zu beseitigen.

Die Väter und Mütter des Grundgesetzes haben es allerdings für richtig befunden, dass eine Demokratie wehrhaft ist und zu ihrem eigenen Schutz auch auf ein Parteiverbot zurückgreifen darf. Sie haben es als notwendig erachtet, dass es für Feinde der Demokratie Grenzen gibt.

Im Bewusstsein dieser Entstehungsgeschichte haben wir intensiv geprüft und uns dann mit überwältigender Mehrheit für den Verbotsantrag entschieden. Wenn das im Grundgesetz vorgesehene Instrument des Parteiverbotes heute noch einen Anwendungsfall haben sollte, dann im Fall einer Partei wie der NPD mit ihren gerade beschriebenen verfassungswidrigen Zielen und Aktivitäten.

Es gab auch kritische Stimmen. Ich will das an dieser Stelle nicht verhehlen. So wurde gefragt, ob nach 60 Jahren stabiler Demokratie in Deutschland die von der NPD ausgehende Gefahr wirklich groß genug sei. Wir haben diese Argumente sehr ernst genommen. Gerade als Bundesrat mussten wir aber zur folgenden politischen Einschätzung kommen:

Die NPD ist politisch bedeutend, und sie ist gefährlich. Mehr als die beiden anderen Antragsberechtigten – der Deutsche Bundestag und die Bundesregierung der Bundesrepublik Deutschland – hat der Bundesrat als Ländervertretung die politische Realität auf lokaler und regionaler Ebene im Blick. Die NPD hat bei Wahlen nicht nur mehrfach die 5%-Hürde überschritten und ist in Landtage eingezogen. Sie hat deutschlandweit auch mehr als 300 kommunale Mandate. Damit verfügt sie über eine starke lokale Verankerung, insbesondere im Osten Deutschlands. Die NPD organisiert Kinderfeste, macht Jugendarbeit und verbreitet so ihre verfassungsfeindliche Ideologie. Gerade die vergangenen zwei Jahre haben gezeigt, dass die NPD kampagnenfähig ist, Menschenmengen versammeln und zum Hass aufstacheln kann. Gewalt gegen Menschen und Sachen sowie Brandanschläge auf Asylbewerberunterkünfte sind Folge ihres rassistischen Gedankengutes.

Die NPD steht sicherlich nicht kurz davor, die Demokratie in ganz Deutschland zu beseitigen. Sie stellt aber eine Gefahr für die Menschenwürde von Minderheiten und politischen Gegnern und für die Demokratie vor Ort dar. Beeinträchtigungen der Demokratie vor Ort wirken sich auf das gesamte demokratische System aus.

Wir als Landespolitiker spüren das Problem ganz deutlich. Auch dadurch, dass sich die Agitation der NPD vielfach gegen politisch Engagierte auf kommunaler Ebene und Landesebene richtet. Und zwar nicht nur durch Worte, sondern auch durch Drohungen, Einschüchterungen, durch das Eindringen in die Privatsphäre und durch das aktive Stören von Veranstaltungen. Auch vor Straftaten schrecken ihre Mitglieder und Anhänger nicht zurück. Das zeigt: Die NPD will keinen demokratischen Diskurs. Sie will den Diskurs mit undemokratischen Mitteln zerstören.

Kritiker eines Verbotsverfahrens wiesen darauf hin, dass man rechtsextremistisches Gedankengut nicht durch Verbote bekämpfen könne. Lassen Sie mich dazu zwei Punkte ansprechen.

Erstens: Die NPD ist die institutionelle und von der staatlichen Parteienfinanzierung unterstützte Basis eines rechtsextremistischen Netzwerks. Wir haben gezeigt, dass die NPD mit neonazistischen Kameradschaften zusammenarbeitet und personell verbunden ist. Sie sieht sich selbst als Basis einer „Volksfront". Dieses Netzwerk dient dazu, rechtsextremistisches Gedankengut effektiv und weit zu verbreiten. Es kann wegen des Parteienprivilegs ausschließlich durch ein Mittel zerschlagen werden: das Parteiverbot. Ein Parteiverbot erstreckt sich automatisch auch auf Nachfolgeorganisationen.

Und zweitens: Von Kritikern wurde gesagt, dass man Rechtsextremismus durch Bildungsarbeit und Aussteigerprogramme bekämpfen müsse. Genau das tun wir. Überall in Deutschland gibt es eine breite Palette solcher Angebote, überall klärt der Staat über die NPD auf. Es ist viel Energie und Geld in die Präventionsarbeit geflossen. Letztlich mussten wir aber konstatieren, dass wir so immer nur einen Teil der rechtsextremistischen Szene erreichen, dass wir die Gefahr zwar verringern, aber nicht beseitigen können.

Und deshalb ist aus Sicht des Bundesrates ein Verbotsantrag als ultima ratio der staatlichen Möglichkeiten nur folgerichtig. Der Verbotsantrag stellt ein Teilelement in einer umfassenden Gesamtstrategie zur Bekämpfung von Rechtsextremismus in Deutschland dar. Und ich glaube auch, dass ein Staat, der seine Bürger zum Einsatz gegen Extremismus aufruft, auch selbst die ihm selbst zur Verfügung stehenden Möglichkeiten ausschöpfen muss. Dazu zählen selbstverständlich auch die rechtsstaatlichen, repressiven Mittel des Straf- und Ordnungsrechts, die aber stets nur ein Teilelement der Gesamtstrategie darstellen und deshalb an ihre Grenzen stoßen.

Lassen Sie mich hinzufügen: Die NPD untergräbt europäische Grundwerte und zielt außenpolitisch auf die Zerstörung der europäischen Friedensordnung. Einer Ordnung, die uns seit 70 Jahren in Europa Frieden, Freiheit und Wohlstand in nie dagewesenem Maße gebracht hat. Auch deshalb hat dieses Verfahren eine europaweite Ausstrahlung.

II. Mündliche Verhandlung

Und schließlich haben wir die Lehren aus dem ersten NPD-Verbotsantrag gezogen. Die Sicherstellung der Rechtsstaatlichkeit eines Verbotsverfahrens hatte von Anfang an, weit vor Antragstellung, für alle Beteiligten die oberste Priorität. Wir haben spätestens seit dem 6. Dezember 2012 keine V-Personen mehr in den Führungsgremien der NPD. Das vorgelegte Beweismaterial stammt nicht von V-Personen. Alle Belege können der NPD zweifelsfrei selbst zugeordnet werden. All das wurde von den Sicherheitsbehörden durch aufwendige Verfahren intensiv geprüft und von den Innenministern testiert. Die Rechtsstaatlichkeit des Verfahrens ist damit gesichert.

Nur so hat der Bundesrat sich überhaupt dazu in der Lage gesehen, diesen Verbotsantrag zu stellen. Aus den genannten Gründen hält er im Falle der NPD das äußerst selten zur Anwendung kommende Instrument des Verbotsverfahrens für erforderlich. Für die rechtliche Einordnung darf ich jetzt das Wort an unseren Verfahrensbevollmächtigten, Herrn Prof. Dr. Möllers weiterleiten.

Präsident Prof. Dr. Voßkuhle: Vielen Dank, Herr Ministerpräsident! Herr Prof. Möllers!

Prof. Dr. Möllers: Herr Vorsitzender! Hohes Gericht! Es war Carlo Schmid, der in der zweiten Plenarsitzung des Parlamentarischen Rates am 7. September 1948 bemerkte, und ich zitiere: „Demokratie ist nur dort mehr als ein Produkt einer bloßen Zweckmäßigkeitsentscheidung, wo man den Mut hat, an sie als etwas für die Würde des Menschen Notwendiges zu glauben. Wenn man aber diesen Mut hat, dann muss man auch den Mut zur Intoleranz denen gegenüber aufbringen, die die Demokratie gebrauchen wollen, um sie umzubringen." Das Protokoll bemerkt an dieser Stelle: „lebhafte Zurufe", „sehr richtig". Schmid's Beobachtung bringt uns auf die Spur des vorliegenden Verfahrens. Die Mütter und Väter des Grundgesetzes waren nicht naiv. Sie verstanden das Verfahren des Art. 21 Abs. 2 des Grundgesetzes keineswegs als Instrument aus dem Werkzeugkasten des Sozialingenieurs. Sie wussten, dass sich das Problem des politischen Extremismus nicht durch ein Gerichtsurteil aus der Welt schaffen lässt. Sie wollten das Verfahren auch nicht mit dem unerreichbaren Zweck belasten, die Republik mit Mitteln des Rechts aus größter Not zu retten. Aber die Mütter und Väter des Grundgesetzes waren auch nicht mutlos. Sie glaubten ebenso an die Selbstzweckhaftigkeit eines offenen, würdigen demokratischen Prozesses sowie daran, dass die Voraussetzungen der Demokratie mit Mitteln des Rechts gestärkt werden können. Und zu diesem Zweck schufen sie auch Art. 21 Abs. 2 des Grundgesetzes. So ein Verfahren dient zuallererst nicht als faktische Schranke für die politische Entwicklung, sondern als normative Vergewisserung darüber, wer wir als demokratische Gemeinschaft sind und ob eine Partei sich als Teil des demokratischen Prozesses versteht oder diesen beenden will. Das Verfahren konstituiert also – um eine Begrifflichkeit des Zweiten Senats aufzugreifen – eine „Identitätsprüfung für den politischen Prozess". Das Verfahren ist auf politische Parteien zugeschnitten, weil diese – anders als Individuen – eine zugleich bloß normativ abgeleitete und institutionell mächtige Funktion im Grundgesetz einnehmen. Weil sie nach deutschem Recht keine privaten Vereine sind, sondern besondere Institutionen des Verfassungsrechts mit spezifischen Rechten und Pflichten. Das Verfahren unterstellt, mit Carlo Schmid, dass die demokratische Ordnung der Freien und Gleichen ein

Selbstzweck ist. Das Verfahren selbst dient freilich einem Zweck. Die Legalität einer politischen Partei orientiert im Guten wie Schlechten den gesamten politischen Prozess. Was eine Partei tun darf, dürfen auch alle anderen Parteien tun. Kann sich eine Partei, die die Ordnung verachtet, oder die sie sogar zerstören will, auf ihre eigene Legalität berufen, so definiert sie damit die Ordnung mit, deren Ende sie wünscht.

Gerade für Bürgerinnen und Bürger, für die Legalität und Rechtlichkeit, Recht und Ordnung auch ein politisches Kriterium darstellt, ist dies verwirrend und untergräbt ihre Loyalität zu unserer Ordnung. Das grundgesetzliche Modell eines demokratischen Prozesses ist aber nicht zimperlich. Es verpflichtet politische Parteien auf nicht mehr als den politischen Kern des Art. 79 Abs. 3 des Grundgesetzes. Es verlangt von ihnen weder Höflichkeit noch Sachlichkeit, es schließt weder Nationalismus aus noch Kapitalismuskritik. Es gestattet die Einschränkung oder Erweiterung von Grundrechten ebenso wie die Verschiebung von Kompetenzen nach oben oder unten. Es erlaubt die Verstaatlichung von Banken und die Privatisierung von Schulen. Es ermöglicht offene und geschlossene Grenzen. Aber es ist in der Tat – und daran erinnert uns Schmid's Wort – kein Modell, das den demokratischen Prozess auf die bloße Summe von freier Meinungsäußerung und Gewaltlosigkeit reduziert. Um als politische Partei operieren zu dürfen, erwartet das Grundgesetz Achtung vor der demokratischen Verfassung und Achtung vor der Würde aller Menschen. Nicht dagegen verlangt Art. 21 Abs. 2 GG rechtswidriges oder gewalttätiges Handeln als Voraussetzung eines Parteiverbots. So verstanden liefe das Verfahren leer, von Parteien würde gerade nicht mehr verlangt werden als von allen anderen Bürgerinnen und Bürgern.

Nun, Vergewisserung der Identität des politischen Prozesses als Zweck des Art. 21 Abs. 2 GG – das klingt schön und gut. Aber natürlich, es geht um ein Verbot, und Verbote wollen wir so wenig wie möglich. Zumal eines, das die politischen Freiheiten der Antragsgegnerin so empfindlich beschränkt – und das die Gefahr einer Vorwirkung für den gesamten politischen Prozess schaffen könnte, einer informellen Einschränkung des Meinungsaustauschs, den wir uns doch so offen wie möglich wünschen. Dieser Preis bürdet dem Antragsteller – dem Bundesrat – eine hohe argumentative Last auf. Er gebietet, dass ein Parteiverbot nur da angängig sein kann, wo die Grenze zwischen dem Extrem und dem Extremistischen klar zu ziehen ist, und auch nur da, wo nicht die Veränderung, sondern eben die Abschaffung der Ordnung des Grundgesetzes angestrebt wird. Das ist hier der Fall.

Die Antragsgegnerin – das ist unsere Überzeugung – erfüllt die bescheidenen Erwartungen nicht, die das Grundgesetz an politische Parteien richtet. Sie lehnt unsere Ordnung ab, sie zielt auf ihr Ende und sie bedient sich dazu Mitteln, die über den Austausch von Meinungen, von Überzeugungen hinausgehen. Sie operiert bewusst im Übergang von Legalität und Illegalität und von Gewaltlosigkeit und Gewalt. Sie belastet damit den demokratischen Prozess. Dass eine solche Belastung namentlich regional und lokal spürbar wird, schadet nach unserer Überzeugung dem Erfolg des Verfahrens nicht. Gerade lokale demokratische Prozesse sind im Gegenteil für solche Störungen besonders sensibel. Sie leben von physischer Präsenz, sie sind von persönlichen Beziehungen weniger ausdifferenziert. Sie sind anfälliger gegenüber Störungen. Ihre Offenheit ist weniger robust institutionell abgesichert als etwa in der

Bundespolitik. Zugleich sind lokale politische Prozesse der normale Einstieg ins politische Engagement. Hier beginnen politische Karrieren, hier werden Bürgerinnen und Bürger zuerst politisch sozialisiert. Darum gehen auch lokale Störungen des demokratischen Prozesses alle an.

Hohes Gericht! Es ist kaum möglich, den richtigen Zeitpunkt für ein Verbotsverfahren zu bestimmen. Kommt der Antrag zu früh und ist die Partei zu klein, so scheint das Mittel überzogen. Ist die Partei im Aufwind, so gerät es in den Verdacht eines Missbrauchs zur Ausschaltung von politischen Wettbewerbern. Die Antragsgegnerin ist eine Partei von mehr als 50 Jahren, die schon sehr oft totgesagt wurde. Sie hat eine feste bundesweite Organisation, sie sitzt in einem Landtag und scheiterte in einem zweiten nur mit ein paar hundert Stimmen. Sie ist in bereits verbotenen Vereinen vernetzt. Sie steht nicht für einen kurzen Moment in der Geschichte des bundesdeutschen Parteiensystems, ihre Präsenz ist ein Dauerzustand. Und vielleicht ist die heutige politische Situation auch nicht der schlechteste Moment für eine Vergewisserung darüber, was politischen Parteien im politischen Prozess aus Sicht des Grundgesetzes gestattet ist und was nicht. Denn die Norm des Art. 21 Abs. 2 GG ist auch Ausdruck der Überzeugung der Verfassungsschöpfer, dass die Stabilität der Ordnung nie gesichert ist, dass wir vielleicht nicht einmal sicher wissen können, wann sie gesichert ist.

Hohes Gericht! Wir stellen fest, dass die NPD sich in diesem Verfahren, das Ende 2013 begann, bis heute mit keinem einzigen Wort zu den minimalen Vorgaben des Grundgesetzes bekannt hat. Zur freiheitlich demokratischen Grundordnung gibt es in diesem Verfahren von ihr noch nicht einmal ein Lippenbekenntnis. Wir bemerken schließlich auch, dass von den hunderten von Belegen mit Äußerungen und Handlungen die wir im Antrag und im Folgenden geliefert haben, kein einziger von der Partei individualisiert in Zweifel gezogen wurde.

Insofern schauen wir mit Neugierde auf das nun beginnende Rechtsgespräch, doch nicht ohne Beklommenheit, da wir der festen Überzeugung sind, dass es in der politischen Ordnung, die die Antragsgegnerin anstrebt, ein rechtsstaatliches Verfahren wie dieses nicht geben würde. Vielen Dank!

Präsident Prof. Dr. Voßkuhle: Vielen Dank, Herr Prof. Möllers! Dann darf ich dem Antragsgegner, Herrn Rechtsanwalt Richter, das Wort erteilen.

Rechtsanwalt Richter: Vielen Dank, Herr Präsident!

Hoher Senat, verehrte Verfahrensbeteiligte, wir haben eben eine Menge an Vorwürfen über die Antragsgegnerin gehört. Wir haben alle möglichen Rechtswidrigkeiten, Straftaten, moralisch verwerfliche Verhaltensweisen gehört, die die Antragsgegnerin angeblich an den Tag legen würde. Nur, darauf kommt es nicht an. Es kommt nicht auf das an, was der Antragsteller hier behauptet, sondern es kommt darauf an, was am Ende der Beweisaufnahme für das Gericht feststeht. Das ist aus unserer Sicht schon einmal ganz klar vorauszuschicken. Ich möchte jetzt an das anknüpfen, was mein Vorredner gesagt hat, und zwar hat er ja moniert, dass die Antragsgegnerin sich bisher inhaltlich zu dem Verbotsantrag nicht eingelassen habe. Diese Feststellung ist korrekt. Allerdings möchte ich nochmal und insbesondere auch vor der Öffentlichkeit darstellen, warum die Antragsgegnerin sich nicht geäußert hat. Die Antragsgegnerin hat sich nicht etwa deshalb nicht geäußert, weil sie sagen würde: „Die Vorwürfe interessieren uns überhaupt nicht, oder wir begrüßen das Verbotsverfahren, wir finden das toll, oder weil wir keine Argumente hätten, sondern wir haben uns bisher nicht geäußert, weil wir der Meinung sind, dass eine vertrauliche Kommunikation zwischen den Verfahrensbevollmächtigten und der Partei nicht gewährleistet ist." Ich stehe als Bevollmächtigter vor dem Problem, dass ich nur dann eine Verteidigungsstrategie entwickeln kann und nur dann mit der Mandantschaft zusammen eine inhaltliche Erwiderung hier auf die entsprechenden Vorwürfe fertigen kann, wenn ich sicher bin, dass ich mit der Mandantschaft vertraulich kommunizieren kann, ohne abgehört zu werden. Die Einzelheiten möchte ich jetzt hier nicht ausbreiten, dafür haben wir ja gleich den Punkt „Verfahrenshindernisse". Ich möchte nur an dieser Stelle vorausschicken, dass wir uns nicht äußern können, weil ich mich als Prozessbevollmächtigter hier in einer entsprechenden Verantwortungsposition für meine Mandantschaft sehe und deswegen ja auch von vornherein diese Probleme und diese Bedenken, die wir haben, dem Gericht auch mitgeteilt habe. Es ist ja nicht so, dass wir jetzt hier in die Verhandlung gehen und sagen: „Überraschung, Überraschung, die NPD kann sich nicht äußern, weil Verfahrenshindernisse vorliegen." Wir haben das von Anfang an geltend gemacht und haben auch ausdrücklich mehrfach beantragt, diese Frage vorab zu klären, damit – falls das Gericht zu dem Ergebnis kommt, dass das Verfahren einzustellen ist – sich ohnehin eine inhaltliche Auseinandersetzung erübrigt. Und für den Fall, dass das Gericht meint, dass die Verfahrenshindernisse nicht bestehen beziehungsweise das Gericht vielleicht ja auch selber – zum Beispiel im Wege der einstweiligen Anordnung, was auch immer – entsprechende Maßnahmen anordnet, die eine vertrauliche Kommunikation sicherstellen sollen, dass wir dann, wenn das gewährleistet ist, selbstverständlich uns einlassen können. Dass aber diese Frage aus unserer Sicht nicht nur faktisch, sondern auch dogmatisch vorgelagert ist und deswegen hier aus unserer Sicht gar nicht verhandelt werden kann, solange diese Problematik nicht abschließend geklärt ist.

Wenn diese Problematik geklärt ist, behält die Antragsgegnerin sich selbstverständlich vor, sich nach entsprechender Beratung zu den gegen sie erhobenen Vorwürfen einzulassen. Da die Vorwürfe, die der Antragsteller in seiner einführenden Stellungnahme erhoben hat, natürlich jetzt im Moment hier – aus den genannten Gründen – nicht vertieft hier erwidert werden können, möchte ich allerdings noch ein paar allgemeine Überlegungen hier vorab herausstellen.

Der Antragsteller hat gewissermaßen schon selbst durch seine eigenen Ausführungen herausgearbeitet, dass ein Parteiverbot eigentlich in einem demokratiepolitischen Widerspruch verfangen ist, aus dem man sich eigentlich nicht befreien kann. Der Antragsteller hat gesagt: „Na ja, es ist immer schwer, den richtigen Zeitpunkt zu bestimmen, denn, wenn die Partei völlig unbedeutend ist, schießt man im Prinzip mit Kanonen auf Spatzen, dann braucht man ein Parteiverbot nicht, weil die Partei schon durch den Wähler kleingehalten wird. Während andererseits, wenn die Partei irgendwann zu wirkmächtig wird, wenn sie dann an die 50 %-Grenze kommt, sie dann nicht mehr bekämpft werden kann." Da möchte ich einfach einmal die Frage in den Raum stellen, ob es in einer Demokratie überhaupt verbotene Gedanken geben kann? Ob es in einer Demokratie verbotene programmatische Ziele geben kann und ob sich Staatsorgane anmaßen dürfen, die Richtigkeit von politischen Überzeugungen zu bewerten? Ich meine jetzt hier in allererster Linie den Antragsteller, der das ja in der Regel durch politische Äußerungen tut, was ihm ja auch unbenommen ist. Der Antragsteller kann durch die entsprechenden Parteien, durch die er in Erscheinung tritt, selbstverständlich die Auffassung vertreten, dass die NPD verfassungsfeindlich, antisemitisch, rassistisch, unerträglich, weiß der Kuckuck was ist. Das ist sein gutes Recht und dafür haben wir Meinungsfreiheit. Die Frage ist nur, ob man eben genau diesen politischen Diskurs, den der Antragsteller hier fordert, verlassen darf und letztlich dann mit dem Schwert des Parteiverbots komplette, nicht nur politische Parteien, sondern ganze politische Strömungen aus dem politischen Prozess ausschalten darf, so wie es damals im KPD-Verbotsurteil ja auch und im SRP-Verbotsurteil ausgesprochen worden ist, dass es um die Ausschaltung von Ideen geht. Das halte ich für grundsätzlich verfehlt. Das mag sich erklärt haben aus der seinerzeitigen besonderen Situation, in dem historischen Kontext, in dem die Urteile erlassen worden sind. Eine solche Auffassung ist aber – denke ich – im 21. Jahrhundert nicht mehr zeitgemäß. Über die Richtigkeit von politischen Ideen entscheidet in der Demokratie allein das Volk. Das Volk ist der Souverän und das Volk entscheidet darüber, was richtig und was falsch ist. Und da kommen wir genau an den demokratiepolitischen Widerspruch, den der Antragsteller ja selber angedeutet hat. In dem Moment, in dem eine politische Partei Auffassungen vertritt, eine als verfassungswidrig unterstellte Partei, beispielsweise eine Partei, die die Monarchie wieder einführen möchte. Stellen wir uns jetzt einmal vor, wir haben die Partei X, die hat das Parteiprogramm: Wir möchten eine Monarchie einführen. Und die Partei stellt sich jetzt im politischen Diskurs zur Wahl, stellt ihr Programm zur Abstimmung. Und jetzt unterstellen wir einmal, dass diese Partei plötzlich 51 % der Wählerstimmen auf sich vereinigt, weil das Volk – aus welchen Gründen auch immer – sagt: „Wir finden eine Monarchie besser als die bestehende Demokratie." Kann es sich dann die Minderheit, die dann in der Minderheit befindlichen Staatsorgane, wie beispielsweise hier der Antragsteller, können die sich dann tatsächlich über das Volk erheben und dem Volk verbieten, die Monarchie einzuführen, wenn das Volk das mehrheitlich möchte? Die Frage möchten wir einfach einmal in den Raum stellen und da sind wir der Auffassung, dass hier diese Frage letztlich zu verneinen ist, solange in der Demokratie dem Souverän die letzte Aussage und die letztverbindliche Entscheidung obliegen sollte.

Ich möchte auf einen weiteren Punkt aufmerksam machen. Weil der Antragsteller sagt: „Na ja, der Zeitpunkt des Verbots ..." Der Zeitpunkt des Verbotsantrags ist ein sehr interessantes Stichwort. Bekanntlich existiert die Antragsgegnerin seit über 50 Jahren. Gerade vor diesem Hintergrund stellt sich doch die Frage, warum der Antragsteller über 50 Jahre braucht, um festzustellen, dass die Antragsgegnerin unverzüglich aus dem demokratischen Diskurs entfernt werden muss? Gerade wenn man mit Gefahrenvorsorge argumentiert, muss man sich doch die Frage stellen, warum lässt man das dann über Jahrzehnte hinweg alles so laufen, wenn das doch alles so schlimm ist? Warum nimmt man das hin? Warum macht man da nichts dagegen? Das ist ein Aspekt, der aus unserer Sicht hier schon dazu führt, überhaupt die Motivation des Antragstellers in Zweifel zu ziehen und zu fragen, ob es ihm hier tatsächlich um den Schutz der freiheitlichen demokratischen Grundordnung geht – wie immer jetzt dieser Rechtsbegriff auszulegen sein mag. Oder ob hier nicht möglicherweise politische Erwägungen, die wir ja heute schon einige Male thematisiert haben, letztlich leitend waren. Denn es muss schon sehr verwundern – da sind wir wieder beim Zeitpunkt des Verbotsantrags –, warum ausgerechnet in der aktuellen gesamtpolitischen Lage, in der sich genau diejenigen Probleme manifestieren, vor denen die Antragsgegnerin seit 50 Jahren gewarnt hat, und in einer Zeit, in der das Volk zu erkennen gibt, dass es hier mit vielen Entwicklungen und politischen Entscheidungen der Regierung und der sie tragenden Parteien nicht einverstanden ist, dass ausgerechnet zu diesem Zeitpunkt das Sprachrohr derjenigen, die damit nicht einverstanden sind, hier wegverboten werden soll. Das ist schon ein sehr bemerkenswerter Zufall und da meinen wir, das ist schon ziemlich eindeutig, dass es hier eben nicht mehr um Prävention hinsichtlich der Verfassung geht, sondern um Prävention des Machtverlusts. Hier geht es nicht um Verfassungsschutz, hier geht es um Etabliertenschutz. Hier geht es um Schutz der herrschenden Verhältnisse, nicht im Sinne der Demokratie als solcher, sondern der konkreten Herrschaftsverhältnisse, der konkreten Parteien. Und diese Parteien missbrauchen das Verfassungsorgan Bundesrat für parteipolitische Zwecke und diese Parteien missbrauchen das hiesige Verfahren um letztlich – und das ist das, worum es hier eigentlich geht und das wir gegebenenfalls nochmal genauer zu untersuchen haben – den geltenden Rechtsstaat in einen Ideologiestaat umzuwandeln. Es soll nicht mehr das geltende Recht Entscheidungsmaßstab sein, sondern es soll eine staatlich verordnete Ideologie der Verfassung unterlegt werden und es sollen letztlich Dinge aus dem Grundgesetz herauszulesen sein, die überhaupt nicht drinstehen. Gerade in einer Zeit, in der ehemalige Verfassungsrichter, die beim letzten Mal, als die NPD hier auf der „Anklagebank" – sage ich ganz bewusst – saß, vorne auf der Richterbank gesessen haben, die sagen selber, dass gegenwärtig massiv geltendes Recht gebrochen wird, speziell die Flüchtlingsproblematik.

Ein ehemaliger Verfassungsrichter aus Münster, Herr Dr. Bertrams, ein Verfassungsrichter, der jetzt wirklich in jeder Hinsicht über den Verdacht der Rechtslastigkeit erhaben ist, spricht ausdrücklich von einem „Akt der Selbstermächtigung der Kanzlerin". Und das ist jetzt quasi dann die Folgerung, dass gewissermaßen durch Kanzlerbefehl geltendes Recht suspendiert wird. Die Antragsgegnerin geht dagegen auf die Straße. Und dann kommen genau diejenigen politischen Kräfte, die eben noch durch ihre Kanzlerin den Rechtsstaat suspendiert haben, und zeigen mit dem Finger auf die Antragsgegnerin und sagen: „Die ist verfassungswidrig!" Das möge man mir einmal erklären, dass das hier wirklich nur ein Aspekt der Prävention der Verfassung sein soll, und dass es hier nicht um politische Ränkespiele gehen soll, um politische Ideen und um politische Ideologie, die hier im Gewande eines auf Prävention gerichteten verfassungsgerichtlichen Verfahrens umgesetzt werden soll.

Die Behauptung, die NPD würde die bescheidenen Anforderungen des Grundgesetzes nicht erfüllen, wie mein Vorredner eben gesagt hat, und hätte sich nie zur Demokratie bekannt, daran ist lediglich richtig, dass die NPD im laufenden Verfahren noch keine Stellungnahme abgegeben hat inhaltlich, da habe ich ja eben schon darüber gesprochen. Es ist aber nicht so, dass die NPD sich nie zur freiheitlich-demokratischen Grundordnung bekannt hätte. Da braucht man nur einmal in das Parteiprogramm zu schauen, da steht das ausdrücklich drin. Es ist auch nicht so, dass die Vertreter der Antragsgegnerin sich nie in entsprechender Weise geäußert hätten – das Gegenteil ist der Fall. Und da können wir gerne in die Beweisaufnahme eintreten, sobald eine vertrauliche Kommunikation gewährleistet ist und dann einmal schauen, was denn jetzt letztlich hier das repräsentative Bild der Partei ist. Und jetzt sind wir wieder im Strafprozess. Der Ankläger, der hiesige Antragsteller, nimmt gewissermaßen die Rolle des Staatsanwalts ein. Die Staatsanwaltschaft als objektivste Behörde der Welt hat aber nicht nur die belastenden Aspekte und Beweismittel zu ermitteln, sondern auch die entlastenden. Und das ist ein Punkt, den man hier im Verbotsantrag und in den Ausführungen des Antragstellers überhaupt nicht findet. Der Antragsteller konzentriert sich selektiv auf Äußerungen, die seine These der Verfassungswidrigkeit scheinbar stützen. Der Antragsteller unternimmt aber im gesamten Verbotsantrag und auch jetzt hier nicht ansatzweise den Versuch zu sagen: „Wir müssen jetzt mal schauen, ob das, was wir uns hier selektiv rausgegriffen haben, das, was wir von vornherein selektiv ausgesucht haben, weil wir die Antragsgegnerin immer nur durch die Brille der ohnehin schon feststehenden Verfassungswidrigkeit betrachten, ob es möglicherweise auch andere Belege gibt, die das genaue Gegenteil belegen und die möglicherweise dann in der Gesamtbetrachtung dazu führen, dass hier eine andere rechtliche Würdigung geboten ist." Wir gehen natürlich davon aus, dass letztlich das Gericht diese Aufgabe wahrnehmen wird und sich nicht nur selektiv auf belastende, sondern auch auf entlastende Mittel und Beweise und Belege dann auch konzentrieren wird. Wie gesagt, da werden wir uns dann gegebenenfalls noch vertieft darüber unterhalten müssen. Ich möchte hier nur unter dem Strich das Fazit ziehen: Es geht hier von der Motivation des Antragstellers nicht um Recht, nicht um freiheitlich demokratische Grundordnung, nicht um Prävention, es geht schlicht und ergreifend um Politik und um Machterhalt. Die vorliegend als Bundesrat in Erscheinung getretenen politischen Parteien wollen das Volk austauschen, bevor das Volk die Herrschenden austauschen kann. Das ist das Fazit dieses Verbotsantrags und dagegen werden wir uns als Antragsgegnerin mit allen legalen und rechtmäßigen, rechtsstaatlichen Mitteln wehren. Dankeschön!

Präsident Prof. Dr. Voßkuhle: Vielen Dank, Herr Rechtsanwalt Richter!

Rechtsanwalt Richter (aus dem Hintergrund): Herr Kollege Andrejewski wollte auch etwas dazu sagen.

Präsident Prof. Dr. Voßkuhle: Bitteschön, Herr Rechtsanwalt!

Rechtsanwalt Andrejewski: Herr Vorsitzender, hoher Senat, werte Verfahrensbeteiligte, ich möchte noch ein paar Punkte ansprechen, die Herr Richter bisher nicht behandelt hat. Herr Richter Müller hat die Frage aufgeworfen, ob es ausreicht, dass eine Partei nur eine noch so verfassungsfeindliche Haltung habe oder ob etwas Konkretes hinzukommen müsse, wie der Europäische Gerichtshof das fordert oder wie man es zumindest so auslegen kann, dass er es fordert. Dass also eine aktive Beeinträchtigung der demokratischen Prozesse, eine Möglichkeit den Staat zu stürzen oder verfassungsfeindliche Ziele durchzusetzen besteht. Irgendetwas, was nicht nur Textinterpretation ist – dann kann ich auch aus der Bibel beweisen, dass man die

Kirchen verbieten müsste aufgrund entsprechender Zitate –, sondern etwas wirklich faktisches Nachweisbares. In Frage kämen erstmal Wahlergebnisse – die sind im Augenblick bei der NPD nicht zu sehen. Im Vordergrund steht die AfD. Da müsste man sich auch einmal dazu positionieren, warum die eine Partei noch nicht einmal im Verfassungsschutzbericht genannt wird und die andere verboten werden soll. Zum Zweiten: Terrorismus – ist bei ihr auch nicht vorhanden.

Und dann kommen wir zu dem Thema, das Sie auch angesprochen haben, Herr Richter Müller, diese sogenannten Herrschaftszonen. Diese Angstzonen, die vom Antragsgegner behauptet werden. Der Antragsgegner behauptet, es gäbe in der Bundesrepublik, besonders in Mecklenburg-Vorpommern, Zonen, die quasi so eine Art „Islamischer Staat nach NPD-Art" wären, das heißt Zonen, in denen eine Herrschaft der Angst bestünde. Und die Frage ist: Ist das der Fall? Können Sie das beweisen? Wie wären solche Zonen der Angst überhaupt zu deuten? Das ist ja erst einmal ein unbestimmter Begriff, es ist noch nicht einmal ein unbestimmter Rechtsbegriff, es ist ein unbestimmter Begriff – Zone der Angst. Sie müssten sich dadurch auszeichnen, dass erst einmal Wirkungen zu sehen sind – Beispiel Mafia. Die Mafia erzeugt Zonen der Angst und die Gastwirte bezahlen Schutzgeld. Das ist die Wirkung. Wenn der Gastwirt kein Schutzgeld bezahlt, sondern sagt: „Geht wieder nach Hause!", und es passiert nichts, ist das keine Angstzone. Also müssten irgendwelche Wirkungen auch nachzuweisen sein, dass demokratische Kräfte oder anti-rechts Engagierte ganz konkret und nachweisbar Handlungen unterließen, sich zurückzögen, sich in ihrer Aktivität einschränkten, dass irgendetwas geschieht. Und wenn das nicht nachzuweisen ist, wenn dort überhaupt keine Beeinträchtigung festzustellen ist, wäre das schon einmal eine Angst, die ein subjektives Gefühl wäre, ohne irgendeine nachweisbare Wirkung. Diese Angst oder diese Wirkungen, die müssten dann auch auf Handlungen der NPD zurückzuführen sein, auf konkrete Handlungen. Die müssten ja irgendwas machen. Es reicht ja nicht, wenn ich in meiner Heimatstadt sitze und böse gucke und alle verstecken sich dann und machen nichts mehr. Ich muss was unternehmen, genau wie die Mafia auch irgendetwas unternimmt.

Dann ist die Frage aufgeworfen: Wenn die NPD Handlungen unternimmt, die solche Wirkungen zeitigen, warum ist dann der örtliche Sicherheitsapparat nicht in der Lage, das zu unterbinden? Es gibt doch in Mecklenburg-Vorpommern zum Beispiel einen Verfassungsschutz, es gibt dort eine Polizei, es gibt dort auch spezielle Polizeikräfte gegen Rechtsextremismus – NEX zum Beispiel nennt sich das. Es wäre doch angesichts der Härte dieses Vorwurfs, dass es Angstzonen gibt, in denen Demokraten eingeschüchtert sind und die NPD herrscht, jedes polizeiliche Mittel angebracht und auch verhältnismäßig. Das Nachbargebäude der NPD-Zentrale in Anklam, dort sitzt ein Motorradclub, und dort habe ich schon massiven Polizeieinsatz gesehen, mit SEK, mit allem. Es wäre durchaus angebracht, es wären flächendeckende Überwachungsmaßnahmen angebracht um rauszukriegen, wie schafft die NPD es, diese Einschüchterung zu bewirken. Es wäre angebracht, auch massiver Polizeieinsatz, wenn man das dann aufgeklärt hätte. Selbst ein SEK-Einsatz, dass der Laden gestürmt wird, wäre also mit Unrechtsmethoden eine Vorform eines Unrechtsstaates zu Lasten von Demokraten irgendwo etabliert. Gegen den müsste man mit Recht vorgehen. Es ist aber überhaupt nichts vorgebracht worden. Es scheint so, als ob sich die Antragsteller zurückziehen auf die Behauptung eines Klimas, das die NPD schaffe. Also, wie der Herr Müller auch gesagt hat: „Geistige Brandstifter ...", reicht das aus? Ich weiß nicht, Herr Müller, ob Sie noch in der CDU sind oder ob Ihre Mitgliedschaft gerade ruht, aber Sie werden ja selbst mitbekommen haben, dass Politiker der GRÜNEN der CDU rhetorische Brandstiftung vorgeworfen haben. Also dieser Begriff des Klimas ist sehr, sehr unbestimmt und die Mindestanforderung an so ein Klima wäre, dass zur Gewalt aufgefordert wird. Wenn ich einfach nur die Einwanderung von Ausländern ablehne und daraus jemand in extrem radikalisierender Weise meint, er müsste jetzt wie Breivik – der Massenmörder in Norwegen – gegen Ausländer vorgehen, bin ich dann dafür verantwortlich? Wie ist die Kausalität überhaupt zu sehen? Was ist die Mindestanforderung dafür, Äußerungen die nicht zur Gewalt aufrufen, dass man trotzdem sagen könnte, sie seien kausal für das Handeln von Leuten, die dann zur Gewalt greifen.

Hinzugefügt sei auch noch, dass die Vorwürfe, die uns gemacht werden, eher der Gegenseite zu machen sind. Die NPD macht niemals oder unternimmt niemals Gegendemonstrationen oder Gegenkundgebungen zu Demonstrationen anderer Gruppen. Das wird allerdings in Mecklenburg-Vorpommern regelmäßig so gemacht. Es werden jedes Mal, wenn die NPD Demonstrationen durchführt, Gegendemonstrationen der etablierten Parteien, die auch hinter dem Antrag stehen, durchgeführt, die sich so in Blockaden und in massiven Eingriffen in unser Versammlungsrecht auswirken, durch eine Zusammenarbeit mit antifaschistischen Kräften, auch gewalttätig, auch gegen Polizeikräfte, das könnte selbst der Landesinnenminister von Mecklenburg-Vorpommern Caffier bestätigen. Ich möchte Ihnen nur einmal kurz das Gedankenexperiment vorschlagen: Die Antragsteller könnten das bei uns belegen, dass jedes Mal, wenn die SPD eine Demonstration macht, die NPD zur Gegendemo aufruft, gleichzeitig radikale Kameradschaften mit Gewalt und Blockaden gegen diese Demonstration vorgehen und ganz offenkundig ist, dass da ein Zusammenwirken ist. Das wäre hier Beweisstück Nummer eins. Genau das wird aber gegen uns gemacht, also unsere Rechte werden beeinträchtigt, tatsächlich auch durch Angstzonen. Und es gibt auch – das werden wir dann auch noch näher darlegen in Einzelheiten – Angstzonen für jeden der nicht „links" ist in Mecklenburg-Vorpommern, etwa Greifswald oder Rostock, wo man selbst den CDU-Vorsitzenden von Greifswald zitieren könnte, der gesagt hat: „Dort werden auch Verbindungsstudenten massiv angegriffen, wenn sie es wagen, ihre Farben zu zeigen.", und das sei unerträglich.

Was dann noch ein weiterer Vorwurf war – die Kameradschaften. Also die NPD würde zusammenarbeiten mit gewalttätigen, kriminellen, verfassungsfeindlichen Kameradschaften. Das wäre eine Volksfront. Daraus bestünde dann die besondere Gefahr. Da müssen sich allerdings die Antragsteller fragen lassen: Wenn Sie das genau zu wissen glauben, dann müssen Sie auch in der Lage sein, diese Kameradschaften aufzulisten, deren Gesetzesverstöße. Dann müssten Sie auch in der Lage sein, diese Kameradschaften zu verbieten, denn dem Gericht ist ja bekannt, dass die Maßstäbe für ein Vereinsverbot sehr großzügig sind. Daher sind also selbst schon lose Zusammenschlüsse leicht zu verbieten. Wenn von diesen Kameradschaften also Gefahr ausginge im Zusammenhang mit der NPD, warum macht man dann jahrelang ein Verbotsverfahren und lässt diese Kameradschaften weiter agieren und weiter ihre unheilvolle Wirkung ausüben auf die Demokratie, nur um sie dann hier als Argument vorführen zu können? Das würde ich schon als rechtsmissbräuchlich bezeichnen. Man hätte sie darum gleich verbieten müssen. Und wenn sie dann verboten wären und das Verbot durchgesetzt ist, dann wäre die NPD auch nicht mehr so gefährlich.

Wir bestreiten, dass es diese Zusammenarbeit mit kriminellen Kameradschaften gibt. Wenn es sie aber gäbe, solche kriminellen Kameradschaften, fordern wir die Landesinnenminister auf, sie zu verbieten und sich die Urteile anzusehen, die mittlerweile über Kameradschaften, selbst Facebook-Gruppen, gefällt worden sind. Ganz einfach wäre die Gefahr beseitigt und es müsste kein Demokrat leiden.

Und dann möchte ich noch kurz zwei Themen ansprechen. Erstens: Es wurde uns ja Rassismus vorgeworfen, weil wir der Meinung sind, dass ein Ausländer kein Deutscher werden könnte. Klarstellung: Natürlich kann er deutscher Staatsbürger werden. Es gibt aber zwei „Deutschen-Begriffe": den „Staatsbürger" und den „ethnischen Deutschen". Beispiel: Ich kann theoretisch US-Bürger werden, ich kann aber nicht Afro-Amerikaner werden wie Präsident Obama. Das kann ich nicht, weil ich die Abstammung nicht habe. Und wir sagen einfach, wir würden es vorziehen, wenn die Staatsbürgergemeinschaft der Bundesrepublik Deutschland zu einem möglichst großen Teil aus ethnischen Deutschen bestünde, weil wir glauben, dass der Zusammenhalt zwischen Menschen, die einen ähnlichen kulturellen Hintergrund haben, größer ist, als wenn hier tausend Ethnien leben. Das ist aber alles. Das ist eine Gesellschaftstheorie, das ist keine Rassentheorie. Wir sagen nicht: „Wir sind irgendeiner Rasse überlegen!" Es gibt genug Leute weißer Hautfarbe, die ich kenne, und wenn ich mir das vor Augen führe, dann bin ich schon geheilt von der Vorstellung, die weiße Rasse könnte überlegen sein. Ich möchte hier jetzt niemanden angucken. Also das sagen wir nicht. Das ist eine Gesellschaftstheorie. Man kann auch das Gegenteil sagen. Man kann sagen: „Je bunter, je toleranter, je besser!" Wir sagen halt, die Staatsbürgerschaft sollte möglichst von ethnischen Deutschen gehalten werden, aber nur aus Stabilitätsgründen. Und wir sind strikt dagegen, etwa eine Ausbürgerungsmöglichkeit ins Grundgesetz zu bringen, weil dann wir wahrscheinlich die ersten sind, die ausgebürgert würden. Also wer einmal Staatsbürger ist, der bleibt es auch. Aber ansonsten sind wir für eine eher restriktive Ausvergabe der Staatsbürgerschaft.

Und nur ein kurzer letzter Punkt: Der Herr Richter Müller hat angesprochen, das Grundgesetz sei ein Gegenentwurf zum Nationalsozialismus. Mir ist bewusst, dass es bereits ein entsprechendes Urteil des Bundesverfassungsgerichts gibt, wo diese Auffassung vertreten wird. Ich möchte hier aber nur kurz widersprechen, ich halte sie für ahistorisch. Hitler war, als das Grundgesetz 1948 erarbeitet wurde, bereits tot. Der Nationalsozialismus hätte sich gegen die Alliierten nie durchsetzen können. Die wahre Angst, auch der Richter damals, wenn Sie sie heute befragen könnten, galt dem Stalinismus. Der stand mit Panzerdivisionen an der Grenze, hatte die KPD als fünfte Kolonne. Das heißt, ich behaupte einmal abschließend, dass das Grundgesetz sich gegen alle Formen von Extremismus gleichrangig wehrt und nicht etwa nur ein Gegenentwurf zu einer Form von Extremismus ist. Und heute dürfte eher der Islamismus im Vordergrund stehen. Vielen Dank!

II. Mündliche Verhandlung

Präsident Prof. Dr. Voßkuhle: Vielen Dank, Herr Rechtsanwalt! Es sind nun die einführenden Stellungnahmen abgeschlossen und wir kommen zu dem Thema „Verfahrenshindernisse". Herr Richter, ich gehe davon aus, dass Sie zunächst etwas vortragen wollen?

Rechtsanwalt Richter: Herr Präsident! Hoher Senat! Verehrte Verfahrensbeteiligte! Das Thema „Verfahrenshindernisse" steht nicht umsonst ganz oben auf unserer heutigen Verhandlungsgliederung, weil diese Frage die richtige Weichenstellung darstellt für die Frage, wie denn die vorliegende Verhandlung überhaupt weitergehen kann. Verfahrenshindernisse führen ja dazu, dass, wenn sie unbehebbar sind, das Verfahren einzustellen ist. Das haben wir im Jahr 2003 erlebt, als die die Entscheidung tragende Minderheit des Senats die Auffassung vertreten hat, dass, wenn das Gericht nicht feststellen kann, ob das vorgelegte Beweismaterial tatsächlich authentisch von der Partei herrührt oder ob es möglicherweise vom Staat selbst generiert worden ist, dass dann ein rechtsstaatliches Verfahren nach Überzeugung der Senatsminderheit nicht zulässig ist und nicht möglich ist. Das Gericht hat gleichzeitig gesagt, auch in der Führungsebene der Partei dürfe nicht zugleich der Staat sitzen. Denn der Staat sitzt auf der einen Seite, der Staat wählt die Verfassungsrichter, der Staat darf aber auch nicht noch hier sitzen, denn dann führt er im Prinzip einen In-sich-Prozess und jedenfalls kein rechtsstaatliches Verfahren. Deswegen hat die überzeugende Minderheit des Senats damals das Postulat der doppelten Staatsfreiheit ausgegeben und hat gesagt: „Damit ein entsprechendes Parteiverbotsverfahren überhaupt verfahrenstechnisch durchführbar ist, muss die entsprechende Partei sowohl in ihrer Führungsebene einerseits als auch hinsichtlich des vorgelegten Beweismaterials staatsfrei sein."

Die Frage ist, ob das vorliegend der Fall ist. Der Antragsteller hat es sich im Verbotsantrag relativ leicht gemacht und auf drei oder vier Seiten einfach gesagt: „Alles in Ordnung, alles Bestens und das testieren die Innenminister." Da muss man sich schon die Frage stellen: Sind Testate überhaupt ein zulässiges und brauchbares Mittel der Beweisführung? Der Vorsitzende hatte vorhin darauf hingewiesen, da wir nicht im Strafprozess seien und deswegen der Grundsatz des Freibeweises gelte – wir haben da wie gesagt eine differierende Auffassung zu –, könnte man sich natürlich auf den Standpunkt stellen und sagen: „Na ja, wenn das hier mit Dienstsiegel und Unterschrift alles bestätigt wird und wenn das dann der Staat so sagt, dann wird das schon seine Richtigkeit haben." Da meinen wir, das ist nicht so. Denn Testate sind letztlich nichts anderes als urkundlich verselbständigter Parteivortrag. Ob die Bevollmächtigten des Antragstellers im Schriftsatz sagen: „Alles abgeschaltet, alles gecleant, keiner mehr übrig, alle Kontaktversuche werden abgewiesen, alle Voraussetzungen aus dem Beschluss von 2003 erfüllt", ist letztlich nichts anderes, wie wenn ein Angehöriger des Antragstellers, also ein Innenminister, der letztlich dann über den Bundesrat, der letztlich doch wieder dem Antragsteller unmittelbar zuzurechnen ist, auf einem separaten Stück Papier das Gleiche schreibt. Das ist der Sache nach dasselbe, nur in verschiedenen Urkunden. Beweiswert gleich null.

Etwas anderes würde vielleicht dann gelten, wenn die Antragsgegnerin jetzt hier quasi zum ersten Mal, ohne schon einmal 2001 bis 2003 mit einem Parteiverbotsverfahren überzogen worden zu sein, das dann an der V-Mann-Problematik gescheitert ist, wenn sie heute jetzt zum ersten Mal damit käme und sagen würde: „Im Übrigen haben wir ja alle ausgespäht, wir haben das mal gerade so festgestellt, oder das vermuten wir einfach mal so." Dann würde sicherlich der Antragsteller und auch das Gericht zu Recht sagen: „Na ja, also da haben wir keine Anhaltspunkte für und im Übrigen, wenn der Antragsteller das behauptet, müssen die schon irgendwie darlegen, warum das falsch sein soll." Den Fall haben wir aber nicht. Wir haben den Fall, dass der Antragsteller 2001 bis 2003 schon einmal hier gestanden hat. Schon einmal den gleichen Antrag gestellt hat, genau gegen dieselbe Partei. Und dann aber gesagt bekommen hat in einem rechtskräftigen Beschluss: „Es bestehen Verfahrenshindernisse." Jetzt kommt der Antragsteller später wieder und beantragt genau das Gleiche und sagt: „Jetzt ist aber alles anders." Und da meinen wir, dass dann unabhängig von der Frage, wie im Verfassungsprozess allgemein Beweislastgesichtspunkte zu entscheiden sind, ob es überhaupt eine Beweislast gibt und wie dann unter normalen Umständen zu verfahren wäre. Dass wir jedenfalls in dem Fall wie vorliegend, wenn ein Antragsteller daher kommt, dem gegenüber schon rechtskräftig festgestellt worden ist, es liegen Verfahrenshindernisse vor und der das erkennende Gericht seinerzeit mit schlichtweg getürkten Beweismitteln an der Nase herumführen wollte. Das muss man ganz klar so sagen. Das war ja nicht einfach so, dass man jetzt sagen könnte: „Ja, gut, ok, da hat sich halt ein V-Mann eingeschlichen in den Vorstand – lieber Gott – und das Hauptbelastungsbeweismittel, das damals umfangreich erörterte Buch, ja, das kann ja mal passieren." Das war schon ein starkes Stück. Also sich hier hinzustellen und den Anspruch zu erheben, den Rechtsstaat zu verteidigen, mit dem Finger auf eine politische Partei zu zeigen und dann beiläufig einräumen zu müssen, dass die Beweismittel ja getürkt waren und die Partei ferngesteuert war vom Staat selber, das ist schon ein Hammer. Da kann man nicht einfach drüber hinweggehen.

Und deswegen müssen jedenfalls in einem solchen Fall, wo ein hochgradig belasteter Antragsteller hier wieder in Erscheinung tritt, die Anforderungen an die entsprechende Beweisführung erheblich nach oben geschraubt werden. Der Antragsteller hat hier schon einmal gelogen und wir haben keine Veranlassung davon auszugehen, dass er es jetzt nicht mehr tut, nur weil er es behauptet. Deswegen sehen wir die Beweislastverteilung dergestalt, dass jedenfalls in der konkreten Situation der Antragsgegner einen Vollbeweis zu führen hat. Er muss hier beweisen, dass die entsprechenden Problematiken, die 2003 rechtskräftig festgestellt worden sind, heute nicht mehr bestehen. Und da ist die Frage, hat er das getan? Er hat es zunächst nur behauptet. Das haben wir ja schon festgestellt, Behaupten reicht nicht. Testate reichen auch nicht.

Dann hat das Gericht den bekannten Hinweisbeschluss erlassen und gesagt, es möge in geeigneter Weise belegt werden, dass die entsprechenden Behauptungen zutreffen. Jetzt stellt sich natürlich die interessante Frage, was heißt denn in geeigneter Weise? Das werden wir jetzt heute zu klären und zu entscheiden haben. Wir meinen, in geeigneter Weise kann nur bedeuten, Führen des Vollbeweises, dass die entsprechenden Probleme hier nicht mehr bestehen. Und da haben wir gleich das erste Problem, da haben wir im Schriftsatz darauf aufmerksam gemacht, dass der Antragsteller bereits in der Antragsschrift eine Statistik aufgeführt hat, in der er gesagt hat: „Also in der Zeit von" – unter anderem bis 2013 – „sei der prozentuale Anteil der V-Leute nur so und so hoch", die Prozentzahl ist egal. Er hat also selber damit eingeräumt, dass er bis zum Jahr 2013 V-Leute in den entsprechenden Führungsebenen hatte. Jetzt macht es ja keinen Sinn, eine Statistik aufzustellen, wie viele V-Leute bis 2013 dort vorhanden waren. Das haben wir auch im Schriftsatz nicht gerügt. Dann hat der Antragsteller gesagt: „Ja, da waren trotzdem keine V-Leute drin, weil wir haben das rezensiert und das ist auch so. Wir haben das Jahr 2013 nur noch mit reingenommen, um bis zu diesem Jahr eine prozentuale Aussage tätigen zu können." Wenn ich Jahre mit reinnehme, wo ich schon alles angeblich abgeschaltet habe, warum nehme ich dann das Folgejahr, also wenn in 2012 alles abgeschaltet worden ist, 2013 noch mit rein? Selbst wenn ich tatsächlich alle abgeschaltet hätte, kann das ja dann wiederum nur dem Zweck dienen, hier die Zahlen prozentual runterzurechnen. Ich kann natürlich auch sagen: „Der Anteil der V-Leute in der Zeit von 1900 bis 2012, der ist natürlich unheimlich gering, der bewegt sich im Promillebereich." Die Frage ist nur: Was hat das mit dem heutigen Verfahren zu tun? Man nimmt die Ränder des Beobachtungszeitraums nicht mit rein, um das dann runterzurechnen, sondern hier hat sich – das ist einfach unsere Überzeugung – der Antragsteller schlicht und ergreifend versprochen. Da ist wohl was rausgerutscht, was er so nicht hätte sagen wollen. Er hat aus unserer Sicht eingeräumt, dass es bis 2013 noch infizierte Vorstände gab. Und deswegen haben wir hier schon den ersten Punkt, der gegen die Glaubhaftigkeit der gegnerischen Aussagen spricht.

Dann ein weiteres Problem: Selbst wenn wir unterstellen würden, dass die Testate geeignet wären, hier Beweis zu führen, haben wir nach wie vor von maßgeblichen Stellen keine Testate vorliegen. Wir haben kein Testat der Verteidigungsministerin vorliegen und wir haben kein Testat des Finanzministers vorliegen. Jetzt mag man natürlich argumentieren, warum brauchen wir solche Testate überhaupt? Ganz einfach – es geht um die Frage, ob die deutschen Inlandsgeheimdienste und gegebenenfalls auch Auslandsgeheimdienste Verdeckte Ermittler, Undercover Agents oder V-Leute in den Vorstandsetagen der Antragsgegnerin platziert haben. Jetzt gibt es aber nicht nur den Verfassungsschutz als Geheimdienst. Es gibt auch den BND – den Bundesnachrichtendienst –, es gibt den Militärischen Abschirmdienst und im Bereich der Polizei, nicht im Bereich der Geheimdienste, das Zollkriminalamt. Der Antragsteller hat selbst gesagt: „Die Vorlage der Testate ist so wichtig, dass wir das nicht irgendwelchen Abteilungsleitern, Verfassungsschutzpräsidenten oder sonst wem überlassen, sondern hier sollen die verantwortlichen Politiker, die entsprechenden Innenminister selbst die Verantwortung übernehmen." Das wäre jetzt beim Verfassungsschutz soweit erfolgt. Was ist aber jetzt zum Beispiel mit dem Bundesnachrichtendienst? Von dem liegt von der zuständigen „Ministerin", vom Kanzleramt, also von der Kanzlerin, kein Testat vor. Das haben wir entsprechend gerügt. Da kam der Antragsteller dann: „Also da gibt es irgendwelche Untertestate, wir hier von der Staatssekretärsebene, vom Präsidenten, was auch immer." Da hat also der Antragsteller genau wieder das Gegenteil von dem gemacht, was er vorher gesagt hat und was er auch politisch kommuniziert hat, nämlich dass die Belegerteilung so wichtig ist, dass es von der Ministerebene erfolgen muss. Da haben wir hier nämlich Untertestate. Da meinen wir, selbst wenn wir Testate überhaupt für ausreichend erachten würden, ist das zu wenig. Gleiches gilt für den MAD. Da brauchen wir ein Testat von der Verteidigungsministerin – das liegt nicht vor. Also insoweit ist der Vortrag schon unschlüssig. Dann das Zollkriminalamt, genau das Gleiche, das gehört letztlich zum Finanzministerium, da hätte der Finanzminister etwas zu schreiben müssen – das ist nicht erfolgt. Deswegen meinen wir auch, selbst wenn Testate grundsätzlich überhaupt zur Beweisführung geeignet wären, ist das zu wenig.

Wenn wir jetzt uns speziell noch einmal auf die V-Leute konzentrieren, kommen wir noch auf eine weitere begriffliche Unterscheidung zu sprechen, die aus der Entscheidung des Bundesverfassungsgerichts von 2003 hervorgeht und um die sich der Antragsteller – so ist unser Eindruck – in den ganzen Schriftsätzen, die bisher gewechselt worden sind, regelmäßig herumdrückt. Nämlich um die begriffliche Unterscheidung zwischen „angeworbenen V-Leuten" und „eingeschleusten V-Leuten". Das Bundesverfassungsgericht hat damals im Einstellungsbeschluss 2003 ausdrücklich diese Unterscheidung vorgenommen und gesagt: „Es müssen V-Leute, die angeworben worden sind, abgeschaltet werden", was immer das konkret heißt, „und die eingeschleusten müssen zurückgezogen werden." Diese Unterscheidung ist aus unserer Sicht ganz zentral, denn der Hintergedanke, der tragende Rechtsgedanke des Verfassungsgerichts seinerzeit 2003 war ja der, dass man sagt: „Der Staat muss den actus contrarius durchführen zu dem, was er vorher gemacht hat." Man muss einen actus contrarius vornehmen von der Infiltrationshandlung, die zu neutralisieren ist, um ein rechtsstaatliches Verfahren durchzuführen. Der angeworbene V-Mann ist – das war damals die entsprechende Formulierung von den Verfahrensbeteiligten und auch des Gerichts – quasi „Fleisch vom Fleische der Antragsgegnerin". Der war von vornherein Parteimitglied und da tritt dann der Verfassungsschützer an ihn heran und sagt: „Hier, gegen entsprechenden Judas-Lohn bitte ein paar Infos mitteilen." Das ist der Angeworbene. Da ist der actus contrarius natürlich der, dass man sagt: „Okay, ab sofort keine Informationen mehr liefern. Abgeschaltet. Alles was an Kontaktaufnahme kommt, wird geblockt. Fall erledigt." Wenn es denn wirklich so ist und beweisbar ist. Aber grundsätzlich wäre das die Abschaltung.

Jetzt haben wir noch die Frage der eingeschleusten V-Leute. Das sind V-Leute, die eben nicht von vornherein in der Antragsgegnerin vorhanden waren, sondern die auf Veranlassung des Staates erst eingetreten sind. Die sind eben nicht „Fleisch vom Fleische der NPD", sondern das sind staatliche Fremdkörper in der Partei. Und da muss der actus contrarius natürlich darin bestehen, dass dieser Fremdkörper vom Staat wieder entfernt wird. Denn beim angeworbenen V-Mann kann man natürlich argumentieren, der ist ja eigentlich überzeugter Rechtsextremist – was immer das sein mag –, der liefert halt nur Infos. Wenn der keine Infos mehr liefert, wird er der Partei ansonsten nicht schaden, weil er ja eigentlich von ihrer Programmatik überzeugt ist und sich ja nur ein bisschen Geld dazuverdienen will. Beim eingeschleusten V-Mann haben wir aber das Problem, dass der eben nicht zwangsläufig mit der parteipolitischen Programmatik der Antragsgegnerin d'accord geht, sondern möglicherweise eine völlig andere Auffassung vertritt. Der ist möglicherweise extra eingeschleust worden mit dem Ziel, nicht nur Infos abzugreifen, sondern gegebenenfalls zu sabotieren, zu schaden möglicherweise auch entsprechende Handlungen zu sabotieren, die die Partei eigentlich vornehmen würde, um gegen Personen einzuschreiten, die jetzt die Ordnung der Partei verletzen. Da wäre es zum Beispiel denkbar, dass man – nur als Beispiel – die Position von Schiedsgerichtsvorsitzenden mit eingeschleusten Agenten besetzt, die es dann verhindern, dass Leute ausgeschlossen werden können, die man ausschließen will. Es könnte auch passieren, dass in den Vorständen speziell Leute eingeschleust werden, um zum Beispiel die Außendarstellung der Partei im Sinne des Staates zu beeinträchtigen. Und da haben wir auch einen konkreten Fall schon dargelegt, da werden wir gleich noch mal kurz darauf zu sprechen kommen. Wir haben ja vorgetragen, dass also hier eine Person in Sachsen behauptet, vom sächsischen Staatsschutz angesprochen worden zu sein mit genau dieser Zielsetzung. Man möge sich in einen Vorstand, in den Landesvorstand in Sachsen, wählen lassen und solle dort versuchen, die mediale Außendarstellung der Partei quasi durch Usurpation der Internetseiten entsprechend zu gestalten. Und da kann natürlich eine ganze Menge passieren zu Lasten der Partei, das muss man sich schon klar machen. Also wenn wir jetzt hier sehen, was in den Belegen alles dargelegt wird, speziell von Facebook-Seiten, aber auch von allgemeinen Internetseiten der Partei. Da ist es schon ein Problem, wenn da nicht auszuschließen ist, dass da einer eingeschleust worden ist, der möglicherweise den Auftrag hatte, ein paar Knaller da zu posten beziehungsweise ein paar Knaller von irgendwelchen Dritten nicht zu löschen. Das ist schon ein Problem, das wird dann nämlich nachher ins Feld geführt: „Sie haben es ja gepostet.", oder, „Sie haben es ja nicht gelöscht." Deswegen ist das eine ganz entscheidende, eine ganz wichtige Unterscheidung hier, die Eingeschleusten und die Angeworbenen. Und da hat aus unserer Sicht, so wie wir das den Schriftsätzen entnehmen können, der Antragsteller bisher nichts zu gesagt zu den Eingeschleusten. Er hat immer wieder betont: „Es sind keine staatlichen Bediensteten eingeschleust worden." Das mag sein. Keine Verdeckten Ermittler und keine Undercover Agents. Dass aber keine V-Leute, keine Privatpersonen eingeschleust worden sein sollen, das hat er nicht behauptet, geschweige denn belegt.

Jetzt kann man natürlich sagen: „Okay, das wäre in dem Moment ja nicht erforderlich, in dem es gar keine Eingeschleusten gab. Da muss ich auch keinen zurückziehen." Da haben wir wiederum den Beispielsfall gebracht vom V-Mann Piatto aus dem NSU-Prozess, der selbst erklärt hat: „Ich bin erst nach Absprache mit dem Landesamt für Verfassungsschutz Brandenburg in die Antragsgegnerin eingetreten und habe mich dann in Absprache hier in den Vorstand wählen lassen." Denn auf Nachfrage der Verteidigung soll – so der unwidersprochene Bericht der Presse – er erklärt haben, also die Verteidigung hatte gefragt: „Waren Sie denn so etwas wie ein staatlicher Agent?", und da soll er gesagt haben: „Jawohl, das war ich. Ich war ja ein Agent des Staates." Jetzt sagt die Gegenseite natürlich: „Ja, das ist ja alles kalter Kaffee, das ist ja schon ewig her." Nur, wir machen ja auch nicht geltend, dass der V-Mann Piatto heute noch in irgendeinem Vorstand sitzen würde und deswegen das Verfahren hier kontaminiert wäre. Wir nehmen den V-Mann Piatto nur als Beweis dafür, dass es eingeschleuste V-Leute gab. Und die Vermutung, dass der Herr Piatto der Einzige war, der jemals eingeschleust worden ist, ist völlig fernliegend. Denn es ist in dem Moment völlig fernliegend, in dem wir hier einen Antragsteller haben, der bei jeder sich bietenden Gelegenheit betont, dass die Partei so gefährlich ist, dass sie ständig unter Beobachtung sein muss und dass man hier nicht blind sein darf, weil man ja dann gegebenenfalls hier kurzfristig geplante – weiß der Kuckuck – nicht mitbekommt. Da liegt es natürlich dann nahe, sich solcher Mittel entsprechend zu bedienen. Und dann wird es auf der anderen Seite umso unglaubwürdiger, wenn man sich dann zu dieser ganzen Problematik nicht verhält. Und da meinen wir, da ist es Aufgabe des Gerichts, hier entsprechend nachzuforschen. Und das kann aus unserer Sicht nur erfolgen durch eine Vorlage der entsprechenden Akten. Denn nur dann können wir sicher sein, dass es tatsächlich so ist, wie es hier behauptet wird. Auf das Wort des Bundesrates kann ich mich, würde ich mich auch nicht verlassen – jedenfalls nicht nach dem, was im ersten Verbotsverfahren passiert ist. Andere Beweismittel liegen nicht vor. Die Identität der entsprechenden V-Leute wird natürlich nicht offengelegt, das ist klar. Deswegen kann das Gericht hier die Richtigkeit der antragstellerischen Behauptung: „Alles abgeschaltet und, soweit erforderlich, alle Vorgaben aus dem Beschluss von damals erledigt." Kann man eben nur nachprüfen durch Vorlage der entsprechenden Akten. Da haben wir einen Beweisantrag dazu gestellt, dass sie jedenfalls zu beschlagnahmen sind, was ja rechtlich möglich wäre.

Wir haben dann ein weiteres Problem beim Punkt „Verfahrenshindernisse". Die V-Mann-Problematik. Und zwar speziell die Definition der Führungsebene. Das Gericht hat ja seinerzeit gesagt: „V-Leute dürfen nicht in der Führungsebene der Partei anwesend sein." Und hat dann beispielhaft Bundes- und Landesvorstand genannt. Die Frage ist jetzt: Ist diese Nennung abschließend, oder ist nach Sinn und Zweck der damaligen Entscheidung nicht auch zu prüfen, ob andere Gremien der Partei mit einzubeziehen sind? Grundsätzlich ist es zwar richtig, dass die primäre operative Tätigkeit einer politischen Partei natürlich durch ihre Vorstände erfolgt. Deswegen liegt es natürlich nahe zu sagen: „Vorstände müssen entsprechend staatsfrei sein." – völlig klar. Im ersten Verbotsverfahren war ja auch speziell der entsprechende Vorstand kontaminiert und deswegen lag es dann nahe zu sagen: „Klar, also im Vorstand ist das unzulässig!" Nach unserer Auffassung wollte das Gericht aber seinerzeit damit nicht zum Ausdruck bringen, dass nicht auch andere Gremien grundsätzlich Führungsebene sein können, nämlich dann, wenn sie eine entsprechende, zentrale und meinungsbildende Stellung innerhalb der Partei haben. Und da muss man sich nochmal die Struktur der Antragsgegnerin vor Augen führen und dann mal fragen: Was ist denn da eigentlich das oberste Organ? Und das oberste Organ ist nicht der Bundesvorstand. Das oberste Organ ist auch nicht das Parteipräsidium. Das oberste Parteiorgan ist in einer demokratischen Partei wie der Antragsgegnerin der Bundesparteitag. Der Bundesparteitag wählt nämlich den Vorstand. Und was noch viel wichtiger ist: Der Bundesparteitag beschließt das Parteiprogramm. Deswegen wäre es doch eigentlich naheliegend zu sagen: „Wenn die Antragsgegnerin" – so wie es der Antragsteller ja fordert – „allein wegen ihres Programms schon soll verboten werden können, unabhängig von der Frage, ob durch Verhalten irgendwie eine konkrete Gefahr besteht", da ist es doch naheliegend, dass dann mal zuallererst das Parteiprogramm staatsfrei sein muss – würde ich jedenfalls mal so sehen. Der Antragsteller hat sich ja auch entsprechend gewunden und dann irgendwann zugegeben: „Na ja, beim Programmparteitag 2010 in Bamberg waren immerhin neun staatliche V-Leute anwesend." Das ist aus meiner Sicht schon eine ganz erhebliche Zahl. Natürlich kann man sagen: „Bezogen auf die Gesamtzahl der Delegierten ist es natürlich dann wieder prozentual nicht mehr ganz so schlimm." Aber die Frage ist ja nicht: Wie viele Personen sind da anwesend? Die Frage ist: Was haben die Personen denn konkret gemacht auf dem Parteitag? Haben die einfach nur da gesessen und die Ohren gespitzt? – was eigentlich nicht erforderlich ist, denn da kann man auch dann später sich die Presseberichterstattung angucken. Oder haben die vielleicht was anderes gemacht? Und gerade wenn es um das Parteiprogramm geht, das haben wir schriftsätzlich dargelegt. Das Parteiprogramm ist nicht mal gerade so durchgewinkt worden nach dem Motto: „Na ja, da hat der Vorstand irgendwas entworfen, das ist in Ordnung, hier Hand heben, so beschlossen." Das ist stundenlang diskutiert worden. Ich war da persönlich dabei. Und ich kann mal jedem, der hier die demokratische Binnenstruktur der Antragsgegnerin in Zweifel zieht, nur mal dringend raten, sich zu einem Bundesparteitag der Antragsgegnerin zu begeben. Da müssen Sie sehr viel Zeit mitbringen, das dauert, da wird diskutiert. Da ist von Führerprinzip oder dergleichen definitiv nichts zu spüren. Aber das jetzt auch nur am Rande. Jetzt kommen wir wieder zu den V-Leuten zurück.

Auf diesem Bundesparteitag, als das Parteiprogramm beschlossen worden ist, waren neun V-Leute anwesend. Die Frage ist: Was haben die gemacht? Und da gibt es keine Aussage vom Antragsteller. „Die waren halt da", sagt er. Gut. Sie waren aber nicht letztlich entscheidend, weil von den Stimmenverhältnissen her das Parteiprogramm mit übergroßer Mehrheit beschlossen worden sein soll. Das ist richtig. Das ist aber nicht das Problem. Das Problem ist, dass zahlreiche Änderungsanträge gestellt worden sind. Das Problem ist, dass eine umfangreiche Debatte durchgeführt worden ist und stattgefunden hat. Und dass natürlich dann einem staatlichen V-Mann durchaus möglich gewesen wäre, durch entsprechende Wortergreifung, durch Änderungsantragstellung oder durch das Beeinflussen von Delegierten hier das Ganze in eine Richtung zu lenken, die dann möglicherweise zur Aufnahme von Punkten in das Parteiprogrammd führt, die dann letzten Endes zum Verbot führen sollen. Deswegen meinen wir, hier muss dargelegt werden, was haben die Parteitagsdelegierten, die für den Staat hier tätig waren, konkret gemacht. Haben die Einfluss genommen? Haben die Änderungsanträge gestellt? Haben die das Wort ergriffen und gegebenenfalls durch einpeitschende Reden hier die Mehrheit beeinflusst? Das ist zu klären, da müssen wir uns entsprechend drüber unterhalten.

Wir haben dann einen weiteren Aspekt. Die Landtagsfraktion – da sagt der Antragsteller gar nichts zu. Er hat einfach behauptet, das ist alles staatsfrei, aber ohne Belege und ohne alles. Da muss man auch zu sagen, dass die Landtagsfraktionen natürlich kein Organ der Partei sind, das ist bis dahin richtig. Deswegen auch keine unmittelbare Führungsebene. Man muss aber trotzdem sehen, was eine Landtagsfraktion für eine politische Partei wie die Antragsgegnerin taktisch bedeutet und dass dort natürlich gerade das Programm der Antragsgegnerin parlamentarisch umgesetzt werden soll. Da wird das Parteiprogramm in parlamentarische Anträge und in Gesetzentwürfe gegossen und in parlamentarische Reden, von denen ja auch einige dann wiederum im Verbotsantrag verbotsbegründend ins Feld geführt werden gegen die Antragsgegnerin. Da wäre es also auch schon sehr wichtig zu wissen, ob denn hier möglicherweise Personen für den Staat gearbeitet haben. Dabei geht es nicht nur um die Abgeordneten selber, sondern auch um die Mitarbeiter, denn die Mitarbeiter gehören auch zu dieser Infrastruktur der entsprechenden Fraktionen und üben einen nicht unerheblichen Einfluss auch auf das aus, was die Abgeordneten später einbringen, beantragen, vortragen und im Plenum zu Protokoll erklären. Da werden natürlich Reden vorbereitet, da werden Anträge vorbereitet. Klar, der entsprechende Abgeordnete prüft alles vorher nochmal nach. Aber auch da ist es ja wieder denkbar, dass dann der Mitarbeiter gegebenenfalls sagt: „Habe ich alles geprüft, das ist alles in Ordnung, das kann man ruhig so raushauen." Und nachher steht es hier im Verbotsantrag.

Da meinen wir also auch, das muss auch dargelegt werden, dass hier Staatsfreiheit herrscht. Genau das Gleiche gilt auch für den Europaabgeordneten Udo Voigt und seinen Mitarbeiterstab und das Gleiche gilt auch für die Parteizentrale, denn die Parteizentrale ist zwar jetzt kein Führungsgremium im Sinne der Satzung, ist aber ein faktisches Organisationszentrum, ein faktisches Netzwerk, wo alle Fäden zusammenlaufen und wo entsprechende staatliche Agenten beziehungsweise V-Leute auch ganz erheblich Probleme herbeiführen können.

Ich komme zu einem weiteren Punkt. Der Antragsteller hat zur Stützung seiner Ausführungen „alles staatsfrei, alles abgeschaltet, alles in Ordnung" in seinem Schriftsatz, in dem er auf den Hinweisbeschluss des Senats geantwortet hat, umfangreiche behördeninterne Korrespondenz vorgelegt. Einerseits behördeninterne Korrespondenz, andererseits Abschalterklärung, Abschaltvermerk. Da möchte ich getrennt darauf eingehen.

Wir haben einmal die Weisungen, dass alle abzuschalten sind, dass keiner mehr anzuschalten ist, dass die Nachsorge zu betreiben ist, dass entsprechend hier Kontakt abzubrechen ist. Da muss ich sagen: „Klingt natürlich gut, aber beweist das etwas?" Ein Antragsteller, der das Gericht schon einmal mit getürkten Beweisen hinters Licht führen wollte, kann den Beweis führen, indem er sagt: „Ich habe meine ganze Ministerialbürokratie und die entsprechenden nachgeordneten Dienststellen angewiesen, bestimmte Sachen nicht zu tun?" Kann insbesondere bei den Verfassungsschutzbehörden, von denen wir täglich einen Skandal nach dem anderen hören, kann beim BND, dessen Überwachungspraxis gerade neulich nochmal ausdrücklich als verfassungswidrig dargestellt worden ist – und vor allem die Überwachung eigener Staatsbürger, ist eigentlich ein Auslandsgeheimdienst, überwacht die eigenen Leute, sehr interessant – man da es als ausreichend ansehen, dass Weisungen erteilt worden sind? Wir meinen nicht. Wenn das ein Beweismittel wäre, dann kann der Parteivorsitzende nächstens hingehen, schickt eine Rundmail an alle Kreisverbände und sagt: „Ich weise nochmal ausdrücklich darauf hin, dass sich alle Mitglieder jederzeit verfassungskonform zu verhalten haben." Das könnte ich hier vorlegen und könnte sagen: „Hier, wir haben Beweise." Es gibt generell eine Identität zwischen dem tatsächlichen Handeln und der Weisung. Das eine folgt aus dem anderen im Wege einer Implikation – und dann sind wir fertig. Das kann natürlich nicht richtig sein. Das kann aber auf der anderen Seite genauso wenig richtig sein, deswegen meinen wir hier, Weisungen sind nicht ausreichend. Es kommt nicht darauf an, was getan werden soll, es kommt darauf an, was tatsächlich getan wird oder eben nicht.

Möglicherweise könnte das ausreichen, was der Antragsteller sagt, wenn er nachweisen würde, dass die Umsetzung entsprechender Weisungen auch tatsächlich kontrolliert wird. Haben wir aber auch keinen Beleg für. Wird in weiten Teilen überhaupt nicht behauptet – in einem Bundesland wird irgendwo gesagt: „Ja, das wird natürlich immer kontrolliert, aber da haben wir auch keinen Beleg für." Und wer kontrolliert das überhaupt? Kontrolliert dann der Präsident des Verfassungsschutzes die eigenen Leute, oder wie ist das dann? Also hier: Kontrolle – Fragezeichen. Kontrolle nicht hinreichend dargelegt, Kontrolle auch nicht belegt, deswegen Beweis minus.

Kommen wir jetzt zu den Abschalterklärungen und den Abschaltvermerken. Da will der Antragsteller Beweis führen durch Vorlage schwarzen Papiers. Und das was er vorlegt, ist in weiten Teilen geschwärzt. Da kann man natürlich sagen: „Klar, Verfassungsschutz, alles geheim, muss geschwärzt sein." Gut, aber es muss trotzdem inhaltlich nachvollziehbar sein und es muss klar sein, was eigentlich hier klargestellt wird und worum es eigentlich konkret geht. Und wenn wir dann teilweise Abschalterklärungen und Abschaltvermerke haben, wo eine ganze Seite geschwärzt ist, wo also nicht nur Namen geschwärzt sind, wo man jetzt sagen könnte: „Okay, der Name ist ja letztlich auch nicht relevant, es kommt ja hier darauf an, dass hier tatsächlich eine Abschaltung vorgenommen worden ist, wer immer das jetzt auch gewesen sein mag." Da kann man sagen: „Okay, Name brauchen wir nicht." Aber wenn dann auch die ganzen Umstände geschwärzt worden sind, haben wir ein weiteres Problem. Da kann nämlich im ungeschwärzten Teil durchaus drinstehen: „Also lieber V-Mann-X, Sie sind jetzt hiermit abgeschaltet, dürfen nichts mehr machen, keine Kontaktaufnahme mehr möglich." Und dann kommt seitenweise geschwärzt. Da kann natürlich dann drinstehen: „Wenn Sie trotzdem Input liefern, freuen wir uns aber drüber." Theoretisch möglich. Das kann man nur ausräumen, wenn man die entsprechenden Akten im Klartext hat, in ungeschwärzter Form. Wir wissen nicht, was da im geschwärzten Teil steht und da sind hier aus unserer Sicht Ermittlungsmaßnahmen des Gerichts in entsprechendem Umfang, wie wir das beweisrechtlich beantragt haben, geboten.

Hier vielleicht ein kurzer Exkurs zum Thema „in-camera-Verfahren". Da hat der Antragsteller ja auch umfangreich zu vorgetragen. Mit der aus meiner Sicht äußerst interessanten Begründung, dass er sagt: „Na ja, zwar hat der Senat im seinerzeitigen Beschluss von 2003 ausgeführt, dass ein ‚in-camera-Verfahren' eigentlich im Parteiverbotsverfahren unzulässig ist, aber nur dann, wenn es dazu dienen soll, ein bestehendes Verfahrenshindernis auszuräumen, aber nicht dann, wenn es darum geht, überhaupt die Frage klären zu lassen, ob überhaupt eins vorliegt." Die Begründung kann aber nicht überzeugen, denn ob ein Verfahrenshindernis vorliegt oder nicht, wissen wir ja erst am Schluss. Es ist zunächst ja immer eine gewisse Prognose, die erforderlich ist. Damals war ja auch nicht klar, dass die entsprechende Präsenz von Frenz und Holtmann in den Vorständen zum Verfahrenshindernis führen würde. Da muss man auf jeden Fall dann ganz genau hinschauen und sich dann die Frage stellen: „Na ja, konnte er hier tatsächlich, allein mit dieser Argumentation sagen, darauf kommt es hier nicht an?" Und jetzt kommt der Punkt, den ich vorher erwähnt habe. Das Verfassungsgericht hat damals festgestellt, dass Verfahrenshindernisse vorliegen.

Jetzt kommt derselbe Antragsteller von damals und sagt: „Jetzt liegen die nicht mehr vor." Also geht es doch um die Ausräumung eines bereits rechtskräftig festgestellten Verfahrenshindernisses. Also um genau den Fall, der selbst nach der Rechtsauffassung des Antragstellers dann ein „in-camera-Verfahren" ausschließen würde. Das kann letztlich dahinstehen. Wir vertreten die Rechtsauffassung: Ein „in-camera-Verfahren" ist generell unzulässig im Verfassungsprozess des Parteiverbots. Es verletzt den Grundsatz auf rechtliches Gehör und so was hat im rechtsstaatlichen fairen Verfahren nichts zu tun. So was kann man vielleicht machen in verwaltungsrechtlichen Streitigkeiten, aber nicht in einem, wie wir es weiterhin vertreten, quasi strafrechtlichen Verfahren, wo die Todesstrafe gegen eine politische Partei verhängt werden soll.

Wir haben als letztes noch den Punkt „Ausländische Geheimdienste". Da haben wir auch mehrfach darauf hingewiesen, dass im Hinblick auf die Presseberichterstattung, wonach also eine umfangreiche Ausspähung der Bundesbürger im Allgemeinen stattfindet, sogar das Handy der Bundeskanzlerin abgehört worden sein soll, was unter Freunden ja angeblich gar nicht geht, aber trotzdem gemacht wird und scheinbar niemanden aufregt. Dass vor diesem Hintergrund – was ebenfalls ein offenes Geheimnis ist – umfangreiche Datenaustausche stattfinden zwischen den deutschen Geheimdiensten und den ausländischen Geheimdiensten, speziell mit der NSA. Dass man hier einen eigenen Untersuchungsausschuss eingesetzt hat im Parlament, um diese ganzen Verwicklungen aufzuklären. Dass es da natürlich naheliegt, auch wenn wir es jetzt natürlich im Einzelfall nicht beweisen können, aber es ist ja die Frage, ob es auszuschließen ist, dass dann der Staat hingeht und sagt: „Gut, wir haben jetzt den Beschluss von 2003 des Bundesverfassungsgerichts, wir können selber niemanden einschleusen und können selber keine V-Leute mehr unterhalten. Aber es liegt natürlich dann nahe, dass wir vielleicht befreundete Geheimdienste da bitten, beziehungsweise deren Anerbieten zustimmend kommentieren, dass die uns die entsprechenden Infos liefern und wir die dann nur abgreifen. Da könnten wir hier nämlich wahrheitsgemäß behaupten: ‚Es ist ja alles in Ordnung, wir haben ja keine eingeschleust.'" Das ist dann ein naheliegendes Szenario, mit dem man sich entsprechend auseinandersetzen muss.

Ich komme jetzt zum Punkt „V-Mann-Problematik hinsichtlich des Beweismaterials". Da hat der Antragsteller ja mit zwei Belegkategorien gearbeitet und hat gesagt: „Ja, einmal die Kategorie 1 – das sind Personen, die namentlich bekannt sind, und da können wir, weil wir sie namentlich kennen, sagen, okay, derjenige ist entsprechend von uns nicht mehr beauftragt, der war nie beauftragt, der ist abgeschaltet worden – wie auch immer. Dann ist die Quellenfreiheit belegt." Da haben wir ja schriftsätzlich darauf hingewiesen. Das klingt zunächst mal natürlich gut. Aber die Frage ist ja auch: Wie sieht es denn mit V-Leuten im Umfeld der entsprechenden Personen aus? Um jetzt einmal ein konkretes Beispiel zu machen:

Parteifunktionär X schreibt einen Artikel in der „Deutschen Stimme", der dann hier verbotsbegründend ins Feld geführt wird. Person X, die den Artikel verfasst hat, ist kein V-Mann. Das kann nachgewiesen werden, ist unstreitig beispielsweise. Was ist aber jetzt, wenn diese Person von V-Leuten aus ihrer Umgebung angestachelt worden ist, das so zu schreiben? Indem man ihr zum Beispiel sagt: „Na ja, jetzt hier, du bist viel zu weichgespült, was soll denn das? Du musst mal richtig auf den Putz hauen, das ist ja hier viel zu angepasst, viel zu demokratisch, da müssen wir einmal richtig zeigen, wo's langgeht." Und derjenige, der es dann halt entsprechend macht. Ist das nicht auch eine mittelbare Kontaminierung? Muss man da dann nicht auch prüfen, ob der tatsächlich völlig unbeeinflusst diesen Artikel geschrieben hat, oder ob hier mittelbar V-Leute in der Umgebung Einfluss genommen haben?

Dann haben wir ein weiteres Problem, das ist eigentlich dieses geschilderte Problem im größeren Rahmen: Muss einer Partei, die bis 2012 ja unstreitig bis hinauf in die Vorstände V-Mann-technisch infiltriert war, und – wie wir behaupten – nicht nur mit Angeworbenen, sondern auch mit Eingeschleusten. Muss dieser Partei nicht eine gewisse Konsolidierungsphase zugestanden werden, dass man sagt: „Ich kann nicht hingehen und sagen, jetzt sind sie abgeschaltet, und jetzt gucke ich, was jetzt an entsprechenden Beweismaterialien kommt." Sondern da muss ich erstmal diesen gesamten, auch diesen mittelbaren V-Mann-Einsatz abwarten, bis der sich neutralisiert hat. Das Problem verschärft sich dadurch, dass die Beweismittel, die ja teilweise auch aus Zeiträumen stammen, wo eben die Quellen in den Führungsebenen noch nicht abgeschaltet waren. Es wird da nur behauptet, derjenige, der zum Beispiel den Artikel in der „Deutschen Stimme" geschrieben hat, war kein V-Mann. Aber wenn der Artikel jetzt von 2010 beispielsweise ist, da waren in den entsprechenden Führungsgremien immer noch V-Leute vorhanden. Und hier ist dann auch zu fragen, ob dann da gegebenenfalls immer noch Fernwirkungen dergestalt bestehen, dass man sagt: „Ich muss eine Partei erstmal hier komplett vom staatlichen Einfluss befreien, sie dann mal fünf Jahre in Ruhe lassen, bis diese ganzen Nachwirkungen sich entsprechend verflüchtigt haben, und dann die Partei nochmal angucken, und dann kann ich erst sagen, ab jetzt können Beweise gesammelt werden." Aber dass ich Beweise vorlege aus einer Zeit, als die Partei noch selbst in den Führungsgremien V-Mann-technisch verseucht war, da meinen wir, das ist nicht zulässig, das ist entsprechend hier dann auch zurückzuweisen.

Jetzt haben wir noch ein Problem an Beweismaterial. Und zwar überschneidet sich das jetzt mit der Problematik „Zurechenbarkeit von Anhängerverhalten". Auch eine ganz eigene Baustelle, über die wir uns ja noch umfangreich werden unterhalten müssen.

Der Antragsteller hat einen konkreten Beleg vorgelegt, in dem er sagt: „Also auf irgendeinem Internetportal hat irgendein" – wobei da nicht dargelegt ist, warum die Partei überhaupt dafür verantwortlich sein soll, aber angenommen, sie wäre es – „anonymer Kommentator etwas kommentiert." Und dann Kategorie 2 – also namentlich nicht bekannt. Aber in den entsprechenden Vorstands- und übergeordneten Gremien sind keine V-Leute. Da frage ich mich jetzt: Wie kann man das eigentlich testieren? Woher wissen wir das? Wenn ein unbekannter Nutzer irgendwo etwas postet, kann ich selbstverständlich nicht sagen, Kategorie 1 liege vor, weil ich kenne den ja nicht namentlich, scheidet aus. Kategorie 2 auf einer entsprechenden Internetseite, also alle möglichen Foren, die es da gibt, was jetzt auch keine Parteigremien sind, die das irgendwie managen, sondern auf irgendwelchen freien, frei zugänglichen Foren wird so was dann gepostet. Kann man also auch nicht sagen, die Partei sei jetzt dafür verantwortlich. Und da gibt es auch keinen Vorstand, der

V-Mann-technisch gecleant sein könnte. Ich habe also das Problem, dass ich irgendwelche anonymen Behauptungen ins Feld führe, von anonymen Anhängern, und da V-Mann-Freiheit testiere. Eigentlich müsste ich dann sagen: „Ich kann das gar nicht testieren, weil ich gar nicht weiß wer es war, wenn es keinen Vorstand gibt, der gecleant sein könnte." Wenn ich aber trotzdem einen Beleg vorlege und dann in die Kategorie 2 einordne, gebe ich ja indirekt zu, denjenigen zu kennen. Und wenn ich denjenigen kenne, dann kann man sich wieder fragen: „Ja habe ich nun angeworben oder auch eingeschleust, wenn er mir schon bekannt ist?" Das ist also ein ganz problematischer Punkt, wo ich meine, dass man hier gerade beim Anhängerverhalten ganz besonders hinschauen muss. Es kommt auch später wieder das Problem, bei entsprechenden Demonstrationen, wenn es dann heißt: „Ja da haben Unbekannte irgendwelche Straftaten begangen und das sind ja Ihre Anhänger, weil die sich irgendwie für die Partei ausgesprochen haben – wie auch immer – und deswegen müssen Sie sich das zurechnen lassen." Wenn da irgendwann bei einer Demo, nach einer NPD-Demo zum Beispiel, irgendwo irgendetwas passiert, da stellt sich auch dann die Frage: Wie ist das denn eigentlich hier mit der Staatsfreiheit? Kann denn hier testiert werden, dass die unbekannten Personen, von denen wir ja gar nicht wissen, wer sie überhaupt sind, dass die nicht staatlicherseits beauftragt waren, hier Randale zu machen? Deswegen – auch für die weitere Verhandlung – ist es aus unserer Sicht wichtig, beim Anhängerverhalten immer auch im Hinterkopf zu haben, wie sieht es denn da mit der Staatsfreiheit aus.

Abschließender Punkt: „Abhörproblematik". Ein Punkt der im ersten Verbotsverfahren in dem Sinne nicht akut war, der aber im Hinblick auf die eben auch ausführlich dargestellten Überwachungsgeschichten und Abhörproblematiken insbesondere von „unseren" Geheimdiensten, aber auch von ausländischen Geheimdiensten sehr akut geworden ist, ist also hier die Frage der vertraulichen Kommunikation zwischen den Verfahrensbevollmächtigten und der Partei. Da möchte ich auch noch einmal klarstellen, dass das teilweise von Kollegen auch so dargestellt wird nach dem Motto: Ja, das sind ja nur wieder so Spielereien, das ist hier Verzögerungstaktik und sonstwas. Also da möchte ich auch einmal klarstellen, nochmal, dass ein Bevollmächtigter gerade in einem so wichtigen Verfahren wie dem hiesigen, eine ganz erhebliche Fürsorgepflicht für seine Mandantschaft hat und es nicht riskieren kann, dass er hier Gespräche führt, Materialien durch die Gegend schickt oder entsprechende Unterredungen durchführt, zum Beispiel zur Erarbeitung einer Prozessstrategie, um dann sehenden Auges im Prinzip in Kauf zu nehmen, dass dann das, was da rumgeschickt wird, möglicherweise ein paar Tage später beim Staat auf dem Tisch liegt. Da könnte man fast schon überlegen, ob das nicht schon in die Nähe zum Parteiverrat rückt, wenn ich mit irgendetwas rechnen muss und das quasi billigend in Kauf nehme und sagen würde: „Ja, ist mir egal, weil, ja, muss halt irgendwie sein, weil ich kann mich ja nicht vorbereiten."

Da haben wir das Problem, dass hier im Prinzip der Kernbereich des Verhältnisses zwischen Verteidiger und Angeklagtem berührt ist – und wir sind wieder im Strafprozess. Und der Menschenrechtsgerichtshof hat ja völlig zu Recht gesagt: „Nicht nur die tatsächliche Überwachung stellt ein Verfahrenshindernis dar, sondern auch die begründete Furcht davor." Die darf natürlich nicht völlig aus der Luft gegriffen sein, das ist klar, der Antragsteller behauptet das, Sie sollten vielleicht darlegen, warum das nicht so ist. Aber auch die begründete Furcht ist schon ein entsprechendes Problem und hindert die Antragsgegnerin daran, sich hier zur Sache einzulassen.

Jetzt die Frage: Ist das völlig an den Haaren herbeigezogen oder ist es substantiiert? Da verweise ich wieder auf unseren schriftsätzlichen Vortrag. Es ist darauf hingewiesen worden, dass der saarländische Verfassungsschutz einem Familienmitglied von mir ins Auto gefahren ist. Ich weiß nicht, wie es den Anwesenden im Raum geht, ob irgendeinem schon einmal der Verfassungsschutz ins Auto gefahren ist. Ich behaupte, wenn das passiert, gibt das schon ganz erheblichen Anlass, da mal drüber nachzudenken. Und wenn das dann zufällig noch im familiären Umfeld eines NPD-Funktionärs geschieht, ist das umso bedenklicher. Jetzt sagt der Antragsteller natürlich: „Na ja, das war ja vor Bestellung zum hiesigen Bevollmächtigten." Richtig. Allerdings hat der saarländische Verfassungsschutz in der an mich gerichteten Auskunft mitgeteilt: „Also, Herr Richter, überobligatorisch teilen wir Ihnen mit, dass Sie nie nachrichtendienstlich überwacht worden sind, überwacht werden, was auch immer. Hat nie stattgefunden." Aber scheinbar hat es ja doch stattgefunden, denn sonst wäre ja der Verfassungsschützer nicht ins Auto gefahren. Soweit diesbezüglich dann behauptet wird: „Na ja, das war ja nicht gegen Sie gerichtet, das war ja reiner Zufall, denn die entsprechenden Autoinsassen haben ja nur Salafisten beobachtet und nicht Sie", dann frage ich mich, warum dann der ehemalige Innenstaatssekretär in den vom Antragsteller selbst vorgelegten Belegen ausdrücklich mitteilt, dass der Beifahrer V-Mann-Führer im Bereich Rechtsextremismus war. Also da muss ich gestehen, hört es bei mir dann auf. Also wenn das jetzt nachweislich irgend so ein Salafismusexperte gewesen wäre, hätte man sich ja vielleicht noch drüber unterhalten können, aber V-Mann-Führer im Bereich Rechtsextremismus, der dann einem Familienmitglied von mir ins Auto fährt, einem Auto, das ich selber oft mal benutze, und dann sagt man: „Alles ist Zufall!", halte ich mit Verlaub für unglaubhaft. Wir meinen, dass das Gericht hier verstärkt nachforschen müsste.

Ja. und dann ein weiterer Punkt. Hat der Antragsteller ja auch eingeräumt. Dass im Bayerischen Landesamt für Verfassungsschutz ein Facebook-Spitzel – nenne ich ihn jetzt mal – auf mich angesetzt war. Der Betreffende hat dann erklärt: „Ja, am soundsovielten, also, ich glaube, drei Monate nach meiner Bestellung zum hiesigen Verfahrensbevollmächtigten, sei ja dann der Kontakt zu mir beendet worden." Habe ich auch gesagt: „Hoppla, schon stramm!" Also auf einen bestellten Bevollmächtigten einen Facebook-Spitzel anzusetzen – mein lieber Jolly. Der Antragsteller sagt: „Na ja, der soll Sie ja nicht ausspionieren oder ausspähen, der soll ja nur Sie in seiner Freundesliste haben, damit er dann leichter Kontakt zu bayerischen Rechtsextremisten herstellen kann, denn wenn ich in der Freundesliste bin, dann nehmen die den V-Mann eher an." Kommt mir schon ziemlich konstruiert vor. Unabhängig davon – so wichtig bin ich in der Szene nicht, dass jeder mit mir befreundet sein will, oder dass ich quasi ein Aushängeschild wäre, um zu sagen, dass ich quasi als Türöffner für jeden Verfassungsschutzagenten fungieren würde. Wer mit mir befreundet ist, kommt ja auch zu anderen Leuten in die Freundesliste. Kommt noch dazu, was hat das überhaupt mit Bayern zu tun? Da wäre es doch sinnvoller, sich an irgendwelche bayerischen Funktionäre dranzuhängen, sich mit denen zu befreunden, sie sind in Bayern ja auch hinreichend bekannt. Ich war damals nur mal so im Gespräch eben, hier, ist jetzt ab sofort Bevollmächtigter. Das Verfahren ging aber ja noch nicht so los wie jetzt im Moment. Deswegen behaupte ich einfach mal, dass da, also hier zu sagen: „Ja, also ich bin jetzt hier quasi der Türöffner, um entsprechende Freundschaftsanfragen herzustellen", dass das hier aus unserer Sicht nicht schlüssig ist.

Ein weiterer Punkt: Das andere Ende quasi. Nicht nur die Frage: Werde ich beziehungsweise mein Kollege nachrichtendienstlich überwacht? Wie sieht es denn mit den führenden Parteifunktionären aus? Werden die vielleicht nachrichtendienstlich überwacht? Und da haben wir auch keinen Beleg in dem Sinn vom Antragsteller hier bekommen, der das ausschließen würde. Es ist gesagt worden: „Na ja, wir haben aber angeordnet, dass G-10-Maßnahmen hier nur im absoluten Ausnahmefall stattfinden." Da fragt man sich wiederum: Na gut, G-10-Maßnahmen ist das eine, unabhängig von der Frage jetzt, ist das ausreichend nachgewiesen, wenn das nur behauptet wird. Was ist denn zum Beispiel mit akustischer Wohnraumüberwachung und Online-Durchsuchung? Da wird nichts zu erklärt. Es wird nur gesagt: „Das ist ja völlig abwegig sowas, das ist ja klar, da hängen ja die gesetzlichen Voraussetzungen so hoch, dass da gar keiner auf die Idee kommt, das zu machen bei Ihnen, und deswegen brauchen wir da auch nichts zu zu sagen." Halte ich auch für etwas verwunderlich. Letzten Endes, denke ich, kann man damit nicht durchdringen.

Und wenn man das alles zusammennimmt, zusammenfassend meine ich haben wir hier drei Säulen: Wir haben die V-Mann-Problematik in der Führungsebene, wir haben die V-Mann-Problematik beim Beweismaterial und wir haben die Abwehrproblematik. Bei keiner dieser drei Säulen hat der Antragsteller aus unserer Sicht die konkreten Hinweise und Verdachtsmomente entkräften können, die wir hier gesehen haben. Und deswegen sind wir der Auffassung, dass das Verfahren hier wegen entsprechender Verfahrenshindernisse einzustellen ist. Und wir verweisen hiermit nochmal ausdrücklich auf unseren seinerzeit schon gestellten Antrag: Verfahrenseinstellung, hilfsweise Schriftsatznachlassfrist, und nicht Nachlassfrist, sondern Schriftsatzfrist von mindestens drei Monaten und eben für den Fall, dass das Gericht – aus welchen Gründen auch immer – zu dem Ergebnis käme, dass hier die vertrauliche Kommunikation gewährleistet sei und auch keine V-Leute mehr, weder im Beweismaterial noch in der Führungsebene vorhanden seien, dass also dann für diesen Fall eine Schriftsatzfrist gewährt wird. Und ich sage es nochmal: Wir äußern uns nicht zur Sache, nicht etwa deshalb, weil wir nicht wollen, oder weil wir hier unredliche Absichten verfolgen wollen, sondern weil wir der Auffassung sind, dass bei der jetzigen Prozesslage ohne eine abschließende Klärung der Frage des Vorliegens von Verfahrenshindernissen durch das Bundesverfassungsgericht wir hier nicht die Verteidigung so führen und organisieren können, wie es erforderlich wäre. Und deswegen beantragen wir auch hier nochmal ausdrücklich hilfsweise die Einräumung einer entsprechenden Stellungnahmefrist.

Dies gilt umso mehr, als der Antragsteller hier auch kurz vor der Verhandlung immer mit neuen Schriftsätzen aufwartet, und nicht nur mit neuen Schriftsätzen wie dem, den ich heute in Empfang genommen habe – da steht ja in der Tat jetzt nicht allzu viel drin. Aber wir hatten ja den Schriftsatz vom 11.02.2016, wo nochmal ein ergänzendes Gutachten des Instituts für Zeitgeschichte vorgelegt wird. Wir haben ein weiteres Gutachten zur Frage der EMRK-Konformität eines eventuellen Verbots. Wir haben beim Gutachten des Instituts für Zeitgeschichte zahlreiche Belege, die gar nicht vorgelegt wurden. Wir haben auch teilweise im Gutachten von Herrn Prof. Borstel Belege, bei denen behauptet wird, die liegen vor, die aber praktisch gar nicht vorliegen. Und wir sehen es als unzumutbar und mit einem rechtsstaatlichen Verfahren nicht in Übereinstimmung zu bringen an, dass man hier einerseits die Antraggegnerin im Unklaren lässt, wie es denn jetzt aussieht mit der Vertraulichkeit der Kommunikation, und andererseits, dass man dann auch noch kurz vor Verhandlungsbeginn neue Gutachten nachschiebt und dann bei diesen Gutachten auch noch Belege bewusst vorenthält, die eigentlich erforderlich wären, um die Gutachten überhaupt der Sache nach bewerten zu können. Wir haben ja insbesondere den Sachverhalt, dass in dem Gutachten des Instituts für Zeitgeschichte eine völlig andere Belegnummerierung verwendet wird als in den Belegen, die im Antrag vorgelegt werden. Wenn man die Belegnummern heranzieht, dann findet man überhaupt nichts, weil das alles gar nicht stimmt. Teilweise werden Belege herangeführt mit Belegnummern viertausendirgendwas, die also auch so nicht vorliegen. Und da meinen wir auch im Hinblick darauf ist es völlig unmöglich, da sachgerecht sich zu verhalten zu können. Und deswegen nochmal der Hinweis auf den hilfsweise gestellten Schriftsatzantrag. Damit möchte ich meine Ausführungen hier zunächst schließen.

Präsident Prof. Dr. Voßkuhle: Vielen Dank, Herr Richter! Vielleicht darf ich ein paar Fragen an Sie stellen? Zunächst, wenn Sie mal einen Rollenwechsel vornehmen und überlegen, Sie wären jetzt auf Seiten der Antragsteller und müssten nachweisen, dass keine V-Leute eingespeist sind und über einen längeren Zeitraum dann zurückgezogen oder abgestellt sind. Wie würden Sie das machen?

Rechtsanwalt Richter: Ja, der Beweis wäre dadurch zu führen, dass die entsprechenden Akten offengelegt und gezeigt werden, also die Akten von sämtlichen Parteifunktionären in dem fraglichen Zeitraum, also hier von Dezember 2012 bis heute. Dass also keiner der Funktionäre in den entsprechenden Vorständen hier auf der Liste des Staates, auf der Gehaltsliste, stand und entsprechend hier tätig war.

Präsident Prof. Dr. Voßkuhle: Ich habe Sie ja gebeten, einen Rollenwechsel vorzunehmen. Und wenn Sie einen Rollenwechsel vornehmen, müssten Sie sich in die Situation begeben. Und es ist vorgetragen worden – das ist auch nachvollziehbar –, dass Sie natürlich nicht alle Akten hier vorlegen können aus den Gründen, dass Leute dann vielleicht ihre Identität offenbaren müssten in einer Art und Weise, die ihr Leben gefährden würde. Also müssten Sie sich etwas anderes überlegen.

Rechtsanwalt Richter: Also erstmal würde ich hier entschieden zurückweisen wollen, dass hier das Leben von entsprechenden Personen gefährdet wäre. Also das, was hier inszeniert wird nach dem Motto: Wenn die NPD jetzt hier die entsprechende Identität der V-Leute kennen würde, dann wären die ihres Lebens nicht mehr sicher. Das halte ich für ein Gerücht. Unabhängig davon, es kommt nicht darauf an, was ich machen würde oder was ich vielleicht gerne machen würde oder wo ich dann natürlich berechtigter Weise irgendwie denken würde: „Na ja, das ist natürlich jetzt für mich ein Problem, das möchte ich nicht machen." Darauf kommt es nicht an. Es kommt darauf an, was objektiv geboten ist. Objektiv geboten ist die Beweisführung, objektiv geboten ist die Vorlage sämtlicher Beweise, die zur Erkenntnisbildung des Gerichts erforderlich sind. Und wenn ich diese Beweismittel – und wenn auch aus nachvollziehbaren Gründen – nicht vorlegen will, dann geht das aber mit mir heim, das Problem. Es kann ja nicht sein, dass ich hier jetzt die Anforderungen an ein rechtsstaatliches Verfahren absenke, weil ich sage: „Eigentlich gäbe es Erkenntnismittel, derer wir uns bedienen könnten, um die Fairness des Verfahrens zu gewährleisten, aber dieser Erkenntnismittel bedienen wir uns nicht, weil, das ist ja klar, dass derjenige das nicht vorlegen kann, der es eigentlich vorlegen müsste." Das ist dann sein Problem, dann bleibt er halt beweisfällig, kann es nicht beweisen und muss sich dann entscheiden, ob er Parteien dauerhaft infiltrieren will bzw. auch wenn er es abstellt dann den Beweis führen muss und das gegebenenfalls nicht kann oder will. Dann sind das halt Spätfolgen dieses Konzepts, Parteien zu unterwandern, oder ich muss von vornherein sagen: „Das schließen wir generell aus!" Die Frage kann man ja durchaus mal stellen, ob das in der Demokratie überhaupt zulässig ist, Parteien zu unterwandern, zu infiltrieren, um die eigenen Leute auszuspähen. Nur wenn man sich dafür entschließt, muss man aus unserer Sicht mit den entsprechenden Konsequenzen leben und wenn man dann den Beweis nicht führen kann, dann kann man ihn halt nicht führen.

Präsident Prof. Dr. Voßkuhle: Das mit dem Rollenwechsel, das ist schwierig, das gebe ich zu.

Zweite Frage: Sie haben seit Dezember die Entscheidung des Gerichts, dass wir hier mündlich verhandeln werden. Das ist ein Beschluss, der voraussetzt, dass das Gericht von der Zulässigkeit ausgeht und in der ersten Prüfung auch summarisch davon ausgeht, dass es jedenfalls nicht unwahrscheinlich ist, dass der Antrag begründet ist. Von dem Zeitpunkt an wussten Sie also, dass – ich sage mal salopp – „Gefahr droht". Was haben Sie dann getan? Jetzt tragen Sie vor, dass Sie sich in der Zeit nicht verteidigen konnten. Haben Sie sich da nie getroffen mit Ihren Parteifreunden, mit Teilen der Partei. War das unmöglich für Sie?

Rechtsanwalt Richter: Ich habe mich selbstverständlich getroffen, aber ich konnte natürlich jetzt keine Strategie in dem Sinn entwickeln, dass ich jetzt sage: „Das und das und das muss getan werden! Das und das sind die entsprechenden Maßnahmen, die jetzt geboten sind! Oder so und so und so sollten wir uns einlassen!" Ich konnte die Partei lediglich bitten, sich über die entsprechenden Vorwürfe natürlich mal Gedanken zu machen, ob das zutrifft, ob das nicht zutrifft, im tatsächlichen Bereich. Ich konnte aber natürlich jetzt hier diese Ergebnisse schwerlich zusammentragen bzw. überhaupt mir darüber Gedanken machen, wie ich das in welcher prozessualen Situation wie vortrage, weil ich jedes Mal, wenn ich dann tatsächlich hinfahre, und das war auch oft so, die Leute wollten immer wissen: „Was machen wir denn jetzt, machen wir das so oder machen wir das so?" Da konnte ich immer nur sagen: „Kann ich hier nichts zu sagen. Ich kann nur allgemein sagen, das und das liegt auf dem Tisch, macht Euch da Gedanken zu. Aber ich kann nicht sagen, das, was gegebenenfalls die Partei dann dazu sagt, wird so und so zusammengestellt." Ich kann mir natürlich selber eigene Gedanken machen, wie ich auf bestimmte Vorwürfe reagieren würde, aber ich bin in der Hinsicht schon einem entsprechenden, ich sage jetzt mal „Handicap" ausgesetzt, wenn ich jedes Mal Angst haben muss, dass dann das nachher beim Gegner auf dem Tisch liegt.

Präsident Prof. Dr. Voßkuhle: Was genau auf dem Tisch liegt?

Rechtsanwalt Richter: Ja, wenn jetzt zum Beispiel ich irgendwelche Schriftsatzentwürfe gemacht hätte, wenn ich jetzt gesagt hätte: „Ich trage dies und das und jenes vor!" Und hätte das dann zum Beispiel der Partei geschickt zur Frage, zur Prüfung, zur Stellungnahme. Dann wäre ich immer Gefahr gelaufen, dass es abgefangen wird. Ich hätte das Problem gehabt, auch wenn ich es auf Datenträgern verschickt hätte, das haben wir in der Tat schon öfter gehabt, dass irgendwelche Parteiunterlagen verschickt worden sind mit den neuen Satzungen oder dergleichen, und dass die USB-Sticks in der Post verschwunden waren. Da hatte ich schon oft genug Post von der Partei bekommen. Und da kann ich auch sagen: „Ich kann nicht jedes Mal wegen jeder Einzelheit mich hier einschließen und dann ein Vier-Augen-Gespräch führen", selbst dann muss ich entsprechend Angst haben. Vor allem in der Parteizentrale hat man das Problem, das ist ja auch dargelegt worden, dass da ein Fall aufgefallen ist, das war allerdings schon vor dem Verfahren, das ist richtig, aber es war tatsächlich dann auch der Fall. Dass also hier vertrauliche Gespräche nach außen publik geworden sind. Und da meinen wir schon, dass jedenfalls die begründete Gefahr zu sehen ist, dass hier eine entsprechende Ausspähung erfolgt. Und wir haben ja Indizien vorgetragen, dass das der Fall ist.

Präsident Prof. Dr. Voßkuhle: Gut! Herr Landau bitte!

Richter Prof. Landau: Herr Rechtsanwalt Richter, das schließt an die Frage des Vorsitzenden an. Ich verstehe nicht ganz, was Sie mit dem Antrag auf Schriftsatznachlass meinen, dass Sie jetzt noch einmal einen Schriftsatz schreiben wollten. Setzt das als rechtliche Überlegung bei Ihnen voraus, dass das Gericht möglicherweise verpflichtet wäre, so eine Art Prozessinterlokut zu machen? Das könnte man aus der Gliederung entnehmen. Das ist ja auch eine Frage der Fürsorge Ihrer Mandantschaft, dass man danach fragt. Der zweite Punkt, der mir auch Anlass zur Sorge gibt: Sie reden immer von den rechtskräftigen Entscheidungen aus dem Jahr 2003. Was heißt das? Sind da Obersätze gebildet worden, die bestandskräftig sind im Sinne der Judikatur des Bundesverfassungsgerichts? Sie haben ja den Vortrag vom Vorsitzenden gehört, wie hier verfahren werden soll und auch die Andeutungen der Maßstäbe, die hier verhandelt werden sollen. Könnte es nicht bei Ihnen jetzt nach Ihrer Schilderung, die Sie wiederholt haben, die wir alle aus den Schriftsätzen kannten, müsste da bei Ihnen jetzt nicht der Verdacht entstehen, dass es möglicherweise so etwas wie ein Prozessinterlokut nicht gibt und dass der freie Beweis möglicherweise die Würdigung von Beweisen mit allen Kritiken, die Sie dazu genannt haben, ermöglicht? Und müssten Sie nicht dann sagen, dass Sie bestimmte Anhaltspunkte haben, dass über das von Ihnen Vorgetragene hinaus Verdächte bestehen, dass konkrete Punkte anders zu sehen sind. Der Presse habe ich entnehmen dürfen, dass Sie von „Knallern" gesprochen haben. Was immer das ist, ich weiß es nicht. Aber wenn

Sie meinen, möglicherweise mit diesen Knallern warten zu können, bis das Gericht ein Prozessinterlokut macht, können Sie das jedenfalls nicht aus den Ausführungen des Vorsitzenden und des Berichterstatters entnehmen, denn es könnte die Meinung vertretbar sein, dass am Ende, und zwar bis zum Ende des Verfahrens – wann immer das sein wird – das Gericht das Vorliegen von Verfahrenshindernissen zu prüfen und dann zu würdigen hat.

Rechtsanwalt Richter: Also gerade zu dem ...

Richter Prof. Landau: Macht Ihnen das jetzt keine Sorge, dass Sie diesen Antrag auf Schriftsatznachlass gestellt haben?

Rechtsanwalt Richter: Also, dass ich den Antrag gestellt habe, macht mir jetzt keine Sorgen. Also ich sehe es auch so, dass ich meine, dass die Frage der Prüfung von Verfahrenshindernissen eigentlich dogmatisch der Frage vorgelagert ist, ob die Zulässigkeit und Begründetheit des Verfahrens überhaupt geprüft werden kann.

Richter Prof. Landau: Verstehen Sie, deswegen frage ich, aus Gründen der Fürsorge. Ob Sie nicht damit rechnen könnten und müssten nach den Erläuterungen, dass bis zum Ende diese Frage zu prüfen ist und nicht abgeschichtet zu prüfen ist. Das wäre das Prozessinterlokut.

Rechtsanwalt Richter: Nun gut, das ist natürlich denkbar und aus den Ausführungen des Senats schließe ich natürlich auch, dass durchaus die Gefahr bestehen könnte, dass hier dem Antrag so nicht stattgegeben wird. Aber deswegen versuche ich ja gerade, weil ich davon ausgehe, dass das Gericht hier von seiner Meinungsbildung her nicht abschließend festgelegt ist, das Gericht davon zu überzeugen, dass hier – das war das, was ich ausführen möchte – ein dogmatischer Vorrang aus meiner Sicht besteht; der Prüfung, ob Verfahrenshindernisse vorliegen, im Vergleich zu der Prüfung der Frage, ob das Verfahren zulässig und begründet ist. Insbesondere deshalb, weil die Annahme von Verfahrenshindernissen ja bedeuten würde, dass das Verfahren gar nicht durchgeführt werden dürfte. Und es erschließt sich mir jetzt von der Dogmatik her eigentlich nicht, wie ich ein Verfahren bis zum Schluss durchführen möchte, ohne bis zum Schluss die Frage zu beantworten, ob das Verfahren, das ich gerade durchführe, überhaupt durchgeführt werden darf. Deswegen hatten wir ja auch beantragt, entsprechend abgeschichtet zu verfahren. Also erstmal die Frage der Verfahrenshindernisse zu klären und dann, wenn das geklärt ist, davon dann ausgehend quasi im Zwischenverfahren weiter zu entscheiden. Das Gericht ist dem jetzt nicht gefolgt, allerdings schließe ich daraus nicht, dass das Gericht sagt: „Also die Frage der Verfahrenshindernisse ist völlig erledigt, das ist unproblematisch!"

Richter Prof. Landau: So will ich meine Frage nicht verstanden haben ...

Rechtsanwalt Richter: Eben, klar ...

Richter Prof. Landau: Das war eine rein fürsorgliche Frage, was möglicherweise auch bei dogmatisch prozessökonomischen Überlegungen eine Rolle spielen könnte, wenn der Senat seine Meinungsbildung irgendwann einmal abschließen wird.

Rechtsanwalt Richter: Ja.

Präsident Prof. Dr. Voßkuhle: Gut. Vielen Dank! Herr Müller!

Richter Müller: Herr Richter, ich habe einige Fragen zu Ihrem Vortrag. Eine Grundsätzliche vorweg. Wenn man Ihrem Vortrag folgt, einschließlich dessen, was Sie gesagt haben zur Bedeutung der Parteitagsdelegierten, der Landtagsfraktionen, der Mitarbeiter der Landtagsfraktionen, und, und, und, kommt man ja eigentlich zwingend zu dem Ergebnis, dass während eines laufenden Parteiverbotsverfahrens der Staat sich blind machen muss. Blind dergestalt, dass ihm jegliche weitere Beobachtung verfassungsfeindlicher Bestrebungen während des laufenden Verbotsverfahrens nicht mehr möglich ist. Ist das Ihre Auffassung?

Rechtsanwalt Richter: Also Herr Richter Müller, diese Auffassung vertrete ich so nicht. Das ist ja auch vom Gericht auch so schon gesagt worden, dass selbstverständlich eine politische Partei während des Verbotsverfahrens auch mittels V-Leuten beobachtet werden darf. Die Frage ist nur, in welchen Gremien sich diese V-Leute aufhalten dürfen. Also ich sehe jetzt kein Problem und ich sehe es auch nicht so, dass man sich blind machen würde, wenn ich jetzt sage, dass zum Beispiel in einer Landtagsfraktion, dass da keine V-Leute sein dürfen. Selbstverständlich können im entsprechenden Kreisverband der Partei oder in den Kreisverbänden, die in dem jeweiligen Landesverband sich befinden, natürlich V-Leute vorhanden sein, auch in den Vorständen. Das ist ja wieder eine andere Frage. Da ist ja durchaus dann die Möglichkeit gegeben, entsprechende Informationen abzuschöpfen. Aber auf der anderen Seite denke ich, ist es auch klar, dass der Staat natürlich im laufenden Verbotsverfahren gewisse Defizite, sage ich jetzt mal, bei der Informationsgewinnung zwangsläufig hinnehmen muss, weil andererseits kein faires Verfahren gewährleistet werden kann.

Richter Müller: Wenn das so ist, dann stellt sich die Frage der Grenzziehung. In welchem Umfang muss Beobachtung unterbleiben, in welchem Umfang kann Beobachtung fortgeführt werden? Da gibt doch eigentlich die Entscheidung aus dem Jahr 2003 eine ziemlich klare Vorgabe. Die Vorgabe heißt: „Es muss im Verfahren vor dem Bundesverfassungsgericht gewährleistet sein, dass die Partei eine selbstbestimmte Willensbildung und Selbstdarstellung vornehmen kann." Das heißt, Beobachtung darf überall dort nicht stattfinden, wo sie sich verfahrensrelevant auswirken kann.

Rechtsanwalt Richter: Richtig.

Richter Müller: Können Sie mir einmal sagen, wie sich ein Parteitagsdelegierter in die Verfahrensführung einmischen kann?

Rechtsanwalt Richter: Er muss sich ja nicht zwingend in die Verfahrensführung einmischen, er kann sich aber in die Genese von Material einmischen, das dann später verbotsbegründend ins Feld geführt wird.

Richter Müller: Aber verwechseln Sie da nicht die Frage der Staatsfreiheit mit der Frage der Quellenfreiheit?

Rechtsanwalt Richter: Na gut, ich habe das unter der Überschrift abgehandelt „Staatsfreiheit bezüglich des Beweismaterials und Staatsfreiheit hinsichtlich der Führungsebene". Es ist natürlich richtig, dass das auch zusammenspielt. Also, es ist klar, dass natürlich jetzt im Parteivorstand, unabhängig von Parteitagen und Programmen, keine V-Leute sein dürfen, weil sie natürlich unmittelbar die Partei in eine bestimmte Richtung steuern können. Aber andererseits ist es ja auch so, dass der Parteitag durch die Wahl des Vorstandes die Partei in gewisser Weise steuert und natürlich auch dann durch die Fassung des Parteiprogramms, durch die Beschlussfassung über die Satzung und über andere Regelungen natürlich auch mittelbaren Einfluss auf das Handeln des Vorstands entsprechend ausübt. Aber es ist richtig, aus unserer Sicht kommt die Problematik „Parteitage" eigentlich in beiden Bereichen vor. Also einmal bei der Frage „Staatsfreiheit der Führungsebene" und dann bei der Frage „Quellenfreiheit", so ist es ja vom Senat im Hinweisbeschluss ja auch gehandhabt worden.

Richter Müller: Bei der Frage der Quellenfreiheit muss man natürlich zusätzlich die Frage stellen: Führt die Kontaminierung einer einzelnen Quelle schon zu einem Verfahrenshindernis? Wir reden im Moment ja über Verfahrenshindernisse. Da ist doch zu fragen, ob die Möglichkeit der Kontaminierung einzelner Quellen nur dann zu einem Verfahrenshindernis führen kann, wenn der verbleibende Quellenbestand so gering ist, dass eine vernünftige Durchführung des Verfahrens gar nicht mehr möglich ist?

Rechtsanwalt Richter: Den Gedanken kann man sich natürlich grundsätzlich machen, das ist richtig. Nur speziell beim Parteiprogramm, also wenn wir da zu dem Ergebnis kämen, dass das Parteiprogramm kontaminiert ist und deswegen jetzt nicht unbedingt dann zum Verfahrenshindernis, zur Einstellung führt, aber faktisch das Parteiprogramm dann gegebenenfalls unverwertbar wäre, weil wir nicht ausschließen können, dass der Staat daran mitgeschrieben hat. Da wäre natürlich im Parteiverbotsverfahren dann schon ein großer Brocken an Beweismaterial, an potentiellem Beweismaterial, weggefallen. Denn, wenn das Parteiprogramm nicht verwertbar wäre ...

Richter Müller: Wäre zumindest nicht undenkbar, dass das verbleibende Material ausreicht ...

Rechtsanwalt Richter: Es ist nicht undenkbar, sicherlich, aber ...

Richter Müller: Dann hätte ich noch ein paar andere Fragen: Sie haben kritisiert, dass der Antragsteller sich nicht schriftsätzlich zur Rückziehung Verdeckter Ermittler, jetzt sagen Sie zur Rückziehung eingeschleuster V-Leute geäußert habe. Nun kann man sich ja mal die Testate anschauen. Da steht gar nichts von eingeschleusten V-Leuten und Verdeckten Ermittlern, und schon gar nichts von Abschaltung und Rückziehung, sondern da steht: „Dementsprechend bestätige ich für" – und dann kommt das jeweilige Land oder der Bund –, „dass spätestens seit dem 6. Dezember 2012 auf Bundes- und Landesebene weder vom Verfassungsschutz noch von der Polizei Quellen eingesetzt werden". Das schließt doch zwingend eingeschleuste V-Leute ein.

Rechtsanwalt Richter: Das würde ich so nicht unbedingt sagen, weil die Quelle setzt ja im Prinzip voraus, dass sie auch sprudelt. Und wenn die Quelle versiegt, dann kann ich durchaus vertreten und sagen: „Es ist keine Quelle mehr da, weil sie nicht mehr sprudelt, aber sie ist trotzdem vorhanden und nicht zurückgezogen und kann trotzdem immer noch Schaden anrichten." Das würde ich jetzt terminologisch nicht als so eindeutig ansehen, die Formulierung.

Richter Müller: Ich habe unvollkommen zitiert. Es heißt sogar: „Quellen im Sinne von Verdeckten Ermittlern, Undercover-Agents oder Vertrauenspersonen eingesetzt werden."

Rechtsanwalt Richter: Ja, dass im Moment keine aktiven V-Personen eingesetzt sind, also keine Quelle, die im Moment ...

Richter Müller: Seit dem 6. Dezember 2012.

Rechtsanwalt Richter: Ja, seit dem 6. Dezember 2012 keine sprudelnde Quelle, aber vielleicht eine versiegte Quelle. Es geht darum, dass die zwar nicht mehr liefert an den Staat, die Quelle, dass die aber einfach da ist und gegebenenfalls noch Probleme bereiten kann durch Sabotage-Handlungen, oder einfach durch Nichtstun in Situationen, in denen Handeln geboten gewesen wäre.

Richter Müller: Nun haben wir ja nicht nur die Testate, sondern eine Reihe von Dingen, die der Antragsteller auf den Hinweisbeschluss des Gerichts vorgelegt hat. Wir haben, was die Abschaltung und Zurückziehung von Quellen anbetrifft, die Darlegungen der Weisungslage. Wir haben die Darlegung, dass und in wie vielen Fällen abgeschaltet worden ist. Wir haben Protokolle über die Abschaltgespräche, die Erklärungen, die abgegeben worden sind. Wir haben umfängliche Darlegungen, dass es keine informationsgewinnende Nachsorge geben durfte. Wir haben die Musterschreiben, die herausgegangen sind und die Bestätigung, dass sie in allen Ländern an alle Behörden verteilt worden sind. Wir haben eine Darlegung, wann es zu zufälligen Kontakten mit abgeschalteten Quellen kam und wie dabei verfahren worden ist. Wir haben die Darlegung einer umfänglichen Weisungslage, beginnend mit dem Musterschreiben vom 17. Dezember 2012, was das Ausspähen der Prozessstrategie anbetrifft, was G10-Maßnahmen anbetrifft, was Ihre Beobachtung anbetrifft. Also wir haben eine Unmenge an Material, das von Seiten des Antragstellers vorgelegt worden ist. Ist das für Sie alles irrelevant?

Rechtsanwalt Richter: Das ist nicht irrelevant, die Frage ist nur: Kann damit der Vollbeweis geführt werden, der aus unserer Sicht ja vom Antragsteller zu führen ist? Und diese Frage verneinen wir aus den genannten Gründen, weil wir sagen: „Weisungen als solche, das ist gut, dass eine solche Weisungslage besteht." Die Frage ist nur, ob die Weisungen auch umgesetzt werden.

Richter Müller: Na, da haben wir doch die Abschaltprotokolle, wir haben die Erklärungen, und, und, und. Das ist alles Umsetzung der Weisungen.

Rechtsanwalt Richter: Das ist insoweit richtigt, nur da haben wir die Frage, ob gerade diese Ausführungen glaubhaft sind. Und da möchte ich nur ein kurzes Beispiel nochmal nennen. Es ist ja dargelegt worden, dass auf Bundes- und Landesvorstandsebene insgesamt nur elf abzuschaltende Quellen vorhanden gewesen sein sollen. Und da stellt sich dann die Frage, ob diese Zahl überhaupt schon glaubhaft ist, denn insbesondere in den Ländern Sachsen und Mecklenburg-Vorpommern sollen ja angeblich überhaupt keine abzuschaltenden Quellen vorhanden gewesen sein. Und da stellt sich aus unserer Sicht dann schon die Frage, ob das mit dem in Einklang zu bringen ist, was der Antragsteller an sonstiger Stelle so behauptet, weil er ja sagt, die Partei müsse überwacht werden, weil sie gefährlich ist und weil wir nicht blind sein dürfen. Da haben wir ja eben drüber gesprochen. Dann würde es aber doch Sinn machen, dass ich die Partei dort überwache, wo sie aus Sicht des Staates am gefährlichsten ist, nämlich dort, wo sie Strukturen hat, wo sie Landtagsfraktionen hat und wo sie entsprechend breiter aufgestellt ist und nicht dort, wo sie schwächer aufgestellt ist. Und wenn ich dann sehe, dass Sachsen und Mecklenburg-Vorpommern, wo entsprechende Landtagsfraktionen vorhanden waren, dort überhaupt keine eingesetzt werden sollen, aber in Nordrhein-Westfalen beispielsweise, wo wir überhaupt keine erkennbare Gefahr in dem Sinne, dass wir jetzt sagen: „Hier droht der Landtagseinzug oder so", haben, dass da gleich zwei im Vorstand gesessen haben sollen. Dann habe ich schon erhebliche Zweifel, ob dieser Vortrag so glaubhaft ist. Und die Zahl elf – und die bestreite ich auch ausdrücklich –, also das glaube ich nicht, dass das wirklich nur V-Leute waren.

Richter Müller: Herr Richter, können Sie sich nicht vorstellen, dass der Senat da in ein Problem kommt. Da hat der Antragsteller umfänglich vorgetragen, er hat umfänglich Belege vorgelegt, er hat Testate vorgelegt, und zwar nicht Testate des Antragstellers selbst – der Antragsteller ist der Bundesrat –, sondern Testate der Behördenleiter – das sind noch nicht einmal die Vertreter der Länder, die den Bundesrat bilden –, Testate der Leiter der Bundesbehörden, Testate von Staatssekretären auf Bundesebene. Er hat den Vollzug der Weisungen dokumentiert durch eine Vielzahl von Unterlagen. Und jetzt kommen Sie und sagen: „Ich glaube das alles aber nicht." Das ist etwas dünn, finden Sie nicht?

Rechtsanwalt Richter: Ich sage ja nicht einfach so: „Ich glaube das nicht." Es ist ja schon so, dass wir schriftsätzlich dargelegt haben, dass und warum die entsprechenden Ausführungen nicht ausreichend und nicht glaubhaft sind. Insbesondere was die Beleglage und die Testatlage anbelangt, haben wir ja auch gesagt, dass da von führenden Ministerien eben gar keine Testate vorliegen. Also selbst für den Fall, dass man jetzt sagen würde, die Testate wären ausreichend, dann liegen sie in den Punkten eben nicht vor. Wir haben auch gesagt, dass es hier speziell zu dem Punkt – unabhängig von der Frage, wie der Begriff der Quelle jetzt in den entsprechenden Testaten konkret zu verstehen ist, dazu haben wir jedenfalls in den weiteren schriftsätzlichen Ausführungen vorgetragen – ist ja der konkrete Vorhalt gekommen mit den Eingeschleusten. Und selbst wenn man jetzt sagen würde, das Testat würde das grundsätzlich abdecken, auch die Rückziehung der Eingeschleusten, dann hätte der Antragsteller sagen müssen: „Das haben wir ja schon testiert, das ist ja alles unproblematisch." Aber speziell zu dem Vorhalt der Eingeschleusten äußert er sich überhaupt nicht.

Richter Müller: Warum sollte er? Er hat das Fehlen von Eingeschleusten testiert.

Rechtsanwalt Richter: Das ist jetzt gerade die Frage. Also ich lese das Testat wie gesagt anders.

Richter Müller: Und im Übrigen ist es so, Herr Richter, Sie sagen, es fehlten Testate. Also es stimmt, die Bundeskanzlerin hat nicht testiert, der Finanzminister hat nicht testiert und die Verteidigungsministerin hat nicht testiert. Aber wir haben Testate der Staatssekretäre aus diesen Bereichen.

Rechtsanwalt Richter: Ja, die Frage ist wiederum, ob das Testat eines weisungsgebundenen Beamten hier ausreicht. Der Antragsteller hat ja selber auch öffentlich die Auffassung vertreten, das müssen schon die Minister machen, damit es auch dann die entsprechende Aussagekraft hat.

Richter Müller: Also wenn der Herr Gatzer anstelle des Herrn Schäuble etwas testiert, ist das von vornherein unglaubwürdig?

Rechtsanwalt Richter: Ich würde nicht sagen: „Es ist von vornherein unglaubwürdig." Aber es ist aus meiner Sicht nicht geeignet, hier den Vollbeweis dafür zu führen, dass die behaupteten Tatsachen hier nicht vorliegen.

Richter Müller: Gut. Dann habe ich vielleicht noch eine letzte Bemerkung. Sie sagen ja: „Im Übrigen gibt es konkrete Umstände, die ja doch Misstrauen begründen." Da schildern Sie einen Fall eines Einschleusungsversuchs aus dem Jahr 2014. Versuch heißt, es war nicht erfolgreich?

Rechtsanwalt Richter: Das heißt, es war insoweit nicht erfolgreich, als es rechtzeitig aufgedeckt worden ist. Es zeigt aber schon die Zielrichtung, dass offensichtlich entgegen dem Vortrag, dass ja durch die entsprechende Weisungslage sichergestellt ist, dass dergleichen nicht passiert, dergleichen doch versucht worden ist. Und das ist aus unserer Sicht dann schon geeignet, die Glaubhaftigkeit des Vortrags insgesamt zu erschüttern.

Richter Müller: Und dann haben wir den Fall Piatto. Der Mann ist im Jahr 2000 enttarnt worden. Dann haben Sie einen weiteren Fall aus Sachsen geschildert, da gibt es eine Mitteilung aus einem Internetblog, der einen Kontakt im Jahr 2002 und einen angeblichen Kontakt im Jahr 2004 betrifft. Und wir haben den Verkehrsunfall eines Fahrzeuges des saarländischen Verfassungsschutzes, das ein Auto Ihrer Mutter gerammt hat. Und das reicht, um die Glaubwürdigkeit all dessen, was da auf dem Tisch liegt, zu erschüttern?

Rechtsanwalt Richter: Also wir haben den Facebook-Spitzel, den haben wir noch. Unabhängig davon haben wir aber noch was.

Richter Müller: Glauben Sie denn, dass ein Facebook-Kontakt wirklich geeignet ist, Prozessstrategie auszuspähen?

Rechtsanwalt Richter: Ich ...

Richter Müller: Teilen Sie über Facebook Ihre Prozessstrategien mit?

Rechtsanwalt Richter: Selbstverständlich nicht, Herr Verfassungsrichter Müller, um Gottes Willen. Aber es geht ja trotzdem um die Frage, dass natürlich ich im Zweifel nicht denjenigen enttarnen werde, also besser enttarnen könnte, der tatsächlich ausspäht. Ich kann natürlich immer nur an den Stellen, an denen ich sehe: Aha, hier bin ich offensichtlich im Visier des Staates, obwohl das Gegenteil behauptet wird,

Indizien dafür liefern, die Glaubwürdigkeit des gegnerischen Vortrags insgesamt zu erschüttern und damit letztlich auch in Zweifel zu ziehen, dass hier keine Überwachung, dass die Behauptung „keine Überwachung erfolge" falsch ist.

Aber Sie haben eben gefragt, reicht das? Ich kann Ihnen jetzt ganz aktuell noch einen Fall schildern, speziell wieder aus Nordrhein-Westfalen. Und zwar haben wir hier eine Mitteilung bekommen, dass zwei Landesvorstandsmitglieder aus Nordrhein-Westfalen von der Polizeiinspektion Staatsschutz aus Wuppertal mitgeteilt bekommen haben, dass sie im Zeitraum vom 10.07.2015 bis zum 09.08.2015 im Objekt einer Datenerhebung nach dem Polizeigesetz waren, nach § 16a PolG NRW und § 17 PolGNRW. Und zwar insbesondere die beiden Vorschriften befassen sich bei § 16a mit längerfristiger Observation und bei § 17 mit der personenbezogenen Datenerhebung bezüglich Einsatz technischer Mittel zur Anfertigung von Bildaufnahmen und Bildaufzeichnungen sowie zum Abhören und Aufzeichnen des gesprochenen Wortes. Da haben wir einen kurzen Schriftsatz vorbereitet, den würde ich kurz verlesen:

In dem Parteiverbotsverfahren Bundesrat gegen NPD werden in der Anlage zwei Schreiben des Polizeipräsidiums Wuppertal – Staatsschutz vom 28.01.2016 an die beiden namentlich genannten Damen vorgelegt. Beide Damen sind Mitglied des Landesvorstands des Landesverbands Nordrhein-Westfalen der Antragsgegnerin.

Bei den vorgelegten Schreiben des Polizeipräsidiums Wuppertal handelt es sich um Benachrichtigungen über eine polizeiliche Datenerhebung. Danach sind gegen die beiden Betroffenen in der Zeit vom 10.07.2015 bis zum 09.08.2015 durch die nordrhein-westfälische Polizei Maßnahmen gemäß § 16a Abs. 1 PolG NRW (Observation) und § 17 Abs. 1 Satz 1 PolG NRW (verdeckter Einsatz technischer Mittel zur Anfertigung von Bildaufnahmen und Bildaufzeichnungen sowie zum Abhören und Aufzeichnen des gesprochenen Wortes) durchgeführt worden.

Der Anlass für diese Überwachungsmaßnahme ist nicht bekannt. Offenbar richten sie sich primär gegen eine bestimmte Person – das war die Formulierung aus dem entsprechenden Schreiben der Polizei –, wobei die beiden Betroffenen als Begleit- bzw. Kontaktperson ebenfalls überwacht wurden. Um wen es sich bei der bestimmten Person handelt, wird seitens der Polizei nicht mitgeteilt. Der Umstand, dass zwei Landesvorstandsmitglieder als Kontaktperson bzw. Begleitperson überwacht werden, legt aber die Vermutung nahe, dass primäres Überwachungsobjekt eine weitere Person des Landesvorstands Nordrhein-Westfalen der Antragsgegnerin war. Hierfür spricht, dass die beiden Betroffenen hauptsächlich über ihre Parteitätigkeit im Landesvorstand miteinander verbunden sind.

Hierfür spricht auch, dass gerade der Landesvorstand Nordrhein-Westfalen der Antragsgegnerin seit jeher in ganz erheblichem Maße Ziel staatlicher Beobachtungsmaßnahmen war, die mit der Infiltrierung der Landesspitze durch die aus dem ersten Verbotsverfahren noch bestens bekannten V-Leute Udo Holtmann und Wolfgang Frenz einen vorläufigen Höhepunkt erreicht hatte. Angesichts dieser Vorgeschichte und eingedenk des Umstandes, dass im vorliegenden Verfahren ein denkbares weiteres Ziel der vorliegend in Rede stehenden Überwachungsmaßnahmen, nämlich der nordrhein-westfälische Landesvorsitzende Claus Cremer als Auskunftsperson geladen wurde, gewinnt der Vorgang eine ganz besondere Brisanz.

Fest steht damit, dass mindestens zwei Mitglieder eines Landesvorstands der Antragsgegnerin, also der Führungsebene, während des laufenden Verbotsverfahrens mit nachrichtendienstlichen Mitteln überwacht wurden, obwohl der Antragsteller im Schriftsatz vom 13.05.2015 zugesichert hatte, dass dergleichen nicht erfolge. Dies stellt im Hinblick auf das Fairnessgebot einen unerträglichen Zustand dar, zumal der Unterzeichner mit der überwachten einen Person in den letzten Monaten vermehrt in Kontakt stand und zwischen August 2015 und Dezember 2015 auch zwei Mal in der Landesgeschäftsstelle in Essen persönlich anwesend war. Insofern besteht der naheliegende Verdacht, dass auch hinsichtlich des Unterzeichners Daten erfasst wurden. Die Sorge der Antragsgegnerin vor einer Ausspähung ihrer Prozessstrategie ist somit weiterhin in besonderem Maße begründet. Eine Beeinträchtigung des nach dem Rechtsstaatsprinzips sowie der EMRK zu gewährleistenden freien Verkehrs zwischen den Bevollmächtigten einerseits und der Mandantschaft andererseits kann dabei nicht nur mit einer tatsächlich erfolgenden Überwachung, sondern auch schon durch das Hervorrufen einer begründeten Furcht vor einer solchen Überwachung erfolgen.

So liegt der Fall hier.

Nach alledem bestehen weiterhin ganz erhebliche Zweifel an der Glaubhaftigkeit der gegnerischen Ausführungen sowohl zur V-Mann- als auch zur Abhörthematik sowie daraus folgend an der Gewährleistung eines fairen Verfahrens insgesamt. Weshalb die beantragte Beschlagnahme und Augenscheinnahme der entsprechenden Akten der Polizeibehörden und Inlandsgeheimdienste als umso erforderlicher erscheint.

Es ist daher wie beantragt zu entscheiden.

Davon haben wir auch entsprechende Abschriften, wir haben auch das entsprechende Hinweisschreiben mit beigefügt.

[Verteilung der Abschriften und Hinweisschreiben an den Senat]

Präsident Prof. Dr. Voßkuhle: Dankeschön!

Wir würden jetzt noch eine Frage von Herrn Huber zulassen und dann würden wir in die Pause gehen.

Richter Prof. Dr. Huber: Herr Richter, wenn Sie erlauben, ich hätte jetzt eine Frage zu dem uns eben vorgelegten Schriftsatz, eher eine spontane Frage. Haben Sie mit den beiden Damen Ihre Prozessstrategie besprochen?

Rechtsanwalt Richter: Die Prozessstrategie habe ich mit denen selbstverständlich nicht besprochen.

Richter Prof. Dr. Huber: Ist, falls man sich wieder in die Rolle der anderen Seite versetzt, die Frage, dass nach dem Polizeirecht im laufenden Verfahren die notwendige Auskunft erteilt wird, nicht vielleicht auch ein Hinweis auf die Korrektheit des behördlichen Vorgehens? Oder könnte man das auch so interpretieren?

Rechtsanwalt Richter: Der Gedanke ist mir selbstverständlich auch gekommen. Auf der anderen Seite kann man aber natürlich auch sagen: „Es ist ja durchaus denkbar, dass hier einfach ein Fehler passiert ist, dass hier vielleicht irgendjemand die Weisungslage bzw. überhaupt die Problematik dieses Umstands nicht zur Kenntnis genommen hat." Es wäre auch weiterhin denkbar, dass vielleicht ganz bewusst jemand diese Information lanciert hat – das ist alles möglich. Es ist nicht meine Aufgabe, das abschließend zu bewerten. Ich kann das nur zur Kenntnis nehmen. Ich kann sagen: „Es wird behauptet, dass hier keinerlei Überwachung erfolgt, auch hinsichtlich der Vorstandsmitglieder." Dann teilt der Staat selbst mit, dass Vorstandsmitglieder überwacht worden sind. Hier ist auch wiederum zu besorgen, dass es sich nur um die Spitze des Eisbergs handelt, dass möglicherweise ganz andere Leute primäres Ziel der Überwachungsmaßnahmen waren. Wir wissen auch gar nicht, warum die angeordnet worden sind. Wir wissen nicht, was da der konkrete Anlass war und da meine ich schon, dass der Antragsteller sich dazu erklären soll.

Richter Prof. Dr. Huber: Gut, dann komme ich zu meiner eigentlichen Frage. Ich habe Ihren Antworten auf die Fragen von Herrn Müller zugehört und natürlich auch mitgeschrieben, als Sie gesprochen haben. Ich habe mir, wie auch der Präsident, gedacht: „Was soll eigentlich der Antragsteller machen?" Was Sie letztlich wollen, ist doch den Beweis, dass etwas nicht passiert ist. Dass es keine V-Leute waren, die den Blog-Eintrag vorgenommen haben, dass es keinen großen Lauschangriff und Ähnliches gab oder gibt. Den Beweis, dass Dinge nicht passiert sind, kann man meines Wissens und Verständnis nicht wirklich erbringen. Insofern gibt es nur die Möglichkeit plausibel darzulegen, dass der Vortrag stimmt – dazu hat Herr Müller ja Einiges gesagt, was alles an Nachweisen vorgetragen worden ist. Das müsste man doch sozusagen „qualifiziert" erschüttern, um ein tatsächliches Verfahrenshindernis zu begründen. Natürlich ist das alles vorstellbar, aber irgendwie bräuchte man doch konkrete Anhaltspunkte dafür, dass tatsächlich noch V-Leute eingesetzt sind, dass tatsächlich Ihre Prozessstrategie überwacht wird bzw. ausgespäht wird. Sie haben den Verkehrsunfall auf diesem Parkplatz genannt, dazu ist ja auch erwidert worden. Das kann man glauben oder nicht, aber die Erwiderung war jedenfalls nicht völlig unplausibel. Das heißt, irgendwie muss man da doch vielleicht noch ein bisschen mehr ins Feld führen.

Rechtsanwalt Richter: Also wir meinen, dass wir schon eine entsprechend hinreichende Plausibilisierung vorgenommen haben. Insbesondere auch deshalb, also wenn Sie jetzt gerade das Beispiel nochmal des Verkehrsunfalls nennen, dass ja da selbst nach dem Vortrag des Antragstellers ein V-Mann-Führer im Bereich Rechtsextremismus anwesend war. Das deutet ja unmittelbar darauf hin, dass es hier um Rechtsextremismus ging. Wir haben auch bei den anderen Punkten, auch speziell beim Facebook-Spitzel gesagt: „Also das ist auch unglaubhaft, dass man jetzt in Bayern sein soll, weil man sich mit mir einfacher dann befreunden kann." Das kann ich so auch nicht nachvollziehen. Und letzten Endes meine ich halt auch – und da sind wir wieder beim Amtsermittlungsgrundsatz wie im Strafrecht –, dass wir hier, wenn Verfahrenshindernisse im Raum stehen, und da können wir uns jetzt drüber streiten, ob die damals jetzt rechtskräftig festgestellt sind im Sinne der Dogmatik der materiellen Rechtskraft, oder ob wir einfach sagen: „Das waren damals tragende Erwägungen, die von der Minderheit, die den Beschluss letztlich getragen hat, so festgestellt worden sind." Und das führt dann letzten Endes schon dazu, dass wir hier durchaus eine abgestufte Darlegungs- und Beweislast annehmen können. Dass wir also sagen: „Hier, es reicht nicht nur, das zu behaupten, ich muss es qualifiziert bestreiten." Das meine ich, haben wir getan. Der Antragsteller hat dann nachgeliefert, aber da haben wir auch wieder dargelegt, warum das letzten Endes nicht ausreicht. Und unterm Strich meinen wir, dass also so lange hier die nicht an den Haaren herbeigezogene oder völlig ins Blaue hinein behauptete Gefahr von Verfahrenshindernissen vorliegt, sondern die plausibel und nicht fernliegende Gefahr, dass dann diese Gefahr mit allen zur Verfügung stehenden Erkenntnismöglichkeiten des Gerichts auszuräumen ist. Und dazu würde eben auch die Inaugenscheinnahme der entsprechenden Akten gehören. Und wenn man das nicht macht – ich stelle ja nicht in Abrede, dass man natürlich, wenn ich Geheimdienst wäre, würde ich das wahrscheinlich auch nicht wollen, nur im Hinblick darauf, dass ich das möglicherweise trotzdem tun müsste, würde ich von vornherein so einen Antrag gar nicht stellen. Letzten Endes führt die Geheimhaltung ja letztlich dann dazu, dass hier Abstriche bei der Gewährleistung des fairen Verfahrens gemacht werden, indem man sagt: „Wir haben zwar eine Erkenntnisquelle, die wir befragen könnten, um die entsprechenden Verdachtsmomente auszuräumen, wir befragen diese Erkenntnisquelle aber nicht, weil da" – durchaus nachvollziehbar, aber aus unserer Sicht halt trotzdem nicht ausschlaggebend – „Geheimschutzerwägungen im Spiel sind."

Richter Müller: Herr Richter, der Verkehrsunfall fand am 30. November 2012 statt.

Rechtsanwalt Richter: Richtig.

Richter Müller: Zu diesem Zeitpunkt war die Durchführung eines Verbotsverfahrens auf der Ebene des Bundesrates überhaupt noch nicht beschlossen geschweige denn absehbar, dass Sie da als Verfahrensbevollmächtigter die Antragsgegnerin vertreten werden. Es ist ein Verkehrsunfall mit dem Fahrzeug Ihrer Mutter. Aus den Akten lässt sich nicht genau entnehmen, ob Sie in dem Auto überhaupt drin waren oder nicht.

Rechtsanwalt Richter: Damals nicht, also bei dem konkreten Zeitpunkt nicht.

Richter Müller: Also Sie haben ein Auto nicht geführt, zu einem Zeitpunkt, zu dem das Verfahren nicht beschlossen war und keiner wissen konnte, ob Sie Verfahrensbevollmächtigter werden und da tragen Sie vor, das sei doch evident, dass Ihre Prozessstrategie ausgespäht werden soll.

Rechtsanwalt Richter: Ja, das ist jetzt aus meiner Sicht eine Vereinfachung, die in die falsche Richtung zielt. Ich sage ja nicht, dass die Überwachung damals durch den V-Mann-Führer im Bereich Rechtsextremismus, der das Auto gefahren ist, dass das schon in Bezug auf die Prozessstrategie erfolgt sein soll.

Richter Müller: Doch, in dem Zusammenhang haben Sie das vorgetragen.

Rechtsanwalt Richter: Moment, nein, ich will damit nicht sagen, dass der die Prozessstrategie ausspähen sollte. Ich will damit nur den Vortrag der Antragstellerseite erschüttern, die behauptet, ich sei nie ausgespäht worden. Und wenn Sie sagen: „Sie sind nie ausgespäht worden", ich aber konkrete Indizien dafür nennen kann, dass ich doch mal, jedenfalls mein familiäres Umfeld, wobei ja wahrscheinlich letzten Endes ich dann auch wieder Zielperson war, dass dann diese Behauptung, das sei ja nie geschehen, unwahr ist. Da wäre ja insofern schon mal die Glaubhaftigkeit des Antragstellers erschüttert, als er sagt: „Eine Überwachung, die es nie gab, da haben wir aber trotzdem konkrete Indizien dafür." Und wenn ich damals überwacht worden bin, als ich ja im Prinzip jetzt nicht unbedingt besonders prominent war, oder wie auch immer, oder wichtig, oder was auch immer, liegt es natürlich dann umso näher, dass dann die damals bestehende Überwachung heute fortgesetzt werden könnte, zumal wir da ja noch den Facebook-Spitzel haben, der da noch dazukommt. Also da meine ich schon, dass wir hier entsprechende Zweifel sehen können. Ich meine, auf der anderen Seite, ich kann natürlich auch keinen Vollbeweis führen, aber ich habe auch nicht diese ganzen Beweismittel für mich zur Verfügung, das müssen wir ja auch sehen. Wir sind ja hier in einer strukturell unterlegenen Position, dass wir natürlich nur die Spitze des Eisbergs der Überwachung und der V-Mann-Problematik sehen können, uns diese Punkte rausgreifen können und sagen können: „Das deutet darauf hin." Da ist zwangsläufig immer ein gewisses Maß an Spekulation und Prognose dabei. Deswegen ist auch völlig klar, dass man natürlich mit dem, was wir vortragen, unsererseits keinen Vollbeweis führen könnte. Wir meinen aber, dass wir den auch nicht führen müssen, weil die Gegenseite den zu führen hat.

Präsident Prof. Dr. Voßkuhle: Gut. An dieser Stelle würde ich gerne die Verhandlung unterbrechen. Der Antragsteller wird sich dann zu der Thematik äußern, es sind noch einige Fragen offen. Sie haben auch einige Personen schon benannt, die zu den Fragen, die Sie jetzt auch nochmal aufgeworfen haben, Stellung nehmen sollen. Wir treffen uns wieder um 15:30 Uhr, also um halb vier. Ich bitte Sie, rechtzeitig zu sein – es wird unten etwas voll sein, dass wir dann auch pünktlich beginnen können.

b) Nachmittags

Präsident Prof. Dr. Voßkuhle: Bitte nehmen Sie Platz! So, wir setzen die Verhandlung fort. Ich darf zunächst folgende Beschlüsse verkünden:

Der Ablehnungsantrag im Hinblick auf die Befangenheit von Herrn Huber wird abgelehnt. Ebenso abgelehnt wird der Befangenheitsantrag im Hinblick auf Herrn Müller. Ich begründe die beiden Beschlüsse hier nur kurz mündlich, schriftlich werden sie natürlich eingehender begründet.

Auch politische Äußerungen sind einem Richter des Bundesverfassungsgerichts nicht grundsätzlich verwehrt. Das Grundgesetz und das Gesetz über das Bundesverfassungsgericht setzen voraus, dass die Richter des Bundesverfassungsgerichts politische Auffassungen nicht nur haben, sondern auch vertreten und gleichwohl ihr Amt im Bemühen um Objektivität wahrnehmen; das ist ständige Rechtsprechung des Gerichts. Das freie Wort zu politischen Vorgängen kann ihnen nicht abgesprochen werden. In einer politischen Stellungnahme als solcher kann ein Verfahrensbeteiligter im Allgemeinen daher vernünftigerweise keine Festlegung auf eine bestimmte Rechtsauffassung sehen. Dies gilt umso mehr vor ihrem Amtsantritt und noch verstärkt durch ein politisches Amt, welches sie zu dieser Zeit bekleideten und das politische Äußerungen geradezu notwendig macht. Beide Beteiligten haben ein solches Amt bekleidet, beide haben in ihrer Funktion gehandelt. Sie haben eine politische Wertung vorgenommen, die aber für dieses Verfahren nicht ausschlaggebend ist, weil Antragsteller ist nicht das Gericht, sondern Antragsteller ist der Bundesrat. Das ist die politische Entscheidung. Die Entscheidung, die hier zu fällen ist, ist eine juristische Entscheidung.

Was die Besetzungsrüge angeht: Im Hinblick auf die Kollegen König und Maidowski ist diese Rüge unbegründet, da zwischen der Entscheidung, die vorher im Rahmen der Parteifinanzierung gefallen ist, und der Sache hier kein Zusammenhang besteht. Das ist nicht dieselbe Sache. Insofern kommt § 15 hier nicht zur Geltung.

Was die Besetzungsrüge hinsichtlich des gesamten Senats angeht und die damit zusammenhängenden Befangenheitsanträge, sind beide Anträge ebenfalls unbegründet. Was die Besetzungsrüge angeht, bleibt der Senat mit 7:1 Stimmen bei seiner Entscheidung aus dem 131. Band, S. 230 ff. Was die Befangenheit angeht, so wird im Hinblick auf diese Entscheidung von einem rechtsmissbräuchlichen Antrag ausgegangen. Hier mussten also keine Stellungnahmen abgegeben werden und auch dieser Antrag ist insofern ablehnend zu bescheiden.

Damit fahren wir weiter fort. Wir waren bei dem Thema „Verfahrenshindernis".
(Nachfrage von Rechtsanwalt Richter)
Bitte!

Rechtsanwalt Richter: Dürfte ich noch fragen, durch welche Richterinnen und Richter diese Beschlüsse gefasst worden sind?

Präsident Prof. Dr. Voßkuhle: Sie sind jeweils immer unter Ausschluss derjenigen, die befangen waren, getroffen worden. Diese sind jeweils rausgegangen, also insofern alles ordnungsgemäß.

Rechtsanwalt Richter: Gut. Vielen Dank!

Präsident Prof. Dr. Voßkuhle: Dann kommen wir jetzt weiter zu den Verfahrenshindernissen. Die Antragsgegnerin hatte ihre Bedenken in mehreren Punkten vorgetragen und es wäre jetzt an der Zeit, dass der Antragsteller dazu Stellung nimmt.

Prof. Dr. Waldhoff: Hoher Senat! Bevor ich das tun werde, möchten wir kurz noch auf diesen überraschenden Vorfall reagieren, der uns von der Polizei in Wuppertal mitgeteilt wurde und dazu Folgendes bemerken: Dieser Vorgang, der dort geschildert wurde, ist nicht testiert; er ist von den Testaten nicht umfasst. Er betrifft also nicht Verfahrenshindernisse im hier verhandelten Sinne. Auch Vorstandsmitglieder der Antragsgegnerin unterliegen der allgemeinen Polizeipflicht. Wenn sie polizeirelevante Tatbestände verwirklichen, ist es das Amt der Polizei, entsprechend vorzugehen. Zum konkreten Sachverhalt, um den es hier ging, würde ich jetzt Herrn Landeskriminaldirektor Schürmann vom Innenministerium in Düsseldorf bitten, den Fall kurz zu schildern, weil er ein bezeichnendes Licht auf die Antragsgegnerin wirft.

Präsident Prof. Dr. Voßkuhle: Vielen Dank!

Herr Schürmann (Innenministerium Nordrhein-Westfalen): Sehr geehrter Herr Vorsitzender! Hohes Gericht! Ich habe im Hinblick auf den vom Verfahrensbevollmächtigten der Antragsgegnerin vorgelegten Schriftsatz telefonisch Rücksprache gehalten mit

C. Das zweite NPD-Verbotsverfahren (2013–2017)

dem Polizeipräsidium in Wuppertal. Vorbehaltlich der ebenfalls von mir erbetenen schriftlichen Berichterstattung hat mir das Polizeipräsidium Wuppertal mitgeteilt, dass Gegenstand der fraglichen Maßnahme, auf die sich die Benachrichtigung über eine Datenerhebung durch die Polizei bezog, ein Verfahren zur Gefahrenabwehr war, das das Polizeipräsidium Wuppertal betrieben hat. Adressat dieses Verfahrens und der Maßnahmen war ein in Nordrhein-Westfalen sogenannter eingestufter Gefährder, also nach dem bundeseinheitlichen Definitionssystem als Gefährder, gefährlicher Straftäter eingestufter Mann, der zu diesem Zeitpunkt noch in Strafhaft saß. Mit Ausblick darauf, dass dieser zur relevanten Einsatzzeit, konkret dann am 14. Juli 2015, aus der Strafhaft entlassen werden sollte, hat die Behördenleitung des Polizeipräsidiums Wuppertal die Anordnung getroffen, diese Person mit dem Ziel der Ermittlung des weiteren Aufenthalts und der Wohnsitznahme, weil das nicht bekannt war, zu observieren und hat deshalb eine längerfristige Observation und den Einsatz technischer Mittel zur weiteren Datenerhebung angeordnet. Daraufhin haben Einsatzkräfte der Polizei am 14. Juli 2015 festgestellt, dass diese Person nach Entlassung aus der Strafhaft von drei Personen abgeholt wurde. Zwei dieser Personen waren die Adressaten dieser Benachrichtigung über die Datenerhebung durch die Polizei. Wie gesagt, die Maßnahme war angeordnet worden, um diesen, von der Polizei als sehr gefährlich und gewaltgeneigt eingestuften Straftäter, Gefährder der politisch motivierten Kriminalität rechts, um dessen Wohnsitznahme festzustellen. Die weiteren Maßnahmen haben dann auch dazu geführt, diesen Wohnsitz festzustellen, so dass die Maßnahmen nach Abschluss dieses Einsatzziels und damit nach Wegfall der Anordnungsgründe auch eingestellt wurden. Sämtliche Beteiligten – darunter die beiden Damen, von denen hier die Rede ist – aber auch die weiteren Beteiligten, die nicht unmittelbar Adressat der Maßnahme, sondern nur Beteiligte/Betroffene waren, sind inzwischen informiert worden, ebenso im Übrigen auch der Adressat der Maßnahme.

Präsident Prof. Dr. Voßkuhle: Vielen Dank! Darf ich fragen: Sie können also ausschließen, dass diese Maßnahme in irgendeinem Zusammenhang mit dem Ausspionieren der Prozessstrategie der Antragsgegnerin steht.

Herr Schürmann (Innenministerium Nordrhein-Westfalen): Der für diesen Einsatz verantwortliche Einsatzleiter hat mir mitgeteilt, dass ausschließlich das, was ich gerade vorgetragen habe, Ziel der Maßnahme war. Im Übrigen weise ich auch darauf hin, dass auch Einsatzkräfte, wenn sie eine solche Observation aufbauen, natürlich nicht wissen, wer dann als Abholer kommt. Insoweit ist nicht die Maßnahme sozusagen gegen die Abholer gerichtet; das wäre auch ein weiterer Beleg dafür, dass das, wie von Ihnen nachgefragt, nicht Gegenstand der polizeilichen Maßnahmen war.

Präsident Prof. Dr. Voßkuhle: Vielen Dank! Fragen noch vom Senat? Das ist nicht der Fall. Ganz herzlichen Dank!

Herr Schürmann (Innenministerium Nordrhein-Westfalen): Bitteschön!

Prof. Dr. Waldhoff: Lassen Sie mich dann zusammenhängend erläutern, dass hier keine Verfahrenshindernisse bestehen, weil ja die Testate angezweifelt wurden. Das möchte ich in drei Schritten und einer kurzen abschließenden Bemerkung machen.

Erstens geht es um den Maßstab aus dem Verfahren zu Beginn der 2000er Jahre und die Lehren, die der Antragsteller daraus gezogen hat.

Zweitens ist das Vorgehen zusammenhängend zu schildern, wie die Einhaltung ermöglicht wurde und

drittens folgt eine Bemerkung zu dem Vorgehen der Gegenseite hinsichtlich angeblicher Verfahrenshindernisse.

Mündliche Verhandlungen dienen dem Rechtsgespräch und der Tatsachenermittlung oder Tatsachenverifizierung. Zugleich soll die Öffentlichkeit in wichtigen Verfahren informiert bleiben. Bei dem hier zunächst zu verhandelnden Punkt der Verfahrenshindernisse ist das zuletzt genannte von besonderer Bedeutung. Denn naturgemäß bewegen sich die strittigen Punkte gerade nicht im Licht der Öffentlichkeit. Der Antragsteller ist daher zu größtmöglicher Transparenz bereit. Wir benennen hochrangige Vertreter der Sicherheitsbehörden von Ländern und Bund – Minister, Abteilungsleiter, Verfassungsschutzpräsidenten –, um das Dargelegte bei Bedarf näher dem Senat, aber auch der Öffentlichkeit zu erläutern.

Mein erster Punkt: In dem Einstellungsbeschluss des Senats vom März 2003, der sich ausschließlich auf Verfahrenshindernisse bezog, ist der zentrale Begriff die Verfahrensverantwortlichkeit des antragstellenden Verfassungsorgans im Parteiverbotsverfahren. Exakt dies war von Anfang an das Leitmotiv für den Bundesrat und die Sicherheitsorgane, die ihm zugearbeitet haben. Von Beginn an war klar, dass ein Paradigmenwechsel hinsichtlich der Rechtsstaatlichkeit des Verbotsverfahrens verfolgt wurde. Die Sicherstellung eines rechtsstaatlichen Verfahrens hatte von Anfang an für alle Beteiligten höchste Priorität. Das galt sowohl für die politische Ebene als auch für die Fachebene. Es war jederzeit die oberste Maxime als Lehre aus dem ersten Verbotsverfahren gegen die Antragsgegnerin. Doch was sind diese Lehren? Was sind die Maßstäbe für die Rechtsstaatlichkeit des Parteiverbotsverfahrens? Kurz gesagt geht es um drei Punkte: Die Staatsfreiheit der Führungsebene, die Quellenfreiheit des Belegmaterials, der Ausschluss jeglicher Prozessausspähung. Dieser Paradigmenwechsel der Sicherheitsbehörden vollzog sich in seiner Durchführung in zwei Stufen.

Zunächst: Der Anforderung des Senats, den Quelleneinsatz der Sicherheitsbehörden zu koordinieren, wurde frühzeitig entsprochen. Seit 2003 wurden Informationshemmnisse zwischen den Sicherheitsbehörden kontinuierlich abgebaut und der Informationsaustausch systematisch aufgebaut. Erstmals in ihrer Geschichte tauschten die Sicherheitsbehörden von Bund und Ländern Informationen über ihren Quelleneinsatz aus und kommen so einem Auftrag aus dem Einstellungsbeschluss nach.

Zweitens: Schon bei den ersten Überlegungen zur Einleitung eines neuen Verbotsverfahrens Ende 2011 und Anfang 2012 war der politische Wille vorhanden, das Verfahren nur mit einem Höchstmaß an Rechtsstaatlichkeit durchzuführen. Es war klar, dass dies einen Kulturwandel bei den Sicherheitsbehörden zur Folge haben würde. Zum einen ein bisher beispielloses Maß an Transparenz und Zusammenarbeit, zum anderen ein im Vergleich zum ersten Verbotsverfahren um ein Vielfaches höherer Vorbereitungsaufwand. Dieser zeigt sich unter anderem an der um ein Mehrfaches längeren Dauer der Vorbereitung. Eine Bund-Länder-Arbeitsgruppe entwickelte Ende 2011 und Anfang 2012 umfangreiche Verfahren und Kriterien, die in der Folgezeit die Erfüllung aller rechtsstaatlichen Anforderungen sicherstellten. Das könnten wir bei Bedarf noch näher darlegen. Dadurch wurden folgende Erfordernisse erfüllt:

Wie vom Senat gefordert, sind spätestens seit dem 6. Dezember 2012 alle Quellen auf der Führungsebene der NPD und ihrer Teilorganisationen – also, wie der Senat selbst konkretisiert hat, in Bundes- und Landesvorständen – abgeschaltet. Damit wird der Kernforderung des Senats entsprochen, dass in der Führungsebene der Partei keine Personen mit widersprüchlichen Loyalitätsansprüchen für den Staat einerseits und die Partei andererseits vorhanden sind. Es wird sichergestellt, dass keine Präsenz doppelfunktionaler, sowohl mit dem Staat als auch mit der Partei rechtlich und faktisch verknüpfter Verbindungspersonen besteht. Ferner wurde sichergestellt, dass nach dem 6. Dezember 2012 keine informationsgewinnende Nachsorge mehr erfolgt. Alle Beziehungen zu den ehemaligen V-Leuten sind gekappt. Sie sind mit dem Staat weder rechtlich noch faktisch verknüpft. Die dafür erforderlichen Maßnahmen wurden von der Innenministerkonferenz im März 2012 beschlossen und von allen Ländern und vom Bund umgesetzt. Die noch verbliebenen elf V-Leute in den Vorständen wurden von Dezember 2011 bis April 2012 abgeschaltet. Es ergingen umfangreiche Weisungen und Erlasse, die eine Nachsorge ausschlossen. Alle zuständigen Mitarbeiter sind angewiesen, Informationsangebote der damals abgeschalteten V-Leute zurückzuweisen. Die entsprechende Weisung lautet – ich darf zitieren: „Jeder Kontaktversuch einer abgeschalteten Quelle ist zurückzuweisen. Die Zurückweisung ist zu dokumentieren. Zulässig sind allein Maßnahmen, die dem unmittelbaren Schutz von Leib und Leben der Quelle dienen." Wir haben das in unserem Schriftsatz vom 13. Mai 2015 im Detail dargelegt und durch Vorlage der entsprechenden Schriftstücke aus allen Ländern und dem Bund erläutert. Es gibt keinerlei Anzeichen dafür, dass die Umsetzung nicht erfolgt ist. Im Gegenteil: Wir haben sogar gezeigt, dass, als etwa eine ehemalige Quelle den Kontakt suchte, sie sogleich zurückgewiesen wurde. Wir haben dem Gericht zudem Abschalterklärungen und Abschaltvermerke vorgelegt. Die Innenminister haben testiert, dass die Abschaltungen erfolgt und die Nachsorge ausgeschlossen ist. Innenminister Jäger aus Nordrhein-Westfalen ist gerne bereit, exemplarisch für sein Land darzulegen, warum er dies so testieren konnte. Andere anwesende Innenminister könnten entsprechend Auskunft geben. Die anwesenden Verfassungsschutzpräsidenten können auf Wunsch Detailfragen zur Abschaltung und zum Ausschluss der Nachsorge gerne beantworten und damit hier öffentlich das entsprechende Vorgehen darlegen. Auch dadurch wird das Postulat größtmöglicher Transparenz gefördert. Exemplarisch steht hierfür Ministerialdirigent Freier zur Verfügung.

Zweitens: Unter besonders hohem Aufwand wurde die Quellenfreiheit des die Verfassungsfeindlichkeit der Antragsgegnerin belegenden Materials sichergestellt. Der Einstellungsbeschluss spricht davon, dass Material, das in nicht unerheblichem Umfang quellenbelastet ist, zum Verfahrenshindernis werden kann. Um das zu vermeiden, wurden zum einen Kategorien entwickelt, die die Quellenfreiheit garantierten und zum anderen Verfahren zur Überprüfung der Quellenfreiheit in allen Sicherheitsbehörden von Bund und Ländern angewendet. Für jeden einzelnen der nunmehr rund 5000 Belege der Gesamtmaterialsammlung wurden diese Verfahren angewendet. Daraus sind über 600 Belege in unsere Schriftsätze eingeflossen. Alle mit Kategorie 1 und 2 versehenen Belege wurden offen, das heißt ohne spezifisch nachrichtendienstliche Mittel und Methoden beschafft, und sind quellenfrei. Durch diese Belege äußert sich die Antragsgegnerin selbst und unmittelbar. Wir arbeiten, wie es der Senat forderte, nur mit eindeutigen und offenen Zurechnungen.

Drittens: Es wurde sichergestellt, dass keine Ausspähung der Prozessstrategie der Antragsgegnerin erfolgte und die privilegierte Stellung des Verfahrensbevollmächtigten Peter Richter beachtet wurde. Dies geschah durch umfangreiche Maßnahmen seit dem Bundesratsbeschluss zur Einleitung des Verbotsverfahrens, die wir im Einzelnen in unseren Schriftsätzen dargestellt haben. Auch dahinter verbirgt sich ein umfangreicher und aufwendiger Prozess, in dem alle zuständigen Mitarbeiter für die Problematik sensibilisiert wurden. So erging schon im Jahr 2012 die Weisung, keine nachrichtendienstlich erlangten Informationen über die Prozessstrategie der NPD entgegenzunehmen. Zitat: „Jeder Versuch einer entsprechenden Erkenntnisführung ist zurückzuweisen. Die Zurückweisung ist zu dokumentieren." Es wurde nicht nur ausgeschlossen, dass solche Informationen durch Quellen mitgeteilt werden. Es wurde auch ausgeschlossen, dass Informationen zur Prozessstrategie auf anderen Wegen, etwa durch G10-Maßnahmen, erfasst werden könnten. Wir haben dies durch die Vorlage umfangreicher Schriftwechsel und Weisungen belegt. Zudem haben wir anhand von Einzelfällen gezeigt, wie die Behörden reagieren, wenn ausnahmsweise Informationen an sie herangetragen werden oder auch aus Versehen zunächst angenommen würden. Wir haben dargelegt, wie diese Informationen konsequent vernichtet werden und eine Verwertung ausgeschlossen wird. Außerdem wurde die privilegierte Stellung von Rechtsanwalt Richter nicht nur beachtet, sondern weitergehende Maßnahmen zu seinem Schutz eingeleitet. Auch dies haben wir im Einzelnen in unseren Schriftsätzen nicht nur dargelegt, sondern durch die Vorlage der internen Schriftwechsel der Behörden untermauert. Seit Bekanntwerden der Beauftragung des weiteren Bevollmächtigten gelten diese Maßnahmen selbstverständlich im Übrigen auch zugunsten des Verfahrensbevollmächtigten Andrejewski. Herr Ministerialdirektor Kaller vom Bundesministerium des Innern und Herr Ministerialdirigent Freier sind gerne bereit, wenn dafür Bedarf besteht, auch diese Maßnahmen näher zu erläutern. Als Verfahrensbevollmächtigte können Herr Möllers und ich zudem auch persönlich bestätigen, dass uns zu keinem Zeitpunkt Informationen zur Prozessstrategie der Antragsgegnerin vorlagen, abgesehen natürlich von den für jedermann zugänglichen öffentlichen Äußerungen, wie etwa die Interviews des Verfahrensbevollmächtigten der Gegenseite in diversen Medien.

Mein abschließender Punkt zum Vorgehen der Antragsgegnerin in diesen Fragen: Die Antragsgegnerin hat in den Medien für diese mündliche Verhandlung Überraschungen – Zitat: „Knaller" – und Enthüllungen angekündigt. Wie wohl alle in diesem Saal haben auch wir überlegt, was diese Überraschungen sein könnten. Dazu folgende Bemerkungen:

Der von der Antragsgegnerin heute Morgen präsentierte Vorfall ist sicherlich kein solcher „Knaller". Die vom Prozessbevollmächtigten dargestellte Maßnahme hatte mit der Prozessausspähung, wie gerade von Herrn Schürmann dargelegt wurde, nicht das Geringste zu tun. Wir haben auch nie, auch nicht im Schriftsatz vom

13. Mai 2015 behauptet, dass NPD-Vorstandsmitglieder komplett vom allgemeinen Polizeirecht ausgenommen sind. Wir haben behauptet und bewiesen, dass eine Prozessausspähung ausgeschlossen ist. Das ist etwas anderes. Alle angeblichen Überraschungen wären zudem zunächst auf ihre rechtliche Relevanz hin zu überprüfen. Wir sind weiterhin davon überzeugt, dass die Testate richtig sind und dass die Anforderungen des 107. Bandes vollständig erfüllt, teilweise sogar übererfüllt sind. Das heißt aber zum Beispiel nicht, dass in der gesamten NPD überhaupt keine V-Personen mehr existieren. Diese Anforderung hat nie jemand gestellt und das hat auch nie jemand behauptet. Im Gegenteil. Das Bundesverfassungsgericht hat selbst gesagt, dass eine Beobachtung auch während eines laufenden Verbotsverfahrens zulässig ist. Entscheidend sind die Staatsfreiheit der Vorstandsmitglieder seit 2012 und die Quellenfreiheit des im Antrag eingesetzten Materials sowie die Verhinderung jeglicher Prozessausspähung. Das ist garantiert.

Dann: Die Antragsgegnerin hat in ihren Schriftsätzen mehrere vergebliche Versuche angestellt, über Behauptungen ins Blaue hinein ein Verfahrenshindernis zu konstruieren. Das wird sie sicher auch heute weiter tun. Behauptungen ins Blaue hinein genügen jedoch nicht. Der Antragsgegnerin ist es nicht gelungen, irgendein Anzeichen für ein wirkliches Verfahrenshindernis zu substantiieren. Der Antragsteller hat hingegen substantiierte Darlegungen vorgelegt und umfangreiche interne Dokumente und interne Dokumentationen vorgelegt. Wenn ausnahmsweise Unregelmäßigkeiten vorkamen, wurden diese in unseren Schriftsätzen offengelegt.

Schließlich: Der Senat hat der Antragsgegnerin vor mehr als zwei Jahren Gelegenheit zur Stellungnahme gegeben. Wenn die Antragsgegnerin erst jetzt Überraschungen bringt, ist dies schon erstaunlich. Wir möchten darum bitten, diese Überraschungen jetzt vollständig auf den Tisch zu legen. Wir sind gerne bereit, alles uns Mögliche zu tun, um alle Sachverhalte aufzuklären und Fragen zu beantworten. Hier im Raum sitzen über 40 Vertreter von Sicherheitsbehörden, die über entsprechende Aussagegenehmigungen verfügen. Der Senat bestätigte in seiner Entscheidung im 107. Band den – Zitat: „[…] legitimen Geheim- und Personenschutz im hier zu verhandelnden Bereich". Dieser bleibt schon aufgrund der verfassungsrechtlich verankerten Schutzpflicht des Staates ein unabdingbarer Maßstab sowohl für die Arbeit der Sicherheitsbehörden als auch für das hiesige Verbotsverfahren. Enttarnungen ehemaliger V-Leute würden zu erheblichen Gefahren für diese Personen führen und die Arbeit des Verfassungsschutzes unmöglich machen. Die Verfassungsschutzpräsidentin von Baden-Württemberg, Frau Bube, kann dies auf Wunsch gerne hier erläutern. Der Senat hat 2003 auch deutlich gemacht, dass die verfahrensrechtlichen Anforderungen für ein Parteiverbotsverfahren zwar hoch sind, aber nicht so hoch sein dürfen, dass ein solches Verfahren faktisch unmöglich würde. Er sagte, dass die verfassungsrechtlichen Anforderungen bei entsprechenden Vorbereitungen ohne Schwierigkeiten erfüllt werden können müssten. Diese Vorbereitungen haben die Antragsteller und alle Sicherheitsbehörden des Bundes und der Länder über mehrere Jahre akribisch durchgeführt und dokumentiert.

Abschließend: Der Antragsteller hat sich auf den von drei der seinerzeit sieben entscheidenden Richter zurückgehenden strengen Einstellungsbeschluss für sein Vorgehen gestützt. Auch wenn den Ausführungen dort keine rechtliche Bindungswirkung zukommt, handelt es sich bei den Grundlinien um Anhaltspunkte, wie ein solches Verfahren sauber durchgeführt werden kann. Der Antragsteller hat sich auf diese Vorgaben verlassen. Sie bildeten durch die Zuweisung der Verfahrensverantwortung an ihn zugleich eine Vertrauensgrundlage für ihn, denn das Gericht wollte Parteiverbotsverfahren ausdrücklich nicht unmöglich machen. Der zu der seinerzeitigen Minderheit der drei Richter gehörende ehemalige Senatsvorsitzende Hassemer hat im Dezember 2012 dem SPIEGEL gesagt – ich darf zitieren: „Wenn alle zuständigen Leute ihre Arbeit anständig gemacht haben, Einwände gesehen und aus der Geschichte des ersten NPD-Verbotsverfahrens gelernt haben, dann sollte man den Verbotsantrag jetzt stellen. Das Grundgesetz schreibt zwar vernünftigerweise nicht vor, dass es dazu eine Pflicht gibt, aber wenn man begründen kann, dass das vorliegende Material für ein Verbot reicht, dann muss man es machen, sonst riskiert man, dass dieses Schwert mit der Zeit rostet." Diese erwähnte Arbeit wurde getan, die rechtsstaatlichen Anforderungen für das Verbot der Antragsgegnerin sind erfüllt, es besteht kein Verfahrenshindernis. Vielen Dank!

Präsident Prof. Dr. Voßkuhle: Vielen Dank, Herr Waldhoff! Vielleicht gestatten Sie dann einige Fragen. Zunächst ein Punkt, der schon von Herrn Richter angesprochen worden ist, zu der Unterscheidung zwischen den V-Leuten, die vorher nicht in der NPD waren, die dann angeworben werden, dass sie in die NPD eintreten und dort dann Informationen sammeln und weitergeben an staatliche Organe. Diese V-Leute werden unterschieden von dem Normalfall – so möchte ich ihn mal nennen – des V-Mannes. Dass jemand, der in der NPD ist, angeworben wird, um Informationen weiterzugeben an staatliche Organe. Könnten Sie zu dieser Unterscheidung und zur Aussagekraft der Testate hier nochmal Stellung nehmen?

Prof. Dr. Waldhoff: Die Testate haben bezeugt, dass nach dem relevanten Datum, also dem 6. Dezember 2012, keine aktiven Quellen mehr auf Vorstandsebene vorhanden sind. Alle V-Leute, die dies betraf, waren bereits entweder in der NPD selbst Mitglied oder in ihrem rechtsextremistischen Umfeld aktiv, also Anhänger der Partei. Es wurden keine Leute angeworben und in die Partei gebracht, bei denen das nicht der Fall war.

Präsident Prof. Dr. Voßkuhle: Das können wir den Testaten so entnehmen?

Prof. Dr. Waldhoff: Die Testate erfüllen die Anforderungen aus dem 107. Band und die widersprüchlichen Loyalitätsanforderungen, die vermieden werden sollten, werden vermieden. Das ist der Fall. Das kann man den Testaten entnehmen, weil keinerlei rechtliche Beziehungen mehr zu den ehemaligen V-Leuten, sofern sie im Vorstand vorhanden waren, bestehen. Die rechtliche Beziehung war beendet, finanzielle Zahlungen waren ersatzlos eingestellt worden, so dass weder rechtlich noch faktisch irgendeine Verbindung zu diesen Personen bestand und damit keine, einander widersprechenden Loyalitätsanforderungen in diesen Personen die Staatsfreiheit der Antragsgegnerin hätte gefährden können.

Präsident Prof. Dr. Voßkuhle: Herr Müller bitte!

Richter Müller: Also Sie haben ja bisher vorgetragen: „Es gibt die V-Leute, die sind abgeschaltet und es gibt die Verdeckten Ermittler." Verdeckte Ermittler sind nicht eingesetzt worden, deshalb brauchten sie auch nicht zurückgezogen zu werden. Jetzt haben wir hier ja eine neue Kategorie, möglicherweise anknüpfend an eine Formulierung in der Entscheidung im vorangegangenen Verfahren, den sogenannten eingeschleusten V-Mann, die eingeschleuste V-Person. Nun würde mich einmal interessieren: Gibt es die? Können Sie dazu etwas sagen? Und wenn es sie gibt: Sind sie abgeschaltet worden?

Prof. Dr. Waldhoff: Es gibt sie nicht, denn die Kategorie des Zurückziehens ist ja für die Verdeckten Ermittler geschaffen worden. Das kann man auch eindeutig dem 107. Band entnehmen. Dort lesen wir ja, dass Verdeckte Ermittler zurückgezogen werden müssen. Das liegt daran, dass sie zwingend eingeschleust werden mussten, denn es sind ja Beamte oder Beamtinnen, oder zumindest öffentliche Bedienstete der Sicherheitsbehörden, die eben nicht zur Antragsgegnerin oder ihrem Umfeld gehörten. Solche Personen – das haben wir ja auch testiert – wurden nie eingesetzt. V-Leute sind demgegenüber nicht-staatliche Bedienstete, die also nicht zum staatlichen Bereich gehören, sondern zum Bereich der Antragsgegnerin, die in ihr selbst schon als förmliches Mitglied oder in ihrem extremistischen Umfeld tätig waren. Andere V-Leute wurden nicht eingesetzt.

Richter Müller: Nun hat die Antragsgegnerin ja einen Fall geschildert, den Fall „Piatto", wenn auch lang zurückliegend, bei dem sie sagt: „Das ist eben dieser eingeschleuste V-Mann." Weder ein Verdeckter Ermittler, weil kein Staatsbediensteter, noch ein V-Mann im klassischen Sinne, der schon bei der Antragsgegnerin tätig war, sondern einer, der angeworben worden ist sozusagen mit dem Kampfauftrag, bei der Antragsgegnerin tätig zu sein.

Prof. Dr. Waldhoff: Solche Fälle mag es gegeben haben. Der Fall Piatto endet im Jahre 2000, also sogar noch vor dem ersten Verbotsverfahren. Wir haben das hier testiert für den Testatzeitraum, den wir angegeben haben. Dass es irgendwo auch solche V-Personen wie Piatto gegeben hat, kann ich nicht bestreiten, aber auch nicht bestätigen.

Richter Müller: Aber im Testatzeitraum gab es die nicht.

Prof. Dr. Waldhoff: Genau.

Präsident Prof. Dr. Voßkuhle: Herr Landau bitte!

Richter Prof. Landau: Herr Professor Waldhoff, das ist schon ein sehr wichtiger Punkt, weil die Aussage des Verfahrensbevollmächtigten nicht ganz unschlüssig ist, dass es unterschiedliche Motivlagen gibt von V-Leuten, die Mitglieder der Nationaldemokratischen Partei waren und dann gegen Geld Informationen verbreitet haben und Leuten, die – wie in dem Fall „Piatto" – konkret angesprochen worden sind. Sie haben gesagt: „So etwas hat nicht stattgefunden." Mit Verlaub, ich kann mir nicht vorstellen, dass die Kreativität unserer Verfassungsschutzbehörden dabei endet, dass man nationaldemokratische Mitglieder anspricht und versucht, Informationen zu gewinnen, und nicht auch andere Wege geht. Mit welcher Sicherheit können Sie denn ein solches Vorgehen und in welcher Zahl – wenn es das gegeben hat – ausschließen?

Prof. Dr. Waldhoff: Ich habe ja nicht gesagt, dass alle förmliche Mitglieder sind, sondern habe gesagt, dass man nicht vom Einschleusen ausgehen kann, wenn sie Parteimitglieder sind oder aus dem extremistischen Umfeld stammen. Ich habe nicht behauptet, dass alle förmliche Parteimitglieder gewesen sind.

Richter Prof. Landau: Und außerhalb von Mitgliedschaft und Umfeld? Auch da bietet sich doch für eine Verfassungsschutzbehörde an, den Dingen – wenn geeignete Leute da sind –, nachzugehen und die einzusetzen.

Prof. Dr. Waldhoff: Wenn das aber bei diesen nicht geschehen ist ...

Richter Prof. Landau: Das würden Sie auch ... Das haben Sie so testiert, ja?

Prof. Dr. Waldhoff: Also wir haben testiert, dass abgeschaltet wurde und ...

Richter Prof. Landau: Und das können uns die anwesenden Innenminister so bestätigen?

Prof. Dr. Waldhoff: Das könnten sie so bezeugen.

Richter Prof. Landau: Mit welchem Wissen? Mit eigenem Wissen oder mit dem Wissen ihrer Verfassungsschutzbehörden, der Präsidenten?

Prof. Dr. Waldhoff: Mit dem Wissen ihrer Mitarbeiterinnen und Mitarbeiter.

Präsident Prof. Dr. Voßkuhle: Wir haben ja gleich Gelegenheit ...

Prof. Dr. Waldhoff: Es mag da Grenzfälle geben, wo jetzt das extremistische Umfeld endet oder nicht. Aber das ist ein Wertungsfall.

Richter Müller: Nun schildert die Antragsgegnerin ja einen Einschleusungsversuch neueren Datums. Was sagen Sie denn dazu?

Prof. Dr. Waldhoff: Das ist ja erstens nicht bewiesen. Die sächsischen Behörden könnten dazu noch Stellung nehmen. Der Freistaat Sachsen hat eine Abfrage bei den Polizeibehörden – es geht ja um Polizeibehörden bei diesem Fall – gemacht und die haben bezeugt, dass dieser Fall nicht stattgefunden hat. Da könnte die sächsische Polizei zu Stellung nehmen.

Präsident Prof. Dr. Voßkuhle: Gut! Frau Hermanns bitte!

Richterin Hermanns: Soweit wir über die Vorstände reden, kann es ja wohl nur um Parteimitglieder und nicht um solche aus dem Umfeld gehen, soweit es um die Staatsfreiheit der Vorstände in dem testierten Zeitraum geht.

Prof. Dr. Waldhoff: Das bezieht sich auf die Partei und die Unterorganisationen, also Junge Nationaldemokraten, Ring Nationaler Frauen und Kommunalpolitische Vereinigung.

Richterin Hermanns: Ja. Sie haben eben gesagt: „In dem testierten Zeitraum gab es solche eingeschleusten Personen nicht." Habe ich das richtig verstanden?

Prof. Dr. Waldhoff: Aber nicht rein auf Parteimitglieder bezogen. Ich habe gesagt: „Partei plus Umfeld."

Richterin Hermanns: Ja, meine Frage ist: Gab es sie in den Vorständen nicht?

Prof. Dr. Waldhoff: Wir haben ja nicht testiert, ob die betreffenden Personen im Bundes- oder Landesvorstand saßen oder in den Teilorganisationen.

Richterin Hermanns: Gut! Alles zusammengenommen. Wenn Sie sagen: „Solche Personen gab es in den Vorständen und in den Teilorganisationen nicht.", gab es sie als aktive Quellen nicht oder gab es sie auch abgeschaltet nicht?

Prof. Dr. Waldhoff: Die ganzen Aussagen beziehen sich ja auf die abgeschalteten Quellen, die – einschließlich Nachsorge – zum 6. Dezember 2012 abgeschaltet wurden.

Richterin Hermanns: Ja, aber, so wie ich das verstanden habe, wird in den Testaten nicht differenziert danach, ob sie schon vor ihrer Nutzung als Quelle in diesen Organisationen tätig waren oder ob sie erst dafür angeworben worden sind. Und meine Frage bezieht sich auf die Letzteren. Verstehe ich die Testate so, dass letztere lediglich abgeschaltet sind?

Prof. Dr. Waldhoff: Ja, das ist richtig.

Richterin Hermanns: Und Sie aber auch nicht ausschließen können, dass sie noch in den Vorständen oder in dem – wie Sie es genannt haben – Umfeld verblieben sind?

Prof. Dr. Waldhoff: Genau! Das ist im Prinzip richtig, weil wir über die Vorstände der Teilorganisationen nicht zwingend verlässliche Informationen haben. Die Parteivorstände müssen ja den Wahlleitern gemeldet werden, so dass die öffentlich sind. Wir können also feststellen, ohne irgendwelche geheimdienstlichen Mittel, wer ist im Vorstand und wer nicht. Aber wir können das nicht sicher sagen für die Teilorganisationen. Aber im Prinzip werden abgeschaltete Personen noch in den Vorständen sein. Das ist korrekt.

Präsident Prof. Dr. Voßkuhle: Herr Huber!

Richter Prof. Dr. Huber: Abgeschaltete Personen, die als V-Leute angeworben worden sind und, nachdem sie dann dort ihre Tätigkeit für eine Zeit lang verrichtet haben oder auch nicht, zum Ruhen gebracht worden sind. Da verstehe ich Sie richtig?

Prof. Dr. Waldhoff: Genau! Es bestehen keine rechtlichen Beziehungen und auch keine faktischen Beziehungen, weil ja ein Kontaktverbot durch den endgültigen Abschluss der Nachsorge besteht.

Richter Prof. Dr. Huber: Also ein Zurückziehen, wie es der Prozessbevollmächtigte der Antragsgegnerin für erforderlich gehalten hat – durchaus im Sinne der Formulierung im 107. Band – hat es mit Blick auf diesen Personenkreis nicht gegeben?

Prof. Dr. Waldhoff: Das ist korrekt, denn das wäre faktisch nicht möglich. Es besteht ja keinerlei Weisungsrecht mehr gegenüber diesen Personen. Die Rechtsbeziehungen sind ja beendet. Außerdem würde das mit großer Wahrscheinlichkeit notwendigerweise zu einer Enttarnung führen. Denn wenn nach dem Beschluss, das Verfahren durchzuführen, plötzlich elf Leute in Bundes- und Landesvorständen zurücktreten, mehr oder weniger zeitlich koordiniert, wäre – glaube ich – relativ schnell klar für alle möglichen Leute ohne tiefere Kenntnisse, dass es sich womöglich um V-Personen gehandelt hat. Und auch der Sinn und Zweck der Staatsfreiheit wird ja voll erfüllt, weil die widersprechenden Loyalitätsanforderungen beendet sind.

Richter Prof. Dr. Huber: Ich hätte noch eine andere Frage: Der Prozessvertreter der Antragsgegnerin hat den Bereich der Leitungsgremien etwas weiter gefasst, über die Landes- und den Bundesvorstand hinaus. Was halten Sie denn davon, und wo würden Sie die Grenze ziehen? Wobei ich weiß, was im 107. Band steht.

Prof. Dr. Waldhoff: Genau! Im 107. Band steht ausdrücklich Bundes- und Landesvorstände. Das war auch die Blaupause für die Sicherheitsbehörden, um das Ganze zu planen. Und der Parteitag als solcher ist insofern zwar ein wichtiges Gremium, aber nicht ein Leitungsgremium in Äquivalenz zu den Vorständen. Er beschließt zwar das Parteiprogramm. Und wir haben ja auch dargelegt, dass niederrangige V-Personen unter diesen 187 Delegierten waren. Wir haben aber auch in einem Schriftsatz ausführlich dargelegt, dass sie keinerlei maßgeblichen Einfluss auf die Formulierung dieses Parteiprogramms hatten. Im Übrigen kommt ja hinzu, dass die Partei sich das Parteiprogramm ständig neu zu eigen macht. Wer in die Partei eintritt, macht sich das Parteiprogramm im Zweifelsfall zu eigen, so dass dieses Parteiprogramm gar nicht kategorisierbar war mit unseren Kategorien 1 und 2. Es kann ohnehin nicht einer einzelnen Person zugerechnet werden, das ist klar. Es kann aber auch nicht einem Kreis, den wir mit der Kategorie 2 erfassen – der klassische Kreis wäre ja ein Bundes- oder Landesvorstand –, zugeordnet werden, weil er eben allen anwesenden Delegierten dieser Parteiversammlung zugeordnet werden muss. Nach unserer Auffassung ist die Parteiversammlung, ist der Parteitag insofern kein Leitungsgremium, obwohl er natürlich rechtlich eine wichtige Funktion hat.

Präsident Prof. Dr. Voßkuhle: Darf ich da nochmal nachhaken? Wenn wir diesen zweiten Aspekt mal weglassen und nochmal fragen: Welchen konkreten Einfluss hatten die anwesenden Verbindungsleute? Das können Sie ausschließen, dass die auf Formulierungen Einfluss gehabt haben?

Prof. Dr. Waldhoff: Wir haben anhand der von der Antragsgegnerin übersandten Protokolle zum Ablauf dieses Bamberger Parteitages 2010 die Entstehung des Parteiprogramms nachgewiesen. Das kann man im Grunde sehr genau darlegen, das kann ich auch gerne nochmal vortragen, wir haben es aber im Schriftsatz gemacht. Es ist keine Kategorisierung möglich. Das Parteiprogramm wird der Partei im Ganzen zugerechnet. Im Schriftsatz vom 13. Mai 2015 haben wir gezeigt, dass das Programm in seiner tatsächlichen Entstehungsgeschichte maßgeblich von Personen gestaltet wurde, die wir ausdrücklich als quellenfrei im Sinne der Kategorie 1 eingeordnet haben und die von der Antragsgegnerin schriftsätzlich übersandten Protokolle des Bamberger Programmparteitags haben dies bestätigt. Es hat sich nämlich dort zweierlei gezeigt: Erstens, dass der auf den 12. Mai 2010 datierte Programmentwurf Mittelpunkt der Debatte und Abstimmung auf dem Bundesparteitag war. Und zweitens dass die NPD-Landesvorstände aus Mecklenburg-Vorpommern und Sachsen auf diesen Entwurf besonderen Einfluss nehmen konnten, indem sie im Vorfeld des Parteitages ihre Modifizierungswünsche darin unterbrachten. Beide Landesvorstände wurden als quellenfrei testiert. Zudem zeigte sich die zentrale Rolle von Personen wie Uwe Meenen oder S. bei der Genese des Gesamtprogramms; auch die sind alle als quellenfrei – Kategorie 1 – eingeordnet. Wir zitieren ja in der Antragsschrift und auch in den erweiternden Schriftsätzen diese Personen als Kategorie 1. Und wenn man sich dann das Protokoll einmal genauer anschaut, so stellt man fest, dass das Parteiprogramm mit überwältigender Mehrheit angenommen wurde und deshalb die Anwesenheit einzelner Quellen unter den Parteitagsdelegierten für die Meinungsbildung innerhalb der Partei vollkommen irrelevant war. Acht Kapitel wurden laut Protokoll einstimmig angenommen, elf Kapitel wurden laut Protokoll jeweils nur mit wenigen Gegenstimmen – also sehr großen Mehrheiten – angenommen. Beispielsweise wurden die für den Verbotsantrag besonders bedeutenden Grundgedanken bei nur einer Gegenstimme und wenigen Enthaltungen angenommen. Das Kapitel „Grundlagen des Staates ist das Volk" mit nur einer Gegenstimme und wenigen Enthaltungen, und so weiter und so fort. Ich trage das jetzt nicht nochmal im Einzelnen vor.

Und wenn man jetzt sich 187 Delegierte in der Gesamtheit anschaut und sieht, dass das mehr oder weniger einstimmig beschlossen wurde und dass die programmatische Arbeit, also die Textentwürfe, die nur noch sehr wenig verändert wurden, von quellenfreien Quellen stammten, von quellenfreien Personen und Gruppierungen stammten, dann glauben wir doch, gut nachweisen zu können, dass die Quellenfreiheit auch hier gewährleistet ist.

Präsident Prof. Dr. Voßkuhle: Aber Sie haben nicht mit den Quellen gesprochen, inwiefern sie Einfluss genommen haben auf das Parteiprogramm?

Prof. Dr. Waldhoff: Wir haben nicht mit den Quellen gesprochen, aber man kann ja an den Protokollen rekonstruieren, ob die Quellen maßgeblich beteiligt waren, und das haben wir getan.

Präsident Prof. Dr. Voßkuhle: Das haben Sie getan?

Prof. Dr. Waldhoff: Das haben wir getan.

Präsident Prof. Dr. Voßkuhle: Gut! Dankeschön! Herr Müller!

Richter Müller: Also der Umgang mit dem Parteiprogramm irritiert ja. Sie haben in der Antragsschrift alle Belege den beiden Kategorien zugeordnet. Zwei Ausnahmen: Ein Beleg betrifft ein Papier, das datiert aus einer Zeit außerhalb des testierten Zeitraums. Das zweite ist das Parteiprogramm. Das wird überhaupt nicht in die Kategorien eingeordnet. Dann sind Sie im Hinweisbeschluss gebeten worden, etwas dazu zu sagen. Da haben Sie ein bisschen was dazu gesagt und verschämt – hat man den Eindruck – zugestanden: „Na ja, da waren auch schon ein paar V-Leute", ohne eine Zahl zu nennen. Und jetzt dann im Oktober letzten Jahres – möglicherweise versehentlich – ist dann in Ihrem Schriftsatz die Zahl neun aufgetaucht. Ich habe mich gefragt, warum diese sehr zurückhaltende, sehr unpräzise Verfahrensweise? Man könnte ja auch auf die Idee kommen, dass Sie selbst da ein Problem sehen hinsichtlich der Quellenfreiheit des Parteiprogramms.

Prof. Dr. Waldhoff: Das tun wir nicht. Das Parteiprogramm hat ja einen Sonderstatus bei den Belegen, die wir für die Nachweise benutzen. Das Parteiprogramm ist irgendwie die Basis von allem. Das Parteiprogramm muss sich die Gesamtpartei als solches – wie jede Partei mit einem Parteiprogramm – zurechnen lassen und es waren bei der Formulierung, bei den konzeptionellen Arbeiten auf Vorstandsebene, keinerlei Quellen beteiligt. Quellen sind erlaubt in der Antragsgegnerin, das hat der

Senat ausdrücklich im 107. Band ausgeführt. Und einzelne Quellen – wir haben das dann doch schließlich aufgedeckt, neun an der Zahl –, waren bei den 187 Delegierten anwesend, ohne aber Einfluss nehmen zu können. Ich würde nach wie vor darauf beharren, dass das Parteiprogramm einen Sonderstatus unter den Materialien hat. Es enthält ja viele und wichtige Aussagen. Das muss sich aber die Partei insgesamt zurechnen lassen. Die Partei insgesamt, alle Parteimitglieder umfassend, kann aber nicht quellenfrei sein.

Richter Müller: Nun haben Sie selbst gesagt: „Bei der Entstehung des Parteiprogramms haben die Landesverbände Sachsen und Mecklenburg-Vorpommern eine besondere Rolle gespielt." Das überrascht nicht weiter, denn es sind die stärksten Landesverbände der Antragsgegnerin. Der Verfahrensbevollmächtigte der Antragsgegnerin hat mit Blick auf die Abschaltung von Quellen heute Morgen darauf hingewiesen, dass Sie dargelegt haben, es seien bundesweit elf Quellen, elf V-Leute, abgeschaltet worden. Sie haben auch die Abschaltprotokolle vorgelegt, auch dargelegt, dass da noch Prämien gezahlt worden sind, was irritiert, wenn man sich fragt, wofür? Aber Sachsen und Mecklenburg-Vorpommern sind da nicht dabei. Das ist doch verwunderlich!

Prof. Dr. Waldhoff: Nicht unbedingt. Das zeigt die föderale Vielfalt ...
(Gelächter im Saal)
... der Taktik, wie Quellen eingesetzt werden. Die Verfassungsschutzleiter von Sachsen und Mecklenburg-Vorpommern könnten das auch noch erläutern. Es ist in der Tat, es gibt unterschiedliche Traditionen, ob man Quellen eher auf Vorstandsebene einsetzt oder eher nicht auf Vorstandsebene. In gewisser Weise waren das wohl auch schon Reaktionen auf das Desaster des ersten Parteiverbotsverfahrens, dass man bei dem Quelleneinsatz ohnehin von der Vorstandsebene abgehen wollte. Aber das könnten Ihnen die zuständigen Verfassungsschutzpräsidenten näher erläutern.

Präsident Prof. Dr. Voßkuhle: Gut! Dann darf ich noch ein anderes Thema anschneiden, was das Ausspähen der Verteidigungsstrategie angeht. Jetzt gehen wir mal davon aus, dass unsere eigenen Leute sich korrekt verhalten haben. Was ist aber dann, wenn man den Gedanken von Herrn Richter aufnimmt und fragt: „Na ja, es ist ja ein sozusagen globales Gewerbe mit dem Abhören und dem Verfassungsschutz. Und liegt es da nicht nahe, dass man, weil das auch ganz praktikabel ist und einen enthebt, Dinge zu testieren, die vielleicht unangenehm sind, dass eben dort auch abgehört wird, dass nachrichtliche Erkenntnisse vorhanden sind, in Teilen jedenfalls, in denen man Äußerungen, Parteistrategien und noch weitere Dinge, die für dieses Verfahren relevant sind, dort erfahren hat?" Gibt es irgendwelche Möglichkeiten aus Ihrer Sicht – ich sehe, dass das schwierig ist –, aber gibt es irgendwelche Möglichkeiten, dass wir das ausschließen können?

Prof. Dr. Waldhoff: Nach unseren Informationen ist die Antragsgegnerin nicht Gegenstand ausländischer Nachrichtenerkundung. Herr Verfassungsschutzpräsident Maaßen kann das noch näher erläutern. Angenommen, es käme eine Information über die Prozessstrategie von einem ausländischen Dienst, dann würde die Weisungslage natürlich genauso gelten wie bei inländischen Fällen auch. Das heißt, sie dürfte nicht entgegengenommen werden. Würde sie aus Versehen, weil man es zunächst nicht bemerkt, doch entgegengenommen, müsste sie vernichtet oder gesperrt werden. Insofern besteht gar kein kategorialer Unterschied hinsichtlich der Sicherstellung der Ausspähfreiheit der Prozessstrategie der Gegenseite zwischen inländischen und ausländischen Diensten, aber es hat ausländische Einflüsse dieser Art auch nicht gegeben.

Präsident Prof. Dr. Voßkuhle: Vielen Dank! Weiteres dazu? Herr Müller!

Richter Müller: Es ist ja angesprochen worden von dem Herrn Richter, dieser Vorfall mit dem Fahrzeug seiner Mutter und einem Fahrzeug des saarländischen Verfassungsschutzes. Können Sie das erklären?

Prof. Dr. Waldhoff: Der saarländische Verfassungsschutzpräsident könnte es noch näher erklären. Wir hatten aber vor der Mittagspause glaube ich schon festgestellt, dass das erstens außerhalb des testierten Zeitraums stattfand und dass zweitens der Prozessbevollmächtigte der Gegenseite nicht im Fahrzeug saß und dass drittens überhaupt noch nicht bekannt war, dass er Prozessbevollmächtigter wurde, so dass also eine statistische Wahrscheinlichkeit, wenn man mit dem Fahrzeug eines Verfassungsschutzes zusammenstößt, glaube ich, so gering ist ... aber zu Einzelheiten ...

Richter Müller: Das ist ja das Problem, dass die statistische Wahrscheinlichkeit ...
(Gelächter im Saal)

Prof. Dr. Waldhoff: Das Saarland ist ja klein ...

Richter Müller: Wem sagen Sie das?

Prof. Dr. Waldhoff: Einzelheiten zu dem Sachverhalt könnte der Verfassungsschutzpräsident aus dem Saarland erklären. Aber für uns ergibt sich daraus nicht ein Hinweis, dass eine Prozessausspähung oder Ähnliches stattgefunden hat.

Richter Müller: Ich bin erstmal zu Ende.

Präsident Prof. Dr. Voßkuhle: Herr Landau!

Richter Prof. Landau: Das, was Herr Voßkuhle gerade ansprach mit der Zusammenarbeit mit den ausländischen Diensten, hilft natürlich nichts, wenn ich ausländische Dienste mit ihrem Wissen dort belasse und nur das Wissen abschöpfe. Es müssen ja gar keine Mitteilungen kommen, wo die Weisungen greifen könnten, sondern es wird schlicht und einfach über Bande gespielt. Man muss ja nicht so blauäugig sein, dass über Bande spielen nicht etwas Wertvolles für die Sicherung der Freiheit wäre. Wird sicher auch gehandhabt hier und da, vielleicht auch häufiger. Und da ist es ja zunächst einmal nicht so ganz einleuchtend zu sagen: „Na, das regele ich mit Testaten." Wenn ich das Wissen auch beim niederländischen Geheimdienst, beim französischen Verfassungsschutz speichern kann und darauf zurückgreifen kann. Das können Sie nicht ausschließen? Dies können auch die amtierenden Innenminister nicht ausschließen, oder?

Prof. Dr. Waldhoff: Die Weisungslage hinsichtlich der Beachtung ...

Richter Prof. Landau: Doch die können das, das wissen wir jetzt ...

Prof. Dr. Waldhoff: Genau, und die schließt das aus. Von ausländischen Diensten Sachen entgegennehmen, das impliziert natürlich auch, dass sie nicht eingesehen werden dürfen. Das wäre ja Haarspalterei, das nicht mitumfasst zu sehen. Also auch Informationen, die von etwaigen ausländischen Diensten zur Prozessstrategie der Antragsgegnerin stammen, dürfen nicht entgegengenommen, verwertet, aufgehoben und verwendet werden. Aber ich denke, dass der Verfassungsschutzpräsident Maaßen das auch noch näher erläutern wird können.

Präsident Prof. Dr. Voßkuhle: Den wollten wir als nächstes bitten, zu uns zu sprechen, wenn nicht weitere Fragen jetzt erstmal dazu sind. Das ist nicht der Fall. Dann bedanken wir uns, Herr Waldhoff, und würden Herrn Präsidenten Maaßen bitten!

Dr. Maaßen (Bundesamt für Verfassungsschutz, Präsident): Herr Vorsitzender, hohes Gericht, ich nehme an, Sie möchten von mir einiges wissen zu der gerade angesprochenen Frage zur Zusammenarbeit mit ausländischen Nachrichtendiensten, insbesondere mit Blick eben auf das Thema Rechtsextremismus, Rechtsterrorismus und jetzt auf die hier im Verfahren stehende NPD. Die Zusammenarbeit mit ausländischen Nachrichtendiensten betrifft grundsätzlich im Bereich der Telekommunikationsüberwachung das Feld des internationalen Extremismus und Terrorismus. Das ist auch das deutsche Problem, wenn es sich um inländischen Extremismus handelt. Im Rechtsextremismus erhalten wir grundsätzlich keine Informationen über Telekommunikationsüberwachung von ausländischen Nachrichtendiensten, so dass wir auf unsere eigene Kraft angewiesen sind. Das ist die Praxis, aber letztendlich entspricht das auch der Rechtslage. Es wäre eine Umgehung der deutschen G10-Vorschriften, wenn wir über einen ausländischen Nachrichtendienst Telekommunikationsüberwachung über Gespräche im Inland erreichen würden. Das machen wir nicht und das erhalten wir von ausländischen Nachrichtendiensten nicht. Etwas ganz anderes ist es, und da ist die Kooperation intern sogar gut bis sogar sehr gut, wenn es sich handelt um ausländische Beziehungen, beispielsweise wenn wir wissen wollen, was Deutsche in Syrien und im Irak gegenwärtig machen. Wenn dort eine Telekommunikation festgestellt wird, von einem ausländischen Nachrichtendienst dort überwacht wird, können wir im Einzelfall diese Information erhalten, aber regelmäßig auch nicht im Sinne von Gesprächsprotokollen, sondern im Sinne von sogenannter „finished intelligence", wo die Ergebnisse ihrer Erkenntnisse festgehalten werden, ohne dass wir regelmäßig erkennen, woraus diese Erkenntnisse stammen.

Präsident Prof. Dr. Voßkuhle: Wenn Sie jetzt, sagen wir mal, das Bedürfnis hätten, mehr zu erfahren über die Kommunikation, die innerhalb der NPD stattfindet, was würden Sie dann tun?

Dr. Maaßen (Bundesamt für Verfassungsschutz, Präsident): Wenn Sie jetzt das Thema Telekommunikationsüberwachung ansprechen ...

Präsident Prof. Dr. Voßkuhle: Ich habe es ganz offen formuliert ...

Dr. Maaßen (Bundesamt für Verfassungsschutz, Präsident): Im Rahmen der ...

Präsident Prof. Dr. Voßkuhle: Im Rahmen Ihrer Möglichkeiten.

Dr. Maaßen (Bundesamt für Verfassungsschutz, Präsident): Im Rahmen unserer Möglichkeiten zunächst einmal offene Informationen, Internet, Zeitung, offene Veranstaltungen. Geheime Informationen insoweit, als dass sie in diesem Falle dann zulässig sind. Das wäre der Einsatz von V-Personen. Auch die Observation, die Fotografie in Einzelfällen. Eine Telekommunikationsüberwachung nur aufgrund des strengen Maßstabes des G10-Gesetzes.

Präsident Prof. Dr. Voßkuhle: Also wenn ich es richtig sehe, sind die Verbindungsleute das effektivste Mittel. Könnte man das sagen?

Dr. Maaßen (Bundesamt für Verfassungsschutz, Präsident): Im Falle des Extremismus – nicht des Terrorismus – insoweit das effektivste nachrichtendienstliche Instrument, weil wir die Telekommunikationsüberwachung in diesen Fällen nicht durchführen dürfen.

Präsident Prof. Dr. Voßkuhle: Herr Huber!

Richter Prof. Dr. Huber: Dass es eine Art „Beifang" gibt bei der Kooperation mit ausländischen Diensten, können Sie ausschließen?

Dr. Maaßen (Bundesamt für Verfassungsschutz, Präsident): Kann ich ausschließen.

Präsident Prof. Dr. Voßkuhle: Weitere Fragen dazu? Das ist nicht der Fall. Vielen Dank!
Dann würden wir gerne den Kollegen aus dem Saarland hören, Herrn Direktor Albert!

Dr. Albert (Landesamt für Verfassungsschutz Saarland, Direktor): Herr Vorsitzender! Hoher Senat! Erlauben Sie mir eine kurze Vorbemerkung zum besseren Verständnis unserer Arbeitsweise. Die Beobachtung einer extremistischen Partei erfolgt durch das zielgerichtete Sammeln und Auswerten von Informationen. Bei Parteien erfolgt dies zu dem Zweck, stets aktuell Aussagen über die personelle Stärke, die Finanzkraft und die extremistischen Betätigungen einer Partei machen zu können. Hierzu werden im Rahmen der Beobachtungen bekanntwerdende Mitglieder und Funktionäre sowie ihre politischen Aussagen sowohl im öffentlich zugänglichen Bereich als auch in Versammlungen und Beratungen erfasst und dokumentiert. Die Betätigung eines Parteimitgliedes außerhalb der Parteistruktur ist im Rahmen einer solchen Beobachtung für uns irrelevant. Daher erfolgen grundsätzlich keine personenbezogenen Überwachungsmaßnahmen gegen einzelne Parteimitglieder oder Funktionäre.
Noch ein Hinweis: Observationen werden von speziell dafür ausgebildeten Observationsgruppen durchgeführt, nicht von Sachbearbeitern oder V-Mann-Führern. Observationen von Einzelpersonen finden bei uns grundsätzlich nur im gewaltbereiten oder terroristischen Milieu statt. Dies gebietet nicht nur der Grundsatz der Verhältnismäßigkeit, sondern auch der sinnvolle Mitteleinsatz. Das LfV Saarland ist eine kleine Behörde mit begrenzten Personalressourcen.

Richter Prof. Landau: Aber mehr als zwei haben Sie schon?

Dr. Albert (Landesamt für Verfassungsschutz Saarland, Direktor): Mehr als zwei habe ich schon. Personenbezogene Observationsmaßnahmen unterliegen aber einem strengen Maßstab und grundsätzlicher Konzentration auf den Gewaltextremismus.

Zum Unfallhergang selbst: Der dienstliche Auftrag der beiden Mitarbeiter, die zum Unfallzeitpunkt mit einem Dienst-PKW unterwegs waren, hatte keinen Bezug zur NPD und überhaupt keinen Bezug zur rechtsextremistischen Szene im Saarland. Der Unfallverursacher war im Referat Spionageabwehr eingesetzt und er sollte nach der Ruhestandsversetzung eines früheren Funktionsinhabers die Aufgaben der Tarnmittelstelle im LfV übernehmen. Die entsprechende Verfügung wurde von mir am 13.11.2012 getroffen. Zu den Aufgaben der Tarnmittelstelle gehört insbesondere die verdeckte Anmietung konspirativer Wohnungen zu Beobachtungszwecken. Der bisherige Vertreter des Leiters der Tarnmittelstelle war ein V-Mann-Führer im Bereich Rechtsextremismus und er war mit dieser Zweitfunktion von mir bereits seit zwei Jahren betraut. Er hatte die Aufgabe, den neuen Funktionsinhaber in sein neues Aufgabengebiet einzuarbeiten. Am 30.11.2012 fuhren die beiden Beamten nach S., um dort eine konspirative Wohnung in der Nähe einer salafistischen Moschee zu suchen und anzumieten. Auf der Rückfahrt hatten sie den Auftrag, ein konspiratives Postfach in D. in der Post zu leeren. Während sich der zweite Beamte – der V-Mann-Führer Rechtsextremismus – zu diesem Zweck in die Post begab, parkte der erste Beamte den Dienst-PKW auf einem öffentlichen Parkplatz. Dabei kam es beim Rangieren in der Parklücke zu dem Unfall mit der Mutter des Prozessbevollmächtigten. Während der erste Beamte die Unfallaufnahme – die ist bei uns vorgeschrieben – mit der Polizei durchführte, hielt sich der zweite Beamte in einiger Entfernung vom Geschehen auf, weil er aus Gründen des Eigenschutzes nicht auffallen wollte und sich auch gegenüber der Polizei nicht zu erkennen geben wollte. Der Unfall wurde von der Verwaltung des LfV Saarland mit der Saarlandversicherung abgewickelt; übrigens zum Rahmen: die Schadenshöhe betrug 1.875 €, das wurde schon mehrfach gefragt. Dass es sich bei der Unfallgegnerin um die Mutter des Prozessbevollmächtigten handelte, wurde dem LfV erst durch dessen Schreiben vom 13.6.2014 bekannt. Weder der Unfallverursacher noch die Mitarbeiter in der Verwaltung hatten wegen des unterschiedlichen Nachnamens der Unfallgegnerin – D., nicht Richter – deren Verwandtschaftsverhältnis zum Prozessbevollmächtigten erkennen können. Der zweite in D. anwesende Beamte hatte die Unfallgegnerin weder von Nahem gesehen, weil er sich in ziemlicher Entfernung vom Unfall aufhielt, noch hatte er sich später nach den Personalien erkundigt. Da auch kein Extremismusbezug erkennbar war, wurde die Abteilung Auswertung auch nicht durch die mit der Unfallabwicklung beauftragten Mitarbeiter der Verwaltung kontaktiert.

Vielleicht noch eine Bemerkung zu Zufälligkeiten im Saarland: Der hier anwesende Innenstaatssekretär Seel war der Ausbilder des Referendars Peter Richter. Die statistische Wahrscheinlichkeit für so etwas ist auch dürftig und gering.

Präsident Prof. Dr. Voßkuhle: Vielen Dank! Fragen von …? Herr Müller, so viel können wir über das Saarland nicht mehr erfahren wie jetzt.

Richter Müller: Das ist vielleicht gut so!

Herr Albert, nun ist der Verfahrensbevollmächtigte der Antragsgegnerin ja im Saarland ansässig. Die Gefahr und das Risiko, dass Informationen über die Prozessstrategie, über seine Vorbereitung des Verfahrens, bei Ihnen anlanden, ist besonders groß. Vielleicht können Sie dem Senat noch einmal schildern, wie Sie denn sicherstellen, dass keine Ausspähung der Prozessstrategie und auch keine Auswertung und Verwendung von Zufallsfunden stattfindet.

Dr. Albert (Landesamt für Verfassungsschutz Saarland, Direktor): Gerne. Ich war bereits 2003 hier im Verfassungsgericht und daher war mir klar, dass neben der Quellenfreiheit die Frage der Unbeobachtetheit der Prozessvorbereitungen durch die Prozessgegnerin einen hohen Stellenwert besitzt. Deswegen habe ich schon bereits 2011, als klar war, dass es in ein neues Verbotsverfahren münden würde, in einer Besprechung mit allen Referatsleitern aus der Beschaffung und der Auswertung meines Hauses die Auffassung vertreten und die Weisung ausgegeben, dass ab sofort keine Informationen mehr zur Prozessstrategie der NPD entgegengenommen werden dürfen. Ausnahme sei nur – habe ich damals gesagt – der Fall, dass die NPD in öffentlichen Verlautbarungen, in öffentlichen Medien selbst etwas zu ihrer Strategie sagt. Im Jahre 2012 ergingen bundeseinheitlich Weisungen, die im LfV entsprechend umgesetzt wurden, und ich habe mich selbst davon überzeugt, dass in meinen Referaten sowohl in der Auswertung als auch in der Beschaffung nichts mehr zur Prozessstrategie der NPD aufgefasst wurde und in irgendeiner Datei niedergelegt wurde. Als im Januar 2014 bekannt wurde, dass Herr Rechtsanwalt Peter Richter die NPD im Verfahren als Prozessbevollmächtigter vertreten werde, wurde das LfV von der Fachaufsicht im Ministerium angewiesen, personenbezogene Erkenntnisse zu seiner Person nicht mehr zu speichern und eventuelle Speicherungen rückwirkend zum 7.1.2014 zu löschen. Diese Weisung wurde ebenfalls an die Arbeitsbereiche Rechtsextremismus weitergegeben und in regelmäßigen Arbeitsbesprechungen thematisiert. Da es dabei Unklarheiten in der praktischen Handhabung der Frage gab, wann wir noch Informationen zur Person Peter Richter in seinen sonstigen NPD-Funktionen entgegennehmen und verarbeiten können, gab es einen Schriftverkehr mit der Aufsichtsbehörde, wo auch die Prozessbevollmächtigten des Bundesrates einbezogen waren. Der Schriftverkehr liegt Ihnen vor. Ergebnis war eine Weisung, nach der Informationen zur Person des Rechtsanwalts Peter Richter im LfV überhaupt nicht mehr in irgendeinem Zusammenhang verarbeitet werden dürfen. Es wird also definitiv so getan, als sei die Person Peter Richter innerhalb der NPD nicht mehr existent. Die dadurch entstehende Verzerrung im Bild der NPD im Saarland wird dabei bewusst in Kauf genommen, um zu verhindern, dass der Eindruck entsteht, wir würden in irgendeiner Form die Prozessstrategie der NPD ausspähen. Zudem wurde rein vorsorglich angeordnet – nur damit man uns nicht den Vorwurf machen kann, wir hätten da etwas unterlassen –, dass technische Maßnahmen oder Observationsmaßnahmen gegen die Mitglieder des Bundes- und Landesvorstandes der NPD nicht durchgeführt werden. Diese durften ab 2012 nicht mehr durchgeführt werden. Gleiches wurde dann noch einmal wiederholt im Jahre 2014, noch einmal in Bezug auf den Prozessbevollmächtigten, obwohl er in diesen Kreis ja schon einbezogen war. Diese Weisungen wurden eingehalten, das habe ich selbst überprüft. Gegen den oben genannten Personenkreis wurden auch keine G10-Maßnahmen im Saarland durchgeführt, so dass auch eine eventuelle Kommunikation über die Prozessstrategie auch auf diesem Weg vom LfV Saarland nicht aufgeklärt werden konnte. Als Nachweis mag der Hinweis genügen, dass das LfV Saarland im relevanten

Zeitraum seit 2011 überhaupt keine G10-Maßnahme im Bereich Rechtsextremismus durchgeführt hat. Ich kann auch bestätigen, dass wir keinerlei Informationen von ausländischen Nachrichtendiensten erhalten haben oder uns eine solche Information bekanntgeworden wäre. Die im Auskunftsersuchen von Herrn Richter zu seiner Person gespeicherten Daten haben wir beauskunftet und wir haben da überobligatorisch zugesichert, dass gegen seine Person niemals in der Vergangenheit eine zielgerichtete Maßnahme gelaufen ist. Dies kann ich noch einmal so bestätigen, das ist die Wahrheit. Wir haben es auch danach nicht getan.

Die saarländische Polizei – das kann ich für meinen Kollegen vom Landespolizeipräsidium sagen – hat ebenfalls keine Aufklärungsmaßnahmen gegen Herrn Rechtsanwalt Richter oder seine Kanzlei gemacht. Es gibt zwar eine „Schutzmaßnahme 6" der saarländischen Polizei hinsichtlich der Kanzlei. Diese wird aber auf Wunsch von Herrn Richter durchgeführt, damit seine Kanzlei nicht Gegenstand von Beschädigungen von politischen Gegnern wird. Soweit dabei irgendeine Feststellung getroffen werden könnte, würde diese nicht an uns weitergeleitet. Wir haben also auch keinen Rücklauf aus irgendeiner Beobachtung im Rahmen dieser Schutzmaßnahmen erhalten.

Präsident Prof. Dr. Voßkuhle: Was ist das, „Schutzmaßnahme 6"? Was muss man sich darunter vorstellen?

Dr. Albert (Landesamt für Verfassungsschutz Saarland, Direktor): Das Objekt wird regelmäßig von Polizeibeamten angefahren im Rahmen des regulären Streifendienstes.

Präsident Prof. Dr. Voßkuhle: Herr Albert, wenn man das so hört, dann macht dieses Verfahren ja eigentlich Ihnen ein unglaubliches Problem. Sie verlieren alle zentralen Erkenntnisquellen über die NPD und ihr Umfeld.

Dr. Albert (Landesamt für Verfassungsschutz Saarland, Direktor): Der Einblick in die NPD und das Bild der NPD ist sehr, sehr unscharf geworden, ja.

Präsident Prof. Dr. Voßkuhle: Und das – stellt man sich so vor – stößt ja auch auf Widerstand bei denjenigen, die so eine Struktur aufgebaut haben. Läge hier nicht die Vermutung nahe, dass man sagt: „Na ja, also, können wir das jetzt nicht noch irgendwie verwerten? Jetzt haben wir jahrelang hier eine Ermittlungsstruktur aufgebaut, jetzt wissen wir etwas, haben ein paar Leute, die uns etwas erzählen, und jetzt sollen wir das alles für den ungewissen Ausgang eines Verbotsverfahrens aufgeben?"

Dr. Albert (Landesamt für Verfassungsschutz Saarland, Direktor): Ich denke, dafür sind wir alle genug Profis. Auch meine Mitarbeiter. Dies ist politisch so gewollt und das wird von uns entsprechend umgesetzt.

Präsident Prof. Dr. Voßkuhle: Fragen dazu?

Richter Prof. Landau: Das kann ich gut nachvollziehen, was der Präsident gerade gefragt hat. Also das würde ja im Umkehrschluss bedeuten, dass Sie das verantworten können. Denn nehmen Sie ein Gegenbeispiel, nehmen Sie eine islamistische Partei, die gleichzeitig einen gewalttätigen, gewaltbereiten Arm hätte, dann könnten Sie ja in der Abwägung zwischen den Prozesserfordernissen und der Gefahrenlage möglicherweise nicht entscheiden. Das heißt also, Sie würden bewusst im Sinne der Schutzpflichten des Staates ein hohes Risiko eingehen.

Dr. Albert (Landesamt für Verfassungsschutz Saarland, Direktor): Das ist eine sehr hypothetische Frage. Die entsprechenden Überlegungen, ob ein Verbot gemacht wird, ob ein Verbotsverfahren durchgeführt wird, die werden mit der politischen Ebene und der Sachebene vor einem Verfahren ausdiskutiert. Und wenn die politische Entscheidung gefallen ist und die entsprechenden Anweisungen erteilt werden, dann sind sie von mir umzusetzen.

Richter Prof. Landau: Ja, so ist das.

Präsident Prof. Dr. Voßkuhle: Klare Aussage. Herr Huber noch!

Richter Prof. Dr. Huber: Ich habe da noch eine Frage an Herrn Waldhoff.

Präsident Prof. Dr. Voßkuhle: Noch Fragen an Herrn Albert?
  Dann dürfen wir uns bei Ihnen erst einmal bedanken. Vielleicht noch ein Punkt: Ich bin mir nicht ganz sicher, ob ich es so richtig verstanden habe, aber es wäre jetzt egal, ob die NPD gefährlich ist oder nicht gefährlich, in Ihrer Abwägung persönlich. Sie würden einfach sagen: „Das ist der politische Befehl von oben und deshalb machen wir das jetzt so!"

Dr. Albert (Landesamt für Verfassungsschutz Saarland, Direktor): Die Risikoabwägung ist vorher getroffen worden, ob das jetzige Verfahren verantwortbar ist. Der Bundesrat hat dieses Risiko bewertet und die Abwägung getroffen und das Ministerium für Inneres hat die entsprechenden Anweisungen als Fachaufsicht erteilt, und ich bin an die Weisung der Fachaufsicht gebunden.

Präsident Prof. Dr. Voßkuhle: Sie haben also keine eigene Abwägung mehr ...

Dr. Albert (Landesamt für Verfassungsschutz Saarland, Direktor): Ich habe keine eigenen Abwägungen mehr zu treffen.

Präsident Prof. Dr. Voßkuhle: Vielen Dank, Herr Albert! Dann Herr Waldhoff bitte und Herr Huber!

Richter Prof. Dr. Huber: Herr Waldhoff, ich möchte noch einmal ein bisschen zurückgehen. Der Verfahrensbevollmächtigte der Antragsgegnerin hat vor der Pause über die Umkehrung der Beweislast geredet und – wenn ich es richtig verstanden habe – gesagt, er würde eigentlich erwarten, dass der Antragsteller beziehungsweise die Verfassungsschutzbehörden der Länder die bei ihnen vorhandenen Akten über alle Landes- und Bundesvorstandsmitglieder offenlegen. Meine Frage ist: Gibt es über alle Landes- und Bundesvorstandsmitglieder der Antragsgegnerin Akten? Muss man sich das so vorstellen? Oder nur dort, wo es tatsächlich einen verfassungsschutzrelevanten Anhaltspunkt gibt? Das wäre meine erste Frage.

Prof. Dr. Waldhoff: Das weiß ich tatsächlich nicht, da müssten Sie die entsprechenden Verfassungsschützer fragen. Ich kann jetzt nicht aus eigenem Wissen sagen, über welche Vorstandsmitglieder es je Akten gab oder nicht. Aber die Offenlegung sämtlicher Akten, wie vom Prozessvertreter der Antragsgegnerin gefordert, scheitert schon an zwei Gründen. Erstens am Personenschutz. Wir haben ja Frau Bube benannt, falls dazu Nachfragebedarf da ist, und zweitens auch, weil dann die Funktionsfähigkeit der Sicherheitsbehörden endgültig beendet ist.

Richter Prof. Dr. Huber: Aber die Unmöglichkeit stünde vielleicht vor der Abwägung. Deswegen wäre es, sagen wir einmal, um im Bild zu bleiben, ganz sinnvoll zu wissen, ob es das gibt.

Präsident Prof. Dr. Voßkuhle: Ja, das werden wir erfragen …

Prof. Dr. Waldhoff: Da müssen Sie die Verfassungsschutzpräsidenten fragen.

Richter Prof. Dr. Huber: Wen würden Sie vorschlagen?

Prof. Dr. Waldhoff: Herrn Freier zum Beispiel, aus dem Landesamt.

Präsident Prof. Dr. Voßkuhle: Gut. Dann würden wir vielleicht jetzt erst Herrn Freier und Herrn Kaller hören. Dann würden wir gerne noch Innenminister Jäger hören im Hinblick auf die Testate und den Vorgang und würden dann auch noch etwas zu den Enttarnungsgefahren und den Enttarnungsrisiken gerne erfahren von der Präsidentin des Landesamtes für Verfassungsschutz Baden-Württemberg, Frau Bube. Damit wir ungefähr wissen, wie wir weiter vorgehen. Als nächster wäre dann Herr Freier dran. Bitteschön!

Herr Freier (Innenministerium Nordrhein-Westfalen, Abteilungsleiter Verfassungsschutz): Herr Vorsitzender! Hohes Gericht! Darf ich zunächst einmal Ihre Frage beantworten, weil die noch im Raum ist, was die Personen betrifft. Die Verfassungsschutzbehörden speichern ja grundsätzlich nicht Personen, sondern sie speichern Sachverhalte. Also wir speichern in den Sachakten, die wir haben, die Angelegenheiten beispielsweise einer rechtsextremen Partei oder einer rechtsextremen Organisation. Personen, einzelne Personen werden dann gespeichert und auch suchfähig, wenn sie eine führende Rolle übernehmen oder wenn sie gewaltbereit sind. So dass wir zum Beispiel in Nordrhein-Westfalen jetzt nicht jedes Mitglied gespeichert haben und suchfähig speichern, sondern nur dann, wenn wir davon ausgehen, dass es eine führende, steuernde Rolle hat und damit die Organisation auch beeinflusst und die Organisationen von dieser Person in bestimmte Richtungen gelenkt werden – sonst nicht. Also haben wir jetzt nicht alle NPD-Mitglieder gespeichert und können die suchfähig finden. Das ist rechtlich nicht möglich und auch faktisch nicht notwendig im Verfassungsschutz.

Die Frage war – das haben wir ja vorab besprochen –, dass ich einmal berichte, weil das ja auch eine Frage ist: Wie kann man so etwas kontrollieren und wie arbeitet der Verfassungsschutz? Was ist eigentlich eine Abschaltung? Wie funktioniert sie im Detail? Und wie wird das, was wir getan haben, hinterher auch kontrolliert?

Eine Abschaltung setzt voraus, dass Bund und Länder nach dem Beschluss von 2003 sich sehr ausführlich über drei Fragen unterhalten haben. Quantität, Qualität und auch Koordination des Quelleneinsatzes. Das heißt, das Bundesamt für Verfassungsschutz und die Länderbehörden haben regelmäßige Gespräche über die von ihnen geführten V-Leute in den einzelnen Organisationen mit dem Ziel geführt, dass keine Organisation überviele V-Leute hat, wenn man das bundesweit zusammen betrachtet und auch keine Organisation, die wir als extremistisch bezeichnen, gar keine V-Leute hat. Das kann man manchmal im Land selber gar nicht sehen, das muss man bundesweit überprüfen. Das vorausgesetzt, haben wir uns Regeln geschaffen, was die Abschaltung und die Führung von V-Personen betrifft.

Und das Abschalten erfolgt so: Die Führung einer V-Person ist nicht sozusagen ein rotierendes System, in dem irgendein Sachbearbeiter mal mit irgendwem spricht, sondern das ist ein fester Personenkreis. Es sind Personen, die ausgebildet sind und die diese Personen führen und auch abschalten. Die Abschaltung erfolgt so: Es wird ein Termin vereinbart mit der V-Person und auch Ort und Zeit werden vereinbart. Dann erfolgt das Abschaltungsgespräch, das je nach V-Person in aller Regel in diesen Fällen zum Beispiel mit einem Vertreter oder einem Vorgesetzten stattfand, so dass immer zwei Leute dabei sind. Dann wird von der V-Person die Abschalterklärung unterschrieben, und zwar sowohl mit dem Klarnamen als auch mit dem Arbeitsnamen, und in dieser Abschalterklärung sind die gegenseitigen Rechte und Pflichten nach einer Zusammenarbeit geregelt. Das heißt zum Beispiel, dass Geräte – wenn da ein Handy gewesen ist – abgegeben werden. Es wird erklärt, dass man anschließend zur Verschwiegenheit verpflichtet ist, und zwar sowohl der Staat als auch die Person. Und es wird auch über die Frage gesprochen eines Abschalthonorars. Sie haben eben auch die Frage gestellt: „Abschalthonorar?" Ja, es wird eines gezahlt in aller Regel. Etwa zwischen 1.000 und 10.000 €. Das hängt von der Frage ab, wie hoch das Risiko dieser Quelle war. Also im terroristischen Bereich beispielsweise ist das Risiko sehr viel höher. Dann die Frage: Wie ehrlich oder wie zuverlässig waren diese Informationen? Wie wertig waren sie für den Verfassungsschutz? Es ist auch die Frage, was sie bisher an Geld bekommen hat. Vor allem aber auch die Frage: War das, was sie erzählt hat, nachrichtenehrlich? Wir haben in manchen Bereichen auch immer die Frage: Gibt es weitere Informationen zu dieser Quelle, so dass wir einschätzen können, ist das ehrlich oder nicht, was sie sagt? Nach dieser unterzeichneten Abschalterklärung gibt es einen Abschaltvermerk, den der V-Mann-Führer fertigt. Und in diesem Abschaltvermerk stehen die Umstände. Das heißt: Wo hat man sich wann getroffen? Was hat die V-Person gesagt? Gab es ein einvernehmliches Gespräch? Oder hat sie erklärt, sie möchte weiterarbeiten? Hatten wir das Gefühl beispielsweise, dass die Quelle jetzt Schwierigkeiten macht? Dass sie möglicherweise alleine gar nicht mehr zurechtkommt? Alle diese Dinge.

Wenn in den öffentlichen Medien einmal stand, dass in den Abschaltvermerken steht „es fand in einer harmonischen Atmosphäre statt", so ist das deswegen nicht unwichtig für den Verfassungsschutz, weil natürlich wichtig für uns ist, das Gespräch so zu führen, dass ein gegenseitiges Einvernehmen besteht über die Abschaltung. Wir haben in diesem Fall auch immer erklärt in den Abschaltgesprächen, warum sie erfolgen. Also beispielsweise hier das NPD-Verbot, und es sind – da kommt dann der zweite Teil, nämlich die Nachsorge – nur noch die Notfallnummern mitgeteilt worden. Also für den Fall, dass die V-Person Angst um Leib oder Leben hat. Nicht mehr die Kontakttelefonnummer zum Beispiel des V-Mann-Führers, damit gar nicht erst ein Kontakt entstehen kann. Das haben – jedenfalls in unserem Fall – die V-Personen auch eingesehen. Und wenn man jetzt die Frage stellt nach dieser Abschalterklärung und dem Abschaltvermerk, sind die Akten an sich geschlossen. Das heißt, wenn eine V-Person geführt wird, gibt es eine Reihe von Dokumentationen, die für den V-Mann-Führer verpflichtend sind. Erste Dokumentation ist der sogenannte Deckblattbericht – da werden die Inhalte beschrieben. Zweite Dokumentation ist der sogenannte Treffvermerk – da werden die Umstände des Treffens beschrieben. Und die dritte Dokumentation ist eine sogenannte P-Akte, das heißt zu den V-Personen haben wir Personalakten. Darin steht: Arbeitssituation, Straftaten, alle Dinge über eine Person, die wichtig sind für das Führen. Diese Dokumente werden sowohl von den Vorgesetzten als auch von anderen Bereichen des Verfassungsschutzes, nämlich der Auswertung, gelesen und gegenkontrolliert. Und da hier immer in diesen Fällen nicht nur einer, sondern immer mehrere beteiligt sind, können wir ausschließen, dass es anschließend, also nach dem Abschalten, noch Kontakte gegeben hat. Es gibt in Nordrhein-Westfalen einen Fall, da hat der V-Mann-Führer privat auf einem Parkplatz die V-Person getroffen, die er abgeschaltet hat. Wir haben intern die Regeln dazu erlassen, dass das jetzt nicht einfach irgendwo landet, sondern erstens, dass es dokumentiert wird, nicht nur zurückgewiesen, sondern auch dokumentiert – und zwar nur der Sachverhalt. Es wird auch dokumentiert, dass nichts entgegengenommen worden ist, und im Sinne der Transparenz ist das, was da erfolgt ist, nicht nur niedergeschrieben, sondern über die Prozessbevollmächtigten auch an das hohe Gericht weitergeleitet worden. Wir wollten damit intern erreichen, dass es eine höchstmögliche Sensibilität bei den V-Mann-Führern gibt. Dass man nicht irgendetwas tut, sondern dass man das, was man tut, aufschreiben muss. Das ist eine dienstliche Weisung, also das ist nichts Freiwilliges. Und diese dienstlichen Weisungen werden über die Vorgesetzten auch kontrolliert. Wir haben also, wenn wir abschalten, nicht immer nur eine Person; es sind immer mehrere Personen, die wir kontrollieren. Wir haben ein höchstmögliches Maß an Weisungen erteilt und ich zum Beispiel persönlich habe auch mit den V-Mann-Führern geredet um ihnen zu erklären, was es heißt: „Keine Kontaktaufnahme". Ich habe mir auch nochmal von ihnen – nur dass das auch in den Köpfen klar ist, worum es hier geht, wie wichtig das ist – schriftlich bestätigen lassen, dass keine Kontaktaufnahme erfolgt ist, also mit der Unterschrift des V-Mann-Führers, und dass jeder Kontaktversuch zurückgewiesen worden ist. Und dass nichts im Sinne von Prozessausspähung oder Nachsorge erfolgt ist.

Präsident Prof. Dr. Voßkuhle: Ja, vielen Dank, Herr Freier, das war sehr anschaulich. Darf ich Ihnen auch die Frage stellen: Hat Sie das nicht geschmerzt, dass Sie jetzt all diese, doch mit viel Mühe aufgebauten Kontakte abstellen mussten und sozusagen vor dem Nichts stehen, was die Ausforschung der NPD angeht?

Herr Freier (Innenministerium Nordrhein-Westfalen, Abteilungsleiter Verfassungsschutz): Also Sie haben Recht. Wir haben im Vorfeld des Verbotsverfahrens lange auch gerade mit denen diskutieren müssen, die es als ihre wichtigste Aufgabe ansehen, Informationen zu beschaffen. V-Personen sollen ja Informationen entgegennehmen und dem V-Mann-Führer geben. Das ist das, was V-Mann-Führer tun. Und wir haben ihnen ausführlich erklären müssen, was passiert. Als die Entscheidungen im Gange waren – das ist ja nicht von heute auf morgen passiert, sondern auch schon im Jahre 2011, in dem wir immer diskutiert haben „Verbotsverfahren oder nicht" – war für die Verfassungsschutzbehörden ab einem bestimmten Punkt völlig klar: Wenn ein Verbotsverfahren läuft, dann müssen wir diese Informationsentgegennahme zurückstellen zugunsten von etwas anderem, nämlich eines Verbotsverfahrens. Das ist diskutiert worden. Wir haben aber – wie Herr Albert schon gesagt hat, so war das bei uns auch – irgendwann gesagt: „Ja, wir tragen das auch mit. Die Minister haben diese Entscheidung getroffen, wir tragen sie mit." Und dann haben wir den zweiten Schluss gezogen zu sagen: „Wir tragen das nicht nur mit, sondern wir versuchen" – und das war, wenn Sie so wollen, eine sehr lange und immer wieder erfolgte Diskussion, auch mit den Verfahrensbevollmächtigten – „uns selber klar zu machen: ‚Wie stellen wir das denn sicher?'" Das ist nicht ganz einfach. Also es geht ja nicht nur darum, die Mentalität bei den Menschen mitzunehmen, sondern es gibt den zweiten Punkt, dass wir sagen: „Wir wollen eine höchstmögliche interne Kontrolle haben" – auch ich jetzt, als Leiter des Verfassungsschutzes – „um sicherzugehen, dass sie das tun, was wir als Weisung beschrieben haben." Und deswegen haben wir in jeder Lage, bei jeder Möglichkeit immer wieder erklärt, also nicht nur geschrieben, sondern erklärt, was es heißt und welche Vorteile es hat, wenn wir jetzt unsere normale Arbeit zurückstellen und hier das Verfahren, das Verbotsverfahren durchführen lassen, ohne den Prozess auszuspähen.

Präsident Prof. Dr. Voßkuhle: Vielen Dank! Herr Müller!

Richter Müller: Nun gibt es ja nicht nur V-Leute auf der Führungsebene, sondern unterhalb der Führungsebene gibt es die ja auch. Haben Sie denn den Informationsverlust auf der Führungsebene kompensiert durch entsprechende Maßnahmen hinsichtlich der Beschäftigung von V-Personen auf nachgeordneten Ebenen?

Herr Freier (Innenministerium Nordrhein-Westfalen, Abteilungsleiter Verfassungsschutz): Nein, das haben wir nicht getan. Also wir haben die V-Personen unterhalb der Führungsebene – also die normalen Parteimitglieder – belassen, aber wir haben gerade nicht in diesem Verfahren uns jetzt überlegt, da jetzt weiter einzuschleusen oder auch einzuführen, oder V-Personen zu nutzen oder anzusprechen. Wir haben gar nichts getan. Wir haben es so belassen, wie es ist, weil wir auch für uns sicherstellen wollten, dass wir jetzt nicht im laufenden Verfahren über eine Werbungsmaßnahme an Informationen kommen, die in diesem Verfahren nicht eingesetzt werden dürfen. Und deswegen haben wir in Nordrhein-Westfalen – ich nehme an auch viele andere, wo ich das mitgekriegt habe – genau das nicht getan. Wir haben bewusst in Kauf genommen, dass wir Informationsdefizite haben während des Verfahrens. Aber wir haben uns auch gesagt: „Das Verbotsverfahren ist in dem Punkt wichtiger." Und deswegen haben wir nichts getan. Wir haben also keine Werbungsmaßnahmen durchgeführt und auch keine neuen V-Personen geworben.

Richter Müller: Nun haben Sie im Verfahren ja zwei Abschalterklärungen vorgelegt. Von Seiten der Antragsgegnerin ist geltend gemacht worden, diese würden an einem Glaubwürdigkeitsdefizit bereits deshalb leiden, weil die eine im Singular und die andere im Plural gehalten ist. Können Sie das erklären?

Herr Freier (Innenministerium Nordrhein-Westfalen, Abteilungsleiter Verfassungsschutz): Ja. Wir haben bei der V-Person 2 – wenn ich das so sagen darf – und bei der V-Person 1 in einem Abschaltvermerk zwei V-Leute beschrieben. Das liegt daran, dass es bei der ersten V-Person, die im Landesvorstand war und die von uns geführt worden ist, ein Kennverhältnis gab zu einer dritten Person, die nichts damit zu tun hat, die nicht im Landesvorstand ist, die nicht in irgendeiner Führungsebene ist, trotzdem aber in der NPD. Und da wir uns gesagt haben: „Zur tatsächlichen Prozessfreiheit gehört nicht nur das Abschalten in der Führungsebene, sondern, wenn es solche Kennverhältnisse gibt, dann auch die V-Person." Und deswegen, weil das ein V-Mann-Führer gewesen ist, hat er in einem Zeitpunkt beide abgeschaltet und hat diese Doppelabschaltung, wenn man so will, in einem Vermerk geschrieben. Das ist der Vermerk. Es gibt aber getrennte Abschalterklärungen, das heißt, die V-Personen haben selbstständig unterschrieben, dass die Zusammenarbeit beendet ist, und – wie gesagt – diese zweite V-Person war nicht in der Führungsebene, aber die Kennverhältnisse haben für uns ausgereicht zu sagen: „Da müssen wir jetzt mit abschalten, damit kein Verdacht besteht, dass wir vielleicht über diesen Weg an Informationen gelangen."

Präsident Prof. Dr. Voßkuhle: Vielen Dank! Sind dazu noch Fragen? Das ist nicht der Fall.

Herr Freier (Innenministerium Nordrhein-Westfalen, Abteilungsleiter Verfassungsschutz): Vielen Dank!

Präsident Prof. Dr. Voßkuhle: Dann bedanken wir uns bei Ihnen. Und dann würde ich gerne noch Herrn Kaller bitten!

Herr Kaller (Bundesministerium des Innern, Ministerialdirektor): Herr Vorsitzender! Hoher Senat! Ich trage vor noch einmal oder ergänzend zu dem Thema „Keine Ausspähung der Prozessstrategie der Antragsgegnerin und privilegierte Stellung der Prozessbevollmächtigten" unter dem Gesichtspunkt der Ausspähung mit anderen verdeckten Maßnahmen. Das Thema V-Personen haben wir ja vorher gerade abgehandelt. Ich fokussiere mich dabei zunächst auf Maßnahmen der Telekommunikationsüberwachung als der naheliegendsten Maßnahme, unter der man vielleicht die Ausspähung von Wort und Schrift vermuten dürfte. Über andere Möglichkeiten äußere ich mich danach.

Zur Begrifflichkeit: Wenn ich im Folgenden von Überwachung spreche, meine ich gleichermaßen die sogenannten G10-Maßnahmen der Nachrichtendienste – das ist benannt nach Artikel 10 des Grundgesetzes – und die Maßnahmen der Strafverfolgungsbehörden nach § 100a StPO. Beide sind ja gleiche oder ähnliche technische Maßnahmen. Bevor ich Ihnen erläutere, mit welchen Maßnahmen unsere Behörden wirksam verhindert haben, dass über TKÜ auch die Prozessstrategie der Antragsgegnerin ausgespäht wurde, möchte ich Ihnen, wenn Sie es gestatten, kurz abstrakt den Ablauf einer TKÜ schildern, dann einen tatsächlichen Fall aus dem Bereich des Bundesamtes für Verfassungsschutz schildern und schließlich über die Verfahrensfilter sprechen, die zum Schutz der Vertraulichkeit der Prozessstrategie bestehen, beziehungsweise mit Rücksicht auf dieses Verfahren neu eingebaut wurden.

Zum abstrakten Verfahren: Jede TKÜ-Maßnahme beginnt schlicht und einfach mit einer Verdachtsschöpfung. Einer Sicherheitsbehörde kommt ein Verdachtsmoment, sei es zum Beispiel durch die Aussage von Zeugen, sei es durch die Zusammenarbeit mit anderen Behörden, warum auch immer. Dieser Verdacht – und das ist nicht ganz unerheblich für die Einschätzung der Mängel von G10-Maßnahmen – beruht nicht auf irgendeiner Straftat, sondern auf dem Katalog von Straftaten, die in § 3 des G10-Gesetzes im Einzelnen aufgelistet sind. Das sind natürlich Staatsschutzdelikte und natürlich auch Delikte mit schwerer und schwerster Kriminalität. Nach dieser Verdachtsschöpfung ist die Behörde bemüht, zunächst einmal die Namen, die konkreten Namen der verdächtigen Personen genau festzustellen, holt dann bei der Bundesnetzagentur eine Information ein zu den Telefongesellschaften, den Providern, bei denen diese Personen ihre Telekommunikation kaufen und schließlich natürlich auch die genauen Telefonnummern oder auch E-Mail-Adressen. Denn jeder Antrag setzt voraus, dass ich konkrete Namen des Beschuldigten habe, seine Telefonnummer und auch seinen Provider, sonst kann ich den Antrag gar nicht wirksam stellen. Wenn das festgestellt ist, wird der Antrag an die Fachaufsicht gegeben – das ist bei uns das Bundesministerium des Innern – und wird in Bezug auf verschiedene rechtliche Qualitäten geprüft. Er geht dann zur G10-Kommission des Deutschen Bundestages – eine unabhängige Kommission, bestehend aus acht Persönlichkeiten, die nach dem G10-Gesetz die einzelnen Voraussetzungen materiell prüfen und die Behörden gegebenenfalls zum ergänzenden Vortrag auffordern. Bei den Polizeien – das sei am Rande bemerkt – übernimmt diese Funktion der Ermittlungsrichter. Schließlich wird der Antrag genehmigt und geht dann der Telefongesellschaft zu. Diese hat die erforderlichen technischen Möglichkeiten, um Gespräche, die über die bestimmten Rufnummern gehen, technisch zu isolieren, auszuleiten, und eine elektronische Kopie dieser ausgeleiteten Gespräche dann bei der Behörde abzuliefern – also in unserem Fall wäre das das Bundesamt. Nach dieser Ausleitung der Gespräche kommt es dann zum ersten Mal zu einem Sachbearbeiterkontakt mit den elektronischen Datensätzen. Also zum ersten Mal geht ein Mitarbeiter der Behörde daran und hört sich, oder sieht sich die herausgelieferten Gespräche oder auch Schriftstücke oder E-Mails genauer an. Das ist die entscheidende Phase, wo sehr viel Material anfällt. Das allermeiste ist irrelevant – irgendwelche privaten oder sonstigen Gespräche. Relevant ist nur und ausschließlich das, was mit dem Straftatenverdacht in einem Zusammenhang steht, dessentwegen ja das ganze Verfahren überhaupt beantragt und genehmigt wurde.

Das geht in der Praxis so: Der Sachbearbeiter sitzt in seinem Büro, hat vor sich eine elektronische Tonbandmaschine, hört in das Gespräch hinein und stellt fest: „Aha, da redet der Verdächtige mit seiner Mutter, Gegenstand sind private Angelegenheiten." Dann hört er auf, beendet dieses Gespräch, spult ein Gespräch weiter und fängt wieder von vorne an. Es ist also nicht so, dass er alle Gespräche zu Ende hört. Das schafft er zeitlich und kapazitätsmäßig gar nicht, sondern er wird mit seinem Erfahrungswissen sehr schnell merken: „Aha, hier habe ich ein Gespräch, das etwas mit dem Tatverdacht zu tun hat und hier habe ich ein Allerweltsgespräch, das mich überhaupt nicht weiter interessiert. Das höre ich mir gar nicht zu Ende an, da spule ich direkt mal in das nächste Gespräch." So arbeitet er sich durch einen Datensatz und markiert und hebt auf und verschriftet ausschließlich und nur solche Gesprächsinhalte, die unmittelbar in einem Sachzusammenhang mit dem Tatverdacht stehen. Nach der Verschriftung dieser relevanten Inhalte kontrolliert ein zweiter Beamter der Sicherheitsbehörden noch einmal, ob das tatsächlich relevant ist und fügt dann schließlich die verschrifteten Teile der Fachakte oder der Ermittlungsakte zu.

Ich fasse den wesentlichen Punkt zusammen: Die erste menschliche Wahrnehmung der Gesprächsinhalte und zugleich die Trennung relevant/nicht relevant, erfolgt durch den Sachbearbeiter bei der Verfassungsschutz- und Polizeibehörde. Man nennt das den „Vorauswerter". Er hört in die Inhalte rein, wird nicht alle Gespräche vollständig zu Ende hören, sondern nur die Teile markieren und aufheben, die für den Tatvorwurf bedeutsam sind und keineswegs sonstige Inhalte. Es versteht sich von selbst, dass Fragen einer möglichen Prozessstrategie natürlich nicht tatverdachtsrelevant sind, denn es ist nicht verboten, eine Mandantschaft zu vertreten. Derartige wie auch andere private oder berufliche Inhalte würden nicht aufgenommen werden.

Dazu ein Fallbeispiel, was auch schon in den Schriftsätzen der Prozessbevollmächtigten der Antragsteller kurz angesprochen wurde: Eine G10-Maßnahme des Bundesamtes bestand vom 11. Januar 2013 bis zum 22. Juni 2013. Die Maßnahme richtete sich gegen mehrere Personen, darunter auch zwei Personen auf Vorstandsebene der NPD. Es bestand gegen sieben bekannte Personen und weitere Unbekannte der Verdacht der Bildung einer terroristischen Vereinigung mit dem Ziel der Begehung schwerster Gewaltstraftaten im Inland – § 129a Strafgesetzbuch. Das schließt sich ein bisschen an das Gespräch heute Vormittag an. Natürlich kann der Vorlauf eines Verfahrens und das Verfahren selber kein polizeifreier Raum sein und auch kein nachrichtendienstfreier Raum. Das ist ausgeschlossen. Gerade bei schwersten Straftatsverdachtsmomenten, wie hier § 129a, können und müssen die Behörden die üblichen Maßnahmen treffen. Das ist in der Tat gar nicht anders zu machen. Im Rahmen dieser G10-Maßnahme fiel viel Material an, das der Provider auf den Datenträgern an das BfV weitergab. Es kam in die Vorauswertung, also zum Sacharbeiter. Im Rahmen dieser Vorauswertung wurde alles verschriftet, was im Zusammenhang mit dem TE-Verdacht stand. Dies wurde noch einmal überprüft. Alles sonstige Material wurde gelöscht und vernichtet.

Nur um den Kreis zu schließen: Die Verdachtsmomente bestanden fort. Das Bundesamt für Verfassungsschutz hat den Fall dann an den Generalbundesanwalt abgegeben. Dieser hat das Bundeskriminalamt mit den polizeilichen Ermittlungen beauftragt – das war im April 2013. Auch hier kam es nochmal zu einer TKÜ-Maßnahme gegen den gleichen Personenkreis für eine bestimmte Dauer. Das Verfahren ist genau analog dem, wie ich es gerade für den Verfassungsschutz beschrieben habe. Ausleitung der Gespräche, Vorauswertung, Selektion, Dokumentation, ausschließlich und nur derjenigen Inhalte, die mit dem Straftatenverdacht in einem Zusammenhang stehen. In keinem dieser beiden Verfahren wurden Prozesserkenntnisse erlangt oder verschriftet.

Das führt mich dazu, Ihnen noch einmal die Verfahrensfilter darzustellen, die in diesen Fällen, aber auch in allen anderen Fällen der TKÜ, in Bund und Ländern – das kann ich generalisierend für alle 38 Sicherheitsbehörden sagen – zu einer zuverlässigen und mehrfach überprüften Auswahl führen.

Erstens: Die strikte gesetzliche Verpflichtung aus G10 und StPO, ausschließlich solche Gesprächsinhalte zu verschriftlichen, die dem Ermittlungszweck dienen.

Das ist keine leere Norm, das ist nicht ein Programmsatz, sondern das ist geltendes Recht. Und es ist gerade im Bereich der Vorauswerter, also der Sachbearbeiter, ob sie polizeilich sind oder nachrichtendienstlich, das Entscheidende, das wirklich wesentliche Gebot ihres dienstlichen Handelns, hier strikt darauf zu achten, dass sie zuverlässig aussortieren. Wir alle haben ja die Kernbereichsdiskussion – Sie geprägt, wir verfolgt. Aber nicht erst seitdem ist Sensibilisierung da, um sich klar zu machen, welche gewaltige Eingriffsintensität TKÜ hat, und dass die Kehrseite dieser Befugnis darin besteht, nicht Relevantes zum frühestmöglichen Zeitpunkt auszusortieren. Uns interessiert im Übrigen auch nichts, was sonst noch an Kommunikation stattfindet. Uns geht es ausschließlich darum, einen konkreten Tatverdacht zu erhellen oder zu beseitigen.

Zweiter Filter der Kontrollhierarchie: Das Vier-Augen-Prinzip. Kein Vorauswerter arbeitet alleine. Er hat natürlich einen vorgesetzten Referatsleiter oder den sogenannten G10-Beamten – das ist ein Beamter mit der Befähigung zum Richteramt –, der solche verschrifteten Inhalte noch einmal doppelt kontrollliest, um noch einmal sicher zu sein, dass der Vorauswerter nur und ausschließlich nur relevante Inhalte aufgenommen hat.

Dritter Filter: Der ist diesen beiden Fällen geschuldet und diesem Verbotsverfahren. Als das Bundesinnenministerium den Antrag gesehen hat, war den Beamten klar, im Bundesamt und bei uns: „Oha, hier haben wir ja sieben namentliche Beschuldigte, davon sind zwei NPD-Vorstände." Nun waren wir durchaus sensibilisiert für diesen Punkt, darum sind wir ja heute hier. Wir haben dann also in diesen G10-Antrag nochmal eine Einzelweisung zurückadressiert an das Bundesamt für Verfassungsschutz: „Bitte denkt an das Thema NPD-Verbotsverfahren/Prozessstrategie. Seid vorsichtig und aufmerksam." Ich glaube, das liegt dem hohen Gericht vor, sonst können wir es gerne nachreichen, wenn Sie das wünschen. Analog wurde verfahren bei der gleichen Maßnahme im Bundeskriminalamt. Auch dort hat der Generalbundesanwalt als zuständige Staatsanwaltschaft erkannt, dass es NPD-Bezug hat und hat das BKA angewiesen, in diesem Fall die Maßnahmen so zu fahren, dass der Respekt vor der Prozessstrategie unbedingt durchgehalten wird. Auch dieses Schreiben liegt vor oder können wir zur Verfügung stellen.

Vierter Filter: Die Schreiben des Bundesinnenministeriums an die Behörden, dieses Verfahren unbedingt zu beachten und strikt einzuhalten. Einige dieser Schreiben haben heute schon hier Verwendung gefunden, daraus wurde zitiert, was die Entgegennahme von Erkenntnissen aus verdeckten Maßnahmen angeht. Ich selber habe am 29. Mai 2013 noch einmal ein ausdrückliches Schreiben an die Sicherheitsbehörden gerichtet, um gerade diesen Punkt „Keine Ausspähung von Prozessstrategie über TKÜ" noch einmal in den Vordergrund zu rücken.

Ich könnte Ihnen jetzt noch – aber das müssen Sie entscheiden, ob Sie das wünschen – einzelne innerbehördliche Weisungslagen beschreiben, mit denen diese ministeriellen Erlasslagen in den Behörden nach unten tatsächlich auch umgesetzt und durchgeführt wurden. Sie sind im Übrigen Teil der Anlagen, die unsere Prozessbevollmächtigten – ich sage unsere – bei Ihnen abgeliefert haben.

Ich fasse zusammen. Es gibt zwei institutionelle Filter: Gesetz und hierarchische Kontrolle mit Vier-Augen-Prinzip. Zwei weitere Filter, die speziell diesem Verbotsverfahren geschuldet sind, nämlich die Einzelweisungen BMI und Generalbundesanwalt, und auch mein Schreiben vom 29. Mai 2013. Aus diesen zwei TKÜ-Maßnahmen von Bundesbehörden gegen Personen aus der Vorstandsebene der NPD sind selbstverständlich keine prozessstrategischen Hinweise gekommen. Die anderen Behörden des Bundes – das sage ich nur zur Abrundung – haben in diesem Zeitraum keine TKÜ-Maßnahmen gegen diese Ebene geführt. Davon habe ich mich zuletzt in einer Besprechung im BMI am 12. Februar persönlich noch einmal überzeugt. Das beendet zunächst meinen Vortrag zum Thema „Verdeckte Informationsbeschaffung".

Ich könnte jetzt fortsetzen und noch etwas zu den Prozessbevollmächtigten sagen, wenn Sie wünschen. Aber ich glaube, da haben wir das Wesentliche schon gehört, Herr Vorsitzender.

Präsident Prof. Dr. Voßkuhle: Vielen Dank zunächst einmal, auch für diese anschauliche Beschreibung, was konkret stattfindet. Frage: Findet irgendwann nochmal ein Abwägungsprozess statt? Also Sie haben jetzt diese vier Filter beschrieben, mit denen Sie auch die rechtlichen Vorgaben sicherstellen. Gibt es nicht Momente – auch vielleicht losgelöst erstmal von diesem Fall –, wo Sie also vor Ort feststellen, dass eine Abwägung getroffen werden muss, weil das, was Sie zum Beispiel an Informationen bekommen, so wertvoll ist, dass Sie sagen: „Gut, wir hatten das anders ausgemacht, es gibt ja auch eine Anordnung, aber diese Information, die brauchen wir, die ist zentral, die möchten wir gerne haben, die möchten wir gerne verwerten." Der Laie stellt sich ein bisschen so die Arbeit vor, dass Sie auch ab und zu mal solche Fänge habe und dann sagen: „Donnerwetter, da haben wir jetzt was wirklich Wichtiges, das uns vielleicht hilft, organisierte Kriminalitätsstrukturen aufzuklären, Dinge, an die wir sonst noch nie gekommen sind. Und deshalb sind die Vorgaben und die Filter, die wir da haben, muss ich die in der Abwägung überwinden?" Ich will nicht sagen, dass das rechtswidrig, verfassungswidrig ist, sondern fragen, inwiefern Sie mit diesen Abwägungssituationen vor Ort umgehen?

Herr Kaller (Bundesministerium des Innern, Ministerialdirektor): Da antworte ich sehr gerne darauf. Ich antworte erstmal in dem Verbotsbereich. Es gibt ein absolutes Tabu, das ist Kernbereich, das ist Prozessstrategie, das ist rein privates Wissen. Da gibt es keine Abwägung, das ist für uns nicht zugänglich. Technisch bedingt kommt die komplette digitale Ware an. Die erste Selektionsstufe ist dann der Sachbearbeiter, aber die Bereiche, die ich gerade nannte, sind absolut tabu. Es gibt keinen Grund und auch nicht einen inneren Anlass, das zu überwinden. Ihre Frage verstehe ich natürlich öffnend, wenn ich beispielsweise TKÜ-Material anhöre und verschrifte und bekomme im Zuge dessen einen O.K.-Hinweis, oder einen Hinweis auf eine ganz andere Verbrechensplanung. Selbstverständlich wird der Beamte dann diese Erkenntnis aufnehmen. Er wird sie herauslesen aus diesem Sachvorgang und er wird, dem Legalitätsprinzip folgend und auch dem § 138 StGB, nämlich bei schweren Straftaten, wird er die Strafverfolgungsbehörde informieren. Tut er das nicht, macht er sich strafbar und belädt sich mit Schuld.

Präsident Prof. Dr. Voßkuhle: Jetzt muss ich doch nochmal nachfragen. Aber wenn Sie jetzt eine Situation haben, Sie ermitteln nicht in diesem Verfahren, sondern in einem anderen Verfahren, und auf einmal stellt sich heraus, es besteht eine ernsthafte Ver-

C. Das zweite NPD-Verbotsverfahren (2013–2017)

bindung der Antragsgegnerin zu einer gefährlichen, gewaltbereiten, rechtsextremen Gruppe, die Sie schon länger im Visier haben und von der Sie ausgehen, dass sie verschiedene größere kriminelle Vorhaben verwirklichen möchte in nächster Zeit. Das wäre so eine Situation. Jetzt bekommen Sie Informationen, die sich vielleicht in der Nähe einer solchen Ausspähung der Prozessstrategie befinden. Das wissen Sie aber noch nicht so ganz genau, die Information ist aber äußerst wertvoll. Und das sind die Momente, in denen man ja dann vielleicht in den Apfel beißt, in den man nicht beißen sollte.

Herr Kaller (Bundesministerium des Innern, Ministerialdirektor): Nein, den Fall, den Sie schildern, kann ich beantworten. Nein, das wird nicht geschehen. Also es mag sich dann um interessantes, fortzuentwickelndes Wissen handeln, aber es ist eindeutig nicht G10-relevant für diesen Sachverhalt, deswegen wird es nicht verwertet.

Präsident Prof. Dr. Voßkuhle: Gut! Weitere Fragen dazu? Das ist nicht der Fall. Dann bedanken wir uns!

Herr Kaller (Bundesministerium des Innern, Ministerialdirektor): Sehr gerne!

Präsident Prof. Dr. Voßkuhle: Herr Huber hätte gerne noch den bayerischen Vertreter des Verfassungsschutzes etwas gefragt.

Richter Müller: Von der Polizei war das glaube ich ...

Präsident Prof. Dr. Voßkuhle: Das ist, glaube ich, Herr Körner ...

Richter Prof. Dr. Huber: Herr Körner ...

Präsident Prof. Dr. Voßkuhle: ... den ich aus meiner Zeit im Innenministerium kenne.

Rechtsanwalt Richter: Eine kurze Zwischenfrage, ich muss nämlich kurz ein Dokument in unserem Beratungsraum holen ...

Präsident Prof. Dr. Voßkuhle: Sie sind ja vertreten, der andere Bevollmächtigte ist da, ja bitte, natürlich.

Richter Prof. Dr. Huber: Herr Körner, der Prozessbevollmächtigte der Antragsgegnerin, der uns jetzt verlässt, hat unter anderem die mögliche Ausspähung seiner Prozessstrategie mit dieser Freundschaftsanfrage auf Facebook begründet und seine Verwunderung darüber zum Ausdruck gebracht, dass Bayern einen saarländischen Rechtsanwalt überhaupt kontaktiert. Zwar war ein Teil des Saarlandes mal früher bayerisches Staatsgebiet, aber das wird ja vermutlich ...

Richter Müller: Der kleinere Teil des Saarlandes ...

(allgemeines Gelächter)

Richter Prof. Dr. Huber: ... wird aber vermutlich nicht der Hintergrund sein. Könnten Sie uns zu diesem Vorfall etwas sagen, der in der Tat – er liegt ja erst zwei Jahre zurück – ein bisschen irritierend wirkt?

Dr. Körner (Landesamt für Verfassungsschutz Bayern, Präsident): Sehr geehrter Herr Präsident! Hohes Gericht! Aus Gründen der Legendierung haben wir Freundschaftsanfragen an Personen auch außerhalb Bayerns getätigt. Und da Herr Richter bundesweit als Szenemitglied bekannt war, wurde an diesen vor circa dreieinhalb Jahren, also weit vor seiner Bestellung als NPD-Verfahrensbevollmächtigter, eine Freundschaftsanfrage gestellt, die dieser ohne Rückfrage angenommen hat. Darüber hinaus fand keine Kommunikation mit Herrn Richter statt. Das Facebook-Profil von Herrn Richter wurde von uns auch nicht beobachtet. Wir haben keine Informationen insoweit erhoben, auch nicht aus dessen persönlichem Freundeskreis. Schon gar nicht zur Prozessstrategie der NPD. An dieser Stelle möchte ich anmerken, dass dieses Mittel dazu wohl auch gar nicht geeignet wäre, da Herr Richter auf Facebook sicher keine der anwaltschaftlichen Verschwiegenheitspflicht unterliegende Sachverhalte preisgeben würde. Und dies müsste er, wenn er etwas zur Prozessstrategie veröffentlicht. Gleichwohl haben wir, nachdem wir erfahren haben, dass Herr Richter Prozessbevollmächtigter wird, aufgrund Weisung vom 19. des Abteilungsleiters und 25. Februar von mir an alle Beschäftigten des LfV's, sichergestellt, dass keine Maßnahmen im direkten persönlichen Umfeld von Herrn Richter noch im Umfeld seiner Kanzlei durchgeführt werden. Am 26. Februar 2014 habe ich dann auch die Bestätigung durch meine Mitarbeiter bekommen, dass diese Freundschaftsanfrage abgeschaltet wurde und dies ist auch entsprechend dokumentiert und wurde dem Gericht vorgelegt. Sowohl die Weisungen wie auch die Bestätigung des Mitarbeiters. Die Bestätigung liegt auch lange vor dem jetzigen Prozessbeginn hier, vor dem Beginn der mündlichen Verhandlung.

Richter Prof. Dr. Huber: Dass es – sagen wir mal – zu einer gewissen Überschneidung kam, liegt einfach daran, dass Sie in die Prozessstrategie zu dem Zeitpunkt noch nicht eingebunden gewesen sind.

Dr. Körner (Landesamt für Verfassungsschutz Bayern, Präsident): Also es war so, dass ja erst im Januar überhaupt bekannt wurde, dass Herr Richter Prozessbevollmächtigter wird. Und das ist an uns über die LOAG und über das Innenministerium mitgeteilt worden, und daraufhin haben wir zeitnah entsprechende Weisungen erlassen. Wie gesagt, schon einen Tag später wurde diese Weisung auch durch die Mitarbeiter umgesetzt.

Richter Müller: Was heißt denn „aus Gründen der Legendierung"?

Dr. Körner (Landesamt für Verfassungsschutz Bayern, Präsident): Es ist so: Auf Facebook treten die Personen ohne Namen auf. Man muss natürlich Vertrauen schaffen, wenn man in einem Facebook-Profil Informationen aus ganz anderen Bereichen abschöpfen will. Und damit ich dieses Vertrauen habe, muss ich zeigen, dass ich mich irgendwie in der Szene bewege, sonst hat das Gegenüber ja kein Interesse daran, mit mir zu kommunizieren. Und das macht man dadurch, dass man Freundschaftsanfragen stellt, die dann im Idealfall auch beantwortet werden und damit dokumentiert man, dass man sich in der Szene bewegt. Also das sind reine Maßnahmen der Legendierung, die dienen nicht zur Abschöpfung von Inhalten.

Präsident Prof. Dr. Voßkuhle: Andere Kommunikationen finden da aber dann nicht statt? Also es wäre ja durchaus möglich, dass man dann direkt über so einen Facebook-Account sich austauscht und ja vielleicht auch noch andere Kontakte knüpft oder sagt: „Wir treffen uns mal im realen Leben."

C. Das zweite NPD-Verbotsverfahren (2013–2017)

Dr. Körner (Landesamt für Verfassungsschutz Bayern, Präsident): Also im realen Leben, das ist ausgesprochen unwahrscheinlich, weil die Mitarbeiter, die sich im Facebook-Account bewegen, andere sind als die Quellen. Es ist so, dass in diesem Fall kein weiterer Kontakt zur Person Richter stattgefunden hat, das habe ich auch ausdrücklich bestätigen lassen. Unabhängig davon, wie gesagt, wäre dieses Mittel ja auch nicht geeignet, weil wir ja nicht davon ausgehen können, dass Herr Richter seine anwaltschaftliche Verschwiegenheitspflicht verletzt.

Präsident Prof. Dr. Voßkuhle: Haben Sie denn die Freundschaft in einem anderen Zusammenhang gebraucht?

Dr. Körner (Landesamt für Verfassungsschutz Bayern, Präsident): Im Detail kann ich das jetzt nicht sagen, da müssten Sie dann auf die Mitarbeiter von mir zurückgreifen, aber nicht im Zusammenhang mit der Prozessstrategie.

Präsident Prof. Dr. Voßkuhle: Gut! Herr Huber!

Richter Prof. Dr. Huber: Danke!

Präsident Prof. Dr. Voßkuhle: Vielen Dank! Dann würden wir jetzt gerne noch Frau Bube hören, und dann haben wir eine Vorstellung von dem, was tatsächlich passiert ist und würden dann als krönenden Abschluss Herrn Innenminister Jäger hören, der noch sagen würde, warum er das alles, was wir gehört haben, testieren konnte, dass es so abgelaufen ist.
   Vielen Dank! Frau Bube!

Frau Bube (Landesamt für Verfassungsschutz Baden-Württemberg, Präsidentin): Ja! Herr Präsident! Hoher Senat! Ich würde gerne Ihnen ein paar Ausführungen dazu machen, zu der Problematik „Enttarnungsrisiko", denn das spielt ja auch in diesem Verfahren eine durchaus gewichtige Rolle. Zunächst einmal: Wann ist denn das Enttarnungsrisiko besonders hoch? Grundsätzlich gehen alle extremistischen Kreise davon aus, dass sie von den Sicherheitsbehörden beobachtet werden, auch und gerade durch Leute aus den eigenen Reihen, die verfassungsschutz- und polizeiinterne Informationen liefern. Diese Kreise haben deshalb natürlich naturgemäß ein Interesse aufzudecken, ob es solche Spitzel gibt und wer das im Einzelnen ist. Das gilt zunächst einmal ganz pauschal für alle extremistischen Gruppierungen, hier natürlich auch für die NPD. Dieses Interesse besteht nicht nur in Bezug auf aktive V-Personen, sondern durchaus auch zu Lasten ehemaliger V-Personen. Das Enttarnungsrisiko ist insbesondere dann besonders hoch, das kann man sich faktisch gut vorstellen, wenn Informationen an die Öffentlichkeit gelangen oder eben zur Kenntnis der betreffenden Gruppierung gelangen oder der Partei, die Rückschlüsse auf die Identität von Vertrauenspersonen oder Informanten – einfacherweise „Quellen" genannt – gezogen werden können. Solche Rückschlüsse können dann besonders leicht gezogen werden, wenn die Gruppe, auf die sich diese Informationen beziehen, ein relativ kleiner Personenkreis ist. Je kleiner, desto leichter können diese Rückschlüsse gezogen werden. Und eine solche zugespitzte Konstellation haben wir in diesem Verfahren, bezogen auf die abgeschalteten Quellen in den Führungsgremien der NPD beziehungsweise der Teilorganisationen. Da ist diese Konstellation durchaus gegeben, weil die Gruppe, die jeweiligen Vorstände nur eine geringe Zahl an Personen – um die zehn in Baden-Württemberg beispielsweise, teilweise auch noch weniger Personen – umfassen.

Zweitens: Was ist eigentlich die Grundlage der Zusammenarbeit zwischen der Verfassungsschutzbehörde und einer Vertrauensperson oder einem Informanten? Grundlage ist immer die gegenseitige Verpflichtung, diese Zusammenarbeit nicht zu offenbaren, das heißt geheim zu halten. Rechtsgrundlage für die Verpflichtung zur Geheimhaltung ist § 1 des Gesetzes über die förmliche Verpflichtung nichtbeamteter Personen, das sogenannte Verpflichtungsgesetz aus dem Jahr 1974. Folge eines Verstoßes gegen diese Verpflichtung ist es, dass sich nicht nur ein Amtsträger, sondern eben auch die VP, zum Beispiel wegen Geheimnisverrats, Verletzung des Dienstgeheimnisses und einer besonderen Geheimhaltungspflicht (§ 353b StGB) strafbar machen kann. Hierüber wird die Vertrauensperson bei ihrer Verpflichtung ausdrücklich belehrt. Die Belehrung wird – neben anderen verschiedenen Obliegenheiten – in der schriftlichen Verpflichtungserklärung von der VP und dem Vertreter der Verfassungsschutzbehörde unterzeichnet. Diese Verpflichtung seitens der Vertrauensperson setzt selbstverständlich vollständigen Identitätsschutz durch die Verfassungsschutzbehörde voraus. Ein einseitiger Verstoß gegen diese Geheimhaltungspflicht kann für die Verfassungsschutzbehörde beziehungsweise das betreffende Land oder den Bund Schadensersatzpflichten auslösen. In jedem Falle müsste das betreffende Land/der Bund durch entsprechende Schutzmaßnahmen, wenn eine solche Gefährdung konkret droht, diese Gefahren soweit als möglich ausschließen. Solche Schutzmaßnahmen können sehr weit reichen, von der zur Verfügungstellung eines neuen Wohnortes bis hin sogar zum Aufbau einer völlig neuen Identität. Naturgemäß können solche Schutzmaßnahmen dann nicht nur die VP selbst treffen, sondern auch ihr engstes familiäres Umfeld. Teilweise führen solche oder können solche Schutzmaßnahmen – das kann man sich leicht vorstellen – zu enormen psychischen Belastungen für den Betroffenen, aber eben auch seiner Familie führen, wenn das bisherige Leben komplett aufgegeben werden müsste. Dieses Rechtsverhältnis zwischen der Quelle und der Behörde ist nach der Rechtsprechung des Bundesverwaltungsgerichts als zivilrechtlicher Vertrag zu qualifizieren – der bindet natürlich beide Seiten. Hinzu kommt die Verpflichtung als staatliche Behörde, die Persönlichkeitsrechte der Quelle zu wahren. Auch die verwaltungs- und verfassungsgerichtliche Rechtsprechung hat den Informantenschutz als Geheimhaltungsgrund anerkannt. Die Gefahren, die im Falle einer Enttarnung drohen können für eine solche Quelle, sind naturgemäß individuell, je nach Umständen, je nach Lebenssituation auch sehr unterschiedlich. Sie können bis hin zu einer Gefahr für Leib und Leben gehen. Bei besonderen Umständen kann – wie bereits gesagt – eine solche Gefahr auch die Familienangehörigen treffen.

Zunächst mal – ganz abstrakt gesprochen –, eine Gefahr für Leib und Leben kann zunächst von den Szeneangehörigen, dem politischen Umfeld ausgehen, in dem sich die VP bewegt oder bewegt hat. Dabei hängt der individuelle Gefährdungsgrad von ganz verschiedenen Faktoren ab. Relevant ist zunächst einmal die Bedeutung und die Stellung der Vertrauensperson im Objekt. Je wichtiger, desto gefährdeter; je mehr am Rand einer Organisation, desto unbedeutender, desto weniger gefährdet. Eine maßgebliche Rolle spielt dann auch die Gewaltgeneigtheit der Gruppe, in der sie sich tatsächlich bewegt hat. Das heißt zum Beispiel: Bezügekontakte in kriminelle Kreise bis hin zum Beispiel zur organisierten Kriminalität können eine Rolle spielen. Bezogen hier auf eine Quelle in der NPD bedeutet das: Die Gefahr ist umso größer, je gewaltgeneigter das unmittelbare Umfeld, in der sie sich bewegt hat, ist. Bei Verflechtungen mit gewaltorientierten neonazistischen oder Skinhead-Gruppierungen beispielsweise oder gar Bezügen in kriminelle Milieus wie die Hooligan-Szene oder die Rocker-Szene, muss im Fall einer Enttarnung von einer hohen Gefährdung ausgegangen werden. Eine ganz besonders gesteigerte Gefährdung würden wir annehmen bei Bezügen in rechtsextremistische kriminelle oder gar rechtsterroristische Vereinigungen.

In der aktuellen Situation eines möglichen Verbots der NPD kommt aber noch ein ganz besonderes, gefährdungserhöhendes Moment dazu, das sich aufgrund der Sondersituation in diesem Verfahren ergibt. Es geht für die NPD hier um das parteiliche Überleben. Für viele ihrer Parteiangehörigen – nicht nur die Führungsebene – bleibt die Parteiarbeit ihr Leben. Wenn das durch ein Verbot wegbrechen sollte, ist mehr geschehen als nur der Verlust, sozusagen, der Parteiangehörigkeit. Und was liegt näher, als dann dafür auch nach der Mitschuld, den Mitschuldigen zu suchen, die hierfür verantwortlich gemacht werden können? Insbesondere in den eigenen Reihen, nämlich zum Beispiel im Falle von Enttarnungen bei internen Verrätern, die durch ihre Zusammenarbeit mit den Sicherheitsbehörden mindestens mal mittelbar dazu beigetragen haben, dass es zu einem solchen Verfahren kommen konnte. Dies würde – mutmaßlich – im Falle einer Enttarnung in diesem Verfahren, das Aggressionspotential nochmal steigern.

Hinzu kommt: Gerade im rechtsextremistischen Bereich ist der sogenannte Verräter aus ideologischen Gründen besonderen Gefahren ausgesetzt. Besonders rechtsextremistische Musiker haben sich in der Vergangenheit schon – in Liedtexten beispielsweise, mit Spitzeln oder Verrätern beschäftigt. Der Verräter wird typischerweise entmenschlicht und er wird diffamiert, und im Falle einer Enttarnung zumindest abstrakt mit drastischen Maßnahmen bedroht. Ich habe hier ein Beispiel mitgebracht, wenn ich das kurz zitieren darf, aus einem Liedtext einer früheren Band, die gibt es heute nicht mehr, „Triebtäter" aus Baden-Württemberg. Die Band ist nicht mehr aktiv heute, aber das Lied gibt es durchaus im Netz noch runterzuladen, wenn man so will, um zu hören. Es heißt: „Gott vergibt, wir nie".

„Für Dich empfinden wir nur noch Hass und Wut,
entfacht ist im Hasse diese Glut,
ich wünsch Dir die Hölle, die Hölle auf Erden,
Tod, Aids und Verderben.
Du hast uns bespitzelt und angelogen,
nur eingeschleimt und alle betrogen,
aus Deiner Fresse, da kamen nur Lügen,
nun bist Du dran, Du wirst niemand mehr betrügen.
Über eins, da solltest Du Dir im Klaren sein,
Du kleines, mieses Verräterschwein,
über eins, da solltest Du Dir im Klaren sein,
Gott vergibt, wir nie!

Wir vertrauten Dir, doch wir waren blind,
heute weiß ich, was für Idioten wir sind.
Du kamst aus dem Nichts, wir nahmen Dich auf,
doch aus diesem Fehler, da lernten wir draus.
Über eins, da solltest Du Dir im Klaren sein,
Du kleines, mieses Verräterschwein,
über eins, da solltest Du Dir im Klaren sein,
Gott vergibt, wir nie!"

Gefahren können allerdings im Fall einer Enttarnung nicht nur unmittelbar aus dem politischen Umfeld drohen, sondern – auch das kann ich nicht ausschließen – Gefahren für enttarnte VP können auch vom sogenannten politischen Gegner durchaus ausgehen, jedenfalls kann ich das nicht ausschließen. Zur politischen Agenda der gewaltbereiten Linksextremistenszene, der Autonomen-Szene, gehört auch der – erklärtermaßen und, wie wir wissen – der militante Kampf gegen Rechtsextremisten. Es gab in der Vergangenheit immer mal wieder – das gehört zur sogenannten Agenda – Outings von Rechtsextremisten im Internet, aber auch im Wohnumfeld des Betroffenen, durch linksextremistische Gruppen. In der Regel zielt dieses Outing darauf ab, die Person als Rechtsextremisten öffentlich bloßzustellen und an den Pranger zu stellen. Wenn es in diesem Verfahren zu einer Enttarnung als Spitzel des Verfassungsschutzes kommt, könnte die betreffende Person zur Zielscheibe von Übergriffen durch Autonome werden. Aus Szenesicht ist die nachrichtendienstliche Zusammenarbeit mit Rechtsextremisten nämlich durchaus Ausdruck des Repressionsstaates, den es zu bekämpfen gilt. Für überaus wahrscheinlich würde ich jedenfalls die Verstärkung der Wirkung einer Enttarnung ansehen, durch entsprechende Öffentlichkeitsarbeit der Autonomen-Szene, in der die Spitzeltätigkeit gezielt verbreitet würde.

Ein weiterer Punkt, der im Vergleich zu Gefahren einer Enttarnung für Leib und Leben insoweit ein Stück weit drunter bleibt, aber eine Gefahr für das Leben eines Rechtsextremisten, eines enttarnten, sich durchaus darstellt, sind Gefährdungen für die berufliche Existenz. Aufgrund der allgemeinen öffentlichen Ächtung von Rechtsextremisten halten Szeneangehörige, dazu gehören durchaus auch NPD-Mitglieder, die eben nicht öffentlich für die Partei in Erscheinung treten, ihre Kontakte zu rechtsextremistischen Kreisen geheim beziehungsweise offenbaren sie eben nur im engsten Kreis. Es gibt außerdem Personen, die sich früher einmal in rechtsextremistischen Kreisen bewegt haben, vielleicht in dieser Phase durchaus auch mit dem Verfassungsschutz als Informant zusammengearbeitet haben, sich dann aber wieder bürgerlichen Kreisen zugewandt haben, aus der Szene ausgestiegen sind und sich längst eine bürgerliche Existenz aufgebaut haben. Gerade in solchen Fällen ginge eine Enttarnung als VP häufig auch mit einer Enttarnung als Rechtsextremist in der Gesellschaft einher. Und nicht unbegründet verbinden solche Personen deshalb eine Enttarnung auch mit einer akuten Gefahr für ihren Arbeitsplatz oder bei Selbstständigen mit einem Rückgang der Geschäftstätigkeit, die durchaus existenzielle Ausmaße annehmen kann. Andersherum: Es kann durchaus auch Rechtsextremisten geben, deren berufliche Existenz gerade auch im rechtsextremistischen Umfeld begründet ist. In einem solchen Fall würde eine Enttarnung nicht nur zum Verlust der sozialen Beziehungen, sondern eben auch zur Bedrohung der beruflichen Existenz führen.

Dann, auch bereits angesprochen, aber ich möchte es nochmals betonen: Die Gefährdungen treffen in aller Regel nicht die VP alleine, sondern bedeuten eine Gefahr für das familiäre und soziale Umfeld. Jede öffentliche Enttarnung, ob nur als VP oder als Rechtsextremist in dieser Kombination, werden typischerweise nicht ohne Auswirkungen auf die familiären Verhältnisse und das soziale Umfeld bleiben. Diese Folgen sind naturgemäß individuell höchst unterschiedlich. Je nach Situation können sie jedoch zu einer völligen Zerrüttung der familiären Bindungen und einem Ausschluss aus dem sozialen Umfeld führen; das kann zu existenziellen, psychischen Problemen führen. Es kommt nicht selten vor, dass die betroffenen Personen ausschließlich in ihrem politischen Umfeld Freunde und Bekannte haben, mit anderen NPD-Mitgliedern beispielsweise ihre Freizeit verbringen, befreundet sind. Das sind persönliche Beziehungen, die weit über die Parteiarbeit hinausgehen. Das würde durch eine Enttarnung zerrüttet. Die stigmatisierende Wirkung würde, wie bereits gesagt, nicht nur die VP treffen, sondern auch ihre Angehörigen.

Zum Schluss ein überaus bedeutender Punkt, der die Wirkung für die Arbeit des Verfassungsschutzes – ich habe es überschrieben mit „Gefährdung des Staatswohls" – betrifft, der über die Beziehung oder über die Wirkung der jeweiligen Quelle weit hinausgeht: Eine Offenlegung nachrichtendienstlicher Quellen würde weit über die Wirkung für die betreffende VP eine elementare Beeinträchtigung der Arbeitsgrundlagen der deutschen Nachrichtendienste bedeuten. Denn – das wurde schon angesprochen in diesem Verfahren – die geheime Führung menschlicher Quellen gehört durchaus zu den wichtigsten Aufklärungsinstrumenten des Verfassungsschutzes und sie setzt den Schutz der Identität der Vertrauensperson zwingend voraus. Wenn es zu öffentlichen Enttarnungen der Quelleneigenschaft kommt, führt dies regelmäßig zu einer Verunsicherung bei bestehenden VPen und erschwert die Anwerbung neuer Quellen. Das kann bis hin zu einer Beendigung der Zusammenarbeit durch andere Quellen aus diesem Grund führen. Vor allem im Szeneumfeld wird das Thema „Spitzel" nämlich dadurch ins Bewusstsein gerückt. Die Unterwanderung der eigenen Gruppierung mit V-Leuten wird ganz aktiv thematisiert. Personen geraten unter Spitzelverdacht. Als Folge kann die Informationsgewinnung durch ein stärker konspiratives Verhalten des jeweiligen Szeneumfelds erschwert bis verhindert werden. Auch ermöglicht man durch solche Enttarnungen, dass die Szene Abwehrstrategien entwickelt, die nicht nur die Informationsgewinnung erschwert, sondern eben auch die mit den Quellen arbeitenden Mitarbeiter betreffen kann und diese gefährdet. Die VP-Führer arbeiten auch heute schon unter relativ schwierigen Bedingungen. Man muss nur ins Internet schauen. Es gibt Schulungen und Anleitungen, wie man sich im Fall einer Kontaktaufnahme eines Behördenmitarbeiters verhalten soll. Durch ein bewusst aggressives Vorgehen sollen zum Beispiel Notwehrmaßnahmen mit dem Ziel der Enttarnung ganz gezielt provoziert werden. Eine bewusste Enttarnung durch einen Repräsentanten, hier einer Verfassungsschutzbehörde in diesem Verfahren, das heißt, eine Offenlegung oder Bestätigung der Identität in diesem Parteiverbotsverfahren oder die Preisgabe von Informationen, auf deren Grundlage die Antragsgegnerin mit hoher Wahrscheinlichkeit auf die

II. Mündliche Verhandlung

Quellenidentität schließen könnte – eine solche einseitige Offenbarung würde das Vertrauen in die Nachrichtendienste und in die Zuverlässigkeit und Redlichkeit ihres staatlichen Handelns nachhaltig zerstören. Es entstünde eben nicht nur das Bild, dass der Verfassungsschutz seine Quellen nicht schützen kann; nein, er würde sogar selbst aktiv dazu beitragen als verantwortlicher Akteur. Ein solcher Vertrauensverlust würde sich nicht nur auf den Bereich Rechtsextremismus erstrecken, wie man sich sicher gut vorstellen kann. Er würde sich auch nicht auf die Inlandsnachrichtendienste allein beschränken. Er würde die Zusammenarbeit mit den Quellen in Frage stellen, die Anwerbung neuer Vertrauenspersonen gerade auch im internationalen islamistischen Extremismus praktisch unmöglich machen. Die negative Wirkung würde sich auch erschwerend auf die Zusammenarbeit mit ausländischen Nachrichtendiensten auswirken, die eben nicht nur im internationalen Bereich, sondern auch im Rechtsextremismus durchaus von Bedeutung ist, soweit es um den Austausch von quellengeschützten Informationen geht. Eine Enttarnung würde damit indirekt auch die Rechtsgüter derjenigen Personen gefährden, die vom Terrorismus und Extremismus jeglicher Art bedroht sind, da das durch die Nachrichtendienste gewährleistete Schutzniveau erschüttert würde. Dies kommt zu einer unmittelbaren Gefährdung der durch Enttarnung betroffenen Person eben noch hinzu. Vielen Dank!

Präsident Prof. Dr. Voßkuhle: Vielen Dank, Frau Präsidentin Bube! Herr Müller hat eine erste Frage.

Richter Müller: Frau Bube, mir ist das sehr plausibel, was Sie geschildert haben. Sowohl der letzte Punkt als auch davor die Frage der Enttarnungsrisiken und der Notwendigkeiten, die sich daraus ergeben. Trotzdem hat mich etwas irritiert, die, wie mir schien, sehr bewusste Wortwahl. Sie haben sehr bewusst von Vertrauenspersonen gesprochen und an einer Stelle von sogenannten Verrätern. Was ist denn da „sogenannt"?

Frau Bube (Landesamt für Verfassungsschutz Baden-Württemberg, Präsidentin): Also „sogenannt" habe ich vorgeschaltet, weil ich insoweit eben dann die Sprache der jeweiligen politischen Szene übernommen habe. Ich hätte auch „in Anführungszeichen" sagen können. Aber natürlich, Kern des Zusammenarbeitsverhältnisses ist selbstverständlich die Informationsübermittlung, die sich auf Informationen bezieht, die eben typischerweise aus Sicht der beobachtenden Gruppe, aus deren Kreisen, eben nicht nach außen fließen sollen. Aus internen Besprechungen beispielsweise, oder eben geheim zu haltenden, vertraulich zu haltenden Informationen. Insoweit gibt es da nichts zu deuten. Natürlich ist es ein Verrat, wenn es um Informationen geht, die eben geschützt bleiben sollen – aus Sicht derer, die miteinander kommuniziert haben.

Richter Müller: Deshalb würde die Szene sicher nicht von „sogenannten" Verrätern sprechen … Also „V" steht für „Vertrauen", nicht für „Verbindung" beim V-Mann?

Frau Bube (Landesamt für Verfassungsschutz Baden-Württemberg, Präsidentin): Also wir haben uns so auf diesen Begriff geeinigt, „Vertrauensperson". Wir nennen das in Baden-Württemberg so. Und so ist es auch bei uns im Landesverfassungsschutzgesetz geregelt. Aus unserer Perspektive halte ich den Begriff jetzt nicht für besonders problematisch. Ein gewisses Vertrauensverhältnis, dass die Informationen auch der Wahrheit entsprechen, das muss natürlich gegeben sein zwischen der Behörde und eben dem Informanten, der Vertrauensperson, sonst hat die Zusammenarbeit keine Grundlage. Wenn die Frage der Zuverlässigkeit und die Ehrlichkeit der Informationsübermittlung in Frage steht, ernsthaft in Frage steht, kommt es selbstverständlich zu einer Beendigung dieser Beziehung.

Richter Müller: An und für sich schwierig ist das schon, Vertrauen für Verräter.

Frau Bube (Landesamt für Verfassungsschutz Baden-Württemberg, Präsidentin): Das ist eine Frage der Perspektive und des Blickwinkels.

Präsident Prof. Dr. Voßkuhle: Ja, Frau Bube. Zweite Frage von mir. Ist es Zufall, dass Sie keinen konkreten Fall benannt haben, in dem es zu einer Bedrohung einer enttarnten Vertrauensperson gekommen ist?

Frau Bube (Landesamt für Verfassungsschutz Baden-Württemberg, Präsidentin): Also zu unfreiwilligen Enttarnungen, das heißt aufgrund verschiedener Umstände, kam es in Baden-Württemberg – wir haben die Frage natürlich geprüft bei uns – in den letzten Jahren so nicht; jedenfalls nicht, dass es zu einer konkreten Gefahr gekommen wäre, die sich realisiert hätte. Denn wenn eine solche Gefährdungslage gegeben ist, dann reagiert man natürlich entsprechend mit Schutzmaßnahmen. Ich kann Ihnen insoweit jetzt keine, ganz konkreten plastischen Fälle – gar noch mit namentlicher Nennung – schildern im Sinne von: „Hier kam es zu einer Enttarnung, und dieser Person ist dann dieses und jenes aus ihrem Szeneumfeld passiert." Dass es im Zuge von Outing-Maßnahmen der Autonomen-Szene zu beruflichen Einschränkungen und Veränderungen kam, solche Fälle gab es in Baden-Württemberg, die könnte ich jetzt allerdings auch nicht namentlich ganz konkret benennen.

Präsident Prof. Dr. Voßkuhle: Aber Sie haben sich ja wahrscheinlich auch schlau gemacht, wie das in den anderen Ländern gewesen ist. Auch da ist irgendwie wenig bekannt an …

Frau Bube (Landesamt für Verfassungsschutz Baden-Württemberg, Präsidentin): Konkrete Fälle, wo es tatsächlich jetzt zu solchen Übergriffen und Gefährdungen von Leib und Leben in ganz konkreter Form, also tätlichen Übergriffen kam, wurden uns nicht geschildert. Das Phänomen von beruflichen Einschränkungen gibt es, und wie gesagt, es gibt natürlich Fallkonstellationen mit entsprechenden Schutzmaßnahmen, die man ergriffen hat, wodurch dann eben auch verhindert wurde, dass es zu solchen Übergriffen gekommen ist.

Präsident Prof. Dr. Voßkuhle: Das ist, glaube ich, doch ein wichtiger Punkt. Also Sie würden sagen: „Wir haben es in der Regel geschafft, dass es nicht zur Enttarnung gekommen ist, oder dass wir jemanden rechtzeitig abgezogen haben", oder wie auch immer man sich das vorstellt, „und deshalb gibt es keine Fälle, in denen es zu diesen Übergriffen kommt." Also, ich frage deshalb so, weil das hört sich sehr plausibel an, was Sie schildern, aber es fällt schon auf, dass wir kein reales Material haben. Und dann denkt man, vielleicht muss man nochmal etwas näher nachfragen, ob die Gefährdungen tatsächlich so groß sind. In anderen Bereichen kennen wir das ja, dass dann, wenn solche Gefahren bestehen, die sich auch ab und zu realisieren. Das bestätigt dann die Gefahren. Und wenn sich Gefahren dann über einen längeren Zeitraum nicht realisieren, muss man drüber nachdenken, ob die Einschätzung als Gefahr so plausibel ist.

Frau Bube (Landesamt für Verfassungsschutz Baden-Württemberg, Präsidentin): Also ich halte die Gefährdungslage, wie ich sie jetzt geschildert habe, gleichwohl für sehr plausibel. Denn wir wissen – auch das Lied ist ein Beispiel –, wir wissen schon, wie die jeweiligen Szenen ticken, und das gilt jetzt auch nicht nur für den Bereich Rechtsextremismus. Dass man gezielt sich umhört und durchaus auch Nachforschungen anstellt, und man sich dafür interessiert: Wer ist denn der Verräter? Insoweit nenne ich Ihnen jetzt keine Namen, aber dass das für die Szene ein interessanter Punkt ist, wer der Verräter ist – ich lasse jetzt „sogenannt" weg –, das steht für mich außer Frage; einschließlich der Fallkonstellation, was man mit dem dann so treibt. Es gibt jetzt kein konkretes Beispiel, wo ich sagen kann: „Der wurde dann und dann vermöbelt, oder der wurde entsprechend so zugerichtet oder gar liquidiert", bis hin zu den gravierendsten Fällen. Aber dass es dann zu entsprechenden Auswirkungen im Umfeld kommt, auch im familiären Umfeld, auch dass man, wenn es zu so einer Gefährdung kommt, eben solche Schutzmaßnahmen ergreifen muss, das halte ich gleichwohl für nicht nur plausibel, sondern lebensnah, auch wenn ich Ihnen jetzt nicht eine Liste von Fallkonstellationen vorlegen kann. Aber möglicherweise gibt es andere Verfassungsschutzbehörden, die hier doch noch einen Fall zum Besten geben wollen.

Präsident Prof. Dr. Voßkuhle: Herr Huber bitte!

Richter Prof. Dr. Huber: Ich möchte nochmal in dasselbe Horn stoßen. Sie haben uns jetzt die Enttarnungsproblematik im Bereich Rechtsextremismus geschildert. Sie haben nicht differenziert zwischen der Antragsgegnerin und dem Rechtsextremismus. Müsste man da nicht differenzieren, frage ich Sie? Und das Zweite ist: Gibt es denn seit dem Jahr 2003 nachweislich Fälle, in denen es zum „Outing" gekommen ist im Bereich unserer Antragsgegnerin, auch wenn Sie jetzt nicht wissen, welche Konsequenzen damit verbunden gewesen sind? Also gab es Enttarnungen?

Frau Bube (Landesamt für Verfassungsschutz Baden-Württemberg, Präsidentin): Also es gab in Baden-Württemberg, soweit ich mich in meiner Behörde kundig gemacht habe, in den letzten Jahren keine unfreiwilligen, und ich kann mich auch an keine Selbstenttarnungen erinnern aus meiner Zeit jetzt. Ich bin seit 2008 im Amt. Solche Fallkonstellationen gab es insoweit nicht, auch nicht in anderen Extremismusfeldern. Das haben wir schon sozusagen übergreifend abgefragt. Wie gesagt: Das liegt natürlich schon auch daran, dass man allerhöchste Sorgfalt darauf verwendet, die Identität der Personen zu schützen. Das heißt, die Kommunikation, die Zusammenarbeit mit den betreffenden Quellen, die wird relativ hochgehalten. Und wenn es zu Enttarnungen kommt: Mir ist jetzt ein Fall erinnerlich – das ist noch nicht allzu lange her, letztes Jahr im Oktober war das –, der betraf eine VP aus dem Rechtsextremismusbereich, die eben als solche enttarnt wurde, öffentlich durch die linksextremistische Szene. Diese VP ist bereits verstorben und von daher konnten sich entsprechende Gefährdungen nicht mehr realisieren. Zum Umfeld weiß ich insoweit nichts, zum familiären Umfeld.

Richter Prof. Dr. Huber: Und die Differenzierung Antragsgegnerin – Rechtsextremismus?

Frau Bube (Landesamt für Verfassungsschutz Baden-Württemberg, Präsidentin): Da würde ich jetzt – muss ich sagen – keine so großen Unterschiede machen. Denn – wie ich schon abstrakt geschildert habe – die Bezüge der Antragsgegnerin durchaus auch in neonazistische Kreise, das wird uns sicherlich hier in dieser Verhandlung noch weiter beschäftigen, bis hin auch zu Bezügen zum gewaltorientierten Milieu, sind durchaus da. Und da kommt es dann individuell auf die ganz konkrete Konstellation an. In welchem Umfeld, mit welchen konkreten Personen hat sich eine VP umgeben, in welcher Szene, ganz konkret regional, mit welchen Leuten hatte sie es zu tun. Wie gewaltorientiert sind die denn?

Präsident Prof. Dr. Voßkuhle: Gut! Weitere Fragen? Das ist nicht der Fall. Frau Präsidentin Bube, vielen Dank für die Schilderung! Dann würden wir jetzt gerne Herrn Innenminister Jäger hören!

(Rechtsanwalt Richter aus dem Hintergrund)

Präsident Prof. Dr. Voßkuhle: Danach, zu dem ganzen Komplex, bekommen Sie das Wort.

Innenminister Jäger (Nordrhein-Westfalen): Herr Präsident! Hoher Senat! Ich würde gerne möglichst kurz schildern, wie der Arbeitsprozess aussah für die Innenminister und für die Innensenatoren, bevor sie das Testat jeweils für ihre Verfassungsschutzbehörde unterzeichnet haben.

Das NPD-Verbotsverfahren, die vorangegangenen Überlegungen dazu, hatten von Anfang an für mich, aber auch für meine Kollegen in den Ländern und im Bund einen hohen Stellenwert, so dass ich mich persönlich über alle Verfahrensschritte umfassend informiert und regelmäßig mit der Fachabteilung meines eigenen Hauses und mit meinen Kolleginnen und Kollegen der Innenministerkonferenz die Fragen zur Sicherstellung eines fairen und eine staatsfreien Verfahrens abgestimmt habe. Ich persönlich habe dabei aber immer stets deutlich gemacht, dass sowohl bei der Prüfung, ob das Verfahren beschritten werden soll, als auch bei den sich anschließenden Vorbereitungen des Antrags der Grundsatz „Sorgfalt vor Schnelligkeit" gelten muss. Für mich und meine Ministerkollegen und Senatoren musste immer sichergestellt sein, dass den Vorgaben des Bundesverfassungsgerichts voll umfänglich entsprochen wird. Es gab verschiedene Anlässe, zu denen wir uns intensiv mit dem Verfahren beschäftigt haben und wir uns umfassend über die einzelnen Verfahrensschritte informiert haben. Ich möchte Ihnen exemplarisch schildern, wie wir das in Nordrhein-Westfalen gehandhabt und organisiert haben. Da war zunächst die konstituierende Sitzung der Bund-Länder-Arbeitsgruppe zur Prüfung der Erfolgsaussichten für ein neues NPD-Verbotsverfahren auf Initiative des Bundeslandes Sachsen-Anhalt. Das war am 30. November 2011. Für mich stand bereits bei Bekanntwerden der Absicht des Bundeslandes Sachsen-Anhalt fest, dass Nordrhein-Westfalen sich auf Arbeitsebene und Fachebene daran beteiligen wird. Dementsprechend habe ich mich auch

II. Mündliche Verhandlung

persönlich nach der konstituierenden Sitzung umfänglich informieren und mir berichten lassen. Dieser Bericht diente zugleich der Vorbereitung der Innenministerkonferenz vom 7. bis 9. Dezember im Jahre 2011, die die Arbeitsgruppe beauftragte, einen Kriterien-Katalog zu den prozessrechtlichen und materiellen Voraussetzungen eines möglichen neuen Verbotsverfahrens zu erstellen. In diesem Bericht ging es auch und gerade um die Sicherstellung eines rechtsstaatlichen Verfahrens. Es heißt: Abschaltung von Quellen auf Führungsebene, keine Nachsorge, Quellenfreiheit des Materials und keine Ausspähung der Prozessstrategie. Ich habe dies von Anfang an nicht nur in meinem eigenen Hause gebilligt, sondern auch mit besonderem Nachdruck unterstützt. Ich habe auch in den Gesprächen mit meinen Mitarbeiterinnen und Mitarbeitern immer wieder deutlich gemacht, dass die Fehler des ersten Verbotsverfahrens nicht wiederholt werden dürfen. Erste Priorität war dabei immer, den Anforderungen an die Rechtsstaatlichkeit des Verfahrens gerecht zu werden, die das Bundesverfassungsgericht 2003 aufgestellt hat. Am 27. und 29. Februar 2012 hat mein Verfassungsschutz deshalb mit meiner Billigung die beiden Quellen abgeschaltet, die Nordrhein-Westfalen in der NPD auf Führungsebene geführt hat. Darüber wurde ich mündlich und zudem schriftlich durch meine Behörde am 12. März 2012 informiert. Mit diesem Wissen, dass es in Nordrhein-Westfalen keine Quellen mehr auf Führungsebene gibt, habe ich an der Sonder-Innenministerkonferenz am 22. März 2012 teilgenommen. Diese Sonder-Innenministerkonferenz hat festgestellt, dass mit Beginn der Materialsammlung, also mit Beginn, am 2. April 2012 – und damit auch rechtzeitig vor Eingang des Verbotsantrags beim Verfassungsgericht – alle Quellen in den Vorständen der Partei von Bund und Ländern abgeschaltet sein müssen. Mit der am 5. Dezember 2012 durch die Innenminister und Senatoren erfolgten Bekanntmachung ihrer Absicht, den Verbotsantrag zu stellen, durfte spätestens zu diesem Zeitpunkt auch keine Nachsorge mehr entgegengenommen werden. In Nordrhein-Westfalen wurden die Quellen bereits bei der Abschaltung gehalten, sich nur in Notfällen über die zentrale Telefonnummer des Verfassungsschutzes zu melden; das wurde schriftlich in dem Abschaltevermerk niedergelegt. Im Mai 2012 wurde gegenüber der Beschaffung in meinem Haus entsprechend der bundesweiten Abstimmung nochmals klargestellt, dass ab November 2012 keine Nachsorge erfolgen dürfe. Zur Bestätigung dieser Weisung wurde meine Beschaffung im Dezember 2012 noch einmal ausdrücklich mündlich und schriftlich auf das nunmehr bestehende Verbot der Nachsorge hingewiesen. Mit Weisungen in den Jahren 2012 bis 2016 wurde auch eine Ausspähung der Prozessstrategie der NPD ausgeschlossen. Alle zuständigen Mitarbeiterinnen und Mitarbeiter meines Geschäftsbereiches wurden angewiesen, keine mit nachrichtendienstlichen Mitteln erlangten Informationen zur Prozessstrategie entgegennehmen zu dürfen. Nachdem die Quellen abgeschaltet waren und die Nachsorge ausgeschlossen war, ging es vor allem um die Zusammenstellung der Materialsammlung. Auch dieses war bereits Gegenstand der Beschlussfassung der Sonder-Innenministerkonferenz am 22. März 2012 und basierte auf dem mir vorgelegten Bericht der Bund-Länder-Arbeitsgruppe. Meine Fachebene hat mich unter anderem zur Vorbereitung der Innenministerkonferenz am 31. Mai und 1. Juni 2012, auf der das NPD-Verbotsverfahren im Kamingespräch zwischen den Senatoren und Ministern erörtert wurde, schriftlich und anschließend im Vorgespräch mündlich über den Umgang mit den Belegen als Bestandteil der Materialsammlung informiert. Danach hatten Bund und Länder auf der Grundlage einer Handreichung des BMI ein Verfahren zur Kategorisierung der Belege im Hinblick auf Quellenrelevanz erarbeitet. Auf dieser Grundlage kategorisierten die Länder das von Polizei und Verfassungsschutz erhobene Material und übersandten es dem Bundesamt für Verfassungsschutz. Die Quellenfreiheit der Materialsammlung war sodann Bestandteil der Innenministerkonferenz am 5. bis 7. Dezember 2012. In der Vorbereitung hierzu hat mich die Fachebene, wie auch bereits vorher in Gesprächen, schriftlich und mündlich darüber informiert, dass sich auch der Verfassungsschutz Nordrhein-Westfalen mit Belegen in die gemeinsame Materialsammlung eingebracht hat. Ich habe mir in Rücksprache und im Rahmen der Innenministerkonferenz-Vorbereitung am 30.12.2012 erläutern lassen, dass das vom Verfassungsschutz NRW vorgelegte Material nicht quellenbelastet ist. An dieser Stelle wurde, wie bereits in Vorgesprächen, besprochen, dass die Quellenfreiheit des Materials genauso wie die Quellenfreiheit der Führungsebene gegenüber dem Bundesverfassungsgericht testiert wird. Auch in den Vorgesprächen zu den Innenministerkonferenzen am 23. und 24. Mai und 4. bis 6. Dezember 2013 war die Quellenfreiheit des Materials ein Thema. In der schriftlichen Vorbereitung, die noch vor der Unterzeichnung der Testate erfolgte, wurde seitens der Fachebene auf eine weitere Prüfung des Quellenmaterials zwischen dem Bundesamt und den Landesämtern für Verfassungsschutz sowie den Landeskriminalämtern hingewiesen. Und auf dieser Grundlage habe ich dann das Testat am 25. November 2013 für die Verfassungsschutzbehörden Nordrhein-Westfalen unterzeichnet. So viel zu diesem Arbeitsprozess.

Präsident Prof. Dr. Voßkuhle: Vielen Dank, Herr Innenminister! Das Verfahren ist sehr aufwendig, wie Sie es geschildert haben und man merkt sehr stark das Bemühen, hier eine solide Grundlage präsentieren zu können. Gleichwohl, einfach nochmal, weil es, glaube ich, alle hier interessiert: Wie kann ein Innenminister denn für seine ganzen Leute bürgen? Woher sind Sie sicher, dass das, was Sie an Material selbst eingesehen haben und was Ihnen dann aber noch erläuternd dazu gesagt worden ist, dass das alles so funktioniert?

Innenminister Jäger (Nordrhein-Westfalen): Wir haben im Kreise der Senatoren und Minister sehr lange darüber diskutiert, vor der Antragsstellung, wer diese Testate unterzeichnet. Und wir kamen zu dem Entschluss, dass die Minister und Senatoren dies selbst tun dürfen, nachdem sie sich im Rahmen des menschlich Möglichen in ihren Ministerien und Behörden sich darüber informiert haben und dafür gesorgt haben, durch Weisung, durch Verfügungen gegenüber den Mitarbeiterinnen und Mitarbeitern, dass genau das umgesetzt wird, was ich gerade geschildert habe. Es ging uns darum, dass wir auch selbst in der Verantwortung sind für dieses Verfahren und durch das eigene Testat auch diese Verantwortung kennzeichnen können. Jeder von uns hat einen großen Geschäftsbereich, ich habe 55.000 Mitarbeiterinnen und Mitarbeiter. Aber ich habe versucht, durch die Schilderung des Arbeitsprozesses deutlich zu machen, dass jeder Mitarbeiter angewiesen war, und dass, wenn eine entsprechende Verfügung vorhanden war, es hier vorher schon Filter und Controlling-Maßnahmen gibt. Wenn es zu Informationen kommt, gilt oft das Vier-Augen-Prinzip. Informa-

II. Mündliche Verhandlung

tionen, die eingehen, müssen dokumentiert werden hinsichtlich ihrer Quelle, ihrer Herkunft, des Zeitpunkt ihres Erhebens. All dies macht deutlich, dass – ich glaube – alle Minister und Senatoren dann auch guten Gewissens dieses Testat unterzeichnet haben.

Präsident Prof. Dr. Voßkuhle: Könnte man sagen, dass in der Art und Weise, wie die Innenminister politische Verantwortung übernommen haben, sie auch sich selbst in eine Situation gebracht haben, die politisch nicht ungefährlich ist? Also häufig hat das ja Konsequenzen, wenn man die politische Verantwortung für etwas übernommen hat und die Dinge dann anders laufen. Dass wir daraus aber – soweit das nicht der Fall ist – schließen können, dass Sie in besonderer Weise hinter diesen Testaten stehen?

Innenminister Jäger (Nordrhein-Westfalen): Wenn ich anmerken darf, Herr Präsident: Ich glaube, jeder Minister übernimmt nicht Verantwortung, er hat Verantwortung – und vor allem für dieses Verfahren, was uns sehr wichtig ist, eine große Verantwortung. Deshalb haben wir in der Tat auch uns persönlich mit dem Gewicht unseres Amtes in dieses Verfahren einbringen wollen, und eben dieses Testat auch persönlich unterzeichnet.

Präsident Prof. Dr. Voßkuhle: Frage von Herrn Maidowski, und dann von Herrn Huber.

Richter Dr. Maidowski: Ich versuche einmal, die Anregung des Vorsitzenden zum Rollenwechsel aufzunehmen und versetze mich in die Rolle der Antragsgegnerin jetzt. Ich selber bin mal Disziplinarrechtler gewesen, deswegen ist mir das Wort „Weisung" vertraut, und dass da was dranhängt. Aber Herr Richter hat vor der Pause ganz deutlich gemacht, dass er das schlicht nicht glaubt, dass Weisungen wirklich befolgt werden. Das scheint so ein Grundwiderspruch zu sein. Alle Damen und Herren, die jetzt uns geschildert haben, wie es dazu gekommen ist, dass die Testate erteilt worden sind, haben sich natürlich auf Weisungsketten stützen müssen. Etwas anzuweisen im aktiven Bereich, es muss etwas geschehen, das kann man leicht überprüfen. Aber wir reden ja auch immer darüber, dass angewiesen worden ist, etwas zu unterlassen. Wie stelle ich mir das vor? Also, wie funktioniert in einem so großen Geschäftsbereich wie dem Ihren die Kontrolle von Weisungslagen. Vielleicht könnten Sie das mit ein paar Einzelheiten noch belegen, um Herrn Richter sozusagen den Glauben an das Befolgen von Weisungen zu geben?

(Gelächter)

Innenminister Jäger (Nordrhein-Westfalen): In allen Geschäftsbereichen der Innenministerien gilt das Gleiche für alle Mitarbeiter, alle beamtenrechtlichen Vorschriften. Wer gegen Weisungen verstößt, ist disziplinarisch zu überprüfen; möglicherweise ist ein strafbewehrtes Verhalten vorhanden. Natürlich ist der Verfassungsschutz wegen der Eingriffstiefe in die Grundrechte noch in besonderer Weise zu kontrollieren. Das findet in allen Innenministerien statt. Anders als beispielsweise in meiner Kommunalabteilung, ist das Prinzip von Vier-Augen, also dass an einem Geschäftsprozess vier Augen beteiligt sind, sehr viel ausgeprägter als in anderen Geschäftsbereichen. Wir haben ein Dokumentationssystem innerhalb des Verfassungsschutzes, wo minutiös festgelegt ist, wer wann welche Information beschafft hat. Wer sie verwenden will, kennt die Quelle, kennt den Mitarbeiter und die Mitarbeiterin, die diese Information beschafft hat. All dies zusammen ist natürlich Teil eines Innenministeriums, aber ein besonders sensibler Geschäftsbereich, der in einer besonderen Weise controlled wird. Und wenn ich Herrn Richter den Glauben an den Rechtsstaat ein wenig zurückgeben darf, dann vielleicht damit, dass dort Beamtinnen und Beamte arbeiten, die einen Eid auf diese Verfassung geschworen haben und genauso wie in anderen Beschäftigungsfeldern einer Landesverwaltung auch diesen Grundsätzen verpflichtet sind.

Richter Dr. Maidowski: Darf ich nachfragen? Wie würden Sie mit unerwünschtem Wissen jetzt wirklich umgehen? Also elektronische Daten kann man speichern oder löschen, das verstehe ich. Aber wenn im Zuge der Alltagsarbeit das, was – ich glaube, Herr Huber – vorhin als „Beifang" bezeichnet hat, wenn unerwünschtes Wissen anflutet irgendwie, das bleibt doch im „Beamtenkörper", wie der Disziplinarrichter sagt. Das ist doch irgendwo vorhanden. Findet das nicht doch seinen Weg irgendwie an eine Stelle, wo es nicht hingehört? Also wie kontrolliert man – der Vorsitzende hat es vorhin ja sehr plastisch gesagt –, wie kontrolliert man die menschliche Neugier?

Innenminister Jäger (Nordrhein-Westfalen): Eine Information, wenn sie unerwünscht ist, kommt auf irgendeinem Wege zu einer Sicherheitsbehörde. Es kann sein, dass sie aus einem Gespräch zwischen V-Mann und Quelle stammt, dass sie aus Material stammt, das übergeben wird, und sich eine unerwünschte Information zufällig in diesem Material befindet. Möglicherweise wird das erst festgestellt, nachdem das Material komplett geprüft wurde. Dann passiert genau das, was in Einzelfällen ja auch im Rahmen dieses Verfahrens geschehen ist, dass nämlich die entsprechende Sicherheitsbehörde der Länder mitteilt, dass eine solche unerwünschte Entgegennahme stattgefunden hat, weil wir ein Interesse haben am Erfolg dieses Verfahrens und nicht am Scheitern des Verfahrens. Weil wir selbst ein unmittelbares Interesse haben, dass auch unerwünschte Informationen, wenn sie entgegengenommen worden sind, im Verfahren dem Bundesverfassungsgericht bekanntgemacht werden.

Präsident Prof. Dr. Voßkuhle: Vielen Dank! Herr Huber!

Richter Prof. Dr. Huber: Herr Minister, der Prozessbevollmächtigte der Antragsgegnerin hat in einem Interview im Zusammenhang mit den „Knallern" in den letzten Tagen gesagt, dass es Behörden gäbe, die mit diesem Verfahren nicht einverstanden seien – was ich jedenfalls so verstanden habe –, dass man da auch eine mögliche Sabotage nicht ausschließen könne. Der Präsident hat die Vertreter der Verfassungsschutzbehörden gefragt, ob sie denn glücklich seien mit dem Verfahren, das die ganze Arbeit der Ämter entwertet hätte. Bei einem Geschäftsbereich mit 55.000 Leuten und einem Prozess, der über mehrere Jahre ging, ist Ihnen so ein Widerstand oder Insubordination, nennen Sie es, wie Sie es wollen, untergekommen?

Innenminister Jäger (Nordrhein-Westfalen): Ich habe neben ministeriellen Weisungen auch häufig das persönliche Gespräch mit den Mitarbeiterinnen und Mitarbeitern der Verfassungsschutzbehörde gesucht. Ich habe vorhin geschildert, dass wir in einem Prozess abgewogen haben, ob dieses Verfahren noch einmal begonnen werden soll oder nicht. Da finden natürlich auch solche Abwägungsdiskussionen mit den eigenen Mitarbeitern statt. Genauso, wie dann zwischen den Ministern und Senatoren eine solche Abwägung stattfindet. Herr Freier hat es vorhin schon angedeutet, das ist eine Situation, wo natürlich Menschen sagen, die über lange Jahre mit der Beschaffung und Auswertung von Informationen aus diesem Bereich befasst waren, dass die sagen: „Das ist aber schade." Aber ich glaube, es ist nicht nur mir gelungen, davon bin ich sogar sehr überzeugt, sondern auch den anderen Ministern und Senatoren, ihre Mitarbeiter und Mitarbeiterinnen, was diesen Paradigmenwechsel angeht, wirklich mitzunehmen und deutlich zu machen: Wenn wir dieses Verbot zum Erfolg führen wollen, dann müssen wir anders arbeiten oder die Fehler vermeiden, die 2003 begangen wurden. Und ich bin mir sehr sicher, dass in meinem Haus dieser Mentalitätswechsel tatsächlich auch stattgefunden hat.

Präsident Prof. Dr. Voßkuhle: Vielen Dank! Frau Kessal-Wulf!

Richterin Dr. Kessal-Wulf: Ich habe eine ergänzende Frage zu der Frage des Kollegen Maidowski, nämlich zu dem möglichen Widerspruch zwischen Anspruch und Realität und den Kontrollmechanismen, die Sie beschrieben haben. Nur nochmal als abschließende Frage: Können Sie wirklich sagen, dass diese Kontrollmechanismen flächendeckend greifen? Es kann natürlich auch in den Kontrollmechanismen wieder Fehlerquellen geben, die man irgendwie aufspüren müsste. Können Sie wirklich sagen: „Flächendeckend wird alles erfasst, wo es zu möglichen Fehlern oder Verstößen gegen die Weisung oder zu unerwünschten Informationen gekommen ist?" Dass diese wirklich aussortiert und nicht als Beifang irgendwo gespeichert werden?

Innenminister Jäger (Nordrhein-Westfalen): Hab ich persönlich in alle Akten hineingeschaut: Ganz sicher nicht. Aber ich versuche nochmal deutlich zu machen, in welcher Weise Informationen in einer Sicherheitsbehörde verarbeitet werden. Da beschafft jemand die Information. Er muss dokumentieren, wie und auf welchem Wege er zu der Information gelangt ist, zu welchem Zeitpunkt. Ein anderes Referat nimmt die Auswertung dieser Information vor. Also es ordnet sie ein in das extremistische Phänomen, ob sie nutzbringend ist bzw. das Bild eines bestimmten extremistischen Phänomen verdichtet. Wenn eine solche unerwünschte Information also dagewesen wäre, möglicherweise unbewusst entgegengenommen wäre, wären trotzdem viele an der Verarbeitung dieser Information beteiligt gewesen. Das heißt: Eine Vielzahl von Mitarbeitern und Mitarbeiterinnen hätten in Kenntnis von Weisungen dagegen weisungswidrig handeln müssen. Das halte ich für ausgeschlossen.

Präsident Prof. Dr. Voßkuhle: Weitere Fragen? Das ist nicht der Fall. Herr Innenminister, herzlichen Dank für diese Informationen.

Wir würden gerne, bevor wir der Antragsgegnerseite das Wort erteilen, noch jemanden hören zum Kontext A ...

(Stimme aus dem Hintergrund)

Ja, das würde wahrscheinlich naheliegen. Wer würde für den Freistaat Sachsen zum Themenfeld A. etwas sagen?

Dr. Michaelis (Landeskriminalamt Sachsen, Präsident): Herr Vorsitzender! Hohes Gericht! Mein Name ist Michaelis, ich bin Präsident des Landeskriminalamtes Sachsen. Den behaupteten Anwerbeversuch des Herrn A. hat es in Sachsen nie gegeben. Als wir von dem Vorfall Kenntnis erhalten haben, haben wir sämtlichen sächsischen Polizeidienststellen um Stellungnahme dazu gebeten, ob es den von den Prozessbevollmächtigten der NPD beschriebenen Anwerbeversuch gegenüber Herrn A. gegeben habe. Die Überprüfung umfasste auch die Frage, ob Herr A. im Bereich des polizeilichen Staatsschutzes oder in einem anderen Phänomenbereich in der Sächsischen Polizei als Vertrauensperson oder als Informant geführt beziehungsweise ein entsprechender Anwerbeversuch ihm gegenüber unternommen worden sei. Diese Frage wurde von allen Dienststellen verneint. Darüber hinaus haben wir in allen sächsischen Polizeidienststellen nachgefragt, ob der behauptete Vernehmer mit einem Namen „Friebe", ob dieser einen Herrn A. gekannt habe. Alle Polizeibeamte diesen Namens haben dies abgelehnt und darauf hingewiesen, einen Herrn A. weder dienstlich noch privat zu kennen. Da Herr A. der sächsischen Polizei in anderen Zusammenhängen, nämlich als Beschuldigter beziehungsweise als Zeuge in weiteren Ermittlungsverfahren, bekannt ist, wurde zusätzlich vorsorglich in allen Polizeidienststellen geprüft, in welchen Verfahren er im Zeitraum 2013/2014 in Erscheinung getreten ist und welche Beamten damit mit ihm Kontakt hatten. Auch diese Beamten wurden ergänzend dazu befragt, ob es einen Anwerbeversuch beziehungsweise eine Äußerung, die möglicherweise als Anwerbeversuch hätte missverstanden werden können, gegeben habe. Auch das wurde verneint.

Präsident Prof. Dr. Voßkuhle: Ja, vielen Dank. Das scheint eindeutig zu sein. Wie erklären Sie sich denn die Geschichte? Also ist das frei erfunden oder gibt es nicht vielleicht doch eine Möglichkeit, die erklärt, warum das so vorgetragen worden ist, wie der Rechtsanwalt Richter das vorgetragen hat?

Dr. Michaelis (Landeskriminalamt Sachsen, Präsident): Wir haben keine vernünftigen Erklärungen gefunden.

Präsident Prof. Dr. Voßkuhle: Herr Huber!

Richter Prof. Dr. Huber: Vielleicht ist es mir entgangen oder ich habe es nicht richtig aufgenommen. Aber Sie haben jetzt nur über die sächsische Polizei gesprochen? Und über das Landesamt für Verfassungsschutz?

Dr. Michaelis (Landeskriminalamt Sachsen, Präsident): Nach meinem Kenntnisstand auch nicht beim Landesamt für Verfassungsschutz.

Präsident Prof. Dr. Voßkuhle: Herr Müller!

Richter Müller: Nein, nein.

Präsident Prof. Dr. Voßkuhle: Nein, das war nicht der Fall?

Richter Müller: Es wundert mich, dass die Antragsgegnerin keine Fragen hat.

Präsident Prof. Dr. Voßkuhle: Die hat jetzt gleich ja Gelegenheit zu fragen.

Rechtsanwalt Richter: … schon mehrfach gefragt …

Präsident Prof. Dr. Voßkuhle: Ja, die wird jetzt fragen. Aber dann dürfen wir uns erstmal bedanken. Vielleicht werden wir später nochmal darauf zurückkommen. Vielen Dank! Herr Richter, dann würde ich Ihnen das Wort erteilen!

II. Mündliche Verhandlung

Rechtsanwalt Richter: Vielen Dank, Herr Präsident, hoher Senat, verehrte Verfahrensbeteiligte, ich möchte dann vielleicht einmal gerade bei dem anfangen, was als Letztes gesagt worden ist, und zwar hier beim Fall A. Dass der sächsische Staatsschutz keine Erklärungen dafür haben will, das nehmen wir zur Kenntnis. Ich kann nur das wiedergeben, was mir mitgeteilt worden ist und das was mir vorliegt, und das, was wir bereits antragstechnisch unter Beweis gestellt haben. Ich darf hierzu zunächst mal auf eine eidesstattliche Versicherung des Herrn A. verweisen, die mir hier im Original vorliegt, die ich auch gleich zur Akte reichen werde. Das Problem ist, ich habe sie jetzt hier nur im Original und habe keine Kopie. Aber ich nehme an, das können wir dann kurzfristig noch einrichten. Ich hab die nämlich jetzt eben nochmal rausgesucht. Vielleicht kurz zur Verlesung dieser eidesstattlichen Erklärung, also:

„In Kenntnis einer eidesstattlichen Versicherung und der Strafbarkeit der Abgabe einer solchen versichere ich [persönliche Daten] hiermit Folgendes an Eides statt zur Vorlage bei Gericht: Am 15.07.2014 gegen 11:15 Uhr klingelte es an der Tür. Als ich die Tür aufmachte, standen ca. fünf Leute vor mir. Da ich sofort erkannte, um wen es sich handelt, wollte ich die Tür schließen, doch es war zu spät. Eine dieser Personen hatte schon seinen Fuß in die Tür gestellt, dass ich diese nicht mehr schließen konnte. Man drängte mich zurück in die Wohnung und stellte gegen mich sofort Forderungen. Der Herr Fink vom Staatsschutz sagte zu mir, dass sie mit mir reden müssten. Ich sagte ihnen, dass ich keinen Bedarf habe, mit ihnen zu reden und bat sie, die Wohnung zu verlassen. Dieser Bitte kamen sie nicht nach. Man legte mir ein paar Zettel hin, die ich kurz lesen sollte. Bei diesen Zetteln handelte es sich um Aussagen, die ich nie gemacht habe und nie unterschrieben habe. Sie sagten mir, dass sie diese Aussagen anderen Nationalisten vorlegen, wenn ich nicht mitspiele. Ich fragte, was sie von mir wollen. Ich bekam die Antwort, dass ich für sie Informationen sammeln solle von anderen Kameradschaften und von der NPD. Hierzu wollte man mich mittels eines offensichtlich in der NPD befindlichen Kontaktmanns einschleusen. Wenn ich das tue, würden sie meinen Ruf wiederherstellen, den sie mir erfolgreich kaputt gemacht hätten. Wenn ich zusagen würde, würden sie mir noch einen anderen Informanten vorstellen. Für diese Arbeit bot man mir monatlich 4.000 € an. Auf meine Feststellung hin, dass dies eine außergewöhnliche Summe sei, legitimierte man dies mit der Feststellung, dass es sehr gut sein könne, dass ich zu irgendeinem Zeitpunkt abtauchen müsse, dass es gut sein könne, dass ich zu irgendeinem Zeitpunkt abtauchen müsse. Ich wurde laut und forderte sie auf zu gehen, was sie dann auch taten. Ich setzte umgehend meinen Anwalt zu dieser Sache in Kenntnis."

Zu diesem Vorgang – wie gesagt, die eidesstattliche Versicherung würde ich einmal zur Akte reichen – würde ich dann ergänzend noch darauf hinweisen wollen, dass er mir zugetragen worden ist von einem Anwaltskollegen, der wiederum erklärt hat, dass er hier ein Gespräch geführt habe, unter anderem mit dem Herrn Voigt, also er insbesondere auf Herrn Voigt dann zugekommen sei, nachdem in Absprache mit dem Herrn A. dieser gesagt habe, dass der betreffende Anwalt mit Herrn Voigt sprechen dürfe. Ich würde diesbezüglich dann noch kurz bitten, den Herrn Voigt hier ein paar ergänzende Ausführungen zu diesem Sachverhalt dann machen zu lassen, so wie ihm das damals berichtet worden ist.

Präsident Prof. Dr. Voßkuhle: Ja, machen wir das gleich? Gut, okay! Herr Voigt!

Herr Voigt: Ja, danke Herr Präsident, hoher Senat, es trug sich wie folgt zu: Ein mir nicht bekannter Anwalt – zum damaligem Zeitpunkt – rief mich in Berlin auf der Zentrale an, um mir etwas zu schildern, dass irgendjemand angesprochen worden wäre und ob uns das interessiert. Ich hab dem zunächst keine weitere Bedeutung beigemessen. Einige Wochen später kam ein Anwalt in unsere Zentrale und bat mich erneut zu sprechen und machte mich darauf aufmerksam, dass das wichtig sein könnte für das Verbotsverfahren. Daraufhin beschloss ich, weil an dem Tag ein Sommerfest stattfand und ich dafür keine Zeit hatte, keine Gelegenheit, dass ich ihn besuchen würde in seiner Anwaltskanzlei und er doch bitte die betreffende Person dort vorrätig halten möge. Daraufhin habe ich beschlossen, einen Zeugen mitzunehmen. Das war der damalige stellvertretende Landesvorsitzende Uwe Meenen, der jetzt mein Angestellter im Europaparlament ist, und wir sind zusammen zu dem Anwalt hingefahren. Dort fanden wir in der Anwaltskanzlei zwei Anwälte, die dort zusammen mit dem Herrn A. sitzen, der uns dann die ganze Geschichte erzählte. Und daraufhin stellte ich eben noch zum Schluss die Frage, wie viel Finanzen man ihm zugesagt hatte und er sprach von diesen 4.000 €, die mir illusorisch erschienen, weil so viel zahlen die einem da eigentlich nicht, und daraufhin kam mir das …

Präsident Prof. Dr. Voßkuhle: Einschlägige Erfahrungen …

(Gelächter)

Herr Voigt: … kam mir das Ganze, ich weiß ja von den eigenen V-Leuten, was die bekommen haben, und daher kam mir das spanisch vor. Und dann meinte einer der da sitzenden Anwälte, er würde persönlich den Staatsschutzbeamten aus Sachsen kennen. Es würde der Wahrheit entsprechen, er würde ihn ja auch verteidigen und er könne dies auch anwaltschaftlich versichern, dass dem so gewesen sei. Und das habe ich dann dem Anwalt im Verbotsverfahren, dem Herrn Richter, zur Kenntnis gebracht und das ist die Geschichte, soweit ich sie kenne.

Richter Müller: Wer waren denn die beiden Anwälte?

Herr Voigt: Die Namen weiß ich jetzt nicht mehr, müssten aber aus der eidesstattlichen Versicherung hervorgehen. Haben Sie die vorliegen?

Richter Müller: Nein.

Präsident Prof. Dr. Voßkuhle: Herr Müller, hier…

Richter Müller: Die Namen der Anwälte sind da nicht erwähnt.

Herr Voigt: Sollen die hier genannt werden, oder soll ich die Ihnen…

Richter Müller: Ja, das würde mich schon mal interessieren.

Udo Voigt: Gut, das ist also der Rechtsanwalt K. aus Berlin.

Präsident Prof. Dr. Voßkuhle: K…. bitte?

Herr Voigt: K. Den zweiten Anwalt, haben wir den auch?

(Rechtsanwalt Richter aus dem Hintergrund) Ich habe jetzt nur von dem einen ein Schreiben bekommen. Alles, was ich…

Präsident Prof. Dr. Voßkuhle: Gut! Aber einen K....

Richter Prof. Landau: Ist die eidesstattliche Versicherung in Ihrem Beisein aufgenommen worden?

Herr Voigt: Nein, nicht. Ich habe selber eine abgegeben über diesen Vorfall.

Richter Prof. Landau: Wissen Sie etwas über die Entstehungsumstände dieser eidesstattlichen Versicherung?

Herr Voigt: Nein.

Präsident Prof. Dr. Voßkuhle: Gut! Weitere Fragen?

Richter Müller: Ja, ich habe noch eine Frage: Wenn ich das Vorbringen der Antragsgegnerin richtig im Kopf habe, haben Sie ja vorgetragen, dass diese Anwerbung des Herrn A. mit dem Ziel erfolgt ist, dass er Öffentlichkeitsarbeit für die Antragsgegnerin machen soll, dass er Führungsverantwortung übernehmen soll. Das ergibt sich jetzt nicht aus der eidesstattlichen Versicherung, da ist davon keine Rede.

Herr Voigt: Das kann ich dazu zur Aufklärung sagen. Das hab ich ihn natürlich gefragt: „Was sollten Sie denn für so viel Geld tun?" Er hat den Satz gesagt: „Da gibt's zurzeit ein Problem mit dem Internet." Dass also einige Schwierigkeiten dort trotz der bestehenden Fraktion bestehen würden. Facebookseiten, Internetseiten zu betreiben und er soll sich zunächst mal auf einer unteren Führungsebene in Sachsen nutzbar machen, um dann später nach oben zu kommen, um dort entsprechende Meldungen zu lancieren, abschalten zu können oder eben zum geeigneten Zeitpunkt nicht löschen zu können. Das nannte er mir also sehr, sehr konkret.

Dann möchte ich dazu noch eine Ergänzung machen: Dass mich vor wenigen Tagen zu diesem Fall, ein – wahrscheinlich auch hier anwesender – Journalist angerufen hat, der mich dazu befragen wollte und der offensichtlich diesen Fall schon ziemlich genau recherchiert hatte und versucht hatte – weil ihm der Name A. bekannt war, und dass er aus G. kommt –, ihn in G. zu finden. Und er sagt, es sei ihm trotz aller seiner journalistischen Fähigkeiten nicht gelungen, über das Einwohnermeldeamt diese Person in Sachsen oder in Deutschland noch ausfindig zu machen, so dass er ihn nicht befragen konnte. Mehr kann ich dazu nicht sagen.

Präsident Prof. Dr. Voßkuhle: Herr Landau bitte!

Richter Prof. Landau: Der Präsident des Landeskriminalamtes hat uns erzählt, es hätte Ermittlungsverfahren gegeben gegen diesen Herrn A., also muss es ja eine existierende Person mal gewesen sein, wenn beide deckungsgleich sind.

Herr Voigt: Ja, natürlich, ja. Als er das erzählte, ist mir auch eingefallen, dass der Journalist sagte: „Diese Person ist verschwunden." Es hat die Person ja gegeben.

Richter Prof. Landau: Meine Frage geht woanders hin. Wissen Sie, um welche Ermittlungsverfahren es sich da gehandelt hat? Wurde das erörtert? Ich meine, der sollte ja eine sehr anspruchsvolle Position im Rahmen der NPD-Organisation einnehmen, wenn man Internet oder Kommunikation machen soll, irgendwas mit den Medien oder sowas. Und dann ist ja die Frage, wenn man weiß, da laufen Ermittlungsverfahren: Wie passt das denn zusammen?

C. Das zweite NPD-Verbotsverfahren (2013–2017)

Herr Voigt: Das war mir zu dem Zeitpunkt eben nicht bekannt, ich wurde nur dazu gerufen, weil ich der frühere Parteivorsitzende gewesen bin, schon in einem Verbotsverfahren stand und die Anwälte meinten, es zu meiner Kenntnis zu bringen. Weil, für Herrn Richter aus Saarbrücken extra nach Berlin zu kommen, schien damals ein bisschen weit, und dann hab ich gesagt: „In Ordnung ich komme vorbei, hör mir's an und es wäre gut, wenn die betreffende Person auch da wäre." Dass wir selber das in Augenschein nehmen könnten. Zum ersten Mal bin ich über die Sache gestolpert, als eben die hohen finanziellen Zahlungen in Aussicht gestellt wurden. Da war mir nicht klar, ob das stimmt oder nicht. Aber nachdem der eine Anwalt dort versicherte, dass er die Person kennt, und schon seit längeren Jahren vertritt, den Herrn A., und ebenfalls die Person beim Staatsschutz kennt, war mir das also an sich meldenswert, dass ich das auf jeden Fall weiterberichten musste an den zuständigen Anwalt im Verbotsverfahren.

Präsident Prof. Dr. Voßkuhle: Vielen Dank! Weitere Fragen an Herrn Voigt? Das ist nicht der Fall. Dankeschön Herr Voigt.

Richter Prof. Landau: Doch hier, Frau Hermanns!

Präsident Prof. Dr. Voßkuhle: Frau Hermanns!

Richterin Hermanns: Würden Sie nochmal den Namen der Person wiederholen, die für den Staatsschutz genannt worden ist? Sie haben es eben anfangs gesagt. Ich bin mir nicht mehr ganz sicher.

Herr Voigt: Aus dem Staatsschutz?

Richterin Hermanns: Wie der Herr aus dem Staatsschutz geheißen hat.

Udo Voigt: Ich glaube, das war ein Herr Friebe, müsste ich aber jetzt auch nachschauen. Stimmt das?

Präsident Prof. Dr. Voßkuhle: Gut! Dankeschön! Dann würden wir jetzt gerne Herrn Michaelis dazu noch einmal hören.

Prof. Dr. Möllers (aus dem Hintergrund): Ohne eine Kopie der eidesstattlichen Erklärung zu haben, können wir uns wirklich nicht angemessen verteidigen.

Präsident Prof. Dr. Voßkuhle (zum Rechtspfleger gewandt): Würden Sie bitte dafür sorgen, dass das kopiert wird, zehn Mal?

Dr. Michaelis (Landeskriminalamt Sachsen, Präsident): Also uns war auch der Name Friebe bekannt gemacht worden und wir haben die Beamten, die sächsischen Polizeibeamten, mit dem Namen Friebe befragt, und die haben verneint, überhaupt mit Herrn A. zu tun gehabt zu haben oder ihn zu kennen. Es gibt auch keine Beamten mit dem Namen „Friebe" im polizeilichen Staatsschutz.

Präsident Prof. Dr. Voßkuhle: Nun ist es so, dass das, was mitgeteilt worden ist, sowohl von Herrn Voigt als auch von Herrn Richter, zusammen mit der eidesstattlichen Erklärung etwas ist, was man einen nachvollziehbaren differenzierten Vortrag nennt, wenn man den strafprozessual würdigen würde. Auch wenn wir nicht im Strafprozess sind, ist es aber eine wichtige Tatsache, die auf die, ja, Seriosität von Aussagen schließen lässt, das ist nachvollziehbar und es wird so weit ausgeschmückt und differenziert berichtet, dass man nicht das Gefühl hat, dass ist eine Geschichte, die frei erfunden ist und insofern müssen wir das irgendwie näher aufklären.

Dr. Michaelis (Landeskriminalamt Sachsen, Präsident): Also, wie gesagt, wir haben das überprüft, ob es so einen Vorfall mit Herrn A. gegeben hat. Das haben alle Polizeidienststellen verneint. Grundsätzlich setzt die sächsische Polizei im Bereich des polizeilichen Staatsschutzes keinerlei V-Personen ein. Grundsätzlich sowieso nicht. Wir haben diesen Einzelfall nichts desto trotz überprüft. Ich hab – weil das auch gerade in Rede gestanden ist – mal die Strafverfahren durchgeguckt, die nicht zu einer Einstellung geführt haben.

Präsident Prof. Dr. Voßkuhle: Bei Herrn A.?

Dr. Michaelis (Landeskriminalamt Sachsen, Präsident): Bei Herrn A. Es gibt also vier Eintragungen. Urteil Amtsgericht Görlitz wegen versuchter gefährlicher Körperverletzung in Tateinheit mit versuchter Sachbeschädigung, Sachbeschädigung in zwei Fällen in Tatmehrheit mit versuchtem gefährlichem Eingriff in den Straßenverkehr: sechs Monate Jugendstrafe. Widerruf der Strafaussetzung, Strafvollstreckung erfolgt. Urteil Amtsgericht Görlitz vom 19. Juli 2007 wegen fahrlässiger schwerer Brandstiftung und vorsätzlicher Brandstiftung: vier Jahre Jugendstrafe, Verbot der Beschäftigung, Beaufsichtigung, Anweisung und Ausbildung Jugendlicher, Unterbringung in einer Entziehungsanstalt. Jugendstrafen teilweise erlassen. Urteil Amtsgericht Borna vom 25. April 2013 wegen Verwendens von Kennzeichen verfassungswidriger Organisationen in Tateinheit mit Volksverhetzung: sechs Monate Freiheitsstrafe, Bewährungszeit zwei Jahre. Und schließlich Strafbefehl Amtsgericht Görlitz vom 27. Oktober 2015, ebenfalls schon rechtskräftig, wegen versuchter Sachbeschädigung: Geldstrafe 60 Tagessätze. Herr A. ist psychiatrisch untersucht worden, ich könnte das entsprechende Gutachten, falls gewünscht, Ihnen vorlegen – ein psychiatrisches Gutachten über Herrn A., erstellt am 18.06.2007 von der Klinik für forensische Psychiatrie im Krankenhaus Großschweidnitz

Präsident Prof. Dr. Voßkuhle: Das würden wir gerne haben und wir würden es kopieren und würden es natürlich auch jeweils den Beteiligten zukommen lassen. Können Sie uns sonst etwas zu Herrn A. sagen, eine Einschätzung. Sie haben jetzt die Daten genannt zu seiner Person und zu seiner Glaubwürdigkeit.

Dr. Michaelis (Landeskriminalamt Sachsen, Präsident): Ich selbst hatte mit Herrn A. nie zu tun. Es gibt allerdings eine Einschätzung der Dezernenten der Staatsanwaltschaften, die mit ihm zu tun hatten. Darf ich zitieren: Nach Einschätzung der Dezernenten, die in den Jahren 2014 und 2015 den überwiegenden Teil der Verfahren gegen Herrn A. geführt hatten, handelt es sich bei diesem um „eine äußerst labile und durch Stimmungsschwankungen geprägte Persönlichkeit. Durchgehend kommt in seinem Aussageverhalten sein Streben nach Anerkennung und Beachtung zum Ausdruck, wobei er persönlichkeitsbedingt nicht vor Übertreibungen und falschen Angaben zurückschreckt. Deswegen und aufgrund seiner ausgeprägten Fähigkeiten zur Selbstdarstellung müssen seine Aussagen in besonderem Maße auf ihre Richtigkeit überprüft werden", so die Einschätzung der Dezernenten der Staatsanwaltschaft und nicht meine eigene. Ich hatte nie mit Herrn A. zu tun.

Präsident Prof. Dr. Voßkuhle: Herr Landau bitte!

Richter Prof. Landau: Woraus haben Sie jetzt gerade zitiert?

Dr. Michaelis (Landeskriminalamt Sachsen, Präsident): Das ist ein Schreiben des Sächsischen Staatsministeriums der Justiz.

Richter Prof. Landau: An Sie?

Dr. Michaelis (Landeskriminalamt Sachsen, Präsident): An das Sächsische Staatsministerium des Innern, Referat 33 – könnte ich auch zur Verfügung stellen.

Richter Prof. Landau: Okay, eine weitere Frage: Sie haben bei den Eintragungen eine Verurteilung von 2013 erwähnt, Verwendung verfassungsfeindlicher Kennzeichen. Was war das? Können Sie was zum Sachverhalt sagen?

Dr. Michaelis (Landeskriminalamt Sachsen, Präsident): Das kann ich nicht, das würden wir nachtragen, falls erforderlich.

Richter Prof. Landau: Können Sie das bis morgen früh nachtragen?

Dr. Michaelis (Landeskriminalamt Sachsen, Präsident): Ja.

Präsident Prof. Dr. Voßkuhle: Herr Huber!

Richter Prof. Dr. Huber: Können Sie feststellen, ob die Begebenheit an dem Tag, der in der eidesstattlichen Versicherung genannt ist, stattgefunden hat? Da gibt es ja wahrscheinlich ein Tagebuch der Polizei, da wird man auch feststellen können, ob fünf Polizeibeamte die Wohnung von Herrn A. aufgesucht haben.

Dr. Michaelis (Landeskriminalamt Sachsen, Präsident): Das ist negativ.

Richter Prof. Dr. Huber: Das haben Sie schon überprüft?

Dr. Michaelis (Landeskriminalamt Sachsen, Präsident): Nach meinem Kenntnisstand ist es überprüft worden, könnte ich aber auch nochmal definitiv bis morgen früh sagen, wenn ich die eidesstaatliche Versicherung vorliegen habe.

Präsident Prof. Dr. Voßkuhle: Gut. Von Seiten des Antragstellers, Herr Ignor bitte!

Rechtsanwalt Prof. Dr. Dr. Ignor: Der Vortrag des Prozessbevollmächtigten soll ja dazu dienen, das Gericht zu beeinflussen in seiner Meinungsbildung über das, was hier von den amtlichen Behörden über die Abschaltung der Quellen und über die Sicherung der Staatsfreiheit gesagt worden ist. Wir meinen, dass das von ihm vorgelegte Mittel grundsätzlich nicht geeignet ist, den Beweis zu erschüttern. Es ist das Mittel der Glaubhaftmachung gewählt worden. Es macht eine Tatsache bestenfalls wahrscheinlich. Aber es ist kein – wie Sie es sagen würden – Vollbeweis geführt worden, sondern bestenfalls eine Glaubhaftmachung erfolgt, die aber auch zu hinterfragen ist: Es geht um Aussagen vom Hörensagen. Im Übrigen nicht einmal direkt vom Hörensagen, sondern nur über Zwischenpersonen. Sollte Herr A. selbst nicht verfügbar sein, dann bliebe nur dieses relativierte Mittel der Glaubhaftmachung übrig und die Aussagen vom Hörensagen. Auf der anderen Seite steht das, was wir eben von Herrn Michaelis gehört haben. Wir meinen, dass der Vortrag der Gegenseite in seiner Gesamtheit nicht ausreichend ist, den hiesigen Vortrag zu erschüttern.

Präsident Prof. Dr. Voßkuhle: Ja, vielen Dank soweit Herr Ignor! Dazu Herr Rechtsanwalt Richter!

Rechtsanwalt Richter: Herr Präsident, hoher Senat, verehrte Verfahrensbeteiligte, ganz kurze Erwiderung auf meinen Vorredner: Selbstverständlich ist mir bekannt, dass eine eidesstaatliche Versicherung kein Beweismittel im eigentlichen Sinne ist, und das ist auch völlig richtig, dass man damit ja keinen Vollbeweis führen kann, alles völlig richtig. Nur genau deshalb haben wir einen Beweisantrag gestellt auf Vernehmung des Herrn A. Soweit dem Beweisantrag bisher nicht nachgekommen worden ist und aus den Ausführungen des Senats gegebenenfalls ja zu schlussfolgern wäre, dass die Beweisanträge nicht förmlich verbeschieden werden, sondern eben als Beweisanregungen angesehen werden, muss ich natürlich mit dem arbeiten, was ich habe, und wenn gegebenenfalls der Zeuge nicht geladen wird, dann ist die eidesstaatliche Versicherung das bestmöglichste Beweismittel, das ich dann eben noch habe in Verbindung mit dem Zeugen Voigt, der natürlich vom Hörensagen sagen kann, was ihm da zu Ohren gekommen ist. Ich würde einfach dann auch wieder förmlich beantragen, auch wenn es als Beweisanregungen ankommt, einfach mal sowohl den Herrn A. als Zeugen zu laden, zum Beweis der Tatsache, dass hier an dem in der eidesstattlichen Erklärung genannten Tag die Personen des Sächsischen Staatsschutzes bei ihm vorstellig geworden sind und ihn dazu bewegen wollten, in die Antragsgegnerin einzutreten und die entsprechenden Tätigkeiten zu entfalten.

Ich kenne den Herrn A. persönlich nicht, ich habe auch selbst nicht mit ihm gesprochen, mir ist das nur mitgeteilt worden. Ich habe gesagt: „Wenn das so ist, dann ist das natürlich schon hier verfahrensrelevant." Nur ich vermag jetzt nicht den psychologischen Zustand des Herrn A. zu bewerten. Ich kann mich auch nicht zu entsprechenden Gutachten äußern, die vorgelegt werden. Da würde ich vorschlagen, da wäre das unmittelbarste Beweismittel in der Tat der Betreffende selbst, dann kann er selbst erzählen, ob das jetzt tatsächlich so war oder ob er sich vielleicht nur wichtigmachen wollte, und er kann auf der anderen Seite vielleicht durch seine persönliche Anwesenheit dem Gericht auch einen unmittelbaren Eindruck verschaffen, ob er tatsächlich hier vielleicht irgendwie an irgendwelchen Geltungssüchten – wer weiß, was denn auch immer – leidet oder ob er hier tatsächlich wahrheitsgemäße Angaben gemacht hat. Die Tatsache, was erwähnt worden ist, dass er ein Vorstrafenregister hat, muss nicht unbedingt gegen die Glaubhaftigkeit seiner Aussage sprechen. Insbesondere ist es nicht so, dass der, der vorbestraft ist, automatisch dann immer die Unwahrheit sagt. Also wenn er jetzt wegen Meineid vorbestraft wäre, wegen Betruges oder so was, hätte ich vielleicht gesagt, das mag in die Richtung gehen. Verwendung von Kennzeichen verfassungswidriger Organisationen, Brandstiftung – alles sicher keine schönen Delikte, aber das spricht jetzt nicht unbedingt gegen die Glaubwürdigkeit als solche. Ganz im Gegenteil, gerade die Tatsache, dass er ja offensichtlich schon verstärkt Kontakt mit Polizei und Justiz hatte, macht ja seine Aussage, dass er die entsprechenden Personen, die zu ihm gekommen sein sollen, kannte, umso glaubwürdiger. Also insofern kann ich da jetzt keinen Widerspruch erkennen und deswegen, wie gesagt, beantragen, den Herrn A. als Zeugen zu laden und ich würde dann auch noch den Herrn Kollegen K. aus Berlin, den Herrn Rechtsanwalt, der da bei der entsprechenden Unterredung anwesend war, ebenfalls beantragen, den zu laden zum Beweis der Tatsache, dass es sich ebenso, wie behauptet, an dem Tag zugetragen hat.

Richter Prof. Landau: Darf ich Sie was fragen?

Rechtsanwalt Richter: Ja bitte.

Richter Prof. Landau: Unabhängig davon, welche Beweismittel der Senat verwenden will und wie er die Beweiswürdigung vorzunehmen gedenkt, und nachdem Sie sich ausgetauscht haben mit Herrn Ignor über die Qualität des Beweismittels. Sie könnten aber doch mehr dazu beitragen, substantiierter dazu beitragen, wie Sie in den Besitz dieser eidesstattlichen Versicherung gekommen sind.

Rechtsanwalt Richter: Das ist richtig.

Richter Prof. Landau: Denn die Umstände von Herrn Voigt waren ja etwas unbefriedigend. Wie sind Sie in den Besitz gekommen? Welche Gespräche haben Sie geführt mit Ihrem Anwaltskollegen? Das müssen Sie mir nicht sagen, das wissen Sie, aber Sie könnten etwas substantiierter Ihre Beweismittel hier erklären.

Rechtsanwalt Richter: Das ist richtig, also da muss ich natürlich einerseits...

Richter Prof. Landau: Möchten Sie das gerne?

Rechtsanwalt Richter: Möchte ich. Einerseits kann ich natürlich jetzt hier nicht alle Einzelheiten darlegen, das ist klar, ich kann aber vom Geschehensablauf sagen, dass Herr Voigt an mich herangetreten ist und mich über dieses Gespräch informiert hat, das er mit der Anwaltskanzlei in Berlin geführt hat, und dass da eben im Raum stünde, dass der Sächsische Staatsschutz eine Person entsprechend versucht habe anzuwerben. Ich habe dann entsprechend mit dem betreffenden Rechtsanwalt auch Kontakt aufgenommen, habe gefragt: „Ist das tatsächlich so? Stimmt das, was der Herr Voigt sagt?" „Jawohl, das stimmt!" Und dann sage ich: „Wenn das so ist, dann möge der Betreffende das, so wie es sich zugetragen hat, eidesstattlich versichern." Und weil ja der Herr A. der Mandant des Herrn Rechtsanwalts K. war, so ist es mir jedenfalls mitgeteilt worden, habe ich ihn gebeten, dann das entsprechend zu eruieren, wie das jetzt tatsächlich war, das in die Form einer eidesstattlichen Versicherung zu bringen, damit wir hier etwas haben, was wir vorlegen können und es eben nicht heißt, da sei irgendwas behauptet worden ins Blaue hinein. Ich habe natürlich darüber hinaus gleich gesagt: „Wenn es dann soweit käme, wenn das entscheidungserheblich wäre, dann müsste natürlich der Herr A. auch als Zeuge zur Verfügung stehen. Ist das gewährleistet?" Da ist mir gesagt worden: „Ja, das ist gewährleistet." Ja, dann ist mir die entsprechende eidesstattliche Versicherung zugeleitet worden und ich habe sie dann im Schriftsatz so wiedergegeben, wie es mir mitgeteilt worden ist. Und eidesstaatliche Versicherungen haben...

Richter Prof. Landau: Wissen Sie, ob dieses Mandat im Rahmen eines Strafverfahrens bestand zwischen Ihrem Kollegen in Berlin oder aus diesem Anlass begründet worden ist?

Rechtsanwalt Richter: Da kann ich jetzt leider nichts zu sagen. Also er hat nur gesagt, dass es eben ein Mandant von ihm sei, aber...

Richter Prof. Landau: Okay, ja.

Präsident Prof. Dr. Voßkuhle: Frage von Herrn Maidowski.

Richter Dr. Maidowski: Sind Sie dem offenkundigen Widerspruch nachgegangen, dass in den Akten immer von einem Herrn Friebe, der Polizeimitarbeiter gewesen sein soll, aber nicht aufgefunden werden kann, die Rede ist, während in der eidesstattlichen Versicherung von einem Herrn Fink die Rede ist.

Rechtsanwalt Richter: Ja gut, also das ist natürlich in der Tat, das habe ich mir damals auch gedacht, nur es ist ja durchaus in der einen Erklärung, ich meine das war die vom Herrn Voigt, da hieß es auch, dass das eher so phonetisch sei, also dass man das jetzt so verstanden habe.

Richter Dr. Maidowski: Hier ist er dann einfach nur als Herr Fink bezeichnet, nicht mit irgendeiner Relativierung Richtung phonetisch, der heißt schlicht anders. Das würde ja bedeuten, dass die Nachforschungen in der sächsischen Polizei möglicherweise fehlgeleitet sind oder dieses hier ist falsch. Aber ich wollte nur wissen, ob Sie dem irgendwie nachgegangen sind.

Rechtsanwalt Richter: Dann müsste ich nochmal kurz nachgucken, also ich habe auf jeden Fall irgendwo gelesen, ich weiß nicht mehr genau, war es in der eidesstattlichen Erklärung von Herrn Voigt oder war es in anderem Zusammenhang, also auf jeden Fall habe ich irgendwo gelesen, dass also ein Herr Friebe (phonetisch), also da war man wohl sich nicht ganz sicher, ob der Mann tatsächlich so hieß oder ob es sich nur so ähnlich angehört hat. Das müsste ich jetzt nochmal raussuchen. Das kann ich jetzt so aus dem Stegreif nicht beantworten. Aber wie gesagt, das könnte ich nachprüfen. Ich hab jedenfalls nur das weiterleiten können, was ich geschickt bekommen habe.

Präsident Prof. Dr. Voßkuhle: Frau Kessal-Wulf bitte!

Richterin Dr. Kessal-Wulf: Ja, nur nochmal, um da nachzuhaken, also Fink und Friebe sind sich phonetisch überhaupt nicht ähnlich.

Rechtsanwalt Richter: Nicht unbedingt, also jetzt so...

Richterin Dr. Kessal-Wulf: Mir war das auch sofort aufgefallen, dass anfänglich die Rede hier von Friebe war, das hatte ich mir auch aufgeschrieben, jetzt dieses Mal Fink, und ich finde, da kann man sich eigentlich nicht verhören. „Phonetisch" kann eigentlich nicht die Erklärung sein.

Rechtsanwalt Richter: Also ich würde nochmal ganz kurz in die eidesstattliche Erklärung von Herrn Voigt nochmal...

Präsident Prof. Dr. Voßkuhle: Das müssen wir jetzt nicht machen. Der Senat wird nach der Verhandlung sowieso noch beraten und dann schauen, was wir da noch zur Aufklärung beitragen können, was wir dazu brauchen. Und sonst könnten wir das morgen weitermachen. Ich würde Sie jetzt bitten, noch vielleicht zu den anderen Dingen etwas zu sagen. Es sei denn, Sie wollen zu dem Komplex A. jetzt noch etwas sagen, dann würden wir kurz unterbrechen und dann würden Sie...

Prof. Dr. Möllers: Wir möchten Sie erstens nochmal ganz kurz auf einen zweiten Widerspruch zwischen der eidesstattlichen Versicherung und dem Vortrag des Prozessbevollmächtigten hinweisen, nämlich, dass in dem Vortrag, in dem der Fall A. zum ersten Mal erwähnt wird, noch davon die Rede ist, er soll aktiv werden um sich in Vorstände wählen zu lassen, während von der Aktivwerdung, um sich in Vorstände wählen zu lassen, in der eidesstattlichen Versicherung nicht mehr die Rede ist. Das ist deswegen wirklich wichtig, weil wir natürlich auch immer die Frage der Staatsfreiheit im Blick haben. Wir beweisen ja nicht irgendwas, sondern es geht um die Frage, ob hier, sozusagen, die Vorstandsebene staatsfrei war, ob die Quellen staatsfrei waren und mit Blick darauf müssen wir sagen, dass wir weiterhin natürlich komplett bestreiten, dass dieser Vorgang so stattgefunden hat. Aber wenn er stattgefunden hätte, wäre es für die Frage der Staatsfreiheit in der Form nicht relevant. Vielen Dank.

Präsident Prof. Dr. Voßkuhle: Wenn der Fall A. von Ihrer Seite damit abgeschlossen ist, dann würden wir jetzt Herrn Richter bitten, zu den andern Dingen noch etwas zu sagen.

Rechtsanwalt Richter: Herr Präsident, hohes Gericht, verehrte Verfahrensbeteiligte, ich hätte jetzt die Frage, wie wir da verfahren wollen beziehungsweise, ob dann, je nachdem wie lange es dauern würde, die entsprechenden Vertreter, die vorhin gesprochen haben, morgen auch noch anwesend sind. Die Frage wäre, ob die Antragsgegnerseite über das Gericht Fragen an die entsprechenden Personen stellen könnte? Also wir haben nämlich jetzt hier, insbesondere bei dem Punkt „Gefahr der Enttarnung von V-Personen", ein paar einzelne Nachfragen, teilweise hat der Senat die schon gestellt.

Präsident Prof. Dr. Voßkuhle: Stellen Sie die Fragen hier laut, und diejenigen, die es angeht, werden sich diese Fragen merken und können dann nach vorne treten, wir werden das gegebenenfalls reverbalisieren und präzisieren.

Rechtsanwalt Richter: Alles klar, vielen Dank! Insbesondere ist ja die Frage aufgetreten, ob denn konkrete Fälle bekannt sind, in denen enttarnte V-Personen tatsächlich irgendwelchen Gefahren ausgesetzt waren. Da habe ich jetzt nichts vernehmen können, dass diese Gefahr sich irgendwann realisiert hätte, das ist ja auch von Seiten des Senats schon so angesprochen worden. In dem Zusammenhang möchte ich einfach nochmal darauf hinweisen und auch dann die Frage stellen, wie die Frau Bube – war das, glaube ich – das bewertet. Soweit ersichtlich sind ja im ersten Verbotsverfahren zwei V-Leute enttarnt worden. Die waren ja namentlich bekannt und die waren auch dann mit Namen und Anschrift entsprechend bekannt. Und da würde es mich interessieren, ob da irgendwelche Fälle oder Anhaltspunkte bekannt geworden sind, dass diesen V-Leuten irgendwas passiert ist, also insbesondere den Herren Frenz und Holtmann. Es ist mir nicht bekannt geworden, dass die in irgendeiner Form verfolgt worden wären oder an Leib und Leben Schaden genommen hätten. Da würde ich mal bitten, das doch mal nachzufragen, insbesondere auch, soweit da noch ein Lied zitiert worden ist, dazu kann ich jetzt – also das ist keine Frage, das ist jetzt eine Stellungnahme meinerseits – nur sagen: „Also die Antragsgegnerin, das ist jetzt keine Musikgruppe oder so, die Musik macht und da Leute bedroht oder so, da denke ich, ist schon zu unterscheiden, um wen es hier konkret geht, und dass jetzt die Antragsgegnerin hier als politische Partei wirklich dann sagen würde: ‚Jetzt verfolgen wir mal Leute oder rächen uns da', oder so, ist schon eine andere Kategorie als zu sagen: „Da ist irgendeine Gruppe", oder so, „die entsprechend singt." Insoweit möchte ich vielleicht doch noch mal kurz an das anknüpfen, was der Herr Richter Huber auch gesagt hat. Er hat nämlich völlig richtig unterschieden zwischen der Antragsgegnerin und dem Rechtsextremismus, kann ich nur nachdrücklich betonen in der Tat, das sind zwei Paar Schuhe und da frage ich mich halt, ob da bei der Gefahrenprognose von Seiten der Frau Bube, wie sie sie vorgetragen hat, hier tatsächlich überhaupt von richtigen, von korrekten Tatsachen ausgegangen worden ist. Wir meinen, dass hier diese Gefahr entsprechend nicht besteht. Und da die Gefahr hier auch nicht konkretisiert werden konnte, dann ist das denke ich bei der Abwägung, ob hier eine Vorlage der entsprechenden Akten erlangt werden kann, und auch dann letztlich als verhältnismäßig erscheint im Hinblick auf die Geheimschutzbelange, schon ein gewaltiger Unterschied, ob man jetzt sagt: „Wir haben konkrete Anhaltspunkte, wir haben Erfahrung aus der Vergangenheit, dass den enttarnten V-Leuten hier irgendwelche Übel drohen", oder ob das nur eine vielleicht plausible, aber durch keinerlei Tatsachen untermauerte Vermutung darstellt.

Ich hätte dann noch eine weitere Frage an den Präsidenten des Landesamtes für Verfassungsschutz Saarland: Da ist ja schriftsätzlich und jetzt auch hier nochmal gesagt worden, es gäbe keine Personenakten oder es würden nicht Personen in dem Sinn erfasst werden, sondern immer nur Parteien und entsprechende Sachverhalte, und die Personen, die würden nur dann irgendwie durchsuchbar oder suchbar werden, wenn sie in Führungsposition seien, worum es ja hier hauptsächlich auch geht, oder wenn sie gewaltbereit seien.

Da vielleicht dann auch eine Frage an das Bundesamt für Verfassungsschutz: Wenn ich da die entsprechenden Schriftsätze und Belege richtig gelesen habe, soll es ja zu meiner Person beim Bundesamt eine Akte geben, die dann beim Datenschutzbeauftragten unter Verschluss genommen worden sei. Also das Bundesamt scheint Personenakten zu führen, das Landesamt für Verfassungsschutz Saarland scheinbar nicht. Da würde mich jetzt interessieren: Warum führt der eine Personenakten und der andere nicht? Da kann man natürlich wieder sagen: „Ja, irgendwie Föderalismus oder so, macht jeder wie er will." Aber die Arbeit ist ja, denke ich, doch im Prinzip ähnlich und das wäre also auf jeden Fall ein Punkt, der hier aus unserer Sicht noch von Bedeutung wäre.

Wir haben dann noch einen Punkt, nochmal ganz an den Anfang zurück, bei den neun V-Leuten beim Bundesparteitag. Ob ich da auf die Frage eine Antwort bekomme, das ist natürlich die Frage, aber ich versuch's einfach mal. Mich würde mal interessieren: A. Wofür braucht man bei einem Bundesparteitag neun V-Leute, wenn die ja keinen Einfluss nehmen sollen, wenn die da überhaupt nichts machen sollen außer zuzuhören? Warum brauche ich dann gleich neun? Das kommt mir ein bisschen viel vor. Also da würde ich denken, wenn sie wirklich nur horchen sollen, da reicht ja einer, vielleicht noch ein zweiter, um sicherzugehen, dass der eine nichts Falsches erzählt, von mir aus auch drei, aber neun? Das kommt mir...

Präsident Prof. Dr. Voßkuhle: Das finden Sie einfach zu viel.

Rechtsanwalt Richter: Das kommt mir ein bisschen sehr viel vor und vor allem...

Richter Prof. Landau: Wo wäre die Grenze, was geht?

Rechtsanwalt Richter: Also ich finde jeder Verfassungsschützer ist schon einer zu viel bei einem Bundesparteitag, aber bis zu zwei käme es mir noch plausibel vor. Neun sind definitiv zu viele und unplausibel aus meiner Sicht und vor allem, nächste Frage dann: Was haben sie denn überhaupt dann gemacht? Also haben sie wirklich nur gehorcht, haben sie irgendwelche Berichte nachher abgeliefert, wie muss ich mir das vorstellen? Oder waren sie einfach nur da und waren im Prinzip eigentlich völlig überflüssig nach dem Motto: Die waren halt einfach da, weil sie als Delegierte gewählt worden sind. Und dann die nächste Frage: Wie kann die Antragstellerseite ausschließen, dass die neun anwesenden V-Personen tatsächlich Einfluss genommen haben? Es ist vorhin gesagt worden: „Wir haben jetzt das Protokoll des Parteitages vorgelegt, daraus ergibt sich ja, was dort geschehen ist." Nur, das Protokoll gibt natürlich keinen Aufschluss darüber, ob gegebenenfalls V-Personen mit anderen Delegierten gesprochen haben, ob sie vielleicht irgendwelche Redebeiträge gehalten haben, die jetzt im Protokoll so nicht erscheinen, also sie könnten ja theoretisch einpeitschende Reden gehalten haben, die dann nicht mit Änderungsanträgen oder so verbunden waren, aber vielleicht die Stimmung aufgeheizt haben. Da würde mich einfach mal interessieren, wie kann das ausgeschlossen werden? Insbesondere, hat man denn dann im Nachgang auch mit diesen VPersonen vom Parteitag nochmal gesprochen? Hat man die nochmal genau befragt, was sie da gemacht haben? Oder hat man einfach gesagt: „Gut wir haben ja jetzt das Protokoll vorgelegt und aus dem Protokoll ergibt sich nichts, also haben die nichts gemacht, was möglicherweise ein Problem sein könnte."

Dann lassen Sie mich gerade noch schauen, genau, dann noch eine letzte Frage: Es ist am Anfang gesagt worden, zur Problematik der eingeschleusten V-Personen: „Also kann eine V-Person überhaupt eingeschleust werden?" Also mit eingeschleuster V-Person meine ich eine Privatperson, der man sagt: „Gehe in die Partei, besetze irgendwelche Positionen und mach dann mal!" Da ist ja gesagt worden: „Ja, letztlich können wir die ja eigentlich gar nicht zurückziehen, weil sie ist ja kein staatlicher Bediensteter, man kann ihr ja keine Weisungen erteilen." Da frage ich mich jetzt, wie das zusammenpasst mit den weiteren Ausführungen, die wir gehört haben, dass es ja eine umfangreiche Belehrung der V-Personen gibt, eine Verpflichtung nach dem Verpflichtungsgesetz gibt, die ausdrücklich auf ihre Pflichten hingewiesen werden und man sagt: „Diese Pflichten wirken auch über die eigentliche ‚Amtszeit' hinaus." Dass also auch, wenn die V-Person abgeschaltet ist und dann gegebenenfalls noch zur Bild-Zeitung rennt und irgendwas erzählt über ihre Tätigkeit und sich dann schadensersatzpflichtig machen könnte. Also wenn es ja schon so ein darüber hinaus wirkendes Pflichtenband gegenüber der V-Person gibt, sage ich jetzt mal, so eine Art *culpa post pactum perfectum* gewissermaßen, wenn sie dann hinterher, obwohl sie eigentlich entpflichtet ist, immer noch was Falsches macht, man sie dann noch maßregeln kann, dann frage ich mich, ist es denn wirklich so unmöglich, dann einfach zu ihr zu gehen und zu sagen: „Bitte geh da wieder raus, wir machen das schonend, wir begleiten das irgendwie, dass es nicht so auffällt." Wenn natürlich fünf Leute aus dem Vorstand zurücktreten, ist es klar. Nur die Antragsgegnerin hat eine relativ hohe Personalfluktuation, also wenn da mal einer aus dem Vorstand zurücktritt, ist das nicht direkt ein Indiz dafür, dass es eine V-Person war. Und wenn wir das dann wieder kombinieren mit der anderen Erkenntnis, dass wir gesagt haben: „Also wirkliche Gefahren, selbst wenn die jetzt enttarnt würden, können wir eigentlich nicht so richtig belegen", meine ich dann doch schon, dass dann hier letzten Endes das Interesse an der umfangreichen Aufklärung der V-Mann-Problematik und dem Vorliegen von Verfahrenshindernissen gewichtiger ist, als die, so wie es sich für mich jetzt dargestellt hat, eher hypothetische Möglichkeit, dass irgendjemand da zu Schaden kommen könnte, was aber durch keinerlei empirische Fakten unterlegt werden kann. Das wäre jetzt von meiner Seite jetzt erst mal der Vortrag. Der Kollege Andrejewski wollte noch kurz was sagen.

Präsident Prof. Dr. Voßkuhle: Okay, vielen Dank! Herr Andrejewski bitte!

Rechtsanwalt Andrejewski: Herr Vorsitzender, hoher Senat, verehrte Verfahrensbeteiligte, ich möchte noch kurz ein paar Punkte ansprechen. Zum ersten würde ich jetzt Ihre Herausforderung annehmen, was das Rollenspiel betrifft. Das heißt, ich versetze mich mal in den Antragsteller und frage mich: Wie kann ich beweisen, dass ich keine V-Leute habe im Bundesvorstand, überhaupt in den Vorständen? Herr Richter hat vorgeschlagen Akteneinsicht. Sie haben gesagt, das würde aber für Leib und Leben Gefahr bedeuten, es gäbe aber eine Möglichkeit, und zwar, indem man diese Akteneinsicht beschränkt ausschließlich auf die beiden oder auch nur einen Prozessbevollmächtigen von uns. Wir haben zwar eine politische Einstellung, die nicht so beliebt ist bei manchen, aber wir sind Anwälte, wir sind der Verschwiegenheitspflicht unterlegen. Man könnte das unter Ausschlussbedingungen machen, ganz hart, das heißt in einem Raum, keine Aufzeichnung, keine Fotografien, nichts, ein Wachmann, der daneben steht und sich anschaut, wie der eine, die zwei Anwälte die Akten sich ansehen. Und daraus eine Gefahr zu schließen, dass dann Leib und Leben gefährdet wäre, das würde schon darauf hinauslaufen, dass man uns vorwirft, dass wir das dann an irgendwelche Gewalttäterbanden weitergeben würden, darauf weist aber nichts hin. Dann könnte man Verhaltensprognosen aufstellen und sagen: „Wie haben wir uns in der Vergangenheit verhalten?" Ich bin seit acht Jahren Anwalt, mir wurde nie vorgeworfen, dass ich gegen meine Verschwiegenheitspflicht verstoßen hätte. Ich bin seit zwölf Jahren Kommunalvertreter und bin noch nie wegen Verstoßes gegen die Geheimschutzordnung in irgendeiner Weise gemaßregelt worden. Das Gleiche gilt für Herrn Müller...

Präsident Prof. Dr. Voßkuhle: Richter...

Rechtsanwalt Andrejewski: Richter, Entschuldigung.

(Gelächter)

Das Gleiche gilt für Herrn Richter. Ich sehe also keine Gefahr darin. Und als Antragsteller würde ich den Vorteil sehen, dass dann der oder die Anwälte zugeben müssten, dass sie dort nichts gefunden hätten und was anderes könnten sie auch nicht sagen, es sei denn, ich hätte als Antragsteller etwas zu verbergen.

(Ruf aus dem Saal): Und Ihrer Mandantin würden Sie da nichts von erzählen?

Rechtsanwalt Andrejewski: Nein, ich unterliege der Verschwiegenheitspflicht und daran würde ich mich auch halten. Dazu kann ich mich zusätzlich verpflichten.

Präsident Prof. Dr. Voßkuhle: Ja, machen Sie bitte weiter, wenn Sie noch weitere Punkte haben!

Rechtsanwalt Andrejewski: Weitere Punkte: die Abschaltung. Die Abschaltung wird als ideal bürokratischer Prozess geschildert, und im Organigramm sieht es sicher auch perfekt aus, und auch in den Verfahrensvorschriften. Aber wie der Vorsitzende es schon angesprochen hat, kann es da zu Dilemmata kommen, nämlich was ist, wenn die wirklich wertvolle Information, die goldene Wirklichkeit, eine wirklich bedeutende Information zu bekommen, auf diese Abschaltungsverpflichtung stößt. Das heißt, was ist zum Beispiel, wenn ein abgeschalteter V-Mann eine Information darüber erhält, dass, wie die Antragstellerin behauptet, ein NPD-Vorstand irgendeine Gewalttat planen würde, irgendeinen Terrorakt gegen jemand anders oder inspirieren oder anmelden oder steuern. Und der wendet sich an seinen V-Mann-Führer, zu dem er eine persönliche Beziehung hat, denn die Antragsteller haben ja selbst dargelegt, dass das kein Rotationssystem ist, anonym, sondern die haben eine persönliche Beziehung. Wenn ich zu denen sage: „Ich hab Dir was zu sagen, hier Terrorgefahr oder sonst irgendwas, Kriminalität, und ich sag's aber nur Dir", was macht der dann? Sagt der dann: „Nein, lasst mich in Ruhe!" oder hört er sich das an? Wenn ja, wie will er dann trennen zwischen dem, was der Betreffende über diese angebliche Gefahr berichtet und dem, was Interna der NPD betrifft? Was ist, wenn zusätzlich der Betreffende noch ein nachrichtenehrlicher V-Mann gewesen sein sollte, wo man also die Glaubwürdigkeit hoch ansetzen kann? Also inwieweit ist diese Informationsverweigerung überhaupt glaubwürdig? Inwieweit ist sie überhaupt in der Praxis durchzuhalten?

Das gleiche Problem habe ich, wenn normale Parteimitglieder, die V-Männer sind, Informationen erhalten von Mitgliedern eines Vorstandes. Hier wird ein bisschen der Eindruck erweckt, die NPD wäre eine sehr strikt hierarchische Organisation, weil der Vorstand weit über den einfachen Mitgliedern steht, aber es kann durchaus passieren, dass die in einem Bus sitzen und irgendwo Schilder stellen und sich unterhalten. Und dann wird der V-Mann, der normales Mitglied ist, seinem V-Mann-Führer etwas erzählen, was er gehört hat und sagt am Ende dann: „Das habe ich übrigens von dem und dem gehört, dem abgeschalteten V-Mann." Dann hat die Information doch ihren Weg gefunden. Das Ganze ist auch so nicht praktikabel, sondern was praktikabel wäre, wäre, dass die V-Männer nicht nur abgeschaltet, sondern rausgezogen werden. Natürlich könnte man das auf dumme Weise machen, indem man alle gleichzeitig in einer Spontanaktion rauszieht. Aber die Antragsteller hatten genug Zeit, sie haben 2011 schon die ersten Gespräche geführt und die Entschlossenheit war damals schon da, das Verbotsverfahren durchzuführen. Sie hätten fünf Jahre Zeit gehabt, sie ganz unauffällig nach und nach rauszuziehen. Gerüchte gibt es immer in der NPD aufgrund dieser Spitzelsituation, aber daraus wäre keine Gefährdung entstanden. Wie der Kollege Richter schon gesagt hat, hat es bisher keinen nachweisbaren Fall gegeben, dass in der NPD ein V-Mann zu Schaden gekommen wäre. Linke Szene ja, Ulrich Schmücker 1970er Jahre, aber NPD noch nicht. Das heißt: Diese neu entstandene oder konstruierte Figur des abgeschalteten V-Manns, der vielleicht jahrzehntelang Informationen geliefert hat, eine persönliche Beziehung aufgebaut hat, der plötzlich auch bei Gefahren nichts mehr weitergibt, auch nicht indirekt weitergibt, obwohl er trotzdem noch in den Vorständen sitzt und dort trotzdem noch Informationen aufnimmt, die ist irreal und auch nicht durchzuhalten. Es ist höchst unglaubwürdig oder unglaubhaft, dass das funktionieren könnte. Deswegen hätte man sie abziehen müssen und hätte auch die Möglichkeit gehabt, das unauffällig zu machen.

Zu den ausländischen Geheimdiensten: Die Antragsteller haben sehr kühn behauptet, es lägen keine Erkenntnisse vor, dass ausländische Geheimdienste über die NPD Informationen sammelten. Das ist wirklich deswegen kühn, weil sie das nicht wissen können. Ausländische Geheimdienste sind zum Teil den deutschen Geheimdiensten technologisch sehr weit überlegen, das kann man nicht behaupten, das ist durchaus so möglich. Und was den Informationsaustausch betrifft, auch das dürfte in der Praxis sehr schwierig bis unmöglich sein, dort zu trennen. Was ist denn, wenn der Verfassungsschützer eine dienstliche Benachrichtigung eines befreundeten Geheimdienstes bekommt, eines amerikanischen zum Beispiel, da steht „Report and terrorist activities". Und dann, da die Amerikaner nun nicht so die innenpolitischen deutschen Verhältnisse kennen, da einfach alles zusammen geworfen ist. Da ist irgendwas über mutmaßliche Rechtsextremisten, aber auch über die NPD. Was mache ich dann, wenn ich diesen Bericht lese? Höre ich dann automatisch auf, den Bericht zu lesen? Vergesse ich dann das, was ich gelesen habe? Vergesse ich die Informationen, die ich bekommen habe? Das glaube ich auch nicht, dass das funktioniert.

Und zum Schluss: die Glaubwürdigkeit des Verfassungsschutzes als Ganzes. Ich will jetzt nicht behaupten, dass aufgrund der Vorfälle von 2011, NSU, das ist Ihnen ja alles bekannt, auch die ganze Literatur. Geschredderte Akten, die Aussage von Herrn T., dass er zufällig in Kassel da im Internet-Cafe gewesen wäre, als einer der NSU-Morde passierte usw., dass das nun für alle Zeiten die Glaubwürdigkeit des Verfassungsschutzes als Behörde kontaminieren würde. Aber man muss doch sagen, wenn man sich vor Augen führt, was wir heute alles gehört haben, also alles, die Schilderung perfekter bürokratischer Abläufe, an der Theorie ist nichts auszusetzen, das hätten wir Anfang 2011 genauso gehört. Mitte 2011 noch, kurz bevor der NSU-Skandal platzte, und dann stellte sich raus, dass in der Praxis das Ganze nicht im Mindesten umgesetzt wurde. Es mussten reihenweise Verfassungsschutzpräsidenten zurücktreten und zwar ist das jetzt schon ein paar Jahre her. Aber an den unglaubhaften Aussagen, die damals gemacht wurden über die tatsächlichen Hintergründe der Aktenvernichtung, über die tatsächliche Rolle von Herrn T., da müsste man nur mal die NSU-Ausschüsse sowohl des Thüringischen Landtags als auch des Bundestags befragen. Dort ist die allgemeine Auffassung, auch der Vorsitzenden des thüringischen NSU-Untersuchungsausschusses aus der Linken, dass das unglaubhafte Aussagen sind, an denen der Verfassungsschutz heute noch festhält, so dass seine Glaubwürdigkeit als sehr gering anzusehen ist. Und ich halte es wirklich für sehr abenteuerlich, wenn Innenminister sagen: „Ich verlasse mich blind drauf, was die sagen." Die wussten damals nicht, was in den Verfassungsschutzbehörden passierte und sie können es heute auch nicht wissen. Und solange die Aussagen, denen man wenig Glauben schenken kann, nicht korrigiert werden, solange nicht wirklich die Katze aus dem Sack gelassen wird, was mit den Aktenschreddereien war und mit dem Herrn T., solange kann man den Behörden nicht glauben, und deswegen werden wir uns auch zu diesem Glauben nicht bekehren lassen. Danke!

Präsident Prof. Dr. Voßkuhle: Vielen Dank, Herr Rechtsanwalt Andrejewski. Wenn ich richtig sehe, haben wir vier konkrete Fragen, die auch beantwortet werden können. Zu manchen Dingen haben Sie einfach jetzt einen Gegenvortrag gemacht, das nehmen wir so zur Kenntnis. Es geht einmal um die Frage: Was ist mit den Enttarnungen im Anschluss an das erste NPD-Verfahren, erste Frage. Zweite Frage: Personalakte bei Herrn Richter. Wird das unterschiedlich gehandhabt? Dritte Frage: Die neun Leute auf dem Parteitag, sind die befragt worden? Damit zusammenhängend die vierte Frage: Warum eigentlich neun und nicht weniger? Zur letzten Frage haben Sie aber schon eingeräumt, die muss nicht perfekt beantwortet werden, ist eher unwahrscheinlich.

Richter Müller: Das waren einfache V-Leute.

Präsident Prof. Dr. Voßkuhle: Ja, okay. Das wären die vier Fragen zu den ausländischen Geheimdiensten. Wenn Herr Maaßen meint, uns da noch zusätzlich vor dem Hintergrund der Ausführungen von Rechtsanwalt Andrejewski etwas zu sagen, dann wären wir dankbar, aber das würden wir dann, wenn er noch da ist, gleich einfach fragen. Dann beginnen wir mit Frau Bube und den konkreten Fällen der Enttarnung. Frau Bube!

Frau Bube (Landesamt für Verfassungsschutz Baden-Württemberg, Präsidentin): Ja, wie vorhin schon ausgeführt, ich habe mich bezogen auf konkrete Fälle aus den vergangenen Jahren, die ich aus allgemeiner Anschauung kenne. Wenn man jetzt zurückgeht auf das Verbotsverfahren 2003: Aus dem Stand heraus fällt es mir schwer, denn ich kenne da nicht die ganz konkreten Konstellationen, es kommt aber meines Erachtens sehr darauf an, ob es sich um unfreiwillige Enttarnungen handelte oder um solche Selbstenttarnungen von Personen. Das gibt es natürlich, dass Vertrauenspersonen sich eben nicht – ich hatte vorhin dargelegt, man schließt praktisch einen Vertrag mit denen – dass die jeweilige Person sich eben nicht daran hält und eigenständig vertragsbrüchig wird. Dann ist selbstverständlich die Behörde an diese Basis der Zusammenarbeit auch nicht mehr gebunden. Ich hatte jetzt nachfragen lassen bei uns im Amt. Damals 2003 gab es auch eine VP, die im Verbotsverfahren 2003 aus Baden-Württemberg heraus eine Rolle spielte. Die war allerdings schon nicht im Kontext des Verfahrens, sondern zu einem deutlich früheren Zeitpunkt wohl enttarnt. Und dieser Fall kam dann noch einmal hoch. Zu den anderen Fällen aus anderen Bundesländern vermag ich jetzt leider nicht Stellung zu nehmen. Diese Person – wie gesagt aus Baden-Württemberg – die wurde nicht im Verfahren enttarnt und sie hat sich eben auch selbst enttarnt. Das ist noch einmal eine ganz, ganz andere Grundlage. Und wenn ich die Gelegenheit habe, würde ich vielleicht doch auch ganz gerne aus baden-württembergischer Sicht zu der Problematik Akten Stellung nehmen. Denn es wird ja hier sozusagen das Bild gezeichnet, als könne man den Vollbeweis dadurch antreten, dass man einfach mal alle Personenakten zu allen Vorständen, Bundesvorstand, alle Landesvorstände, hier auf den Tisch legt – wem auch immer man die dann zeigt. Herr Beisitzer Huber, Sie hatten vorhin schon einmal die Frage gestellt und zu Recht festgestellt: „Eine Unmöglichkeit dieser Vorlage geht letztlich der Problematik an Tarnungsrisiken irgendwo vor." Es ist faktisch so, dass es sich um eine Unmöglichkeit, handelt – auch bei uns in Baden-Württemberg. Denn es werden personenbezogene Akten nicht zu den Personen geführt, zu denen man auch nach dem Landesverfassungsschutzgesetz personenbezogene Daten sammelt. Diese Datensammlung erfolgt immer im Rahmen des Kontextes der Beobachtung der Gesamtorganisation. Personenbezogene Akten, konkret die Frage: „Frau Bube, welche Akten könnten Sie denn hier – wenn Sie nicht das Problem der Enttarnung hätten – auf den Tisch legen?", ausschließlich die der VP, die aus Baden-Württemberg abgeschaltet wurde. Zu anderen Personen im baden-württembergischen Landesvorstand existieren keine Akten. Sprich: Der Forderung, man könne dem doch dadurch begegnen, dass man mal alle Akten hier auf den Tisch legt und man sich die angucken kann – auch nur ein begrenzter Kreis, wenn man so will –, dem steht letztlich die faktische Unmöglichkeit entgegen, jedenfalls auch, was unser Land anbelangt. Um das vielleicht auch von der Arbeitsweise und der Praxis noch mal deutlich zu machen. Auf der anderen Seite, wenn Sie jetzt sagen: „Frau Bube, legen Sie doch einmal die Akte aus Baden-Württemberg auf den Tisch, dann können wir uns die einmal gründlich angucken" – da steht dann personenbezogen in der sogenannten Quellenakte alles drin, was die Zusammenarbeit mit dieser Person betrifft. Wer diese Akte anguckt, kennt die Identität, und das muss vermieden werden.

Präsident Prof. Dr. Voßkuhle: Vielen Dank, Präsidentin Bube! Fragen dazu? Das ist nicht der Fall. Dankeschön! Zur Personalakte: Von Herrn Freier war, glaube ich, heute Nachmittag der Hinweis gekommen, dass diese Akten nur ausnahmsweise geführt werden. Gibt es noch Weiteres dazu zu sagen? Würden Sie vielleicht, Herr Freier? Erst Herr Maaßen? Gut.

Dr. Maaßen (Bundesamt für Verfassungsschutz, Präsident): Herr Vorsitzender! Hohes Gericht! Hinsichtlich der Personalakten besteht eine unterschiedliche Anlagepraxis bei den LfVs gegenüber dem BfV. Beim BfV ist es so, dass Erkenntnisse zu extremistischen Personen zunächst einmal im NADIS gespeichert werden, im Nachrichtendienstlichen Informationssystem und im Sachaktenbestand. Sofern wir fünf relevante Einträge dieser extremistischen Person haben, wird daraus eine Personenakte generiert. Dies war auch im Fall des Verfahrensbevollmächtigten des Antragsgegners, der Antragsgegnerin der Fall. Wir haben jenen mit Schreiben vom 29.04.2015 entsprechend beschieden und darüber unterrichtet, dass Informationen über ihn gespeichert worden sind. Diese Akte ist datenschutzrechtlich gesperrt und steht nicht mehr zur Einsichtnahme für uns zu Verfügung, dies mit Blick eben auf das laufende Gerichtsverfahren hier vor dem Bundesverfassungsgericht. Ich möchte noch einige weitere Anmerkungen machen zu den Fragen, die vorhin aufgeworfen worden waren.

Zunächst einmal zur Frage der „eingeschleusten" V-Personen. Für den Bundesverfassungsschutz kann ich sagen: Wir haben keine einzige V-Person eingeschleust, sondern diese Personen waren in der NPD gewesen. Und ich möchte hier in dem Zusammenhang auch deutlich machen: Die Aufgabe eines Nachrichtendienstes besteht darin, Nachrichten zu generieren und nicht eine politische Einflussnahme auf Organisationen durchzuführen. Also die Zielrichtung war nicht gewesen, dass eine V-Person bestimmte politische Strömungen oder Tendenzen beeinflussen soll, sondern ihr Auftrag ist, uns Informationen über die Partei und die Parteientwicklung zur Verfügung zu stellen, und nicht darauf Einfluss zu nehmen. Und entsprechend haben wir auch die V-Personen nicht so gesteuert, bestimmte politische Ziele in der NPD zu verfolgen, sondern uns Informationen aus der NPD zu geben.

Zur Frage der Gefährdung von abgeschalteten Personen, sind in Einzelfällen derartige Fälle vorgekommen, wo dann auch Schutzprogramme durchgeführt werden mussten. In der jüngsten Zeit – einer der bekanntesten Fälle, der in anderem Zusammenhang bekannt geworden war –, war der Fall Corelli gewesen. Eine V-Person des Bundesverfassungsschutzes, die unfreiwillig enttarnt worden war und die sich selbst persönlich in höchster Gefahr sah, die wir zunächst einmal ins Ausland bringen mussten und dann in Deutschland wieder nach Vollegende an einem ganz anderen Ort unterbringen mussten, um sie vor Nachstellungen oder möglichen Gefährdungen auch zu schützen.

Präsident Prof. Dr. Voßkuhle: Gibt es noch weitere Fälle außer dem Fall Corelli?

Dr. Maaßen (Bundesamt für Verfassungsschutz, Präsident): Sind mir jetzt nicht erinnerlich, aber ich habe noch einen Mitarbeiter gebeten, noch weitere Erkundigungen einzuziehen, die wir zur Verfügung stellen würden.

Präsident Prof. Dr. Voßkuhle: Vielen Dank! Zu den Fragen: Ausländische Geheimdienste waren Vermutungen, die Herr Rechtsanwalt Andrejewski formuliert hat. Können Sie dazu noch etwas sagen?

Dr. Maaßen (Bundesamt für Verfassungsschutz, Präsident): Wie ich heute Nachmittag sagte, von ausländischen Geheimdiensten, ausländischen Nachrichtendiensten, haben wir keine Informationen über die NPD erhalten, jedenfalls mit Blick auf das Verfahren und mit Blick auf die Telekommunikationsüberwachung.

Präsident Prof. Dr. Voßkuhle: Weil der Fall, der hier geschildert wurde, so eine Mischung aus politischer Unbedarftheit und großer technischer Kompetenz war. Also sie hören alles, aber wissen nicht genau, was es bedeutet. Und dann würden sie Sie sozusagen mit diesen Informationen versehen. Wäre das denkbar, oder wie schätzen Sie die Wahrscheinlichkeit ein, dass eine solche Situation passiert, dass also Sie Daten, Informationen bekommen, in denen dann zufälligerweise auch, obwohl Sie es gar nicht wollen und obwohl das gar nicht geplant ist, Informationen über die NPD enthalten sind?

Dr. Maaßen (Bundesamt für Verfassungsschutz, Präsident): Also das schließe ich aus.

Präsident Prof. Dr. Voßkuhle: Das schließen Sie aus. Gut. Weitere Fragen dazu? Das ist nicht der Fall. Vielen Dank, Herr Präsident Maaßen. Dann hätten wir noch die neun Leute auf dem Parteitag, ob sie befragt worden sind. Herr Waldhoff!

Prof. Dr. Waldhoff: Es wurde ja überhaupt gefragt warum neun Leute, warum so viele? V-Personen sind – ich nehme das Zitat aus dem 2003er Verfahren – aus: „Fleisch vom Fleische der Antragsgegnerin." Wenn die sich bei einer wichtigen Veranstaltung der Antragsgegnerin aufhalten, ist das erst einmal nichts Ungewöhnliches. Sie wurden überprüft. Ich verweise auf unseren Schriftsatz vom 26. Oktober 2015, Seite 8 und darf vorlesen: „Auf Basis des vorgelegten Protokolls über den Ablauf des Programmparteitags 2010 in Bamberg, haben die Sicherheitsbehörden alle Personen überprüft, über deren Änderungsanträge durch den Parteitag abgestimmt wurde. Diese Überprüfung führte zu dem Ergebnis, dass diese Personen allesamt die Voraussetzungen der Kategorie 1 erfüllten", also ...

Präsident Prof. Dr. Voßkuhle: Wenn ich aber jetzt Herrn Richter richtig verstanden habe, wollte er das nicht bestreiten, sondern ihm geht es darum, ob Sie mit den Personen – also mit den V-Leuten – direkt gesprochen haben und gefragt haben, ob Sie in irgendeiner Weise Einfluss genommen haben.

Prof. Dr. Waldhoff: Dazu müssten Sie die Verfassungsschutzbehörden befragen, dazu ist mir jetzt nichts bekannt. Das halte ich aber für unwahrscheinlich.

Präsident Prof. Dr. Voßkuhle: Wen könnten wir dazu befragen?

Prof. Dr. Waldhoff: Herrn Weber vom Bundesamt für Verfassungsschutz. Vielleicht noch eine andere Sache?

Präsident Prof. Dr. Voßkuhle: Ja.

Prof. Dr. Waldhoff: Die Gefahr der Enttarnung. Da ist etwas aus dem Blickfeld geraten, dass es ja noch einen zweiten Grund gibt, nämlich die Unmöglichmachung der Arbeit von Verfassungsschutzbehörden in der Zukunft. Wir haben jetzt nur über die Gefahren für Leib und Leben gesprochen und es wurde nach Beispielsfällen gesucht, ein – freilich zugegebenermaßen – sehr alter Beispielsfall ist der berühmte Fall Piatto, der ja nach seiner Enttarnung in ein Zeugenschutzprogramm übernommen werden musste, weil Todesdrohungen und Gefahren für Leib und Leben drohten.

Präsident Prof. Dr. Voßkuhle: Vielen Dank! Dann wollen wir Herrn Weber fragen.

Herr Weber (Bundesamt für Verfassungsschutz): Herr Vorsitzender! Hohes Gericht! Also der Sachverhalt zum Bundesparteitag, das trug sich folgendermaßen zu. Man muss sich vor Augen führen, das war alles andere als ein unbedeutender Parteitag. Auf diesem Parteitag 2010 wurde das neue Bundesparteiprogramm verabschiedet, das ein vorausgegangenes Parteiprogramm von 1996 ablöste. Diese Anmerkung nur zur Bedeutung dieser – wie wir finden – doch sehr wichtigen Veranstaltung, auch für den weiteren Werdegang der Partei. Es gab schon verschiedene Stichworte, die hin und wieder fielen: „Deutscher Weg" oder „Sächsischer Weg", das waren dann eher strategische Fragen, und darüber hätte dieser Parteitag auch ein Stück weit Kenntnis geben können. Insofern ist die Gesamtzahl der seinerzeit dort eingesetzten Quellen – immerhin vor dem Hintergrund der Tatsache, dass wir es hier mit 16 Landesbehörden für Verfassungsschutz zu tun haben plus Bund – wie wir finden, ist es nicht sonderlich erstaunlich, dass es dann auch zu dieser Zahl gekommen ist, zumal sichergestellt war, dass diese Quellen, diese VPs, in keinster Weise auf parteiinterne Prozesse Einfluss nehmen. Ich kann das selbstverständlich nicht belegen oder jetzt bezeugen für die Gesamtheit der dort anwesenden V-Personen. Ich kann nur soweit sagen, wie es sich beim Bund seinerzeit verhiel. Und natürlich war klar, dass von unserer Seite aus beziehungsweise von der Quelle des Bundes insofern keine Einflussnahme ausgeübt wurde. Was die Genese des Parteiprogramms anbetrifft, wie Herr Professor Waldhoff das ja im Schriftsatz dargestellt hat, haben wir natürlich versucht, den Entstehungskontext sehr genau auch nochmal nachzuzeichnen. In der Tat waren eben zwei Landesverbände ganz, ganz wesentlich daran beteiligt, offensichtlich auch nach eigenem Bekunden: Wir reden also von dem Landesverband Sachsen, der etliche Änderungsanträge im Vorfeld eingebracht hatte, die dann in diesen Entwurf einflossen, der dann vom Bund übernommen wurde, vom 12. Mai. Es gab einen Alternativantrag vom Landesverband Mecklenburg-Vorpommern. Der war aber inhaltlich gewissermaßen so deckungsgleich, dass das Gesamtergebnis darauf hinauslief, dass – wenn ich mich recht erinnere – der NPD-Landesverband Mecklenburg-Vorpommern diesen Antrag auch zurückzog. Also so muss man sich das in etwa vorstellen. Das hat uns dann auch dazu veranlasst, neben all den anderen Argumenten, wie sehr sich die Partei das zu eigen gemacht hat, dass die absoluten Spitzenfunktionäre auch sehr stolz waren auf ihr Programm, weil es aus ihrer Sicht nämlich sehr, sehr gut gelungen sei, was die Darstellung, den sogenannten nationalen Dreiklang etc. anbetrifft. Das wurde mehrfach gesagt. Es gab auch eine Stellungnahme zum Beispiel aus Sachsen, die lautete: „Ja, man liest die sächsische Handschrift." Da spiegelt sich das gewissermaßen wieder nach unserem Eindruck. Und das hat sich gewissermaßen auch bestätigt, als wir das Protokoll uns dann ansehen konnten, dass die wesentlichen Entscheidungen, die ganz, ganz wesentlichen Entscheidungen, sehr wohl von diesen beiden entscheidenden Kraftzentren weitestgehend vorbereitet wurden.

Präsident Prof. Dr. Voßkuhle: Gut! Vielen Dank! Herr Müller bitte!

Richter Müller: Ich habe mich jetzt ein bisschen über die Formulierung „neun eingesetzte V-Leute" gewundert. Wie geht das? Wer ist da auf so einem Parteitag? Das sind ja normalerweise gewählte Delegierte, da können Sie ja keine Leute als Delegierte einsetzen?

Herr Weber (Bundesamt für Verfassungsschutz): Da haben Sie vollkommen Recht. Insofern muss man da vielleicht auch mit der Terminologie – das merke ich auch – besonders vorsichtig sein. Natürlich entscheiden wir nicht, wer als Delegierter gewählt wird. Aber es kann natürlich…

Richter Müller: Das heißt, da waren 187…

Herr Weber (Bundesamt für Verfassungsschutz): Bitte?

Richter Müller: Ich stelle mir das so vor: Da waren 187 Gewählte.

Herr Weber (Bundesamt für Verfassungsschutz): So ist es.

Richter Müller: Nach der Satzung der Antragsgegnerin gewählte Delegierte, und unter diesen gewählten Delegierten befanden sich neun Leute, die als V-Leute tätig waren.

Herr Weber (Bundesamt für Verfassungsschutz): Genau.

Richter Müller: Also nichts mit einsetzen oder so?

Herr Weber (Bundesamt für Verfassungsschutz): Nein, es geht nicht ums Einsetzen.

Präsident Prof. Dr. Voßkuhle: Frau Herrmanns bitte!

Richterin Herrmanns: Zu einer anderen Formulierung von Ihnen, Sie haben gesagt: „Für uns war klar, dass kein Einfluss von der von uns eingesetzten Quelle ausgeübt wird." War das auch der Quelle klar und wodurch?

Herr Weber (Bundesamt für Verfassungsschutz): Im Vorfeld, ich meine: das muss man ja im Gesamtkontext sehen. Es ist ja nicht so, als ob dieses Verhältnis zwischen V-Person und V-Mann-Führung einerseits in der Beschaffung und der Auswertung, als ob wir das über diese Gesamtschau nicht etwa – man kennt sich natürlich – auch einordnen. Es sind eben keine Steuernden, abgesehen davon, dass eben die Frage der Staatsfreiheit dadurch gewährleistet wurde, dass diese Abschaltung dann spätestens bis April 2012 oder im April 2012 praktisch erfolgte, waren die eingesetzten V-Personen – und da spreche ich jetzt für den Bund – keine Personen, unabhängig davon, ob sie auch Vorstandsfunktionen ausübten, die die Partei steuerten, und insofern war das für uns im Vorhinein klar. Das erfolgt natürlich auch immer wieder in der Führung der V-Personen selbst und in der gegenseitigen oder klaren Anweisung. Sie geht ja mit einem gewissen Auftrag da hin. Zum Beispiel wäre der Auftrag beziehungsweise hätte sein können: Wie sind die Machtverhältnisse? Wie kristallisiert sich das heraus? Der Auftrag ist natürlich nicht steuernd Einfluss auszuüben. Das gilt ja generell.

Präsident Prof. Dr. Voßkuhle: Herr Maidowski bitte!

Richter Dr. Maidowski: Ich muss auch nochmal nachfragen. Das war uns im Vorhinein klar, haben Sie gerade gesagt. Ich will nochmal präzisieren, um welche Situation es geht. Es geht nicht um die Situation, dass ein Autor von Textvorschlägen gesucht wird als V-Person, sondern es geht darum, ob jemand Diskussionen mitgeführt hat und mitbeeinflusst hat. Das kann man nicht rauskriegen, indem man vorher einschätzt: „Das ist kein Macher, der setzt sich nicht durch." Sondern das kann man nur rauskriegen, wenn man den hinterher befragt. Die Frage von Herrn Richter war: Ist mit den Leuten hinterher einfach gesprochen worden? Mit jedem der neun?

Herr Weber (Bundesamt für Verfassungsschutz): Ja, selbstverständlich. Das tut mir leid, wenn ich das nicht präzise genug gesagt habe.

Richter Dr. Maidowski: Genau, das haben Sie nicht so ausdrücklich gesagt und deswegen habe ich vermutet, Sie wollten sich vielleicht drücken. Aber das wollen Sie offenbar nicht.

Herr Weber (Bundesamt für Verfassungsschutz): Nein, überhaupt nicht. Es wird ja nicht nur mit ihnen im Nachhinein gesprochen seitens der VP-Führung, sondern das verläuft natürlich auch nicht im Sande. Es ist natürlich selbstverständlich, dass über diese Veranstaltung von der teilnehmenden V-Person dann auch ein Bericht gefertigt wird, ein sogenannter Deckblattbericht.

Richter Dr. Maidowski: Ich bin in dieser Welt nicht so zu Hause, deswegen frage ich lieber nach.

Herr Weber (Bundesamt für Verfassungsschutz): Nein, das tut mir leid, wenn ich das nicht ausreichend klar zum Ausdruck gebracht habe.

Richter Dr. Maidowski: Danke!

Präsident Prof. Dr. Voßkuhle: Aufgrund dieser Berichte können Sie auch relativ genau nachvollziehen, was die V-Leute gemacht haben und was sie eingebracht haben in den Parteitag?

Herr Weber (Bundesamt für Verfassungsschutz): Das kann man allein aus diesen, vor allem kann man es erst recht aus der Gesamtschau der Berichte zusammentragen, weil natürlich die V-Personen untereinander nichts wissen über die VM-Tätigkeit oder den VM-Status einer anderen Quelle.

Präsident Prof. Dr. Voßkuhle: Gut. Weitere Fragen seitens des Senats? Das ist nicht der Fall. Vielen Dank, Herr Weber! So, es ist jetzt zwanzig nach sieben, wir haben diesen Teil im Wesentlichen, glaube ich, abgeschlossen. Es sei denn, Sie wollen noch irgendeine Frage stellen dazu, zu dem Komplex, den wir behandelt haben?

Rechtsanwalt Richter: Herr Präsident, hoher Senat, verehrte Verfahrensbeteiligte, ich habe jetzt hier eben in der Zwischenzeit noch einige Zettel hingelegt bekommen. Das meiste ist schon abgearbeitet. Ich habe jetzt nur noch einen Punkt, und zwar geht's da um die Frage – was ja auch bereits am Anfang angesprochen worden war: Aufzeichnung durch Telekommunikationsüberwachung. Ob da also bei Gesprächen, wo es in den Privatbereich geht beziehungsweise dann hier im konkreten Fall eben in die Prozessstrategie, da direkt dann abgebrochen wird, oder ob man da vielleicht auch mal ein bisschen länger zuhört. Dann hat mich der Herr Schmidtke noch angesprochen und wollte dazu noch ein paar Ausführungen machen aus eigener Erfahrung, wo er nämlich mir erzählt hat, also er hätte da andere Erfahrungen gemacht, dass eben da nicht direkt abgebrochen wird, sondern da entsprechend weiter...

Präsident Prof. Dr. Voßkuhle: Wir wollen nicht gerne jetzt sozusagen spontane Erfahrungen, die Einzelne gemacht haben, erörtern. Das führt uns dann sehr weit. Wenn das nicht eine ganz konkrete Tatsache ist, die für diesen Fall entscheidend ist, würde ich gerne darauf verzichten, einzelne Erfahrungen aus der Vergangenheit zu hören.

Rechtsanwalt Richter: Gut, also es wäre nach unserer Auffassung geeignet, auch hier wieder die Glaubwürdigkeit zu erschüttern, aber da es in der Tat jetzt nicht unmittelbar das vorliegende Verfahren betrifft, können wir in der Tat darauf verzichten. Ich gucke jetzt gerade hier, ach so, das ist noch wichtig: Ich habe jetzt eben in der Zwischenzeit mal die Zeit genutzt, um nochmal herauszufinden, wo der Name Friebe herkam. Den habe ich mir in der Tat nicht aus der Nase gezogen, sondern der stand in den eidesstaatlichen Erklärungen der Herren Voigt und Meenen drin, weil die den scheinbar so verstanden hatten in dem Gespräch. Da habe ich jetzt eben nochmal nachgeschaut, das sind praktisch die beiden Erklärungen, die die Herren Voigt und

II. Mündliche Verhandlung

Meenen da abgegeben haben. Wenn der Senat es wünscht, könnte ich die auch hier nochmal zur Akte reichen, weil sich der Name daraus ergibt. Inhaltlich ist es im Wesentlichen das, was der Herr Voigt eben schon erklärt hat, also deswegen jetzt nichts Neues, aber...

Präsident Prof. Dr. Voßkuhle: Geben Sie es noch einmal zur Akte.

Rechtsanwalt Richter: Wobei, das sind glaube ich auch, genau, die Originale.

Präsident Prof. Dr. Voßkuhle: Wir kriegen es mit entsprechenden Kopien morgen...

Rechtsanwalt Richter: Ansonsten, ich werde gerade nochmal schauen. Vielleicht noch eine kurze Anmerkung jetzt noch, was ich mir hier spontan aufgeschrieben hatte zum V-Mann Corelli, weil ja da behauptet worden ist, er habe sich dann zum Zeugenschutzprogramm hineinbegeben müssen. Da wäre die erste Frage noch vielleicht ergänzend: Was hat der Zeuge Corelli beziehungsweise der V-Mann Corelli mit der NPD zu tun? Und die daran anschließende Frage: Ist er präventiv in ein Zeugenschutzprogramm gesteckt worden, eben mit der Argumentation, wenn jemand enttarnt wird, dann muss der sofort geschützt werden, weil ihm generell Gefahr droht, oder drohte ihm konkrete Gefahr? Gab es konkrete Anhaltspunkte und ist er daraufhin dann ins Zeugenschutzprogramm gekommen? Denn wenn es nämlich so wäre, dann wäre diese Beispielsnennung, die jetzt – wie ich sie in Erinnerung habe – die einzige ist, die überhaupt hier irgendwie geeignet wäre, gegebenenfalls Gefahren, also konkret realisierte Gefahren zu begründen, da wären wir ja auch nicht weiter als vorher, wenn es so gewesen wäre, als wenn er präventiv da rein gesteckt worden wäre. Die Frage hat sich mir jetzt aufgedrängt.

Präsident Prof. Dr. Voßkuhle: Ja, also den Fall Corelli wollen wir, glaube ich, nicht im Einzelnen aufklären. Aber wir halten fest, dass es nicht sehr viel oder besser wenig Beispielmaterial gibt. Das ist das, was wir am Anfang schon hatten. Dass es eine plausible Theorie dazu gibt, was passieren könnte, und dass diese Theorie zwei zentrale Richtungen hat. Einmal geht es um den Schutz der betroffenen V-Person, zum anderen geht es um den Schutz der Funktionsfähigkeit der Dienste, die natürlich auch in Frage gestellt werden kann. Darauf ist von Seiten der Antragsteller gerade noch hingewiesen worden. Weiteres dazu von Ihrer Seite nicht? Dann würde ich, ja?

Rechtsanwalt Richter: Die Zettel reißen nicht ab. Ich hab jetzt eben noch einen Hinweis bekommen, der Herr Voigt wollte noch kurz etwas sagen zur Behauptung, die hier aufgestellt worden ist, dass die V-Leute ja generell nur beobachten und Informationen sammeln und sich allerdings hier die Frage stellt, ob sie das tatsächlich nur machen oder ob sie nicht vielleicht auch im Sinne eines Agent Provokateur tätig werden, da wollte der Herr Voigt noch...

Präsident Prof. Dr. Voßkuhle: Nur, wenn es einen konkreten Anhaltspunkt gibt.

Rechtsanwalt Richter: Ja, es geht um die Personen Frenz und Piatto.

Präsident Prof. Dr. Voßkuhle: Frenz und Piatto, gut. Das passt dazu. Herr Voigt dann, ein bisschen früher, aber...

1. Erster Verhandlungstag (Dienstag, 1. März 2016)

C. Das zweite NPD-Verbotsverfahren (2013–2017)

Herr Voigt: Herr Präsident, hohes Gericht, es geht darum, was jetzt nicht gesagt wird, das kann eben nicht mehr gesagt werden in diesem Verfahren. Und es wurde gerade so getan von Seiten der Verfassungsschutzämter, als wenn die V-Leute bei uns nur beobachten und melden würden. Aber das ist ja gerade im Fall Piatto, S. damals, der in das Brandenburger Zeugenschutzprogramm genommen worden ist, der gegenteilige Fall gewesen. Er hat damals mit seiner Kameradschaft von Königs Wusterhausen Leute ausgebildet im Werfen von Molotowcocktails. Es wurden Todeslisten etablierter Politiker angelegt, das war der typische Fall des Agent Provokateur. Genau wie Wolfgang Frenz, der hier deswegen schon damals als Parteivorstandsmitglied zwei Jahre vor dem Verbotsverfahren aufgefallen ist, der die Aufgabe hatte, den Antisemitismus in der NPD zu belegen, indem er entsprechende Artikel und Flugblätter verfasste, was mich dazu führte, als Parteivorsitzender, dem damaligen Schriftleiter der Deutschen Stimme zu untersagen, noch Artikel von Wolfgang Frenz zu bringen, da mein Verdacht besonders stark war, dass er Agent Provokateur gewesen ist. Und dass man im heutigen Verfahren Vermutungen anstellen muss, weil Geheimdienste halt die Eigenschaft haben, dass man das sehr schwer beweisen kann oder sich beweisen lässt, weil eben Geheimdienste im Geheimen operieren. Aber die Fälle Piatto und Wolfgang Frenz, der sich ja noch – wie wir gestern Abend im Fernsehen sahen – bei bester Gesundheit befindet, also keine Befürchtungen haben, als enttarnter V-Mann oder Agent Provokateur aufgesucht und beobachtet zu werden – deshalb das klassische Gegenbeispiel lebt noch, gibt noch Interviews, gibt noch entsprechende Erklärungen ab.

Und letztlich – wenn es mir gestattet ist – möchte ich noch zwei, drei Sätze zu den V-Mann-Möglichkeiten oder Erkenntnissen der Telekommunikation mitteilen, die uns heute dargestellt worden sind. Da geht es darum, dass offensichtlich der Verfassungsschutz uns heute nur über die Möglichkeiten des Steinzeitalters, nämlich Telefone abhören, unterrichtet. Über die Tatsache, dass heute die meisten Erkenntnisse eben über Internetdaten oder über das Abhören von Richtfunk geht, wurde überhaupt nichts berichtet. Mir war es damals nur möglich, mit den Prozessvertretern Horst Mahler und Dr. Eisenecker die Prozessstrategie vorzubereiten, indem wir lange Waldspaziergänge machten, weil die mit Richtmikrofon nicht abgehört wurden. Wir hatten zwei konkrete Fälle damals, wo also einmal meine Sekretärin abgehört worden ist durch Richtfunk und auch bei Telefonaten, die sie in der Zentrale gemacht hat. Die Daten lagen vor, die Aktenordner hatten wir. Und in den späteren Jahren wurde uns dann eröffnet, das war – glaube ich – im Jahr 2007 oder 2008, dass der Bundesschatzmeister der NPD, der wegen Betruges dann verurteilt worden ist, K., mir, nachdem er aus dem Gefängnis kam, die Abhörunterlagen gegeben hat, dass mit Richtmikrofon in der Parteizentrale jede Präsidiumssitzung, jede Parteivorstandssitzung wortgenau abgehört gewesen ist. Diese Sache habe ich natürlich auch unserem Anwalt mitgeteilt, und daher ist auch seine Befürchtung zu verstehen, wenn keine konkreten Angaben – und heute hat überhaupt keiner etwas über Richtfunk gesagt – dazu gemacht werden, dass man natürlich die Möglichkeiten nicht hat, sich frei wie jeder andere Anwalt mit seinen Klienten zusammenzusetzen, weil eben die Möglichkeiten, über Richtfunk – in einem Gebäude hier, mit diesen tollen Fenstern – ganz hervorragend sind und natürlich in anderen Gebäuden genauso gut, wo

Fenster vorhanden sind. Und davon macht gerade der Verfassungsschutz explizit Gebrauch.

Präsident Prof. Dr. Voßkuhle: Vielen Dank, Herr Voigt! Ich gehe davon aus, dass das, was aber vom Verfassungsschutz gesagt worden sind, G10-Maßnahmen sind. Also darunter würden natürlich auch Richtfunk und Ähnliches fallen. Aber wenn Herr Maaßen das noch einmal bestätigen könnte, könnten wir vielleicht ruhiger schlafen. Herr Präsident Maaßen?

Dr. Maaßen (Bundesamt für Verfassungsschutz, Präsident): Herr Vorsitzender! Hohes Gericht! Natürlich fallen Internetüberwachung und auch die Überwachung von Richtfunkstrecken auch unter das G10-Gesetz. Es gelten die gleichen Regelungen wie vorhin auch schon von Herrn Kaller und von mir angesprochen, und nach dem G10-Gesetz kann nur in exzeptionellen Fällen, also in Fällen beispielsweise zur Terrorismusbekämpfung, eine derartige Genehmigung erteilt werden. Ich kann sagen, mit Blick auf die Verfahrensbevollmächtigten und auch auf die anwesenden Vorstandsmitglieder: „Wir haben keine G10-Maßnahmen, wir haben auch keine Richtfunküberwachung durchgeführt!"

Präsident Prof. Dr. Voßkuhle: Gibt es andere technische Überwachungsmaßnahmen, die wir nicht explizit erwähnt haben, die aber davon umfasst sind, was Sie jetzt gerade gesagt haben und relevant sind, also insbesondere Trojaner in Computer, die sozusagen die Festplatte spiegeln können und ähnliche Maßnahmen – fällt auch alles unter G10 – würde auch alles von Ihnen sozusagen hier in Abrede gestellt werden?

Dr. Maaßen (Bundesamt für Verfassungsschutz, Präsident): Das wird von mir auch in Abrede gestellt. Ich glaube, vorhin war noch gemeint gewesen: Richtmikrofone. Wenn man auf die Fensterscheiben hinweist, meint man wohl Richtmikrofone – haben wir nicht eingesetzt.

Präsident Prof. Dr. Voßkuhle: Sonst irgendwelche vergleichbaren Mittel, an die wir jetzt nicht denken?

Dr. Maaßen (Bundesamt für Verfassungsschutz, Präsident): Ich denke darüber nach, über welche Mittel Sie nicht nachdenken.

(Gelächter)

Mir fallen keine weiteren technischen Mittel ein, die eingesetzt werden könnten und/oder die wir eingesetzt haben.

Präsident Prof. Dr. Voßkuhle: Gut! Wunderbar, vielen Dank!

Dr. Maaßen (Bundesamt für Verfassungsschutz, Präsident): Bitteschön!

Präsident Prof. Dr. Voßkuhle: Dann würde ich jetzt die Verhandlung schließen. Die Verhandlung wird fortgesetzt morgen um 10:00 Uhr.

2. Zweiter Verhandlungstag (Mittwoch, 2. März 2016)

a) Vormittags

Präsident Prof. Dr. Voßkuhle: Bitte nehmen Sie Platz!
Ich eröffne die Fortsetzung der mündlichen Verhandlung des Zweiten Senats des Bundesverfassungsgerichts in dem Verfahren 2 BvB 1/13. Wir kommen zunächst zur Anwesenheit.

> Für die Antragsgegnerin sind erschienen:
> Herr Parteivorsitzender Frank Franz
> die Herren Stefan Köster
> Frank Schwerdt
> Ronny Zasowk
> sowie als Bevollmächtigte
> die Herren Rechtsanwälte
> Peter Richter und
> Herr Rechtsanwalt Michael Andrejewski
>
> Für den Bundesrat:
> Die Direktorin des Bundesrates, Frau Staatssekretärin Dr. Ute Rettler
> sowie als Bevollmächtigte
> Herr Prof. Dr. Christoph Möllers
> Herr Prof. Dr. Christian Waldhoff und
> Herr Prof. Dr. Alexander Ignor
>
> Mit dem Bundesrat sind erschienen:
> Frau Landtagspräsidentin Sylvia Bretschneider sowie
> Herr Innenminister Joachim Herrmann
> Herr Innenminister Lorenz Caffier
> Herr Innenminister Ralf Jäger
> Herr Innenminister Roger Lewentz
> Herr Innenminister Klaus Ulbig
> Herr Innenminister Holger Stahlknecht
> Herr Innenminister Stefan Studt und
> Herr Innenminister Dr. Holger Poppenhäger
>
> Für den Deutschen Bundestag sind erschienen:
> Herr Regierungsdirektor Patrick Wegner
>
> Aus dem Deutschen Bundestag sind erschienen:
> Frau Abgeordnete Dr. Eva Högl
> Frau Abgeordnete Renate Künast
> Frau Abgeordnete Anita Schäfer
> Frau Abgeordnete Susanne Mittag
> Frau Abgeordnete Monika Lazar und
> Frau Abgeordnete Martina Renner

Für die Bundesregierung sind erschienen:
Herr Ministerialdirektor Stefan Kaller
Herr Ministerialdirektor Hans-Heinrich von Knobloch
Herr Ministerialdirektor Günter Heiß

Für das Bundespräsidialamt ist erschienen:
Herr Ministerialrat Prof. Dr. Stefan Pieper

Als Sachkundige Dritte sind erschienen:
Herr Prof. Dr. Eckhard Jesse
Herr Prof. Dr. Dierk Borstel
Herr Prof. Dr. Steffen Kailitz und
Frau Andrea Röpke

Als Sachkundige Auskunftspersonen sind erschienen:
Herr Udo Voigt
Herr Jürgen Gansel
Herr Claus Cremer und
Herr Holger Apfel

Ich weise darauf hin, dass die mündliche Verhandlung gemäß § 25a des Bundesverfassungsgerichtsgesetzes in Verbindung mit § 24 der Geschäftsordnung in einer Tonaufzeichnung festgehalten wird.

Meine Damen und Herren, dann darf ich die Presse bitten, uns zu verlassen. Nicht die Presse, sondern die Bildmedien. Die Presse darf hier bleiben.

Gut, also: Wir haben uns gestern sehr intensiv mit dem Verfahrenshindernis, einem möglichen Verfahrenshindernis, auseinandergesetzt. Der Senat hat nach der Verhandlung beraten. Wir sind zu dem Entschluss gekommen, dass wir Herrn A. nicht als Zeuge hören wollen, weil er nicht als V-Mann in einem Parteivorstand vorgesehen war und insofern uns seine Aussage nicht erheblich erscheint. Nach vorläufiger Einschätzung des Gerichts hat die mündliche Verhandlung bestätigt, dass ein Verfahrenshindernis nicht vorliegt und wir werden deshalb weiter in die Prüfung der Zulässigkeit und Begründetheit eintreten.

Herr Richter, Sie hatten deutlich gemacht, dass Sie zur Sache sich nicht äußern wollen. Ich darf Sie im Sinne prozessualer Fürsorge daran erinnern, dass es vielleicht doch hilfreich sein könnte für Ihre Mandantschaft, sich auch weiter in dem Verfahren zu äußern. Sie hatten nach Auffassung des Gerichts keinen hinreichenden Anlass, sich nicht auf inhaltliche Fragen vorzubereiten. Seit Dezember 2013 liegt der Antrag vor, spätestens seit dem 02.12.2015 – also dem Eröffnungsbeschluss für die mündliche Verhandlung – mussten Sie davon ausgehen, dass das Gericht davon ausgeht, dass kein Verfahrenshindernis vorliegt, und Sie hätten sich jedenfalls alternativ vorbereiten müssen auf die inhaltliche Auseinandersetzung. Das Gericht wird Ihnen aber Gelegenheit geben, nach Beendigung der Verhandlung noch sechs Wochen vorzutragen. Sollten dort Dinge vorgetragen werden, die aus unserer Sicht erheblich sind, werden wir wieder in die Verhandlung eintreten. Sollte das nicht der Fall sein, sollten keine anderen Gründe dafür bestehen, dass wir nochmal in die Verhandlung eintreten, dann würden wir das nicht tun. Möchten Sie sich dazu äußern? Bitte!

Rechtsanwalt Richter: Herr Präsident, hoher Senat, verehrte Verfahrensbeteiligte, ich habe nicht gesagt, dass die Antragsgegnerin sich generell nicht äußern wird. Ich habe nur gesagt, dass aus unserer Sicht eine Vorbereitung, so wie sie erforderlich wäre, unter den gegebenen Umständen nicht möglich war und ich schließe nicht aus, dass die Antragsgegnerin sich in dieser Verhandlung selbstverständlich unter Umständen noch äußern wird, je nachdem was von Antragstellerseite vorgebracht wird. Deswegen also vielen Dank für den Hinweis auf die Fürsorgepflicht, aber ich gehe davon aus, dass ich der Fürsorgepflicht in dieser Verhandlung umfassend nachkommen werde. Vielen Dank!

Präsident Prof. Dr. Voßkuhle: Vielen Dank! Gut, dann können wir eintreten in die Erörterung. Aus Sicht des Gerichts muss zur Zulässigkeit nichts vorgetragen werden. Besteht bei dem Antragsteller oder der Antragsgegnerin irgendwie ein Bedürfnis, dazu etwas zu sagen? Bitte!

Rechtsanwalt Richter: Herr Präsident, hoher Senat, verehrte Verfahrensbeteiligte, einen Punkt möchte ich ganz kurz vorab abhandeln. Das ist sicherlich nicht die zentrale Rechtsfrage dieses Verfahrens, allerdings der Vollständigkeit und der guten Ordnung halber weise ich einfach nochmal darauf hin, dass mir keine Vollmacht des Präsidenten des Bundesrates vorliegt, also keine Verfahrensvollmacht der Bevollmächtigten der Antragstellerseite, die vom Präsidenten des Bundesrates unterzeichnet ist, sondern nur von der Direktorin. Ich meine, der Präsident hätte unterschreiben müssen. Möge der Senat entscheiden und klären, möchte ich hier allerdings auch nicht weiter vertiefen.

Zur Zulässigkeit möchte ich ein paar kurze Ausführungen machen:
Erstens: Unzulässigkeit wegen fehlender Rechtsgrundlage für ein Parteiverbot
Bevor man überhaupt in eine nähere rechtliche Prüfung des Vorliegens der Voraussetzungen des von der Antragstellerseite begehrten Verbotsausspruchs eintreten kann, ist wegen des rechtsstaatlichen Grundsatzes vom Vorbehalt des Gesetzes die logisch vorrangige Frage zu klären, ob für das beantragte Parteiverbot überhaupt eine gesetzliche Rechtsgrundlage existiert. Dies ist nach richtiger Auffassung zu verneinen.
Im einschlägigen Art. 21 Abs. 2 GG ist lediglich formuliert: „Parteien, die nach ihren Zielen oder nach dem Verhalten ihrer Anhänger darauf ausgehen, die freiheitliche demokratische Grundordnung zu beeinträchtigen oder zu beseitigen oder den Bestand der Bundesrepublik Deutschland zu gefährden, sind verfassungswidrig." Diese Bestimmung zielt prozessual ausschließlich auf eine gerichtliche Feststellung ab, zumindest ist sie nicht als Verbotsvorschrift formuliert, wie dies etwa beim Vereinsverbot nach Art. 9 Abs. 2 GG der Fall ist. Dort heißt es: „Vereinigungen, deren Zwecke oder deren Tätigkeit den Strafgesetzen zuwiderlaufen oder die sich gegen die verfassungsmäßige Ordnung oder gegen den Gedanken der Völkerverständigung richten, sind verboten."
Bei Art. 21 Abs. 2 GG, der sich mit den politischen Parteien befasst, wird dagegen erst in § 46 Abs. 3 BVerfGG und damit in einer nichtverfassungsgesetzlichen Vorschrift eine Verbotsbestimmung formuliert. Art. 21 Abs. 2 GG wird dabei dahin-

gehend präzisiert, dass die Feststellung der Verfassungswidrigkeit einer entsprechenden Partei nach Art. 21 Abs. 2 GG durch das Bundesverfassungsgericht mit der Auflösung dieser Partei und dem Verbot zu verbinden ist, eine Ersatzorganisation zu schaffen.

Hier stellt sich die Frage, ob § 46 Abs. 3 BVerfGG verfassungskonform ist, denn eine verfassungsrechtlich mit einer reinen Feststellungsentscheidung endende Verfahrensart kann nicht einfachgesetzlich in ein rechtsgestaltendes Parteiauflösungsverfahren umgewandelt werden. § 46 Abs. 3 BVerfGG stellt keine Präzisierung des Art. 21 Abs. 2 GG dar, sondern ein völliges Aliud ohne verfassungsrechtliche Rechtsgrundlage. Der einfache Gesetzgeber hat mit der Schaffung des § 46 Abs. 3 BVerfGG seinen grundgesetzlich eingeräumten Ausgestaltungsspielraum überschritten, so dass diese Vorschrift insgesamt nichtig ist. Mangels anderweitiger Rechtsgrundlage für einen Verbotsausspruch kommen ein Verbot und eine Auflösung der Antragsgegnerin per se nicht in Betracht.

Bei dieser Lesart, welche unmittelbar aus dem Wortlaut des Art. 21 Abs. 2 GG in der systematischen Zusammenschau mit Art. 9 Abs. 2 GG folgt, verlöre die Vorschrift auch keineswegs ihren praktischen Sinn. Das Bundesverfassungsgericht ist durch Art. 21 Abs. 2 GG auf eine Feststellungsentscheidung hinsichtlich der Verfassungswidrigkeit einer Partei beschränkt und überlässt es dem mündigen Bürger und freien Wähler, eine entsprechende verfassungsgerichtliche Erkenntnis durch Nichtwahl einer förmlich als verfassungswidrig erkannten Partei zu vollstrecken. Das Bundesverfassungsgericht wäre dann auf die Funktion beschränkt, die mittlerweile an die Inlandsgeheimdienste abgetreten worden ist, nämlich auf die Verfassungswidrigkeit von Parteien hinzuweisen, wobei dies immerhin aufgrund eines gerichtlichen Verfahrens mit Beweisaufnahme und Anhörungsrecht von Seiten der Betroffenen erfolgt und nicht im Rahmen von irgendwelchen Verfassungsschutzberichten, die als rechtlich irrelevante Meinungsäußerungen einer weisungsgebundenen Exekutivbehörde ohne jede Anhörung der Betroffenen daherkommen.

Eine bloße Feststellungswirkung einer Entscheidung nach Art. 21 Abs. 2 GG würde in der Bundesrepublik Deutschland insoweit den Freiheitsgrad verwirklichen, der im deutschen Kaiserreich bestanden hatte, wo das Sozialistengesetz, das Verbote sozialdemokratischer und kommunistischer Organisationen ermöglicht hatte, der Wahlentscheidung des Volkes zugunsten der verbotenen SPD nicht entgegengestanden hatte. In ähnlicher Weise sind die aufgrund präsidialer Notstandsbefugnisse und durch Republikschutzgesetze ausgesprochenen Parteiverbote in der Weimarer Republik gehandhabt worden. Erweist sich § 46 Abs. 3 BVerfGG mithin als verfassungswidrig und ist Art. 21 Abs. 2 GG nicht willkürfrei in eine Verbotsvorschrift umdeutbar, existiert für das beantragte Parteiverbot keine Rechtsgrundlage, weswegen der Antrag insoweit als unzulässig zu verwerfen ist.

Zweitens: Tatbestandsmerkmal „Beeinträchtigen" kein geltendes Verfassungsrecht

Selbst wenn man entgegen dem eindeutigen Wortlaut des Art. 21 Abs. 2 GG die Kompetenz zum Erlass einer reinen Feststellungsentscheidung in eine Verbotskompetenz mit rechtsgestaltender Wirkung umdeuten wollte, so zeigt sich gleichwohl, dass das in Art. 21 Abs. 2 GG genannte Tatbestandsmerkmal des Beeinträchtigens der freiheitlich demokratischen Grundordnung, auf welches sich die Antragsschrift in offensichtlicher Ermangelung eines Beseitigens ausschließlich stützt, gar kein gültiges Verfassungsrecht darstellt, weil es sich insoweit um ein Redaktionsversehen des Grundgesetzgebers handelt. In der äußerst instruktiven Disseration von Horst Meier (vgl. Horst Meier, Parteiverbote und demokratische Republik – Zur Interpretation und Kritik von Art. 21 Abs. 2 GG, Baden-Baden 1993) ist auf Seite 155 ff. Folgendes zu lesen:

„Einen Tag später, am 17. November 1948, hat der Hauptausschuss in seiner 4. Sitzung (1. Lesung) den Änderungsvorschlag des Allgemeinen Redaktionsausschusses unmittelbar zum Ausgangspunkt seiner Beratungen gemacht und dabei die Fassung des Organisationsausschusses nicht mehr besonders berücksichtigt. Nach einer kurzen Diskussion, in der Grundsatzfragen nicht aufgeworfen wurden, nahm der Hauptausschuss den Vorschlag des Allgemeinen Redaktionsausschusses bis auf zwei Ausnahmen an und verabschiedete Art. 21a Abs. 3 [damalige Fassung] einstimmig.

Die erste Ausnahme betraf lediglich eine stilistische Marginalie, die zweite dagegen eine inhaltliche Frage von erheblichem Gewicht, weil hier mit der Formulierung der tatbestandlichen Voraussetzungen die Eingriffssschwelle zur Diskussion stand. Auf Antrag des Abgeordneten de Chapeaurouge (CDU) wurde die Tatmodalität des ‚Beeinträchtigens' gestrichen. Die einschlägige Passage des Stenographischen Berichts weist dazu folgenden Wortwechsel auf:

Dr. de Chapeaurouge (CDU): ‚Ich habe Bedenken gegen die Fassung des Absatz 3. Dort wird gesagt: Parteien, die darauf ausgehen, die freiheitliche und demokratische Grundordnung zu beeinträchtigen oder zu beseitigen sind verfassungswidrig. Mir gehen die Worte ‚zu beeinträchtigen' zu weit. Wie dieser Ausdruck auszulegen ist, kann streitig sein. Das Bundesverfassungsgericht wird später mit überflüssiger Arbeit belastet. Ich schlage vor, in Absatz 3 die Worte ‚zu beeinträchtigen oder' zu streichen.'

Zinn (SPD): ‚Vom Standpunkt des Redaktionsausschusses aus bestehen keine Bedenken, diese Worte zu streichen.'

Vorsitzender Dr. Schmid: ‚Auch ich glaube, dass diese Worte gestrichen werden können. – Es erhebt sich kein Widerspruch; die Streichung ist beschlossen.'

Damit hatte sich der Hauptausschuss an einem inhaltlichen Punkt klar von dem Vorschlag des Allgemeinen Redaktionsausschusses abgesetzt und die Übernahme der am 16. November 1948 erstmals in die Beratungen eingebrachten Tatmodalität des Beeinträchtigens abgelehnt. Art. 21a Abs. 3 wurde demnach in der 1. Lesung des Hauptausschusses mit folgendem Wortlaut beschlossen: ‚(3) Parteien, die darauf ausgehen, die freiheitliche und demokratische Grundordnung zu beseitigen, sind verfassungswidrig. Über die Frage der Verfassungswidrigkeit entscheidet das Bundesverfassungsgericht. Das Antragsrecht und das Verfahren werden durch Gesetz geregelt.'

Als nächstes Gremium des Parlamentarischen Rates befasste sich der Allgemeine Redaktionsausschuss mit Art. 21a. In seinem Vorschlag vom 13. Dezember 1948 gab er der nunmehr als Absatz 2 vorgezogenen Regelung ohne weitere Anmerkungen die folgende Fassung: ‚(2) Eine Partei, die nach ihren Zielen oder nach dem Verhalten ihrer Anhänger darauf ausgeht, die freiheitliche oder demokratische Grundordnung zu beseitigen, ist durch das Bundesverfassungsgericht für verfassungswidrig zu erklären.'

Abgesehen davon, dass die nähere bundesgesetzliche Regelung in einem eigenen Absatz 4 für den gesamten Artikel formuliert wurde, griff der Allgemeine Redaktionsausschuss die im Herrenchiemsee-Entwurf und in der Fassung des Organisationsausschusses auf unterschiedliche Weise angesprochenen Kriterien für die Verfassungswidrigkeit einer Partei wieder auf. Statt auf das Programm oder die Art der Parteitätigkeit stellte man nunmehr allgemeiner formuliert auf die Ziele bzw. (über den Kreis der Mitglieder hinausgehend) auf das Verhalten der Parteianhänger ab. Außerdem wurde das ‚und' zwischen den Adjektiven der Grundordnung erstmals durch das Wort ‚oder' ersetzt. Die Sätze 1 und 2 wurden in einem Satz zusammengezogen, so dass aus einer Formulierung mit eher feststellendem Charakter (‚sind verfassungswidrig') durch die Verknüpfung mit der Kompetenz des Bundesverfassungsgerichts eine solche mit eher verpflichtendem Charakter wurde (‚ist für verfassungswidrig zu erklären'). Vermutlich war diese Fassung ein Reflex auf die erste Diskussion im Organisationsausschuss, wo die Frage problematisiert worden war, ob nicht eine Rechtspflicht des Bundesverfassungsgerichts statuiert werden sollte, die betreffende Partei für verfassungswidrig zu erklären.

Zwei Tage später, am 15. Dezember 1948, befasste sich der Hauptausschuss in seiner 27. Sitzung (2. Lesung) erneut mit Art. 21a. Bei dieser Beratung legte er versehentlich eine Fassung der 1. Lesung zugrunde, die teilweise mit der in 1. Lesung tatsächlich angenommenen des Absatzes 3 nicht übereinstimmte und folgenden Wortlaut hat: ‚Parteien, die darauf ausgehen, die freiheitliche und demokratische Grundordnung zu beeinträchtigen oder zu beseitigen sind verfassungswidrig. Über die Frage der Verfassungswidrigkeit entscheidet das Bundesverfassungsgericht. Das Antragsrecht und das Verfahren werden durch Bundesgesetz geregelt.'

Sieht man von der marginalen Abweichung in Satz 3 ab, so bleibt als entscheidende und inhaltlich bedeutsame Abweichung die versehentliche Wiederaufnahme der gestrichenen Tatmodalität des ‚Beeinträchtigens' festzustellen. Da die ebenfalls im Laufe der 1. Lesung beschlossene stilistische Korrektur in Satz 2 berücksichtigt wurde, kann nicht davon ausgegangen werden, dass der Hauptausschuss die Ergebnisse seiner 1. Lesung gänzlich übergangen und irrtümlich etwa auf den Vorschlag des Allgemeinen Redaktionsausschusses vom 16. November 1948 zurückgegriffen hätte.

Die Fehlerquelle ist bis dahin zurückzuverfolgen, wo der Hauptausschuss unter dem Datum des 10. Dezember 1948 seinen Grundgesetzentwurf in der Fassung der 1. Lesung vorlegte. Der dort abgedruckte Wortlaut von Absatz 3 entspricht genau demjenigen, der zur Beratungsgrundlage der 2. Lesung gemacht wurde, woraus geschlossen werden kann, dass sich der Fehler bereits bei der redaktionellen Zusammenstellung der Grundgesetzfassung der 1. Lesung eingeschlichen hat. Über die Ursache dieses Versehens lassen sich nur Vermutungen anstellen. Es spricht jedoch einiges dafür, dass angesichts der Vielzahl der nicht auf den ersten Blick zu unterscheidenden Fassungen schlicht eine technische Fehlleistung unterlaufen ist. Wobei des Weiteren zu berücksichtigen ist, dass in jeder Sitzung des Hauptausschusses eine ganze Reihe von Artikeln durchberaten wurde. Schließlich ist darauf hinzuweisen, dass das Kurzprotokoll des Hauptausschusses der 1. Lesung von Art. 21a – entgegen der sonst üblichen Gepflogenheit – einen formellen Beschluss nicht aufweist, sondern lediglich den Streichungsvorschlag des Abgeordneten de Chapeaurouge (CDU) erwähnt. Einzig der stenographische Bericht der Sitzungen des Hauptausschusses dokumentiert klar den Streichungsbeschluss. Diese Druckfassung der Wortprotokolle wurde jedoch erst im Jahre 1950 von der Abwicklungsstelle des Parlamentarischen Rates nachträglich herausgegeben; eine andere Ausfertigung als das Kurzprotokoll dürfte für die laufenden Beratungen nicht zur Verfügung gestanden haben.

Während der hier zur Rede stehenden 2. Lesung des Art. 21a hat der Hauptausschuss im Hinblick auf Absatz 3 einen Antrag der CDU/CSU-Fraktion sowie einen Ergänzungsantrag des Abgeordneten Eberhard (SPD) beschlossen. Der Antrag der CDU/CSU-Fraktion hatte folgenden Wortlaut: ‚Parteien, die nach ihren Zielen oder nach dem Verhalten ihrer Anhän-ger darauf ausgehen, die freiheitliche und demokratische Grundordnung zu beeinträchtigen oder zu beseitigen sind verfassungswidrig. Über die Frage der Verfassungswidrigkeit entscheidet das Bundesverfassungsgericht.'

Der Abgeordnete Eberhard (SPD) beantragte, hinter ‚beseitigen' die Worte einzufügen: ‚oder den Bestand der Bundesrepublik Deutschland zu gefährden'. Es könne nämlich Fälle geben, in denen eine Partei nicht die freiheitliche und demokratische Grundordnung, sondern den Bestand der Bundesrepublik Deutschland gefährdet, etwa durch separatistische Tendenzen. Ebenfalls auf Antrag von Eberhard (SPD) wurde des Weiteren beschlossen, einen Vorschlag des Allgemeinen Redaktionsausschusses aufzugreifen und das Wort ‚und' zwischen den Adjektiven der Grundordnung durch ‚oder' zu ersetzen. Diesen Beschlüssen zufolge bekam Art. 21a Abs. 3 in der 2. Lesung des Hauptauschusses – nunmehr umgestellt als Abs. 2 – den folgenden Wortlaut: ‚Parteien, die nach ihren Zielen oder nach dem Verhalten ihrer Anhänger darauf ausgehen, die freiheitliche oder demokratische Grundordnung zu beeinträchtigen oder zu beseitigen oder den Bestand der Bundesrepublik Deutschland zu gefährden, sind verfassungswidrig. Über die Frage der Verfassungswidrigkeit entscheidet das Bundesverfassungsgericht.'

Im Hinblick auf das oben skizzierte Redaktionsversehen ändert sich durch den Antrag der CDU/CSU-Fraktion im Ergebnis nichts. Er enhält zwar die Tatmodalität des Beeinträchtigens; dennoch hat der Hauptausschuss durch die Annahme dieses Antrags seine Fehlleistung nicht etwa korrigiert. Auf dem Hintergrund der fehlerhaften Beratungsvorlage sah es so aus, als erschöpfe sich der Änderungsvorschlag der CDU/CSU-Fraktion in der Hereinnahme der Worte ‚nach ihren Zielen oder nach dem Verhalten ihrer Anhänger' und als wiederhole er ansonsten lediglich die Fassung der fehlerhaften Beratungsgrundlage. Den Mitgliedern des Hauptausschusses war deshalb nicht bewusst, dass sie in Wirklichkeit auch die Wiederaufnahme der vormals gestrichenen Tatmodalität des Beeinträchtigens beschlossen hatten. Bei der Frage, ob ein Redaktionsversehen vorliegt oder nicht, kam es neben der Feststellung eines Fehlers auf der objektiven Ebene des Beratungstextes entscheidend auf den Vorstellungshorizont der Beteiligten an. Da weder während der 2. Lesung noch zu einem späteren Zeitpunkt im Hauptausschuss der Irrtum entdeckt und angesprochen wurde ist hinsichtlich des Tatbestandsmerkmals ‚zu beeinträchtigen' von einem Redaktionsversehen auszugehen.

Es war von Mangoldt, der 1953 in der ersten Auflage seines Kommentars zum Bonner Grundgesetz auf den hier rekonstruierten entstehungsgeschichtlichen Aspekt der Beeinträchtigungsalternative kurz hingewiesen hat. Von Mangoldt war als Abgeodneter der CDU selbst Mitglied des Parlamentarischen Rates, Vorsitzender des Grundsatzausschusses und nahm auch an den Beratungen im Hauptausschuss teil. Es ist bemerkenswert, dass schon in der 1957 erschienenen, von Friedrich Klein fortgeführten zweiten Auflage des Kommentars der von Mangoldtsche Hinweis fehlt und bis heute in keinem anderen Grundgesetzkommentar wieder aufgegriffen worden ist. Auch dem Standardwerk zur Entstehungsgeschichte des Grundgesetzes ist das betreffende Redaktionsversehen nicht zu entnehmen. Dessen nicht vollständige Chronologie zu Art. 21 Abs. 2 GG weist zwar den Streichungsbeschluss auf; weil jedoch nicht auf die fehlerhafte Beratungsgrundlage hingewiesen wird, erscheint die dokumentierte spätere Annahme des Antrages der CDU/CSU-Fraktion dort als eine bewusste Revision des Streichungsbeschlusses.

Mit dem vom Hauptausschuss in der 2. Lesung verabschiedeten Art. 21a Abs. 2 lag schon fast der Wortlaut des späteren Art. 21 Abs. 2 vor. Der Allgemeine Redaktionsausschuss unterbreitete in seiner Stellungnahme zur 2. Lesung des Hauptausschusses keinen weiteren Vorschlag zu Art. 21 Abs. 2. In der 48. Sitzung des Hauptausschusses vom 9. Februar 1949 (3. Lesung) wurde Art. 21a Abs. 2 ohne weitere Diskussion angenommen. Als der Allgemeine Redaktionsausschuss am 2. Mai 1949 zur unveränderten Fassung der 3. Lesung des Hauptausschusses erneut Stellung nahm, schlug er nunmehr ohne erläuternde Anmerkung vor, zwischen den Adjektiven der Grundordnung das Wort ‚oder' zu streichen. Der Hauptausschuss nahm diesen Änderungsvorschlag in seiner 57. Sitzung vom 5. Mai 1949 (4. Lesung) an und gab Art. 21a Abs. 2 jenen Wortlaut, der am 6. und am 8. Mai 1949 vom Plenum des Parlamentarischen Rates ohne Diskussion verabschiedet wurde."

Endfassung ist bekannt, brauche ich nicht mehr vorzulesen. Jetzt Zitat Horst Meier Ende.

Meier hat hiermit unter umfassender Heranziehung der Entstehungmaterialien des Grundgesetzes nachgewiesen, dass das Tatbestandsmerkmal des Beeinträchtigens der freiheitlichen demokratischen Grundordnung vom Hauptausschuss gestrichen worden war und dieser Beschluss auch nachträglich nicht mehr abgeändert worden ist. Der Beschluss des Plenums der Parlamentarischen Rates über die endgültige Fassung des Art. 21 Abs. 2 GG beruhte mithin auf dem Irrglauben, dass die letztlich verabschiedete Fassung tatsächlich dem entspräche, was im Hauptausschuss vorberaten und beschlossen worden war. Nur so ist es zu erklären, dass eine so zentral wichtige Vorschrift wie Art. 21 Abs. 2 GG – die Endfassung – das Plenum ohne jede Diskussion passierte. Das Plenum wollte nicht das beschließen, was als letzte Entwurfsversion auf dem Tisch lag, sondern das, was der Hauptausschuss während der Vorberatungen tatsächlich vorbereitet und beschlossen hatte. Dieser Irrtum setzte sich in den Entscheidungen der Landesparlamente über die vom Plenum des Parlamentarischen Rates beschlossene Endfassung fort.

Aufgrund der Irrtumsbedingtheit der genannten Beschlüsse ist das – gestrichene – Tatbestandsmerkmal des „Beeinträchtigens der freiheitlichen demokratischen Grundordnung" kein geltendes Verfassungsrecht geworden. Mangels tauglicher

C. Das zweite NPD-Verbotsverfahren (2013–2017)

Rechtsgrundlage für ein Verbot ist der Verbotsantrag des Antragstellers, der sich der Sache nach primär auf das Tatbestandsmerkmal des „Beeinträchtigens der freiheitlichen demokratischen Grundordnung" stützt, als unzulässig zu verwerfen.

Selbst wenn man dies anders sehen wollte, muss die zutreffende Entscheidung des Parlamentarischen Rates, dieses Tatbestandsmerkmal wegen seiner uferlosen Weite und der damit einhergehenden ganz erheblichen Interpretationsprobleme zu streichen, zu einer besonders restriktiven Auslegung dieses vom Grundgesetzgeber letztlich gar nicht gewollten Tatbestandsmerkmals führen, so dass ein zur Verfassungswidrigkeitsfeststellung führendes Beeinträchtigen allenfalls bei Handlungen vorliegen kann, die bereits kurz vor der Schwelle des Beseitigens liegen. Da dies bei der Antragsgegnerin weder vorgetragen noch ersichtlich ist, kommt ein Verbotsausspruch gegen sie offensichtlich nicht in Betracht.

II. Unzulässigkeit wegen Verfahrensungleichheit

Umgekehrt sind die gebotenen gesetzlichen Voraussetzungen eines sogenannten Verbotsverfahrens unzulänglich geregelt.

Zumindest bei Annahme, dass bei der Parteiverbotskonzeption des Bundesverfassungsgerichts weiterhin die als Parteienstaatsdoktrin von Richter Gerhard Leibholz maßgebend sein soll, ist von der Verfassungswidrigkeit des § 43 BVerfGG mit seinem numerus clausus der Antragsberechtigten auszugehen. Art. 21 Abs. 2 GG schweigt sich über die Berechtigung zur Antragstellung aus und dementsprechend ist die Regelung dem einfachen Gesetzgeber überlassen, welcher jedoch gemäß Art. 20 Abs. 3 GG in Verbindung mit Art. 79 Abs. 3 GG an die verfassungsmäßige Ordnung gebunden ist, was bei der Ausgestaltung des Näheren im Sinne von Art. 21 Abs. 3 GG zu beachten ist. Zu dieser vom Gesetzgeber zu beachtenden verfassungsmäßigen Ordnung gehört die Chancengleichheit der Parteien, welche dann auch in einem Verbotsverfahren maßgebend sein muss. Diese Chancengleichheit in Form der Verfahrensgerechtigkeit ist nur gegeben, wenn eine Partei, die sich nicht hinter einem der antragsberechtigten Staatsorgane verstecken kann, den Antrag auf Feststellung der Verfassungswidrigkeit auch gegen Parteien stellen darf, die ein antragsberechtigtes Staatsorgan zum Instrument ihrer Verbotspolitik machen kann. Dementsprechend ist die einfachgesetzliche Beschränkung zur Antragsberechtigung auf grundsätzlich nur drei Verfassungsorgane durch § 43 BVerfGG der Garantie der Chancengleichheit in einem Parteiverbotsverfahren – wir haben Mehrparteiensystem – als verfassungswidrig zu erkennen.

Deshalb gebietet die verfassungsrechtliche Garantie der Chancengleichheit, dass auch eine derzeitige Minderheitspartei einen Verbotsantrag gegen derzeitige Mehrheitsparteien stellen können muss und nicht nur etablierte Parteien im Schutze von Verfassungsorganen, die sie parteistaatlich beherrschen. Solange diese Verfahrensgarantie durch Erkennen der Verfassungswidrigkeit des BVerfGG insofern nicht hergestellt ist, besteht in einem Verfahren, das die Ausschaltung einer politischen Konkurrenzpartei bezweckt, keine Verfahrensgleichheit. Dementsprechend ist das vorliegende Verfahren bis zur Schließung der Verfahrenslücke durch den Gesetzgeber auszusetzen. Insgesamt ist davon auszugehen, dass der vorliegende Antrag nach § 43 ff. BVerfGG aufgrund der dargestellten Rechts- und Sachlage sich als unzulässig darstellt, weshalb er zu verwerfen ist.

Präsident Prof. Dr. Voßkuhle: Vielen Dank, Herr Richter! Möchte der Antragsteller dazu...?

Prof. Dr. Möllers: Herr Vorsitzender! Hoher Senat!

Erstens: Zur Vollmacht haben wir uns hier nicht geäußert. Wir glauben weiterhin, dass die Vollmacht, so wie sie ist, besteht.

Zweitens – zur Frage des Verhältnisses von Verfassungsnorm und gesetzlicher Norm für das Verbotsverfahren: Es besteht erst einmal kein Verfassungsvorbehalt für Verbotsnormen. Wir glauben nicht, dass jede Verbotsnorm in der Verfassung selbst geregelt sein muss. Die Tatsache, dass Art. 9 Abs. 2 und Art. 21 Abs. 2 GG verfassungsunmittelbare Verbotsnormen sind, verpflichten den Gesetzgeber, hier etwas zu regeln. Wenn es diese Verbotsnorm nicht gäbe, könnte unter Umständen der Gesetzgeber trotzdem bestimmte Verbotsnormen schaffen. Insofern scheint mir das Verhältnis von Verfassung und Gesetz hier nicht korrekt konstruiert zu sein. Vor allem aber, und das ist der zweite Punkt zu diesem Einwand, ist der Feststellungscharakter von verfassungsgerichtlichen Urteilen im Grundgesetz üblich. Es gibt ihn ja nicht nur an dieser Stelle, sondern auch in Art. 93 GG. Er ist Ausdruck des Respekts des Verfassungsgebers vor dem Verhältnis zwischen Verfassungsgericht und Gesetzgeber. Man wollte im Grunde die Frage der Vollstreckbarkeit nicht dem Gericht überlassen, sondern dem Gesetzgeber. Das bedeutet, dass es, wenn man den Einlassungen von Herrn Richter folgen würde und sie zu Ende denken würde, es im Prinzip gar keine Vollstreckbarkeit von Verfassungsgerichtsurteilen geben könnte. Man müsste im Grunde sagen: „Das Gericht hat gesprochen, hier ist etwas verfassungswidrig!" – ja und das war's. Das kann nicht der Sinn der Sache sein, sondern in der Tat gehen wir davon aus, dass es dem Gesetzgeber möglich sein muss, die Vollstreckung von verfassungsgerichtlichen Urteilen zu ermöglichen. Nochmal die beiden Argumente zusammengefasst: Wenn schon gar nicht zwingend notwendig geboten ist, dass es eine verfassungsunmittelbare Verbotsregelung gibt, dann muss der Gesetzgeber, jedenfalls dann, wenn er eine verfassungsunmittelbare Verbotsregelung im Rücken hat, dazu ermächtigt sein, die Vollstreckung eines verfassungsgerichtlichen Urteils, das im Grundgesetz selbst vorgesehen ist, auch anzuordnen.

Zur Frage der Entstehungsgeschichte des Grundgesetzes: Das ist erstmal keine Frage der Zulässigkeit. Da geht es um die Frage der Auslegung von Art. 21 Abs. 2 GG und da muss man mal genauer hinsehen, welchen Status der zweite Teil hat. Er hat nichts mit der Zulässigkeit zu tun. Im Übrigen ist uns natürlich auch aufgefallen, dass es eine Diskrepanz zwischen der 4. Sitzung des Hauptausschusses und der 27. Sitzung des Hauptausschusses gibt. Wir wären aber ein bisschen zögerlich, hier gleich ein Redaktionsversehen zu unterstellen und damit der Norm im Grunde einen Teil herauszunehmen. Die Frage, was das für die Auslegung bedeutet, ist ja noch einmal eine andere Frage. Es geht da um das „Ausgehen auf". Aber wir stellen doch immerhin fest, dass in den Protokollen, die wir zur Verfügung hatten, zur 27. Sitzung des Hauptausschusses am 15.12.1948 ja der gesamte Text der Norm auch abgedruckt ist. Und wenn der ganze Text der Norm abgedruckt ist, dann scheint es einen Hinweis darauf zu geben, dass der Hauptausschuss die Möglichkeit hatte, sich dazu zu äußern. Und sie haben sich zu anderen Fragen des Inhalts der Norm ja auch geäußert. Im Übrigen, wie mein Kollege Richter ja auch richtig gesagt hat, hat noch eine dritte Lesung stattgefunden. Und in dieser dritten Lesung bestand auch die Möglichkeit, sich mit dem Inhalt der Norm auseinanderzusetzen. Wir sollten da etwas vorsichtig sein, auch aus methodischen Gründen, in den vom parlamentarischen Rat beschlossenen und dann ja auch von den Ländern ratifizierten Text des Grundgesetzes sozusagen so reinzubohren, dass wir hier irgendwie Textstücke herausnehmen und sagen: „Die gehören jetzt einfach nicht mehr zum Grundgesetz."

Rückblick auf den letzten Punkt: die Chancengleichheit. Wir möchten darauf hinweisen, dass der Begriff der Chancengleichheit, den der Prozessbevollmächtigte der Antragsgegnerin hier angewendet hat, kein prozessualer Begriff zu sein scheint. Es geht hier nicht um das gerichtliche Verfahren, sondern es scheint eher ein, sozusagen Meta-Begriff der Chancengleichheit zu sein, der im Grunde aus dem Art. 79 Abs. 3 GG etwas herleitet, wie eine Notwendigkeit, für den Gesetz- oder den Verfassungsgeber das Verfassungsprozessrecht dahingehend zu ändern, dass auch politische Parteien, die nicht in einem Verfassungsorgan vertreten sind, ein Antragsrecht auf Parteiverbotsverfahren haben. Aber das Parteiverbotsverfahren ist gerade kein Mittel des politischen Kampfes zwischen Parteien. Wäre es das, dann wäre das vielleicht folgerichtig. Das Parteiverbotsverfahren ist ein Verfahren, das staatlichen Organen unter bestimmten Bedingungen die Möglichkeit gibt, auf die von ihnen unterstellte Verfassungswidrigkeit einer Partei zu reagieren. Das ist etwas ganz anderes. Vielen Dank!

Präsident Prof. Dr. Voßkuhle: Vielen Dank, Herr Möllers! Fragen? Herr Müller bitte!

Richter Müller: Herr Möllers, vielleicht zu dieser Frage der Bevollmächtigung zwei Punkte.

Erster Punkt: Der Verfahrensbevollmächtigte der Antragsgegnerin hat ja sehr frühzeitig gerügt, dass Sie nicht ordnungsgemäß bevollmächtigt sind, weil der Direktor und nicht der Präsident des Bundesrates die Vollmacht unterzeichnet hat. Warum haben Sie denn nicht eine solche Vollmacht vorgelegt? Es wäre doch relativ einfach gewesen, das zu machen.

Und zweite Frage: Sie haben, wenn ich Ihren Vortrag richtig verstehe, deshalb frage ich nochmal nach, nicht nur mit dem § 4 Abs. 2 in der Geschäftsordnung des Bundesrates argumentiert, wonach der Direktor die Befugnis hat, die Vollmacht zu erteilen, sondern auch mit einer ausdrücklichen Anordnung des Präsidenten des Bundesrates an den Direktor, diese Vollmacht zu erteilen. Habe ich das richtig verstanden?

Prof. Dr. Möllers: Ja. Es gab ein Gespräch, wenn ich mich richtig erinnere, von Herrn Kretschmann mit dem Direktor des Bundesrates, das zu machen. Im Übrigen sahen wir uns ehrlich gesagt durch die Überlegung der Antragsgegnerin nicht dazu genötigt, eine nun doch sehr, sehr alte Staatspraxis, nach der die Bevollmächtigung im Bundesrat von der Direktorin/vom Direktor unterschrieben wird, zu ändern. Wir hätten ansonsten auch einen Hinweis des Gerichts erwartet, da das bis jetzt immer so erfolgt und nicht gerügt worden ist. Wir haben doch eine Menge von Fällen, in denen der Bundesrat vertreten wurde, bei denen immer die Vollmacht des Direktors oder Direktorin des Bundesrates vorgelegt wurde.

Richter Müller: Okay, dann hätte ich vielleicht noch eine Frage an den Herrn Richter.

Präsident Prof. Dr. Voßkuhle: Vielen Dank, Herr Möllers!

Richter Müller: Herr Richter, was sagen Sie denn zu dem Einwand des Herrn Möllers, der ungeachtet der fürsorglichen Erwägungen des Mitgliedes des Parlamentarischen Rates de Chapeaurouge gegenüber dem Bundesverfassungsgericht – er wollte uns ja Arbeit ersparen, das ist löblich –, der Auffassung ist: Wie auch immer man das Tatbestandsmerkmal „Beeinträchtigen" auslegt, eine Zulässigkeitsfrage ist das jedenfalls nicht.

Rechtsanwalt Richter: Ja, sagen wir es mal so: In dem Moment, in dem wir sagen, dass das Tatbestandsmerkmal des „Beeinträchtigens" überhaupt kein geltendes Verfassungsrecht ist, ist natürlich ein Verbotsantrag, der sich ja im Wesentlichen darauf stützt, also das sind ja, kann man ja sagen, vielleicht 99 % gehen in Richtung „Beeinträchtigen". Also wirkliche „Beseitigung" wird, wenn es überhaupt behauptet wird, aus unserer Sicht eher unsubstantiiert behauptet. Also die eigentliche zentrale Stoßrichtung geht ja in Richtung „Beeinträchtigen". Und wenn dieses Tatbestandsmerkmal, auf das man dann seinen ganzen Antrag stützt, überhaupt kein geltendes Recht ist, dann würde ich schon die Auffassung vertreten, dass das schon eine Unzulässigkeit darstellen könnte, weil der Antrag von vornherein offensichtlich ungeeignet ist, zu einem Verbot zu führen. Aber ich gebe Ihnen Recht, man kann natürlich auch vertreten, dass man sagt: „Es gehört möglicherweise auch in die Begründetheit." Ich würde es so als Grenzfall sehen, aber ich halte es jetzt nicht für fernliegend, das in der Zulässigkeit zu ...

Richter Müller: Hat der Antragsteller den Antrag so verstanden, dass es zu 99 % nur ums „Beeinträchtigen" geht?

Prof. Dr. Möllers (aus dem Hintergrund): Nein, hat er nicht.

Richter Müller: Okay.

Präsident Prof. Dr. Voßkuhle: Gut.

Rechtsanwalt Richter: Wir haben ihn eher so verstanden, aber...

Präsident Prof. Dr. Voßkuhle: Dann noch einen weiteren Punkt, den wir vielleicht auch noch bei der Begründetheit behandeln können. Aber zunächst in diesem Zusammenhang, weil Sie jetzt umfassend vorgetragen haben.

Der verfassungsändernde Gesetzgeber hat ja das Grundgesetz sehr häufig in 60 Änderungsgesetzen geändert und dabei hatte er ja auch immer die Möglichkeit, etwas klarzustellen und etwas zu berichten. Das hat er in diesem Fall nicht getan, er weiß um die Problematik des Art. 21 Abs. 2 GG. Wie würden Sie zu diesem Argument stehen, dass er jedenfalls nachträglich diesen Text sozusagen in seinen verfassungspolitischen Willen aufgenommen hat?

Rechtsanwalt Richter: Dieses Argument erinnert mich etwas an das Argument des Senats hinsichtlich der Verfassungsmäßigkeit der Bundestagsrichterwahl. Da wird ja auch gesagt: „Das Gesetz ist mehrfach geändert worden und da hätte ja der Gesetzgeber, wenn er das als verfassungswidrig angesehen hätte, sich auch entsprechend zu geäußert beziehungsweise es ändern können." Es ist halt immer die Frage, was der Gesetzgeber im Blick hat. Wenn der Gesetzgeber meint: „Das ist vom Parlamentarischen Rat so beschlossen worden, das ist so richtig", und es wird jetzt kein unmittelbarer Änderungsbedarf gesehen, weil man sich vielleicht mit der Thematik gar nicht näher befasst hat, weil man ganz andere Fragen bei der Änderung im Blick hat. Dann würde ich durchaus sagen, dass es dann denkbar ist, dass der Gesetzgeber sich auch weniger Gedanken vielleicht gemacht hat, über die Problematik dieser Auslegung. Oft wird ja auch dann mit dem Gedanken „bekannt und bewährt" gearbeitet, dass man sagt: „Steht schon so lange drin, haben sich jetzt keine konkreten Probleme ergeben." Also das würde ich jetzt nicht als zwingendes Argument sehen zu sagen: „Der Gesetzgeber hat bewusst gesagt, es ist zwar eigentlich falsch, aber wir ändern es jetzt eh. Wir ändern dieses Tatbestandsmerkmal ausdrücklich nicht, weil wir nochmal ausdrücklich bestätigen wollen, dass wir es jetzt jedenfalls für richtig erachten." Das, denke ich, wäre dann auch in den entsprechenden Bundestagsdrucksachen zum Ausdruck gekommen, wenn man ausdrücklich gesagt hätte: „Im Übrigen ist dieses Problem aufgetreten, wir haben festgestellt, damals gab es ein Redaktionsversehen, das Tatbestandsmerkmal des ‚Beeinträchtigens' steht eigentlich gar nicht im Grundgesetz, also es steht schon drin, aber es ist eigentlich nicht so wirksam beschlossen, aber wir nehmen das jetzt quasi in unseren gesetzgeberischen Willen auf und lassen es jetzt stehen und bestätigen das quasi nachträglich, so in einer Art Genehmigungsverfahren vielleicht." Wie gesagt, also da würde ich jetzt nicht zwingend sagen: „Der Gesetzgeber hat das unbedingt ausdrücklich so bewilligt."

Präsident Prof. Dr. Voßkuhle: Gut. Weitere Fragen dazu? Herr Huber!

Richter Prof. Dr. Huber: Herr Richter, ich verstehe es nicht ganz. Natürlich kann es ein Redaktionsversehen gegeben haben. Aber dass der Parlamentarische Rat diesen Text beschlossen hat, haben Sie selber vorgetragen. Der ist ratifiziert worden, so dass mir die kühne These, eine vom Parlamentarischen Rat beschlossene Formulierung sei nur teilweise wirksam geworden, auch unter methodischen Gesichtspunkten – ich will jetzt gar nicht mit Original-Intent-Diskussionen oder Ähnlichem anfangen – in dem Verfahren mag es auch Irrtümer oder Redaktionsversehen gegeben haben, aber dass diese Fassung beschlossen, ratifiziert und verkündet worden ist, daran besteht nicht der Hauch eines Zweifels.

Rechtsanwalt Richter: Ja gut, ich habe ja auch gesagt, dass diese redaktionsversehensbehaftete Vorschrift dann entsprechend im Plenum ohne Diskussion beschlossen worden ist und daraus dann die Schlussfolgerung gezogen, dass ja doch eine nicht ganz unwichtige Vorschrift, wie die Tatbestandsmerkmale für ein Parteiverbot, da würde es sich ja eigentlich aufdrängen, dass man da umfangreicher diskutiert. Wenn man das aber nicht tut, dann geht man, denke ich, davon aus, dass der entsprechende Redaktionsausschuss und der Hauptausschuss entsprechend das so weit vorberaten haben, dass man sagt: „Das ist alles so vorbereitet worden, das ist jetzt so, wie die entsprechenden sachnäheren Abgeordneten das lange diskutiert und lange beraten und dann beschlossen haben, und dann wird das schon seine Richtigkeit haben." Und so auf den ersten Blick, muss das ja auch nicht zwingend auffallen, das Problem. Es war ja auch so, dass es ja zunächst auch dringestanden hatte, und dann eben der Abgeordnete de Chapeaurouge gesagt hat: „Also wenn man jetzt genauer darüber nachdenkt, meinen wir schon, dass das Tatbestandsmerkmal hier ganz erheblich problembehaftet ist." Und da hat man ja auch entsprechend diskutiert und es auch dann gestrichen. Und wenn dann da keine Diskussion mehr aufkommt und man eben, wenn der CDU/CSU-Änderungsantrag jetzt tatsächlich eine Wiederaufnahme des, also eine bewusste Wiederaufnahme des gestrichenen Tatbestandsmerkmals darstellen würde, hätte man doch eigentlich erwarten müssen, dass man dann eben in dem Protokoll etwas findet, dass man sagt: „Wir haben es nochmal anders überlegt, zwar war das in der vorherigen Sitzung schlüssig, was der Herr Abgeordnete vorgetragen hat, aber nach genauer Überlegung schreiben wir es doch lieber nochmal rein." Dass man dazu überhaupt nichts findet und das Plenum später nicht diskutiert, spricht aus meiner Sicht schon dafür, dass man hier schlicht und ergreifend einem Irrtum bei der Beschlussfassung unterlegen ist. Und, wie gesagt, ob das jetzt, also ich würde sagen, das führt dann eigentlich dazu, dass es kein geltendes Verfassungsrecht ist. Das wäre aus meiner Sicht dann die Frage der Zulässigkeit, hilfsweise würde ich geltend machen, das ist jedenfalls bei der Auslegung zu berücksichtigen im Rahmen der Begründetheit und dürfte eben dann dazu führen, dass das Tatbestandsmerkmal mit besonderer Vorsicht und Zurückhaltung zu genießen ist. Das ist aber dann die Frage der Begründetheit.

Präsident Prof. Dr. Voßkuhle: Okay, gut. Dankeschön! Weiteres dazu? Das ist glaube ich nicht der Fall. Danke!

Dann würden wir Weiteres zur Zulässigkeit, glaube ich, nicht zu erörtern brauchen und könnten jetzt zur Begründetheit kommen. Der erste große Schritt ist der Maßstab und ich würde die Antragsteller bitten, dazu vorzutragen.

Prof. Dr. Möllers: Ja. Hohes Gericht! Herr Vorsitzender!

Sie haben Ihre Erwiderung mit dem Punkt „Systematische Einordnung des Parteiverbotsverfahrens" begonnen, also das ist vielleicht ein geradezu professoraler Themenpunkt. Ich möchte ganz herzlich bitten, noch einmal kurz systematisch über das Verfahren nachzudenken, bevor ich dann im Folgenden noch etwas sagen möchte zu den beiden Haupttatbestandsmerkmalen. Und dabei auch vielleicht schon ein bisschen etwas aufgreifen von dem, was Richter Müller in der Einführung in Sachen Streitstand so angedeutet hat.

Also, zur Einführung drei Punkte: einen zur historischen Einordnung, einen zum Verbot als Verbot und einen zum Begriff der Partei.

Zur historischen Einordnung: Ich glaube, dass das klassische Narrativ zu Art. 21 Abs. 2 GG sehr oft dargestellt wird als das einer Norm einer prekären Nachkriegszeit, einer ungefestigten Demokratie, das sich dann in zwei sehr, sehr spezifischen Urteilen, nämlich im KPD-Urteil, in dem es um Kommunismus und Kalten Krieg ging einerseits, und im SRP-Urteil, in dem es um Alt-Nazis geht, sozusagen festgeschrieben hat. Also geht man davon aus, dass wir eine spezifische Situation haben: Nachkriegszeit. Wir haben eine spezifische Norm und wir haben zwei spezifische Urteile, und stellen dann die Frage, ob sich die Norm nicht in gewisser Weise erledigt hat. Diese Frage – scheint mir – entspricht weder dem Denken der Verfassungsschöpfer noch versteht sie ihre Weisheit. Normen des Grundgesetzes werden ohnehin erstmal nicht obsolet, es gibt glaube ich keine „Dogmatik des Obsoletwerdens". Wir müssen den Text der Verfassung erstmal so nehmen, wie er ist. Wir haben Normen im Grundgesetz, die ganz klassisch nachkriegsmäßig geprägt sind, zu denen wir nie diese Frage stellen, die sehr aus dem Dunstkreis der Jahre 1946 und 1948 entstand. Wir haben ein Parteiverbotsverfahren, das keine deutsche Spezialität ist, das also nicht etwa sozusagen irgendwann einmal als eine sehr, sehr klassische Nachkriegsbefindlichkeit geschaffen wurde, um dann in Vergessenheit zu geraten, sondern das in gewisser Weise im europäischen Kontext durchaus etwas nicht völlig Untypisches ist. Wir haben vor 1989, also in der Zeit vor der Wiedervereinigung, etwas wie Systemschutz durch die internationale Einbindung. Wir merken im Moment immer mehr, dass im Grunde das auch eine sehr stabile Zeit war, weil sie sich in einem bestimmten internationalen Zusammenhang befunden hat. Und wir haben diese Norm selbst, die – glaube ich, und so lese ich auch die Entstehungsgeschichte – immer davon ausgeht, dass die Fragilität des Grundgesetzes immer eine Möglichkeit bleibt, und dass die Offenheit der politischen Ordnung und der Gefährdung durch politische Parteien immer ein Problem bleibt. So war auch das historische Empfinden der Mütter und Väter des Grundgesetzes, die zwar natürlich die Erfahrung von 1930 bis 1933 vor Augen hatten, als sie die Norm schufen. Aber sie glaubten nicht, dass sich der Regelungsgehalt dieser Norm tatsächlich darauf beschränken könne, sozusagen die unmittelbare Nachkriegszeit zu betreffen. Das gilt umso mehr mit Blick darauf, dass wir dann – glaube ich – sagen können, dass die hohe Abhängigkeit unseres politischen Systems von der Parteienlandschaft in dieser Form vielleicht von den Verfassungsschöpfern noch gar nicht vorweggenommen wurde. In gewisser Weise könnte man ja auch sagen: „Ganz umgekehrt, sind wir vielleicht heute auf diese Norm in gewisser Weise angewiesener als früher." Das nur nochmal als Vorüberlegung zum Argument, diese Norm hat irgendwie ihre Funktion verloren und sie sei obsolet geworden.

Nun zwei Punkte zur Systematik. Parteiverbot: etwas zum Verbot und etwas zum Begriff der Partei.

Zum Verbot: Die systematisch engste Verwandtschaft hat Art. 21 Abs. 2 GG offensichtlich einerseits mit Art. 18 GG, der Aberkennung der Grundrechte und andererseits mit Art. 9 Abs. 2 GG, dem Vereinsverbotsverfahren. Das sind eigentlich die beiden Normen, die so ein bisschen aussehen wie das Parteiverbotsverfahren. Das sind nun sehr ungewöhnliche Normen, die Voraussetzungen von grundrechtlich geschützter Freiheitswahrnehmung problematisieren. Das haben wir sonst im Grundgesetz so nicht. Dabei ist der Art. 21 Abs. 2 GG sowohl in seiner Gebräuchlichkeit als auch in seiner verfassungsrechtlichen Wertigkeit ein bisschen in der Mitte zwischen diesen beiden Normen. Art. 18 GG ist eine hochproblematische Vorschrift, bei der man sich noch einmal fragen muss, ob sie tatsächlich noch mit unserem Verständnis von Grundrechtsschutz überein zu bekommen ist. Im Angesicht einer ausgebauten Menschenwürdegarantie ist es vielleicht doch zweifelhaft, ob man Individuen Grundrechte aberkennen kann. Und das Gericht hat sich ja auch immer geweigert, solchen Anträgen stattzugeben. Art. 9 Abs. 2 GG hat auf der anderen Seite eine vom Bundesverwaltungsgericht in zahlreichen Entscheidungen sozusagen geklärte Praxis. Wir haben natürlich eine Menge Vereinsverbotsverfahren, die auch von diesem

II. Mündliche Verhandlung

Gericht nicht beanstandet wurden. Es ist klar, dass man nun sehr vorsichtig damit sein muss, einen Vergleich zwischen Art. 9 Abs. 2 GG und Art. 21 Abs. 2 GG zu ziehen. Wir wollen auf keinen Fall – und das kann ich für die Antragsteller auch noch einmal ganz ausdrücklich sagen –, eine Praxis des Parteiverbots, die in ihrer Quantität mit der des Vereinsverbots in irgendeiner Weise vergleichbar wäre. Aber natürlich ist es bei allen Unterschieden schon erstmal eine Hilfe, weil wir Urteile haben und weil wir die Praxis haben, um das Parteiverbotsverfahren zu verstehen. Prozedural ist die hohe Wertigkeit, die wir dem Parteiverbotsverfahren geben, natürlich allein schon dadurch gesichert, dass wir dieses Verfahren hier haben. Dass wir keine Vorhand der Exekutive haben, dass wir im Prinzip keine Möglichkeit haben, schnell zu reagieren oder eine Partei einfach mal so zu verbieten, sondern dass wir ein sehr, sehr anspruchsvolles, sehr, sehr mühsames – wie mühsam es ist, haben wir im Grunde auch erst im Laufe des Verfahrens lernen dürfen – justizielles, reaktives Verfahren haben, das von vornherein das hohe Risiko eines Misserfolgs des Antragstellers birgt und deswegen so etwas wie Schnellschüsse gar nicht erlaubt.

Materiell hat das Bundesverwaltungsgericht interessanterweise den Tatbestand des Art. 9 Abs. 2 GG auf die freiheitliche demokratische Grundordnung verengt. Es ist also gerade etwas passiert, was ja vielleicht auch in einem liberalen Verständnis ganz erfreulich ist: Der weitere Tatbestand des Vereinsverbotsverfahrens wurde auf das Parteiverbotsverfahren hingelesen und von den beiden Entscheidungen des Gerichts im 2. und 5. Band mit Anlehnung an dieses weiterentwickelt. Zugleich – und das ist interessant – hat das Bundesverwaltungsgericht in seiner Rechtsprechung doch zwei Dinge immer bewahrt, über die man jedenfalls auch mit Blick auf das Parteiverbotsverfahren vielleicht noch einmal nachdenken sollte.

Erstens nämlich, dass für ein Vereinsverbotsverfahren weder Gewalttätigkeit noch Rechtswidrigkeit notwendig sind, also dass wir nicht erwarten, dass der Verein wirklich das Recht bricht, noch erwarten, dass es sich um einen gewalttätigen Verein handelt. Und zweitens, dass die Wesensverwandtschaft mit dem Nationalsozialsimus die Schwelle für die Aktivität – was wir mit dem 5. Band als aggressiv-kämpferische Haltung bezeichnen – hinuntergesetzt hat; dass wir also eine indikative Wirkung der Wesensverwandtschaft für die Frage der aggressiv-kämpferischen Haltung haben.

Vereinsspezifische Risiken – darum steht Art. 9 Abs. 2 GG wahrscheinlich im Grundgesetz – sind größer als individuelle Risiken. Vereine sind Organisationen, und Organisationen können spezielle Formen von arbeitsteiliger Gefährdung einer Ordnung zustande bringen. Aber es sind auch strafrechtsnahe Risiken, wie sich auch in der Formulierung des Art. 9 Abs. 2 GG zeigt.

Das gibt uns eigentlich erst einmal schon einen gewissen Hinweis darauf, wie wir Verbotsnormen generell verstehen müssen. Erstens einmal brauchen wir einen eigenständigen Maßstab für das Verbot, jenseits von Rechtswidrigkeit, Strafbarkeit oder Gewalttätigkeit, einfach-gesetzlicher Rechtswidrigkeit, Strafbarkeit oder Gewalttätigkeit. Und zweitens müssen wir, wenn wir uns fragen, wie das Parteiverbotsverfahren, wie diese Gefährdungen aussehen, uns an der Spezifität der Organisation orientieren. Was für eine Art von Gefahr hat eigentlich diese Form von Organisation in petto? Wie kann spezifisch diese Form von Organisation gefährlich werden? Und das führt uns jetzt zweitens zu den politischen Parteien.

Politische Parteien haben im deutschen Recht einen eigenen Status, und nur wegen dieses Status haben wir das Parteiverbotsverfahren. Wenn wir Parteien als private Vereine behandeln würden, wie das etwa in den Vereinigten Staaten der Fall ist, würden wir die Probleme anders lösen. Die haben auch Probleme, und die lösen sie durchaus auch nicht komplett liberal; die intervenieren relativ hart – auch in ihre Parteien – auf andere Art und Weise. Aber die Art, wie wir das machen, lässt sich nur dadurch erklären, dass Parteien einen quasi öffentlich-rechtlichen jedenfalls intermediären Status haben. Sie sind aus dem Bereich rein privater Freiheit herausgenommen und stehen in einem Zwischenbereich zwischen grundrechtlicher Freiheit und Staatsorganisationsrecht. Das sehen wir am Prozessrecht, am Gebot innerparteilicher Demokratie, am Transparenzgebot und an der Finanzierung. Politische Parteien sind also in diesem Sinne keine privaten Vereine. Und das heißt auch, dass für sie nun einmal andere Regeln gelten als für die politische Beteiligung von individuellen Bürgerinnen und Bürgern. Das ist ein anderes Regime. Wer sich mit Parteien auseinandersetzt, betritt ein anderes Regime. Parteien haben zugleich mehr Rechte und mehr Pflichten als individuelle Bürgerinnen und Bürger und sie haben eine mächtigere Rolle im politischen Prozess und sie werden deswegen mit einem höheren Maßstab gemessen als private Grundrechtsträger. Und dieses Maß kommt nicht zuletzt im Verfahren des Art. 21 Abs. 2 GG zum Ausdruck. Es zeigt, dass der Freiheitsgebrauch von politischen Parteien von vornherein unter einer Bedingung steht, dass sie also nicht in gleichem Maße unabgeleitet ist wie die Freiheit natürlicher Personen. Vergleicht man das nun noch einmal mit dem Vereinsverbotsrecht, so zeigt sich beides: Dass Parteien auf der einen Seite eine höhere demokratische Wertigkeit haben. Das ist klar. Wir müssen viel vorsichtiger sein, das ist ja mit dem Parteiverbot auch prozedural abgesichert. Aber es zeigt sich zugleich, dass sie dem System auch gefährlicher werden können als andere Vereine. Wie werden sie gefährlich? Nun, wie sie gefährlich werden, ergibt sich aus Art. 21 Abs. 1 des Grundgesetzes. Sind Parteien nach Art. 21 Abs. 1 GG für die politische Willensbildung des Volkes zuständig, sind die Gefahren, die von ihnen ausgehen können, und die Verantwortung für die Gefahren eben auch spezifisch in der Sphäre politischer Willensbildung zu verorten.

Wenn Richter Müller in der Einführung in den Rechts- und Sachstand gesagt hat, dass es auch ein bisschen um die Frage geht, ob Parteien geistige Brandstiftung legen müssen oder ob mehr verlangt ist, dann würde ich erst einmal darauf hinweisen, dass die Mitwirkung an der politischen Willensbildung, das was Parteien tun sollen, immer etwas Geistiges ist. Parteipolitik definiert den Möglichkeitsraum politischen Handelns. Parteispezifische Gefahren müssen diesen Möglichkeitsraum betreffen, also das, was politisch für möglich gehalten wird. Das was politisch für möglich gehalten wird, ist keine reine Idee, weil es sich immer mit der Überlegung darüber verbindet, was als Handlung real möglich ist. Es geht um eine Einschätzung über das was in einer politischen Realität stattfindet, aber es ist auch keine reine Handlung. Es kann also dann, um im Bild der geistigen Brandstiftung zu bleiben, nicht darum gehen, ob es nur eine geistige Brandstiftung ist, weil politische Willensbildung etwas

Geistiges ist. Es geht um die Frage, um das Bild nochmal aufzugreifen: Wann liegt Brandstiftung vor? Wann brennt es? Das ist die Frage, die wir zu beantworten haben. Und das ist dann in der Tat eine Frage des „Ausgehens".
Soll ich jetzt noch weitermachen?

Präsident Prof. Dr. Voßkuhle: Machen Sie ruhig weiter.

Prof. Dr. Möllers: Ich beginne dann tatsächlich mal mit dem „Ausgehen". Art. 21 Abs. 2 GG formuliert, dass eine Partei, die nach ihren Zielen und nach dem Verhalten ihrer Anhänger darauf ausgeht, die FDGO [freiheitliche demokratische Grundordnung] zu beeinträchtigen oder zu beseitigen, verfassungswidrig ist. Es ist heute klar – und das würde der Antragsteller auch nie bestreiten –, dass reine Überzeugungen nicht genügen, um eine Partei zu verbieten. Das wollen wir überhaupt nicht in Abrede stellen. Gestatten Sie mir aber trotzdem vielleicht eine ganz kurze Erinnerung, in diesem Fall mit Blick auf die Auslegung des „Ausgehens" in der Entstehungsgeschichte. Fragt man nämlich doch nochmal, warum die Mütter und Väter des Grundgesetzes „nach ihren Zielen oder nach dem Verhalten" formulieren, dann merkt man, wenn man sich in die Entstehungsgeschichte vertieft, dass sie das jedenfalls nicht taten, um den Tatbestand zu verschärfen oder das Verbot zu erschweren. Es ging gerade nicht darum zu sagen: „Na ja, wir brauchen auch noch einen Handlungsanteil." Es ging vielmehr darum zu verhindern, dass eine verfassungsfeindliche Partei sich hinter einem harmlosen Programm, einem „Lippenbekenntnis" – so die Formulierung in den Materialien – verstecken könnte, ohne dass bei der Einschätzung der Verfassungsfeindlichkeit auf die tatsächlichen Handlungen zurückgegriffen werden könnte. Also das ist eigentlich der Grund, warum das da steht. Die Angst, die die Mütter und Väter des Grundgesetzes hatten war: „Wenn wir ein nettes Programm haben und auf das Programm reduziert sind, dann können wir eigentlich gar nicht mehr die tatsächlichen Handlungen als Verbotsgrund einführen. Dann kann die Partei immer sagen: ‚Das ist unser Programm, alles andere hat damit nichts zu tun.' Und dann haben wir ein Erkenntnisproblem." Es ging den Müttern und Vätern des Grundgesetzes also nicht darum, den Tatbestand strenger zu fassen, sondern darum, verschiedene mögliche Grundlagen, Programmatik und Handeln nebeneinander zu stellen und beide zu betrachten, die ein Verbot rechtfertigen können. Also steht folgerichtig im Wortlaut: „…nach ihren Zielen oder nach dem Verhalten ihrer Anhänger…" Das ist nicht nur für die Auslegung der Norm selbst wichtig, sondern auch für die ganze Frage der Hermeneutik, auch die Hermeneutik des Programms. Ich halte das Programm der Antragsgegnerin überhaupt nicht für harmlos, ich glaube, aus dem Programm ergibt sich eine Menge. Aber selbst wenn es harmlos wäre, ist klar, dass der Ansatz der Verfassungsmütter und -väter von vornherein war zu sagen: „Es gibt so etwas wie ein institutionelles Misstrauen gegenüber den Äußerungen der Partei, deswegen müssen wir immer beide Seiten beachten."

Wenn wir heute mehr verlangen, wenn wir aus demokratietheoretischen Gründen nicht der Auffassung sind, dass eine rein verfassungsfeindliche Programmatik ausreicht, um ein Verbot zu rechtfertigen, dann suchen wir nach etwas, das über die reine Ideologie hinausgeht – also etwas, das in Band 5 als aggressiv-kämpferische

Haltung bezeichnet wurde. Wir wollen Art. 21 Abs. 2 GG nicht als eine reine Gesinnungsnorm verstehen, das ist klar.

Bevor wir uns aber überlegen, wie wir das verstehen, müssen wir nochmal darauf hinweisen, dass es hier ein paar systematische Probleme gibt. Das erste systematische Problem besteht natürlich darin, dass Vereine, die nur Überzeugungen haben ohne zu handeln, also reine Gesinnungsvereine, gar keine politischen Parteien sind. Die Parteieigenschaft, also schon die Zulässigkeit des Verfahrens, sieht eigentlich eine handelnde Antragsgegnerin vor. Es gibt keine Partei, die sich auf ihre Ideologie beschränkt, das wäre dann etwas anderes, das wären Vereine der Verfassungsgegner.

Das zweite systematische Problem besteht dann wieder darin – und wir sehen, dass dann doch die Probleme der Vereinsverbotsdogmatik wiederkehren –, dass dieses Handeln auf der einen Seite kaum rechtswidrig oder gewalttätig sein muss, um Art. 21 Abs. 2 GG zu erfüllen. Rechtswidrigkeit und Gewalttätigkeit oder Strafbarkeit können Indikatoren sein, insbesondere dann, wenn sie politisch angesetzt werden. Gerade das Gewaltverbot hat für eine Partei natürlich auch immer eine politische Bedeutung. Die Gewalt, die von einer Partei ausgeht, ist immer politisch relevante Gewalt. Aber umgekehrt kann nicht jede Straftat politisch relevant sein. Wir können irgendeine betrügerische Partei haben, die sich Parteispenden erschwindelt, aber ansonsten fest auf dem Boden der FDGO steht, und dafür haben wir auch historische Beispiele.

Im Allgemeinen liegen also Strafrecht und allgemeine Rechtsordnung auf einer anderen Ebene. Sie lösen ein anderes Problem als das Problem, das das Parteiverbotsverfahren löst. Und an dieser Stelle ist ja in gewisser Weise Art. 21 Abs. 2 GG sogar weniger streng als das Vereinsverbotsverfahren. Das Problem ist nun: Auf der einen Seite können wir nicht Illegalität allgemein im Sinne von Strafbarkeit voraussetzen, aber auf der anderen Seite ist das typische legale politische Handeln einer politischen Partei in aller Regel auch grundrechtsgeschützt und von Art. 21 Abs. 2 GG abgesichert. Also haben wir eigentlich immer diese beiden Alternativen die es schwer machen, den Parteiverbotstatbestand zu konkretisieren, und das wird für die Zurechnung glaube ich auch nochmal ein eigenes Problem.

Wie löst das Grundgesetz diese Schwierigkeit? Die Lösung besteht erst einmal darin – da sage ich Ihnen nichts Neues –, dass im Wortlaut von einer Intention die Rede ist, nämlich der, die Ordnung „zu beseitigen", die auch mit legalem Handeln verbunden werden kann. Man kann auch mit legalem Handeln „darauf ausgehen", das Grundgesetz abzuschaffen. Das Grundgesetzt setzt also nicht bei der Art der Handlung und auch nicht bei den konkreten Schäden der Ordnung an, sondern bei der Intention. So können wir den Tatbestand also erst einmal so verstehen, dass er sich auf das Innenleben der Partei beschränkt.

Er ist dabei nicht nur ein reiner Ideologietatbestand, sondern nimmt auch auf, was sich in der politischen Tätigkeit entäußert. Darum geht es. Es geht darum, was sich entäußert, was im Kommunikationsraum des Politischen festgestellt wird – allerdings ohne konkrete Folgen dieses Handelns der Partei für die Ordnung vorauszusetzen. Es steht gerade nicht im Grundgesetz, dass aus diesen Entäußerungen irgendetwas für die Ordnung folgen muss, dass sie dadurch beschädigt sein muss.

Eine solche Konstruktion weist deutlich auf einen abstrakt-präventiven Tatbestand hin. Abstrakte Gefahrenregelungen typisieren Verhaltensintention. Konkrete Gefahrenregelungen beobachten mögliche Folgen des Verhaltens. Und diese Konstellation setzt – und das war den Schöpfern des Grundgesetzes auch klar bewusst –, dann beim Übergang an zwischen einerseits bloß verfassungsfeindlicher Haltung – das ist zu wenig – und umstürzender Handlung – das ist überschießend. Sie setzt also da an, wo politische Willensbildung genau stattfindet.

Wenn man mal einen Dreischritt nimmt, den ich jetzt Ihnen hier gebe, der nicht im Grundgesetz steht, nämlich: Haltung, politische Äußerung, politische Handlung, dann stellt die Norm auf was ab? Auf das handlungsleitende Potential konkreter politischer Äußerungen. Das heißt, das Verfahren richtet sich im Ergebnis gegen eine Partei, wenn diese im Ganzen zurechenbare politische Haltungen erkennen lässt, die erstens materiell verfassungsfeindlich sind – darüber haben wir noch gar nicht geredet –, und die zweitens im Ganzen zurechenbar sind, also keine Gelegenheitsäußerungen, und die sich drittens im politischen Prozess entäußert haben und denen viertens Handlungen folgen. Man handelt vielleicht nicht selbst als Partei, sagt aber anderen, was sie tun müssten. Es geht also nicht um die allgemeine Ablehnung der Ordnung, den Wunsch nach der „guten alten Zeit", die Feststellung, dass wir wieder einen König bräuchten oder Ausrutscher am Rande. Sondern es geht um Haltungen, die konkrete politische Ziele so benennen, so dass sie dann auch für Anhänger oder Nicht-Anhänger handlungsorientiert und handlungsrelevant werden können. Und hier ist natürlich Art. 21 Abs. 2 GG strenger als das Vereinsverbotsverfahren. Hier geht es in der Tat darum, dass aus politischen Äußerungen etwas folgen muss, die Individualisierung des politischen Gegners etwa. Die Herabschätzung des politischen Gegners mit der Option, ihm auch Gewalt anzutun, selbst wenn diese Gewalt nicht angetan wird. Der Umgang mit bestimmten Gruppen und verschiedene andere Beispiele, die ich gerne noch geben werde. Diese intendierten Störungen müssen schließlich nicht von vornherein auf das abrupte Ende der Ordnung abzielen, sondern sie können auch – und da gibt es natürlich die schöne Formulierung des Bundesverwaltungsgerichts – die „Ordnung fortlaufend untergraben".

Und das ist die Erfahrung der Verfassungsschöpfer mit den Jahren 1930 bis 1933. Denn die Weimarer Republik ging nicht am 30. Januar 1933 unter, sondern sie ging letztlich mit dem letzten parlamentarischen Kabinett 1930 unter, jedenfalls fing es da an, keine parlamentarische Demokratie mehr zu sein. Das ist die Furcht vor einem allmählichen irreversiblen politischen Prozess und die Einsicht, dass man politische Prozesse nicht beliebig vorhersehen kann. Und hier hat dann die Unterscheidung zwischen Beeinträchtigung und Beseitigung in der Tat ihren Ort.

Fazit: Verlangt sind politische Äußerungen, die geeignet sind, die politische Ordnung zu beeinträchtigen, dergestalt, dass sie handlungsorientierend funktionieren, ohne dass diese Beeinträchtigung in der Sache auch erfolgt wäre.

Präsident Prof. Dr. Voßkuhle: Vielen Dank! Fragen dazu? Herr Müller!

Richter Müller: Herr Möllers, vielleicht zu diesen systematischen Überlegungen, die Sie da zu Anfang angestellt haben, auch mit dem Hinweis, dass wir es ja wirklich mit einer ungewöhnlichen Vorschrift zu tun haben, hätte ich eine weniger juristisch-dogmatische Frage, doch gleichwohl wollte ich sie stellen, weil ich mir Aufklärung erhoffe. Sie beschäftigen sich ja schon länger mit dem Thema „Parteiverbote", haben dazu auch – wie Sie eben gesehen haben, habe ich es dabei – ein Buch geschrieben: Christoph Möllers, Demokratie – Zumutungen und Versprechen. Da gibt es eine Passage – da Sie gesehen haben, dass ich das Buch dabei habe, haben Sie sicher schon darüber nachgedacht –, die da lautet: „Parteiverbote helfen der Demokratie nicht." Dann heißt es weiter: „Ein gerichtliches Verbot bestätigt genau den Verdacht gegen die Demokratie, die den Erfolg jener extremistischen Partei begründet, nicht mehr offen für die Anliegen der Leute zu sein, sondern sich gegenüber diesen zu verselbständigen. Mit einem Gerichtsverfahren gibt die demokratische Politik die demokratische Konfrontation auf und leitet ihre Verantwortung einfach weiter. Auch in diesem Fall herrscht das falsche Bedürfnis, die Gegner der Demokratie aus dem öffentlichen Sichtfeld zu verbannen. Nur das Gegenteil kann das Problem lösen." Wie verträgt sich das mit diesem Antrag?

(Gelächter im Saal)

Prof. Dr. Möllers: Also es ist nun tatsächlich so, dass Sie das Buch, das im Wagenbach-Verlag erschienen ist…

(lautes Gelächter im Saal)

Richter Müller: Gibt's das nicht schon ein bisschen länger…

Prof. Dr. Möllers: Wenn Sie die 4. Auflage möglich gemacht haben…

(lautes Gelächter im Saal)

Also, das ist eine legitime Frage, und ich muss Ihnen sagen, das ist fast eine biographische Frage. Ich weiß nicht, ob Sie das interessiert. Aber ich habe mir natürlich schon in dem Moment, als der Bundesrat auf uns zukam und uns die Frage gestellt hat, doch relativ lange Gedanken gemacht. Das hat natürlich nichts mit dem Verfahren zu tun, aber das kann ich dann vielleicht doch einmal sagen: Die entscheidende biographische Kehre war im Prinzip, als ich zufälligerweise in jenen Wochen mit einem Kollegen sprach, der in Mecklenburg-Vorpommern ist. Ich will ihn hier gar nicht namentlich erwähnen, aber er beschäftigt sich auch mit Politik, und ist zugleich ein ziemlich liberaler Demokratietheoretiker. Und ich habe ihn einmal gefragt, wie er das so sehen würde. Und da haben wir uns einmal länger darüber unterhalten.

Ich glaube dewegen in der Tat, dass – das ist der dritte Punkt der Zitate – der politische Prozess in dem Augenblick, wo er ein Parteiverbotsverfahren anstrebt und wo er sagt: „Diese Partei gehört verboten!", das Gespräch aufgibt mit einer bestimmten Art von Politik, das ist richtig. Und dessen muss man sich auch bewusst sein. Man kommt an einen Punkt, wo man sagt: „Hier können wir im Prinzip mit der Programmatik und dem Vorgehen nicht mehr ins Gespräch kommen. Wir können mit dem nicht mehr ins Gespräch kommen, weil wir über bestimmte Dinge nicht ins Gespräch kommen sollen, weil wir etwa zum Beispiel keine Diskussion über Rassismus führen." Das ist glaube ich in der Tat ein Problem. Natürlich kann man sich über Rassismus unterhalten mit Blick darauf, dass man versucht, Leute vom Rassismus zu bekehren. Es gibt vielleicht viele gute Gründe, kein Rassist zu sein, aber es gibt glaube ich keine inhaltliche Auseinandersetzung an dem Punkt mehr. Und das scheint mir der Punkt zu sein, an dem ich in der Tat erstmal meinem Zitat nochmal zustimmen würde und sagen würde: „Ja, wir hören in der Tat mit dem Gespräch auf, und dann ist die Frage, wann man das tut."

Parteiverbotsverfahren sind ein großes Problem, das würde ich nicht bestreiten. Und ich will mich gar nicht damit ausflüchten, dass in der Demokratietheorie nichts mehr mit dem positiven Verfassungsrecht zu tun hat. Sondern ich kann Ihnen da nur sagen, dass ich darüber schon länger nachgedacht und dann auch nochmal mit den betroffenen Leuten geredet habe. Da sind Politikwissenschaftler eigentlich auch nochmal viel sensibler als Juristen. Juristen glauben ja erstmal an juristische Formen; Politikwissenschaftler wollen ja immer gleich das ganze gesellschaftliche Problem lösen. Und wenn dann gesagt wird: „Es gibt so einen Punkt, an dem wir eigentlich auch sagen, das Parteiverbot ist für uns eine Unterstützungsmaßnahme der Lösung des gesellschaftlichen Problems, die wir für notwendig halten", dann würde ich das erstmal akzeptieren. Mein Buch war dann – das zeigt auch vieles in der Diskussion, die wir 2012/13 dann so geführt haben – ein bisschen auch eine sehr bundespolitische Sicht gewesen. Es war sozusagen eine Sicht auf den gesamten politischen Resonanzraum, bei der dann solche konkreten Probleme halt auch sehr weit weg sind und vielleicht auch nicht angemessen ernst genommen werden.

Richter Müller: Ich meine, im Prinzip sind wir ja – wenn ich das noch schnell anschließen darf –, sind wir ja bei dem Problem, das der Präsident gestern gleich zu Anfang beschrieben hat, dieser Problematik des Selbstwiderspruchs, der in einem Parteiverbot liegt. Und wenn ich den Herrn Richter gestern richtig verstanden habe, hat er ja auch genau darauf abgehoben. Er hat ja gesagt: „Was mit dem Parteiverbot geschieht, ist ja eigentlich nichts anderes, als dass Demokratie unterbunden wird." Die Frage, die sich daran anschließt: Muss das nicht durchschlagen auf die Interpretation der Tatbestandsmerkmale und insbesondere auf die Interpretation des „Darauf Ausgehens"? Muss das nicht zur Folge haben, dass es im Bereich des „Darauf Ausgehens" doch schon ziemlich, ich sage mal untechnisch „dick" kommen muss, bevor die Demokratie sich selbst verleugnet?

Prof. Dr. Möllers: Also, ich möchte dazu drei Dinge sagen. Das Erste ist: Ich teile – und das ist jetzt völlig jenseits der politischen Frage –, ich teile auch das Demokratieverständnis von Herrn Richter insoweit nicht, als ich nicht glaube, dass das Demokratieverständnis des Grundgesetzes eines der rohen Souveränität ist. Also im Sinne von: Wir haben den Volkswillen, der ist einfach da, und wenn wir da ein bisschen weniger machen, sei das ein Widerspruch gegen die Demokratie. Der Wille des Volkes im Grundgesetz ist immer schon ein rechtlich vermittelter, anders gibt's den gar nicht. Das deutsche Staatsvolk taucht sozusagen als Legitimationszweck immer nur in Form rechtlicher Vermittlung auf, anders haben wir das nicht vorgesehen. Wir leben in einer Ordnung der Freien und Gleichen, die letztlich ganz basal darauf aufbaut, dass wir alle irgendwie hier im Raum eine basale, minimale Anerkennung voneinander haben als potentielle Teilnehmer eines politischen Prozesses, als aktuelle Teilnehmer. Wenn das nicht anerkannt wird, können wir das auch nicht als Beitrag zum demokratischen Prozess in diesem Sinne verstehen. Ich habe mich mit dieser Paradoxie-Formulierung, die ja von Löwenstein kommt, eigentlich nie so richtig wohlgefühlt. Ich glaube nicht, dass da ein Selbstwiderspruch besteht. Ich glaube, dass eine Demokratie nicht einfach ist, dass alle schreien: „Ich will irgendwas!", und dass dann egal mit welchen Mitteln durchzusetzen ist. Es ist von vornherein immer etwas normativ Vermitteltes. Das heißt nicht, dass es nicht gewaltige Probleme geben würde, da komme ich zweitens zu, aber ich würde die systematische Voraussetzung tatsächlich nicht so akzeptieren.

Natürlich muss man Grenzen ziehen und natürlich muss man darüber nachdenken, wie man die anlegt. Für mich, aus meiner persönlichen Sicht, ist die wichtigste Grenze eigentlich die zu sagen, dass wir in dem Augenblick, wo wir eine Partei verbieten, es mit Gründen tun müssen, die keine diskursiven Kollateralschäden schaffen, also die nicht in der Begründung von vornherein sozusagen mehreren anderen Teilnehmern des politischen Prozesses so etwas indizieren wie: „Was du da machst, ist auch ein massives Problem." Damit meine ich etwa, wenn robuste nationalistische Positionen durch ein Verbot der Antragsgegnerin nicht mehr verfassungskonform wären. Das hätten wir auch nicht gemacht, wenn wir das glauben würden. Daher brauchen wir natürlich schon einen klaren, sozusagen archimedischen Grund der Argumentation, um die zu verbietende Partei irgendwie auch auf eine solide, klare und eindeutige Art und Weise zu artikulieren. Nun geht aber Ihre Frage natürlich nicht auf das, sondern Ihre Frage geht in der Tat auf das „Darauf Ausgehen". Und da würde ich wiederum zwei Dinge zu sagen. Das eine ist: Ich wäre jedenfalls sehr, sehr vorsichtig damit, aus dem Tatbestand eine konkrete Gefährdungsnorm zu machen. Und da ist man relativ schnell. Also erst, wenn wir richtige Einbußen in der Ordnung haben, ist die Partei zu verbieten. Das wird nicht nur die Preise für extremistisches Handeln ein bisschen absenken, sondern es wäre im Grunde auch wirklich nicht mehr zu vereinbaren unserer Überzeugung nach mit dem, was die Mütter und Väter des Grundgesetzes wollten: nämlich eine Maßnahme unterhalb der Gefahrenschwelle, der konkreten Gefahrenschwelle. Wir glauben allerdings auch, und das wäre der zweite Punkt, über den wir ja dann am Subsumtionstag reden werden, dass wir im Prinzip mit Blick auf das, was wir vorgetragen haben, eher ein bisschen überschießend vorgetragen haben, weil wir Einbußen der Ordnung beobachten können durch das Verhalten der Antragsgegnerin. Aber der Punkt wäre in der Tat, dass ich sehr vorsichtig damit wäre – und das ist das Dilemma, was ich geschildert habe – zu sagen: „Wir brauchen ein bisschen mehr. Wir brauchen doch ein bisschen Gewalt, oder wir brauchen doch noch so ein bisschen illegales Handeln, also wir brauchen doch irgendwie ein Rechtsgut, das jetzt schon kaputt ist." Für den Schutz solcher Rechtsmittel haben wir andere Regime. Wir haben das Polizeirecht, wir haben das Strafrecht, wir haben die allgemeine Rechtsordnung und die müssen diese Probleme lösen. Das Parteiverbotsrecht ist eine parteienspezifische Norm.

Präsident Prof. Dr. Voßkuhle: Vielleicht kann man es anders konkretisieren und fragen, ob es denn eine Möglichkeit des Erfolges geben muss?

Prof. Dr. Möllers: Das ist natürlich die Formulierung aus dem 5. Band. Da haben Sie das Gegenteil gesagt. Im Sinne von: Auch wenn nach menschlichem Ermessen keine Möglichkeit eines Erfolges besteht …

Präsident Prof. Dr. Voßkuhle: Genauso ist es …

Prof. Dr. Möllers: Sollten Sie vom 5. Band abkehren, stellt sich in gewisser Weise diese Frage.

Die Formulierung ist tatsächlich insoweit ein Problem. Man sieht ja, es ist auf den Seiten 140 ff. im 5. Band hochinteressant, weil Sie – glaube ich – schon dort die dilemmatische Struktur des Ganzen komplett durchschaut haben – auf einem sehr, sehr hohen Niveau. Die Formulierung würde ich vermutlich nicht beibehalten, weil sie in gewisser Weise dazu einlädt, den politischen Prozess, das Verfahren großzügiger zu wählen als es ist. Also: Die Formulierung ist nicht gut. Das Erkenntnisproblem allerdings, was die Richterinnen und Richter damals im Ersten Senat dazu gebracht hat, diese Formulierung zu wählen, geht dadurch nicht aus der Welt, dass Sie die Formulierung nicht mehr wiederholen. Das ist nämlich das den Verfassungsschützern sehr bewusste Problem, dass man eigentlich nicht wirklich weiß, wie sich der politische Prozess entwickelt. Und er entwckelt sich sehr schnell. Wir leben auch heute in einer komplett anderen politischen Atmosphäre – meinem Empfinden nach – als wir lebten, als wir den Antrag gestellt haben. Das ist gar nicht so lange her. Und wenn man sieht, wie schnell das manchmal gehen kann, dann wird man doch vielleicht auch ein bisschen wehmütig. Und ich glaube, die Formulierung des 5. Bandes ist Ausdruck dieser Wehmut, nämlich zu sagen: „Es geht nicht darum, dass man einfach jede Partei verbieten kann, die völlig unbedeutend ist." Es geht darum zu sagen: „Nach menschlichem Ermessen wissen wir eigentlich nicht, wie es weitergeht. Und diese Norm nimmt das auf."

Präsident Prof. Dr. Voßkuhle: Vielen Dank! Herr Huber!

Richter Prof. Dr. Huber: Herr Möllers, Sie haben uns diese Dialektik jetzt schön vor Augen geführt. Ich habe es aber noch nicht ganz verstanden. Ich habe verstanden, dass Sie zumindest die Formulierung im 5. Band problematisch finden, aber den Ansatz, dass es keine Realisierung geben muss, doch für tragfähig halten. Sie haben einerseits gesagt, Art. 21 GG dürfe keine Gesinnungsnorm sein, Sie haben andererseits gesagt, er dürfe keine konkrete Gefährdungsnorm sein. Das sind zwei ziemlich weit auseinanderliegende Pole. Die Dialektik muss uns ja doch irgendwie zu einem etwas präziseren und konkreteren Punkt führen. Bei dem handlungsleitenden Potential politischer Äußerungen – so haben Sie formuliert – frage ich mich: Muss dieses nur geeignet sein oder muss es unter dem Gesichtspunkt des „Darauf Ausgehens" auch tatsächlich die Handlung oder Handlungen anleiten? Gibt es so etwas wie eine Bagatellgrenze? Kann man sich das so ähnlich vorstellen wie im Atomrecht, wo die Grenzziehung zwischen „Restrisiko" und „normalem Risiko" gezogen wird, so dass es darauf ankommt, ob das Grundrauschen der Demokratie verlassen wird, aber natürlich vor der Gefahr angesetzt werden muss? Was ist mit Verhältnismäßigkeitsüberlegungen – ich meine, ich habe Ihren Schriftsatz gelesen, wo es heißt, dass es keine Verhältnismäßigkeit bei Art. 21 GG brauche –, aber steckt nicht doch ein Aspekt von Verhältnismäßigkeit in den Tatbestandsmerkmalen dieser Vorschrift?

Prof. Dr. Möllers: Ja.

Richter Prof. Dr. Huber: Wenn Sie das ein bisschen weiter konkretisieren.

Prof. Dr. Möllers: Ja, wenn ich's wüsste.

Also nochmal zu der Formulierung erstens. Ich wollte nicht unscharf oder unklar sein. Ich glaube, es war nicht weise, das da reinzuschreiben. Aber es war ein Zeichen eines realen Problems, nämlich des Problems, dass wir eigentlich nicht wissen, wie schnell eine politische Entwicklung umkippt. Das wollte das Gericht damit zum Ausdruck bringen. Aber diese Stelle als solche scheint mir ein Problem, weil sie zu einem etwas zu liberalen Umgang einlädt. Man muss aber auch daran erinnern, dass die Formulierung der „aggressiv-kämpferischen Haltung", die wir uns hier zu eigen gemacht haben, im Prinzip schon eine Verschärfung dessen darstellt, was der Parlamentarische Rat vorhatte. Also die „aggressiv-kämpferische Haltung" ist eigentlich schon Ausdruck des Unbehagens des Senats mit der sich auf Intentionen beschränkenden Intention des Verfassungsgebers, der im Grunde ja wirklich nur das „Darauf Ausgehen" formuliert. Also da haben wir schon eine Verengung in Band 5. So würde ich ihn in der Tat lesen.

Nun, keine Realisierung. Zwei Sachen dazu. Verlangen wir so etwas wie eine Realisierung? Erstens würde ich tatsächlich nochmal betonen wollen: eine politische Atmosphäre ist ja etwas Reales. Ich glaube, wir können nicht sagen, dass Leute, die sozusagen sich in einer bestimmten Weise aggressiv-politisch äußern, im Bereich der Fiktion, also nicht existent sind, sondern sie machen dem politischen Publikum Angebote. Sie stellen etwas vor, was politisch für möglich gehalten wird. Also würde ich mich wehren gegen die Unterscheidung zwischen politischer Willensbildung und Realität. Politische Willensbildung ist Realität, das ist die spezifische Realität von Parteien. Das scheint mir wichtig zu sein. Was sie dann spezifisch legal tun, ist politische Willensbildung. Das Zweite ist in der Tat – und da würde ich auch hinkommen –, dass man sich fragen könnte: Wenn wir jetzt etwas haben wie eine handlungsgeneigte politische Äußerung – und das scheint mir schon erstmal wichtig zu sein, dass man aus der politischen Äußerung überhaupt etwas folgern kann, nicht irgendwelche diffuse Utopien hat und dann sagt: „Die und die Leute sondern wir dann aus, die und die Maßnahmen treffen wir dann, und diese Maßnahmen müssen dann natürlich hinterher verfassungswidrig sein, klar." Also wenn wir das haben, dann haben wir im Prinzip natürlich schon mehr als eine allgemeine Haltung. Und dann können Sie natürlich nochmal fragen Richter Huber: „Na ja, aber wenn wir nie so eine Handlung sehen, haben wir da nicht ein Problem?" Da hätten wir ein Problem in dem Moment, in dem es eine systematische Erklärung in der Hinsicht gibt, dass sich die Partei im Prinzip darauf beschränkt. Also dass sie im Grunde ganz tolle Programme schreibt, die parzellenscharf Handlungen vorschlägt, aber damit irgendwie in der Stube sitzen bleibt. Das sehen wir in der Tat nicht. Insofern haben wir keine Bedenken zu sagen, dass sich die Handlungsneigung auch politisch realisieren muss. Wir haben ein Zurechnungsproblem manchmal, weil sich die Handlungsneigung vielleicht nicht immer bei Mitgliedern, auch im engeren Sinne von Anhängern, realisiert, aber das in der Tat würde ich sagen.

Ich würde – allerletzter Punkt – das auch lieber an diesem Punkt lösen als bei der Verhältnismäßigkeit. Wir haben die Verhältnismäßigkeit nicht deswegen abgelehnt, weil wir Angst vor ihr haben. Wir haben ja dazu auch vorgetragen.

Präsident Prof. Dr. Voßkuhle: Ja. Vielen Dank! Herr Landau!

Richter Prof. Landau: Sehr geehrter Herr Möllers, wie Sie merken, haben wir Nachfragen am entscheidenden Problem der Abgrenzung. Jeder versucht ja von uns, von seinem eigenen Erfahrungshintergrund, von seinen eigenen dogmatischen Vorstellungen her einen Zugang zu diesem Problem der Abgrenzung zu finden. Sie haben nun zwei Begriffspaare gebildet. Das eine ist die abstrakte Gefährdungssituation, das andere die konkrete. Sie meinen, die abstrakte Gefährdungssituation müsse ausreichen. Das erinnert an einen Strafrechtler – und Sie haben ja einen ausgewiesenen Strafrechtsdogmatiker zur Verstärkung sich herangeholt. Wahrscheinlich nicht aus diesem Grund, aber wir kommen vielleicht zu dem Problem an die Abgrenzung von abstrakten und konkreten Gefährdungsdelikten im Strafrecht.

Prof. Dr. Möllers: Ich war nie gut im Strafrecht.

Richter Prof. Landau: Aber jetzt besteht die Gelegenheit, das nachzuholen, Herr Möllers.
(Gelächter)
Ich hätte jetzt auch sagen können: „Ich war nie gut im Staatsrecht", aber das verkneife ich mir.

Nein, die abstrakten Gefährdungsdelikte gehen ja davon aus, dass aufgrund bestimmter Lebenserfahrungen, die nicht im konkreten Zusammenhang stehen müssen, bestimmte Gefährdungssituationen üblicherweise in einen Ablauf, der auch nicht konkret eintreten muss, in eine gefährliche Situation umschlagen können – bei den Statusdelikten. Aber nehmen Sie einmal die fahrlässige Brandstiftung. Wer mit Feuer spielt, der muss damit rechnen, dass sich irgendwann eine Gefahrensituation einstellt. Demgegenüber setzen konkrete Gefährdungsdelikte ja eine tatsächliche Schadenseintrittswahrscheinlichkeit voraus. Wenn Sie sie bemühen, diese grobe strafrechtsdogmatische Unterscheidung jetzt in ihr Bild reinzulegen, reicht Ihnen denn für die Ersetzung des Begriffs des Handelns, des „Darauf Ausgehens", des „etwas sichtbar Machens" aus, wenn man sagen würde: „Die abstrakte Gefährlichkeit reicht aus aufgrund der Lebenserfahrung, die eine Gesellschaft, die eine Kultur teilt, aufgrund historischer kultureller Erfahrungen?" Die Lebenserfahrung könnte zum Beispiel sein, dass eine Verletzung der – wie Sie sagen – „basalen Werte von Freiheit und Gleichheit" in der Menschenwürde kulminiert, dass die nach aller historischer und menschlicher Lebenserfahrung genau zu dieser Möglichkeit der abstrakten Gefährdung führt. Wäre das ein Angebot, was die Strafrechtsdogmatiker machen könnten, wo sie uns weiterhelfen? Könnten Sie mit dem Bild leben? Können Sie das Bild noch ausschmücken in Ihrer sehr bunten Art?

Präsident Prof. Dr. Voßkuhle: Herr Landau?!

Prof. Dr. Möllers: Ich trage blau, Richter Landau.
(Gelächter)

Richter Prof. Landau: Entschuldigung, ich nehme alles zurück. Das ist einfach die Begeisterung darüber, mit Ihnen reden zu dürfen.

Prof. Dr. Möllers: Ja. Also ich kann damit erst mal gut leben. Natürlich muss man zwei Dinge da noch mit einbauen in den Vergleich. Also ich kann erstmal gut damit leben, ich würde aber natürlich auch sagen: „Die ganze Dogmatik des Strafrechts ist halt doch vom Schuldprinzip geprägt." Auch der abstrakte Gefährdungsbegriff muss irgendwie sozusagen auf den Begriff der persönlichen, individuellen vorwerfbaren Schuld hinlaufen und muss damit doch irgendwie durch ein engeres Nadelöhr vielleicht als der Art. 21 Abs. 2 GG. Der Art. 21 Abs. 2 GG ist eine Norm, eine sehr, sehr spezifische Form von Organisationsrisiko, um es mal so ganz technokratisch zu formulieren, und man versucht zu beheben oder damit umzugehen und ist deswegen natürlich in gewisser Weise mit diesem individuellen Schuldvorwurf in gleicher Weise, also ist nicht an die harte Kandarre des individuellen ...

Richter Prof. Landau: Entschuldigung, ist das richtig? Denn die Frage, wie ich einen Tatbestand beschreibe, wir reden hier über ein Tatbestandsmerkmal, über ein objektives, ob ich jetzt das abstrakt gefährdet beschreibe oder konkret, hat doch nichts mit dem Vorwurf der Schuld zu tun, wenn ich fahrlässig eine Gefahr abstrakter Art herbeiführe, wird das Schuldmerkmal ja in einem ganz anderen Zusammenhang geprüft. Das stellt sich hier in unserem Fall möglicherweise bei der Frage der Zurechenbarkeit.

Prof. Dr. Möllers: Das ist richtig. Ja.

Richter Prof. Landau: Vielleicht könnten Sie noch über eine andere Antwort nachdenken.

Prof. Dr. Möllers: Ja, wir würden ja erstmal zustimmen, der zweite Punkt ist dann natürlich der mit der Lebenserfahrung und der historischen Anschauung. Und da haben wir glaube ich einfach eine ganz andere Form von Epistemologie. Wir haben in der Tat eine Menge von Ereignissen, die uns dazu führen, etwa fahrlässige Brandstiftung zu einem abstrakten Gefährdungsdelikt zu machen. Wir haben einen Haufen von Erfahrungen, während wir natürlich im politischen Prozess, in der politischen Geschichte im Grunde sehr punktuelle Erfahrungen haben, sehr vereinzelte, die immer noch sehr hoch kontextualisiert sind.

Richter Prof. Landau: Da würde die historische Erfahrung und der Begriff der Wesensverwandschaft mit dem Nationalsozialismus nicht ausreichen?

Prof. Dr. Möllers: Die würde ausreichen, um ...

Richter Prof. Landau: Wozu ausreichen?

Prof. Dr. Möllers: Als typische Erfahrung?
Natürlich würde die ausreichen, das würde ich schon denken, dass die ausreicht, in der Tat. Ehrlich gesagt wäre es seltsam, wenn eine Verfassung durch eine Norm des Verfassungsschutzes im Grunde für eine bestimmte Verfassungsordnung mehr als eine Katastrophe an Erfahrung voraussetzen würde. Also ich meine, so viel Erfahrungsschatz hat man ja nun in der Tat.

Richter Prof. Landau: Dankeschön!

Präsident Prof. Dr. Voßkuhle: Weitere Fragen? Frau König bitte!

Richterin Prof. Dr. König: Herr Möllers, ich möchte nochmal auf die Frage von Herrn Huber zurückkommen – die Frage der Verhältnismäßigkeit. Da sagen Sie ja: „Brauchen wir nicht, Eingriff reicht, ist gut so!" Nun müssen wir ein gewisses anderes Gericht, nämlich das in Straßburg, zumindest im Auge behalten und dort ist bei Parteiverboten immerhin die Frage der Verhältnismäßigkeit problematisiert worden. Und nach meiner Auffassung brauchen wir eine gewisse Verhältnismäßigkeit, um Parteiverbote zu rechtfertigen, deswegen nochmal meine Frage. Wie wollen Sie um diese mögliche Klippe herumkommen, wenn Sie sagen: „Es ist völlig egal, wir brauchen nicht mal die Möglichkeit, dass sich ein Erfolg realisiert, weil wir alle nicht in die Zukunft gucken können." Ich finde das Argument natürlich insofern plausibel, als wir natürlich nicht in die Zukunft gucken können, aber stellt sich nicht doch die Frage, brauchen wir gewisse Anhaltspunkte, dass sich eine bestimmte politisiche Position in der Zukunft verwirklichen könnte?

Prof. Dr. Möllers: Vielleicht zwei Antworten dazu. Die erste Antwort ist: Wir würden in der Tat… Nein, machen wir es so rum: Die EGMR-Rechtsprechung würde ich erst einmal so lesen, dass sich aus ihr Standards herleiten lassen, aber dass ich – glaube ich – schon sagen kann, dass – wenn sie mit Blick auf die Tatbestandsmerkmale des Art. 21 Abs. 2 GG eine Prüfung macht, die plausibel und scharf ist – wir so etwas haben wie ein funktionales Äquivalent der Verhältnismäßigkeit. Dann müssen wir noch gucken, wie die Prüfung aussieht. Aber ich würde die Rechtsprechung erstmal nicht so lesen, dass sie nicht die Möglichkeit einer Entscheidung dieses Senats offen lässt, die sagt: „Wir haben hier ein reales Problem" – und dazu komme ich gleich. Also wir haben hier nicht nur Gesinnung natürlich, wir haben hier Politik, die auch irgendwie auf die Straße geht, wir haben Politik, die gewisse Folgen hat. Das muss natürlich sein. Und diese Politik hat bestimmte Inhalte, nämlich rassistische Inhalte etwa, und diese Inhalte werden nach außen getragen. Da ist der Menschenrechtsgerichtshof eigentlich auch besonders sensibel. Ich glaube nicht, dass Sie, wenn Sie das so formulieren, im Prinzip nicht so etwas kriegen würden wie eine Argumentation, die die Funktion der Verhältnismäßigkeitsprüfung für den Europäischen Menschenrechtsgerichtshof einnehmen würde. Ich würde in der Tat, schon weil die Verhältnismäßigkeitsprüfung im EGMR ja auch ganz anders aussieht als die im Bundesverfassungsgericht, nicht sagen, dass die Art, wie der EGMR das prüft, hier hineinreglementiert werden muss in Ihre Entscheidung. Sondern ich würde eher sagen, dass der EGMR sich Ihre Entscheidung anguckt und mit Blick auf seine Verhältnismäßigkeitskriterien fragt: „Ist das, was wir uns unter Verhältnismäßigkeit vorstellen, in der Art und Weise, wie die Entscheidung begründet ist, abgearbeitet?" Dieses Abarbeiten muss dann aber seinerseits nicht aussehen wie eine Verhältnismäßigkeitsprüfung, sondern Sie können ja den Tatbestand des Art. 21 Abs. 2 GG so scharf formulieren, dass sozusagen wir hier sozusagen erstmal sehr wenig Erwartung haben überhaupt ein Parteiverbot zu kriegen, ohne jeweils etwas zur Verhältnismäßigkeit zu bekommen.

Umgekehrt – vielleicht noch zwei Sätze – haben wir noch ein paar Probleme. Wir haben ein Problem in der Tat mit dem einen Eingriff, der nur vorgesehen ist und ich glaube, dass es nur einen Eingriff gibt. Nur das Verbot hat sehr, sehr wichtige Gründe, demokratietheoretische Gründe, zu denen ich auf Nachfrage noch was sagen kann. Und das Zweite ist natürlich, dass wir auch bei der Frage der Geeignetheit es im Grunde ja mit der Frage der Gesamtordnung zu tun haben, bei der ich es sehr, sehr schwer finde, die Art von Abwägung, die wir jedenfalls im deutschen Verfassungsrecht in der Verhältnismäßigkeitsprüfung haben, zu operationalisieren. Das kommt mir schwierig vor, hier eine klassische deutsche Verhältnismäßigkeitsprüfung überhaupt anzulegen.

Ein Wort, das vielleicht für alle nochmal: Ich bin mir nicht sicher, ob ich Richter Landaus Frage auch richtig verstanden habe. Er guckte so. Erfolg heißt hier ja nicht: Wir müssen uns darüber unterhalten. Was heißt Erfolg? Erfolg heißt ja erstmal nicht der Umsturz der Gesamtordnung, sondern wir würden natürlich dabei bleiben zu sagen: Ein „Darauf Ausgehen" muss sich realisieren in politischen Handlungen, und diese politischen Handlungen sind dann in der Tat mehr als Gesinnung.

Präsident Prof. Dr. Voßkuhle: Vielen Dank! Frau Hermanns bitte!

Richterin Hermanns: Ich versuche noch, Klarheit zu gewinnen über Ihren Begriff des handlungsleitenden Potentials politischer Äußerungen. Wenn ich Sie richtig verstanden habe, sagen Sie: „Solche Handlungen müssen sich noch nicht realisiert haben." Dann ist für mich die Frage: Woran machen Sie das handlungsleitende Potential fest? Also woran machen Sie fest, dass Empfänger der Äußerungen davon auch erreicht werden? Muss man dafür nicht eine gewisse Realisierung doch verlangen, um das überhaupt festzumachen? Um sicher zu machen, dass dieses Potential vorhanden ist?

Prof. Dr. Möllers: Ich gebe Ihnen ein Beispiel. Demonstrationen nicht für ein politisches Programm, sondern gegen individualisierte Personen. Demonstrationen nicht an einem öffentlichen Raum der Auseinandersetzung, sondern vor den Türen vor Leuten, die damit als politische Gegner individualisiert werden. Aufforderungen an individualisierte Personen auszureisen. Das ist ja anders als nur verbal zu sagen: „Ihr müsst jetzt raus!" Billigung der Gewalttaten Dritter, die aber in keiner Weise zurechenbar sind. Personalisierung des politischen Gegners oder körperliche Präsenz im politischen Prozess, die die Grenze der Nötigung und des Hausfriedensbruchs nicht überschreitet, aber doch ein bisschen unangenehm ist. Das wären für mich Dinge, bei denen wir sagen: Da haben wir im Grunde eine konkrete Handlungsleitung, die ich auch programmatisch herleiten kann, die was damit zu tun hat, wie das Programm aussieht, aber die in der Tat weder rechtswidrig ist noch strafbar und die man durchaus auch als Teil einer legalen politischen Auseinandersetzung sehen kann.

Präsident Prof. Dr. Voßkuhle: Aber Herr Möllers, sind wir nicht dann doch beim Gesinnungsdelikt? Also dann kommt es doch darauf an, also auch vom Täter her, was ich inhaltlich vertrete. Denn dass der politische Prozess mitunter von Zumutungen lebt, die Sie ja auch in Ihrem Buch beschreiben. Und die Abgeordneten, die bei uns sind, könnten auch einiges dazu beitragen. Das wird man wohl nicht in Abrede stellen können. Und wollen wir nicht auch diese Zumutungen ertragen, weil wir daran glauben, dass das das Salz in der Suppe der Demokratie ist? Dass wir uns eben so auseinandersetzen, dass wir so kämpfen, dass wir uns auch persönlich bekämpfen, das bleibt nicht aus. Und Ihre Beispiele deuten darauf hin, dass es eben doch um die Inhalte geht, um das, was ich dann letztendlich inhaltlich vertrete, und nicht die Art und Weise, wie ich politisch auftrete.

II. Mündliche Verhandlung

Prof. Dr. Möllers: Na ja, ich meine, das ist natürlich kumulativ. Nein, das glaube ich eigentlich nicht. Ich glaube in der Tat, dass die Meinungen, die ich vertrete, natürlich auch dadurch eine andere Bedeutung bekommen, dass sie mit bestimmten Inhalten verbunden sind. Es ist klar, dass, wenn ich Leute etwa aus rassistischen Kriterien auswähle, um gegen sie zu demonstrieren, das natürlich noch was anderes ist, weil wir eben Verbotenes feststellen und eine problematische Zielsetzung haben. Aber das Entscheidende scheint mir doch zu sein, dass das dann Dinge sind, die in der Tat immer an der Schwelle zur Gewalttätigkeit sind, ohne selbst gewalttätig zu sein. Das scheint mir schon ein ganz wesentlicher Punkt zu sein. Und da komme ich zum Dilemma des Anfangs zurück. Ich glaube nicht, dass man sagen kann, dass ein Zurechnungsmaßstab oder hier der Maßstab des „Darauf Ausgehens", der sozusagen auch legale Handlungen umfasst, deswegen ein reiner Gesinnungsmaßstab ist. Sondern ich glaube, dass man sagen muss, dass diese Handlungen im Bereich der Legalität Ausdruck einer politischen Aktivität sein können, die dann das umfasst, was im 5. Band als aggressiv-kämpferische Haltung bezeichnet wird, aber was in der Tat ja auch reale Handlungen beinhaltet.

Präsident Prof. Dr. Voßkuhle: Entschuldigung! Das ist nicht unser Problem. Also, dass auch legale Handlungen hier sozusagen in die Rechnung eingestellt werden können, ist unproblematisch. Was das Problem ist, ist, ob denn der Erfolg möglich sein muss, dass eine Beeinträchtigung der freiheitlichen demokratischen Grundordnung stattfindet.

Prof. Dr. Möllers: Also in dem Sinne, dass der Erfolg des Gesamtumsturzes möglich sein muss – das glaube ich nicht. Das ist klar. Aber in dem Sinne, dass wir so etwas haben wie eine Beeinträchtigung der inneren Freiheit der politischen Meinungsbildung. Dass also Personen, die auch am politischen Prozess teilnehmen, sich zweimal überlegen, ob sie das tun, weil sie nicht nur mit einer bewussten Argumentation versehen werden, sondern auch mit einer Form von physischer Präsenz, die sie einschüchtert. Das würde ich in der Tat so sehen. Und das scheint mir dann in der Tat eher eine Frage der Subsumtion zu sein. Also können wir tatsächlich behaupten, dass politische Prozesse durch das hier genannte Verfahren eingeschränkt sind? Also würde ich in der Tat erstmal dabei bleiben, dass hier eine punktuelle Schädigung politischer Partizipation jedenfalls hinreichend sein muss, um das Parteiverbotsverfahren für begründet zu halten.

Präsident Prof. Dr. Voßkuhle: Herr Müller!

Richter Müller: Herr Möllers, Sie haben eben mit Ihrer Biographie argumentiert.

Prof. Dr. Möllers: Sie haben mich danach gefragt.

Richter Müller: Ich muss das jetzt auch machen, weil eines Ihrer Beispiele mich ein wenig beunruhigt hat. Sie haben eben bei der Frage „handlungsleitendes Potential politischer Äußerungen" das Beispiel genannt, es würde ausreichen, wenn Demonstrationen zur Individualisierung von Menschen führen. Wenn man an Privathäusern demonstriert, ohne irgendwelche Rechtsverstöße zu begehen, sei die Schwelle, um die wir im Moment ringen und die ja eine zentrale Frage des Verfahrens ist, überschritten. Ich habe in meinem früheren befangenheitsantragsgeneigten Leben über

Monate erlebt, dass vor meinem Privathaus nicht wenige, sondern Hunderte von Menschen demonstriert haben. Die Frage, um die es ging, war die Zukunft des Steinkohlebergbaus, und da waren besorgte Menschen, die dort ihren Ängsten Ausdruck verliehen haben. Das war eine Zumutung. Weniger für mich, aber für meine Familie, für die Nachbarn. Ist das nicht eine Zumutung, die die Demokratie aushalten muss?

Prof. Dr. Möllers: Ja, das glaube ich schon. Ich glaube nur, dass wir immer zwei Dinge auseinanderhalten müssen. Das erste ist, dass wir in der Tat sagen müssen, dass wir es hier mit einer Partei zu tun haben. Also ich glaube in der Tat, dass wir andere Zurechnungskriterien haben für eine Partei, jedenfalls dann, wenn das eine regelmäßige Methode ihres politischen Handelns ist, politische Gegner zu individualisieren. Abgesehen von den verfassungsfeindlichen Zielen haben wir es hier mit einem kumulativen Tatbestand zu tun. Aber in dem Moment, in dem wir zur Erreichung verfassungsfeindlicher Ziele eine Personalisierung von Politikern oder Politikerinnen haben als politische Gegner, die in das regelmäßige Handlungspotential einer politischen Partei gehören, haben wir – glaube ich – schon in der Tat auch ein Problem. Ich bin mir auch nicht sicher, ob Sie das anders sehen würden. Ich meine, die Bürgerinnen und Bürger, auch diese Bürgerinnen und Bürger verlieren ja auch ihr Versammlungsrecht nicht dadurch, dass die Partei verboten wird. Aber wir haben auch andere Verbote. Wenn sie sich wirklich ernsthaft bedroht fühlt, müssen wir mal gucken, was im Vereinsrecht steht. Aber wir würden in der Tat sagen, dass politische Gefährdungspotentiale einer Partei anders zuzuordnen sind – wenn wir eine politische Partei haben, die auch verfassungsfeindliche Ziele verfolgt erstens und zweitens das zu ihrem normalen Handlungsrepertoire zurechenbar macht, vor Häusern von Politikern in einer Weise zu demonstrieren und sie einzuschüchtern in ihrer Teilnahme am politischen Prozess. Mit Verlaub, Sie sind damals vermutlich der Ministerpräsident des Saarlandes gewesen, also sozusagen auf einem sehr, sehr hohen und sehr, sehr sichtbaren Posten. Sie waren kein Kommunalpolitiker, der auch nicht durch eine gewisse Form von öffentlicher Wahrnehmung geschützt wird. Dann würde ich da in der Tat ein Problem sehen, da würde ich auch bei bleiben. Das ist dann aber in der Tat ein parteispezifisches Problem.

Richter Müller: Heißt also, die Möglichkeiten und Maßnahmen im Rahmen politischer Willensbildung, denn um politische Willensbildung ging es in all diesen Fällen, sind unterschiedlich, je nachdem, ob wir über Parteien oder Privatpersonen reden. „Die Handlungsspielräume", das ist Ihre These, „für Privatpersonen sind größer als für eine Partei." Trotz des besonderen verfassungsrechtlichen Status, der besonderen verfassungsrechtlichen Aufgabe der Mitwirkung bei der politischen Willensbildung, der der Partei zugewiesen ist. Darüber muss man nachdenken.

Ich hätte noch zwei andere Fragen an Sie. Ich habe was mit Ihnen gemeinsam. Ich war im Strafrecht auch nie eine besondere Leuchte, deshalb…

Prof. Dr. Möllers: Ich hatte aber zwei Punkte in der Klausur.

Richter Müller: …wundere ich mich, dass Sie bereit waren, sich auf die Überlegungen des Kollegen Landau mit Blick auf den Gefahrenbegriff einzulassen. Wenn man da eher einen öffentlich-rechtlichen Zugang wählt, dann glaube ich mal verstanden zu haben, dass Gefahr etwas mit Wahrscheinlichkeit eines Schadenseintritts zu tun hat. Ist das wirklich das Kriterium? Die Wahrscheinlichkeit eines Schadenseintritts? Konkrete Gefahr unterscheidet sich von der abstrakten, dass diese bei der konkreten Gefahr im jeweiligen Einzelfall gegeben ist und bei der abstrakten Gefahr eher aus allgemeinen, nicht auf einen konkreten einzelfallbezogenen Zusammenhängen abzuleiten ist. Kann das das Kriterium für ein Parteiverbot sein, vor dem Hintergrund des präventiven Charakters der Vorschrift, oder muss die Schwelle nicht höher liegen?

Meine zweite Frage: Wir haben eben über den Europäischen Gerichtshof für Menschenrechte gesprochen. Der hat ja einen zentralen Begriff, der möglicherweise diesen Übergang von der Parteienfreiheit zu dem, was verbotswürdig ist, beschreibt. Das ist der Begriff des „dringenden sozialen Bedürfnisses". Ist das nicht vielleicht eine Vorstellung, die den Art. 21 Abs. 2 GG handhabbar machen kann?

Prof. Dr. Möllers: Ja, also wir haben ja natürlich damit gerechnet: Wer sich in Gefahr begibt, kommt darin um. Das ist bei mir im Strafrecht ja auch diesmal wieder der Fall gewesen. Wir kommen eigentlich erstmal aus dem Gefahrenbegriff aus dem Polizeirecht in der Tat, und die Unterscheidung, die wir in der Antragsschrift auch nochmal stark gemacht haben, ist zu sagen: „Es geht hier eigentlich nicht um Gefahrenabwehr, sondern um Gefahrenvorsorge." Und das ist in der Tat vielleicht nochmal was anderes als der abstrakte Gefahrenbegriff. Gefahrenvorsorge heißt in der Tat nicht, dass man mit Wahrscheinlichkeiten operiert, sondern dass man im Grunde vor der Schwere der Gefahrenabwehr sagt: „Wir haben es hier mit einem Verhalten zu tun oder wir haben es hier mit einer Struktur zu tun, bei der wir auch darauf Rücksicht nehmen müssen, dass der Eintritt des Schadens so groß ist, dass wir im Prinzip im Risikobereich und nicht wirklich im Gefährdungsbereich sind." Und das scheint mir das zu sein, was in der Tat auch mit Blick auf den Vorsorgebegriff, den wir ja auch relativ früh in der Diskussion finden, wir mit Art. 21 Abs. 2 GG verbinden. Insofern widerrufe ich.

„*Urgent social need*" – ich konnte damit immer wenig anfangen. Also ich muss sagen, die Art und Weise, wie der Europäische Menschenrechtsgerichtshof das operationalisiert, ist ja teilweise sehr sehr weitherzig. Also vielleicht weitherziger, als es dem Senat lieb wäre, wenn er eine nach rechtlicher Analyse grundlegende Entscheidung zum Parteiverbot macht. Das „urgent social need" klingt ja erstmal so soziologisch. Nicht wahr? Da ist ein Problem, das müssen wir jetzt dringend lösen. Zudem verbergen sich dahinter ja auch sehr viele normative Vorstellungen – wenn wir etwa an die türkischen Parteiverbotsentscheidungen denken. Also dass es ein *„urgent social need"* auch gibt, weil eine Ordnung sich etwa laizistisch versteht, und dann kann man weiterschauen. Ich würde tatsächlich behaupten, dass die Maßstäbe, die uns vorschweben, strenger sind, als das, was dem Begriff des *„urgent social need"* in der Operationalisierung und nicht in dieser Formulierung, die erstmal sehr dramatisch klingt, abverlangt wird.

Präsident Prof. Dr. Voßkuhle: Gut! Herr Huber!

Richter Prof. Dr. Huber: Herr Möllers, ich habe auch noch ein kleines Störgefühl. Weil das, was Sie zum „Darauf Ausgehen" geschrieben haben, Änderung des Diskurses, auf die Straße Gehen, Individualisierung, ja letztlich dazu führt, dass Parteien, die im Verdacht stehen, ein anstößiges Programm zu haben, vermutlich weniger Aktionsradius haben als Parteien, die nicht in diesem Verdacht stehen. Das heißt, das was Herrn Müller passiert ist – ich weiß jetzt nicht, ob das von einer Partei organisiert war – wäre ja unproblematisch?

Richter Müller: Die mittelbare Zurechnung hat da eine Rolle gespielt.

Richter Prof. Dr. Huber: Während man den Aktionsradius einer – sagen wir mal – eher inkriminierten oder problematischen Programmatik doch deutlich reduzieren müsste, was letzten Endes in einen Gesinnungswandel mutieren müsste. Ist das nicht irgendwie eine Ungleichbehandlung?

Prof. Dr. Möllers: Also das wäre axiomatisch ein Problem. Das könnte man – glaube ich – auch juristisch nicht lösen, indem man sagt, dass eine Partei, die eine bestimmte Überzeugung hat, weniger darf im öffentlichen Auftreten als eine Partei, die eine andere Überzeugung hat. Aber man muss auch sehen, dass für die Frage der Beeinträchtigung des politischen Prozesses natürlich die Frage der politischen Präsenz durch Aktion und die Frage der Programmatik nicht immer komplett auseinandergehalten werden. Was heißt das? Das heißt, wenn 100 Leute vor Peter Müllers Wohnhaus gegen den Abbau des Braunkohlebergbaus demonstrieren ...

Richter Müller: Steinkohle...

Prof. Dr. Möllers: Steinkohle, ich komme aus dem Ruhrgebiet...
(Gelächter)
Dann hat das für die Frage, wie weit sich das gegen Sie gerichtet hat, glaube ich eine etwas andere Bedeutung, als wenn 100 Leute aggressiv vor einem Asylbewerberheim demonstrieren, indem sich die Demonstration tatsächlich auch gegen die Person richtet, nicht gegen eine Politik. Und das habe ich mit Individualisierung gemeint. Also wenn wir so etwas haben wie eine Übergangskategorie der Einstellung des politischen Prozesses durch Einschüchterung, dann können wir – glaube ich – nicht komplett davon absehen, wie der wirkt. Das kann man nicht beim Maßstab formulieren, das soll man auch nicht beim Maßstab formulieren, sondern das ist dann in der Tat eine Frage der Subsumtion. Aber es können sich in der Subsumtion dann Unterschiede ergeben, wenn wir ein wirtschaftspolitisches Motiv haben, das an der Person eines Spitzenpolitikers festgemacht wird – auch mit Blick auf die Perspektive dessen eigenen politischen Möglichkeitsraums –, im Vergleich zu einem politischen Motiv, das vielleicht zum Beispiel rassistisch veranlasst ist mit Blick auf, sagen wir mal, Gruppen, die unter diese Unterscheidung fallen. Das scheint mir schwer vermeidbar zu sein.

Präsident Prof. Dr. Voßkuhle: Gut! Ich habe jetzt noch zwei Kolleginnen und Kollegen auf meiner Liste. Dann würde ich gerne Herrn Möllers erst einmal entlassen, dass er sich ein bisschen wieder erholen kann und die Gegenseite etwas zu den Problemen sagen kann. Jetzt zunächst Herr Landau!

Richter Prof. Landau: Herr Möllers, ich höre auf mit dem Strafrecht, aber ich habe im Gegensatz zu dem Kollegen Huber noch ein großes Störgefühl. Das hängt mit Ihrer

Sichtweise auf die Auslegung, auf den Maßstab zusammen. Ihre ganzen Ausführungen sind geprägt von der Sichtweise der politischen Organisation, der politischen Willensbildung, des demokratischen Prozesses. Bei der Verhältnismäßigkeit sagen Sie: „Kann man darüber nachdenken, das ist nicht das, was der EGMR macht und vielleicht müssen wir das einbauen, implementieren, wie auch immer." So weit so gut. Diese Sichtweise, führt die nicht dazu, dass Sie bestimmte andere reale Sichtweisen völlig ausblenden? Das ist mir klar geworden oder ist mir deutlich geworden, bei Ihren Beispielen. Muss man nicht sagen, wenn man das nur von der Sichtweise der politischen Organisation, des Demokratieprozesses sieht, dass das Verhältnismäßigkeitsprinzip gerade bei Ihrem Beispiel besondere Bedeutung gewinnen könnte, weil der Staat möglicherweise seine Schutzpflichten in bestimmten Gegenden nicht ausreichend nachgekommen ist. Alle Ihre Beispiele hängen damit zusammen, dass nicht genügend Polizeipräsenz da war, dass die staatlichen Schutzorgane möglicherweise nicht aktiv genug waren. Und muss ich nicht diese beiden Sichtweisen verbinden? Also kann ich nicht nur auf die politische Organisation abstellen, sondern muss ich das Verhältnismäßigkeitsprinzip insofern berücksichtigen, dass jedenfalls Ihre Beispiele unter dem Gesichtspunkt der staatlichen Handlungspflichten möglicherweise zu beheben gewesen wären. Also das ist eine These, ob ich die teile oder nicht, sei dahingestellt. Wenn die vollständige Erfüllung staatlicher Schutzpflichten gelungen wäre, wäre der politische Organisationsprozess auch in Ihrer Sichtweise in allen von Ihnen belegten Situationen möglicherweise gewährleistet gewesen. Ist also der Blick bei der Auslegung auf die bloße, auf das bloße Demokratieprinzip, auf die bloße politische Organisation, politische Willensbildung, nicht verkürzt und zu einfach, weil sie schlicht reale Lebenstatbestände ausblendet?

Prof. Dr. Möllers: Also ich würde Ihnen im Ergebnis zustimmen. Ich bin mir nicht sicher, ob man das in der Verhältnismäßigkeit verorten muss. Also ich würde im Ergebnis normativ zustimmen, nicht bei der Beurteilung des Sachverhalts faktisch. Ich würde im Ergebnis insofern zustimmen, und das haben wir in der Tat ja auch hilfsweise in der Verhältnismäßigkeitsprüfung geschrieben, uns würde es besser gefallen oder wir könnten sehr gut damit leben, wenn das in den Tatbestand reinkäme: Ein isoliertes Parteiverbotsverfahren, das nicht begleitet wird von einer staatlichen Gewaltmonopolpräsenz, aber auch anderen Maßnahmen politischer Bildungsarbeit, also ein Parteiverbotsverfahren, das einfach so daherkommt und sich einfach eine Partei greift und die verbieten will, ohne seinen gesamten Kontext auch staatlich zu begleiten – mit dem hätten wir ein verfassungsrechtliches Problem. Es ist für mich nicht ganz einfach gewesen, das dogmatisch auf den Punkt zu bringen. Ich sehe sogar, dass der Verhältnismäßigkeitsmaßstab in gewisser Weise ein Punkt wäre, aber ich glaube, dass das dogmatisch auch nicht überzeugend ist. Aber ich glaube, dass man schon sagen kann: „Ein isoliertes Parteiverbotsverfahren, das die Sachen herausschneidet und sagt: ‚Wir kümmern uns um gar nichts mehr, wir kümmern uns nicht um die Polizei auf der Straße, wir kümmern uns nicht darum, was die Leute in der Schule sagen, wir kümmern uns nicht darum, wie die Atmosphäre ist'", das wäre nicht angängig. Ich glaube nur, dass die Beispiele, die ich genannt habe, diese Geschichte nicht abbilden. Und das wäre vielleicht auch nochmal eine Frage der Subsumtion. Ich würde in der Tat glauben, dass wir hier das alles da hatten und dass wir in der Tat nicht sagen können, dass sich hier die Abwesenheit des Staats manifestiert.

Präsident Prof. Dr. Voßkuhle: Gut! Vielen Dank! Frau Kessal-Wulf bitte!

Richterin Dr. Kessal-Wulf: Ja, Herr Möllers, wir haben uns in der bisherigen Diskussion auf die Qualität des Agierens einer Partei konzentriert. Meine Frage ist: Müssen wir nicht auch der Quantität eine gewisse Aufmerksamkeit widmen? Also vielleicht der Anzahl der Vorfälle? Wenn ja, wie kann man das schon bei der Maßstabsbildung fassen und mit Blick auf den EGMR? Könnte das nicht auch hilfreich sein für das soziale Bedürfnis? Dass also das soziale Bedürfnis erst auch bei einer bestimmten Quantität von Vorfällen gegeben sein könnte?

Prof. Dr. Möllers: Also erstens denke ich, dass das Problem der Quantität – Sie werden mir jetzt wahrscheinlich wieder Gesinnungsorientierung vorwerfen –, dass das Problem der Quantität irgendwie auch etwas damit zu tun hat, wie die Programmatik aussieht. In dem Augenblick, wo wir auch argumentieren können, dass das, was die Partei will, mit dem, was die Partei tut, in einem Zusammenhang steht, können wir sagen, dass Ereignisse, die wir beschreiben, auch repräsentativ für die Partei sind. Also ich würde erstmal von der Seite kommen. Wir müssen also im Grunde zwischen den beiden Tatbestandsmerkmalen den Zusammenhang herstellen. Wir können nicht sagen: „Einerseits will die das und andererseits ist sie irgendwie gewalttätig, aber das kommt im Grunde an verschiedenen Ecken und Enden vor", sondern wir müssen hier in der Tat einen Zusammenhang herstellen. Wenn wir den Zusammenhang haben, dann würde ich denken, haben wir mit Blick auf die Zurechnung und mit Blick auf die, ich nenne es mal „innere Quantität" kein Problem mehr. Dann haben wir vielleicht eine Frage der „äußeren Quantität". Und die Frage der „äußeren Quantität" würde ich dann tatsächlich als eine verstehen.... Ich meine: Na klar, sind wir die Antragsteller und wollen natürlich immer noch das, was wir wollen. Da sind wir unserer Ansicht nach etwas überschießend gewesen, aber Ihrer Ansicht nach haben wir vielleicht auch zu wenig geliefert. Aber würden wir in der Tat sagen, dass wir etwas vortragen müssen wie zumindest eine Beeinträchtigung des politischen Prozesses, die natürlich nicht nur komplett trivial ist, sondern die sich in der Tat irgendwie in einer bestimmten Form von politischem Zusammenhang nachweisen lässt. Und das scheint mir, gerade mit Blick auf rassistische Parteien, deutlich mehr zu sein, als der EGMR verlangt.

Präsident Prof. Dr. Voßkuhle: Vielen Dank, Herr Möllers! Herr Rechtsanwalt Richter, ich erteile Ihnen das Wort!

Rechtsanwalt Richter: Vielen Dank, Herr Präsident! Hoher Senat!

Wir könnten uns auf Antragsgegnerseite jetzt natürlich darauf beschränken, dass wir einfach sagen: „Die Antragstellerseite hat ein Konzept vorgelegt, wie ein Parteiverbotsverfahren in der heutigen Zeit durchzuführen sein soll, nach welchen Kriterien, was die Verbotsvoraussetzungen sein sollen." Und wir sagen einfach: „Stimmt nicht, wir wissen nicht, wie es geht, aber wir wissen, so geht es nicht." Das sagen wir ausdrücklich nicht, sondern wir möchten schon auf einige wichtige Punkte eingehen, die der Antragsteller dargestellt hat, hierzu entsprechende Gegenpositionen beziehen und dann aus unserer Sicht einige wichtige Eckpunkte nennen, wie wir meinen, dass tatsächlich ein rechtsstaatskonformes, ein verfassungskonformes und ein EMRK-konformes Parteiverbotskonzept im 21. Jahrhundert aussehen könnte.

Ich möchte vielleicht noch einmal ganz kurz an den Anfang gehen, an das anknüpfen, was ich gestern gesagt habe, und an das, was vorhin auch kurz nochmals zur Sprache gekommen ist. Das Problem beginnt ja im Prinzip schon beim Demokratieverständnis, das man hat. Und dann kann man sich nämlich die Frage stellen: Ist ein Parteiverbot überhaupt ein legitimes Mittel in einem demokratischen Rechtsstaat? Ich habe gestern das Beispiel gebildet, dass die Partei X ein Programm verfolgt, in dem sie die Monarchie wieder einführen möchte, und zwar die Erbmonarchie und keine konstitutionelle Monarchie. Da würde jetzt die Antragstellerseite natürlich die Auffassung vertreten, das wäre unzulässig, diese Partei wäre jedenfalls verfassungswidrig, ob sie verboten werden müsste, müsste man sich vielleicht nochmal drüber streiten, wenn sie das einfach nur so vertritt und vielleicht nicht mit Impetus vertritt. Aber grundsätzlich müssen die Antragsteller eigentlich sagen: „Das wäre unzulässig, wenn diese Partei 51 % der Sitze im Parlament auf sich vereinigen würde beziehungsweise dann zur Verfassungsänderung noch entsprechend mehr, also dann die zwei Drittel. Dann müsste man ihr das eigentlich verbieten, weil das ja nicht mehr, auch von der Ewigkeitsklausel, gedeckt ist." Also Monarchie, die dann noch als Erbmonarchie ausgestaltet ist und keine parlamentarischen und demokratischen Bezüge mehr hat, da wäre dann eigentlich Endstation für diese Partei. Und das ist – denke ich schon – die Gretchenfrage, um die es hier geht. Ob man hier sagt: „Wir wollen tatsächlich Volkssouveränität verwirklichen, wir wollen tatsächlich das Volk als souverän ansehen und sagen eben dann: ‚Wenn die Mehrheit des Volkes entsprechend eine andere Staatsform möchte, dann ist das so.' Dann können sich die Staatsorgane, die bisherige verfasste Gewalt, sich dann nicht über den Verfassungsgeber, über den Souverän, erheben und ihm entsprechende politische Ziele, unabhängig von der Frage, ob sie überhaupt realisierbar wären, verbotsbegründend vorwerfen." Da meinen wir, dass das zentrale Element der Demokratie und des Rechtsstaats eigentlich darin besteht und auch das Prinzip der Volkssouveränität, dass das Volk immer Recht hat. Das ist eine ganz zentrale These, die ich hier aufstellen möchte. Wenn das Volk mehrheitlich etwas beschließt und etwas möchte, dann können nicht die Staatsgewalten hingehen und sagen: „Es ist undemokratisch, wenn die Mehrheit etwas anderes möchte." Das ist aber jetzt wie gesagt eine etwas allgemeine Kritik am Parteiverbot. Ich wage die Prognose, dass der Senat vermutlich das Institut des Parteiverbots nicht per se als undemokratisch einstufen und verwerfen wird, deswegen möchte ich jetzt hier auch keine überbordenden Ausführungen machen. Nur mal so als Denkanstoß, dass ich also hier auch mit der Antragsgegnerin zusammen meine, dass man sich diesen Gedanken grundsätzlich mal machen sollte.

Wir haben dann einige wichtige Thesen, die der Antragsteller aufgestellt hat und die, wie ich meine, hier nicht unwidersprochen im Raum stehenbleiben sollten. Ich möchte jetzt erstmal grob auf diese eingehen und dann noch ein paar inhaltliche Ausführungen dazu vortragen.

Wir haben einmal die ganz zentrale These des Antragstellers – und die finde ich auch zugleich mit die gefährlichste –, dass er so beiläufig argumentiert: „Na ja, also

Parteien können sich ja hier im Parteiverbotsverfahren gar nicht auf Grundrechte berufen." Das halte ich schon für einen dogmatischen Hammer, muss ich sagen. Also dass man hingeht und sagt: „Die kollektive Grundrechtswahrnehmung in Form von politischen Parteien ist letztlich doch nicht grundrechtlich geschützt, oder jedenfalls im Parteiverbotsverfahren insoweit nicht grundrechtlich geschützt als auch eigentlich grundrechtlich geschütztes Handeln verbotsbegründend gegen die Partei ins Feld geführt werden kann." Das scheint mir doch an erheblichen dogmatischen Widersprüchen zu leiden, darauf werde ich gleich noch entsprechend im Einzelnen eingehen.

Wir haben dann die weitere zentrale These, und das ist das, was hier eben auch maßgeblich thematisiert worden ist von Seiten des Senats und aus unserer Sicht auch zu Recht, dass die Frage sich eben stellt, wie in der Gliederung, Gesinnungs- oder Handlungssanktion und dann eben die Frage, wo zieht man jetzt genau die Grenze? Ich nehme meine These vorweg. Aus unserer Sicht kann ein reines Programm, so verfassungswidrig es auch sein möge, unabhängig davon, dass es hier im konkreten Fall nicht der Fall ist, da werden wir uns separat nochmal drüber unterhalten, aber selbst wenn es so wäre, könnte ein falsches Programm als solches kein Parteiverbot rechtfertigen und – jetzt kommt der Punkt –, der Antragsteller sagt ja: „Gut, aggressiv-kämpferisch im weitesten Sinne, also es muss ein Mehr hinzutreten, das *forum internum* der Partei reicht nicht aus, sie muss irgendwie nach außen das Parteiprogramm dokumentieren, umsetzen, aber es muss nicht strafbar sein und es muss nicht rechtswidrig sein." Und das ist ein Punkt an dem ich frage: Ja, was ist denn das für ein Bereich? Der Antragsteller hat in seinem Verbotsantrag die These geprägt – wenn ich es richtig im Kopf habe –, nicht Illegalität, sondern Finalität sei das entscheidende Kriterium für die Annahme eines aggressiv-kämpferischen, jedenfalls eines „Darauf Ausgehens" zur Beeinträchtigung oder Beseitigung der freiheitlich demokratischen Grundordnung. Da stelle ich mir die Frage: Ist dieses Kriterium überhaupt willkürfrei subsumierbar? Und läuft es nicht letztlich leer? Denn wenn Finalität politischen Handelns verbotsbegründend sein soll, dann ist letzten Endes ja doch wieder nur das Parteiprogramm Verbotsgrund. Denn ich kenne keine Partei, die ihr Parteiprogramm nicht auch mit gewissem Impetus, mit gewissem Engagement vertritt. Das mag natürlich in der Intensität unterschiedlich sein, weil die Parteien verschiedene Mittel, verschiedene Anhänger, verschiedene Größen usw. haben, deswegen können die einen natürlich sich mehr engagieren als andere und werden auch durch die mediale Präsenz unterschiedlich intensiv wahrgenommen. Aber dass man jetzt sagt: „Also eine Partei, die sich komplett rechtsstaatskonform, rechtmäßig, nicht strafbar und nicht mal rechtswidrig verhält, dass die schon deswegen verboten werden soll, weil sie ihr Parteiprogramm engagiert mit Impetus nachhaltig final verfolgt." Da sehe ich letzten Endes keine begrenzende Funktion mehr des Kriteriums des aggressiv-kämpferischen oder überhaupt des Tatbestandsmerkmals des „Darauf Ausgehens". Das läuft aus meiner Sicht darauf hinaus, dass es dann letztlich ein redundantes Kriterium ist und im Ergebnis doch hier die entsprechenden allein programmatischen Punkte der Parteien ausreichen sollen.

Deswegen vertreten wir die These: Es muss mindestens ein rechtswidriges Verhalten vorliegen. Denn ansonsten kommen wir in einen ganz gewaltigen dogmatischen Widerspruch, und den möchte ich gleich noch weiter ausführen. In bisherigen Urteilen des Bundesverfassungsgerichts, im SRP-Verbotsurteil überhaupt nicht, im KPD-Verbotsurteil daher umso mehr, hat man sich ja Gedanken gemacht, wie verhält sich eigentlich das Parteiverbot in Art. 21 Abs. 2 GG zur Meinungs- und zur Versammlungsfreiheit. Und das ist ja durchaus nicht ganz unproblematisch, weil, wenn ich einerseits sagen kann als Individuum: „Ich vertrete jetzt irgendwelche Positionen, seien sie jetzt gut, seien sie schlecht, hat der Rechtsstaat nicht zu bewerten, er hat nur zu fragen: ‚Ist das rechtswidrig, kann man dagegen einschreiten?' Wenn der Staat dann zum Ergebnis kommt: ‚Nein es ist grundrechtlich geschützt', beziehungsweise wenn das objektiv so ist, dann habe ich als Bürger ein Abwehrrecht gegen den Staat. Da kann ich sagen, wenn die Polizei kommt und mir dann zum Beispiel auch bei Demonstrationen das Wort verbieten will, Platzverweise erteilt, was auch immer, könnte ich dann sagen: ‚Moment, Abwehrrecht gegen den Staat, mein Verhalten ist grundrechtlich geschützt.'" Dass man aber dann hingeht und sagt: „Wenn sich Einzelpersonen, deren Einzelverhalten jeweils für sich grundrechtlich geschützt ist, dass dann, nur weil die Personen sich zu einer Partei zusammenschließen, was ja auch wiederum grundrechtlich geschützt ist, nämlich durch die Vereinigungsfreiheit, dass man dann plötzlich gegen die kollektive Grundrechtswahrnehmung soll einschreiten können, obwohl man es bei den jeweiligen Einzelpersonen unstreitig nicht könnte." Das erscheint mir doch als ziemlicher dogmatischer Widerspruch, und der kann nur dahingehend aufgelöst werden, dass hier eine praktische Konkordanz herzgestellt wird zwischen der Parteiverbotsvorschrift einerseits und dem Grundrecht der Meinungsfreiheit andererseits, und dass man sagt: „Grundrechtlich geschütztes Verhalten scheidet per se aus und kann gar nicht verbotsbegründend gegen eine Partei ins Feld geführt werden."

Ich möchte jetzt noch ein paar detailliertere Ausführungen zu diesen einzelnen Punkten machen, die ich hier eben dargestellt habe. Ich will zunächst einmal beginnen mit der Frage der Grundrechtsberechtigung von politischen Parteien. Also vielleicht nochmal zur Klarstellung: Es wird ja nicht in Abrede gestellt, dass politische Parteien als solche grundrechtsberechtigt sind. Es wird ja nur gesagt: „Die Grundrechtsberechtigung, die grundsätzlich besteht, führt im Parteiverbotsverfahren nicht zu einem Abwehrrecht dergestalt, dass man sagen kann: ‚Damit könnte ich verbotsbegründende Argumente dann per se abwehren.'" Und da, wie gesagt, noch ein paar vertiefere Ausführungen zu.

Die Gegenseite stützt ihre doch sehr befremdliche Rechtsauffassung, also der Irrelevanz von Grundrechten im Bereich des Parteiverbotsverfahrens, im Wesentlichen auf den Gedanken, dass das Parteiverbotsverfahren der grundrechtlichen Prüfung gewissermaßen vorgelagert sei und es die parteispezifische Anwendungsbedingung betreffe (S. 17 der Antragsschrift). Darüber hinaus meint der Antragsteller, politische Parteien seien vom Grundgesetz als Quasi-Staatsorgane ausgestaltet und unterlägen daher einem besonderen Pflichtenkanon, der über den normaler Grundrechtsträger hinausgehe. Dem kann freilich nicht gefolgt werden. Eine Personenvereinigung wie eine politische Partei, deren Mitglieder allesamt unzweifelhaft dem Schutz der Grundrechte unterliegen, und die deshalb auch als Kollektiv mit personalem Substrat über Art. 19 Abs. 3 GG Grundrechtsschutz genießt, kann dieses Schutzes schwerlich allein dadurch verlustig gehen, dass sie in ein Parteiverbotsverfahren gezwungen wird. Dass dieser kollektive Grundrechtsschutz mit rechtskräftigem Ausspruch eines Verbotsurteils in Wegfall gerät, darf nicht mit der Frage vermengt werden, ob bei der Frage, ob ein Verhalten der Partei als verbotswürdig zu werten ist, die wertsetzende Bedeutung der Grundrechte zu berücksichtigen ist.

In diesem Zusammenhang vielleicht noch einmal kurzer Exkurs zu der Frage, wie man überhaupt zu der Staatsorganstellung der Parteien kommt. Da könnte ich mir vorstellen, dass es da auch da angelehnt ist, dass man sagt: „Die sind ja auch organstreitfähig im verfassungsgerichtlichen Organstreitverfahren." Aber das kommt ja eigentlich aus einer anderen Richtung, eher aus einer Zeit, in der es keine Verfassungsbeschwerde gab, auf die die Parteien ja eigentlich zu verweisen wären, eben als Vereinigungen der Gesellschaft und nicht des Staates, auch wenn sie sich natürlich dann gewissermaßen an der Schnittstelle zum Staat bewegen. Aber der Grundgedanke, dass sie als Quasi-Staatsorgane im Organstreitverfahren behandelt werden, kommt ja eigentlich daher, dass es in der Vergangenheit keine Verfassungsbeschwerde gab, also vor allem in der Weimarer Republik, und man deswegen sie dann irgendwie als Quasi-Staatsorgane behandelt hat um ihnen am verfassungsgerichtlichen, staatsgerichtsrechtlichen Verfahren eine Beteiligungsfähigkeit zuschreiben zu können. Der Gedanke geht aber dahin, dass man sagt: „Hier soll der Rechtsschutz und hier soll die grundrechtliche Stellung der Parteien gestärkt werden." Und deswegen hat man sie als organstreitfähig angesehen, um sie in ihrer Position zu stärken. Und dass man jetzt hingeht und sagt: „Also ein Gedanke, der eigentlich zur Stärkung der Rechsposition politischer Parteien gedacht war, verkehrt man jetzt in sein Gegenteil, und sagt – unter anderem: ‚Weil sie organstreitfähig und damit ja Quasi-Staatsorgane sind, kommt ihnen jetzt ihre Grundrechtsberechtigung jedenfalls im Parteiverbotsverfahren abhanden.'" Da meinen wir doch, dass das verfassungsdogmatisch nicht verfängt.

Dann noch ein weiteres Argument. Zudem wird eine Geltung der Grundrechte im verfassungsprozessualen Parteiverbotsverfahren auch durch die – noch vertieft darzustellende – Rechtsprechung des Europäischen Gerichtshofs für Menschenrechte nahegelegt. Dieser beurteilt die konventionsrechtliche Zulässigkeit von Parteiverboten regelmäßig am Maßstab von Art. 10 und Art. 11 EMRK, also an den Menschenrechten, der Vereinigungs- und der Meinungsfreiheit. Folglich müssen diese Menschenrechte in nationalen Parteiverbotsverfahren anwendbar sein, weil sie andernfalls nicht als zulässiger Prüfungsmaßstab in Betracht kämen. Auf die vom Antragsteller aufgebrachte Idee, derlei Rechte stünden einer politischen Partei als Quasi-Staatsorgan überhaupt nicht zu, ist der EGMR bislang zu Recht überhaupt nicht gekommen. Wenn sich eine politische Partei im Parteiverbotsverfahren aber auf die Menschenrechte der Art. 10 und Art. 11 EMRK berufen kann, dann ist kein Grund ersichtlich, warum sie sich nicht auch auf die im Wesentlichen inhaltsgleichen grundgesetzlichen Grundrechte des Art. 5 Abs. 1 S. 1 Alt. 1 GG und Art. 9 Abs. 1 GG sollte berufen können. Doch auch in dem Fall, dass man dies – mit welcher Begründung auch immer – anders sehen und eine ausschließliche Geltung von Art. 10 und Art. 11 EMRK unter Ausschluss von Art. 5 Abs. 1 Satz 1 Alt. 1 GG und Art. 9 Abs. 1 GG annehmen wollte, würde dies an dem gefundenen Ergebnis der Geltung von Meinungs- und Vereinigungsfreiheit im Parteiverbotsverfahren nichts ändern. Selbst wenn man allen Ernstes die Auffassung vertritt, dass auch legales und damit grundrechtlich geschütztes Verhalten ein Parteiverbot zu rechtfertigen vermag – diese Frage wird auch noch umfassend zu erörtern sein –, müssen aber gleichwohl Bedeutung und Tragweite der Grundrechte, auf die sich eine Partei bis zu ihrem Verbot zweifelsohne berufen kann, dazu führen, dass die Verwertung grundrechtlich geschützten Verhaltens zur Begründung eines Parteiverbots äußerst restriktiv gehandhabt wird und insofern eben in den meisten Fällen aus unserer Sicht ausscheiden dürfte. Die These also zusammenfassend: Auch der politischen Partei im Parteiverbotsverfahren kann grundrechtlich geschütztes Verhalten nicht verbotsbegründend zum Vorwurf gemacht werden.

Ich möchte jetzt noch eine weitere These aufstellen, und zwar, weil wir ja noch beim Punkt der thematischen Einordnung des Parteiverbotsverfahrens sind, und da auf einen Aspekt zu sprechen kommen, der in den Ausführungen des Antragstellers jetzt überhaupt nicht berücksichtigt worden ist. Und zwar vertreten wir die These, dass ein Parteiverbot letztlich dogmatisch eine Art oder ein Teil der Notstandsverfassung darstellt. Es ist nicht einfach irgendein Instrument, zu dem man mal greifen kann, wenn man sagt: „Wir wollen mal ein bisschen Vorsorge betreiben, es könnte ja sein, dass da irgendwas passiert." Sondern es ist ein Fall des Staatsnotstands, wenn ein Staat eine politische Partei, so wie das Verfassungsgericht seinerzeit ja gesagt hat, sogar ganze politische Ideen aus dem politischen Diskurs ausschalten möchte.

Das ist ein Punkt, der – denke ich – der weiteren Ausführung bedarf. Zu einem angemessenen Verbotsverständnis gelangt man, wenn man Möglichkeit und Grenzen eines Parteiverbots, das der Wahrung und nicht der Abschaffung der Demokratie und des mit ihr einhergehenden Mehrparteienprinzips dienen soll, als Bestandteil des verfassungsrechtlichen Notstands rechtlich eindeutig sein müssen, was etwa beim Nachweis einer nicht mit Art. 21 Abs. 1 GG zu vereinbaren demokratischen Binnenstruktur der Fall sein könnte, und die Folgen dem Verhältnismäßigkeitsprinzip entsprechend beschränkt definiert werden müssen, was insbesondere durch die Befristung zu erreichen ist. Das sind auch noch Punkte, auf die wir noch eingehen werden.

Insofern vielleicht auch noch einmal ein kleiner, systematischer und historischer Bezug. Bekanntlich konnte im Grundgesetz trotz der mehrfachen Anträge im Parlamentarischen Rat, eine an Art. 48 Weimarer Reichsverfassung ausgerichtete Notstandsregelung zu verankern, eine explizite Notstandsverfassung nicht vorgesehen werden, da dem der generelle Notstandsvorbehalt der Aliierten entgegenstand, welche diesen im Memorandum der Militärgouverneure vom 2. März 1949 geltend gemacht haben. Daher konnte die Notstandskompetenz lediglich marginal und verstreut in Form des Gesetzgebungsnotstands nach Art. 81 GG geregelt werden und in den föderalistisch ausgerichteten Ausnahmekompetenz nach Art. 91 GG umgesetzt werden, wobei im allierten Genehmigungsschreiben zum Grundgesetz vom 12.05.1949 ausdrücklich festgehalten wurde, dass die Ausübung dieser Restkompetenz an Notstand von der vorherigen Zustimmung der Besatzungsbehörden abhängig gemacht werde. Flankierende Regelungen des Notstands enthielten Art. 9

Abs. 2 GG, also das Vereinsverbot, Art. 18 GG, die Grundrechtsverwirkung, und Art. 21 Abs. 2 GG, das Parteiverbot.

Dementsprechend ist es geboten, insbesondere Art. 21 Abs. 2 GG im Zusammenhang mit Art. 91 GG zu interpretieren, womit man automatisch zum Rechtsprinzip der Befristung bei den Verbotsfolgen einerseits und zu einer operablen Bestimmung der Verbotsvoraussetzungen kommt. Es stellt einen grundlegenden methodischen Fehler der bisherigen Verbotsurteile und der Antragsschrift dar, dass auf Art. 91 GG bei der Auslegung des Art. 21 Abs. 2 GG überhaupt nicht eingegangen wurde. Art. 91 und Art. 21 Abs. 2 GG stellen – mit anderen Komponenten wie Art. 9 Abs. 2 GG, soweit dabei über die Strafgerichtsbarkeit hinausgehend die verfassungsmäßige Ordnung geschützt wird – zusammengenommen die Nachfolgeregelung von Art. 48 WRV dar, welche eine Notstandsbefugnis begründet hat, die als Diktaturgewalt des Reichspräsidenten eingeordnet wurde. Nach Art. 48 Abs. 2 WRV konnte der Reichspräsident bei erheblicher Störung oder Gefährdung der öffentlichen Sicherheit im Reich die zur Wiederherstellung der öffentlichen Sicherheit und Ordnung nötige Maßnahmen treffen, erforderlichenfalls mit Hilfe der bewaffneten Gewalt einschreiten. Zu diesem Zwecke durfte er vorübergehend Grundrechte ganz oder zum Teil außer Kraft setzen. Zur Wahrung der Verfassungsordnung mussten diese Maßnahmen dem Reichstag zur Kenntnis gegeben und auf dessen Verlangen außer Kraft gesetzt werden, was dann auch für die Beschränkung der Vereinigungsfreiheit, wie etwa von Parteiverboten, galt. Damit ist insgesamt der zeitlich befristete Charakter der Notstandsbefugnis unter Einschluss von Parteiverboten, welche jenseits der Schranke der Vereinigungsfreiheit nach Art. 124 WRV, nämlich der Strafrechtswidrigkeit ausgesprochen wurden, gewährleistet gewesen. Nicht eingeschränkt werden konnte durch entsprechende Notstandsmaßnahmen etwa – man höre und staune – die mit Art. 125 WRV garantierte Wahlfreiheit des aktiven und passiven Wahlrechts. Deshalb sollte im Grunde das Parteiverbot, welches neben Art. 48 WRV, aber daran angelehnt, die zeitlich befristeten, verfassungsdurchbrechenden, das heißt mit verfassungsändernder Mehrheit erlassenen Republikschutzgesetze ermöglichen, das aktive und passive Wahlrecht zu den Parlamenten nicht beeinträchtigen.

Deshalb wurde in der Folgezeit dem Parteiverbot dadurch die Spitze zu nehmen versucht, indem Parteiverbote die Werbung und die Beteiligung verbotener Parteien für Wahlen nicht beeinträchtigen durften. Damit hat sich die Notstandsverfassung in die vorausgehende Verfassungstradition eingeordnet, die auf Art. 30 der Verfassungsurkunde für den Preußischen Staat vom 31.01.1850 über die Garantie der Vereinigungsfreiheit zurückgeht. Diese Bestimmung enthielt in Abs. 3 für politische Vereine, zu denen auch Parteien zu zählen waren, eine gesetzliche Beschränkungsmöglichkeit und eine Verbotsvorschrift: „Politische Vereine können Beschränkungen und vorübergehenden Verboten im Wege der Gesetzgebung unterworfen werden." Mit dieser Formulierung war klargestellt, dass die Beschränkungen allgemein gelten, jedoch Verbote nur eine zeitlich befristete Wirkung entfalten sollten. Die Vereinigungsfreiheit als solche zählte außerdem zu den Vorschriften, die im Notstandsfall gemäß Art. 111 der Verfassungsurkunde zeitweilig und gebietsbezogen außer Kraft gesetzt werden konnten. Dies kann insgesamt als Beleg dafür angesehen werden, dass das Verbot eines politischen Vereins einschließlich einer Partei als – zeitlich und nach Möglichkeit gebietsbezogen – befristeter Fall des Nostands in Betracht kam.

Diese Vorstellung war maßgebend für das auf Reichsebene bei Geltung der Reichsverfassung von 1867/1871 ergangene Sozialistengesetz vom 21. Oktober 1878, das durch Reichsgesetz die Grundlage schaffte, die SPD beziehungsweise entsprechende Vereine mit jeweils zeitlich befristeter Wirkung zu verbieten. Die Geltungsdauer dieses Gesetzes ist durch die Reichsgesetze vom 31.05.1880 und weiterer Gesetze schließlich bis zum 30.09.1890 verlängert worden. Da die nochmalige Verlängerung am 25.01.1890 im Reichstag gescheitert ist, trat es am 30.09.1890 außer Kraft.

Entsprechend seinem Anlass stellt sich das Sozialistengesetz als zeitlich jeweils befristetes Maßnahmegesetz zur zeit- und situationsbezogenen Abwehr einer konkreten Gefahrenlage für die Staats- und Gesellschaftsordnung dar, so dass von einer in Gesetzesform gekleideten Maßnahme des Verfassungsschutzes gesprochen werden kann. Aufgrund des verfassungsrechtlichen Dualismus der konstitutionellen Monarchie stellte dabei das in Gesetzesform ergangene und von vornherein als befristet zu konzipierende Verbot das Höchstmaß einer Garantie gegen den Machtmissbrauch dar. Diese Garantie letztlich der Vereinigungsfreiheit ist durch die Beschwerdemöglichkeit in den Bundesrat, der insofern die Funktion eines Verfassungsgerichts ausgeübt hat, noch verstärkt worden.

Ich möchte vielleicht die historischen Abhandlungen noch etwas kürzer fassen und insbesondere den Art. 91 GG nochmal in den Blick nehmen wollen, der ja auch von der freiheitlichen demokratischen Grundordnung spricht, aber eigentlich einen völlig anderen Fall meint.

Richter Müller: Da fängt das Problem der Argumentation an.

Rechtsanwalt Richter: Das ist richtig, und jetzt ist die Frage, ob nicht möglicherweise der Art. 91 GG hier insbesondere bei der Frage der Auslegung des Tatbestandsmerkmals der freiheitlichen demokratischen Grundordnung, wo wir gleich nochmal zu kommen, was aber wegen der dogmatischen Einordnung des Parteiverbotsverfahrens aus meiner Sicht auch hierher gehört. Der Art. 91 GG setzt ja voraus, in jedwedem Einsatz von Bundespolizei, dass etwas gefährdet ist, was durch Einsatz polizeilicher Mittel geschützt werden kann. Und jetzt stellt sich aus unserer Sicht die Frage: Wenn man die freiheitliche demokratische Grundordnung als reinen Prinzipienkatalog begreift, also als Gesamtheit der grundlegenden und nicht abänderbaren Verfassungswerte, kommt man damit zu einem Verständnis, das mit dem Art. 91 GG übereinstimmt, der ja sagt, es müsse etwas durch polizeiliche Handlungen Verteidigbares sein. Oder kann man umgekehrt nicht daraus folgern, dass es etwas sein muss, was mit polizeilichen Mitteln verteidigt werden kann, dass dann eben nicht umgekehrt, wie es bisher gehandhabt wird, die freiheitlich demokratische Grundordnung im Sinne des Art. 21 Abs. 2 GG so zu lesen ist, wie die entsprechende Verbotsvorschrift in dem, nur in Abs. 2, aber das Vereinsverbot, und dass Art. 21 Abs. 2 GG den gleichen FDGO-Begriff verwendet wie Art. 91 GG, nämlich einen solchen, dass es hier nicht allgemein darum geht, Prinzipien zu verteidigen gegen ideologische Häretiker oder Ketzer, sondern dass es darum geht, die Funktionsfähigkeit des

Staates und seiner Einrichtungen zu schützen. Jetzt wird man natürlich nicht so weit gehen können, dass wir sagen: „Wir ziehen die Grenze jetzt hier so weit, wie sie bei Art. 91 GG zu ziehen ist", das ist klar. Aber ich denke, der systematische Vergleich mit Art. 91 GG, auf den das Bundesverfassungsgericht in der damaligen Entscheidung gar nicht eingegangen ist, sollte zumindest Veranlassung dazu geben, den Notstandscharakter des Parteiverbots sich nochmal zu vergegenwärtigen und damit dann in einen Bereich zu kommen, in dem man sagt: „Es müsste hier letztlich ja doch irgendwo eine abstrakte oder konkrete", da können wir uns auch immer drüber streiten, „Gefahr bestehen." Aber dass man hingeht und sagt: „Notstand liegt quasi dann schon vor, wenn man sagt: ‚Jemand vertritt falsche Gedanken und er könnte ja vielleicht das irgendwie umsetzen und dann könnte das in einen Schaden umschlagen', ob man dann hier in einem demokratiepolitischen Bereich nicht sagt: ‚Gefahrenvorsorge in einem so sensiblen Bereich wie dem Parteiverbot, das ging mir jetzt doch im Hinblick auf den Notstandscharakter des Parteiverbots etwas weit.'" Und man muss sich ja mal überlegen: Jeder Streifenpolizist, der einem Bürger einen Platzverweis erteilen will oder sonstwie einschreiten möchte, Personalien feststellen, was auch immer, der muss auch konkret – gut, bei der Personalienfeststellung jetzt weniger –, aber sagen wir mal, bleiben wir mal beim Platzverweis, da muss ja irgendwas vorliegen. Da brauche ich eine Gefahr. Da kann ich dann wieder drüber streiten, wie groß die Gefahr sein muss, aber da kann ich ja auch nicht sagen: „Ich erteile Ihnen mal vorsorglich Platzverweise, Sie sehen schon so aus, dass Sie was machen könnten und ich weiß ja, was Sie für eine Ideologie vertreten, und rein präventiv bekommen Sie mal einen Platzverweis, damit Sie gar nicht erst auf die Idee kommen, hier irgendwas zu machen."

Allein schon bei solchen Beispielen sieht man, sogar der Streifenpolizist muss das Vorliegen einer Gefahr nachweisen, was nachher verwaltungsgerichtlich kontrolliert werden kann, aber im Bereich des Parteiverbots, wo die Axt an die Wurzel der Demokratie des Pluralismusses des Parteienprinzips gelegt werden soll, da soll es schon reichen, reine präventive gefahrenvorsorgliche Maßnahmen zu ergreifen. Da meinen wir, dass das nicht richtig sein kann, da brauchen wir entsprechend weitere Voraussetzungen. Und diese weitere Voraussetzung ist eben die, dass wir, wie ich die Thesen eben schon aufgestellt habe, jetzt im Einzelnen noch ein bisschen weiter ausführen möchten, dass wir jedenfalls ein Rechtswidrigkeitskriterium brauchen, dass rechtswidriges Handeln vorliegen muss und dass natürlich auf jeden Fall die Grenze überschritten ist beim Gewaltkriterium. Das ist völlig klar, und das ist auch völlig unstreitig. Eine politische Partei, die zur Gewalt aufruft, Gewalt anwendet oder Personen terrorisiert, da sind wir durchaus in einem Bereich, wo wir sowieso eine konkrete Gefahr hätten und wo ohnehin ein Verbot völlig klar auf der Hand liegt. Die Frage ist nur: Ist das hier so bei der Antragsgegnerin? Dann müssen wir uns entsprechend darüber unterhalten. Es sollte allerdings dazu führen, dass wir auf jeden Fall sagen: Reines *forum internum* reicht nicht aus, reine Finalität reicht nicht aus, sondern es muss Rechtswidrigkeit vorliegen. Und da, wie gesagt, habe ich auch noch ein paar kurze Ausführungen zu, speziell zu diesem darüber hinausgehenden Kriterium.

Dem Bundesverfassungsgericht ist mit seiner damaligen Analyse, dass auch die freiheitlichen Demokratien an dem praktisch politischen Problem der Ausscheidung verfassungsfeindlicher Parteien aus dem politischen Leben nicht vorübergehen können, sobald die Staatsgefährlichkeit einen bestimmten Grad erreicht hat (Entscheidung aus dem 5. Band), unter dieser Staatsgefährlichkeit ist aber schon im Ansatz etwas anderes zu verstehen als der ideologische Hochverrat, den letztlich das Bundesverfassungsgericht in den beiden Verbotsurteilen durch das Parteiverbot ahnden wollte und nunmehr die vorliegende Verbotsbegründung ahnden will. Während es dem Bundesverfassungsgericht in den damaligen Entscheidungen um die Ziehung einer letztlich ideologischen Wertgrenze ging, ziehen die westlichen Demokratien – und da können wir uns auch gerne noch intensiver darüber unterhalten, wie es in den anderen Staaten sich so verhält mit den Parteiverboten, welche Grenzen und Voraussetzungen da bestehen – eine rechtsstaatlich nachvollziehbar und völlig legitime sowohl Gewalt- als auch Rechtswidrigkeitsgrenze. Aus den bereits dargestellten und auch weiter darzustellenden Gründen ist jedoch diese Gewaltgrenze auch nach dem Grundgesetz zu ziehen, indem der Notstandscharakter des Rechtsinstituts des Parteiverbots erkannt und anerkannt wird. Ein juristisches Verfahren wie das vorliegende, welches gegen die Existenz einer Partei, das heißt auf ihre juristische Vernichtung gerichtet ist, kann deshalb nur insofern legitim sein, als es um einen Bereich geht, auf den die Wähler keinen Einfluss haben. Was nur gegeben ist, wenn eine Partei gerade den Einfluss der Wähler ausschalten will, indem sie etwa jenseits eines Wählervotums gewaltsam die Macht anstrebt. Derartiges wird hinsichtlich der Antragsgegnerin aber nicht in substantiierter Weise vorgetragen. Sofern sich der Antragsteller zur Verbotsbegründung auf angebliche Programmatik oder gar angebliche Ideologie der Antragsgegnerin bezieht, ist es verfassungsrechtlich irrelevant und kann nicht zum Verbot führen. Dieser verfassungswidrige Verbotsansatz der Antragstellerin verkennt in einer rechtsstaatswidrigen Weise Sinn und Zweck eines Parteiverbots in einer westlichen Demokratie, als welche sich die Bundesrepublik Deutschland amtlich verstehen will.

Zweck eines Parteiverbots in den liberalen Demokratien des Westens ist die Verhinderung eines rechtswidrigen Verfassungsumsturzes, nicht jedoch das Ausschalten einer ganzen, sich legal verhaltenden politischen Richtung, was im Zweifel weit über die verbotene Partei zulasten des politischen Pluralismus hinausgeht. Anstelle eines Organisationsverbots ergibt sich dann ein rechtsstaatswidriges Ideologieverbot. Das Ausschalten einer politischen Richtung ist der freien Wahlentscheidung des freien Wählers und mündigen Bürgers zu überlassen. Der Verbotsantrag ist dagegen insbesondere aufgrund der weitreichenden Verbotsfolgen darauf gerichtet, ein verfassungsgerichtliches Verfahren an die Stelle der freien Wahlentscheidung des Volkes treten zu lassen.

Ich möchte dann schließlich noch zwei, drei Punkte, die ich jetzt nicht mehr umfangreich ausführen werde, nur kurz ansprechen. Der Punkt Verhältnismäßigkeit, da kommen wir, denke ich, später...

Präsident Prof. Dr. Voßkuhle: Nein, bitte jetzt!

Rechtsanwalt Richter: ... bei der Entscheidung des Menschenrechtsgerichtshofs nochmal darauf zurück. Einen speziellen Punkt, den der Antragsteller erwähnt hat, möchte ich allerdings hier schon einmal ansprechen. Und zwar vertritt der Antragsteller ja die These, der Verhältnismäßigkeitsgrundsatz käme ja hier von vornherein nicht in Betracht und nicht zur Anwendung, da dieser ja immer bei der Erforderlichkeitsprüfung ein Kontinuum möglicher Rechtsfolgen voraussetze. Da klingt im Ansatz erstmal richtig, das sagt man: „Ja, wenn ich nur ein Mittel habe, dann kann ich natürlich ein anderes, gleich geeignetes, aber weniger einschneidendes Mittel nicht mehr prüfen." Die Frage ist aber dann hier umgekehrt: Führt nicht das Verhältnismäßigkeitsprinzip dazu, dass eine Parteiverbotskonzeption, die nur eine einzige Rechtsfolge kennt, ihrerseits verfassungs- oder konventionskonform ausgelegt werden müsste, nämlich dahin, dass gegebenenfalls auch andere Maßnahmen, quasi Minus-Maßnahmen, wie im Versammlungsrecht, möglich sein könnten? Da haben wir in § 15 Abs. 3 Versammlungsgesetz des Bundes die Konstellation, dass es da entsprechend heißt: „Eine Versammlung kann aufgelöst werden, wenn die Voraussetzungen für ihr Verbot vorgelegen hätten." Da ist es aber allgemein anerkannt, dass man sagt: „Na ja, immer direkt auflösen ist dann unverhältnismäßig, wenn Minus-Maßnahmen zur Verfügung stehen, zum Beispiel, wenn die Versammlung einfach mit irgendwelchen Auflagen belegt werden kann, die den erstrebten Zweck erreicht, was dann regelmäßig die Abwehr einer Gefahr ist." Da wäre hier zu fragen: Ist ein Parteiverbotskonzept, das per se nur das Verbot kennt, also quasi ein Alles-oder-Nichts-Prinzip, ist das nicht vielleicht dahingehend auszulegen, dass man sagt: „Es müssen auch andere Maßnahmen in Betracht kommen und gegebenenfalls vorab geprüft werden?"

Und da komme ich jetzt zur Rechtsprechung des Menschenrechtsgerichtshofs in einem ganz konkreten Fall, und zwar die ganz aktuelle Entscheidung, was das DTP-Verbot anbelangt, also die kurdische Partei [Demokratik Toplum Partisi]. Da hat der Gerichtshof ja alles mögliche kritisiert an der Entscheidung des türkischen Verfassungsgerichtshofs, aber insbesondere halt auch, dass er gesagt hat: „Wieso gehen sie mit einer besonderen Strenge hieran, dass sie nur das Verbot auswerfen und andere, mildere Maßnahmen gar nicht prüfen." Und da wird dann ausdrücklich die Frage gestellt, ob dann auch ein Parteiverbot dadurch abgemildert werden könnte, dass man dann zum Beispiel die Partei von der Parteienfinanzierung ausschließt, dass man ihr zeitlich befristete, vielleicht Wahlteilnahmeverbote auferlegt, oder was auch immer. Das ist also ein Punkt, wo man sagen könnte: „Hier kommt das Verhältnismäßigkeitsprinzip in der neueren Rechtsprechung des EGMR ausdrücklich zum Ausdruck und erzwingt eigentlich die nähere Prüfung, ob hier dann tatsächlich das Alles-oder-Nichts-Prinzip weitergelten kann, das im Art. 21 Abs. 2 GG zunächst mal so daherkommt."

Ich möchte dann meine Ausführungen hierzu jetzt zunächst schließen. Der Kollege Andrejewski würde gleich ergänzend noch Ausführungen machen. Aber ich nehme an, Sie möchten zunächst noch ein paar Fragen stellen.

Präsident Prof. Voßkuhle: Ich hätte eine erste Frage, und zwar: Wenn man sich diesen Gedanken zu eigen machen würde und sagen würde: „Ja, es muss ein rechtswidriges Verhalten vorliegen, damit man ein Parteiverbot aussprechen kann", dann stellt sich die Frage, was eigentlich der Sinn des Parteiverbotsverfahrens ist, denn gegen rechtswidriges Verhalten kann man auch sonst gut vorgehen. Und alle Anwesenden haben sich beklagt, dass das Parteiverbotsverfahren ein sehr aufwendiges Verfahren ist. Also, warum sollten wir das tun, wenn wir doch eigentlich rechtswidriges Verhalten ohne Weiteres zum Anlass nehmen könnten, polizeirechtlich einzuschreiten. Wir können es verbieten, wir können unter Umständen, wenn es strafbewehrtes rechtswidriges Verhalten ist, ein Strafverfahren einleiten. Also es bestehen sehr viele Reaktionsmöglichkeiten. Warum sollte es dann noch ein Parteiverbotsverfahren geben?

Rechtsanwalt Richter: Also ich könnte jetzt die Frage pauschal beantworten, indem ich sage: „Nach meiner Auffassung sollte es überhaupt kein Parteiverbotsverfahren geben, deswegen stellt sich das Problem nicht." Es ist natürlich richtig, dass man sagt: „Gegen entsprechende Maßnahmen kann man natürlich dann mit dem Polizei- und Ordnungsrecht beziehungsweise dann, wenn es sogar strafbar wird, mit dem Strafgesetz vorgehen." Das stimmt. Allerdings weist der Antragsteller ja darauf hin, dass gerade durch die Bündelung, gerade durch die Organisationsstruktur einer politischen Partei, wenn die denn tatsächlich solche Maßnahmen ergreift, natürlich Gefahren drohen können. Wobei ich jetzt wiederum betonen möchte, dass das bei der Antragsgegnerin nicht der Fall ist, aber dass wir das mal hypothetisch unterstellen, dass wir eine Partei haben, deren entsprechende Funktionäre, Vertretungsberechtigte, Mitglieder, dass die sich ständig rechtswidrig verhalten und dementsprechend dann natürlich im Einzelfall, sage ich jetzt mal, zur Verantwortung gezogen werden können. Man kann das unterbinden, aber man kann eben gegen die Gesamtorganisation nicht direkt vorgehen, weil ich natürlich jetzt eine politische Partei zum Beispiel nicht strafgerichtlich verurteilen kann. Und da kann man natürlich auch wieder sagen: „Wenn die Partei so etwas Ähnliches wird wie eine kriminelle Vereinigung", sage ich jetzt mal, wobei, da muss es ja schon wieder um Strafgesetze gehen. Sagen wir einmal, es ist keine kriminelle Vereinigung, diese Partei wäre quasi eine Rechtswidrigkeitsvereinigung unterhalb der Strafbarkeitsschwelle, dann besteht natürlich schon ein Bedürfnis, nicht nur die prägenden Mitglieder und Funktionäre dann polizeirechtlich zur Verantwortung zu ziehen, sondern den ganzen Parteikörper dann auch zu verbieten, wenn er tatsächlich in seiner Gesamtheit wie eine kriminelle Vereinigung auf die nachhaltige Begehung rechtswidriger Handlungen gerichtet ist. Und da wird aus meiner Sicht schon noch ein entsprechender Anwendungsbereich verbleiben.

Präsident Prof. Dr. Voßkuhle: Okay. Danke! Herr Müller!

Richter Müller: Ich will da ansetzen. Herr Richter, Sie haben heute Morgen sich in einem anderen Zusammenhang intensiv mit der Entstehung der Vorschrift befasst. Nun ist es ja so, dass die Entstehung der Vorschrift sehr stark mit einer historischen Erfahrung verbunden ist, nämlich der Erfahrung der legalen Machtergreifung der Nationalsozialisten in der Weimarer Republik. Unabhängig davon, ob diese These stimmt, dass die Machterfreigung legal war oder nicht, war dies jedenfalls handlungsleitend für die Mütter und Väter des Grundgesetzes. Und sie wollten eine Vorschrift schaffen, die genau dieses künftig verhindert. Das steht doch der Vorstellung: „Es muss rechtswidriges Handeln stattfinden", diametral entgegen.

C. Das zweite NPD-Verbotsverfahren (2013–2017)

Rechtsanwalt Richter: Das ist auf den ersten Blick vielleicht der Fall, aber man muss ja auch sehen, dass die historische Sicht des Gesetzgebers ein Auslegungskriterium darstellt, das ist richtig. Aber gerade die historische Auslegung kann – durch entsprechenden Zeitablauf – sich ja auch wieder relativieren. Es ist natürlich verständlich, dass man direkt, im Jahr 1949 und in den entsprechenden Beratungen, wohl auch schon vorher, wo man noch die entsprechenden katastrophalen Zustände und die entsprechenden Vorkommnisse unmittelbar vor Augen hatte, dass man dann natürlich sagt: „Klar, diese Gefahr besteht, dass hier eine Partei möglicherweise legal die Macht ergreift, um die Demokratie wieder abzuschaffen." Aber es stellt sich ja auch dann die Frage, ob diese Erwägung letztlich Jahrzehnte später im 21. Jahrhundert so noch überhaupt zeitgemäß ist und entsprechend weitreichende Einschränkungen rechtfertigen kann, wie etwa die Erwägung, dass man sagt: „Das muss nicht mal rechtswidrig sein, es reicht schon, wenn sie sich überhaupt nachhaltig für ein falsches Programm engagieren." Also wenn eine Demokratie, wie wir es, denke ich, bei unserer Demokratie hier unterstellen können, hinreichend gefestigt ist, dann, denke ich, dass dieser historische Gedanke, der zur damaligen Zeit sicherlich seine Berechtigung hatte, heute in der Gesamtabwägung in Verbindung mit den Gefahren, die wir auf der anderen Seite haben, nämlich, dass völlig legale Betätigungen dann letztlich – und da sind wir wieder bei dem, was ich gestern gesagt habe –, quasi mit der Todesstrafe geahndet werden können für den Parteikörper, da würde ich sagen, da wiegt eigentlich die Beeinträchtigung des Pluralismus, die mit einem solch weitreichenden, insoweit vorgelagerten Parteiverbot verbunden ist, schwerer als die – aus meiner Sicht jetzt eher theoretische Gefahr –, dass eine Partei hier legal die Macht ergreifen könnte, die dann unter Umständen letztlich doch wieder hier in entsprechender Weise tätig wird, die Demokratie abschafft.

Richter Müller: Ich hätte noch drei andere, vielleicht ganz kurze Fragen. Sie haben heute wieder das Monarchie-Beispiel gebildet und gesagt: „Nach dem, was der Antragsteller gesagt hat, müsste eine Partei, die den alten Kaiser Wilhelm wieder haben will, verboten werden." Der Antragsteller wird sicher da selbst noch etwas dazu sagen.

Rechtsanwalt Richter: Verfassungswidrig habe ich gesagt.

Richter Müller: Ja, wenn sie verfassungswidrig ist, muss die Verfassungswidrigkeit festgestellt werden. Heißt das, verstehe ich Sie so, dass der Begriff der freiheitlichen demokratischen Grundordnung, den Sie dem Art. 21 Abs. 2 GG zugrunde legen, identisch ist mit dem Schutzgehalt des Art. 79 Abs. 3 GG?

Rechtsanwalt Richter: Da kommen wir jetzt an die Fragestellung: Was geschähe, wenn eine politische Partei jetzt Positionen vertreten würde, die vom Art. 79 Abs. 3 GG nicht mehr gedeckt wären, die quasi über die Ewigkeitsgarantie hinausgehen, die also daran rütteln wollte. Und da wäre natürlich der Fall einerseits zu betrachten, dass der verfassungsändernde Gesetzgeber hier tätig werden möchte und entsprechende Änderungen vornehmen würde. Das würde sicherlich gegen die Ewigkeitsgarantie verstoßen, das ist richtig. Aber es wäre ja auch theoretisch denkbar, jetzt auf das Demokratieprinzip und das Prinzip der Volkssouveränität insgesamt bezogen, dass eine politische Partei sich für eine Verfassungsneugebung einsetzt, sich auf Art. 146 GG beruft und eben sagt: „Wir möchten eine neue Verfassung kreieren, unser Parteiprogramm besteht darin, eine parlamentarische Versammlung einzuberufen, die eine monarchistische Verfassung erarbeitet. Wir werben dafür mit friedlichen, legalen Mitteln. Aus irgendwelchen Gründen sind wir der Auffassung, dass Monarchie besser als Demokratie ist." Und wenn das Volk jetzt sagen würde – ich wüsste jetzt nicht warum, ich bin kein Anhänger der Monarchie, nur um das vorweg zu schicken, aber das hypothetische Szenario, um das weiter zu spinnen –, wenn jetzt die Partei sagen würde: „Wir wollen das mit völlig legalen, mit ganz rechtsstaatlichen Mitteln tun", meine ich, dass ein Verbot einer solchen Partei, da die Verfassungsneugebung ja auch nicht vom Art. 79 Abs. 3 GG verboten werden kann, weil da auch wieder anderes vertreten wird, aber ich würde sagen, das wäre grundsätzlich gedeckt, wenn das alles – und das ist das entscheidende Kriterium –, ohne Gewalt, ohne Nötigung, ohne Täuschung geschieht, sondern das Volk in freier Selbstbestimmung sagt: „Wir möchten das jetzt so beschließen", aus welchen Gründen auch immer.

Richter Müller: Okay! Das ändert nichts an der Tatsache, dass man ja durchaus die Vorstellung haben könnte, dass der Begriff der freiheitlichen demokratischen Grundordnung, so wie er im Art. 21 Abs. 2 GG verwendet wird, etwas anderes ist, als dasjenige, was unter die Ewigkeitsgarantie des Art. 79 Abs. 3 GG fällt. Mit Blick auf die Notwendigkeit, den Ausnahmetatbestand Parteiverbot restriktiv zu fassen, könnte dies etwas Engeres sein, so dass eine Partei ohne Probleme für die Monarchie sein kann, ohne verboten werden zu müssen.

Rechtsanwalt Richter: Wenn man das so sehen würde, ja. Das käme mir natürlich dann sehr entgegen.

Richter Müller: Zweiter Punkt: „Das Volk hat immer Recht", haben Sie gesagt. Sie haben jetzt selbst den Art. 146 GG angesprochen. Da wird ja möglicherweise eine Brücke in eine neue Verfassung gebaut. Wie ist denn aus Ihrer Sicht das Verhältnis des Art. 146 GG zum Art. 79 Abs. 3 GG. Erlaubt Art. 146 GG, dass eine Partei sich für eine völlig andere Verfassung einsetzen kann, die die Menschenrechte nicht achtet, die die Demokratie abschaffen will. Kann man eine solche Partei keinesfalls verbieten? Denn das ist ja durch den Art. 146 GG gedeckt.

Rechtsanwalt Richter: So weit würde ich jetzt nicht gehen, dass wir uns da jetzt nicht missverstehen. Elementare Menschenrechte sind nochmal eine andere Frage. Also von der Demokratietheorie her ist es ja so, dass das Prinzip der Volkssouveränität jetzt keine konkrete Herrschaftsform vorgibt, die das Volk sich nur selbst geben dürfte. Also das Prinzip der Volkssouveränität schließt meines Erachtens nicht aus, dass das Volk in freier demokratischer Selbstbestimmung sich für ein konstitutionelle Monarchie oder für eine Erbmonarchie entscheidet, wenn es das so möchte. Ich gebe Ihnen völlig Recht. Selbstverständlich ist auch das Volk bei der Verfassungsneugebung gewissen, ich würde es jetzt vielleicht überpositiven, allgemeinverbindlichen, elementaren, oder wie es die Antragstellerseite insoweit noch zutreffend sagt: „Einem basalen Minimum an Menschenrechten" unterworfen. Das Volk kann jetzt auch nicht alles beschließen im Sinne von: „Wenn wir das beschließen, dann machen wir die Tyrannei oder sowas, und geben dann elementare Menschenrechte auf." Das wäre aus meiner Sicht auch nicht zulässig. Aber ich meine, dass das Volk eben hier bei der Verfassungsneugebung schon einen entsprechenden Spielraum hätte. Jetzt nicht Menschenrechte, aber was die Herrschaftsform anbelangt, das Beispiel der Monarchie. Und dass man deswegen dann eine Partei nicht verbieten könnte, wenn sie etwas fordern würde, was vom Art. 146 GG gedeckt wäre. Wobei aus unserer Sicht diese Problematik sich hier gar nicht stellt, weil – und da werden wir dann nachher uns noch drüber unterhalten –, die Programmatik der Antragsgegnerin ja nicht einmal die Grenzen des Art. 79 Abs. 3 GG verletzt. Also man gar nicht so weit geht zu sagen: „Gegen Art. 79 Abs. 3 GG würden wir eigentlich verstoßen, ist aber egal, dass Art. 146 GG dann die entsprechende Rechtfertigungsnorm oder so darstellt", ganz im Gegenteil. Wir stehen auf dem Standpunkt, dass wir schon bei Art. 79 Abs. 3 GG nicht drüber hinwegwollen. Deswegen würde ich da jetzt auf jeden Fall hier gar keine Anwendungsmöglichkeit sehen. Das war für mich jetzt nur ein allgemeines Beispiel um zu verdeutlichen dass das Demokratieprinzip und das Prinzip der Volkssouveränität aus unserer Sicht weitaus umfassender zu verstehen ist, als die Antragstellerseite das tut.

Richter Müller: Letzter Punkt: Verhältnismäßigkeit. Es spricht ja viel für das, was Sie vorgetragen haben, dass wir beim Parteiverbot eine Situation haben, die, ich sag mal, eher grundrechtsähnlich als staatsorganisatorisch ist. Da wird jemandem, dem nicht ein Grundrechtsstatus, aber ein verfassungsrechtlicher Status zugewiesen wird, ein Eingriff zugemutet, der der schärfste Eingriff ist, den man sich überhaupt vorstellen kann. Die Existenz wird vernichtet. Das legt es nahe, über Verhältnismäßigkeitsgesichtspunkte nachzudenken. Das liegt auf der Hand. Nun haben Sie mit Blick auf den Verhältnismäßigkeitsgrundsatz auf den Europäischen Gerichshof für Menschenrechte rekurriert. Wenn ich die Rechtsprechung des EGMR richtig verstehe, dann ist für den EGMR die Verhältnismäßigkeit ein Gesichtspunkt, der ausschließlich auf der Rechtsfolgenseite eine Rolle spielt, hingegen nicht auf der Tatbestandsseite. Würden Sie sich das zu eigen machen?

Rechtsanwalt Richter: Das würde ich mir so jetzt nicht zu eigen machen. Ich sehe das eher so, dass der Menschenrechtsgerichtshof das auf beiden Seiten prüft. Also sowohl auf der Tatbestandsseite wie auch auf der Rechtsfolgenseite, wobei er es auf der Tatbestandsseite nicht als Verhältnismäßigkeitsprüfung im eigentlichen Sinne bezeichnet. Er führt sie der Sache nach durch und packt das alles gewissermaßen in die allgemeine Abwägung, ob eben ein dringendes soziales Bedürfnis besteht und ob deswegen das Verbot notwendig ist in einer demokratischen Gesellschaft. Er macht jetzt keinen Unterpunkt und sagt jetzt: „Also es ist eigentlich notwendig in der demokratischen Gesellschaft, aber trotzdem unverhältnismäßig." Sondern das geht alles ein bisschen naiver und auf der Rechtsfolgenseite kommt dann nochmal die Prüfung, wie in dem konkreten Urteil der DTP, wo dann gesagt worden ist: „Na ja, mag vielleicht Einiges dafür sprechen, aber sie sind hier ein bisschen zu streng vorgegangen, sie haben keine Mindestmaßnahmen geprüft wie Ausschluss von Parteienfinanzierung und dergleichen." Also es geht ja jetzt auch um die Frage, ob die Begrifflichkeit Verhältnismäßigkeit verwendet wird, oder ob man jetzt ausdrücklich das deutsche Prüfungsschema anwendet, dass man sagt: „Wir brauchen einen legitimen Zweck und der muss geeignet, erforderlich und angemessen sein." Und es kommt auch darauf an, ob man der Sache nach die entsprechenden Prüfungen vornimmt, auch wenn man sie unter anderen Überpunkten tätigt. Und da meine ich, beim Menschenrechtsgerichtshof schon rauszulesen, dass man da also schon darauf abstellt, ob tatsächlich diese Partei Gefahren darstellt. Das kann man natürlich dann wieder – wie die Antragstellerseite – relativieren und sagen: „Das mag vielleicht generell so sein, aber in Deutschland ist das wieder anders, weil da kommen dann die nationalen Besonderheiten." Aber der Gerichtshof prüft schon ganz genau: „Ist diese Partei nur von ihren Zielen her problematisch, oder setzt sie auch eben Mittel ein, die nicht *democratic* sind." Und das sehe ich schon auch irgendwo als Verhältnismäßigkeitsprüfung an, indem ja auch dann gefragt wird:

Ist die Partei eine solche Gefahr, dass es überhaupt erforderlich ist, mit dem scharfen Schwert des Parteiverbotsverfahrens draufzuschlagen, oder ist es nicht vielleicht so – und da möchte ich gerne die Formulierung des Antragstellers aufgreifen –, dass eben der demokratische Rechtsstaat gewisse Störungen an der Bagatellgrenze einfach ertragen muss? Also auch wenn man sagt: „Es sprächen vielleicht Argumente dafür, dass man sagt: ‚Die Partei wollen wir nicht und bereitet vielleicht auch gewisse Probleme. Das ist aber so im Bagatellbereich, dass es schlicht und ergreifend unverhältnismäßig wäre, sie zu verbieten', also nicht – mit der deutschen Formulierung – ‚mit Kanonen auf Spatzen schießen', und deswegen ist das Verbot letztlich eben nicht erforderlich in der demokratischen Gesellschaft, und deswegen besteht kein zwingendes soziales Bedürfnis."

Präsident Prof. Dr. Voßkuhle: Gut. Herr Huber bitte!

Richter Prof. Dr. Huber: Herr Richter, was Ihren methodischen Zugang angeht, wechseln Sie die Pferde im Strom. Mir ist aufgefallen, als wir über „Beseitigen" gesprochen haben, haben Sie sich als Anhänger von Herrn Scalia geoutet und wollten das, was die Mütter und Väter des Grundgesetzes möglicherweise übersehen haben, über den Text stellen, über die systematische Auslegung, Wortlaut, etc. Jetzt, als der Präsident Sie gefragt hat: „Für was braucht man denn eigentlich noch das Parteiverbot?", spielte der Original-Intent, die historische Auslegungsmethode, überhaupt keine Rolle mehr. Da haben Sie zwar gesagt: „Ist weitgehend funktionslos geworden." Das kommt mir ein bisschen inkonsistent vor. Meine Frage wäre in der Tat nochmal: Für was braucht man das Parteiverbot dann eigentlich noch? Wenn ich es richtig verstanden habe, würden Sie ja – das war glaube ich die Antwort auf Herrn Müller – sagen: „Ja, wenn wir eine zweite NSDAP hätten, würden wir das eben laufen lassen, weil die historischen Erfahrungen so weit zurückliegen, dass das nicht mehr funktioniert."

Rechtsanwalt Richter: Also, vielleicht ganz kurz zu Ihren beiden Fragen, die es ja letztlich sind. Also ich habe nicht gesagt, die historische Auslegung sei quasi da jetzt allein seeligmachend und jetzt im zweiten Fall komplett irrelevant. Die Frage war ja: Wie ist denn der Wortlaut richtigerweise? Ist der Wortlaut beeinträchtigend, also mit Beeinträchtigung oder ohne Beeinträchtigung? Da meinen wir, dass gerade die Auslegung, die der Parlamentarische Rat vorgenommen hat beziehungsweise die entsprechende Genese, die ja gerade die war, dass er es gar nicht beschlossen hat und deswegen man jetzt sagt: „Ich mache irgendwas gegen den Wortlaut", sondern ich sage einfach nur, dass das gar nicht so beschlossen worden ist und deswegen erübrigt sich das Weitere. Auch hinsichtlich der Frage: Gefahr, also die historische Auslegung dergestalt, dass man sagt: „Wir wollen verhindern, dass nochmal eine illegale Machtergreifung erfolgt." Da habe ich ja jetzt auch nicht gesagt, dass das Argument heute völlig bedeutungslos ist. Ich habe nur gesagt, dass es sich im Laufe der Zeit sicherlich relativiert hat, weil die Demokratie sich hinreichend gefestigt hat und weil nicht ernsthaft zu erwarten ist, dass tatsächlich eine Partei, die als zweite NSDAP jetzt daher käme oder noch vergleichbare Ziele verfolgen würde, überhaupt illegal die Macht ergreifen könnte. Das ist immer auch eine historische kontextabhängige Frage, das mag in nicht stabilisierten Demokratien ein durchschlagendes Argument sein, dass man sagt: „Also das ist bei uns so wahrscheinlich, dass das wirklich passieren könnte." Dann gewinnt das Argument, dieses historische Argument entsprechend an Stärke. Wenn man aber von den konkreten Verhältnissen her sieht, dass diese Gefahr im Wesentlichen gebannt ist und ein höchst theoretisches Szenario ist, dass man dann sagt: „Es ist zwar eine Erwägung, aber die ist jetzt auf der Skala nicht mehr so durchschlagend, weil wir die entsprechenden aktuellen Erfahrungen haben und die sich nicht mehr mit dem decken, was der historische Gesetzgeber sich vielleicht gedacht hat."

Richter Prof. Dr. Huber: Und was ist mit der in der Rechtsprechung des Bundesverfassungsgerichts von Anfang an hochgehaltenen Forderung, die Vorschriften der Verfassung so auszulegen, dass sie ihre Wirkkraft möglichst entfalten und nicht funktionslos werden? Das spielt gar keine Rolle?

Rechtsanwalt Richter: Doch, das ist völlig richtig. Also genau das haben wir ja auch gefordert. Wir haben ja gesagt: „Es muss praktisch eine Konkordanz hergestellt werden zwischen der Parteiverbotsvorschrift einerseits und dem Grundrecht der Meinungsfreiheit andererseits." Und deswegen kann es nicht sein, dass man generell die Auffassung vertritt, grundrechtlich geschütztes Verhalten sei im Parteiverbotsverfahren grundsätzlich verbotsbegründend gegen die Partei ins Feld zu führen. Wir können uns vielleicht dann darüber Gedanken machen, was jetzt der Fall wäre, wenn eine politische Partei offen Grundrechte missbrauchen würde, also dass quasi die Grundrechtsausübung als solche schon als missbräuchlich erschiene, wenn die Partei zum Beispiel offen sagt: „Ja klar, wir geben uns hier nur den legalen Anschein, tatsächlich wollen wir aber das und das, und zwar auch mit entsprechenden Mitteln." Da denke ich dann schon, dass man hier sagen könnte: „Das wäre dann zwar formal grundrechtlich geschützt, stellt aber dann in der Sache einen Missbrauch dar." Und dann denke ich, dass man dann solches, zwar formal grundrechtlich geschütztes, faktisch aber missbäuchliches Verhalten dann gegebenenfalls doch verbotsbegründend ins Feld führen könnte. Geht so ein bisschen in die gleiche Richtung wie Art. 17 EMRK, der aber auch mit Vorsicht zu genießen ist. Das ist aber wieder eine andere Baustelle.

Also ich sehe das weiterhin so, dass das Parteiverbotsverfahren auch bei der von uns vertretenen Konzeption einen praktischen Anwendungsbereich hätte, dass man sagt: „Grundrechtlich geschütztes Verhalten ist grundsätzlich nicht verbotsbegründend, kann es ausnahmsweise sein im Falle von nachgewiesenem Missbrauch, dann muss der Missbrauch aber auch tatsächlich nachgewiesen sein." Da kann man nicht hingehen wie der Antragsteller und sagen: „Also mal eins vorab, wir haben hier einen Antragsgegner, der eine ganz schlimme Verschleierungstaktik betreibt. Wir wissen, der ist verfassungswidrig, auch wenn wir es vielleicht nicht so ganz beweisen können, aber alles was der tut und sagt, muss von vornherein durch diese Verfassungswidrigkeitsbrille betrachtet werden. Denn je verfassungskonformer er sich scheinbar verhält, desto mehr ist es ja ein Beleg dafür, dass er wirklich verfassungswidrig ist." So meine ich, kann man es dann nicht machen. Aber ich habe ja vorhin schon gesagt, dass der praktische Anwendungsbereich dann weiterhin besteht, wenn man sagt: „Ich kann zwar bei rechtswidrigem Verhalten gegen Individuen einschreiten, ich kann aber gegen die Partei selber mit dem normalen Polizei- und Ordnungsrecht so nicht einschreiten, wenn die Partei eine Plattform bietet, Organisationsmittel liefert und quasi wie eine, nicht kriminelle, aber rechtswidrige Vereinigung, eine Plattform für individuelles rechtswidriges Verhalten bietet." Da gibt es schon ein Bedürfnis, diese Plattform dann zu zerschlagen.

Richter Prof. Huber: Die zweite Frage wäre: Der Herr Müller hat Sie gefragt, wo der Unterschied zwischen der freiheitlichen demokratischen Grundordnung im Sinne des Art. 21 Abs. 2 GG und der Ewigkeitsgarantie liegt. Ich glaube, auch Ihr Beispiel mit der Monarchie macht relativ deutlich, dass das ja nicht identisch sein kann. Und Sie haben auch gesagt, mit Blick auf Art. 146 GG gäbe es möglicherweise einen harten Kern, der selbst für den *pouvoir constituant* nicht zur Disposition stünde und dass jedenfalls das die freiheitliche demokratische Grundordnung sein **müsste**. Was wäre denn das konkret?

Rechtsanwalt Richter: Das wären die elementaren Menschenrechte. Das ist genau das basale Rechteminimum, das der Antragsteller – um es nochmals zu sagen – insoweit noch zutreffend postuliert. Er spinnt diesen Gedanken ja dann entsprechend weiter, was aus unserer Sicht dann etwas zu weit führt. Aber das wären jetzt Punkte, wenn man also sagen würde: „Das, was elementaren, grundlegenden Gerechtigkeitsempfindungen widerspricht, was elementaren Menschenrechten widerspricht, was der Menschlichkeit als solcher widerspricht, das wären sicherlich Punkte, wo auch der *pouvoir constituant* nicht mehr tätig werden könnte." Wenn man sagen könnte: „Jetzt bauen wir unter Verletzung dieser Grundrechte hier einen Staat auf", also das wäre sicher unzulässig. Aber ich meine, dass die Frage der Staatsform insoweit durchaus diskutiert werden können müsste. Wobei das – das muss man mal klarstellen – in unserem Verfahren hier aus meiner Sicht keine Rolle spielen wird, weil von der Antragsgegnerin die Grenzen des Art. 72 Abs. 3 GG selbstverständlich eingehalten und respektiert werden in ihrem politischen Programm. Ich wollte damit nur deutlich machen, dass in der Darstellung der Antragstellerseite dem Demokratie- und dem Begriff der Volkssouveränität aus unserer Sicht zu wenig Bedeutung beigemessen wird.

Präsident Prof. Dr. Voßkuhle: Gut! Vielen Dank, Herr Richter! Nur für die weitere Vorgehensweise. Sie können sich gerne setzen. Wir wollten spätestens um halb zwei eine Pause machen, das hat sich als sinnvoll erwiesen, um dann auch mit neuer Spannkraft weiter verhandeln zu können. Zwei Punkte im Maßstab sollten noch geklärt werden. Einmal: Was ist freiheitliche demokratische Grundordnung? Das hatten wir teilweise schon jetzt angesprochen, aber da würden wir vielleicht auch von Ihrer Seite noch etwas erwarten. Ferner: Welche Bedeutung kommt der Wesensverwandtschaft mit dem Nationalsozialismus zu. Bei den anderen Punkten sehe ich im Augenblick nicht, dass wir hier noch besonders nachhaken müssten. Aber da warte ich auf Nachfragen des Senats. Dann würde ich jetzt Herrn Andrejewski das Wort erteilen zur Konkretisierung des Vortrags.

Rechtsanwalt Andrejewski: Ich spreche zur Subsumtion.

Präsident Prof. Dr. Voßkuhle: Sie sprechen zur Subsumtion? Okay! Gut! Prima! Dann würden wir diese zwei Punkte jetzt vielleicht behandeln, und dann würden Sie anfangen mit der freiheitlichen demokratischen Grundordnung.

Prof. Dr. Möllers: Könnte Herr Ignor noch kurz etwas sagen?

Präsident Prof. Voßkuhle: Wunderbar! Ja!

Rechtsanwalt Prof. Dr. Dr. Ignor: Ja, ich hätte es als Strafrechtler nie gewagt, mich in diese staatsrechtliche Diskussion einzumischen, wenn nicht Herr Landau ein Stichwort gegeben hätte. Gestatten Sie, dass ich dieses Stichwort aus der vergangenen Diskussion doch noch einmal aufgreife, um es zu dem Begriff der freiheitlich demokratischen Grundordnung in Bezug zu setzen.

Herr Landau, Sie hatten den Begriff des abstrakten Gefährdungsdeliktes hier eingeführt. Der Herr Berichterstatter hat ja gesagt, dass das Strafrecht zwar ein Fall für sich ist, für die Annäherung an die Tatbestandsmerkmale aber sinnvoll, wenn man sich noch einmal kurz vergegenwärtigt, was der Strafrechtler unter einem abstrakten Gefährdungsdelikt versteht. Er versteht darunter ein Delikt, das auf der gesetzlichen Vermutung beruht, dass bestimmte Verhaltensweisen für ein Schutzobjekt generell gefährlich sind. Die Gefährlichkeit der Tathandlung ist nicht Tatbestandsmerkmal, sondern sie ist gesetzgeberisches Motiv für die Existenz der Vorschrift, so dass der Richter im Einzelfall nicht prüfen muss, ob es wirklich zu einer konkreten Rechtsgutverletzung oder gar zu einem Schaden gekommen ist. Der BGH sagt: „Bei einem abstrakten Gefährdungsdelikt muss man eine typischerweise für ein Rechtsgut gefährliche Handlung begehen." Diese Rechtsfigur ist schon sehr alt, älter als das Grundgesetz. Ich verstehe die Ratio des Art. 21 GG darin, dass die Väter und Mütter des Grundgesetzes davon ausgegangen sind, dass Parteien, die sich so verhalten, wie das im Absatz 2 des Artikel 21 GG ausgeführt ist, typischerweise eine Gefahr für die freiheitlich demokratische Grundordnung darstellen – und dass sie aus diesem Grunde zu verbieten sind. Hinter diesen Gedanken steht glaube ich nicht nur die historische Erfahrung des Nationalsozialismus. Das ist handlungsleitend gewesen für die Verfasser des Grundgesetzes. Man muss aber auch die Entwicklung des Grundgesetzes in der Folge in den Blick nehmen und daran anknüpfen, dass in den Entscheidungen zur SRP und zur KPD ja das Tatbestandsmerkmal schon reduziert worden ist. Das Bundesverfassungsgericht hat in diesen Entscheidungen gesagt: „Es geht nicht darum, dass irgendwelche verfassungswidrige Gedanken geäußert oder vertreten werden, sondern es geht um den Kernbestand der Verfassung und um ganz wesentliche Bestandteile." Der Vertreter der Bundesregierung im KPD-Verfahren hat in seinem Eröffnungsplädoyer das sehr deutlich zum Ausdruck gebracht und das Bundesverfassungsgericht hat das auch in seiner KPD-Entscheidung aufgegriffen und gesagt: „Eine Partei kann gegen zahlreiche konkrete Ausgestaltungen des Grundgesetzes angehen, sie kann ganze Institutionen der Verfassung mit legalen Mitteln bekämpfen, sie darf nur niemals die wichtigsten Grundwerte des freiheitlich demokratischen Verfassungsstaates angreifen", jene freiheitlichen und rechtsstaatlichen Grundsätze, die der Demokratie, wie wir sie verstehen, ihr unverwechselbares Gepräge geben. Das Bundesverfassungsgericht hat in der KPD-Entscheidung das aufgegriffen und gesagt, dass diese Grundlagen von der KPD feindlich angegangen werden. An oberster Stelle dieser Grundlagen stehen die Menschenrechte und die Menschenwürde. Deswegen ist in meinem Verständnis der Tatbestand erfüllt, wenn eine Partei darauf ausgeht, durch ihr Programm typischerweise diese Menschenwürde zu gefährden. Nicht nur die freiheitlich demokratische Grundordnung insgesamt, sondern namentlich die Menschenwürde. Bezogen auf die historischen Erfahrungen möchte ich sagen: „Das gilt typischerweise für rassistische Programme." Rassistische Programme gefährden ganz typischerweise die Menschenwürde. Das ist die typische abstrakte Gefahr, die Art. 21 Abs. 2 GG meint. Vom Rassismus an sich geht schon eine Gefahr aus und es ist nur – strafrechtlich gesprochen – eine Folge glücklicher Umstände, wenn sich der Rassismus, wenn sich rassistische Propaganda nicht auch noch in der Weise verwirklicht, dass auch Menschen tätlich angegriffen werden.

Gestatten Sie mir in diesem Zusammenhang auch noch eine Bemerkung als Strafrechtler zu dem Begriffen „Handlungssanktion" oder „Gesinnungssanktion". Ich verstehe diese Vorschrift des Art. 21 Abs. 2 GG nicht als eine Sanktion. Eine Sanktion meint im allgemeinen Sprachgebrauch und im rechtlichen Sprachgebrauch eine Bestrafung. Es geht hier aber nicht um die Bestrafung einer Partei. Es geht nicht darum, Schuld zu vergelten, sondern es geht nach meinem Verständnis darum festzustellen, ob die Antragsgegnerin die Mindestvoraussetzungen erfüllt, die das Grundgesetz an eine politische Partei im Verfassungsstaat stellt. Sie muss die Mindestvoraussetzungen erfüllen. Und diese Mindestvoraussetzungen sind meines Erachtens das Eintreten für die Grundlagen der freiheitlich demokratischen Grundordnung, die dieser ihr unverwechselbares Gepräge geben – und eben damit auch das Eintreten, das aktive Eintreten für die Menschenwürde. Die haben Sie selbst benannt. Es wird, denke ich, ein Thema sein, dass die Antragsgegnerin gerade nicht für die Menschenwürde im Sinne des Grundgesetzes eintritt, sondern sich dagegen ausspricht. Es ist kein Selbstwiderspruch, wenn in einem demokratischen Prozess eingefordert wird, dass man sich zur Basis, zu den unverzichtbaren Grundlagen der Demokratie bekennt und für sie eintritt, damit Demokratie überhaupt funktionieren kann.

Das waren im Grunde schon die wesentlichen Gesichtspunkte und damit verabschiede ich mich jetzt auch wieder als Strafrechtler.

Präsident Prof. Dr. Voßkuhle: Dankeschön! Herr Möllers!

Prof. Dr. Möllers: Hoher Senat! Herr Vorsitzender! Wir würden es erstmal auch so sehen, wie wir bei den Fragen des Senats schon festgestellt haben, dass die freiheitlich demokratische Grundordnung etwas anderes ist als Art. 79 Abs. 3 GG, der tatsächlich einen politischen Kern darstellt. Das lässt sich mit Blick auf manche Elemente des Art. 79 Abs. 3 GG glaube ich relativ klar sagen. Monarchie scheint dazu ein Grenzfall zu sein. Hier müssten wir nochmal gucken, was für eine Art von Monarchie das eigentlich ist. Wir haben konstitutionelle und absolute Monarchien. Ich würde mit den Niederlanden noch mitgehen, mit Liechtenstein vielleicht tatsächlich nicht mehr. Aber so schmerzhaft das ist: Die Bundesstaatlichkeit ist, obwohl das ein echtes Problem ist, wahrscheinlich in der Tat deswegen nicht vom politischen Kern des Art. 79 Abs. 3 GG umfasst, weil wir Zentralstaaten als uns politisch gleichwertige Einheiten anerkennen, auch wenn wir selbst eine solche Ordnung nicht haben. Wir würden nicht sagen: „Frankreich ist uns gegenüber demokratietheoretisch defizitär." Es ist nicht politisch anders, obwohl wir das nicht vom Art. 79 Abs. 3 GG umfasst sehen.

Vor diesem Hintergrund möchte ich Ihnen eigentlich nur ganz schnell jetzt mal vier Punkte nennen, von denen wir glauben, dass sie zur FDGO gehören und ganz kurz konkretisieren, was daraus folgt und was daraus auch nicht folgt.

Zum ersten gehört zur freiheitlichen demokratischen Grundordnung, und Herr Ignor hat es schon gesagt, ein inklusiver Menschenwürdebegriff, der allen Menschen einen basalen, fundamental gleichen Schutz gibt. Das bedeutet nicht eine Einebnung von Bürger- und Menschenrechten. Staatsbürger haben unter dem Grundgesetz weiterhin mehr Rechte als andere, und das ist auch gar kein Problem des Begriffs. Es bedeutet aber sehr wohl, dass wir jedem einen Minimalstandard der Rechtsfähigkeit – wie der schöne Ausdruck von Hannah Arendt lautet – eines „Rechts auf Rechte" geben, und dies niemandem verweigern können. Das heißt einen basalen Menschenrechtsschutz und auch das Potential, nicht Deutscher werden zu müssen oder zu sollen, aber prinzipiell doch zu können.

Zweitens gehört zur FDGO ein politischer Volksbegriff – die Anerkennung, dass die Zugehörigkeit zum deutschen Volk politisch entschieden werden muss. Das schließt es nicht aus, dass der Gesetzgeber ein Staatsangehörigkeitsrecht nach ius sanguinis einführt. Das kann er machen. Aber es schließt es sehr wohl aus, dass Volkszugehörigkeit rein biologisch definiert wird. Dass also dem Gesetzgeber umgekehrt verwehrt wird, andere Einbürgerungskriterien als die Herkunft zu wählen. Und es schließt aus, Menschen, die nach anderem Einbürgerungskriterium als der Herkunft eingebürgert wurden, durch gesetzliche Maßnahmen diese Staatsangehörigkeit dann auch wieder abzuerkennen. Also es schließt es sicherlich aus, dass eine demokratische Mehrheit die Staatsangehörigkeit so neu regelt, dass das deutsche Volk rückwirkend anders definiert ist, als es von anderen Staatsangehörigkeitsgesetzgebern definiert wurde.

Zum Dritten schließt die freiheitliche demokratische Grundordnung eine Sicht des politischen Prozesses aus, die dem Anderen nicht ein sich aus der Menschenwürde ergebendes Minimum an Achtung entgegenbringt. Das verwehrt nicht eine robuste Auseinandersetzung, aggressive Auseinandersetzung, aber es schließt in dem Gewaltverbot jede Art von Feinderklärung des politischen Gegners aus – jede Art von Kategorisierung bestimmter politischer Gegner als nicht mehr der politischen Auseinandersetzung zugehörig. Art. 15 der Bayerischen Verfassung, die ja in gewisser

Weise eine Vorbild für Art. 21 Abs. 2 GG ist, schreibt ja so schön: „Wählergruppen, deren Mitglieder und Förderer darauf ausgehen, die staatsbürgerlichen Freiheiten zu unterdrücken." Da ist schon so ein Gedanke drin, zu sagen: „Wir als politische Vereinigung haben einen politischen Gegner, dem wir nicht mehr diese Teilnahme am politischen Prozess zugestehen wollen."

Und zum Vierten schließt die freiheitlich demokratische Grundordnung ein, oder verpflichtet die freiheitliche demokratische Grundordnung dazu, die parlamentarische Beratung als zentralen Ort demokratischer Auseinandersetzung unter Gleichen anzuerkennen. Das schließt es nicht aus, das Regierungssystem zu wechseln. Also wir können durchaus auch auf ein präsidentielles System umschalten, ohne gegen Art. 79 Abs. 3 GG zu verstoßen. Aber es schließt es sehr wohl aus zu einem System überzugehen, in dem der offene Austausch von Argumenten und vor allem die Pluralität von möglichen Meinungen, wie sie in einer staatlichen Organisation repräsentiert werden, nicht der zentrale Ort politischer Betätigung ist. Es schließt es auch aus, diesen Ort nur als Mittel zum Zweck zu verstehen, als Instrument zu seiner eigenen Überwindung.

Das waren glaube ich vier Punkte, von denen wir sagen würden, dass sie die FDGO konstituiert.

Präsident Prof. Dr. Voßkuhle: Was ist mit dem Rechtsstaat?

Prof. Dr. Möllers: Ich habe den Rechtsstaat nicht vergessen, aber ich habe das jetzt zugeschnitten auf die Subsumtion. Das ist jetzt nicht eine abschließende Meinung, sondern das, was ich hier konkretisiert habe für den Subsumtionsteil. Natürlich fällt der Rechtsstaat, natürlich fällt die Unabhängigkeit der Justiz darunter. Das sind erst einmal Kriterien, mit denen wir hier bei dem Antrag operiert haben.

Präsident Prof. Dr. Voßkuhle: Okay, aber vielleicht könnten wir, da wir noch bei einer abstrakten Betrachtung sind, doch nochmal überlegen, wie man denn so einen Begriff operationalisieren kann. Das ist ja relativ schwierig, wenn man ihn nicht sozusagen kurzschalten will mit Art. 79 Abs. 3 GG. Was sind dann die *essentialia*, wenn man also einen etwas weiteren Blick wagt?

Prof. Dr. Möllers: Na ja, ich denke in der Tat schon, dass – und das ist ja das Eingangszitat meines Eingangsstatements gewesen – man aus der Menschenwürdegarantie, wenn man sie jetzt nicht nur als ein justiziables, absolutes Grundrecht versteht, das etwa gegen Dinge wie Folter geht, sondern die Menschenwürde auch als eine politische Idee der politischen Theorie versteht, eine Menge herausbekommt. Man bekommt aus der Menschenwürdegarantie auf der einen Seite heraus, dass wir eine basale Gleichbehandlung haben. Das wäre mein erster Punkt gewesen, dass wir also allen Menschen die Möglichkeit geben, sie als Rechtsträger anzuerkennen. Man bekommt auf der anderen Seite aber als zweites heraus, dass wir etwas haben müssen wie einen politischen Prozess, der die Zugehörigen des politischen Prozesses ihrerseits fundamental gleich behandelt. Und diese fundamentale Gleichbehandlung erschöpft sich halt nicht darin – wie Herr Richter meines Erachtens dann doch immer wieder sagt – eine Mehrheitsregel einzuführen, sondern diese fundamentale Gleichbehandlung ist im Grunde eine, die regelgeleitet von vornherein formalisiert auch die gleiche Möglichkeit der Partizipation aller ermöglicht. Daraus folgt dann übrigens auch, das kann ich hier glaube ich so sagen, weil ich das auch mal geschrieben habe, dass man aus so einer konzeptionellen Menschenwürde auch so etwas wie eine Unabhängigkeit der Justiz herleiten kann, weil klar ist, dass wir, wenn wir einem Individuum einen unberührbaren Status garantieren, wir dann den Schutz dieser Garantie im Prinzip auch einem Organ überlassen müssen, das gerade nicht der Mehrheitsregel unterworfen ist, sondern einen politikfreien Raum darstellt. Wenn wir diesen Prozess der Anerkennung der Freiheit und Gleichheit – lassen Sie mich das als letztes Wort vielleicht noch sagen – wenn wir diesen Prozess der freien und gleichen Anerkennung unterschiedlicher politischer Ansichten mit diesem basalen Menschenwürdeverständnis verstehen, dann gehört dazu auch, dass wir einen politischen Prozess so ausgestalten müssen, dass die Verschiedenheit dieser Ansichten im Prozess aufgehoben wird. Also dass die Verschiedenheit dieser Ansichten nicht irgendwann beschlossen wird, um dann zu verschwinden, sondern einen Ort bekommt. Und deswegen erscheint mir in der Tat – das ist jetzt sehr weit hergeholt – aber scheint es mir dann doch etwas zu geben wie die parlamentarische Deliberation als ein relativ hoch aufgehängtes Element eines politischen Kernbestands unseres Grundgesetzes.

Präsident Prof. Dr. Voßkuhle: Ja, das ist mir sehr sympathisch, weil es ermöglicht, von einem bestimmten Punkt aus den Gehalt des Art. 79 Abs. 3 GG etwas enger zu fassen. Wir brauchen eben etwas, um Föderalismus oder Republik herauszunehmen. Und das könnte tragbar sein. Vielleicht könnten Sie dazu gleich nochmal etwas sagen, wenn man die freiheitliche demokratische Grundordnung aus dem Menschenwürdekern entwickelt und den demokratischen Prozess damit verkoppelt.

Prof. Dr. Möllers: Ja, wenn ich etwas sagen darf? Wir haben zwei Spuren in der Rechtsprechung des Senats: Wir haben die alte Spur der Wasserverbände-Entscheidung, in der schon einmal der Autonomiebegriff damals sehr stark gemacht wurde und demokratietheoretisch genutzt wurde. Wir haben das Lissabon-Urteil, in dem der Menschenwürdegrad des Demokratieprinzips aufgegriffen wird. Also das ist jetzt auch nichts, was neu erfunden werden müsste.

Präsident Prof. Dr. Voßkuhle: Vielen Dank! Frage von Herrn Huber und dann von Herrn Müller.

Richter Prof. Dr. Huber: Wir haben sogar das KPD-Urteil, wo der Menschenwürdebegriff als Kern des Demokratieprinzips thematisiert ist. Mir ist das auch sehr sympathisch. Ich habe nur zwei Fragen. Sie haben bei der basalen Gleichheit gesagt: „Rückkehr zum Reichs- und Staatsangehörigkeitsgesetz von 1913 wäre kein Problem", oder bei Rückkehr zum *ius sanguinis*, wenn es tatsächlich ein *ius sanguinis* gibt – so ist es nie praktiziert worden –, gäbe es wahrscheinlich auch keinen Anspruch auf Einbürgerung. Sie haben auch gesagt: „Anspruch auf Einbürgerung müsste drin sein." Und da wollte ich fragen, wie Sie das gemeint haben. Und was die parlamentarische Deliberation angeht, ein System wie das Schweizerische, das natürlich auch zwei parlamentarische Kammern auf Bundesebene kennt, aber durch starke direktdemokratische Elemente angereichert ist, würde vermutlich auch nicht dagegen sprechen?

Prof. Dr. Möllers: Also, Rückkehr ist ja ein doppeldeutiger Begriff. Was heißt „Rückkehr zum *ius sanguinis*"? Damit meine ich erstmal natürlich nicht, dass wir Dinge rückgängig machen können, die bestehende Staatsangehörigkeiten betreffen. Die Frage ist nur, ob eine Regelung wie die der Jahre 1913 bis 1999 mit dem Kernbereich vereinbar ist. Wir würden natürlich sagen: „Das ist sie." Wenn ich sage „Anspruch auf Einbürgerung", habe ich mich vielleicht etwas ungenau ausgedrückt. Ich meine damit nicht einen aus der Menschenwürde herleitbaren Rechtsanspruch von in Deutschland ansässigen Ausländern, eingebürgert zu werden. Ich meine damit ein Verbot, für bestimmte Menschen aufgrund ihrer Gruppenzugehörigkeit die Option der Einbürgerung per se auszuschließen. Es darf also insoweit keinen gruppenzugehörigen Anknüpfungspunkt für die Option geben, als jeder Mensch das Potential haben muss, Bürger werden zu können – nach generell abstrakten Regeln – nicht davon ausgeschlossen wird. Und mit dem Plebiszit habe ich kein Problem.

Präsident Prof. Dr. Voßkuhle: Gut! Dann Herr Müller – das hat sich erledigt?

Richter Müller: Das war meine Frage.

Präsident Prof. Dr. Voßkuhle: Okay. Wunderbar. Vielen Dank, Herr Möllers! Hier nochmal dazu, oder?

Rechtsanwalt Richter: Herr Präsident, hoher Senat, verehrte Verfahrensbeteiligte, dem Ausgangspunkt, die freiheitlich demokratische Grundordnung vom Menschenwürdeprinzip her zu definieren, dem können wir uns im Grundsatz durchaus anschließen. Die Frage ist nur, welche Folgerungen und welche Rechtspositionen aus der Menschenwürde letztlich zu folgern sind. Da werden wir nachher noch entsprechend umfangreichere Ausführungen zu machen, die gehören aus unserer Sicht eher nachher in die spezielle Subsumtion. Ich kann aber schon mal vorweg die Frage stellen. Mein Vorredner hat eben gesagt, ein Recht auf Einbürgerung, gut, kein Recht auf Einbürgerung, aber ein Recht, eingebürgert werden zu können, ein Recht, Staatsbürger sein zu können. Da muss man sich aus unserer Sicht jetzt mal die Frage stellen: Folgt aus der Menschenwürde, also aus der Menschenwürde folgt sicherlich das Recht, Staatsbürger sein zu können. Die Frage, die ich jetzt einfach einmal so in den Raum stellen möchte, zu der ich dann nachher dezidiert Stellung beziehen werde, ist die Frage: Ist vom Prinzip der Menschenwürde das Recht umfasst, in jedem Staat Staatsbürger sein zu können? Da denke ich, werden wir uns noch umfangreich drüber zu unterhalten haben, ob das ein Ausfluss der Menschenwürde ist. Also, ob ich sage: „Ich muss überall eingebürgert werden können", oder ob ich sage: „Ich muss Staatsbürger sein können, aber muss ich das überall theoretisch sein können?" Da müssen wir uns, denke ich noch, entsprechend drüber unterhalten. Und auch bei der Frage des politischen Volksbegriffs, grundsätzlich auch eine interessante Formulierung, möchte ich auch auf nachher verweisen.

Ich will auf zwei konkrete Punkte noch eingehen, die eben gesagt worden sind und dann den Kollegen Andrejewski nochmal kurz zu Wort kommen lassen. Und zwar, anknüpfend an den Vortrag des Herrn Kollegen Prof. Dr. Ignor. Da muss ich gestehen, das fand ich jetzt doch schon etwas befremdlich, wenn also hier ein Parteiverbotsantragsteller sich hierhin stellt und dann sagt: „Also wir wollen Sie zwar verbieten, aber das ist doch keine Sanktion." Also Entschuldigung, hier geht es ja nicht um Schuld? Das müssen Sie quasi so als staatliche Demokratieagentur, wie die politischen Parteien hier scheinbar gesehen werden im Parteiverbotsverfahren, ist dann quasi Organisationsrisiko, da Sie halt dann verboten werden, wenn Sie ein falsches Programm haben. Das ist ja keine Sanktion. Also da vielleicht einfach, um das nur mal rauszustellen, irgendjemand hat mal gesagt: „Wichtig ist, was hinten herauskommt." Und in dem Moment, in dem man existenzvernichtet wird, in dem Moment, in dem die Todesstrafe gegen mich verhängt wird, ist es mir relativ egal, ob das eine Strafe, eine Sanktion, ein Organisationsrisiko oder sonst irgendwas ist. Da bin ich praktisch weg. Das ist im Prinzip das Gleiche wie damals die Diskussion mit der nachträglichen Sicherungsverwahrung, als man hier die Auffassung vertreten hat: „Ja, das ist ja eine Maßregel in der Besserung und Sicherung und keine Strafe und deswegen ist es auch rückwirkend zulässig." Und da hat Straßburg gesagt: „Na ja, wie geht das denn praktisch vonstatten, wenn es heißt, der und der Strafgefangene X sitzt dann in der gleichen Zelle, und dann wird das Schild abgemacht, nicht mehr Strafgefangener X sondern Sicherungsverwahrter X, der hockt aber weiterhin in der gleichen Zelle."

Richter Prof. Landau: Das haben wir aber dann geändert.

Rechtsanwalt Richter: Richtig. Ich sag ja nur, ich versuche ja nur das Argument zu entkräften. Ist doch klar, dass es geändert ist. Ich will ja nur sagen, die Argumentationsstruktur ist die gleiche, dass man also hier im Prinzip schon von der Begrifflichkeit her sagen würde, das sei ja keine Sanktion und damit wiederum durch die Hintertür die entsprechenden Voraussetzungen vermindern will. Das wollte ich nur mal klarstellen, also das kam mir doch sehr befremdlich vor.

Dann, wenn ich das eben richtig verstanden habe, Teil der freiheitlich demokratischen Grundordnung, also quasi keine Dämonisierung des Gegners dergestalt, dass man jetzt sagt: „Das ist ein antidemokratischer Feind, also jemand, der ist hier per se außerhalb des demokratischen Diskurses." Da muss ich auch wieder sagen, ob nicht genau das im vorliegenden Verfahren hier erreicht werden sollte? Soll nicht genau gesagt werden, die Antragsgegnerin ist kein berechtiger Akteur im demokratischen Prozess. Das ist quasi ein Feind, der halt nicht mit Sanktionen belegt wird, sondern den ich als Organisationsrisiko realisiere, dass er halt ein falsches Programm hat. Also, kann ich auch nur sagen, da wird genau das praktiziert, was Bestandteil der freiheitlich demokratischen Grundordnung sein soll, die der Antragsteller zu verteidigen vorgibt. Also Entschuldigung, das erschließt sich mir nicht.

Dann ein weiterer Punkt. War vielleicht ein Versprecher. Ich weiß es nicht. Aber dass der Herr Präsident nachgefragt hat: „Was ist denn eigentlich das Rechtsstaatsprinzip?" Das ist eine gute Frage, in der Tat. Denn der Rechtsstaat kümmert sich um die Anwendung von Gesetz und Recht. Der Rechtsstaat ist weltanschaulich neutral. Das haben wir vor allem auch speziell im Staatskirchenrecht so verankert, das haben wir auch bei der Judikatur zu Religionsgemeinschaften. Der Staat fragt danach: Verhält sich jemand rechtmäßig? Und wenn er das nicht tut, schreitet er ein. Der Rechtsstaat kann aber legales Verhalten, das er nicht sanktionieren kann, dann nicht über die Hintertür einer Ideologiebewertung unterziehen und damit legales, nämlich grundrechtlich geschütztes Verhalten dann durch die Hintertür delegitimieren. Das war noch ein Aspekt, den ich jetzt vorhin noch vergessen habe, der ist mir aber ganz wichtig, denn dann mutiert nämlich der Rechtsstaat zum Ideologiestaat, und das denke ich, das können wir so nicht wollen. Das wären jetzt meine kurzen Ergänzungen. Ich würde jetzt den Herrn Andrejewski …

Präsident Prof. Dr. Voßkuhle: Aber wir sind noch nicht bei der Subsumtion, weil Sie ja sagten, Sie wollten etwas …

Rechtsanwalt Richter: Ja, ich wollte vorher noch …

Präsident Prof. Dr. Voßkuhle: Das gehört jetzt dazu? Gut, okay. Dann bitte!

Rechtsanwalt Andrejewski: Werter Vorsitzender, hoher Senat, werte Verfahrensbeteiligte, hier ist sehr oft der Begriff der Menschenwürde verwendet worden, allerdings ein bisschen – meine ich – ins Umgangssprachliche schon ausgeweitet. Die Definition ist ja sehr eng. Menschenwürde heißt: Ich darf nicht als Objekt behandelt werden. Das ist der eigentliche Kernbestand der Menschenwürde. Und daraus ist abzuleiten oder festzustellen, dass es keine Frage der Menschenwürde ist, ob ich nach Deutschland einreisen darf oder nicht. Das kann ich nicht aus der Menschenwürde ableiten. Noch nicht mal das Einreisen, auch nicht das Einwandern oder das Staatsbürger-Werden. Ich kann nicht sagen: „Es ist eine Frage der Menschenwürde, dass ein bestimmter, dass überhaupt dieses Recht für alle Nicht-Deutschen besteht." Es ist auch kein Rassist, es wäre noch nicht einmal rassistisch, wenn der Staat jetzt feststellen würde, er wolle überhaupt niemanden mehr von außerhalb aufnehmen. Das wäre Isolationismus, also eine „Mia san mia" Einstellung wie in Bayern, dass man sagt: „Wir wollen unter uns bleiben." Das ist noch lange kein Rassismus. Japan zum Beispiel verkehrt so: Japan nimmt so gut wie keine Einwanderer auf, nicht weil Japan ein durch und durch rassistisches Land wäre, sie wollen einfach unter sich bleiben. Also auch das ist noch nicht als Rassismus zu werten und auch nicht als Verstoß gegen die Menschenwürde. Und selbst die Auffassung, was die Antragsteller formuliert haben, wenn ich jetzt einem bestimmten Menschen sage: „Du darfst niemals Deutscher werden", das würde allerdings voraussetzen, dass ich der Meinung wäre, das Deutscher-sein wäre etwas Höheres. Das heißt, ich würde sagen: „Du bist so niedrig, Du kannst nicht aufsteigen zum Deutschen." So habe ich ihn verstanden. Das ist ja dann auch keine Frage der Verachtung oder der mangelnden Menschenwürde, noch nicht mal das.

Die NPD unterscheidet zwischen Staatsbürgerschaft und zwischen Volkszugehörigkeit. Wir haben ja schon mal gesagt, dass es den Begriff des ethnischen Deutschen gibt, der findet sich übrigens auch in der Kommentierung der Landesverfassung von Mecklenburg-Vorpommern. Dort ist unter „Minderheitenrechte" großzügig dargestellt, dass, wenn die ethnischen Deutschen einmal in die Minderheit gerieten, sie auch Minderheitenrechte genießen würden. Diese ethnischen Deutschen werden auch als autochthone Deutsche bezeichnet oder auch als Bio-Deutsche, vor allem durch Herrn Buschkowsky. Also es gibt sie, die Leute, die durch Abstammung Deutsche sind und es gibt Staatsbürger. Und man kann sich jetzt darüber unterhalten ob es klug ist und der Stabilität des Staates zuträglich, wenn man eine große

Zahl von anderen Ethnien einreisen lässt, deren Rechtsvorstellungen vielleicht auch anders sind, die vielleicht von der Scharia inspiriert sind und die mit dem Grundgesetz nicht unbedingt zu vereinbaren sind. Aber das ist alles, was die NPD sagt. Sie sagt nicht, dass Menschen aufgrund ihrer Minderwertigkeit nicht doch zum Deutschen aufsteigen könnten. Ich wundere mich auch ein bisschen über diesen Anflug von Nationalismus, dass man also sagt: „Du wirst besser, wenn Du Deutscher wirst." Wir sagen nicht: „Du wirst besser, wenn Du Deutscher wirst." Wenn Du Bolivianer bist oder Ugander und Du wirst Deutscher, hast Du Dich weder verbessert noch verschlechtert, Du bist dann einfach Angehöriger eines anderen Staates. Aber es ist nicht unsere Auffassung, dass jemand deswegen, weil er wegen der Minderwertigkeit nicht Deutscher sein könnte. Deutscher kann werden, wer die Staatsbürgerschaft erhält, das richtet sich nach den jetzigen Rechtsvorschriften. Wir würden gerne zurückkehren zum Staatsbürgergesetz das bis 2000 gültig war. Der Antragsteller hat auch gesagt, selbst das ius sanguinis wäre noch zuträglich, damit könnten wir uns auch anfreunden.

Aber um das nochmal festzustellen: Es gibt keinen Anspruch der aus der Menschenwürde herzuleiten wäre auf Einwanderung, auf Einbürgerung. Es ist kein Rassismus, überhaupt keine Einwander aufnehmen zu wollen, aber auch erst recht sehr viele Einwanderer aufnehmen zu wollen. Wir sprechen keinem ab, dass er Deutscher im Sinne des Grundgesetzes ist und Staatsbürger, egal woher er kommt. Wir sind nur nicht begeistert davon, dass die ethnischen Deutschen, die Bio-Deutschen, die autochthonen Deutschen in die Minderheit geraten. Das finden wir nicht gut, das ist aber kein Rassismus und wir haben große Zweifel daran, dass ein multi-ethnischer Staat auf Dauer funktionieren kann, insbesondere wenn diese Ethnien auf Kulturen beruhen, die ganz andere Rechtsvorstellungen haben.

Präsident Prof. Dr. Voßkuhle: Vielen Dank! Das war jetzt schon nah an der Subsumtion, aber ich habe den Zusammenhang mit dem Menschenwürdebegriff noch gesehen, insofern wollte ich Sie nicht unterbrechen. Wir haben jetzt noch das Stichwort „Nationalsozialismus". Können wir das noch vielleicht vor der Pause abhandeln?

Prof. Dr. Waldhoff: Hoher Senat! Das Bundesverwaltungsgericht hat in mehreren Urteilen im Bereich „Vereinsverbote" festgestellt, dass eine Wesensverwandtschaft mit dem Nationalsozialismus zwar keine notwendige, aber eine hinreichende Voraussetzung für ein Vereinsverbot ist. Damit nimmt das Bundesverwaltungsgericht bis in die heutige Zeit – leitend ist eine Entscheidung aus dem Jahre 2012 – einen durch das SRP-Urteil des Bundesverfassungsgerichts geprägten Begriff auf. Herr Möllers hat bereits in den einleitenden Statements heute dargelegt, warum dies auch im Parteiverbotsverfahren prinzipiell Anwendung finden kann. Laut Bundesverwaltungsgericht und SRP-Urteil ist eine Wesensverwandtschaft mit dem Nationalsozialismus nämlich deshalb hinreichend, weil eine mit dem Nationalsozialismus wesensverwandte Vereinigung die verfassungsmäßige Ordnung fortlaufend untergraben will. Die Wesensverwandtschaft ist also als solche für sich schon Ausdruck einer aggressiv-kämpferischen Haltung gegen diese Ordnung. Nach Bundesverwaltungsgericht wären weitere Anzeichen dann gar nicht erforderlich. Wir würden zumindest sagen: „Es ist ein herausragend wichtiges Indiz für die aggressiv-kämpferische Haltung."

Als Begründung lässt sich ebenfalls in Anlehnung an die zitierte Rechtsprechung ergänzen: Das Untergraben der verfassungsmäßigen Ordnung als handlungsleitendes Postulat wird nicht in der Regel anhand eines Einzelaktes deutlich, sondern in einer Zusammenschau. Grund ist das Bemühen einer Partei, ihre wahren Absichten zu verschleiern. Wenn eine Partei jedoch eine nationalsozialistische Ideologie verfolgt, ist das Untergraben der verfassungsmäßigen Ordnung als handlungsleitendes Postulat immanent. Das Grundgesetz ist – und hier zitiere ich den Ersten Senat – geradezu der „Gegenentwurf zu dem Totalitarismus des nationalsozialistischen Regimes". Das Kriterium der Wesensverwandtschaft steht im Übrigen – aber darüber werden wir auch heute Nachmittag vermutlich noch ausführlich sprechen – im Einklang mit den Anforderungen der Europäischen Menschenrechtskonvention. Die Wertung des Art. 17 EMRK, der auch schon eben erwähnt wurde, fließt dort in die Auslegung von Art. 11 EMRK hinein. Ein Ziel der Menschenrechtskonvention war darüber hinaus gerade aufgrund der historischen Erfahrungen – sie stammt im Kern aus dem Jahre 1948 – ein Wiedererstarken von Totalitarismus zu verhindern. Und der Europäische Gerichtshof für Menschenrechte berücksichtigt nationale Besonderheiten, zu denen auch und gerade der Umgang mit der Geschichte des jeweiligen Landes – und das bedeutet dann für die deutsche Geschichte mit der nationalsozialistischen Diktatur – gehört. Das ist quasi identitätsprägend. Und wir werden heute Nachmittag ja noch sehen, dass die Rechtsprechung sehr stark kontextualisiert auf die Besonderheiten der jeweiligen Rechts- und Verfassungsordnung, in der sich der Fall abspielt.

Was genau macht nun die Wesensverwandtschaft aus? Das Bundesverwaltungsgericht verlangt keine Übereinstimmung etwa mit der historischen NSDAP in allen Details. Es verlangt insbesondere also nicht eine Organisation nach dem Führerprinzip, das müsste auch verschleiert werden, weil ja eine demokratische Binnenstruktur nach Art. 21 Abs. 1 GG den politischen Parteien vorgeschrieben ist. Entscheident ist vielmehr, dass die Vereinigung in Programm, Vorstellungswelt und Gesamtstil eine Wesensverwandtschaft mit dem Nationalsozialismus aufweist. Und das sind – jetzt nur als Stichworte hier, zur Subsumtion kommen wir ja auch hier wahrscheinlich heute Nachmittag – eine Verächtlichmachung der demokratischen Staatsform, eine mit den Diskriminierungsverboten des Art. 3 Abs. 3 GG unvereinbare Rassenlehre, ein Bekenntnis zum und die Verherrlichung des Nationalsozialismus, Antisemitismus sowie das Ziel der Überwindung der verfassungsmäßigen Ordnung des Grundgesetzes. Wir haben in unseren Schriftsätzen gezeigt, dass im Fall der Antragsgegnerin nicht nur einige dieser Indizien erfüllt sind, sondern letztlich alle. Wir haben Gutachten beim Institut für Zeitgeschichte in München in Auftrag gegeben, die diese Wesensverwandtschaft aus fachwissenschaftlicher Sicht noch einmal dargestellt haben. Herr Prof. Brechtken ist im Raum, der stellvertretende Direktor des Instituts, und könnte dazu heute Nachmittag Stellung nehmen.

Ein kurzer Hinweis noch auf diese beiden Gutachten, weil das gestern bei den Verfahrenshindernissen zur Sprache kam. Diese Gutachten beruhen bewusst auf der – wie wir es nennen – großen Materialsammlung von knapp 5000 Belegen, nicht nur auf den gut 600 Belegen, die wir für unsere Schriftsätze ausgewählt haben, weil wir sozusagen die wissenschaftliche Freiheit des Gutachters beziehungsweise der gutachtenden Institution nicht einschränken wollten durch die von uns schon für unsere Verfahrenszwecke ausgewählten Materialien. Wir könnten natürlich konkret um einen Hinweis des Gerichts bitten, auch die große Materialsammlung, die ebenfalls kategorisiert ist in die Kategorien I und II, also den gleichen Standards der Quellenfreiheit des Materials entspricht wie unsere 680 Belegstellen in den Schriftsätzen, dem Gericht und natürlich auch der Gegenseite zur Verfügung stellen.

Präsident Prof. Dr. Voßkuhle: Gut. Herr Müller!

Richter Müller: Herr Professor Waldhoff, jetzt ist es nicht so ganz leicht feststellbar, ob und in welchem Umfang die 680 Belege, die Sie vorgelegt haben und die bis zur Ziffer 5000 zitierten Belege in dem Gutachten plus der Ergänzung des Gutachtens identisch sind. Mein Eindruck ist, dass insbesondere bei der Ergänzung des Gutachtens Belege zitiert wurden, die bisher nicht vorgelegt sind.

Prof. Dr. Waldhoff: Das ist korrekt. Die Ergänzung sollte ja sozusagen die fortbestehende Aktualität der Aussagen aus dem ersten, aus dem Grundgutachten darlegen. Und wir haben neuere Belege, die jetzt nicht mehr in unsere jüngsten Schriftsätze alle vollständig eingeflossen sind, auch dort.

Richter Müller: Na ja, also die Broschüre „Politische Grundbegriffe" ist keine neuere Broschüre, die Sie da in dem Ergänzungsgutachten zitieren. Ganz neu war das nicht.

Prof. Dr. Waldhoff: Dort sind auch ältere Belege, es sind aber auch neuere Belege eingeflossen, und wir haben der gutachtenden Institution, also dem Institut für Zeitgeschichte keinerlei Vorgaben gemacht, auf welche Belege es sich stützen möchte.

Richter Müller: Wir können aber zumindest davon ausgehen, dass noch nicht vorgelegte Belege nachgereicht werden?

Prof. Dr. Waldhoff: Das machen wir gerne.

Richter Müller: Gut! Dann hätte ich auch zur Sache noch eine Frage. Herr Professor Waldhoff, ich bin mir jetzt nicht ganz sicher, reicht jetzt die Wesensverwandtschaft für ein Verbot oder reicht sie nicht?

Prof. Dr. Waldhoff: Für die Erfüllung des Tatbestandsmerkmals aus der Rechtsprechung „aggressiv-kämpferische Grundhaltung" habe ich das ja behauptet. Nach Bundesverwaltungsgericht bei Vereinsverboten ja. Ich würde mich auch getrauen zu sagen, es reicht auch hier. Es ist aber in jedem Fall ein herausragender Indikator um die aggressiv-kämpferische Haltung der betreffenden Partei zu belegen.

Richter Müller: Nun haben wir doch heute morgen, das ist ja von Ihrer Seite vorgetragen worden, gesagt: „Der Art. 21 Abs. 3 GG ist kein Gesinnungsverbot." Wieso reicht dann die nationalsozialistische Gesinnung, die Wesensverwandtschaft mit dem Nationalsozialismus für ein Parteiverbot?

Prof. Dr. Waldhoff: Weil zur nationalsozialistischen Ideologie gehört, das in kleinen Schritten umzusetzen. Eine Partei muss ja handeln, sonst würde sie ihren Status als Partei verlieren. Wenn die Partei nicht mehr an Bundestags- oder Landtagswahlen teilnimmt, fehlt schon die Zulässigkeitsvoraussetzung des Vorliegens einer Partei.

Also eine Partei, die sich auf diese Ideologie stützt, muss aus der Ideologie heraus handeln, sonst wäre die Wesensverwandtschaft nicht gegeben.

Richter Müller: Und das reicht für ein „Darauf Ausgehen", ohne Rücksicht auf Aussicht auf Erfolg, ohne Rücksicht darauf, welche Wirksamkeit das in der Gesellschaft …

Prof. Dr. Waldhoff: Das ist zumindestens ein herausragender Indikator, der durch das weitere Material der Aktivitäten noch ergänzt wird.

Richter Müller: Das heißt, der Art. 21 Abs. 2 GG ist zu lesen: Mit dem Nationalsozialismus wesensverwandte Parteien sind verfassungswidrig?

Prof. Dr. Waldhoff: Genau, weil sie, wenn sie wesensverwandt sind, auch entsprechende kleine Handlungsschritte oder auch größere Handlungsschritte, je nachdem, umsetzen.

Richter Müller: Irgendwie ist der Wortlaut der Vorschrift anders.

Prof. Dr. Waldhoff: Ich habe ja versucht darzulegen: Wesensverwandtschaft bedeutet, oder nationalsozialistische Ideologie, mit der man sich gemein macht, wenn man wesensverwandt ist, dass die verfassungsmäßige Ordnung untergraben werden soll. Eine politische Partei muss handeln, sonst wäre sie keine politische Partei. Also Handlungen, mindestens politische Äußerungen, die zu etwas aufrufen, sind erforderlich. Und der Maßstab – so auch das Bundesverwaltungsgericht im Bereich der Vereinsverbote – ist ein strengerer, wenn es eine Wesensverwandtschaft zum historischen Nationalsozialismus gibt.

Richter Müller: Nun hat das Bundesverfassungsgericht in seiner Wunsiedel-Entscheidung ausdrücklich gesagt: „Das Grundgesetz kennt kein anti-nationalsozialistisches Grundprinzip." Vor dem Hintergrund könnte man ja auf die Idee kommen, dass die Frage der Wesensverwandtschaft mit dem Nationalsozialismus, bezogen auf den Art. 21 Abs. 2 GG, was seine indizielle Kraft anbetrifft, unterschiedlich zu bewerten ist, je nachdem, ob wir über die freiheitliche demokratische Grundordnung oder ob wir über das „Darauf Ausgehen" reden. Wesensverwandtschaft mit dem Nationalsozialismus ist eher eine Frage der geistigen Orientierung. Die spielt eine Rolle mit Blick auf die Frage: Bewege ich mich im Rahmen der freiheitlichen demokratischen Grundordnung? Mit Blick auf das handlungsorientierte „Darauf Ausgehen" kann das doch nur eine untergeordnete Rolle spielen.

Prof. Dr. Waldhoff: Ob es eine untergeordnete Rolle spielt, weiß ich nicht. Wir würden sagen, dass es eine herausgehobene Rolle spielt, weil das mit der Ideologie verbunden ist. Aber ich würde zur Wunsiedel-Entscheidung vielleicht noch sagen, dass es dort ja um individuelle Freiheitsausübung ging, die ohnehin durchaus anderen Anforderungen unterliegen kann als die Ausübung der Handlungen einer politischen Partei. Wir haben ja darauf hingewiesen, dass die politischen Parteien sich an der Schnittstelle von Staat und institutionalisierter Staatlichkeit einerseits und Gesellschaft samt Freiheitsbetätigung andererseits betätigt. Und Art. 21 Abs. 1 GG nimmt das ja zur Kenntnis. Es gibt ja auch andere Vorgaben als der individuellen Freiheitsausübung, etwa wenn man in Wunsiedel anlässlich des Geburtstages eines prominenten Nationalsozialisten demonstriert.

Präsident Prof. Dr. Voßkuhle: Fragen dazu? Das ist nicht der Fall. Vielen Dank, Herr Waldhoff. Möchten Sie dazu noch Stellung nehmen?

Rechtsanwalt Richter: Herr Präsident, hoher Senat, verehrte Verfahrensbeteiligte, das Thema der angeblichen Wesensverwandtschaft der Antragsgegnerin mit dem Nationalsozialismus ist ja sozusagen das Herzstück des Verbotsantrags.

Präsident Prof. Dr. Voßkuhle: Wir sind noch beim Maßstab.

Rechtsanwalt Richter: Ja klar, richtig.

Präsident Prof. Dr. Voßkuhle: Also insofern bitte nicht jetzt in die Subsumtion hinübergleiten, sondern dafür müssen wir uns mehr Zeit nehmen. Wir wollen uns auf den Maßstab jetzt erstmal abstrakt konzentrieren.

Rechtsanwalt Richter: Sie haben völlig Recht, und genau darauf wollte ich auch hinaus.

Präsident Prof. Dr. Voßkuhle: Gut.

Rechtsanwalt Richter: Ich wollte nur sagen, warum es die zentrale Stoßrichtung des Verbotsantrags darstellt. Und das ist ganz einfach deshalb der Fall, weil dieses im Gesetz nirgends zu findende Tatbestandsmerkmal oder Indiz oder was auch immer das sein soll, nichts weiter darstellt als der Versuch, die Subsumtion unter die im Gesetz niedergelegten Tatbestandsmerkmale zu umgehen. Der Antragsteller behauptet ja: „Eine wesensverwandte Partei ist sowieso von vornherein verfassungswidrig, die geht auch immer darauf aus. Denn wer wesensverwandt ist, der will immer die Demokratie abschaffen, der will auch immer direkt hier entsprechend undemokratische Herrschaftsformen schaffen." Wenn das so ist, wozu brauche ich dann das Kriterium der Wesensverwandtschaft? Dann kann ich doch einfach unter die Tatbestandsmerkmale der Norm subsumieren. Dann kann ich sagen: „Die Partei ist von ihren Zielen her verfassungsfeindlich und verfassungswidrig sogar und sie geht auch darauf aus, weil sie konkrete Anstalten macht oder weil sie das fördert oder entsprechend sich dafür einsetzt, hier aggressiv-kämpferisch die herrschende Ordnung zu überwinden." Dann kann ich das ja direkt nachweisen, wenn das eine aus dem anderen folgt. Wenn also Implikation besteht zwischen Wesensverwandtschaft und automatischer Erfüllung der Tatbestandsvoraussetzungen. Dann habe ich ja kein Problem, diese Tatbestandsmerkmale zu subsumieren, weil die sind ja dann automatisch dadurch Wesensverwandte. Wenn das eine aber nicht aus dem anderen folgt, dann ist der Versuch der Einführung des Tatbestandsmerkmals der Wesensverwandtschaft nichts anderes als das Eingeständnis, dass man unter die eigentlich im Gesetz stehenden Tatbestandsmerkmale nicht erfolgreich subsumieren kann, dass man eben vielleicht nur verfassungswidrige Ziele nachweisen kann, es aber hapert bei dem Nachweis des „Darauf Ausgehens". Und dass man dann einfach sagt: „Auf das ‚Darauf Ausgehen' als Tatbestandsmerkmal", was wir dann auch noch uns genauer anschauen müssen, „kommt es gar nicht an, denn wer allein schon wesensverwandt ist, ist unter dem Tatbestand zu subsumieren."

Und da sind wir doch wieder an einem Punkt, an dem die Ziele allein verbotsbegründend sind. Und zwar dergestalt, dass man sagt: „Wer entsprechende Ziele hat, bei dem wird unwiderleglich vermutet, dass er per se aggressiv-kämpferisch darauf ausgeht, die freiheitlich demokratische Grundordnung zu beseitigen oder zu beeinträchtigen." Und da habe ich auch in der Rechtsprechung des Bundesverwaltungsgerichts nie verstanden, was das eigentlich soll. Denn wenn das daraus folgt, kann man das doch darlegen. Ich kann, wenn ich die Tatbestandsmerkmale des Gesetzes unproblematisch subsumieren kann, das doch machen. Da muss ich doch keine im Gesetz gar nicht vorgesehene Kategorien erfinden um dann zu sagen: „Aber wenn die vorliegen, dann liegen Tatbestandsmerkmale vor." Das macht nur dann Sinn, wenn ich die Tatbestandsmerkmale selber nicht erfüllen kann und dann sage: „Gut, aber dann erfinden wir halt irgendwas anderes." Und es ist eben angesprochen worden – der Wunsiedel-Beschluss. Da kann man ja in der Tat geteilter Meinung drüber sein, wie der zu bewerten ist. Wie das dogmatisch zu bewerten ist, dass man sagt: „Eigentlich geht es nicht, aber irgendwie geht's dann doch." Aber das eigentlich Entscheidende – das ist ja eben schon völlig zu Recht gesagt worden – im Wunsiedel-Beschluss, und das möchte ich vielleicht hier noch einmal vorlesen, ist eine ganz klare Aussage:

„Die Offenheit des Art. 5 Abs. 1 und 2 GG für derartige Sonderbestimmungen, die sich auf Äußerungen zum Nationalsozialismus in den Jahren zwischen 1933 und 1945 beziehen, nimmt den materiellen Gehalt der Meinungsfreiheit nicht zurück. Insbesondere kennt das Grundgesetz kein allgemeines antinationalsozialistisches Grundprinzip (a. A. OVG Münster – nur kurz am Rande), das ein Verbot der Verbreitung rechtsradikalen oder auch nationalsozialistischen Gedankenguts schon in Bezug auf die geistige Wirkung seines Inhalts erlaubte. Ein solches Grundprinzip ergibt sich insbesondere weder aus Art. 79 Abs. 3 GG noch aus Art. 139 GG, in dem aufgrund bewusster Entscheidung allein die dort genannten Vorschriften von der Geltung der Verfassung ausgenommen werden. Das Grundgesetz gewährt Meinungsfreiheit im Vertrauen auf die Kraft der freien öffentlichen Auseinandersetzung vielmehr grundsätzlich auch den Feinden der Freiheit. Der Parlamentarische Rat bekannte sich hierzu auch gegenüber dem soeben erst überwundenen Nationalsozialismus. Und in den Art. 9 Abs. 2, Art. 18 und Art. 21 Abs. 2 GG legte er fest, dass nicht schon die Verbreitung verfassungsfeindlicher Ideen als solche die Grenze der freien politischen Auseinandersetzung bildet, sondern erst eine aktiv kämpferische, aggressive Haltung gegenüber der freiheitlichen demokratischen Grundordnung."

So weit so gut. „Entsprechend gewährleistet Art. 5 Abs. 1 und 2 GG die Meinungsfreiheit als Geistesfreiheit unabhängig von der inhaltlichen Bewertung ihrer Richtigkeit, rechtlichen Durchsetzbarkeit oder Gefährlichkeit."

Und jetzt kommt das eigentlich Interessante: „Art. 5 Abs. 1 und 2 GG erlaubt nicht den staatlichen Zugriff auf die Gesinnung, sondern ermächtigt erst dann zum Eingriff, wenn Meinungsäußerungen die rein geistige Sphäre des Für-richtig-Haltens verlassen und in Rechtsgutsverletzungen oder erkennbar in Gefährdungslagen umschlagen."

Und das hängt wieder mit dem zusammen, was ich vorhin ausgeführt habe. Grundrechtlich geschütztes Handeln kann nicht verbotsbegründend gegen eine Partei ins Feld geführt werden. Und wenn selbst die Vertretung nationalsozialistischen Gedankenguts zulässig wäre aufgrund der Meinungsfreiheit, dann kann es auch nicht zum Verbot führen, weil es eben nur eine rein geistige ideologische programmatische Angelegenheit ist. Und der Erste Senat sagt da völlig richtig: „Einschreiten kann ich erst dann, wenn es um Rechtsgutsverletzungen geht", das ist sowieso klar, „oder erkennbar in Gefährdungslagen." Es wird also genau das gesagt: „Es reicht nicht, allein irgendwie nationalsozialistisch zu denken, sondern es müssen konkrete Gefahrenlagen folgen." Und deswegen ist die Implikation, die der Antragsteller hier bemühen will, schlicht und ergreifend im Widerspruch zur Rechtsprechung des Bundesverfassungsgerichts. Indem er nämlich sagt: „Wer wesensverwandt ist, geht automatisch darauf aus, die FDGO zu beeinträchtigen und deswegen kommt es nicht mehr auf Gefährdungslagen und dergleichen an, weil das ja automatisch schon daraus folgt."

Also das ist aus unserer Sicht hier jetzt noch auf der abstrakten Ebene oberhalb der Subsumtionsebene ganz wichtig zu sagen, dass aus unserer Sicht dieses – das ist nicht mal ein Tatbestandsmerkmal, das ist schlicht und ergreifend eine Erfindung, die im Gesetz keinerlei Grundlage hat, die dazu dienen soll, die gebotene Subsumtion unter das Gesetz zu umgehen und eben letztlich doch wieder eine Gesinnungssanktion zu etablieren. Da wird zwar dreimal um die Ecke gedacht, indem man erst sagt: „Ja, reine Gesinnung reicht nicht, dafür brauchen wir das ‚Darauf Ausgehen'. Das ‚Darauf Ausgehen' wäre dann gegebenenfalls", wenn man das so sagen würde, „vielleicht irgendwie schon im Bereich der Rechtswidrigkeit, aber wir brauchen dieses Zusatzkriterium dann nicht mehr, wenn jemand wesensverwandt ist, weil dann wird das ja automatisch unwiderleglich vermutet." Also da denken wir, das ist allein schon dogmatisch so nicht haltbar, und deswegen ist dieses Kriterium, was auch immer, aus unserer Sicht hier verbotsverfahrenstechnisch untauglich.

Unabhängig davon, möchte ich noch verfahrenstechnisch auf entsprechende Probleme hinweisen. Ich habe es ja gestern schon gesagt. Speziell zu den fehlenden Belegen kann auch nachher von Seiten der Antragsgegnerin noch aus dem Parteivorstand noch Einiges gesagt werden. Speziell beim zweiten Gutachten des Instituts ist klar, da wurden ja gar keine Belege mitgeliefert und bei den ersten Belegen ist die Nummerierung teilweise auch völlig konfus im Vergleich zu dem, was die eigentliche Belegnummerierung des Verbotsantrags anbelangt. Und deswegen kann ich hier nur nochmal nachträglich betonen: Unabhängig von der Frage, ob hinsichtlich des ersten Gutachtens genügend Zeit zur Stellungnahme bestanden hätte, aber jedenfalls das nachgelieferte Gutachten, in dem jetzt nochmal die vermeintliche Erkenntnis bestätigt wird, spätestens da halten wir es schon für äußerst verwunderlich, dass man dann zwei Wochen hier vor dem Termin dann noch ein neues Gutachten des Instituts für Zeitgeschichte vorlegt, keine Belege beifügt und bei der Gelegenheit noch ein Gutachten von Professor Grabenwarter mitschickt. Also da ist auf jeden Fall definitiv nicht genügend Vorbereitungszeit gegeben und es ist – und dass muss ich nochmal ausdrücklich betonen – der Antragsgegnerin nicht zumutbar, zu einem Gutachten Stellung zu nehmen, also sie kann überhaupt nicht Stellung nehmen zu einem Gutachten, dessen tatsächliche Grundlage unklar ist.

Es kommt ein Gutachter an und sagt: „Ja, wir haben hier so und so viele Äußerungen, die belegen, dass sie wesensverwandt sind." So, jetzt ist natürlich die Frage: Habe ich diese Äußerungen überhaupt getätigt? Wo kommen die überhaupt her? Und es ist nicht Aufgabe der Antragsgegnerin – das muss man hier einmal ganz klar betonen – dann in jedem Einzelfall in der Gesamtpartei zu ermitteln, wer das gegebenenfalls gesagt haben könnte. Ob er das gesagt hat? Wenn es irgendwelche anonymen Sachen sind, wo man nicht genau weiß, wo es her kommt, dann zu gucken, wer das sein könnte. Also das möge vorgelegt werden. Man möge dann die Belege auf den Tisch legen, dann können wir die Belege prüfen, können uns dazu erklären, ob das überhaupt gesagt worden ist. Vielleicht ist es ja auch wieder aus dem Zusammenhang gerissen, wie so vieles andere, was der Antragsteller vorbringt. Gegebenfalls ist es auch gar nicht zurechenbar, dann erübrigt sich das sowieso schon mal. Und erst wenn die Tatsachengrundlage klar ist, dann können wir uns auf der rechtlichen Subsumtionsebene darüber Gedanken machen, ob die dann tatsächlich als feststehend sich herauskristallisierten Äußerungen wesensverwandt sind oder nicht. Unabhängig davon, ob das dann letztlich überhaupt ein taugliches Kriterium ist. Deswegen würde ich hier auch nachdrücklich darum bitten und sehe auch diese Gutachten zum gegenwärtigen Zeitpunkt als unverwertbar an. Denn wenn ich die tatsächliche Grundlage nicht kenne, dann kann ich mich auch nicht dazu erklären, und wenn man dann dem Antragsteller, der dann zufällig gerade noch seine ganzen Gutachter bei sich hat, Gelegenheit geben würde, das hier ins Verfahren einzuführen und wir könnten uns dann nur rechtlich verteidigen nach dem Motto: Wir unterstellen jetzt mal, dass wir das so gesagt haben, dann wäre es aber vielleicht doch nicht wesensverwandt, weil... Also da muss man uns schon Gelegenheit geben, das konkret nachzuprüfen, und deswegen meine ich, kann hier eine inhaltliche Auseinandersetzung mit den entsprechenden Gutachten erst erfolgen, wenn die Belege vorliegen und das Gutachten stützen.

Präsident Prof. Dr. Voßkuhle: Vielen Dank! Also was das Gutachten angeht, das ist, glaube ich, klar. Es ist notwendig, die Belege in einer Form vorzulegen, die das Gutachten verwertbar machen. Das wird nachgereicht. Der Senat misst den beiden Gutachten jetzt keine zentrale Bedeutung für die Argumentation bei, also insofern können wir weiter verfahren und jedenfalls das, was sozusagen äußerlich zu sagen ist, dazu auch sagen. Aber es wäre schön, wenn die Unterlagen rechtzeitig kämen, das ist auch für unsere Entscheidungsgrundlage wichtig.

Gut. Dann hätten wir den Maßstab erörtert. Wir würden jetzt die Verhandlung unterbrechen, und zwar bis 15:30 Uhr. Und ich bitte Sie alle, rechtzeitig wieder hier zu sein.

b) Nachmittags

Präsident Prof. Dr. Voßkuhle: Bitte nehmen Sie Platz! Wir setzen die Verhandlung fort.

Wir haben uns heute Morgen über den Maßstabsteil unterhalten und kommen jetzt Richtung Subsumtion und würden gerne am Anfang die sachkundigen Dritten hören im Hinblick auf die allgemeinen Voraussetzungen, so wie sie heute Morgen besprochen worden sind. Wir werden dann vielleicht zum späteren Zeitpunkt nochmal mit Einzelfragen auf Sie zukommen, wollen aber einmal im Überblick ihre Einschätzung zur Situation der NPD hören. Jetzt hatten Sie ein Anliegen, Herr Richter.

Rechtsanwalt Richter: Herr Präsident, hoher Senat, verehrte Verfahrensbeteiligte, ich habe hier auf meiner Verhandlungsgliederung noch den Punkt IV.1.e) stehen: Erkenntnisquellen und Zurechnung. Dann würde ich vielleicht anregen, dass wir dazu noch ein paar Worte sagen, denn uns brennt insbesondere die behauptete Zurechenbarkeit von Anhängerverhalten unter den Nägeln. Also da würden wir gerne noch ein bisschen was zu erklären.

Präsident Prof. Dr. Voßkuhle: Ja, wir haben uns das überlegt. Wir würden das gerne bei den einzelnen Sachverhaltskomplexen machen, weil die Zurechnungsfrage abstrakt zu erörtern, schien uns dann doch nicht so hilfreich. Also, Sie können Ihre Einwände dann in dem Zusammenhang gerne vorbringen, aber wir wollten jetzt nicht in einen sozusagen abstrakten Diskurs eintreten, sondern glauben, dass wir uns die einzelnen Sachverhalte, die hier thematisiert werden, genau anschauen müssen und dann immer jeweils wieder eigens auf die Frage der Zurechenbarkeit eingehen müssen. Ja?

Rechtsanwalt Richter: Ja, dann bei dieser Gelegenheit noch einen kurzen Hinweis: Die Antragsgegnerin hat die Zeit genutzt, die ihr zur Verfügung stand seit gestern, und wir würden dann gerne eine inhaltliche Einlassung zur Akte reichen, soweit das unter den gegebenen Möglichkeiten, unter den erschwerten, möglich war. Wir hätten natürlich wesentlich mehr zusammenstellen können, beziehungsweise ich selbst hätte das gekonnt, wenn die Kommunikation so möglich gewesen wäre, wie wir es uns gewünscht hätten. Das war nicht der Fall und deswegen ist das natürlich jetzt entsprechend nicht so umfänglich, wie es eigentlich aus unserer Sicht sein müsste. Wir bedanken uns aber dafür ausdrücklich für die Möglichkeit, nach Abschluss der mündlichen Verhandlung nochmal Schriftsatznachlass zu bekommen, insbesondere auch im Hinblick auf die dann noch nachzureichenden Belege. Wir haben jetzt in der Kürze der Zeit nur zwei Ausfertigungen herstellen können, also einmal für das Gericht und einmal für den Gegner. Ich hätte das Dokument allerdings auch auf USB-Stick da, also falls das helfen würde, könnte ich den auch mit zur Akte reichen, ansonsten …

Präsident Prof. Dr. Voßkuhle: Brauchen Sie nicht. Wenn Sie jeweils das Exemplar überreichen…

(Gelächter im Saal)
Im Protokoll wird jetzt vermerkt „allgemeine Heiterkeit".

Rechtsanwalt Richter: Genau! Nur ein kurzer Hinweis: Der Schriftsatz enthält noch einen Antrag auf Vorlage, also auf Aussetzung und Vorlage der Sache an den Europäischen Gerichtshof. Aus noch näher darzulegenden Gründen würde ich vorschlagen, dass ich das dann entsprechend ausführe, wenn es soweit ist, nur weil es eben noch drinsteht, zur allgemeinen Information.

Präsident Prof. Dr. Voßkuhle: Gut! Danke schön. Gut, dann kommen wir zu den sachkundigen Dritten! Wir würden gern in der folgenden Reihenfolge vorgehen. Zunächst Herrn Prof. Dr. Eckhard Jesse, dann Herrn Prof. Dr. Steffen Kailitz, dann Herrn Prof. Dr. Dierk Borstel und dann Frau Röpke. Dann bitte ich zunächst Herrn Professor Jesse!

Prof. Dr. Jesse: Herr Präsident! Hohes Gericht! Verehrte Verfahrensbeteiligte! Ich beschäftige mich seit knapp 40 Jahren als Politikwissenschaftler mit der streitbaren Demokratie. Ich bin ein engagierter Anhänger der streitbaren Demokratie, so wie sie das Grundgesetz versteht. Nur: Der Begriff der streitbaren Demokratie hat verschiedene Konnotationen. Man kann von einer restriktiven Form und von einer expansiven Form ausgehen. Die einen sagen: „Keine Freiheit dem Feind der Freiheit." Ich sage: „Keine Freiheit zur Abschaffung der Freiheit." Ich vertrete also eine liberale Form der streitbaren Demokratie. Eine offene Gesellschaft wie die Bundesrepublik Deutschland zeichnet sich ja gerade dadurch aus, wie sie mit den Feinden der Freiheit – und die NPD ist ein Feind der Freiheit – umgeht. Die Fragen lauten: Stellt die NPD eine politisch relevante Kraft dar? Ist sie eine Kraft, die gefährlich ist? Und: Was heißt Gefahr?

Der Begriff der Gefahr muss aufgefächert werden. Zum einen geht es um eine Gefahr für Leib und Leben, zum anderen geht es um eine Gefahr für den demokratischen Verfassungsstaat.

Zum ersten Punkt: Die Zahl und die Massivität der fremdenfeindlichen Gewalttaten sowie anderer Taten, ist hoch, ist bedenklich. Allerdings ist die Frage entscheidend: Lässt sich die Vielzahl der Gewalttaten der NPD zurechnen? Ich komme – kurz gefasst – zum Ergebnis, dass es dazu kaum stichhaltige Anhaltspunkte gibt.

Zum zweiten Punkt: Was versteht man unter einer Gefahr für den demokratischen Verfassungsstaat? Fangen wir mal an mit den Mitgliedern. In dem Antrag des Bundesrates steht: „Die Wählerschaft ist stabil geblieben." Das ist richtig. Allerdings stabil auf einem niedrigen Niveau. Im Jahre 2005 waren es 1,6 % bei der Bundestagswahl, 2009 1,5 % und 2013 1,3 %. Die NPD ist nun noch in einem Bundesland vertreten, bis zum 4.9. in Mecklenburg-Vorpommern. Jetzt hat sie 6,0 %, früher waren es 7,3 %, in Sachsen hatte sie 2004 9,2 %, 2009 hatte sie 5,6 % und im Jahr 2014 nur 4,9 %. Sie ist also in einer ausgesprochen schwachen Situation.

Das gilt auch für die Mitglieder. Obwohl es im Jahre 2011 zu einem Zusammenschluss zwischen DVU und NPD gekommen ist, hat die Zahl der NPD-Mitglieder kontinuierlich abgenommen. Sie liegt gegenwärtig bei 5000 bis 5200. Dabei muss gefragt werden: Ist die NPD eine Kaderpartei? Sind es brav zahlende Mitglieder? Die Antwort: teils, teils! Zur Ideologie muss man fragen: Spielt diese Ideologie eine große Rolle? Hat sie Anklang bei der Bevölkerung? Ich komme zum Ergebnis: so gut wie nicht. Sie ist eine geächtete Partei, eine isolierte Partei.

Und wenn ich lese, dass es heißt, angesehene Leute gehören ihr an, so ließe sich ergänzen: Die Leute waren angesehen, solange sie der Partei nicht angehört haben. Aber in dem Moment, in dem sie zu der Partei gingen, waren sie nicht mehr angesehen.

Wie ist es bestellt um den Handlungsstil? Die NPD wendet keine Gewalt an, sie ruft auch nicht zur Gewalt auf. Die extremistischen Einstellungen in Deutschland – da gibt es unterschiedliche Auffassungen – sind relativ hoch. Sie liegen etwa bei 10 %, aber die Personen, die diese extremistische Einstellung haben, sind nicht generell NPD-Anhänger.

Wenn wir die Gelegenheitsstrukturen und die Angebotsstrukturen betrachten, so habe ich schon ausgeführt, dass es bei den Angebotsstrukturen desolat für die NPD aussieht und bei den Gelegenheitsstrukturen, Stichwort „Flüchtlingskrise", spielt PEGIDA eine Rolle, spielt die AfD eine Rolle. Die NPD ist mehr oder weniger isoliert, selbst in diesem Milieu. Sie ist schwächer denn je. Sie ist nicht verankert in irgendeinem Milieu der Bundesrepublik Deutschland.

Und was die hiesigen Rahmenbedingungen betrifft: Die politische Kultur Deutschlands ist stabil. Wir haben einen Antiextremismus, zum Teil einen antifaschistischen Konsens, es ist also nicht so, dass die NPD von der politischen Kultur irgendwie profitiert. Sie ist, wie gesagt, isoliert.

Wir haben eine Vielzahl an Schutzmechanismen, die funktionieren, und bei allen Systemschwächen, die die Bundesrepublik Deutschland kennt, liegt folgender Befund auf der Hand: Die NPD stellt keine Bedrohung für unsere Demokratie dar. Und die äußere Sicherheit trägt auch dazu bei, dass die NPD keinerlei Rolle spielt.

Die NPD ist, wenn ich's mal politisch nicht korrekt formulieren darf, ein Zwerg. Sie ist marginalisiert. Und die „Kampagnenfähigkeit der NPD hat in den letzten Jahren eher nachgelassen, wenn man überhaupt von Kampagnenfähigkeit reden kann.

Das heißt also, als Anhänger einer streitbaren Demokratie komme ich zu folgendem Ergebnis: Es wäre eine Überlegung wert, ein Verbot vorzunehmen, wenn die NPD die Stärke der AfD oder die Stärke der PDS hätte. Das heißt, ich halte nichts von dem geläufigen Argumentsrepertoire: Eine Partei zu verbieten ist möglich, aber nicht nötig. Das ist gewiss richtig. Und eine Partei zu verbieten ist nötig, aber nicht möglich, wenn sie 50 % hat – das ist auch richtig. Das Dilemma ist freilich konstruiert. Es gibt durchaus die Möglichkeit zu sagen: „Wir halten an der streitbaren Demokratie und am Parteienverbot fest, wenn die Partei NPD etwa die Stärke hätte der PDS oder der AfD." Das ist jedoch nicht der Fall.

Insofern ist mein Ergebnis klar, dass die NPD es verdient, weiter dahinzusiechen, wie das bisher der Fall ist. Ich kann zu keinem anderen Ergebnis kommen: Die Schwäche der NPD ist ein Zeichen dafür, dass unsere Demokratie funktioniert. Wir sollten uns nicht blenden lassen, wenn die NPD sich größer macht als sie ist, sich wichtiger nimmt. Manche Extremismusforscher gehen ihr auf den Leim. Da wird von einer „Dresdner Schule" geredet, die der Frankfurter Schule Konkurrenz machen will. Nur: Die „Dresdner Schule" steht auf dem Papier. Da ist von einer „Volksfront von Rechts" die Rede. Faktisch ist das reine Rhetorik. Da war von einem „Deutschlandpakt" zwischen Deutscher Volksunion und NPD, der ist ja ohnehin Vergangenheit, von einer „völkischen Graswurzelrevolution" die Rede. Da ist von „national befreiten Zonen" die Rede. Da ist von einem „4-Säulen-Modell" die Rede. Diese „national befreiten Zonen", sind eine Chimäre; die Wirklichkeit sieht anders aus.

Wir haben im rechtsextremistischen Bereich gravierende Gefahren. Die Gefahren gehen aber weniger von der NPD aus, sie gehen aus von nicht fest organisierten Gruppierungen neonationalsozialistischer Natur, und es ist teilweise so, – wie mein Kollege Borstel geschrieben hat –, selbst in Mecklenburg-Vorpommern, wo die NPD relativ stark ist, dass die „Kameradschaften" nicht die NPD benötigen, aber die NPD eher diese „Freien Kameradschaften" benötigt.

Unterm Strich kann ich aus meiner Forschung über die NPD zum begründeten Ergebnis kommen, dass diese Partei zu Recht isoliert ist und keine konkrete Gefahr für die Bundesrepublik Deutschland darstellt.

Präsident Prof. Dr. Voßkuhle: Vielen Dank, Herr Jesse! Fragen?

Richter Müller: Herr Jesse, ich würde ganz gerne nochmal nachfragen. Sie haben eben am Ende gesprochen vom Verhältnis NPD – „Freie Kameradschaften". Das ist ja ein großes Thema, diese Vernetzung in der rechtsextremen Szene. Mal losgelöst von der Frage, wer wen braucht, ist ja die Frage: Gibt es da ein enges gemeinsames Wirken? Muss deshalb auch das Potenzial, das mit der NPD verbunden ist, nicht gemessen werden am gesamten Potenzial, das im rechtsextremistischen Bereich festzustellen ist?

Prof. Dr. Jesse: Dieser rechtsextremistische Bereich würde ja auch dann bestehen, wenn es die NPD nicht gäbe. Die „Freien Kameradschaften" nutzen teilweise die NPD, aber es ist nicht so, dass sie auf die NPD angewiesen sind. Die NPD kann zum Teil dieses Potenzial gar nicht einbinden, weil es auf die Partei keine Rücksicht nimmt – etwa durch gewalttätiges, fremdenfeindliches Auftreten. Und da sehe ich eben keine Möglichkeit, dies der NPD zuzurechnen.

Richter Müller: Gibt es bei der NPD ein Ost-West-Gefälle?

Prof. Dr. Jesse: Ja. Es gibt bei der NPD ein klares Ost-West-Gefälle. Die NPD ist deutlich stärker im Osten als im Westen. Der Komparativ („stärker") ist in diesem Fall weniger als der Positiv („stark"). Zwei Hauptgründe: Erstens ist dies situativ bedingt, zweitens sozialisationsbedingt. Situativ: Die wirtschaftlichen Verhältnisse sind immer noch schlechter. Sozialisationsbedingt: Viele Ostdeutsche oder ein Teil der Ostdeutschen haben Schwierigkeiten mit einer weltoffenen Gesellschaft, jedenfalls mehr als im Westen. Dort war man gewohnt, mit Fremden umzugehen.

Und diese beiden Hauptfaktoren tragen dazu bei, dass die NPD im Osten im Schnitt dreimal stärker ist als im Westen, was die Wahlerfolge angeht, was auch die fremdenfeindlichen Aktionen betrifft. Wobei die folgende Modifizierung wichtig ist: Zum Teil kommen die Spitzenleute, die im Osten tätig sind, aus dem Westen, weil sie wissen, sie können hier an alte Traditionen anknüpfen. Die DDR ist in vieler Hinsicht „deutscher" geblieben als die Bundesrepublik Deutschland. Und es gibt ja auch die frühere Äußerung von Udo Voigt, dass er eher das DDR-System bevorzugt im Vergleich zu dem bundesdeutschen System. Ich hab's vielleicht etwas vereinfacht, aber in dieser Form ist das gesagt worden. Die NPD hat hier mehr Aussicht, mit bestimmten fremdenfeindlichen Ressentiments punkten zu können. Wie gesagt, wenn ich betone, „stärker" als im Westen, darf nicht die Schlussfolgerung gezogen werden, dass die NPD stark ist. Davon kann keine Rede sein. In der Rhetorik der NPD ist das der Fall, nicht in der Praxis.

Richter Müller: Vielleicht kann man es dann mal getrennt betrachten. Im Westen, so wie ich Sie verstehe, spielt da die NPD noch irgendeine denkbare Rolle?

Prof. Dr. Jesse: Nein. Nach meinen Erkenntnissen, nach meinen Forschungen, spielt die NPD nicht die geringste Rolle. Sie hat Mühe, sie schafft es größtenteils gar nicht mehr, die 1%-Marke zu erreichen, die wichtig ist für die Wahlkampfkostenerstattung, die schafft sie in der Regel nicht mehr im Westen. Das heißt also: Die NPD ist auf dem Weg nach unten und nicht auf dem Weg nach oben. Das gilt aber auch im Osten. Gewiss, wir haben zurzeit im Rahmen der Flüchtlingskrise massive Probleme. Nur: Die NPD kann davon überhaupt nicht profitieren.

Richter Müller: Vielleicht sollten wir mal einen Moment noch im Westen bleiben. Zum Osten komme ich gleich. Die NPD gilt ja nun als eine bundesweit organisierte Partei des organisierten rechtsextremen politischen Spektrums. Jetzt gibt es da mittlerweile neue Parteien, die sich in diesem Spektrum entwickeln. Können Sie etwas zu den Stärkeverhältnissen und zur Attraktivität sagen?

Prof. Dr. Jesse: Ursprünglich war es ja so, dass die NPD gesagt hat: „Wir repräsentieren den organisierten Rechtsextremismus" nach dem Zusammengehen mit der Deutschen Volksunion. Mittlerweile sieht das anders aus. Wir haben „Die Rechte", wir haben den „Dritten Weg". Das sind Parteien, die aggressiver sind, die sich stärker am Neonationalsozialismus orientieren. Die NPD ist für mich eine Partei, die nicht durchweg neonationalsozialistisch ist, aber auch neonationalsozialistische Ziele aufweist. Und diese eben genannten Gruppierungen versuchen in mancher Hinsicht, die NPD zu beerben. Sie sind eine Konkurrenz für die NPD.

Richter Müller: Letzte Frage zur Situation der NPD im Westen. Die Antragsteller verweisen mit Blick auf die Handlungsmöglichkeiten der NPD auch auf ihre kommunale Verankerung, verweisen auf rund 360 kommunale Mandate, die die NPD hat. Ist denn nicht zumindest diese kommunale Basis eine denkbare Aktionsbasis, um in erfahrbarer Weise gegen die freiheitliche demokratische Grundordnung zu agieren?

Prof. Dr. Jesse: Ganz und gar nicht. Wir haben, glaube ich, korrigieren sie mich, 55.000 Mandate.

Richter Müller: Nein, das haben wir nicht. Wir haben etwa 230.000 Kommunalmandate in der Bundesrepublik Deutschland.

Prof. Dr. Jesse: Oh! Danke! Hinzu kommt, dass das Bundesverfassungsgericht die 5%-Klausel nicht nur für Europa, sondern auch für die Kommunalparlamente abgeschafft hat, mithin es relativ einfach ist, in die Parlamente einzuziehen. Etwas über 300 Mandate gibt es also, und da zeigt es sich, wenn man das untersucht, dass in einem großen Teil die NPD-Leute gar nicht aktiv agieren. Ein kleiner Teil tritt aggressiv auf, und ein weiterer dritter Teil, ich kann es ein bisschen vereinfachen, versucht, sich anzubiedern, damit die AfD etwas unterschreibt. Aber im Kern ist die NPD in den Kommunalparlamenten ohne jede Aktionsbasis. Die anderen Parteien stimmen nicht mit ihr. Sie hat zum Teil schon Mühe, überhaupt reinzukommen in einen Ausschuss, obwohl ihr dies rechtlich zusteht. Man muss also sagen, dass die NPD in diesen Kommunalparlamenten allein auf weiter Flur ist. Das gilt übrigens nicht nur für den Westen, sondern auch für den Osten.

Richter Müller: Womit wir vielleicht ja den Blick dann auch noch mal stärker auf die neuen Länder lenken können. Die Antragstellerin argumentiert, gerade in den neuen Ländern sei ein räumlicher Dominanzanspruch der NPD erfahrbar. Also wenn sie schon nicht die Möglichkeit hat, in der Gesamtheit gegen die freiheitliche demokratische Grundordnung zu agieren, so hat sie doch wenigstens räumlich-punktuell die Möglichkeit, einen Dominanzanspruch durchzusetzen. Können Sie dazu etwas sagen?

Prof. Dr. Jesse: Ja, man kann sagen: „Im Bund keine Möglichkeit, im Land keine Möglichkeit. Vielleicht in der Region auch nicht. Auf lokaler Ebene." Es ist klar, jede Partei hat gewisse Hochburgen, auch eine kleine Partei hat Hochburgen. Dominanzanspruch, das ist der richtige Ausdruck. Aber heißt Dominanzanspruch Dominanz? Das ist die Strategie der NPD, den Eindruck zu erwecken, als habe sie Dominanz. Und wir sollten uns davor hüten, dass das, was die NPD sagt, den Tatsachen entspricht. Es ist klar: Sie hat in Sachsen und in Mecklenburg-Vorpommern, in Ostpommern, gewisse Hochburgen. Aber ich finde es nicht richtig, wenn man gerne auf das Paradebeispiel, den Ort Jamel, zurückkommt; da leben, glaube ich, 35, 40 Personen. Es sind viele NPD-Leute hingezogen. Dort haben sie in der Tat die absolute Mehrheit. Ich betone nochmal: Der Ort hat, soweit ich weiß, keine 40 Personen. Insgesamt gilt: Der Dominanzanspruch ist gegeben, nicht die Dominanz.

Richter Müller: Wir haben uns das mal angeschaut. Wenn man auf der Kreisebene die Dinge betrachtet, gibt es Schwerpunkte, im Bereich der sächsischen Schweiz und im Bereich Greifswald. In Mecklenburg-Vorpommern sind es 5 von 69 Kreistagsmandaten. Über Koalitionen kriegt man das dann auch nicht wirksamer?

Prof. Dr. Jesse: Nein, es gibt da keine Koalition. Ich hatte erzählt, dass ein Teil der Vertreter der NPD sich in den Kreistagen bedeckt behält, überhaupt nichts macht, gar nicht erscheint. Ein anderer Teil tritt zum Teil aggressiv auf und der dritte Teil versucht, sich anzubiedern. Aber diese Anbiederungsstrategie ist zur Erfolglosigkeit verurteilt, sodass die Situation auch auf der Ebene der Kommunalparlamente desolat für die NPD ist.

Richter Müller: Nun könnte man es ja von der Betrachtung her noch stärker nach unten orientieren, beim Einzelnen ansetzen. Auch damit wird argumentiert: Ein Klima der Angst, das durch die NPD erzeugt wird, mit der Folge, dass Menschen ihre demokratischen Mitwirkungsrechte nicht mehr wahrnehmen. Können Sie dazu was sagen?

Prof. Dr. Jesse: Zunächst einmal hat die NPD überhaupt große Schwierigkeiten, Demonstrationen durchzuführen. Die Polizei muss sie schützen, wenn dies überhaupt möglich ist. Und dann ist es in der Tat so, dass in bestimmten Bereichen vielleicht ein Klima der Angst besteht. Es gibt ja berechtigte Angst und unberechtigte Angst. Man muss jetzt fragen, wer steckt dahinter? Ist es die NPD, oder sind es Kräfte, mit denen die NPD gar nicht so viel zu tun hat? Im Fall des sächsischen Ortes Heidenau wurde dauernd geschrieben, die NPD sei verantwortlich für die Ausschreitungen. Es hat eine Demonstration der NPD gegeben, aber erst nach drei Stunden begannen die Ausschreitungen, und NPD-Leute waren daran nicht beteiligt. Die NPD hat das Interesse, den Eindruck zu erwecken, sie schüchtere Leute ein, doch in der Praxis kann davon keine Rede sein. Es gibt neonationalsozialistische Gruppen, die in der Tat dies versuchen, aber man muss zwischen diesen Gruppierungen und der NPD trennen.

Präsident Prof. Dr. Voßkuhle: Herr Jesse, könnten Sie noch etwas zu Ihrem methodischen Ansatz sagen? Sie haben es jetzt beschrieben mit allgemeinen Worten aus Ihren Forschungen. Sind das empirische Forschungen, die Sie anstellen? Was sind Ihre Grundlagen? Was für einen Eindruck gewinnen Sie daraus?

Prof. Dr. Jesse: Ja, ich habe eine Reihe von Dissertationen vergeben, die die NPD akribisch untersuchen. Ich selber habe geforscht. Ich habe in vielerlei Hinsicht die Literatur gesichtet. Ich habe mir einen Eindruck verschafft von den PEGIDA-Demonstrationen und konnte keine NPD-Plakate erkennen. Ich komme zum Eindruck aufgrund der eigenen Forschung, der Forschung meiner Schüler, der Forschung der Kollegen, dass wir sehr, sehr vorsichtig sein sollten, das Selbstverständnis der NPD für bare Münze zu nehmen. Stimmt das, was die NPD erklärt? Und da ist mein Ergebnis, dass das in aller Regel nicht stimmt. Die NPD macht sich größer, als sie ist.

Präsident Prof. Dr. Voßkuhle: Weitere Fragen, zunächst von Herrn Maidowski und dann von Herrn Huber.

Richter Dr. Maidowski: Nehmen Sie die NPD als moderne Partei wahr? Also ich meine jetzt nicht das Programm, sondern die Art, wie sie sich äußert, wie sie Publizität sucht. Zum Beispiel in den neuen Medien, in sozialen Medien.

Prof. Dr. Jesse: Ja, sie ist in den sozialen Medien präsent, unter anderem deshalb, weil sie große Schwierigkeiten hat, Demonstrationen durchführen zu können, das ist richtig. Die NPD hat in vieler Hinsicht auch eine Radikalisierung erfahren im Vergleich zu den 60er- und 70er-Jahren, und zwar durch dieses Vier-Säulen-Modell von Udo Voigt, das propagiert worden ist, wozu etwa der „Kampf um die Straße" gehört. Aber auch das sind Floskeln, die Praxis sieht ganz anders aus. Aufgrund der repräsentativen Wahlstatistik – Deutschland ist das einzige Land, das eine solche Statistik kennt –, dort wird nämlich das Wahlverhalten in repräsentativ ausgewählten Wahlkreisen nach Alter und Geschlecht exakt ermittelt, sieht man, dass die NPD bei den 18- bis 24-Jährigen weit überrepräsentiert ist, und speziell bei den Männern. Die Wählerschaft setzt sich zu zwei Dritteln aus Männern zusammen, und die 18- bis 24-Jährigen sind im Schnitt zehnmal stärker repräsentiert als die über 60-Jährigen.

Richter Dr. Maidowski: Könnte es denn sein, dass Sie diese Wirkungswege noch nicht hinreichend erfasst haben in Ihren Forschungen? Also die Frage geht so ein bisschen dahin: „Hebelwirkung" – wie kann man mit wenigen Leuten doch politisch etwas in Bewegung setzen? Das ist ja für jede Ein-Prozent-Partei vielleicht eine Option. Nutzt die NPD diese Option und wenn ja, wie?

Prof. Dr. Jesse: Die NPD hat zum Teil versucht, mit neonationalsozialistischen Kräften zusammenzuarbeiten. Die sind aber radikaler, und da gibt es massive Konflikte. In aller Regel ziehen sich die neonationalsozialistischen Kräfte von der NPD zurück, weil sie das Gefühl haben, sie werden hier ausgebremst. Es gibt dann Konflikte zwischen der NPD einerseits und den neonationalsozialistischen Kräften andererseits. Mein Fazit: Es ist nicht so, dass diese Leute einen großen messbaren Einfluss gesellschaftlich haben. Das gilt für die Bundesebene, Landesebene, auch für die regionale Ebene. Für die lokale Ebene will ich eine kleine Differenzierung vornehmen, da sieht es zum Teil anders aus.

II. Mündliche Verhandlung

Richter Dr. Maidowski: Letzte Frage von mir, Stichwort „Durchlauferhitzer": Wo bleiben die 18- bis 24-Jährigen, wenn sie 25 sind? Gehen die zu einer anderen rechten Partei? Werden die apolitisch? Kann man das verfolgen?

Prof. Dr. Jesse: Ja, da gibt es ja ähnliche Fälle bei den Autonomen. Man fragt sich: Was wird aus denen, wenn sie älter werden? Und es ist in der Tat so, dass mit zunehmendem Alter die NPD weniger Wähler hat. Es ist ja häufig auch ein Erlebnisfaktor, dass man als junger Mensch sich in diesem Bereich engagiert und glaubt, Erfolge haben zu können. Sowohl auf der linken als auch auf der rechten Ebene zeigt sich, dass sich das verliert. George Bernard Shaw hat mal folgenden Spruch gebraucht: „Wer mit 20 nicht links ist, hat kein Herz, wer mit 40 noch links ist, hat keinen Verstand". Genauso könnte man das jetzt übertragen...

Präsident Prof. Dr. Voßkuhle: Es gibt verschiedene Versionen des Spruchs, ich kenne auch eine andere, ja.

Prof. Dr. Jesse: Der Spruch wird drei/vier Autoren zugeordnet. Meine Versuche, herauszufinden, wer ihn nun zuerst gesagt hat, aber das ist jetzt eine Nebensächlichkeit, sind nicht erfolgreich gewesen.

Präsident Prof. Dr. Voßkuhle: Danke! Herr Huber bitte!

Richter Prof. Dr. Huber: Ja, ich hätte auch noch eine methodische Nachfrage: Sie haben gesagt: „Kaum Zurechenbarkeit fremdenfeindlicher Aktivitäten zur NPD." Wie haben Sie das festgestellt? Heidenau – nehme ich einmal an –, haben Sie im Detail verfolgen können, das ist ja nicht weit weg von Ihnen. Aber diese generelle Aussage ...

Prof. Dr. Jesse: Die generelle Aussage ist: Wir haben ja in Deutschland eine Reihe von fremdenfeindlichen Aktionen, gerade in Sachsen etwa. Und wenn man sich anschaut, wer verantwortlich ist für diese Aktionen, dann ist es nicht die NPD.

Richter Prof. Dr. Huber: Und wie schauen Sie sich das an?

Prof. Dr. Jesse: Ich habe ja die Berichterstattung verfolgt. Später, wenn die Sachlage feststeht, ist es so, dass die Wirklichkeit anders aussieht, als man im ersten Moment meint. Häufig wird dann nicht erwähnt, dass NPD-Leute gar nicht dabei waren. Wie aus den Statistiken zu Verurteilungen hervorgeht, ist die Zahl der NPD-Mitglieder relativ gering.

Präsident Prof. Dr. Voßkuhle: Weitere Fragen? Das ist nicht Fall. Dann bedanken wir uns zunächst einmal bei Ihnen, Herr Professor Jesse und würden jetzt Herrn Professor... Herr Möllers möchte dazu was sagen!

Prof. Dr. Möllers: Darf ich was dazu sagen?

Präsident Prof. Dr. Voßkuhle: Ja, bitte!

Prof. Dr. Möllers: Also wir haben doch massive Bedenken gegen das methodische Vorgehen von Herrn Jesse. Das wollen wir dann doch mal zum Ausdruck bringen, auch wenn das vielleicht nicht so ganz üblich ist. Einerseits sind die Fakten ja doch größtenteils unstreitig und der hohe Senat kann ja mit den Fakten arbeiten. Wir wissen, wie viele Mandate wir haben, wir wissen, wie viele Mitglieder die Partei hat, wir wissen, welche Finanzierung wer hat, wir wissen, wie asymmetrisch die regionale

C. Das zweite NPD-Verbotsverfahren (2013–2017)

Verteilung ist. Darüber ist ja nichts zu diskutieren. Andererseits hat Herr Jesse natürlich manche Zahlen auch vielleicht nicht erwähnt. Wir können sagen, dass wir 2013 95 Demonstrationen hatten, 2015 195 Demonstrationen der NPD. Auch bei den Wahlergebnissen könnte man noch mal gucken mit Blick auf die Entwicklung der AfD, als sie 10 % in Sachsen bekam und immer noch der NPD 4,98 % ließ. Entscheidend aber, und damit bin auch schon fertig …

Richter Müller: Was schließen Sie denn daraus?

Prof. Dr. Möllers: Ich möchte erstmal nur was zu Herrn Jesse sagen. Vielleicht darf ich das noch kurz zu Ende führen?

Richter Müller: Ja, nein, wenn Sie die AfD-Ergebnisse erwähnen mit Blick auf die NPD-Ergebnisse müssen Sie sich ja was dabei denken.

Prof. Dr. Möllers: Ja, also ich denke, was ich daran erkenne, ist, dass wir ein relativ hohes Wahlpotenzial haben, nämlich an die 5 %, und der Faktor scheint mir schon signifikant für eine Landtagswahl in einem bedeutenden Bundesland zu sein, der hier – sagen wir –, an der Bagatellgrenze schrammt, der zugleich mit Blick auf die AfD unelastisch ist. Die Elastizität ist nicht so hoch. Wir haben natürlich weniger als vorher, wir haben die Grenze nicht erreicht, aber wir haben nicht so viel weniger und wir haben im Vergleich zum Aufsteiger AfD im Vergleich nicht weniger. Das heißt also, der Wählerstamm der NPD scheint vom Aufstieg der AfD nicht besonders beeindruckt zu sein. Wir haben einen unelastischen Wählerstamm und das scheint mir schon ziemlich bemerkenswert zu sein.

Die Aussagen – letzter Satz –, die Aussagen, die Herr Jesse letztlich getroffen hat, sind immer so auf dem Weg nach unten, großer Einfluss, Gefahr, Zurechnung. Das sind alles eigentlich normative Maßstäbe. Das sind eigentlich alles Maßstäbe, über die wir geredet haben und die schwierig zu bestimmen sind, aber die mir irgendwie nicht wirklich an die empirischen Forschungen anschließen, auf die er sich beruft. Vielen Dank!

Präsident Prof. Dr. Voßkuhle: Vielleicht können wir das so machen, dass wir jetzt erstmal alle sachkundigen Dritten zusammen hören und dann kann man methodische Anmerkungen noch machen. Die wird es aus der einen wie aus der anderen Richtung geben und wir gehen nicht davon aus, dass diese Vorstellungen uns davon entheben, selbst die einzelnen Fakten zu würdigen. Aber wir würden gerne eben diejenigen, die sich mit dem Thema als Wissenschaftler beschäftigen, zusammenhängend dazu hören. Herr Kailitz, Sie haben das Wort!

Prof. Dr. Kailitz: Sehr geehrter Herr Präsident! Hohes Gericht! Sehr geehrte Verfahrensbevollmächtigte! Sehr geehrte Verfahrensbeteiligte! Als Schüler von Eckhard Jesse habe ich in einigen Punkten eine andere Auffassung. Ich möchte mich im Folgenden aber auf einen Kernpunkt konzentrieren, und zwar auf den Punkt, der auch heute Morgen schon angesprochen wurde: Die Menschenwürde als Teil des Demokratieprinzips. Und ich habe in meinen Schriften auch dafür plädiert, dass im Prinzip schon aus den programmatischen Schriften der NPD ableitbar ist, dass sie Staatsverbrechen plant, die nicht mit diesem Grundprinzip der Menschenwürde vereinbar sind. Das zentrale politische Projekt der NPD ist das Bestreben, eine ethnisch möglichst homogene Volksgemeinschaft zu schaffen. Wie bei der NSDAP steht bei der NPD das Bekenntnis zur – von ihr schmerzlich vermissten – Volksgemeinschaft im Mittelpunkt aller programmatischen Äußerungen. Ich denke, das ist auch unstrittig. Zweierlei fordert sie dabei als Eintrittszoll zu ihrer Gemeinschaft ein: „Wer keinen deutschen Stammbaum hat, muss aus Deutschland verschwinden, rückgeführt werden", wie sie sagt. Und wer einen deutschen Stammbaum hat, muss sich den Interessen der Volksgemeinschaft unterordnen. Das nationalsozialistische Menschenbild der NPD sieht so aus: „Der Mensch existiert nur in seiner je unterschiedlichen ethnisch-kulturellen Prägung und damit als Angehöriger eines bestimmten Volkes." Laut Aussage des Parteiprogramms der NPD garantiert erst die Volksgemeinschaft die persönliche Freiheit. Das heißt: Wenn man außerhalb dieser Volksgemeinschaft steht, hat man entsprechend nicht die persönliche Freiheit. Die persönliche Freiheit endet dort wo die Gemeinschaft Schaden nimmt. Aus Sicht der NPD nimmt bereits die Volksgemeinschaft Schaden dadurch, dass ethnisch „Nichtdeutsche" in Deutschland sind. Alle, die nicht zur deutschen Volksgemeinschaft gehören, würden demnach in einem von der NPD regierten Staat aus Deutschland verschwinden müssen; sie würden auch keine persönliche Freiheit genießen. Die NPD propagiert dies unter dem Etikett „Rückkehrpflicht".

Der gegenwärtige Zustand der Gesellschaft der Bundesrepublik Deutschland wird nachdrücklich beklagt von der NPD: „Die Volksgemeinschaft wurde in der BRD zerstört. An ihre Stelle trat eine Ansammlung von Individuen mit egoistischen Zielen, gemeinsame Werte wurden zerstört und die Gemeinsamkeit von Geschichte, Kultur und Abstammung wird durch bewusst herbeigeführten fortgesetzten Ausländerzustrom vernichtet. Aus diesem dunklen Jetzt will die NPD einen Weg in die lichte Volksgemeinschaft weisen." Auf dieser geistigen Grundlage plant die NPD, Millionen Menschen aus Deutschland zu vertreiben und zu enteignen. Die Vertreibung beschönigt sie dabei als „Ausländerrückführung". Sie ist Teil eines völkischen Weltbilds. Die Vertreibung gilt der NPD dabei als „lebensrichtiger Schritt um eine natürliche Ordnung wiederherzustellen". Die von der NPD verwendete Wendung „lebensrichtig" ist dabei das Äquivalent zu der Wendung „naturnotwendig", das die NSDAP zur Charakterisierung und Rechtfertigung ihres völkischen Weltbilds nutzte.

Dem gegenwärtigen demokratischen Regime der Bundesrepublik Deutschland wird unterstellt, einen Genozid am deutschen Volk herbeizuführen. Der Kreis der Personen, den die NPD vertreiben möchte, ist extrem groß. Ausländer ist dabei, wen die NPD nicht als völkischen Deutschen akzeptiert. So beklagt die NPD in ihrem Aktionsprogramm, dass die offizielle Zahl der Ausländer in Deutschland nicht „Ausländer mit BRD-Pass" umfasse. Also es wird ausdrücklich festgehalten: Wer aus der Sicht der NPD nicht „germanisch-stämmig" ist, der ist für sie „körperlich, geistig und seelisch immer Fremdkörper". Die gegenwärtige zunehmende Konzentration der NPD auf die sogenannte Moslemfrage ist wie die Konzentration der NSDAP in den 1920er Jahren zeitbedingt. Damals war die Konzentration bekanntlich auf die Judenfrage. Hier wird jeweils schlicht vorrangig die größte Gruppe der Zuwanderer adressiert in der Ideologie. Die Verleihung eines „bedruckten Papiers", sprich der deutschen Staatsangehörigkeit, ändert nach Ansicht der NPD nichts an den „biologischen Erbanlagen". So kann ein Farbiger für die NPD, auch wenn er in Deutschland geboren ist und einzig die deutsche Staatsangehörigkeit hat, „niemals Deutscher sein".

In erster Linie richtet sich die NDP gegen „Afrikaner, Asiaten und Orientalen", in zweiter Linie aber gegen alle die nicht ethnisch deutsch sind. Die Zahl der Menschen, die die NPD aus Deutschland vertreiben will, lässt sich ungefähr über die Zahl der für das Jahr 2015 vom Statistischen Bundesamt erfassten Personen mit Einwanderungshintergrund erschließen – und das sind ungefähr 16,4 Millionen Menschen. Funktionäre der NPD behaupteten sogar wiederholt, die Zahl sei noch deutlich höher, etwa Udo Pastörs. Zu der Gruppe der Menschen mit Migrationshintergrund gehört ungefähr jeder fünfte Mensch, der in Deutschland lebt. Über 9 Millionen dieser Menschen sind deutsche Staatsbürger und ungefähr 5,5 Millionen Menschen davon sind hier geboren. Abzuziehen – das muss man zugunsten der NPD sagen – sind hier sicher die mehr als 3. Millionen Spätaussiedler. Da gibt es mit Sicherheit Differenzen zwischen den Anhängern der NPD und der NPD selbst. Die NPD würde diese natürlich als ethnische Deutsche sehen und hier keine Probleme sehen, so die Einschätzung. Die NPD will also schätzungsweise, das kann man nicht genau bestimmen, etwa 8–11 Millionen Menschen aus Deutschland vertreiben.

Der Antisemitismus spielt im Unterschied zur Programmatik der NSDAP in der Programmatik der NPD keine hervorgehobene Rolle. Der Grund ist ganz simpel, es ist einfach auch zeitbedingt, die Zuwanderung aus Israel ist vernachlässigenswert. Im Vordergrund steht die „Moslemfrage". Als „fremd" werden daneben auch vor allem farbige Zuwanderer angesehen. Die NPD lässt allerdings keinen Zweifel daran, dass sie auch alle Juden, unabhängig von ihrer Staatsangehörigkeit, vertreiben werde. So stellen Funktionäre der NPD Angehörige der jüdischen Religionsgemeinschaft stets als Angehörige eines anderen Volkes dar. Im Programm der NPD – so würde ich es einschätzen – ist ein selbstgeschaffener Zwang erkennbar, der bei einer Regierungsausübung in eine Terrorspirale münden müsste. Die Millionen zur Ausländerrückführung vorgesehenen Menschen würden nämlich nicht freiwillig das Land verlassen wollen. Also man würde nicht einfach sagen können: „Ja, jetzt wir haben das Staatsangehörigkeitsrecht geändert, ihr seid jetzt alle nicht mehr Deutsche, geht doch bitte." Es bleibt natürlich auch vor allem unklar, was mit all diesen Menschen geschehen soll, die ja gar keine andere Staatsangehörigkeit haben als die deutsche.

Wer so starr in einem eigenen Fremdschema denkt, muss zwangsläufig so etwas wie einen Arier-Nachweis des NS-Regimes einführen – egal, ob dieser „Deutschen-Nachweis" oder sonstwie hieße. Menschen, bei denen ein Elternteil die Kriterien einer deutschen Volkszugehörigkeit der NPD erfüllen und das andere nicht europäischer Herkunft ist, nennt die NPD in einem Argumentationspapier für ihre Funktionäre dann auch „Mischlinge und Bastarde". Mischlingen will die NPD das Leben in Deutschland durch die Deportation eines bedeutenden Teils der Menschen aus ihrem Umfeld, ihre Diffamierung als „Mischlinge und Bastarde" sowie durch Ausgrenzungsmaßnahmen unmöglich machen. Erklärtes Ziel der NPD ist es, sie in die Emigration zu treiben, in Länder, „in denen Bastarde zum Alltagsbild gehören" und in denen die „damit verbundene ethnokulturelle Verwahrlosung und Bindungslosigkeit allgegenwärtig ist". All das aus den programmatischen Schriften.

Schon vor der Vertreibung will die NPD alles „Nichtdeutsche" aus dem deutschen „Volkskörper" aussondern. So fordert die NPD immer wieder in Faltblättern, die sie in Wahlkämpfen einsetzen und auch in ihrem neuen Parteiprogramm von 2010 eine „völkische Trennung" von Ausländern und Deutschen an den Schulen. Zudem wird angekündigt, alle, die nicht „völkisch deutsch" sind, aus dem Sozial- und Rentenversicherungssystem auszuschließen. Aus der Auseinandersetzung mit dem von der NPD als „Bastarde" bezeichneten Menschen lässt sich ablesen, dass in einer Diktatur der NPD Ehen zwischen den „völkischen Deutschen" und nicht „artverwandten Fremden" wohl verboten wären. Regelte die NSDAP zwischen 1933 und 1938 nahezu jedes Detail der Ausgrenzung des jüdisch definierten Menschen aus der deutschen Gesellschaft, dann lässt sich voraussehen, dass die NPD diese Regelung auf alle „Nichtdeutschen" ausdehnen würde – also auf alle die sie zumindest nicht als „germanisch-stämmig" ansieht. Über Österreicher, Dänen, etc., darüber brauchen wir nicht zu reden, das ist sicher nicht der Punkt.

Eine großangelegte Vertreibung von Millionen von Menschen ist teuer. Interessant für diesen Prozess ist auch, dass die NPD es sich bereits sehr gut überlegt hat, wie sich dieses gigantische Projekt überhaupt finanzieren lässt. Das ist ja wirklich eine gewaltige Aufgabe, die sich diese Partei da vorgenommen hat. Die Kosten will die NPD laut ihrem Aktionsprogramm aufbringen, indem sie die zu Vertreibenden an den Kosten „beteiligt". Dies will die NPD ausdrücklich gesetzlich regeln. Für diese finanzielle „Beteiligung" der Opfer an ihrer Unterdrückung gibt es nur ein historisches Vorbild: die NSDAP. Für die Schäden der „Reichskristallnacht" mussten bekanntlich die Juden in Deutschland eine Strafsteuer in Höhe von 1 Millionen Reichsmark entrichten. Zum anderen will die NPD von Unternehmen, die Menschen beschäftigen, die von der NPD nicht als „Deutsch" anerkannt werden, eine sogenannte Rückführungsabgabe verlangen. Die NPD scheint sogar nicht nur die immensen Kosten der Vertreibung decken zu wollen, sie will anscheinend sogar noch Profit aus ihr schlagen. So behauptete die NPD in ihrem Aktionsprogramm, in leichterer Version etwa auch im Bundestagswahlprogramm: „Grund und Boden sind Eigentum des Deutschen Volkes". Daraus wird im Aktionsprogramm erstens abgeleitet, dass als ausländisch definierte Personen künftig keinen deutschen „Grund und Boden" erwerben dürfen. Es heißt zweitens im Aktionsprogramm der NPD aber auch unmissverständlich: „Eventuell bestehende Besitzverhältnisse von Ausländern sind aufzulösen und rück zu übertragen."

Wer dies durchsetzen will, kommt wohl kaum ohne Gewalt aus. Parallelen zum Programm einer Arisierung jüdischen Eigentums durch die NSDAP fallen hier ins Auge. Dieser Programmpunkt findet sich auch inhaltlich deckungsgleich tatsächlich bei der NSDAP. In der von Gottfried kommentierten ausformulierten Programmfassung von 1927 heißt es: „Nur deutsche Volksgenossen dürfen Besitzer deutschen Bodens sein". Bei der NPD ist wie bei der NSDAP eine ausgesprochen enge Verknüpfung von „Bodenpolitik" und „rassischer Auslese" erkennbar. Der im Programm der NPD angekündigte Raubzug soll sich dabei nicht auf das Privateigentum von nicht „germanisch-stämmigen" Menschen beschränken. Die NPD will vielmehr auch alle multinationalen Konzerne in Deutschland „nationalisieren". Mit multinationalen meint die NPD alle Unternehmen oder Teile von Unternehmen in Deutschland, die nicht in der Hand von Deutschen im Sinne der NPD sind. Grund und Boden möchte die NPD diesen Unternehmen ohnehin nehmen, da dieser für sie „deutsches Volkseigentum" ist. Die NPD geht aber sogar noch deutlich weiter. In der ersten Phase sollen diese Unternehmen von den Weisungen der Konzernzentrale im Ausland entkoppelt und den Befehlen des deutschen Staates unterstellt werden. Formal gehören während dieser Phase die Unternehmen noch ihren Eigentümern. In der zweiten Phase soll eine sogenannte Nationalisierung ausländischen Kapitals erfolgen. Mit anderen Worten: Die NPD will diese Konzerne zugunsten des deutschen Staates enteignen.

Das Zuckerbrot der NPD für die von ihr auserkorenen Mitglieder der „deutschen Volksgemeinschaft" ist ein großzügig ausgebauter Wohlfahrtsstaat – also Recht auf Arbeit etc. Rechtsextremistisch ist an diesen sozialpolitischen Forderungen nur „die völkische Bestimmung des Kreises" der Personen, die begünstigt werden sollen. Diese sozialen Parolen gehörten bereits zum Plan der Volksgemeinschaftsideologie der NSDAP. Auch da haben wir historisch gesehen, dass der Aufstieg der NSDAP mit einer ganzen Reihe von sozialen Forderungen auch einherging und das „Dritte Reich" dann auch tatsächlich Vergünstigungen wie Kindergeld, steuerliche Bevorzugung von Ehegatten etc. einführte. Das ist also auch ein wesentlicher Bestandteil, der aber natürlich nicht in irgendeiner Weise demokratiefeindlich ist. Die Vertreibung aller als ausländisch definierten Menschen soll den Deutschen vor allem dadurch schmackhaft gemacht werden, dass ihnen ein Recht auf Arbeit versprochen wird von der NPD. Die Ermöglichung dieses Rechts erscheint dabei als eine logische Folge davon, dass bei einer Herrschaft der NPD Millionen in Deutschland Arbeitender aus völkischen Gründen vom Arbeitsmarkt ausgeschlossen würden. Also wir kennen ja hier das historische Beispiel der Gesetzgebung gegen die Juden, in dem Schritt für Schritt in den einzelnen Berufsbereichen die Juden eben ausgeschaltet wurden – und so ist die Rechnung auf dem Arbeitsmarkt.

Ein wirtschaftspolitisches Zentralkonzept der NPD ist wie bei der NSDAP die Brechung der „Zinsknechtschaft". Ja, das ist eine historische Traditionslinie, die hier deutlich erkennbar ist. Hier wäre natürlich zu streiten darüber, ob das der wichtigste Punkt ist oder ob das in einer Demokratie auch möglich ist. Ich würde sagen, der Kernpunkt ist dieses Vertreibungsprojekt, das in so einem fundamentalen Grundwiderspruch zur gegenwärtigen Grundordnung der Bundesrepublik Deutschland steht, dass eine Partei, die ein derartiges Programm aggressiv-kämpferisch vertritt, verboten werden muss. Vielen Dank!

Präsident Prof. Dr. Voßkuhle: Vielen Dank, Herr Professor Kailitz! Erste Frage: Ihr Vorredner und akademischer Lehrer hat gesagt: „Na, die reden viel, aber die können nichts." Sie haben es jetzt umgekehrt gemacht, Sie haben aus dem, was gesagt wird, das haben Sie dem Parteiprogramm entnommen, aber auch anderen Äußerungen, ein Gefahrszenario entwickelt. Könnten Sie dazu noch etwas sagen, inwiefern aus Worten Taten werden?

Prof. Dr. Kailitz: Also ich würde in der Tat nicht sagen oder behaupten wollen, dass die NPD in Deutschland in der gegenwärtigen Situation kurz vor der „Machtergreifung" steht. Ich glaube, das ist offenkundig. Die Frage, die wir uns hier, glaube ich, im Verfahren stellen müssen: Welche Relevanz muss eine politische Partei in der Demokratie haben, um dieses scharfe Schwert des Parteiverbots anzuwenden? Und hier würde ich argumentieren: Eine Partei, die in den Landtagen vertreten ist – also in einem ist sie immer noch vertreten, in zwei war sie vertreten –, die kommunale Mandate hat, ist hier durchaus auf einer Ebene, die ein Verbot sinnvoll macht. Zumal die NPD auch ein Kristallisationspunkt der neonationalsozialistischen Szene ist. Die Gelder, die aus der Parteienfinanzierung kommen, fließen in die Unterstützung dieses Netzwerks hinein, das ist klar.

Präsident Prof. Dr. Voßkuhle: *(in Richtung Antragsgegnerin)* Bitte würden Sie nicht...

Prof. Dr. Kailitz: Sie können nachher Fragen gerne auch an mich richten zu den einzelnen Punkten.

Präsident Prof. Dr. Voßkuhle: Aber nicht hier!

Prof. Dr. Kailitz: Na ja gut, nicht hier, wir können auch nachher uns gerne unterhalten. Wenn es nicht hier ist ... wenn Sie da eine dringliche Frage an mich haben ...

Präsident Prof. Dr. Voßkuhle: Weitere Fragen hier von Seiten...? Herr Huber!

Richter Prof. Dr. Huber: Herr Kailitz, ich hätte auch eine methodische Nachfrage. Sie haben ja das Bild, das Sie gezeichnet haben, aus der Gesamtheit der Quellen, die Ihnen zur Verfügung gestanden haben, geschaffen. Das Parteiprogramm selber kommt ja eher ein bisschen harmlos daher, je nachdem wie man es versteht. Was ist von dem Argument zu halten, dass Äußerungen von Funktionären, die Sie auch wiedergegeben haben und die zur Konkretisierung oder Ausmalung des Bildes verwendet werden, nicht repräsentativ sein könnten, dass es nicht das gesamte Bild ist, sondern ein paar erratische Stimmen, die letzten Endes ein einseitiges Bild vermitteln.

Prof. Dr. Kailitz: Ich wollte mich zunächst dafür entschuldigen, dass ich diesen Punkt nicht ausreichend klar gemacht habe. Ich habe in meinem Vortrag mich ausschließlich auf programmatische Quellen gestützt. Es geht komplett um das Parteiprogramm, das Aktionsprogramm, das Europaprogramm und eine Schrift an die Funktionäre, also alles Materialien, die nur von der Partei als Gesamtem getragen wurden, also die nicht einzelnen Funktionären zurechenbar sind, also alles was ich hier aber sage. Das Aktionsprogramm kommt meines Erachtens in keiner Weise harmlos daher, also im Gegenteil, im Vergleich damit ist das historische Programm der NSDAP schon fast ...

Richter Prof. Dr. Huber: ...das Parteiprogramm...

Prof. Dr. Kailitz: ... harmlos. Ja aber das Parteiprogramm, klar, da würde ich Ihnen Recht geben. Aber in dem Aktionsprogramm, in dem es um die Umsetzung dieser Schritte geht, das auszugsweise immer mal wieder auch in den Wahlkämpfen ja eingesetzt wird, da ist schon sehr deutlicher Klartext.

Präsident Prof. Dr. Voßkuhle: Herr Maidowski bitte!

Richter Dr. Maidowski: Nur dass ich es richtig verstehe, das Aktionsprogramm ist das, was in den NPD-Quellen gelegentlich als „Fünf-Punkte-Plan" unter NPD Heimreise...

Prof. Dr. Kailitz: Nein, es gibt ein ausführliches Papier, das sind glaub ich 60 Seiten ungefähr, und da ist es en detail, also die meisten Zitate aus meinem jetzigen Vortrag kommen aus diesem Aktionsprogramm. Da wird im Prinzip gesagt: „Wie wollen wir das, was wir im Parteiprogramm sagen, in Aktion umsetzen." Also insofern ist es meines Erachtens ein Schlüsseldokument auch zur Bewertung der NPD. Das ist dieses Argumentationspapier für die Funktionäre. Nein, ich meinte das Aktionsprogramm der NPD. Ich nehme an, das ist auch eingereicht worden, ich habe es nicht mehr eigens kontrolliert, aber es ist ja ein Schlüsseldokument für die Partei. In der Tat zeigt sich also daran, es gibt immer wieder, dass fünf Punkte ausgegliedert werden, die dann als Aktionsprogramm in den verschiedenen Wahlkämpfen eingesetzt werden, was auch zeigt, dass dieses Programm natürlich nach wie vor Orientierungsmaßstab des Handelns der Partei in der Gegenwart ist. Das Programm, das Aktionsprogramm selbst ist ja schon von 2003.

Richter Dr. Maidowski: Eine Frage hätte ich noch zum Verständnis des Parteiprogramms. Da ist immer von Deutschen die Rede, beispielsweise bei der Zuerkennung von sozialen Grundrechten, das haben Sie erklärt. An einer Stelle ist mal von „nationalen Deutschen" die Rede. Was ist da ein Unterschied? Gibt es da einen Unterschied zwischen Deutschen und nationalen Deutschen? Das ist einfach ein Textstück, das mir aufgefallen ist, also ...

Prof. Dr. Kailitz: ... mit nationalen, ... also ich habe Sie jetzt akustisch nicht ganz deutlich verstanden

Richter Dr. Maidowski: Nationale Deutsche. Als anderer Begriff gegenüber Deutsche, der sonst immer auftaucht.

Richter Prof. Dr. Huber: Ist allgemein nur von Deutschen die Rede?

Prof. Dr. Kailitz: Das hat keine besondere Bewandtnis, würde ich sagen.

Präsident Prof. Dr. Voßkuhle: Gut. Weitere Fragen? Das war nicht der Fall. Dann Frau Hermanns!

Richterin Hermanns: Ihr Vorredner hat eben gesagt: „Die freien Kameradschaften brauchen die NPD nicht, eher umgekehrt." Sie haben das, meine ich, etwas anders dargestellt und zuletzt gesagt, etwa die Parteienfinanzierung fließe in die Netzwerke. Woran machen Sie das fest?

Prof. Dr. Kailitz: Es gibt natürlich personelle Überschneidungen ...

Präsident Prof. Dr. Voßkuhle: Wenn Sie etwas näher bitte ans Mikrofon ...

Prof. Dr. Kailitz: Ja. Es gibt ja eine personelle Überschneidung zwischen NPD-Angehörigen, die auch in Kameradschaften aktiv sind. Ich glaube, die beiden anderen sachkundigen Dritten sagen auch noch einmal Näheres dazu, zu den einzelnen Regionen, also den einzelnen Funktionären. Hier geht es natürlich in hohem Maße um Mecklenburg-Vorpommern und auch Sachsen. Da ist es dann am stärksten zu erkennen, am stärksten wahrscheinlich tatsächlich in Mecklenburg-Vorpommern, dass hier eine Verflechtung der Kameradschaftsszene mit der NPD zu beobachten ist. Also ...

Richterin Hermanns: Personeller Art?

Prof. Dr. Kailitz: Ja, personeller Art, dass hier Überschneidungen stattfinden.

Präsident Prof. Dr. Voßkuhle: Herr Müller!

Richter Müller: Sie haben sehr stark unter Rückgriff auf die programmatische Konzeption mit Blick auf das Tatbestandsmerkmal freiheitliche demokratische Grundordnung argumentiert. Nun haben wir am heutigen Vormittag uns sehr intensiv über die Frage „Darauf ausgehen" und das handlungsleitende Potenzial politischer Äußerungen unterhalten. Können Sie dazu etwas sagen? Also zu den empirischen Befunden. Welche Reichweite hat die NPD in der Gesellschaft? Hat sie eine Chance mit ihrem gigantischen Projekt überhaupt jemals in die Nähe irgendeiner Veränderung der politischen Wirklichkeit zu kommen?

Prof. Dr. Kailitz: Das ist in der Tat eine Frage, die man sehr schwer abschätzen kann. Meines Erachtens müssten die politischen Umstände sehr ungünstig ausfallen. Wir hätten uns – glaube ich – auch vor einem Jahr nicht vorstellen können: die Zahl der Übergriffe auf Flüchtlingsunterkünfte, die wir heute beobachten können beispielsweise, die Zahl der ganz normalen Anwohner, die hier in doch sehr radikaler Weise sich auch vor den Flüchtlingsunterkünften zu Demonstrationen zusammenfinden. Und wir leben im Moment in einer wirtschaftlich sehr günstigen Zeit, also sprich in einer Zeit, in der wir nicht einmal Schulden aufnehmen müssen, was ja historisch einzigartig ist in der Geschichte der Bundesrepublik Deutschland. Das heißt: Es sind natürlich auch Konstellationen vorstellbar, in der – natürlich jetzt nur vage vorstellbar, aber sie sind zumindest vorstellbar – die NPD deutlich an Bedeutung gewinnt. Also in Sachsen ist es so, dass sie jetzt bei letzten Umfragen wieder bei 5 % lag, nach langer, langer Zeit. Also das heißt, sie wird schon begünstigt durch dieses Klima. Natürlich steht im Moment stärker die AfD im Vordergrund. Allerdings müssen wir hier auch in Rechnung stellen, dass sich die NPD im Moment auffallend zurückhält im Zuge des Verbotsverfahrens. Das ist natürlich auch klug verfahrensstrategisch.

Richter Müller: Woran machen Sie das fest? Woran können Sie das festmachen? Sie sagen, die NPD halte sich zurück, sie nutze ihre Chancen nicht.

Prof. Dr. Kailitz: Ein Beispiel: Dieser Slogan „Wir sind das Volk", den man bei PEGIDA etc. hört, das hat die NPD schon vor Jahren propagiert – auch mit Blick auf Demonstrationen gegen das Asylrecht etc. Und in den letzten Wochen ist tatsächlich in Sachsen wieder verstärkt, dass man das auch sagt: „Na ja, wir sind ja eigentlich das Original, und die anderen sind ja nur die, die jetzt unseren Parolen folgen." Also das gibt es jetzt langsam, aber sie haben sich lange zurückgehalten. Jetzt, in den letzten Monaten, ist es tatsächlich wieder so, in Heidenau etc., in den verschiedenen sächsischen Gemeinden, dass die NPD sich verstärkt an die Spitze der sogenannten „Nein zum Heim Bewegung" setzt. Aber hier war am Anfang schon eher eine Zurückhaltung, die ich beobachten würde.

Richter Müller: Also, wir leben ja eigentlich in einer Zeit, in der ein Thema die politische Debatte beherrscht. Und zwar ein Thema, das in besonderer Weise ein Thema der NPD in der Vergangenheit mit all den Konnotationen war, die Sie vorgetragen haben. Eigentlich müsste das doch von den Rahmenbedingungen her, wenn ich mal von der guten wirtschaftlichen Situation, die wir haben, absehe, eine Situation sein, die die NPD erkennbar für sich nutzen kann.

Prof. Dr. Kailitz: Ja, also wie gesagt, es gibt erste Anzeichen, dass sie es verstärkt versucht. Ich kann jetzt nur für die sächsische Ebene sprechen. Das muss ich ganz offen sagen. Für Mecklenburg-Vorpommern haben wir ja noch zwei kompetente sachkundige Dritte, die sich hier deutlich besser äußern können. Ich kann nur aus dem Beobachten von Sachsen sprechen. Da kann ich sagen, dass in den letzten Wochen, als ich die verschiedenen Seiten mir nochmal im Vorfeld auch dieses Prozesses angeschaut habe, schon erkennbar ist, dass sie jetzt verstärkt mobilisieren. Viele der Demonstrationen gehen von der NPD aus inzwischen, aber natürlich nicht flächendeckend. Ich würde jetzt aber auch nicht behaupten, sie würden gar nicht stattfinden, wenn es die NPD jetzt nicht gäbe, also wenn es die NPD nicht mehr gäbe. Also das wäre auch jetzt ein Missverständnis. Wir können durch ein Parteiverbotsverfahren nicht das Problem des Rechtsextremismus in der Gesellschaft lösen. Ich glaube, dessen sind wir uns alle bewusst, egal welche Haltung wir jetzt zum Verbotsverfahren vertreten. Das ist unmöglich. Hier geht es eher um die Frage, gibt es eine Grenze des Parteiwettbewerbs? Muss irgendwo eine Grenze auch gezogen werden, dessen was eine Partei vertreten kann? Darf eine Partei in der Demokratie im Grunde offen propagieren, dass sie, wenn sie an die Regierung kommt, Staatsverbrechen begehen würde? Und da habe ich Probleme. Das ist ja aber eine Frage, die letztlich hier zu klären sein wird. Auch, ob es solche Grenzen geben muss und wo man sie zieht.

Richter Müller: Ich würde vielleicht dann gerade mit Blick auf Sachsen nochmal nachfragen. Sie sagen: „Die Aktivitäten nehmen zu, die von der NPD ausgehen." Spannend ist ja die Frage: Was heißt das denn mit Blick auf die Resonanz dieser Aktivitäten? In der Antragsschrift spielt eine gewisse Rolle das Thema „Schneeberger Lichtelläufe". Da gab es mehrere mit beachtlichen Teilnehmerzahlen und dann gab es nach den Dreien mit beachtlichen Teilnehmerzahlen eine vierte Veranstaltung, in der die NPD offen als Veranstalter auftrat und die Zahl der Teilnehmer hat sich um einen ganz erheblichen Faktor, nämlich um den Faktor 6, reduziert. Wie erklärt sich das?

Prof. Dr. Kailitz: Ja. Also da würde ich schon auch sagen: „Natürlich gibt es einen Abschreckungseffekt. PEGIDA wäre tatsächlich nicht so groß geworden in der Teilnehmerzahl, wenn das offen beispielsweise unter NPD-Etikett gelaufen wäre." Also in dem Punkt würde ich unumwunden sagen: „Ja, das ist in jedem Fall so. Die NPD ist im Moment nicht dazu geeignet, die bürgerliche Mitte anzusprechen." Da ist es eher so, dass es Berührungsängste schürt und die Teilnehmerzahlen beim offenen Bekennen der NPD der jetzigen NPD-Demonstrationen abnehmen.

Präsident Prof. Dr. Voßkuhle: Herr Maidowski!

Richter Dr. Maidowski: Ich habe noch zwei Fragen, das eine: Was habe ich mir darunter vorzustellen, wenn die NPD behauptet, wir befänden uns in Deutschland im Zustand eines Vorbürgerkriegs? Ein Vorbürgerkrieg, der uns durch Zuwanderung aufgezwungen werde. Und die zweite Frage vielleicht gleich hinterher: Wie schafft die

NPD es, wenn sie doch so eine kleine Partei ist, sozusagen für den Begriff „Volksgemeinschaft" als Markenzeichen zu stehen? Diese ganzen rechten Gruppierungen haben ja ihre Themen, aber bei bestimmten Themen denkt man an die NPD. Wo kommt das her wenn – wie Ihr Vorredner gesagt hat – die NPD quasi gar nicht mehr existiert?

Prof. Dr. Kailitz: Diese Argumentationsfigur vom „Vorbürgerkrieg", gerade in der gegenwärtigen Situation, hat ja im Prinzip bei der NPD eine lange Tradition. Es wird ja der etablierten Politik vorgeworfen, den „Austausch des deutschen Volkes" anzustreben. Es ist immer wieder die Rede von einem „Genozid am deutschen Volk", vom „Völkermord" und damit verbunden natürlich auch, dass man sich selbst darauf beruft, dagegen habe man ja das Recht auf Widerstand gegen die Volksverräter. Mal in zurückhaltender Form, mal ist es sehr direkt. Jetzt mit der jüngsten Zunahme der Flüchtlingszahlen fühlt sich die NPD natürlich bestätigt und signalisiert: „Das ist ja jetzt im Prinzip so, wie wir es schon an die Wand gemalt haben, und jetzt muss es aber auch mal in den Widerstand münden." Also insofern allein diese Parolen, auch wenn die konkreten Gewalttaten nicht NPD-Funktionären zuzuordnen sind, allein durch diese Terminologie „Vorbürgerkrieg", „Widerstand", „Völkermord" etc., gegen den man sich wehren muss, schafft die NPD natürlich ein Klima der Gewalt. Und natürlich kann man sagen: „Die Gewalttaten haben ja erst drei Stunden nach der NPD-Demo stattgefunden." Aber die NPD hat hier eingeheizt, und das waren die Leute auch, die zugehört haben. Und dann zu sagen: „Das hat dann aber gar nichts damit zu tun", das finde ich schon ein bisschen abenteuerlich, muss ich sagen.

Richter Dr. Maidowski: Die zweite Frage war die, wie die NPD es schafft, sich als Träger einer Marke darzustellen.

Prof. Dr. Kailitz: Ja, also als Träger einer Marke. Natürlich hat man als Partei doch andere Möglichkeiten als kleinere Gruppierungen, um sich in der politischen Auseinandersetzung zu profilieren. Die Terminologie der „Volksgemeinschaft", die war natürlich auch präsent in der Kameradschaftsszene – also auch bevor die NPD sich diese Begrifflichkeit zu eigen gemacht hat. In der Geschichte der NPD gab es ja eine Radikalisierung. Es gab ja auch eine Zeit, bevor sie sich zu diesem „Volksgemeinschaftskonzept" bekannt hat. Das ist also der Kernbegriff der gesamten neonationalsozialistischen Szene, der einigende Begriff, und da hat sich im Prinzip die NPD an die Spitze gesetzt. Diese Terminologie war aber vorher da. Sie würde auch nach einem Verbot der NPD fortbestehen.

Präsident Prof. Dr. Voßkuhle: Frau König!

Richterin Prof. Dr. König: Ich habe noch eine Frage zur Verflechtung der NPD mit den „freien Kräften" oder „freien Kameradschaften". Sie sagten vorhin, dass Geld von der NPD in die Kameradschaften fließen würde. Meine Frage ist jetzt: Gibt es dazu Erkenntnisse, etwa Leute, die darüber erzählt haben – die Bankkonten werden Sie ja nicht einsehen können –, oder schließen Sie das aus der engen personellen Verflechtung?

Prof. Dr. Kailitz: Das ist rein geschlossen aus der engen personellen Verflechtung, aus der Personalunion von Einzelpersonen. Es ist damit nicht gemeint, dass die NPD

– also damit kein Missverständnis entsteht –, dass die NPD-Parteizentrale eine Überweisung tätigt an die Kameradschaft XY. Das ist in keiner Weise gemeint. Es geht rein um die personelle Verflechtung, dass hier Kameradschaftsmitglieder auch in der NPD tätig sind und darüber Gelder beziehen.

Präsident Prof. Dr. Voßkuhle: Herr Huber hatte noch eine Frage.

Richter Prof. Dr. Huber: Sie hatten zu der Beurteilung Ihres akademischen Lehrers gesagt, das sei abenteuerlich mit den drei Stunden später...

Nein, ich habe eine inhaltliche Frage: Wir kennen aus dem Versammlungsrecht, dem Brokdorf-Beschluss, die Figur, dass gewalttätige Teile einer Demonstration dem Veranstalter nicht ohne Weiteres zugerechnet werden können. Wenn ich das auf unsere Konstellation übertrage, würde ich Sie fragen: Welche Kriterien braucht man denn, um eine Zurechnung vornehmen zu können?

Prof. Dr. Kailitz: Also das sehe ich ganz genauso. Wenn aber tatsächlich eine Terminologie zum Tragen kommt, wie sie hier auch schon genannt wurde – „Vorbürgerkrieg", „Genozid am deutschen Volk" etc. –, dann würde ich das schon so sehen. Und wenn hier direkt auch immer wieder von „Widerstand" die Rede ist, den man dem „entgegensetzen" müsste, dann sehe ich hier schon einen recht engen Zusammenhang. Man nimmt es zumindest billigend in Kauf, so würde ich es mal formulieren wollen, dass das zu Ausschreitungen führt.

Richter Prof. Dr. Huber: Also es muss ein besonderes hetzerisches Vokabular sein, was in der Veranstaltung vorher verwendet worden ist, damit Sie dann die Zurechnung bejahen würden.

Prof. Dr. Kailitz: Ja, also wenn man jetzt natürlich hier sagt: „Morgen machen wir erstmal mit denen Kaffee und Kuchen in der Flüchtlingsunterkunft und diskutieren mal, wie man die Flüchtlingszahlen reduziert", dann kann man das natürlich nicht in Verbindung setzen, wenn danach jemand Übergriffe auf die Flüchtlingsunterkunft begeht. Aber wenn zwischen dem Vokabular und den Taten dann ein recht enger Zusammenhang zu sehen ist, würde ich schon sagen, dass man hier eine Verbindungslinie ziehen kann.

Richter Müller: Dem Vokabular, das auf der Demonstration verwandt worden ist, oder dem Vokabular, dessen sich die Partei allgemein bedient?

Prof. Dr. Kailitz: Das überschneidet sich ja. Man müsste sich DAS jetzt tatsächlich ansehen – und das sollten Sie vielleicht auch tun, wenn Sie einzelne Ereignisse bewerten wollen wie Heidenau. Das ist ja tatsächlich ein wichtiger Punkt. Da gibt es ja auch einige Videoaufzeichnungen – glaube ich – dazu, um das noch einmal konkret zu eruieren, was gesagt wurde. Ich habe auch keinen Wortlaut vorliegen, und in der Tat schließe ich hier von anderen Veranstaltungen der NPD auf diese konkrete Veranstaltung. Mehr kann ich zum gegenwärtigen Zeitpunkt nicht machen, weil ich keine konkrete Aufzeichnung davon habe.

Präsident Prof. Dr. Voßkuhle: Weitere Fragen? Das ist nicht der Fall, Herr Kailitz, dann bedanken wir uns erstmal und würden jetzt Herrn Professor Dr. Dierk Borstel bitten, zu uns zu kommen.

Prof. Dr. Borstel: Sehr geehrter Herr Präsident! Hohes Gericht! Ich werde versuchen, diesen Punkt der lokalen Ebene, das heißt die Rolle, die Funktion der NPD vor allem auf lokaler kommunaler Ebene etwas näher zu beleuchten und würde das anhand eines konkreten Beispiels machen. Das ist Ost-Vorpommern. Jetzt hatte ich den Vorteil: Wenn man als Dritter rankommt weiß man, man soll auch etwas zur Methode sagen.

Mit der Interaktion Rechtsextremismus – Demokratie beschäftige ich mich seit 1999 in verschiedenen Orten. Ost-Vorpommern seit ungefähr 2001/2002.

(zu Herrn Andrejewski gewandt)
Wir waren eine Zeit lang fast Nachbarn, haben im selben Straßenzug gelebt.
(Gelächter)
Also ich werde vielleicht auf Ihr Fachwissen dann zurückgreifen, würde dann gleich darauf zurückkommen.

Ich habe klassische Feldforschungen betrieben – das heißt: qualitative Methoden der Sozialforschung – und bin dafür im Jahr 2002 für drei Jahre lang nach Anklam gezogen, habe meinen Lebensmittelpunkt dorthin verschoben, habe Leitfadeninterviews geführt, Beobachtungen gemacht, Gruppengespräche geführt, also das klassische Instrumentarium nach Uwe Flick. Ich bin dann 2006 an die Universität nach Greifswald und habe da meine Studien sozusagen erweitern können mit Kollegen aus Greifswald und Rostock. Das waren dann vergleichende Feldforschungen für den Kreis Uecker-Randow – damals Kreis Uecker-Randow, heute ja Kreis Vorpommern – und auch für den Bereich Ludwigslust. Bin darin nicht so tief eingetaucht, wie ich das im Raum Anklam machen konnte. Ich habe 2009 erweitert unter Anleitung von Herrn Professor Heitmeyer in Bielefeld, habe eine quantitative Sozialforschung gemacht, eine repräsentative Befragung der Bevölkerung in Anklam zur Ideologie, zum Syndrom der gruppenbezogenen Menschenfeindlichkeit, aber auch zur Bedeutung der NPD in der Bevölkerung. Wir haben dann diese Ergebnisse ausgewertet und, als es so langsam klar wurde, es geht nach Westdeutschland, habe ich dann für die Region einen Verein gegründet mit Kollegen zusammen und versuche seitdem dort Demokratieprojekte voranzutreiben. Die Kenntnisse dieses Vereins fließen hier aber heute nicht ein, weil es dann eben nicht mehr Wissenschaft ist, sondern ich habe die Seiten gewechselt dann, eher zum bürgergesellschaftlichen Engagement. Soviel vielleicht zu meinem persönlichen Hintergrund.

These 1: Die Rolle und die Funktion und die Arbeit der NPD in dieser Region. Ich spreche über den peripheren, ländlichen Raum. Das heißt mit dem Fokus Anklam und mit dem Fokus auf die umliegenden Dörfer, also nicht auf die Kaiserbäder, die zu Vorpommern gehören oder Greifswald als Universitätsstadt, sondern – man nennt es in der Wissenschaft häufig die abgehängten Gebiete – also die, die vor allem große soziökonomische Probleme haben. Ich glaube, man kann – was heißt ich glaube, ich bin überzeugt davon –, man kann die Rolle der NPD und auch des Rechtsextremismus nicht verstehen – und ich werde es kurz machen – ohne den Kontext der Sozialisierung und der Historie dieser Region.

Es ist eine Region ohne positive Demokratieerfahrung. Das betrifft auch die Zeit der Weimarer Republik, das heißt, Demokratie ist dort ein..., ja es war eine Neuerung, es war etwas Besonderes. 1989 gekommen, aber nicht erkämpft vor Ort. Es gab sehr wenige Demonstrationen, ich glaube zwei in Anklam. Als alle anderen schon demonstrierten, da hat man in Anklam auch eine gemacht – mit relativ wenig Resonanz. Das heißt, man kann wenig zurückgreifen auf positive Erfahrungen – vor allem auch nicht in den eigenen familiären Strukturen. Das heißt wir sprechen über eine instabile neue Demokratie.

Ein zweiter Punkt, der wichtig ist. Die Dörfer, aber auch sozusagen die ganze Region wurde jahrhundertelang durch einen Faktor zusammengehalten: nämlich durch die Bedeutung der Landwirtschaft. Diese landwirtschaftliche Verortung der Gesellschaft heißt: Das Dorf orientiert sich in seiner familiären Tradition, seiner kulturellen Tradition, in seiner Arbeitstradition, alles auf die Landwirtschaft. Das ist 1989/90 mit der Transformation der damaligen LPGs in hochmoderne Agrarfabriken auseinandergebrochen. Das bedeutet, es ist sozusagen eine parallele Revolution in diesen Dörfern gewesen. Jahrhunderte alte Traditionsfokussierungen sind weggefallen. Da sind Freiräume entstanden, Freiräume entstanden in einer Zeit, wo eine demokratische Struktur kam, die aber kulturell nicht verankert war, die man sich vor Ort auch nicht erkämpft hat und gleichzeitig sozusagen der Wegfall von bestehenden Traditionen. Das ist sozusagen eine Umbruchsituation, die – glaube ich – auch in der Forschung bisher noch relativ wenig beachtet wurde, was mich immer ein bisschen gewundert hat. Guckt man sich jetzt die Zeit nach 1989 an, ist es eine Verliererregion der Einheit. Das heißt, die Demokratie ist bis heute hin als Abstraktum, als Idee in weiten Teilen der Bevölkerung durchaus akzeptiert. Aber die konkrete Anwendung der Demokratie – man spricht vor Ort auch wieder von der realen existierenden Demokratie in Anlehnung an den real existierenden Sozialismus damals – wird verbunden mit Enttäuschung. Das wird verbunden sozusagen mit Entfremdung, das wird verbunden auch mit „Westimport". Das ist – glaube ich – relativ wichtig in dieser Region, vor allem aber auch mit familiären Brüchen. Man kann das vielleicht an einzelnen Punkten ein bisschen deutlicher machen, wenn man sich anguckt was da passiert ist.

Eine Region wo die Arbeitslosigkeit relativ, sozusagen ruck-zuck, hochgegangen ist. Das hing zusammen mit den LPGs. Das war der Hauptarbeitgeber. In dem Dorf, in dem ich dann gelebt habe, hatte die LPG ungefähr 500 Mitarbeiter, davon sind sechs geblieben. Das heißt, die große Frage ist: Was machen die anderen? Und das waren vor allem Personen, die nicht richtig qualifiziert waren – für diese landwirtschaftlichen Betriebe, aber mit wenig Chancen auf einen Arbeitsplatz woanders. Das bedeutet: Diese Freisetzung vor allem der Arbeit, die hohe Arbeitslosigkeit, das ist etwas, was in vielen Familien – und da sind wir dann gleich auch bei den Jugendlichen – unglaublich prägend war bis heute und verbunden wird eben als abstrakte Mitte real existierender Demokratie. Das bedeutet, wir haben in dieser Region etwas sehr anderes als in Westdeutschland in den 50er und 60er Jahren, weil da die Demokratie zumindest als Hoffnung empfunden wurde – auch auf ökonomisch-sozialen Aufstieg, auf eine Arbeit, auf eine Chance, dass es einem im Leben besser gehen könnte. Dieses Gefühl ist in Vorpommern bis heute nicht mit der Demokratie verbunden.

Wie sind die Menschen damit umgegangen? Teile davon haben sich zurückgezogen, Teile davon sind dageblieben, viele sind aber auch einfach verschwunden.

Das heißt vor allem: Viele Männer, viele Väter zu dieser Zeit sind dann nach Westdeutschland, eben dahin, wo Arbeit war. Auch das hat viele Familien zerbrochen, vor allem dann, wenn die Männer irgendwann sich dann im Westen auch neu orientiert haben und teilweise die Familien auch kaputt gegangen sind. Das prägte vor allem eine ganze Jugendgeneration in dieser Region und wird verbunden unmittelbar auch mit den Versprechen und mit den Hoffnungen, die man mit der Demokratie vor Ort eben verbunden hat. Es wird weiterhin verbunden schon mit einem gewissen Aufbau von Strukturen. Straßen wurden gebaut, man hat in die Infrastruktur investiert, aber gleichzeitig auch an demokratischen Strukturen abgebaut. Eins der Hauptthemen, die wir vor Ort hatten, war das Thema Schulschließung. Mit der Schule stirbt häufig der kommunale, sozusagen zentrale Kommunikationsort in einem Dorf. Das war ein Thema, das zum Beispiel die NPD sehr stark aufgegriffen hat, auch in Plakaten, sie hat gesagt: „Keine Schulschließung." Als einzige Partei übrigens in Deutschland, vor Ort. Das erklärt vielleicht auch ein kleines bisschen Verankerungsmöglichkeiten. Wir streiten uns heute immer noch vor Ort, vor allem auch über die Folgen des demografischen Wandels. Vorpommern ist eine Verliererregion gleich in drei Bereichen. Das heißt: Einerseits haben wir eine starke Alterung der Gesellschaft durch – das ist parallel – den vor Ort völlig selbstverständlichen Wegzug vor allem jüngerer Menschen. Das heißt diejenigen, die besser qualifiziert sind, verlassen mit einer absoluten Selbstverständlichkeit – mit wenigen Ausnahmen – diese Region. Und damit verschwindet eben auch ein Stück Potenzial für Demokratie. Auch ein Stück diejenigen, die so ein Dorf oder eine Stadt vielleicht aufbauen könnten, verlassen mit Selbstverständlichkeit diese Region. Und wir haben eine Schrumpfung. Wir haben vor allem in den peripheren ländlichen Räumen das langsame Sterben der Dörfer. Und wo Dörfer sterben – und sie sterben leise, weil es kein Aufschreien mehr gibt; man kann das untersuchen, ich will das hier aber nicht definitiv machen –, da gibt es vor Ort, weit jenseits auch der NPD, ein weit verbreitetes Gefühl, dass die Demokratie sozusagen die mit ihr verbundenen Versprechen nicht gehalten hätte.

Nun gebe ich zu, ein Gefühl ist ein subjektives Element. Das muss man ja ein bisschen auseinanderhalten, trotzdem wurde das miteinander verbunden. Das ist vor Ort nie eingetreten in der Form. Im Gegenteil: Wir haben Entfremdung, wir haben vor Ort sozusagen große Distanz. Vielleicht ein klassisches Beispiel: Ich wurde mal gefragt in Anklam, warum ich da Feldforschung mache? Ich habe gesagt: „Mir geht es um die Demokratie." Das war in dem Café, in dem ich saß, mit der größte Lacher, den ich in meinem Leben produziert habe. Das war die erste Lokalrunde meines Lebens mit Geld, was ich damals nicht hatte. Soviel vielleicht zu dieser Stimmungslage, die mich dort auch ein Stück hingetrieben hat. Dadurch sind Freiräume entstanden und in diese Freiräume sind gewachsen aus den Dörfern, aber auch aus der Stadt Anklam, vor allem junge Menschen, die dann ihr Heil gesucht haben eher in damals rechtsextremen Ideen und zwar als sozusagen, ja, Gegenposition sowohl zu der Gesellschaft der DDR und zur Idee der DDR, aber eben auch als Gegenposition zur Bundesrepublik und als Gegenposition zum Grundgesetz.

Man hat das vor allem mit dem Begriff der Heimat gemacht. Das heißt, man hat gesagt: „Wir wollen weder das Alte noch das Neue, sondern wir setzen auf einen Begriff", und der war dann auch zunächst in diesen Strukturen, in diesen Namen häufig drin, „auf den der Heimat." Heimat hat ja immer so eine Sehnsuchtsoption, das hat ja auch was Mythisches, Aufgeladenes. Man nannte sich dann eben „Heimattreue Deutsche Jugend" zum Beispiel oder ähnliche Organisationen. Diese zunächst als Jugendkulturen, frei operierende, zum Teil massivst auch zur Gewalt neigende; das ist eine Erinnerung, die wir heute vor Ort immer noch haben: diese Zeit der Auseinandersetzung bei gleichzeitiger Schwäche auch der repressiven Organe der Bundesrepublik zu der Zeit in der Region. Die Polizei hat sich zu der Zeit ja auch neu erfunden und war vor Ort selten da. Vor allem nicht dann, wenn Menschen sie gebraucht hätten. Das bedeutet, ausgehend aus diesen rechtsextremen Jugendkulturen, entstanden aus dem Gefühl der Opposition gegen das eine und das andere, erwuchsen dann ungefähr so ab der Zeit 97/98/99, unterstützt durch Kräfte des organisierten Rechtsextremismus, in diesem Fall der verbotenen Organisation „Blood an Honour" – damals ja noch erlaubt – über Konzertwesen sozusagen Strukturen. Das ist die Basis zum Beispiel des „Kameradschaftsbundes Anklam", der dann eine tragende rechtsextreme Struktur hatte. Der hatte zu der Zeit mit der NPD noch gar nichts am Hut. Das waren freie Kräfte. Dann ist man mal nach London gefahren und hat dann stolz berichtet, dass man da Führungskräfte gehabt hätte, hat Konzerte organisiert und hat sich vernetzt, hat aber gleichzeitig schon eine Idee zu der Zeit erschaffen, dass man gesagt hat: „Wir wollen hier so etwas wie einen kommunalen Stützpunkt entwickeln – und zwar einen kommunalen Stützpunkt, eine Verortung, eine Verankerung. Und wir haben einen großen Vorteil. Wir kommen von hier und wir bleiben hier – im Gegensatz zu den Demokraten, die von außen gekommen sind", aus der Sicht vieler Menschen vor Ort, „und wenn sie sich zur Demokratie bekennen, fahren sie wieder weg." Das bedeutet, sie haben die große Stärke der Verankerung, sie haben die große Stärke, dass man sich kennt. Und wenn man das Dorf so ein bisschen kennt, wo jeder jeden kennt und man gemeinsam mal im Sandkasten gesessen hat und man weiß, jeder braucht jeden, dann ist das eine große Stärke, die diese Bewegung vor Ort eben auch bis heute hin trägt. Das erklärt historisch – glaube ich – ein bisschen sozusagen die Geschichte dieser Netzwerke.

Man hat sich gekümmert, das war eine wesentliche Funktion. Das heißt im Dorf – ich habe das dann in einem Jugendclub in Ducherow zum Beispiel mal untersucht –, da gab es dann regelmäßige Schulungen. Es gab aber auch sehr viel Alltagskultur, also Musik wurde aufgelegt. Da saß dann einer in der Mitte, und dann haben die sich selber da in einem Interview als nationaler Jugendarbeiter bezeichnet – kein NPD-Mitglied, sondern eine Kameradschaft – und gesagt: „Ich kümmere mich um die Jugendlichen; ich sitze hier jeden Tag; und wenn einer traurig ist, tröste ich den; wenn einer Schulden hat, dann helfe ich dem; und wenn einer mit mir reden will, helfe ich dem auch." Das ist sozusagen eine Stärke, eine gewachsene Struktur, die diese Bewegung bis heute hin auch hat. Man hat dann zum Teil auch staatliche Infrastruktur genutzt. In der Gemeinde Bargischow hat der Bürgermeister dann gleich diesen Jugendlichen den Schlüssel gegeben für den einzigen Jugendclub, weil man gesagt hat: „Die kümmern sich ja wenigstens", weil ja sonst auch keiner da war. Die NPD tauchte dann erst später auf. Da spielt Herr Andrejewski eine ganz große Rolle, das sind... Das verkneife ich mir jetzt einfach mal an dieser Stelle.

Richter Müller: Nur zu, nur zu!

Prof. Dr. Borstel: Es gab ja aus der NPD sozusagen zwei Richtungen, die die Basis dieser Partei bestimmen. Einerseits gab es einen Zuzug von außen in Anklam in Person von Herrn Andrejewski. Das war der, der sozusagen auch als öffentliche Figur aufgetreten ist, Interviews gegeben hat, im öffentlichen Raum stark präsent war, früh kandidiert hat, auch gewählt worden ist und damit auch Sprachrohr der NPD – wenn ich das sagen darf – vor Ort geworden ist. Widersprechen Sie mir, wenn ich irgendwie Fehler mache. Andererseits gab es aber eben auch in der Region Teile der Kameradschaften, die dann später, und zwar erst nach dem Jahr, als Herr Andrejewski schon geworben hat, in diese Partei eingetreten sind. Ich hab in dem Gutachten, was hier vorgelegt wurde, dazu auch Namen genannt, die aus diesen Kameradschaftsnetzwerken dann eben in diese Partei eingetreten sind, deren Verankerung bis heute aber immer noch, deren zentrale Verankerung natürlich die gestandenen Netzwerke sind. Das heißt die Partei, die NPD war etwas, was man genutzt hat, weil sie gewisse Funktionen – die werde ich gleich aufzählen – für diese, man nannte es dann „nationale Bewegung" ausgeübt hat. Herr Andrejewski hat mir 2005 dankenswerter Weise auch ein Interview gegeben im Rahmen meiner Dissertation und hat eben auch gesagt: „Man muss gucken, wie man jetzt zusammenarbeitet." Und Sie haben sich selber damals beschrieben und gesagt: „Also manchmal finden die mich ein bisschen" – ich glaube Sie, haben „lau" gesagt. Ich kann ja mal nachschauen.

Rechtsanwalt Andrejewski: Lau oder laschig.

Prof. Dr. Borstel: Lau oder laschig, ich weiß es nicht mehr. Aber trotzdem kopieren Sie meinen Begriff vom „nationalen Pluralismus" und man sieht, dass gewisse Funktionen dann diese NPD eben auch übernommen hat. Diese Funktionen kann man aufzählen, ich habe das in dem Gutachten tiefer gemacht. Das ist einerseits: Natürlich ist man finanzieller Dienstleister für diese Gesamtbewegung. Das betrifft vor allem zum Beispiel Gelder, wie jetzt etwa über die Landtagsfraktion. Ihr Büro ist dann – nicht rein zufällig natürlich – auch bei einer Infrastruktur, einer Immobilie, die aus der Bewegung heraus entstanden ist. Die Bewegung hat früh darauf gesetzt, hat immer gesagt: „Wir wollen verbotsfest sein." Das heißt: Immobilien weg von der NPD hin zum Privatbesitz, das ist völlig legitim. Trotzdem zieht das Büro dann eben in diese Immobilien rein. Nun kenne ich die Überweisungen nicht, aber ich vermute, die wird es geben. Ich würde mich sehr wundern, wenn nicht.

Rechtsanwalt Andrejewski: (unverständlich)

Prof. Dr. Borstel: Das habe ich mir fast gedacht. Man ist Arbeitgeber, man ist Arbeitgeber über die Fraktion. Das heißt in dem Moment, als man gewählt worden ist, hat man auch Personen aus dem bewegungsförmigen Rechtsextremismus angestellt, als Mitarbeiter vor allem. Vor allem aber hat die NPD auch die Funktion der Propaganda. Herr Andrejewski hat das selber mal so beschrieben. Mit vielen Flugblättern, so sind Sie gestartet, so hab ich Sie am Anfang kennen gelernt; Gespräche auf der Straße zu führen. Natürlich sind die Versuche da, vor allem die Schwächen der Regionen stark zu betonen, dieses Gefühl der Demokratieentfremdung aus meiner Sicht weiter zu treiben, vor allem hinzutreiben zu der Idee, dieses System zu überwinden. Ich habe das in meiner Dissertation auf 60, 70, 80 Seiten gemacht. Die Zielrichtung ist relativ klar: Dieses System gilt es zu überwinden. Man nutzt natürlich die Bühne des Parlamentes, man ist auch Informationsbeschaffer über Anfragen, vor allem über den politischen Gegner. Und man ist natürlich auch eine öffentliche Figur, vor allem für diejenigen im Rechtsextremismus, die zum Beispiel aus beruflichen Gründen ungern so offen vor allem auf überregionaler Ebene auftreten. Vor Ort kennt man sich. Die NPD – das hat einer meiner Vorredner gesagt – agiert dabei nicht einheitlich in diesen Parlamenten. Es gibt unterschiedliche Typen. Der Kollege und mein Doktorvater Hubertus Buchstein hat das mit seinem Team einmal näher untersucht, das ist aber eine etwas ältere Untersuchung.

Er sprach von drei Typen: Ein Typ sei eben eher destruktiv, tritt laut schreiend auf, und ist zumindest nicht auf die Mitarbeit sozusagen ausgerichtet. Er nannte dann als Beispiel das Kreisparlament in Ludwigslust oder Stadtparlament, müsste ich jetzt gucken. Es gab kommunale Parlamente, wo die NPD zwar vertreten war, aber – so nannte er das selber – als relativ „unfähige Marionetten". Das heißt: Die Anträge wurden von außen geschickt, und einige dieser Abgeordneten oder Mandatsträger wussten dann gar nicht, wie man die vor Ort einreicht. Sie haben sich nie zu Wort gemeldet, sind in keinem Ausschuss erschienen, haben sich außer, dass sie da waren manchmal, nicht weiter eingespielt.

Das ist in Anklam sehr anders. Also in Anklam – und das war eine besondere Funktion – hat Herr Andrejewski sehr, sehr früh schon und später dann auch mit seinen Kollegen einen sehr aktiven Part gespielt, und zwar einen aktiven Part sowohl in der Kritik an politischen Entscheidungen. Er hat aber auch Vorschläge gemacht, über deren Charakter man natürlich streiten kann. Und da ist eine Besonderheit passiert, dass es nämlich sehr früh schon auch eine Art, ich habe es „Normalisierung" genannt, im Umgang gab. Es gibt da so eine Pausenregelung: Nach anderthalb Stunden geht man eine halbe Stunde Bier trinken oder Kaffee, je nachdem. Es ist da nicht von einer Isolierung zu sprechen. Also Herr Andrejewski ging selbstverständlich an die Tische, auch der anderen Fraktionen. Man redet, man plaudert, man spaßt, man trinkt und danach geht das politische Geschäft weiter. Das heißt diese Form der Distanzierung, die habe ich Anklam so nicht feststellen können. Mag eine Ausnahme sein, ist aber etwas Besonderes. Ich habe es als Teil von Normalisierung in diesem Fall begriffen.

Guckt man sich nun Erfolge an, muss man noch einmal zurückgehen. Für mich ist wichtig: Es gibt in Anklam und in Vorpommern diese sehr klare Zusammenarbeit aus dem – man nennt es in der Wissenschaft – „bewegungsförmigen Rechtsextremismus" und der Partei. Man versteht sich, zwar mit Unterschieden in der Radikalität, wenn man es so nennen möchte, trotzdem als Einheit, als eine gemeinsame Bewegung. Normalisierungstendenzen sind erkennbar. Ich erwähnte die Studie 2009, eine repräsentative Befragung der Universität Bielefeld in Anklam. Dort sagten 34,7 % der Bevölkerung: „Die NPD ist eine Partei wie jede andere." Das waren Vergleichsstudien. Da kommt man normalerweise so auf 4, 5, 6 %. Das heißt, es ist ein klarer, auch politischer Erfolg dort erkennbar. Man wird akzeptiert als normale Partei. 17,5 % der befragten Anklamer meinten sogar, die NPD sei jene Partei, die die kommunalen Probleme lösen könnte. Da bewegt man sich in vergleichenden Untersuchungen meistens so zwischen 1 und 3 %. Das war eine Untersuchung von 2009.

Es gibt auch Mobilisierungserfolge, Mobilisierung zum Beispiel im Rahmen von Demonstrationen. Das sind dann aber nicht Demonstrationen, wo dann entweder nur der eine Teil dieser Bewegung oder nur die NPD agiert, sondern es sind gemeinsame Demonstrationen. Für mich persönlich beeindruckend war 2004. Das klassische Mobilisierungspotenzial rechtsextremer Demonstrationen liegt so bei 100/120 Leuten in der Region. Das heißt: Wenn die aufrufen zu einem Thema, was nicht so hundertprozentig brennt, wo nur die eigenen Leute kommen, dann sind das so immer so 100/120, können mal 80 sein, je nachdem, wer gerade einen Schnupfen hat. Das war bei Themen, die der Bevölkerung auf der Seele brennen, viel größer. 2004 ging es um Hartz IV, es ging um die Agenda 2010 und um die Sozialreform von Rot-Grün. Dort beteiligten sich in Anklam, in einer Stadt mit 11.000 Einwohnern, immerhin ca. 500 Bewohner dieser Stadt – und zwar unter eindeutiger Kenntnis, wer zu dieser Demonstration eben aufgerufen hatte. Ich hab dann später einen dieser Teilnehmer gefragt, ob er wusste, wer das denn jetzt war: „Ist ja legitim zu demonstrieren, war angemeldet, alles okay und spricht nichts dagegen." Der nannte das dann sehr prägnant: „Braun gehört für uns zu bunt dazu". Das ist für mich sozusagen Ausdruck – war ein Akademiker übrigens, ein Ingenieur, der dort vor Ort wohnt –, das ist sozusagen Ausdruck von Normalisierung. Ausdruck von Normalisierung des Rechtsextremismus.

Die Folgen nun für die demokratische Kultur – und das ist etwas, was schwierig ist: Es ist einerseits, dass man eine Normalisierung des Rechtsextremismus hat. Man merkt es auch im öffentlichen Raum. Das heißt also, dass man Rechtsextremisten begegnet. Ich habe ja da gewohnt. Natürlich gab es in dem Plattenbau, wo ich wohnte, eine rechtsextreme Familie, die sich klar geäußert hat. Wenn man einkauft, trifft man sich. Man kommt aus. Wenn man im Verein ist, in der Familie ist, ist rechtsextreme Begegnung etwas, was selbstverständlich ist, was auch Teil von Nähe schafft. Darauf kommen wir gleich, was das bedeutet. Andererseits schafft es aber auch – und das ist die Kehrseite der Medaille – bei denjenigen, die sich gegen Rechtsextremismus engagieren wollen oder die sich auch nur sehr positiv sozusagen bekennen zur demokratischen Kultur im Sinne des Grundgesetzes, kommt es eben bei vielen auch zu einem Gefühl der Angst. Nun ist Angst ein subjektives Gefühl. Das heißt, wenn ich sage: „Ich habe Angst vor Gespenstern", können Sie mir dreimal sagen: „Die gibt es nicht", trotzdem ist es schwierig. Trotzdem führt Angst, basierend auf Rechtsextremismus in diesem Fall, zur Einschränkung demokratischer Handlung.

Das möchte ich ein bisschen an Beispielen erläutern vielleicht, um das etwas näher auch zu beschreiben. 2007 gab es anlässlich eines Immobilienkaufs von rechtsextremer Seite einen Aufruf der Stadt – in diesem Fall der Verwaltung zusammen mit der Mehrheit des Stadtparlamentes –, dass man eine gemeinsame Distanzierung von Rechtsextremismus wollte. Das wurde auf Plakate gedruckt. Der Bürgermeister hat das auch aufgehängt und hat dann alle Geschäftstreibenden aufgerufen: „Bitte hängt das in eure Schaufenster!" Der erste, der es abgelehnt hat, in sein Schaufenster zu hängen, war der CDU-Fraktionsvorsitzende des Stadtparlamentes mit dem Argument: Wenn er das ins Fenster hängen würde, dann führte das zu Folgen, und man würde ihm die Fensterscheiben einschmeißen, er sei nicht so gut versichert und dann sei er pleite. Da er das geschickterweise gleich noch an die Lokalzeitung gegeben hat, wussten das am nächsten Tag alle, was dazu führte, dass dieses Plakat jenseits vom Rathaus kaum aufgehängt wurde, weil alle das Gefühl hatten: „Es könnte mich treffen." Die SPD hat über Monate ein Parteibüro in Anklam verheimlicht, das heißt ihr Interesse nicht öffentlich bekannt gegeben. Explizit mit dem Hinweis aus der Angst vor Gewalt. Das Regionalzentrum für demokratische Kultur, das heißt die tragende Säule des Landesprogramms zur Demokratieförderung und der Auseinandersetzung mit Rechtsextremismus und anderen Formen extremistischer Gewalt und Phänomene, sollte 2008 nach Anklam verlegt werden. Der damalige Leiter dieses Regionalzentrums lehnte eine Verlagerung, die dann trotzdem kam, nach Anklam mit dem Argument ab: „Ein Büro geht hier nicht, die schmeißen uns die Fensterscheiben ein, das funktioniert nicht." Das heißt, anhand dieser drei Beispiele, die man weiterführen könnte – dafür reicht jetzt die Zeit nicht – sieht man, dass aus dieser Angst herausgehend Einschränkungen demokratischen Handelns da sind. Das mag im Detail so sein, dass man manchmal ein bisschen auch eine gewisse Heiterkeit verspürt – das liegt auch in meiner Natur dann. Trotzdem ist erkennbar, dass es eben auch demokratisch-soziale Handlungen, und zwar eigentlich selbstverständliche Handlungen aus meiner Sicht, einschränkt.

Hinzu kommt folgender Faktor: Ich erwähnte das schon, Rechtsextremismus ist dann stark, wenn eine Normalität entsteht – eine Normalität, die weit verbreitet ist in dieser Region. Das heißt: Ich kenne kaum eine Familie, die dieses Thema nicht in der eigenen Familie hat. Spätestens im Verein oder – wenn ich eine Arbeit habe – auf der Arbeit oder in der Schule. Das führt zu einem spezifischen Problem zwischen Nähe und Distanz. Hier in Karlsruhe oder da, wo ich jetzt gelandet bin, in Dortmund, wenn ich dort sage: „Ich bin gegen Rechtsextremismus", dann habe ich kein Problem. Weil ich mich gegen ein Abstraktum distanziere, das ich in der Regel meistens nicht in meinem unmittelbaren Nahfeld habe. Wenn ich das dort aber tue, distanziere ich mich nicht nur von einer Partei NPD oder einem Rechtsextremismus, wie auch immer ich dieses Phänomen deute, sondern ich distanziere mich unmittelbar von einem Familienmitglied, von einem Vereinsmitglied, von vielleicht den Feuerwehrkameraden oder ich distanziere mich im Dorf und positioniere mich. Auch das macht vor dem Hintergrund der Angst, die man hat, die weit verbreitet ist, demokratisches Handeln zunehmend schwer – vor allem offensives Eintreten für demokratische Werte. Das heißt, wir haben es mit einem, ja, mit einer Schere zu tun. Einerseits Normalisierung: der Umgang im Stadtparlament; das hatte ich ja erzählt, es wird nicht anders behandelt als jeder andere. Andererseits haben wir Angstphänomene, die auch zur Einschränkung dann immer im demokratischen Handeln führen.

Diese Angst wird auch vorangetrieben, das sind ja ältere Beispiele: Es gibt zum Beispiel Kampagnen jetzt im Rahmen der Flüchtlingsdebatten. Wenn man sich zum Beispiel die neuen sozialen Medien anguckt, sind es häufig sehr personalisierte Beschreibungen. Ich habe mich jetzt zum Beispiel unterhalten mit einem Schulrektor, der sich positiv zur Integration von Flüchtlingen geäußert hatte, der dann in rechtsextremen Foren auch unter Beteiligung verschiedener rechtsextremer Akteure mit

Namen und mit Adresse genannt wird – mit der klaren Äußerung. Da wird dann nicht massiv zur Gewalt aufgerufen. Aber bei ihm führte es dazu, dass er sagt: „Nie wieder so ein Wort in der Öffentlichkeit." Und gleichzeitig der Hinweis an andere Schullehrer. In diesem Fall habe ich dann später mal abtelefoniert – hab mir da den Spaß rausgenommen – und es wurde gesagt: „Ich habe gesehen, was sie mit dem machen; bin ja nicht blöd und halte jetzt meinen Kopf hin, weil ich dann bei denen im Fokus bin; und ich will ja weiterleben, auch mit meinen Kindern und meiner ganzen Familie." Das ist der lokale Ort, das ist diese kommunale Verankerung, diese Verbindung aus Normalisierung und – ob man das Atmosphäre der Angst nennen möchte – diesem Angstphänomen.

Dazu gibt es erste Versuche des Forschens, zum Beispiel an der Universität Greifswald Annette Hiemisch. Es gibt Versuche der Forschung auch aus dem Regionalzentrum für demokratische Kultur heraus. Leider sind die Ergebnisse noch nicht da. Was wir haben: Es gibt immerhin eine Diplomarbeit, die ist aber älteren Datums, 2003. Da hat eine junge Psychologin Interviews geführt mit Flüchtlingen in Anklam, und diese Flüchtlinge beschreiben eine massive Angst vor rechtsextremer Gewalt. Sie betreten das Stadtgelände nicht, wenn es dunkel ist. Sie sagen, sie fühlen sich verfolgt und können das auch mit verschiedenen Einzelbeispielen in diesem Fall belegen. Das war für mich eine – damals auch mit 1.0 bewertet, nicht von mir, ich war noch nicht so weit – ausgesprochen interessante Arbeit, die man vielleicht auch vervollständigen könnte.

Bisher zusammengefasst in Bezug auf die NPD: Ich glaube, man versteht die Erfolge der NPD – und es ist ja eine ihrer Hochburgen, das wurde ja auch nie bestritten – nicht ohne diesen kommunalen Kontext. Man versteht sie nicht ohne diese enge Zusammenarbeit als Teil einer gemeinsamen Bewegung mit dem bewegungsförmigen Rechtsextremismus. Man muss diese besondere Verbindung aus Nähe und Distanz beachten. Und wir haben dort, um jetzt mal zwei Kollegen vor Ort zu zitieren, es tatsächlich mit einer „Krise der Demokratie" zu tun. Wenn Sie mich jetzt fragen: Pro oder Contra eines Verbots der NPD? Ich gehörte zu denen, die das Schrifttum von Herrn Möllers damals interessant gefunden haben und für gut befunden haben. Ich habe nie einen Hehl daraus gemacht, dass ich kein großer Freund des Verbotes war. Ich möchte auf jeden Fall sagen: Die Probleme, die wir vor Ort haben, diese massiven Probleme der demokratischen Kultur in diesem peripheren ländlichen Raum, teilweise bis hin – um meinen Kollegen zu zitieren: er spricht von einem „Notstand". Das ist nicht im juristischen Sinne gemeint, sondern als Gefühl, dass man als Demokrat dort auf der Verliererecke ist. Ich möchte ein Plädoyer dafür halten, dass das mitbeachtet wird, weil das natürlich Konsequenzen hat. Auch für die Frage: Was macht der Staat? Ich sage es ganz ehrlich. Das Engagement, was man in ein Parteiverbot gelegt hat, das würde ich mir auch wünschen in die Demokratiestärkung in dieser ländlichen Region. Und das habe ich die letzten 15 Jahre in der Form vermisst. Dankeschön!

Präsident Prof. Dr. Voßkuhle: Ja, dankeschön Herr Borstel! Das war eine sehr anschauliche und persönlich emotionale Ansprache und man merkt, dass es eben etwas anderes ist, ob man nur aus Büchern lernt oder ob man vor Ort ist und sich die Dinge anschaut und mit den Personen dann noch konkrete Kontakte hat. Sie haben gesagt: „So ein Parteiverbot ist schwierig, das muss man sich gut überlegen." Jetzt müssen wir aber juristisch entscheiden und ein wichtiger Punkt ist: Wie ist das Potenzial der Partei einzuschätzen? Dazu haben Sie jetzt noch wenig gesagt. Ist Anklam sozusagen der letzte Ort der Gallier oder kann es Anklam auch woanders geben? Kann sich diese Struktur, die Sie ja beschrieben haben, die Mischung aus Politik aber auch aus, ja, persönlicher Nähe, aus persönlichen Erfahrungswelten, persönlichen Enttäuschungen, kann sich das sozusagen zu einer, die freiheitlich demokratische Grundordnung eben gefährlichen Mischung entwickeln? Ist das vielleicht der Humus, auf dem Dinge gut wachsen, die der freiheitlichen demokratischen Grundordnung gefährlich werden können? Dazu würden wir von Ihnen gerne noch eine Einschätzung haben.

Prof. Dr. Borstel: Dieses Kameradschaftsmitglied des Dorfes, in dem ich dann geforscht habe, hat es immer einerseits als Hochburg, vor allem aber als Modellregion bezeichnet. Modellregion bedeutete: Das ist der Versuch, es einmal exemplarisch durchzuführen, auch zu investieren. Das heißt, das ist ein Ort, und das sieht man auch durch den Zuzug, den wir seit zehn Jahren von rechtsextremer Seite in dieser Region haben, wo man versucht, etwas zu schaffen wie ein Modell für andere. Nun ist dieses Modell aber gehalten an sehr spezifische Kontexte. Diese spezifischen Kontexte findet man in weiten Teilen der Bundesrepublik nicht, vor allem nicht in Westdeutschland. Da sind die Probleme anders gelagert, da sind die Erfahrungen anders gelagert. Von da her glaube ich nicht, dass man jetzt Anklam, das letzte Gallische Dorf, dann halbiert und die Hälfte woanders hinsetzt und da wird es auch funktionieren. Aber es ist immerhin der Versuch, modellartig Einfluss zu nehmen.

Ich habe noch eine zweite Säule: Biographisch seit 1999 beschäftigte ich mich mit Aussteigern. Habe damals auch diese Ausstiegsinitiative „EXIT-Deutschland" mitgegründet. Bin dann 2006 da ausgestiegen. Verfolge seitdem aber vor allem ...

(Gelächter)

...darf ich etwas sagen? Das funktioniert immer!

(Gelächter)

Ich verfolge seitdem aber in unterschiedlichen Institutionen eben aber auch Radikalisierungsbewegungen. Ich möchte zum Beispiel erwähnen, dass aus diesem Humus – ohne dass ich belegen könnte, dass die NPD diesen Humus sozusagen personell gelegt im Sinne von Anleitung – zum Beispiel W., der in München damals die Synagoge sprengen wollte, stammt; er stammt aus dieser Region. Wir hatten jetzt eine vermutete terroristische Vereinigung, ich glaube „Old Society School" oder so ähnlich hieß sie. Sie wurde jetzt im letzten Jahr hochgenommen, sie ist verankert in Ducherow. Das heißt, wir haben in dieser Region auch Radikalisierungsbewegung bis hin zum terroristischen Bereich. Das wird vor Ort nicht ausgelebt. Vor Ort will man wohnen, vor Ort bleibt man dann auch der nette brave Bürger von nebenan, der sich kümmert. Aber es ist ein Humus von Radikalisierung. Diese Radikalisierung ist gefährlich für andere. Ich sehe jetzt, wie gesagt, nicht die NPD als eine Partei, die von dort aus ihren Feldzug startet. Das Potenzial sehe ich da nicht.

Präsident Prof. Dr. Voßkuhle: Aber Sie sehen ein gewisses Potential, das man jedenfalls kommunal weitertragen kann, wenn man ähnliche Situationen vorfindet?

Prof. Dr. Borstel: Ja, richtig. Na klar. Und wir haben ähnliche Versuche zum Beispiel in Südbrandenburg, an der Grenze zu Sachsen. Wir haben solche Versuche im thüringischen Raum. Wir haben solche Versuche im sachsen-anhaltinischen Raum zum Beispiel. In Brandenburg. Allerdings sind die Länder und auch die Kommunen mit dieser Herausforderung sehr unterschiedlich umgegangen. Brandenburg war zum Beispiel das Bundesland, das als erstes, bei aller Kritik die man damals erfahren hat, früh investiert hat in diesem Bereich. Und das hat eben auch Erfolge gezeigt. In Vorpommern hat es sehr lange gedauert. Es sind dann auch personelle Geschichten, es sind dann auch wenige Personen, die sich kümmern. Die ticken so wie sie sind und sie sind so wie sie sind. Es sind dann eben auch tatsächlich ganz lokale Kontexte, die in Brandenburg sehr spezifisch sind.

Präsident Prof. Dr. Voßkuhle: Wie erklären Sie sich, dass selbst in sehr, sehr kleinen Gemeinden – wenn wir es recht sehen –, die NPD nirgendwo sozusagen richtig reüssiert ist? Sondern die hat mal drei oder vier Sitze, aber dass sie irgendwo eine wirklich starke Kraft ist oder von hegemonialer Ausstrahlung gesprochen werden kann... Wenn man sieht, welche Mandate übrig geblieben sind und wie die Mehrheiten sind, dann ist es durchgehend so, dass die Partei nicht „am Drücker" ist, wenn man das etwas salopp formulieren darf. Woraus erklärt sich das, dass selbst in so einem perfekten Milieu es dazu nicht reicht.

Prof. Dr. Borstel: Perfekt ist es nicht, weil es ja auch Gegenkräfte gibt, die – Gott sei Dank – für die Demokratie einstehen. Es sind zwei Faktoren auf Ihre Frage hin. Der eine Faktor ist: Man tritt teilweise gar nicht erst an, weil es relativ unattraktiv ist, Dorfbürgermeister zu sein. Es gibt nichts zu verteilen. Das heißt, man wird auch nicht weiter gestört zum Beispiel. Das heißt, manchmal gibt es gar keine Kandidaturen, sondern man einigt sich im Dorf auf denjenigen, der eben den Kopf dann auch hinhält – und man wird auch nicht großartig gestört. Das heißt, es ist egal, wer es dann ist. Und dementsprechend investiert man gar nicht in diesen Bereich, weil es eher ablenkt.

Es gibt einen zweiten Bereich. Da verweise ich auf die Erfahrung von einem Kollegen vor Ort, H., der dort seit Jahren lebt, als Rechtsextremismusexperte. Dass man auch häufig dieses Label der NPD gar nicht mehr offensiv zu Tage trägt. Er sagt: „Die Verankerung ist so weit in vielen Dörfern vorangeschritten, dass das Label einer Partei" – und Partei wird immer kritisch gesehen als Teil des Systems, und zwar als Teil des demokratischen Systems –, „dass man auf dieses Label teilweise bewusst verzichtet und gar nicht erst eintritt und trotzdem vor Ort in diesem Sinne dann eben auch Politik macht im Rahmen der wenigen Möglichkeiten, die man dann in diesem peripheren ländliche Raum hat." Es gibt einen dritten Bereich. Den kenne ich aber nur aus der Aussage von zwei Menschen, die in die NPD wollten, dann aber nicht reingekommen sind. Die sagten, sie hätten es versucht, aber man hätte sie nicht reingelassen. Es gäbe Verfahren, dass man gar nicht gewünscht gewesen sei. Ob das stimmt, kann ich aber nicht hundertprozentig belegen. Das waren zwei Äußerungen und ich habe die für glaubwürdig gehalten. Die sprachen von einem „Vorverfahren", weil man sich selber immer auch als Teil einer Elite sehen würde. Wie gesagt aber, empirische Basis zwei – da bin ich zurückhaltend.

Präsident Prof. Dr. Voßkuhle: Herr Maidowski und dann Herr Huber!

Richter Dr. Maidowski: Diese Erzählung aus der Froschperspektive hatte ja etwas Kuscheliges im ersten Teil und so was nachvollziehbar Gemütliches. Mich interessiert, wo kommt die Gewalt ins Spiel? Ich habe selber Szenen erlebt in Frankfurt/Oder, wo ich mal abgeordnet war, 1998, Fußball-WM, ich glaube Chile gegen Italien. Wenn Italien gut war, dann hörte man „Sieg Heil" und wenn Chile gut war hörte man die „Internationale", also, „Land von Margot Honecker". Da kam es nicht zu Gewalt. Das waren diese beiden Gruppen, die nebeneinander standen. Wo kommt das ins Spiel? In Frankfurt/Oder gab es auch viel Gewalt, aber in diesem kleinen Kosmos den Sie erlebt haben? Sie haben gesagt: „Die Leute hatten Angst, dass die Fensterscheiben eingeworfen werden." Wo kommt die her? Ist das passiert? War das Projektion?

Prof. Dr. Borstel: Das sind Erfahrungswerte aus den 90er Jahren. Es sind ja immer dieselben Personen, die geblieben sind. Es ist nicht so, wenn Sie in dieser Region sind, dass da tagtäglich Gewalt angewandt wird. Es gibt situative Gewalt. In Anklam betraf es zum Beispiel alternative Jugendliche vor ungefähr zwei Jahren. Die sind sehr systematisch auch mit Autos gesucht, teilweise durch die Stadt getrieben, dann schwer zusammengeschlagen worden. Es gab auch entsprechende Strafverfahren in diesem Bereich. Das heißt: Es gibt einerseits sozusagen eine Tradition, die verankert ist in den Köpfen der Menschen, so dass man weiß, es kann jederzeit wieder passieren, weil die immer noch da sind. Und zwar nicht als geläuterte Aussteiger, sondern immer noch im Bewusstsein ihrer Ideologie, aber älter geworden. Nach etwas anderen Strategien verfahren sie. Vor allem aber haben sie auch Familien gegründet, und auch biographisch wird man ja mit höherem Alter ... meistens legt man die Gewalt auch so ein kleines bisschen ab. Und andererseits gibt es immer wieder Situationen, wo die Gewalt eben auch ausbricht. Ich persönlich habe Gewalt zum Beispiel vor allem in diesem Propagandabereich immer dann erfahren, wenn die nicht gemerkt haben, dass ich da war.

Richter Dr. Maidowski: Ist das denn ein NPD-spezifisches Problem gewesen, oder ist das gar nicht so im Zusammenhang zu sehen?

Prof. Dr. Borstel: Der Zusammenhang besteht durch diese Kooperation. Das ist nicht die NPD, die dort zur Gewalt aufruft. Das wäre falsch. Das ist auch nicht so, dass Herr Andrejewski jetzt im Stadtrat irgendwie die Stühle „geraderückt" und da Chaos stiftet. Das ist es überhaupt nicht. Sondern es ist diese Kooperation aus der sozialen Gewalt, aus dem einer gewalttätigen Formation heraus erwachsenen Kameradschaftsnetzwerk zusammen mit der NPD. Eine engste Zusammenarbeit, die vor Ort da ist. Trotzdem kann man jetzt explizit nicht sagen, dass die NPD dort zur Gewalt aufruft oder explizit NPD-Mitglieder, im Namen womöglich noch ihrer Partei, dort Gewalt anwenden würden. Vor allem nicht im physischen Sinne. Dem ist nicht so.

Präsident Prof. Dr. Voßkuhle: Herr Huber!

Richter Prof. Dr. Huber: Würde sich die Situation verändern, wenn es die NPD nicht mehr gäbe?

Prof. Dr. Borstel: Ich habe fast befürchtet, dass die Frage kommt. Das erklärt ein bisschen meine Skepsis zu diesem Verbotsverfahren. Der Rechtsextremismus wird dadurch eine Schwächung erleben, dadurch dass diese Funktionen, die die NPD in meinen Augen ausführt, dann eben nicht mehr ausgeführt werden, und es sind wichtige Funktionen. Aber die kommunale Verankerung des Rechtsextremismus, das heißt diese ganze Urbasis oder die Basis sozusagen dieses Rechtsextremismus, die wird sich nicht verändern. Ich darf vielleicht dann doch nochmal wieder Herrn Andrejewski zitieren, der gesagt hat, mit oder ohne Partei, das sei ihm völlig egal, er würde einfach weitermachen. Und das ist etwas, vor dem ich auch immer sehr stark gewarnt habe im Vorfeld dieses Antrages, weil meine Befürchtung immer war, dass der Staat sehr stark in das Verbotsverfahren investiert. Ich war sehr froh dann von dem Antragsteller zu hören, dass explizit auch die Position gewählt wird, dass der Rechtsextremismus damit nicht verschwunden ist. Für Vorpommern kann ich sagen, da wird er eine Schwächung erleben. Aber die Grundbasis wird dableiben und die Probleme, vor allem die tiefergehenden Probleme, werden damit nicht beseitigt werden.

Präsident Prof. Dr. Voßkuhle: Herr Müller!

Richter Müller: Vielleicht da anknüpfend. Es sind ja auch Leute hier im Raum, die die Akten nicht kennen und nicht wissen, was bisher im Verfahren passiert ist. Ich würde mal behaupten, die Wahrscheinlichkeit, dass diese auf die Idee kommen, dass Sie im Auftrag des Antragstellers uns ein Gutachten vorgelegt haben, ist relativ gering.
(Gelächter)
Insofern sollte man klarstellen, dass Ihre Anwesenheit hier auch auf das Gutachten, das Sie für den Antragsteller erstellt haben, zurückzuführen ist. Ich möchte ganz gerne anknüpfen an das, was Herr Huber eben gefragt hat. Und fragen: Wovor haben die Leute Angst? Haben die Angst vor dem Rechtsextremismus oder haben die Angst vor der NPD?

Prof. Dr. Borstel: Sowohl als auch. Das wird miteinander unmittelbar verbunden. Das wird vor Ort in den seltensten Fällen getrennt. Sie haben aber weniger Angst vor dem Rechtsextremismus, sondern sie haben Angst vor dem Gewaltpotenzial. Und das wird verbunden unter anderem eben auch mit der rechtsextremen Szene, die Ängste gehen aber darüber hinaus. Sie haben vor allem existenzielle Ängste. Unglaublich weit verbreitet in den Dörfern ist sozusagen das Gefühl, abgehängt zu sein, dass sich eigentlich niemand für sie interessiert. Erst recht nicht der demokratische Staat. Und das sind sozusagen existenzielle Ängste. Und die greift eben auch die NPD auf – das was sie selber als Heimat empfinden, also der Ort ihrer Familie, ihrer Traditionen, ihrer Sehnsüchte und alledem was dazugehört. Das tatsächlich zu verlieren, vor allem zu verlieren vor dem Hintergrund der sozio-ökonomischen Krisen, die wir trotz besserer Zahlen heute dort immer noch haben, weil wir eben Teile der Armut in die Rente verschoben haben. Die sind heute nicht mehr arbeitslos. Und die potenziellen Arbeitslosen von Morgen verlassen frühzeitig die Region. Das heißt, es sind vielfach Ängste, und ein Teil dieser Ängste ist das Gewaltpotenzial, und da wird nicht getrennt zwischen NPD und den anderen Formen des Rechtsextremismus.

Richter Müller: Wenn das…

Prof. Dr. Borstel: Es gibt auch welche, die Angst vor Flüchtlingen haben.

Richter Müller: Wenn das so ist, kann man sich ja fragen, was die richtige Gegenstrategie gegen die Angst ist. Sie haben ja selber gesagt: „Anklam ist eine Situation, die nicht übertragbar, sondern an die spezifischen Bedingungen vor Ort gebunden ist." Gleichwohl ist es auch in dieser Region, das ist meine Frage, unter den speziellen Bedingungen nur ansatzweise gelungen, das zu erreichen, was Sie in Ihrem Gutachten als „Erringung einer kulturellen Hegemonie in ausgesuchten Sozialräumen" bezeichnen? Gibt es diese Hegemonie? Anklam gehört zum Kreis Vorpommern-Greifswald. Die NPD hat da 6,6 % bei den letzten Kommunalwahlen erzielt. Deutliche Verluste gegenüber dem vorherigen Kommunalwahlergebnis. „Kulturelle Hegemonie", da stellt man sich tolle Geschichten drunter vor. Wenn ich Ihr Gutachten richtig gelesen habe, dann gibt es in Anklam drei Immobilien, die nicht der NPD gehören, aber von der NPD benutzt werden können. Irgendwie ist das wenig!

Prof. Dr. Borstel: Vielleicht mal zur Beschreibung kultureller Hegemonie. Wir haben zum Beispiel 2006 bei der Landtagswahl fünf Dörfer gehabt mit einer relativen NPD-Mehrheit der Stimmen. Das kenne ich aus keiner anderen Region. Das heißt, dass jemand der ein NPD-Parteibuch hat und antritt, die relativen Mehrheiten vor Ort schon schafft. Man hat vor Ort diese Strategie aber nicht weitergefahren. Das heißt, man hat Stück für Stück das NPD-Label eher ein bisschen zur Seite gelegt, mit Ausnahme der Landtagswahlen. Guckt man sich vor Ort das Klima, diese Kultur, vor allem in diesen Dörfern oder in Anklam an, dann ist vor allem diese Normalisierung des Rechtsextremismus, diese Selbstverständlichkeit, die eben auch mit der NPD verbunden ist, sowohl personell, ideologisch sowieso, aber auch als Gesamtverständnis einer Bewegung, prägend für diesen dörflichen Charakter, für die dörfliche Kultur. Das ist aber natürlich nicht die einzige Prägung. Die haben auch immer noch eine Dorfkultur, dass sie sagen: „Wir sind Feuerwehrverein, Faschingsverein", oder irgendetwas anderes. Ich gebe Ihnen aber völlig Recht, der Begriff der kulturellen Hegemonie, der ist natürlich seit Gramsci umstritten. Vielleicht braucht der auch noch ein bisschen wissenschaftliches Futter, gebe ich gerne zu. Ich verspreche Ihnen auch, ich sitze dran.

Richter Müller: Dann hätte ich vielleicht noch eine letzte Frage. Sie haben ja eben gesagt: „Man versucht das Modell auch zu exportieren, zu kopieren", in dem Zusammenhang Brandenburg angesprochen und darauf hingewiesen, dass man in Brandenburg andere Wege gegangen ist. In Brandenburg weist der Verfassungsschutzbericht aus, dass es nur noch in acht Kreisverbänden die NPD gibt. Bei Veranstaltungen, so steht es im Verfassungsschutzbericht, bleibe die Partei unter sich. Alle Kampagnenversuche liefen ins Leere. Da könnte einen ja der Verdacht beschleichen, dass es möglicherweise andere Instrumente gibt, die zur Verteidigung der freiheitlichen demokratischen Grundordnung ausreichen, wenn sie denn tatsächlich gefährdet ist und möglicherweise das Parteiverbot, das schärfste Schwert des Verfassungsstaates, fehl am Platz ist.

Prof. Dr. Borstel: Ich habe für die Region Vorpommern, man kann das auf Brandenburg übertragen, wie ein Wanderprediger seit zehn Jahren so etwas wie einen Stabilitätspakt gefordert. Da bin ich ein einsamer Rufer. Stabilitätspakt heißt: Die Menschen brauchen vor Ort eine Sicherheit, in der sie zukünftig leben können. Das heißt, ihnen vor allem staatliche Strukturen zu versprechen. Das sind ganz einfache Dinge wie zum Beispiel die Entfernung zu einem Krankenhaus, wie viele Schulen noch da sein werden – auch unter weiter verschärften sozio-ökonomischen und demografischen Bedingungen. Das ist etwas, das finden wir in Brandenburg auch. Ich persönlich habe in meinen Schriften immer plädiert für den Weg der Demokratieentwicklung als eine Form, vor Ort in den Kommunen für demokratische Strukturen, für demokratische Akteure, für demokratische Prozesse offensiv zu werben. Ich habe das immer als einen wesentlichen Teil einer Strategie gesehen. Wir haben das aber auch immer als Strategiekompass bezeichnet. Und da muss man wieder auf die kommunale Ebene. Kompass heißt, man braucht einen Mix aus vier Bereichen. Man braucht Prävention, man braucht aber auch die Repression – vor allem da, wo Angst herrscht, wo der demokratische Rechtsstaat Freiräume gelassen hat. Vor allem mit dem Blickwinkel eines möglichen oder tatsächlichen Opfers rechtsextremer Gewalt. Wir brauchen Prozesse der Demokratieentwicklung, das heißt der Förderung demokratischer Bürgergesellschaft. Da geht es dann auch um Schulen, Jugendarbeit und ähnliche Dinge. Und wir brauchen auch den Bereich der Intervention. Das heißt: Wenn wir Prävention, Repression und Demokratieentwicklung haben, bleiben Rechtsextremisten übrig; dann war ich immer dafür, ausstiegsorientiert professionell hart am rechtsextremen Feld mit denen zu arbeiten. Das Parteienverbot habe ich persönlich immer begriffen als eine mögliche Maßnahme. Im Grundgesetz ist sie eben vorgesehen. Ich konnte nur meine empirischen Belege, mein empirisches Wissen darlegen und eine juristische Bewertung, die traue ich mir – vor allem in diesem Hause hier – ganz bestimmt nicht zu.

Präsident Prof. Dr. Voßkuhle: Keine weiteren Fragen, dann bedanken wir uns erstmal ganz herzlich bei Ihnen und würden dann jetzt bitten, dass Frau Röpke zu uns spricht.

Frau Röpke: Herr Präsident! Hohes Gericht! Ich möchte mich erst einmal entschuldigen. Ich wusste nichts von einem Statement und musste jetzt ein bisschen improvisieren und vorab noch eine Anmerkung. Ich glaube, Herr Borstel war schon lange nicht mehr in Anklam und der Region. Da hat sich also sehr viel verändert und dieses kuschelige Verhältnis, das wird man heute dort nicht mehr so aufbauen können. Mein Kennverhältnis zur NPD und auch die Wahrnehmung der NPD ist wahrlich nicht so harmonisch. Ich spreche da wohl auch für viele meiner Fachkollegen, für viele Lokaljournalisten und für viele engagierte Menschen, die versuchen, den Rechtsextremismus zu dokumentieren.

Ich kenne die NPD vor allem von der Straße oder von konspirativen oder auch normalen Veranstaltungen, wo wir nicht erwünscht sind – trotz öffentlichen Charakters. Das wird auch jetzt wahrscheinlich beim Wahlkampf, zum Beispiel in Mecklenburg-Vorpommern wieder so sein. Öffentliche Veranstaltungen sind für uns nicht begehbar, der Ordnungsdienst lässt das nicht zu, mit Gewalt wird man daran gehindert. Die Berichterstattung ist in vielen Orten Deutschlands nicht mehr möglich. Man kann, wenn man einmalig mit einem Fernsehteam, von einem großen Sender vielleicht, auftaucht, vielleicht die Chance haben, kurz zu berichten. War die Berichterstattung kritisch, wird es nicht wieder so erfolgen. Und dort auf der Straße... Also ich sitze seit gestern Morgen hier und habe diese Herrschaften so noch nicht erlebt. Mein Kennverhältnis zur NPD auf der Straße vor allen Dingen ist, dass sie sich dort natürlich ganz anders geben. Dort wird – und so müssen sie auch die Anhängerschaft an sich binden – kein Hehl daraus gemacht, dass wir – die „Demokröten", wie sie uns nennen – nicht das sind, was sie wünschen. Dass wir abgelehnt werden, Parlamentarismus und Demokratie abgeschafft werden sollen. Herr *Pastörs* konnte es gar nicht genug wiederholen, dass seine sogenannte Bewegung eine Kampfgemeinschaft sei. Dort auf der Straße machen sie keinen Hehl daraus, was sie auch mit uns vorhaben und wie ihre Sicht der Dinge ist.

Ich gebe nur mal ein Beispiel. Wir sind sehr viel auf Demonstrationen unterwegs. Ein Beispiel, ich könnte unzählige aufführen. Da gab es 2012 eine Demonstration der Jungen Nationaldemokraten in der Hansestadt Wismar. Dort hat unter anderem Michael Andrejewski vom „Volkstod" gesprochen. Er hat gesagt, ich hab das aufgezeichnet: „Der Volkstod ist nicht immer schlecht, aber es kommt darauf an, wen es trifft." Zudem sagte er, Michael Andrejewski: „Lieber Systemtod als Volkstod." Herr D., einer der Redner für die Jungen Nationaldemokraten, betonte bei dieser Demonstration: „Wir sind nicht demokratisch". Da könnte ich Ihnen unzählige weitere Beispiele nennen. Gerade noch im Februar war ich auf einer Veranstaltung gegen Flüchtlinge in der Südheide in Niedersachsen. Dort ist der ehemalige Bundesführer des Ordnungsdienstes der NPD, Manfred Börm, mit einer Truppe aufgetaucht von jungen Leuten, die Holzschläger herausgeholt haben. Ich bin gerade angekommen, als ich jemanden von der IG-Metall gesehen habe, der blutete. Überall waren Blutflecken und auf meine Frage sagt der junge Gewerkschafter mir, er sei soeben, nur ein paar Minuten vorher, von Herrn Börm ins Gesicht geschlagen worden. Er blutete immer noch. Ich sagte: „Lassen Sie uns sofort Anzeige erstatten." Er hat gesagt, er muss das erst überlegen, hatte Angst. Wir kennen das, erleben, dass kaum noch Anzeigen erstattet werden.

Auch die Lokaljournalisten sind leider oft nicht mehr bereit zu berichten. Es gibt Orte – und dazu gehören auch Anklam, Eggesin, Ueckermünde, die ganze Gegend um Löbnitz und viele andere Orte, auch mittlerweile leider im Westen – wo Lokaljournalisten sagen: „Wir nehmen lieber die Pressemitteilung der Polizei, als dorthin zu fahren und selber uns selber ein Bild davon zu machen." Wie weit die Szene, die Neonaziszene und auch vor allen Dingen die NPD als parlamentarische Spitze verankert sind, das erkennt man vor allen Dingen daran, wie viel Prävention dort noch offen möglich ist. Ich habe viele Bücher geschrieben, zusammen mit Kollegen, und wir sind immer wieder häufig geladene Redner. Das muss man sich so vorstellen: Wenn man in München geladen wird, dann habe ich es erlebt, dass die Polizei erst mit einem Bombenspürhund bei der Kirche die Räume durchsucht, weil sie Angst hat, bevor wir dort reden dürfen. Die NPD demonstriert dann vor der Tür mit einem Transparent und das sind Umstände, die eigentlich alltäglich sind. Ich kenne es seit Jahren, dass wir keine einzige Vortragsveranstaltung ohne Polizeischutz machen.

Es geht nicht. Die Veranstalter trauen sich das nicht, sie haben Angst. Und mittlerweile muss ich sagen, das finde ich besonders erschreckend: „Es traut sich fast keiner mehr in Mecklenburg-Vorpommern eine Veranstaltung mit kritischen Journalisten/Buchautoren zum Thema zu machen und die öffentlich zu bewerben." Das heißt: Unsere Veranstaltungen laufen nur noch im internen Verteilerkreis und vertrauten Kreisen ab.

Das heißt, die Störungen, die massiven Störungen, unter anderem der Spitze der NPD in Mecklenburg-Vorpommern – Herr T., Herr K. und andere sind immer wieder dabei – fruchten insofern, als tatsächlich zum Beispiel die Volkshochschulen, eben solche Veranstalter Angst bekommen. Sie sind nicht mehr bereit, das Risiko einzugehen, den Stress, die möglichen Beschädigungen, die Beleidigungen, die Anzeigen, die systemisch von rechts erhoben werden. Es sind immer subtile Einschüchterungen, mit denen die Rechtsextremen arbeiten. Man merkt es an einer starken Fluktuation der Präventionskräfte. Als Fachjournalistin kenne ich natürlich viele der Ansprechpartner in der Region. Wir sind auf sie angewiesen, auf solche Menschen, die Kritik üben und zulassen, die mir zusätzlich zu der Polizei und anderen ihre Einschätzungen, ihre Erlebnisse schildern. Und diese Leute werden immer weniger. Der „Verschleiß" bei den Engagierten ist hoch, sind krank geworden, können nicht mehr. Auch gerade im Journalismus merkt man, dass es abschreckt.

Ich möchte noch weiter zur NPD sagen, dass man die NPD vielleicht als parlamentarische Spitze dieser sogenannten Bewegung bezeichnen kann. Was man viel oder sehr häufig außer Acht lässt, ist, dass wir die NPD zwar als Partei wahrnehmen, aber sie eben zahlreiche Ableger hat. Wir haben es auch mit den Jungen Nationaldemokraten, dem Ring Nationaler Frauen zu tun. Und dahinter steht eine weitreichende völkische Vernetzung. In diesen völkischen Netzwerken, in denen natürlich vor allen Dingen das Ideal der Volksgemeinschaft – dieser rassistisch-homogenen Vorstellung von Gesellschaft – propagiert wird, in diesen völkischen Strukturen ist es tatsächlich so, dass zum Beispiel Stefan Köster nicht nur in der NPD als Landeschef in Mecklenburg-Vorpommern tätig ist, sondern zugleich auch ein Lager der „Heimattreuen Deutschen Jugend" mitbesucht hat. Er ist längst nicht der Einzige. Eine ganze Menge von NPD-Funktionären haben diese Lager der Vereinigung „Heimattreue Deutsche Jugend" bis 2009 besucht. Wir haben das dokumentiert. Diese Organisation ist wegen ihrer aggressiv-kämpferischen Eigenschaft und ihrer Wesensverwandtschaft mit dem Nationalsozialismus verboten worden. Und sie ist die größte erzieherische Organisation gewesen, die die Kinder gedrillt hat nach soldatischen Idealen. Die Kinder – ich habe mit Aussteigern gesprochen – die Kinder sind mit dem Ideal vom „Dritten Reich" aufgewachsen. Die Kinder sind „verkorkst". Sie haben Schwierigkeiten. Sie sind äußerst streng meistens erzogen worden. Sie sind hin- und hergerissen zwischen moderner Gesellschaft und völkischer Gemeinschaft. Und beigetragen für dieses Elend, das leider nach dem Verbot der HDJ und auch noch im kleineren Rahmen weitergeht, sind eben auch sehr viele der NPD-Funktionäre mitverantwortlich, die bei dieser „Heimattreuen Deutschen Jugend" ganz starke Verantwortung mitgetragen haben. Wir haben als Beispiel gerade – das wird fortgeführt – den „Sturmvogel Deutscher Jugendbund". Auch da haben wir gerade wieder heimlich Lager fotografiert, dokumentiert. Auch dort sind wieder NPD-Funktionäre aktiv, die ihre

Kinder dort abgeben. Unter anderem ist auch ein Holocaust-Leugner dabei, ein verurteilter. Also auch in diesen Kreisen wird man weiter aktiv und nimmt Einfluss, das gerät oft außer Acht. Das ist eben auch noch das weitere Leben dieser NPD-Funktionäre. Das hört nicht in den Parlamenten, in die sie eingesickert sind, auf, sondern das geht bis ins Private. Das betrifft auch die Familie als „kleinste völkische Einheit".

Hinzu kommt, dass wir mit diesen Bastionen, die sie errichtet haben, natürlich auch Homebases haben der Nazis, in die sie sich zurückziehen können. Ich war wirklich erschrocken, als wir 2011 eher durch Zufall in den G. in Grevesmühlen fuhren. Wir hatten einen Tipp bekommen, dass ein Ordnungsdienstlager der NPD dort stattfinden sollte. Ich kannte die Adresse nicht. Ich bin dann da in Grevesmühlen reingefahren, gleich hinter dem Autohändler. Das muss man gesehen haben. Es ist eine Art Festung. Es ist tatsächlich so. Ich war jetzt nochmal wieder hin, habe es mir nochmal angeschaut. Es ist mit Wachtturm, es mit einer hölzernen Wallanlage, Wachhunden. Kaukasische Schäferhunde, oder wie die heißen, laufen herum. Und es weht eine Fahne des Deutschen Reiches in den Farben des Deutschen Reiches. Und es hängen riesengroße Plakate der NPD daran. Das ist das sogenannte „Thinghaus". Das „Thinghaus" beherbergt vielerlei Gruppierungen der Neonaziszene. Unter anderem auch ein Treffen des Ring... Entschuldigung, es war nicht der RNF [Ring Nationaler Frauen], sondern das war eine andere Frauenorganisation. Es sind Ordnerdiensttreffen dort, es sind Konzerte dort gewesen, es sind Schulungsveranstaltungen, Vorträge mit Zeitzeugen zu Themen der NS-Zeit und so weiter. Wenn wir dort fragen, wenn ich versuche, dort mit Menschen zu reden, ist denen das oft viel zu gefährlich. Andererseits finden sie natürlich Verbreitung dort. Wir können uns dort natürlich auch nur aufhalten, wenn die Polizei da ist. Das heißt, wenn die Polizei nicht dort ist, können wir nur aus ganz weiter Entfernung arbeiten. Es ist schon mehrfach passiert, dass sie dann sofort Leute rausschicken. Und dann ist es in keiner Weise mehr sicher. Das ist tatsächlich so, dass dieses „Thinghaus" kaum wahrgenommen wird, aber sich etabliert.

Ähnlich ist es in Lübtheen und in Anklam mit den Häusern der NPD. Und es ist auch in Eschede so, auf dem Gelände vom Landwirt N. Auch dort können wir meistens nicht hin, dort können wir nicht Bericht erstatten, weil die Polizei immer nur zwei Kilometer weit entfernt ist und weil der Ordnungsdienst mit seinen Wachen das Gelände abschirmt.

Ein Beispiel möchte ich Ihnen noch nennen, was mich im letzten Jahr besonders schockiert hat. Das war ein sogenanntes – von der NPD intern beworbenes – „11. Nationales Kinderfest inklusive Sonnenwende" im Juni letzten Jahres. Ich bin hingefahren und bin in Gressow, zwei Kilometer vor Jamel, auf eine Polizeikontrolle gestoßen. Ich habe dort versucht zu dokumentieren – ich war alleine –, wer zu diesem nationalen Kinderfest reist. Sie müssen dazu wissen: Diese nationalen Kinderfeste sind Tradition in Mecklenburg-Vorpommern. Es finden jedes Jahr ungefähr fünf an verschiedenen Orten statt und es gibt fast keinen Protest. Meistens geschieht das Ganze so und es kommen natürlich immer mehr Leute hinzu, immer mehr Jugendliche, natürlich nur Kinder, „deutsche Kinder", hinzu. Wir haben bei diesen Kinderfesten Eltern beobachtet – übrigens hat mein Kollege es bei einem Fest am „Thinghaus" auch dokumentiert – mit Adolf-Hitler-Schriftzug auf den T-Shirts, der Unterschrift von Adolf Hitler. Also die laufen da wirklich ganz offen herum. Da brauchen sie keine Rücksicht zu nehmen. Und ich sehe es als meinen Job an, zu dokumentieren, was dort wirklich passiert.

Ich war also 2015 in Gressow, wollte nach Jamel, hatte die Polizei gefragt und die sagten: „Sie fahren dort nicht hin." Dann habe ich gefragt, ob sie mich begleiten könnten, ich würde gerne gucken, was das bedeutet, dieses nationale Kinderfest. Das war vorher immer im „Thinghaus", da hatten wir es noch ein bisschen besser beobachten können von Weitem. Jamel ist zu gefährlich, ist zu abgelegen. Die Polizei war nicht dazu bereit. Sie hat gesagt: „Die Herrschaften möchten auch nicht, dass Sie sie fotografieren", am besten wäre, wenn ich verschwinden würde. Das ist häufig so. Ich bin dann doch nach Jamel gefahren. Es gab die Scheune von den L. Das ist kein Geheimnis mehr. Die L. waren die einzigen, die selber hochgefährdet waren und selber wirklich viel riskiert haben und die gesagt haben, ich könne da wiedermal in diese abbruchreife Scheune und von dort das Ganze dokumentieren. Das habe ich dann stundenlang gemacht und habe diese Sonnenwende fotografiert, gefilmt und habe dann erleben müssen, wie mit Kind und Kegel, mit allen vielen wichtigen Funktionären der NPD, aber auch der „Hammerskins" und anderer Gruppierungen ein Lied der Hitlerjugend zum Besten gegeben wurde. „Nur der Freiheit gehört das Leben" – ein Lied, gedichtet von Hans Baumann 1935, in Auftrag gegeben von der Reichsjugendführung. Und bei diesem Kinderfest war unter anderem Herr Anwalt Richter dabei. Es war auch Herr Köster dabei, es war Herr Pastörs dabei. Also es waren Leute der NPD dabei, die mit ihren Kindern gemeinsam ganz offen anscheinend nichts dagegen hatten, dass dort Hitlerjugend-Lieder gesungen wurden. Man muss dazu sagen: Das ist das eine Bild der NPD. Das ist das eine Leben der NPD.

Das andere Leben würde ich vielleicht als neue Tarnung bezeichnen. Es hat in Mecklenburg-Vorpommern mit der Verankerung ja auch so angefangen, dass sie tatsächlich sich erst angesiedelt haben. Eine prominente Aussteigerin hat gesagt, Herr Pastörs hätte immer gesagt, es solle ein „nationales Dorf" werden. Und man kann es in Jamel ja auch sehen. In Jamel haben sie ja den Anspruch, man sieht das ja überall – den Wegweiser nach Braunau, der große Stein und so weiter – zur „nationalen Dorfgemeinschaft". Man nimmt diese Dörfer in Anspruch und dieses „nationale Dorf" sollte es werden. Man hat die Verankerung mit Tarnung begonnen. Man hat sich in den Bürgerinitiativen unter anderem gegen Braunkohle, in Sportvereinen engagiert und diese Verankerung ist aufgegangen. Und jetzt haben wir wieder diese neue Tarnung. Wir haben seit 2013 eine Entwicklung, wo die NPD davon abgegangen ist, tatsächlich als NPD, als Partei in Erscheinung zu treten, ihre Funktionäre, ihre Aktivisten, aber durchaus nicht geschwächt sind. Auch wenn die Partei schwach erscheint, sind ihre Aktivisten anderweitig mehr als aktiv.

Ich war 2013 beim Lichtellauf in Schneeberg. Habe mich gewundert, ich dachte, die Menschen, die dort schlenderten, wären sehr viele bürgerliche Menschen, Frauen, ganz normale ältere Paare, dort auf dem Marktplatz, und wollten gegen eine Flüchtlingsunterkunft in einer alten Kaserne protestieren. Das war im Herbst 2013. Ich habe dann versucht, direkt an der Bühne mich hinzustellen. Es waren ein paar andere Journalisten da, ein Fernsehteam. Ich habe mich da in der Nähe aufgehalten und ganz schnell bemerkte man: Das ist keine einfache Bürgerinitiative dort.

C. Das zweite NPD-Verbotsverfahren (2013–2017)

Ich entdeckte ganz schnell H. als einen der Hauptinszenierer, Hauptaktivisten und Drahtzieher. Einer, der NPD-Funktionäre dort vor Ort. Frau S., damals noch Landtagsabgeordnete, stand dabei, K., Stadträtin der Stadt Chemnitz war dabei, René D. und so weiter. Es waren NPD-Leute positioniert. Sie gaben sich aber nicht als NPD zu erkennen. Ganz schnell ging es natürlich dann so: „Die Röpke, was hat die hier zu suchen?" Dann wurde „Lügenpresse" gerufen. Das war 2013, wir reden von 2013! Es kamen „Lügenpresseleute". Ich bin dann natürlich immer mit den Kollegen ganz nah dran geblieben, aber alle waren sehr vorsichtig. Es war im Dunkeln. Es war dann ein anschließender Fackelmarsch. Man konnte sich dort wirklich nicht bewegen. Man sah: Die NPD hatte überall ihre Leute positioniert. Und sie fingen an, die Redner auf der Bühne als einfach beim Vornamen benannte Bürger und Bürgerinnen zu präsentieren. Das heißt, diese Tarnung begann schon damals.

Ich war dann 2014 im Oktober in Köln und habe natürlich auch nicht mit dem Ausmaß der Gewalt bei dieser Hooligan-gegen-Salafisten-Demonstration gerechnet. Uns war bekannt, und das kennen wir ganz maßgeblich aus dem Westen, gerade in so Hansestädten wie Bremen oder Hamburg, dass die NPD dort schon sehr, sehr lange auch mit den Hooligans bis hin zu den Rockern zusammenarbeitet. Die NPD hat Einfluss gehabt und hat auch Leute dort bei dieser Hooligan-gegen-Salafisten-Veranstaltung gehabt. Unter anderem war einer der aggressivsten Angreifer gleich beim Marsch der ehemalige Geschäftsführer der Deutschen Stimme, im „Zweitberuf" auch Hooligan, einer der Anführer einer der bekanntesten rechten Hooligangruppen in Bremen. Unter anderem stand auch eine Liedermacherin der NPD auf der Bühne, heizte bei dieser HoGeSa in Köln die Stimmung ein. Sie kennen alle die Bilder, zu denen es dann kam. Die umgestürzten Polizeifahrzeuge, uns flog alles um die Köpfe. Da konnte keiner mehr vernünftig Bericht erstatten.

Die PEGIDAs kennen Sie alle. Und die Anti-Asyl-Bürgerinitiativen. Ich habe natürlich auch versucht, so viele wie möglich von diesen Veranstaltungen zu besuchen. Auch vor allen Dingen die kleineren. Man muss einfach dazu sagen: Ganz maßgeblich hervorzuheben sind die sogenannten MVGIDAs, die 30 Mal stattfanden – meistens im Raum Schwerin und in Stralsund in 2015. Man kann nur sagen: Hochachtung vor den Kollegen, die da bis zum Schluss sich getraut haben hinzufahren. Ich war ein paar Mal da. Ich war in Schwerin und es fing gleich an: Es waren die ganzen NPD-Leute. Wir haben dann gleich darüber geschrieben. Wir haben gesagt: „Das ist keine unabhängige MVGIDA, das ist die NPD, das ist Herr *Pastörs*, das ist Herr T., da werden die Redner mit Vornamen angekündigt." Es hieß dort immer: „Die gute deutsche Antje." Das ist Antje M., das ist eine ehemalige Kameradschaftsaktivistin, jetzt Chefin des Rings Nationaler Frauen in Mecklenburg-Vorpommern, die diese MVGIDA mitleitet. Aber das Schlimme war, dass vor allen Dingen in Stralsund in dem Raum die Berichterstattung nicht oder fast gar nicht möglich war.

Der SWR hat ja auch darüber berichtet. Einem Kollege, einem Fotokollege, ist letzte Woche ins Gesicht geschlagen worden, übrigens auch von einem Redner der NPD-JN. Und tatsächlich beobachten wir aber auch im Westen, dass diese einschlägigen Bürgerinitiativen, wie Facebookgruppen, die sich gründen, die immer nur ein Thema haben – Antiasyl – bis hin zur Militanz, bis hin zur Gründung von Bürgerwehren, dass die tatsächlich immer mit angestachelt werden. Sie sind gerade noch am Entstehen bei Facebook oder anderen sozialen Netzwerken, und schon ist die NPD vertreten. Da tauchen dann die alten Namen auf, das sind Funktionäre, die natürlich nicht unbedingt dieses Parteienleben vor sich herschieben, aber die man erkennt, wenn man genau hinschaut. Ich wünschte, wir hätten da auch vernünftigere Analysen, wir bräuchten da einfach mal eine Aufarbeitung. Wir können uns das als Fachjournalisten zurzeit noch nicht leisten, weil wir nur punktuell das Ganze beobachten können.

Aber die NPD – und das muss man betonen – ist mehr als nur eine Partei. Ihr Einfluss, ihr gefährlicher Einfluss reicht wirklich in alle und viele Richtungen. Und ihre Professionalität, Sie sehen das, Sie erleben das ja auch seit gestern, wie beherrschend sie auftreten und wie professionell sie durchaus...

(Gelächter)

...sich geben können – wobei, wenn man genau hinschaut, wurde da hinten gerade von einem Bundesvorstandsmitglied das Buch von Herrn Michael Kühnen gelesen, was ich durchaus als eine Provokation auch verstehen würde.

(Zwischenruf)

Präsident Prof. Dr. Voßkuhle: Könnten wir bitte diese Form von direkter Kommunikation unterlassen!

Frau Röpke: Man muss dazu sagen, und das möchte ich damit sagen: „Es gibt bei der NPD durchaus ein systematisches Vorgehen und die Strategie der Wortergreifung gehört eben dazu." Ich möchte noch ganz kurz zum letzten Punkt kommen, dass eben tatsächlich dieses systematische Vorgehen dazu führt, dass in vielen Bereichen eben dieser Polizeischutz notwendig ist, dass diese Angst, diese Eingeschüchtertheit, das Zurückziehen, diese Resignation an vielen Orten vorherrscht.

Ein Teil, der dazu beigetragen hat, dass diese Angst überhaupt existiert, ist der Ordnungsdienst der NPD. Der Ordnungsdienst der NPD, ich habe ihn glaube ich maßgeblich erlebt, zusammen mit Kollegen von Panorama vom NDR, in Steinburg im Dezember 2004. Es war schon schwierig genug, überhaupt in diese Wahlkampfauftaktveranstaltung in Schleswig-Holstein hineinzukommen. Herr Manfred Börm, der damals den Ordnungsdienst leitete, wollte nicht, dass S., mein Kollege und ich hineinkamen, aber die NDR-Kollegen haben gesagt: „Wenn, dann alle." Und wir sind dann alle reingekommen. Es war von Anfang an eine sehr aufgeheizte Stimmung in diesem Saal. Wie gesagt, es war der Wahlkampfauftakt. Die wollten dort öffentlich auftreten. Und tatsächlich ist es dann in Steinburg eskaliert. Draußen gab es, ich weiß nicht, rund 50 Gegendemonstranten. Im Saal selber wurde die Parole rausgegeben: „Nehmt euch Tische und Stühle". Und ich bin richtig als Schutzschild genommen worden von Leuten der NPD, und wir dann nach draußen geschubst. Also ich bin richtig festgehalten worden und es eskalierte dann. Die NPD war außer Rand und Band mit ihren Anhängern, der Ordnungsdienst schmiss Steine. Unter anderem gibt es Bildmaterial und ich habe selber auch gesehen wie Manfred Börm Steine schmiss. Es eskalierte ja auch so, dass Herr Köster dann eine am Boden liegende Demonstrantin noch getreten hat beziehungsweise verletzt hat, was mein Kollege ja auch vor Gericht geltend gemacht hat und wofür er auch verurteilt wurde.

Dieser Ordnungsdienst der NPD begegnet uns immer wieder. Das ist tatsächlich so, dass beim Wahlkampfauftakt der NPD dann ein bisschen später 2006 in Mecklenburg-Vorpommern der Ordnungsdienst uns Journalisten abgeschirmt hat und wir dann alle zusehen konnten, wir haben das wirklich dann auch direkt gesehen, wie T., der damals auch Teil dieses Ordnungsdienstes war, dann einen Kameramann des NDR die Kamera ins Gesicht schlug. Er ist dann auch dafür verurteilt worden.

Und ich habe kürzlich, na ja kürzlich ist auch schon wieder ein bisschen her, am 1. Mai 2013 in Berlin erleben müssen, dass mich mecklenburg-vorpommernsche Ordner und Neonazis erst angemacht haben, also so an einem vorübergingen und beleidigten, mein Kollege eingesprungen ist, mein Fotokollege, und ein Ordner der NPD bei dieser Veranstaltung ihm dann in den Bauch geboxt hat. Dafür hat es jetzt auch – glaube ich – eine erstinstanzliche Verurteilung gegeben. Das war vor den Augen der Polizei.

Dieser Ordnungsdienst hält Schulungen ab, tritt mehr als professionell auf und hat den Anspruch, sogar gegen uns „Notwehr" leisten zu können. Und vor allen Dingen, was ich viel schlimmer finde: Sie propagieren entsprechend ihres Verhaltens in die Szene hinein, vor allen Dingen an die jungen Menschen, dass Selbstjustiz möglich sei. Sie sind so das Vorbild. Und wir haben natürlich bemerkt, dass das Wirkung hat bis in die ganze Szene hinein, dass sie als besonders diszipliniert gelten. Viele von ihnen kenne ich auch aus dem Bereich der Heimattreuen Deutschen Jugend beziehungsweise der Jungen Nationaldemokraten. Man muss dazu wissen, das Selbstverständnis der Neonazis hat explizit K., der auch für die JN tätig war, so beschrieben: „Gehören Journalisten ins Lager der Todfeinde?". Das kann man nachlesen in „Volk und Bewegung" und so scheinen sie das auch zu handhaben.

Der Ordnungsdienst ist scheinbar diese Spitze, diese gewaltsame Spitze der Partei und zeigt auch, dass sie diese Kampfgemeinschaft sehr ernst meint. Es ist vor allen Dingen auch deutlich geworden – das ist natürlich ein ganz schlechtes und schlimmes Zeichen gewesen – beim Übergriff im Zug zur Demonstration nach Rostock am Bahnhof Pölchow vor Rostock 2007. In dem Zug wurden Jugendliche, die von der Alternativen Fusion kamen und gegen die NPD demonstrieren wollten, von der NPD angegriffen und von Anhängern der Kameradschaft angegriffen und vor allen Dingen Herr G., Geschäftsführer der NPD im Schweriner Landtag. Er gab selber der Polizei an, und so steht es auch im Urteil, er sei im Ordnungsdienst der NPD, wurde auch als Anführer beziehungsweise hat Anordnung gegeben bei diesen Gewalttaten und ist auch dafür verurteilt worden. Die Angst herrscht vor und der Ordnungsdienst der NPD hat das Ganze mit vorangetrieben.

Ich habe es selber erlebt, im Prozess auch gegen Herrn Petereit, einen der Abgeordneten der NPD in Mecklenburg-Vorpommern. Sie haben das Ganze als Spaß bezeichnet, dass sie gegen Herrn K., den Bürgermeister von L., bis auf dessen Grundstück und vor seinem Haus, wie sie behaupten, demonstriert haben und sich dort aufgestellt haben. Aber ich habe im Gerichtsprozess erlebt, wie groß die Angst von Herrn K.'s Frau war. Sie hat gesagt, es wäre ihr am liebsten, ihr Mann hätte gar keine Anzeige erstattet. Sie hat das ganz offen im Prozess gesagt. Sie hat gesagt, sie wünschte, das Ganze sei gar nicht bekannt geworden, sie hätten das so in Kauf genommen. Und das ist einhellige Meinung, das erlebt man immer wieder an vielen Orten, wo die NPD und ihr Umfeld immer wieder auch auftreten. Man muss dazu beachten, dass man gerade Güstrow auch als Beispiel nehmen könnte. Man kann da nur den Hut abziehen vor den Leuten, die es immer noch weiter durchhalten und wagen. Jetzt gerade auch wieder die Sachbeschädigung.

Man muss einfach betonen: Die NPD, und das spricht auch für ihre Professionalität, setzt schon seit Langem militante Gruppen für sich ein. Teilweise waren es die verbotenen „Skinheads Sächsische Schweiz". Oder es ist zum Beispiel beim „Eichsfeldtag". Das Produkt dokumentieren wir schon seit Jahren. Beim „Eichsfeldtag" von Herrn Heise, Thorsten Heise, auch lange im Bundesvorstand, jetzt im Landesvorstand Thüringen. Thorsten Heise setzt die „Arische Bruderschaft" als Wächter, als Wachen, als Ordnungskräfte ein. Die „Arische Bruderschaft" ist eine Kameradschaft, die mit zwei gekreuzten Handgranaten auftritt und damit ganz klar macht, wer sie sind. Und sie werden angeführt, das kann man auch ganz gut beobachten, jedes Jahr von Herrn Heise. Ähnlich wie die „Kameradschaft Jena" von W. ist sie scheinbar in Doppelfunktion tätig: Einerseits lange Zeit in der NPD in Thüringen sehr wichtig, andererseits eben auch immer wieder, auch immer weiterhin den freien Kräften verhaftet. Diese militanten Gruppen werden ganz gezielt auch mit eingebunden. Es ist kein Zufall, dass dort, wo jetzt die Anschläge passiert sind, dort wo die meisten Brandstiftungen passiert sind, tatsächlich auch die NPD beziehungsweise auch ihr näheres Umfeld seit langem stark und verankert sind. Vielleicht als aktuellstes Beispiel mit dem ich enden möchte. Gerade wurde in Nauen ein Stadtrat der NPD verhaftet als Brandstifter eines fremdenfeindlichen Anschlags.

(Stimmengewirr)

Habe ich gesagt verhaftet? Okay. Und ich denke, wir sollten nicht warten, bis sie wieder stärker werden. Dankeschön.

Präsident Prof. Dr. Voßkuhle: Vielen Dank! Dann kommen wir zu den Fragen und Herr Müller, Sie starten.

Richter Müller: Frau Röpke, mir ist es jetzt bei Ihren Ausführungen manchmal ein bisschen schwergefallen zu unterscheiden zwischen NPD, Kameradschaften, Hooligans, PEGIDA und was alles eine Rolle gespielt hat. Verstehe ich Sie richtig, wenn Sie sagen: „Diese Unterscheidung macht gar keinen Sinn. Denn es ist ein rechtes Netzwerk, das so ineinander verklammert ist, dass das als Einheit verstanden werden muss."

Frau Röpke: Nein, es ist keine Einheit. Also eine Einheit ist es nicht. Aber es ist auf jeden Fall die Strategie der NPD. Also die NPD ist nur die parlamentarische Spitze. Das heißt, sie wollen natürlich die ganze Nation und sie sind natürlich bereit. Gerade auch im Hinblick auf ein anstehendes Verbotsverfahren arbeiten sie natürlich auch gezielt dahingehend, dass sie auch so ihre Ideologie, ihre Vernetzung, ihren Einfluss, ihre Dominanz und so weiter und in viele Organisationen hineintragen. Es ist so, dass die NPD jetzt gerade bei diesen Massenprotesten, die wir erleben, nicht als NPD punkten kann. Das ist ihnen klar. Ich kenne den Begriff „Lügenpresse" eigentlich erstmalig von der NPD. Aber heute schreien uns Rentner so an. Man wundert sich. Man wird beleidigt, man wird angespuckt, man wird geschubst, was früher wirklich der Erkennungsmechanismus der NPD war, das hat sich verbreitet. Das heißt, ich glaube, es ist einfach ihnen auch aufgegangen, es ist ihnen klar geworden, dass sie ohne diesen Erkennungswert der NPD als Funktionäre, als die geschulten „Kader", dass sie da viel mehr erreichen können, gerade jetzt im PEGIDA-Umfeld auch, aber auch in den Mischszenen als tatsächlich unter dieser Fahne der NPD.

Richter Müller: Sie haben ja auch für die SPD Landtagsfraktion in Mecklenburg-Vorpommern sich mit dieser Frage „Vernetzung" sehr intensiv beschäftigt, insbesondere in Mecklenburg-Vorpommern. Könnten Sie uns das nochmal sagen. Wie muss man sich das vorstellen, wenn Sie sagen: „Es ist keine Einheit"?

Frau Röpke: Das habe ich jetzt auf PEGIDA bezogen, weil PEGIDA natürlich kein homogener Wert ist. Das ist PEGIDA, damit verbindet man vor allem die Massendemonstrationen in Dresden. Aber es gibt ja diese ganzen PEGIDA-Ableger und verschiedene Bürgerinitiativen, die mittlerweile aus dem Boden sprießen. Ich würde nicht von Einheit sprechen, sondern ich würde von nationalistischer Bewegung sprechen, in der die NPD eine wichtige Rolle spielt. Aber sie haben natürlich jetzt erkannt, dass ihr Einfluss einerseits über die sogenannten Mischszenen, aber andererseits auch über diese rassistischen Bürgerproteste auch viel weitreichender sich noch ausdehnen lässt. Und ich glaube, das ist auch die neue Qualität seit 2004, die natürlich wahrscheinlich auch damit einhergeht, dass dieses Verfahren näher gerückt ist.

Richter Müller: Die NPD hat ja diese Vier-Säulen-Strategie. Eine Säule ist der „Kampf um den organisierten Willen", mit der Idee „Bildung einer Volksfront" mit einer Führungsrolle der NPD. Gibt es diese Führungsrolle?

Frau Röpke: Es hat sie gegeben. Es hat ja interne Querelen gegeben und die NPD ist natürlich tatsächlich schwach aufgestellt. Es gibt gerade einen Bundeschef, der nicht überall in den eigenen Reihen wohlgelitten ist, der vielen durchaus – glaube ich – zu liberal, zu gemäßigt erscheint. Es gibt Strömungen, es gibt Auseinandersetzungen innerhalb der Partei und vor allem: Es gibt natürlich diese rasante, rassistische, fremdenfeindliche Bewegung. Das heißt: Die NPD scheint zurzeit wirklich äußerst überfordert. Andererseits sind ihre Funktionäre, sogar die Frauen – bei den Frauen kann man das auch ganz besonders sehen – aktiver denn je. Also tatsächlich ist es so, dass sie das, was sie im Ring Nationaler Frauen an Rhetorik, an Schulung, an Know-how gelernt haben, zurzeit nutzen müssen, sie müssen diese Entwicklung nach rechts zur Zeit nutzen. Wenn sie das, was sie anstreben, erreichen wollen, dann macht es Sinn, dass nicht die Partei an erster Stelle steht. Die Vernetzung gilt es voranzutreiben. Wir haben das ja in Mecklenburg-Vorpommern ähnlich gehabt. Die NPD ist in Mecklenburg-Vorpommern an vielen Orten ja gar nicht als solche aufgetreten. Wenn sie sich, man kann das an vielen Initiativen oder an Sportvereinen oder an vielen Gruppierungen auch sehen, wenn sie sich tatsächlich dort erstmal eingeführt haben, dort erstmal vorgestellt haben und dort erstmal eine Person wurden von nebenan, dann war es natürlich nicht mehr so schwierig zu sagen: „Ach übrigens, ich bin auch in der NPD". Aber dieses Parteibuch vor sich hinzutragen und in erster Linie zu sagen: „Ich bin von der NPD und ich möchte das und das", das haben sie natürlich lange gelernt, dass es so nicht mehr läuft.

Präsident Prof. Dr. Voßkuhle: Aber dann könnte man doch sagen, dass die NPD fast hinderlich ist für die rechtsextreme Bewegung. Eigentlich wäre es doch praktischer, die würden die Partei auflösen?

Frau Röpke: Ich glaube, die NPD ist immer noch eine ganz, ganz wichtige Bastion. Anders als zur Zeit zum Beispiel die AfD, die unheimlich stark aus Individualisten, zerstrittenen, vielleicht auch wirtschaftlich orientierten Individualisten besteht oder auch anders als „Die Rechte" oder „Der Dritte Weg", die aus meiner Sicht ja keine Parteien sind, ist die NPD zur Partei gewachsen. Die NPD ist eine wirklich professionell gefestigte Partei, die sich gerade selber zerpflückt, gerade Probleme hat. Aber diese Probleme traten in der Parteiengeschichte immer wieder auf. Sie haben immer wieder, ich weiß es nicht, vielleicht ist es ja diesmal etwas anderes, aber man darf das nicht unterschätzen, weil sie immer aus diesen Schwachpunkten, aus diesen tiefen Tälern durchaus wieder hervorgegangen sind. Aber die NPD ist eine feste Größe. Sie ist ein Maßstab innerhalb der Szene. Und vor allen Dingen ist sie natürlich auch diejenige, die die Szene professionalisiert. Das heißt, die Gelder, die fließen, die Mandate, die Etablierung in den Kommunen, im Land, dort, wo sie sich verankern können, wo sie Akzeptanz gewonnen haben – das läuft vor allen Dingen über diese Träger der Partei und nicht über freie Kameradschaften. Also von daher ist es einfach eine feste Größe.

Richter Müller: Nun gibt es, Frau Röpke, neben dieser, wie Sie ja selbst sagen, „Krise der NPD", eine generelle Entwicklung, die viele Beobachter feststellen im rechtsextremistischen Bereich. Nämlich eine Entwicklung weg vom parteigebundenen Rechtsextremismus, hin zum bewegungsförmigen Rechtsextremismus. Auch dort sehr stark hin zu sehr ad hoc gebildeten Aktionseinheiten, sehr stark Koordinierung über das Netz und einfach weg von diesen klassischen Parteistrukturen.

Frau Röpke: Ja, die Entwicklung ist immer da. Wir hatten das ja auch beobachtet. Dann war da der Lifestyle-geprägte Auftritt der Autonomen Nationalisten. Es wird immer wieder viel kopiert, es gibt jetzt natürlich auch neue Kulturformen, es gibt immer wieder neue Erscheinungsbilder. Aber ich glaube, dass diese seit 1964 existente NPD ihre Wirkung hat. Es ist ja auch kein Zufall, dass auch alte Funktionäre mitgereist sind zum Verbot... zum Verbotsverfahren. Ich bin auch etwas aufgeregt.

Richter Müller: Manchmal ist der Wunsch der Vater des Gedanken.

Frau Röpke: Ja, auf jeden Fall. Es ist tatsächlich so, dass die sich natürlich gefestigt hat. Man kann das vielleicht vergleichen: Wir haben uns sehr intensiv mit „Blood and Honour" beschäftigt. Blood and Honour-Strukturen hatten auch eine Bedeutung in der Szene, weil sie einerseits so gefestigt und andererseits aber auch konspirativ tätig waren, bereit mit einem Fuß im Untergrund zu stehen. Ich glaube, diese Szene lebt von solchen unterschiedlichen Vorbildern, von diesen festen Bastionen. Aber diese Bastionen sind natürlich nicht immer so stark, wie sie gerne nach außen hin vor den eigenen Kameraden auch erscheinen möchten.

Präsident Prof. Dr. Voßkuhle: Ja, vielen Dank! Herr Huber!

C. Das zweite NPD-Verbotsverfahren (2013–2017)

Richter Prof. Dr. Huber: Frau Röpke, Sie haben uns das Bild gezeichnet, dass die NPD in diesem rechtsradikalen Netzwerk bundesweit als Kristallisationsanlaufpunkt und Finanzier eine Rolle spielt, und haben das durch ihre eigenen Erfahrungen untermauert. Soweit Sie unter anderem auf die JN und auf den Ring Nationaler Frauen abgehoben haben, wüsste ich gern, ob diese auch eine so dominierende Rolle spielen. Ich habe Schwierigkeiten mir das vorzustellen, da der Ring Nationaler Frauen, der – wenn ich richtig informiert bin – 100 Mitglieder hat, oder die JN, die zwischen 250 und 350, oder die Antragsgegnerin 5.000 Mitglieder haben; das werden ja nun nicht alle Aktivisten sein. Wie man mit so bescheidenen Größen die ganze Republik von Anklam bis München, das waren ihre Beispiele...

Präsident Prof. Dr. Voßkuhle: München ist kein gutes Beispiel...

Richter Prof. Dr. Huber: München ist immer ein gutes Beispiel..., aber, wie man die ganze Republik damit aufmischen kann, verstehe ich noch nicht. Sie haben geschildert, dass sie spezielle Abneigungen gegen Journalisten, gegen kritische Journalisten hätten. Reisen die hinter Ihnen her oder sind das die lokalen Akteure? Die werden Sie vermutlich nicht kennen. Mir fehlt ein bisschen die praktische Vorstellung, wie das zusammengeht.

Frau Röpke: Also mit Zahlen ist das natürlich immer schwierig. Keiner von uns hatte erwartet, zum Beispiel auch auch bei PEGIDA, dass durch und durch seit Wochen, seit Monaten bis zu 15.000 Menschen oder auch mehr bereit sind, auf die Straße zu gehen und dem Label von PEGIDA zu folgen. Wir haben das nicht für möglich gehalten, aber die NPD hatte zum Beispiel auch zu Zeitpunkten über 750.000 Wähler. Das heißt: Wenn wir mit Zahlen hantieren wollen, ist das so eine Sache. Ich glaube, wichtiger ist zu beachten, wie weit sie mit ihren Hass-, mit ihren Feindbildern und mit ihrer Ideologie kommen. Also: Wieviel Einfluss kann sie gewinnen und wie weit kann diese Einflussnahme reichen, wohin kann sie führen? Wichtig ist natürlich auch immer die nächste Generation. Zunächst einmal ist wichtig: Was will die NPD? Intern wird es so gesehen, dass unsere Republik vor dem Zusammenbruch, vor einem Bürgerkrieg steht. Dafür gibt es dann Krisenvorsorge und so weiter. Nach innen wird von der NPD in der Szene überhaupt gesehen, dass wir vor einem Bürgerkrieg stehen und dass – das wird auch intern propagiert – der Zusammenbruch erfolgt. Es gibt Krisenvorsorge und so weiter. Das heißt – das ist der Wunsch natürlich auch –, dass die Demokratie tatsächlich zusammenbricht und dass dann natürlich diese Gruppierungen als gestärkt daraus hervorgehen. Natürlich ist es so, dass es kleine Organisationen oder kleine Gruppen sind. Aber genau diese sind Kadergruppen, die sind geschult. Es geht darum, die Ideologie weiter zu verbreiten. Da gab es zum Beispiel die Aktion der Schulhof-CD der NPD. Das war zunächst ein geheimes Projekt. Die CD sollte anscheinend in einer Größe – so ging es aus internen Quellen hervor –, glaube ich, von 200.000 oder 250.000 an den Schulen verteilt werden. Kaum jemand regt sich heute noch auf, die Schulhof-CDs der NPD sind leider Gang und Gäbe. Damit werden diese rassistische Musik und diese rassistischen Inhalte wie selbstverständlich transportiert. Grundsätzlich glaube ich, dass wir vorsichtig mit solchen Zahlen hantieren sollten, weil wir nicht ahnen können, wie weit das Ganze schon auch in den Bereich der Jugend, im Bereich vor allem des Bürgertums, auch in andere Kreise tatsächlich vorgedrungen ist und vereinnahmt worden ist – also in Kreise, die sich vielleicht nicht zur NPD bekennen würden. Und ganz kurz gesagt, es gibt – glaube ich – keine rechtsextreme Reisegesellschaft, dazu ist mir nichts bekannt. Ich habe Hausbesuche erhalten, genauso wie andere Kollegen auch. Vor allem ist es der Ordnungsdienst der NPD, der dafür sorgt, dass wir bei der Berichterstattung Probleme bekommen. Und da sehe ich mich auch stellvertretend für viele Journalisten, für andere auch, die weitaus schlimmer angegriffen wurden.

Richter Prof. Dr. Huber: Meine zweite Frage wäre: Der Herr Borstel hatte vorher mit einem – Herr Caffier ist jetzt nicht mehr da –, aber mit einem kritischen Seitenhieb auf die Polizei davon gesprochen, dass der Repressionsapparat nicht hinreichend funktioniere und insbesondere zwischen Brandenburg und Mecklenburg-Vorpommern unterschieden bzw. verglichen. Wie ist da Ihre Einschätzung?

Frau Röpke: Also ich hab nun mal die Erfahrung, dass ich nicht besonders erwünscht bin von Seiten der Polizei, wenn ich dort auftauche oder als Journalistin dokumentiere. Aber man kann das nicht bestätigen. Also die Polizei ist in Mecklenburg-Vorpommern: Ganz salopp gesagt sind das wirklich die einzigen, die am meisten, häufigsten vor Ort sind neben den engagierten einzelnen Menschen und Journalisten. Also die Polizei Mecklenburg-Vorpommern versucht gerade beim „Thinghaus" und in Jamel schon durchaus Präsenz zu zeigen. Sie versuchen, wo es irgendwie möglich ist, Veranstaltungen zu verhindern. Die Konzerte haben Gott sei Dank etwas abgenommen. Die finden natürlich jetzt noch konspirativer statt, aber es ist nicht mehr ganz so offensichtlich. Man kann sich nicht mehr ganz so frech präsentieren. Und man muss sagen, dass die Polizei – ich spreche jetzt von Mecklenburg-Vorpommern –, da ist es tatsächlich so, dass sie versuchen, dort sehr stark Präsenz zu zeigen. Auch im Bereich Anklam tatsächlich in letzter Zeit. Sie hatten noch etwas anderes gefragt?

Richter Prof. Dr. Huber: Nein, das war's.

Präsident Prof. Dr. Voßkuhle: Frau Kessal-Wulf!

Richterin Dr. Kessal-Wulf: Eine Anschlussfrage zu der ersten Frage, die von Herrn Huber eben gestellt wurde. Ich frage mal etwas anders herum: Unterstellen wir einmal ein Parteiverbot. Von den Auswirkungen her, wenn man also diesen Baustein aus dem von ihnen beschriebenen rechtsextremen Geflecht herausnimmt, hat das nachhaltige Konsequenzen oder schließt sich die Lücke dann sehr schnell wieder, weil sich die Beteiligten, die Protagonisten, neu aufstellen, neu organisieren?

Frau Röpke: Na ja, zunächst einmal wird für uns die Arbeit noch schwerer. Aber wir beobachten gerade – vielleicht lässt sich das so ein bisschen damit vergleichen –, dass der Wiedereinzug der NPD in Sachsen nicht gelungen ist. Das heißt: Zurzeit gerieren sich frühere sächsische NPD-Abgeordnete, Mitarbeiter auf einmal als Aussteiger par excellence, weil sie natürlich auch ihre wirtschaftliche Existenz retten wollen, weil sie nicht mehr diese Bastion, diese einzige Einkommensquelle NPD-Fraktion beziehungsweise Abgeordneten Landtag Sachsen haben. Das heißt, wir sehen dort auch durchaus einen Zerfall. Ich denke, das ist auch Teil gerade der Probleme der NPD. Und vor allen Dingen dürfen wir nicht unterschätzen, dass die NPD natürlich einige wirtschaftliche Netzwerke aufgebaut hat. Ihre Bastion besteht aus Häusern, eigenen Immobilien, Vereinen usw. Sie hat eben noch weitere Strukturen, als die, die wir kennen. Eigene Medienprojekte. Sie haben vielleicht gesehen, DS-TV rennt hier durchs Haus und filmt hier. Also sie haben durchaus eigene Projekte. Und ich denke, bei einem Verbot würde das natürlich erstmal alles wegfallen. Zumindest würde es die Szene eine Zeit lang durchaus sehr stark lähmen, man würde diese Konsequenzen auch wirtschaftlich persönlich dann erstmal überlegen und tatsächlich dann auch abwägen, was es bedeutet. Auch für die anderen Parteien, die meiner Ansicht nach ja noch weitaus angreifbarer sind, „Der Dritte Weg" und „Die Rechte".

Präsident Prof. Dr. Voßkuhle: Herr Müller, haben Sie noch eine Frage?

Richter Müller: Vielleicht nur zwei Details am Rande. Sie haben eben gesagt, die Schulhof CDs seien mittlerweile normal, das hat mich etwas verwundert, denn nach meiner Kenntnis sind die Schulhof CDs indiziert und es ist so, dass sich auch Mitglieder der NPD strafrechtlich haben verantworten müssen, weil sie sie vertrieben haben?

Frau Röpke: Also es gibt ja unterschiedliche Schulhof CDs. Also es gibt immer wieder neue Projekte, gerade im Zusammenhang mit Wahlen, auch der Jungen Nationaldemokraten, wieder so genannte Schulhof CDs auf den Markt zu bringen, also auch Nachahmer-Projekte durchaus. Aber die sind nicht, also meiner Kenntnis nach nicht indiziert. Aber dafür haben wir hier die Experten sitzen.

(Gelächter)

Richter Müller: Zweites Detail: Sie haben eben gesagt, Sie hätten mehrfach versucht, das „Thinghaus" in Grevesmühlen zu besuchen, das sei ihnen nicht gelungen.

Frau Röpke: Besuchen nicht, nein. Nein, da traue ich mich nicht rein. Entschuldigung, aber ...

Richter Müller: Weil ich Sie nämlich fragen wollte, ich hab dem Verfassungsschutzbericht des Landes Mecklenburg-Vorpommern entnommen, dass in diesem „Thinghaus" Tage der offenen Tür stattfinden, die allerdings wenig Resonanz in der Bevölkerung finden.

Frau Röpke: Nein, das können wir nicht bestätigen. Also die Resonanz in der Bevölkerung ist tatsächlich so, dass wir – wir haben das immer wieder dokumentiert: Es sind überwiegend mittlerweile einheimische Autokennzeichen. Also es ist wirklich so – man sieht es auch: Die Gäste der Veranstaltungen kommen auch mit dem Fahrrad, es kommen junge Paare mit Kinderwagen angeschoben. Also je gefestigter, je länger diese Bastionen da sind, auch der so genannte Kulturraum in Lübtheen, umso eher traut man sich dorthin. Die Hemmschwelle sinkt. Wir haben das auch in Thüringen erlebt, diese Kinderfeste im Schlosspark von Arnstadt. Wenn dort kein Protest, wenn dort gar nichts stattfindet, wenn die Hemmschwelle ganz niedrig ist, dann trauen sich die Jugendlichen, die Kinder natürlich auch hin und gerade wenn, wie Herr Andrejewski, wenn es dann auch noch Geschenke für deutsche Kinder gibt dort, dann ist es natürlich auch sehr sehr verlockend. Und so ist es auch bei diesem „Thinghaus". Das kann ich nicht bestätigen. Also wir haben das dokumentiert. Und wir versuchen auch immer wieder darauf hinzuweisen, dass der Großteil der Teilnehmer mittlerweile wirklich aus der Region kommt.

Präsident Prof. Dr. Voßkuhle: Haben Sie eine Erklärung dafür, dass die Verfassungsschutzberichte mehr oder weniger durchgehend die NPD marginalisieren?

Frau Röpke: Also ich finde die ganze V-Mann Problematik, gerade wenn man sich in den letzten Jahren sehr intensiv auch mit dem Verbrechen des NSU und dem Netzwerk beschäftigt hat: Die ganze V-Mann Problematik ist ja durchaus sehr kritisch zu sehen, auch wie sie weitergeführt wird. Und ich fand auch gestern die Darstellung nicht ganz korrekt, weil ich denke, die meisten der V-Leute sind ja ganz klar oder sind ja sehr häufig auch Nationalsozialisten oder NPD-Anhänger aus vielen Gruppierungen, die tatsächlich auch sehr bewusst das Geld des Staates annehmen und es in die eigene Sache stecken. Das heißt, Ihnen ist ganz bewusst, was sie tun; sie wissen, was sie tun. Und ich glaube einfach, dass diejenigen, die nicht käuflich sind, in deren Reihen die Verfassungsschutzbehörden ganz wenig Möglichkeiten haben, ihre Fühler rauszustrecken und sich dann tatsächlich auch nicht die Mühe machen, so wie wir oder viele Kollegen auch, dann akribisch vor Ort zu sein, vielleicht mal in der Hecke zu sitzen, vielleicht mal kontinuierlich Archive auszuwerten und so weiter,.... dass dann diese Strukturen auch leider eben auch auf der Strecke bleiben, dass tatsächlich auch Strukturen zu spät Erwähnung finden. Gerade bei der „Heimattreuen Deutschen Jugend" vielleicht als Beispiel fand ich es besonders erschreckend. Diese Organisation war bundesweit aktiv, war die größte Kindererziehungsorganisation der Szene. Und immer, wenn ich irgendwo nachgefragt hatte, sagte die Redaktion mir, ich müsste mir ein Statement der Verfassungsschutzpressestellen holen. Von denen hieß es dann bei Anrufen sinngemäß, ob ich nichts Besseres zu tun hätte, das sei doch eine völlig unbedeutende, nicht bundesweit aktive Organisation. Von daher, wie gesagt, ich persönlich als Fachjournalistin lege gar keinen Wert mehr auf die Einschätzung des Verfassungsschutzes, sondern viel mehr Wert auf Leute, die in der Region aktiv sind und tatsächlich das Ganze nachhaltig und langfristig beobachten und selber dokumentieren, weil mich eben einfach vor allen Dingen die Erfahrungen im Zusammenhang mit dem NSU so schockiert haben.

Präsident Prof. Dr. Voßkuhle: Vielen Dank! Weitere Fragen? Das ist nicht der Fall. Frau Röpke, vielen herzlichen Dank!

So, wir haben's jetzt halb sieben und ich würde vorschlagen, dass wir dem Antragsteller und der Antragsgegnerin Gelegenheit geben, allgemein zur Subsumtion etwas zu sagen. Das ist dann auch das, was wir morgen wahrscheinlich im Einzelnen dann noch abarbeiten müssen. Wenn wir uns auf die Betroffenheit der freiheitlichen demokratischen Grundordnung beschränken könnten in einem ersten Schritt, wäre das, glaube ich, hilfreich, aber es muss nicht sein. Wir könnten uns beide Varianten vorstellen. Wir könnten die Zeit auch nutzen, um einen ersten Überblick über die Subsumtion zu geben. Wo sieht man Schwerpunkte, wie sieht man den Hintergrund? Wie sieht man angesichts der Aussagen der Sachverständigen die Situation? Auf welche Punkte möchte man besonders hinweisen? Dass wir ein bisschen vielleicht auch unser Arbeitsprogramm für morgen strukturieren können, das wäre hilfreich. Sehen Sie sich dazu in der Lage? Herr Waldhoff!

C. Das zweite NPD-Verbotsverfahren (2013–2017)

Prof. Dr. Waldhoff: Ich würde eingangs vielleicht noch etwas kurz meinen Eindruck zu dem hier Gesagten deutlich machen. Auch die Antragsteller waren angewiesen auf das, was man vielleicht als gesellschaftliches Wissen bezeichnen könnte. Uns haben ja die Sicherheitsbehörden von Bund und Ländern exzellent zugearbeitet. Aber viele Phänomene, die, sei es von Herrn Borstel, sei es von Frau Röpke, beschrieben wurden, sind notwendigerweise unterhalb des Radars der Sicherheitsbehörden, weil es sich vielleicht nicht, noch nicht um Straftatbestände, vielleicht gar nicht mal um Rechtsverletzungen handelt, aber trotzdem um Aktionen, die so etwas wie ein Klima der Angst oder Ähnliches evozieren können. Und das dürfen ja die Verfassungsschutzbehörden eigentlich gar nicht behandeln und sie können es auch gar nicht von ihren Möglichkeiten, von ihrer Ausbildung, von ihrem Wissen, aufgrund ihrer Funktion her. Und deshalb haben ein Mitarbeiter und ich zusammen im Sommer eine Reise nach Mecklenburg-Vorpommern unternommen, um uns auch einen, jetzt nicht wissenschaftlich empirisch abgesicherten, Eindruck zu verschaffen von der Situation, weil uns das für den Antrag wichtig erschien. Wir haben mit zivilgesellschaftlichen Gruppen gesprochen, mit Bürgerinitiativen, mit Opfergruppen, mit Bürgermeisterinnen und Bürgermeistern, mit kirchlichen Gruppen und mit Journalisten. Und da war die erste Beobachtung, dass alle mit uns gesprochen haben, aber etwa nur die Hälfte wollte zitiert werden oder wäre bereit gewesen, hier vor diesem Podium aufzutreten: aus Angst um die eigene Person, aus Angst um soziale Nachteile – es sind ja Leute vor Ort –, aus Angst um ihre Angehörigen und ihre Familien. Das war erstmal eine interessante und – wie ich finde – nicht ganz unwichtige Beobachtung und wie gesagt: Unterhalb der Stufe dessen, was für Polizei und Verfassungsschutz relevant ist, gibt es hier ein relevantes Feld, was – wie ich finde – sehr eindrucksvoll in den beiden Beiträgen sowohl von Herrn Borstel empirisch wissenschaftlich als auch von Frau Röpke gesagt wurde.

Dann würde ich aus dem Gutachten von Herrn Borstel vielleicht noch hervorheben, dass er doch – wir sind sehr glücklich über das Gutachten von Herrn Borstel, Herr Verfassungsrichter Müller, und auch über seine Aussage hier, weil er genau das bestätigt hat, was wir schriftsätzlich vorgetragen haben – bestätigt hat, dass es ein Netzwerk gibt, in dem die NPD eine zentrale Funktion hat. Er hat drei Punkte hervorgehoben, die ich nochmal in Erinnerung rufen möchte: Die Netzwerke nutzen Potenziale der Partei und wechselseitig nutzt die Partei Potenziale der Netzwerke, weil die Partei erstens eine Struktur hat. Das haben die Netzwerke nicht notwendigerweise, die freien Kräfte. „Freie Kräfte" spricht ja in gewisser Weise schon für sich. Dann hat die Partei Geld. Ich möchte einmal daran erinnern, dass, wenn ich richtig informiert bin, die NPD in Mecklenburg-Vorpommern in ihrer gesamten Landtagszeit 16 Millionen Euro bekommen hat. Im letzten Jahr rund 1,3 Millionen Euro. Das ist in einem nicht reichen und dünn besiedelten Land eine nicht zu vernachlässigende Geldmenge. Und damit zusammenhängend, das hat Herr Borstel auch gesagt: Die Fraktion tritt als Arbeitgeber auf. Man kann über Fraktionsmittel – der Senat hat sich ja auch schon mit Fraktionsfinanzierung beschäftigen müssen – viele Mitarbeiterinnen und Mitarbeiter einstellen. Das ist eine wichtige ...

Richter Müller: Was heißt viele?

Prof. Dr. Waldhoff: Die Zahlen müsste ich jetzt nachgucken, aber bei 1,3 Millionen Fraktionsmitteln kann man ja, wenn man jetzt für Sacharbeit noch Gelder... Vielleicht hat die Landtagspräsidentin Zahlen da, wie viele Fraktionsmitarbeiter eingestellt sind. Das kann ich jetzt auswendig nicht sagen. Das kriegt man aber heraus, das könnten wir auch nachliefern. Aber immerhin 1,3 Millionen ...

Richter Müller: Also mit einer Bilanzsumme von 1,3 Millionen sind Sie noch nicht ein mittelständisches Unternehmen?

Prof. Dr. Waldhoff: Nein. Die Frage ist hier auch, wie die entlohnt werden und wie das Geld benutzt wird. Es ist auf jeden Fall keine irrelevante Summe in diesem Milieu. Dann hat Herr Borstel noch die Propagandafunktion hervorgehoben. Und was auch wichtig und in Erinnerung zu rufen ist: Diese scheinbar auf den ersten Blick widersprüchliche Verbindung einerseits der Normalisierung von Rechtsextremismus und andererseits dieses, was wir als Angstgefühle oder Bedrohungspotenziale – also Stichwort Angst – bezeichnet haben. Die Normalisierung des Rechtsextremismus führt dazu, dass im freundlichen Ton harte Inhalte vermittelt werden können, weil eine Gewöhnung in diesem Milieu schon stattgefunden hat. Das Gefühl der Angst oder Bedrohungsgefühle und Ähnliches, was hier ja ganz eindrücklich geschildert wurde, betrifft natürlich die Nicht-Sympathisanten. Und Herr Borstel hat ja eindrücklich Beispiele für Einschränkungen – lokal freilich immer nur – demokratischer Prozesse des demokratischen Lebens und auch die Behinderung der Arbeit von Journalisten oder die Zurückhaltung von Journalisten darüber zu berichten oder sich unmittelbar vor Ort zu begeben oder hier darüber zu berichten, beschrieben. Das finde ich doch eigentlich ganz eindrücklich.

Was sind die Schwerpunkte bei der Subsumtion, wenn wir zunächst auf die Ideologie sehen? So habe ich die Frage verstanden. Da wird natürlich der ethnische Volksbegriff eine zentrale Rolle spielen. Es wird das Verhältnis zur Demokratie mit den Unterpunkten Nationalismus und Antiparlamentarismus eine Rolle spielen und da würde ich zur Demokratie vielleicht, weil das ja auch vielleicht der Gesamtaufhänger neben dem ethnischen Volksbegriff ist, wenn Sie möchten auch kurz eine erste Einführung geben. Das würde morgen dann noch vervollständigt und vertieft werden.

Die Vier-Säulen-Strategie der NPD enthält auch den „Kampf um die Parlamente", wie die Partei das sagt. Das bedeutet nicht deren Anerkennung, sondern die Instrumentalisierung der Parlamente für eigene Zwecke, die Instrumentalisierung als Agitationsplattform mit dem Nebeneffekt, dass auch so erhebliche Finanzmittel gewonnen werden können. Zentral für das Verständnis dieser Zusammenhänge ist die Tatsache, dass der Demokratiebegriff im Rahmen einer oftmals verfolgten Verschleierungs- und Umdeutungstaktik uminterpretiert wird. Verfassungsrichter Huber hat gesagt: „Das Parteiprogramm liest sich relativ harmlos." Das würde ich so nicht sehen. Vor allen Dingen würde ich das so nicht sehen, wenn man bedenkt, wie die Partei, wie die Antragsgegnerin, den Demokratiebegriff versteht und definiert.

Für die NPD ist nämlich Demokratie der Gegenbegriff zu der von ihr propagierten Volksherrschaft im Sinne ihrer eigenen Programmatik. Es kommt etwa deutlich zum Ausdruck in einer Art Begriffslexikon der Jungen Nationaldemokraten, die unter dem Titel „Leitfaden politische Grundbegriffe Teil 1" veröffentlicht ist, das ist Beleg 240 in unseren Belegen. Der Autor ist der Bundesschulungsleiter der Jungen Nationaldemokraten D. und ich würde gerne ein Zitat, das das sehr gut verdeutlicht, hervorheben. Dort lesen wir: „Beschäftigen wir uns heute mit der Volksherrschaft, so werden wir immer auf den Demokratiebegriff stoßen. Hier müssen wir dann feststellen, dass man beide Begriffe gar nicht voneinander unterscheidet. Wir werden allerdings noch merken, dass es zwischen diesen beiden Wörtern, deren Bedeutung für uns von elementarer Wichtigkeit ist, große Unterschiede gibt. Volksherrschaft bedeutet, dass im Sinne des Volkes geherrscht wird, also dass die Interessen des Volkes im Mittelpunkt der Herrschaft stehen. Der Staat hat die Aufgabe eine politische Ordnung zu schaffen, die die Interessen des Volkes wahrt. Daher muss der sozialistische Nationalstaat als absolute Volksherrschaft bezeichnet werden. Betrachten wir die heutigen politischen Verhältnisse, so stellen wir fest, dass hier auch stetig von einer sogenannten Demokratie gesprochen wird. Man hört selten den Begriff der Volksherrschaft, da den Herrschenden das Volk längst zuwider geworden ist. Wir können also sagen, dass es sich hierbei um keine Herrschaft im Sinne des Volkes handelt bei Demokratie. Also leben wir nicht in einer Volksherrschaft. Trotzdem reden die Etablierten kontinuierlich von einer Demokratie. Wir bekennen uns also zur Volksherrschaft, jedoch nicht zur Demokratie, wie sie heute in der BRD praktiziert wird, da diese keine Herrschaft im Sinne unseres Volkes ist. Die real existierende Demokratie, so wie sie von den BRD-Demokraten verstanden wird, ist keine Volksherrschaft. Merksatz: Volksherrschaft ist eine Ordnung, in der die Besten des Volkes im Sinne des Volkes für das Volk herrschen."

Also eine klare Entgegensetzung; ein Teil der Verschleierungstaktik, wie wir sie bei vielen zentralen Begriffen im Parteiprogramm sehen können. Das könnte man auch für die Menschenwürde – können wir morgen gerne noch nachholen – darlegen. Menschenwürde wird als Menschenrecht zunächst anerkannt. Auf der nächsten Seite liest man jedoch, dass das aber nur für Deutsche, und zwar für Deutsche im Sinne des ethnischen Volksbegriffs gelten soll. Und Ähnliches gilt auch für den Nationalismus. Nationalismus, Eintreten für die Nation, ist ja kein verbotenes Ziel für irgendeine Partei. Das wäre sicherlich überhaupt kein Grund für das Parteiverbot. Man kann aber nachweisen, das haben wir in den Schriftsätzen ja auch getan, dass hier alle, so die Parteiprogrammatik, die nicht diesen spezifischen Nationalismus der Antragsgegnerin verfolgen, vom politischen Diskurs von ihr ausgeschlossen werden sollen. Also Nationalismus als zentrales politisches Ziel.

Und das ist der Hintergrund, vor dem man dann die Verächtlichmachung des Parlamentarismus verstehen kann und wo man dann die Zitate verstehen und einordnen kann, die wir ja in Fülle zusammengetragen haben: Landtag als „Palaver-Bude", als „politischer Swinger-Club", als „negative Auswahl Persönlichkeits- und Charakterloser" und so weiter und so fort. Ich muss das hier nicht wiederholen. Es ist ja auch die Landtagspräsidentin von Mecklenburg-Vorpommern, Frau Bretschneider, da, die auch noch persönlich berichten könnte, wie dann Parlamentarismus aussieht, für den man oberflächlich betrachtet zu sein scheint, wenn man genau hinschaut aber doch nicht ist, wenn man die Begriffe richtig deutet, weil sie umgedeutet werden für die eigenen Zwecke, besser verstehen kann. Und wir würden dann, wenn das morgen aufgegriffen wird, noch ausführlich zum ethnischen Volksbegriff Stellung nehmen, der ja in gewisser Weise das Kernelement des Parteiprogramms ist, aus dem mehr oder weniger alles deduziert wird, alle politischen Schlussfolgerungen gezogen werden. Das wollen wir noch im Einzelnen entfalten. Das wären hinsichtlich der freiheitlichen demokratischen Grundordnung, noch nicht hinsichtlich der praktischen Auswirkungen, die Schwerpunkte, die der Antragsteller sieht.

Präsident Prof. Dr. Voßkuhle: Vielen Dank, Herr Waldhoff!

Dann Herr Richter. Wenn Sie sich in der Kürze an Herrn Waldhoff orientieren, sind wir nicht böse.

Rechtsanwalt Richter: Herr Präsident, hoher Senat, verehrte Verfahrensbeteiligte, ich kann in der Tat zu den Ausführungen von Herrn Professor Waldhoff kurz erwidern, wobei wir das auch umfänglichst und in entsprechender Tiefe dann morgen machen würden, weil es heute den Rahmen sprengen würde. Ich möchte allerdings im Anschluss die Gelegenheit auch nutzen, ich weiß nicht ob die Auskunftspersonen morgen noch da sind, also die sachverständigen Dritten. Da gibt es einige Punkte, zu denen wir schlicht und ergreifend in der gebotenen Kürze etwas erklären müssten beziehungsweise auch die ein oder andere Nachfrage anregen würden, dass der Senat sie vielleicht stellt.

Zunächst aber ganz kurz zum Thema Demokratie: Da scheint ein begriffliches Missverständnis vorzuliegen, habe ich den Eindruck, und dieses Missverständnis, das scheint im Prinzip vorsätzlich herbeigeführt zu werden von der Gegenseite, weil sie generell sagt, wenn die Antragsgegnerin Demokratie kritisiert, dann würde sie die Demokratie als Staatsform, die Demokratie als Idealbild kritisieren oder verächtlich machen oder abschaffen wollen. Das Gegenteil ist der Fall. Die Antragsgegnerin steht auf dem Standpunkt, dass in Deutschland zu wenig Demokratie herrscht, wie man ja an diesem Verbotsverfahren am besten sehen kann. Dass wir das kritisieren und dann von einer sogenannten Demokratie sprechen, wir werden morgen noch viele andere Beispiele bringen, aber ich soll es ja in der gebotenen Kürze darstellen. Hier wird schlicht und ergreifend das Problem, das der Antragsteller für sich in Anspruch nimmt, dass er und die vorwiegend als Bundesrat in Erscheinung tretenden politischen Parteien das Idealbild der Demokratie vertreten würden und dass sie die Definitionshoheit über den Demokratiebegriff hätten und dass derjenige, der dann die vorwiegend als Bundesrat in Erscheinung tretenden politischen Parteien kritisiert, damit letztlich auch die Demokratie kritisiert. Das ist aber falsch. Kritisiert wird die herrschende Demokratie nicht deshalb, weil wir zu viel Demokratie hätten und weil wir ein Weniger wollen, weil wir einen Führerstaat errichten wollten, oder weiß der Kuckuck was, oder Terrorherrschaft oder was vorhin da erzählt worden ist, das ist ja haarsträubend. Wir wollen ein Mehr an Demokratie und nicht ein Weniger. Deswegen, um das grob hier zusammenzufassen, hier liegt schlicht und ergreifend ein begriffliches Missverständnis vor, weil eben Demokratie von der Seite verstanden wird, als die aktuellen herrschenden politischen Verhältnisse, die aktuelle Ausprägung der Demokratie und wir halt Demokratie als Idealbild sehen und da eben ein paar andere Vorstellungen haben, die wir, wie gesagt, morgen erläutern werden.

Wir haben dann noch den ethischen Volksbegriff. Das ist in der Tat ja auch ein ganz zentrales Argument der Antragsschrift. Hatte ich ja heute Nachmittag schon angedeutet, dass also speziell die Frage, ob aus dem Menschenwürdeprinzip ein Anspruch folgt, in jedem Land eingebürgert werden zu können, das halten wir für zweifelhaft, ist allerdings auch eine ziemlich große Baustelle, zu der wir morgen dann entsprechend umfangreich uns einlassen werden aber halt hauptsächlich schon von vornherein mit der These, dass also ein solcher weitreichender Anspruch nach unserer Auffassung aus der Menschenwürde nicht herausgelesen werden kann.

Ich möchte jetzt speziell noch ein paar kurze Anmerkungen zu den eben gehörten Sachverständigen machen. Und zwar bei Herrn Professor Jesse ziehe ich eigentlich das Fazit, dass er sagt: „Die Antragsgegnerin ist eigentlich eine [unverständlich] Partei", sage ich mal. Die ist vielleicht von der Ideologie her aus seiner Sicht klar verbotswürdig. Er hat sie als „neonationalsozialistisch" bezeichnet, wobei ich da..., also die NPD ist nicht nationalsozialistisch, sondern hat ein neonationalsozialistisches Gedankengut. Also da hätte ich vielleicht dann die Nachfrage an Herrn Professor Jesse, was darunter zu verstehen ist, dass ich nicht neonationalsozialistisch bin, aber trotzdem solches Gedankengut habe. Das habe ich nicht ganz verstanden. Aber die Grundaussage war ja im Prinzip die, dass er sagt, hier gehe der Antragsteller der Propaganda der Antragsgegnerin auf den Leim, indem er aus den entsprechenden politischen Propagandabegriffen der Antragsgegnerin, wenn dann von Volksfront und so weiter gesprochen wird, der Kampf um die Straße, dass dann direkt die Alarmglocken schrillen, heißt es, aha, aggressiv-kämpferisch, aber in Wirklichkeit sei nichts dahinter, das war ja im Prinzip das Fazit und eine Verbotsmöglichkeit vermochte ja hier Herr Professor Jesse insoweit nicht zu erkennen. Einen interessanten Punkt hat er allerdings noch genannt, und zwar hat er gesagt: „Wenn die NPD demonstriert, muss die Polizei ja die Demonstration schützen." Für den Hinterkopf, warum muss die Polizei NPD-Demonstrationen schützen? Sicherlich nicht deshalb, weil die NPD aggressiv-kämpferisch ist und hier irgendwie Randale verbreitet oder irgendwelche Rechtsgüter gefährdet. NPD-Demonstrationen müssen geschützt werden, weil gewaltbereite Linksextremisten diese regelmäßig angreifen, nur da kommt scheinbar niemand auf die Idee, da mal nach den politischen Hintermännern zu fragen und gegen die Parteiverbotsverfahren einzuleiten, das ist aber ein anderes Thema.

Dann kommen wir zu Herrn Professor Kailitz. Da, muss ich zugeben, war ich dann von der Wortwahl doch etwas irritiert und da muss ich also auch noch ein paar Worte hierzu sagen. Also ich hab mir hier ein paar Notizen gemacht, das ging los mit Staatsverbrechen, die die Antragsgegnerin plane, es sei eine Vertreibung von Ausländern gefordert worden, Enteignungen, dass die Propagierung, also die Thematisierung der Islamfrage im Prinzip so in die Richtung ginge wie die Judenfrage, dass – was haben wir noch – ein Arierausweis gefordert würde, von Deportation war die Rede, Diktatur der NPD, die angestrebt wird, eine Terrorspirale, die drohe. Also, Herr Professor Kailitz, es tut mir leid, aber ich weiß nicht, welches Parteiprogramm Sie gelesen haben, mit Sicherheit nicht das der NPD. Da steht von diesen Dingen nämlich nichts drin und selbst wenn dann hier mit Verschleierungstaktik und sonst was operiert wird, wo man ja schon ziemliche argumentative Klimmzüge vollführen muss, um dann hier so was rauszulesen. Also ich vermag beim besten

Willen nicht nachzuvollziehen, was Sie da meinen und würde vielleicht doch hier dann auch insbesondere vor diesem hohen Gremium vielleicht ein wenig zur Mäßigung raten. Also wir hören uns ja hier in dieser Republik alles Mögliche an, dass wir Nazis wären, Radikale, Extremisten, Pack, alles Mögliche, aber uns hier als Verbrecher zu bezeichnen, das ist eine Unverschämtheit, das muss ich hier an dieser Stelle mal ganz klar sagen, und das weisen wir auch entsprechend zurück. In der Sache vermochte ich den Ausführungen von Herrn Professor Kailitz allerdings letztlich nichts anderes zu entnehmen, als das, was Herr Professor Jesse gesagt hat. Denn Herr Professor Jesse hat ja ganz klar gesagt, aus seiner Sicht vertritt die Antragsgegnerin ein neonationalsozialistisches Gedankengut. Das ist aus meiner Sicht unzutreffend, aber unterstellt, es wäre so. Professor Kailitz sagt im Prinzip genau das Gleiche, nur halt entsprechend umfangreicher dargestellt und mit entsprechendem Kampfvokabular untermauert. Aber konkret, dass er sagt, im Hinblick auf das „Darauf Ausgehen", wo manifestiert sich das? Da habe ich von Herrn Professor Kailitz nichts gehört, auch auf die entsprechende Nachfrage hin. Vielmehr ist es so, dass da wohl wieder der gleiche Trugschluss angewendet wird, den wir heute Nachmittag schon thematisiert haben, dass man allein aus der unterstellten Wesensverwandtschaft dann wieder die unwiderlegliche Vermutung ableitet, dass derjenige, der wesensverwandt ist, dann automatisch auch darauf ausgeht, die FDGO zu beeinträchtigen, und dass es dann eines entsprechenden Nachweises, dass ein solches „Darauf Ausgehen" tatsächlich besteht, gar nicht mehr bedürfe. Da habe ich also auch nichts gehört, das irgendwie hier auf freiheitlich demokratische Grundordnungsbeeinträchtigung hinauslaufen würde.

Dann haben wir noch einen anderen Punkt, gerade zu Herrn Professor Kailitz, wenn er da ein paar Behauptungen aufgestellt hat, die also so nicht richtig sind. Ganz konkrete Frage an Herrn Professor Kailitz: Ist es richtig, dass eine Studie der Hanns-Seidel-Stiftung in der Reihe „Politische Studien" zurückgezogen werden musste, weil der Herr Professor Kailitz in einem Aufsatz wahrheitswidrig behauptet hatte, dass die NPD in ihrem Aktionsprogramm Adolf Hitler zitiert hat? Das wäre vielleicht einmal ganz gut, wenn er die Frage mal beantworten könnte, das ist nämlich zur Einordnung seiner Expertisen sicherlich sehr hilfreich.

Wir haben dann den Herrn Professor Borstel, der also als erstes Mal gesagt hat, also er kenne ja hier den Herrn Andrejewski, er hätte ja auch schon neben ihm gewohnt in Anklam und so, also wäre alles ganz gemütlich gewesen, man kannte sich und so. Gut, dass das ein Klima der Angst beweist, glaube ich jetzt eher nicht. Aber das Entscheidende in seinem Gutachten war, dass er gesagt hat, gerade die unterstellte Gefährlichkeit in Anklam, sofern man es als gefährlich ansehen kann, dass ein Kümmerer-Image an den Tag gelegt wird, also dass sich Leute um die Anderen kümmern, dass es eben speziell historisch bedingt war, dass es besondere historische und örtliche Rahmenbedingungen waren, die es also hier gestattet haben, dass die Antragsgegnerin entsprechende Erfolge, relative Erfolge, erzielen konnte, und dass das eben nicht verallgemeinerbar ist und dass man nicht – gerade ausdrücklich nicht – jetzt Anklam kopieren könnte, das irgendwo anders quasi einpflanzen, und dann wuchern auch im Westen dann „Anklamer Verhältnisse", wenn wir sie also jetzt mal so formulieren wollen. Das konnte ich den entsprechenden Ausführungen nicht entnehmen. Weiter war für mich ganz entscheidend, dass Herr Professor Borstel gesagt hat: „Angst ist ein subjektiv Begriff", also Angst vor Gewalt, „also Angst überhaupt ist ein subjektiver Begriff", genau das ist der Fall. Wir haben hier die ganze Zeit gehört, alle möglichen Leute haben Angst. Die Frau Röpke hat Angst ins „Thinghaus" zu gehen, die Ehefrauen von Bürgermeistern haben angeblich Angst, weil angeblich irgendwelche Personen auf dem Grundstück waren oder auch nicht, weiß man alles nicht so genau. Was die Leute mit der NPD zu tun haben, weiß man auch nicht, aber trotzdem haben irgendwie alle Angst. Es kann alles nicht richtig konkretisiert werden und da muss doch für uns die richtige Fragestellung sein: Unabhängig von der Frage, ob jemand Angst hat, hat er objektiv Grund Angst zu haben nach dem Maßstab eines vernünftigen durchschnittlichen objektiven Dritten, so wie wie wir es auch beim objektiven Empfängerhorizont immer haben? Das muss doch hier der Maßstab sein. Ich kann mich natürlich als Antragsteller hier hinstellen und kann irgendwelche zartbesaiteten Gemüter hinstellen, die dann auch Angst vor Gespenstern haben, wie das Beispiel war, um dann zu sagen: „Ein Klima der Angst herrscht, weil die NPD irgendwo vor einem Schaufenster mal gestanden hat", angeblich. Ob es NPD-Leute waren, ist auch wieder fraglich und streitig. Aber das kann ja nicht das Kriterium sein. Also es muss schon eine objektivierte Sicht angelegt werden bei der Frage Klima der Angst. A.: Hat überhaupt jemand Angst? Das haben wir im Schriftsatz, der jetzt logischerweise noch nicht gelesen werden konnte, dezidiert und substantiiert auch bestritten, dass hier überhaupt Leute Angst haben, und selbst wenn sie tatsächlich Angst haben, dann sicherlich nicht vor einem zurechenbaren Verhalten der Antragsgegnerin. Und deswegen sehe ich also hier nichts, was hier eine Beeinträchtigung der freiheitlich demokratischen Grundordnung entsprechend darlegen könnte.

Ebenfalls sehr interessant, was der Herr Borstel gesagt hat, dass es Versuche der Forschung gibt, aber noch keine Ergebnisse vorlägen, also jetzt speziell hier zum Klima der Angst und von wem das Klima ausgeht gegebenenfalls und wie die einzelnen Zusammenhänge sind, kann ich auch nur sagen, wenn man erst noch im Versuch steckengeblieben ist, das zu erforschen. Dann würde ich vielleicht vorschlagen, dass wir diese Forschung erst mal abschließen, die Ergebnisse abwarten und auswerten und uns vielleicht dann noch einmal darüber unterhalten, ob die Antragsgegnerin da ein Klima der Angst verbreitet. Nur so lange wir da nur im Versuchsstadium sind, denke ich nicht, dass das hier der Antragsgegnerin zum Nachteil gereichen kann.

Dann eine ganz wichtige Aussage von Herrn Professor Borstel: „Krise der Demokratie". Er hat ausdrücklich auf Versäumnisse staatlicher Stellen hingewiesen. Der Herr Innenminister Caffier ist ja jetzt auch wieder da, eben war er ja kurz draußen. Da muss er sich auch mal fragen lassen, also wenn der vom Bundesrat bestellte Gutachter selbst sagt: „Ja vielleicht wäre es ja mal eine gute Idee, da mal verstärkt Polizei einzusetzen in den entsprechenden Gebieten, anstatt weiter abzubauen", und dass man vielleicht bevor man ein Verbotsverfahren einleitet, vielleicht dann dort vor Ort die Demokratie stärken sollte und entsprechend die Zivilgesellschaft stärken sollte, dann denke ich, dann sollte man sich das mal durch den Kopf gehen lassen und auch vielleicht mal darüber nachdenken.

II. Mündliche Verhandlung

Abschließend möchte ich noch speziell zu Herrn Professor Borstel, ihn nochmal auf zwei Stellen seines Gutachtens ansprechen und da eine entsprechende Frage stellen. Und zwar gibt es da ja ein paar ganz interessante Textstellen, wo ich mich auch gefragt habe, das Gutachten hätte eigentlich auch von uns in Auftrag gegeben worden können sein, und zwar haben wir hier auf S. 28 des Borstel-Gutachtens: „Insgesamt gesehen mag die Parlamentsarbeit der NPD zwar stören, eine ernsthafte Gefährdung des parlamentarischen Geschehens lässt sich bisher jedoch nicht nachweisen. Bedeutender ist möglicherweise die Rolle der NPD als Teil der rechtsextremen Bewegung." Also keine Störung des parlamentarischen Ablaufes, nehmen wir mal zur Kenntnis. Dann haben wir hier auf S. 29, und da würde ich vielleicht noch mal speziell fragen. Der Begriff der „national befreiten Zone", der ist ja bisher, der ist noch gar nicht thematisiert worden. Es ging immer so generell um „Atmosphäre der Angst" und so, aber es geistert ja teilweise auch diese Bezeichnung der „national befreiten Zone" herum, und dann schreibt er auf S. 29 ausdrücklich: „Damit ist weniger die Schaffung von Angsträumen für Opfergruppen rechtsextremer Gewalt gemeint, sondern die Entwicklung alltäglicher Dominanzzonen der Rechtsextremisten, in denen sie im Alltag bestimmend, kümmernd und meinungsbildend wirken." Das würde ich so übersetzen, dass das Zonen sind, in denen die Antragsgegnerin genau das macht, was sie nach Art. 21 Abs. 1 GG machen soll, nämlich bei der politischen Willensbildung des Volkes mitzuwirken. Weswegen ich nicht meine, dass sie wegen derselben Tätigkeit nach Abs. 2 dann verboten werden kann. Aber da kann vielleicht Herr Professor Borstel noch kurz was dazu sagen, was er mit dem Begriff der „national befreiten Zone" meint, ob er da noch irgendwelche anderen Erkenntnisse hat, ob das deckungsgleich ist mit dem Begriff der Angstzone oder wie sich eben dieser Begriff zu dem entsprechend anderen Begriff verhält.

Und ein letztes Zitat hier noch, auf S. 42 seines Gutachtens, da haben wir auch wieder: „Wichtig ist es dabei zu betonen, dass kein Fall bekannt geworden ist, in dem die parlamentarischen oder kommunalpolitischen Abläufe durch die neue Präsenz der NPD insgesamt gefährdet worden wären, sie [also die NPD] zeigte vielmehr eklatante Schwächen der demokratischen Vertreter auf." Da würde ich mal gerne fragen, was er damit meint, welche eklatanten Schwächen der demokratischen Vertreter das sein sollen und wie sich das zu dem Vorwurf verhält, dass die NPD hier in den Kommunalparlamenten angeblich stören würde, oder wie gefährlich sie ist, also wie das hier konkret zu verstehen ist, würde mich interessieren.

Dann kommen wir zu Frau Röpke. Da muss ich – glaube ich – nicht allzu viel dazu sagen. Frau Röpke hat eine ganze Menge an Behauptungen aufgestellt, die wir jetzt so nicht ohne Weiteres nachprüfen können. Deswegen, also falls sie entscheidungserheblich wären, die einzelnen Fälle, dann würden wir um entsprechenden Hinweis bitten, dass wir die im Einzelfall nochmal nachprüfen können. Zu einem konkreten Fall könnte der Herr Köster gleich noch speziell was sagen, weil das also schon ziemlich unredlich ist, wie der Sachverhalt da entstellt worden ist. Aber vielleicht noch eine Sache vorweg. Frau Röpke beschwert sich ja darüber, dass sie auf Veranstaltungen der Antragsgegnerin nicht willkommen sei. Ich glaube, wer ihren Vortrag hier gehört hat, der kann das sehr gut verstehen. Also, ich würde Frau Röpke auch nicht einladen, schon gar nicht, wenn sie selber erklärt, dass sie in den Hecken liegt und dann Kennzeichen fotografiert. Also, Frau Röpke, bei aller Liebe, da muss man sich schon darüber Gedanken machen, wenn Sie aus der Hecke heraus Leute fotografieren, also das könnte vielleicht auch schon selbst hart an der Grenze zur Rechtswidrigkeit sein. Dann muss man mal genau prüfen, also jedenfalls mit Persönlichkeitsrecht und so, Sie sollten sich da vielleicht mal juristisch beraten lassen. Dass die Polizei in Mecklenburg-Vorpommern dann zu Frau Röpke sagt: „Also Frau Röpke, was wollen Sie überhaupt? Wir werden Sie sicherlich nicht irgendwohin eskortieren, wo Sie dann rechtlich zweifelhafte Fotoaufnahmen aus der Hecke machen können", das kann ich auch gut nachvollziehen. Also, das ist auch hier völlig substanzlos und hat mit dem Verfahren überhaupt nichts zu tun.

Was jetzt noch entsprechende Tatsachenbehauptungen anbelangt: Da ist behauptet worden, dass der Herr Manfred Börm irgendwie mit Holzknüppeln auf Gewerkschafter losgegangen sein soll oder irgendwelche Leute aus seinem Umfeld. Da kann ich nur dazu sagen, kann auch vielleicht der Herr Köster noch ein paar Worte dazu sagen, das wird bestritten, bitte ich entsprechend auch so zu protokollieren, dass das nicht so unwidersprochen im Raum stehen bleibt.

Dann die Behauptung, dass die Volkshochschule Angst hätte, Versammlungen oder Veranstaltungen und Buchlesungen durchzuführen, das wird auch bestritten. Es ist mir nicht bekannt, dass irgendeine Volkshochschule da Veranstaltungen nicht durchführen würde, weil sie Angst hätte. Fakt ist hier nur, dass viele Gastwirte Angst haben, Veranstaltungen der Antragsgegnerin durchzuführen, weil nämlich dann gegebenenfalls das passiert, was ständig passiert, nämlich, dass diese Gastwirte nachher angegriffenen werden von gewaltbereiten Linksextremisten. Da kann die Frau Röpke ja auch einmal dazu befragt werden, ob sie da irgendwelche Erkenntnisse in dieser Richtung hat. Also die Volkshochschule ist bestimmt die allerletzte Institution, die hier Angst hat, irgendwelche Demokratieveranstaltungen durchzuführen, also das ist schon ziemlich weit hergeholt.

Die Behauptung, dass Kinder aus dem Umfeld der HDJ irgendwie „verkorkst" wären, kann ich auch nicht nachvollziehen und muss ich mit Nichtwissen bestreiten. Würde die Frau Röpke mal ein Kind bringen, dass dann verkorkst sein soll, und was das mit der Antragsgegnerin zu tun hat, ist auch völlig unklar. Dann irgendwo ist behauptet worden, irgendjemand würde in Adolf Hitler T-Shirts rumlaufen, irgendwie mit der entsprechenden Unterschrift drauf, möge konkretisiert werden, möge gesagt werden, wann, wer und wo, dann können wir uns dazu erklären. Dann haben Sie noch behauptet, Zusammenarbeit mit Rockern und Hooligans, ist auch allgemein in den Raum gestellt worden. Möge man konkretisieren, wer hat wann, wo, mit wem zusammengearbeitet. Solange das so pauschal daherkommt, wird es ebenfalls bestritten.

Dass einem Reporter bei einer MVGIDA-Kundgebung ins Gesicht geschlagen worden sei, irgendwie von einem Mitglied/Anhänger der Antragsgegnerin, was auch immer, muss ich auch bestreiten, soll sie konkret sagen, wer das war, dann können wir prüfen, ob der das tatsächlich getan hat und ob der überhaupt was mit der Antragsgegnerin zu tun hat. Zum Punkt Ordnungsdienst wird auch gleich noch kurz was gesagt werden, dazu auch erstmal so viel, dass es generell erforderlich ist, dass die Antragsgegnerin Personen hat, die, wenn größere Veranstaltungen stattfinden, direkt in Abstimmung mit der Polizei, die Sicherheit von Veranstaltungen gewährleisten. Das ist, denke ich, wenn man mal eine NPD-Veranstaltung miterlebt hat, vollkommen nachvollziehbar. Da brauchen sie Personen, die gemeinsam mit der Polizei entsprechend ein Auge darauf haben, dass die Sicherheit und Ordnung gewährleistet ist. Das sind keine SA-Schlägertrupps, wie es hier versucht wird darzustellen; das ist dummes Zeug, das wird auch bestritten.

Der spezielle Vorfall da in Steinberg im September 2004, wo ja auch der Herr Köster persönlich angesprochen worden ist, da wird, wie gesagt, gleich noch was dazu gesagt. Dann ist behauptet worden, irgendwo sei propagiert worden, dass Selbstjustiz okay sei, oder dass man Selbstjustiz üben solle, das sei da irgendwo geschult worden, das wird bestritten. Selbstjustiz wird von Seiten der Antragsgegnerin weder befürwortet noch angewendet, nur konkretisieren wann, wo, wer da was gefordert hat.

Dann, dass die NPD militante Truppen für sich einsetzt, bestreiten wir ebenfalls; pauschale Aussage, unsubstantiiert, im Übrigen zu bestreiten und dann, wie gesagt, noch ein Wort. Wenn nach der Ansicht der Frau Röpke der Nutzen eines Parteiverbots darin besteht, dass dann die DS-TV nicht mehr durchs Bundesverfassungsgericht laufen kann, also dann haben wir es, glaube ich, dann scheint mir das, glaube ich, wirklich nicht so das zentrale Argument zu sein. Aber wie gesagt, zwei Punkte bitte ich Herrn Köster noch richtigzustellen, weil das konkret zitierte, relativ konkretisierte Sachverhalte waren, zu denen wir entsprechend was sagen können und dann würde ich dann auch bitten die entsprechenden Fragen, also würde ich anregen an den Senat, die entsprechenden Fragen dann auch an die Sachverständigen zu stellen.

Präsident Prof. Dr. Voßkuhle: Vielen Dank! Ich würde jetzt zuerst, weil Herr Köster direkt angesprochen worden ist, ihm kurz die Gelegenheit geben, seine Version hier dem Gericht mitzuteilen.

Herr Köster: Gerne. Hohes Gericht, Herr Präsident, meine Damen und Herren, zwei Sachverhalte: Frau Röpke hat ja zum einen vorhin einen Vorgang erwähnt, wo der ehemalige Ordnungsdienstleiter der NPD-Bundespartei bezichtigt wird, ein IG-Metall-Mitglied angegriffen zu haben. Da konnte ich – und ich hab mit ihm auch noch gar nicht gesprochen –, einem Artikel der örtlichen Tageszeitung zufolge soll Herr Börm – so stand es im Artikel –, ich versuche gerne den dann auch elektronisch wiederzufinden, damit der auch hier vorgelegt werden kann, an einer angemeldeten und nicht verbotenen und somit genehmigten Versammlung teilgenommen haben, oder hat zumindest das vorgehabt. Er ist auf einen Parkplatz eines Supermarktes gefahren. Seine Fahrzeugbesatzung, die saßen in einem Kleinbus. Ist dann von 20–30 teils vermummten Personen angegriffenen worden. Es soll in das Fahrzeug hinein – laut dem Zeitungsartikel der regionalen Zeitung – dann auch Pfeffer- oder Gasspray reingesprüht worden sein und dann ist dem Zeitungsartikel zufolge im Rahmen einer Notwehrhandlung wohl auch ein Angreifer verletzt worden. Und das nur dazu. Das kann mit Sicherheit auch generell durch Netzrecherche festgestellt werden.

Dann ist behauptet worden, dass bei der Wahlkampfauftaktveranstaltung am 04.12.2004 in Steinburg, in der Nähe von Itzehoe, angeblich die Teilnehmer, es waren ca. 150–200 Teilnehmer, die an einer NPD-Wahlkampfveranstaltung, Auftaktveranstaltung für die Landtagswahl, die im Januar/Februar 2005 stattgefunden hat, dass dort ein Angriff erfolgt sein soll. Das muss ich vehement bestreiten. Es ist auch gerichtsfest festgestellt worden, in dem Gerichtsverfahren, das dann gegen mich geführt worden ist, dass am besagten Tag, als die Veranstaltung schon begonnen hatte und unter anderem die Frau Röpke anwesend war, von einer Personengruppe (50–60 Personen), die auch zum Teil vermummt waren, ein bewaffneter Angriff auf diese Veranstaltung der NPD stattgefunden hat. Es wurden auf zwei Ordnungskräfte, die sich am Eingang des Versammlungslokales befanden, unter anderem Felssteine und andere Gegenstände geworfen und dann ist es richtig, dass junge Teilnehmer, man muss sich das so vorstellen, von den 150–200 Teilnehmern waren etwa 50 % 55 Jahre oder älter, waren sehr viele Senioren dabei und da sind junge Teilnehmer aufgefordert worden, diesen Angriff auf dieses Lokal zu versuchen zu verhindern. Was man dann noch vor allem wissen muss, Steinburg ist ein ganz kleiner Ort und sämtliche Zufahrtsstraßen waren von der Polizei überwacht worden. Und im anschließenden Gerichtsverfahren hat sich dann herausgestellt, dass die Polizei sich nicht erklären konnte, wie diese große Gruppe von 50–60 Personen, die im Anschluss von der Polizei auch alle festgehalten und personell erfasst worden sind, zu diesem Veranstaltungsort gekommen ist und was man noch feststellen muss, dass, obwohl diese Gruppe, die nachweislich auch laut Aussagen von Polizeibeamten vermummt waren und den Versammlungsort angegriffen haben, dass es da weder Ermittlungen noch entsprechende Verfahren hinterher gab und zumindest Verstöße gegen entsprechende Straftatbestände lagen ja offensichtlich vor. Man muss feststellen, dass die Frau Röpke den Sachverhalt vollkommen falsch dargestellt hat.

Was man noch sagen kann, das ist aus der Erfahrung als Landtagsabgeordneter: Frau Röpke hat ja gesagt, dass viele Polizeibeamte in Mecklenburg-Vorpommern ihre Arbeit nicht zwingend befördern würden. Frau Röpke hat bis in die CDU-Kreise hinaus oder hinein den Ruf eine sogenannte Antifa-Journalistin zu sein, die, auch laut meiner Einschätzung Kontakte ins kriminelle Antifa-Milieu pflegt und die Polizeibeamten sagen, dass die Frau Röpke sehr provokant auftritt und entsprechende Straftaten zu provozieren versucht. Das zur Erläuterung der gesamten Sachlage.

Präsident Prof. Dr. Voßkuhle: Vielen Dank! Wir wollen jetzt nicht allen Punkten, die hier angesprochen worden sind, nachgehen, aber ich habe den Eindruck, dass wir Herrn Kailitz und Herrn Borstel Gelegenheit geben sollten, wenn Sie etwas sagen wollen. Herr Jesse meldet sich und möchte gerne auch was sagen. Also Sie müssen nichts sagen, aber …

Prof. Dr. Borstel: Ich werde es auch kurz halten angesichts der Zeit, aber …

Präsident Prof. Dr. Voßkuhle: Bitte ganz kurz!

Prof. Dr. Borstel: … weil konkrete Stellen genannt worden sind, die ich jetzt versucht habe in der Kürze sozusagen kurz zu finden. Seite 28 – es ist glaube ich ähnlich wie mit der Seite 42. Es geht hier um ihre Parlamentsarbeit, das ist eine ähnliche Aussage. Wir haben es hier mit Arbeitsparlamenten zu tun und der Schwerpunkt dieser Arbeitsparlamente sind die Ausschüsse. In den Ausschüssen stört die NPD häufig deswegen schon nicht, weil sie regelmäßig nicht anwesend ist. Das heißt sozusagen: In diesem Bereich findet eine ganz normale Tätigkeit statt. Die Aussage habe ich wie folgt gemeint: Die NPD versucht vor allem im Plenum, wenn man sich den Landtag anguckt, zu provozieren. Sie sammelt Ordnungsrufe. Dazu können sie sehr, sehr viel sagen. Sie versucht mit Zwischenrufen sozusagen Stimmung zu machen. Man feiert das dann auch so ein bisschen auf ihren Facebook-Seiten im Internet, dass sozusagen wieder was gelungen sei. Aber sozusagen eine generelle Störung des parlamentarischen Betriebs, also dass der Landtag nicht tagen könnte, dass die Ausschüsse nicht mehr stattfinden, nicht entscheidungsfähig wären, das kann man der NPD wahrlich nicht zurechnen. Dem ist auch nicht so. Weder auf kommunaler Ebene, auch da nicht, wo man sich aus den Arbeitsprozessen herausgezogen hat. Ja, das ist sozusagen die Kernaussage dieser beiden Punkte gewesen.

Dann erwähnen Sie die Seite 29, die nationalbefreiten Zonen. Bei den nationalbefreiten Zonen habe ich die „Deutsche Stimme" zitiert. Das heißt, es ist nicht mein Begriff dort gewesen, sondern der Begriff eines Autoren – ich glaube, es war ein Interview, wenn ich die Quelle jetzt richtig in Erinnerung habe –, der selber aus NPD-Sicht explizit diesen Begriff erwähnt. Der zweite Satz, sozusagen Opfer oder Dominanz, ist wie folgt gemeint: Ich beziehe mich natürlich auf das Konzept des Nationaldemokratischen Hochschulbundes. Das ist sehr viel älter, ich glaube von 1991. Ein Papier, was aber auch im Internet immer noch in verschiedenen Quellen zu finden ist, unter dem Aufruf: „Schafft nationalbefreite Zonen". Da ist der Schwerpunkt dieser Idee nationalbefreiter Zonen eben nicht zu sagen: „Wir wollen Opfergruppen verdrängen oder weghauen oder schlagen." Sondern: „Wir wollen sozusagen über Kümmern, über Strukturentwicklung Dominanz" – durchaus mit Anspielung auf Gramsci – „entwickeln." Und so habe ich sozusagen diesen Begriff dann eben auch angewendet.

Ein NPD-Gutachten, das würde ich sagen, ist es wahrlich nicht. Ich glaube, meine Position ist sehr deutlich geworden. Man kann sozusagen auch große Probleme mit der NPD haben und trotzdem beim Verbot unterschiedlicher Meinung sein. Das ist mir nochmal sehr wichtig, weil das geht dann bis in den Bereich der Rufschädigung hinein und das würde ich gerne verhindern.

Präsident Prof. Dr. Voßkuhle: Vielen Dank! Ja, dann Herr Kailitz, möchten Sie etwas sagen?

Prof. Dr. Kailitz: Nur sehr kurz. Das Vokabular wurde bewusst so benutzt, auch mit Bedacht. Zu dieser Geschichte mit den Politischen Studien: Es gibt keinen zurückgezogenen Aufsatz. Sehr wohl gab es hier ein redaktionelles Versehen durch die Redaktion der Politischen Studien. Auch ein Schreiben – wenn ich das recht in Erinnerung habe, das ist ja schon eine Geschichte, die ziemlich lange her ist – eines NPD-Anwalts. Ich weiß jetzt nicht mehr, wer es war.

Rechtsanwalt Richter: Ich war's nicht!

Prof. Dr. Kailitz: Ja, ich weiß es auch nicht. Auf jeden Fall ohne mit mir noch einmal Kontakt aufzunehmen, hatten die eine Richtigstellung gemacht, in der das praktisch auf mich geschoben wurde. Und da hatte ich dann doch nochmal darum gebeten, dass sie das wiederum nochmal richtig stellen. Also es war ein bisschen ungünstig. Konkret passiert ist, dass durch ein redaktionelles Versehen eine Fußnote verrutscht ist und dadurch an einer Stelle, wo das Programm der NPD zitiert wird, „Adolf Hitler – Mein Kampf" in der Fußnote steht. Das war alles.

Präsident Prof. Dr. Voßkuhle: Okay.

Richter Prof. Landau: Ich hab noch eine Frage.

Präsident Prof. Dr. Voßkuhle: Ja, eine Frage.

Richter Prof. Landau: Das, was Herr Richter ja insbesondere kritisiert hat, ist Ihre Behauptung, es seien Verbrechen geplant, Vertreibungen in großem Umfang. Und da haben Sie sich als Quelle auf ein Aktionsprogramm berufen.

Prof. Dr. Kailitz: Ja.

Richter Prof. Landau: Was ist das? Kann man das kriegen? Ist das im Internet veröffentlicht?

Prof. Dr. Kailitz: Das Aktionsprogramm, das ist von 2003. Aber wie schon hier auch erwähnt wurde, die Kurzfassung mit diesen fünf Punkten wird immer noch aktuell in Wahlkämpfen eingesetzt von der NPD.

Richter Prof. Landau: Aber ich höre gerade, das Aktionsprogramm ist von 2003. Das Parteiprogramm ist von 2010.

Prof. Dr. Kailitz: Ja.

Richter Prof. Landau: Aus welchem Grund zitieren Sie aus Aktionsprogrammen, die sieben Jahre vor dem Parteiprogramm lagen?

Prof. Dr. Kailitz: Das Aktionsprogramm ist noch immer gültig und es wird, wie gesagt, in Wahlkämpfen in der Kurzform ...

Richter Prof. Landau: Ich kann damit nichts anfangen. Wer hat das beschlossen und wer hat das in Kraft gesetzt und wer unterstützt das? Wer verbreitet das?

Prof. Dr. Kailitz: Das ist getragen von der gesamten Partei der NPD, das Aktionsprogramm.

Richter Prof. Landau: Warum wird das nicht vorgetragen? Also das....

Prof. Dr. Kailitz: Das ist, das ist ja jetzt nicht ein Vorwurf an mich, wenn es nicht vorgetragen wird ...
 (Stimmengewirr)

Richter Prof. Landau: Dankeschön!

Richter Müller: Dann hätten wir nachfragen müssen, warum es nicht testiert ist, ist schon klar.

Präsident Prof. Dr. Voßkuhle: Herr Waldhoff wird das aufklären.

Prof. Dr. Waldhoff: Wir haben ja nur Material – ganz bewusst und offengedeckt – ab 2008 zitiert. Uns war das Programm natürlich auch bekannt. Aber wir haben einen Zeitraum definiert, der auch einen gewissen Abstand zum ersten Verbotsverfahren hatte. Das ist der Grund.

Präsident Prof. Dr. Voßkuhle: Aber es hat jedenfalls, das ist, glaube ich, wichtig, es hat eben noch eine Relevanz, wird jedenfalls von Herrn Kailitz gesagt, also eine aktuelle Relevanz. Insofern ist es vielleicht in den aktuellen Willen auch aufgenommen worden. So, jetzt Herr Jesse.

Prof. Dr. Jesse: Ja, Herr Richter, hier lag ein Missverständnis von Ihnen vor. Ich habe gesagt: „Die NPD ist insgesamt keine neonationalsozialistische Partei", habe hinzugefügt, „aber mit neonnationalsozialistischen Zielen." Denn Wesensverwandtschaft ist ja nicht Wesensidentität. Es wäre eine maßlose Verharmlosung der NSDAP, würde man jetzt NSDAP und NPD gleichsetzen. Für mich ist die NPD eine harte Form des Rechtsextremismus. Wir müssen unterscheiden zwischen den verschiedenen Formen des Extremismus. Mein Argument lautete: Nicht das mangelnde Wollen der NPD ist der Punkt, sondern das mangelnde Können. Und übrigens: Man muss für ein Verbot nicht nachweisen, dass die NPD eine Wesensverwandtschaft zur NSDAP aufweist.

Richter Müller: Was sind denn diese neonationalsozialistischen Ziele?

Prof. Dr. Jesse: Ein Beispiel: Der ethnische Volksbegriff etwa gehört dazu.

Präsident Prof. Dr. Voßkuhle: Okay. Gut, danke! Ich glaube, dann wären wir für heute fertig. Möchten Sie auch noch etwas sagen? Aber bitte nicht zu den einzelnen Punkten!

Frau Röpke: Ich denke, es ist schon wichtig für die Glaubwürdigkeit.

Das Foto. Ich hake das ganz schnell ab, wirklich stichwortartig. Zu Herrn Börm und den Holzknüppeln gibt es mehrfach Fotos. Sich über Angst lustig zu machen, finde ich selber wirklich sehr schamlos. Gerade wenn man weiß, dass Gewalt ausgeübt wurde, und man Erfahrungen auch damit gesammelt hat.

Das Adolf Hitler T-Shirt, auch das lässt sich per Foto belegen: Das hat Herr J. am „Thinghaus" getragen bei einer Veranstaltung. Es gibt noch weitere Fotos als Belege für meine Aussage.

Die Geschichte mit dem Reporter ins Gesicht geschlagen, vorletzte Woche. Der hat Anzeige erstattet. Auch das lässt sich belegen. Die anderen Sachen lasse ich weg. Aber wichtig, die Selbstjustiz hatte ich nicht zitiert, sondern das war meine Wertung. Und vor allen Dingen noch zu den Aussagen von Herrn Köster: Er hat sein Urteil ja nicht hinterfragt, das stimmt ja auch so, er ist rechtskräftig verurteilt wegen Körperverletzung. Und tatsächlich: Diese Angriffe der NPD dort sind nachgewiesen. Da gibt es unzähliges Bildmaterial, das ist unzählige Male im Fernsehen ausgestrahlt worden. Also das wirklich in Frage zu stellen, das lässt sich überhaupt nicht nachvollziehen – finde ich. Und genauso auch die Geschichte mit der IG-Metall: Das ist alles nachweisbar. Ich kann da auch gerne Belege liefern. Dankeschön!

Präsident Prof. Dr. Voßkuhle: Vielen Dank, Frau Röpke. Dann wären wir für heute mit der Verhandlung am Ende. Ich würde die Verhandlung unterbrechen und wir werden die Verhandlung morgen um 10:00 Uhr fortsetzen.

3. Dritter Verhandlungstag (Donnerstag, 3. März 2016)

a) Vormittags

Präsident Prof. Dr. Voßkuhle: Bitte nehmen Sie Platz! Ich eröffne die Fortsetzung der mündlichen Verhandlung des Zweiten Senats des Bundesverfassungsgerichts in dem Verfahren 2 BvB 1/13.

Erschienen sind:

Für die Antragsgegnerin:
Herr Parteivorsitzender Frank Franz,
die Herren Stefan Köster,
Frank Schwerdt und
Ronny Zasowk,

sowie als Bevollmächtigte
die Herren Rechtsanwälte Peter Richter und
Michael Andrejewski

Für den Bundesrat:
Herr Bundesratspräsident Stanislaw Tillich,
die Direktorin des Bundesrates Frau Staatssekretärin Dr. Ute Rettler
sowie als Bevollmächtigte
Herr Prof. Dr. Christoph Möllers,
Herr Prof. Dr. Christian Waldhoff
und Herr Prof. Dr. Dr. Alexander Ignor

Mit dem Bundesrat sind erschienen:
Frau Landtagspräsidentin Sylvia Bretschneider,
Herr Innenminister Joachim Herrmann,
Herr Innensenator Frank Henkel,
Herr Innenminister Lorenz Caffier und
Herr Innenminister Markus Ulbig

Für den Deutschen Bundestag:
Herr Regierungsdirektor Patrick Wegner

Aus dem Deutschen Bundestag:
Frau Abgeordnete Dr. Eva Högl,
Frau Abgeordnete Renate Künast,
Herr Abgeordneter Matthias Schmidt,
Frau Abgeordnete Monika Lazar und
Frau Abgeordnete Martina Renner

Für die Bundesregierung:
Herr Ministerialdirektor Stefan Kaller,
Herr Ministerialdirektor Hans Heinrich von Knobloch und
Herr Ministerialdirektor Günter Heiß

II. Mündliche Verhandlung

Für das Bundespräsidialamt:
Herr Ministerialrat Prof. Dr. Stefan Ulrich Pieper

Als sachkundige Dritte:
Herr Prof. Dr. Eckhardt Jesse,
Herr Prof. Dr. Dierk Borstel,
Herr Prof. Dr. Steffen Kailitz und
Frau Andrea Röpke

Als sachkundige Auskunftspersonen:
Herr Udo Voigt,
Herr Jürgen Gansel,
Herr Claus Cremer?

Richter Müller: Wissen Sie, wo der ist?

Präsident Prof. Dr. Voßkuhle: Ist im Augenblick nicht erschienen.

(aus den Reihen der Antragsgegnerin): Er hat sich heute Morgen krank gemeldet.

Präsident Prof. Dr. Voßkuhle: Hat er sich krank gemeldet? Okay!

Dann Herr Holger Apfel.

Damit sind wir am Ende. Ich weise darauf hin, dass die mündliche Verhandlung aufgezeichnet wird in einer Tonaufzeichnung. Bitte jetzt die Fernseh- und Fotoaufnahmen beenden.

Meine Damen und Herren, wir haben gestern angefangen die Tatbestandsvoraussetzungen zu konkretisieren und dann auch erste Subsumtionsschritte zu unternehmen. Dabei ist einmal zentral, wie das Gedankengut der NPD zu beurteilen ist, und zum anderen, welche Folgen damit verbunden sind, und wir würden gerne heute starten, indem wir von politischer Seite den Innenminister aus Bayern, Herrn Herrmann, bitten, zu der Situation in Westdeutschland zu sprechen, Herrn Caffier zur Situation in Mecklenburg-Vorpommern und Frau Präsidentin Bretschneider zur Situation im Landtag in Mecklenburg-Vorpommern. Dürften wir Sie, Herr Innenminister, Herr Staatsminister muss ich zutreffenderweise sagen...

Richter Müller: Vielleicht können wir die Zeit nutzen. Der Herr Kailitz hat als Sachverständiger seinen Vortrag ergänzt, indem er das Aktionsprogramm, von dem er gestern gesprochen hat, zu den Akten gereicht hat. Ich gehe davon aus, dass selbiges Antragsteller und Antragsgegnerin bekannt ist. Gleichwohl würde ich gerne sicherheitshalber dasselbe überreichen.

Prof. Dr. Möllers: Herzlichen Dank!

Rechtsanwalt Richter: Dürfte ich dazu dann gegebenenfalls noch kurz ein Wort...

Präsident Prof. Dr. Voßkuhle: Dazu dürfen Sie nachher etwas sagen. So, Herr Staatsminister!

Staatsminister Herrmann (Bayern): Herr Präsident! Hohes Gericht! Ich will in der gebotenen Kürze vor allen Dingen drei Punkte kurz ansprechen. Das eine ist im Anschluss an das, was gestern und vorgestern hier eingeführt worden ist. Zum einen die Unvereinbarkeit der Ideologie der ethnisch homogenen Volksgemeinschaft mit den fundamentalen Wertvorstellungen des Grundgesetzes, wie wir das in der Praxis unmittelbar beobachten. Dann vor allen Dingen die Wirkung und Bedeutung der NPD in Westdeutschland am Beispiel Bayerns und dann auch die Wichtigkeit, die wir diesem Verbot beimessen. Es steht neben dem, was wir an präventiven/repressiven Maßnahmen durchführen, und selbstverständlich neben der politischen Auseinandersetzung mit dem Rechtsextremismus.

Zum ersten: Die NPD will die bestehende Staats- und Gesellschaftsordnung durch eine Volksgemeinschaft ersetzen. Ihr zwingend an das Abstammungsprinzip gebundener ethnischer Volksbegriff führt in letzter Konsequenz zu einer strikten Ausgrenzung von Ausländern. Es ist gestern zu Recht schon darauf hingewiesen worden, dass daraus bei der NPD die Forderung nach Rückführung abgeleitet wird. Es bedeutet: keine rechtliche Gleichstellung, keine Möglichkeit zum Erwerb der deutschen Staatsbürgerschaft. Die Konzeption der NPD steht im konträren Gegensatz zu unserer freiheitlichen demokratischen Grundordnung. Da geht es vor allen Dingen um den Begriff der Volksgemeinschaft, der dem Einzelnen nur dann Würde zugesteht, wenn er in einem biologisch genetischen Sinn dieser angehört. Dies hat mit dem Menschenbild des Grundgesetzes, mit der Anerkennung des Individuums, dem Kraft seines freien Willens Würde zukommt, nicht im Ansatz etwas zu tun. Auch hat die individuelle Menschenwürde sich nach der Ideologie der NPD im Zweifel den Interessen der Volksgemeinschaft unterzuordnen. Mit ihrer rassistischen und antisemitischen Ideologie und dem revisionistischen Weltbild steht sie damit ganz eindeutig in der Tradition des historischen Nationalsozialismus. Das Grundgesetz ist gerade vor dem Hintergrund der nationalsozialistischen Verbrechen ja als ein Gegenmodell dazu konzipiert worden.

Diese Ideologie steht nicht nur auf dem Papier, sondern sie bestätigt sich ständig im Alltag. Dies gilt nicht nur, wie das gestern herausgearbeitet worden ist, in Ostdeutschland – mit dem zweifellos vorhandenen Ost/West-Gefälle, wie es auch schon angeführt worden ist –, sondern es macht sich auch durchaus bei uns, ich sage das am Beispiel Bayerns, unmittelbar bemerkbar. Natürlich sind die Zahlen in Bayern – 700 Mitglieder, 31 Kreisverbände, das Wahlergebnis in Bayern 2013 0,6 % bei der Landtagswahl – als solche in der Tat nicht dramatisch. Aber das bedeutet keinesfalls, dass die NPD keine wichtige Rolle in der rechtsextremistischen Szene in Bayern spielt, sondern es ist eben besonders wahrzunehmen, dass die NPD nach unserer Beobachtung ganz eindeutig eine führende, eine zentrale Rolle insbesondere in der ideologischen Weiterentwicklung, in der Themensetzung im rechtsextremistischen Bereich insgesamt spielt. Die NPD erhebt entsprechend ihrer Vier-Säulen-Strategie, die auch den Kampf um den organisierten Willen umfasst, auch in Bayern den Anspruch auf eine Bündelung aller rechtsextremistischen Kräfte unter eigener Führung. Beispielhaft für die Kooperation mit freien Nationalisten der Kameradschaftsszene ist zum Beispiel die Bia München als Tarnorganisation der NPD. Es ist gestern, ich will darauf ganz bewusst nochmal Bezug nehmen, angesprochen worden, sehr plakativ, ja, die NPD sei im Ansehen der Bevölkerung so schlecht, dass man damit sozusagen keine großen Punkte mehr machen könnte. Ja, darauf reagieren dann in bestimmten Situationen auch herausragende Funktionäre der NPD, indem sie zum Beispiel bei Bayerischen Kommunalwahlen dann nicht mehr in München und Nürnberg unter dem Namen NPD antreten, sondern in entsprechenden ausländerfeindlichen Gruppierungen. Aber es sind die Funktionäre der NPD, die auch dann nicht ausgeschieden sind, sondern nur unter einem anderen Namen auftreten, weil sie sich von diesem anderen Namen dann sozusagen ein höheres Wählervotum, einen größeren Erfolg versprechen. Das ändert aber überhaupt nichts daran, dass sie genau ihre Ziele verfolgen, ja dass es gerade ein Teil der NPD-Strategie ist, auf die Weise dann anders zum Erfolg zu kommen.

Am Beispiel Karl Richter, diesem Stadtrat in München, sehen wir, dass er im Januar dieses Jahres, am 30. Januar, bei einer Kundgebung der neuen Partei „Die Rechte" in Bamberg aufgetreten ist. Das heißt, man sieht auch, dass es keine unvereinbaren Gegensätze in dieser rechtsextremistischen Szene mit den verschiedenen Gruppierungen gibt. Sondern ganz gezielt: Da geht jemand auch zu einer Kundgebung einer anderen rechtsextremen Partei, um dort entsprechend seine Ideologie mit zu vertreten. Wir haben auch im September vergangenen Jahres in München am Hauptbahnhof eine Veranstaltung erlebt, bei der unter der Überschrift „Schluss mit dem Asylwahnsinn! Wir sind das Volk!" eine gemeinsame Veranstaltung mit Mitgliedern der NPD, der Partei „Die Rechte", der Partei „Dritter Weg" und Hooligans stattgefunden hat. Daneben nehmen Funktionäre der NPD regelmäßig an den Veranstaltungen von PEGIDA teil. So hat auch der Bayerische NPD-Landesverband im Januar auf seiner Facebook-Seite ein Foto des NPD-Bundesvorsitzenden Frank Franz mit der Aussage: „Volksbewegung der PEGIDA: NPD ist immer dabei", entsprechend verbreitet. Darüber hinaus gibt es eine Reihe von Beispielen, bei denen der NPD-Landesverband wiederholt auf seinem Facebook-Profil auf AGIDA und MÜGIDA hinweisen – das sind Splitterungen oder Teile dieser Bewegung. Diese Organisationen stehen alle inzwischen auch unter Beobachtung des Verfassungsschutzes in Bayern. Diese Anti-Asyl-Agitation wird ganz gezielt genutzt und ist geeignet, dogmatische Widersprüche und persönliche Animositäten zwischen NPD, der Neonazi-Szene sowie den zum Teil dann auch aus dem bürgerlichen Spektrum erwachsenden PEGIDA-Gruppen zu überwinden und gleichzeitig natürlich die ideologische Führungsrolle der NPD eher zu festigen. Es geht insofern auch ganz klar um die geistige Brandstiftung, die von der NPD in unserem Land ausgeht.

Sowohl der Landesverband Bayern als auch zahlreiche Untergliederungen nutzen das Internet, aber auch soziale Netzwerke wie Facebook für ihre Propaganda und die Rekrutierung neuer Mitglieder. In jüngster Zeit ist eine Intensivierung der Veröffentlichungen vor allem zum Themenfeld „Anti-Asyl" durch den Landesverband Bayern festzustellen. Ich nenne hier beispielsweise eine Übersichtskarte, die der NPD-Landesverband Anfang Januar ins Netz gestellt hat, wo nun auf die Straftaten, vielfach angebliche Straftaten von Migranten hingewiesen wird. Eine sogenannte „Krimigranten-Karte", durch die natürlich ganz gezielt versucht wird, den Eindruck zu erwecken, als ob es hier vor allen Dingen durch die Anwesenheit von Flüchtlingen eine massive Steigerung von Kriminalität in unserem Land gäbe. Gerade vor dem Hintergrund dieser aktuellen Situation darf die Rolle der NPD nicht unterschätzt werden. Die Rechtsextremisten versuchen, sich die in Teilen der Bevölkerung bestehende Verunsicherung zunutze zu machen und eine noch ausländerfeindlichere Stimmung zu erzeugen, sie weiter zu verstärken. Ich beobachte das mit großer Sorge, wie gezielt Ängste in der Bevölkerung vor angeblicher Überfremdung und Steigerung der Kriminalität vor Ort geschürt werden und die NPD sich selbst als die einzige politische Kraft darstellt, die das ernst nimmt. In dem Zusammenhang wird zur Gründung von Bürgerwehren aufgerufen und eine Stimmung verbreitet, dass nur dank der Patrouillen von Bürgerwehren und dergleichen beispielsweise einheimische Frauen noch vor aufdringlichen Fremden geschützt werden könnten. Rechtsextremistische Aktionen und insbesondere die Veröffentlichungen der NPD im Internet zum Themenfeld „Anti-Asyl" heizen also die ausländerfeindliche Stimmung in der rechtsextremistischen Szene weiter an.

Die NPD agiert in Bayern durch Flugblattverteilung und Infostände gegen die Asyl- und Flüchtlingspolitik. Es wirkt sich letztendlich als Geringschätzung der Menschenrechte, der Würde des Individuums aus. Und ich sage das auch nochmal vor dem Hintergrund der wiederholten Ausführungen hier, als ob es bei den Zielsetzungen der NPD um Dinge ginge, dass etwa jemand verfolgen würde, ein Königreich in Deutschland wieder einzuführen. Darum geht es überhaupt nicht. Es geht nicht um andere Regierungsformen und dergleichen mehr, sondern es geht darum, dass die grundlegenden Fragen von Menschenrechten, von Menschenwürde in unserer Gesellschaft in Frage gestellt werden. Dass sie dieser Ideologie der Volksgemeinschaft untergeordnet werden und letztendlich gerade das individuelle Recht auf Schutz der Menschenwürde, das jedem Menschen in unserem Land zukommt, wohlgemerkt unabhängig von seiner Abstammung, von seiner Herkunft, dass genau dieses in Frage gestellt wird. Und dieses hat ja, auch das ist mir wichtig heute, im Konkreten politische Folgen, auch für die innere Sicherheit in unserem Land. Deshalb geht es bei der Gefährlichkeit dieser Organisation auch nicht nur darum, wie nah ein Staatsumsturz oder eine Mehrheitserreichung auf Bundesebene oder dergleichen unmittelbar vor der Tür steht. Sondern dieses Agitieren in unserem Land führt zu unmittelbaren Gefährdungen in unserem eigenen Land für Menschen, die heute hier leben. Dabei ist natürlich – wir kommen im Laufe des Tages wahrscheinlich heute nochmal dazu – immer eine Frage, inwieweit man für eine einzelne Tat den unmittelbaren Bezug zu einzelnen NPD-Funktionären herstellen kann. Die NPD hat eine Leitfunktion in dieser ideologischen Auseinandersetzung. Es ist ganz wesentlich, dass das nicht erst eine Sache der letzten Monate ist, sondern planmäßig über Jahre hinweg schon der Boden dafür bereitet worden ist. Dies trägt ganz entscheidend dazu bei, dass eine solche Stimmung im Land entsteht, die ja nun letztendlich dazu führt, wie gesagt, ohne dass man das in jedem Einzelfall jetzt der NPD zuordnen könnte, dass wir inzwischen eine Situation in unserem Land haben, dass, ja man möchte fast sagen jeden zweiten Tag irgendwo in Deutschland ein Asylbewerberheim brennt.

Das ist im Endeffekt schon wahrscheinlich bei einer Reihe, letztendlich auch von Tätern, ein Ergebnis dessen, dass zu solch ausländerfeindlicher Stimmung eine Grundstimmung immer wieder verbreitet wird, dass Menschen sich geradezu durch diese Ideologie auch ermutigt sehen, so etwas zu tun. Die fremdenfeindliche Hetze gegen Flüchtlinge und Migranten und das Herbeireden einer nahen Staatskrise im

Sinne des Untergangs des Abendlandes fällt deshalb leider da oder dort auf fruchtbaren Boden, und so dürfte sie einerseits zu steigender Politik- und Parteiverdrossenheit beitragen. Mindestens genauso gefährlich ist aber die Radikalisierung von Einzelpersonen, auch durch diese Untergangsthesen der NPD. Besorgniserregend ist daher, dass sich auch Personen die bislang keinen rechtsextremistischen Strukturen angehörten in Kommentarbereichen und in sozialen Netzwerken fremdenfeindlich, islamfeindlich und rassistisch äußern. Und auch eine impulsgebende Wirkung zur Begehung von Straftaten darf hier nicht unterschätzt werden. Die NPD verfolgt die Strategie des Kampfs um die Köpfe, um hier Erfolge zu zeigen.

Ich will abschließend, hohes Gericht, noch einmal darauf hinweisen, dass natürlich der Verbotsantrag nicht die einzige Maßnahme ist, mit der wir von politischer Seite – im Bund ebenso wie in den Ländern – die Aktivitäten rechtsextremistischer Organisationen wie der NPD einzudämmen versuchen. Natürlich ist es Aufgabe in unserer freiheitlichen Demokratie, dass sich alle demokratischen Kräfte mit extremistischen Gruppierungen auseinandersetzen und dass dieser Kampf zunächst einmal politisch geführt wird. Wir nutzen gleichzeitig alle repressiven Möglichkeiten die dem Rechtsstaat zur Verfügung stehen. Demokratische Parteien sind tagtäglich gefordert sich mit rechtsextremistischem Gedankengut – auch der NPD – offensiv auseinanderzusetzen. Aber das alles reicht allein eben noch nicht aus. Nach wie vor bietet die NPD eine organisatorische und mit den Mitteln der staatlichen Parteienfinanzierung unterstützte Plattform für die Verbreitung rechtsextremistischen Gedankenguts. Es ist, um diesen Punkt auch noch zu erwähnen, in den letzten Jahren ja wiederholt auch diskutiert worden, ob es Wege gibt – gerade angesichts der Millionen die auch in der staatlichen Parteienfinanzierung fließen – hier eine vom Parteiverbot abgekoppelte Möglichkeit zu finden, eine extremistische Partei sozusagen von der Parteienfinanzierung auszuschließen. Letztendlich hat aber ja doch im Wesentlichen die rechtswissenschaftliche und auch die rechtspolitische Diskussion mehr oder minder zum Ergebnis geführt, dass sich eine solche Möglichkeit wohl nicht stellt. Solange eine Partei – das ist die Folge des Parteienprivilegs – solange eine Partei eben nicht verboten ist, wird man sie auch von diesen Möglichkeiten nicht ausschließen können. Insofern muss man dies natürlich auch in der Gesamteinschätzung, weshalb ist ein Parteiverbot notwendig, denke ich auch in die Überlegungen mit einbeziehen. Ich denke, dass für genau diese Fallkonstellation – das ist jedenfalls meine Überzeugung – im Grundgesetz die Möglichkeit eines Parteiverbotes vorgesehen ist.

Ja, ich habe das immer respektiert, dass die Hürde hoch ist. Es ist in der Tat wohl auch Folge aus der Katastrophe des Endes der Weimarer Republik und des Nationalsozialismus in beiderlei Hinsicht. Das wollte ich in der Diskussion von vorgestern noch einmal ergänzen. Es geht ja einerseits darum, dass man eine solche Konstruktion, die zu diesem, ja, überfallartigen Verbot der KPD 1933 führte, was ja überhaupt erst die Mehrheitsverhältnisse dann zum Ermächtigungsgesetz im Reichstag ermöglicht hat, einerseits verhindert und auf der anderen Seite aber natürlich auch verhindert, dass der Rechtsstaat tatenlos einer extremistischen Partei – wie damals der NSDAP – über lange Zeit dann ohne wirksame Möglichkeiten zuschaut. Das eine wie das andere sollte hier ausgeschlossen werden; deshalb sind die Hürden hoch, das halte ich auch für richtig. Ein Parteiverbot kann keine Alltagsfrage sein, darf auch nicht ein Dauerzustand sein. Aber diese Demokratie muss, wenn es – und das sage ich ganz bewusst – vor dem Erleben auch bei uns in Bayern, auch in Westdeutschland, wenn es überhandnimmt und wenn hier ganz eindeutig gerade die Privilegien, die eine Partei hat, dazu missbraucht werden um letztendlich grundlegende Fragen der Demokratie, nicht nur der Bestand des Staates, sondern das tolerante Zusammenleben der Menschen in unserem Land in Frage gestellt werden, dann muss diese Demokratie, dieser Rechtsstaat die Möglichkeiten auch nutzen, dem entgegenzuwirken. Deshalb halte ich es vor dem Hintergrund des konkreten Erlebens auch inzwischen im Alltag in unserem Land für notwendig, dass diese Partei verboten wird.

Präsident Prof. Dr. Voßkuhle: Vielen Dank, Herr Staatsminister! Fragen?

Herr Richter Müller: Ja. Herr Herrmann...

Präsident Prof. Dr. Voßkuhle: Herr Herrmann, Herr Staatsminister!

Herr Richter Müller: ...wenn Sie noch eine Sekunde Zeit hätten. Erste Frage mit Blick auf die bayerische Situation: Könnten Sie uns mal etwas sagen zu den Teilnehmerzahlen an den Veranstaltungen, bei denen die NPD selbst als Veranstalter auftritt?

Staatsminister Herrmann (Bayern): Ich habe die Zahlen im Einzelnen jetzt nicht im Kopf, die kann ich Ihnen aber gerne zur Verfügung stellen oder wir haben den Präsidenten des Landesamtes für Verfassungsschutz da, der hat die Zahlen sicherlich besser von den letzten konkreten Veranstaltungen der NPD.

Richter Müller: In Ihrem Verfassungsschutzbericht wird mit Blick auf die Situation der NPD 2014 gesagt, diese sei geprägt durch anhaltenden Mitgliederschwund und eine desolate Finanzsituation. Bei den Kommunalwahlen sei die NPD nirgendwo mit eigenen Listen angetreten. Es gibt die zwei BIA's, die als Tarnlisten der NPD bezeichnet werden, in München und in Nürnberg. Es gibt dort auch Kommunalmandate, ich glaube jeweils eines, für den Herrn Richter in München und eines in Nürnberg. Wenn man das dann mal – Sie wollten ja ein bisschen was sagen über die Situation der NPD im Westen insgesamt – noch in Verbindung setzt mit dem, was man in anderen Verfassungsschutzberichten liest, ich sag mal nur wenige Stichworte: Baden-Württemberg, sehr geringe Teilnehmerzahlen, nicht annähernd dreistellig; Bremen, zunehmende Handlungsunfähigkeit; Hessen, von 11 Kreisverbänden nur wenige aktiv, NPD kaum handlungsfähig; Niedersachsen, Niedergang setzt sich fort; alles Zitate aus Verfassungsschutzberichten, NRW, nahezu keine Aktivitäten; Rheinland-Pfalz, nicht in allen Landesteilen, Veranstaltungen mit geringsten Teilnehmerzahlen; Schleswig-Holstein, weitgehend inaktiv, desolate Situation. Wo ist da die Gefahr für die freiheitliche demokratische Grundordnung?

Staatsminister Herrmann (Bayern): Ich kann das nur für Bayern sagen. Ja, die Situation hinsichtlich des Rückgangs der Mitgliederzahlen – ich habe das vorhin ja auch angesprochen –, die ist in der Tat so, aber es ist eben auf der anderen Seite nicht so, dass die NPD deswegen nicht mehr in Erscheinung treten würde. Und an dem Beispiel der Kommunalwahlen – die habe ich ja selbst vorhin angesprochen – erleben wir: Sie nutzt dann eben andere Namen. Man konnte an diesen Wahlkämpfen bei der Kommunalwahl sehr wohl erleben, dass sie dann entsprechend aktiv wird, dass dann plakatiert wird, da steht dann eben nicht „NPD" auf den Plakaten sondern „BIA". Weil da viele Gruppierungen auftreten, ist auch ein solches Mandat im Münchner Stadtrat oder im Nürnberger Stadtrat mir nichts, dir nichts zu gewinnen, und da stellt man die Aktivitäten dann sehr wohl fest. Ich habe ausdrücklich darauf hingewiesen: Die NPD hat sich – das ist unsere bayerische Beobachtung – in den letzten Jahren und ganz besonders jetzt im Rahmen der Asyldiskussion natürlich auch an andere drangehängt, aber da letztendlich schon auch – ich sage jetzt ganz bewusst nochmal – versucht, jedenfalls immer wieder eine ideologische Führungsrolle mit zu übernehmen. Dieses gemeinsame Agieren mit anderen Gruppierungen entsprechend zu verstärken. Und wir erleben – das darf man bei diesen Mitgliederzahlen nach der Einschätzung unserer Verfassungsschutzbehörden nicht unterschätzen – häufig schon eine Situation, dass es eine Reihe von Leuten in der Kameradschaftsszene gibt, bei den anderen rechtsextremen Gruppierungen, die schon seit einer Weile nun am Schluss doch ein Verbot der NPD befürchten und deshalb jetzt ja schon ausweichen in die anderen Gruppierungen wie eben „Dritter Weg" beispielsweise oder „Die Rechte" weil sie sehen, da sind dann neue Möglichkeiten. Wir haben in Bayern in den letzten Jahren ja auch einen entschiedenen Kampf mit anderen Mitteln geführt, außerhalb des Parteiverbots. Wir haben das „Freie Netz Süd" verboten, was entsprechend schon auch die Schlagkraft ein Stück weit hier eingeschränkt hat. Aber es ist eben nicht so, auch wenn die anderen Dinge, die sie angeführt haben, zweifellos richtig sind. Es ist nicht so, dass die NPD deswegen in der Öffentlichkeit nicht mehr in Erscheinung treten würde. Sie sucht dieses Bündnis mit anderen rechtsextremen Gruppierungen und sie ist in der Wirkung, das können sie heute auch schon sehen, ja bei anderen Gelegenheiten auch, was sie heute allein mit entsprechenden Facebook-Auftritten, mit Internetpropaganda auch mit relativ wenigen Leuten erreichen können. Sie erreichen diese Wirkung.

Richter Müller: Ich hätte noch zwei Fragen, erste Frage: Nochmal bezogen auf die Situation in den westlichen Bundesländern. Da ist die NPD ja keine neue Erscheinung, sondern die gibt es seit 50 Jahren. Die war schon mal sehr viel erfolgreicher. Die war schon mal in Landtagen vertreten. Die hat einmal knapp den Einzug in den Bundestag verpasst. Trotzdem hat man kein Verbot beantragt. Warum jetzt?

Staatsminister Herrmann (Bayern): Nun, warum man in den sechziger oder siebziger Jahren kein Verbot beantragt hat, kann ich aus der heutigen Sicht nicht mehr beurteilen. Aber ich bin der festen Überzeugung, dass es jetzt richtig ist. Wir diskutieren ja nicht erst seit ein paar Monaten, sondern es gab vor einigen Jahren schon den ersten Anlauf, der wohlgemerkt an den Verfahrensgründen gescheitert ist und nicht, – ich sage das ganz bewusst nochmal – weil die sachlichen Gründe zum Verbot damals nicht aus unserer Sicht vorgelegen hätten. Damit hat sich das Gericht ja damals nicht beschäftigt, weil das Verfahrenshindernis vorlag. Jedenfalls aus der Sicht einer Minderheit des Gerichts, aber immerhin. Und von daher sind wir eben gerade aufgrund der Entwicklung der letzten zehn Jahre der festen Überzeugung, dass die NPD – und ich betone nochmal – gerade für diesen Bereich, nicht für die Frage, ob da eine Mehrheitsübernahme auf Bundesebene ansteht oder dergleichen, sondern hinsichtlich der – sage ich ganz bewusst – katastrophalen Wirkung auf einen Teil der Meinungsbildung, der politischen Meinungsbildung in Teilen der Bevölkerung, der Verbreitung dieser – insbesondere ausländerfeindlichen – Hetze, eine ganz schlimme Wirkung hat. Und die Wirkung, die hier die NPD entfaltet, folgt aus der Beurteilung, jedenfalls der letzten Jahre. Wie man dann jetzt auf neue Gruppierungen reagiert, wird man sehen. Aber im Moment, da sind auch Gruppierungen dabei, wo sich dann die Frage stellt, ob das überhaupt eine echte Partei ist oder ob die nur zur Tarnung oder zur Bemäntelung den Parteinamen führt, das sind alles ganz andere Kapitel. Aber die NPD hat nach unserer gemeinsamen Überzeugung aller Länder, natürlich mit dem viel größeren Schwerpunkt in Ostdeutschland, aber darüber werden andere Kollegen noch sprechen, aber ganz eindeutig auch bei uns in Westdeutschland, die NPD hat die herausragende Rolle letztendlich in der Richtungsbestimmung, in der Themenbestimmung, insgesamt in dem rechtsextremistischen Bereich, und das darf nicht unterschätzt werden.

Richter Müller: Dann hätte ich noch eine letzte Frage zu den Belegen, die von Seiten der Antragsteller vorgelegt worden sind, mit Blick auf zwei Belege, die sind relativ kurz, deshalb möchte ich sie auch vortragen, die dem NPD-Landesverband Bayern zugeordnet werden, Internetveröffentlichungen. In denen heißt es: NPD-Landesverband Bayern via NPD-Kreisverband Unna/Hamm. Der Text heißt:

„In den Großstädten ist die Situation bereits so, dass man auf den Straßen auf Schritt und Tritt Schwarzafrikanern (Negern) begegnet. Nicht etwa arbeitend, mit einem Besen in der Hand. Nein. Sie gehen spazieren gehen [das steht so da] oder shopping oder girls watching. Sie wurden geholt um unser Volk, unsere Ethnie endgültig zu zerstören. Deutsche Frauen und Mädchen, lasst euch nicht mit Negern ein. Ihr vergeht euch sonst auf das schwerste an eurem Volk."

Das ist das eine. Und das zweite, NPD-Landesverband Bayern 21. Mai:

„Vorsicht, kommt den Flüchtlingen nicht zu nahe, ihr gefährdet eure Gesundheit. Dieser Helfer [da ist Bezug genommen auf ein Foto] trägt sicherheitshalber eine Schutzkleidung, wobei Krätze, eine Hautinfektion mit Parasiten, noch das Harmloseste ist, was man sich bei denen holen kann." Unterschrift unter dem Bild: „Immer häufiger Krätzealarm bei Flüchtlingen."

Können Sie bestätigen, dass das Belege sind, die Bayern in die Materialsammlung zugeliefert hat und deren Urheberschaft durch die NPD auch geprüft wurde?

Staatsminister Herrmann (Bayern): Ja, das kann ich bestätigen. Wir haben diese Beispiele ganz bewusst hier so eingestellt. Sie sind eben typisch für diese ausländerfeindliche Hetze und das in folgender Situation, das will ich hier noch einmal sagen:

Beispiel München. Das gehört ja auch zu unserer selbstverständlichen Außendarstellung: München ist die sicherste Millionenstadt Deutschlands, wahrscheinlich Europas. Wir haben keine Steigerung der Kriminalität insgesamt. Natürlich gibt es auch in unserem Land beispielsweise Straftaten, die auch durch Asylbewerber verübt werden, gar keine Frage. Aber es ist eben nicht so, dass es in irgendeiner Weise eine besorgniserregende Zunahme in diesem Bereich gäbe. Dass hier ein solches Foto, wenn ich es richtig in Erinnerung habe, da auch missbraucht wird. Natürlich ist beispielsweise bei der Erstankunft in einer Aufnahmestelle und der medizinischen Untersuchung das medizinische Personal entsprechend so gekleidet, weil natürlich auch in der Tat der ein oder andere Flüchtling, der in den letzten Monaten zu uns kam, auch krank war und entsprechend behandelt werden musste. Dieses aber dann zu einer solchen Darstellung zu missbrauchen und solche Eindrücke in der Öffentlichkeit zu erwecken, das ist genau das, was eben diese infame Strategie der NPD ausmacht.

Präsident Prof. Dr. Voßkuhle: Vielen Dank, Herr Staatsminister! Dann würden wir jetzt gerne Herrn Innenminister Caffier hören zur Situation in Ostdeutschland, natürlich insbesondere Mecklenburg-Vorpommern.

Innenminister Caffier (Mecklenburg-Vorpommern): Herr Vorsitzender! Hohes Gericht! Meine Damen und Herren! Lassen Sie mich zunächst mit einem Zitat von Herrn Udo Pastörs, heute Fraktionsvorsitzender im Landtag von Mecklenburg-Vorpommern, innerhalb der NPD-Szene eine bekannte Persönlichkeit, beginnen. Ich zitiere: „Und wenn wir zur Macht gelangen, dann besteht darin auch die Verpflichtung, jene einer gerechten Strafe zuzuführen, die für diese Ausplünderungspolitik unseres deutschen Volkes Verantwortung tragen und heute noch uns frech ins Gesicht grinsen. Also, liebe herrschende Klasse, seht euch vor, denn wer Wind sät, wird Sturm ernten, lasst uns Sturm sein." Zitat aus einer öffentlichen Veranstaltung, der Kollege Richter hat ja Schwierigkeiten bei der Zuordnung der Zahlen, das ist der Beleg Nr. 10.

Seit meiner Amtsübernahme im Jahr 2006 habe ich mich intensiv mit einer Frage des NPD-Verbotes befasst und diese auch politisch ausgelotet. Wesentliche Aufschlüsse dafür waren für mich die seit 2004 zu beobachtenden verstärkten Aktivitäten der Partei. Sie standen nach meiner Einschätzung im Zusammenhang mit der quasi wahlkampflosen Erringung von zehn Kommunalmandaten in Mecklenburg-Vorpommern und dem Einzug der NPD im gleichen Jahr im Landtag von Sachsen. Besorgniserregend war für mich der parallele und sicherlich nicht zufällige Eintritt von Neonazikadern, die ganz offensichtlich die Absicht verfolgten, die Partei als Vehikel für den Ausbau des eigenen politischen Einflusses zu nutzen. Mit dem Einzug von sechs Abgeordneten in den Landtag des Landes Mecklenburg-Vorpommern im Jahr 2006, darunter zwei Neonazis, war diese Strategie aufgegangen. Diese konnten ab dem Tag des Einzugs in den Landtag auch über die Möglichkeiten eines Landtagsabgeordneten verfügen und in der Folgezeit ihre Vernetzungsstrategie ausbauen.

In der Folgezeit konnte ich dann das Verhalten der NPD-Landtagsabgeordneten aus eigener Anschauung erleben. Deren provokantes Verhalten der Missachtung der Opfer des Nationalsozialismus und die deutlich hervortretende Demokratiefeindlichkeit bestärkten mich zusätzlich in dem Beschluss, auf ein neuerliches NPD-Verbotsverfahren zu drängen. Wir beobachten in Mecklenburg-Vorpommern seit Jahren, dass die NPD versucht, über den engeren Sympathiekreis hinaus Einfluss in der Gesellschaft zu gewinnen. Dabei setzt sie neben der politischen Arbeit im Landtag und in den Kommunalvertretungen ganz wesentlich auf den außerparlamentarischen Raum. Derzeit können wir das auch bei der MVGIDA-Bewegung verfolgen, in der die NPD versucht, Einfluss auf die Steuerung der Veranstaltungen zu nehmen. Deutlich wird dies im folgenden Zitat des NPD-Landesverbandes aus dem Jahr 2012, der als Beleg 115 in die Antragsschrift eingeflossen ist, ich zitiere: „Wir haben erkannt, dass unsere Rollen nicht in den Parlamenten erbettelt, sondern auf allen Ebenen erstritten werden muss. Nur eine Bewegung die den Kampf um die Straße und die Parlamente und die Köpfe und vor allem um die Herzen unseres Volkes gleichermaßen führt, kann Deutschland aus den Fängen von Globalisierung und Kapitalismus befreien." Damit folgt der Landesverband einer politischen Konzeption, die bereits 2010 von dem NPD-Kader aus Sachsen, Herrn Jürgen Gansel, wie folgt formuliert wurde und Beleg 97 der Antragsschrift bildet, ich zitiere: „So wie das System von unten nach oben fault, muss die NPD von unten nach oben politische Gegenmacht aufbauen. In den Städten, Gemeinden und Landkreisen haben wir uns als Stachel im Fleisch der Volksbetrüger und als Schutzmacht der kleinen Leute unseres Volkes festzusetzen, parlamentarisch wie außerparlamentarisch. Nationale Graswurzelarbeit war noch nie so erfolgversprechend wie in diesen Tagen."

Graswurzelpolitik der NPD bedeutet also die konkrete politische Arbeit vor Ort im Sinne einer Graswurzelbewegung. Als Kümmerer vor Ort, im Verein, in der Nachbarschaft und in ähnlichen sozialen Zusammenhängen. Durch die Besetzung bürgernaher Themenfelder und die Anwendung geeigneter Aktionsformen soll die politische Wirkmächtigkeit ausgeweitet werden. Ich will das an einigen Beispielen untermauern. Der NPD-Landesverband setzt sich in besonderer Weise für sozial benachteiligte Deutsche, wie Hartz-IV-Empfänger, ein. Bei der Bürgerbüroeröffnung im „Thinghaus" am 16. April 2010 – hierzu verweise ich auf Beleg-Nr. 84 der Antragsschrift – sprach der örtliche NPD-Kader K. unter anderem von: „Hilfe für die Menschen in diesem Land mit Harz-IV-Sprechtagen, Hilfe beim Bescheiden von Zweckverbänden, kurzum, wir wollen der sozialen Ungerechtigkeit unserem Land entgegen treten." Der Landtagsabgeordnete Herr Andrejewski lädt in Anklam immer montags zu sogenannten Hartz-IV-Beratungen und Bürgersprechstunden ein. In der Durchführung von Kinderfesten, die gestern schon einmal eine große Rolle spielten, sieht die NPD im Land eine geeignete Aktionsform im Sinne der Kümmererstrategie, um ihre Akzeptanz in der Bevölkerung zu erhöhen und fortzusetzen. Politische Botschaften werden dabei unterschwellig vermittelt. Der NPD-Landesvorsitzende Stefan Köster äußerte sich zu den Kinderfesten im Allgemeinen in der Deutschen Stimme wie folgt: „Unsere Kinderfeste bringen die Herrschenden ins Schwitzen und die Kinder und Eltern zum Lachen. Strahlende Kinderaugen scheinen den Regierenden ein Dorn im Auge zu sein. Vor allem dann, wenn die nationale Opposition dafür Sorge trägt, dass für die Kinder und Eltern an einem Tag im Jahr die Sorgen des grauen Alltags in den Hintergrund treten. Zur Nachahmung wärmstens empfohlen." Hierbei handelt es sich um Beleg 154 der Antragsschrift.

Zudem zielt die NPD in Mecklenburg-Vorpommern darauf ab, mit eigenen kostenlosen Zeitungen die bisherigen Regionalzeitungen zu ersetzen. So bemerkt etwa der NPD-Landesverband Mecklenburg-Vorpommern im Juni 2010 auf seiner Internetseite – das ist der Beleg 176 der Antragsschrift –, dass viele Zeitgenossen die Tageszeitung auch aus wirtschaftlichen, sozialen Gründen abbestellen. Da die meisten Menschen an Informationen dennoch interessiert seien, tue sich für den nationalen Wiederstand eine gar nicht hoch genug einzuschätzende Möglichkeit auf, in die offensichtlich vorhandenen Lücken mit eigenen kostenlosen, verfügbaren Regionalblättern vorzustoßen. Dementsprechend verteilt die rechtsextremistische Szene des Landes Mecklenburg-Vorpommern die ursprünglich aus dem neonazistischen Kameradschaftsspektrum entstandenen Boten zeitweise großflächig. Die Boten werden in den Regionen Mecklenburg und Vorpommern gleichermaßen verteilt. Diese wurden presserechtlich häufig von NPD-Funktionären im Sinne des Presserechts verantwortet, außerdem werden Zeitschriften wie „Der Ordnungsruf" der NPD-Landtagsfraktion, „Weiterdenken-TV" des NPD-Landesverbandes, mehrere Publikationen mit dem Titel „Kurz und Knapp – die Nachrichten der NPD aus den Gemeindevertretungen" verteilt. Auch im Raum Ueckermünde wird die Akzeptanz der NPD unter anderem in der Person des damaligen und jetzigen NPD-Landtagsabgeordneten Tino Müller und bei öffentlichkeitswirksamen Aktionen der NPD auf Volksfesten festgestellt. Hier wird versucht, durch NPD-Propagandamaterial das Gedankengut zu transportieren.

Die räumlichen Dominanzansprüche in einzelnen Regionen, die gestern hier schon hin und wieder eine Rolle spielten, die eben nicht nur in Vorpommern feststellbar sind, sondern eben auch in Mecklenburg, denn die Orte Jamel – der hier eine Rolle spielt – oder auch Lübtheen liegen in Mecklenburg, der eine in der Nähe zu Lübeck, der andere an der Grenze zu Niedersachsen. Die NPD in Mecklenburg-Vorpommern ist aufgrund ihrer Basisarbeit sowie ihrer Funktion als Netzwerk und organisatorische Basis für andere rechtsextremistische Gruppen in der Lage Dominanzansprüche zu äußern und im öffentlichen Raum dementsprechend aufzutreten. Dies wurde ja auch gestern schon verschiedentlich verdeutlicht, wenn man auch zu der ein oder anderen Ausführung durchaus unterschiedliche Auffassung haben darf. Ich will dies hier trotzdem noch einmal aufgreifen.

Jamel als Extrembeispiel und als Sonderfall, in der Tat. Der mecklenburgische Kleinstort Jamel stellt sicherlich einen Extremfall dar. Da wurde das Konzept der Antragsgegnerin nahezu vollständig umgesetzt, da der Ort gesellschaftlich fast vollständig von Rechtsextremisten beherrscht und bewohnt wird. Die zentrale Figur dabei ist K., der von 2009 bis 2011 für die NPD im Kreistag Nordwestmecklenburg saß und von November 2010 bis Januar 2011 als Beisitzer im NPD Landesvorstand vertreten war. K. und dessen Anhänger bilden die Mehrheit im Jamel. Unter sechs von zehn Anschriften sind bekannte Rechtsextremisten gemeldet. Das wird auch deutlich durch das Dorfbild. Durch Wahrzeichen, die die Jameler Rechtsextremisten aufgestellt haben auf ihren Grundstücken demonstrieren sie die psychologische Vereinnahmung des Ortes. Markant ist zum einen der Holzwegweiser, der unter anderem Richtung und Entfernung nach Braunau am Inn, dem Geburtsort Adolf Hitlers angibt und der die Stadt Wien mit der von den Nationalsozialisten für Österreich verwendeten Benennung „Ostmark" konvertiert. Dominant ist zum anderen ein Wandgemälde auf privatem Grund mit dem Schriftzug „Dorfgemeinschaft Jamel – frei – sozial – national". Auf dem Internetportal von David Petereit – wohlgemerkt MdL –, das ausführlich die Ereignisse in Jamel thematisiert hat, wurde der Ort im Jahr 2010 als Musterdorf bezeichnet, in dem Kinder in Anspielung auf die angestrebte Volksgemeinschaft nach nationalsozialistischem Vorbild in einer gesunden Gemeinschaft heranwachsen können. Auch wurde der Wunsch nach Unterstützung ähnlicher Konzepte an anderen Orten geäußert. Die meisten Jameler – so „Mupinfo" – seien volkstreu eingestellt – siehe Beleg 71 des Schriftsatzes. Bei einem dort lebenden Künstlerehepaar, das sich gegen Rechtsextremismus engagiert, stark engagiert, führt die Polizei eine Schutzmaßnahme durch.

Ferner gibt es Gebiete, in denen die NPD einen umfangreichen Dominanzanspruch erhebt, zu realisieren versucht, indem sie bereits erfolgreiche Schritte auf dem Weg genommen hat beziehungsweise unternimmt. Dies gilt beispielsweise auch für die Orte Anklam und Lübtheen. Ziel ist es, Lübtheen und Anklam und andere Orte noch stärker zu prägen, um eine Dominanz zu verwirklichen, wie sie bisher eben nur in Jamel zu finden ist. Am Ende soll die Demokratie zugunsten des „nationalen Aufbaus" weichen. In Anklam hat der rechtsextremistische Internetauftritt „Freies Pommern", seinerzeit verantwortet vom heutigen NPD-Landtagsabgeordneten Tino Müller, über Anklam im Jahr 2010 geäußert, dass die Stadt, ich zitiere, „seit langem als nationalbefreite Zone" gelte. Der heutige stellvertretende NPD-Landesvorsitzende H. hat nach Erwerb seiner Immobilie zum Aufbau eines „nationalen Begegnungszentrums" die Auffassung vertreten, dass die Region Anklam über starke und gut organisierte Strukturen innerhalb des „nationalen Widerstandes" verfügt und somit als „nationaler Leuchtturm" bezeichnet werden könne. Auch dieser hat die Absicht der Schaffung weiterer „Leuchttürme" in Mecklenburg-Vorpommern geäußert. Die nationale Bewegung müsse beständig und kontinuierlich den oppositionellen Takt gegen das herrschende BRD-System mit all seinen volksschädigenden Auswüchsen erhöhen – der entsprechende Beleg ist mit Nr. 75 in den Schriftsatz eingegangen. Als nationales Begegnungszentrum ist das heutige Objekt Sitz des NPD-Landesverbandes und ein überregionaler Anlaufpunkt für Rechtsextremisten. In dem Ort sind neben der sogenannten Volksbücherei ein rechtsextremistischer Versandhandel sowie das Bürgerbüro des NPD-Landtagsabgeordneten Michael Andrejewski angesiedelt. Die NPD sieht in dem Projekt das Ergebnis einer hier natürlich gewachsenen politischen Kampfgemeinschaft, unabhängig davon, ob der Einzelne parteigebunden ist oder nicht – Beleg 12.

In Lübtheen versucht man ähnliche Dominanzansprüche zu erheben. Für die Stadt Lübtheen und deren näheren Umkreis versucht sie diese Ansprüche umzusetzen unter anderem durch Immobilienerwerb und den gezielten Zuzug mehrerer führender NPD-Funktionäre. Dazu gehörten insbesondere der heutige Fraktionsvorsitzende im Landtag Udo Pastörs und seine Frau M., die derzeit NPD-Mandatsträgerin in der Stadtvertretung von Lübtheen ist. Der Wahlkreismitarbeiter von Herrn Pastörs, Herr T., ebenfalls NPD-Stadtvertreter in Lübtheen, der Landesvorsitzende Stefan Köster, der Geschäftsführer der NPD-Fraktion im Landtag Mecklenburg-Vorpommern ist, G. und der Wahlkreismitarbeiter von Herrn Köster, Herr K. Der gezielte Immobilienerwerb im gesamten Raum Lübtheen führt unter anderem dazu, dass im Stadtzentrum am Thälmannplatz eine prominente Immobilie von der Antragsgegnerin genutzt wird, in der sie unter anderem ein Bürgerbüro sowie die Bundesgeschäftsstelle der Jungen Nationaldemokraten eingerichtet hat. Zudem unternehmen Mitglieder und Anhänger der Antragsgegnerin umfangreiche Anstrengungen zur Verankerung in der Mitte der Gesellschaft. Dies geschieht nicht nur durch intensive kommunalpolitische Aktivitäten, dies geschieht auch durch die Beteiligung von NPD-Mitgliedern und Anhängern an der Gründung des Vereins „Sportfreunde Griese Gegend e. V.". So finden in den genannten Immobilien der NPD unter anderem unter dem Titel: „Kulturrrahmen Lübtheen" Vorträge statt, beispielsweise zu „Brauchtumspflege als Bestandteil des Volkstums". Der Verein „Sportfreunde Griese Gegend e. V." führt auch aktuell im Auftrage der Jungen Nationaldemokraten Selbstverteidigungsseminare beziehungsweise sogenannte Nervendruckseminare durch. Auf der seinerzeit vom Landtagsabgeordneten David Petereit verantworteten Internetseite „Mupinfo" wurden die Fortschritte bei der Realisierung territorialer Dominanzansprüche in Lübtheen und Umgebung im Jahr 2013 wie folgt bewertet: „In der Griese Gegend sind NPD und volkstreue Bewegung aus dem öffentlichen Leben längst nicht mehr wegzudenken. Kultur und Politik, Sport und Soziales Engagement sind die Felder, auf denen sich die Nationalsozialisten engagieren. Die Gegend rund um Lübtheen besitzt längst Modellcharakter. Hier befinden sich mehrere Objekte in deutscher Hand, wo unter anderem Udo Pastörs sein Bürgerbüro betreibt."

Rechtsextremisten schrecken auch in Mecklenburg-Vorpommern, trotz gegenteiliger Beteuerung der NPD, vor einer Strategie der Verunsicherung des politischen Gegners nicht zurück. Einschüchterung und Bedrohung sind vor diesem Hintergrund in vielen Fällen unmittelbar durch der NPD klar zurechenbare Funktionäre und Mitglieder erfolgt. Als Innenminister des Landes habe ich mich bekanntermaßen seit langem damit beschäftigt und auch meine Meinung immer offen kundgetan, dass die NPD eine Partei ist, die nach ihren Zielen und dem Verhalten ihrer Anhänger darauf ausgerichtet ist, die freiheitliche demokratische Grundordnung zu beseitigen. Ihre Ideologie ist menschenverachtend, fremdenfeindlich, antidemokratisch und antisemitisch, so dass ich mich wiederholt für ein Verbot stark gemacht habe. Vermutlich aus diesem Grund war auch ich immer wieder persönlich Anfeindungen der rechtsextremistischen Szene ausgesetzt. Die nachfolgenden Sachverhalte sind dem Bundesverfassungsgericht bereits bekannt. Im Rahmen einer Durchsuchung in den Wohnräumen des bekannten Rechtsextremisten K. im August 2010 wurden 72 Fotos prominenter Politiker und Personen jüdischen Glaubens aufgefunden, die alle als Zielscheiben gefertigt waren und teilweise Einschusslöcher von Luftdruckwaffen aufwiesen. Aber man musste feststellen, dass nicht nur das Konterfei der Landtagspräsidentin, sondern auch das eigene Konterfei als Zielscheibe genutzt wurde. Kurze Zeit nach diesem Vorfall wurde Herr K. im November 2010 als Beisitzer in den NPD-Landesvorstand gewählt. Diffamierende Aufrufe im Internet führten immer wieder zu Anzeigen, aber auch zu größeren Auseinandersetzungen.

Weitere Beispiele für Bedrohungen im Land: am 5. Dezember 2010 versammelte sich eine Gruppe von zwölf Aktivisten um den stellvertretenden NPD-Landesvorsitzenden David Petereit vor dem Haus des ehrenamtlichen Bürgermeisters von L. und verteilte beleidigende Flugblätter, nachdem sich dieser geweigert hatte, einer rechtsextremistischen Familie die übliche Patenurkunde des Bundespräsidenten zur Geburt des siebten Kindes zu überreichen. Der Aktion war eine hetzerische Berichterstattung auf „Mupinfo" über den Bürgermeister vorausgegangen – Beleg 159–161. Eine fortlaufende Bedrohungslage entwickelt sich seit 2013 für eine Stadtvertreterin und Kreistagsmitglied der Partei DIE LINKE, Frau L. in Güstrow. Ihr Engagement richtet sich insbesondere gegen die seit Herbst 2014 unter anderem von M. – NPD-Stadtvertreter in Güstrow – organisierten „Anti-Asyl-Demonstrationen", die auch im Zusammenhang mit der Gründung einer Bürgerwehr Anfang 2015 stehen – Belege 184–87.

Bei Frau L. führt die Polizei ebenfalls eine Schutzmaßnahme durch. In der Nacht zum 15. August 2013 hielten drei Transporter mit NPD-Mitgliedern beziehungsweise Sympathisanten der Partei vor einem alternativen Wohnprojekt in Greifswald und eine Gruppe von 15–20 schwarzgekleideten und vermummten Personen – mit Schlägern bewaffnet – beabsichtigte gewaltsam in das Gebäude einzudringen. Das Amtsgericht Greifswald verurteilte den damaligen Usedomer NPD-Stadtvertreter O. am 30. Juni 2014 wegen Sachbeschädigung in Tateinheit mit versuchter Nötigung – Beleg 195–97. Einen besonderen Bezug zur NPD hatten auch zwei Anschläge auf das Bürgerbüro des heutigen SPD-Abgeordneten D. in Torgelow. Er hatte am 31. Juli 2013 bei einer öffentlichen Kundgebung der NPD nach provokativer Aufforderung durch die Parteiaktivisten das Wort ergriffen und dabei eindringlich vor der NPD gewarnt. Am 5. Mai 2014 warfen unbekannte Täter mit Steinen zwei Fenster seines Bürgerbüros ein. Am 9. Dezember 2015 wurde eine erneute Sachbeschädigung durch Anbringen von Aufklebern: „Vorsicht Gutmensch, asylbesoffen und inländerfeindlich" an dem Büro festgestellt. Aufkleber mit entsprechendem Inhalt waren am 16. Oktober 2015 vom NPD-Landesverband als neue Aufkleber beworben worden – verantwortlich im Sinne des Presserechts ist der stellvertretende NPD-Landesvorsitzende H. Bei D. wird auch nach wie vor eine Schutzmaßnahme durchgeführt.

Als besondere Verhöhnung von Minderheiten und den Opfern des Nationalsozialismus sehe ich den Holzkohlegrill mit der sichtbaren Inschrift „Happy Holocaust" an, der im Jahr 2011 auf dem Gelände des rechtsextremistischen Treffpunktes „Thinghaus" durch die Medien festgestellt worden ist. Die bloße Vorstellung, wie diese bei Grillfesten von Rechtsextremisten Verwendung gefunden hat, ist für mich kaum erträglich. Die Mitglieder Herr Pastörs und Herr Köster unterhalten dort ein sogenanntes Bürgerbüro. Schon allein diese Beispiele sollen zeigen, dass die NPD in aggressiv-kämpferischer Weise gegen die freiheitliche demokratische Grundordnung kämpft. Gerade bezogen auf das Bundesland Mecklenburg-Vorpommern, wo der NPD-Parteiapparat die rechtsextremistischen Bestrebungen im Lande maßgeblich stützt und, ja, von Steuergeldern finanziert wird und gefördert wird, würde ein Verbot die Aktionsfähigkeit von Rechtsextremisten insgesamt nachhaltig beeinträchtigen. Davon bin ich fest überzeugt.

Als Land, auch das will ich abschließend feststellen, haben wir seit vielen Jahren gemeinsame Maßnahmen der Bekämpfung des Rechtsextremismus sowohl als Landesregierung mit den sie tragenden Fraktionen, aber auch mit den gesamten demokratischen Kräften im Landtag durchgeführt, sowohl aus präventiven als auch aus repressiven Ansätzen. Von wesentlicher Bedeutung sind dabei die Regionalzentren für demokratische Kultur, die von verschiedenen nichtstaatlichen Trägern unterhalten werden. Sie sollen vor Ort primär Präventionsmaßnahmen gegen antidemokratische Kräfte koordinieren und die staatlichen und nichtstaatlichen Akteure auf diesem Feld mit ihren speziellen Expertisen beraten. Darüber hinaus werden durch lokale Aktionen zudem zahlreiche Maßnahmen gegen Rechtsextremismus vor Ort koordiniert. In diesem Rahmen werden beispielsweise im Landkreis Vorpommern-Greifswald Programme mit einem besonderen Fokus auf Kinder und Jugendliche durchgeführt. Hierzu gehören Schulsozialarbeit zur Förderung von Demokratie und Toleranz und, und, und. Ein weiterer wichtiger Baustein ist das im Rahmen des Landesprogramms geknüpfte Demokratie- und Toleranzberatungsnetzwerk. Dabei handelt es sich um einen Zusammenschluss aus staatlichen Akteuren, nämlich der Polizei und dem Verfassungsschutz und nichtstaatlichen Akteuren im Bereich der Prävention, unter anderem die Regionalzentren. Zweck dieses Netzwerkes ist zum einen der Informationsaustausch, zum anderen die Bereitstellung von Beratungsangeboten bei besonderen Problemen mit landesweiter Bedeutung. Speziell durch mein Haus, das Innenministerium, wurden zahlreiche präventive und repressive Maßnahmen gegen Rechtsextremisten veranlasst. Von Merkblättern gegen den Erwerb von Immobilien bis hin zur Nichtzulassung der angestrebten Kandidaturen von NPD-Angehörigen für das Amt des Bürgermeisters oder Landrats, unter anderem in Anklam, Pasewalk, Ludwigslust und Schwerin, mit Hilfe einer Neuregelung im Kommunalgesetz und einer damit verbundenen Prüfung der Verfassungstreue. Wir haben gemeinsame Erklärungen des Landesfeuerwehrverbandes und des Landessportbundes erwirkt, um die Unterwanderung, die von der NPD angestrebt wird, auch hier zu verhindern und zudem die Nichternennung von Ehrenbeamten – denn auch die müssen sich auf dem Boden des Grundgesetzes bewegen – geregelt. Wir haben im Jahr 2009 die „Mecklenburgische Aktionsfront" verboten, eine Organisation, die sich gegen den Gedanken der Völkerverständigung gerichtet hat. Die „Mecklenburgische Aktionsfront" war eine jahrelang aktive neonazistische Kameradschaft im Raum Mecklenburg/Strelitz/Neubrandenburg. Sie hatte mit vielfältigen Aktivitäten wie der Verbreitung von Flugblättern, Aufklebern und Plakaten, dem Betreiben einer eigenen Internetseite oder Aufrufen zu beziehungsweise Teilnahme an Veranstaltungen oder Demonstrationen, regelmäßig ihre Nähe zum Nationalsozialismus gezeigt. Der Adressat der damaligen Verbotsverfügung: der heutige Landtagsabgeordnete und stellvertretende NPD-Vorsitzende David Petereit. Wir haben eine Verwaltungsvorschrift zur Regelung zur Bekämpfung des Rechtsextremismus in Mecklenburg-Vorpommern erlassen. Wir haben eine eigenständige „Mobile Aufklärung Extremismus" in unserer Landespolizei gebildet mit zusätzlichen 50 Beamten, die sich ausschließlich mit der Frage der Extremismusbekämpfung befasst.

Abschließend gestatten Sie mir festzustellen: Die Landesregierung Mecklenburg-Vorpommern hat zur Bekämpfung des Rechtsextremismus eine Vielzahl von Maßnahmen ergriffen, um demokratiefeindlichen Kräften entschlossen entgegenzuwirken. Aber nicht nur die Landesregierung, sondern auch alle demokratischen Parteien im Land sind seit langem der Überzeugung, dass der Weg zu einem Verbotsverfahren trotz dieser vielfältigen Maßnahmen unvermeidbar ist. Die hier in den letzten Tagen vielfach geäußerte Auffassung, die NPD sei keine ernstzunehmende Gefahr für die freiheitliche demokratische Grundordnung, kann ich, und das sage ich auch stellvertretend für meine Innenministerkollegen und Senatoren, die ja die Vorbereitung dieses Verfahrens mitbetrieben haben, gleichermaßen nicht teilen. Ich danke für die Aufmerksamkeit!

Präsident Prof. Dr. Voßkuhle: Vielen Dank, Herr Innenminister. Dann möchte ich eine erste Frage stellen: Wie erklären Sie sich denn, dass trotz dieser vielen Aktionen, die Sie geschildert haben, und dieser Verbundenheit mit, ja, dem ganzen Milieu, die wir ja auch gestern schon hier verschiedentlich dargestellt bekommen haben, dass die

NPD bei den Kommunalwahlen nun nicht sehr erfolgreich war, dass sie weniger Sitze hat. Also bei den Landkreisen und Kreisfreien Städten sind es minus neun Sitze, da sind es jetzt 17 gewesen, minus zwei bei den Kommunalwahlen und das insgesamt – also das ist jetzt Mecklenburg-Vorpommern – auch auf kommunaler Ebene der Erfolg politisch, wenn man schlicht auf die Ämter schaut, doch sehr gering ist, also ungefähr 0,15 % der Kommunalmandate werden von NPD-Mitgliedern – nach Berechnung des Gerichts – gehalten. Was ist Ihre Erklärung dafür, dass sich das sozusagen nicht in einem politischen Mehrwert niederschlägt, all diese Dinge, die Sie uns jetzt hier nochmal dargestellt haben?

Innenminister Caffier (Mecklenburg-Vorpommern): Ich glaube, zum einen muss man natürlich die Besonderheit der neuen Bundesländer betrachten, wo die Kommunalmandate im großen Maßstab eben doch höher errungen sind als in den westlichen Bundesländern, aber insbesondere ist das natürlich auch ein Zeichen dafür, dass der Kampf gegen Rechtsextremismus, in Gänze, ja durchgeführt wird, auch durchaus eine gewisse Wirkung hinterlassen kann und dass man sich hier und dort – und auch das klang ja gestern schon an – überlegt, ob ich mich offen dazu bekenne oder möglichweise durch anderen Aktivitäten versuche, solche Entwicklungen zu stützen. Und wie gesagt, gerade zur jetzigen Zeit, wenn wir die MVGIDA-Demonstrationen beobachten, können wir ja immer wieder NPD-Funktionäre in der vordersten Front dabei feststellen, die wieder versuchen, die jetzige Gelegenheit zu nutzen, um Stimmung gegen politische Entwicklungen zu machen.

Richter Müller: Zwei Fragenkomplexe, vielleicht der erste vorweg: Sie wollten nicht nur zur Situation in Mecklenburg-Vorpommern vortragen, da haben Sie vieles dargestellt, was in der Antragsschrift ja auch einen wesentlichen Teil ausmacht. Wie ist das denn in den anderen neuen Bundesländern? Wie stellt sich da die Situation der NPD dar? Auch da will ich ähnlich wie bei dem Kollegen Herrmann vielleicht mal vorhalten, was so in Verfassungsschutzberichten da zu lesen ist. Brandenburg: Nur acht Kreisverbände bei Veranstaltungen, die Mitglieder der Partei unter sich; selbst in Sachsen sagt der Verfassungsschutzbericht: Dünne Personaldecke, Mitgliederzahlen rückläufig; Sachsen-Anhalt: NPD weitgehend inaktiv, kaum öffentlichkeitswirksame Aktionen; Thüringen: Die NPD weder Willens noch in der Lage zu kontinuierlicher Parteiarbeit. Das kontrastiert doch irgendwie mit der Atmosphäre der Angst, von der in der Antragsschrift die Rede ist und von der wir gestern ja auch teilweise gehört haben.

Innenminister Caffier (Mecklenburg-Vorpommern): Also, ich kann das so in der Form nicht bestätigen. Die Verfassungsschutzberichte der einzelnen anderen Bundesländer kann ich nicht weiter beurteilen. Ich kann aber beurteilen, dass wir gerade im Raum Sachsen, im Raum Thüringen, im Raum Brandenburg, im Raum Sachsen-Anhalt auch gerade in den zurückliegenden Wochen oder Monaten wieder Ereignisse hatten, die ganz deutlich auch ihre Wirkung innerhalb der Neonaziszene hatten beziehungsweise eben auch mit Unterstützung der NPD erfolgten. Und wir stellen ja ganz deutlich fest, dass dort, wo die NPD sich eine Basis geschaffen hat, wie in Mecklenburg-Vorpommern, wo sie staatlich alimentiert wird – das war ja ursprünglich in Sachsen auch –, haben sie sich Grundlagen geschaffen. Und diese Grundlagen haben dazu geführt, dass sie mit dem Mitarbeiterstab, den sie haben, versuchen, weiter in die Fläche zu kommen und deswegen ist auch ganz wichtig, dass wir, gerade als ein betroffenes Land, ausführen, welche Auswirkungen das hat, wenn wir nicht dafür Sorge tragen, dass Feinde der Demokratie nicht mehr vom Staat alimentiert werden müssen.

Richter Müller: Herr Caffier, wie soll ich das denn verstehen, wenn Sie sagen, Sie können Verfassungsschutzberichte der anderen Länder nicht beurteilen. Muss man da misstrauisch sein?

Innenminister Caffier (Mecklenburg-Vorpommern): Sie haben ja meinen Kollegen aus Sachsen hier, und den können Sie möglicherweise fragen. Nein, natürlich nicht!

Richter Müller: Okay. Dann vielleicht zur Situation in Mecklenburg-Vorpommern. Sie haben ja auch über das Thema „räumliche Dominanz und räumlicher Dominanzanspruch" gesprochen. Jamel, da war die Rede von zehn Adressen. Wie viele Leute sind das denn?

Innenminister Caffier (Mecklenburg-Vorpommern): 47 Personen, davon 17 Kinder. Also 30 Erwachsene insgesamt.

Richter Müller: Ja. Und dann: Dominanzanspruch. Über Anklam haben wir gestern geredet. Lübtheen, da hat die NPD ein Wahlergebnis von 10,7 %. Es gibt die ein oder andere Immobilie, die zwar nicht der NPD gehört, aber von der NPD genutzt werden kann. Aber auch da fragt man sich ja, woran machen Sie den Befund „Dominanz" fest? Was hat das mit Dominanz und Hegemonie zu tun, wenn da eine Partei ein Zehntel der Stimmen kriegt?

Innenminister Caffier (Mecklenburg-Vorpommern): Ich mache das daran fest, dass dort handelnde Personen, die derzeit ein Mandat im Landtag haben, dort ihre Dominanzbestrebungen entwickeln und das zeigt sich ja auch an der Fortentwicklung von Wahlergebnissen, auch im Umfeld. Lübtheen hat über viele Jahre keine Rolle gespielt, was die Frage von Ergebnissen innerhalb der NPD betraf. Mit dem Zuzug von Herrn Pastörs, mit dem Einzug in den Landtag, mit dem Aufbau eines Netzwerkes sowohl über die Kameradschaft als auch über andere ist – und 10 % ist ja auch für eine Partei durchaus ein Stimmenanteil – dort eine gewisse Dominanz gewachsen, und die wird versucht voranzutreiben. Ich habe ja von den „Leuchttürmen" gesprochen, die immer wieder in der NPD-Szene benannt werden und das ist ja in Anklam gleichermaßen so. Herr Andrejewski hat ja über viele Jahre in Mecklenburg-Vorpommern schon stattgefunden, er war ja vorher mal in Rostock und mit seinem Zuzug nach Anklam hat er auch dort, und mit dem Einzug in den Landtag eine gewisse, ja, Dominanz innerhalb der Region versucht zu errichten. Und das macht sich an handelnden Personen fest, die alle ja derzeit im Landtag sitzen.

Richter Müller: Aber die Entwicklung der Wahlergebnisse geht doch gerade nicht nach vorne, das hat der Präsident doch eben angesprochen. Ihr eigener Verfassungsschutz schreibt im Verfassungsschutzbericht 2014 auf den Seiten 46/47, die NPD habe an Anziehungskraft verloren, schreibt davon, es sei nicht gelungen, an die Mobilisierungsfähigkeit der letzten Jahre anzuknüpfen.

Innenminister Caffier (Mecklenburg-Vorpommern): Das ist korrekt. Ich kenne den eigenen Bericht, insofern stehe ich auch dazu. Aber ich muss natürlich sagen, dass wir darauf hinwirken müssen, dass es nicht zu einer Ausdehnung kommt, auch wenn wir möglicherweise derzeit ein Abklingen einzelner Mandate haben. Man muss allerdings auch deutlich dazu sagen, dass dafür zwar Mandate weniger geworden sind, dass sie aber in der Breite im Land mehr verteilt worden sind. Vorher war in einigen Landkreisen gar kein Vertreter vorhanden. Also ist es auch sehr nach dem jeweiligen Betrachtungszeitraum zu beurteilen und ich möchte dazu immer ganz deutlich sagen, dass wir alles dafür tun müssen, um den Anfängen zu wehren und die sind in Mecklenburg-Vorpommern besonders ausgeprägt. Durchaus, das stelle ich überhaupt nicht infrage.

Richter Müller: Letzte Frage: Kann man wirklich davon ausgehen, dass alles, was von Mitgliedern oder Anhängern der NPD getan wird, irgendetwas zu tun hat mit der Gefährdung der freiheitlichen demokratischen Grundordnung? Konkret gefragt: Wenn jemand Hartz IV-Beratung macht, wenn jemand einen Sportverein gründet, wenn jemand ein Kinderfest veranstaltet, was hat das mit der freiheitlichen demokratischen Grundordnung zu tun?

Innenminister Caffier (Mecklenburg-Vorpommern): Ich habe ja in meinen Ausführungen, glaube ich, zum Ausdruck gebracht, dass sie den Begriff Kümmererkompetenz, der in der NPD und in ihren Papieren, auch in ihren Strategiepapieren eine große Rolle spielt, versucht umzusetzen. Und da spielen eben solche Fragen wie Beratungsnetzwerke, wie Kinderfeste eine ganz aktive Rolle und da versucht man unterschwellig auch geistiges Gedankengut bei solchen Volksgemeinschaftsfesten zu transportieren. Insofern ist das einerseits eine Frage der sogenannten Kümmererkompetenz. Und da mache ich keinen Hehl daraus, dass ich immer wieder sage: „Dies müssen alle demokratischen Kräfte tun. Das können wir nicht den Feinden der Demokratie überlassen."

Richter Müller: Können Sie dieses unterschwellige Transportieren mal konkretisieren?

Innenminister Caffier (Mecklenburg-Vorpommern): Ja, das sind einzelne Plakataktionen, die zum Ausdruck kommen, oder Äußerungen, die die NPD tätigt. Das sind natürlich die Räumlichkeiten, in denen die Beratung stattfindet. Ich habe ja gesagt, beispielsweise in Anklam in der Volksbücherei beziehungsweise im Abgeordnetenbüro, die Nähe zur NPD, die damit ganz klar zum Ausdruck bringen wollen: „Wir sind für euch Deutsche da."

Präsident Prof. Dr. Voßkuhle: Herr Huber bitte!

Richter Prof. Dr. Huber: Hat sich erledigt.

Präsident Prof. Dr. Voßkuhle: Hat sich erledigt. Herr Innenminister, dann danken wir Ihnen! Und würden jetzt gerne die Präsidentin des Landtags... Frau Präsidentin!

Landtagspräsidentin Bretschneider (Mecklenburg-Vorpommern): Herr Präsident! Hohes Gericht! Meine sehr geehrten Damen und Herren! Es hat mich nicht verwundert und auch nicht überrascht, wie die Antragsgegnerin hier im laufenden Verfahren auf die Einhaltung der demokratischen Rechte gepocht hat. Warum sage ich das? Wir erleben das im Landtag Mecklenburg-Vorpommern auch, allerdings immer nur dann, wenn es um die Interessen und die Positionen der Vertreter der NPD-Landtagsfraktion geht. Ansonsten stellt sich das anders dar.

Seit dem Einzug der NPD mit einer Fraktion, der zeitweise auch aktuelle Bundesvorsitzende, Landesvorsitzende, stellvertretende Landesvorsitzende dieser Partei angehören, in den Landtag Mecklenburg-Vorpommern im Herbst 2006 kam es zu einer Vielzahl von Provokationen durch NPD-Abgeordnete. So ist festzustellen, dass in der 5. Wahlperiode 2006 bis 2011 von 849 Ordnungsmaßnahmen 708 Ordnungsmaßnahmen – das sind mehr als 80 % – gegen Mitglieder der NPD-Fraktion verhängt wurden. In der 6. Wahlperiode seit 2006 wurden bisher 432 Ordnungsmaßnahmen verhängt, und hier betrafen 382 Ordnungsmaßnahmen – das sind fast 90 % – Mitglieder der NPD-Fraktion. Das heißt: Insgesamt wurden bisher 1090 Ordnungsmaßnahmen gegen die NPD-Fraktion verhängt. Abgeordnete der NPD haben insgesamt in 50 Fällen Einspruch erhoben. Alle Einsprüche wurden vom Plenum abgewiesen. Nur in 11 Fällen hat die NPD-Fraktion ein Verfahren vor dem Landesverfassungsgericht angestrengt. Lediglich in vier Fällen wurde die Ordnungsmaßnahme als Verstoß gegen das Rederecht des Abgeordneten gewertet, wobei ich einschränkend sagen muss, dass in einem Fall der amtierenden Präsidentin gar keine andere Möglichkeit blieb, weil unsere Geschäftsordnung dieses abgestufte Verfahren in der Anwendung von Ordnungsmaßnahmen damals noch nicht vorsah. Das ist aber inzwischen geheilt.

Ich würde gerne einige Beispiele für die Verletzung der Würde des Landtages hier anführen. Es gab Ende April 2010 eine Befassung mit dem Gedenken an den Tag der Befreiung, dem 8. Mai. Die NPD störte mehrfach lautstark mit Zwischenrufen und erhielt in kürzester Zeit sechs Ordnungsrufe. Zur Behauptung, Polen hätte den Zweiten Weltkrieg selbst gewünscht, verstieg sich der Abgeordnete der NPD-Landtagsfraktion Tino Müller. Grundsätzlich verweigerte sich die NPD-Fraktion dem Gedenken an die Opfer des Nationalsozialismus und des Holocaust entweder durch Nichtteilnahme oder durch symbolisches Nichtbeteiligen, also durch Nichterheben von den Plätzen während der Schweigeminute. Mehr als nur provozierende Verstöße gegen die Würde des Hauses zeigten die Abgeordneten der NPD-Fraktion während der Gedenkworte im Plenum anlässlich des 70. Jahrestags des deutschen Angriffs auf die Sowjetunion. Nicht nur durch ständige Zwischenrufe, sondern auch in einer anschließenden Pressemitteilung unter der Überschrift „Landtagspräsidentin dreht völlig durch", in der die Präsidentin des Landtages als Gesinnungsextremistin bezeichnet wird und als Person, die – ich zitiere: „...in einem Landtag, der vorgibt demokratisch zu sein, eigentlich nichts zu suchen hat." Der Abgeordnete, Herr A., ist regelmäßig Opfer rassistischer verbaler Angriffe von NPD-Abgeordneten. Herr A. ist deutscher Staatsbürger mit irakischen Wurzeln. Es sind Worte gefallen wie – ich zitiere: „...warum sind Sie nicht mitgefahren?", in Bezug auf die Abschiebung von Roma. Oder – ich zitiere: „...wenn Sie in den Spiegel schauen, würden Sie erkennen, dass Sie kein Deutscher sind?" Oder der Zwischenruf des NPD-Fraktionsvorsitzenden Udo Pastörs – ich zitiere: „...blühende Fantasie eines aus dem Orient Zugereisten." Dieser Zwischenruf hatte einen inzwischen vom Landesverfassungsgericht bestätigten Sitzungsausschluss zur Folge.

Ich will an dieser Stelle einige Anträge anführen, die im Laufe der beiden Wahlperioden von NPD-Abgeordneten gestellt wurden. Es gab am 2.11.2011 folgenden Antrag der NPD-Fraktion: „Den biologischen Fortbestand des deutschen Volkes bewahren. Der Landtag möge beschließen, die Landesregierung wird aufgefordert, den Landtag bis zum 31. Dezember 2011 zu unterrichten, mit welchen konkreten Maßnahmen die Landesregierung die Förderung der deutschen Familien in Mecklenburg-Vorpommern gezielt unterstützt und somit Kinderreichtum im eigenen Land fördert." In der Begründung – und da zitiere ich nur auszugsweise: „Das deutsche Volk hat mit seinem Ideenreichtum und seiner Kreativität, seinem Forschungs- und Entwicklungsstreben den anderen Völkern viel gegeben. Wir haben auch deshalb das Recht und die Pflicht, den biologischen Fortbestand unseres Volkes zu bewahren".

Dann gab es im September einen Eklat im Schweriner Landtag, zumindest wurde das von außen auch so bewertet. Dort hat die NPD-Landtagsfraktion die Abschaffung des § 130 des Strafgesetzbuches gefordert, also die Aufhebung des Verbots der Volksverhetzung. Ein weiterer Antrag vom 5.11.2008 war überschrieben: „Antigermanismus bekämpfen". Hier heißt es in der Begründung, und ich zitiere: „Durch die masochistische Neigung, die eigene Ethnie, das eigene Volk abzuwerten oder herabzusetzen und/oder ihm Schuldgefühle einzureden" – das ist ein Zitat von Guillaume Faye –, „ist ein Selbsthass entstanden, der alle Bereiche der Gesellschaft inzwischen lähmt. Bei antideutschen Gegendemonstrationen, beispielsweise anlässlich der alljährlichen Veranstaltung wegen des alliierten Bombenangriffs auf Dresden, wird in erschütternder Weise der Grad des deutschen Selbsthasses deutlich." Und es heißt weiter: „In der Geschichte zeigen sich überdies verhängnisvolle Wechselwirkungen solcher Xenophilien. So löste der durch Deutschen-Hass motivierte Mordanschlag des Juden Herschel Grünspan vor 70 Jahren in Deutschland antijüdische Unruhen aus. Der Boykottaufruf des Jüdischen Weltkongresses gegen die deutsche Wirtschaft (Daily Express 1933) hat vermutlich einen wesentlichen Anteil an den Anfang April 1933 durchgeführten Maßnahmen gegen jüdische Geschäfte in Deutschland." Ein weiterer NPD-Antrag vom 7.10.2007 befasst sich mit folgendem Betreff: „Archive zur Geschichte des letzten Jahrhunderts öffentlich zugänglich machen". Dort geht es um eine Bundesratsinitiative für eine Öffnung der Archive bezüglich der Vorgeschichte, des Verlaufs und der Folgen des Zweiten Weltkrieges. Und in der Begründung heißt es: „Die (Wahrheit) jener Ereignisse bleibt anzuzweifeln, solange die Darstellung über eben diese historischen Abläufe den Charakter von verschlossen kundigen Behauptungen haben."

Zu einer Kleinen Anfrage, die gestellt werden sollte und bei der es um das Thema Immobilienerwerb von Polen in Mecklenburg-Vorpommern ging, musste ich mich gegenüber dem Abgeordneten Tino Müller wie folgt äußern: „In Frage zwei bezeichnen Sie einen Teil des Staatsgebietes der Republik Polen als ‚von Polen verwalteten Teil von Pommern'. Diese von Ihnen verwendete Formulierung widerspricht geltendem Völkerrecht und ist geeignet, das friedliche Zusammenleben des polnischen und des deutschen Volkes zu stören. Darüber hinaus widerspricht die Formulierung dem Staatsziel des Landes Mecklenburg-Vorpommern, die europäische Integration zu verwirklichen und die grenzüberschreitende Zusammenarbeit, insbesondere im Ostseeraum zu fördern."

Das sind nur einige wenige Beispiele der Anträge, die uns erreichen. Ich muss auch sagen, dass wir eine Zweiteilung der Anträge der NPD-Landtagsfraktion beobachten. Ein Teil der Anträge wird zu öffentlichkeitswirksamen Zeiten im Landtag gebracht und bringt die sogenannte Kümmererkompetenz, die hier schon mehrfach angesprochen wurde, zum Ausdruck. Dort wird auch wahllos abgeschrieben von anderen Landtagsfraktionen, nicht nur aus Mecklenburg-Vorpommern – von der CDU, von der SPD, von den Linken. Und dann werden die Begründungen in der Regel mit irgendeinem Bezug auf ihre völkische Ideologie angefüttert. So muss man sich das vorstellen, das können wir auch belegen.

Auch werden die Grenzen einer scharf geführten Diskussion deutlich überschritten. So wurde der ehemalige Vizepräsident K. in der Wahlperiode 2006 bis 2011 in einer Sitzung eines parlamentarischen Gremiums nach einer vorgebrachten Kritik vom NPD-Fraktionsvorsitzenden bedroht, dass, wenn er weiter seine Meinung äußere, das für ihn Konsequenzen haben werde. Dazu drang der Fraktionsvorsitzende in den Nahraum des Vizepräsidenten ein und drohte ihm sinngemäß so: Man wisse nicht, was in näherer oder fernerer Zukunft sein werde, dann tue einem das eine oder andere vielleicht einmal leid und man komme über das zur Besinnung, was man im sich Sicherwähnen gegen den politischen Feind, wie dies gegenüber der Fraktion der NPD im Plenarsaal schon geäußert worden sei, vorgebracht habe. Er solle sich mal zurückhalten.

Die Verletzung der Ordnung und Würde des Parlaments in sehr grober Weise zeigte sich auch im Verhalten der NPD-Abgeordneten gegenüber Mitarbeiterinnen und Mitarbeitern der Landtagsverwaltung. So hat der NPD-Fraktionsvorsitzende einen Verwaltungsmitarbeiter anlässlich der Aufforderung, die Arbeit am Protokolltisch durch Eindringen in den Nahbereich der Mitarbeiter nicht zu behindern, diesen mit den Worten bedroht, und ich zitiere: „Fassen Sie mich ja nicht an, passen Sie bloß auf." Dazu haben wir auch ein entsprechendes Bild. Der Landtagsdirektor hat mir berichtet, dass der Abgeordnete Andrejewski ihm gegenüber in einem Gespräch äußerte – ich zitiere: „Seien wir ehrlich: Es ist Krieg und Sie sind der Feind." Dies beschreibt das Verhältnis der NPD-Fraktion zur Landtagsverwaltung. Wie hoch das Aggressionspotenzial ist, zeigt sich auch in einer verbalen Drohung des ehemaligen NPD-Fraktionsgeschäftsführers M. gegenüber einem Abgeordneten. Nach einer turbulenten Plenardebatte trug Herr M. einem Landtagsmitarbeiter auf: „Herr" – und ich lasse den Namen jetzt mal weg, es geht um einen Mitarbeiter –, „teilen Sie bitte dem Abgeordneten Herrn K. mit, dass er künftig gefährlich leben wird. Er soll zukünftig sehr auf sich aufpassen". Herrn M. wurde daraufhin sein Hausausweis entzogen.

Im Gegensatz zu ihren außerparlamentarischen Aktivitäten ist die Teilnahme der NPD-Abgeordneten an der inhaltlichen Arbeit in den Fachausschüssen weniger ausgeprägt. So waren dort zum Beispiel in der 6. Legislaturperiode bei über einem Viertel der Beschlussfassungen NPD-Abgeordnete nicht einmal anwesend. Dass Schwerpunkt der Fraktionsarbeit nicht der Parlamentarismus ist, ist auch an der Auswahl der Mitarbeiter erkennbar. Offenkundig wurde bei der Auswahl besonders auf personelle Verknüpfung mit der Kameradschaftsszene Wert gelegt. Der jetzige Fraktionsgeschäftsführer ist einschlägig vorbestraft, das ist Herr G., der ist hier auch schon erwähnt worden, ein ehemaliger Praktikant – verurteilt im Zusammenhang mit einem Sprengstoffdelikt. Die Mitarbeiter sind nur teilweise in den Fraktionsräumen beziehungsweise im Landtag anwesend, jedoch im unüblichen Umfang im Land unterwegs. Auf der Facebook-Seite der NPD-Fraktion ist sogar von einer „NPD-Fraktionskundgebungsmannschaft" die Rede. Ein Mitarbeiter der NPD-Fraktion, Bruder des Abgeordneten M., war sogar nachweislich mehr als ein Jahr im Landtagsgebäude nicht anwesend. Aufgefordert durch den Landesrechnungshof habe ich das in diesem Zeitraum gezahlte Gehalt zurückgefordert. Ein Rechtsstreit hierzu ist noch anhängig.

Vielleicht noch einige Bemerkungen, was sich außerhalb der Plenarsitzungen abspielt. Auch dort ist es zu Provokationen gekommen. Am jährlich stattfindenden Tag der offenen Tür des Landtages, der das Parlamentsgeschehen und die Arbeit der Fraktionen für Besucher erlebbar machen soll, erschien eine Gruppe von Leuten um den hier schon erwähnten vorbestraften Rechtsextremisten K. aus Jamel. Jamel ist ja inzwischen bundesweit bekannt. Dazu ist schon einiges gesagt worden, deswegen kann ich das hier weglassen. Dort findet jedes Jahr ein Konzert statt gegen Rechtsextremismus, das Rockkonzert „Jamel rockt den Förster". Die NPD-Anhänger kamen zu unserem Tag der offenen Tür in den Landtag mit einheitlichen T-Shirts mit der Aufschrift „Hier rocken wir", um so uniformiert ihre Dominanz aus Jamel auch im Landtag in aller Öffentlichkeit zu dokumentieren. Es blieb nicht bei den T-Shirts. Die Herren versuchten im Innenhof des Schlosses sukzessive alle Räume dort für sich zu deklarieren, indem sie sämtliche Stehtische, alles was dort im Innenhof möglich war, versuchten einzunehmen und damit auch Präsenz klarzumachen und darzustellen, dass sie hier das beherrschende Element seien. Obwohl – und das muss ich an der Stelle sagen – wir natürlich allen Fraktionen klar abgegrenzte Bereiche für ihre Präsentation zugewiesen hatten.

Zu einem anderen Tag der offenen Tür des Landtages hatte die NPD-Fraktion die Figur „Abschiebbär" präsentiert, also Abschieben in Form eines Bären. Diese Figur wurde wenig später als prägendes Kennzeichen des rechtsextremen Vereins „Besseres Hannover" wegen der Verbreitung der nationalsozialistischen Ideologie mit dem Ziel der Bekämpfung der freiheitlich demokratischen Grundordnung verboten.

Gleich zu Beginn der 5. Legislaturperiode gab es eine vorbereitete Aktion der NPD-Landtagsfraktion zur Erzeugung einer Drohkulisse: Abgeordnete, Besucher, Mitarbeiterinnen und Mitarbeiter, jeder, der das Landtagsgebäude betreten wollte, wurde beim Betreten gezielt fotografiert und abgefilmt durch Vertreter der NPD-Fraktion. Einzelne Abgeordnete wurden beschimpft. Einem Abgeordneten wurde eine handgreifliche Auseinandersetzung in den Abendstunden angedroht. Der ehemalige Abgeordnete S. beschrieb die Situation wie folgt – ich zitiere: „Auf mich kam ein junger Mann mit einem Fotoapparat zu, der mich laufend mit Blitzlicht fotografierte. Schließlich hielt er mir die Kamera direkt vors Gesicht." Der Landtag musste auf dieses unerträglich aggressive Verhalten der NPD-Fraktion mit Sicherheitsvorkehrungen zum Schutz der Abgeordneten, Mitarbeiterinnen und Mitarbeiter und Besucher des Hauses entsprechend reagieren.

Ich muss dazu sagen, der Landtag Mecklenburg-Vorpommern war vor dem Einzug der NPD-Fraktion ein sehr offenes Haus, aber wir mussten eine Reihe von Sicherheitsvorkehrungen treffen. So musste zum Beispiel dem jetzigen Fraktionsgeschäftsführer G. aufgrund einer rechtskräftigen Verurteilung wegen Landfriedensbruch in Tateinheit mit Körperverletzung der Hausausweis wieder entzogen werden. Wer den Hausausweis nicht hat, muss täglich dann natürlich auch durch die Sicherheitsschleuse. Einem Besucher der NPD-Fraktion, ein Mitglied des NPD-Bundesvorstandes Herr H., wurde in der Sicherheitsschleuse ein 40 cm langer Schlagstock, ein sogenannter Totschläger, abgenommen. Es gab weitere Hinweise, dass verbotene Gegenstände in den Landtag gelangen sollen. Beispielsweise wurde ein Messer bestellt, aber das nur am Rande. Zur Außenwirkung des Parlaments in NPD-Kreisen und mit der NPD verbundenen Kameradschaftsszene sei folgendes Beispiel angeführt: Die Kameradschaft Malchin berichtet über einen Besuch bei der NPD-Fraktion – und ich zitiere: „Jedoch galt unser Besuch nicht den Volksverrätern der etablierten Parteien, sondern der NPD." Sie schließen mit einem – und ich zitiere wieder: „...großen Dank für den freundlichen Empfang an Deutschlands Volksvertreter, die noch Zeit für den Wähler selbst haben".

Auch außerhalb des Parlaments setzt sich das aggressive und bedrohliche Verhalten gegenüber demokratischen Politikern im Internet und in den sozialen Medien fort. Veröffentlichungen der NPD-Fraktion wirken dabei als Plattform für hetzerische Kommentare Dritter. Dazu gehören Äußerungen wie – und ich zitiere: „Wir leben in einem freien Land und die Vorsitzende gehört in die Gaskammer. Beim Führer wäre so etwas nicht möglich gewesen." Das war ein Kommentar auf der Facebook-Seite des NPD-Fraktionsvorsitzenden Pastörs, der dort mehrere Tage unkommentiert zu sehen war. Noch ein Beispiel – ich zitiere: „Wenn man die behinderte Bretschneider mit ihren lächerlichen, spießigen Allgemeinplätzen so hört, dann könnte man sich tatsächlich eine Art Euthanasieprogramm zurückwünschen." Das war ein Kommentar auf dem sogenannten Fraktionskanal der NPD-Landtagsfraktion bei Youtube zum Video „Landtagspräsidentin dreht völlig durch".

Hier ist – wenn ich das bemerken darf – ja sehr oft die Frage aufgetaucht, ob wir in einer gefestigten Demokratie leben. Aus unserer Sicht geht es dabei nicht nur um die Demokratie als Staatsform, sondern es geht natürlich auch um die Demokratie als Gesellschaftsform und als Lebensform. Man muss dabei in Betracht ziehen, dass die schon genannte Graswurzelarbeit – all dieses Bemühen, die Gesellschaft praktisch von hinten aufzurollen durch Eindringen in Vereine, Verbände und so weiter – dazu benutzt werden soll, Menschen so zu beeinflussen, dass natürlich irgendwann auch der Versuch unternommen werden kann, die Staatsform zu verändern. Und ich muss an der Stelle auch sagen, natürlich wundert es mich nicht, dass die NPD Aktivitäten in den letzten Monaten, Jahren zurückgegangen sind, weil das drohende Verfahren über der NPD schwebte. Es gibt ja auch – wie hier schon zahlreich belegt – Aktionen, die nun nicht gerade dazu angetan sind, die NPD zu entlasten, sondern die Vorwürfe, die gegen sie erhoben werden, ja auch noch beschweren. Es ist vor diesem Hintergrund auch kein Wunder – so ist es uns bekanntgeworden –, dass die NPD in Mecklenburg-Vorpommern auch gar nicht gedrängt hat, neue Mitglieder aufzunehmen; vielleicht auch aus Angst vor Unterwanderung durch V-Leute. Das ist das, was mir aus zahlreichen Gesprächen zu dieser Thematik bekannt ist.

Zu welchen Handlungen das Verhalten der NPD führt, wie das also praktisch in Handeln umgesetzt wird, war auch eine Frage. An der Stelle möchte ich verweisen auf ein Papier, das ein Abgeordneter der NPD-Fraktion auf einer Internetseite, die inzwischen wohl abgeschaltet ist, hinterlassen hat. Dort geht es um „Leitlinien für Deutsche". Es ist zu finden auf der Seite „Freies Pommern.de". Dort werden Anleitungen gegeben, was man alles tun sollte als „guter Deutscher", um praktisch die ...

Präsident Prof. Dr. Voßkuhle: Entschuldigung Frau Präsidentin, können Sie nochmal sagen, wo ist das Papier genau her?

Landtagspräsidentin Bretschneider (Mecklenburg-Vorpommern): Das ist von der Internetseite „Freies Pommern, Leitlinien für Deutsche". Und in diesen Leitlinien, und da zitiere ich – ich kann Ihnen das gerne nachher zur Verfügung stellen –, da heißt es unter anderem, da gibt es verschiedene Ebenen – wirtschaftliche Ebene, sportliche Ebene, weltanschauliche Ebene. Und bei der sportlichen Ebene heißt es dann zum Beispiel ganz konkret: „Tritt einem Schützenverein bei, besuche eine Kampfsportschule. Die Militanz unserer Gegner erfordert die Fähigkeit zum Selbstschutz." Oder: „Nimm an Orientierungsmärschen teil." Und hier sind für jeden einzelnen Bereich der Gesellschaft Handlungsanleitungen vorgegeben. Politische Ebene zum Beispiel: „Schaffe Treffpunkte für freie Deutsche, Gaststätten, Jugendzentren, eigene Räumlichkeiten." Oder dann zum Abschluss: „Du bist ein Pionier einer neuen Ordnung. Erwarte nicht unbedingt selber über jene Dämme gehen zu können, die wir nachfolgenden Generationen bauen." Das vielleicht nur als Ergänzung zu dieser Frage.

Veranstaltungen der NPD sind oft von sehr aggressiver Lautstärke gekennzeichnet. Zu dem Agieren gehört auch die Verbreitung von Schulhof-CDs. Das ist schon angesprochen worden. Ich will nur aus einem der Lieder, die auf diesen Schulhof-CDs sind, eine Zeile zitieren, weil das aus meiner Sicht sehr bemerkenswert ist. Dort heißt es: „Ich kenne deinen Namen, ich kenne dein Gesicht, du bist die Faust nicht wert, die deine Nase bricht." Hier wird aus unserer Sicht – diese CD ist auch indiziert worden – zu Gewalt aufgerufen.

Richter Müller: War die Gegenstand der Beratung im Landtag?

Landtagspräsidentin Bretschneider (Mecklenburg-Vorpommern): Das war nicht Gegenstand der Beratung im Landtag. Aber da wir als Landtag, um Demokratie zu stärken, sehr viel auch in gesellschaftliche Aktivitäten eingebunden sind – etwa mit einer Kampagne „Landtag vor Ort" –, nehmen wir sehr viele Informationen auf, die wir dann natürlich auch nicht vorenthalten. Ich will noch einmal ansprechen, dass die NPD auch nicht davor zurückschreckt, Nicht-Wahlberechtigte, also junge Menschen, anzusprechen. 2011 hat sich der NPD-Spitzenkandidat Pastörs an nicht wahlberechtigte Schülerinnen und Schüler gewandt, die er zufällig vor einem Supermarkt im vorpommerschen Ferdinandshof antraf. Ausführlich dozierte er seine Weltsicht. Dies wurde gefilmt und später zu Wahlkampfzwecken ins Internet gestellt. Dabei wurde die Arglosigkeit der Schülerinnen und Schüler ausgenutzt, die NPD und der presserechtlich Verantwortliche wurden später zu Schadensersatzzahlungen an die Kinder verurteilt.

Durch NPD-Sympathisanten wurde im Jahr 2013 in der Gedenkstätte Sachsenhausen – wo ja seit 1936 Sinti und Roma inhaftiert waren und die Asche der Verstorbenen auf dem Gelände zerstreut wurde – mit aus staatlichen Mitteln hergestellten

Drucksachen der NPD-Landtagsfraktion, die Sinti und Roma in die Nähe von „Asylbetrügern" rückten, gehetzt.

Es gibt eine Veröffentlichung des Abgeordneten Petereit vom 18.04.2010 auf dem schon genannten Internetportal „Mecklenburg und Pommern – Mupinfo". Dort heißt es: „Demokraten gibt es auch in deiner Stadt." Und dort wird aufgefordert, zum Besuch bei Demokraten vorbeizuschauen; die Büros ließen sich unmöglich rund um die Uhr bewachen. Auch von plötzlich auftretenden Schäden ist in diesem Aufruf die Rede. Außerdem werden die Adressen von Bürgerbüros im Land aufgelistet. Seit dem Aufruf von 2010 gab es 17 Anschläge in Mecklenburg-Vorpommern auf Bürgerbüros – eine extreme Zunahme. Fast alle Büros standen auf der Liste. Für den Innenminister von Mecklenburg-Vorpommern und die Ermittlungsbehörden – so zitiert es die Presse – war das eine öffentliche Aufforderung zu Straftaten. Interessant ist die Reaktion des Abgeordneten Herrn Petereit, der darauf angesprochen wurde: „Ich distanziere mich nicht von dem Artikel" – ich kann es nur so vorlesen, wie es hier steht – „weil er diesen Aufruf zur Gewalt nicht enthält."

Frau Röpke hat gestern von einem Zwischenfall in Lübtheen gesprochen, bei dem es um die Lesung aus einem Buch ging. Ich kann dazu noch ergänzen, dass im Vorfeld dieser Veranstaltung – das war im Landtagswahlkampf 2006 – eine Kommunalpolitikerin an zwei aufeinanderfolgenden Tagen von sechs bis sieben NPD-Vertretern, die mit dem Kleinbus des NPD-Landesvorsitzenden Köster unterwegs waren, zu Hause aufgesucht wurde. Sie klingelten und erklärten, sie wollten mal zeigen, was für nette Herren sie seien. Hier sollte offensichtlich eine Drohkulisse aufgebaut werden. Es gab da noch einen Zwischenfall, der nicht belegbar ist. Das Auto der betroffenen Kommunalabgeordneten wurde nach dieser Lesung offensichtlich angegriffen und auch mit Gewalt auf das Dach geschlagen. Aber es gibt keine Belege dafür, wer das gewesen ist. Ja, das sind die Dinge, die ich hier anführen kann.

Präsident Prof. Dr. Voßkuhle: Vielen Dank, Frau Präsidentin! Herr Müller!

Richter Müller: Ich hätte nur eine Frage. Es kann sein, dass es mir entgangen ist. In der Antragsschrift gibt es zwei Äußerungen des Herrn Pastörs, die, wenn ich es richtig erinnere, im Landtag gefallen sein sollen. Und zwar zum einen soll der Herr Pastörs die Begrifflichkeit des „entarteten" Menschen verwendet haben und zum anderen soll er in einem Zwischenruf die Vernichtung des „jüdischen Bolschewismus" als eine gute Idee bezeichnet haben. War das so und ist das auch mit Ordnungsmaßnahmen belegt worden?

Landtagspräsidentin Bretschneider (Mecklenburg-Vorpommern): Das war so, und es ist natürlich mit Ordnungsmaßnahmen belegt worden. Dazu gibt es eine Reihe von Aussagen, die man noch ergänzen könnte. Das ist gerügt worden. Wenn ich vielleicht noch ganz kurz Folgendes anführen darf: Herr Andrejewski hat sich in einer Debatte sinngemäß geäußert: „Dann müssen wir die BRD abschaffen." Der Abgeordnete Herr Müller hat uns Abgeordnete bezeichnet als „Vollstrecker der Besatzungsmächte". Herr Köster sprach von einem „sogenannten NS-Unrecht". Herr Müller forderte die „Bekämpfung des Antigermanismus" und äußerte in dem Zusammenhang, dass die Juden selbst Schuld seien an ihrer Verfolgung. „Die Vernichtung des jüdischen Bolschewismus sei eine gute Idee gewesen", hat Herr Pastörs von sich gegeben. Und Herr Pastörs hat uns als Abgeordnete der anderen Fraktionen als „Bonzokraten" bezeichnet und den Landtag als „Palaver-Bude". Der Landesbeauftragte für den Datenschutz wurde von Herrn Andrejewski als „Pausenclown" betitelt. Ein Abgeordneter, der in der ersten der beiden Wahlperioden für die NPD im Landtag saß, sprach im Zusammenhang vom Landtag und auch der Regierung von „regierenden Tanten und Tunten". Uns wurde kriminelles Handeln auf Seiten – und ich zitiere – „der Blockparteien" unterstellt; die NPD-Fraktion bezeichnet alle anderen Fraktionen im Landtag regelmäßig als „Blockparteien". Die Ministerin für Justiz wurde als „Schutzherrin für Kinderschänder" bezeichnet. Herr Andrejewski sprach von einem „miesen asozialen Staat". Herr Pastörs verwendete mehrfach die Begriffe „Schuld-Kult", „Betroffenheits-Theater", „Auschwitzprojektion". Herr Andrejewski bezeichnete uns als „ethnokulturelle Kastraten". Herr Pastörs verwendete den Begriff in seiner Rede, wir würden „die Auschwitzkeule schwingen". Es gebe einen „Finanzmarkt der Volksschädlinge". Die Forderung, die „Poleninvasion" zu stoppen, bezieht sich darauf, was ich eingangs sagte, also den Erwerb von Immobilien. Es kam auch zu einer Verunglimpfung des Andenkens der Verstorbenen durch Herrn Pastörs, als wir im Landtag über das Thema „Untergang der Gustloff" gesprochen haben. Vielleicht auch noch interessant, da das „Thinghaus" ja mehrfach erwähnt worden ist: Herr Köster hat die Eröffnungsrede des „Thinghauses" vor einem „Hauptstadt Germania"-Bild gehalten. Das ist – glaube ich – auch ein eindeutiger Bezug. Es hat auf dem NPD-Landesparteitag, das ist uns bekannt, eine Gedenkminute für SS-Leute gegeben. An dieser Gedenkveranstaltung haben natürlich auch die im Landtag vertretenen Abgeordneten mit Funktionen teilgenommen. Herr Pastörs hat in vielerlei Reden auch zu Gewalt und Stolz und Ahnenkette gesprochen sowie zu „Selbsthilferechten". Es gibt antisemitische revisionistische Reden. Das können wir auch alles belegen. Wir haben die entsprechenden Protokoll-auszüge Ihnen zum Teil ja schon vorgelegt. Sollte weiterer Bedarf bestehen, können wir Ihnen das gerne noch zuleiten.

Präsident Prof. Dr. Voßkuhle: Weitere Fragen? Das ist nicht der Fall. Vielen Dank, Frau Landtagspräsidentin!
Dann würden wir jetzt Ihnen Gelegenheit geben, zunächst konkret bitte zu den Dingen, die jetzt gesagt worden sind, etwas zu sagen.

Rechtsanwalt Richter: Herr Präsident, hoher Senat, verehrte Verfahrensbeteiligte, da ist jetzt eine ganze Kanonade an Vorwürfen, an tatsächlichen oder vermeintlichen Zitaten, an tatsächlichen oder vermeintlichen Vorfällen gegen die Antragsgegnerin ins Feld geführt worden. Und ich würde jetzt einfach mal damit beginnen, diese LKW-Ladung an Vorwürfen hier abzutragen und abzuschichten. Fangen wir mal mit der Frau Bretschneider an. Die Frau Bretschneider hat jetzt hier umfangreich alles Mögliche zusammengetragen, was man meint oder was sie meint, was gegen die Antragsgegnerin spräche. Ich habe mich zwischendrin gefragt: „Frau Bretschneider, was machen Sie eigentlich den ganzen Tag sonst noch, außer Sachen gegen die Antragsgegnerin zusammenzutragen? Ist man als Landtagspräsidentin, hat man da vielleicht sonst nichts zu tun?" Ist aber auch egal. Wir werden die Vorwürfe entsprechend entkräften und ich gehe jetzt einfach mal der Reihe nach vor.

II. Mündliche Verhandlung

Wir haben jetzt einmal die ganzen Ordnungsrufe, die angesprochen worden sind. Die sind ja entsprechend auch gezählt worden. Da wird ja behauptet, das sei ein entsprechend hoher Anteil, der auf die Antragsgegnerin entfalle. Da müssen wir uns mal vorab eine Frage stellen, ob diese Sachverhalte hier im laufenden Verfahren überhaupt relevant sind. Und zwar aus einem ganz einfachen Grund. Wir vertreten die Rechtsauffassung – die würde ich jetzt im Folgenden mal kurz darlegen wollen –, dass also hier Landtagsreden, Verhalten im Landtag und überhaupt Abstimmungsverhalten, Zwischenrufe, Reden, was auch immer, überhaupt nicht verwertbar sind, weil hier die parlamentarische Indemnität greift und deswegen entsprechende Äußerungen weder dem jeweiligen Abgeordneten selbst noch seiner Partei vorgehalten werden können. Hierzu folgende Ausführungen:

Der Antragsteller vertritt die Auffassung, dass der Grundsatz der Indemnität der Parlamentsabgeordneten (etwa Art. 24 Abs. 1 Landesverfassung Mecklenburg-Vorpommern sowie Art. 55 Abs. 1 der Sächsischen Verfassung) einer Verwertung entsprechender Reden in einem Parteiverbotsverfahren nicht entgegenstehe. Dem ist entschieden zu widersprechen.

Gemäß Art. 24 Abs. 1 Landesverfassung Mecklenburg-Vorpommern bzw. nach den insoweit wortgleichen landesverfassungsrechtlichen Bestimmungen der übrigen Bundesländer und des Bundes dürfen Abgeordnete zu keiner Zeit wegen einer Abstimmung oder wegen einer Äußerung im Landtag oder in einem seiner Ausschüsse gerichtlich oder dienstlich verfolgt oder sonst außerhalb des Landtages zur Verantwortung gezogen werden. Dies gilt nicht für verleumderische Beleidigungen.

Es drängt sich unmittelbar auf, dass die Vorschrift weit zu verstehen ist, denn unzulässig ist ausdrücklich nicht nur eine gerichtliche Verfolgung, sondern auch ein sonstiges zur Verantwortung ziehen außerhalb des Parlaments. Sinn und Zweck der Vorschrift bestehen darin, eine größtmögliche Redefreiheit in der Volksvertretung herzustellen und damit eine lebendige Debatte zu ermöglichen. Der Abgeordnete soll nicht aus Angst vor gerichtlicher Verfolgung oder vor sonstiger Verfolgung jedes seiner Worte auf die Goldwaage legen müssen. Nur so kann ein ungestörtes „parlare" im Parlament stattfinden.

Diese Erwägungen gelten aber ohne Weiteres auch in einem verfassungsprozessualen Parteiverbotsverfahren, so dass nicht erkennbar ist, warum der Indemnitätsschutz insoweit nicht eingreifen sollte. Es macht keinen Unterschied, ob der Abgeordnete deshalb zur Selbstzensur genötigt wird, weil er eine strafrechtliche Verurteilung fürchtet oder weil er damit rechnen muss, dass seine Aussagen über ein damit begründetes Parteiverbot zur Aberkennung seines Parlamentsmandats führen. In beiden Fällen erfährt der Parlamentarier eine persönliche Sanktion, die an seine Äußerungen im Parlament anknüpfen. Deshalb darf er weder unmittelbar durch strafgerichtliche Verurteilung oder zivilprozessuale einstweilige Verfügung oder dergleichen, noch mittelbar, zum Beispiel durch Mandatsaberkennung als Folge eines auf seine Äußerungen gestützten Parteiverbots außerhalb des Parlaments zur Verantwortung gezogen werden. Dies gilt umso mehr, als es sich bei dem Parteiverbotsverfahren um ein quasi-strafrechtliches Verfahren handelt, dessen Sanktionen nicht nur die Partei, sondern insbesondere auch ihre Mandatsträger treffen.

Dass die Geltung des Indemnitätsschutzes auch im Parteiverbotsverfahren zu einer faktischen Aufwertung des Parteienschutzes führen mag – wie die Antragsschrift das moniert in den entsprechenden Ausführungen auf Seite 15 –, ist durchaus zutreffend. Hierbei handelt sich aber lediglich um einen Reflex des vom Indemnitätsschutz primär angestrebten Schutzes des einzelnen Abgeordneten vor einer persönlichen gerichtlichen oder sonstigen Inanspruchnahme außerhalb des Landtags. Dies kommt natürlich über Umwege auch der Partei des Abgeordneten zugute. Dass der Indemnität unterfallende parlamentarische Äußerungen im Parteiverbotsverfahren als Beweismittel somit nicht zur Verfügung stehen, ist kein Argument gegen das so gefundene Ergebnis, sondern eine logische Konsequenz, die im Interesse eines umfassenden persönlichen Verantwortungsausschlusses der Abgeordneten vom Gesetz so gewollt und daher hinzunehmen ist.

Daher These: ohnehin völlig irrelevant, da gar nicht verwertbar. Im Folgenden – hilfsweise – weitere Ausführungen.

Präsident Prof. Dr. Voßkuhle: Gut.

Rechtsanwalt Richter: Wir haben jetzt einmal, speziell bei den Ordnungsrufen – muss ich auch nochmal kurz hier weitergehen –, da ist von der Frau Bretschneider schon angesprochen worden, dass da viele Ordnungsrufe auch gerichtlich überprüft worden sind. Die meisten sind gar nicht überprüft worden, aus den verschiedensten Gründen. Es kann nur letztlich das von den Gerichten entschieden werden, was dann auch tatsächlich zur Prüfung vorgelegt wird. Die anderen sind zwar, also die Ordnungsrufe, gegen die Einsprüche eingelegt worden sind, die sind dann zwar vom Landtagsplenum alle zurückgewiesen worden, das ist richtig, aber da muss man sich natürlich auch fragen: Ist das wirklich verwunderlich in einem Parlament, das sich damit rühmt, dass es Erklärungen verfasst hat, den „Schweriner Weg", dass man mit der NPD nicht redet, dass man auf keinen Fall mit ihr gemeinsam abstimmen darf? Also dass natürlich in solchen Fällen die Einsprüche zurückgewiesen werden, ist völlig klar, das sagt aber nichts darüber aus, ob die Ordnungsmaßnahmen berechtigt waren. Ganz konkret möchte ich auf ein Urteil des Landesverfassungsgerichts hinweisen, in dem die Frau Bretschneider auch, wie das dann oft der Fall ist, relativ großzügig vom parlamentarischen Ordnungsinstrumentarium Gebrauch gemacht hat. Und da möchte ich einfach mal ganz kurz auf ein Zitat des Landesverfassungsgerichts eingehen, das also stammt aus den drei Urteilen, das waren gleich drei Urteile, die allesamt von der NPD gewonnen worden sind. Das sind die Urteile vom 25.06.2015 in den Verfahren LVerfG 8/14, 9/14 und 10/14. Und da hat das Verfassungsgericht jeweils folgenden Satz geprägt, es hat gesagt: „Stattdessen hat die Antragsgegnerin [also die Frau Bretschneider als Landtagspräsidentin] ausweislich ihres Schreibens vom 18. August 2014 [also das Erwiderungsschreiben auf den Einspruch] und des Vorbringens in dem vorliegenden Verfahren vorrangig eine Interpretation der Rede des Antragstellers, ausgehend von seiner unterstellten Gesinnung, vorgenommen und aufgrund davon abweichender eigener Prinzipien in sein Rederecht eingriffen, das zum Kernbereich der Abgeordnetenrechte gehört." Heißt im Klartext, die Frau Bretschneider hat hier Reden von Abgeordneten zensiert, die ihr aufgrund ihrer politischen Anschauung nicht gepasst haben, und sie hat damit das parlamentarische Ordnungsmittelinstrumentarium missbraucht. Das können wir mal festhalten.

Wir haben dann weitere Beispiele, wo man durchaus fragen kann, ob die Frau Bretschneider sich bei den Maßnahmen, die sie gegen die Antragsgegnerin ergreift, an Recht und Gesetz orientiert oder vielleicht doch eher sich von ihrer Gesinnung leiten lässt. Die Frau Bretschneider hat es selbst erwähnt, es wurde moniert, dass ein Abgeordneter der NPD-Fraktion, ein Mitglied des Beratungsstabes, also ein Mitarbeiter der Fraktion, ein Jahr lang nicht im Landtag anwesend gewesen sei, und dass deswegen die an ihn gezahlten Gehaltszahlungen, quasi im Wege der Untreue, hier irgendwie jemandem zugeschustert worden sein sollen, ohne dass eine entsprechende Gegenleistung erfolgt wäre. Die Frau Bretschneider hat natürlich dann direkt medienwirksam Strafanzeige erstattet, Untreueverdachtsmomente in den Raum gestellt, Leute verdächtigt, alles Mögliche behauptet. Problem war halt nur, die Staatsanwaltschaft Schwerin hat das Ermittlungsverfahren eingestellt, weil sie gesagt hat, es gebe keine Anhaltspunkte für eine Strafbarkeit, es sei entsprechend nichts Valides vorhanden. Sie hat dann natürlich direkt Beschwerde erhoben. Der Generalstaatsanwalt hat ihr genau dasselbe erzählt. Sie hat daraufhin Dienstaufsichtsbeschwerde beim Justizministerium erhoben, das hat ihr auch wiederum das Gleiche erzählt, dass hier weit und breit keine Straftat ersichtlich ist. Gleichwohl hat die Frau Bretschneider dann gesagt: „Ist mir aber völlig egal, ich halte jetzt einfach mal die Fraktionszuschüsse der Antragsgegnerin, also der Fraktion der Antragsgegnerin, insoweit zurück, als es um die unterstellten Gehaltszahlungen an die entsprechende Person ging." Wir haben das dann gerichtlich angegriffen. Da gab es zunächst Probleme mit dem Rechtsweg, ob das nun der Verfassungsrechtsweg oder der Verwaltungsrechtsweg war, war zunächst mal keiner zuständig. Das Verwaltungsgericht, also die Verwaltungsgerichtsbarkeit, die jetzt scheinbar zuständig ist, braucht jetzt ein ganzes Jahr, um ein § 80 Abs. 5-Verfahren zu entscheiden. Da kommt einfach nichts bei rum. Fakt ist aber auf jeden Fall, die Frau Bretschneider geht einfach hin, schafft entsprechend mal Fakten, hält mal Gelder zurück, obwohl schon geklärt ist, dass hier keine Straftat und keine Untreue vorliegen. Also auch hier wieder äußerst fragwürde Verhaltensweisen.

Dann machen wir mal weiter. Genau, der Abgeordnete A., der angeblich ständig Opfer von entsprechenden Anfeindungen der NPD-Fraktion wird. Zum Herrn A. muss man auch Folgendes wissen: Der Herr A. ist jemand, der auch gerne mal auf den Putz haut und auch gerne mal Vertreter der Antragsgegnerin ganz erheblich angreift. Und da können wir genau wieder auf das Urteil zu sprechen kommen, das die Frau Bretschneider angesprochen hat. Es ist richtig, dass Herr Udo Pastörs gesagt hat im Landtag „blühende Fantasie eines aus dem Orient Zugereisten". Richtig ist aber auch, und das hat die Frau Bretschneider wohlweislich verschwiegen, dass der Herr A. vorher, unmittelbar vor dieser Äußerung, als es um den NSU-Komplex und die Morde des NSU ging, gesagt hat: „Ja, der Anführer der Fraktion sitzt ja hier." Wir müssten uns das genaue Protokoll nochmal raussuchen. Da könnte sich daraus ergeben, dass also hier initiiert worden ist von Herrn A., dass Udo Pastörs hier nun mit dem NSU Komplex etwas zu tun habe. Und das ist auch entsprechend im Urteil des Landesverfassungsgerichts mit berücksichtigt worden und da ist auch gesagt worden, in einem Sondervotum eines Verfassungsrichters, dass also hier es nicht sein könne, dass man Udo Pastörs dann isoliert Menschenwürdeverletzungen unterstellt und ihn deswegen ausschließt, während man umgekehrt Menschenwürdeverletzungen, die vom Opfer A. ausgehen, einfach ausklammert und dann eben hier kein Recht zum politischen Gegenschlag anerkennt. Also auch hier muss man die Äußerung im Kontext sehen und kann nicht einfach behaupten, dass hier auf den armen Herrn A. ohne Grund verbal eingedroschen würde.

Dann haben wir die Kritik, § 130 StGB, es sei ja unerträglich, dass die NPD-Fraktion gefordert habe, diese Vorschrift abzuschaffen. Kann ich nur zu sagen, soweit ich weiß, hat der ehemalige Vizepräsident des Bundesverfassungsgerichts Hassemer auch geäußert, dass er Bedenken gegen diese Vorschrift habe und sich die Frage stellt, ob die rechtspolitisch berechtigt ist. Da ist – soweit ersichtlich – niemand mit Schuhen und Strümpfen über ihn hergefallen. Das ist auch völlig richtig, die Meinung kann man vertreten und deswegen sehen wir aber hier auch keine Veranlassung, wo man das gegen die Antragsgegnerin des Verbots begründend ins Feld führen sollte. Dann haben wir den Punkt: Schüler im Wahlkampf. Udo Pastörs, oder die NPD-Fraktion oder die Partei oder wie auch immer, hätten angeblich hier Schüler missbraucht, um Wahlkampf mit ihnen zu machen. Da muss man auch Folgendes wissen, wird allerdings gleich noch genauer ausgeführt werden vom Herrn Köster. Ich kann nur dazu sagen, das war entsprechend anders. Da ist der Lehrer auf die Schüler zugekommen und hat sich da selber angeboten, Einzelheiten gibt's aber da gleich vom Herrn Köster dazu.

Dann Punkt, ehemaliger Vizepräsident Hans Kreher sei bedroht worden. Höre ich jetzt hier zum ersten Mal. Werden wir uns gegebenenfalls dann gleich noch auch im Einzelnen dazu äußern, von den Personen, die dazu was sagen können. An dieser Stelle müsste ich diese Behauptung erst mal mit Nichtwissen bestreiten. Ist mir nicht bekannt, dass der Vizepräsident bedroht worden sein soll. Ebenso, dass der ehemalige Fraktionsgeschäftsführer M. einen Mitarbeiter bedroht haben soll, nach dem Motto: Passen Sie auf sich auf oder so. Muss ich hier auch erst mal bestreiten. Der Herr M. ist anwesend, der kann sich da gleich zu äußern und entsprechend was sagen.

Sobald die Frau Bretschneider sich des Weiteren darüber aufregt, dass beim Tag der offenen Tür irgendwelche Personen abfotografiert worden sein sollen, da müsste man sich vielleicht mal fragen: Wer war das überhaupt? Vielleicht war es ja auch die Frau Röpke, die da vielleicht in der Hecke gelegen hat und die da rumfotografiert hat. Das ist schon sehr interessant, dass man auf der einen Seite hier der NPD zum Vorwurf machen will, sie hätte Leute fotografiert, unabhängig davon, ob es der Fall war. Da müssen wir auch gleich einen stellvertretenden Fraktionsvorsitzenden fragen. Aber gestern stellt sich dann jemand hin und sagt: „Das ist ja unerträglich, wenn ich nicht fotografieren darf und auch nur die, die fotografiert werden wollen, da habe ich ein Recht drauf, da muss die Polizei mir helfen. Und wenn sie das nicht macht, dann ist das unerträglich." Also da scheint man schon hier mit zweierlei Maß zu messen.

Abschließend vielleicht jetzt noch von meiner Seite, bevor dann gleich der Herr Köster noch ein paar Einzelheiten sagen wird. Ein interessanter Punkt, wo ich sagen würde: „Frau Bretschneider, also kümmern Sie sich vielleicht mal weniger drum, was man hier gegen die Antragsgegnerin an vielleicht stilistisch guten oder schlechten Äußerungen im Landtag zusammentragen mag. Kümmern Sie sich vielleicht mal, gerade, wenn Sie selber das Thema Finanzen aufbringen, um den Themenkomplex ‚Fraktionszulagen an stellvertretende Fraktionsvorsitzende und an Arbeitskreisleiter'. Da wären Sie in der Pflicht dafür zu sorgen, dass da die Rechtsprechung des Bundesverfassungsgerichts mal umgesetzt wird, dass nämlich diese Zahlungen unzulässig sind. Dass Leute, die in der Fraktion besondere Tätigkeiten entfalten, wie eben stellvertretende Fraktionsvorsitzende, dass die eben halt außer dem Parlamentspräsidenten, außer dem Fraktionsvorsitzenden, dem Vizepräsidenten und – kann man sich drüber streiten – dem parlamentarischen…"

Präsident Prof. Dr. Voßkuhle: Herr Richter, Herr Richter, wir sind hier nicht in einer parlamentarischen Auseinandersetzung. Wenn Sie der Präsidentin irgendetwas vorwerfen wollen, können Sie das bei anderer Gelegenheit tun, aber nicht hier in diesem Saal!

Rechtsanwalt Richter: Ist grundsätzlich richtig. Gebe ich Ihnen Recht. Ich wollte nur grundsätzlich mal darauf aufmerksam machen, dass also hier dann schon fragwürdig erscheint, wenn solche Leute, die eigentlich mal ihre Arbeit machen sollten, hier dann den Finger erheben. Ich wäre allerdings dann soweit erstmal, hier, achso, Moment, einen Punkt haben wir noch, der ist noch ganz wichtig. Es ist behauptet worden, Udo Pastörs hätte hier irgendwie Verunglimpfung des Andenkens Verstorbener…, mit Auschwitz-Projektionen und allem Möglichem, hätte damit den Holocaust geleugnet. Da verweise ich auf die umfangreichen Ausführungen hier in unserem Schriftsatz, den wir gestern eingereicht haben. Das ist schlicht und ergreifend falsch. Udo Pastörs hat den Holocaust nicht geleugnet. Da ist ihm das Wort im Mund rumgedreht worden. Auch die Frau Bretschneider hat seinerzeit diese Äußerung von den Auschwitz-Projektionen und dem, wo es dann noch hieß, hier siege ja Lüge über die Wahrheit, was sie jetzt ins Feld geführt hat, da hat sie sich damals überhaupt nicht drüber aufgeregt, da hat sie nicht mal einen Ordnungsruf erteilt, da hat sie überhaupt nichts gemacht. Also das, was dann später als Holocaust-Leugnung gewertet worden ist, ist sehr verwunderlich, ist aber auch eine andere Baustelle. Ich würde jetzt zu den weiteren Vorwürfen, die erhoben worden sind…

Präsident Prof. Dr. Voßkuhle: Jetzt haben wir erst nochmal Fragen an Sie.

Rechtsanwalt Richter: Ach so. Ja.

Präsident Prof. Dr. Voßkuhle: Ja. Herr Landau bitte.

Richter Prof. Landau: Ob und wie das weitergeht, Herr Rechtsanwalt, wird der Vorsitzende im Rahmen seiner Sitzungsleitung und der Senat entscheiden. Ich habe eine Rechtsfrage an Sie, die sich mit der Frage der Verwertbarkeit und der Unverwertbarkeit von Beweisen befasst. Sie vertreten ja offensichtlich die Meinung, jedenfalls war es so zu hören, dass dadurch, dass die Indemnität besteht, die Verwertung von anderen Beweismitteln, etwa landesverfassungsgerichtlichen Entscheidungen, ausgeschlossen sei. Vertreten Sie damit, wie in Amerika, die Theorie des „fruit of the poisonous tree"? Oder stehen Sie doch nicht mehr auf dem Boden des deutschen Strafrechts, das ja von anderen Prinzipien ausgeht? Wir haben hier das Untersuchungsprinzip mit der Wahrheitserforschungspflicht, so dass immer abgewogen werden muss, bei diesen mittelbaren Beweismitteln, ob die im Gegensatz zu dem Schutzgut Indemnität oder Persönlichkeitsrechten zu der Wahrheitserforschungspflicht nicht im Wege einer Abwägung einer Verwertung zugeführt werden können. Sie waren da ziemlich harsch, nach dem Motto: Das ist sowieso alles unverwertbar. Trifft das aufgrund der Ihnen ja sicher bekannten langjährigen, jahrzehntelangen Rechtsprechung des Bundesgerichtshofs etwa in Strafsachen zu?

Rechtsanwalt Richter: Wenn ich dazu was erwidern darf. Es ist so, ich beziehe mich ja hier jetzt nicht einfach auf die „fruit of the poisonous tree"-Doktrin, die ist ja im Prinzip ein strafprozessuales Instrument. Dass man also sagt, wenn ich jetzt beispielsweise rechtswidrig Hausdurchsuchungen durchgeführt habe und dabei dann auf Beweise gestoßen bin, die mich dann zu anderen Beweismitteln führen und dann diese quasi auch infiziert sind von der Rechtswidrigkeit der ursprünglichen Hausdurchsuchung. Das Problem haben wir aus meiner Sicht hier gar nicht, denn hier geht es schlicht und ergreifend um die Anwendbarkeit des Indemnitätsschutzes. Und...

Richter Prof. Landau: Der ist ja noch gewährleistet. Es geht ja, ich spreche ja nicht von der Äußerung im Landtag, dem Landtagsprotokoll, sondern ich spreche von dem mittelbaren Beweismittel, dass eine landesverfassungsgerichtliche Entscheidung sich über einen Ordnungsruf verhält, wo das wiedergegeben wird.

Rechtsanwalt Richter: Also es geht...

Richter Prof. Landau: Und da die Strafgerichte, wie Sie auch wissen, zur freien Beweiswürdigung verpflichtet sind. Wie erklären Sie sich, dass da ein Gerichtshof was ausblenden soll?

Rechtsanwalt Richter: Das sind ja zwei verschiedene Angelegenheiten. Also es geht ja ...

Richter Prof. Landau: Ich habe es dogmatisch noch nicht verstanden, aber vielleicht erklären Sie mir das dann?

Rechtsanwalt Richter: Nein, der Indemnitätsschutz sagt ja, dass Äußerungen, dass also ein Abgeordneter für Äußerungen im Landtag nicht zur Verantwortung gezogen werden darf.

Richter Prof. Landau: Ist schon der Fall gewesen.

Rechtsanwalt Richter: Und er wird aus meiner Sicht mit einem Parteiverbotsverfahren durchaus dafür zur Verantwortung gezogen, weil man seine Äußerung verbotsbegründend gegen die Partei ins Feld führen will und das dazu führen soll, dass er sein Mandat letzten Endes verliert.

Richter Prof. Landau: Aber doch nicht Äußerung, sondern die Wiedergabe einer Äußerung mit anderen Sachverhalten in einem Urteil oder in einem Beschluss oder in einer Entscheidung.

Rechtsanwalt Richter: Es ist ja keine Frage des Beweismittels. Es geht einfach darum, dass die Äußerung als solche gesperrt ist, um sie eben verbotsbegründend gegen die Partei und damit mittelbar gegen den Abgeordneten ins Feld zu führen. Grundsätzlich, also die Äußerung als solche ist ja jetzt, also jedenfalls würde ich das jetzt nicht allgemein sagen, teilweise sind sie wieder so aus dem Zusammenhang gerissen worden, aber selbst wenn die Äußerung an sich unstreitig ist, ist ja schon klar, dass sie so gefallen ist. Es ist einfach nur eine Sperrwirkung dergestalt, dass wir sagen: „Sie kann nicht ins Feld geführt werden, weil der Indemnitätsgrundsatz das eben sperrt." Also ich sehe da jetzt kein Beweisproblem drin, sondern einfach ein…

Richter Prof. Landau: Und das würde auch gelten als Indizmerkmal zum Beispiel, wenn Sie uns Ausführungen zum Begriff der Volksgemeinschaft machen? Dann würde als Indizmerkmal eine solche Äußerung, wie auch immer, diese Sperrwirkung auch zum Beispiel bei der Auslegung des Begriffs der Volksgemeinschaft verboten sein nach Ihrer Meinung.

Rechtsanwalt Richter: Also es geht jetzt nur um die entsprechenden Landtagsreden. Also wenn jetzt natürlich im Parteiprogramm was steht, wenn in allgemeinen Reden auf der Straße was gehalten ist, das ist ja was völlig anderes. Es geht ja jetzt nur um Äußerungen, die im Landtag gefallen sind, aus den genannten Gründen, weil ansonsten der Abgeordnete sich dann doch wieder, entgegen der einzigen Intention des Indemnitätsschutzes, dann wieder selbst zensieren müsste, weil er denkt: „Wenn ich jetzt vielleicht doch ein bisschen zu sehr auf den Putz haue – und auch wenn es keine verleumderische Beleidigung ist, bei der dann der Schutz ja ohnehin nicht eingriffe –, dann muss ich vielleicht doch wieder aufpassen, weil nachher kommt dann wieder irgendjemand und baut da vielleicht irgendwelche Verbotsanträge darauf auf." Deswegen meine ich, dass also hier die entsprechende Interessenlage vergleichbar ist und deswegen der Indemnitätsschutz greifen müsste. Letztlich wird es aber aus unserer Sicht darauf nicht ankommen, weil wir die einzelnen Äußerungen ja auch entsprechend entkräften können und uns dazu äußern können.

Präsident Prof. Dr. Voßkuhle: Gut. Vielen Dank! Herr Huber!

Richter Prof. Dr. Huber: Der Kollege Müller hat die Frau Landtagspräsidentin nach der Äußerung von Herr Pastörs gefragt, der die Asylbewerber im Dezember 2014 – im Plenarprotokoll abgedruckt – als „entartete Menschen" bezeichnet hat. Wenn wir uns jetzt mal auf den Standpunkt stellen, dass der Indemnitätsschutz hier nicht greift, haben Sie dazu nichts gesagt?

Rechtsanwalt Richter: Dazu habe ich im Moment nichts gesagt, weil ich ja darauf hingewiesen habe, dass gegebenenfalls der Herr Köster noch Ausführungen machen kann. Ich kann die aber auch gerne selber machen. Also gerade diese entsprechende Äußerung ist wieder mal aus dem Zusammenhang gerissen worden und zwar – ich muss es grad hier mal grad raussuchen –, genau, hier, an gleicher Stelle, also wiederum Seite 105 des Schriftsatzes vom 27.08.2015: „Die aufgestellte Behauptung, der Fraktionsvorsitzende der Antragsgegnerin im Landtag Mecklenburg-Vorpommern habe Asylbewerber als ‚entartete Menschen' bezeichnet, ist nachweislich unwahr und beruht auf einer perfiden Entstellung der" – wegen des Indemnitätsschutzes ohnehin nicht verwertbaren – „Landtagsrede des Herrn Udo Pastörs. Tatsächlich hat der Redner nämlich nicht Asylbewerber als solche als entartet bezeichnet, sondern Menschen, die Polizisten anspucken." Wörtlich heißt es hierzu in dem vom Antragsteller wohlweislich nicht vorgelegten Sitzungsprotokoll 48/6 des Landtags Mecklenburg-Vorpommern auf Seite 99: „Wenn ich Polizisten bespucke, ist das eine Entartung. Ganz klar." Also da würde ich dann auch entsprechend bitten, das Sitzungsprotokoll sich vorlegen zu lassen und dann mal den genauen Kontext herauszusuchen. Die Behauptung, Herr Pastörs habe Asylbewerber als „entartete Menschen" bezeichnet, die wird hier ausdrücklich bestritten.

Präsident Prof. Dr. Voßkuhle: Vielen Dank! Herr Müller bitte!

Richter Müller: Herr Richter, wenn ich Sie jetzt richtig verstanden habe, deshalb frage ich nach, dann bestreiten Sie die Verwertbarkeit der parlamentarischen Äußerungen. Sie bestreiten auch im Einzelfall die Art und Weise, wie diese Äußerungen interpretiert worden sind, aber Sie bestreiten nicht, dass die Äußerungen stattgefunden haben.

Rechtsanwalt Richter: Es kommt jetzt auf die konkreten Äußerungen an. Also meinen Sie jetzt alle Äußerungen, die jetzt irgendwie genannt wurden?

Richter Müller: Ja, ich habe nicht gehört, dass Sie bei irgendeiner Äußerung gesagt haben, die ist nicht gemacht worden.

Rechtsanwalt Richter: Da würde ich ja wie gesagt gleich nochmal auf den Herrn Köster verweisen. Ich kann jetzt nur auf die Äußerungen konkret eingehen, die ich jetzt mitgeschrieben habe. Das war unter anderem die mit den „entarteten Menschen".

Richter Müller: Da bestreiten Sie ja auch nicht die Äußerung, sondern Sie bestreiten die Interpretation der Äußerung.

Rechtsanwalt Richter: Ich bestreite auch die Äußerung.

Richter Müller: Hat der Herr Pastörs das jetzt gesagt oder hat er es nicht gesagt?

Präsident Prof. Dr. Voßkuhle: Das haben Sie doch gerade vorgelesen.

Rechtsanwalt Richter: Er hat gesagt: „Wenn ich Polizisten bespucke, ist das eine Entartung." Er hat aber nicht Asylbewerber als „entartete Menschen" bezeichnet.

Präsident Prof. Dr. Voßkuhle: Diese Formulierung, um die geht es. Die ist jedenfalls gefallen.

Rechtsanwalt Richter: Genau. Also das Wort „entartet" ist gefallen, aber nicht in dem Zusammenhang, wie es dargestellt worden ist.

Richter Müller: Darum geht es und ich habe nicht gehört, dass Sie an irgendeiner Stelle gesagt haben: „Die Worte sind nicht gefallen." Sie sagen: „Die sind falsch interpretiert, die stehen im falschen Zusammenhang." Aber Sie sagen nicht, die Worte seien nicht gefallen.

Rechtsanwalt Richter: Das Wort „entartet", die Worte, da wird es schon wieder problematisch.

Richter Müller: Aber in anderen Fällen haben Sie es auch nicht gemacht.

Rechtsanwalt Richter: Nein, da darf ich aber auf den Schriftsatz wiederum verweisen. Da haben wir in einzelnen Belegen auch entsprechend was dazu gesagt, teilweise sind jetzt allerdings auch Äußerungen behauptet worden, die jetzt so in den Belegen nicht vorkommen. Da würde ich dann nochmal, weil ich jetzt nicht alles mitschreiben konnte, weil das ja doch schon ziemlich viel auf einmal war und eben auch teilweise ziemlich viel Neues, nochmal um einen Hinweis des Gerichts bitten, dass also jetzt Äußerungen, zu denen wir jetzt im Schriftsatz noch nichts gesagt haben, und falls die entscheidungserheblich sein sollten, da entsprechend dann nochmal Hinweis gegeben wird, dass wir uns da im Einzelnen nochmal zu äußern können.

Präsident Prof. Dr. Voßkuhle: Gut.

Rechtsanwalt Richter: Aber speziell jetzt auch die andere Geschichte hier auch mit der angeblichen Holocaust-Leugnung, die so nie stattgefunden hat, da haben wir, wie gesagt, umfangreiche Ausführungen zu gemacht, und speziell auch, um das vielleicht noch ergänzend darzulegen, beim Herrn Andrejewski ist ja behauptet worden, er habe behauptet, dann müsse man die Demokratie abschaffen. Die Äußerung würde ich ihn vielleicht kurz fragen, ob er dazu was sagen kann.

Präsident Prof. Dr. Voßkuhle: Jetzt bitte, wenn wir jemanden fragen…

Rechtsanwalt Richter: Dann muss ich die Äußerung erstmal mit Nichtwissen bestreiten. Kann ich mich nicht dazu erklären.

Präsident Prof. Dr. Voßkuhle: Gut, würden Sie zu den anderen Dingen auch noch etwas sagen wollen, also zu den Vorträgen von Herrn Staatsminister Herrmann und Herrn Innenminister Caffier?

Rechtsanwalt Richter: Ja, da würde ich in der Tat noch was dazu sagen wollen. Ich würde Sie jetzt fragen, ob wir jetzt erstmal zu Frau Bretschneider noch Äußerungen von Herrn Köster, oder?

Präsident Prof. Dr. Voßkuhle: Nein, erstmal in dem Zusammenhang.

Rechtsanwalt Richter: Genau, dann käme ich als nächstes zum Herrn Caffier. Da ist ja behauptet worden – habe ich mir hier mitgeschrieben – einmal Punkt „Selbstverteidigungsseminare", die durchgeführt worden sein sollen. Da habe ich jetzt nur gehört, dass also irgendein Verein diese durchgeführt habe. Es ist mir jetzt nicht ersichtlich, oder nicht nachvollziehbar, was die NPD mit diesem Verein zu tun haben soll. Insoweit – da haben wir allerdings auch schriftsätzlich dazu vorgetragen – würde also diese Behauptung auch unter Verweis auf die schriftsätzlichen Darlegungen dann bestritten werden. Vielleicht zur Erläuterung: Also es ist überhaupt nicht unüblich, dass gerade in der aktuellen politischen Gesamtsituation nicht nur die Antragsgegnerin, sondern eben auch ganz normale, sage ich mal, Menschen der Zivilgesellschaft, die völlig unpolitisch sind oder parteipolitisch ungebunden sind, sich neuerdings mit Pfefferspray bewaffnen oder in Selbstverteidigungskurse gehen oder eben entsprechend für ihre Sicherheit sorgen zu müssen glauben, weil sie eben meinen, dass der Staat trotz des ihm zustehenden Gewaltmonopols dieses Monopol nicht hinreichend ausübe und die Sicherheit der Bürger nicht gewährleiste. Da haben wir ja gestern schon von Herrn Borstel schon was dazu gehört, speziell auch zur Polizei in Mecklenburg-Vorpommern, dass es da entsprechende Defizite gebe. Da können wir also nur entsprechend dann zu sagen, dass man sich selbst verteidigen will, dass man sagt: „Die Zeiten sind rauer geworden." Es gibt insbesondere sehr viele politische Gegner, die die NPD und ihre Mitglieder und Anhänger angreifen. Da haben wir auch umfangreich dazu vorgetragen, das können wir gegebenenfalls nachher noch vertiefen. Das heißt also, dass man sich da selbst verteidigen will, ist nicht zu beanstanden. Unabhängig von der Frage, ob das jetzt im Einzelnen überhaupt der Partei zuzurechnen ist, was wir hier bestreiten und wo wir auch entsprechend weitere Darlegungen bräuchten.

Wir haben dann eine ganze Reihe, was angesprochen worden ist: Anklam, Jamel, L., die Frau L., Greifswald. Da würde ich einfach mal hier der Vollständigkeit halber, damit hier nichts unwidersprochen stehen bleibt, die einzelnen Punkte mal durchgehen. Jetzt muss ich hier mal ganz kurz schauen... Genau!

Präsident Prof. Dr. Voßkuhle: Also wenn Sie jetzt wirklich alles in Ihrem Schriftsatz dargelegt haben, müssen Sie es nicht ergänzend vortragen. Dann wäre es, glaube ich, hilfreicher für uns, wenn Sie zu den Dingen, die nicht in Ihrem Schriftsatz stehen, noch etwas vorbringen würden. Wahrscheinlich haben Sie ja nicht den gesamten Beitrag jetzt...

Rechtsanwalt Richter: Das ist klar, ja sicher, also...

Präsident Prof. Dr. Voßkuhle: ...sozusagen antizipiert und schon schriftsätzlich bearbeitet.

Rechtsanwalt Richter: Da haben Sie völlig Recht Herr Präsident.

Richter Müller: Noch dazu in einer Nacht.

Rechtsanwalt Richter: Deswegen, richtig. Das wäre in der Tat zu viel des Guten. Also jetzt schon hier diesen Vortrag zu antizipieren, das ist richtig. Nur das, was jetzt genannt worden war, also die einzelnen Ortschaften, hier L., Greifswald und so weiter, das war ja in der Tat auch schon vorher schriftsätzlich vorgetragen worden und da habe ich mir natürlich dann auch schon ein paar eigene Gedanken dazu machen können, das ist, denke ich, klar. Gut, dann würde ich da wie gesagt drauf verweisen, also da haben wir umfangreiche Ausführungen zu gemacht und die Behauptungen von Herrn Caffier würden dann nach Maßgabe dieses schriftlichen Vortrags bestritten.

Wir haben dann noch einen Punkt, der angesprochen worden ist: Änderung des Kommunalwahlgesetzes – quasi Gesinnungsprüfung durch Wahlausschüsse. Also da frage ich mich auch, ob das ein Ausdruck demokratischer Gesinnung oder vielleicht das Gegenteil ist, denn es ist schon fraglich, ob also Wahlausschüsse, die mit entsprechenden Politikern der konkurrierenden Parteien besetzt sind, ob die geeignet sind, die Eignung von Bürgermeisterkandidaten – vor allem unabhängig und ohne parteipolitischen Einschlag – zu prüfen. Also das kommt mir schon ein bisschen seltsam vor. Das halte ich eher für ein undemokratisches Werkzeug, um Oppositionen zu unterdrücken, aber nicht um ein Werkzeug, um die freiheitliche demokratische Grundordnung zu schützen.

Soweit Herr Caffier weiterhin auf die Verwaltungsvorschrift bezüglich Umgang mit Rechtsextremisten verweist, da muss ich sagen, da wäre es schön, wenn er die vielleicht mal vorlegen würde, denn die Antragsgegnerin versucht auch seit Monaten, diese Broschüre oder diese Verwaltungsvorschrift in Besitz zu kriegen. Da ist auch ein Organstreitverfahren beim Landesverfassungsgericht Mecklenburg-Vorpommern anhängig. Das wäre mal sehr interessant zu wissen, was da drin steht, denn, wie ja teilweise die Polizei in Mecklenburg-Vorpommern verfährt, das ist also auch teilweise schon ziemlich grenzwertig.

Und ganz am Schluss möchte ich einfach mal Herrn Caffier ganz direkt fragen, er möge ja dann selber entscheiden, ob er sich dazu äußern will. Aber gerade weil ja hier ständig der parlamentarische Stil der Antragsgegnerin und ihre Wortwahl kritisiert wird, würde ich einfach mal fragen, Herr Minister Caffier: „Ist es zutreffend, dass Sie den NPD-Abgeordneten Tino Müller in einer Landtagssitzung als ‚Arschloch' bezeichnet haben?" Die Frage können Sie bitte mal beantworten.

Abschließend würde ich zum Herrn Staatsminister Herrmann noch kurz zwei Sachen sagen wollen. Also einmal hat er es ja kritisiert, dass die Antragsgegnerin eine Staatskrise herbeirede und das ja eben dann Indiz dafür sei, dass sie hier Leute verunsichern wolle oder Ängste schüren wolle. Da frage ich Sie: „Also, Herr Staatsminister, bei aller Liebe, aber ist es nicht Ihr Parteivorsitzender und Ihr Ministerpräsident, der in letzter Zeit hier immer wieder – durchaus auch zu Recht – auf gravierende Missstände hingewiesen hat und er selbst davon gesprochen hat, dass hierzulande das Unrecht herrsche." Also da frage ich Sie bei aller Liebe: „Wer redet denn hier die Staatskrise herbei und wer ist denn hier derjenige, der gegebenenfalls Ängste schürt?" Also wenn das die Kriterien sind, dann würde ich vorschlagen, Herr Staatsminister, beantragen Sie auch gleich ein Parteiverbot gegen die CSU, das können Sie dann als nächstes machen. Aber stattdessen, das war ja auch sehr bezeichnend, haben Sie ja erwähnt, dass ja gerade der BIA-Stadtrat Karl Richter bei der Partei „Die Rechte" gesprochen habe und auch der „Dritte Weg" sehr aktiv sei, und ja auch alles irgendwie dann übergehe. Und da würde es mich mal interessieren, also ich hab da gelesen bei „Endstation Rechts", das ist nicht unbedingt jetzt hier das Leitmedium, deswegen frage ich lieber nochmal nach, ob es wirklich so stimmt, dass im Bayerischen Landtag vor einigen Tagen über ein Verbot der Partei „Die Rechte" und über ein Verbot des „Dritten Wegs" gesprochen worden sein soll, denn das scheint genau damit zusammenzupassen, mit dem, was Ihr Kollege Beckstein schon vor längerer Zeit gesagt hat, nämlich, dass, wenn die NPD gefallen ist, hier ein Dominoeffekt einsetzen werde und dass man dann letztlich die ganzen Rechtsparteien wegverbieten werde. Damals hieß es noch: „Die Republikaner!", die sind jetzt heute nicht mehr so relevant. Aber wenn jetzt hier schon darüber diskutiert wird, „Dominoeffekt", wie es damals genannt worden ist. Also jetzt schon „Die Rechte" und den „Dritten Weg" wegzuverbieten, dann scheint mir das ein ganz gewaltiges Indiz dafür zu sein, dass es hier eben, wie ich schon gesagt habe, nicht um die Antragsgegnerin geht, sondern dass es in diesem Verfahren um die gesamte politische Rechte in Deutschland geht und dass es eben hier dann letztlich sachfremde Erwägungen sind, die für diese Antragsstellung leitend waren, nämlich eine ganze politische Strömung wegzuverbieten und nicht eine angeblich gefährliche Partei. Insofern würde ich dann meinen Vortrag zunächst dann hier schließen wollen und würde dann, wie gesagt, noch bitten, hinsichtlich der Frau Bretschneider, dem Herrn noch das Wort zu erteilen, sofern das im Rahmen der Sitzung ist.

Präsident Prof. Dr. Voßkuhle: Wir würden jetzt erst gerne Herrn Andrejewski, der ja im Zusammenhang nochmal etwas vortragen will, zur Subsumtion hören.

Rechtsanwalt Andrejewski: Ja, was ich vortragen würde…

Präsident Prof. Dr. Voßkuhle: Dann bedanken wir uns zunächst einmal Herr Richter!

Rechtsanwalt Andrejewski: Es würde vielleicht eher in den Gliederungspunkt passen „Beeinträchtigung und Beseitigung, Subsumtion".

Präsident Prof. Dr. Voßkuhle: Okay, gut. Wenn Sie das vorschlagen, dann würden wir nämlich jetzt gerne Herrn Franz hören zum Konzept der NPD und zum Parteiprogramm.

Richter Müller: Soll der Antragsteller etwas sagen?

Präsident Prof. Dr. Voßkuhle: Ich würde das vorher gerne machen, dann hätten wir so einen größeren Block; das ist, glaube ich, ganz hilfreich. So, ja Herr Müller.

Richter Müller: Ja, Herr Vorsitzender. Wir haben ja in den vergangenen Tagen schon mehrfach über das Parteiprogramm der NPD gesprochen und wir hätten so ein paar Fragen mit Blick auf das Parteiprogramm. Wir gehen davon aus, dass Sie derjenige sind, der das authentisch interpretieren kann. Im Parteiprogramm heißt es: „Nationale Identität bedeutet: Deutschland muss das Land der Deutschen bleiben und muss es dort, wo dies nicht mehr der Fall ist, wieder werden. Grundsätzlich darf es für Fremde in Deutschland kein Bleiberecht geben, sondern nur eine Rückkehrpflicht." An anderer Stelle heißt es: „Volksherrschaft setzt Volksgemeinschaft voraus." Ableitungen im Programm sind dann beispielsweise die These Integration sei Völkermord; die Forderung familienunterstützende Leistungen nur für deutsche Familien; Eigentum dürften nur Deutsche erwerben; Ausgliederung aller Ausländer aus der Sozialversicherung; Trennung in den Schulen zwischen Deutschen und Ausländern; eine eigene Kriminalstatistik für „Passdeutsche", also für deutsche Staatsangehörige. Und uns würde schon mal interessieren: Was ist das, diese „Volksgemeinschaft"? Wer gehört ihr an? Wer gehört ihr nicht an? Was passiert mit denen, die ihr nicht angehören ohne deutschen Pass und mit deutschem Pass?

Parteivorsitzender NPD Franz: Herr Präsident, hoher Senat, meine sehr geehrten Damen und Herren, wir haben ja in den letzten beiden Tagen und auch heute etliches über den ethnischen Volksbegriff gehört und die Themen, die Sie jetzt angesprochen haben, Herr Müller, die gehen natürlich auch alle etwas ineinander über. Wenn wir von Abstammungsprinzip sprechen, wenn wir von Staatsbürgerschaft sprechen, wenn wir von Volksherrschaft sprechen, dann sind das Themen, die alle irgendwo ineinander übergreifen und sich dann in den unterschiedlichsten Themengebieten im Parteiprogramm widerspiegeln. Was die Volksgemeinschaft angeht, könnten wir uns wahrscheinlich auch außerhalb dieses Saales unterhalten, denn Sie wissen wahrscheinlich, Sie waren sehr lange Ministerpräsident im Saarland, und auch in der saarländischen Verfassung kommt der Begriff der Volksgemeinschaft vor. Das ist also nichts, was sich die Nationaldemokraten ausgedacht haben, sondern der Begriff der Volksgemeinschaft ist ein sehr viel älterer. Grundsätzlich will ich vorweg schicken, dass wir sehr wohl den Staatsbürger auf der einen Seite sehen und das Konzept – und das unterscheidet sich sehr wohl von der Rassetheorie, die uns vielfach vorgeworfen wird – der ethnischen Kontinuität sehen, weil wir sagen, dass ein Volk nicht beliebig austauschbar ist. Der Maximalfall wäre wohl, dass man 80 Millionen Deutsche nimmt, sie aus dem Staatsgebiet der Bundesrepublik ausgliedert und 80 Millionen andere Menschen nimmt, ihnen einen Pass in die Hand drückt und dann sagt: „Ihr seid jetzt Deutsche." Da würde wahrscheinlich jeder sagen: „Das funktioniert so nicht, weil ein Volk auch einer gewissen Genese unterliegt."

Das ist im Recht genauso. Das Recht, das wir heute haben, entstammt einer gewissen Genese und auch ein Volk entstammt einer gewissen Genese. Das begründen wir nicht rein biologistisch, aber wir sagen, dass ein Volk eben nicht nur daraus besteht, dass man ihm einen Pass in die Hand drückt, sondern dass es sich durch Kultur, Sprache und andere Merkmale definiert. Der Staatsbürger hat selbstverständlich die Rechte die ihm laut Gesetz zustehen, daran will die NPD nicht rütteln. Die Rechte die ein Staatsbürger hat, die soll er auch behalten, warum sollten wir ihm die aberkennen wollen? Was das Staatsbürgerschaftsrecht an sich angeht, favorisiert die Nationaldemokratische Partei das Staatsbürgerschaftsrecht von 1913, das im Übrigen – das habe ich, glaube ich, gestern schon mehrfach gehört – bis 2000 auch in der Bundesrepublik Geltung hatte. Dort wird das Abstammungsprinzip explizit auch hervorgehoben. Das heißt, dass die ethnische Kontinuität, die wir durchaus als bestimmendes Merkmal ins Feld führen, auch in der Bundesrepublik bereits Geltung hatte. Ich kann mir nicht vorstellen, dass irgendjemand behaupten will, dass die Bundesrepublik bis 2000 ein rassistischer Staat gewesen sei. Und alles, was wir als Nationaldemokraten fordern, dass wir zu diesem Staatsbürgerschaftsrecht von 1913 zurückkehren, in dem das Abstammungsprinzip ein wesentliches Merkmal war.

Wenn wir von der Ausgliederung aus Sozialsystemen sprechen, dann sprechen wir selbstverständlich nicht von der Ausgliederung von Menschen, die wir aufgrund ihrer ethnischen Herkunft nicht als Deutsche bezeichnen würden, sondern dann sprechen wir selbstverständlich im Sinne des Rechts von Staatsbürgern. Jeder Staatsbürger hat die gleichen Rechte. Das steht für uns außer Frage. Es gibt aber sehr wohl im Grundgesetz und auch in anderen Rechtsvorschriften die Unterscheidung zwischen deutschen Staatsbürgern und Ausländern. Und wir vertreten die Auffassung, dass wir in unterschiedlichsten Bereichen – und dazu gehören auch die Sozialsysteme –, die ja zur sozialen Absicherung deutscher Staatsbürger da sind, auch für Deutsche eben da sein sollten. Dass man Ausländer natürlich nicht irgendwo auf der Straße stehen lässt, sondern sie dann in eigene Sozialversicherungssysteme eingliedert, ist eben eine Vorstellung, die wir vertreten.

Präsident Prof. Dr. Voßkuhle: Darf ich da gleich zu fragen? Da sind wir uns, glaube ich, nicht so ganz sicher. Man hat den Eindruck, dass diese Differenzierung, die Sie treffen, schon immer an der Volksgemeinschaft festgemacht wird und nicht am Staatsangehörigkeitsbegriff. Also an den sogenannten Passdeutschen. Sie haben gerade gesagt, diese Differenzierungen, die Sie da vorschlagen, seien entlang der Unterscheidung zwischen Ausländern und Staatsangehörigen gemacht. Unser Eindruck ist, wenn wir das Parteiprogramm lesen, dass die zentrale Unterscheidung, die zwischen denjenigen Angehörigen, die also der Volksgemeinschaft gehören und den sogenannten Passdeutschen und Ausländern ist. „Passdeutsche" und Ausländer sind dann sozusagen eine große Gruppe.

Parteivorsitzender NPD Franz: Den Begriff „passdeutsch" kann man durchaus als etwas plakativ gewählten werten, im Grunde sprechen wir aber davon, dass Staatsbürger auch alle Rechte haben, die ein Staatsbürger hat. Und wenn jemand Staatsbürger ist, dann hat er natürlich auch die Rechte wie jeder andere Staatsbürger auch.

Richter Müller: Die interessantere Frage ist ja: Wer kann denn Staatsbürger sein? Ich habe da mit Interesse gelesen, was Sie in Ihrer Argumentationsbroschüre „Wortgewandt" dazu schreiben. Ich will Ihnen das mal vorhalten. Da heißt es:

„Deutscher ist, wer deutscher Herkunft ist und damit in die ethnisch-kulturelle Gemeinschaft des deutschen Volkes hineingeboren wurde. Ein Afrikaner, Asiate oder Orientale wird nie Deutscher werden können. Der Begriff Volk bezeichnet eine geschichtlich gewachsene Sprach-, Kultur-, Schicksals- und Abstammungsgemeinschaft. Deutscher ist, wer deutsche Eltern hat, also wer deutscher Abstammung ist. Deutsch ist eine ethnische Herkunftsbezeichnung. Deutscher ist man von Geburt oder eben nicht. Aber man wird es nicht durch Annahme der Staatsbürgerschaft."

Parteivorsitzender NPD Franz: Wo steht das? Von wann ist das?

Richter Müller: Entschuldigung! Sind Sie in der NPD oder ich?

(Gelächter)

Das ist die Broschüre „Wortgewandt – Argumente für Mandats- und Funktionsträger" – Schriftenreihe des Parteivorstandes der NPD. Da sind Sie der Vorsitzende von.

Parteivorsitzender NPD Franz: Das stimmt. Ich glaube nicht, dass jeder Richter jede Passage in jedem Gesetz auswendig weiß oder wann das woher stammt. Insofern frage ich nach, aus welcher Zeit.

Richter Müller: Ja, mich würde eher interessieren, was Sie dazu sagen.

Parteivorsitzender NPD Franz: Na ja, mein Interesse war jetzt, von wann dieses Programm ist, dass Sie hier zitiert haben. Wir hatten ja gestern auch das Aktionsprogramm, das aus den Jahren 2001 und 2002 stammt, insofern ist diese Frage ja nicht ganz unerheblich.

Richter Prof. Dr. Huber: Ich glaube, ich kann da ergänzen, dass der Landesverband Bayern am 27. August 2015, das ist noch nicht so lange her, auf seiner Homepage schreibt, Nicht-Europäer würden nie Deutsche werden können. Ihr Fraktionsvorsitzender in Mecklenburg-Vorpommern hat es etwas globaler gefasst und meinte, Europa sei das Land der weißen Rasse – und zwar 2011. Also, es ist nicht nur ein Ausreißer, es ist relativ repräsentativ und taucht in vielen Quellen auf, die von führenden Leuten Ihrer Partei oder führenden Publikationen herangezogen werden sollen oder tatsächlich werden, wo sich diese rassistische Differenzierung auftut.

Parteivorsitzender NPD Franz: Also was der Landesverband Bayern oder Einzelpersonen irgendwann irgendwo geäußert haben, das kann ich jetzt hier schlecht bewerten. Ich kann Ihnen sagen, was die Partei in Ihrem Parteiprogramm vorsieht, das ist das Staatsbürgerschaftsrecht von 1913, und dort wird das Abstammungsprinzip favorisiert. Dort steht aber auch ausdrücklich drin, dass eine Art „Ermessenseinbürgerung" durchaus möglich ist. Darin sehen wir kein Problem. Wenn jetzt ein Einzelfunktionär oder eine Einzelperson die Meinung vertritt, dass das grundsätzlich nicht möglich sei, dann ist das eine Einzelmeinung, aber nicht die Meinung der Partei.

Richter Müller: Aber das steht doch irgendwie im diametralen Widerspruch zu dem, was ich Ihnen da eben vorgelesen habe.

Parteivorsitzender NPD Franz: Wir sagen ja, dass wir grundsätzlich wollen, dass wir auf die ethnische Kontinuität abzielen. Das heißt aber nicht, dass es nicht nach einem Ermessen Einbürgerungen geben kann.

Richter Müller: Also, mal angenommen wir haben eine asiatische Mutter mit deutschem Pass, einen zentralafrikanischen Vater mit deutschem Pass, also deutsche Eltern. Sind die Kinder dann Deutsche nach Ihrer Vorstellung?

Parteivorsitzender NPD Franz: Also, das hat mich „Frontal 21" auch gefragt und dann habe ich gesagt, dass ich solche konstruierten Hypothesen grundsätzlich nicht beantworten will.

Richter Müller: Hier auch nicht?

Parteivorsitzender NPD Franz: Wenn es...

Richter Müller: Hier auch nicht?

Parteivorsitzender NPD Franz: Ich bin noch am Sprechen.

Richter Müller: Entschuldigung.

Parteivorsitzender NPD Franz: Wenn es sich um Staatsbürger handelt, dann sind das Staatsbürger.

Richter Prof. Dr. Huber: Ist Ihr Stellvertreter, Herr Zasowk, der, glaube ich, da ist, und der am 5. Mai 2014 ein Interview mit der ZDF-Journalistin M. geführt hat, und ihr, obwohl sie deutsche Staatsangehörige ist und in Deutschland geboren wurde, aber ein Abkömmling von Migranten, die Ausländereigenschaft attestiert hat, derselben Meinung wie Sie?

Parteivorsitzender Franz: Der Herr Zasowk ist hier, vielleicht ist es einfacher, wenn Sie ihn fragen.

Präsident Prof. Dr. Voßkuhle: Können wir später machen. Ich würde gerne noch auf ein paar andere Punkte des Parteiprogramms eingehen. Aber vorher vielleicht... Frau Kessal-Wulf!

Richterin Dr. Kessal-Wulf: Eine Frage in dem Zusammenhang, weil wir uns über die Quellen unterhalten haben, woher das stammt, was wir vorhalten. Ich war am Montag, also Anfang dieser Woche, ich denke, das ist aktuell genug, auf der Internetseite der NPD, also „npd.de", da gibt es einen Katalog von Fragen und Antworten und man kann da abrufen, wer denn ein Deutscher ist. Und da habe ich letzten Montag abgerufen:

„Ein Afrikaner, Asiate oder Orientale wird nie Deutscher werden können, weil die Verleihung gedruckten Papiers (eines BRD-Passes) ja nicht die biologischen Erbanlagen verändert, die für die Ausprägung körperlicher, geistiger und seelischer Merkmale von einzelnen Menschen und Völkern verantwortlich sind." Das ist das eine, dann stehen noch zwei andere Sätze und dann geht es weiter: „Angehörige anderer Rassen bleiben deshalb körperlich, geistig und seelisch immer Fremdkörper, gleich wie lange sie in Deutschland leben und mutieren durch die Verleihung gedruckten Papiers nicht zu germanisch-stämmigen Deutschen." Das wollte ich jetzt noch als Ergänzung, ich denke, das ist aktuell genug. Ich denke, das steht auch heute noch auf der Internetseite.

Parteivorsitzender NPD Franz: Ich habe ja durchaus betont, dass wir den Begriff des Staatsbürgers und den des ethnischen Deutschen durchaus unterscheiden. Das hat aber nichts damit zu tun, dass wir dem Staatsbürger seine Rechte aberkennen oder ihn nicht als Staatsbürger verstehen. Ich glaube, es ist unbestritten, und es wird wahrscheinlich auch der Antragsteller nicht ernsthaft bestreiten wollen, dass, wenn man nicht ethnisch, nicht mitteleuropäischer Herkunft ist, oder wenn man abstammungsgemäß nicht Asiate ist, dass man durch die Verleihung eines Passes dadurch eine andere Abstammung hat. Die Abstammung bleibt ja gleich. Das ist aber eine völlig andere Frage als die der Staatsbürgerschaft.

Richterin Dr. Kessal-Wulf: Ja, aber Sie haben sich doch eingangs dagegen gewehrt, dass man Ihnen eine Rassenlehre, einen Rassenbegriff vorwirft, und hier steht Rasse. Angehörige anderer Rassen.

Parteivorsitzender NPD Franz: Ja, wir wollen ja kein Rassegesetz einführen, wir wollen zum Staatsbürgerschaftsrecht von 1913 zurück. Das ist doch ein Unterschied. Wir favorisieren ja als Staatsbürgerschaftsrecht keine Rasse, keine Rassetheorie, wie uns vorgeworfen wird. Wenn man auf Volksgemeinschaft hinweist, die auch in Verfassungen der Bundesländer vorkommt, oder Ähnliches, dann kann das ja nicht in irgendeiner Art und Weise verfassungswidrig sein.

Richter Müller: Wer hat denn nach Ihrer Vorstellung Deutschland zu verlassen?

Parteivorsitzender NPD Franz: Nun das wäre zunächst einmal bei allen Nichtstaatsbürgern zu prüfen, inwiefern sie ein Aufenthaltsrecht haben. Warum sie hier sind.

Richter Müller: In Ihrem Programm steht: „…darf es für Fremde in Deutschland kein Bleiberecht geben." Also alle.

Parteivorsitzender NPD Franz: Grundsätzlich ist das auch richtig. Wir halten es auch für falsch, dass die Bundeskanzlerin am 4. September die Grenzen geöffnet hat und damit Hunderttausenden den Zugang zur Bundesrepublik rechtswidrig gewährt hat. Wir wissen nicht, wer hier ist, wir wissen nicht, warum sie hier sind, wir wissen nicht, wie lange sie bleiben, ob sie ein Bleiberecht haben oder nicht. Das, sagen wir, ist ein unerträglicher Zustand und das muss geprüft werden. Und wer keinen Anspruch hat, sich in der Bundesrepublik aufzuhalten, was zu prüfen ist, hat selbstverständlich eine Rückkehrpflicht.

Richter Müller: Also das würde zunächst einmal alle Ausländer betreffen, wenn ich das richtig sehe. Sie gehen da weiter als die NSDAP in ihrem Programm, die hat nämlich gesagt: „Wir fordern, dass sich der Staat verpflichtet, in erster Linie für die Erwerbs- und Lebensmöglichkeit der Staatsbürger zu sorgen. Wenn es nicht möglich ist die Gesamtbevölkerung des Staates zu ernähren, so sind die Angehörigen fremder Nationen aus dem Reiche auszuweisen." Das wäre Ihnen zu wenig.

Parteivorsitzender NPD Franz: Also zunächst einmal ist das ja keine Vorstellung der NPD. Wir berufen uns ja zunächst einmal auf geltendes Recht. Und das sagt, dass diejenigen, die kein Aufenthaltsrecht in der Bundesrepublik haben, die Bundesrepublik natürlich auch verlassen müssen. Das muss natürlich geprüft werden. Wir sagen ja nicht aus heiterem Himmel: „Nur weil jemand anders aussieht, muss er jetzt die Bundesrepublik verlassen." Das muss selbstverständlich geprüft werden und muss im Rahmen der gesetzlichen Möglichkeiten geprüft werden, inwiefern das möglich ist.

Richter Müller: Die dahinterstehende Philosophie, ist die über die Volksgemeinschaft zu erschließen? Das heißt, ist Ihre Vorstellung: „Wir brauchen ein harmonisch-ethnisch kulturell zusammengehöriges Volk, weil alles andere den Volkstod zur Folge hat, weil alles andere schlimme Konsequenzen hat?" Ist das die Philosophie, die ich wiederfinde im Leitfaden „Politische Grundbegriffe der Jungen Nationaldemokraten", wo es dann heißt: „Zum Beispiel kann ein Affe zwar erlernen, einen Lichtschalter zu betätigen, doch wird er nie verstehen, warum das Licht an- und ausgeht. Genauso können sich afrikanische oder asiatische Völker dem europäischen anpassen, indem sie Verhaltensweisen und Kleidung übernehmen, dennoch werden sie nie zu Europäern, weil sie eben keine sind?" Und wohin das führt, wenn man sich daran nicht orientiert, wird dann auch ausgeführt: „Zum Beispiel werden die USA als eine der führenden Zivilisationen bezeichnet. Diese haben über Jahrhunderte zwar Wissenschaft und Technik erschaffen, doch gehen unmittelbar ihrem eigenen Untergang entgegen. Aus der Kulturvielfalt ist nun ein Einheitsbrei geworden. So zeichnet sich jeder dritte Amerikaner durch Dekadenz und Fettleibigkeit aus." Ist also die Idee, die Sie haben: „Man muss die Volksgemeinschaft, den Volkskörper schützen, damit sowas nicht passiert?"

Parteivorsitzender NPD Franz: Also zum einen gibt es einen Beschluss des Präsidiums beziehungsweise des Parteivorstands, genau diesen Leitfaden aus dem Verkehr zu ziehen. Den gibt es nicht mehr.

Richter Müller: Von wann ist der Beschluss?

Parteivorsitzender NPD Franz: Das kann ich Ihnen jetzt aus dem Stehgreif nicht sagen...
 (Zuruf von Rechtsanwalt Richter)
 ...April 2014.

Richter Müller: Nach Einleitung des Verbotsverfahrens?

Präsident Prof. Dr. Voßkuhle: Gut. Also der Leitfaden nicht, aber das war ja auch nicht die Frage, wenn ich das richtig sehe, sondern...

Parteivorsitzender NPD Franz: Also der grundsätzliche Gedanke – das habe ich ja zu Beginn ausgeführt – ist, dass ein Volk natürlich einer Genese unterliegt. Es bildet sich Sprache heraus, es bildet sich Kultur heraus und unser grundsätzliches Problem ist, wenn wir das auch etwas plakativ unter der Begrifflichkeit der Massenzuwanderung beschreiben, die wir durchaus auch so verstehen, dann ist diese Form der Integration, wie uns von Seiten des Antragstellers suggeriert wird, schlicht und ergreifend nicht möglich. Und wir wollen, dass die Homogenität, die Sie angesprochen haben, das heißt, auch diese ethnische Kontinuität, bewahrt bleibt. Und das sehen wir in Gefahr, wenn man einen massenhaften Zuzug von Ausländern organisiert oder zulässt oder wie auch immer. Dann sehen wir das, was wir unter Kultur, Sprache und Ähnlichem verstehen, in Gefahr.

Präsident Prof. Dr. Voßkuhle: Gut. Ich habe jetzt verschiedene Fragen. Herr Maidowski beginnt, dann Herr Landau, dann Frau König, okay. Und Herr Huber war auch auf der Liste, Entschuldigung Herr Huber.

Richter Dr. Maidowski: Ich glaube, ich hab das mit diesem…

Präsident Prof. Dr. Voßkuhle: Ach so, Herr Maidowski bitte!

Richter Dr. Maidowski: …Staatsangehörigkeitsrecht von 1913 noch nicht so richtig verstanden. Wenn man dieses Gesetz anwendet. Nehmen wir an, eine Migrantin aus Asien kommt hier her und wird eingebürgert nach der entsprechenden Zahl von Jahren. Wenn die ein Kind kriegt, ist das ein einfacher Fall dieses Staatsangehörigkeitsrechts. Also ich habe so den Eindruck, Sie können damit das was Sie erreichen wollen, eigentlich gar nicht erreichen. Deswegen verstehe ich die Forderung nicht. Ich verstehe Sie auch nicht, wenn ich ins Parteiprogramm schaue. Da reden Sie von Einheit von Volk und Staat und erläutern das mit dem Satz: „Eine Überfremdung Deutschlands, ob mit oder ohne Einbürgerung, lehnen wir strikt ab." Das bedeutet also, die Einbürgerung ist ein nachgeordnetes Problem. Selbst wenn wir die Einbürgerung haben – das ist jetzt eine Frage an Sie – ändert das nichts an der Unerwünschtheit des Vorgangs oder der Menschen, oder verstehe ich das miss?

Parteivorsitzender NPD Franz: Wir sprechen ja zunächst einmal von einer Grundsätzlichkeit. Grundsätzlich verstehen wir es so, dass wir innerhalb unseres Staatsgebietes natürlich ein homogenes Staatsvolk wünschen, was aber – wie eben ausgeführt – Ermessenseinbürgerungen nicht ausschließt. Wir wollen etwas Grundsätzliches, schließen aber ja deswegen nicht Ermessenserwägungen aus. Wir wollen grundsätzlich, dass wir hier, so wie wir leben, das deutsche Volk, auch in Zukunft bestehen bleibt. Wenn sich jetzt jemand entschließt, nach Deutschland zu kommen, deutscher Staatsbürger zu werden und sich darum verdient macht, dann wollen wir ihm die Staatsbürgerschaft auch nicht vorenthalten. Das ist aber aus unserer Sicht eine Ausnahme und darf nicht zur Regel werden, weil wir sagen, dass Deutschland nach unserem Ermessen, nach unserer Vorstellung, kein Einwanderungsland ist.

Richter Dr. Maidowski: Wo liegt dann die Grenze zwischen dem, was Sie jetzt schildern, und der Überfremdung mit Staatsangehörigkeit?

II. Mündliche Verhandlung

Parteivorsitzender NPD Franz: Ich würde sagen, dass wir bei etwa – wenn ich das jetzt richtig im Kopf habe – 20 Millionen Migranten innerhalb weniger Jahrzehnte sehr wohl an einem Punkt sind, wo man sagen muss, dass wir hier in einem Bereich sind, der nach unserer Auffassung schon eine Gefahr in sich birgt, das deutsche Volk, seine Kultur, seine Identität in Frage zu stellen, zumindest dann, wenn dieser Zustand anhält.

Richter Dr. Maidowski: Nur noch eine abschließende Frage. Herr Pastörs hat in diesem Interview mit Herrn A. vor einiger Zeit den Satz gesagt als Antwort auf die Frage: „Gehöre ich [also Herr A. hat das gefragt] eigentlich hierher?" Da hat Herr Pastörs geantwortet: „Das hängt von Ihrem Rechtsstatus ab." Herr A. ist deutscher Staatsbürger. Und dann war die Antwort, mit der die Diskussion abgeschlossen wurde: „Das ist formal in Ordnung." Das ist so ein Satz, der bei mir immer so ein bisschen Skepsis erzeugt. Wenn etwas formal in Ordnung ist, dann ist es eigentlich nicht in Ordnung. Das ist so ein Subtext. Ist das so? Ist das nur formal in Ordnung?

Parteivorsitzender NPD Franz: Ich würde das eher als Konkretisierung interpretieren. Das ist in Ordnung und formal allemal.

Richter Dr. Maidowski: Danke!

Präsident Prof. Dr. Voßkuhle: Danke. Herr Huber!

Richter Prof. Dr. Huber: Ja, ich möchte es nochmal anders probieren und fragen: Leute, die einen Pass verliehen bekommen, werden die denn Mitglied der Volksgemeinschaft?

Parteivorsitzender NPD Franz: Nochmal.

Richter Prof. Dr. Huber: Nein, nein: ja oder nein? Wird jemand, der einen deutschen Pass durch Einbürgerung bekommt, Mitglied der Volksgemeinschaft mit der Konsequenz, dass er an allen sozialpolitischen und sonstigen Segnungen...

Parteivorsitzender NPD Franz: Ja.

Richter Prof. Dr. Huber: Ja. Jeder, der Deutscher ist, ist auch Mitglied der deutschen Volksgemeinschaft?

Parteivorsitzender NPD Franz: Wer Deutscher ist, ist Mitglied der Volksgemeinschaft.

Richter Prof. Dr. Huber: Jeder, der die deutsche Staatsangehörigkeit hat, unabhängig davon, welche ethnischen...

Parteivorsitzender NPD Franz: Jeder Staatsbürger hat die gleichen Rechte und gehört dieser Gemeinschaft an.

Präsident Prof. Dr. Voßkuhle: Gut. Jetzt ist Frau König dran, Sie hatten zurückgezogen? Frau König!

Richterin Prof. Dr. König: Ich bringe die Dinge hier noch nicht ganz übereinander. Eben haben Sie gesagt: „Jeder, der deutscher Staatsbürger ist," also auch Herr A., „gehört zur Volksgemeinschaft." Habe ich Sie richtig verstanden?

Parteivorsitzender NPD Franz: Ja.

Richterin Prof. Dr. König: Gut. Andererseits hat meine Kollegin Kessal-Wulf vorgetragen, dass bei Ihnen im Internet steht, worauf also doch sehr Wert gelegt wird, dass ethnische Deutsche als Mitglieder der Volksgemeinschaft eben die gleiche Sprache, gleiche Kultur, gleiches Aussehen und Ähnliches haben und dass man die Europäer von anderen Rassen unterscheiden muss. Nun, Herr A. hat seine Wurzeln im Iran. Da frage ich mich natürlich, wie kann es sein, dass Herr A. Mitglied der deutschen Volksgemeinschaft wird, wo er doch eigentlich einer anderen „Rasse" angehört, nach diesen Einordnungen.

Parteivorsitzender NPD Franz: Na ja, ich habe ja gesagt, dass wir zwischen Staatsbürgerschaft und dem ethnischen Deutschen unterscheiden. Und es gibt ja auch das Staatsvolk und es gibt das Volk nach ethnischen Kriterien.

Richterin Prof. Dr. König: Ja. Das ist schon klar, diese Unterscheidung, habe ich bisher auch verstanden. Nur, wer gehört der Volksgemeinschaft an? Ihr Kernbegriff im Programm ist die Volksgemeinschaft. Sind das jetzt alle Staatsbürger? Dann hätten wir ja gar kein Problem. Oder sind es die ethnischen Deutschen? Also die „originär" Deutschen, wenn Sie ein anderes Wort dafür wollen?

Parteivorsitzender NPD Franz: Zur Gemeinschaft der Deutschen gehören die Staatsbürger...

Richterin Prof. Dr. König: Bitte?

Parteivorsitzender NPD Franz: Zur Gemeinschaft der Deutschen gehören die Staatsbürger, das heißt diejenigen, die auch die Rechte eines Staatsbürgers ausüben.

Richter Müller: Gemeinschaft der Deutschen oder Gemeinschaft des deutschen Volkes?

Richterin Prof. Dr. König: Ich habe nicht nach der Gemeinschaft der Deutschen gefragt, sondern nach der Volksgemeinschaft.

Parteivorsitzender NPD Franz: Zur Volksgemeinschaft gehören die Staatsbürger.

Präsident Prof. Dr. Voßkuhle: Gut. Also, Herr Müller, Sie wollten noch was fragen, oder war es das schon?

Richter Müller: Wenn sonst keiner...

Präsident Prof. Dr. Voßkuhle: Ich hätte sonst noch eine Frage.

Richter Müller: Nein, nein, bitteschön.

Präsident Prof. Dr. Voßkuhle: Und zwar ist ein Aussagepunkt in dem Parteiprogramm „Asylbewerber haben keinen Anspruch auf Sozialleistungen". Was machen Sie eigentlich mit den Leuten, wenn die dann da stehen und die haben kein Geld, haben nichts zu essen, haben nichts zu trinken? Was passiert dann?

Parteivorsitzender NPD Franz: Die können doch in zentralen Unterkünften versorgt werden. Dem steht doch überhaupt nichts entgegen.

Präsident Prof. Dr. Voßkuhle: Ja, ich frage Sie ja, was würden Sie sich vorstellen? Also Sie müssten es jetzt entscheiden, Sie müssten was tun. Was würden Sie tun?

Parteivorsitzender NPD Franz: Sie kann man durchaus in geeigneten Unterkünften unterbringen und dann zentral für deren Versorgung aufkommen. Wir sagen ja nicht, dass die auf der Straße stehen und dort verhungern sollen. Sondern wir sagen, dass wir es als unerträglich empfinden, dass, wenn in Deutschland jemand 20 Jahre lang gearbeitet hat, nach entsprechender Zeit, dann irgendwann Hartz IV-Leistungen bezieht, der aber sich am Sozialsystem beteiligt hat. Dass das nicht sein kann, dass jemand, der nie in irgendeiner Art und Weise in die Sozialsysteme eingezahlt hat, sich in keinster Weise an der Solidargemeinschaft beteiligt hat, nach Deutschland kommt, dessen Status gegebenenfalls noch nicht einmal feststeht, und noch nicht einmal nachprüfbar ist, hat der überhaupt ein Anrecht auf Asyl, hier die gleiche Leistung bezieht. Da sagen wir: „Da muss es einen entsprechenden Zwischenzeitraum geben, zumindest bis nach fünf oder acht Monaten der Status geprüft wird, bis dahin kann er zentral untergebracht werden und kann dort versorgt werden."

Präsident Prof. Dr. Voßkuhle: Also Sie wenden sich gegen den Anspruch, gegen den rechtlichen Anspruch, aber Sie sagen: „Gut, der Staat tut was für die Leute und wird die dann irgendwann wieder zurückschicken."

Parteivorsitzender NPD Franz: Der Asylparagraph ist ja in Kraft. Und gegen den sprechen wir uns auch insofern nicht aus. Es geht ja nicht darum, dass wir uns gegen Asyl grundsätzlich aussprechen, sondern wir sagen, dass das, was ein Asylbewerber hier bekommt, wo noch nicht einmal der Status in irgendeiner Art und Weise geprüft ist, die gleichen Rechte hat, die quasi gleichen Rechte hat, wie ein Staatsbürger, der sich hier um den Sozialstaat gegebenenfalls auch verdient gemacht hat. Ich meine, das sind ja – wenn ich das richtig verstehe – Menschen, die flüchten vor Krieg und Terror, die wahrscheinlich sehr zufrieden sind, wenn sie hier in ein sicheres Land kommen, nachdem sie übrigens andere sichere Staaten durchquert haben, und dann hier ein Dach über dem Kopf haben und etwas zu Essen, und das wollen wir ihnen ja auch gar nicht vorenthalten.

Präsident Prof. Dr. Voßkuhle: Ja, aber da steht: „Asylbewerber haben keinen Anspruch auf Sozialleistungen." Das kann man rein rechtlich sehen, ja, man kann sagen: „Sie haben keinen rechtlichen Anspruch, den sie durchsetzen können." Oder man kann das aber auch tatsächlich sehen: „Sie haben Anspruch auf nichts."

Parteivorsitzender NPD Franz: Nein, Sozialanspruch verstehen wir im Sinne des Rechts. Dort ist der Anspruch auf Sozialleistungen ja definiert.

Präsident Prof. Dr. Voßkuhle: Gut.

Parteivorsitzender NPD Franz: Es geht nicht darum, dass wir ihnen jeglichen Anspruch auf Nahrung oder sonst was aberkennen wollen, sondern es geht darum, dass sie nicht gleichgestellt werden. Sie sollen versorgt werden im Rahmen eines – ich will mal sagen – Existenzminimums, das gerechtfertigt ist, und dann ist gut.

Präsident Prof. Dr. Voßkuhle: Gut. Herr Müller!

Richter Müller: Sie haben das begründet damit, dass der Asylparagraph in Kraft ist. Aber Sie fordern doch gerade die Streichung dieses Paragraphen. Artikel 16a Grundgesetz ist ersatzlos zu streichen – Seite 13 Ihres Parteiprogramms.

Parteivorsitzender NPD Franz: Wir wollen, dass das individuelle einklagbare Grundrecht auf Asyl auf den Prüfstand kommt, das in der Bundesrepublik einmalig ist.

Richter Müller: Da steht „ersatzlos zu streichen".

Parteivorsitzender NPD Franz: Das ist unsere Auffassung.

Richter Müller: Das ist aber etwas anderes, als dass man das Individualrecht auf Asyl auf einen Prüfstand stellt, wenn da steht „ersatzlos zu streichen". Das ist Abschaffung.

Parteivorsitzender NPD Franz: Ja, nach unserer Auffassung ist er zu streichen.

Präsident Prof. Dr. Voßkuhle: Okay.

Richter Müller: Vielleicht noch zwei andere Fragen.

Parteivorsitzender NPD Franz: Was, wenn ich das ergänzen darf, nicht heißt, dass wir nicht einem entsprechenden Personenkreis grundsätzlich Asyl gewähren wollten. Nur es geht uns um diesen speziellen Paragraphen, den es eben nur hier gibt. Stellen Sie sich vor, nach der herrschenden Praxis, ich habe eben den 4. September 2015 erwähnt, seitdem stehen die Grenzen quasi offen. Kein Mensch weiß, wie viele Leute sich hier in der Bundesrepublik aufhalten, in der ganzen Welt sitzen Millionen Menschen auf quasi gepackten Koffern, denen können wir unmöglich, stellen Sie sich das vor, was hier an den Gerichten los ist, wenn die alle hier alle ankommen und ihr Grundrecht auf Asyl einklagen wollen. Das wird nicht funktionieren. Das ist praktisch nicht möglich.

Richter Müller: Dann schon noch mal eine Frage: Jetzt sind Menschen hier und Sie sagen: „Es kann auch welche geben, auch wenn sie ethnisch nicht zu uns gehören, die eingebürgert werden, die gehören dann zur Volksgemeinschaft." Trotzdem sagen Sie in Ihrem Programm, Integration sei Völkermord. Wie passt das zusammen?

Parteivorsitzender NPD Franz: Das ist ein sehr plakativer Ausdruck und soll schlicht und ergreifend dahin zielen, dass, wenn eine gewisse Schwelle, die ich jetzt mit Zahlen nicht zu definieren vermag, dass, wenn man die überschreitet, dass die Eigenart eines Volkes dann schlicht und ergreifend verloren geht, also Sprache, Kultur und Ähnliches.

Richter Müller: Nun habe ich mich heute Morgen mit dem Bayerischen Innenminister über zwei Äußerungen Ihres Bayerischen Landesverbandes unterhalten, die Gefahren beschreiben, die mit dem Zuzug von Flüchtlingen verbunden sind. Was sagen Sie denn dazu?

Parteivorsitzender NPD Franz: Auf welche Gefahren zielen Sie ab?

Richter Müller: Soll ich es Ihnen nochmal vorlesen?

Präsident Prof. Dr. Voßkuhle: Die zwei Dinge, die vorgelesen wurden, von Herrn...

Parteivorsitzender NPD Franz: Ja, wissen Sie, es gibt – das will ich hier durchaus einräumen – durchaus auch Bemerkungen, Posts von Einzelpersonen oder was auch immer, die man unter einer gewissen Schwelle des Geschmackvollen einordnen mag, die ich mir auch nicht zu eigen machen will.

Richter Müller: Aber finden Sie nicht – Sie sind Vorsitzender dieser Partei –, wenn ein Landesverband eines großen Bundeslandes derartige Dinge unter dem Label der Landespartei veröffentlicht, dass Sie da eine Verantwortung haben, sich damit auseinanderzusetzen und wenn Sie es nicht richtig finden, dass Sie da eingreifen müssen?

Parteivorsitzender NPD Franz: Ja, wenn uns so etwas zur Kenntnis kommt, dann schreiten wir in aller Regel auch ein.

Richter Müller: Das ist Ihnen spätestens zur Kenntnis gekommen, als Ihnen die Antragsschrift übermittelt worden ist.

Parteivorsitzender NPD Franz: Da ist die Frage, was uns an Belegen vorliegt, das weiß ich im Einzelnen jetzt so nicht. Ich kenne auch nicht jeden einzelnen Beleg auswendig, das kann ich Ihnen nicht beantworten. Wenn wir der Meinung sind, dass irgendetwas eine gewisse Relevanz hat, dann schreiten wir durchaus ein. Wir können aber auch nicht jede einzelne Äußerung oder jeden Facebook-Post – da gehen ja täglich teilweise Hunderte über den Ticker –, das können wir nicht alles im Blick behalten. Und es gibt mit Sicherheit auch etliche unschöne Bemerkungen, die gehen einem teilweise schlicht und ergreifend durch die Lappen.

Richter Müller: Letzte Frage, Herr Franz: In diesen Tagen gibt es eine Pressemitteilung der NPD, die Bezug nimmt auf ein Schreiben von Ihnen an Dienststellen, wohl der Polizei als auch Bundeswehr in mehreren Bundesländern. Da werden Sie zitiert mit Sätzen, die lauten: „Dieser Volksaustausch betrifft uns alle und ebenso die Abwicklung unserer Eigenstaatlichkeit durch den souveränitätsfeindlichen EU-Integrationsprozess." Und dann heißt es weiter: „Artikel 20 Abs. 4 GG: Gegen jeden, der es unternimmt, diese Ordnung zu beseitigen, haben alle Deutschen das Recht zum Widerstand, wenn andere Abhilfe nicht möglich ist. Die Antwort, wem gegenüber für Sie eine legitime Pflichtschuldigkeit besteht bzw. mit wem Solidarität zu üben ist, ergibt sich aus dem Vorgenannten. Die Bewertung zutreffender Umstände erfordert Ihre ganz persönliche politische Aufmerksamkeit! Doch die Proteste nehmen zu! Und auch Ihre Kollegen der ehemaligen DDR standen 1989 unvermutet den eigenen Landsleuten gegenüber, die skandierten: ‚Wir sind das Volk!'" Ich verstehe den Brief nicht recht. Können Sie uns das mal erklären, was Sie da sagen wollten?

Parteivorsitzender NPD Franz: Die Staatsgewalt in Form der Polizei sieht sich ja durchaus, zumindest in der letzten Zeit, vielfach Auseinandersetzungen auf der Straße ausgesetzt. Insbesondere, wenn es um Probleme mit illegalen Einwanderern geht. Wir erinnern uns an die Silvesternacht in Köln. Es gibt etliche andere Beispiele und es stellt sich natürlich die Frage, inwiefern – und das ist auch ein Hintergrund des Schreibens – die Polizei ihrer Aufgabe nachkommen darf oder nicht. Es war in der letzten Zeit auch mehrfach in der Presse zu lesen, dass die Polizei sich darüber beschwert – die Gewerkschaft der Polizei hat das im Übrigen auch beklagt –, dass von politischer Seite hier Ordnungsmaßnahmen sozusagen in die Polizeikreise erlassen wurden, dass bestimmte Vorfälle nicht erwähnt werden sollen. Und wir wollen die Polizei einfach dazu ermutigen, dass sie von ihrem Recht dann auch Gebrauch macht.

Richter Müller: Von ihrem Recht auf Widerstand nach Art. 20 Abs. 4 GG?

Parteivorsitzender NPD Franz: Ja, Widerstand verstehen wir nicht unbedingt jetzt nur als Juristerei, sondern Widerstand kann sich durchaus auch in Protest auf der Straße ausdrücken.

Richter Müller: Aber warum haben Sie da auf den Art. 20 Abs. 4 GG Bezug genommen in einem Schreiben an Polizeibeamte und unter Bezugnahme auf die Wahrnehmung ihrer dienstlichen Tätigkeit?

Parteivorsitzender NPD Franz: Ja… Wir wollten die Polizisten an ihre Aufgabe erinnern und an…

Richter Müller: Der Art. 20 Abs. 4 GG ist die Aufgabe der Aufgaben – wie Sie sicher wissen!

Präsident Prof. Dr. Voßkuhle: Gut, lassen wir den Art. 20 Abs. 4 GG mal weg. Herr Maidowski, noch eine Frage kurz dazu? Sonst würde ich gerne jetzt…

Richter Dr. Maidowski: Ganz kurz.

Präsident Prof. Dr. Voßkuhle: Gut, ganz kurz, okay.

Richter Dr. Maidowski: Ganz kurz. Das Thema Fremdenpolitik, Asylpolitik, ist einfach wichtig, deswegen will ich, nachdem Sie gesagt haben, was die Bayern machen, das kommt Ihnen nicht so gleich immer unter die Augen. Aber der NPD-Parteivorstand hat sich ja dazu auch geäußert, am 10. September 2015 über die Netzredaktion, da geht es genau um die Abschaffung des Art. 16a GG. Da steht in der Tat drin: „Keine Abschaffung, sondern Ersetzung durch eine Vorschrift, die kein individuelles Recht mehr beinhaltet." Aber die Begründung, mich interessiert, ob Sie das glauben, was da steht zur Begründung. Da steht nämlich: „Da sich durch das Bevölkerungswachstum in Afrika und dem Nahen Osten mittlerweile mehrere hundert Millionen Menschen auf den Artikel 16a GG berufen könnten." Das ist die Frage: Glauben Sie das wirklich? Sie haben ja gerade eben, vor fünf Minuten, selbst auf das Dublin-System hingewiesen, sichere Drittstaaten, durch die man reist, und jetzt steht hier: „Mehrere hundert Millionen Menschen können sich auf das Asylgrundrecht berufen." Wenn Sie heute Verwaltungsrichter fragen, dann sagen die Ihnen: „Artikel 16a GG haben wir seit 15 Jahren nicht mehr angewendet, weil wir ja europäisches Recht anwenden."

Parteivorsitzender NPD Franz: Das mag ja sein, aber die können das grundsätzlich. Sie können es grundsätzlich, weil es so im Gesetz steht.

Richter Dr. Maidowski: Gut.

Präsident Prof. Dr. Voßkuhle: Herr Huber!

Richter Prof. Dr. Huber: Herr Franz, ich habe irgendwie den Eindruck, dass es eine deutliche Diskrepanz zwischen den sonstigen Stimmen aus Ihrer Partei und den schriftlichen Äußerungen gibt und dem, was Sie uns hier vorgetragen haben. Wie repräsentativ ist es, was Sie uns hier sagen? Sie haben gesagt, auf die Frage von Herrn Müller, Sie beanstanden auch jede Menge Äußerungen, die unterhalb der zulässigen Schwelle lägen. Haben Sie dafür Belege, dass Sie innerparteilich solche Beanstandungen von Seiten des Parteivorstandes vornehmen?

Parteivorsitzender NPD Franz: Also der Parteivorstand beschäftigt sich natürlich immer wieder mit Auslassungen irgendwelcher Verbände oder Einzelfunktionäre. Ich glaube, das ist in jeder Partei so.

Richter Prof. Dr. Huber: Haben Sie Belege dafür?

Parteivorsitzender NPD Franz: Ja, die habe ich jetzt hier nicht vorliegen.

Richter Prof. Dr. Huber: Können Sie die nachreichen?

Parteivorsitzender NPD Franz: Die können wir durchaus nachreichen, ja.

Richter Prof. Dr. Huber: Wie repräsentativ ist Ihre Position?

Parteivorsitzender NPD Franz: Die ist repräsentativ.

Präsident Prof. Dr. Voßkuhle: Gut, vielen Dank, Herr Franz! Dann würden wir jetzt gerne die sachkundige Auskunftsperson Herrn Holger Apfel hören. Herr Apfel, Sie waren auch Parteivorsitzender, eine Zeit lang, und kennen die NPD gut. Und wie stehen Sie zu der Idee der Volksgemeinschaft?

Herr Apfel: Herr Präsident, Hohes Gericht, meine Damen und Herren. Ich hatte mich im Vorfeld dieser Verhandlung an das Gericht gewandt mit der Frage, inwieweit meine Teilnahme bindend ist. Mir wurde mitgeteilt, dass die Ladung bindend sei, ich aber nicht zur Auskunft verpflichtet bin. Da mir im Vorfeld nicht mitgeteilt wurde, zu welchen Verfahrensaspekten ich Stellung nehmen soll, sehe ich mich dazu außer Stande. Da ich in den letzten Tagen der Presse gewisse Hinweise entnehmen konnte, bin ich davon ausgegangen, dass ich eventuell zu Fragen des strategischen Konzepts Stellung nehmen soll. Zu programmatischen Aussagen der NPD möchte ich mich, mit Abstand von über zwei Jahren, nicht mehr äußern.

Präsident Prof. Dr. Voßkuhle: Gut. Sie müssen das nicht tun, das ist völlig richtig. Sie mussten hier auch nicht hinkommen, das haben wir Ihnen auch deutlich gesagt. Es ist trotzdem schön, dass Sie sich auf den Weg gemacht haben. Dann können wir Sie aber zum strategischen Konzept fragen. Wie versucht die NPD, ihren Einfluss in der Gesellschaft zu stärken? Wenn Sie das einfach mit Ihren eigenen Worten einmal beschreiben würden.

Herr Apfel: Das Vier-Säulen-Konzept der Partei ist bekannt: Kampf um die Köpfe. Kampf um die Straße. Kampf um die Parlamente. Kampf um den organisierten Willen. Ich denke, dazu ist alles schriftlich vorgetragen. Sie müssten mich gegebenenfalls schon zu einzelnen Aspekten konkreter befragen.

Präsident Prof. Dr. Voßkuhle: Herr Müller!

Richter Müller: Herr Apfel, Sie haben mal gesagt: „Die NPD stellt die Systemfrage. Sie will den sozialen demokratischen und nationalen Volksstaat schaffen und stellt dieses Ideal der etablierten Demokratiekarikatur namens BRD entgegen." Was heißt das?

C. Das zweite NPD-Verbotsverfahren (2013–2017)

Herr Apfel: Ich möchte neuerlich darauf hinweisen, dass ich mich zu programmatischen inhaltlichen Gedankenspielen jener Zeit nicht weiter äußern möchte. Einzelne Aspekte sind aus dem Zusammenhang gerissen. Ich werde sicher auch den einen oder anderen Punkt – gegebenenfalls auch unter strafrechtlichen Aspekten, wo ich seinerzeit noch Immunität genossen habe – abwägen müssen. Dazu sehe ich mich nicht in der Lage. Ich habe das Schreiben des Gerichts im Übrigen auch so verstanden, dass meine Teilnahme als solche sehr wohl als rechtsverbindlich angesehen wird, die Aussage selbst aber nicht mit Zwangsmitteln zu erwingen ist.

Richter Müller: Das ist so, Sie...

Herr Apfel: Daher bin ich natürlich meiner rechtsstaatlichen Pflicht zur Teilnahme an der Verhandlung nachgekommen.

Richter Müller: Nun ist aber die Systemfrage ja weniger eine inhaltliche Frage, sondern sie hat zumindest ja auch einen strategischen Aspekt. Also dieses System muss weg. Ein anderes muss her. Wie machen Sie das?

Herr Apfel: Dazu möchte ich mich nicht äußern.

Richter Müller: Aber das ist doch eine strategische Frage.

Herr Apfel: Ich bitte das so zur Kenntnis zu nehmen.

Richter Müller: Dann hätte ich vielleicht die Frage: Wie erreichen Sie denn strategisch etwas anderes? Sie haben im Dezember 2010 die Schließung der Grenzen gefordert, oder wie war Ihre Vorstellung? Sie sind ja, glaube ich, noch Mitglied der NPD?

Herr Apfel: Nein, ich bin seit 2014 kein Mitglied mehr.

Richter Müller: Also wie war Ihre strategische Vorstellung mit Blick auf die Forderung aus dem Dezember 2010: „Schließen Sie die Einfallstore für muslimische Bombenleger, kriminelle Zigeunerbanden und Sozialschmarotzer aus aller Welt?"

Herr Apfel: Soweit ich es in Erinnerung habe, ist diese Aussage aus dem Zusammenhang einer parlamentarischen Rede gerissen und ich möchte mich zu Äußerungen, insbesondere zu Zitaten, die Eingang in die Anklageschrift gefunden haben, auch nicht weiter äußern. Die Antragsschrift wurde mir im Vorfeld nicht zugeleitet. Mir ist die Materialsammlung nicht bekannt und mir ist der Schriftverkehr zwischen den Parteien nicht bekannt. Ich habe mich mit dem ganzen Themenkomplex nicht mehr beschäftigt und möchte ich mich deshalb dazu auch nicht mehr äußern.

Richter Müller: Aber gesagt haben Sie das?

Herr Apfel: Das müsste ich im Wortlaut nachlesen. Wenn Sie es sagen, werden Sie es sich nicht ausgedacht haben. Dann möchte ich das auch nicht in Abrede stellen.

Präsident Prof. Dr. Voßkuhle: Okay. Können Sie uns sonst noch etwas sagen zu Ihrer Einschätzung, inwieweit die NPD ein politischer Akteur ist, der etwas bewirken kann? Das betrifft natürlich eher die Zeit, in der Sie aktiv waren, nicht die momentane Situation. Aber wenn man sich lange engagiert hat, wie Sie das getan haben, kriegt man ja so eine Vorstellung von der Schlagkraft der Organisation. Wie war da Ihr Gefühl? Gefühl großer Unterstützung, das Gefühl, es funktioniert, es ist eine gute Organisation, da gibt es Kontakte, es gibt Netzwerke, man kann was bewegen?

Herr Apfel: Meine Erfahrungen der letzten Jahre – insbesondere auch mit Blick auf die Reformierbarkeit der Partei in verschiedenen Fragen, welche meines Erachtens dazu geführt haben, dass die NPD keine breite Akzeptanz in der Wahlbevölkerung finden kann – bestätigen die Eindrücke über die Bedeutungslosigkeit der Partei. Die NPD führt heute ein Schattendasein vor dem Hintergrund der aufstrebenden Alternative für Deutschland. Ich schließe ich mich weitgehend der Auffassung von Prof. Jesse an, dass die NPD ein nicht ernstzunehmender Popanz ist. Ich meine, wir haben selber in der Vergangenheit immer damit gespielt, dass die Bedeutung der NPD durch die Presse und insbesondere durch den politischen Gegner einen viel höheren Stellenwert eingenommen hat, als sie in Wirklichkeit dargestellt hat. Ich erinnere an die sogenannten Deutschlandfahrten und Ähnliches, wo wir mit geringem Aufwand größtmögliche Publizität hergestellt haben. Wir haben bewusst mit den zu erwartenden Gegenprotesten gespielt. Natürlich haben wir auch in den Parlamenten gezielt Tabubrüche inszeniert, um damit größtmögliche Aufmerksamkeit zu erzielen und den Eindruck zu erwecken, dass hinter der NPD eine schlagkräftige, professionelle Organisation steht.

Richter Müller: Es gab ja mal das Konzept der radikalen Seriosität.

Herr Apfel: Umgekehrt.

Richter: Müller: Seriösen Radikalität.
(Gelächter)

Herr Apfel: Ja, das hat selbst mein Amtsvorgänger nie begriffen, aber...

Richter Müller: Das ist mit Ihrem Namen verbunden. Können Sie das mal erläutern, wie das geht?

Herr Apfel: Im Wesentlichen ist der Gedanke auf zwei Punkte ausgerichtet: Zum einen ging es mir darum, das öffentliche Erscheinungsbild der NPD signifikant zu verbessern, da es geprägt war und ist vom Image eines Bürgerschrecks. Zum anderen ging es darum, aus der Partei eine moderne, zukunftsgerichtete Partei zu gestalten, die mit ihrer ewigen Vergangenheitsbewältigung abschließt. Entsprechende Initiativen meinerseits gab es dazu. Meine Vorstellung war – auch wenn ich das sehr sensibel umzusetzen versucht habe, wohlwissend um die innerparteilichen Befindlichkeiten einer doch sehr „traditionalistisch" ausgerichteten Partei – die NPD auch inhaltlich, das war sicherlich ein vielleicht naives Wunschdenken, mittelfristig nach dem Vorbild der österreichischen FPÖ, umzugestalten.

Richter Müller: Wie muss ich mir das vorstellen, traditionalistisch ausgerichtete Partei? Was beschreibt das? Was steht dahinter an Inhalt?

Herr Apfel: Die NPD hat sich ja vor dem Hintergrund der gesamten deutschen Geschichte immer als „Weltanschauungspartei" verstanden. Es ist nicht von der Hand zu weisen, dass zumindest Teile der Partei sich in vielen Punkten noch immer in der politischen Gedankenwelt des „Dritten Reiches" befinden. Dazu gab und gibt es ja auch bis in die jüngste Gegenwart immer wieder entsprechende Fettnäpfe. Ich habe in der Zeit nach Amtsübernahme versucht, die NPD zu einer modernen Partei zu reformieren. Ich gehe davon aus, dass dies durchaus auch die Bestrebung des aktuellen Parteivorsitzenden darstellt. Meine Prognose ist allerdings, dass er ähnlich daran scheitern wird, wie ich gescheitert bin. Ich wurde bereits wenige Tage nach meiner Amtsübernahme hart von den Realitäten eingeholt, die mir durchaus hätten bekannt sein können. Ich bin davon ausgegangen, dass ich über die Richtlinienkompetenz des Parteivorsitzenden mittelfristig den Weg zu meinem Ziel einer modernen Partei realisieren könnte – und ja, das war ein naiver Gedanke. Man muss sich in Erinnerung rufen, dass nahezu zeitgleich mit meiner Amtsübernahme die Hintergründe zum „Nationalsozialistische Untergrund" aufkamen. Die Ereignisse haben sich nahtlos überschnitten. Am Wochenende des Bundesparteitages wurden wir erstmals mit den Geschehnissen konfrontiert. Nach dem Parteitag war jeder Versuch, den mit meiner Person verbundenen angestrebten Kurswechsel nach außen zu tragen, konterkariert. Die NPD hatte seit diesem Moment das Stigma einer Verbrecherpartei. Mir war wichtig, gerade in jener Zeit sehr deutlich herauszustellen, dass die NPD mit dem „Nationalsozialistischen Untergrund" nichts zu tun hat. Wir haben uns dann sowohl als Fraktion in Sachsen, wie auch als Parteivorstand, sehr deutlich vom NSU-Terror distanziert. Das hat durchaus zu Diskussionen geführt. Mir wurde daraufhin von Teilen der seinerzeitigen Parteiführung und der innerparteilichen Opposition vorgeworfen, dass wir uns viel zu defensiv mit dem Thema auseinandersetzen würden. Wir hätten vielmehr den aufkommenden Verschwörungstheorien Nachdruck verleihen müssen. Im Ergebnis waren wir vom ersten Tag nach meiner Amtsübernahme in der Defensive. Jegliche Versuche, Fettnäpfe der NPD, einzelner Untergliederungen oder von Einzelfunktionären zu unterbinden, führten zu fortwährenden, lähmenden Diskussionsprozessen.

Ich erinnere mich an eine Begebenheit, die zu erheblichen Diskussionen in der Partei führte. So erschien es mir wichtig, die Kandidatur des Bürgermeisters von Krauschwitz – P. – zu verhindern, nachdem dieser auf seiner Netzseite erklärt hatte, dass man die mutmaßlichen NSU-Terroristen Uwe Mundlos und Herrn Böhnhardt im Sinne des Art. 20 Abs. 4 GG als Widerstandskämpfer bezeichnen müsse, die es geradezu zu heroisieren gelte. Die Diskussion wurde uferlos. Mir wurde dann deutlich gemacht, dass man doch eine ernsthafte staatspolitische Debatte, die P. angestoßen habe, nicht so ohne Weiteres beiseite wischen könnte. Der Versuch, die Kandidatur zu verhindern, ist auch gescheitert.

Ich habe mich dann immer wieder wegen politischer Aussagen, die ich getätigt habe, rechtfertigen müssen. Ich erinnere mich an ein Spiegel-Interview, wo ich beispielsweise anschließend im Parteivorstand Rechenschaft ablegen sollte, weil ich mich dazu bekannt hatte, dass es den Holocaust gegeben hat. Herr Wulff legte mir seinerzeit nahe, ich möge diese Erklärung widerrufen. Er wäre mir auch gerne behilflich dabei, um da eine Lösung zu finden. Dafür bestand allerdings kein Bedarf. So habe ich die eine oder andere Begebenheit erlebt, die mir doch sehr schnell bewusst gemacht hat, dass, trotz einiger moderner, reformistischer Kräfte in der Partei – das will ich gar nicht in Abrede stellen –, der Versuch, die NPD in meinem Sinne politisch umzugestalten, zum Scheitern verurteilt sein würde.

Präsident Prof. Dr. Voßkuhle: Das ist interessant. Also, es gehört natürlich zu einer funktionsfähigen Partei, dass sie einen Parteivorsitzenden hat, der Richtlinienkompetenz besitzt und der von den eigenen Leuten ernst genommen wird. Wenn Sie sagen, Sie mussten sich da rechtfertigen, wie muss man sich das so vorstellen im Alltag? Gibt es dann Kräfte im Hintergrund? Wichtige Leute, die anrufen und sagen: „Das geht so nicht, müsst ihr ändern?" Oder gibt es formelle Gremien, in denen das dann beschlossen wird? Also wie würden Sie das so beschreiben?

Herr Apfel: Na ja, beschlossen wird in der NPD herzlich wenig, es herrscht eher das Prinzip des Aussitzens. Viele Vorfälle, die passieren, finden sicher auch jetzt nicht die Zustimmung der Parteiführung, aber aus Angst heraus, dass man innerparteilich ins Kreuzfeuer der Opposition gerät oder dass man eventuell einzelnen Kräfte an der Basis vor den Kopf stößt, scheut man sich davor, ernsthaft gegen störende Elemente vorzugehen. Ich habe ja gerade beispielhaft den Fall von Herrn Wulff erwähnt, gegen den ich noch zu meiner Zeit als Parteivorsitzender ein Ausschlussverfahren angestrengt hatte. Dieses Verfahren, das eingeleitet wurde, weil er in der Öffentlichkeit bekannt hatte, Nationalsozialist zu sein, wurde konterkariert, indem er auf dem letzten Bundesparteitag zum Mitglied des Parteivorstandes gewählt wurde. Herr Wulff gehörte zuvor – nicht gerade zu meiner allergrößten „Freude" – dem Parteivorstand „kraft Amtes" an, was sich als gewählter Landesvorsitzender von Hamburg nicht verhindern ließ. Er war es dann auch, der auf einer regulären Parteivorstandssitzung, nach dem erwähnten Spiegel-Artikel mein Interview zitiert hat und eine mehrstündige Debatte entfachte, ob es sich denn für den Parteivorsitzenden der NPD geziemt, im Namen der Partei zu sprechen, dass der Holocaust offenkundig sei.

Präsident Prof. Dr. Voßkuhle: Weiteres dazu? Das ist nicht der Fall. Herr Apfel, dann bedanken wir uns für die Auskunft. Dann würden wir gerne Herrn Gansel hören.

Herr Gansel, wir haben heute jetzt schon viel über die Volksgemeinschaft gesprochen. Wie würden Sie denn das Konzept der Volksgemeinschaft beschreiben mit Ihren eigenen Worten.

Herr Gansel: Herr Präsident, hoher Senat, Volksgemeinschaft bezeichnet für mich eine Sprach-, Kultur- und Schicksalsgemeinschaft und auch eine Erinnerungsgemeinschaft, also die Zugehörigkeit von Menschen zu einem geschichtlich gewordenen Ganzen. Und das schließt nicht aus, dass dort natürlich auch staatsrechtliche Faktoren mit eine Rolle spielen. Aber eine Volksgemeinschaft ist für mich, wie gesagt, eine Kultur-, Sprach-, Schicksals- und Erinnerungsgemeinschaft.

Präsident Prof. Dr. Voßkuhle: Nun finden wir im Parteiprogramm verschiedene Regelungen, die an den Gedanken der Volksgemeinschaft, das Bestehen der Volksgemeinschaft, die Mitgliedschaft in dieser Volksgemeinschaft Rechte und Pflichten knüpfen und andere Personengruppen, die nicht zu dieser Volksgemeinschaft gehören, werden von diesem Rechten- und Pflichtenstatus ausgenommen. Wie würden Sie das beschreiben, das Verhältnis zwischen sozusagen den Mitgliedern der Volksgemeinschaft und den anderen in einem staatlichen Gebilde wie der Bundesrepublik.

Herr Gansel: Auch nach meiner Auffassung ist es so – und dass ist verfassungsrechtlich in jedem Staat der Welt so –, dass natürlich unterschieden wird zwischen Staatsbürgern und Nicht-Staatsbürgern, die – aus welchen Gründen auch immer – gerade auf dem Territorium eines bestimmten Staates leben. Also insofern gibt es da selbstverständlich nach jedem Verfassungsrecht der Welt einen Rechte-Unterschied von Staatsbürgern. Staatsbürger dürfen wählen, Nicht-Staatsbürger, die aus irgendeinem Grund auf dem Territorium eines Staates leben, dürfen beispielsweise nicht wählen. Also insofern gibt es natürlich einen unterschiedlichen oder abgestuften Rechtestatus, was überall so ist.

Präsident Prof. Dr. Voßkuhle: Und wer darf Staatsbürger werden?

Herr Gansel: Staatsbürger – der Begriff fiel ja durch Frank Franz: Selbstverständlich können verschiedene Nichtdeutsche, wenn sie hier in Deutschland leben – also das jetzt in keinem Parteiprogramm fixiert, das ist jetzt meine persönliche Auffassung – Staatsbürger werden. Wer hier als Nichtdeutscher in Deutschland lebt, wer sich an die Gesetze hält, wer einer geregelten Arbeit nachgeht, also nicht Kostgänger des deutschen Sozialstaates ist und wer sich zu diesem Land bekennt, der kann im Rahmen einer Ermessenseinbürgerung deutscher Staatsbürger werden. Aber was ich, und was die NPD ablehnt, ist das vielfach geforderte grundsätzliche Einbürgerungsrecht, das gibt es für uns nicht, das gibt es auch in vielen anderen Staaten der Welt nicht. Das gibt es in Osteuropa nicht, im einwanderungsrestriktiven Japan erst recht nicht und insofern treten wir für Ermessenseinbürgerungen ein im genannten Falle der Rechtstreue, des Nachgehens einer geregelten Arbeit und des Bekenntnisses zu Deutschland.

Richter Müller: Und das ist unabhängig von der ethnischen Zugehörigkeit?

Herr Gansel: Das ist grundsätzlich unabhängig von der ethnischen Zugehörigkeit. Aber vorhin gab es ein gewisses Missverständnis hinsichtlich des Begriffes „Deutscher". Deutscher kann für mich in der Tat grundsätzlich nur ein Abstammungs-Deutscher werden, aber das bedeutet nicht, dass ein ethnischer Nichtdeutscher nicht auch deutscher Staatsbürger werden kann. Insofern gibt es das Volk als Sprach-, Kultur- und Abstammungsgemeinschaft und es gibt den Rechtsstatus des deutschen Staatsbürgers und deutscher Staatsbürger können natürlich auch ethnische Nichtangehörige des deutschen Volkes werden unter den genannten Bedingungen. Sie hatten vorhin eine Passage dieser Schulungsbroschüre zitiert. Diese Stelle, die Sie Herrn Franz vorgelesen haben, hatte ich verfasst und insofern sage ich, dass ein Afrikaner für mich kein Angehöriger des deutschen Volkes werden kann. Aber er kann unter den bestimmten Voraussetzungen deutscher Staatsbürger werden.

Richter Müller: Ist eigentlich die deutsche Volksgemeinschaft auch religiös gebunden?

Herr Gansel: Nein, die ist weltanschaulich neutral, da finden sie auch nirgendwo in der NPD irgendwelche Darlegungen oder Einschränkungen.

Richter Müller: Wie erklärt sich denn dann, Herr Gansel, Ihre Aussage: „In Mitteleuropa aber ist der Islam eine fremdkörperhafte Aggressionsreligion, der mit keiner Toleranz begegnet werden darf. Die Siege über die Truppen vor Wien 1529 und 1683 dürfen nicht umsonst gewesen sein."

II. Mündliche Verhandlung

Herr Gansel: Das sind zwei unterschiedliche Bedeutungsebenen. Die Stelle, die Sie gerade zur äußerst kritischen Bewertung des Islam und der islamischen Massenzuwanderung vorgelesen haben, impliziert ja in keinster Weise irgendeine Aussage von mir zur Verleihung der deutschen Staatsbürgerschaft. Das ist, was Sie vorgetragen haben, eine äußerst kritische Darlegung der Islamisierung. In ganz Europa gibt es islamkritische Bewegungen, die teilweise 30–40 % in den Parlamenten haben. Selbst die linke Feministin S. hat schon vor den Immigrantenübergriffen in der Kölner Silvesternacht vor falscher Toleranz gegenüber Islamisten und auch dem Islam als solchem gewarnt, also insofern befinden wir uns da mit einer islamkritischen Einschätzung nicht nur sicherlich auf einem Mehrheitsweg innerhalb der deutschen Bevölkerung, sondern – das denke ich mal – das ist europaweit mittlerweile Allgemeingut. Aber damit ist ja jetzt keine Aussage zum Aspekt der Staatsbürgerschaft gegeben, sondern zu einer äußerst kritischen Bewertung islamischer Landnahme und einer für mich kulturell nicht leicht überwindbaren Fremdheit.

Richter Müller: Ja, ja, ich hatte auch nicht nach der Staatsangehörigkeit gefragt, sondern nach der Volkszugehörigkeit und der Zugehörigkeit zur Volksgemeinschaft. Trotzdem nochmal, auch davon losgelöst, was ist eine „fremdkörperhafte Aggressionsreligion"? Sie werden an anderer Stelle mit dem Satz zitiert: „Moslems haben in Deutschland nichts zu suchen."

Herr Gansel: Unter einer fremdkörperhaften Aggressionsreligion verstehe ich Folgendes: Fremdkörperhaft ist ein etwas plastischer Begriff dafür, dass nach meiner Auffassung der Islam in Europa, abgesehen von gewissen Einsprengseln auf dem Balkan, aber zumindest in Mitteleuropa, keine historische Beheimatung hat. Moslems sind erst nach Kriegsende im Rahmen der Gastarbeiteranwerbung aus der Türkei nach Mitteleuropa und nach Deutschland gekommen, das heißt historisch ist der Islam hier fremd. Das haben ja selbst, zumindest unter Wahlkampfbedingungen, Vertreter der etablierten Parteien gesagt. Selbst Herr Tillich sprach vor wenigen Monaten, weil er sich dem PEGIDA-Publikum anbiedern wollte, davon, dass der Islam nicht zu Sachsen gehöre. Herr Stoiber hat einige Monate vorher betont, dass der Islam nicht zu Deutschland gehöre, das heißt also, mit dieser Aussage können wir uns selbst auf die genannten Herren berufen und als Aggressionsreligion klassifiziere ich den Islam deswegen, weil der Islam im Gegensatz zu anderen Religionen, im Gegensatz zum heutigen Christentum, im Gegensatz zum Hinduismus, auch im Gegensatz zum Buddhismus in seiner ganzen Äußerungsform eine aggressive, auf gewaltsame Missionierung ausgerichtete Religion ist. Ich erinnere da nur an verschiedenste Bücher. Es ergibt, dass Abdel-Samad, der den Islam als neuen Faschismus bezeichnet hat. Ich erinnere daran, dass Abdel-Samad nachgewiesen hat, dass sich im Koran mehr als 200 Gewalt- und Tötungsaufrufe an Nichtgläubige befinden und insofern kann ich unter Heranziehung aller möglichen etablierten Politiker, Wissenschaftler, Islamexperten den Islam als Aggressionsreligion klassifizieren.

Richter Müller: Hat das Konsequenzen für die Möglichkeit der Ermessenseinbürgerung von Moslems?

Herr Gansel: Grundsätzlich nicht. Ich habe ja gesagt es ist eine Einzelentscheidung, eine Ermessenseinbürgerung und insofern könnte ein weltlich ausgerichteter Islamist, also für mich – insofern sehen Sie, wie differenziert ich da vorgehe – gibt es natürlich auch unter Muslimen Abstufungen der Religionszugehörigkeit. Es gibt meiner Auffassung nach zwar keinen Euro-Islam, aber es gibt moderate, halbwegs weltlich ausgerichtete Muslime, es gibt die Fanatiker, es gibt die Kopf- und Halsdurchschneider, also insofern differenziere ich da durchaus, und wenn im Einzelfall ein Moslem nach Deutschland kommt, hält sich hier an die Gesetze, arbeitet hier, bekennt sich zu Deutschland, ist hier seit langem verwurzelt, kann er, wenn nach NPD-Auffassung auf legalem parlamentarischem Wege das frühere Abstammungsrecht wieder eingesetzt ist, würde er dann die Möglichkeit haben, sich an die zuständige deutsche Einbürgerungsbehörde zu wenden und dann würde dieser Einzelfall geprüft werden und dann könnte auch ein sogenannter oder eben skizzierter moderater Moslem im Einzelfall die deutsche Staatsbürgerschaft bekommen.

Präsident Prof. Dr. Voßkuhle: Herr Huber.

Richter Prof. Dr. Huber: Herr Gansel, ich bin mir nicht ganz sicher, ob es hier nicht einen Widerspruch zwischen dem gibt, was Sie jetzt auf die Frage des Präsidenten geantwortet haben und dem, was Ihr Parteivorsitzender vorhin auf meine Frage geantwortet hat. Ich hatte Herrn Franz gefragt, ob wer eingebürgert wird, Mitglied der deutschen Volksgemeinschaft wird, und die Frage hat er mit einem Wort, mit „Ja" beantwortet. Wenn ich Sie jetzt richtig verstehe, sehen Sie das anders. Und meine zweite Frage ist: Gibt es denn zwischen Ihrer offensichtlich enger verstandenen Volksgemeinschaft und dem deutschen Staatsvolk – also der Summe der deutschen Staatsangehörigen – irgendeinen Unterschied in Rechten und Pflichten?

Herr Gansel: Was Herr Franz richtigerweise betont hat ist, dass alle diejenigen, die deutsche Staatsbürger geworden sind, selbst nach der Reform des traditionellen Abstammungsstaatsbürgerschaftsrechts, das wir als NPD ablehnen, aber logischerweise ist es so, dass alle, die seit dem 1. Januar 2000 aufgrund einer aus unserer Sicht grundfalschen Änderung des Staatsbürgerschaftsrechts den deutschen Pass bekommen haben, den auch behalten. Wenn die NPD auf parlamentarischem Wege mal die entsprechende gesetzgeberische Mehrheit auf Bundesebene haben sollte, würden wir – und Herr Möllers hat ja herausgestrichen, dass man auch zum ius sanguinis wieder zurückkehren kann – diese rot-grüne Änderung des Staatsbürgerschaftsrechts rückgängig machen und die bis dato Eingebürgerten würden die deutsche Staatsbürgerschaft behalten. Ob ich das dann schön fände oder nicht, aber das ist einwandfreies Verfassungsrecht, dass Staatsbürgerschaften nicht aberkannt werden.

Richter Prof. Dr. Huber: Das weiß ich. Meine Frage war aber, ob Sie Teil der Volksgemeinschaft sind und meine Frage war, ob diese Eingebürgerten etwa mit Blick auf die Sozialversicherungen, mit Blick auf das Recht, Grund und Boden zu erwerben, mit Blick auf die Kriminalstatistik nach Ihrer Vorstellung anders behandelt werden sollen als die autochthonen, Ethno-, Bio- oder sonstigen Deutschen?

Herr Gansel: Es gibt dann für alle unter strengen Maßstäben Eingebürgerten Rechtsgleichheit. Das heißt, wenn jemand eingebürgert ist, kann er hier natürlich auch

Grund und Boden erwerben, wie ein Eingebürgerter oder wie ein Bio-Deutscher oder ein Ethno-Deutscher oder welche Begriffe es da möglicherweise heutzutage auch gibt.

Richter Prof. Dr. Huber: Dann hätte ich noch eine Frage, die sich mit der Menschenwürde von Nichtdeutschen beschäftigt. Sie haben in einem Facebook-Eintrag 2015 von „alkoholisierten Asyl-Negern", denen Sie in der Riesaer Goethestraße begegnet sind, geschrieben und damit geendet, dass sie nicht so viel fressen wie kotzen könnten oder wollten. Sie haben in anderem Zusammenhang in der „Deutschen Stimme" – das ist allerdings schon fünf Jahre her – davon geschrieben, dass man die Moslems schlagen soll, aber auch andere Ausländergruppen treffen möchte, haben Toleranz als Dekadenzphänomen und Selbstmordprogramm bezeichnet und Homosexuelle als eine Panne der Evolution. Das sind alles Minderheiten und ich frage mich, ob solche Klassifizierungen – wir haben ja gestern über den Kern der freiheitlichen demokratischen Grundordnung in rechtlicher Hinsicht gesprochen, mit der Vorstellung der basalen Gleichheit, das war die Formulierung von Herrn Möllers – mit der Menschenwürde in ihrem Kern eigentlich vereinbar sind?

Herr Gansel: Vorausschicken möchte ich und das können aus leidvoller Erfahrung die Herren Ulbig und Tillich sicherlich aus dem Sächsischen Landtag bestätigen, dass ich jemand gewesen bin, der ganz gerne mal auch drastischer formuliert hat, was durch die Indemnität eindeutig gedeckt ist, also es gibt ja unterschiedliche politische Temperamente und ich bin da eher jemand, der dann rhetorisch eine etwas schärfere Klinge führt. Das erklärt einem vielleicht auch die eine oder andere Formulierung, aber ich kann natürlich zu allem inhaltlich was sagen. Diesen Facebook-Beitrag, den Sie da zitieren, fußt auf einer Beobachtung, die ich in meiner Heimatstadt Riesa gemacht habe, wo ich abends mit dem Auto an einer Kneipe vorbeigefahren bin. Zwei Mannschaftswagen der Polizei standen dort und man hat gesehen, wie die Polizisten ihrer Arbeit nachgegangen sind, Personenkontrollen vorgenommen haben, und ich meine auch gesehen zu haben, dass mindestens einer Person Handschellen angelegt worden sind, und ich habe dann im Vorbeifahren, ich bin auch Riesaer Stadtrat, das interessiert mich auch ein bisschen, was in „meiner" Stadt passiert, bin langsamer vorbeigefahren, habe die Fensterscheibe des Autos runtergemacht, um zu hören, was dort vorgeht und man hat anhand der Geräuschkulisse und des Artikulationsvermögens gehört, dass es sich um alkoholisierte Personen gehandelt hat und sie waren, ob nun zufällig oder nicht zufällig, waren es Schwarzhäutige. Schwarzhäutige gehören nicht zur Riesaer Urbevölkerung, also habe ich daraus geschlossen, dass es sich um Asylbewerber handeln könnte und habe dann diesen, ja, facebookgerecht etwas drastischeren Begriff gebraucht, aber es ist faktengestützt. Ich weiß es nicht, ob im Polizeibericht der Polizeidirektion Riesa beziehungsweise der Polizeidirektion Dresden der Vorfall vermerkt ist, aber auf jeden Fall fußt er auf einer persönlichen Beobachtung, dass es sich um schwarzhäutige Menschen gehandelt hat, die offensichtlich massiv alkoholisiert gewesen sind und offensichtlich irgendwelche Probleme bereitet haben, ansonsten hätten dort nicht zwei Mannschaftswagen der Polizei gestanden.

C. Das zweite NPD-Verbotsverfahren (2013–2017)

Richter Prof. Dr. Huber: Dass die Wortwahl ein bisschen, sagen wir mal menschenverachtend sein könnte, ist Ihnen nicht untergekommen, oder?

Herr Gansel: Also es sind keinerlei staatsanwaltschaftliche Ermittlungen wegen Volksverhetzung oder Beleidigung vorgenommen worden, was ja ein Indiz dafür wäre, dass die Äußerung irgendwie juristisch zu beanstanden ist. Bei mir ist kein Polizeidokument oder keine Vorladung irgendeiner Staatsanwaltschaft eingegangen. Insofern gehe ich davon aus, dass diese Bemerkung, ob man sie jetzt für geschmackvoll hält oder nicht, aber auf jeden Fall durch das Grundrecht auf Meinungsfreiheit gedeckt gewesen ist.

Richter Prof. Dr. Huber: Und die anderen Minderheitengeschichten? Mit den Homosexuellen?

Herr Gansel: Ich würde der Reihe nach vorgehen. Sie haben aus einem weiteren islambezogenen Artikel zitiert. Ich weiß jetzt nicht, ob Sie aus Gründen der Einfachheit ein paar Vorbemerkungen weggelassen haben oder ob in Ihrer Zitatsammlung das etwas verkürzt wiedergegeben ist. Es wurde mit dem von Ihnen Zitierten der Eindruck erweckt, als wenn ich physische Gewalt gegenüber Moslems angekündigt hätte, den Artikel müssten wir im Deutsche-Stimme-Archiv schnell finden können, tatsächlich sprach ich von politischen Kampagnen. Ich bin in diesem Artikel der Frage nachgegangen, wie die NPD mit einer zugespitzten Ausländerkritik, mit einer zugespitzten Kritik an Überfremdungszuständen im Wahlvolk besser punkten kann, und bin darauf eingegangen, dass aufgrund auch kultureller Fremdartigkeit, aufgrund eines Bedrohungsgefühls, deswegen auch an anderer Stelle die Formulierung von fremdkörperhafter Aggressionsreligion, sich bei vielen Deutschen ein Unbehagen und eine Abwehrhaltung gegenüber der massiv voranschreitenden Islamisierung zeigt. Ich habe deswegen der NPD empfohlen, dass man nicht mehr in Flugblättern die allgemeine Massenzuwanderung oder die allgemeine Überfremdungsproblematik thematisiert, sondern dass man die Ausländerproblematik auf die islamische Zuwanderung zuspitzt und habe, wie gesagt, das können wir möglichst schnell Ende der Woche nachreichen, mit dieser Formulierung des Schlagens nur gemeint, geht aus dem Gesamtzusammenhang eindeutig hervor, dass man die Ausländerkritik auf die Moslemfrage zuspitzen soll. Das bezog sich also auf den Modus der politischen Kampagnenfähigkeit, das geht aus dem Zusammenhang eindeutig hervor, dass da mit keiner Silbe irgendwelchen physischen Gewaltphantasien nachgegangen wurde.

Und die andere Stelle hat seinerzeit auch im Sächsischen Landtag für helle Empörung gesorgt. Ich glaube, es ging damals um einen Antrag der grünen Landtagsfraktion, mit dem in irgendeiner juristischen Detailfrage die Gleichstellung von homosexuellen mit heterosexuellen Familien und Eheleuten die Gleichstellung erreicht werden sollte und ich habe dann diese Debatte genutzt, um mit der Homo-Lobby, die es meiner Auffassung nach in diesem Staat gibt, kritisch und polemisch ins Gericht zu gehen. Sie können im Archiv des Sächsischen Landtages die ganze Rede nachlesen. Ich spreche dort an keiner Stelle Homosexuellen irgendwelche Rechte ab, aber bin in der Tat kritisch und satirisch mit dem Homo-Kult umgegangen, habe zu bedenken gegeben, dass es meiner Meinung nach also auch nicht unbedingt schön gegenüber der heterosexuellen Mehrheitsbevölkerung ist, wenn mittlerweile fast in jeder mittelgroßen Stadt eine Schwulenparade stattfindet, habe dann darauf hingewiesen, dass das vielleicht auch so ein bisschen das Anstandsgefühl der immer noch heterosexuellen Mehrheitsbevölkerung beeinträchtigt, bin darauf eingegangen, dass in Talkshows teilweise so getan wird, als wenn Heterosexualität ein biologisches Auslaufmodell sei und dass Homosexualität jetzt der neue Kultschrei sei, habe mich also polemisch mit der ganzen Problematik auseinandergesetzt und habe dann diese Formulierung gebraucht, aber auch da können Sie aus der Landtagsrede, die im Archiv des Sächsischen Landtages vorliegt, herauslesen, dass ich an keiner Stelle Schwulen irgendwelche Rechte abgesprochen habe. Den Antrag der Grünen haben wir abgelehnt, meiner Erinnerung nach allerdings auch zusammen mit der CDU.

Präsident Prof. Dr. Voßkuhle: Gut, Herr Landau bitte.

Richter Prof. Landau: Nochmals zur Volksgemeinschaft: Sie haben ja vielleicht gespürt, dass bei den Kollegen so der Eindruck entstanden sein könnte, wenn Volksgemeinschaft nichts Abgrenzendes, nichts Ausgrenzendes ist, die Botschaft höre ich wohl, allein mir fehlt der Glaube. Herr Franz hat gesagt: „Na ja, das steht doch in den deutschen Landesverfassungen drin." Ich gehe mal davon aus, dass Sie sich auch mit dem Begriff intensiver beschäftigt haben, dass Volksgemeinschaft ja nie was Ausgrenzendes hat, sondern eher etwas Verbindendes und das Gemeinsame von Menschen, egal welcher Ethnie, welcher Rasse, welcher Herkunft betont. Anders während des nationalsozialistischen Terrors, wo Deutsche jüdischen Glaubens, die zwar für den Ersten Weltkrieg ihre gefallenen Opfer bringen konnten, aber dann ihre Staatsbürgerrechte verloren haben. In Verbindung mit der Freiheit zu der Menschenwürde. Wie erkläre ich mir denn, wenn Gemeinschaft etwas Umfassendes ist, was auf das Menschliche, auf das Wesen des Menschen abstellt, wie erkläre ich mir dann, dass man Asylbewerber in Zentralunterkünften unterbringt – gehen wir mal davon aus, dass untergebrachte Kinder dort auch keinen schulischen Zugang haben sollen oder verminderten schulischen Zugang –, wie erkläre ich mir dann, dass in dem Programm Schulklassen getrennt werden sollen? Was ist mit diesem Gemeinschaftsbegriff, den Sie in Wirklichkeit vertreten? Deckt der sich mit dem universellen Anspruch von Menschenwürde? Bejahen Sie die universelle Menschenwürde oder machen Sie da Ausnahmen?

Herr Gansel: Ich möchte zuerst auf einen Aspekt antworten. Sie haben danach gefragt, wie wir es als NPD begründen, dass wir durchaus die getrennte Unterrichtung von deutschen und nichtdeutschen Schülern fordern. Dafür spricht meiner Auffassung nach durchaus einfach eine gewisse pädagogische Einsicht in wissensvermittlungstechnischen Dingen. Selbstverständlich wäre es so, deswegen gibt es ja auch die sogenannten DaZ-Klassen, dass Asylbewerberkinder, die kein Wort Deutsch kennen, nicht sofort in normale Schulklassen mit deutschen Kindern gesteckt werden...

Richter Prof. Landau: Also das ist dasselbe, was Sie meinen, mit der Ausgrenzung aus dem Sozialsystem, ja? Sie sagen jetzt: „Pädagogisch gibt es eine Notwendigkeit, das zu machen, und bei den Sozialsystemen gibt es auch sachliche Argumente." Das hebt es jetzt auf eine Ebene?

Herr Gansel: Nein, ich möchte erst mal darauf hinweisen, dass es diese DaZ-Klassen gibt.

Richter Prof. Landau: Das ist dem Senat bekannt.

Herr Gansel: Das ist pädagogischen Einsichten geschuldet und da wird ja sicherlich niemand, selbst aus dem rot-grünen Milieu ist mir nicht zu Ohren gekommen, dass irgendjemand die Einrichtung von DaZ-Klassen als Zeichen des Rassismus wertet. Genauso wenig wird als Zeichen eines anders gearteten Rassismus gewertet, dass es natürlich auch im Rahmen der allgemeinen Schulpolitik Privatschulen gibt, die nur männliche Schüler unterrichten, und dass es Privatschulen gibt, die nur Mädchen und junge Frauen aufnehmen. Also selbstverständlich muss es doch möglich sein, dass man aus verschiedenen politischen oder halt vor allem auch aus pädagogischen...

Richter Prof. Landau: Zu denselben qualitativen Standards, ja oder nein? Weil ich sprach den Vergleich mit den Sozialsystemen an, da wollen Sie doch auch einen niedrigeren Standard, und hier sagen Sie, das sei derselbe qualitative Standard. Ausländerkinderunterricht oder ethnisch deutscher Kinderunterricht?

Herr Gansel: Ich habe erst mal darauf hingewiesen, dass aus meiner Sicht weder pädagogisch noch verfassungsrechtlich irgendetwas gegen die Forderung spricht, dass man deutsche und ausländische Kinder in separaten Klassen unterrichtet. Eine Diskriminierung würde dann eintreten, wenn wir dafür eintreten würden, dass die Schulen für Ausländerkinder finanziell schlechter gestellt würden.

Richter Prof. Landau: Das tun Sie nicht?

Herr Gansel: Wenn die Lehrerversorgung schlechter wäre, dann könnte man irgendeine Ungleichbehandlung unterstellen. Aber darum geht es uns doch nicht. Wenn wir sagen, dass das Schulniveau für deutsche Kinder sinken würde, wenn in Schulklassen bestimmte Ausländeranteile bestehen, und da rede ich jetzt nicht von Ausländerkindern, die hier in Deutschland geboren sind, und die dann wahrscheinlich relativ gutes oder tadelloses Deutsch sprechen, sondern wenn wir von Ausländerkindern sprechen, die gerade ins Land gekommen sind, dann kann man es deutschen Eltern und deutschen Kindern doch nicht zumuten, mit Kindern in einer Schulklasse unterrichtet zu werden, die kein Wort Deutsch verstehen. Wie soll da Wissensvermittlung stattfinden? Das würde zu einer Überforderung der Eigenschüler und zu einer Unterforderung der anderen führen.

Richter Prof. Landau: Das gilt auch für die abstufenden Sozialsysteme? Die zentralen Einrichtungen?

Herr Gansel: Frank Franz hat richtigerweise darauf hingewiesen, dass wir selbstverständlich einen Unterschied machen zwischen den Sozialansprüchen deutscher Staatsbürger und den Ansprüchen, die Nicht-Staatsbürger haben. Auch das ist in jedem Staat der Welt so. Ich erinnere nur daran, dass vor kurzem auf dem jüngsten EU-Gipfel die britische Regierung Sonderbehandlungen ausgehandelt hat – und Cameron wird auch niemand als Rassisten oder Chauvinisten bezeichnen –, dass sie bei EU-Ausländern, die aus Osteuropa kommen, abgestuftes Kindergeld zahlen darf, dass EU-Ausländer für einen bestimmten Zeitraum von britischen Sozialleistungen ferngehalten werden. Das hat der EU-Gipfel abgesegnet, auch Angela Merkel hat übrigens, wahrscheinlich auch nur, weil Wahlkampf ist, angedeutet, dass sie sich vorstellen könne, dass die Regelung mit dem abgestuften Kindergeld für Polen, die in Deutschland arbeiten, aber deren Kinder in Polen leben, dass sie sich vorstellen könne, dass auch für solche EU-Ausländer in Deutschland zukünftig ein abgestuftes Kindergeld gezahlt wird. Also da ist nirgendwo Rassismus, das ist in ähnlicher Form vor kurzem auf dem EU-Gipfel abgesegnet worden.

Präsident Prof. Dr. Voßkuhle: Frau Kessal-Wulf bitte.

Richterin Dr. Kessal-Wulf: Ich habe mir das Programm zur Bundestagswahl 2013 angeschaut, das heißt „Natürlich Deutsch", also das Programm, und da findet man auf Seite 42 unter dem Stichwort Identität zunächst Ausführungen zur, ich zitiere das jetzt unverhohlen „islamischen Landnahme" und dann den Satz: „Deutschland ist heute kleiner als die Bundesrepublik." Und da wir die Bundesrepublik Deutschland sind und ein Grundgesetz für die Bundesrepublik Deutschland haben, habe ich den Satz nicht verstanden und ich muss ehrlich sagen, auch nach der Diskussion der letzten halben Stunde verstehe ich diesen Satz immer noch nicht. Vielleicht könnten Sie uns den nochmal erläutern.

Herr Gansel: Der von Ihnen vorgetragene Satz lautet?

Richterin Dr. Kessal-Wulf: „Deutschland ist heute kleiner als die Bundesrepublik." Und wir sind die Bundesrepublik Deutschland. Ich lese das ja nur vor auf Seite 42. Ich habe das ja nicht geschrieben. Ich bin ja auch nicht in der NPD, da schließe ich mich Herrn Müller an, sondern Sie sind das.

Herr Gansel: Da muss ich jetzt in der Tat darüber nachdenken, Deutschland ist kleiner...

Richterin Dr. Kessal-Wulf: „Deutschland ist heute kleiner als die Bundesrepublik.", steht da.

Herr Gansel: Ja, also, ein Satz, der von uns vertreten wird, ist, dass wir darauf hinweisen, dass unter historischer Perspektive, wenn man an siebenhundertjährige deutsche Siedlungsgeschichte in Pommern, Schlesien oder Ostpreußen denkt, dass man sagen kann: „Deutschland ist historisch größer als die Bundesrepublik", aber dieser Satz, ich weiß nicht ob das ein Redaktionsversehen ist...

Richterin Dr. Kessal-Wulf: Der steht da.

Herr Gansel: Der macht überhaupt keinen Sinn.

Richterin Dr. Kessal-Wulf: Ja, das wollte ich ja nur hören. Das wollte ich ja von Ihnen nur hören, dass das keinen Sinn ergibt.

Herr Gansel: Ja, also...

Präsident Prof. Dr. Voßkuhle: Gut.
 Herr Maidowski.

Herr Gansel: Kann ich mir keinen Reim darauf machen.

Präsident Prof. Dr. Voßkuhle: Gut. Herr Maidowski und dann Herr Müller.

Richter Dr. Maidowski: Ich könnte Ihnen den Satz jetzt erklären, aber ich mache das mal nicht. Ich möchte an den zweiten Teil Ihrer Antwort anknüpfen, „Deutschland ist größer als die Bundesrepublik", das vertreten Sie ja tatsächlich. Was habe ich mir darunter vorzustellen, unter einer Politik zur „Wiedervereinigung Deutschlands innerhalb seiner geschichtlich gewachsenen Grenzen". Herr Cremer, der heute sich ja leider krank gemeldet hat, hat mal gesagt: „Das Reich ist unser Ziel, die NPD unser Weg" – oder so ähnlich –, und im Parteiprogramm schreiben Sie, die NPD bestreite die Rechtmäßigkeit der durch die Alliierten erzwungenen Grenzanerkennungsverträge, es gehe um die Preisgabe deutscher Gebiete, das sei alles auf friedlichem Wege zu lösen, so steht es im Programm, aber was ist das? Was wollen Sie da tatsächlich? Wen betrifft es, welche europäischen Staaten – die wie wir in der Europäischen Union sind – betrifft das und was sind praktische Schritte, die die NPD sich da vorstellt? An Sie als Historiker sozusagen die Frage auch.

Herr Gansel: Ja, also in der von mir verfassten Schulungsbroschüre habe ich mich ja auch darüber geäußert, warum die NPD im Falle des heute sogenannten Ostdeutschlands vom historischen Mitteldeutschland spricht, genauso wie sich übrigens der Mitteldeutsche Rundfunk so nennt und die Mitteldeutsche Zeitung, die in Halle erscheint, also auch dort wird offensichtlich darauf verwiesen, dass es ein historisch Größeres gibt, als das heutige Gebiet der Bundesrepublik Deutschland und ich habe allerdings in dem entsprechenden Passus auch ausdrücklich darauf hingewiesen, dass die NPD zu keinem Zeitpunkt, auch in den 70er Jahren nicht, als es – was die Ostverträge von Willy Brandt anging – innenpolitisch noch wesentlich kontroverser gewesen ist, nie zu irgendeinem Zeitpunkt eine gewaltsame Politik der Grenzrevision vertreten hat. Sondern die NPD sieht sich insofern in der Pflicht gegenüber der deutschen Geschichte und auch den historischen Ostdeutschen. Ich kann noch darauf hinweisen, dass ich insofern familiären Bezug habe, als das meine Großeltern väterlicherseits heimatvertriebene Ostpreußen sind, also insofern ist mir durch die Familie ein Bewusstsein dafür mitgegeben worden, dass Deutschland historisch größer ist, was das historische Siedlungsgebiet angeht, als die Grenzen der Bundesrepublik, und als NPD sehen wir es als unsere Aufgabe an, das historische Bewusstsein für das historisch größere Siedlungsgebiet der Deutschen wach zu halten und natürlich auch auf die Vertreibungsverbrechen von Polen und Tschechien nach Ende des Zweiten Weltkrieges hinzuweisen, also auf das Menschheitsverbrechen der Heimatvertreibung von je nach Zählweise 15–17 Millionen Deutschen. Also insofern geht es da uns vor allem um eine erinnerungspolitische Funktion, aber nicht um eine aktive Position der Grenzrevision. In der Vergangenheit hat die NPD, je nachdem wie chauvinistisch sich eine polnische Regierung geäußert hat, natürlich auch gefordert, dass eine deutsche Bundesregierung – was die Erinnerungspolitik angeht – gegenüber der polnischen Regierung doch auch mal Partei ergreifen müsste für die heimatvertriebenen Deutschen, weil man ja mitunter den Eindruck hat, dass an das Vertreibungsschicksal aller möglichen Völker in diesem Staat erinnert wird, aber ausgerechnet an das Vertreibungsschicksal der Pommern, Schlesier, Sudetendeutschen nicht, also insofern sehen wir das als eine Aufgabe der historischen Bewusstseinsbildung und der Erinnerungspflege, aber daraus leiten wir keinerlei aktive Schritte für irgendeine Grenzrevision ab.

Richter Dr. Maidowski: Also ich habe, ich gebe zu, noch nicht ganz zu Ende zitiert, in dem Punkt 12b Ihres Parteiprogramms steht noch die Wendung: „Deutsche Heimat in besetztem Land." Das heißt also, der, der da heute lebt, lebt unter Besatzung. Die Regierung – es kann sich ja zum Beispiel nur um Polen handeln – ist also eine Besatzungsregierung, das ist ja schon ein bisschen über Erinnerungskultur hinausgehend, deswegen finde ich meine Frage nicht beantwortet.

Herr Gansel: Darf ich fragen, aus welchem Programm, oder aus welchem Jahr das Programm ist, das Sie hier zitieren?

Richter Dr. Maidowski: Das sieht jetzt nicht mehr so gut aus, weil ich so viel darauf geschrieben habe, aber so sieht es von vorne aus.

Herr Gansel: Ja, nein, also aus dieser historischen Aufgabe leiten wir natürlich auch das Recht und die Pflicht ab, darauf hinzuweisen, dass es natürlich auch im heutigen Staat Polen noch eine deutsche Minderheit gibt, dass es in der heutigen Tschechischen Republik eine deutsche Minderheit gibt, und dass sich eine deutsche Regierung auch aktiv dafür einsetzen muss, dass den dort lebenden Deutschen Minderheitenrechte eingeräumt werden, sowie die polnische und tschechische Seite dies mit großer Selbstverständlichkeit ja auch für ihre hier in Deutschland lebenden Landsleute fordert und insofern, wenn jetzt von den Grenzen von 37 gesprochen wird, möchte ich darauf hinweisen, dass natürlich an einer bekannten Stelle im Grundgesetz, wo es übrigens auch um die Definition einer ethnischen Komponente des Volksbegriffes geht, ausdrücklich auf Staatsbürger des deutschen Reichsgebietes während des Jahres 37 verwiesen wird, also insofern ist das selbst eine Jahreszahl die natürlich eine gewisse Grundgesetzwürdigung gefunden hat.

Richter Dr. Maidowski: Dann zitiere ich jetzt einmal zu Ende, da steht ganz am Schluss noch, dass eine deutsche Regierung – also unsere derzeitige Regierung ist ja offenbar gemeint – die Aufgabe hat, den Vertriebenen ihr geraubtes, und zwar unter Bruch des Völkerrechts geraubtes Eigentum zurückzuverschaffen, sie müssten es zurückerhalten, steht da. Das klingt wie ein Handlungsauftrag an die deutsche Regierung.

Herr Gansel: Das klingt danach, dass man natürlich von einer deutschen Regierung, die sich zumindest so nennt, auch die Vertretung legitimer nationaler Interessen wünscht, aber das natürlich alles im Rahmen der bestehenden Gesetze und auch im Rahmen der bestehenden völkerrechtlichen Verträge. Also der Passus, den Sie vorgelesen haben, bestimmt in keinster Art und Weise die Gegenwartspolitik der NPD. Wie Sie ja aus vielen anderen Äußerungen erfahren haben, sehen wir Deutschland an ganz anderer Stelle und in ganz anderer Form in Gefahr und da steht jetzt irgendeine Grenzrevision, ob sie jetzt völkerrechtlich geboten sein mag oder nicht, ob sie historisch gerechtfertigt sein mag oder nicht, überhaupt nicht auf der politischen Tagesordnung der NPD. Das Wesen eines Parteiprogramms ist ja, dass man Grundzüge des eigenen Selbstverständnisses niederschreibt und insofern haben wir ja natürlich als NPD – die 1964 auch von vielen Heimatvertriebenen mitgegründet wurde und in den 60er Jahren auch von vielen Heimatvertriebenen gewählt wurde – insofern dann einen gewissen Traditionsstrang, dass im Grundsatzprogramm halt auch auf die Vertreibungsverbrechen abgehoben wird und auch abgehoben wird darauf, dass unserer Meinung nach eine deutsche Regierung natürlich auch die Pflicht hat, die Heimatvertriebenen zu vertreten, wobei man ja angesichts der Politik der Bundesregierung sieht, dass man wartet, bis sich das Problem der Heimatvertriebenen biologisch erledigt hat.

Richter Dr. Maidowski: Gut, dankeschön, das steht unter der Überschrift „Außenpolitische Grundsätze".

Präsident Prof. Dr. Voßkuhle: Herr Müller.

Richter Müller: Herr Gansel, ich glaube verstanden zu haben, dass man zwei – ich komme zum Begriff der Volksgemeinschaft zurück – Dinge unterscheiden müsste, das eine ist die Frage der Volkszugehörigkeit und das andere ist die Frage der Staatsangehörigkeit. Das sind zwei verschiedene Dinge, der ethnisch Nichtdeutsche kann gleichwohl die deutsche Staatsangehörigkeit im Wege einer Ermessenseinbürgerung erreichen und hat dann einen gleichen Rechtsstatus. Wie passt dazu der Satz im Parteiprogramm „Volksherrschaft setzt Volksgemeinschaft voraus"?

Herr Gansel: Das bedeutet schlicht und ergreifend, dass Volksherrschaft nach unserer Auffassung sich vom Begriff des Demos logischerweise nicht trennen lässt und dass Volksherrschaft für uns etwas anderes ist als bloße Bevölkerungsherrschaft. Der Begriff der Bevölkerungsherrschaft würde suggerieren, dass ein Staatsvolk aus beliebig zusammen gewürfelten Personen bilden könne, die vielleicht zufällig auf irgendeinem Staatsterritorium der Welt zusammen kommen und zur Abgrenzung dieser eigentlich rot-grünen Idee einer Bevölkerungsherrschaft, wo es überhaupt keine Rolle spielt, aus welchen Gründen irgendwelche Menschen auf einem Territorium zusammen leben, wo es keine Rolle spielt, wie es um die Herkunft bestellt ist, welche Kulturprägungen es gibt und insofern unterscheiden wir natürlich zwischen Bevölkerungsherrschaft und Volksherrschaft. Und Volksherrschaft ist natürlich an ein gewachsenes Staatsvolk, an ein ethnisch definiertes Staatsvolk gebunden, das allerdings erweitert werden kann um ethnische Nichtdeutsche durch diese Möglichkeit der Ermessenseinbürgerung.

Präsident Prof. Dr. Voßkuhle: Darf ich mal kurz da nachhaken?

Richter Müller: Ja.

Präsident Prof. Dr. Voßkuhle: Also wenn Sie das ernst meinen, dann müssen Sie doch diesen Widerspruch auflösen, dass schon jetzt ein großer Teil von Personen einen Status besitzt, der die gleichen Rechte beinhaltet, nämlich die Rechte als deutscher Staatsangehöriger. Nach Ihrer Terminologie wäre das nur Bevölkerungsherrschaft. Wenn Sie sagen, dass hier nur die Volksgemeinschaft zu einer Volksherrschaft führen kann, müssten Sie doch irgendein Konzept haben, diese zu verwirklichen. Stehen Sie da nicht in einer aussichtslosen Situation?

Herr Gansel: Deswegen überkommt einen als Nationaldemokrat manchmal auch ein großes Trauergefühl, weil man sich natürlich demografischen Prozessen gegenüber sieht, die man als existenzbedrohend für das eigene Volk ansieht, also insofern vertreten wir natürlich auch Positionen, wo wir wissen, die werden wir womöglich nie umsetzen können, aber trotzdem steht es halt für unsere politische Grundüberzeugung oder unseren politischen Ethos, also man entwickelt ja nicht irgendwie am Reißbrett politische Forderungen, die nur darauf abgestellt sind, auch umgesetzt werden zu können. Es gibt sicherlich in jeder politischen Partei Forderungen, von denen die Mitglieder auch wissen, dass diese wahrscheinlich niemals umsetzbar sind, trotzdem hält man diese Positionen hoch.

Präsident Prof. Dr. Voßkuhle: Aber Herr Gansel, es ist doch eine ganz massive Spannungslage, wenn Sie sagen, Sie lehnen Bevölkerungsherrschaft ab und eine Volksherrschaft im Sinne einer echten Demokratie könne es nur dann geben, wenn die Volksgemeinschaft wählt und alles andere seien sozusagen perpetuierte Ausprägungen einer, ja, Gesinnung, die Sie nicht teilen. Mit dieser Spannungslage müssen Sie doch irgendetwas machen, da müssen Sie doch irgendeine Erklärung haben, wie Sie damit umgehen wollen. Das können Sie nicht einfach so hinnehmen und sagen: „Ich bin traurig, dass es so ist."

Herr Gansel: Ich habe ja vorhin Volksgemeinschaft als Sprach-, Kultur-, Geschichts- und Erinnerungsgemeinschaft definiert, das heißt Volksgemeinschaft ist jetzt für mich nicht deckungsgleich direkt mit einem ethnischen Kollektiv, also wir vertreten ja keinen völkischen Kollektivismus, sondern eine Volksgemeinschaft ist halt auch eine Erinnerungsgemeinschaft, das ist eine Geschichtsgemeinschaft, dass diejenigen, die dort auch hineingeboren werden als Deutsche, dann natürlich auch wissen, woher sie kommen und wer sie sind, die dann natürlich auch wissen, dass ihre Vorfahren vielleicht vor 150 Jahren aus dem Salzburger Land als Glaubensflüchtling irgendwo hingekommen sind oder die meinetwegen wissen, dass ihre Vorfahren vor 300 Jahren als sogenannte – im Norden – nach Preußen gekommen sind, dass man weiß, wer man ist und woher man kommt. Das ist für mich maßgeblich die Idee der Volksgemeinschaft, auch als Erinnerungsgemeinschaft, und das was Sie eher meinen, das ist, ja das ist die Zahl der deutschen Staatsbürger, die alle gleiche Rechte haben, von denen keiner die Staatsbürgerschaft aberkannt bekommen darf und soll, aber wo wir als NPD natürlich sagen: „Mit dem gegenwärtigen reformierten Staatsbürgerschaftsrecht haben wir unsere sehr großen Probleme, weil es dazu führt, dass hunderttausende ethnisch Nichtdeutsche – ohne zwangsläufig die von uns gewünschten Kriterien zu erfüllen – reihenweise, fast serienmäßig eingebürgert werden und damit ist natürlich eine substantielle Veränderung des Staatsvolkes verbunden."

Und ich kann mich noch daran erinnern, dass müsste gegen Endzeit meines Studiums gewesen sein, 1999, als damals Herr Koch Ministerpräsident in Hessen werden wollte und eine groß angelegte Kampagne gegen die Doppelstaatsbürgerschaft geführt hat, da kann ich mich noch genau daran erinnern, mit welchen Argumenten dort die CDU agiert hat. Das ist ein Argumentefundus, aus dem wir uns bis heute noch bedienen. Also insofern hat Herr Koch da argumentativ durchaus uns ein Stück weit auch Vorarbeit geleistet und dann kann ich mich natürlich auch noch daran erinnern mit welchen Argumenten die rot-grünen Staatsbürgerschaftsreformisten ihr Projekt begründet haben und da hat man von einzelnen Politikern aus dem rot-grünen Lager ganz klar das Kalkül rausgehört: „Wir wollen eine Reform des

Staatsbürgerschaftsrechts, um das Staatsvolk zu verändern", weil man natürlich auch auf grüner Seite weiß, dass das Wahlverhalten von einigen Bürgern, ethnisch Nichtdeutschen vielfach ein anderes ist, als das von ethnischen Deutschen. Es gibt zahlreiche Untersuchungen, die belegen, dass SPD, Grüne und Linkspartei bei eingebürgerten Ausländern ungefähr auf einen Stimmensockel von achtzig Prozent kommen. Also kann man auch, und das hat der ein oder andere SPD- und Grünen-Politiker damals im Wahlkampf in Hessen 99, glaube ich, auch erklärt, kommt es natürlich auch gelegen, dass man sich dadurch neue Wähler heranbildet, indem man das Staatsbürgerschaftsrecht aushöhlt, indem man das serienmäßig teilweise präzedenzlos und voraussetzungslos an ethnische Nichtdeutsche vergibt, um sich so auch ein neues Staatsvolk zu schaffen, dass dann auch an der Wahlurne bestimmte andere Präferenzen hat. Also, insofern, denke ich mal, muss der Aspekt auch berücksichtigt werden.

Präsident Prof. Dr. Voßkuhle: Herr Huber.

Richter Prof. Dr. Huber: Herr Gansel, wir haben etwa 16,9 bis 20 Millionen nicht autochthone Menschen oder Menschen mit Migrationshintergrund, die deutsche Staatsangehörige sind. Haben wir Volksherrschaft in Deutschland oder haben wir keine Volksherrschaft in Deutschland?

Herr Gansel: Wir haben eine eingeschränkte Volksherrschaft und weil wir – und das hat Herr Richter auch schon ausgeführt – manches an der real existierenden Bundesrepublik kritisieren, nicht weil wir sagen: „Diese Republik ist zu demokratisch", sondern weil wir hier einen Demokratiemangel vorwerfen, deswegen fordern wir ja auch in der Schulungsbroschüre, auch im Grundsatzprogramm, die Aufnahme plebiszitärer Elemente, ich kann da...

Richter Prof. Dr. Huber: Ja, aber das ist eine andere Geschichte.

Herr Gansel: Ja, also das gehört aber auch zu dem Begriff der Volksherrschaft. Volksherrschaft bedeutet für uns auch die Einfügung und Stärkung plebiszitärer Elemente, damit sich der Volkswille in bestimmten Lebensfragen der Nation nach Schweizer Vorbild auch direkt Bahn brechen kann, ohne dann in irgendwelchen Parlamenten zu versinken.

Richter Prof. Dr. Huber: Aber das deutsche Staatsvolk mit seinem hohen Anteil an migrantischen Staatsangehörigen würde ausreichen um, wenn man die plebiszitären Elemente hinzufügt und der Bundespräsident gestärkt wird und was Sie sich sonst noch alles vorstellen, von einer Volksherrschaft zu sprechen?

Herr Gansel: Ich kann mich da nur wiederholen: Wer eingebürgert ist aufgrund der Reform der Staatsbürgerschaftsrechts, das wir inhaltlich ablehnen, ist deutscher Staatsbürger, ist Mitglied des Staatsvolkes und ist damit politisch auch konstituierend.

Richter Prof. Landau: Was hat das damit zu tun, dass das Volksherrschaft ist?

Richter Prof. Dr. Huber: Ist das dann Volksherrschaft?

Richter Prof. Landau: Das war eine Frage.

Herr Gansel: Das ist nur schwierig, deswegen reden wir ja von einem schwierigen Begriffsfeld zwischen Volksherrschaft und Bevölkerungsherrschaft...

Richter Prof. Landau: So ist es. Schwer.

Präsident Prof. Dr. Voßkuhle: Das ist nicht schwer, wenn man das konsequent sieht, ist es gar nicht schwer.

Richter Prof. Dr. Huber: Das ist ganz einfach.

Präsident Prof. Dr. Voßkuhle: Wenn man konsequent ist, dann haben wir eben keine Volksherrschaft hier in Deutschland, sondern wir haben eine Bevölkerungsherrschaft.

Herr Gansel: Nein...

Präsident Prof. Dr. Voßkuhle: In Ihrer Terminologie.

Herr Gansel: Ja, wir haben insofern eine Volksherrschaft, als dass, wegen der langen Gültigkeit des traditionellen Staatsbürgerschaftsrechts bis 1999, es immer noch so ist, dass das deutsche Staatsbürgerschaftsrecht halt jahrzehntelang galt – von 1913 an – und insofern natürlich das Staatsvolk, das deutsche Staatsvolk, von dem natürlich auch die Väter und Mütter des Grundgesetzes ausgegangen sind, natürlich besteht, klar.

Präsident Prof. Dr. Voßkuhle: Gut, letzte Frage jetzt von Herrn Müller, dann würden wir in die Pause gehen.

Richter Müller: Ja, da wir wahrscheinlich die Frage, wie wir von der Bevölkerungsherrschaft zur Volksherrschaft zurückkommen, nicht abschließend klären können, habe ich nur eine Frage noch: Herr Gansel, Sie haben in der „Deutschen Stimme" einen Artikel geschrieben unter der Überschrift „Theoretiker der Volks- und Staatszerstörung", da gibt es eine Passage, die mit Blick auf die Frankfurter Schule lautet: „Deren kritische Theorie verband in ihrer Gesellschaftstheorie die ökonomischen Auffassungen des Juden Karl Marx mit der Psychoanalyse des Juden Sigmund Freud. Mit scheinhumanitären Forderungen nach Demokratisierung, Emanzipation und Aufklärung rührten diese Köche eine ganz und gar nicht koschere Speise an, einen Giftfraß, der die inneren Organe und das Gehirn der deutschen Volksgemeinschaft auffressen sollte." Da könnte man auf die Idee kommen, dass das irgendwie antisemitisch ist.

Herr Gansel: Also erst einmal muss ich natürlich einräumen, auch im Rückblick, und das ist jetzt keine Position, die sich jetzt nach Anleierung des zweiten Verbotsverfahrens entwickelt hat, sondern ich bin schon einige Jahre danach zu der Einschätzung gekommen, dass ich da rhetorisch über das Ziel hinaus geschossen bin, aber was historisch, was zeitgeschichtlich korrekt bleibt, ist, dass all die Migranten, die in Frankfurt nach Kriegsende die Frankfurter Schule wieder begründet haben, Juden gewesen sind und das Judentum hat ja nun auch eine eigene Definition, da geht es nicht nur um streng religiöse Juden, sondern Judentum definiert sich auf eine bestimmte Art und Weise, aber da bin ich nicht die richtige Auskunftsperson, da ich dieser Religionsgemeinschaft nicht angehöre, aber das ist eine Beschreibung historischer Fakten, dass die maßgeblichen Leute Adorno, Horkheimer, Felix Weil halt aus jüdischen Elternhäusern stammen.

Richter Müller: Und dass die einen „Giftfraß" angerührt haben, das ist ja ein Terminus, den wir aus der Vergangenheit kennen.

Herr Gansel: Diese Formulierung speist sich weniger aus der Tatsache, dass die Genannten Juden sind, sondern speist sich daraus, dass sich das Programm, das die Frankfurter Schule entwickelt hatte – auch aus meiner Sicht –, ein Auflösungsprogramm für Staatlichkeit, für nationale Kultur mit einer ins Leere laufenden Hyper-Emanzipation, dass ich dieses Programm der Frankfurter Schule in der Tat also für staatszerstörend halte. Es verwundert Sie nicht, dass ich auch die 68er-Bewegung in ihrem Wirken im Hinblick auf staatliche Bestände und Kultur, Bildungsansprüche für verheerend halte, also insofern, denke ich mal, kann man mit gutem Recht die kritische Theorie der Frankfurter Schule kritisieren, aber diese von Ihnen vorgelesene Formulierung ist – muss ich ganz ehrlich sagen – natürlich deutlich über das Ziel hinausgeschossen.

Präsident Prof. Dr. Voßkuhle: Gut, vielen Dank. Wir würden jetzt unterbrechen, der Antragsteller würde das Wort erteilt bekommen am Anfang nach der Pause. Wir müssen uns dann noch konzentrieren auf das „Darauf ausgehen", da würde auch Herr Andrejewski dann dazu etwas sagen und da würden wir auch noch einmal die Auskunftsperson Herrn Voigt dazu gerne hören. Das ist das Programm. Wir treffen uns wieder um 15:30 Uhr.

b) Nachmittags

Präsident Prof. Dr. Voßkuhle: Bitte nehmen Sie Platz! So, wir setzen die Verhandlung fort. Ich hatte es schon vor der Pause gesagt, zunächst bekommt der Antragsteller das Wort. Herr Möllers!

Prof. Dr. Möllers: Herr Vorsitzender! Hohes Gericht! Ich möchte ganz kurz nur unseren Eindruck von der Vernehmung der Antragsgegnerin mit Blick auf die Frage der Vereinbarkeit des Programms mit der freiheitlichen demokratischen Grundordnung vorstellen. Herr Waldhoff wird sich dann in unserer Arbeitsteilung zum „Darauf Ausgehen" äußern.

Wir stellen nach der Anhörung der Antragsgegnerin und nach unserer eigenen Lektüre des Parteiprogramms der NPD Folgendes fest: Im Parteiprogramm ist der Gegenbegriff zu „Deutscher" nicht „Ausländer" oder nicht „Staatsangehöriger", sondern „Fremder", ein informaler Begriff. „Deutscher" wird zweitens im Parteiprogramm nicht explizit definiert. Aber wir haben – Richter Maidowski hat die Stelle auch gefunden – auf Seite 6 einen Satz der lautet: „Eine Überfremdung Deutschlands, ob mit oder ohne Einbürgerung, lehnen wir ab". Das heißt: Wir haben hier im Programm einen Begriff des „Fremden", des „Nichtdeutschen", der sich unabhängig von Staatsangehörigkeitskriterien definiert. Drittens, wir haben eine Phalanx von Kontextzitaten, in denen allesamt der Begriff des „Deutschen" ethnisch-rassisch definiert wird und das bedeutet „Deutscher" im Sinne des Parteiprogramms sind eben nicht Staatsangehörige. Viertens, Rückkehr zum Reichs- und Staatsangehörigkeitsgesetz lässt sich unseres Erachtens weder aus dem Parteiprogramm noch aus anderen programmatischen Schriften so verstehen, dass wir so etwas kriegen würden wie eine Neuerstehung des Rechtszustands von 1913, in dem dann von nun an nach anderen Kriterien, nämlich nach den Kriterien des alten Reichs- und Staatsangehörigkeitsrechts, die deutsche Staatsangehörigkeit definiert würde. Es gibt keinen Anhaltspunkt dafür. Vielmehr erkennen wir, dass die bestehende Staatsangehörigkeit mit Blick auf den deutschen Begriff des Parteiprogramms von der Antragsgegnerin nicht respektiert wird. Wir erkennen auch keinerlei Kriterien aus dem systematischen Kontext des Parteiprogramms dafür, wie eigentlich eine Ermessenseinbürgerung stattfinden soll, also was eigentlich der Zweck der Ermessensausübung sein soll und was eigentlich ein Kriterium dafür sein könnte, jenseits des ethnischen Begriffs der Volksgemeinschaft, Personen in den formalen Staatsangehörigkeitsstatus zu vermitteln oder auch nicht. Das heißt also noch einmal: Nicht alle Staatsangehörige sind Deutsche.

Das hat politische Konsequenzen. Das hat eine Handlungsorientierung.

Erstens: Grundrechte gibt es nur für Deutsche. Deutsche genießen den Grundrechtsschutz in besonderem Maße – das schreibt das Programm ausdrücklich vor.

Das bedeutet zweitens, dass insbesondere Eigentum an Grund und Boden nicht wirklich eine Option ist, die Nichtangehörige der deutschen Volksgemeinschaft im Sinne der Antragsgegnerin haben (Parteiprogramm Seite 9). Das hat im Grunde dann ja auch die Konsequenz von so etwas wie einer möglichen Enteignung als politische Option.

Drittens haben wir keinen eigenständigen Begriff der Menschenwürde. Die Würde des Menschen verwirklicht sich vor allem in der Volksgemeinschaft, steht auf Seite 6 des Parteiprogramms. Das heißt: Wir haben keinen verselbständigten, autonom auf den jenseits der Vergemeinschaftung abstellenden Begriff der Menschenwürde.

Viertens: Wir haben – aus der Systematik des Parteiprogramms heraus – in der Bundesrepublik unter dem Grundgesetz, in der Ordnung, unter dessen Adler wir hier stehen, keine Volksherrschaft im Sinne der Antragsgegnerin. Die Antragsgegnerin unterscheidet ganz konsequent – und das hat der Prozessbevollmächtigte in seinen Einlässen auch immer wieder getan – zwischen Volksherrschaft und Demokratie. Er hat immer auf den Begriff der Volkssouveränität abgestellt. Er hat gesagt: „Aus der Volkssouveränität folgt keine bestimmte Staatsform", und das bedeutet, die Volkssouveränität ist die eigentliche Legitimationskategorie der Ideologie der Antragsgegnerin und diese Volkssouveränität ist ganz eindeutig etwas anderes als die Demokratie des Art. 28 Abs. 2 Satz 1 des Grundgesetzes.

Und damit bleibt fünftens auch kein Bleiberecht für Nichtdeutsche. Das heißt: Die Figur der Rückkehrpflicht – das hatten wir eingangs auch schon ausgearbeitet, das hat sich systematisch bestätigt – die Figur der Rückkehrpflicht ist eine Figur, die potentiell auch solche Personen betreffen kann, die nach heutigem Standard deutsche Staatsangehörige sind, wo immer die dann auch hin zurückkehren sollen.

Hierin erkennen wir weiterhin erstens ein wesentliches Element der Wesensverwandtschaft mit dem Nationalsozialismus. Richter Müller hat ja auch schon ein Zitat in seinem Gespräch mit der Antragsgegnerin gebracht. Wir erkennen hier tatsächlich jenseits der Begutachtung etwas, was dem Nationalsozialismus in seiner Ideologie immanent war: nämlich einen rassistisch geprägten Begriff der Volksgemeinschaft. Wir erkennen zweitens ein ethnisches Verständnis von Religion – was immer man über sozusagen religiöse Neutralität denken kann mit Blick auf die Ideologie der Antragsgegnerin. Religion hat bei der Antragsgegnerin etwas mit Herkunft zu tun. Das gilt nicht nur für Äußerungen zum Judentum, das gilt auch für Äußerungen zum Christentum. Wir finden an einer Stelle der Schulungsbroschüre der Jungen Nationaldemokraten die Feststellung, dass das Christentum eine spätjüdische Form der Religion sei.

Welche Handlungsrelevanz hat das? Und das ist schon mein letzter Punkt, ich will es hier nicht lang machen. Sie hat Handlungsrelevanz mit Blick auf den Umgang mit Asylbewerbern, mit anderen Menschen ausländischer Herkunft. Insbesondere wollen wir noch einmal auf das Beispiel des thüringischen Landtagsabgeordneten, Landtagskandidaten S. verweisen, der als Mensch mit Migrationshintergrund von der Antragsgegnerin in besonders brutaler Weise diffamiert wurde, als er als CDU-Landtagskandidat im thüringischen Landtagswahlkampf auftrat.

Das hat auch unseres Erachtens die Funktion einer Legitimation von Übergriffen, weil natürlich klar ist, dass in dem Augenblick, in dem man diese Ideologie im Rücken hat, man im Prinzip mit einem systematisch ausgearbeiteten normativen Programm bestimmte Menschen anders behandeln muss als andere. Und es hat schließlich natürlich auch die Funktion der Delegitimation der Staatsgewalt. Denn wenn wir hier nicht in einer Volksherrschaft sondern in einer Demokratie leben, dann leben wir in einer Ordnung, die dem Kern des Legitimationskonzepts der Antragsgegnerin nicht entspricht. Und es ist ja ganz folgerichtig, dass der Herr Parteivorsitzende der Antragsgegnerin in seinem Brief an die Polizeibehörden – der hier ja auch noch einmal vorgehalten wurde – sich deswegen auf Art. 20 Abs. 4 des Grundgesetzes beruft, damit im Prinzip den Kern der Legitimation der deutschen Staatsgewalt mit Blick auf das Handeln der Sicherheitsbehörden in Frage stellt und damit letztendlich auch das Gewaltmonopol des Staates.

Lassen Sie mich zu diesen kurzen Ausführungen einen Epilog mit Blick auf den Antisemitismus machen. In der Broschüre von Herrn Gansel – Beleg 78, Seite 16 – wird die Frage gestellt: „Ist die NPD ‚antisemitisch'?" Antisemitisch wird in Anführungsstrichen gesetzt. Die Frage wird beantwortet mit Gegenfragen: „Was heißt eigentlich ‚antisemitisch'?" Die Frage wird beantwortet mit dem Hinweis auf ein Recht auf Kritik von Juden und jüdischen Verbänden, und die Frage wird beantwortet mit dem Hinweis auf das Recht einer Kritik an Israel. Womit die Frage aber nicht beantwortet worden ist: „Nein."

Vielen Dank!

Präsident Prof. Dr. Voßkuhle: Vielen Dank, Herr Möllers! Vielleicht kann ich mit einer ersten Frage anfangen: Sie haben in Ihrem Eingangsstatement vorgestern davon gesprochen, dass in der Bundesrepublik die Möglichkeit für ein robustes nationalistisches Mandat sein muss. Können Sie für uns einmal versuchen, diese national geprägte Idee der Volksgemeinschaft abzugrenzen von einem zulässigen nationalistischen Mandat, das sich durch Robustheit auszeichnet?

Prof. Dr. Möllers: Ich glaube, der Unterschied ist relativ einfach zu ziehen. Es ist der Unterschied zwischen Politik und Biologie oder zwischen Politik und Natur. Ein robuster Nationalismus – sagen wir mal französischer Prägung – sagt: „Wir sind Franzosen, weil wir uns politisch dafür entschieden haben, zu einer politischen Gemeinschaft zu gehören, und wir treffen eine politische Entscheidung darüber, dass wir sagen: ‚Das sind auch Franzosen und das sind jetzt auch keine Franzosen.'" Kann man mögen, kann man nicht mögen – ist mit vielerlei harten Konsequenzen vielleicht mit Blick auf Nichtstaatsangehörige und so weiter verbunden, aber man würde nie behaupten, dass diese Entscheidung etwas mit Natur oder Biologie zu tun hat.

Indem man etwas mit Natur und Biologie verbindet, gibt man im Prinzip das Konzept einer kollektiv ausgeübten Freiheit, in der man individuell oder kollektiv seines eigenen Schicksals Herr oder Frau ist, auf und übergibt sich einer evolutionären Vorstellung von Genetik, in der so etwas wie frei gestaltbare Politik nicht mehr stattfindet. Man nimmt dadurch auch allen anderen Leuten, die nicht zu der Art von Gemeinschaft gehören sollen, der man sich selbst zurechnet, die Möglichkeit – durch was für eine Leistung auch immer – zugehörig werden zu können. Die Entscheidung über die Zugehörigkeit ist im Prinzip aus dem politischen Möglichkeitsraum entfernt und wird zu etwas Naturnotwendigem und bekommt in dieser Naturnotwendigkeit – das muss man, glaube ich, auch sagen – eine bestimmte Form von Brutalität und Härte, weil es dann doch etwas anderes ist, ob man die Natur auf seiner Seite hat oder ob man kraft eigener politischer Entscheidungen bestimmte Gestaltungen vornimmt.

Präsident Prof. Dr. Voßkuhle: Welche Bedeutung hat in diesem Zusammenhang die Geschichte, die ja sozusagen als gemeinsame Erinnerungskultur da eine große Rolle spielt?

Prof. Dr. Möllers: Ich halte das im Kern eher für ein Hilfsargument. Wir sehen ja, dass wir in der Einlassung der Antragsgegnerin zwei Geschichtsbegriffe haben. Wir haben im Grunde sogar drei Geschichtsbegriffe: Wir haben auf der einen Seite immer wieder den Rekurs auf den Nationalsozialismus, den die Antragsgegnerin ja – und das hat Herr Apfel ja eigentlich ganz schön beschrieben – irgendwie auch nicht los wird. Vielleicht wäre es ja politisch auch cleverer gewesen, ihn loszuwerden, aber sie ist ihn nicht losgeworden. Wir haben in der zweiten Ebene natürlich den Versuch, auch bestimmte Interessenten an der Ideologie dadurch einzufangen, dass man sagt: „Wir haben spezifisches Interesse am Deutschsein, an deutscher Geschichte", die dann etwas heimeliger und heimatlicher wird, und die durchaus als solche – glaube ich – auch erst einmal kein Problem mit Blick auf den Kernbestand des Art. 79 Abs. 3 GG darstellt. Aber wir haben drittens dann doch immer wieder – und das scheint mir das Wesentliche zu sein, auch im Parteiprogramm – diesen Rekurs auf Geschichte als einfach nur einer genetischen Gemeinschaft von biologischen Generationen im Sinne einer Familie, einer familiären Gemeinschaft, der dann in der Tat unter das Verdikt der Verfassungswidrigkeit im engeren Sinne fallen würde.

Präsident Prof. Dr. Voßkuhle: Vielen Dank! Weitere Fragen? Das ist nicht der Fall. Vielen Dank, dann bitte Herr Waldhoff.

C. Das zweite NPD-Verbotsverfahren (2013–2017)

Prof. Dr. Waldhoff: Nachdem das angebliche Redaktionsversehen bereits gestern ausgeräumt werden konnte und damit die vermeintliche Polarität von Beseitigen und Beeinträchtigen vom Tisch ist, möchte ich für den Antragsteller darlegen, wie die Antragsgegnerin „darauf ausgeht", die freiheitlich demokratische Grundordnung zu beeinträchtigen.

Die verfassungsrechtliche Ideologie der Antragsgegnerin bleibt nicht bloßes Programm. Sie wird entäußert und ist zugleich unmittelbar handlungsorientierend und handlungsrelevant. Die Partei arbeitet an der allmählichen Realisierung ihres Programms. Der Ideologie der NPD ist eine Handlungsorientierung und damit bereits die Verwirklichung inhärent. Das ist nicht nur der Tatsache geschuldet, dass sie als Partei an Bundestags- und Landtagswahlen teilnehmen muss und an Kommunalwahlen zusätzlich teilnimmt, andernfalls wäre sie gar keine Partei mehr. Es entspricht auch ihrer impliziten Bezugnahme auf die nationalsozialistische Ideologie, die gerade von dieser Umsetzungsintention geprägt war.

Die Volksgemeinschaft als ideologische Grundlage ist angesichts ihres allumfassenden Geltungs- und Wahrheitsanspruchs Motor und Motivation für das Engagement der Aktiven. Sie vermittelt den Anhängern der Antragsgegnerin die Überzeugung – in ihrer Terminologie – „lebensrichtige" Ideen zu verfolgen, und diese auch durchsetzen zu müssen. Die Antragsgegnerin trägt daher die aus ihrer Sicht stimmigen und unanfechtbaren ideologischen Positionen in die Gesellschaft, um dort Deutungshoheit zu gewinnen. Genau dies machte der Bundesvorsitzende der NPD-Jugendorganisation Junge Nationaldemokraten Sebastian Richter noch am 1. Mai 2015 in Neubrandenburg unter Anknüpfung an den historischen Nationalsozialismus deutlich. Ich darf kurz zitieren: „Und deshalb verstehen wir den 1. Mai mit seiner sozialrevolutionären Botschaft vor allem auch als Botschaft in die Bewegung. Wir wollen Träger einer in sich geschlossenen Idee sein. Sie werden sich dann frei und willig unserem Widerstandskampf – und das ist er – anschließen. Nationaler Sozialismus jetzt, nationaler Sozialismus jetzt".

Diese Handlungsorientierung führt zu Gefahren für die Menschenwürde Einzelner und für lokale demokratische Prozesse. Die in unseren Schriftsätzen eingeführten quellenfreien Materialien belegen das bis in die Gegenwart. Sie – die Materialien – sind die tatsächliche Grundlage für die Forderung des Antragstellers. Durch wissenschaftliche Emperie – etwa durch Herrn Borstel – und persönliches Erleben und Berichten – etwa Frau Röpke aus journalistischer Sicht – oder meine, in den Schriftsatz vom 27. August eingeflossenen Begegnungen in Mecklenburg-Vorpommern mit Vertretern der Zivilgesellschaft unterstützen das lediglich. Vor diesem Hintergrund möchte ich zunächst auf das Konzept der Umsetzung, auf den Organisationsgrad und die gesellschaftliche Reichweite eingehen, um anschließend verschiedene Umsetzungsrichtungen in Erinnerung zu rufen und um drittens noch einmal generell auf die Zurechnungsproblematik, die ja für dieses Tatbestandsmerkmal von zentraler Bedeutung ist, einzugehen.

Erstens also zum Konzept dieses Projekts und damit verbunden zum Organisationsgrad und zur gesellschaftlichen Reichweite der Antragsgegnerin. Nach ihrem Selbstverständnis setzt sie ihre Ideologie durch die hier schon mehrfach erwähnten vier Säulen ins Werk. Die Antragsgegnerin hat einen hohen Organisationsgrad, aber eine noch viel höhere gesellschaftliche Reichweite. Die NPD verfügt über mehr als fünftausend Mitglieder, 158 Kreisverbände, zurzeit eine Landtagsfraktion, mehr als 330 Kommunalmandate und organisierte im vergangenen Jahr 195 Demonstrationen mit steigender Tendenz – wir haben gestern darauf hingewiesen. Der Eindruck, dass es sich um eine absterbende Partei oder etwas ähnliches handelt, ist für die Gegenwart unzutreffend. Doch diese nackten Zahlen allein sagen bei Weitem nicht alles aus. Die Gefahr, die von der Antragsgegnerin ausgeht, zeigt sich – und das hat Frau Röpke gestern glaubhaft dargestellt und Herr Maidowski hat das Wort, glaube ich, in den Raum gestellt – in einer Hebelwirkung aufgrund ihrer mit rechtlichen Privilegien verbundenen institutionellen Festigkeit und aufgrund eines aufnahmebereiten, oft jedoch eher weniger organisierten Umfeldes. Herr Apfel hat heute Vormittag deutlich gemacht, dass die Partei es sich bewusst zunutze macht, mit relativ geringem Aufwand, sei es parlamentarisch, sei es außerparlamentarisch, größtmögliche Effekte zu erzielen. Dieses Zunutze machen ist gerade Teil ihrer Handlungsstrategie. Das ist die Hebelwirkung ihres Auftretens.

Und zweitens, Frau Röpke hat gestern bestätigt, dass die puren Zahlenverhältnisse, etwa durch die Professionalität des Auftritts der Partei im Internet, ebenfalls stark relativiert wird, weil sie mit personell sehr begrenztem Aufwand eine im Prinzip beliebige Reichweite der politischen Agitation erreichen kann. Das ist ein gewichtiger Unterschied zu den beiden historischen Verbotsverfahren aus den 1950er Jahren. Wir haben heute eine völlig anders strukturierte Medienöffentlichkeit. Das ist interessant für die Maßstabsbildung, weil das im SRP-Verfahren und im KPD-Verfahren so nicht gegeben war und deshalb für die Auslegung dieses Tatbestandsmerkmals auch nicht fruchtbar gemacht werden konnte. Zugleich kooperiert die Partei mit Kameradschaften und sogenannten freien Kräften. Das Parteiprogramm soll dabei den Rechtsextremismus integrieren. Die Antragsgegnerin sieht sich nach eigenen Aussagen in einer politischen Kampfgemeinschaft mit parteiungebundenen Kräften. Der NPD-Fraktionsvorsitzende Udo Pastörs hat das einmal so ausgedrückt: „Für mich sind die freien Kameradschaften unabdingbarer Teil des gesamten nationalen Widerstands."

Wir haben in unseren Schriftsätzen gezeigt, dass die NPD die Zusammenarbeit mit neonazistischen Kameradschaften nicht nur propagiert, sondern auch umsetzt. Herr Borstel hat gestern verdeutlicht, dass das ein Wechselwirkungsprozess zwischen freier Szene einerseits und Partei andererseits ist. Die NPD stellt eine relativ feste Struktur, Geld sowie gegebenenfalls Arbeitsplätze bei der Fraktion zur Verfügung, sie erhält dafür – quasi als Gegenleistung aus der freien Szene – Anhänger und Sympathisanten und vor allen Dingen jüngere Menschen. Zudem haben wir personelle Überschneidungen mit Kameradschaften und mit ehemaligen, oftmals freilich schon verbotenen Vereinen gezeigt. Lassen Sie mich das exemplarisch nur anhand einiger Stichworte darstellen: Seit 1990 wurden durch das Bundesinnenministerium insgesamt elf rechtsextremistische Vereinigungen verboten. Neun dieser verbotenen Vereinigungen weisen Berührungspunkte zur NPD beziehungsweise zur JN auf. Diese zeigen sich insbesondere in personellen Verflechtungen mit NPD oder Jungen Nationaldemokraten. Darüber hinaus bekundet die Partei regelmäßig öffentlich ihre Solidarität mit rechtsextremistischen Organisationen, die von einem

Vereinsverbot – in den Augen der Partei handelt es sich dabei natürlich um staatliche Repression – betroffen sind. Auch in der jüngsten Verbotsmaßnahme des Bundes, dem Verbot von Altermedia Deutschland vom 27. Januar 2016, gibt es Berührungspunkte zur NPD.

In der Anlage 13 zur Antragsschrift haben wird das weiter ausgeführt, das muss ich hier, glaube ich, nicht wiederholen. Und im Anschluss an mein Statement würde auch ein Vertreter des Verfassungsschutzes aus Mecklenburg-Vorpommern bereitstehen und das noch näher konkretisieren können.

Die NPD ist damit sowohl nach ihrem Selbstverständnis als auch in der Umsetzung der Kern eines von ihr selbst propagierten rechtsextremistischen Netzwerks, das, entgegen den Vermutungen von Herrn Jesse, auch nicht bloße Theorie bleibt. Sie versorgt – wie auch die sachverständigen Dritten gestern gesagt haben – die rechtsextreme Szene erstens mit einer ausgearbeiteten Ideologie, zweitens mit organisatorischer Sicherheit, dem Schutz des Parteienprivilegs, etwa bei der Anmeldung von Veranstaltungen, mit Arbeitsplätzen – freilich in begrenztem Ausmaß – und nicht zuletzt mit finanziellen Mitteln. Aus der staatlichen Parteienfinanzierung erhält die Antragsgegnerin jährlich rund 1,3 bis 1,4 Millionen Euro. Allein die NPD-Fraktion in Mecklenburg-Vorpommern hat zudem seit 2006 mehr als 13 Millionen Euro als Fraktionsfinanzierung zusätzlich erhalten. Entgegen einer Äußerung von Herrn Richter Müller ist das in einem so armen und ausgedünnten Land wie Mecklenburg-Vorpommern weder politisch noch ökonomisch irrelevant, insbesondere wenn ich an die Hebelwirkung erinnern darf.

Mein dritter Punkt: Welche Umsetzungsrichtungen sind damit verbunden? Die NPD verfolgt zwei korrespondierende, einander bedingende und aufeinander aufbauende Umsetzungsrichtungen. Einerseits tritt sie als Kümmererpartei auf und will die gesellschaftliche Mitte durch die Insinuierung von Normalität erobern. Herr Borstel hat gestern geschildert, dass Meinungsumfragen der Universität Bielefeld belegt haben, dass dies durchaus funktioniert. Weit überdurchschnittliche Prozentzahlen der Bevölkerung in dem betroffenen Bereich halten offensichtlich rechtsextreme Einstellungen schon für normal. Wenn ich es richtig erinnere, waren das 34 oder 37 Prozent der Befragten. Andererseits grenzt sich die Antragsgegnerin gegen politische Gegner und Minderheiten aggressiv ab. Sie grenzt diese Minderheiten aggressiv aus, schüchtert sie ein und bedroht sie in Extremfällen sogar. Kümmererimage einerseits und aggressive Einschüchterung widersprechen sich daher nicht, sondern bedingen einander. Denn Ersteres ist auf potentielle Unterstützer aus der – wie auch immer zu definierenden – gesellschaftlichen Mitte bezogen, Letzteres trifft vor allem die aus Sicht der Antragsgegnerin nicht der Volksgemeinschaft zugehörigen Minderheiten und politischen Gegner.

Dabei kann man einen Zusammenhang beschreiben: Je stärker die gesellschaftliche Verankerung der Partei ist, desto stärker erfolgen zum anderen auch Einschüchterungsversuche oder desto größer ist das Drohpotential gegenüber dem politischen Gegner und gegenüber Minderheiten. Das äußert sich in verschiedenen Stufen; man kann so eine Art Stufenmodell hier beobachten:

Auf einer ersten Stufe geschieht dies durch das Gutheißen von Angriffen – etwa auf Wahlkreisbüros durch die Antragsgegnerin und durch das gezielte Aufsuchen des Privatbereichs von Kommunalpolitikern. Proteste der Antragsgegnerin finden zum Beispiel bewusst nicht an dem Amtssitz eines ehrenamtlichen Bürgermeisters statt, sondern vor dessen Privathaus. So geschehen etwa in Mecklenburg-Vorpommern und in Sachsen, was jeweils zu Ängsten, nicht nur bei den betroffenen Amtsträgern, sondern auch bei deren Familien geführt hat. Das ist die sowohl von Herrn Möllers als auch von Herrn Borstel beschriebene Personalisierung des politischen Diskurses durch die bewusste Missachtung der für den Rechtstaat konstitutiven Trennung von Amt und Person.

Auf einer zweiten Stufe erfolgt ein kontinuierliches bedrohliches Auftreten von NPD-Vertretern gegenüber politisch engagierten Personen. Dazu muss keine Gewalt angewendet werden, es geht um das Gewaltpotential, was der Gegenüber empfindet. Dabei werden verbale Beschimpfungen mit physischer Präsenz, freilich meistens im vorstrafrechtlichen Umfeld, kombiniert. So etwa im Falle eines Bürgermeisters in Brandenburg und einer Lokalpolitikerin und Betreiberin einer Begegnungsstätte in Güstrow – wir haben die Fälle in unseren Schriftsätzen ja dargelegt.

Auf einer dritten Stufe erfolgen Gewalt oder Störungen von Veranstaltungen politischer Gegner durch Repräsentanten der Antragsgegnerin selbst. Beispiele, die wir aufgeführt hatten, waren etwa die Störung einer DGB-Kundgebung in Weimar am 1. Mai 2015 durch JN-Funktionäre, ein Angriff auf ein alternatives Wohnprojekt in Greifswald im August 2013 durch einen NPD-Stadtvertreter, die gewalttätige Störung einer Informationsveranstaltung zum Thema Asyl in Bayern im Juli 2015 durch einen NPD-Kreisvorsitzenden oder Gewalt gegen politische Gegner in Mecklenburg-Vorpommern in Pölchow, wegen der ein NPD-Landesvorstandsmitglied im Jahr 2012 auch strafrechtlich verurteilt wurde.

Wir haben in unseren Schriftsätzen gezeigt, dass dies gerade keine Einzelfälle, sondern Ausfluss der Ideologie der Antragsgegnerin ist, der Partei. Es ist also genau diese Kombination aus dem Anstreben gesellschaftlicher Verankerung einerseits und Einschüchterung sowie Bedrohung andererseits, die die in unseren Schriftsätzen beschriebene Atmosphäre der Angst – dies ist freilich nur ein Schlagwort – sowie die Beeinträchtigung demokratischer Prozesse vor Ort hervorruft.

Diese Wirkungen haben wir durch den Verweis auf sozialwissenschaftliche Forschungsergebnisse unterlegt. Die sozialwissenschaftliche Forschung kommt insbesondere für Gegenden in Mecklenburg-Vorpommern zu dem Ergebnis, dass der demokratische Diskurs durch zwei Mechanismen gehemmt wird. Für Sachsen sind ähnliche lokale Phänomene durch Betroffene bezeugt, freilich gibt es da keine sozialwissenschaftlichen Forschungen, wenn ich richtig informiert bin.

Erstens führt die gesellschaftliche Verankerung der NPD dazu, dass Bürger Hemmungen entwickeln, sich gegen Rechtsextremismus zu positionieren. Sie fürchten eine soziale Stigmatisierung als Nestbeschmutzer und Störer des sozialen Friedens. Zweitens führt der Eindruck jederzeit möglicher Gewalt und die Furcht vor Drohungen zu einer Reduktion demokratischen Handelns. Dieser Eindruck wird gerade durch die vor Ort bekannte Vernetzung der NPD mit gewaltbereiten Kameradschaften gefördert. Zum Nachweis dieser Effekte haben wir dem Senat über Gespräche berichtet, die ich als Verfahrensbevollmächtigter selbst mit zivilgesellschaftlichen Vertretern und Bürgern aus Mecklenburg-Vorpommern, Sachsen und Brandenburg geführt habe. In all dem zeigt sich die Handlungsrelevanz der entäußerten Ideologie der Antragsgegnerin deutlich.

Menschen, die nicht einer rassistisch definierten Volksgemeinschaft angehören, bleiben nach Vorstellung der NPD immer Fremdkörper. In ihrem Parteiprogramm sagt sie: „Integration ist Völkermord." Das haben wir alles heute Morgen behandelt. In der Konsequenz soll den außerhalb der Volksgemeinschaft stehenden Bevölkerungskreisen drastisch die Nichtzugehörigkeit zu Deutschland vor Augen geführt werden; darunter sind sowohl Ausländer als auch deutsche Staatsbürger. Zu den daraus resultierenden Handlungen gehören zum einen Diffamierungen, in denen die Menschenwürde von Ausländern, aber auch von Angehörigen religiöser Minderheiten geleugnet wird. Auch das ist ja eine „Handlung". Dazu gehören etwa Juden und Muslime. Die Diffamierungen gehen so weit, dass ich sie hier jetzt nicht wiederholen muss, wir verweisen vor allen Dingen auf den Schriftsatz vom 27. August letzten Jahres, aber auch auf die Antragsschrift. Diese Handlungen von Parteimitgliedern und von Anhängern sind nicht von der Partei nicht gewollte Einzelfälle. Sie stellen sich vielmehr als konsequente und intendierte Ausflüsse ihres Programms dar. Sie sind Teil des Gesamtbildes der Partei. Darauf werde ich bei der Zurechnungsfrage noch zurückkommen müssen. Herr Apfel hat heute Vormittag berichtet, dass er als Parteivorsitzender sehr häufig Kenntnis von radikalen Äußerungen, die etwa Landesverbänden zuzurechnen sind, erhalten habe, dass sich die Partei davon jedoch bewusst nicht distanziert habe. Das gilt auch für verbale Ausfälle, Einschüchterungen, Störungen und Bedrohungen gegenüber dem politischen Gegner. Dieser wird durch seine Erklärung zum Feind für die NPD, er ist dann kein Diskurspartner im freien Spiel der Meinungen. Herr Kailitz hat das gestern eindrucksvoll anhand programmatischer Schriften in Erinnerung gerufen. Der politische Gegner ist für die NPD ein Feind, der bei der Machtübernahme bestraft werden soll. Dazu noch einmal Udo Pastörs, Zitat: „Die Demokratur der BRD und ihrer Apologeten, ihrer Führungsschicht, sind ideologisch verblendet und deshalb verdient diese Nomenklatura am Tag der Abrechnung auch keine Gnade."

Den einschüchternden, das demokratische Leben beeinträchtigenden Effekt erhalten diese Handlungen gerade durch ihre Kombination mit der sogenannten Graswurzelarbeit der NPD. Vertreter der NPD veranstalten Kinderfeste, publizieren kostenlose Zeitschriften, die Lokalzeitungen ersetzen, sind in der lokalen Szene tätig oder bieten im Namen der NPD Beratungen an und stoßen damit in Freiräume, die eine teilweise desorganisierte Gesellschaft zurückgelassen hat. Gleichzeitig formuliert die NPD Dominanzansprüche – seien sie räumlich, seien sie ideologisch. Herr Borstel hat sowohl in seinem Gutachten als auch gestern Abend darüber anschaulich berichtet. Das war alles andere als harmlos. Es entspricht auch nicht, wie der Prozessvertreter der Gegenseite behauptet hat, einem Ausdruck der normalen Funktion einer politischen Partei, sich so zu betätigen. Die Antragsgegnerin hat es damit in einigen Regionen Ostdeutschlands geschafft, sich gesellschaftlich als normale relevante Kraft zu etablieren, wohl gemerkt als extremistische Partei. Davon zeugen nicht nur die über 330 vielfach ostdeutschen Kommunalmandate, sondern in manchen Gemeinden auch Wahlergebnisse, die in deutlich zweistelligem Prozentbereich liegen. Um nur mal einige Wahlergebnisse zu nennen, weil hier immer nur von 0,6 %,

1,5 % und wenn es hoch kam 6 % die Rede war. Bei Kreistagswahlen 2014 in Sachsen in der Gemeinde Reinhardtsdorf-Schöna 21,7 %, in Liebschützberg 15,3 %, in Sebnitz-Stadt 15,1 %, in Gohrisch 14,3 %, in Hohnstein-Stadt 11,5 % und so weiter und so fort. Eine ganze Kaskade von zweistelligen Wahlergebnissen, teilweise sogar über 20 % der Wählerstimmen. Eine interessante Beobachtung in diesem Zusammenhang ist, dass die Wahlergebnisse der Partei, je höher regional die Wahlen angesiedelt sind umso mehr abnehmen. Also bei Stadt- und Gemeinderatswahlen sind sie tendenziell am höchsten, bei Kreistagswahlen sind sie ähnlich hoch, bei Landtagswahlen werden sie geringer, bei Bundestagswahlen sind sie meistens ziemlich gering. Wir werten das als Indiz für das Funktionieren von Graswurzelarbeit der Antragsgegnerin, die vor Ort versucht und offensichtlich mit einigem Erfolg das auch bewerkstelligen kann, so etwas wie „Normalität für rechtsextremistisches Gedankengut" hervorzurufen.

In ostdeutschen Gebieten hat sie eine besondere soziale Schlagkraft gegen den politischen Gegner sowie gegen ethnische Minderheiten. Dort wo sie sich stark fühlt, ist ihre Agitation aggressiver. So wird eine Atmosphäre geschaffen, die bei den Betroffenen Angstgefühle auslösen kann. Selbstverständlich ist Angst eine Befindlichkeit, die von subjektiver Prägung in hohem Maße abhängt. Wenn die empirische wissenschaftliche Studie – Herr Borstel – und übereinstimmend und voneinander unabhängig glaubhafte Aussagen so unterschiedlicher Personen wie Bürgermeisterinnen und Bürgermeister, Sozialarbeitern, Journalisten, kirchlichen Bediensteten und Mitarbeitern von Opferhilfswerken samt deren Angehörigen von einer Angstatmosphäre – natürlich in jeweils unterschiedlicher Konzentration – sprechen und berichten und dies noch mit Verbaläußerungen der Antragsgegnerin korrespondiert, kann man das Phänomen meines Erachtens nicht kaltschnäuzig, wie das der Vertreter der Antragsgegnerin gestern getan hat, beiseite wischen.

Zu beachten ist zudem, dass die Gegenseite unsere Behauptung größer machen will, als sie ist. Es geht nicht um Angstzonen wie im syrischen Bürgerkrieg, in einem realen Krieg, den gibt es so natürlich nicht. Das ist vielmehr eine leicht durchschaubare Argumentationstaktik, mit der Strohpuppen aufgebaut werden, um sie dann umso einfacher exekutieren zu können. Wir haben demgegenüber glaubhaft gezeigt, dass der politische Prozess im Konkreten lokal vor Ort bereits beeinträchtigt sein kann. Wenn sich nämlich Bürger nicht trauen, sich frei zu äußern, wenn die Bereitschaft gesunken ist, Missstände öffentlich zu bezeugen, etwa auch in diesem Verfahren vor diesem hohen Gericht, wenn Personen, die Entsprechendes berichten, aus Angst um ihre Ehepartner und Kinder nicht genannt werden wollen. Dort wo diese Angst und Bedrohungsgefühle bestehen kann man – bei einigen Unterschieden im Einzelfall – nicht nur von einer Realisierungschance sprechen. Vielmehr hat sich dort die Handlungsrelevanz des NPD-Parteiprogramms bereits in Bezug auf das Tatbestandsmerkmal des „Beeinträchtigens" teilweise realisiert: durch die Missachtung der Menschenwürde von Minderheiten und politischen Gegnern sowie durch die Beeinträchtigung des demokratischen Diskurses vor Ort. Wenn ein Bürger aufgrund von Angstgefühlen sein politisches Engagement oder auch seine öffentlichen Äußerungen zurückhält – und dafür haben wir Beispiele angeführt –, liegt darin eine Beeinträchtigung der Demokratie insgesamt. Der Tatbestand des „Darauf Ausgehens" ist bereits durch die in unserem Fall evidente Existenz handlungsorientierender Äußerungen und Aktivitäten erfüllt. Auch wenn der Tatbestand keine Gefährdung der Demokratie erfordert – vorhanden ist eine solche Gefährdung auf lokaler Ebene in Einzelfällen schon jetzt.

Mein abschließender dritter Punkt betrifft die Zurechnung zur Antragsgegnerin. Im vorliegenden Verfahren – das muss deutlich an den Anfang gestellt werden – geht es nicht um strafrechtliche Zurechnung oder sonstige fachrechtliche Verantwortung, sondern um die spezifische Form der Zurechenbarkeit, die sich aus der Funktion des Art. 21 GG ergibt. Das Verfahren richtet sich damit im Ergebnis gegen eine Partei, wenn diese politische Haltungen erkennen lässt, die erstens materiell verfassungsfeindlich sind, zweitens ihr im Ganzen zurechenbar sind, also keine Gelegenheitsäußerungen sondern Teil ihrer Programmatik, drittens sich im politischen Prozess entäußert haben und viertens handlungsrelevant werden können. Dafür gibt es mehrere – insgesamt fünf unseres Erachtens – normative Anknüpfungspunkte, um diese Zurechnung rechtsdogmatisch zu unterfüttern.

Erstens: Art. 21 Abs. 2 GG spricht von Anhängern und geht bewusst über die Nennung von Mitgliedern hinaus. Das ist auch ein Schutz vor Umgehungen. Denn Mitgliedschaft kann entformalisiert werden und solche Entformalisierung kennen wir in allen möglichen Kontexten der Antragsgegnerin.

Zweitens kann ein Rechtsgedanke des einfachen Rechts angeführt werden, der das in einem ähnlichen Kontext zum Ausdruck bringt. Ich verweise auf § 3 Abs. 5 des Vereinsgesetzes. Dort lesen wir, ich darf zitieren: „Die Verbotsbehörde kann das Verbot auch auf Handlungen von Mitgliedern des Vereins stützen, wenn erstens ein Zusammenhang zur Tätigkeit im Verein oder zu seiner Zielsetzung besteht, zweitens die Handlungen auf einer organisierten Willensbildung beruhen und drittens nach den Umständen anzunehmen ist, dass sie vom Verein geduldet werden", Ende des Normtextes. Das gilt nach dieser Norm zwar nur für Mitglieder explizit, scheint aber auf vorliegende Situation durchaus übertragbar zu sein. Handlungen Einzelner, die im Zusammenhang mit dem Verein auf einem Willen beruhen und anzunehmen ist, dass sie geduldet werden, fallen darunter. Das heißt, Handlungen, die der Programmatik des Vereins entsprechen, können als Handlungen des Vereins gewertet werden. Das ist übertragen auf politische Parteien die Anerkennung der Wirkungsweise politischer Parteien, nämlich an der politischen Willensbildung mitzuwirken. Parteien sind Willensgemeinschaften, die eine handlungsgeneigte Atmosphäre schaffen können.

Drittens: Die formale Zurechnungsstruktur gilt natürlich selbstverständlich auch hier. Handlungen eingesetzter Organe, etwa von Vorständen, sind also Handlungen der Institution, die sie vertreten.

Viertens: Die Äußerungen müssen sich in eine programmatische Systematik fügen; es genügt nicht ein Sammeln von Ausreißern.

Und fünftens: Eine Partei kann nicht einerseits eine Kooperation mit der gesamten rechtsextremistischen Bewegung bewusst einsetzen und propagieren und sogar Appelle an das Einheitsgefühl formulieren und andererseits gleichzeitig sich davon im Parteiverbotsverfahren distanzieren. Die NPD sagt selbst, dass es: „Von uns keine Trennung von irgendwelchen Gruppen geben darf, so lange diese im Sinne unseres

Volkes wirken und handeln", Beleg 14 aus dem Schriftsatz vom August. Führungspersonen der NPD oder der JN sind gleichzeitig in anderen rechtsextremistischen Netzwerken aktiv oder waren dies bis zum Verbot derselben in der Vergangenheit. Die NPD propagiert bewusst den Volksfrontgedanken beziehungsweise den Gedanken einer nationalen Bewegung. Die Betroffenen wissen, wie wir gestern gehört haben, dass Äußerungen gegen die NPD zu Reaktionen des gesamten rechtsextremistischen Spektrums führen können, daher rühren ihre Ängste. Wenn sich eine Partei die Kooperation mit anderen Kräften im Sinne einer „politischen Kampfgemeinschaft" mit parteiungebundenen Kräften selbst zunutze macht, muss sie sich auch bestimmte Folgen dieser Zusammenarbeit zurechnen lassen.

Zusammengefasst: Bei der Zurechnung im Sinne von Art. 21 Abs. 2 des Grundgesetzes geht es auch um politische Verantwortung. Das entspricht exakt dem Normzweck der Vorschrift der politischen Prävention. Wir sehen auch keine Unterschiede zwischen den Zurechnungskriterien, die der Europäische Gerichtshof für Menschenrechte in seinem Parteiverbotsverfahren aufgestellt hat.

Abschließend: Ein wichtiger, aber bisher noch nicht ausdiskutierter Punkt war die Frage, ob grundrechtlich geschütztes Verhalten nicht als Zurechnungsgrenze fungieren muss. Fällt die positive Kommentierung von Gewalttaten Dritter unter die Meinungsfreiheit? Mit Einschränkungen ja. Aber trotzdem kann sie ein Indiz für eine aggressiv-kämpferische Haltung der Antragsgegnerin sein. Ist das Abhalten einer Demonstration durch Art. 8 GG geschützt? Unter den entsprechenden Voraussetzungen selbstverständlich ja, wenn es friedlich ist. Trotzdem lassen sich Teilnehmer einer von der NPD angemeldeten Demonstration als Anhänger im Sinne von Art. 21 Abs. 2 GG verstehen und anschließende Gewalttaten jedenfalls politisch zurechnen, wenn entsprechende Zusammenhänge bestehen. Ein solcher Zusammenhang besteht nach dem oben Gesagten, wenn sich Handlungen, die politischen Aktionen einer Partei folgen, in die politische Programmatik und in den Handlungsrahmen der Partei einpassen. Wer Straftaten gutheißt, die danach passieren, ist dafür nicht strafrechtlich verantwortlich, wenn nicht die technische Version einer Anstiftung vorliegt, das ist hier aber natürlich meistens nicht der Fall. Er ist nicht strafrechtlich verantwortlich aber er kann einen politischen Zusammenhang des „Darauf Ausgehens" stiften, wenn diese Straftaten gegen den normativen Kern der Ordnung gerichtet sind. So wie aus einem Parteiverbot nicht folgen würde, dass Mitglieder und Anhänger nicht in den üblichen verfassungsrechtlichen Grenzen weiter ihre Meinung äußern und sich versammeln dürfen – das wird natürlich selbstverständlich nicht unterbunden – so unterbricht umgekehrt der Schutz von Meinungs- und Versammlungsfreiheit nicht ohne Weiteres die Zurechnung im Sinne von Art. 21 Abs. 2 GG.

Die Zurechnung dient zudem der Schaffung eines politischen Gesamtbildes, während Grundrechtschutz und strafrechtliche Verantwortlichkeit einzelne Handlungen betreffen. Ich würde jetzt darum bitten, um dies bei einigen auch neueren Fällen exemplifizieren zu können und neuere Erkenntnisse noch einführen zu können – es wurde ja gestern gerügt, dass die sozialwissenschaftlichen Studien eventuell zu alt seien oder dass die Partei im Niedergang sei – dazu noch kurz den Präsidenten des Sächsischen Verfassungsschutzes, Herrn Meyer-Plath zu hören. Wir würden darüber hinaus anbieten, wenn das gewünscht ist, zur Vernetzung auch noch einen

Vertreter des Verfassungsschutzes des Landes Mecklenburg-Vorpommern sprechen zu lassen.

Präsident Prof. Dr. Voßkuhle: Vielen Dank, Herr Waldhoff! Jetzt zunächst Fragen, Herr Müller!

Richter Müller: Herr Waldhoff, wir haben ja gestern über diese Frage, Funktion der Landtagsfraktion in Mecklenburg-Vorpommern als Gelenkstelle zwischen NPD und der freien Szene, den freien Kameradschaften, unter Rückgriff auf die Arbeitgeberfunktion der Landtagsfraktion gesprochen. Jetzt war gestern nicht zu quantifizieren, in welchem Umfang das stattfindet. Jetzt ist ja die Möglichkeit, sich aus erster Hand zu informieren, gegeben, die Frau Bretschneider ist da. Können Sie uns da mittlerweile – nachdem Sie den Punkt jetzt wieder angesprochen haben – sagen, wie viele Leute da beschäftigt sind und wer davon aus der Kameradschaftsszene kommt?

Prof. Dr. Waldhoff: Das kann ich jetzt nicht sagen, aber die Zahl der Beschäftigten kann womöglich die Landtagspräsidentin sagen.

Landtagspräsidentin Bretschneider (Mecklenburg-Vorpommern): Es sind 16 Mitarbeiter. Das ist der letzte Stand.

Richter Müller: Wie viele kommen da aus der freien Szene?

Prof. Dr. Waldhoff: Da würde ich vorschlagen, einen Vertreter des Verfassungsschutzes des Landes Mecklenburg-Vorpommern zu fragen, ob der darüber etwas weiß…
(Landtagspräsidentin Bretschneider aus dem Hintergrund)

Präsident Prof. Dr. Voßkuhle: Bitte, da müssten Sie nach vorne kommen, damit wir das auch aufnehmen können. Herr Waldhoff bleiben Sie ruhig mal in der Nähe.

Landtagspräsidentin Bretschneider (Mecklenburg-Vorpommern): Herr Präsident! Hohes Gericht! Meine Damen und Herren! Also die Aussagen ganz auf den Tag genau zu geben, ist schwierig. Die NPD-Fraktion beschäftigt Mitarbeiter mit hoher Fluktuation. Die letzte Zahl die mir vorliegt für den direkten Bereich der Landtagsverwaltung, sind sechzehn Mitarbeiter und sie haben fünf Abgeordnete. Dazu kommen dann noch die Mitarbeiter, die in den Wahlkreisbüros tätig sind. Und ich behaupte mal – das müsste ich aber wie gesagt noch einmal unterlegen, weil die Fluktuation da sehr groß ist –, dass also mindestens die Hälfte aus dem Bereich der Kameradschaftsszene kommt.

Richter Müller: Das behaupten Sie jetzt mal so?

Landtagspräsidentin Bretschneider (Mecklenburg-Vorpommern): Weil ich einige namentlich kenne, weiß ich, dass die dort verankert sind. Aber vielleicht kann der Verfassungsschutz das näher sagen.

Richter Müller: Das wäre sicher sinnvoll. Trotzdem hätte man sich auch vorstellen können, dass, wenn der Antragsteller seine Argumentation auf diesem Punkt aufbaut, er das Gericht auch schon im Vorhinein etwas präziser informiert.

Präsident Prof. Dr. Voßkuhle: Gut! Weiteres?

Richter Müller: Zweite Frage, Herr Waldhoff: In der Antragsschrift war noch recht intensiv die Rede von „national befreiten Zonen", in den späteren Schriftsätzen nicht mehr so. Habe ich das richtig verstanden, dass diese Behauptung, es gebe bereits „national befreite Zonen", von Seiten der Antragsteller nicht mehr aufrechterhalten wird?

Prof. Dr. Waldhoff: Nein, das haben Sie nicht richtig verstanden. „National befreite Zonen" sind erst einmal ein Konzept, also ein Programmpunkt, der auf Verwirklichung gerichtet ist, der aber natürlich schwer zu verwirklichen ist. Es gibt diesen zugegebenermaßen etwas skurrilen Fall Jamel. Das wäre wahrscheinlich so etwas, was sich die Antragsgegnerin als „national befreite Zone" vorstellt. Wir geben ohne Weiteres zu: Das ist ein Kleinstort, der mit Besonderheiten behaftet ist. Aber das Umsetzungskonzept, das zu erreichen, mit welchem Erfolg auch immer, besteht programmatisch nach wie vor fort.

Richter Müller: Das war nicht meine Frage. Meine Frage war nicht, ob es das Konzept gibt, sondern meine Frage war die Frage nach der Umsetzung. Gibt es „national befreite Zonen" in Deutschland?

Prof. Dr. Waldhoff: In Jamel ja, das würde ich als „national befreite Zone" bezeichnen. In Anklam nicht, das ist nicht „national befreit", wenn eine Stadt mit 11.000 Einwohnern eine deutliche NPD-Präsenz hat. Aber das ist ein Ort, an dem das offensichtlich versucht wird. Also, Jamel würde ich sagen: „Ja." An anderen Stellen wird es versucht, ist aber – das ist jetzt eine Wertungsfrage meines Erachtens – nicht eingetreten.

Richter Müller: Anklam war der Ort mit den drei Immobilien, in denen die NPD...

Prof. Dr. Waldhoff: Ja, aber Herr Borstel hat über die Dörfer um Anklam herum berichtet, wo die Situation dramatischer ist – im Übrigen ohne Immobilien –, weil dort sozusagen die politische Stimmung schon zugunsten der Antragstellerin umgekippt zu sein scheint.

Richter Müller: Können Sie uns die Dörfer benennen?

Prof. Dr. Waldhoff: Da müsste ich Herrn Borstel bitten – die Namen habe ich jetzt nicht präsent –, ob er sie benennen kann.

Richter Müller: Dann hätte ich noch eine andere Frage. Wir haben ja gestern im Rahmen der Maßstäbe durchaus diese Problematik: Braucht es rechtswidriges, strafrechtlich relevantes Handeln oder genügt nicht ein Handeln, das durchaus legal ist, um das Tatbestandsmerkmal des „Darauf Ausgehens" zu erfüllen, erörtert. Gleichwohl haben Sie ja in Ihrem Vortrag mit Blick auf das „Darauf Ausgehen" auch Hinweise vorgenommen auf strafrechtlich relevantes Verhalten von Mitgliedern der Antragsgegnerin. Sie haben in der Antragsschrift ein paar Beispiele genannt. Sie haben dann auf unsere Frage nach der Deanonymisierung einer Statistik des Bundesverfassungsschutzes eine Teildeanonymisierung vorgenommen und darüber hinaus weitere Straftaten benannt. Wenn ich es richtig rechne, kommen wir insgesamt, weil das auch teilidentisch ist und sich teilweise überschneidet, auf rund 60 Straftaten, die begangen worden sind in einem Zeitraum seit 1991. Können Sie uns sagen, wie viele dieser Straftaten einen politischen Hintergrund hatten?

Prof. Dr. Waldhoff: Es sind keine Straftaten dabei, die gar keinen politischen Hintergrund haben. Wenn etwa ein Verkehrsdelikt begangen wurde, – die haben ja normalerweise keinerlei Bezug zu irgendwelchen politischen Prozessen – ist das nicht dabei. Es geht um Äußerungsdelikte, es geht um Gewaltdelikte, es geht um Beleidigungsdelikte, die im Zusammenhang mit politischen Vorfällen stehen in einem weiteren Sinne.

Richter Müller: Würden Sie sagen, eine Straftat hat einen politischen Hintergrund, wenn der Inhaber eines Handwerksbetriebes, der seine Leute nicht mehr bezahlen kann, das Problem dadurch zu lösen versucht, dass er Raubüberfälle begeht?

Prof. Dr. Waldhoff: Das deutet eher auf die gewerberechtliche Unzuverlässigkeit des Gewerbetreibenden hin. Das ist jetzt kein unmittelbarer politischer Zusammenhang, zeigt aber, welches Gewaltpotenzial in dieser Führungsebene vorhanden ist.

Richter Müller: Haben Sie aber vorgetragen in der Liste. Oder würden Sie sagen, dass es einen politischen Hintergrund hat, wenn bei dem Fußballspiel Hannover 96 gegen Alemannia Aachen ein, der rechten Szene und wahrscheinlich auch der NPD zuzuordnender junger Mann, der wohl der Skinheadszene angehört, einen Punker trifft, der eine Frau in seiner Begleitung hat, an der er Gefallen findet und beide darüber in eine Auseinandersetzung geraten. Ist das irgendwie politisch?

Prof. Dr. Waldhoff: Ich würde unsere Auswahl der Straftatbestände vielleicht noch dahingehend präzisieren, dass sie entweder in einem politischen Zusammenhang stehen oder ein spezifisches Gewaltpotenzial zeigen. Die Verkehrsstraftatbestände sind damit draußen, aber wenn Körperverletzungsdelikte vorhanden sind, zeigt das ein gewisses Gewaltpotenzial. Im Übrigen haben wir die Straftaten ja nicht als notwendig, sondern als überschießend in das Verfahren eingefügt. Es ist für ein Verbot nicht zwingend notwendig, dass Straftaten bestehen. Aber sie bestehen in einem weit überdurchschnittlichen...

Richter Müller: Die Frage ist nur, was wollen Sie uns damit zeigen, was...

Prof. Dr. Waldhoff: Man kann damit zeigen, dass...

Richter Müller: ...was sollen wir damit machen?

Prof. Dr. Waldhoff: Genau. Im politischen Prozess geschehen Straftaten, die normalerweise in der politischen Auseinandersetzung nicht geschehen, und darüber hinaus ist ein Gewaltpotenzial vorhanden, das auf Vorstandsebene normaler politischer Parteien in Deutschland so auch nicht besteht.

Richter Müller: Na ja, es soll ja auch schon mal Mitglieder anderer Parteien gegeben haben, die eher bei Juwelieren tätig geworden sind als bei Banken, aber... Letzte Frage zum Wahlverhalten: Sie haben jetzt ja hingewiesen auf die durchaus erfolgreichen oder hohen Wahlergebnisse der NPD in den neuen Ländern an der einen oder anderen Stelle. Ist es falsch, wenn nach dem, was uns an Informationen vorliegt, wenn man es einmal auf die Kreisebene bezieht und es nicht herunterbricht auf kleine und kleinste Orte, wir nirgendwo ein Ergebnis haben, das über 7 % liegt?

Prof. Dr. Waldhoff: Das ist korrekt. Aber auch bei Kreistagswahlen haben wir Ergebnisse in Kleinstädten, das sind jetzt nicht Kleinstorte, weil sie ja einen Wahlbezirk darstellen, von 21 %, von 16 %. Ich weiß nicht, ob wir die Liste schon eingeführt haben. Das könnten wir jederzeit.

Präsident Prof. Dr. Voßkuhle: Also, Herr Waldhoff, die Liste ist ein bisschen, wie soll ich sagen, sie hat uns viel Mühe gemacht. Man musste nämlich selbst herausfinden, was diese Prozentzahlen konkret bedeuten. Und dann stellt man fest, dass...

Prof. Dr. Waldhoff: Das sind nicht die Kreistagswahlergebnisse, sondern die Ortsergebnisse bei den Kreistagswahlen.

Präsident Prof. Dr. Voßkuhle: ...dass da einfach sehr wenig herauskommt. Es sind sehr wenig Mandate, die aus diesen sehr hohen Prozentzahlen, die auf den ersten Blick sehr eindrucksvoll sind, folgen.

Prof. Dr. Waldhoff: Wir haben in der Tat nur 330 Kommunalmandate, von denen jetzt nicht alle, aber doch der Großteil in Ostdeutschland liegt, das ist schon richtig. Die Mandatsverankerung ist nicht das Hauptpotenzial der Antragsgegner.

Richter Prof. Landau: 230.000 bundesweit.

Richter Müller: Also das Spitzenergebnis...

Richter Prof. Landau: Das kann man nur minimal sagen.

Richter Müller: Das Spitzenwahlergebnis, das Sie uns vorgetragen haben, ist Blasewitz mit 27,2 %. Das haben wir nicht nachvollziehen können. Wir haben einen Ort Blesewitz entdeckt, in dem die NPD 27,2 % erreicht hat, Einwohnerzahl 235.

Prof. Dr. Waldhoff: Es sind auch andere Orte. Ich kenn mich jetzt in der sächsischen Geografie nicht so gut aus, aber es sind etwa auch andere Orte dabei, es sind Kleinstädte und kleinere politische Gemeinden.

Präsident Prof. Dr. Voßkuhle: Weitere Fragen? Das ist nicht der Fall. Vielen Dank, Herr Waldhoff! Dann würden wir jetzt gerne Herrn Meyer-Plath hören.

Herr Meyer-Plath (Verfassungsschutz Sachsen, Präsident): Herr Vorsitzender! Hohes Gericht! Ich möchte einige Anmerkungen zu den aktuellen Aktivitäten der NPD im Freistaat Sachsen machen. Ich möchte dazu auch auf ein paar Dinge zu sprechen kommen, die gestern bereits über die sächsische NPD geäußert wurden und denen ich auch ein wenig widersprechen möchte.

Herr Professor Jesse hat gestern gesagt, die NPD würde überhaupt nicht von der Diskussion über die aktuell in hoher Zahl nach Deutschland flüchtenden Menschen profitieren. Das trifft aus meiner Sicht überhaupt nicht zu. Es ist Wasser auf die Mühlen der NPD und zwar für beide Stränge ihrer Argumentation, ihrer Strategie. Nämlich einmal das Kümmererimage und zum anderen den Aufbau einer Droh- und Einschüchterungsatmosphäre gegenüber Flüchtlingen und dem politischen Gegner. Das Kümmererimage versuchen sie aktuell gerade durch die Verteilung von CS-Gas an Frauen oder die Verteilung von Lebensmitteln an Obdachlose zu pflegen – um zu sagen: „Wir kümmern uns um euch in dieser schwierigen Phase. Wir sind da." Um dadurch wieder das Image zu bekommen: Da sind welche, die kümmern sich um die wahren Probleme der Menschen. Das spielt ihnen absolut in die Hände. Vielmehr aber noch wird es deutlich durch das Demonstrationsgeschehen, das die NPD im Freistaat Sachsen initiiert und das sie insbesondere vor die Flüchtlingsunterkünfte bringt, vor den politischen Gegner – in dem Fall insbesondere Bürgermeister – bringt. Und das waren im Jahre 2015 über 17.000 Menschen, die die NPD mobilisieren konnte für ihre Demonstrationen, sei es unter dem Namen NPD oder unter einer Vielzahl von aber auch nur oberflächlich camouflierenden Begriffen, wie dem „Demokratischen Aufbruch Sächsische Schweiz", „Freigeist", „Plauen wehrt sich", „Unser Eilenburg", „Initiative Unser Delitzsch" und so weiter. Das sind allerdings keine wirklichen Tarnorganisationen, weil die Anmelder dieser Demonstrationen NPD-Funktionäre sind und die Redner auf diesen Demonstrationen ebenfalls. 17.000 Menschen – das ist aus meiner Sicht keine Bagatelle. Es findet auch in solchen Orten statt – Richter Müller, Sie haben gestern darauf hingewiesen, ob die Lichtelläufe im Erzgebirge, die ja in den vierstelligen Bereich gingen Ende 2013 und dann haben Sie gesagt: „Als dann bekannt wurde, dass es tatsächlich die NPD ist, die das initiiert, ist es gekippt und man fand sich dann..."

Richter Müller: Es gab eine Veranstaltung, bei der die NPD offen als Veranstalter auftrat – und das sage nicht ich, sondern das sagt das Bundesamt für Verfassungsschutz –, 250 Leute.

Herr Meyer-Plath (Verfassungsschutz Sachsen, Präsident): Trifft zu, es hat einen Knick dann gegeben, der auch damit zusammenhängen kann, dass die Menschen gesagt haben: „Oh, da scheint ja doch die NPD hinterzustecken, da gehe ich nicht hin." Dieser Ächtungsprozess, über den wir hier auch schon gesprochen haben. Nur haben an denselben Orten und unter denselben handelnden Personen jetzt unter dem Begriff „Freigeist" diese Demonstrationen seit Oktober vergangenen Jahres wieder erheblich angefangen und wieder die Tausendergrenze erreicht. Das heißt: Der Brückenschlag in die bürgerliche Mitte, den die NPD mit diesen Demonstrationen versucht, gelingt.

Es reicht nicht zu sagen: „Da ist jetzt die NPD am Werk, da gehen wir nicht mehr hin." Die Menschen gehen hin. Und das ist sicherlich auch auf die gute kommunale Verankerung zurückzuführen. Ich weiß, wir sind ja da ein wenig im Streit darüber, ob das eine gute ist. Aber vor Ort ist es natürlich sehr hilfreich, wenn ich eben auch im entsprechenden Kreistag oder in den Gemeinderäten bin, um solche Demonstrationen vor Ort zu initiieren. Auch das Internet ist angesprochen worden als großer Mobilisierungsfaktor für die NPD in diesem Bereich. Auch „Deutsche Stimme TV" hat zum Teil Beiträge, die millionenfach aufgerufen werden. Mit diesen 17.000 Leuten, die die NPD mobilisieren konnte, stellt sie den wichtigsten Motor dieser „Anti-Asyl-Demonstrationen", so muss man sie nennen, in Sachsen aktuell dar.

Und wie sehen diese Demonstrationen aus? Sie führen an die Erstaufnahmeeinrichtungen und direkt zu den Bürgermeistern. Wir haben in unserem Schriftsatz den Fall des Bürgermeisters von S. geschildert. Vor dessen Haus haben sich die NPD und die Anhänger dort in eine Art Belagerungszustand für einige Zeit aufgehalten, aber auch diese Ereignisse aus 2013 setzen sich fort. Im Jahre 2016 jetzt, haben wir ähnliche Aktivitäten wieder im Erzgebirge, in Bad Schlema und in Grünhain-Beierfeld, wo ebenfalls von der NPD initiierter Protest den tatsächlichen Ablauf von Gemeinderatssitzungen stört und sogar dafür sorgt, dass bestimmte Tagesordnungspunkte, wie etwa die Unterbringung von Flüchtlingen in dieser Region, von der Tagesordnung genommen werden, damit überhaupt dort wieder Ruhe einkehrt. Und damit ist der politische Prozess aus meiner Sicht in diesem Fall dann nachhaltig gestört. Ansonsten geht es natürlich darum, Angst und Schrecken auch gerade bei den Menschen, die bei uns Zuflucht suchen, zu schüren.

Sowohl in Dresden bei der Demonstration im Juli, als auch in Heidenau dann später im August, ist genau das intendiert. In Dresden kam es danach zu Ausschreitungen und Straftaten gegen Menschen, die gegen die NPD-Demonstrationen demonstrieren wollten. Da waren auch an den Straftaten NPD-Anhänger beteiligt. Und in Heidenau, nachdem drei Tage lang die NPD immer mehr Menschen mobilisieren konnte für diese Demonstrationen – dann in der Spitze mit über 1.000 –, ist im Rahmen des Demonstrationsgeschehens durch Verteilung von Handzetteln dazu aufgerufen worden, sich im Anschluss an die Demonstration an einer Blockade der an diesem Tag erwarteten Asylbewerber zu beteiligen. Und danach kam es dann zu der Eskalation. Vorher hat man wieder beim Bürgermeister privat vorbeigeschaut im Rahmen der Demonstration, hat ihn als „Volksverräter" verunglimpft und insbesondere im Nachgang zu den Gewaltexzessen von Heidenau – sowohl am 21. wie am 22. –, hat dann die Jugendorganisation der Jungen Nationaldemokraten in einem Bild, was, glaube ich, gestern oder vorgestern hier auch schon mal gezeigt, sich mit den Galliern verglichen. In diesem Fall haben sie Heidenau als das Dorf bezeichnet, in dem Widerstand erfolgreich läuft, und es als Modell dargestellt, wie man mit der aktuellen Asyldiskussion umgehen soll, nämlich mit solchen Gewaltexzessen.

Zum Thema „Lokale Präsenz mit dem Streben nach Dominanz" möchte ich noch das Konzept des „Platzhirschen" ansprechen, was ebenfalls in unseren Schriftsätzen vorkommt. In dem Versuch, an einem bestimmten Ort zu einer bestimmten Zeit mit Hilfe dieser Figur des „Platzhirsches", das ist so ähnlich wie der „Abschiebbär", über den wir auch schon gesprochen haben, also einer positiv aussehenden Puppe zunächst, die Sympathie wecken soll, zu sagen: „Das hier ist unsere Region, hier haben nur wir etwas zu sagen." Es geht dann zwar um Drogenmissbrauchsthemen, aber eigentlich ist das Thema sofort auch mit Ausländerfeindlichkeit konnotiert, weil der Drogenhändler aus Sicht der NPD natürlich immer ein Ausländer sein muss. Und mit dieser Platzhirschpuppe ist man auch in Schulen in Sachsen eingedrungen, hat den Unterricht gestört, um in dem Moment eben auch diesen geschützten Raum der Schule von der JN in dem Moment als Dominanzfaktor dort einzudringen.

Zur Gewalt und zum Gewaltmonopol des Staates möchte ich aktuell auch noch sagen: Da haben wir eine Demonstration der Jungen Nationaldemokraten am 4.10. in Döbeln zu erwähnen, auf der geäußert wurde: „In Deutschland gelten unsere Regeln. Das ist unser Land und das nimmt uns niemand. Kein Kapitalist, kein Ausländer, kein Polizeipräsident, kein Bürgermeister, kein Landtag, kein Bundestag, kein Bundespräsident." Nur das Bundesverfassungsgericht wurde hier nicht aufgeführt. Auch das sind Botschaften an die Leute, die auf diese Demonstration gehen. „Kümmert euch nicht darum, was der Rechtsstaat von euch verlangt, das bestimmen nur wir." Und das passt natürlich auch zu der auch gerade von Professor Waldhoff angesprochenen völligen Schmerzfreiheit bei der Aufnahme von Mitgliedern neonationalsozialistischer Organisationen – seien sie verboten oder seien sie vom Verbot aus eigener Anschauung bedroht –, so dass man sich dann unter den Schutz der NPD begibt. Die bringen insbesondere auch ein Gewaltpotenzial in die Partei, was sich unter anderem dann an den Gewaltexzessen des 11. Januar in Leipzig gezeigt hat. Als ein rechtsextremistischer Personenkreis von über 200 Personen durch den Stadtteil Leipzig-Connewitz gezogen ist, erhebliche Beschädigungen, alle möglichen Straftaten dort verwirklicht hat. Auch daran haben sich Mitglieder und Anhänger der NPD beteiligt. So viel vielleicht erst einmal als aktueller Stand zur NPD.

Präsident Prof. Dr. Voßkuhle: Vielen Dank, eine Frage von Herrn Müller.

Richter Müller: Nur eine Frage: Wissen Sie, wer in Heidenau die Handzettel verteilt hat?

Herr Meyer-Plath (Verfassungsschutz Sachsen, Präsident): Nein. Aber es ist im Rahmen des Demonstrationsgeschehens passiert.

Richter Müller: Okay, gut.

Präsident Prof. Dr. Voßkuhle: Weitere Fragen, Herr Landau bitte.

Richter Prof. Landau: Ich bin etwas unbefriedigt nach ihrem Vortrag, was die Qualität der Aussagen anbelangt. Was soll ich mit einer Aussage anfangen, wenn Sie mir sagen: „Die NPD hat 17.000 Menschen mobilisiert", das hört sich ja gewaltig an. Wenn Sie sich die NPD wegdenken, wie viele wären denn dann mobilisiert gewesen? Von welchen Themen auch immer und von welchen politischen Gruppierungen auch immer. Können Sie dazu klare Aussagen treffen? Wenn Sie sagen: „Am 4.10. sind im Hinblick auf das Gewaltmonopol Ansprüche erhoben worden, unser Land gehört uns, nicht den Bürgermeistern." Was soll das aussagen? Was soll ich daraus schließen? An empirischen Werten? Können Sie mir da was Klares sagen oder bleibt es bei diesen Vermutungen? 17.000 Menschen von der NPD mobilisiert, ohne Bezug zu der aktuellen politischen Krise, ohne Bezug zu PEGIDA, ohne Bezug zu Drittem Weg und, und, und...

Herr Meyer-Plath (Verfassungsschutz Sachsen, Präsident): Ich hatte den Eindruck, dass gestern die NPD als eine Partei dastand in Sachsen, die vielleicht eine verfassungsfeindliche Programmatik hat, aber nichts auf die Beine kriegt. Dass in den Verfassungsschutzberichten, die Richter Müller ja auch zitiert hat, gesagt wird: „Das geht doch alles den Bach runter gerade." Das ist in den Verfassungsschutzberichten richtig dargestellt, weil es Momentaufnahmen sind. Und trotzdem – deswegen bringe ich das an: Auch wenn die NPD diese Rückschläge bei Wahlen, auch bei ihrem Mitgliederbestand hatte, ist sie kampagnenfähig. Ich sage das, weil ihr das gestern so ein bisschen abgesprochen wurde, dass sie ja auch noch mobilisierungsfähig ist. Und da finde ich über ein Jahr hinweg, flächendeckend in allen Landesteilen des Freistaates, alles zum Thema Anti-Asyl. Alle diese Demonstrationen, die ich angesprochen hatte, hatten das Thema: Wir wollen keine Flüchtlinge aufnehmen. Da finde ich 17.000 Menschen – wo natürlich Personen auch an mehreren Demonstrationen teilgenommen haben, aber auch das zeigt die Nachhaltigkeit der Mobilisierungsfähigkeit. Ich fand notwendig darzustellen, dass da eben nicht immer nur 100 Leute kommen, sondern dass da einzelne dieser Veranstaltungen auch an die 1000 rangehen und im Durchschnitt eben der Betrag so ist, dass man auf 17.000 kommt. Das finde ich erheblich. Und die Frage zum Gewaltmonopol ist ebenfalls eine Entscheidung, wenn ich versuche meine Mitglieder, meine Anhänger davon zu überzeugen im Sinne von: „Ihr braucht eigentlich gar nicht darauf zu achten, was die Vertreter des Staates hier als richtig oder falsch bezeichnen; wir sagen, was richtig ist."

Richter Prof. Landau: Ja, mag ja alles richtig sein. Nur meine Frage ging dahin, ob Sie abschätzen können, wer die Mobilisierung ausgelöst hat? Die NPD, die AfD, PEGIDA, oder wer auch immer, oder das aktuelle Flüchtlingsproblem?

Herr Meyer-Plath (Verfassungsschutz Sachsen, Präsident): Nein, es ist die NPD, Herr Richter.

Richter Prof. Landau: Wie wollen Sie das denn festgestellt haben?

Herr Meyer-Plath (Verfassungsschutz Sachsen, Präsident): Das sind Anmeldungen der Partei NPD oder von Funktionären der NPD für die von mir genannten Bürgerinitiativen.

Richter Prof. Landau: Offizielle Anmeldungen?

Herr Meyer-Plath (Verfassungsschutz Sachsen, Präsident): Offizielle Anmeldungen.

Richter Prof. Landau: Genehmigte Anmeldungen?

Herr Meyer-Plath (Verfassungsschutz Sachsen, Präsident): *(unverständlich)*

Richter Prof. Landau: Durchgeführt unter Ordnungsdiensten von der NPD?

Herr Meyer-Plath (Verfassungsschutz Sachsen, Präsident): Ja. Das heißt: Es sind Dinge, die parallel zum asylkritischen Protest, wie Sie ihn angedeutet haben, PEGIDA-Veranstaltungen, von sonstigen, nicht extremistischen Initiativen, also reine Veranstaltungen, die die NPD initiiert und die aber offensichtlich eine Anschlussfähigkeit weit über ihre eigene Klientel hinaus haben. Deswegen habe ich das angesprochen.

Richter Prof. Landau: Das ist jetzt deutlicher. Da wundert mich jetzt, warum das nicht so deutlich in der Antragsschrift und den Belegen vorgetragen worden ist. Das höre ich so deutlich jetzt zum ersten Mal.

Herr Meyer-Plath (Verfassungsschutz Sachsen, Präsident): Das ist halt eine aktuelle Entwicklung.

Präsident Prof. Dr. Voßkuhle: Eine ganz neue Entwicklung.

Richter Müller: Das sind Veranstaltungen, die entweder die NPD als Partei oder Mitglieder der NPD angemeldet haben?

Herr Meyer-Plath (Verfassungsschutz Sachsen, Präsident): Ja.

Präsident Prof. Dr. Voßkuhle: Weitere Fragen, nicht? Dann vielen herzlichen Dank. So, dann würden wir jetzt eigentlich Herrn Andrejewski das Wort erteilen oder?

(Ruf aus dem Saal): Nein, erst Herr Richter und dann Herr Andrejewski.

Präsident Prof. Dr. Voßkuhle: Okay, gut.

Rechtsanwalt Richter: Herr Präsident, hoher Senat, verehrte Verfahrensbeteiligte, ich möchte zunächst auf die Ausführungen des Herrn Kollegen Prof. Dr. Waldhoff erwidern, nochmal speziell zum ethnischen Volksbegriff und zur Frage der Menschenwürdegarantie, und des Weiteren eine kurze Sache noch vorab, weil ich das vorhin vergessen hatte. Das Aktionsprogramm ist ja noch zur Akte gereicht worden. Da würde ich höchst vorsorglich der Verwertung des Aktionsprogramms nochmal ausdrücklich widersprechen wollen, da insoweit keine Quellenfreiheit testiert worden ist und das Programm ja eben aus einer Zeit stammt, die von den Testaten nicht abgedeckt ist.

Dann möchte ich in einigen kurzen Worten vielleicht nochmal kurz was dazu sagen, zum Begriff der Volksgemeinschaft, was vorhin vielleicht etwas suboptimal kommuniziert worden ist. Ich würde es so zusammenfassen, dass ich sage: „Die Volksgemeinschaft ist die Summe der Staatsangehörigen." Die Staatsangehörigen sind diejenigen Personen, die nach Auffassung der NPD, nach Geltung dann des von der NPD wieder einzuführenden Reichs- und Staatsangehörigkeitsgesetzes, die deutsche Staatsangehörigkeit erhalten haben. Primäre Leitlinie des Reichs- und Staatsangehörigkeitsgesetzes, also das werde ich gleich noch ein bisschen ausführen, ist in der Tat die Abstammung. Allerdings wird die Möglichkeit der Ermessenseinbürgerung ausdrücklich anerkannt für solche Personen, die eben keine, wie es vorhin gesagt worden ist, „Biodeutschen" sind. Das Konzept der Volksgemeinschaft der NPD, das was sie anstrebt, besteht nun darin, dass sie in der Gesamtheit der Staatangehörigen sich dafür einsetzt, dass der Anteil der Biodeutschen eben möglichst hoch sein soll und der Anteil der nicht biodeutschen Staatsangehörigen eher geringer sein sollte, damit letzten Endes eine relative – und es kann auch immer nur eine relative sein – Homogenität des Staates, der Staatsangehörigen besteht, weil eben aus Sicht der NPD diese relative Homogenität Voraussetzung für ein gedeihliches Zusammenwirken ist und das ist im Prinzip hier aus unser Sicht das Entscheidende.

Soweit jetzt die Gegenseite dies kritisiert, mit dem Hinweis, dass lebensrichtige Menschenbild, das die NPD vertrete, würde ja gewissermaßen implizieren, dass das ethnische, also dass der ethnische Volksbegriff gewissermaßen naturgegeben sei und nicht abgeändert werden könne, ist dem entschieden zu widersprechen. Richtig ist, dass die NPD das lebensrichtige Menschenbild so definiert, dass sie sagt: „Richtschnur für politisches Handeln sollen die Erkenntnisse der Wissenschaften sein, insbesondere der Sozialwissenschaften. Der Mensch soll von der Politik – also Richtschnur für politisches Handeln – sein wie der Mensch von den Wissenschaften erkannt wird und der Mensch soll von der Politik nicht so behandelt werden, wie er aufgrund gewisser Ideologien sein soll." Das ist der Hintergrund und dazu könnten gegebenenfalls, falls das als erforderlich angesehen wird, noch weitere Ausführungen gemacht werden.

Ich möchte jetzt in diesem Zusammenhang jedoch darauf hinweisen, dass es letztlich ja hier um die Frage der Menschenwürde geht. Wir können uns jetzt darüber unterhalten, ob das Konzept, das die NPD vertritt, politisch gut oder politisch schlecht ist, ob man da möglicherweise meint, dass es unzweckmäßig ist, aus wel-

II. Mündliche Verhandlung

chen Gründen auch immer. Aber wir verhandeln ja hier vor dem Gericht nicht darüber, ob das, was die NPD programmatisch vertritt, ab morgen geltendes Recht wird. Wir verhandeln allein darüber, ob das, was die Antragsgegnerin fordert, legitimerweise im politischen Meinungsdiskurs vertreten werden darf. Das ist, denke ich, ein ganz entscheidender Unterschied und die Grenze wird hier in der Tat dort gezogen, wo die Menschenwürde verletzt wird. Da sind wir uns völlig einig. Und da möchte ich nochmal ein paar vertiefte Ausführungen dazu machen. Damit hier kein falscher Eindruck stehen bleibt. Insbesondere möchte ich unsere These nochmal erläutern, dass also aus dem Menschenwürdeprinzip kein Anspruch folgen kann, in jedem Staat eingebürgert werden zu können. Dass kein Anspruch darauf besteht, eingebürgert zu werden, sondern dass eben sogar, wenn man es vertreten könnte zu sagen: „Ermessenseinbürgerung, erkennen wir gar nicht an", dass wir aber selbst das nicht vertreten, uns es deswegen darauf gar nicht ankommt. Ich möchte das im Folgenden etwas erläutern:

Im Ansatz allerdings noch zutreffend geht der Antragsteller davon aus, dass die Menschenwürde jedem Menschen kraft seines Menschseins und unabhängig von seiner Abstammung ein basales Minimum an Rechten garantiert. Gleichfalls unstreitig ist das Postulat des Antragstellers, wonach die Menschenwürdegarantie fordert, jedem Menschen gleichermaßen ein basales Minimum an Rechten zuzuerkennen. Darüber hinaus stellt die Antragsgegnerin auch nicht in Abrede, dass die Menschenwürdegarantie im Sinne eines „Rechts auf mehr Rechte" dazu führt, dass jedem Menschen die Möglichkeit eingeräumt werden muss, sein basales „Rechte-Minimum" um weitere Rechte zu erweitern.

Entschieden zu widersprechen ist jedoch der These des Antragstellers, das aus der Menschenwürde resultierende „Recht auf mehr Rechte" umfasse auch das Recht, jede beliebige Staatsangehörigkeit annehmen zu können. Hier liegt offenbar die bereits im Ansatz verfehlte Vorstellung zugrunde, jeder Mensch müsse theoretisch Träger jedes denkbaren Rechts sein können. Diese völlig uferlose Überfrachtung der Menschenwürdegarantie hat aber freilich überhaupt nichts mit den verfassungsrechtlichen Vorgaben zu tun und wird – soweit ersichtlich – auch von keiner Stimme im rechtswissenschaftlichen Diskurs vertreten.

Das Bundesverfassungsgericht umschreibt den Schutzbereich der Menschenwürdegarantie, etwa in seinem Urteil vom 15.02.2006 in dem Verfahren 1 BvR 357/05 unter Randnummer 121, im Wesentlichen wie folgt:

„Art. 1 Abs. 1 GG schützt den einzelnen Menschen nicht nur vor Erniedrigung, Brandmarkung, Verfolgung, Ächtung und ähnlichen Handlungen durch Dritte oder durch den Staat selbst. Ausgehend von der Vorstellung des Grundgesetzgebers, dass es zum Wesen des Menschen gehört, in Freiheit sich selbst zu bestimmen und sich frei zu entfalten, und dass der Einzelne verlangen kann, in der Gemeinschaft grundsätzlich als gleichberechtigtes Glied mit Eigenwert anerkannt zu werden, schließt es die Verpflichtung zur Achtung und zum Schutz der Menschenwürde vielmehr generell aus, den Menschen zum bloßen Objekt des Staates zu machen. Schlechthin verboten ist damit jede Behandlung des Menschen durch die öffentliche Gewalt, die dessen Subjektqualität, seinen Status als Rechtssubjekt grundsätzlich in Frage stellt, indem sie die Achtung des Wertes vermissen lässt, der jedem Menschen um seiner selbst willen, kraft seines Personseins, zukommt. Wann eine solche Behandlung vorliegt, ist im Einzelfall mit Blick auf die spezifische Situation zu konkretisieren, in der es zum Konfliktfall kommen kann."

Es liegt auf der Hand, dass ein auf dem ethnischen Volksbegriff beruhendes Staatsangehörigkeitsrecht weit von den vorstehend genannten Grausamkeiten (Erniedrigung, Brandmarkung, Verfolgung, Ächtung oder Reduzierung auf ein bloßes Objekt) entfernt ist. Die Menschenwürde umfasst evident nicht das Recht, deutscher Staatsangehöriger werden zu können, sondern lediglich das Recht, überhaupt Staatsangehöriger irgendeines Staates sein zu können. Deshalb wäre es durchaus als gegen die Menschenwürdegarantie verstoßend zu erachten, wenn die Antragsgegnerin im Sinne eines sozialdarwinistischen Menschenbildes die Auffassung verträte, gewisse Gruppen von Menschen seien per se unwürdig, überhaupt Staatsangehörige gleich welchen Staates zu sein. Hierdurch würde den von einer solchen Ideologie betroffenen Personen gewissermaßen die Rechtsfähigkeit als solche abgesprochen, was zweifelsohne in einem freiheitlichen Rechtsstaat unzulässig wäre. Derart abwegige Auffassungen werden von der Antragsgegnerin aber gerade nicht vertreten, weil sie solchen Menschen, die von der Abstammung her keine Biodeutschen sind, selbstverständlich das Recht zugesteht, Staatsangehörige in ihrem Herkunftsland zu sein. Solange die Antragsgegnerin das grundsätzliche Recht eines jeden Menschen, in irgendeinem Staat – wenn auch nicht zwangsläufig in Deutschland – Träger von staatsbürgerlichen Rechten zu sein, nicht in Zweifel zieht, wird die darüber hinausgehende Diskussion, ob jeder Mensch gerade in Deutschland eingebürgert werden können muss, weit jenseits des menschenrechtlichen Minimalstandards geführt. Hierbei handelt es sich um eine im politischen Diskurs durch Mehrheitsentscheid zu klärende Frage, die weder vom Verfassungsrecht im Allgemeinen noch von der Menschenwürdegarantie im Besonderen dergestalt präjudiziert wird, dass ein auf dem ethnischen Volksbegriff beruhendes Staatsangehörigkeitsrecht als gegen die freiheitliche demokratische Grundordnung verstoßend angesehen werden könnte.

Dieser Gedanke offenbart aber die Argumentationsstruktur des Antragstellers: Dieser ist sich der großen Durchschlagskraft des Menschenwürde-Arguments sehr wohl bewusst und versucht daher, den Menschenwürdebegriff mit allen möglichen Inhalten und Gewährleistungen „aufzuladen", um eine angebliche Verletzung dieses Prinzips durch die Antragsgegnerin zu konstruieren. Die Menschenwürdegarantie stellt aber keinen juristischen Rettungsanker dar, auf den man stets dann rekurrieren kann, wenn einem in sonstiger Hinsicht die Argumente fehlen. Mit seiner These, alle Menschen müssen eingebürgert werden können, pervertiert der Antragsteller die Menschenwürdegarantie von einem Minimum an Rechten zu einem regelrechten Maximum an Rechten.

Darauf kommt es aber aus den genannten Gründen letztlich gar nicht an, weil die Antragsgegnerin ja ausdrücklich darauf hingewiesen hat, dass sie Ermessenseinbürgerungen auf der Basis des Reichsstaatsangehörigkeitsrechts selbstverständlich anerkennt, insofern also auch den Nicht-Biodeutschen selbstverständlich die Möglichkeit einräumt, einen entsprechenden Einbürgerungsantrag zu stellen und die dann selbstverständlich auch einen Anspruch auf ermessensfehlerfreie Entscheidung über diesen Antrag haben. Und ich kann an dieser Stelle vielleicht mal als Beispiel nennen, dass das jetzt nicht nur reine Theorie ist, sondern beispielsweise auch der Herr Safet Babic, der Mitglied der Antragsgegnerin ist, der im Kreis Trier politisch tätig ist und der das eher beispielsweise über eine Ermessenseinbürgerung, da er kein Biodeutscher ist, letztlich natürlich dann deutscher Staatsangehöriger sein kann aus Sicht der Antragsgegnerin, dass er dann selbstverständlich auch zur Volksgemeinschaft gehört und dann selbstverständlich auch die gleichen Rechte und Pflichten hat. Im Hinblick darauf, dass der ethnische Volksbegriff – wie hier von Seiten des Antragstellers – ganz erheblich in die Kritik geraten ist und als geradezu unmenschliche rechtliche Konstruktion dargestellt wird, möchte ich im Folgenden noch einige kurze Ausführungen machen zu dem Fakt, dass der ethnische Volksbegriff auch aus Sicht – so wie wir es meinen, herausgelesen zu haben, der Senat mag mir da gerne widersprechen – des Bundesverfassungsgerichts ein gravierendes Leitprinzip des deutschen Staatsangehörigkeitsrechts ist.

Der Antragsteller verkennt aber nicht nur den Gewährleistungsgehalt der Menschenwürdegarantie im Bereich des Staatsangehörigkeitsrechts, sondern er verliert auch völlig aus den Augen, dass es sich bei dem ethnischen Volksbegriff um das tradierte Kernelement des deutschen Staatsangehörigkeitsrechts handelt, welches von den Vätern des Grundgesetzes als selbstverständlich vorausgesetzt wurde und vom Bundesverfassungsgericht expliziert bestätigt worden ist.

In diesem Zusammenhang ist zunächst einmal die – vom Antragsteller wohlweislich ignorierte – Vorschrift des Art. 116 Abs. 1 GG in den Blick zu nehmen. Darin heißt es:

„Deutscher im Sinne dieses Grundgesetzes ist vorbehaltlich anderweitiger gesetzlicher Regelung, wer die deutsche Staatsangehörigkeit besitzt oder als Flüchtling oder Vertriebener deutscher Volkszugehörigkeit oder als dessen Ehegatte oder Abkömmling in dem Gebiete des Deutschen Reiches nach dem Stande vom 31. Dezember 1937 Aufnahme gefunden hat."

Art. 116 Abs. 1 GG geht von deutscher Volkszugehörigkeit aus, führt also eindeutig ein „völkisches Element" in das Verfassungsrecht ein. Zudem ist ausdrücklich von „Abkömmlingen" die Rede. Diese Einordnung ist konsequent, weil anders die Formulierung des Grundgesetzes über das „Deutsche Volk" – vergleiche etwa die Präambel beziehungsweise das „Deutsche Volk" in Art. 1 Abs. 2 GG – keinen Sinn ergeben. Das Abstammungsprinzip wird dabei als so gewichtig angesehen, dass es sogar dort angewandt werden soll, wo der entsprechende Personenkreis (die Statusdeutschen) schon längst in anderen Staaten „integriert" sind.

Dies sieht die Kommentarliteratur zum Grundgesetz ebenso. So vertritt beispielsweise Hillgruber, in: Epping/Hillgruber, Grundgesetz, 2. Auflage 2013, Art. 116 Rn. 3.2, die zutreffende Auffassung:

„Art. 116 Abs. 1 enthält für den einfachen Gesetzgeber implizite Vorgaben hinsichtlich des Erwerbs der deutschen Staatsagenhörigkeit. Die Gleichstellung bestimmter Volksdeutscher mit deutschen Staatsangehörigen lässt den Rückschluss zu, dass die Zugehörigkeit zur deutschen Nation im ethnisch-kulturellen Sinne auch den grundsätzlich maßgeblichen Anknüpfungspunkt für die Verleihung der deutschen Staatsangehörigkeit bilden soll. Deshalb darf das überkommene Abstammungsprinzip als regelhaftes Leitbild für den Geburtserwerb der deutschen Staatsangehörigkeit nicht aufgegeben werden; es gehört zu dem in seinem Kern änderungsfesten Institut der deutschen Staatsangehörigkeit, wie sie das Grundgesetz als bestehend und fortgültig vorausgesetzt und den Garantien der Art. 16 Abs. 1 und Art. 116 Abs. 1 GG zugrunde gelegt hat. Daneben darf aber für Ausnahmefälle das ius soli gelten, wenn nur ein relativer kleiner Personenkreis auf diese Weise die deutsche Staatsangehörigkeit erwirbt und durch über die Geburt im Inland hinausgehende Voraussetzungen sichergestellt ist, dass diese Staatsangehörigen eine echte Bindung zur deutschen Kultur und Rechtsordnung haben oder entwickeln." Wie gesagt, es ist jetzt nicht das Parteiprogramm der NPD oder eine Rede von Udo Pastörs, das ist Herr Hillgruber im Kommentar zum Grundgesetz.

Diese grundgesetzliche Formulierung korrespondiert mit der Präambel der Weimarer Reichsverfassung: „Das Deutsche Volk, einig in seinen Stämmen und von dem Willen beseelt, sein Reich in Freiheit und Gerechtigkeit zu erneuern und zu festigen, dem inneren und dem äußeren Frieden zu dienen und den gesellschaftlichen Fortschritt zu fördern, hat sich diese Verfassung gegeben". Die Formulierung „einig in seinen Stämmen" ist ein deutlicher Hinweis darauf, dass das „Deutsche Volk" in der deutschen Rechtstradition immer als Abstammungsgemeinschaft verstanden wurde. An diese Sichtweise hat der Grundgesetzgeber mit der Verwendung des terminus technicus „Deutsches Volk" erkennbar angeknüpft, denn er verstand sich zwar in Frontstellung zum Nationalsozialismus, nicht aber zur Weimarer Reichsverfassung.

Zudem machen die nach Art. 56 und 64 GG vorgeschriebenen Amtseide des Bundespräsidenten, des Bundeskanzlers und der Bundesminister deutlich, dass sie verpflichtet sind, für die Interessen des „Deutschen Volkes" zu arbeiten. Mit der Vereidigung auf das Wohl gerade des „Deutschen Volkes" wollte der Grundgesetzgeber aber wohl kaum eine Verpflichtung auf das Wohl einer anonymen und beliebig austauschbaren Wohnbevölkerung statuieren.

Auch das Bundesverfassungsgericht hat in seiner ständigen Rechtsprechung diesen Volksbegriff zugrunde gelegt und beispielsweise im „Teso-Beschluss" ausdrücklich bekräftigt:

„Der Parlamentarische Rat hat das Grundgesetz nicht als Akt der Neugründung eines Staates verstanden; er wollte ‚dem staatlichen Leben für eine Übergangszeit eine neue Ordnung' geben, bis die ‚Einheit und Freiheit Deutschlands' in freier Selbstbestimmung vollendet sei (Präambel des Grundgesetzes). Präambel und Art. 146 GG fassen das gesamte Grundgesetz auf dieses Ziel hin ein: Der Verfassungsgeber hat dadurch den Willen zur staatlichen Einheit Deutschlands normiert, der wegen der zwischen den Besatzungsmächten ausgebrochenen weltpolitischen Spannungen ernsthafte Gefahr drohte. Er wollte damit einer staatlichen Spaltung Deutschlands entgegenwirken, soweit dies in seiner Macht lag. Es war die politische Grundentscheidung des Parlamentarischen Rates, nicht einen neuen (‚westdeutschen') Staat zu errichten, sondern das Grundgesetz als Reorganisation eines Teilbereichs des deutschen Staates – seiner Staatsgewalt, seines Staatsgebietes und seines Staatsvolkes – zu begreifen. Dieses Verfassungsverständnis der politischen und geschichtlichen Identität der Bundesrepublik Deutschland liegt dem Grundgesetz zugrunde. Das Festhalten an der deutschen Staatsangehörigkeit in Art. 116 Abs. 1 und Art. 16 Abs. 1 GG und damit an der bisherigen Identität des Staatsvolkes des deutschen Staates ist normativer Ausdruck dieses Verständnisses und dieser Grundentscheidung."

Und unter Randnummer 35 des zitierten Beschlusses wird sogar eine Pflicht des Gesetzgebers postuliert, die Identität des deutschen Staatsvolkes im Sinne der dargestellten grundgesetzlichen Definition zu erhalten: „Aus dem Wahrungsgebot folgt insbesondere die verfassungsrechtliche Pflicht, die Identität des deutschen Staatsvolkes zu erhalten."

Eine erhaltens- und bewahrenswerte Identität des deutschen Staatsvolkes im Sinne der bundesverfassungsgerichtlichen Rechtsprechung gibt es aber nur dort, wo das Staatsvolk in Übereinstimmung mit der Meinung Hillgrubers in erster Linie über die klassischen Abgrenzungsmerkmale eines Volkes wie Abstammung, Sprache, Kultur, Geschichte und ein Zusammengehörigkeitsgefühl definiert wird. Durch den Rekurs des Bundesverfassungsgerichts auf die „bisherige Identität des Staatsvolkes des deutschen Staates" wird ganz eindeutig an dieses Leitmotiv der historischen deutschen Rechtstradition angeknüpft. Die Ausführungen des Bundesverfassungsgerichts würden hingegen überhaupt keinen Sinn ergeben, wenn man den Volksbegriff – wie es der Antragsteller postuliert – als bunt zusammengewürfelte und beliebig austauschbare Wohnbevölkerung verstehen würde, die potenziell jeden Menschen auf dem Globus umfasst.

Dem bis zum 31.12.1999 geltenden Reichs- und Staatsangehörigkeitsgesetz, welches durch die rot-grüne Bundesregierung geändert wurde, lag daher wie selbstverständlich das Abstammungsprinzip als prägendes Wesensmerkmal zugrunde. Gemäß § 4 Abs. 1 RuStAG erwarb ein Kind durch die Geburt die deutsche Staatsangehörigkeit, wenn ein Elternteil die deutsche Staatsangehörigkeit besaß. Der Erwerb der Staatsangehörigkeit kraft Geburt war mithin der Regelfall, die Ermessenseinbürgerung nach § 8 RuStAG die Ausnahme. Es ist nicht bekannt, dass gegen diese Regelung in der Vergangenheit verfassungsrechtliche Bedenken unter dem Gesichtspunkt der Menschenwürdegarantie erhoben worden wären.

Der ethnische Volksbegriff entspricht mithin eins zu eins den grundgesetzlichen Vorgaben, weshalb die Behauptung des Antragstellers, eben diese Konzeption sei wegen Verstoßes gegen die Menschenwürde als Verstoß gegen die freiheitlich demokratische Grundordnung zu werten, nicht überzeugen kann. Vielmehr stellt sich umgekehrt die Frage, ob die vorliegend als Bundesrat in Erscheinung tretenden etablierten Parteien nicht ihrerseits eine verfassungswidrige Gesinnung offenbaren, wenn sie seit dem 01.01.2000 nicht nur eine dem im Grundgesetz vorausgesetzten Abstammungsprinzip gegenläufige Staatsangehörigkeitskonzeption in Gesetzesform gegossen haben, sondern sogar noch die Vertreter der grundgesetzlichen Staatsangehörigkeitskonzeption mit dem Vorwurf der Verfassungswidrigkeit überziehen. Die wirklichen Verfassungsfeinde sind vorliegend auf der Antragstellerbank zu suchen, bei den als Bundesrat in Erscheinung tretenden politischen Kräften, die unter grobem Verstoß gegen das Identitätswahrungsgebot des Bundesverfassungsgerichts im vorerwähnten „Teso"-Beschluss die Identität des Deutschen Staatsvolkes radikal verändern wollen. An die Stelle einer organisch gewachsenen durch Abstammung, Kultur, Sprache und Geschichte und Zusammengehörigkeitsgefühl verbundenen Gemeinschaft soll eine willkürlich zusammengewürfelte, identitätslose Wohnbevöl-

kerung treten. Zu einer solchen radikalen Veränderung des Staatsvolkes ist die verfasste Gewalt aber nicht befugt. Hillgruber, a. a. O., Rn. 3.1, schreibt dazu zutreffend:
„Zwar schließt die mit der Zuweisung der ausschließlichen Gesetzgebungskompetenz an den Bund in Art. 73 Nr. 2 GG und mit dem Vorbehalt anderweitiger gesetzlicher Regelung in Art. 116 Abs. 1 Hs. 1 GG vorausgesetzte Regelungsbefugnis des Bundesgesetzgebers die Annahme aus, diesem sei jede Einwirkung auf die Zusammensetzung des Volkes im Sinne des Art. 20 Abs. 2 S. 2 GG verwehrt. Doch der Gestaltungsspielraum des Gesetzgebers ist hier schon deshalb eng begrenzt, weil mit der Definition des Staatsvolkes das demokratische Legitimationssubjekt festgelegt wird, von dem alle staatliche Gewalt ausgeht. Das deutsche Volk als souveräner Verfassungsgeber und Inhaber aller Staatsgewalt ist ein dem Gesetzgeber in seiner Zusammensetzung im Kern zwingend vorgegebenes Subjekt. Mit einer Neudefinition des Staatsvolkes nähme der Gesetzgeber eine Selbstermächtigung vor und überschritte als pouvoir constitué seine vom Verfassungsgeber abgeleiteten, verfassungsmäßigen Kompetenzen."

Ähnlich argumentierte schon 1999 der Staatsrechtler Josef Isensee, als er in weiser Voraussicht feststellte: „Die Problematik besteht darin, dass geplant wird, durch einfachen Gesetzesbeschluss des Parlaments das deutsche Volk umzudefinieren und auf einen Schlag drei Millionen Personen als Deutsche zu bestimmen, obwohl diese sich nicht zur Gemeinschaft des deutschen Volkes, sondern zu der eines anderen, im Wesentlichen des türkischen bekennen. Eine solche obrigkeitliche Umdefinition durch das Parlament liegt außerhalb seiner verfassungsrechtlichen Befugnisse. Die Staatsangehörigkeit in ihren wesentlichen Strukturen wird vom Grundgesetz garantiert und kann nur durch Verfassungsänderung aufgehoben und wesentlich umstrukturiert werden."

Auch der frühere Bundesverfassungsrichter Udo Di Fabio hat unlängst aus aktuellem Anlass darauf aufmerksam gemacht, dass die Staatsführung sich durch unbegrenzte Zuwanderung nicht einfach ein neues Volk schaffen könne, da in einem solchen Fall die Staatsgewalt nicht mehr von unten nach oben ausgehe, sondern die Regierung von sich aus den Umfang und die Zusammensetzung des Staatsvolks verändern würde. Die Staatlichkeit als Voraussetzung der demokratischen Selbstbestimmung des Volkes sei in Gefahr, wenn ein Staat die massenhafte Einreise von Menschen in sein Territorium nicht mehr kontrollieren könne. So der ehemalige Verfassungsrichter Di Fabio. Das wäre jetzt aus meiner Sicht erstmal die Ausführungen speziell zum ethnischen Volksbegriff unter dem Gesichtspunkt der Menschenwürdegarantie.

Richter Müller: Herr Richter, darf ich Ihnen dazu eine Frage stellen?

Rechtsanwalt Richter: Ja.

Richter Müller: Sie haben ja eben wörtlich gesagt: „Volksgemeinschaft ist die Summe der Staatsangehörigen."

Rechtsanwalt Richter: Ja.

Richter Müller: Erklären Sie mir dann bitte mal, wieso im Bundestagswahlkampf 2009 die NPD in Berlin ein Schreiben an 22 Politiker mit Migrationshintergrund verschickt hat, in dem es heißt:

„Liebe ausländische Mitbürger, gemäß dem 5-Punkte-Plan zur Ausländerrückführung bin ich als Ausländerrückführungsbeauftragter der NPD angehalten, Sie mit den Einzelheiten Ihrer Heimreise vertraut zu machen." Dann kommen da ein paar Einzelheiten und dann heißt es: „Bitte kümmern Sie sich schon jetzt um Unterkunftsmöglichkeiten und Arbeit in Ihren Heimatländern. Wir danken Ihnen für Ihre geleistete Arbeit und kulturelle Bereicherung und wünschen Ihnen eine gute Heimreise." Das sind doch Mitglieder der Volksgemeinschaft. 2013 hat die NPD dann im Bundestagswahlkampf nochmal an Kandidaten mit Migrationshintergrund geschrieben und das Rundschreiben im Internet veröffentlicht: „Hallo Migrantin, hallo Migrant (dann kommt da ein Text, ich zitiere nur den letzten Satz) Durch Ihre Auswanderung wandeln Sie sich vom Migranten zum Philanthropen und finden so zu wahrem Humanismus." Wie geht das?

Rechtsanwalt Richter: Ja, das dachte ich mir, dass genau dieses Zitat mir jetzt vorgehalten wird. Dazu möchte ich Folgendes sagen: Das waren natürlich Aktionen im Wahlkampf, die ja so wörtlich nicht ernst gemeint waren. Sie können natürlich nicht ernsthaft erwarten, dass, wenn Sie entsprechende Personen anschreiben, die dann tatsächlich diesen Anweisungen folgen würden, diesen Aufforderungen. Es geht um was ganz anderes. Diese Formulierungen und diese Aktionen sollen Kritik artikulieren an der aus Sicht der NPD überbordenden Einbürgerung auf Basis des neuen Staatsangehörigkeitsgesetzes und es soll ein Bewusstsein dafür geschaffen werden, dass durch diese exorbitante Ausweitung der Einbürgerung sich eben dann aus Sicht der NPD das Problem ergibt, dass der prozentuale Anteil der Nicht-Biodeutschen an der Gesamtheit der Volksgemeinschaft eben zu hoch wird und das soll eben – aus Sicht der NPD – dadurch mit Wirkung ex nunc reduziert werden, indem eben das Staatsangehörigkeitsgesetz zukünftig geändert wird mit der Wirkung, dass eben ab diesem Zeitpunkt bei der Frage, wer deutscher Staatsangehöriger wird, eben das Abstammungsprinzip primär gelten soll und nur noch in Ausnahmefällen die Ermessenseinbürgerung. Das ändert aber nichts daran, dass diejenigen Staatsangehörigen, die es jetzt schon sind, ihre Staatsangehörigkeit selbstverständlich auch weiterhin behalten. Weil da ist ja gestern behauptet worden, hier seien Massenvertreibungen, Deportationen und dergleichen geplant, also das kann ich ja nur entschieden zurückweisen.

Präsident Prof. Dr. Voßkuhle: Darf ich dann aber mal fragen, Herr Richter, wenn Sie jemand wären mit Migrationshintergrund, fänden Sie das auch so lustig, so ein Schreiben zu bekommen?

Rechtsanwalt Richter: Ich fände das sicherlich nicht lustig, aber die NPD und ihre Anhänger bekommen tagtäglich auch Schreiben, die wesentlich unlustiger sind als dieses Schreiben. Das hier ist klar als Satire zu erkennen. Da ist völlig klar, dass es sich hier um politische Auseinandersetzungen handelt, während die NPD häufig auch Schreiben bekommt, die tatsächlich auch Drohungen gegen Leib und Leben beinhalten. Das finden wir auch nicht lustig. Nur es thematisiert eben niemand. Also da meine ich auch, es sind ja nicht irgendwelche Personen jetzt angeschrieben worden. Es waren ja regelmäßig Politiker, die entsprechend auch sich gerade im Meinungskampf gegen die NPD immer wieder artikuliert haben und da ist es, denke ich, durchaus hinzunehmen, dass die auch überspitzte und polemische Kritik ertragen müssen. Genauso wie die NPD das auch immer ertragen muss und da entsprechend auch immer darauf verwiesen wird, sich eben im politischen Meinungskampf dagegen dann zur Wehr zu setzen.

Präsident Prof. Dr. Voßkuhle: Ich weiß nicht, was Sie für Schreiben bekommen von anderen Politikern. Ich kann mir nicht vorstellen, dass Sie da ebenfalls der Drohung oder Nötigung ausgesetzt sind. Das mag vielleicht von anderen Schreibern sein, aber das würde nichts daran ändern, dass das, was da vorliegt, eben schon auch ein gewisses Einschüchterungspotenzial hat. In dem Augenblick, in dem diejenigen, die diese Scherze machen, etwas – wie soll ich sagen – dominanter sind, dann kann eben aus Spaß sehr schnell Ernst werden.

Rechtsanwalt Richter: Es ist natürlich möglich, dass man das so verstehen könnte. So ist es aber nicht gemeint und aus der Sicht des objektiven Empfängerhorizonts und aus meiner Sicht auch nicht zu verstehen. Natürlich kann ich in allen entsprechenden Äußerungen und Ausführungen – auch von anderen Politikern – immer Dinge hineininterpretieren, dass ich letztlich zum Ergebnis komme, dass mir die Menschenwürde aberkannt werden soll. Faktisch muss ich aber das nehmen, was der objektive Erklärungswert ist, und der ist aus meiner Sicht hier also zum Beispiel, wenn man auch noch sagt „Ihr Ausländerrückführungsbeauftragter" beispielsweise, das ist ja offensichtlich reine Satire, so was gibt es ja nicht, das ist ja völlig klar und da kann ich mir nicht vorstellen, dass da tatsächlich jemand davon ausgeht: „Ach du lieber Gott, jetzt kommt der NPD-Ausländerbeauftragte und bringt mich irgendwohin." Also davon wird ja wohl nicht wirklich jemand ausgehen.

Präsident Prof. Dr. Voßkuhle: Gut, Herr Huber.

Richter Prof. Dr. Huber: Ein bisschen Methode hat es ja schon. Der Fall von Herrn S. ist ja auch zitiert worden in diesem Landtagswahlkampf in Thüringen, den Sie ja durch ihren Landesverband mit ähnlichen Aufforderungen versehen haben. Dass das alles Satire sein soll, vor allem, wenn er in einer öffentlichen Plakatierung verächtlich gemacht und als Nichtdeutscher stigmatisiert wird, macht Ihr Bekenntnis zum Staatsvolk im Sinne des Grundgesetzes nicht sehr überzeugend.

Rechtsanwalt Richter: Moment, da will ich jetzt unterscheiden. Also beim Herrn S. ist es richtig, dass man da in der Art und Weise der Darstellung in der Tat das Maß der Rechtsordnung überschritten hat, wie ja auch tatsächlich dann von Gerichten festgestellt worden ist. Trotzdem muss man ja fragen, was damit ausgesagt worden ist, und es wird ja nicht gesagt, dass der Mann auszubürgern wäre, und es wird auch nicht gesagt, dass der Mann zu deportieren wäre, es wird nur Kritik daran geübt, dass er nach dem aktuellen Staatsangehörigkeitsrecht eingebürgert worden ist. Das heißt aber nicht, dass ich ihm absprechen würde, dass er jetzt deutscher Staatsangehöriger ist. Das ist jetzt genauso, wie wenn ich sagen würde: „Frau Merkel beispielsweise, ich finde es nicht gut, dass Sie Bundeskanzlerin sind, aber ich erkenne das selbstverständlich an. Wenn es nach meiner Stimme gegangen wäre, wären Sie es nicht geworden. Aber da Sie es jetzt sind, wird das anerkannt, auch wenn ich das gegebenenfalls kritisiere." Und hier ist es ganz genauso. Es wird nicht gesagt: „Herr S. ist kein deutscher Staatsangehöriger." Es wird nur gesagt: „Wir kritisieren, dass er nach geltendem Recht Staatsangehöriger geworden ist, was wir akzeptieren und deswegen hat er auch die gleichen Rechte wie alle anderen Staatsangehörigen. Wir meinen halt nur, dass in Zukunft diese Rechtslage geändert werden sollte."

Präsident Prof. Dr. Voßkuhle: Okay. Gut. Weitere Punkte?

Rechtsanwalt Richter: Dann möchte ich noch kurz ein paar Worte sagen. Der ethnische Volksbegriff wird ja von der Antragstellerseite unter zweierlei Gesichtspunkten angegriffen. Einerseits unter dem Aspekt, dass er gegen die Menschenwürde verstoße und dann, dass er gegen das Demokratieprinzip verstoße, und speziell da wird ja der Begriff des politischen Volksbegriffes geprägt und da möchte ich vielleicht auch nur ganz kurz noch einige wenige Ausführungen zu machen, um auch richtig zu stellen, dass der von der NPD vertretene Volksbegriff auch nicht gegen das Demokratieprinzip verstößt:

Der Antragsteller steht auf dem Standpunkt, dass das Demokratieprinzip (Art. 20 Abs. 2 S. 1 GG) die Kompetenz des einfachen Gesetzgebers umfasse, die Zusammensetzung des deutschen Staatsvolkes nach Belieben zu regeln und offen auszugestalten. Die Regelungen über die Staatsangehörigkeit müssten nämlich – wie alle wesentlichen Entscheidungen im demokratischen Rechtsstaat – das Ergebnis einer demokratischen Entscheidung sein. Deshalb verbiete sich eine Volkskonzeption, die an biologische Determinanten anknüpfe und die Frage, wer zum Staatsvolk gehöre und wer nicht, der Entscheidungsfindung des demokratischen Gesetzgebers entzieht.

Tatsächlich verhält es sich wie folgt: Bereits die Ausgangsprämisse des Antragstellers, das Staatsangehörigkeitsrecht müsse vom einfachen Gesetzgeber völlig offen und frei ausgestaltet werden können, ist nach der obigen Darstellung der grundgesetzlichen Staatsangehörigkeitsdefinition bereits im Ansatz verfehlt. Das Grundgesetz gewährt dem einfachen Gesetzgeber bei der Verteilung deutscher Pässe eben gerade keine Willkürfreiheit, die auf die Einbürgerung der halben Weltbevölkerung beispielsweise hinauslaufen würde, sondern verpflichtet ihn darauf, die Identität des deutschen Staatsvolkes zu wahren.

Dem einfachen Gesetzgeber sind daher schon von Verfassungs wegen Grenzen bei der Konzeption des Staatsangehörigkeitsrechts gesetzt, wobei diese Grenzen eben gerade im Abstammungsgedanken zu sehen sind. Es ist daher nicht die Antragsgegnerin, die sich auf irgendwelche „naturgegebenen" und nicht abänderbaren biologischen Determinanten bezieht und darum herum ein „undemokratisches" Ideologiegebäude aufbaut, vielmehr nimmt die Antragsgegnerin im Gegensatz zum Antragsteller die verfassungsmäßigen Vorgaben für die Staatsangehörigkeitskonzeption ernst und strebt daher auf demokratischem Wege im Rahmen des politischen Prozesses eine Rückkehr zur Regelungskonstruktion des Reichs- und Staatsangehörigkeitsgesetzes an – nicht mehr und nicht weniger. Auch der ethnische Volksbegriff ist in diesem Sinne dann ein politischer Volksbegriff, solange er demokratisch beschlossen und durch Mehrheitsbeschluss jederzeit wieder geändert werden kann.

Das wäre im Prinzip dies. Dann wäre der Themenkomplex soweit erledigt. Ich möchte jetzt nur im Vorgriff auf die Ausführungen des Herrn Kollegen Andrejewski ganz kurz noch auf zwei wichtige Punkte aufmerksam machen, bevor die in Vergessenheit geraten. Es sind von meinen Vorrednern mehrere Einzelheiten angesprochen worden, die das „Darauf Ausgehen" der Antragsgegnerin bestätigen sollen.

Richter Prof. Dr. Huber: Dürfte ich noch eine Frage zur Volksgemeinschaft stellen?

Rechtsanwalt Richter: Ach so. Okay.

Präsident Prof. Dr. Voßkuhle: Ja, gerne.

Richter Prof. Dr. Huber: Einen Aspekt haben wir bisher noch nicht behandelt. Auch hier kann man zweifeln, dass Ihr Begriff der Volksgemeinschaft mit der Architektur und der Wertordnung des Grundgesetzes wirklich kompatibel ist. Es ist nämlich das Verhältnis zwischen der Volksgemeinschaft und dem Individuum. Das Grundgesetz geht davon aus, dass der Einzelne, zur Selbstbestimmung befähigte Mensch, gewissermaßen der archimedische Punkt unserer Rechtsordnung ist. Von ihm leiten sich kollektive Interessen und Rechte ab. Bei Ihrem Volksbegriff lese ich in dem Leitfaden der Jungen Nationaldemokraten, dass Freiheit nicht bedeutet, tun und lassen zu können, was man will, sondern dass man werden kann, was man soll. Und Ihr Landesverband in Berlin schreibt, dass es die eigentliche Aufgabe jedes Deutschen und seiner Persönlichkeit ist, ein dienendes Glied der Gemeinschaft zu sein. Das heißt nicht anderes als eine völlige Vereinnahmung und Instrumentalisierung der individuellen Persönlichkeit für den Zweck der Volksgemeinschaft. Ich weiß, dass auch dieses Gericht immer die Konnexität zwischen Individualismus und Gemeinschaftsbezogenheit betont hat, aber bei Ihnen ist es nicht diese Konnexität, sondern eine ganz klare Unterordnung – so lese ich das jedenfalls – des Individuums, das seine Freiheiten, seine Menschenwürde und seine Selbstbestimmung nur zu dem Zweck hat, das zu machen, was der Volksgemeinschaft dient.

Rechtsanwalt Richter: Ich gebe Ihnen Recht, Herr Richter Müller, dass, wenn man jetzt nur diese Zitate betrachten würde, der unzutreffende Eindruck entstehen könnte, dass hier also tatsächlich, wie soll ich sagen, die Volksgemeinschaft gewissermaßen als Zwangskollektiv verstanden werden könnte, das gewissermaßen Voraussetzung dafür ist, dass dem Individuum konkrete oder überhaupt individuelle Gemeinschaftskonzeption der Antragsgegnerin – wie ich schon eingangs erwähnt hatte – wurzelt ja in der, so wie die Antragsgegnerin dies sieht, das mag man ja politisch möglicherweise anders sehen, auf den entsprechenden Erkenntnissen der Sozialwissenschaften, die eben sagen, dass der Mensch ein Gemeinschaftswesen ist und dass er letztlich in der Gemeinschaft mit möglichst ähnlichen Individuen produktiver tätig werden kann und aufgrund des in solchen Gemeinschaften bestehenden, relativ breiten Konsenses hinsichtlich bestimmter gesellschaftlicher Grundkonstanten, letztlich produktiver und besser tätig werden kann und sich deswegen aus Sicht der Antragsgegnerin am besten entfalten kann. Das ist es in etwa, das ist auch im Parteiprogramm so dargelegt, nur wird es von der Antragstellerseite falsch interpretiert. Es wird nicht gesagt, dass es die individuelle Freiheit oder Menschenwürde nur in der Volksgemeinschaft gäbe oder insbesondere auch Freiheit nur in der Volksgemeinschaft gäbe. Es wird nur gesagt, dass die Freiheit – so meint die Antragsgegnerin – sich am besten in der Volksgemeinschaft verwirklicht. Die Volksgemeinschaft ist quasi ein Idealbild, von dem die Antragsgegnerin ausgeht, das sie anstreben möchte und wo sie sozusagen die Staatsbürger einlädt, sich durch gemeinsames Zusammenwirken im Ganzen letztlich auch besser entfalten zu können. Wenn jetzt eine Person sagt: „Ich möchte an dieser Volksgemeinschaft nicht teilnehmen oder teilhaben oder mitwirken", kommen dieser Person selbstverständlich Grundrechte und individuelle Würde zugute. Das ist vollkommen klar und völlig unstreitig. Die Antragsgegnerin sieht das halt nur so, dass diese Person sich dann eines möglichen Maßes an Freiheit, das sie erlangen könnte in der Volksgemeinschaft, freiwillig begibt und dann eben gewissermaßen nicht das erreichen wird, was sie erreichen könnte. Aber wenn jemand meint, er fühlt sich freier, wenn er mit Volksgemeinschaft überhaupt nichts zu tun hat, dann wird das selbstverständlich akzeptiert. Ich kann jetzt den von Ihnen zitierten Passagen auch nicht entnehmen, dass da in irgendeiner Form Zwang ausgeübt werden soll oder dass den Personen, die da nicht mitwirken wollen, gesagt wird, dass ihnen irgendwelche Rechte aberkannt werden sollen, sondern ich sehe das eher als Einladung, als Apell, als moralischen Apell, dass die Bürger darüber nachdenken mögen, ob es eben nicht besser ist, sich in einem staatlichen Gemeinwesen einzubringen. Ich würde das jetzt nicht als Unterordnung in dem Sinne verstehen, dass das Individuum dadurch erstickt würde.

Richter Müller: Herr Richter, wenn Sie mich schon auf die Frage des Kollegen Huber ansprechen, der Herr D. formuliert das ziemlich klar. Er schreibt: „Die Gemeinschaft steht an oberster Stelle." Da steht nichts von freiwillig.

Rechtsanwalt Richter: Das ist jetzt korrekt, also gerade der Herr D. ist in der Tat fraglich, was wir auch im Schriftsatznachweis nachweisen werden, dass diese Broschüre aus dem Verkehr gezogen worden ist, weil sie verbreitet worden ist, ohne dass der Parteivorstand das wusste, und ohne dass der Parteivorstand das prüfen konnte. Das wäre natürlich so nicht in den Druck gegangen und nicht publiziert worden, wenn das vorher, so wie es eigentlich vorgesehen war, vorgelegt worden wäre. Deswegen kann ich insofern, also gerade bei den Äußerungen des Herrn D. jetzt nur sagen: „Die sind nicht repräsentativ für das Volksgemeinschaftskonzept der Antragsgegnerin."

Präsident Prof. Dr. Voßkuhle: Gut. Sie wollten jetzt noch auf zwei Dinge hinweisen.

Rechtsanwalt Richter: Genau. Ein Punkt, das würde ich allerdings jetzt auch nur ganz kurz ausführen wollen, sondern auf die schriftsätzlichen Darlegungen verweisen. Das ist uns allerdings noch ganz wichtig, weil wir meinen, dass das für die Zurechnungsproblematik ganz entscheidend sein wird. Der Antragsteller versucht ja, durch eine uferlose Ausweitung des Anhängerbegriffes hier Dinge und entsprechende Vorgänge zuzurechnen, die mit der Antragsgegnerin evident nichts zu tun haben, und da möchten wir eben nochmal darauf hinweisen, dass wir also die Rechtsauffassung vertreten, dass Anhängerverhalten nur in Ausnahmefällen zugerechnet werden kann und eben nicht generell, dass insofern auch der Art. 21 Abs. 2 GG tautologisch zu reduzieren ist, auch im Hinblick auf die Europäische Menschenrechtskonvention, da nämlich der Menschenrechtsgerichtshof – soweit ersichtlich – noch nie von Anhängern gesprochen hat, sondern stets immer nur auf die Verantwortlichen und auf die Mitglieder der Partei abgestellt hat. Und dass letztlich das Zurechnungskonzept, das der Antragsteller hier verfolgt, darauf hinausläuft, letztlich alles Mögliche zurechnen zu können, was mit der Partei gar nichts zu tun hat.

Ich kann insofern vielleicht auf einen Fall hinweisen: In den Medien ist mal berichtet worden, dass der mutmaßliche Brandstifter hinsichtlich eines Asylbewerberheims ein NPD-Bekenntnis abgelegt habe und da wurde groß berichtet, dass hier wohl ein Anhänger der NPD ein entsprechendes Heim in Brand gesetzt habe. Das NPD-Bekenntnis bestand dann darin, dass der Betreffende die NPD auf Facebook geliked hatte. Und da wurde gesagt: „Ja, der hat die Partei jetzt hier geliked und deswegen ist er irgendwie Anhänger." So in die Richtung geht das Ganze. Das kann nicht richtig sein, das führt zu einer uferlosen Ausweitung der Zurechenbarkeit. Da muss ich jetzt doch etwas widersprechen, da müssen wir doch ein paar strafrechtliche Zurechnungskriterien bemühen. Also reine Kausalität kann sicherlich nicht reichen. Nur der Umstand, dass die Antragsgegnerin öffentlich ihre Meinung artikuliert und dies dann wiederum Dritte zum Anlass nehmen, um Straftaten zu begehen. Also da denke ich, muss etwas mehr hinzukommen. Da muss es dann schon so sein, wie der Antragsteller sagt, dass also hier jemand zwar formal kein Mitglied ist, dass er aber so eine Art faktischer Funktionär ist, der eben nur zum Ausschluss der Zurechnung, dann eben in diesen Missbrauchsfällen, in denen tatsächlich eine unmittelbare Beziehung des Betreffenden zur Partei besteht und die betreffende Person von der Partei auch, ich will jetzt nicht sagen, kontrollierbar ist, aber ich würde vielleicht sagen, letztlich zur Ordnung gerufen werden könnte. In diesen Fällen mag eine Zurechnung von Nichtmitgliedern oder von Nichtmitgliederverhalten selbstverständlich möglich sein, weil wir haben gerade jetzt am Beispiel von Heidenau, da haben wir auch schriftsätzlich umfangreich dazu ausgeführt, würde ich darauf verweisen. Also die Darstellung wird bestritten, insbesondere wird bestritten, dass Zettel verteilt worden seien, die dazu aufgefordert haben sollen, sich dann am Baumarkt zu treffen, da zu randalieren. So einen Zettel hat es nicht gegeben. Wenn es den gegeben hätte, hätte der Antragsteller ihn bestimmt vorgelegt. Vielleicht kann er das auch noch tun, dann können wir prüfen, wo der hergekommen sein soll. Das stellen wir in Abrede. Und im Übrigen verweisen wir da auf unseren Schriftsatz, aber da haben wir ja auch das Problem des Anhängerverhaltens, es ist ja schon gesagt worden, dass die entsprechenden Krawalle drei Stunden nach Ende der Demonstration der Antragsgegnerin stattgefunden haben und da sagt dann der Antragsteller – im Prinzip grob zusammengefasst –, zwar könnte nicht ermittelt werden, wer randaliert hat, aber das sei auch nicht erforderlich, weil ja die Antragsgegnerin allein durch ihre Demonstration und ihre entsprechende Meinungsäußerung ein Klima geschaffen habe, aus dem heraus dann Anhänger – also Sympathisanten – die Taten begangen haben sollen. Und da sind wir jetzt wieder bei der Zurechnungsfrage und zwar speziell im strafrechtlichen Sinne. Ich brauche doch irgendwie eine Art objektiver Zurechnung. Ich muss doch irgendeine Gefahrschaffung haben, eine rechtlich missbilligte Gefahrschaffung dergestalt, dass ich sage: „Ich habe die konkrete mir zurechenbare

Gefahr geschaffen, dass ein anderer dann etwas macht." Aber mache ich das in dem Moment, in dem ich durch völlig sozial adäquates Verhalten einfach demonstriere und andere Leute das zum Anlass nehmen? Da würde ich sagen, das kann nicht richtig sein, und meine daher, dass also hier im Anhängerverhalten höchste Vorsicht geboten ist.

Letzte Aussage dazu noch – hatte ich gestern schon kurz angedeutet –, speziell im Anhängerverhalten auch wiederum dann die Frage der Quellenfreiheit. Ich kann natürlich jetzt hier sagen: „Ja, in Heidenau gab es irgendwelche Anhänger der Antragsgegnerin, die angeblich randaliert haben." Aber selbst wenn das Anhänger wären, wäre dann wiederum die Frage, wie würde der Antragsteller da die Quellenfreiheit testieren? Wenn das unbekannte Personen waren, dann wissen wir nicht, wer es war und dann können wir nicht ausschließen, dass staatliche Provokateure hier tätig geworden sind, weil die Antragsgegnerin zum Beispiel hier sagt: „Also diesen Zettel, den gab es überhaupt nicht, wo kam der Zettel her, vielleicht kam der ja von der anderen Seite, wir wissen es nicht." Also eine Testierung bei Anhängerverhalten an die wirkliche Darlegung der Quellenfreiheit ist jedenfalls dann nicht möglich, wenn es um anonyme Anhänger geht. Das heißt also, das meinen wir, muss dazu führen, dass speziell im Anhängerverhalten hier eine ganz enge Grenze zu ziehen ist, nämlich dort, wo es eben um Missbrauch geht, wo ein faktischer Parteifunktionär eben nur aus Verschleierungs- oder aus taktischen Gründen kein Mitglied ist.

Ein letzter Satz: Demonstration in Dresden ist angesprochen worden, dort sei es auch zu Krawallen gekommen. Wird nach Maßgabe des schriftsätzlichen Vortrags bestritten. Bei der DGB-Veranstaltung in Weimar, wo also angeblich Mitglieder der Jungen Nationaldemokraten hier den Bundestagsabgeordneten und die Gewerkschafter überfallen haben sollen, wird ebenfalls nach Maßgabe des schriftsätzlichen Vortrages bestritten. Richtig ist, dass Mitglieder der Jungen Nationaldemokraten dort anwesend waren, dort ihre Meinung öffentlich artikuliert haben, dass sie das freie, offen dastehende Mikrofon ergriffen haben und dort entsprechend hineingesprochen haben, und dass dann den Mitgliedern der JN dieses Mikrofon entrissen worden ist. Da haben wir auch Beweis angeboten durch entsprechende Videoaufnahmen. Die können wir im Bedarfsfalle auch gerne in Augenschein nehmen und, soweit ersichtlich, ist auch von den ganzen Straftaten, was da alles ursprünglich mal in Rede stand, mit Landfriedensbruch und weiß der Kuckuck, glaube ich, nur noch eine Anklage übrig geblieben wegen Versammlungsstörung. Da ist, soweit ersichtlich, noch gar nichts entschieden, das muss erst noch aufgeklärt werden. Also insofern auch Verweis auf den schriftsätzlichen Vortrag.

Und schließlich dann noch die Wahlkampfveranstaltung in Bayern, wo angeblich auch ein NPD-Funktionär Personen tätlich angegriffen hätte. Da hat es sich auch so verhalten, dass er beim Hinausgehen von einem anderen Teilnehmer attackiert worden ist, dass er sich ihn in Notwehr erwehrt hat und sämtliche Ermittlungsverfahren mittlerweile nach §170 Abs. 2 StPO eingestellt worden sind. Also auch da wird aus unserer Sicht nichts übrig bleiben, haben wir aber, wie gesagt, schriftsätzlich dargelegt und würden dann gegebenenfalls da jetzt darauf verweisen. Dann wäre ich von meiner Seite soweit am Ende.

Präsident Prof. Dr. Voßkuhle: Fragen noch? Herr Maidowski.

Richter Dr. Maidowski: Ich fände es ganz gut, wenn wir zu den jetzt folgenden Überlegungen zur Zurechenbarkeit noch auf eines hinweisen oder eines mit in die Überlegungen aufnehmen. Wir haben über Zurechnung jetzt im Moment ein bisschen in eine Richtung nur gesprochen. Nämlich so, als hätte die NPD nur ein bestimmtes Verhalten zeigen müssen, was in der Folge zu irgendwelchen Aktionen geführt hat. Das ist die eine Richtung. Das ist strafrechtlich nicht sehr präzise – besser Sie hören weg Herr Ignor. Die andere Richtung ist aber, wie reagiert die NPD auf das, was passiert? Also wenn Kameradschaften, wenn Dritte, wenn irgendwelche Dinge passieren im Bereich Asylpolitik, Flüchtlingsfeindschaft, was auch immer. Wie reagiert die NPD darauf? Das ist nicht Zurechnung in dem Sinne, wie Sie es jetzt versucht haben zu definieren, aber es ist eine Überlegung, die wir auch im Hinterkopf haben müssen.

Rechtsanwalt Richter: Das ist richtig. Das zählt meines Erachtens hierzu in die Richtung, dass wir sagen, so eine Art Zurechnung durch Unterlassen. Wenn also irgendjemand etwas tut, von dem ich mich eigentlich distanzieren müsste, beispielsweise, beziehungsweise, wenn ich es auch aktiv billigen würde, umgekehrt. Das ist völlig richtig. Da ist natürlich Zurechnung grundsätzlich möglich, allerdings ist mir jetzt nichts bekannt wo hier behauptet worden wäre, dass die Antragsgegnerin Gewalt oder rechtswidriges Handeln offen gebilligt hätte. Es ist richtig, dass in Belegen teilweise darauf herumgeritten wird, dass der Abgeordnete Petereit in so einer Seite, sofern sie überhaupt von ihm betrieben worden ist, das ist ja auch nur behauptet worden, dass also da irgendwelche Billigungen von Anschlägen auf Bürgerbüros erfolgt sein sollen. Also dazu kann ich nur sagen, das wird auch bestritten und den entsprechenden Belegen ist zu entnehmen, dass er ausdrücklich nicht dazu aufruft, entsprechende Straftaten zu begehen. Insofern der Antragsteller da wieder herauszulesen versucht durch die Verschleierungstaktik sei immer das Gegenteil von dem gemeint, was gesagt wird. Also deshalb denke ich, kann es nur auf den objektiven Empfängerhorizont ankommen.

Eine andere Frage ist natürlich die, was passiert, wenn man eben gar nichts tut. Wenn also dann tatsächlich irgendetwas passiert und die NPD äußert sich dazu nicht, dann würde ich wiederum darauf abstellen, gab es denn eine konkrete Veranlassung sich dazu zu äußern? Also wenn jetzt zum Beispiel ein Funktionär irgendwelche üblen Äußerungen tätigen würde, dann wäre – je nachdem um was es sich dann handelt – gegebenenfalls da einzuschreiten mit entsprechenden Ordnungsmaßnahmen. Wenn zum Beispiel irgendein Anhänger tätig wird, also jemand, der jetzt überhaupt nicht Mitglied ist, dann sieht es natürlich wieder anders aus und die Frage ist, ist es mir zumutbar, beispielsweise die Facebook-Seiten sämtlicher potenzieller Anhänger regelmäßig zu kontrollieren, ob da irgendetwas steht, von dem ich mich distanzieren müsste. Also man kann jetzt zum Beispiel nicht sagen, wenn jetzt irgendeine freie Kameradschaft, keine Ahnung, irgendwelche Straftaten begangen hat und die NPD hat sich davon jetzt nicht ausdrücklich distanziert, dann kann ich diese Straftat nicht deswegen der NPD zurechnen, weil wir sagen: „Aber Sie haben mir doch irgendwann einmal erklärt, dass Sie mit allen freien Kräften zusammenarbeiten wollen. Nur weil Sie irgendwann mal gesagt haben, ich arbeite mit denen zusammen, muss ich mir automatisch alles zurechnen lassen, was da gegebenenfalls an rechtswidrigen Taten begangen wird." Deswegen, Herr Richter Maidowski, finde ich richtig und wir müssen schauen, wenn Dritte irgendwelche Taten begehen, kann die Reaktion der Antragsgegnerin darauf, sei es jetzt ein Unterlassen oder sei es eine ausdrückliche Billigung, grundsätzlich zurechnungsbegründend sein, aber wie so oft ist es eben eine Frage des Einzelfalles und das haben wir im Schriftsatz aber entsprechend dann deutlich gemacht, dass es also bei bestimmten Äußerungen – aus unserer Sicht – auch keinen Distanzierungsbedarf gab.

Präsident Prof. Dr. Voßkuhle: Frage noch von Herrn Müller.

Richter Müller: Herr Richter, würden Sie sagen, es ist ein Fall von Zurechenbarkeit, wenn der Ortsbürgermeister von Tröglitz, weil er sich unter Druck gesetzt fühlt durch Spaziergänge, die an seinem Haus vorbeiführen, zurücktritt und anschließend Ihr Parteivorsitzender erklärt – mit Blick auf diesen Ablauf: „Die Presse verdreht zwar die Tatsachen total, aber solche Titel könnte es öfter geben"?

Rechtsanwalt Richter: Also die Äußerung ist natürlich zurechenbar, aber der Rücktritt nicht. Also nur weil ich nachträglich sage: „Das finde ich aus irgendwelchen Gründen gut, dass jemand zurückgetreten ist", heißt ja nicht, dass ich jetzt verantwortlich dafür bin, zumindest weshalb er tatsächlich zurückgetreten ist. Soweit mir bekannt ist, ist der Ortsbürgermeister deswegen zurückgetreten, weil er sich von staatlichen Stellen allein gelassen gefühlt hat und insbesondere den zuständigen Landrat kritisiert hat, weil der es zugelassen hat, dass eine entsprechende Demonstration vor seinem Haus hatte stattfinden können, aber ich sehe jetzt keine, also unabhängig davon, ob das schon eine Kausalität...

Richter Müller: Also der Titel, den sich der Herr Franz öfter in der Zeitung wünscht, lautete „NPD jagt CDU-Bürgermeister aus dem Amt".

Rechtsanwalt Richter: Ja, also er wird ja mit Sicherheit jetzt nicht diese exakte Formulierung gemeint haben. Er wollte sicherlich seine Billigung zum Ausdruck bringen, was also Bürgermeister betrifft, die ja hier auch relativ deutlich gegen die NPD Position bezogen haben, dann eben auch zurückgetreten sind. Also das ist jetzt bei anderen Politikern, ich sage das jetzt mal oberhalb der kommunalen Ebene, auch ganz normal, also wenn jetzt beispielsweise in der Zeitung stehen würde „Landtagspräsidentin Bretschneider tritt zurück" und dann würde Udo Pastörs sagen: „Also so eine Schlagzeile wünsche ich mir öfter.", das wäre jetzt mit Sicherheit auch unproblematisch. Und ich wüsste nicht, dass es der NPD möglich wäre, irgendjemand aus dem Amt zu jagen. Das ist so von der Presse kolportiert worden, weil gesagt worden ist, die NPD sei durch diese Demonstrationen dafür verantwortlich, wobei ich da auch wiederum sagen muss, also ob jemand zurücktritt ist seine eigene Entscheidung. Sie haben selbst erwähnt, dass auch vor Ihrem Haus schon demonstriert worden ist, dass das selbstverständlich eine Zumutung ist, aber ich glaube nicht, dass, wenn Sie dann als Ministerpräsident zurückgetreten wären, man dann hätte sagen können, dass hier die Gegner des Steinkohleabbaus letztlich dafür verantwortlich sind, dass Sie zurücktreten.

C. Das zweite NPD-Verbotsverfahren (2013–2017)

Richter Müller: Das stimmt. Aber der IG-Bergbau und Energie-Vorsitzende hat dazu auch keine Erklärung abgegeben.

Rechtsanwalt Richter: Das ist richtig, aber unabhängig von der Abgabe der Erklärung denke ich, ist der Rücktritt da nicht zurechenbar.

Präsident Prof. Dr. Voßkuhle: Gut, weitere Fragen zur Zurechnung? Das ist nicht der Fall. Vielen Dank, Herr Richter. Dann würden wir jetzt Herrn Rechtsanwalt Andrejewski hören.

Rechtsanwalt Andrejewski: Herr Präsident, hoher Senat, verehrte Verfahrensbeteiligte, der Antragsteller bringt vor, dass die Antragsgegnerin darauf aus sei, die freiheitliche demokratische Grundordnung zu beeinträchtigen, zu beseitigen und dazu auch schon quasi unmittelbar angesetzt habe, indem sie nämlich besonders in Mecklenburg-Vorpommern eine Art „Herrschaftszone" errichtet habe, also Zonen, in denen die politischen Prozesse gestört seien und zwar durch Einschüchterungsmethoden der NPD. Ich gehe nun mal die einzelnen sogenannten Herrschafts- und Einschüchterungszonen und Zonen der Angst durch, die in dem Antrag aufgeführt sind, in aller Kürze.

Ich beginne mit Anklam: Störungen der Stadtpolitik in Anklam sind nicht zu erkennen. Die Parteien sind dort im gleichen Ausmaße tätig, wie in jeder anderen Stadt vergleichbarer Größe, in der die NPD nicht vertreten ist. Die NPD hat da zwar ein Büro, aber andere Parteien auch, die SPD, die CDU, die Grünen und die Linke. Nur die FDP nicht, aber das hat mit uns nichts zu tun. Die Stadtvertretung besteht aus 25 Mitgliedern, davon nur zwei der NPD zugehörig. Die Wahlergebnisse haben stagniert seit 2006. Es hat also nicht den großen Aufschwung gegeben, das bleibt etwa bei 8 % und knapp darunter. Diese zwei Abgeordneten sind allein schon zahlenmäßig nicht in der Lage, die dortigen Abläufe zu stören. Es ist auch nicht dargelegt und vorgebracht worden, dass das der Fall gewesen sei. Falls der Antragsteller trotzdem der Meinung wäre, dass die Stadtpolitiker, insbesondere auch die Stadtvertreter, durch die Anwesenheit der NPD zwar tätig seien, aber doch eingeschränkt und gewisse Aktionen oder Tätigkeiten unterlassen hätten, die sie vollbracht hätten, wenn die NPD nicht da gewesen wäre, dann müsste er das allerdings beweisen. Die Situation ist ja die, dass der Antragsteller Behauptungen erhoben hat, dass er Beweisangebote gemacht hat, er hat ja in seiner Antragsschrift Beweisangebote geschrieben, die Antragsgegnerin hat das bestritten, alles dezidiert in dem Schriftsatz, sodass – und das erscheint entscheidungserheblich, wenn das behauptet würde – dann hier entweder der Antragsteller Beweisanregungen machen müsste oder der Senat müsste diese Tatsachen selber ermitteln, indem er hier Beweis erhöbe, zur Not sämtliche politisch relevanten Personen aus Anklam laden würde als Zeugen. Ich glaube nicht, dass das nötig ist, weil bisher nicht vorgebracht wurde, dass die bekannten politisch tätigen Personen in Anklam in irgendeiner Weise durch uns eingeschränkt wären. Das hat weder der Bürgermeister behauptet, noch sonst irgendwer.

Nun behauptet der Antragsteller weiter, es könne ja über die Personen, die bereits bekannt sind und sich politisch engagieren, hinaus noch weitere Personen geben, die sich gerne engagieren würden, die das aber nicht tun würden, weil sie Angst hätten. Wenn das so wäre, dann wäre das erstmal ein polizeiliches Problem, wie ich schon in meiner einleitenden Einlassung gesagt habe. Sei es, wenn der Innenminister, der seinen Dienstpflichten nachkommen will, hört, die NPD würde Leute einschüchtern, die sich dann aus Angst nicht engagieren würden, müsste er natürlich sämtliche geheimdienstlichen und polizeilichen Mittel einsetzen, um auszuforschen, wie die NPD das macht, um das zu unterdrücken. Wenn er das gemacht hat und nichts dabei rausgekommen ist, dann schrumpft dieser Vorwurf auf Folgendes zusammen: Auf die Position, dass die NPD auf subtile, subversive und unterschwellige Weise, die man nicht nachweisen kann, die man nicht festmachen kann an irgendeiner Aktion oder irgendeinem Wort, schaffen würde, Ängste auszulösen bei Unbekannten, bei Menschen, die sich nicht outen, von denen ich nicht weiß, wer die sind. Da stehe ich vor demselben Problem jetzt, wie der Verfassungsschutz, wenn der Verfassungsschutz beweisen muss, dass er die NPD nicht ausforscht. Wie soll ich etwas beweisen, was ich nicht tue? Wie soll ich bitteschön beweisen, dass es Menschen nicht gibt, die sich durch NPD-Aktionen, die nicht den Charakter von Gewalttaten haben oder Gewalt ausrufen, eingeschüchtert fühlen?

Die Antragstellerin behauptet, dass Aktionen wie Kinderfeste und Hartz-IV-Beratungen so gestaltet wären, dass sie zwar an sich harmlos seien, dass sie aber unterschwellig Botschaften verbreiten würden, die dann nicht auf die Leute, die die Hartz-IV-Beratung wahrnehmen, wohl – das behaupten sie wohl nicht und auch nicht auf die Eltern, die zu den Kinderfesten kommen – aber auf andere Bürger würden sie unterschwellig Wirkungen ausüben, die Angst auslösen. Das ist so wolkig, dass es nicht den geringsten Beweiswert hat, und ist vom Niveau her einem Beweismittel zu vergleichen, das in den Hexenprozessen anerkannt war, das nannte sich „gemein Geschrei". „Gemein Geschrei" war, wenn auf der Straße gesagt wird, allgemein: „Das ist eine Hexe!", dann galt das als Beweismittel. Mehr ist das nicht.

Weiterhin, die Kameradschaften wurden genannt, besonders von Herrn Prof. Dr. Borstel, für die gilt genau das Gleiche. Ob die NPD mit ihnen zusammen arbeitet oder nicht, auch denen müsste nachzuweisen sein, dass von ihnen irgendeine Wirkung ausginge oder irgendeine Tat vollbracht würde, die dann zu angsteinflößenden und politische Aktivitäten unterdrückenden Wirkungen führten. Auch das ist nicht der Fall und wenn das nicht der Fall ist, ist die Zusammenarbeit auch unproblematisch. Und wie gesagt, natürlich würden den Innenministern jederzeit die Möglichkeit offenstehen, Kameradschaften, die wirklich verfassungsfeindlich, gefährlich, kriminell, vielleicht sogar gewalttätig sind, zu verbieten. Das ist im Raum Rostock, nahebei Anklam gelegen, schon ewig nicht mehr passiert. Also kann das auch nicht gegen die NPD ins Feld geführt werden.

Was auch noch behauptet wurde von der Antragstellerin ist, dass die gegen die NPD gerichteten Aktivitäten, also antifaschistische Aktivitäten, dass die auch erlahmt wären durch Einschüchterung, durch den Druck, den die NPD ausübe. Ich stelle nur mal kurz dar, was es alles in Anklam gibt, wenn Sie dort einen Stadtrundgang unternehmen würden und am Bahnhof ankommen würden, dort ist schon – der nennt sich Demokratiebahnhof jetzt – ein Projekt gegen Rechts untergebracht, das vom Bauministerium oder irgendeinem Sonderfundus finanziert wird, betrieben vom Stadtjugendring Greifswald. Wenn Sie dann weitergingen auf die Hauptstraße, kämen Sie auf ein Regionalbüro für demokratische Kultur. Dann, wenn Sie noch weitergehen, kommen Sie dann zu einem Demokratieladen, dazu gibt es noch einen Präventionsrat, dazu gibt es einen sehr aktiven Bürgermeister, der bei jeder Demonstration immer „Kein Ort für Neonazis"- oder für „Nazis"-Schilder stellen lässt, dann gibt es noch einen Sozialarbeiter gegen Rechts, der in dem Stadtteil Südstadt tätig ist, bei der Brandstiftung beispielsweise, also eine Vielzahl von antirechten Aktivitäten. So viel, dass es schon an der Grenze der Absurdität ist, bei einer Stadt wie Anklam von jetzt 13.000 Einwohnern. Von einer Unterdrückung von gegen die NPD gerichteten Aktivitäten, kann da überhaupt nicht die Rede sein. Dort gibt es eine für die Zustände, die in Ostvorpommern herrschen, an den Maßstäben dort, eine jedenfalls im normalen Rahmen sich befindliche politische Aktivität, sowohl der Parteien als auch Fraktionen als auch der gegen die NPD gerichteten Unternehmungen, und wenn die nicht den Erfolg zeitigen, den sich die Betreiber wünschen, liegt das nicht an irgendeiner Einschüchterungswirkung, die von uns ausginge, sondern am Mangel des Interesses der Bevölkerung. Da können wir dann aber auch nicht helfen, da müssen sie eben besser arbeiten oder sich irgendwas Neues einfallen lassen.

Damit verbunden ist auch die Frage, die hier schon angesprochen wurde, denkt man sich die NPD nun weg, wenn die nun weg wäre aus gerade diesen ländlichen Bereichen, was wäre der Unterschied? Denklogisch ist klar, dass ich gerade da, wo es am kleinräumigsten ist, am wenigsten eine Parteiorganisation brauche. Ich brauche im Dorf keine Parteiorganisation. Angesprochen wurden Dörfer mit Spitzenergebnissen, Blasewitz zum Beispiel, 27 %. Wer dort politisch aktiv sein will, geht einmal durch die Nachbarschaft, grüßt überall, und wird in die Stadtvertretung gewählt oder Gemeindevertretung oder so. Hätte es überhaupt keinen Effekt. Auch Anklam ist noch klein genug, dass man durch eine hinreichend große Verwandtschaft mit bekanntem Namen, Vereinsmitgliedschaften, überhaupt Bekannte, da immer noch eine Rolle spielen kann, und gerade wenn die Antragstellerin sagt, die Gefahr bestünde gerade darin, dass in solchen kleinen Räumen sich Leute mit angeblich rechtsextremer Gesinnung breit machten, dort ist es egal, ob da eine NPD ist oder nicht, wenn das Privatpersonen sind, ist das genau das gleiche. Es würde nur die Normalisierung noch befördern, weil dann das Schild „NPD" weg wäre, da wäre das eben der Herr Andrejewski oder sonst wer. Aber die Menschen sind ja noch da, ihre Aktivitäten wären noch da, sie dürften nur nicht den organisatorischen Zusammenhang fortsetzen, weil sie sich sonst strafbar machen würden, aber den brauchen sie auch nicht in einem Dorf wie Jamel oder selbst in einer Kleinstadt wie Anklam.

Das gilt übrigens auch für die hier als besonders gefährlich dargestellten Internetaktionen. Gerade was auch ein Parteiverbot nicht beeinträchtigt sind Internet- und Facebookaktionen und dazu braucht man auch keine Partei. Da setzt man sich an den Computer und macht irgendeine Bloggerseite auf, das reicht für so eine Stadt wie Anklam. Ohne Worte wurden auch Demonstrationen schon klargemacht, dann, wenn die Partei nicht mehr da ist. Einzelpersonen können jederzeit Demonstrationen anmelden. Das Demonstrationsgeschehen, das Facebookgeschehen würde überhaupt nicht beeinträchtigt werden. Quintessenz ist: Anklam ist keine Zone der Angst, dort ist nichts beeinträchtigt.

Weiter wurde aufgeführt, wenn ich nur kurz und in sozusagen recht großzügigen Maßstäben, die der Antragsteller hier anlegt, die Kleinstadt Lassan, das ist in der Nähe von Anklam, noch kleiner. Dort wurde ein Vorfall im Antrag erwähnt. Im Jahre 2012 gab es da eine Prügelei, das ist alles. Ein Vorfall. Deswegen soll das jetzt eine Zone der Angst sein? Zufällig habe ich den Angeklagten als Anwalt vertreten und kann demnach hinzufügen, was in der Akte steht. Es ist eingestellt worden nach 153a StPO wegen geringer Schuld, 1.000 €, und zwar auch mit der Zustimmung des Nebenklägers. Es war eine persönliche Sache, außerdem isoliert. Also daraus nun zu konstruieren, dass Lassan eine Zone der Angst wäre, ist höchst abenteuerlich. Herr Professor Borstel hat noch gestern Ducherow mit eingeführt, das ist auch eine Kleinstadt, ein Dorf, in der Nähe von Anklam, dort sei jetzt eine Terroristenhochburg, weil dort jemand lebe, der verdächtigt wird, bei der „Oldschool Society" mitgemacht zu haben, OSS. Den Fall vertrete ich auch und da ist noch nicht einmal Anklage erhoben worden, das Verfahren ist auch abgetrennt worden, weil der Betreffende als Randfigur gilt, und wenn er nicht einmal angeklagt worden ist, gilt die Unschuldsvermutung. Das kann man also erst mal nicht mit einbeziehen.

Greifswald, Zone der Angst deswegen, weil dort in einem Zeitraum von zehn Jahren eine Tür zerdeppert worden ist. Das ist richtig. Da ist ein NPD-Mitglied verurteilt worden, weil er bei einem linken Wohnprojekt eine Tür beschädigt hat, Sachbeschädigung, versuchte Nötigung. Das steht aber für sich alleine da. In einem Zeitraum von zehn Jahren, sonst ist da nichts. Heißt, wenn man das Gesamtbild mal nimmt und man kann ja auch einen falschen Eindruck erwecken, indem man zwar eine zutreffende Tatsache nennt, aber sie so darstellt, dass das Gesamtbild überhaupt nicht stimmt. Das Gesamtbild von Greifswald, das wurde auch schon erwähnt, es gibt dort eine sehr aktive linksextreme Szene, es gibt dort viele Studenten und es gibt genug Belege, wir haben das auch in den Schriftsatz eingefügt, dass dort ein massiver linksextremer Terror, auch gegen die CDU, auch gegen Burschenschaften und Verbindungshäuser und so weiter ausgeführt wird. Die Charakterisierung von Greifswald ist ja eher eine linksextreme Dominanzzone, die mit Gewaltmitteln auch behauptet wird, mit einer von Rechten zerdepperten Tür. Herausnehmen möchte ich noch die Tatsache, dass in Greifswald Kreisratssitzungen stattfinden. Dort wurde bei der ersten Kreisratssitzung 2011 die Sitzung gesprengt von Linksextremen, nicht von uns, weil man verhindern wollte, dass wir den Raum überhaupt betreten, und seitdem gibt es immer wieder sogenannte Mahnwachen an den Eingängen, wo wir nach den Vorstellungen der Urheber – wozu auch die SPD gehört, auch der Landtagsabgeordnete Dahlemann wirbt damit – dann Spießrutenlaufen sollen durch diese Spaliere hindurch, die links und rechts stehen, direkt am Eingang. Wir sollen da durch. Wenn wir so etwas machen würden, würde das sicher im Antrag stehen. Da würde es dann heißen, wir wollen bedrängen damit und wir wollen einschüchtern und so weiter. Ich würde aber sagen, das gehört noch zu dem, was man als Politiker halt ertragen muss, also wenn man kontroverse Ansichten vertritt und da stehen auch Demonstranten, aber man muss da durch, das ist etwas, worüber ich nicht jammern würde. Ich würde deswegen auch nicht nach Karlsruhe rennen. Ich würde sogar so weit gehen und sagen, mich da dem Herrn Richter und Herrn Möllers anschließen, wenn ich den Steinkohlebergbau plattmache in meinem Land, dann muss ich eben damit rechnen, dass da zweihundert Leute vor meinem Haus stehen und mal demonstrieren, solange die nicht gewalttätig werden, auch das gehört zu dem, was man als Politiker aushalten muss. Die Antragsteller nennen das Individualisierung, die sei jetzt unzulässig. Aber ich möchte darauf hinweisen, dass diese Individualisierung noch in viel höherem Maße durch die Presse erfolgt. Ich möchte nicht das mitmachen, was Bundespräsident Wulff mitgemacht hat. Da werden Sie nämlich auch individualisiert. Da stehen dann keine zweihundert Leute, die demonstrieren vor Ihrem Haus, sondern da ist ein riesiger Presseaufwand, da werden Sie wochenlang durch die Presse geschleift. Das ist halt so. Das muss man als Politiker aushalten. Und deswegen würde ich auch sagen: „Ich sage jetzt zwar nicht: ‚Hurra, der ist zurückgetreten, der Bürgermeister in Tröglitz', aber er ist für sein Amt nicht geeignet gewesen." Da haben einmal ein paar Leute friedlich demonstriert vor seinem Haus. Das muss man aushalten. Ich würde darüber nicht jammern, ich jammere nicht über das Spalier, durch das ich da in Greifswald gehen muss, und das sollte er dann auch nicht.

Was ich noch hinzufügen will: Es geht nicht um Angstzonen, es geht darum, dass die Komfortzonen der Etablierten beeinträchtigt werden. Angstzone, habe ich schon dargelegt, in Anklam gibt es sie in keiner Weise zu sehen, auch in anderen Städten nicht. Aber gerade im Landtag ist es so, dass die etablierten Parteien das Plenum als ihre Komfortzone ansehen, ihnen ist die NPD unangenehm, sie finden sie abstoßend. Ich will jetzt nicht sagen, dass das auf Gegenseitigkeit beruht, weil das bei mir eine Beleidigung wäre, aber jedenfalls kann man sich nicht gegenseitig leiden und sie würden sich wohler fühlen, wenn wir nicht da wären. Aber nur darum geht es. Wir erzeugen gar keine Angst, weder im Landtag, noch in Anklam, noch Lassan, noch Greifswald. Aber wir sind halt Außenseiter. Ich habe mal Berichte gelesen über die ersten Grünen im Bundestag, die dort auch mit nacktem Hass empfangen wurden, weil sie völlige Exoten waren und sich nicht an die Rituale dort gehalten haben. Es war schon kurz vor Prügeleien und so ähnlich ist das auch. Aber es gibt keinen Anspruch darauf, dass man eine Komfortzone behalten darf, und dass man verschont wird von der Anwesenheit von Andersdenkenden, die man noch so widerlich findet. Das ist kein geschütztes Rechtsgut, so eine Komfortzone. Von Gefahrenzone kann nicht die Rede sein.

Rostock wurde nicht erwähnt, soweit ich jetzt in Erinnerung habe in der Antragsschrift, weil es wohlweislich bei Rostock genau das Gegenteil ist. Das Gesamtbild des Landes wird dadurch geprägt, dass nicht nur Greifswald eine linksextreme Dominanzzone ist mit Terroristen, zumindest mit gewalttätigen Aktionen gegen Andersdenkende. Rostock erst recht. Ich greife ein Ereignis heraus: Dort hat ein ehemaliger Landtagsabgeordneter der NPD – 2010 meine ich – einen Laden aufgemacht in einem eher linken Viertel, Kröpeliner Vorstadt, das dann durch massiven Terror, teilweise durch Mahnwachen vor dem Geschäft, um Kunden abzuschrecken. Da könnte man noch sagen: „Na gut", aber auch durch Brandanschläge dermaßen immer wieder unter Druck gesetzt wurde, dass er den Laden dann zumachen musste. Auch das wäre sicherlich ein Prunkstück in der Belegsammlung der Antragsteller, wenn das umgekehrt gewesen wäre. So wird es aber totgeschwiegen, um den Eindruck zu erwecken, das wäre alles nur eine rechte Horrorzone und Links wären alles nur Opfer.

Das ist aber nicht der Fall und bei „Endstation Rechts", das ist ein der SPD nahestehendes Internetportal, wurde dann später ein Resümee getroffen und da wurde dann geschrieben: „Ja, Ergebnis, Kröpeliner Vorstadt ist endgültig nazifrei." Das könnte man schon als Billigung ansehen. Da sollte man vielleicht als Antragsteller oder als SPD hier etwas weniger empfindlich sein, wenn man schon sich so äußert.

Güstrow, hier haben wir die Frau L., wird dargestellt als wäre die ganze Stadt Güstrow eine Zone der Angst, die von der NPD zu verantworten wäre. Hier ist aber zu sagen, es gibt laut Antragsschrift nur ein Ereignis, das mit der NPD in Zusammenhang zu bringen ist, nachweisbar. Das ist die Tatsache, dass das ehemalige Mitglied der NPD, Herr M., ja, dass der vor einem Restaurant stand, wo Frau L., aß, während sie ein Interview gab. Das ist alles. Ansonsten gab es Übergriffe oder Angriffe gegen sie von Unbekannten. Also unbekannte Personen demolieren ihren Briefkasten und Herr M. steht einmal vor dem Restaurant. Dazwischen eine Kausalität zu konstruieren, ist schon sehr abenteuerlich. Um das mal kurz auszuführen, wenn man diesen großzügigen Maßstab für Kausalitäten objektiver Zurechnung generell anwenden wollte, dann könnte ich auch sagen: „Der Herr Professor gestern, der sagte, wir hätten gigantische Pläne zur Deportation von 15–16 Millionen Menschen, die würden jeden Widerstand gewaltsam niederschlagen wollen", wenn das jemand liest und sagt, das sei schrecklich, jetzt muss ich gegen die NPD was unternehmen, und macht ein Gewaltakt gegen einen NPD-Funktionär. Vor Wochen ist einem Leipziger NPD-Funktionär der Schädel eingeschlagen worden. Ist das kausal? Nein, ist es nicht, weil dazwischen immer noch der autonome Tatentschluss des Betreffenden steht. Ist objektiv zurechenbar? Auch nicht. Es ist zwar sicherlich ein Aufruf zum Hass, wenn man jemandem so etwas vorwirft, auch eine Verleumdung, aber soweit würde ich nicht gehen zu sagen: „Das ist kausal." Ist es nicht, es ist nicht zurechenbar. Das gilt aber auch für uns.

Wenn unbekannte Täter die Briefkästen von einer linken Abgeordneten demolieren und da einfach nur die NPD ist und einmal ein NPD-Mitglied davon im Restaurant auftauchte, ist das der NPD nicht zuzurechnen, übrigens lassen sich keine Wirkungen ablesen. Es ist ja auch ein Tatbestandsmerkmal, sozusagen die Störung des politischen Prozesses. Wenn die Frau L. sich jetzt irgendwie zurückzieht, das macht sie nicht. Sie baut jetzt noch auf und ist jetzt Landtagskandidatin auf dem aussichtsreichen Platz 9, hat also ihr Engagement noch verstärkt. Im Übrigen ist sie natürlich auch aktiv der NPD auf die Pelle gerückt, indem sie sogar vor das Verwaltungsgericht gegangen ist und geklagt hat, dass ihr erlaubt sein möge, möglichst nahe Gegenkundgebungen gegen NPD-Kundgebungen zu machen. Also, dieser Opferstatus funktioniert so auch nicht. Sie wollte möglichst nahe an die NPD ran. Dafür kam dieser M. einmal vor ihr Restaurant, der Rest ist Unbekannten zuzurechnen.

L.: Dort ist zu sagen, es waren Unbekannte, die dieses Grundstück betreten haben. Alle Beschuldigten sind freigesprochen worden, rechtskräftig. Ich kann noch hinzufügen, dass auch Herr Petereit wegen des Vorwurfs der uneidlichen Falschaussage im Zusammenhang mit diesem Ereignis in der Berufung freigesprochen worden ist, allerdings die Revision hängt noch an. Das heißt, wenn also Unbekannte das Grundstück des Herrn Bürgermeisters von L. betreten und da Flugblätter ablegen und wieder gehen, was ich selber schon nicht als Bedrohung empfinden würde, das ist doch relativ schwach, dann ist alles, was die NPD damit zu tun hatte, dass der Bürgermeister von L. einmal sich weigerte, einem von ihm als rechtsradikal angesehenen Bürger für dessen siebtes Kind die Urkunde des Bundespräsidenten zu überreichen, und die NPD ihn dafür kritisiert. Das war alles. Und dann kommen Unbekannte und legen da Flugblätter nieder. Daraus eine Zone der Angst zu entwickeln, das ist unvertretbar, zumal das ein einmaliges Ereignis war, es war auch das einzige Mal, dass ein ehrenamtlicher Bürgermeister sowas überhaupt gemacht hat in Mecklenburg-Vorpommern.

Dann das berühmte Nazidorf Jamel, ich möchte nur ganz kurz etwas dazu sagen: Es ist kein Dominanzstreben, irgendwohin zu ziehen, es ist auch kein Dominanzstreben, wenn eine Siedlungsstruktur entsteht. Die ist eben da so, dass da sechs eher rechts sind, zwei neutrale und einer links. Solange da keine Gewalt angewandt wird, es waren Unbekannte, die die Anschläge auf dieses Künstlerehepaar verübt haben, und die Kausalität, Unbekannte verüben Anschläge, zünden eine Scheune an, aber da sind NPD-Mitglieder, die zieht auch nicht, außerdem muss man sich vor Augen halten, dass es eben weder dargelegt noch bewiesen ist, dass das eine von oben herab befohlene Wanderungsbewegung der NPD wäre, um irgendwo Dominanz zu errichten. Das sind eher Privatinitiativen. Eine klassische Rückzugsbewegung. Rechte sind nun mal eine Gruppe, die unter gesellschaftlichem Druck steht. Und solche Gruppen haben sich immer schon in Rückzugsgebiete zurückgezogen. Ob das nun die Puritaner waren, die noch nach England gingen, oder die Waldenser irgendwo in [unverständlich], oder in den USA eher Rechtsgerichtete in die Einöden von Montana. Das würde sich übrigens bei einem Verbot eher noch verstärken. Da die sicherste Sache unter Gleichgesinnten zu sein, ohne den organisatorischen Zusammenhalt fortzusetzen, ist einfach Nachbarn zu sein. Das ist sowieso im Trend. Aber ich sehe darin nun keine Bedrohung für den freiheitlich demokratischen Rechtsstaat, schon gar nicht angesichts der Dimension und der Tatsache, dass das ein Unikat ist, Jamel. Es gibt keine tausend Jamels.

Lübtheen, dort wird behauptet, es sei eine Angstzone, weil Herr Pastörs da ein paar Immobilien erworben hat. Und die Frau L., Bürgermeisterin, teilt im Vertrauen mit, ihr hätten Leute mitgeteilt, sie hätten Angst vor Herrn Pastörs, Unbekannte. Unbekannte trauen sich nicht, was zu sagen. Trauen sich auch nicht hier aufzutreten. Behaupten, Pastörs würde sie einschüchtern, dazu ein paar Immobilien. Aber das ist wieder „gemein Geschrei", mehr ist das nicht. Das ist vollkommen substanzlos. Daraus lässt sich keine Angstzone stricken.

Pölchow wurde auch angesprochen, der Vorfall bei Pölchow sei ein Beweis für die Bestrebung der NPD, mit Gewalt nun seine Gegner zu bekämpfen. Aber es ist ja immerhin der Geschehensablauf korrekt dargestellt worden von den Antragstellern. Es war so, dass der hinterher verurteilte Täter in Pölchow und seine Gesinnungsgenossen nicht etwa vorhatten, Linke anzugreifen, sondern die wollten zu einer NPD-Demonstration und wurden dort, das war also eine Gegenwehr und nicht etwa ein konzentrierter, koordinierter, unprovozierter Angriff auf Andersdenkende. So sind übrigens von den Körperverletzungsdelikten, die immer angeführt werden von dem Antragsteller, nicht wenige einzuschätzen, dass es sich um Gegenschläge handelt, die nicht mehr vom Notwehrrecht gedeckt sind. Es gibt – auch gegen die

AfD – bis hin zu Mordanschlägen massive Gewaltanwendungen und manche meinen dann, sie müssen zurückhauen und wenn die Notwehrlage nicht mehr gegeben ist, landen sie dann vor dem Richter. Das ist aber was anderes, als wenn ich koordiniert den Staat angreife.

Was noch angesprochen wurde, sind die Anschläge auf Bürgerbüros, da ist bisher der NPD kein einziger in Mecklenburg-Vorpommern zugerechnet worden. Unbekannte Täter machen das. Für die NPD gibt es keine Kausalität. Und interessant auch noch, dass Neubrandenburg, die 1. Mai-Demonstration wurde angesprochen, wo Herr Sebastian Richter dann etwas gesagt hat, was da nicht in Ordnung sein soll, das ist ein Beispiel dafür, dass besonders das Versammlungsrecht der NPD, der Antragsgegnerin, im erheblichen Maße durch gegnerische Kräfte eingeschränkt wird. Bei jeder Demonstration gibt es Gegendemonstrationen, es gibt häufig Blockaden, hier gerade in Neubrandenburg gab es eine Blockade, die dazu führte, dass dort nach 20–30 Meter Schluss war und man wieder zurückgehen musste. Eine ganz massive Einschränkung. Die Blockade wurde durch linksextreme, antifaschistische Kräfte durchgeführt, aber sie stand im Zusammenhang auch mit der SPD, auch Frau Bretschneider hat an der Demonstration teilgenommen. Dass sie sich allerdings nicht an der Blockade – sie war in der Demonstration dagegen am Rande –, dass sie sich von diesen Blockierern in irgendeiner Weise distanziert hätte, habe ich jedenfalls nicht mitbekommen und so ist das durchgehend in Mecklenburg-Vorpommern. Es kann keine Demonstration ausgeführt werden, ohne dass man damit rechnen muss, mit massiven Einschränkungen von Seiten politischer Gegner, auch der linken Parteien, Die Linke, Grüne, SPD. Das heißt, zusammenfassend kann gesagt werden: Diese Angstzonen existieren nicht, sie sind im besten Falle Fantasiekonstruktionen, im schlimmeren Falle Lügenkonstruktionen. Sie werden hier eben präsentiert, um zu beweisen, dass es eine konkrete Bedrohung gebe. Die gibt es aber nicht, und wenn an dieser Darstellung Zweifel bestehen sollten – von dem Antragsteller, aber auch vom Senat –, dann müsste bei jeder einzelnen dieser Behauptungen hier Beweis erhoben werden und die Tatsachen müssten erforscht werden. Vielen Dank.

Präsident Prof. Dr. Voßkuhle: Vielen Dank, Herr Andrejewski. Fragen von Herrn Müller.

Richter Müller: Keine Frage, aber im Interesse der historischen Wahrheit, Herr Andrejewski: Es waren viel mehr als 200 Leute und ich habe auch nicht den Steinkohlebergbau platt gemacht, sondern ich habe versucht, meiner Verantwortung als saarländischer Ministerpräsident dadurch gerecht zu werden, dass ich dafür gesorgt habe, dass die Beendigung des Steinkohlebergbaus im Saarland sozialverträglich und ohne betriebsbedingte Kündigungen stattfand und das ist im Interesse der betroffenen Menschen auch gelungen.

Rechtsanwalt Andrejewski: Leider hat die Saarbrücker Zeitung ihren Weg nach Anklam nicht gefunden, aber ich nehme das zur Kenntnis.

Präsident Prof. Dr. Voßkuhle: So, vielen Dank. Dann hätten wir den Teil, glaube ich, aus Sicht des Gerichts abgehandelt, wenn von Ihrer Seite dann nichts mehr zu sagen ist, dann würden wir jetzt zu den Rechtsfolgen kommen.

Richter Müller: Den Herrn Voigt…

Präsident Prof. Dr. Voßkuhle: Und Herrn Voigt würden wir vorher hören.

Herr Voigt: Herr Präsident, hohes Gericht, ich stehe zur Verfügung!

Präsident Prof. Dr. Voßkuhle: Ja, wir würden gerne etwas zum Organisationsgrad, zur Kampagnenfähigkeit, zur Durchsetzungsfähigkeit der NPD von Ihnen hören. Sie haben die Partei länger begleitet, haben da auch viel Erfahrung und können uns vielleicht ein bisschen auch eine Innenperspektive der politischen Mobilisierbarkeit der Partei geben.

Herr Voigt: Na ja gut, die aktuelle Lage ist jetzt im Europaparlament natürlich nicht immer so gut darstellbar. Allerdings, als ich die Parteiführung 1996 übernommen hatte, gelang es mir sehr wohl, eine Kampagnenfähigkeit bundesweit herzustellen. Dadurch, dass wir gegen die Ausstellung „Verbrechen der Wehrmacht" des Herrn R. massiv bis zu 10.000 Menschen mobilisieren konnten, die nicht Mitglied der NPD gewesen sind und es wohl zum ersten Mal durch Bildung einer Volksfront von rechts gelungen war, weite Kräfte von freien Kameradschaften, bis hin zu Marinekameradschaften, bis hin zu örtlichen, vollkommen normalen Bürgerinitiativen dazu zu bewegen, mit uns auf die Straße zu gehen, unter dem Motto: Unsere Väter und Großväter waren keine Verbrecher. Das ist dann abgeebbt damals durch das erste Verbotsverfahren. Dort hatte ich dann eine Art – oder der Parteivorstand unter meiner Führung – Doppelbeschuss verkündet, dass wir gesagt hatten: „Bis darüber entschieden ist, ob das Verbotsverfahren eröffnet wird, werden wir alle Demonstrationen einstellen", weil uns sehr wohl bewusst war, dass man hohe Besorgnis in den Innenministerien der Länder hatte, dass wir so viele Demonstranten zusammen bekommen konnten und wir mussten zunächst nach unserer Devise des Parteivorstandes einmal dazu kommen, diese Demonstrationen zurückzunehmen. Nachdem dann dieses Verfahren eingeleitet worden ist, haben wir natürlich mit Demonstrationen wieder begonnen, allerdings nicht in der Stärke, wie es zuvor gewesen ist. Weil gerade freie Kräfte sind nicht unbedingt steuerbar von der NPD, die sahen das als Verrat an, haben sich dann von der NPD abgewandt oder ähnliches. Dennoch gelang es, mit den Kampagnen „Argumente statt Verbote" doch wieder Leute auf die Straße zu bekommen. Nicht nur in Deutschland, sondern in ganz Europa fanden dann auch wie in der letzten Woche Mahnwachen vor den deutschen Botschaften oder Konsulaten statt, die sich dafür einsetzten, dass man lieber die NPD mit entsprechenden Argumenten bekämpfen sollte oder sich damit auseinandersetzen sollte, statt mit Demonstrationen.

Nach dem Einzug in die Landtage von Sachsen und von Mecklenburg-Vorpommern sahen wir uns in die Situation gesetzt, dass viele Leute – insbesondere auf Veranstaltungen im Westen – natürlich gefragt haben angesichts der Überfremdung, die damals schon im Westen vorhanden war, ob das überhaupt noch einen Sinn hat, die NPD zu unterstützten. Können wir überhaupt noch etwas national dagegen machen? Und das war dann die Zeit, wo der Fünf-Punkte-Plan für Ausländerrückführung unter meiner Leitung damals entwickelt worden ist, der sich allerdings völlig anders darstellt, als er jetzt hier dargestellt worden ist. Insbesondere die Ausgliederung der Ausländer aus dem deutschen Sozial- und Rentenversicherungssystem sollte ja nicht etwa eine Diskriminierung darstellen, sondern man muss sich das so vorstellen, dass diejenigen, die 20–30 Jahre hier in Deutschland gearbeitet haben, hohe Ansprüche haben, bis zu 100–150.000 Mark oder Euro, je nachdem aus welchem Zeitraum man das betrachten will, und dass das dann eine Chance für sie ist, sich in ihrem Heimatland etwas aufzubauen, weil wir immer der Meinung sind, dass die Identität des Ausländers gewahrt werden muss, wir stehen für ein Europa der Völker. Wir stehen für ein Europa der Vielfalt freier und souveräner Völker und wir sind eben gegen ein multikulturelles Europa, wir sind gegen ein multikulturelles Deutschland und daraus wird das Handeln unserer Politik abgeleitet.

Gut, das war dann die Kampagne Ausländerrückführung statt Integration und letztlich muss man natürlich dem entgegensetzen, dass viele Etablierte meinen, der demografische Rückgang in Deutschland, wäre nicht mehr aufzuhalten, da eben die Deutschen so wenige Kinder bekommen und hier war es wichtig, die Kampagne „Deutsche Kinder braucht das Land" in das Bewusstsein zu bringen, dass wir keinen Zuzug von Fremden benötigen, um Nachwuchs zu haben, wenn in Deutschland endlich einmal diese Milliarden, die man für Fremde ausgibt, fürs eigene Volk ausgegeben werden. Wir haben auf die soziale Problematik hingewiesen, dass viele Ehen kaputt sind, dass Frauen alleine dastehen mit Kindern, nicht in der Lage sind, ihre Familie durchzubringen ohne Hartz-IV, ohne Betteln gehen zu müssen und haben deswegen gefordert, 500,- € Kindergeld für jedes deutsche Kind, ein Mutterschaftsgehalt, und haben an sich eine positive Kampagne begonnen. Dann kamen natürlich die Zeiten der innerparteilichen Auseinandersetzung und dann wurde mir in vielen Dingen – auch was das Parteiprogramm dann anging – von meinem Nachfolger, der heute auch schon gesprochen hat, von Herrn Apfel, eben ein zu radikales Auftreten der Partei nachgesagt. Da hat sich dann die sogenannte „seriöse Radikalität" durchgesetzt, die allerdings noch in der Strategiekommission zu meiner Zeit als Vorschlag für die weitere politische Arbeit beschlossen worden ist. Ich kann hier aus dem Ergebnis der Strategiekommission vom 17. Januar 2010 in Berlin noch einmal einige Sätze vorlesen: „Zusammenfassend bleibt festzustellen, dass die NPD sich auch weiterhin als Systemalternative zum kapitalistischen System der BRD verstehen wird, allerdings in gewisser Weise eine ‚seriöse Radikalität' entwickeln sollte. Die Sacharbeit in den Parlamenten sollte verstärkt in die Partei und Öffentlichkeit getragen werden. Für den Wähler unverständliche Thematiken wie ‚BRD – ein Kind der Besatzer', Souveränitätsdefekte, ‚Grundgesetz – die Verfassung der Alliierten', sollten zwar auf Schulungen den Funktionsträgern vermittelt, weniger aber in die Öffentlichkeit in den Mittelpunkt gestellt werden, da dies die umerzogenen BRD-Bürger als unverständliches Parteichinesisch abtun."

Und ja, das war im Wesentlichen die Zeit meiner 16 Jahre als Parteivorsitzender und dazu stehe ich natürlich gerne weiter für Fragen zur Verfügung.

Präsident Prof. Dr. Voßkuhle: Vielleicht eine Frage zur aktuellen Situation von Europa aus: Gibt es irgendwelche Konzepte, Vorstellungen oder auch konkrete Aktionen, in denen Sie Netzwerke bilden mit anderen eher national gesinnten Kreisen aus Europa, mit denen Sie also grenzüberschreitend versuchen, Ihre Vorstellungen von einem Vielvölker-Europa durchzusetzen?

Herr Voigt: Na ja, ich denke, dass in diesem Grundprinzip für ein Europa freier souveräner Völker nahezu alle Nationalen in Europa sich einig sind, nur über den Weg dahin genauso wenig wie in Deutschland. Aber man kann sagen, die etwa 140 nationale Abgeordnete, was man da manchmal auch bemerkt, wenn man das Rederecht hat, wenn das Haus voll ist, was ja meistens nur sehr selten ist, kann man das am Applaus merken, dass diese Vorstellungen aber auch dann bestärkt werden in den entsprechenden Diskussionen und Gesprächen, die man dann mit einzelnen Abgeordneten hat und das eigentlich Interessante ist ja daran, dass wir immer als die Ausländerfeinde dargestellt werden. Dabei wollen wir doch gerade uns darum bemühen, dass die Ausländer ihre eigene Identität bewahren sollen und nicht zwangsgermanisiert werden. Ich habe in mindestens zehn Reden, was immer nur 60 oder 90-Sekunden-Beiträge im Parlament sind, muss man natürlich auch dazu sagen – antragsberechtigt bin ich nicht als Einzelabgeordneter –, darauf hingewiesen, dass man die Hilfe zur Selbsthilfe in ihren Heimatländern verstärken sollte, weil es sicherlich nicht so toll ist, dass die Menschen fliehen müssen. Der zuständige Hohe Kommissar für Migration in Europa hatte uns im Ausschuss – ich bin auch im Ausschuss eben für Migration, bürgerliche Freiheiten und Menschenrechte – darauf hingewiesen, dass in Schwarzafrika etwa 56 Millionen Menschen auf gepackten Koffern sitzen, die darauf warten nach Europa zu kommen und durch den Ruf von Frau Merkel: „Wir schaffen das, kommt alle!", etwa 20 Millionen sich jetzt in Bewegung gesetzt haben und über Lampedusa oder eben über die anderen Grenzen versuchen, nach Europa zu gelangen, weil sie glauben, dass ist das Land, wo Milch und Honig fließen. Und während der gesamten Zeit meiner Amtsführung ist es halt dahin gegangen, keine plumpe Anti-Ausländerpolitik zu betreiben, sondern grundsätzlich – und ich sage das auch heute noch – bei Demonstrationen oder Veranstaltungen oder Protesten oder Mahnwachen, dass jeder erhobene Schlagstock oder Baseballschläger gegen einen Ausländer eine Tat, ein Schlag gegen Deutschland ist, weil die Schuldigen eben nicht die Fremden sind, die hierher kommen, in der Hoffnung auf eine bessere Zukunft, sondern die Schuldigen sind im Prinzip die Politiker, die sie alleine gelassen haben, die über teilweise Jahrhunderte die Menschen ausgebeutet, die Völker ausgebeutet haben und sie in die Situation gebracht haben, dass sie eben keine Perspektive in ihrem eigenen Heimatland haben. Daraus haben sich eben die Forderungen, die ja auch letztens dann im Leitantrag zum letzten Parteitag der NPD gekommen sind, entwickelt, wo wir gesagt haben: „Es muss die Hilfe zur Selbsthilfe verstärkt werden." 80 bis 85 % sind Armutsflüchtlinge, auf die also eigentlich die Genfer Flüchtlingskonvention überhaupt nicht zutrifft, dass man also bei diesen Menschen die Luft rausnehmen muss und dort eben wirksame Hilfe geleistet wird und daran sollte man natürlich das Großkapital, was an den billigen Arbeitskräften, die nach Europa kommen, verdient, weil sie auch teilweise unter dem Mindestlohn beschäftigt werden können, wenn sie dann Bleiberecht bekommen, dass man also diese da an diesen Kosten beteiligen sollte, und ansonsten sollte man diese Summen, die man hier für eine meist ergebnislose Integration einsetzt, dafür einsetzen, dass die Menschen in ihrer Heimat eine eigene Perspektive entwickeln können.

Präsident Prof. Dr. Voßkuhle: Ja, gut, das verstehe ich und Sie sagen: „Da gibt es viel Sympathie dazu, auch im Europäischen Parlament." Nun haben wir ja gestern festgestellt, dass eine Reihe von Wissenschaftlern sagen: „Die NPD ist isoliert, wenn die NPD mit auftritt", also wenn die NPD sozusagen auf dem Logo draufsteht, „dann kommen gleich viel weniger Personen", und Sie haben ja auch nicht Unterschlupf gefunden bei einer Fraktion, sind auch im Europäischen Parlament, wenn ich das recht sehe, weitgehend isoliert. Als einzelner Abgeordneter kann man da nicht viel stemmen. Wie würden Sie das selbst sehen, oder finden Sie das auch so, dass da irgendwie ein Berührungsproblem ist, dass die Partei eher abstößt, als dass sie anzieht?

Herr Voigt: Na ja gut, abstoßen oder anziehen sind sicherlich in diesem Augenblick die falschen Worte. Es ist halt ein politisches Kalkül, weil man zurzeit in Frankreich hofft, dass man den nächsten Premierminister stellen wird, und da hat man natürlich andere Voraussetzungen und möchte keine Angriffsflächen liefern, aber es gibt immer andere Signale und ich bin ja nun nicht der einzige Abgeordnete, der alleine ist. Es gibt also die der Goldenen Morgenröte aus Griechenland, es gibt die Jobbik-Partei, die drei aus Ungarn und ansonsten hat man mit den anderen einen normalen parlamentarischen Umgang, der also sehr wohl stattfindet, und man sich in der Kaffeebar trifft oder abends irgendwo im Umfeld des Parlamentes mal beim Bier trifft. Dann gibt es also keine Distanzierung oder ähnliches und ich denke, wenn die Nationalratswahlen in Frankreich vorbei sind und, wovon ich hoffe und ausgehe, die NPD weiterhin existiert, dass wir dann in der Fraktion drinnen sind.

Präsident Prof. Dr. Voßkuhle: Herr Müller.

Richter Müller: Herr Voigt, Sie gelten als der Vater der Vier-Säulen-Strategie.

Herr Voigt: Ja.

Richter Müller: Also vorher Drei-Säulen, Kampf um die Parlamente, Kampf um die Köpfe, Kampf um die Straße, dann die vierte Säule, Kampf um den organisierten Willen. Wie weit ist der denn gediehen? Wie ist denn da der Stand der Dinge?

Herr Voigt: Nun, der Kampf um die Köpfe wurde damals massiv versucht, als wir in Sachsen ins Parlament eingezogen sind, wobei ich mir sehr wohl darüber bewusst war, dass der Kampf um die Köpfe im Westen erst zu gewinnen ist, wenn wir dort parlamentarischen Einfluss haben. Den hatten wir in Sachsen und dort gab es also eine ganze Reihe von ehemaligen Wissenschaftlern, eben der DDR, die, kann man so sagen, nicht richtig zum Zuge gekommen sind bei der Wiedervereinigung. Wir waren dort in einer Menge Kontakte mit diesen Leuten, diese in die NPD zu kriegen, und ich habe damals den Fraktionsvorsitzenden der NPD Holger Apfel gebeten, hier auch perspektivisch Einstellungen zu machen. Es gab zum Beispiel den Professor N., die anderen Namen fallen mir jetzt auf Anhieb nicht sofort ein, es gab aber insgesamt fünf Professoren. Einen hatte mir Franz Schönhuber empfohlen, der lange Zeit der Vorsitzende der Republikaner gewesen ist. Das stieß aber auf massiven Widerstand, nach dem Motto: Das sind alte Kommunisten, mit alten Kommunisten spricht man nicht. Und für mich wäre es wichtig gewesen, sich in der ehemaligen Nomenklatura der DDR doch verankern zu können. Das hätte dann auch einen Rückkopplungseffekt auf die anderen Bundesländer in Mitteldeutschland gehabt. Und das ist aber eigentlich durch die starre Haltung der Fraktion damals gescheitert und ist dann auch nicht mehr weiter verfolgt worden.

Aber ich bin mir darüber im Klaren, dass eben der Kampf um die Köpfe, wie der Kampf um die Parlamente sich unabdingbar miteinander verbinden, denn nur da, wo wir erfolgreich in den Parlamenten sind, können wir auch Köpfe gewinnen. Bei der von Prof. Jesse sehr richtig beschriebenen Isolierung, in der wir uns heute befinden, ist es eben eine sehr schwere Überwindung für eine Person, sich heute zur NPD zu bekennen. Da gibt es viele Leute, die gute Ratschläge geben, die uns auch einmal besuchen, unter vier Augen sprechen und sagen: „Das und das musst du machen, zum Beispiel, wenn du hier vor dem Bundesverfassungsgericht stehst, aber bitte sag nicht meinen Namen." Ein ähnliches Problem hat auch der Herr Richter, dass man ihm dann tausend Tipps gibt, aber eben selber nicht möchte, dass der Name in Erscheinung tritt, weil man dort unter der Ausgrenzung leidet, und dass ist eigentlich eine Schande für ein demokratisches System, dass also wirklich auch renommierte Personen und Persönlichkeiten Angst davor haben müssen, sich zu einer Partei zu bekennen, die ja nichts anderes tut, als sich für das eigene Volk und für die Zukunft Deutschlands zu bekennen.

Richter Müller: Die Frage zielte auf den Kampf um den organisierten Willen. Es war ja die Idee, eine starke Bündelung der Kräfte zu erreichen. Ist das gelungen?

Herr Voigt: Es war dann gelungen, als die Deutsche Volksunion aufgelöst wurde und wir einen Vereinigungsparteitag hatten, mit der Verschmelzung zu einer Partei. Aber es gab dann einige Landesverbände, die Widerstand leisteten, in der Deutschen Volksunion dagegen Klage erhoben hatten, und dadurch war der Druck, die gute Stimmung auf diesem Vereinigungsparteitag vor allem erst mal draußen, da wir dann zwei Jahre warteten, bis dieser Beschluss, der Einheitsbeschluss, das Zusammenlegen der beiden Parteien erst einmal genehmigt gewesen ist.

Richter Müller: Ich habe das so verstanden, vielleicht stimmt das nicht, dann müssten Sie das korrigieren, dass dieser Kampf um den organisierten Willen eben nicht nur den parteigebundenen Bereich betraf, sondern darüber hinaus auch den Bereich der freien Rechten...

Herr Voigt: Sie haben mich ja da unterbrochen, Entschuldigung...

Richter Müller: Oh, Entschuldigung.

Herr Voigt: Der zweite Teil war natürlich schon, dass man in den vielen freien Kameradschaften, wir mussten also in dieser Zeit auch damals beginnend mit den Demonstrationen gegen die Wehrmachtsausstellung merken, dass es eine ganze Menge freie Kameradschaften gab, über die wir keinerlei Kontakte oder Ähnliches verfügten, dass es da eine Menge Wirrköpfe darunter gab, dass es auch eine Menge gab, die dies nur als Spaßerlebnis machten, abends braune Lieder singen und saufen und nichts dahinter. Mit diesen Leuten wollten wir natürlich keinen Kontakt. Wir wollten aber sondieren und in gewisser Weise ist es im Prinzip so gewesen, dass gerade zu Beginn des Wechsels zwischen 1998 und 2002 nahezu in jedem deutschen Dorf und jeder deutschen Stadt oder jedem deutschen Bezirk sich freie Kameradschaften befanden. Das ist natürlich für einen Vorsitzenden einer nationalen Partei, die natürlich auch eine nationale Front darstellen möchte, schwierig zu sehen. Da war es natürlich ein Motto, auf diese Menschen zuzugehen, nicht nur, weil sie teilweise nicht bürgerlich aussehen und eine Glatze hatten und Stiefel getragen haben, zu sagen: „Wir stoßen sie ab, das sind keine Deutschen", sondern wir versuchen zu integrieren und im Rahmen dieser Integration ihnen klar zu machen, wenn sie politisch etwas verändern wollen, dass sie dann dieses Äußere ablegen müssen, um dann im Prinzip auch Menschen ansprechen zu können, die uns wählen und das ist zum Teil gelungen. Wir haben damals einige Personen als Repräsentanten in den Parteivorstand bekommen, das war der T., das war der Thomas Wulff, das war der Thorsten Heise. Wulff und Heise sind heute noch in der Partei tätig, T. nicht mehr. Insofern kann man sagen, es war zum Teil gelungen, es war nicht bei allen gelungen und wir haben, also ich denke mal, bei 20–25 % der freien Kräfte, mit denen man dann auch arbeiten konnte, die politisch etwas verändern wollten und die nicht nur ein Spaßerlebnis haben wollten, sehr gut zusammengearbeitet und haben die teilweise in der Partei wie auch in der Fraktion integrieren können.

Richter Müller: Nur wenn man kämpft, braucht man ja zwei Dinge: Man braucht einen Gegner und ein Ziel. Wenn ich da noch kurz zu fragen dürfte. Zunächst mal zu dem Gegner, gegen wen oder was kämpfen Sie eigentlich? Es gibt so ein paar Äußerungen, den ein oder anderen hätten wir gerne persönlich gefragt, der ist leider nicht da. Es gibt die Äußerung etwa des Herrn Wulff, des Landesvorsitzenden aus Hamburg, dass es um den Kampf gegen ein krankes System gehe, dass es darum gehe, gegen ehrlose korrupte Politiker und ihre Speichellecker in den Medien zu kämpfen, dass es darum gehe, so der Herr Pastörs, die Reststrecke eines korrupten Systems, was beseitigt gehört, zu bewältigen und dass das Ziel das „Reich" sei, so sagt der Herr Cremer. Er beruft sich dabei auf Sie. Da ist meine Frage nochmal in Anknüpfung an das, was der Herr Maidowski heute Morgen gefragt hat: Welches Reich? Der Herr H. hat in dem Zusammenhang gesagt, wenn es so weit sei, werde eine ordnende Reichsversammlung als Sofortmaßnahmen die Verfassung und die Gesetze des Deutschen Reiches mit dem Stand vom 23. Mai 1945 wiederherstellen. Also ist der Gegner ein korruptes System und das Ziel das Reich mit den Gesetzen vom 23. Mai 1945?

Herr Voigt: „Unser Weg ist die NPD, das Ziel ist das Reich." Das war in der Tat ein Zitat, das von mir stammt und es zeigt ja eigentlich… Die ganze Zeit, wo ich hier sitze, habe ich immer auf diesen Adler geschaut, der repräsentiert eigentlich, in welchem Zustand sich unser Volk Deutschland heute befindet. Insofern ist es natürlich ein Kampf gegen das liberalkapitalistische BRD-System. So habe ich das immer formuliert aus dem Wissen heraus, dass die BRD ein Kind der drei westlichen Besatzer ist, genauso wie die DDR ein Kind eben der SBZ gewesen ist. Insofern stehen wir natürlich auch treu zum Grundgesetz und wie der Art. 146 eben besagt, dass am Tage der deutschen Wiedervereinigung eben wir uns eine entsprechende neue Verfassung zu geben haben. Ich sehe jetzt aus der ganzen Diskussion dieser drei Tage heraus, aus den vielen komplexen, verwirrenden Begriffen eben auch die Tatsache heraus, dass man heute in Deutschland schon als Rechtsradikaler gilt, wenn man das Reich fordert – wenn man also die Bundesrepublik als Besatzerkind genauso überwinden möchte, wie die Deutsche Demokratische Republik überwunden wurde.

Ja, was kann da anderes stehen als das Reich? Auf der einen Seite steht eben die Integration in einem europäischen Bundesstaat, wie sie Frau Merkel anstrebt. Und wir wollen eben einen deutschen Nationalstaat, und dieser symbolisiert sich eben zunächst einmal unter dem Begriff Deutsches Reich. Das mag man vielleicht anders nennen, aber da ich zu den Traditionalisten in der NPD gehöre, gebrauche ich natürlich diesen Begriff sehr gerne, weil der für mich einen Staat, wenn ich bis nach Bismarck zurückblicke, symbolisiert, eine Staatsform, wo zum ersten Mal soziale Rechte für deutsche Arbeiter umgesetzt worden sind, sozusagen von oben herab. Es ist auf der anderen Seite für mich ein Begriff oder ein beispielgebender Kampf, den ich bei der Sozialdemokratie sehe, die damals unter dem gleichen Verfolgungsdruck stand, unter dem sich heute die NPD befindet. Sie konnte keine Konten bei Banken haben, sie wurden aus Sportvereinen ausgeschlossen. Wir werden heute auch aus freiwilligen Feuerwehren ausgeschlossen. Es gab Berufsverbote, es gab Wahlverbote und was es da alles gab. Es ist eigentlich eine vergleichbare Situation. Wie ich heute auch schon sehe, dass gerade die SPD einen so starken Druck auf das Verbot der NPD haben möchte, wo sie doch gerade weiß: Je stärker man den Druck macht, um eine Partei zu verbieten, und wie viele Verbote es auch unter Hinweis der Geschichte gegeben hat, die nie zu einem Erfolg geführt haben. Am Ende stand dann immer, dass irgendwann eine verbotene Partei auch wieder in die Regierung kam. Insofern sehe ich die Entwicklung – wie sie auch kommen mag – vorwärts gerichtet und mir geht es eben darum, das zu überwinden, was die Sieger geschaffen haben und etwas Neues, etwas Besseres zu schaffen.

Präsident Prof. Dr. Voßkuhle: Herr Huber, dann Herr Maidowski.

Richter Prof. Dr. Huber: Herr Voigt, Sie hatten ja vor 14 Tagen eine Verfassungsbeschwerde erhoben, die auf die Wiedereinsetzung der Bundesakte von 1815 zielte und die wir nicht zur Entscheidung angenommen haben. Ich könnte mir vorstellen, dass jemand die Bismarck-Verfassung wieder in Kraft setzen will, von mir aus auch die Weimarer Reichsverfassung von 1919, aber die Verfassung vom 23. Mai 1945, die im Grunde auf einen Satz zu reduzieren war, „der Wille des Führers ist oberstes Gesetz", das kann ich mir ehrlich gesagt nicht vorstellen.

Herr Voigt: Das habe ich auch nicht gefordert. Ich habe nur darauf hingewiesen, auf die Problematik, und darf das noch einmal äußern, die darin besteht, dass wir eine Verfassung haben, die eigentlich gar keine ist, die sich deswegen Grundgesetz nennt. Ich muss das meinen Freunden im Europaparlament erklären, dass wir vor dem Bundesverfassungsgericht stehen, obwohl wir keine Verfassung haben, dass es einen Verfassungsschutz gibt, obwohl wir keine Verfassung haben. Das ist doch, so habe ich es an der Uni, in der Ludwig-Maximilians-Universität, eben von Professor B. in München sehr wohl gelehrt bekommen, dass die Verfassungsväter deswegen ganz bewusst ein Grundgesetz gemacht haben, was sie nicht Verfassung genannt haben, weil diese Verfassung, so wie es im Art. 146 GG steht, an diesem Tag, an dem das deutsche Volk aufgefordert ist, in freier Selbstbestimmung sich eine eigene Verfassung zu geben, und diesen Zustand haben wir bis heute nicht erreicht und darauf streben wir hin.

II. Mündliche Verhandlung

Präsident Prof. Dr. Voßkuhle: Okay, dann Herr Maidowski.

Richter Dr. Maidowski: Herr Voigt, Sie haben am Anfang Ihres Statements gesagt, beim ersten NPD-Verfahren, da habe man die Demonstrationsaktivitäten ein bisschen eingeschränkt.

Herr Voigt: Ja.

Richter Dr. Maidowski: Kann ich davon ausgehen, dass es auch bei diesem Verfahren ein Gebot der politischen Klugheit gewesen ist, die Aktivitäten der Partei wieder ein bisschen zu dämpfen? Das ist meine erste Frage, und die zweite Frage: Wie geht es weiter nach diesem Verfahren? Und zwar sowohl für den Fall, dass der Antrag Erfolg hat, wie auch vielleicht noch wichtiger für den Fall, der Antrag hat keinen Erfolg. Herr Cremer, der, wie gesagt, nicht da ist heute, hat in einem Tweet im Dezember 2015 dazu geschrieben: „Wer glaubt, berechtigten Widerstand mit der Verbotskeule zu verhindern, der löscht auch Feuer mit Benzin." Das ist ein bisschen schwer verständlich, aber Sie können vielleicht aus Ihrer Perspektive ein bisschen darstellen, wie das nach dem Verfahren weitergehen kann.

Herr Voigt: Also zunächst einmal, was die jetzige Partei schon beschlossen hat. Ich bin darin nicht so involviert, da ich im Europaparlament sitze und ich Mitglied des Parteivorstandes bin, der Repräsentant des Parteivorstandes. Der Parteivorsitzende sitzt da, den kann man dazu befragen und ansonsten kann ich nicht in die Zukunft sehen. Ich weiß nicht, wie Sie entscheiden werden, und danach wird sich natürlich unser entsprechendes Handeln richten. Ich für meine Person werde..., man kann eine Gesinnung nicht verbieten. Man kann vielleicht die Organisation verbieten, ich werde natürlich weiterhin versuchen, sofern Sie mich nicht einsperren, politisch zu arbeiten. Sollte es eine andere Konstellation geben, dann schreibe ich eben Bücher oder sonstiges, aber ich werde in jedem Fall politisch weiterarbeiten, weil ich an meine politische Überzeugung glaube. Es wird neue Organisationsformen dafür geben.

Zum Thema derjenigen Fragen, die Sie gerade aufgeworfen haben, betreffend Gewalt oder mit Gewalt drohen. Das ist für mich als Nationalist völlig absurd. Gewalt in einem Volke, das sind die Bürgerkriegstheorien, die von Seiten der Linken kommen, die sehr gerne ein Volk spalten wollen und so ein Volk ist gespalten, nachdem es einen Bürgerkrieg hatte. Ich habe viele, viele Freunde in Spanien, bin auch oft in Spanien in der Vergangenheit, in den vergangenen 40 Jahren gewesen und sehe, wie tief dort der Bürgerkrieg teilweise in den Familien behaftet ist. Die einen waren auf der Seite der Kommunisten, die andere Seite auf der christlichen Seite, und das schon nach über 80 Jahren nach dem Bürgerkrieg sind bis heute noch Familien deswegen getrennt, und ich möchte sowas auf jeden Fall vor allem meinem Volke ersparen, also bürgerkriegsähnliche Zustände, Gewalt oder gegen dieses staatliche Gewaltmonopol angehen. Ich bin lange genug Soldat gewesen, ich war 12 Jahre Soldat, und weiß, dass das völlig sinnlos ist und zu nichts führt. Außerdem ist das deutsche Volk kein Volk von Revolutionären. Wenn wir die Herzen der Menschen nicht erobern können, dann können wir einpacken.

Richter Dr. Maidowski: Nun habe ich extra diese erste Frage, die ich hatte, Ihnen gestellt und nicht dem Parteivorsitzenden, weil es mir schon darum geht, Sie sind ein sehr langjähriger Beobachter dieser Partei, der so ein bisschen die Sicht von außen oder von Halbaußen hat. Das war schon Absicht. Ich weiß, dass Sie im Parteivorstand keine Beobachtungen machen können, aber wie sehen Sie das von Ihrem Standpunkt des Europaparlamentariers. Hat die NPD sich zurückgehalten oder hat sie das nicht?

Herr Voigt: Nein, sie hat es nach meinem Dafürhalten nicht getan. Es gab eine Reihe von Veranstaltungen, die bundesweit stattgefunden haben. Die Gegenseite hat hier vorgetragen, ich glaube, 195 sind es gewesen, das sieht nicht nach allzu großer Zurückhaltung aus. Ich habe auf einer Vielzahl von Veranstaltungen gesprochen im letzten halben Jahr, also ich habe nichts davon bemerkt, dass die Parteiführung hier etwas Zurückhaltung geboten hätte.

Präsident Prof. Dr. Voßkuhle: Vielleicht noch eine letzte persönliche Frage: Der Gedanke der Gemeinschaft, der Gedanke der Kameradschaft, spielt eine große Rolle und damit verbindet sich auch die Vorstellung einer straffen Organisation und gleichzeitig hat man den Eindruck, dass es intern sehr viele Spannungen gibt. Also auch, was Herr Apfel erzählt hat, von der Art und Weise wie er kommuniziert hat mit anderen Mitgliedern des Vorstandes der Partei, und das sind offensichtlich so zwei Bilder, die in einem Verhältnis zueinander stehen, das mir noch nicht so ganz klar ist. Also für Sie sind Familie, Kameradschaft, „wir stehen zusammen", wichtige Werte, die sich dann in politisch starken Konzepten wiederfinden, wie dem der Volksgemeinschaft, aber untereinander sind sich alle nicht so ganz grün, hat man manchmal den Eindruck.

Herr Voigt: Ja, das kann ich Ihnen sogar aus der persönlichen Erfahrung vielleicht damit begründen, dass heute die Demokratie in der NPD angekommen ist. In den 60er Jahren, als ich in die NPD eintrat – also 1968 –, da war das die Partei, wo nicht viel diskutiert worden ist. Da galt das Prinzip, da waren viele Soldaten, Offiziere die dort drinnen waren, fast das Prinzip Befehl und Gehorsam. Was da der Parteivorsitzende sagte, was der Chef gesagt hatte, wurde ohne lange Diskussionen gemacht. Aber heute ist das nicht mehr so. Das war für mich auch sehr schwer, ich bin ja selber Offizier gewesen. Dann irgendwann wurde ich dazu überredet, die Führung – zunächst mal überredet, später überzeugt – der Partei zu übernehmen, dann zu merken, dass hier der Grundsatz, den ich bei der Bundeswehr lernte, die Willensäußerung eines Offiziers, eines Vorgesetzten, grundsätzlich als Befehl zu betrachten, in der NPD nicht galt und ich ständig um Mehrheiten ringen musste. Und dieses Ringen um Mehrheiten ist innerhalb der Partei relativ schwierig, man muss sich ja über lange Jahre hin eine gewisse Hausmacht aufbauen, man muss mit dieser versuchen, auch seine politischen Zielvorstellungen durchzusetzen. Für mich war das also sehr schwierig damals die Forderung nach der Todesstrafe, die sicherlich auch eine Rolle spielt, wo ich ein Anhänger von gewesen bin, in die Partei einzubringen. Es ist auch sehr knapp durchgegangen. Es gab dann insbesondere viele konfessionell gebundene Parteikameraden, die massiv dagegen diskutierten hatten. Ich wüsste nicht, wenn heute das Thema erneut zur Debatte stünde, ob das auch im nächsten Parteitag nicht wieder gekippt würde, wenn man sich nicht mit dieser Vehemenz dafür einsetzt oder für die Wehrpflicht. Ich habe mich dann für die Wehrpflicht von Frauen eingesetzt, was damals in der NPD auch verpönt gewesen ist, und habe solche Dinge durchgesetzt im Parteiprogramm, aber da muss man schon einige Zeit daran arbeiten, dass das mehrheitsfähig ist.

Präsident Prof. Dr. Voßkuhle: Vielen Dank.

Herr Voigt: Bitte.

Präsident Prof. Dr. Voßkuhle: Weitere Fragen? Ist nicht der Fall. Dankeschön. Herr Müller hätte noch gerne zwei Fragen an Herrn Franz. Herr Franz, wenn Sie nochmal kurz nach vorn kommen.

Richter Müller: Ich hätte zwei kurze Fragen, Herr Franz. Die erste Frage: Wir haben heute viel über Ihr Programm gesprochen, sind Sie eigentlich glücklich mit diesem Programm?

Parteivorsitzender NPD Franz: Ja, ich halte das für ein sehr gutes Programm.

Richter Müller: Gibt es Bestrebungen in der NPD, das Programm zu ändern?

Parteivorsitzender NPD Franz: Es gibt immer Bestrebungen, in einem Parteiprogramm zu verfeinern, zu verbessern, auszubessern, zu modernisieren.

Richter Müller: Läuft da ein konkretes Projekt?

Parteivorsitzender NPD Franz: Es läuft kein konkretes Projekt, das Parteiprogramm zu verbessern, aber wir haben immer wieder sogenannte Strategiekommissionen, die wir einberufen, um dann thematische Aspekte, die im Parteiprogramm behandelt werden, zu konkretisieren, den Gegebenheiten anzupassen, fortzuentwickeln. Die gibt es fortwährend.

Richter Müller: Aber im Moment ist das Programm Grundlage Ihrer Arbeit?

Parteivorsitzender NPD Franz: Na, ich sage ja, wir arbeiten ständig an der Erweiterung dieser Themenkomplexe, die im Parteiprogramm erarbeitet werden. Das läuft jetzt aber nicht unter dem Arbeitstitel Parteiprogramm, sondern das läuft dann unter unterschiedlichsten Arbeitstiteln, die dann aber irgendwann natürlich wieder in einer Konkretisierung oder Fortentwicklung des Parteiprogramms münden sollen.

Richter Müller: Aber es ist nicht so, dass man sagen müsste, es gibt bestimmte Teile des Programms, die eigentlich gar nicht NPD sind? Oder wenn ja, wäre ich Ihnen dankbar, wenn Sie mir die Teile des Programms nennen würden.

Parteivorsitzender NPD Franz: Nein, also das gibt es jetzt so in der konkreten Form nicht.

Richter Müller: Okay, zweite Frage: Sie haben beim letzten Bundesparteitag als Erfolgsmeldung auf steigende Mitgliederzahlen hingewiesen. Könnten Sie das etwas konkretisieren?

Parteivorsitzender NPD Franz: Es ist so, dass wir 2015, als die Asylpolitik der Bundesregierung erkennbar in eine falsche Richtung lief und auch bei den Bundesbürgern vielfach unter dem Begriff der Wutbürger auf Unverständnis stieß, dass das natürlich auf eine Erhöhung der Aktivitäten unserer Partei hinauslief, was wiederum zur Folge hatte, dass das, was die NPD seit vielen Jahren sagt, jetzt zum Tragen kam, und sich daraufhin natürlich auch vermehrt Bürger bei uns meldeten, die dann auch Mitglied werden wollten.

Richter Müller: Können Sie das irgendwie quantifizieren?

Parteivorsitzender NPD Franz: Na ja, wir hatten ein Wachstum, was die Interessentenzahlen und letztendlich auch die Mitgliederzahlen angeht, von etwa 8 %. Das lässt sich dann aber tatsächlich auch auf den Zeitraum fokussieren, in dem diese Asylpolitik relativ stark auch in der Presse thematisiert wurde. Das war also schon im Wesentlichen abhängig vom thematischen Geschehen. Auch schreibe ich uns durchaus auf die Fahnen, weil wir ja auch mit dem Ziel angetreten sind, die Partei in gewisser Weise, was die öffentliche Wahrnehmung angeht, zu reformieren. Das kann man jetzt schlecht voneinander trennen, wo welche Auswirkungen anzusiedeln sind.

Richter Müller: Okay.

Parteivorsitzender NPD Franz: Wenn ich aber ganz kurz vielleicht noch eine Anmerkung machen darf?

Präsident Prof. Dr. Voßkuhle: Bitte.

Parteivorsitzender NPD Franz: Ich würde aus unserer Sicht nicht sagen, dass wir darauf aus sind, die BRD zu überwinden, sondern uns geht es vielmehr darum, die Demokratie in der Bundesrepublik auszubauen. Es wurde ja mehrfach genannt, dass wir nicht die Demokratie als solche bemängeln, sondern dass wir das Zuwenig an demokratischer Mitbestimmung in der Bundesrepublik bemängeln. Wir haben ja zum Beispiel auch gefordert, dass der Bundespräsident direkt vom Volk gewählt werden soll, dass wir bei existenziellen Fragen, die das deutsche Volk, Deutschland, betreffen, wie zum Beispiel die Mitgliedschaft in der Europäischen Union, die Einführung des Euro und andere Themen, dass wir uns dort Volksentscheide wünschen. Das verstehen wir sozusagen als Weiterentwicklung des demokratischen Systems, aber nicht dahingehend, dass wir Demokratie beseitigen oder einschränken wollen, sondern dass wir für mehr demokratische Mitbestimmung in Deutschland werben wollen.

Richter Müller: Aber ein korruptes System – wie es Ihre Parteifreunde sagen – oder eine Herrschaft der Minderwertigen haben wir schon?

Parteivorsitzender NPD Franz: Nun, wenn ich mir zum Beispiel einige Aussagen oder Bücher – nur jetzt als Beispiel – vom Herrn Professor von Arnim nehme, der durchaus zur Erkenntnis kommt, dass sich die herrschenden Parteien sozusagen den Staat zur Beute gemacht haben und das sehr anschaulich darlegt, dann ist das in diesem Sinne zu verstehen.

Präsident Prof. Dr. Voßkuhle: Gut, dann kommen wir zu dem Thema Rechtsfolgen. Ich würde dem Antragsteller zunächst Gelegenheit zur Äußerung geben und dann der Antragsgegnerin.

Prof. Dr. Waldhoff: Die Rechtsfolgen ergeben sich im Wesentlichen aus § 46 Bundesverfassungsgerichtsgesetz und aus dem Wahlrecht. Es geht zurück auf das SRP-Urteil, das erste Parteiverbotsurteil, wo ein automatischer Mandatsverlust als Vollstreckungsanordnung des Bundesverfassungsgerichts kreiert wurde, der dann ins einfache Gesetzesrecht diffundiert ist.

Man könnte sich als Vorfrage noch stellen, ob es Alternativen zu den Rechtsfolgen im Sinne von § 46 BVerfGG, also zum Verbot gibt. Das ist im Vorfeld des Verbotsantrages ja auch ausführlich diskutiert worden. Mehrere Landesregierungen haben Rechtsgutachten in Auftrag gegeben. Ich erinnere mich an diejenigen von den Kollegen Epping und Morlok, die allerdings zu dem Ergebnis gekommen sind, es bedürfte einer Verfassungsänderung, da sonst etwa der Ausschluss von der staatlichen Parteienfinanzierung gegen das Gebot der Chancengleichheit der politischen Parteien verstoßen würde.

Wenn wir das mal ausschließen, also alternative Rechtsfolgen die jetzt nicht im Gesetz vorgesehen sind, sind wir auf § 46 Bundesverfassungsgerichtsgesetz und entsprechende Wahlgesetze hinsichtlich des Mandatsverlustes verwiesen und da ist die Regelrechtsfolge, wenn der Senat zu der Überzeugung kommen sollte, dass die tatbestandlichen Voraussetzungen für ein Verbot erfüllt sind, die Auflösung der Partei. Die Einziehung des Vermögens wird nach Abs. 3 in das Ermessen des Gerichts gestellt. Das Vermögen spielt aber hier vermutlich keine besonders große Rolle.

Interessant ist noch § 46 Abs. 2 Bundesverfassungsgerichtsgesetz. Die Feststellung kann auf einen rechtlich oder organisatorisch selbstständigen Teil einer Partei beschränkt werden. Wir würden das funktional interpretieren, nicht regional. Funktional heißt also, die Teilorganisationen könnten theoretisch ausgenommen werden. Theoretisch könnte man auch das Verbot auf Teilorganisationen beschränken. Ob das sinnvoll ist, ist eine große Frage. Der Ring Nationaler Frauen und die Kommunalpolitische Vereinigung kamen in diesem Verfahren wenig vor. Die Jungen Nationaldemokraten kamen allerdings extrem prominent vor, was allerdings die Ausnahme solcher Teilorganisationen von einem etwaigen Verbot bewirken sollte, wäre nicht ganz klar. Die würden dann ja auch irgendwie in der Luft hängen.

Wir glauben nicht, dass man diesen § 46 Abs. 2 BVerfGG regional interpretieren kann. Dagegen sprechen verschiedene Argumente: Einmal, dass nach § 43 Abs. 2 Bundesverfassungsgerichtsgesetz, wenn sich das Ganze als ein ganz regionales Problem darstellen würde, also auf das Gebiet eines Bundeslandes beschränken würde, auch die Landesregierung ohnehin antragsberechtigt wäre. Das ist aber hier aus verschiedenen Gründen nicht der Fall. Wir haben Probleme in mehreren Bundesländern im Osten in dieser Frage – das wurde ja ausführlich dargelegt. Und wir haben ja auch gezeigt, dass doch eine engere Verbindung zwischen den westdeutschen Landesverbänden und den ostdeutschen Landesverbänden besteht. Als in Ostdeutschland, in ostdeutschen Bundesländern, die Partei in zwei Landtage einzog, ist ein Teil des westdeutschen Führungspersonals nach Ostdeutschland in diese Länder migriert, um etwa als Fraktionsmitarbeiter, als Funktionäre zu arbeiten. Außerdem würde ja ein Teilverbot auch zu einer Spaltung des politischen Raumes der Bundesrepublik führen. Das wäre in verschiedener Hinsicht wahrscheinlich problematisch. Im Übrigen wäre es so eine Art negative Prämie auf den politischen Erfolg. Also würden wir die einschlägige Norm funktional und nicht regional interpretieren.

Dann gibt es noch eine Diskussion hinsichtlich des automatischen Mandatsverlustes in Bezug auf die Europäische Menschenrechtskonvention. Da haben wir durch das Gutachten der Kollegen Grabenwarter und Walter vorgetragen. Herr Kollege Walter ist im Raum und wenn das gewünscht ist, würde er einen Vorschlag, den wir dort unterbreitet haben, eine Anregung, näher erläutern können, wie man dieses Problem eventuell lösen könnte.

Präsident Prof. Dr. Voßkuhle: Vielen Dank. Fragen von dieser Seite hier? Möchte jemand noch etwas zur Europarechtskonformität besonders hören?

Richter Prof. Dr. Huber: Die Europarechtskonformität würde sich ja allenfalls mit Blick auf das Mandat…

Prof. Dr. Waldhoff: Genau.

Richter Prof. Dr. Huber: …des Abgeordneten Voigt…

Prof. Waldhoff: Die kommunalpolitischen Mandate sind geklärt in der Rechtsprechung.

Richter Prof. Dr. Huber: Ja, und hängt ja letztlich davon ab, was Gegenstand unserer Entscheidung ist. Dazu können Sie vielleicht noch ein paar Sätze sagen.

Prof. Dr. Waldhoff: Es gibt ein Judikat aus dem Jahr 2006, wo ein automatischer Mandatsverlust als Problem, als Verstoß gegen Art. 3 erstes Zusatzprotokoll EMRK angesehen wird. Darüber müsste man noch einmal hinsichtlich der Kontextualisierung des gesamten Vorganges näher nachdenken. Wenn das so sein sollte – was ich hiermit nicht behaupten möchte – gäbe es die Möglichkeit, das Problem so zu lösen, dass man eine widerlegbare Vermutung des Mandatsverlustes einführen würde. Wie das rechtskonstruktiv geschehen könnte, dazu gibt es verschiedene Ansatzpunkte: Eine konventionskonforme Auslegung des einfachen Rechts oder eine Vollstreckungsanordnung des Bundesverfassungsgerichts. Aber wenn das vertieft werden sollte, wäre Herr Walter bereit, dazu auch Stellung zu nehmen.

Präsident Prof. Dr. Voßkuhle: Weiteres? Nicht der Fall. Vielen Dank, Herr Waldhoff. Bitteschön, Herr Richter.

Rechtsanwalt Richter: Ja, hoher Senat, verehrter Herr Präsident, verehrte Verfahrensbeteiligte, wir hoffen natürlich, dass sich die Frage der Rechtsfolgen nicht stellen wird. Falls sie sich doch stellen würde, dann würden wir höchst vorsorglich ein paar kurze Ausführungen dazu machen wollen. Insbesondere möchte ich dabei auf das zurückkommen, was ich bereits gestern angedeutet hatte, auf die Parallele zum Versammlungsrecht und auf die daraus folgende Möglichkeit der Verhängung von Minusmaßnahmen. Also ähnlich wie eine Versammlung: Wenn die Voraussetzungen für eine Auflösung grundsätzlich vorliegen, es immer noch Fälle geben kann, bei dem das Verhältnismäßigkeitsprinzip dann entsprechend mildere Maßnahmen erzwingt. Das man dann eben sagt: „Zwar könnte grundsätzlich eine Auflösung erfolgen, aber zum Beispiel sind auch Auflagen ausreichend nach dem Grundsatz der Verhältnismäßigkeit." Insofern auch nochmal der kurze Hinweis auf die aktuelle Entscheidung des EGMR aus dem Januar hinsichtlich der DTP gegen die Türkei, wo ja ausdrücklich darauf hingewiesen worden ist, dass ein Alles- oder Nichts-Prinzip im Sinne von entweder Totalverbot oder kompletter „Freispruch", dass das unter Umständen nicht konventionskonform ist, sondern eben mildere Mittel geprüft werden müssten. Da wäre sehr viel denkbar. Zum Beispiel der Ausschluss von der Parteienfinanzierung, zum Beispiel ein zeitlich befristetes Wahlteilnahmeverbot, zum Beispiel, und das ist eine sehr interessante Überlegung, denke ich, dass man auch überlegen könnte, quasi nur die Parteieigenschaft abzuerkennen und die Rechtspersönlichkeit als Verein weiter bestehen zu lassen. Wie man also sagt, gerade wenn es um grundrechtlich geschütztes Verhalten geht, dass man sagen würde, bei einem normalen Verein oder bei einer normalen Personenvereinigung, das ist grundrechtlich geschützt, der Parteistatus ist ein gewisses Mehr an Verein, es ist eben gerade weil der Antragsteller ja auch so in diese Richtung an der Stelle argumentiert, dass wir es ablehnen. Aber falls man das machen würde, könnte man sagen, dass man dann als Mindestmaßnahme letztlich das Besondere, das Parteienprivileg kappen würde, aber die Organisation als solche trotzdem bestehen ließe. Das sind aus unserer Sicht jetzt ein paar Gedankenspiele, wo wir meinen, dass also auf jeden Fall nicht immer dann automatisch ein Verbot sein müsste.

Unabhängig davon ist bereits eben angesprochen worden die Frage des automatischen Verlustes von Parlamentsmandaten. Da möchte ich insofern widersprechen, es geht jetzt nicht nur um den Europaabgeordneten Voigt, es ginge dann auch um die Fraktion in Mecklenburg-Vorpommern. Da würde sich das Problem entsprechend stellen. Und bei den kommunalen Mandaten ist natürlich richtig, dass die Rechtsprechung des EGMR, also insbesondere der Art. 3 des Ersten Zusatzprotokolls, sich natürlich nicht unmittelbar auf kommunale Mandate bezieht, dass allerdings der Gedanke, der hinter der Rechtsprechung des EGMR steht, dass der einzelne Mandatsträger quasi jetzt nicht in Kollektivhaftung genommen werden soll für das Verbot seiner Partei, jedenfalls dann nicht, wenn er selbst durch sein eigenes Verhalten zum Verbot nichts beigetragen hat und sich beispielsweise selbst stets verfassungskonform verhalten hat, dass dann auf jeden Fall die Möglichkeit bestehen sollte, auch auf kommunaler Ebene hier eine Einzelfallprüfung durchzuführen und man eine solche nicht nur beschränken sollte auf die staatlichen Parlamente. Da das aber, wie gesagt, nur höchst vorsorgliche Ausführungen sind, gibt es von unserer Seite dazu nichts mehr zu sagen.

Präsident Prof. Dr. Voßkuhle: Vielen Dank, Herr Richter.

Richter Prof. Dr. Huber: Sie hatten am ersten Tag angekündigt, etwas zur Notwendigkeit einer Vorlage zum Europäischen Gerichtshof vortragen zu wollen, deswegen mein Bezug zum Abgeordnetenmandat von Herrn Voigt.

Rechtsanwalt Richter: Richtig.

Richter Prof. Dr. Huber: Wenn sich das erledigt hat, ist es okay, aber wenn Sie noch etwas dazu sagen wollten, wäre es vielleicht sinnvoll, es zu tun.

Rechtsanwalt Richter: Das bezog sich jetzt weniger auf die Rechtsfolgen, es bezog sich eher auf die Frage des Prüfungsmaßstabes in der Vorlage. Der Antrag zielt also darauf ab, beim Gerichtshof der Europäischen Union prüfen zu lassen, ob ein nationales Parteiverbotskonzept, das eben letztlich auf einem Gesinnungsstrafrecht beruht, insofern mit der Grundrechtecharta in Übereinstimmung zu bringen ist, wenn es um eine nationale Partei geht, die also a) im Europäischen Parlament vertreten ist und die b) Mitglied einer europäischen Partei, also einer politischen Partei auf europäischer Ebene nach der entsprechenden Verordnung ist, und das Verbot der nationalen Partei hinsichtlich der europäischen Partei, also der politischen Partei auf europäischen Ebene, durch den Mandatsverlust zu einem Unterschreiten der Mindestanzahl von Parlamentariern aus mindestens sieben Unionsländern führen würde, also die europäische Partei durch das Verbot der nationalen Partei quasi mitverboten werden würde. In diesem Fall hätten wir hier und insofern stellte sich dann die Frage, ob also ein solches nationales Parteiverbotsrecht sich dann nicht auch an der Grundrechtecharta messen lassen müsste und eben nicht nur an der EMRK und das könnte also auch zu einer Verschärfung des Prüfungsmaßstabes insoweit führen, als ja die Venedig-Kommission schon für den Europarat in ihren Guidelines zu den Parteiverboten sagt, dass man ja eigentlich mindestens die Gewaltschwelle überschreiten müsste. Also, da wird ja die Empfehlung ausgegeben, dass Parteiverbote nur zulässig sein sollen, wenn man also mindestens irgendwie einen gewaltsamen Umsturz fordert, und wenn das schon sozusagen das Destillat aus den Rechtsordnungen der Mitgliedstaaten des Europarates ist, wo wir ja Mitgliedstaaten wie die Türkei und Russland noch mit drin haben, die ja jetzt unter demokratischen Gesichtspunkten nicht ganz unproblematisch sind, ich sage es jetzt mal etwas überspitzt, quasi den Schnitt etwas herunterziehen bei der Frage, ab wann Parteiverbote ausgesprochen werden können, dass, wenn schon sozusagen das Destillat der Rechtsordnung der Mitgliedstaaten des Europarates sagt: „Es muss mindestens ein Gewaltkriterium da sein", dann müsste, wenn wir die Grundrechtecharta der Europäischen Union einblenden, wo ja Russland und die Türkei gar nicht dabei sind und deswegen dann der Durchschnitt der entsprechenden Anforderungen für ein Parteiverbot sogar noch höher liegt als eben beim Europarat, dass dann nach der Grundrechtecharta erst recht kein Parteiverbot zulässig sein kann, das nicht mindestens das Gewaltkriterium als Voraussetzung verlangt. Das ist im Prinzip der entsprechende Gedankengang. Da würden wir den entsprechenden Vorlageantrag einfach mal stellen, insofern dass dann die Rechtsfrage entscheidungserheblich ist, und möchte Ihnen diese Anregung einfach noch mit auf den Weg geben. Dankeschön.

Präsident Prof. Dr. Voßkuhle: Vielen Dank, Herr Richter. Dann haben wir unser Arbeitsprogramm, glaube ich, weitgehend abgeschlossen und können zu den abschließenden Stellungnahmen kommen. Wer wird sprechen für die Antragstellerseite?

Prof. Dr. Möllers: Für den Antragsteller hat Herr Tillich das erste und letzte Wort. Ich werde kurz etwas sagen, dann kommt der Bundesratspräsident zu Wort.

Herr Vorsitzender, hoher Senat! Die hinter uns liegenden drei Tage haben unseres Erachtens doch gezeigt, dass die Antragsgegnerin eine verfassungsfeindliche Programmatik verfolgt, die alle Facetten eines systematischen Menschenwürdeverständnisses verletzt: die Achtung jedes Menschen als individuellen Trägers fundamentaler Rechte, die sich eben nicht aus einer Gemeinschaft ableiten lässt und die von politisch unabhängigen Institutionen des Rechtes zu bewahren sind, den Schutz eines die Unterschiede zwischen diesen Menschen abwägenden politischen Prozesses, der alle Teilnehmer und Teilnehmerinnen achtet und auf dem Austausch von Argumenten fußt, und das Verständnis unseres Staatsvolkes als Produkt einer politischen Entscheidung der Freien und Gleichen, nicht als Gemeinschaft der Gleichartigen. Sie haben unseres Erachtens auch gezeigt, dass sich die Antragsgegnerin zu einem Bekenntnis zur freiheitlichen demokratischen Grundordnung nicht

II. Mündliche Verhandlung

durchringen konnte. Der 107. Band spricht im Einstellungsbeschluss mit Blick auf das Verfahren des Art. 21 Abs. 2 GG von der „gegebenenfalls letztmaligen Chance, dem Antrag auf Parteiverbot das Bild einer loyalen verfassungsrechtlichen Institution entgegenzusetzen, deren weitere Teilnahme am politischen Prozess gerade im Interesse der freiheitlichen demokratischen Grundordnung notwendig und legitim ist". Diese Chance hat die Antragsgegnerin nicht genutzt.

Der Verfahrensbevollmächtigte der Antragsgegnerin hat in seiner freundlichen Art hier nicht nur dem Senat gegenüber jahrelang behaupten können, sich auf eine Verteidigung in der Sache nicht vorbereitet zu haben, um dann einen mehr als 500 Seiten langen Schriftsatz vorzulegen. Er hat in genau dieser freundlichen, vielleicht auch etwas einlullenden Art vor den Augen des Senats mit den Begriffen unserer Verfassung gespielt, um sie auszuhebeln. Aus der Volkssouveränität, die als Begriff hier sehr oft fiel – ein Ausdruck, der sich im Grundgesetz nicht findet –, lasse sich nicht auf eine Regierungsform schließen. Sie führe also nicht unbedingt zu Demokratie. Und gegen eine Mehrheit des Volkes dürfe sich ein verfassungsrechtliches Argument nicht durchsetzen. Wo die Mehrheit etwas wolle, da stehe immer die Möglichkeit der Verfassungsablösung im Raum.

Das ist nicht nur die höfliche Verklausulierung für eine völkische Diktatur der Mehrheit, die autonome Grenzen des Rechts nicht anerkennt und in der das „Artungleiche" dann doch irgendwie verschwinden soll. Es ist eben auch ein veritables revolutionäres Programm, in der diese – wie auch immer zu ermittelnde – Mehrheit jederzeit in die verfassungsgebende Gewalt des Volkes umgedeutet werden kann. Es ist schließlich auch eine politische Überzeugung, die sich von einem politischen Tun nicht trennen lässt. Die Etablierung eines solchen Systems ist das politische Ziel der Antragsgegnerin. Die Verfolgung eines solchen Zieles aber ist genau das, was die Mütter und Väter des Grundgesetzes unter der Beseitigung der freiheitlich demokratischen Grundordnung verstanden – eben die Verfolgung einer Ideologie mit klarem Zug in einen politischen Umsturz.

Eine strenge Prüfung des Verstoßes gegen die freiheitliche demokratische Grundordnung ist wahrscheinlich auch in den allerallermeisten denkbaren Fällen der Filter, an dem ein Parteiverbotsverfahren bereits scheitert. Es ist gar nicht so leicht, gegen die freiheitliche demokratische Grundordnung zu verstoßen. Doch reicht dieses Bestreben aus, um die NPD verbieten zu lassen, oder muss der Senat fürchten, dass er mit dem Verbot der Antragsgegnerin das dramatische Instrument des Parteiverbotes an einem zu unbedeutenden Objekt ausprobiert, um damit diesen schweren Eingriff in den politischen Prozess zu trivialisieren? Wir glauben das nicht. Unsere Überzeugung ist, dass eine angemessene Einordnung der Partei und ein systematisch folgerichtiges Verständnis des Verfahrens des Art. 21 Abs. 2 GG ein Verbot gebietet.

Die NPD ist nur dann eine kleine Partei, wenn man sie mit großen Parteien vergleicht. Aber wie viele Parteien in der Bundesrepublik gibt es, die personal, zeitlich, in der Zahl ihrer Mandate, in ihrer jüngst wieder deutlich wachsenden Kampagnenfähigkeit und in der Solidität ihrer Struktur auf dem Niveau der NPD operieren? Keine andere rechtsextremistische und gar keine linksextremistische. Da die Mitgliederzahlen seit Ende 2013 nach unserem Wissen jedenfalls im Schatten des Parteiverbotsverfahrens stehen, können und scheinen sie unserer Ansicht nach keinen Verfall zu dokumentieren.

Die NPD ist nur dann eine unbedeutende Partei, wenn man seine Perspektive auf die Bundespolitik beschränkt. Im Osten Deutschland fungiert sie, wie wir gesehen haben, als Akteur in Landes- und Kommunalparlamenten, als organisatorischer Anker einer rechtsextremen Bewegung, als Organisationseinheit und Anlaufstelle für Gleichgesinnte. Auch in Bayern hat Staatsminister Herrmann von der impulsgebenden Funktion der Ideologie der Antragsgegnerin gesprochen.

Die NPD ist nur dann eine harmlose Partei, wenn man sich für die Ängste derjenigen, die sich wegen ihrer Aktivitäten nicht mehr in den politischen Willensbildungsprozess einbringen, nicht interessiert. Die NPD ist nur dann irrelevant, wenn man ignoriert, dass der gesellschaftliche Erfolg der Partei, ihre Anerkennung als Teil einer sozialen Struktur eben untrennbar mit der praktisch wirksamen Exposition politisch Andersdenkender verbunden ist. Die Form des sozialen Zusammenhaltes, den die NPD schafft oder zu schaffen anstrebt, ist das Spiegelbild politischer Sprachlosigkeit überzeugter Demokraten.

Die NPD ist nur dann keine aggressiv-kämpferische Partei, wenn man Fadenkreuze auf dem Gesicht eines politischen Gegners, die physische Einschüchterung von Politikern, die Herabwürdigung von Asylsuchenden oder die Indoktrination von Kindern für Elemente eines robusten demokratischen Meinungskampfes hält.

Hohes Gericht, aus guten Gründen tragen Parteien Grundrechte. Und aus ebensolch guten Gründen unterliegen sie besonderen Pflichten. Das Parteiverbot ist keine Schuldstrafe und die spezifische Leistung wie die spezifische Gefahr, die von einer politischen Partei ausgehen können, messen sich nicht in einzelnen Handlungen. Sie zeigen sich vielmehr in der spezifischen Verbindung von politischer Programmatik und organisiertem Handlungsangebot, die das Grundgesetz mit dem Begriff der politischen Willensbildung bezeichnet. Und nur in dieser Verbindung lässt sich auch der Zurechnungszusammenhang verstehen, den Art. 21 Abs. 2 des Grundgesetzes konstituiert. Eine Partei, die eine handlungsorientierte Ideologie verbreitet, ist politisch für Handlungen verantwortlich, die diesem Programm folgen. Eine Partei, die sich ausdrücklich als Teil einer Bewegung versteht, die sie mit Struktur und Inhalten versorgt, übernimmt die Verantwortung für diese Bewegung. Eine Partei, die Gewalttaten billigt oder mit einem Augenzwinkern kommentiert, macht sich diese politisch zu eigen. Es ist diese politische Verantwortlichkeit, die das Verbot der NPD rechtfertigt. Vielen Dank.

Präsident Prof. Dr. Voßkuhle: Vielen Dank, Herr Möllers. Dann bitte Herr Bundesratspräsident Tillich.

Bundesratspräsident Tillich: Sehr geehrter Herr Präsident, hoher Senat! Es liegen drei Tage intensiver Verhandlungen hinter uns, hinter Ihnen. Lassen Sie mich aus Sicht des Antragstellers noch einige wichtige Aspekte hinzufügen.

Die Verhandlung hat eindrucksvoll bestätigt, was dem Bundesrat und seine Überlegungen leitete, erneut ein Verbotsverfahren gegen die NPD anzustrengen. Uns, dem Bundesrat, ging es nicht darum nachzuweisen, dass es sich hier um eine Partei handelt, die Satire betreibt oder die vielleicht zu verbalen Übertreibungen

II. Mündliche Verhandlung

neigt. Sondern es handelt sich um eine Partei, aus deren Programm und aus deren Ideologie unzweifelhaft hervorgeht, dass sie verfassungswidrig und verfassungsfeindlich ist. Aber nicht nur das. Die NPD setzt Programm und Ideologie in politische Handlungen um. Dies sowohl unmittelbar im politischen Betrieb als auch durch ihr Hineinwirken in gesellschaftliche Felder, die außerhalb des politischen Betriebes liegen. Die Wirkung dieses Handelns spüren wir im alltäglichen politischen Leben. Zum Beispiel die Landtagspräsidentin von Mecklenburg-Vorpommern hat heute dies aus meiner Sicht eindrucksvoll beschrieben. Aber es geht uns auch um die Menschen vor Ort. Sie spüren ganz unmittelbar die Folgen des Handelns und der menschenfeindlichen Ideologie der NPD. Politisch anders denkende Menschen oder Angehörige von Minderheiten, die in das Visier der NPD geraten, werden bedroht und werden eingeschüchtert. Dies können und wollen wir nicht akzeptieren. Die Beeinträchtigung jedes Einzelnen ist zugleich eine Beeinträchtigung der freiheitlichen demokratischen Grundordnung, die eben von der Menschenwürde geprägt ist. Deshalb sind wir als Bundesrat auf der Grundlage der Verhandlung nach wie vor überzeugt, dass die NPD im Sinne des Art. 21 Abs. 2 GG verfassungswidrig ist.

Gleichwohl, so wie ich vor zwei Tagen bereits bei meiner Einführung betonte, haben wir uns im Bundesrat die Entscheidung, ob erneut ein Verbotsantrag gestellt werden soll, wahrhaft nicht leicht gemacht. Zweierlei galt es zu bedenken. Welche Folgen hat ein Verbot, und ist es politisch klug, ein Verbot zu beantragen? Und zum anderen war klar, dass für ein Verbotsverfahren die Anforderungen, die das Bundesverfassungsgericht in der Entscheidung des Jahres 2003 hinsichtlich Staatsfreiheit und Quellenfreiheit aufgestellt hatte, erfüllt werden müssen.

Ich möchte festhalten: Das Verfahren hat gezeigt, dass wir als Antragsteller einschließlich aller Verfassungsschutzbehörden die Anforderungen an ein rechtsstaatliches Verfahren erfüllt haben. Die Versuche der Antragsgegnerin hier Zweifel zu säen, erwiesen sich als untauglich und wendeten sich letztendlich gegen sie selbst.

Die Verhandlung hat auch bestätigt – so meinen wir –, dass die auf intensiver Beratung beruhenden Einschätzungen, ein Verbot der NPD sei notwendig, richtig war und richtig ist. Die NPD hat hier versucht, sich als harmlos und als Opfer zu präsentieren. Aber die Widersprüche der NPD-Vertreter vor Gericht und natürlich die Widersprüche zwischen ihrem Auftritt vor Gericht und ihrem tatsächlichen Auftreten im politischen und gesellschaftspolitischen Umfeld wurden heute und in den letzten Tagen offensichtlich. Tatsächlich treten die Repräsentanten der NPD keineswegs als harmlos auf. Sie arbeiten mit persönlichen Beleidigungen und Einschüchterungen jenseits aller politischen Auseinandersetzungen in der Sache. Sie beschädigen die politische Atmosphäre im Land nachhaltig. Sie untergraben die Freiheit der politischen Willensbildung und politischen Betätigung anderer. Die Gesamtheit der Aktivitäten der NPD überschreiten ganz deutlich das, was man an Zumutungen in einer durchaus auch robusten Demokratie, wie die Bundesrepublik Deutschland es ist, ertragen kann.

Als sächsischer Ministerpräsident habe ich selbst beobachten können, dass sich die NPD ab Einreichung des Verbotsantrages aus taktischen Gründen nach außen hin zurückgehalten hat. Das merkte man auch deutlich am Verhalten ihrer Abgeordneten damals im Sächsischen Landtag. Dennoch hat sich gezeigt, dass die NPD den Kern ihrer rassistischen und menschenverachtenden Ideologie nicht verleugnen kann. Gerade die laufende Verhandlung hat gezeigt: Die NPD lehnt die Demokratie der Bundesrepublik ab. Sie hängt einer Ideologie der Volksherrschaft an, die letztlich im Denken des Nationalsozialismus wurzelt. Da es der NPD nicht gelingt, auf Bundesebene nennenswerten parlamentarischen Einfluss zu gewinnen, zeigen sich die Auswirkungen ihrer aggressiv-kämpferischen Haltung zwangsläufig aber auch in besonderer Weise auf landes- und auf kommunaler Ebene. Da zeigt sich auch besonders ihre Effektivität und Kampagnenfähigkeit – das Scharnier zwischen verschiedenen rechtsextremistischen Kräften, mit denen sie ideologisch verbunden ist. In diesem Zusammenhang möchte ich auf die dramatische Steigerung rechtsextremistisch motivierter Straftaten im vergangenen Jahr – und darauf ist ja heute auch zu sprechen gekommen – hinweisen, die auch die Frucht und Folge einer solchen Ideologie und Politik sind. Wir sind deshalb der festen Überzeugung, dass es in unserer politischen Verantwortung lag und liegt, gerade als Vertreter der Bundesländer mit den uns zur Verfügung stehenden Mitteln auf ein Verbot der NPD hinzuwirken, und wir sehen uns durch den Verlauf der Verhandlung darin bestätigt. Vielen Dank.

Präsident Prof. Dr. Voßkuhle: Vielen Dank, Herr Bundesratspräsident. Herr Richter.

Rechtsanwalt Richter: Herr Präsident, hoher Senat, verehrte Verfahrensbeteiligte, zunächst einmal bedanke ich mich ausdrücklich beim Bevollmächtigten der Gegenseite, dass er hier mir eine freundliche Art attestiert hat. Dieses Kompliment kann ich nur voll und ganz erwidern. Widersprechen möchte ich ihm insofern, dass also hier durch die entsprechenden Ausführungen zur Volkssouveränität, die aus meiner Sicht eigentlich zwangsläufig mit dem Prinzip der Demokratie verbunden ist, dass eine völkische Diktatur der Mehrheit gefordert worden sein soll, das kann ich also nicht ganz nachvollziehen, dergleichen habe ich nicht gefordert und das müsste ich entsprechend zurückweisen. Soweit behauptet worden ist, die NPD habe sich nicht zur freiheitlichen demokratischen Grundordnung bekannt, ist das auch nicht richtig. Ein Blick in die Satzung der NPD beweist das Gegenteil. Dort ist geregelt, dass Mitglied der NPD werden kann, wer Deutscher ist und sich zur freiheitlichen demokratischen Grundordnung bekennt.

Was jetzt das Ergebnis der Verhandlung anbelangt, so werden wir naturgemäß hier eine etwas andere Auffassung vertreten, weil wir einen ganz anderen Eindruck von der Verhandlung gewonnen haben. Nach unserer Auffassung ist es so, dass der Prüfungsmaßstab so zu wählen ist, dass ein „falsches Programm" allein nicht reichen kann, um eine politische Partei aus dem Diskurs des Pluralismus auszuschließen. Es muss ein Mehr hinzutreten, etwas Zusätzliches, was über reine Gedankenverbrechen hinausgeht. Es muss ein „Darauf Ausgehen" vorliegen, die freiheitliche demokratische Grundordnung zu beseitigen und dieses „Darauf Ausgehen" kann aus unserer Sicht eben nicht aus dem Programm gefolgert werden im Sinne einer unwiderleglichen Vermutung, wie es ja versucht worden ist mit dem Postulat der Wesensverwandtschaft mit dem Nationalsozialismus, die eben aus den genannten Gründen nicht besteht.

Man kann vom Parteiprogramm der NPD halten was man will, man muss es nicht mögen, man mag es abstoßend finden oder ekelerregend oder was auch immer. Das ist aber rechtlich nicht entscheidend. Rechtlich kommt es darauf an, ob über ein als falsch unterstelltes Programm hinaus eben ein „Darauf Ausgehen" zur Beseitigung der FDGO vorliegt, und wenn wir da eben irgendetwas Rechtswidriges fordern, irgendetwas Strafbares, vielleicht sogar das Gewaltkriterium, das die Venedig-Kommission des Europarates verlangt, dann haben wir hier in der Verhandlung letztlich nichts Handfestes gehört, im wahrsten Sinne des Wortes. Wir haben viele Behauptungen gehört, dass angeblich ein Klima der Angst bestünde. Das konnte aus unserer Sicht nicht hinreichend konkretisiert werden, es sind Behauptungen geblieben. Die Behauptungen haben wir substantiiert bestritten. Es ist davon letztlich nichts übrig geblieben. Soweit behauptet wird, die Antragsgegnerin sei in den Parlamenten in irgendeiner Form beanstandungswürdig aufgefallen, so geht es da auch wieder letztlich nur um das, was der Kollege Andrejewski völlig richtig gesagt hat. Es geht um die Komfortzone der sogenannten Demokraten. Es geht darum, dass man sich im Parlament einfach nicht mehr wohlfühlt, wenn die NPD dort sitzt, und das ist kein schutzwürdiges Rechtsgut um eine Partei zu verbieten, nur weil man sie halt nicht leiden kann. Letzten Endes kommen wir also zu dem Ergebnis, dass ein „Darauf Ausgehen" nicht nachgewiesen werden kann, unabhängig davon, dass das Parteiprogramm schon nicht gegen die freiheitliche demokratische Grundordnung gerichtet ist. Deswegen liegen die Voraussetzungen und die strengen Voraussetzungen, bewusst strengen Voraussetzungen für ein Parteiverbot nicht vor, so dass wir beantragen, die Anträge zurückzuweisen

Lassen Sie mich abschließend noch einen Satz sagen. Es ist in den letzten drei Tagen sehr viel von Freiheit gesprochen worden, von Freiheit, die die NPD angeblich beschränken, abschaffen, beeinträchtigen wolle, wie auch immer. Hierzu kann ich nur sagen: Das ist nicht der Fall. Ganz im Gegenteil, die Antragstellerseite sollte sich vielleicht einmal an den berühmten Satz erinnern: Freiheit ist immer die Freiheit der Andersdenkenden! Dankeschön!

Präsident Prof. Dr. Voßkuhle: Vielen Dank, Rechtsanwalt Richter.

Damit kommen wir zum Ende der Verhandlung. Herr Richter, wir hatten Ihnen noch Gelegenheit gegeben, innerhalb der nächsten sechs Wochen vorzutragen. Sollten sich noch Anhaltspunkte ergeben, dass wir den Eindruck haben, wir müssten noch einmal in die Verhandlung eintreten, werden wir das machen. Ansonsten werden wir auf der Grundlage dessen, was hier vorgetragen worden ist, entscheiden. Sie bekommen natürlich auch die Möglichkeit, wenn noch etwas Substantielles sein sollte, dazu noch einmal Stellung zu nehmen.

Damit schließe ich die Verhandlung. Ich wünsche Ihnen allen einen guten Nachhauseweg.

III. Verkündung und Urteil

1. Verkündung und Eingangsstatement des Präsidenten

Einführung zur
Urteilsverkündung in Sachen
„NPD-Verbotsverfahren"
am 17. Februar 2017 – 2 BvB 1/13 –

Präsident Prof. Dr. Voßkuhle:
Bitte nehmen Sie Platz!
Ich eröffne die Sitzung des Zweiten Senats des Bundesverfassungsgerichts zur Verkündung der Entscheidung in dem Verfahren über die Anträge

1. Die Nationaldemokratische Partei Deutschlands einschließlich ihrer Teilorganisationen Junge Nationaldemokraten, Ring Nationaler Frauen und Kommunalpolitische Vereinigung ist verfassungswidrig.

2. Die Nationaldemokratische Partei Deutschlands einschließlich ihrer Teilorganisationen Junge Nationaldemokraten, Ring Nationaler Frauen und Kommunalpolitische Vereinigung wird aufgelöst.

3. Es ist verboten, Ersatzorganisationen für die Nationaldemokratische Partei Deutschlands einschließlich ihrer Teilorganisationen Junge Nationaldemokraten, Ring Nationaler Frauen und Kommunalpolitische Vereinigung zu schaffen oder bestehende Organisationen als Ersatzorganisationen fortzusetzen.

4. Das Vermögen der Nationaldemokratischen Partei Deutschlands einschließlich ihrer Teilorganisationen Junge Nationaldemokraten, Ring Nationaler Frauen und Kommunalpolitische Vereinigung wird zugunsten der Bundesrepublik Deutschland für gemeinnützige Zwecke eingezogen.

Antragsteller ist der Bundesrat.

Antragsgegnerin ist die Nationaldemokratische Partei Deutschlands.

Es handelt sich um das Verfahren 2 BvB 1/13.

Erschienen sind:

Für die Antragsgegnerin sind erschienen:
Herr Parteivorsitzender Frank Franz
die Herren Stefan Köster
Ronny Zasowk

C. Das zweite NPD-Verbotsverfahren

Andreas Storr
sowie als Bevollmächtigte
die Herren Rechtsanwälte
Peter Richter und
Michael Andrejewski

Für den Bundesrat:
Frau Bundesratspräsidentin Malu Dreyer
Herr Stellvertretender Direktor des Bundesrates Dr. Georg Kleemann
sowie als Bevollmächtigte
Herr Prof. Dr. Christoph Möllers
Herr Prof. Dr. Christian Waldhoff und
Herr Prof. Dr. Dr. Alexander Ignor

Mit dem Bundesrat sind erschienen:
Herr Innenminister Joachim Herrmann
Herr Innenminister Lorenz Caffier
Herr Innenminister Boris Pistorius
Herr Innenminister Ralf Jäger
Herr Innenminister Roger Lewentz
Herr Innenminister Markus Ulbig
Herr Innenminister Dr. Holger Poppenhäger

Für den Deutschen Bundestag ist erschienen:
Frau Regierungsdirektorin Dr. Steffi Menzenbach

Aus dem Deutschen Bundestag:
Frau Vizepräsidentin des Deutschen Bundestages und Abgeordnete Petra Pau
Frau Abgeordnete Renate Künast
Herr Abgeordneter Dr. Hans-Peter Uhl
Frau Abgeordnete Dr. Eva Högl
Herr Abgeordneter Matthias Schmidt und
Frau Abgeordnete Martina Renner

Für die Bundesregierung ist erschienen:
Herr Ministerialdirektor Hans-Heinrich von Knobloch

Für das Bundespräsidialamt ist erschienen:
Herr Ministerialrat Prof. Dr. Stefan Ulrich Pieper

Als Sachkundige Dritte sind erschienen:
Herr Prof. Dr. Eckhard Jesse
Herr Prof. Dr. Dierk Borstel und
Herr Prof. Dr. Steffen Kailitz

Es wird folgendes Urteil verkündet:

IM NAMEN DES VOLKES

1. Der Antrag der Antragsgegnerin auf Einstellung des Verfahrens wegen des Vorliegens unbehebbarer Verfahrenshindernisse, hilfsweise auf Aussetzung des Verfahrens, bis der vom Deutschen Bundestag am 20. März 2014 eingesetzte Untersuchungsausschuss zur NSA-Abhör-Affäre seinen Abschlussbericht vorgelegt hat, wird zurückgewiesen.
2. Die Anträge des Antragstellers werden zurückgewiesen.
3. Der Antrag der Antragsgegnerin auf Erstattung ihrer notwendigen Auslagen wird abgelehnt.

Bitte nehmen Sie Platz!

Meine Damen und Herren, der Parteiverbotsantrag des Bundesrates vom 1. Dezember 2013 hat im Ergebnis keinen Erfolg. Nach einstimmiger Auffassung des Zweiten Senats verfolgt die NPD zwar verfassungsfeindliche Ziele, es fehlt aber derzeit an konkreten Anhaltspunkten von Gewicht, die es möglich erscheinen lassen, dass ihr Handeln zum Erfolg führt. Eine gegen die freiheitliche demokratische Grundordnung gerichtete Zielsetzung einer Partei reicht für die Anordnung eines Parteiverbots nicht aus. Vielmehr muss die Partei auf die Beeinträchtigung oder Beseitigung der freiheitlichen demokratischen Grundordnung nach Art. 21 Abs. 2 Satz 1 „ausgehen". Ein solches „Ausgehen" setzt begrifflich ein aktives Handeln voraus. Das Parteiverbot ist kein Gesinnungs- oder Weltanschauungsverbot. Notwendig ist ein Überschreiten der Schwelle zur Bekämpfung der freiheitlichen demokratischen Grundordnung durch die Partei. Es muss ein planvolles Vorgehen gegeben sein, das im Sinne einer qualifizierten Vorbereitungshandlung auf die Beeinträchtigung oder Beseitigung der freiheitlichen demokratischen Grundordnung oder auf die Gefährdung des Bestandes der Bundesrepublik Deutschland gerichtet ist. Dass dadurch eine konkrete Gefahr für die durch Art. 21 Abs. 2 GG geschützten Rechtsgüter begründet wird, ist nicht erforderlich. Allerdings bedarf es konkreter Anhaltspunkte von Gewicht, die einen Erfolg des gegen die freiheitliche demokratische Grundordnung oder den Bestand der Bundesrepublik gerichteten Handelns zumindest möglich erscheinen lassen.

Diese Anhaltspunkte liegen hier nicht vor. Weder steht eine erfolgreiche Durchsetzung dieser Ziele im Rahmen der Beteiligung am Prozess der politischen Willensbildung in Aussicht, noch ist der Versuch der Erreichung dieser Ziele durch eine der NPD zurechenbare Beeinträchtigung der Freiheit der politischen Willensbildung in hinreichendem Umfang feststellbar. Im parlamentarischen Bereich verfügt die NPD weder über die Aussicht, bei Wahlen eigene Mehrheiten zu gewinnen, noch über die Option, sich durch die Beteiligung an Koalitionen eigene Gestaltungsräume zu schaffen. Auf überregionaler Ebene ist sie gegenwärtig lediglich mit einem Abgeordneten im Europäischen Parlament vertreten. Die Wahlergebnisse bei Europa- und Bundestagswahlen stagnieren auf sehr niedrigem Niveau. Die NPD hat es in den nunmehr fünf Jahrzehnten ihres Bestehens nicht vermocht, dauerhaft in einem Landesparlament vertreten zu sein. Anhaltspunkte für eine künftige Veränderung ihrer Entwicklung liegen nicht vor. Hinzu kommt, dass die sonstigen in den Parlamenten auf Bundes- und Landesebene vertretenen Parteien zur Koalition oder auch nur zur punktuellen Kooperation mit der NPD nicht bereit sind. Trotz ihrer Präsenz in den Kommunalparlamenten ist auch dort ein bestimmender Einfluss auf die politische Willensbildung weder gegeben noch künftig zu erwarten.

Auch durch die Beteiligung am Prozess der politischen Willensbildung mit demokratischen Mitteln außerhalb des parlamentarischen Handelns hat die NPD in absehbarer Zeit keine Möglichkeit, ihre verfassungsfeindlichen Ziele erfolgreich durchzusetzen. Schon die Gesamtzahl ihrer weniger als 6.000 Mitglieder führt zu einer erheblichen Beschränkung der Aktionsmöglichkeiten. Die NPD verfügt nur über geringe Wirkkraft in die Gesellschaft, was eine prägende Einflussnahme auf den Prozess der politischen Willensbildung mit demokratischen Mitteln weitestgehend ausschließt. Es ist nicht ersichtlich, dass sie ihre strukturellen Defizite durch ihre Öffentlichkeitsarbeit, die Umsetzung der sogenannten „Kümmerer-Strategie", die Konzentration auf den Protest gegen die Asyl- und Ausländerpolitik oder das Bemühen um eine Bündelung aller „nationalgesinnten Kräfte" unter ihrer Führung kompensieren könnte.

Konkrete Anhaltspunkte von Gewicht, die darauf hindeuten, dass die NPD die Grenzen des zulässigen politischen Meinungskampfes überschreitet, liegen ebenfalls nicht vor. Sie vermag Dominanzansprüche in begrenzten Sozialräumen nicht in relevantem Umfang zu verwirklichen. Eine Grundtendenz zur Durchsetzung ihrer verfassungsfeindlichen Absichten mit Gewalt oder durch die Begehung von Straftaten kann den in dem Verfahren geschilderten Einzelfällen letztlich nicht entnommen werden. Allerdings ist nach Auffassung des Senats nicht zu verkennen, dass die NPD durch einschüchterndes oder kriminelles Verhalten von Mitgliedern oder Anhängern punktuell eine nachvollziehbare Besorgnis um die Freiheit des politischen Prozesses oder gar Angst vor gewalttätigen Übergriffen auszulösen vermag. Dieser Umstand erreicht aber nicht die durch Art. 21 Abs. 2 GG markierte Schwelle. Auf Einschüchterung, Bedrohung sowie den Aufbau von Gewaltpotentialen muss mit den Mitteln des präventiven Polizeirechts und des repressiven Strafrechts rechtzeitig und umfassend reagiert werden, um die Freiheit des politischen Prozesses ebenso wie einzelne vom Verhalten der NPD betroffene Personen zu schützen.

Meine Damen und Herren, das Ergebnis des Verfahrens mag der eine oder andere als irritierend empfinden, weil für den Senat außer Zweifel steht, dass die Antragsgegnerin nach ihren Zielen und dem Verhalten ihrer Anhänger die Beseitigung der freiheitlichen demokratischen Grundordnung anstrebt. Sie will die bestehende Verfassungsordnung durch einen an einer ethnisch definierten „Volksgemeinschaft" ausgerichteten autoritären Nationalstaat ersetzen. Ihr politisches Konzept missachtet die Menschenwürde aller, die dieser ethnischen „Volksgemeinschaft" nicht angehören, und ist mit dem Demokratieprinzip unvereinbar. Die Wesensverwandtschaft der NPD mit dem Nationalsozialismus bestätigt die Missachtung der freiheitlichen demokratischen Grundordnung. Die Partei bekennt sich zu ihren gegen die freiheitliche demokratische Grundordnung gerichteten Zielen und arbeitet planvoll und mit hinreichender Intensität auf deren Erreichung hin, so dass sich ihr Handeln als qualifizierte Vorbereitung der von ihr angestrebten Beseitigung der freiheitlichen demokratischen Grundordnung darstellt. Lässt das Handeln einer Partei aber nicht einmal auf die Möglichkeit eines Erreichens ihrer verfassungsfeindlichen Ziele schließen, bedarf es des präventiven Schutzes der Verfassung durch ein Parteiverbot als schärfste und überdies zweischneidige Waffe des demokratischen Rechtsstaats gegen seine organisierten Feinde nicht. Anders als im KPD-Urteil kommt nach Auffassung des Senats ein Parteiverbot nur in Betracht, wenn eine Partei über hinreichende Wirkungsmöglichkeiten verfügt, die ein Erreichen der von ihr verfolgten verfassungsfeindlichen Ziele nicht völlig aussichtslos erscheinen lassen, und wenn sie von diesen Wirkungsmöglichkeiten auch Gebrauch macht. Das ist bei der NPD nicht der Fall, so dass sie trotz verfassungsfeindlicher Gesinnung grundsätzlich weiterhin das Parteiprivileg für sich in Anspruch nehmen kann. Ob in einer solchen Situation auch andere Reaktionsmöglichkeiten sinnvoll sind, wie zum Beispiel der Entzug der staatlichen Finanzierung, hat nicht das Bundesverfassungsgericht, sondern der verfassungsändernde Gesetzgeber zu entscheiden.

Meine Damen und Herren, wenngleich sicherlich viele von Ihnen im Raum auf einen anderen Ausgang des Verfahrens gehofft haben, wäre es doch verfehlt, Wert und Bedeutung des Verfahrens allein vom konkreten Ergebnis her zu beurteilen. Sein Ertrag reicht deutlich weiter.

Nachdem das erste Verbotsverfahren gegen die NPD wegen eines unüberwindbaren Verfahrenshindernisses eingestellt werden musste, war nicht klar, ob angesichts der hohen rechtsstaatlichen Anforderungen Parteiverbotsverfahren überhaupt noch praktisch erfolgreich durchführbar sind. Das vorliegende Verfahren hat entsprechende Zweifel beseitigt. Die Antragsteller haben das Gebot strikter Staatsfreiheit politischer Parteien und den Grundsatz des fairen Verfahrens durchgehend beachtet und den Senat gleichwohl in die Lage versetzt, die notwendigen Tatsachenfeststellungen zu treffen.

Ungefähr 60 Jahr nach dem letzten Parteiverbot hat der Senat ferner die Gelegenheit genutzt, die verfassungsrechtlichen Maßstäbe in Art. 21 Abs. 2 GG zu überdenken und in einer, dem heutigen Stand der Dogmatik angemessenen Weise zu konkretisieren. Das gilt für die materiellen Vorgaben wie auch für die Verfahrensgestaltung. Anlass dazu boten neben dem Zeitablauf und der besonderen historischen Situation der ersten beiden Parteiverbotsverfahren auch einige Entscheidungen des Europäischen Gerichtshofs für Menschenrechte. Zweifel, ob das im Grundgesetz vorgesehene Parteiverbotsverfahren mit den Vorgaben der Europäischen Menschenrechtskonvention vereinbar ist, bestehen nach Auffassung des Senats nun nicht mehr.

Vor diesem Hintergrund können die Erfolgschancen etwaiger künftiger Parteiverbotsverfahrens sehr viel besser geschätzt werden. Sie dürften auch sehr viel zügiger durchführbar sein. Das gilt für die Seite der Antragsteller wie für das Gericht. Die Bundesrepublik Deutschland als wehrhafte Demokratie wird sich weiterhin ihrer ernsthaften Verfassungsfeinde wirksam erwehren können!

Meine Damen und Herren, der Berichterstatter, Herr Müller, der Dienstälteste, Herr Huber, und ich werden nun die wesentlichen Passagen des Urteils verlesen. Das Urteil ist sehr lang geworden. Das liegt daran, dass das Bundesverfassungsgericht hier auch Tatsacheninstanz war und ein entsprechender Vortrag auch abgearbeitet werden musste.

Für diejenigen, die das verfolgen wollen, was wir hier vortragen, sehen Sie im Urteil ein Inhaltsverzeichnis, so dass Sie eine ungefähre Vorstellung von der Systematik und dem Argumentationsgang haben. Ich beginne selbst mit der Zulässigkeit; wir werden ungefähr zwei Stunden brauchen. Ich bitte Sie, trotzdem die Ruhe zu bewahren und nicht heraus und herein zu laufen, das wäre der Bedeutung des Verfahrens nicht angemessen.

2. Das Urteil

BUNDESVERFASSUNGSGERICHT
– 2 BvB 1/13 –

Verkündet
am 17. Januar 2017
F.
Amtsinspektorin
als Urkundsbeamtin
der Geschäftsstelle

IM NAMEN DES VOLKES

In dem Verfahren über die Anträge

1. Die Nationaldemokratische Partei Deutschlands einschließlich ihrer Teilorganisationen Junge Nationaldemokraten, Ring Nationaler Frauen und Kommunalpolitische Vereinigung ist verfassungswidrig.

2. Die Nationaldemokratische Partei Deutschlands einschließlich ihrer Teilorganisationen Junge Nationaldemokraten, Ring Nationaler Frauen und Kommunalpolitische Vereinigung wird aufgelöst.

3. Es ist verboten, Ersatzorganisationen für die Nationaldemokratische Partei Deutschlands einschließlich ihrer Teilorganisationen Junge Nationaldemokraten, Ring Nationaler Frauen und Kommunalpolitische Vereinigung zu schaffen oder bestehende Organisationen als Ersatzorganisationen fortzusetzen.

4. Das Vermögen der Nationaldemokratischen Partei Deutschlands einschließlich ihrer Teilorganisationen Junge Nationaldemokraten, Ring Nationaler Frauen und Kommunalpolitische Vereinigung wird zugunsten der Bundesrepublik Deutschland für gemeinnützige Zwecke eingezogen.

Antragsteller: Bundesrat,
vertreten durch den Präsidenten des Bundesrates,
Leipziger Straße 3–4, 10117 Berlin,

– Bevollmächtigte: 1. Prof. Dr. Christoph Möllers, c/o Bundesrat, Leipziger Straße 3–4, 10117 Berlin,
2. Prof. Dr. Christian Waldhoff, c/o Bundesrat, Leipziger Straße 3–4, 10117 Berlin

3. Rechtsanwalt Prof. Dr. Dr. Alexander Ignor, c/o Bundesrat, Leipziger Straße 3–4, 10117 Berlin –

Antragsgegnerin: Nationaldemokratische Partei Deutschlands (NPD), vertreten durch den Bundesvorsitzenden Frank Franz, Seelenbinderstraße 42, 12555 Berlin,

– Bevollmächtigte: 1. Rechtsanwalt Peter Richter, LL.M.
2. Rechtsanwalt Michael Andrejewski

hat das Bundesverfassungsgericht – Zweiter Senat –
unter Mitwirkung der Richterinnen und Richter
Präsident Voßkuhle,
Huber,
Hermanns,
Müller,
Kessal-Wulf,
König,
Maidowski

aufgrund der mündlichen Verhandlung vom 1., 2. und 3. März 2016 durch

Urteil

für Recht erkannt:

1. Der Antrag der Antragsgegnerin auf Einstellung des Verfahrens wegen des Vorliegens unbehebbarer Verfahrenshindernisse, hilfsweise auf Aussetzung des Verfahrens, bis der vom Deutschen Bundestag am 20. März 2014 eingesetzte Untersuchungsausschuss zur NSA-Abhör-Affäre seinen Abschlussbericht vorgelegt hat, wird zurückgewiesen.

2. Die Anträge des Antragstellers werden zurückgewiesen.

3. Der Antrag der Antragsgegnerin auf Erstattung ihrer notwendigen Auslagen wird abgelehnt.

Inhaltsverzeichnis

	Rn.	Seite
A. Sachbericht	1	1310

I. Zur Antragsgegnerin 2 1310
   1. Gründung und Wahlergebnisse 2 1310
   2. Mitgliederentwicklung 6 1310
   3. Struktur und Organe 7 1311
   4. Unterorganisationen 8 1311
   5. Rechenschaftsberichte 9 1311
   6. Öffentlichkeitsarbeit 10 1311

II. Erstes Verbotsverfahren gegen die Antragsgegnerin
(BVerfGE 107, 339) 11 1311

III. Verbotsantrag (Schriftsatz vom 1. Dezember 2013) 12 1312
   1. Vortrag des Antragstellers zu Zulässigkeit und
      Verfahrenshindernissen 13 1312
      a) Belege zur Antragsschrift 14 1312
      b) Staatsfreiheit der Antragsgegnerin 15 1312
      c) Glaubhaftmachung der Staatsfreiheit 16 1312
      d) Quellenfreiheit der vorgelegten Belege (Kategorie 1 und 2) 17 1312
   2. Vortrag des Antragstellers zur Begründetheit 18 1313
      a) Prüfungsmaßstab 19 1313
         aa) Funktion des Art. 21 Abs. 2 GG 20 1313
         bb) Zurechnung verfassungsfeindlichen Handelns 22 1313
         cc) Schutzgut der freiheitlichen demokratischen
            Grundordnung 23 1314
            (1) Menschenwürde 24 1314
            (2) Demokratieprinzip 27 1314
            (3) Rechtsstaatsprinzip 31 1315
            (4) Verbot der Relativierung nationalsozialistischen
                Unrechts 32 1315
         dd) Tatbestandsmerkmal „Darauf Ausgehen" 34 1316
         ee) Verhältnismäßigkeitsgrundsatz 36 1316
            (1) Keine unmittelbare Anwendung im
                Parteiverbotsverfahren 36 1316
            (2) Hilfsweise modifizierte Anwendung 37 1316
         ff) Europäische Menschenrechtskonvention 38 1317
      b) Subsumtion 41 1317
         aa) Ziele und Programmatik der Antragsgegnerin 42 1317
            (1) Verstoß gegen die Menschenwürde 44 1317
            (2) Ablehnung der parlamentarischen Demokratie 47 1318
            (3) Infragestellung des staatlichen Gewaltmonopols ..49 1319
            (4) Relativierung nationalsozialistischen Unrechts ..51 1319

	Rn.	Seite

bb) „Darauf Ausgehen" 54 1319
    (1) „Vier-Säulen-Strategie" 55 1319
    (2) „Kampf um die Parlamente" 60 1320
    (3) Kommunale Ebene 62 1321
    (4) „Rechtsextremistische Raumordnungsbewegung" 64 1321
        (a) Gutachten (Prof. Borstel)..................... 65 1321
        (b) „Klima der Angst und Unfreiheit" 66 1322
    (5) Jugendarbeit 67 1322
    (6) Verbindungen zur Neonazi-Szene 69 1322
    (7) Rechtswidriges Verhalten des Führungspersonals .. 71 1322
cc) Verhältnismäßigkeit 73 1323
dd) Vorgaben der EGMR-Rechtsprechung 74 1323

IV. Schriftsatz der Antragsgegnerin vom 30. Dezember 2013 .... 75 1323
  1. Antrag betreffend Abschlagszahlung aus Parteienfinanzierung . 75 1323
  2. Beschluss des Zweiten Senats vom 28. Januar 2014 (BVerfGE 135, 234).. 77 1324

V. Schriftsatz der Antragsgegnerin vom 25. März 2014 .... 78 1324
  1. Vollmacht der Verfahrensbevollmächtigten des Antragstellers .. 79 1324
  2. Einstellung des Verfahrens wegen nicht behebbarer Verfahrenshindernisse.. 81 1324
    a) V-Leute, Verdeckte Ermittler auf Führungsebene der Antragsgegnerin 82 1325
      aa) Anwesenheit von V-Leuten 2013 .... 83 1325
      bb) Beweiswert der vorgelegten Testate................... 84 1325
      cc) Testat des Bundesministers des Innern und Untertestate 88 1325
      dd) Rückziehung eingeschleuster V-Leute 89 1326
      ee) Verdeckte Ermittler und Under-Cover-Agents 90 1326
        (1) Anwerbeversuch A. 91 1326
        (2) „V-Mann Piatto" 92 1326
      ff) Mitarbeit ausländischer Geheimdienste 94 1327
      gg) Unvollständigkeit der Testate im Übrigen 96 1327
    b) Quellenfreiheit des Beweismaterials...................... 99 1327
      aa) Beweiswert der Testate 100 1327
      bb) Erfordernis einer Konsolidierungsphase nach Abschaltung 101 1327
    c) Ausspähen der Prozessstrategie der Antragsgegnerin........ 102 1328
      aa) Beobachtung des Verfahrensbevollmächtigten zu 1. der Antragsgegnerin.................................... 103 1328
      bb) Beobachtung der Mitglieder des Bundes- und der Landesvorstände 105 1328
      cc) Abhören von Sitzungen des Parteivorstands........... 106 1329
      dd) Abhörmaßnahmen ausländischer Geheimdienste....... 107 1329

C. Das zweite NPD-Verbotsverfahren

	Rn.	Seite
3. Hilfsweise Aussetzung des Verbotsverfahrens	108	1329
VI. Entgegnung Antragsteller mit Schriftsatz vom 14. Mai 2014	109	1329
1. Verfahrensvollmachten	110	1329
2. Staats- und Quellenfreiheit der Führungsgremien	114	1330
a) Unergiebigkeit des Vortrags der Antragsgegnerin	115	1330
aa) Keine Widerlegung des Antragstellers	116	1330
(1) Rückziehung von V-Leuten	116	1330
(2) Anwerbeversuch A.	117	1330
(3) „V-Mann Piatto"	119	1330
bb) Keine Nachsorge bei abgeschalteten V-Leuten	121	1331
cc) Einbeziehung des Jahres 2013	122	1331
dd) Richtigkeit der Testate	123	1331
ee) Testat des Bundesministers des Innern	125	1331
ff) Begriff der Führungsebene	126	1332
b) Quellenfreiheit des Beweismaterials	127	1332
c) Überwachung des Verfahrensbevollmächtigten zu 1. der Antragsgegnerin	128	1332
3. Aussetzungsantrag	130	1332
VII. Hinweisbeschluss vom 19. März 2015 (BVerfGE 138, 397)	131	1333
1. Wortlaut	131	1333
2. Berichterstatterschreiben vom 19. März 2015	132	1333
VIII. Stellungnahme des Antragstellers zum Hinweisbeschluss	133	1333
1. Zu Ziffer III.1. des Hinweisbeschlusses	134	1334
a) Bericht Bund-Länder-Arbeitsgruppe vom 14. März 2012	135	1334
b) Erlass- und Weisungslage	136	1335
2. Zu Ziffer III.2. des Hinweisbeschlusses	138	1335
3. Zu Ziffer III.3. des Hinweisbeschlusses	141	1336
a) Sicherstellung der Rechtsstaatlichkeit des Verfahrens vor Beschluss zur Verfahrenseinleitung	141	1336
b) Sicherstellung der Rechtsstaatlichkeit anlässlich und infolge der Beschlussfassung	142	1336
c) Keine Informationsgewinnung zur Prozessstrategie und Schutz des Verfahrensbevollmächtigten zu 1.	148	1337
4. Zu Ziffer III.4. des Hinweisbeschlusses	151	1338
a) Keine Kategorisierung des Parteiprogramms	151	1338
b) Positionspapier der Antragsgegnerin aus 1997	154	1339
IX. Entgegnung Antragsgegnerin vom 31. August 2015	155	1339
1. Staatsfreiheit	156	1339
2. Ausspähung der Prozessstrategie	159	1339
3. Staatliche Mitwirkung an Parteiprogramm und Positionspapier	162	1340

III. Verkündung und Urteil

| | Rn. | Seite |

    a) Anwesenheit von staatlichen Quellen auf dem Programmparteitag 163 1340
    b) Positionspapier 164 1340
X. Stellungnahme des Antragstellers vom 27. August 2015 zum Berichterstatterschreiben 165 1340
    1. „Atmosphäre der Angst" 168 1341
        a) Ideologischer Hintergrund 169 1341
        b) Bedrohungs- und Einschüchterungspotential 170 1341
           aa) Entwicklung von Dominanzzonen 171 1341
           bb) Konkrete Bedrohungen und Einschüchterungen 172 1341
               (1) Unmittelbar durch die Antragsgegnerin, Funktionäre und Mitglieder 172 1341
               (2) Situation in Mecklenburg-Vorpommern 173 1341
        c) Verwirklichung eines räumlichen Dominanzanspruchs 175 1342
           aa) „National befreite Zonen" 176 1342
               (1) Jamel 177 1342
               (2) Andere 180 1343
                   (a) Anklam 181 1343
                   (b) Lübtheen 182 1343
               (3) Dominanzanspruch durch physische Präsenz 184 1343
                   (a) Bürgerwehren 185 1343
                   (b) Ordnungsdienst 187 1344
               (4) Aktivitäten JN 188 1344
           bb) Konkrete Einschüchterungen politischer Verantwortungsträger 189 1344
               (1) Angriffe auf Wahlkampfbüros 190 1344
               (2) Lalendorf 192 1345
               (3) Kampagne und Vorfall in Berlin-Pankow 193 1345
               (4) Schneeberg 194 1345
               (5) Vorfälle in Schöneiche 195 1345
               (6) Kampagne gegen S. 198 1346
               (7) Güstrow 199 1346
               (8) Pölchow 201 1346
               (9) Greifswald 202 1347
               (10) Weimar 204 1347
               (11) Aschaffenburg 206 1347
               (12) Tröglitz 207 1347
           cc) Bedrohungen und Einschüchterungen gesellschaftlicher Minderheiten 210 1348
               (1) ZDF-Interview mit Zasowk 211 1348
               (2) Antisemitismus 212 1348
               (3) Islam 215 1349

	Rn.	Seite
(4) Antiziganismus	217	1349
dd) Entstehung von Ängsten und Hemmungen	218	1349
(1) Normalisierung rechtsextremistischer Tendenzen	219	1349
(2) Akzeptanz der Antragsgegnerin in der Mitte der Gesellschaft	221	1350
(3) Beeinträchtigungen demokratischer Prozesse	222	1350
(4) Gefahr für die Demokratie	223	1350
2. Aggressives Vorgehen gegen Asylbewerber und Flüchtlinge	225	1350
a) Ausmaß Demonstrationen und Veranstaltungen	226	1351
b) Funktionen der Agitation gegen Asylbewerber	229	1351
c) Ziele und Motivation der Antragsgegnerin	231	1351
aa) Rassistisch motivierte Fremdenfeindlichkeit	232	1352
bb) Exklusion ethnischer Minderheiten	233	1352
d) Beispiele für aggressives Vorgehen in Sachsen	235	1352
aa) Demonstration in Dresden	236	1352
bb) Protestbewegung in Schneeberg	238	1352
cc) Proteste in Leipzig und Umgebung	239	1353
dd) Bautzen	241	1353
ee) Sächsische Schweiz	242	1353
(1) Demonstrationen	242	1353
(2) Heidenau	243	1353
e) Agitation gegen Asylbewerber in Mecklenburg-Vorpommern	245	1354
aa) Güstrow	246	1354
bb) „Infotour"	247	1354
cc) Kundgebungstouren der Landtagsfraktion 2014 und 2015	248	1354
dd) Publikationen zur Schaffung einer asylbewerberfeindlichen Stimmung	249	1354
f) Aufsuchen von Flüchtlingsunterkünften	250	1355
g) Verhältnis der Antragsgegnerin zur „GIDA-Bewegung"	251	1355
aa) PEGIDA	252	1355
bb) Nachahmer-Bewegungen	253	1355
cc) MVGIDA	254	1355
dd) Thüringen	255	1355
XI. Beschluss zur Durchführung der mündlichen Verhandlung vom 2. Dezember 2015	256	1356
1. Ergänzung Vortrag Antragsteller (11. Februar 2016)	256	1356
2. Bestellung des Verfahrensbevollmächtigten zu 2. der Antragsgegnerin	258	1356
XII. Entgegnung Antragsgegnerin vom 2. März 2016	259	1356
1. Unzulässigkeitsgründe	260	1356
a) Art. 21 Abs. 2 GG: Feststellung statt Verbot	261	1356

	Rn.	Seite

b) Tatbestandsmerkmal des „Beeinträchtigens" als Redaktionsversehen 262 1357
c) Unzulängliche Regelung der Antragsbefugnis (§ 43 BVerfGG) 263 1357
2. Unbegründetheit 264 1357
   a) Überholungsbedürftigkeit der Parteiverbotskonzeption 265 1357
      aa) Orientierungsfunktion der bisherigen Verbotsurteile.... 266 1357
      bb) Verstoß gegen Demokratieprinzip.................... 267 1357
      cc) Merkmal der „aggressiv-kämpferischen Haltung"....... 269 1358
      dd) Parteiverbot als Bestandteil des verfassungsrechtlichen Notstandsrechts 273 1358
      ee) Verfassungsrechtliche Unzulässigkeit der Rechtsfolgen eines Parteiverbots 275 1359
   b) EGMR-Rechtsprechung................................. 276 1359
   c) Beachtlichkeit des Verhältnismäßigkeitsgrundsatzes 277 1359
   d) Verstoß gegen Unionsrecht 278 1360
   e) Zurechenbares Verhalten................................ 284 1361
      aa) Handeln von Funktionären und einfachen Parteimitgliedern..................................... 285 1361
      bb) Beachtlichkeit des Indemnitätsgrundsatzes 288 1362
   f) Unschlüssigkeit des Verbotsantrags 289 1362
      aa) Beseitigung oder Beeinträchtigung der freiheitlichen demokratischen Grundordnung 292 1363
         (1) Volksbegriff kein Verstoß gegen Menschenwürde .. 293 1363
         (2) Volksbegriff und Demokratieprinzip............. 302 1365
            (a) Verfassungsrechtliche Grenzen des Staatsangehörigkeitsrechts..................... 303 1365
            (b) Aufgeklärter Nationalismus kein Widerspruch zum Grundgesetz........................... 305 1365
            (c) Bekenntnis zur Volkssouveränität 306 1365
         (3) Bekämpfung des Rechtsstaats 308 1366
         (4) Wesensverwandtschaft mit dem Nationalsozialismus 311 1366
      bb) Belege für ein „Darauf Ausgehen" 314 1367
         (1) „Dominanzzonen" und „Kultur der Angst" 316 1367
            (a) Jamel..................................... 317 1367
            (b) Anklam................................... 318 1367
         (2) Gutachten Prof. Borstel......................... 320 1368
            (a) Lalendorf................................. 321 1368
            (b) Berlin-Pankow 322 1368
            (c) Schneeberg 323 1368
            (d) Schöneiche................................ 324 1368
            (e) Kampagne gegen S.......................... 325 1368
            (f) Güstrow 326 1368
            (g) Pölchow 327 1369

	Rn.	Seite
(h) Greifswald	328	1369
(i) Weimar	329	1369
(j) Aschaffenburg	330	1369
(k) Tröglitz	331	1369
(3) Beeinträchtigung des demokratischen Handelns vor Ort	332	1370
(4) Verhalten gegenüber Asylbewerbern	334	1370
(a) Dresden	335	1370
(b) Schneeberger Lichtelläufe	336	1370
(c) Leipzig	337	1370
(d) Bautzen	338	1370
(e) Sächsische Schweiz	339	1371
(f) Heidenau	340	1371
(g) Aufsuchen von Asylunterkünften	341	1371
(5) Strafrechtliche Vorbelastung der Funktionäre der Antragsgegnerin	342	1371
(6) Netzwerk mit Kameradschaften	343	1371
(7) Umsetzungsperspektive der Programmatik	345	1372
g) Diskriminierung der Antragsgegnerin	348	1372
XIII. Mündliche Verhandlung	349	1372
1. Befangenheitsanträge und Besetzungsrüge	349	1372
2. Ablauf	350	1372
3. Neuer Vortrag der Antragsgegnerin	351	1373
a) Überwachungsmaßnahmen in Nordrhein-Westfalen	351	1373
b) Mündliche Erwiderung Antragsteller	353	1373
4. Vorlage eidesstattlicher Versicherung betreffend Anwerbeversuch A.	355	1373
XIV. Nachträge	356	1374
1. Vorlage weiterer Belege des Instituts für Zeitgeschichte durch Antragsteller	356	1374
2. Stellungnahme Antragsgegnerin vom 11. April 2016	357	1374
a) Äußerungen der Landtagspräsidentin von Mecklenburg-Vorpommern sowie der sachkundigen Dritten Röpke	358	1374
b) Parteirechtliches Einschreiten gegen Bezugnahmen auf Nationalsozialismus	359	1374
c) Broschüre „Darf die NPD wegen Taten parteiloser Neonazis verboten werden?"	360	1374
3. Schriftsatz des Antragstellers vom 27. April 2016	362	1374
a) Demokratieverstoß der Antragsgegnerin als Verstoß gegen Art. 79 Abs. 3 GG	364	1375
b) Freiheitliche demokratische Grundordnung	365	1375

	Rn.	Seite

aa) Rassisch definierter Volksbegriff 366 1375
bb) Überdeckung der Verfassungsfeindlichkeit durch
  Verfälschungen 368 1375
  (1) Verharmlosende Auslegung von Äußerungen 369 1376
  (2) Bewusste Dekontextualisierung 370 1376
  (3) Distanzierung von grundlegenden
    Parteidokumenten 371 1376
  (4) Distanzierung von einzelnen Belegen und Personen 374 1377
cc) Fehlen einer Erwiderung auf die Belege betreffend
  Antiparlamentarismus und Systemüberwindung 376 1377
c) „Darauf Ausgehen" 377 1377
  aa) Ergänzungen zum Maßstab 378 1377
    (1) Konkrete Gefahr.............................. 378 1377
    (2) Wesensverwandtschaft als Indiz 381 1378
  bb) Ergänzender Sachvortrag zu aktuellen Vorfällen 382 1378
    (1) Stärkung der Antragsgegnerin ab 2015 .... 382 1378
    (2) Ereignisse in Nauen, Löcknitz und
      Leipzig-Connewitz; Aufruf zum Widerstand 387 1379
4. Schriftsatz der Antragsgegnerin vom 9. Mai 2016 .... 391 1379
5. Schriftsatz der Antragsgegnerin vom 23. Mai 2016 .... 392 1379
6. Schriftsatz der Antragsgegnerin vom 28. Juni 2016 .... 395 1380

XV. Aktenbeiziehung 396 1380

B. Zulässigkeit 397 1380

I. Besetzungsrüge.. 399 1380

II. Verfahrenshindernisse 400 1381
  1. Voraussetzungen... 401 1381
    a) Ultima ratio 402 1381
    b) Erheblicher Verfassungsverstoß 404 1382
    c) Gebot freier und selbstbestimmter Willensbildung und
      Selbstdarstellung der Partei 405 1382
    d) V-Leute und Verdeckte Ermittler (Staatsfreiheit) 406 1382
      aa) Verbot des Einsatzes auf Führungsebenen 407 1383
      bb) Pflicht zur Abschaltung und Zurückziehung 408 1383
      cc) Handlungsfähigkeit der Organe des präventiven
        Verfassungsschutzes 409 1383
    e) Staatlich beeinflusste Materialien und Sachverhalte
      (Quellenfreiheit) 410 1383
      aa) Unbeeinflusste Willensbildung 411 1384
      bb) Darlegungslast 413 1384
      cc) Auswirkungen fehlender Quellenfreiheit............... 414 1384
    f) Grundsatz des fairen Verfahrens 415 1384

	Rn.	Seite

aa) Ableitung und Inhalt 417 1384
bb) Beobachtung der Partei während eines laufenden
    Verbotsverfahrens 418 1385
cc) Staatliche Vorkehrungen gegen Ausspähen der
    Prozessstrategie 420 1385
dd) Darlegungslast des Antragstellers 423 1386
g) Abwägung Parteienfreiheit – präventiver Verfassungsschutz . 424 1386
2. Subsumtion 427 1387
   a) Staatsfreiheit 428 1387
      aa) Abschaltung der V-Leute 429 1388
         (1) Nachweis der Abschaltung 430 1388
            (a) Testate 430 1388
            (b) Vollzug der Abschaltung 433 1389
         (2) Vortrag der Antragsgegnerin 436 1389
            (a) Testate 437 1389
               (aa) Lückenhafte Erfassung der
                    Führungsebenen 438 1389
               (bb) MAD, BND, Zollkriminalamt 441 1390
            (b) Sonstige Einwendungen 443 1391
               (aa) Einbeziehung des Jahres 2013 . . . . 444 1391
               (bb) Verhalten des Antragstellers im
                    vorangegangenen Verbotsverfahren 445 1391
               (cc) Wahl eines V-Mannes in ein Amt der
                    Führungsebene 446 1391
               (dd) Anwerbeversuch A. 447 1391
               (ee) Schwärzungen in Dokumenten 448 1392
               (ff) Nachweis des Vollzugs der Abschaltung . . . 450 1392
               (gg) Quellen auf Führungsebenen in
                    Mecklenburg-Vorpommern und Sachsen . . 451 1393
               (hh) Ausscheiden der ehemaligen sächsischen
                    Fraktionsvorsitzenden 452 1393
         (3) Entbehrlichkeit weiterer Beweiserhebung 454 1393
      bb) Informationsgewinnende „Nachsorge" 455 1393
         (1) Verzicht auf „Nachsorge" 455 1393
         (2) Beweis des Verzichts 457 1394
      cc) Einsatz Verdeckter Ermittler 458 1394
         (1) Belege 458 1394
         (2) Vortrag der Antragsgegnerin 459 1394
            (a) „Rückziehung eingeschleuster V-Leute" 459 1394
            (b) Einzelfälle 460 1394
               (aa) Anwerbeversuch A. 461 1395
               (bb) „V-Mann Piatto" 462 1395
               (cc) Ergebnis 464 1395

	Rn.	Seite
b) Relevantes Beweismaterial	465	1395
aa) Testate	466	1395
(1) Belege der Kategorie 1	467	1395
(2) Belege der Kategorie 2	468	1395
(3) Quellenfreiheit	469	1396
(a) Zeitraum der Belege der Kategorie 1	470	1396
(b) „Mittelbare Beeinflussung"	471	1396
(c) Belege der Kategorie 2	472	1396
bb) Positionspapier „Das strategische Konzept der NPD" und Parteiprogramm	473	1396
c) Ausspähen der Prozessstrategie	474	1396
aa) Belege	475	1397
bb) Ergänzender Vortrag	476	1397
(1) Weisungslage	477	1397
(2) Privilegierte Stellung des Verfahrensbevollmächtigten zu 1. der Antragsgegnerin	479	1397
(3) Aussagekraft der vorgelegten Belege	481	1398
cc) Vortrag der Antragsgegnerin	482	1398
(1) Einzelfälle	483	1398
(a) Verkehrsunfallgeschehen am 30. November 2012	484	1398
(aa) Zeitlicher Zusammenhang	485	1398
(bb) Irrelevanz möglicher Überwachung im Unfallzeitpunkt	486	1399
(b) Facebook-Kontakt	488	1399
(c) Einsatz sonstiger nachrichtendienstlicher Mittel	489	1399
(2) Überwachung von Mitgliedern des Parteivorstands	491	1400
(a) Vernehmung des ehemaligen Bundesschatzmeisters	492	1400
(b) Vernehmung Edward Snowden	493	1400
(c) Überwachungsmaßnahmen in Nordrhein-Westfalen	494	1401
dd) Ergebnis	496	1401
III. Hilfsantrag auf Aussetzung des Verbotsverfahrens	497	1401
IV. Sonstige Zulässigkeitsvoraussetzungen	499	1402
1. Ordnungsgemäße Vertretung des Antragstellers	500	1402
a) Schriftform	501	1402
b) Unterzeichnung der Vollmacht	502	1402
aa) Befugnis des Direktors des Bundesrates	503	1403
bb) Beauftragung des Direktors des Bundesrates	506	1403
2. Antragsbefugnis im Parteiverbotsverfahren (§ 43 BVerfGG)	507	1403
3. Redaktionsversehen „Beeinträchtigen"	509	1403

		Rn.	Seite
C. Maßstab Begründetheit		510	1404
I. Systematische Einordnung des Parteiverbots gemäß Art. 21 Abs. 2 Satz 1 GG		511	1404
1. Konstitutionalisierung der Parteien		512	1404
a) Verfassungsrechtlicher Status		512	1404
b) Entstehungsgeschichte Parteiverbot		513	1404
c) Zweck		514	1405
2. Kein Widerspruch zu Demokratieprinzip und Volkssouveränität		515	1405
3. Art. 146 GG		518	1406
4. Verlust des Geltungsanspruchs		519	1407
5. Interpretation im Lichte der verfassungsrechtlichen Notstandsregelungen		521	1407
6. Ausnahmecharakter		523	1408
a) Restriktive Auslegung der Tatbestandsmerkmale		524	1408
b) Auflösung der Partei als Rechtsfolge		525	1408
II. Tatbestand		528	1409
1. „Freiheitliche demokratische Grundordnung"		529	1410
a) Bisherige verfassungsrechtliche Rechtsprechung		530	1410
aa) SRP-Urteil (BVerfGE 2, 1)		530	1410
bb) KPD-Urteil (BVerfGE 5, 85)		532	1410
cc) Ergänzung der Elemente der freiheitlichen demokratischen Grundordnung		533	1411
dd) Kritik des Schrifttums		534	1411
b) Verhältnis zu Art. 79 Abs. 3 GG		535	1411
aa) Konzentration auf zentrale Grundprinzipien		535	1411
bb) Kein Rückgriff auf Art. 79 Abs. 3 GG		536	1412
c) Menschenwürde		538	1412
aa) Subjektqualität		539	1412
bb) Egalität		541	1413
d) Demokratieprinzip		542	1413
aa) Gleichberechtigte Teilnahme an der politischen Willensbildung		543	1413
bb) Rückbindung der Staatsgewalt an das Volk		545	1414
cc) Parlamentarisch-repräsentative Demokratie		546	1414
e) Rechtsstaatlichkeit		547	1414
2. „Beseitigen" oder „Beeinträchtigen"		548	1415
a) Definitorische Annäherung		549	1415
b) Beseitigen		550	1415
c) Beeinträchtigen		551	1415
aa) Einwand eines Redaktionsversehens		552	1415
(1) Historische Auslegung		553	1415
(2) Objektivierter Wille des Verfassungsgebers		555	1416

	Rn.	Seite

    bb) Definition … 556 1416
3. „Ziele" der Partei oder „Verhalten ihrer Anhänger" … 557 1417
    a) Ziele … 558 1417
    b) Verhalten der Anhänger … 560 1418
        aa) Zurechenbarkeit der Tätigkeit der Organe … 562 1418
        bb) Zurechenbarkeit des Verhaltens einfacher Mitglieder … 563 1418
        cc) Zurechenbarkeit des Verhaltens von Anhängern … 564 1418
        dd) Straftaten von Parteianhängern … 565 1419
        ee) Zurechnung sonstiger Straf- und Gewalttaten … 566 1419
        ff) Zurechenbarkeit parlamentarischer Äußerungen … 567 1419
4. „Darauf Ausgehen" … 570 1420
    a) Kein Gesinnungsverbot … 571 1420
    b) Bisherige Rechtsprechung … 574 1421
    c) Voraussetzungen … 575 1421
        aa) Planvolles Vorgehen der Partei … 576 1421
        bb) Qualifizierte Vorbereitung einer Beseitigung oder Beeinträchtigung der freiheitlichen demokratischen Grundordnung … 577 1422
    d) Konkrete Gefahr … 581 1423
        aa) Wortlaut der Norm … 582 1423
        bb) Sinn und Zweck … 583 1423
        cc) Vereinbarkeit mit Präventivcharakter … 584 1423
    e) Potentialität – Konkrete Anhaltspunkte für Möglichkeit der Zielerreichung … 585 1424
5. Ungeschriebene Tatbestandsmerkmale … 590 1425
    a) Wesensverwandtschaft mit dem Nationalsozialismus … 591 1425
        aa) Feststellung der Wesensverwandtschaft … 592 1425
        bb) Kein Parteiverbot allein aufgrund einer Wesensverwandtschaft … 593 1425
        cc) Rechtsprechung des Bundesverwaltungsgerichts … 594 1426
        dd) Gegenbildlich identitätsprägende Bedeutung des Nationalsozialismus für das Grundgesetz … 596 1426
        ee) Wesensverwandtschaft als Indiz … 598 1427
    b) Grundsatz der Verhältnismäßigkeit … 599 1427
        aa) Wortlaut und Entstehungsgeschichte des Art. 21 Abs. 2 GG … 601 1428
        bb) Systematische Erwägung … 602 1428
        cc) Folgerungen … 603 1428
            (1) Kein Rechtsfolgenermessen … 604 1429
            (2) Keine Erforderlichkeit des Vorliegens einer Gefahr. 605 1429
            (3) Keine Vorrangigkeit der Bekämpfung verfassungswidriger Parteien mit sonstigen Mitteln 606 1429

	Rn.	Seite
III. Rechtsprechung des EGMR	607	1429
1. EGMR-Rechtsprechung zu Parteiverboten	608	1429
a) Parteiverbot zum Schutz der Demokratie	609	1430
b) Erfordernis eines legitimen Zwecks	610	1430
c) Erfordernis eines „dringenden sozialen Bedürfnisses"	611	1430
aa) Entscheidung im Einzelfall	612	1430
bb) Zulässigkeit präventiven Vorgehens	613	1431
cc) Gesamtwürdigung der konkreten Umstände des Einzelfalls	614	1431
d) Angemessenheit des Parteiverbots	615	1431
2. Vereinbarkeit mit vorliegendem Maßstab	617	1432
a) Erfordernis einer gesetzlichen Regelung und eines legitimen Zwecks	618	1432
b) Erfordernis eines „dringenden sozialen Bedürfnisses"	619	1432
c) Angemessenheit	622	1434
aa) Vorliegen eines „dringenden sozialen Bedürfnisses" grundsätzlich ausreichend	623	1434
bb) EGMR-Entscheidung zum Verbot der türkischen DTP	624	1434
d) Verfolgung politischer Ziele mit Gewalt keine Voraussetzung	626	1435
IV. Vorlage an den EuGH	627	1435
1. Vortrag der Antragsgegnerin	628	1435
2. Keine Vorlagenotwendigkeit	629	1435
a) Keine EU-Zuständigkeit zur Regelung des Rechts der politischen Parteien	629	1435
b) Keine Änderung durch Inkrafttreten des Vertrags von Lissabon	630	1436
c) EU-Verordnung über die Regelung für die politischen Parteien auf europäischer Ebene und ihre Finanzierung Nr. 2004/2003	631	1436
D. Subsumtion Begründetheit	633	1437
I. Beseitigung der freiheitlichen demokratischen Grundordnung	634	1437
1. Verstoß gegen Menschenwürde	635	1437
a) Parteiprogramm der Antragsgegnerin	637	1438
aa) Missachtung der Menschenwürde/Verletzung des Gleichheitsanspruchs	638	1438
(1) Vorrang der „Volksgemeinschaft"	639	1438
(2) Exklusion/Rechtlosstellung aller ethnisch Nichtdeutschen	640	1438
(a) Beschränkung des Solidaritätsprinzips auf die Gemeinschaft aller Deutschen	641	1439

Rn. Seite

(b) Einführung eines auf dem Abstammungsprinzip fußenden Staatsbürgerrechts 642 1439
(c) Bildungspolitische Forderungen 643 1439
(d) Kriminalpolitische Forderungen 644 1439
(3) Unvereinbarkeit mit Menschenwürdegarantie 645 1439
bb) Zurechnung des Parteiprogramms 647 1440
(1) Zurechenbarkeit zu einer juristischen Person 648 1440
(2) Parteiprogramm als Ausdruck eigenständiger unbeeinflusster Willensbildung 649 1440
(a) Keine V-Leute in Programmkommission und Vorständen 650 1440
(b) Inhaltliche Bestätigung durch die maßgeblichen Führungspersonen 651 1441
b) Publikationen und Äußerungen führender Funktionäre..... 653 1441
aa) Ethnische Definition der „Volksgemeinschaft" 654 1441
(1) Broschüre „Wortgewandt – Argumente für Mandats- und Funktionsträger" 654 1441
(2) Zurechnung dieser Publikation 656 1442
(3) Weitere zurechenbare Aussagen 657 1442
(a) Landesaktionsprogramm des Landesverbands Berlin 658 1442
(b) Landesverband Bayern auf Facebook 659 1443
bb) Überordnung der „Volksgemeinschaft" und rassenbezogene Fundierung 660 1443
(1) Zurechenbare Aussagen/Publikationen 661 1443
(a) Bundesschulungsleiter der JN D. 661 1443
(b) Homepage der JN 662 1443
(c) „Leitfaden – Politische Grundbegriffe" der JN .. 663 1443
(d) Zurechnung 669 1445
(aa) Beschluss des Bundesvorstands der Antragsgegnerin vom 5./6. April 2014 ..... 671 1445
(bb) Fehlende Anhaltspunkte für Distanzierung der Antragsgegnerin 672 1445
(2) Weitere Belege................................. 673 1445
(a) „Deutsche Stimme" 2/2011, S. 22 .... 674 1446
(b) „Deutsche Stimme" 9/2009, S. 2 .... 675 1446
(c) „Deutsche Stimme" 4/2011, S. 8 .... 676 1446
(d) Rede P. am 15. März 2015 .... 677 1446
(e) Erklärung Pastörs auf dem NPD-Schwabentag 2011 .... 679 1447
(f) VG Neustadt, Beschluss vom 25. März 2011 – 5 L 266/11.NW - 680 1447

	Rn.	Seite
cc) Rechtliche Abwertung Eingebürgerter	681	1447
(1) „Nichtamtliche Bekanntmachung" im Bundestagswahlkampf 2009	682	1447
(2) ZDF-Interview mit Ronny Zasowk	684	1448
(3) Erklärung W. im thüringischen Landtagswahlkampf 2009	686	1448
c) Zum Verteidigungsvorbringen der Antragsgegnerin	688	1448
aa) Keine bloße Unterscheidung von Staatsangehörigen und Nichtstaatsangehörigen	689	1448
bb) „Volksbegriff" der Antragsgegnerin	690	1449
(1) Volksbegriff des Grundgesetzes	690	1449
(2) BVerfGE 77, 137 („Teso"-Beschluss); BVerfGE 83, 37	693	1449
cc) Keine bloße Rückkehr zum bis 31. Dezember 1999 geltenden RuStAG	694	1450
(1) Kein Raum für Ermessenseinbürgerung	695	1450
(2) Kein Ausschluss von Ausbürgerungen	696	1450
(3) Rückführung von Ausländern, Migranten und Minderheiten	697	1451
d) Missachtung der Menschenwürde	698	1451
aa) Diskriminierung von Ausländern	699	1451
(1) Erklärung Pastörs auf dem NPD-Schwabentag 2011	700	1451
(2) Rede Rieger am 13. September 2008	701	1451
(3) Landesverband Bayern auf Facebook	702	1451
(4) Wahlplakat Bundestagswahl 2009	704	1452
(5) Wahlplakat thüringische Landtagswahl 2009	706	1452
bb) Äußerungen über Asylbewerber und Migranten	707	1452
(1) Parlamentarische Aktivitäten	708	1452
(a) Landtage Sachsen und Mecklenburg-Vorpommern	709	1452
(aa) Antrag vom 6. Dezember 2010 im Sächsischen Landtag	709	1452
(bb) Kleine Anfrage vom 4. Februar 2013 im Sächsischen Landtag	710	1453
(cc) Äußerungen im Landtag Mecklenburg-Vorpommern	711	1453
(b) Entgegnungen der Antragsgegnerin	712	1453
(2) Außerparlamentarische Belege	713	1453
(a) Äußerungen	714	1453
(aa) Gansel auf Facebook	714	1453
(bb) Rede P. am 15. März 2015	715	1454
(cc) Landesverband Bayern auf Facebook	716	1454
(dd) Rede Frank im Juli 2013	717	1454
(ee) Kreisverband Unna auf Facebook	718	1454

	Rn.	Seite

(ff) Äußerung K. im August 2015 .... 720 1454
(b) Zielrichtung und Zurechenbarkeit der
Äußerungen 721 1455
  (aa) Zielrichtung der Äußerungen 721 1455
  (bb) Zurechenbarkeit der Äußerungen 722 1455
    (α) Kein bloßer Verweis auf anderweitige
    Berichterstattung 723 1455
    (β) Keine ausreichende Distanzierung 724 1455
    (γ) Keine bloße Aufforderung zur
    Umsetzung geltenden Rechts 725 1455
cc) Diskriminierung von religiösen und gesellschaftlichen
Minderheiten 726 1455
  (1) Kampf gegen den Islam 727 1455
    (a) Äußerungen 728 1456
      (aa) „NPD – Dossier Minarettverbot"/
      „Deutsche Stimme" 12/2010, S. 9 .... 728 1456
      (bb) Landesverband Bayern auf Facebook 730 1456
      (cc) Homepage des Landesverbands Berlin 732 1456
      (dd) Interview mit Holger Apfel 733 1456
      (ee) Pastörs auf dem NPD-Schwabentag 2011/
      Aschermittwochsrede 2009 .... 734 1457
    (b) Verteidigungsvorbringen Antragsgegnerin 736 1457
  (2) Antisemitismus 737 1457
    (a) Äußerungen/Publikationen 738 1457
      (aa) Indizierung des Versandkatalogs der
      „Deutsche Stimme Verlags GmbH" 738 1457
      (bb) Positionen hochrangiger Funktionäre 740 1458
        (α) Gansel 741 1458
        (β) Richter am 8. Januar 2015 .... 743 1458
        (γ) Äußerungen/Anträge Apfel im
        Sächsischen Landtag 744 1458
        (δ) Schmidtke am 18. Februar 2011 .... 746 1459
        (ε) Homepage des Landesverbands
        Sachsen-Anhalt 748 1459
        (ζ) „Deutsche Stimme" 9/2014, S. 23 ...... 749 1459
    (b) Keine bloße Kritik am Staat Israel/Zurechnung
    der Äußerungen 750 1460
  (3) Sonstige gesellschaftliche Gruppen 752 1460
    (a) Äußerungen 753 1460
      (aa) Gansel im Sächsischen Landtag zur
      Homosexualität 753 1460
      (bb) Sinti und Roma 754 1460
    (b) Verteidigungsvorbringen Antragsgegnerin 757 1461

	Rn.	Seite
2. Verletzung des Demokratieprinzips	758	1461
a) Parteiprogramm	759	1461
b) Sonstige Belege	761	1462
aa) Gleichberechtigte Teilhabe an der politischen Willensbildung	762	1462
(1) Ausschluss aus dem demokratischen Prozess	763	1462
(a) Auswertung des Parteiprogramms	763	1462
(b) Bestätigung durch Äußerungen von Gansel und Pastörs	764	1462
(2) Widerspruch zum Demokratieprinzip	766	1463
(a) Verstoß gegen Art. 20 Abs. 1 und 2 GG	766	1463
(b) Verteidigungsvorbringen der Antragsgegnerin	767	1463
bb) Abschaffung parlamentarischer Demokratie	768	1463
(1) Äußerungen	769	1464
(a) „Deutsche Stimme" 12/2008, S. 3	769	1464
(b) Heyder auf dem Bamberger Programmparteitag 2010	770	1464
(c) Wulff 2009 auf www.netzwerknord.com	771	1464
(d) Äußerungen Gansel 2009 und 2010	772	1464
(e) Abgeordnete in den Landtagen Sachsen und Mecklenburg-Vorpommern	773	1464
(2) Relativierung des Demokratieprinzips	774	1465
(a) „Volk in Bewegung – Der Reichsbote" 5/2011, S. 11	775	1465
(b) „De Meckelbörger Bote" 1/2011, S. 2	776	1465
(c) „Der Aktivist" 2/2012, S. 20 f.	777	1465
(d) Pastörs auf dem NPD-Schwabentag 2011	778	1465
(3) Ziele der Antragsgegnerin	779	1466
(a) Fundamental-oppositioneller, revolutionärer Anspruch	780	1466
(aa) Sozialrevolutionäres Selbstverständnis	780	1466
(bb) Instrumentalisierung des Parlamentarismus	784	1466
(α) Heyder auf dem Bamberger Programmparteitag 2010	785	1466
(β) Homepage des Bundesvorstands der JN	786	1466
(γ) Richter in „hier & jetzt"	787	1466
(b) Beseitigung des Parlamentarismus und Bestrafung der Verantwortlichen	788	1467
(aa) Überwindung des bestehenden parlamentarischen Systems	789	1467
(α) Knebel Maikundgebung 2010	789	1467
(β) Homepage des Kreisverbands Berlin-Pankow	790	1467

	Rn.	Seite

- (γ) Homepage des Landesverbands Mecklenburg-Vorpommern 791 1467
- (bb) Bestrafung der Verantwortlichen 792 1467
  - (α) Voigt auf der Homepage der Antragsgegnerin 2008 .... 793 1467
  - (β) Pastörs am 31. Juli 2010 .... 794 1467
  - (γ) Homepage der Landtagsfraktion Sachsen..................... 796 1468
  - (δ) Richter in „hier & jetzt" 797 1468
- (c) Ersetzung durch Nationalstaat 798 1468
  - (aa) Homepage des Landesverbands NRW..... 799 1468
  - (bb) „Deutsche Stimme" 2/2011, S. 22 .... 800 1468
  - (cc) „Volk in Bewegung – Der Reichsbote" 1/2011, S. 18........................... 801 1468
- (4) Gesamtschau 803 1469

3. Wesensverwandtschaft mit dem Nationalsozialismus 805 1469
   a) Parallelen zum Nationalsozialismus 806 1470
      aa) Begriff und Verständnis der „Volksgemeinschaft" 806 1470
      bb) Antisemitische Grundhaltung 808 1470
      cc) Ablehnung der parlamentarischen Demokratie......... 809 1470
   b) Verbundenheit mit dem Nationalsozialismus............... 810 1471
      aa) Glorifizierende Bezugnahmen auf NS-Protagonisten.... 811 1471
         (1) Wulff auf www.altermedia-deutschland.info und Facebook 812 1471
         (2) Homepage des Landesverbands Mecklenburg-Vorpommern 815 1472
         (3) Goebbelszitat.................... 816 1472
         (4) H. am 20. Oktober 2012 .... 817 1472
      bb) Rückgriff auf Vokabular etc. des Nationalsozialismus ... 818 1472
         (1) „Der Aktivist" 3/2012, S. 4 .... 819 1472
         (2) Gansel auf Facebook 820 1472
         (3) Homepage des Kreisverbands Weimar/Weimarer Land 821 1473
         (4) Pastörs im Landtag Mecklenburg-Vorpommern.... 823 1473
         (5) OVG Lüneburg, Beschluss vom 26. April 2012 – 11 ME 113/12 - 824 1473
         (6) Verurteilung P...................... 825 1473
         (7) JN auf Facebook 826 1473
         (8) JN auf Facebook 828 1474
         (9) Sicherstellungen bei H. 829 1474
         (10) Verurteilung Karl Richter 830 1474
      cc) Verklärung und Relativierung des Nationalsozialismus.. 831 1474
         (1) P. auf www.xxx.de................................832 1474

C. Das zweite NPD-Verbotsverfahren

	Rn.	Seite
(2) Gansel auf Homepage der Antragsgegnerin	833	1475
(3) N. auf Homepage der NPD Region Stuttgart	834	1475
(4) Presseerklärung Karl Richter vom 18. Januar 2010 .	835	1475
(5) Parlamentarische Äußerungen	836	1475
c) Zurechnung	839	1476
4. Beseitigung der Verfassungsordnung	844	1477
II. Darauf Ausgehen	845	1477
1. Planmäßiges Hinarbeiten	846	1477
a) Organisatorische Ausgangslage der Antragsgegnerin	847	1477
aa) Organisationsstruktur	847	1477
bb) Parlamentarische Vertretung	850	1478
cc) Öffentlichkeitsarbeit	851	1478
dd) Finanzielle Ausstattung	854	1479
b) Strategie	855	1479
c) Umsetzung	856	1480
aa) „Kampf um die Köpfe"	857	1480
(1) „Nationalrevolutionäre Graswurzelarbeit"/"Kümmerer-Image"	857	1480
(2) „National befreite Zonen"	860	1481
bb) „Kampf um die Straße"	861	1481
(1) Einsatz spezifisch jugendorientierten Materials	862	1481
(2) Asylthematik	867	1482
(a) Protestkundgebungen	868	1482
(aa) Anzahl und Teilnehmerzahlen der 2015 abgehaltenen Veranstaltungen	868	1482
(bb) Konzentration auf Sachsen und Mecklenburg-Vorpommern	869	1482
(b) Besuche von Asyleinrichtungen	870	1483
(3) Weitere Aktivitäten gegen Migranten und Minderheiten	871	1483
(4) „Wortergreifungsstrategie"	872	1483
cc) „Kampf um die Parlamente"	873	1484
dd) „Kampf um den organisierten Willen"	877	1485
(1) Bestehende personelle Verflechtungen	878	1485
(2) „Volksfrontkonzept"	881	1486
(3) Kooperation mit rechtsextremer Szene	885	1486
(a) Rolle der JN in Sachsen	886	1486
(b) Situation in Mecklenburg-Vorpommern	889	1487
(aa) Äußerungen von Pastörs und Köster	889	1487
(bb) Kooperation in Müritz	891	1487
(cc) Gemeinsame Demonstrationsaufrufe	892	1488
(c) Vergabe des „Widerstandspreises"	893	1488

III. Verkündung und Urteil

	Rn.	Seite
(4) Versuch der Einflussnahme auf GIDA-Bewegung	894	1488
2. Möglichkeit des Erfolgs	896	1489
a) Beteiligung am Prozess politischer Willensbildung	897	1489
aa) Wahlen und Koalitionsoptionen	898	1489
(1) Überregionale Ebene	899	1489
(2) Kommunale Ebene	904	1490
bb) Außerparlamentarische Willensbildung	910	1492
(1) Organisationsgrad	911	1492
(2) Kampagnenfähigkeit	912	1492
(a) Eingeschränkter Mobilisierungsgrad	913	1492
(b) Wirkkraft in die Gesellschaft	916	1493
(aa) Einschätzungen der Sachverständigen	917	1493
(bb) Berichte der Verfassungsschutzbehörden des Bundes und der Länder	918	1494
(3) Kompensationsmöglichkeiten	920	1494
(a) Öffentlichkeitsarbeit	921	1495
(b) „Graswurzelarbeit"	922	1495
(c) Aktivitäten gegen Asylbewerber und Minderheiten	924	1496
(d) Zusammenarbeit mit parteiungebundenen Kräften	926	1496
(aa) Bewegungsförmiger Rechtsextremismus	927	1497
(bb) GIDA-Bewegungen	931	1497
b) Beeinträchtigung der Freiheit der politischen Willensbildung	933	1498
aa) Dominanzzonen	934	1498
(1) Keine „national befreiten Zonen"	935	1498
(2) Jamel	936	1499
(3) Weitere Beispiele	941	1500
(a) Anklam	942	1500
(aa) Immobilie im Eigentum von Mitgliedern des Landesvorstands von Mecklenburg-Vorpommern	943	1500
(bb) Organisation einer Demonstration	944	1500
(cc) Wahlen zur Stadtvertreterversammlung und Initiativen gegen Rechtsextremismus	946	1501
(b) Lübtheen	947	1501
(c) JN-Initiativen gegen Kriminalität und Überfremdung	950	1502
bb) Gewalt und Begehung von Straftaten	951	1502
(1) Gesamtentwicklung ausländerfeindlicher Straftaten	952	1502
(2) Gesamtschau des strafrechtlich relevanten Verhaltens	953	1503

C. Das zweite NPD-Verbotsverfahren

	Rn.	Seite
(a) Anonymisierte Statistik des Bundesamts für Verfassungsschutz	954	1503
(b) Auflistung des Antragstellers	955	1503
(3) Einzelne Ereignisse	956	1503
(a) Keine Berücksichtigung mangels Rechtswidrigkeit	957	1503
(aa) Aufrufe zur revolutionären Überwindung des parlamentarischen Systems	957	1503
(bb) Bürgerwehren	958	1504
(b) Keine Berücksichtigung mangels Zurechenbarkeit	959	1504
(aa) Vorfälle in Jamel, Nauen, Güstrow, Demmin und Leipzig-Connewitz	960	1504
(bb) Krawalle in Dresden und Heidenau	964	1505
(α) Dresden	965	1505
(β) Heidenau	967	1506
(cc) Angriffe gegen Wahlkreisbüros	968	1506
(c) Verbleibende Einzelfälle	970	1507
(aa) Gewalttaten unter Beteiligung von Mitgliedern und Anhängern der Antragsgegnerin	971	1507
(α) DGB-Kundgebung in Weimar	971	1507
(β) Verurteilungen wegen Gewaltdelikten mit politischen Bezügen	973	1507
(γ) Weitere Fälle	974	1508
(bb) Fehlende Grundtendenz zur Verfolgung politischer Ziele durch Gewalt oder die Begehung von Straftaten	976	1508
cc) „Atmosphäre der Angst"	977	1509
(1) Fehlende Zurechenbarkeit einzelner aufgeführter Sachverhalte	978	1509
(a) „Liste mit freien Angaben zu Bedrohungserfahrungen"	978	1509
(b) Keine generelle Zurechnung des Handelns von Kameradschaften und anderen „freien Gruppen"	979	1509
(c) Vorfall in Bargischow	980	1510
(d) Ereignisse in Schneeberg	981	1510
(e) Bedrohungen in Jamel	982	1510
(2) Fälle fehlender objektiver Eignung des Handelns zur Beeinträchtigung der Freiheit der politischen Willensbildung	983	1510

III. Verkündung und Urteil

	Rn.	Seite
(a) Bloße Teilnahme am politischen Meinungskampf	984	1510
(aa) Protestkundgebungen im Bereich der Asyl- und Flüchtlingspolitik	985	1510
(bb) Rücktritt des Ortsbürgermeisters von Tröglitz	987	1511
(cc) Proteste in Bautzen	989	1511
(dd) Protest- und Demonstrationsaufruf in Leipzig-Gohlis	990	1512
(b) Überschreitung der Grenzen zulässiger politischer Willensbildung ohne Beeinträchtigung des demokratischen Prozesses	991	1512
(aa) Wahlkampfaktivitäten	992	1512
(bb) Besuche in Flüchtlingsheimen und Asylunterkünften	993	1512
(cc) Vorfall in Löcknitz	996	1513
(c) Einzelpersonenbezogene Aktivitäten	997	1513
(aa) Kundgebung in Berlin-Pankow	998	1513
(bb) Vorfälle in Schöneiche	999	1513
(cc) Interview Zasowk	1000	1514
(d) Bürgerwehren und Patrouillengänge	1001	1514
(3) Verbleibende Sachverhalte	1002	1514
(a) Bedrohungspotential vorhanden oder nicht ausgeschlossen	1003	1514
(aa) Straftaten	1003	1514
(bb) Vorfälle in Güstrow	1004	1515
(cc) Versammlung in Lalendorf	1005	1515
(dd) Ordnungsdienst der Antragsgegnerin	1006	1515
(b) Fehlende Grundtendenz zur Schaffung einer „Atmosphäre der Angst"	1007	1515
dd) Schutzpflicht des Staates	1008	1516
E. Kostenerstattung	1009	1516
F. Einstimmigkeit	1010	1517

Gründe:

A.

Gegenstand des Verfahrens ist der Antrag des Bundesrates auf Feststellung der Verfassungswidrigkeit und Auflösung der Nationaldemokratischen Partei Deutschlands (NPD) gemäß Art. 21 Abs. 2 GG, Art. 93 Abs. 1 Nr. 5 GG, § 13 Nr. 2, §§ 43 ff. BVerfGG.

I.

1. Die Antragsgegnerin wurde am 28. November 1964 als Sammlungsbewegung nationaldemokratischer Kräfte gegründet. Schon im September 1965 verfügte sie über eine annähernd flächendeckende Parteiorganisation in der Bundesrepublik Deutschland und zog zwischen 1966 und 1968 mit Wahlergebnissen zwischen 5,8 % und 9,8 % der abgegebenen gültigen Stimmen und insgesamt 61 Abgeordneten in die Landtage von Baden-Württemberg, Bayern, Bremen, Hessen, Niedersachsen, Rheinland-Pfalz und Schleswig-Holstein ein. 1969 scheiterte sie bei der Bundestagswahl mit einem Zweitstimmenanteil von 4,3 % an der Fünf-Prozent-Sperrklausel. Danach konnte die Antragsgegnerin in einem Zeitraum von 35 Jahren bei Landtags- oder Bundestagswahlen kein Mandat mehr erringen.

Erst 2004 zog sie bei der Landtagswahl in Sachsen mit einem Wahlergebnis von 9,2 % der abgegebenen gültigen Stimmen wieder in einen Landtag ein. 2006 gelang ihr dies mit 7,3 % der abgegebenen gültigen Stimmen auch in Mecklenburg-Vorpommern. In beide Landtage konnte sie trotz Stimmenverlusten bei der jeweils nachfolgenden Landtagswahl erneut einziehen (mit einem Wahlergebnis in Sachsen im Jahr 2009 von 5,6 % und in Mecklenburg-Vorpommern im Jahr 2011 von 6,0 % der abgegebenen gültigen Stimmen). Aufgrund des Wegfalls der Sperrklausel für die Wahl zum Europäischen Parlament zog die Antragsgegnerin 2014 mit einem Wahlergebnis von 1,0 % der abgegebenen gültigen Stimmen mit dem Abgeordneten Udo Voigt in das Europäische Parlament ein.

Gegenwärtig ist die Antragsgegnerin in keinem Parlament auf Bundes- oder Landesebene vertreten. Bei der Bundestagswahl 2013 erreichte sie einen Zweitstimmenanteil von 1,3 %. In Sachsen verpasste sie bei der Landtagswahl 2014 mit 4,9 % der abgegebenen gültigen Stimmen, in Mecklenburg-Vorpommern bei der Landtagswahl 2016 mit einem Zweitstimmenanteil von 3,0 % knapp den Wiedereinzug in den Landtag. Die Wahlergebnisse der Antragsgegnerin lagen bei der jeweils letzten Landtagswahl in den alten Bundesländern zwischen 0,2 % (Bremen) und 1,2 % (Saarland) und in den neuen Bundesländern zwischen 1,9 % (Sachsen-Anhalt) und 4,9 % (Sachsen).

Auf kommunaler Ebene verfügt die Antragsgegnerin nach unwidersprochenen Angaben des Antragstellers seit den Kommunalwahlen 2014 über 367 Mandate, vor allem in den neuen Ländern (vgl. zu den Wahlergebnissen Rn. 904 ff. [S. 1490]).

2. Die Mitgliederzahl der Antragsgegnerin, die 1969 mit 28.000 ihren Höchststand erreicht hatte, sank in den folgenden Jahren zunächst stetig; 1996 verfügte sie nach eigenen Angaben nur noch über 3.240 Mitglieder. Mit der Wahl von Udo Voigt 1996 zum

Parteivorsitzenden stieg die Mitgliederzahl wieder an und erreichte 2007 einen (neuen) Höchststand von 7.014 Mitgliedern. Danach fiel der Mitgliederbestand erneut auf 5.048 Mitglieder zum 31. Dezember 2013. Der Parteivorsitzende Frank Franz erklärte beim Bundesparteitag im November 2015 in Weinheim jedoch, dass erstmals seit Jahren wieder ein Mitgliederzuwachs zu verzeichnen sei. In der mündlichen Verhandlung konkretisierte er dies durch die Angabe einer Steigerungsrate von 8 % im Vergleich zum Vorjahr.

7   3. Die Antragsgegnerin ist in (sechzehn) Landesverbände sowie Bezirks- und Kreisverbände gegliedert. Der Bundesparteitag ist nach § 6 Abs. 1 Sätze 1 und 2 der Satzung (Stand: 21./22. November 2015) das „oberste Organ der NPD. Er bestimmt die politische Zielsetzung und tritt mindestens in jedem zweiten Kalenderjahr zu einer ordentlichen Tagung zusammen." Die „politische und organisatorische Führung der NPD" obliegt gemäß § 7 Abs. 1 Satz 1 der Satzung dem Parteivorstand.

8   4. Mit den 1969 gegründeten „Jungen Nationaldemokraten" (JN) verfügt die Antragsgegnerin über eine eigene Jugendorganisation, die im Jahr 2012 etwa 350 Mitglieder hatte. Bereits 1966 wurde der „Nationaldemokratische Hochschulbund e. V." (NHB) als Unterorganisation der Antragsgegnerin gegründet, der hochschulpolitisch mittlerweile aber nicht mehr in Erscheinung tritt. 2003 gründete sich die „Kommunalpolitische Vereinigung der NPD" (KPV) als bundesweite Interessenvertretung der kommunalen Mandatsträger, 2006 der „Ring Nationaler Frauen" (RNF), der sich als „Sprachrohr und Ansprechpartner für alle nationalen Frauen, unabhängig von einer Parteimitgliedschaft" versteht und 2012 rund 100 Mitglieder hatte. Die (Bundes-)Vorsitzenden der Vereinigungen gehören nach § 7 Abs. 3 Satz 1 der NPD-Satzung (Stand: 21./22. November 2015) kraft Amtes dem Parteivorstand der NPD an, „soweit sie Mitglieder der NPD sind".

9   5. Der Rechenschaftsbericht für das Jahr 2013 weist 488.859,96 EUR (2014: 459.157,77 EUR) Mitgliedsbeiträge und knapp 804.000,– EUR (2014: 866.000,– EUR) Spenden aus; zusammen entspricht dies ungefähr 43,4 % (2014: 43,6 %) der Gesamteinnahmen der Partei (vgl. BTDrucks 18/4301, S. 109; BTDrucks 18/8475, S. 109).

10 6. Die von der Antragsgegnerin gegründete „Deutsche Stimme Verlags GmbH" verlegt die Parteizeitung „Deutsche Stimme". Deren Auflagenhöhe betrug Mitte 2012 nach Angaben der Antragsgegnerin 25.000 Exemplare. Mit DS-TV verfügt sie über einen Videokanal. Darüber hinaus ist die Antragsgegnerin für verschiedene regionale Publikationen verantwortlich und nutzt intensiv das Internet. Sie ist auf Facebook, Twitter und mit Videokanälen auf YouTube vertreten (vgl. auch Rn. 852 f. [S. 1478]).

II.

11 Ein durch Anträge der Bundesregierung, des Deutschen Bundestages und des Antragstellers des vorliegenden Verfahrens im Jahr 2001 eingeleitetes Verfahren zur Feststellung der Verfassungswidrigkeit und Auflösung der Antragsgegnerin wurde durch Beschluss des Zweiten Senats vom 18. März 2003 eingestellt (BVerfGE 107, 339).

III.

Mit Schriftsatz vom 1. Dezember 2013 hat der Antragsteller auf der Grundlage seines Beschlusses vom 14. Dezember 2012 (BRDrucks 770/12) die Feststellung der Verfassungswidrigkeit der Antragsgegnerin und die Auflösung ihrer Parteiorganisation jeweils einschließlich ihrer Teilorganisationen, das Verbot, Ersatzorganisationen zu schaffen oder fortzusetzen, sowie die Einziehung ihres Vermögens und das ihrer Teilorganisationen beantragt. Er hat diesen Antrag auf die erste Alternative des Art. 21 Abs. 2 Satz 1 GG gestützt und hierzu im Wesentlichen vorgetragen:

1. Der Antrag sei zulässig. Verfahrenshindernisse lägen weder unter dem Gesichtspunkt einer fehlenden Quellenfreiheit des vorgelegten Materials noch hinsichtlich einer mangelnden Staatsfreiheit der Antragsgegnerin vor.

a) Die in das Verfahren eingeführten Belege entstammten allgemein zugänglichen Materialien. Es handele sich um eigene Publikationen der Antragsgegnerin, amtliche Entscheidungen sowie öffentlich zugängliche Filme und Berichte über das Verhalten von Funktionären und Mitgliedern der Partei. Nachrangig berücksichtigt würden auch Ergebnisse offener Ermittlungsmaßnahmen sowie Informationen aus dem Bereich der Strafverfolgung gegen Führungspersonen der Antragsgegnerin. Ergänzend werde auf Erkenntnisse aus der empirischen sozialwissenschaftlichen Forschung zurückgegriffen. Hierzu hat der Antragsteller zwei Sachverständigengutachten aus dem Jahr 2013 vorgelegt, zum einen ein Gutachten des Instituts für Zeitgeschichte zur Wesensverwandtschaft von NPD und historischem Nationalsozialismus, zum anderen ein Gutachten von Prof. Dr. Dierk Borstel zum Rechtsextremismus in Mecklenburg-Vorpommern unter besonderer Berücksichtigung der NPD.

b) Zwischen 2008 und 2013 habe der Anteil der durch Polizei und Nachrichtendienste im Bereich der Antragsgegnerin eingesetzten Quellen nie mehr als 2,5 % der Mitglieder und 6,6 % der Vorstandsmitglieder betragen. Spätestens ab dem 6. Dezember 2012, dem Datum der Beschlussfassung im Bundesrat über die Einleitung eines Verbotsverfahrens, sei die Antragsgegnerin auf ihren Führungsebenen im Bund und in den Ländern staatsfrei. Die zur Begründung des Antrags verwendeten und zitierten Quellen seien weder staatlich erzeugt noch beeinflusst.

c) Zur Glaubhaftmachung seines Vortrags zur Staatsfreiheit der Antragsgegnerin hat der Antragsteller Testate des Bundesinnenministers sowie der Innenminister und -senatoren der Länder vorgelegt, wonach „spätestens seit dem 6. Dezember 2012 [...] in den Vorständen der NPD und ihrer Teilorganisationen auf Bundes- und Landesebene weder vom Verfassungsschutz noch von der Polizei Quellen im Sinne von Verdeckten Ermittlern, Under-Cover-Agents oder Vertrauenspersonen eingesetzt werden".

d) Hinsichtlich der Quellenfreiheit der vorgelegten Belege differenziert der Antragsteller zwischen Belegen, die einer bestimmten (Einzel-)Person als Urheber inhaltlich zuzurechnen sind (Kategorie 1), und Belegen, bei denen ein Personenkreis verantwortlich zeichnet (Kategorie 2). In vorgelegten Testaten erklären der Bundesinnenminister sowie die Innenminister und -senatoren der Länder mit Blick auf die Personen, denen die

Belege der Kategorie 1 zuzurechnen seien, dass keine dieser Personen nach dem 1. Januar 2003 eine Quelle der Sicherheitsbehörden im Zuständigkeitsbereich des jeweils Testierenden „im Sinne von Verdeckten Ermittlern, Under-Cover-Agents oder Vertrauenspersonen war oder ist". Bezüglich der Belege der Kategorie 2 wird testiert, dass „von Sicherheitsbehörden im jeweiligen Zuständigkeitsbereich zu dem Zeitpunkt, als das jeweilige Beweismittel entstanden ist (Datum der Veröffentlichung oder bei Internet-Veröffentlichungen der Zeitpunkt des Abrufs durch die Sicherheitsbehörden), in dem hierfür verantwortlichen Personenkreis (z. B. Vorstand oder Redaktion) der Organisation (z. B. Orts-, Kreis-, Landes- oder Bundesverband der NPD, JN-Stützpunkt oder Verlagsgesellschaft), der das Beweismittel inhaltlich zuzuordnen ist, keine Quellen im Sinne von Verdeckten Ermittlern, Under-Cover-Agents oder Vertrauenspersonen eingesetzt wurden".

18   2. Der Antrag sei nach Art. 21 Abs. 2 Satz 1 Alt. 1 GG auch begründet. Die Antragsgegnerin gehe sowohl nach ihren Zielen als auch nach dem ihr zurechenbaren Verhalten ihrer Anhänger darauf aus, die freiheitliche demokratische Grundordnung zu beeinträchtigen und zu beseitigen.

19   a) An den Prüfungsmaßstab des Art. 21 Abs. 2 GG seien folgende Anforderungen zu stellen:

20   aa) Art. 21 Abs. 2 GG diene der Prävention vor politischen Gefahren. Eine sich aus dem Demokratieprinzip des Grundgesetzes ergebende restriktive Auslegung des Art. 21 Abs. 2 GG sei nicht geboten. Zwar genügten bloße Überzeugungen den Anforderungen an ein Parteiverbot nicht, jedoch sei auch keine – auch nur marginale – konkrete Gefährdung der Schutzgüter des Art. 21 Abs. 2 GG erforderlich. Die Vorschrift bezwecke bereits die Verhinderung einer gefährlichen Lage und beinhalte damit im Unterschied zur polizeilichen Gefahrenabwehr eine „Vorverlagerung des Staatsschutzes".

21   Das Verfahren des Art. 21 Abs. 2 GG habe seine Funktion durch die Etablierung und Sicherung der grundgesetzlichen Demokratie nicht verloren. Weder die Autoren des Grundgesetzes noch die ihnen folgenden Akteure des bundesdeutschen Verfassungslebens hätten das Verfahren des Art. 21 Abs. 2 GG als bloß transitorisches Instrument verstanden. Das Verfahren nach Art. 21 Abs. 2 GG diene der internen Stabilisierung des immer wieder neu gefährdeten offenen politischen Prozesses in einer Demokratie.

22   bb) Die Zurechnung verfassungsfeindlichen Handelns zu einer politischen Partei ergebe sich aus einem Zusammenwirken von Normen des öffentlichen und des Privatrechts mit internen Regeln der Partei: Wenn ein Funktionsträger, etwa ein Vorstandsmitglied, für eine Partei spreche, bestünden keine Zweifel an der Zurechenbarkeit. Eine Partei als juristische Person oder nichtrechtsfähiger Verein handele durch ihre satzungsmäßig berufenen Organe. Darüber hinaus stelle Art. 21 Abs. 2 GG mit dem Begriff des „Anhängers" klar, dass die Zurechnung verfassungsfeindlichen Verhaltens zu einer politischen Partei nicht durch ein Mitgliedschaftsverhältnis vermittelt sein müsse. Rechtswidrige Handlungen oder Straftaten seien einer Partei zurechenbar, wenn sie einen politischen Hintergrund hätten, der sich mit den legalen politischen Aktivitäten der Partei in einen Zusammenhang bringen lasse, das fragliche Verhalten sich nicht als völ-

lig atypisch darstelle und wenn es Anzeichen dafür gebe, dass solche Regelbrüche von der Parteiorganisation geduldet würden.

cc) Das Schutzgut der „freiheitlichen demokratischen Grundordnung" beziehe sich nicht auf alle Anforderungen des Art. 79 Abs. 3 GG, sondern nur auf dessen politischen Kern. Hierzu zähle zumindest eine normative Ordnung, die ausgehend von der unantastbaren Würde jedes Menschen die konstitutive Gleichheit aller politischen Subjekte und den Schutz ihrer Rechte in einem unabhängigen Verfahren garantiere. Dies seien in der Systematik des Grundgesetzes die Prinzipien von Demokratie und Rechtsstaat auf der Grundlage der Garantie der Menschenwürde. 23

(1) Art. 21 Abs. 2 GG verbiete es politischen Parteien, ein gegen die Garantie der Menschenwürde verstoßendes politisches Programm zu verfolgen. Die Würde des Menschen sei ein allen Menschen unabhängig von ihrer Herkunft, Ethnie oder Staatsangehörigkeit zustehendes Menschenrecht. Sie sei zugleich der Ausgangspunkt nicht nur aller weiteren Grundrechte, sondern auch des Legitimationsanspruchs aller durch das Grundgesetz zu legitimierenden Herrschaft. 24

Bezeichnet werden könnten vier Gehalte der Menschenwürdegarantie: Zum Ersten garantiere sie jedem Menschen ein basales Minimum an Rechten. Damit sei, zum Zweiten, auch ein Gleichheitsgehalt im Sinne eines gleichen minimalen Rechtsstatus umfasst. Zum Dritten spreche die Menschenwürde allen Menschen ein Potential zu mehr Rechten als diesem Minimalstandard zu. Zum Vierten stelle die systematische Stellung der Menschenwürde zu Beginn des Grundgesetzes klar, dass jede Art von politischer Vergemeinschaftung sich aus der Berechtigung des Individuums herleiten müsse, und nicht umgekehrt individuelle Würde als bloß abgeleitetes Phänomen einer politischen Gemeinschaft verstanden werden dürfe. 25

Die Menschenwürdegarantie statuiere ein menschenrechtliches Exklusionsverbot. Zugleich verbiete sie, den Einzelnen zur bloßen Funktion eines bestimmten Politikverständnisses zu machen. Sie gebiete vielmehr einen normativen Individualismus. 26

(2) Art. 79 Abs. 3 in Verbindung mit Art. 20 Abs. 2 Satz 1 GG zwinge außerdem zur Bestimmung eines Kerns des Demokratieprinzips, der der Änderung entzogen sei und sich auf ein basales Verständnis von Demokratie als einer Herrschaft politischer Gleichheit beschränke. 27

Art. 20 Abs. 2 Satz 1 GG schließe eine ethnische Konzeption des deutschen Volkes aus, die es dem Gesetzgeber verwehren würde, die Staatsangehörigkeit offen auszugestalten. Die Zugehörigkeit zum deutschen Volk werde vom Grundgesetz weder als etwas Naturwüchsiges noch als unvermeidliche Konsequenz einer historischen Entwicklung verstanden, sondern vielmehr als Ergebnis einer demokratischen Entscheidung. Jedwede Konzeption von „Volksherrschaft", die anstelle eines politischen Volksbegriffs einen anderen, namentlich einen ethnischen Volksbegriff zur Anwendung bringen wolle, sei damit ausgeschlossen. Es müssten alle Menschen eingebürgert werden und damit gleiche staatsbürgerliche Rechte erwerben können. Ein ethnischer Volksbegriff würde bereits eingebürgerte Deutsche zu Staatsbürgern zweiter Klasse degradieren und ihr Recht auf demokratische Gleichheit verletzen. 28

29 Art. 20 Abs. 2 Satz 1 in Verbindung mit Art. 79 Abs. 3 GG stehe zudem der Einführung eines Regierungssystems entgegen, das nicht auf der Unterscheidung zwischen Regierung und Opposition aufbaue. Das Demokratieprinzip des Grundgesetzes eröffne auf dem Gebiet der Staatsorganisation im engeren Sinne zwar eine große Gestaltungsfreiheit für den Verfassungs- und den Gesetzgeber. Diese finde jedoch ihre Grenze dort, wo durch die Rechtsordnung sichergestellt werde, dass die in einem demokratischen Akt unterlegene Minderheit die Möglichkeit behalte, sich in dem an die Wahl anschließenden politischen Prozess so zu profilieren, dass sie bei der nächsten Wahl ins Parlament oder sogar in die Regierung gelangen könne.

30 Schließlich verbiete Art. 20 Abs. 2 Satz 1 in Verbindung mit Art. 79 Abs. 3 GG auch Bestrebungen, die Bedingungen demokratischer Beteiligung im Geltungsbereich des Grundgesetzes territorial zu beschränken, also Inseln zu schaffen, in denen ein offener politischer Prozess im Sinne des grundgesetzlichen Demokratieprinzips nicht mehr stattfinden könne. Nur wenn sich die Angehörigen des Legitimationssubjekts in allen Teilen des Staates sicher fühlten, an der politischen Willensbildung frei und gleichberechtigt teilnehmen zu können, könne der Legitimationsprozess dem Standard demokratischer Gleichheit genügen.

31 (3) Auch das Rechtsstaatsprinzip gehöre zu den von Art. 21 Abs. 2 GG umfassten normativen Feldern der freiheitlichen demokratischen Grundordnung. Hierzu zähle insbesondere das Gewaltmonopol des Staates. Politische Parteien verfolgten auch dann verfassungsfeindliche Ziele im Sinne des Art. 21 Abs. 2 GG, wenn sie sich nicht eindeutig dazu bekennten, physische Gewalt als Mittel der politischen Auseinandersetzung auszuschließen.

32 (4) Besondere verfassungsrechtliche Bedeutung habe schließlich das Verbot der Relativierung des nationalsozialistischen Unrechts. Der verfassungsrechtliche Prüfungsmaßstab im Parteiverbotsverfahren könne nicht ohne die Antwort des Grundgesetzes auf die Katastrophe der nationalsozialistischen Gewaltherrschaft entwickelt werden. Die Absage an den Nationalsozialismus gehöre zum Gründungskonsens der Bundesrepublik Deutschland. Eine Relativierung der Unrechtsherrschaft des Nationalsozialismus durch eine Partei setze diese in Widerspruch zur normativen „Identität der Bundesrepublik Deutschland" und damit zu den Prämissen, die der freiheitlichen demokratischen Grundordnung des Grundgesetzes zugrunde lägen.

33 Bei der Auslegung des Verbotstatbestands des Art. 21 Abs. 2 GG könne in diesem Zusammenhang die Rechtsprechung des Bundesverwaltungsgerichts zu Vereinsverboten herangezogen werden. Dieses lasse zur Erfüllung des Verbotstatbestands in ständiger Rechtsprechung genügen, dass die Vereinigung eine „Wesensverwandtschaft mit dem Nationalsozialismus" aufweise.

34 dd) Das Tatbestandsmerkmal „Darauf Ausgehen" belege, dass politische Parteien, die die Abschaffung der Ordnung des Grundgesetzes anstrebten, allein wegen dieser politischen Orientierung nicht verboten werden dürften. Vielmehr verlange das Grundgesetz entsprechende nach außen tretende Handlungen. Bei der Konkretisierung dieses Tatbestandsmerkmals ergebe sich aber eine systematische Spannung: Da aktives Handeln bereits im Begriff der politischen Partei enthalten sei (§ 2 Abs. 1 PartG), müsse vom

Handeln einer Antragsbetroffenen im Rahmen des Art. 21 Abs. 2 GG mehr verlangt werden als die bloße Eigenschaft einer politischen Partei.

Im Ergebnis sei daher eine Auslegung des Art. 21 Abs. 2 GG geboten, die einen Mittelweg zwischen einem zu weiten und einem zu engen Verständnis des Tatbestands wähle. Für ein Verbot sei damit weniger zu verlangen als ein durchgehendes rechtswidriges oder gar strafbares und gewalttätiges Verhalten, aber mehr als das bloß typische Verhalten einer politischen Partei, die sich der üblichen Mittel politischer Kommunikation bediene. In diesem Zusammenhang gestatte es Art. 21 Abs. 2 GG, auch legale politische Aktivitäten – wie das Antreten bei Wahlen und die politische Arbeit in demokratischen Repräsentationskörperschaften – als Anhaltspunkt für ein verfassungsgerichtliches Verbot zu berücksichtigen. Allerdings sei erforderlich, dass die Partei mit ihren politischen Aktivitäten nicht nur ihre Ablehnung der freiheitlichen demokratischen Grundordnung zum Ausdruck bringe, sondern auch deren Abschaffung bezwecke. Rechtswidrige und insbesondere strafbare Handlungen seien hierfür zwar nicht notwendig, aber als ein wichtiges Indiz für die aktiv kämpferische, aggressive Haltung der Partei zu behandeln. Diese müssten allerdings einen formellen und materiellen Bezug zur politischen Arbeit der Partei haben, und ihre Rechtswidrigkeit dürfe sich nicht allein aus dem ideologischen Bestand der Partei ergeben.

ee)(1) Der Grundsatz der Verhältnismäßigkeit finde im Verfahren nach Art. 21 Abs. 2 GG keine Anwendung. Die politischen Parteien und damit auch das Parteiverbot seien im Grundgesetz als Elemente des demokratischen Systems bewusst nicht im Grundrechtsabschnitt, sondern im staatsorganisationsrechtlichen Teil geregelt. Der Verhältnismäßigkeitsgrundsatz beziehe seine argumentative Logik jedoch aus der asymmetrischen Freiheitsverteilung zwischen Grundrechtsträgern und Staat. Der Verfassungsgeber habe selbst entschieden, dass das Parteiverbot „verhältnismäßig" sei, wenn die hohen tatbestandlichen Voraussetzungen der Vorschrift erfüllt seien.

(2) Hilfsweise sei der Grundsatz der Verhältnismäßigkeit im Rahmen des Art. 21 Abs. 2 GG jedenfalls sowohl mit Blick auf die Voraussetzungen als auch auf die Rechtsfolge zu modifizieren. Ein verfassungsrechtlich legitimer Zweck liege unproblematisch vor, wenn der Antrag nicht als verdeckter Angriff auf einen politischen Wettbewerber verstanden werden müsse. Es erscheine auch kaum möglich, dass ein Antrag gegen eine ihren politischen Zielen nach verfassungsfeindliche Partei an der Geeignetheit scheitern könne. Eine verfassungsrechtlich übliche Erforderlichkeitsprüfung scheitere bereits daran, dass Art. 21 Abs. 2 GG kein Kontinuum von Rechtsfolgen mit unterschiedlichen Eingriffsintensitäten vorsehe. In einer erweiterten Erforderlichkeitsprüfung könnte sich allenfalls die Frage stellen, ob der von der Verfassung alternativlos geforderte Eingriff des Parteiverbots in die Parteifreiheit durch andere Maßnahmen flankiert sein müsse, um seine Intensität zu rechtfertigen. Bei der Angemessenheit sei schließlich zu beachten, dass das Grundgesetz bereits dadurch eine Abwägung vorgenommen habe, dass es den Tatbestand der Vorschrift nicht allein an die verfassungsfeindliche Ideologie der in Frage stehenden Partei knüpfe, sondern auch an das weitere Erfordernis einer über die Meinungsbildung hinausgehenden aggressiven Haltung.

38 ff) Die Europäische Menschenrechtskonvention (EMRK) sei kein unmittelbar anwendbarer Prüfungsmaßstab im vorliegenden Verfahren. Zu prüfen sei lediglich, ob beziehungsweise welche Rückwirkungen die Menschenrechtsverbürgung der EMRK für das Verfahren nach Art. 21 Abs. 2 GG habe.

39 Art. 17 EMRK komme dabei eine grundsätzliche Bedeutung dergestalt zu, dass der Europäische Gerichtshof für Menschenrechte (EGMR) Parteien, die rassistische, totalitäre und vor allem nationalsozialistische Inhalte verträten, regelmäßig die Berufung auf die EMRK versage. Im Übrigen falle die Entscheidung des EGMR über die Zulässigkeit eines Parteiverbots in nahezu allen Fällen bei der Frage, ob das Verbot in einer demokratischen Gesellschaft notwendig gewesen sei. Der EGMR lege diese Anforderung eng aus: Nur überzeugende und zwingende Gründe könnten ein Verbot rechtfertigen. Diesen Maßstäben entsprechend prüfe der EGMR in der Regel zweistufig, ob für das Parteiverbot ein dringendes soziales Bedürfnis bestehe und ob das Verbot zum verfolgten Zweck verhältnismäßig sei. Soweit er dabei auf die verfolgten Ziele abstelle, komme den historischen und kulturellen Besonderheiten des jeweiligen Landes besondere Bedeutung zu. Die Funktion des Grundgesetzes als Antwort auf die Katastrophe des Nationalsozialismus sei hier einzuordnen. Hinsichtlich der Wahl des Zeitpunkts für das Parteiverbot räume der EGMR dem Mitgliedstaat einen Beurteilungsspielraum ein und betone dessen präventiven Charakter.

40 Die Berücksichtigung der Anforderungen der EMRK bei der Entfaltung des grundgesetzlichen Prüfungsmaßstabs für ein Parteiverbot führe nicht zu dessen Änderung. Im Bereich der „wehrhaften Demokratie" verfolge die EMRK dasselbe Konzept wie das Grundgesetz.

41 b) Die Anwendung des verfassungsrechtlich vorgegebenen Prüfungsmaßstabs auf die Antragsgegnerin führe zum Resultat ihrer Verfassungswidrigkeit:

42 aa) Die „Ziele" der Antragsgegnerin, ihre Programmatik sowie das ihr zurechenbare Verhalten ihrer Anhänger seien auf die Beeinträchtigung und Beseitigung der freiheitlichen demokratischen Grundordnung im Sinne von Art. 21 Abs. 2 GG gerichtet.

43 Der ethnische Personenbegriff als Basis für die völkische Welt- und Rechtsanschauung der Antragsgegnerin stelle als Verstoß gegen die Menschenwürde (1) [S. 1317] zugleich eine Beeinträchtigung der freiheitlichen demokratischen Grundordnung dar. Gleiches gelte für die Ablehnung des auf dem Demokratieprinzip beruhenden parlamentarischen Regierungssystems (2) [S. 1318], die Infragestellung des staatlichen Gewaltmonopols (3) [S. 1319] und die Relativierung des nationalsozialistischen Unrechts (4) [S. 1319].

44 (1) Die Antragsgegnerin verfolge ein politisches Programm, das gegen die Garantie der Menschenwürde verstoße. Dreh- und Angelpunkt ihrer Ideologie sei ein ethnischer Volksbegriff, verdichtet und operationalisiert in Kategorien wie der „nationalen Identität" oder der „Volksgemeinschaft". Ziel ihrer Politik sei die Herstellung nationaler Identität durch ein ethnisch homogenes Volk. Dieser Zusammenhang werde im Parteiprogramm als „lebensrichtiges Menschenbild" umschrieben. Die „Rückführung" der in Deutschland lebenden Ausländer sei zentraler Programmpunkt: „Rückkehrpflicht statt Bleiberecht". Das Zusammenleben von Deutschen und Ausländern werde als „Vorbür-

gerkrieg" bezeichnet, Integration als „Völkermord". Die Art der Gemeinschaft definiere die Bedeutung des Einzelnen, nicht umgekehrt. Das Menschenbild, die Position des Einzelnen in Staat und Gesellschaft, sei damit abgeleitet, nicht originär. Die Antragsgegnerin vertrete insoweit einen normativen Kollektivismus biologischer Provenienz.

Das ethnische Verständnis des Volksbegriffs führe zu einem kaum verschleierten Ausschluss einzelner Gruppen von der Grundrechtsberechtigung. Zwar werde im Parteiprogramm von der „Unantastbarkeit der Würde" der Menschen gesprochen, diese jedoch direkt im Anschluss ausdrücklich auf die „Volksgemeinschaft" bezogen. Individuelle Würde werde nur im Rahmen und aufgrund der Zugehörigkeit zur „Volksgemeinschaft" zugestanden. Den nicht der „Volksgemeinschaft" Zugehörigen werde nach der Programmatik der Antragsgegnerin generell und systematisch ein niedrigerer Rechtsstatus zugewiesen. 45

Der ethnische Volksbegriff der Antragsgegnerin sei Ausdruck eines menschenverachtenden Rassismus. Gegen die multikulturelle Gesellschaft werde unter Rückgriff auf eine fremdenfeindliche Rhetorik vehement polemisiert. Einwanderer außereuropäischer Herkunft würden pauschal diffamiert und mit Negativeigenschaften belegt. Besonders kategorisch lehne die Antragsgegnerin den Aufenthalt von Muslimen in Deutschland ab. Dabei stünden nicht religiöse, sondern ethnisch-biologistische Aspekte im Vordergrund. Einwanderer außereuropäischer Herkunft seien aus Sicht der Antragsgegnerin, ungeachtet der Frage, ob sie formal die deutsche Staatsbürgerschaft besäßen oder nicht, ausnahmslos als Ausländer zu betrachten. Drastisch stelle die Antragsgegnerin die völlige Unvereinbarkeit zwischen einem dauerhaften Aufenthalt von Migranten ethnisch fremder Herkunft und der Idee der „Volksgemeinschaft" heraus. 46

(2) Die Antragsgegnerin lehne die parlamentarische Demokratie ab. Sie bestreite in ihrem Parteiprogramm die Legitimität des Grundgesetzes, „da das Volk darüber bis heute nicht abstimmen durfte". Das als Fremdwort denunzierte Substantiv „Demokratie" werde vermieden und ihm die auf der „Volksgemeinschaft" basierende Volksherrschaft gegenübergestellt: „Volksherrschaft setzt die ‚Volksgemeinschaft' voraus." Die Ablehnung des parlamentarischen Regierungssystems des Grundgesetzes werde durch die häufige, pejorative Verwendung des Begriffs „System" sowie die massive Kritik an den politischen Parteien deutlich. 47

Publikationen und Äußerungen führender Parteivertreter ließen keine Zweifel an der Bekämpfung der parlamentarischen Demokratie als programmatischem Ziel. Die parlamentarische Demokratie werde verächtlich gemacht und als Zerrbild „wahrer" Demokratie charakterisiert. Mehrheitsprinzip, Existenz einer Opposition und pluralistische Demokratie würden abgelehnt. Der Versuch, die freiheitliche demokratische Grundordnung zu delegitimieren, werde begleitet von der Behauptung, dass diese Grundordnung von „antideutschen" Kräften gesteuert werde und letztlich eine „Besatzung und Fremdherrschaft" darstelle. Die Mitarbeit in Parlamenten erfolge rein instrumentell. Die Antragsgegnerin verspreche sich dadurch Vorteile, ohne damit die parlamentarische Demokratie im Sinne des Grundgesetzes zu akzeptieren. Stattdessen halte sie an der „Reichsidee" fest und rufe zur „Selbsthilfe" und zum revolutionären Widerstand gegen das „System" auf. 48

49 (3) Nach ihren Zielen und ihrer Strategie negiere die Antragsgegnerin auch das staatliche Gewaltmonopol als Konkretion der freiheitlichen demokratischen Grundordnung im Sinne von Art. 21 Abs. 2 GG.

50 Sie verhalte sich nach außen, bei oberflächlicher Betrachtung, ambivalent. Sprachlicher Militanz stünden ausdrückliche Distanzierungen von Gewalt gegenüber. Insbesondere das Parteiprogramm enthalte keine expliziten Äußerungen zum Einsatz von Gewalt als politischem Mittel. Die Partei bekenne sich aber in zahlreichen Äußerungen von Führungskräften zu einem – nicht nur verbal vorgetäuschten – „nationalrevolutionären", „systemüberwindenden" Anspruch. Dabei werde der Einsatz von Gewalt teilweise gefordert, zumindest jedoch gebilligt oder in Kauf genommen. Der gerichtlich bezeugte Gewalteinsatz zahlreicher Anhänger und Funktionäre der Antragsgegnerin spreche ebenfalls eine deutliche Sprache.

51 (4) Die Antragsgegnerin versuche, in ihrer Programmatik nationalsozialistische Verbrechen zu relativieren oder zu rechtfertigen. Anhänger der Partei gingen bis zur Leugnung der Ermordung der europäischen Juden durch die Nationalsozialisten. Der revisionistische Gesamtansatz der Antragsgegnerin umfasse zudem die Leugnung der deutschen Kriegsschuld, die Überzeichnung der Handlungen der Kriegsgegner und gebietsrevisionistische Postulate.

52 Auch wenn das Parteiprogramm offen antisemitische Äußerungen vermeide, könnten in den Äußerungen des Führungspersonals der Antragsgegnerin zahlreiche antisemitische Ausfälle aufgezeigt werden. Quantität und Qualität dieser Äußerungen bestätigten, dass Antisemitismus ein Strukturelement der Parteiideologie sei.

53 Die zur Erfüllung des Verbotstatbestands schon für sich hinreichende Wesensverwandtschaft der Antragsgegnerin zum Nationalsozialismus werde durch das Gutachten des Instituts für Zeitgeschichte belegt. Neben ideologischen und strukturellen Übereinstimmungen mit der Nationalsozialistischen Deutschen Arbeiterpartei (NSDAP) – etwa bezogen auf das Konzept der „Volksgemeinschaft" – bedienten sich führende Mitglieder der Antragsgegnerin und ihrer Jugendorganisation sowohl des Vokabulars als auch der Symbolik der NSDAP. Dies geschehe teilweise ausdrücklich – etwa durch die Verwendung von Originalzitaten sowie den Rückgriff auf NS-Gedichte oder entsprechendes Liedgut –, teilweise durch Anspielungen. Nationalsozialistische Symbole fänden auch bei Veranstaltungen oder Aktionen mit NPD-/JN-Beteiligung Verwendung. Die Identifikation mit dem historischen Nationalsozialismus werde besonders deutlich durch die Glorifizierung von Repräsentanten des „Dritten Reiches" und der NSDAP.

54 bb) Die Antragsgegnerin gehe auch auf die Beeinträchtigung und Beseitigung der freiheitlichen demokratischen Grundordnung aus.

55 (1) Die Antragsgegnerin sei die älteste und bedeutendste rechtsextremistische Partei in Deutschland: Sie nehme an Wahlen teil, informiere und schule ihre Mitglieder, sei mit dem nationalen und internationalen Rechtsextremismus intensiv verflochten, lege besonderen Wert auf ihre Jugendarbeit und wirke publizistisch und in sonstiger Weise in die Öffentlichkeit mit dem Ziel einer Verwirklichung ihrer politischen Absichten. Die aktiv kämpferische und aggressive Haltung, die über das Handeln „normaler" Parteien hinausgehe, zeige sich darin, dass die Antragsgegnerin das Schutzgut des Art. 21

Abs. 2 GG nicht nur ablehne, sondern sowohl in ihrer „offenen" Programmatik als auch in dem Bild, welches das Verhalten ihrer Anhänger biete, auf seine Abschaffung hinarbeite.

Die Ideologie der Antragsgegnerin bleibe keine Theorie, sondern werde vielfältig und aggressiv in die politische Praxis umgesetzt. Die Antragsgegnerin werde im Parlament, auf kommunaler Ebene und „auf der Straße", das heiße in politischen Aktionen – sei es durch Versammlungen, Aufmärsche, Kundgebungen oder in medialer Form – tätig. In diesem Zusammenhang sei auf die geringe Rechtstreue ihres Führungspersonals hinzuweisen, die sich in weit überdurchschnittlich häufigen gerichtlichen Verurteilungen auch jenseits von Propagandadelikten äußere, insbesondere wegen Delikten aus dem Bereich der Gewaltkriminalität.

Zur Erreichung ihrer Ziele definiere die Antragsgegnerin seit Oktober 1997 für ihren politischen Kampf drei strategische Säulen (Kampf um die Köpfe, Kampf um die Straße und Kampf um die Wähler). Auf dem Bundesparteitag 2004 sei diese „Drei-Säulen-Strategie" durch den seinerzeitigen Bundesvorsitzenden Voigt um eine vierte „Säule" ergänzt worden, den „Kampf um den organisierten Willen". Darunter werde der „Versuch der Konzentration möglichst aller nationalen Kräfte" verstanden.

Dieses „Volksfrontkonzept" der Antragsgegnerin ziele vor allem auf die Einbindung des parteiunabhängigen neonazistischen Spektrums und dadurch auf die Entstehung einer „umfassenden nationalen Oppositionsbewegung", die weit über die Teilnahme an Wahlen hinaus tätig werden solle. Die Zusammenarbeit zwischen Partei und sogenannten „Freien Nationalisten", die auf ideologischen Gemeinsamkeiten, übereinstimmenden politischen Zielen und persönlichen Kontakten basiere, ermögliche der Antragsgegnerin ein deutlich höheres Wirkungs- und Mobilisierungspotential. Dabei sei die Antragsgegnerin bestrebt, die „Freien Kameradschaften" auch organisatorisch in die Partei einzubinden und sie unter anderem durch die Vergabe von Parteiposten an sich zu binden. Die Verbindungen der Antragsgegnerin auch zu verbotenen neonazistischen Organisationen verdeutlichten die Verflechtung zwischen Partei und parteiunabhängigen Rechtsextremisten.

Die Antragsgegnerin verfüge damit über ein konkretes Konzept der politischen Agitation, um auf die Erreichung ihrer verfassungswidrigen Ziele hinzuarbeiten.

(2) Obgleich die Antragsgegnerin den Parlamentarismus ablehne, besitze der „Kampf um die Parlamente" einen hohen Stellenwert. Durch Wahlerfolge und Parlamentsarbeit wolle sie ihre Bekanntheit steigern und Finanzmittel akquirieren. Insbesondere in den ostdeutschen Ländern werde mit beachtlichem materiellen Aufwand Wahlkampf betrieben. Die parlamentarischen Äußerungen belegten die Verachtung des demokratisch-parlamentarischen Systems, den Antisemitismus, die Verharmlosung beziehungsweise Verherrlichung des Nationalsozialismus und seiner Verbrechen sowie die Fremdenfeindlichkeit der Antragsgegnerin. Bemerkenswert sei die sehr hohe Anzahl an Ordnungsrufen und sonstigen parlamentarischen Maßnahmen gegen Redner und Abgeordnete der Antragsgegnerin. Insgesamt könne ein höchst aggressives, sprachverrohendes parlamentarisches Verhalten festgestellt werden, das nicht mit parlamentarischen Gepflogenheiten erklärt oder gar gerechtfertigt werden könne.

61 Die rassistischen Grundpositionen der Antragsgegnerin zeigten sich auch bei der Durchführung von Wahlkämpfen. So habe die NPD Berlin in den Bundestagswahlkämpfen 2009 und 2013 Schreiben an Politiker mit Migrationshintergrund verschickt und diese aufgefordert, Deutschland umgehend zu verlassen. Besonders aggressiv hätten sich die Aktivitäten der Antragsgegnerin im Sommer/Herbst 2013 bei der Debatte um die Aufnahme von Asylbewerbern gestaltet: Die Antragsgegnerin habe auf verschiedenen kommunikativen Kanälen gegen den Zuzug von Asylbewerbern in einer Weise zu mobilisieren versucht, die die Herabwürdigung der Asylbewerber mit verfassungsfeindlichen Äußerungen verbunden habe.

62 (3) Auf kommunaler Ebene sei zwischen dem politischen Engagement durch kommunale Mandatsträger einerseits und der vermeintlich harmlosen „Graswurzelbewegung" als „Kümmerer vor Ort" in Vereinen, Nachbarschaften und ähnlichen sozialen Zusammenhängen andererseits zu unterscheiden. Von zentraler Bedeutung sei daneben die sogenannte „Wortergreifungsstrategie": Durch gezieltes Eingreifen geschulter Aktivisten würden politische Veranstaltungen der anderen Parteien zu eigenen Zwecken umfunktioniert. Der politische Gegner werde eingeschüchtert, bloßgestellt, lächerlich gemacht – bis hin zu tätlichen Angriffen.

63 Die „Graswurzelpolitik" der Antragsgegnerin strebe danach, in der „Mitte des Volkes" Fuß zu fassen und sich über die Präsenz auf lokaler Ebene, die Besetzung bürgernaher Themenfelder und die Anwendung geeigneter Aktionsformen den Weg zu Wahlerfolgen zu ebnen. Dadurch solle eine Gegenöffentlichkeit etabliert werden, um eine schleichende Infiltration der Gesellschaft durch eine vermeintliche Normalisierung zu erreichen. Zu den Organisationsformen zählten Kinderfeste, Infiltrationen der örtlichen Vereinsszenen, gezielte Übernahme öffentlicher Ämter und Aufgaben, aber auch die Bildung von Bürgerwehren und die Verteilung eigener kostenloser Zeitungen, wie etwa der ursprünglich aus der Kameradschaftsszene stammenden „Boten" in Mecklenburg-Vorpommern.

64 (4) Eine weitere Strategie der Antragsgegnerin stelle die sogenannte „rechtsextremistische Raumordnungsbewegung" dar, bei der durch den Aufkauf benachbarter Immobilien und den Zuzug von Personen aus dem rechtsextremistischen Milieu rechtsextremistische Enklaven gebildet würden. Dies sei für die Räume Lübtheen und Anklam sozialwissenschaftlich analysiert worden, finde allerdings in den alten Bundesländern keine Parallelen. Es gehe hierbei um die Erringung kultureller Hegemonie in abgegrenzten Sozialräumen als Basis für spätere politische Erfolge. Dies entspreche dem Konzept „national befreiter Zonen" aus der nationalrevolutionären Studentenszene der 1990er Jahre.

65 (a) In dem vorgelegten Gutachten zum Rechtsextremismus in Mecklenburg-Vorpommern würden Situationen beschrieben, in denen Rechtsextremisten vorübergehend den öffentlichen Raum kontrollierten, das Vertrauen der Bevölkerung in den Staat relativiert und eine Atmosphäre der Angst für die Gegner der Antragsgegnerin und des Rechtsextremismus erzeugt werde. Erkennbare Einschränkungen demokratischen Handelns seien nachweisbar. Die Antragsgegnerin bilde dabei die organisierte Seite eines politischen Komplexes, in dem sich mitgliedschaftlich in ihr organisierte sowie un-

organisierte Rechtsextremisten in der Verfolgung ihrer gemeinsamen politischen Ziele wechselseitig unterstützten und verstärkten. Die sozialräumlichen Machtgewinne der rechtsextremen Bewegung in Teilen Mecklenburgs und Vorpommerns seien dabei so weit vorangeschritten, dass eine Lösung der Probleme mit den örtlichen Ressourcen kaum mehr möglich erscheine.

(b) Die „Graswurzelpolitik" vor Ort (bei hinreichender Präsenz) und die Schaffung kontrollierter „national befreiter Zonen" führten im Einzelfall zu einem Klima der Angst und Unfreiheit, welches den demokratischen Prozess behindere. Ziel sei es auch, das staatliche Gewaltmonopol lächerlich zu machen und letztlich zu substituieren. 66

(5) Besondere Bedeutung bei dem Versuch der Gewinnung kultureller Hegemonie weise die Antragsgegnerin der Jugendarbeit zu. Sie setze jugendadäquates Material in ihrer Arbeit strategisch ein. Ihre junge Klientel werde mit gezielt positionierten Medien angesprochen (Verwendung von Jugendsprache, Comics, Schulhof-CDs mit rechtsextremistischer Musik, Kontakt zu Schülervertretungen etc.). Auch die professionell ausgebaute Internet-Arbeit der Partei ziele – wenn auch nicht nur – auf einen jungen Adressatenkreis. 67

Die Antragsgegnerin betreibe gezielt Schulungsarbeit. In Sachsen gebe es das 2005 gegründete „Bildungswerk für Heimat und nationale Identität e. V.", das durch die Veranstaltung von Seminaren und die Herausgabe von Zeitungen „Bildungsarbeit" leiste. Auch die Einrichtung einer politischen Stiftung rücke – weitere Wahlerfolge der Antragsgegnerin vorausgesetzt – in größere Nähe. 68

(6) Die Antragsgegnerin unterhalte zudem intensive Verbindungen zur Neonazi-Szene, was Teil ihrer Strategie als „rechte Volksfront" sei. Inhaltlich erfolgten etwa gegenseitige Unterstützungen bei Wahlkämpfen durch Aktionen und Unterschriftensammlungen sowie durch gemeinsame Demonstrationen, bei denen die Parteistrukturen der Antragsgegnerin für die organisatorischen und materiellen Voraussetzungen sorgten, während die „Freien Kameradschaften" die Mobilisierung vor Ort organisierten. 69

Die Zusammenarbeit äußere sich in umfangreichen personellen Überschneidungen. Dabei würden die JN mit ihren Stützpunkten als Bindeglied zu Neonationalsozialisten eingesetzt. Dies zeige sich besonders deutlich an den personellen Überschneidungen zwischen der Antragsgegnerin und Mitgliedern ehemaliger, auf der Grundlage von Art. 9 Abs. 2 GG in Verbindung mit § 3 VereinsG verbotener Vereine. Hierzu zählten insbesondere die „Freiheitliche Deutsche Arbeiterpartei" (FAP), die „Heimattreue deutsche Jugend" (HDJ) und die „Hilfsorganisation für nationale politische Gefangene und deren Angehörige" (HNG). Der Antragsgegnerin sei es gelungen, zahlreiche Mitglieder dieser verbotenen Vereine zu rekrutieren, die nun teilweise in Führungsfunktionen bei ihr tätig seien. 70

(7) Die Antragsgegnerin und ihr Führungspersonal erwiesen sich in allen Bereichen der Rechtsordnung als wenig rechtstreu. So gebe es zahlreiche Entscheidungen der Verwaltungs- und Strafgerichte zu den von der Antragsgegnerin vertretenen Inhalten, den Mitteln ihres politischen Handelns und dem (rechtswidrigen) Verhalten ihrer Führungspersonen. Im Bereich des gesamten Rechtsextremismus, das heiße über die Antragsgegnerin hinausgreifend, habe sich die politisch motivierte Kriminalität bei 71

Schwankungen auf hohem Niveau stabilisiert. Die Antragsgegnerin befinde sich hier in einem Gesamtmilieu, das überdurchschnittliche Kriminalitätswerte aufweise.

72 Über einzelne – vom Antragsteller aufgeführte – Verurteilungen führender Parteimitglieder hinaus habe eine anonymisierte statistische Untersuchung der Vorstandsmitglieder der Antragsgegnerin und ihrer Teilorganisationen bezogen auf rechtsextremistisch motivierte Delikte – unter Herausnahme allgemeinkrimineller Straftaten – ergeben, dass 25 % dieses Personenkreises rechtskräftig strafrechtlich verurteilt seien, wobei über 11 % mehrfach strafrechtlich belangt worden seien. Auch wenn man berücksichtige, dass ein Teil der aufgeführten Taten Propagandadelikte darstelle, bleibe immer noch ein beachtlicher Teil von Verurteilungen wegen Gewaltkriminalität, worin sich die Geringschätzung des staatlichen Gewaltmonopols manifestiere.

73 cc) Ein Verbot der Antragsgegnerin sei jedenfalls nicht „unverhältnismäßig". Es sei geeignet und erforderlich zum Schutz der freiheitlichen demokratischen Grundordnung, da „mildere" Mittel schon von Verfassungs wegen aufgrund des Parteienprivilegs nicht zulässig seien. Das Verbot der Antragsgegnerin hielte auch einer erweiterten Erforderlichkeitsprüfung stand, da die den Antragsteller beschickenden Landesregierungen einschließlich der Kommunen – neben der Bundesregierung – ein umfangreiches Programm der Bekämpfung des Rechtsextremismus forcierten und damit den vorliegenden Antrag flankierten. Die bisher bestehende Legalität der Antragsgegnerin konterkariere diese Bemühungen jedoch in hohem Maße, da sie ihr legale öffentlichkeitswirksame Plattformen eröffne, um gegen diese Maßnahmen zu arbeiten. Daher sei ein Verbot der Antragsgegnerin auch angemessen.

74 dd) Ein solches Verbot erfülle die Vorgaben der Rechtsprechung des EGMR. Insbesondere genüge es dem Merkmal der „Notwendigkeit in einer demokratischen Gesellschaft", da die Antragsgegnerin angesichts ihres systemüberwindenden, von ihr selbst als „revolutionär" eingestuften Kampfes Gewalt als Mittel politischer Auseinandersetzung zumindest nicht ausschließe und aufgrund des ihrem gesamten Programm zugrunde liegenden ethnischen Personenbegriffs in demokratiewidriger Weise Grundrechtsexklusionen bei Menschen fordere, die ihrer Ansicht nach nicht zur „Volksgemeinschaft" gehörten. Zu berücksichtigen sei dabei die nationale Besonderheit, dass es sich um das Verbot einer Partei handele, die eindeutig und nachhaltig die nationalsozialistische Ideologie vertrete. Die Antragsgegnerin sei auch keineswegs als eine in ihrer politischen Bedeutung zu vernachlässigende Organisation anzusehen. Sie sei in einzelnen Teilen der Bundesrepublik ein politisch überaus präsenter Faktor, der unterhalb des Bundes auf allen Ebenen demokratischer Gebietskörperschaften das politische wie auch das gesellschaftliche Leben mitdefiniere. Bundesweit operiere die Antragsgegnerin als Anlauf- und Verbindungsstelle rechtsextremistischer Organisationen.

IV.

75 1. Mit Schriftsatz vom 30. Dezember 2013 hat die Antragsgegnerin im Wege des einstweiligen Rechtsschutzes beantragt, den Präsidenten des Deutschen Bundestages zu Abschlagszahlungen aus der staatlichen Parteienfinanzierung ohne Verrechnung gemäß § 31a Abs. 3 Satz 2 PartG mit einem gegen sie festgesetzten Zahlungsanspruch zu ver-

pflichten, hilfsweise das Verfahren auszusetzen, bis der Bundesgesetzgeber die anwaltlichen Vergütungsregelungen für das Parteiverbotsverfahren durch eine verfassungskonforme Regelung ersetzt habe.

Die Antragsgegnerin hat behauptet, dies sei erforderlich, weil sie nicht in der Lage sei, die Mittel zur Finanzierung eines Prozessbevollmächtigten aufzubringen. Eine dem Grundsatz des fairen Verfahrens entsprechende sachgerechte Rechtsverteidigung im Parteiverbotsverfahren sei damit ausgeschlossen.

2. Mit Beschluss vom 28. Januar 2014 (BVerfGE 135, 234) hat der Senat den Antrag auf Erlass einer einstweiligen Anordnung sowie den Hilfsantrag auf Aussetzung des Verfahrens abgelehnt. Zur Begründung hat er auf den vorrangig zu beschreitenden Verwaltungsrechtsweg verwiesen. Ergänzend hat er festgestellt, dass eine sachgerechte Rechtsverteidigung auf einen entsprechenden Antrag hin im Wege der Prozesskostenhilfe oder durch eine analoge Anwendung der Regelungen über die notwendige Verteidigung im Strafprozess (§§ 140 ff. StPO) sichergestellt werden könne.

V.

Mit Schriftsatz vom 25. März 2014 hat die Antragsgegnerin auf die Antragsschrift erwidert und hat beantragt,

> den Verbotsantrag des Antragstellers als unzulässig zu verwerfen,
> hilfsweise das Parteiverbotsverfahren wegen des Vorliegens unbehebbarer Verfahrenshindernisse einzustellen,
> höchst hilfsweise das Verfahren auszusetzen, bis der vom Deutschen Bundestag am 20. März 2014 eingesetzte Untersuchungsausschuss zur NSA-Abhör-Affäre seinen Abschlussbericht vorgelegt hat.

1. Zur Begründung ihrer Anträge führt die Antragsgegnerin in diesem und in weiteren Schriftsätzen aus, dass es bereits an einer wirksamen Vollmacht für die Verfahrensbevollmächtigten des Antragstellers fehle.

Die vorgelegten Prozessvollmachten seien lediglich durch den Direktor des Antragstellers unterzeichnet, der in einem verfassungsgerichtlichen Verfahren zu einer Bevollmächtigung nicht befugt sei. Erforderlich sei stattdessen eine Bevollmächtigung durch den Präsidenten des Antragstellers gemäß § 6 Abs. 1 Satz 1 der Geschäftsordnung des Bundesrates (GOBR). Hilfsweise könne eine Bevollmächtigung durch die Vizepräsidenten des Antragstellers erfolgen, nicht hingegen durch den Direktor, welcher gemäß § 14 Abs. 2 GOBR lediglich das Sekretariat des Antragstellers leite und den Präsidenten bei der Führung seiner Amtsgeschäfte unterstütze.

2. Das Verfahren sei jedenfalls einzustellen, weil mindestens drei nicht behebbare Verfahrenshindernisse vorlägen. Es fehle an der Staatsfreiheit der Führungsebenen der Antragsgegnerin, weil davon auszugehen sei, dass sich auf diesen weiterhin V-Leute und/oder Verdeckte Ermittler befänden (a). Des Weiteren fehle es an der Quellenfreiheit des vorgelegten Beweismaterials, da dieses von V-Leuten und/oder Verdeckten Ermittlern „kontaminiert" worden sei (b). Schließlich führe die nachrichtendienstliche Beobach-

tung der Antragsgegnerin und ihres Verfahrensbevollmächtigten zu 1. zu einem Ausspähen ihrer Prozessstrategie, was eine effektive Verteidigung unmöglich mache (c).

82 a) Die „Abschaltung" sämtlicher in den Führungsgremien der Antragsgegnerin vorhandener Verdeckter Ermittler, Under-Cover-Agents und/oder V-Leute werde weder substantiiert dargelegt noch nachgewiesen. Der Antragsteller erkläre sich zudem nicht zur Frage der Rückziehung eingeschleuster V-Leute.

83 aa) Er trage bereits nicht schlüssig vor, wenn er einerseits behaupte, spätestens seit dem 6. Dezember 2012 seien sämtliche Verdeckten Ermittler, Under-Cover-Agents und V-Leute in den Vorständen der Antragsgegnerin und ihrer Unterorganisationen abgeschaltet worden, gleichzeitig aber ausführe, dass zwischen 2008 und 2013 der Anteil der Quellen der Polizei und der Nachrichtendienste auf den Führungsebenen der Antragsgegnerin zu keinem Zeitpunkt über 6,6 % der Vorstandsmitglieder gelegen habe. Daraus sei zu schließen, dass offenbar bis 2013 V-Leute in den Führungsgremien der Antragsgegnerin beziehungsweise ihrer Unterorganisationen anwesend gewesen seien.

84 bb) Der Beweiswert der vorgelegten „Testate" sei höchst fraglich. Angesichts der hoch sensiblen V-Mann-Materie könne es nicht ausreichen, dass Minister bloße schriftliche Erklärungen abgäben.

85 Zwar könne ein Parteiverbotsverfahren nicht bereits dann eingestellt werden, wenn nur rein hypothetische Zweifel am Vorliegen der Verfahrensvoraussetzungen bestünden. Dieser Fall liege hier jedoch nicht vor, weil die Erfahrungen aus dem vorangegangenen Verbotsverfahren gegen die Antragsgegnerin hinreichende tatsächliche Anhaltspunkte dafür begründeten, dass sie heute genauso wenig gegnerfrei sei wie damals. Die grundsätzliche Vermutung für die Rechtmäßigkeit des Handelns staatlicher Stellen könne der Antragsteller aufgrund seines Vorverhaltens nicht mehr für sich in Anspruch nehmen.

86 Aus diesem Grund sei es unumgänglich, dass der Antragsteller konkret offenlege, wie viele angeworbene oder eingeschleuste V-Leute im Einzelnen, in welchen Vorständen und in welchem Zeitraum tätig gewesen seien und an welchen Parteitagen sie als Delegierte teilgenommen hätten. Außerdem sei darzulegen, wie der Vorgang der „Abschaltung" einer Person konkret aussehe, wie der Antragsteller sicherstelle, dass keine „Nachsorge" erfolge, dass keine Informationen verwendet würden, die von abgeschalteten V-Leuten freiwillig übermittelt worden seien, und dass ein außerhalb der Führungsebene stationierter staatlicher V-Mann während des laufenden Verbotsverfahrens nicht in eine Führungsposition gewählt beziehungsweise wie in einem solchen Fall verfahren werde.

87 Zur Sicherstellung der tatsächlichen „Abschaltung" sowie der Kappung jeglichen fortwirkenden Informationsflusses zwischen diesen Personen und den staatlichen Behörden sei es unumgänglich, dass der Antragsteller vollständige Einsicht in alle die „abgeschalteten" V-Leute betreffenden Akten gewähre.

88 cc) Unschlüssig sei der Vortrag des Antragstellers auch insoweit, als der ehemalige Bundesinnenminister für den Militärischen Abschirmdienst (MAD), den Bundesnachrichtendienst (BND) und das Zollkriminalamt testiert habe, da diese Behörden nicht

dem Bundesministerium des Innern unterstünden, sondern dem Bundesministerium der Verteidigung, dem Kanzleramt und dem Bundesministerium der Finanzen. Untertestate der Präsidenten der betreffenden Behörden und der zuständigen Staatssekretäre seien unzureichend, da die Testate von dem politisch höchstrangigen Funktionsträger des jeweiligen Fachministeriums und nicht von einem weisungsgebundenen Beamten innerhalb der Behördenhierarchie abgegeben werden müssten.

dd) Unterstelle man die „Abschaltung" sämtlicher Verdeckter Ermittler, Under-Cover-Agents und V-Leute, so fehle immer noch jeglicher Vortrag des Antragstellers zur Rückziehung eingeschleuster V-Leute. Bei diesen sei es mehr als unwahrscheinlich, dass sie sich ausschließlich als Informationssammler und -übermittler betätigten. Vielmehr sei zu erwarten, dass sie als Spalter, Provokateure und Saboteure handelten. Bei Einleitung eines Verbotsverfahrens müssten daher die eingeschleusten V-Leute entfernt werden.

ee) Unklar bleibe auch, warum die Testate sich überhaupt mit Verdeckten Ermittlern und Under-Cover-Agents auseinandersetzten, wenn diese nach Auskunft des Antragstellers gegen die Antragsgegnerin nie eingesetzt worden seien. Davon sei nicht auszugehen.

(1) Dass die Behauptung, die Sicherheitsbehörden hätten zu keinem Zeitpunkt Personen in die Antragsgegnerin eingeschleust, sondern stets nur dort bereits vorhandenes Personal angeworben, falsch sei, ergebe sich daraus, dass am Montag, den 4. August 2014, der ehemalige Parteivorsitzende Udo Voigt zusammen mit Uwe Meenen in der Kanzlei zweier Berliner Rechtsanwälte auf A. getroffen sei. Letzterer habe erzählt, dass er im Laufe des Jahres mehrfach von Mitarbeitern des sächsischen Staatsschutzes darauf angesprochen worden sei, für sie zu arbeiten und Mitglied der Antragsgegnerin zu werden. Bei dem letzten Treffen sei ihm ein monatliches Salär von 4.000,– EUR angeboten worden, wenn er aktiv werde und in die Antragsgegnerin einträte. Dies beinhalte, sich in Vorstände wählen zu lassen, unter anderem bei der Gestaltung der Internetauftritte in Sachsen mitzuwirken und für die Öffentlichkeitsarbeit zuständig zu sein. Das Angebot stamme von dem Leiter der operativen Abteilung beim Staatsschutz, „einem Herrn Friebe o. ä.".

(2) Gegen die Behauptung des Antragstellers, es seien nie V-Leute beziehungsweise Verdeckte Ermittler in die Antragsgegnerin eingeschleust worden, spreche außerdem, dass das Nachrichtenportal n-tv unter dem 3. Dezember 2014 über die Vernehmung von S. alias „V-Mann Piatto" im „NSU-Prozess" vor dem Oberlandesgericht München berichtet und den Zeugen damit zitiert habe, dass er erst nach Rücksprache mit dem Amt und in dessen Auftrag Mitglied der NPD geworden sei – ausschließlich deshalb, um „Einblick in die Strukturen zu bekommen" und „Informationen zu gewinnen".

Der Zeuge habe somit seine Mitgliedschaft erst auf Initiative der Inlandsgeheimdienste beantragt und sei selbst zu einem Zeitpunkt, als er ideologisch nicht mehr hinter seinem Handeln gestanden habe, von Seiten des Verfassungsschutzes zu einer weiteren Agententätigkeit innerhalb der Antragsgegnerin – auch auf einer Führungsebene – angestachelt worden. Demgemäß trage der Antragsteller im hiesigen Verfahren vorsätzlich falsch vor, was die Glaubhaftigkeit seines gesamten Vortrags und insbesondere der von ihm vorgelegten „Testate" nachhaltig erschüttere.

94   ff) Schließlich fehle jegliche Auseinandersetzung mit der Frage, ob in den Führungsgremien der Antragsgegnerin Mitarbeiter ausländischer Geheimdienste als Verdeckte Ermittler, Under-Cover-Agents oder V-Leute tätig seien, die die von ihnen erlangten Informationen an deutsche Behörden weiterleiteten.

95   gg) Die Testate seien darüber hinaus in weiteren Punkten unvollständig:
96   Unklar sei, was genau mit „Führungsebene" gemeint sei und auf welche Vorstände sich die Testate konkret bezögen. So sei nicht erkennbar, ob auch die Bezirks-, Kreis- und Ortsvorstände mitumfasst seien, obwohl es sich insoweit auch um „Vorstände auf Landesebene" handele. Die gleiche Problematik stelle sich bei den Unterorganisationen der Antragsgegnerin bezogen auf nachgeordnete Gliederungsebenen.
97   Ebenso klärungsbedürftig erscheine die Frage, ob sich die Testate nur auf Vorstände oder auch auf Bundes- und Landesparteitage bezögen, da diese ebenfalls als Führungsgremien zu qualifizieren seien. Der Souverän der Partei sei nicht etwa der Bundesvorstand, sondern der Bundesparteitag, der vor allem für die Beschlussfassung über das Parteiprogramm sowie für die Besetzung des Bundesvorstands zuständig sei.
98   Schließlich verhielten sich die Testate nicht zu den beiden – zu diesem Zeitpunkt noch bestehenden – Landtagsfraktionen der Antragsgegnerin und ihren kommunalen Mandatsträgern. Gerade weil der Antragsgegnerin vorgeworfen werde, ihre Mandatsträger würden das parlamentarische System nicht anerkennen, dieses fortwährend verächtlich machen und den legislativen Betrieb stören, müsse sichergestellt sein, dass die Fraktionsapparate der Antragsgegnerin weder hinsichtlich der Abgeordneten noch hinsichtlich der Mitarbeiterstäbe von staatlichen Agenten infiltriert seien.

99   b) Ein weiteres Verfahrenshindernis bestehe hinsichtlich der Quellenfreiheit des vorgelegten Beweismaterials. Es sei nicht hinreichend substantiiert vorgetragen worden, dass dieses Material Ergebnis einer authentischen Willensbildung der Antragsgegnerin und nicht Produkt staatlicher Einflussnahme sei.

100   aa) Auch hier könnten die Innenminister und -senatoren keine Aussagen darüber treffen, ob, wann und wo der MAD, der BND und das Zollkriminalamt Verdeckte Ermittler, Under-Cover-Agents oder V-Leute eingesetzt hätten. Hinzu komme in Bezug auf Beweismittel der Kategorie 1, dass allein der Umstand, dass der unmittelbare Urheber eines Beweismittels kein Verdeckter Ermittler, Under-Cover-Agent oder V-Mann gewesen sei, noch keine „Kompromittierung" dieses Beweismittels ausschließe. Es sei nämlich ohne weiteres möglich, dass dieser durch einen solchen angestiftet, aufgehetzt und zur Schaffung eines entsprechenden Beweismittels animiert worden sei. Zur Durchführung eines rechtsstaatlichen Verfahrens sei es unabdingbar, dass das vorgelegte Beweismaterial tatsächlich und vollumfänglich staatsfrei sei, sowohl unmittelbar als auch mittelbar.

101   bb) Aufgrund der vielfältigen denkbaren Wirkungsmechanismen und Kausalzusammenhänge, die aus der Anwesenheit und der Tätigkeit einer Vielzahl von staatlichen Agenten herrührten, ergäben sich Rückwirkungen auf das Beweismaterial. Wirklich staatsfreies Tatsachenmaterial könne daher erst nach „Abschaltung" aller staatlichen

Agenten bei der Antragsgegnerin und einer anschließenden Konsolidierungsphase von zwei bis drei Jahren gewonnen werden.

c) Ein drittes Verfahrenshindernis liege darin, dass derzeit eine vertrauliche Kommunikation zwischen der Antragsgegnerin und ihrem Verfahrensbevollmächtigten zu 1., aber auch zwischen Vorstandsmitgliedern der Antragsgegnerin untereinander nicht gewährleistet sei, weil die konkrete Gefahr bestehe, dass sowohl der Verfahrensbevollmächtigte als auch Vorstandsmitglieder auf Bundes- und/oder Landesebene von in- und/oder ausländischen Geheimdiensten nachrichtendienstlich überwacht würden und damit die Prozessstrategie der Antragsgegnerin ausgespäht werde. Solange die Antragsgegnerin damit rechnen müsse, dass Willensbildungsprozesse und vertrauliche Gespräche zwischen Vorstandsmitgliedern und dem Verfahrensbevollmächtigten zu 1. dem antragstellenden Staat zur Kenntnis gelangten, könne keine Rechtsverteidigung auf Augenhöhe durchgeführt werden.

aa) Dass diese rechtsstaatlichen Mindestanforderungen gegenwärtig nicht gewährleistet seien, weil zu besorgen sei, dass der Verfahrensbevollmächtigte zu 1. der Antragsgegnerin nachrichtendienstlich überwacht werde, ergebe sich bereits aus dem Umstand, dass er als Funktionär des Landesverbands der Antragsgegnerin im Saarland seit dem Jahr 2003 aktentechnisch erfasst sei. Als mittlerweile stellvertretender Landesvorsitzender sei davon auszugehen, dass die gegen ihn gerichtete Beobachtung ausgeweitet worden sei. Auf seine schriftliche Anfrage habe das Landesamt für Verfassungsschutz des Saarlandes mit Schreiben vom 25. Februar 2014 mitgeteilt, dass eine nachrichtendienstliche Überwachung seiner Person nicht erfolge und auch in der Vergangenheit nicht erfolgt sei. Gleiches habe das Bundesamt für Verfassungsschutz mit Schreiben vom 29. April 2014 versichert. Solche unsubstantiierten Behauptungen reichten indes nicht aus. Vielmehr sei es notwendig, dass die Verfassungsschutzämter die den Verfahrensbevollmächtigten zu 1. betreffenden Akten offenlegten.

In diesem Zusammenhang sei auf einen Vorfall am 30. November 2012 hinzuweisen, als ein im Eigentum der Mutter des Verfahrensbevollmächtigten zu 1. stehendes Kraftfahrzeug, welches regelmäßig von ihm selbst benutzt werde, auf einem öffentlichen Parkplatz in Saarbrücken-Dudweiler von einem zivilen Dienstfahrzeug des Landesamts für Verfassungsschutz des Saarlandes gerammt worden sei. Zwar sei der Verfahrensbevollmächtigte nicht persönlich anwesend gewesen, es sei aber bemerkenswert, dass der saarländische Verfassungsschutz behaupte, es finde keine Überwachung des familiären Umfelds des Verfahrensbevollmächtigten statt, und eine solche habe auch nie stattgefunden.

bb) Hinsichtlich der Mitglieder des Bundesvorstands und der Landesvorstände der Antragsgegnerin sowie ihrer Unterorganisationen bestehe ebenfalls der dringende Verdacht, dass eine nachrichtendienstliche Überwachung erfolge. Es liege nahe, dass das mit der „Abschaltung" der V-Leute einhergehende Informationsdefizit durch erweiterte Überwachung der Telekommunikation, durch akustische Wohnraumüberwachung oder durch Online-Durchsuchungen kompensiert werde.

06 cc) Schließlich bestehe der konkrete Verdacht, dass die Sitzungen des Parteivorstands der Antragsgegnerin nachrichtendienstlich abgehört würden. So sei der ehemalige Bundesschatzmeister der Antragsgegnerin K. bei polizeilichen Vernehmungen im Rahmen eines gegen ihn gerichteten Ermittlungsverfahrens mit wörtlichen Aussagen konfrontiert worden, die er während Parteivorstandssitzungen getätigt habe.

07 dd) Außerdem müsse der NSA-Überwachungsskandal berücksichtigt werden. Es stelle sich die Frage, inwiefern Funktionäre der Antragsgegnerin beziehungsweise ihr Verfahrensbevollmächtigter zu 1. Ziel von Abhörmaßnahmen ausländischer Geheimdienste seien, deren Ergebnisse auf dem „kurzen Dienstweg" an deutsche Behörden zurückflössen und dort verwertet würden. Es werde daher beantragt, hierzu Edward Snowden als Zeugen zu vernehmen.

08 3. Höchst hilfsweise sei das Verbotsverfahren auszusetzen, bis der vom Deutschen Bundestag am 20. März 2014 eingesetzte Untersuchungsausschuss zur NSA-Abhör-Affäre seinen Abschlussbericht vorgelegt habe. Da die Antragstellerseite gerade hinsichtlich der Aktivitäten des BND kein verwertbares Testat vorgelegt habe, sei es jedenfalls geboten, diesen Bericht abzuwarten, der wesentliche Erkenntnisse über Art und Umfang von Abhörmaßnahmen ausländischer Geheimdienste und die Weitergabe dabei erlangter Kenntnisse an deutsche Sicherheitsbehörden bezogen auf die Beteiligten des hiesigen Verfahrens erbringen dürfte, bevor eine Entscheidung über die Durchführung des Hauptverfahrens gemäß § 45 BVerfGG getroffen werden könne.

VI.

09 Der Antragsteller hat mit Schriftsatz vom 14. Mai 2014 beantragt, die von der Antragsgegnerin gestellten Anträge zurückzuweisen, und hat in diesem und weiteren Schriftsätzen dazu ausgeführt:

10 1. Die vorgelegten Verfahrensvollmachten genügten den Voraussetzungen des § 22 Abs. 2 BVerfGG. Die aus § 14 Abs. 2 GOBR folgende rechtliche Handlungsmacht des Direktors des Antragstellers umfasse auch dessen Vertretung im Außenverhältnis, die nach § 6 Abs. 1 GOBR grundsätzlich der Präsident wahrnehme. Andernfalls wäre das Bundesorgan Bundesrat weitgehend in seiner Funktion eingeschränkt.

11 Der Direktor sei auch zur Vertretung des Präsidenten des Antragstellers in „parlamentarischen Angelegenheiten" mit Außenwirkung befugt. Dies belegten die Regelungen in § 36 Abs. 1, § 45a Abs. 1 und § 45d Abs. 4 GOBR sowie Entscheidungen, die der Direktor für den Präsidenten treffe, ohne dass dies ausdrücklich in der Geschäftsordnung geregelt sei (§ 37 Abs. 1 GOBR, § 61 Abs. 2 der Gemeinsamen Geschäftsordnung der Bundesministerien und in Routinefällen § 3 Abs. 2 des Gesetzes über befriedete Bezirke für Verfassungsorgane des Bundes).

12 Vorliegend habe der Präsident des Antragstellers auf Vorschlag der Innenministerkonferenz nach Zustimmung des Ständigen Beirats den Direktor beauftragt, die Verfahrensbevollmächtigten zur Vertretung des Antragstellers im Verbotsverfahren zu bestellen. Die materielle Entscheidung über die bevollmächtigten Personen sei somit vom Präsidenten des Antragstellers lange vor der Ausstellung der Vollmachten getroffen wor-

den. Die büromäßige Erteilung der Vollmachten habe lediglich den Vollzug dieser Entscheidung dargestellt.

Das Vorgehen entspreche der bisherigen Staatspraxis. Seit Bestehen des Bundesverfassungsgerichtes sei jede Prozessvollmacht für den Antragsteller durch seinen Direktor erteilt worden.

2. Es werde daran festgehalten, dass die Führungsgremien der Antragsgegnerin staatsfrei und die vorgelegten Belege quellenfrei seien. Ein Abhören und ein damit verbundenes Ausspähen der Prozessstrategie der Antragsgegnerin fänden nicht statt.

a) Die Antragsgegnerin habe keine konkreten Hinweise dafür vorgelegt, dass der durch die Testate belegte Sachvortrag zur Staatsfreiheit unzutreffend sei. Das Scheitern des ersten Verbotsverfahrens führe nicht zu einer Verschärfung der Darlegungslast des Antragstellers.

aa)(1) Zunächst sei festzustellen, dass nur Verdeckte Ermittler zurückgezogen werden könnten, weil sie als Bedienstete staatlicher Behörden weiterhin Weisungen unterworfen seien. V-Leute unterlägen nach der „Abschaltung" hingegen keinen Weisungen mehr, eine Rückziehung scheide daher aus. Die Erwähnung von Verdeckten Ermittlern wie auch von Under-Cover-Agents in den Testaten habe lediglich deren sachliche Lückenlosigkeit gewährleisten sollen. Eingesetzt worden seien solche nicht. Daher habe es auch keiner Erklärung zu ihrer Rückziehung bedurft.

(2) Es habe auch keinen Versuch sächsischer Sicherheitsbehörden gegeben, A. für eine Tätigkeit als V-Person, Informant oder Ähnliches zu gewinnen.

Der Freistaat Sachsen habe zur Überprüfung der Behauptungen der Antragsgegnerin sämtliche sächsischen Polizeidienststellen um Stellungnahme gebeten, ob es einen Anwerbeversuch gegenüber A. gegeben habe. Dies sei von allen Dienststellen verneint worden. Auch seien alle im sächsischen Polizeivollzugsdienst mit dem Nachnamen „Friebe" tätigen Polizeivollzugsbeamten gesondert befragt worden. Alle hätten ausgesagt, A. nicht zu kennen beziehungsweise keinen Kontakt mit ihm gehabt zu haben. Im Landesamt für Verfassungsschutz seien die für Werbung und Beschaffung zuständigen Bediensteten befragt worden, ob es Versuche gegeben habe, A. anzuwerben oder mit ihm in Kontakt zu treten. Beides sei ausgeschlossen worden. Zusätzlich sei in allen Polizeidienststellen geprüft worden, in welchen Verfahren A. im Zeitraum 2013/14 in Erscheinung getreten sei und welche Beamten dabei mit ihm Kontakt gehabt hätten. Diese Beamten seien befragt worden, ob es einen „Anwerbeversuch" oder Äußerungen gegeben habe, die möglicherweise als Anwerbeversuch hätten missverstanden werden können. Diese Fragen seien ausnahmslos verneint worden.

(3) Auch die von der Antragsgegnerin aufgestellten Behauptungen über die Quelle „Piatto" berührten die Staatsfreiheit im vorliegenden Verfahren nicht. S. habe sich niemals in einem Beschäftigungsverhältnis zu Sicherheitsbehörden von Bund oder Ländern befunden. Er habe aus der Untersuchungshaft heraus 1994 aus eigenem Antrieb den Kontakt zu den Sicherheitsbehörden initiiert. Seitdem habe er als V-Person Erkenntnisse über die rechtsextremistische Szene in Brandenburg weitergegeben. Im Ver-

lauf des Jahres 2000 sei er als Quelle abgeschaltet und der Kontakt zu ihm beendet worden.

20 S. sei daher kein „Verdeckter Ermittler" gewesen. Er sei als V-Person nicht unter einer anderen Identität in eine Organisation „eingeschleust" worden, sondern bereits vor der Kontaktaufnahme mit den Sicherheitsbehörden in der „Szene" aktiv gewesen und habe sich dann aus eigenem Antrieb zu einer Weitergabe von Informationen an die Sicherheitsbehörden entschlossen.

21 bb) Bei den V-Leuten habe auch nicht bloß eine „Abschaltung" stattgefunden, sondern es sei zudem keine „Nachsorge" betrieben worden. Aufgrund einer Vereinbarung zwischen Bund und Ländern seien die Sicherheitsbehörden angewiesen worden, jeden Kontaktversuch einer abgeschalteten Quelle zurückzuweisen und die Zurückweisung zu dokumentieren. Für den Fall, dass eine nicht abgeschaltete V-Person in einen Vorstand der Antragsgegnerin oder ihrer Untergliederungen gewählt werden sollte, würde umgehend ihre „Abschaltung" vorgenommen. Seit dem 6. Dezember 2012 habe auch tatsächlich keine Kommunikation mit „abgeschalteten" V-Leuten mehr stattgefunden. Vereinzelte Kontaktaufnahmeversuche ehemaliger V-Leute seien abgelehnt und dokumentiert worden.

22 cc) Mit Blick auf die angegebene Statistik von 2008 bis 2013 sei das Jahr 2013 einbezogen worden, um dem Gericht möglichst aktuelle Daten vorlegen zu können. Die Feststellung, dass spätestens seit Dezember 2012 keine V-Leute mehr in der Führungsebene der Antragsgegnerin vorhanden seien, sei spezieller als die den Zeitraum 2008 bis 2013 umfassende Statistik. Der entsprechende Quellenanteil für das Jahr 2013 habe bei 0,0 % gelegen.

23 dd) Die Antragsgegnerin habe keine einzige konkrete Tatsache vorgetragen, die die Richtigkeit der Testate in Zweifel zu ziehen geeignet wäre. Die Sicherheitsbehörden seien aus Gründen des verfassungsrechtlich gebotenen Quellenschutzes und zur Sicherung ihrer künftigen Aufgabenerfüllung rechtlich nicht in der Lage, den ehemaligen wie aktuellen Bestand von V-Leuten offenzulegen. Deswegen wäre es an der Antragsgegnerin gewesen, zumindest glaubhafte Anhaltspunkte für einen fehlerhaften Vortrag darzulegen.

24 Das Risiko der fehlenden Erweislichkeit eines Verfahrenshindernisses trage die Antragsgegnerin. Zwar bestehe im Verfassungsrecht keine subjektive Beweislast im Sinne einer Beweisführungslast, jedoch griffen die Regeln der „objektiven Beweislast". Demgemäß sei das Risiko der fehlenden Erweislichkeit danach verteilt, wer aus der betreffenden Tatsache eine günstige Rechtsfolge herleite, sowie danach, was „Regel" und was „Ausnahme" sei. Nach diesen Grundsätzen trage die Antragsgegnerin die objektive Beweislast, soweit sie sich auf ein Verfahrenshindernis berufe.

25 ee) Das Testat des Bundesinnenministers werde von den jeweils zuständigen Ressorts der Bundesregierung mitgetragen und durch entsprechende – nunmehr vorgelegte – Untertestate der Präsidenten des Bundesamts für Verfassungsschutz, des Bundeskriminalamts, des Bundespolizeipräsidiums und des Bundesnachrichtendienstes bestätigt. Der Bundesinnenminister habe die Testate lediglich gesammelt, um dem Gericht gegenüber eine Gesamtaussage machen zu können. Darüber hinaus hätten die Staatssekretäre im Bundesministerium der Verteidigung und im Bundesministerium der Fi-

nanzen entsprechende – ebenfalls vorgelegte – Erklärungen für die Geschäftsbereiche ihrer Ministerien abgegeben.

ff) Unter „Führungsebene" verstünden Bund und Länder den Bundesvorstand, die Landesvorstände sowie die entsprechenden Vorstände der drei vom Antrag mitumfassten Teilorganisationen der Antragsgegnerin.

b) Auch hinsichtlich der Quellenfreiheit des Beweismaterials habe die Antragsgegnerin keine Umstände vorgetragen, die ein Verfahrenshindernis zu begründen geeignet seien. Die angebliche mittelbare Beeinflussung des im Antrag verwendeten Tatsachenmaterials werde durch die Antragsgegnerin lediglich pauschal behauptet und durch keinerlei Tatsachen plausibilisiert. Problematisch seien nur Äußerungen, die von Parteimitgliedern stammten, die direkte nachrichtendienstliche Kontakte mit staatlichen Behörden unterhielten oder unterhalten hätten. Dass es daran fehle, werde durch die vorgelegten Testate bestätigt.

c) Die Unterstellung der Antragsgegnerin, dass die Kommunikation mit ihrem Verfahrensbevollmächtigten zu 1. überwacht werde, werde zurückgewiesen. Bereits mit Weisung vom 14. Dezember 2012 hätten Bund und Länder verfügt, keinerlei Informationen zur Prozessstrategie der Antragsgegnerin von Quellen entgegenzunehmen. Überdies hätten sich die Behörden von Bund und Ländern am 17. März 2014 anlässlich der Bestellung des Verfahrensbevollmächtigten zu 1. der Antragsgegnerin auf die Weisung geeinigt, dass nachrichtendienstlich erlangte Informationen über die Prozessstrategie der NPD auch dann nicht entgegengenommen werden dürften, wenn sie aus dem Umfeld des Verfahrensbevollmächtigten oder seiner Kanzlei kämen. Zudem sei auf dessen privilegierte Stellung und in diesem Zusammenhang insbesondere auf § 3b Abs. 1 G 10 und § 160a Abs. 1 StPO sowie auf ein Schreiben des Bundesministeriums des Innern vom 29. Mai 2013 zum Einsatz von G 10-Maßnahmen hingewiesen worden. Daraus folge, dass auch Gespräche, die der Verfahrensbevollmächtigte zu 1. mit Mitgliedern des Parteivorstands der Antragsgegnerin führe, nicht überwacht würden.

Das von der Antragsgegnerin geschilderte Unfallereignis stehe in keinem Zusammenhang mit vermeintlichen Überwachungsmaßnahmen gegen ihren Verfahrensbevollmächtigten zu 1., der zu diesem Zeitpunkt noch nicht Verfahrensbevollmächtigter der Antragsgegnerin gewesen sei. Vielmehr hätten Mitarbeiter des Landesamts für Verfassungsschutz des Saarlandes am Unfalltag ein Postfach leeren sollen. Zu diesem Zweck habe man den Dienst-Pkw auf einem öffentlichen Parkplatz parken wollen und dabei einen Unfall mit dem Pkw der Mutter des Verfahrensbevollmächtigten verursacht. Der dienstliche Auftrag habe weder Bezug zur Antragsgegnerin gehabt noch in einem Zusammenhang mit dem Verfahrensbevollmächtigten oder dessen Umfeld gestanden. Hierzu werde ein Bestätigungsschreiben des Staatssekretärs des Saarländischen Ministeriums für Inneres und Sport vorgelegt und eine Zeugenvernehmung des entsprechenden Mitarbeiters angeboten.

3. Hinsichtlich des hilfsweise gestellten Aussetzungsantrags vertritt der Antragsteller die Ansicht, Art. 44 Abs. 4 Satz 2 GG lege fest, dass die Würdigung der Beweise und die rechtliche Beurteilung der Tatsachen durch Gerichte unabhängig von den Feststel-

lungen eines Untersuchungsausschusses, also „frei" erfolgten. Außerdem entstamme keiner der in der Antragsschrift verwendeten Belege den Erkenntnissen ausländischer Nachrichtendienste. Auch zur Prozessstrategie der Antragsgegnerin lägen ihm von ausländischen Nachrichtendiensten keine Informationen vor.

VII.

131 1. Mit Beschluss vom 19. März 2015 (BVerfGE 138, 397) hat der Senat dem Antragsteller folgende Hinweise erteilt:

III. 1. Der Antragsteller hat als Anlage 1 zum Schriftsatz vom 14. Mai 2014 den Beschluss der Ständigen Konferenz der Innenminister und -senatoren der Länder vom 22. März 2012 vorgelegt. Ziffer 3 des Beschlusses lautet: „Mit Beginn der Materialsammlung am 2. April 2012 werden die Quellen auf Führungsebene abgeschaltet. Für die Erstellung der Materialsammlung wird ein Zeitraum von mindestens sechs Monaten veranschlagt."

Der Antragsteller möge den Vollzug dieses Beschlusses im Bund und in den einzelnen Ländern – insbesondere hinsichtlich der Zahl und des Ablaufs der „Abschaltungen" – darstellen und in geeigneter Weise belegen.

2. Der Antragsteller hat in diesem Schriftsatz ausgeführt, dass Quellen auf Vorstandsebene der Antragsgegnerin nicht nur „abgeschaltet" worden seien, sondern dass spätestens seit dem 6. Dezember 2012 auch keine „Nachsorge" betrieben werde. Dabei hat er Bezug genommen auf eine „Vereinbarung zwischen Bund und Ländern". Diese Vereinbarung möge er vorlegen.

Soweit in den Ländern Anweisungen zur Umsetzung dieser Vereinbarung (vergleichbar den beiden vorgelegten Schreiben des Staatssekretärs des Bundesministers des Innern vom 14. Dezember 2012) ergangen sind, möge der Antragsteller diese ebenfalls vorlegen.

Darüber hinaus möge er den Vollzug des Verzichts auf eine Nachsorge bei „abgeschalteten Quellen" im Bund und in den einzelnen Ländern darstellen und in geeigneter Weise belegen.

3. Der Antragsteller möge schließlich in geeigneter Weise belegen, auf welche Weise – wie im Schriftsatz vom 14. Mai 2014 vorgetragen – sichergestellt ist, dass keinerlei nachrichtendienstlich erlangte Informationen über die Prozessstrategie der Antragsgegnerin entgegengenommen werden und der privilegierten Stellung des Verfahrensbevollmächtigten insbesondere im Hinblick auf § 3b Abs. 1 G 10 und § 160a Abs. 1 StPO Rechnung getragen wird. Er möge ferner in geeigneter Weise belegen, auf welche Weise sichergestellt ist, dass – falls dennoch diesbezügliche Informationen erlangt werden – diese von der Verwertung ausgeschlossen werden. Soweit er angeboten hat, die entsprechenden Weisungen des Bundes und der Länder vorzulegen, möge er dies tun.

4. Der Antragsteller differenziert in der Antragsschrift die verwendeten Belege hinsichtlich der Quellenfreiheit nach zwei Kategorien. Allerdings werden weder das Parteiprogramm der Antragsgegnerin („Arbeit, Familie, Vaterland". Das Parteiprogramm der Nationaldemokratischen Partei Deutschlands [NPD]. Beschlossen auf dem Bundesparteitag am 4./5. Juni 2010 in Bamberg) noch der Beleg 112 (NPD-Positionspapier „Das strategische Konzept der NPD" vom 9. Oktober 1997) einer dieser beiden Kategorien zugeordnet. Der Antragsteller möge sich hierzu erklären und insbesondere zur Frage der Quellenfreiheit des Parteiprogramms Stellung nehmen.

132 2. Mit Berichterstatterschreiben vom selben Tag wurde der Antragsteller außerdem darauf hingewiesen, dass sein Sachvortrag zur vorübergehenden Kontrolle des öffentlichen Raums durch die Antragsgegnerin mit der Folge, dass eine „Atmosphäre der

Angst" erzeugt werde und hierdurch erkennbare Einschränkungen demokratischen Handelns nachweisbar seien, möglicherweise nicht hinreichend durch konkrete Beispiele unterlegt sei. Ferner werde der Vortrag, die Antragsgegnerin habe ihre Aktivitäten im Sommer/Herbst 2013 bei der Debatte um die Aufnahme von Asylbewerbern besonders aggressiv gestaltet und zahlreiche Proteste gegen Asylbewerber organisiert, bislang nur mit dem Hinweis auf einen Aufruf zu einem „Fackelmarsch gegen Asylmissbrauch" und drei Belegen unterlegt. Weitere Belege und Darstellungen des Verlaufs konkreter Aktivitäten fehlten.

VIII.

Mit Schriftsatz vom 13. Mai 2015 und weiteren Schriftsätzen nahm der Antragsteller zum Hinweisbeschluss des Senats Stellung und legte interne Vermerke, Erlasse, Abschalterklärungen, Gesprächsprotokolle, E-Mails und andere Inhalte von Akten der Sicherheitsbehörden des Bundes und der Länder vor, die bisher der Geheimhaltung unterlegen hätten. Er hat vorgetragen, dass damit interne Arbeitsabläufe der Sicherheitsbehörden dargestellt und die Anzahl der abgeschalteten V-Leute in Bund und Ländern genannt würden. Die Klarnamen der Quellen und Teile der Dokumente, aus denen Rückschlüsse auf die Identität der Quellen gezogen werden könnten, sowie die Namen von Mitarbeitern der Sicherheitsbehörden von der Ebene der Referatsleiter abwärts seien zum Schutz der Betroffenen geschwärzt worden. Nach Auffassung des Antragstellers seien die Sicherheitsbehörden damit „an die Grenze des rechtlich Zulässigen" gegangen.

1. Zu Ziffer III.1. des Hinweisbeschlusses hat der Antragsteller vorgetragen, dass der Beschluss der Innenministerkonferenz (IMK) vom 22. März 2012 zur „Abschaltung" aller Quellen auf den Führungsebenen der Antragsgegnerin von Bund und Ländern teilweise in der Folgezeit, teilweise aber auch schon im Vorgriff umgesetzt worden sei. Alle Quellen auf Führungsebene der Antragsgegnerin und ihrer Teilorganisationen seien abgeschaltet worden, so dass spätestens seit dem 6. Dezember 2012 die Informationsbeziehungen zu sämtlichen Quellen auf der Führungsebene beendet gewesen seien.

a) Bereits am 30. November 2011 sei eine Bund-Länder-Arbeitsgruppe zur Prüfung der Erfolgsaussichten eines neuen NPD-Verbotsverfahrens beschlossen worden, die am 14. März 2012 einen Bericht vorgelegt habe. Der 4. Teil dieses Berichts mit dem Titel „Konsensuale Punkte des Kriterienkatalogs" stelle die in Ziffer III.2. des Hinweisbeschlusses angesprochene Vereinbarung zwischen Bund und Ländern dar, die nunmehr vorgelegt werde. Im Detail sei vereinbart worden, dass rechtzeitig vor Eingang des Verbotsantrags beim Bundesverfassungsgericht alle Quellen in den Vorständen der Partei von Bund und Ländern abgeschaltet sein müssten und auch keine „Nachsorge" betrieben werden dürfe. Zudem sei vereinbart worden, dass auch Quellen, die gegebenenfalls während eines laufenden Verfahrens in den Vorstand aufrückten, unverzüglich abgeschaltet würden. Kontaktversuche von abgeschalteten Quellen und Informationen über die Prozessstrategie der Antragsgegnerin seien zurückzuweisen. Basierend auf diesen Vereinbarungen habe die IMK am 22. März 2012 ihren Beschluss gefasst.

136 b) In allen Ländern und in der Bundesverwaltung seien die sich aus dem Beschluss ergebenden Anforderungen an und in die Sicherheitsbehörden hinein kommuniziert worden. Dies sei teils im Wege des schriftlichen Erlasses, teils durch E-Mail-Kommunikation, teils in Besprechungen geschehen. Als Stichtag für die Abfrage von Quellen auf Führungsebenen sei der 1. Dezember 2011 gewählt worden, also der Tag nach der Konstituierung der Bund-Länder-Arbeitsgruppe. Zu diesem Zeitpunkt hätten der Bund und die Länder insgesamt elf V-Leute in der Führungsebene (Bundes- und Landesvorstände) der Antragsgegnerin und/oder ihrer Teilorganisationen eingesetzt. Die vom Antragsteller näher aufgeschlüsselte Verteilung werde durch die Erklärungen der jeweiligen Innenministerien beziehungsweise der Leiter der Verfassungsschutzbehörden bestätigt und durch die Vorlage interner Verfügungen, Weisungen, Abschaltvermerke sowie -erklärungen belegt.

137 Soweit am Stichtag Quellen auf Führungsebenen der Antragsgegnerin vorhanden gewesen seien, hätten die Abschaltvorgänge in einem Treffen mit der Quelle bestanden, bei der dieser die Gründe der sofortigen „Abschaltung" erklärt und eine Abschaltprämie ausgezahlt oder versprochen worden sei. Daraufhin sei der Quelle eine „Abschalterklärung" zur Unterzeichnung vorgelegt worden. Der Quelle sei zudem verdeutlicht worden, dass keine „Nachsorge" stattfinden könne, ein Kontakt zwischen der Sicherheitsbehörde und der Quelle also nicht mehr möglich sei. In den meisten Fällen sei dies das letzte Treffen mit der Quelle gewesen, in manchen Fällen sei es noch zu wenigen Nachbetreuungstreffen gekommen, die nicht mit einem Informationsaustausch verbunden gewesen seien. Spätestens ab dem 6. Dezember 2012 seien alle Informationsbeziehungen zu sämtlichen Quellen auf Führungsebene der Antragsgegnerin vollständig beendet gewesen. Nur in einem Land sei eine V-Person nicht bereit gewesen, die formelle Abschalterklärung zu unterschreiben. Sie sei daraufhin entsprechend mündlich belehrt worden. Seit dem 1. Dezember 2011 sei es nicht vorgekommen, dass V-Leute unterhalb der Führungsebene in die Vorstände aufgerückt seien. Seit diesem Tag seien außerdem keine Quellen unter den Mitgliedern der Fraktionen der Antragsgegnerin in den Landtagen Sachsens und Mecklenburg-Vorpommerns gewesen. Dies werde durch Vorlage der entsprechenden Dokumente und Testate belegt.

138 2. Anlässlich des Beschlusses des Antragstellers zur Einleitung eines NPD-Verbotsverfahrens am 14. Dezember 2012 hätten Bund und Länder weitere koordinierte Maßnahmen getroffen, um sicherzustellen, dass weiterhin keine „Nachsorge" im oben genannten Sinne erfolge. Hierfür sei im Dezember 2012 ein „Musterschreiben" entworfen worden, mit dem die jeweiligen Sicherheitsbehörden angewiesen worden seien, jeden Kontaktversuch abgeschalteter Quellen zurückzuweisen und dies zu dokumentieren. Auf Bundesebene seien in der Folge die Schreiben des Staatssekretärs des Bundesministers des Innern vom 14. Dezember 2012 erstellt worden. In den Ländern seien alle Sicherheitsbehörden im Sinne des Musterschreibens durch die jeweils zuständigen Stellen entsprechend angewiesen worden. Bei einer Länderumfrage seitens des Vorsitzlandes der Bund-Länder-Arbeitsgruppe sei „ausnahmslos bestätigt" worden, dass sowohl der Verfassungsschutz als auch die Polizeibehörden entsprechend dem übermittelten Musterschreiben veranlasst worden seien, die Vorkehrungen zur Sicherstellung eines rechtsstaatlichen Verbotsverfahrens zu treffen.

Durch diese Erlass- beziehungsweise Weisungslage werde auch weiterhin garantiert, 139
dass keine „Nachsorge" erfolge. Soweit ehemalige Quellen Kontaktversuche unternommen hätten, seien diese zurückgewiesen und die Zurückweisungen entsprechend dokumentiert worden (Hamburg, Hessen, Mecklenburg-Vorpommern). Auch zufällige Kontakte seien dokumentiert worden (Nordrhein-Westfalen). Darüber hinaus habe in Baden-Württemberg bei einer ehemaligen Quelle am 30. März 2012 einmalig ein Betreuungstelefonat stattgefunden, weil eine psychische Ausnahmesituation befürchtet worden sei.

Auch dieser Vortrag werde durch Vorlage der entsprechenden Musterschreiben, 140
Weisungen, E-Mails und – teilweise geschwärzten – Aktenauszüge belegt.

3.a) Zu Ziffer III.3. des Hinweisbeschlusses hat der Antragsteller vorgetragen, dass die 141
Sicherstellung der Rechtsstaatlichkeit des Verfahrens schon weit vor dem Beschluss zur Einleitung des NPD-Verbotsverfahrens die oberste Priorität für Bund und Länder gewesen sei. Im 4. Teil des Berichts der Bund-Länder-Arbeitsgruppe heiße es, dass keine zielgerichtete Beschaffung von Informationen über die Prozessstrategie durch nachrichtendienstliche Beobachtung erfolgen dürfe.

b) Anlässlich des Bundesratsbeschlusses zur Einleitung eines NPD-Verbotsverfahrens 142
vom 14. Dezember 2012 hätten Bund und Länder zudem koordinierte Maßnahmen zur Sicherstellung der Rechtsstaatlichkeit des Verbotsverfahrens unternommen, wie sich aus dem bereits erwähnten, an die Sicherheitsbehörden von Bund und Ländern weitergeleiteten Musterschreiben ergebe. Danach sei durch entsprechende Weisungen sicherzustellen gewesen, dass keine Entgegennahme nachrichtendienstlich erlangter Informationen über die Prozessstrategie der Antragsgegnerin erfolge, auch im Rahmen von Aussteigerprogrammen keine Informationen über die Prozessstrategie der Antragsgegnerin entgegengenommen werden dürften sowie entsprechende Versuche zurückzuweisen und zu dokumentieren seien.

Diese Vorgaben seien im weiteren Verlauf verschiedentlich präzisiert worden. So sei 143
mit vorgelegtem Schreiben des Bundesministeriums des Innern vom 29. Mai 2013 an alle Länder sowie an alle Sicherheitsbehörden des Bundes auf die Notwendigkeit strikter Staatsfreiheit im Sinne unbeobachteter selbstbestimmter Willensbildung und Selbstdarstellung der Antragsgegnerin vor dem Bundesverfassungsgericht hingewiesen und gebeten worden, von Maßnahmen nach dem G 10-Gesetz gegen Mitglieder des Bundes- oder eines Landesvorstands der Antragsgegnerin nur in besonders gelagerten Ausnahmefällen Gebrauch zu machen. Sollten sich die G 10-Maßnahmen gleichwohl als notwendig erweisen, müsse sichergestellt werden, dass im Zuge dieser Maßnahmen keinerlei Informationen zur Prozessstrategie erfasst würden. Hierzu seien nachweisbar geeignete Vorkehrungen zu treffen, damit – entsprechend der Handhabung beim Kernbereichsschutz – bereits in der Vorauswertung keinerlei Informationen über das Verbotsverfahren aufgenommen werden könnten.

Der Antragsteller hat sodann ausgeführt, dass es seit dem Schreiben vom 29. Mai 144
2013 auf Bundesebene eine G 10-Maßnahme gegeben habe, die auch Personen aus der Führungsebene der Antragsgegnerin und/oder ihrer Teilorganisationen betroffen habe. Hintergrund sei der Verdacht der Bildung einer terroristischen Vereinigung im Sinne

von § 129a StGB gewesen. Die Maßnahme habe sich nicht unmittelbar und zielgerichtet gegen die Antragsgegnerin gerichtet. Bereits bei der Vorauswertung seien keine Informationen über das NPD-Verbotsverfahren aufgenommen worden; damit sei das Risiko einer Prozessausspähung ausgeschlossen worden.

145 In den Ländern habe es nur in Sachsen und in Brandenburg jeweils eine G 10-Maßnahme gegeben. In Sachsen sei Hintergrund der Verdacht der Fortführung einer verbotenen Vereinigung (§ 85 StGB) gewesen, in Brandenburg der Verdacht, dass der Betroffene an exponierter Stelle versuche, die verschiedenen Gruppierungen der Freien Kräfte in Brandenburg zu vernetzen, sowie die Verhinderung beziehungsweise Aufklärung von Straftaten (insbesondere § 130 StGB). In Sachsen seien keine Informationen zum Verbotsverfahren gegen die Antragsgegnerin und deren Prozessstrategie angefallen, in Brandenburg sei trotz entgegenstehender Weisung Anfang Dezember 2013 ein Protokoll gefertigt worden, das auch eine Randerkenntnis zum bevorstehenden Verbotsverfahren zum Inhalt gehabt habe und an die Landesbehörden für Verfassungsschutz in Sachsen-Anhalt, Berlin, Sachsen und Nordrhein-Westfalen versandt worden sei. In der Verfassungsschutzbehörde Brandenburg und in den beteiligten Ländern seien die Unterlagen nicht verwertet und zeitnah vernichtet worden, in Sachsen sei das Protokoll für die Facharbeit gesperrt. Zudem sei die Maßnahme selbst nicht fortgeführt und am 31. Dezember 2013 beendet worden.

146 Anlässlich der Antragstellung beim Bundesverfassungsgericht am 3. Dezember 2013 habe das Bundesamt für Verfassungsschutz mit Schreiben vom 10. Dezember 2013 alle Landesverfassungsschutzämter „sicherheitshalber" noch einmal auf die strikte Berücksichtigung der Vorkehrungen zum Schutz eines rechtsstaatlichen Verbotsverfahrens hingewiesen. Zum Sachverhalt Verbotsverfahren sollten, auch wenn nur allgemeine, öffentlich bekannte oder prozesstaktisch völlig irrelevante Aspekte betroffen seien, keinerlei Informationen auf nachrichtendienstlichem Wege entgegengenommen werden. In den Ländern sei dies zum Anlass genommen worden, die zuständigen Stellen und Mitarbeiter abermals für die Problematik zu sensibilisieren.

147 Der Antragsteller hat seinen Vortrag durch Vorlage der entsprechenden Weisungen, Anschreiben, Vermerke und weiterer Dokumente belegt. Daneben testieren auch die Verfahrensbevollmächtigten des Antragstellers, dass ihnen, abgesehen von den für jedermann zugänglichen, öffentlichen Äußerungen des Verfahrensbevollmächtigten zu 1. der Antragsgegnerin, keine Informationen zur deren Prozessstrategie vorlägen.

148 c) Angesichts dieser Maßnahmen sei schon vor Bestellung des Verfahrensbevollmächtigten zu 1. der Antragsgegnerin sichergestellt gewesen, dass die Sicherheitsbehörden von Bund und Ländern keine Informationen über die Kommunikation zwischen der Antragsgegnerin und einem potentiellen Verfahrensbevollmächtigten zur Prozessstrategie auf nachrichtendienstlichem Wege erlangen würden. Gleichzeitig sei durch diese Maßnahmen auch gewährleistet gewesen, dass Zufallsfunde von der Verwertung ausgeschlossen seien. Dennoch seien nach Bekanntwerden der Bestellung des Verfahrensbevollmächtigten zu 1. der Antragsgegnerin weitere Maßnahmen ergriffen worden, um dessen privilegierte Stellung zu garantieren. Hierzu hätten sich die Behörden von Bund und Ländern am 17. März 2014 auf die bereits erwähnte Musterweisung zur Beachtung

dieser Stellung geeinigt. Diese Weisung sei an alle Sicherheitsbehörden des Bundes und der Länder ergangen, die sie umgesetzt hätten.

In der Folgezeit seien „weitere Verschärfungen" des Schutzes des Verfahrensbevollmächtigten zu 1. der Antragsgegnerin erfolgt, die über die Anforderungen des § 3b Abs. 1 G 10 und § 160a Abs. 1 StPO noch hinausgingen: Am 16. Juni 2014 sei veranlasst worden, dass auch keine Personenakten über ihn weitergeführt werden dürften. Erkenntnisse dürften nur gespeichert werden, soweit diese aus öffentlichen Quellen stammten und nach einem sachbezogenen, nicht personenbezogenen Suchraster ermittelt worden seien. Nach diesen Kriterien unzulässige Speicherungen seit dem 7. Januar 2014 seien rückwirkend zu löschen gewesen. Zum Beleg dieses Vortrags werde die entsprechende E-Mail des Vorsitzlandes der Bund-Länder-Arbeitsgruppe mit den dazugehörigen Weisungen vorgelegt.

Im August und im September 2015 seien in vier Fällen Dokumente an das Bundesamt für Verfassungsschutz sowie an die Verfassungsschutzbehörden in Nordrhein-Westfalen und Schleswig-Holstein übergeben worden, in denen der Verfahrensbevollmächtigte zu 1. der Antragsgegnerin aufgeführt beziehungsweise zu einer Informationsveranstaltung über das Verfahren eingeladen worden sei. Als dies erkannt worden sei, seien die Unterlagen vernichtet beziehungsweise mit einer funktionsäquivalenten Datenschutzsperre belegt worden.

4.a) Zu Ziffer III.4. des Hinweisbeschlusses hat der Antragsteller zunächst darauf verwiesen, dass das Programm der Antragsgegnerin einen Sonderfall darstelle, da dieses nur der Partei im Ganzen, aber keiner natürlichen Person zugerechnet werden könne und sich deswegen einer Kategorisierung im Sinne der Antragsschrift entziehe. Weder liege eine namentliche Urheberschaft des Programms vor, weshalb Kategorie 1 ausscheide, noch werde die Anwesenheit einzelner Verfassungsschutzquellen unter den Parteitagsdelegierten – neun von 187 – bestritten, weshalb Kategorie 2 nicht in Betracht komme. Die Staatsfreiheit der Antragsgegnerin sei gleichwohl nicht betroffen, da Parteitagsdelegierte nicht der Führungsebene einer Partei im Sinne der verfassungsgerichtlichen Rechtsprechung angehörten.

Auch bei strengerer Betrachtung ergebe sich eine staatsfreie Entstehung des Programms, da die mitwirkenden Personen in der Programmkommission sowie in der Programmdebatte nach dem 1. Januar 2003 zu keinem Zeitpunkt Quelle des Verfassungsschutzes oder der Polizei gewesen seien. Zudem sei darauf hinzuweisen, dass in den für die Programmentwicklung bedeutsamen Landesverbänden Mecklenburg-Vorpommern und Sachsen in der gesamten Phase der Programmerneuerung keine Quellen auf Landesvorstandsebene eingesetzt worden seien. Außerdem sei das Programm auf dem Parteitag mit überwältigenden Mehrheiten angenommen worden, so dass die anwesenden neun Quellen nicht ins Gewicht fielen.

Führende Vertreter der Antragsgegnerin, die seit dem 1. Januar 2003 zu keinem Zeitpunkt Quellen von Polizei und Verfassungsschutz gewesen seien, hätten sich das Programm in der Folgezeit zudem ausdrücklich zu eigen gemacht. Auf der Homepage des Bundeswahlleiters sei das Parteiprogramm der Antragsgegnerin in seiner Fassung von Juni 2010 weiterhin als aktuelles Programm ausgewiesen.

154 b) Das Positionspapier der Antragsgegnerin von 1997 habe lediglich der Explikation der Entwicklung der „Drei-" beziehungsweise „Vier-Säulen-Strategie" gedient. Es selbst liege außerhalb des definierten Kategorisierungszeitraums. Jedoch sei die „Vier-Säulen-Strategie" in der Folgezeit von etlichen Führungsfunktionären bis hin zum heutigen Parteivorsitzenden Franz immer wieder bekräftigt worden. Im Übrigen habe der damalige Parteivorsitzende Voigt eigenen Angaben zufolge das Strategiepapier selbst erarbeitet. Dieser sei von den Testaten zur Quellenfreiheit erfasst.

IX.

155 Die Antragsgegnerin hat hierauf mit Schriftsatz vom 31. August 2015 geantwortet.

156 1. Nach ihrer Auffassung erweise sich der Vortrag des Antragstellers trotz der vorgelegten umfangreichen Anlagen als ungeeignet, die Staatsfreiheit der Führungsebene der Antragsgegnerin in einer verfahrenshindernisausschließenden Weise zu belegen.

157 Die vorgelegten Anlagenkonvolute bestünden überwiegend aus behördeninterner Kommunikation von Polizei und Verfassungsschutz und bewiesen lediglich, dass die vorgesetzten Dienststellen Weisungen erteilt hätten, nicht hingegen die Ausführung und die Kontrolle der Einhaltung dieser Weisungen. Der Nachweis der Staatsfreiheit der Führungsebenen der Antragsgegnerin sei durch die vorgelegten Abschalterklärungen und -vermerke schon deshalb nicht geführt, weil diese in weiten Teilen geschwärzt seien, inhaltlich daher nicht mehr nachvollzogen und abschließend bewertet werden könnten. Die übermäßige Schwärzung habe wohl der „inhaltlichen Frisierung" der Abschaltvermerke gedient, was sich beispielhaft an einem dem Anlagenkonvolut Nordrhein-Westfalens beigefügten Abschaltvermerk zeige, der von „formellen Abschalterklärungen" spreche, obwohl er sich angeblich nur auf eine einzige Quelle beziehe. Es sei denkbar, dass der Aussagegehalt der lesbaren Textstellen im geschwärzten Teil vollständig konterkariert werde.

158 Selbst wenn man die Abschalterklärungen nebst Begleitvermerken für beweiskräftig halten wollte, könnten diese allenfalls die „Abschaltung" derjenigen Quellen beweisen, deren Existenz der Antragsteller einräume. Sie bewiesen hingegen nicht, dass es außer den zugestandenen elf Quellen nicht noch weitere gegeben habe oder weiterhin gebe. Vollkommen unverständlich sei es in diesem Zusammenhang, dass es in den beiden über Landtagsfraktionen verfügenden Verbänden in Mecklenburg-Vorpommern und Sachsen – und damit gleichsam den „Machtzentren" der Partei – angeblich keine abzuschaltenden V-Leute gegeben haben solle. Die diesbezügliche Erklärung des Innenministeriums des Landes Mecklenburg-Vorpommern im Anschreiben vom 11. Mai 2015 lasse im Übrigen die Fraktionsmitarbeiter außen vor. Auffällig und aufklärungsbedürftig seien insbesondere die „dubiosen und regelrecht fluchtartigen Abgänge" der ehemaligen sächsischen Fraktionsvorsitzenden Apfel – im unmittelbaren zeitlichen Zusammenhang mit dem Verbotsantrag – und Szymanski, gegen den der Verdacht einer Spitzel-Tätigkeit im Raum stehe.

159 2. Der Vortrag des Antragstellers sei auch nicht zum Beweis der Behauptung geeignet, dass zwischen der Antragsgegnerin und ihrem Verfahrensbevollmächtigten zu 1. eine

vertrauliche Kommunikation gewährleistet sei. So sei bereits der aus dem Verkehrsunfallgeschehen am 30. November 2012 resultierende Verdacht nachrichtendienstlicher Überwachung nicht entkräftet.

Hinzu komme, dass die vorgelegten Weisungen nicht beweiskräftig seien. Jedenfalls sei deren Beschränkung ausschließlich auf G 10-Maßnahmen völlig unzureichend. Die Prozessstrategie könne ebenso durch Überwachungsmaßnahmen in Form von akustischer Wohnraumüberwachung und Online-Durchsuchungen ausgespäht werden.

Ausdrücklich gegen die Nichtausspähung der Prozessstrategie der Antragsgegnerin spreche darüber hinaus ein Dokument im Anlagenkonvolut des Freistaates Bayern. Danach habe ein Mitarbeiter des dortigen Landesamts für Verfassungsschutz bis Ende Februar 2014 über das soziale Netzwerk „Facebook" mit dem Verfahrensbevollmächtigten zu 1. der Antragsgegnerin in Kontakt gestanden und diesen erst nach einer Weisung durch den Präsidenten des Bayerischen Landesamts für Verfassungsschutz am 26. Februar 2014 beendet. Angesichts der erst zwei Monate nach Bestellung des Verfahrensbevollmächtigten erfolgten Beendigung des Kontakts könne es sich nur um eine beabsichtigte Informationsgewinnung über die Prozessstrategie der Antragsgegnerin gehandelt haben.

3. Der Vortrag des Antragstellers bestätige ferner den Verdacht, dass der Staat am aktuellen Parteiprogramm der Antragsgegnerin sowie an dem Positionspapier „Das strategische Konzept der NPD" selbst mitgeschrieben habe.

a) Hinsichtlich des Parteiprogramms werde durch die vom Antragsteller zugestandene Anwesenheit von neun staatlichen Quellen auf dem Programmparteitag der Grundsatz der Staatsfreiheit verletzt, da es sich bei diesem um eine „führende Organisationseinheit" der Antragsgegnerin handele. Der Antragsteller müsse zumindest zu dem Wirken dieser V-Leute auf dem Parteitag Stellung nehmen, da eine Beeinflussung der Abstimmungsergebnisse durch diese nicht auszuschließen sei. Die Darlegung der Staatsfreiheit des Parteiprogramms der Antragsgegnerin könne auch nicht dadurch umgangen werden, dass man auf dessen angebliche „Bestätigung" durch führende Funktionäre der Partei verweise.

b) Nicht anders verhalte es sich hinsichtlich des Positionspapiers „Das strategische Konzept der NPD". Auch insoweit könne sich der Antragsteller nicht darauf berufen, dass die genaue Urheberschaft irrelevant sei, weil Udo Voigt und Frank Franz sich den Inhalt dieses Papiers zu eigen gemacht hätten.

X.

Mit Schriftsatz vom 27. August 2015 hat der Antragsteller auf das Berichterstatterschreiben vom 19. März 2015 geantwortet.

Die Antragsgegnerin setze ihre verfassungsfeindliche Ideologie aggressiv-kämpferisch ins Werk und bewirke damit schon jetzt nachweisbare Konsequenzen zulasten gesellschaftlicher Minderheiten, politisch Andersdenkender sowie demokratischer Prozesse. Sie gehe über die Grenzen politischer Kommunikation hinaus, indem sie unter anderem durch physische Präsenz und psychischen Druck eine bedrohliche Wirkung entfalte. Einschüchterungen politischer Gegner, Bedrohungsgefühle bei Minderheiten, der Verzicht auf die Wahrnehmung demokratischer Rechte aus Furcht vor Ausgrenzung oder Gewalt und die Hinnahme eines minderheitenfeindlichen Klimas durch Teile der Bevölkerung seien Teil der Strategie der Antragsgegnerin und führten vor allem in den neuen Ländern zu Beeinträchtigungen des politischen Lebens und der „Freiheit der geistigen Auseinandersetzung".

167   Ihrer angeblichen „Krise" zum Trotz habe die Antragsgegnerin die Anzahl ihrer kommunalen Mandate bundesweit von rund 330 Sitzen im Jahr 2010 auf 367 Sitze nach den Kommunalwahlen 2014 ausbauen können. Sie fungiere als organisatorische Basis für andere rechtsextremistische Gruppen und sei weiterhin in der Lage, Dominanzansprüche zu äußern und im öffentlichen Raum dementsprechend aufzutreten.

168   1. Hinsichtlich der im Berichterstatterschreiben vom 19. März 2015 angesprochenen Frage einer „Atmosphäre der Angst" sei festzustellen:

169   a) Der ideologische Hintergrund der Antragsgegnerin sei nicht nur theoretischer Überbau, sondern unmittelbare Handlungsmaxime, die auf direktem Weg zu Einschüchterungen und Einschränkungen demokratischen Handelns führe. Dabei komme dem Konzept der „Volksgemeinschaft" sowohl im Denken als auch im Handeln der Antragsgegnerin zentrale Bedeutung zu.

170   b) Das schon jetzt wirkende Bedrohungs- und Einschüchterungspotential der Ideologie der Antragsgegnerin zeige sich in ihrer Strategie und Mittelwahl.

171   aa) Der Weg zu ihren Zielen führe aus Sicht der Antragsgegnerin insbesondere über „nationalrevolutionäre Graswurzelarbeit". Die Antragsgegnerin strebe die Entwicklung von „Dominanzzonen" an, in denen die Rechtsextremisten „im Alltag bestimmend, kümmernd und meinungsbildend wirken" könnten. „Kümmerer-Image" und aggressive Einschüchterungen widersprächen sich nicht, sondern bedingten einander.

172   bb)(1) Einschüchterungen und Bedrohungen erfolgten in vielen Fällen unmittelbar durch die Antragsgegnerin beziehungsweise durch ihr zurechenbare Funktionäre und Mitglieder. Es gehöre jedoch auch zu ihrer Strategie, Aktionen von rechtsextremistischen Gruppierungen außerhalb der Partei durchführen zu lassen. Dies hindere die Zurechnung jedoch nicht, da einer Partei zum einen das Verhalten von „Anhängern" zugerechnet werden könne, zum anderen die Antragsgegnerin als ideologische und organisatorische Basis eines rechtsextremistischen Netzwerks agiere und – zumindest im Sinne einer Beihilfe – Akte, die von anderen rechtsextremistischen Gruppierungen stammten, fördere.

173   (2) Insbesondere in Mecklenburg-Vorpommern seien die Verbindungen zwischen der Antragsgegnerin und der Neonazi-Szene stark. Die Landtagsfraktion habe sich dabei zu einem bedeutenden Kraftzentrum entwickelt. Neben der finanziellen Ausstattung seien insbesondere die Möglichkeit, Rechtsextremisten als Fraktions- oder Wahlkreismitarbeiter zu beschäftigen, sowie die Nutzung als Schulungsplattform für die Gesamtpartei von großem Wert. Über ihre Bürgerbüros, die sich teilweise in rechtsextremistischen Szeneobjekten befänden, wirkten die Abgeordneten zudem in die Fläche hinein.

2. Das Urteil

Auf diese Weise habe die Antragsgegnerin großen Einfluss auf örtliche Strukturen der Neonazi-Szene. Besonders augenfällig sei, dass Landtagsabgeordnete der Partei größtenteils entweder selbst mittlerweile verbotenen rechtsextremistischen Vereinen angehört hätten oder sich zumindest offen zur Zusammenarbeit mit neonationalsozialistischen freien Kräften bekennten.

Das Zusammenwirken manifestiere sich unter anderem im Bereich von Publikationen, Treffpunkten und Aktivitäten. So habe die Antragsgegnerin das ursprünglich aus dem parteiunabhängigen Rechtsextremismus stammende Projekt der „Regionalboten" übernommen. Das „nationale Begegnungszentrum" in Anklam diene als Treffpunkt von Neonazis und Funktionären der Antragsgegnerin. Z. trete als Anmelderin für neonazistische Veranstaltungen auf und werde umgekehrt von heimischen Neonazis in Stadtvertreterversammlungen unterstützt.

c) Die praktische Umsetzung der aggressiven politischen Strategie der Antragsgegnerin erfolge durch die Verwirklichung eines räumlichen Dominanzanspruchs, der in Teilen Ostdeutschlands konkrete Einschränkungen demokratischen Handelns bewirke.

aa) Die Partei agiere bestimmender, sichtbarer und provokativer in Ländern wie Mecklenburg-Vorpommern oder Sachsen, wo sie über strukturstarke, kommunal verwurzelte Landesverbände verfüge. Abhängig hiervon sei auch der Grad der Verwirklichung ihrer Strategie: Vollständig „national befreite Zonen" im Sinne der Ideologie der Antragsgegnerin gebe es in Deutschland nicht. Die Verwirklichung des räumlichen Dominanzanspruchs der Antragsgegnerin erfolge vielmehr graduell unterschiedlich.

(1) Innerhalb dieser Skala stelle der mecklenburgische Kleinstort Jamel einen Extremfall dar. Das Dorf werde gesellschaftlich fast vollständig – sechs von zehn Anschriften – von Rechtsextremisten beherrscht. Zentrale Figur sei K., der von 2009 bis 2011 für die Antragsgegnerin im Kreistag Nordwestmecklenburg und von November 2010 bis Januar 2011 als Beisitzer im Landesvorstand vertreten gewesen sei. Bei einer Durchsuchung der Wohnräume des K. seien 72 Fotos prominenter Politiker und Personen jüdischen Glaubens aufgefunden worden, die als Zielscheibe gefertigt gewesen seien und teilweise Einschusslöcher von Luftdruckwaffen aufgewiesen hätten.

Die Majorisierung des Ortes Jamel durch Rechtsextremisten finde deutlichen Ausdruck im Dorfbild. Markant sei zum einen ein Holzwegweiser, der unter anderem Richtung und Entfernung nach Braunau am Inn, dem Geburtsort Adolf Hitlers, angebe und der die Stadt Wien mit der von den Nationalsozialisten für Österreich verwendeten Benennung „Ostmark" konnotiere. Dominant sei zum anderen ein Wandgemälde mit dem Schriftzug „Dorfgemeinschaft Jamel frei-sozial-national". Die Dominanz der Rechtsextremisten rufe bei den wenigen sonstigen Bewohnern ein hohes Bedrohungsgefühl hervor.

Ein Ehepaar, das sich als einzige Personen im Ort offen gegen Rechtsextremismus ausspreche und engagiere, sei zahlreichen Einschüchterungsversuchen und Verunglimpfungen ausgesetzt. Bei einem von diesem Ehepaar veranstalteten Musikfestival sei es 2010 zu einer tätlichen Auseinandersetzung gekommen, als ein Mitarbeiter der von K. betriebenen Firma mit den Worten „Ich bin ein Nazi" einem Festivalteilnehmer mehrere Faustschläge versetzt habe. Von einem Gemeindevertreter der Antragsgegnerin sei das Ehepaar mit den Worten bedroht worden: „Sie sollten an mich verkaufen, solange Sie noch können." Die unmittelbar neben dem Wohnhaus des Ehepaars befindliche Scheune sei in der Nacht vom 12. auf den 13. August 2015 in Brand gesetzt worden.

180 (2) Die Antragsgegnerin erhebe auch in anderen Gebieten Ostdeutschlands Dominanzansprüche und unternehme Schritte zu ihrer Realisierung:

181 (a) Der Ort Anklam werde als „national befreite Zone" beansprucht. Ihren Dominanzanspruch manifestiere die Antragsgegnerin nicht nur durch Präsenz und ein nationales Begegnungszentrum, sondern auch durch ihr Handeln: So seien im Zusammenhang mit einer Kundgebung der Antragsgegnerin am 31. Juli 2010 von der Stadt aufgestellte Schilder mit dem Text „Kein Ort für Neonazis" über Nacht entfernt, rund zweihundert Plakate abgehängt, sechs Großaufsteller an den Zufahrtsstraßen zerstört und ein Transparent am Stadttor mit Farbbeuteln beworfen worden. In der Stadt habe sich niemand gefunden, der Anzeige erstattet hätte. Viele Geschäftsleute hätten zuvor Angst gehabt, die Plakate gegen Rechtsextremisten in ihre Schaufenster zu hängen.

182 (b) Ähnliche Dominanzansprüche erhebe die Antragsgegnerin für die Stadt Lübtheen und für deren näheren Umkreis, wobei sie diesen unter anderem durch Immobilienerwerb und den gezielten Zuzug mehrerer führender Funktionäre durchzusetzen suche. Zur Manifestation des Dominanzanspruchs zeige die Antragsgegnerin Präsenz bei örtlichen Veranstaltungen, auch wenn diese gegen Rechtsextremismus gerichtet seien. Im Stadtzentrum werde eine prominente Immobilie von der Antragsgegnerin genutzt, in der sie unter anderem ein Bürgerbüro sowie die Bundesgeschäftsstelle der JN eingerichtet habe. Zudem unternähmen Mitglieder und Anhänger der Antragsgegnerin umfangreiche Anstrengungen zur Verankerung der Partei in der Mitte der Gesellschaft, etwa durch die Beteiligung an der Gründung eines Sportvereins „Sportfreunde Griese Gegend e. V." und die Veranstaltung von Vorträgen und sogenannten Nervendruckseminaren.

183 Der Dominanzanspruch zeige sich gegenüber politischen Gegnern durch aggressive Einschüchterungsversuche. Dazu gehörten das Verfolgen und Fotografieren von Personen, Beschimpfungen und gezielte Kampagnen auf Flugblättern sowie unterschwellige Drohungen. Voll realisieren könne die Antragsgegnerin ihren Dominanzanspruch nicht – auch wegen umfangreicher Aktivitäten einer von der Bürgermeisterin initiierten Bürgerinitiative gegen Rechtsextremismus. Dennoch sei die Antragsgegnerin in Lübtheen nach Einschätzung der Bürgermeisterin „durch ständige Präsenz ein Stück Normalität" geworden. Dies führe zu Ängsten in der Bevölkerung, die demokratisches Handeln beeinträchtigten.

184 (3) Die Realisierung des Dominanzanspruchs der Antragsgegnerin erfolge auch durch reale oder angekündigte physische Präsenz, die gegen Minderheiten und Andersdenkende gerichtet sei. Beispiele hierfür seien Aufrufe zur Bildung von Bürgerwehren sowie der „NPD-Ordnungsdienst":

185 (a) Der „Bürgerwehr"-Gedanke kombiniere mehrere Aspekte, die zur Einschüchterung von Minderheiten und Gegnern beitrügen: Die Antragsgegnerin gebe vor, die Interessen der Mehrheit des Volkes zu wahren und diese zu vertreten; gleichzeitig stelle sie

bestimmte Minderheiten pauschal als Sicherheitsrisiko dar und unternehme konkrete Schritte, um diese einzuschüchtern. Darüber hinaus diffamiere die Antragsgegnerin den Staat, der angeblich seinem Schutzauftrag nicht nachkomme. Dies münde schließlich in die Forderung, die Ordnung des Grundgesetzes revolutionär zu überwinden.

In mehreren – vom Antragsteller im Einzelnen aufgeführten Fällen – hätten führende Vertreter der Antragsgegnerin, teilweise verbunden mit fremdenfeindlicher Agitation, zur Gründung von Bürgerwehren aufgerufen, bestehende Bürgerwehren unterstützt und als einschüchternd empfundene „Bürgerstreifen" und „Patrouillen" durchgeführt.

(b) Die Antragsgegnerin verfüge über einen „Ordnungsdienst", bei dem eine dominante physische Präsenz der Partei im öffentlichen Raum zusammentreffe mit einschüchterndem Vorgehen gegen politische Gegner. Der Ordnungsdienst werde mit mehreren Übergriffen auf Gegendemonstranten – etwa in Lingen und in Aschaffenburg im Jahr 2013 – in Verbindung gebracht.

(4) Die Jugendorganisation der Antragsgegnerin (JN) verbalisiere den territorialen Dominanzanspruch besonders provokativ und offensiv und verlasse dabei den Bereich des rein geistigen Meinungskampfes. Eine Demonstration 2014 in Erfurt habe unter der Losung gestanden „Hol dir deine Stadt zurück! In Erfurt sicher leben!" und sei mit der Forderung beworben worden, „Bandenbildung, Ausbreitung von Modedrogen und spürbare Überfremdung" zu bekämpfen. Der sächsische JN-Landesverband habe im Sommer 2014 unter dem Motto „Weg mit dem Drogendreck" eine auf Jugendliche zugeschnittene Kampagne mit einem „Platzhirsch" als Maskottchen durchgeführt. Dabei hätten die JN den Schulunterricht gestört und Propagandamaterial verteilt. Begleitend zu dieser Kampagne hätten sie eine Publikation mit einer Auflage von 10.000 Stück unter dem Titel „Platzhirsch – Der Schülersprecher" an Jugendliche verteilt und im Internet zum Download angeboten. Darin sei vor massiver Überfremdung durch Masseneinwanderung, dem besonders invasorischen Islam und einem falschen Schuldkomplex gewarnt worden.

bb) Über das allgemeine Dominanzstreben hinaus sei die Antragsgegnerin für konkrete Einschüchterungen von politischen Verantwortungsträgern verantwortlich: Das Spektrum der Aktivitäten reiche von persönlichen Bedrohungen politischer Gegner und Störungen von deren Aktivitäten bis hin zu tätlichen Angriffen. Dabei wolle die Antragsgegnerin durch im Privaten spürbaren physischen und vor allem psychischen Druck politische Gegner von der Ausübung öffentlicher Aktivitäten abhalten oder diese jedenfalls sanktionieren. Eine Liste solcher Einschüchterungsversuche durch die Antragsgegnerin und andere rechtsextremistische Gruppierungen habe die Psychologin Anette Hiemisch zusammengestellt.

(1) In der Bandbreite der Einschüchterungsmaßnahmen stellten Angriffe auf Wahlkreisbüros noch die „relativ schwächste" Form dar; auch lasse sich hier eine unmittelbare Täterschaft der Antragsgegnerin schlechter nachweisen als in anderen Beispielen. Jedoch sei belegbar, dass die Antragsgegnerin solche Anschläge gutheiße und dazu motiviere.

191 So sei 2010 auf der rechtsextremistischen Internetseite „mupinfo" ein Artikel unter der Überschrift „Demokraten gibt es auch in Deiner Stadt" veröffentlicht worden, der Bezug auf vorausgegangene „Anschläge auf Bürgerbüros der SPD" genommen habe. Daran anknüpfend sei dazu aufgerufen worden, bei den örtlichen Bürgerbüros vorbeizuschauen und „brutalstmögliche Hilfestellung bei der Aufklärung der Fälle zu leisten". Abschließend habe der Artikel eine Auflistung sämtlicher Bürgerbüros der CDU-, FDP- und SPD-Fraktionen sowie der Partei DIE LINKE mit den Namen der Abgeordneten und den vollständigen Büroanschriften enthalten. Auffallend sei eine damit zeitlich zusammenfallende, enorme Häufung von Angriffen auf Wahlkreisbüros in Mecklenburg-Vorpommern in den Jahren 2010 und 2011. Regelmäßig sei über einen längeren Zeitraum auf „mupinfo" wohlwollend über Angriffe auf Bürgerbüros berichtet worden.

192 (2) Am 5. Dezember 2010 habe sich eine Gruppe von zwölf Aktivisten um den Landtagsabgeordneten David Petereit vor dem Haus des ehrenamtlichen Bürgermeisters von Lalendorf (Mecklenburg-Vorpommern) versammelt, nachdem sich dieser geweigert gehabt habe, einer rechtsextremistischen Familie die Patenurkunde des Bundespräsidenten zur Geburt des siebten Kindes zu überreichen. Mehrere Beteiligte hätten das Grundstück ohne Einverständnis des Hausrechtsinhabers betreten. Die Rechtsextremisten hätten Flugblätter mit dem Inhalt verteilt, dass der Bürgermeister mit einem „Stalinorden für Demokratieerhalt" durch das „Ministerium für Gemeindesicherheit Lalendorf" zu belohnen sei. Fünf der in Lalendorf beteiligten Rechtsextremisten, darunter das frühere NPD-Kreistagsmitglied S., hätten wegen Verdachts des Hausfriedensbruchs vor Gericht gestanden. Die Ehefrau des Lalendorfer Bürgermeisters habe sich während und nach der Aktion erheblich bedroht gefühlt.

193 (3) Die Bedrängung und Einschüchterung von Lokalpolitikern sowie die Behinderung ihrer Aktivitäten seien sowohl erklärtes Ziel als auch tatsächlicher Inhalt der Kampagne „Den Feind erkennen – den Feind benennen", die der NPD-Kreisverband Berlin-Pankow am 21. Januar 2015 ausgerufen habe. Erstes konkretes Ziel dieser Kampagne sei der Pankower Bezirksbürgermeister K. gewesen. Parallel zu einer seiner Sprechstunden hätten zunächst circa zehn Rechtsextremisten eine vom Pankower NPD-Kreisvorsitzenden S. angemeldete Kundgebung durchgeführt, bevor sich zwei Teilnehmer Zugang zur Sprechstunde verschafft hätten. Die eigene Darstellung der Ereignisse durch den Kreisverband Berlin-Pankow dokumentiere die Einschüchterung des Bürgermeisters.

194 (4) In Schneeberg (Sachsen) seien am 12. Oktober 2013 nach einer Kundgebung gegen die geplante Unterbringung von Asylbewerbern, auf der der Kreisvorsitzende der Antragsgegnerin H. (Erzgebirgskreis) gesprochen habe, 30 bis 50 Veranstaltungsteilnehmer vor das Privathaus des damaligen Bürgermeisters gezogen. Dieser habe die Situation als unangenehm und bedrohlich empfunden. Auch die zu dieser Zeit anwesenden Nachbarn seien entsetzt und verängstigt gewesen.

195 (5) In Schöneiche bei Berlin (Brandenburg) hätten Anhänger der Antragsgegnerin in den Jahren 2007 bis 2009 das Sukkot-Fest, das Chanukka-Fest und wiederum das Sukkot-Fest in der Kulturgießerei von Schöneiche gestört. Dabei sei unter anderem sinngemäß der Ausspruch getätigt worden: „Da sitzen also alle, die beim Vergasen vergessen wurden."

Wenige Tage nach der letzten Störung sei es zu einer Bedrohung des Bürgermeisters J. durch drei vermummte Personen auf seinem privaten Grundstück gekommen, die gegen 23:40 Uhr bei ihm zu Hause geklingelt und ihn unter anderem mit den Worten beschimpft hätten: „Da ist ja der Volksfeind!" und „Dir werden wir es zeigen!". 196

Beim Heimatfest von Schöneiche am 14. Juni 2009 seien schließlich zwei Männer aus einer Gruppe um den Ortsverbandsvorsitzenden der Antragsgegnerin S. bedrohlich gegenüber dem Bürgermeister aufgetreten und hätten aggressiv auf diesen eingeredet. Erst eine Polizeistreife habe die Situation beendet und die Personen zur Wache mitgenommen. 197

(6) Im Landtagswahlkampf 2009 habe die Antragsgegnerin eine rassistische und bedrohlich wirkende Kampagne gegen S., einen in der CDU engagierten Lokalpolitiker in Thüringen, geführt, der auf einem Wahlplakat der CDU zu sehen gewesen sei. Er sei wegen seiner Hautfarbe und seiner Herkunft aus Angola als „CDU-Quotenneger" bezeichnet worden und verbalen Angriffen der Antragsgegnerin ausgesetzt gewesen, die den Straftatbestand der Beleidigung erfüllt hätten. In einem Internetbeitrag der NPD Thüringen sei angekündigt worden, S. persönlich aufsuchen und dazu animieren zu wollen, in seiner Heimat Angola mit den hier eingezahlten Sozialversicherungsbeiträgen ein neues Leben zu beginnen. 198

(7) Eine fortlaufende Bedrohungslage habe sich seit 2013 für eine Stadtvertreterin und gleichzeitiges Kreistagsmitglied der Partei DIE LINKE in Güstrow (Mecklenburg-Vorpommern) entwickelt, die Leiterin einer soziokulturellen Begegnungsstätte sei und sich engagiert gegen Rechtsextremismus einsetze. 199

Aussagekräftig für die Einschüchterungstaktik sei ein Vorfall, bei dem sie mit Reportern des Magazins „Stern" in einem Lokal in Güstrow gesprochen und der Funktionär der Antragsgegnerin M. sie von außen entdeckt habe. Nachdem sie M. und dessen – offenbar herbeigerufene – Gruppe weggeschickt hatte, habe ihre 15-jährige Tochter angerufen und von Nazis vor dem Haus der Familie berichtet. Als die Polizei gekommen sei, sei die Tür zu dem Mehrfamilienhaus aufgebrochen gewesen, die Täter seien geflüchtet und auf den Briefkästen hätten Nazi-Aufkleber geklebt. Weiterhin berichte die Stadtvertreterin von regelmäßigen Sachbeschädigungen, Drohbriefen, persönlichen Ansprachen, Verleumdungskampagnen und Verfolgung – vor allem auch im Internet – sowie Präsenz von Rechtsextremisten vor ihrer Wohnung. Auf der rechtsextremistischen Internetseite „Der Staatsstreich" werde sie als „Güstrower Asyl-Mutti" bezeichnet. Auch auf der Facebook-Seite der rechtsextremistischen Initiative „Güstrow wehrt sich gegen Asylmissbrauch" sei herablassend über sie berichtet worden. Die örtliche Polizei habe aufgrund der Bedrohungslage eine Schutzmaßnahme angeordnet. 200

(8) Neben Drohungen gehöre auch Gewalt gegen politische Gegner zu den Mitteln der Antragsgegnerin: Am 3. Mai 2012 sei G., der dem NPD-Landesvorstand Mecklenburg-Vorpommern angehört habe und als Geschäftsführer der NPD-Fraktion im Landtag Mecklenburg-Vorpommern beschäftigt sei, vom Landgericht Rostock wegen Landfriedensbruchs in Tateinheit mit gefährlicher Körperverletzung zu einer Freiheitsstrafe von einem Jahr und zehn Monaten mit Bewährung verurteilt worden. G. habe in Pölchow Personen, die in einem Zug auf dem Weg zu einer Gegendemonstration gegen 201

eine Veranstaltung der Antragsgegnerin in Rostock gewesen seien, aber auch Unbeteiligte angegriffen.

202 (9) Die persönlichen Aktionen gegen politische Gegner umfassten schließlich auch Angriffe auf Menschen mit anderer politischer Gesinnung, ohne dass diese dazu konkreten Anlass gegeben hätten:

203 In der Nacht zum 15. August 2013 hätten Bewohner eines alternativen Wohnprojekts in Greifswald über Notruf gemeldet, eine Gruppe von fünfzehn bis zwanzig schwarz gekleideten und vermummten Personen stehe – mit Stöcken bewaffnet – vor der Eingangstür und rufe „Kommt raus, kommt raus!". Zwei Scheiben der Tür seien zerstört worden, danach habe sich die Gruppe mit Fahrzeugen in unbekannte Richtungen entfernt. Zu den Tätern habe unter anderem der damalige Usedomer Stadtvertreter der Antragsgegnerin O. gehört, den das Amtsgericht Greifswald aufgrund dieses Vorfalls wegen Sachbeschädigung in Tateinheit mit versuchter Nötigung verurteilt habe.

204 (10) Teil der Strategie der Antragsgegnerin sei es schließlich, durch offensiv-aggressives Auftreten, Störungen oder sogar tätliche Angriffe bei Veranstaltungen des politischen Gegners mediale Aufmerksamkeit zu erzielen. Dabei werde auch die Begehung von Straftaten in Kauf genommen.

205 Beispiel für ein solches Vorgehen sei ein Angriff von JN-Funktionären auf eine DGB-Kundgebung am 1. Mai 2015 in Weimar. Dort hätten rund vierzig Rechtsextremisten – darunter etliche Aktivisten der sächsischen JN – zunächst versucht, die Veranstaltung mittels einer provokativen „Wortergreifung" agitatorisch zu vereinnahmen. Sodann hätten sich die Rechtsextremisten rasch und gezielt auf das Rednerpult zubewegt und dem Redner, dem Bundestagabgeordneten Carsten Schneider (SPD), das Mikrofon entrissen. Einem weiteren Politiker solle ein Holzstiel in den Magen gestoßen und mit der Faust ins Gesicht geschlagen worden sein. Eintreffende Polizeibeamte hätten 27 Störer vorläufig festgenommen, darunter die JN-Funktionäre G., H. und R. Der Bundespressesprecher der Antragsgegnerin Klaus Beier habe den Vorfall in Weimar banalisiert und ihn als „legitime Protestaktion gegen den globalen Kapitalismus" dargestellt. Der JN-Bundesvorsitzende Sebastian Richter habe unter der Überschrift „Solidarität ist eine Waffe!" klargestellt, „geschlossen hinter den JN-Aktivisten" zu stehen, „welche in Weimar für ihr Recht auf die Straße gegangen sind".

206 (11) Bei einer Informationsveranstaltung über die anstehende Unterbringung von Asylbewerbern in Goldbach nahe Aschaffenburg am 6. Juli 2015 sei es zu massiven Störungen durch die örtliche NPD gekommen. Die NPD-Vertreter hätten von Beginn an mit Zwischenrufen, dem Entrollen eines Banners mit der Aufschrift „Schluß mit der ‚Flüchtlings'-Lüge. Goldbach sagt Nein!" und dem Werfen von Flyern mit dem Slogan „Asylbetrug macht uns arm!" gestört. Als die übrigen Versammlungsteilnehmer die Aktivisten der Antragsgegnerin zum Verlassen des Saals hätten bewegen wollen, habe der Vorsitzende des Kreisverbands Aschaffenburg der Antragsgegnerin S. einen ihn hinausdrängenden Teilnehmer unvermittelt mit der Faust ins Gesicht geschlagen.

207 (12) Am 5. März 2015 habe der ehrenamtliche Ortsbürgermeister von Tröglitz sein Amt mit der Begründung aufgegeben, ein genehmigter Demonstrationszug zu seinem Pri-

vathaus sei als Bedrohung für seine von behördlicher Seite nicht ausreichend geschützte Familie zu sehen.

Der Antragsgegnerin sei es zuvor in Tröglitz gelungen, den sich seit Anfang 2015 formierenden Widerstand gegen die Unterbringung von Asylbewerbern zu forcieren. Im Zeitraum vom 4. Januar bis 15. März 2015 hätten wöchentlich Kundgebungen gegen die geplante Asylbewerberunterkunft mit 70 bis 200 Teilnehmern stattgefunden, die jeweils durch den Funktionär der Antragsgegnerin T. angemeldet worden seien. Unter den Anwesenden hätten sich bei diesen sogenannten „Abendspaziergängen" auch Angehörige der rechtsextremistischen Kameradschaftsszene befunden.

Der Rücktritt des Ortsbürgermeisters sei von der Antragsgegnerin in Sachsen-Anhalt zunächst uneingeschränkt als Erfolg bewertet worden. In den darauf folgenden öffentlichen Stellungnahmen habe die Antragsgegnerin den Rücktritt zusehends vorsichtiger kommentiert. Der Bundesvorsitzende Franz habe in Bezug auf die Medienschlagzeile „NPD jagt CDU-Bürgermeister aus dem Amt – weil er sich für Flüchtlinge engagierte" geäußert: „Die Presse verdreht zwar die Tatsachen total, aber solche Titel könnte es öfter geben."

cc) Einschüchterungen und Drohungen durch die Antragsgegnerin erfolgten auch gegenüber gesellschaftlichen Minderheiten. Die bedrohlichen Aktivitäten der Antragsgegnerin richteten sich zum einen gegen ethnische Minderheiten – insbesondere gegen Asylbewerber. Zum anderen führe die Ethnisierung religiöser Fragen dazu, dass die Antragsgegnerin einzelnen Glaubensgemeinschaften in toto eine Existenzberechtigung in Deutschland abspreche.

(1) Dass die Vertreter der Antragsgegnerin ihre Drohungen auch unmittelbar gegenüber Einzelpersonen aussprächen, belege ein ZDF-Interview des späteren stellvertretenden Bundesvorsitzenden der Antragsgegnerin Ronny Zasowk, in dem dieser der in Deutschland geborenen Moderatorin, einer deutschen Staatsangehörigen, aufgrund ihrer ethnischen Herkunft das Bleiberecht in Deutschland abgesprochen habe. Gleiches gelte für das Verhalten des Kreisvorsitzenden der Antragsgegnerin G., der eine aus Kenia stammende Frau als „Nigger", „Negerschlampe" und „Unrat" bezeichnet habe und deswegen zu einer Freiheitsstrafe von vier Monaten verurteilt worden sei.

(2) Ihren Antisemitismus bringe die Antragsgegnerin teilweise subtiler zum Ausdruck als ihren Hass gegenüber anderen Minderheiten. Dieser münde aber ebenfalls in konkrete Aktionen, die einschüchternd oder bedrohend wirkten. Neben den Vorgängen in Schöneiche und provokanten Aktionen vor jüdischen Einrichtungen könnten beispielhaft Vorfälle in Mecklenburg-Vorpommern genannt werden, die von Anhängern der Antragsgegnerin begangen beziehungsweise von dieser gutgeheißen worden seien: In Demmin hätten am 19. August 2010 vier Personen die Stelle besprüht, an der in der darauf folgenden Woche „Stolpersteine" zur Erinnerung an die hier einst wohnenden jüdischen Mitbürger hätten verlegt werden sollen. An eine Gebäudewand seien in roter Farbe ein Judenstern und die Worte „Hess statt Davidsstern und jedem das seine" gesprüht worden. Fünf Personen seien vorläufig festgenommen, die Tatmittel und Plakate sichergestellt worden. Ein Tatverdächtiger habe in seiner Vernehmung angegeben, seit 2006 Mitglied der Antragsgegnerin zu sein. Bei den Durchsuchungen seien unter an-

derem die NPD-Schulhof-CD von 2006 sowie verschiedene NPD-Flugblätter und das Mitteilungsblatt der NPD-Landtagsfraktion „Der Ordnungsruf" aufgefunden worden.

213 Am 20. August 2010 hätten unbekannte Täter in der Innenstadt von Ueckermünde vier „Stolpersteine" mit schwarzer Farbe beschmiert, weiterhin seien circa 100 Plakate mit dem Inhalt geklebt worden: „Rudolf Hess – Im Alter von 93 Jahren in Berlin ermordet. Trotz §130 Mord bleibt Mord! freies-pommern.de – Pommern im Herzen – Deutschland im Sinn!".

214 Die JN hätten den Gaza-Krieg im Sommer 2014 zum Vorwand genommen, um im Stil des nationalsozialistischen „Judenboykotts" auf Facebook einen Boykottaufruf für israelische Waren zu veröffentlichen.

215 (3) Die Antragsgegnerin fordere den vollständigen Rückzug des Islam beziehungsweise hier lebender Muslime aus Europa. Exklusion und Aufrufe zu entsprechendem Tätigwerden fänden sich bundesweit bei sämtlichen Parteigliederungen. In besonders aggressiver Weise werde auf der Facebook-Seite des bayerischen Landesverbands zur Bekämpfung des Islam aufgerufen, auf der von einem „Kampf für euer Leben" und einem „neuen Kreuzzug" die Rede sei.

216 Kampfaufrufe blieben nicht auf der rhetorischen Ebene, sondern mündeten in konkrete Aktionen. Beispielhaft sei ein Aufruf zu einer Demonstration am 17. August 2013 unter dem Motto „Maria statt Scharia! Islamisierung und Überfremdung stoppen" gegen die Moschee in Leipzig-Gohlis zu nennen. Die Demonstration habe vor der Moschee stattgefunden, so dass die unmittelbare physische Präsenz für die Betroffenen wahrnehmbar gewesen sei. Ähnlich aggressiv sei eine Aktion von Mitgliedern der Antragsgegnerin und der JN am 20. August 2014 auf dem Baugrundstück der Moschee in Leipzig im Rahmen einer nicht angemeldeten öffentlichen Versammlung gewesen.

217 (4) In den Jahren 2013 und 2014 habe die Antragsgegnerin bei Wahlkämpfen auf Europa-, Bundes- und Landesebene ein Plakat mit dem antiziganistischen Motto „Geld für die Oma statt für Sinti und Roma" eingesetzt. Für das Parteiverbotsverfahren bedeutsam seien nicht die Strafbarkeit der Aussage, sondern die Ängste, die nach Auskunft des Zentralrats Deutscher Sinti und Roma solche diffamierenden Äußerungen durch die Antragsgegnerin bei Sinti- und Roma-Familien hervorriefen.

218 dd) Durch die dargestellten Einschüchterungen, Bedrohungen und Angriffe entstünden Ängste und Hemmungen, sich öffentlich gegen Rechtsextremismus zu engagieren. Die dauerhafte kommunale Präsenz und das „Kümmerer-Image" der Antragsgegnerin bewirkten eine gesteigerte Akzeptanz rechtsextremistischer, demokratiefeindlicher Ansichten in der Gesellschaft und die Furcht vor einer sozialen Stigmatisierung als „Nestbeschmutzer" im Falle kritischer Auseinandersetzung mit diesen Ansichten. Diejenigen, die sich dennoch politisch engagierten, müssten nicht selten negative Folgen in ihrem Privatbereich in Kauf nehmen. Dies führe in Einzelfällen sogar zur Beendigung des politischen und sozialen Engagements.

219 (1) Strategie und Aktivitäten der Antragsgegnerin führten dazu, dass die gesellschaftliche Präsenz verfassungsfeindlicher rechtsextremistischer Ansichten in einigen Gegenden Ostdeutschlands als Normalität angesehen werde.

Insbesondere dem Landesverband Mecklenburg-Vorpommern gelinge „seit Jahren eine bürgerliche Verankerung in weiten Räumen des Landes". Die Antragsgegnerin habe sich dort „im vorpolitischen Raum festgebissen". Sozialwissenschaftliche Mikrostudien hätten dies für einzelne Regionen belegt. Die örtliche Verankerung der Antragsgegnerin in der Gesellschaft zeigten auch Ergebnisse der Kommunalwahlen 2014. Trotz eines landesweiten Rückgangs im Vergleich zu 2011 habe die Antragsgegnerin – bezogen auf die Kreistagswahlen – in mehreren Gegenden erneut hohe, teilweise zweistellige Wahlergebnisse erreicht. Gleiches gelte für die Sächsische Schweiz.

(2) Die Akzeptanz der Antragsgegnerin in der Mitte der Gesellschaft verbinde sich insbesondere in ländlichen Gebieten mit den „Früchten" des „Kümmerer-Images" und erzeuge so bei Bürgern Hemmungen, sich gegen Rechtsextremismus zu positionieren. In der Gemeinde Bargischow sei ein Kandidat im Kommunalwahlkampf 2009 gegen Rechtsextremismus eingetreten, woraufhin er Schmähschriften erhalten, aber keine Solidarisierung erfahren habe.

(3) Noch gravierender seien Beeinträchtigungen demokratischer Prozesse durch die Furcht vor Gewalt, Drohungen oder sonstigen Nachteilen, die beispielhaft für Regionen in Mecklenburg-Vorpommern belegt werden könnten. Weite Teile der Gesellschaft seien durch die Aktivitäten der Antragsgegnerin und anderer rechtsextremistischer Gruppierungen eingeschüchtert. Solche Ängste bezögen sich zumindest auch auf das Handeln der Antragsgegnerin. Ihre Aktivitäten trügen jedenfalls entscheidend dazu bei, das beschriebene Klima hervorzurufen.

(4) Wenn politisches oder soziales Handeln Bedrohungsgefühle sowie Ängste um die eigene Sicherheit zur Folge habe, sei dies schon für sich eine Beeinträchtigung des demokratischen Prozesses und damit eine Gefahr für die Demokratie. Denn Demokratie sei nicht erst dann beeinträchtigt, wenn demokratische Akteure vollkommen davon absähen, ihre Rechte wahrzunehmen. Es genüge bereits, wenn Engagierten durch ihre politische Tätigkeit Nachteile für ihre Lebensführung durch Mittel drohten, die nicht zum geistigen Meinungskampf gehörten und diesem fremd seien. Solche Einflüsse schädigten den in einer Demokratie notwendigen freien Diskurs.

Die sozialen Mechanismen wirkten in besonderem Maße zulasten von ethnischen und religiösen Minderheiten. Für diese werde ein Klima der Angst ausgelöst durch das Zusammenwirken der aggressiven Rhetorik mit der gesellschaftlichen Akzeptanz der Antragsgegnerin in Teilen Ostdeutschlands und mit der durch Erfahrung begründeten Kenntnis innerhalb dieser Minderheiten, dass die Antragsgegnerin sowohl selbst zu aggressiven Aktionen, Bedrohungen und sogar Angriffen bereit sei, als auch über ein Netzwerk verfüge, zu dem gewaltbereite Personen gehörten. Konkrete Ängste würden von den Betroffenen selbst bestätigt. Diese Ängste seien der Antragsgegnerin zuzurechnen.

2. Hinsichtlich der im Berichterstatterschreiben vom 19. März 2015 angesprochenen Frage aggressiven Vorgehens gegen Asylbewerber und Flüchtlinge hat der Antragsteller ausgeführt, dass dieses seit Mitte 2013 sowohl inhaltlich als auch quantitativ ein Schwerpunkt der Tätigkeiten der Antragsgegnerin gewesen sei.

III. Verkündung und Urteil

26 a) Das Maß an Aggressivität der Antragsgegnerin gegen Asylbewerber lasse sich allerdings schwerlich in Zahlen fassen. Es erschließe sich vollständig nur bei Betrachtung der menschenverachtenden Ideologie und der darauf basierenden diffamierenden und hetzerischen Rhetorik, die bestimmten Personen die Menschenwürde abspreche. Auch lasse sich die Aggressivität nicht alleine an der Anzahl der Demonstrationen erkennen, weil diese nur einen Ausschnitt der Agitation gegen Asylbewerber darstellten. Hinzu kämen neben parteiinternen Veranstaltungen auch in die Öffentlichkeit wirkende Agitationsformen, wie etwa „Kontrollbesuche" von Asylunterkünften.

27 Seit 2013 ließen sich konstant hohe Zahlen von Demonstrationsveranstaltungen nachweisen, die auf das Thema Asyl Bezug nähmen und von der Antragsgegnerin angemeldet worden seien. Allein im Jahr 2014 habe bei fast der Hälfte der bundesweit von der Antragsgegnerin angemeldeten 123 Kundgebungen und Demonstrationen der thematische Schwerpunkt im Bereich „Asyl" gelegen. Nicht berücksichtigt sei dabei eine Vielzahl von Kundgebungen mit einer Teilnehmerzahl von weniger als 20 Personen.

28 Die von der Antragsgegnerin organisierten Demonstrationen reichten thematisch von der schlichten Ablehnung von Asylbewerberunterkünften bis zu Warnungen vor einer vermeintlichen völkischen und kulturellen Überfremdung durch Asylbewerber, welche den Fortbestand des deutschen Volkes und seiner Kultur bedrohe. Bereits in vielen Veranstaltungseinladungen komme die diffamierende Haltung der Antragsgegnerin gegenüber Flüchtlingen zum Ausdruck, die pauschal als „Scheinasylanten" und „Wirtschaftsflüchtlinge" verunglimpft würden. Oftmals knüpften die Veranstaltungen auch an angeblich steigende Kriminalitätsraten – insbesondere im Bereich der Gewalt- und Drogendelikte – im Umfeld von Asylunterkünften an.

29 b) Die Agitation gegen Asylbewerber habe für die Antragsgegnerin zwei Funktionen: Zum einen wolle sie auf diese Weise Schritte zur Verwirklichung der rassistisch definierten „Volksgemeinschaft" gehen. Zum anderen wolle sie an angebliche oder tatsächlich vorhandene Alltagssorgen anknüpfen und sich dadurch in der gesellschaftlichen Mitte etablieren. Die Antragsgegnerin versuche vorsichtig, aber zugleich zielstrebig, bürgerliche Proteste mit ihrem rassistischen Denken zu infiltrieren. Innerhalb der Partei und gegenüber eigenen Anhängern würden hingegen die eigentliche Motivation, das wahre Ziel (die rassistisch definierte „Volksgemeinschaft") und der Wille, dieses revolutionär zu verwirklichen, deutlich artikuliert.

30 Der exkludierende Inhalt, die große Anzahl der Veranstaltungen und die Aggressivität der Veranstaltungsformen führten bei den betroffenen Asylbewerbern zwangsläufig zu einem Gefühl des Bedrohtseins. Dies sei von der Antragsgegnerin auch bezweckt, da sie ein gesellschaftliches Klima herstellen wolle, in dem ethnischen Minderheiten ihre demokratischen Rechte abgesprochen würden. Seit Beginn der aggressiven Aktivitäten gegen Asylbewerber habe sich die Anzahl der Übergriffe gegen Asylbewerberunterkünfte vervielfacht.

31 c) Obwohl sich die Antragsgegnerin in der Öffentlichkeit eine strategische Zurückhaltung auferlegt habe, kämen die ideologische Motivation und die Ziele der Agitation gegen Asylbewerber in einer Vielzahl von (überwiegend an eigene Anhänger gerichteten) Äußerungen zum Ausdruck.

aa) Die rassistisch motivierte Fremdenfeindlichkeit zeige sich, wenn in Bezug auf Asylbewerber Begriffe wie „entartete Menschen", „Negerbande", „lautstarke und alkoholisierte Asyl-Neger", „Scheinasylanten", „Asyl-Betrüger", „Moslem-Extremisten" oder „kriminelle Ausländer" verwendet würden. Die rassistische, ehrverletzende und menschenverachtende Ideologie drücke die Antragsgegnerin auch auf Facebook-Profilen ihrer jeweiligen Organisationseinheiten aus. So habe die bayerische NPD in einem Facebook-Eintrag vom 10. Mai 2015 deutsche Frauen vor einer Beziehung mit farbigen Migranten gewarnt und dabei an nationalsozialistische Terminologien angeknüpft. Auch habe sie pauschal behauptet, von Flüchtlingen gehe ein Gesundheitsrisiko für Deutsche aus.

bb) Die Antragsgegnerin mache auch deutlich, welches politische Ziel aus dieser menschenverachtenden Ideologie resultiere: die Exklusion ethnischer Minderheiten, die gegebenenfalls auch zwangsweise durch Gewalt umgesetzt werden solle. Dies reiche bis zu einer Gutheißung der Tötung von Flüchtlingen. Dabei überschneide sich die Agitation gegen Asylbewerber und Muslime häufig.

Ziel der Antragsgegnerin sei es, Asylbewerbern ihre angeblich fehlende Zugehörigkeit zur „Volksgemeinschaft" deutlich zu machen und sie dadurch einzuschüchtern. So rufe etwa die NPD Bayern dazu auf, den pauschal als „Sozialschmarotzer" verunglimpften Asylbewerbern eindringlich zu verdeutlichen, in Deutschland nicht willkommen zu sein. Zudem solle Druck auf Politiker ausgeübt werden: So habe der Kreisverband Unna/Hamm in einem Facebook-Eintrag nicht nur jede Verpflichtung Deutschlands zur Aufnahme von Flüchtlingen drastisch zurückgewiesen, sondern politischen Verantwortungsträgern, die sich in diesem Sinne engagierten, nach einem Machtwechsel drastische Strafen angedroht.

d) Das aggressive Vorgehen der Antragsgegnerin zeige sich anhand beispielhafter Aktivitäten in Sachsen:

aa) Eine Demonstration der Antragsgegnerin in Dresden am 24. Juli 2015 unter dem Motto „Asylflut stoppen – Nein zur Zeltstadt auf der Bremer Straße" habe sich gegen ein vom Deutschen Roten Kreuz (DRK) und Technischen Hilfswerk (THW) aufgebautes Zeltlager in einem Dresdner Gewerbegebiet gerichtet. Die Antragsgegnerin habe aufgrund ihrer regional starken Stellung und guter Organisation 200 Anhänger mobilisieren können. Die Veranstaltung habe nicht nur den örtlichen Protest gegen Migranten erheblich angefacht, sondern auch eine Atmosphäre der Bedrohung bis hin zur Anwendung von Gewalt gefördert: So sei es im Nachgang zur Demonstration zu gewaltsamen Auseinandersetzungen gekommen, in deren Folge drei Gegendemonstranten verletzt worden seien. Nach Polizeiangaben seien die Gewalttaten von Teilnehmern der Kundgebung ausgegangen.

Die Auseinandersetzungen um die Zeltunterkunft in Dresden-Friedrichstadt hätten sich in den Folgetagen fortgesetzt und zu einer Attacke von rund 20 Rechtsextremisten auf 15 Asylbefürworter geführt. Beim Aufbau der Zeltstadt sei es zudem zu Angriffen auf Mitarbeiter des DRK durch Asylgegner gekommen.

bb) In Schneeberg habe der Kreisvorsitzende der Antragsgegnerin eine Protestbewegung gegen die Einrichtung einer Asylbewerberunterkunft initiiert, die in der Folgezeit eine beträchtliche, weit über das rechtsextremistische Spektrum hinausreichende Resonanz gefunden habe. Unter dem Label „Schneeberg wehrt sich" habe er Anhänger gesammelt und von Oktober 2013 bis Januar 2014 vier sogenannte „Lichtelläufe" in Form von Fackelumzügen organisiert. Durch die Vermeidung eines offenen Parteibezugs und den volkstümlichen Anstrich der Veranstaltung sei ein hoher Mobilisierungserfolg erzielt worden. An den Veranstaltungen hätten sich bis zu 1.800 Personen beteiligt. Bereits vor dem ersten „Lichtellauf" sei es im Nachgang einer Kundgebung zu dem beschriebenen Vorfall gegenüber dem dortigen Bürgermeister gekommen.

39 cc) In Leipzig hätten sich 2013 die fremdenfeindlichen Proteste der Antragsgegnerin auf die Agitation gegen einen Moscheeneubau im Stadtteil Gohlis und gegen die Einrichtung einer Asylunterkunft im Stadtteil Schönefeld konzentriert. Den Protest gegen diese Asylunterkunft habe die Antragsgegnerin zu instrumentalisieren und organisatorisch an sich zu ziehen versucht.

40 In den Orten Rötha und Borna ließen sich ebenfalls starke NPD-Bezüge von zwei Bürgerinitiativen nachweisen, die gegen die Aufnahme von Asylbewerbern gerichtet seien. An der Demonstration der Bürgerinitiative „Rötha wehrt sich" am 14. November 2013 hätten Funktionäre der Antragsgegnerin nicht nur teilgenommen, sondern seien auch als Redner aufgetreten.

41 dd) In Bautzen habe die Nutzung des dortigen Spreehotels als Flüchtlingsheim im Fokus der Anti-Asyl-Agitation der Antragsgegnerin gestanden. Dabei sei deutlich geworden, dass die Antragsgegnerin versuche, von ihr organisierte Proteste zur Einschüchterung von politischen Akteuren und Privatpersonen zu nutzen. Die Einrichtung sei durch eine Delegation besucht, mehrere Mahnwachen vor der Unterkunft durchgeführt und aggressiv wirkende Aufmärsche organisiert worden, für die bis zu 700 Teilnehmer hätten mobilisiert werden können.

42 ee)(1) Im Raum Sächsische Schweiz wende die Antragsgegnerin die von der Parteiführung geforderte taktisch-strategische Variabilität in besonderem Maße an. Sie habe seit Ende 2014/Anfang 2015 in mehreren Städten des Landkreises Demonstrationen gegen Asylbewerberunterkünfte organisiert. Dabei sei sie offen als NPD in Erscheinung getreten, habe als „Initiative Nein zum Heim" agiert oder mit einer weiteren Initiative namens „Demokratischer Aufbruch Sächsische Schweiz" (DASS) kooperiert. Angehörige der Antragsgegnerin seien als Anmelder und Redner bei eigenen und von Dritten organisierten Demonstrationen aufgetreten.

43 (2) Am 21. August 2015 sei es in Heidenau zu Vorfällen gekommen, die für die Inkaufnahme von Gewalt, Einschüchterungen von Minderheiten sowie für die Nutzung von im politischen Diskurs unzulässigen Mitteln beispielhaft seien. Der Stadtrat der Antragsgegnerin R. habe gegen Pläne, einen leerstehenden Baumarkt als Asylunterkunft zu nutzen, Kundgebungen organisiert. Zu einer zentralen Protestveranstaltung am 21. August 2015 seien rund 1.100 Teilnehmer erschienen, die teilweise dem rechtsextremen Spektrum zuzurechnen gewesen seien. Der Demonstrationszug sei auch am Wohnhaus des Bürgermeisters vorbeigezogen, wo eine Zwischenkundgebung stattgefunden habe und dieser als „Volksverräter" beschimpft worden sei. Innerhalb des von R. geleiteten Aufzugs seien schließlich Zettel mit der Information verteilt worden, sich eine halbe

Stunde nach Versammlungsende in Kleingruppen in Richtung Erstaufnahmeeinrichtung zu begeben, um eine Blockade durchzuführen.

Tatsächlich seien nach Ende des Aufzugs bereits rund 600 Demonstrationsteilnehmer in die Nähe des ehemaligen Baumarkts gelangt, wobei 30 Personen versucht hätten, die Durchfahrt zur Asylbewerberunterkunft zu blockieren. Im weiteren Verlauf sei es zu Angriffen auf Polizeieinsatzkräfte durch das Werfen von Steinen, Pyrotechnik und Flaschen gekommen. Infolgedessen seien insgesamt 31 Polizeibeamte verletzt worden, darunter einer schwer. Die Busse, die die Asylbewerber zur Unterkunft bringen sollten, hätten aufgrund der Sicherheitslage teilweise zu anderen Erstaufnahmeeinrichtungen umgeleitet werden müssen. Auch am Folgetag beziehungsweise in der Folgenacht sei es zu gewaltsamen Protesten von Rechtsextremisten gegen die Asylunterkunft und Angriffen auf die Polizei gekommen.

e) In Mecklenburg-Vorpommern dominiere der Landesverband der Antragsgegnerin das gegen Asylbewerber gerichtete rechtsextremistische Veranstaltungsgeschehen.

aa) In Güstrow hätten bei Demonstrationen, Fackelmärschen und Mahnwachen bekannte Funktionäre, Mitglieder und Anhänger der Antragsgegnerin entweder als Organisatoren oder als Teilnehmer mitgewirkt. Eine Demonstration am 23. März 2013 gegen eine geplante Asylunterkunft habe unter dem Motto „Einmal Deutschland und zurück – Schluß mit der volksfeindlichen Willkommenskultur" gestanden. Die Teilnehmerzahl habe bei 250 bis 300 Teilnehmern gelegen. Bei der Kundgebung seien Transparente mit fremdenfeindlichen Aufschriften mitgeführt worden und Sprechchöre wie „Wir wollen keine Asylantenheime", „Deutschland den Deutschen, Asylbetrüger raus" und „Kriminelle Ausländer raus – und der Rest – auch!" zu hören gewesen. Die Aktivitäten seien 2014 und 2015 fortgeführt worden und hätten zudem zur Gründung einer „Bürgerwehr" geführt.

bb) Unter dem Motto „Touristen willkommen – Asylbetrüger raus" habe der Landesverband ab dem 22. Juli 2013 eine „Infotour durch Mecklenburg und Pommern" durchgeführt. Ziel sei gewesen, Orte zu besuchen, an denen beabsichtigt sei, „Asylschnorrer" direkt in Wohngebieten unterzubringen.

cc) Kundgebungstouren der Landtagsfraktion 2014 und 2015 hätten unter anderem das Motto „Ausländer kosten uns Millionen – Recht auf Asyl abschaffen" und „Konsequent für deutsche Interessen" gehabt. Sie hätten gezielt regionale Proteste gegen geplante oder bereits vorhandene Asylbewerber- oder Flüchtlingsheime aufgreifen oder initiieren sollen, um diese anschließend in die eigene Richtung zu lenken.

dd) Zusätzlich zur Organisation von Demonstrationen habe der Landesverband durch Publikationen auf die Schaffung einer asylbewerberfeindlichen Stimmung abgezielt. So habe der NPD-nahe „Uecker-Randow Bote" auf seiner Facebook-Seite regelmäßig Meldungen über angeblich „besorgniserregende Zustände" rund um Asylunterkünfte veröffentlicht. Darüber hinaus seien stetig Lichtbilder von ankommenden Bussen mit weiteren als „Fremdländer", „Bittsteller" oder „Steuergeldverschwender" bezeichneten Personen veröffentlicht worden, die die ansässigen deutschen Familien verdrängten.

Verknüpft worden seien diese Bilder mit der Botschaft, sich gegen die Zustände zu wehren und „zu rebellieren".

250 f) Das persönliche Aufsuchen von Flüchtlingsunterkünften durch Funktionäre der Antragsgegnerin sei eine besonders aggressive Form der Umsetzung der ideologischen und strategischen Postulate der Antragsgegnerin. Es ziele darauf ab, den Dominanzanspruch der Antragsgegnerin zum Ausdruck zu bringen, indem sie in den Privatbereich der Asylbewerber eindringe.

251 g) Das Verhältnis der Antragsgegnerin zur „GIDA-Bewegung" („gegen die Islamisierung des Abendlandes"), die seit Herbst 2014 Veranstaltungen zur Asyl- und Einwanderungspolitik mit zeitweilig hohen Teilnehmerzahlen organisiere, sowie ihre Rolle bei deren Demonstrationen ließen sich nicht pauschal charakterisieren.

252 aa) Als Partei sei es der Antragsgegnerin verwehrt gewesen, an Veranstaltungen der sich als „überparteilich" bezeichnenden PEGIDA-Bewegung teilzunehmen, doch habe eine Reihe von Führungspersonen der Antragsgegnerin regelmäßig Präsenz bei deren Kundgebungen gezeigt und darüber ausführlich in den sozialen Netzwerken berichtet. Zugleich sei die Antragsgegnerin bestrebt, die Möglichkeiten auszuloten, Berührungsängste durch ein seriöses Auftreten geduldig abzubauen und die Einflussnahme der jeweiligen Konstellation vor Ort anzupassen. Sie sehe sich als Teil derselben „patriotischen Sammlungsbewegung" und habe deshalb etwa zur Unterstützung der PEGIDA-Kandidatin für die Dresdner Oberbürgermeisterwahl am 7. Juni 2015 aufgerufen. Zugleich versuche sie, die Bürgerbewegung für sich zu vereinnahmen.

253 bb) Die PEGIDA-Proteste hätten bundesweit in einer Vielzahl von Städten Nachahmer gefunden. Beteiligungs- und Partizipationsvoraussetzungen seien für die Antragsgegnerin – abhängig von der Lage vor Ort – durchaus unterschiedlich. Durchgehend habe sie aber angestrebt, als relevanter Teil des Protests wahrgenommen zu werden und diesen weiter zu forcieren. Sie habe zur Teilnahme an GIDA-Kundgebungen aufgerufen und ihre Unterstützung der Proteste angeboten.

254 cc) In Mecklenburg-Vorpommern hätten von Januar bis April 2015 17 MVGIDA-Demonstrationen stattgefunden. Von Anfang an sei eine starke Beeinflussung der MVGIDA durch den Landesverband der Antragsgegnerin erkennbar gewesen. Im weiteren Verlauf der MVGIDA-Veranstaltungen sei die Dominanz der Antragsgegnerin bei der Organisation immer deutlicher hervorgetreten, während die Teilnehmerzahlen von zunächst circa 600 auf 120 gesunken seien.

255 dd) In Thüringen gingen die Aktivitäten unter dem GIDA-Label inzwischen maßgeblich von dem Greizer NPD-Funktionär K. aus. Auf seine Initiative seien mittlerweile elf Veranstaltungen zurückzuführen. Die Teilnehmerzahlen hätten sich zwischen 110 und 290 Personen bewegt. Teilnehmer und Redner seien mehrheitlich dem rechtsextremistischen Spektrum zuzurechnen gewesen. Die Reden des K. und anderer bei diesen Veranstaltungen spiegelten nicht nur die Verherrlichung des nationalsozialistischen Regimes wider, sondern auch Verfassungsfeindlichkeit und Antisemitismus.

XI.

1. Der Senat hat mit Beschluss vom 2. Dezember 2015 gemäß § 45 BVerfGG die Durchführung der mündlichen Verhandlung angeordnet (BVerfGE 140, 316) und mit gesondertem Schreiben darauf hingewiesen, dass die mit der Antragsschrift vorgelegte „Übersicht und Statistik über strafrechtliche Verurteilungen von Bundes- und Landesvorstandsmitgliedern der NPD" in anonymisierter Form nicht verwertbar sei. Daraufhin hat der Antragsteller mit Schriftsatz vom 11. Februar 2016 eine Übersicht in deanonymisierter Form vorgelegt und dem eine Fortschreibung der Stellungnahme des Instituts für Zeitgeschichte zur Frage der Wesensverwandtschaft von NPD und historischem Nationalsozialismus sowie ein Gutachten „Rechtsfragen eines Verbots der NPD am Maßstab der EMRK" der Professoren Dr. Grabenwarter und Dr. Walter vom 5. Februar 2016 hinzugefügt. Außerdem hat er weitere Belege eingereicht, die insbesondere Äußerungen zu Asylbewerberunterkünften, zum Umgang mit straffälligen Asylbewerbern sowie ein anlässlich des Geburtstags Adolf Hitlers durch den Hamburger Landesvorsitzenden der Antragsgegnerin gepostetes Gedicht betreffen. Schließlich hat der Antragsteller die Beauftragung seines Verfahrensbevollmächtigten zu 3. mitgeteilt.

Mit Schriftsatz vom 23. Februar 2016 hat der Antragsteller seinen Sachvortrag ergänzt: Bezüglich der Demonstration am 24. Juli 2015 in Dresden seien vier Personen ermittelt worden, die sowohl an den Gewalttätigkeiten beteiligt gewesen seien, als auch an der Demonstration teilgenommen hätten. Der Vorsitzende der Ortsgruppe der Antragsgegnerin Heidenau sei innerhalb der Gruppe gewaltbereiter Personen identifiziert worden.

2. Bereits mit Schriftsatz vom 26. Januar 2016 hatte der Verfahrensbevollmächtigte zu 2. der Antragsgegnerin seine Bestellung mitgeteilt.

XII.

In der mündlichen Verhandlung hat die Antragsgegnerin einen Schriftsatz vom 2. März 2016 vorgelegt, mit dem sie im Wesentlichen auf die Antragsbegründung und den Schriftsatz des Antragstellers vom 27. August 2015 erwidert.

1. Der Verbotsantrag sei nicht nur mangels ordnungsgemäßer Prozessvollmacht unzulässig, sondern auch, weil keine gesetzliche Grundlage für ein Parteiverbot existiere.

a) Art. 21 Abs. 2 GG ziele prozessual ausschließlich auf eine Feststellung ab. Die Norm sei nicht als Verbotsvorschrift formuliert, wie dies etwa beim Vereinsverbot nach Art. 9 Abs. 2 GG der Fall sei. Ein Verbot werde erst durch § 46 Abs. 3 BVerfGG auf einfachgesetzlicher Grundlage normiert. Der einfache Gesetzgeber habe damit seinen Ausgestaltungsspielraum jedoch überschritten. Art. 21 Abs. 2 GG sei auf eine Feststellungsentscheidung hinsichtlich der Verfassungswidrigkeit einer Partei beschränkt und überlasse es dem „mündigen Bürger", eine entsprechende verfassungsgerichtliche Erkenntnis durch Nichtwahl einer förmlich als verfassungswidrig erkannten Partei zu „vollstrecken".

62 b) Art. 21 Abs. 2 GG sei auch deshalb keine taugliche Grundlage für ein Parteiverbot, weil das in der Vorschrift enthaltene Tatbestandsmerkmal des „Beeinträchtigens" der freiheitlichen demokratischen Grundordnung, auf welches sich die Antragsschrift ausschließlich stütze, kein gültiges Verfassungsrecht darstelle, da es sich insoweit um ein Redaktionsversehen des Grundgesetzgebers handele.

63 c) Die Unzulässigkeit des Antrags ergebe sich außerdem aus der unzulänglichen Regelung der Antragsberechtigung für ein Verbotsverfahren. § 43 BVerfGG sei aufgrund seines Numerus clausus der Antragsberechtigten verfassungswidrig, da die Regelung der Chancengleichheit der Parteien als Bestandteil der verfassungsmäßigen Ordnung nicht hinreichend Rechnung trage. Sie sei nur gegeben, wenn eine Partei, die sich – wie die Antragsgegnerin – nicht hinter einem der antragsberechtigten Staatsorgane „verstecken" könne, auch einen Antrag auf Feststellung der Verfassungswidrigkeit von Parteien stellen könne. Dementsprechend sei das vorliegende Verfahren bis zur Schließung dieser Gesetzeslücke auszusetzen.

64 2. Der Antrag sei zudem unbegründet.

65 a) Die bisherige Parteiverbotskonzeption sei grundlegend überholungsbedürftig.

66 aa) Die aufgrund Art. 21 Abs. 2 GG bisher ausgesprochenen Verbote der Sozialistischen Reichspartei (SRP) und der Kommunistischen Partei Deutschlands (KPD) seien vor dem Erlass der erst 1968 in das Grundgesetz aufgenommenen sogenannten Notstandsverfassung ergangen, also zu einer Zeit, als die wirkliche Notstandskompetenz noch bei den westlichen Besatzungsmächten gelegen habe und das Bundesverfassungsgericht auf die Ausübung der „Diktatur der Besiegten" beschränkt gewesen sei. Schon dieser politische Kontext führe dazu, dass jene Urteile keine Orientierungsfunktion mehr erfüllen könnten.

67 bb) Die Erklärung der Verfassungswidrigkeit könne verfassungsgemäß nur in einer Weise erfolgen, in der keine anderen Grundgesetzbestimmungen verletzt würden. Insbesondere dürften nicht die verfassungsrechtlichen Bestimmungen verletzt werden, welche durch Art. 79 Abs. 3 GG einen besonderen Rang besäßen. Nach Art. 20 Abs. 1 GG sei die Bundesrepublik Deutschland aber keine „wehrhafte Demokratie", sondern ein „demokratischer [...] Bundesstaat", in dem nach Absatz 2 dieses Artikels alle Staatsgewalt vom Volke ausgehe. Demgemäß stehe das Demokratieprinzip in untrennbarer Wechselwirkung mit dem Prinzip der Volkssouveränität, wobei letztere wörtlich zu nehmen sei: In der Demokratie sei das Volk der Souverän, von ihm leite sich alle staatliche Macht ab und ihm allein komme die Befugnis der Verfassungsgebung zu. Dies lasse sich auf die Formel bringen: „Das Volk hat immer Recht." Dieses Prinzip der Volkssouveränität pervertiere der Antragsteller ins Gegenteil. Eine selbsternannte Verbotselite, die sich aus den als Bundesrat in Erscheinung tretenden etablierten politischen Parteien rekrutiere, maße sich die Befugnis an, dem Souverän mittels Parteiverbot vorzuschreiben, welche politischen Programme, Ideen und Ideologien zulässigerweise vertreten werden dürften.

68 Der Verbotsantrag verstoße gegen das Demokratieprinzip, weil er gegen eine gesamte politische Strömung gerichtet sei, deren Ausschaltung bis hin zum Wahlverbot für

das gesamte Wahlvolk letztlich das Mehrparteienprinzip beseitige. Die drohende Ausschaltung einer kompletten politischen Richtung führe zum Verlust politischer Pluralität und zu einem virtuellen Einparteiensystem der nicht verbotenen „Demokraten". Das verstoße gegen die mit dem Begriff der „freiheitlichen demokratischen Grundordnung" verbundene Maßgabe, dass der Demokratieschutz nicht auf die Errichtung „volksdemokratischer" Verhältnisse gerichtet sein dürfe.

cc) Das Merkmal der „aggressiv-kämpferischen Haltung" sei ein untaugliches Kriterium für die Beschreibung einer mit dem Parteiverbot abzuwehrenden Gefahr, weil damit fast alle bei „ideologisch guten" Parteien für normal gehaltenen Aktivitäten wie Wahlkampfführung und soziales Engagement in Vereinen bei entsprechender „falscher" Ideologie als „aggressiv-kämpferisch" eingestuft werden könnten, so dass es letztlich doch ausschließlich auf die falschen politischen Auffassungen als Verbotsgrund ankomme.

In Art. 21 Abs. 1 GG werde der politischen Partei die Verpflichtung zu einer demokratischen Binnenstruktur und zu Transparenz bei ihrer Finanzierung auferlegt. Dem liege die verfassungsrechtliche Vermutung zugrunde, dass sich eine parteipolitische Organisation, die eine demokratische Binnenstruktur aufweise, auch im externen Bereich des Staates demokratisch verhalte und demokratisch denke. Der Maßstab der demokratischen Binnenstruktur ergebe somit ein operables, da nachprüfbares Kriterium für die Demokratiekompatibilität einer politischen Partei, während die Vorgabe eines demokratischen Bekenntnisses dazu zwinge, von der juristischen Logik weitgehend abzugehen und sich auf die Ebene wissenschaftstheoretisch zweifelhafter Methodik wie derjenigen der politologischen Sprachpolizei und Ideologiebewertung begeben zu müssen.

Das Rechtsstaatsprinzip erfordere, auch im Parteiverbotsverfahren den Rechtsgedanken von Art. 137 Abs. 1 WRV, der gemäß Art. 140 GG weiterhin gelte, zu beachten. Demgemäß müsse ausgeschlossen werden, dass ein Parteiverbot auf eine „unzulässige" Ideologie gestützt werde. Vielmehr gelte ein staatliches Ideologiebewertungsverbot, was die Antragsbegründung weitgehend bedeutungslos mache. Grundrechtlich geschützte Handlungen und Äußerungen seien per se ungeeignet, ein Parteiverbot zu begründen. Dieses sei auf die Bekämpfung illegalen Handelns beschränkt. Der rechtsstaatliche Grundsatz, wonach der Staat dem Bürger nur rechtswidriges Handeln zum Vorwurf machen dürfe, gelte auch im Parteiverbotsverfahren.

Da der Verbotsantrag darauf gerichtet sei, die Antragsgegnerin zu verbieten, weil sie insbesondere im Hinblick auf die Erhaltung des Charakters der Bundesrepublik Deutschland und zu zivilreligiösen Fragen (Anerkennung der Kriegsschuld, Schweigegebot über an Deutschen begangene Verbrechen, Bewältigungsbedürftigkeit der Deutschenvertreibung) andere Auffassungen als die dem Bundesrat angehörenden Parteien vertrete, stelle sich der Antrag als gegen die Meinungsfreiheit gerichtet dar. Dementsprechend sei der Verbotsantrag offensichtlich verfassungswidrig.

dd) Zu einem angemessenen Verbotsverständnis gelange man, wenn man das Parteiverbot als Bestandteil des verfassungsrechtlichen Notstandsrechts begreife. Dies bedeute, dass die Voraussetzungen eines Parteiverbots rechtlich eindeutig sein und die Folgen dem Verhältnismäßigkeitsprinzip entsprechend beschränkt werden müssten. Interpretiere man Art. 21 Abs. 2 GG im Zusammenhang mit Art. 91 und Art. 87a Abs. 4 GG, gelange man automatisch zur Befristung bei den Verbotsfolgen und zu einer operablen Bestimmung der Verbotsvoraussetzungen. Die Analyse der zum Verständnis von Art. 21 Abs. 2 GG heranzuziehenden Grundgesetzbestimmungen führe zu dem Ergebnis, dass Gewaltbereitschaft oder eine auf den Verfassungsumsturz ausgerichtete politisch motivierte Illegalität eine für die Feststellung der Verfassungswidrigkeit nach Art. 21 Abs. 2 GG erforderliche Voraussetzung darstelle. Das Schutzgut dieser Vorschrift, die freiheitliche demokratische Grundordnung, sei nicht als Ansammlung von Verfassungsprinzipien zu verstehen, sondern habe das rechtmäßige Funktionieren der Verfassungseinrichtungen zum Gegenstand. Nur dieses Funktionieren könne im Falle des Notstands durch besonderen Polizei- und Militäreinsatz gesichert werden.

274 Als verfassungswidrig erkannt (und möglicherweise verboten) werden könne danach nur eine als Partei organisierte Umsturzbewegung, etwa eine Partei, die als parlamentarischer Arm einer Terrororganisation anzusehen sei. Sie müsse dabei den Straftatbestand des Hochverrats noch nicht verwirklichen, aber dazu Bereitschaft zeigen, etwa durch das Anlegen von Waffenlagern oder militärisches Training ihrer Anhänger. Ein Parteiverbot könne nur legitim sein, wenn eine Partei gerade den Einfluss der Wähler ausschalten wolle, indem sie jenseits eines Wählervotums gewaltsam die Macht anstrebe.

275 ee) Verfassungsrechtlich unzulässig seien auch die gemäß § 46 Abs. 3 BVerfGG angeordneten Rechtsfolgen der Auflösung der Partei und der Vermögenskonfiskation. Denkbar sei, dass eine als verfassungswidrig erkannte Partei als Verein fortbestehe, sofern dieser dann nicht auch nach Art. 9 Abs. 2 GG verboten werden könne. Insofern könne durch die Feststellung der Verfassungswidrigkeit nach Art. 21 Abs. 2 GG allenfalls das Spezifikum „verwirkt" werden, welches eine Partei von einer sonstigen (politischen) Vereinigung unterscheide.

276 b) Auch die Rechtsprechung des EGMR stehe dem Verbotsantrag entgegen. Insbesondere fehle es an dem nach dieser Rechtsprechung für ein Parteiverbot erforderlichen „dringenden sozialen Bedürfnis". Die vom EGMR als Auslegungshilfe herangezogenen „Guidelines on prohibition and dissolution of political parties" der Venedig-Kommission des Europarates postulierten ausdrücklich das Gewaltkriterium als notwendige Bedingung für den Ausspruch eines Parteiverbots.

277 c) Entsprechend der EGMR-Rechtsprechung müsse bei einem Parteiverbot der Grundsatz der Verhältnismäßigkeit beachtet werden. Ein Parteiverbot sei aber regelmäßig unverhältnismäßig, weil es schon kein geeignetes Mittel darstelle, um die freiheitliche demokratische Grundordnung zu schützen. Das Gedankengut der verbotenen Partei ebenso wie die daraus folgenden Handlungen bestünden fort. Auch sei ein Verbot nicht erforderlich, weil mildere, gleich geeignete Mittel zur Verfügung stünden, so zum Beispiel bereits erfolgreich eingesetzte staatliche und zivilgesellschaftliche „Anti-Rechts-Programme", das Verbot von „freien Kameradschaften" nach Vereinsrecht und Grundrechtsverwirkungsverfahren gegen führende Funktionäre. Letztlich wäre ein Verbot der Antragsgegnerin auch nicht verhältnismäßig im engeren Sinne, weil ihr „Gefährlichkeitsgrad" in Anbetracht der äußerst geringen Realisierungschance ihrer programma-

tischen Zielsetzungen in einem groben Missverhältnis zu der Schwere des mit einem Parteiverbot verbundenen Eingriffs in die Menschenrechte der Art. 10, 11 EMRK stehe.

d) Art. 21 Abs. 2 GG sei schließlich unanwendbar, weil er gegen Unionsrecht verstoße. 27

Art. 2 EUV, Art. 22 AEUV sowie Art. 12, 39, 40 GRCh seien in Parteiverbotsverfahren jedenfalls dann unmittelbarer Prüfungsmaßstab, wenn die zu verbietende Partei – wie hier – im Europäischen Parlament durch einen eigenen Abgeordneten vertreten und zudem als nationale Partei Mitglied einer politischen Partei auf europäischer Ebene im Sinne der Verordnung (EG) Nr. 2004/2003 des Europäischen Parlaments und des Rates vom 4. November 2003 sei. 27

Nach den genannten Vorschriften bestünden aus unionsrechtlicher Sicht erhebliche Bedenken gegen eine nationale Parteiverbotskonzeption, welche das Verbot im Europäischen Parlament vertretener nationaler politischer Parteien allein aufgrund ihrer Programmatik und daher auf der Basis reinen Gesinnungsstrafrechts erlaube. Zwar würden auch andere Mitgliedstaaten der Europäischen Union das Rechtsinstitut des Parteiverbots kennen; in keinem anderen Mitgliedstaat hänge die Verbotsschwelle jedoch so niedrig wie in Deutschland. Insoweit sei die deutsche Rechtslage im Hinblick auf die unionale Rechtslage einem erhöhten Rechtfertigungszwang ausgesetzt. 28

Aus dem Beschluss des Senats vom 22. November 2001 (BVerfGE 104, 214), mit dem dieser die Durchführung eines Vorabentscheidungsverfahrens abgelehnt habe, ergebe sich nichts anderes. Die damals tragenden Erwägungen seien durch die zwischenzeitlich vorangeschrittene stärkere europäische Integration auch und gerade im Recht der politischen Parteien überholt. Zwar seien Regelung und Durchführung der Wahl zum Europäischen Parlament nach Art. 7 Abs. 2 Direktwahlakt (DWA) Sache der Mitgliedstaaten. Bei der Entscheidung, welche Parteien sich an der Wahl beteiligen dürften, seien aber die wertsetzende Bedeutung der in der Grundrechtecharta niedergelegten Grundrechte ebenso zu beachten wie die Werte der Union. Die Herausnahme einer im Europäischen Parlament vertretenen nationalen politischen Partei im Wege eines Verbots zeitige durch die damit verbundene Aberkennung der Mandate dieser Partei im Europäischen Parlament (§ 22 Abs. 4 des Gesetzes über die Wahl der Abgeordneten des Europäischen Parlaments aus der Bundesrepublik Deutschland ⟨Europawahlgesetz – EuWG⟩) unmittelbare Auswirkungen auf ein Unionsorgan, weshalb die Voraussetzungen des Art. 51 Abs. 1 GRCh vorlägen. 28

Ein Parteiverbot gerate jedenfalls dann in einen Konflikt mit dem Unionsrecht, wenn das Verbot der nationalen Partei automatisch zu einem faktischen Verbot einer gemäß Art. 3 Abs. 1 der Verordnung (EG) Nr. 2004/2003 anerkannten politischen Partei auf europäischer Ebene (hier: der Alliance for Peace and Freedom ⟨APF⟩) führe. Würde die Antragsgegnerin verboten, verlöre ihr Abgeordneter Voigt gemäß § 22 Abs. 4 EuWG seinen Sitz im Europäischen Parlament. Dies hätte zur Folge, dass die APF nicht mehr in einer ausreichenden Zahl von Mitgliedstaaten durch Mitglieder des Europäischen Parlaments oder nationaler Parlamente vertreten wäre. Sie ginge ihres Status als politische Partei auf europäischer Ebene verlustig und wäre von der europäischen Parteienfinanzierung ausgeschlossen. Das Verbot der nationalen politischen Partei NPD zöge somit automatisch das faktische Verbot der politischen Partei APF auf europäischer Ebene nach sich. 28

83   Da die rechtliche Frage der Vereinbarkeit des Art. 21 Abs. 2 GG mit dem Unionsrecht mithin entscheidungserheblich sei, habe das Bundesverfassungsgericht zur Wahrung des Grundrechts auf den gesetzlichen Richter den Gerichtshof der Europäischen Union im Wege der Vorabentscheidung anzurufen. Es werde daher beantragt,

> das Verfahren auszusetzen und dem Gerichtshof der Europäischen Union gemäß Art. 267 des Vertrags über die Arbeitsweise der Europäischen Union (AEUV) folgende Fragen zur Vorabentscheidung vorzulegen:
>
> 1. Sind Artikel 2 des Vertrags über die Europäische Union (EUV), Artikel 22 des Vertrags über die Arbeitsweise der Europäischen Union (AEUV), die Artikel 11, 12, 39, 40 der Charta der Grundrechte der Europäischen Union (GRCh) sowie die Vorschriften der Verordnung (EG) Nr. 2004/2003 des Europäischen Parlaments und des Rates vom 4. November 2003 über die Regelungen für die politischen Parteien auf europäischer Ebene und ihre Finanzierung dahingehend auszulegen, dass sie einer nationalen Regelung wie der des Artikel 21 Absatz 2 des Grundgesetzes, nach der eine nationale politische Partei allein auf Grund ihrer programmatischen Zielsetzung verboten werden kann, entgegenstehen, wenn die zu verbietende nationale politische Partei mit eigenen Abgeordneten im Europäischen Parlament vertreten ist?
>
> 2. Falls die erste Frage verneint wird: Sind Artikel 2 des Vertrags über die Europäische Union (EUV), Artikel 22 des Vertrags über die Arbeitsweise der Europäischen Union (AEUV), die Artikel 11, 12, 39, 40 der Charta der Grundrechte der Europäischen Union (GRCh) sowie die Vorschriften der Verordnung (EG) Nr. 2004/2003 des Europäischen Parlaments und des Rates vom 4. November 2003 über die Regelungen für die politischen Parteien auf europäischer Ebene und ihre Finanzierung dahingehend auszulegen, dass sie einer nationalen Regelung wie der des Artikel 21 Absatz 2 des Grundgesetzes, nach der eine nationale politische Partei allein auf Grund ihrer programmatischen Zielsetzung verboten werden kann, jedenfalls dann entgegenstehen, wenn die zu verbietende nationale politische Partei nicht nur mit eigenen Abgeordneten im Europäischen Parlament vertreten ist, sondern sie selbst sowie der von ihr entsandte Europaabgeordnete Mitglied einer politischen Partei auf Europäischer Ebene sind und der mit dem nationalen Parteiverbot verbundene Mandatsverlust dazu führen würde, dass die politische Partei auf Europäischer Ebene wegen Unterschreitens des Mindestquorums des Artikels 3 Absatz 1 Buchstabe b Alternative 1 der Verordnung (EG) Nr. 2004/ 2003 des Europäischen Parlaments und des Rates vom 4. November 2003 über die Regelungen für die politischen Parteien auf europäischer Ebene und ihre Finanzierung ihre Anerkennung als politische Partei auf Europäischer Ebene verlieren würde?

84   e) Für eine verfassungskonforme Parteiverbotskonzeption sei die Frage von entscheidender Bedeutung, welches Verhalten sich die zu verbietende Partei überhaupt zurechnen lassen müsse.

85   aa) Zuzurechnen sei einer Partei grundsätzlich das Handeln von Funktionären und – mit Einschränkungen – von einfachen Parteimitgliedern. Der vorliegende Verbotsantrag stütze sich aber in zentralen Teilen – gerade im Kontext der angeblichen Schaffung einer „Atmosphäre der Angst" – auf Handlungen von tatsächlichen oder vermeintlichen Anhängern der Antragsgegnerin. Der Anhängerbegriff sei jedoch uferlos und verstoße daher gegen das rechtsstaatliche Bestimmtheitsgebot. Allein der Umstand, dass sich eine Person zu einer von der Partei organisierten Demonstration hinzugeselle, dort eine selbst mitgebrachte Parteifahne schwenke und anschließend verfassungs-

feindliche Parolen gröle oder gar Straftaten begehe, könne der Partei nicht zugerechnet werden. Erst recht könnten anonyme Kommentare auf Internetseiten keine Zurechnung bewirken.

Letztlich dürfe Verhalten nur zugerechnet werden, wenn dieses auch für den von der Zurechnung Betroffenen beherrschbar sei. Die Antragsgegnerin könne Verhalten von bloßen Anhängern, anders als von Mitgliedern, jedoch nicht ahnden und damit auch nicht beherrschen. Eine Distanzierung zu fordern, werfe nur noch mehr Fragen – der Zuständigkeit, der Form, des Adressaten und der Wahrnehmung – auf. Die vom Antragsteller konstruierte „Distanzierungsobliegenheit" sei in der Praxis nicht darstellbar.

Wolle man Anhängerverhalten dennoch zurechnen, stelle sich ein besonderes Problem im Hinblick auf die Gewährleistung der Quellenfreiheit. Es ergebe sich in jedem Fall, in dem es um die Zurechnung von anonymem Anhängerverhalten gehe.

bb) Dem Antragsteller sei auch zu widersprechen, soweit er den Grundsatz der Indemnität der Parlamentsabgeordneten nicht beachte und deren im Parlament getätigte Äußerungen für den Verbotsantrag verwende. Abgeordnete dürften zu keiner Zeit wegen einer Abstimmung oder wegen einer Äußerung im Parlament oder in einem seiner Ausschüsse gerichtlich oder dienstlich verfolgt oder sonst zur Verantwortung gezogen werden. Diese Vorschrift sei weit zu verstehen und erfasse nicht nur eine gerichtliche Verfolgung, sondern auch ein sonstiges Zur-Verantwortung-Ziehen außerhalb des Parlaments. Dies gelte auch in einem Parteiverbotsverfahren. Es mache keinen Unterschied, ob der Abgeordnete deshalb zur Selbstzensur genötigt werde, weil er eine strafrechtliche Verurteilung fürchte, oder weil er damit rechnen müsse, dass seine Aussagen über ein damit begründetes Parteiverbot zur Aberkennung seines Parlamentsmandats führten.

f) Die Antragsgegnerin sei nicht verfassungswidrig. Selbst wenn man sämtliche tatsächlichen Behauptungen des Antragstellers als wahr unterstelle und diese unter den von der Antragsgegnerin vertretenen Prüfungsmaßstab subsumiere, erweise sich der Verbotsantrag als unschlüssig. Der Antragsteller behaupte nicht einmal, dass die Antragsgegnerin in der politischen Auseinandersetzung Gewalt anwende oder sich überhaupt rechtswidriger Mittel bediene. Ihr werde lediglich ein – verfassungsrechtlich irrelevanter, weil grundrechtlich geschützter – Verbalradikalismus zum Vorwurf gemacht, der weit davon entfernt sei, den demokratischen Rechtsstaat in irgendeiner Form zu gefährden.

Grundlage der verfassungsgerichtlichen Prüfung könne nur das dem Bundeswahlleiter vorgelegte Programm und nicht ein vom Antragsteller pseudowissenschaftlich ermitteltes „Geheimprogramm" sein. Der Antragsgegnerin könne auch keine „Verschleierungstaktik" unterstellt werden, die ihre wahre, „verfassungswidrige" Gesinnung mit prima facie harmlos daherkommenden Aussagen verberge. Das als primäres Erkenntnismittel zu verwertende Parteiprogramm könne nicht durch Entgleisungen Einzelner in Frage gestellt werden, weil diesen nicht die Befugnis zustehe, vom Bundesparteitag beschlossene programmatische Leitlinien durch individuelles Handeln zu derogieren.

Auch der Vorwurf des Antragstellers, die Antragsgegnerin betreibe ein „Spiel mit Doppeldeutigkeiten", greife nicht durch. Es gälten dieselben Grundsätze wie im Strafrecht, wonach eine objektiv mehrdeutige Aussage in allen Auslegungsalternativen strafbar sein müsse, und nicht die zivilrechtliche Rechtsprechung zum Schutz vor unwahren Tatsachenbehauptungen, denn es gehe nicht um die Unterbindung zukünftiger Äußerungen, sondern um die Verhängung der „Todesstrafe" für eine Partei.

92 aa) Die Antragsgegnerin strebe weder die Beseitigung noch eine Beeinträchtigung der freiheitlichen demokratischen Grundordnung an, noch arbeite sie faktisch auf ein derartiges Ziel hin.

93 (1) Die Hauptstoßrichtung des Verbotsantrags gehe dahin, die Antragsgegnerin ausgehend von ihrem Volksbegriff mit dem Vorwurf des Verstoßes gegen die Menschenwürde von Ausländern und Minderheiten zu überziehen. Sie stehe mit ihrem Volksbegriff jedoch auf dem Boden des Grundgesetzes. Demgegenüber erweise sich der vom Antragsteller propagierte, auf beliebiger Austauschbarkeit der zum Staatsvolk gehörenden Personen beruhende Volksbegriff als verfassungswidrig. Auch jenseits des ethnischen Volksbegriffs greife die Antragsgegnerin weder die Menschenwürde von Ausländern noch von sonstigen Minderheiten an.

94 Entschieden zu widersprechen sei der These des Antragstellers, dass aus der Menschenwürde ein Recht resultiere, jede beliebige Staatsangehörigkeit annehmen zu können. Dem liege offenbar die bereits im Ansatz verfehlte Vorstellung zugrunde, jeder Mensch müsse theoretisch Träger jedes denkbaren Rechts sein können. Die Menschenwürde umfasse aber lediglich das Recht, *überhaupt Staatsangehöriger irgendeines Staates* sein zu können. Die von der Antragsgegnerin erhobene Forderung nach einer Rückkehr zum alten, auf dem ius sanguinis beruhenden Abstammungsrecht sei mithin kein Verstoß gegen die Menschenwürde.

95 Der ethnische Volksbegriff sei tradiertes Leitprinzip des deutschen Staatsangehörigkeitsrechts. In diesem Zusammenhang könne auf Art. 116 Abs. 1 GG verwiesen werden, die Präambel der Weimarer Reichsverfassung sowie die Formulierungen über den Amtseid von Bundeskanzler, Bundespräsident und Bundesministern. Auch das Bundesverfassungsgericht lege seinem „Teso"-Beschluss diesen Volksbegriff zugrunde und postuliere eine Pflicht des Gesetzgebers, die Identität des deutschen Staatsvolks zu erhalten (unter Hinweis auf BVerfGE 77, 137 ⟨150⟩). Dem bis zum 31. Dezember 1999 geltenden Reichs- und Staatsangehörigkeitsgesetz (RuStAG) habe daher wie selbstverständlich das Abstammungsprinzip als prägendes Wesensmerkmal zugrunde gelegen. Der Erwerb der Staatsangehörigkeit kraft Geburt sei der Regelfall, die Ermessenseinbürgerung nach § 8 RuStAG die Ausnahme. Daher verletze das neue StAG das Identitätswahrungsgebot des Bundesverfassungsgerichtes, indem es die Identität des deutschen Staatsvolkes radikal verändern wolle.

96 Ausgehend von diesen Maßstäben sei nicht ersichtlich, inwiefern der ethnische Volksbegriff der Antragsgegnerin gegen die freiheitliche demokratische Grundordnung im Allgemeinen oder gegen die Menschenwürdegarantie im Besonderen verstoßen könne. Die Antragsgegnerin verstehe unter dem Begriff „Volk" eine menschliche Gruppe beziehungsweise Gemeinschaft von Menschen mit gleicher Abstammung, Sprache, Kultur und Geschichte. Der an Herder angelehnte Volksbegriff der Antragsgegnerin werde nicht rassisch konstruiert. Die Antragsgegnerin gehe von der Vielgestaltigkeit der

Menschen und Völker aus. Deshalb habe nach ihrer Ansicht auch jedes Volk ein Recht auf Selbstbestimmung und Wahrung seiner kulturellen und nationalen Identität.

Die Antragsgegnerin vertrete im Ergebnis eine auf dem ius sanguinis beruhende Staatsangehörigkeitskonzeption. Indem sie die Möglichkeit einer Ermessenseinbürgerung ausdrücklich anerkenne, sei eine Verletzung der Menschenwürdegarantie in jedem Fall ausgeschlossen. Die Antragsgegnerin habe zu keinem Zeitpunkt gefordert, denjenigen Menschen, die auf der Basis eines aus ihrer Sicht verfehlten Staatsangehörigkeitsrechts eingebürgert worden seien, die deutsche Staatsangehörigkeit wieder zu entziehen.

Die Programmatik der Antragsgegnerin beruhe auf einem „lebensrichtigen Menschenbild". Alle Völker und Menschen seien danach gleichwertig. Gemeinschaft und Individuum würden sich gegenseitig bedingen. Die übertriebene Vertretung von Einzel- oder Gruppeninteressen solle verhindert werden; es dürfe keinen Kampf aller gegen alle geben. Die Rechte des Einzelnen würden durch die „Volksgemeinschaft" daher nicht bedroht, sondern gerade garantiert.

Der Antragsteller sei der Auffassung, das von der Antragsgegnerin vertretene Konzept der „Volksgemeinschaft" führe zu einem Ausschluss Nicht-Staatsangehöriger von der Grundrechtsberechtigung und verstoße dadurch gegen das Prinzip der Menschenwürde. Dieser Vorwurf sei zurückzuweisen; die Antragsgegnerin beabsichtige in keiner Weise, Nicht-Deutsche von jeglicher Grundrechtsberechtigung auszuschließen, sondern setze sich lediglich für eine konsequente Unterscheidung von Staatsangehörigen und Nicht-Staatsangehörigen ein. Insbesondere spreche die Antragsgegnerin Asylbewerbern und Migranten nicht die Menschenwürde ab. Grundsätzliche Kritik an der Einwanderungspolitik der regierenden Parteien müsse jedoch zulässig sein. So bezeichne die Antragsgegnerin keineswegs alle Asylbewerber als Betrüger, sondern wolle lediglich auf den tagtäglich stattfindenden Asylbetrug hinweisen.

Die vom Antragsteller aufgestellte Behauptung, der Fraktionsvorsitzende im Landtag von Mecklenburg-Vorpommern Pastörs habe Asylbewerber als „entartete Menschen" bezeichnet, beruhe auf einer perfiden Entstellung einer Landtagsrede. Inwiefern die Termini „Scheinasylanten", „Asylbetrüger", „Moslem-Extremisten" oder „kriminelle Ausländer" einen Angriff auf die Menschenwürde darstellten, erschließe sich nicht, da es all dies in Deutschland zuhauf gebe. Es sei von der Antragsgegnerin auch nicht behauptet worden, dass von Flüchtlingen per se eine Gesundheitsgefahr ausgehe, sondern nur auf Zeitungsinformationen über vermehrte Infektionen mit Krätze in Flüchtlingsunterkünften hingewiesen worden.

Ebenso wenig spreche die Antragsgegnerin Juden, Muslimen oder Sinti und Roma die Menschenwürde ab und schüchtere diese ein. Legitime Kritik am Staat Israel sowie an prominenten jüdischen Funktionären könne schwerlich als „Einschüchterung" gewertet werden. Der Vorwurf des Antisemitismus sei schlicht falsch. Die Antragsgegnerin setze sich differenziert mit dem Judentum sowie der schwierigen deutsch-jüdischen Geschichte im 20. Jahrhundert auseinander. Ihre mangelnde Semitophilie könne ihr jedenfalls nicht zum Vorwurf gemacht werden. Zum Islam stelle die Antragsgegnerin ausdrücklich fest, dass dieser dort, wo er historisch beheimatet sei, selbstverständlich ein Existenzrecht habe. Die Position der Antragsgegnerin sei ethnopluralistisch, das heiße dem Ziel einer multipolaren Weltordnung verpflichtet, in der die Völker in ihrer Vielfalt friedlich zusammenlebten. Dass sich durch die Politik der Antragsgegnerin jemand bedroht fühlen müsse, werde ausdrücklich bestritten.

302 (2) Der ethnische Volksbegriff der Antragsgegnerin verstoße auch nicht gegen das Demokratieprinzip.

303 (a) Bereits die Ausgangsprämisse des Antragstellers, das Staatsangehörigkeitsrecht müsse vom einfachen Gesetzgeber völlig offen und frei ausgestaltet werden können, sei verfehlt. Das Grundgesetz gewähre dem einfachen Gesetzgeber bei der Verteilung deutscher Pässe keine Narrenfreiheit, sondern verpflichte ihn, die Identität des deutschen Staatsvolkes zu erhalten. Ihm seien schon von Verfassungs wegen Grenzen bei der Konzeption des Staatsangehörigkeitsrechts gesetzt, wobei diese Grenzen im Abstammungsgedanken zu sehen seien.

304 Kritik an den von den etablierten Parteien zu verantwortenden „Masseneinbürgerungen" bedeute nicht, dass die Antragsgegnerin nicht anerkennen würde, dass die eingebürgerten Personen deutsche Staatsangehörige seien. Ihre Auffassung sei lediglich eine Meinung auf dem Markt politischer Meinungen, in die der Verbotsantrag eingreife, indem er eine Änderung des neuen Staatsangehörigkeitsrechts aus dem Kanon zulässiger politischer Forderungen ausschließen wolle.

305 (b) Dass sich die Antragsgegnerin als nationalistische Partei sehe, könne ihr ebenfalls nicht zum Vorwurf gemacht werden, da ein aufgeklärter Nationalismus, wie ihn die Antragsgegnerin vertrete, in keinerlei Widerspruch zum Grundgesetz stehe. Für die Antragsgegnerin stehe die eigene Nation als gewachsener Schicksalsverband mit starken Zusammengehörigkeitsgefühlen, emotionaler Bindekraft und Loyalitätsempfindungen im Mittelpunkt. Die eigene Nation, die moralisch nicht über anderen Nationen stehe, aber gegen diese ihre kulturelle Identität zu bewahren und ihre Lebensinteressen zu behaupten habe, sei einer der höchsten ethischen Werte. Ziel des deutschen Nationalismus sei ein freies und identitätsstarkes deutsches Volk unter anderen freien und identitätsstarken Völkern. Die Antragsgegnerin erhebe das deutsche Volk aber nicht über andere Völker und werfe diesen keine „Minderwertigkeit" vor.

306 (c) Eine grundlegende Fehleinschätzung der Antragsschrift bestehe darin, dass die von der Antragsgegnerin artikulierte Kritik an der herrschenden politischen Klasse in Deutschland als Kritik an der Demokratie als solcher fehlinterpretiert werde. Die Antragsgegnerin bekenne sich zur Volkssouveränität, fordere die Einführung von Volksentscheiden und die Direktwahl des Staatsoberhaupts. Ihre demokratie- und staatspolitische Grundposition bestehe darin, eine Demokratisierung des Staates durch den Ausbau konkreter Mitbestimmungsrechte der Staatsbürger und der Volksgesetzgebung zu fordern sowie der massiven Beschneidung des politischen Pluralismus im Zuge des sogenannten „Kampfes gegen Rechts" entgegenzutreten.

307 Die zahlreichen parlamentarischen Initiativen der Landtagsfraktionen der Antragsgegnerin, in denen ausdrücklich ein Mehr an Demokratie und Rechtsstaatlichkeit eingefordert werde, zeigten, dass die Antragsgegnerin weit davon entfernt sei, die Demokratie als solche zu bekämpfen. Die Berücksichtigung dieser Initiativen sei auch deshalb bedeutsam, weil die Antragsschrift den Eindruck erwecke, die Antragsgegnerin würde durch ihre Abgeordneten in den Landesparlamenten nur gegen die parlamentarische

Ordnung verstoßen. Die Zahl von Ordnungsrufen und die angebliche Sprachverrohung seien – abgesehen von ihrer Unverwertbarkeit aufgrund der bestehenden Indemnität – kein tauglicher Beleg für eine „Verachtung des parlamentarischen Systems". Die Abgeordneten der Antragsgegnerin überschritten die Grenzen des parlamentarisch Üblichen nicht. Dass sie sich das Recht herausnähmen, den politischen Gegner mit scharfen Worten anzugreifen, sei rechtlich nicht zu beanstanden. Die auf Abgeordnete der Antragsgegnerin überproportional häufig entfallenden Ordnungsrufe seien kein Beleg für ihre „Aggressivität", sondern für die höchst parteiische Sitzungsführung der Parlamentspräsidenten in Dresden und Schwerin.

(3) Die Antragsgegnerin bekämpfe auch den Rechtsstaat nicht. 308

Gerade weil sie fortwährend politisch motivierten Diskriminierungen vielfältigster Art ausgesetzt sei und in extrem hohem Ausmaß Opfer physischer Gewalt durch linksextremistische Elemente werde, bekenne sie sich vorbehaltlos zur Herrschaft des Rechts im demokratischen Rechtsstaat, zum Gewaltmonopol des Staates und zur Unabhängigkeit der Justiz. Sie lehne Gewalt als Mittel der politischen Auseinandersetzung kategorisch ab. Dass die Antragsgegnerin einen „nationalrevolutionären" beziehungsweise „systemüberwindenden" Anspruch erhebe, habe nichts mit Gewalt zu tun, sondern beziehe sich einzig und allein auf eine beabsichtigte Änderung des geltenden Rechts auf demokratischem Wege. 309

Bei ihren Demonstrationen verhalte die Antragsgegnerin sich friedlich und leiste den Anordnungen der Polizei Folge. Selbstverteidigungskurse dienten lediglich der Abwehr linker Gewalt. Bürgerwehren würden gegründet, weil die Bürger aufgrund der äußerst prekären Sicherheitslage das Vertrauen in die staatlichen Sicherheitsbehörden verloren hätten. Die Initiative zur Gründung von Bürgerwehren gehe zudem von den Betroffenen aus, die lediglich von der Antragsgegnerin unterstützt würden. Es sei selbstverständlich, dass derartige Bürgerwehren keinen Ersatz für das staatliche Gewaltmonopol darstellten und an die Rechtsordnung gebunden seien. Der Ordnungsdienst der Antragsgegnerin rechtfertige sich bereits aufgrund des Ordnererfordernisses bei öffentlichen Versammlungen. Angriffe auf Gegendemonstranten seien von diesem nicht ausgegangen. 310

(4) Die Wesensverwandtschaft mit dem Nationalsozialismus sei kein Tatbestandsmerkmal des Art. 21 Abs. 2 GG. Darauf komme es aber auch nicht an, weil die Antragsgegnerin mit dem Nationalsozialismus nicht wesensverwandt sei. 311

Die Antragsgegnerin sei nicht nach dem „Führerprinzip" aufgebaut. Ihre Programmatik beruhe auf vollständig anderen Grundsätzen als diejenige des historischen Nationalsozialismus. Eugenik und Sozialdarwinismus lehne sie ab. Kommunikationsformen des historischen Nationalsozialismus verwende sie nicht. Daher unterscheide die Antragsgegnerin sich fundamental von der NSDAP. Demgegenüber seien einzelne Aussagen selbst führender Persönlichkeiten der Antragsgegnerin für die Frage der Wesensverwandtschaft irrelevant. Dies gelte erst recht für Aussagen von Personen, die nicht einmal Mitglied der Antragsgegnerin seien. 312

Aus den anonym verfassten Gutachten des Instituts für Zeitgeschichte ergebe sich die behauptete Wesensverwandtschaft nicht. Die Gutachten wiesen durchgreifende wissenschaftlich-methodische Fehler auf, da die zitierten Belege nicht vorgelegt wür- 313 den, und seien daher unverwertbar. Mit Wortvergleichen und einer Zusammenschau aufgrund sprachwissenschaftlicher Erkenntnisse könne eine Wesensverwandtschaft mit dem Nationalsozialismus nicht bewiesen werden.

314 bb) Hinsichtlich des Tatbestandsmerkmals des „Darauf Ausgehens" gelte: Selbst wenn man dieses nicht als Verbot des gewaltsamen Verfassungsumsturzes begreife und nicht einmal strafbares und auch kein rechtswidriges Verhalten zu fordern wäre, gäben die vom Antragsteller vorgelegten „Belege" für eine Bejahung dieses Tatbestandsmerkmals nichts Substantielles her.

315 Der Antragsteller werfe der Antragsgegnerin vor, was gemäß Art. 21 Abs. 1 GG ihre Aufgabe sei: Die Mitwirkung bei der politischen Willensbildung durch Teilnahme an Wahlen, strategische Konzepte, bürgernahes Agieren, Anwendung der Wortergreifungsstrategie, Schulung kommunaler Mandatsträger und jugendorientierte Initiativen. Soweit der Antragsteller sich dabei auf das Gutachten von Prof. Borstel beziehe, werde dessen Verwertung widersprochen. Viele Belege seien anonym und für eine Beweisführung daher ungeeignet.

316 (1) Es werde bestritten, dass die Antragsgegnerin eine Taktik der „kulturellen Subversion und gezielter Siedlung an ausgesuchten Orten" betreibe, um in einzelnen Regionen „Dominanzzonen" und eine „Kultur der Angst" zu erzeugen.

317 (a) Insbesondere sei die Besiedlungsstruktur des Dorfes Jamel nicht auf Initiativen der Antragsgegnerin zurückzuführen. Dass die dort beheimateten rechtsorientierten Bürger und insbesondere der vom Antragsteller benannte K. bei den anderen Bürgern ein Bedrohungsgefühl hervorriefen, werde bestritten. Die tätliche Auseinandersetzung im Rahmen des Musikfestivals und der Brand der Scheune könnten der Antragsgegnerin nicht zugerechnet werden.

318 (b) Ein wie auch immer geartetes „Dominanzstreben" der Antragsgegnerin könne auch in Anklam nicht festgestellt werden. Es werde bestritten, dass in der Stadt ein von der Antragsgegnerin erzeugtes „Klima der Angst" herrsche, das eine offensive Auseinandersetzung mit dem Rechtsextremismus lähme, Menschen von Aussagen gegenüber der Polizei abhalte und demokratische Prozesse beeinträchtige. Die Antragsgegnerin stelle in der Stadtvertretung Anklams nur zwei von 25 Mitgliedern. In den Ausschüssen sei sie jeweils mit nur einem Sitz vertreten.

319 Eine Lähmung des „Kampfes gegen Rechts" sei nicht feststellbar. Neben einem „Demokratieladen", der von den Landeszentralen für politische Bildung des Bundes und des Landes seit 2011 gefördert werde, gebe es noch einen vom Stadtjugendring Greifswald betriebenen „Demokratiebahnhof" sowie ein Büro des „Regionalzentrums für demokratische Kultur". Tätig sei zudem ein Präventionsrat der Stadt. Dass im Jahr 2007 Geschäftsleute der Stadt sich aus Furcht vor der Antragsgegnerin geweigert hätten, eine gegen sie gerichtete öffentliche Erklärung in ihren Ladengeschäften aufzuhängen, werde bestritten. Ebenso werde bestritten, dass in Anklam begangene Straftaten mit der Antragsgegnerin in Verbindung stünden. Dass diese sich nicht von jedem einzelnen Vorfall distanziere, sei aufgrund der grundsätzlichen Ablehnung von Gewalt unerheblich.

(2) Selbst Prof. Borstel habe in seinem Gutachten festgestellt, dass von einer „Atmosphäre der Angst" keine Rede sein könne. Die von der Antragsgegnerin praktizierte „Wortergreifungsstrategie" könne ihr ebenfalls nicht vorgeworfen werden. Dass sie mittels „geschulter Aktivisten" „politische Veranstaltungen der anderen Parteien zu eigenen Zwecken umfunktioniert", sei ein in der Demokratie völlig normaler Vorgang. Dass der politische Gegner hierbei „eingeschüchtert, bloßgestellt, lächerlich gemacht" werde, werde bestritten. Mit Angriffen auf Wahlkreisbüros habe die Antragsgegnerin nichts zu tun und dazu auch nicht aufgerufen. Die zitierten Artikel des Internet-Portals „mupinfo" könnten nicht als Aufruf zur oder Billigung von Gewalt angesehen werden.

(a) Es werde bestritten, dass die Antragsgegnerin gegenüber dem ehrenamtlichen Bürgermeister von Lalendorf in bedrohlicher Weise aufgetreten sei, um diesen in der Wahrnehmung seiner Grundrechte einzuschränken. Alle in dieser Sache Angeklagten seien vom Vorwurf des Hausfriedensbruchs rechtskräftig freigesprochen worden. Auch habe die Antragsgegnerin weder zum Betreten des Grundstücks aufgefordert noch dieses toleriert. Im Übrigen sei der Vorgang nicht als einseitiger Akt der „Bedrängung und Einschüchterung" zu werten, sondern als politischer Schlagabtausch.

(b) Bestritten werde auch die Bedrohung von Lokalpolitikern in Berlin-Pankow. Die Kundgebung mit fünf Teilnehmern habe nicht direkt vor dem Bürgerhaus, sondern laut polizeilicher Auflage 50 Meter daneben auf einer Grünfläche stattgefunden. Den Teilnehmern der Kundgebung sei rechtswidrig untersagt worden, an der Bürgersprechstunde teilzunehmen; von „Zugang verschaffen" könne keine Rede sein. Eine Bedrohungslage gegenüber dem Bezirksbürgermeister habe zu keinem Zeitpunkt vorgelegen.

(c) Auch eine Bedrohung des Bürgermeisters von Schneeberg durch die Antragsgegnerin habe nicht stattgefunden. Die genannte Demonstration sei keine der Antragsgegnerin gewesen. Dass die Versammlung sich in Richtung des Hauses des Bürgermeisters in Bewegung gesetzt habe, habe der lediglich teilnehmende Funktionär der Antragsgegnerin nicht veranlasst. Ein Ermittlungsverfahren wegen Verstoßes gegen das Versammlungsgesetz sei eingestellt worden.

(d) Ebenso werde eine Bedrohung des Bürgermeisters von Schöneiche bestritten. Eine Störung der jüdischen Feste in der Kulturgießerei sei bei keinem der drei genannten Besuche entstanden, der Funktionär S. sei nie in der Kulturgießerei gewesen. Dass der Bürgermeister auf seinem Privatgrundstück beschimpft und bedroht worden sei, werde mit Nichtwissen bestritten. Jedenfalls könne dies der Antragsgegnerin nicht zugerechnet werden. Auch eine Bedrohung des Bürgermeisters auf dem Heimatfest habe nicht stattgefunden.

(e) Durch die „Kampagne" gegen den Lokalpolitiker S. habe lediglich legitime Kritik an der überbordenden Einbürgerungspolitik der Bundesregierung geübt werden sollen. Die Antragsgegnerin habe mit dieser Aktion nur zum Ausdruck gebracht, dass Herr S. nach ihrer Auffassung nicht hätte eingebürgert werden dürfen.

(f) Auch die Bedrohung einer Aktivistin in Güstrow werde bestritten. Diese begebe sich selbst offensiv in die Nähe der von ihr angeblich so gefürchteten Antragsgegnerin. Ein bedrohlicher Charakter sei dem geschilderten Vorfall – der Beobachtung durch Mitglieder der Antragsgegnerin – nicht zu entnehmen. Um wen genau es sich bei den Personen gehandelt habe, die sich anschließend vor ihrem Haus versammelt haben sollen, gehe aus dem Bericht nicht hervor. Eine Zurechnung zur Antragsgegnerin sei nicht möglich.

327 (g) Die vom Antragsteller als „Gewalt gegen politische Gegner" gewerteten Ereignisse von Pölchow belegten genau das Gegenteil. G. und seine Begleiter seien auf dem Weg zu einer angemeldeten Demonstration gewesen, als gewaltbereite Linksextremisten sie daran hätten hindern wollen. Dass G. bei seiner Reaktion auf diesen Übergriff nach Ansicht des Landgerichts Rostock sein Notwehrrecht überschritten und sein Agieren den Charakter eines Gegenangriffs angenommen habe, ändere – unabhängig davon, dass diese Darstellung bestritten werde – nichts an der Tatsache, dass hier von einem Versuch, systematisch Dominanz über politische Gegner zu erringen und Furcht zu verbreiten, keine Rede sein könne.

328 (h) Soweit der Antragsteller versuche, anhand eines einzigen Vorfalls in Greifswald die Stadt als Angstzone für politische Gegner der Antragsgegnerin darzustellen, sei dies zurückzuweisen. Lediglich das NPD-Mitglied O. sei aufgrund eines Vorfalls verurteilt worden. Die Stadt sei als eine von Linksextremen dominierte Angstzone anzusehen.

329 (i) Auch ein „Angriff" auf die DGB-Kundgebung in Weimar habe nicht stattgefunden. Es habe sich um eine öffentliche, für jeden Bürger zugängliche Veranstaltung gehandelt. Die JN-Aktivisten hätten Transparente entrollt und Flugblätter verteilt. Ein Teilnehmer habe das Motto der Veranstaltung „Besucher fragen – Politiker antworten" ernst genommen und das freie Mikrofon ergriffen. Daraufhin seien die Teilnehmer der Kundgebung gegenüber den Aktivisten aggressiv geworden.

330 (j) Ebenso sei es nicht zu einer „gewaltsamen Störung" einer Informationsveranstaltung in Goldbach seitens der Antragsgegnerin gekommen. Richtig sei, dass Herr S. an der Bürgerversammlung teilgenommen und ein Transparent mit der Aufschrift „Asylflut ist kein Menschenrecht" mitgebracht habe. Als Herr S. die Veranstaltung habe verlassen wollen, habe man versucht, ihm sein Transparent zu entreißen und ihn zu schubsen. Erst im Rahmen einer Abwehrreaktion habe er dann zugeschlagen. Das eingeleitete Ermittlungsverfahren wegen Versammlungsstörung sei eingestellt und Strafanzeige wegen Körperverletzung nicht erstattet worden.

331 (k) Eine Bedrohung des Bürgermeisters von Tröglitz werde bestritten. Der Kreisrat der Antragsgegnerin habe lediglich gegen die geplante Aufnahme von „Asylanten" insgesamt zehn „Lichterspaziergänge" durchgeführt. Zwischenfälle habe es bei keiner Veranstaltung gegeben. Die Route des zehnten Spaziergangs habe am Haus des Bürgermeisters vorbeigeführt, da dieser bis dahin nicht auf die Proteste reagiert gehabt habe. Eine Bedrohungslage habe nicht bestanden. Die Antragsgegnerin sei für den Rücktritt des Bürgermeisters nicht verantwortlich.

332 (3) Diese von der seitens der Antragsgegnerin angeblich zu verantwortenden „Beeinträchtigung des demokratischen Handelns vor Ort" erweise sich damit insgesamt als

haltlos. Soweit der Antragsteller darüber hinaus moniere, dass „verfassungsfeindliche rechtsextremistische Ansichten" in der Gesellschaft verbreitet Akzeptanz fänden, spreche dies bei richtiger Betrachtung lediglich für die Verankerung der Antragsgegnerin in der Gesellschaft.

Die Behauptung des Antragstellers, in bestimmten Regionen würden Bürger durch das politische Wirken der Antragsgegnerin davon abgehalten, offen gegen Rechtsextremismus Position zu beziehen und von ihren demokratischen Rechten Gebrauch zu machen, werde bestritten. Dass in Lübtheen niemand etwas Negatives über Herrn Pastörs sage, liege an seiner Beliebtheit. Auch die Weigerung von Geschäftsleuten in Anklam, eine vom Rat verabschiedete Erklärung gegen den Immobilienkauf von NPD-Mitgliedern aufzuhängen, sei allenfalls auf gesunden Menschenverstand zurückzuführen. Die Behauptung, es gebe in Mecklenburg-Vorpommern Städte und Regionen, in denen sich gegen Rechtsextremismus Engagierte und Minderheiten kaum angstfrei bewegen könnten, sei unzutreffend.

(4) Aggressives Die Verhalten gegenüber Asylbewerbern gebe es nicht. Die Antragsgegnerin betreibe keine „diffamierende und hetzerische Rhetorik", sondern übe Kritik am ausufernden Asylmissbrauch. Auch die Durchführung von Demonstrationen stelle nichts weiter als ein legitimes Gebrauchmachen vom Grundrecht auf Versammlungsfreiheit (Art. 8 Abs. 1 GG) dar. Der Hinweis auf die angeblich steigende Zahl von Angriffen auf Asylbewerberunterkünfte trage nicht, weil die Antragsgegnerin hierfür nicht verantwortlich sei und sich ausdrücklich von solchen Taten distanziere. Die Proteste der Antragsgegnerin seien nicht ursächlich für die genannten Gewaltattacken und diese könnten ihr nicht zugerechnet werden. Zu den einzelnen Vorwürfen sei wie folgt zu erwidern:

(a) Die Versammlung unter dem Motto „Asylflut stoppen – Nein zur Zeltstadt auf der Bremer Straße!" in Dresden sei als Eilversammlung angezeigt worden. Die Kundgebung selbst sei ruhig geblieben. Die Behauptung des Antragstellers, in der Nacht zum 28. Juli 2015 hätten rund 20 Rechtsextremisten in der Nähe der Flüchtlingsunterkunft 15 Asylbefürworter attackiert, werde mit Nichtwissen bestritten. Gleiches gelte für die Behauptung, beim Aufbau der Zeltstadt sei es zu Angriffen auf Mitarbeiter des DRK gekommen. Die Antragsgegnerin distanziere sich von diesen Vorfällen.

(b) Unklar bleibe, was an den „Schneeberger Lichtelläufen" verfassungsrechtlich zu beanstanden sei. Dass ein Funktionär der Antragsgegnerin mit einem Bürgermeister ins Gespräch kommen wolle und diesem daher ein entsprechendes Angebot unterbreite, sei ein völlig normaler Vorgang.

(c) Ebenso wenig erschließe sich, worin eine „Bedrängung" der Leipziger Stadtspitze liegen solle, wenn dem Bürgermeister Unterschriften besorgter Bürger gegen den Bau einer Moschee und die Unterbringung von Asylbewerbern übergeben würden. Die veranstalteten Demonstrationen seien durch Art. 5 Abs. 1 Satz 1 und Art. 8 Abs. 1 GG geschützt; gewalttätige Aktionen würden nicht behauptet.

(d) Die Proteste in Bautzen gegen eine Asylbewerberunterkunft seien legitim, die Aufforderung gegenüber dem Vermieter des Hauses zum Nachdenken das gute Recht der

Antragsgegnerin. Es sei ausdrücklich von friedlich-legalen Protestformen gesprochen worden; ein Drohpotential sei mithin nicht erkennbar.

339 (e) Die Beteiligung der Antragsgegnerin an Bürgerprotesten in der Sächsischen Schweiz stelle legitimen Protest dar.

340 (f) Die angebliche Gewalteskalation in Heidenau sei der Antragsgegnerin nicht zurechenbar, sondern habe sich erst einige Stunden nach Ende der von ihr durchgeführten Kundgebung ereignet. Die Antragsgegnerin habe auch keine Zettel verteilt, um sich nach Versammlungsende für eine Blockade zu treffen. Im Übrigen sei von der Sitzblockade keine Gewalt ausgegangen, sondern von der Polizeihundertschaft, die diese mit brachialer Gewalt aufgelöst habe.

341 (g) Das Aufsuchen von Asylunterkünften durch gewählte Abgeordnete der Antragsgegnerin geschehe in Wahrnehmung des ihnen zustehenden parlamentarischen Kontrollrechts. Es handele sich hierbei um eine seit Jahren bei sämtlichen Fraktionen anzutreffende, gängige Praxis, so dass nicht erkennbar sei, wieso ein von den Mandatsträgern der Antragsgegnerin durchgeführter Besuch einer entsprechenden Unterkunft irgendjemanden „einschüchtern" oder ein Zeichen von „Dominanz" sein solle.

342 (5) Soweit die Gegenseite behaupte, ein Großteil der Funktionäre der Antragsgegnerin sei vorbestraft und offenbare dadurch mangelnde Rechtstreue, sei dem entschieden zu widersprechen. Richtig sei, dass es vereinzelt zu Verurteilungen von Funktionären gekommen sei, wobei es sich in der allergrößten Zahl der Fälle um reine Meinungs- und Propagandadelikte handele (§§ 86a, 130 StGB). Die Behauptung des Antragstellers, 25 % der Vorstandsmitglieder der Antragsgegnerin seien rechtskräftig strafrechtlich verurteilt und über 11 % der Vorstandsmitglieder seien schon mehrfach verurteilt worden, werde bestritten. Die Verurteilung des Fraktionsvorsitzenden Udo Pastörs wegen Volksverhetzung und Holocaust-Leugnung beruhe auf willkürlicher Rechtsanwendung. Weitere – von der Antragsgegnerin im Einzelnen aufgeführte – Verurteilungen seien rechtlich fehlerhaft, ohne politischen Bezug oder der Antragsgegnerin nicht zurechenbar.

343 (6) Auch werde bestritten, dass die Antragsgegnerin – insbesondere in Mecklenburg-Vorpommern – zusammen mit Kameradschaften, die auf Gewalt und Einschüchterung abzielten, ein Netzwerk oder gar eine „Volksfront von Rechts" bilde. Erst recht könnten deren Taten nicht der Antragsgegnerin zugerechnet werden.

344 Es sei auch befremdlich, dass der Antragsteller der Antragsgegnerin die Resozialisierung von vorbestraften Jugendlichen und Heranwachsenden vorwerfe. Die Antragsgegnerin nehme ihre Aufgabe ernst, auch Personen und Tendenzen in den demokratischen Prozess zu integrieren, die sich radikalisieren könnten. Zu diesem Integrationsprozess gehöre, dass bestimmten Aussagen nicht sofort disziplinarisch entgegengetreten werde. Tatsächlich erweise sich die Antragsgegnerin als entscheidender gesellschaftspolitischer Ordnungsfaktor in der „Neonazi-Szene". Von den wirklich radikalen Kräften der „Freien Szene" werde die Antragsgegnerin als „weichgespült" kritisiert und politisch bekämpft.

(7) Letztlich komme es auf die vorgenannten Punkte aber nicht an, weil die Antragsgegnerin gegenwärtig weit davon entfernt sei, ihre Programmatik in absehbarer Zeit verwirklichen zu können. Sie sei nicht im Deutschen Bundestag vertreten und es sei auch nicht absehbar, dass sie demnächst dort einziehen werde. Selbst wenn dies anders wäre, würde keine der etablierten Parteien mit der Antragsgegnerin koalieren. 345

Soweit der Antragsteller auf die über 300 kommunalen Mandate der Antragsgegnerin in ganz Deutschland hinweise, relativiere sich diese Zahl ganz erheblich, wenn man sich vergegenwärtige, dass die Antragsgegnerin in den meisten Räten nur mit ein oder zwei fraktionslosen Abgeordneten vertreten sei, die in der Regel nicht einmal über ein eigenes Antragsrecht verfügten. 346

Vergegenwärtige man sich zudem die – gerichtsbekannten – eminenten finanziellen Probleme, an denen die Antragsgegnerin seit Jahren leide, werde auch eine verbleibende „Rest-Gefahr" durch den Mangel an Liquidität und die damit verbundene Einschränkung der politischen Kampagnenfähigkeit erheblich relativiert. 347

g) Hilfsweise hat die Antragsgegnerin vorgetragen, dass selbst dann, wenn ihr eine unter normalen Umständen als aggressiv-kämpferisch zu qualifizierende Haltung nachgewiesen werden könnte, diese Haltung aufgrund ihrer besonderen Situation gerechtfertigt wäre. Diese Situation bestehe in der seit ihrem Bestehen massiven Diskriminierung der Antragsgegnerin durch die Parteien, welche vorliegend als Antragsteller in Erscheinung träten. In dieser Situation könnten Aussagen, insbesondere die Wortwahl, die man als bedenklich einstufen möge, nicht als „aggressiv-kämpferisch", sondern nur als „defensiv-kämpferisch" eingestuft werden. Dabei sei auch zu berücksichtigen, dass Mitglieder der Antragsgegnerin beinahe täglich zum Opfer gewalttätiger körperlicher Angriffe aus der linksradikalen Szene würden. 348

XIII.

1. Unmittelbar vor Beginn der mündlichen Verhandlung hat die Antragsgegnerin mit Schriftsatz vom 1. März 2016 mehrere Anträge wegen Besorgnis der Befangenheit gestellt und die Besetzung des Senats gerügt. Zur Begründung hat sie auf Äußerungen einzelner Mitglieder des Senats vor ihrer Ernennung zu Richtern des Bundesverfassungsgerichtes, auf § 15 Abs. 3 Satz 1 BVerfGG sowie ein (angeblich) gegen Art. 94 Abs. 1 Satz 2 GG verstoßendes Berufungsverfahren verwiesen. Am selben Tag sind sämtliche Anträge zurückgewiesen oder verworfen worden, und auf die entsprechenden Rügen hat der Senat seine ordnungsgemäße Besetzung festgestellt. Die schriftliche Begründung ist mit vier im Mai 2016 veröffentlichten Beschlüssen erfolgt (jeweils mit dem Aktenzeichen 2 BvB 1/13). 349

2. In der mündlichen Verhandlung vom 1., 2. und 3. März 2016 haben die Beteiligten ihren Vortrag vertieft und ergänzt. Gemäß § 27a BVerfGG sind Prof. Dr. Dierk Borstel, Prof. em. Dr. Eckhard Jesse, PD Dr. habil. Steffen Kailitz, Andrea Röpke sowie die Funktionsträger der Antragsgegnerin Jürgen Gansel und Udo Voigt und deren ehemaliger Vorsitzender Holger Apfel gehört worden. Die Präsidentin des Landtages und der Minister für Inneres und Sport des Landes Mecklenburg-Vorpommern sowie der 350

Staatsminister des Innern, für Bau und Verkehr des Freistaates Bayern haben Stellung genommen.

351 3.a) Die Antragsgegnerin hat in der mündlichen Verhandlung einen weiteren auf den 1. März 2016 datierten Schriftsatz vorgelegt, in dem sie mitgeteilt hat, gegen zwei ihrer Landesvorstandsmitglieder des Landesverbands Nordrhein-Westfalen seien laut Benachrichtigungen des Polizeipräsidiums Wuppertal in der Zeit vom 10. Juli 2015 bis zum 9. August 2015 durch die nordrhein-westfälische Polizei Maßnahmen gemäß § 16a Abs. 1 und § 17 Abs. 1 Satz 1 PolG NRW durchgeführt worden. Der Anlass für die Überwachungsmaßnahmen sei nicht bekannt. Offenbar hätten die Maßnahmen sich primär gegen „eine bestimmte Person" gerichtet, wobei die beiden Betroffenen als Begleit- und Kontaktpersonen ebenfalls überwacht worden seien. Dies lege die Vermutung nahe, dass primäres Überwachungsobjekt eine weitere Person aus dem Landesvorstand gewesen sei.

352 Es stehe damit fest, dass entgegen der Zusicherung des Antragstellers Mitglieder eines Landesvorstands – also der Führungsebene der Antragsgegnerin – während des laufenden Verbotsverfahrens mit nachrichtendienstlichen Mitteln überwacht worden seien. Darüber hinaus habe auch der Verfahrensbevollmächtigte zu 1. der Antragsgegnerin mit einer der beiden Betroffenen in den letzten Monaten in vermehrtem Kontakt gestanden, weshalb vermutlich auch von ihm Daten erfasst worden seien.

353 b) Der Antragsteller hat in der mündlichen Verhandlung erwidert, dass der von der Antragsgegnerin geschilderte Vorgang nicht von den Testaten umfasst sei und keine Verfahrenshindernisse im hier verhandelten Sinne betreffe.

354 Zum konkreten Sachverhalt ist Landeskriminaldirektor S. vom Nordrhein-Westfälischen Innenministerium mündlich angehört worden: Er hat erklärt, dass Gegenstand der Maßnahme, auf die sich die Benachrichtigung über eine Datenerhebung durch die Polizei bezogen habe, ein Verfahren zur Gefahrenabwehr gewesen sei, das das Polizeipräsidium Wuppertal betrieben habe. Adressat der Maßnahmen sei ein in Nordrhein-Westfalen als sogenannter Gefährder eingestufter Straftäter gewesen, der sich zu diesem Zeitpunkt noch in Strafhaft befunden habe. Anlässlich seiner Haftentlassung am 14. Juli 2015 habe das Polizeipräsidium Wuppertal die Anordnung getroffen, ihn mit dem Ziel der Ermittlung des weiteren Aufenthalts und der Wohnsitznahme unter Einsatz technischer Mittel zu observieren. Daraufhin hätten Einsatzkräfte der Polizei am 14. Juli 2015 festgestellt, dass der Betroffene bei seiner Entlassung von drei Personen abgeholt worden sei. Zwei dieser Personen seien die Adressaten der Benachrichtigung über die Datenerhebung durch die Polizei gewesen. Nach erfolgreicher Feststellung des Wohnsitzes seien die Maßnahmen eingestellt worden.

355 4. Die Antragsgegnerin hat außerdem zwei eidesstattliche Versicherungen von A. und Uwe Meenen vorgelegt, die den bereits schriftsätzlich vorgetragenen Anwerbeversuch von Herrn A. (vgl. Rn. 91 [S. 1326]) belegen sollen. In der Erklärung von Herrn A. wird der angebliche Anwerber des Staatsschutzes als „Herr Fink" bezeichnet.

XIV.

1. Mit Schriftsatz vom 22. März 2016 hat der Antragsteller die von ihm aus den beiden Gutachten des Instituts für Zeitgeschichte zitierten Belege vorgelegt.

2. Mit Schriftsatz vom 11. April 2016 hat die Antragsgegnerin zur mündlichen Verhandlung Stellung genommen.

a) Sie wendet sich zunächst gegen Behauptungen der Präsidentin des Landtages von Mecklenburg-Vorpommern in der mündlichen Verhandlung und macht geltend, dass diese durch eine Belastungstendenz zum Nachteil der Antragsgegnerin geprägt seien, was durch von ihr geschilderte Vorfälle belegt werde. Außerdem bestreitet sie von der sachkundigen Dritten Andrea Röpke in der mündlichen Verhandlung aufgestellte Behauptungen, vor allem zu einem angeblichen Angriff eines Mitglieds der Antragsgegnerin auf einen Gewerkschaftsvertreter.

b) Die Antragsgegnerin führt ferner sechs Fälle der Bezugnahme auf den Nationalsozialismus durch eigene Mitglieder auf, gegen die sie mit parteirechtlichen Ordnungsmitteln vorgegangen sei. Außerdem verweist sie auf einen Parteivorstandsbeschluss vom 5./6. April 2014, wonach die vom Antragsteller als Belege vorgelegten, vom Parteivorstand nicht genehmigten Leitfäden der JN nicht weiter zu verbreiten und zu vernichten seien. Gleiches gelte auch für die Broschüre des Parteivorstands „Leitfaden für Kandidaten" („Argumente für Mandats- und Funktionsträger").

c) Darüber hinaus nimmt die Antragsgegnerin hinsichtlich der Behauptung, sie verbreite ein „Klima der Angst", Bezug auf eine Broschüre der Heinrich-Böll-Stiftung sowie der Amadeu Antonio Stiftung mit dem Titel „Darf die NPD wegen Taten parteiloser Neonazis verboten werden?". In dieser würden aktuelle Erkenntnisse zu den vom Antragsteller aufgeführten Fällen einer angeblichen Einschüchterung verarbeitet und die Antragsgegnerin umfassend entlastet.

So heiße es zum Rücktritt des Ortsbürgermeisters von Tröglitz, dass dieser weniger durch das Verhalten der Antragsgegnerin, als durch den Unwillen und die Unfähigkeit der zuständigen Versammlungsbehörde begründet sei, einen Ausgleich zwischen den Grundrechten der Familie des Bürgermeisters und dem Versammlungsrecht zu finden. Zu den Vorgängen in Dresden am 24. Juli 2015 werde festgestellt, dass die Mitglieder der Antragsgegnerin an der Gewalt im Anschluss an die Kundgebung nicht beteiligt gewesen seien, auch wenn sie diese nicht unterbunden hätten. Die Taten seien jedenfalls nach derzeitigem Kenntnisstand nicht von der Antragsgegnerin geplant oder gesteuert worden. Zum Fall Heidenau weise die Broschüre darauf hin, dass die Partei zwar eine aggressive, rassistische Stimmung befördert, der verantwortliche Funktionär R. die Antragsgegnerin aber mittlerweile verlassen habe. Formal habe sich die Partei von der Gewalt in direkter zeitlicher Nähe distanziert. Auch die Ausführenden seien keine NPD-Mitglieder gewesen, für eine Lenkung durch die Antragsgegnerin bestünden keine Anhaltspunkte.

3. Mit Schriftsatz vom 27. April 2016 hat der Antragsteller auf die Schriftsätze der Antragsgegnerin vom 2. März und 11. April 2016 geantwortet.

363   Die Schriftsätze seien selbst von den verfassungswidrigen Zielen der Antragsgegnerin geprägt. Sie enthielten Falschbehauptungen, verzerrende Interpretationen von Aussagen der Antragsgegnerin und ihrer Mitglieder, unrichtige Darstellungen des Vortrags des Antragstellers sowie Behauptungen ins Blaue hinein.

364   a) Mit dem Grundgesetz – insbesondere mit den Grundsätzen des Art. 79 Abs. 3 GG – sei das Demokratieverständnis der Antragsgegnerin nicht zu vereinbaren. Es baue auf der Möglichkeit einer Diktatur der Mehrheit auf, die an keine rechtlichen Regeln gebunden sei. In dieser Konstruktion lösten sich nicht nur die änderungsfesten Grenzen des Art. 79 Abs. 3 GG, sondern bereits der einfache Vorrang der Verfassung auf. Zudem sei die von der Antragsgegnerin beschriebene Mehrheit keine Mehrheit innerhalb einer demokratischen Allgemeinheit, sondern eine völkisch selektierte Mehrheit. Bringe man diese Sicht der Volkssouveränität mit dem Volksbegriff der Antragsgegnerin in Verbindung, so ergebe sich daraus das Ideal einer politischen Ordnung, in der eine rassisch homogene „Volksgemeinschaft" sich dazu ermächtigt sehe, prozedural und materiell unbegrenzt politische Entscheidungen zu treffen. Dass die Universalität der Menschenwürde auch die demokratische Mehrheit begrenze, lasse die Antragsgegnerin völlig außer Betracht.

365   b) Es bestehe kein Zweifel daran, dass die Antragsgegnerin sich gegen die freiheitliche demokratische Grundordnung wende.

366   aa) Sie vertrete – entgegen ihrem Vorbringen – einen rassisch definierten, ethnischen Volksbegriff. Der Deutschenbegriff des Parteiprogramms knüpfe nicht an die Staatszugehörigkeit, sondern an einer ethnisch definierten Volkszugehörigkeit an. Die gesetzlich ausgestaltete Staatsangehörigkeit führe ein politisch und rechtlich irrelevantes Nebendasein. Die Antragsgegnerin stelle ethnisch Fremde mit deutscher Staatsbürgerschaft rechtlos und wolle diese des Landes verweisen. Wenn sie behaupte, dass sie „keine Ausbürgerungen" plane, sei dies für ihre verfassungsfeindlichen Ziele irrelevant. Die Staatsbürgerschaft habe letztlich für das Bleiberecht keine Bedeutung, da dieses ausschließlich rassisch-ethnisch definiert werde.

367   Zwar sei eine Rückkehr zu einem allein auf Abstammung basierenden Staatsangehörigkeitsrecht auf gesetzlichem Weg möglich. Der Antragsteller trete jedoch der Auffassung der Antragsgegnerin entgegen, wonach der Gesetzgeber gar nicht konstitutiv entscheiden könne, wer zum „deutschen Volk" gehöre, da sich dies aus ethnisch-rassischen Kriterien ergebe. Art. 116 Abs. 1 Var. 1 GG bestätige gerade, dass die „Volkszugehörigkeit" allein nicht darüber bestimmen dürfe, wer zum Staatsvolk gehöre, sondern dass dies bewusst dem Gesetzgeber im Rahmen des Staatsangehörigkeitsrechts überlassen werde.

368   bb) Die Antragsgegnerin versuche, die Verfassungswidrigkeit ihrer Ideologie durch Verfälschungen zu überdecken. Sie betreibe eine verharmlosende Auslegung von Äußerungen (1) [S. 1376], eine bewusste Dekontextualisierung und Unterschlagung von nationalsozialistischen Bezügen (2) [S. 1376] sowie den Versuch der Distanzierung von grundlegenden Parteidokumenten (3) [S. 1376] und einzelnen Belegen und Personen (4) [S. 1377].

(1) Die Antragsgegnerin richte ihre Äußerungen bewusst am Adressatenkreis aus. Dies stehe der von ihr behaupteten „objektiven Mehrdeutigkeit" ihrer Äußerungen entgegen. Sie banalisiere insbesondere den die Menschenwürde verachtenden Charakter des Antisemitismus. Vereinzelte Zitate, die das Fehlen von Antisemitismus in der Partei belegen sollten, stünden einer Vielzahl antisemitischer Äußerungen gegenüber. 369

(2) Bewusst dekontextualisiert und damit entgegen den verfassungsrechtlichen Maßstäben ausgelegt würden insbesondere Aussagen, die die Wesensverwandtschaft der Antragsgegnerin zum Nationalsozialismus belegten. Auch weitere beispielhaft aufgeführte Äußerungen würden durch die Außerachtlassung des kommunikativen Kontextes bewusst verfälscht. Irreführend sei die Behauptung, beim Besuch einer Flüchtlingsunterkunft in München hätten sich Bewohner mit einem Funktionär der Antragsgegnerin fotografieren lassen. In Wahrheit hätten drei der abgebildeten Asylbewerber Strafantrag gestellt mit der Folge, dass das Amtsgericht München einen Strafbefehl wegen Verstoßes gegen das Kunsturhebergesetz erlassen habe. Verharmlosend dargestellt werde auch die Kampagne gegen S., deretwegen der Funktionär Frank Schwerdt zu einer Geldstrafe wegen Beleidigung verurteilt worden sei. Hinsichtlich der Bedrängung von Kommunalpolitikern in Berlin-Pankow blende die Antragsgegnerin aus, dass das Motto der Aktion gelautet habe: „Den Feind erkennen – den Feind benennen." Bezogen auf die Störung der DGB-Kundgebung in Weimar habe die Staatsanwaltschaft Anklage wegen Verstoßes gegen § 21 VersG erhoben. Hauptbeteiligte der Ausschreitungen am 24. Juli 2015 in Dresden seien der Vorsitzende der Ortsgruppe Heidenau und ein weiterer Anhänger der Antragsgegnerin sowie drei weitere Teilnehmer der von der Antragsgegnerin veranstalteten Demonstration gewesen. 370

(3) Die Antragsgegnerin versuche vergeblich, sich nachträglich von grundlegenden Parteidokumenten, insbesondere der Schrift „Wortgewandt – Argumente für Mandats- und Funktionsträger" sowie den Leitfäden der JN zu distanzieren. Der vorgelegte Beschluss des Parteivorstands vom 5./6. April 2014 sei Teil eines taktischen Vorgehens im Hinblick auf das Parteiverbotsverfahren. Die betroffenen Texte behandelten Kernpositionen der Antragsgegnerin, die diese nicht nur über einen langen Zeitraum vertreten habe, sondern auch weiterhin vertrete. Dies werde durch zahlreiche Äußerungen führender Parteifunktionäre belegt. 371

Der für die Leitfäden verantwortliche JN-Schulungsleiter D. sei ein halbes Jahr nach diesem Beschluss zum stellvertretenden Bundesvorsitzenden der JN aufgestiegen. Dieses Amt übe er weiterhin aus. In einem Interview vom 27. April 2014 habe er die fortwährende Gültigkeit der Leitfäden bestätigt. 372

Die Argumentationsbroschüre für Mandats- und Funktionsträger besitze ihrerseits eine große Relevanz innerhalb der Antragsgegnerin und eine hohe Reichweite. Sie entstamme der „Schriftenreihe des Parteivorstands der NPD" und enthalte ein Vorwort des damaligen Parteivorsitzenden, wonach es sich um eine der „drei Grundlagenschriften nationaldemokratischen Politikverständnisses" handele. Der Verfasser Jürgen Gansel sei führender und die Ideologie prägender Funktionär der Antragsgegnerin. Die 2012 in zweiter Auflage erschienene Broschüre sei seit mindestens zehn Jahren ideologische Grundlage der Parteiarbeit. Die fortgesetzte Gültigkeit der Broschüre zeige sich schließ- 373 lich daran, dass zentrale Thesen der Schrift noch heute im Wortlaut auf der Homepage der Partei abgerufen werden könnten.

374 (4) Auch die Distanzierung von einzelnen Belegen und Personen sei vergeblich. Wenn eine verharmlosende Auslegung einer Äußerung nicht mehr möglich sei, werde versucht, diese als Entgleisung eines Einzelnen darzustellen oder deren Zurechenbarkeit zu bestreiten. Dies sei nicht hinnehmbar, da an der Zurechenbarkeit im Einzelfall keine Zweifel bestünden und die aufgeführten Äußerungen den Grundtendenzen der Partei entsprächen.

375 Die Schilderung eines Vorgehens gegen rechts- und satzungswidriges Verhalten von Mitgliedern in sechs Einzelfällen sei kaum repräsentativ und betreffe keine prägenden Mitglieder. Sie seien für das Gesamtbild der Partei ohne Belang. Vielmehr sei ein bekennender Nationalsozialist wie Thomas Wulff Anfang 2014 auf einem Parteitag in Hamburg zum Landesvorsitzenden gewählt worden und gehöre dem Bundesvorstand der Antragsgegnerin an.

376 cc) Bezeichnend sei schließlich, dass die Antragsgegnerin in ihren Schriftsätzen die zahlreichen Belege zum Antiparlamentarismus und zur Systemüberwindung nicht inhaltlich kommentiere. Der systemüberwindende Anspruch sei noch einmal in den Äußerungen von Udo Voigt in der mündlichen Verhandlung deutlich geworden. Von dieser handlungsleitenden Zielsetzung könne auch der Verweis auf die parlamentarische Arbeit nicht ablenken, da diese nur Mittel auf dem Weg zur Abschaffung des parlamentarischen Systems sei. Ziel der Antragsgegnerin sei die Herrschaft einer rassischen Elite. Dies sei keine andere Form von Demokratie, sondern eine menschenrechtsverletzende Willkürherrschaft.

377 c) Die Antragsgegnerin gehe auch weiterhin auf eine Beeinträchtigung beziehungsweise Beseitigung der freiheitlichen demokratischen Grundordnung aus.

378 aa)(1) Zwar könne ein Parteiverbot nicht allein auf eine verfassungswidrige Gesinnung gestützt werden. Das Verfahren erfülle jedoch eine eigenständige Funktion. Daher könnten Strafbarkeit oder Rechtswidrigkeit nicht Voraussetzung eines verbotswidrigen Verhaltens sein. Dem Parlamentarischen Rat sei es bei Verabschiedung des Grundgesetzes nicht darum gegangen, über die verfassungswidrigen Ziele hinaus weitere Voraussetzungen für ein Parteiverbot aufzustellen. Das Kriterium „Verhalten der Anhänger" sei nur hinzugefügt worden, damit eine Partei sich nicht hinter dem „Lippenbekenntnis" eines harmlosen Programms verstecken könne. Der Verbotstatbestand setze keine – auch nicht eine marginale – konkrete Gefahr für eines der beiden Schutzgüter des Art. 21 Abs. 2 GG voraus, zumal eine verlässliche Prognose über die Realisierungschance einer solchen Gefahr nicht getroffen werden könne.

379 Die jeweilige prozentuale Entwicklung der Wahlergebnisse könne daher kein Maßstab für den „richtigen Zeitpunkt" eines Parteiverbots sein. Die Wahl des Zeitpunkts der Einleitung eines Verbotsverfahrens liege im politischen Ermessen der zugelassenen Antragsteller, die allesamt Verfassungsorgane seien. Dieses Ermessen sei vom Bundesverfassungsgericht allenfalls auf Missbrauch hin überprüfbar.

380 Eine dem Zweck des Verfahrens angemessene Prävention erlaube ein Verbot jedenfalls dann, wenn der Partei Äußerungen oder Aktivitäten zuzurechnen seien, die typi-

scherweise Gefährdungen für den Verfassungsstaat oder die Menschenwürde darstellten, und es unvorhersehbar sei, wie und wann sie sich realisierten. Derartige typische Gefährdungen seien namentlich mit Handlungen und Äußerungen unmittelbar gegenüber dem politischen Gegner oder einer angegriffenen Minderheit verbunden. Selbst wenn Aktivitäten in der Form einer Äußerung erfolgten – etwa eine Aufforderung zur Ausreise –, könne darin nicht nur eine Mitteilung von Inhalten gesehen werden. Die Äußerung stelle – etwa aufgrund des bedrohlichen oder einschüchternden Charakters – gleichzeitig eine die Schutzgüter des Art. 21 Abs. 2 GG gefährdende Handlung dar. Gefährlich könnten auch Äußerungen gegenüber eigenen Anhängern sein, wenn diese handlungsleitend seien.

(2) Auch das Kriterium der „Wesensverwandtschaft mit dem Nationalsozialismus" knüpfe nicht nur an eine Gesinnung oder eine Überzeugung an. Es sei – als ein Indiz für ein „Darauf Ausgehen" – vielmehr auch anwendbar, wenn man deutlich mehr als eine verfassungswidrige Überzeugung verlange, da es auf der Erkenntnis basiere, dass eine dem Nationalsozialismus verwandte Partei typischerweise Gefahren für die freiheitliche demokratische Grundordnung verursache.

bb)(1) Der gestiegene Umfang der Aktivitäten der Antragsgegnerin sei ein Indiz für die aggressiv-kämpferische Verfolgung ihrer verfassungsfeindlichen Ziele. Nach einer Schwächephase von 2012 bis 2014 sei in den vergangenen eineinhalb Jahren – auch bedingt durch die Flüchtlingsproblematik – eine Stärkung der Antragsgegnerin zu beobachten. Dies betreffe insbesondere die Zahl und die Reichweite der Aktivitäten, wie etwa das zunehmende Demonstrationsgeschehen zeige. Die selektive Betrachtung von Verfassungsschutzberichten aus einzelnen Jahren sei nicht repräsentativ. Vielmehr sei die Entwicklung der Partei insgesamt in den Blick zu nehmen.

Die Reichweite der Aktivitäten der Antragsgegnerin könne nicht nur an traditionellen Indikatoren, wie etwa Mitgliederzahlen, festgemacht werden. Die Antragsgegnerin benutze umfangreich und professionell die neuen Medien und erreiche dadurch – mit relativ kleinem Aufwand – eine große Zahl von Adressaten. Entscheidend für die Beurteilung ihrer Stärke sei darüber hinaus ihr Selbstverständnis als Weltanschauungspartei. Dieses habe zur Folge, dass ihre Mitglieder eine – im Vergleich zu den Mitgliedern anderer Parteien – überdurchschnittlich hohe Aktivitätsquote hätten.

Die Kampagnenfähigkeit und das Mobilisierungspotential der Antragsgegnerin ließen sich insbesondere an den umfangreichen Demonstrationsaktivitäten im Jahr 2015 ablesen. Betrachte man nur die Veranstaltungen ab 20 Personen, seien 192 unmittelbar der Antragsgegnerin zurechenbare Veranstaltungen mit insgesamt circa 23.000 Teilnehmern im Jahr 2015 zu verzeichnen. Hinzu kämen 95 von der Antragsgegnerin beeinflusste oder gesteuerte Veranstaltungen (THÜGIDA, MVGIDA, „Saarländer gegen Salafisten" etc.) mit einer Gesamtteilnehmerzahl von über 20.000.

Die Antragsgegnerin sei ein Hauptakteur der rechtsextremistischen Anti-Asyl-Agitation. Von rechtsextremistischen Parteien organisierte Aktionen und Straftaten gegen Asylunterkünfte hätten im Jahr 2015 mit 1.031 Straftaten (davon 177 Gewaltdelikte) ihren Höchststand erreicht. Der völkischen Ideologie der Antragsgegnerin könne dabei nach Einschätzung des Bundeskriminalamts eine katalysierende Wirkung zukommen.

386   Ein weiterer Faktor bei der Beurteilung der Stärke der Antragsgegnerin sei ihre Rolle als Arbeitgeberin. Insgesamt seien den Verfassungsschutzbehörden 87 Personen bekannt, die seit 2004 als Mitarbeiter beziehungsweise Praktikanten der Landtagsfraktionen der Antragsgegnerin in Mecklenburg-Vorpommern und Sachsen, der einzelnen Landtagsabgeordneten der Partei sowie des Europaabgeordneten Udo Voigt tätig gewesen seien. Bei 37 dieser Personen könne eine vorherige oder gleichzeitige Verbindung zu neonazistischen Personenzusammenschlüssen aus offen verwertbaren Informationen bestätigt werden. Ihre Rolle als Arbeitgeber stärke die personelle Basis der Antragsgegnerin und ihre Netzwerkfunktion im rechtsextremistischen Spektrum.

387   (2) In den vergangenen Wochen und Monaten sei es zudem zu weiteren Ereignissen gekommen, die zeigten, dass die Antragsgegnerin durch Einschüchterungen und Bedrohungen bis hin zur Gewaltanwendung demokratisches Handeln vor Ort einschränke.

388   In Nauen sei der Funktionär S. wegen des dringenden Tatverdachts der Brandstiftung mit Blick auf eine als Notunterkunft für Asylbewerber geplante Turnhalle verhaftet worden. In Löcknitz habe eine Gruppe um einen Gemeindevertreter der Antragsgegnerin eine Versammlung gestört und sei wegen Äußerungen wie „keine Volksdeutschen", „alles Parasiten" und „polnischer Pöbel" angezeigt worden.

389   Am 11. Januar 2016 sei es im Leipziger Stadtteil Connewitz zu gewalttätigen Auseinandersetzungen gekommen, die der Kreisverband der Antragsgegnerin Leipzig in den sozialen Medien positiv kommentiert und dadurch die Situation angeheizt habe. Der überwiegende Teil der Täter habe einen rechtsextremen Hintergrund gehabt.

390   Schließlich habe die Antragsgegnerin in scheinlegaler Weise zum Umsturz aufgerufen, als sie im Februar 2016 Beamte und Angestellte des öffentlichen Dienstes sowie Soldaten dazu aufgefordert habe, von ihrem Widerstandsrecht nach Art. 20 Abs. 4 GG Gebrauch zu machen. Eine derart gezielte Verleitung zum Ungehorsam gegenüber dem Staat beinhalte ein aktives Untergraben der freiheitlichen demokratischen Grundordnung.

391   4. Mit Schriftsatz vom 9. Mai 2016 hat die Antragsgegnerin zu den mit Schriftsatz vom 22. März 2016 vorgelegten Belegen des Instituts für Zeitgeschichte mitgeteilt, dass ihr die Belege hinsichtlich P. und H. nicht zurechenbar seien, da keine der beiden Personen Mitglied der Antragsgegnerin sei.

392   5. Mit Schriftsatz vom 23. Mai 2016 hat die Antragsgegnerin auf den Schriftsatz des Antragstellers vom 27. April 2016 erwidert und geltend gemacht, dass sie die Bindung des Gesetzgebers an das Menschenwürdeprinzip ausdrücklich anerkenne. Auch die Behauptung des Antragstellers, sie negiere die Geltung der (Jedermann-)Grundrechte für Ausländer, gehe fehl. Sie strebe auch keine Ausbürgerung an, sondern fordere eine Einschränkung der überbordenden Einbürgerungspraxis durch eine Änderung des Staatsangehörigkeitsrechtes ex nunc.

393   Zu den neu erhobenen tatsächlichen Vorwürfen sei Folgendes auszuführen: S. stehe in Nauen lediglich unter Brandstiftungsverdacht, gerichtliche Feststellungen seien bislang nicht getroffen worden. Jedenfalls könne die Tat der Antragsgegnerin nicht zu-

gerechnet werden, da sie diese weder billige, noch dazu angestiftet habe. Im Fall Löcknitz habe ihr Gemeindevertreter weder beleidigende Äußerungen getätigt noch Gewalt ausgeübt.

Zu den Verlautbarungen des Kreisverbands Leipzig sei festzustellen, dass die Antragsgegnerin den hierfür verantwortlichen Kreisvorsitzenden B. unverzüglich seines Amts enthoben habe. Der Betroffene habe die Partei sodann freiwillig verlassen. Mehr könne von der Antragsgegnerin nicht verlangt werden. 394

6. Mit Schriftsatz vom 28. Juni 2016 hat die Antragsgegnerin die ordnungsgemäße Besetzung des Senats im Hinblick auf die Mitwirkung des Richters Landau gerügt. Dessen Amtszeit sei abgelaufen. Gleichwohl versuche der Antragsteller durch die vorsätzliche Nichtwahl eines Nachfolgers die Erfolgsaussichten seines Verbotsantrags zu verbessern. 395

XV.

Hinsichtlich der 57 vom Antragsteller in der Antragsschrift und der deanonymisierten Übersicht aufgeführten strafrechtlichen Verurteilungen hat der Senat in 54 Fällen die entsprechenden Verfahrensakten beiziehen können. 396

B.

Die Anträge sind zulässig. 397

Bedenken gegen die ordnungsgemäße Besetzung des Senats bestehen nicht (I.) [S. 1380]. Auch stehen der Durchführung des Verfahrens keine unbehebbaren Verfahrenshindernisse entgegen (II.) [S. 1381]. Der hilfsweise gestellte Antrag der Antragsgegnerin auf Aussetzung des Verfahrens, bis der vom Deutschen Bundestag am 20. März 2014 eingesetzte Untersuchungsausschuss zur NSA-Abhör-Affäre seinen Abschlussbericht vorgelegt hat, ist zurückzuweisen (III.) [S. 1401]. Die von der Antragsgegnerin im Übrigen geltend gemachten Zulässigkeitsmängel liegen nicht vor. Weder fehlt es an einer ordnungsgemäßen Prozessvollmacht der Verfahrensbevollmächtigten des Antragstellers (IV. 1.) [S. 1402], noch ergibt sich die Unzulässigkeit des Antrags aus einer verfassungswidrigen Ausgestaltung der Antragsbefugnis im Parteiverbotsverfahren durch § 43 BVerfGG (IV. 2.) [S. 1403]. Auch die Auffassung, für das beantragte Parteiverbot stelle Art. 21 Abs. 2 GG keine geeignete Rechtsgrundlage dar, steht der Zulässigkeit des Verbotsverfahrens nicht entgegen (IV. 3.) [S. 1403]. 398

I.

Der Senat ist ordnungsgemäß besetzt. Hinsichtlich der bereits in der mündlichen Verhandlung beschiedenen Besetzungsrügen wird auf die gesondert ergangenen Beschlüsse verwiesen (vgl. Rn. 349 [S. 1372]). Die Besetzungsrüge der Antragsgegnerin betreffend den Richter Landau geht ins Leere. Die Amtszeit des Richters ist abgelaufen und er ist mit der Ernennung seiner Nachfolgerin gemäß § 4 Abs. 1 und 4 BVerfGG aus dem Senat ausgeschieden. Demgemäß hat er an der Entscheidung nicht mitgewirkt. 399

II.

400 Für eine Einstellung des Verfahrens wegen unbehebbarer Verfahrenshindernisse ist kein Raum.

401 1. Ein zur Verfahrenseinstellung führendes Hindernis kommt lediglich als ultima ratio möglicher Rechtsfolgen von Verfassungsverstößen in Betracht (a) [S. 1381]. Im Parteiverbotsverfahren gemäß Art. 21 Abs. 2 GG setzt dies einen Verfassungsverstoß von erheblichem Gewicht voraus (b) [S. 1382]. Dies kommt insbesondere dann in Betracht, wenn gegen das aus Art. 21 Abs. 1 und Abs. 2 in Verbindung mit Art. 20 Abs. 3 GG folgende Gebot freier und selbstbestimmter Willensbildung und Selbstdarstellung der Partei vor dem Bundesverfassungsgericht verstoßen wird (c) [S. 1382]. Mit dem rechtsstaatlichen Gebot strikter Staatsfreiheit ist der Einsatz von V-Leuten und Verdeckten Ermittlern auf den Führungsebenen einer Partei während eines laufenden Verbotsverfahrens grundsätzlich nicht zu vereinbaren (d) [S. 1382]. Gleiches gilt, soweit ein Verbotsantrag im Wesentlichen auf Materialien und Sachverhalte gestützt wird, deren Zustandekommen durch staatliche Quellen beeinflusst wurde (e) [S. 1383]. Daneben kommt dem Grundsatz des fairen Verfahrens besondere Bedeutung zu. Der daraus folgende Anspruch einer Prozesspartei, im Rahmen einer von ihr ausgewählten Strategie effektiv Einfluss auf das Verfahren nehmen zu können, steht einem Auspähen der Prozessstrategie mit nachrichtendienstlichen Mitteln entgegen (f) [S. 1384]. Wird diesen Anforderungen nicht genügt, kommt eine Fortsetzung des Parteiverbotsverfahrens grundsätzlich nicht in Betracht. Etwas anderes kann ausnahmsweise gelten, wenn angesichts der von einer Partei ausgehenden Gefahren für die freiheitliche demokratische Grundordnung der Präventionszweck des Parteiverbotsverfahrens die Beeinträchtigung der rechtsstaatlichen Anforderungen an das Parteiverbotsverfahren eindeutig überwiegt (g) [S. 1386].

402 a) Weder das Grundgesetz noch das Bundesverfassungsgerichtsgesetz enthalten spezielle Normen zu den rechtsstaatlichen Mindestanforderungen an die Durchführung eines Verfahrens gemäß Art. 21 Abs. 2 GG, Art. 93 Abs. 1 Nr. 5 GG in Verbindung mit § 13 Nr. 2, §§ 43 ff. BVerfGG sowie zu den Rechtsfolgen von Verstößen gegen solche Anforderungen. Insbesondere fehlt es an einer ausdrücklichen Regelung der Verfahrenseinstellung wegen nicht behebbarer Verfahrenshindernisse (vgl. BVerfGE 107, 339 ⟨363⟩).

403 Allerdings hat der Zweite Senat des Bundesverfassungsgerichtes in seiner Entscheidung vom 18. März 2003 (BVerfGE 107, 339) hierzu – insoweit im Ansatz übereinstimmend zwischen damaliger Senatsmehrheit und -minderheit – ausgeführt: Kein staatliches Verfahren darf einseitig nur nach Maßgabe des jeweils rechtlich bestimmten Verfahrenszwecks ohne Rücksicht auf mögliche gegenläufige Verfassungsgebote und auf mögliche übermäßige rechtsstaatliche Kosten einseitiger Zielverfolgung durchgeführt werden. Die Durchsetzung jedes staatlichen Verfahrensinteresses muss im Konflikt mit gegenläufigen verfassungsrechtlichen Rechten, Grundsätzen und Geboten als vorzugswürdig nach Maßgabe der Grundsätze der Verhältnismäßigkeit gerechtfertigt sein (BVerfGE 107, 339 ⟨364⟩). Weiterhin hat der Senat darauf hingewiesen, dass dem Bundesverfassungsgericht aufgrund seiner alleinigen Zuständigkeit für die Entscheidung über die Verfassungswidrigkeit einer Partei eine Garantenstellung für die Wah-

rung rechtsstaatlicher Anforderungen im Verbotsverfahren zukommt. Es hat daher von Amts wegen in jeder Lage des Verfahrens zu prüfen, ob das staatliche Interesse an der weiteren Durchführung des Verfahrens überwiegt, oder ob die Fortsetzung des Verfahrens den verfassungsrechtlichen Anforderungen an die Rechtsstaatlichkeit und dem verfassungsrechtlich gebotenen Schutz der Antragsgegnerin widerspräche (vgl. BVerfGE 107, 339 ⟨364 f.⟩). Ein zur Verfahrenseinstellung zwingendes Verfahrenshindernis wird dabei allerdings nur in besonders gelagerten Ausnahmefällen angenommen werden können, wenn die materiellen Ziele des Verfahrens tatsächlich nicht mehr oder nur bei Inkaufnahme unverhältnismäßiger Rechtsverletzungen zu verwirklichen sind (BVerfGE 107, 339 ⟨380⟩ nicht entscheidungstragende Senatsmehrheit). Die Annahme eines zur Verfahrenseinstellung führenden Verfahrenshindernisses kommt nur als ultima ratio möglicher Rechtsfolgen von Verfassungsverstößen in Betracht (vgl. BVerfGE 107, 339 ⟨365⟩ entscheidungstragende Senatsminderheit).

b) Voraussetzung für die Annahme eines unüberwindlichen Verfahrenshindernisses ist demgemäß ein Verfassungsverstoß von erheblichem Gewicht (vgl. BVerfGE 107, 339 ⟨365⟩). Bei weniger schwerwiegenden oder auf andere Weise ausgleichbaren Verfahrensmängeln verbietet sich hingegen eine Verfahrenseinstellung. Sie können durch Rechtsfolgen ausgeglichen werden, die nicht das gesamte Verfahren mit sofortiger Wirkung beenden, wie etwa erhöhte Anforderungen an die Beweiswürdigung oder Beweisverwertungsverbote (vgl. BVerfGE 107, 339 ⟨379⟩ Senatsmehrheit unter Verweis auf BVerfGE 44, 353 ⟨383⟩; 57, 250 ⟨292 f.⟩; 101, 106 ⟨126⟩).

c) Für die Frage, ob ein gewichtiger Verfassungsverstoß gegeben ist, sind vor allem die sich spezifisch aus dem Wesen des Parteiverbotsverfahrens gemäß Art. 21 Abs. 1 und Abs. 2 in Verbindung mit Art. 20 Abs. 3 GG ergebenden rechtsstaatlichen Anforderungen zu beachten: Das verfassungsgerichtliche Parteiverbot stellt die schärfste und überdies zweischneidige Waffe des demokratischen Rechtsstaats gegen seine organisierten Feinde dar. Im Parteiverbotsverfahren ist daher ein Höchstmaß an Rechtssicherheit, Transparenz, Berechenbarkeit und Verlässlichkeit geboten (vgl. BVerfGE 107, 339 ⟨369⟩ Senatsminderheit). Die betroffene Partei erhält vor dem Bundesverfassungsgericht – gegebenenfalls letztmalig – die Chance, dem Vorbringen des oder der Antragsteller, die ein Parteiverbot für erforderlich halten, das Bild einer loyalen verfassungsrechtlichen Institution entgegenzusetzen, deren weitere Teilnahme am Prozess der Volks- und Staatswillensbildung gerade im Interesse einer freiheitlichen demokratischen Grundordnung notwendig und legitim ist. Staatsfreiheit und Selbstbestimmung gewinnen in dieser Situation eine besonders herausragende Bedeutung (vgl. BVerfGE 107, 339 ⟨368⟩ Senatsminderheit). Es muss gewährleistet sein, dass die Partei ihre Position frei, unbeobachtet und selbstbestimmt darstellen kann. Neben den Geboten der Verlässlichkeit und Transparenz ist die Anforderung strikter Staatsfreiheit im Sinne unbeobachteter selbstbestimmter Willensbildung und Selbstdarstellung vor dem Bundesverfassungsgericht (vgl. BVerfGE 107, 339 ⟨369⟩ Senatsminderheit) unverzichtbar.

d) Die Tätigkeit von V-Leuten und Verdeckten Ermittlern auf den Führungsebenen einer Partei während eines gegen diese laufenden Verbotsverfahrens ist mit dem Gebot strikter Staatsfreiheit nicht vereinbar:

407 aa) Erfolgt die Beobachtung einer als verfassungsfeindlich eingestuften Partei durch V-Leute oder Verdeckte Ermittler, die im Bundesvorstand oder einem Landesvorstand dieser Partei oder in den Vorständen ihrer Teilorganisationen tätig sind, ist deren freie und selbstbestimmte Willensbildung und Selbstdarstellung nicht gewährleistet. V-Leute wirken notwendig als Medien staatlicher Einflussnahme. Ihre Tätigkeit ist durch widersprüchliche Loyalitätsansprüche als Parteimitglieder einerseits und als – in der Regel entgeltlich tätige – Informanten für staatliche Behörden andererseits geprägt, dessen Aufgabe es sein kann, Material für ein mögliches Parteiverbotsverfahren zu beschaffen (vgl. BVerfGE 107, 339 ⟨367⟩ Senatsminderheit). Staatliche Präsenz auf den Führungsebenen der Partei macht Einflussnahmen auf deren Willensbildung und Tätigkeit unvermeidbar (vgl. BVerfGE 107, 339 ⟨366⟩ Senatsminderheit). Ob und inwieweit der Einzelne tatsächlich Einfluss genommen hat, ist regelmäßig nicht nachvollziehbar und daher nicht ausschlaggebend.

408 bb) Staatliche Stellen müssen rechtzeitig vor dem Eingang des Verbotsantrags beim Bundesverfassungsgericht – spätestens mit der öffentlichen Bekanntmachung der Absicht, einen derartigen Antrag zu stellen – ihre Quellen (V-Leute) in den Vorständen einer politischen Partei abgeschaltet haben und dürfen auch keine die „Abschaltung" umgehende „Nachsorge" betreiben; eingeschleuste Personen (Verdeckte Ermittler) sind zurückzuziehen (vgl. BVerfGE 107, 339 ⟨369⟩). Dabei ist die Pflicht zur „Abschaltung" von V-Leuten und Zurückziehung von Verdeckten Ermittlern auf den Bundesvorstand und die Landesvorstände der Partei sowie ihre Teilorganisationen begrenzt, da es sich hierbei um diejenigen Gremien handelt, die auf die Willensbildung und Selbstdarstellung der Partei während eines laufenden Verbotsverfahrens entscheidenden Einfluss haben. Parteitagsdelegierten, Abgeordneten oder Fraktionsmitarbeitern kommt demgegenüber ein vergleichbarer Einfluss nicht zu.

409 cc) Die „Abschaltung" von V-Leuten und die Zurückziehung Verdeckter Ermittler aus den Führungsebenen der Partei nach Bekanntmachung der Absicht, ein Verbotsverfahren einzuleiten, stehen der Forderung, die Handlungsfähigkeit der Organe präventiven Verfassungsschutzes zu erhalten, nicht entgegen (vgl. auch Rn. 418 [S. 1385]). Ein auf die Dauer des Verbotsverfahrens begrenztes Abschalten der V-Leute in den Führungsgremien der Partei setzt die zuständigen Behörden nicht außerstande, unter Einsatz der verbleibenden nachrichtendienstlichen Mittel (einschließlich des Einsatzes von V-Leuten unterhalb der Ebene der Führungsgremien) im rechtlich zulässigen Rahmen verfassungsfeindliche Bestrebungen in gebotenem Umfang aufzuklären. Dabei ist allerdings zu beachten, dass die Beobachtung einer Partei mit nachrichtendienstlichen Mitteln einen schweren Eingriff in das aus der Parteienfreiheit des Art. 21 Abs. 1 GG folgende Selbstbestimmungsrecht darstellt, der in jedem Einzelfall neben einer hinreichend bestimmten gesetzlichen Grundlage einer besonderen Rechtfertigung nach dem Grundsatz der Verhältnismäßigkeit bedarf (vgl. BVerfGE 107, 339 ⟨366⟩; siehe auch BVerfGE 134, 141 ⟨179 f., Rn. 112 ff.⟩).

410 e) Ebenfalls mit dem Gebot strikter Staatsfreiheit nicht zu vereinbaren ist es, wenn die Begründung eines Verbotsantrags auf Beweismaterialien gestützt wird, deren Entstehung zumindest teilweise auf das Wirken von V-Leuten oder Verdeckten Ermittlern

zurückzuführen ist (vgl. BVerfGE 107, 339 ⟨370⟩ Senatsminderheit; Gebot der Quellenfreiheit).

aa) Manifestationen der Parteiziele und Verhaltensweisen der Parteianhänger können nur dann der Prüfung der Tatbestandsvoraussetzungen des Art. 21 Abs. 2 GG zugrunde gelegt werden, wenn sie der Partei als Gegenstand eigenständiger unbeeinflusster Willensbildung zuzurechnen sind. Dies ist bei Sachverhalten, die von staatlicher Stelle provoziert oder beeinflusst wurden, regelmäßig nicht der Fall (vgl. BVerfGE 107, 339 ⟨382⟩ Senatsmehrheit). Äußerungen oder Verhaltensweisen von Personen, die nachrichtendienstliche Kontakte zu staatlichen Stellen unterhalten, können aufgrund der mit der V-Mann-Tätigkeit verbundenen unterschiedlichen Loyalitäten nicht eindeutig der Sphäre der betroffenen Partei zugeordnet werden. Eine Verwertung derartigen Materials zulasten der von einem Verbotsverfahren betroffenen Partei hat zu unterbleiben. 411

Demgegenüber sind Äußerungen oder Verhaltensweisen vor oder nach Beendigung der V-Mann-Tätigkeit zumindest nicht uneingeschränkt als unverwertbar anzusehen. Jedenfalls im Falle eines ausreichenden zeitlichen Abstands zur V-Mann-Tätigkeit, der gewährleistet, dass Loyalitätskonflikte das Verhalten nicht beeinflusst haben, bestehen regelmäßig keine Bedenken gegen eine Zurechnung dieses Verhaltens zu der betroffenen Partei. 412

bb) Die Quellenfreiheit des zur Begründung eines Verbotsantrags vorgelegten Beweismaterials hat der jeweilige Antragsteller darzulegen (vgl. BVerfGE 107, 339 ⟨370⟩ Senatsminderheit). Verbleiben nach Ausschöpfung der Erkenntnismöglichkeiten im Rahmen der Amtsermittlung Zweifel, ob vorgelegtes Beweismaterial quellenfrei ist, darf dieses der Partei nicht zugerechnet und nicht zu Beweiszwecken verwendet werden. 413

cc) Ein solches, auf das infizierte Beweismaterial beschränktes Verwertungsverbot bedeutet allerdings nicht, dass damit stets ein nicht ausgleichbarer Verfahrensmangel begründet ist. Ist lediglich ein Teil des Beweismaterials betroffen, verbietet sich eine Verfahrenseinstellung als prozessuale Rechtsfolge jedenfalls dann, wenn die restliche Tatsachengrundlage die Durchführung des Verfahrens zulässt (vgl. BVerfGE 107, 339 ⟨379⟩ Senatsmehrheit). 414

f) Im Parteiverbotsverfahren hat – nicht zuletzt angesichts der Rechtsfolge der Auflösung der betroffenen Partei – zudem der Grundsatz des fairen Verfahrens besondere Bedeutung. Er garantiert Schutz vor Maßnahmen, die den freien Kontakt zwischen der Partei und ihrem Verfahrensbevollmächtigten behindern, und steht einer Verwendung von Informationen über die Prozessstrategie der Partei, die mit nachrichtendienstlichen Mitteln erhoben wurden, entgegen. 41

Das Bundesverfassungsgericht hat aus dem Rechtsstaatsprinzip in Verbindung mit dem allgemeinen Freiheitsrecht (Art. 2 Abs. 1 GG) den Anspruch auf ein faires, rechtsstaatliches Verfahren abgeleitet (vgl. BVerfGE 107, 339 ⟨383⟩ Senatsmehrheit). 41

aa) Dieser Anspruch umfasst insbesondere das Recht einer Prozesspartei, zur Wahrung ihrer Rechte im Rahmen einer von ihr ausgewählten Strategie Einfluss auf das Verfahren nehmen zu können (vgl. BVerfGE 38, 105 ⟨111⟩; 63, 380 ⟨390 f.⟩; 65, 171 ⟨174 f.⟩; 66, 41

313 ⟨318⟩; 107, 339 ⟨383 f.⟩ Senatsmehrheit), und ist auch im Parteiverbotsverfahren zu beachten (vgl. BVerfGE 104, 42 ⟨50⟩; 107, 339 ⟨367, 383⟩). Eine Verletzung des Grundsatzes des fairen Verfahrens liegt im Fall des Art. 21 Abs. 2 GG insbesondere vor, wenn die Verhandlungskonzeption der von einem Verbotsverfahren betroffenen Partei gezielt in einer Weise ausgeforscht wird, die eine sachangemessene Rechtsverteidigung unmöglich macht (vgl. BVerfGE 107, 339 ⟨384⟩ Senatsmehrheit) oder wesentlich erschwert. Gleiches kommt in Betracht, wenn während eines laufenden Verbotsverfahrens unter Einsatz nachrichtendienstlicher Mittel nicht allgemein zugängliche Informationen über die Prozessstrategie der betroffenen Partei zufällig erlangt und in einer die Effektivität ihrer Verteidigung beeinträchtigenden Weise verwertet werden.

18 bb) Allerdings führt auch der Anspruch auf ein faires Verfahren nicht zu einem Verbot der Beobachtung einer Partei und ihrer Mandatsträger mit nachrichtendienstlichen Mitteln während eines laufenden Verbotsverfahrens (vgl. bereits Rn. 409 [S. 1383]). Die Möglichkeit nachrichtendienstlicher Beobachtung verfassungsfeindlicher Bestrebungen ist Ausfluss des Prinzips der „streitbaren" oder „wehrhaften Demokratie", das vor allem in Art. 9 Abs. 2, Art. 18 und Art. 21 Abs. 2 GG verfassungsrechtlich verankert ist und gewährleisten soll, dass Verfassungsfeinde nicht unter Berufung auf die Freiheiten, die das Grundgesetz gewährt, und unter ihrem Schutz die Verfassungsordnung oder den Bestand des Staates gefährden, beeinträchtigen oder zerstören (vgl. BVerfGE 2, 1 ⟨11 ff.⟩; 5, 85 ⟨138 f.⟩; 28, 36 ⟨48⟩; 30, 1 ⟨18 f.⟩; 40, 287 ⟨292⟩; 134, 141 ⟨179 ff. Rn. 109–117⟩). Eine Beobachtung – auch unter Rückgriff auf die Instrumente heimlicher Informationsbeschaffung gemäß § 8 Abs. 2 Bundesverfassungsschutzgesetz – ist daher in einem laufenden Verbotsverfahren grundsätzlich zulässig, wenn sie auf einer gesetzlichen Grundlage beruht, zum Schutz der freiheitlichen demokratischen Grundordnung erfolgt und dem Grundsatz der Verhältnismäßigkeit Rechnung trägt (vgl. BVerfGE 107, 339 ⟨365⟩ Senatsminderheit; 134, 141 ⟨179 ff. Rn. 109–117⟩; BVerwGE 110, 126 ⟨130 ff.⟩) sowie die rechtsstaatlichen Gebote der Staatsfreiheit und des fairen Verfahrens nicht außer Acht lässt.

19 Der Grundsatz des fairen Verfahrens gebietet daher, dass, soweit die Beobachtung einer Partei während eines laufenden Verbotsverfahrens fortgesetzt wird, dies nicht der Ausspähung ihrer Prozessstrategie dient und dass im Rahmen der Beobachtung erlangte Informationen über die Prozessstrategie im Verfahren nicht zulasten der Partei verwendet werden. Nur auf diesem Weg kann sichergestellt werden, dass die Aufgabe präventiven Verfassungsschutzes weiter wahrgenommen werden kann, ohne das verfassungsmäßige Recht der betroffenen Partei auf ein faires Verfahren zu verletzen.

20 cc) Bei fortgesetzter Beobachtung der Partei mit nachrichtendienstlichen Mitteln sind staatlicherseits hinreichende Vorkehrungen zu treffen, die eine Beachtung des Grundsatzes des fairen Verfahrens gewährleisten. Dabei ist vor allem der besonderen Stellung der Verfahrensbevollmächtigten der Antragsgegnerin im Parteiverbotsverfahren Rechnung zu tragen.

21 Das Bundesverfassungsgericht hat für den ähnlich gelagerten Fall der Überwachung der Verteidigerkommunikation im Strafverfahren mehrfach festgestellt, dass Überwachungsmaßnahmen gegenüber dem Strafverteidiger nicht von vornherein und in jedem Fall unstatthaft sind, aber bei Maßnahmen, die den freien Kontakt zwischen dem

Beschuldigten und seiner Verteidigung behindern, das Recht des Beschuldigten auf ein faires Verfahren berührt ist (vgl. BVerfGE 30, 1 ⟨32⟩; 49, 24 ⟨55⟩; BVerfGK 11, 33 ⟨43 ff.⟩; 19, 326 ⟨332 f.⟩; vgl. auch BVerfGE 109, 279 ⟨323, 329 ff.⟩; 110, 226 ⟨251 ff.⟩; 113, 29 ⟨49⟩). Die Überwachung des Telefonanschlusses eines Strafverteidigers ist demzufolge von Verfassungs wegen unstatthaft, wenn sie auf die Überwachung der Kommunikation mit seinem Mandanten abzielt (vgl. BVerfGK 11, 33 ⟨43⟩).

Für das Parteiverbotsverfahren kann nichts anderes gelten. Auch hier sind das Vertrauensverhältnis zwischen der betroffenen Partei und ihren Verfahrensbevollmächtigten und das Recht auf effektive Verteidigung verfassungsrechtlich in grundsätzlich gleicher Weise geschützt. Dem ist durch geeignete Maßnahmen, die den freien und unbeobachteten Kontakt zwischen der Antragsgegnerin und ihren Verfahrensbevollmächtigten gewährleisten, Rechnung zu tragen.

dd) Es ist Sache des Antragstellers im Parteiverbotsverfahren darzulegen, welche Vorkehrungen er zur Verhinderung einer Ausspähung der Prozessstrategie der Antragsgegnerin oder einer Verwertung zufällig erlangter Kenntnisse zu ihren Lasten getroffen hat. Hat er dies in glaubhafter und nachvollziehbarer Weise getan, genügt die abstrakte Gefahr einer Ausforschung nicht, um von einer Verletzung des rechtsstaatlich verbürgten Anspruchs auf ein faires Verfahren ausgehen zu können (vgl. BVerfGE 107, 339 ⟨384⟩ Senatsmehrheit).

g) Die Verletzung des Gebots der strikten Staatsfreiheit und des Anspruchs auf ein faires Verfahren bedeutet einen schwerwiegenden Eingriff in die gemäß Art. 21 Abs. 2 in Verbindung mit Art. 20 Abs. 3 GG gebotene Rechtsstaatlichkeit des Parteiverbotsverfahrens. Der Einsatz von V-Leuten oder Verdeckten Ermittlern auf den Führungsebenen einer Partei während eines laufenden Verbotsverfahrens, die Begründung des Verbotsantrags in seinen wesentlichen Teilen unter Rückgriff auf von staatlichen Quellen infiziertes Beweismaterial oder die Ausnutzung von unter Einsatz nachrichtendienstlicher Mittel erworbener Kenntnisse über die Prozessstrategie der Antragsgegnerin stellen erhebliche Verfassungsverstöße dar. Deren Gewicht wird noch dadurch verstärkt, dass ein Parteiverbotsverfahren nicht nur mit der Rechtsfolge der Auflösung der betroffenen Partei verbunden sein kann, sondern dass bereits die mit Beantragung eines Verbots zum Ausdruck kommende Einschätzung ihrer Verfassungswidrigkeit einen schwerwiegenden Eingriff in das sich aus der Parteienfreiheit ergebende Recht auf gleichberechtigte Teilnahme am politischen Wettbewerb darstellt.

Bei der Beantwortung der Frage, ob dies zu einer Beendigung des Verfahrens ohne Sachentscheidung führt, ist allerdings neben der in Art. 21 Abs. 1 GG garantierten Parteienfreiheit auch die Entscheidung des Grundgesetzes für eine „streitbare Demokratie" zu beachten. Die Normentrias der Art. 9 Abs. 2, Art. 18 und Art. 21 Abs. 2 GG gehört zu den Kernbestandteilen präventiven Verfassungsschutzes (vgl. BVerfGE 107, 339 ⟨386⟩ Senatsmehrheit). Das Grundanliegen einer Verfassung, die sich nicht durch den Missbrauch der von ihr gewährleisteten Freiheitsrechte zur Disposition stellen lassen will, würde verfehlt, wenn sie nicht über wirksame Instrumente zum Schutz der freiheitlichen demokratischen Grundordnung verfügte (vgl. BVerfGE 107, 339 ⟨387⟩ Senatsmehrheit). Daher ist bei der Entscheidung über das Vorliegen eines zur Verfahrenseinstellung führenden unbehebbaren Verfahrenshindernisses im Parteiverbotsverfahren neben den rechtsstaatlichen Anforderungen an seine Durchführung immer auch dessen Präventionszweck in den Blick zu nehmen und beides gegeneinander abzuwägen.

26 Es kann somit nicht davon ausgegangen werden, dass ein Verstoß gegen die rechtsstaatlichen Erfordernisse der Verfahrensgestaltung im Parteiverbotsverfahren ausnahmslos nach sich zieht, dass eine Fortsetzung des Verfahrens von vornherein ausgeschlossen ist (vgl. BVerfGE 107, 339 ⟨371⟩ Senatsminderheit). Zwar wird im Falle einer Verletzung der rechtsstaatlichen Gebote strikter Staatsfreiheit und des fairen Verfahrens regelmäßig ein nicht behebbarer rechtsstaatlicher Mangel gegeben sein mit der Folge, dass grundsätzlich vom Vorliegen eines Verfahrenshindernisses auszugehen und das Verfahren einzustellen sein wird. Etwas anderes muss jedoch gelten, wenn dem Eingriff in die rechtsstaatlichen Verfahrensanforderungen eine schwerwiegende Beeinträchtigung des Präventionszwecks des Verbotsverfahrens gegenübersteht. Auch wenn ein Verfassungsverstoß von erheblichem Gewicht vorliegt, ist Voraussetzung für die Einstellung des Verfahrens, dass seine Fortsetzung auch bei einer Abwägung mit den staatlichen Interessen am wirksamen Schutz gegen die von einer möglicherweise verfassungswidrig tätigen Partei ausgehenden Gefahren rechtsstaatlich nicht hinnehmbar ist (vgl. BVerfGE 107, 339 ⟨365⟩ Senatsminderheit; ⟨380⟩ Senatsmehrheit). Im Fall des eindeutigen Überwiegens des Präventionszwecks des Parteiverbotsverfahrens kann dessen Fortführung mit rechtsstaatlichen Grundsätzen vereinbar sein (vgl. BVerfGE 107, 339 ⟨385⟩ Senatsmehrheit). Im Parteiverbotsverfahren bedarf es daher zur Feststellung des Vorliegens eines Verfahrenshindernisses einer Abwägung zwischen den rechtsstaatlichen Verfahrensanforderungen einerseits und dem Präventionszweck dieses Verfahrens andererseits.

27 2. Nach diesen Maßgaben ist ein zur Einstellung des Verbotsverfahrens führendes Verfahrenshindernis vorliegend nicht gegeben. Da aufgrund der vom Antragsteller vorgelegten Testate und Belege davon auszugehen ist, dass es auf den Führungsebenen der Antragsgegnerin spätestens seit dem 6. Dezember 2012 keine Verdeckten Ermittler oder V-Leute mehr gibt (a) [S. 1387], das relevante Beweismaterial in seinen wesentlichen Teilen nicht auf Äußerungen und Verhaltensweisen von Parteimitgliedern mit Kontakten zu staatlichen Behörden gestützt ist (b) [S. 1395], der besonderen Stellung des Verfahrensbevollmächtigten zu 1. der Antragsgegnerin Rechnung getragen worden ist und Kenntnisse über die Prozessstrategie der Antragsgegnerin unter Einsatz nachrichtendienstlicher Mittel nicht erlangt wurden (c) [S. 1396], fehlt es bereits an einem erheblichen Verstoß gegen rechtsstaatliche Grundprinzipien (erste Prüfungsstufe). Einer Abwägung mit dem Präventionszweck des Verbotsverfahrens (zweite Prüfungsstufe) bedarf es daher nicht.

28 a) Eine Verletzung des rechtsstaatlichen Gebots strikter Staatsfreiheit im Sinne freier und unbeobachteter Willensbildung und Selbstdarstellung der Partei vor dem Bundesverfassungsgericht durch Einsatz staatlicher Quellen auf den Führungsebenen der Antragsgegnerin während des streitgegenständlichen Verbotsverfahrens liegt nicht vor. Der Antragsteller hat glaubhaft – und ohne dass dies von der Antragsgegnerin in aufklärungsbedürftiger Weise erschüttert werden konnte – dargetan, dass rechtzeitig alle V-Leute auf den Führungsebenen der Antragsgegnerin abgeschaltet (aa) [S. 1388]

und nicht in informationsgewinnender Weise nachbetreut wurden (bb) [S. 1393], sowie dass gegen die Antragsgegnerin keine Verdeckten Ermittler eingesetzt wurden oder werden (cc) [S. 1394].

aa) Die „Abschaltung" aller V-Leute auf den Führungsebenen der Antragsgegnerin hat der Antragsteller durch die vorgelegten Testate und sonstigen Dokumente hinreichend belegt (1) [S. 1388]. Der Vortrag der Antragsgegnerin begründet keine ernsthaften Zweifel daran (2) [S. 1389], so dass es weiterer Beweiserhebungen nicht bedurfte (3) [S. 1393].

(1)(a) Der Antragsteller hat zum Nachweis der „Abschaltung" der V-Leute in den Führungsgremien der Antragsgegnerin Testate des Bundesinnenministers sowie der Innenminister und -senatoren aller Länder vorgelegt, in denen diese gleichlautend erklären, dass spätestens seit der Bekanntmachung der Absicht am 6. Dezember 2012, einen Verbotsantrag zu stellen, in den Vorständen der Antragsgegnerin und ihrer Teilorganisationen (JN, KPV und RNF) keine Quellen im Sinne von Verdeckten Ermittlern, Under-Cover-Agents oder V-Leuten eingesetzt werden. Darüber hinaus hat er inhaltlich übereinstimmende Erklärungen der Präsidenten des Bundesamts für Verfassungsschutz, des Bundesnachrichtendienstes, des Bundeskriminalamts und des Bundespolizeipräsidiums sowie der Staatssekretäre im Bundesministerium der Finanzen und im Bundesministerium der Verteidigung vorgelegt. Diese nehmen zwar auf das Datum vom 6. Dezember 2012 nicht ausdrücklich Bezug, datieren aber alle vor diesem Zeitpunkt.

Diese Testate sind im Rahmen der Prüfung der Staatsfreiheit der Antragsgegnerin zu beachten, da im Verfassungsprozess als Beweismittel alle Erkenntnisquellen in Betracht kommen, die geeignet sind, dem Gericht die Überzeugung von der Wahrheit des entscheidungserheblichen Sachverhalts zu verschaffen. Einen Numerus clausus der Beweismittel kennt das Bundesverfassungsgerichtsgesetz nicht (vgl. Klein, in: Maunz/Schmidt-Bleibtreu/Klein/Bethge, BVerfGG, § 26 Rn. 10 ⟨Januar 1979⟩; Haberzettl, in: Burkiczak/Dollinger/Schorkopf, BVerfGG, 2015, § 26 Rn. 20; Lechner/Zuck, BVerfGG, 7. Aufl. 2015, § 26 Rn. 8).

Beweisrechtlich handelt es sich bei den Testaten um schriftliche Erklärungen von Zeugen. Hinsichtlich ihres Beweiswertes ist zu berücksichtigen, dass diese Erklärungen von den Testierenden in ihrer jeweiligen amtlichen Eigenschaft abgegeben wurden. Selbst wenn den Innenministern und -senatoren ein Interesse am Ausgang des Verfahrens unterstellt würde, sind sie doch selbst nicht Antragsteller. Dies gilt erst recht für die übrigen Testierenden, so dass die Bedeutung der Testate über die Qualität eines bloßen Parteivortrags hinausreicht. Außerdem wären ein falsches Testat und die damit verbundene Verantwortung für ein mögliches Scheitern des Verbotsverfahrens für den jeweiligen Testierenden mit einem erheblichen persönlichen und politischen Risiko verbunden. Dies spricht dafür, dass die vorgelegten Testate nicht leichtfertig abgegeben wurden. Sie sind als Beweismittel für eine „Abschaltung" der V-Leute auf den Führungsebenen der Antragsgegnerin grundsätzlich geeignet, es sei denn, dass ihre Glaubhaftigkeit durch den beweis- oder indiziengestützten Tatsachenvortrag der Antragsgegnerin oder in anderer Weise erschüttert wird.

33 (b) Der Antragsteller hat außerdem auf die Aufforderung in Ziffer III.1. des Hinweisbeschlusses vom 19. März 2015 (vgl. Rn. 131 [S. 1333]) den Vollzug der „Abschaltung" der V-Leute auf den Führungsebenen der Antragsgegnerin dargestellt und belegt. Er hat dadurch die Glaubhaftigkeit der vorgelegten Testate untermauert:

34 Die Anzahl der Quellen auf den Führungsebenen der Antragsgegnerin hat er zum Stichtag 1. Dezember 2011 mit insgesamt elf V-Leuten beziffert, die zwischen dem 29. Dezember 2011 und dem 10. April 2012 ausnahmslos abgeschaltet worden seien. Ergänzend hat er darauf hingewiesen, dass es sich bei den eingesetzten Quellen ausschließlich um V-Leute gehandelt habe, da Verdeckte Ermittler nicht eingesetzt worden seien. Dabei führt der Antragsteller aus, er sei vom Quellenbestand zum Stichtag 1. Dezember 2011 – und nicht erst zum Zeitpunkt des Beginns der Materialsammlung am 2. April 2012 – ausgegangen, um auch „Abschaltungen", die gleichsam im Vorgriff auf das Verbotsverfahren erfolgt seien, zu dokumentieren. Zudem hat der Antragsteller vorgetragen, es sei seit dem 1. Dezember 2011 nicht vorgekommen, dass V-Leute unterhalb der Führungsebene in diese aufgerückt seien.

35 Zum Beleg der Anzahl an V-Leuten zum Stichtag hat der Antragsteller die Anschreiben der Innenministerien aller Länder und des Bundesministeriums des Innern an die Verfahrensbevollmächtigten des Antragstellers vorgelegt, in denen – jeweils unter Vorlage weiterer Anlagen und Belege (etwa der Leiter der Verfassungsschutzbehörden) – der jeweilige Quellenbestand dargelegt wird. Außerdem schildert der Antragsteller detailliert den „Regelfall" einer „Abschaltung" – in Form eines „Abschalttreffens" und der Unterzeichnung einer „Abschalterklärung" – und benennt (Einzel-)Fälle sogenannter „Nachbetreuungstreffen" zur Abwicklung der „Abschaltung" (insbesondere Auszahlung der „Abschaltprämie"), die – nach seinem Vortrag – jeweils vor dem 6. Dezember 2012 stattfanden und ausnahmslos nicht mit einem Informationsaustausch verbunden waren. Zum Nachweis der einzelnen Abschaltvorgänge werden die entsprechenden Abschaltvermerke und Abschalterklärungen vorgelegt.

36 (2) Die Antragsgegnerin hat demgegenüber keine Umstände vorgetragen, noch sind solche in sonstiger Weise ersichtlich, die ernsthafte Zweifel an der Richtigkeit der abgegebenen Erklärungen und vorgelegten Belege zur „Abschaltung" der V-Leute auf den Führungsebenen der Antragsgegnerin zu begründen geeignet sind.

37 (a) Bezogen auf die Testate selbst wendet die Antragsgegnerin ein, diese seien unvollständig, da sich die Erklärungen zur „Abschaltung" von V-Leuten nicht auf alle zu berücksichtigenden Gremien der Antragsgegnerin bezögen und für MAD, BND und Zollkriminalamt keine ausreichenden Erklärungen abgegeben worden seien. Diese Einwendungen gehen fehl.

38 (aa) Die vorgelegten Testate beziehen sich auf die Vorstände der Antragsgegnerin und ihrer Teilorganisationen (JN, KPV und RNF) auf Bundes- und Landesebene. Mit dieser Bezugnahme auf Bundes- und Landesvorstände orientiert sich der Antragsteller an den Vorgaben der Senatsminderheit im vorangegangenen Verbotsverfahren gegen die Antragsgegnerin (vgl. BVerfGE 107, 339 ⟨369⟩) und wird dem hier anzuwendenden Maßstab gerecht.

Der Begriff der Führungsebene ist mit Blick auf das Gebot unbeeinflusster Willensbildung und Selbstdarstellung der Partei im Parteiverbotsverfahren zu bestimmen. Damit umfasst er – entgegen der Auffassung der Antragsgegnerin – weder die Bezirks-, Kreis- und Ortsverbände, kommunalen Mandatsträger, Mitglieder der Landtagsfraktionen und deren Mitarbeiterstäbe noch die Delegierten von Bundes- und Landesparteitagen: 439

Es erscheint bereits zweifelhaft, ob die genannten Personen und Gremien innerhalb der Parteiorganisation der Antragsgegnerin überhaupt Führungsfunktionen wahrnehmen. So sind Bezirks-, Kreis- und Ortsverbände nachgeordnete Organisationseinheiten innerhalb der Parteihierarchie. Bei Landtagsfraktionen handelt es sich bereits nicht um (Unter-)Gliederungen der Partei. Auch wenn die Arbeit der (Landtags-)Fraktionen eng mit der Parteiarbeit verknüpft sein wird, ergibt sich daraus noch nicht, dass Mitgliedern oder gar Mitarbeitern der Landtagsfraktionen Führungsverantwortung innerhalb der Partei zukommt. Ebenso wenig handelt es sich bei den Delegierten der Bundes- und Landesparteitage per se um Mitglieder der Führungsebene der Partei. Zwar ist der Parteitag gemäß § 9 Abs. 1 Satz 1 ParteiG das oberste Organ des jeweiligen Gebietsverbands, jedoch bestimmt er durch die Wahl des Parteivorstands gemäß § 9 Abs. 4 ParteiG erst die führende Organisationseinheit der Partei innerhalb seiner Gebietszuständigkeit. Gemäß § 7 Abs. 1 Satz 1 der Satzung der Antragsgegnerin obliegt die politische und organisatorische Führung der Partei dem Parteivorstand. Das den Parteitagsdelegierten zustehende Vorstandswahlrecht macht diese daher nicht selbst zu Mitgliedern der Parteiführung. Unabhängig davon ist unter dem Gesichtspunkt strikter Staatsfreiheit allein entscheidend, wer während des laufenden Verbotsverfahrens auf die Willensbildung und Selbstdarstellung der Partei vor dem Bundesverfassungsgericht Einfluss nehmen kann. Dies sind in erster Linie der Bundesvorstand und allenfalls noch die Landesvorstände und die entsprechenden Gremien der Teilorganisationen der Antragsgegnerin. Eine darüber hinausgehende Bestimmung des Begriffs der „Führungsebene" kommt jedenfalls für das Parteiverbotsverfahren nicht in Betracht. 440

(bb) Soweit die Antragsgegnerin hinsichtlich der „Abschaltung" von V-Leuten aus dem Bereich des MAD, des BND und des Zollkriminalamts rügt, dass das Testat des Bundesministers des Inneren unzureichend sei und die Untertestate der Staatssekretäre in den Bundesministerien der Finanzen und der Verteidigung und der Präsidenten der jeweiligen Bundesbehörden nicht genügten, ist dem ebenfalls nicht zu folgen. Dabei kann dahinstehen, welcher Beweiswert der Erklärung des Bundesministers des Inneren bezogen auf die „Abschaltung" von V-Leuten von Behörden außerhalb seines Zuständigkeitsbereichs zukommt. Jedenfalls ist der Beweiswert der – nachträglich vorgelegten – Testate der Staatssekretäre in den Bundesministerien der Finanzen und der Verteidigung sowie des Präsidenten des Bundesnachrichtendienstes ausreichend, um von der Richtigkeit der Behauptung, dass im jeweiligen Zuständigkeitsbereich seit Dezember 2012 keine V-Leute eingesetzt werden, ausgehen zu können. Diese Personen sind Amtsträger in hervorgehobener Position, deren Erklärungen aufgrund ihrer Verantwortung, des von ihnen geleisteten Diensteides (vgl. § 64 Abs. 1 BBG) sowie der möglichen dienstrechtlichen Konsequenzen im Falle eines falschen Testats ein hohes Maß an Glaubhaftigkeit zukommt. 441

142 Welche Bedeutung in diesem Zusammenhang dem von der Antragsgegnerin geltend gemachten unterschiedlichen Maß an demokratischer Legitimation zukommen soll, ist nicht nachvollziehbar. Die Glaubhaftigkeit der abgegebenen Erklärungen wird dadurch nicht tangiert. Daher liegt die Behauptung der Antragsgegnerin, dass nur der jeweilige Fachminister wirksame Testate abgeben könne, neben der Sache.

143 (b) Auch die sonstigen von der Antragsgegnerin erhobenen Einwendungen vermögen die Vermutung der Richtigkeit der zur „Abschaltung" der V-Leute vorgelegten Testate nicht zu erschüttern.

144 (aa) Unschlüssig ist die Behauptung der Antragsgegnerin, dass sich aus den statistischen Angaben des Antragstellers bereits ergebe, dass im Jahr 2013 in ihren Führungsgremien noch V-Leute tätig gewesen seien. Zwar hat der Antragsteller den Anteil der V-Leute, die im Zeitraum von 2008 bis 2013 in den Führungsgremien der Antragsgegnerin tätig gewesen seien, mit höchstens 6,6 % der Vorstandsmitglieder angegeben und dabei auch das Jahr 2013 in die Betrachtung einbezogen. Daraus folgt jedoch nicht, dass auch im Jahr 2013 noch V-Leute auf der Ebene des Bundesvorstands oder der Landesvorstände der Antragsgegnerin und ihrer Teilorganisationen tätig waren. Vielmehr handelt es sich um die Angabe eines Maximalwertes für den angesprochenen Zeitraum. Dies schließt nicht aus, dass dieser Wert je nach Zeitpunkt deutlich unterschritten wurde und im Jahr 2013 – wie vom Antragsteller vorgetragen – überhaupt kein Einsatz von V-Leuten auf den Führungsebenen der Antragsgegnerin mehr erfolgte.

145 (bb) Ebenso wenig steht die Auffassung der Antragsgegnerin, der Antragsteller könne aufgrund des Vorverhaltens im vorangegangenen Verbotsverfahren eine grundsätzliche Vermutung rechtmäßigen Handelns staatlicher Stellen nicht mehr für sich in Anspruch nehmen, einer Verwertung der Testate entgegen. Die Antragsgegnerin lässt insbesondere außer Betracht, dass entsprechende Erklärungen im vorangegangenen Verbotsverfahren nicht abgegeben wurden.

146 (cc) Auch das Vorbringen der Antragsgegnerin, der Antragsteller habe nicht dargelegt, wie im Fall der Wahl einer V-Person in ein Amt auf der Führungsebene der Antragsgegnerin während des laufenden Verbotsverfahrens vorgegangen würde, trägt nicht. Der Antragsteller hat durch die vorgelegten Testate hinreichend belegt, dass – unabhängig vom Zeitpunkt ihrer Wahl – spätestens seit dem 6. Dezember 2012 keine V-Leute auf den Führungsebenen der Antragsgegnerin eingesetzt werden. Er hat außerdem Dokumente des Bundes und der Länder vorgelegt, die ausdrücklich anordnen, dass Quellen, die während des laufenden Verfahrens in den Vorstand aufrücken, unverzüglich und ohne „Nachsorge" abgeschaltet werden. Solche Fälle hat es nach seiner Darstellung seit Einleitung des Verbotsverfahrens nicht gegeben. Diesen Vortrag hat die Antragsgegnerin nicht substantiiert in Frage gestellt. Anhaltspunkte dafür, dass die Darstellung unrichtig sein könnte, sind nicht ersichtlich. Daher hat es keiner weiteren Darlegungen bedurft, wie in einem solchen Fall verfahren worden wäre.

147 (dd) Die Behauptung der Antragsgegnerin, der sächsische Staatsschutz habe im Jahr 2014 versucht, den von ihr benannten A. anzuwerben und einzuschleusen, steht der Richtigkeit der vorgelegten Testate ebenfalls nicht entgegen. Es wurde nicht dargelegt,

dass der als Zeuge Benannte überhaupt auf der Ebene des Bundes- oder eines Landesvorstands der Antragsgegnerin oder ihrer Teilorganisationen tätig wurde oder auch nur werden sollte. Die Antragsgegnerin trägt nur undifferenziert vor, A. sei aufgefordert worden, sich in „Vorstände" wählen zu lassen und Aufgaben der Öffentlichkeitsarbeit zu übernehmen. Inwieweit dies den Rückschluss auf einen Einsatz von V-Leuten auf den Führungsebenen der Antragsgegnerin im laufenden Verbotsverfahren erlauben soll, erschließt sich nicht. Hinzu kommen Ungereimtheiten im Vortrag der Antragsgegnerin. So behauptet sie schriftsätzlich, als Anwerber für den sächsischen Staatsschutz sei ein Herr „Friebe" aufgetreten, während in der im Rahmen der mündlichen Verhandlung vorgelegten eidesstattlichen Versicherung des A. von einem Herrn „Fink" die Rede ist. Das Ansinnen, Aufgaben auf den Führungsebenen der Antragsgegnerin zu übernehmen, kann der eidesstattlichen Versicherung nicht entnommen werden. Schließlich ist die Antragsgegnerin dem Vortrag des Antragstellers nicht entgegengetreten, dass die Befragung aller für einen Anwerbeversuch in Betracht kommenden Dienststellen zu einem negativen Ergebnis geführt habe. Demgemäß bestehen erhebliche Zweifel, ob der von der Antragsgegnerin behauptete Anwerbeversuch überhaupt stattgefunden hat. Jedenfalls kann hieraus nicht auf den Einsatz von V-Leuten auf den Führungsebenen der Antragsgegnerin während des laufenden Verbotsverfahrens geschlossen werden.

(ee) Soweit die Antragsgegnerin der Verwertung der vorgelegten Dokumente wegen der darin vorgenommenen Schwärzungen widerspricht, kann dem nicht gefolgt werden. Die Antragsgegnerin lässt außer Betracht, dass diese durch den Hinweis auf staatliche Fürsorgepflichten für Leib und Leben der betroffenen Personen und die Erhaltung der Funktionsfähigkeit der Sicherheitsbehörden nachvollziehbar begründet worden sind. Dass die Schwärzungen das erforderliche Maß übersteigen, ist nicht erkennbar. Die Verständlichkeit der vorgelegten Erklärungen wird dadurch nicht entscheidend vermindert.

Die Behauptung der Antragsgegnerin, der Inhalt der geschwärzten Passagen führe möglicherweise zu einer Verkehrung des Bedeutungsgehalts der vorgelegten Erklärungen in ihr Gegenteil, stellt sich als eine durch keinerlei tatsächliche Umstände unterlegte Spekulation dar. Etwas anderes ergibt sich auch nicht aus dem Hinweis der Antragsgegnerin, in einem Abschaltvermerk aus Nordrhein-Westfalen, der nur eine Quelle betreffe, sei der Plural verwendet worden. Für die – vom vorgelegten Parallelvermerk abweichende – Formulierung kann es vielfältige Gründe gegeben haben. Jedenfalls erschließt sich nicht, weshalb aus der Verwendung des Plurals in dem vorgelegten Abschaltvermerk folgen soll, dass es in Nordrhein-Westfalen mehr als die zwei angegebenen Quellen auf den Führungsebenen der Antragsgegnerin gegeben habe und daher insgesamt von der Unrichtigkeit der vorgelegten Dokumente ausgegangen werden müsse.

(ff) Soweit die Antragsgegnerin behauptet, die vorgelegten Weisungen zur „Abschaltung" der V-Leute seien nicht geeignet, deren Vollzug zu belegen, ignoriert sie die vorgelegten Abschalterklärungen und -protokolle sowie die weiteren hierzu vorgelegten Dokumente aus den Akten der Sicherheitsbehörden, die den Vollzug der entsprechenden Weisungen dokumentieren.

151 (gg) Auch die Auffassung, die vorgelegten Unterlagen seien bereits deshalb unglaubhaft, weil es danach auf den Führungsebenen der besonders starken Landesverbände der Antragsgegnerin in Mecklenburg-Vorpommern und Sachsen keine Quellen gegeben habe, trägt nicht. Das Fehlen von Quellen auf den Führungsebenen dieser Landesverbände kann unterschiedliche Ursachen haben und etwa Ergebnis besonders erfolgreicher Abschottung gegenüber Anwerbeversuchen der jeweiligen Sicherheitsbehörden sein.

152 (hh) Soweit die Antragsgegnerin schließlich das angeblich plötzliche Ausscheiden der beiden ehemaligen sächsischen Fraktionsvorsitzenden Apfel und Szymanski als „verdächtig" bewertet und daraus ableitet, die Erklärung des Präsidenten des Landesamts für Verfassungsschutz Sachsen zum Nichteinsatz staatlicher Quellen in der ehemaligen sächsischen Landtagsfraktion der Antragsgegnerin seit Dezember 2011 sei nicht glaubhaft, erschließt sich die Bedeutung dieses Vorbringens für den vorliegend relevanten Sachzusammenhang nicht:

153 Die Antragsgegnerin stellt eine V-Mann-Tätigkeit der beiden ehemaligen sächsischen Fraktionsvorsitzenden in den Raum. Bezüglich des ehemaligen Fraktionsvorsitzenden Apfel wird dies lediglich damit begründet, er habe während des laufenden Verbotsverfahrens die Bundesrepublik Deutschland „fluchtartig" verlassen. Dieser Vortrag stellt sich als in keiner Weise tatsachengestützte Vermutung der Antragsgegnerin dar. Bezüglich des ehemaligen Fraktionsvorsitzenden Szymanski bezieht sie sich auf einen Eintrag im Internetblog „gamma", der sich lediglich mit einer bereits im Jahr 2000 beendeten angeblichen V-Mann-Tätigkeit und einem Anwerbeversuch im Jahr 2004 befasst. Bereits aufgrund der zeitlichen Abläufe hat dieser Sachverhalt keine Relevanz für das vorliegende Verfahren. Die Glaubhaftigkeit der Erklärung des Präsidenten des Landesamts für Verfassungsschutz Sachsen wird durch dieses Vorbringen der Antragsgegnerin nicht in Frage gestellt. Im Übrigen bezieht sich dessen Erklärung lediglich auf den Einsatz staatlicher Quellen in der ehemaligen sächsischen Landtagsfraktion der Antragsgegnerin und damit auf eine Ebene, die hinsichtlich der Beachtung des Gebots der Staatsfreiheit im Parteiverbotsverfahren ohne Belang ist (vgl. Rn. 439 f. [S. 1390]).

154 (3) Im Ergebnis ist die „Abschaltung" der V-Leute auf den Führungsebenen der Antragsgegnerin aufgrund der durch zahlreiche Dokumente ergänzten Testate hinreichend belegt. Da die Antragsgegnerin nichts vorgetragen hat, was geeignet wäre, die Darlegungen des Antragstellers in Frage zu stellen, bestand keine Veranlassung, ihrer Beweisanregung zu folgen und eine Beschlagnahme und Inaugenscheinnahme sämtlicher sie betreffenden Akten der Sicherheitsbehörden des Bundes und der Länder vorzunehmen.

155 bb)(1) Hinsichtlich des Verzichts auf eine informationsgewinnende „Nachsorge" bei den abgeschalteten V-Leuten hat der Antragsteller – entsprechend Ziffer III.2. des Hinweisbeschlusses vom 19. März 2015 – die in Bezug genommene „Vereinbarung zwischen Bund und Ländern" in Form des 4. Teils des Berichts der Bund-Länder-Arbeitsgruppe zur Prüfung der Erfolgsaussichten eines neuen NPD-Verbotsverfahrens („Konsensuale Punkte des Kriterienkatalogs") vorgelegt und deren Umsetzung auch auf Länder-

ebene erläutert. Insoweit verweist er auf ein zeitlich nachfolgendes „Musterschreiben" vom Dezember 2012, in dem die Sicherheitsbehörden angewiesen werden, jeden Kontaktversuch abgeschalteter Quellen zurückzuweisen und dies zu dokumentieren. Die Weiterleitung dieses Schreibens an alle betroffenen Behörden wird für den Bund aus zwei Schreiben des Staatssekretärs des Bundesministers des Innern und für die Länder aus dem dies bestätigenden Ergebnis einer Länderumfrage des Vorsitzlandes der Bund-Länder-Arbeitsgruppe zum NPD-Verbotsverfahren abgeleitet.

Im Hinblick auf den Vollzug des angewiesenen Verzichts auf eine informationsgewinnende „Nachsorge" bei „abgeschalteten Quellen" im Bund und in den Ländern und die Zurückweisung etwaiger Kontaktversuche im Einzelfall sowie deren Dokumentation werden in den vorgelegten Anlagenkonvoluten sowohl Fälle zurückgewiesener Kontaktversuche (Hamburg, Hessen, Mecklenburg-Vorpommern) und zufälliger Kontakte (Nordrhein-Westfalen) als auch ein Fall eines „Betreuungstelefonates" wegen einer befürchteten psychischen Ausnahmesituation (Baden-Württemberg) dargestellt und belegt.

(2) Damit hat der Antragsteller bewiesen, dass eine informationsgewinnende „Nachsorge" bei den abgeschalteten V-Leuten grundsätzlich unterblieben ist. Soweit er einräumt, dass eine Ausnahme von dem angeordneten Kontaktverbot für Maßnahmen gemacht worden ist, die dem unmittelbaren Schutz von Leib und Leben der Quellen dienten, erscheint dies gerechtfertigt. Die Fälle nachträglicher Kontakte und Kontaktversuche hat der Antragsteller dokumentiert. Umstände, die ernsthafte Zweifel an der Richtigkeit seiner Darlegungen zu begründen geeignet wären, sind nicht ersichtlich. Weiterer Beweiserhebungen bedurfte es insoweit nicht.

cc)(1) Soweit die Antragsgegnerin rügt, die Testate verhielten sich nicht zur „Rückziehung" eingeschleuster V-Leute und Verdeckter Ermittler, weist der Antragsteller darauf hin, dass eine Rückziehung nur bei Verdeckten Ermittlern in Betracht komme, da nur diese als staatliche Bedienstete weisungsabhängig seien. Sodann legt er durch Vorlage von Aktenauszügen der Sicherheitsbehörden des Bundes und der Länder glaubhaft dar, dass gegenüber der Antragsgegnerin zu keinem Zeitpunkt Verdeckte Ermittler eingesetzt worden sind.

(2)(a) Die hiergegen gerichteten Ausführungen der Antragsgegnerin zur „Rückziehung eingeschleuster V-Leute" betreffen nicht staatlich bedienstete Verdeckte Ermittler, sondern Personen, die der Antragsgegnerin oder ihren Teilorganisationen auf Anregung oder Anweisung der Sicherheitsbehörden beigetreten sein sollen, um anschließend als Informanten tätig zu sein. Auch hinsichtlich dieser Personen genügt nach Auffassung der Antragsgegnerin eine „Abschaltung" nicht; sie seien vielmehr ebenfalls (aktiv) zurückzuziehen. Der Antragsteller bestreitet, dass Sicherheitsbehörden V-Leute in die Antragsgegnerin „eingeschleust" hätten.

(b) Ob es in derartigen Fällen tatsächlich einer Rückziehung bedarf, kann dahinstehen, da die Antragsgegnerin keine Umstände dargelegt hat, aus denen sich die Tätigkeit „eingeschleuster" V-Leute auf ihren Führungsebenen seit der Bekanntmachung der Absicht des Antragstellers, ein Verbotsverfahren einzuleiten, ergibt und derartige Umstände auch in sonstiger Weise nicht ersichtlich sind.

61 (aa) Soweit die Antragsgegnerin in diesem Zusammenhang erneut auf den angeblichen Anwerbe- und Einschleusungsversuch des von ihr als Zeugen benannten A. durch den sächsischen Staatsschutz rekurriert, ist auf die obigen Ausführungen zu verweisen (vgl. Rn. 447 [S. 1391]).

62 (bb) Nichts anderes gilt für die Behauptung der Antragsgegnerin, der ehemalige „V-Mann Piatto", S., sei auf Veranlassung des Verfassungsschutzes Brandenburg in die Antragsgegnerin „eingeschleust" worden, dort als „Geheimagent" auf der Führungsebene der Antragsgegnerin tätig gewesen und selbst zu einem Zeitpunkt, als er ideologisch nicht mehr hinter seinem Handeln gestanden habe, vom Verfassungsschutz zu einer weiteren Tätigkeit innerhalb der Antragsgegnerin angestachelt worden.

63 Auch mit diesem Vortrag lässt sich eine Einschleusung von V-Leuten in die Führungsebenen der Antragsgegnerin, die nicht spätestens am 6. Dezember 2012 zurückgezogen wurden, nicht belegen. S. wurde als V-Mann bereits im Jahr 2000 enttarnt. Welche Relevanz für das vorliegende Verfahren dem auf S. bezogenen Vorbringen angesichts dieser Zeitabläufe zukommen soll, ist nicht ersichtlich. Für die von der Antragsgegnerin begehrte Beiziehung der Akten des Oberlandesgerichts München zum „NSU-Prozess" besteht daher kein Anlass.

64 (cc) Deshalb ist davon auszugehen, dass spätestens seit dem 6. Dezember 2012 keine Verdeckten Ermittler auf den Führungsebenen der Antragsgegnerin eingesetzt werden. Auch für einen Einsatz „eingeschleuster V-Leute" bestehen keine Anhaltspunkte, so dass es seitens des Antragstellers keiner Erklärung zu deren „Rückziehung" bedurfte.

65 b) Es kann auch nicht davon ausgegangen werden, dass einer Fortführung des Verfahrens die fehlende Quellenfreiheit wesentlicher Teile des zulasten der Antragsgegnerin vorgelegten Beweismaterials entgegensteht.

66 aa) Der Antragsteller hat zum Beleg der Quellenfreiheit des vorgelegten Beweismaterials weitere Testate des identischen Personenkreises vorgelegt, der auch die „Abschaltung" der V-Leute auf den Führungsebenen der Antragsgegnerin testiert hat. Der Beweiswert dieser Testate zur Quellenfreiheit des Beweismaterials entspricht demjenigen der Testate zur „Abschaltung" der V-Leute und Verdeckten Ermittler (vgl. Rn. 432 [S. 1388]). Sie sind hinsichtlich der in Bezug genommenen Belege geeignet, Beweis für die Tatsache fehlender staatlicher Einflussnahme zu erbringen.

67 (1) In der Kategorie 1 bezieht der Antragsteller sich auf Beweismittel, die einer Person inhaltlich zugeordnet werden können (z. B. Aufsätze, Reden). Mit den Testaten wird bestätigt, dass keine der in dieser Kategorie aufgeführten Personen nach dem 1. Januar 2003 als V-Mann oder Verdeckter Ermittler tätig gewesen sei (vgl. Rn. 17 [S. 1312]). Anhaltspunkte für eine Unrichtigkeit dieser Erklärung sind nicht ersichtlich.

68 (2) Hinsichtlich der Belege der Kategorie 2 wird durch die vorgelegten Testate bestätigt, dass zum Zeitpunkt, zu dem die Beweismittel entstanden sind, in dem dafür verantwortlichen Personenkreis (z. B. Vorstand oder Redaktion) der Organisation, der das Beweismittel inhaltlich zuzuordnen ist, keine Quellen im Sinne von Verdeckten Ermittlern, Under-Cover-Agents oder V-Leuten zur Ausforschung der Antragsgegnerin ein-

gesetzt worden seien (vgl. zum genauen Wortlaut der Testate Rn. 17 [S. 1312]). Auch insoweit fehlt es an Anhaltspunkten für eine Unrichtigkeit dieser Behauptung.

(3) Vor diesem Hintergrund ist davon auszugehen, dass jedenfalls ein zur Durchführung des Verbotsverfahrens ausreichender Teil des vorgelegten Beweismaterials quellenfrei ist:

(a) Der allergrößte Teil der vom Antragsteller vorgelegten Belege der Kategorie 1 datiert deutlich nach dem Jahr 2003. Lediglich bei drei Belegen, die dem Nachweis einer früheren Mitgliedschaft einzelner Angehöriger des Parteipräsidiums in neonazistischen Vereinigungen dienen, ist dies nicht der Fall. Ein weiterer Beleg, der die Ansprache des damaligen Vorsitzenden der Antragsgegnerin Voigt auf dem Bundesparteitag 2004 zum Gegenstand hat (Nr. 111), entstammt dem zeitlichen Umfeld des vom Antragsteller gewählten Stichtags. Bei allen übrigen Belegen der Kategorie 1 besteht ein hinreichender zeitlicher Abstand zu dem vom Antragsteller gewählten Bezugsjahr. Sie sind aufgrund der vorgelegten Testate als quellenfrei anzusehen.

(b) Demgegenüber führt der Hinweis der Antragsgegnerin auf die Möglichkeit „mittelbarer Beeinflussung" des vorgelegten Beweismaterials durch staatliche Quellen nicht zur Unverwertbarkeit. Die Antragsgegnerin hat keinerlei tatsächliche Umstände dargelegt, aus denen darauf geschlossen werden könnte, dass die das Beweismaterial bildenden Äußerungen und Verhaltensweisen nicht Gegenstand eigenständiger Willensbildung oder Überzeugung der jeweiligen Funktionäre, Mitglieder oder Anhänger der Antragsgegnerin waren, sondern durch Dritte provoziert wurden. Insbesondere für das Führungspersonal der Antragsgegnerin erscheint eine derartige „Fremdsteuerung" fernliegend.

(c) Nichts anderes gilt hinsichtlich der Belege der Kategorie 2. Auch insoweit ist auf der Grundlage der abgegebenen Testate davon auszugehen, dass deren Inhalt nicht staatlich beeinflusst ist.

bb) der Antragsteller weder Beleg Nr. 112 (Positionspapier „Das strategische Konzept der NPD" vom 9. Oktober 1997) noch das vorgelegte Parteiprogramm der Antragsgegnerin einer der beiden Beweismittelkategorien zugeordnet hat, führt zu keinem anderen Ergebnis. Selbst wenn für diese Belege eine fehlende Quellenfreiheit und damit ihre Unverwertbarkeit (zum Parteiprogramm vgl. insoweit nachfolgend Rn. 647 ff. [S. 1440]) anzunehmen wäre, verbliebe mit den von den Testaten erfassten, mehr als 650 Belegen eine ausreichende Tatsachengrundlage für die Durchführung des Verbotsverfahrens. Ein Verfahrenshindernis wegen staatlicher Beeinflussung wesentlicher Teile des Beweismaterials kommt ungeachtet der Frage der Verwertbarkeit dieser Einzelbelege nicht in Betracht.

c) Ein Dass Verstoß gegen den Grundsatz des fairen Verfahrens liegt nicht vor, da zur Überzeugung des Senats feststeht, dass die Prozessstrategie der Antragsgegnerin nicht mit nachrichtendienstlichen Mitteln ausgespäht wurde, der besonderen Stellung des Verfahrensbevollmächtigten zu 1. Rechnung getragen worden ist, und auch keine zufällig mit nachrichtendienstlichen Mitteln erlangten Erkenntnisse über die Prozessstrategie im laufenden Verbotsverfahren zum Nachteil der Antragsgegnerin verwandt wurden.

III. Verkündung und Urteil

475 aa) Der Antragsteller nimmt zum Beweis der Nichtausspähung der Antragsgegnerin Bezug auf den 4. Teil des Berichts der Bund-Länder-Arbeitsgruppe und das „Musterschreiben" vom Dezember 2012 mit der Weisung, nachrichtendienstlich erlangte Informationen zur Prozessstrategie der Antragsgegnerin nicht entgegenzunehmen. Weiterhin bezieht er sich auf eine Weisung vom 17. März 2014 vor dem Hintergrund der Bestellung des Verfahrensbevollmächtigten zu 1. der Antragsgegnerin, wonach Informationen zu deren Prozessstrategie auch nicht entgegengenommen werden dürften, wenn sie aus dem Umfeld ihres Verfahrensbevollmächtigten oder seiner Kanzlei stammten. Darüber hinaus hat die Antragsgegnerin selbst ein Schreiben des Bundesamts für Verfassungsschutz vom 29. April 2014 und des Landesamts für Verfassungsschutz des Saarlandes vom 24. Februar 2014 vorgelegt, in denen die jeweiligen Behörden mitteilen, dass der Verfahrensbevollmächtigte zu 1. der Antragsgegnerin nachrichtendienstlich nicht beobachtet werde.

476 bb) Unter Bezugnahme auf Ziffer III.3. des Hinweisbeschlusses des Senats vom 19. März 2015 hat der Antragsteller seinen Vortrag zum Verzicht auf eine Ausspähung der Prozessstrategie (1) und zur Sicherstellung der privilegierten Stellung des (damals allein bestellten) Verfahrensbevollmächtigten zu 1. der Antragsgegnerin (2) ergänzt und die entsprechenden Weisungen des Bundes und der Länder vorgelegt.

477 (1) Hinsichtlich des Ausspähens der Prozessstrategie der Antragsgegnerin hat der Antragsteller dargelegt, dass die Sicherheitsbehörden des Bundes und der Länder anlässlich des Bundesratsbeschlusses vom 14. Dezember 2012 zur Durchführung des Verbotsverfahrens angewiesen wurden, keine diesbezüglichen Informationen zu beschaffen oder entgegenzunehmen und jeden Versuch einer entsprechenden Erkenntniszuführung zurückzuweisen sowie die Zurückweisung zu dokumentieren. Neben den diesbezüglichen Weisungen hat er ein Schreiben des Bundesministeriums des Innern vom 29. Mai 2013 an alle Länder und alle Sicherheitsbehörden des Bundes zur Präzisierung dieser Vorgaben insbesondere im Zusammenhang mit Maßnahmen nach dem G 10-Gesetz vorgelegt. Die jeweilige Umsetzung auf Ebene der Länder und des Bundes belegt der Antragsteller durch Vorlage der entsprechenden Weisungen und Erlasse. Außerdem werden Ausführungen zu jeweils einer G 10-Maßnahme des Bundes sowie der Länder Brandenburg und Sachsen gemacht. Sonstige G 10-Maßnahmen, in denen sich Bezüge zum NPD-Verbotsverfahren ergeben hätten, gebe es nicht.

478 Der Antragsteller legt zudem ein Schreiben des Bundesamts für Verfassungsschutz vom 10. Dezember 2013 an alle Landesverfassungsschutzämter vor, mit welchem anlässlich der Antragstellung beim Bundesverfassungsgericht „sicherheitshalber" noch einmal auf den „völligen und ausnahmslos zu berücksichtigenden Verzicht" auf nachrichtendienstliche Erkenntnisse in Bezug auf das Verbotsverfahren hingewiesen wird. Darüber hinaus haben die Verfahrensbevollmächtigten des Antragstellers erklärt, dass ihnen – abgesehen von allgemein zugänglichen, öffentlichen Äußerungen – keine Informationen zur Prozessstrategie der Antragsgegnerin vorlägen.

479 (2) Im Hinblick auf die Sicherstellung der privilegierten Stellung des Verfahrensbevollmächtigten zu 1. der Antragsgegnerin trägt der Antragsteller vor, dass nach Bekanntwerden seiner Bestellung zusätzliche Maßnahmen ergriffen worden seien, um dessen privi-

legierte Stellung – unter ausdrücklichem Hinweis auf § 3b Abs. 1 G 10 und § 160a Abs. 1 StPO und explizit auch darüber hinaus – zu garantieren. Im Einzelnen verweist er auf die Musterweisung des Bundes und der Länder vom 17. März 2014 sowie die vorgelegte E-Mail des Vorsitzlandes der Bund-Länder-Arbeitsgruppe vom 16. Juni 2014 an alle Länder und den Bund betreffend den Verzicht auf die Führung von Personenakten und die rückwirkende Löschung unzulässiger Speicherungen über den Verfahrensbevollmächtigten zu 1. der Antragsgegnerin sowie die Beschränkung auf Erkenntnisse aus öffentlichen Quellen.

Die Umsetzung der Musterweisung und der per E-Mail eingeforderten Verhaltensweisen auf Ebene des Bundes und der Länder wird durch Vorlage entsprechender Weisungen und Erlasse dokumentiert. Ergänzend erklärt der Antragsteller, dass vier im Einzelnen bezeichnete Dokumente aus dem Jahr 2015, in denen der Verfahrensbevollmächtigte zu 1. der Antragsgegnerin aufgeführt beziehungsweise zu einer Informationsveranstaltung über das Verbotsverfahren eingeladen worden sei, nach Bekanntwerden teilweise vernichtet und im Übrigen mit einer funktionsadäquaten Datenschutzsperre belegt worden seien. 480

(3) Die vorgelegten Unterlagen reichen aus, die Überzeugung des Senats zu begründen, dass auf eine Entgegennahme nachrichtendienstlicher Erkenntnisse über die Prozessstrategie der Antragsgegnerin verzichtet wurde. Der Antragsteller hat die entsprechenden Weisungen des Bundes und der Länder lückenlos dokumentiert. Er hat über durchgeführte G 10-Maßnahmen berichtet und dargelegt, dass auch insoweit Informationen über das Verbotsverfahren nicht erlangt wurden beziehungsweise deren Verwertung unterbunden wurde. Umstände, die ernsthafte Zweifel an der Richtigkeit dieses Vortrags begründen könnten, sind nicht ersichtlich. 481

cc) Hieran vermag der Vortrag der Antragsgegnerin nichts zu ändern. Weder ist sie in der Lage, Umstände darzulegen, die auf einen Einsatz nachrichtendienstlicher Mittel zur Ausspähung der Prozessstrategie gegenüber ihrem Verfahrensbevollmächtigten zu 1. schließen lassen (1) [S. 1398], noch ist dies gegenüber Angehörigen der Führungsebenen der Antragsgegnerin der Fall (2) [S. 1400]. 482

(1) Sowohl die Schilderung des Verkehrsunfallgeschehens vom 30. November 2012 als auch die sonstigen Ausführungen der Antragsgegnerin sind nicht geeignet, die Vermutung einer Ausspähung der Prozessstrategie durch den Einsatz nachrichtendienstlicher Mittel gegenüber dem Verfahrensbevollmächtigten zu 1. der Antragsgegnerin zu begründen. 483

(a) Einer näheren Aufklärung des Verkehrsunfallgeschehens vom 30. November 2012 bedarf es nicht, da dieses bereits aufgrund des Zeitpunkts nicht im Zusammenhang mit dem Versuch einer Ausspähung der Prozessstrategie der Antragsgegnerin gestanden haben kann und eine mögliche frühere nachrichtendienstliche Beobachtung ihres Verfahrensbevollmächtigten zu 1. im vorliegenden Verfahren ohne Belang ist. 484

(aa) Der Unfall zwischen dem im Eigentum der Mutter des Verfahrensbevollmächtigten zu 1. der Antragsgegnerin stehenden Kraftfahrzeug und einem Dienstfahrzeug des Landesamts für Verfassungsschutz des Saarlandes ereignete sich am 30. November 2012. 485

Zu diesem Zeitpunkt war die Absicht der Einleitung eines Verbotsverfahrens gegen die Antragsgegnerin noch nicht öffentlich bekannt gemacht. Auch war weder der entsprechende Beschluss des Antragstellers gefasst, noch lag der vorbereitende Beschluss der Regierungschefinnen und der Regierungschefs der Länder vom 6. Dezember 2012 vor. Vor allem war zu diesem Zeitpunkt überhaupt nicht absehbar, dass die Antragsgegnerin einen Vertretungsauftrag an ihren nunmehrigen Verfahrensbevollmächtigten zu 1. erteilen würde. Vor diesem Hintergrund ist ausgeschlossen, dass zum Unfallzeitpunkt eine etwaige nachrichtendienstliche Beobachtung des Verfahrensbevollmächtigten zu 1. der Ausspähung der Prozessstrategie für das vorliegende Verbotsverfahren dienen sollte.

486 (bb) Dahinstehen kann daher, ob – wie die Antragsgegnerin behauptet – das Verkehrsunfallgeschehen vom 30. November 2012 eine Überwachung ihres Verfahrensbevollmächtigten zu 1. mit nachrichtendienstlichen Mitteln zu diesem Zeitpunkt belegt. Dem steht entgegen, dass der Antragsteller ein Schreiben des Staatssekretärs des saarländischen Ministeriums des Innern vorgelegt hat, in dem dieser eine Überwachung des Verfahrensbevollmächtigten zu 1. der Antragsgegnerin verneint und erklärt, dass die das Unfallfahrzeug benutzenden Mitarbeiter des Landesamts für Verfassungsschutz unterwegs gewesen seien, um eine konspirative Wohnung anzumieten und ein Postfach zu leeren. Der Direktor des Landesamts für Verfassungsschutz im Saarland hat diese Darstellung in der mündlichen Verhandlung detailliert und widerspruchsfrei bestätigt.

487 Im vorliegenden Zusammenhang ist ungeachtet dessen von entscheidender Bedeutung, dass der Antragsteller umfänglich dargelegt hat, welche spezifischen Maßnahmen er ergriffen hat, um der privilegierten Stellung des Verfahrensbevollmächtigten zu 1. und der Möglichkeit vertraulicher Kommunikation Rechnung zu tragen. Diese Darlegungen werden durch ein zeitlich weit davorliegendes Verkehrsunfallereignis unter Beteiligung eines Fahrzeuges des saarländischen Verfassungsschutzes nicht in Frage gestellt.

488 (b) Welche Bedeutung hinsichtlich einer Ausspähung der Prozessstrategie dem Hinweis der Antragsgegnerin zukommen soll, ein Mitarbeiter des bayerischen Landesamts für Verfassungsschutz habe am 26. Februar 2014 auf Weisung des Präsidenten der Behörde einen bestehenden Facebook-Kontakt mit dem Verfahrensbevollmächtigten zu 1. abgebrochen, erschließt sich nicht. Weder hat die Antragsgegnerin vorgetragen noch entspricht es der allgemeinen Lebenserfahrung, dass Verfahrensbevollmächtigte Prozessstrategien über Facebook verbreiten.

489 (c) Schließlich wird die Glaubhaftigkeit der Darlegungen des Antragstellers zum Unterbleiben einer Ausspähung der Prozessstrategie auch durch die Behauptung der Antragsgegnerin nicht erschüttert, es sei nach „Abschaltung" der V-Leute grundsätzlich von einer diese „Abschaltung" kompensierenden Überwachung ihres Verfahrensbevollmächtigten zu 1. und der Mitglieder des Parteivorstands der Antragsgegnerin mit sonstigen nachrichtendienstlichen Mitteln auszugehen, was dadurch bestätigt werde, dass die vorgelegten Weisungen sich ausschließlich auf G 10-Maßnahmen beschränkten.

490 Insoweit trifft schon nicht zu, dass die vom Antragsteller vorgelegten Weisungen und sonstigen Belege ausschließlich G 10-Maßnahmen zum Gegenstand haben. Vielmehr hat er umfänglich ausgeführt und belegt, dass die Sicherheitsbehörden des Bun-

des und der Länder angewiesen waren, nicht nur bei G 10-Maßnahmen bereits in die Vorauswahl keine Informationen über das Verbotsverfahren aufzunehmen, sondern auch keinerlei nachrichtendienstlich erlangte Informationen zur Prozessstrategie der Antragsgegnerin entgegenzunehmen, jeden Versuch einer entsprechenden Erkenntniszuführung zurückzuweisen und zu dokumentieren sowie keine Akten über den Verfahrensbevollmächtigten zu 1. der Antragsgegnerin zu führen und unzulässige Speicherungen zu löschen. Vor diesem Hintergrund genügt die bloße Vermutung, bei einer „Abschaltung" der V-Leute auf den Führungsebenen und einem Verzicht auf G 10-Maßnahmen sei davon auszugehen, dass akustische Wohnraumüberwachungen und Online-Durchsuchungen verstärkt eingesetzt würden, nicht, um die Annahme des Einsatzes dieser nachrichtendienstlichen Mittel gegenüber dem Verfahrensbevollmächtigten zu 1. zu begründen.

(2) Auch soweit die Antragsgegnerin die Überwachung von Mitgliedern des Parteivorstands mit nachrichtendienstlichen Mitteln behauptet, zeigt sie keine Umstände auf, die Zweifel daran begründen, dass der besonderen Stellung des Verfahrensbevollmächtigten zu 1. Rechnung getragen worden und weder die Prozessstrategie der Antragsgegnerin mit nachrichtendienstlichen Mitteln ausgespäht noch zufällig mit nachrichtendienstlichen Mitteln erlangte Erkenntnisse darüber im laufenden Verbotsverfahren zum Nachteil der Antragsgegnerin verwandt wurden.

(a) Soweit die Antragsgegnerin zum Beweis dieser Behauptung die Vernehmung ihres ehemaligen Bundesschatzmeisters begehrt, ist dem im Ergebnis nicht zu folgen. Es kann dahinstehen, ob der benannte Zeuge bei einer polizeilichen Vernehmung im Rahmen eines gegen ihn gerichteten Ermittlungsverfahrens mit wörtlichen Aussagen konfrontiert wurde, die er während einer Parteivorstandssitzung getätigt haben soll. Selbst wenn dies der Fall wäre, bedeutet das nicht, dass die Kenntnis von diesen Aussagen auf der nachrichtendienstlichen Überwachung des Bundesvorstands der Antragsgegnerin beruhte. Erst recht ergibt sich hieraus nichts für die Behauptung, dass Gegenstand dieser Überwachung die Ausspähung der Prozessstrategie der Antragsgegnerin im laufenden Verbotsverfahren gewesen sei, oder dafür, dass insoweit relevante Erkenntnisse erlangt worden seien, zumal die Antragsgegnerin jede zeitliche Einordnung der Äußerungen des benannten Zeugen, der nicht mehr Mitglied des Bundesvorstands ist, unterlässt.

(b) Nicht angezeigt ist zudem eine von der Antragsgegnerin angeregte Vernehmung des ehemaligen Mitarbeiters des US-Geheimdienstes Edward Snowden. Der Vortrag der Antragsgegnerin bleibt rein spekulativ. Es erscheint bereits fernliegend, dass der benannte Zeuge bestätigen kann, dass eine nachrichtendienstliche Überwachung der Vorstandsmitglieder oder des Verfahrensbevollmächtigten zu 1. der Antragsgegnerin durch ausländische Geheimdienste stattgefunden hat und die dabei gesammelten Informationen an die nationalen Sicherheitsbehörden der Bundesrepublik Deutschland weitergegeben wurden. Noch ferner liegt die Annahme, dass der benannte Zeuge sich darüber hinausgehend auch noch dazu äußern kann, ob dieser Informationsaustausch die Verteidigungsstrategie oder den Kontakt der Antragsgegnerin mit ihrem Verfahrensbevollmächtigten zu 1. im laufenden Parteiverbotsverfahren betraf.

494 (c) Schließlich ist auch der in der mündlichen Verhandlung vorgetragene Sachverhalt, dass zwei Landesvorstandsmitglieder des Landesverbands Nordrhein-Westfalen der Antragsgegnerin vom 10. Juli 2015 bis zum 9. August 2015 Gegenstand einer polizeilichen Überwachung und Datenerhebung waren, nicht geeignet, die Richtigkeit des Vortrags des Antragstellers, eine Ausspähung der Prozessstrategie der Antragsgegnerin finde nicht statt, zu erschüttern.

495 Nach der glaubhaften und von der Antragsgegnerin nicht in Zweifel gezogenen Auskunft des Landeskriminaldirektors S. in der mündlichen Verhandlung waren nicht die beiden Mitglieder des Landesvorstands Ziel der Überwachungsmaßnahme, sondern ein sogenannter Gefährder aus der rechtsextremen Szene, dessen Haftentlassung bevorstand und dessen Wohnsitznahme festgestellt werden sollte. Die Landesvorstandsmitglieder seien nur deshalb mittelbar von der Maßnahme erfasst worden, weil sie den Betroffenen bei seiner Haftentlassung abgeholt hätten. Nach dessen Wohnsitznahme sei die Maßnahme sofort eingestellt worden. Ziel der Maßnahme war also keineswegs, wie die Antragsgegnerin „ins Blaue" hinein vermutet, die Ausspähung eines weiteren Landesvorstandsmitglieds. Die Maßnahme war auch weder auf die Erlangung von Informationen über die Prozessstrategie der Antragsgegnerin gerichtet, noch fielen in diesem Rahmen derartige Erkenntnisse an.

496 dd) Im Ergebnis ist demnach davon auszugehen, dass von staatlichen Stellen keine nachrichtendienstlich erlangten Informationen über die Prozessstrategie der Antragsgegnerin ermittelt oder entgegengenommen wurden und der privilegierten Stellung ihres Verfahrensbevollmächtigten zu 1. – insbesondere im Hinblick auf die in § 3b Abs. 1 G 10 und § 160a Abs. 1 StPO normierten Einschränkungen für entsprechende Ermittlungsmaßnahmen im Fall zeugnisverweigerungsberechtigter Berufsgeheimnisträger – Rechnung getragen wurde. Auch unter dem Gesichtspunkt des fairen Verfahrens liegt daher ein Verfahrenshindernis nicht vor.

III.

497 Der mit Schriftsatz vom 25. März 2014 (höchst hilfsweise) gestellte Antrag der Antragsgegnerin auf Aussetzung des Verbotsverfahrens, bis der vom Deutschen Bundestag am 20. März 2014 eingesetzte Untersuchungsausschuss zur NSA-Abhör-Affäre seinen Abschlussbericht vorgelegt hat, steht in keinem erkennbaren Zusammenhang mit dem vorliegenden Verfahren. Selbst wenn die Antragsgegnerin von Abhörmaßnahmen ausländischer Dienste betroffen gewesen wäre, könnte eine Verfahrensrelevanz allenfalls gegeben sein, wenn bei den Maßnahmen Erkenntnisse über die Prozessstrategie angefallen, diese an deutsche Behörden weitergeleitet und dort – entgegen den vorliegenden Weisungen – entgegengenommen und zum Nachteil der Antragsgegnerin verwertet worden wären. Die Antragsgegnerin benennt keinerlei tatsächliche Anhaltspunkte hierfür. Sie trägt auch insoweit ausschließlich „ins Blaue" hinein vor.

498 Außerdem ist nicht ersichtlich, warum das hiesige Verfahren bis zur Vorlage des Abschlussberichts des NSA-Untersuchungsausschusses des Deutschen Bundestages ausgesetzt werden sollte, da weder der Einsatz von V-Leuten noch das Ausspähen der Prozessstrategie der Antragsgegnerin Gegenstand des Bundestagsuntersuchungsausschusses ist. Ein – wie auch immer gearteter – Erkenntnisfortschritt für das Vorliegen

von Verfahrenshindernissen im hiesigen Parteiverbotsverfahren durch die Arbeit des NSA-Untersuchungsausschusses des Bundestages ist nicht erwartbar.

IV.

Der Zulässigkeit des Antrags auf Feststellung der Verfassungswidrigkeit der Antragsgegnerin steht weder das Erfordernis ordnungsgemäßer Vertretung des Antragstellers entgegen (1.) [S. 1402], noch ergibt sich seine Unzulässigkeit aus einer verfassungswidrigen Ausgestaltung der Antragsbefugnis im Parteiverbotsverfahren gemäß § 43 BVerfGG (2.) [S. 1403] oder dem Fehlen einer Rechtsgrundlage für das beantragte Verbot aufgrund der Unanwendbarkeit des Tatbestandsmerkmals „Beeinträchtigen" in Art. 21 Abs. 2 GG (3.) [S. 1403].

1. Die Verfahrensbevollmächtigten des Antragstellers sind wirksam bevollmächtigt.

a) Gemäß § 22 Abs. 2 Satz 1 BVerfGG bedarf die Prozessvollmacht, die durch einen Vertretungsberechtigten erteilt werden muss, zu ihrer Wirksamkeit der Schriftform. Dabei hat das Bundesverfassungsgericht das Vorliegen einer solchen Vollmacht von Amts wegen zu prüfen (vgl. BVerfGE 1, 115 ⟨116⟩; 1, 433 ⟨436⟩; 62, 194 ⟨200⟩).

b) Die vom Antragsteller vorgelegten Vollmachten genügen diesen Anforderungen, da der Direktor des Bundesrates zu ihrer Unterzeichnung befugt gewesen ist. Dies ergibt sich bereits aus der Aufgabenzuweisung an den Direktor des Bundesrates gemäß § 14 Abs. 2 GOBR (aa) [S. 1402]. Hinzu kommt, dass der Präsident des Bundesrates den Direktor vorliegend ausdrücklich beauftragt hat, die Prozessvollmachten zu unterzeichnen (bb) [S. 1403].

aa) Gemäß § 6 Abs. 1 Satz 1 GOBR vertritt der Präsident des Bundesrates die Bundesrepublik Deutschland in allen Angelegenheiten des Bundesrates. Im Falle seiner Verhinderung oder bei vorzeitiger Beendigung seines Amts vertreten ihn gemäß § 7 Abs. 1 Satz 1 GOBR die Vizepräsidenten nach Maßgabe ihrer Reihenfolge.

Der Direktor des Bundesrates leitet gemäß § 14 Abs. 2 GOBR das Sekretariat des Bundesrates im Auftrag des Präsidenten und unterstützt diesen bei der Führung seiner Amtsgeschäfte. Da der Präsident und die Mitglieder des Bundesrates nicht ständig anwesend sind, kommt dem Sekretariat mit dem Direktor an seiner Spitze wesentliche Bedeutung für die Kontinuität der Arbeit des Bundesrates zu (vgl. Posser, Der Bundesrat und seine Bedeutung, in: Benda/Maihofer/Vogel, Handbuch des Verfassungsrechts der Bundesrepublik Deutschland, 2. Aufl. 1994, § 24 Rn. 77). Dies zeigt sich in den zahlreichen Aufgaben des Direktors, die über die Leitung der Verwaltung hinausgehen, vor allem in der dem Direktor obliegenden ständigen Kontaktpflege zu den übrigen Verfassungsorganen und den Landesregierungen sowie seinen Pflichten bei der Vorbereitung von Sitzungen und der Zuweisung von Vorlagen an die Ausschüsse (vgl. Hanikel, Die Organisation des Bundesrats, 1991, S. 235 f.; Posser, a. a. O., § 24 Rn. 77).

Teil seiner Leitungsaufgaben, insbesondere bei Abwesenheit des Präsidenten, ist die Außenvertretung des Bundesrates im Auftrag des Präsidenten. Dies schließt die Erteilung von Prozessvollmachten an die durch den Präsidenten des Bundesrates bestimmten Verfahrensbevollmächtigten ein. Dass § 14 Abs. 2 GOBR die Befugnis des Direktors des Bundesrates zur Unterzeichnung der Prozessvollmacht gemäß § 22 BVerfGG beinhaltet, entspricht der bisherigen Staatspraxis, die bei der Auslegung der Geschäftsordnung als Ausfluss des Selbstorganisationsrechts des Bundesrates zu berücksichtigen ist (vgl. BVerfGE 1, 144 ⟨148 f.⟩).

506 bb) Darüber hinaus hat der Präsident des Bundesrates den Direktor vorliegend ausdrücklich mit der Erteilung der Vollmachten beauftragt: Der Bundesrat hat durch Plenarbeschluss vom 14. Dezember 2012 (BRDrucks 770/12) beschlossen, den Verbotsantrag zu stellen, und den Präsidenten gebeten, einen Verfahrensbevollmächtigten mit der Antragstellung, der Begründung und der Prozessführung zu betrauen. Der Präsident hat sodann nach der durch die Antragsgegnerin nicht bestrittenen Darstellung des Antragstellers nach Zustimmung des ständigen Beirates des Bundesrates (vgl. § 9 GOBR) den Direktor ersucht, Prof. Dr. Möllers und Prof. Dr. Waldhoff zu Verfahrensbevollmächtigten des Bundesrates zu bestellen. Damit hat er den Direktor jedenfalls ausdrücklich bevollmächtigt, die Prozessvollmacht gemäß § 22 Abs. 2 BVerfGG zu erteilen. Einer Unterzeichnung der Vollmacht durch den Präsidenten des Bundesrates bedurfte es nicht.

507 2. Eine Unzulässigkeit des Antrags ergibt sich entgegen der Auffassung der Antragsgegnerin auch nicht aus dem Numerus clausus der Antragsberechtigten im Verbotsverfahren gemäß § 43 BVerfGG. Soweit die Antragsgegnerin meint, § 43 BVerfGG sei verfassungswidrig, weil er unter Verletzung des Grundsatzes der Chancengleichheit gemäß Art. 21 Abs. 1 GG keine Antragsbefugnis für politische Parteien im Parteiverbotsverfahren vorsehe, vermag dies jedenfalls ein Fehlen der Antragsbefugnis des Antragstellers im vorliegenden Verfahren nicht zu begründen.

508 Es kann dahinstehen, ob eine Verletzung des Grundsatzes der Chancengleichheit der Parteien gemäß Art. 21 Abs. 1 GG überhaupt in Betracht kommt, wenn der Gesetzgeber in Wahrnehmung des ihm nach Art. 21 Abs. 3 GG übertragenen Gestaltungsauftrags sämtliche Parteien gleichermaßen von der Möglichkeit der Beantragung eines Parteiverbots ausschließt. Selbst wenn dies der Fall wäre, ergäbe sich daraus allenfalls ein Erfordernis, den Kreis der Antragsberechtigten gemäß § 43 BVerfGG de lege ferenda zu erweitern. Eine Infragestellung der Antragsberechtigung des Antragstellers ist damit nicht verbunden.

509 3. Die Unzulässigkeit des Verbotsantrags folgt schließlich nicht aus der Auffassung der Antragsgegnerin, für das beantragte Parteiverbot fehle es an einer Rechtsgrundlage. Ob es sich, wie die Antragsgegnerin meint, bei dem Tatbestandsmerkmal der „Beeinträchtigung" der freiheitlichen demokratischen Grundordnung in Art. 21 Abs. 2 GG um ein Redaktionsversehen handelt, kann mit Blick auf die Zulässigkeit des vorliegenden Antrags dahinstehen. Dies ergibt sich bereits aus dem Umstand, dass – entgegen der Darstellung der Antragsgegnerin – der Antragsteller nicht nur geltend macht, die Antragsgegnerin strebe eine „Beeinträchtigung" der freiheitlichen demokratischen Grundordnung an, sondern seinen Antrag ausdrücklich auch auf das Ziel einer „Beseitigung" dieser Ordnung durch die Antragsgegnerin stützt. Im Übrigen richtet sich der Einwand der Antragsgegnerin auf eine dem Wortlaut widersprechende Verengung des Geltungs-

bereichs von Art. 21 Abs. 2 GG, worauf im Rahmen der Begründetheitsprüfung näher einzugehen ist (vgl. Rn. 548 ff. [S. 1415]). Die Zulässigkeit des Verbotsantrags berührt dieser Vortrag der Antragsgegnerin nicht. Dies gilt auch, soweit sie geltend macht, Art. 21 Abs. 2 Satz 1 GG erlaube nur die Feststellung der Verfassungswidrigkeit, hingegen nicht das Verbot einer Partei (vgl. Rn. 527 [S. 1409]).

C.

Der Maßstab für die Feststellung der Verfassungswidrigkeit einer Partei gemäß Art. 21 Abs. 2 GG hat sowohl dem fortbestehenden Geltungsanspruch als auch dem Ausnahmecharakter der Norm Rechnung zu tragen (I.) [S. 1404]. Eine beidem entsprechende Bestimmung der tatbestandlichen Voraussetzungen eines Parteiverbots (II.) [S. 1409] ist mit den Vorgaben der EMRK nach der Parteiverbotsrechtsprechung des EGMR kompatibel (III.) [S. 1429]. Recht der Europäischen Union ist für die Voraussetzungen, unter denen eine politische Partei durch einen Mitgliedstaat verboten werden kann, nicht maßgeblich (IV.) [S. 1435]. 510

I.

Das Parteiverbot ist Teil der Konstitutionalisierung der politischen Parteien in Art. 21 GG (1.) [S. 1404] und steht mit demokratischen Grundprinzipien nicht in Widerspruch (2.) [S. 1405]. Art. 21 Abs. 2 GG ist nicht im Hinblick auf die Möglichkeit einer originären Verfassungsneuschöpfung im Rahmen von Art. 146 GG unanwendbar (3.) [S. 1406]. Ebenso wenig hat er unter den Bedingungen gefestigter demokratischer Strukturen seinen Geltungsanspruch verloren (4.) [S. 1407]. Schließlich ist er auch nicht als Bestandteil des verfassungsrechtlichen Notstandsrechts zu interpretieren (5.) [S. 1407]. Allerdings ist der Tatsache, dass ein Parteiverbot einen schwerwiegenden Eingriff in die Freiheit der politischen Willensbildung in ihrer Ausprägung als Parteienfreiheit des Art. 21 Abs. 1 GG darstellt, bei der Konkretisierung der tatbestandlichen Voraussetzungen des Art. 21 Abs. 2 GG Rechnung zu tragen (6.) [S. 1408]. 511

1.a) Mit Art. 21 GG wurde den politischen Parteien erstmals ein eigener verfassungsrechtlicher Status zuerkannt. Im Unterschied zur Weimarer Reichsverfassung, die sich einer verfassungsrechtlichen Qualifizierung der politischen Parteien enthielt, weist das Grundgesetz ihnen eine besondere – im Vergleich zu Vereinigungen im Sinne von Art. 9 Abs. 1 GG hervorgehobene (vgl. BVerfGE 107, 339 ⟨358⟩) – Stellung zu. Sie werden durch Art. 21 GG in den Rang einer verfassungsrechtlichen Institution erhoben (vgl. BVerfGE 1, 208 ⟨225⟩; 2, 1 ⟨73⟩; 20, 56 ⟨100⟩; 73, 40 ⟨85⟩; 107, 339 ⟨358⟩) und als notwendige „Faktoren des Verfassungslebens" (BVerfGE 1, 208 ⟨227⟩) anerkannt. Die Wahrnehmung der ihnen zugewiesenen verfassungsrechtlichen Aufgabe der Mitwirkung bei der politischen Willensbildung des Volkes setzt die in Art. 21 Abs. 1 GG garantierte Freiheit ihrer Gründung und Betätigung voraus. 512

b) Teil des Prozesses der Konstitutionalisierung der politischen Parteien war die Festschreibung der Möglichkeit des Parteiverbots. So sah bereits Art. 47 Abs. 4 des auf Her- 513 renchiemsee ausgearbeiteten Entwurfs eines Grundgesetzes (HerrenChE) die Möglichkeit eines Verbots politischer Parteien, „die sich nach der Art ihrer Tätigkeit die Beseitigung der freiheitlichen und demokratischen Grundordnung zum Ziel gesetzt haben", durch das Bundesverfassungsgericht vor (vgl. Verfassungsausschuss der Ministerpräsidenten-Konferenz der westlichen Besatzungszonen, Bericht über den Verfassungskonvent auf Herrenchiemsee vom 10. bis 23. August 1948, S. 68). Auch im Parlamentarischen Rat stand die verfassungsrechtliche Verankerung des Parteiverbots dem Grunde nach außer Streit, so dass lediglich Einzelfragen der Ausgestaltung des entsprechenden Tatbestands erörtert wurden (vgl. v. Doemming/Füsslein/Matz, Entstehungsgeschichte der Artikel des Grundgesetzes, JöR n. F., Bd. 1, 1951, S. 208 ff.; Meier, Parteiverbote und demokratische Republik, 1993, S. 151 ff.).

514 c) Die Etablierung des Parteiverbots in Art. 21 Abs. 2 GG war Ausdruck des Bestrebens des Verfassungsgebers, strukturelle Voraussetzungen zu schaffen, um eine Wiederholung der Katastrophe des Nationalsozialismus und eine Entwicklung des Parteiwesens wie in der Endphase der Weimarer Republik zu verhindern (vgl. BVerfGE 107, 339 ⟨362⟩). Art. 21 Abs. 2 GG ist darauf gerichtet, Risiken zu begegnen, die von der Existenz einer Partei mit verfassungsfeindlicher Grundtendenz und ihren typischen verbandsmäßigen Wirkungsmöglichkeiten ausgehen (vgl. BVerfGE 25, 44 ⟨56⟩). Einer solchen Partei soll – entsprechend der Forderung „keine unbedingte Freiheit für die Feinde der Freiheit" (vgl. BVerfGE 5, 85 ⟨138⟩) – nicht die Möglichkeit eröffnet werden, die Parteienfreiheit des Art. 21 Abs. 1 GG zum Kampf gegen die freiheitliche demokratische Grundordnung zu missbrauchen.

515 2. Dieses Konzept des Schutzes der Freiheit durch eine Beschränkung der Freiheit steht zu der Grundentscheidung der Verfassung in Art. 20 Abs. 2 GG für einen Prozess der staatsfreien und offenen Meinungs- und Willensbildung vom Volk zu den Staatsorganen (vgl. BVerfGE 20, 56 ⟨100⟩; 107, 339 ⟨361⟩) nicht in Widerspruch. Um eine freiheitliche demokratische Ordnung dauerhaft zu etablieren, will das Grundgesetz nicht auch die Freiheit gewährleisten, die Voraussetzungen der freiheitlichen Demokratie zu beseitigen und die gewährte Freiheit zur Abschaffung dieser Ordnung zu missbrauchen. Art. 21 Abs. 2 GG zielt daher auf den Schutz der grundlegenden Werte, die für ein friedliches und demokratisches Zusammenleben der Bürgerinnen und Bürger unverzichtbar sind.

516 Das Grundgesetz nimmt vor diesem Hintergrund aus dem Pluralismus von Zielen und Wertungen, die in den politischen Parteien Gestalt gewonnen haben, gewisse Grundprinzipien der Staatsgestaltung heraus, die, wenn sie einmal auf demokratische Weise gebilligt sind, als absolute Werte anerkannt und deshalb entschlossen gegen alle Angriffe verteidigt werden sollen. Ziel ist eine Synthese zwischen dem Prinzip der Toleranz gegenüber allen politischen Auffassungen und dem Bekenntnis zu gewissen unantastbaren Grundwerten der Staatsordnung. Demgemäß ist Art. 21 Abs. 2 GG Ausdruck des bewussten verfassungspolitischen Willens zur Lösung eines Grenzproblems der freiheitlichen demokratischen Staatsordnung, Niederschlag der Erfahrungen eines Verfassungsgebers, der in einer bestimmten historischen Situation das Prinzip der Neutralität des Staates gegenüber den politischen Parteien nicht mehr rein verwirklichen zu

dürfen glaubte, Bekenntnis zu einer – in diesem Sinne – streitbaren Demokratie (vgl. zum Ganzen BVerfGE 5, 85 ⟨139⟩).

Der Einwand der Antragsgegnerin, ein Parteiverbot, das zur Ausschaltung einer kompletten politischen Richtung führe, verstoße gegen das demokratische Prinzip der Volkssouveränität („Das Volk hat immer Recht"), geht deshalb fehl. Sie lässt außer Betracht, dass Demokratie und Volkssouveränität sich nur in einem freiheitlichen Rahmen entfalten können. Die gleichberechtigte Teilhabe an der politischen Willensbildung als Kern demokratischen Handelns setzt den Bestand einer freiheitlichen Ordnung voraus. Strebt eine politische Partei eine Beseitigung dieser Ordnung an, zielt ihr Verbot nicht auf eine Einschränkung, sondern auf die Gewährleistung von Demokratie und Volkssouveränität. Die Unzulässigkeit der Änderung zentraler Bestimmungen der Verfassung und die Begrenzung demokratischer Mitwirkungsrechte, wenn sie sich gegen die freiheitliche demokratische Grundordnung richten, sind daher nicht nur als von außen gesetzte Schranken zu verstehen, sondern vielmehr auch als Ausdruck einer dem Demokratieprinzip eigenen Selbstbeschränkung, indem sie eine dauerhafte Demokratie gewährleisten sollen. Herrschaft auf Zeit als Wesensgehalt von Demokratie erfordert, dass die jeweilige Mehrheit in (steter) Konkurrenz zur Minderheit steht und diese die Chance hat, selbst zur Mehrheit zu werden. Die vorübergehende Mehrheit darf daher nicht die offene Tür, durch die sie eingetreten ist, hinter sich zuschlagen (vgl. Dreier, JZ 1994, S. 741 ⟨751⟩; Thiel, in: ders., Wehrhafte Demokratie, 2003, S. 20, 23; Böckenförde, in: Isensee/Kirchhof, HStR II, 3. Aufl. 2004, § 24 Rn. 54). Soweit ein Parteiverbot dazu führt, dass bestimmte politische Auffassungen tatsächlich aus dem Prozess der politischen Willensbildung ausgeschlossen werden, entspricht dies gerade der Grundentscheidung der Verfassung für eine „streitbare Demokratie", die ihre grundlegenden, für ein friedliches und demokratisches Zusammenleben unverzichtbaren Werte nicht zur Disposition stellt. Das Parteiverbot gemäß Art. 21 Abs. 2 GG verstößt daher nicht gegen die Prinzipien der Demokratie und Volkssouveränität im Sinne des Art. 20 Abs. 1 und Abs. 2 GG, sondern gestaltet diese aus (vgl. bereits BVerfGE 5, 85 ⟨139⟩: „Art. 21 Abs. 2 GG steht somit nicht mit einem Grundprinzip der Verfassung in Widerspruch; …").

3. Die durch Art. 146 GG eröffnete Möglichkeit einer originären Verfassungsneuschöpfung steht einer Anwendbarkeit von Art. 21 Abs. 2 GG nicht entgegen. Unabhängig von der Frage, ob Art. 146 GG lediglich in Fällen einer Verfassungsnovation unter Beachtung der Grundsätze des Art. 79 Abs. 3 GG oder auch bei einer Totalrevision des Grundgesetzes anwendbar ist (vgl. zum Streitstand: Roellecke, in: Depenheuer/Grabenwarter, Verfassungstheorie, 2010, § 13 Rn. 48 ff.; v. Campenhausen/Unruh, in: v. Mangoldt/Klein/Starck, GG, Bd. 3, 6. Aufl. 2010, Art. 146 Rn. 7 ff.; Herdegen, in: Maunz/Dürig, GG, Art. 146 Rn. 39 ff. ⟨November 2012⟩; Michael, in: Bonner Kommentar, Bd. 19, Art. 146 Rn. 637 ff. ⟨November 2013⟩; Dreier, Idee und Gestalt des freiheitlichen Verfassungsstaates, 2014, S. 433 ff. ⟨452 f.⟩), bleibt das Grundgesetz bis zum Inkrafttreten einer in freier Entscheidung des deutschen Volkes beschlossenen neuen Verfassung in vollem Umfang in Kraft (vgl. BVerfGE 5, 85 ⟨128⟩). Auch wenn Art. 146 GG dem Verfassungsgeber die Möglichkeit einer völligen Neuschöpfung der Verfassung eröffnen sollte, wird dadurch für die Dauer der Geltung des Grundgesetzes ein auf die Beeinträchtigung

oder Beseitigung der freiheitlichen demokratischen Grundordnung gerichtetes aktives Handeln einer politischen Partei nicht legitimiert. Diese kann sich auf die Parteienfreiheit des Art. 21 Abs. 1 GG nur berufen, soweit ihr Handeln nicht gegen den unantastbaren Kernbestand einer freiheitlichen Demokratie gerichtet ist.

519   4. Eine Unanwendbarkeit von Art. 21 Abs. 2 GG kann auch nicht damit begründet werden, dass der Vorschrift lediglich ein transitorischer Charakter zur Gestaltung des Übergangs vom Nationalsozialismus zur freiheitlichen Demokratie zukomme, so dass die Norm mittlerweile ihren Geltungsanspruch verloren habe (vgl. Hofmann, Recht – Politik – Verfassung, 1986, S. 258; Groh, ZRP 2000, S. 500; Kugelmann, EuGRZ 2003, S. 533 ⟨542⟩; Volkmann, DÖV 2007, S. 577 ⟨584⟩). Dabei kann dahinstehen, ob die bloße Nichtanwendung einer Norm über einen längeren Zeitraum zu ihrem Geltungsverlust führen kann (bejahend wohl: Bryde, Verfassungsentwicklung – Stabilität und Dynamik im Verfassungsrecht der Bundesrepublik Deutschland, 1982, S. 454 f.; Dreier, in: ders., GG, Bd. 2, 3. Aufl. 2015, Art. 79 Abs. 1 Rn. 42), denn es ist nicht nur in den Verbotsverfahren gegen die SRP (BVerfGE 2, 1) und die KPD (BVerfGE 5, 85), sondern auch in den Verfahren gegen die „Nationale Liste (NL)" (BVerfGE 91, 262) und die „Freiheitliche Deutsche Arbeiterpartei (FAP)" (BVerfGE 91, 276) sowie im vorausgegangenen Verbotsverfahren gegen die Antragsgegnerin (BVerfGE 107, 339) auf Art. 21 Abs. 2 GG zurückgegriffen worden.

520   Ein Verlust des Geltungsanspruchs der Norm käme allenfalls bei einer Ausgestaltung als bloßer Übergangsregelung in Betracht. Hierfür ergeben sich bereits aus dem Wortlaut der Norm keinerlei Anhaltspunkte. Außerdem ist der Schutzzweck von Art. 21 Abs. 2 GG, der darauf abzielt, Gefahren für die freiheitliche demokratische Grundordnung aufgrund des Erstarkens antidemokratischer Parteien durch deren Verbot abzuwehren, nicht auf die Phase der Konstituierung der freiheitlichen Demokratie des Grundgesetzes beschränkt. Die Sicherung der Stabilität der demokratischen Strukturen im Geltungsbereich des Grundgesetzes bleibt eine Daueraufgabe. Ungeachtet der Frage, ob unter den gegenwärtigen demokratischen Bedingungen der Rückgriff auf das Parteiverbot im Vergleich zu einer Bekämpfung antidemokratischer Positionen im Wege der öffentlichen politischen Auseinandersetzung vorzugswürdig erscheint, führt die Veränderung der gesellschaftlichen und politischen Verhältnisse seit Inkrafttreten des Grundgesetzes jedenfalls nicht zu einer grundsätzlichen Unanwendbarkeit von Art. 21 Abs. 2 GG.

521   5. Unzutreffend ist schließlich auch die Auffassung der Antragsgegnerin, Art. 21 Abs. 2 GG sei im Lichte der verfassungsrechtlichen Notstandsregelungen in Art. 91 GG und Art. 87a Abs. 4 GG zu interpretieren mit der Folge, dass Schutzgut der Vorschrift nicht eine abstrakte Ansammlung von Verfassungsprinzipien, sondern das Funktionieren staatlicher Einrichtungen sei und ein Parteiverbot nur als legitim angesehen werden könne, wenn die Partei sich an gewaltsamen Umsturzbewegungen beteilige.

522   Einem Rückgriff auf die Regelungen des verfassungsrechtlichen Notstandes gemäß Art. 87a Abs. 4, Art. 91 GG zur Auslegung von Art. 21 Abs. 2 GG stehen bereits die unterschiedlichen tatbestandlichen Voraussetzungen entgegen: Während Art. 87a Abs. 4 GG und Art. 91 GG eine „drohende Gefahr" für den Bestand oder die freiheitliche demo-

kratische Grundordnung des Bundes oder eines Landes voraussetzen, ist dies bei Art. 21 Abs. 2 GG nicht der Fall. Ausreichend für ein Parteiverbot ist der Umstand, dass eine Partei „darauf ausgeht", die freiheitliche demokratische Grundordnung zu beeinträchtigen oder zu beseitigen oder den Bestand der Bundesrepublik Deutschland zu gefährden. Entsprechend handelt es sich bei Art. 21 Abs. 2 GG nicht um eine Regelung zur Abwehr konkreter Gefahren. Vielmehr soll im Wege präventiven Verfassungsschutzes (vgl. BVerfGE 5, 85 ⟨142⟩; 9, 162 ⟨165⟩; 107, 339 ⟨386⟩; zu Art. 9 Abs. 2 GG: BVerfGE 80, 244 ⟨253⟩; Klein, in: Maunz/Dürig, GG, Art. 21 Rn. 515 ⟨Januar 2012⟩) die Entstehung konkreter Gefahren für die freiheitliche demokratische Grundordnung bereits weit im Vorfeld verhindert werden. Eine an den verfassungsrechtlichen Notstandsregelungen orientierte Neubestimmung der Parteiverbotskonzeption des Art. 21 Abs. 2 GG scheidet daher aus. Vielmehr ist dessen Regelungsgehalt eigenständig unter Berücksichtigung seines Präventionscharakters zu bestimmen.

6. Bei der Auslegung von Art. 21 Abs. 2 GG ist den verfassungsrechtlichen Grundentscheidungen für die Offenheit des Prozesses der politischen Willensbildung, die Meinungsfreiheit (Art. 5 Abs. 1 GG) und die Parteienfreiheit (Art. 21 Abs. 1 GG) und dem sich daraus ergebenden Ausnahmecharakter der Norm Rechnung zu tragen. 523

a) Das Grundgesetz geht davon aus, dass nur die ständige geistige Auseinandersetzung zwischen den einander begegnenden sozialen Kräften und Interessen, den politischen Ideen und damit auch den sie vertretenden Parteien der richtige Weg zur Bildung des Staatswillens ist (vgl. BVerfGE 5, 85 ⟨135⟩). Es vertraut auf die Kraft dieser Auseinandersetzung als wirksamste Waffe auch gegen die Verbreitung totalitärer und menschenverachtender Ideologien (vgl. BVerfGE 124, 300 ⟨320⟩). Dabei erkennt es in Art. 21 Abs. 1 GG den Parteien als notwendigen Instrumenten für die politische Willensbildung des Volkes eine besondere Rolle zu (vgl. BVerfGE 107, 339 ⟨361⟩). Ein Parteiverbot stellt demgemäß einen schwerwiegenden Eingriff in die Freiheit der politischen Willensbildung und die Parteienfreiheit des Art. 21 Abs. 1 GG dar, der nur unter besonderen Voraussetzungen gerechtfertigt sein kann. Art. 21 Abs. 2 GG ist als „demokratieverkürzende Ausnahmenorm" zurückhaltend anzuwenden (vgl. Meier, a. a. O., S. 263). Aus diesem Grund bedarf es einer restriktiven Auslegung der einzelnen Tatbestandsmerkmale der Norm, die dem Regel-Ausnahme-Verhältnis zwischen der Parteienfreiheit des Art. 21 Abs. 1 GG und dem Parteiverbot des Art. 21 Abs. 2 GG Rechnung trägt. Zugleich ist für die Annahme von ungeschriebenen, den Anwendungsbereich der Norm erweiternden Tatbestandsmerkmalen kein Raum (vgl. Klein, a. a. O., Art. 21 Rn. 513 ⟨Januar 2012⟩). 524

b) Die restriktive Auslegung der tatbestandlichen Voraussetzungen des Art. 21 Abs. 2 GG trägt des Weiteren dem Umstand Rechnung, dass zwingende Rechtsfolge eines Parteiverbots die mit der Feststellung der Verfassungswidrigkeit verbundene Auflösung der Partei ist. 525

Bis zur Feststellung der Verfassungswidrigkeit durch das Bundesverfassungsgericht ist ein administratives Einschreiten gegen den Bestand einer politischen Partei schlechthin ausgeschlossen, mag diese sich gegenüber der freiheitlichen demokratischen Grundordnung auch noch so feindlich verhalten (vgl. BVerfGE 40, 287 ⟨291⟩; 47, 198 ⟨228⟩; 107, 339 ⟨362⟩). Die Partei darf zwar politisch bekämpft werden, sie soll 526 aber in ihrer politischen Aktivität von jeder Behinderung frei sein (vgl. BVerfGE 12, 296 ⟨305 ff.⟩; 39, 334 ⟨357⟩; 47, 198 ⟨228⟩; 107, 339 ⟨362⟩). Das Grundgesetz nimmt in seiner gegenwärtigen Form die Gefahr, die in der Tätigkeit einer Partei bis zur Feststellung ihrer Verfassungswidrigkeit liegt, um der politischen Freiheit willen in Kauf (vgl. BVerfGE 12, 296 ⟨306⟩; 47, 198 ⟨228⟩; 107, 339 ⟨362⟩).

527 Ergibt hingegen die Prüfung durch das Bundesverfassungsgericht das Vorliegen der tatbestandlichen Voraussetzungen des Art. 21 Abs. 2 GG, ist die Feststellung der Verfassungswidrigkeit und die Auflösung der Partei zwingend vorgegeben. Die Auffassung der Antragsgegnerin, Art. 21 Abs. 2 GG ermögliche lediglich die Feststellung der Verfassungswidrigkeit einer Partei und überlasse es dem „mündigen Bürger", eine entsprechende verfassungsrechtliche Erkenntnis durch Nichtwahl einer als verfassungswidrig erkannten Partei zu „vollstrecken", so dass die in § 46 Abs. 3 Satz 1 BVerfGG vorgesehene Auflösung einer Partei die Grenze des verfassungsrechtlich Zulässigen überschreite, geht fehl. Sie entspricht nicht dem Regelungskonzept des Art. 21 GG. Die Vorschrift ist darauf gerichtet, die Mitwirkung einer Partei an der politischen Willensbildung des Volkes durch einen staatlichen Eingriff zu unterbinden. Die Feststellung der Verfassungswidrigkeit durch das Bundesverfassungsgericht soll die Teilnahme der Partei an der politischen Willensbildung dauerhaft beenden. Nur so kann sich der angestrebte präventive Schutz der freiheitlichen demokratischen Grundordnung entfalten. Findet aber eine Mitwirkung an der politischen Willensbildung nicht (mehr) statt, entfällt ein unverzichtbares Element des Parteibegriffs (vgl. § 2 PartG). Die mit der Feststellung der Verfassungswidrigkeit verbundene Beendigung der Beteiligung an der politischen Willensbildung führt notwendig zum Verlust des Status einer politischen Partei. Daher hat der Gesetzgeber mit der Regelung des § 46 Abs. 3 BVerfGG, wonach mit der Feststellung der Verfassungswidrigkeit die Auflösung der Partei zu verbinden ist, den ihm durch Art. 21 Abs. 3 GG verfassungsrechtlich übertragenen Gestaltungsauftrag nicht überschritten (vgl. auch BVerfGE 5, 85 ⟨391⟩). Gleiches gilt für das Verbot der Schaffung von Ersatzorganisationen und die fakultative Einziehung des Parteivermögens gemäß § 46 Abs. 3 Satz 1 und 2 BVerfGG. Einer Vollziehung der Feststellungsentscheidung des Bundesverfassungsgerichtes durch eine Nichtwahl seitens der Bürgerinnen und Bürger scheidet daher aus. Auch für ein Weiterbestehen der Partei als Vereinigung im Sinne des Art. 9 Abs. 1 GG ist kein Raum. Auch scheidet eine lediglich befristete Aberkennung des Parteistatus nach dem derzeitigen Regelungskonzept des Art. 21 Abs. 2 GG in Verbindung mit § 46 Abs. 3 BVerfGG aus. Eine Modifizierung dieses Regelungskonzepts, etwa hinsichtlich der Schaffung von Möglichkeiten gesonderter Sanktionierung im Fall der Erfüllung einzelner Tatbestandsmerkmale des Art. 21 Abs. 2 GG unterhalb der Schwelle des Parteiverbots, ist dem verfassungsändernden Gesetzgeber vorbehalten. Umso notwendiger ist es, die Voraussetzungen eines Parteiverbots so eng zu fassen, dass sie dem Gewicht des Eingriffs in die Parteienfreiheit Rechnung tragen.

II.

528 Der Verbotsantrag des Antragstellers betrifft das Schutzgut der „freiheitlichen demokratischen Grundordnung" (1.) [S. 1410], auf deren „Beeinträchtigung oder Beseitigung" (2.) [S. 1415] eine Partei „nach ihren Zielen oder nach dem Verhalten ihrer Anhän-

ger" (3.) [S. 1417] „ausgehen" muss (4.) [S. 1420]. Weitere ungeschriebene Tatbestandsmerkmale für ein Parteiverbot bestehen nicht (5.) [S. 1425].

1. Der Begriff der „freiheitlichen demokratischen Grundordnung" ist durch die verfassungsgerichtliche Rechtsprechung konkretisiert worden (a) [S. 1410]. Sein Regelungsgehalt kann nicht durch einen pauschalen Rückgriff auf Art. 79 Abs. 3 GG bestimmt werden, sondern beschränkt sich auf die für den freiheitlichen demokratischen Verfassungsstaat schlechthin unverzichtbaren Grundsätze (b) [S. 1411]. Dabei steht das Prinzip der Menschenwürde (Art. 1 Abs. 1 GG) im Vordergrund (c) [S. 1412], das durch die Grundsätze der Demokratie (d) [S. 1413] und der Rechtsstaatlichkeit (e) [S. 1414] näher ausgestaltet wird. 529

a)aa) Im SRP-Urteil hat das Bundesverfassungsgericht bereits festgestellt, dass eine Partei nur aus dem politischen Leben ausgeschaltet werden darf, wenn sie die obersten Grundsätze der freiheitlichen Demokratie ablehnt (vgl. BVerfGE 2, 1 ⟨14⟩). Diese obersten Grundsätze bilden die freiheitliche demokratische Grundordnung, der nach der im Grundgesetz getroffenen verfassungspolitischen Entscheidung die Vorstellung zugrunde liegt, dass der Mensch in der Schöpfungsordnung einen eigenen selbstständigen Wert besitzt und dass Freiheit und Gleichheit dauernde Grundwerte der staatlichen Einheit sind. Daher ist die freiheitliche demokratische Grundordnung eine wertgebundene Ordnung. Sie ist das Gegenteil des totalen Staates, der als ausschließliche Herrschaftsmacht Menschenwürde, Freiheit und Gleichheit ablehnt (vgl. BVerfGE 2, 1 ⟨12⟩). 530

Freiheitliche demokratische Grundordnung und verfassungsmäßige Ordnung sind mithin zu unterscheiden. Die freiheitliche demokratische Grundordnung beschränkt sich auf diejenigen Prinzipien, die unter Ausschluss jeglicher Gewalt- und Willkürherrschaft eine rechtsstaatliche Herrschaftsordnung auf der Grundlage der Selbstbestimmung des Volkes nach dem Willen der jeweiligen Mehrheit und der Freiheit und Gleichheit gewährleisten (vgl. BVerfGE 2, 1 ⟨12 f.⟩). Davon ausgehend hat das Bundesverfassungsgericht dieser Ordnung aus einer Gesamtinterpretation des Grundgesetzes und seiner Einordnung in die moderne Verfassungsgeschichte (vgl. BVerfGE 5, 85 ⟨112⟩) zunächst folgende acht Elemente zugeordnet: die Achtung vor den im Grundgesetz konkretisierten Menschenrechten, vor allem vor dem Recht der Persönlichkeit auf Leben und freie Entfaltung, die Volkssouveränität, die Gewaltenteilung, die Verantwortlichkeit der Regierung, die Gesetzmäßigkeit der Verwaltung, die Unabhängigkeit der Gerichte, das Mehrparteienprinzip und die Chancengleichheit für alle politischen Parteien mit dem Recht auf verfassungsmäßige Bildung und Ausübung einer Opposition (BVerfGE 2, 1 ⟨13⟩). 531

bb) Im KPD-Urteil hat das Gericht ferner als Teil der freiheitlichen demokratischen Grundordnung die Vereinigungsfreiheit (vgl. BVerfGE 5, 85 ⟨199⟩) sowie insbesondere den aus dem Mehrparteienprinzip fließenden Parlamentarismus (vgl. BVerfGE 5, 85 ⟨230, 236⟩) bezeichnet. Daneben wird auf das Erfordernis freier Wahlen mit regelmäßiger Wiederholung in relativ kurzen Zeitabständen und die Anerkennung von Grundrechten (vgl. BVerfGE 5, 85 ⟨199 f.⟩) verwiesen, wobei das Gericht die Menschenwürde 532 als obersten und unantastbaren Wert in der freiheitlichen Demokratie besonders herausgestellt hat (vgl. BVerfGE 5, 85 ⟨204⟩; vgl. auch BVerfGE 6, 32 ⟨41⟩).

533 cc) In der Folgezeit hat das Bundesverfassungsgericht seine Rechtsprechung bestätigt (BVerfGE 44, 125 ⟨145⟩) und den Katalog der Elemente, die die freiheitliche demokratische Grundordnung bilden, um das Grundrecht auf freie Meinungsäußerung (vgl. BVerfGE 7, 198 ⟨208⟩), den freien und offenen Prozess der Meinungs- und Willensbildung des Volkes (vgl. BVerfGE 44, 125 ⟨139⟩; siehe auch BVerfGE 20, 56 ⟨97⟩; 107, 339 ⟨360⟩), die Rundfunk-, Presse- und Informationsfreiheit (zusammenfassend BVerfGE 77, 65 ⟨74⟩ m.w.N.), das Bekenntnis zu religiöser und weltanschaulicher Neutralität (vgl. BVerfGE 27, 195 ⟨201⟩) und die Religionsfreiheit (vgl. BVerfGE 137, 273 ⟨303 Rn. 83⟩) ergänzt. Auch in diesem Zusammenhang hat es immer wieder auf die elementare Bedeutung des Art. 1 Abs. 1 GG hingewiesen (vgl. BVerfGE 12, 45 ⟨53⟩; 27, 1 ⟨6⟩; 35, 202 ⟨225⟩; 45, 187 ⟨229⟩; 49, 286 ⟨298⟩; 87, 209 ⟨228⟩).

534 dd) Die mit der Beschreibung des Begriffs der freiheitlichen demokratischen Grundordnung verbundene katalogartige Aufzählung einzelner Rechtsinstitute wird im Schrifttum unter den Gesichtspunkten der Unvollständigkeit, Beliebigkeit, Unbestimmtheit, Missbrauchsanfälligkeit und fehlender Systematik teilweise kritisiert (vgl. Ridder, Aktuelle Rechtsfragen des KPD-Verbots, 1966, S. 28; Ruland, Der Begriff der freiheitlichen demokratischen Grundordnung im Grundgesetz für die Bundesrepublik Deutschland, 1971, S. 16; Stollberg, Die verfassungsrechtlichen Grundlagen des Parteiverbots, 1976, S. 33; Lameyer, Streitbare Demokratie, 1978, S. 37; Gusy, AöR 105 ⟨1980⟩, S. 279 ⟨285 ff.⟩; Meier, a. a. O., S. 291 ff.; Schaefer, Grundlegung einer ordoliberalen Verfassungstheorie, 2007, S. 572; Kalla/Zillmann, BRJ 2012, S. 176; Schnelle, Freiheitsmissbrauch und Grundrechtsverwirkung, 2014, S. 61; differenziert Morlok, NJW 2001, S. 2931 ⟨2940⟩; ders., Jura 2013, S. 317 ⟨321⟩; ders., in: Dreier, GG, Bd. 2, 3. Aufl. 2015, Art. 21 Rn. 148; zustimmend hingegen Peters, Geschichtliche Entwicklung und Grundfragen der Verfassung, 1969, S. 204; Thiel, in: ders., Wehrhafte Demokratie, 2003, S. 173 ⟨198 f.⟩; Voscherau, Parteiverbote in der Bundesrepublik Deutschland und im Königreich Spanien, 2009, S. 93; Dürig/Klein, in: Maunz/Dürig, GG, Art. 18 Rn. 62 ⟨April 2010⟩). Dabei wird verkannt, dass zwischen den Kernelementen der freiheitlichen demokratischen Grundordnung und den sich daraus ergebenden (fallbezogenen) Ableitungen zu unterscheiden ist.

535 b)aa) Der Begriff der freiheitlichen demokratischen Grundordnung im Sinne von Art. 21 Abs. 2 GG erfordert eine Konzentration auf wenige, zentrale Grundprinzipien, die für den freiheitlichen Verfassungsstaat schlechthin unentbehrlich sind. Ein derartiger reduzierter Ansatz erscheint nicht zuletzt durch den Ausnahmecharakter des Parteiverbots geboten. Die Grundentscheidung der Verfassung für einen offenen Prozess der politischen Willensbildung hat zur Folge, dass auch das kritische Hinterfragen einzelner Elemente der Verfassung möglich sein muss, ohne dass dadurch ein Parteiverbot ausgelöst werden kann. Ein Ausschluss aus dem Prozess der politischen Willensbildung kommt erst in Betracht, wenn dasjenige in Frage gestellt und abgelehnt wird, was zur Gewährleistung eines freiheitlichen und demokratischen Zusammenlebens schlechthin unverzichtbar ist und daher außerhalb jedes Streits stehen muss.

bb) Eine solche Fokussierung auf die zentralen, für die Demokratie unentbehrlichen 536
Grundprinzipien kann nicht durch Rückgriff auf den in Art. 79 Abs. 3 GG bestimmten änderungsfesten Kern der Verfassung erreicht werden. Anders als Art. 108 Herren-ChE – der Vorläufer von Art. 79 Abs. 3 GG – verbietet Art. 79 Abs. 3 GG in der vom Parlamentarischen Rat beschlossenen Fassung nicht nur Änderungen des Grundgesetzes, durch die die freiheitliche und demokratische Grundordnung beseitigt würde (vgl. Denninger, in: Benda/Maihofer/Vogel, Handbuch des Verfassungsrechts, 2. Aufl. 1994, § 16 Rn. 35 f.; Zacharias, in: Thiel, Wehrhafte Demokratie, 2003, S. 57 ff.).

Der Regelungsgehalt des Art. 79 Abs. 3 GG geht über den für einen freiheitlichen 537
demokratischen Verfassungsstaat unverzichtbaren Mindestgehalt hinaus. Zur freiheitlichen demokratischen Grundordnung zählen insbesondere nicht die von Art. 79 Abs. 3 GG umfassten Prinzipien der Republik und des Bundesstaats, da auch konstitutionelle Monarchien und Zentralstaaten dem Leitbild einer freiheitlichen Demokratie entsprechen können (vgl. Murswiek, Die verfassunggebende Gewalt nach dem Grundgesetz für die Bundesrepublik Deutschland, 1978, S. 180; Meier, a. a. O., S. 317; Papier/Durner, AöR 128 ⟨2003⟩, S. 340 ⟨357⟩). Eine Partei, die sich für ein derartiges Verfassungsmodell einsetzt, begibt sich nicht in einen Widerspruch zu Grundsätzen der freiheitlichen Demokratie, der einen Ausschluss aus dem Prozess der politischen Willensbildung rechtfertigen könnte. Daher ist der Regelungsgehalt des Schutzguts „freiheitliche demokratische Grundordnung" in Art. 21 Abs. 2 GG – ungeachtet inhaltlicher Überschneidungen – eigenständig und unabhängig vom Regelungsgehalt des Art. 79 Abs. 3 GG zu bestimmen.

c) Ihren Ausgangspunkt findet die freiheitliche demokratische Grundordnung in der 538
Würde des Menschen (Art. 1 Abs. 1 GG). Sie ist in der Rechtsprechung des Bundesverfassungsgerichtes als der oberste Wert des Grundgesetzes (vgl. BVerfGE 5, 85 ⟨204⟩; 12, 45 ⟨53⟩; 27, 1 ⟨6⟩; 35, 202 ⟨225⟩; 45, 187 ⟨227⟩; 87, 209 ⟨228⟩; 96, 375 ⟨399⟩) anerkannt. Die Menschenwürde ist unverfügbar. Die Staatsgewalt hat sie in allen ihren Erscheinungsformen zu achten und zu schützen (vgl. BVerfGE 45, 187 ⟨227⟩). Damit wird dem Staat und seiner Rechtsordnung jede Absolutheit und jeder „natürliche" Vorrang genommen.

aa) Die Garantie der Menschenwürde umfasst insbesondere die Wahrung personaler 539
Individualität, Identität und Integrität sowie die elementare Rechtsgleichheit (vgl. Dreier, in: ders., GG, Bd. 1, 3. Aufl. 2013, Art. 1 Abs. 1 Rn. 60 ff.; Höfling, in: Sachs, GG, 7. Aufl. 2014, Art. 1 Rn. 19). Dem liegt eine Vorstellung vom Menschen zugrunde, die diesen als Person begreift, die in Freiheit über sich selbst bestimmen und ihr Schicksal eigenverantwortlich gestalten kann (vgl. BVerfGE 45, 187 ⟨227⟩; 49, 286 ⟨298⟩). Mit der Subjektqualität des Menschen ist ein sozialer Wert- und Achtungsanspruch verbunden, der es verbietet, den Menschen zum „bloßen Objekt" staatlichen Handelns zu degradieren (vgl. BVerfGE 122, 248 ⟨271⟩).

Auch wenn diese „Objektformel" in ihrer Leistungskraft begrenzt sein mag (vgl. 540
BVerfGE 109, 279 ⟨312⟩; kritisch Dreier, a. a. O., Art. 1 Abs. 1 Rn. 55; Höfling, a. a. O., Art. 1 Rn. 15, jeweils m. w. N.), ist sie zur Identifizierung von Menschenwürdeverletzungen jedenfalls überall dort geeignet, wo die Subjektqualität des Menschen und der daraus folgende Achtungsanspruch grundsätzlich in Frage gestellt werden (so im Ergebnis auch

Dreier, a. a. O., Art. 1 Abs. 1 Rn. 60 ff.). Dies ist insbesondere bei jeder Vorstellung eines ursprünglichen und daher unbedingten Vorrangs eines Kollektivs gegenüber dem einzelnen Menschen der Fall. Die Würde des Menschen bleibt nur unangetastet, wenn der Einzelne als grundsätzlich frei, wenngleich stets sozialgebunden, und nicht umgekehrt als grundsätzlich unfrei und einer übergeordneten Instanz unterworfen behandelt wird. Die unbedingte Unterordnung einer Person unter ein Kollektiv, eine Ideologie oder eine Religion stellt eine Missachtung des Wertes dar, der jedem Menschen um seiner selbst willen, kraft seines Personseins (BVerfGE 115, 118 ⟨153⟩) zukommt. Sie verletzt seine Subjektqualität und stellt einen Eingriff in die Garantie der Menschenwürde dar, der fundamental gegen die freiheitliche demokratische Grundordnung verstößt.

541 bb) Menschenwürde ist egalitär; sie gründet ausschließlich in der Zugehörigkeit zur menschlichen Gattung, unabhängig von Merkmalen wie Herkunft, Rasse, Lebensalter oder Geschlecht (vgl. Isensee, in: Merten/Papier, HGRe, Bd. IV, 2011, § 87 Rn. 168). Dem Achtungsanspruch des Einzelnen als Person ist die Anerkennung als gleichberechtigtes Mitglied in der rechtlich verfassten Gemeinschaft immanent (vgl. Herdegen, in: Maunz/Dürig, GG, Art. 1 Abs. 1 Rn. 120 ⟨Mai 2009⟩). Mit der Menschenwürde sind daher ein rechtlich abgewerteter Status oder demütigende Ungleichbehandlungen nicht vereinbar (vgl. Höfling, a. a. O., Art. 1 Rn. 35). Dies gilt insbesondere, wenn derartige Ungleichbehandlungen gegen die Diskriminierungsverbote des Art. 3 Abs. 3 GG verstoßen, die sich – ungeachtet der grundsätzlichen Frage nach dem Menschenwürdegehalt der Grundrechte (vgl. hierzu BVerfGE 107, 275 ⟨284⟩) – jedenfalls als Konkretisierung der Menschenwürde darstellen. Antisemitische oder auf rassistische Diskriminierung zielende Konzepte sind damit nicht vereinbar und verstoßen gegen die freiheitliche demokratische Grundordnung.

542 d) Das Demokratieprinzip ist konstitutiver Bestandteil der freiheitlichen demokratischen Grundordnung. Demokratie ist die Herrschaftsform der Freien und Gleichen. Sie beruht auf der Idee der freien Selbstbestimmung aller Bürger (vgl. BVerfGE 44, 125 ⟨142⟩). Das Grundgesetz geht insoweit vom Eigenwert und der Würde des zur Freiheit befähigten Menschen aus und verbürgt im Recht der Bürger, in Freiheit und Gleichheit durch Wahlen und Abstimmungen die sie betreffende öffentliche Gewalt personell und sachlich zu bestimmen, zugleich den menschenrechtlichen Kern des Demokratieprinzips (vgl. BVerfGE 123, 267 ⟨341⟩; 129, 124 ⟨169⟩; 135, 317 ⟨386 Rn. 125⟩; BVerfG, Urteil vom 21. Juni 2016 – 2 BvR 2728/13 u. a. –, juris, Rn. 124; Häberle, in: Isensee/Kirchhof, HStR II, 3. Aufl. 2004, § 22 Rn. 61 ff.; Unger, Das Verfassungsprinzip der Demokratie, 2008, S. 252 ff.).

543 aa) Unverzichtbar für ein demokratisches System sind die Möglichkeit gleichberechtigter Teilnahme aller Bürgerinnen und Bürger am Prozess der politischen Willensbildung und die Rückbindung der Ausübung der Staatsgewalt an das Volk (Art. 20 Abs. 1 und 2 GG). Wie diesen Anforderungen entsprochen wird, ist für die Frage der Vereinbarkeit eines politischen Konzepts mit der freiheitlichen demokratischen Grundordnung nicht entscheidend. So vermag die Ablehnung des Parlamentarismus, wenn sie mit der Forderung nach dessen Ersetzung durch ein plebiszitäres System verbunden ist, den Vorwurf der Missachtung der freiheitlichen demokratischen Grundordnung nicht

zu begründen. Anders verhält es sich jedoch im Fall eines Verächtlichmachens des Parlaments mit dem Ziel, ein Einparteiensystem zu etablieren.

In der Demokratie erfolgt die politische Willensbildung vom Volk zu den Staatsorganen und nicht umgekehrt (vgl. BVerfGE 44, 125 ⟨140⟩; 69, 315 ⟨346⟩; 107, 339 ⟨361⟩). Die demokratischen Postulate der Freiheit und Gleichheit erfordern gleichberechtigte Mitwirkungsmöglichkeiten aller Bürger. Nur dann ist dem Erfordernis der Offenheit des Prozesses der politischen Willensbildung genügt. Damit sind Konzepte des dauerhaften oder vorübergehenden willkürlichen Ausschlusses Einzelner aus diesem Prozess nicht vereinbar. Die Instrumente zur Sicherung der Offenheit des Prozesses der politischen Willensbildung (Mehrparteiensystem, Chancengleichheit der Parteien, Recht auf Bildung und Ausübung einer Opposition) sind demgegenüber nachrangig.

bb) Der Grundsatz der Volkssouveränität (Art. 20 Abs. 2 Satz 1 GG) erfordert daneben, dass sich alle Akte der Ausübung der Staatsgewalt auf den Willen des Volkes zurückführen lassen (vgl. BVerfGE 38, 258 ⟨271⟩; 47, 253 ⟨272⟩; 77, 1 ⟨40⟩; 83, 60 ⟨71⟩; 93, 37 ⟨66⟩; 107, 59 ⟨87⟩). Soweit das Volk die Staatsgewalt nicht selbst durch Wahlen oder Abstimmungen ausübt, sondern dies besonderen Organen (Art. 20 Abs. 2 Satz 2 GG) übertragen ist, bedarf es eines hinreichend engen Legitimationszusammenhangs, der sicherstellt, dass das Volk einen effektiven Einfluss auf die Ausübung der Staatsgewalt durch diese Organe hat (vgl. BVerfGE 83, 60 ⟨71 f.⟩; 89, 155 ⟨182⟩; 93, 37 ⟨66⟩). Erforderlich ist eine ununterbrochene Legitimationskette vom Volk zu den mit staatlichen Aufgaben betrauten Organen und Amtswaltern (vgl. BVerfGE 47, 253 ⟨275⟩; 52, 95 ⟨130⟩; 77, 1 ⟨40⟩; 93, 37 ⟨66⟩; 107, 59 ⟨87⟩). Auch insoweit kommt es im Rahmen des Art. 21 Abs. 2 Satz 1 GG vorrangig nicht auf die einzelnen Instrumente zur Sicherstellung des hinreichenden Legitimationszusammenhangs (Parlamentarismus, Verantwortlichkeit der Regierung, Gesetzes- und Weisungsgebundenheit der Verwaltung), sondern auf die grundsätzliche Beachtung des Prinzips der Volkssouveränität an.

cc) Das Grundgesetz hat sich für das Modell der parlamentarisch-repräsentativen Demokratie entschieden, weshalb der Wahl des Parlaments bei der Herstellung des notwendigen Zurechnungszusammenhangs zwischen Volk und staatlicher Herrschaft besondere Bedeutung zukommt (vgl. BVerfGE 83, 60 ⟨72⟩). Den Rahmen der freiheitlichen demokratischen Grundordnung verlässt demgemäß, wer den Parlamentarismus verächtlich macht, ohne aufzuzeigen, auf welchem anderen Weg dem Grundsatz der Volkssouveränität Rechnung getragen und die Offenheit des politischen Willensbildungsprozesses gewährleistet werden kann.

e) Schließlich ist der Grundsatz der Rechtsstaatlichkeit unverzichtbarer Teil der freiheitlichen demokratischen Grundordnung im Sinne von Art. 21 Abs. 2 Satz 1 GG. Er zielt auf die Bindung und Begrenzung öffentlicher Gewalt zum Schutz individueller Freiheit (vgl. Schulze-Fielitz, in: Dreier, GG, Bd. 2, 3. Aufl. 2015, Art. 20 ⟨Rechtsstaat⟩ Rn. 38) und ist durch eine Vielzahl einzelner Elemente geprägt, die in Art. 20 Abs. 2 Satz 2 und Abs. 3 GG nur teilweise normativ verankert sind (vgl. Sachs, in: ders., GG, 7. Aufl. 2014, Art. 20 Rn. 77; Schulze-Fielitz, a. a. O., Art. 20 ⟨Rechtsstaat⟩ Rn. 40). Für den Begriff der freiheitlichen demokratischen Grundordnung sind dabei die Rechtsbindung der öffentlichen Gewalt (Art. 20 Abs. 3 GG) und die Kontrolle dieser Bindung durch unabhängige Gerichte bestimmend. Zugleich erfordert der Schutz der Freiheit des Einzelnen, dass die Anwendung physischer Gewalt den gebundenen und gerichtlicher Kontrolle unterliegenden staatlichen Organen vorbehalten ist. Das Gewaltmonopol des Staates (vgl. Schmidt-Aßmann, in: Isensee/Kirchhof, HStR II, 3. Aufl. 2004, § 26 Rn. 11, 71; Isensee, in: ders./Kirchhof, a. a. O., § 15 Rn. 86 ff.; E. Klein, in: Depenheuer/Grabenwarter, Verfassungstheorie, 2010, § 19 Rn. 14) ist deshalb ebenfalls als Teil der freiheitlichen demokratischen Grundordnung im Sinne des Art. 21 Abs. 2 Satz 1 GG anzusehen.

548 2. Zweite Voraussetzung für die Feststellung der Verfassungswidrigkeit einer Partei gemäß Art. 21 Abs. 2 Satz 1 GG ist, dass diese eine „Beseitigung" oder „Beeinträchtigung" der freiheitlichen demokratischen Grundordnung im oben beschriebenen Sinne anstrebt.

549 a) Das Bundesverfassungsgericht hat bisher auf eine strikte Unterscheidung der Begriffe des „Beseitigens" und „Beeinträchtigens" verzichtet und als definitorische Annäherungen auf die Schwächung, Untergrabung beziehungsweise Zersetzung sowie die planmäßige Hetze, Verächtlichmachung und Verhöhnung der freiheitlichen demokratischen Grundordnung zurückgegriffen (BVerfGE 2, 1 ⟨21⟩; 5, 85 ⟨insbes. 210 ff., 307 f.⟩; vgl. auch Seifert, Die politischen Parteien im Recht der Bundesrepublik Deutschland, 1975, S. 461).

550 b) Bei differenzierter Betrachtung bezeichnet der Begriff des „Beseitigens" die Abschaffung zumindest eines der Wesenselemente der freiheitlichen demokratischen Grundordnung oder deren Ersetzung durch eine andere Verfassungsordnung oder ein anderes Regierungssystem (vgl. Sichert, DÖV 2001, S. 671 ⟨675⟩; Gelberg, Das Parteiverbotsverfahren nach Art. 21 Abs. 2 GG am Beispiel des NPD-Verbotsverfahrens, 2009, S. 202; Klein, a. a. O., Art. 21 Rn. 531 ⟨Januar 2012⟩; Ipsen, in: Sachs, GG, 7. Aufl. 2014, Art. 21 Rn. 164; Morlok, in: Dreier, GG, Bd. 2, 3. Aufl. 2015, Art. 21 Rn. 153).

551 c) Dem Begriff des „Beeinträchtigens" kommt im Vergleich zu dem des „Beseitigens" ein eigenständiger, den Anwendungsbereich von Art. 21 Abs. 2 Satz 1 GG erweiternder Regelungsgehalt zu.

552 aa) Entgegen der Auffassung der Antragsgegnerin ist das Tatbestandsmerkmal des „Beeinträchtigens" nicht als ein bloßes Redaktionsversehen des Verfassungsgebers ohne Bedeutung.

553 (1) Es erscheint bereits zweifelhaft, ob dies tatsächlich der Fall ist, da aufgrund der vorliegenden Dokumente über die Beratungen des Parlamentarischen Rates nicht zweifelsfrei feststellbar ist, worauf die Einfügung des Merkmals „Beeinträchtigen" in den Tatbestand des Art. 21 Abs. 2 GG zurückzuführen ist. Zwar ersetzte der Allgemeine Redaktionsausschuss in seiner Sitzung vom 16. November 1948 die im Entwurf des Organisationsausschusses vorgesehene Anknüpfung des Verbotstatbestands an die verfassungswidrige Zielsetzung einer Partei durch das Tätigkeitsmerkmal „Darauf Ausgehen" und ergänzte den Begriff des „Beseitigens" durch den Begriff des „Beeinträchtigens" (vgl. v. Doemming/Füsslein/Matz, a. a. O., S. 209; Meier, a. a. O., S. 154). Diesen Vor-

schlag übernahm der Hauptausschuss einen Tag später, am 17. November 1948, in erster Lesung, jedoch mit der Maßgabe, dass die Worte „zu beeinträchtigen" gestrichen werden (vgl. v. Doemming/Füsslein/Matz, a. a. O., S. 209; Meier, a. a. O., S. 155; Feldkamp, Der Parlamentarische Rat 1948–1949, Bd. 14, Teilbd. 1, Hauptausschuss, 2009, S. 120). Nach nochmaliger Befassung des Allgemeinen Redaktionsausschusses legte der Hauptausschuss am 15. Dezember 1948 eine Fassung vor, die die Tatmodalität des „Beeinträchtigens" wieder aufwies (vgl. Meier, a. a. O., S. 157). Worauf die Wiederaufnahme dieser Tatmodalität beruhte und ob es sich dabei um ein schlichtes Versehen handelte, ist den verfügbaren Beratungsprotokollen nicht zu entnehmen (vgl. Meier, a. a. O., S. 158). Am 5. Mai 1949 nahm der Hauptausschuss diese Formulierung unter Streichung des Wortes „oder" zwischen den Adjektiven vor „Grundordnung" endgültig an (vgl. v Doemming/Füsslein/Matz, a. a. O., S. 210). In dieser Fassung wurde die Vorschrift – nunmehr als Art. 21 Abs. 2 – vom Plenum des Parlamentarischen Rates am 6. und 8. Mai 1949 ohne Diskussion verabschiedet (vgl. v. Doemming/Füsslein/Matz, a. a. O., S. 210; Meier, a. a. O., S. 161; Feldkamp, a. a. O., Bd. 14, Teilbd. 2, Hauptausschuss, 2009, S. 1793 f.).

Fest steht daher nur, dass sowohl der Hauptausschuss als auch das Plenum des Parlamentarischen Rates Art. 21 Abs. 2 Satz 1 GG unter Einschluss der Tatbestandsalternative des „Beeinträchtigens" beschlossen haben. Dafür, dass hierbei der Wortlaut der Vorschrift nicht zur Kenntnis genommen und das Tatbestandsmerkmal des Beeinträchtigens nur versehentlich beschlossen wurde, gibt es keine Anhaltspunkte.

(2) Dessen ungeachtet geht das Bundesverfassungsgericht von jeher davon aus, dass es für die Auslegung einer Norm auf den in dieser zum Ausdruck kommenden objektivierten Willen des Gesetzgebers ankommt, so wie er sich aus dem Wortlaut der Vorschrift und dem Sinnzusammenhang ergibt, in den sie hineingestellt ist. Nicht entscheidend ist dagegen die subjektive Vorstellung der am Gesetzgebungsverfahren beteiligten Organe oder einzelner ihrer Mitglieder (vgl. BVerfGE 1, 299 ⟨312⟩; 10, 234 ⟨244⟩; 35, 263 ⟨278⟩; 105, 135 ⟨157⟩; 133, 168 ⟨205 Rn. 66⟩). Der Entstehungsgeschichte kommt für die Auslegung regelmäßig nur insofern Bedeutung zu, als sie die Richtigkeit einer nach den allgemeinen Grundsätzen ermittelten Auslegung bestätigt oder Zweifel behebt, die ansonsten nicht ausgeräumt werden können (vgl. BVerfGE 1, 299 ⟨312⟩; 11, 126 ⟨130 f.⟩; 59, 128 ⟨153⟩; 119, 96 ⟨179⟩; 122, 248 ⟨283 f., 286 ff.⟩). Die in den Gesetzesmaterialien dokumentierten Vorstellungen der gesetzgebenden Instanzen können nicht mit dem objektiven Gesetzesinhalt gleichgesetzt werden (vgl. BVerfGE 11, 126 ⟨130⟩; 62, 1 ⟨45⟩). Für die Erfassung des objektiven Willens des Gesetzgebers sind vielmehr alle anerkannten Auslegungsmethoden heranzuziehen, die sich gegenseitig ergänzen (vgl. BVerfGE 11, 126 ⟨130⟩; 133, 168 ⟨205 Rn. 66⟩) und nicht in einem Rangverhältnis zueinander stehen (vgl. BVerfGE 105, 135 ⟨157⟩; 133, 168 ⟨205 Rn. 66⟩).

bb) Auf dieser Grundlage ist von einem „Beeinträchtigen" auszugehen, wenn eine Partei nach ihrem politischen Konzept mit hinreichender Intensität eine spürbare Gefährdung der freiheitlichen demokratischen Grundordnung bewirkt. Ein „Beeinträchtigen" liegt daher bereits vor, wenn eine Partei, selbst wenn sie noch nicht erkennen lässt, welche Verfassungsordnung an die Stelle der bestehenden treten soll, qualifiziert die Außerkraftsetzung der bestehenden Verfassungsordnung betreibt. Ausreichend ist, dass sie sich gegen eines der Wesenselemente der freiheitlichen demokratischen Grundordnung (Menschenwürde, Demokratie, Rechtsstaat) wendet, da diese miteinander verschränkt sind und sich gegenseitig bedingen (vgl. Stollberg, a. a. O., S. 51; Sichert, DÖV 2001, S. 671 ⟨675⟩; Streinz, in: v. Mangoldt/Klein/Starck, GG, Bd. 2, 6. Aufl. 2010, Art. 21 Rn. 228; Georg, Politik durch Recht – Recht durch Politik: Das Parteiverbot als Instrument der streitbaren Demokratie in seiner praktischen Bewährung, 2013, S. 91; Ipsen, a. a. O., Art. 21 Rn. 163). Eine politische Partei, die einen der zentralen Grundsätze der freiheitlichen demokratischen Grundordnung ablehnt und bekämpft, kann ein Parteiverbot nicht dadurch vermeiden, dass sie sich zu den jeweils anderen Prinzipien bekennt (vgl. Streinz, a. a. O., Art. 21 Rn. 228; Klein, a. a. O., Art. 21 Rn. 531 ⟨Januar 2012⟩; Georg, a. a. O., S. 91; Ipsen, a. a. O., Art. 21 Rn. 163). Allerdings ist nicht jede verfassungswidrige Forderung für sich genommen ausreichend, um das Ziel einer Beeinträchtigung der freiheitlichen demokratischen Grundordnung annehmen zu können. Entscheidend ist vielmehr, dass eine Partei sich gezielt gegen diejenigen fundamentalen Prinzipien wendet, die für ein freiheitliches und demokratisches Zusammenleben unverzichtbar sind, da allein so sichergestellt ist, dass ein Parteiverbotsverfahren nur zu Zwecken des präventiven Verfassungsschutzes und nicht auch zur Ausschaltung unliebsamer politischer Konkurrenz eingesetzt werden kann.

557   3. Dass eine Partei die Beseitigung oder Beeinträchtigung der freiheitlichen demokratischen Grundordnung anstrebt, muss sich nach dem Wortlaut von Art. 21 Abs. 2 Satz 1 GG aus den „Zielen" oder dem „Verhalten ihrer Anhänger" ergeben. Die „Ziele" und das „Verhalten der Anhänger" sind dementsprechend die einzigen Erkenntnisquellen für die Feststellung der Verfassungswidrigkeit einer Partei.

558   a) Die Ziele einer Partei sind der Inbegriff dessen, was eine Partei politisch anstrebt, unabhängig davon, ob es sich um Zwischen- oder Endziele, Nah- oder Fernziele, Haupt- oder Nebenziele handelt (vgl. BVerfGE 5, 85 ⟨143 ff.⟩; a. A. Meier, a. a. O., S. 275 ff.). Sie ergeben sich in der Regel aus dem Programm und den sonstigen parteiamtlichen Erklärungen, aus den Schriften der von ihr als maßgebend anerkannten Autoren über die politische Ideologie der Partei, aus den Reden der führenden Funktionäre, aus dem in der Partei verwendeten Schulungs- und Propagandamaterial sowie aus den von ihr herausgegebenen oder beeinflussten Zeitungen und Zeitschriften (vgl. BVerfGE 5, 85 ⟨144⟩).

559   Entscheidend sind die wirklichen Ziele der Partei, nicht die vorgegebenen. Es ist nicht erforderlich, dass eine Partei sich offen zu ihren verfassungswidrigen Zielsetzungen bekennt (vgl. BVerfGE 2, 1 ⟨20⟩; 5, 85 ⟨144⟩; zustimmend Seifert, DÖV 1961, S. 81 ⟨83⟩; Henke, in: Bonner Kommentar, Bd. 6, Art. 21 Rn. 357 ⟨November 1991⟩; Streinz, a. a. O., Art. 21 Rn. 234; Klein, a. a. O., Art. 21 Rn. 536 ⟨Januar 2012⟩; Kunig, in: von Münch/Kunig, GG, Bd. 1, 6. Aufl. 2012, Art. 21 Rn. 76; Ipsen, a. a. O., Art. 21 Rn. 156; Shirvani, JZ 2014, S. 1074 ⟨1075⟩). Eine Beschränkung der Feststellung der von einer Partei verfolgten Ziele auf das Programm oder offizielle Erklärungen der Partei ist daher nicht geboten (kritisch Meier, a. a. O., S. 104 ff., 275 ff.), auch wenn das Programm regelmäßig ein wesentliches Erkenntnismittel zur Feststellung der Zielsetzung einer Partei darstellen wird.

b) Neben ihrer Programmatik können sich die Absichten der Partei im Verhalten ihrer Anhänger spiegeln (vgl. BVerfGE 2, 1 ⟨22⟩). Anhänger sind dabei alle Personen, die sich für eine Partei einsetzen und sich zu ihr bekennen, auch wenn sie nicht Mitglied der Partei sind (vgl. BVerfGE 2, 1 ⟨22⟩; siehe auch BVerfGE 47, 130 ⟨139⟩). Soweit die Antragsgegnerin demgegenüber meint, der Begriff des „Anhängers" verstoße wegen seiner Uferlosigkeit gegen den Bestimmtheitsgrundsatz, ist dies nicht nachvollziehbar. Aufgrund der vorstehenden Definition ist eine Unterscheidung zwischen Anhängern und Nichtanhängern einer Partei ohne weiteres möglich.

Allerdings kann nicht jegliches Verhalten von Anhängern einer Partei zugerechnet werden. Eine Zurechnung ist insbesondere problematisch, wenn die Partei keinerlei Möglichkeit hat, das Verhalten zu beeinflussen. Entscheidend ist daher, dass in dem Verhalten des jeweiligen Anhängers der politische Wille der betroffenen Partei erkennbar zum Ausdruck kommt. Dies wird regelmäßig der Fall sein, wenn das Verhalten eine in der Partei vorhandene Grundtendenz widerspiegelt oder die Partei sich das Verhalten ausdrücklich zu eigen macht. Folglich ist eine differenzierte Betrachtung geboten.

aa) Zuzurechnen ist einer Partei grundsätzlich die Tätigkeit ihrer Organe, besonders der Parteiführung und leitender Funktionäre (vgl. Streinz, a. a. O., Art. 21 Rn. 237; Morlok, a. a. O., Art. 21 Rn. 152 ⟨Fn. 535⟩). Auch die Tätigkeit von Publikationsorganen der Partei und das Verhalten führender Funktionäre von Teilorganisationen können ihr ohne weiteres zugerechnet werden.

bb) Bei Äußerungen oder Handlungen einfacher Mitglieder ist eine Zurechnung nur möglich, wenn diese in einem politischen Kontext stehen und die Partei sie gebilligt oder geduldet hat. Steht die Äußerung oder Handlung in unmittelbarem Zusammenhang mit einer Parteiveranstaltung oder sonstigen Parteiaktivitäten, liegt eine Zurechnung nahe, insbesondere wenn eine Distanzierung durch die Partei unterbleibt. Fehlt ein organisatorischer Zusammenhang mit einer Parteiaktivität, muss es sich um eine politische Äußerung oder Handlung des Parteimitglieds handeln, welche von der Partei trotz Kenntnisnahme geduldet oder gar unterstützt wird, obwohl Gegenmaßnahmen (Parteiausschluss, Ordnungsmaßnahmen) möglich und zumutbar wären (vgl. Streinz, a. a. O., Art. 21 Rn. 237; Kunig, a. a. O., Art. 21 Rn. 77 f.; Morlok, a. a. O., Art. 21 Rn. 152 ⟨Fn. 531⟩).

cc) Bei Anhängern, die nicht der Partei angehören, ist grundsätzlich eine – wie auch immer geartete – Beeinflussung oder Billigung ihres Verhaltens durch die Partei notwendige Bedingung für die Zurechenbarkeit. Regelmäßig sind eigene, das Verhalten der Anhänger beeinflussende oder rechtfertigende Aktivitäten der Partei erforderlich. Ein genereller Ausschluss der Zurechnung des Verhaltens einzelner Anhänger widerspricht dem Wortlaut von Art. 21 Abs. 2 Satz 1 GG und kommt auch deshalb nicht in Betracht, da es der Partei die Möglichkeit eröffnen würde, sich vom Verhalten derjenigen, die sie maßgeblich beeinflusst hat, mit dem formalen Hinweis darauf zu entlasten, es handele sich nicht um ihre Mitglieder. Allerdings müssen konkrete Tatsachen vorliegen, die es rechtfertigen, das Anhängerverhalten als Ausdruck des Parteiwillens anzusehen. Eine bloß nachträgliche Gutheißung wird für eine Zurechnung des Anhängerverhaltens nur ausreichen, wenn die Partei sich dieses damit erkennbar als Teil ihrer verfassungsfeindlichen Bestrebungen zu eigen macht.

565   dd) Begehen Parteianhänger Straftaten, ist dies im Parteiverbotsverfahren nur relevant, soweit diese im Zusammenhang mit den Schutzgütern des Art. 21 Abs. 2 Satz 1 GG stehen. Nur eine Straftat, die einen politischen Hintergrund hat, kann die verfassungsfeindlichen Bestrebungen einer Partei belegen. Außerdem können Einzeltaten oder die Taten weniger einer Partei nicht zugerechnet werden, wenn sie nicht als Ausdruck des Parteiwillens angesehen werden können. Straftaten einfacher Mitglieder oder sonstiger Anhänger können der Partei nach diesem Maßstab nur zugerechnet werden, wenn diese erkennbar von der Partei beeinflusst sind und die Partei sich davon trotz Kenntnisnahme nicht distanziert beziehungsweise die Straftaten sogar gutheißt.

566   ee) Die pauschale Zurechnung von Straf- und Gewalttaten ohne konkreten Zurechnungszusammenhang scheidet aus. Insbesondere erlaubt – entgegen der vom Antragsteller vertretenen Auffassung – die Schaffung oder Unterstützung eines bestimmten politischen Klimas allein nicht die Zurechnung strafbarer Handlungen, die in diesem politischen Klima begangen werden. Es bedarf vielmehr der konkreten Feststellung, ob das strafbare Handeln als Teil der verfassungswidrigen Bestrebungen der Partei anzusehen ist. Eine Zurechnung von Straftaten Dritter im Rahmen von Art. 21 Abs. 2 Satz 1 GG kommt zum Beispiel in Betracht, wenn die Partei sachliche oder organisatorische Hilfe geleistet hat, personelle Verknüpfungen zwischen der Partei und der handelnden Gruppierung bestehen oder Parteimitglieder an der jeweiligen Tat beteiligt waren.

567   ff) Parlamentarische Äußerungen können einer Partei im Verbotsverfahren zugerechnet werden. Der Grundsatz der Indemnität (Art. 46 Abs. 1 Satz 1 GG; zur inhaltsgleichen Regelung auf Landesebene: Art. 24 Abs. 1 Satz 1 LV Mecklenburg-Vorpommern, Art. 55 Abs. 1 Satz 1 LV Sachsen) führt im Gegensatz zur Auffassung der Antragsgegnerin hier zu keiner anderen Beurteilung.

568   Nach Art. 46 Abs. 1 Satz 1 GG darf ein Abgeordneter wegen einer parlamentarischen Äußerung weder gerichtlich oder dienstlich verfolgt noch sonst zur Verantwortung gezogen werden. Der Indemnitätsschutz verbietet demgemäß jede beeinträchtigende Maßnahme außerhalb des Parlaments als Folge innerparlamentarischen Verhaltens eines Abgeordneten (vgl. Klein, in: Maunz/Dürig, GG, Art. 46 Rn. 45 ⟨Mai 2008⟩; Schulze-Fielitz, in: Dreier, GG, Bd. 2, 3. Aufl. 2015, Art. 46 Rn. 18). Nach seinem Wortlaut und seinem Sinn und Zweck, die Arbeits- und Funktionsfähigkeit des Parlaments zu sichern und den Abgeordneten zu schützen (vgl. BVerfGE 104, 310 ⟨332⟩), ist Art. 46 Abs. 1 Satz 1 GG weit zu verstehen. Daher kommt es für seine Anwendbarkeit nicht darauf an, ob eine staatliche Sanktion sich als unmittelbare Folge des parlamentarischen Handelns darstellt (vgl. BVerfGE 134, 141 ⟨183 f. Rn. 124⟩). Aus diesem Grund schließt der Umstand, dass ein Mandatsverlust im Falle eines auf parlamentarische Äußerungen gestützten Parteiverbots eine nur mittelbar eintretende Folge des parlamentarischen Handelns darstellt, die Anwendbarkeit von Art. 46 Abs. 1 Satz 1 GG nicht grundsätzlich aus.

569   Allerdings stehen sich Art. 21 Abs. 2 Satz 1 GG und Art. 46 Abs. 1 Satz 1 GG gleichrangig gegenüber. Daher ist bei der Auslegung von Art. 46 Abs. 1 Satz 1 GG die Grundentscheidung der Verfassung für die „streitbare Demokratie" in Rechnung zu stellen (vgl.

insoweit zu Art. 10 GG: BVerfGE 30, 1 ⟨19⟩) und zwischen dem Indemnitätsschutz gemäß Art. 46 GG und dem Schutz der freiheitlichen demokratischen Grundordnung gemäß Art. 21 Abs. 2 Satz 1 GG ein Ausgleich nach dem Grundsatz praktischer Konkordanz herzustellen. Es bedarf somit bei der Feststellung der Verfassungswidrigkeit einer Partei gemäß Art. 21 Abs. 2 GG der Außerachtlassung der parlamentarischen Äußerungen ihrer Abgeordneten nicht, zumal diese regelmäßig in besonderer Weise geeignet sind, die von einer Partei verfolgten Ziele und Konzepte nachzuvollziehen. Dem Indemnitätsschutz kann vielmehr bei der Entscheidung über den Mandatsverlust als Folge eines Parteiverbots Rechnung getragen werden. Zwar mag nicht auszuschließen sein, dass bei einem Abgeordneten ein Mandatsverlust ausnahmsweise auch als Folge des Parteiverbots eintreten kann, wenn sich die von der verbotenen Partei verfolgten verfassungswidrigen Ziele allein oder maßgeblich aufgrund seiner parlamentarischen Äußerungen ergeben. Einer Verwertung der Äußerungen im Parteiverbotsverfahren steht dies aber nicht entgegen.

4. Eine gegen die freiheitliche demokratische Grundordnung gerichtete Zielsetzung einer Partei reicht für die Anordnung eines Parteiverbots gemäß Art. 21 Abs. 2 GG nicht aus. Erforderlich ist vielmehr, dass die Partei auf die Beeinträchtigung oder Beseitigung der freiheitlichen demokratischen Grundordnung „ausgeht". Ein solches „Ausgehen" setzt bereits begrifflich ein aktives Handeln voraus. Das Parteiverbot ist kein Gesinnungs- oder Weltanschauungsverbot (a) [S. 1420]. Notwendig ist vielmehr ein Überschreiten der Schwelle zur Bekämpfung der freiheitlichen demokratischen Grundordnung durch die Partei. Ausgehend von der bisherigen Rechtsprechung (b) [S. 1421] setzt dies ein planvolles Handeln voraus, das im Sinne einer qualifizierten Vorbereitungshandlung auf die Beeinträchtigung oder Beseitigung der freiheitlichen demokratischen Grundordnung oder auf die Gefährdung des Bestandes der Bundesrepublik Deutschland gerichtet ist (c) [S. 1421]. Dass dadurch eine konkrete Gefahr für die durch Art. 21 Abs. 2 GG geschützten Rechtsgüter begründet wird, ist nicht erforderlich (d) [S. 1423]. Allerdings bedarf es konkreter Anhaltspunkte von Gewicht, die einen Erfolg des gegen die freiheitliche demokratische Grundordnung oder den Bestand der Bundesrepublik Deutschland gerichteten Handelns zumindest möglich erscheinen lassen (e) [S. 1424].

a) Bei der Auslegung des Tatbestandsmerkmals des „Darauf Ausgehens" ist den Wertentscheidungen der Verfassung für die Offenheit des politischen Willensbildungsprozesses (Art. 20 Abs. 1 und Abs. 2 Satz 1 GG), die politische Meinungsfreiheit (Art. 5 Abs. 1 GG) und die Parteienfreiheit (Art. 21 Abs. 1 GG) Rechnung zu tragen. Der mit einem Parteiverbot verbundene Eingriff in diese Verfassungsgüter ist nur zulässig, soweit der Schutzzweck des Art. 21 Abs. 2 GG dies gebietet. Daher ist erforderlich, dass eine Partei sich durch aktives Handeln für ihre Ziele einsetzt und damit auf eine Beeinträchtigung oder Beseitigung der freiheitlichen demokratischen Grundordnung oder die Gefährdung des Bestandes der Bundesrepublik Deutschland hinwirkt.

Anders als die Antragsgegnerin meint, besteht aber keine verfassungsrechtliche Vermutung, dass sich eine parteipolitische Organisation, die eine demokratische Binnenstruktur aufweist, auch im externen Bereich demokratisch verhält. Auch wenn die innere Ordnung einer Partei der verfassungsrechtlichen Vorgabe des Art. 21 Abs. 1 Satz 3 GG entspricht, ist nicht ausgeschlossen, dass die Partei nach ihren Zielen oder dem Verhalten ihrer Anhänger auf eine Beeinträchtigung oder Beseitigung der freiheitlichen demokratischen Grundordnung ausgeht.

573 Art. 21 Abs. 2 GG sanktioniert nicht Ideen oder Überzeugungen. Die Vorschrift beinhaltet kein Gesinnungs- oder Weltanschauungsverbot, sondern ein Organisationsverbot (vgl. Klein, in: Maunz/Dürig, GG, Art. 21 Rn. 488 ⟨Januar 2012⟩). Erst wenn eine Partei mit ihren verfassungsfeindlichen Zielen nach außen tritt und gegen die freiheitliche demokratische Grundordnung oder den Bestand des Staates agiert, kommt ein Einschreiten nach Art. 21 Abs. 2 GG in Betracht. Die Partei muss also über das „Bekennen" ihrer eigenen (verfassungsfeindlichen) Ziele hinaus die Grenze zum „Bekämpfen" der freiheitlichen demokratischen Grundordnung oder des Bestandes des Staates überschreiten (vgl. Klein, a. a. O., Art. 21 Rn. 526 ⟨Januar 2012⟩). Nur ein Verständnis des „Darauf Ausgehens", das der Voraussetzung des Überschreitens dieser Grenze Rechnung trägt, entspricht dem Gebot restriktiver Auslegung von Art. 21 Abs. 2 GG.

574 b) Zur Bestimmung der Grenze zwischen dem bloßen Bekenntnis der eigenen Überzeugung und der Bekämpfung der Schutzgüter des Art. 21 Abs. 2 GG hat das Bundesverfassungsgericht im KPD-Urteil ausgeführt, dass eine Partei nicht schon dann verfassungswidrig sei, wenn sie die obersten Prinzipien einer freiheitlichen demokratischen Grundordnung nicht anerkenne, sie ablehne oder ihnen andere entgegensetze. Hinzukommen müsse eine aktiv kämpferische, aggressive Haltung gegenüber der bestehenden Ordnung (vgl. BVerfGE 5, 85 ⟨141⟩). Weiterhin wird im Urteil darauf verwiesen, dass die Bekämpfung der freiheitlichen demokratischen Grundordnung so weit in Handlungen (dies seien unter Umständen auch programmatische Reden verantwortlicher Persönlichkeiten) zum Ausdruck kommen müsse, dass sie als planvoll verfolgtes politisches Vorgehen der Partei erkennbar werde. Versuchs- oder Vorbereitungshandlungen im strafrechtlichen Sinne seien hierfür nicht erforderlich (vgl. BVerfGE 5, 85 ⟨142⟩). Eine Partei könne auch dann verfassungswidrig im Sinne des Art. 21 Abs. 2 GG sein, wenn nach menschlichem Ermessen keine Aussicht darauf bestehe, dass sie ihre verfassungswidrige Absicht in absehbarer Zukunft werde verwirklichen können.

575 c) Das Tatbestandsmerkmal des „Darauf Ausgehens" setzt ein planvolles Handeln im Sinne qualifizierter Vorbereitung einer Beeinträchtigung oder Beseitigung der freiheitlichen demokratischen Grundordnung oder einer Gefährdung des Bestandes der Bundesrepublik Deutschland voraus.

576 aa) Für ein planvolles Vorgehen der Partei ist erforderlich, dass kontinuierlich auf die Verwirklichung eines der freiheitlichen demokratischen Grundordnung widersprechendes politisches Konzept hingearbeitet wird. Davon kann nur ausgegangen werden, wenn die einzelne Handlung Ausdruck einer der Partei zuzurechnenden Grundtendenz ist (vgl. BVerfGE 5, 85 ⟨143⟩). Bestrebungen einzelner Parteianhänger bei sonst loyaler Haltung der Partei zu den Schutzgütern des Art. 21 Abs. 2 Satz 1 GG können nicht zur Feststellung ihrer Verfassungswidrigkeit führen (vgl. BVerfGE 5, 85 ⟨143⟩). Verfassungswidrige Einzelaktionen berechtigen grundsätzlich nur zu polizei- oder strafrechtlichen Reaktionen. Ein Parteiverbot kommt erst in Betracht, wenn das verfassungsfeindliche

Agieren von Parteianhängern sich nicht nur in Einzelfällen zeigt, sondern einer zugrunde liegenden Haltung entspricht, die der Partei in ihrer Gesamtheit zugerechnet werden kann.

bb) Das planvolle Handeln der Partei muss sich darüber hinaus als qualifizierte Vorbereitung im Hinblick auf die Erreichung ihrer gegen die Schutzgüter des Art. 21 Abs. 2 GG gerichteten Ziele darstellen. Erforderlich ist insoweit ein zielorientierter Zusammenhang zwischen eigenen Handlungen und der Beseitigung oder Beeinträchtigung der freiheitlichen demokratischen Grundordnung.

Ein strafrechtlich relevantes Handeln erfordert Art. 21 Abs. 2 GG dagegen nicht. Dies wäre mit dem präventiven Charakter der Norm nicht vereinbar. Das Strafrecht knüpft an ein in der Vergangenheit liegendes Verhalten von Einzelpersonen an. Art. 21 Abs. 2 GG dient demgegenüber der Abwehr künftig möglicher Gefahren für die freiheitliche demokratische Grundordnung oder den Bestand des Staates. Dem Verfassungsgeber genügte ein repressiver Schutz der freiheitlichen demokratischen Grundordnung durch strafrechtliche Bestimmungen gerade nicht. Vielmehr wollte er dem wehrhaften Verfassungsstaat die Möglichkeit eröffnen, frühzeitig – und ohne strafbares Handeln abwarten zu müssen – tätig zu werden. Die Auffassung, dass ein „Darauf Ausgehen" strafrechtlich relevante Vorbereitungshandlungen im Bereich der Staatsschutzdelikte (vgl. Meier, a. a. O., S. 271 ff.; Morlok, a. a. O., Art. 21 Rn. 150) oder den Einsatz physischen oder psychischen Terrors (vgl. Maurer, AöR 96 ⟨1971⟩, S. 203 ⟨216⟩) erfordere, geht daher zu weit. Ebenso wenig ist es erforderlich, dass sich das der Partei zurechenbare Handeln – unabhängig von der strafrechtlichen Beurteilung – als gesetzeswidrig darstellt. Eine Partei kann auch dann verfassungswidrig sein, wenn sie ihre verfassungsfeindlichen Ziele ausschließlich mit legalen Mitteln und unter Ausschluss jeglicher Gewaltanwendung verfolgt. Das Parteiverbot stellt gerade auch eine Reaktion auf die von den Nationalsozialisten verfolgte Taktik der „legalen Revolution" dar, die die Machterlangung mit erlaubten Mitteln auf legalem Weg anstrebte. Auch in diesem Fall soll der Schutz der freiheitlichen demokratischen Grundordnung durch ein Parteiverbot gemäß Art. 21 Abs. 2 GG frühzeitig möglich sein (vgl. Alter, AöR 140 ⟨2015⟩, S. 571 ⟨577 f.⟩).

Daher kann auch die Inanspruchnahme grundrechtlich geschützter Freiheiten verbotsrelevant sein. Die „streitbare Demokratie" will gerade den Missbrauch grundrechtlich geschützter Freiheiten zur Abschaffung der Freiheit verhindern. Es kommt im Parteiverbotsverfahren also nicht darauf an, ob eine – unbenommene – Betätigung grundrechtlicher Freiheiten vorliegt. Entscheidend ist vielmehr, ob diese sich als qualifizierte Vorbereitung einer Beseitigung oder Beeinträchtigung der freiheitlichen demokratischen Grundordnung darstellt. Ist dies feststellbar, ist ein entsprechendes Verhalten im Rahmen des Art. 21 Abs. 2 GG zu berücksichtigen.

Setzt ein Parteiverbot demgemäß die Anwendung illegaler oder strafrechtlich relevanter Mittel oder Methoden nicht voraus, können sich daraus dennoch gewichtige Anhaltspunkte sowohl für den Verstoß der Ziele dieser Partei gegen die freiheitliche demokratische Grundordnung als auch dafür ergeben, dass die Partei auf die Verwirklichung dieser Ziele im Sinne von Art. 21 Abs. 2 GG ausgeht. Lässt sich etwa feststellen, dass Anhänger einer Partei in einer ihr zurechenbaren Weise Gewalt zur Durchsetzung ihrer politischen Ziele anwenden, spricht dies dafür, dass die Partei das im

Rechtsstaatsprinzip wurzelnde Gewaltmonopol des Staates nicht anerkennt und insoweit auf eine Beeinträchtigung der freiheitlichen demokratischen Grundordnung gerichtete Ziele verfolgt. Zugleich wäre eine der Partei zurechenbare Anwendung oder Billigung von Gewalt ausreichend, um davon ausgehen zu können, dass das Handeln der Partei hinreichend qualifiziert eine Beseitigung oder Beeinträchtigung der freiheitlichen demokratischen Grundordnung vorbereitet (vgl. Klein, a. a. O., Art. 21 Rn. 533 f. ⟨Januar 2012⟩).

581 d) Dass das Handeln der Partei bereits zu einer konkreten Gefahr für die Schutzgüter des Art. 21 Abs. 2 Satz 1 GG führt, ist nicht erforderlich. Dagegen sprechen der Wortlaut, die Entstehungsgeschichte und der Zweck der Vorschrift.

582 aa) Nach dem Wortlaut der Norm ist das Tatbestandsmerkmal „Gefährden" ausschließlich auf das Schutzgut „Bestand der Bundesrepublik Deutschland" bezogen. Dass es demgegenüber für die erste Tatbestandsalternative der Beeinträchtigung oder Beseitigung der freiheitlichen demokratischen Grundordnung des Eintritts einer konkreten Gefahr nicht bedarf, bestätigen die ebenfalls dem Schutz der freiheitlichen demokratischen Grundordnung dienenden Art. 11 Abs. 2, Art. 87a Abs. 4 Satz 1 und Art. 91 GG. Diese haben für die Anordnung der dort im Einzelnen vorgesehenen Maßnahmen ausdrücklich das Vorliegen einer drohenden Gefahr für den Bestand oder die freiheitliche demokratische Grundordnung des Bundes oder eines Landes zur Voraussetzung. Dies ist bei Art. 21 Abs. 2 GG nicht der Fall.

583 bb) Der Verzicht auf das Erfordernis einer konkreten Gefahr in Art. 21 Abs. 2 GG ist Konsequenz des Umstands, dass die Vorschrift sich als Reaktion auf den Aufstieg des Nationalsozialismus und die (vermeintliche) Wehrlosigkeit der Weimarer Reichsverfassung gegenüber den Feinden der Demokratie darstellt (vgl. Rn. 548 ff. [S. 1415]). Sie beruht auf der historischen Erfahrung, dass radikale Bestrebungen umso schwieriger zu bekämpfen sind, je mehr sie an Boden gewinnen (vgl. Ipsen, a. a. O., Art. 21 Rn. 171). Außerdem lässt sich der Zeitpunkt, ab dem eine konkrete Gefahr vorliegt, das heißt, ab dem bei ungehindertem Geschehensablauf mit hinreichender Wahrscheinlichkeit von einer Beseitigung oder Beeinträchtigung der freiheitlichen demokratischen Grundordnung oder einer Gefährdung des Bestandes der Bundesrepublik Deutschland ausgegangen werden muss, regelmäßig nicht genau bestimmen. Müsste der Eintritt einer konkreten Gefahr abgewartet werden, könnte ein Parteiverbot möglicherweise erst zu einem Zeitpunkt in Betracht kommen, zu dem die betroffene Partei bereits eine so starke Stellung erlangt hat, dass das Verbot nicht mehr durchgesetzt werden kann (vgl. Michael, in: Festschrift für Dimitris Th. Tsatsos, 2003, S. 383 ⟨402⟩).

584 cc) Daher zielt Art. 21 Abs. 2 GG darauf ab, nach der Maxime „Wehret den Anfängen" frühzeitig die Möglichkeit des Vorgehens gegen verfassungsfeindliche Parteien zu eröffnen (vgl. BVerfGE 5, 85 ⟨142⟩). Das Parteiverbotsverfahren hat seiner Natur nach den Charakter einer Präventivmaßnahme (vgl. BVerfGE 5, 85 ⟨142⟩; 9, 162 ⟨165⟩; 107, 339 ⟨386⟩; Klein, a. a. O., Art. 21 Rn. 515 ⟨Januar 2012⟩). Es zielt nicht auf die Abwehr bereits entstandener, sondern auf die Verhinderung des Entstehens künftig möglicherweise eintretender Gefahren für die freiheitliche demokratische Grundordnung.

e) Entsprechend dem Ausnahmecharakter des Parteiverbots als präventives Organisations- und nicht als bloßes Weltanschauungs- oder Gesinnungsverbot kann ein „Darauf Ausgehen" allerdings nur angenommen werden, wenn konkrete Anhaltspunkte von Gewicht vorliegen, die es zumindest möglich erscheinen lassen, dass das gegen die Schutzgüter des Art. 21 Abs. 2 GG gerichtete Handeln einer Partei erfolgreich sein kann (Potentialität).

Lässt das Handeln einer Partei dagegen noch nicht einmal auf die Möglichkeit eines Erreichens ihrer verfassungsfeindlichen Ziele schließen, bedarf es des präventiven Schutzes der Verfassung durch ein Parteiverbot als schärfste und überdies zweischneidige Waffe des demokratischen Rechtsstaats gegen seine organisierten Feinde (vgl. BVerfGE 107, 339 ⟨369⟩) nicht. Ein Parteiverbot kommt vielmehr nur in Betracht, wenn eine Partei über hinreichende Wirkungsmöglichkeiten verfügt, die ein Erreichen der von ihr verfolgten verfassungsfeindlichen Ziele nicht völlig aussichtslos erscheinen lassen, und wenn sie von diesen Wirkungsmöglichkeiten auch Gebrauch macht. Ist dies nicht der Fall, fehlt es an einem „Darauf Ausgehen" im Sinne von Art. 21 Abs. 2 GG. An der hiervon abweichenden Definition im KPD-Urteil, nach der es einem Parteiverbot nicht entgegenstehe, wenn für die Partei nach menschlichem Ermessen keine Aussicht darauf besteht, dass sie ihre verfassungswidrige Absicht in absehbarer Zukunft werde verwirklichen können (vgl. BVerfGE 5, 85 ⟨143⟩), hält der Senat nicht fest.

Ob ein ausreichendes Maß an Potentialität hinsichtlich der Erreichung der von einer Partei verfolgten Ziele besteht, ist im Rahmen einer wertenden Gesamtbetrachtung festzustellen. Dabei sind die Situation der Partei (Mitgliederbestand und -entwicklung, Organisationsstruktur, Mobilisierungsgrad, Kampagnenfähigkeit, finanzielle Lage), ihre Wirkkraft in die Gesellschaft (Wahlergebnisse, Publikationen, Bündnisse, Unterstützerstrukturen), ihre Vertretung in Ämtern und Mandaten, die von ihr eingesetzten Mittel, Strategien und Maßnahmen sowie alle sonstigen Umstände zu berücksichtigen, die Aufschluss darüber zu geben vermögen, ob eine Umsetzung der von der Partei verfolgten Ziele möglich erscheint. Erforderlich ist, dass sich ein hinreichendes Maß an konkreten und gewichtigen Anhaltspunkten ergibt, die den Rückschluss auf die Möglichkeit erfolgreichen Agierens der Partei gegen die Schutzgüter des Art. 21 Abs. 2 Satz 1 GG rechtfertigen. Dabei sind sowohl die Erfolgsaussichten einer bloßen Beteiligung der Partei am politischen Meinungskampf als auch die Möglichkeit einer Durchsetzung der politischen Ziele der Partei mit sonstigen Mitteln in Rechnung zu stellen.

Versucht eine Partei ihre verfassungswidrigen Ziele durch den Einsatz von Gewalt oder die Begehung von Straftaten durchzusetzen, ist die Anforderung des „Darauf Ausgehens" regelmäßig erfüllt. Die Anwendung von Gewalt beinhaltet neben der Missachtung des staatlichen Gewaltmonopols einen schwerwiegenden Eingriff in das Prinzip freier und gleichberechtigter Teilhabe an der politischen Willensbildung. Sie indiziert auch eine gewisse Potentialität hinsichtlich der Erreichung der von der Partei verfolgten Ziele. Die Anwendung von Gewalt ist daher bereits für sich genommen hinreichend gewichtig, um die Annahme der Möglichkeit erfolgreichen Agierens gegen die Schutzgüter des Art. 21 Abs. 2 Satz 1 GG zu rechtfertigen. Gleiches gilt, wenn eine Partei unterhalb der Ebene strafrechtlich relevanten Verhaltens in einer die Freiheit des politischen Willensbildungsprozesses einschränkenden Weise handelt. Dies ist zum Beispiel der Fall, wenn eine Partei eine „Atmosphäre der Angst" oder der Bedrohung herbeiführt,

III. Verkündung und Urteil

die geeignet ist, die freie und gleichberechtigte Beteiligung aller am Prozess der politischen Willensbildung nachhaltig zu beeinträchtigen. Ausreichend ist es dabei, wenn derartige Beeinträchtigungen in regional begrenzten Räumen herbeigeführt werden. Erforderlich ist allerdings, dass das Agieren der Partei objektiv geeignet ist, die Freiheit der politischen Willensbildung zu beschränken. Rein subjektive Bedrohungsempfindungen reichen insoweit nicht.

589   Entgegen der Auffassung des Antragstellers ist für ein „Darauf Ausgehen" nicht ausreichend, dass die Äußerungen einer Partei darauf angelegt sind, politisch verwirklicht zu werden, und ihnen insoweit eine handlungsleitende Qualität zukommt; dies ist bei den Äußerungen einer politischen Partei ausnahmslos der Fall. Erforderlich ist vielmehr, dass konkrete Anhaltspunkte von Gewicht bestehen, die einen Erfolg der mit der Verbreitung des verfassungswidrigen Gedankenguts der Partei verbundenen Handlungsaufforderung möglich erscheinen lassen.

590   5. Neben den dargestellten Voraussetzungen eines Parteiverbots ist im Rahmen des Art. 21 Abs. 2 GG für die Annahme weiterer (ungeschriebener) Tatbestandsmerkmale kein Raum. Weder kommt der Wesensverwandtschaft einer Partei mit dem Nationalsozialismus eine die Tatbestandsmerkmale des Art. 21 Abs. 2 GG ersetzende Funktion zu (a) [S. 1425], noch findet der Grundsatz der Verhältnismäßigkeit im Parteiverbotsverfahren Anwendung (b) [S. 1427].

591   a) Ist die Wesensverwandtschaft einer Partei mit dem Nationalsozialismus feststellbar (aa) [S. 1425], rechtfertigt dies für sich genommen die Anordnung eines Parteiverbots nicht (bb) [S. 1425]. Etwas anderes folgt auch nicht aus der Rechtsprechung des Bundesverwaltungsgerichts zu Vereinsverboten (cc) [S. 1426] oder der gegenbildlich identitätsprägenden Bedeutung des Nationalsozialismus für das Grundgesetz (dd) [S. 1426]. Allerdings kommt der Wesensverwandtschaft mit dem Nationalsozialismus erhebliche indizielle Bedeutung hinsichtlich der Verfolgung verfassungsfeindlicher, auf eine Beeinträchtigung oder Beseitigung der freiheitlichen demokratischen Grundordnung gerichteter Ziele einer Partei zu (ee) [S. 1427].

592   aa) Ob eine Partei eine Wesensverwandtschaft mit dem Nationalsozialismus aufweist, ist unter Rückgriff auf deren politisches Programm, die inneren Organisationsstrukturen und das Auftreten der Partei und ihrer Mitglieder in der Öffentlichkeit zu bestimmen (vgl. BVerfGE 2, 1 ⟨40 ff.⟩; BVerwGE 134, 275 ⟨292 f.⟩; BVerwG, Urteil vom 30. August 1995 – 1 A 14.92 – NVwZ 1997, S. 66 ⟨67⟩; Urteil vom 19. Dezember 2012 – 6 A 6.11 –, NVwZ 2013, S. 870 ⟨871⟩; Beschluss vom 21. Mai 2014 – 6 B 24.14 –, juris, Rn. 20). Entscheidend kommt es dabei darauf an, ob eine Partei sich der Vorstellungswelt des Nationalsozialismus verbunden fühlt. Diese Verbundenheit kann insbesondere in der Verwendung nationalsozialistischer Symbole, der positiven historischen Bewertung des Nationalsozialismus und seiner führenden Repräsentanten oder der Leugnung der von den Nationalsozialisten begangenen Verbrechen Ausdruck finden.

593   bb) Die bloße Wesensverwandtschaft mit dem Nationalsozialismus vermag jedoch die Anordnung eines Parteiverbots ohne Prüfung des Vorliegens der einzelnen tatbestandlichen Voraussetzungen des Art. 21 Abs. 2 Satz 1 GG nicht zu rechtfertigen. Der Ausnah-

mecharakter der Norm und das Gebot restriktiver Auslegung (vgl. Rn. 523 ff. [S. 1408]) schließen aus, die Wesensverwandtschaft einer Partei mit dem Nationalsozialismus als ungeschriebenes, den Anwendungsbereich der Norm erweiterndes Tatbestandsmerkmal anzusehen.

cc) Dem steht auch die Rechtsprechung des Bundesverwaltungsgerichts zu Art. 9 Abs. 2 GG nicht entgegen. Es erscheint bereits zweifelhaft, ob den einschlägigen Entscheidungen entnommen werden kann, dass die Wesensverwandtschaft mit dem Nationalsozialismus ausreicht, um eine Vereinigung zu verbieten. Zwar stellt das Bundesverwaltungsgericht einerseits fest, dass es für eine dem Nationalsozialismus wesensverwandte Vereinigung kennzeichnend sei, dass sie die verfassungsmäßige Ordnung untergraben wolle (vgl. BVerwGE 134, 275 ⟨292 f.⟩; BVerwG, Urteil vom 19. Dezember 2012 – 6 A 6.11 –, NVwZ 2013, S. 870 ⟨871⟩). Andererseits führt es im Anschluss daran aber stets eine gesonderte Prüfung des Vorliegens einer „kämpferisch-aggressiven Haltung" der jeweiligen Vereinigung gegenüber der verfassungsmäßigen Ordnung durch (vgl. BVerwGE 134, 275 ⟨304 ff.⟩; BVerwG, Urteil vom 19. Dezember 2012 – 6 A 6.11 –, NVwZ 2013, S. 870 ⟨874⟩).

Außerdem stehen einer Übertragung der Rechtsprechung des Bundesverwaltungsgerichts zu Art. 9 Abs. 2 GG auf Parteiverbote gemäß Art. 21 Abs. 2 Satz 1 GG die Unterschiede in der tatbestandlichen Ausgestaltung beider Normen entgegen: Während es nach dem Wortlaut von Art. 9 Abs. 2 GG ausreicht, dass die Vereinigung sich gegen die verfassungsmäßige Ordnung richtet, setzt Art. 21 Abs. 2 Satz 1 GG voraus, dass eine Partei darauf ausgeht, die freiheitliche demokratische Grundordnung zu beeinträchtigen oder zu beseitigen. Vor allem aber ist Art. 21 Abs. 2 Satz 1 GG lex specialis zu Art. 9 Abs. 2 GG (vgl. BVerfGE 2, 1 ⟨13 f.⟩; siehe auch BVerfGE 12, 296 ⟨304⟩; 13, 174 ⟨177⟩; 17, 155 ⟨166⟩; Klein, a. a. O., Art. 21 Rn. 511 ⟨Dezember 2014⟩; Morlok, in: Dreier, GG, Bd. 2, 3. Aufl. 2015, Art. 21 Rn. 143). Vereinigungen und politische Parteien unterscheiden sich dadurch voneinander, dass Vereinigungen ausschließlich Grundrechtsträger sind, während den Parteien durch Art. 21 Abs. 1 GG zusätzlich ein eigener verfassungsrechtlicher Status zuerkannt und ihnen die Aufgabe der Mitwirkung an der politischen Willensbildung zugewiesen ist. Dies schließt eine Übertragung der für Verbote gemäß Art. 9 Abs. 2 GG entwickelten Maßstäbe auf Parteiverbote gemäß Art. 21 Abs. 2 Satz 1 GG aus.

dd) Etwas anderes folgt auch nicht aus der gegenbildlich identitätsprägenden Bedeutung des Nationalsozialismus für das Grundgesetz (vgl. BVerfGE 124, 300 ⟨327 f.⟩). Zwar ist davon auszugehen, dass die menschenverachtende Gewalt- und Willkürherrschaft des Nationalsozialismus für die Ausgestaltung der Verfassungsordnung von wesentlicher Bedeutung war, so dass das Grundgesetz geradezu als Gegenentwurf zu dem Totalitarismus des nationalsozialistischen Regimes angesehen werden kann (vgl. BVerfGE 124, 300 ⟨328⟩). Allerdings resultiert aus diesem Umstand kein allgemeines antinationalsozialistisches Grundprinzip (vgl. BVerfGE 124, 300 ⟨330⟩; siehe hierzu: Lepsius, Jura 2010, S. 527 ⟨533⟩; Degenhart, JZ 2010, S. 306 ⟨310⟩; Höfling/Augsberg, JZ 2010, S. 1088 ⟨1095⟩; Masing, JZ 2012, S. 585 ⟨589 f.⟩). Folglich reicht die Identifikation mit oder die Nähe zum Nationalsozialismus nicht, um ungeachtet des Wortlauts der einzelnen Bestimmungen des Grundgesetzes Grundrechte oder sonstige verfassungsrechtliche Gewährleistungen einzuschränken.

7   Es kann deshalb dahinstehen, ob der Verfassungsgeber bei der Verabschiedung von Art. 21 Abs. 2 Satz 1 GG ausschließlich das Ziel einer Verhinderung des Wiedererstarkens nationalsozialistischer Kräfte vor Augen hatte oder ob vor dem Hintergrund der damaligen politischen Entwicklung eine generell antitotalitäre Motivation handlungsleitend war (vgl. Schaefer, DÖV 2010, S. 379 ⟨386⟩; Handschell, BayVBl 2011, S. 745 ⟨749⟩). Auch falls Art. 21 Abs. 2 GG ausschließlich eine verfassungsunmittelbare Antwort auf die historische Erfahrung des nationalsozialistischen Unrechtsregimes sein sollte, hat der Verfassungsgeber darauf verzichtet, die Norm spezifisch antinationalsozialistisch auszugestalten. Vielmehr beinhaltet sie im Interesse bestmöglichen Schutzes der freiheitlichen demokratischen Grundordnung eine Absage an totalitäre Bestrebungen jeglicher Art (vgl. Höfling/Augsberg, JZ 2010, S. 1088 ⟨1094⟩). Folglich gelten für alle Parteien die gleichen, in Art. 21 Abs. 2 Satz 1 GG festgeschriebenen Voraussetzungen für die Anordnung eines Verbots. Der Wesensverwandtschaft einer Partei mit dem Nationalsozialismus kann damit keine tatbestandsersetzende Bedeutung im Rahmen des Art. 21 Abs. 2 GG zukommen.

8   ee) Allerdings ist bei der Prüfung der einzelnen Tatbestandsmerkmale des Art. 21 Abs. 2 Satz 1 GG die Wesensverwandtschaft einer Partei mit dem Nationalsozialismus zu berücksichtigen. So können sich aus der Glorifizierung der NSDAP oder der Verharmlosung der durch die Nationalsozialisten begangenen Verbrechen Rückschlüsse auf die von einer Partei verfolgten – und aus ihrer Programmatik möglicherweise nur unvollkommen ablesbaren – wirklichen Ziele ergeben. Auch verstoßen die zentralen Prinzipien des Nationalsozialismus (Führerprinzip, ethnischer Volksbegriff, Rassismus, Antisemitismus) gegen die Menschenwürde und verletzen zugleich das Gebot gleichberechtigter Teilhabe aller Bürger am politischen Willensbildungsprozess sowie – aufgrund des Führerprinzips – den Grundsatz der Volkssouveränität. Daher stellt die Wesensverwandtschaft einer Partei mit dem Nationalsozialismus ein Indiz dafür dar, dass diese Partei gegen die freiheitliche demokratische Grundordnung gerichtete Ziele verfolgt. Eine vergleichbare Bedeutung kann der Wesensverwandtschaft mit dem Nationalsozialismus hingegen mit Blick auf das Tatbestandsmerkmal des „Darauf Ausgehens" nicht zuerkannt werden. Dieses ist handlungsbezogen. Hierfür vermag eine Verbundenheit mit nationalsozialistischem Gedankengut grundsätzlich keine Hinweise zu geben.

9   b) Einer gesonderten Anwendung des Grundsatzes der Verhältnismäßigkeit im Parteiverbotsverfahren bedarf es nicht. Zwar schließt der Grundsatz restriktiver Auslegung des Art. 21 Abs. 2 Satz 1 GG einen Rückgriff auf den Grundsatz der Verhältnismäßigkeit nicht aus, da dieser allenfalls zu einer Verengung des Anwendungsbereichs der Vorschrift führen würde. Auch führt der Hinweis des Antragstellers, der Verhältnismäßigkeitsgrundsatz finde im Staatsorganisationsrecht keine Anwendung (vgl. dazu für den Bereich der Kompetenzabgrenzung: BVerfGE 79, 311 ⟨341⟩; 81, 310 ⟨338⟩; 84, 25 ⟨31⟩; siehe auch: Sachs, in: ders., GG, 7. Aufl. 2014, Art. 20 Rn. 147; Schulze-Fielitz, in: Dreier, GG, Bd. 2, 3. Aufl. 2015, Art. 20 ⟨Rechtsstaat⟩ Rn. 188), im vorliegenden Zusammenhang nicht weiter, weil die Parteien nicht der Sphäre organisierter Staatlichkeit zuzuordnen sind. Vielmehr handelt es sich dabei um „frei gebildete, im gesellschaftlich-politischen Bereich wurzelnde Gruppen", die dazu berufen sind, „bei der politischen Willensbil-

dung des Volkes mitzuwirken und in den Bereich der institutionalisierten Staatlichkeit hineinzuwirken", ohne diesem Bereich jedoch selbst anzugehören (vgl. BVerfGE 20, 56 ⟨100 f.⟩; 121, 30 ⟨53⟩).

Der Anwendbarkeit des Verhältnismäßigkeitsgrundsatzes im Parteiverbotsverfahren steht aber entgegen, dass der Verfassungsgeber in Art. 21 Abs. 2 Satz 1 GG eine abschließende Regelung getroffen hat, die für eine gesonderte Verhältnismäßigkeitsprüfung keinen Raum lässt. Der Rückgriff auf den Grundsatz der Verhältnismäßigkeit kommt nur in Betracht, soweit das handelnde Staatsorgan überhaupt über Handlungs- und Entscheidungsspielräume verfügt. Ist hingegen eine zu treffende Maßnahme rechtlich bindend vorgegeben und fehlt es sowohl hinsichtlich des „Ob" als auch hinsichtlich des „Wie" an alternativen Entscheidungsmöglichkeiten, ist die Anwendung des Verhältnismäßigkeitsgrundsatzes ausgeschlossen (vgl. Sachs, a. a. O., Art. 20 Rn. 148). Der Verfassungsgeber hat in Art. 21 Abs. 2 Satz 1 GG normiert, dass bei Vorliegen der tatbestandlichen Voraussetzungen zwingend die Verfassungswidrigkeit der Partei festzustellen ist. Entscheidungsspielräume, die die Anwendbarkeit des Verhältnismäßigkeitsgrundsatzes ermöglichen würden, bestehen nicht (vgl. auch Seifert, Die politischen Parteien im Recht der Bundesrepublik Deutschland, 1975, S. 470 f.; Schmidt, Die Freiheit verfassungswidriger Parteien und Vereinigungen, 1983, S. 163 ff.; Koch, DVBl 2002, S. 1388 ⟨1389 f.⟩; Klein, a. a. O., Art. 21 Rn. 513 f. ⟨Januar 2012⟩, 558 ⟨Dezember 2014⟩; Kunig, a. a. O., Art. 21 Rn. 72).

aa) Dies ergibt sich sowohl aus dem Wortlaut als auch aus der Entstehungsgeschichte der Norm (vgl. Klein, a. a. O., Art. 21 Rn. 558 ⟨Dezember 2014⟩; a. A. Shirvani, JZ 2014, S. 1074 ⟨1080 ff.⟩). Bei den Beratungen der Vorschrift im Parlamentarischen Rat war zwar erwogen worden, die Entscheidung über die Verfassungswidrigkeit einer Partei in das Ermessen des Bundesverfassungsgerichtes zu stellen, da man dem Gericht nicht vorschreiben solle, wie es zu urteilen habe, und es geboten sein könne, auf ein Verbot zu verzichten, da eine nicht verbotene Partei leichter zu kontrollieren sein könnte (vgl. Parlamentarischer Rat, Organisationsausschuss, Wortprotokolle 6. bis 9. Sitzung, Teil 1, Bd. 9b, 6. Sitzung, S. 32). Letztlich setzte sich aber die Auffassung durch, dass verfassungswidrige Parteien nicht zu dulden seien (vgl. Parlamentarischer Rat, a. a. O., S. 31, 39) und daher eine Formulierung vorzuziehen sei, die das Bundesverfassungsgericht binde, damit es Verstöße aller Parteien gleichmäßig ahnde (vgl. Parlamentarischer Rat, a. a. O., S. 37).

bb) Dem steht nicht entgegen, dass der Senat bei der Auslegung der einzelnen Tatbestandsmerkmale der Norm die Freiheitsgarantien und Wertentscheidungen des Grundgesetzes zu berücksichtigen und mit dem Schutzzweck der Norm „ins Verhältnis zu setzen" hat, um Widersprüche zu vermeiden und die größtmögliche Konkordanz der betroffenen Rechtsgüter herbeizuführen. Dies ist aber Teil der Normauslegung und von einer eigenständigen Anwendung des Verhältnismäßigkeitsgrundsatzes als ungeschriebenes Tatbestandsmerkmal zu unterscheiden.

cc) Die für eine gesonderte Anwendbarkeit des Verhältnismäßigkeitsgrundsatzes bei der Verhängung eines Parteiverbots vorgebrachten Argumente vermögen nicht zu überzeugen.

404 (1) Soweit geltend gemacht wird, die Anwendung des Verhältnismäßigkeitsgrundsatzes sei auch sonst keine Frage des Vorliegens der jeweiligen Tatbestandsvoraussetzungen, vielmehr sei nach der Rechtsprechung des Bundesverfassungsgerichtes bei Gefahren für die freiheitliche demokratische Grundordnung die Art und Schwere der Sanktionen nach dem konkreten Gefahrenpotential zu bestimmen (so Schliesky, in: Isensee/Kirchhof, HStR XII, 3. Aufl. 2014, § 277 Rn. 38), ist dem entgegenzuhalten, dass im Fall des Parteiverbots die tatbestandlichen Voraussetzungen für den staatlichen Eingriff nicht einfachgesetzlich, sondern verfassungsrechtlich normiert sind und Art. 21 Abs. 2 Satz 1 GG bei deren Vorliegen die anzuordnende Rechtsfolge verbindlich vorgibt. Dies ist mit der Anwendung einfachen Gesetzesrechts, bei der der Behörde Ermessen auf der Rechtsfolgenseite eröffnet ist (vgl. BVerfGE 113, 63 ⟨80⟩), nicht vergleichbar.

405 (2) Soweit die Geltung des Verhältnismäßigkeitsgrundsatzes vertreten wird, um damit die Forderung nach dem Vorliegen einer – teilweise unter Rückgriff auf polizeirechtliche Kategorien spezifizierten – Gefahr zu begründen (Groh, ZRP 2000, S. 500 ⟨505⟩; Emek/Meier, RuP 2013, S. 74 ⟨77 ff.⟩), steht dem der Präventionscharakter des Art. 21 Abs. 2 Satz 1 GG entgegen (vgl. Rn. 581 ff. [S. 1423]). Dies gilt auch für die aus dem Umweltrecht entliehene Vorstellung einer „nachhaltigen" Gefahr (Michael, a. a. O., S. 383 ⟨403 ff.⟩). Die Forderung nach dem Vorliegen einer (konkreten oder nachhaltigen) Gefahr vermag eine verfassungsrechtlich fundierte Begründung für die Geltung des Verhältnismäßigkeitsgrundsatzes im Parteiverbotsverfahren entgegen dem Wortlaut von Art. 21 Abs. 2 Satz 1 GG nicht zu ersetzen.

406 (3) Soweit die Geltung des Verhältnismäßigkeitsgrundsatzes postuliert wird, um daraus die Forderung nach vorrangiger Bekämpfung verfassungswidriger Parteien mit sonstigen politischen oder administrativen Mitteln (Beobachtung, öffentliche Aufklärung, politische Auseinandersetzung, Infragestellung der staatlichen Parteienfinanzierung) abzuleiten (vgl. Pforr, ThürVBl 2002, S. 149 ⟨153⟩; Kumpf, DVBl 2012, S. 1344 ⟨1346 f.⟩; Shirvani, JZ 2014, S. 1074 ⟨1082⟩), handelt es sich um Fragen der politischen Opportunität der Einleitung eines Parteiverbotsverfahrens. Für die Entscheidung über einen bereits gestellten Parteiverbotsantrag durch das Bundesverfassungsgericht sind diese jedoch ohne Belang.

III.

407 Die aus den dargelegten Maßstäben sich ergebenden Anforderungen an die Feststellung der Verfassungswidrigkeit einer Partei sind mit den Vorgaben, die der EGMR in seiner Rechtsprechung zu Parteiverboten aus der Konvention zum Schutz der Menschenrechte und Grundfreiheiten (EMRK) abgeleitet hat (1.) [S. 1429] und die das Bundesverfassungsgericht als Auslegungshilfe berücksichtigt (vgl. BVerfGE 128, 326 ⟨366 ff.⟩), ohne weiteres vereinbar (2.) [S. 1432].

408 1. Da es in der EMRK an einer speziellen Regelung der Rechte politischer Parteien fehlt, ist Maßstab für die Konventionskonformität von Parteiverboten vor allem Art. 11 EMRK (vgl. EGMR ⟨GK⟩, United Communist Party of Turkey and Others v. Turkey, Urteil vom 30. Januar 1998, Nr. 133/1996/752/951, §§ 24 ff.; EGMR ⟨GK⟩, Socialist Party

and Others v. Turkey, Urteil vom 25. Mai 1998, Nr. 20/1997/804/1007, § 29; EGMR, Yazar and Others v. Turkey, Urteil vom 9. April 2002, Nr. 22723/93 u. a., §§ 30 ff.; EGMR, Parti de la Democratie ⟨DEP⟩ c. Turquie, Urteil vom 10. Dezember 2002, Nr. 25141/94, §§ 28 ff.). In seine Prüfung bezieht der EGMR auf der Rechtfertigungsebene ergänzend die Frage einer Unanwendbarkeit der Konventionsrechte aufgrund Art. 17 EMRK ein (vgl. EGMR ⟨GK⟩, United Communist Party of Turkey and Others v. Turkey, Urteil vom 30. Januar 1998, Nr. 133/1996/752/951, § 60; EGMR ⟨GK⟩, Socialist Party and Others v. Turkey, Urteil vom 25. Mai 1998, Nr. 20/1997/804/1007, §§ 29 und 53; EGMR ⟨GK⟩, Freedom and Democracy Party ⟨ÖZDEP⟩ v. Turkey, Urteil vom 8. Dezember 1999, Nr. 23885/94, § 47).

a) Dabei erkennt der EGMR ausdrücklich die Möglichkeit eines Parteiverbots zum Schutz der Demokratie an. Allerdings müsse dieses den Voraussetzungen des Art. 11 Abs. 2 Satz 1 EMRK genügen, das heißt, gesetzlich vorgesehen und in einer demokratischen Gesellschaft notwendig sein (vgl. EGMR ⟨GK⟩, Refah Partisi and Others v. Turkey, Urteil vom 13. Februar 2003, Nr. 41340/98 u. a., § 103; EGMR, Herri Batasuna and Batasuna v. Spain, Urteil vom 30. Juni 2009, Nr. 25803/04 u. a., § 82).

b) Die Notwendigkeit eines Parteiverbots in einer demokratischen Gesellschaft erfordere zunächst, dass dieses einem legitimen Zweck diene. Die insoweit in Betracht kommenden Zwecke seien in Art. 11 Abs. 2 Satz 1 EMRK abschließend aufgeführt (vgl. EGMR ⟨GK⟩, United Communist Party of Turkey and Others v. Turkey, Urteil vom 30. Januar 1998, Nr. 133/1996/752/951, §§ 40 f.; EGMR ⟨GK⟩, Refah Partisi and Others v. Turkey, Urteil vom 13. Februar 2003, Nr. 41340/98 u. a., § 67; EGMR, Herri Batasuna and Batasuna v. Spain, Urteil vom 30. Juni 2009, Nr. 25803/04 u. a., § 64; EGMR, HADEP and Demir v. Turkey, Urteil vom 14. Dezember 2010, Nr. 28003/03, § 44; EGMR, Eusko Abertzale Ekintza – Acción Nacionalista Vasca ⟨EAE-ANV⟩ c. Espagne, Urteil vom 15. Januar 2013, Nr. 40959/09, § 54).

c) Darüber hinaus müsse ein „dringendes soziales Bedürfnis" für ein Parteiverbot bestehen (vgl. EGMR ⟨GK⟩, Socialist Party and Others v. Turkey, Urteil vom 25. Mai 1998, Nr. 20/1997/804/1007, § 49; EGMR ⟨GK⟩, Refah Partisi and Others v. Turkey, Urteil vom 13. Februar 2003, Nr. 41340/98 u. a., § 104).

aa) Ob ein solches vorliege, sei eine Frage des Einzelfalls. Angesichts des tiefgreifenden Eingriffs, der mit einem Verbot für die Partei und die Demokratie als solche verbunden sei, komme ein Verbot aber nur in Betracht, wenn entweder die Partei Ziele verfolge, die mit den fundamentalen Grundsätzen der Demokratie und des Menschenrechtsschutzes nicht vereinbar seien, oder wenn die Mittel, die die Partei einsetze, nicht rechtmäßig und demokratisch seien, insbesondere wenn sie zur Gewalt aufrufe oder deren Einsatz billige (vgl. Theuerkauf, Parteiverbote und die Europäische Menschenrechtskonvention, 2006, S. 260 ff. m. w. N.). Eine Partei dürfe zwar für eine Änderung der gesetzlichen oder sogar der verfassungsrechtlichen Strukturen des Staates eintreten. Sie müsse dabei aber rechtmäßige und demokratische Mittel einsetzen und die vorgeschlagenen Änderungen müssten ihrerseits mit den grundlegenden demokratischen Prinzipien vereinbar sein (vgl. EGMR, Yazar and Others v. Turkey, Urteil vom 9. April 2002, Nr. 22723/93 u. a., § 49; EGMR ⟨GK⟩, Refah Partisi and Others

v. Turkey, Urteil vom 13. Februar 2003, Nr. 41340/98 u. a., § 98; EGMR, Parti de la Democratie ⟨DEP⟩ c. Turquie, Urteil vom 10. Dezember 2002, Nr. 25141/94, § 46; EGMR, Parti Socialiste de Turquie ⟨STP⟩ et autres c. Turquie, Urteil vom 12. November 2003, Nr. 26482/95, § 38; EGMR, Herri Batasuna and Batasuna v. Spain, Urteil vom 30. Juni 2009, Nr. 25803/04 u. a., § 79; EGMR, HADEP and Demir v. Turkey, Urteil vom 14. Dezember 2010, Nr. 28003/03, § 61).

513 bb) Hinsichtlich des Zeitpunkts für die Anordnung eines Parteiverbots erkennt der EGMR die Zulässigkeit eines präventiven Vorgehens ausdrücklich an. Man könne von einem Staat nicht verlangen, erst dann gegen eine politische Partei vorzugehen, wenn sie an die Macht gekommen sei und konkrete Maßnahmen zur Umsetzung ihrer demokratiewidrigen Politik ergreife, obwohl die Gefahr dieser Politik hinreichend nachgewiesen und unmittelbar sei. Ein Staat müsse vernünftigerweise in der Lage sein, die Verwirklichung eines mit der Konvention unvereinbaren politischen Programms zu verhindern (vgl. EGMR ⟨GK⟩, Refah Partisi and Others v. Turkey, Urteil vom 13. Februar 2003, Nr. 41340/98 u. a., §§ 102 f.; EGMR, Herri Batasuna and Batasuna v. Spain, Urteil vom 30. Juni 2009, Nr. 25803/04 u. a., §§ 81 f.). Damit wird den Vertragsstaaten zumindest ein gewisser Beurteilungsspielraum hinsichtlich der Bestimmung des richtigen Zeitpunkts für ein Parteiverbot eingeräumt (Pabel, ZaöRV 63 ⟨2003⟩, S. 921 ⟨932⟩).

514 cc) Ob ein Parteiverbot einem dringenden sozialen Bedürfnis entspricht, stellt der EGMR auf Grundlage einer Gesamtwürdigung der konkreten Umstände des jeweiligen Einzelfalls fest (vgl. EGMR ⟨GK⟩, Refah Partisi and Others v. Turkey, Urteil vom 13. Februar 2003, Nr. 41340/98 u. a., §§ 104 f.; EGMR, Herri Batasuna and Batasuna v. Spain, Urteil vom 30. Juni 2009, Nr. 25803/04 u. a., § 83). Zu berücksichtigen seien dabei auch die historischen Erfahrungen und Entwicklungen in dem betreffenden Konventionsstaat (vgl. EGMR ⟨GK⟩, Refah Partisi and Others v. Turkey, Urteil vom 13. Februar 2003, Nr. 41340/98 u. a., § 124; EGMR, Partidul Comunistilor and Ungureanu v. Romania, Urteil vom 3. Februar 2005, Nr. 46626/99, § 58; EGMR, HADEP and Demir v. Turkey, Urteil vom 14. Dezember 2010, Nr. 28003/03, §§ 69 ff.; EGMR, Republican Party of Russia v. Russia, Urteil vom 12. April 2011, Nr. 12976/07, § 127).

515 d) Schließlich müsse ein Parteiverbot in einem angemessenen Verhältnis zu den mit dem Verbot verfolgten Zielen stehen. Dabei beschränkt der Gerichtshof allerdings die Prüfung der „Angemessenheit" auf die Rechtsfolgenseite und stellt fest, ob die sich aus dem nationalen Recht ergebenden Folgen des Parteiverbots nicht außer Verhältnis zur Schwere der unter dem Punkt dringendes soziales Bedürfnis festgestellten Bedrohung für die Demokratie stehen. In der Regel folgert er aus dem Vorliegen eines dringenden Bedürfnisses auch die Angemessenheit des Verbots (vgl. EGMR ⟨GK⟩, Refah Partisi and Others v. Turkey, Urteil vom 13. Februar 2003, Nr. 41340/98 u. a., §§ 133 f.; EGMR, Herri Batasuna and Batasuna v. Spain, Urteil vom 30. Juni 2009, Nr. 25803/04 u. a., § 93; EGMR, Eusko Abertzale Ekintza – Acción Nacionalista Vasca ⟨EAE-ANV⟩ c. Espagne, Urteil vom 15. Januar 2013, Nr. 40959/09, § 81).

516 Lediglich in zwei Fällen punktueller Befürwortung von Gewalt durch einzelne Parteimitglieder kam der Gerichtshof – unabhängig vom Vorliegen eines dringenden so-

zialen Bedürfnisses – zu dem Ergebnis, dass ein auf dieses Verhalten gegründetes Parteiverbot unangemessen sei (vgl. EGMR, Parti de la Democratie ⟨DEP⟩ c. Turquie, Urteil vom 10. Dezember 2002, Nr. 25141/94, §§ 61 ff. u. 64 ff.; EGMR, Parti pour une société démocratique ⟨DTP⟩ et autres c. Turquie, Urteil vom 12. Januar 2016, Nr. 3840/10 u. a., §§ 101 ff.). Dabei verweist er im Fall der türkischen DTP ausdrücklich darauf, dass im Gegensatz zu den vereinzelten Äußerungen ihrer Mitglieder die Partei als Ganzes sich zu friedlichen und demokratischen Lösungen bekannt habe und dass nicht von einem Einfluss der einzelnen Äußerungen auf die nationale Sicherheit oder die öffentliche Ordnung ausgegangen werden könne (vgl. EGMR, Parti pour une société démocratique ⟨DTP⟩ et autres c. Turquie, Urteil vom 12. Januar 2016, Nr. 3840/10 u. a., §§ 85 ff., § 98).

2. Hinter diesen durch den EGMR aus Art. 11 Abs. 2 EMRK abgeleiteten Vorgaben für ein Parteiverbot bleibt der dargelegte Maßstab zur Feststellung der Verfassungswidrigkeit einer Partei gemäß Art. 21 Abs. 2 GG nicht zurück.

a) Dem Erfordernis einer gesetzlichen Regelung trägt Art. 21 Abs. 2 Satz 1 GG ohne weiteres Rechnung. Auch stellen der Schutz der freiheitlichen demokratischen Grundordnung und des Bestandes des Staates legitime Zwecke im Sinne des Art. 11 Abs. 2 EMRK dar. Dabei gehen EGMR und Bundesverfassungsgericht übereinstimmend davon aus, dass eine Partei sich nicht nur gegen einzelne Verfassungsbestimmungen, sondern gegen die fundamentalen Prinzipien des freiheitlichen Verfassungsstaates wenden muss.

b) Bei Erfüllung der tatbestandlichen Voraussetzungen des Art. 21 Abs. 2 Satz 1 GG ist auch vom Vorliegen eines dringenden sozialen Bedürfnisses für ein Parteiverbot auszugehen. Handelt eine Partei planmäßig im Sinne qualifizierter Vorbereitung einer Beeinträchtigung oder Beseitigung der freiheitlichen demokratischen Grundordnung und ergibt sich aus konkreten und gewichtigen Anhaltspunkten die Möglichkeit eines Erfolgs dieses Handelns, genügt dies den Anforderungen des EGMR an die Notwendigkeit eines Parteiverbots zum Schutz der demokratischen Gesellschaft gemäß Art. 11 Abs. 2 Satz 1 EMRK. Etwas anderes ergibt sich auch nicht aus dem Verweis des EGMR auf das Erfordernis einer hinreichend nachgewiesenen und unmittelbaren Gefahr (vgl. EGMR ⟨GK⟩, Refah Partisi and Others v. Turkey, Urteil vom 13. Februar 2003, Nr. 41340/98 u. a., § 102). Entgegen einer im Schrifttum vertretenen Meinung (vgl. Emek/Meier, RuP 2013, S. 74 ⟨77⟩; Morlok, Jura 2013, S. 317 ⟨323 f.⟩; Bröhmer, in: Dörr/Grote/Marauhn, EMRK/GG, 2. Aufl. 2013, Kap. 19 Rn. 103 ff.; wohl auch Grimm, in: Meier, Das Verbot der NPD – ein deutsches Staatstheater in zwei Akten, 2015, S. 367 ⟨368⟩) kann dem nicht entnommen werden, dass ein Parteiverbot aus Sicht des EGMR nur konventionskonform ist, wenn bereits eine konkrete Gefahr für die freiheitliche demokratische Ordnung eingetreten ist und ein Erfolg der verfassungsfeindlichen Bestrebungen der Partei unmittelbar bevorsteht.

Einer solchen Annahme steht bereits entgegen, dass der EGMR in einzelnen Fällen die Billigung terroristischer Akte als ausreichend für ein Parteiverbot angesehen hat, ohne dabei auf die Größe oder die Bedeutung der verbotenen Regionalparteien und die von diesen ausgehenden Gefahren für die verfassungsmäßige Ordnung abzustellen (vgl. EGMR, Herri Batasuna and Batasuna v. Spain, Urteil vom 30. Juni 2009, Nr. 25803/04 u. a., §§ 85 ff.; EGMR, Eusko Abertzale Ekintza – Acción Nacionalista Vasca ⟨EAE-ANV⟩

c. Espagne, Urteil vom 15. Januar 2013, Nr. 40959/09, §§ 67 ff.). Darüber hinaus bekennt sich der EGMR ausdrücklich zum präventiven Charakter des Parteiverbots und räumt den Staaten hinsichtlich der Bestimmung des Zeitpunkts des Verbots einen Ermessensspielraum ein. Im Zusammenhang mit der Feststellung der Konventionswidrigkeit ausgesprochener Parteiverbote hat er außerdem (ergänzend) darauf hingewiesen, dass die jeweils betroffene Partei keine reale Chance zur Herbeiführung politischer Veränderungen gehabt habe (vgl. EGMR, Yazar and Others v. Turkey, Urteil vom 9. April 2002, Nr. 22723/93 u. a., § 58; EGMR, Parti de la Democratie ⟨DEP⟩ c. Turquie, Urteil vom 10. Dezember 2002, Nr. 25141/94, § 55; EGMR, The United Macedonian Organisation Ilinden-Pirin and Others v. Bulgaria, Urteil vom 20. Oktober 2005, Nr. 59489/00, § 61). Demgemäß ist nicht davon auszugehen, dass aus der Sicht des EGMR das Vorliegen einer konkreten Gefahr für den demokratischen Verfassungsstaat notwendige Voraussetzung für ein Parteiverbot ist (so auch Klein, ZRP 2001, S. 397 ⟨401⟩; Koch, DVBl 2002, S. 1388 ⟨1392 f.⟩; Pabel, ZaöRV 63 ⟨2003⟩, S. 921 ⟨932⟩; Sarx, Das Parteiverbotsverfahren der NPD vor dem Bundesverfassungsgericht im Lichte der Rechtsprechung des EGMR, in: Esser/Harich/Lohse/Sinn, Die Bedeutung der EMRK für die nationale Rechtsordnung, 2004, S. 177 ⟨188 f.⟩; Kumpf, DVBl 2012, S. 1344 ⟨1345 f.⟩; Grabenwarter/Pabel, Europäische Menschenrechtskonvention, 6. Aufl. 2016, § 23 Rn. 95; siehe auch Theuerkauf, a. a. O., S. 257 ff.; Shirvani, JZ 2014, S. 1074 ⟨1082 f.⟩).

Vielmehr ist – wie der EGMR ausdrücklich darlegt – das Vorliegen eines dringenden sozialen Bedürfnisses für ein Parteiverbot auf der Basis einer Gesamtwürdigung der Umstände des jeweiligen Einzelfalls und unter Berücksichtigung der jeweiligen nationalen Besonderheiten festzustellen (vgl. EGMR ⟨GK⟩, United Communist Party of Turkey and Others v. Turkey, Urteil vom 30. Januar 1998, Nr. 133/1996/752/951, § 59; EGMR ⟨GK⟩, Refah Partisi and Others v. Turkey, Urteil vom 13. Februar 2003, Nr. 41340/98 u. a., § 124; EGMR, Partidul Comunistilor and Ungureanu v. Romania, Urteil vom 3. Februar 2005, Nr. 46626/99, § 58; EGMR, HADEP and Demir v. Turkey, Urteil vom 14. Dezember 2010, Nr. 28003/03, §§ 69 ff.; EGMR, Republican Party of Russia v. Russia, Urteil vom 12. April 2011, Nr. 12976/07, § 127). Daher ist bezogen auf Art. 21 Abs. 2 GG in Rechnung zu stellen, dass der Norm vor allem die historische Erfahrung des Aufstiegs der NSDAP in der Weimarer Republik und das Bemühen zugrunde liegen, eine Wiederholung derartiger Ereignisse durch ein frühzeitiges Einschreiten gegen totalitäre Parteien zu verhindern. Damit ist aber die Vorstellung nicht vereinbar, dass ein Parteiverbot erst in Betracht kommt, wenn eine Partei bereits so weit erstarkt ist, dass bei ungehindertem Geschehensablauf eine Beeinträchtigung oder Beseitigung der freiheitlichen demokratischen Grundordnung nicht nur möglich erscheint, sondern wahrscheinlich ist. Insoweit ist die Bestimmung eines frühen, den Eintritt konkreter Gefahren für die freiheitliche demokratische Grundordnung nicht abwartenden Zeitpunkts für ein Parteiverbot in Art. 21 Abs. 2 Satz 1 GG Ausfluss der spezifischen historischen Erfahrung der Etablierung der nationalsozialistischen Gewalt- und Willkürherrschaft. Vor diesem Hintergrund genügt die Erfüllung der für Art. 21 Abs. 2 Satz 1 GG geltenden Anforderungen – im Sinne konkreter und gewichtiger Anhaltspunkte, die einen Erfolg des gegen die freiheitliche demokratische Grundordnung gerichteten Handelns der Partei zumindest möglich erscheinen lassen –, um die Annahme eines dringenden sozialen Bedürfnisses für ein Parteiverbot nach der Rechtsprechung des EGMR zu tragen.

c) Bedenken gegen die Konventionskonformität des für Art. 21 Abs. 2 GG geltenden Maßstabs ergeben sich auch nicht aus den Erwägungen des Gerichtshofs zum Erfordernis der „Angemessenheit" des Verbots einer politischen Partei.

aa) Aus der Sicht des EGMR reicht das Vorliegen eines dringenden sozialen Bedürfnisses grundsätzlich aus, um die Angemessenheit eines Parteiverbots bejahen zu können (vgl. EGMR ⟨GK⟩, Refah Partisi and Others v. Turkey, Urteil vom 13. Februar 2003, Nr. 41340/98 u. a., § 133). Soweit der Gerichtshof ausnahmsweise dennoch das Fehlen der Angemessenheit eines Parteiverbots festgestellt hat, handelt es sich um zwei Fälle punktueller Billigung von Gewaltakten durch einzelne Funktionäre der betroffenen Partei (vgl. EGMR, Parti de la Democratie ⟨DEP⟩ c. Turquie, Urteil vom 10. Dezember 2002, Nr. 25141/94, §§ 61 ff. u. 64 ff.; EGMR, Parti pour une société démocratique ⟨DTP⟩ et autres c. Turquie, Urteil vom 12. Januar 2016, Nr. 3840/10 u. a., §§ 101 ff.). In einer solchen Konstellation wäre auch im Rahmen des Art. 21 Abs. 2 Satz 1 GG für die Feststellung der Verfassungswidrigkeit einer Partei kein Raum. Es würde bereits an einer der Partei zurechenbaren Grundtendenz der Billigung von Gewalt als Mittel der politischen Auseinandersetzung fehlen (vgl. Rn. 576 [S. 1421]). Im Übrigen dürfte bei bloßen gegen die freiheitliche demokratische Grundordnung gerichteten Äußerungen einzelner Parteimitglieder die im Rahmen des „Darauf Ausgehens" geforderte Potentialität zur Erreichung der angestrebten verfassungswidrigen Ziele nicht gegeben sein. Demgemäß führt der Rückgriff des EGMR auf das Erfordernis der Angemessenheit nicht zu einer Verschärfung im Vergleich zu den im Rahmen des Art. 21 Abs. 2 Satz 1 GG zu beachtenden Anforderungen an ein Parteiverbot.

bb) Soweit der EGMR in seiner Entscheidung zum Verbot der DTP unter dem Gesichtspunkt der Angemessenheit auf die nach türkischem Recht gegebene Möglichkeit verweist, statt eines Parteiverbots die Kürzung der staatlichen Zahlungen anzuordnen (vgl. EGMR, Parti pour une société démocratique ⟨DTP⟩ et autres c. Turquie, Urteil vom 12. Januar 2016, Nr. 3840/10 u. a., §§ 101 ff.), stellt dies ebenfalls die Konventionskonformität von Art. 21 Abs. 2 Satz 1 GG nicht in Frage. Es ist Sache des jeweiligen nationalen Rechts, unter Berücksichtigung der Anforderungen der EMRK zu regeln, ob und inwieweit gegenüber Parteien, die verfassungsfeindliche Ziele verfolgen, Sanktionen ergriffen werden dürfen. Dabei bleibt es dem nationalen Gesetzgeber unbenommen, völlig auf eine Sanktionierung zu verzichten, gestufte Sanktionsmöglichkeiten zu eröffnen oder sich auf die Sanktion des Parteiverbots zu beschränken.

Konventionskonform ist daher auch das auf differenzierte Sanktionsmöglichkeiten verzichtende Regelungskonzept des Art. 21 Abs. 2 Satz 1 GG. Dieser sieht bei Vorliegen der tatbestandlichen Voraussetzungen der Norm ausschließlich die Feststellung der Verfassungswidrigkeit als Rechtsfolge vor. Unterhalb der Ebene des Parteiverbots liegende Sanktionen – etwa die Kürzung oder Streichung staatlicher Finanzmittel – sind nach der geltenden Verfassungslage ausgeschlossen. Daher ist entgegen der Auffassung der Antragsgegnerin – solange der verfassungsändernde Gesetzgeber keine abweichenden Regelungen trifft – für die Anwendung des Verhältnismäßigkeitsgrundsatzes im Rahmen des Art. 21 Abs. 2 GG kein Raum (vgl. Rn. 599 ff. [S. 1427]). Konventionsrechtlich ist dies unbedenklich, solange die Anordnung eines Parteiverbots den sich aus der Rechtsprechung des EGMR zu Art. 11 Abs. 2 Satz 1 EMRK ergebenden Anforderungen an die Angemessenheit eines Verbots entspricht. Dies ist bei Vorliegen der tatbestandlichen Voraussetzungen des Art. 21 Abs. 2 Satz 1 GG der Fall.

626 d) Soweit die Antragsgegnerin aus den „Guidelines on Prohibition and Dissolution of Political Parties and Analogous Measures" der Venedig-Kommission des Europarats vom 10./11. Dezember 1999 (CDL-INF⟨2000⟩001; vgl. European Commission for Democracy through Law ⟨Venice Commission⟩, Compilation of Venice Commission Opinions and Reports concerning Political Parties, CDL⟨2013⟩045, S. 38) ableitet, dass konventionsrechtliche Voraussetzung für ein Parteiverbot die Verfolgung politischer Ziele mit Gewalt sei und dem im Rahmen von Art. 21 Abs. 2 GG Rechnung getragen werden müsse, verkennt sie, dass es sich bei den Guidelines der Venedig-Kommission um unverbindliche Empfehlungen handelt, die der EGMR sich hinsichtlich der Voraussetzungen eines Parteiverbots nicht zu eigen gemacht hat. Vielmehr beurteilt er das Vorliegen eines dringenden sozialen Bedürfnisses für ein Verbot sowohl anhand der von einer Partei eingesetzten Mittel als auch nach den von ihr verfolgten Zielen (vgl. EGMR, Yazar and Others v. Turkey, Urteil vom 9. April 2002, Nr. 22723/93 u. a., § 51 ff.; EGMR ⟨GK⟩, Refah Partisi and Others v. Turkey, Urteil vom 13. Februar 2003, Nr. 41340/98 u. a., § 98; EGMR, Herri Batasuna and Batasuna v. Spain, Urteil vom 30. Juni 2009, Nr. 25803/04 u. a., § 79; EGMR, HADEP and Demir v. Turkey, Urteil vom 14. Dezember 2010, Nr. 28003/03, § 61). Die Anwendung oder Billigung von Gewalt mag daher eine – nach den Maßstäben des EGMR – hinreichende Bedingung für ein Parteiverbot sein. Unverzichtbare Voraussetzung eines den Vorgaben des Art. 11 Abs. 2 Satz 1 EMRK entsprechenden Parteiverbots ist sie hingegen nicht.

IV.

627 Die Anregung der Antragsgegnerin, das Verfahren auszusetzen und dem Gerichtshof der Europäischen Union gemäß Art. 267 Abs. 1 Buchstabe a AEUV die von ihr in diesem Zusammenhang aufgeworfenen Fragen zur Vorabentscheidung vorzulegen, entbehrt einer sachlichen Grundlage.

628 1. Die Antragsgegnerin vertritt die Auffassung, Art. 2 EUV, Art. 22 AEUV, Art. 11, 12, 39, 40 GRCh sowie die Vorschriften der Verordnung (EG) Nr. 2004/ 2003 des Europäischen Parlaments und des Rates vom 4. November 2003 über die Regelungen für die politischen Parteien auf europäischer Ebene und ihre Finanzierung seien bei der Durchführung eines Parteiverbotsverfahrens anwendbar. Die genannten Vorschriften führten zur Unzulässigkeit des Verbots einer nationalen Partei, wenn diese mit eigenen Abgeordneten im Europäischen Parlament vertreten sei – jedenfalls dann, wenn ihr Verbot aufgrund des damit verbundenen Mandatsverlusts dazu führen würde, dass eine politische Partei auf europäischer Ebene wegen Unterschreitens des Mindestquorums des Art. 3 Abs. 1 Buchstabe b Alt. 1 der Verordnung (EG) Nr. 2004/2003 ihre Anerkennung verlöre (vgl. Rn. 283 [S. 1361]).

629 2.a) Der Zweite Senat des Bundesverfassungsgerichtes hat indes bereits in seinem Beschluss vom 22. November 2001 (BVerfGE 104, 214) festgestellt, dass der Europäischen Union nach dem seinerzeit geltenden Vertragsrecht keine Zuständigkeit zur Regelung

des Rechts der politischen Parteien zukommt. Zwar hatte Art. 191 des Vertrages zur Gründung der Europäischen Gemeinschaft (EGV) die Funktion politischer Parteien auf europäischer Ebene im Prozess der europäischen Integration anerkannt und war insoweit Grundlage für die Bildung gemeinsamer Fraktionen im Europäischen Parlament. Eine Aussage dazu, ob und unter welchen Voraussetzungen eine politische Partei durch einen Mitgliedstaat der Europäischen Union verboten werden kann, enthielt das Unionsrecht damit aber nicht. Auch allgemeine Grundsätze des Unionsrechts wie Rechtsstaatlichkeit, Demokratie und Grundrechtsschutz begründen keine vorlagefähige Frage (vgl. BVerfGE 104, 214 ⟨218 f.⟩).

b) Daran ist auch nach Inkrafttreten des Vertrages von Lissabon festzuhalten. Soweit die Antragsgegnerin demgegenüber darauf verweist, dass diese Erwägungen durch die zwischenzeitlich erfolgte stärkere europäische Integration auch und gerade im Recht der politischen Parteien überholt seien, steht dem entgegen, dass das europäische Primärrecht hinsichtlich des Rechts der politischen Parteien seit der Entscheidung des Bundesverfassungsgerichtes vom 22. November 2001 keine relevanten Änderungen erfahren hat: Zwar ist Art. 10 Abs. 4 EUV an die Stelle von Art. 191 EGV getreten. Er geht in seinem Regelungsgehalt über diesen aber nicht hinaus. Wie dieser beschränkt er sich auf die Feststellung, dass „politische Parteien auf europäischer Ebene […] zur Herausbildung eines europäischen politischen Bewusstseins und zum Ausdruck des Willens der Bürgerinnen und Bürger der Union" beitragen. Auch die Durchführung der Wahl zum Europäischen Parlament erfolgt unverändert nach nationalem Recht und wirft insoweit keine unionsrechtlichen Fragen auf (vgl. BVerfGE 104, 214 ⟨218⟩; 129, 300 ⟨317⟩; 135, 259 ⟨282 f. Rn. 38 ff.⟩). Die Antragsgegnerin nimmt daher zu Unrecht an, dass wegen der möglichen Auswirkungen auf die Zusammensetzung des Europäischen Parlaments Art. 11, 12, 39, 40 GRCh auf ein Parteiverbot anzuwenden seien. Eine Anwendung der Charta der Grundrechte der Europäischen Union setzt gemäß Art. 51 Abs. 1 Satz 1 GRCh die Durchführung des Rechts der Europäischen Union voraus. Daran fehlt es im Falle eines Verbots politischer Parteien, das ungeachtet reflexhafter Auswirkungen auf die Zusammensetzung des Europäischen Parlaments ausschließlich nach nationalem Recht erfolgt.

c) Etwas anderes ergibt sich auch nicht aus der Verordnung (EG) Nr. 2004/2003 über die Regelungen für die politischen Parteien auf europäischer Ebene und ihre Finanzierung. Diese wurde aufgrund Art. 191 EGV erlassen und begründet keine über dessen Regelungsgehalt hinausgehenden Zuständigkeiten der Europäischen Union. Ziel der Verordnung ist gemäß Ziffer 2 der Erwägungsgründe die Schaffung eines Regelwerks für politische Parteien auf europäischer Ebene insbesondere hinsichtlich ihrer Finanzierung. Einen Regelungsanspruch mit Blick auf nationale Parteien erhebt die Verordnung nicht; vielmehr geht sie von einer Trennung zwischen nationalen und europäischen politischen Parteien aus. Dies bestätigt insbesondere Art. 7 Abs. 1 der Verordnung, der lautet:

> Die Mittel, die politische Parteien auf europäischer Ebene aus dem Gesamthaushaltsplan der Europäischen Union oder aus anderen Quellen erhalten, dürfen nicht der unmittelbaren oder mittelbaren Finanzierung anderer politischer Parteien und insbesondere nicht von nationalen

politischen Parteien oder Kandidaten dienen. Auf diese nationalen politischen Parteien und Kandidaten finden weiterhin die nationalen Regelungen Anwendung.

632 Das Verbot nationaler Parteien ist somit unverändert ausschließlich eine Angelegenheit des nationalen Rechts. Verliert infolge eines solchen Verbots und des damit verbundenen Verlusts europäischer Mandate ein europäischer Zusammenschluss nationaler Parteien den Status einer „politischen Partei auf europäischer Ebene", weil die Voraussetzungen von Art. 3 Abs. 1 der Verordnung (EG) Nr. 2004/2003 nicht mehr vorliegen, handelt es sich lediglich um mittelbare Auswirkungen einer nach nationalem Recht getroffenen Maßnahme. Für Art. 51 Abs. 1 Satz 1 Alt. 2 GRCh ist insoweit kein Raum.

D.

633 Nach diesen Maßstäben ist der Verbotsantrag unbegründet. Die Antragsgegnerin strebt zwar nach ihren Zielen und dem Verhalten ihrer Anhänger die Beseitigung der freiheitlichen demokratischen Grundordnung an (I.) [S. 1437]. Da aber konkrete Anhaltspunkte von Gewicht fehlen, die ein Erreichen der von der Antragsgegnerin verfolgten Ziele zumindest möglich erscheinen lassen, fehlt es an einem „Darauf Ausgehen" im Sinne von Art. 21 Abs. 2 Satz 1 GG (II.) [S. 1477].

I.

634 Die Antragsgegnerin missachtet die Grundprinzipien, die für den freiheitlichen demokratischen Verfassungsstaat unverzichtbar sind. Ihre Ziele und das Verhalten ihrer Anhänger verstoßen gegen die Menschenwürde (1.) [S. 1437] und den Kern des Demokratieprinzips (2.) [S. 1461] und weisen Elemente der Wesensverwandtschaft mit dem historischen Nationalsozialismus auf (3.) [S. 1469]. Die Programmatik der Antragsgegnerin ist auf die Beseitigung der freiheitlichen demokratischen Grundordnung gerichtet (4.) [S. 1477].

635 1. Das politische Konzept der Antragsgegnerin ist mit der Garantie der Menschenwürde im Sinne von Art. 1 Abs. 1 GG nicht vereinbar. Sie akzeptiert die Würde des Menschen als obersten und zentralen Wert der Verfassung nicht, sondern bekennt sich zum Vorrang einer ethnisch definierten „Volksgemeinschaft". Der von ihr vertretene Volksbegriff negiert den sich aus der Menschenwürde ergebenden Achtungsanspruch der Person und führt zur Verweigerung elementarer Rechtsgleichheit für alle, die nicht der ethnischen „Volksgemeinschaft" angehören. Ihr Politikkonzept ist auf die Ausgrenzung, Verächtlichmachung und weitgehende Rechtlosstellung von Ausländern, Migranten, Muslimen, Juden und weiteren gesellschaftlichen Gruppen gerichtet. Dabei mögen einzelne Äußerungen für sich genommen die Grenze der Missachtung der Menschenwürde durch die Antragsgegnerin nicht überschreiten. Die Vielzahl der diffamierenden und die menschliche Würde missachtenden Positionierungen dokumentieren in der Gesamtschau aber, dass es sich nicht um einzelne Entgleisungen, sondern um eine charakteristische Grundtendenz handelt.

Dieses auf eine Missachtung der Menschenwürde zielende politische Konzept der 636
Antragsgegnerin lässt sich bereits ihrem Parteiprogramm entnehmen (a) [S. 1438] und
wird durch weitere Publikationen und Äußerungen führender Parteifunktionäre bestätigt (b) [S. 1441]. Die hiergegen erhobenen Einwendungen der Antragsgegnerin vermögen diesen Befund nicht in Frage zu stellen (c) [S. 1448]. Folge dieses Konzepts sind
menschenverachtende rassistische Positionierungen der Antragsgegnerin gegenüber
gesellschaftlichen Gruppen (d) [S. 1451].

a) Das Parteiprogramm der Antragsgegnerin ist auf eine Verletzung des Wert- und 637
Achtungsanspruchs angelegt, der sich aus dem Eigenwert und der Würde des zur Freiheit befähigten Menschen ergibt (aa) [S. 1438]. Dieses Programm muss die Antragsgegnerin sich zurechnen lassen (bb) [S. 1440].

aa) Das unter dem Titel „Arbeit. Familie. Vaterland." am 4./5. Juni 2010 in Bamberg 638
verabschiedete Parteiprogramm missachtet die durch die Garantie der Menschenwürde geschützte Subjektqualität des Einzelnen und verletzt den Anspruch auf elementare
Rechtsgleichheit.

(1) Die dem Programm vorangestellten „Grundgedanken" lauten zwar: „Gleich sind 639
die Menschen dagegen vor dem Gesetz und in der Unantastbarkeit ihrer Würde". Zugleich wird dieses Bekenntnis zur Menschenwürde aber eingeschränkt, wenn es heißt:
„Die Würde des Menschen als soziales Wesen verwirklicht sich vor allem in der Volksgemeinschaft" (vgl. Arbeit. Familie. Vaterland. – Das Parteiprogramm der Nationaldemokratischen Partei Deutschlands ⟨NPD⟩, 2010, S. 5 und 6). Ihrem Verständnis des
Vorrangs der „Volksgemeinschaft" entsprechend fordert die Antragsgegnerin als oberstes Ziel deutscher Politik die Erhaltung des durch Abstammung, Sprache, geschichtliche Erfahrungen und Wertvorstellungen geprägten deutschen Volkes. Anzustreben sei
die „Einheit von Volk und Staat" und die Verhinderung einer „Überfremdung Deutschlands, ob mit oder ohne Einbürgerung" (vgl. Arbeit. Familie. Vaterland., a. a. O., S. 6).
Deutschland müsse das Land der Deutschen bleiben und dort, wo dies nicht mehr der
Fall sei, wieder werden. Grundsätzlich dürfe es für Fremde in Deutschland kein Bleiberecht, sondern nur eine Rückkehrpflicht in ihre Heimat geben (vgl. Arbeit. Familie.
Vaterland., a. a. O., S. 5).

(2) Auf dieser Grundlage wird von der Antragsgegnerin ein politisches Konzept ent- 640
wickelt, das vor allem auf die strikte Exklusion und weitgehende Rechtlosstellung aller
ethnisch Nichtdeutschen gerichtet ist. Zwar enthält sich das Parteiprogramm einer ausdrücklichen Aussage dazu, inwieweit die den rechtlichen Status abwertenden Forderungen auch auf eingebürgerte Deutsche mit Migrationshintergrund Anwendung finden sollen. Dafür sprechen allerdings die Behauptungen, dass sich in „überfremdeten
Wohnvierteln" Deutsche und Angehörige „fremder Völker" zunehmend feindselig gegenüberstünden, Angehörige anderer „Völker" in Deutschland einen Arbeitsplatz nur
auf Zeit innehaben könnten, Ziel eines grundlegenden politischen Wandels die Erhaltung der deutschen Volkssubstanz sei und eine „Überfremdung Deutschlands, ob
mit oder ohne Einbürgerung" strikt abgelehnt werde (vgl. Arbeit. Familie. Vaterland.,
a. a. O., S. 6, 12, 13).

641 (a) Die Geltung der Grundrechte wird ausdrücklich auf alle Deutschen bezogen und die Anwendung des Solidaritätsprinzips auf die Gemeinschaft aller Deutschen beschränkt (Arbeit. Familie. Vaterland., a. a. O., S. 10). Demgemäß hätten familienunterstützende Maßnahmen des Staates ausschließlich deutsche Familien zu fördern. Eigentum an deutschem Grund und Boden könne nur von Deutschen erworben werden (Arbeit. Familie. Vaterland., a. a. O., S. 7, 9). Im 7. Kapitel „Sozialpolitik als nationale Solidarität" wird gefordert, Ausländer aus dem deutschen Sozialversicherungswesen auszugliedern und einer gesonderten Ausländersozialgesetzgebung zuzuordnen. Auch an der zu schaffenden einheitlichen Rentenkasse („Volksrente") sollen Ausländer nicht teilhaben (Arbeit. Familie. Vaterland., a. a. O., S. 11 f.).

642 (b) Im 10. Kapitel ihres Parteiprogramms unter dem Titel „Deutschland den Deutschen" legt die Antragsgegnerin dar, dass durch massenhafte Einbürgerungen das deutsche Staatsbürgerrecht aufgeweicht und das Existenzrecht des deutschen Volkes in Frage gestellt würden. Um dem entgegenzuwirken, sei das ursprüngliche, auf dem Abstammungsprinzip fußende Staatsbürgerrecht wieder einzuführen. Die multikulturelle Gesellschaft habe zur Entstehung von Ausländerghettos und oftmals rechtsfreien Räumen geführt, in denen das Leben für viele Deutsche unerträglich sei. Die Antragsgegnerin fordert daher eine gesetzliche Regelung zur Rückführung der hier lebenden Ausländer („Rückkehrpflicht statt Bleiberecht"). Integration sei Völkermord. Fremdreligiöse Bauten seien zu stoppen; das Grundrecht auf Asyl aus Art. 16a GG sei ersatzlos zu streichen (vgl. Arbeit. Familie. Vaterland., a. a. O., S. 12 f.).

643 (c) Im 16. Kapitel „Bildung und Kultur" spricht die Antragsgegnerin sich gegen die gemeinsame Unterrichtung deutscher und ausländischer Schüler aus, weil Ausländerkinder mit ihren meist nur mangelhaften Deutschkenntnissen das Unterrichtsniveau absenkten und die Sprach- und Lesefähigkeit auch der deutschen Schüler beeinträchtigten. Die Abgrenzung der Schüler verläuft dabei nicht entlang der Sprachkompetenz, sondern entlang der Volkszugehörigkeit. Ziel ist nach der Formulierung des Programms die Trennung deutscher und ausländischer Kinder und nicht eine bildungspolitisch motivierte Einteilung nach Leistungsstufen (vgl. Arbeit. Familie. Vaterland., a. a. O., S. 16 f.).

644 (d) Im 17. Kapitel „Reform des Rechtssystems" fordert die Antragsgegnerin einen Volksentscheid über die Wiedereinführung der Todesstrafe und den vollständigen Vollzug lebenslanger Freiheitsstrafen. Der Abschiebung krimineller Ausländer dürften strengere Strafen im Heimatland nicht entgegenstehen. Außerdem sei – so die Forderung im 18. Kapitel „Innere Sicherheit" – die Polizeiliche Kriminalstatistik um eine weitere Rubrik für „eingebürgerte Ausländer" neben der bisherigen Ausländer-Kriminalstatistik zu ergänzen (vgl. Arbeit. Familie. Vaterland., a. a. O., S. 18 f.). Auch befürwortet die Antragsgegnerin die Einführung einer deutschlandweiten, öffentlich einsehbaren Sexualstraftäter-Datei sowie die gesetzliche Möglichkeit der Kastration von Pädophilen (Arbeit. Familie. Vaterland., a. a. O., S. 19).

645 (3) Bereits diese im Parteiprogramm der Antragsgegnerin festgeschriebenen Ziele sind mit der Garantie der Menschenwürde nicht vereinbar. Forderungen nach „Kastration von Pädophilen" oder der Vollstreckung lebenslanger Freiheitsstrafen ohne die Mög-

lichkeit, die Freiheit wiederzuerlangen, verkennen den sozialen Wert- und Achtungsanspruch des Einzelnen (vgl. dazu BVerfGE 45, 187 ⟨245⟩; 64, 261 ⟨272⟩).

Vor allem aber zielt das Parteiprogramm auf einen rechtlich abgewerteten, nahezu rechtlosen Status aller, die der ethnisch definierten „Volksgemeinschaft" im Sinne der Antragsgegnerin nicht angehören. Grundlage ist der Ausschluss der Nichtdeutschen aus dem Geltungsbereich der Grundrechte (vgl. Arbeit. Familie. Vaterland., a. a. O., S. 18). Soweit die Antragsgegnerin dies mit dem Hinweis bestreitet, die fragliche Textstelle des Programms setze sich lediglich kritisch mit der Unterdrückung der Meinungsfreiheit in Deutschland auseinander, steht dem bereits entgegen, dass, obwohl es sich nicht um ein Deutschengrundrecht handelt, die Meinungsfreiheit dennoch auf Deutsche begrenzt wird und für eine abweichende Behandlung anderer Grundrechte nichts ersichtlich ist. Außerdem steht im Zentrum des politischen Konzepts die Versagung jeglichen dauerhaften Aufenthaltsrechts für alle Personen, die nicht der „deutschen Volksgemeinschaft" angehören. Auch dadurch werden grundrechtliche Gewährleistungen für die von der Rückkehrpflicht Betroffenen faktisch gegenstandslos. Verbunden mit den – das Verbot der Ungleichbehandlung wegen der Abstammung oder der Rasse im Sinne von Art. 3 Abs. 3 GG berührenden – dargelegten Einzelforderungen ergibt sich eine demütigende Ungleichbehandlung von Nichtdeutschen, die diese zum bloßen Objekt staatlichen Handelns macht und ihnen die Anerkennung als grundsätzlich gleichberechtigte Mitglieder der rechtlich verfassten Gemeinschaft verweigert. 646

bb) Dieses Programm muss die Antragsgegnerin gegen sich gelten lassen. Soweit sie behauptet, einer Verwertung des Programms stehe dessen mangelnde Quellenfreiheit aufgrund der – vom Antragsteller zugestandenen – Anwesenheit von neun V-Leuten auf dem Programmparteitag am 4./5. Juni 2010 entgegen, ist dem nicht zu folgen. 647

(1) Zwar trifft die Auffassung des Antragstellers, das Parteiprogramm entziehe sich einer Kategorisierung im Sinne der Antragsschrift, da es sich bei der Antragsgegnerin um eine juristische Person handele, der nicht wie einer natürlichen Person bestimmte Quellen zugerechnet werden könnten, nicht zu. Dies steht bereits im Widerspruch zu dem übrigen Vortrag des Antragstellers, in dem Beweismittel nicht nur natürlichen Personen, sondern auch Landesverbänden, Kreisverbänden oder sonstigen Teilorganisationen der Antragsgegnerin zugerechnet werden. Ebenso wenig kann der Antragsteller darauf verweisen, dass Parteitagsdelegierte nicht den Führungsebenen der Antragsgegnerin zuzurechnen seien, da es im vorliegenden Zusammenhang nicht auf die Frage der Staatsfreiheit (der Führungsebenen), sondern auf die Quellenfreiheit und damit Verwertbarkeit eines Beweismittels ankommt. 648

(2) Entscheidend ist vielmehr, dass das Parteiprogramm als Ausdruck eigenständiger unbeeinflusster Willensbildung der Antragsgegnerin anzusehen ist. Dem steht die vom Antragsteller zugestandene Anwesenheit von neun V-Leuten auf dem Programmparteitag der Antragsgegnerin am 4./5. Juni 2010 im Ergebnis nicht entgegen. 649

(a) Dafür spricht bereits, dass nach dem glaubhaften, durch Testate belegten Vortrag des Antragstellers der vorbereitenden Programmkommission und den Vorständen der das Programm besonders prägenden Landesverbände Sachsen und Mecklenburg-Vorpommern im entscheidungserheblichen Zeitraum keine V-Leute angehört haben und 650 ein prägender Einfluss einzelner Parteitagsdelegierter auf den Programminhalt weder ersichtlich noch von der Antragsgegnerin vorgetragen ist.

651 (b) Die Zurechenbarkeit und Verwertbarkeit des Parteiprogramms ergibt sich aber jedenfalls aus dessen inhaltlicher Bestätigung durch die maßgeblichen Führungspersonen der Antragsgegnerin. Das Parteiprogramm sowie dessen Änderungen sind gemäß § 6 Abs. 3 Satz 1 Nr. 1, Satz 2 PartG dem Bundeswahlleiter mitzuteilen. Dieser weist auf seiner Homepage das von der Antragsgegnerin am 4./5. Juni 2010 in Bamberg beschlossene Programm als derzeit gültiges Parteiprogramm der Antragsgegnerin aus (Stand: 17. Juni 2016). Dieses Programm war demgemäß Grundlage der Arbeit der Antragsgegnerin in den vergangenen Jahren. Auch im vorliegenden Verfahren hat sie sich in ihrem schriftsätzlichen Vortrag immer wieder auf dieses Programm berufen und an keiner Stelle davon distanziert. In der mündlichen Verhandlung hat der Parteivorsitzende Franz die Gültigkeit des Programms und seine Übereinstimmung mit den Überzeugungen der Antragsgegnerin ausdrücklich bestätigt. Die Frage, ob es Bestrebungen gebe, das Programm zu ändern, hat er verneint.

652 Im Ergebnis ist daher davon auszugehen, dass die Antragsgegnerin sich das auf dem Programmparteitag in Bamberg beschlossene Parteiprogramm jedenfalls in der Folgezeit zu eigen gemacht hat und dieses Ausdruck ihrer selbstbestimmten Willensbildung und tatsächlichen Überzeugung ist.

653 b) Die Unvereinbarkeit der von der Antragsgegnerin verfolgten Ziele mit der Menschenwürdegarantie des Art. 1 Abs. 1 GG wird auch durch ihr zurechenbare Publikationen und Äußerungen führender Funktionäre bestätigt. Dabei wird deutlich, dass die Formulierungen des Parteiprogramms die von der Antragsgegnerin verfolgten Ziele nur zurückhaltend beschreiben beziehungsweise kaschieren. Das von ihr vertretene Konzept ethnischer Definition der „Volksgemeinschaft" (aa) [S. 1441] hat das Bekenntnis zum Vorrang dieser Gemeinschaft als obersten Wert und die rassistische Ausgrenzung aller ethnisch Nichtdeutschen zur Folge (bb) [S. 1443]. Gleichzeitig beinhaltet die Programmatik der Antragsgegnerin auch das Ziel einer Rückführung eingebürgerter Deutscher mit Migrationshintergrund in ihre Herkunftsländer (cc) [S. 1447].

654 aa)(1) Der von der Antragsgegnerin vertretene ethnische Volksbegriff wird in der vom Parteivorstand im April 2012 in 2. Auflage herausgegebenen Broschüre „Wortgewandt – Argumente für Mandats- und Funktionsträger" in den Kapiteln 1.10 und 1.11 („Wer ist für die NPD ein Deutscher? Was versteht die NPD unter Volk?" und „Für welches Staatsbürgerschaftsrecht tritt die NPD ein?") wie folgt beschrieben:

> Deutscher ist, wer deutscher Herkunft ist und damit in die ethnischkulturelle Gemeinschaft des deutschen Volkes hineingeboren wurde. [...] Ein Afrikaner, Asiate oder Orientale wird nie Deutscher werden können, weil die Verleihung bedruckten Papiers (des BRD-Passes) ja nicht die biologischen Erbanlagen verändert, die für die Ausprägung körperlicher, geistiger und seelischer Merkmale von Einzelmenschen und Völkern verantwortlich sind. [...] Angehörige anderer Rassen bleiben deshalb körperlich, geistig und seelisch immer Fremdkörper, egal, wie lange sie in Deutschland leben. Sie mutieren durch die Verleihung eines Passes ja nicht zu Deutschen. [...]
>
> Deutscher ist, wer deutsche Eltern hat, also wer deutscher Abstammung ist. Deutsch ist eine ethnische Herkunftsbezeichnung und keine Bezeichnung des zufälligen Geburtsortes,

momentanen Wohnortes oder des Passes. [...] Deutscher ist man von Geburt – oder eben nicht; aber man wird es nicht durch Annahme der Staatsbürgerschaft. [...] [D]ie Staatsbürgerschaft muß an die Volkszugehörigkeit gebunden sein. Wie sagt auch der Volksmund: Blut ist dicker als Tinte. [...]

Heute haben fast neun Millionen Nichtdeutsche die deutsche Staatsbürgerschaft und können so wirkungsvoll ihre Interessen gegen die Deutschen durchsetzen. [...] „Deutsche afrikanischer Herkunft" oder „Afro-Deutsche" kann es sowenig geben wie schwangere Jungfrauen. Staatsangehörigkeit muß an Volkszugehörigkeit gebunden sein – für Europäer kann es Ausnahmen geben. (S. 18 ff.)

Demzufolge kann nach Auffassung der Antragsgegnerin ein Ausländer auch durch die Verleihung der Staatsbürgerschaft grundsätzlich nicht zum Mitglied der „deutschen Volksgemeinschaft" werden, „Deutscher ist man durch Herkunft, aber man wird es nicht durch Paßverleihung" (S. 45 der Broschüre „Wortgewandt"). Konsequenterweise werden eingebürgerte Deutsche als „Nichtdeutsche" (S. 20 der Broschüre „Wortgewandt") oder „Passdeutsche" bezeichnet. 655

(2) Die Antragsgegnerin muss sich diese Publikation des Parteivorstands zurechnen lassen. Sie ist von dem ehemaligen Parteivorstandsmitglied und sächsischen Landtagsabgeordneten Jürgen Gansel verfasst und mit einem Vorwort des damaligen Bundesvorsitzenden der Antragsgegnerin versehen. Dem steht nicht entgegen, dass die Antragsgegnerin mit Schriftsatz vom 11. April 2016 einen Parteivorstandsbeschluss mit Datum vom 5./6. April 2014 vorgelegt hat, wonach die Verbreitung der Broschüre gestoppt und deren inhaltliche Prüfung angeordnet worden sein soll. Bereits das Datum der angeblichen Beschlussfassung des Parteivorstands vier Monate nach Eingang des Verbotsantrags beim Bundesverfassungsgericht deutet darauf hin, dass es sich bei dem angeblichen Beschluss um eine prozesstaktisch motivierte Reaktion auf den Verbotsantrag des Antragstellers handelt. Auch erschließt sich nicht, warum die Antragsgegnerin diesen Vorstandsbeschluss erst zwei Jahre nach seiner Fassung und nach Ende der mündlichen Verhandlung vorgelegt hat. Außerdem hat sie weder die Umsetzung des Beschlusses belegt noch erläutert, aus welchen Gründen die Verbreitung der Broschüre gestoppt wurde beziehungsweise welche Aussagen als fragwürdig oder mit der Haltung des jetzigen Parteivorstands möglicherweise unvereinbar angesehen wurden. Sie hat jedenfalls die vorstehend zitierte Passage auch nach dem angeblichen Vorstandsbeschluss auf ihrer Homepage weiter verbreitet. In der mündlichen Verhandlung hat der Parteivorsitzende der Antragsgegnerin weder die Richtigkeit des Zitats bestritten, noch eine inhaltliche Distanzierung durch Verweis auf den vorgenannten Vorstandsbeschluss oder in sonstiger Weise erkennen lassen. 656

(3) Dass die ethnische Definition der „deutschen Volksgemeinschaft" und der damit verbundene dauerhafte Ausschluss „ethnisch Nichtdeutscher" aus dieser Gemeinschaft eine Grundüberzeugung der Antragsgegnerin darstellt, wird durch weitere, ihr zurechenbare Aussagen bestätigt. 657

(a) So formuliert der Landesverband Berlin der Antragsgegnerin: 658

Die NPD will eine Ordnung, in der das Recht auf Identität kraft Abstammung und Schicksal garantiert wird und jeder Deutsche mit seiner Persönlichkeit als dienendes Glied der Gemeinschaft verantwortlich am politischen, wirtschaftlichen und kulturellen Leben des deutschen Volkes mitwirkt.

(NPD-Landesverband Berlin: „Wir sagen, was Sie denken! Landesaktionsprogramm für ein deutsches Berlin", 2011)

659 (b) Der Landesverband Bayern kommentiert die Ankunft afrikanischer Flüchtlinge im Februar 2015 auf Facebook wie folgt:

> Deutsch sein heißt zum deutschen Volk zu gehören und zwar nicht durch Einbürgerungsurkunde, sondern durch Geburt und Abstammung. Deutscher ist man durch sein Blut und durch nichts anderes!
> Seid also dankbar und stolz, deutsche Frauen und deutsche Männer, daß ihr die Gnade der deutschen Geburt in die Wiege gelegt bekamt. Diese „Neudeutschen" können sich noch so anstrengen, niemals werden Deutsche aus ihnen werden können! Und das sieht man auch ganz deutlich!

660 bb) Die Überordnung der „Volksgemeinschaft" über den Einzelnen und deren rassenbezogene Fundierung sowie ihr exkludierender Charakter wird in Äußerungen der JN besonders deutlich (1) und durch weitere Einlassungen und Dokumente bestätigt (2).

661 (1)(a) So formuliert der Bundesschulungsleiter der JN D. in einem Artikel auf der Homepage der JN (www.aktion-widerstand.de) am 13. Januar 2011:

> Die Gemeinschaft steht hier an oberster Stelle. [...] Unsere Weltanschauung stellt das Volk in den Mittelpunkt allen Seins. Dieses Volk wird durch den Nationalstaat geschützt und begründet seine Kraft durch das Zusammenleben der darin lebenden Persönlichkeiten. [...] Das Volk dagegen ist eine Schicksalsgemeinschaft, da wir schicksalhaft in dieses hineingeboren werden. Wir haben jedoch soweit Entscheidungsmacht über unser Schicksal, daß wir wählen können, ob wir Dienst an unserer Schicksalsgemeinschaft tun oder nicht.

662 (b) Im April 2013 veröffentlichten die JN auf ihrer Internetseite außerdem den Text „Gewissen und Gemeinschaft", in dem es unter anderem heißt:

> „Allein gestellt sind wir nichts – in der Gemeinschaft jedoch ist jeder alles." Gemeinschaftsgebunden sind wir bereits durch die Geburt. Wir kommen aus der Gemeinschaft der Familie und fühlen uns durch die Nation unser Leben lang der Gemeinschaft – der Volksgemeinschaft – verbunden. Dieses Verbundenheitsgefühl wird umso stärker sein wenn die Nation nur ein Volk umschließt, denn die Gebundenheit zur eigenen Art ist stärker als die zur Nation – sie ist naturgesetzlich. [...]
> Das Gewissen sagt uns, dass wir Glied einer Gemeinschaft sind. Strebt der Einzelne nun Ziele an, die ihn selbst gegenüber der Gemeinschaft bevorzugen – und zwar auf Kosten anderer Glieder der Gemeinschaft – so vergeht er sich auf unnatürliche Weise an seinem Gewissen.

663 (c) In einem „Leitfaden – Politische Grundbegriffe", der in zwei Teilen von der Bundesführung der JN im Januar 2013 herausgegeben wurde, wird dargelegt:

> Freiheit ist, den Sinn des Lebens zu verfolgen. Dies ist die Arterhaltung. Ist diese gefährdet, ist die Freiheit in Gefahr. [...] Mit der Treue zu einem Volk, Reich, Land oder Herrscher fühlen wir uns frei. [...] Merksatz: Freiheit bedeutet nicht, dass man tun und lassen kann, was man will, sondern dass man werden kann, was man soll. Sie bedeutet, dass jeder Einzelne seine Persönlichkeit im Sinne der Gemeinschaft entfalten kann. (Teil 2, S. 40)

Weiter wird in diesem Leitfaden grundlegend zum Konzept der „Volksgemeinschaft" 664
ausgeführt:

> Bei einem Volk handelt es sich in erster Linie um eine Großgruppe von Menschen, die organisch, d. h. natürlich gewachsen ist. [...] Völker unterscheiden sich jedoch nicht nur, wie oftmals fälschlich verbreitet, durch äußere Merkmale, sondern vor allem auf geistiger Ebene. [...] Merksatz: Ein Volk ist eine organisch gewachsene Gemeinschaft gleichen Blutes, gleicher Geschichte, mit gleichem Lebensraum und gleicher Kultur. (Teil 1, S. 4 ff.)

Es folgt eine pejorative Klassifizierung verschiedener Rassen, wobei „Mischvölker" als 665
Ursache für Dekadenz und Fettleibigkeit beschrieben werden:

> Sie [die Zivilisation] ist mehr Erlerntes, nicht Form gewordenes Inneres wie Kultur. Zum Beispiel kann ein Affe zwar erlernen, einen Lichtschalter zu betätigen, doch wird er nie verstehen, warum das Licht an und aus geht. [...] Genauso können sich afrikanische oder asiatische Völker dem europäischen anpassen, indem sie Verhaltensweisen und Kleidung übernehmen. Dennoch werden sie nie zu Europäern, weil sie eben keine sind. [...] Zum Beispiel werden die USA als eine der führenden Zivilisationen bezeichnet. Diese haben über Jahrhunderte zwar Wissenschaft und Technik erschaffen, doch gehen unmittelbar ihrem eigenen Untergang entgegen. Hier haben sich von Anbeginn verschiedene Kulturen und Völker vermischt, die langfristig gesehen keine Überlebenschancen hatten, da sie alle ihre Kultur aufgegeben haben. [...]. Aus der Kulturvielfalt ist nun ein Einheitsbrei geworden. [...] So zeichnet sich jeder dritte Amerikaner durch Dekadenz und Fettleibigkeit aus. (Teil 2, S. 13 f.)

Die Vermischung von Völkern führe zum Verlust der „besten und edelsten Tugenden" 666
und zum Untergang des jeweiligen Volkes:

> Zum einen können wir beobachten, dass die Vermischung mit andersrassigen Völkern immer mit dem Niedergang einherging. Die Vermischung verschiedener Kulturen hat nie zu einer, heute so oft postulierten multikulturellen Gesellschaft geführt. Immer entstand ein Einheitsbrei, der im Untergang endete. Mit zunehmender Vermischung mit anderen Kulturen verloren die nordisch geprägten Völker (siehe Griechen und Römer) ihre besten und edelsten Tugenden. (Teil 2, S. 17)

Der Leitfaden betont daher die Bedeutung „genetischer und kultureller Identität" in 667
Europa:

> Merksatz: Europa ist der rechtmäßige Lebensraum und Ursprung aller europäisch-germanischen Völker. [...] Zwar unterscheiden sich die Mentalitäten der einzelnen europäischen Völker voneinander, doch sind sich diese untereinander wiederum ähnlicher als das identitäre Bewusstsein der negroiden (afrikanischstämmigen) oder mongoliden (asiatischen) Menschen im Vergleich zum europäischen Menschenschlag. [...] So stellen wir fest, dass Identität das entscheidende Merkmal unseres gesamten Lebens im Sinne der völkischen Gemeinschaft ist. Wir sind gekennzeichnet durch eine genetische als auch eine kulturelle Identität. (Teil 2, S. 23 ff.)

Die Ausführungen kulminieren in einer Auseinandersetzung mit dem Rassebegriff, der 668
von den JN als „Naturgesetz" und elementarer Bestandteil ihres Weltbildes angesehen
wird:

> Nun wollen wir uns dem reizvollsten Begriff dieser Arbeit widmen und zugleich die Missverständnisse ausräumen, die mit diesem einhergehen. Das Wort „Rasse" ist heute in Deutschland, wenn auch nicht in unseren europäischen Nachbarvölkern verpönt und wird stetig als

unwissenschaftlich verteufelt. Dennoch handelt es sich dabei um einen elementaren Begriff unserer Weltanschauung. Die Naturgesetze verlangen, dass wir uns mit den Menschenrassen beschäftigen. [...] Die europide Menschengruppe lässt sich wiederum in sechs Unterkategorien differenzieren: nordische, fälische, dinarische, westische (mediterrane), ostische (alpine), osteuropide (ostbaltische). Das deutsche Volk enthält im Vergleich zu anderen europäischen Völkern noch einen hohen Anteil des nordischen Menschen, der sich einst in den heutigen skandinavischen Ländern in einem Isolat entwickelte, welches von Gletscher- und Eismassen umrandet war. [...] Die Großrassen müssen in ihrem Bestehen gefördert werden. Die Vernichtung dieser wäre eine Absage an das Leben und der Natur. (Teil 2, S. 31 ff.)

669 (d) Diese Aussagen der JN sind der Antragsgegnerin zuzurechnen. Sie sind Ausdruck der bei der Antragsgegnerin vorhandenen Grundüberzeugung, dass der „deutschen Volksgemeinschaft" ein abstammungsbezogener exklusiver Charakter zukommt, diese vor einer Vermischung mit „andersrassigen Völkern" zu schützen ist und ihr gegenüber dem Einzelnen eine höherrangige Wertigkeit zukommt.

670 Demgegenüber kann die Antragsgegnerin sich weder darauf berufen, dass in dem mit Schriftsatz vom 11. April 2016 vorgelegten Beschluss des Parteivorstands vom 5./6. April 2014 angeordnet worden sei, den vorstehend zitierten Leitfaden der JN zu vernichten, noch, dass es sich bei den Aussagen des D. um Äußerungen eines für die Antragsgegnerin nicht repräsentativen „Hardliners" handele.

671 (aa) Hinsichtlich des angeblichen Beschlusses des Bundesvorstands der Antragsgegnerin vom 5./6. April 2014 sprechen gegen die Glaubhaftigkeit ihres Vorbringens – wie bereits hinsichtlich der Broschüre „Wortgewandt" dargelegt (vgl. Rn. 656 [S. 1441]) – das Datum der Beschlussfassung vier Monate nach Eingang des Verbotsantrags beim Bundesverfassungsgericht sowie seine Vorlage erst nach Ende der mündlichen Verhandlung. Auch hat die Antragsgegnerin weder Belege für die Umsetzung ihres Vorstandsbeschlusses vorgelegt noch näher erläutert, aus welchen Gründen der Parteivorstand erst mehr als ein Jahr nach Veröffentlichung des Leitfadens die behauptete Maßnahme eingeleitet haben will. Es fehlt darüber hinaus eine Darlegung der Gründe oder eine Bezeichnung und inhaltliche Auseinandersetzung mit den fragwürdigen Passagen des Leitfadens, die den Parteivorstand zu dessen angeblicher Rückziehung veranlasst haben sollen. Schließlich hat D. in einem Interview mit dem Nachrichtenportal FSN-TV am 27. April 2014 – also nach dem behaupteten Vorstandsbeschluss – die fortwährende Gültigkeit des Leitfadens ausdrücklich bestätigt.

672 (bb) Auch für eine die Zurechnung ausschließende Distanzierung der Antragsgegnerin von den Aussagen des D. fehlt es an ausreichenden Anhaltspunkten. Die bloße Qualifizierung des D. als „Hardliner" genügt wegen dessen langandauernder und führender Tätigkeit innerhalb der JN und seines Aufstiegs zu deren stellvertretendem Bundesvorsitzenden nicht. Solange die Antragsgegnerin sich von Äußerungen ihrer Funktionäre oder der Führungskräfte ihrer Teilorganisationen nicht in einem zeitlich engen Zusammenhang ausdrücklich distanziert oder Ordnungsmaßnahmen ergriffen hat, wofür nichts vorgetragen ist, muss sie sich diese zurechnen lassen.

673 (2) Darüber hinaus belegen weitere Dokumente die Vorstellung der Antragsgegnerin von einer abstammungsbezogenen Begrenzung der „deutschen Volksgemeinschaft" und der Notwendigkeit, diese vor einer Vermischung mit anderen Rassen zu schützen.

(a) Karl Richter (Stadtverordneter der Antragsgegnerin, ehemals stellvertretender Bundesvorsitzender, Landesvorsitzender in Bayern und Chefredakteur der „Deutschen Stimme") und B. (ehemaliger Landesvorsitzender und Bezirksverordneter, ehemaliges Bundesvorstandsmitglied und Stadtverordneter der Antragsgegnerin) greifen 2011 in der Deutschen Stimme (Ausgabe 2/2011, S. 22) zur Beschreibung der Idee der „Volksgemeinschaft" auf den Nationalsozialismus zurück:

> Gerade auch der Blick auf den selbst öffentlich nicht länger wegzuleugnenden, sich stärker und schneller vollziehenden Austausch unseres angestammten Volkes gegen Angehörige fremder Kulturen und Religionen auf deutschem Territorium beweist, wie sehr die Souveränität eines Reichskörpers als Bollwerk und Schild von Nöten wäre. [...] Es blieb dem 20. Jahrhundert und der „Volksgemeinschaft" der dreißiger und vierziger Jahre vorbehalten, sozialpolitisch zu vollenden, wofür Bismarck den Weg gebahnt hatte.

(b) Der damalige Bundesvorsitzende der Antragsgegnerin und heutige Abgeordnete im Europäischen Parlament Udo Voigt beschreibt 2009 in der Deutschen Stimme (Ausgabe 9/2009, S. 2) das völkische Denken der Antragsgegnerin wie folgt:

> Wir wollen, daß jeder Deutsche in seiner Heimat Arbeit findet und diese Arbeit als etwas Wichtiges und Höheres begreift, welches den Fortbestand und die Weiterentwicklung seiner Familie, seines Volkes und seiner Nation durch seinen persönlichen Einsatz in einer Volksgemeinschaft garantiert. Solidarprinzip, soziale Gerechtigkeit, gemeinsame ethnische und kulturelle Entwicklung und eine raumorientierte Volkswirtschaft sind untrennbar mit den Vorstellungen einer Volksgemeinschaft verbunden.

(c) Jürgen Gansel erklärt 2011 in der Deutschen Stimme (Ausgabe 4/2011, S. 8), dass der „potentiell nationalrevolutionären Mehrheit im Volk" klar werden müsse, dass die „Volksgemeinschaft in der Globalisierungsära die einzig denkbare Schutz- und Solidargemeinschaft" sei. In der mündlichen Verhandlung hat er bestätigt, dass aus seiner Sicht ein Afrikaner, auch wenn er die deutsche Staatsangehörigkeit erwerbe, nicht Angehöriger des deutschen Volkes werden könne.

(d) In einer Rede des Kreisrats P. am 15. März 2015 in Tröglitz, die wegen eines Redeverbots aufgrund dessen früherer Verurteilung wegen Volksverhetzung verlesen wurde, heißt es:

> Es gibt kein Land oder keine Stadt auf der Welt, wo Multi-Kulti und Rassenmischung irgendwie gut gegangen wäre. Im Gegenteil ist Südafrika zielsicher auf dem Weg ins Chaos seit Aufhebung der Rassentrennung. Und es wird weitergeh[e]n bis zur Vernichtung Europas!

Einer Zurechnung dieser Äußerung zur Antragsgegnerin steht nicht entgegen, dass P. kein Mitglied der Antragsgegnerin ist, da er 2013 auf der Liste der Antragsgegnerin zum Bundestag kandidiert hat und als ihr Kandidat in den Kreistag und im Januar 2015 in den Vorstand der KPV gewählt wurde. Holger Apfel hat in der mündlichen Verhandlung dazu ausgesagt, dass es ihm gegen die radikaleren Kräfte in der Partei nicht gelungen sei, eine Kandidatur des P. zu verhindern. P. ist damit als Funktionär der Antragsgegnerin anzusehen. Seine Aussagen bestätigen die rassistische Orientierung des Konzepts der „Volksgemeinschaft".

79 (e) Weiterhin erklärte der damalige Vorsitzende der Fraktion der Antragsgegnerin im Landtag von Mecklenburg-Vorpommern und spätere Bundesvorsitzende Pastörs auf dem NPD-Schwabentag 2011 in Günzburg:

> Das Menschenrecht besteht aber auch aus dem Selbstbestimmungsrecht der Völker und wenn wir selbstbestimmt sagen, Europa ist das Land der weißen Rasse und es soll es auch bleiben, dann haben wir auch ein Recht darauf, das notfalls mit militärischer Gewalt sicherzustellen. Das ist meine Überzeugung.

80 (f) Das Verwaltungsgericht Neustadt an der Weinstraße bestätigte ein Versammlungsverbot gegen einen Kreisverband der Antragsgegnerin wegen zu erwartender Volksverhetzung aufgrund des Veranstaltungsmottos „Weiß ist nicht nur eine Trikotfarbe – für eine echte deutsche Nationalmannschaft". Das Versammlungsmotto könne – nach Wortlaut, sprachlichem Kontext und den konkreten Begleitumständen – hier nur so verstanden werden, dass der Begriff „weiß" für Angehörige einer „weißen Rasse" stehe und somit Deutsche anderer Hautfarbe beziehungsweise mit Migrationshintergrund in böswilliger und verächtlich machender Weise als nicht zur deutschen Nation gehörend ausgrenzen wolle (VG Neustadt an der Weinstraße, Beschluss vom 25. März 2011 – 5 L 266/11.NW –, juris, Rn. 3, 7).

81 cc) Konsequenz der ethnischen Definition und des exkludierenden Charakters der „deutschen Volksgemeinschaft" ist die Abwertung des rechtlichen Status aller, die dieser Gemeinschaft nicht angehören. Dass dies auch für Eingebürgerte mit Migrationshintergrund gilt und diesen insbesondere kein dauerhaftes Bleiberecht zugestanden wird, belegen weitere der Antragsgegnerin zurechenbare Äußerungen und Aktivitäten.

82 (1) Der Landesverband Berlin der Antragsgegnerin verschickte im Bundestagswahlkampf 2009 ein als „nichtamtliche Bekanntmachung" deklariertes Schreiben an 22 Politiker mit Migrationshintergrund. Unter der Überschrift „Ihr Ausländerrückführungsbeauftragter informiert" wurden die Adressaten unter Hinweis auf „den Fünf-Punkte-Plan zur Ausländerrückführung" der Antragsgegnerin angehalten, Vorkehrungen für ihre jeweilige „Heimreise" zu treffen:

> Liebe ausländische Mitbürger,
> gemäß dem Fünf-Punkte-Plan zur Ausländerrückführung bin ich als Ausländerrückführungsbeauftragter der NPD angehalten, Sie mit den Einzelheiten Ihrer Heimreise vertraut zu machen.
> 1. Personen mit Migrationshintergrund, die straffällig geworden sind, kehren fristlos in ihre Heimat zurück.
> 2. Personen ohne Sonderaufenthaltserlaubnis und Personen ohne Arbeitserlaubnis oder den Nachweis eines Arbeitsplatzes verlassen Deutschland nach längstens drei Monaten.
> 3. Die übrigen Ausländer werden schrittweise in ihre Heimatländer zurückgeführt.
> 4. Ausländer werden aus dem deutschen Sozialversicherungssystem ausgegliedert [...].
> Bitte kümmern Sie sich schon jetzt um Unterkunftsmöglichkeiten und Arbeit in Ihren Heimatländern. [...] Wir danken Ihnen für Ihre geleistete Arbeit und die kulturelle Bereicherung und wünschen Ihnen eine gute Heimreise. Ihr Ausländerrückführungsbeauftragter.

83 Im Bundestagswahlkampf 2013 versandte der Landesverband Berlin erneut ein ähnliches Rundschreiben an Kandidaten mit Migrationshintergrund, in dem diese aufgefordert wurden, die Bundesrepublik Deutschland freiwillig zu verlassen, um einen

Rücktransport in einer „Sie persönlich benachteiligenden Form" zu vermeiden. Die Behauptung der Antragsgegnerin, bei diesem Schreiben handele es sich lediglich um eine satirische Anregung zum Nachdenken über die Einwanderungspolitik, ändert nichts an der Tatsache, dass das an deutsche Staatsangehörige gerichtete und diese zum Verlassen des Landes auffordernde Schreiben als Bestätigung der Auffassung der Antragsgegnerin zu werten ist, wonach die Zugehörigkeit zur „deutschen Volksgemeinschaft" und der damit verbundene Rechtsstatus einschließlich eines dauerhaften Bleiberechts auch durch den „Erwerb bedruckten Papiers" nicht erreicht werden können.

(2) Dies bestätigt auch ein Fernsehinterview einer deutschen Journalistin mit Migrationshintergrund mit dem stellvertretenden Bundesvorsitzenden der Antragsgegnerin Ronny Zasowk. Auf die Frage, was er mit Menschen wie ihr, die eine andere Hautfarbe hätten, tun würde, antwortete er, dass sie einen Ausweisungsbescheid bekämen und Deutschland verlassen müssten. Mobile Güter könnten sie mitnehmen, der Rest würde ihnen ausbezahlt.

Die Antragsgegnerin verweist insoweit darauf, dass Zasowk sachlich argumentiert habe und nicht etwa aggressiv aufgetreten sei. Dies vermag jedoch nichts daran zu ändern, dass ihr stellvertretender Bundesvorsitzender die Ausbürgerung eingebürgerter Deutscher mit Migrationshintergrund propagiert. Hierauf angesprochen, hat der Parteivorsitzende Franz in der mündlichen Verhandlung eine Distanzierung von dieser Aussage vermieden und lediglich auf die Möglichkeit direkter Befragung Zasowks verwiesen.

(3) Im thüringischen Landtagswahlkampf 2009 erklärte der damalige Landesgeschäftsführer der Antragsgegnerin W. zur Kandidatur des farbigen Kommunalpolitikers S.:

> Thüringen muss deutsch bleiben. Wir danken S. für seine Hilfe als Gastarbeiter in Thüringen. Heute wird er jedoch nicht mehr benötigt, weshalb wir ihn direkt dazu animieren wollen, in seiner Heimat Angola mit den hier eingezahlten Sozialversicherungsbeiträgen ein neues Leben zu beginnen. Angola braucht S. und hier gibt es mehr als 100.000 Thüringer, die S. Arbeitsplatz gut gebrauchen könnten.

Auch in diesem Fall wird die Rückkehrforderung ohne jegliche Differenzierung zwischen Ausländern und eingebürgerten Deutschen erhoben.

c) Die Antragsgegnerin vertritt also das Konzept einer ethnisch definierten Volksgemeinschaft und eines rechtlich abgewerteten und mit der Menschenwürdegarantie unvereinbaren Status aller, die dieser Gemeinschaft abstammungsmäßig nicht angehören. Dem steht auch nicht der Einwand der Antragsgegnerin entgegen, dass sie mit ihrem Volksbegriff auf dem Boden des Grundgesetzes stehe und lediglich die Rückkehr zu dem bis zum 31. Dezember 1999 geltenden Reichs- und Staatsangehörigkeitsgesetz propagiere.

aa) Das Konzept weitgehender Rechtlosstellung und entwürdigender Ungleichbehandlung dieser Personengruppe wird durch die Einlassungen der Antragsgegnerin zum Volksbegriff und zum Staatsangehörigkeitsrecht nicht tangiert. Die Antragsgegnerin macht zwar geltend, sie unterscheide lediglich konsequent zwischen Staatsangehörigen und Nichtstaatsangehörigen. Dem steht jedoch bereits entgegen, dass die von ihr vertretenen Ausgrenzungen und Rechtsverweigerungen, etwa bezogen auf die Rückführung ohne Rücksicht auf die Situation im Heimatland, das Recht auf Eigentumserwerb oder die Trennung von Ausländern und Deutschen im Schulunterricht, über die durch die Staatsangehörigkeit veranlassten Differenzierungen hinausgehen und keineswegs nur Bürgerrechte betreffen.

90 bb)(1) Der von der Antragsgegnerin vertretene Volksbegriff ist verfassungsrechtlich unhaltbar. Das Grundgesetz kennt einen ausschließlich an ethnischen Kategorien orientierten Begriff des Volkes nicht. Insoweit hat das Bundesverfassungsgericht festgestellt, dass gemäß Art. 20 Abs. 2 Satz 1 GG das Volk, von dem die Staatsgewalt in der Bundesrepublik Deutschland ausgeht, „von den deutschen Staatsangehörigen und den ihnen nach Art. 116 Abs. 1 gleichgestellten Personen" (BVerfGE 83, 37 ⟨51⟩) gebildet wird. Für die Zugehörigkeit zum deutschen Volk und den daraus sich ergebenden staatsbürgerlichen Status ist demgemäß die Staatsangehörigkeit von entscheidender Bedeutung. Dabei überlässt das Grundgesetz dem Gesetzgeber, wie sich aus Art. 73 Abs. 1 Nr. 2 und Art. 116 Abs. 1 GG ergibt, die Regelung der Voraussetzungen für den Erwerb und den Verlust der Staatsangehörigkeit. Er kann insbesondere bei einer erheblichen Zunahme des Anteils der Ausländer an der Gesamtbevölkerung des Bundesgebietes dem Ziel einer Kongruenz zwischen den Inhabern demokratischer politischer Rechte und den dauerhaft staatlicher Herrschaft Unterworfenen durch eine Erleichterung des Erwerbs der deutschen Staatsangehörigkeit für Ausländer, die sich rechtmäßig in der Bundesrepublik Deutschland aufhalten, Rechnung tragen (vgl. BVerfGE 83, 37 ⟨51 f.⟩). Die Auffassung der Antragsgegnerin, der Gesetzgeber sei bei der Konzeption des Staatsangehörigkeitsrechts streng an den Abstammungsgrundsatz gebunden, findet demgegenüber im Grundgesetz keine Stütze.

91 Demgemäß kommt bei der Bestimmung des „Volkes" im Sinne des Grundgesetzes ethnischen Zuordnungen keine exkludierende Bedeutung zu. Wer die deutsche Staatsangehörigkeit erwirbt, ist aus Sicht der Verfassung unabhängig von seiner ethnischen Herkunft Teil des Volkes. Diese verfassungsrechtliche Vorgabe steht in deutlichem Gegensatz zur Auffassung der Antragsgegnerin, nach deren Überzeugung der Erwerb der Staatsangehörigkeit nicht dazu führt, dass der Eingebürgerte Teil des deutschen Volkes wird.

92 Soweit der Parteivorsitzende der Antragsgegnerin in der mündlichen Verhandlung, zum Volksbegriff befragt, sich eingelassen hat, wer die deutsche Staatsangehörigkeit besitze, gehöre auch dem deutschen Volk an, gibt dies das Konzept der Antragsgegnerin erkennbar nicht zutreffend wieder. Die Aussage steht im Widerspruch zu allen diesbezüglichen schriftlichen Publikationen und Äußerungen führender Vertreter der Antragsgegnerin einschließlich der Einlassungen Jürgen Gansels in der mündlichen Verhandlung.

93 (2) Die Antragsgegnerin kann sich zur Begründung der Behauptung, einen verfassungsgemäßen Volksbegriff zu vertreten, auch nicht auf Art. 116 GG und den dazu ergangenen „Teso"-Beschluss des Zweiten Senats (BVerfGE 77, 137) berufen. Zwar erweitert Art. 116 GG als Ausdruck der Pflicht, die Einheit des deutschen Volkes als Träger des Selbstbestimmungsrechts nach Möglichkeit zu bewahren (vgl. BVerfGE 77, 137 ⟨151⟩), die Eigenschaft als Deutscher auf die sogenannten „Statusdeutschen" (vgl. BVerfGE 83,

37 ⟨51⟩). Dies führt aber nicht dazu, dass der Volksbegriff des Grundgesetzes sich vor allem oder auch nur überwiegend nach ethnischen Zuordnungen bestimmt. Vielmehr erhält Art. 116 GG als Kriegsfolgenrecht erst dadurch Sinn, dass der Träger der deutschen Staatsgewalt im Ausgangspunkt durch die Gesamtheit der deutschen Staatsangehörigen zu definieren ist (vgl. BVerfGE 83, 37 ⟨51⟩). Im „Teso"-Beschluss hatte das Bundesverfassungsgericht darüber zu befinden, ob der Erwerb der Staatsbürgerschaft der Deutschen Demokratischen Republik durch eine Person, die von einem italienischen Vater abstammte, zugleich den Erwerb der deutschen Staatsangehörigkeit im Sinne des Grundgesetzes zur Folge hatte. Dass das Bundesverfassungsgericht dies – unabhängig von der ethnischen Zuordnung – bejahte (vgl. BVerfGE 77, 137 ⟨150 ff.⟩), dokumentiert die fehlende Ausschließlichkeit der ethnischen Herkunft für die Bestimmung der Zugehörigkeit zum deutschen Volk.

cc) Schließlich widerspricht die Behauptung der Antragsgegnerin, sie strebe lediglich eine Rückkehr zu dem bis zum 31. Dezember 1999 geltenden Reichs- und Staatsangehörigkeitsrecht einschließlich der Eröffnung der Möglichkeit zur Ermessenseinbürgerung und der dauerhaften rechtlichen Gleichstellung von „Passdeutschen" und „Biodeutschen" an, den von ihr tatsächlich verfolgten Zielen. Zwar sieht das Parteiprogramm vor, dass das „ursprüngliche, auf dem Abstammungsprinzip fußende Staatsbürgerschaftsrecht wieder eingeführt" wird (vgl. Arbeit. Familie. Vaterland., a. a. O., S. 12). Das politische Konzept der Antragsgegnerin geht aber weit über eine Rückkehr zum Reichs- und Staatsangehörigkeitsgesetz in der bis zum 31. Dezember 1999 geltenden Fassung hinaus.

(1) Die Berufung auf die Möglichkeit einer Ermessenseinbürgerung lässt bereits außer Acht, dass für derartige Einbürgerungen, wie sie in § 8 RuStAG vorgesehen waren, nach den Vorstellungen der Antragsgegnerin regelmäßig kein Raum sein soll. Ziel der Antragsgegnerin ist die „Einheit von Volk und Staat". Eine „Überfremdung Deutschlands, ob mit oder ohne Einbürgerung" lehnt sie strikt ab (vgl. Arbeit. Familie. Vaterland., a. a. O., S. 6). Um eine Vermischung des deutschen Volkes mit andersrassigen Völkern zu vermeiden, gilt für die Antragsgegnerin: „Staatsangehörigkeit muß an Volkszugehörigkeit gebunden sein – für Europäer kann es Ausnahmen geben." (vgl. Wortgewandt – Argumente für Mandats- und Funktionsträger, S. 20).

(2) Außerdem kann nicht davon ausgegangen werden, dass die Antragsgegnerin Ausbürgerungen ausschließt. Zwar ist eine derartige Forderung im Parteiprogramm nicht enthalten und ausdrücklich, soweit ersichtlich, bisher von Vertretern der Antragsgegnerin nicht erhoben worden. Sie liegt aber in der Konsequenz der strikten Ablehnung einer „Überfremdung" Deutschlands „mit oder ohne Einbürgerung". Können „Afrikaner, Asiate[n] oder Orientale[n]" auch durch Einbürgerung nicht zu Deutschen werden und sind aus Sicht der Antragsgegnerin fast neun Millionen Eingebürgerte als „Nichtdeutsche" anzusehen (vgl. Wortgewandt – Argumente für Mandats- und Funktionsträger, S. 19 f.), ist das Ziel einer Einheit von Volk und Staat ohne aufenthaltsbeendende Maßnahmen auch gegenüber eingebürgerten Menschen mit Migrationshintergrund nicht erreichbar. Dem entspricht es, dass die Forderung einer Rückkehrpflicht in die Heimatländer von der Antragsgegnerin nicht nur auf Ausländer, sondern auf alle „Fremde[n]"

bezogen wird (vgl. Arbeit. Familie. Vaterland., a. a. O., S. 5). Die hierzu bereits dargestellten Äußerungen und Aktivitäten der Antragsgegnerin (vgl. Rn. 681 ff. [S. 1447]) belegen, dass sie auch Eingebürgerten mit Migrationshintergrund eine umfassende rechtliche Gleichstellung und vor allem ein dauerhaftes Bleiberecht nicht zugesteht.

97 (3) Vor diesem Hintergrund ist die in der mündlichen Verhandlung geäußerte Schlussfolgerung des Sachverständigen Prof. Kailitz, die Antragsgegnerin trete auf der Basis ihres Weltbildes für eine millionenfache Vertreibung von Menschen aus Deutschland ein, nachvollziehbar. Jedenfalls spricht sie den – in ihrem Sinne – „Nichtdeutschen" das Bleiberecht in Deutschland ab und betont deren Rückkehrpflicht. Entsprechend hat der Landesverband Berlin der Antragsgegnerin im Bundestagswahlkampf 2009 dem an deutsche Politiker mit Migrationshintergrund versandten Schreiben einen „Fünf-Punkte-Plan zur Ausländerrückführung" beigefügt, in dem gefordert wird, „die menschenfeindliche Integrationspolitik [zu] beenden", und gesetzliche Lösungen zur Rückführung der „Ausländer" in ihre Heimatländer angekündigt worden sind.

98 d) Die aus der Vorstellung einer ethnisch definierten „Volksgemeinschaft" sich ableitende Missachtung der Menschenwürde wird durch zahlreiche, der Antragsgegnerin zurechenbare Positionierungen gegenüber Ausländern (aa) [S. 1451], Migranten (bb) [S. 1452] und Minderheiten (cc) [S. 1455] belegt.

99 aa) Neben der in dem Leitfaden „Politische Grundbegriffe" der JN enthaltenen Feststellung, dass sich jeder dritte Amerikaner durch Dekadenz und Fettleibigkeit auszeichne (Teil 2, S. 14; vgl. auch Rn. 665 [S. 1444]), belegen weitere Einlassungen die rassistische, durch völkisches Denken geprägte Grundhaltung der Antragsgegnerin.

00 (1) So erklärte der damalige Fraktionsvorsitzende der Antragsgegnerin im Landtag von Mecklenburg-Vorpommern und spätere Bundesvorsitzende Udo Pastörs auf dem NPD-Schwabentag am 19. März 2011:

> Die Türme [des World Trade Centers] brannten noch, da zogen Tausende aus, um zu plündern und zu rauben in unserem Vorbildlande Vereinigte Staaten von Nordamerika. Da konnte man so richtig mal beobachten, das Ergebnis dieser multikulturellen Jauche an der Ostküste der Vereinigten Staaten von Nordamerika. [...] In New York, da braucht nur einmal das Licht des Nachts für drei Stunden auszufallen und wie die multikulturellen Ratten, fällt dann dieses sog. amerikanische Volk über sich selbst her.

01 (2) Jürgen Rieger unterstellte als stellvertretender Bundesvorsitzender der Antragsgegnerin in einer Rede in Altenburg am 13. September 2008 dunkelhäutigen Menschen pauschal eine niedrigere Intelligenz:

> Neger haben einen Intelligenzquotienten, der liegt vom schwachsinnigen Deutschen bis zum Normaldeutschen.

02 (3) Der bayerische Landesverband der Antragsgegnerin warnt in einem Facebook-Eintrag im Mai 2015 deutsche Frauen vor einer Beziehung mit farbigen Männern:

> Ist es nicht mehr als gerechtfertigt, von einer gezielten Invasion zu sprechen? In den Großstädten ist die Situation bereits so, daß man auf den Straßen auf Schritt und Tritt Schwarzafri-

kanern (Negern) begegnet. Nicht etwa arbeitend mit einem Besen in der Hand; nein sie gehen spazierengehen oder „shopping" oder „girls watching"!
Sie wurden geholt, um unser Volk, unsere Ethnie, endgültig zu zerstören! Deutsche Frauen und Mädchen, laßt euch nicht mit Negern ein! Ihr vergeht euch sonst auf das Schwerste an eurem Volk!

Soweit die Antragsgegnerin hiergegen einwendet, der Verfasser des Beitrags habe lediglich auf die explodierende Zahl von Asylbewerbern aufmerksam machen wollen, widerspricht dies dem objektiven Erklärungsinhalt der Aussage und lässt die bewusste Parallelität der Wortwahl zu nationalsozialistischen Parolen hinsichtlich des Umgangs mit Juden während der Zeit des Nationalsozialismus außer Acht.

(4) Des Weiteren verwendete die Antragsgegnerin bei der Bundestagswahl 2009 ein Plakat, auf dem im oberen Drittel auf rotem Hintergrund und weiß unterlegt drei schwarze Vögel mit weit geöffneten Augen zu sehen waren. Zwei der Vögel ragten mit ihren Schnäbeln über ein Bündel Euro-Geldscheine. Einer von ihnen pickte mit seinem Schnabel nach dem Geldbündel, der andere hielt seinen geöffneten Schnabel, dessen oberer Teil überdimensioniert und leicht gekrümmt war, über das Geldbündel. Aufgedruckt sind die Worte: „Polen – Invasion stoppen!".

Die zuständige Behörde ließ die Plakate abnehmen und untersagte der Antragsgegnerin die weitere Verwendung. Das Oberverwaltungsgericht Mecklenburg-Vorpommern bestätigte die Entscheidung der Behörde im Verfahren des vorläufigen Rechtsschutzes letztinstanzlich mit der Begründung, dass das Plakat die Menschenwürde der in Deutschland lebenden polnischen Staatsangehörigen verletze, weil diese mit schwarzen Vögeln gleichgesetzt würden, die sich in der Art von Krähen oder vergleichbaren Vögeln über Geld hermachten. Der betroffene Personenkreis werde dadurch als raffgierig und sich ohne eigene Leistung bereichernd dargestellt. Insbesondere die auf einen objektiven Betrachter abstoßend wirkende Darstellung der Vögel habe zum Ziel, diese Bevölkerungsgruppe als minderwertig und verachtenswert zu charakterisieren. Ihnen werde das Menschsein abgesprochen und sie würden als unterwertig dargestellt (vgl. OVG Mecklenburg-Vorpommern, Beschluss vom 19. September 2009 – 3 M 155/09 –, juris, Rn. 19, 24).

(5) Im thüringischen Landtagswahlkampf 2009 versah die Antragsgegnerin ein Wahlplakat mit einem Foto des CDU-Politikers S. mit dem Untertitel „falscher Thüringer" und stellte dieses Foto einem mit „echte Thüringer" untertitelten Bild einer Bratwurst gegenüber. Für das Wahlplakat wurde der damalige Landesvorsitzende Schwerdt wegen Beleidigung rechtskräftig zu einer Geldstrafe von 60 Tagessätzen verurteilt.

bb) Insbesondere Asylbewerber und Migranten stehen im Zentrum menschenverachtender Äußerungen, die der Antragsgegnerin zuzurechnen sind. Sie sind vielfach durch pauschale Verdächtigungen und Herabwürdigungen geprägt.

(1) Belege hierfür ergeben sich bereits aus den parlamentarischen Aktivitäten der Antragsgegnerin.

(a)(aa) Im Sächsischen Landtag stellte die damalige Fraktion der Antragsgegnerin am 6. Dezember 2010 den Antrag „Strategiewechsel in der sächsischen Flüchtlings- und

Asylpolitik – Rückkehrpflicht statt Aufenthaltsrecht", der auf eine Abschaffung des Asylrechts abzielt (LTDrucks 5/4279). Hierzu erklärte der ehemalige Fraktionsvorsitzende Apfel in der Debatte im Sächsischen Landtag:

> Machen Sie endlich deutlich, dass Schluss mit der Liberalisierungswelle in der Ausländerpolitik ist. Stimmen Sie zu, schließen Sie die Einfallstore für muslimische Bombenleger, kriminelle Zigeunerbanden und Sozialschmarotzer aus aller Welt.
>
> (Plenarprotokoll 5/27 vom 17. Dezember 2010, S. 2657)

10   (bb) Eine kleine Anfrage des Abgeordneten Apfel vom 4. Februar 2013 (LTDrucks 5/11244) an die Sächsische Staatsregierung enthielt die Frage, in welchem Umfang in von Migranten geschlossenen Verwandtenehen im Zeitraum von 2002 bis 2012 in Sachsen Kinder mit Behinderungen geboren wurden.

11   (cc) Im Landtag von Mecklenburg-Vorpommern verwendete Udo Pastörs in Bezug auf Asylbewerber den Begriff „entartete Menschen" (Plenarprotokoll 6/84 vom 11. Dezember 2014, S. 98 f.). Zuvor hatte der Abgeordnete Tino Müller in derselben Debatte von einer „neunköpfigen Negerbande" (Plenarprotokoll 6/84 vom 11. Dezember 2014, S. 97) gesprochen.

12   (b) Soweit die Antragsgegnerin darauf verweist, der ehemalige Fraktionsvorsitzende Pastörs habe seine Äußerung „entartete Menschen" nicht auf Asylbewerber bezogen, sondern nur auf Menschen, die Polizisten anspuckten, kann dem nicht gefolgt werden. Vielmehr äußerte Pastörs in der Landtagsdebatte wörtlich: „Das ist für uns so anachronistisch, so etwas von krank, dass die Polizei genötigt wird, in die Unterkünfte zu gehen, um da eventuell interkulturell beglückt zu werden, dadurch dass die Fremden, dass die, ja, entarteten Menschen [...] die entarteten Menschen [...]". Nachdem er an dieser Stelle von der Landtagsvizepräsidentin unterbrochen worden war, äußerte er anschließend zwar: „Wenn ich Polizisten bespucke, ist das eine Entartung, ganz klar." Dies ändert jedoch nichts an der Tatsache, dass die ursprüngliche Äußerung auf die in den „Unterkünften" befindlichen „Fremden" und nicht auf Menschen, die Polizisten anspucken, bezogen war.

13   (2) Auch außerhalb des parlamentarischen Handelns werden Asylbewerber und Migranten von der Antragsgegnerin regelmäßig diffamiert, pauschal als Kriminelle verdächtigt und zum Objekt von die Menschenwürde missachtenden Vorschlägen gemacht.

14   (a)(aa) So warb Jürgen Gansel auf seiner Facebook-Seite am 21. April 2015 für die schnelle Ausweisung von „Asylbetrügern, Moslem-Extremisten und kriminellen Ausländern" und sprach ganz allgemein von einer „Flut an Scheinasylanten". In einem weiteren Facebook-Eintrag vom 21. Mai 2015 äußerte er sich wie folgt:

> Um diese Zeit begegnet man auf der Riesaer Goethestraße nicht mehr allzu vielen Leuten – eine Ausnahme bildete eben eine sechsköpfige Gruppe von lautstarken und alkoholisierten Asyl-Negern. Genau davor bin ich vor 14 Jahren aus Westdeutschland nach Riesa geflohen, um mir ein Stück deutsches Deutschland zu bewahren, und nun trollt sich dieses ... fast vor der eigenen Haustür. Ich kann gar nicht soviel fressen wie ich kotzen will!

(bb) In einer Rede des P., die am 15. März 2015 in Tröglitz von einem Dritten verlesen wurde, hieß es: 71

> Ihr verteidigt euer Dorf, eure Heimat – gegen Überfremdung und Verlust der Gemeinschaft. [...] Sie werfen Rentner aus Altenheimen, Lehrlinge aus Wohnheimen, Schüler und Sportler aus Turnhallen, um weitere Hunderttausende Fremde nach Deutschland zu holen. Der jüngste Vorschlag war gar, den armen, notgeilen Asylanten sogar noch eine Flatrate im Bordell zu bezahlen. Sozusagen ein Puff-Vormittag, wenn dort eh nicht viel los ist. Weil sie natürlich Angst haben, daß vor allem unsre Frauen und Mädchen die Leidtragenden sind. So wie es überall auf der Welt mit Rassenvielfalt passiert.

(cc) Der bayerische Landesverband der Antragsgegnerin warnt in einem Facebook-Eintrag vom 21. Mai 2015: „Vorsicht! Kommt den ‚Flüchtlingen' nicht zu nahe! Ihr gefährdet eure Gesundheit! [...] Wobei Krätze, eine Hautinfektion mit Parasiten, noch das harmloseste ist, was man sich bei denen holen kann!" 71

(dd) Die Landesvorsitzende des RNF Berlin, Maria Frank, bezeichnete als Rednerin bei einer Demonstration der Antragsgegnerin im Juli 2013 Muslime und Schwarzafrikaner generell als Vergewaltiger, Drogenhändler und dreckig: 71

> Die Muslime in unserem Land empfinde ich als noch größere Heuchler als unsere lügende Regierung. [...] Doch sind es nicht nur die Muslime. Schwarzafrikaner stehen an den Ecken und verkaufen verbotene Substanzen, vergewaltigen ebenfalls deutsche Frauen und verdrecken unsere schönen Städte. Die Kriminalität der hier lebenden Ausländer nimmt rasant zu. Die Geburtenrate wirklich deutscher Kinder sinkt und die Geburtenrate von weiteren Schmarotzern und vermischten Kindern steigt stetig. [...] Die ach so hilfebedürftigen Menschen lachen sich in ihre dreckigen Hände, wie blöd der Deutsche doch ist.

(ee) Zum Versuch afrikanischer Flüchtlinge, die spanische Enklave Melilla in Nordafrika zu erreichen, schrieb am 18. Februar 2014 der Kreisvorsitzende V. auf der Facebook-Seite des Kreisverbands Unna der Antragsgegnerin: 71

> Mir stellt sich die Frage, wieso die Guardia civil mit Gummigeschossen schießt, wenn Fremde gewaltsam in das eigene Land eindringen wollen? Hatte sie keine scharfe Munition? Ich bin sicher nach zwei oder drei Attacken, die so abgewehrt worden wären, würden unsere Maximalpigmentierten es aufgeben.

Am 10. Juni 2014 heißt es dann auf der Facebook-Seite dieses Kreisverbands: „Die richtige Reihenfolge: Warnschuss und zum Abdrehen auffordern, wenn keine Reaktion erfolgt: Scharfer Schuss und das Schiff versenken, im Meer schwimmende Überlebende ab nach Afrika. Große Dinge sind oft recht einfach." 71

(ff) Der Kreisrat (Bautzen) der Antragsgegnerin K. wurde im August 2015 von Journalisten der Frankfurter Allgemeinen Zeitung befragt, wie mit straffälligen Asylbewerbern umzugehen sei. Darauf antwortete er: „Nee, Gleis 17, Waggon 1, rein und ab." Auf Gleis 17 im Bahnhof Berlin-Grunewald befindet sich ein Mahnmal, das an die Deportation von Juden in Konzentrationslager erinnert. Zudem sprach er sich gegen eine „Umvolkung" aus und äußerte sich wie folgt: „Ich sage jetzt bewusst: Die deutsche Rasse soll durch solche Dinge aufgemischt werden." 72

21 (b)(aa) Sämtliche Äußerungen sind darauf gerichtet, Asylbewerbern und Migranten ihre Menschenwürde abzusprechen. Soweit die Antragsgegnerin demgegenüber geltend macht, da es Asyl-Betrüger, Moslem-Extremisten und kriminelle Ausländer gebe, sei es legitim, dies auch zu kritisieren, ignoriert sie die Pauschalität der Äußerungen, die sich gegen Asylbewerber und Migranten in ihrer Gesamtheit richten. Die Äußerungen überschreiten entgegen der Auffassung der Antragsgegnerin auch die Grenze einer grundsätzlichen Kritik an der Einwanderungspolitik, da sie unmittelbar an die Migranten adressiert sind und diese verächtlich machen. Die Behauptung, es solle lediglich auf den täglich stattfindenden Asylbetrug hingewiesen werden, geht angesichts des eindeutigen Wortlauts der vorstehenden Erklärungen ins Leere.

22 (bb) Jede dieser Äußerungen ist der Antragsgegnerin zurechenbar und inhaltlich unmissverständlich.

23 (α) An der Tatsache, dass der Facebook-Eintrag des bayerischen Landesverbands der Antragsgegnerin von Flüchtlingen ausgehende Gesundheitsgefahren suggeriert, wobei Krätze noch das Harmloseste sei, ändert der Vortrag der Antragsgegnerin, man habe lediglich auf einen Zeitungsartikel verweisen wollen, nichts. Der Vortrag steht im Widerspruch zum Wortlaut des Eintrags. Soweit der Parteivorsitzende der Antragsgegnerin in der mündlichen Verhandlung zum Ausdruck gebracht hat, man sei gegen diesen Beitrag nicht vorgegangen, weil er nicht bekannt gewesen sei, steht dies einer Zurechnung nicht entgegen, da diese Kenntnis spätestens mit Zugang des Schriftsatzes vom 27. August 2015 bestand.

24 (β) Soweit die Antragsgegnerin sich von dem Facebook-Eintrag des Kreisverbands Unna mit Schriftsatz vom 2. März 2016 distanziert hat, bleibt sie eine Erklärung für die Tatsache schuldig, dass diese Einträge über einen Zeitraum von zwei Jahren unbeanstandet geblieben sind.

25 (γ) Nicht gefolgt werden kann der Behauptung der Antragsgegnerin, der Hinweis von K., straffällige Asylbewerber über „Gleis 17" auf die Heimreise zu schicken, enthalte lediglich die Aufforderung, geltendes Recht umzusetzen und kriminelle Asylbewerber ohne Bleiberecht abzuschieben. Eine Aufforderung zu Gewalt- und Willkürmaßnahmen im Sinne einer Deportation lasse sich auch nicht aus dem Hinweis auf „Gleis 17" und „dort stehende Denkmäler" konstruieren. Es ist abwegig, dass der in der Region agierende Funktionär rein zufällig als Abschiebeort von Asylbewerbern das Gleis nennt, an dem ein Mahnmal an die Deportation von Juden in Konzentrationslager erinnert.

26 cc) Neben Asylbewerbern und Migranten richtet die Antragsgegnerin sich in vergleichbarer Weise gegen religiöse und gesellschaftliche Minderheiten und wendet sich dadurch gegen die Menschenwürde.

27 (1) Besondere Bedeutung misst sie dem Kampf gegen den Islam zu. Die Antragsgegnerin geht davon aus, die Auseinandersetzung mit dem Islam zu einer Popularisierung ihrer Forderung nach Ausländerrückführung instrumentalisieren zu können. Muslime

werden dabei verächtlich gemacht; zugleich wird ihnen das Recht auf Religionsausübung und Aufenthalt abgesprochen.

(a)(aa) Jürgen Gansel formulierte 2009 in dem auf der Homepage der Antragsgegnerin abrufbaren „NPD – Dossier Minarettverbot" die Haltung der Partei zum Islam wie folgt:

> Wir lehnen jede Form der Überfremdung durch kultur- und rassefremde Menschen entschieden ab. Deshalb beziehen wir auch eine klare Position gegen die Herausbildung orientalischer Parallelgesellschaften und die Islamisierung Deutschlands. [...] Dort, wo der Islam historisch beheimatet ist und die Lebenstradition der Menschen prägt, hat er selbstverständlich sein Existenzrecht [...]. In Mitteleuropa aber ist der Islam eine fremdkörperhafte Aggressionsreligion, die von einem Millionenheer fremdrassiger Menschen eingeschleppt wird. Die Siege über die Türken vor Wien 1529 und 1683 dürfen doch nicht umsonst gewesen sein! DIES IST UNSER LAND!

Dabei sieht Gansel in der Deutschen Stimme (Ausgabe 12/2010, S. 9) den Kampf gegen den Islam als strategisch besonders günstige Option für die Antragsgegnerin an:

> Die NPD ist also wahltaktisch gut beraten, die Ausländerfrage auf die Moslemfrage zuzuspitzen (ohne sie freilich darauf zu beschränken) und die Moslems als Projektionsfläche für all das anzubieten, was den Durchschnittsdeutschen an Ausländern stört. [...] Salopp formuliert: Man hat propagandistisch die Moslems zu schlagen, um noch ganz andere Ausländergruppen politisch zu treffen.

(bb) Noch deutlicher formuliert der bayerische Landesverband der Antragsgegnerin am 30. August 2014 auf seiner Facebook-Seite:

> Das zentrale Thema dieses beginnenden 21. Jahrhunderts heißt: Kampf gegen den Islam! Unsere Heimat muß endlich von allen Feinden befreit werden, damit das deutsche Volk wieder in Frieden und Freiheit harmonisch leben kann, und die Güter der gemeinsamen Arbeit auch gerecht verteilt werden können. Dazu muß der Islam und ähnliche Ideologien aber aus ganz Europa vertrieben werden! Es läuft vielleicht auf einen neuen Kreuzzug hinaus, wenn die Angriffe der Moslems weiter zunehmen!
> Kämpft für euer Leben und eure Freiheit und das Leben eurer Nachkommen. Nichts wird uns geschenkt werden! Aber kämpft!
> Heute tolerant und morgen fremd im eigenen Land!

Dies kommentierte ein User am selben Tag mit den Worten: „niemals die kinderficker werden bei uns bis aufs blut bekämpft", was der Betreiber des Profils wiederum am gleichen Tag mit „Bravo!" beantwortete.

(cc) Der NPD-Landesverband Berlin forderte in seinem 2011 von seiner Homepage abgerufenen Landesaktionsprogramm den uneingeschränkten „Abriß aller Minarette".

(dd) Holger Apfel erklärte in einem Interview mit „ZUERST Deutsches Nachrichtenmagazin" im Oktober 2011:

> Natürlich ist der Islam heute die deutlichste Erscheinungsform der Überfremdung, deshalb wenden wir uns auch entschieden gegen den Bau von Moscheen. Aber wir wollen die Muslime nicht missionieren. Auch wenn sich die Türken morgen taufen lassen, bleiben sie Türken und bleiben hier ethnisch-kulturelle Fremdkörper.

34 (ee) Udo Pastörs formulierte auf dem NPD-Schwabentag am 19. März 2011 in Günzburg:

> Wichtig ist, dass wir einen Glauben haben, etwas Metaphysisches, denn daraus ziehen z. B. die Muselmanen unglaubliche Kraft. Sie sind so irrational, so irrational vergeistigt, dass sie mit Freuden in den Tod gehen, weil sie glauben, sie tun ganz genau das Richtige und deswegen sind sie auch ohne moderne Waffen so gefährlich. Am gefährlichsten und jetzt muss ich aufpassen, weil ich da schon einmal strafrechtlich in Erscheinung getreten bin und verurteilt bin, sie sind deswegen so gefährlich, wenn sie ohne Waffen kommen. Ihre Waffe ist ihre Fruchtbarkeit und die tragen sie uns wie damals die feindliche Infanterie mitten ins Herz unseres Volkes hinein. Und dann springt die Geburtsmaschine an und dann werden wir übervölkert von innen heraus und können uns nicht zur Wehr setzen.

35 In seiner Aschermittwochsrede 2009 im Saarland bezeichnete Pastörs türkischstämmige Bürger als „Samenkanonen" und wurde deshalb wegen Volksverhetzung vom Landgericht Saarbrücken am 22. Februar 2013 (10 Ns 128/11) zu einer Freiheitsstrafe von sieben Monaten verurteilt, deren Vollstreckung zur Bewährung ausgesetzt wurde. Die von Pastörs eingelegte Revision wurde durch Beschluss des Saarländischen Oberlandesgerichts vom 13. März 2014 (Ss 50/2013) als offensichtlich unbegründet verworfen. Die insoweit erhobene Verfassungsbeschwerde wurde von der 3. Kammer des Ersten Senats am 28. April 2016 (1 BvR 1966/11) mangels Rechtswegerschöpfung bezüglich der erhobenen Gehörsrüge nicht zur Entscheidung angenommen.

36 (b) Die damit zum Ausdruck kommende Missachtung der Menschen islamischen Glaubens entfällt nicht durch den Hinweis der Antragsgegnerin, dass das Existenzrecht des Islam nicht generell bestritten, sondern dort, wo der Islam beheimatet sei, ausdrücklich bejaht werde. Dies rechtfertigt die gegen Art. 3 Abs. 3 GG verstoßende Diskriminierung ebenso wenig wie die Instrumentalisierung der Muslime als Projektionsfläche für die gegen alle Ausländer gerichteten Rückführungsvorstellungen der Antragsgegnerin oder deren Verächtlichmachung als „Bombenleger" oder „Samenkanonen".

37 (2) Weiterhin belegen Publikationen und Äußerungen führender Funktionäre eine antisemitische Grundhaltung der Antragsgegnerin.

38 (a)(aa) Im Jahr 2008 wurde der Versandkatalog der „Deutsche Stimme Verlags GmbH" wegen Verherrlichung des Nationalsozialismus und des Krieges durch die Bundesprüfstelle für jugendgefährdende Medien (BPjM) indiziert. Diese Entscheidung wurde vom Verwaltungsgericht Köln (VG Köln, Urteil vom 12. Januar 2011 22 K 3151/08) bestätigt. Der Antrag auf Zulassung der Berufung wurde zurückgewiesen (OVG Münster, Beschluss vom 28. September 2012 19 A 359/11).

39 In dem Katalog wurde unter der Rubrik „Gesinnungsknöpfe" ein Button „Keine Macht den Nasen" angeboten, auf dem eine Comic-Figur mit großer Nase abgebildet ist. Die Abbildung spielt auf die Darstellung jüdischer Mitmenschen im Nationalsozialismus an, die durch Hässlichkeit und als besonderes körperliches Merkmal durch eine große Nase geprägt war. Dies gilt in gleichem Maße für den angebotenen Aufnäher „Vorsicht bei Gesprächen! Feind hört mit!" mit dem Kopfbild eines hässlichen, geifernden, dunkelhaarigen Mannes mit großer Nase, welches das im Nationalsozialismus

propagierte Feindbild des „Juden" schürt. Die Ausgrenzung und Missachtung jüdischer Mitbürger tritt auch in dem T-Shirt-Aufdruck „100 % unkosher" zutage.

(bb) Auch hochrangige Funktionäre der Antragsgegnerin haben sich in öffentlichen Äußerungen antisemitisch positioniert.

(α) So formuliert etwa Jürgen Gansel:

> Seit 1930 war Adorno Assistent am Frankfurter Institut für Sozialforschung, dessen Gründung 1923 der jüdische Millionärssohn Felix Weil finanziert hatte. Zusammen mit Max Horkheimer, Herbert Marcuse und Friedrich Pollock, allesamt Söhne reicher Juden, machte Adorno das Institut schon zu Weimarer Zeiten zu einer neomarxistischen und neofreudianischen Denkschule. Deren „Kritische Theorie" verband in ihrer Gesellschaftstheorie sozioökonomische Auffassungen des Juden Karl Marx mit der Psychoanalyse des Juden Sigmund Freud. Mit scheinhumanitären Forderungen nach Demokratisierung, Emanzipation und Aufklärung rührten diese Köche eine ganz und gar nicht koschere Speise an: einen Giftfraß, der die inneren Organe und das Gehirn der deutschen Volksgemeinschaft anfressen sollte. [...] Durch die Heranzüchtung des „demokratischen Menschen", der sich vom „falschen Bewußtsein" freimacht, sollte der Nährboden von Faschismus und Antisemitismus ausgetrocknet werden. Für Deutschland hieß das, einen totalen Bruch mit der nationalen Vergangenheit und die Diffamierung des deutschen Wesens ins Werk zu setzen, denn der demokratische Mensch sollte auch ein antinationaler Neurotiker sein. [...] Mit diesem akademisch aufpolierten Neurotisierungsprogramm musste Adorno zum Säulenheiligen der Umerziehungsrepublik werden. Der giftspritzende Theoretiker starb vor 40 Jahren, sein Gift wirkt aber noch heute.

In der mündlichen Verhandlung auf diese Aussagen angesprochen, hat Gansel zwar erklärt, in der Formulierung „über das Ziel hinausgeschossen zu sein". Inhaltlich hat er sich aber von der Behauptung, jüdische Intellektuelle wollten das deutsche Gemeinwesen zersetzen, nicht distanziert.

(β) Karl Richter erklärte am 8. Januar 2015:

> Ständig bemühen sich bestimmte Kreise mit ganz bestimmten Absichten, uns etwas vom „christlich-jüdischen Abendland" weiszumachen. Aber das ist eine historische Lüge:
> Juden gab es im Abendland mindestens 1500 Jahre lang nur als Händler, Wucherer, Christusmörder und im Ghetto. 1500 Jahre lang hatten Juden im Abendland so gut wie nichts zu sagen.
> Kurz und gut: MEIN Abendland ist christlich und zu mindestens gleichen Teilen germanisch. Das „jüdisch" brauche ich nicht in meinem Abendland, und – ich bin so frei – ich lege auch keinen Wert darauf.

(γ) Holger Apfel führte zum Antrag der Antragsgegnerin „Keine Zusammenarbeit mit ‚Schurkenstaaten' – Sächsisch-israelische Partnerschaft beenden" im Sächsischen Landtag (Plenarprotokoll 5/18 vom 17. Juni 2010, S. 1519 ff.) aus:

> Fakt ist: Mit dem aktuellen Überfall auf einen Hilfskonvoi hat sich Israel endgültig als Schurkenstaat entlarvt. [...] Für die NPD ist der aktuelle Überfall kein Ausrutscher; Gewalt ist vielmehr eine historische Konstante des Zionistenstaates. [...]
> Mit ihren Terrororganisationen wie der Irgun und der Hagana zieht sich die Blutspur des Zionismus wie ein roter Faden durch die Geschichte Palästinas. Doch bis zum heutigen Tage werden die blutigen Ursprünge verleugnet. Kein Wunder, gebärdet man sich doch seit über

3.000 Jahren als Opfer der Weltgeschichte, während die eigene Rolle als Tätervolk verschwiegen wird, [...].

45 Ebenfalls im Sächsischen Landtag erklärte Apfel:

Mit diesem miesen Spiel der jüdischen und islamischen Lobby in diesem Land muss endlich Schluss sein. Lassen Sie sich, meine Damen und Herren, nicht länger vor den Karren reaktionärer ewig gestriger Zentralräte spannen! Hängen Sie nicht länger am Rockzipfel der jüdischen und islamischen Lobby!
(Plenarprotokoll 5/65 vom 18. Oktober 2012, S. 6565)

Solche Aussagen [...] sind natürlich ganz im Sinne von Leuten, wie dem jüdischen Politoffizier der Bundeswehrhochschule in München, Prof. Michael Wolffsohn, der es gern sieht, dass deutsche Soldaten für Israel am Hindukusch die Kastanien aus dem Feuer holen [...]. Schämen Sie sich, meine Damen und Herren, dafür, dass Sie längst nicht mehr deutsche Interessen im Auge haben, sondern nur noch willfährige Büttel des Zentralrates der Juden sind!
(Plenarprotokoll 5/14 vom 29. April 2010, S. 1089)

46 (δ) Der heutige Vorsitzende des Landesverbands Berlin der Antragsgegnerin, Sebastian Schmidtke, erklärte am 18. Februar 2011 bei einer Mahnwache unter dem Motto „Kriminelle Ausländer raus!":

Nicht der kleine eingeführte Ausländer ist der Hauptschuldige. Nein, die Schuld tragen die Wucherkapitalisten, die Globalisierer, die Hochfinanz, ihre Köpfe aus dem vorderasiatischen Raum und all ihre Marionetten, die den freien Völkern der Welt den Untergang bringen, indem sie die Völker zu hirnlosen, heimatlosen, identitätslosen Arbeitsmaschinen umfunktionieren.

47 Bereits zuvor war Schmidtke wegen des Tragens eines schwarzen T-Shirts mit der Aufschrift „All Jews are Bastards" wegen Beleidigung verurteilt worden (AG Berlin-Tiergarten, Urteil vom 14. Mai 2008 ⟨274 Cs⟩ 81 Js 1937/07 ⟨343/07⟩).

48 (ε) Der ehemalige Pressesprecher des Landesverbands Sachsen-Anhalt der Antragsgegnerin, G., äußerte sich am 30. Januar 2013 auf der Homepage des Landesverbands zur Forderung des Präsidenten des Zentralrats der Juden in Deutschland, ein neues Verbotsverfahren anzustrengen, wie folgt:

Einmal mehr erweist sich Dieter Graumann, seines Zeichens Vorsitzender des ‚Zentralrats der Juden in Deutschland', als ein echter Vertreter seiner Art: „Steuergelder dürfen nicht mehr missbraucht werden, um braunes Gift zu finanzieren. Genug ist genug", fordert der freche Chefhebräer am 30. Januar 2013 in der Zeitung „Die Welt" und ist sich dabei nicht zu schade zu verheimlichen, wofür er denn die – wohl mehrheitlich von Deutschen ohne jüdischen Glauben – erbrachten Beiträge zum deutschen Staatshaushalt stattdessen viel lieber verwenden möchte. Vielleicht für die weitere Finanzierung (s)eines nahöstlichen Schurkenstaates, so wie in den vergangenen 65 Jahren und – wenn möglich – bis zum Sankt Nimmerleinstag? Oder für die Alimentierung raffgieriger Religionskörperschaften, wie beispielsweise der Magdeburger Synagogengemeinde?

49 (ζ) In der Deutschen Stimme (Ausgabe 9/2014, S. 23) forderte das Mitglied des Landesvorstands Sachsen der Antragsgegnerin, R., Juden nicht mehr durch deutsche Sicherheitsbehörden gegen islamistische Angriffe zu schützen:

Nicht deutsche Polizisten sollen daher mit ihrer Haut jüdische Einrichtungen schützen und sich bei Demonstrationen von Arabern mit Messern und Steinen traktieren lassen, das können jüdische Sicherheitsfirmen und Personenschützer besser. Und die Kosten dafür sollte auch der Jüdische Weltkongreß bezahlen und nicht der deutsche Steuerzahler.

(b) Dem in diesen Äußerungen zum Ausdruck kommenden Antisemitismus stehen die Einlassungen der Antragsgegnerin nicht entgegen. Soweit sie darauf verweist, dass legitime Kritik am Staat Israel zulässig sein müsse, verkennt sie, dass die dargestellten Äußerungen sich überhaupt nicht oder zumindest nicht vorrangig gegen den Staat Israel, sondern gegen Menschen jüdischen Glaubens richten, denen anknüpfend an nationalsozialistische Feindbilder negative Charaktereigenschaften in diffamierender Weise zugeschrieben werden. Ob diese Äußerungen von den Angehörigen der jüdischen Gemeinden obendrein als einschüchternd empfunden werden, ist dabei im vorliegenden Zusammenhang ohne Belang.

Die Antragsgegnerin muss sich auch das Verhalten des Vorsitzenden des Landesverbands Berlin zurechnen lassen. Auch wenn er zum Zeitpunkt der zur Verurteilung wegen Beleidigung führenden Tat noch nicht Mitglied der Antragsgegnerin gewesen war, handelt es sich doch um einen Anhänger, der zwischenzeitlich mit einer Spitzenfunktion betraut wurde und dessen Verhalten gemeinsam mit den übrigen Äußerungen das Vorliegen einer antisemitischen Grundhaltung bei der Antragsgegnerin bestätigt. Dem widerspricht auch nicht, dass die Antragsgegnerin anhand weniger Beispiele einen differenzierten Umgang mit dem Judentum und der deutsch-jüdischen Geschichte darzulegen versucht. Dies vermag die aus den dargelegten Äußerungen sich ergebende antisemitische Grundtendenz bei der Antragsgegnerin nicht zu relativieren.

(3) Die Missachtung der Menschenwürde durch die Antragsgegnerin ist nicht auf die bereits benannten Gruppen beschränkt. Stellungnahmen gegenüber weiteren Gruppierungen lassen erkennen, dass sie den aus der Menschenwürde folgenden Achtungsanspruch der Person auch insoweit nicht respektiert.

(a)(aa) So erklärte Jürgen Gansel im Sächsischen Landtag:

Sexualität ist Privatsache, und in der Abgeschiedenheit ihrer vier Wände können auch Schwule und Lesben tun und lassen, was sie wollen – auch wenn es unappetitlich sein mag. In der Öffentlichkeit aber haben sie das Anstandsgefühl der übergroßen heterosexuellen Bevölkerungsmehrheit zu akzeptieren und eine Zurschaustellung ihrer sexuellen Neigungen zu unterlassen, wie sie etwa auf Schwulenparaden zelebriert werden.
(Plenarprotokoll 5/37 vom 26. Mai 2011, S. 3595)

(bb) Die Volksgruppen der Sinti und Roma beschrieb das damalige Landesvorstandsmitglied in Thüringen, K., in einer Zeitung der NPD-Erfurt aus dem Jahr 2011 (Bürgerstimme!, Jahrgang 3, Ausgabe 15, S. 3), wie folgt:

„Sinti und Roma", „mobile ethnische Minderheit" oder „Angehörige reisender Familien": [...] Doch wie immer man diese Gruppe auch nennen möge: Deren Angehörige eint oftmals der Hang zur Kriminalität, Verwahrlosung und Prostitution. [...] Doch mittlerweile überschwemmt die 2010 benannte „Kulturhauptstadt Europas" nicht das Wasser der Ruhr, sondern eine Zigeunerflut, gepaart mit dem ungezügelten Zuzug von Ausländern aus Anatolien und Afrika.

755 In den Jahren 2013 und 2014 setzte die Antragsgegnerin bei Wahlkämpfen auf Europa-, Bundes- und Landesebene ein Plakat mit dem Motto „Geld für die Oma statt für Sinti & Roma" ein.

756 Der Bundesschatzmeister der Antragsgegnerin Andreas Storr erklärte im Sächsischen Landtag:

> [...] als wäre es nicht schon genug des nur uns Deutschen aufgezwungenen Sprachterrorismus, dass wir Zigeuner nicht mehr beim Namen nennen dürfen [...]. Das ist [...] eine Einladung an die Zigeuner, es sich hier ein paar Monate auf Kosten der Deutschen gutgehen zu lassen [...]. Denn die im Hotel „Zum Kronprinzen" untergebrachten Sozialschmarotzer werden ihren Leuten die Netzseite ab-in-den-Urlaub.de zumailen, wo das herrliche Plüschzimmer des Hotels „Zum Kronprinzen" angepriesen wird, wahrlich eines Königs der Zigeuner würdig.

(Plenarprotokoll 5/69 vom 30. Januar 2013, S. 7194 f.)

757 (b) Der Versuch der Antragsgegnerin, die Aussage des K. als legitime Kritik an den Zuständen in Duisburg-Marxloh darzustellen, geht fehl, da Sinti und Roma pauschal ein Hang zur Kriminalität, Verwahrlosung und Prostitution unterstellt wird, die herabsetzende Bezeichnung Zigeuner mehrfach verwendet und von einem „Überschwemmen durch eine Zigeunerflut" gesprochen wird. Ebenso ist der Hinweis der Antragsgegnerin, das Verwaltungsgericht Kassel habe das Wahlplakat „Geld für die Oma statt für Sinti & Roma" nicht beanstandet, im vorliegenden Zusammenhang ohne Belang. Auch wenn das Plakat für sich genommen die Grenze der Strafbarkeit oder der Rechtswidrigkeit nicht überschreitet, offenbart es eine durchgängig geringschätzige Haltung gegenüber den Volksgruppen der Sinti und Roma, die in einer Gesamtschau mit den übrigen Äußerungen die Missachtung des Wert- und Achtungsanspruchs der Angehörigen dieser Gruppen erkennen lässt.

758 2. Die Antragsgegnerin missachtet die freiheitliche demokratische Grundordnung auch mit Blick auf das Demokratieprinzip. Zwar kann diese Haltung dem Parteiprogramm nicht in der erforderlichen Eindeutigkeit entnommen werden (a) [S. 1461]. Die Ablehnung der grundgesetzlichen Ausgestaltung freiheitlicher Demokratie ergibt sich aber unter Berücksichtigung sonstiger der Antragsgegnerin zurechenbarer Publikationen und Äußerungen führender Funktionäre (b) [S. 1462]. Aus ihnen ergibt sich, dass das politische Konzept der Antragsgegnerin dem aus Art. 20 Abs. 1 und 2 GG folgenden Anspruch auf gleichberechtigte Teilhabe an der politischen Willensbildung widerspricht. Außerdem missachtet die Antragsgegnerin den Grundsatz der Volkssouveränität, da sie die Abschaffung des bestehenden parlamentarisch-repräsentativen Systems und seine Ersetzung durch einen am Prinzip der „Volksgemeinschaft" orientierten Nationalstaat fordert, ohne darzulegen, wie in diesem der notwendige Legitimationszusammenhang zwischen Volk und staatlicher Herrschaft gewährleistet werden soll.

759 a) In ihrem Parteiprogramm bezeichnet die Antragsgegnerin sich einerseits als (national-) „demokratische" Partei und beruft sich auf die Prinzipien der „Volksherrschaft" und der „Ablösung der Regierung durch demokratische Entscheidungen" (vgl. Arbeit. Familie. Vaterland., a. a. O., S. 7). Außerdem spricht sie sich für die Direktwahl

des Bundespräsidenten und die Stärkung plebiszitärer Elemente aus (vgl. Arbeit. Familie. Vaterland., a. a. O., S. 8). Andererseits lässt sich dem Programm ein Bekenntnis zur parlamentarischen Demokratie, zum Grundsatz der Opposition oder zum Mehrparteiensystem nicht entnehmen. Stattdessen wird die Legitimität des Grundgesetzes bezweifelt und der nicht näher beschriebene „Nationalstaat" als notwendiger politischer Rahmen der Volksherrschaft bezeichnet (vgl. Arbeit. Familie. Vaterland., a. a. O., S. 5). Erforderlich sei die „Einheit von Volk und Staat" (vgl. Arbeit. Familie. Vaterland., a. a. O., S. 6). „Volksherrschaft" setze „Volksgemeinschaft" voraus (vgl. Arbeit. Familie. Vaterland., a. a. O., S. 7).

Demgemäß kann dem Parteiprogramm eine klare Positionierung zu den durch die freiheitliche demokratische Grundordnung geschützten Kernbestandteilen des grundgesetzlichen Demokratieprinzips nicht entnommen werden. Inwieweit das Konzept des „Nationalstaates" dem Anspruch auf gleichberechtigte Teilhabe aller Staatsbürger an der politischen Willensbildung Rechnung trägt, ist aus den Formulierungen des Parteiprogramms nicht erkennbar. Ebenso wenig ergibt sich aus dem Programm, inwieweit die Forderung nach der Einheit von Volk und Staat zu einer Beschränkung politischer Partizipationsmöglichkeiten von Eingebürgerten führen kann. Außerdem erschließt sich aus dem Parteiprogramm nicht, wie die demokratisch notwendige durchgängige Rückbindung der Staatsgewalt an das Volk stattfinden und welche Bedeutung dabei der parlamentarisch-repräsentativen Demokratie zukommen soll.

b) Demgegenüber ergeben sich unter Berücksichtigung der sonstigen, insbesondere aus dem Konzept der „Volksgemeinschaft" folgenden Positionen der Antragsgegnerin eindeutige Befunde für deren Missachtung des Demokratieprinzips. Weder respektiert sie den Anspruch auf gleichberechtigte Teilhabe an der politischen Willensbildung (aa) [S. 1462], noch bekennt sie sich zum Prinzip der parlamentarischen Demokratie. Vielmehr tritt sie für dessen Abschaffung und Ersetzung durch einen Deutsches Reich genannten autoritären Nationalstaat ein (bb) [S. 1463].

aa) Das politische Konzept der Antragsgegnerin ist mit dem Anspruch auf gleichberechtigte Teilhabe aller Staatsangehörigen an der politischen Willensbildung unvereinbar.

(1)(a) Wenn „Volksherrschaft" die „Volksgemeinschaft" voraussetzt, wie die Antragsgegnerin dies in ihrem Parteiprogramm ausdrücklich vertritt (vgl. Arbeit. Familie. Vaterland., a. a. O., S. 7), und die „Volksgemeinschaft" ethnisch definiert ist, hat dies zwingend den Ausschluss derjenigen, die der „Volksgemeinschaft" aus ethnischen Gründen nicht angehören, aus dem demokratischen Prozess zur Folge. In einem durch die „Einheit von Volk und Staat" geprägten Nationalstaat im Sinne der Antragsgegnerin ist für eine Beteiligung ethnischer Nichtdeutscher an der politischen Willensbildung – unabhängig von ihrer Staatsangehörigkeit – grundsätzlich kein Raum. Vielmehr führt der exkludierende Charakter der „Volksgemeinschaft" zu einer mit Art. 20 Abs. 2 Satz 1 GG unvereinbaren ethnischen Verengung des Anspruchs auf gleichberechtigte Teilhabe an der politischen Willensbildung.

(b) Dieses Ergebnis hat der hierzu befragte Jürgen Gansel in der mündlichen Verhandlung bestätigt. Er hat ausdrücklich zwischen Volksherrschaft und Bevölkerungsherrschaft unterschieden und ausgeführt, dass die Volksherrschaft an das ethnische Staatsvolk gebunden sei und daher in der Bundesrepublik Deutschland nur eingeschränkt bestehe. Auch wenn er die anschließende Frage, wie echte Volksherrschaft in Deutschland hergestellt werden könne, unbeantwortet ließ, dokumentiert dies, dass nach Auffassung der Antragsgegnerin der Anspruch auf demokratische Partizipation auf die Angehörigen der ethnisch homogenen „Volksgemeinschaft" beschränkt ist.

765 Einen eingeschränkten Demokratiebegriff propagiert auch Udo Pastörs, der ausweislich der Homepage des Landesverbands Mecklenburg-Vorpommern am 13. März 2010 auf der Veranstaltung „Freiheit statt BRD" erklärte:

> Wir fordern eine Demokratie im besten Sinne, in der alles am Prinzip Volkserhalt ausgerichtet ist.

766 (2)(a) Die Begrenzung politischer Partizipation auf die Angehörigen der ethnisch definierten „Volksgemeinschaft" widerspricht dem im menschenrechtlichen Kern des Demokratieprinzips wurzelnden Anspruch auf gleichberechtigte Teilhabe aller Staatsangehörigen an der politischen Willensbildung. Das von der Antragsgegnerin verfolgte politische Konzept schließt bereits Eingebürgerte wegen ihrer fehlenden Zugehörigkeit zur „Volksgemeinschaft" aus dem Kreis der zur „Volksherrschaft" Berufenen aus. Eine derartige Differenzierung nach ethnischen Kriterien verstößt gegen Art. 20 Abs. 1 und 2 GG, der das Recht auf gleichberechtigte Teilhabe an der politischen Willensbildung allen Staatsangehörigen ohne Rücksicht auf ihre Herkunft garantiert (vgl. bereits Rn. 690 ff. [S. 1449]).

767 (b) Demgegenüber kann die Antragsgegnerin sich auch im vorliegenden Zusammenhang nicht darauf berufen, dass sie die Möglichkeit der Ermessenseinbürgerung akzeptiere und Eingebürgerten die staatsbürgerlichen Rechte uneingeschränkt zuerkenne. Insoweit handelt es sich um eine reine Schutzbehauptung. Ermessenseinbürgerungen sollen nach dem Konzept der Antragsgegnerin allenfalls bei Europäern in seltenen Ausnahmefällen in Betracht kommen (vgl. Rn. 694 f. [S. 1450]). Vor allem aber ist nicht davon auszugehen, dass die Antragsgegnerin bereit ist, bereits Eingebürgerten sämtliche mit der Staatsangehörigkeit verbundenen Rechte dauerhaft zuzuerkennen. Da es sich aus ihrer Sicht um grundsätzlich Rückkehrpflichtige handelt, die weder zur „Volksgemeinschaft" gehören, noch zur Volksherrschaft berufen sind, ist für die beständige Einräumung des Rechts auf gleichberechtigte Teilhabe an der politischen Willensbildung kein Raum.

768 bb) Daneben ergibt sich die Demokratiefeindlichkeit der Antragsgegnerin aus ihrer Negation des Prinzips der parlamentarischen Demokratie. Die Antragsgegnerin lehnt das bestehende parlamentarisch-repräsentative System ab und macht dieses verächtlich (1) [S. 1464]. Sie geht davon aus, dass die parlamentarische Demokratie der Verfolgung der Interessen der „Volksgemeinschaft" nachgeordnet ist (2) [S. 1465]. Vor diesem Hintergrund fordert sie die Ersetzung des bestehenden Systems durch einen an das Deutsche Reich anknüpfenden Nationalstaat (3) [S. 1466]. Damit will sie in den durch die freiheitliche demokratische Grundordnung geschützten Kernbestand der grundgesetzlichen Demokratie eingreifen (4) [S. 1469].

(1)(a) Die grundsätzliche Ablehnung des bestehenden parlamentarisch-repräsentativen Systems durch die Antragsgegnerin wird in einem Interview Holger Apfels mit der Deutschen Stimme deutlich (Ausgabe 12/2008, S. 3):

> Das ist das bereits erwähnte Spiel der „parlamentarischen Demokratie": Alle paar Jahre wird gewählt, dann bilden sich Mehrheiten, und so wird dann die ganze Wahlperiode über abgestimmt, egal, welche Qualität die Initiativen der Opposition besitzen. [...] Das Parlament ist längst zu einer billigen Karikatur einer wirklichen Volksherrschaft verkommen.

(b) In vergleichbarer Weise äußerte sich der ehemalige Landesvorsitzende Sachsen-Anhalts, Matthias Heyder, auf dem Bamberger Programmparteitag 2010:

> Das da draußen ist ein kaltes, zubetoniertes, volksfeindliches, asoziales System, das gehört nicht verändert, das gehört abgeschafft.

(c) Der damalige Beisitzer im Bundesvorstand der Antragsgegnerin, Thomas Wulff, beschreibt im Mai 2009 auf www.netzwerknord.com das politische System der Bundesrepublik Deutschland wie folgt:

> Ein krankes System zittert in seinen morschen Knochen! Die Symptome der Fäulnis haben das Gefüge der Kriegsgewinnler von 1945 und ihrer deutschen Handlanger erfasst. [...] Ehrlose, korrupte Politiker und ihre Speichellecker in den Medien haben sich zusammengeschlossen mit antideutschen, volksfeindlichen Kräften. Sie üben gegenüber uns und unserem Volk eine „Diktatur der Unfreien" aus. Sie sind nichts weiter als Handlanger der Besatzungsmächte von 1945. Sie tun alles, um die Besatzung und Fremdherrschaft weiterhin als Befreiung zu kaschieren und bis heute zu sichern.

(d) Ähnlich abfällig äußert sich Jürgen Gansel 2009 in einem Internetbeitrag auf der Homepage der Antragsgegnerin mit dem Titel „Das Endstadium des Parlamentarismus", in dem er den „Persönlichkeits- und Charakterlosen" als bestimmenden Politikertypus beschreibt, die Bundesrepublik Deutschland als „politische[n] Swinger-Club" bezeichnet und eine „Herrschaft der Minderwertigen" behauptet. In einem weiteren Artikel aus dem Jahr 2010 unter der Überschrift „Die Systemkrise beginnt im kommunalen Unterbau" formuliert er:

> Das alles ist systemimmanenter Volksbetrug! Hier hilft kein bloßer Politikerwechsel, weil durch den Austausch eines Volksbetrügers durch einen anderen nichts gewonnen ist, sondern nur ein radikaler, also an die Wurzel des Übels gehender Politikwechsel.

(e) Auch die nachfolgenden Äußerungen einzelner ehemaliger Abgeordneter in den Landtagen von Sachsen und Mecklenburg-Vorpommern dokumentieren das Ziel, das bestehende parlamentarische System verächtlich zu machen:

> Bonzokraten und Palaverbude.
> (Udo Pastörs, Landtag Mecklenburg-Vorpommern, Plenarprotokoll 5/54 vom 23. Oktober 2008, S. 58)

> Datenschutzbeauftragter als Pausenclown [...] Orgelparteien.
> (Michael Andrejewski, Landtag Mecklenburg-Vorpommern, Plenarprotokoll 5/60 vom 28. Januar 2009, S. 82)

> In der mitteleuropäischen Bundesrepublik, zur Zeit noch Deutschland genannt, regieren Tanten und Tunten.
> (Raimund Borrmann, Landtag Mecklenburg-Vorpommern, Plenarprotokoll 5/81 vom 18. November 2009, S. 97)

> Stimmvieh auf Befehl der EU-Kommissare.
> (Udo Pastörs, Landtag Mecklenburg-Vorpommern, Plenarprotokoll 5/96 vom 9. Juni 2010, S. 39)

> Mieser Asozialenstaat.
> (Michael Andrejewski, Landtag Mecklenburg-Vorpommern, Plenarprotokoll 5/109 vom 19. November 2010, S. 34)

> [...] die Deutschen heutzutage von Abschaum regiert werden.
> (Jürgen Gansel, Sächsischer Landtag, Plenarprotokoll 5/52 vom 8. März 2012, S. 5144, bezugnehmend auf den Rücktritt und Ehrensold des damaligen Bundespräsidenten Christian Wulff)

774 (2) Zugleich stellt die Antragsgegnerin die Idee der „Volksgemeinschaft" dem Demokratieprinzip gegenüber und relativiert dabei dessen Geltungsanspruch.

775 (a) Deutlich wird dies, wenn der ehemalige stellvertretende Vorsitzende des Landesverbands Bayern, W., schreibt:

> Es ist mehr Volksherrschaft verwirklicht, wenn ein Volk auf allen Gebieten des Lebens von seinen fähigsten und tüchtigsten Angehörigen geleitet wird, als es von einer bloßen Majorität oder von gekauften Parlamentariern verwalten zu lassen.
> (W., in „Volk in Bewegung – Der Reichsbote", Ausgabe 5/2011, S. 11)

776 (b) In vergleichbarer Weise fasst der in Jamel ansässige Lokalpolitiker der Antragsgegnerin, K., seine politische Zielvorstellung wie folgt zusammen:

> Darum ist mein Ziel nicht die Demokratie der Kapitalisten und Halsabschneider, sondern die Volksgemeinschaft der Deutschen!
> (K., in „De Meckelbörger Bote", Ausgabe 1/2011, S. 2)

777 (c) D. wendet sich in der Zeitschrift „Der Aktivist" (Ausgabe 2/2012, S. 20 f.) grundsätzlich gegen den Geltungsanspruch der Demokratie und des Mehrheitsprinzips:

> Die Demokratie scheint zu einer Art Religion für die derzeitig Herrschenden geworden zu sein. So wie man noch in vorkopernikanischen Zeiten für die richtige Behauptung, die Erde sei rund, auf dem Scheiterhaufen endete, landet man heute im Kerker des Systems, wenn man sich gegen die „beste Herrschaftsform aller Zeiten" ausspricht. Alleine die stetige, gebetsmühlenartig sich wiederholende Behauptung, es handle sich hierbei tatsächlich um die „beste Gesellschaftsform", ist einfach nicht haltbar. Gerade wir als Nationalisten wissen, dass die Menschen unterschiedlich sind. Einem System, das sich auf Mehrheitsentscheidungen stützt, kann demnach auch keine Ewigkeitsgarantie ausgesprochen werden. [...] Es gibt keine Formel für das perfekte Staatswesen, es gibt nur den inneren Einklang eines Volkes mit diesem.

778 (d) Udo Pastörs betonte 2011 auf dem NPD-Schwabentag in Günzburg:

> Das, was vor uns liegt, ist die Reststrecke eines korrupten Systems, was beseitigt gehört, weil es den Volkserhalt gefährdet, liebe Freunde.

(3) Vor diesem Hintergrund erhebt die Antragsgegnerin einen fundamentaloppositionellen, revolutionären Anspruch (a) [S. 1466], der auf die Abschaffung des bestehenden parlamentarischen Systems einschließlich der Bestrafung der hierfür Verantwortlichen (b) [S. 1467] und der Ersetzung durch einen Deutsches Reich genannten autoritären Nationalstaat gerichtet ist (c) [S. 1468].

(a)(aa) Die Antragsgegnerin hat ein sozialrevolutionäres Selbstverständnis. Sie beschränkt sich nicht auf die Kritik aus ihrer Sicht bestehender Missstände des parlamentarischen Systems, sondern fordert dessen Überwindung.

In einem Flugblatt des Landesverbands Sachsen aus dem Jahr 2009 dringt der damalige Spitzenkandidat Holger Apfel auf die Abschaffung des geltenden Systems und erklärt:

> Ja, die NPD versteht sich als grundsätzliche Alternative zu den Versagerparteien und ihrem System, das das Volk politisch entmündigt und wirtschaftlich verarmen lässt.

Ebenso heißt es in der Informationsbroschüre „Heimat bewahren – Freiheit erkämpfen" des Landesverbands Sachsen, für die ebenfalls Holger Apfel presserechtlich verantwortlich zeichnete:

> Die NPD stellt die Systemfrage, sie will den sozialen, demokratischen und nationalen Volksstaat schaffen und stellt dieses Ideal der etablierten „Demokratie-Karikatur" namens BRD entgegen. (S. 15)

Auch der Vorsitzende des Landesverbands Nordrhein-Westfalen der Antragsgegnerin Claus Cremer betont 2010 in einem Artikel mit dem Titel „Dem Anspruch einer sozialrevolutionären Partei gerecht werden" auf der Homepage seines Landesverbands den revolutionären Anspruch der Antragsgegnerin:

> Die NPD, als parlamentarischer Arm des Widerstandes, hat nun weiterhin Taten folgen zu lassen, um dem Anspruch einer sozialrevolutionären Partei gerecht zu werden.

(bb) Demzufolge wird die Beteiligung am parlamentarischen System von der Antragsgegnerin lediglich als zusätzliches Instrument zur Verfolgung der eigenen systemüberwindenden Ziele angesehen.

(α) Entsprechend erklärte der ehemalige Landesvorsitzende Sachsen-Anhalts, Matthias Heyder, auf dem Bamberger Programmparteitag 2010:

> Wir haben ja nicht vor, in den Landtag einzuziehen, um Teil des Systems zu werden, um auch nur einen Millimeter von unseren Positionen abzurücken.

(β) Ähnlich äußerten sich die JN am 28. März 2011 auf der Internetseite ihres Bundesvorstands (www.jn-buvo.de):

> Wahlen sind immer nur Mittel zum Zweck, niemals Selbstzweck. Parteipolitik und Wahlbeteiligungen müssen stets Instrument des Willens zur Veränderung sein und dürfen sich nicht auf bloße Teilhabe am parlamentarischen Zirkus beschränken.

(γ) Ebenso zur Instrumentalisierung des Parlamentarismus schrieb Karl Richter in „hier & jetzt" (Ausgabe 14, November 2009, S. 4 ff., insbes. S. 8):

Nota bene: in einem bundesdeutschen Länderparlament mitzuspielen und sich im Papierausstoß mit den Fraktionen der etablierten Parteien zu messen, ist für sich genommen kein Ruhmesblatt; und auch die konkreten politischen Gestaltungsmöglichkeiten halten sich in Grenzen, solange man nicht jenseits der 51 Prozent ist. Aber als Übungsgelände ist eine Parlamentsfraktion von unschätzbarem Wert.

788 (b) An der Notwendigkeit der Beseitigung des bestehenden parlamentarischen Systems (aa) und der Bestrafung der hierfür Verantwortlichen (bb) bestehen für die Antragsgegnerin keine Zweifel.

789 (aa)(α) Unmissverständlich erklärte der Vorsitzende des Landesverbands Hessen der Antragsgegnerin, Daniel Knebel, bei der Maikundgebung 2010:

> Wir sind keine Schwätzer und wir sind auch keine Reformatoren, wir sind ausschließlich, und das mit voller Überzeugung, Revolutionäre. Wir wollen diesen Staat nicht ändern, wir wollen ihn abschaffen, wir wollen die Revolution, bringt dieses System endlich zu Fall, danke schön.

790 (β) Auch der Kreisverband Berlin-Pankow der Antragsgegnerin formuliert auf seiner Homepage am 24. Februar 2009:

> Wir sind revolutionär, weil wir das ferngesteuerte System der BRD nicht reformieren, sondern überwinden wollen.

791 (γ) Ebenso bekennt sich der Landesverband Mecklenburg-Vorpommern auf seiner Internetseite zum Ziel der Abschaffung des bestehenden politischen Systems:

> Wir erheben demgegenüber den Anspruch, weder dieses absterbende System beerben zu wollen, sondern einen Volksstaat zu schaffen, in dem jeder Deutscher als Teil der Gemeinschaft mitarbeitet und gebraucht wird. Bündeln wir unsere Kraft, um diese morsche BRDDDR endlich zu überwinden!
> (Beitrag „Bundesrepublikanischer Alltag: Ex-Stasispitzel weiterhin in Behörden tätig" vom 8. Juli 2009)

> Stehen wir gemeinsam auf, gegen ein überlebtes, menschenfeindliches System. Kämpfen wir zusammen für unser Recht auf Arbeit und eine Zukunft für unser Volk. Die Losung lautet: Freiheit statt BRD!
> (Beitrag „Heraus zum Tag der deutschen Arbeit" vom 12. März 2010)

792 (bb) Für den Fall der erfolgreichen Umsetzung ihres revolutionären Anspruchs sollen die bisherigen Entscheidungsträger zur Verantwortung gezogen werden. Dies geschieht teilweise in menschenverachtenden Formulierungen.

793 (α) So schreibt Udo Voigt in einem Beitrag mit dem Titel „Die Etablierten: Ein Leben mit der Angst im Nacken" auf der Homepage der Antragsgegnerin am 17. Juli 2008:

> Wenn wir dereinst die Regierung stellen, werden wir natürlich Minister, Abgeordnete wie auch Beamte daraufhin überprüfen lassen, ob sie im Rahmen ihres Amtseides zum Wohl des deutschen Volkes gehandelt haben. Die Angst erwischt und eines schönen Tages vielleicht sogar bestraft zu werden ist also begründet und sollte uns schon bald Millionen neue Wähler zutreiben, die mit denen da oben noch eine Rechnung offen haben.

794 (β) Bei einer Demonstration der Antragsgegnerin „Gegen kinderfeindliche Bonzen" am 31. Juli 2010 in Anklam sagte Udo Pastörs:

Die Demokratur der BRD und ihre Apologeten, ihre Führungsschicht, sind nicht ideologisch verblendet und deswegen verdient diese Nomenklatura am Tag der Abrechnung auch keine Gnade, liebe Freunde.

Am 16. Juni 2007 äußerte sich Pastörs auf einer Demonstration in Rathenow gegen den G8-Gipfel in Heiligendamm: 795

> Und wenn wir zur Macht gelangen, dann besteht darin auch die Verpflichtung, jene einer gerechten Strafe zuzuführen, die für diese Ausplünderungspolitik unseres deutschen Volkes Verantwortung tragen und heute noch uns frech ins Gesicht grinsen. Also, liebe herrschende Klasse, seht euch vor, denn wer Wind sät, wird Sturm ernten. Lasst uns Sturm sein!

(γ) Der ehemalige sächsische Landtagsabgeordnete Andreas Storr wurde am 28. April 2010 auf der Homepage seiner Fraktion wie folgt zitiert: 796

> Unser Volk wird die historische Schuld, die sich die politische Klasse in diesem Land aufgeladen hat, einmal erkennen und sich ihrer dann auch entledigen – ganz demokratisch! Die Stunde der Wahrheit wird die Stunde der Abrechnung sein.

(δ) Karl Richter schreibt in „hier & jetzt" (Ausgabe 15/2010, S. 4 ff. ⟨7⟩) unter dem Titel „Wie meinten Sie das, Herr Homer? Ithaka in Bottrop – warum die ‚Odyssee' eigentlich verboten gehört": 797

> Wer mit der Fremdherrschaft ins Bett stieg, gehört weg, ohne viel Federlesens, Kroppzeug, das man ausmisten muß, will man verhindern, daß es wieder hoch kommt – weiß der Mythos.

(c) An die Stelle des bestehenden politischen Systems soll ausweislich des Parteiprogramms der Antragsgegnerin der „Nationalstaat" als „[d]ie politische Organisationsform eines Volkes" treten (vgl. Arbeit. Familie. Vaterland., a. a. O., S. 6). Dabei soll nach Auskunft ihres ehemaligen Parteivorsitzenden und Europaabgeordneten Voigt in der mündlichen Verhandlung auf den Begriff des Deutschen Reiches zurückgegriffen werden. Dem entsprechen weitere der Antragsgegnerin zurechenbare Aussagen. 798

(aa) Anknüpfend an Udo Voigt formuliert Claus Cremer in einem Internetbeitrag auf der Homepage des Landesverbands Nordrhein-Westfalen im Juni 2011: 799

> Das Reich ist unser Ziel, die NPD unser Weg.

(bb) Vergleichbar forderten Karl Richter und B. 2011 in der Deutschen Stimme (Ausgabe 2/2011, S. 22) nicht bloß einen „Nationalstaat" zu schaffen, sondern beide wollen offenbar ein Deutsches Reich (wieder-)beleben: 800

> Integrieren wir die Reichsidee in die gegenwärtigen Themen und Herausforderungen, um den Fortbestand unseres verbliebenen Volkskörpers in kultureller Identität, sozialer Sicherheit und nationaler Souveränität zu sichern. Ja zu Deutschland – ja zum Reich!

(cc) Nicht nur die Neugründung des Deutschen Reiches, sondern die Wiederinkraftsetzung der am 23. Mai 1945 geltenden Verfassung und Gesetze des Deutschen Reiches, verbunden mit dem Verlust des Aufenthaltsrechts für alle Ausländer, auch solche mit deutschem Pass, und deren Rückführung unter Strafandrohung forderte der frühere niedersächsische Kommunalmandatsträger H. in der Zeitschrift „Volk in Bewegung – Der Reichsbote" (Ausgabe 1/2011, S. 18): 801

Unser Ziel muß die Wiederherstellung der Handlungsfähigkeit des Deutschen Reiches als unser völkerrechtlicher Nationalstaat sein. [...] Eine „Ordnende Reichsversammlung" aus den bewährten Kräften, wesentlich zusammengesetzt aus den Führungskräften des Netzwerkes, wird allgemeine Wahlen vorbereiten. [...] Als Sofortmaßnahmen stellt sie die Verfassung und die Gesetze des Deutschen Reiches mit Stand vom 23. Mai 1945 wieder her, [...], macht den Ausländern einschließlich solcher mit bundesdeutschem Paß klar, dass sie im Deutschen Reich kein Aufenthaltsrecht haben, womit sich jede Sozialversorgung selbsttätig erledigt, kündigt sämtliche Arbeitsverträge mit Ausländern und sorgt für deren Rückführung samt Sippen unter Strafandrohung binnen längstens eines Jahres, berichtigt das Geschichtsbild und stellt jene Leute vor Gericht, die sich vorsätzlich an deutschen Lebensanliegen und am Völkerrecht vergangen haben.

802 Einer Zurechnung dieser Äußerung zur Antragsgegnerin steht dessen fehlende Mitgliedschaft nicht entgegen, da H. 2006 und 2011 als ihr Kandidat in den Verdener Stadtrat und den Kreistag des Landkreises Verden einzog und dort bis Anfang 2012 tätig war.

803 (4) In der Gesamtschau wird durch die vorstehenden Aussagen eine bei der Antragsgegnerin vorhandene Grundtendenz hinreichend belegt, die bestehende parlamentarische Demokratie abzuschaffen und durch einen am Primat der ethnisch homogenen „Volksgemeinschaft" orientierten „Nationalstaat" zu ersetzen. Insoweit kann dahinstehen, ob sich die Negation des Parlamentarismus auch – wie vom Antragsteller vorgetragen – in Zahl und Gegenstand der gegen die Mitglieder der Antragsgegnerin ergangenen parlamentarischen Ordnungsrufe dokumentiert.

804 Jedenfalls reicht die Ablehnung der parlamentarischen Demokratie durch die Antragsgegnerin entgegen ihrer Auffassung über eine bloße Kritik an der „herrschenden politischen Klasse" hinaus. Die Antragsgegnerin richtet sich gegen das parlamentarische System als solches und macht dieses verächtlich. Sie zielt nicht nur auf den Austausch handelnder Personen, sondern stellt die Systemfrage, ohne zugleich offenzulegen, auf welchem Weg der notwendige Zurechnungszusammenhang zwischen Volk und staatlicher Herrschaft in dem von ihr angestrebten „Nationalstaat" sichergestellt werden soll. Der bloße Hinweis auf den Ausbau der Volksgesetzgebung und die Direktwahl des Staatsoberhaupts genügt nicht, um das durch eine Abschaffung des parlamentarisch-repräsentativen Systems entstehende Demokratiedefizit zu kompensieren. Hinzu kommt, dass der Geltungsanspruch des Demokratieprinzips grundsätzlich relativiert wird und diesem die (vorrangigen) Interessen der „Volksgemeinschaft" gegenübergestellt werden. Demgegenüber kann die Antragsgegnerin sich auch nicht auf die von ihr geschilderten parlamentarischen Initiativen ihrer ehemaligen Landtagsfraktionen berufen, da diese – wie dargelegt – instrumentell angelegt sind (vgl. Rn. 784 ff. [S. 1466]) und dem Anspruch auf Überwindung der parlamentarischen Demokratie nicht entgegenstehen.

805 3. Bei der Antragsgegnerin liegt eine Wesensverwandtschaft mit dem Nationalsozialismus vor. Das Konzept der „Volksgemeinschaft", die antisemitische Grundhaltung und die Verächtlichmachung der bestehenden demokratischen Ordnung lassen deutliche Parallelen zum Nationalsozialismus erkennen (a) [S. 1470]. Hinzu kommen das Bekenntnis zu Führungspersönlichkeiten der NSDAP, der punktuelle Rückgriff auf Vokabular, Texte, Liedgut und Symbolik des Nationalsozialismus sowie geschichtsrevisionistische Äußerungen, die eine Verbundenheit zumindest relevanter Teile der

Antragsgegnerin mit der Vorstellungswelt des Nationalsozialismus dokumentieren (b) [S. 1471]. Ungeachtet struktureller Unterschiede zwischen der Antragsgegnerin und der NSDAP ergibt sich hieraus eine Bestätigung der Missachtung der freiheitlichen demokratischen Grundordnung durch die Antragsgegnerin (c) [S. 1476].

a)aa) Der Begriff und das Verständnis der „Volksgemeinschaft" stellen eine zentrale Gemeinsamkeit der politischen Konzepte der Antragsgegnerin und der NSDAP dar. Auch für den Nationalsozialismus stand die ethnisch homogene „Volksgemeinschaft" im Zentrum der Politik. Das „Volk" war Ausgangspunkt aller Argumentationslinien (vgl. Weckenbrock, in: Pfahl-Traughber, Jahrbuch für Extremismus- und Terrorismusforschung 2011/2012, Bd. I, 2012, S. 180 ⟨197⟩). Punkt 4 des 25-Punkte-Programms der NSDAP lautete: „Staatsbürger kann nur sein, wer Volksgenosse ist. Volksgenosse kann nur sein, wer deutschen Blutes ist, ohne Rücksichtnahme auf Konfession. Kein Jude kann daher Volksgenosse sein". Abgesehen von der besonderen Hervorhebung der Exklusion jüdischer Menschen entspricht diese Definition der „Volksgemeinschaft" genau den Vorstellungen der Antragsgegnerin. 806

Die Parallelität der Konzepte der „Volksgemeinschaft" einschließlich signifikanter sprachlicher Übereinstimmungen spiegelt sich im Vergleich von Äußerungen Adolf Hitlers mit solchen der Antragsgegnerin (vgl. Rn. 654 [S. 1441], 662 [S. 1443], 666 [S. 1444]) wider: 807

> Es ist aber ein kaum faßlicher Denkfehler, zu glauben, daß, sagen wir, aus einem Neger oder einem Chinesen ein Germane wird, weil er Deutsch lernt und bereit ist, künftighin die deutsche Sprache zu sprechen und etwa einer deutschen politischen Partei seine Stimme zu geben. (vgl. Hitler, Mein Kampf, Zwei Bände in einem Band, 1938, S. 428)

> Im Blute allein liegt sowohl die Kraft als auch die Schwäche des Menschen begründet. [...] Völker, die auf die Erhaltung ihrer rassischen Reinheit verzichten, leisten damit auch Verzicht auf die Einheit ihrer Seele in allen ihren Äußerungen. (vgl. Hitler, Mein Kampf, Zwei Bände in einem Band, 1938, S. 372)

> Der einzelne ist nichts, die Gesamtheit alles. Menschen kommen und vergehen, aber wichtig ist, daß das Volk gesund erhalten bleibt. (vgl. Hitler, Reden, Schriften, Anordnungen: Februar 1925 bis Januar 1933, Bd. IV/2, in: Hartmann ⟨Hrsg.⟩, 1996, S. 180)

bb) Offensichtlich ist auch eine gemeinsame antisemitische Grundhaltung der Antragsgegnerin und der NSDAP. Dass die Antragsgegnerin dabei auf von den Nationalsozialisten verwandte Stereotype zurückgreift, wurde bereits dargelegt (vgl. Rn. 738 ff. [S. 1457]). Auch insoweit sind sprachliche Überschneidungen evident, etwa wenn Hitler Juden als „Meister der internationalen Giftmischerei" bezeichnet (vgl. Hitler, Reden, Schriften, Anordnungen: Februar 1925 bis Januar 1933, Bd. II A, in: Weinberg/Hartmann/Lankheit ⟨Hrsg.⟩, 1995, S. 23) und Jürgen Gansel in seinem „Nachruf" zum 40. Todestag von Theodor W. Adorno von dem „Giftfraß" spricht, den die jüdischen Mitglieder der Frankfurter Schule zur Zerstörung des deutschen Volkes angerührt hätten (vgl. Rn. 741 [S. 1458]). 808

cc) Schließlich stellt die Ablehnung und Verächtlichmachung der parlamentarischen Demokratie eine weitere Gemeinsamkeit zwischen der Antragsgegnerin und dem Na- 809 tionalsozialismus dar. Dabei findet sich das instrumentelle Verhältnis zum Parlamentarismus bereits bei der NSDAP wieder:

> Wir sind doch eine antiparlamentarische Partei, lehnen aus guten Gründen die Weimarer Verfassung und die von ihr eingeführten republikanischen Institutionen ab, sind Gegner einer verfälschten Demokratie [...]. Was also wollen wir im Reichstag? Wir gehen in den Reichstag hinein, um uns im Waffenarsenal der Demokratie mit deren eigenen Waffen zu versorgen. Wir werden Reichstagsabgeordnete, um die Weimarer Gesinnung mit ihrer eigenen Unterstützung lahmzulegen. Wenn die Demokratie so dumm ist, uns für diesen Bärendienst Freifahrkarten und Diäten zu geben, so ist das ihre eigene Sache. Wir zerbrechen uns darüber nicht den Kopf. Uns ist jedes gesetzliche Mittel recht, den Zustand von heute zu revolutionieren. (vgl. Joseph Goebbels, Was wollen wir im Reichstag?, 30. April 1928, abgedruckt in: ders., Der Angriff – Aufsätze aus der Kampfzeit, 1935, S. 71)

810 b) Die Verbundenheit mit dem Nationalsozialismus erfährt auch im Handeln der Antragsgegnerin in unterschiedlicher Weise Ausdruck:

811 aa) Dazu zählen zunächst glorifizierende Bezugnahmen auf Protagonisten des NS-Regimes durch führende Vertreter der Antragsgegnerin:

812 (1) So formulierte der damalige stellvertretende Vorsitzende des Landesverbands Hamburg Thomas Wulff in einer Stellungnahme auf der Internetseite www.altermedia-deutschland.info am 20. April 2013, dem Geburtstag Hitlers:

> Möge dieser Parteitag am Wochenende des 20. April dem einen oder anderen Delegierten blitzartig ins Gedächtnis rufen, wozu der größte Sohn unseres Volkes – auch ohne Anfangs große Mittel zur Verfügung gehabt zu haben – in der Lage war. Es gelang ihm, weil er, unter Einsatz seiner ganzen Person, vollkommen selbstlos handelnd, unbestechlich und zu jedem persönlichen Opfer bereit, die Verkörperung der Hoffnung von Millionen selbst wurde! – und diese nie verraten hat.

813 Zwei Jahre später – ebenfalls am 20. April – postete er auf Facebook:

> Es ragt dein Werk, so wie die Dome ragen!
> Gebaut für eine deutsche Ewigkeit.
> Wird es die Kunde dieser hohen Zeit
> bis zu den Enkeln unsrer Enkel tragen.
>
> In Qual Geknechtete hast du befreit;
> Aus starrem Fels den klaren Quell geschlagen.
> Schon raunt es über Grenzen wie von Sagen,
> Und wie Legende, die dich benedeit.
>
> Uns aber, die du aus der Dumpfheit pochtest,
> Bis Herz um Herz nach deinem Willen schwang –
> Uns scheint als schönster Kranz, den du dir flochtest,
> Dass dir des freien Reiches Bau gelang.

814 Der Einwand der Antragsgegnerin, dem Gedicht komme kein objektiver Erklärungswert zu und es stelle keine Leugnung, Billigung oder Verharmlosung des Holocaust dar, vermag an der bewundernden Bezugnahme auf die Person Adolf Hitler nichts zu ändern. Ursprünglich wurde das Gedicht Heinrich Anackers unter dem Titel „Dem Füh-

rer" zum 50. Geburtstag Adolf Hitlers veröffentlicht (in: Die deutsche Glocke, Volksbuch der deutschen Heimat, Bd. 1, Bayreuth 1939, S. 7).

(2) Der damalige Landtagsabgeordnete M. kommentierte einen Fackelmarsch in der Nacht zum 17. August 2008, dem 21. Todestag von Rudolf Heß, auf der Homepage des Landesverbands Mecklenburg-Vorpommern der Antragsgegnerin wie folgt:

> Obwohl mit aller Härte versucht wird, Gedenkveranstaltungen für Rudolf Heß zu unterbinden, ist es nationalen Aktivisten vielerorts gelungen, an den rätselhaften Tod des stellvertretenden Reichskanzlers und Friedensfliegers zu erinnern.

(3) Bei der am 1. Mai 2013 stattfindenden NPD-Demonstration unter dem Motto „Genug gezahlt – Wir sind keine Melkkuh Europas" zitierte die RNF-Vorsitzende, Maria Frank, Joseph Goebbels:

> Ich möchte meine Rede mit einem Zitat einer weiteren ehrenvollen Person beenden: „Ehret die Arbeit und achtet den Arbeiter! Bekränzt eure Häuser und die Straßen der Städte und Dörfer mit frischem Grün. Deutsche aller Stände, Stämme und Berufe, reicht euch die Hände! Geschlossen marschieren wir in die neue Zeit hinein."

(4) H., Kreisvorsitzender und Mitglied des Landesvorstands Baden-Württemberg der Antragsgegnerin, erklärte am 20. Oktober 2012 bei einer Kundgebung in Kirchardt:

> Wir brauchen keine Schwätzer oder Stammtischproleten. Wir brauchen wieder Männer wie Albert Leo Schlageter, wir brauchen Revolutionäre.

bb) Die Anknüpfung an die nationalsozialistische Vergangenheit zeigt sich zudem im Rückgriff auf Vokabular, Texte, Liedgut und Symbolik des Nationalsozialismus.

(1) Exemplarisch hierfür steht der Artikel „Brandenburg – eine heroische Geschichte" von D. in der JN-Publikation „Der Aktivist" (Ausgabe 3/2012, S. 4 ⟨5⟩), in dem der Autor auf den Fackelmarsch der Nationalsozialisten durch das Brandenburger Tor am 30. Januar 1933 Bezug nimmt:

> Das Brandenburger Tor steht für die Standhaftigkeit und den Glauben eines Volkes, einst auch wieder eine Nation zu werden. Auf dem Boden Brandenburgs wurde eine Geschichte geschrieben, die vorbildhaft für das gesamte Reich stehen darf. [...] Die JN in Brandenburg muss sich dessen bewusst sein, dass ihr große Fußstapfen hinterlassen wurden, die es nur schwer auszufüllen gelingen wird. Es wäre auch eine Anmaßung, sich mit jenen gleich zu stellen, die so einzigartig in der grausamen und immer mehr vereinheitlichten Welt sich hervorgetan haben. Dennoch leidet das Volk unter der Knechtschaft des Zinses und einer Politikerkaste, die es in den sicheren Tod regiert. Wir leben im Hier und Jetzt und müssen uns bewusst werden, dass wir die einzige Generation sind, die noch einmal für sich beanspruchen kann im Stande zu sein, das Unheil von unserem Volk abzuwenden. Wir als JN Brandenburg wollen von den Taten großer Männer und Frauen zehren, den Kameraden aus anderen Gauen die Hände reichen und einst auch wieder das Schicksal mit einem Fackelmarsch durch das geliebte Brandenburger Tor besiegeln. Hier wird sich auch einst entscheiden müssen, wer bleiben und wer gehen darf. So soll das Brandenburger Tor wieder einmal Symbol für ein Volk sein, das sich nach jahrzehntelanger Unterdrückung aus den Fesseln der Knechtschaft befreit hat.

(2) Jürgen Gansel betitelte seinen Facebook-Eintrag vom 12. Januar 2015 mit „Volk steh auf", eine Formulierung, die Goebbels in seiner sogenannten Sportpalastrede am 18. Fe-

bruar 1943 verwendet hatte. Auch die JN Brandenburg bedienten sich in ihrem Facebook-Eintrag vom 28. November 2014 der sich ursprünglich in dem Gedicht von Theodor Körner „Männer und Buben" findenden Formulierung „Das Volk steht auf, der Sturm bricht los".

821 (3) In einem Beitrag auf der Internetseite des Kreisverbands Weimar/Weimarer Land der Antragsgegnerin gab der Kreisvorsitzende M. am 31. Dezember 2012 folgendes Zitat des früheren NSDAP-Funktionärs und Reichsjugendführers Baldur von Schirach unter entsprechender Kenntlichmachung wieder:

> Und würden wider uns verbünden
> sich Himmel, Hölle und die Welt:
> Wir blieben aufrecht stehn und stünden,
> bis auch der letzte niederfällt!

822 Der Einwand der Antragsgegnerin, das Gedicht enthalte keine ideologische Aussage, steht der Feststellung nicht entgegen, dass die gezielte Verwendung des Zitats Ausdruck der Verbundenheit mit dem Nationalsozialismus ist.

823 (4) Ebenso hat Udo Pastörs am 11. Dezember 2014 im Landtag von Mecklenburg-Vorpommern mit der Verwendung des Begriffs „entartete Menschen" auf nationalsozialistisches Vokabular zurückgegriffen (vgl. Landtag Mecklenburg-Vorpommern, Plenarprotokoll 6/84 vom 11. Dezember 2014, S. 98 f.).

824 (5) Zu den wichtigsten nationalsozialistischen „Kernliedern", denen die Funktion eines politischen Führungsmittels zugewiesen wurde, gehörte „Ein junges Volk steht auf", das 1935 von dem Hitlerjugend (HJ)-Funktionär Werner Altendorf verfasst worden war. Dessen Verwendung stand im Mittelpunkt eines vom Niedersächsischen Oberverwaltungsgericht bestätigten Verbots einer Versammlung der JN (vgl. OVG Lüneburg, Beschluss vom 26. April 2012 – 11 ME 113/12 –, juris).

825 (6) Den Kreisvorsitzenden Erlangen-Höchstadt P. verurteilte das Amtsgericht Forchheim mit Urteil vom 31. Oktober 2007 aufgrund des Tragens eines T-Shirts unter anderem mit der Aufschrift „die Fahnen hoch" wegen des Verwendens von Kennzeichen verfassungswidriger Organisationen zu einer Geldstrafe (vgl. BVerfG, Beschluss der 2. Kammer des Zweiten Senats vom 18. Mai 2009 – 2 BvR 2202/08 –, juris, Rn. 5). Hintergrund war die Ähnlichkeit der Aufschrift mit dem Beginn des gleichnamigen von Horst Wessel verfassten Liedes, das nach seinem Tod zur offiziellen Parteihymne der NSDAP wurde.

826 (7) Auch der am 23. April 2013 anlässlich der Neuwahl des Parteivorstands auf Facebook veröffentlichte Text der nordrhein-westfälischen JN bedient sich einer von den Nationalsozialisten geprägten Formulierung. Der Eintrag lautet:

> Auch die Jungen Nationaldemokraten werden ihre Mutterpartei NPD nach Kräften unterstützen, denn wie heißt es doch so schön:
> Mit unseren Fahnen ist der Sieg!

827 Von dieser Parole wurde während der Zeit des Nationalsozialismus etwa auf Propagandapostkarten Gebrauch gemacht.

(8) Der JN-Stützpunkt Muldental (Sachsen) stellte am 9. Dezember 2012 auf seiner Facebook-Seite ein von der NSDAP herausgegebenes Gedicht mit dem Titel „Weihnachten in der Familie" ein. Am 12. Mai 2013 wurde auf dessen Facebook-Profil das Bild einer Frau mit zwei Kindern veröffentlicht, das im Original aus dem Buch „Ewiges Deutschland. Ein deutsches Hausbuch", herausgegeben vom Winterhilfswerk des Deutschen Volkes im Jahr 1939, stammt und überschrieben ist mit einem Zitat von Adolf Hitler: „Die Arbeit ehrt die Frau wie den Mann/das Kind aber adelt die Mutter". Die Argumentation der Antragsgegnerin, dies sei im Verbotsverfahren solange irrelevant, wie die geposteten Inhalte nicht ihrerseits spezifisch nationalsozialistisches Gedankengut wiedergäben, verkennt, dass der Rückgriff auf von den Nationalsozialisten benutzte Texte und Symbole die Identifikation mit deren Ideologie indiziert.

(9) Bei H., Kreisvorsitzender und Vorstandsmitglied im Landesverband Baden-Württemberg der Antragsgegnerin, wurden im Oktober 2012 – von der Antragsgegnerin unbestritten – neben diversen Waffen verschiedene NS-Devotionalien, wie die Reichskriegsflagge, Bildnisse von Adolf Hitler, Rudolf Heß und Horst Wessel sowie zahlreiche Symbole und Embleme (unter anderem Hakenkreuze und SS-Runen), sichergestellt. Dass es sich – wie die Antragsgegnerin behauptet – bei den vorgefundenen Waffen um Deko-Waffen beziehungsweise eine nicht mehr funktionsfähige Mauser 1918 gehandelt haben soll, ändert nichts an der Tatsache, dass eine glorifizierende Bezugnahme auf den Nationalsozialismus vorliegt.

(10) Karl Richter wurde durch rechtskräftiges (Berufungs-)Urteil des Landgerichts München I vom 2. Juli 2009 (18 Ns 112 Js 10817/08) wegen des Verwendens von Kennzeichen verfassungswidriger Organisationen verurteilt. Dem lag zugrunde, dass der Vorgenannte am 2. Mai 2008 bei der konstituierenden Sitzung des Münchener Stadtrates bei seiner Vereidigung die Erinnerung an den „Hitler-Gruß" wachrief. Der Vortrag der Antragsgegnerin, Richter habe den „Hitler-Gruß" nicht gezeigt, es habe sich vielmehr um eine Falschwahrnehmung des Belastungszeugen gehandelt, vermag die tatsächlichen Feststellungen des Landgerichts München I sowie des Amtsgerichts München (Urteil vom 21. August 2008 844 Ds 112 Js 10817/08) als Vorinstanz, die sich entgegen der Darstellung der Antragsgegnerin bei ihrer Entscheidungsfindung nicht nur auf einen, sondern auf drei Zeugen stützen konnten, nicht ernstlich in Zweifel zu ziehen.

cc) Außerdem ist das Bestreben führender Vertreter der Antragsgegnerin feststellbar, den Nationalsozialismus zu verklären und seine Verbrechen zu relativieren.

(1) Entsprechend formulierte P. in seinem unter dem 26. September 2012 auf der Seite www.xxx.de veröffentlichten Artikel „Du sollst nicht falsch Zeugnis reden ...":

> Die historischen Wahrheiten werden verfolgt, als Revisionismus diskreditiert oder als Holocaustleugnung und Relativierung von Nazi-Verbrechen mit Kerker bestraft. Ist es deshalb, weil wir unsre Staatsdoktrin gegründet haben als Gegenentwurf zu Auschwitz, dem Vergasen in Deutschland, Katyn, Wannseeprotokoll, Erzählungen eines Eli Wiesel oder dem Tagebuch der Anne Frank? Wird deshalb nicht über die schon 2002 nachgewiesene 4-Millionen-Lüge von Auschwitz gesprochen, weil Fischer und Schröder sie zur Begründung des Krieges gegen Jugoslawien haben aufleben lassen? [...] Warum hat ein Pastor Martin Niemöller erbärmlichst gelogen mit der Behauptung, in Dachau wären über 200.000 Juden vergast worden? [...]

Ein Blinder mit Krückstock kann die offensichtlichen Fälschungen oder Manipulationen im Wannsee-Protokoll oder im Anne-Frank-Tagebuch erkennen.

833 (2) Jürgen Gansel schreibt in einem Internetbeitrag „Alle deutschen Schüler ins Konzentrationslager?" vom 1. Juli 2008 auf der Homepage der Antragsgegnerin:

> Wird für die, die nicht die bundesrepublikanische Staatsmode von Büßerhemd und Narrenkappe tragen wollen, wieder eine Baracke in Buchenwald oder Auschwitz aufgeschlossen? Vielleicht mit jungen „Migranten" als Aufsehern, die dann als Hövelmanns willige Vollstrecker jungen Deutschen ihre angebliche Erbschuld mit der Auschwitz-Keule einprügeln? In der Canossa-Republik ist jedenfalls vieles vorstellbar. Schließlich kommt ja auch die neue Studie zu dem Ergebnis, daß die NS-Vergangenheit für junge Menschen noch immer eine große Rolle spielt – im Positiven wie im Negativen. Will heißen: Die geschichtspornographisch eingefärbte Trauer- und Bewältigungsarbeit entscheidet über das Maß an addressiertem nationalen Selbsthaß, den in- und ausländische Mächte zur Durchsetzung ihrer deutschenfeindlichen Interessen ja unbedingt brauchen.

834 (3) Der derzeitige Kreisvorsitzende des Kreisverbands Böblingen-Calw N. bezeichnete auf der Homepage der NPD Region Stuttgart unter dem 28. Mai 2010 KZ-Häftlinge als „Kriegsgefangene" und führt aus:

> Die „Holocaustindustrie" läßt grüßen! [...] Zuletzt bleibt zu erwähnen, daß die in Hailfingen/Tailfingen untergebrachten Juden selbstverständlich auch genauso als „Kriegsgefangene" bezeichnet werden können, ebenso wie Hunderttausende deutsche Soldaten und Zivilisten, wie im Falle eines meiner Urgroßväter.

835 (4) In einer Presseerklärung der Antragsgegnerin vom 18. Januar 2010 erklärte Karl Richter, die nationale Opposition werde auch den bevorstehenden 65. Jahrestag der Befreiung von Auschwitz nicht als „rituelle Dauerstigmatisierung der Deutschen zum ‚Tätervolk' hinnehmen":

> Denn: der Holocaust hat viele Facetten und schließt die Verbrannten und Ermordeten von Dresden und Hiroshima, die Opfer des ukrainischen Hunger-Holocaust der dreißiger Jahre und die Vertreibungsopfer nach 1945 ebenfalls ein. Israel hat keine Exklusivrechte am Holocaust-Gedenken!

836 (5) Auch Äußerungen im parlamentarischen Raum belegen diese verklärende und relativierende Haltung der Antragsgegnerin. Jürgen Gansel diagnostizierte im Sächsischen Landtag „Geschichtspornografie in Gestalt von Holocaust-Gedenkritualen und anderen Formen des Nationalmasochismus" (vgl. Sächsischer Landtag, Plenarprotokoll 5/76 vom 15. Mai 2013, S. 7886). Udo Pastörs sprach im Landtag von Mecklenburg-Vorpommern von „einseitigem Schuldkult" und „Auschwitzprojektionen" (vgl. Landtag Mecklenburg-Vorpommern, Plenarprotokoll 5/88 vom 28. Januar 2010, S. 75). Dort bekundete auch Tino Müller:

> Sie belügen unsere Jugend, weil Sie verschweigen, dass nicht das Deutsche Reich Großbritannien und Frankreich den Krieg erklärte, sondern die Engländer und Franzosen uns. Die Wahrheit tut manchmal weh, meine Damen und Herren von den Blockparteien, besonders wenn man die Lüge pflegt. (vgl. Landtag Mecklenburg-Vorpommern, Plenarprotokoll 5/93 vom 28. April 2010, S. 11)

837 Holger Apfel erklärte im Sächsischen Landtag:

66 Jahre nach Ende des Zweiten Weltkrieges muss endlich Schluss sein, dass unser Volk durch die Auschwitzkeule in die Knechtschaft getrieben wird. 66 Jahre nach Ende des Zweiten Weltkrieges ist es an der Zeit, das Büßerhemd und die Narrenkappe endlich auszuziehen. Der Fahrkartenschalter nach Canossa, meine Damen und Herren, sollte ein für allemal geschlossen sein. (vgl. Sächsischer Landtag, Plenarprotokoll 5/28 vom 19. Januar 2011, S. 2753)

Einer Gedenkminute für die Opfer des Nationalsozialismus im Landtag von Mecklenburg-Vorpommern am 30. Januar 2013 blieben die damaligen Mitglieder der Landtagsfraktion der Antragsgegnerin demonstrativ fern.

c) Die vorstehenden Belege sind der Antragsgegnerin zurechenbar. Es handelt sich überwiegend um Erklärungen und Handlungen von Teilorganisationen oder führenden Parteifunktionären der Antragsgegnerin. Sie dokumentieren – ohne dass es des Rückgriffs auf das vom Antragsteller vorgelegte Gutachten des Instituts für Zeitgeschichte bedarf – in ausreichendem Maß die inhaltliche Verbundenheit relevanter Teile der Antragsgegnerin mit dem historischen Nationalsozialismus.

Auch der ehemalige Bundesvorsitzende der Antragsgegnerin Holger Apfel hat dies in der mündlichen Verhandlung bestätigt und darauf verwiesen, dass „zumindest Teile der Partei sich noch in vielen Punkten in der politischen Gedankenwelt des Dritten Reiches befinden". Der ehemalige Hamburger Landesvorsitzende Wulff bekenne sich öffentlich dazu, Nationalsozialist zu sein. Ein gegen ihn vor diesem Hintergrund eingeleitetes Parteiausschlussverfahren sei gescheitert.

Nach alledem ist vom Bestehen einer Wesensverwandtschaft der Antragsgegnerin mit dem Nationalsozialismus auszugehen. Dem steht auch der Hinweis der Antragsgegnerin nicht entgegen, sie sei nicht nach dem Führerprinzip aufgebaut und lehne einzelne von den Nationalsozialisten vertretene Prinzipien ab. Die Ablehnung einzelner inhaltlicher Grundsätze oder die fehlende Übernahme wesentlicher Organisationsprinzipien schließt die positive Anknüpfung an das Wirken einer Partei und die von ihr vertretene Ideologie in ihrer Gesamtheit nicht aus. Ebenso wenig kommt es darauf an, ob die Verbundenheit mit dem Nationalsozialismus bei der Antragsgegnerin einhellig geteilt wird. Entscheidend ist vielmehr das Vorliegen einer entsprechenden Grundtendenz bei der Antragsgegnerin, so dass die positive Bezugnahme auf den Nationalsozialismus nicht als „Entgleisung" Einzelner angesehen werden kann.

Etwas anderes ergibt sich auch nicht aus dem Hinweis der Antragsgegnerin auf sechs Fälle angestrebter Ordnungsmaßnahmen gegen einfache Parteimitglieder, die angeblich wegen befürwortender Stellungnahmen zum Nationalsozialismus ergriffen werden sollten. Abgesehen davon, dass einer dieser Fälle keinen Bezug zum Nationalsozialismus hat, ein weiterer Fall den Ausschluss von Parteimitgliedern wegen ihrer Kritik an der Arbeit und einzelnen Personen des Landesvorstands Nordrhein-Westfalen betraf und in den vier übrigen Fällen keine Ordnungsmaßnahmen angeordnet wurden, weil die Betroffenen aus der Antragsgegnerin ausgetreten sind, ändern die geschilderten Fälle nichts daran, dass die vorstehend dargestellten Beispiele positiver Bezugnahme auf den Nationalsozialismus durch Führungskräfte oder Teilorganisationen der Antragsgegnerin zuzurechnen sind und nicht als Entgleisungen einzelner Mitglieder angesehen werden können. Demgemäß belegen die inhaltlichen Übereinstimmungen, die Glorifizierung einzelner Repräsentanten, die Relativierung der Verbrechen sowie der Rückgriff auf Texte und Symbole des Nationalsozialismus die Wesensverwandtschaft der Antragsgegnerin mit diesem.

843   Damit bestätigt sich zugleich die Missachtung der freiheitlichen demokratischen Grundordnung durch die Antragsgegnerin. Das nationalsozialistische Gewalt- und Terrorregime war geprägt durch Menschenverachtung und totalitäre Demokratiefeindlichkeit. Demgemäß zieht die bei der Antragsgegnerin feststellbare Verbundenheit mit dem Nationalsozialismus deren Anerkennung der Menschenwürde und des Demokratieprinzips in Zweifel. Auch wenn dies für die Annahme, dass sie gegen die freiheitliche demokratische Grundordnung gerichtete Ziele verfolgt, allein nicht ausreicht, führt die Wesensverwandtschaft mit dem Nationalsozialismus zumindest zu einer Bestätigung des aus dem „Volksgemeinschafts- und Nationalstaatskonzepts" der Antragsgegnerin folgenden Befundes, dass sie politische Ziele verfolgt, die mit der Menschenwürdegarantie und dem Demokratieprinzip des Grundgesetzes nicht vereinbar sind.

844   4. Nach alledem zielt die Antragsgegnerin auf eine Ersetzung der bestehenden Verfassungsordnung durch einen an der ethnischen „Volksgemeinschaft" ausgerichteten autoritären „Nationalstaat". Dieses politische Konzept missachtet die Menschenwürde aller, die der ethnischen „Volksgemeinschaft" nicht angehören, und ist mit dem grundgesetzlichen Demokratieprinzip unvereinbar. Damit strebt die Antragsgegnerin nach ihren Zielen und dem Verhalten ihrer Anhänger nicht nur eine Beeinträchtigung, sondern eine Beseitigung der bestehenden freiheitlichen demokratischen Grundordnung an.

II.

845   Einem Verbot der Antragsgegnerin steht aber entgegen, dass das Tatbestandsmerkmal des „Darauf Ausgehens" im Sinne von Art. 21 Abs. 2 Satz 1 GG nicht erfüllt ist. Die Antragsgegnerin bekennt sich zwar zu ihren gegen die freiheitliche demokratische Grundordnung gerichteten Zielen und arbeitet planvoll und mit hinreichender Intensität auf deren Erreichung hin, so dass sich ihr Handeln als qualifizierte Vorbereitung der von ihr angestrebten Beseitigung der freiheitlichen demokratischen Grundordnung darstellt (1.) [S. 1477]. Es fehlt jedoch an konkreten Anhaltspunkten von Gewicht, die es zumindest möglich erscheinen lassen, dass dieses Handeln der Antragsgegnerin zum Erfolg führt (2.) [S. 1489].

846   1. Die Antragsgegnerin arbeitet im Rahmen ihrer organisatorischen Möglichkeiten (a) [S. 1477] und auf der Grundlage eines strategischen Konzepts (b) [S. 1479] planmäßig auf die Umsetzung ihrer verfassungsfeindlichen Ziele hin (c) [S. 1480].

847   a)aa) Die Antragsgegnerin ist bundesweit organisiert. Sie verfügt neben regionalen Untergliederungen mit den JN über eine eigene Jugendorganisation (ca. 350 Mitglieder). Hinzu kommen als weitere Teilorganisationen seit 2003 die KPV und seit 2006 der RNF (ca. 100 Mitglieder).

848   Ausweislich des Rechenschaftsberichts für das Jahr 2013 hatte die Antragsgegnerin am 31. Dezember 2013 5.048 Mitglieder, am 31. Dezember 2014 waren es ausweislich des Rechenschaftsberichts für jenes Jahr 5.066 Mitglieder (vgl. BTDrucks 18/4301 und BTDrucks 18/8475, jeweils S. 120). In der mündlichen Verhandlung hat der Parteivor-

sitzende Franz erklärt, dass im Jahr 2015 vor dem Hintergrund der Asylpolitik der Bundesregierung erstmals seit Jahren ein Mitgliederzuwachs zu verzeichnen gewesen sei. Die Steigerungsrate habe etwa 8 % betragen. Hinsichtlich der regionalen Verteilung der Mitgliedschaft besteht eine überproportionale Konzentration in den neuen Bundesländern, in denen rund jedes dritte Mitglied der Antragsgegnerin wohnhaft ist.

Durch Schulungen und vergleichbare Maßnahmen versucht die Antragsgegnerin, ihre Anhänger für die politische Auseinandersetzung vorzubereiten. Der Antragsteller hat eine Reihe von Schulungsaktivitäten für Parteimitglieder dokumentiert, die teilweise weltanschaulich-inhaltlich ausgerichtet sind und teilweise Selbstverteidigungs- und Kampfsporttechniken zum Gegenstand haben. Dabei kommt dem 2005 gegründeten „Bildungswerk für Heimat und nationale Identität e. V." besondere Bedeutung zu, dessen Vorsitzender der ehemalige Pressesprecher der Fraktion der Antragsgegnerin im Sächsischen Landtag, T., ist. Dieser beschreibt im Gespräch mit der Deutschen Stimme (Ausgabe 7/2012, S. 3) das Bildungswerk als eine den Nationaldemokraten nahestehende politische Bildungsvereinigung. 849

bb) Die Antragsgegnerin ist im Europäischen Parlament mit einem Abgeordneten vertreten. Über Mandate auf Bundes- oder Landesebene verfügt sie nicht. Auf kommunaler Ebene gehören rund 350 Mandatsträger in 14 Ländern der Antragsgegnerin an. Der weit überwiegende Teil dieser Mandate entfällt dabei auf die neuen Länder. 850

cc) Die Öffentlichkeitsarbeit der Antragsgegnerin nutzt das gesamte Spektrum medialer Möglichkeiten. Zentrales Instrument ihrer Pressearbeit ist die „Deutsche Stimme Verlags GmbH", die die Parteizeitung „Deutsche Stimme" mit einer Auflagenhöhe von circa 25.000 Exemplaren herausgibt. Darüber hinaus verantwortet die Antragsgegnerin zahlreiche regionale Publikationen. Insbesondere in Mecklenburg-Vorpommern werden von ihr die ursprünglich aus dem neonazistischen Kameradschaftsspektrum stammenden „Boten" verteilt. Herausgegeben werden „De Meckelbörger Bote" von T. (vgl. Ausgabe 1/2013, S. 2), „Der Anklamer Bote" von Michael Andrejewski (vgl. Ausgabe 1/2013, S. 4) und W. (vgl. Ausgabe 1/2014, S. 4), „Der Insel Bote" von H. (vgl. Ausgabe 1/2012, S. 4) und „Der Uecker-Randow-Bote" von Tino Müller (vgl. Ausgabe 1/2013, S. 6). 851

Neben konventionellen Druckerzeugnissen nutzt die Antragsgegnerin intensiv das von ihr als „Weltnetz" bezeichnete Internet. Zur Bedeutung des Internets für die Arbeit der Antragsgegnerin schrieb A. 2011 in der Deutschen Stimme (Ausgabe 10–11/2011, S. 17), dass der Weltnetz-Aktivismus nicht hoch genug eingeschätzt werden könne. Die Information des Bürgers werde ebenso wie die Vernetzung von politisch Gleichdenkenden erleichtert. Gerade Jugendliche könnten auf diese Weise besser erreicht werden. Auch sei es im Weltnetz möglich, Anonymität zu wahren. 852

Mit „DS-TV" betreibt die Antragsgegnerin – auch unter dem Namen „offensiv. TV" – seit März 2009 einen professionellen Videokanal auf YouTube, der bisher rund 1.280.000 Mal aufgerufen wurde und 4.758 Abonnenten aufweist (Stand Oktober 2016). Die NPD Mecklenburg-Vorpommern ist seit Oktober 2010 mit „weiterdenken.tv" auf YouTube präsent. Dieser Kanal wurde bislang rund 779.000 Mal aufgerufen und hat 1.312 Abonnenten (Stand Oktober 2016). 853

354 dd) Die Antragsgegnerin behauptet, dass ihre politische Kampagnenfähigkeit durch erhebliche finanzielle Probleme eingeschränkt sei. Belege hierzu hat sie allerdings nicht vorgelegt. Der Rechenschaftsbericht für das Jahr 2013 weist 488.859,96 EUR (2014: 459.157,77 EUR) Mitgliedsbeiträge und knapp 804.000,– EUR (2014: 866.000,– EUR) Spenden aus, die zusammen rund 43,5 % (2014: 43,6 %) der Einnahmen der Gesamtpartei ausmachten (vgl. BTDrucks 18/4301, S. 109, BTDrucks 18/8475, S. 109).

355 b) Grundlage der politischen Arbeit der Antragsgegnerin ist ein geschlossenes strategisches Konzept, das sie als „Vier-Säulen-Strategie" bezeichnet und das der damalige Bundesvorsitzende Voigt auf dem Bundesparteitag der Antragsgegnerin am 30./31. Oktober 2004 in Leinefelde in seiner auf der Parteihomepage eingestellten Ansprache wie folgt beschrieb:

> Der Kampf um die Köpfe
> Der gerade erläuterte „Kampf um die Köpfe" wirkt sich in letzter Konsequenz auf jeder Ebene aus. Er führt beispielsweise dazu, daß Personen, denen die NPD bisher egal ist, eine gewisse Sympathie für die Ziele der NPD empfinden, wenn sie erst mit diesen vertraut gemacht werden. Wir haben in den letzten beiden Jahren bewußt verstärkt eine Personalisierung der Partei betrieben. Die Erkenntnis, daß Bürger keine drei Buchstaben oder bloße Programme wählen, sondern wissen wollen, wer dahinter steht, hat uns verstärkt mit eigenen „Köpfen" auf Plakaten werben lassen. Dies versetzt Personen, welche die NPD wählen und unterstützen in die Lage, in ihrem Umfeld mit „Köpfen", d. h. Repräsentanten besser Werbung für die Ziele der NPD zu machen. Daß dieser Weg richtig ist, beweisen die Diffamierungskampagnen der Medien nach den jüngsten Wahlerfolgen, die darauf abzielen, die von uns präsentierten „Köpfe" negativ darzustellen. [...]
>
> Der Kampf um die Straße
> Der Kampf um die Straße führt u. a. gerade bei Jugendlichen dazu, sich wegen ihrer öffentlichen Aktivitäten an die NPD zu binden, sorgt aber auch im Rahmen des Kampfes um die Köpfe dafür, unsere Positionen zu verbreiten und vielfach die „Schweigespirale" zu durchbrechen! Er wird sicher auch weiterhin richtig und notwendig sein. Allerdings sollten wir hierbei auf Minidemonstrationen weitestgehend verzichten, bei denen der Gegner seine Überzahl allzu deutlich demonstrieren kann. Es ist sicherlich gut in einer kleinen Gemeinde oder Kleinstadt zu einem aktuellen Thema (Montagsdemo, Betriebsschließung, Kindermord usw.) eine Demonstration mit 100–250 Teilnehmern durchzuführen, doch wirkt diese Teilnehmerzahl in einer deutschen Großstadt eher lächerlich. [...]
>
> Der Kampf um die Parlamente
> Im Kampf um die Parlamente geht es schließlich darum, so viele Menschen wie möglich zu bewegen, die NPD zu wählen, wobei mit entsprechender Wahlkampfführung wiederum alle Ebenen einbezogen werden. Unsere bisherigen Möglichkeiten erlaubten jedoch nur einen Erfolg bei Konzentration der Kräfte auf kommunaler Ebene, welche zudem durch bekannte Personen vor Ort verstärkt werden. Das Wahlergebnis zur Europawahl versetzte uns erstmalig in die Lage, die notwendigen finanziellen Mittel zu beschaffen, um unsere Wahlkampferfahrungen und Erkenntnisse auf Landesebene wirksam einsetzen zu können. Jetzt werden wir gemeinsam mit dem Bündnispartner DVU die Landtage erobern um dann 2006 gemeinsam in den Reichstag einzuziehen. Der erfolgreich eingeschlagene Weg wird unter meiner Führung fortgesetzt werden.
>
> Der Kampf um den organisierten Willen

C. Das zweite NPD-Verbotsverfahren

Der „Kampf um den organisierten Willen" gipfelt in der Erkenntnis, daß organisierter Wille Macht bedeutet. Mit dem „Leipziger Appell" begannen wir bereits kurz nach dem Ende des Verbotsverfahrens den Versuch der Konzentration möglichst aller nationalen Kräfte. Das gute Abschneiden zur Europawahl ermöglichte, daß die Kontakte mit dem Vorsitzenden der Deutschen Volksunion, Dr. Gerhard Frey, intensiviert wurden. Das Ergebnis war dann die Wahlabsprache der NPD mit der DVU zugunsten der DVU in Brandenburg und zugunsten der NPD in Sachsen. Eine zwölfköpfige NPD-Fraktion in Sachsen und eine sechsköpfige DVU-Fraktion in Brandenburg sind hoffentlich nur der Anfang! Erfreulicherweise erfährt der „Kampf um den organisierten Willen" bereits nachhaltige Unterstützung aus den Reihen der Deutschen Partei, der Freien und ehemaliger Mitglieder der Republikaner. Wir hoffen, daß die Republikaner nach ihrem Bundesparteitag im November unsere ausgestreckte Hand nicht länger zurückschlagen werden. Schließlich geht es um mehr als Geld und Posten. Es geht um Volk und Vaterland.

c) Diese strategischen Vorgaben versucht die Antragsgegnerin planmäßig umzusetzen und dadurch auf die Verwirklichung ihres Konzepts einer ethnisch homogenen „Volksgemeinschaft" und eines darauf gründenden „Nationalstaats" hinzuarbeiten. 856

aa)(1) Im Rahmen der ersten Säule dieser Strategie („Kampf um die Köpfe") strebt sie an, durch „nationalrevolutionäre Graswurzelarbeit" und ein „Kümmerer-Image" ihre Akzeptanz in der Öffentlichkeit zu steigern. Dabei steht zunächst nicht die politische Botschaft im Vordergrund. Vielmehr soll Zustimmung zur Antragsgegnerin dadurch geschaffen werden, dass sie vor Ort als „Helfer" und „Kümmerer" auftritt und dabei vor allem die Interessen derjenigen vertritt, die (angeblich) vom Staat und den „etablierten Parteien" vergessen werden. Dies belegt ein mit Holger Apfel zu dessen Amtsantritt in der Deutschen Stimme (Ausgabe 1/2012, S. 3 f.) geführtes Interview, in dem er erklärte: 857

> Es geht um eine zukunftsorientierte und volksnahe Ausrichtung der NPD. Es geht um die Profilierung als Kümmererpartei, um die Verständlichkeit unserer Botschaften und die Vermittlung von Identifikation. Wir dürfen keine Partei von Sektierern sein und keine Bürgerschrecktruppe sein, dürfen nicht durch Kleidung und Auftreten Selbstausgrenzung betreiben. Wir stehen für einen radikalen, an die Problemwurzel gehenden Politikwechsel, wir wollen volksnah und gegenwartsbezogen – dabei durchaus unkonventionell und frech – sein, dem medialen Zerrbild begegnen und so die Herzen unserer Landsleute gewinnen.

Ähnlich schreibt Jürgen Gansel in der Deutschen Stimme (Ausgabe 11/2012, S. 17): 858

> Deshalb sind alle vernünftig auftretenden Nationalisten aufgefordert, sich in Sportvereinen, Elternvertretungen, Mietervereinen und Feuerwehren zu engagieren und sich darüberhinaus in Kneipen, Diskotheken und auf Stadtfesten zu zeigen.

Elemente dieser auf die Herstellung emotionaler Bindungen und gesellschaftlicher Verankerung angelegten Arbeit sind die Bereitschaft zur Übernahme kommunaler Ehrenämter, die Durchführung von Hartz-IV-Beratungen, die Veranstaltung von Kinderfesten und das Engagement auf Vereinsebene. Beispielhaft hierfür steht die Beteiligung der Antragsgegnerin an der Gründung des Sportvereins „Sportfreunde Griese Gegend e. V." in Lübtheen. Teil der Graswurzelarbeit ist die Einrichtung von Bürgerbüros, die als Ansprechpartner vor Ort und Anlaufstelle für alle national denkenden Menschen fungieren sollen. 859

360 (2) Nach Darstellung des Antragstellers verfolgt die Antragsgegnerin auf der Grundlage ihrer „Graswurzelpolitik" das Ziel der Herstellung kultureller Hegemonie in abgegrenzten Sozialräumen bis hin zur Schaffung sogenannter „national befreiter Zonen". Dazu erklärt das Mitglied des Landesvorstands Mecklenburg-Vorpommern H. in einem Interview mit der Deutschen Stimme (Ausgabe 1/2008):

> National befreite Zonen und Gebiete müssen daher in ihrer bereits bestehenden Infrastruktur fortwährend ausgebaut, gestärkt und gefestigt werden.

361 bb) Ziel des „Kampfes um die Straße" ist die Verbreitung und Durchsetzung der Ideologie der Antragsgegnerin. Dazu nutzt sie ihre medialen Möglichkeiten, die in Wahlkämpfen geführten Kampagnen und – soweit vorhanden – ihre parlamentarische Präsenz. Darüber hinaus versucht die Antragsgegnerin mit weiteren öffentlichkeitswirksamen Aktivitäten auf die politische Meinungsbildung einzuwirken und Zustimmung zu den von ihr verfolgten verfassungsfeindlichen Zielen zu gewinnen. Dabei richtet sie sich insbesondere an Jugendliche (1) [S. 1481]. Inhaltlicher Schwerpunkt sind die Asylproblematik (2) [S. 1482] sowie sonstige gegen Migranten und Minderheiten gerichtete Aktivitäten (3) [S. 1483]. Im Rahmen der „Wortergreifungsstrategie" sucht die Antragsgegnerin die direkte Konfrontation mit dem politischen Gegner (4) [S. 1483].

362 (1) Die Antragsgegnerin ist bestrebt, durch den Einsatz spezifisch jugend-orientierten Materials potentielle Wähler und Sympathisanten frühzeitig anzusprechen und mit ihren verfassungsfeindlichen Positionen vertraut zu machen.

363 Beispielsweise verteilte der Landesverband Berlin im Wahlkampf zur Wahl des Berliner Abgeordnetenhauses 2011 auf Schulhöfen eine bewusst dafür gestaltete CD mit rechtsextremer Musik. Im Booklet der Schulhof-CD Berlin heißt es, dass sie vornehmlich an „Schülerinnen, Schüler und Erstwähler" gerichtet sei. Die CD wurde von der BPjM mit Beschluss vom 1. März 2012 (Entscheidung Nr. 5889, Bundesanzeiger Nr. 52) indiziert. Grund waren Textpassagen wie die Folgenden:

> Die Knechtschaft hat ein Ende erst, wenn Stadt und Land befreit sind, Deutschland wieder deutsch ist, alles wieder Eins ist, vereint unter einem, dem Einen – es gibt keinen Zweiten wie ihn, für den in Reihe wir ziehen bis in die tiefsten Feindesgebiete.
>
> Fast täglich werden in deutschen Haushalten Kinder von ihren Eltern vergewaltigt und missbraucht. Niemanden interessiert es. Nachbarn sehen weg, Jugendämter schalten sich erst ein, wenn alles zu spät ist. Weist die Pädophilen in ihre Schranken und das in allen Ländern. Todesstrafe für Kinderschänder.
>
> Jetzt erkennst du das Problem: deine Haut ist viel zu hell, deine Augen blau, die Haare blond, bist intellektuell. Nach deinen Sätzen kommt kein „Alter", redest nicht im Türkenslang, schwörst nicht auf Allah, hast um dein' Hals kein Türkenkettchen hängen und deshalb hassen sie dich […]. Früher hat man so was [Schussgeräusch]! Jetzt toben sie sich bei uns aus, kriegen Zaster reingeschoben […], stechen junge Deutsche ab, während die Bullen danebenstehen und aus purer Angst so tun, als hätten sie nichts gesehen!
>
> Dann wird sie schwanger, sagt der Kleine wär von dir, doch als das Baby dann zur Welt kommt, bist du etwas verwirrt. Schwarze Haare, braune Haut, dunkle Augen und erstaunt denkst du, der Kleine will dir jetzt schon auf die Fresse hauen. Das ist nicht dein Kind, das ist nur ein [Brechgeräusch], sie wird älter, kriminell und mit dem Messer in der Tasche geht sie dann auf Deutschenjagd. Aber hier und heute sag ich für jeden toten Deutschen [Schussgeräusch]!

Ähnliche Texte finden sich auf der ebenfalls von der BPjM indizierten Sampler-CD „Freiheit statt BRD" (Entscheidung Nr. VA 2/10 vom 8. September 2010, Bundesanzeiger Nr. 138), die seit dem 4. September 2010 vom Landesverband der Antragsgegnerin Mecklenburg-Vorpommern über das Internet und nach Angaben der Antragsgegnerin in einer ersten Auflage von 25.000 Stück kostenlos vor Schulhöfen verteilt worden ist.

Auch der Landesverband der JN Thüringen verteilte entsprechende Schulhof-CDs, wozu er am 18. August 2009 auf seiner Homepage mitteilte:

> Die Musik ist der Zugang zur nationalen Jugendkultur, in welcher viele Jugendliche später politisiert werden und endlich beginnen, sich für ihr Land einzusetzen. Wir wollen die Thüringer Jugend mit unserer Jungwählerkampagne nicht nur dazu animieren, am 30. August national und damit Zukunft zu wählen, sondern aktiv ins Geschehen einzugreifen, hier zu bleiben und für Deutschland anzupacken.

Im Rahmen der – von Jürgen Gansel ausdrücklich unterstützten (vgl. Homepage des Landesverbands Sachsen, Beitrag vom 4. Juli 2014) – „Platzhirsch-Kampagne" des sächsischen JN-Landesverbands im Sommer 2014 besuchten JN-Mitglieder Schulen und verteilten dort Werbematerial. Parallel dazu wurde eine Publikation mit einer Auflage von 10.000 Stück unter dem Titel „Platzhirsch – Der Schülersprecher" an Jugendliche verteilt und im Internet zum Download angeboten. Im Zusammenhang mit dieser Publikation wurde der Staatsregierung und den „Antideutschen" ein auch über Facebook bekanntgemachtes „Zeugnis" ausgestellt, das für „Ausländerrückführung", „Sicherheit und Recht" sowie „Zukunftshoffnung" die Note 6 und unter anderem für „Schuldkult", „Falsche Toleranz", „Volkstod" und „Polizeiwillkür" die Note 1 vergibt.

(2) Schwerpunkt der öffentlichkeitswirksamen Aktivitäten der Antragsgegnerin ist die Asylthematik. Vertreter der Antragsgegnerin treten als Anmelder oder Organisatoren von Protestkundgebungen auf, die sich vor allem gegen Standortentscheidungen für Flüchtlingsunterkünfte richten (a) [S. 1482]. Hinzu kommen sonstige Aktionen, mit denen die Antragsgegnerin auf ihre Forderungen nach ersatzloser Streichung des Asylrechts, den Verzicht auf Integration und die Rückführung aller ethnisch Nichtdeutschen hinzuweisen sucht (b) [S. 1483].

(a)(aa) Nach dem unwidersprochenen Vortrag des Antragstellers wurden von der Antragsgegnerin im Jahr 2015 insgesamt 192 ihr unmittelbar zuzurechnende Veranstaltungen mit mehr als 20 Teilnehmern pro Veranstaltung und einer Gesamtzahl von 23.000 Teilnehmern durchgeführt. Hinzuzurechnen sind aus Sicht des Antragstellers weitere 95 Veranstaltungen mit einer Gesamtteilnehmerzahl von 20.000 Personen, da insbesondere Kundgebungen der MVGIDA und der THÜGIDA stark durch die Antragsgegnerin beeinflusst seien.

(bb) Die Aktivitäten der Antragsgegnerin sind vor allem auf Sachsen und Mecklenburg-Vorpommern konzentriert. Beispielhaft für die gezielte Organisation von Protesten gegen die Standorte von Asylbewerberunterkünften in Sachsen stehen die durch das Kreistags- und Stadtratsmitglied der Antragsgegnerin T. angemeldeten „Abendspaziergänge" in Tröglitz, die durch den örtlichen Kreisvorsitzenden H. von Oktober 2013 bis Januar 2014 organisierten „Schneeberger Lichtelläufe" und die am 24. Juli 2015 in Dresden unter dem Motto „Asylflut stoppen – Nein zur Zeltstadt auf der Bremer Straße" durchgeführte Kundgebung, in deren Nachgang es zu gewalttätigen Auseinandersetzungen kam. Des Weiteren organisierte der Heidenauer Stadtrat R. die „Initiative Nein zum Heim", die an unterschiedlichen Orten in Sachsen Protestkundgebungen durchführte. Dazu zählte auch eine Demonstration am 21. August 2015 in Heidenau, bei der es anschließend zur Blockade einer Bundesstraße und gewalttätigen Auseinandersetzungen kam, in deren Verlauf 31 Polizeibeamte verletzt wurden. Bei Demonstrationen in Rötha und Borna traten die Funktionsträger der Antragsgegnerin S., R. und T. als Redner auf. In Bautzen wandte die Antragsgegnerin sich mit Mahnwachen und Aufmärschen gegen die Nutzung eines Hotels als Flüchtlingsheim. Auch in Mecklenburg-Vorpommern wurden von ihr mehrere Anti-Asyl-Veranstaltungen durchgeführt. Dazu zählen Demonstrationen, Fackelmärsche und Mahnwachen in Güstrow, die von den Funktionsträger der Antragsgegnerin M. und K. gesteuert wurden.

370 (b) Neben Protestkundgebungen gehören Besuche von Asyleinrichtungen durch Landtagsabgeordnete und Stadträte der Antragsgegnerin sowie die in Mecklenburg-Vorpommern in der Zeit von 2013 bis 2015 jährlich durch die ehemalige Landtagsfraktion der Antragsgegnerin veranstalteten Kundgebungstouren zur Asylpolitik zu denjenigen Maßnahmen, mit denen die Antragsgegnerin versucht, das Thema Asyl für ihre Zwecke zu nutzen.

371 (3) Ergänzt wird die asylfeindliche Agitation der Antragsgegnerin durch weitere gegen Migranten und Minderheiten gerichtete Aktivitäten. Hierzu gehören die bereits geschilderten Rückkehraufforderungen an Politiker mit Migrationshintergrund in den Bundestagswahlkämpfen 2009 und 2013 sowie im thüringischen Landtagswahlkampf 2009 (vgl. Rn. 682 ff. [S. 1447]), die Plakatkampagne „Geld für die Oma statt für Sinti & Roma", das Aufstellen eines – Udo Voigt auf einem Motorrad abbildenden – Wahlplakats mit dem Slogan „Gas geben" unter anderem vor dem jüdischen Museum in Berlin und der Protest gegen die Errichtung einer Moschee in Leipzig-Gohlis unter dem Motto „Maria statt Scharia – Islamisierung und Überfremdung stoppen".

372 (4) Der Versuch der Verbreitung der politischen Ideologie der Antragsgegnerin findet auf der Basis der sogenannten „Wortergreifungsstrategie" (vgl. Rn. 62 [S. 1321] und 320 [S. 1368]) auch in der direkten Konfrontation mit politischen Wettbewerbern statt. So entrollten bei einer DGB-Kundgebung am 1. Mai 2015 in Weimar Angehörige der JN trotz eines Platzverweises Transparente, verteilten Flugblätter und bemächtigten sich des Mikrofons, was zu tätlichen Auseinandersetzungen führte. Letzteres war auch der Fall am 6. Juli 2015, als unter der Führung des Kreisverbandsvorsitzenden Aschaffenburg S. bei einer Informationsveranstaltung über die anstehende Unterbringung von Asylbewerbern in Goldbach dazwischen gerufen, ein Banner mit der Aufschrift „Schluss mit der Flüchtlingslüge" entrollt und versucht wurde, Flyer mit der Aufschrift „Asylbetrug macht uns arm" zu verteilen. Weiterhin verteilten bei dem von einer Bürgerinitiative gegen Rechtsextremismus am 18. September 2010 in Lübtheen veranstalteten „Lindenfest" die Funktionäre Pastörs, T. (Stadtratsmitglied und früherer stellvertretender Leiter des Bundesordnungsdienstes der Antragsgegnerin) und K. (Landesgeschäftsführer der Antragsgegnerin in Mecklenburg-Vorpommern) Flugblätter und ließen NPD-Ballons aufsteigen. In Berlin-Schöneiche traten Anhänger der Antragsgegnerin in den Jahren 2007

bis 2009 bei dort stattfindenden jüdischen Festen auf. Zum „Besuch" des Laubhüttenfests am 5. Oktober 2007 erklärte die NPD Barnim auf ihrer Homepage:

> Wir Nationaldemokraten haben es uns zum Ziel gesetzt, die deutsche Kultur zu fördern. Deshalb werden wir zukünftig bei solchen Veranstaltungen Gesicht und NPD-T-Hemd zeigen, um eine Diskussion mit den Teilnehmern über deutsche Kultur zu fördern. An diesem Beispiel sehen Sie, wo falsch verstandene Toleranz hinführt. Toleranz heißt Duldsamkeit. Heute erdulden wir das Laubhüttenfest und morgen gibt es gar keine deutschen Feste mehr.

cc) Auch den „Kampf um die Parlamente" nutzt die Antragsgegnerin, um mit Wahlkampagnen und parlamentarischer Arbeit für ihre verfassungsfeindlichen Ziele einzutreten und auf deren Verwirklichung hinzuarbeiten. Sie ist im Hinblick auf ihr instrumentelles Verhältnis zur parlamentarischen Demokratie um ein möglichst hohes Maß an Präsenz in Parlamenten bemüht und nimmt daher regelmäßig an Wahlen auf den unterschiedlichen politischen Ebenen teil. Lediglich bei Kommunalwahlen ist dies – insbesondere in den alten Bundesländern – nicht flächendeckend der Fall.

Soweit es der Antragsgegnerin gelingt, parlamentarische Mandate zu erringen, nutzt sie diese (vgl. bereits Rn. 773 [S. 1464]), um ihren verfassungswidrigen Vorstellungen Ausdruck zu verleihen. Dabei greift sie auch auf symbolische Handlungen zurück. So blieben die Mitglieder der ehemaligen NPD-Landtagsfraktion in Mecklenburg-Vorpommern einer Gedenkminute für die Opfer des Nationalsozialismus am 30. Januar 2013 im Landtag fern und verließen den Plenarsaal, als der Landtag im Dezember 2012 der Mordopfer der NSU-Terrorzelle gedenken wollte. Dass die Antragsgegnerin die Teilnahme an Gedenkveranstaltungen als rechtlich bedeutungslos qualifiziert, ändert nichts daran, dass dieses Verhalten ihre Verbundenheit mit dem Nationalsozialismus und ihre Missachtung der Opfer rechtsterroristischer Gewalttakte zutage treten lässt. Auch die vorgelegte Auflistung verfassungskonformer Beschlussanträge steht der Nutzung parlamentarischer Handlungsmöglichkeiten zur Verbreitung des politischen Konzepts der Antragsgegnerin nicht entgegen, da sie ein Abrücken von deren verfassungsfeindlichen Zielen nicht erkennen lässt.

Vertreter der Antragsgegnerin waren häufig von parlamentarischen Ordnungsmaßnahmen betroffen. Im 4. Sächsischen Landtag wurden gegen die Fraktion der Antragsgegnerin 58 der insgesamt 64 sitzungsleitenden Maßnahmen verhängt. Nach unbestrittener Auskunft der Landtagspräsidentin von Mecklenburg-Vorpommern in der mündlichen Verhandlung betrafen in der 5. Wahlperiode (2006 bis 2011) 708 von 849 Ordnungsmaßnahmen Mitglieder der Fraktion der Antragsgegnerin. In der 6. Wahlperiode seien bis zum Termin der mündlichen Verhandlung 432 Ordnungsmaßnahmen verhängt worden, 382 davon hätten Mitglieder der Fraktion der Antragsgegnerin betroffen. Abgeordnete der Antragsgegnerin hätten insgesamt in 50 Fällen Einspruch erhoben. Alle Einsprüche seien vom Plenum abgewiesen worden. Nur in elf Fällen habe die Fraktion der Antragsgegnerin ein Verfahren vor dem Landesverfassungsgericht angestrengt. Lediglich in vier Fällen sei die Ordnungsmaßnahme als Verstoß gegen das Rederecht des Abgeordneten gewertet worden. Entgegen der Auffassung der Antragsgegnerin übersteigt daher die Anzahl der gegen ihre Abgeordneten ergangenen Ordnungsmaßnahmen das ansonsten übliche parlamentarische Maß und belegt jedenfalls die Bereitschaft, die parlamentarische Auseinandersetzung in aggressiver Weise zu führen.

376 Schließlich nutzt die Antragsgegnerin die mit der parlamentarischen Präsenz verbundenen finanziellen Ressourcen zur Intensivierung ihrer Verbindungen in das nicht parteigebundene rechtsextreme Spektrum. Nach dem unbestrittenen Vortrag des Antragstellers wurden seit 2004 zumindest 87 Personen als Mitarbeiter beziehungsweise Praktikanten der ehemaligen Landtagsfraktionen in Mecklenburg-Vorpommern und Sachsen, der einzelnen ehemaligen Landtagsabgeordneten der Partei sowie des Europaabgeordneten Udo Voigt beschäftigt. Bei insgesamt 37 dieser Personen liegt eine vorherige oder gleichzeitige Verbindung zu neonazistischen Organisationen vor.

377 dd) Im Rahmen des „Kampfes um den organisierten Willen" strebt die Antragsgegnerin ausgehend von bereits bestehenden personellen Verflechtungen (1) [S. 1485] die Bildung einer „umfassenden nationalen Oppositionsbewegung" unter ihrer Führung an (2) [S. 1486]. Dem dienen regional unterschiedlich ausgeprägte Kooperationen mit der parteiungebundenen rechtsextremen Szene und die Bereitschaft zur Integration eintrittswilliger Mitglieder dieser Szene in die Antragsgegnerin (3) [S. 1486]. Zugleich bemüht sie sich um Kooperation und Einflussnahme auf die gegen eine angebliche „Islamisierung des Abendlandes" gerichteten Bewegungen (4) [S. 1488].

378 (1) Auf den Führungsebenen der Antragsgegnerin sind in erheblichem Umfang Personen vertreten, die verbotenen rechtsextremen Organisationen angehörten. Dies gilt bereits für vier Angehörige des siebenköpfigen Parteipräsidiums, denen eine frühere Mitgliedschaft in neonazistischen Vereinigungen nachgewiesen werden kann: der am 22. Oktober 2016 verstorbene Frank Schwerdt („Hilfsorganisation für nationale politische Gefangene und deren Angehörige e. V." ⟨HNG⟩), Stefan Köster („Heimattreue deutsche Jugend e. V." ⟨HDJ⟩ und HNG), Klaus Beier („Deutsche Alternative" ⟨DA⟩) und Sebastian Schmidtke (HNG). Frank Schwerdt und Andreas Storr waren außerdem führende Mitglieder des Vereins „Die Nationalen e. V.". Von den weiteren zehn gewählten Parteivorstandsmitgliedern war jedenfalls Jens Pühse („Nationalistische Front" ⟨NF⟩) Mitglied in einer neonazistischen Vereinigung. Im 2010 gewählten Bundesvorstand galt dies für fünf Personen: Klaus Beier (DA), Jens Pühse (NF), Manfred Börm in der „Wiking-Jugend", Thomas Wulff (FAP, NL, HNG) und Thorsten Heise (FAP).

379 Der 1995 verbotenen FAP gehörten neben den bereits Genannten die Funktionäre der Antragsgegnerin B. und B. an. Mitglied der 2009 verbotenen HDJ waren außer Stefan Köster und Manfred Börm auch die Funktionsträger H., B., F., B., G., K., P., T. und P. Der 2011 verbotenen HNG gehörten außer den bereits Genannten H., David Petereit, S., R., D., J., Uwe Meenen, Safet Babic, H., L., P., S., C., D., K., W., W., B., M. und W. an.

380 Auch die früheren Landtagsabgeordneten der Antragsgegnerin in Mecklenburg-Vorpommern sind eng mit der neonazistischen Szene verbunden. Der ehemalige stellvertretende Fraktionsvorsitzende Tino Müller war Mitglied der verbotenen HDJ und hat Führungsfunktionen im rechtsextremistischen „Kulturkreis Pommern" sowie im Kameradschaftsnetzwerk „Soziales und Nationales Bündnis Pommern" übernommen. Das ehemalige Fraktionsmitglied David Petereit gehörte nicht nur der HDJ und der HNG an, sondern betreibt den Szene-Versandhandel „Levensboom" und verantwortete – bis zu dessen Einstellung – den rechtsextremistischen Internetauftritt www.mupinfo.de.

(2) Hiervon ausgehend verfolgt die Antragsgegnerin das Ziel einer „Konzentration möglichst aller nationalen Kräfte".

Zu diesem „Volksfrontkonzept" der Antragsgegnerin äußerte sich der nordrhein-westfälische Landesvorsitzende Claus Cremer im Dezember 2010 auf der Homepage seines Landesverbands:

> Doch nicht nur der Zusammenschluss mit der DVU oder die kommenden Wahlen werden zeigen, wie der Weg des nationalen Widerstandes in Zukunft weiter geht. Dies wäre zu kurzfristig gedacht und ausschließlich auf den parlamentarischen Flügel ausgerichtet, was einer umfassenden nationalen Oppositionsbewegung nicht gerecht wird. Ebenso wichtig wie der Weg hin zur nationalen Einheitspartei ist auch die weitere Zusammenarbeit mit den parteiungebundenen Kräften und die Stärkung der diversen Vorfeldorganisationen, denn nur gemeinsam werden wir dazu in der Lage sein, in den verschiedenen Lebensbereichen auch Akzente zu setzen.

Udo Pastörs sagte in seiner auf der Homepage der Antragsgegnerin eingestellten Ansprache auf dem Bundesparteitag 2008 in Bamberg:

> Die NPD steht weiterhin zum Schulterschluß mit allen parteiunabhängigen Nationalisten, die ihrerseits zu einer konstruktiv-partnerschaftlichen Zusammenarbeit mit der NPD bereit sind. Viele gemeinsam gestaltete Aktionen mit parteifreien Kräften, aber auch übernommene Führungsverantwortung durch ehemals parteifreie Aktivisten innerhalb der NPD zeigen, daß es der NPD ernst ist mit der Einbindung und der Zusammenarbeit mit freien Nationalisten.

Die Bedeutung der Einbindung „Freier Kameradschaften" – auch durch die Vergabe von Parteiämtern – stellte Pastörs in einem am 14. November 2011 auf der Homepage des Landesverbands Mecklenburg-Vorpommern eingestellten Gespräch erneut heraus:

> Für mich sind die freien Kameradschaften unabdingbarer Teil des gesamten nationalen Widerstandes. Es ist wichtig für die neue Parteiführung, den freien Strukturen klare Parteipositionen aufzuzeigen, die als Grundlage einer zukünftigen Zusammenarbeit gelten sollen. Das ist wichtig, damit die freien Strukturen wissen, woran sie sind. Freie Strukturen sind auch deshalb so wichtig, weil sie viel schneller und kreativer auf politische Ereignisse reagieren können, als ein doch viel schwerfälligerer Parteiapparat.

(3) Auf dieser Grundlage bemüht sich die Antragsgegnerin um eine Intensivierung ihrer Kontakte und der Zusammenarbeit mit dem parteiungebundenen rechten Spektrum.

(a) In Sachsen kommt dabei den JN besondere Bedeutung zu. Diese haben im Landkreis Nordsachsen und im Landkreis Leipzig im Jahr 2009 gezielt vier Stützpunkte errichtet, die nach einer Mitteilung auf der Internetseite der NPD-Nordsachsen (Abruf am 24. November 2009) eine Bindegliedfunktion zur Neonazi-Szene einnehmen sollen:

> Die vier Stützpunktleiter bündeln nun nationale Kräfte, die bisher als Kameradschaften oder Einzelpersonen eher nebeneinander als miteinander politisch gearbeitet haben, und formen sie zu einer jugendlichen Gesinnungs- und Tatgemeinschaft unter dem Dach der NPD.

Die Vernetzung der JN Sachsen mit der neonazistischen Szene manifestierte sich in dem Parteieintritt der Führungskraft der „Freien Kräfte Dresden" M. und seiner Anhänger in den JN-Landesverband. Element der Zusammenarbeit sind gemeinsame Konzertveranstaltungen, wie zum Beispiel beim „JN-Sachsentag" im Juni 2010. Auf dieser JN-Veranstaltung mit etwa 400 Teilnehmern traten – wie sich aus einem Bericht auf der Homepage des JN-Bundesvorstands ergibt – zum einen Redner der Antragsgegnerin, der JN sowie der „Freien Kräfte" auf, zum anderen spielten rechtsextreme Musikgruppen wie „Last Pride", „Barbaren", „Conflict", „Brutal Attack" und „Frontalkraft". Weiteres Beispiel ist die Demonstration von „freien Kräften" mit dem Thema „Recht auf Zukunft" am 17. Oktober 2009 in Leipzig, deren „Demoaufruf" vom Landesverband Sachsen auf seiner Homepage am 6. Oktober 2009 mit dem Kommentar abgedruckt wurde, dass er diese Demonstration unterstütze. In dem Aufruf wird „völkisches Leben" und ein „Volksrecht" gefordert sowie zum Kampf für die neue Ordnung aufgerufen. Der Aufruf endet mit den Worten „Nationaler Sozialismus jetzt!". Auch der Bundesvorstand der JN unterstützte die Kampagne und schrieb anschließend auf seiner Homepage (Abruf am 21. Oktober 2009):

> Im Vorfeld der Demonstration stand eine groß angelegte Mobilisierungskampagne mit nur einem Ziel, nämlich alle Strömungen des Nationalen Widerstandes zu vereinen. Bei uns zählten nicht Bezeichnungen wie Junge Nationaldemokraten, Freie Kräfte, völkische Deutsche oder Autonome Nationalisten, unser Ziel war es so viel wie möglich Nationale Sozialisten zu bündeln und das gelang uns definitiv.

388 Soweit die Antragsgegnerin in diesem Zusammenhang darauf verweist, die Aufnahme vorbestrafter Jugendlicher aus der rechtsextremen Szene diene deren Resozialisierung und ihrer Integration in den demokratischen Prozess, steht dem entgegen, dass die Antragsgegnerin die freiheitliche demokratische Grundordnung beseitigen will und daher von der behaupteten „Entradikalisierung der in die Partei integrierten Neonazis" nicht ausgegangen werden kann. Der Feststellung, dass die Antragsgegnerin bemüht ist, rechtsextreme Netzwerke unter ihrer Führung im Sinne des „Kampfes um den organisierten Willen" zu bilden, steht diese Einlassung im Übrigen nicht entgegen.

389 (b)(aa) Insbesondere in Mecklenburg-Vorpommern beurteilt die Antragsgegnerin ihre Zusammenarbeit mit parteiungebundenen Kräften der rechtsextremen Szene als erfolgreich. So erklärte Udo Pastörs auf der Homepage des Landesverbands (eingestellt am 14. November 2014):

> Ja, es ist richtig. Bei uns hier in Mecklenburg-Vorpommern funktioniert das Ganze geräuschlos nach Innen und mit großer Propagandawirkung, nicht nur bei Wahlkämpfen, auch nach Außen.

390 Auch Stefan Köster bekannte sich als Landesvorsitzender in Mecklenburg-Vorpommern im Gespräch mit der Deutschen Stimme (Ausgabe 1/2008, S. 3) zur Zusammenarbeit mit anderen „nationalen Aktivisten":

> Die Kameraden in Mecklenburg und Pommern haben etwas vollzogen, was Vorbildfunktion hat. Alle wesentlichen und zuverlässigen nationalen Aktivisten haben unseren Wahlkampf getragen. Unsere Landesliste war (und ist) das beste Beispiel für ein gutes Miteinander Volkstreuer.

391 (bb) Eine enge Zusammenarbeit zwischen der Antragsgegnerin und rechtsextremen Gruppen findet im Raum Waren (Müritz) statt. Die Stadtvertreterin der Antragsgegne-

rin Z. führte mehrere Veranstaltungen mit den „Nationalen Sozialisten Müritz" durch. So trat sie bei einer „Mahnwache gegen Kinderschänder" – laut behördlichem und unbestritten gebliebenem Informationsschreiben vom 3. Oktober 2014 – mit vier Personen der rechtsextremen Szene auf.

(cc) Zu einem „Fackelmarsch gegen Asylmissbrauch" im November 2012 in Wolgast riefen die Antragsgegnerin, die JN und die „Nationalen Sozialisten Mecklenburg und Pommern" gemeinsam auf, wie ein Plakat auf www.mupinfo.de (Abruf am 1. November 2012) belegt. Die „Nationalen Sozialisten Rostock" äußerten sich mit Blick auf Demonstrationen im Jahr 2011 auf www.info-rostock.org am 6. Oktober 2011 wie folgt:

> Hat man jedoch einen Partner wie die NPD-MV an seiner Seite, die das komplette Demo-Know-How, von Lautsprecherwagen, Ordnerdienst bis zum Informationsmaterial mitbringt, sieht die Welt schon wieder ganz anders aus. [...] Während die Parteistrukturen also für landesweite Mobilisierung und das nötige drumherum am Demotag sorgten, konnten wir für ständige Präsenz in unserer Heimatstadt sorgen. Im gesamten Stadtgebiet wurden Plakate verklebt, Flugblattverteilungen fanden an belebten Orten statt und die flächendeckende Verteilung von Infomaterial wurde gewährleistet.

(c) Weitere Beispiele des Kooperationsstrebens der Antragsgegnerin mit rechtsextremen Organisationen sind die Vergabe des „Widerstandspreises" der Deutschen Stimme am 1./2. Juli 2011 an drei Initiativen des „parteiungebundenen nationalen Lagers" und die vom bayerischen Staatsminister des Innern in der mündlichen Verhandlung geschilderte Veranstaltung unter dem Motto „Schluss mit dem Asylwahnsinn. Wir sind das Volk", die im September 2015 am Hauptbahnhof in München stattfand. Die Unterstützung der Antragsgegnerin durch parteiungebundene Kräfte im Kommunalwahlkampf 2009 in Sachsen-Anhalt dokumentiert die Äußerung des dortigen Landesvorsitzenden Matthias Heyder auf der Internetseite www.npd-ins-rathaus.de (Abruf am 16. April 2009):

> In gelebter Kameradschaft zwischen NPD-Mitgliedern, freien Nationalisten und den äußerst engagierten Mitgliedern der NPD-Jugendorganisation Junge Nationaldemokraten (JN), gelang es der nationalen Bewegung in Sachsen-Anhalt in den vergangenen Wochen mehr als 3.000 Unterstützungsunterschriften für die Zulassung zu den bevorstehenden Kommunalwahlen zu sammeln.

(4) Die Antragsgegnerin strebt außerdem an, als relevanter Teil der Proteste gegen die angebliche „Islamisierung des Abendlandes" wahrgenommen zu werden, da es sich nach ihrer Auffassung um eine ihr ideologisch nahestehende Bewegung handelt. So formuliert Holger Szymanski in der Deutschen Stimme (Ausgabe 2/2015, S. 11):

> Während sich die Spitzen von PEGIDA noch nicht trauen, Kontakte mit der NPD zu pflegen, sieht das andernorts schon ganz anders aus. [...] Immer wieder erleben wir das Phänomen, dass die Bürger Positionen vertreten, die mit denen der NPD übereinstimmen, diese Menschen aber bisher gar keine Kenntnis davon haben, was die NPD eigentlich vertritt.

Entsprechend hat die Antragsgegnerin regelmäßig zur Teilnahme an Kundgebungen der sogenannten „GIDA-Bewegung" aufgerufen, ihre Unterstützung der Proteste angeboten und Präsenz zu zeigen versucht. In Dresden unterstützte sie darüber hinaus die Kandidatur der PEGIDA-Kandidatin bei der Oberbürgermeisterwahl am 7. Juni

2015. Die in Mecklenburg-Vorpommern durchgeführten Demonstrationen der MVGI-DA waren stark durch den Landesverband der Antragsgegnerin beeinflusst. Ebenso kam dem Mitglied des Landesvorstands des Landesverbands Thüringen der Antragsgegnerin K. bei den Veranstaltungen der THÜGIDA eine maßgebliche Rolle zu.

2. Auch wenn die Antragsgegnerin sich nach alledem zu ihren verfassungsfeindlichen Zielen bekennt und planmäßig auf deren Verwirklichung hinarbeitet, erreicht ihr Handeln nicht die Qualität einer Bekämpfung der freiheitlichen demokratischen Grundordnung im Sinne des „Darauf Ausgehens" (Art. 21 Abs. 2 Satz 1 GG). Es fehlen hinreichende Anhaltspunkte von Gewicht, die eine Durchsetzung der von ihr verfolgten verfassungsfeindlichen Ziele möglich erscheinen lassen. Weder steht eine erfolgreiche Durchsetzung dieser Ziele im Rahmen der Beteiligung am Prozess der politischen Willensbildung in Aussicht (a) [S. 1489], noch ist der Versuch einer Erreichung dieser Ziele durch eine der Antragsgegnerin zurechenbare Beeinträchtigung der Freiheit der politischen Willensbildung in hinreichendem Umfang feststellbar (b) [S. 1498].

a) Eine Durchsetzung des verfassungsfeindlichen politischen Konzepts der Antragsgegnerin mit parlamentarischen oder außerparlamentarischen demokratischen Mitteln erscheint ausgeschlossen. Im parlamentarischen Bereich verfügt die Antragsgegnerin weder über die Aussicht, bei Wahlen eigene Mehrheiten zu gewinnen, noch über die Option, sich durch die Beteiligung an Koalitionen eigene Gestaltungsspielräume zu verschaffen (aa) [S. 1489]. Auch durch die Beteiligung am Prozess der politischen Willensbildung mit demokratischen Mitteln außerhalb des parlamentarischen Handelns besteht in absehbarer Zeit für die Antragsgegnerin keine Möglichkeit erfolgreicher Verfolgung ihrer verfassungsfeindlichen Ziele (bb) [S. 1492].

aa) Parlamentarische Mehrheiten zur Durchsetzung ihres politischen Konzept sind für die Antragsgegnerin gegenwärtig weder durch Wahlen noch im Wege der Koalitionsbildung erreichbar.

(1) Auf überregionaler Ebene ist sie gegenwärtig lediglich mit einem Abgeordneten im Europäischen Parlament vertreten. Soweit sie in der Vergangenheit in den Landesparlamenten mehrerer alter Länder, Sachsens und Mecklenburg-Vorpommerns vertreten war, ist ihr eine Verstetigung ihrer parlamentarischen Präsenz nicht gelungen (vgl. bereits Rn. 2 ff. [S. 1310]).

Die Wahlergebnisse bei Europa- und Bundestagswahlen stagnieren auf sehr niedrigem Niveau. Bei der letzten Bundestagswahl 2013 erzielte die Antragsgegnerin nach 1,6 % bei der Bundestagswahl 2005 und 1,5 % bei der Bundestagswahl 2009 ein Ergebnis von 1,3 % der abgegebenen gültigen Zweitstimmen. Die Antragsgegnerin war nie im Bundestag vertreten, vor den drei genannten Bundestagswahlen lag ihr Zweitstimmenanteil mehr als 30 Jahre lang bei deutlich unter 1 %. Bei der Europawahl 2014 erreichte sie ein Wahlergebnis von 1 % der abgegebenen gültigen Stimmen und ist damit erstmals mit einem Abgeordneten im Europäischen Parlament vertreten.

In den alten Ländern schwankten die Wahlergebnisse der Antragsgegnerin bei der jeweils letzten Landtagswahl zwischen 1,2 % (Saarland) und 0,2 % (Bremen) der abgegebenen gültigen Stimmen. Trotz des bereits niedrigen Niveaus musste sie bei den

Landtagswahlen des Jahres 2016 weitere Stimmenverluste hinnehmen, die in Rheinland-Pfalz und Baden-Württemberg durch Verluste von jeweils 0,6 Prozentpunkten zu einer Reduzierung ihres Stimmenanteils um mehr als die Hälfte führten. Auch bei der Wahl zum Abgeordnetenhaus in Berlin erzielte die Antragsgegnerin 2016 nur noch 0,6 % der abgegebenen gültigen Stimmen und verlor damit im Vergleich zur Wahl von 2011 (2,1 % der abgegebenen gültigen Stimmen) 1,5 Prozentpunkte.

In den neuen Ländern ist ebenfalls – ausgehend von einem höheren Niveau – ein Rückgang der Ergebnisse der Antragsgegnerin bei Landtagswahlen festzustellen. In Sachsen reduzierte sich das Wahlergebnis der Antragsgegnerin von 9,2 % bei der Landtagswahl 2004 über 5,6 % bei der Landtagswahl 2009 auf 4,9 % bei der Landtagswahl 2014. In Sachsen-Anhalt verlor die Antragsgegnerin mit einem Wahlergebnis von 1,9 % der abgegebenen gültigen Stimmen bei der Landtagswahl 2016 im Vergleich zur Landtagswahl 2011 (4,6 % der abgegebenen gültigen Stimmen) mehr als die Hälfte ihrer Wähler. In Mecklenburg-Vorpommern erzielte die Antragsgegnerin bei der Landtagswahl 2006 ein Ergebnis von 7,3 %, bei der Landtagswahl 2011 von 6,0 % und bei der Landtagswahl 2016 von nur noch 3,0 % der abgegebenen gültigen Stimmen.

Die Antragsgegnerin hat es in den mehr als fünf Jahrzehnten ihres Bestehens nicht vermocht, dauerhaft in einem Landesparlament vertreten zu sein. Anhaltspunkte für eine künftige Veränderung dieser Entwicklung liegen nicht vor. Hinzu kommt, dass die sonstigen in den Parlamenten auf Bundes- und Landesebene vertretenen Parteien zu Koalitionen oder auch nur punktuellen Kooperationen mit der Antragsgegnerin bisher nicht bereit sind. Parlamentarische Mehrheiten für die Antragsgegnerin sind daher auf der Ebene des Europäischen Parlaments, des Bundestages und der Landtage auf absehbare Zeit ausgeschlossen.

(2) Etwas anderes ergibt sich im Ergebnis auch nicht für die kommunale Ebene. Selbst wenn die Antragsgegnerin bundesweit über etwa 350 kommunale Mandate verfügt und die Schwankungsbreite ihrer Kommunalwahlergebnisse im Vergleich zu überregionalen Wahlen deutlich höher ausfällt, ist sie von relevanten politischen Gestaltungsmöglichkeiten sehr weit entfernt. Dafür spricht bereits der Umstand, dass sich angesichts einer geschätzten Gesamtzahl von mehr als 200.000 Kommunalmandaten der Anteil der Antragsgegnerin bundesweit lediglich im Promillebereich bewegt.

Auch eine einzelfallbezogene Betrachtung führt nicht zu einer abweichenden Bewertung: Besonders schwach stellt sich die Vertretung der Antragsgegnerin auf kommunaler Ebene in den alten Ländern dar, auf die lediglich rund ein Fünftel der von ihr gehaltenen Kommunalmandate entfällt. Die geringe Präsenz der Antragsgegnerin wurde in der mündlichen Verhandlung durch den Hinweis des bayerischen Staatsministers des Innern bestätigt, dass die Antragsgegnerin bei den letzten bayerischen Kommunalwahlen lediglich in zwei bayerischen Städten mit jeweils einer Tarnliste angetreten sei. Anhaltspunkte für eine Veränderung dieser Situation sind nicht erkennbar. Zwar erzielte die Antragsgegnerin bei der hessischen Kommunalwahl am 6. März 2016 in einzelnen hessischen Gemeinden (möglicherweise begünstigt durch das jeweilige Nichtantreten der Partei „Alternative für Deutschland" ⟨AfD⟩) zweistellige Wahlergebnisse (Leun 11,2 %, Büdingen 10,2 %, Altenstadt 10,0 %). Insgesamt ging der Stimmenanteil der Antragsgegnerin aber im Vergleich zur hessischen Kommunalwahl 2011 von 0,4 %

auf 0,3 % der abgegebenen gültigen Stimmen zurück. Bei der Kommunalwahl 2016 in Niedersachsen lag der Stimmenanteil bei 0,1 %. Soweit die Antragsgegnerin überhaupt in Kommunalparlamenten vertreten ist, stellt sie regelmäßig lediglich einen oder zwei Abgeordnete. Eigenständige Gestaltungsmöglichkeiten sind insoweit nicht gegeben. Auch über Kooperations- oder Koalitionsoptionen verfügt sie in den Kommunalparlamenten der alten Länder nicht.

In den neuen Ländern ist ein bestimmender Einfluss der Antragsgegnerin auf die politische Willensbildung in den kommunalen Vertretungskörperschaften ebenfalls weder gegeben noch zukünftig zu erwarten. Dies gilt selbst mit Blick auf die vom Antragsteller besonders hervorgehobenen Kommunen, in denen die Antragsgegnerin bei den Kommunalwahlen 2014 in Sachsen und in Mecklenburg-Vorpommern deutlich überproportionale Wahlergebnisse bis hin zu 27,2 % der abgegebenen gültigen Stimmen in Blesewitz, 21 % in Neuenkirchen, 17,6 % in Groß Krams und 20,5 % in Reinhardtsdorf-Schöna erzielt hat.

Die ganz überwiegende Zahl der zitierten Gemeinden hat eine geringe vierstellige, zum Teil sogar nur dreistellige Einwohnerzahl (Blesewitz: 235 Einwohner, Neuenkirchen bei Anklam: 228 Einwohner, Groß Krams: 164 Einwohner ⟨Statistisches Landesamt Mecklenburg-Vorpommern, Stand: 1. Januar 2015⟩, Reinhardtsdorf-Schöna: 1.358 Einwohner ⟨Statistisches Landesamt des Freistaates Sachsen, Stand: 31. Dezember 2014⟩), weshalb die hohen Ergebnisse im Einzelfall noch nicht einmal für einen Sitz der Antragsgegnerin in der betreffenden Gemeindevertretung ausgereicht haben. Anders als vom Antragsteller behauptet, kann auch in der Gemeinde Reinhardtsdorf-Schöna angesichts der zwei Mandate der Antragsgegnerin im zwölf Sitze umfassenden Gemeinderat zumindest im Kommunalparlament nicht von einer „rechten Vorherrschaft" gesprochen werden. Auf der jeweiligen Kreisebene hat die Antragsgegnerin 2014 nirgendwo mehr als 7 % der Stimmen erzielt. Im Kreis Vorpommern-Greifswald, in dem die Mehrzahl der seitens des Antragstellers exemplarisch aufgeführten Gemeinden liegt, hat die Antragsgegnerin deutliche Verluste hinnehmen müssen und lediglich ein Ergebnis von 6,6 % der abgegebenen gültigen Stimmen erreicht (vgl. Eckert/Müller, in: Nestler/Scheele ⟨Hrsg.⟩, Die Kommunalwahlen 2014 in Mecklenburg-Vorpommern, S. 78 f.).

Insgesamt kann im Vergleich der letzten beiden Kommunalwahlen auch in den neuen Ländern ein positiver Trend zugunsten der Antragsgegnerin nicht festgestellt werden. Lediglich in Brandenburg ist es ihr bei den Kommunalwahlen 2014 auf Kreisebene gelungen, die Zahl ihrer Mandate von 16 auf 20 zu steigern. In den übrigen Bundesländern hat sie Mandate verloren. Dies gilt auch für Sachsen und Mecklenburg-Vorpommern, wo sie auf Kreisebene bei den Kommunalwahlen 2014 jeweils neun Sitze abgegeben hat.

Über eigene Gestaltungsmehrheiten verfügt die Antragsgegnerin in den Kommunalparlamenten der neuen Länder mithin nicht. Anhaltspunkte für eine gegenteilige Prognose sind nicht erkennbar. Ferner stehen ihr Koalitionsoptionen ebenso wenig wie in den alten Ländern zur Verfügung. Diese Einschätzung wird auch nicht erschüttert durch den Hinweis des Antragstellers auf die Wahl der Gemeindevertreterin der Antragsgegnerin Z. zur stellvertretenden Stadtpräsidentin mit drei Ja-Stimmen und drei Enthaltungen sowie die in dem vom Antragsteller vorgelegten Gutachten beschriebenen drei Fälle der Wahl von Kommunalvertretern der Antragsgegnerin in Ausschüsse der jeweiligen Kommunalparlamente (vgl. Borstel, Rechtsextremismus in Mecklenburg-Vorpommern unter besonderer Berücksichtigung der NPD, S. 24) nicht entgegen. Es handelt sich insoweit um sehr vereinzelte Personalentscheidungen, die den Rückschluss auf weitere Zusammenarbeitsmöglichkeiten und eine Unterstützung der von der Antragsgegnerin verfolgten verfassungsfeindlichen Ziele nicht erlauben. Die von dem Sachverständigen Prof. Borstel in diesem Zusammenhang beschriebenen „Normalisierungserfolge" der Antragsgegnerin betreffen im Übrigen lediglich den persönlichen Umgang der Kommunalvertreter untereinander (vgl. Borstel, Rechtsextremismus in Mecklenburg-Vorpommern unter besonderer Berücksichtigung der NPD, S. 24) und vermögen daher die Annahme inhaltlicher Kooperationsbereitschaft ebenfalls nicht zu begründen.

bb) Konkrete Anhaltspunkte von Gewicht, die eine Durchsetzung des auf die Beseitigung der freiheitlichen demokratischen Grundordnung gerichteten Konzepts der Antragsgegnerin mit demokratischen Mitteln jenseits der parlamentarischen Ebene möglich erscheinen lassen, liegen ebenfalls nicht vor. Vielmehr stehen einer nachhaltigen Beeinflussung der außerparlamentarischen politischen Willensbildung durch die Antragsgegnerin deren niedriger und tendenziell rückläufiger Organisationsgrad (1) [S. 1492] sowie ihre eingeschränkte Kampagnenfähigkeit und geringe Wirkkraft in die Gesellschaft (2) [S. 1492] entgegen. Es ist auch nicht erkennbar, dass die Antragsgegnerin in der Lage ist, diese Defizite durch die Bildung rechtsextremer Netzwerke oder auf anderem Wege zu kompensieren (3) [S. 1494].

(1) Der Mitgliederbestand der Antragsgegnerin hat sich im Vergleich zu seinem Höchststand im Jahr 1969 mit 28.000 Mitgliedern deutlich reduziert. Zeitlich begrenzte Erholungsphasen ändern an der Grundtendenz rückläufiger Mitgliederzahlen nichts. Weder die Fusion der Antragsgegnerin mit der Deutschen Volksunion (DVU) noch die Öffnung zur Kameradschaftsszene und die Gründung eigener Landesverbände in den neuen Ländern vermochten den Mitgliederrückgang dauerhaft zu stoppen. Ende 2013 verfügte die Antragsgegnerin ausweislich ihres Rechenschaftsberichts nur noch über 5.048 Mitglieder, Ende 2014 über 5.066 Mitglieder. Soweit ihr Vorsitzender in der mündlichen Verhandlung auf einen einmaligen Mitgliederzuwachs in einer Größenordnung von 8 % in der jüngeren Vergangenheit hinwies, sah er die Ursache dafür in der Flüchtlingspolitik der Bundesregierung. Eine Gesamtzahl von weniger als 6.000 Mitgliedern führt zu einer erheblichen Beschränkung der Aktionsmöglichkeiten der Antragsgegnerin.

(2) Einer erfolgreichen Beteiligung der Antragsgegnerin an der politischen Willensbildung stehen deren eingeschränkter Mobilisierungsgrad (a) [S. 1492] und ihre geringe Wirkkraft in die Gesellschaft (b) [S. 1493] entgegen.

(a) Der Verfassungsschutzbericht des Bundes für das Jahr 2014 stellt eine anhaltende Krise der Antragsgegnerin fest. Obwohl sie weiterhin die wirkmächtigste rechtsextreme Partei sei, leide sie unter innerparteilichen Querelen, sinkenden Mitgliederzahlen, ungelösten strategischen Fragen, finanziellen Problemen und dem anhängigen Verbotsverfahren (vgl. Bundesministerium des Innern, Verfassungsschutzbericht 2014, S. 40 ff.).

Insbesondere in den alten Ländern erscheint die politische Aktionsfähigkeit der Antragsgegnerin erheblich eingeschränkt. So wird beispielsweise den Landesverbänden

Bremen und Hessen eine zunehmende Handlungsunfähigkeit attestiert (vgl. Senator für Inneres und Sport Bremen, Verfassungsschutzbericht 2014, S. 26; Hessisches Ministerium des Innern und für Sport, Verfassungsschutz in Hessen 2014, S. 33). Auch der niedersächsische Landesverband wird als kaum noch aktions- und kampagnenfähig angesehen (vgl. Niedersächsisches Ministerium für Inneres und Sport, Verfassungsschutzbericht Niedersachsen 2014, S. 42). In Schleswig-Holstein wird der Zustand der Antragsgegnerin als desolat beschrieben (vgl. Schleswig-Holsteinischer Landtag, Verfassungsschutzbericht 2014, S. 30).

915   Aber auch in den neuen Ländern sehen die Verfassungsschutzbehörden jedenfalls in Brandenburg, Sachsen-Anhalt und Thüringen die Kampagnenfähigkeit der Antragsgegnerin als stark eingeschränkt an. In Brandenburg unterhalte die Antragsgegnerin nur noch acht Kreisverbände. Die Aktivitäten und damit die öffentliche Wahrnehmbarkeit hänge an wenigen Protagonisten (vgl. Land Brandenburg, Ministerium des Innern und für Kommunales, Verfassungsschutzbericht 2014, S. 29). Im Jahr 2013 seien alle Kampagnenversuche ins Leere gelaufen (vgl. Land Brandenburg, Ministerium des Innern, Verfassungsschutzbericht 2013, S. 149). In Sachsen-Anhalt wird dem Landesverband der Antragsgegnerin weitgehende Inaktivität bescheinigt. Auch von den Kreisverbänden seien lediglich vereinzelt regionale Aktionen durchgeführt worden (vgl. Sachsen-Anhalt, Ministerium für Inneres und Sport, Verfassungsschutzbericht 2014, S. 78). Der Verfassungsschutzbericht 2013 des Freistaats Thüringen konstatiert eine erhebliche Beeinträchtigung der Aktions- und Mobilisierungsfähigkeit der Antragsgegnerin. Die Mehrzahl der Mitglieder vermittele den Eindruck, weder willens noch in der Lage zu sein, kontinuierliche Parteiarbeit zu leisten (vgl. Freistaat Thüringen, Verfassungsschutzbericht 2013, S. 22 f.).

916   (b) Nicht zuletzt aufgrund dieser strukturellen Defizite verfügt die Antragsgegnerin nur über eine geringe Wirkkraft in die Gesellschaft, die eine prägende Einflussnahme auf den Prozess der politischen Willensbildung mit demokratischen Mitteln weitgehend ausschließt.

917   (aa) Der Sachverständige Prof. Jesse hat in diesem Zusammenhang in der mündlichen Verhandlung die Auffassung vertreten, bei der Antragsgegnerin handele es sich um eine isolierte, geächtete Partei, deren Kampagnenfähigkeit – soweit man überhaupt davon reden könne – in den letzten Jahren abgenommen habe. Auch der Sachverständige Prof. Kailitz hat in der mündlichen Verhandlung geäußert, die Antragsgegnerin sei gegenwärtig nicht in der Lage, die bürgerliche Mitte anzusprechen. Selbst in dem vom Antragsteller vorgelegten Gutachten zum Rechtsextremismus in Mecklenburg-Vorpommern wird darauf verwiesen, dass angesichts großer Mobilisierungsprobleme für die Antragsgegnerin die Kooperation mit dem bewegungsförmigen Rechtsextremismus existentiell sei (vgl. Borstel, Rechtsextremismus in Mecklenburg-Vorpommern unter besonderer Berücksichtigung der NPD, S. 22). In der mündlichen Verhandlung erklärte der ehemalige Parteivorsitzende der Antragsgegnerin Holger Apfel, in der öffentlichen Wahrnehmung sei der Antragsgegnerin immer eine Bedeutung zugemessen worden, die der Wirklichkeit nicht entsprochen habe. Man habe in den Parlamenten bewusst Tabubrüche inszeniert, um größtmögliche Aufmerksamkeit zu erlangen und den Eindruck einer schlagkräftigen, professionellen Organisation zu erwecken.

(bb) Der Befund geringer Wirkkraft in die Gesellschaft der Antragsgegnerin wird 918
durch die Berichte der Verfassungsschutzbehörden des Bundes und der Länder bestätigt. Durchgängig weisen die Verfassungsschutzberichte der alten Länder für Veranstaltungen der Antragsgegnerin tendenziell rückläufige, unterhalb des dreistelligen Bereichs liegende Teilnehmerzahlen aus, während nicht selten die Zahl der Gegendemonstranten um ein Vielfaches höher gelegen habe (vgl. u. a. Bundesministerium des Innern, Verfassungsschutzbericht 2014, S. 40; siehe auch: Verfassungsschutzbericht 2013, S. 86 f.; Innenministerium Baden-Württemberg, Verfassungsschutzbericht 2014, S. 201; Senatsverwaltung für Inneres und Sport Berlin, Verfassungsschutzbericht 2014, S. 99 f.; Senator für Inneres und Sport Bremen, Verfassungsschutzbericht 2014, S. 26; Niedersächsisches Ministerium für Inneres und Sport, Verfassungsschutzbericht Niedersachsen 2014, S. 93; Ministerium für Inneres und Kommunales des Landes Nordrhein-Westfalen, Verfassungsschutzbericht über das Jahr 2014, S. 45 f.; Ministerium des Innern, für Sport und Infrastruktur Rheinland-Pfalz, Verfassungsschutzbericht 2014, S. 35; Schleswig-Holsteinischer Landtag, Verfassungsschutzbericht 2014, S. 39). Es gelinge der Antragsgegnerin nicht, Personen außerhalb des eigenen Mitgliederpotentials zu erreichen (vgl. Ministerium für Inneres und Kommunales des Landes Nordrhein-Westfalen, Verfassungsschutzbericht über das Jahr 2014, S. 45; Schleswig-Holsteinischer Landtag, Verfassungsschutzbericht 2014, S. 31). In den neuen Ländern wird – abgesehen von den Anti-Asyl-Kampagnen der Antragsgegnerin (vgl. Rn. 924 ff. [S. 1496]) – ebenfalls festgestellt, dass die Mitglieder der Antragsgegnerin bei Veranstaltungen häufig unter sich blieben (vgl. Land Brandenburg, Ministerium des Innern, Verfassungsschutzbericht 2013, S. 36) und das bürgerliche Spektrum nicht erreicht werde (vgl. Ministerium für Inneres und Sport Mecklenburg-Vorpommern, Verfassungsschutzbericht 2013, S. 65).

Auf die Feststellungen der Verfassungsschutzbehörden in der mündlichen Verhandlung angesprochen, erklärte der bayerische Staatsminister des Innern, die Antragsgegnerin versuche dem anhaltenden Mitgliederschwund in Bayern durch eine verstärkte Zusammenarbeit mit anderen rechtsextremen Gruppierungen und eine erhöhte Präsenz im Internet zu begegnen. Der Innenminister des Landes Mecklenburg-Vorpommern verwies darauf, dass die Antragsgegnerin dort, wo sie staatlich alimentiert werde, bestrebt sei, ihre Position in der Fläche auszubauen. Dies steht der Feststellung nicht entgegen, dass es der Antragsgegnerin an Handlungsfähigkeit und Reichweite fehlt, um ihre verfassungsfeindlichen Ziele im Wege der Beteiligung an der politischen Willensbildung durchzusetzen. 919

(3) Die Antragsgegnerin ist auch nicht in der Lage, ihre strukturellen Defizite und ihre 920
geringe Wirkkraft in die Gesellschaft anderweitig zu kompensieren. Dass ihr dies durch ihre Öffentlichkeitsarbeit (a) [S. 1495], die Umsetzung der „Kümmerer-Strategie" (b) [S. 1495], die Konzentration auf den Protest gegen die Asyl- und Ausländerpolitik (c) [S. 1496] oder das Bemühen um eine Bündelung aller „national gesinnten Kräfte" unter ihrer Führung (d) [S. 1496] gelingen könnte, ist nicht ersichtlich. Auch unter Berücksichtigung dieser Umstände besteht für die Antragsgegnerin keine realistische Möglichkeit einer Durchsetzung ihrer verfassungswidrigen Ziele im Prozess freier und selbstbestimmter politischer Willensbildung.

921 (a) Die Antragsgegnerin betreibt insbesondere unter Rückgriff auf die Kommunikationsmöglichkeiten des Internets eine intensive Öffentlichkeitsarbeit. Sie verfügt über eine beachtliche Präsenz im Bereich der sozialen Medien. Es ist jedoch nicht feststellbar, dass es ihr damit gelingt, zusätzliche Unterstützung für die von ihr verfolgten Ziele zu gewinnen und ihre Wirkkraft in die Gesellschaft relevant zu erhöhen. Dies gilt auch hinsichtlich der von der Antragsgegnerin verantworteten Presseerzeugnisse und des Versuchs, durch die Verteilung von Schulhof-CDs mit rechtsradikalen Inhalten und vergleichbaren Kampagnen insbesondere Jugendliche an sich zu binden. Die niedrige Zahl von etwa 350 Mitgliedern der JN spricht dagegen, dass die jugendbezogenen Bemühungen der Antragsgegnerin zu einer Erhöhung ihrer Attraktivität und Durchschlagskraft bei dieser Bevölkerungsgruppe geführt haben. Auch der Antragsteller hat hierzu nichts vorgetragen. Anhaltspunkte für eine Erhöhung der Wirkkraft in die Gesellschaft der Antragsgegnerin aufgrund ihrer Öffentlichkeitsarbeit bestehen nicht.

922 (b) Ebenso wenig kann davon ausgegangen werden, dass es der Antragsgegnerin gelingt, im Wege „nationalrevolutionärer Graswurzelarbeit" die Akzeptanz für die Durchsetzung ihres verfassungswidrigen Konzepts zu verbessern. Die im Rahmen des „Kampfes um die Köpfe" zum Aufbau eines „Kümmerer"-Images von der Antragsgegnerin vorgesehenen Maßnahmen sind für sich genommen nicht auf die Beeinträchtigung oder Beseitigung der freiheitlichen demokratischen Grundordnung gerichtet. Die bloße Beteiligung am örtlichen Gemeinschaftsleben oder die Gewährung persönlicher Hilfestellung stellt keine Bekämpfung der Verfassungsordnung dar. Relevanz im Parteiverbotsverfahren kann diese Arbeit daher nur erlangen, wenn es der Antragsgegnerin gelänge, auf diesem Weg die Zustimmung zu den von ihr vertretenen verfassungswidrigen Zielen zu erhöhen.

923 Dass die Antragsgegnerin derartige „Hebelwirkungen" in relevantem Umfang herbeizuführen vermag, ist nicht ersichtlich. Der Antragsteller schildert lediglich wenige Einzelfälle eines dem „Kümmerer"-Ansatz entsprechenden Engagements der Antragsgegnerin. Dazu zählen der Hinweis auf die Durchführung von Kinderfesten, die Teilnahme an einem Festumzug und einem Bootskorso, Bewerbungen um ein Amt als Schöffe oder eine Tätigkeit als Volkszähler, das Angebot von Hartz-IV-Beratungen und die Beteiligung an der Gründung des Sportvereins „Griese Gegend e. V." in Lübtheen. Es erscheint vor diesem Hintergrund bereits zweifelhaft, ob das „Kümmerer"-Engagement überhaupt in einem solchen Umfang stattfindet, dass das damit angestrebte Maß an persönlicher Zustimmung zu den Vertretern der Antragsgegnerin erreichbar ist. Erst recht ist nicht ersichtlich, dass aufgrund dieses Engagements die vom Antragsteller behauptete „Infiltration" der Gesellschaft mit dem Gedankengut der Antragsgegnerin gelingt. Hinweise auf eine nachhaltige Verbesserung der gesellschaftlichen Verankerung der Antragsgegnerin fehlen. Die Behauptung des Antragstellers, seit Jahren erreiche die Antragsgegnerin in Mecklenburg-Vorpommern eine bürgerliche Verankerung in weiten Teilen des Landes, wird durch das von ihm selbst vorgelegte Gutachten in dieser Allgemeinheit nicht gestützt. Die Darstellung ist vielmehr an der Beschreibung von Einzelfällen orientiert. Auch in der mündlichen Verhandlung hat der Sachverständige Prof. Borstel den Fokus seiner Ausführungen ausdrücklich auf die Gemeinde Anklam und die umliegenden Dörfer beschränkt (vgl. Rn. 942 ff. [S. 1500]). Selbst wenn im Ein-

zelfall von einer erhöhten Zustimmung zu Vertretern der Antragsgegnerin auszugehen sein sollte, ist jedenfalls nicht erkennbar, dass damit die Akzeptanz ihres politischen Konzepts relevant erhöht wurde.

(c) Dies gilt im Ergebnis auch, soweit die Antragsgegnerin sich im Rahmen des „Kampfes um die Straße" auf gegen Asylbewerber und Minderheiten gerichtete Aktivitäten konzentriert. Dabei ist davon auszugehen, dass an den Protestkundgebungen der Antragsgegnerin auch Personen jenseits des Kreises ihrer Mitglieder und Anhänger in erheblicher Zahl teilgenommen haben. Dennoch kann auch unter Zugrundelegung des vom Antragsteller dargelegten Umfangs und der Teilnehmerzahl der Anti-Asyl-Veranstaltungen der Antragsgegnerin nicht ohne weiteres von einer Erhöhung der Zustimmung zu den von ihr verfolgten verfassungsfeindlichen Zielen und einer damit verbundenen Steigerung ihrer Wirkkraft in die Gesellschaft ausgegangen werden. 924

Vielmehr ist zwischen dem – im demokratischen Diskurs hinzunehmenden – (friedlichen) Protest gegen asylpolitische Entscheidungen oder gegen die Festlegung von Standorten für Flüchtlingsunterkünfte einerseits und der Unterstützung des von der Antragsgegnerin verfolgten Konzepts willkürlicher Diskriminierung aller ethnisch Nichtdeutschen andererseits zu unterscheiden. Zwar versucht die Antragsgegnerin, die Flüchtlings- und Asylproblematik für ihre Zwecke zu instrumentalisieren. Allerdings agiert sie dabei häufig nicht im eigenen Namen, sondern unter dem Dach neutral erscheinender Organisationen wie der Bürgerinitiative „Nein zum Heim" in Sachsen. Tritt hingegen ihre Verantwortlichkeit für eine Veranstaltung offen zu Tage, sinken die Teilnehmerzahlen erheblich. So hat der Antragsteller selbst vorgetragen, dass, nachdem bei Veranstaltungen der MVGIDA die Dominanz der Antragsgegnerin nach außen erkennbar geworden sei, die Teilnehmerzahlen von circa 600 auf 120 (vgl. auch Rn. 931 [S. 1497]) gesunken seien. Ähnlich verhielt es sich bei den gegen ein örtliches Asylbewerberheim gerichteten „Schneeberger Lichtelläufen". Während an den ersten Veranstaltungen im Oktober/November 2013 jeweils mehr als 1.500 Menschen teilnahmen, konnten für den vierten „Lichtellauf" am 25. Januar 2014, bei dem sich die Antragsgegnerin offensiver als Organisatorin in den Vordergrund stellte, nur noch rund 250 Teilnehmer mobilisiert werden, die zudem weitestgehend der Antragsgegnerin und ihrem Umfeld zuzuordnen waren (vgl. Bundesministerium des Innern, Verfassungsschutzbericht 2013, S. 97). Dies dokumentiert, dass die Anti-Asyl-Initiativen der Antragsgegnerin zwar im Einzelfall zu nicht unerheblichen Mobilisierungserfolgen führen können. Es ist nicht erkennbar, dass damit ihre gesellschaftliche Akzeptanz steigt und die Möglichkeit eröffnet wird, ihre verfassungsfeindlichen Ziele im politischen Willensbildungsprozess mit demokratischen Mitteln durchzusetzen. Auch der Antragsteller hat keine Belege dafür angeboten, dass es der Antragsgegnerin gelingt, mit ihren asyl- und ausländerpolitischen Aktivitäten zusätzliche Unterstützung oder Zustimmung zu ihren verfassungsfeindlichen Absichten in relevantem Umfang zu gewinnen. 925

(d) Schließlich ist eine ausreichende Stärkung der Schlagkraft der Antragsgegnerin im politischen Willensbildungsprozess durch eine Zusammenarbeit mit parteiungebundenen Kräften nicht zu erwarten. Dies gilt sowohl mit Blick auf den bewegungsförmigen Rechtsextremismus (aa) als auch hinsichtlich der Bewegungen gegen die vermeintliche „Islamisierung des Abendlandes" (bb). 926

927 (aa) Die Antragsgegnerin arbeitet auf der Grundlage bereits bestehender personeller Verflechtungen (vgl. Rn. 877 ff. [S. 1485]) in regional unterschiedlicher Intensität mit den Organisationen des parteiungebundenen Rechtsextremismus zusammen. Besonders intensiv stellt sich diese Zusammenarbeit in Mecklenburg-Vorpommern und – vor allem vermittelt über die JN – in Sachsen dar (vgl. Rn. 886 ff. [S. 1486]).

928 Dies allein rechtfertigt die Annahme eines erfolgreichen Bestehens des „Kampfes um den organisierten Willen" durch die Antragsgegnerin jedoch nicht. Vielmehr ist es der Antragsgegnerin nicht gelungen, eine „Bündelung aller national gesinnten Kräfte" unter ihrer Führung zu erreichen. Die Zusammenarbeit mit den freien Kräften erfolgt einzelfallbezogen und ist nicht organisatorisch verfestigt. Eine Führungsrolle gegenüber den rechten Kameradschaften und sonstigen Kräften der ungebundenen rechten Szene kommt der Antragsgegnerin nicht zu. Dies gilt auch für Sachsen und Mecklenburg-Vorpommern. In dem vom Antragsteller vorgelegten Gutachten wird sogar behauptet, die Antragsgegnerin werde in Mecklenburg-Vorpommern in weiten Teilen von Mitgliedern freier Netze und Kameradschaften dominiert und im Sinne der Systemüberwindung benutzt (vgl. Borstel, Rechtsextremismus in Mecklenburg-Vorpommern unter besonderer Berücksichtigung der NPD, S. 44). Auch die Einbindung von Vertretern rechtsextremer Organisationen durch die Beschäftigung als Mitarbeiter von Abgeordneten oder Parlamentsfraktionen der Antragsgegnerin hat nicht zur Folge, dass diese als deren Vorfeldorganisationen angesehen werden können.

929 Der Sachverständige Prof. Jesse hat in der mündlichen Verhandlung ausgeführt, dass aus seiner Sicht die freien Kameradschaften nicht auf die Antragsgegnerin angewiesen seien, wohl aber diese auf die freien Kameradschaften. Auch in dem vom Antragsteller vorgelegten Gutachten von Prof. Borstel werden für die Antragsgegnerin Kooperationen mit dem bewegungsförmigen Rechtsextremismus als existentiell bewertet. Diese Kooperationen seien aber temporär und regional. Einer dauerhaften Einbindung der Kameradschaften und freien Netzwerke stünde deren Selbstverständnis als Gruppen des außerparlamentarischen Widerstands entgegen (vgl. Borstel, Rechtsextremismus in Mecklenburg-Vorpommern unter besonderer Berücksichtigung der NPD, S. 22).

930 Unter ergänzender Berücksichtigung des Umstands, dass selbst im Bereich des parteigebundenen Rechtsextremismus der Antragsgegnerin mit der Etablierung von Organisationen wie „DIE RECHTE" und „Der III. Weg" Wettbewerber entstanden sind, die insbesondere radikalere Kräfte ansprechen (vgl. Ministerium für Inneres und Kommunales des Landes Nordrhein-Westfalen, Verfassungsschutzbericht über das Jahr 2014, S. 69), ist nicht ersichtlich, dass die Antragsgegnerin in der Lage ist, durch die Bildung rechtsextremer Netzwerke unter ihrer Führung ihre politische Reichweite in einem Umfang zu erhöhen, der eine Durchsetzung ihrer Ziele mit demokratischen Mitteln ermöglicht (zur Zurechnung strafbaren Handelns der freien Szene zur Antragsgegnerin vgl. Rn. 979 [S. 1509]).

931 (bb) Auch das Bestreben der Antragsgegnerin, als relevanter Teil des Protests gegen die angebliche „Islamisierung des Abendlandes" wahrgenommen zu werden, eröffnet die Perspektive einer Umsetzung ihres verfassungsfeindlichen Konzepts mit demokratischen Mitteln nicht. Der Antragsteller selbst verweist darauf, dass es der Antragsgegnerin als Partei verwehrt sei, an den Veranstaltungen der PEGIDA in Dresden teilzuneh-

men, und dass im Übrigen ihre Partizipationsmöglichkeiten unterschiedlich ausfielen. Dass es der Antragsgegnerin durchgängig gelungen wäre, die Potentiale der GIDA-Bewegungen für sich zu nutzen, ist nicht ersichtlich. Dabei mag dahinstehen, ob ihr – wie vom Antragsteller behauptet – zumindest bei Veranstaltungen der THÜGIDA und der MVGIDA eine wesentliche Rolle zukommt. Daraus allein lässt sich eine hinreichende Erweiterung ihrer Wirkkraft in die Gesellschaft nicht ableiten, zumal der Antragsteller selbst darauf hingewiesen hat, dass, nachdem bei den Veranstaltungen der MVGIDA die Dominanz der Antragsgegnerin offenbar geworden sei, die Teilnehmerzahlen von circa 600 auf 120 gesunken seien (vgl. Rn. 925 [S. 1496]).

Insgesamt ist festzustellen, dass es der Antragsgegnerin nicht gelungen ist, den von ihr proklamierten „Kampf um den organisierten Willen" erfolgreich zu gestalten. Ihr kommt keine Führungsrolle gegenüber dem bewegungsförmigen Rechtsextremismus zu. Einer Bündelung der „national gesinnten Kräfte" unter ihrer Führung steht bereits das Selbstverständnis der parteiungebundenen Gruppierungen entgegen. Zusätzliche Mobilisierungsmöglichkeiten ergeben sich für die Antragsgegnerin daher nur in sehr begrenztem Umfang. Die Chance auf eine erfolgreiche Gestaltung des Prozesses demokratischer Willensbildung im Sinne der Antragsgegnerin wird auf diese Weise nicht eröffnet.

b) Konkrete Anhaltspunkte von Gewicht, die darauf hindeuten, dass die Antragsgegnerin in einer das Tatbestandsmerkmal des „Darauf Ausgehens" erfüllenden Weise die Grenzen des zulässigen politischen Meinungskampfes überschreitet (vgl. Rn. 588 [S. 1424]), liegen ebenfalls nicht vor. Die Antragsgegnerin vermag Dominanzansprüche in abgegrenzten Sozialräumen nicht in relevantem Umfang zu verwirklichen (aa) [S. 1498]. Auch ist die Annahme einer ihr zurechenbaren Grundtendenz zur Durchsetzung ihrer verfassungsfeindlichen Absichten mit Gewalt oder durch die Begehung von Straftaten nicht belegbar (bb) [S. 1502]. Schließlich fehlen hinreichende Anhaltspunkte für die Schaffung einer Atmosphäre der Angst durch die Antragsgegnerin, die zu einer spürbaren Beeinträchtigung der Freiheit des Prozesses der politischen Willensbildung führt oder führen könnte (cc) [S. 1509]. Der Umstand, dass die Antragsgegnerin durch einschüchterndes oder kriminelles Verhalten von Mitgliedern und Anhängern punktuell eine nachvollziehbare Besorgnis um die Freiheit des politischen Prozesses oder gar Angst vor gewalttätigen Übergriffen auszulösen vermag, ist nicht zu verkennen, erreicht aber die durch Art. 21 Abs. 2 GG markierte Schwelle nicht (dd) [S. 1516].

aa) Dass die Antragsgegnerin in relevantem Umfang räumliche Dominanzansprüche in einer die gleichberechtigte Teilhabe an der politischen Willensbildung ausschließenden Weise durchzusetzen vermag, ist nicht erkennbar. „National befreite Zonen" existieren nicht (1) [S. 1498]. Der Kleinstort Jamel stellt einen nicht übertragbaren Sonderfall dar (2) [S. 1499]. Ansonsten fehlt es an der Fähigkeit der Antragsgegnerin, ihr räumliches Dominanzstreben in einer demokratische Rechte verletzenden Weise umzusetzen (3) [S. 1500].

(1) Entgegen seiner ursprünglichen Behauptung hat der Antragsteller mit Schriftsatz vom 27. August 2015 eingeräumt, dass es „vollständig national befreite Zonen" im Sinne der rechtsextremistischen Raumordnungstheorie in Deutschland nicht gebe. Stattdes-

sen erfolge die Verwirklichung des räumlichen Dominanzanspruchs der Antragsgegnerin graduell unterschiedlich.

936 (2) Der Kleinstort Jamel stellt in diesem Zusammenhang einen Sonderfall dar, der nicht verallgemeinerungsfähig ist. Dabei ist es der Antragsgegnerin selbst in diesem Fall nicht gelungen, ihren Dominanzanspruch uneingeschränkt durchzusetzen.

937 Das bei Wismar am Ende einer Sackgasse gelegene Dorf Jamel hat nach Auskunft des Innenministers von Mecklenburg-Vorpommern in der mündlichen Verhandlung 47 Einwohner, davon 17 Kinder. Die Mehrheit der erwachsenen Einwohner sei dem rechtsextremen Spektrum zuzuordnen. Zentrale Figur des Ortes ist der Abbruchunternehmer und ehemalige Beisitzer des Landesvorstands Mecklenburg-Vorpommern der Antragsgegnerin K. Dieser ist Eigentümer des „Thinghauses" in Grevesmühlen, in dem sich unter anderem ein „Bürgerbüro" der ehemaligen Landtagsabgeordneten Pastörs und Köster befand, und auf dessen Gelände 2011 ein Holzkohlegrill mit der Aufschrift „Happy Holocaust" gesichtet wurde. Seine Frau K. ist ehemalige Landesvorsitzende des RNF. Ebenfalls in Jamel ansässig ist die Familie des ehemaligen Kreisvorsitzenden der Antragsgegnerin S. Insgesamt sollen unter sechs der zehn Anschriften rechtsextremistische Personen gemeldet sein.

938 Die Majorisierung des Ortes durch Rechtsextremisten findet Ausdruck im Dorfbild. Markant sind vor allem ein hölzerner Wegweiser, der unter anderem Richtung und Entfernung nach Braunau am Inn, dem Geburtsort Adolf Hitlers, und nach der mit dem Zusatz „Ostmark" versehenen Stadt Wien aufweist, sowie das Wandgemälde einer traditionell gekleideten Familie mit dem in Frakturschrift ausgeführten Schriftzug „Dorfgemeinschaft Jamel – frei-sozial-national". In Jamel werden rechtsextremistische Veranstaltungen und Konzerte mit überregionaler Beteiligung durchgeführt. So fand am 20. Juni 2015 das „11. nationale Kinderfest" mit anschließender Sonnwendfeier statt, an der circa 150 Rechtsextremisten, darunter die ehemaligen Landtagsabgeordneten Pastörs und Petereit, der Landesvorsitzende Köster sowie die RNF-Landesvorsitzende in Mecklenburg-Vorpommern Antje Mentzel teilnahmen.

939 Auch in Jamel ansässig ist ein Ehepaar, das sich gegen neonazistisches Denken wendet und jährlich ein Musikfestival gegen rechts („Jamel rockt den Förster") durchführt. Im Jahr 2010 kam es ausweislich des rechtskräftigen Urteils des Amtsgerichts Grevesmühlen vom 31. August 2011 (6 Ds 205/11) bei diesem Festival zu einem tätlichen Angriff, als der im Unternehmen des K. beschäftigte M. mit den Worten „Ich bin ein Nazi" einem Festivalteilnehmer mehrere Faustschläge versetzte. Darüber hinaus wurde in der Nacht vom 12. auf den 13. August 2015 die neben dem Wohnhaus des Ehepaars befindliche Scheune durch Brandstiftung zerstört (zur Zurechenbarkeit dieses Vorfalls zur Antragsgegnerin vgl. Rn. 960 [S. 1504]). Bereits 2011 soll der Vater des damaligen Kreisvorsitzenden der Antragsgegnerin S. das Ehepaar mit den Worten bedroht haben: „Sie sollten an mich verkaufen, so lange Sie noch können". Nach der Darstellung des Antragstellers ist das Ehepaar regelmäßigen anonymen Bedrohungs- und Einschüchterungsversuchen ausgesetzt.

940 Insgesamt besteht kein Zweifel, dass es sich bei Jamel um einen durch rechtsextremes Denken geprägten Ort handelt. Allerdings liegt insoweit ein auf wenige Personen begrenzter, singulärer Sonderfall vor. Eine Übertragbarkeit der Verhältnisse in Jamel auf

andere, insbesondere größere Ortschaften ist – wie auch der Sachverständige Prof. Jesse in der mündlichen Verhandlung bestätigt hat – nicht möglich. Daher ergibt sich – ungeachtet der Frage, inwieweit die Verhältnisse in Jamel der Antragsgegnerin zugerechnet werden können – hieraus kein ausreichender Beleg für die Möglichkeit der Antragsgegnerin, ihre verfassungsfeindlichen Ziele durch die Errichtung von Dominanzzonen in abgegrenzten Sozialräumen durchzusetzen.

(3) Weitere Beispiele erfolgreicher Umsetzung räumlicher Dominanzansprüche der Antragsgegnerin sind nicht bekannt. 941

(a) Entgegen der Auffassung des Antragstellers kann nicht davon ausgegangen werden, dass es sich bei der Hansestadt Anklam in Mecklenburg-Vorpommern um eine Zone kultureller Hegemonie der Antragsgegnerin handelt. Zwar bezeichnet der rechtsextreme Internetauftritt „Freies Pommern" Anklam in einem Beitrag vom 14. Juli 2010 sogar als „national befreite Zone". Tatsächlich fehlt es aber an belastbaren Anhaltspunkten, für die Annahme, dass in Anklam eine Dominanz der Antragsgegnerin vorliegt, die die Freiheit der politischen Willensbildung in einem relevanten Maß zu beeinträchtigen geeignet ist. 942

(aa) Soweit der Antragsteller in diesem Zusammenhang auf eine im Eigentum der Mitglieder des Landesvorstands Mecklenburg-Vorpommern H. und W. stehende Immobilie verweist, die als „nationales Begegnungszentrum" Sitz des Landesverbands der Antragsgegnerin sowie überregionaler Anlaufpunkt für Rechtsextremisten sei und in welcher der Verfahrensbevollmächtigte zu 2. der Antragsgegnerin ein Bürgerbüro als ehemaliger Landtagsabgeordneter betreibe, kann daraus nicht auf die Durchsetzung von Dominanzansprüchen geschlossen werden. Dies gilt unabhängig davon, welche Veranstaltungen in diesem Begegnungszentrum angeboten werden, da für eine hiervon ausgehende, das gesellschaftliche oder politische Leben in Anklam beeinträchtigende Außenwirkung nichts ersichtlich ist. 943

(bb) Auch die Durchführung einer Demonstration am 31. Juli 2010 unter dem Motto „Gegen kinderfeindliche Bonzen – für eine lebenswerte Zukunft in unserer Heimat – Freiheit statt BRD", zu der die Antragsgegnerin gemeinsam mit den Organisationen „Nationale Sozialisten Mecklenburg" und „Freies Pommern" aufgerufen hat, belegt eine Dominanz der Antragsgegnerin in Anklam nicht. Der Antragsteller verweist in diesem Zusammenhang darauf, dass in der vorhergehenden Nacht von der Stadt aufgestellte Schilder mit dem Text „Kein Ort für Neonazis" entfernt, rund zweihundert Plakate abgehängt, sechs Großaufsteller an den Zufahrtsstraßen zerstört und ein Transparent am Stadttor mit Farbbeuteln beworfen worden seien. In der Stadt habe sich niemand gefunden, der Anzeige erstattet hätte. Viele Geschäftsleute hätten zuvor Angst gehabt, Plakate gegen Rechtsextremisten in ihre Schaufenster zu hängen. 944

Diesem auf ein punktuelles Ereignis beschränkten Vortrag lässt sich eine Dominanz der Antragsgegnerin gleichwohl nicht entnehmen. Die nächtliche Beschädigung der von der Stadtverwaltung angebrachten Plakate rechtfertigt eine solche Annahme nicht, zumal nicht feststellbar ist, wer hierfür die Verantwortung trägt. 945

946 (cc) Einer dominierenden Stellung der Antragsgegnerin widerspricht im Übrigen, dass sie bei den Wahlen zur Stadtvertreterversammlung 2014 lediglich ein Ergebnis von 9,3 % der abgegebenen gültigen Stimmen erzielte und dementsprechend nur zwei von 25 Stadtverordneten stellt. Außerdem sind in Anklam mehrere gegen den Rechtsextremismus gerichtete Initiativen tätig. Dazu zählt etwa ein Büro des „Regionalzentrums für demokratische Kultur". Ergänzend hat die Antragsgegnerin auf einen durch die Zentrale für politische Bildung geförderten „Demokratieladen" und den vom Stadtjugendring Greifswald betriebenen „Demokratiebahnhof" verwiesen. Schließlich vermag auch der Hinweis des Sachverständigen Prof. Borstel in der mündlichen Verhandlung, dass die Normalisierung und Erfahrbarkeit des Rechtsextremismus im unmittelbaren Nahfeld zur Entstehung von subjektiven Angstphänomenen führen und Distanzierungen erschweren könnten, die Einschätzung nicht zu rechtfertigen, dass die Antragsgegnerin in Anklam über eine Position verfügt, die die gleichberechtigte Teilhabe am Prozess der politischen Willensbildung nicht mehr gewährleistet.

947 (b) Nichts anderes gilt für das vom Antragsteller als weiteres Beispiel einer Dominanzzone der Antragsgegnerin angeführte Lübtheen. Die Tatsache, dass aufgrund möglicherweise gezielter Zuzüge in Lübtheen mehrere führende Funktionäre der Antragsgegnerin – einschließlich der ehemaligen Landtagsabgeordneten Pastörs und Köster sowie des ehemaligen Geschäftsführers der Landtagsfraktion G. – wohnen und aktiv sind, genügt für die Annahme einer Dominanzsituation nicht. Gleiches gilt, soweit die Antragsgegnerin eine prominent im Ortszentrum gelegene Immobilie nutzt und ihre Vertreter bei Veranstaltungen auch dann Präsenz zeigen, wenn diese gegen den Rechtsextremismus gerichtet sind.

948 Der Antragsteller verweist insoweit auf ein Gebäude am Ernst-Thälmann-Platz, in dem sich die Bundesgeschäftsstelle der JN und ein Bürgerbüro befänden, sowie auf Vorträge zu Themen wie „Brauchtumspflege als Bestandteil des Volkstums!" am 28. September 2012 und „Europa am Abgrund!" am 30. Mai 2012. Weiterhin führt er aus, dass – ähnlich wie schon zur 650-Jahrfeier in Lübtheen – beim „Lindenfest" 2010 die Funktionäre der Antragsgegnerin Pastörs, T. und K. erschienen seien, Flugblätter verteilt hätten und NPD-Ballons hätten aufsteigen lassen. In einem Kommentar vom 18. September 2010 auf www.mupinfo.de habe es dazu geheißen:

> Dies zeigt einmal mehr mit aller Deutlichkeit, daß die Nationalisten aus dem Stadtbild Lübtheens einfach nicht mehr wegzudenken sind und im wahrsten Sinne des Wortes aus der Mitte des Volkes kommen.

949 All dies genügt jedoch nicht, um eine dominierende Stellung der Antragsgegnerin in Lübtheen zu begründen. Die bloße Präsenz einzelner Vertreter der Antragsgegnerin bei öffentlichen Veranstaltungen tangiert für sich genommen die Freiheit der politischen Willensbildung nicht. Gegen eine Dominanz der Antragsgegnerin spricht auch hier, dass sie bei der Kommunalwahl 2014 ein Ergebnis von 10,7 % der abgegebenen gültigen Stimmen erzielte und demgemäß nur über zwei von 17 Mandaten in der Stadtvertretung verfügt. Der Antragsteller räumt außerdem selbst ein, dass die Antragsgegnerin nicht zuletzt aufgrund einer von der Bürgermeisterin initiierten Bürgerinitiative gegen Rechtsextremismus ihren Dominanzanspruch nicht vollständig realisieren könne. So-

weit er dabei geltend macht, die Antragsgegnerin sei in Lübtheen ein Stück Normalität geworden, und es bestünden Hemmungen, gegen Pastörs und seine Anhänger öffentlich etwas Negatives zu sagen, bleiben diese Ausführungen spekulativ. Soweit der Antragsteller darauf verweist, es sei auch zu aggressiven Einschüchterungsversuchen gekommen, wird dies nicht mit Tatsachen unterlegt.

(c) Hinsichtlich der Auflistung mehrerer Initiativen der JN, die sich gegen Kriminalität und Überfremdung richten und in Aufklebern und Demonstrationsaufrufen formulieren „Hol Dir Deine Stadt zurück!" beziehungsweise „Unser Kiez, unsere Stadt und unsere Regeln" kann dahinstehen, ob es sich dabei – wie der Antragsteller meint – um ein die Grenzen des politischen Meinungskampfes überschreitendes provokatives Auftreten handelt. Ein Eingriff in die Möglichkeit freier und selbstbestimmter Willensbildung ist damit jedenfalls nicht verbunden. 950

bb) Es gibt auch keine hinreichenden Anhaltspunkte dafür, dass bei der Antragsgegnerin eine Grundtendenz besteht, ihre verfassungsfeindlichen Ziele durch Gewalt oder die Begehung von Straftaten durchzusetzen. Weder kann der Antragsgegnerin die Gesamtentwicklung im Bereich ausländerfeindlicher Straftaten zur Last gelegt werden (1) [S. 1502], noch ist aufgrund einer Gesamtschau des strafrechtlich relevanten Verhaltens ihrer Mitglieder die Bereitschaft der Antragsgegnerin hinreichend belegt, ihre verfassungsfeindlichen Ziele mit Gewalt oder durch die Begehung von Straftaten zu verfolgen (2) [S. 1503]. Soweit einzelne Gewalttätigkeiten oder sonstige Straftaten von Mitgliedern der Antragsgegnerin belegbar sind, genügen diese nicht, um bei ihr eine Grundtendenz feststellen zu können, ihre verfassungsfeindlichen Absichten gezielt im Wege des Rechtsbruchs durchzusetzen (3) [S. 1503]. 951

(1) Soweit der Antragsteller darauf verweist, dass die Antragsgegnerin sich in einem Gesamtmilieu bewege, das überdurchschnittliche Kriminalitätswerte aufweise, und dass mit 1.031 Straftaten (davon 177 Gewaltdelikte) im Jahr 2015 die Zahl der Übergriffe auf Asylunterkünfte einen Höchststand erreicht habe, kann dies der Antragsgegnerin nicht zugerechnet werden. Erforderlich für eine derartige Zurechnung wäre, dass sich das rechtswidrige Handeln als Teil der verfassungswidrigen Bemühungen der Antragsgegnerin darstellt (vgl. Rn. 565 f. [S. 1419]). Dies setzt voraus, dass sie entweder zu den jeweiligen Straftaten beigetragen oder sich diese zumindest im Nachhinein zu eigen gemacht hat. Hierfür genügt es nicht, dass die Antragsgegnerin durch ihre menschenverachtende Agitation an der Schaffung eines ausländerfeindlichen Klimas beteiligt ist. Das verkennt der Antragsteller, wenn er hervorhebt, bei den „Übergriffen" auf Asylunterkünfte handele es sich um eine konsequente Umsetzung der fremdenfeindlichen Ideologie der Antragsgegnerin. Zwar entspricht die Ausgrenzung von Asylbewerbern ihrer politischen Programmatik. Damit allein lässt sich jedoch nicht ohne weiteres belegen, dass sie Anschläge auf Flüchtlingsunterkünfte als geeignete Mittel zur Durchsetzung dieser Forderungen ansieht oder in sonstiger Weise billigt. Erforderlich wären vielmehr konkrete Umstände, aus denen sich eine solche Billigung von Anschlägen auf Flüchtlingseinrichtungen durch die Antragsgegnerin ergibt. Eine pauschale Zurechnung ausländerfeindlicher Straftaten zur Antragsgegnerin kommt nicht in Betracht. 952

953 (2) Entgegen der Auffassung des Antragstellers ergibt sich die Bereitschaft der Antragsgegnerin zur Anwendung von Gewalt oder zur Begehung von Straftaten als Mittel zur Durchsetzung ihrer verfassungswidrigen Ziele auch nicht aus einer allgemein mangelhaften Rechtstreue ihrer Anhänger. Dem steht bereits entgegen, dass die vorliegenden Belege nicht ausreichen, um die Behauptung einer grundsätzlichen, das Handeln der Antragsgegnerin insgesamt prägenden Missachtung strafrechtlicher Verbote und des staatlichen Gewaltmonopols zu belegen.

954 (a) Unverwertbar ist in diesem Zusammenhang die vom Antragsteller vorgelegte anonymisierte Statistik des Bundesamts für Verfassungsschutz zur Straffälligkeit der Vorstandsmitglieder der Antragsgegnerin und ihrer Teilorganisationen. Der Untersuchung ist nicht zu entnehmen, inwieweit die aufgeführten Delikte politisch motiviert waren und als Ausdruck des Parteiwillens angesehen werden können.

955 (b) Soweit der Antragsteller auf den Hinweis der Unverwertbarkeit der vorgenannten Statistik reagiert und insgesamt 57 strafrechtliche Verurteilungen von Funktionären der Antragsgegnerin aufgelistet hat, führt dies zu keinem anderen Ergebnis. Ein erheblicher Teil dieser Verurteilungen hatte – wie sich aus den beigezogenen Akten ergibt – keinen politischen Hintergrund und ist daher nicht als Teil der verfassungsfeindlichen Bestrebungen der Antragsgegnerin anzusehen. Bei einer Reihe weiterer Straftaten ist dieser politische Hintergrund zumindest zweifelhaft. Worin etwa das im vorliegenden Zusammenhang relevante „spezifische Gewaltpotential" beispielsweise bei einer versuchten Körperverletzung am Rande eines Fußballspiels (AG Hannover, Urteil vom 10. November 2000 – 248 Ds 123 b Js 49546/00 –) oder bei einer tätlichen Auseinandersetzung im Zusammenhang mit einem Verkehrsunfall (AG Wanzleben, Urteil vom 13. Oktober 1997 – 6 Ds 753 Js 39724/96 –) liegen soll, erschließt sich nicht. Hinzu kommt, dass die Verurteilungen einen Zeitraum von 25 Jahren umfassen, zu einem erheblichen Teil reine Propagandadelikte betreffen, teilweise nach Jugendstrafrecht erfolgten und überwiegend der leichten Kriminalität zuzuordnen sind. Zahl, Gegenstand und Schwere der aufgelisteten Straftaten einzelner Mitglieder der Antragsgegnerin genügen daher nicht, um ihr die Absicht einer Durchsetzung ihrer politischen Ziele mit Gewalt oder durch die Begehung von Straftaten unterstellen zu können.

956 (3) Auch die vom Antragsteller im Einzelnen dargestellten Ereignisse und Sachverhalte reichen nicht aus, um eine das Tatbestandsmerkmal des „Darauf Ausgehens" im Sinne von Art. 21 Abs. 2 Satz 1 GG erfüllende Gewaltbereitschaft oder mangelnde Rechtstreue der Antragsgegnerin annehmen zu können. Soweit eine Berücksichtigung nicht bereits mangels Rechtswidrigkeit (a) [S. 1503] oder Zurechenbarkeit (b) [S. 1504] der Sachverhalte ausscheidet, genügen die verbleibenden Einzelfälle nicht, um eine Grundtendenz der Antragsgegnerin zur Anwendung von Gewalt oder zur Begehung von Straftaten als Mittel der politischen Auseinandersetzung zu bejahen (c) [S. 1507].

957 (a)(aa) Von vornherein außer Betracht zu bleiben haben die Aufrufe einzelner Führungspersönlichkeiten der Antragsgegnerin zur revolutionären Überwindung des bestehenden parlamentarischen Systems und zum Rückgriff auf das Widerstandsrecht. Sie sind allgemein gehalten und nicht mit der Aufforderung zur Begehung konkreter Straftaten verbunden. Dies gilt auch für den Brief, den der Parteivorsitzende der Antragsgeg-

nerin im Februar 2016 an öffentlich Bedienstete gerichtet hat. Dieser mag ein abwegiges Verständnis des Widerstandsrechts gemäß Art. 20 Abs. 4 GG offenbaren. Eine Aufforderung zur Begehung konkreter Straftaten und damit ein Indiz dafür, dass die Antragsgegnerin auf diesem Weg ihre verfassungswidrigen Absichten durchzusetzen vermag, enthält er aber nicht.

(bb) Das auf „Bürgerwehren" bezogene Engagement der Antragsgegnerin überschreitet bisher die rechtlich vorgegebenen Grenzen nicht. Zwar wird die Forderung nach der Einrichtung von Bürgerwehren teilweise in fremdenfeindlicher und menschenverachtender Weise begründet. Dass sich diese Bürgerwehren ihnen nicht zustehende Befugnisse anmaßen oder nach dem Willen der Antragsgegnerin anmaßen sollen, ist jedoch nicht ersichtlich. Dies gilt auch für die vom Antragsteller besonders hervorgehobene „Bürgerwehr Güstrow". Dass Teilnehmer an diesen Streifengängen anderweitig strafrechtlich zur Verantwortung gezogen wurden, ist insoweit ohne Belang. Daher kann aus den „Bürgerwehr"-Aktivitäten der Antragsgegnerin jedenfalls bisher nicht auf ihre Bereitschaft zur Anwendung von Gewalt oder zu rechtswidrigem Vorgehen geschlossen werden. Ebenso wenig ergibt sich dies aus dem Angebot von sogenannten Nervendruckseminaren durch die Antragsgegnerin.

(b) Die vom Antragsteller geschilderten tätlichen Auseinandersetzungen und sonstigen Straftaten können der Antragsgegnerin nicht uneingeschränkt zugerechnet werden.

(aa) Da die Verursacher der Brandanschläge auf die Scheune in Jamel und eine als Notunterkunft für Asylbewerber geplante Turnhalle in Nauen bislang nicht ermittelt werden konnten und die Antragsgegnerin sich auch nicht zustimmend zu diesen Vorfällen verhalten hat, kommt eine Berücksichtigung dieser Vorfälle zu ihren Lasten nicht in Betracht. Gleiches gilt für die Beschädigung und Entfernung von Plakaten im Vorfeld der Demonstration vom 31. Juli 2010 in Anklam. Der tätliche Angriff auf einen Teilnehmer des Festivals „Jamel rockt den Förster" im Jahr 2010 kann der Antragsgegnerin ebenfalls nicht zugerechnet werden, da nicht erkennbar ist, dass es sich bei dem Täter um ein Mitglied oder einen Anhänger der Antragsgegnerin gehandelt hat.

Soweit der Antragsteller schildert, in Güstrow sei die Leiterin einer soziokulturellen Begegnungsstätte, die sich engagiert gegen Rechtsextremismus einsetze, nicht nur regelmäßig bedroht worden, sondern es sei auch zu Sachbeschädigungen wie dem Aufbrechen der Tür ihres Wohnhauses und Vandalismus innerhalb der Räume der „Villa Kunterbündnis" gekommen, so dass die Polizei eine Schutzmaßnahme angeordnet habe, ist nicht erkennbar, dass diese Taten durch Mitglieder oder Anhänger der Antragsgegnerin begangen wurden. Insbesondere für eine Beteiligung des Stadtvertreters der Antragsgegnerin M. an strafrechtlich relevantem Verhalten gegenüber der Leiterin der Begegnungsstätte fehlen belastbare Anhaltspunkte. Der Hinweis des Antragstellers, M. sei in einem anderen Zusammenhang wegen gefährlicher Körperverletzung verurteilt worden und wirke am Aufbau von Drohkulissen sowie herabwürdigenden Kampagnen gegen die Leiterin der Begegnungsstätte mit, vermag eine Beteiligung an konkret gegen sie gerichteten Straftaten nicht zu belegen. Dies kann allenfalls bei der Frage, ob es der Antragsgegnerin gelingt, unabhängig von strafrechtlich relevantem Verhalten ein „Klima der Angst" zu schaffen und dadurch die freie und gleichberechtigte Teilhabe am Prozess der politischen Willensbildung zu beeinträchtigen, berücksichtigt werden (vgl. dazu sogleich Rn. 1004 [S. 1515]).

962 Ebenfalls nicht feststellbar ist eine Beteiligung der Antragsgegnerin am Besprühen beziehungsweise Beschmieren von zur Erinnerung an jüdische Mitbürger verlegten sogenannten „Stolpersteinen" in Demmin am 19. August 2010 und in Ueckermünde am 20. August 2010. Die gleichzeitig in Ueckermünde geklebten Plakate sprechen eher für eine Aktion aus dem Bereich des bewegungsförmigen Rechtsextremismus. Jedenfalls fehlt es, selbst wenn in Demmin ein Tatverdächtiger angab, seit 2006 Mitglied der Antragsgegnerin zu sein, an einer rechtskräftigen Feststellung der Täterschaft und damit an der Möglichkeit der Zurechnung zur Antragsgegnerin.

963 Ebenso wenig können die Ausschreitungen vom 11. Januar 2016 in Leipzig-Connewitz der Antragsgegnerin zugerechnet werden. Eine Beteiligung ihrer Mitglieder oder Anhänger an diesen Ausschreitungen ist nicht ersichtlich und wird vom Antragsteller auch nicht behauptet. Soweit er demgegenüber darauf verweist, der Vorsitzende des Kreisverbands Leipzig der Antragsgegnerin habe diese Vorfälle positiv kommentiert und dadurch die Situation angeheizt, steht einer Zurechnung dieser Äußerung zur Antragsgegnerin entgegen, dass der Kreisvorsitzende nach deren unwidersprochenem Vortrag unmittelbar im Anschluss an diesen Vorgang seines Amts enthoben worden sei und die Partei sodann freiwillig verlassen habe. Da nicht feststellbar ist, dass es sich dabei um ein rein prozesstaktisches Verhalten handelt, kann nicht davon ausgegangen werden, dass die Antragsgegnerin sich – vermittelt durch die Äußerungen des damaligen Kreisvorsitzenden – die Gewalttätigkeiten vom 11. Januar 2016 nachträglich zu eigen gemacht hat.

964 (bb) Auch eine Zurechnung der Krawalle im Anschluss an die Demonstrationen der Antragsgegnerin vom 24. Juli 2015 in Dresden und vom 21. August 2015 in Heidenau scheidet aus.

965 (α) Die in Dresden am 24. Juli 2015 veranstaltete Demonstration unter dem Motto „Asylflut stoppen – Nein zur Zeltstadt auf der Bremer Straße!" wurde durch ein Mitglied der Antragsgegnerin angemeldet und als Veranstaltung der Partei beworben. An der Kundgebung nahmen etwa 180 Personen teil, denen etwa 250 Gegendemonstranten gegenüberstanden (vgl. Nattke, in: Lichdi ⟨Hrsg.⟩, Darf die NPD wegen Taten parteiloser Neonazis verboten werden?, 2016, S. 64). Im Nachgang zu dieser Demonstration kam es zu gewaltsamen Auseinandersetzungen, in deren Verlauf drei Gegendemonstranten verletzt, 15 Asylbefürworter attackiert und Mitarbeiter des Deutschen Roten Kreuzes angegriffen wurden. Nach Darstellung des Antragstellers waren der Vorsitzende der Ortsgruppe Heidenau und ein weiterer Anhänger der Antragsgegnerin sowie drei weitere Demonstrationsteilnehmer an den Ausschreitungen beteiligt.

966 Dies allein genügt jedoch nicht, um die Ausschreitungen in ihrer Gesamtheit der Antragsgegnerin zuzurechnen. Die Gewalttätigkeiten fanden nicht im Rahmen der von der Antragsgegnerin veranstalteten Demonstration, sondern erst nach deren Abschluss statt. Dass die Antragsgegnerin zu diesen Auseinandersetzungen aufgerufen oder sie in sonstiger Weise herbeigeführt hat, ist nicht ersichtlich. Sie hat die Krawalle auch im Nachhinein nicht gebilligt. Die Personen, die für die Gewaltausübung verantwortlich

waren und deren Taten am 24. Juli 2015 einen vorläufigen Höhepunkt erreichten, sollen weder in der Antragsgegnerin organisiert, noch von dieser steuerbar gewesen sein (vgl. Nattke, a. a. O., S. 65). Demgemäß kommt eine Zurechnung zur Antragsgegnerin nicht bezogen auf die Ausschreitungen als solche in Betracht, sondern allenfalls bezogen auf das Verhalten ihrer beiden Anhänger im Rahmen der Ausschreitungen (vgl. Rn. 975 [S. 1508]), da die Antragsgegnerin sich davon nicht ausdrücklich distanziert hat.

(β) Nichts anderes gilt hinsichtlich der Krawalle, die sich nach der Protestkundgebung der Antragsgegnerin am 21. August 2015 in Heidenau ereigneten und in deren Verlauf unter anderem 31 Polizeibeamte verletzt wurden. Auch hier fanden die Ausschreitungen nicht im Rahmen der von R. angemeldeten Kundgebung, sondern erst nach deren Abschluss statt. Ebenso ist eine Herbeiführung der Krawalle durch die Antragsgegnerin nicht ersichtlich. Der Antragsteller behauptet zwar, innerhalb des von R. geleiteten Aufzugs seien Zettel mit der Information verteilt worden, sich eine halbe Stunde nach Versammlungsende in Kleingruppen in Richtung Erstaufnahmeeinrichtung zu begeben, um eine Blockade durchzuführen. Dafür legt er jedoch keine Belege vor, so dass diese Behauptung nicht verifiziert werden kann. Es bleibt unklar, ob diese Handzettel überhaupt verteilt wurden, wer dafür verantwortlich war und inwieweit die Antragsgegnerin dies hätte verhindern können. An den Ausschreitungen selbst waren – soweit ersichtlich – keine Mitglieder der Antragsgegnerin beteiligt. Die Protagonisten der Gewalttätigkeiten sind in der Vergangenheit vielmehr als Hooligans von Dynamo Dresden in Erscheinung getreten (vgl. Nattke, a. a. O., S. 71). Anhaltspunkte für eine Lenkung der Ausschreitungen durch die Antragsgegnerin fehlen. Die Krawalle können ihr daher nicht zugerechnet werden. 967

(cc) Auch eine Zurechnung der Angriffe gegen Wahlkreisbüros anderer Parteien in Mecklenburg-Vorpommern scheidet aus. Da die Täter dieser Anschläge nicht ermittelt werden konnten, kann nicht unterstellt werden, dass Mitglieder oder Anhänger der Antragsgegnerin an der Ausführung dieser Anschläge beteiligt waren. Ebenso wenig kann festgestellt werden, dass die Antragsgegnerin sich diese Anschläge zu eigen gemacht hat. 968

Zwar wurde am 18. April 2010 auf der von David Petereit verantworteten Internetseite www.mupinfo.de ein Artikel unter der Überschrift „Demokraten gibt es auch in Deiner Stadt" veröffentlicht, der Bezug auf vorausgegangene Anschläge auf Bürgerbüros der SPD nahm, eine Auflistung sämtlicher Bürgerbüros der CDU, FDP und SPD sowie der Partei DIE LINKE in Mecklenburg-Vorpommern einschließlich der vollständigen Büroanschriften enthielt und explizit zum Besuch der Bürgerbüros aufrief, da diese nicht flächendeckend geschützt werden könnten. Selbst wenn dieser Aufruf – wie der Antragsteller behauptet – ironisch zu verstehen ist, genügt dies nicht, um darin zweifelsfrei eine versteckte Aufforderung zur Begehung weiterer Anschläge sehen zu können. Ferner kann im Ergebnis nicht davon ausgegangen werden, dass die Antragsgegnerin diese Anschläge nachträglich gebilligt hat. Die Berichterstattung über diese Anschläge auf www.mupinfo.de und in dem von der Antragsgegnerin verantworteten „Uecker-Randow-Boten" vermögen dies jedenfalls nicht zweifelsfrei zu belegen. Auch wenn diese Berichte durch eine unangemessene Wortwahl geprägt sind (www.mupinfo.de vom 11. Mai 2010: „Entglasung"; 27. Mai 2010: „Einzelwertung", „Mannschaftswertung" bezogen auf die Zahl der Anschläge; 31. Mai 2010: „Jammergestal- 969 ten"), enthalten sie durchgängig eine Distanzierung „von Tätern und Opfern gleichermaßen" (vgl. www.mupinfo.de vom 23. Mai und 7. Juni 2010). Ebenso wenig kann der den Landtagsabgeordneten Dahlemann verhöhnende Artikel im „Uecker-Randow-Boten" (Ausgabe Frühling 2014, S. 4) zweifelsfrei als Aufforderung zu dem Anschlag vom 5. Mai 2014 angesehen werden, bei dem unbekannte Täter mit Steinen zwei Fenster des Bürgerbüros einwarfen. Die bloße Berichterstattung über diesen Anschlag auf www.mupinfo.de am 6. Mai 2014 reicht für die Annahme seiner Billigung durch die Antragsgegnerin nicht aus.

970   (c) Es verbleibt damit lediglich eine begrenzte Zahl von Gewalttaten unter Beteiligung von Mitgliedern und Anhängern der Antragsgegnerin (aa) [S. 1507], die aber nicht ausreichen, um ihr eine Grundtendenz zur Durchsetzung ihrer verfassungsfeindlichen Absichten mit Gewalt oder durch die Begehung von Straftaten nachweisen zu können (bb) [S. 1508].

971   (aa)(α) Hierzu zählt der Angriff von JN-Funktionären auf eine DGB-Kundgebung am 1. Mai 2015 in Weimar. Laut einer LKA-Erkenntnisanfrage vom selben Tag kam es zu einer überfallartigen Situation mit tätlichen Übergriffen auf die sonstigen Veranstaltungsteilnehmer. Gegen insgesamt 34 Personen wurden Ermittlungen wegen Landfriedensbruchs eingeleitet. Unter den vorläufig festgenommenen 27 Tatverdächtigen befanden sich der stellvertretende JN-Bundesvorsitzende G., der stellvertretende JN-Landesvorsitzende Hessen H. und der Landesvorsitzende der JN-Sachsen R.

972   Führende Vertreter der Antragsgegnerin haben den Anschlag nachträglich gebilligt. So bezeichnete der Bundespressesprecher der Antragsgegnerin Klaus Beier den Vorfall auf der Facebook-Seite der Antragsgegnerin am 3. Mai 2015 den Vorfall als „legitime Protestaktion gegen den globalen Kapitalismus". Der JN-Bundesvorsitzende Sebastian Richter führte auf der Facebook-Seite der JN unter der Überschrift „Solidarität ist eine Waffe!" aus, „geschlossen hinter den JN-Aktivisten" zu stehen, „welche in Weimar für ihr Recht auf die Straße gegangen sind". Soweit die Antragsgegnerin demgegenüber behauptet, die JN-Aktivisten hätten lediglich auf aggressives Verhalten der sonstigen Teilnehmer der DGB-Kundgebung reagiert, ändert dies nichts an der Tatsache, dass die JN die Veranstaltung gezielt gestört und die nachfolgenden Eskalationen durch ihr Verhalten provoziert haben.

973   (β) Darüber hinaus liegen insgesamt zwölf rechtskräftige Verurteilungen von Mitgliedern und Anhängern der Antragsgegnerin wegen Gewaltdelikten mit politischen Bezügen vor. Dazu gehören die Verurteilung des ehemaligen Geschäftsführers der Landtagsfraktion der Antragsgegnerin in Mecklenburg-Vorpommern G. wegen Landfriedensbruch in Tateinheit mit gefährlicher Körperverletzung zu einer Freiheitsstrafe von einem Jahr und zehn Monaten vor dem Hintergrund des Angriffs auf Gegendemonstranten und Unbeteiligte in einem Zug auf dem Weg zu einer Veranstaltung der Antragsgegnerin (vgl. LG Rostock, Urteil vom 3. Mai 2012 – 13 KLs 125/11 ⟨14⟩ –) sowie die Verurteilungen des stellvertretenden rheinland-pfälzischen Landesvorsitzenden der Antragsgegnerin Safet Babic zu sieben Monaten Freiheitsstrafe wegen gefährlicher Körperverletzung aufgrund einer Schlägerei im Zusammenhang mit der Zerstörung von Wahlplakaten der Antragsgegnerin (vgl. LG Trier, Urteil vom 22. Dezember

2010 – 8033 Js 11972/09.5 KLs –) und des JN-Mitglieds W. zu elf Monaten Freiheitsstrafe wegen gemeinschaftlicher schwerer Körperverletzung aufgrund eines Angriffs auf Gegendemonstranten bei einer Veranstaltung der Antragsgegnerin gegen einen Moscheeneubau in Berlin (vgl. AG Berlin-Tiergarten, Urteil vom 14. August 2007 – ⟨216⟩ 81 Js 2057/07 ⟨26/07⟩ –). Der Kommunalvertreter der Antragsgegnerin O. wurde wegen Sachbeschädigung und versuchter Nötigung zu einer Geldstrafe verurteilt, weil er sich am 15. August 2013 an einem Angriff auf ein alternatives Wohnprojekt beteiligte, indem er die Scheibe der Eingangstür mit einem Kantholz einwarf (vgl. AG Greifswald, Urteil vom 30. Juni 2014 – 33 Ls 1557/13 –). Bei den übrigen Fällen handelt es sich um vergleichbare, mehrheitlich zufällig entstandene tätliche Auseinandersetzungen mit teilweise deutlich geringerem politischen Bezug.

(γ) Außerdem verweist der Antragsteller auf weitere Fälle der Anwendung von Gewalt durch die Antragsgegnerin. Eine besondere Rolle komme dabei ihrem Ordnungsdienst zu. Abgesehen von der bedrohlichen Wirkung, die von diesem ausgehe (vgl. Rn. 1006 [S. 1515]), sei er für zwei Übergriffe auf Gegendemonstranten bei Veranstaltungen der Antragsgegnerin in Lingen und Aschaffenburg im Jahr 2013 verantwortlich. Die sachkundige Dritte Röpke hat darüber hinaus in der mündlichen Verhandlung über weitere Gewalttätigkeiten des Ordnungsdienstes berichtet. Im Einzelnen schilderte sie Körperverletzungshandlungen gegenüber einem IG-Metall-Mitglied in Niedersachsen, einem Kameramann des NDR beim Wahlkampfauftakt 2006 in Mecklenburg-Vorpommern und einen Angriff auf Gegendemonstranten bei einer Veranstaltung der Antragsgegnerin im Dezember 2004 in Steinfurt. 974

Des Weiteren behauptet der Antragsteller, bei einer Informationsveranstaltung zur Unterbringung von Asylbewerbern in Goldbach am 6. Juli 2015 habe der dortige Kreisvorsitzende der Antragsgegnerin S. einem Teilnehmer mit der Faust ins Gesicht geschlagen. Bei den Krawallen im Anschluss an die Demonstration vom 24. Juli 2015 in Dresden habe sich der Vorsitzende der Ortsgruppe Heidenau N. innerhalb der Gruppe der gewaltbereiten Teilnehmer aufgehalten. Der bei dieser Demonstration als Ordner tätige Anhänger der Antragsgegnerin K. habe eine Warnbake in Richtung der Gegendemonstranten quer über die Straße geworfen. Die Antragsgegnerin hat die Behauptungen des Antragstellers bestritten und insbesondere darauf verwiesen, dass die Tätlichkeiten nicht von ihren Anhängern ausgegangen seien. 975

(bb) Insgesamt genügen die dargestellten Sachverhalte – ihre Wahrheit unterstellt – nicht, um die Feststellung zu tragen, dass die Antragsgegnerin ihre verfassungswidrigen Absichten mit Gewalt oder durch die Begehung von Straftaten umzusetzen sucht und dadurch in einer für ein „Darauf Ausgehen" im Sinne des Art. 21 Abs. 2 Satz 1 GG ausreichenden Weise in den Prozess freier und gleichberechtigter politischer Willensbildung eingreift. Unter Berücksichtigung der vom Antragsteller und der sachkundigen Dritten Röpke geschilderten Ereignisse handelt es sich um insgesamt 20 selbstständige Sachverhalte, die sich über einen Zeitraum von mehr als zehn Jahren erstrecken. In der überwiegenden Mehrzahl der Fälle liegt dabei nicht ein geplanter und gezielter Einsatz von Gewalt zur Durchsetzung politischer Ziele vor; vielmehr handelt es sich um zufällige tätliche Auseinandersetzungen am Rande oder im Vorfeld politischer Veranstaltungen. 976

Zwar bewegen sich die Angriffe auf die DGB-Kundgebung in Weimar am 1. Mai 2015 und auf das alternative Wohnprojekt in Greifswald am 15. August 2013 im Bereich eines gezielten Einsatzes von Gewalt zu politischen Zwecken. Aus diesen punktuellen Ereignissen kann aber nicht geschlossen werden, dass für die Antragsgegnerin die Anwendung von Gewalt oder die Begehung von Straftaten Teil ihres planmäßigen Vorgehens gegen die freiheitliche demokratische Grundordnung ist. Eine Grundtendenz der Antragsgegnerin zur Durchsetzung ihrer politischen Absichten mit Gewalt oder durch die Begehung von Straftaten kann den geschilderten Einzelfällen (noch) nicht entnommen werden.

977 cc) Es kann auch nicht festgestellt werden, dass das Handeln der Antragsgegnerin zu einer Atmosphäre der Angst führt, die zu einer relevanten Beeinträchtigung des Rechts auf freie und gleichberechtigte Teilhabe an der politischen Willensbildung geeignet ist. Dies ist zwar durch ein Handeln unterhalb der Schwelle strafrechtlicher Relevanz grundsätzlich denkbar. Soweit die in diesem Zusammenhang vom Antragsteller aufgeführten Sachverhalte der Antragsgegnerin überhaupt zurechenbar sind (1) [S. 1509], fehlt es jedoch in beträchtlichem Umfang an der objektiven Eignung zur Herstellung einer bedrohlichen Atmosphäre und einer damit verbundenen Einschränkung der Freiheit zur politischen Willensbildung (2) [S. 1510]. Die verbleibenden Sachverhalte stellen sich nicht als Anhaltspunkte von hinreichendem Gewicht dar, die ein Erreichen der von der Antragsgegnerin verfolgten verfassungswidrigen Ziele zumindest möglich erscheinen lassen (3) [S. 1514].

978 (1)(a) Zur Begründung der Schaffung einer Atmosphäre der Angst durch die Antragsgegnerin kann nicht auf die vom Antragsteller vorgelegte „Liste mit freien Angaben zu Bedrohungserfahrungen" der Psychologin Anette Hiemisch zurückgegriffen werden. Diese beruht auf der Befragung von 37 Personen aus zivilgesellschaftlichen Organisationen, von denen 30 Personen angaben, Bedrohungserfahrungen gemacht zu haben. Der Liste ist im Einzelnen aber nicht zu entnehmen, von welcher Organisation die jeweilige Bedrohung, die zudem nach Ort, Datum und handelnden Personen nicht näher konkretisiert wird, ausgegangen ist. Hinzu kommt, dass es sich um anonyme Angaben handelt. Dies schließt eine Zurechnung der erfragten Aussagen zur Antragsgegnerin aus.

979 (b) Der Auffassung des Antragstellers, dass Bedrohungen und Einschüchterungen durch Mitglieder von Kameradschaften und anderen „freien Gruppen" der Antragsgegnerin grundsätzlich zuzurechnen seien, kann nicht gefolgt werden. Soweit er meint, dies ergebe sich bereits aus dem Begriff des „Anhängers" und aus der Existenz des bestehenden Netzwerks rechtsextremer Gruppierungen, steht dem entgegen, dass – wie bereits dargestellt (vgl. Rn. 927 ff. [S. 1497]) – die Antragsgegnerin und die Kräfte des parteiungebundenen Rechtsextremismus zwar (mit regional unterschiedlicher Intensität) einzelfallbezogen zusammenarbeiten. Dabei kommt aber der Antragsgegnerin keine Führungsrolle zu. Kameradschaften und sonstige Gruppen der freien Szene stellen sich nicht als „verlängerter Arm" der Antragsgegnerin dar, sondern agieren autonom. Demgemäß kommt eine Zurechnung ihres Handelns zur Antragsgegnerin nur in Betracht, wenn diese das Handeln herbeigeführt oder sich in sonstiger Weise zu eigen gemacht hat. Es bedarf also auch hinsichtlich des Handelns der parteiungebundenen

rechtsextremen Szene jeweils eines spezifischen Zurechnungszusammenhangs, um dieses als Teil der gegen die freiheitliche demokratische Grundordnung gerichteten Bestrebungen der Antragsgegnerin ansehen zu können.

(c) Außer Betracht bleiben muss die Darstellung des Sachverständigen Prof. Borstel, im Kommunalwahlkampf 2009 sei in Bargischow ein auf der Liste der CDU angetretener parteiloser Kandidat, der sich gegen die rechtsextreme Nutzung des Jugendclubs positioniert habe, erheblichen Schmähungen und Bedrohungen ausgesetzt gewesen (vgl. Borstel, Rechtsextremismus in Mecklenburg-Vorpommern unter besonderer Berücksichtigung der NPD, S. 32), da es an Hinweisen auf die Täter fehlt und daher eine Zurechnung dieses Sachverhalts zur Antragsgegnerin ausscheidet. 980

(d) Auch die Ereignisse im Anschluss an eine von der Bürgerinitiative „Schneeberg wehrt sich" im Oktober 2013 veranstaltete Demonstration können der Antragsgegnerin nicht zugerechnet werden. Bei dieser Demonstration hatte auch der Kreisvorsitzende der Antragsgegnerin H. gesprochen. Im Anschluss an die Demonstration zogen 30 bis 50 mit Fackeln ausgestattete Veranstaltungsteilnehmer vor das Privathaus des Bürgermeisters. Der Antragsteller trägt vor, der Bürgermeister habe sich bedroht gefühlt, insbesondere weil ein Aktivist sein Grundstück betreten habe. Seine Ehefrau und die Nachbarn seien ebenfalls entsetzt und verängstigt gewesen. Allerdings ist nicht erkennbar, dass die Antragsgegnerin diese Abläufe veranlasst oder sich in sonstiger Weise zu eigen gemacht hat. Ein Aufruf oder ein sonstiger Beitrag des Kreisvorsitzenden der Antragsgegnerin dazu, dass die Versammlung sich in Richtung des Hauses des Bürgermeisters in Bewegung setzte, ist nicht ersichtlich und vom Antragsteller nicht beweiskräftig dargelegt. 981

(e) Die vom Antragsteller dargestellten Bedrohungen des Ehepaars in Jamel können der Antragsgegnerin ebenfalls nicht zugerechnet werden, da diese anonym erfolgten. 982

(2) Die Feststellung einer durch die Antragsgegnerin herbeigeführten Atmosphäre der Angst oder Bedrohung kommt nur in Betracht, wenn das ihr zurechenbare Handeln objektiv geeignet ist, die freie und gleichberechtigte Teilhabe am Prozess der politischen Willensbildung zu beeinträchtigen (vgl. Rn. 588 [S. 1424]). 983

(a) Unberücksichtigt bleiben muss daher die bloße Teilnahme der Antragsgegnerin am politischen Meinungskampf. Soweit diese die Grenzen des im demokratischen Diskurs Zulässigen nicht überschreitet, führt dies – ungeachtet möglicher weitergehender Intentionen der Antragsgegnerin und subjektiver Gefühle einzelner Betroffener – nicht zu einer Einschränkung Dritter bei der Wahrnehmung ihrer demokratischen Rechte. 984

(aa) Dementsprechend kann die Beteiligung der Antragsgegnerin an Protestkundgebungen im Bereich der Asyl- und Flüchtlingspolitik für sich genommen nicht als Beitrag zur Schaffung einer Atmosphäre der Angst angesehen werden. Unbeachtlich sind im vorliegenden Zusammenhang daher sowohl der Vortrag des Antragstellers zur Gesamtzahl der von der Antragsgegnerin veranstalteten Demonstrationen als auch die Hinweise auf einzelne Kundgebungen, da insoweit eine der Antragsgegnerin zure- 985 chenbare Überschreitung der Grenzen des politischen Meinungskampfes nicht dargelegt ist.

986 Hinsichtlich der vom Antragsteller geschilderten Aktivitäten in Sachsen ist festzustellen, dass die Eskalationen nach den Demonstrationen am 24. Juli 2015 in Dresden und am 21. August 2015 in Heidenau der Antragsgegnerin nicht zugerechnet werden können (vgl. Rn. 964 ff. [S. 1505]). Im Übrigen ist nicht nachgewiesen, dass die Antragsgegnerin bei den vom Antragsteller gesondert aufgeführten Demonstrationen im Raum Sächsische Schweiz, im Landkreis Leipzig oder in Schneeberg in einer Weise agiert hat, die objektiv geeignet ist, ein Klima der Angst oder Bedrohung entstehen zu lassen. Auch das von der Antragsgegnerin in Mecklenburg-Vorpommern zu verantwortende Demonstrationsgeschehen überschreitet – soweit erkennbar – die Grenzen des zulässigen politischen Meinungskampfes jedenfalls nicht in einer Weise, die die Möglichkeit freier und gleichberechtigter Teilnahme am Prozess der politischen Willensbildung einzuschränken geeignet ist. Das bloße Zeigen von Transparenten mit fremdenfeindlichen Aufschriften und Sprechchöre mit entsprechendem Inhalt genügen insoweit nicht. Die Kundgebungstouren der ehemaligen Landtagsfraktion der Antragsgegnerin in den Jahren 2014 und 2015 rechtfertigen keine andere Bewertung.

987 (bb) Hinsichtlich des Rücktritts des Ortsbürgermeisters von Tröglitz erscheint ein Überschreiten der Grenzen des zulässigen politischen Meinungskampfes durch die Antragsgegnerin ebenfalls zweifelhaft. Zwar hat die Antragsgegnerin als Reaktion auf eine geplante Unterbringung von 40 Flüchtlingen in einem Wohnhaus insgesamt zehn sogenannte „Lichterspaziergänge" durchgeführt. Die Route eines Spaziergangs sollte gezielt am Haus des Ortsbürgermeisters vorbeiführen, um diesen zu einer Stellungnahme zu den Protesten zu veranlassen. Nach Billigung dieser Route durch die Versammlungsbehörde trat der Bürgermeister mit der Begründung zurück, er sehe den Demonstrationszug als Bedrohung für seine von behördlicher Seite nicht ausreichend geschützte Familie. Die Antragsgegnerin hat den Rücktritt des Bürgermeisters als Erfolg begrüßt. Der Bundesvorsitzende Franz äußerte in Bezug auf die Medienschlagzeile „NPD jagt CDU-Bürgermeister aus dem Amt – weil er sich für Flüchtlinge engagierte" auf seiner Facebook-Seite: „Die Presse verdreht zwar die Tatsachen total, aber solche Titel könnte es öfter geben".

988 Auch wenn der Ortsbürgermeister von Tröglitz den geplanten Vorbeizug der von dem NPD-Kreistagsmitglied T. angemeldeten Demonstration an seinem Haus subjektiv als Bedrohung für sich und seine Familie empfunden haben mag, kann die bloße Durchführung eines angemeldeten Aufzuges auf einer gebilligten Route aber für sich noch keinen Eingriff in den Prozess freier und gleichberechtigter Teilhabe an der politischen Willensbildung darstellen.

989 (cc) Auch die Proteste gegen die Nutzung des Spreehotels in Bautzen überschreiten die Grenzen des zulässigen politischen Meinungskampfes noch nicht. Soweit Jürgen Gansel in einem am 29. März 2014 auf der Homepage des Sächsischen Landesverbands eingestellten Brief „die Ausschöpfung aller friedlich-legalen Protestformen von der Flugblattverteilung bis zur Mahnwache und Demonstration" ankündigt, ist dies im demokratischen Meinungsbildungsprozess ebenso hinzunehmen wie der Besuch des umgewidmeten Hotels durch eine Abgeordnetendelegation der Antragsgegnerin im Juli

2014 und die Durchführung mehrerer Mahnwachen. Zur Begründung einer Atmosphäre der Angst sind diese Aktivitäten nicht geeignet.

(dd) Dies gilt auch für den Protest und den Aufruf zu einer Demonstration gegen die Moschee in Leipzig-Gohlis unter dem Motto „Maria statt Scharia! Islamisierung und Überfremdung stoppen" am 17. August 2013. Die Antragsgegnerin dokumentiert dadurch zwar ihre Islamfeindlichkeit. Dies rechtfertigt aber trotz des Umstandes, dass die Demonstration unmittelbar vor der Moschee stattfand, die Annahme nicht, dass hierdurch in Überschreitung der Grenzen des zulässigen politischen Meinungskampfes eine Atmosphäre der Angst geschaffen wurde. Gleiches gilt für die auf dem Baugrundstück der geplanten Moschee im August 2014 von Mitgliedern der Antragsgegnerin und der JN durchgeführte, nicht angemeldete öffentliche Versammlung. 990

(b) Weitere Aktivitäten der Antragsgegnerin dürften aufgrund ihres diffamierenden Charakters die Grenzen zulässiger politischer Meinungsbildung überschreiten. Gleichwohl kann für einzelne Fälle nicht davon ausgegangen werden, dass diese objektiv geeignet sind, eine generelle Atmosphäre der Angst herbeizuführen, die der Wahrnehmung demokratischer Rechte entgegensteht. 991

(aa) Dies gilt insbesondere für einzelne Wahlkampfaktivitäten der Antragsgegnerin. Sowohl die Verwendung des Wahlplakats „Geld für die Oma statt für Sinti & Roma" als auch des Wahlplakats „Gas geben" und dessen Platzierung unter anderem vor dem Jüdischen Museum in Berlin belegen zwar eine eklatante Missachtung ethnischer Minderheiten durch die Antragsgegnerin. Auch ist es nachvollziehbar, dass – wie der Antragsteller dargelegt hat – die aggressive Rhetorik der Antragsgegnerin bei den Betroffenen subjektive Bedrohungsgefühle auslösen kann. Es erscheint jedoch bereits zweifelhaft, ob die Häufigkeit und Dichte der von der Antragsgegnerin verbreiteten minderheitenfeindlichen Parolen ausreichen, um objektiv von der Herbeiführung einer Atmosphäre der Angst ausgehen zu können. Eine Beeinträchtigung der Möglichkeit gleichberechtigter Teilhabe am Prozess der politischen Willensbildung resultiert daraus jedenfalls nicht. Ebenso wenig ist belegt, dass die in den Bundestagswahlkämpfen 2009 und 2013 vom Landesverband Berlin versandten Rundschreiben, in denen Kandidaten mit Migrationshintergrund zur Ausreise aufgefordert wurden, die Möglichkeit der Wahrnehmung demokratischer Teilhaberechte eingeschränkt haben. Gleiches gilt für die an den thüringischen Kommunalpolitiker S. gerichteten Aufforderungen. 992

(bb) Die durch Landtagsabgeordnete und Kommunalvertreter der Antragsgegnerin durchgeführten Besuche in Flüchtlingsheimen und Asylunterkünften sind Teil der fremdenfeindlichen Agitation der Antragsgegnerin. So nutzte der Münchener Stadtrat Karl Richter den Besuch in einer Asylunterkunft am 4. März 2014, um gemeinsame Fotos mit Flüchtlingen zu machen, zugleich aber in einem Kommentar auf Facebook vom 13. März 2014 von „vergleichsweise stark pigmentierten Heimbewohnern" zu sprechen. Soweit die Antragsgegnerin in diesem Zusammenhang behauptet, die Fotos legten die Vermutung nahe, die Bewohner hätten den Besuch als angenehm empfunden, steht dem der Strafbefehl des Amtsgerichts München vom 27. Oktober 2014 (Cs 112 Js 136147/14) wegen Verstoßes gegen das Kunsturhebergesetz in drei tateinheitlichen Fällen – auf Strafanzeige und Strafantrag der abgebildeten Asylbewerber – entgegen. 993

III. Verkündung und Urteil

994 In vergleichbarer Weise suchten Mitglieder der ehemaligen Landtagsfraktion in Mecklenburg-Vorpommern im Dezember 2014 das Gelände eines zu einer Asylunterkunft umfunktionierten Ferienlagers in Plöwen (Landkreis Vorpommern-Greifswald) auf. In einem hierbei angefertigten, im Internet abrufbaren Video unter der Überschrift „Offenes Tor für NPD-Besuch im Asylanten-Ferienlager Plöwen" schildert Michael Andrejewski eine privilegierte Unterbringung der Flüchtlinge und entwirft Bedrohungsszenarien für die einheimische Bevölkerung. Diese müsse damit rechnen, dass angesichts des Ansturms von Migranten zukünftig Privatwohnungen direkt beschlagnahmt werden könnten.

995 Gleichwohl ist nicht ersichtlich, dass hierdurch eine Atmosphäre der Angst geschaffen wird, die die Möglichkeit gleichberechtigter Teilhabe am Prozess der politischen Willensbildung einschränkt. Die Besuche der Flüchtlingsunterkünfte können sich noch als zulässige Wahrnehmung parlamentarischer Kontrollrechte darstellen. Die damit verbundene ausländerfeindliche Agitation enthält zumindest kein ausreichendes Bedrohungspotential, um von einer dauerhaften Einschränkung demokratischer Mitwirkungsmöglichkeiten ausgehen zu können. Es ist nachvollziehbar, dass diese Maßnahmen bei den Betroffenen Unbehagen erzeugen oder auch Gefühle der Angst, aber sie sind nicht geeignet, eine generelle Atmosphäre der Angst zu schaffen.

996 (cc) Ebenso wenig ergibt sich dies aus der Behauptung des Antragstellers, in Löcknitz habe eine Gruppe um einen Gemeindevertreter der Antragsgegnerin eine Versammlung der Regionalen Arbeitsstelle für Bildung, Integration und Demokratie gestört und beleidigende Parolen wie „alles Parasiten" und „polnischer Pöbel" gerufen. Polizeikräfte verwiesen die Personen des Gebäudes und stellten ihre Identität fest. Eine Bedrohungssituation in Bezug auf die Ausübung demokratischer Beteiligungsrechte ist damit nicht dargetan.

997 (c) Auch die Behauptungen des Antragstellers zum Versuch der Einschüchterung von Einzelpersonen durch die Antragsgegnerin überzeugen in einzelnen dargestellten Fällen nicht.

998 (aa) Zwar führte der Kreisverband Berlin-Pankow der Antragsgegnerin am 21. Januar 2015 unter dem Motto „Den Feind erkennen – den Feind benennen" eine gegen den Pankower Bezirksbürgermeister K. gerichtete Kundgebung mit – nach Darstellung des Antragstellers – circa zehn Teilnehmern durch, von denen zwei versuchten, in dessen gleichzeitig stattfindende Bürgersprechstunde zu gelangen. Das damit verbundene Bedrohungspotential erscheint indes gering. Von einer ernsthaften Gefährdung des betroffenen Bezirksbürgermeisters und einer relevanten Beeinträchtigung der Wahrnehmung seines Amts oder seines Anspruchs auf Teilhabe an der politischen Willensbildung kann nicht ausgegangen werden.

999 (bb) Gleiches gilt hinsichtlich der vom Antragsteller geschilderten Vorfälle aus den Jahren 2007 bis 2009 in Schöneiche bei Berlin. Soweit der Antragsteller darlegt, dass Funktionäre der Antragsgegnerin jüdische Feste gestört hätten, ergibt sich allein daraus kein Hinweis auf eine Bedrohungssituation für die Anwesenden. Auch die Behauptung, beim Heimatfest 2009 hätten zwei Männer aus einer Gruppe um den Ortsverbandsvor-

sitzenden der Antragsgegnerin aggressiv auf den Bürgermeister eingeredet, rechtfertigt den Rückschluss auf eine Beeinträchtigung seines Anspruchs auf freie und gleichberechtigte Teilhabe am Prozess der politischen Willensbildung nicht. Soweit der Antragsteller darauf verweist, dass es am 27. Oktober 2008 zu einer Bedrohung des Bürgermeisters durch drei vermummte Personen auf dessen privatem Grundstück gekommen sei, kann dieser Vorfall der Antragsgegnerin nicht zugerechnet werden, da keine Täter ermittelt werden konnten. Daran ändern auch befürwortende Kommentare auf der Internetseite Altermedia nichts, da auch diese nicht unmittelbar der Antragsgegnerin zugerechnet werden können.

(cc) Das von dem Antragsteller in Bezug genommene Interview, das eine in Deutschland geborene Moderatorin mit dem stellvertretenden Bundesvorsitzenden der Antragsgegnerin Ronny Zasowk im ZDF geführt hat, belegt zwar, dass die Antragsgegnerin das Bleiberecht eingebürgerter Deutscher mit Migrationshintergrund bestreitet. Dass damit aber eine die Freiheit der politischen Willensbildung beeinträchtigende Bedrohungssituation herbeigeführt wurde, ist nicht feststellbar.

(d) Schließlich sind die Aktivitäten der Antragsgegnerin zur Gründung von Bürgerwehren und der Durchführung von Patrouillengängen nicht geeignet, die Herbeiführung einer Atmosphäre der Angst objektiv zu begründen, da eine Überschreitung rechtlicher Grenzen und der unzulässige Eingriff in die Rechte Dritter bisher – soweit erkennbar – nicht stattgefunden haben. Dies gilt auch für die zwei von der Antragsgegnerin gesondert geschilderten Patrouillengänge der Bürgerwehr Güstrow am 4. und 8. April 2015. Dass es dabei zu Rechtsverstößen oder einem in sonstiger Weise objektiv bedrohlichen Vorgehen kam, behauptet der Antragsteller nicht. Daher kann auch die Beteiligung des anderweitig vorbestraften Stadtvertreters der Antragsgegnerin M. an der Gründung und den Aktivitäten der Bürgerwehr nichts daran ändern, dass die Durchführung der beiden Patrouillengänge für die Annahme der Herbeiführung einer demokratische Beteiligungsrechte einschränkenden Atmosphäre der Angst nicht ausreicht.

(3) Soweit darüber hinaus einzelne Sachverhalte verbleiben, bei denen ein die Freiheit der politischen Willensbildung beeinträchtigendes Bedrohungspotential vorhanden ist oder zumindest nicht ausgeschlossen werden kann (a) [S. 1514], genügen diese nicht, um bei der Antragsgegnerin eine Grundtendenz zur Verfolgung ihrer politischen Ziele durch die Herstellung einer Atmosphäre der Angst feststellen zu können (b) [S. 1515].

(a)(aa) Den von den Mitgliedern der Antragsgegnerin begangenen Gewalttaten wohnt hinsichtlich des jeweiligen Einzelfalls ein beträchtliches Einschüchterungs- und Bedrohungspotential inne. Dies gilt auch für die vom Antragsteller im vorliegenden Zusammenhang gesondert aufgeführte Körperverletzung und Beleidigung einer aus Kenia stammenden Frau durch den Vorsitzenden des Kreisverbands Zwickau-Westsachsen G., der wegen dieser Tat zu einer Freiheitsstrafe von vier Monaten verurteilt wurde (vgl. AG Hohenstein-Ernstthal vom 30. März 2015 – 1 Ds 120 Js 2411/15 –). Wie aber bereits dargestellt (vgl. Rn. 976 [S. 1508]), handelt es sich insoweit um meist zufällig zustande gekommene Einzeltaten, die in der Gesamtschau noch nicht als Ausdruck einer der Antragsgegnerin zurechenbaren Grundtendenz zur Durchsetzung ihrer politischen Ziele mit Gewalt oder der Drohung mit Gewalt und einer damit verbundenen Schaffung einer Atmosphäre der Angst angesehen werden können. Dies gilt auch, soweit bei einer Durchsuchung der Wohnräume des K. Fotos prominenter Politiker und Personen jüdischen Glaubens aufgefunden wurden, die als Zielscheibe gefertigt waren und Einschusslöcher von Luftdruckwaffen aufwiesen.

004 (bb) Auch wenn eine Beteiligung des Stadtvertreters M. oder sonstiger Mitglieder der Antragsgegnerin an den die Leiterin einer multikulturellen Begegnungsstätte in Güstrow betreffenden Straftaten nicht feststellbar ist, kann doch zumindest von der Mitwirkung am Aufbau einer gegen diese gerichteten Drohkulisse ausgegangen werden. Dies ergibt sich sowohl aus dem Umstand, dass auf der M. zurechenbaren Facebook-Seite der Initiative „Güstrow wehrt sich gegen Asylmissbrauch" in aggressiver und beleidigender Form über die Leiterin der Begegnungsstätte berichtet wird, als auch aus der durch den Antragsteller dargestellten Beobachtung eines Treffens mit einem Zeitungsreporter im April 2015 durch eine Gruppe um M. Dieses Verhalten ist – auch wenn es im Ergebnis nicht zum Erfolg geführt hat – erkennbar darauf gerichtet, Druck auf die Leiterin der Begegnungsstätte auszuüben, um diese zu veranlassen, ihr Engagement gegen Rechtsextremismus zu beenden.

005 (cc) Ebenso auf die Herstellung einer Drohkulisse ausgerichtet war – ungeachtet der strafrechtlichen Beurteilung – die Versammlung von zwölf Aktivisten der Antragsgegnerin unter Führung von David Petereit vor dem Wohnhaus des Bürgermeisters von Lalendorf und die Verteilung von Flugblättern mit dem Text, das Handeln des Bürgermeisters sei mit einem „Stalinorden für Demokratieerhalt" durch das „Ministerium für Gemeindesicherheit Lalendorf" zu belohnen, nachdem dieser sich geweigert hatte, einer rechtsextremistischen Familie die Patenurkunde des Bundespräsidenten zur Geburt des siebten Kindes zu überreichen. Diese Aktion kann entgegen der Auffassung der Antragsgegnerin schon deshalb nicht mehr als „politischer Schlagabtausch innerhalb der Auseinandersetzung zwischen politischen Gegnern" gewertet werden, weil einige der Anwesenden das Grundstück des Bürgermeisters unerlaubt betreten haben.

006 (dd) Schließlich hat der Antragsteller zwar behauptet, dass der Ordnungsdienst der Antragsgegnerin in einschüchternder Weise gegen politische Gegner auftrete. Die sachkundige Dritte Röpke hat dies bekräftigt. Dabei kann allerdings der Antragsgegnerin nicht bereits die Tatsache zur Last gelegt werden, dass sie zur Gewährleistung der störungsfreien Durchführung von Kundgebungen überhaupt über einen Ordnungsdienst verfügt. Hinsichtlich des angeblich einschüchternden Auftretens des Ordnungsdienstes werden lediglich wenige Einzelbeispiele im Umfeld einzelner Veranstaltungen der Antragsgegnerin benannt (vgl. Rn. 974 [S. 1508]), die von dieser bestritten werden.

007 (b) Letztlich kann der Ablauf dieser Einzelbeispiele dahinstehen, da die beschriebenen Sachverhalte insgesamt nicht ausreichen, um festzustellen, dass die Antragsgegnerin ihre verfassungsfeindlichen Absichten planvoll durch den Aufbau von Drohkulissen und die Schaffung einer Atmosphäre der Angst durchzusetzen versucht. Ebenso wie die begangenen Straftaten stellt sich das Vorgehen einzelner Mitglieder der Antragsgegnerin gegen die Leiterin der multikulturellen Begegnungsstätte in Güstrow und gegen den Bürgermeister von Lalendorf als Einzelfallgeschehen dar, das nicht zu Lasten der An-

tragsgegnerin verallgemeinert werden kann. Dies gilt auch für die Hinweise zum Vorgehen des Ordnungsdienstes der Antragsgegnerin. Die Anordnung eines Parteiverbots rechtfertigen die beschriebenen Sachverhalte noch nicht. Ihre Anzahl und Qualität genügen nicht, um davon ausgehen zu können, dass eine Grundtendenz der Antragsgegnerin besteht, ihre verfassungsfeindlichen Absichten durch die Schaffung einer Atmosphäre der Angst durchzusetzen.

dd) Der Senat verkennt nicht, dass die von einem einschüchternden, gezielt provokativen oder die Grenzen der Strafbarkeit überschreitenden Verhalten der Mitglieder oder Anhänger der Antragsgegnerin Betroffenen sich in ihrer verfassungsrechtlich gewährleisteten Meinungsäußerungs- und Handlungsfreiheit schwer und nachhaltig beeinträchtigt sehen können. Ausmaß, Intensität und Dichte derartiger Vorfälle überschreiten nach dem Ergebnis der mündlichen Verhandlung die aus den dargelegten Gründen (vgl. Rn. 523 ff. [S. 1408]) hohe Schwelle eines Parteiverbots nach Art. 21 Abs. 2 GG jedoch nicht, da die Antragsgegnerin zu einer prägenden Einflussnahme auf den politischen Prozess nicht in der Lage ist. Daran ändert auch der Umstand nichts, dass die Präsenz der Antragsgegnerin und damit die vom Verhalten ihrer Mitglieder und Anhänger ausgehende einschüchternde Wirkung lokale oder – seltener – einige wenige regionale Schwerpunkte aufweist. Auf Einschüchterung und Bedrohung sowie den Aufbau von Gewaltpotentialen muss mit den Mitteln des präventiven Polizeirechts und des repressiven Strafrechts rechtzeitig und umfassend reagiert werden, um die Freiheit des politischen Prozesses ebenso wie einzelne vom Verhalten der Antragsgegnerin Betroffene wirkungsvoll zu schützen.

E.

Die Entscheidung über die Nichterstattung der notwendigen Auslagen der Antragsgegnerin beruht auf § 34a Abs. 3 BVerfGG. Danach kommt eine Auslagenerstattung im Parteiverbotsverfahren nur ausnahmsweise in Betracht, wenn besondere Billigkeitsgründe vorliegen (vgl. BVerfGE 20, 119 ⟨133 f.⟩; 49, 70 ⟨89⟩; 96, 66 ⟨67⟩; 110, 407 ⟨409⟩). Solche Gründe sind hier nicht ersichtlich. Zwar hat das Verfahren im Ergebnis nicht zur Feststellung der Verfassungswidrigkeit der Antragsgegnerin geführt. Entgegen ihrer Auffassung standen dem Verfahren aber weder unüberwindliche Verfahrenshindernisse noch sonstige Zulässigkeitserfordernisse entgegen. Nach der materiellen Prozesslage war festzustellen, dass das Handeln der Antragsgegnerin planmäßig auf die Beseitigung der freiheitlichen demokratischen Grundordnung gerichtet ist und ihm lediglich wegen mangelnder Potentialität die Qualität eines „Darauf Ausgehens" im Sinne des Art. 21 Abs. 2 Satz 1 GG fehlt. Daher ist eine Auslagenerstattung trotz des im Ergebnis erfolglosen Verbotsantrags nicht angezeigt.

F.

010 Die Entscheidung ist einstimmig ergangen.

                Voßkuhle   Huber

Hermanns   Müller   Kessal-Wulf

                König   Maidowski

D. Epilog: Das Finanzierungsausschlussverfahren

„Anders als im KPD-Urteil kommt nach Auffassung des Senats ein Parteiverbot nur in Betracht, wenn eine Partei über hinreichende Wirkungsmöglichkeiten verfügt, die ein Erreichen der von ihr verfolgten verfassungsfeindlichen Ziele nicht völlig aussichtslos erscheinen lassen, und wenn sie von diesen Wirkungsmöglichkeiten auch Gebrauch macht. Das ist bei der NPD nicht der Fall, so dass sie trotz verfassungsfeindlicher Gesinnung grundsätzlich weiterhin das Parteiprivileg für sich in Anspruch nehmen kann. Ob in einer solchen Situation auch andere Reaktionsmöglichkeiten sinnvoll sind, wie zum Beispiel der Entzug der staatlichen Finanzierung, hat nicht das Bundesverfassungsgericht, sondern der verfassungsändernde Gesetzgeber zu entscheiden."[1]

Nicht nur diese Sätze im Eröffnungsstatement des Präsidenten des Bundesverfassungsgerichts bei der Urteilsverkündung waren eine deutliche Anregung für eine Verfassungsänderung. Auch im Urteil selbst wies der Senat gleich an zwei Stellen darauf hin, dass der verfassungsändernde Gesetzgeber „Möglichkeiten gesonderter Sanktionierung im Fall der Erfüllung einzelner Tatbestandsmerkmale des Art. 21 Abs. 2 GG unterhalb der Schwelle des Parteiverbots" schaffen könne.[2] Diese Hinweise griff der Gesetzgeber unmittelbar auf[3] und schuf durch Einfügung des Art. 21 Abs. 3 GG und durch entsprechende Änderungen im Bundesverfassungsgerichtsgesetz ein verfassungsgerichtliches Verfahren zum Ausschluss verfassungsfeindlicher Parteien von der staatlichen Parteienfinanzierung. Nicht durchsetzen konnte sich ein nach nicht einmal einem Monat vorgelegter Entwurf des Landes Niedersachsen, der die Entscheidung über den Ausschluss einer Partei von der Finanzierung in die Hände des Bundestagspräsidenten aufgrund seiner Zuständigkeit für die Parteienfinanzierung legen wollte.[4] Vielmehr liegt auch diese Entscheidung gemäß Art. 21 Abs. 4 GG nun in der Zuständigkeit des Bundesverfassungsgerichts.

In der Einführung des Finanzierungsausschlussverfahrens lag zugleich die Lösung für ein Dilemma, das aus der neuen Interpretation des „Darauf Ausgehen" im Sinne der „Potentialität" im NPD-Urteil resultierte: Durch die Verschärfung dieses Tatbestandsmerkmals wurde die Wahrscheinlichkeit deutlich erhöht, dass Parteien zwar verfassungs*feindlich* sind (weil ihre Ziele auf die Beeinträchtigung oder Beseitigung der freiheitlichen demokratischen Grundordnung gerichtet sind), aber nicht verfassungs*widrig* i. S. d. Art. 21 Abs. 2 GG (weil es an dem Merkmal „Darauf ausgehen" i. S. d. Art. 21 Abs. 2 GG fehlt). Damit kann eine Partei – wie die NPD – trotz vom Bundesverfassungsgericht attestierter Verfassungswidrigkeit weiterhin an der staatlichen Parteienfinanzierung teilhaben. Dass diese Situation verfassungspolitisch problematisch ist, erkannte sowohl der Senat als auch der verfassungsändernde Gesetzgeber.

---

[1] Eingangsstatement des Präsidenten des Bundesverfassungsgerichts bei der Urteilsverkündung am 17. Januar 2017, vgl. oben C. III.1. (S. 1285).
[2] Urteil, Rn. 527 (S. 1409); vgl. auch Urteil, Rn. 625 (S. 1434).
[3] Vgl. die Gesetzentwürfe in den BT-Drs. 18/12357 und 18/12100.
[4] BR-Drs. 113/17.

D. Epilog: Das Finanzierungsausschlussverfahren

Mit der Einführung des Finanzierungsausschlussverfahrens in Art. 21 Abs. 3 GG schuf der verfassungsändernde Gesetzgeber ein gestuftes Konzept für den Umgang mit verfassungsfeindlichen Parteien: Er führte in Art. 21 Abs. 3 GG das Kriterium „darauf ausgerichtet" ein, dass für den Ausschluss von der staatlichen Parteienfinanzierung genügt. Da die Tatbestandsvoraussetzungen der Absätze 2 und 3 ansonsten identisch sind, unterscheiden sich die Voraussetzungen von Parteiverbot und Finanzierungsausschluss nur durch das Fehlen des Kriteriums der Potentialität. So bediente sich die Gesetzesbegründung auch der Sprache des Urteils, um die Voraussetzung „darauf ausgerichtet" näher zu definieren: Demnach sind Parteien darauf ausgerichtet, die freiheitliche demokratische Grundordnung zu beeinträchtigen oder zu beseitigen, wenn „dies ihrer politischen Zielsetzung entspricht und sie durch aktives Handeln und planvolles Vorgehen im Sinne einer qualifizierten Vorbereitungshandlung auf die Beeinträchtigung der genannten Schutzgüter hinwirken und so die Schwelle zur Bekämpfung der freiheitlichen demokratischen Grundordnung überschreiten".[5] Damit sind die sonstigen im NPD-Verbotsverfahren entwickelten Maßstäbe – mit Ausnahme der Potentialität – auch auf das Finanzierungsausschlussverfahren anwendbar.[6]

Die einfachgesetzliche Rechtsfolge des Finanzierungsausschlusses hat im Laufe des Gesetzgebungsverfahrens Änderungen erfahren: Im ursprünglichen Gesetzentwurf der Koalitionsfraktionen[7] war zunächst vorgesehen, dass der vom Bundesverfassungsgericht ausgesprochene Ausschluss der Partei von der staatlichen Finanzierung zunächst unbefristet gilt, aber die jeweilige Partei nach Ablauf von vier Jahren nach der Entscheidung beantragen kann, den Ausschluss wieder aufzuheben. Dies hätte ein neues Verfahren vor dem Bundesverfassungsgericht ausgelöst, das – bei negativem Ausgang für die Partei – alle vier Jahre hätte wiederholt werden können.

Gegen diese Konstruktion wurden bei einer Sachverständigenanhörung des Innenausschusses des Deutschen Bundestages Bedenken vorgetragen:[8] Die Partei könne so den Staatsorganen alle vier Jahre ein neues verfassungsgerichtliches Verfahren aufzwingen. Das sei insbesondere deshalb problematisch, weil auf diese Weise die Partei selbst alle vier Jahre die Abschaltung etwaiger V-Leute auf Führungsebene erzwingen könnte, da dies Voraussetzung für die Durchführung eines solchen Verfahrens sei.[9] Zudem könnte eine „leicht geläuterte rechts- oder linksextremistische Partei", die die Anforderungen des Art. 21 Abs. 3 GG nicht mehr erfüllt, durch das aktive Antragsrecht einen „Persilschein" des Bundesverfassungsgerichts verlangen, um damit schließlich im politischen Wettstreit zu werben.[10]

Aus diesen Gründen wurde in der Sachverständigenanhörung vorgeschlagen, die im Gesetzentwurf enthaltene Konstruktion umzukehren, um dem Staat die Entschei-

---

[5] BT-Drs. 18/12357, S. 6. Siehe die Parallelen zu Rn. 575 (S. 1421) des Urteils.
[6] Vgl. dazu auch Waldhoff/Roßbach, Stellungnahme für die öffentliche Anhörung des Innenausschusses des Deutschen Bundestages am 29. Mai 2017, Ausschussdrs. 18(4)899 C, S. 5.
[7] BT-Drs. 18/12358, S. 3.
[8] Waldhoff/Roßbach, Stellungnahme für die öffentliche Anhörung des Innenausschusses des Deutschen Bundestages am 29. Mai 2017, Ausschussdrs. 18(4)899 C, S. 6.
[9] Waldhoff/Roßbach, Stellungnahme für die öffentliche Anhörung des Innenausschusses des Deutschen Bundestages am 29. Mai 2017, Ausschussdrs. 18(4)899 C, S. 6.
[10] Waldhoff/Roßbach, Stellungnahme für die öffentliche Anhörung des Innenausschusses des Deutschen Bundestages am 29. Mai 2017, Ausschussdrs. 18(4)899 C, S. 6.

dung darüber zu überlassen, ob ein Verfahren zur Verlängerung des Ausschlusses von der Parteienfinanzierung im Hinblick auf das Erfordernis der Abschaltung von V-Leuten und aus sonstigen verfassungspolitischen Gründen sinnvoll ist: „Es sollte der Partei nicht die Möglichkeit eingeräumt werden, alle vier Jahre eine Überprüfung der Entscheidung zu beantragen. Vielmehr sollten die Antragsteller […] die Möglichkeit erhalten, eine Verlängerung zu beantragen. Tun sie dies nicht, läuft der Finanzierungsausschluss aus."[11]

Diese Konstruktion hat der Gesetzgeber schließlich der endgültigen Fassung zugrunde gelegt; die Koalitionsfraktionen nahmen durch einen entsprechenden Änderungsantrag im Innenausschuss die Umkehrung des Mechanismus vor:[12] Demnach greift der vom Bundesverfassungsgericht festgestellte Ausschluss gemäß § 46a Abs. 1 BVerfGG zunächst für sechs Jahre. Nach § 46a Abs. 2 BVerfGG können die Antragsberechtigten eine entsprechende Verlängerung beantragen – was auch mehrmals erfolgen kann.

Über den Ausschluss von der staatlichen Teilfinanzierung hinaus entfallen bei einer Entscheidung des Bundesverfassungsgerichts nach Art. 21 Abs. 3 GG auch die steuerrechtlichen Begünstigungen der Partei, was Art. 21 Abs. 3 S. 2 GG ermöglicht. Dafür wurden die entsprechenden einfachgesetzlichen Regelungen des Steuerrechts geändert.[13]

Für die zukünftige Ausgestaltung von Parteiverbotsverfahren bemerkenswert ist schließlich die in § 43 Abs. 1 S. 2 BVerfGG vorgesehene Möglichkeit, den Antrag auf Finanzierungsausschluss hilfsweise zum Verbotsantrag zu stellen. Man kann davon ausgehen, dass die Antragsteller von dieser Möglichkeit in Zukunft regelmäßig Gebrauch machen werden. Denn auf diese Weise erringen die Antragsteller einen schon im Tenor ersichtlichen Teilerfolg auch dann, wenn es an einer Potentialität fehlt. Eine verfassungsfeindliche Partei wird dann zwar nicht verboten, sie wird aber von der staatlichen Parteienfinanzierung ausgeschlossen. Diese Möglichkeit hatten im NPD-Verbotsverfahren der Jahre 2013 bis 2017 weder der Antragsteller noch der Senat. Daher war aus dem Hauptsachetenor vom 17. Januar 2017 nicht ersichtlich, dass das Bundesverfassungsgericht den überwiegenden Teil des Urteils darauf verwendete, entgegen der Auffassung der NPD sowohl das Fehlen von Verfahrenshindernissen als auch die Verfassungsfeindlichkeit der Ziele der NPD sowie das planvolle Handeln der Partei festzustellen. Damit bejahte das Bundesverfassungsgericht letztlich alle Voraussetzungen, die nach neuer Rechtslage für den Ausschluss von der Parteienfinanzierung ausreichen würden. Dass die NPD mit ihrem Vortrag im Wesentlichen nicht durchdrang und nur aufgrund des neuen Kriteriums der Potentialität ein Verbot unterblieb, spiegelte sich zwar nicht im Hauptsachetenor, jedoch in der Kostenentscheidung wider: „Der Antrag der Antragsgegnerin auf Erstattung ihrer notwendigen Auslagen wird abgelehnt."[14] Angesichts des Verlaufs des Verbotsverfahrens und der Anregung des Senats, Parteien mit verfassungsfeindlichen Zielen die staatliche Finanzierung zu entziehen, war diese Kostenentscheidung konsequent.

---

[11] Waldhoff/Roßbach, Stellungnahme für die öffentliche Anhörung des Innenausschusses des Deutschen Bundestages am 29. Mai 2017, Ausschussdrs. 18(4)899 C, S. 6.
[12] Vgl. BT-Drs. 12/12846, S. 10.
[13] Vgl. BT-Drs. 12/12358, S. 4 f.
[14] Urteil, Tenor, Ziffer 3 (S. 1283).